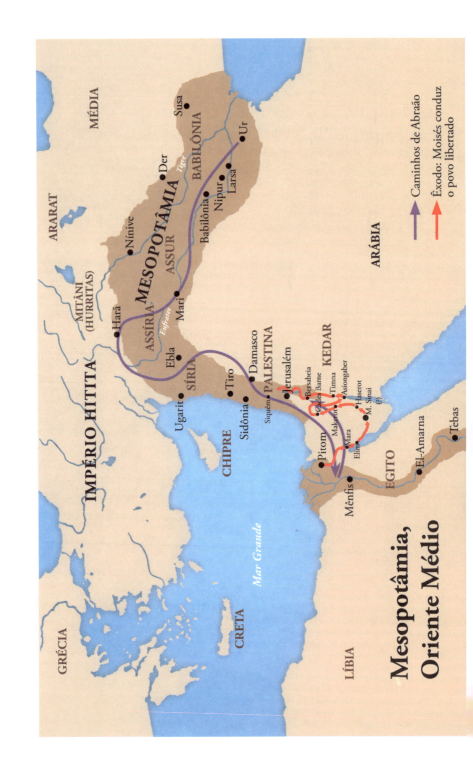

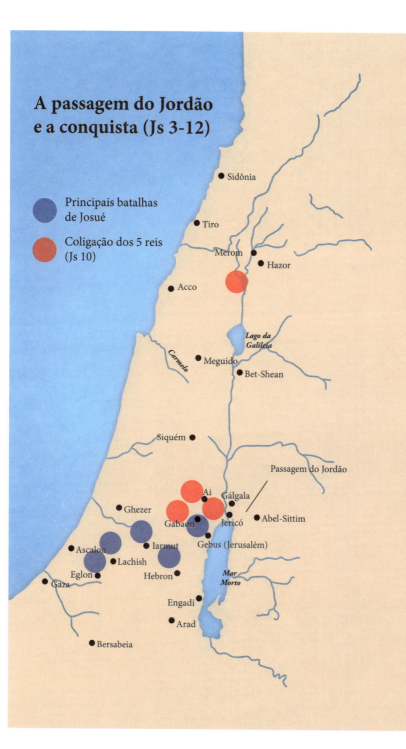

Esta Bíblia pertence a

_____

Pai:...

Mãe:...

Data de Nascimento: ....

Data do Batismo:...

Padrinhos: ....

Data da Primeira Comunhão:...

Data da Crisma:...

Padrinho/Madrinha: ....

Paróquia:...

....

Catequistas:...

....

....

....

APRESENTAÇÃO
Catequese, caminho de Jesus

Queridos catequizandos, que alegria imensa saber que todos vocês estão se preparando para mergulhar cada vez mais profundamente nos mistérios de Deus em nossa vida. Vocês estão no caminho da consolidação da fé, seja na expectativa de participar da Sagrada Comunhão, recebendo a Primeira Eucaristia, seja na decisão madura de receber o Espírito Santo, no tão esperado dia da Crisma. Para adentrarmos ainda mais na compreensão de nossa fé, faz-se necessário um diálogo constante com Deus, que nos ama mais do que tudo e do que todos. A oração é um instrumento importante, não nos esqueçamos disso! Santo Afonso de Ligório dizia que a oração é o caminho mais seguro para estarmos pertinho de Deus, hoje e sempre.

É bom termos em mente que a fonte mais límpida para bebermos da água espiritual que sacia nossa sede é a Santa Bíblia. Deus, que nos ama imensamente, quer se comunicar conosco todos os dias. Ele quer pegar em nossa mão e nos acompanhar em todos os momentos de nossa vida, sejam eles felizes ou tristes. Vocês viram a capa desta sua Bíblia? Ali está o Filho de Deus, Jesus Cristo, dando as mãos para que todos nós, especialmente as crianças e adolescentes, não nos sintamos sozinhos. Deus enviou seu Filho para nos ajudar a chegar até os céus e viver eternamente em sua Casa, que tem muitos lugares para todos nós (cf Jo 14,2). Por isso é muito importante lermos a Santa Bíblia!

Mas o que é a Bíblia? Na realidade, vocês estão segurando nas mãos uma "biblioteca" que contém 73 livros. Quanta força no braço! Muitos irmãos e irmãs, no decorrer da História, foram tendo experiências maravilhosas com Deus, que os chamava sempre enquanto estavam rezando, para lhes dar missões junto ao seu Povo. Deus sempre se compadeceu de seus filhos e filhas, pois sentia e sente as suas dores e os seus sofrimentos diários, especialmente dos mais pobres e abandonados. Por isso Ele se comunicava com seus escolhidos e enviados, profetas, reis e sacerdotes. Alguns desses irmãos e irmãs, que tinham uma intimidade muito grande com Deus, puseram por escrito as Palavras que receberam d'Ele. Inspirados pelo Espírito Santo, redigiram palavras edificantes que saíram do coração de Deus para nos dar vida aqui na terra. A Palavra de Deus é viva! A Bíblia é essa Palavra Viva de nosso Pai Criador que nos plenifica e nos fortalece diariamente.

Sabem como podemos ser cristãos católicos bons e fiéis? Precisamos ter um entendimento mais amplo da vontade de Deus, que pode ser encontrada nas páginas da Bíblia que temos em mãos. Neste momento em que nos preparamos na catequese para sermos bons seguidores de Jesus e membros esclarecidos da Igreja Católica, vamos ler com mais frequência as Sagradas Escrituras, com a ajuda de nosso pároco, catequistas e irmãos da comunidade. Nossa alma tem sede de Deus, e é na fonte cristalina da Bíblia que podemos saciá-la. Como rezava o salmista: "Como a corça deseja as águas correntes, assim minha alma anseia por vós, ó meu Deus" (Sl 42,2). E é tão lindo testemunhar uma criança ou um adolescente com a alma suspirando pelo encontro diário com o Deus Vivo!

A seguir, ouviremos o que a Igreja nos ensina sobre a Bíblia e, assim, poderemos refletir juntos sobre essa doutrina, nos encontros de catequese e na vida de comunidade, para entendermos melhor o amor do Pai que Jesus Cristo, o Verbo Encarnado de Deus, veio nos revelar: "Portanto, na Sagrada Escritura, salvas sempre a verdade e a santidade de Deus, manifesta-se a admirável 'condescendência' da eterna sabedoria, 'para conhecermos a inefável benignidade de Deus e com quanta acomodação Ele falou, tomando providência e cuidado da nossa natureza'. As palavras de Deus, com efeito, expressas por línguas humanas, tornaram-se intimamente semelhantes à linguagem humana, como outrora o Verbo do eterno Pai se assemelhou aos homens tomando a carne da fraqueza humana" (Dei Verbum, 13).

Boa leitura a todos!

Oração do Catequizando

Ó Deus amoroso, o Senhor enviou o seu Filho único, Jesus Cristo, para que nós pudéssemos aprender de verdade o quanto o Senhor nos ama. Ele é a Palavra Viva que se encarnou para nos revelar a sua Bondade, querido Pai Misericordioso. Desperte em nós o mesmo amor que Jesus possuía, pois ele foi amado primeiro pelo Senhor. Porque enquanto ainda estávamos distantes de seus caminhos, ó Pai, Cristo nos mostrou um profundo exemplo de amor. Ensine-nos, na catequese e por meio de nossos catequistas, todas as verdades da fé da Igreja. E que aprendamos a cada dia a amar nosso próximo como a nós mesmos, como nos pediu seu Filho. Isso lhe pedimos, por Jesus Cristo nosso Senhor, a manifestação do Divino Amor. Amém.

(Oração adaptada de Santo Agostinho)

Os Mandamentos da Lei de Deus

1. Amar a Deus sobre todas as coisas.
2. Não tomar seu santo Nome em vão.
3. Guardar os domingos e dias santos.
4. Honrar pai e mãe.
5. Não matar.
6. Não pecar contra a castidade.
7. Não roubar.
8. Não levantar falso testemunho.
9. Não desejar a mulher (ou o marido) do próximo.
10. Não cobiçar as coisas alheias.

Esses Mandamentos nos foram dados no Antigo Testamento. Quando Jesus veio até nós, Ele nos ensinou que todos os 10 Mandamentos, assim como todas as demais prescrições e tradições, estão contidos nestes dois: — "Amarás ao Senhor teu Deus de todo o teu coração, com toda a tua alma e com todo o teu entendimento, — e a teu próximo como a ti mesmo" (Mt 22,34 40). Em relação ao amor ao próximo, Jesus voltou a acentuar: "Eis que Eu vos dou um novo Mandamento: que vos ameis uns aos outros, assim como Eu vos amei" (Jo 13,34).

Os Mandamentos da Igreja

São obrigações e compromissos mínimos para que um cristão possa considerar-se membro participante da Igreja:

1. Participar da Missa aos domingos e dias santos.
2. Confessar-se ao menos uma vez cada ano.
3. Comungar ao menos pela Páscoa.
4. Jejuar e abster-se de carne quando manda a Igreja.
5. Pagar o dízimo segundo o costume.

Dias de Penitência

Jejum e abstinência: Quarta-feira de Cinzas e Sexta-feira Santa; o jejum é válido para os adultos de 18 a 60 anos; a abstinência de carne é válida para todos a partir dos 14 anos. Em todas as demais sextas-feiras, o cristão deve oferecer algum gesto concreto de penitência, de caridade ou de piedade.

Virtudes

— TEOLOGAIS: Fé, Esperança e Caridade.
— CARDEAIS: Prudência, Justiça, Fortaleza e Temperança.

Vícios Capitais

1. Soberba.
2. Avareza.
3. Erotismo.
4. Inveja.
5. Gula.
6. Ira.
7. Preguiça.

Pecados Hediondos

1. Homicídio voluntário.
2. Pecado sexual contra a natureza.
3. Oprimir os pobres, órfãos e viúvas.
4. Negar o justo salário aos que trabalham.

Obras de Misericórdia (Mt 25,31-46)

Corporais:
1. Dar de comer a quem tem fome.
2. Dar de beber a quem tem sede.
3. Vestir os nus.
4. Dar abrigo aos peregrinos.
5. Visitar os doentes e encarcerados.
6. Libertar os escravizados.
7. Sepultar os mortos.

Espirituais:
1. Dar bom conselho.
2. Ensinar os que não sabem.
3. Corrigir os que erram.
4. Consolar os aflitos.
5. Perdoar as ofensas.
6. Suportar as fraquezas do próximo.
7. Orar pelos vivos e defuntos.

Os Sete Dons do Espírito Santo

1. Sabedoria.
2. Entendimento.
3. Conselho.
4. Fortaleza.
5. Ciência.
6. Piedade.
7. Temor de Deus.

Orações do Cristão

Sinal da Cruz

† Pelo sinal da santa Cruz,
(faça uma pequena cruz na testa)
† Livrai-nos, Deus, nosso Senhor,
(faça uma pequena cruz nos lábios)
† Dos nossos inimigos.
(faça uma pequena cruz no peito)
Conclui-se fazendo o sinal da cruz:
† Em nome do Pai *(tocar a testa)*,
e do filho *(tocar o peito)*,
e do Espírito *(tocar o ombro esquerdo)*
Santo *(tocar o ombro direito)*.
Amém.

Glória ao Pai

Glória ao Pai, ao Filho e ao Espírito Santo. Como era no princípio, agora e sempre. Amém.

Oração ao Espírito Santo

Vinde, Espírito Santo, enchei os corações de vossos fiéis e acendei neles o fogo do vosso amor. Enviai o vosso Espírito e tudo será criado. E renovareis a face da terra.
Oremos: Deus, que instruístes os corações dos vossos fiéis com a luz do Espírito Santo, fazei que apreciemos retamente todas as coisas segundo o mesmo Espírito e gozemos sempre de sua consolação. Por Cristo, nosso Senhor. Amém.

Creio

Creio em Deus-Pai todo poderoso, criador do céu e da terra. E em Jesus Cristo, seu único filho, nosso Senhor, que foi concebido pelo poder do Espírito Santo; nasceu da Virgem Maria; padeceu sob Pôncio Pilatos, foi crucificado, morto e sepultado. Desceu à mansão dos mortos, ressuscitou ao terceiro dia, subiu aos céus; está sentado à direita de Deus Pai todo-poderoso, donde há de vir a julgar os vivos e os mortos. Creio no Espírito Santo; na Santa Igreja Católica; na comunhão dos santos; na remissão dos pecados; na ressurreição da carne; na vida eterna. Amém.

Pai-nosso

Pai nosso, que estais nos céus, santificado seja o vosso nome; venha a nós o vosso reino; seja feita a vossa vontade, assim na terra como no céu. O pão nosso de cada dia nos dai hoje; perdoai-nos as nossas ofensas; assim como nós perdoamos a quem nos tem ofendido. Não nos deixeis cair em tentação. Mas livrai-nos do mal. Amém.

Salve, Rainha

Salve, Rainha, Mãe de misericórdia, vida, doçura e esperança nossa, salve! A vós bradamos, os degredados filhos de Eva; a vós suspiramos, gemendo e chorando neste vale de lágrimas. Eia, pois, Advogada nossa, esses vossos olhos misericordiosos a nós volvei e depois deste desterro mostrai-nos Jesus, bendito fruto do vosso ventre, ó clemente, ó piedosa, ó doce Virgem Maria! Rogai por nós, Santa Mãe de Deus, para que sejamos dignos das promessas de Cristo. Amém.

Ave-Maria

Ave, Maria, cheia de graça, o Senhor é convosco, bendita sois vós entre as mulheres e bendito é o fruto do vosso ventre, Jesus. Santa Maria, Mãe de Deus, rogai por nós, pecadores, agora e na hora de nossa morte. Amém.

Ângelus

V. O anjo do Senhor anunciou a Maria.
R. E ela concebeu do Espírito Santo. Ave, Maria...
V. Eis aqui a serva do Senhor.
R. Faça-se em mim segundo a vossa palavra. Ave, Maria...
V. E o verbo se fez carne.
R. E habitou entre nós. Ave, Maria...
V. Rogai por nós, Santa Mãe de Deus.
R. Para que sejamos dignos das promessas de Cristo.
Oremos: Infundi, Senhor, em nossos corações, a vossa graça para que, conhecendo pela anunciação do anjo a encarnação de vosso Filho, cheguemos por sua paixão e cruz à glória da ressurreição. Pelo mesmo Cristo, Senhor nosso. Amém.

Consagração a Maria

Ó minha Senhora e minha Mãe, eu me ofereço totalmente a vós. E, em prova de minha devoção para convosco, consagro-vos neste dia os meus olhos, os meus ouvidos, a minha boca, o meu coração e inteiramente todo o meu ser. E porque assim sou vosso, ó incomparável Mãe, guardai-me e defendei-me como bem e propriedade vossa. Amém.

Rainha dos Céus

(Para o tempo da Páscoa)

– Rainha dos Céus, alegrai-vos, aleluia!
– Porque quem merecestes trazer em vosso puríssimo seio, aleluia, ressuscitou como disse, aleluia! Rogai a Deus por nós, aleluia!
– Exultai e alegrai-vos, ó Virgem Maria! Aleluia!
– Porque o Senhor ressuscitou verdadeiramente. Aleluia!
Oremos: Ó Deus, que vos dignastes alegrar o mundo com a Ressurreição do Vosso Filho Jesus Cristo, Senhor Nosso, concedei-nos, vos suplicamos, que por sua Mãe, a Virgem Maria, alcancemos as alegrias da vida eterna. Por Cristo, nosso Senhor.

Oração da Noite

Ó meu Deus, eu vos amo de todo o meu coração. Dou-vos graças por todos os benefícios que me fizestes, especialmente por me haverdes feito cristão e conservado durante este dia. Creio em vós. Espero em vós. Ofereço-vos tudo que eu hoje fiz de bom e peço-vos que me livreis de todo o mal.

Orações para as Refeições

Antes de comer: Abençoai, Senhor, este alimento que vamos tomar por vossa bondade; abençoai também as mãos que o prepararam. Pai nosso...

Após as refeições: Nós vos agradecemos, Deus todo-poderoso, todos os benefícios que nos fizestes, especialmente este alimento que acabamos de tomar. Ave, Maria...

Oração do Anjo da Guarda

Santo Anjo do Senhor, meu zeloso guardador, já que a ti me confiou a piedade divina, sempre me rege, guarda, governa, ilumina. Amém.

Ato de Contrição

Meu Deus, eu me arrependo de todo o meu coração de vos ter ofendido porque sois tão bom e amável. Prometo com a vossa graça nunca mais pecar. Meu Jesus, misericórdia.

Ou

Senhor, eu me arrependo sinceramente do mal que pratiquei e do bem que deixei de fazer. Reconheço que ofendi a vós, meu Deus e Senhor, e prejudiquei o meu próximo. Prometo, ajudado pela vossa graça, não mais pecar e reparar o mal que pratiquei. Pela paixão e morte de Jesus, tende piedade de mim e perdoai-me. Amém.

Comunhão Espiritual

Ó Jesus amantíssimo, eu creio que estais sempre conosco, para nos apoiar em nossa caminhada. Creio-vos presente também no mistério da Eucaristia, pelo qual nos ofereceis o vosso Corpo e o vosso Sangue, sob as espécies do pão e do vinho, para nosso sustento espiritual. Senhor Jesus, eu vos amo e quero viver unido convosco. Desejo receber-vos em meu coração. Mas, como não me é possível participar da comunhão sacramental, faço então a comunhão espiritual. Vinde, Senhor Jesus, e tomai posse de meu coração. Conservai-me sempre unido convosco e livrai-me do pecado e de todo o mal. Amém.

Oração Vocacional

Jesus, mestre divino, que chamastes os Apóstolos a vos seguirem, continuai a passar pelas nossas famílias, pelas nossas escolas e continuai a repetir o convite a muitos de nossos jovens. Dai coragem às pessoas convidadas. Dai força para que vos sejam fiéis como apóstolos leigos, como diáconos, padres e bispos, como religiosos e religiosas, como missionários e missionárias, para o bem do povo de Deus e de toda a humanidade. Amém.

Oração para antes de ler a Bíblia

Meu Senhor e meu Pai! Envia teu Santo Espírito para que eu compreenda e acolha tua Santa Palavra! Que eu te conheça e te faça conhecido, te ame e te faça amado, te sirva e te faça servido, te louve e te faça louvado por todas as criaturas. Faze, ó Pai, que pela leitura da palavra os pecadores se convertam, os justos perseverem na graça e todos consigamos a vida eterna. Amém.

Oração para depois de ler a Bíblia

Jesus Mestre, vós dissestes que a vida eterna consiste em conhecer a vós e ao Pai. Derramai sobre nós a abundância do Espírito Santo. Que ele nos ilumine, guie e fortaleça no vosso seguimento, porque sois o caminho para o Pai. Fazei-nos crescer no vosso amor, para que sejamos testemunhas vivas do vosso Evangelho, animados pela vossa Palavra, meditando-a em nosso coração. Jesus Mestre, Caminho, Verdade e Vida, tende piedade de nós.

Devoção do Terço

A oração do Terço ou Rosário é uma das devoções mais queridas a Nossa Senhora. Na aparição da Virgem Maria em Fátima, Portugal, ela mesma recomendou aos três pastorzinhos a oração do Terço, dizendo: "Meus filhos, rezem o terço todos os dias". Quando rezamos o Santo Terço, é como se fôssemos contando a vida de Jesus. E a cada parte dessa história vamos rezando com Ele e com a Virgem Maria.

Como rezar o Terço?

1. Fazer o Sinal da Cruz.

2. Rezar a oração inicial: Divino Jesus, nós vos oferecemos este terço que vamos rezar, contemplando os mistérios da nossa Redenção. Concedei-nos pela intercessão de Maria, vossa Mãe Santíssima, a quem nos dirigimos, as virtudes para bem rezá-lo e a graça de ganharmos as indulgências desta santa devoção.

3. Nas primeiras contas, rezar o Creio em Deus Pai, 1 Pai-Nosso, 3 Ave-Marias e 1 Glória ao Pai

4. Rezar cada um dos 5 mistérios que recordam o fato da vida de Jesus seguidos de 1 Pai-Nosso, 10 Ave-Marias, 1 Glória ao Pai.

5. Rezar a oração da Salve-Rainha no final dos cinco mistérios.

Mistérios gozosos

(Para serem rezados às segundas-feiras e sábados)

1º Mistério
A Anunciação do Anjo a Nossa Senhora.

2º Mistério
A visita de Nossa Senhora à sua prima Isabel.

3º Mistério
O nascimento de Jesus em Belém.

4º Mistério
A apresentação do Menino Jesus no Templo.

5º Mistério
A perda e o encontro de Jesus no Templo.

Mistérios luminosos

(Para serem rezados às quintas-feiras)

1º Mistério
O batismo de Jesus no Jordão.

2º Mistério
O Primeiro sinal de Jesus nas Bodas de Caná.

3º Mistério
A proclamação do Reino de Deus e convite à conversão.

4º Mistério
A Transfiguração de Jesus no monte Tabor.

5º Mistério
A Instituição da Sagrada Eucaristia.

Mistérios dolorosos

(Para serem rezados às terças e sextas-feiras)

1º Mistério
A agonia de Jesus no Horto das Oliveiras.

2º Mistério
Jesus é açoitado e flagelado.

3º Mistério
Jesus é coroado de espinhos por seus algozes.

4º Mistério
Jesus carrega sua cruz ao Calvário.

5º Mistério
A crucificação e morte de Jesus.

Mistérios gloriosos

(Para serem rezados às quartas-feiras e domingos)

1º Mistério
A Ressurreição de Jesus.

2º Mistério
A Ascensão de Jesus ao Céu.

3º Mistério
A vinda do Espírito Santo sobre os Apóstolos.

4º Mistério
A Assunção de Nossa Senhora ao Céu.

5º Mistério
A Coroação de Nossa Senhora como Rainha do Céu e da terra.

BÍBLIA DE APARECIDA

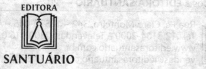

EDITORA
SANTUÁRIO

Nihil obstat

† Walmor Oliveira de Azevedo
Arcebispo de Belo Horizonte, MG
Presidente da Comissão Episcopal Pastoral para a Doutrina da Fé, da CNBB

Imprimatur

Brasília, 25 de abril de 2006

Cardeal Geraldo Majella Agnelo
Arcebispo de São Salvador, BA
Presidente da CNBB

Tradução dos textos originais, notas de rodapé, notas paralelas,
pelo exegeta e missionário redentorista
Pe. José Raimundo Vidigal, C.Ss.R.

Diretores Editoriais: Pe. Marcelo C. Araújo, C.Ss.R.
Pe. Carlos da Silva, C.Ss.R.

Preparação e Revisão dos textos: Otilo Edgar Orth
Elizabeth dos Santos Reis
Clodoaldo Montoro

Diagramação: José Antonio dos Santos Júnior

Ilustração: Cláudio Pastro

29ª impressão
Tiragem total até a 29ª impressão: 885.400 exemplares

Todos os direitos em língua portuguesa
reservados à **EDITORA SANTUÁRIO** — 2025

Rua Pe. Claro Monteiro, 342 – 12570-045 – Aparecida-SP
Tel.: 12 3104-2000 – Televendas: 0800 016 00 04
www.editorasantuario.com.br
vendas@editorasantuario.com.br

ÍNDICE GERAL

Introdução à Bíblia 4

O ANTIGO TESTAMENTO

Introdução ao Antigo Testamento 5

Pentateuco
Gênesis (Gn) 7
Êxodo (Êx) 61
Levítico (Lv) 106
Números (Nm) 138
Deuteronômio (Dt) 183

Livros Históricos
Josué (Js) 223
Juízes (Jz) 249
Rute (Rt) 276
Primeiro Samuel (1Sm) 281
Segundo Samuel (2Sm) 315
Primeiro Reis (1Rs) 344
Segundo Reis (2Rs) 378
Primeiro Crônicas (1Cr) 410
Segundo Crônicas (2Cr) 440
Esdras (Esd) 477
Neemias (Ne) 489
Tobias (Tb) 506
Judite (Jt) 521
Ester (Est) 538
Primeiro Macabeus (1Mc) 551
Segundo Macabeus (2Mc) 585

Livros Poéticos e Sapienciais
Jó (Jó) 611
Salmos (Sl) 646
Provérbios (Pr) 731
Eclesiastes (Ecl) 765
Cântico dos Cânticos (Ct) 776
Sabedoria (Sb) 783
Eclesiástico (Eclo) 807

Livros Proféticos
Isaías (Is) 871
Jeremias (Jr) 941
Lamentações (Lm) 1011
Baruc (Br) 1019
Ezequiel (Ez) 1028
Daniel (Dn) 1083

Oseias (Os) 1107
Joel (Jl) 1118
Amós (Am) 1123
Abdias (Ab) 1132
Jonas (Jn) 1134
Miqueias (Mq) 1137
Naum (Na) 1144
Habacuc (Hab) 1147
Sofonias (Sf) 1151
Ageu (Ag) 1155
Zacarias (Zc) 1158
Malaquias (Ml) 1169

O NOVO TESTAMENTO

Introdução ao Novo Testamento 1173
Introdução aos Evangelhos 1174
São Mateus (Mt) 1175
São Marcos (Mc) 1214
São Lucas (Lc) 1239
São João (Jo) 1280
Atos dos Apóstolos (At) 1312
Introdução às Cartas de São Paulo .. 1352
Romanos (Rm) 1352
Primeira Coríntios (1Cor) 1370
Segunda Coríntios (2Cor) 1387
Gálatas (Gl) 1399
Efésios (Ef) 1406
Filipenses (Fl) 1413
Colossenses (Cl) 1418
Primeira Tessalonicenses (1Ts) 1423
Segunda Tessalonicenses (2Ts) 1428
Primeira a Timóteo (1Tm) 1431
Segunda a Timóteo (2Tm) 1437
Tito (Tt) 1441
Filêmon (Fm) 1444
Hebreus (Hb) 1446

Epístolas Católicas
São Tiago (Tg) 1460
Primeira de São Pedro (1Pd) 1465
Segunda de São Pedro (2Pd) 1470
Primeira de São João (1Jo) 1474
Segunda de São João (2Jo) 1479
Terceira de São João (3Jo) 1480
São Judas (Jd) 1481
Apocalipse (Ap) 1483

INTRODUÇÃO À BÍBLIA

A Igreja tem seu livro, o livro por excelência, o mais difundido e estudado, traduzido em 1.800 línguas, impresso em milhões de exemplares e lido em todo o mundo, uma espécie de best-seller permanente da humanidade: a Bíblia, livro de Deus. Por meio dela Deus instrui as gerações que se sucedem na terra, ele as ilumina e alegra com sua luz. É um livro inspirado, que tem Deus como autor principal. Por isso, "ensina com certeza, fielmente e sem erro a verdade que Deus, em vista da nossa salvação, quis fosse consignada nas Sagradas Escrituras" (Vat. II).

Nossa fé nos diz, porém, que a Bíblia é palavra de Deus em linguagem humana. Foi escrita por pessoas como nós, das quais o Espírito Santo fez seus instrumentos vivos e racionais, que não receberam simplesmente um ditado para copiar, mas trabalharam livremente com seus próprios talentos, deixando nos escritos a marca de sua pessoa, de seu tempo e de sua cultura. Daí a grande variedade nas obras que compõem a Bíblia e em seus estilos literários. É como se Deus fosse um músico a tocar os mais diversos instrumentos, cada qual produzindo seu timbre específico.

A palavra "Bíblia" vem de um substantivo plural grego, que significa "livros". Com efeito, não é apenas um livro, mas uma biblioteca inteira, um conjunto de livros, escritos no espaço de 10 séculos e em diversos ambientes, adotando, por isso, os mais variados modos de falar, que chamamos de gêneros literários: são narrativas, poesias, oráculos proféticos, cânticos de amor, códigos de leis, coleções de provérbios, apocalipses, genealogias, discursos, salmos, evangelhos e cartas, em que se refletem, em toda a riqueza de seus matizes, a sabedoria divina e a psicologia humana.

Com tamanha variedade, o que faz a Bíblia ser um conjunto harmonioso é seu único Autor, Deus, que fala em todas as suas páginas, e seu tema principal, a história da salvação. A Bíblia é a história do amor de Deus pela humanidade, a aventura de um povo escolhido, com todas as suas qualidades e defeitos, com suas alegrias e tristezas e sua trajetória de quase dois mil anos, povo que devia preparar a chegada do Salvador. É do Salvador que falam todas as Escrituras (Lc 24,27), todas nele se realizam, por isso "ignorar as Escrituras é ignorar Jesus Cristo" (São Jerônimo).

As duas grandes partes da Bíblia são o Antigo Testamento, que contém os 46 livros do tempo anterior a Cristo, e o Novo Testamento, formado pelos 27 livros que falam de Cristo. Nessas expressões, a palavra "testamento" significa propriamente "aliança": a antiga, a mosaica, e a nova, com Cristo.

A Bíblia foi redigida em três línguas: os livros mais antigos, em hebraico, mais ou menos 3/4 do total; os mais recentes, em grego, 1/4 aproximadamente; e poucas páginas em aramaico. O hebraico, língua do povo eleito, era a língua sagrada por excelência. O aramaico, língua diplomática e bastante próxima do hebraico, estava em uso na comunidade judaica desde o retorno do exílio babilônico até o tempo de Jesus. O grego passou a ser conhecido e falado na Palestina a partir de Alexandre Magno e seus sucessores.

Em todas as edições, os livros bíblicos aparecem divididos em capítulos, e cada capítulo em versículos. A divisão em capítulos data do ano 1214 e foi feita na Universidade de Paris, pelo professor, mais tarde cardeal, Estevão Langton. No séc. XVI os capítulos foram divididos em versículos: Sante Pagnini numerou o Antigo Testamento em 1528 e Roberto Estevão, em 1550, numerou o Novo.

A Bíblia, livro de fé, foi escrita na Igreja e para a Igreja, comunidade de fé. A ela Deus confiou os livros santos, dando-lhe três obrigações: fixar o catálogo oficial dos livros, chamado "cânon", divulgar os livros bíblicos, conservando-os em sua integridade e orientar os fiéis em sua reta interpretação. A Bíblia só é lida com verdadeiro proveito num contexto de fé e de oração.

5

O cristão lê a Bíblia como um livro de espiritualidade, vendo nela um lugar do encontro com Deus. Dela escreveu São Paulo a seu colaborador Timóteo: "Toda a Escritura é inspirada por Deus e é útil para ensinar, convencer, corrigir e educar para a justiça, para que o homem de Deus seja perfeito, equipado para toda boa obra" (2Tm 3,16s).

INTRODUÇÃO AO ANTIGO TESTAMENTO

A primeira parte da Bíblia, o Antigo Testamento, reúne os livros sagrados do período anterior a Jesus Cristo. Os hebreus os agrupavam em três categorias: Lei, Profetas e Escritos. A Lei é o conjunto dos cinco livros atribuídos a Moisés, ou seja, o Pentateuco; a parte chamada "Profetas" inclui os Profetas anteriores, que nós situamos entre os livros históricos (de Josué até 2º Reis) e os Profetas posteriores, que são os Profetas propriamente ditos; os Escritos ou hagiógrafos compreendem o restante dos livros hebraicos. Os cristãos adotam uma divisão em três classes de livros: históricos, sapienciais (ou poéticos, didáticos) e proféticos.

Depois de narrar a criação do mundo e a pré-história bíblica, o Antigo Testamento apresenta em grandes linhas a história do povo de Israel, que começa com Abraão e os outros patriarcas; o êxodo e a ocupação da terra prometida; e os principais fatos que ocorreram no tempo dos Juízes, dos Reis e após o retorno do exílio. No livro dos Salmos toda essa história se transforma em oração. Na voz dos Profetas ressoam as advertências de Deus que guia seu povo. E pelo ensinamento dos Sábios, Israel aprende a buscar a verdadeira felicidade e a sabedoria que está no temor de Deus e na observância de sua lei.

Entre os temas principais, que atravessam essa narrativa da trajetória de Israel, podemos enumerar: a eleição, a promessa, a terra, a aliança, a fidelidade, os mandamentos, o serviço de Deus, a salvação, o messianismo.

Muita gente se pergunta por que a Igreja conserva e utiliza o Antigo Testamento, que é evidentemente imperfeito se comparado ao Novo. Por que ficar com o passado, se conhecemos a realidade definitiva, o Cristo?

Responde o Vaticano II: "Os livros do Antigo Testamento, em conformidade com a condição do gênero humano dos tempos anteriores à salvação realizada por Cristo, manifestam a todos o conhecimento de Deus e do homem e os modos pelos quais o justo e misterioso Deus trata com os homens. Esses livros, embora contenham também coisas imperfeitas e transitórias, manifestam contudo a verdadeira pedagogia divina. Por isso devem ser recebidos devotamente pelos cristãos esses livros que exprimem um vivo senso de Deus e contêm sublimes ensinamentos acerca de Deus e uma salutar sabedoria concernente à vida do homem e admiráveis tesouros de preces, nos quais enfim está latente o mistério de nossa salvação".

O Antigo Testamento nos convida a entender a pedagogia divina, que não revela tudo de uma vez, mas se adapta à capacidade de compreensão de seu povo. Em várias questões como a responsabilidade individual, a vida futura, o universalismo, a fraternidade observa-se um nítido progresso já dentro do próprio Antigo Testamento. E de um Testamento ao outro o passo é muito maior. São Paulo diz que a Lei era o pedagogo que nos conduzia a Cristo (Gl 3,24), entendendo por pedagogo aquele escravo de confiança que levava o jovem até seu mestre. O Antigo Testamento é a raiz, o fundamento, os alicerces do Novo. Uma obra como o Apocalipse de João, por exemplo, tecida de inúmeras reminiscências bíblicas, fica bastante obscura para quem não conhece o êxodo e as profecias de Ezequiel, Daniel e Zacarias.

O Antigo Testamento foi o único texto sagrado para Jesus e a Igreja primitiva. Os apóstolos encontraram nele o ponto de partida para anunciar o Cristo. Nele descobriram prefigurações e anúncios que se cumpriram no Messias Jesus. Para falar dele recorreram aos personagens Adão, Moisés, Davi, o Servo sofredor, o Emanuel e o Filho do homem. Muitos fatos da história antiga como o dilúvio, o êxodo com vários de seus episódios foram interpretados como símbolos das realidades do novo tempo. Jesus mesmo afirmou que não veio abolir a Lei e os Profetas, mas dar-lhes cumprimento (Mt 5,17).

A primeira e mais célebre tradução do Antigo Testamento foi a tradução grega dos Setenta, feita no Egito, para as comunidades judaicas da diáspora, nas primeiras décadas do séc. III a.C. Essa foi a Bíblia que os apóstolos usaram quando pregaram o Evangelho no mundo mediterrâneo, onde o grego era a língua universal. Essa Bíblia contém todos os 39 livros sagrados dos hebreus e mais 7, escritos nos últimos séculos a.C., e não aceitos pelos hebreus por acreditarem que com Esdras (séc. V a.C.) a inspiração profética havia terminado. A Igreja católica reconhece, pois, no Antigo Testamento, 46 livros inspirados, ao passo que as Igrejas protestantes, que seguem a opinião dos hebreus, aceitam apenas 39. Aqueles 7 livros são denominados pelos católicos "livros deuterocanônicos" e pelos protestantes "livros apócrifos", denominação esta que para nós indica os livros que a Igreja deixou de fora do catálogo dos livros inspirados.

PENTATEUCO

Os hebreus dividem sua Bíblia em "Lei, Profetas e outros Escritos". Nessa divisão, como também muitas vezes nas palavras de Jesus, "Lei" designa os cinco primeiros livros da Bíblia, porque constituem a base histórica, religiosa e jurídica de Israel. Em hebraico, "Lei" se diz "Torá", que tem um sentido mais amplo, significando instrução, ensinamento. A esse conjunto damos o nome de "Pentateuco", expressão grega que surgiu no séc. I, entre os hebreus de Alexandria, e significa "cinco livros", ou melhor, "cinco rolos", pois os livros antigos tinham a forma de rolos. Trata-se do Gênesis, Êxodo, Levítico, Números e Deuteronômio. A história que contam começa com a criação do mundo e termina na morte de Moisés. Com exceção do primeiro livro, toda a obra tem como protagonista Moisés. Dele se narram a prodigiosa salvação das águas, a educação na corte do faraó, a vocação e a missão de exigir do faraó a liberdade do povo, a função de instrumento nas mãos de Deus para realizar seus prodígios, para guiar o povo na caminhada do deserto e para conceder ao povo a lei e a aliança.

Além de protagonista, Moisés teria sido também o autor desses livros? Assim pensou a tradição hebraica, referida no Novo Testamento, e por isso os cinco livros são chamados "os livros de Moisés". Mas a partir de observações feitas já no séc. XVIII, essa opinião começou a ser abandonada. Notou-se, por exemplo, a existência de repetições: a criação do mundo e do ser humano, como também a vocação de Moisés, são narradas duas vezes. Há elementos recolhidos muito depois da morte de Moisés, e leis que não eram observadas em seu tempo e nem sequer existiam então, não podendo, portanto, ter sido codificadas por ele. Formulou-se a teoria dos quatro documentos – javista, eloísta, deuteronomista e sacerdotal – cujos elementos teriam sido combinados para formar o conjunto da obra. Hoje prefere-se falar de tradições orais, passadas através das gerações, e que receberam uma forma literária em diversas épocas, chegando à redação definitiva no tempo do exílio. Porque a maioria dessas tradições remontam à época de Moisés e porque ele teve sobre elas uma profunda influência como autor e legislador, pode-se dizer que o Pentateuco é de origem mosaica. Descobriram-se também paralelos interessantes com textos extrabíblicos, por exemplo, para a história do dilúvio e a de Moisés salvo das águas.

A leitura do Pentateuco nos faz reviver os primeiros lances da maravilhosa história do amor divino que é a história da salvação. A aliança mosaica prefigura e prepara a nova aliança, à qual aderimos pelo batismo. As promessas de Javé aos patriarcas e ao povo nos lembram que em Cristo todas as promessas de Deus tiveram seu "sim" (2Cor 1,20).

GÊNESIS

O nome Gênesis é muito apropriado para o primeiro livro da Bíblia, que conta as origens do mundo, da humanidade em geral, e do povo de Israel em especial. Os capítulos 1-11, que narram a pré-história bíblica, contêm dois relatos da criação do mundo e da criação do ser humano e falam do primeiro pecado, do fratricídio de Caim, do dilúvio e da torre de Babel. Depois do pecado de Adão e Eva, Deus promete a salvação, a qual, no entanto, parece sempre mais distante com a expansão do mal no mundo, que prejudica a realização do plano divino, sem no entanto impedir que ele se realize.

O texto se exprime segundo os conhecimentos da época, descrevendo observações sobre o mundo e o ser humano, e mostrando não o que eles foram no passado, mas qual é sua essência imutável através dos tempos.

Do capítulo 12 em diante, o desígnio salvífico de Deus se manifesta na eleição de Abraão e nas promessas a ele feitas e renovadas a Isaac e a Jacó. É contada a vocação de Abraão e sua vida em Canaã, como também a destruição de Sodoma e Gomorra, o nascimento e o sacrifício de Isaac, o ciclo de Jacó-Israel e de José, o hebreu que prosperou no Egito. A migração de Abraão até Canaã deve ter ocorrido pelo ano 1850 a.C. Ao serem transmitidos através das gerações, os relatos sobre os Patriarcas foram revistos e ampliados, não sendo possível reconstruir os fatos conforme ocorreram. Alguns documentos extrabíblicos dessa época mostram que esses relatos concordam com os costumes do Oriente antigo.

Gênesis é o livro das promessas, que quase sempre tardam a se cumprir, pondo à prova a fé dos Patriarcas e de seus familiares.

Ler o livro do Gênesis é penetrar nas raízes das verdades fundamentais de nossa fé, tais como a existência de um Deus único, onipotente, criador e senhor do universo; a grandeza e a miséria do ser humano; a dignidade do amor humano e da família; a salvação que só Deus pode conceder e que chega à humanidade por meio dos instrumentos que ele elege entre os próprios seres humanos.

I. ORIGENS DA HUMANIDADE (1–11)

1 **A Criação do céu e da terra.** ¹No princípio Deus criou o céu e a terra.* ²A terra estava sem forma e vazia; as trevas cobriam o abismo e o espírito de Deus se movia sobre a superfície das águas.

³Deus disse: "Faça-se a luz!" E a luz foi feita. ⁴Deus viu que a luz era boa e separou a luz das trevas. ⁵Deus chamou à luz "dia" e às trevas "noite". E houve tarde e houve manhã: primeiro dia†.

⁶Deus disse: "Faça-se um firmamento no meio das águas para separar as águas das águas". ⁷Deus fez o firmamento e separou as águas que estão debaixo do firmamento, das águas que estão acima do firmamento. E assim aconteceu. ⁸Deus chamou ao firmamento "céu". E houve tarde e houve manhã: segundo dia.

⁹Deus disse: "As águas que estão debaixo do céu se reúnam num só lugar e apareça a parte seca". E assim aconteceu. ¹⁰Deus chamou à parte seca "terra" e à massa das águas, "mar". E Deus viu que isto era bom. ¹¹E Deus disse: "A terra produza vegetação: plantas que deem sementes e árvores frutíferas que deem sobre a terra fruto com a própria semente, cada qual segundo sua espécie". E assim aconteceu. ¹²A terra produziu vegetação: plantas que produzem semente, cada qual segundo a própria espécie, e árvores que dão fruto cada qual com sua semente, segundo a própria espécie. Deus viu que isto era bom. ¹³E houve tarde e houve manhã: terceiro dia.

¹⁴Deus disse: "Haja luzes no firmamento do céu, para distinguir o dia da

---

* **1**,1. Jó 38-39; Sl 8; 104; Pr 8,22-31 | 14. Br 3,33-35; Jr 31,35; Is 40,26; Sl 136,7

† **1**,5. Esta primeira narrativa da criação (Gn 1,1-2,4a) agrupa em seis dias todos os seres criados, enumerados em ordem de dignidade crescente. Deus cria livremente, não por necessidade, mas por amor, com sua Palavra onipotente, o universo que é, todo ele, bom e o confia ao governo do ser humano.

Gênesis 1-2

noite;* sirvam de sinais para as festas, para os dias e para os anos [15]e sirvam de luzes no firmamento do céu para iluminar a terra". E assim aconteceu: [16]Deus fez as duas grandes luzes, a luz maior para regular o dia e a luz menor para regular a noite[t], e as estrelas. [17]Deus as pôs no firmamento do céu para iluminar a terra, [18]para governar o dia e a noite e para separar a luz das trevas. E Deus viu que isto era bom. [19]E houve tarde e houve manhã: quarto dia.

[20]Deus disse: "Encham-se as águas de multidões de seres vivos,* e pássaros voem sobre a terra, no firmamento do céu". [21]Deus criou os grandes animais aquáticos e todos os seres vivos que nadam e que enchem as águas, segundo sua espécie, e toda ave alada, segundo sua espécie. E Deus viu que isto era bom. [22]Deus os abençoou[t], dizendo: "Sede fecundos e multiplicai-vos e enchei as águas dos mares; e os pássaros se multipliquem sobre a terra". [23]E houve tarde e houve manhã: quinto dia.

[24]Deus disse: "A terra produza seres vivos segundo sua espécie: animais domésticos, répteis e animais selvagens segundo sua espécie". E assim aconteceu: [25]Deus fez os animais selvagens segundo sua espécie, os animais domésticos segundo sua espécie e todos os répteis da terra segundo sua espécie. E Deus viu que isto era bom.

Criação do ser humano. [26]Deus disse: "Façamos o ser humano* a nossa imagem, como nossa semelhança; domine sobre os peixes do mar e sobre as aves do céu, sobre os animais domésticos, sobre todos os animais selvagens e sobre todos os répteis que rastejam pelo chão".[t]

[27]E Deus criou o ser humano a sua imagem;
à imagem de Deus o criou:
homem e mulher os criou;*
[28]Deus os abençoou e disse:*
"Sede fecundos e multiplicai-vos,
enchei a terra e submetei-a;*
dominai sobre os peixes do mar,
sobre as aves do céu
e sobre todo ser vivo
que rasteja pelo chão".[t]
[29]E Deus disse-lhes: "Dou-vos toda planta que dá semente e que está em toda a terra, e toda árvore em que há fruto, que produz semente: serão vosso alimento. [30]A todos os animais selvagens,* a todas as aves do céu e a todos os seres que rastejam pelo chão e nos quais há um sopro de vida, eu dou como comida toda vegetação". E assim aconteceu. [31]Deus viu tudo que havia feito: era muito bom.* E houve tarde e houve manhã: sexto dia.

2 **Deus santifica o sábado.** [1]Assim foram terminados o céu e a terra com todos os seus elementos. [2]No sétimo dia, Deus concluiu a obra que havia feito; e descansou de todo o seu trabalho* no sétimo dia. [3]Deus abençoou o sétimo dia e o consagrou, porque nele descansou de todo o trabalho que havia feito na criação[t]. [4]Estas são as origens do céu e da terra, quando foram criados.

Segundo relato da criação[t]. Quando Javé Deus fez a terra e o céu, [5]não havia sobre a terra nenhum arbusto do campo, e nenhuma planta do campo tinha brotado; porque Javé Deus não tinha feito chover sobre a terra e não havia homem para cultivar o solo. [6]Mas

---

* **1**,20. Jó 12,7-12 | 26. 5,1.3; 9,6; Sl 8,5s; Eclo 17,3s | 27. Mt 19,4 | 28. 8,17; 9,1 / Sl 8,6-9; Eclo 17,2ss; Sb 9,2; 10,2 | 30. Sl 104,14s | 31. Sl 104,24 | **2**,2. Êx 20,8; Hb 4,4 | 6. Ecl 3,20s; 12,7; Sl 104,29s; Jó 34,14s; 33,4

† **1**,16. O sol e a lua não são mencionados com seus nomes, porque eram adorados como divindades pelos povos vizinhos, Dt 17,3. | 22. Abençoar é uma ação propriamente divina que dá a vida, cuja fonte é Deus. | 26. A solenidade da expressão indica um ato todo especial do Criador. Criado à imagem de Deus, que é amor, o ser humano tem por vocação o amor, e possui inteligência e vontade. Mas não é igual a Deus, é seu semelhante. | 28. Deus une em matrimônio o primeiro casal, para que transmita a seus descendentes a vida humana, cooperando assim de uma forma única em sua obra criadora. | **2**,3. O repouso de Deus no sétimo dia será proposto aos hebreus como modelo a imitar, em louvor ao Criador (Êx 20,11; 31,17). | 4. Narrativa de estilo colorido e popular, proveniente de uma outra fonte. O homem é criado primeiro, e para ele Deus cria um jardim, os animais e a mulher, criatura igual a ele.

um vapor subia da terra* e regava toda a superfície do solo.[7] Então Javé Deus formou o homem com o pó da terra e soprou em suas narinas o sopro da vida, e o homem tornou-se um ser vivente†.

[8]Depois Javé Deus plantou um jardim em Éden, a oriente, e nele colocou o homem que havia formado. [9]Javé Deus fez germinar do solo* toda espécie de árvore de aspecto atraente e de fruto saboroso, a árvore da vida no meio do jardim e a árvore do conhecimento do bem e do mal†. [10]Um rio saía de Éden para regar o jardim; e dali se dividia em quatro braços. [11]O nome do primeiro é Fison: é o que rodeia todo o país de Hévila, onde há ouro; [12]e o ouro daquela terra é fino; lá há também bdélio e a pedra de ônix. [13]O segundo se chama Geon: este é o que rodeia todo o país da Etiópia. [14]O terceiro se chama Tigre: ele corre a leste de Assur. O quarto rio é o Eufrates.

[15]Javé Deus tomou o homem e o colocou no jardim de Éden, para o cultivar e o guardar.

[16]Javé Deus deu esta ordem ao homem: "Poderás comer de todas as árvores do jardim, [17]mas da árvore do conhecimento do bem e do mal não deves comer, porque no dia em que dela comeres certamente morrerás".*

Criação da mulher. [18]Javé Deus disse: "Não é bom que o homem esteja só: quero fazer-lhe um auxílio† que lhe corresponda". [19]Então Javé Deus formou da terra toda espécie de animais do campo e todas as aves do céu e os conduziu ao homem, para ver como os chamaria: cada ser vivo ficaria com o nome que o homem lhe desse. [20]Assim o homem deu nome a todos os animais domésticos, a todas as aves do céu e a todos os animais selvagens†, mas o homem não encontrou um auxílio que lhe correspondesse. [21]Então Javé Deus fez descer sobre o homem um sono profundo, e ele adormeceu; tirou-lhe uma das costelas e fechou a carne em seu lugar. [22]Com a costela que havia tirado do homem, Javé Deus formou a mulher e a conduziu ao homem. [23]Então o homem disse:

"Desta vez
esta é carne de minha carne
e osso de meus ossos.
Será chamada mulher
porque do homem foi tirada".†

[24]Por isso o homem deixa seu pai e sua mãe* para se unir a sua mulher, tornando-se os dois uma só carne. [25]Os dois, o homem e a mulher, estavam nus, mas não sentiam vergonha.

3 **A Tentação e o pecado.** [1]A serpente era o mais astuto de todos os animais do campo feitos por Javé Deus.* Ela disse à mulher: "É verdade que Deus disse: 'Não deveis comer de nenhuma árvore do jardim'?" [2]Respondeu a mulher à serpente: "Dos frutos das árvores do jardim podemos comer, [3]mas do fruto da árvore que está no meio do jardim, Deus disse: 'Dele não deveis comer e não deveis tocá-lo, senão morrereis'". [4]Mas a serpente disse à mulher: "Não morrereis de modo algum! [5]Antes, Deus sabe que, no dia em que dele comerdes, vossos olhos

---

* **2**,9. Pr 3,18; Ap 2,7; 22,1s | 17. Rm 6,23 | 24. Mt 19,5; Ef 5,31; 1Cor 6,16 | **3**,1. Sb 2,24; Rm 5,12-21

---

† **2**,7. A pessoa humana é um ser ao mesmo tempo corporal e espiritual. Isto se exprime nos símbolos do pó e do sopro. | 9. A árvore da vida representa a imortalidade à qual o ser humano era chamado. A árvore do conhecimento do bem e do mal significa o poder de decidir o que é bom e mau, ser sua própria lei, coisa que não compete à criatura, que recebe do Criador sua lei. | 18. O hebraico usa aqui a palavra "ezer", que só se aplica a pessoas, inclusive a Deus (Êx 18,4; Sl 121,2), por isso não exprime inferioridade nem instrumentalização, mas uma ajuda vital. | 20. Dar um nome é exercer um domínio. O homem inicia sua missão de governar as criaturas. | 23. O homem descobre a mulher como um outro "eu", como seu próprio rosto. Deus os criou um para o outro, numa comunhão de pessoas, sendo iguais enquanto pessoas e complementares enquanto masculino e feminino. O hebraico tem duas palavras muito semelhantes para dizer "mulher" e "homem", "ichah" e "ich", o que permite fazer um jogo de palavras intraduzível em português; uma tradução aproximativa seria "esposa" e "esposo". | **3**,5. O pecado do homem foi provocado por uma mentira do tentador que o fez duvidar da palavra de Deus, de sua benevolência e de sua fidelidade.

Gênesis 3

se abrirão e sereis como Deus, conhecendo o bem e o mal".† ⁶Então a mulher viu que o fruto da árvore era bom para comer, atraente para os olhos e desejável para adquirir conhecimento; apanhou o fruto e o comeu; depois deu dele também ao marido, que estava com ela, e ele comeu†. ⁷Então os olhos de ambos se abriram e, percebendo que estavam nus, juntaram folhas de figueira e fizeram tangas para si.

⁸Ouvindo o rumor de Javé Deus que passeava no jardim à brisa do dia, o homem e sua mulher se esconderam de Javé Deus no meio das árvores do jardim. ⁹Mas Javé Deus chamou o homem e lhe disse: "Onde estás?" ¹⁰Respondeu: "Ouvi vosso rumor no jardim e tive medo, porque estou nu, e me escondi".

¹¹Deus lhe perguntou: "Quem te disse que estavas nu? Então comeste da árvore da qual te ordenei que não comesses?"

¹²O homem respondeu: "A mulher que me deste por companheira me deu da árvore, e eu comi". ¹³Javé disse à mulher: "Que fizeste?" Respondeu a mulher: "A serpente me enganou, e eu comi".*

Castigo e promessa. ¹⁴Então Javé Deus disse à serpente:

"Porque fizeste isto,
    maldita sejas entre todos os animais do campo
    e entre todos os animais selvagens;
    sobre teu ventre caminharás
    e pó da terra comerás
    todos os dias de tua vida.
¹⁵Porei inimizade entre ti e a mulher,
    entre tua descendência e a descendência dela:

esta te ferirá a cabeça*
e tu lhe ferirás o calcanhar".†
¹⁶E à mulher ele disse:
"Multiplicarei
    os sofrimentos de teu parto;
    entre dores darás à luz os filhos.*
Para teu marido será teu desejo,
    mas ele te dominará."
¹⁷E ao homem ele disse:
"Porque ouviste a voz de tua mulher
    e comeste da árvore, da qual eu te ordenei:
    'Não deves comer dela',
    maldito seja o solo por tua causa!*
Com sofrimento tirarás dele o sustento
    todos os dias de tua vida.
¹⁸Espinhos e cardos produzirá para ti
    e comerás a relva dos campos.
¹⁹Com o suor de teu rosto comerás o pão,*
    até que voltes à terra,
    porque dela foste tirado:
    tu és pó e ao pó voltarás!"†
²⁰O homem deu a sua mulher o nome de Eva, porque ela seria a mãe de todos os viventes†.

²¹Javé Deus fez para o homem e para a mulher roupas de peles e os vestiu. ²²Então disse Javé Deus: "O homem tornou-se como um de nós, conhecedor do bem e do mal. Agora, não aconteça que ele estenda a mão e apanhe também da árvore da vida e dela coma e viva para sempre!" ²³Javé Deus o expulsou do jardim de Éden, para que trabalhasse a terra da qual tinha sido tirado. ²⁴Expulsou o homem* e pôs a oriente do jardim de Éden os querubins com a espada flamejante a cintilar, para guardar o caminho da árvore da vida.

---

* **3,**13. 2Cor 11,3 | 15. Ap 12,17 | 16. Ap 12,2 | 17. Rm 8,20 | 19. Jó 34,15; Sl 90,3; 104,29; Ecl 3,20; 12,7 | 24. Ap 22,1s.14

† **3,**6. O homem estava destinado a ser plenamente divinizado por Deus na glória. Pela sedução do diabo, quis ser como Deus, mas sem Deus e antes de Deus e não segundo Deus (S. Máximo confessor). | 15. Esta promessa de Deus é chamada "protoevangelho", primeiro anúncio da salvação. A revelação irá se tornando mais clara e verá na "descendência" da mulher o Messias salvador e, na própria mulher, sua mãe, Maria, imaculada, vencedora do pecado, por privilégio divino. – Por que Deus não impediu o primeiro homem de pecar? S. Leão Magno responde: A graça inefável de Cristo deu-nos bens melhores do que aqueles que a inveja do demônio nos havia subtraído. Por isso, a Igreja canta na Páscoa: Ó feliz culpa, que mereceu tal e tão grande Redentor! | 19. Depois de pecarem contra Deus, o homem e a mulher começam a desentender-se. Surgem entre eles acusações recíprocas, dominação e cobiça. As penas pelo pecado atingem a mulher como mãe e esposa, e o homem como trabalhador. | 20. Eva deriva de "hayah", que significa "viver".

11 · Gênesis 4-5

4 **Caim e Abel.** [1]Adão uniu-se a Eva†, sua mulher, a qual concebeu e deu à luz Caim, e disse: "Adquiri um homem com a ajuda de Javé". [2]Depois deu à luz ainda a seu irmão Abel. Abel era pastor de rebanhos e Caim lavrador da terra.

[3]Passado o tempo, Caim ofereceu frutos da terra em oblação a Javé; [4]Abel, por sua vez, ofereceu primogênitos de seu rebanho* e sua gordura. Javé olhou com agrado para Abel e sua oferta, [5]mas não olhou com agrado para Caim e sua oferta. Caim ficou muito irritado com isso e com o rosto abatido. [6]Javé disse então a Caim: "Por que estás irritado e com o rosto abatido? [7]Se fizeres o bem, não andarás de cabeça erguida? Mas se não fizeres o bem, o pecado está à espreita diante de tua porta; ele se esforça para conquistar-te, mas tu deves dominá-lo". [8]Caim disse a seu irmão Abel:* "Vamos ao campo!" Enquanto estavam no campo, Caim atirou-se sobre seu irmão Abel e o matou†.

[9]Então Javé disse a Caim: "Onde está Abel, teu irmão?" Ele respondeu: "Não sei. Sou eu o guarda de meu irmão?" [10]Javé disse: "Que fizeste? A voz do sangue de teu irmão clama por mim da terra! [11]Agora maldito sejas tu, longe da terra que por obra tua bebeu o sangue de teu irmão. [12]Quando cultivares a terra, ela não te dará mais seus frutos: serás um fugitivo, vagando sobre a terra". [13]Disse Caim a Javé: "Grande demais é meu castigo, para que eu possa suportá-lo! [14]Vós me expulsais hoje desta terra e terei de esconder-me longe de vós; serei fugitivo, vagando sobre a terra; e todo aquele que me encontrar poderá me matar." [15]Javé lhe disse: "Quem matar Caim será punido sete vezes!" Javé pôs em Caim um sinal, para que não fosse morto por quem o encontrasse. [16]Caim se retirou da presença de Javé e foi morar na região de Nod, a leste de Éden.

A descendência de Caim. [17]Caim uniu-se a sua mulher, que concebeu e deu à luz Henoc; depois tornou-se construtor de uma cidade, à qual deu o nome de seu filho Henoc. [18]A Henoc nasceu Irad, e Irad gerou Maviael, e Maviael gerou Matusael, e Matusael gerou Lamec. [19]Lamec tomou para si duas mulheres: o nome da primeira era Ada e o nome da segunda, Sela. [20]Ada deu à luz Jabel: ele foi o pai dos que moram em tendas e possuem rebanhos. [21]O nome de seu irmão era Jubal: ele foi o pai de todos os que tocam cítara e flauta. [22]Sela, por sua vez, deu à luz Tubalcaim, forjador de todo utensílio de cobre e de ferro; a irmã de Tubalcaim era Noema.

[23]Lamec disse a suas mulheres:

"Ada e Sela, escutai minha voz;

mulheres de Lamec, prestai ouvido ao que vou dizer:

Matei um homem por causa de uma ferida

e um rapaz por causa de uma contusão.

[24]Sete vezes será vingado Caim, mas Lamec setenta e sete".

A Descendência de Set. [25]Adão uniu-se de novo à sua mulher,* que deu à luz um filho e o chamou Set. "Porque – disse – Deus me deu outro descendente em lugar de Abel, porque Caim o matou."

[26]Também a Set nasceu um filho, que ele chamou Enós. Então se começou a invocar o nome de Javé.*

5 **Patriarcas anteriores ao dilúvio.** [1]Esta é a lista dos descendentes de Adão. *Quando Deus criou o ser humano, ele o fez à semelhança de Deus; [2]homem e mulher os criou, abençoou-

---

* **4**,4. Hb 11,4 | 8. Sb 10,3 | 25. 1Cr 1,1-4 | 26. Êx 3,14 | **5**,1. 1,26

† **4**,1. O hebraico diz "conheceu", verbo que em muitos casos significa as relações sexuais. "Caim" deriva de "qanah", adquirir. | 8. O pecado começa a crescer e a propagar-se no mundo. Rompida a harmonia com Deus, entram nas relações humanas a inveja, a competição, o ódio, a violência, a maldade. Gn 4-11 mostra uma série desses pecados, sendo o primeiro um homicídio, que é também um fratricídio, como todo homicídio também o será, pois somos todos irmãos.

Gênesis 5-6

-os e os chamou de "ser humano" quando foram criados. ³Adão tinha cento e trinta anos quando gerou um filho a sua semelhança, a sua imagem, e o chamou Set. ⁴Depois de ter gerado Set, Adão viveu ainda oitocentos anos e gerou filhos e filhas. ⁵O total dos dias de Adão foi de novecentos e trinta anos†; depois morreu.

⁶Set tinha cento e cinco anos quando gerou Enós; ⁷depois de ter gerado Enós, Set viveu ainda oitocentos e sete anos e gerou filhos e filhas. ⁸O total dos dias de Set foi de novecentos e doze anos; depois morreu.

⁹Enós tinha noventa anos quando gerou Cainã; ¹⁰depois de ter gerado Cainã, Enós viveu ainda oitocentos e quinze anos e gerou filhos e filhas. ¹¹O total dos dias de Enós foi de novecentos e cinco anos; depois morreu.

¹²Cainã tinha setenta anos quando gerou Malaleel; ¹³depois de ter gerado Malaleel, Cainã viveu ainda oitocentos e quarenta anos e gerou filhos e filhas. ¹⁴O total dos dias de Cainã foi de novecentos e dez anos; depois morreu.

¹⁵Malaleel tinha sessenta e cinco anos quando gerou Jared; ¹⁶depois de ter gerado Jared, Malaleel viveu ainda oitocentos e trinta anos e gerou filhos e filhas. ¹⁷O total dos dias de Malaleel foi de oitocentos e noventa e cinco anos; depois morreu.

¹⁸Jared tinha cento e sessenta e dois anos quando gerou Henoc; ¹⁹depois de ter gerado Henoc, Jared viveu ainda oitocentos anos e gerou filhos e filhas. ²⁰O total dos dias de Jared foi de novecentos e sessenta e dois anos; depois morreu.

²¹Henoc tinha sessenta e cinco anos* quando gerou Matusalém. ²²Henoc andou com Deus; depois de ter gerado Matusalém, viveu ainda trezentos anos e gerou filhos e filhas. ²³O total dos dias de Henoc foi de trezentos e sessenta e cinco anos.* ²⁴Henoc caminhou com Deus† e desapareceu, porque Deus o levou†.

²⁵Matusalém tinha cento e oitenta e sete anos quando gerou Lamec; ²⁶depois de ter gerado Lamec, Matusalém viveu ainda setecentos e oitenta e dois anos e gerou filhos e filhas. ²⁷O total dos dias de Matusalém foi de novecentos e sessenta e nove anos; depois morreu.

²⁸Lamec tinha cento e oitenta e dois anos quando gerou um filho ²⁹e o chamou Noé, dizendo: "Este nos consolará de nosso trabalho e do cansaço de nossas mãos, por causa do solo que Javé amaldiçoou". ³⁰Depois de ter gerado Noé, Lamec viveu ainda quinhentos e noventa e cinco anos e gerou filhos e filhas. ³¹O total dos dias de Lamec foi de setecentos e setenta e sete anos; depois morreu.

³²Noé tinha quinhentos anos quando gerou Sem, Cam e Jafé.

6 A Corrupção da humanidade.

¹Quando os homens começaram a se multiplicar sobre a terra e lhes nasceram filhas, ²os filhos de Deus viram que as filhas dos homens eram belas e tomaram como esposas todas as que escolheram. ³Javé disse: "Não ficará sempre no homem meu espírito, pois ele é carne; a duração de sua vida não será mais que cento e vinte anos".

⁴Naquele tempo havia sobre a terra os gigantes, e também depois, quando os filhos de Deus se uniam às filhas dos homens e estas lhes geravam filhos: são esses os famosos heróis da Antiguidade.*

⁵Javé viu que a maldade dos homens se multiplicava sobre a terra* e

---

* **5**,21. Eclo 44,16; 49,14 | 23. Hb 11,5; Sb 4,10s | **6**,4. Dt 2,10 | 5. Eclo 16,7-8; Br 3,26s; Sb 14,6s; 1Pd 3,20s

† **5**,5. Aos patriarcas é atribuída uma idade fabulosa, porque uma vida longa era considerada uma bênção de Deus: Pr 10,27; Is 65,20. A vida se tornará breve com a difusão do mal: Gn 6,3. | 24. Caminhar com Deus é ter Deus presente em tudo o que fazemos e dizemos, é estar sempre unidos com ele (S. Geraldo Majela). | 24. Henoc, que desaparece misteriosamente como Elias, 2Rs 2,11, tornou-se na tradição israelita um exemplo de piedade, Eclo 44,16; Hb 11,5, e confidente dos segredos divinos. Um livro apócrifo lhe é atribuído.

que todos os projetos de seu coração tendiam continuamente para o mal. [6]E Javé se arrependeu de ter feito o ser humano sobre a terra[t] e seu coração se entristeceu. [7]Javé disse: "Exterminarei da face da terra o ser humano que criei; e com ele também os animais, os répteis e as aves do céu, porque estou arrependido de os ter feito". [8]Mas Noé encontrou graça aos olhos de Javé.*

[9]Esta é a história de Noé.*

Noé era um homem justo e íntegro entre seus contemporâneos, e andava com Deus. [10]Noé gerou três filhos: Sem, Cam e Jafé. [11]Mas a terra corrompeu-se diante de Deus e estava cheia de violência.

[12]Deus olhou para a terra e viu que estava corrompida, porque todo ser humano tinha pervertido sua conduta sobre a terra.

Intervenção de Deus para salvar o homem. [13]Então Deus disse a Noé: "Decidi que é chegado o fim de todo ser criado, porque a terra, por sua causa, está cheia de violência. Vou exterminá-los junto com a terra. [14]Faze para ti uma arca de madeira resinosa; divide a arca em compartimentos e calafeta-a com betume por dentro e por fora. [15]Deves fazê-la assim: a arca terá trezentos côvados de comprimento, cinquenta de largura e trinta de altura[t]. [16]Farás na arca um teto e, a um côvado mais acima, a terminarás. De um lado porás a entrada da arca. Tu a farás com andares: inferior, segundo e terceiro.

[17]Eu mandarei o dilúvio[t], isto é, as águas sobre a terra,* para destruir debaixo do céu todo ser com sopro de vida; tudo o que está sobre a terra perecerá. [18]Mas contigo eu farei minha aliança. Entrarás na arca com teus filhos, tua mulher e as mulheres de teus filhos. [19]De tudo o que vive, de todo ser vivo, introduzirás na arca dois de cada

espécie, macho e fêmea, para conservá-los em vida contigo. [20]De cada espécie de ave, de cada espécie de animais e de cada espécie de todos os répteis da terra, virá contigo um casal, para os conservares em vida. [21]Quanto a ti, ajunta todo tipo de alimento e guarda-o junto de ti, para que sirva de comida para ti e para eles". [22]Noé fez tudo como Deus lhe tinha mandado.

7 **O Dilúvio.** [1]Javé disse a Noé: "Entra na arca com toda a tua família,* porque vi que és justo diante de mim nesta geração. [2]De cada animal puro[t] toma contigo sete casais, o macho com a fêmea; dos animais impuros um casal, o macho com a fêmea. [3]Também das aves do céu, sete casais, macho e fêmea, para perpetuar sua raça sobre toda a terra. [4]Porque daqui a sete dias farei chover sobre a terra durante quarenta dias e quarenta noites; exterminarei da face da terra todo ser vivo que fiz". [5]Noé fez tudo o que Javé tinha ordenado.

[6]Noé tinha seiscentos anos quando o dilúvio das águas inundou a terra. [7]Noé entrou na arca com seus filhos, sua mulher e as mulheres de seus filhos, para escapar das águas do dilúvio. [8]Dos animais puros e dos impuros, das aves e de todos os seres que rastejam pelo chão [9]entraram dois a dois com Noé na arca, macho e fêmea, como Deus lhe havia ordenado.

[10]Passados sete dias, as águas do dilúvio vieram sobre a terra. [11]No ano seiscentos da vida de Noé, no segundo mês, no dia dezessete do mês, justamente nesse dia, irromperam todas as fontes do grande abismo e as cataratas do céu se abriram. [12]Caiu a chuva sobre a terra durante quarenta dias e quarenta noites. [13]Nesse mesmo dia Noé entrou na arca com os filhos Sem, Cam e Jafé, sua mulher e as três mulhe-

---

* **6**,8. Hb 11,7 | 9. Eclo 44,17 | 17. 2Pd 2,5 | **7**,1. Sb 10,4; 2Pd 2,5

† **6**,6. Modo humano de falar sobre Deus, para mostrar o quanto ele detesta o pecado. Na realidade, Deus conhece tudo de antemão e não muda seu pensamento e sua vontade. | 15. O côvado media aproximadamente 50 cm; portanto a arca tinha 150 m de comprimento, 25 de largura e 15 de altura. | 17. No NT, o dilúvio será figura do juízo final, Mt 24,37-29, e do batismo, 1Pd 3,20-21 | **7**,2. Puro é o animal permitido na mesa dos israelitas. Ver a lista em Lv 11.

Gênesis 7-8

res de seus filhos; [14]e com eles todas as espécies dos animais selvagens, dos animais domésticos, dos seres que rastejam pelo chão, das aves e de todos os seres alados. [15]Vieram, pois, para junto de Noé na arca, dois a dois, de todo ser vivo em que há sopro de vida. [16]Os que vinham, macho e fêmea de todo ser vivo, entraram como Deus lhe havia ordenado; depois Javé fechou a porta atrás dele.

[17]O dilúvio caiu sobre a terra durante quarenta dias: as águas subiram e levantaram a arca, que se elevou sobre a terra. [18]As águas aumentaram e cresceram muito sobre a terra e a arca flutuava na superfície das águas. [19]As águas subiram cada vez mais sobre a terra e cobriram todas as montanhas mais altas que há debaixo de todo o céu. [20]As águas elevaram-se quinze côvados acima das montanhas que elas cobriram.

[21]Pereceu todo ser vivo que se movia sobre a terra: aves, animais domésticos e selvagens, todos os seres que fervilham sobre a terra e todos os seres humanos. [22]Morreu todo ser que tinha um sopro de vida nas narinas, isto é, tudo o que estava sobre a terra seca.

[23]Assim foram exterminados todos os seres que estavam sobre a terra: desde os seres humanos até os animais, os répteis e as aves do céu; eles foram extintos da terra e ficaram somente Noé e os que estavam com ele na arca.

[24]As águas permaneceram altas sobre a terra durante cento e cinquenta dias.

8 Fim do dilúvio. [1]Então Deus se lembrou de Noé e de todos os animais selvagens e domésticos que estavam com ele na arca. Fez soprar um vento sobre a terra, e as águas baixaram. [2]As fontes do abismo e as comportas do céu foram fechadas e a chuva parou de cair. [3]Pouco a pouco as águas foram se retirando e, passados cento e cinquenta dias, começaram a diminuir. [4]No dia dezessete do sétimo

mês, a arca pousou sobre os montes de Ararat. [5]As águas continuaram a diminuir até o décimo mês; e no primeiro dia do décimo mês apareceram os cumes das montanhas.

[6]Transcorridos mais quarenta dias, Noé abriu a janela que havia feito na arca [7]e deixou sair um corvo, que saiu, indo e voltando, até que secaram as águas sobre a terra. [8]Soltou também uma pomba, para ver se as águas já se haviam retirado do solo. [9]Mas a pomba, não encontrando onde pousar, voltou para junto dele na arca, porque as águas ainda cobriam toda a face da terra. Ele estendeu a mão, apanhou-a e recolheu-a na arca. [10]Esperou mais sete dias e de novo soltou a pomba fora da arca. [11]E a pomba voltou a ele ao entardecer, trazendo no bico uma folha verde de oliveira. Então Noé compreendeu que as águas se haviam retirado da terra. [12]Esperou outros sete dias e soltou a pomba, que não mais voltou.

Noé sai da arca. [13]Foi no ano seiscentos e um da vida de Noé, no primeiro dia do primeiro mês, que as águas secaram sobre a terra; Noé retirou a cobertura da arca e viu que a superfície do solo estava seca. [14]Foi no vigésimo sétimo dia do segundo mês que a terra ficou enxuta.

[15]Deus ordenou a Noé: [16] "Sai da arca com tua mulher, teus filhos e as mulheres de teus filhos. [17]Faze sair também contigo todas as espécies de animais* que estão contigo: aves, animais domésticos e os répteis que rastejam pelo chão, para que se propaguem sobre a terra, sejam fecundos e se multipliquem sobre ela".

Noé agradece a Deus. [18]Noé saiu com seus filhos, sua mulher e as mulheres de seus filhos. [19]Saíram também da arca todos os animais selvagens e domésticos, todas as aves e todos os répteis que rastejam pelo chão, todos segundo sua espécie. [20]Então Noé construiu um altar a Javé; tomou animais puros e aves puras de toda espécie e ofereceu holocaustos sobre o altar. [21]Javé aspi-

---

* **8,**17. 1,22

15 Gênesis 8-9

rou aquele suave perfume e disse consigo mesmo: "Não amaldiçoarei nunca mais o solo por causa do ser humano, porque o coração† humano está inclinado para o mal desde a adolescência; nem castigarei mais nenhum ser vivo como acabei de fazer.

²²Enquanto durar a terra,
plantio e colheita,
frio e calor,
verão e inverno,
dia e noite
jamais cessarão".

9 **Humanidade renovada.** ¹Deus abençoou Noé e seus filhos, dizendo-lhes: "Sede fecundos, multiplicai-vos e enchei a terra. ²Sereis causa de medo e de pavor para todos os animais da terra e para todas as aves do céu, para tudo o que rasteja pelo chão e para todos os peixes do mar: eu os ponho em vosso poder. ³Tudo o que se move* e tem vida vos servirá de alimento: dou-vos tudo isto, como já vos dei as plantas. ⁴Mas não comereis a carne com sua vida, isto é, seu sangue†. ⁵De vosso sangue, ou seja, de vossa vida,* eu pedirei contas; pedirei contas dele a todo animal; ao homem pedirei contas da vida do homem: a cada um, de seu irmão.

⁶Quem derrama o sangue do homem,
pelo homem terá seu sangue derramado.
Porque à imagem de Deus*
foi feito o homem.
⁷Quanto a vós, sede fecundos e multiplicai-vos,
propagai-vos sobre a terra e dominai-a".

Aliança de Deus com Noé. ⁸Deus disse a Noé* e a seus filhos: ⁹"Estabeleço minha aliança convosco e com vossos descendentes depois de vós; ¹⁰com todo ser vivo que está convosco: aves, animais domésticos e selvagens, com todos os animais da terra que saíram da arca. ¹¹Estabeleço* minha aliança convosco: não será mais exterminado nenhum ser vivo pelas águas do dilúvio, nem haverá mais dilúvio para devastar a terra".

¹²Deus disse:
"Este é o sinal da aliança†
que estabeleço entre mim e vós
e todos os seres vivos que estão convosco,
para todas as gerações futuras.
¹³Ponho meu arco nas nuvens
e este será o sinal da aliança
entre mim e a terra.
¹⁴Quando eu reunir as nuvens sobre a terra
e aparecer o arco nas nuvens†,
¹⁵eu me lembrarei de minha aliança
que há entre mim e vós
e todos os seres de toda espécie;
e não haverá mais as águas do dilúvio
para destruir todo ser vivo.
¹⁶O arco estará nas nuvens,
e eu o verei e me lembrarei da aliança eterna
entre Deus e todos os seres de toda espécie que há sobre a terra".

¹⁷Disse Deus a Noé: "Este é o sinal da aliança que estabeleço entre mim e todos os seres vivos que estão sobre a terra".

Maldição de Canaã. ¹⁸Os filhos de Noé,* que saíram da arca, foram Sem, Cam e Jafé; Cam é o pai de Canaã. ¹⁹Estes três são os filhos de Noé, e a partir deles foi povoada toda a terra.

²⁰Noé, que cultivava a terra, plantou uma vinha. ²¹Tendo bebido vinho, em-

---

* **9**,3. 1,29 | 5. Lv 1,5; Êx 20,13 | 6. 1,26 | 8. 6,18 | 11. Eclo 44,18 | 18. 10,6

† **8**,21. O coração é o íntimo da pessoa, que só o Espírito de Deus pode sondar ou conhecer. É a sede das decisões, onde se escolhe a vida ou a morte. | **9**,4. O sangue era considerado a sede da vida, a qual pertence unicamente a Deus. Daí a proibição de comer sangue ou carne de animais sufocados, da qual não foi extraído o sangue. | 12. À semelhança dos acordos feitos entre soberanos, Deus também faz alianças para proteger e salvar seu povo: primeiro com Noé, depois com Abraão, mais tarde com o povo de Israel no Sinai. Jeremias anuncia uma nova aliança (31,31-34), que Jesus realiza com seu sangue redentor (Lc 22,20). | 14. Como um guerreiro que depõe as armas em sinal de paz, Deus depõe seu arco (suas flechas são os raios). O arco-íris significa o fim da ira divina.

Gênesis 9-10

briagou-se e ficou despido no interior da tenda. ²²Cam, pai de Canaã, viu o pai despido e foi contar aos dois irmãos que estavam fora. ²³Então Sem e Jafé tomaram o manto, puseram-no sobre os ombros e, caminhando de costas, cobriram a nudez do pai; seus rostos estavam voltados para trás, e não viram o pai despido.

²⁴Quando Noé despertou da embriaguez, ficou sabendo o que lhe tinha feito o filho mais novo; ²⁵então disse:

"Maldito seja Canaã!
Será para seus irmãos
o último dos escravos!"
²⁶E acrescentou:
"Bendito seja Javé, Deus de Sem,
e que Canaã seja seu escravo!
²⁷Deus engrandeça Jafé,
que ele more nas tendas de Sem
e que Canaã seja seu escravo!"

²⁸Noé viveu, depois do dilúvio, trezentos e cinquenta anos. ²⁹O total dos dias de Noé foi de novecentos e cinquenta anos; depois morreu.

10 Descendência dos filhos de Noé.

¹São estes os descendentes* dos filhos de Noé† – Sem, Cam e Jafé – aos quais nasceram filhos depois do dilúvio:

²Filhos de Jafé: Gomer, Magog, Madai, Javã, Tubal, Mosoc e Tiras. ³Filhos de Gomer: Asquenez, Rifat e Togorma. ⁴Filhos de Javã: Elisa, Társis, Cetim e Rodanim. ⁵Deles derivaram os povos espalhados pelas ilhas das nações, em seus diversos países, cada um segundo a própria língua, segundo suas famílias, em suas nações.

⁶Filhos de Cam: Cuch, Mesraim, Fut e Canaã. ⁷Filhos de Cuch: Saba, Hévila, Sabata, Regma e Sabataca.

Filhos de Regma: Sabá e Dadã.*

⁸Cuch gerou Nemrod, que foi o primeiro homem poderoso sobre a terra.

⁹Foi um valente caçador diante de Javé, e é por isso que se diz: "Caçador valente diante de Javé como Nemrod". ¹⁰As capitais de seu reino foram Babel, Arac, Acad e Calane, cidades que estão todas na terra de Senaar. ¹¹Dali saiu para Assur e construiu Nínive, Reobot-Ir, Cale ¹²e Resen, a grande cidade entre Nínive e Cale.

¹³Mesraim gerou os de Lud, de Anam, de Laab, de Naftu, ¹⁴de Patros, de Caslu e de Cáftor, dos quais se originaram os filisteus.

¹⁵Canaã gerou Sidon, seu primogênito, depois Het, ¹⁶e os jebuseus, os amorreus, os gergeseus, ¹⁷os heveus, os araceus, os sineus, ¹⁸os arádios, os samareus e os emateus. Em seguida dispersaram-se as famílias dos cananeus. ¹⁹A fronteira dos cananeus ia de Sidônia, na direção de Gerara, até Gaza; e na direção de Sodoma, Gomorra, Adama e Seboim, até Lesa.

²⁰Esses foram os filhos de Cam, segundo suas famílias e línguas, territórios e nações.

²¹Nasceram também filhos a Sem, pai de todos os filhos de Héber e irmão mais velho de Jafé.

²²Filhos de Sem: Elam, Assur, Arfaxad, Lud e Aram.

²³Filhos de Aram: Hus, Hul, Geter e Mes.

²⁴Arfaxad gerou Salé, e Salé gerou Héber. ²⁵Héber teve dois filhos: o primeiro chamava-se Faleg, porque em seu tempo a terra foi dividida; e seu irmão chamava-se Jectã.

²⁶Jectã gerou Elmodad, Salef, Asarmot, Jaré, ²⁷Aduram, Uzal, Decla, ²⁸Ebal, Abimael, Sabá, ²⁹Ofir, Hévila e Jobab: todos esses são filhos de Jectã. ³⁰Eles habitavam a região desde Mesa até Sefar, a montanha do oriente.

³¹Esses foram os filhos de Sem, segundo suas famílias e línguas, territórios e nações.

³²Essas foram as famílias* dos descendentes de Noé, segundo suas des-

---

* **10**,1. 1Cr 1,5-23 | 7. 1Rs 10,1 | 32. 9,1

† **10**,1. Essa "tábua das nações" apresenta os povos espalhados pelo mundo conhecido na época do autor (séc. VI a.C.), salientando a unidade do gênero humano, renascido depois do dilúvio, e dividido em três ramos.

17 Gênesis 10-12

cendências e segundo suas nações. Foi a partir deles que os povos se espalharam pela terra depois do dilúvio.

11 **A Torre de Babel.** [1]Toda a terra tinha uma só língua* e usava as mesmas palavras. [2]Emigrando do Oriente, os homens encontraram uma planície no país de Senaar e ali se estabeleceram. [3]Disseram uns aos outros: "Vamos fazer tijolos e cozê-los ao fogo". Usaram tijolos, em vez de pedras, e betume, em vez de argamassa. [4]Depois disseram: "Vamos construir para nós uma cidade e uma torre cujo topo atinja o céu. Tornemos célebre nosso nome, para não sermos dispersos sobre toda a terra".

[5]Mas Javé desceu para ver a cidade e a torre que os homens estavam construindo. [6]E disse: "Eles são um só povo e falam todos a mesma língua. Isto é o início de seus empreendimentos e agora nada os impedirá de realizar seus intentos. [7]Desçamos, pois, e confundamos a língua deles, para que não mais se entendam uns aos outros". [8]E Javé os dispersou de lá por toda a face da terra, e eles cessaram de construir a cidade. [9]Por isto a cidade foi chamada Babel, porque lá Javé confundiu a língua de toda a terra e de lá Javé os dispersou pela terra inteira†.

Antepassados de Abrão. [10]Esta é a descendência de Sem:* Sem tinha cem anos quando gerou Arfaxad, dois anos depois do dilúvio; [11]depois de ter gerado Arfaxad, Sem viveu quinhentos anos e gerou filhos e filhas.

[12]Arfaxad tinha trinta e cinco anos quando gerou Salé; [13]depois de ter gerado Salé, Arfaxad viveu quatrocentos e três anos e gerou filhos e filhas.

[14]Salé tinha trinta anos quando gerou Héber; [15]depois de ter gerado Héber, Salé viveu quatrocentos e três anos e gerou filhos e filhas.

[16]Héber tinha trinta e quatro anos quando gerou Faleg; [17]depois de ter gerado Faleg, Héber viveu quatrocentos e trinta anos e gerou filhos e filhas.

[18]Faleg tinha trinta anos quando gerou Reu; [19]depois de ter gerado Reu, Faleg viveu duzentos e nove anos e gerou filhos e filhas.

[20]Reu tinha trinta e dois anos quando gerou Sarug; [21]depois de ter gerado Sarug, Reu viveu duzentos e sete anos e gerou filhos e filhas.

[22]Sarug tinha trinta anos quando gerou Nacor; [23]depois de ter gerado Nacor, Sarug viveu duzentos anos e gerou filhos e filhas.

[24]Nacor tinha vinte e nove anos quando gerou Taré; [25]depois de ter gerado Taré, Nacor viveu cento e dezenove anos e gerou filhos e filhas.

[26]Taré tinha setenta anos quando gerou Abrão, Nacor e Arã.

[27]Esta é a descendência de Taré: Taré gerou Abrão, Nacor e Arã. Arã gerou Ló. [28]Arã morreu na presença de seu pai Taré em sua terra natal, Ur dos caldeus. [29]Abrão e Nacor se casaram; a mulher de Abrão chamava-se Sarai e a mulher de Nacor, Melca, que era filha de Arã, pai de Melca e pai de Jesca. [30]Sarai era estéril e não tinha filhos.

[31]Taré tomou consigo Abrão, seu filho, e Ló, seu neto, filho de Arã, e a nora Sarai, mulher de seu filho Abrão, e partiu com eles de Ur dos caldeus para ir à terra de Canaã. Mas quando chegaram a Harã, aí se estabeleceram. [32]O total dos dias de Taré foi de duzentos e cinco anos; Taré morreu em Harã.

II. O PATRIARCA ABRAÃO
(12,1–25,18)

12 **Vocação de Abrão.** [1]Javé disse a Abrão:*
"Sai de tua terra,
de tua família
e da casa de teu pai,

---

* **11**,1. Sb 10,5; At 2,5-12; Ap 7,9s | 10. 1Cr 1,17-27 | **12**,1. Sb 10,5; At 7,2s; Hb 11,8s

† **11**,9. Nesta narrativa, a dispersão do gênero humano é fruto, não de uma bênção divina como no cap. 10, mas de um pecado de soberba. Em Pentecostes, Deus falará aos povos dispersos em sua própria língua, At 2,5-11.

Gênesis 12-13

e vai para a terra que te mostrarei. [2]Farei de ti uma grande nação e te abençoarei; engrandecerei teu nome e tu serás uma bênção. [3]Abençoarei os que te abençoarem* e amaldiçoarei os que te amaldiçoarem.

Em ti serão abençoadas todas as famílias da terra".

[4]Abrão partiu†, como Javé lhe disse, e Ló foi com ele. Abrão tinha setenta e cinco anos quando deixou Harã. [5]Abrão tomou consigo sua mulher Sarai e Ló, filho de seu irmão, e todos os bens que haviam acumulado, além dos escravos que haviam adquirido em Harã, e partiram para a terra de Canaã. Ali chegando, [6]Abrão atravessou o país até o santuário de Siquém, até o carvalho de Moré. Nesse tempo os cananeus moravam nessa terra.

[7]Javé apareceu a Abrão* e lhe disse: "Darei esta terra a tua descendência". Abrão construiu ali um altar a Javé que lhe tinha aparecido. [8]De lá foi para a montanha que está ao oriente de Betel e ali armou sua tenda, entre Betel a ocidente e Hai a oriente. Ali ergueu um altar a Javé e invocou o nome de Javé. [9]Depois, de etapa em etapa, Abrão foi para o Negueb.

Abrão no Egito. [10]Sobreveio uma fome ao país* e Abrão desceu ao Egito para aí ficar, porque a fome assolava o país.

[11]Quando estava para entrar no Egito, disse a sua mulher Sarai: "Eu sei que és uma mulher muito bela. [12]Quando os egípcios te virem, pensarão: 'Esta é a mulher dele', e me matarão, conservando-te viva. [13]Dize, por favor, que és minha irmã, para que me tratem bem por tua causa e me conservem a vida em atenção a ti".

[14]Quando Abrão chegou ao Egito, os egípcios viram que sua mulher era muito bela. [15]Ao vê-la, os oficiais do faraó a elogiaram diante dele; e a mulher foi conduzida à casa do faraó. [16]Este, em atenção a ela, tratou bem Abrão, dando-lhe ovelhas, bois, jumentos, escravos e servas, mulas e camelos. [17]Mas Javé feriu o faraó e sua casa com grandes pragas, por causa de Sarai, mulher de Abrão. [18]Então o faraó convocou Abrão e lhe disse: "Que me fizeste? Por que não me declaraste que era tua mulher? [19]Por que disseste: 'É minha irmã', levando-me a tomá-la por esposa? E agora, eis tua mulher: toma-a e parte!" [20]O faraó o confiou a alguns homens que o acompanharam até a fronteira junto com a mulher e todas as suas posses.

13 **Retorno de Abrão à Palestina.** [1]Do Egito Abrão voltou ao Negueb com sua mulher e todos os seus bens; Ló estava com ele. [2]Abrão era muito rico em rebanhos, prata e ouro. [3]Depois, de acampamento em acampamento, ele se dirigiu do Negueb até Betel, até o lugar onde tinha acampado antes, entre Betel e Hai, [4]e onde antes tinha construído um altar:* ali Abrão invocou o nome de Javé.

[5]Mas também Ló, que ia com Abrão, tinha ovelhas, bois e tendas. [6]A terra não era suficiente para que morassem juntos,* pois suas posses eram muitas, e não podiam morar num mesmo lugar. [7]Surgiu uma contenda entre os pastores dos rebanhos de Abrão e os dos rebanhos de Ló. Nesse tempo os cananeus e os ferezeus moravam no país. [8]Abrão disse a Ló: "Não haja discórdia entre mim e ti, entre meus pastores e os teus, porque somos irmãos. [9]Eis aí toda a terra diante de ti. Separa-te de mim. Se fores para a esquerda, irei para a direita; se fores para a direita, irei para a esquerda".

Abrão se separa de Ló. [10]Então Ló ergueu os olhos e viu todo o vale do Jordão, que era todo irrigado; isso foi

---

* **12**,3. Eclo 44,21; At 3,25; Gl 3,8 | 7. 13,15; 15,18; 17,8; 26,4; At 7,5; Gl 3,16; Gn 23 | 10. 20; 26,1-11 | **13**,4. 12,8 | 6. 36,7

† **12**,4. Firme em sua fé exemplar, Abrão obedece a Deus que o chama, deixa a terra e os parentes, e vai para um país desconhecido. Cristãos, hebreus e muçulmanos o reconhecem como seu pai na fé.

Gênesis 13-14

antes que Javé destruísse Sodoma e Gomorra. Era como o jardim de Javé, como a terra do Egito, até Segor. ¹¹Ló escolheu para si todo o vale do Jordão e dirigiu-se para o oriente. Assim os dois se separaram um do outro. ¹²Abrão permaneceu na terra de Canaã e Ló se estabeleceu nas cidades do vale e armou suas tendas até Sodoma. ¹³Ora, os habitantes de Sodoma eram perversos e pecavam gravemente contra Javé.

¹⁴Javé disse a Abrão, depois que Ló se separou dele: "Ergue os olhos e do lugar onde estás lança o olhar para o norte e o sul, para o oriente e o ocidente. ¹⁵Toda essa terra que vês eu a darei a ti* e a tua descendência para sempre. ¹⁶Multiplicarei tua descendência como o pó da terra: se alguém puder contar os grãos de poeira do chão, poderá contar também teus descendentes. ¹⁷Levanta-te e percorre a terra em todas as direções, porque a darei a ti". ¹⁸Abrão desarmou suas tendas e foi morar junto ao carvalho de Mambré, que está em Hebron, e lá construiu um altar a Javé†.

14

Invasão dos reis do oriente. ¹No tempo de Amrafel, rei de Senaar, de Arioc, rei de Elasar, de Codorlaomor, rei de Elam, e de Tadal, rei dos goim, ²estes fizeram guerra contra Bara, rei de Sodoma, Bersa, rei de Gomorra, Senaab, rei de Adama, Semeber, rei de Seboim, e o rei de Bela, isto é, Segor. ³Todos esses se concentraram no vale de Sidim, isto é, o mar do Sal. ⁴Por doze anos eles tinham estado sujeitos a Codorlaomor, mas no décimo terceiro ano se rebelaram. ⁵No décimo quarto ano veio Codorlaomor com os reis que se aliaram a ele e derrotaram os rafaim em Astarot-Carnaim, os zuzim em Ham, os emim na planície de Cariataim, ⁶os horitas nas montanhas de Seir até El-Farã,* junto ao deserto. ⁷Voltando, eles foram para a Fonte do Julgamento, isto é, Cades, e devastaram todo o território dos amalecitas e o dos amorreus* que moravam em Asasontamar.

⁸Então o rei de Sodoma, o rei de Adama, o rei de Seboim e o rei de Bela, isto é, Segor, saíram-lhes ao encontro e se dispuseram em linha de batalha no vale de Sidim contra eles, ⁹isto é, contra Codorlaomor, rei de Elam, Tadal, rei dos goim, Amrafel, rei de Senaar, e Arioc, rei de Elasar: quatro reis contra cinco. ¹⁰O vale de Sidim era cheio de poços de betume. O rei de Sodoma e o rei de Gomorra, fugindo, caíram neles, e os outros se refugiaram nas montanhas. ¹¹Os vencedores tomaram todos os bens de Sodoma e Gomorra e todos os seus víveres e partiram. ¹²Capturaram também Ló, sobrinho de Abrão, que morava em Sodoma, com todos os seus bens.

Abrão persegue e vence os reis do Oriente. ¹³Mas um fugitivo veio avisar Abrão,* o hebreu, que habitava junto ao carvalho de Mambré, o amorreu, irmão de Escol e de Aner, que eram aliados de Abrão. ¹⁴Quando Abrão soube que seu parente tinha sido sequestrado, recrutou os homens treinados, servos nascidos em sua casa, em número de trezentos e dezoito, e partiu a seu encalço até Dã. ¹⁵Dividindo sua tropa, caiu sobre eles de noite, ele com seus servos; derrotou-os e prosseguiu a perseguição até Hoba, ao norte de Damasco. ¹⁶Recuperou assim todos os bens e também Ló seu parente, com todos os bens, as mulheres e sua gente.

Melquisedec abençoa Abrão. ¹⁷Quando Abrão voltou, depois de derrotar Codorlaomor e os reis que estavam com ele, o rei de Sodoma saiu-lhe ao encontro no vale de Save, que é o vale do Rei. ¹⁸Então Melquisedec, rei de Sa-

---

* **13**,15. 12,7 | **14**,6. Dt 2,10 | 7. Êx 17,8; Dt 7,1 | 13. 13,18

† **13**,18. Abrão não reza a Deus com palavras, apenas constrói, a cada etapa, um altar ao Senhor. Esses lugares se tornarão depois santuários e metas de romarias: Siquém, Betel, Mambré, Bersabeia, Silo. **14**,18. O nome Melquisedec significa "rei de justiça"; Salém, abreviação de Jerusalém, significa "paz". O Sl 110 apresenta-o como figura do Messias, rei e sacerdote; a Carta aos Hebreus traça o paralelo entre o sacerdócio dele e o de Cristo. O pão e o vinho oferecidos por Melquisedec prefiguram a Eucaristia.

Gênesis 14-16

lém,* trouxe pão e vinho†: era sacerdote do Deus altíssimo, [19]e abençoou Abrão, dizendo:

"Bendito seja Abrão pelo Deus altíssimo,
Criador do céu e da terra,
[20]e bendito seja o Deus altíssimo,
que entregou em tuas mãos teus inimigos".

Abrão lhe deu o dízimo de tudo.

[21]O rei de Sodoma disse a Abrão: "Dá-me as pessoas e fica com os bens". [22]Mas Abrão respondeu ao rei de Sodoma: "Levanto a mão diante de Javé, o Deus altíssimo, Criador do céu e da terra: [23]nem um fio, nem uma correia de sandália, nada tomarei do que é teu; para que não digas: eu enriqueci Abrão. [24]Para mim, nada, a não ser o que os servos comeram e a parte devida aos homens que vieram comigo: Aner, Escol e Mambré; que eles próprios tomem sua parte".

15 Promessa e aliança. [1]Depois desses fatos, foi dirigida a Abrão,* numa visão, esta palavra de Javé: "Não temas, Abrão. Eu sou teu protetor; tua recompensa será muito grande". [2]Respondeu Abrão: "Meu Senhor Javé, que me dareis?* Continuo sem filhos e o herdeiro de minha casa é Eliezer de Damasco". [3]Acrescentou Abrão: "Não me destes descendência e é um escravo nascido em minha casa que será meu herdeiro". [4]Então foi-lhe dirigida esta palavra de Javé: "Não será este teu herdeiro, mas alguém nascido de ti é que será teu herdeiro". [5]E conduzindo-o para fora,* disse-lhe: "Olha para o céu e conta as estrelas, se fores capaz"; e acrescentou: "Assim será tua descendência". [6]Abrão creu em Javé,* o qual lhe creditou isto como justiça†.

[7]E disse-lhe: "Eu sou Javé que te fez sair de Ur dos caldeus* para te dar esta terra como propriedade". [8]Respondeu: "Meu Senhor Javé, como posso saber que vou possuí-la?" [9]Disse-lhe ele: "Traze-me uma novilha de três anos, uma cabra de três anos, um carneiro de três anos, uma rola e um pombinho". [10]Ele lhe trouxe todos esses animais, cortou-os pelo meio e colocou cada metade uma diante da outra; não partiu, porém, as aves. [11]Desciam as aves de rapina sobre aqueles cadáveres, mas Abrão as expulsava. [12]Quando o sol ia se pôr, um sono profundo caiu sobre Abrão, e terror e trevas o assaltaram. [13]Então Javé disse a Abrão: "Fica sabendo que teus descendentes serão estrangeiros num país que não será o seu; lá eles serão escravizados e oprimidos por quatrocentos anos.* [14]Mas a nação à qual tiverem servido, eu a julgarei;* e em seguida eles sairão com grandes riquezas. [15]Quanto a ti, irás em paz para junto de teus pais; serás sepultado após uma ditosa velhice. [16]É na quarta geração que voltarão para cá, porque a iniquidade dos amorreus ainda não está completa".

[17]Quando o sol se pôs e escureceu, um braseiro fumegante e uma tocha acesa passaram no meio dos animais cortados†. [18]Naquele dia Javé fez aliança com Abrão, dizendo:

"A tua descendência*
eu dou esta terra,
desde o rio do Egito
até o grande rio, o Eufrates;
[19]a terra dos quenitas, dos cenezeus, dos cadmoneus,* [20]dos heteus, dos ferezeus, dos rafaim, [21]dos amorreus, dos cananeus, dos gergeseus e dos jebuseus".

16 Agar e Ismael. [1]Sarai, mulher de Abrão, não lhe tinha dado filhos. Tendo, porém, uma escrava

---

* **14,**18. Sl 110,4; Hb 5-7 | **15,**1. 17; 12,2.7; 13,14-17 | 2. At 7,5 | 5. Hb 11,12 | 6. Rm 4; Gl 3,6s; Tg 2,23; | 7. 11,31 | **15,**13. At 7,6s | 14. Êx 12,40; Jt 5,9; Gl 3,17 | 18. 12,7 | 19. Nm 24,21; Dt 7,1

† **15,**6. Deus é a própria Verdade; por isso suas promessas sempre se realizam. Abrão acredita nisso, entrega-se todo a Deus, o qual reconhece o mérito desta confiança total e lhe comunica a sua santidade, tornando-o justo. | **15,**17. O fogo representa Javé, que executa aqui um ritual de aliança: passar entre as partes divididas de um animal, invocando sobre si a mesma sorte daquele animal, no caso de infidelidade à aliança.

egípcia, chamada Agar, [2]Sarai disse a Abrão: "Javé me impediu de conceber; une-te a minha escrava; talvez por ela eu possa ter filhos". Abrão atendeu ao pedido de Sarai. [3]Assim, passados dez anos desde quando Abrão habitava no país de Canaã, Sarai, mulher de Abrão, tomou Agar, a egípcia, sua escrava, e deu-a por mulher a Abrão, seu marido. [4]Ele se uniu a Agar, que ficou grávida. Mas, quando viu que estava grávida, começou a tratar sua senhora com desprezo. [5]Então Sarai disse a Abrão:* "Recaia sobre ti a ofensa feita a mim! Coloquei minha escrava em teus braços, mas, desde quando se viu grávida, me trata com desprezo. Javé seja juiz entre mim e ti!" [6]Abrão disse a Sarai: "Tua escrava está em teu poder; faze-lhe o que te aprouver". Sarai então a maltratou tanto, que ela fugiu.

[7]O anjo de Javé a encontrou* junto a uma fonte no deserto, a fonte no caminho de Sur, [8]e lhe disse: "Agar, escrava de Sarai, de onde vens e para onde vais?" Respondeu: "Estou fugindo de minha senhora Sarai". [9]Disse-lhe o anjo de Javé: "Volta para tua senhora e obedece a suas ordens". [10]Disse-lhe ainda o anjo de Javé: "Multiplicarei tua descendência de tal forma que não se poderá contá-la por causa de seu grande número". [11]Acrescentou depois o anjo de Javé:

"Estás grávida; darás à luz um filho
e o chamarás Ismael,
porque Javé ouviu tua aflição†.
[12]Será como um jumento selvagem
este homem;
sua mão será contra todos,
e a mão de todos contra ele;
e habitará defronte de todos os seus
irmãos".*

[13]Agar chamou a Javé que lhe tinha falado: "Vós sois Deus que me vê", porque dizia: "Realmente, eu vi aqui Aquele que olha para mim". [14]Por isso

o poço se chamou poço de Laai-Roí; é aquele que se encontra entre Cades e Barad.

[15]Agar deu à luz um filho a Abrão, o qual pôs o nome de Ismael* ao filho que Agar lhe deu. [16]Abrão tinha oitenta e seis anos quando Agar lhe deu à luz Ismael.

17 Aliança entre Deus e Abrão.

[1]Quando Abrão tinha noventa e nove anos, Javé lhe apareceu e lhe disse:

"Eu sou o Senhor onipotente:
anda em minha presença e sê perfeito.
[2]Porei minha aliança entre mim e ti
e te tornarei extremamente numeroso".

[3]Abrão prostrou-se com o rosto em terra e Deus lhe disse:*

[4]"Esta é minha aliança contigo:
serás pai de uma multidão de nações.
[5]Não mais te chamarás Abrão
mas teu nome será Abraão†,
porque te farei pai de uma multidão
de nações*.

[6]Eu te tornarei extremamente fecundo; de ti farei nações e de ti nascerão reis. [7]Estabelecerei minha aliança entre mim e ti e tua descendência depois de ti, de geração em geração, uma aliança perene, para ser teu Deus e o de tua descendência depois de ti. [8]Darei a ti e a tua descendência depois de ti* a terra onde moras como estrangeiro, toda a terra de Canaã, como possessão perpétua. Eu serei o Deus deles".

A circuncisão. [9]Deus disse a Abraão: "De tua parte,* deves observar minha aliança, tu e tua descendência depois de ti, de geração em geração. [10]Esta é minha aliança que deveis observar,* aliança entre mim e vós e tua descendência depois de ti: seja circuncidado entre vós todo varão. [11]Devereis circuncidar a carne* de vosso prepúcio†:

---

* **16**,5. 21,10-19 | 7. Êx 15,22 | 12. 25,12-18 | 15. Gl 4,22 | **17**,3. Rm 4,17 | 5. Ne 9,7 | 8. 12,7 | 9. Rm 4,11s | 10. At 7,8 | 11. Lv 12,3

† **16**,11. Ismael significa "Deus ouviu". Ismael será o pai do povo árabe. | **17**,5. Abrão significa "pai grande" e Abraão, "pai de uma multidão". Mudar o nome é dar uma nova orientação à vida. | 11. A circuncisão, já praticada entre povos antigos, assume para Israel um significado religioso: faz Deus lembrar-se da aliança feita, e para o povo é um sinal de sua eleição. Como rito de iniciação à fé hebraica, prefigura nosso batismo.

Gênesis 17-18

esse será o sinal da aliança entre mim e vós. ¹²Quando tiver oito dias, será circuncidado entre vós todo menino, de geração em geração, tanto o nascido em casa como aquele comprado de qualquer estrangeiro e que não for de tua estirpe.¹³Deve ser circuncidado o escravo nascido em casa e o que é comprado por dinheiro; assim minha aliança estará em vossa carne como uma aliança perene. ¹⁴Mas o incircunciso, isto é, aquele ao qual não foi circuncidada a carne do prepúcio, seja eliminado do povo, porque violou minha aliança." ¹⁵Deus disse ainda* a Abraão: "Quanto a Sarai, tua mulher, não a chamarás mais Sarai, mas Sara†. ¹⁶Eu a abençoarei e também dela te darei um filho; vou abençoá-la e ela será mãe de nações; e reis de povos nascerão dela".

Deus renova a promessa de um filho. ¹⁷Então Abraão prostrou-se* com o rosto em terra e começou a rir, pensando: "A alguém de cem anos pode nascer um filho? E Sara na idade de noventa anos poderá dar à luz?" ¹⁸Abraão disse a Deus: "Se ao menos Ismael pudesse viver diante de ti!" ¹⁹Mas Deus respondeu: "Não, é Sara, tua mulher, que te dará à luz um filho e o chamarás Isaac. Eu estabelecerei minha aliança com ele como aliança perpétua para sua descendência depois dele. ²⁰Também com relação a Ismael eu te ouvi: eu o abençoarei e o tornarei fecundo e extremamente numeroso. Será pai de doze príncipes* e dele farei uma grande nação. ²¹Mas minha aliança eu a farei com Isaac, que Sara te dará à luz nesta época,* no ano que vem". ²²Tendo acabado de falar com Abraão, Deus subiu e o deixou.

²³Então Abraão tomou seu filho Ismael e todos os nascidos em sua casa e todos os que tinha comprado por dinheiro, todos os varões de sua casa, e circuncidou-lhes a carne do prepúcio naquele mesmo dia, como Deus lhe tinha dito. ²⁴Abraão tinha noventa e nove anos, quando foi circuncidada a carne de seu prepúcio. ²⁵Ismael, seu filho, tinha treze anos quando lhe foi circuncidada a carne do prepúcio. ²⁶Naquele mesmo dia foram circuncidados Abraão e Ismael, seu filho. ²⁷E todos os varões de sua casa, os nascidos em casa e os comprados dos estrangeiros por dinheiro, foram circuncidados com ele.

18

Javé aparece a Abraão. ¹Depois Javé apareceu a Abraão junto ao carvalho de Mambré, quando ele estava sentado na entrada da tenda, na hora mais quente do dia. ²Ele ergueu os olhos e viu três homens de pé junto dele.* Logo que os viu, correu da entrada da tenda ao encontro deles e prostrou-se até o chão, ³dizendo: "Meu Senhor, se encontrei favor a teus olhos, não passes adiante sem parar junto de teu servo. ⁴Mandarei trazer um pouco d'água para lavardes os pés e descansareis debaixo da árvore. ⁵Vou buscar um bocado de pão e assim restaurareis vossas forças para continuardes a viagem, porque é para isto mesmo que passastes junto de vosso servo". Eles disseram: "Faze como disseste".

⁶Então Abraão foi logo à tenda, junto a Sara, e disse: "Toma depressa três medidas de flor de farinha, amassa-as e faze pães". ⁷Depois, Abraão correu ao rebanho, tomou um novilho tenro e bom e deu-o a um servo, que se apressou em prepará-lo. ⁸Tomou também coalhada, leite, o novilho que tinha preparado e serviu tudo para eles. E ficou de pé junto deles, debaixo da árvore, enquanto comiam.

⁹Depois lhe perguntaram: "Onde está Sara,* tua mulher?" Respondeu: "Está na tenda". ¹⁰Um deles disse: "Voltarei a ti dentro de um ano, nesta época, e então Sara, tua mulher,* terá um filho". Sara estava escutando na entrada da tenda, atrás dele. ¹¹Abraão e Sara eram idosos, de idade avançada; e Sara não tinha mais o que acontece regularmente às mulheres. ¹²Então Sara riu em

---

* **17**,15. 18,9-15 | 17. 18,12; 21,6.9 | 20. 25,13-16 | 21. 18,14 | **18**,2. Hb 13,2 | 9. 15,2ss; 17,15-21 | 10. Rm 9,9

† **17**,15. Sarai e Sara significam igualmente "princesa".

seu íntimo e disse: "Envelhecida como estou, terei ainda esse prazer, sendo meu marido idoso!" [13]Mas Javé disse a Abraão: "Por que Sara riu dizendo: 'Poderei realmente dar à luz, sendo velha?' [14]Existe alguma coisa impossível* para Javé? No tempo marcado voltarei a ti, daqui a um ano, e Sara terá um filho". [15]Então Sara negou que tivesse rido, porque tinha medo; mas ele confirmou: "Sim, tu riste".

[16]Os homens se levantaram e olharam para Sodoma, e Abraão ia com eles. [17]Javé dizia: "Poderei ocultar a Abraão* o que estou para fazer, [18]já que Abraão deverá tornar-se uma nação grande e poderosa e nele serão abençoadas todas as nações da terra? [19]De fato eu o escolhi, para que ele ensine seus filhos e sua casa depois dele a guardar o caminho de Javé e a agir com justiça e retidão, para que Javé realize para Abraão o que lhe prometeu". [20]Disse então Javé: "O clamor contra Sodoma e Gomorra é grande demais e seu pecado é muito grave. [21]Vou descer para ver se fizeram ou não todo o mal cujo clamor chegou até mim. Quero sabê-lo!"

Abraão intercede por Sodoma. [22]Os homens partiram, pois, e se dirigiram a Sodoma, enquanto Abraão ficou ali na presença de Javé. [23]Abraão se aproximou e lhe disse: "Exterminareis o justo com o pecador? [24]Talvez haja cinquenta justos na cidade: quereis realmente exterminá-los? E não perdoaríeis aquele lugar, em atenção aos cinquenta justos que lá se encontram? [25]Longe de vós agir assim, fazendo morrer o justo com o ímpio, de modo que o justo seja tratado como o pecador; longe de vós! O juiz de toda a terra não fará justiça?" [26]Respondeu Javé: "Se em Sodoma eu encontrar cinquenta justos na cidade, em atenção a eles perdoarei toda a cidade". [27]Abraão prosseguiu: "Vê como ouso falar a meu Senhor, eu que sou pó e

cinza... [28]Talvez aos cinquenta justos faltem cinco; por causa desses cinco destruireis toda a cidade?" Respondeu-lhe Javé: "Não a destruirei, se lá encontrar quarenta e cinco justos". [29]Abraão retomou ainda a palavra e disse: "Talvez lá se encontrem apenas quarenta". E ele respondeu: "Não o farei, em atenção àqueles quarenta". [30]Abraão insistiu: "Não se irrite meu Senhor, se falo ainda; talvez lá se encontrem somente trinta". Ele respondeu: "Não o farei, se encontrar ali trinta". [31]Abraão continuou: "Eu me atrevo a falar ao meu Senhor. Talvez lá se encontrem vinte". Ele respondeu: "Não a destruirei, em atenção àqueles vinte". [32]Abraão replicou: "Não se irrite meu Senhor se falo ainda uma vez só; talvez lá se encontrem dez". E ele respondeu: "Não a destruirei, por causa desses dez".[†] [33]Javé retirou-se, tendo terminado de falar com Abraão, e este retornou a sua habitação.

19 Perversidade dos sodomitas. [1]Os dois anjos chegaram a Sodoma ao anoitecer, enquanto Ló estava sentado à porta da cidade. Logo que os viu, Ló se levantou, foi-lhes ao encontro, prostrou-se com o rosto em terra [2]e disse: "Meus senhores, vinde à casa de vosso servo para lá passardes a noite; lavareis os pés e amanhã cedo continuareis vosso caminho". Eles responderam: "Não, passaremos a noite na praça". [3]Mas ele insistiu tanto, que foram para sua casa e entraram. Ele preparou-lhes um jantar, mandou cozer pães ázimos e eles comeram.

[4]Não se tinham ainda deitado,* quando os homens da cidade, os habitantes de Sodoma, se juntaram ao redor da casa, jovens e velhos, todo o povo ao completo. [5]Chamaram Ló e lhe disseram: "Onde estão os homens que vieram para tua casa* esta noite?

---

* **18**,14. Lc 1,37 | 17. 12,2 | **19**,4. Jz 19,22ss | 5. Lv 20,13

† **18**,32. Deus acolhe a intercessão de Abraão pelas cidades pecadoras, como acolhe na comunhão dos santos as orações que uns fazem pelos outros, sintonizando seu coração com a misericórdia de Deus. "Passarei meu céu fazendo o bem sobre a terra" (Santa Teresinha).

Gênesis 19

Traze-os até nós, para que abusemos deles".

⁶Ló saiu à porta e, fechando-a atrás de si, ⁷disse: "Não, meus irmãos, não façais este mal! ⁸Escutai, eu tenho duas filhas ainda virgens; eu vo-las trarei e fazei delas o que vos aprouver, contanto que não façais nada a estes homens, porque entraram sob a sombra de meu teto". ⁹Mas eles responderam: "Sai fora! Este indivíduo veio aqui como estrangeiro e quer ser juiz! Pois bem, faremos a ti pior do que a eles!" E avançando violentamente contra Ló, chegaram para arrombar a porta.¹⁰Então aqueles homens estenderam as mãos, puxaram Ló para dentro e fecharam a porta. ¹¹Quanto aos que estavam à porta da casa, eles os feriram de cegueira, desde o menor até o maior, de modo que não conseguiram achar a porta.

Destruição de Sodoma e libertação de Ló. ¹²Os dois homens disseram então a Ló: "Ainda tens alguém aqui? Genros, filhos, ou filhas, todos os que tens na cidade, faze-os sair deste lugar. ¹³Porque vamos destruir este lugar, pois é grande o clamor que se elevou contra seus habitantes diante de Javé, e Javé nos mandou para destruí-lo". ¹⁴Ló saiu para falar a seus genros, que deviam casar-se com suas filhas, e disse: "Levantai- -vos, saí deste lugar, porque Javé está para destruir a cidade!" Mas seus genros acharam que ele estava gracejando.

¹⁵Quando raiou a aurora, os anjos insistiram com Ló, dizendo: "Levanta- -te, toma tua mulher e tuas duas filhas que tens aqui e sai, para que não pereças no castigo da cidade". ¹⁶Como ele demorasse, os homens o tomaram pela mão, bem como sua mulher e suas duas filhas, porque Javé teve piedade dele; fizeram-no sair e o levaram para fora da cidade.

¹⁷Depois de tê-los levado para fora, um deles disse: "Foge, salva tua vida.* Não olhes para trás nem pares em parte alguma da planície; foge para a montanha, para não morreres!" ¹⁸Mas

Ló lhe disse: "Não, meu Senhor, eu te peço! ¹⁹Teu servo encontrou favor a teus olhos e mostraste uma grande misericórdia para comigo, conservando-me a vida. Mas eu não conseguirei fugir para o monte, sem que o desastre me atinja e eu morra. ²⁰Eis aí uma cidade perto, na qual posso refugiar- -me; não é pequena? Deixa que eu fuja para lá – ela é pequena – e assim minha vida será salva". ²¹Ele respondeu-lhe: "Eu te favoreci também nisto: não destruirei a cidade de que falaste. ²²Depressa, foge para lá, porque não posso fazer nada, enquanto não tiveres chegado lá". Por isso aquela cidade se chamou Segor.

²³O sol estava nascendo sobre a terra quando Ló entrou em Segor. ²⁴Então Javé fez chover do céu sobre Sodoma e Gomorra enxofre e fogo proveniente de Javé. ²⁵Destruiu essas cidades* e toda a planície com todos os habitantes das cidades e a vegetação do solo. ²⁶Ora, a mulher de Ló, tendo olhado para trás, transformou-se numa estátua de sal.

²⁷Abraão levantou-se bem cedo e foi ao lugar onde tinha estado* com Javé. ²⁸Olhou na direção de Sodoma e Gomorra e de toda a extensão da planície,* e viu que uma fumaça subia da terra, como a fumaça de uma fornalha.

²⁹Assim Deus, quando destruiu as cidades da planície, recordou-se de Abraão e fez Ló escapar da catástrofe, enquanto destruía as cidades nas quais Ló morava.

Origem dos moabitas e dos amonitas. ³⁰Depois Ló partiu de Segor e foi morar na montanha, junto com as duas filhas, porque tinha medo de ficar em Segor; e se estabeleceu numa caverna com as duas filhas. ³¹A mais velha disse à mais nova: "Nosso pai está velho e não há homens nesse território para se casarem conosco, como faz todo mundo. ³²Vem, façamos nosso pai beber vinho e depois deitemo-nos com ele, para suscitar uma descendência a nosso pai". ³³Naquela noite fizeram

---

* **19,**17. Mt 24,15s | 25. Sb 10,7; Lc 17,32 | 27. 18,16-33 | 28. Is 34,9s; Ap 14,10s

Gênesis 19-21

seu pai beber vinho e a mais velha foi deitar-se com o pai; mas ele não percebeu, nem quando ela se deitou, nem quando se levantou. ³⁴No dia seguinte, a mais velha disse à mais nova: "Dormi a noite passada com meu pai; façamo-lo beber vinho esta noite também e dormirás com ele; assim suscitaremos uma descendência a nosso pai". ³⁵Também naquela noite fizeram seu pai beber vinho e a mais nova foi dormir com ele; mas ele não percebeu, nem quando ela se deitou, nem quando se levantou. ³⁶Assim as duas filhas de Ló conceberam de seu pai. ³⁷A mais velha deu à luz um filho e o chamou Moab: este é o pai dos moabitas, que existem até hoje. ³⁸Também a mais nova deu à luz um filho e o chamou "Ben-Ami". Este é o pai dos amonitas, que existem até hoje†.

20 **Abraão em Gerara.** ¹Abraão partiu dali, dirigindo-se para o Negueb,* e se estabeleceu entre Cades e Sur; depois viveu como estrangeiro em Gerara. ²Abraão dizia de Sara, sua mulher: "É minha irmã". Então Abimelec, rei de Gerara, mandou que lhe trouxessem Sara. ³Mas Deus apareceu a Abimelec de noite, em sonho, e lhe disse: "Vais morrer por causa da mulher que tomaste, pois ela tem marido". ⁴Abimelec, que ainda não se tinha aproximado dela, disse: "Senhor, quereis fazer perecer um povo inocente? ⁵Não me disse ele: 'É minha irmã'? E não me disse ela também: 'É meu irmão'? Foi com reta consciência e mãos inocentes que fiz isto". ⁶Respondeu-lhe Deus no sonho: "Sei que fizeste isto com reta consciência e te preservei de pecar contra mim; por isso não permiti que a tocasses. ⁷Agora restitui a mulher deste homem, que é um profeta; e te rogará por ti para que conserves a vida. Mas se não a restituíres, fica sabendo

que certamente morrerás, tu com todos os teus".

⁸Abimelec levantou-se de manhã cedo e chamou todos os seus servos, aos quais referiu todas essas coisas, e aqueles homens tiveram grande medo. ⁹Depois Abimelec chamou Abraão e lhe disse: "Que nos fizeste? E que culpa cometi contra ti, para que tenhas exposto a mim e meu reino a um pecado tão grande? Fizeste comigo o que não se deve fazer". ¹⁰Depois Abimelec disse a Abraão: "Que pretendias, agindo deste modo?". ¹¹Respondeu Abraão: "Pensei comigo: certamente não há temor de Deus neste lugar e me matarão por causa de minha mulher. ¹²Aliás, ela é realmente minha irmã, filha de meu pai, mas não de minha mãe, e se tornou minha mulher. ¹³Desde que Deus me fez vagar longe da casa de meu pai, eu lhe disse: Este é o favor que me farás: em todo lugar aonde chegarmos, dirás de mim: 'É meu irmão'".

¹⁴Então Abimelec tomou ovelhas e bois, escravos e escravas, deu-os a Abraão e lhe restituiu Sara, sua mulher. ¹⁵Disse ainda Abimelec: "Eis a tua disposição meu território; podes morar onde quiseres!" ¹⁶E a Sara disse: "Dei mil siclos† de prata a teu irmão; será para ti como uma reparação diante de todos os que estão contigo: assim estás reabilitada". ¹⁷Abraão rogou a Deus, e Deus curou Abimelec, sua mulher e suas servas, de modo que pudessem de novo ter filhos. ¹⁸Porque Javé tinha tornado estéreis todas as mulheres na casa de Abimelec, por causa de Sara, mulher de Abraão.

21 **Nascimento do filho prometido.** ¹Javé interveio em favor de Sara†, como tinha dito, e fez por ela o que tinha prometido. ²Sara concebeu e deu à luz um filho a Abraão, já velho, no tempo que Deus tinha fixado.

---

* **20**,1. 12,10-20; 26 | **21**,3. At 7,8

† **19**,38. Para zombar dos moabitas e dos amonitas, parentes mas inimigos de Israel, o autor ridiculariza sua origem. Moab quer dizer "nascido do pai" e Ben-Ami, "filho de meu povo". | **20**,16. Um siclo equivale a 11,4 gramas. | **21**,1. Literalmente "visitou", aqui no sentido de abençoar, Lc 1,68.78. Existe também a visita punitiva, Jr 6,15.

Gênesis 21

[3]Ao filho que lhe nasceu,* que Sara lhe deu à luz, Abraão pôs o nome de Isaac. [4]Abraão circuncidou seu filho Isaac, quando este completou oito dias, como Deus lhe havia ordenado. [5]Abraão tinha cem anos,* quando nasceu seu filho Isaac. [6]Então Sara disse:* "Deus me deu motivo para rir; e todos os que o souberem vão rir comigo!"[†] [7]Depois disse: "Quem jamais teria dito a Abraão que Sara iria amamentar filhos! No entanto lhe dei um filho em sua velhice!"

Abraão despede Agar e Ismael. [8]O menino crescia e foi desmamado. Abraão fez um grande banquete no dia em que Isaac foi desmamado. [9]Mas Sara viu que o filho de Agar, a egípcia, aquele que ela havia dado a Abraão,* brincava com seu filho Isaac. [10]Disse então a Abraão: "Expulsa esta escrava e seu filho, porque o filho desta escrava não deve ser herdeiro com meu filho Isaac".[†] [11]Isso desagradou muito a Abraão* por causa de seu filho. [12]Mas Deus disse a Abraão: "Não fiques contrariado por causa do menino e de tua escrava; faze tudo o que Sara te pedir, escuta sua voz, porque é de Isaac que nascerá a posteridade que terá teu nome. [13]Mas do filho da escrava farei também uma nação, porque é tua estirpe".

[14]Abraão levantou-se bem cedo, tomou pão e um odre de água e os deu a Agar, colocando-os sobre seus ombros; entregou-lhe o menino e a mandou embora. Ela partiu e andou errante pelo deserto de Bersabeia. [15]Quando acabou a água do odre, ela deixou o menino debaixo de uma moita [16]e foi sentar-se defronte, à distância de um tiro de flecha, porque dizia: "Não quero ver o menino morrer!" Quando se sentou defronte, ela se pôs a gritar e a chorar.

[17]Mas Deus ouviu o choro do menino, e um anjo de Deus chamou Agar lá do céu e lhe disse: "Que tens, Agar? Não temas, porque Deus ouviu o choro do menino do lugar onde está. [18]Levanta-te, toma o menino e segura-o pela mão, porque farei dele uma grande nação". [19]Deus abriu-lhe os olhos e ela viu um poço de água. Então foi encher o odre e deu de beber ao menino. [20]Deus esteve com o menino, que cresceu e morou no deserto e se tornou um arqueiro. [21]Morou no deserto de Farã, e sua mãe escolheu para ele uma mulher egípcia.

Aliança com Abimelec. [22]Naquele tempo Abimelec* veio com Ficol, chefe de seu exército, dizer a Abraão: "Deus está contigo em tudo o que fazes. [23]Pois bem, jura-me aqui por Deus, que não me enganarás nem a mim, nem a meus filhos, nem a meus descendentes, mas que agirás comigo e com o país no qual és forasteiro com a mesma lealdade que te demonstrei". [24]Respondeu Abraão: "Eu juro".

[25]Mas Abraão queixou-se a Abimelec por causa de um poço de água que os servos de Abimelec tinham usurpado. [26]Abimelec respondeu: "Eu não sei quem fez isto, nem tu me informaste, nem eu ouvi falar disto senão hoje". [27]Então Abraão tomou ovelhas e bois e deu-os a Abimelec, e assim fizeram uma aliança entre si. [28]Depois Abraão separou sete ovelhas do rebanho. [29]Abimelec perguntou a Abraão: "Que significam aquelas sete ovelhas que puseste à parte?" [30]Ele respondeu: "Tu aceitarás estas sete ovelhas de minha mão, para que isto me sirva de testemunho de que fui eu que cavei este poço". [31]Por isso aquele lugar se chamou Bersabeia, porque ali os dois fizeram juramento.

[32]E depois que concluíram a aliança em Bersabeia, Abimelec levantou-se com Ficol, chefe de seu exército, e voltou para o país dos filisteus. [33]Abraão plantou uma tamargueira em Bersa-

---

* **21,**5. 17,12 | 6. 17,17 | 9. Gl 4,22-31 | 11. Rm 9,7; Hb 11,18 | 22. 26,15-25

† **21,**6. Isaac significa "ele ri", ou mais exatamente "que Deus lhe sorria, lhe seja favorável". | 10. Paulo vê em Sara e Agar uma alegoria da Igreja e da sinagoga: Isaac representa os cristãos e Ismael os hebreus, Gl 4,22-30.

Gênesis 21-23

beia e invocou ali o nome de Javé, Deus eterno. [34]E foi peregrino muito tempo no país dos filisteus.

22 Sacrifício de Isaac. [1]Depois disso, Deus pôs Abraão à prova,* dizendo-lhe: "Abraão, Abraão!" Respondeu ele: "Eis-me aqui!" [2]E Deus disse: "Toma teu filho, teu único filho que tanto amas, Isaac, e vai à terra de Moriá e oferece-o em holocausto sobre um monte que te indicarei".

[3]Abraão levantou-se de manhã cedo, selou o jumento, tomou consigo dois servos e seu filho Isaac. Rachou lenha para o holocausto e pôs-se a caminho para o lugar que Deus lhe havia indicado. [4]No terceiro dia, erguendo os olhos, Abraão viu de longe o lugar. [5]Então Abraão disse a seus servos: "Ficai aqui com o jumento; eu e o menino iremos até lá, adoraremos e depois voltaremos a vós".

[6]Abraão tomou a lenha para o holocausto e colocou-a sobre seu filho Isaac; tomou nas mãos o fogo e a faca, e continuaram os dois juntos a caminhada. [7]Isaac dirigiu-se a seu pai Abraão, dizendo-lhe: "Meu pai!" Respondeu ele: "Sim, meu filho". O menino replicou: "Temos aqui o fogo e a lenha, mas onde está o cordeiro para o holocausto?" [8]Abraão respondeu: "Deus mesmo providenciará o cordeiro para o holocausto, meu filho!"

Continuaram os dois a caminhar juntos. [9]Assim que chegaram ao lugar que Deus lhe havia indicado, Abraão construiu um altar, colocou nele a lenha, amarrou seu filho Isaac e o colocou sobre o altar,* em cima da lenha. [10]Depois Abraão estendeu a mão e tomou a faca para imolar seu filho. [11]Mas o anjo de Javé o chamou do céu e lhe disse: "Abraão, Abraão!" Respon-

deu ele: "Eis-me aqui!" [12]O anjo disse: "Não estendas a mão contra o menino e não lhe faças mal algum! Agora sei que temes a Deus†, pois não me recusaste teu filho,* teu único filho". [13]Então Abraão ergueu os olhos e viu um carneiro preso pelos chifres num arbusto. Abraão pegou o carneiro e o ofereceu em holocausto em lugar de seu filho. [14]Abraão chamou aquele lugar: "Javé providenciará", por isso se diz até hoje: "Sobre o monte Javé providenciará".

[15]O anjo de Javé chamou do céu Abraão pela segunda vez [16]e lhe disse: "Juro por mim mesmo – oráculo de Javé –: porque fizeste isto e não me recusaste teu filho, teu único filho, [17]eu te abençoarei com toda bênção* e tornarei tão numerosa tua descendência como as estrelas do céu e como a areia na praia do mar.* Tua descendência conquistará as cidades dos inimigos. [18]Serão benditas* por tua descendência todas as nações da terra, porque obedeceste a minha voz".†

[19]Abraão voltou a seus servos e juntos se puseram a caminho para Bersabeia, onde Abraão passou a morar.

A família de Rebeca. [20]Depois disso, foi levada a Abraão esta notícia: "Melca também deu à luz filhos a Nacor, teu irmão": [21]Hus, o primogênito, e seus irmãos Buz e Camuel, pai de Aram, [22]Cased, Azau, Feldas, Jedlaf e Batuel; [23]Batuel gerou Rebeca.* Esses oito filhos Melca deu à luz a Nacor, irmão de Abraão. [24]Também sua concubina, chamada Roma, teve filhos: Tabé, Gaam, Taás e Maaca.

23 Morte de Sara. [1]Sara viveu cento e vinte e sete anos: esta foi a duração de sua vida. [2]Ela morreu

---

* **22**,1. Sb 10,5; Eclo 44,20; Hb 11,17s; Tg 2,21s; 31,11; 46,2 | 9. Tg 2,21 | 12. Hb 11,17; Rm 8,32 | 17. 12,2; 15,5; 16,10; 32,13 / 24,60 | 18. 12,3 | 23. 24,15; 25,20; 28,2

† **22**,12. Não se trata do temor servil, ou medo do castigo, mas do temor filial, que é respeito e reverência diante do sagrado, submissão religiosa à vontade divina, cuidado para não ofender a Deus. | 18. Abraão, pronto a sacrificar seu filho único, esperança da grande descendência prometida por Deus, dá a prova suprema de sua fé obediente e é figura do Pai que não poupou seu Filho único, mas o entregou por todos nós, Rm 8,32. O monte Moriá é o local onde será erguido o templo de Jerusalém, 2Cr 3,1.

Gênesis 23-24

em Cariat Arbe, isto é, Hebron, na terra de Canaã, e Abraão veio fazer luto por Sara e chorá-la.

Abraão compra um terreno. [3]Depois Abraão retirou-se de junto da falecida* e disse aos heteus: [4]"Sou estrangeiro e peregrino no meio de vós. Cedei-me a propriedade de uma sepultura no meio de vós, para que eu possa trazer minha falecida e sepultá-la". [5]Então os heteus responderam: [6]"Ouve-nos, senhor! Tu és um príncipe de Deus no meio de nós: sepulta tua falecida no melhor de nossos sepulcros. Nenhum de nós te negará seu sepulcro para sepultar tua falecida".

[7]Abraão se levantou, prostrou-se diante dos homens do país, os heteus, [8]e disse-lhes: "Se permitis que eu traga minha falecida e a sepulte, atendei-me e intercedei por mim junto a Efron, filho de Seor, [9]para que me ceda a caverna de Macpela, que lhe pertence e está na extremidade de seu campo. Que a ceda a mim por seu justo valor, como propriedade funerária no meio de vós". [10]Ora Efron estava sentado no meio dos heteus. Efron, o heteu, respondeu a Abraão, na presença dos heteus e de todos os que entravam pela porta da cidade: [11]"Escuta-me, meu senhor! Eu te dou o campo com a caverna que nele se encontra; dou-te na presença dos filhos de meu povo: sepulta tua falecida".

[12]Então Abraão prostrou-se de novo diante do povo do país [13]e disse a Efron, na presença do povo do país: "Se concordas, escuta-me, eu te peço: eu te darei o preço do campo, aceita-o de mim; assim ali sepultarei minha falecida". [14]Efron respondeu a Abraão: [15]"Escuta-me, meu senhor: um terreno no valor de quatrocentos siclos de prata, o que é isto entre mim e ti? Sepulta, pois, tua falecida". [16]Abraão aceitou as condições de Efron e pesou-lhe diante dos heteus o dinheiro que ele tinha pedido, isto é, quatrocentos siclos de prata, na moeda corrente no mercado.

[17]Assim o campo de Efron que se encontrava em Macpela, diante de Mambré, o campo e a caverna que nele se achava com todas as árvores que estavam dentro do campo e no interior de seus limites [18]passaram a ser propriedade de Abraão, na presença dos heteus, de todos os que entravam pela porta da cidade. [19]Depois, Abraão sepultou Sara, sua mulher, na caverna do campo de Mac - pela defronte de Mambré, isto é, Hebron, na terra de Canaã. [20]O campo e a caverna que nele se achava passaram dos heteus para Abraão, como propriedade funerária.

24 Uma esposa para Isaac.

[1]Abraão já estava idoso,* avançado em anos, e Javé o havia abençoado em tudo. [2]Então Abraão disse ao servo mais antigo de sua casa, que administrava todos os seus bens: "Põe a mão sob minha coxa† [3]e te farei jurar por Javé, Deus do céu e da terra, que não escolherás para meu filho uma mulher dentre as filhas dos cananeus, no meio dos quais habito, [4]mas que irás a minha terra,* para escolher entre meus parentes uma mulher para meu filho Isaac". [5]O servo respondeu: "E se a mulher não quiser vir comigo para cá, deverei reconduzir teu filho à terra da qual saíste?" [6]Respondeu-lhe Abraão: "Guarda-te de reconduzir para lá meu filho! [7]Javé, Deus do céu e da terra, que me tirou da casa de meu pai e de minha terra natal, que me falou* e me jurou: 'A tua descendência darei esta terra', ele mesmo mandará seu anjo diante de ti, para que possas trazer de lá uma mulher para meu filho. [8]Mas se a mulher não quiser te acompanhar, então estarás livre do juramento feito a mim; mas não deves levar para lá meu filho". [9]Então o servo pôs a mão sob a

---

* **23**,3. 33,19; 2Sm 24,18s; Hb 11,13; 1Pd 2,11 | **24**,1. 12,2s | 4. 28,1s | 7. 12,7 | 10. 29,2s; Êx 2,16s

† **24**,2. Gesto de juramento solene, pelo contato com as partes vitais; mencionado de novo em Gn 47,29. | 10. Mesopotâmia significa "entre rios", porque está situada entre o Tigre e o Eufrates, no Iraque atual. É a terra de origem de Abraão.

29 Gênesis 24

coxa de Abraão, seu senhor, e prestou-lhe juramento a respeito disso.

[10]O servo tomou dez camelos de seu senhor e partiu, levando toda espécie de coisas preciosas de seu senhor,* e foi para a Mesopotâmia†, para a cidade de Nacor.[11]Fez os camelos descansar fora da cidade, junto a um poço de água, à tarde, quando as mulheres saem para buscar água. [12]E disse: "Javé, Deus de meu senhor Abraão, concedei-me hoje um feliz encontro e usai de benevolência para com meu senhor Abraão! [13]Vou ficar aqui, junto à fonte, enquanto as moças da cidade saem para buscar água. [14]Pois bem, a jovem à qual eu disser: 'Inclina o cântaro, por favor, e deixa-me beber', e que me responder: 'Bebe, que também a teus camelos darei de beber', seja aquela que destinastes ao vosso servo Isaac; e nisto reconhecerei que usastes de benevolência para com meu senhor".

Encontro com Rebeca. [15]Não tinha ainda terminado de falar, quando chegou, com o cântaro ao ombro, Rebeca, filha de Batuel, filho de Melca, mulher de Nacor, irmão de Abraão. [16]A jovem era muito bela, virgem, e nenhum homem a havia tocado. Ela desceu à fonte, encheu seu cântaro e subiu de volta. [17]O servo então correu-lhe ao encontro e disse: "Deixa-me beber um pouco de água de teu cântaro". [18]Respondeu ela: "Bebe, meu senhor". Depressa desceu o cântaro e lhe deu de beber. [19]Quando terminou de dar-lhe de beber, disse: "Também para teus camelos tirarei água, para que bebam à vontade". [20]Esvaziou depressa o cântaro no bebedouro, correu de novo a buscar água no poço e tirou água para todos os seus camelos. [21]Entretanto o homem a contemplava em silêncio, perguntando a si mesmo se Javé tinha ou não concedido bom êxito a sua viagem.

[22]Quando os camelos acabaram de beber, ele tirou um anel de ouro pesando meio siclo e duas pulseiras de ouro pesando dez siclos, para suas mãos, [23]e perguntou à moça: "Dize-me, por favor, de quem és filha? Há lugar na casa de teu pai, para passarmos a noite?" [24]Ela respondeu-lhe: "Sou filha de Batuel, o filho que Melca deu à luz a Nacor". [25]E acrescentou: "Há palha e forragem em quantidade em nossa casa e também lugar para passar a noite".

[26]O homem se ajoelhou e adorou Javé [27]e disse: "Bendito seja Javé, Deus de meu senhor Abraão, que não deixou de mostrar benevolência e fidelidade para com meu senhor. Javé me guiou pelo caminho até a casa dos irmãos de meu senhor". [28]A jovem correu para contar aos da casa de sua mãe todas essas coisas. [29]Rebeca tinha um irmão chamado Labão, o qual correu para fora ao encontro do homem junto ao poço. [30]Ele tinha visto o anel e as pulseiras nas mãos da irmã e ouvido estas palavras de sua irmã Rebeca: "Assim me falou aquele homem". Encontrou o homem de pé com os camelos junto ao poço. [31]Disse-lhe: "Vem, bendito de Javé! Por que permaneces aí fora? Já preparei a casa e um lugar para os camelos". [32]Então o homem entrou na casa, e Labão descarregou os camelos e deu-lhes palha e forragem; ao homem e a seus companheiros deu água para lavar os pés. [33]Depois lhe serviram comida, mas ele disse: "Não comerei, enquanto não tiver falado o que devo dizer". Labão respondeu: "Fala".

[34]Ele disse: "Eu sou um servo de Abraão. [35]Javé abençoou muito meu senhor, que se tornou poderoso: concedeu-lhe ovelhas e bois, prata e ouro, escravos e escravas, camelos e jumentos. [36]Sara, mulher de meu senhor, apesar de idosa, deu-lhe à luz um filho, ao qual ele deu todos os seus bens. [37]E meu senhor me fez jurar, dizendo: 'Não escolhas para meu filho uma mulher dentre as filhas dos cananeus, no meio dos quais habito, [38]mas irás à casa de meu pai, a minha família, e escolherás uma mulher para meu filho'. [39]Eu disse a meu senhor: 'E se a mulher não quiser me acompanhar?' [40]Ele me respondeu: 'Javé,

Gênesis 24

em cuja presença eu ando, mandará contigo seu anjo e dará feliz êxito a tua viagem, de modo que possas escolher para meu filho uma mulher de minha família e da casa de meu pai. [41]Ficarás livre do juramento quando chegares a minha família: se eles te recusarem a mulher, estarás livre do juramento'. [42]Hoje, ao chegar à fonte, eu disse: 'Javé, Deus de meu senhor Abraão, mostrai se vos dignais realmente levar a bom termo a viagem que estou fazendo, [43]ficarei junto a esta fonte de água. A jovem que vier para buscar água, e a quem eu disser: Dá-me de beber um pouco d'água de teu cântaro, [44]e que me responder: Bebe, e também tirarei água para teus camelos, será a mulher que Javé destinou ao filho de meu senhor'. [45]Eu não tinha ainda terminado de falar comigo mesmo, quando veio Rebeca com seu cântaro ao ombro, e desceu à fonte para buscar água. Eu lhe disse então: 'Dá-me de beber, por favor'. [46]E ela desceu prontamente o cântaro do ombro e disse-me: 'Bebe, e também darei de beber a teus camelos'. Eu bebi e ela deu de beber também a meus camelos. [47]Depois perguntei-lhe: 'De quem és filha?' Ela respondeu-me: 'Sou filha de Batuel, o filho que Melca deu a Nacor'. Então coloquei-lhe o anel no nariz e as pulseiras nas mãos. [48]Ajoelhei-me para adorar Javé, e louvei Javé, Deus de Abraão, que me tinha guiado por um caminho certo, a fim de escolher a sobrinha de meu senhor para seu filho. [49]Agora, pois, se quereis usar de benevolência e lealdade para com meu senhor, dizei-mo. Se não, dizei-mo também, e eu me voltarei para a direita ou para a esquerda".

[50]Labão e Batuel responderam: "É de Javé que vem tudo isto; nós não podemos dizer nem sim nem não. [51]Eis Rebeca a tua disposição; leva-a contigo, pois, e seja esposa do filho de teu senhor, conforme a palavra de Javé".

[52]Ao ouvir essas palavras, o servo de Abraão prostrou-se em terra diante de Javé. [53]Tomando em seguida objetos de ouro e de prata e vestidos, presenteou Rebeca; ofereceu também ricos presentes ao irmão e à mãe dela. [54]Então comeram e beberam, ele e seus companheiros, e foram dormir. De manhã, quando se levantaram, disse o servo: "Deixai-me voltar para junto de meu senhor". [55]O irmão e a mãe de Rebeca responderam: "Que a moça fique conosco ainda uns dez dias e depois partirá". [56]Ele respondeu: "Não retardeis meu regresso, uma vez que Javé deu feliz êxito a minha viagem. Deixai-me partir, para que volte a meu senhor". [57]Responderam eles: "Vamos chamar a jovem e perguntar o que ela deseja". [58]Chamaram, portanto, Rebeca e perguntaram-lhe: "Queres partir com este homem?" "Sim", respondeu ela. [59]Então deixaram partir sua irmã Rebeca, juntamente com sua ama-de-leite, o servo de Abraão e sua comitiva. [60]E abençoaram Rebeca, dizendo-lhe:

"És nossa irmã:
cresce em milhares de miríades,
e tua descendência conquiste*
as portas de seus inimigos!"

[61]Levantou-se, pois, Rebeca com suas criadas e, montadas em camelos, acompanharam o homem; e ele partiu, levando consigo Rebeca.

[62]Entretanto Isaac tinha voltado do poço de Laai-Roí* e morava na região do Negueb. [63]Uma tarde, quando saíra para meditar no campo, ergueu os olhos e viu camelos chegando. [64]Também Rebeca levantou os olhos e, vendo Isaac, desceu do camelo. [65]Ela perguntou ao servo: "Quem é aquele homem que vem pelo campo a nosso encontro?" O servo respondeu: "É meu senhor". Então ela puxou o véu e se cobriu. [66]O servo contou a Isaac tudo que ele tinha feito; [67]e Isaac introduziu Rebeca na tenda de Sara, sua mãe, e recebeu Rebeca por esposa e a amou. Assim se consolou da morte de sua mãe.

---

* **24**,60. 22,17 | 62. 16,13s

25

Últimos anos de Abraão. [1]Abraão ainda tomou outra mulher,* chamada Cetura, [2]a qual lhe deu à luz Zamrã, Jecsã, Madã, Madiã, Jesboc e Sué. [3]Jecsã gerou Sabá e Dadã. Os filhos de Dadã foram os assureus, os latuseus e os leumeus. [4]Os filhos de Madiã foram Efa, Ofer, Henoc, Abida e Eldaá. Todos esses são filhos de Cetura. [5]Abraão deu a Isaac tudo o que possuía, [6]e aos filhos das concubinas fez doações. Mas, ainda em vida, separou-os de seu filho Isaac, mandando-os para o leste, para as terras do oriente. [7]Os anos da vida de Abraão foram cento e setenta e cinco. [8]Abraão expirou e morreu numa velhice feliz, idoso e cheio de dias, e foi unir-se a seus parentes. [9]Seus filhos Isaac e Ismael o sepultaram na caverna de Macpela, no campo de Efron, filho de Seor, o heteu, defronte de Mambré. [10]É o campo que Abraão tinha comprado dos heteus. Lá foram sepultados ele e Sara, sua mulher. [11]Depois da morte de Abraão, Deus abençoou Isaac, seu filho, o qual ficou morando junto ao poço de Laai-Roí.*

Os descendentes de Ismael. [12]Estes são os descendentes de Ismael, filho de Abraão, que nascera de Agar, a egípcia, escrava de Sara. [13]Eis os nomes dos filhos de Ismael,* em ordem de nascimento: Nabaiot, primogênito de Ismael; depois Cedar, Abdeel, Mabsam, [14]Masma, Duma, Massa, [15]Hadad, Tema, Jetur, Nafis e Cedma. [16]Esses são os filhos de Ismael, e esses são seus nomes, segundo seus acampamentos e suas aldeias: doze chefes de clãs. [17]E estes são os anos que viveu Ismael: cento e trinta e sete anos. Depois ele expirou; morreu e foi reunir-se a seus parentes. [18]Habitou desde Hévila até Sur,* que está defronte do Egito, na direção da Assíria; estabeleceu-se em frente de todos os seus irmãos.

III. ISAAC, ESAÚ E JACÓ
(25,19–36,43)

Os dois filhos de Isaac. [19]Esta é a história de Isaac, filho de Abraão. Abraão gerou Isaac, [20]o qual tinha quarenta anos quando se casou com Rebeca, filha de Batuel, o arameu, de Padã-Aram, e irmã de Labão. [21]Isaac rogou a Javé por sua mulher, que era estéril. Javé o ouviu, e Rebeca, sua esposa, concebeu. [22]Mas as crianças lutavam em seu seio, e ela exclamou: "Se é assim, para que viver?" E foi consultar Javé, [23]o qual lhe respondeu:

"Duas nações estão em teu seio,
e dois povos, nascidos de ti, se separarão;
um será mais forte do que o outro*
e o mais velho servirá ao mais novo".

[24]Chegado o tempo de ela dar à luz, estavam dois gêmeos em seu ventre. [25]Saiu o primeiro: era ruivo e peludo como um manto de pelos; foi chamado Esaú. [26]Saiu depois seu irmão,* segurando com a mão o calcanhar de Esaú, e foi chamado Jacó[†]. Isaac tinha sessenta anos quando eles nasceram.

Esaú vende a primogenitura. [27]Os meninos cresceram. Esaú tornou-se um hábil caçador, um homem do campo; Jacó, ao contrário, era homem pacífico, que morava na tenda. [28]Isaac gostava mais de Esaú, porque apreciava a caça; mas Rebeca preferia Jacó. [29]Um dia, Jacó preparou uma sopa. Esaú chegou do campo muito cansado [30]e disse a Jacó: "Por favor, deixa-me comer dessa comida vermelha, pois estou exausto!" Foi por isso que Esaú recebeu o apelido de Edom. [31]Jacó respondeu: "Cede-me primeiro teu direito de primogenitura". [32]Esaú disse: "Estou a ponto de morrer; de que me serve a primogenitura?" [33]Jacó insistiu: "Jura-me primeiro". Esaú jurou e assim vendeu a Jacó sua primogenitura. [34]Este, então, deu-lhe pão e a sopa de lentilhas. Esaú comeu e bebeu, depois se

---

* **25**,1. 1Cr 1,32s | **25**,11. 24,62 | 13. 1Cr 1,29-31 | 18. 16,12 | 23. Ml 1,2-5; Rm 9,12 | 26. Os 12,4

† **25**,26. Jacó deriva da palavra calcanhar, e é associado a "suplantar" em Gn 27,36. De Esaú não é dada explicação, mas Edom, outro nome seu, significa ruivo e designa tanto o povo descendente de Esaú, como a região onde habitava. Seir, derivado de peludo, é sinônimo de Edom.

Gênesis 25-26

levantou e partiu. Assim desprezou Esaú seu direito de primogenitura.

26

Isaac na Filisteia. [1]Houve naquela região uma fome, além da primeira,* que ocorreu nos tempos de Abraão. Isaac retirou-se para junto de Abimelec, rei dos filisteus, em Gerara. [2]Ali apareceu-lhe Javé, que lhe disse: "Não desças ao Egito, mas continua a habitar nesta terra, no lugar que te indicarei. [3]Fica como forasteiro nesta terra, que eu estarei contigo e te abençoarei; porque darei todas estas terras a ti e a tua descendência, cumprindo o juramento que fiz a Abraão, teu pai. [4]Multiplicarei tua descendência* como as estrelas do céu, e lhe darei todas estas terras, e em tua descendência serão abençoadas todas as nações da terra, [5]porque Abraão obedeceu a minha voz, observou meus mandamentos, meus preceitos, minhas ordens e minhas leis". [6]Isaac ficou, pois, em Gerara.

[7]Quando os homens do lugar lhe perguntavam sobre sua mulher, ele respondia: "É minha irmã", pois temia dizer que era sua esposa, pensando que os homens do lugar poderiam matá-lo por causa de Rebeca, que era muito bela. [8]Ora, aconteceu que, prolongando-se sua permanência ali, Abimelec, rei dos filisteus, olhou da janela e viu Isaac acariciando Rebeca, sua mulher. [9]Então Abimelec chamou Isaac e disse-lhe: "É evidente que ela é tua mulher. Por que dizias que é tua irmã?" Ao que Isaac respondeu: "Eu pensava que seria morto por causa dela". [10]Abimelec replicou: "Por que nos fizeste isso? Faltou pouco para que alguém do povo dormisse com tua mulher, e assim tu terias atraído sobre nós uma culpa". [11]E Abimelec deu a todo o povo esta ordem: "Aquele que tocar este homem, ou sua mulher, será condenado à morte".

[12]Isaac semeou naquela terra, e naquele ano colheu o cêntuplo, tanto o abençoou Javé. [13]Ele prosperou e foi-se engrandecendo sempre mais, até tornar-se extremamente rico. [14]Possuía rebanhos de ovelhas, manadas de bois e muitos servos, de modo que os filisteus ficaram com inveja dele. [15]Por isso, todos os poços abertos pelos servos de seu pai, quando Abraão era vivo, os filisteus os entupiram, enchendo-os de terra. [16]Abimelec disse a Isaac: "Vai-te embora daqui, porque te tornaste muito mais poderoso do que nós". [17]Isaac partiu e armou suas tendas no vale de Gerara, e habitou aí. [18]Reabriu os poços cavados nos tempos de Abraão, seu pai, e depois entupidos pelos filisteus, após a morte de Abraão, e deu-lhes os mesmos nomes impostos por seu pai. [19]Os servos de Isaac cavaram no vale e encontraram um poço de água viva. [20]Mas os pastores de Gerara começaram a disputar com os de Isaac, dizendo: "Esta água é nossa". Ele chamou àquele poço "Contenda", porque haviam discutido por causa dele. [21]Cavaram seus servos outro poço, que também causou discussão. Ele o chamou "Hostilidade". [22]Partindo dali, cavou mais um poço, pelo qual não lhe fizeram oposição; então ele o chamou "Largueza" e disse: "Agora Javé deu-nos o campo livre e podemos prosperar nesta terra".

[23]De lá subiu a Bersabeia. [24]Javé apareceu-lhe naquela noite e disse:

"Eu sou o Deus de Abraão, teu pai; nada temas, porque estou contigo.

Eu te abençoarei e multiplicarei tua descendência

em consideração a meu servo Abraão".

[25]Isaac ergueu um altar nesse lugar e invocou o nome de Javé; estabeleceu ali suas tendas, e seus servos cavaram ali um poço.

Aliança com Abimelec. [26]Abimelec, rei de Gerara, veio visitá-lo,* juntamente com Ocozat, seu amigo, e Ficol, chefe de seu exército. Isaac disse-lhes: [27]"Por que me procurais, vós que me odiais e me expulsastes de vosso meio?" [28]Responderam eles: "Porque vimos claramente que Javé está contigo e achamos que se deva fazer um

---

* **26**,1. 12,10-20; 20 | 4. 22,17s; 12,3.7 | 26. 21,22-33

juramento entre nós e ti. Queremos fazer aliança contigo. [29]Jura que não nos farás nenhum mal, como nós não te maltratamos e não te fizemos senão o bem, e te despedimos em paz. Agora és abençoado por Javé". [30]Isaac preparou-lhes um banquete e eles comeram e beberam. [31]Na manhã seguinte, levantando-se bem cedo, fizeram um juramento mútuo. Isaac os despediu e eles partiram em paz.

[32]Naquele mesmo dia vieram os servos de Isaac informá-lo a respeito do poço que estavam cavando, e lhe disseram: "Encontramos água". [33]Isaac deu ao poço o nome de "Juramento". Por isso ainda hoje a cidade se chama Bersabeia†.

[34]Ora, Esaú, na idade de quarenta anos,* tomou por mulheres Judite, filha de Beeri, o heteu, e Basemat, filha de Elon, o heteu; [35]e elas foram motivo de aborrecimentos para Isaac e Rebeca.*

27 Bênção de Isaac a Jacó. [1]Isaac envelhecera e seus olhos se enfraqueceram a ponto de não poder mais enxergar. Chamou Esaú, seu filho primogênito, e lhe disse: "Meu filho!" Respondeu-lhe ele: "Eis-me aqui!" [2]Disse-lhe Isaac: "Como vês, já estou velho, e não sei quando será o dia de minha morte. [3]Agora, pois, pega tuas armas, tua aljava e teu arco, e vai ao campo, e apanha para mim alguma caça. [4]Prepara-me com ela um prato saboroso, como eu gosto, e traze-o para que eu coma e te dê a bênção antes que morra".

[5]Rebeca ouviu o que Isaac disse a seu filho Esaú e, logo que este saiu para o campo à procura de caça para o pai, [6]ela disse a seu filho Jacó: "Ouvi teu pai falar com Esaú, teu irmão,* e dizer-lhe: [7]'Traze-me uma caça e prepara-me com ela um prato saboroso para que eu coma e te abençoe diante de Javé, antes de morrer'. [8]Agora, meu filho, obedece-me e faze o que te mando. [9]Vai ao rebanho e traze-me dois belos cabritos. Com eles farei para teu pai um prato saboroso a seu gosto, [10]e tu lhe levarás, para que coma dele, e te abençoe antes de morrer".

[11]Jacó respondeu a Rebeca, sua mãe: "Mas Esaú, meu irmão, é peludo* e eu tenho a pele lisa. [12]Se meu pai me tocar, vai me considerar um impostor, e atrairei sobre mim a maldição em vez da bênção". [13]Disse-lhe sua mãe: "Caia sobre mim esta maldição, meu filho! Obedece-me, vai e traze-me o que te pedi". [14]Jacó foi, pegou os cabritos e trouxe-os a sua mãe, que preparou um prato saboroso ao gosto do pai dele. [15]Rebeca escolheu as melhores vestes que o filho mais velho, Esaú, tinha consigo em casa, e com elas vestiu seu filho mais novo, Jacó. [16]Com as peles dos cabritos cobriu-lhe as mãos e a parte lisa do pescoço. [17]A seguir, pôs nas mãos de Jacó, seu filho, o prato e o pão que havia preparado.

[18]Jacó foi para junto de seu pai e disse-lhe: "Meu pai!" Respondeu ele: "Eis-me aqui! Quem és tu, meu filho?" [19]Jacó disse a seu pai: "Eu sou Esaú, teu primogênito. Fiz o que me pediste. Levanta-te, senta-te e come de minha caça, para me abençoares. [20]Isaac perguntou ao filho: "Como conseguiste achar a caça tão depressa, meu filho?" Respondeu ele: "Porque Javé, teu Deus, a mandou a meu encontro". [21]Isaac disse a Jacó: "Aproxima-te, então, para que eu te apalpe e saiba se és ou não meu filho Esaú".

[22]Jacó aproximou-se de Isaac, seu pai, o qual o apalpou e disse: "A voz é a de Jacó, mas as mãos são as de Esaú!" [23]E não o reconheceu, porque suas mãos estavam peludas como as de Esaú, seu irmão. E o abençoou. [24]Perguntou-lhe ainda: "Tu és Esaú, meu filho?" Respondeu ele: "Sim". [25]Disse-lhe pois: "Serve-me de tua caça, para que eu coma e te abençoe, meu filho". Jacó serviu-lhe, Isaac comeu; e trouxe-lhe também vinho e ele bebeu. [26]Então disse-lhe Isaac, seu pai: "Aproxima-te e

---

* **26**,34. 36,1-5 | 35. 24,3s; 28,1s* | **27**,6. 25,28 | 11. 25,25 | 27. 22,17s; Hb 11,20

† **26**,33. Bersabeia fica no Neguebe, ao sul; seu nome significa "Poço do Juramento".

Gênesis 27-28

beija-me, meu filho". [27]Jacó se aproximou e o beijou. Quando sentiu o cheiro de suas roupas, o abençoou, dizendo:

"O odor de meu filho*
é como o odor de um campo
abençoado por Javé.
[28]Que Deus te dê o orvalho do céu,
a fertilidade da terra
e a abundância de trigo e de vinho.
[29]Sirvam-te os povos*
e diante de ti se inclinem as nações;
sê o senhor de teus irmãos,
e curvem-se diante de ti os filhos de
tua mãe.
Maldito seja quem te amaldiçoar
e bendito quem te abençoar!"

[30]Apenas Isaac tinha terminado de abençoar Jacó, e este saíra de junto de Isaac, seu pai, chegou Esaú, seu irmão, que voltava da caçada. [31]Também ele fez um prato saboroso e o levou a seu pai, dizendo: "Que meu pai se levante e coma da caça de seu filho, para que me abençoe." [32]Isaac, seu pai, lhe perguntou: "Quem és tu?" Ele respondeu: "Eu sou teu filho, teu primogênito, Esaú". [33]Então Isaac estremeceu, tomado de uma violenta comoção, e exclamou: "Quem é, então, aquele que me trouxe a caça que apanhou? Eu comi de tudo antes que viesses e o abençoei, e ficará abençoado".[+] [34]Ao ouvir as palavras do pai, Esaú pôs-se a gritar e a chorar amargamente. Depois disse a seu pai: "Abençoa-me também a mim,* meu pai". [35]Respondeu Isaac: "Teu irmão veio com astúcia e levou tua bênção". [36]Disse-lhe Esaú: "Com razão foi chamado Jacó, pois já duas vezes me suplantou! Tirou-me a primogenitura e agora apoderou-se também de minha bênção". E ajuntou: "Não reservaste nenhuma bênção para mim?" [37]Respondeu Isaac e disse a Esaú: "Eu o constituí teu senhor e dei-lhe todos os seus irmãos por servos, e de trigo e de vinho o provi; que posso ainda

fazer por ti, meu filho?" [38]E disse Esaú a seu pai: "Então só tens uma bênção, meu pai? Abençoa-me também a mim, meu pai!" E chorou em alta voz. [39]Então Isaac, seu pai, disse a Esaú:

"Longe das terras férteis será tua morada
e longe do orvalho que cai do céu.
[40]Viverás de tua espada,
e servirás a teu irmão.
Mas quando te revoltares,
sacudirás o jugo de teu pescoço".

[41]Esaú passou a odiar Jacó,* por causa da bênção que lhe dera seu pai; e disse consigo mesmo: "Não estão longe os dias do luto por meu pai; então, matarei meu irmão Jacó". [42]Rebeca ficou sabendo desses propósitos de seu filho primogênito, Esaú; por isso, mandou chamar Jacó, seu filho mais novo, e disse-lhe: "Teu irmão Esaú quer vingar-se de ti,* matando-te. [43]Atende-me, portanto, meu filho: parte, foge para junto de Labão, meu irmão, em Harã, [44]e fica com ele algum tempo, até que se acalme a ira de teu irmão. [45]Quando tiver passado a ira de teu irmão e ele tiver esquecido o que lhe fizeste, mandarei buscar-te e trazer-te de lá. Por que eu haveria de perder-vos a ambos num só dia?"

Jacó vai para a Mesopotâmia. [46]Rebeca disse a Isaac:* "Estou aborrecida da vida por causa das mulheres heteias. Se Jacó se casar com uma das heteias, como estas, uma das moças desta terra, para que me serve a vida?"

28

[1]Isaac chamou Jacó, abençoou-o e lhe deu esta ordem: "Não tomes por mulher uma cananeia; [2]mas levanta-te, vai a Padã-Aram, à casa de Batuel, pai de tua mãe, e escolhe lá uma mulher entre as filhas de Labão, irmão de tua mãe. [3]Que o Deus todo-poderoso te abençoe,* te faça fecundo e te multiplique, para te tor-

---

* **27**,29. 25,23 | **34**. 25,26.29-34; Os 12,4 | **41**. 27,46; 28,5 | **42**. 24,29; Sb 10,10 | **46**. 27,41-45; 24,3s; 26,35
28,3. 17,1.4s

† **27**,33. A bênção dada não podia ser retirada; o mesmo vale da maldição, Nm 22,6. A simulação e a astúcia de Rebeca e Jacó não parecem pesar na consciência deles, porque Esaú já havia vendido seu direito de primogenitura, Gn 25,29-33. Deus sabe servir-se até do pecado para executar suas livres decisões. Com efeito, misterioso em seus desígnios, havia escolhido Jacó, Ml 1,2-3.

35 Gênesis 28-29

nares uma multidão de povos; [4]e te dê a bênção de Abraão, a ti e a tua descendência contigo, para que possuas a terra onde moras como estrangeiro, e que Deus deu a Abraão". [5]Isaac despediu Jacó, e este partiu para Padã-Aram, para a casa de Labão, filho de Batuel, o arameu, e irmão de Rebeca, mãe de Jacó e de Esaú.

[6]Esaú viu que Isaac tinha abençoado Jacó e o tinha mandado a Padã-Aram, para escolher ali uma mulher, e que, ao abençoá-lo, lhe tinha ordenado que não se casasse com alguma das mulheres cananeias. [7]Viu também que Jacó, obedecendo a seu pai e a sua mãe, tinha partido para Padã-Aram. [8]Compreendeu então que seu pai Isaac não gostava das mulheres cananeias; [9]por isso foi à casa de Ismael e tomou por mulher, além daquelas que já tinha, Maelet,* filha de Ismael, filho de Abraão, e irmã de Nabaiot.

Sonho de Jacó em Betel. [10]Partindo de Bersabeia,* Jacó dirigiu-se para Harã. [11]Chegou a um lugar, e ali passou a noite, pois o sol já se havia posto; tomou uma das pedras do lugar para servir-lhe de travesseiro e dormiu ali. [12]Teve um sonho: viu uma escada* que se apoiava na terra e cujo topo atingia o céu; e por ela subiam e desciam anjos de Deus. [13]No alto da escada estava Javé, que lhe disse: "Eu sou Javé, Deus de Abraão, teu pai, e Deus de Isaac. Darei a ti e a tua descendência a terra em que te encontras.* [14]Tua posteridade será tão numerosa como a poeira da terra, e tu te estenderás para o ocidente e para o oriente, para o norte e para o sul. Em ti e em tua descendência serão abençoadas todas as famílias da terra.* [15]Eu estou contigo e te guardarei em todo lugar aonde fores, e te reconduzirei a esta terra. Não te abandonarei sem ter cumprido o que te prometi".

[16]Despertando do sono, Jacó exclamou: "Na verdade Javé está neste lugar, e eu não o sabia". [17]Cheio de medo, acrescentou: "Este lugar é terrível! É nada menos que a casa de Deus e a porta do céu". [18]Levantando-se cedo, Jacó tomou a pedra que usara como travesseiro, erigiu-a em monumento, e derramou óleo sobre ela. [19]Deu o nome de Betel àquele lugar†, que antes se chamava Luza.* [20]Jacó fez também este voto: "Se Deus estiver comigo e me proteger nesta viagem que estou fazendo, se me der pão para comer e roupa para vestir, [21]e se eu voltar são e salvo à casa paterna, então Javé será meu Deus, [22]e esta pedra que ergui em monumento será uma casa de Deus; e de tudo o que me concederdes vos darei fielmente o dízimo".*

29 **Jacó na casa de Labão.** [1]Jacó prosseguiu sua viagem* e dirigiu-se à terra dos orientais. [2]Olhando, viu no campo um poço* junto do qual repousavam três rebanhos de ovelhas. Dele se costumava dar de beber aos rebanhos; mas era grande a pedra que cobria a boca do poço. [3]Somente a removiam depois de estarem reunidos todos os rebanhos. Davam de beber aos rebanhos e recolocavam a pedra sobre a boca do poço.

[4]Jacó perguntou aos pastores: "Irmãos, de onde sois?" Responderam: "Somos de Harã". [5]Disse-lhes Jacó: "Conheceis Labão, filho de Nacor?" Responderam: "Conhecemos". [6]Disse-lhes então: "Ele está bem?" E eles replicaram: "Sim, está bem; olha, aí vem Raquel, sua filha, com as ovelhas". [7]Então lhes disse: "Ainda é pleno dia; não chegou a hora de recolher os animais; dai de beber às ovelhas e continuai a apascentá-las". [8]Responderam eles: "Não o podemos fazer, enquanto não se reunirem todos os rebanhos; só

---

* **28**,9. 25,12s | 10. Sb 10,10 | 12. Jo 1,51 | 13. 12,3; 13,14s; 15,5s; 18,18; 22,17s; 26,4 | 14. 12,3 | 19. 35,6; 48,3; Jz 1,23 | 22. Am 4,4 | **29**,1. 24,11s | 2. 24,11s; Êx 2,16s

† **28**,19. Betel quer dizer "casa de Deus". Javé renova a Jacó as promessas feitas a Abraão e a Isaac. A escada de Jacó exprime o intercâmbio entre o céu e a terra, as bênçãos que descem e as orações que sobem. Prefigura também a Encarnação do Filho de Deus, Jo 1,51.

Gênesis 29-30

então removerão a pedra da boca do poço e daremos de beber às ovelhas". ⁹Ainda estava falando com eles, quando chegou Raquel com as ovelhas de seu pai, pois era pastora. ¹⁰Logo que Jacó viu Raquel, filha de Labão, seu tio, com as ovelhas de Labão, seu tio, aproximou-se, tirou a pedra da boca do poço e deu de beber às ovelhas de Labão, seu tio. ¹¹Depois beijou Raquel e chorou em alta voz. ¹²Contou a Raquel que era parente de seu pai, sendo filho de Rebeca. Ela foi correndo anunciar isto a seu pai. ¹³Logo que Labão ouviu a notícia referente a Jacó, filho de sua irmã, correu-lhe ao encontro, abraçou-o, beijou-o e o levou para casa. Jacó contou a Labão tudo que tinha acontecido. ¹⁴Labão disse-lhe: "Na verdade tu és meu osso e minha carne". E Jacó permaneceu com ele um mês inteiro.

Casamento de Jacó com Lia e Raquel. ¹⁵Depois Labão disse a Jacó: "Por seres meu irmão, hás de me servir de graça? Dize-me qual deve ser teu salário". ¹⁶Ora, Labão tinha duas filhas: a mais velha chamava-se Lia e a mais nova, Raquel. ¹⁷Lia tinha um olhar meigo, mas Raquel tinha um belo porte e um rosto bonito. ¹⁸Jacó amava Raquel, por isso disse: "Eu te servirei sete anos por Raquel, tua filha mais nova". ¹⁹Labão respondeu: "Melhor dá-la a ti que a outro homem; fica comigo". ²⁰Assim, Jacó serviu por Raquel sete anos, que lhe pareceram poucos dias, tão grande era o amor que lhe tinha. ²¹Depois Jacó disse a Labão: "Completou-se meu tempo; dá-me minha mulher para que eu viva com ela".

²²Labão convidou toda a gente do lugar e deu um banquete. ²³Mas à noite tomou sua filha Lia e a levou a Jacó, que se uniu a ela. ²⁴Labão deu por serva a sua filha Lia sua própria serva Zelfa. ²⁵De manhã Jacó percebeu que tinha ficado com Lia e disse a Labão: "Que fizeste comigo? Não foi por Raquel que te servi? Por que me enganaste?" ²⁶Labão respondeu: "Em nossa terra não se costuma casar a mais nova antes da mais velha. ²⁷Acaba a semana com esta, e depois te darei também

a outra pelo serviço que me prestarás durante outros sete anos". ²⁸E assim fez Jacó. Terminada a semana, Labão deu-lhe por mulher sua filha Raquel; ²⁹e a esta, deu por serva a sua própria serva Bala. ³⁰Jacó uniu-se também a Raquel, e amou mais Raquel do que Lia. Serviu a Labão durante mais sete anos.

Primeiros filhos de Jacó. ³¹Javé, porém, vendo que Lia não era amada, tornou-a fecunda, enquanto que Raquel permanecia estéril. ³²Lia concebeu e deu à luz um filho, ao qual chamou Rúben, pois disse: "Javé viu minha aflição; agora meu marido me amará". ³³Concebeu novamente, deu à luz outro filho e disse: "Javé viu que eu não era amada e me deu mais este". E deu-lhe o nome de Simeão. ³⁴Concebeu outra vez, deu à luz mais um filho e disse: "Agora sim; desta vez meu marido se afeiçoará a mim, porque lhe dei à luz três filhos". Por isso lhe pôs o nome de Levi. ³⁵Concebeu ainda, deu à luz um filho e disse: "Desta vez louvarei Javé"; e chamou-o Judá. E cessou de dar à luz.

30

Outros filhos de Jacó. ¹Vendo que não conseguia dar filhos a Jacó, Raquel teve inveja de sua irmã e disse a Jacó: "Dá-me filhos, senão morrerei". ²Jacó se irritou contra Raquel e respondeu: "Por acaso estou eu no lugar de Deus, que te recusou a maternidade?" ³Raquel respondeu: "Eis minha serva Bala; une-te a ela, para que dê à luz sobre meus joelhos e eu possa ter filhos por meio dela". ⁴E deu-lhe por mulher sua serva Bala, à qual Jacó se uniu. ⁵Bala concebeu e deu à luz um filho a Jacó. ⁶E Raquel disse: "O Senhor me fez justiça e também ouviu minha voz, dando-me um filho". Por isso o chamou Dã. ⁷Bala, serva de Raquel, concebeu de novo e deu à luz um segundo filho a Jacó. ⁸Raquel disse: "Lutei enormemente com minha irmã e venci". Assim, pois, o chamou Neftali. ⁹Lia, vendo que tinha cessado de dar à luz, tomou sua serva Zelfa e a deu por mulher a Jacó. ¹⁰Zelfa, serva de Lia, deu à luz um filho a Jacó. ¹¹Lia disse: "Boa sorte!" e lhe deu o nome de Gad. ¹²Zel-

37 Gênesis 30

fa, serva de Lia, deu à luz outro filho a Jacó. [13]Lia disse: "Sou feliz, pois as mulheres me felicitarão!" e o chamou Aser.

[14]Certo dia, no tempo da ceifa do trigo, Rúben saiu pelo campo; encontrou umas mandrágoras e as levou a Lia, sua mãe. Raquel então disse a Lia: "Dá-me, por favor, das mandrágoras de teu filho". [15]Lia respondeu: "Não basta que me tenhas tomado o marido? Queres também tomar-me as mandrágoras de meu filho?" Disse-lhe Raquel: "Pois bem, que Jacó durma contigo esta noite em troca das mandrágoras de teu filho". [16]À tarde, quando Jacó voltava do campo, Lia saiu-lhe ao encontro e disse-lhe: "Vem comigo, porque te contratei pelo preço das mandrágoras de meu filho". Ele dormiu com ela naquela noite. [17]Deus ouviu Lia, a qual concebeu e deu à luz um quinto filho a Jacó. [18]Lia disse: "Deus recompensou-me por ter dado minha serva a meu marido". E lhe pôs o nome de Issacar. [19]Lia concebeu novamente e deu a Jacó um sexto filho. [20]Lia disse então: "Deus me fez um belo presente; agora meu marido me honrará, pois lhe dei seis filhos". E deu ao filho o nome de Zabulon. [21]Depois deu à luz uma filha, que ela chamou Dina.

[22]Então Deus se lembrou de Raquel, ouviu-a e tornou-a fecunda. [23]Ela concebeu, deu à luz um filho e disse: "Deus me livrou da desonra". [24]E o chamou José, dizendo: "Que Javé me conceda outro filho".[+]

Contrato entre Jacó e Labão. [25]Depois que Raquel deu à luz José, Jacó disse a Labão: "Deixa-me partir para meu lugar, minha terra. [26]Dá-me minhas mulheres pelas quais te servi e meus filhos, e eu partirei; pois bem conheces o serviço que te prestei". [27]Labão disse: "Se encontrei favor junto de ti...! Fiquei sabendo por adivinhação que Javé me abençoou por tua causa". [28]E acrescentou: "Determina o salário que te devo dar". [29]Disse-lhe Jacó: "Tu sabes como te servi e como se desenvolveu teu rebanho em minhas mãos. [30]Era pouco o que possuías antes de mim e tudo aumentou depois, porque Javé te abençoou com minha chegada. Quando é que poderei fazer alguma coisa para minha família?" [31]Replicou Labão: "Que devo dar-te?" Respondeu Jacó: "Não tens de me dar nada; continuarei a apascentar e a guardar teu rebanho, se fizeres para mim isto: [32]vou passar hoje pelo meio de todo o rebanho e separar todo animal escuro entre os cordeiros e todo animal malhado ou salpicado entre as cabras; isto será meu salário. [33]Minha honestidade dará testemunho de mim diante de ti futuramente, quando chegar o dia de me pagares: todo animal em meu poder, que não for malhado ou salpicado entre as cabras e escuro entre os cordeiros, será tido como roubado". [34]Labão disse: "Está bem; seja como disseste".

[35]Naquele mesmo dia Labão separou os bodes listrados e malhados, e todas as cabras salpicadas e malhadas, todos os que tinham algo de branco, e todos os de cor escura entre os cordeiros, e os entregou a seus filhos. [36]E pôs uma distância de três dias entre eles e Jacó, o qual apascentava o resto do rebanho de Labão.

[37]Jacó tomou então varas verdes de álamo, amendoeira e plátano, e removeu-lhes tiras da casca, deixando a descoberto a brancura das varas. [38]Colocou as varas assim descascadas nos tanques e bebedouros, onde os animais vinham beber; e os animais se acasalavam quando vinham beber. [39]Assim, as fêmeas que eram cobertas à vista das varas davam crias listradas, salpicadas e malhadas. [40]Jacó separou os cordeiros e virou o rebanho em direção aos animais listrados e a todos os que eram escuros no rebanho de Labão; assim formou um rebanho separado, que não se misturava com o de Labão. [41]E toda vez que se acasalavam as ovelhas fortes, Jacó punha as varas à vista dos rebanhos, nos bebedouros, para que se acasalassem à vista das varas; [42]mas diante das fracas não as punha, e as-

---

[+] **30**,24. José significa "que Deus acrescente".

Gênesis 30-31

sim as crias fracas ficavam para Labão e as fortes para Jacó. [43]Com isso Jacó se tornou extremamente rico e chegou a possuir numerosos rebanhos, servos e servas, camelos e jumentos.

31 Discórdias entre Jacó e Labão.

[1]Jacó ouviu os filhos de Labão dizerem: "Jacó se apoderou de tudo o que pertencia a nosso pai; com os bens de nosso pai acumulou toda esta riqueza". [2]Jacó notou, pela fisionomia de Labão, que este já não tinha para com ele os mesmos sentimentos de antes. [3]Javé disse a Jacó: "Volta para a terra de teus pais, para junto de teus parentes, que eu estarei contigo". [4]Então Jacó mandou chamar Raquel e Lia* ao campo, onde ele estava com seu rebanho, [5]e disse-lhes: "Eu noto no semblante de vosso pai que ele não é mais para mim o mesmo que antes; mas o Deus de meu pai está comigo. [6]Sabeis que servi a vosso pai com todas as minhas forças. [7]Ele, porém, me enganou, mudando dez vezes meu salário. Mas Deus não lhe permitiu que me prejudicasse. [8]Quando ele me dizia: 'As crias malhadas serão tua paga', todas as ovelhas pariam crias malhadas. Quando, ao contrário, me dizia: 'As crias listradas serão tua paga', todas as ovelhas pariam crias listradas. [9]Assim, pois, Deus tomou os animais de vosso pai e os deu a mim. [10]No tempo em que as ovelhas se acasalavam, levantei os olhos e vi em sonhos que os carneiros que cobriam as fêmeas eram listrados, malhados e salpicados. [11]E o anjo de Deus disse-me em sonho: 'Jacó!' Respondi-lhe: 'Eis-me aqui!' [12]Continuou ele: 'Levanta os olhos e vê como os carneiros que cobrem as fêmeas são todos listrados, malhados e salpicados; porque vi tudo o que Labão faz contigo+. [13]Eu sou o Deus de Betel, onde ungiste um monumento e me fizeste um voto.* Agora levanta-te, sai deste país e retorna a tua terra natal'".

[14]Raquel e Lia responderam: "Temos nós ainda parte ou herança na casa de nosso pai? [15]Não nos tratou ele como estrangeiras, vendendo-nos e consumindo nosso dinheiro? [16]Sim, toda a riqueza que Deus tirou de nosso pai é nossa e de nossos filhos. Faze, pois, tudo o que Deus te disse". [17]Jacó levantou-se e fez montar nos camelos as mulheres e os filhos. [18]Levou consigo todo o seu rebanho, com todos os bens que tinha acumulado, o rebanho que lhe pertencia e que ele adquiriu em Padã-Aram, e partiu para junto de seu pai Isaac, na terra de Canaã.

Jacó foge da Mesopotâmia. [19]Labão tinha ido tosquiar o rebanho, e Raquel furtou os ídolos de seu pai. [20]Jacó iludiu Labão,* o arameu, não lhe comunicando a fuga. [21]Fugiu, pois, com tudo o que possuía, atravessou o rio+ e dirigiu-se à montanha de Galaad.

[22]Três dias depois informaram a Labão que Jacó havia fugido. [23]Então tomou consigo seus parentes e foi atrás dele durante sete dias, e o alcançou na montanha de Galaad. [24]Mas Deus apareceu num sonho noturno ao arameu Labão e disse-lhe: "Guarda-te de dizer a Jacó o que quer que seja". [25]Quando Labão alcançou Jacó, este tinha armado sua tenda na montanha; e Labão com seus parentes acampou na montanha de Galaad. [26]Então Labão disse a Jacó: "Que fizeste, enganando-me e levando minhas filhas como prisioneiras de guerra? [27]Por que fugiste secretamente e me enganaste, em vez de avisar-me, para te fazer uma despedida com cantos alegres ao som dos tímpanos e da cítara? [28]Nem sequer me deixaste beijar meus filhos e minhas filhas! Procedeste como um insensato! [29]Eu poderia agora fazer-te mal, mas o Deus de teu pai disse-me na noite passada: 'Guarda-te de dizer a Jacó o que quer que seja'. [30]Se foi por saudade da casa paterna que resolveste partir, por que roubaste meus deuses?"

---

* **31,**4. 26,3: 28,15 | 13. 28,18-22 | 20. Os 3,4

+ **31,**12. Jt 8,26 interpreta como provação enviada por Deus para sondar seu coração o que aconteceu a Jacó na casa do tio. | 21. Na Bíblia, "o rio", sem mais, é o Eufrates, de 2.780 km, o maior rio da Ásia ocidental.

Gênesis 31-32

31Jacó respondeu a Labão: "Tive medo ao pensar que talvez me tomarias tuas filhas. 32Quanto a teus deuses, não fique com vida aquele em cujo poder os encontrares! Na presença de nossos parentes, verifica o que te pertence e está comigo e leva-o". Jacó não sabia que Raquel os tinha roubado. 33Labão entrou, pois, na tenda de Jacó, na de Lia e nas das duas servas, mas nada encontrou; e saindo da tenda de Lia, entrou na de Raquel.* 34Mas Raquel tinha tomado os ídolos e, escondendo-os na sela do camelo, sentara-se em cima. Labão revistou toda a tenda e não os encontrou. 35Raquel disse a seu pai: "Não se ofenda meu senhor por não me levantar em sua presença, porque me encontro com a indisposição a que estão sujeitas as mulheres". Deste modo ele procurou, mas não encontrou os ídolos.

Tratado de paz entre Jacó e Labão. 36Então Jacó irritou-se e discutiu com Labão, dizendo-lhe: "Qual é meu crime ou qual é minha culpa, para me perseguires com tanta raiva? 37Revistaste toda a minha bagagem; o que encontraste aqui de todos os objetos de tua casa? Apresenta-o aqui diante de meus parentes e dos teus, e sejam eles juízes entre nós dois. 38Nesses vinte anos que estive contigo, tuas ovelhas e tuas cabras jamais abortaram; nem comi carneiros de teus rebanhos. 39Não te mostrei animais dilacerados pelas feras;* eu mesmo te indenizava; de mim reclamavas o que roubavam de dia e o que roubavam de noite. 40Durante o dia o calor me consumia, e de noite o frio, e o sono fugia de meus olhos. 41Passei vinte anos em tua casa; quatorze anos te servi por tuas duas filhas, e seis por teu rebanho, e tu mudaste dez vezes meu salário. 42Se o Deus de meu pai, o Deus de Abraão, o Deus Terrível de Isaac não estivesse comigo, decerto agora me despedirias de mãos vazias; mas Deus viu minha aflição* e o trabalho de minhas mãos e esta noite fez-me justiça".

43Labão respondeu a Jacó: "As mulheres são minhas filhas e as crianças são meus filhos, o rebanho é meu rebanho; tudo quanto vês é meu. Que posso fazer hoje por estas minhas filhas, ou pelos filhos que elas deram à luz? 44Vamos, façamos aliança eu e tu, para que fique como testemunho entre mim e ti". 45Então Jacó tomou uma pedra e a erigiu em monumento. 46Disse a seus parentes: "Recolhei pedras". Eles recolheram pedras e fizeram um monte, sobre o qual comeram. 47Labão o chamou "Jegar-Saaduta"; e Jacó denominou-o "Galed". 48Labão disse: "Este monte é hoje testemunha entre mim e ti". Por isso foi chamado "Galed", 49e também "Masfa", porque Labão acrescentou: "Que Javé seja vigia entre mim e ti quando estivermos longe um do outro. 50Se maltratares minhas filhas, ou tomares outras mulheres além delas, embora ninguém esteja conosco, Deus será testemunha entre mim e ti". 51Disse ainda Labão a Jacó: "Vê este monte e este monumento que erigi entre mim e ti. 52Este monte e este monumento são testemunhas de que nem eu jamais ultrapassarei este monte para teu lado, nem tu ultrapassarás este monte e este monumento para meu lado, com más intenções. 53O Deus de Abraão e o Deus de Nacor sejam juízes entre nós". Jacó jurou pelo Deus Terrível de seu pai Isaac. 54Depois ofereceu um sacrifício sobre a montanha e convidou seus parentes para comer. Eles comeram e passaram a noite na montanha.

32 **Jacó volta para a Palestina.** 1Labão levantou-se muito cedo, beijou seus filhos e suas filhas e os abençoou; e partiu de volta para seu país. 2Jacó prosseguiu sua viagem e encontrou-se com alguns anjos de Deus. 3Ao vê-los, exclamou: "Este é o acampamento de Deus". E deu àquele lugar o nome de Maanaim.

* **31,**33. 31,19; Lv 15,19s | 39. Êx 22,12 | 42. 31,24.29

Gênesis 32

⁴Enviou mensageiros diante de si a seu irmão Esaú, na terra de Seir, no campo de Edom. ⁵E deu-lhes esta ordem: "Assim direis a meu senhor Esaú: Isto diz teu servo Jacó: Morei na casa de Labão, onde estive até o dia de hoje. ⁶Adquiri bois e jumentos, ovelhas, servos e servas; mando comunicar a notícia a meu senhor para encontrar favor a seus olhos". ⁷Os mensageiros voltaram a Jacó, dizendo: "Estivemos com teu irmão Esaú. Ele mesmo vem a teu encontro com quatrocentos homens". ⁸Jacó teve grande medo e se angustiou. Dividiu em dois grupos os homens que estavam com ele, bem como as ovelhas, os bois e os camelos, ⁹pensando: "Se Esaú atacar o primeiro grupo e o destruir, o outro grupo se salvará". ¹⁰Depois disse: "Deus de meu pai Abraão, Deus de meu pai Isaac, Javé, que me dissestes: 'Volta para tua terra e para tua parentela, e eu te farei prosperar'; ¹¹eu não sou digno de todos os favores e da grande fidelidade que testemunhastes a vosso servo; porque eu só tinha meu bastão quando atravessei este Jordão, e agora tenho dois acampamentos. ¹²Salvai-me, vo-lo peço, das mãos de meu irmão Esaú, pois temo que ele me ataque, não poupando nem as mães nem os filhos. ¹³Mas vós dissestes: 'Eu te serei favorável,* e tornarei tua descendência como a areia do mar, tão numerosa que não se pode contar'."

¹⁴Jacó passou ali aquela noite. Depois separou do que tinha um presente para Esaú, seu irmão: ¹⁵duzentas cabras e vinte bodes, duzentas ovelhas e vinte carneiros, ¹⁶trinta camelas de leite com suas crias, quarenta vacas e dez touros, vinte jumentas e dez jumentinhos.¹⁷Entregou-os a seus servos, cada rebanho separadamente, e lhes disse: "Ide a minha frente e deixai um espaço entre os rebanhos".

¹⁸Ordenou ao primeiro: "Quando meu irmão Esaú te encontrar e te perguntar: 'De quem és? para onde vais? a quem pertence o rebanho que vai a tua frente?', ¹⁹tu lhe dirás: 'Pertence a teu servo Jacó; é um presente que ele está mandando a meu senhor Esaú; ele mesmo vem atrás de nós'". ²⁰O mesmo ordenou ao segundo, ao terceiro e a todos os que conduziam os rebanhos, dizendo: "Desse modo falareis a Esaú ao encontrá-lo ²¹e acrescentareis: 'Também teu servo Jacó está vindo atrás de nós'". Ele pensava: "Eu o aplacarei com os presentes que me precedem e depois me apresentarei a ele; talvez assim me receba bem". ²²Assim o presente foi à frente dele, e ele passou aquela noite no acampamento.

Jacó luta com o anjo. ²³Naquela mesma noite, ele se levantou,* tomou as duas esposas, as duas servas e os onze filhos e passou o vau do Jaboc. ²⁴Ele os tomou e os fez atravessar a torrente com tudo o que possuía. ²⁵Jacó ficou sozinho, e alguém esteve lutando com ele até o romper do dia.† ²⁶Vendo que não podia vencê-lo, atingiu-o na articulação da coxa, e esta deslocou-se, enquanto lutava com ele. ²⁷Então disse: "Deixa-me ir, pois rompeu o dia". Respondeu Jacó: "Não te deixarei enquanto não me tiveres abençoado". ²⁸O outro perguntou-lhe: "Como te chamas?" – "Jacó", respondeu ele. ²⁹E ele disse: "Teu nome não será mais Jacó, e sim Israel, porque lutaste com Deus e venceste". ³⁰Jacó o interrogou: "Dize-me, por favor, teu nome". Respondeu ele: "Por que me perguntas por meu nome?" E ali mesmo o abençoou. ³¹Jacó então deu àquele lugar o nome de "Fanuel", porque disse: "Vi Deus face a face* e conservei a vida".† ³²O sol se levantava quando Jacó ultrapassou Fanuel, e estava mancando de uma perna. ³³Por isso, os israeiltas ainda hoje

---

* **32**,13. 22,16s; 28,14 | **32**,23. Os 12,4-6; Sb 10,12 | 31. Êx 33,20

† **32**,25. Esse alguém é um anjo em forma humana, representando Deus, que abençoa Jacó. A Tradição da Igreja viu neste episódio o símbolo da vitória da perseverança na oração, que é um combate da fé contra o tentador que insinua mil razões para não rezar. O nome Israel quer dizer "aquele que luta contra Deus". | 31. Fanuel significa "face de Deus". Era convicção que não se podia ver a Deus, santíssimo e transcendente, e permanecer vivo: Êx 33,20.

Gênesis 32-34

não comem o nervo ciático que está na articulação da coxa, porque Jacó foi atingido na articulação da coxa, no nervo ciático.

33 Encontro de Jacó com Esaú.
[1]Erguendo os olhos, Jacó viu Esaú aproximar-se com quatrocentos homens. Repartiu então os filhos entre Lia e Raquel e as duas servas; [2]pôs na frente as duas servas com seus filhos, em seguida Lia com os seus, e por último Raquel com José. [3]Passou adiante de todos, prostrou-se sete vezes até o chão, até chegar perto do irmão. [4]Esaú correu-lhe ao encontro, abraçou-o, lançou-se-lhe ao pescoço e beijou-o; e ambos se puseram a chorar. [5]Depois, levantando os olhos, Esaú viu as mulheres e as crianças, e perguntou: "Quem são esses contigo?" Respondeu Jacó: "São os filhos que Deus concedeu a teu servo". [6]Então se aproximaram as servas com seus filhos e se prostraram. [7]Depois chegou também Lia com seus filhos e se prostraram. Por último veio José com Raquel e se prostraram.

[8]Disse Esaú: "Que significa toda essa caravana que encontrei?" Respondeu ele: "É para encontrar favor diante de meu senhor". [9]Respondeu Esaú: "Possuo muitos bens, meu irmão; guarda para ti o que é teu". [10]Disse Jacó: "Oh, não, por favor; se encontrei favor a teus olhos, aceita este presente de minha mão; porque vim a tua presença como se vem à presença de Deus, e tu me recebeste bem.[11]Aceita, eu te peço, meu dom que te apresentei, já que Deus me favoreceu, e tenho de tudo". E tanto insistiu que Esaú aceitou. [12]Depois Esaú disse: "Vamos partir e caminhemos; eu irei a tua frente". [13]Mas Jacó disse-lhe: "Meu senhor sabe que as crianças ainda são fracas e tenho comigo ovelhas e vacas com crias; se os fizer caminhar depressa, ainda que um só dia, todo o rebanho morrerá. [14]Passe meu senhor adiante de seu servo; eu seguirei devagar, ao passo dos animais que vão à frente e ao passo das crianças, até al-

cançar meu senhor em Seir". [15]Respondeu Esaú: "Permite-me que deixe contigo uma parte de meus homens". Mas Jacó respondeu: "Para que isso? Basta-me ter encontrado favor aos olhos de meu senhor!" [16]No mesmo dia Esaú retomou o caminho de Seir. [17]Jacó partiu para Sucot, onde construiu uma casa para si, e fez cabanas para seu rebanho; por isso chamou-se Sucot aquele lugar. **Jacó em Siquém.** [18]Voltando de Padã-Aram, Jacó chegou são e salvo* à cidade de Siquém, na terra de Canaã, e acampou defronte da cidade. [19]Comprou dos filhos de Hemor,* pai de Siquém, por cem moedas de prata, a parte do terreno onde havia levantado suas tendas; [20]ergueu ali um altar e o chamou "El, Deus de Israel".

34 Dina é desonrada. [1]Dina, a filha que Lia havia dado à luz a Jacó, saiu para ver as moças daquela terra. [2]Siquém, filho do heveu Hemor, soberano daquela região, viu-a, raptou-a e a estuprou, deitando-se com ela. [3]Seu coração se apaixonou por Dina, filha de Jacó; amou a moça e falou-lhe ao coração. [4]Disse, então, a seu pai, Hemor: "Obtém-me essa jovem por mulher". [5]Jacó ficou sabendo que Siquém tinha desonrado Dina, sua filha; como, porém, seus filhos estavam no campo com o rebanho, não disse nada até a volta deles. [6]Hemor, pai de Siquém, veio conversar com Jacó. [7]Quando os filhos de Jacó chegaram do campo e souberam do acontecido, sentiram-se ultrajados e se irritaram violentamente, porque Siquém havia cometido uma infâmia em Israel, estuprando a filha de Jacó, coisa que não se faz.

[8]Mas Hemor falou-lhes, dizendo: "Meu filho Siquém está enamorado de vossa filha; dai-lha por mulher, eu vo-lo peço. [9]Contraí parentesco conosco, dando-nos vossas filhas e tomando as nossas. [10]Habitareis conosco e a terra estará a vossa disposição; morai nela, negociai e adquiri propriedades". [11]Si-

---

* **33**,18. 12,6 | 19. Js 24,32

Gênesis 34-35

quém disse ao pai e aos irmãos de Dina: "Que eu encontre favor a vossos olhos e vos darei o que me pedirdes. [12]Seja qual for o valor do dote e das dádivas, eu os darei como pedirdes; mas dai-me a moça por esposa".

Pacto com os siquemitas. [13]Os filhos de Jacó responderam a Siquém e a seu pai, Hemor, com palavras enganadoras, porque Siquém havia desonrado Dina, sua irmã. [14]Disseram-lhes, pois: "Não podemos fazer uma coisa dessas: dar nossa irmã por esposa a um incircunciso, porque seria para nós uma desonra. [15]Só com esta condição poderemos atender a vossos desejos: se vos tornardes como nós, circuncidando-se todos os vossos homens; [16]então, sim, vos daremos nossas filhas, tomaremos as vossas, moraremos juntos e formaremos um só povo. [17]Mas se não nos ouvirdes e não vos deixardes circuncidar, tomaremos nossa filha e nos retiraremos". [18]A proposta agradou a Hemor e a seu filho Siquém. [19]Sem demora o jovem executou o que se lhe pedia, porque estava enamorado da filha de Jacó. Ele era o homem mais respeitado em toda a casa de seu pai.

Vingança de Simeão e de Levi. [20]Hemor e Siquém foram à porta da cidade e falaram assim a seus concidadãos: [21]"Esses homens estão em paz conosco. Deixemos que se estabeleçam no país e circulem livremente; ele é muito extenso e amplo para eles. Poderemos receber suas filhas por esposas e dar-lhes nossas filhas. [22]Mas eles só consentem em morar conosco, para formarmos um só povo, com uma condição: que todos os nossos homens sejam circuncidados como eles próprios o são. [23]Seus rebanhos, seus bens e todos os seus animais, tudo será nosso. Consintamos, pois, a fim de que se estabeleçam entre nós". [24]Todos os que passavam pela porta da cidade deixaram-se convencer por Hemor e Siquém, seu filho, e todos os homens foram circuncidados.

[25]No terceiro dia, quando eles convalesciam, os dois filhos de Jacó, Simeão e Levi, irmãos de Dina, tomaram cada qual sua espada, penetraram na cidade sem encontrar oposição e mataram todos os homens. [26]Passaram a fio de espada Hemor e Siquém, seu filho; tiraram Dina da casa de Siquém e partiram. [27]Os outros filhos de Jacó investiram sobre os mortos e saquearam a cidade, porque haviam desonrado sua irmã. [28]Tomaram suas ovelhas, seus bois, seus jumentos e tudo o que havia na cidade e no campo. [29]e todos os seus bens; levaram cativos seus filhos e suas mulheres e saquearam tudo o que se encontrava em suas casas.

[30]Jacó disse a Simeão e a Levi: "Vós me arruinastes e me tornastes odioso aos habitantes desta terra, aos cananeus e aos ferezeus.* Tenho poucos homens; eles se reunirão contra mim e me atacarão e serei destruído eu e minha casa". [31]Eles responderam: "Deveríamos permitir que tratassem nossa irmã como uma prostituta?"

35

Volta de Jacó a Betel. [1]Deus disse a Jacó: "Levanta-te, sobe a Betel e fica ali. Ergue um altar nesse lugar ao Deus que te apareceu,* quando fugias diante de teu irmão Esaú". [2]Jacó disse a sua família e a sua gente: "Tirai do meio de vós os deuses estrangeiros, purificai-vos e mudai vossas roupas. [3]Vamos subir a Betel, onde levantarei um altar ao Deus que me ouviu no dia de minha aflição e que esteve comigo em minha viagem". [4]Eles entregaram a Jacó todos os deuses estrangeiros que tinham, assim como os brincos que traziam nas orelhas, e Jacó enterrou tudo debaixo de um carvalho perto de Siquém.* [5]Quando partiram dali, um terror divino se espalhou pelas cidades ao redor,* de modo que não perseguiram os filhos de Jacó. [6]Assim, com toda a sua gente, Jacó chegou a Luza, que é Betel, na terra de Canaã. [7]Lá ele construiu um altar e deu a esse lugar o nome de El-Betel, porque foi aí

---

* **34**,30. 13,7 | **35**,1. 28,10-22 | 4. 12,6 | 5. 34,30; 28,19

Gênesis 35-36

que Deus lhe aparecera, quando fugia de seu irmão. [8]Foi então que morreu Débora, ama de Rebeca. Ela foi sepultada ali, ao pé de Betel, debaixo de um carvalho, que foi chamado Carvalho dos Prantos.

[9]Depois que Jacó voltou de Padã-Aram, Deus apareceu-lhe novamente e o abençoou, dizendo:* [10]"Teu nome é Jacó. Tu não te chamarás mais assim, mas Israel". E chamou-o Israel. [11]Deus lhe disse: "Eu sou o Deus todo-poderoso.* Sê fecundo e multiplica-te. De ti nascerá uma nação, uma comunidade de nações; e de tuas entranhas sairão reis. [12]A terra que dei a Abraão e a Isaac,* eu a darei a ti e a tua descendência". [13]Depois, Deus retirou-se de junto dele. [14]No mesmo lugar onde Deus lhe falou, Jacó erigiu um monumento, sobre o qual fez uma libação e derramou óleo. [15]Deu o nome de Betel ao lugar onde Deus lhe tinha falado.

Nascimento de Benjamim. Morte de Raquel. [16]Eles partiram de Betel. Quando faltava pouco para chegarem a Éfrata, Raquel deu à luz, e seu parto foi penoso. [17]Durante as dores do parto, a parteira disse-lhe: "Não temas, porque ainda terás este filho". [18]Estando prestes a morrer, porque estava já agonizante, ela deu ao filho o nome de Benoni; mas seu pai chamou-o Benjamim†. [19]Raquel morreu e foi sepultada no caminho de Éfrata,* que é Belém. [20]Jacó erigiu um monumento sobre seu túmulo: é o monumento do túmulo de Raquel, que ainda hoje existe.

[21]Israel partiu e armou sua tenda além de Magdol-Eder. [22]Foi durante sua permanência nessa região que Rúben foi dormir com Bala,* concubina de seu pai, e Israel o soube.

[23]Os filhos de Jacó foram em número de doze.* Filhos de Lia: Rúben, primogênito de Jacó, Simeão, Levi, Judá, Issacar e Zabulon. [24]Filhos de Raquel:

José e Benjamim. [25]Filhos de Bala, escrava de Raquel: Dã e Neftali. [26]Filhos de Zelfa, escrava de Lia: Gad e Aser. Esses são os filhos nascidos a Jacó em Padã-Aram.

[27]Jacó foi para junto de seu pai Isaac em Mambré, em Cariat-Arbe, que é Hebron, onde tinham habitado Abraão e Isaac.

[28]Isaac viveu ao todo cento e oitenta anos [29]e faleceu. Morreu e foi reunir-se a seus parentes, idoso e saciado de dias. Seus filhos Esaú e Jacó o sepultaram.

36 **Descendência de Esaú.** [1]Eis a descendência de Esaú, também chamado Edom: [2]Esaú casou-se com duas mulheres entre as filhas de Canaã: Ada, filha de Elon, o heteu,* Oolibama, filha de Ana, filho de Sebeon, o horreu, [3]e com Basemat, filha de Ismael e irmã de Nabaiot. [4]Ada gerou para Esaú Elifaz, Basemat gerou Rauel, [5]Oolibama gerou Jeús, Jalam e Coré. Esses são os filhos de Esaú que lhe nasceram na terra de Canaã. [6]Esaú tomou suas mulheres,* seus filhos e suas filhas, todas as pessoas de sua casa, o gado, todos os animais e todos os bens que tinha adquirido na terra de Canaã, e foi para Seir, longe de seu irmão Jacó; [7]porque seus bens eram numerosos demais para estarem juntos,* e a terra onde moravam não bastava para seus rebanhos. [8]Esaú, pois, estabeleceu-se na montanha de Seir. Esaú é o mesmo que Edom.

[9]Esta é a descendência de Esaú, pai de Edom,* na montanha de Seir. [10]Eis os nomes dos filhos de Esaú: Elifaz, filho de Ada, mulher de Esaú, e Rauel, filho de Basemat, mulher de Esaú. [11]Os filhos de Elifaz foram:* Temã, Omar, Sefo, Gatam e Cenez. [12]Elifaz, filho de Esaú, teve por concubina Tamna, e ela gerou-lhe Amalec. Esses são os filhos de Ada, mulher de Esaú.

---

* **35,**9. 32,29 | 11. 17,1 | 12. 12,7 | 19. Mq 5,1 | 22. 49,3s | 23. 29,31-30,24 | **36,**2. 26,34; 28,9 | 6. 27,2 | 7. 32,4 | 9. 36,15-18 | 11. 1Cr 1,35s

† **35,**18. Benjamim é "filho de minha direita" e Benoni, "filho de minha dor".

Gênesis 36-37

¹³Eis os filhos de Rauel: Naat, Zara, Sama e Meza. Esses são os filhos de Basemat, mulher de Esaú.

¹⁴Eis os filhos de Oolibama, filha de Ana, filho de Sebeon, mulher de Esaú: ela gerou-lhe Jeús, Jalam e Coré.

Os chefes de Edom. ¹⁵Eis os chefes dos filhos de Esaú.*

Filhos de Elifaz, primogênito de Esaú: o chefe Temã, o chefe Omar, o chefe Sefo, o chefe Cenez, o chefe Coré, ¹⁶o chefe Gatam e o chefe Amalec. Esses são os chefes de Elifaz na terra de Edom; eles são os filhos de Ada.

¹⁷E eis os filhos de Rauel, filho de Esaú: o chefe Naat, o chefe Zara, o chefe Sama e o chefe Meza. Esses são os chefes de Rauel na terra de Edom, esses são os filhos de Basemat, mulher de Esaú.

¹⁸E eis os filhos de Oolibama, mulher de Esaú: o chefe Jeús, o chefe Jalam e o chefe Coré. Esses são os filhos de Oolibama, filha de Ana, mulher de Esaú.

¹⁹Esses são os filhos de Esaú, e esses são seus chefes. Ele é Edom.

Descendência de Seir, o horreu. ²⁰Eis os filhos de Seir, o horreu, que habitavam naquela terra: Lotã, Sobal, Sebeon, Ana, ²¹Dison, Eser e Disã. Esses são os chefes dos horreus, descendentes de Seir na terra de Edom. ²²Os filhos de Lotã foram Hori e Hemã, e a irmã de Lotã era Tamna. ²³Eis os filhos de Sobal: Alvã, Manaat, Ebal, Sefo e Onam. ²⁴Eis os filhos de Sebeon: Aia e Ana. Foi este Ana que encontrou as águas quentes no deserto, quando pastoreava os jumentos de seu pai Sebeon. ²⁵Eis os filhos de Ana: Dison e Oolibama, filha de Ana. ²⁶Eis os filhos de Dison: Hamdã, Esebã, Jetrã e Carã. ²⁷Eis os filhos de Eser: Balaã, Zavã e Acã. ²⁸Eis os filhos de Disã: Hus e Aran.

²⁹Estes são os chefes dos horreus: o chefe Lotã, o chefe Sobal, o chefe Sebeon, o chefe Ana, ³⁰o chefe Dison, o chefe Eser e o chefe Disã. Esses são os chefes dos horreus, segundo seus clãs, na terra de Seir.

Os reis de Edom. ³¹Estes são os reis que reinaram na terra de Edom,* antes que reinasse um rei sobre os filhos de Israel. ³²Em Edom reinou Bela, filho de Beor, e sua cidade se chamava Danaba. ³³Bela morreu e em seu lugar reinou Jobab, filho de Zara, de Bosra. ³⁴Jobab morreu e em seu lugar reinou Husam, da terra dos temanitas. ³⁵Husam morreu e em seu lugar reinou Adad, filho de Badad, que derrotou os madianitas no campo de Moab, e sua cidade chamava-se Avit. ³⁶Adad morreu e em seu lugar reinou Semla, de Masreca. ³⁷Semla morreu e em seu lugar reinou Saul, de Reobot Naar. ³⁸Saul morreu e em seu lugar reinou Baalanã, filho de Acobor. ³⁹Baalanã, filho de Acobor, morreu e em seu lugar reinou Adad; o nome de sua cidade era Fau e sua mulher se chamava Meetabel, filha de Matred, de Mezaab.

Ainda os chefes de Edom. ⁴⁰Estes são os nomes dos chefes de Esaú,* segundo seus clãs, seus lugares e seus nomes: o chefe Tamna, o chefe Alva, o chefe Jetet, ⁴¹o chefe Oolibama, o chefe Ela, o chefe Finon, ⁴²o chefe Cenez, o chefe Temã, o chefe Mabsar, ⁴³o chefe Magdiel e o chefe Iram. Esses são os chefes de Edom, segundo suas residências na terra que possuíam. Esaú é o pai de Edom.

IV. JOSÉ E SEUS IRMÃOS
(37–50)

37 ¹Mas Jacó permaneceu na terra em que seu pai tinha morado, na terra de Canaã.

José e seus irmãos. ²Esta é a história dos descendentes de Jacó. Na idade de dezessete anos, José pastoreava o rebanho com seus irmãos; o rapaz estava com os filhos de Bala e os filhos de Zelfa, mulheres de seu pai. Ora, José contou ao pai o mal que deles se dizia. ³Israel amava José mais do que a todos os outros filhos, porque lhe nascera na velhice, e tinha mandado fazer para ele uma túnica de várias cores. ⁴Seus ir-

---

* **36**,15. 36,9-14 | 31. 1Cr 1,43-50; Nm 20,14 | 40. 1Cr 1,51-54

45 Gênesis 37

mãos, vendo que seu pai o amava mais que a todos eles, odiavam-no e não podiam mais falar-lhe amigavelmente. [5]Ora, José teve um sonho e, quando o contou a seus irmãos, estes o odiaram ainda mais. [6]Disse ele: "Ouvi o sonho que tive. [7]Estávamos atando feixes no campo, e meu feixe se levantou e ficou de pé, enquanto os vossos o rodeavam e se inclinavam diante dele". [8]Disseram-lhe seus irmãos: "Pretendes ser nosso rei ou nosso senhor?" E seu ódio para com ele aumentou por causa de seus sonhos e de suas palavras. [9]José teve ainda outro sonho, que narrou assim a seus irmãos: "Tive outro sonho: vi o sol, a lua e onze estrelas que se inclinavam diante de mim". [10]Ele contou isso a seu pai como o contara a seus irmãos, e seu pai o repreendeu, dizendo: "Que significa esse sonho que tiveste? Acaso eu, tua mãe e teus irmãos vamos nos inclinar diante de ti até o chão?" [11]Seus irmãos o invejavam; seu pai, porém, refletia sobre isso.

José é vendido por seus irmãos. [12]Os irmãos de José foram apascentar o rebanho* de seu pai em Siquém. [13]Israel disse a José: "Teus irmãos estão pastoreando em Siquém; vem, que eu quero enviar-te a eles". Respondeu ele: "Eis-me às ordens". [14]Disse-lhe então: "Vai, pois, e vê se estão bem teus irmãos e o rebanho e traze-me notícias". Ele o enviou do vale de Hebron, e José chegou a Siquém. [15]Um homem encontrou-o vagando pelo campo e perguntou-lhe: "A quem procuras?" [16]Respondeu ele: "Procuro meus irmãos; dize-me, por favor, onde estão apascentando". [17]O homem respondeu: "Partiram daqui, e eu os ouvi dizer: Vamos a Dotain". José foi em busca de seus irmãos e os encontrou em Dotain.

[18]Eles o viram de longe e, antes que se aproximasse deles, tramaram tirar-lhe a vida. [19]Disseram, pois, uns aos outros: "Aí vem o sonhador. [20]Vamos matá-lo e lançá-lo numa cisterna; depois diremos que um animal feroz o devorou. Veremos assim de que lhe servem seus sonhos". [21]Rúben, porém, ouvindo isso, quis salvá-lo das mãos deles e disse: "Não lhe tiremos a vida". [22]E acrescentou: "Não derrameis sangue; lançai-o naquela cisterna, no deserto, mas não levanteis as mãos contra ele". Ele pensava em salvá-lo de suas mãos e restituí-lo a seu pai. [23]Quando José chegou junto dos irmãos, estes o despojaram da túnica, aquela túnica colorida que vestia, [24]agarraram-no e o jogaram na cisterna. A cisterna estava vazia, sem água.

[25]Depois sentaram-se para comer. Levantando os olhos, viram uma caravana de ismaelitas que vinha de Galaad. Seus camelos vinham carregados de especiarias, bálsamo e resina, que levavam para o Egito. [26]Disse então Judá a seus irmãos: "Que nos aproveita matar nosso irmão e ocultar nosso crime? [27]Vamos vendê-lo aos ismaelitas e não levantemos contra ele nossas mãos, pois ele é nosso irmão, nossa carne". Seus irmãos concordaram. [28]Quando passaram os comerciantes madianitas, os irmãos tiraram José da cisterna e o venderam por vinte moedas de prata aos ismaelitas, que o levaram para o Egito.

[29]Rúben voltou à cisterna e, vendo que José não estava ali, rasgou suas vestes; [30]voltou para junto de seus irmãos e exclamou: "O menino desapareceu! E eu, para onde irei agora?" [31]Então os irmãos tomaram a túnica colorida de José, degolaram um cabrito e mergulharam a túnica no sangue. [32]Depois mandaram levar a túnica colorida a seu pai, com este recado: "Encontramos isto; verifica se vi ou não a túnica de teu filho". [33]Jacó reconheceu-a e exclamou: "É a túnica de meu filho! Um animal feroz o devorou! Certamente José foi dilacerado!" [34]Rasgou suas vestes, vestiu-se de luto e chorou a morte do filho por muito tempo. [35]Todos os seus filhos e filhas vieram consolá-lo, mas ele não queria conforto e dizia: "Chorando descerei até meu filho na região dos mortos". E seu

---

* 37,12. Sb 10,13; At 7,9

Gênesis 37-38

pai o chorou. [36]No Egito os madianitas venderam José a Putifar, oficial do faraó, chefe de sua guarda.

38 Filhos de Judá. [1]Por aquele tempo aconteceu que Judá se separou de seus irmãos, desceu e armou sua tenda perto de um homem de Odolam, que se chamava Hira. [2]Judá viu ali a filha de um cananeu chamado Sué, tomou-a por mulher e uniu-se a ela. [3]Ela concebeu, deu à luz um filho, a quem chamou Her. [4]Ela concebeu novamente e deu à luz outro filho e lhe pôs o nome de Onã. [5]Tornou a dar à luz um filho e o chamou Sela; Judá estava em Casib quando lhe nasceu este filho. [6]Judá escolheu para esposa de seu filho Her uma mulher de nome Tamar. [7]Mas Her, primogênito de Judá, desagradou a Javé, que lhe tirou a vida. [8]Disse então Judá a Onã: "Une-te à mulher de teu irmão, cumpre com ela teu dever de cunhado[†] e suscita uma descendência a teu irmão".[*] [9]Mas Onã, sabendo que o filho não seria seu, quando se unia à mulher de seu irmão deixava cair o sêmen no chão, para não dar descendência a seu irmão. [10]Seu comportamento desagradou a Javé, que tirou a vida também a ele. [11]Então disse Judá a sua nora: "Conserva-te viúva na casa de teu pai até que meu filho Sela se torne adulto". Ele pensava: "Não aconteça que morra também ele como seus irmãos". Assim Tamar retirou-se e ficou na casa de seu pai.

Judá e Tamar. [12]Muito tempo depois, morreu a filha de Sué, a mulher de Judá. Passado o luto, Judá subiu a Tamna a fim de tosquiar as ovelhas, junto com seu amigo Hira, de Odolam. [13]Comunicaram-no a Tamar, dizendo: "Teu sogro sobe à Tamna para tosquiar as ovelhas". [14]Então ela tirou suas vestes de viúva, cobriu-se com um véu e, assim disfarçada, sentou-se à entrada de Enaim, que está no caminho de Tamna;

pois havia observado que Sela já era adulto e ela não lhe fora dada como mulher. [15]Judá a viu e julgou tratar-se de uma prostituta, porque tinha o rosto coberto. [16]Dirigindo-se a ela, disse-lhe: "Deixa-me ir contigo". Ele não sabia que era sua nora. Ela perguntou: "Que me darás para te unires comigo?" [17]Respondeu ele: "Vou mandar-te um cabrito do rebanho". Ela replicou: "Está bem; mas dá-me um penhor até que o mandes". [18]Respondeu Judá: "Que penhor te darei?" Respondeu ela: "Teu selo, teu cordão e o cajado que tens na mão". Judá lhos entregou e uniu-se com ela, a qual concebeu. [19]Depois ela se levantou, retirou-se, depôs o véu e retomou as vestes de viúva.

[20]Judá mandou o cabrito por intermédio de seu amigo de Odolam, para resgatar o penhor que estava com a mulher, mas ele não a encontrou. [21]Perguntou aos homens do lugar: "Onde está aquela prostituta que ficava à beira do caminho de Enaim?" Responderam eles: "Aqui não esteve nenhuma prostituta". [22]Hira voltou a Judá e disse-lhe: "Não a encontrei; e os moradores do lugar dizem que ali não esteve nenhuma prostituta". [23]Judá respondeu: "Que ela fique com tudo; não nos tornemos ridículos. Eu lhe mandei o cabrito e tu não a encontraste".

[24]Passados uns três meses, vieram dizer a Judá: "Tamar, tua nora, prostituiu-se e, em consequência, está grávida". Judá ordenou: "Trazei-a para fora para ser queimada". [25]Mas quando era levada para fora, ela mandou dizer a seu sogro: "Concebi do homem a quem pertencem estes objetos". E acrescentou: "Examina bem de quem são este selo, o cordão e o cajado". [26]Judá reconheceu-os e exclamou: "Ela é mais justa do que eu, porque não a dei a meu filho Sela". E não se uniu mais a ela.

[27]Quando chegou o tempo de dar à luz, dois gêmeos estavam em seu seio.

---

[*] **38**,8. Dt 25,5; Rt 1,11-13; Mt 22,24 | 29. Rt 4,12; Mt 1,3; Lc 3,33

[†] **38**,8. Segundo a lei do levirato, quando um homem casado morria sem filhos, seu irmão devia casar-se com a viúva e seria herdeiro do morto o primogênito deste segundo casamento, Dt 25,5-10; Rt 4,5; Mt 22,24. | 29. Tamar e Farés entraram na genealogia de Jesus, Mt 1,3.

Gênesis 38-40

[28]Na hora do parto, um pôs a mão para fora, e a parteira tomou-a e atou-lhe um fio vermelho, dizendo: "Este saiu primeiro". [29]Mas ele recolheu a mão e saiu seu irmão. Então ela disse: "Que brecha te abriste!"* E foi chamado Farés†. [30]Depois saiu seu irmão, em cuja mão estava o fio vermelho, e recebeu o nome de Zara.

39 **José no Egito.** [1]José foi levado para o Egito. Putifar, um egípcio, oficial do faraó e chefe da guarda, comprou-o dos ismaelitas, que o haviam levado para lá. [2]Javé estava com José, e ele era bem-sucedido em tudo; permaneceu na casa de seu senhor egípcio. [3]Seu patrão percebeu que Javé estava com ele, e que Javé fazia prosperar em sua mão tudo o que fazia. [4]José conquistou a simpatia de Putifar, que o pôs a seu serviço e o estabeleceu administrador de sua casa, confiando-lhe todos os seus bens. [5]E desde que seu patrão o estabeleceu administrador de sua casa e lhe confiou tudo o que possuía, Javé abençoou a casa do egípcio por causa de José, e a bênção de Javé se derramou sobre todos os seus bens, tanto em casa como no campo. [6]O patrão confiou a José tudo o que possuía, sem mais se ocupar com coisa alguma, senão com o pão que comia.

José era belo de porte e de semblante. **José e a mulher de Putifar.** [7]Aconteceu, depois disso, que a mulher de seu patrão lançou os olhos sobre José e lhe disse: "Dorme comigo". [8]Mas ele recusou, dizendo à esposa de seu patrão: "Estando eu aqui, meu patrão não se preocupa com nada na casa, e tudo o que lhe pertence confiou-o a mim. [9]Não há ninguém mais importante do que eu nesta casa, e ele não me proibiu senão a ti, porque és sua esposa. Como posso, pois, fazer tão grande mal e pecar contra Deus?" [10]Embora ela insistisse com José todos os dias, ele jamais consentiu em dormir a seu lado e unir-se a ela.

[11]Um dia, José entrou na casa para cuidar de seus deveres, e não havia nenhum doméstico em casa. [12]Ela, então, agarrou-o pelo manto, dizendo: "Dorme comigo". Mas ele largou-lhe o manto na mão e fugiu, saindo para fora. [13]Vendo que ele fugira e lhe deixara o manto na mão, [14]ela chamou os domésticos e lhes disse: "Vede: meu marido nos trouxe este hebreu para abusar de nós! Veio me procurar, pretendendo dormir comigo; mas eu gritei em alta voz; [15]e ele, vendo-me levantar a voz e gritar, deixou o manto comigo e, fugindo, saiu para fora". [16]Ela guardou consigo o manto de José, até o marido voltar para casa. [17]Então contou-lhe a mesma história, dizendo: "O servo hebreu que trouxeste para nós veio procurar-me para abusar de mim. [18]Mas, quando levantei a voz e gritei, ele deixou comigo o manto e fugiu para fora".

José na prisão. [19]Ao ouvir a mulher contar-lhe: "Assim me tratou teu servo", ele se enfureceu, [20]mandou prender José* e o lançou na prisão, onde estavam os prisioneiros do rei. E ele ficou ali na prisão. [21]Mas Javé estava com José e lhe mostrou sua bondade, fazendo-o encontrar favor aos olhos do carcereiro. [22]Este confiou a José todos os presos* que se achavam na prisão, e ele mesmo ordenava tudo o que ali se fazia. [23]O carcereiro não precisava preocupar-se com nada daquilo que estava nas mãos de José, porque Javé estava com ele e fazia prosperar tudo o que empreendia.

40 **José interpreta sonhos.** [1]Depois desses fatos, aconteceu que o copeiro e o padeiro do rei do Egito ofenderam seu senhor, o rei do Egito. [2]O faraó indignou-se contra dois oficiais, o copeiro-mor e o padeiro-mor, [3]e os encarcerou na casa do chefe da guarda, na prisão em que se achava detido José. [4]O chefe da guarda confiou-os aos cuidados de José, para

* **39**,20. At 7,9 | 22. Sl 105,18s

Gênesis 40-41   **48**

os servir. Ficaram algum tempo na prisão.

⁵Ambos os prisioneiros, o copeiro e o padeiro do rei do Egito, que estavam encerrados na prisão, tiveram um sonho, numa mesma noite, cada um o seu, com seu sentido particular. ⁶Quando pela manhã José os encontrou, viu que estavam tristes. ⁷Perguntou então aos oficiais do faraó que estavam presos com ele na casa de seu senhor: "Por que estais hoje com o rosto tão abatido?" ⁸Eles responderam: "Tivemos um sonho e não há ninguém para os interpretar". Disse-lhes José: "Porventura não pertencem a Deus as interpretações?* Contai-me os sonhos, por favor".

⁹O copeiro-mor contou seu sonho a José: "Em meu sonho, vi diante de mim uma videira, ¹⁰e na videira havia três ramos; ao brotar a videira, havia flores, e seus cachos deram uvas maduras. ¹¹Eu tinha na mão a taça do faraó; apanhando daquelas uvas, espremia-as na taça do faraó e a apresentava a ele". ¹²Disse-lhe José: "Eis a interpretação: os três ramos simbolizam três dias. ¹³Passados três dias, o faraó te levantará a cabeça e te reabilitará em tuas funções. Tu apresentarás a taça ao faraó, como fazias antes, quando eras seu copeiro. ¹⁴Lembra-te de mim quando para ti chegar a felicidade; peço-te que uses de compaixão para comigo e que fales de mim ao faraó, para que me tire desta prisão; ¹⁵porque fui arrebatado da terra dos hebreus, e aqui também eu nada fiz para merecer a prisão".

¹⁶Quando o padeiro-mor viu que José tinha dado uma interpretação favorável, disse-lhe: "Eu também tive um sonho: eu estava levando sobre a cabeça três cestos de pão branco. ¹⁷No de cima havia toda sorte de manjares para o faraó, mas aves os comiam do cesto que estava sobre minha cabeça". ¹⁸Respondeu José, dizendo: "Esta é a interpretação: os três cestos são três dias, ¹⁹passados os quais o faraó te levantará a cabeça de cima do pescoço e te suspenderá numa árvore, para as aves comerem tuas carnes".

²⁰Realmente, no terceiro dia, data do aniversário do faraó, ele deu um banquete a todos os seus servidores, e entre eles levantou a cabeça do copeiro-mor e a do padeiro-mor; ²¹isto é, reabilitou o copeiro-mor em seu cargo de apresentar a taça ao faraó ²²e mandou enforcar o padeiro-mor, como lhes interpretara José. ²³Mas o copeiro-mor não se lembrou de José, e sim esqueceu-o.

41 Os Sonhos do faraó. ¹Passados dois anos completos, o faraó teve um sonho: ele estava à beira do rio Nilo; ²saíram do rio sete vacas belas e gordas que se puseram a pastar entre os juncos. ³Atrás delas, saíram do Nilo outras sete vacas feias e magras que se puseram ao lado das primeiras à beira do rio. ⁴As vacas feias e magras devoraram as sete vacas belas e gordas. Nisso o faraó despertou. ⁵Voltando a dormir, teve outro sonho: sete espigas grossas e belas saíam da mesma haste. ⁶E sete espigas chochas e queimadas pelo vento oriental brotavam depois daquelas. ⁷As espigas chochas devoraram as sete espigas grossas e cheias. Então o faraó despertou; aquilo não passava de um sonho.

⁸De manhã, porém, seu espírito estava atormentado. Mandou, pois, chamar todos os magos e sábios do Egito e contou-lhes seus sonhos. Mas ninguém sabia interpretá-los para o faraó. ⁹Então o copeiro-mor falou ao faraó, dizendo:* "Recordo hoje meu erro. ¹⁰O faraó irritara-se contra seus servos e me pusera na prisão na casa do capitão da guarda, a mim e ao padeiro-mor. ¹¹Numa mesma noite, eu e ele tivemos um sonho, cada um com um significado diferente. ¹²Havia ali conosco um jovem hebreu, servo do chefe da guarda. Contamos a ele os sonhos, e ele os interpretou, dando a cada um a interpretação de seu sonho. ¹³E da forma como ele interpretou, assim sucedeu;

---

* **40**,8. 41,16 | **41**,9. Êx 7,11.22; 8,1-3

49 Gênesis 41

eu fui readmitido em meu posto e o outro foi enforcado". [14]O faraó mandou chamar José. Tirado rapidamente da prisão, ele fez a barba, trocou de roupa e apresentou-se ao faraó. [15]Disse o faraó a José: "Tive um sonho e não há ninguém que saiba interpretá-lo. Mas de ti ouvi dizer que, quando ouves um sonho, tu o interpretas".

José interpreta os sonhos do faraó. [16]Respondeu José ao faraó:* "Não sou eu, mas será Deus quem dará uma resposta favorável ao faraó". [17]Então o faraó disse a José: "Em meu sonho, eu estava à beira do Nilo. [18]Saíram do rio sete vacas gordas e belas que se puseram a pastar entre os juncos. [19]Atrás delas, saíram do rio outras sete vacas, magras, feias e disformes, tão feias como jamais vi em todo o Egito. [20]Essas vacas magras e feias devoraram as primeiras sete, as gordas. [21]Depois de as terem engolido, não parecia que as tinham devorado, pois seu aspecto continuava tão feio como antes. Então despertei. [22]Depois vi em meu sonho nascerem de uma só haste sete espigas cheias e belas. [23]Depois delas brotaram sete espigas mirradas, chochas e queimadas pelo vento oriental. [24]As sete espigas chochas devoraram as sete espigas belas. Contei esse sonho aos magos, mas ninguém pôde dar-me a explicação".

[25]José disse então ao faraó: "O sonho do faraó é um só, e Deus manifestou ao faraó o que ele está para fazer. [26]As sete vacas gordas são sete anos e as sete espigas belas são também sete anos: o sonho é um só. [27]As sete vacas magras e feias, que saíram depois daquelas, representam sete anos, como também as sete espigas mirradas e queimadas pelo vento oriental são também sete anos: haverá sete anos de fome. [28]É isto que eu dizia ao faraó: Deus lhe mostra o que está para fazer. [29]Virão sete anos de grande fartura em toda a terra do Egito [30]e depois deles

haverá sete anos de fome, que farão esquecer toda a fartura no Egito, pois a fome devastará o país. [31]Essa fartura será esquecida no país por causa da fome que se seguirá, a qual será terrível. [32]A repetição do sonho do faraó por duas vezes significa que a coisa está firmemente decidida da parte de Deus, e ele não tardará em executá-la. [33]Agora, pois, escolha o faraó um homem prudente e sábio e o ponha à frente do Egito. [34]Nomeie o faraó comissários para todo o país e recolha a quinta parte das colheitas do Egito durante os sete anos de fartura. [35]Que eles ajuntem todos os produtos nestes próximos anos de prosperidade, armazenem o trigo sob a autoridade do faraó, coloquem o trigo nas cidades e o conservem. [36]Esses mantimentos serão uma reserva para o país durante os sete anos de fome que virão sobre o Egito; e assim o país não será arruinado pela fome".

José, vice-rei do Egito. [37]A proposta agradou ao faraó e a seus ministros. [38]O faraó disse a seus ministros: "Poderíamos encontrar um homem como este,* no qual está o espírito de Deus?" [39]Então o faraó disse a José: "Já que Deus te revelou tudo isso, não há homem tão prudente e tão sábio como tu. [40]Tu serás o administrador de meu palácio* e a tuas ordens todo o povo obedecerá; somente no trono eu te precederei". [41]Disse ainda o faraó a José: "Eu te constituo chefe de todo o Egito". [42]Tirando o anel da mão, colocou-o na mão de José; mandou vesti-lo com vestes de linho fino e lhe pôs ao pescoço um colar de ouro. [43]A seguir o fez subir ao segundo carro que tinha e mandou proclamar diante dele: "De joelhos!" Assim ele foi posto à frente de todo o Egito. [44]Disse também o faraó a José: "Eu sou o faraó, mas sem tua permissão ninguém levantará a mão ou o pé em todo o Egito". [45]Impôs-lhe o nome de Safenat-Fanec† e lhe deu como mulher Asenet, filha de Putifar,

---

* **41**,16. 40,8 | 38. Dn 13,45 | 40. At 7,10; Sl 105,21s

† **41**,45. Safenat-Fanec significa "Deus diz: Ele vive".

Gênesis 41-42

sacerdote de On. José percorreu todo o Egito. [46]José tinha trinta anos quando se apresentou ao faraó, rei do Egito. Saindo da presença do faraó, viajou por toda a terra do Egito.

[47]A terra produziu copiosamente durante os sete anos de fartura. [48]José ajuntou todo o produto dos sete anos que durou a fartura no Egito e o guardou nas cidades, depositando em cada cidade a produção dos campos vizinhos. [49]Assim José chegou a acumular muitíssimo trigo, como a areia do mar, em tão grande quantidade até perder a conta, porque ia além das medidas.

[50]Entretanto, antes que chegasse o tempo da fome, nasceram a José dois filhos, que lhe deu Asenet, filha de Putifar, sacerdote de On. [51]José deu a seu primogênito o nome de Manassés, "porque – disse ele – Deus me fez esquecer todas as minhas penas e até a família de meu pai". [52]Ao segundo deu o nome de Efraim, "porque – disse ele – Deus me tornou fecundo na terra de minha aflição".†

[53]Terminados os sete anos de fartura* que houve no Egito, [54]começaram os sete anos de fome, como José tinha predito. Havia fome em todos os países, mas em toda a terra do Egito ainda havia pão. [55]Mas depois houve fome também em todo o Egito, e o povo clamou ao faraó, pedindo pão. Então o faraó disse a todos os egípcios: "Ide a José* e fazei o que ele vos disser". [56]Quando a fome se estendeu a todo o país, José abriu todos os celeiros e pôs-se a vender o trigo aos egípcios, pois a fome se agravava também no Egito. [57]De todos os países vinham ao Egito para comprar o trigo com José, porque a fome era grande em toda a terra.

42

Filhos de Jacó vão ao Egito. [1]Jacó ficou sabendo que havia trigo no Egito.* Disse a seus filhos: "Por que ficais olhando uns para os outros? [2]Ouvi dizer que no Egito há cereais; ide lá e comprai para nós, para que possamos viver e não tenhamos de morrer". [3]Os irmãos de José, em número de dez, desceram ao Egito para comprar trigo. [4]Mas Jacó não deixou que Benjamim, irmão de José, fosse com eles, porque pensava: "Poderia acontecer-lhe alguma desgraça". [5]Os filhos de Israel chegaram para comprar trigo junto com outros que também vieram, pois havia fome em toda a terra de Canaã. [6]José governava o país e era ele que vendia o trigo a todo o povo. Chegaram, portanto, os irmãos de José e se prostraram diante dele com o rosto em terra. [7]Ao vê-los, José os reconheceu, mas fingiu ser um estranho, tratou-os com dureza e perguntou-lhes: "De onde vindes?" Responderam eles: "Do país de Canaã, para comprar trigo".

José põe à prova seus irmãos. [8]José, portanto, reconheceu seus irmãos, mas estes não o reconheceram. [9]José lembrou-se dos sonhos que tivera a respeito deles* e disse-lhes: "Vós sois espiões; viestes para ver os pontos fracos do país". [10]Responderam eles: "Não, meu senhor, teus servos vieram comprar víveres. [11]Somos todos filhos do mesmo pai, somos gente honesta; teus servos não são espiões". [12]Mas José lhes replicou: "Não é verdade; viestes para observar os pontos fracos do país". [13]Responderam eles: "Teus servos são doze irmãos, filhos do mesmo pai, na terra de Canaã; o mais jovem está agora com nosso pai e o outro já não existe". [14]José insistiu: "É como eu vos disse: sois espiões. [15]Vou pôr-vos à prova. Pela vida do faraó, não saireis daqui enquanto não chegar vosso irmão mais novo. [16]Mandai um de vós buscá-lo; enquanto isso ficareis presos. Assim vossas palavras serão provadas,

---

* **41**,53. At 7,11 | 55. Sl 105,16 | **42**,1. At 7,12 | 9. 37,5-11

† **41**,52. Manassés quer dizer "fez-me esquecer" e Efraim, "tornou-me fecundo". | **42**,19. José finge tratar com dureza seus irmãos e os põe à prova por duas vezes, cc. 42 e 44, colocando-os na eventualidade de poder trair novamente um dos irmãos. Mas eles superam a prova, pois reconhecem seu erro e se prontificam a qualquer sacrifício para cumprir as ordens recebidas.

e veremos se dissestes a verdade; se não, pela vida do faraó, sois espiões". 17E os encerrou a todos na prisão durante três dias.

18Ao terceiro dia, disse-lhes José: "Fazei isto, se quiserdes permanecer com vida, pois eu temo a Deus. 19Se sois gente honesta, um de vós fique na prisão† e os outros partam levando a vossas famílias o trigo para matarem a fome. 20Depois trazei-me vosso irmão mais novo; assim serão comprovadas vossas palavras e não morrereis". Foi o que fizeram. 21Disseram-se então os irmãos uns aos outros: "Verdadeiramente, somos culpados contra nosso irmão,* porque, vendo sua angústia quando nos suplicava, não quisemos ouvi-lo; por isso veio sobre nós esta desgraça". 22Rúben lhes disse: "Não vos adverti para que não pecásseis contra o menino?* Não quisestes ouvir-me, e agora nos pedem contas de seu sangue". 23Eles não sabiam que José estava entendendo tudo, pois entre eles havia um intérprete. 24José, então, afastou-se deles e chorou.* Em seguida voltou e falou com eles; escolheu dentre eles Simeão e mandou amarrá-lo na presença dos irmãos.

25A seguir ordenou que se enchessem de trigo as suas sacas e pusessem o dinheiro na saca de cada um, e lhes dessem provisões para a viagem. E assim foi feito. 26Eles carregaram o trigo sobre os jumentos e partiram. 27Na estalagem, ao abrir um deles sua saca para dar de comer a seu jumento, viu que seu dinheiro estava na boca da saca 28e disse a seus irmãos: "Devolveram meu dinheiro; está aqui em minha saca". Então seu coração ficou sobressaltado; entreolharam-se tremendo e disseram: "Que é isto que Deus fez conosco?"

Dor de Jacó. 29Chegando junto ao pai Jacó, na terra de Canaã, narraram tudo o que tinha acontecido, dizendo--lhe: 30"Aquele homem, senhor do país, tratou-nos duramente e nos tomou por espiões do país. 31Nós lhe dissemos: "Somos gente honesta; não somos espiões. 32Somos doze irmãos, filhos do mesmo pai; um já não existe e o mais novo está no momento com nosso pai, na terra de Canaã". 33Disse-nos aquele homem, senhor do país: "Nisto conhecerei se sois gente honesta: deixai comigo um de vossos irmãos, levai o necessário para matar a fome de vossas famílias e parti. 34Depois trazei-me vosso irmão mais novo; assim saberei que não sois espiões, mas gente honesta. Então vos devolverei vosso irmão e podereis circular pelo país". 35Quando esvaziaram suas sacas, cada um encontrou em sua saca a bolsa com o dinheiro. À vista daquelas bolsas de dinheiro, eles e seu pai encheram-se de medo. 36Então Jacó, seu pai, disse-lhes: "Vós me deixais sem filhos. José desapareceu, Simeão já não está aqui e quereis levar Benjamim também; sobre mim recaíram todas essas desgraças!" 37Rúben disse ao pai: "Tira a vida a meus dois filhos, se eu não te devolver Benjamim. Confia-o a mim, que eu o restituirei a ti". 38Mas Jacó replicou: "Meu filho não irá convosco, pois seu irmão morreu e ele ficou só. Se lhe acontecesse alguma desgraça na viagem* que ides fazer, então, por vossa causa, cheio de dores, eu desceria com meus cabelos brancos à morada dos mortos".

43 Benjamim vai com os irmãos ao Egito.

1Ora, a fome devastava a terra. 2Quando acabaram de consumir as provisões trazidas do Egito, disse Jacó a seus filhos: "Voltai e comprai-nos um pouco de alimento". 3Judá respondeu-lhe: "Aquele homem nos advertiu expressamente: 'Não sereis admitidos a minha presença sem que vosso irmão esteja convosco'. 4Se deixares vir conosco nosso irmão, desceremos lá e te compraremos alimentos. 5Se, porém, não o deixares vir, não partiremos, porque aquele homem nos advertiu: 'Não sereis admitidos a minha presença se vosso irmão não estiver convosco'". 6Israel respondeu: "Por que

---

* **42**,21. 37,18-27 | 22. 37,22 | 24. 43,30 | 38. 42,4; 37,35

Gênesis 43

me fizestes este mal, dizendo àquele homem que tínheis outro irmão?" [7]Responderam eles: "Ele nos perguntou expressamente por nós e por nossa família, dizendo: 'Vosso pai vive ainda? Tendes outro irmão?' E nós lhe respondemos segundo suas perguntas. Podíamos prever que nos diria: 'Trazei-me aqui vosso irmão'?"

[8]Judá disse a seu pai Israel:* "Deixa vir comigo o menino, e nos levantaremos e iremos, para que possamos viver e não morrer nós, tu e nossos pequeninos. [9]Eu serei responsável por ele e poderás exigi-lo de mim. Se não o trouxer de volta e não o puser em tua presença, serei réu de culpa para contigo para sempre. [10]Se não tivéssemos demorado tanto, a esta altura já estaríamos de volta pela segunda vez." [11]Respondeu-lhes Jacó, seu pai: "Se tem de ser assim, fazei isto: Colocai em vossas bagagens dos melhores frutos desta terra e levai-os àquele homem: um pouco de bálsamo, um pouco de mel, especiarias, resina, pistácias e amêndoas. [12]Levai também convosco o dinheiro em dobro* para restituir o dinheiro devolvido na boca das sacas; pois talvez tenha sido um engano. [13]Tomai vosso irmão e parti, retornai para junto daquele homem. [14]Que o Deus todo-poderoso* vos faça encontrar as boas graças daquele homem, de modo que vos devolva livre o outro irmão e Benjamim. Quanto a mim, se hei de ficar sem filhos, que fique sem eles".*

[15]Eles tomaram os presentes, o dinheiro em dobro e Benjamim e, pondo-se a caminho, desceram ao Egito e apresentaram-se a José. [16]Quando José viu Benjamim com eles, disse ao mordomo: "Leva esses homens para a casa, mata um animal e prepara-o, pois comerão comigo ao meio-dia". [17]O homem fez como lhe ordenara José e introduziu os homens na casa de José. [18]Ao serem introduzidos na casa de José, tiveram grande medo e disseram entre si: "É por causa do dinheiro, que nos foi devolvido em nossas sacas da primeira vez, que nos trazem aqui. Vão nos agarrar, cair sobre nós, escravizar-nos e apoderar-se dos nossos jumentos".

[19]Aproximaram-se do mordomo da casa de José e lhe falaram à porta da casa, [20]dizendo: "Perdão, meu senhor, nós já estivemos aqui uma vez para comprar trigo. [21]Quando chegamos à estalagem* e abrimos nossas sacas, vimos que o dinheiro de cada um estava na boca da saca; exatamente nosso dinheiro. Mas o trouxemos outra vez pessoalmente; [22]e trouxemos conosco outra quantia para pagar os víveres. Não sabemos quem foi que pôs nosso dinheiro em nossas sacas". [23]Respondeu ele: "Ficai tranquilos, não temais. Foi vosso Deus, o Deus de vosso pai que colocou um tesouro em vossas sacas; eu recebi vosso dinheiro". E, libertando Simeão, trouxe-o para junto deles.

Banquete de José com seus irmãos. [24]Depois de introduzi-los na casa de José, deu-lhes água para lavarem os pés e ração para os jumentos. [25]Eles prepararam os presentes para o momento em que chegasse José, ao meio-dia, pois haviam compreendido que comeriam ali. [26]Quando José chegou em casa, ofereceram-lhe os presentes que tinham trazido e prostraram-se diante dele até o chão. [27]Ele lhes perguntou como estavam e disse-lhes: "Está bem vosso idoso pai de quem me falastes? Ainda vive?" [28]Responderam-lhe eles: "Teu servo, nosso pai, está passando bem; ainda vive". E se inclinaram fazendo-lhe reverência. [29]Então, erguendo os olhos, viu Benjamim, seu irmão, filho de sua mãe, e disse-lhes: "É este vosso irmão mais novo de quem me falastes?" E acrescentou: "Deus te seja propício, meu filho". [30]José apressou-se em sair,* porque suas entranhas se comoveram à vista de seu irmão e estava a ponto de chorar. Retirou-se para seus aposentos, onde chorou. [31]Depois lavou o rosto, saiu e, fazendo esforços para dominar-se, disse: "Servi

---

* **43**,8. 42,37 | 12. 37,25 | 14. 17,1 / 42,24 | 21. 42,27s | 30. 42,24

Gênesis 43-44

a refeição!" [32]Serviram separadamente a José, aos irmãos e aos egípcios seus comensais; porque aos egípcios não é permitido comer com os hebreus, por ser isso coisa abominável para eles. [33]Sentaram-se à frente dele por ordem de idade, desde o primogênito até o mais novo; eles olhavam uns para os outros admirados. [34]José mandou levar-lhes porções de sua mesa; a porção de Benjamim era cinco vezes maior que a de todos os demais. Eles beberam, alegrando-se com ele.

44

Segunda prova para os irmãos de José. [1]Depois José ordenou ao mordomo de sua casa: "Enche de provisões as sacas destes homens, o quanto couber, e põe o dinheiro de cada um na boca de sua saca. [2]Coloca também minha taça de prata na boca da saca do mais jovem, juntamente com o dinheiro do trigo". E ele fez como José tinha mandado.

[3]Ao amanhecer, foram despedidos com seus jumentos. [4]Quando estavam já fora da cidade, mas ainda não se tinham distanciado muito, José disse ao mordomo de sua casa: "Levanta-te e corre atrás desses homens e, quando os alcançares, dize-lhes: 'Por que pagastes o bem com o mal? [5]Não é esta taça que meu senhor usa para beber e também para as adivinhações? Fizestes mal em agir assim'".

[6]Ele os alcançou e lhes falou daquele modo. [7]Mas eles lhe responderam: "Por que fala assim meu senhor? Longe de teus servos fazer semelhante coisa! [8]Trouxemos de volta da terra de Canaã o dinheiro que encontramos na boca de nossas sacas; como, pois, iríamos roubar prata ou ouro da casa de teu senhor? [9]Morra aquele de teus servos em cujo poder for encontrada a taça, e nós seremos escravos de teu senhor". [10]Respondeu ele: "Está bem, seja como dizeis; será meu escravo só aquele com quem for encontrada a taça; e vós outros ireis livres". [11]Cada um depôs imediatamente sua saca no chão e a abriu. [12]O mordomo revistou-as, começando pelo mais velho e terminando pelo último: a taça foi encontrada na saca de Benjamim. [13]Eles então rasgaram suas vestes, carregaram cada qual seu jumento e voltaram à cidade.

[14]Judá e seus irmãos chegaram à casa de José, que se encontrava ainda lá, e prostraram-se por terra diante dele. [15]Disse-lhes José: "Que é isto que fizestes? Não sabíeis que um homem como eu sabe muito bem adivinhar?" [16]Respondeu Judá: "Que podemos responder a meu senhor? Que dizer e como nos justificar? Deus descobriu a culpa de teus servos. Tanto nós como aquele com quem foi encontrada a taça somos escravos de meu senhor". [17]Respondeu José: "Longe de mim fazer tal coisa! Aquele com que foi encontrada a taça, esse será meu escravo; e vós outros retornai em paz para junto de vosso pai".

Judá se oferece em troca de Benjamim. [18]Então Judá se aproximou e disse: "Eu te peço, meu senhor, permite que teu servo diga uma palavra aos ouvidos de meu senhor, e não se acenda tua cólera contra teu servo, porque tu és igual ao faraó. [19]Meu senhor havia perguntado a seus servos: 'Tendes ainda pai ou outro irmão?' [20]E nós respondemos a meu senhor: 'Temos um pai, já idoso, e um irmão pequeno, que lhe nasceu na velhice. Tinha este um irmão que já morreu, e ele ficou sendo o único filho de sua mãe; e seu pai o ama muito'. [21]E tu disseste a teus servos: 'Trazei-o a mim, para que eu possa vê-lo'. [22]Respondemos então a meu senhor: 'O jovem não poderá deixar seu pai, pois se o deixasse ele morreria'. [23]Replicaste então a teus servos: 'Se não vier convosco vosso irmão mais jovem, não sereis admitidos a minha presença'. [24]Quando voltamos a teu servo, meu pai, contamos-lhe o que meu senhor tinha dito. [25]E mais tarde, quando nosso pai disse: 'Voltai para comprar-nos um pouco de víveres', respondemos-lhe: [26]'Não podemos ir; mas se nosso irmão menor for conosco iremos, pois não podemos comparecer diante daquele homem se este nosso irmão menor não estiver conosco'. [27]E

Gênesis 44-45

teu servo, meu pai, nos disse: 'Vós sabeis que minha esposa só me deu à luz dois filhos. [28]Um deles saiu de minha casa e eu disse:* Certamente foi dilacerado! E até agora não mais o vi. [29]Se me levais também este, e lhe acontecer alguma desgraça, então me faríeis descer cheio de dores, com meus cabelos brancos, à morada dos mortos'. [30]Agora, pois, se eu chegar a teu servo, meu pai, sem que esteja conosco o jovem a quem está intimamente afeiçoado, [31]ele, ao notar que falta o jovem, morrerá e, então, por causa de teus servos, cheio de dores, teu servo, nosso pai, desceria com seus cabelos brancos à morada dos mortos. [32]Teu servo se fez responsável pelo jovem para com meu pai, dizendo: 'Se eu não o trouxer de volta, serei réu de culpa contra meu pai por toda a vida'. [33]Agora, pois, fique teu servo em lugar deste jovem como escravo de meu senhor, e ele volte com seus irmãos; [34]porque como posso retornar a meu pai sem que ele esteja comigo? Não quero ver a desgraça que oprimiria meu pai!"

45 José dá-se a conhecer a seus irmãos.

[1]Então José, não podendo mais se conter diante de todos os que o rodeavam, gritou: "Fazei sair todos de minha presença". Desse modo, ninguém ficou com ele quando se deu a conhecer a seus irmãos.* [2]Pôs-se a chorar tão alto que o ouviram os egípcios e até mesmo a corte do faraó. [3]Disse José a seus irmãos: "Eu sou José; vive ainda meu pai?" Mas seus irmãos não conseguiam responder-lhe, porque estavam amedrontados por sua presença. [4]José disse a seus irmãos:* "Aproximai-vos de mim!" E tendo-se aproximado, disse-lhes: "Eu sou José, vosso irmão, que vendestes para o Egito. [5]Não vos aflijais por isso, nem vos atormenteis por me terem vendido para cá; pois foi Deus que me enviou adiante de vós,* para preservar-vos a vida. [6]Porque já faz dois anos que a fome assola o país, e por mais cinco anos não haverá semeadura nem colheita. [7]Deus me mandou a vossa frente para ser conservado para vós um resto sobre a terra e para salvar-vos a vida com uma grande libertação. [8]Não fostes vós, portanto, que me mandastes para cá, mas Deus mesmo; e ele me estabeleceu como pai para o faraó, chefe de toda a sua casa e soberano de todo o Egito†. [9]Voltai depressa a meu pai e dizei-lhe: Assim fala teu filho José: 'Deus me constituiu administrador de todo o Egito; vem para junto de mim sem demora. [10]Habitarás na terra de Gessen* e viverás perto de mim tu, teus filhos, teus netos, com tuas ovelhas, teus bois e tudo o que possuis. [11]Lá te sustentarei, pois a fome deve durar ainda cinco anos, para que não te empobreças tu e tua casa e tudo o que tens'. [12]Agora vós vedes com vossos próprios olhos, e meu irmão Benjamim também, que sou eu mesmo que vos falo. [13]Contai a meu pai todo o prestígio que tenho no Egito e tudo o que tendes visto. Apressai-vos a trazer para cá meu pai". [14]Então, lançou-se ao pescoço de Benjamim, chorando, e chorou também Benjamim abraçado a ele. [15]Em seguida beijou todos os seus irmãos e, abraçando-os, chorou. Depois disso, seus irmãos se puseram a conversar com ele.

[16]Na corte do faraó correu a notícia de que tinham vindo os irmãos de José. Alegraram-se com isso o faraó e seus ministros. [17]O faraó disse a José: "Dize a teus irmãos: 'Fazei o seguinte: carregai vossos animais, voltai ao país de Canaã. [18]Trazei vosso pai e vossas famílias e voltai a mim. Eu vos darei as melhores terras egípcias, e comereis da fartura da terra'. [19]Quanto a ti, dá-lhes

---

* **44**,28. 37,33 | **45**,1. At 7,13 | 4. 50,15 | 5. 50,20; Sl 105,17 | 10. 46,28s; 47,1-6; Êx 8,18; 9,26

† **45**,8. José proclama aos irmãos os insondáveis caminhos da Providência divina, que fez resultar em salvação e glória uma história de traição, abandono e sofrimento. Vendido pelos irmãos e humilhado no cárcere, mas depois exaltado como vice-rei, José prefigura a paixão e o triunfo de Jesus na ressurreição, para a salvação da humanidade.

Gênesis 45-46

esta ordem: 'Fazei assim: levai do Egito carros para vossos filhinhos e para vossas mulheres, trazei vosso pai e vinde. [20]Não tenhais nenhum pesar pelo que tereis de deixar, porque o que há de melhor em todo o Egito será vosso'". [21]Assim fizeram os filhos de Israel. José deu-lhes carros, como mandou o faraó, e provisões para a viagem. [22]Deu a cada um uma muda de roupa, e a Benjamim deu trezentas moedas de prata e cinco mudas de roupa. [23]Enviou a seu pai dez jumentos carregados dos melhores produtos do Egito,* dez jumentas carregadas de trigo, pão e provisões para a viagem. [24]Assim despediu seus irmãos e, enquanto partiam, disse-lhes: "Não disputeis pelo caminho".

Retorno a Canaã. [25]Partiram, pois, do Egito e chegaram ao país de Canaã, à casa de Jacó, seu pai. [26]Deram-lhe a boa-nova, dizendo: "José ainda vive, e é ele que governa toda a terra do Egito". Mas o coração dele ficou insensível, pois não acreditou neles. [27]Então lhe transmitiram todas as palavras que José lhes tinha dito. Quando viu os carros mandados por José para transportá-lo, o espírito de Jacó, seu pai, se reanimou. [28]Então Israel exclamou: "Basta! José, meu filho, está vivo! Irei vê-lo antes de morrer".

46 **Jacó vai para o Egito com toda a família.** [1]Israel partiu, levando tudo o que possuía. Chegando a Bersabeia,* ofereceu sacrifícios ao Deus de seu pai Isaac. [2]Deus disse a Israel numa visão noturna: "Jacó! Jacó!" "Eis-me aqui", respondeu ele. [3]Continuou Deus: "Eu sou Deus, o Deus de teu pai.* Não temas descer ao Egito, porque lá farei de ti uma grande nação. [4]Descerei contigo ao Egito e eu mesmo certamente te farei subir de lá; e a mão de José te fechará os olhos".† [5]Jacó partiu de Bersabeia. Os filhos de Israel levaram Jacó, seu pai, os próprios filhinhos e as mulheres nos carros que o faraó enviara para transportá-los. [6]Levaram também consigo os rebanhos e os bens que adquiriram na terra de Canaã; foram para o Egito Jacó e todos os seus descendentes com ele: [7]seus filhos e netos, suas filhas e netas, e toda a sua descendência.

[8]Estes são os nomes dos israelitas* que foram para o Egito: Jacó e seus filhos; o primogênito de Jacó, Rúben. [9]Os filhos de Rúben: Henoc, Falu, Hesron e Carmi. [10]Os filhos de Simeão: Jamuel, Jamin, Aod, Jaquin, Soar e Saul, filho da cananeia. [11]Os filhos de Levi: Gérson, Caat e Merari. [12]Os filhos de Judá: Her, Onã, Sela, Farés e Zara. Her e Onã,* porém, morreram na terra de Canaã; e os filhos de Farés: Hesron e Hamul. [13]Os filhos de Issacar: Tola, Fua, Jasub e Semron. [14]Os filhos de Zabulon: Sared, Elon e Jaelel; [15]esses são os filhos que Lia deu a Jacó em Padã-Aram, além de sua filha Dina; ao todo, entre filhos e filhas, trinta e três pessoas.

[16]Os filhos de Gad: Safon, Hagi, Suni, Esebon, Eri, Arodi e Areli. [17]Os filhos de Aser: Jamne, Jesua, Jessui, Beria e Sera, irmã deles. Os filhos de Beria: Héber e Melquiel. [18]Esses são os filhos de Zelfa, que Labão deu a sua filha Lia; e esses ela deu à luz a Jacó, dezesseis pessoas.

[19]Os filhos de Raquel, mulher de Jacó: José e Benjamim. [20]Nasceram a José no Egito Manassés e Efraim, que lhe deu à luz Asenet, filha de Putifar,* sacerdote de On. [21]Os filhos de Benjamim: Bela, Bocor, Asbel, Gera, Naamã, Equi, Ros, Mofim, Ofim e Ared. [22]Esses são os filhos de Raquel, nascidos a Jacó; ao todo quatorze. [23]Os filhos de Dã: Husim. [24]Os filhos de Neftali: Jasiel, Guni Jeser e Salém.

[25]Esses são os filhos de Bala, que Labão deu a sua filha Raquel, e esses ela deu à luz a Jacó; ao todo, sete pessoas. [26]Os que foram com Jacó para o Egito, descendentes seus, sem contar suas noras, eram ao todo sessenta e seis.

---

* **45**,23. 43,11 | **46**,1. 31,24 | 3. 26,23ss | 8. Nm 26,5s | 12. 38,3-10 | 20. 41,45

† **46**,4. Esta aparição põe fim às manifestações de Deus aos patriarcas. Deus promete a Jacó ser seu guia na ida para o Egito, como depois será o condutor dos que de lá retornarem rumo à terra prometida.

Gênesis 46-47

[27]Os filhos de José, nascidos no Egito, eram dois. Ao todo, as pessoas da família de Israel, que foram para o Egito, eram setenta.*

Encontro de Jacó com José. [28]Jacó enviou Judá na frente a José, para que viesse a seu encontro em Gessen. Quando chegaram à região de Gessen, [29]José preparou seu carro e foi se encontrar com Israel, seu pai, em Gessen. Logo que o viu, lançou-se-lhe ao pescoço e, assim abraçado, chorou longamente. [30]Israel disse a José: "Agora posso morrer, porque ainda estás vivo e eu vi teu rosto".

[31]Então José disse a seus irmãos* e à família de seu pai: "Vou avisar o faraó, dizendo: Meus irmãos e a família de meu pai, que estavam na terra de Canaã, vieram para junto de mim. [32]São pastores, possuem animais, e trouxeram consigo suas ovelhas, seus bois e tudo o que possuíam. [33]E assim, quando o faraó vos chamar e vos perguntar: 'Qual é vossa profissão?' [34]respondereis: 'Teus servos sempre foram criadores de animais desde a juventude até agora, tanto nós como nossos pais'. Assim podereis morar na região de Gessen, porque os egípcios detestam todos os pastores de ovelhas".

47 **Jacó e os filhos diante do faraó.** [1]José foi comunicar ao faraó: "Meu pai e meus irmãos chegaram da terra de Canaã com suas ovelhas, seus bois e todos os seus bens; estão agora na região de Gessen". [2]Tomou então cinco dentre seus irmãos e os apresentou ao faraó. [3]Este lhes perguntou: "Qual é vossa profissão?" Responderam: "Nós, teus servos, somos pastores de ovelhas, tanto nós, como nossos pais". [4]E acrescentaram: "Viemos morar neste país, porque não há mais pastagens para os rebanhos de teus servos, e a fome é grande na terra de Canaã. Permite, pois, que teus servos habitem na região de Gessen". [5]O faraó disse a José: "Teu pai e teus irmãos vieram para junto de ti. [6]A terra do Egito está a tua disposição; instala teu pai e teus irmãos na melhor parte do país: que habitem na região de Gessen. E, se souberes que há entre eles homens capazes, coloca-os à frente de meus rebanhos".

Na terra de Gessen. [7]José mandou vir seu pai e o apresentou ao faraó. Jacó abençoou o faraó. [8]Este lhe perguntou: "Que idade tens?"* [9]Respondeu-lhe Jacó: "Os anos de minha peregrinação sobre a terra somam cento e trinta. Breves e infelizes têm sido os anos de minha vida, e não chegaram a igualar os anos de vida de meus pais, no tempo de sua peregrinação". [10]Jacó abençoou de novo o faraó e retirou-se de sua presença. [11]José instalou seu pai e seus irmãos, dando-lhes uma propriedade na terra do Egito, na melhor parte do país,* na região de Ramsés, como o faraó lhe havia mandado. [12]José providenciou alimentos para seu pai, seus irmãos e para toda a família de seu pai, segundo o número de seus filhos.

José distribui o trigo estocado. [13]Faltou pão em todo o país, pois a fome se agravava, e o Egito e Canaã estavam exauridos pela fome. [14]José recolheu todo o dinheiro existente no Egito e em Canaã, em troca do trigo que eles compravam, e depositou o dinheiro no tesouro do faraó. [15]Esgotado o dinheiro do Egito e de Canaã, todos os egípcios foram a José, dizendo-lhe: "Dá-nos pão! Por que havemos de morrer debaixo de teus olhos por falta de dinheiro?" [16]Respondeu José: "Dai-me vossos rebanhos, e em troca deles vos darei pão, se vos falta o dinheiro". [17]Então trouxeram seus animais a José, o qual lhes deu pão em troca de cavalos, ovelhas, bois e jumentos. Assim naquele ano forneceu-lhes pão em troca de todos os seus animais. [18]Mas, passado aquele ano, voltaram a ele no ano seguinte e lhe disseram: "Não podemos ocultar a meu senhor que o dinheiro se acabou e que os animais que tínhamos já pertencem a meu senhor. Não restam à disposição de meu senhor senão nossos corpos e nossas terras. [19]Por

---

* **46**,27. Êx 1,5; Dt 10,22; At 7,14; **|** 31. 45,15s **| 47**,8. 25,7; 35,28; 47,28 **|** 11. Êx 1,11; 12,37

que teremos de perecer sob teus olhos nós e nossa terra? Compra-nos junto com nossa terra em troca de pão. Nós e nossa terra seremos escravos do faraó; mas dá-nos sementes, para que possamos viver e não morramos, e nossa terra não fique desolada". [20]Assim José comprou para o faraó todas as terras do Egito, porque os egípcios, forçados pela fome, venderam a ele cada qual seu campo; e toda a terra tornou-se propriedade do faraó. [21]Ele submeteu todo o povo à servidão, dum extremo ao outro do Egito. [22]Só não comprou as terras dos sacerdotes, porque eles recebiam do faraó uma contribuição e viviam daquilo que o faraó lhes dava; por isso não se viram obrigados a vender suas terras. [23]José disse ao povo: "Hoje vos adquiri para o faraó, junto com vossas terras. Aqui tendes sementes: semeai o campo; [24]no tempo da colheita dareis ao faraó a quinta parte; as outras quatro partes serão vossas, para semear os campos e para o sustento vosso, de vossas famílias e de vossos filhos". [25]Eles responderam: "Tu nos salvaste a vida! Possamos encontrar graça aos olhos de meu senhor e seremos servos do faraó". [26]José fez disso uma regra, em vigor até hoje, para todas as terras do Egito: a quinta parte* pertence ao faraó. Somente as terras dos sacerdotes não passaram para o faraó.

Últimos dias de Jacó. [27]Israel estabeleceu-se no Egito, na terra de Gessen. Ali adquiriram propriedades, foram fecundos e multiplicaram-se muito. [28]Jacó viveu no Egito dezessete anos,* e a duração de sua vida foi de cento e quarenta e sete anos. [29]Aproximando-se para Israel o tempo de morrer, ele chamou a si seu filho José e disse-lhe: "Se encontrei favor a teus olhos, põe tua mão debaixo de minha coxa* e promete tratar-me com benevolência e fidelidade: por favor, não me sepultes no Egito. [30]Quando eu tiver adormecido com meus pais, tu me levarás do Egito e me sepultarás no túmulo deles". Ele

respondeu: "Farei como dizes". [31]Disse-lhe Jacó: "Jura-me".* E ele jurou. Então Israel se inclinou sobre a cabeceira do leito.

48 **Jacó adota e abençoa os filhos de José.** [1]Depois desses acontecimentos, vieram dizer a José: "Teu pai está doente". Então ele tomou consigo seus dois filhos, Manassés e Efraim. [2]Disseram a Jacó: "Teu filho José vem te visitar". Então Israel, fazendo esforço, sentou-se no leito. [3]Depois Jacó disse a José:* "O Deus todo-poderoso me apareceu em Luza, na terra de Canaã, e me abençoou, [4]dizendo-me: 'Eu te tornarei fecundo e te multiplicarei e farei de ti uma comunidade de povos e darei esta terra a teus descendentes depois de ti como propriedade perpétua'. [5]Agora, pois, teus dois filhos que te nasceram no Egito, antes que eu viesse para junto de ti no Egito, são meus; Efraim e Manassés serão meus como Rúben e Simeão. [6]Mas, os filhos que tiveste depois deles são teus e em nome de seus irmãos receberão a herança. [7]Quando eu voltava de Padã, morreu pelo caminho, a meu lado, Raquel, tua mãe, na terra de Canaã, a certa distância de Éfrata,* e ali a sepultei, no caminho de Éfrata, isto é, Belém".

[8]Israel viu os dois filhos de José e perguntou: "Quem são estes?" [9]Respondeu José a seu pai: "São meus filhos, que Deus me deu aqui". Disse Jacó: "Aproxima-os de mim, para que os abençoe". [10]Israel, devido à velhice, tinha a vista cansada e não enxergava mais. José aproximou-os e ele os beijou e abraçou. [11]Disse depois Israel a José: "Eu não esperava tornar a ver teu rosto, e Deus me concedeu ver também tua descendência!" [12]Então José os retirou dos joelhos de Jacó e prostrou-se com o rosto em terra. [13]Depois tomou os dois pela mão, Efraim com sua direita, para que ficasse à esquerda de Israel, e Manassés com sua esquerda, para que ficasse à direita de Israel, e os aproximou dele.[14]Israel, estendendo

---

* **47**,26. 41,34 | 28. 49,29-32; 50,6 | 29. 24,2 | 31. Hb 11,21 | **48**,3. 17,1; 36,6.11s | 7. 35,16-20

Gênesis 48-49

a mão direita, colocou-a sobre a cabeça de Efraim, que era o mais novo, e a esquerda sobre a cabeça de Manassés, cruzando as mãos, embora fosse Manassés o primogênito. ¹⁵E abençoou José, dizendo:

"O Deus em cuja presença caminharam meus pais Abraão e Isaac;

o Deus que tem sido meu pastor por toda a minha vida até hoje;*

¹⁶o Anjo que me libertou de todo o mal abençoe estes meninos,*

e neles sobrevivam meu nome e o nome de meus pais Abraão e Isaac,

e se multipliquem grandemente no meio da terra".

¹⁷José notou que seu pai tinha posto a mão direita sobre a cabeça de Efraim, e isto lhe desagradou. Pegou na mão do pai, para tirá-la da cabeça de Efraim para a de Manassés, ¹⁸e disse a seu pai: "Assim não, meu pai, pois o mais velho é este; põe tua mão direita sobre a cabeça dele". ¹⁹Mas o pai recusou-se e disse: "Eu sei, meu filho, eu sei. Também ele chegará a ser um povo, ele também será grande; mas seu irmão mais novo* será maior do que ele† e sua descendência se tornará uma multidão de nações". ²⁰Naquele dia os abençoou, dizendo: "Por vós Israel abençoará com estas palavras: 'Que Deus te faça semelhante a Efraim e a Manassés'". E colocou Efraim antes de Manassés. ²¹Depois disse Israel a José: "Eu vou morrer; mas Deus estará convosco e vos reconduzirá à terra de vossos pais. ²²Eu te dou uma parte a mais que a teus irmãos, Siquém, que conquistei dos amorreus com minha espada e com meu arco".

49

Profético adeus de Jacó a seus filhos. ¹Depois Jacó chamou seus filhos e disse: "Reuni-vos,

para que vos anuncie* o que vos acontecerá nos tempos vindouros†.

²Reuni-vos e ouvi, filhos de Jacó; escutai Israel, vosso pai.

³Rúben, tu és meu primogênito;*

minha força e as primícias de meu vigor,

primeiro em dignidade e primeiro em poder.

⁴Impetuoso como a água, não terás a primazia,

porque subiste ao leito de teu pai;*

profanaste meu leito, subindo nele.

⁵Simeão e Levi são irmãos,

suas espadas são instrumentos de violência.

⁶Em seu conselho não entre minha alma,

a sua assembleia não se una minha honra;

porque em seu furor mataram homens

e em sua arrogância mutilaram touros.

⁷Maldito seu furor, por sua violência e sua cólera, por sua crueldade.

Eu os dividirei em Jacó

e os dispersarei em Israel.

⁸Judá, teus irmãos te louvarão,*

tua mão pesará sobre a nuca de teus inimigos.

Diante de ti se prostrarão os filhos de teu pai.*

⁹Judá é um leãozinho;

voltaste, meu filho, da pilhagem.

Ele se agacha e se estende como um leão,

e como uma leoa; quem o despertará?

¹⁰O cetro não se afastará de Judá*

nem o bastão de comando dentre seus pés

até que venha Aquele ao qual pertence,

a quem devem os povos a obediência.

---

* 48,15. 49,24; Sl 23,1; 80,2s | 16. 16,7 | 19. Dt 33,17; 12,3 | **49,**1. Jz 5; Dt 33 | 3. 29,32 | 4. 35,22 | 8. 27,29 / 37,7-9 | 10. Nm 24,17; Mq 5,1-3; Is 9,5s; 11,1s; Zc 9,9; 2Sm 7,1

† **48,**19. Esta narrativa explica por que José é representado por duas entre as 12 tribos e por que a tribo de Efraim era mais forte que a de Manassés. O irmão mais novo preferido ao mais velho é um tema frequente na Bíblia: Abel-Caim, Isaac-Ismael, Jacó-Esaú, Davi e seus irmãos, etc. Mostra como Deus é livre e misterioso em seus desígnios, passando por cima das convenções humanas e preferindo os humildes. **49,**1. Jacó se despede dos filhos, anunciando o futuro de cada tribo. Prediz o nascimento de um rei nascido de Judá, que dominará sobre os povos, v. 10. A profecia refere-se a Davi como figura do Messias.

59   Gênesis 49-50

¹¹Ele ata à videira seu jumentinho
e à cepa mais excelente o filho de sua
jumenta;
lava no vinho sua veste,
e no sangue da uva seu manto.
¹²Seus olhos são mais escuros que o
vinho,
e seus dentes, mais brancos que o
leite.
¹³Zabulon habita à beira do mar,
e serve de porto aos navios;
suas fronteiras se estendem até Sidônia.
¹⁴Issacar é um jumento robusto,
deitado entre os currais.
¹⁵Vendo que o repouso era bom,
e ameno o país,
curvou o dorso à carga
e sujeitou-se à servidão.
¹⁶Dã julgará seu povo,
como uma das tribos de Israel.
¹⁷Dã é uma serpente no caminho,
uma víbora no atalho,
que morde os calcanhares do cavalo,
para que caia de costas o cavaleiro.
¹⁸Javé, espero tua salvação!*
¹⁹Gad, assaltado por assaltantes,
também assalta ele sua retaguarda.
²⁰Aser tem um pão saboroso,*
que fará as delícias dos reis.
²¹Neftali é uma gazela solta,
que dá crias bonitas.
²²José é o ramo de uma árvore frutífera,*
ramo de uma árvore frutífera junto a
uma fonte;
seus ramos crescem acima do muro.
²³Provocaram-no os arqueiros,
atacaram-no os atiradores de flechas.
²⁴Mas seu arco permanece firme,
e seus braços e suas mãos se fortaleceram,
em virtude das mãos do Poderoso de
Jacó,
pelo nome do Pastor e Rocha de Israel.
²⁵Graças ao Deus de teu pai, que te
ajuda,
graças ao Todo-Poderoso, que te
abençoa*

com bênçãos que descem do alto
céu,
bênçãos que sobem do abismo embaixo,
bênçãos das mamas e do seio.
²⁶As bênçãos de teu pai superam
as bênçãos das montanhas antigas
e as delícias das colinas eternas.
Que elas desçam sobre a cabeça de
José
e sobre a fronte do consagrado entre
seus irmãos.
²⁷Benjamim é um lobo voraz:
de manhã devora a presa
e à noite reparte os despojos".

Morte de Jacó. ²⁸São essas as doze tribos de Israel, e foi isso o que lhes disse
seu pai ao abençoá-los, dando a cada
qual uma bênção particular. ²⁹Depois
deu-lhes suas ordens, dizendo: "Eu vou
reunir-me a meus parentes; sepultai-
-me junto de meus pais, ³⁰na caverna
que fica no campo de Macpela, defronte de Mambré, na terra de Canaã, e
que Abraão comprou de Efron, o heteu,
junto com o campo, como propriedade funerária. ³¹Ali sepultaram Abraão e
Sara, sua mulher; ali sepultaram Isaac
e Rebeca, sua mulher, e ali eu sepultei
Lia. ³²O campo e a gruta que nele está
foram comprados aos filhos de Het".
³³Quando Jacó terminou de dar essas
ordens a seus filhos,* recolheu os pés
sobre o leito e expirou, e foi reunido
aos seus.

50 **Jacó é sepultado em Hebron.**
¹Então José lançou-se sobre o
rosto do pai e chorou, inclinado sobre
ele,* e o beijou. ²Ordenou aos médicos
que estavam a seu serviço que embal-
samassem seu pai; e os médicos em-
balsamaram Israel. ³Gastaram nisso
quarenta dias, que é o tempo que se
requer para embalsamar. Os egípcios
o choraram durante setenta dias. ⁴Ter-
minados os dias do luto, José disse à
corte do faraó: "Se encontrei graça a
vossos olhos, falai de minha parte ao
faraó, dizendo-lhe: ⁵'Meu pai me fez
jurar, dizendo-me: Eu vou morrer; no

---

* **49**,18. Is 25,9 **|** 20. Dt 33,24 **|** 22. Dt 33,13-17 **|** 25. 17,1 **|** 33. 48,2 **| 50**,1. 46,4

Gênesis 50

sepulcro que cavei para mim na terra de Canaã ali me sepultarás'. Agora, pois, por favor, permite-me ir sepultar meu pai; depois voltarei". ⁶Respondeu o faraó: "Vai, sepulta teu pai, como te fez jurar".

⁷José subiu para sepultar seu pai. Com ele subiram todos os servos do faraó, todos os anciãos de sua corte, todos os anciãos do Egito, ⁸toda a família de José, seus irmãos e a família de seu pai. Na terra de Gessen deixaram somente as crianças, as ovelhas e os bois. ⁹Com ele subiram também carros e cavaleiros, de modo que o cortejo era numeroso. ¹⁰Quando chegaram à eira de Atad, além do Jordão, fizeram uma lamentação muito grande e solene; e José fez um luto de sete dias por seu pai. ¹¹Quando os habitantes do país, os cananeus, viram aquele luto na eira de Atad, disseram: "Esse é um grande luto para os egípcios". Por isso foi chamado Abel Misraim esse lugar, que fica além do Jordão. ¹²Os filhos de Jacó fizeram com o corpo do pai tudo o que ele lhes havia ordenado. ¹³Levaram-no para a terra de Canaã e o sepultaram na gruta do campo de Macpela,* defronte de Mambré, que Abraão tinha comprado de Efron, o heteu, para propriedade funerária. ¹⁴Depois de terem sepultado seu pai, José voltou ao Egito com seus irmãos e todos os que tinham ido com ele para sepultar seu pai.

Generosidade de José com seus irmãos. ¹⁵Os irmãos de José começaram a ter medo, porque seu pai estava morto, e diziam: "Quem sabe José vai nos tratar como inimigos e se vingar de todo o mal que lhe fizemos?" ¹⁶Mandaram, pois, dizer a José: "Teu pai nos ordenou antes de morrer: ¹⁷'Assim direis a José: Perdoa, eu te peço, o crime e o pecado de teus irmãos, e todo o mal que te fizeram'. Agora, pois, perdoa este crime dos servos do Deus de teu pai". José chorou quando ouviu isto.* ¹⁸Depois seus próprios irmãos vieram e se prostraram diante dele e exclamaram: "Somos teus escravos!" ¹⁹Mas José disse-lhes:* "Não temais; por acaso estou no lugar de Deus? ²⁰É verdade que vossa intenção era me fazer mal, mas Deus o transformou em bem, cumprindo o que hoje sucede: salvar a vida de um povo numeroso. ²¹Não temais, portanto; continuarei a sustentar-vos junto com vossos filhos". E assim os confortou e tocou-lhes o coração.

Últimos anos de José. ²²José habitou no Egito, como também a família de seu pai. Viveu cento e dez anos. ²³José viu os filhos de Efraim até a terceira geração. Também os filhos de Maquir, filho de Manassés,* nasceram sobre os joelhos de José. ²⁴Enfim José disse a seus irmãos: "Eu vou morrer; mas Deus certamente intervirá em vosso favor* e vos fará subir deste país para a terra que prometeu a Abraão, a Isaac e a Jacó". ²⁵José fez os filhos de Israel jurar, dizendo-lhes: "Deus certamente vos visitará, e então levareis daqui meus ossos".* ²⁶José morreu com a idade de cento e dez anos; embalsamaram-no e o puseram num sarcófago, no Egito.

---

* **50**,13. At 7,16 | 17. 37,7-11 | 19. 45,5; Rm 12,19 | 23. 48,12 | 24. Êx 12,41 | 25. Hb 11,22

ÊXODO

"Êxodo", saída, é um nome que só corresponde em parte ao conteúdo deste livro, que narra a libertação dos hebreus da opressão egípcia, a caminhada até o monte Sinai e a aliança que Deus fez com o povo que libertou. A metade final do livro é dedicada a enumerar as leis morais, jurídicas e cultuais, que o povo se obriga a cumprir, e a descrever os lugares e objetos do culto. Os fatos narrados situam-se em torno do ano 1250 a.C. e têm como principal protagonista Moisés, ao qual Deus revela seu nome próprio, Javé, e que será seu instrumento na libertação e na aliança.

Israel, que no Egito era apenas uma multidão escravizada pelo faraó, nasce agora como povo de Deus, livre e organizado. É provável que não corresponda à história a imagem que Êx 12,37 apresenta das 12 tribos saindo juntas do Egito, num total de 2 a 3 milhões de pessoas; parece que foram vários os grupos expulsos ou fugitivos, entre os quais o de Moisés.

A importância religiosa do êxodo será fundamental na história do povo eleito. Muitos textos do Antigo Testamento recordam a epopeia da saída do Egito e seu significado libertador. Cada ano, na celebração da Páscoa, os hebreus revivem os acontecimentos que seus pais testemunharam. A aliança do Sinai prefigura a nova e eterna aliança da Páscoa redentora de Cristo. O Decálogo, dado por Deus a Moisés, permanece a norma de vida, não só do judaísmo mas também dos cristãos. A passagem do mar Vermelho e o maná tornaram-se símbolos respectivamente do batismo e da eucaristia. O cordeiro, a nuvem, a água e o templo são outros tantos temas que o Novo Testamento, e sobretudo o quarto evangelho e o Apocalipse, herdaram do êxodo.

A libertação do Egito é o modelo de todas as futuras intervenções salvíficas de Deus, que daí em diante se chamará "aquele que te tirou da escravidão do Egito".

Quem lê hoje o livro do Êxodo deve recordar o que disse São Paulo em Gl 5,1: "Foi para ficarmos livres que Cristo nos libertou. Continuai, portanto, firmes e não vos deixeis prender de novo ao jugo da escravidão". A lei que nos comprometemos a observar na nova aliança em Cristo é a lei perfeita da liberdade (Tg 1,25). O êxodo nos leva a valorizar essa liberdade, para que, libertos por Cristo, lutemos pela libertação de nossos irmãos.

I. DA ESCRAVIDÃO À LIBERDADE (1,1–12,36)

1 **Israel no Egito.** [1]São estes os nomes dos israelitas* que entraram com Jacó no Egito, cada um com sua família: [2]Rúben, Simeão, Levi e Judá; [3]Issacar, Zabulon e Benjamim; [4]Dã e Neftali; Gad e Aser. [5]Os descendentes de Jacó eram ao todo setenta;* José já estava no Egito. [6]Morreram, depois, José, todos os seus irmãos e toda aquela geração. [7]Os israelitas foram fecundos e se multiplicaram; tornaram-se tão numerosos e tão fortes que aquela região ficou repleta deles.*

Os egípcios oprimem os israelitas. [8]Ora, no Egito surgiu um novo rei, que não conhecera José.* [9]Disse ele a seu povo: "Vede: a população israelita tornou-se mais numerosa e mais forte do que nós. [10]Vamos tomar sábias medidas* contra eles, para que não se multipliquem e não aconteça que, surgindo uma guerra, se associem a nossos inimigos, combatam contra nós e saiam do país".† [11]Por isso lhes impuseram feitores no trabalho forçado, para oprimi-los com trabalhos penosos. Eles construíram para o faraó as cidades-armazéns de Pitom e de Ramsés.* [12]Mas, quanto maior a opressão, tanto mais cresciam e se multiplicavam; pelo que os egípcios começaram a odiar os israelitas. [13]Os egípcios submeteram os israelitas a um trabalho massacrante, [14]amargurando-lhes a vida com o trabalho penoso* da preparação da

---

* **1**,1. Gn 46,1-27; At 7,14-17 | 5. Gn 46,27 | 7. Sl 105,24 | 8. At 7,16-19 | 10. Sl 105,25 | 11. Gn 47,11 | 14. Dt 11,10

† **1**,10. Os descendentes de Jacó multiplicaram-se a tal ponto que se tornaram uma ameaça para a nação egípcia. O faraó toma uma série de medidas para refrear esse crescimento.

Êxodo 1-2

argila e da fabricação de tijolos, com toda sorte de trabalhos do campo e toda espécie de trabalhos aos quais os obrigavam brutalmente.

[15]O rei do Egito disse às parteiras hebreias, uma das quais se chamava Séfora e a outra Fua: [16]"Quando assistirdes aos partos das mulheres hebreias e chegar a hora do parto, se for menino, matai-o, se for menina, deixai-a viver". [17]Mas as parteiras, que temiam a Deus, não fizeram como lhes ordenara o rei do Egito e pouparam a vida dos meninos. [18]Então o rei do Egito chamou as parteiras e lhes disse: "Por que fizestes isso e deixastes com vida os meninos?" [19]As parteiras responderam ao faraó: "As mulheres hebreias não são como as egípcias; elas são fortes e, antes que a parteira chegue, já dão à luz". [20]Deus recompensou as parteiras; e o povo continuou a aumentar e se fortaleceu muito. [21]Porque as parteiras temeram a Deus, ele lhes deu uma posteridade. [22]Então o faraó ordenou a todo o seu povo: "Jogai no rio todo menino que nascer, mas deixai viver as meninas".

2 **Nascimento de Moisés.** [1]Um homem da casa de Levi casou-se com a filha de um levita, [2]a qual concebeu e deu à luz um filho. Vendo que era belo,* conservou-o escondido durante três meses. [3]Mas, não podendo escondê-lo por mais tempo, tomou um cesto de junco, calafetou-o com betume e piche, colocou nele o menino e o pôs entre os juncos à margem do rio. [4]A irmã do menino ficou observando de longe, para ver o que lhe aconteceria.

[5]A filha do faraó desceu ao rio para tomar banho, enquanto suas criadas passeavam na margem. Ela descobriu o cesto no meio dos juncos e mandou que uma criada o apanhasse. [6]Abriu-o e viu a criança que chorava; compadeceu-se dela e disse: "É um filho dos hebreus". [7]A irmã dele disse à filha do faraó: "Queres que eu vá procurar entre as mulheres hebreias uma ama-de-leite para o menino?" [8]"Sim", respondeu a filha do faraó. A menina foi chamar a mãe do menino. [9]A filha do faraó disse à mulher: "Toma este menino e amamenta-o, e eu te darei teu salário". A mulher tomou o menino e o criou. [10]Quando o menino já estava crescido,* levou-o à filha do faraó, que o adotou como filho e lhe deu o nome de Moisés: "Porque – disse – das águas o tirei".†

Moisés foge para Madiã. [11]Certo dia, sendo Moisés já adulto, saiu para ver seus irmãos;* notou as opressões a que eram submetidos e viu um egípcio maltratar um de seus irmãos hebreus. [12]Olhou em torno de si e, não vendo ninguém, matou o egípcio e o enterrou na areia. [13]No dia seguinte, saiu de novo e viu dois hebreus brigando, e disse ao agressor: "Por que bates em teu companheiro?" [14]Mas ele respondeu: "Quem te constituiu chefe e juiz sobre nós?* Queres, talvez, matar-me como mataste o egípcio?" Moisés ficou com medo e pensou: "Certamente o fato se tornou conhecido". [15]Também o faraó teve conhecimento do ocorrido e, por isso, procurou matar Moisés. Este, porém, fugiu da presença do faraó* e foi parar na terra de Madiã. Ali sentou-se à beira de um poço.

[16]Ora, o sacerdote de Madiã tinha sete filhas, as quais vieram tirar água* e encheram os bebedouros para dar de beber ao rebanho de seu pai. [17]Mas chegaram uns pastores e as expulsaram. Então Moisés levantou-se e as defendeu e deu de beber a seu rebanho. [18]Quando voltaram para junto de Raguel†, seu pai, este lhes perguntou: "Como é que voltastes hoje tão cedo?" [19]Elas responderam: "Um egípcio nos livrou dos pastores e, até mesmo, tirou

---

* **2**,2. At 7,20s; Hb 11,23 | 10. At 7,21 | 11. Hb 11,24-26 | 14. At 7,35 | 15. At 7,29 | 16. Gn 24,11s; 29,2s

† **2**,10. O futuro salvador do povo precisa primeiro receber a salvação. Conforme a etimologia popular, Moisés deriva do hebraico "machah", tirar. Mas com certeza é um nome egípcio, que significa filho. | 18. O futuro sogro de Moisés é chamado Jetro em 3,1. Raguel pode ser um apelido seu, ou o nome de seu pai, avô das moças.

água para nós e deu de beber ao rebanho". [20]Raguel perguntou às filhas: "E onde ele está? Por que deixastes lá esse homem? Chamai-o para que coma alguma coisa". [21]Moisés sentiu-se feliz em morar com aquele homem; e ele deu a Moisés sua filha Séfora. [22]Ela deu à luz um filho, ao qual Moisés chamou Gérson: "Porque – disse – sou imigrante em terra estrangeira".

Vocação e missão de Moisés. [23]Muito tempo depois, morreu o rei do Egito. Os israelitas, gemendo sob o peso da escravidão, clamaram; e seu clamor, suscitado pela escravidão, subiu até Deus. [24]Deus ouviu seu gemido e lembrou-se de sua aliança com Abraão, Isaac e Jacó. [25]Deus olhou para os israelitas e pensou neles.

3 [1]Moisés era pastor do rebanho de Jetro, seu sogro, sacerdote de Madiã.* Um dia, levou o rebanho deserto adentro e chegou ao Horeb[†], a montanha de Deus. [2]Ali apareceu-lhe o anjo de Javé[†] numa chama de fogo, do meio de uma sarça. Ele olhava: a sarça ardia* sem se consumir. [3]Moisés pensou: "Vou dar uma volta para ver este grande espetáculo: como é que a sarça não se consome". [4]Vendo Javé que Moisés se voltava para observar, chamou-o do meio da sarça, dizendo: "Moisés, Moisés!" Respondeu ele: "Eis-me aqui". [5]Deus lhe disse: "Não te aproximes daqui!* Tira as sandálias dos pés[†], porque o lugar onde estás é uma terra santa".* E acrescentou: [6]"Eu sou o Deus de teu pai: o Deus de Abraão, o Deus de Isaac e o Deus de Jacó". Moisés cobriu o rosto, temendo olhar para Deus. [7]Javé disse ainda: "Eu vi, eu vi a miséria de meu povo no Egito e ouvi o

clamor que lhe arrancam seus opressores; sim, conheço suas aflições. [8]Desci para libertá-lo das mãos dos egípcios e levá-lo daquela terra para uma terra boa e espaçosa,* terra onde corre leite e mel, para o lugar onde habitam o cananeu, o heteu, o amorreu, o ferezeu, o heveu e o jebuseu. [9]O clamor dos israelitas chegou até mim; e vi também a opressão com que os egípcios os oprimem. [10]Agora, pois, vai! Eu te envio ao faraó para que tires do Egito meu povo, os israelitas". [11]Moisés disse a Deus: "Quem sou eu para ir ao faraó e tirar do Egito os israelitas?" [12]Deus lhe disse: "Eu estarei contigo; e este será para ti o sinal de que sou eu que te envio: quando tiverdes tirado o povo do Egito, adorareis[†] a Deus nesta montanha".*

Deus revela seu nome. [13]Moisés disse a Deus: "Quando eu me apresentar aos israelitas e lhes disser: 'O Deus de vossos pais enviou-me a vós', e eles me perguntarem: 'Como ele se chama?', o que responderei?" [14]Deus disse a Moisés: "Eu sou Aquele que sou".* E acrescentou: "Assim dirás aos israelitas: 'Eu Sou' mandou-me a vós".[†] [15]Deus disse ainda a Moisés: "Assim falarás aos israelitas: 'Javé, o Deus de vossos pais, o Deus de Abraão, o Deus de Isaac e o Deus de Jacó, enviou-me a vós'. Este é meu nome para sempre, e com ele serei lembrado de geração em geração".

Instruções a Moisés. [16]"Vai, reúne os anciãos de Israel e dize-lhes: 'Javé, o Deus de vossos pais, o Deus de Abraão, de Isaac e de Jacó me apareceu, dizendo: Certamente vos visitei[†] e vi tudo o que vos fazem no Egito. [17]Decidi libertar-vos da aflição do Egito e levar-vos para o país dos cananeus, dos heteus, dos amorreus, dos ferezeus, dos he

---

* **3,**1. 6,2-13; 6,28-7,7; At 7,30-35; 13,17 | 2. Dt 33,16 | 5. Js 5,15s; Gn 28,16s / Lv 17,1; Mt 22,32; Êx 33,20 | 8. Dt 7,1 | 12. At 7,7 | 14. Jo 17,6-26; 8,24 | 17. Dt 7,1

[†] **3,**1. Horeb é um outro nome para o Sinai. | 2. O anjo de Javé é o próprio Javé, em suas manifestações aos homens. | 5. Gesto de respeito a um lugar sagrado, em uso ainda nas mesquitas. | 12. Adorar alguém é reconhecê-lo como Deus, como Criador e Salvador, Senhor e dono de tudo o que existe, com o amor infinito e misericordioso. É reconhecer o nada da criatura, que não existe a não ser por Deus. | 14. Javé significa "ele é". Não é como os deuses, que simplesmente não existem. É transcendente e misterioso, mas está presente junto a seu povo para salvá-lo, como o exprime o nome Emanuel, Deus-conosco. | 16. A visita de Deus é uma intervenção especial dele na história humana, que pode ser de salvação, como neste caso, ou de castigo, Sb 14,11; Jr 6,15.

Êxodo 3-4

veus e dos jebuseus:* terra onde corre leite e mel'. [18]Eles ouvirão tua voz e, junto com os anciãos de Israel, irás ao rei do Egito e lhe dirás: 'Javé, o Deus dos hebreus, veio até nós. Deixa-nos, pois, caminhar três dias deserto adentro, a fim de oferecermos sacrifícios a Javé, nosso Deus!' [19]Sei perfeitamente que o rei do Egito não vos deixará ir, se não for obrigado por mão forte. [20]Mas estenderei minha mão e ferirei o Egito com todos os meus prodígios, que farei no meio deles; depois disso ele vos deixará ir. [21]Farei que esse povo ganhe as boas graças dos egípcios,* de modo que, ao sairdes, não ireis com as mãos vazias, [22]mas cada mulher pedirá a sua vizinha e à que vive em sua casa objetos de prata, objetos de ouro e vestes, que poreis sobre vossos filhos e vossas filhas; e assim despojareis os egípcios".

4 **A vara prodigiosa.** [1]Moisés respondeu: "Eles não acreditarão nem ouvirão minha voz; porque vão dizer: 'Javé não te apareceu'". [2]Javé lhe disse: "Que tens na mão?" Respondeu: "Uma vara".* [3]E ele disse: "Joga-a no chão". Ele a jogou no chão, e a vara se transformou numa serpente; e Moisés fugiu dela. [4]Mas Javé disse a Moisés: "Estende tua mão e pega-a pela cauda". Ele estendeu a mão, pegou-a, e a serpente voltou a ser uma vara em sua mão. [5]"É para que acreditem que te apareceu Javé, o Deus de seus pais, o Deus de Abraão, de Isaac e de Jacó". [6]Javé lhe disse ainda: "Põe tua mão no peito". Ele pôs a mão no peito e, quando a retirou, estava leprosa, da cor da neve. [7]Javé lhe disse: "Põe novamente a mão no peito".* Ele tornou a pôr a mão no peito e, quando a retirou, estava como o resto de seu corpo. [8]"Se não acreditarem em ti nem atenderem à evidência do primeiro sinal, crerão na evidência do segundo. [9]E se não acre-

ditarem nem mesmo nesses dois sinais, nem te ouvirem, apanharás água do rio e a derramarás na terra seca; e a água tirada do rio se transformará em sangue na terra seca".

Aarão, porta-voz de Moisés. [10]Moisés, porém, disse a Javé: "Perdão, Senhor, eu não tenho o dom da palavra, e isto nem no passado, nem desde quando falastes a vosso servo;* tenho a boca e a língua pesadas". [11]Disse-lhe então Javé: "Quem deu a boca ao ser humano? E quem faz o mudo e o surdo, ou aquele que vê e o cego? Não sou eu, Javé? [12]Vai, pois; eu estarei com tua boca* e te ensinarei o que deverás dizer". [13]Moisés replicou: "Ah! Senhor, mandai aquele que haveis de mandar!" [14]Acendeu-se, então, a ira de Javé contra Moisés e ele disse: "Não tens teu irmão Aarão, o levita? Eu sei que ele fala bem. Ele está vindo a teu encontro e, ao ver-te, seu coração se alegrará. [15]Tu lhe falarás e porás as palavras em sua boca, e eu estarei com tua boca e com a dele, ensinando-vos o que deveis fazer. [16]Ele falará por ti ao povo* e será tua boca; e tu serás um deus para ele. [17]Agora toma em tua mão esta vara com a qual farás os prodígios".

Moisés volta ao Egito. [18]Moisés partiu e voltou para junto de Jetro, seu sogro, e lhe disse: "Deixa-me ir e voltar a meus irmãos no Egito, para ver se ainda estão vivos". Jetro disse a Moisés: "Vai em paz".

[19]Javé disse a Moisés em Madiã: "Vai, retorna ao Egito, pois morreram todos os que queriam tirar-te a vida". [20]Moisés tomou consigo sua mulher e seus filhos, fê-los montar num jumento e voltou ao Egito, levando na mão a vara de Deus.

[21]Javé disse a Moisés: "De volta ao Egito,* cuida de fazer diante de faraó todos os prodígios que eu pus em teu poder. Mas eu endurecerei seu cora-

---

* **3,**21. 11,2s; 12,35s; Sb 10,17 | **4,**2. 7,8-12 | 7. Lv 13,1 | 10. Jr 1,6-10 | 12. Dt 18,18; Mt 10,19s | 16. 7,1s | 21. 4,17

† **4,**21. A obstinação do faraó é um ato livre da vontade dele e não depende de Deus, é apenas permitido por ele, e servirá a seus desígnios de operar os prodígios. Os hebreus costumavam referir a Deus, causa primeira, as ações humanas.

ção⁺ e ele não deixará o povo sair. ²²Tu dirás ao faraó: 'Assim fala Javé: Israel é meu filho, meu primogênito.* ²³Por isso eu te ordeno: Deixa meu filho partir, a fim de que me sirva; se recusares deixá--lo partir, eu matarei teu filho, teu primogênito'".

²⁴Pelo caminho, numa pousada, Javé saiu-lhe ao encontro* e ameaçava fazê-lo morrer. ²⁵Então Séfora, tomando uma faca de pedra, cortou o prepúcio de seu filho e tocou com ele o sexo de Moisés, dizendo: "Tu és para mim um esposo de sangue". ²⁶E Javé o deixou, ao dizer ela "esposo de sangue", por causa da circuncisão.*

Moisés e Aarão diante do faraó. ²⁷Javé disse a Aarão:* "Vai ao encontro de Moisés no deserto". Ele partiu, encontrou-se com seu irmão na montanha de Deus e o beijou. ²⁸Moisés comunicou a Aarão todas as palavras de Javé, que o havia enviado, e todos os prodígios que lhe havia mandado fazer. ²⁹Moisés e Aarão prosseguiram seu caminho* e reuniram todos os anciãos dos israelitas. ³⁰Aarão narrou-lhes todas as palavras que Javé dissera a Moisés,* e este fez os prodígios à vista do povo. ³¹O povo acreditou e, ao ouvir que Javé tinha visitado os israelitas e tinha visto sua aflição, prostraram-se em adoração.*

5 **Primeiras audiências com o faraó.** ¹Depois, Moisés e Aarão se apresentaram ao faraó e lhe disseram: "Eis o que disse Javé, Deus de Israel: 'Deixa meu povo partir, para que me celebre uma festa no deserto'". ²O faraó, porém, respondeu: "E quem é Javé, para que eu lhe deva obedecer, deixando Israel partir? Não conheço Javé e não deixarei Israel partir". ³Eles lhe disseram: "O Deus dos hebreus veio a nosso encontro. Deixa-nos ir deserto adentro três dias de caminho, para que ofereçamos sacrifícios a Javé, nosso Deus, senão ele nos ferirá com a peste ou com a espada". ⁴O rei do Egito disse-lhes: "Por que vós, Moisés e Aa-

rão, distraís o povo de seus trabalhos? Ide para vossas tarefas!" ⁵E o faraó acrescentou: "Vosso povo é agora numeroso; e vós quereis interromper suas tarefas!" ⁶Naquele mesmo dia o faraó ordenou aos exatores e aos inspetores do povo, dizendo: ⁷"Não deis mais a palha ao povo para fabricar tijolos, como antes; eles mesmos que a procurem. ⁸Exigireis deles, porém, a mesma quantidade de tijolos que antes, sem nada diminuir, pois são preguiçosos e por isso clamam: Deixa-nos ir, para que sacrifiquemos a nosso Deus! ⁹Sobrecarregai esses homens de trabalho, a fim de que estejam ocupados e não deem ouvidos a palavras mentirosas".

Agravamento da opressão. ¹⁰Saíram pois os exatores e os inspetores e disseram ao povo: "Assim diz o faraó: Não vos darei mais a palha. ¹¹Ide e recolhei--a vós mesmos onde puderdes encontrá-la. Mas nada será diminuído de vossa tarefa". ¹²Então o povo se espalhou por toda a terra do Egito à procura de restolhos que lhes servissem de palha. ¹³Os exatores os pressionavam, dizendo: "Acabai a tarefa imposta para cada dia, como quando havia palha". ¹⁴Os inspetores dos israelitas, constituídos sobre eles pelos exatores do faraó, foram castigados e lhes foi dito: "Por que nem ontem e nem hoje completastes vossa tarefa de tijolos como antes?" ¹⁵Os inspetores dos israelitas foram queixar-se ao faraó, dizendo: "Por que tratas assim teus servos? ¹⁶Não se fornece a palha a teus servos e nos dizem: 'Fazei tijolos!' Nós, teus servos, somos açoitados, mas a culpa é de teu povo". ¹⁷O faraó respondeu: "Vós sois uns preguiçosos, sim, uns preguiçosos; e por isso dizeis: 'Queremos ir oferecer sacrifícios a Javé'. ¹⁸Ide ao trabalho; não vos será dada a palha e devereis fabricar a mesma quantidade de tijolos".

¹⁹Os inspetores dos israelitas se viram em aperto ao ouvir as palavras: "Nada diminuireis de vossa quantidade diária de tijolos". ²⁰Ao saírem da presença do faraó, encontraram-se com

---

* **4,**22. Dt 1,31; 7,6 | 24. Gn 32,25-33; Js 5,2s | 26. Gn 17,10 | 27. 3,1 | 29. 3,16 | 30. 4,2-9 | 31. 14,31

Êxodo 5-6

Moisés e Aarão, que os esperavam. 21E disseram-lhes: "Que Javé vos veja e vos julgue, pois nos tornastes odiosos diante do faraó e de seus servidores e pusestes a espada em suas mãos para nos matar". 22Moisés então dirigiu-se a Javé, dizendo: "Senhor, por que afliges esse povo? Por que me enviastes? 23Pois desde que estive com o faraó para lhe falar em vosso nome, ele maltrata esse povo, e vós nada fizestes para libertá-lo".

6 1Javé disse a Moisés: "Logo verás o que farei ao faraó: forçado por mão poderosa, ele os deixará partir; forçado por mão poderosa, ele mesmo os expulsará do país".

Deus promete a libertação. 2Deus disse a Moisés: "Eu sou Javé. 3Apareci a Abraão, a Isaac e a Jacó, como o Deus todo-poderoso;* mas com meu nome 'Javé' não me dei a conhecer a eles. 4Com eles celebrei também minha aliança,* para dar-lhes a terra de Canaã, a terra em que peregrinavam como estrangeiros. 5Ouvi também o gemido dos israelitas, oprimidos pelos egípcios, e lembrei-me de minha aliança. 6Dize, portanto, aos israelitas: 'Eu sou Javé. Vou libertar-vos do jugo dos egípcios e livrar-vos de sua escravidão. Eu vos resgatarei com braço estendido e com grandes julgamentos. 7Eu vos tomarei por meu povo e serei vosso Deus†, e sabereis que eu sou Javé, vosso Deus, que vos liberto do jugo dos egípcios. 8Eu vos introduzirei na terra que, com mão levantada,* jurei dar a Abraão, a Isaac e a Jacó, e vo-la darei como herança, eu, Javé'".

9Moisés repetiu essas palavras aos israelitas; eles, porém, não lhe deram ouvidos, por causa do desânimo e da dura escravidão.

10Javé disse a Moisés: 11"Vai, fala ao faraó, rei do Egito, para que deixe os israelitas sair de sua terra". 12Moisés,

porém, respondeu a Javé: "Se os israelitas não me dão ouvidos,* como ouvirá o faraó a mim que não tenho o dom da palavra?"

13Javé falou a Moisés e a Aarão e deu-lhes ordens para os israelitas e para o faraó, rei do Egito, para que pudessem conduzir os israelitas para fora do Egito.

Genealogia de Moisés e de Aarão. 14São estes os chefes de suas famílias.* Filhos de Rúben, primogênito de Israel: Henoc, Falu, Hesron e Carmi. Essas são as famílias de Rúben. 15Filhos de Simeão: Jamuel, Jamin, Aod, Jaquin, Soar e Saul, filho da canania. Essas são as famílias de Simeão. 16Estes são os nomes dos filhos de Levi,* de acordo com suas gerações: Gérson, Caat e Merari. Levi viveu cento e trinta e sete anos. 17Filhos de Gérson: Lobni e Semei, com suas famílias. 18Filhos de Caat: Amram, Isaar, Hebron e Oziel. Caat viveu cento e trinta e três anos. 19Filhos de Merari: Mooli e Musi. São essas as famílias dos levitas segundo suas gerações. 20Amram tomou por mulher Jocabed,* sua tia, que lhe deu à luz Aarão e Moisés. Amram viveu cento e trinta e sete anos. 21Filhos de Isaar: Coré, Nefeg e Zecri. 22Filhos de Oziel: Misael, Elisafã e Setri.

23Aarão desposou Isabel, filha de Aminadab, irmã de Naasson, a qual lhe deu à luz Nadab, Abiú, Eleazar e Itamar. 24Filhos de Coré: Asir, Elcana e Abiasaf. Essas são as famílias dos coreítas. 25Eleazar, filho de Aarão, tomou por esposa uma das filhas de Futiel,* a qual lhe deu à luz Fineias. Esses são os chefes das famílias dos levitas, segundo seus clãs.

26São esses Aarão e Moisés, a quem Javé disse: "Tirai do Egito os israelitas, segundo suas fileiras". 27São eles que falaram ao faraó, rei do Egito, para tirar do Egito os israelitas: são Moisés e Aarão.

Moisés no Egito. 28Quando Javé falou a Moisés na terra do Egito,* 29assim lhe falou: "Eu sou Javé. Dize ao faraó, rei

---

* **6**,3. Gn 17,1 | 4. Gn 17,7s | 8. Gn 15; 24,7 | 12. 4,10 | 14. Nm 26,5-14 | 16. Gn 46,11; Nm 3,17s | 20. Nm 26,59 | 25. Nm 25,6-13 | 28. 6,2-13

† **6**,7. Deus fala da eleição de Israel e de sua aliança com ele: entre tantos povos, um só ele escolheu. E entre tantos deuses, só Javé Israel adorará.

do Egito, tudo o que te digo". ³⁰Moisés respondeu a Javé: "Não tenho o dom da palavra; como é que o faraó me dará ouvidos?"

7 ¹Disse Javé a Moisés: "Vê: fiz de ti como um deus para o faraó,* e Aarão, teu irmão, será teu profeta. ²Dirás tudo o que eu te mandar, e Aarão, teu irmão, falará ao faraó, para que deixe sair de sua terra os israelitas. ³Mas eu endurecerei o coração do faraó* e multiplicarei meus sinais e meus prodígios na terra do Egito. ⁴O faraó não vos ouvirá, e eu porei minha mão sobre o Egito, e tirarei da terra do Egito meus exércitos, meu povo, os israelitas, com grandes julgamentos. ⁵E os egípcios saberão que eu sou Javé, quando estender minha mão contra o Egito, para tirar os israelitas do meio deles". ⁶Moisés e Aarão fizeram o que Javé lhes tinha ordenado. ⁷Moisés tinha oitenta anos e Aarão oitenta e três, quando falaram ao faraó.

⁸Javé disse a Moisés e a Aarão: ⁹"Quando o faraó vos disser: 'Fazei um prodígio',* tu dirás a Aarão: 'Toma tua vara e atira-a diante do faraó, e ela se tornará uma serpente'". ¹⁰Moisés e Aarão foram à presença do faraó e fizeram o que Javé lhes havia ordenado. Aarão atirou sua vara diante do faraó e de seus servidores, e ela se tornou uma serpente. ¹¹Mas o faraó chamou os sábios e encantadores, e também eles, os magos do Egito, fizeram o mesmo com seus sortilégios. ¹²Cada um atirou a própria vara e elas se transformaram em serpentes; mas a vara de Aarão devorou as varas deles. ¹³Mas o coração do faraó se endureceu e não deu ouvidos a Moisés e a Aarão, como Javé tinha falado.

A água transformada em sangue. ¹⁴Javé disse a Moisés: "O coração do faraó se endureceu* e ele recusa deixar sair o povo. ¹⁵Vai ao faraó amanhã cedo, quando ele sair para ir às águas; ficarás à espera dele na beira do rio, levando na mão a vara que se converteu em serpente. ¹⁶Tu lhe dirás: 'Javé, o Deus dos hebreus, mandou-me a ti para dizer-te: Deixa meu povo partir para que me preste culto no deserto: até agora, porém, não me deste ouvidos. ¹⁷Assim diz Javé: Nisto conhecerás que eu sou Javé: vou ferir as águas do rio com a vara que tenho na mão, e elas se transformarão em sangue. ¹⁸Os peixes existentes no rio morrerão, o rio ficará poluído, e os egípcios terão nojo de beber a água do rio'".†

¹⁹Javé disse a Moisés: "Dize a Aarão: 'Toma tua vara e estende tua mão sobre as águas do Egito: sobre seus rios, seus canais, suas lagoas e todos os seus reservatórios de águas. Elas se converterão em sangue, e haverá sangue em todo o Egito, tanto nas vasilhas de madeira como nas de pedra'". ²⁰Moisés e Aarão fizeram o que Javé lhes tinha mandado. Aarão levantou a vara* e feriu as águas do rio à vista do faraó e de seus servidores, e toda a água do rio transformou-se em sangue. ²¹Os peixes que havia no rio morreram, o rio ficou poluído, e os egípcios não podiam beber da água do rio. Houve sangue por toda a terra do Egito. ²²Os magos do Egito, porém, fizeram a mesma coisa com seus sortilégios, e o coração do faraó se endureceu e não deu ouvidos a Moisés e a Aarão, como Javé tinha predito. ²³O faraó voltou-se e entrou em seu palácio, não fazendo caso disso. ²⁴Todos os egípcios abriram poços perto do rio para conseguirem água potável, pois não podiam beber da água do rio. ²⁵Assim se passaram sete dias, desde que Javé feriu o rio.

As rãs. ²⁶Javé falou a Moisés: "Vai ao faraó e dize-lhe: 'Assim fala Javé: Deixa meu povo partir, para que me preste cul-

---

* **7,**1. 4,16 | 3. 4,21; Sl 135,9 | 9. Sl 78; 105; Sb 11, 14-20; 16-18 | 14. Sb 11,6-8 | 20. Sl 78,44; 105,29; Ap 8,8.11

† **7,**18. Começa a série das dez calamidades, chamadas "pragas do Egito". As nove primeiras estão ligadas a fenômenos naturais, típicos do país, mas tudo manifesta um duelo entre o poder de Deus e o maior poder do mundo da época. Deus submete as forças da natureza às ordens de seu enviado, Moisés, para a derrota do inimigo e a salvação do povo.

Êxodo 7-8

to. [27]Se recusas deixá-lo ir, infestarei de rãs toda a tua terra. [28]O rio fervilhará de rãs, as quais subirão e entrarão em teu palácio, em teus aposentos, sobre teu leito, nas casas de todos os teus servidores, no meio de teu povo, nos teus fornos e em tuas amassadeiras. [29]As rãs virão sobre ti, sobre teu povo e sobre todos os teus servos'".

8 [1]Disse Javé a Moisés: "Dize a Aarão: Estende a mão com tua vara sobre os rios, os canais e as lagoas e faze subir as rãs sobre a terra do Egito". [2]Aarão estendeu a mão sobre as águas do Egito, e as rãs subiram e cobriram a terra do Egito.* [3]Mas os magos fizeram o mesmo com seus sortilégios; fazendo subir as rãs sobre a terra do Egito. [4]O faraó chamou Moisés e Aarão e disse-lhes: "Suplicai a Javé que afaste de mim e de meu povo as rãs, e deixarei ir o povo para que ofereça sacrifícios a Javé". [5]Moisés disse ao faraó: "Digna-te dizer-me quando deverei orar por ti, por teus servidores e por teu povo, para que Javé afaste as rãs de ti e de tuas casas e fiquem somente no rio". [6]"Amanhã", disse ele. Moisés replicou: "Será como dizes! Para que saibas que não há outro como Javé, nosso Deus. [7]As rãs se afastarão de ti, de tuas casas, de teus servidores e de teu povo e ficarão somente no rio". [8]Moisés e Aarão saíram da casa do faraó, e Moisés suplicou a Javé a respeito das rãs que tinha mandado contra o faraó. [9]Javé fez como Moisés lhe pedia. Morreram as rãs e desapareceram das casas, dos pátios e dos campos. [10]Reuniram-nas em montões, e o país ficou poluído. [11]Mas o faraó, vendo que havia alívio, endureceu o coração e não deu ouvidos a Moisés e Aarão, como Javé tinha predito.

Os mosquitos. [12]Javé disse a Moisés: "Dize a Aarão: Estende tua vara e bate o pó da terra, para que se converta em mosquitos em toda a terra do Egito". [13]Assim fizeram. Aarão estendeu a mão com a vara, bateu o pó da terra e vie-

ram mosquitos sobre os homens e os animais. Todo o pó da terra se mudou em mosquitos* em todo o país do Egito. [14]Os magos tentaram fazer o mesmo com seus sortilégios, mas não o conseguiram. Os mosquitos atacavam os homens e os animais. [15]Disseram os magos ao faraó: "Isto é o dedo de Deus".* O coração do faraó, porém, endureceu-se e, como Javé tinha dito, não deu ouvidos.

As moscas. [16]Javé disse a Moisés: "Levanta-te cedo amanhã, apresenta-te ao faraó, quando sair para as águas, e dize-lhe: 'Assim fala Javé: Deixa ir meu povo, para me prestar culto. [17]Porque se não deixares ir meu povo, mandarei moscas contra ti, contra teus servidores,* contra teu povo, contra tuas casas; ficarão cheias delas as casas dos egípcios e a terra em que moram. [18]Mas farei uma exceção neste dia para a terra de Gessen,* onde habita meu povo; ali não haverá moscas, para que saibas que eu, Javé, estou no meio da terra. [19]Farei distinção entre meu povo e o teu. Amanhã terá lugar este sinal'".

[20]E assim fez Javé. Veio uma multidão de moscas, que entraram na casa do faraó, nas de seus servidores e em todo o Egito; e a terra foi devastada por causa das moscas. [21]O faraó chamou Moisés e Aarão e disse-lhes: "Ide, sacrificai a vosso Deus no país". [22]Moisés, porém, respondeu: "Não convém fazer assim, pois os sacrifícios que devemos oferecer a Javé, nosso Deus, são abominados pelos egípcios. Se oferecermos, à vista deles, sacrifícios que eles abominam, não nos apedrejariam? [23]Temos de caminhar três dias deserto adentro para sacrificar a Javé, nosso Deus, conforme ele nos disse". [24]O faraó respondeu: "Eu vos permitirei sacrificar a vosso Deus no deserto, mas não deveis ir muito longe; rogai por mim". [25]Respondeu Moisés: "Logo que eu sair de tua casa, rogarei por ti a Javé, e amanhã as moscas se afastarão do faraó, de seus servidores e de seu povo; que o faraó, porém, não nos engane mais uma vez, não deixando o povo ir sacrificar a Javé". [26]Moisés

---

* **8**,2. Sl 78,45; 105,30; Ap 16,13 | 13. Sl 105,31 | 15. Lc 11,20 | 17. Sl 78,45 | 18. Gn 47,1s

saiu da casa do faraó e rezou a Javé. [27]Javé fez o que lhe pedia Moisés, e as moscas se afastaram do faraó, de seus servidores e de seu povo, sem ficar uma sequer. [28]O faraó, porém, endureceu seu coração também dessa vez e não deixou o povo sair.

9

A Peste. [1]Javé disse a Moisés: "Vai ao faraó e dize-lhe: 'Assim fala Javé, o Deus dos hebreus: Deixa meu povo partir para me prestar culto. [2]Porque se recusares deixá-lo ir e ainda o retiveres, [3]a mão de Javé vai pesar sobre os animais* que estão nos campos, sobre os cavalos, os jumentos, os camelos, os bois e as ovelhas: haverá uma peste gravíssima. [4]Mas Javé fará distinção entre os animais dos israelitas e os dos egípcios: nada perecerá de tudo o que pertence aos israelitas'". [5]E Javé fixou o tempo, dizendo: "Amanhã Javé fará isso no país". [6]No dia seguinte Javé assim fez. Todos os animais dos egípcios pereceram, mas dos animais dos israelitas não morreu um sequer. [7]O faraó mandou verificar, e de fato nenhum animal dos israelitas havia morrido. Mas o coração do faraó se endureceu e não deixou o povo sair.

As úlceras. [8]Javé disse a Moisés e a Aarão: "Apanhai mãos cheias de fuligem de forno, e Moisés a espalhe pelo ar, à vista do faraó, [9]para que se transforme num pó fino sobre toda a terra do Egito; e produza úlceras que formem pústulas em todos os homens e animais por toda a terra do Egito". [10]Apanharam a fuligem de forno e apresentaram-se ao faraó. Moisés a atirou ao ar, e produziram-se úlceras que formavam pústulas nos homens* e nos animais. [11]Os magos não puderam permanecer na presença de Moisés por causa das úlceras, porque se produziram úlceras também neles como em todos os egípcios. [12]Javé endureceu o coração do faraó, o qual não deu ouvidos a Moisés e Aarão, como Javé havia dito a Moisés.

O granizo. [13]Javé disse a Moisés: "Amanhã levanta-te cedo, apresenta-te ao faraó e dize-lhe: 'Assim fala Javé, o Deus dos hebreus: Deixa meu povo partir para que me preste culto. [14]Pois desta vez vou descarregar todos os meus flagelos sobre ti, sobre teus servidores e sobre teu povo, a fim de que saibas que não existe outro como eu em toda a terra. [15]De fato, se eu tivesse estendido minha mão e te tivesse ferido de peste, a ti e a teu povo, já terias desaparecido da terra; [16]mas se te conservei com vida, foi para te mostrar meu poder e para que meu nome seja celebrado em toda a terra. [17]E tu te opões ainda a meu povo, para não o deixares partir? [18]Pois saibas que amanhã a esta hora farei chover um granizo tão violento como jamais houve outro semelhante no Egito, desde sua origem até hoje. [19]Ordena, pois, que recolham teus animais e tudo que tens no campo; porque toda pessoa e todo animal que se encontrar no campo, e que não se recolher, serão atingidos pelo granizo e morrerão'". [20]Aqueles dentre os servidores do faraó que temeram a palavra de Javé mandaram recolher os servos e os animais às casas; [21]aqueles, porém, que não fizeram caso da palavra de Javé deixaram seus servos e seus animais no campo.

[22]Javé disse a Moisés: "Estende a mão para o céu, para que caia o granizo em toda a terra do Egito sobre os homens, os animais e sobre toda a vegetação do campo". [23]Moisés estendeu sua vara para o céu,* e Javé mandou trovões e granizo, e desceu fogo sobre a terra; e Javé fez chover granizo sobre a terra do Egito. [24]Foi um granizo violentíssimo e fogo misturado com o granizo, como jamais houve igual em todo o Egito desde que se constituiu em nação. [25]O granizo abateu, em todo o Egito, tudo o que se encontrava no campo, homens e animais; destruiu também toda a vegetação do campo e devastou todas as árvores do campo. [26]Somente na terra de Gessen,* onde habitavam os israelitas, não caiu granizo.

[27]O faraó mandou chamar Moisés e Aarão e lhes disse: "Desta vez, sim, pequei. Javé é justo, eu e meu povo somos culpados. [28]Rogai a Javé para

---

* **9**,3. Sl 78,48 | 10. Ap 16,2 | 23. Sl 78,47s; 105,32; Ap 16,20; 8,7 | 26. Gn 47,1s

Êxodo 9-10

que cessem esses terríveis trovões e o granizo, e vos deixarei ir, e não ficareis mais aqui". [29]Respondeu-lhe Moisés: "Quando eu tiver saído da cidade, estenderei minhas mãos a Javé; então cessarão os trovões e deixará de cair granizo, para que saibas que a terra pertence a Javé". [30]Mas eu sei que nem tu, nem teus servidores temeis ainda Javé Deus".*

[31]O linho e a cevada foram destruídos, pois a cevada estava espigando e o linho estava em flor. [32]Mas o trigo e o centeio não foram atingidos, porque são tardios.

[33]Moisés saiu da presença do faraó e da cidade; estendeu as mãos para Javé, e cessaram os trovões e o granizo, e parou de chover sobre a terra. [34]Vendo o faraó que haviam cessado a chuva, o granizo e os trovões, tornou a pecar, endurecendo seu coração, ele e seus servidores. [35]O coração do faraó se endureceu e não deixou sair os israelitas, como Javé tinha predito por meio de Moisés.

10 Os gafanhotos.

[1]Javé disse a Moisés: "Vai ao faraó, pois endureci seu coração e o de seus servidores, para realizar esses meus sinais no meio deles, [2]e para que narres a teu filho e a teu neto* como zombei dos egípcios, e meus sinais que realizei no meio deles; para que saibais que eu sou Javé". [3]Moisés e Aarão foram ao faraó e lhe disseram: "Assim fala Javé, o Deus dos hebreus: 'Até quando recusarás humilhar-te diante de mim? Deixa meu povo partir para que me preste culto. [4]Pois se ainda recusas deixar meu povo partir, amanhã farei vir sobre teu território gafanhotos,* [5]que cobrirão a superfície do solo de tal forma que não se poderá ver o chão. Devorarão o que sobrou, o que escapou ao granizo, e comerão todas as vossas árvores que crescem nos campos. [6]Encherão tuas casas, as casas de teus servidores e as de todos os egípcios, como nem teus pais viram, nem teus avós, desde que vieram ao mundo até o dia de hoje". Moisés voltou-se e saiu da casa do faraó.

[7]Os servidores do faraó disseram: "Até quando esse homem será para nós um tropeço? Deixa sair esses homens, para que sirvam a Javé, seu Deus; ainda não percebeste que o Egito está arruinado? [8]Moisés e Aarão foram de novo chamados à presença do faraó, o qual lhes disse: "Ide prestar culto a Javé, vosso Deus. Mas, quem são os que devem ir?" [9]Moisés respondeu: "Iremos com nossos jovens e nossos velhos, com nossos filhos e nossas filhas, com nossas ovelhas e nossos bois, porque é para nós uma festa de Javé". [10]Respondeu-lhes o faraó: "Javé esteja convosco, assim como vos deixarei ir, vós e vossos filhos. Vede como estais mal-intencionados. [11]Assim, não; ide somente os homens e sacrificai a Javé; pois é isto que desejais". E foram expulsos da presença do faraó.

[12]Javé disse a Moisés: "Estende a mão sobre a terra do Egito,* para que venham sobre ela os gafanhotos; invadam a terra do Egito e devorem toda a vegetação que o granizo poupou". [13]Moisés estendeu a vara sobre a terra do Egito, e Javé fez soprar sobre a terra um vento do oriente durante todo o dia e toda a noite. Pela manhã,* o vento do oriente tinha trazido os gafanhotos.[14]Invadiram todo o país do Egito, pousando em todo o território do Egito, em tão grande quantidade como jamais houve antes nem haverá igual. [15]Cobriram toda a face da terra, de modo que ela escureceu. Devoraram toda a vegetação da terra, todos os frutos das árvores, que o granizo tinha poupado, e nada de verde restou nem nas árvores, nem na vegetação do campo, em toda a terra do Egito.

[16]Então o faraó chamou às pressas Moisés e Aarão e disse-lhes: "Pequei contra Javé, vosso Deus, e contra vós. [17]Perdoai ainda esta vez meu pecado e rogai a Javé, vosso Deus, para que ao menos afaste de mim este flagelo mor-

---

* **9**,30. Dt 10,14 Sl 24,1 | **10**,2. 12,26; 13,8; Dt 4,9; 6,7.20-25 | 4. Jl 2 | 12. Sl 78,46; 105,34 | 13. Ap 9,3s

Êxodo 10-12

tal". [18]Moisés saiu da presença do faraó e suplicou a Javé. [19]Então Javé fez soprar um fortíssimo vento ocidental, que arrastou os gafanhotos e os lançou no mar Vermelho. Não ficou um só gafanhoto na terra do Egito. [20]Javé, porém, endureceu o coração do faraó, o qual não deixou os israelitas sair.

As trevas. [21]Javé disse a Moisés: "Estende a mão para o céu,* para que haja sobre a terra do Egito trevas tão densas que se possam apalpar!" [22]Moisés estendeu a mão para o céu, e densas trevas cobriram todo o Egito por três dias. [23]Durante esses dias, não se viam uns aos outros, e ninguém se moveu de seu lugar. Mas os israelitas tinham luz nos lugares onde moravam. [24]O faraó chamou Moisés e Aarão e lhes disse: "Ide prestar culto a Javé, mas fiquem aqui vossas ovelhas e vossos bois; também vossos filhos podem ir convosco". [25]Moisés respondeu: "És tu que porás em nossas mãos sacrifícios e holocaustos para oferecermos a Javé, nosso Deus? [26]Também irá conosco nosso gado, nem uma unha ficará, pois é deles que devemos tomar para servir a Javé, nosso Deus. Nem mesmo nós sabemos, enquanto não chegarmos lá, o que teremos de oferecer a Javé". [27]Javé, porém, endureceu o coração do faraó, que não consentiu em deixá-los partir. [28]Disse o faraó a Moisés: "Retira-te de minha presença; cuida de não veres mais minha face, porque, no dia em que tornares a ver minha face, morrerás". [29]Disse Moisés: "Falaste bem; nunca mais verei tua face".

11 **Anúncio da décima praga.** [1]Javé disse a Moisés: "Vou enviar ainda uma praga* sobre o faraó e sobre o Egito, depois da qual ele vos deixará sair; não só vos deixará sair, mas vos expulsará daqui definitivamente. [2]Ordena ao povo que cada homem peça a seu vizinho e cada mulher a sua vizinha objetos de prata e de ouro". [3]Javé fez

com que o povo encontrasse graça aos olhos dos egípcios; também o próprio Moisés era muito estimado na terra do Egito* pelos servidores do faraó e pelo povo.

[4]Então Moisés disse: "Assim fala Javé: 'Pela meia-noite passarei através do Egito, [5]e morrerá todo primogênito da terra do Egito, desde o primogênito do faraó, o herdeiro do trono, até o primogênito da escrava, que está junto à mó, e todo o primogênito dos animais. [6]Então haverá em toda a terra do Egito um forte clamor, como jamais houve nem haverá igual. [7]Mas contra os israelitas, nem sequer um cão moverá sua língua, nem contra as pessoas nem contra os animais; assim sabereis que Javé faz distinção entre o Egito e Israel. [8]Então todos esses teus servidores virão procurar-me e se prostrarão diante de mim, dizendo: Sai tu e todo o povo que te segue. Depois disso partirei'". Moisés, cheio de ira, saiu da presença do faraó.

[9]Javé disse a Moisés: "O faraó não vos ouvirá, para que se multipliquem meus prodígios na terra do Egito". [10]Moisés e Aarão haviam feito todos esses prodígios diante do faraó; Javé, porém, endureceu o coração do faraó, e ele não permitiu que os israelitas saíssem de sua terra.

12 **Instituição da Páscoa.** [1]Disse Javé a Moisés e a Aarão na terra do Egito:* [2]"Este mês será para vós o princípio dos meses: será para vós o primeiro dos meses do ano. [3]Falai a toda a comunidade dos israelitas, dizendo-lhes: 'No décimo dia deste mês, cada um tome um cordeiro por família; um cordeiro para cada casa. [4]Se a família for pequena para um cordeiro, tome-o então juntamente com o vizinho mais próximo da casa, segundo o número das pessoas. Escolhereis o animal calculando-se o que cada um pode comer. [5]O cordeiro seja sem defeito, macho,* de um ano: podeis tomar um

---

* **10,**21. Sb 17,1; 18,4 | **11,**1. 13,11 | 3. At 7,22 | **12,**1. 34,18; Lv 23,5-8; Nm 28,16-25; Dt 16,1-8; Ez 45,21-25; Mt 26,17s; Lc 22,15s; 1Cor 5,7 | 5. Lv 22,19s

Êxodo 12

cordeiro ou um cabrito. [6]E o guardareis até o dia quatorze deste mês; então, ao cair da tarde, toda a comunidade de Israel o imolará. [7]Tomarão de seu sangue e o passarão sobre os dois marcos e sobre a travessa da porta das casas onde o comerem. [8]Nessa mesma noite comerão a carne, assada ao fogo, com pães ázimos e ervas amargas. [9]Dele não comereis nada que seja cru nem cozido em água, mas todo ele será assado ao fogo, junto com a cabeça, as pernas e as vísceras. [10]Não deixareis nada para a manhã seguinte; se algo sobrar, será queimado. [11]Assim o comereis: com os rins cingidos, os pés calçados e o cajado na mão. Comereis às pressas, pois é a Páscoa de Javé[+].

[12]Nessa noite eu passarei pela terra do Egito e matarei todos os primogênitos da terra do Egito, tanto das pessoas como dos animais, e executarei minha sentença contra todos os deuses do Egito: eu, Javé. [13]O sangue vos servirá de sinal nas casas onde estiverdes. Eu verei o sangue e passarei adiante, e não haverá para vós o flagelo mortal quando eu ferir a terra do Egito. [14]Esse dia será para vós um memorial e o celebrareis como uma festa em honra de Javé, de geração em geração, como instituição perpétua".

A festa dos Ázimos. [15]"Durante sete dias* comereis pães ázimos[+]; já no primeiro dia tirareis de vossas casas o fermento, pois quem, desde o primeiro dia até o último, comer pão fermentado será eliminado de Israel. [16]No primeiro dia, como também no sétimo, tereis uma santa assembleia; não fareis nesses dias trabalho algum, exceto o preparo da comida de cada um: só isso podeis fazer. [17]Guardai, pois, a festa dos Ázimos, porque nesse mesmo dia eu tirei vossas fileiras da terra do Egito; guardai esse dia, de geração em geração, como instituição perpétua. [18]No primeiro mês comereis pão sem fermento, desde a tarde do dia quatorze até a tarde do dia vinte e um. [19]Durante sete dias não haverá fermento em vossas casas, e quem comer alguma coisa fermentada será eliminado da comunidade de Israel, seja estrangeiro ou natural do país. [20]Não comereis coisa alguma fermentada: em todas as vossas casas comereis pães ázimos".

[21]Moisés convocou todos os anciãos de Israel e disse-lhes: "Ide e tomai um animal do rebanho, segundo vossas famílias, e imolai a Páscoa. [22]Depois tomai um ramalhete de hissopo, molhai-o no sangue que estiver na bacia e com ele marcai a travessa e os dois marcos da porta. Ninguém saia da porta de sua casa até pela manhã. [23]Quando Javé passar para ferir os egípcios, ao ver o sangue nos dois marcos e na travessa, passará adiante daquela porta, e não permitirá ao exterminador[+] entrar em vossas casas* para ferir. [24]Guardareis este costume como um decreto perpétuo para vós e vossos filhos. [25]E quando tiverdes entrado na terra que Javé vos dará, conforme prometeu, observareis este rito. [26]Quando vossos filhos vos perguntarem: 'Que significa este rito?'* [27]respondereis: 'É o sacrifício da Páscoa de Javé,* que passou adiante das casas dos israelitas, no Egito, quando feriu os egípcios, mas livrou nossas casas'". O povo se ajoelhou e adorou. [28]Os israelitas foram e assim fizeram; como Javé havia ordenado a Moisés e Aarão, assim eles fizeram.

Morte dos primogênitos. [29]Aconteceu que à meia-noite Javé feriu todos os primogênitos na terra do Egito,* desde o primogênito do faraó, herdei-

---

* **12**,15. 13,3-10; 23,15; 1Cor 5,7 | 23. Hb 11,28 | 26. Dt 6,20-25 | 27. Êx 10,2 | 29. Sb 18,6-9; Sl 78,51; 105,36; 135,8; 136,10

+ **12**,11. Páscoa significa passagem, de Deus que castiga o Egito, e dos hebreus que atravessam o mar Vermelho. Na primavera, no mês de abib ou das espigas, depois chamado nisã, e que corresponde a nosso março-abril, os pastores nômades celebravam uma festa e os agricultores festejavam os Ázimos. As duas festas se uniram na Páscoa, a maior festa dos hebreus, memorial de sua libertação. A imolação redentora de Cristo coincidiu com a Páscoa hebraica e é perpetuada na Páscoa cristã, sendo Jesus o cordeiro imolado, nossa Páscoa. | 15. Isto é, sem fermento, considerado como princípio de corrupção, 1Cor 5,8. | 23. O anjo encarregado de executar a sentença da morte dos primogênitos egípcios.

Êxodo 12-13

ro de seu trono, até o primogênito do escravo que estava no cárcere, e todos os primogênitos dos animais. ³⁰De noite levantou-se o faraó, todos os seus servidores e todos os egípcios, e houve grandes lamentos em todo o Egito, pois não havia casa onde não houvesse um morto. ³¹O faraó mandou chamar Moisés e Aarão, ainda de noite, e disse: "Ide! Saí do meio de meu povo, tanto vós como os israelitas; ide e prestai culto a Javé, como dissestes.³²Levai convosco vossas ovelhas e vossos bois, como dissestes, e parti. Abençoai-me também a mim". ³³Os egípcios pressionavam o povo, para que saísse o quanto antes do país, porque diziam: "Morreremos todos". ³⁴O povo levou sua massa, antes que fosse fermentada, carregando aos ombros as amassadeiras envoltas nos mantos.

³⁵Os israelitas fizeram de acordo com a ordem de Moisés,* pedindo aos egípcios objetos de ouro e de prata e roupas. ³⁶Javé fez o povo ganhar as boas graças dos egípcios, que atenderam a seus pedidos. Deste modo despojaram os egípcios.

II. A CAMINHO DO SINAI
(12,37–18,27)

Os israelitas saem do Egito. ³⁷Partiram, pois, os israelitas* de Ramsés para Sucot. Eram cerca de seiscentos mil adultos a pé, sem contar as crianças. ³⁸Com eles partiram também muitas outras pessoas, bem como ovelhas e bois, uma grande quantidade de animais.* ³⁹Assaram pães ázimos com a massa levada consigo do Egito, pois ela não tinha fermentado, já que foram expulsos do Egito e não puderam esperar, nem fazer provisões.

⁴⁰A permanência dos israelitas no Egito* foi de quatrocentos e trinta anos. ⁴¹No dia em que se completaram esses quatrocentos e trinta anos, saíram todas as fileiras de Javé da terra do Egito†. ⁴²Aquela foi uma noite de vigília para Javé, quando os fez sair da terra do Egito; essa deve ser uma noite de vigília em honra de Javé para todos os israelitas em suas gerações.

Lei da Páscoa. ⁴³Javé disse a Moisés e Aarão: "Esta é a norma da Páscoa: Nenhum estrangeiro pode comer dela. ⁴⁴O servo comprado por dinheiro,* seja antes circuncidado, e então poderá comê-la. ⁴⁵O hóspede e o mercenário não a comerão. ⁴⁶O cordeiro será consumido numa mesma casa;* nada de sua carne levareis para fora de casa, nem lhe quebrareis osso algum. ⁴⁷Toda a comunidade de Israel celebrará a Páscoa. ⁴⁸Se algum estrangeiro que mora contigo quiser celebrar a Páscoa de Javé, todos os varões de sua casa deverão ser circuncidados, e então se aproxime para celebrá-la, da mesma forma que o nativo. Mas nenhum incircunciso comerá dela. ⁴⁹Haverá uma mesma lei para o nativo e para o estrangeiro residente entre vós". ⁵⁰Todos os israelitas fizeram assim; como Javé havia ordenado a Moisés e Aarão, eles fizeram. ⁵¹E naquele mesmo dia Javé tirou da terra do Egito os israelitas segundo suas fileiras.

13 **Oferta dos primogênitos.** ¹Javé disse a Moisés: ²"Consagra-me todo primogênito; as primícias de todo seio entre os israelitas, tanto dos homens como dos animais†, são minhas". ³Moisés disse ao povo:* "Lembrai-vos deste dia em que saístes do Egito, da casa da servidão, pois Javé vos tirou dela com mão forte; nada se comerá de fermentado. ⁴Saís hoje, no mês de abib. ⁵Quando Javé te houver introduzido* na terra do cananeu, do heteu, do amorreu, do heveu e do jebuseu, que ele jurou a seus pais que te

---

* **12**,35. 3,21s; 11,2; Sb 10,17 **|** 37. 33,1-6; Nm 33,3-5; 1,46 **|** 38. Nm 11,4; Lv 24,10-14 **|** 40. Gn 15,13; Gl 3,17; At 7,6 **|** 44. Gn 17,10 **|** 46. Nm 9,12; Jo19,36 **| 13**,3. 12,1 **|** 5. Dt 7,1

† **12**,41. Historiadores modernos situam o êxodo em torno do ano 1250 a.C., no tempo do faraó Ramsés II. **| 13**,2. Deus, senhor e doador da vida, reserva para si os primeiros filhos dos israelitas e dos animais, e os primeiros frutos da terra, ou primícias. As crianças serão resgatadas e os animais, imolados.

Êxodo 13-14

haveria de dar, terra onde corre leite e mel, observarás este rito neste mesmo mês. ⁶Durante sete dias comerás pães sem fermento, e no sétimo dia haverá uma festa em honra de Javé. ⁷Comerás pães sem fermento durante sete dias;* e não se verá contigo nenhuma coisa fermentada, nem fermento algum em todo o teu território. ⁸Naquele dia explicarás a teu filho,* dizendo: 'Isto é pelo que Javé fez por mim quando saí do Egito'†. ⁹E isto será como um sinal em tua mão e como uma lembrança entre teus olhos, para que a lei de Javé esteja em tua boca; porque com mão forte Javé te fez sair do Egito. ¹⁰Observarás esta norma cada ano, no tempo marcado.

¹¹Quando Javé te houver introduzido* na terra dos cananeus, como jurou a ti e a teus pais, e a tiver dado a ti, ¹²reservarás para Javé todo primogênito e toda primeira cria dos animais que tiveres: se for macho, será para Javé. ¹³Mas resgatarás com um cordeiro toda primeira cria das jumentas, e se não a quiseres resgatar, tu lhe quebrarás o pescoço. Resgatarás também todo primogênito* entre teus filhos. ¹⁴E quando amanhã teu filho te perguntar: 'Que significa isto?', tu lhe dirás: 'É que Javé com mão forte nos tirou do Egito, da casa da servidão. ¹⁵Como o faraó teimasse em não nos deixar sair, Javé matou todos os primogênitos no país do Egito, tanto os primogênitos dos homens como os primogênitos dos animais. Por isso sacrifico a Javé todo primogênito macho dos animais e resgato todo primogênito* de meus filhos'. ¹⁶Isto será como sinal em tua mão e como frontal entre teus olhos; pois com mão poderosa Javé nos tirou do Egito".

Rumo ao mar Vermelho. ¹⁷Quando o faraó deixou o povo partir, Deus não o conduziu pelo caminho do país dos filisteus, que é o mais próximo, porque Deus disse: "Não aconteça que o povo se arrependa diante dos combates e volte para o Egito". ¹⁸Assim, pois, Deus fez o povo dar uma volta pelo caminho do deserto do mar Vermelho.* E os israelitas partiram da terra do Egito bem armados†. ¹⁹Moisés levou consigo os restos mortais de José, pois este havia feito os israelitas jurar solenemente, dizendo: "Quando Deus vos visitar, levareis daqui convosco meus ossos". ²⁰Partiram de Sucot e acamparam em Etam, no limite do deserto. ²¹Javé ia à frente deles, de dia numa coluna de nuvem,* para guiá-los pelo caminho, e de noite numa coluna de fogo, para iluminá-los, a fim de que pudessem caminhar de dia e de noite. ²²A coluna de nuvem não se afastava da frente do povo durante o dia, nem a coluna de fogo durante a noite.

14

¹Javé disse a Moisés: ²"Dize aos israelitas que voltem e acampem diante de Piairot, entre Magdol e o mar, diante de Baal Sefon; acampai diante deste lugar junto ao mar. ³O faraó pensará que os israelitas estão desorientados na região e presos no deserto. ⁴Eu endurecerei o coração do faraó, que vos perseguirá; e eu mostrarei minha glória contra o faraó e todo o seu exército, e os egípcios saberão que eu sou Javé". E assim fizeram.

A passagem do mar Vermelho. ⁵Quando foi anunciado ao rei do Egito que o povo havia fugido, o faraó e seus servidores mudaram de ideia a respeito do povo e disseram: "Que fizemos, deixando partir Israel e perdendo seus serviços?" ⁶O faraó mandou preparar seu carro e tomou consigo sua gente. ⁷Reuniu seiscentos carros escolhidos e todos os carros do

---

* **13**,7. 34,18 | 8. 12,26; 10,2 | 11. Lc 2,22-24; Gn 22,1 | 13. Nm 18,15 | 15. Dt 6,8; 11,18 | 18. Gn 50,25; Js 24,32 | **13**,21. Ne 9,19; Sb 10,17s; 18,3 | **14**,11. 16,2s; 17,3; 15,24; Nm 11,1.4; 14,2; 20,2; 21,4s; Sl 78,40; 5,21; 6,9

† **13**,8. Vós todos que renunciastes ao mundo do mal, realizastes também vosso êxodo (S. Agostinho). | 18. Começa o êxodo, a longa caminhada de 40 anos, da escravidão do Egito para a liberdade da terra prometida, tempo feliz do idílio e do noivado entre Deus e seu povo, Jr 2,2; Os 2,16, e modelo de toda libertação futura, Jr 16,14-15. Recordando ao povo seus feitos, Deus se apresentará como "aquele que te tirou do Egito", Êx 20,1.

Egito, cada um com seus oficiais. [8]Javé endureceu o coração do faraó, rei do Egito, o qual perseguiu os israelitas que partiam afoitamente. [9]Os egípcios os perseguiram com todos os cavalos, os carros do faraó, seus cavaleiros e seu exército e os alcançaram quando estavam acampados em Piairot, diante de Baal Sefon. [10]O faraó já estava próximo, quando os israelitas ergueram os olhos e viram os egípcios que vinham em sua perseguição. Então os israelitas foram tomados de grande pavor e clamaram a Javé. [11]E disseram a Moisés: "Faltavam, talvez, sepulturas no Egito para nos trazeres a morrer no deserto?* Que nos fizeste, tirando-nos do Egito! [12]Não foi isto que te falamos no Egito, dizendo: 'Deixa-nos servir aos egípcios'? Era melhor servir aos egípcios do que morrer no deserto".† [13]E Moisés disse ao povo: "Não temais. Permanecei firmes e vereis a libertação que Javé realizará hoje em vosso favor; pois os egípcios que hoje vistes, nunca mais tornareis a ver. [14]Javé combaterá por vós, sem que vos preocupeis".

[15]Javé disse a Moisés: "Por que clamas por mim? Ordena aos israelitas* que se ponham a caminho. [16]E tu, levanta tua vara, estende a mão sobre o mar e divide-o, para que os israelitas possam atravessá-lo a pé enxuto. [17]Vou endurecer o coração dos egípcios, que entrarão atrás deles, e eu mostrarei minha glória contra o faraó e todo o seu exército, seus carros e seus cavaleiros. [18]Assim saberão os egípcios que eu sou Javé, quando eu mostrar minha glória contra o faraó, seus carros e seus cavaleiros". [19]Então o anjo de Deus que caminhava à frente do exército de Israel mudou de lugar e passou para trás dele, e também a coluna de nuvem se deslocou da frente para trás dele. [20]Colocou-se, assim, entre o acampamento dos egípcios e o acampamento de Israel. A nuvem era obscura para aqueles e iluminava a noite para estes. Por toda a noite uns não puderam se aproximar dos outros. [21]Moisés estendeu a mão sobre o mar, e Javé o fez retirar-se mediante um forte vento oriental que soprou a noite toda, deixando-o seco e as águas se dividiram. [22]Então os israelitas entraram no meio do mar a pé enxuto, enquanto as águas formavam uma muralha a sua direita e a sua esquerda. [23]Os egípcios os perseguiram, e toda a cavalaria do faraó, seus carros e cavaleiros entraram no mar atrás deles. [24]Na vigília da manhã,* Javé, do alto da coluna de fogo e da nuvem, olhou para o acampamento dos egípcios e lançou a confusão no meio deles. [25]Emperrou as rodas de seus carros, de sorte que só podiam avançar com dificuldade. Então os egípcios disseram: "Fujamos dos israelitas, porque Javé combate por eles contra os egípcios".

[26]Javé disse a Moisés: "Estende a mão sobre o mar, e as águas se voltarão contra os egípcios, seus carros e seus cavaleiros". [27]Moisés estendeu a mão sobre o mar e, ao amanhecer, o mar voltou a seu lugar, enquanto os egípcios, fugindo, iam a seu encontro. Assim Javé precipitou os egípcios no meio do mar. [28]As águas voltaram,* cobrindo os carros, os cavaleiros e todo o exército do faraó que havia entrado no mar atrás dos israelitas; nenhum deles escapou. [29]Mas os israelitas caminharam a pé enxuto no meio do mar, enquanto as águas formavam uma muralha a sua direita e a sua esquerda. [30]Foi assim que Javé salvou naquele dia os israelitas das mãos dos egípcios, e Israel viu os egípcios mortos na praia do mar†. [31]Israel viu o grande poder que Javé tinha mostrado contra os egípcios e temeu a Javé, acreditou nele e em seu servo Moisés.*

---

* **14**,15. Sl 78; 105; 106; 114; Sb 10,18s; 1Cor 10,1s | 24. Sl 77,17-19 | 28. Dt 11,4 | 31. 4,31

† **14**,12. Primeira de uma série de murmurações do povo contra Moisés, devido à sede, à fome, aos perigos das guerras. O povo exprime sua revolta, sua falta de confiança em Deus, e Moisés o exorta à fé, à fidelidade. | **14**,30. "Concedestes aos filhos de Abraão atravessar o mar Vermelho a pé enxuto, para que livres da escravidão, prefigurassem o povo nascido na água do Batismo" (Liturgia da Páscoa).

Êxodo 15

15 Cântico de triunfo.

[1]Então Moisés e os israelitas cantaram a Javé este cântico:

"Cantarei a Javé, por seu triunfo glorioso;
precipitou no mar cavalo e cavaleiro.
[2]Minha força e meu canto é Javé;*
ele foi minha salvação.
Ele é meu Deus: eu o louvarei;
o Deus de meu pai: eu o exaltarei.
[3]Javé é um guerreiro;
seu nome é Javé.*
[4]Lançou no mar os carros do faraó e seus exércitos;
seus melhores guerreiros foram tragados pelo mar Vermelho.
[5]O abismo os recobriu;
desceram como pedras ao fundo do mar.
[6]A vossa direita, Javé, é admirável por sua força;
a vossa direita, Javé, esmaga o inimigo.
[7]Com a grandeza de vosso poder abateis vossos adversários;
desencadeais vosso furor, que os devora como palha.*
[8]Ao sopro de vossas narinas amontoaram-se as águas;
as ondas se ergueram como diques;
congelaram-se as vagas no seio do mar.
[9]Disse o inimigo: 'Perseguirei, alcançarei;
repartirei os despojos, saciarei minha alma;
arrancarei minha espada, minha mão os destruirá'.
[10]Vosso vento soprou: o mar os engoliu;
mergulharam como chumbo nas águas impetuosas.
[11]Quem é como vós entre os deuses, Javé?
Quem é igual a vós, glorioso em santidade,
formidável nas façanhas, fazedor de prodígios?
[12]Estendestes vossa mão direita, e a terra os engoliu.

[13]Guiastes em vossa bondade o povo que redimistes.
Com vosso poder o conduzistes a vossa santa morada.
[14]Ouvindo isto, os povos estremeceram;
a angústia se apoderou dos habitantes da Filisteia.
[15]Tiveram medo os chefes de Edom,*
o temor se apoderou dos príncipes de Moab;
esmoreceram todos os habitantes de Canaã.
[16]Medo e terror caíram sobre eles;
o poder de vosso braço os petrificou;
até que passasse o vosso povo, Javé,
até que passasse o povo que adquiristes.
[17]Vós o conduzis e o plantais no monte de vossa herança,*
no lugar que preparastes para vossa morada, Javé,
no santuário que vossas mãos fundaram, Senhor.
[18]Reina Javé por todo o sempre!"

[19]Porque quando os cavalos do faraó, com seus carros e cavaleiros, entraram no mar, Javé fez voltar sobre eles as águas do mar, enquanto os israelitas tinham caminhado no meio do mar a pé enxuto. [20]Então Maria, a profetisa, irmã de Aarão,* tomou um tamborim; e todas as mulheres saíram atrás dela com tamborins e dançando. [21]E Maria lhes respondia:

"Cantai a Javé, por seu triunfo glorioso;
precipitou no mar cavalo e cavaleiro".

As águas amargas. [22]Moisés mandou que os israelitas partissem do mar Vermelho;* e saíram para o deserto de Sur. Caminharam três dias pelo deserto* sem encontrar água. [23]Chegaram a Mara,* mas não puderam beber de sua água, por ser amarga; por isso aquele lugar foi chamado Mara. [24]Então o povo murmurou contra Moisés, dizendo: "Que vamos beber?"* [25]Moisés clamou a Javé, e Javé lhe mostrou uma

---

* **15**,2. Is 12,2 | 3. 3,14 | 7. Is 5,24s; Ab 18; Na 1,10 | 15. Nm 20,21; 21,4-13; Dt 2,1-9.18 | 17. Sl 74,2 | 20. Nm 26,59 | 22. 1Cor 10,3-5 / Gn 16,7 | 23. Nm 33,8 | 24. 14,11 | 25. Js 24,25

Êxodo 15-16

planta, que ele lançou à água, e a água se tornou doce. Foi ali que Javé lhes deu um estatuto e um direito,* e ali os pôs à prova. [26]Ele disse: "Se ouvirdes atentamente a voz de Javé, vosso Deus, e fizerdes o que é reto a seus olhos,* se prestardes ouvidos a seus mandamentos, e observardes todas as suas leis, não vos infligirei nenhuma das enfermidades que infligi aos egípcios, porque eu sou Javé que vos cura".* [27]A seguir chegaram a Elim, onde havia doze fontes de água e setenta palmeiras; e ali acamparam, junto às águas.

16 **A fome do povo.** [1]Partindo de Elim, toda a comunidade dos israelitas* chegou ao deserto de Sin, situado entre Elim e o Sinai, no dia quinze do segundo mês depois de sua saída da terra do Egito. [2]No deserto, toda a comunidade dos israelitas murmurou contra Moisés e Aarão. [3]Os israelitas lhes disseram: "Oxalá tivéssemos morrido* pela mão de Javé no país do Egito, quando nos sentávamos junto às panelas de carne e comíamos pão com fartura! Pois nos trouxestes a este deserto para matar de fome toda esta multidão".

[4]Javé disse a Moisés: "Farei chover pão do céu para vós. Cada dia o povo sairá para recolher sua ração diária. Desse modo eu o porei à prova, para ver se anda ou não em minha lei.* [5]No sexto dia, porém, quando prepararem o que tiverem trazido, terão o dobro do que recolhem cada dia".

[6]Moisés e Aarão disseram aos israelitas: "Esta tarde sabereis que foi Javé quem vos tirou da terra do Egito, [7]e amanhã cedo* vereis a glória de Javé; pois ele ouviu vossas murmurações contra Javé; pois quem somos nós para que murmureis contra nós?" [8]E Moisés acrescentou: "Isto acontecerá quando Javé vos der, esta tarde, carne para comer, e pela manhã pão com fartura, pois ele ouviu vossas murmurações que fizestes contra ele; porque nós,

quem somos? Vossas queixas não são contra nós, mas contra Javé".

O maná. [9]Moisés disse a Aarão: "Dize a toda a comunidade dos israelitas: 'Aproximai-vos de Javé, porque ele ouviu vossas murmurações'". [10]Enquanto Aarão falava a toda a comunidade dos israelitas, eles olharam para o deserto e viram a glória de Javé aparecer na nuvem. [11]Javé disse a Moisés: [12]"Ouvi as murmurações dos israelitas. Fala-lhes assim: 'Ao entardecer comereis carne e pela manhã vos saciareis de pão, e sabereis que eu sou Javé, vosso Deus'".

[13]De fato, à tarde surgiram codornizes que cobriram o acampamento; e pela manhã havia uma camada de orvalho em torno do acampamento. [14]Quando se evaporou o orvalho, apareceu na superfície do deserto uma coisa miúda, em forma de grãos,* fina como a geada sobre a terra. [15]Vendo isto, os israelitas perguntaram uns aos outros: "Que é isto?", pois não sabiam o que era. Moisés lhes disse:* "É o pão que Javé vos dá para comer. [16]Isto é o que Javé vos ordena: Recolha cada um o necessário para comer: um gomor por pessoa. Cada um tomará de acordo com o número de pessoas que houver em sua tenda". [17]E assim fizeram os israelitas: uns recolheram mais, outros menos. [18]Quando se media com o gomor,* não sobrava a quem tinha ajuntado muito, nem faltava a quem tinha ajuntado pouco. Cada qual havia recolhido conforme havia de comer.

[19]Moisés disse: "Ninguém guarde dele para a manhã seguinte". [20]Mas não obedeceram a Moisés, e alguns guardaram para o dia seguinte; ele criou vermes e apodreceu; e Moisés se irritou contra eles. [21]Toda manhã cada um recolhia segundo o quanto podia comer; e quando o sol esquentava, derretia-se. [22]No sexto dia recolheram uma dupla porção, dois gomores para cada um, e todos os chefes da comunidade de Israel foram comunicá-lo a Moisés. [23]Ele respondeu: "É isto o que

---

* **15**,26. Dt 7,15 / Sl 103,3 | **16**,1. Nm 11; Dt 8,3.16; Sl 78,32s; 105,40; 106,13-15; Sb 16,20-29; Jo 6,26-58 | 3. 14,11 | 4. Dt 8,2 | 7. Sl 81,11 | 14. Nm 11,7-9 | 15. 1Cor 10,3 | 18. 2Cor 8,15

Êxodo 16-17

Javé ordenou. Amanhã é dia de repouso, o sábado consagrado a Javé; o que tendes para cozer no forno, cozei-o, e o que tendes para ferver, fervei-o; e tudo o que sobrar, guardai-o para a manhã seguinte". [24]Guardaram-no, portanto, até a manhã seguinte, conforme a ordem de Moisés, e não apodreceu nem criou vermes. [25]Moisés disse: "Comei-o hoje, pois hoje é descanso consagrado a Javé; hoje não o encontrareis no campo. [26]Durante seis dias o ajuntareis, mas no sétimo dia é repouso, e neste dia não haverá". [27]No sétimo dia alguns do povo saíram para colhê-lo, mas nada encontraram. [28]Então Javé disse a Moisés: "Até quando recusareis observar meus mandamentos e minhas leis? [29]Considerai que Javé vos deu o sábado; por isso, no sexto dia ele vos dá pão para dois dias. Cada um fique em seu lugar, ninguém saia do próprio lugar no sétimo dia". [30]E o povo repousou no sétimo dia.

[31]A casa de Israel lhe deu o nome de "maná";* era como a semente de coentro, de cor branca, e seu sabor era como bolo de mel†. [32]Moisés disse: "Eis o que Javé ordena: enchei com ele um gomor, a fim de guardá-lo para vossos descendentes, para que vejam o pão com que vos alimentei no deserto, quando vos tirei da terra do Egito". [33]Então Moisés disse a Aarão: "Toma um vaso e põe nele um gomor cheio de maná e coloca-o diante de Javé, a fim de o conservar para vossos descendentes". [34]Como Javé ordenara a Moisés, Aarão* depositou-o diante do testemunho para ser conservado.

[35]Os israelitas comeram maná durante quarenta anos,* até entrarem em terra habitada: comeram maná até chegarem aos confins da terra de Canaã. [36]O gomor é a décima parte do efá.

17 Água da rocha.
[1]Toda a comunidade dos israelitas* partiu do deserto de Sin, fazendo suas etapas segundo as ordens de Javé. Acamparam em Rafidim* e lá não havia água para o povo beber. [2]Então o povo se pôs a discutir com Moisés, dizendo: "Dá-nos água para beber".* E Moisés lhes disse: "Por que discutis comigo? Por que tentais Javé?" [3]Mas o povo, sedento de água, murmurou contra Moisés, dizendo: "Por que nos tiraste do Egito? Foi para nos matar de sede junto com nossos filhos e nossos animais?" [4]Então Moisés clamou a Javé, dizendo: "Que farei a este povo? Por pouco não me apedrejam". [5]Javé disse a Moisés:* "Passa adiante do povo e toma contigo alguns dos anciãos de Israel. Toma também em tua mão tua vara, com que golpeaste o rio Nilo, e vai. [6]Eu estarei diante de ti, lá sobre a rocha* de Horeb; golpearás a rocha e dela jorrará água para o povo beber".† Moisés fez assim na presença dos anciãos de Israel. [7]E deu àquele lugar o nome de Massa e Meriba,* por causa da discussão dos israelitas e porque tinham tentado Javé, dizendo: "Javé está ou não entre nós?"†

Vitória sobre os amalecitas. [8]Vieram os amalecitas combater contra Israel em Rafidim. [9]Moisés disse a Josué: "Escolhe homens e vai combater contra os amalecitas. Amanhã estarei no alto da colina, com a vara de Deus na mão". [10]Josué fez como Moisés lhe ordenara e foi combater contra os amalecitas, enquanto Moisés, Aarão e Hur subiram para o alto da colina. [11]Aconteceu que, enquanto Moisés conservava a mão levantada, Israel vencia, mas quando a abaixava, Amalec vencia. [12]Como as mãos de Moisés estivessem pesadas, tomaram uma pedra, puseram-na debaixo dele e ele se sentou; Aarão e Hur

---

* **16**,31. Nm 11,7 | 34. Hb 9,4 | 35. Nm 21,5; Js 5,10-12 | **17**,1. Nm 20,1-13 / Nm 33,12-14 | 2. 15,24; Dt 6,16 | **17**,5. Nm 14,10 | 6. 1Cor 10,4; Jo 7,38; 19,34 | 7. Nm 20,24; Dt 6,16; 9,22; 32,51; 33,8; Sl 78,15s; 95,8s; 105,41; 106,32; Sb 11,4; Is 43,20

† **16**,31. Maná vem de "man hu", "o que é isto?". Alimento do povo de Deus na caminhada, prefigura a Eucaristia, Jo 6,32. Sb 16,20 chama-o de alimento dos anjos, que contém todo sabor. | **17**,6. O milagre da água se repetirá em Nm 20,11. Uma tradição rabínica dizia que a rocha acompanhava os israelitas através do deserto. São Paulo cita essa tradição e diz que a rocha era Cristo, 1Cor 10,4. | 7. Massa quer dizer prova e Meriba contenda.

Êxodo 17-18

lhe sustentavam as mãos, um de cada lado. Assim suas mãos se conservaram firmes até o pôr do sol. ¹³Josué derrotou Amalec e seu povo ao fio da espada†.

¹⁴Javé disse a Moisés: "Escreve isso para recordação* num livro e comunica a Josué que eu exterminarei por completo a memória de Amalec de debaixo do céu. ¹⁵Em seguida Moisés construiu um altar e pôs-lhe o nome de "Javé-Nissi", ¹⁶porque ele disse: "Já que levantou a mão contra o trono de Javé, Javé estará em guerra com Amalec, de geração em geração".

18 Visita de Jetro a Moisés. ¹Jetro, sacerdote de Madiã, sogro de Moisés, ficou sabendo de tudo o que Deus tinha feito em favor de Moisés e de Israel, seu povo: como Javé havia feito sair Israel do Egito. ²Jetro, sogro de Moisés, levou Séfora, esposa de Moisés, depois que ele a havia despedido, ³com os dois filhos dela, um dos quais se chamava Gersam,* porque Moisés havia dito: "Sou imigrante em terra estrangeira", ⁴e o outro se chamava Eliezer, porque "o Deus de meu pai veio em meu auxílio e me salvou da espada do faraó". ⁵Assim, pois, Jetro, sogro de Moisés, veio com os filhos e a mulher deste ao deserto, onde estava acampado junto ao monte de Deus. ⁶Mandou dizer a Moisés: "Eu, Jetro, teu sogro,* venho a ti com tua esposa, acompanhada de teus dois filhos". ⁷Moisés então saiu ao encontro do sogro e, prostrando-se, o beijou; e depois das mútuas saudações, entraram na tenda. ⁸Moisés contou ao sogro tudo o que Javé tinha feito ao faraó e aos egípcios por causa de Israel, todas as adversidades enfrentadas pelo caminho e como Javé os livrara. ⁹Jetro alegrou-se por todo o bem que Javé tinha feito a Israel, libertando-o da mão dos egípcios, ¹⁰e exclamou: "Bendito seja Javé que vos salvou da mão dos egípcios e da mão do faraó! ¹¹Agora sei que Javé é maior que todos os deuses e libertou este povo do poder dos egípcios, quando agiram com arrogância contra eles". ¹²Depois Jetro, sogro de Moisés, ofereceu a Deus um holocausto e sacrifícios. Aarão e todos os anciãos de Israel vieram comer com o sogro de Moisés diante de Deus.

Moisés institui os juízes. ¹³No dia seguinte Moisés se sentou para julgar* as questões do povo, o qual permaneceu de pé, junto a Moisés, desde a manhã até a tarde. ¹⁴O sogro de Moisés, vendo tudo o que este fazia pelo povo, disse: "Que é isto que fazes com o povo? Por que te sentas sozinho, enquanto toda a gente permanece de pé junto a ti desde a manhã até a tarde?" ¹⁵Respondeu Moisés ao sogro: "Porque o povo vem a mim para consultar a Deus. ¹⁶Quando têm alguma questão* vêm procurar-me para que eu julgue entre um e outro e lhes dê a conhecer os decretos e as leis de Deus". ¹⁷Mas o sogro de Moisés lhe disse: "Não está certo o que fazes. ¹⁸Acabarás esgotado tu e este povo que está contigo, pois a tarefa é muito pesada para ti; sozinho* não és capaz de executá-la. ¹⁹Escuta-me, pois vou te dar um conselho e que Deus esteja contigo. Sê tu o representante do povo diante de Deus e leva suas causas a Deus. ²⁰Ensina-lhes os decretos e as leis e dá-lhes a conhecer o caminho a seguir* e o que devem fazer. ²¹Mas escolhe dentre todo o povo homens capazes, tementes a Deus, dignos de confiança, incorruptíveis, e estabelece-os à frente do povo como chefes de mil, de cem, de cinquenta e de dez. ²²Eles julgarão o povo em qualquer ocorrência. Levarão a tua presença somente as questões mais importantes; mas resolverão por si mesmos as menos importantes. Assim será mais fácil para ti, e eles levarão o fardo contigo.

---

* **17**,14. Dt 25,17-19; Nm 24,20; 1Sm 15,3s | **18**,3. 2,22 | 6. 19,1 | 13. Dt 1,9-19 | 16. 33,7 | 18. Nm 11,14 | 20. Nm 11,16s

† **17**,13. A vara de Deus e as mãos erguidas mostram que a vitória vem de Deus através da oração.

Êxodo 18-19

²³Se fizeres isso, e assim Deus te ordenar, poderás resistir, e todo este povo chegará em paz a sua meta".

²⁴Moisés seguiu o conselho de seu sogro e fez tudo o que ele disse. ²⁵Escolheu em todo Israel homens capazes e os constituiu à frente do povo como chefes de mil, de cem, de cinquenta e de dez. ²⁶Eles julgavam o povo em toda ocorrência; os assuntos graves levavam-nos a Moisés e resolviam eles mesmos os de menor importância.

²⁷Depois Moisés despediu seu sogro, o qual voltou para sua terra.*

III. NO SINAI (19–40)

19 **Chegada ao Sinai.** ¹No terceiro mês após a saída dos israelitas da terra do Egito, nesse mesmo dia, chegaram ao deserto do Sinai. ²Tendo partido de Rafidim, alcançaram o deserto do Sinai* onde acamparam; ali acampou Israel diante da montanha†.

³Moisés subiu até Deus, e da montanha Javé o chamou, dizendo: "Assim falarás à casa de Jacó e anunciarás aos israelitas: ⁴'Vós vistes o que fiz aos egípcios* e como vos levei sobre asas de águia e vos trouxe a mim. ⁵Pois bem, se ouvirdes atentamente minha voz e guardardes minha aliança, sereis entre todos os povos meu tesouro particular,* porque toda a terra é minha, ⁶e vós sereis para mim um reino de sacerdotes e uma nação santa. São essas as palavras que dirás aos israelitas'".

⁷Veio, pois, Moisés e chamou os anciãos do povo e lhes expôs todas essas palavras que Javé lhe havia ordenado. ⁸Todo o povo respondeu a uma voz: "Faremos tudo o que Javé disse".* Moisés referiu a Javé as palavras do povo. ⁹E Javé disse a Moisés: "Virei a ti numa nuvem escura, a fim de que o povo ouça quando eu falar contigo e também creia em ti sempre". Moisés referiu a Javé as palavras do povo.*

¹⁰Então Javé disse a Moisés: "Vai ao povo e santifica-o* hoje e amanhã. Lavem suas vestes ¹¹e estejam preparados para o terceiro dia, pois no terceiro dia Javé descerá sobre o monte Sinai à vista de todo o povo. ¹²Fixarás ao redor um limite para o povo, dizendo: 'Guardai-vos de subir a montanha* e de tocar-lhe a base; quem tocar a montanha* será morto'. ¹³Mão nenhuma tocará o culpado, pois será apedrejado ou flechado; seja animal, seja homem, não viverá. Quando soar a trombeta longamente, subirão a montanha".

¹⁴Moisés desceu da montanha para junto do povo; santificou-os, e eles lavaram suas vestes. ¹⁵Depois disse ao povo: "Estai preparados para o terceiro dia; ninguém se aproxime de mulher".

Aparição divina. ¹⁶No terceiro dia, ao amanhecer, houve trovões,* relâmpagos e uma nuvem densa sobre a montanha, ouvindo-se também um som fortíssimo de trombeta; todo o povo que estava no acampamento se pôs a tremer. ¹⁷Moisés levou o povo para fora do acampamento ao encontro de Deus, e pararam ao pé da montanha. ¹⁸Toda a montanha do Sinai fumegava, porque Javé tinha descido sobre ela no meio de fogo; a fumaça subia como a fumaça de uma fornalha e toda a montanha tremia violentamente. ¹⁹O som da trombeta soava cada vez mais forte. Moisés falava, e Deus lhe respondia com o trovão†. ²⁰Javé desceu sobre o cume do monte* Sinai e convidou Moisés para que subisse ao cume do monte, e Moisés subiu. ²¹Depois Javé disse a Moisés: "Desce e avisa o povo para que não ultrapasse os limites em direção a Javé para vê-lo, e não venham a mor-

---

* **18,**27. Nm 10,30 | **19,**2. Nm 33,15 | 3. Dt 4,34; 29,2; 32,11 | 5. Dt 10,14s | 8. Js 24,16-24; Dt 5,27 | 9. Eclo 45,4; 14,31 | 10. Gn 35,2; Lv 11,25.28.40 | 12. Hb 12,20 | 16. Dt 5,2-5.25-31; 4,10-12 | 20. 19,12; 33,20

† **19,**2. Lá onde havia revelado seu nome e seu projeto libertador, Êx 3,14, Deus vai fazer por meio de Moisés uma outra aliança, agora com todo o povo, um contrato bilateral, pois ao povo será dado o dom dos mandamentos, que é dom do próprio Deus, de sua santa vontade, e revelação de sua pessoa. | 19. Fenômenos como vulcão, terremoto, tempestade acompanham a teofania, expressando a santidade e a transcendência, a majestade e a glória de Deus, e o terror que inspiram. A Carta aos Hebreus compara esse contexto terrível com o conjunto de bens da nova aliança em Jesus Cristo, Hb 12,18-24.

81 Êxodo 19-20

rer muitos deles. [22]E que também os sacerdotes que se aproximam de Javé se santifiquem, para Javé não os ferir". [23]Moisés disse a Javé: "O povo não poderá subir ao monte Sinai, porque vós mesmo nos ordenastes, dizendo: 'Delimita a montanha e declara-a sagrada'". [24]Mas Javé disse a Moisés: "Vai, desce e depois subirás novamente, trazendo Aarão contigo; mas os sacerdotes e o povo não ultrapassem os limites a fim de subir em direção a Javé, para que Javé não se volte contra eles". [25]Moisés desceu ao povo e lhes falou.

20 Os dez mandamentos. [1]Então Deus falou, pronunciando* todas estas palavras[†]: [2]"Eu, Javé, sou teu Deus, que te tirou da terra do Egito, da casa da servidão. [3]Não terás outros deuses diante de mim. [4]Não farás para ti imagem esculpida[†], nem figura alguma* daquilo que existe no alto, no céu, ou aqui embaixo, na terra, ou nas águas debaixo da terra. [5]Não te prostrarás diante delas, nem as servirás; pois eu sou Javé, teu Deus,* um Deus apaixonado, que castigo a iniquidade dos pais nos filhos até a terceira e a quarta geração dos que me odeiam; [6]mas uso de misericórdia até a milésima geração com aqueles que me amam e observam meus mandamentos.

[7]Não pronunciarás o nome de Javé* em vão; pois Javé não deixará impune quem pronunciar seu nome em vão[†]. [8]Lembra-te do dia de sábado, para santificá-lo.* [9]Trabalharás durante seis dias e farás todas as tuas tarefas; [10]mas o sétimo dia é dia de repouso consagrado a Javé, teu Deus; não farás nenhum trabalho, nem tu, nem teu filho, nem tua filha, nem teu servo, nem tua serva, nem teu animal, nem o estrangeiro que mora em tua cidade. [11]Pois Javé fez em seis dias* o céu e a terra, o mar e tudo o que existe neles, mas no sétimo dia descansou. Por isso Javé abençoou o dia de sábado e o santificou[†].

[12]Honra teu pai e tua mãe,* para que se prolonguem teus dias sobre a terra que Javé, teu Deus, te dá.

[13]Não matarás.*

[14]Não cometerás adultério.

[15]Não furtarás.*

[16]Não darás falso testemunho contra teu próximo.*

[17]Não cobiçarás a casa de teu próximo;* não desejarás a mulher de teu próximo, nem seu servo, nem sua serva, nem seu boi ou seu jumento, nem coisa alguma que lhe pertença".

[18]Todo o povo percebia os trovões,* os relâmpagos e o som da trombeta e a montanha fumegando; e vendo isto, tremia e se mantinha distante. [19]Disseram a Moisés:* "Fala tu conosco e te ouviremos; mas não nos fale Deus, para que não morramos". [20]Moisés disse ao povo: "Não temais, pois Deus veio para vos provar* e para que seu temor permaneça em vós, a fim de que não pequeis". [21]O povo ficou ao longe, enquanto Moisés se aproximou da nuvem em que Deus estava.

---

* **20**,1. Dt 5,6-22; Êx 34.10-27; Mt 19,16-22; 5; Dt 6,4 | 4. Lv 19,4; Dt 4,15-20 | 5. Dt 4,24; 34,7 | 7. Lv 19,12 | 8. 23,12; 31,12-17; 34,21; 35,1-3; Lv 19,3; 23,3; Nm 15,32-36 Dt 5,12-15; Lc 13,14 | 11. Gn 2,2s | 12. Lv 19,3; Ef 6,2s | 13. Rm 13,9 | 15. Lv 19,11 | 16. Lv 19,12 | 17. Mq 2,2 | 18. Dt 5,23-31 | 19. Êx 33,20 | 20. Dt 8,2

† **20**,1. O Decálogo, ou "as dez palavras", baseia-se na lei natural e foi dado por Deus como síntese dos deveres do povo na aliança. "Deus escreveu nas tábuas da lei aquilo que os homens não conseguiam ler em seus corações" (S. Agostinho). Reaparece com poucas modificações em Dt 5,6-21 e Cristo não o ab-roga mas o aperfeiçoa, Mt 5,17-48. A tradição católica considera como um só mandamento os vv. 3-6 e divide o v. 17 em dois mandamentos. | 4. Proíbe a idolatria, a adoração de imagens como se fossem deuses. A honra que a Igreja Católica presta às imagens dirige-se às pessoas nelas representadas. É uma veneração respeitosa, não uma adoração, que só compete a Deus. | 7. No Pai-Nosso Jesus ensinará a dizer "santificado seja vosso nome", que o nome de Deus seja reconhecido e tratado como santo, e não desrespeitado pela magia e a blasfêmia. Porque o nome é a pessoa. Por respeito, os hebreus até hoje nem sequer pronunciam o nome divino, Javé, mas quando ele ocorre no texto sagrado, leem "Adonai", o Senhor. | 11. Após a ressurreição de Cristo, ocorrida num domingo, Mt 28,1, o sábado, que representava o termo da primeira criação, será substituído pelo domingo, que lembra a criação nova, inaugurada na ressurreição, At 20,7. "Domingo" quer dizer justamente "dia do Senhor".

Êxodo 20-21

O altar. [22]Disse Javé a Moisés[t]: "Assim falarás aos israelitas: Vós vistes como vos falei do céu. [23]Não fareis deuses de prata para pôr a meu lado, nem deuses de ouro fareis para vós. [24]Tu me levantarás um altar de terra sobre o qual oferecerás teus holocaustos e teus sacrifícios de comunhão, tuas ovelhas e teus bois. Em todo o lugar onde eu quiser que seja recordado meu nome, virei a ti e te abençoarei. [25]Se me construíres um altar de pedra, não o farás com pedras lavradas, pois ao manejares teu cinzel sobre elas, tu as profanarias. [26]Não subirás a meu altar por meio de degraus, para que ali não se descubra tua nudez".

21

Os escravos. [1]"Estas são as leis que lhes proporás:* [2]Quando comprares um escravo hebreu[t], ele te servirá durante seis anos; no sétimo sairá livre, sem pagar nada. [3]Se veio sozinho, sozinho sairá; se estava casado, sua mulher sairá com ele. [4]Se foi seu senhor que lhe deu a esposa, e esta lhe tiver dado à luz filhos ou filhas, a mulher e os filhos serão de seu senhor, e ele sairá sozinho. [5]Se o escravo disser: 'Eu amo meu senhor, minha mulher e meus filhos; não quero sair livre'; [6]então seu senhor o levará diante de Deus, e o fará aproximar-se da porta ou do umbral da porta, e lhe furará a orelha com uma sovela, e será seu escravo para sempre.

[7]Se alguém vender sua filha como escrava, ela não sairá como saem os escravos. [8]Se ela não agradar a seu senhor, que a havia destinado para si, ele a fará resgatar, mas não poderá vendê-la a estranhos, por havê-la tratado com engano. [9]Se a destinar a seu filho, deve tratá-la conforme o direito das filhas. [10]Se ele tomar outra mulher, não diminuirá à primeira o alimento, nem a roupa, nem o direito conjugal. [11]Se ele não lhe garantir essas três coisas, ela poderá partir gratuitamente, sem pagar nada".

Homicídio. [12]"Quem ferir mortalmente um homem* será morto. [13]Se, porém, não lhe armou cilada, mas Deus permitiu que caísse em suas mãos, eu te indicarei um lugar onde possa refugiar-se[t]. [14]Mas se alguém tramar contra seu próximo para matá-lo à traição,* até de meu altar deverás arrancá-lo para que morra".

Lesões corporais. [15]"Quem ferir seu pai ou sua mãe será morto. [16]Quem sequestrar uma pessoa,* quer a tenha vendido, quer se ache em seu poder, será morto. [17]Quem amaldiçoar seu pai ou sua mãe será morto.*

[18]Quando dois homens estiverem brigando, e um ferir o outro com uma pedra ou com o punho, e este não morrer, mas tiver de ficar acamado, [19]se o ferido se levantar e puder caminhar para fora apoiado em sua bengala, o agressor será absolvido, mas o indenizará pelo tempo que perdeu e pelos gastos do tratamento.

[20]Se alguém ferir seu escravo ou sua escrava com um bastão, e ele ou ela morrer sob suas mãos, seja punido; [21]mas se o escravo sobreviver um ou dois dias, não seja punido, porque é propriedade sua.

[22]Se alguns homens brigarem e ferirem uma mulher grávida, de sorte que sobrevenha o aborto, mas sem outros danos, devem ser multados conforme o que lhe impuser o marido da mulher e julgarem os juízes. [23]Mas se houver um dano maior,* darás vida por vida, [24]olho por olho, dente por dente, mão por mão, pé por pé, [25]queimadura por queimadura, ferida por ferida, contusão por contusão[t].

---

* **21**,1. Lv 25,35-46; Dt 15,12-18 | 12. Lv 24,17; Nm 35,16-34 | 14. 1Rs 1,50; 2,28-34 | 16. Dt 24,7 | 17. Lv 20,9; Dt 27,16; Eclo 3,18; Mt 15,4 | 23. Lv 24,19s; Dt 19,21; Mt 5,38-42

† **20**,22. Esta nova seção, chamada Código da Aliança, Êx 20,22-23,19, é uma aplicação do Decálogo e supõe um povo já instalado na terra. As prescrições pertencem a três categorias: direito civil e penal, regras para o culto e moral social. | **21**,2. Um hebreu tornava-se escravo de um outro hebreu para pagar uma dívida, Mt 18,25. | 13. As cidades de refúgio, Nm 35,9-34; Dt 19,1-13; Js 20. | 25. Esta é a "lei do talião", observada entre muitos povos antigos, que visava pôr um limite à vingança. Cristo a mudará pela lei do perdão, Mt 5,38-39.

Êxodo 21-22

²⁶Se alguém ferir o olho de seu escravo ou de sua escrava, inutilizando-o, ponha-o em liberdade em compensação por seu olho. ²⁷E, se quebrar um dente de seu escravo ou de sua escrava, deverá dar-lhe a liberdade em compensação por seu dente".

Danos dos animais. ²⁸"Se um boi matar a chifradas um homem ou uma mulher, o boi seja apedrejado e não se comerá sua carne, mas o dono do boi será absolvido. ²⁹Mas se o boi costumava dar chifradas, e seu dono, tendo sido avisado, não o prendeu, e se esse boi matar um homem ou uma mulher, o boi será apedrejado e o dono também será morto. ³⁰Mas se lhe foi imposto um resgate, então dará por resgate de sua vida tudo quanto lhe for imposto. ³¹Se o boi ferir um menino ou uma menina, a mesma lei será aplicada. ³²Se o boi chifrar um escravo ou uma escrava, seu dono pagará ao senhor do escravo trinta siclos de prata, e o boi será apedrejado.

³³Se alguém deixar aberta uma cisterna, ou então, depois de a cavar, não a cobrir, e um boi ou um jumento cair nela, ³⁴o dono da cisterna indenizará o prejuízo, pagando em dinheiro ao dono do boi ou do jumento, e o animal morto será seu.

³⁵Se o boi de alguém matar a chifradas o boi de um outro, venderão o boi vivo e repartirão seu valor, e dividirão entre si o boi morto. ³⁶Mas se era notório que aquele boi costumava chifrar, e seu dono não o prendeu, pagará boi por boi e o animal morto será seu.

³⁷Se alguém roubar um boi ou uma ovelha e os matar ou vender, pagará cinco bois pelo boi e quatro ovelhas pela ovelha".

22

Furtos e danos. ¹"Se um ladrão for surpreendido arrombando uma casa e for ferido mortalmente, não há delito de sangue; ²mas se naquele momento já se tinha levantado o sol, quem o feriu será culpado de sangue. O ladrão fará restituição total; e se não

tiver como restituir, será vendido por seu furto. ³Se aquilo que roubou – boi, jumento ou ovelha – estiver ainda vivo em suas mãos, pagará em dobro. ⁴Se alguém deixar seu animal pastar num campo ou numa vinha e o soltar para comer no campo de um outro, pagará com o melhor de seu campo e o melhor de sua vinha.

⁵Se irromper um incêndio e se alastrar pelos espinheiros e destruir o trigo enfeixado, a plantação ou o campo, deverá ressarcir o dano quem ateou o fogo".

Depósitos e empréstimos. ⁶"Se alguém tiver confiado a outro* dinheiro ou objetos para guardar, e forem roubados da casa dessa pessoa, o ladrão, uma vez descoberto, restituirá em dobro. ⁷Não se descobrindo o ladrão, o dono da casa comparecerá diante de Deus, a fim de testemunhar que não pôs a mão nos bens de seu próximo. ⁸Em todo caso de má-fé, quer se trate de um boi, um jumento, uma ovelha, uma veste, ou de qualquer coisa perdida, de que alguém disser: 'É esta', a causa de ambas as partes será levada diante de Deus; e aquele que Deus declarar culpado pagará em dobro ao outro.

⁹Se alguém confiar à guarda de outro um jumento, boi ou ovelha, ou qualquer outro animal, e o animal morrer ou ficar aleijado ou for roubado, sem que haja testemunha, ¹⁰haverá um juramento de Javé entre ambas as partes de que este não pôs a mão na propriedade do outro; o dono aceitará o juramento e o outro nada pagará. ¹¹Mas se o animal lhe foi roubado, deverá indenizar o dono. ¹²Se o animal foi dilacerado por uma fera, apresente-o como prova e não terá de pagar pelo animal dilacerado.

¹³Se alguém tomar emprestado de outro um animal, e este ficar aleijado ou morrer na ausência do dono, está obrigado a indenizar. ¹⁴Mas se seu dono estava presente, nada pagará. Se o animal tiver sido alugado, o preço do aluguel será o pagamento".

---

* **22**,6. Lv 5,21-26

Êxodo 22-23

Prescrições várias. 15"Se alguém tiver seduzido uma virgem* que não é noiva e dormir com ela, pagará seu dote e se casará com ela. 16Se, porém, o pai não quiser dar-lhe a moça, pagará em dinheiro o valor do dote das virgens. 17Não deixarás viver nenhuma feiticeira.* 18Quem tiver relações com um animal será morto. 19Quem oferecer sacrifícios a outros deuses e não unicamente a Javé será votado ao extermínio.

20Não afligirás nem oprimirás o estrangeiro,* porque também vós fostes estrangeiros na terra do Egito. 21Não maltratarás a viúva nem o órfão. 22Se de algum modo os afligires, e clamarem a mim, eu ouvirei seu clamor; 23minha ira se inflamará e vos matarei à espada. Vossas esposas ficarão viúvas, e órfãos vossos filhos.

24Se emprestardes dinheiro a alguém de meu povo,* a um vizinho pobre, não o tratarás como credor, não exigirás dele juros. 25Se tomas como penhor o manto de teu próximo, devolve-o antes do pôr do sol, 26porque é sua única coberta, a veste de seu corpo; com que dormiria ele?* Se ele clamar a mim, eu o ouvirei, porque sou misericordioso.

27Não blasfemarás contra Deus, nem amaldiçoarás o príncipe de teu povo. 28Não tardarás a oferecer-me o melhor de tua colheita e de tuas vinhas.* Tu me darás o primogênito de teus filhos. 29Farás o mesmo com a primeira cria de tuas vacas e de tuas ovelhas: ficará sete dias com sua mãe,* e no oitavo dia o entregarás a mim. 30Sereis pessoas a mim consagradas;* não comereis carne de animal dilacerado nos campos, mas lançai-a aos cães".

23

Retidão nos julgamentos. 1"Não espalharás boatos falsos;* não apoiarás quem não tem razão, dando um falso testemunho. 2Não seguirás a maioria para praticar o mal, nem testemunharás em processo inclinando-te para a maioria, com o fim de perverter a justiça; 3nem tampouco favorecerás o pobre em seu processo.* 4Se encontrares extraviados o boi ou o jumento* de teu inimigo, tu os reconduzirás a ele. 5Se vires cair debaixo da carga o jumento de teu inimigo, não o desampares, mas o ajudes a levantá-lo.

6Não falsearás o direito de teu pobre em seu processo. 7Afasta-te de toda causa mentirosa; e não faças perecer um inocente ou um justo, pois eu não absolverei o culpado. 8Não aceitarás presentes,* porque o presente cega os mais clarividentes e perverte as palavras dos justos.

9Não oprimirás o estrangeiro, pois conheceis o estado de alma do estrangeiro, já que fostes estrangeiros na terra do Egito".*

O ano sabático. 10"Durante seis anos semearás tua terra* e recolherás seus frutos. 11Mas no sétimo ano a deixarás descansar e não a cultivarás, para que se alimentem os pobres de teu povo, e os animais selvagens comam o resto. Assim farás com tua vinha e com teu olival. 12Durante seis dias farás teus trabalhos, mas no sétimo dia descansarás, para que descansem teu boi e teu jumento, e tomem alento o filho de tua escrava e o estrangeiro. 13Observai tudo o que vos disse. Não pronuncieis o nome de outros deuses; não se ouça em tua boca".*

As festas. 14"Três vezes por ano celebrarás* uma festa em minha honra†. 15Guardarás a festa dos Ázimos. Comerás pães ázimos durante sete dias,

---

* **22,**15. Dt 22,23-29 | 17. Lv 20,6-27; Dt 18,9-12 | 20. Lv 18,23; Dt 27,21; Nm 25,1-5; Lv 19,33s; Dt 10,18s; 24,17s; 27,19; Sl 146,9; Is 1,17 | 24. Lv 25,35-37; Dt 23,20s | 26. Dt 24,10-13.17 | 28. Dt 26,1 | 29. Dt 15,19 | 30. Lv 11,14; Dt 14,21 | **23,**1. Lv 5,22; 17,13-16; 19,16; Dt 16,18-20 | 3. Lv 19,15 | 4. Dt 22,1-4 | 8. Dt 16,19; 27,25 | 9. 22,20 | 10. Lv 25,1.2.7; Dt 24,19; 26,12s | 13. Js 23,7 | 14. Êx 34,18-23; Dt 16,1-16; Lv 23

† **23,**14. As três grandes festas, Páscoa e Ázimos, a festa das Semanas ou Pentecostes, e a Festa das Tendas, estão explicadas em Êx 34,18-23; Dt 16,1-16; Lv 23 e Nm 28-29. Mais tarde foram acrescentadas: o Ano Novo, Lv 23,24, o Dia das Expiações, Lv 16, Purim, Est 9,24, a Dedicação, 1Mc 4,59; Jo 10,22, e o Dia de Nicanor, 1Mc 7,49.

85 Êxodo 23-24

como te ordenei, no tempo indicado no mês de abib, pois foi nesse mês que saíste do Egito. Ninguém compareça a minha presença de mãos vazias. [16]Guardarás também a festa da Ceifa, das primícias de teus trabalhos, do que semeaste no campo; e a festa da Colheita, no fim do ano, quando recolheres do campo o fruto de teus trabalhos. [17]Três vezes ao ano todos os homens comparecerão diante do Senhor Javé. [18]Não oferecerás o sangue de meu sacrifício com pão fermentado. A gordura de minha festa não permanecerá desde a noite até a manhã seguinte. [19]Levarás as primícias* dos frutos de tua terra à casa de Javé, teu Deus. Não cozerás o cabrito no leite de sua mãe".*

O anjo da guarda. [20]"Vou enviar um anjo a tua frente,* para te proteger na viagem e te conduzir ao lugar que te preparei. [21]Respeita sua presença e segue sua voz; não lhe sejas rebelde, porque não perdoará vossas más obras, pois nele está meu nome. [22]Pelo contrário, se ouvires atentamente sua voz e fizeres tudo o que eu te disser, serei inimigo de teus inimigos e adversário de teus adversários. [23]Porque meu anjo irá a tua frente e te conduzirá até os amorreus,* os heteus, os ferezeus, os cananeus, os heveus e os jebuseus, que eu exterminarei.

[24]Não te prostrarás diante de seus deuses* nem os servirás, nem imitarás suas ações, mas destruirás seus deuses e quebrarás suas colunas sagradas".

Recomendações para a ocupação da Palestina. [25]"Servireis a Javé, vosso Deus, e ele abençoará vosso pão e vossa água; e eu afastarei a doença do meio de ti. [26]Não haverá em tua terra mulher que aborte ou que seja estéril;* completarei o número de teus dias. [27]Enviarei diante de ti meu terror, confundindo todo povo por onde entrares, e farei que todos os teus inimigos te

voltem as costas. [28]Enviarei a tua frente vespas,* para que expulsem de tua presença os heveus, os cananeus e os heteus.

[29]Não os expulsarei de tua frente num só ano, para que a terra não fique deserta e as feras não se multipliquem contra ti. [30]Aos poucos* é que os expulsarei de tua frente, até que te tenhas multiplicado e possuas a terra por herança. [31]Estenderei teu domínio* desde o mar Vermelho até o mar dos filisteus, desde o deserto até o rio Eufrates, pois entregarei em vossas mãos os habitantes da terra, e tu os expulsarás de tua frente. [32]Não farás aliança alguma com eles nem com seus deuses. [33]Não habitarão em tua terra, para que não te façam pecar contra mim; pois tu servirias a seus deuses, e isso seria uma cilada para ti".

24 Aliança entre Deus e Israel.
[1]Depois disse a Moisés: "Sobe a Javé tu, Aarão, Nadab, Abiú* e setenta dos anciãos de Israel, e adorai de longe. [2]Somente Moisés se aproximará de Javé, mas os outros não se aproximarão, nem o povo subirá com ele".

[3]Moisés veio e referiu ao povo todas as palavras de Javé e todas as suas leis. E o povo inteiro, a uma voz, respondeu: "Faremos tudo o que Javé disse".* [4]Moisés escreveu todas as palavras de Javé.* No dia seguinte, levantando-se cedo, ergueu um altar ao pé da montanha e doze colunas sagradas, conforme as doze tribos de Israel. [5]Mandou alguns jovens dentre os israelitas oferecer holocaustos* e imolar a Javé novilhos como sacrifícios pacíficos. [6]Então Moisés tomou metade do sangue, colocou-o em bacias e derramou a outra metade sobre o altar. [7]Tomou o livro da aliança e o leu ao povo, o qual exclamou: "Tudo o que Javé falou nós o faremos e obedeceremos". [8]Então Moi-

---

* **23**,19. Dt 26,1 / Êx 34,26; Dt 14,21 | 20. 14,19; 33,2; Ml 3,1; Is 63,9 | 23. Dt 7,1 | 24. Lv 18,3; 34,13; Dt 7,5; 12,3; Nm 33,52 | 26. Dt 7,14; 28; 30,9; Lv 26,9 | 28. Dt 7,20; Js 24,12; Sb 12,8 | 30. Dt 7,22; Jz 2,6 | 31. Jz 20,1; Dt 11,24 | **24**,1. 19,20; 28,1; Nm 11,16 | 3. Js 24,16-24 | 4. 34,27s | 5. Js 24,26s | 8. Hb 9,18s; Mt 26,28

† **24**,8. A aspersão do sangue conclui a aliança e faz a união do povo com Deus, representado no altar. Também a nova aliança será feita com sangue, o sangue de Cristo, Lc 22,20; Hb 9,18-21.

Êxodo 24-25

sés tomou do sangue, aspergiu com ele o povo e disse: "Este é o sangue da aliança* que Javé fez convosco por meio de todas essas palavras".†

⁹A seguir Moisés subiu com Aarão, Nadab, Abiú e setenta dos anciãos de Israel. ¹⁰Eles viram o Deus de Israel: debaixo de seus pés havia como um pavimento de safira,* límpida como o próprio céu. ¹¹Ele não estendeu a mão contra aqueles privilegiados de entre os israelitas; eles viram a Deus e depois comeram e beberam.

Moisés na montanha; as duas tábuas de pedra. ¹²Javé disse a Moisés: "Sobe até mim lá na montanha* e fica lá, pois eu te darei as tábuas de pedra com a lei e os mandamentos que escrevi para instrução deles". ¹³Moisés levantou-se com Josué, seu ajudante, e Moisés subiu à montanha de Deus. ¹⁴Falou aos anciãos: "Permanecei aqui até que voltemos a vós. Aarão e Hur ficam convosco; quem tiver alguma questão recorra a eles". ¹⁵Subiu, pois, Moisés à montanha,* e a nuvem cobriu a montanha.* ¹⁶A glória de Javé pousou sobre o monte Sinai, e a nuvem cobriu-o durante seis dias; no sétimo dia ele chamou Moisés do meio da nuvem. ¹⁷O aspecto da glória de Javé era aos olhos dos israelitas* como um fogo devorador no alto da montanha. ¹⁸Moisés penetrou no meio da nuvem, subiu ao monte e lá permaneceu durante quarenta dias e quarenta noites.

25 **Ofertas para a construção do santuário.** ¹Javé falou a Moisés: ²"Ordena aos israelitas que me tragam* uma oferta. Recebereis a oferta de toda pessoa que doar generosamente. ³Estas são as coisas que aceitareis: ouro, prata e bronze; ⁴tecidos de púrpura violeta, escarlate, carmesim, linho fino, pelos de cabra; ⁵peles de carneiro tingidas de vermelho, couro fino e madeira de acácia; ⁶azeite para as lâmpadas, aromas para o óleo da unção e para o incenso perfumado; ⁷pedras de ônix e pedras de engaste para o efod e o peitoral. ⁸Eles me farão um santuário, para que eu habite no meio deles†. ⁹Farás tudo conforme o modelo do tabernáculo* e o modelo de sua mobília que vou te mostrar".

A arca. ¹⁰"Farás uma arca de madeira de acácia,* com dois côvados e meio de comprimento, um côvado e meio de altura e um côvado e meio de largura†. ¹¹Tu a revestirás de ouro puro, por dentro e por fora, e por cima, em volta, farás uma moldura de ouro. ¹²Fundirás para ela quatro argolas de ouro, que prenderás em seus quatro cantos, duas de cada lado. ¹³Farás varais de madeira de acácia,* que recobrirás de ouro, ¹⁴e os introduzirás nas argolas presas aos lados da arca, para se poder transportá-la. ¹⁵Os varais da arca ficarão sempre nas argolas e nunca serão removidos delas.* ¹⁶Na arca porás o testemunho que te darei".

O propiciatório. ¹⁷"Farás um propiciatório* de ouro puro†. Seu comprimento será de dois côvados e meio, sua largura um côvado e meio.* ¹⁸Farás dois querubins de ouro, trabalhados a martelo, nas duas extremidades do propiciatório. ¹⁹Farás, pois, um querubim numa extremidade e o outro querubim na outra extremidade. Fareis os querubins de uma só peça com o propiciatório, nas duas extremidades. ²⁰Os querubins terão as asas estendidas para o alto, cobrindo com elas o propiciatório; estarão olhando um para o outro com os rostos voltados para o propiciatório.

---

* **24**,10. Ez 1,26; Ap 4,2s | 12. 31,18; 32,15s;34,1.4.28s; Dt 4,13; 5,22; 9,9.15; 10,1-5 | 15. 19,3 / 19,9 | 17. Dt 4,36; Dt 9,9; Êx 34,28 | **25**,2. 35,4-29 | 9. 25,40; 26,30; 27,8; Nm 8,4 | 10. 37,1-9 | 13. 2Sm 6,7 | 15. 24,12; Dt 10,1s | 17. Lv 16,12-15; Rm 3,25 / 26,34 | 21. 26,34

† **25**,8. Esse santuário provisório é a tenda, na qual Deus se fazia peregrino para acompanhar seu povo em marcha pelo deserto. Quando o povo habitar em casas, também Deus terá a sua, o templo de Jerusalém. | 10. A arca era um cofre que media 1,25m x 0,75m, com a altura de 0,75m, e na qual se guardavam as tábuas da lei, as cláusulas da aliança, por isso era chamada arca da aliança ou do testemunho. Era o sinal da presença de Deus. | 17. O propiciatório era a tampa da arca; era assim chamado porque de lá Deus ouvia propício as súplicas do povo.

87 Êxodo 25-26

21Porás o propiciatório* em cima da arca, e dentro dela guardarás o testemunho que eu te darei. 22Aí me encontrarei contigo,* e de cima do propiciatório, do meio dos dois querubins que estão sobre a arca do testemunho, eu te comunicarei tudo o que te ordenarei a respeito dos filhos de Israel".

A mesa. 23"Farás também uma mesa de madeira* de acácia, com dois côvados de comprimento, um côvado de largura e um côvado e meio de altura. 24Tu a revestirás de ouro puro e lhe farás uma moldura de ouro em redor. 25A sua volta farás um friso de um palmo e lavrarás uma moldura de ouro em torno do friso. 26Farás quatro argolas de ouro que prenderás aos quatro cantos da mesa, formados pelos quatro pés. 27As argolas estarão na altura do friso e receberão os varais para o transporte da mesa. 28Farás os varais de madeira* de acácia e os cobrirás de ouro; servirão para carregar a mesa. 29Farás de ouro os pratos, as colheres, os jarros e as taças para as libações. 30Porás sobre a mesa* o pão da apresentação†, em minha presença constantemente".

O candelabro. 31"Farás um candelabro de ouro puro.* Farás, trabalhados a martelo, de uma só peça: a haste, o pedestal, os braços, os cálices, os botões e as flores. 32Seis braços sairão de seus lados: três de um lado e três do outro. 33Em cada braço haverá três cálices em forma de flor de amendoeira, com botões e flores. Assim serão formados os seis braços que sairão da haste. 34O candelabro terá quatro cálices em forma de flor de amendoeira, com seus botões e suas flores; 35um botão debaixo dos dois primeiros braços, saindo do candelabro; outro debaixo dos dois braços seguintes e um terceiro debaixo dos últimos; assim se fará com os seis braços que saem do candelabro. 36Os botões e os braços formarão uma só peça com o candela-

bro; tudo isso será feito de ouro puro, lavrado a martelo. 37Também lhe farás sete lâmpadas, dispondo-as de forma a projetarem a luz para a frente. 38Suas espevitadeiras e seus cinzeiros serão feitos de ouro puro. 39Para a fabricação do candelabro e de todos os seus acessórios empregarás um talento de ouro puro. 40Cuida de os fazer conforme o modelo que te foi mostrado sobre a montanha".*

26 O tabernáculo e sua tenda.

1"Farás o tabernáculo com dez cortinas* de linho fino retorcido, de púrpura violeta, púrpura escarlate e carmesim e nelas bordarás querubins. 2O comprimento de cada cortina será de vinte e oito côvados e a largura, de quatro côvados; todas as cortinas terão o mesmo tamanho. 3Cinco cortinas serão unidas uma à outra, e as outras cinco também serão unidas uma à outra. 4Farás umas presilhas de púrpura violeta na orla da cortina que está na extremidade do primeiro grupo; o mesmo farás na orla da cortina que ocupa a extremidade do segundo grupo. 5Farás cinquenta presilhas na primeira cortina e outras cinquenta na orla da cortina que ocupa a extremidade do segundo grupo, de modo que as presilhas se correspondam entre si. 6Farás também cinquenta colchetes de ouro, com os quais unirás as cortinas uma à outra, de sorte que o tabernáculo forme um só todo.

7Farás cortinas de pelos de cabra, para cobrirem com elas o tabernáculo, à maneira de tenda; dessas cortinas farás onze. 8O comprimento de cada cortina será de trinta côvados e a largura, de quatro côvados. Todas as cortinas terão as mesmas medidas. 9Juntarás cinco dessas cortinas à parte, e as outras seis cortinas também à parte, e dobrarás a sexta cortina sobre a fachada da tenda. 10Farás cinquenta presilhas na borda da primeira

---

* **25**,22. 29,42; 33,7-11; Lv 1,1; 16,2 | 23. 37,10-16 | 28. Nm 4,7 | 30. Lv 24,5-9; 1Sm 21,4-6 | 31. 37,17-24; Lv 24,2-4 | 40. Hb 8,5 | **26**,1. 33,7-11; 36,8-19; Hb 9,11.24

† **25**,30. Eram doze pães, um para cada tribo, que lá ficavam uma semana. No sábado, os sacerdotes os consumiam e os substituíam por outros.

Êxodo 26-27

cortina, na extremidade do primeiro grupo, e outras cinquenta na borda da cortina do segundo grupo. ¹¹Farás cinquenta colchetes de bronze que introduzirás nas presilhas, unindo assim a tenda para que forme um só todo. ¹²Quanto à parte que sobra das cortinas da tenda, a metade excedente da cortina cobrirá os fundos do tabernáculo, ¹³e o côvado restante, de cada lado, ao longo das cortinas da tenda, penderá dos dois lados do tabernáculo para o cobrir. ¹⁴Além disso, farás para a tenda uma cobertura de peles de carneiro tingidas de vermelho e, por cima desta, outra de couro fino".

As tábuas para o tabernáculo. ¹⁵"Farás também as tábuas para o tabernáculo,* de madeira de acácia, que serão colocadas verticalmente. ¹⁶O comprimento de cada tábua será de dez côvados e a largura, de um côvado e meio. ¹⁷Cada tábua terá dois encaixes, unidos um ao outro; assim farás todas as tábuas do tabernáculo. ¹⁸Farás deste modo as tábuas do tabernáculo: vinte tábuas para o lado meridional, à direita. ¹⁹Farás também quarenta bases de prata para serem colocadas debaixo das vinte tábuas: duas bases para cada tábua firmada nelas por meio dos dois encaixes. ²⁰Para o outro lado do tabernáculo, ao norte, farás outras vinte tábuas ²¹com suas quarenta bases de prata: duas debaixo de cada tábua. ²²Para o fundo do tabernáculo, ao ocidente, farás seis tábuas. ²³Farás também duas tábuas para os cantos do fundo do tabernáculo, ²⁴as quais serão unidas entre si por baixo, até a altura da primeira argola. Assim se fará com as duas tábuas que deverão ser postas nos ângulos. ²⁵Serão, portanto, oito tábuas com suas dezesseis bases de prata: duas bases para cada tábua.

²⁶Farás ainda vigas de madeira de acácia: cinco para as tábuas de um lado do tabernáculo, ²⁷outras cinco para as do outro lado do tabernáculo e igualmente cinco para as tábuas do fundo do tabernáculo, no lado ocidental. ²⁸A viga central estará a meia altura das tábuas, passando de uma extremidade à outra. ²⁹Cobrirás de ouro essas tábuas, e de ouro farás suas argolas pelas quais passarão as vigas,* que também cobrirás de ouro. ³⁰Armarás o tabernáculo conforme o modelo que te foi mostrado na montanha".

Cortina e tapete. ³¹"Farás também um véu de púrpura violeta* e escarlate, carmesim e linho fino retorcido, com bordados representando querubins. ³²Suspenderás o véu em quatro colunas de madeira de acácia, revestidas de ouro, munidas de ganchos de ouro e firmadas sobre quatro bases de prata. ³³Pendurarás o véu debaixo dos colchetes. Por detrás dele colocarás a arca do testemunho; por meio do véu será separado o lugar santo do santíssimo†. ³⁴Sobre a arca do testemunho* colocarás o propiciatório, dentro do santíssimo. ³⁵A mesa porás fora do véu, e o candelabro, defronte da mesa, ao lado do tabernáculo, para o sul; e a mesa porás para o lado norte. ³⁶Para a entrada da tenda farás uma cortina de púrpura violeta, púrpura escarlate, carmesim e linho fino retorcido, trabalho de bordado. ³⁷Para essa cortina farás cinco colunas de madeira de acácia, recobertas de ouro, munidas de colchetes de ouro, e fundirás para elas cinco bases de bronze".

27 O altar dos holocaustos.
¹"Farás o altar de madeira de acácia,* com cinco côvados de comprimento e cinco de largura; quadrado, portanto; terá três côvados de altura. ²Em seus quatro cantos porás chifres†;

---

* **26**,15. 36,20-34 | 29. 25,40 | 31. 36,35-38; L 16; Hb 6,19; 9,1-10.24; 10,19s | 34. 25,21 | **27**,1. 38,1-7; 1Rs 8,64; Ez 43,13-17

† **26**,33. Literalmente, "o santo dos santos", superlativo hebraico. Morada de Deus, ninguém entrava lá, a não ser o sumo sacerdote, uma vez ao ano, no dia das Expiações, Lv 16; Hb 9,6-14. | **27**,2. Os quatro chifres serviam com frequência para decorar móveis. Aqui representam a força e a majestade divinas. Sempre em contato com o sangue das vítimas, tinham um caráter sagrado, e o culpado que se agarrasse a eles gozava do direito de asilo, Êx 21,14; 1Rs 2,28. Na Bíblia, "chifre" simboliza força, poder.

que formarão uma só peça com o altar, e o revestirás de bronze. ³Farás os recipientes para recolher as cinzas, as pás, as bacias, os garfos e os braseiros; farás de cobre todos esses utensílios. ⁴Farás também para ele uma grelha de bronze em forma de rede, com quatro argolas de bronze em seus quatro cantos, ⁵e as porás sob a beirada do altar. A rede chegará até a metade do altar. ⁶Farás para o altar varais de madeira de acácia e os cobrirás de bronze; ⁷esses varais serão introduzidos nas argolas; estarão de um e de outro lado do altar, servindo para seu transporte. ⁸O altar será oco e de tábuas; como te foi mostrado na montanha, assim o farás".

O átrio. ⁹"Farás a seguir o átrio do tabernáculo.* Pelo lado meridional haverá cortinas de linho fino retorcido, numa extensão de cem côvados em cada lado. ¹⁰Suas colunas serão vinte, com vinte bases de bronze; os ganchos das colunas e as vergas serão de prata. ¹¹No lado setentrional do átrio haverá igualmente cortinas numa extensão de cem côvados, com vinte colunas e vinte bases de bronze; os ganchos das colunas e as vergas serão de prata. ¹²Na largura do átrio, do lado ocidental, haverá cortinas numa extensão de cinquenta côvados, e serão dez colunas com dez bases. ¹³A largura do átrio do lado oriental será de cinquenta côvados. ¹⁴Num lado da entrada haverá quinze côvados de cortinas, com suas três colunas e suas três bases. ¹⁵No outro lado também haverá quinze côvados de cortinas, com suas três colunas e suas três bases. ¹⁶Na entrada do átrio haverá um cortinado de vinte côvados, de púrpura violeta, púrpura escarlate, carmesim e linho fino retorcido, trabalho de bordado, com quatro colunas e quatro bases. ¹⁷Todas as colunas em volta do átrio terão vergas, ganchos de prata e bases de bronze. ¹⁸O comprimento do átrio será de cem côvados, a largura de cinquenta côvados e a altura de cinco côvados. As cortinas serão de linho fino retorcido e as bases das

colunas, de bronze. ¹⁹Serão de bronze todos os utensílios para o serviço do tabernáculo, todas as suas estacas e as estacas do átrio".

Óleo para as lâmpadas. ²⁰"Ordena aos israelitas que te tragam para o candelabro óleo puro de olivas esmagadas, a fim de manter a lâmpada sempre acesa. ²¹Na tenda da reunião,* fora da cortina que está diante do testemunho, Aarão e seus filhos o prepararão, para que arda desde a tarde até pela manhã na presença de Javé. Esta será norma perpétua para os israelitas, por todas as gerações".

28

Paramentos sacerdotais. ¹"Manda vir para junto de ti, dentre os israelitas,* Aarão, teu irmão, e seus filhos, para que sejam meus sacerdotes: Aarão, Nadab, Abiú, Eleazar e Itamar, filhos de Aarão. ²Farás para Aarão, teu irmão, vestes sagradas, para honra e ornamento. ³Falarás a todos os homens hábeis a quem dotei de espírito de sabedoria, a fim de que façam as vestes de Aarão, para que seja consagrado para o exercício de meu sacerdócio. ⁴Estas são as vestes que deverão fazer: o peitoral, o efod, o manto, a túnica bordada, o turbante e o cinto. Farão essas vestes sagradas para Aarão, teu irmão, e para seus filhos, a fim de que me sirvam como sacerdotes. ⁵Empregarão ouro, púrpura violeta, púrpura escarlate, carmesim e linho fino.

⁶Farão o efod de ouro,* púrpura violeta, púrpura escarlate, carmesim e linho fino retorcido, trabalho de bordado. ⁷Terá duas ombreiras, que se unem a suas duas pontas, segurando-se assim. ⁸O cinto que está por cima dele, para segurá-lo, será do mesmo trabalho, formando uma só peça com ele; será de ouro, púrpura violeta, púrpura escarlate, carmesim e linho fino retorcido. ⁹Tomarás duas pedras de ônix, nas quais gravarás os nomes dos israelitas. ¹⁰Seis nomes numa pedra e seis na outra, por ordem de nascimento. ¹¹Gravarás nessas duas pedras os nomes dos

---

* **27**,9. 39,9-20; Ez 40,17-49 | 21. Lv 24,2-4; 30,7s; 1Sm 3,3 | **28**,1. Lv 8-10 | 6. 39,2-7

Êxodo 28

israelitas, como faz o lapidador ao gravar um selo, e as montarás em engastes de ouro. [12]Colocarás as duas pedras sobre as ombreiras, como memorial para os israelitas; e Aarão levará seus nomes sobre os ombros à presença de Javé, para recordação. [13]Farás engastes de ouro [14]e duas correntinhas* de ouro puro, trançadas como cordões, e as fixarás aos engastes.

[15]Farás o peitoral do julgamento,* trabalho de artista, do mesmo modo que o efod, de ouro, púrpura violeta, púrpura escarlate, carmesim e linho fino retorcido. [16]Será quadrado e duplo; terá um palmo de comprimento e um de largura. [17]Colocarás nele engastes de pedras,* com quatro fileiras de pedras: na primeira um sárdio, um topázio e uma esmeralda; [18]na segunda, um rubi, uma safira e um berilo; [19]na terceira, um jacinto, uma ágata e uma ametista; [20]na quarta, um crisólito, um ônix e um jaspe. Serão engastadas em ouro e assim colocadas. [21]As pedras corresponderão aos nomes dos israelitas: doze segundo seus nomes; serão esculpidas como selos, cada pedra com seu nome, para as doze tribos. [22]Farás para o peitoral correntinhas de ouro puro, trançadas à maneira de cordões, [23]e duas argolas de ouro, que porás nas duas extremidades do peitoral. [24]Introduzirás as duas correntinhas de ouro nas argolas, que estão nas extremidades do peitoral, [25]e prenderás as duas pontas das correntinhas aos dois engastes e as porás nas ombreiras do efod, na frente dele. [26]Farás duas argolas de ouro que colocarás nas extremidades do peitoral, que estão na borda inferior, junto ao efod. [27]Farás mais duas argolas de ouro, que porás nas duas ombreiras do efod, abaixo, na frente dele, perto de sua juntura, por cima do cinto do efod. [28]O peitoral será ligado com suas argolas às argolas do efod por um cordão de púrpura violeta, para que esteja sobre o cinto do efod, e não possa desprender-se o peitoral do efod. [29]Desse modo Aarão, ao entrar no santuário, levará os nomes dos israelitas gravados no peitoral do julgamento, sobre seu peito, para memória diante de Javé continuamente. [30]No peitoral do julgamento* porás os Urim e os Tumim†, para que estejam sobre o peito de Aarão quando ele se apresentar diante de Javé. Assim Aarão levará sobre o peito o julgamento dos israelitas na presença de Javé continuamente".

O manto, ou seja, a veste do efod.
[31]"Farás o manto do efod* todo de púrpura violeta. [32]Terá no meio uma abertura para a cabeça; essa abertura será debruada como a abertura de uma couraça, para que não se rompa. [33]Em volta de toda a sua orla inferior aplicarás romãs de púrpura violeta, púrpura escarlate e carmesim, entremeadas de campainhas de ouro; [34]uma campainha* de ouro e uma romã; outra campainha de ouro e outra romã ao redor de toda a orla inferior do manto. [35]Aarão o vestirá em suas funções para que se ouça o som das campainhas, quando ele entrar no santuário à presença de Javé e quando sair, e assim ele não morra.

[36]Farás uma lâmina de ouro puro,* na qual gravarás à maneira de selo: 'Consagrado a Javé'. [37]Prenderás a lâmina na frente do turbante com uma fita de púrpura violeta. [38]Ela estará sobre a fronte de Aarão, para que Aarão leve a iniquidade concernente às coisas santas, que os israelitas consagrarem ao oferecer qualquer de suas santas oferendas. Estará, pois, continuamente sobre sua fronte, para que eles encontrem benevolência diante de Javé.

[39]Tecerás a túnica com linho fino, e de linho fino farás também um turbante e um cinto, obra de bordador.

---

* **28,**14. 30,16; Nm 31,54 | 16. 39,8-21 | 17. 39,10-13; Ez 28,13; Ap 21,19s | 30. 1Sm 14,41 | 31. 39,22-27 | 34. Eclo 45,9 | 36. 39,27-31; Zc 14,20

† **28,**30. Estes termos significam "luzes" e "perfeições". Designam objetos, pedrinhas talvez, que se usavam para tirar a sorte, obtendo de Deus um oráculo pelo qual ele respondia sim ou não, Nm 27,21; 1Sm 14,41.

Êxodo 28-29

⁴⁰Para os filhos de Aarão farás túnicas, cintos e turbantes, para honra e ornamento. ⁴¹Com essas vestimentas revestirás Aarão, teu irmão, e seus filhos, e os ungirás, dando-lhes a investidura e consagrando-os para que me sirvam como sacerdotes.* ⁴²Faze-lhes calções de linho para cobrirem sua nudez; irão da cintura até as coxas. ⁴³Aarão e seus filhos os vestirão quando entrarem na tenda da reunião ou quando se aproximarem do altar para ministrar no santuário, para que não incorram em culpa e não morram. Isso será uma lei perpétua para ele e para sua posteridade depois dele".

29

Consagração de Aarão e de seus filhos. ¹"Isto é o que farás com eles para consagrá-los como meus sacerdotes: tomarás um novilho e dois carneiros sem defeito, ²pães ázimos, tortas ázimas amassadas com azeite, bolachas sem fermento, untadas com azeite: tudo isso preparado com flor de farinha. ³Porás tudo num cesto e no cesto os trarás, juntamente com o novilho e os carneiros. ⁴Mandarás aproximar-se Aarão e seus filhos da entrada da tenda da reunião e os lavarás com água. ⁵Tomarás as vestimentas e porás em Aarão a túnica, o manto, o efod e o peitoral, e o cingirás com o cinto do efod. ⁶Porás o turbante em sua cabeça,* e sobre o turbante porás o diadema sagrado. ⁷Tomarás o óleo da unção e o derramarás sobre sua cabeça, ungindo-o. ⁸Depois mandarás aproximar-se seus filhos e os revestirás com as túnicas, ⁹tu os cingirás com o cinto e lhes porás os turbantes. O sacerdócio lhes pertencerá por lei perpétua. Desse modo farás a investidura de Aarão e de seus filhos.

¹⁰Depois mandarás trazer o novilho diante da tenda da reunião, e Aarão e seus filhos imporão as mãos sobre a cabeça do novilho. ¹¹Imolarás o novilho na presença de Javé, à entrada da tenda da reunião. ¹²Tomarás do sangue do novilho* e o passarás, com o dedo, sobre os chifres do altar, derramando todo o resto do sangue ao pé do altar. ¹³Tomarás toda a gordura que cobre as entranhas e o redenho do fígado, os rins com a gordura que os envolve e levarás tudo para queimar sobre o altar. ¹⁴Mas a carne do novilho, o couro e os excrementos queimarás fora do acampamento: é um sacrifício pelo pecado.* ¹⁵Tomarás depois um dos carneiros, sobre cuja cabeça Aarão e seus filhos imporão as mãos. ¹⁶Imolarás o carneiro* e recolherás seu sangue para derramá-lo sobre o altar, em todo o redor. ¹⁷Cortarás o carneiro em pedaços, lavarás as vísceras e as pernas, colocando-as depois sobre os pedaços e sobre a cabeça. ¹⁸Assim queimarás o carneiro todo sobre o altar: é um holocausto para Javé, de aroma agradável†, oferta queimada para Javé.*

¹⁹Tomarás em seguida o outro carneiro, sobre cuja cabeça Aarão e seus filhos imporão as mãos. ²⁰Imolarás o carneiro e, tomando de seu sangue, o passarás sobre o lóbulo da orelha direita de Aarão e de seus filhos, sobre os polegares de suas mãos direitas e sobre os polegares de seus pés direitos, derramando o resto do sangue sobre o altar, a seu redor. ²¹Tomarás depois do sangue que está sobre o altar e do óleo da unção e aspergirás Aarão e suas vestes, e igualmente seus filhos e suas vestes. Assim será ele consagrado e suas vestes, bem como seus filhos e suas vestes com ele.

²²Tomarás a gordura do carneiro, isto é, a cauda, a gordura que cobre as vísceras, o redenho do fígado e os rins, com a gordura que os envolve, e a coxa direita, porque é o carneiro da investidura. ²³Tomarás um pão,* uma torta

---

* **28**,41. 20,26 | **29**,6. 28,36s; 39,30; 30,22-33 | 12. Lv 1,5; Lv 4,7 | 14. Lv 4,1s | 16. 24,6 | 18. Lv 1,1.9 | 23. 29,2s

† **29**,18. Antropomorfismo, ou modo humano de falar sobre Deus, indicando que a oferta lhe agrada, Gn 8,21. | 24. Literalmente "agitarás", quer elevando e abaixando, quer movendo para a frente e para trás, ou de um lado para o outro.

Êxodo 29-30

untada no azeite e uma bolacha, do cesto de pães ázimos, que está na presença de Javé, [24]e porás tudo isso nas palmas das mãos de Aarão e de seus filhos, e farás o gesto de apresentação diante de Javé†. [25]Receberás, depois, tudo de suas mãos e o queimarás sobre o holocausto, em suave odor diante de Javé: é uma oferta consumada pelo fogo para Javé.

[26]Tomarás ainda o peito do carneiro* da investidura de Aarão e farás com ele o gesto de apresentação diante de Javé; e essa será tua porção. [27]Consagrarás o peito que foi apresentado e a coxa oferecida, isto é, o que foi tirado do carneiro da investidura de Aarão e de seus filhos. [28]Isso será um direito perpétuo devido a Aarão e a seus filhos pelos israelitas, porque é uma contribuição; essa será a contribuição por parte dos israelitas, tomada de seus sacrifícios de comunhão; será uma contribuição para Javé.

[29]Os ornamentos sagrados de Aarão servirão para seus filhos depois dele, que os vestirão quando receberem a unção e a investidura. [30]Durante sete dias deverá usá-los aquele dentre seus filhos que lhe suceder no cargo de sacerdote, quando entrar na tenda da reunião para servir no santuário.

[31]Tomarás o carneiro de consagração* e farás cozinhar sua carne num lugar sagrado. [32]Aarão e seus filhos comerão da carne do carneiro e do pão que está no cesto à entrada da tenda da reunião. [33]Comerão aquilo com que foi feita a expiação, quando de sua investidura e consagração. Nenhum estranho comerá delas, pois são coisas santas. [34]Se sobrar carne ou pão para o dia seguinte, deverás queimá-los; não se comerá, porque é coisa santa.

[35]Assim, pois, farás a respeito de Aarão e de seus filhos* conforme tudo o que te ordenei: sete dias durará o rito de sua investidura. [36]Oferecerás diariamente um novilho em expiação pelo pecado. Purificarás o altar, fazendo por ele expiação* e o ungirás para consagrá-lo. [37]Durante sete dias farás expiação pelo altar, santificando-o, de sorte que se torne santíssimo, e tudo que tocar o altar será santificado".

Sacrifício quotidiano. [38]"Eis o que oferecerás sobre o altar: dois cordeiros de um ano, cada dia, perpetuamente. [39]Oferecerás um desses cordeiros pela manhã e o outro ao entardecer. [40]Com o primeiro cordeiro oferecerás a décima parte de um efá de flor de farinha amassada com um quarto de hin de óleo de olivas amassadas, e como libação um quarto de hin de vinho. [41]Ao entardecer oferecerás o segundo cordeiro, com uma oblação e uma libação semelhantes às da manhã, como agradável perfume, oferta queimada a Javé. [42]Será um holocausto perpétuo por todas as vossas gerações, à entrada da tenda da reunião, diante de Javé, onde vos encontrarei,* para falar contigo. [43]Eu me encontrarei com os israelitas nesse lugar,* que será consagrado por minha glória. [44]Santificarei a tenda da reunião e o altar, e santificarei também Aarão e seus filhos para que me sirvam como sacerdotes. [45]Habitarei entre os israelitas* e serei seu Deus. [46]E eles saberão que eu, Javé, sou seu Deus, que os tirou da terra do Egito, para habitar entre eles: eu, Javé, seu Deus".

30

O altar do incenso. [1]"Farás também de madeira de acácia um altar* para queimar o incenso. [2]Seu comprimento será de um côvado e de um côvado também sua largura, será quadrado, e terá dois côvados de altura; seus chifres formarão um só corpo com ele. [3]Cobrirás de ouro puro tanto sua parte superior como seus lados ao redor e seus chifres; e lhe farás uma moldura de ouro em volta. [4]Farás para ele duas argolas de ouro por baixo da moldura nos dois lados; fixarás essas argolas nos dois flancos, para receberem os varais, destinados a transportá-lo. [5]Farás os varais de madeira

---

* **29,**26. Lv 7,30s | 31. Lv 8,31 | 35. Lv 8,33s | 36. Ez 43,18-27; Lv 16,20; Nm 4,15.20; 2Sm 6,6s; Lv 6,2-6; Nm 28,3-8; Ez 46,13-15 | 42. 25,22 | 43. 24,16; 40,34 | 45. 25,8 | **30,**1. 37,25-28; Nm 4,11; 1Rs 6,20; Ap 8,3-5

de acácia e os cobrirás de ouro. ⁶Colocarás o altar diante da cortina* que oculta a arca do testemunho, em frente do propiciatório, que está em cima do testemunho, lugar onde me comunicarei contigo. ⁷Aarão queimará sobre ele incenso aromático; cada manhã, ao preparar as lâmpadas, ele o queimará; ⁸também ao entardecer, quando Aarão acender as lâmpadas, o queimará também. Será um perfume perpétuo diante de Javé para vossas gerações. ⁹Não oferecereis sobre ele perfume profano, nem holocausto, nem oblação; nem derramareis sobre ele libações. ¹⁰Uma vez por ano Aarão fará a expiação sobre os chifres do altar com o sangue da vítima de expiação pelo pecado; sobre ele fará a expiação uma vez por ano, por todas as vossas gerações. Esse altar será uma coisa santíssima, consagrada a Javé".

Imposto para o culto. ¹¹Javé falou a Moisés, dizendo:* ¹²"Quando fizeres a contagem dos israelitas pelo recenseamento, cada um dará a Javé o resgate da própria pessoa quando os contares, para que não venha sobre eles algum flagelo ao serem recenseados. ¹³Cada um dos que forem recenseados dará meio siclo, conforme o siclo do santuário; esse siclo é de vinte geras. Esse meio siclo é a contribuição devida a Javé. ¹⁴Toda pessoa recenseada, de vinte anos para cima, dará essa contribuição a Javé. ¹⁵O rico não dará mais, nem o pobre dará menos de meio siclo, ao entregarem a contribuição a Javé em resgate de vossas pessoas. ¹⁶Receberás esse dinheiro do resgate dos israelitas e o empregarás no serviço da tenda da reunião; ele servirá aos israelitas de lembrança diante de Javé, para o resgate de vossas pessoas".

A bacia de bronze. ¹⁷Javé disse a Moisés:* ¹⁸"Farás uma bacia de bronze para as abluções, com um pedestal de bronze, e a colocarás entre a tenda da reunião e o altar, e a encherás de água. ¹⁹Aarão e seus filhos lavarão nela mãos e pés. ²⁰Quando entrarem na tenda da reunião deverão lavar-se com essa água, para que não morram; e também ao se aproximarem do altar para oficiar, para queimar vítimas fumegantes a Javé. ²¹Lavarão as mãos e os pés e não morrerão. Isso será para eles uma lei perpétua: para Aarão e sua descendência por todas as gerações".

Óleo para a unção. O incenso. ²²Javé disse a Moisés: ²³"Recolhe aromas* de primeira qualidade: quinhentos siclos de mirra virgem; a metade, ou seja, duzentos e cinquenta siclos, de cinamomo perfumado; duzentos e cinquenta siclos de cana aromática; ²⁴quinhentos siclos de cássia, segundo o siclo do santuário; um hin de azeite de oliveira. ²⁵Com tudo isso farás o óleo* para a unção sagrada, um unguento elaborado com arte de perfumista; será o óleo para a sagrada unção. ²⁶Com ele ungirás a tenda da reunião e a arca do testemunho, ²⁷a mesa e todos os seus utensílios, o candelabro e seus acessórios, o altar do incenso; ²⁸o altar dos holocaustos e todos os seus acessórios, a bacia e seu pedestal. ²⁹Depois de consagrados,* esses objetos se tornarão santíssimos, e tudo o que os tocar ficará santificado. ³⁰Ungirás também Aarão* e seus filhos, e os consagrarás para que me sirvam como sacerdotes. ³¹E assim falarás aos israelitas: Este será para vós e para vossas gerações o óleo da unção sagrada. ³²Não será derramado sobre o corpo de nenhum homem, nem fareis outro de semelhante composição; ele é coisa sagrada, e sagrado será para vós. ³³Quem fizer um outro semelhante e o derramar sobre pessoa profana será exterminado do meio de seu povo".

³⁴Javé disse ainda a Moisés:* "Toma as seguintes especiarias: estoraque, craveiro, gálbano e incenso puro, em igual proporção. ³⁵Com elas farás um perfume, uma composição aromática, obra de perfumista, temperada com sal puro e santo. ³⁶Parte dele reduzirás a

---

* **30**,6. 40,5 | 11. 38,25-28; Nm 1 | 17. 38,8; 1Rs 7,23-38 | 23. Lv 8,10s | 25. 37,29 | 29. 29,37 | 30. 28,41;40,15 | **30**,34. 37,29 | 36. 25,22

Êxodo 30-32

pó* e porás diante do testemunho, na tenda da reunião, onde me comunicarei contigo. Será para vós coisa santíssima. ³⁷Não fareis para vós outro perfume de composição semelhante a este que deverás fazer. Ele será para vós coisa santa, consagrada a Javé. ³⁸Quem fizer outro semelhante para aspirá-lo será exterminado do meio de seu povo".

31

Os artesãos do santuário. ¹Javé falou a Moisés, dizendo: ²"Chamei especialmente Beseleel, filho de Uri, filho de Hur,* da tribo de Judá, ³e o enchi de um espírito divino, de sabedoria, entendimento e habilidade para toda sorte de trabalho; ⁴para fazer desenhos, para lavrar ouro, prata e bronze; ⁵para lapidar pedras de engaste, para entalhar madeira, para executar toda classe de obras. ⁶Dei-lhe como companheiro Ooliab, filho de Aquisamec, da tribo de Dã; e infundi talento no coração de todo artista hábil, para que executem todas as coisas que te ordenei: ⁷a tenda da reunião, a arca do testemunho, o propiciatório sobre ela, e todos os utensílios da tenda; ⁸a mesa e seus acessórios, o candelabro de ouro puro e todos os seus acessórios, o altar do incenso, ⁹o altar do holocausto e todos os seus utensílios, a bacia com seu pedestal, ¹⁰as vestes litúrgicas e as vestes sagradas do sacerdote Aarão e as vestes de seus filhos, usadas para oficiarem como sacerdotes; ¹¹o óleo para a unção e o incenso aromático para o santuário. Farão tudo conforme te ordenei".

Observância do sábado. ¹²Javé disse a Moisés:¹³"Fala assim aos israelitas: Guardai cuidadosamente* meus sábados, porque isso é um sinal entre mim e vós, em vossas gerações, para que saibais que eu sou Javé, que vos santifico. ¹⁴Guardai, pois, o sábado, porque é santo para vós; quem o profanar será morto inexoravelmente, pois qual-

quer pessoa que nesse dia trabalhar* será eliminada do meio de seu povo. ¹⁵Durante seis dias se trabalhará, mas no sétimo dia será repouso absoluto, consagrado a Javé; todo aquele que trabalhar em dia de sábado morrerá inexoravelmente. ¹⁶Observem, pois, os israelitas o sábado, celebrando-o de geração em geração como aliança perpétua. ¹⁷Ele será um sinal perpétuo* entre mim e os israelitas, pois em seis dias Javé fez o céu e a terra, e no sétimo descansou e tomou alento".

¹⁸Tendo Javé acabado de falar com Moisés no monte Sinai,* entregou-lhe as duas tábuas do testemunho, tábuas de pedra, escritas com o dedo de Deus.

32

O bezerro de ouro. ¹Vendo que Moisés demorava a descer da montanha, o povo se reuniu em torno de Aarão e lhe disse: "Vamos! Faze-nos deuses que caminhem a nossa frente, porque não sabemos o que aconteceu a esse Moisés,* a esse homem que nos tirou da terra do Egito". ²Respondeu Aarão: "Tirai os brincos de ouro das orelhas de vossas mulheres, de vossos filhos e de vossas filhas e trazei-os a mim". ³Todo o povo tirou das orelhas* os brincos de ouro e os levou a Aarão. ⁴Ele os recebeu de suas mãos, preparou um molde com o cinzel e fez um bezerro de metal fundido†. Eles exclamaram: "São estes, ó Israel, teus deuses, que te tiraram da terra do Egito". ⁵Vendo isto, Aarão construiu um altar diante do bezerro e proclamou: "Amanhã haverá festa em honra de Javé". ⁶No dia seguinte levantaram-se cedo, ofereceram holocaustos e apresentaram sacrifícios de comunhão; em seguida, o povo sentou-se para comer e beber,* e depois se levantou para divertir-se.

Moisés intercede pelo povo. ⁷Então Javé disse a Moisés: "Vai, desce, porque teu povo, que tiraste da terra do Egito,

---

* **31**,2. 35,30-35 | 13. 20,8-11 | 14. Nm 15,32-36 | 17. 20,11; Gn 2,2s | 18. 24,12 | **32**,1. At 7,40s | 3. Ne 9,18; Sl 106,19s | 6. 1Cor 10,7

† **32**,4. Os egípcios adoravam o boi Ápis, mas esse bezerro, assim denominado por zombaria, não era uma divindade, mas uma representação de Javé.

Êxodo 32

se corrompeu. [8]Depressa se desviaram do caminho que eu lhes prescrevera; fizeram para si um bezerro de metal fundido e o adoraram, ofereceram-lhe sacrifícios e disseram: 'São estes, ó Israel, teus deuses que te tiraram da terra do Egito'". [9]Javé disse ainda a Moisés: "Tenho observado este povo:* é um povo de cabeça dura. [10]Deixa, portanto, que se acenda minha ira contra eles e os consuma. De ti, porém, farei uma grande nação".* [11]Moisés então suplicou a Javé, seu Deus,* e lhe disse: "Por que, Javé, se acenderia vossa ira contra vosso povo que tirastes da terra do Egito com grande poder e mão forte? [12]Por que os egípcios haveriam de dizer:* Foi com má intenção que os levou, para os matar nas montanhas e exterminá-los da face da terra? Aplaque-se o furor de vossa ira e renunciai ao mal com que ameaçastes vosso povo[†]. [13]Lembrai-vos de Abraão, Isaac e Israel, vossos servos, aos quais jurastes por vós mesmo e dissestes: 'Multiplicarei vossa descendência* como as estrelas do céu, e darei a vossa descendência, como posse para sempre, toda esta terra de que vos falei'". [14]Javé desistiu do mal que pensara fazer a seu povo.

Moisés quebra as tábuas da lei. [15]Moisés voltou-se e desceu da montanha,* levando nas mãos as duas tábuas do testemunho, tábuas escritas de ambos os lados, sobre uma e outra face. [16]Elas eram obra de Deus, e a escrita era escrita divina, gravada nelas.* [17]Josué ouviu o tumulto do povo que gritava e disse a Moisés: [18]"Há gritos de guerra no acampamento!" Respondeu Moisés:

"Não são gritos de vitória,
nem gritos de derrota:
o que ouço são cantos alternados".

[19]Aproximando-se do acampamento, viu o bezerro e as danças; então a ira de Moisés se acendeu; ele arremessou por terra as tábuas e as quebrou ao pé da montanha. [20]Pegou o bezerro que tinham feito, queimou-o e o triturou até reduzi-lo a pó, que lançou na água e obrigou os israelitas a bebê-la. [21]Moisés disse a Aarão: "Que te fez este povo para atraíres sobre ele um pecado tão enorme?" [22]Aarão respondeu: "Não se acenda a ira de meu senhor; tu sabes quanto este povo é inclinado para o mal. [23]Eles me disseram: 'Faze-nos deuses que caminhem a nossa frente, porque não sabemos o que aconteceu a esse Moisés, a esse homem que nos tirou da terra do Egito'. [24]Eu lhes disse: 'Os que tiverem ouro, tirem-no de si'; e eles o entregaram a mim. Eu o lancei ao fogo e saiu este bezerro".

Punição dos idólatras. [25]Então Moisés, vendo o povo desenfreado, porque Aarão lhe soltara as rédeas, expondo-o assim à zombaria dos inimigos, [26]postou-se à entrada do acampamento e exclamou: "Quem é por Javé? venha a mim!" Juntaram-se ao redor dele todos os filhos de Levi. [27]Disse-lhes então: "Assim fala Javé, Deus de Israel: 'Coloque cada um a espada na cintura, passai e tornai a passar pelo acampamento, de porta em porta, e cada um mate inclusive seu próprio irmão, seu amigo e seu parente'". [28]Os filhos de Levi fizeram o que Moisés lhes tinha ordenado, e naquele dia caíram cerca de três mil homens do povo. [29]Moisés disse: "Hoje vos consagrastes a Javé,* cada um às custas do próprio filho ou do próprio irmão, a fim de que vos conceda hoje uma bênção".

[30]No dia seguinte, Moisés disse ao povo: "Cometestes um enorme pecado, mas agora vou subir a Javé para tratar de expiar vosso pecado". [31]Voltou, pois, Moisés a Javé e disse: "Este povo cometeu um grande pecado ao fabricar para si deuses de ouro. [32]Não

---

* **32**,9. 33,3; 34,9; Dt 9,13 | 10. Gn 12,2; Nm 14,12 | 11. Sl 106,23; Dt 9,26-29 | 12. Nm 14,13-16; Dt 9,28; 32,27; Ez 20,9.44 | 13. Gn 15,5; 22,16s; 35,11s | 15. 24,12 | 16. 31,18 | 26. Dt 33,9 | 29. Dt 33,8-11; Nm 25,7-13

† **32**,12. Deus não pode contradizer suas promessas, deve lembrar-se dos prodígios que fez pelo povo; sua glória está em jogo, não pode abandonar o povo que escolheu. | 32. É o livro da vida, onde Deus inscreve os eleitos, Sl 69,29; Ap 3,5. Moisés argumenta: Perdoai o povo, ou então castigai-me junto com ele.

Êxodo 32-33

obstante, perdoai-lhes seu pecado! Se não, riscai-me do livro que escrevestes!"† ³³Javé disse a Moisés:* "Aquele que pecou contra mim, esse sim riscarei de meu livro. ³⁴Agora vai e leva o povo para o lugar que te indiquei. Meu anjo irá adiante de ti. Mas no dia de minha visita, eu os punirei por seu pecado". ³⁵Javé castigou o povo pelo que havia feito com o bezerro fabricado por Aarão.

33 **A ordem de partir; luto do povo.** ¹Javé disse a Moisés: "Vai, sobe daqui* tu e o povo que tiraste da terra do Egito, para a terra que prometi com juramento a Abraão, Isaac e Jacó, dizendo: 'A tua posteridade a darei'. ²Enviarei diante de ti um anjo e expulsarei o cananeu, o amorreu, o heteu, o ferezeu, o heveu e o jebuseu. ³Sobe para essa terra onde corre leite e mel. Mas eu não subirei no meio de ti, porque és um povo de cabeça dura; do contrário, eu te exterminaria no caminho". ⁴Quando o povo ouviu essas duras palavras, vestiu-se de luto e ninguém mais usava enfeites. ⁵Então Javé disse a Moisés: "Dize aos israelitas: Vós sois um povo de cabeça dura; se por um só momento eu subisse no meio de ti, eu te exterminaria. Agora, pois, retira teus ornamentos, e saberei como devo tratar-te". ⁶Então, desde o monte Horeb os israelitas se despojaram de seus ornamentos.

A tenda sagrada fora do acampamento. ⁷Moisés tomou a tenda e armou-a para ele fora,* longe do acampamento, e a chamou tenda da reunião. Todo aquele que quisesse consultar Javé ia para a tenda da reunião, fora do acampamento. ⁸Quando Moisés se dirigia para a tenda, todo o povo se levantava e permanecia de pé, cada um à entrada da própria tenda, e seguia Moisés com o olhar, até ele entrar na tenda. ⁹Acontecia que, ao entrar Moisés na tenda, a coluna de nuvem baixava, parava à entrada da tenda, e Javé falava com Moisés. ¹⁰Quando todo o povo via a coluna de nuvem* parada à entrada da tenda, todos se levantavam, e cada um se prostrava à entrada da própria tenda. ¹¹Javé falava com Moisés face a face,* como um homem fala com seu amigo; depois voltava ao acampamento; mas seu ajudante, o jovem Josué, filho de Nun, não se afastava do interior da tenda.

Moisés deseja ver a glória de Deus. ¹²Moisés disse a Javé: "Vós me dizeis: Conduze este povo, mas não me revelastes quem enviareis comigo; no entanto, me dissestes: 'Conheço-te pelo nome* e encontraste graça a meus olhos'. ¹³Pois bem, se encontrei graça a vossos olhos, dai-me a conhecer vossos caminhos, para que eu vos conheça e encontre graça a vossos olhos. Considerai que esta nação é vosso povo". ¹⁴Javé respondeu: "Eu mesmo virei e te darei descanso".* ¹⁵Replicou Moisés: "Se não vierdes pessoalmente, não nos mandeis sair daqui; ¹⁶pois como se saberá que encontramos graça a vossos olhos eu e vosso povo, senão pelo fato de irdes conosco? Assim nos distinguiremos, eu e vosso povo, de todos os povos que existem sobre a face da terra". ¹⁷Javé disse a Moisés: "Farei também isso que pediste, pois encontraste graça a meus olhos e te conheço pelo nome". ¹⁸Então disse Moisés: "Por favor, mostrai-me vossa glória".* ¹⁹Javé respondeu: "Farei passar diante de ti toda a minha bondade e proclamarei diante de ti o nome de Javé. Terei misericórdia de quem eu quiser ter misericórdia e me compadecerei de quem eu quiser compadecer-me". ²⁰E acrescentou: "Mas minha face não poderás vê-la, pois ninguém pode ver-me e permanecer vivo". ²¹Disse ainda Javé: "Eis aqui um lugar perto de mim; tu ficarás sobre a rocha. ²²E ao passar minha glória, eu te porei na fenda da rocha e te cobrirei com a mão, até que eu tenha passado. ²³Retirarei depois a mão, e me verás pelas costas; minha face, porém, não se pode ver".

---

* **32**,33. Dn 12,1 **| 33**,1. Nm 10,11-13 **| 33**,7. 25,22 **|** 10. 34,34 **|** 11. 33,20; Nm 12,8; Dt 34,10; Jo 15,15 **|** 12. 33,11 **|** 14. Hb 4,1 **|** 18. 33,11; 1Rs 19,9-18; Jo 1,14-18; 34,6s; 3,14

34

As novas tábuas da lei. [1]Javé disse a Moisés: "Talha duas tábuas de pedra iguais às primeiras, e eu escreverei sobre elas as palavras que estavam nas primeiras, que tu quebraste. [2]Prepara-te para amanhã subir o monte Sinai, e lá apresenta-te a mim, no alto do monte. [3]Ninguém suba contigo, nem se veja alguém em parte alguma do monte; não haja nem mesmo ovelhas ou bois pastando diante do monte". [4]Moisés talhou duas tábuas de pedra, iguais às primeiras; no dia seguinte levantou-se bem cedo, subiu o monte Sinai, como Javé lhe havia ordenado, levando consigo as duas tábuas de pedra.

[5]Javé desceu na nuvem* e ali esteve junto dele e proclamou o nome de Javé.* [6]Passou, pois, Javé diante dele exclamando:

"Javé, Javé,
Deus compassivo e misericordioso,*
lento para a cólera
e rico em bondade e em fidelidade,
[7]que conserva a misericórdia por mil gerações,
que perdoa a iniquidade, a transgressão e o pecado,
mas que também não inocenta o culpado;
que pune a iniquidade dos pais nos filhos e nos netos
até a terceira e a quarta geração".

[8]Imediatamente Moisés se inclinou até o chão* e adorou. [9]Depois disse: "Senhor, se encontrei graça aos vossos olhos, que meu Senhor se digne caminhar no meio de nós. Certamente é um povo de cabeça dura, mas perdoai nossas culpas e nossos pecados e aceitai-nos como vossa herança".

A aliança renovada. [10]Javé respondeu: "Vou fazer uma aliança:* diante de todo o povo farei maravilhas como jamais foram feitas em terra alguma, nem em nenhuma nação, de modo que todo o povo no meio do qual te encontras veja a obra de Javé, pois será uma coisa tremenda o que estou para fazer contigo. [11]Observa bem o que hoje te ordeno. Expulsarei de tua presença o amorreu,* o cananeu, o heteu, o ferezeu, o heveu e o jebuseu. [12]Guarda-te de fazer aliança com os habitantes da terra para onde vais, para que não sejam uma armadilha* no meio de ti. [13]Pelo contrário, derrubareis seus altares, quebrareis suas colunas sagradas e cortareis seus troncos idolátricos.

[14]Não adorarás nenhum outro deus; porque Apaixonado é o nome de Javé: ele é um Deus apaixonado. [15]Cuida de não fazer aliança com os moradores da terra; não suceda que, ao se prostituírem a seus deuses† e lhes oferecerem sacrifícios, alguém te convide e comas de seus sacrifícios [16]e tomes mulheres dentre suas filhas para teus filhos, de sorte que, prostituindo-se essas mulheres a seus deuses, façam que também teus filhos se prostituam a seus deuses.

[17]Não farás para ti deuses de metal fundido.*

[18]Guardarás a festa dos Ázimos.* Durante sete dias comerás pães ázimos, como te ordenei, no tempo marcado no mês de abib; pois foi no mês de abib que saíste do Egito.

[19]Todo primogênito será meu; também todo primogênito macho de teus rebanhos, tanto das vacas como das ovelhas. [20]Mas o primogênito do jumento, tu o resgatarás com um cordeiro e, se não o quiseres resgatar, tu lhe quebrarás o pescoço. Resgatarás todo primogênito de teus filhos. Ninguém virá a minha presença de mãos vazias.

[21]Trabalharás seis dias, mas no sétimo descansarás,* tanto na época do plantio como na da colheita. [22]Celebrarás a festa das Semanas, isto é, das primícias da colheita do tri-

---

* **34**,5. 33,18-23 | 6. 3,14 / 20,5s; Nm 14,18; Sl 86,15; Jr 32,18; Na 1,3; Jl 2,13; Jo 1,14 | 8. 32,11-14 | 10. Êx 20,1 | 11. Dt 7,1 | 12. 23,32-33; Nm 33,52; Dt 4,24 | 17. 20,4 | 18. 23,14; 12,1 | 21. 20,8

† **34**,15. A idolatria era equiparada ao adultério, à prostituição, porque a aliança de Deus com Israel se expressava em termos de um matrimônio. No NT, é Cristo o esposo do novo povo, Mc 2,19; 2Cor 11,2; Ef 5,32.

Êxodo 34-35

go, e a festa da Colheita no fim do ano. [23]Três vezes por ano comparecerá todo homem de teu meio diante do Senhor Javé, Deus de Israel. [24]Eu expulsarei as nações de tua frente e alargarei tuas fronteiras; por isso ninguém cobiçará tua terra, enquanto subires, três vezes por ano, para comparecer na presença de Javé, teu Deus. [25]Não oferecerás o sangue de meu sacrifício* com pão fermentado nem guardarás até a manhã seguinte a vítima da festa da Páscoa.

[26]Levarás à casa de Javé, teu Deus, o melhor das primícias* dos frutos de tua terra.

Não cozinharás o cabrito no leite de sua mãe".*

[27]Disse ainda Javé a Moisés: "Escreve estas palavras, porque segundo o teor delas fiz aliança contigo e com Israel".*

[28]Moisés permaneceu ali com Javé quarenta dias e quarenta noites,* sem comer pão nem beber água; e escreveu nas tábuas as palavras da aliança,* as dez palavras.

Moisés resplandecente. [29]Quando Moisés desceu do monte Sinai,* trazendo nas mãos as duas tábuas do testemunho, sim, quando desceu do monte, ele não sabia que a pele de seu rosto resplandecia, depois que Deus falou com ele. [30]Olhando Aarão e todos os israelitas para Moisés, notaram que a pele de seu rosto resplandecia e tiveram medo de se aproximar dele.† [31]Então Moisés os chamou, e Aarão e todos os chefes da comunidade voltaram para junto dele, e ele lhes falou. [32]Depois se aproximaram todos os israelitas, e ele lhes ordenou tudo o que Javé lhe havia dito no monte Sinai. [33]Tendo acabado de falar-lhes, Moisés pôs um véu sobre o rosto. [34]Quando Moisés se apresentava a Javé para falar com ele, retirava o véu até o momento de sair; depois saía e comunicava aos israelitas o que lhe havia sido ordenado. [35]Os

israelitas viam que a pele do rosto de Moisés resplandecia; em seguida Moisés colocava o véu sobre o rosto até entrar para falar com ele.

35 A observância do sábado.

[1]Moisés convocou toda a comunidade dos israelitas* e lhes disse: "Estas são as coisas que Javé mandou fazer: [2]Durante seis dias se trabalhará, mas o sétimo dia será sagrado para vós, um dia de repouso completo, consagrado a Javé. Quem nesse dia fizer qualquer trabalho* será morto. [3]Não acendereis fogo em nenhuma de vossas moradas no dia de sábado".

Donativos para o santuário. [4]Moisés disse a toda a comunidade dos israelitas:* "Eis o que ordenou Javé†: [5]Trazei, do que tendes, uma oferta para Javé. Toda pessoa de coração generoso trará como oferta para Javé: ouro, prata e bronze; [6]púrpura violeta e escarlate, carmesim, linho fino e pelos de cabra; [7]peles de carneiro tingidas de vermelho, couro fino e madeira de acácia, [8]azeite para as lâmpadas, aromas para o óleo da unção e para o incenso aromático; [9]pedras de ônix e pedras de engaste para o efod e o peitoral. [10]Venham todas as pessoas habilidosas dentre vós, e façam tudo quanto Javé ordenou: [11]o tabernáculo, sua tenda e sua cobertura, seus colchetes e suas tábuas; seus varais, suas colunas e suas bases; [12]a arca e seus varais; o propiciatório e a cortina do véu; [13]a mesa com seus varais e todos os seus acessórios, e o pão da apresentação; [14]o candelabro para a iluminação com seus utensílios e suas lâmpadas; e o óleo para a iluminação; [15]o altar do incenso e seus varais; o óleo da unção e o incenso aromático, e a cortina da porta para a entrada do tabernáculo; [16]o altar dos holocaustos e sua grelha de bronze, com seus varais e todos os seus acessórios;

---

* **34**,25. 12,15-20; 12,10 | 26. Dt 26,1 / 23,19 | 27. 34,10 | 28. 24,18 / 20,1 | 29. 2Cor 3,7-4,6 | **35**,1. 20,8 | 2. Nm 15,32s | 4. 25,2-7

† **34**,30. Moisés traz no rosto um pouco da luz de Deus, com o qual esteve quarenta dias. Partindo desse texto, São Paulo ensina a superioridade dos ministros do Novo Testamento, 2Cor 3,7-18. | **35**,4. Os cc. 35-39 vão mostrar como foram realizadas as ordens dadas por Deus nos cc. 25-31.

a bacia com seu pedestal; [17]as cortinas do átrio, suas colunas e suas bases, e a cortina da porta do átrio; [18]as estacas do tabernáculo e as estacas do átrio com suas cordas; [19]as vestes litúrgicas, para oficiar no santuário, as vestes sagradas para o sacerdote Aarão, e as vestes de seus filhos, para exercerem o sacerdócio".

[20]Toda a comunidade dos israelitas retirou-se da presença de Moisés. [21]Então vieram todos aqueles cujo coração os movia, e todos aqueles cujo espírito os tornava generosos, e trouxeram sua oferenda para Javé, para os trabalhos da tenda da reunião e para todo o seu culto e para os ornamentos sagrados. [22]Vieram homens e mulheres, todos os de coração generoso, e trouxeram broches, brincos, anéis, adereços e toda a sorte de joias de ouro; todos os que queriam fazer uma oferta em ouro, em honra de Javé. [23]Todos os que possuíam púrpura violeta, púrpura escarlate, carmesim, linho fino, pelos de cabra, peles de carneiro tingidas de vermelho ou couro fino, os trouxeram. [24]E todo aquele que podia fazer uma oferta de prata e de bronze, a trouxe como oferenda para Javé; e quem possuía madeira de acácia, para qualquer obra da construção, a trouxe. [25]Todas as mulheres habilidosas fiaram com suas próprias mãos e trouxeram o que fiaram: púrpura violeta e escarlate, carmesim e linho fino. [26]Todas as mulheres, cujo coração as moveu a trabalhar com habilidade, fiaram os pelos de cabra. [27]Os chefes do povo trouxeram pedras de ônix e pedras de engaste para o efod e o peitoral, [28]os aromas e o azeite para a iluminação, para o óleo da unção e para o incenso aromático. [29]Os israelitas trouxeram oferta voluntária a Javé, a saber, todo homem e mulher, cujo coração os movera a contribuir generosamente para toda a obra que Javé, por intermédio de Moisés, tinha mandado executar.

Artesãos para a construção do santuário. [30]Moisés disse aos israelitas:* "Vede, Javé chamou especialmente Be-

seleel, filho de Uri, filho de Hur, da tribo de Judá, [31]e o encheu de espírito divino, de sabedoria, entendimento e habilidade para toda sorte de trabalho: [32]para fazer desenhos, para lavrar o ouro, a prata e o bronze, [33]para lapidar pedras de engaste, para entalhar a madeira, para executar toda classe de obra. [34]Também lhe comunicou o dom de ensinar, tanto a ele como a Ooliab, filho de Aquisamec, da tribo de Dã. [35]Encheu-lhes o coração de talento para executarem todo o trabalho de escultura e de arte, para recamar a púrpura violeta, púrpura e escarlate, o carmesim e o linho fino, e para tecer; capacitados para toda obra e desenhistas de projetos".

36 Construção do santuário.

[1]"Beseleel, Ooliab e todos os homens sábios de coração, a quem Javé tinha dado habilidade e inteligência para saberem executar todos os trabalhos da obra do santuário, farão tudo conforme Javé ordenou".

[2]Moisés chamou Beseleel, Ooliab e todo homem hábil, em cuja mente Javé tinha infundido sabedoria, todos os que se sentiam levados a tomar parte na execução da obra. [3]Eles receberam de Moisés as oferendas que os israelitas haviam trazido para a obra do serviço do santuário. Entretanto, o povo continuava a trazer cada manhã ofertas espontâneas, [4]de modo que todos os artesãos que executavam as diversas obras do santuário, interrompendo cada qual o trabalho que estava fazendo, vieram [5]e disseram a Moisés: "O povo está trazendo muito mais do que é necessário para a obra que Javé mandou fazer!" [6]Então Moisés mandou proclamar no acampamento: "Nenhum homem ou mulher faça mais nada para a oferta do santuário". Assim o povo foi proibido de trazer mais, [7]pois o material já era suficiente para tudo o que se devia fazer, e ainda sobrava.

As cortinas do tabernáculo. [8]Os artesãos mais hábeis dentre todos os que trabalhavam na obra* fizeram o

---

* **35**,30. 31,2-6 | **36**,8. 26,1-11.14

Êxodo 36-37

tabernáculo com dez cortinas de linho fino retorcido, púrpura violeta, púrpura escarlate e carmesim, com figuras de querubins, artisticamente bordadas. ⁹O comprimento de cada cortina era de vinte e oito côvados e a largura, de quatro côvados; e a medida era a mesma para todas. ¹⁰Uniram cinco cortinas uma com a outra; e as outras cinco também uniram uma com a outra. ¹¹Fizeram também presilhas de púrpura violeta na orla da cortina que estava na extremidade do primeiro grupo, e o mesmo fizeram na orla da cortina que ocupava a extremidade do segundo grupo. ¹²Fizeram cinquenta presilhas na primeira cortina e outras cinquenta na extremidade da cortina do segundo grupo, de modo que as presilhas correspondessem entre si. ¹³Fizeram também cinquenta colchetes de ouro, com os quais uniram as cortinas uma à outra, de sorte que o tabernáculo formou um só todo.

¹⁴Fizeram também cortinas de pelos de cabra, para formar uma tenda sobre o tabernáculo, em número de onze. ¹⁵O comprimento de cada cortina era de trinta côvados e sua largura, de quatro côvados; e todas tinham as mesmas medidas. ¹⁶Juntaram cinco dessas cortinas de um lado e seis do outro. ¹⁷Colocaram também cinquenta presilhas na borda da cortina que ocupava a extremidade do primeiro grupo, e cinquenta na orla da cortina do segundo grupo. ¹⁸E fizeram cinquenta colchetes de bronze para unir a tenda, de sorte a formar um só todo. ¹⁹Fizeram para a tenda uma cobertura de peles de carneiro, tingidas de vermelho, e por cima outra coberta de peles de couro fino.

As tábuas do tabernáculo. ²⁰Fizeram também para o tabernáculo* tábuas de madeira de acácia, colocadas verticalmente. ²¹O comprimento de cada tábua era de dez côvados e a largura, de um côvado e meio. ²²Cada tábua tinha dois encaixes unidos um ao outro; e o mesmo foi feito com todas as tábuas do tabernáculo. ²³Fabricaram as tábuas para o tabernáculo: vinte tábuas para o lado meridional, à direita; ²⁴e fizeram quarenta bases de prata debaixo das vinte tábuas, duas bases debaixo de cada tábua, para seus dois encaixes. ²⁵Para o outro lado do tabernáculo, ao norte, fizeram outras vinte tábuas ²⁶com suas quarenta bases de prata: duas bases debaixo de cada tábua. ²⁷E para o fundo do tabernáculo, ao ocidente, fizeram seis tábuas. ²⁸Para os cantos do fundo do tabernáculo fizeram duas tábuas, ²⁹que eram unidas entre si por baixo até a altura da primeira argola. Assim fizeram com as duas tábuas nos dois cantos. ³⁰Eram, pois, oito tábuas com suas dezesseis bases de prata: duas para cada tábua. ³¹Fizeram também vigas de madeira de acácia: cinco para as tábuas de um lado do tabernáculo, ³²outras cinco para as tábuas do outro lado do tabernáculo e igualmente cinco vigas para as tábuas do fundo do tabernáculo, ao ocidente. ³³Fizeram a viga central para passar a meia altura das tábuas, de uma extremidade à outra. ³⁴Recobriram de ouro as tábuas, e de ouro fizeram as argolas pelas quais passavam as vigas, que também recobriram de ouro.

A cortina. ³⁵Fizeram também a cortina* de púrpura violeta, púrpura escarlate, carmesim e linho fino retorcido, com bordados representando querubins. ³⁶Fizeram para ela quatro colunas de madeira de acácia, recobertas de ouro; seus ganchos eram também de ouro. E fundiram para elas quatro bases de prata. ³⁷Fizeram também para a entrada da tenda uma cortina de púrpura violeta, púrpura escarlate, carmesim e linho fino retorcido, trabalho de bordado, ³⁸com suas cinco colunas e seus colchetes; seus capitéis e suas vergas foram cobertos de ouro; e as cinco bases eram de bronze.

37 A arca da aliança. ¹Beseleel fez a arca de madeira* de acácia: seu comprimento era de dois côvados e meio; sua largura, de um côvado

---

* **36**,20. 26,15-29 | 35. 26,31s. 36s | **37**,1. 25,10-14. 17-20

101 Êxodo 37-38

e meio, e sua altura, de um côvado e meio. [2]Revestiu-a de ouro puro por dentro e por fora e fez-lhe uma moldura de ouro em redor. [3]Fundiu para ela quatro argolas de ouro, que fixou em seus quatro cantos: duas argolas de um lado e duas do outro. [4]Fez varais de madeira de acácia, que recobriu de ouro, [5]e os introduziu nas argolas colocadas nos lados da arca, para poder ser transportada. [6]Fez o propiciatório de ouro puro, cujo comprimento era de dois côvados e meio e cuja largura, de um côvado e meio. [7]Fez dois querubins de ouro batido, nas duas extremidades do propiciatório; [8]um querubim numa extremidade e outro na outra; ele os fez de sorte a formar uma só peça com o propiciatório em suas duas extremidades. [9]Os querubins tinham as asas estendidas para o alto, cobrindo com elas o propiciatório; suas faces, voltadas uma para a outra, olhavam para o propiciatório.

A mesa. [10]Fez também uma mesa de madeira* de acácia, cujo comprimento era de dois côvados, a largura, de um côvado e a altura, de um côvado e meio. [11]Recobriu-a de ouro puro e fez-lhe uma moldura ao redor. [12]Cercou-a com um friso de um palmo, em torno do qual fez uma moldura de ouro. [13]Fundiu para a mesa quatro argolas de ouro, que prendeu em seus quatro cantos, correspondendo aos quatro pés. [14]As argolas estavam fixadas rente ao friso; nelas introduziam-se os varais para o transporte da mesa. [15]Fez os varais de madeira de acácia e os recobriu de ouro, para servirem ao transporte da mesa. [16]Fez de ouro puro os utensílios que deviam estar sobre a mesa: os pratos, as colheres, os jarros e as taças para as libações.

O candelabro. [17]Fez de ouro puro o candelabro.* Fez, trabalhados a martelo, formando com ele uma só peça, o pedestal, a haste, os braços, os cálices, os botões e as flores. [18]Seis braços saíam de seus lados: três de um lado e três do outro. [19]Em cada braço havia

três cálices em forma de flor de amendoeira, com botão e flor, e outros três cálices em forma de flor de amendoeira, com botão e flor no outro braço; assim eram os seis braços que saíam do candelabro. [20]No candelabro havia quatro cálices em forma de flor de amendoeira, com seus botões e suas flores: [21]um botão debaixo dos dois primeiros, outro debaixo dos outros dois e outro debaixo dos dois últimos que saíam do candelabro. [22]Esses botões e braços formavam uma só peça com ele. Tudo isso era de ouro puro, lavrado a martelo. [23]Fez também suas sete lâmpadas, com suas espevitadeiras e seus cinzeiros de ouro puro. [24]Empregou para ele e seus acessórios um talento de ouro puro.

O altar do incenso. [25]Fez também o altar do incenso* de madeira de acácia. Seu comprimento era de um côvado e sua largura, de um côvado, quer dizer, era quadrado, e tinha dois côvados de altura; seus chifres formavam um só corpo com ele. [26]De ouro puro o recobriu: sua parte superior, suas paredes laterais e seus chifres, e fez-lhe uma moldura de ouro ao redor. [27]Fez-lhe também duas argolas de ouro debaixo de sua moldura, dos dois lados, para introduzir os varais destinados a transportá-lo. [28]Fez os varais de madeira de acácia e os recobriu de ouro. [29]Preparou também o óleo para a unção sagrada* e o incenso aromático, puro, obra de perfumista.

38

O altar dos holocaustos. [1]Fez o altar dos holocaustos* de madeira de acácia, com cinco côvados de comprimento e cinco de largura – era quadrado – e com três côvados de altura. [2]Nos quatro ângulos fez chifres que formavam uma só peça com ele, e o recobriu de bronze. [3]Fez também todos os utensílios para o altar: os recipientes para recolher as cinzas, as pás, as bacias, os garfos e os braseiros; tudo isso de bronze. [4]Fez para o altar uma grelha de bronze, em forma de

---

* **37**,10. 25,23-29 | 17. 25,31-39 | 25. 30,1-5 | 29. 30,22-25, 34s | **38**,1. 27,1-8

Êxodo 38-39

rede, que colocou debaixo da beirada do altar, desde a parte inferior até a metade do altar. [5]Fundiu quatro argolas para os quatro ângulos da grelha de bronze, para servirem de inserção dos varais. [6]Fez os varais de madeira de acácia e os recobriu de bronze. [7]Introduziu os varais nas argolas dos lados do altar, para se poder transportá-lo. Fez o altar oco e de tábuas.

[8]Com os espelhos das mulheres que prestavam serviço à entrada da tenda da reunião, ele fez a bacia de bronze,* com seu pedestal também de bronze.

O átrio. [9]Depois fez o átrio.* Do lado meridional, fez as cortinas do átrio de linho fino retorcido, numa extensão de cem côvados. [10]Suas vinte colunas e suas bases eram de bronze; os ganchos das colunas e suas vergas eram de prata. [11]Do lado setentrional as cortinas mediam cem côvados; suas vinte colunas e suas vinte bases eram de bronze; os ganchos das colunas e suas vergas eram de prata. [12]Do lado ocidental havia cortinas numa extensão de cinquenta côvados; suas colunas eram dez, com suas dez bases; os ganchos das colunas e suas vergas eram de prata. [13]Do lado do oriente havia cinquenta côvados: [14]quinze côvados de cortinas com três colunas e três bases num lado da porta; [15]e assim também do outro lado. De um lado e do outro da entrada do átrio, quinze côvados de cortinas, com suas três colunas e três bases. [16]Todas as cortinas em torno do átrio eram de linho fino retorcido. [17]As bases das colunas eram de bronze, e os ganchos das colunas e suas vergas, de prata; e de prata eram também recobertos seus capitéis. Todas as colunas do átrio tinham vergas de prata. [18]A cortina da entrada do átrio era bordada de púrpura violeta, púrpura escarlate, carmesim e linho fino retorcido; de vinte côvados de comprimento, cinco de altura – isto é, de largura – segundo a medida das cortinas do átrio. [19]Suas quatro colunas e suas quatro bases eram de bronze, e seus ganchos eram

de prata. O revestimento dos capitéis e as vergas eram de prata. [20]Todas as estacas do tabernáculo e do recinto do átrio eram de bronze.

Despesas da construção. [21]Esta é a lista das despesas do tabernáculo, o tabernáculo do testemunho, cálculo feito por ordem de Moisés, por obra dos levitas, sob a direção de Itamar, filho do sacerdote Aarão. [22]Beseleel, filho de Uri, filho de Hur,* da tribo de Judá, executou tudo o que Javé havia ordenado a Moisés. [23]Com ele estava Ooliab, filho de Aquisamec, da tribo de Dã, hábil escultor, desenhista e bordador em púrpura violeta e escarlate, carmesim e linho fino.

[24]O total do ouro empregado na obra, nos diversos trabalhos do santuário, o ouro proveniente das ofertas, foi de vinte e nove talentos e setecentos e trinta siclos, segundo o siclo do santuário. [25]E a prata recolhida* dos recenseados da comunidade foi um total de cem talentos e mil setecentos e setenta e cinco siclos, segundo o siclo do santuário: [26]um beqa por pessoa, isto é, meio siclo, segundo o siclo do santuário, para cada um dos recenseados maiores de vinte anos,* ou seja, de seiscentos e três mil, quinhentos e cinquenta homens. [27]Os cem talentos de prata foram utilizados para fundir as bases do santuário e as bases do véu: cem talentos para cem bases, um talento por base. [28]E com os mil setecentos e setenta e cinco siclos ele fabricou ganchos para as colunas, recobriu-lhes os capitéis e as guarneceu de vergas. [29]O bronze das ofertas foi de setenta talentos e dois mil e quatrocentos siclos; [30]com ele fez as bases da entrada da tenda da reunião, o altar de bronze com sua grelha e todos os utensílios do altar, [31]as bases do recinto do átrio, as bases da porta do átrio, todas as estacas do tabernáculo e todas as estacas do recinto do átrio.

39 Os paramentos sacerdotais.
[1]Com a púrpura violeta e escarlate, o carmesim e o linho fino

---

* **38**,8. 30,18 | 9. 27,9-19 | 22. 35,30-35 | 25. Nm 1 | 26. Nm 1,45s

fizeram as vestes litúrgicas para o ministério no santuário e os ornamentos sagrados para Aarão, como Javé havia ordenado a Moisés. [2]Fizeram o efod de ouro,* de púrpura violeta e escarlate, carmesim e linho fino retorcido. [3]Laminaram o ouro e o cortaram em fios para entrelaçá-lo com a púrpura violeta e escarlate, o carmesim e o linho fino, num trabalho de artista. [4]Fizeram para o efod ombreiras que se juntavam a suas duas pontas, e assim se uniam. [5]O cinto, que passava por cima para apertá-lo, formava com ele uma só peça e era de obra igual: de ouro, de púrpura violeta, púrpura escarlate, carmesim e linho fino retorcido, como Javé havia ordenado a Moisés. [6]Lapidaram as pedras de ônix,* embutidas em engastes de ouro, gravadas como se gravam os selos, com os nomes dos israelitas. [7]Colocaram-nas sobre as ombreiras do efod, a fim de serem um memorial para os israelitas, como Javé havia ordenado a Moisés.

O peitoral. [8]Fizeram também o peitoral,* trabalho artístico como o efod: de ouro, púrpura violeta, púrpura escarlate, carmesim e linho fino retorcido. [9]Era quadrado e dobrado em dois; seu comprimento era de um palmo, e de um palmo também sua largura; e era duplo. [10]Colocaram nele quatro fileiras de pedras: na primeira, um sárdio, um topázio e uma esmeralda; [11]na segunda, um rubi, uma safira e um berilo; [12]na terceira, um jacinto, uma ágata e uma ametista; [13]na quarta, um crisólito, um ônix e um jaspe; todas elas montadas em engastes de ouro. [14]As pedras correspondiam aos nomes dos israelitas: doze, conforme os nomes deles. Estavam gravadas à maneira de selos, cada uma com seu nome, segundo as doze tribos. [15]Fizeram para o peitoral umas correntinhas de ouro puro, trançadas à maneira de cordões. [16]Fizeram dois engastes de ouro e duas argolas também de ouro, e prenderam as duas argolas às duas extremidades do peitoral.

[17]Passaram os dois cordões de ouro pelas argolas nas extremidades do peitoral. [18]E prenderam as duas pontas dos dois cordões aos dois engastes, presos às ombreiras do efod em sua parte dianteira. [19]Fizeram ainda duas argolas de ouro, que puseram nas duas pontas do peitoral, em sua orla que estava junto ao efod por dentro. [20]Fizeram outras duas argolas de ouro, que prenderam nas duas ombreiras do efod, por baixo, em sua parte dianteira, perto de sua juntura, por cima do cinto do efod. [21]Ataram depois o peitoral por suas argolas às argolas do efod com um cordão de púrpura violeta, para que ficasse o peitoral por cima do cinto do efod e assim não se desprendesse do efod, como Javé havia ordenado a Moisés.

O manto do efod. [22]Fizeram também o manto do efod,* trabalho de tecelão, todo de púrpura violeta, [23]tendo no centro uma abertura como a de uma couraça; a abertura era protegida ao redor com uma orla de tecido para que não se rasgasse. [24]Aplicaram na orla inferior do manto romãs de púrpura violeta e escarlate, de carmesim e de fio retorcido. [25]Fizeram também campainhas de ouro puro, colocando-as entre as romãs em toda a orla inferior do manto, alternadas com as romãs: [26]uma campainha e uma romã, outra campainha e outra romã, em toda a orla inferior do manto que se usava para oficiar, como Javé havia ordenado a Moisés.

[27]Fizeram também para Aarão e seus filhos* as túnicas de linho fino, trabalho de tecelão; [28]o turbante de linho fino e os ornamentos dos barretes de linho fino, os calções de linho fino retorcido; [29]e o cinto de linho fino retorcido, de púrpura violeta e escarlate e de carmesim, trabalho de tecelão, como Javé havia ordenado a Moisés.

[30]Fizeram também de ouro puro a lâmina do diadema sagrado,* sobre a qual gravaram como um selo as palavras "Consagrado a Javé". [31]Puseram-

---

* **39**,2. 28,6-8 | 6. 28,9-12 | 8. 28,15-28 | **39**,22. 28,31-35 | 27. 28,39-40.42 | 30. 28,36s

Êxodo 39-40

-lhe um cordão de púrpura violeta para prendê-la ao turbante, no alto, como Javé havia ordenado a Moisés.

A obra concluída é apresentada a Moisés. [32]Ficou assim concluída toda a obra do tabernáculo, da tenda da reunião, havendo os israelitas executado tudo o que Javé tinha ordenado a Moisés.

[33]Apresentaram a Moisés o tabernáculo, a tenda e todo o seu mobiliário: suas argolas, suas tábuas, suas travessas, suas colunas e suas bases; [34]a cobertura de peles de carneiro tingidas de vermelho, a cobertura de couro fino e o véu protetor; [35]a arca do testemunho com seus varais e o propiciatório; [36]a mesa com todos os seus utensílios, e o pão da apresentação; [37]o candelabro de ouro puro com suas lâmpadas, as lâmpadas dispostas em ordem e todos os seus acessórios, bem como o óleo para a iluminação; [38]o altar de ouro, o óleo da unção, o incenso aromático e a cortina da entrada da tenda; [39]o altar de bronze e sua grelha de bronze, seus varais e todos os seus utensílios; a bacia e seu pedestal; [40]as cortinas do átrio, as colunas e suas bases; a cortina para a entrada do átrio, suas cordas e suas estacas e todos os utensílios do serviço do tabernáculo para a tenda da reunião; [41]as vestes litúrgicas para oficiar no santuário, os ornamentos sagrados para o sacerdote Aarão e as vestes de seus filhos para exercerem o sacerdócio. [42]Conforme tudo o que Javé ordenara a Moisés, assim fizeram os israelitas todos os trabalhos. [43]Moisés examinou toda a obra e reconheceu que a haviam realizado exatamente como Javé ordenara. E Moisés os abençoou.

40

Moisés arma o tabernáculo. [1]Javé falou a Moisés, dizendo: [2]"No primeiro dia do primeiro mês levantarás o tabernáculo, a tenda da reunião. [3]Colocarás nele a arca do testemunho e a cobrirás com o véu. [4]Trarás também a mesa e nela disporás tudo o que deve estar sobre ela. Trarás o candelabro e sobre ele porás as lâmpadas. [5]Colocarás o altar de ouro para o incenso diante da arca do testemunho e porás a cortina na entrada do tabernáculo. [6]Colocarás o altar dos holocaustos diante da entrada do tabernáculo, da tenda da reunião. [7]Porás a bacia entre a tenda da reunião e o altar e nela porás água. [8]Disporás o átrio ao redor e colocarás a cortina na entrada do átrio. [9]Tomarás o óleo da unção* e ungirás o tabernáculo e tudo o que ele contém, e o consagrarás com todo o seu mobiliário, e será coisa santa. [10]Ungirás o altar dos holocaustos e todos os seus utensílios; consagrarás o altar, e ele se tornará santíssimo. [11]Ungirás igualmente a bacia e seu pedestal e a consagrarás. [12]Depois farás aproximar-se Aarão e seus filhos até a entrada da tenda da reunião e os lavarás com água. [13]Revestirás Aarão com os ornamentos sagrados; tu o ungirás e o consagrarás para que me sirva como sacerdote. [14]Depois farás aproximar-se seus filhos e os revestirás com as túnicas. [15]Tu os ungirás como ungiste seu pai, para que me sirvam como sacerdotes. Sua unção lhes conferirá um sacerdócio perpétuo para todas as gerações". [16]Moisés executou tudo exatamente como Javé lhe havia ordenado.

[17]Assim, no dia primeiro do primeiro mês do segundo ano† foi erigido o tabernáculo. [18]Moisés erigiu o tabernáculo, pôs suas bases, suas tábuas, ajustou-lhe as vigas e levantou suas colunas. [19]Estendeu a tenda sobre o tabernáculo, colocou por cima a cobertura da tenda, como Javé havia ordenado a Moisés. [20]Tomou o testemunho e colocou-o na arca; introduziu nesta varais e pôs o propiciatório em cima da arca. [21]Introduziu a arca no interior do tabernáculo e colocou o véu de proteção, ocultando a arca do testemunho, como Javé tinha ordenado a Moisés.

---

* **40**,9. Lv 8,10

† **40**,17. Nove meses depois que chegaram ao Sinai, e um ano após terem saído do Egito.

105 Êxodo 40

²²Instalou a mesa na tenda da reunião, ao lado do tabernáculo, para o norte, fora do véu; ²³e dispôs sobre ela o pão, na presença de Javé, como Javé havia ordenado a Moisés. ²⁴Colocou o candelabro na tenda da reunião, em frente da mesa, ao lado do tabernáculo ao sul ²⁵e acendeu as lâmpadas diante de Javé, como este havia ordenado a Moisés. ²⁶Colocou também o altar de ouro na tenda da reunião, diante do véu, ²⁷e sobre ele queimou o incenso aromático, como Javé tinha ordenado a Moisés. ²⁸Pendurou a cortina à entrada do tabernáculo. ²⁹Instalou o altar dos holocaustos à entrada do tabernáculo, da tenda da reunião e ofereceu sobre ele o holocausto e a oblação, como Javé havia ordenado a Moisés. ³⁰Instalou também a bacia entre a tenda da reunião e o altar; pôs nela água para as abluções, ³¹com a qual Moisés, Aarão e seus filhos lavavam as mãos e os pés.

³²Lavavam-se quando entravam na tenda da reunião e ao se aproximarem do altar, como Javé tinha ordenado a Moisés. ³³Finalmente, erigiu o átrio ao redor do tabernáculo e do altar, e colocou a cortina à entrada do átrio. Assim concluiu Moisés a obra.

A glória de Javé cobre o tabernáculo. ³⁴Então a nuvem cobriu a tenda da reunião, e a glória de Javé* encheu o tabernáculo†. ³⁵Moisés não podia entrar na tenda da reunião, porque a nuvem pairava sobre ela, e a glória de Javé enchia o tabernáculo. ³⁶Em todas as etapas de sua caminhada, quando a nuvem* se erguia de cima do tabernáculo, os israelitas partiam; ³⁷mas se a nuvem não se levantava, não caminhavam até o dia em que ela se levantasse. ³⁸De fato, a nuvem de Javé permanecia sobre o tabernáculo durante o dia, e de noite havia nela um fogo à vista de toda a casa de Israel, em todas as suas etapas.

---

* **40**,34. 25,8; 1Rs 8,10-11; Ez 43,1-5; 24,16; Ap 15,8 | 36. Nm 9,15-23; Êx 13,21s; Sl 78,14; 105,39

† **40**,34. Javé toma posse de sua habitação. Ele guia o povo em todas as etapas do êxodo. A nuvem é o sinal de sua presença.

LEVÍTICO

Era da tribo de Levi que provinham os sacerdotes e os levitas; por isso este livro, que trata dos deveres dessas categorias de pessoas, é com razão chamado Levítico. Ele vem a ser um ritual, um conjunto de normas que disciplinam a vida litúrgica dos israelitas. Fala principalmente dos sacrifícios de diversos tipos, das leis de pureza e santidade, das festas do calendário, do grande Dia das Expiações e termina com bênçãos e maldições. Inclui também leis de caráter tipicamente moral, sobre justiça e caridade, como aquela citada por Jesus em Mt 22,39: "Amarás teu próximo como a ti mesmo" (Lv 19,18). Continua interrompida a narração dos fatos relativos à caminhada do povo pelo deserto, que o livro anterior havia contado, até o episódio do bezerro de ouro (Êx 32). As normas cultuais são apresentadas como dadas por Deus a Moisés no contexto da aliança do Sinai, mas, na realidade, ao lado de leis antigas, a maioria das disposições são muito posteriores, pois só receberam sua forma atual após o retorno do exílio em 538 a.C.; época da redação definitiva do livro. O Levítico reafirma a cada passo a santidade de Deus, que se estende às pessoas, lugares e objetos que entram em contato com ele. O refrão, várias vezes repetido, é: "Sede santos porque eu sou santo" (Lv 11,44), que no Novo Testamento se exprimirá no "Sede perfeitos como vosso Pai celeste é perfeito" (Mt 5,48). O livro pretende levar o povo a participar dessa santidade, porque a presença de Deus no meio do povo exige que ele seja santo.

Trata-se de um testemunho valioso sobre uma mentalidade religiosa que, apesar de suas limitações, tem muito a ensinar ao mundo de hoje no tocante ao cultivo do senso do sagrado. Recordando a palavra de Os 6,6: "Prefiro a misericórdia ao sacrifício", Jesus mostra que a religião não consiste em belas cerimônias cumpridas na perfeita fidelidade a um ritual, mas em amar a Deus e fazer sua vontade (Mt 9,13). Todos aqueles sacrifícios do Antigo Testamento eram ainda figura e preparação do único sacrifício plenamente agradável a Deus, o de seu Filho Jesus, que se ofereceu por nós uma vez por todas (Hb 7,27).

I. RITUAL PARA O CULTO
(1–10)

1 **Os Holocaustos.** ¹Javé chamou Moisés e, da tenda da reunião,* lhe disse: ²"Fala aos israelitas e dize-lhes: Quando alguém de vós fizer uma oferta de animais a Javé, poderá trazer como oferta um animal grande ou pequeno. ³Se sua oferta for um holocausto† de animal grande,* oferecerá um macho sem defeito, que apresentará à entrada da tenda da reunião, para que seja aceito por Javé. ⁴Imporá a mão sobre a cabeça da vítima, que será aceita a favor dele, para sua expiação. ⁵Depois imolará o novilho diante de Javé, e os filhos de Aarão, isto é, os sacerdotes, oferecerão o sangue, aspergindo-o ao redor sobre o altar que se acha à entrada da tenda da reunião. ⁶Tirará a pele da vítima e a cortará em pedaços, ⁷e os filhos de Aarão, os sacerdotes, porão fogo sobre o altar e ajeitarão a lenha no fogo. ⁸Depois, os sacerdotes, filhos de Aarão, colocarão em ordem os pedaços, juntamente com a cabeça e a gordura, em cima da lenha posta no fogo, sobre o altar. ⁹As entranhas e as patas* serão lavadas com água, e o sacerdote queimará tudo sobre o altar; é um holocausto, oferta queimada, de aroma agradável a Javé.

¹⁰Se sua oferta em holocausto for de um animal pequeno, isto é, de carneiro ou cabrito, oferecerá um macho sem defeito. ¹¹Imolará o animal no lado norte do altar, na presença de Javé; e os sacerdotes, filhos de Aarão, aspergirão seu sangue sobre o altar, em redor. ¹²O animal será cortado segundo suas partes, e o sacerdote as disporá, juntamente com a cabeça e a gordura, em cima da lenha colocada no fogo, sobre o altar. ¹³As entranhas e as patas serão lavadas com água, e o sacerdote oferecerá tudo e o queimará sobre o altar; é um holocausto, oferta queimada, de aroma agradável a Javé.

¹⁴Se sua oferta a Javé for um holocausto de aves, apresentará sua ofer-

---

* **1,**1. Êx 25,22 | 3. 22,18-20; Êx 12,5 | 9. Êx 29,18

† **1,**3. Holocausto era o sacrifício em que o animal era totalmente consumido pelo fogo.

Levítico 1-3

ta de rolas ou pombinhos. ¹⁵O sacerdote oferecerá a vítima sobre o altar e, depois de destroncar-lhe a cabeça, a queimará sobre o altar e espremerá seu sangue sobre a parede do altar. ¹⁶Tirará o papo com as penas e os lançará perto do altar, do lado do oriente,* no lugar das cinzas. ¹⁷Quebrará a ave segurando-a pelas asas, sem, todavia, as separar, e o sacerdote a queimará no altar, sobre a lenha posta no fogo; é um holocausto, oferta queimada, de aroma agradável a Javé".

2 **As oblações.** ¹"Quando alguém fizer oferta* de uma oblação† a Javé, sua oferta será de flor de farinha, sobre a qual derramará azeite e colocará incenso. ²Ele a levará aos sacerdotes, filhos de Aarão, e o sacerdote, tirando dela um punhado de farinha e de seu azeite e todo o incenso, os queimará sobre o altar como memorial, oferta queimada, de aroma agradável a Javé. ³O resto da oblação pertence a Aarão e a seus filhos, qual porção santíssima das ofertas queimadas em honra de Javé.

⁴Quando ofereceres uma oblação cozida no forno, será de bolos ázimos de flor de farinha, amassados com azeite, e de bolachas ázimas untadas com azeite. ⁵Se tua oferta for uma oblação preparada na assadeira, será de flor de farinha sem fermento, amassada com azeite. ⁶Tu a cortarás em pedaços e lhe derramarás azeite por cima: é uma oblação. ⁷Se tua oferta for uma oblação preparada na panela, será de flor de farinha com azeite. ⁸Levarás, pois, a Javé a oblação assim preparada e a apresentarás ao sacerdote, que a aproximará do altar. ⁹O sacerdote tirará da oblação o memorial e o queimará no altar como oferenda queimada, de aroma agradável a Javé. ¹⁰O resto da oblação

pertencerá a Aarão e a seus filhos, qual oblação santíssima das ofertas queimadas em honra de Javé.

¹¹Toda oblação que oferecerdes a Javé será preparada sem fermento, porque jamais queimareis fermento ou mel* em honra de Javé. ¹²Podeis oferecê-los a Javé como oblação de primícias, mas não subirão ao altar como suave odor. ¹³Toda oblação que ofereceres será temperada com sal, e não deixarás faltar em tua oblação o sal da aliança de teu Deus; oferecerás sal† em todas as tuas ofertas.* ¹⁴Se ofereceres a Javé uma oblação de primícias, oferecerás espigas verdes tostadas ao fogo, isto é, os grãos esmagados das espigas verdes, como oblação de tuas primícias. ¹⁵Sobre ela derramarás azeite e porás incenso: é uma oblação. ¹⁶O sacerdote queimará como memorial uma parte dos grãos esmagados e do azeite, com todo o incenso, como oferta queimada em honra de Javé".

3 **Os sacrifícios de comunhão.** ¹"Quando alguém oferecer um sacrifício de comunhão†, se quiser oferecer um animal grande, apresentará a Javé um animal sem defeito, macho ou fêmea. ²Imporá a mão sobre a cabeça de sua vítima* e a imolará à entrada da tenda da reunião; depois os sacerdotes, filhos de Aarão, aspergirão o sangue sobre o altar, ao redor. ³Deste sacrifício de comunhão oferecerá, como oferta queimada a Javé, a gordura que envolve as entranhas e toda a gordura aderente a elas, ⁴e os dois rins com a gordura que os cobre na região lombar; mas retirará a massa gordurosa do fígado acima dos rins. ⁵Os filhos de Aarão queimarão tudo isso em cima do altar, sobre o holocausto colocado na lenha que está no fogo: é uma oferta queimada, de aroma agradável a Javé.

---

* **1**,16. 4,12 | **2**,1. 6,7-11; 7,9s; Nm 15,1-16 | 11. 6,9 | 13. Nm 18,19 | **3**,2. 9,18-21

† **2**,1. A oblação, oferta de produtos da terra, muitas vezes acompanhava um outro tipo de sacrifício, Lv 9,4; 23,12-13. | **2**,13. O sal purifica, preserva da corrupção, é símbolo de fidelidade e estabilidade, sendo por isso usado nos rituais de aliança, Nm 18,19. | **3**,1. Nos sacrifícios de comunhão a vítima era repartida entre Deus, ao qual se ofertava a parte queimada, o sacerdote e o oferente com seus familiares ou convidados. Visava cumprir uma promessa e/ou demonstrar a união entre o fiel e Deus.

Levítico 3-4

108

⁶Se alguém oferecer a Javé um animal menor, em sacrifício de comunhão, oferecerá um animal sem defeito, macho ou fêmea. ⁷Se oferecer um cordeiro, ele o apresentará diante de Javé. ⁸Imporá a mão sobre a cabeça da vítima e a imolará à entrada da tenda da reunião, e os filhos de Aarão aspergirão o sangue sobre o altar, ao redor. ⁹Deste sacrifício de comunhão oferecerá, como oferta queimada a Javé, a gordura, a cauda inteira, cortando-a rente à espinha dorsal, a gordura que envolve as entranhas e toda a gordura aderente a elas; ¹⁰os dois rins com a gordura que os cobre na região lombar e a camada gordurosa que destacará do fígado e dos rins. ¹¹O sacerdote queimará tudo isso em cima do altar: é um alimento consumido pelo fogo para Javé.

¹²Se sua oferta for de uma cabra, ele a apresentará diante de Javé. ¹³Imporá a mão na cabeça da vítima e a imolará diante da tenda da reunião, e os filhos de Aarão aspergirão o sangue sobre o altar, ao redor. ¹⁴Dela oferecerá, como oferenda sua para ser queimada a Javé, a gordura que cobre as entranhas e toda a gordura aderente a elas; ¹⁵os dois rins com a gordura que os cobre na região lombar e a camada gordurosa que destacará do fígado e dos rins. ¹⁶O sacerdote queimará tudo isso sobre o altar: é um alimento consumido pelo fogo, de aroma agradável. Toda a gordura é para Javé.¹⁷Esta é uma lei perpétua para vossas gerações, onde quer que habitardes: não comereis gordura nem sangue".

4 **Sacrifícios pelo pecado dos sacerdotes.** ¹Javé falou a Moisés, dizendo: ²"Dize aos israelitas:* Se alguém pecar por inadvertência contra qualquer dos mandamentos de Javé, fazendo alguma coisa que é proibido fazer†, ³se quem pecou for o sacerdote ungido, tornando assim culpado o povo, oferecerá a Javé, pelo pecado

cometido, um novilho sem defeito, em expiação do pecado. ⁴Levará o novilho até a entrada da tenda da reunião, diante de Javé, imporá a mão na cabeça dele e o imolará diante de Javé. ⁵O sacerdote ungido tomará do sangue do novilho e o levará à tenda da reunião. ⁶Molhando o dedo no sangue,* fará sete aspersões diante de Javé, em frente do véu do santuário. ⁷Tingirá com ele os chifres do altar do incenso aromático, que está diante de Javé na tenda da reunião, e derramará todo o resto do sangue do novilho ao pé do altar dos holocaustos, que está à entrada da tenda da reunião. ⁸Tirará do novilho sacrificado em expiação toda a gordura, isto é, a gordura que envolve as entranhas e a que adere a elas; ⁹os dois rins com a gordura que os envolve na região lombar e a camada gordurosa que destacará do fígado e dos rins; ¹⁰da mesma maneira como se tira do novilho do sacrifício de comunhão; e o sacerdote queimará tudo isso sobre o altar dos holocaustos. ¹¹Mas o couro do novilho e toda a sua carne, com a cabeça, as patas, as entranhas e os excrementos, ¹²em suma, o novilho todo, será levado para fora do acampamento, a um lugar puro, onde se jogam as cinzas, e será queimado sobre a lenha. Será queimado no lugar onde se jogam as cinzas.

Pelo pecado da comunidade. ¹³Se a comunidade inteira de Israel pecar por inadvertência, e isto ficar oculto aos olhos da comunidade, embora tenham transgredido uma das normas de Javé, fazendo algo proibido e tornando-se assim culpados, ¹⁴logo que o pecado cometido se tornar conhecido, a comunidade oferecerá em sacrifício pelo pecado um novilho, que será levado diante da tenda da reunião. ¹⁵Os anciãos da comunidade imporão as mãos na cabeça do novilho, diante de Javé, e o novilho será imolado na presença de Javé. ¹⁶O sacerdote ungido levará

---

* **4**,2. Êx 30,22 | 6. Êx 26,33; 27,2; 30,1-10

† **4**,2. O sacrifício pelo pecado baseia-se no conceito de expiação. Trata-se de culpas cometidas por ignorância, desatenção ou involuntariamente, consideradas como violação objetiva da lei divina.

parte do sangue do novilho à tenda da reunião, [17]molhará nele o dedo e fará sete aspersões diante de Javé, em frente do véu; [18]e tingirá com o sangue os chifres do altar que está diante de Javé na tenda da reunião. Derramará todo o resto do sangue aos pés do altar dos holocaustos, que está à entrada da tenda da reunião. [19]Tirará toda a gordura do novilho e a queimará sobre o altar. [20]Fará com esse novilho como fez com o novilho do sacrifício pelo pecado; assim lhe fará, e o sacerdote oferecerá expiação pela comunidade, e lhe será perdoado. [21]O novilho será levado para fora do acampamento e será queimado do mesmo modo que foi queimado o primeiro. Este é o sacrifício pelo pecado da comunidade.

Pelo pecado dos chefes. [22]Se quem pecou foi um chefe, e praticou inadvertidamente alguma coisa proibida por Javé, seu Deus, e assim se tornou culpado, [23]logo que tiver tomado consciência de seu pecado, levará como sua oferta um bode sem defeito. [24]Imporá a mão na cabeça do bode* e o imolará no lugar onde se imola o holocausto, diante de Javé; é um sacrifício pelo pecado. [25]O sacerdote molhará o dedo no sangue da vítima, tingirá com ele os chifres do altar dos holocaustos e derramará o sangue aos pés do altar dos holocaustos. [26]Queimará toda a gordura sobre o altar, como a gordura do sacrifício de comunhão. O sacerdote fará assim expiação pelo pecado do chefe, e lhe será perdoado.

Pelo pecado de um cidadão. [27]Se quem pecou por inadvertência foi um simples cidadão, fazendo alguma das coisas proibidas pela lei de Deus, tornando-se assim culpado, [28]logo que tomar consciência do pecado cometido, trará como sua oferta uma cabra sem defeito, pelo pecado cometido. [29]Imporá a mão sobre a cabeça da vítima e a imolará no lugar do holocausto. [30]O sacerdote molhará o dedo no sangue da vítima, tingirá com ele os chifres do altar dos holocaustos e der-

ramará todo o resto do sangue aos pés do altar. [31]Tirará toda a gordura, como se tira a gordura de um sacrifício de comunhão, e o sacerdote a queimará sobre o altar como aroma agradável a Javé. Assim o sacerdote fará a expiação por essa pessoa, e lhe será perdoado. [32]Se trouxer uma ovelha como sua oferta pelo pecado, será fêmea e sem defeito. [33]Imporá a mão sobre a cabeça da vítima e a imolará em sacrifício pelo pecado, no lugar onde se imolam os holocaustos. [34]O sacerdote mergulhará o dedo no sangue da vítima, tingirá com ele os chifres do altar dos holocaustos e derramará todo o resto do sangue aos pés do altar. [35]Tirará toda a gordura, como se tira do cordeiro do sacrifício de comunhão, e o sacerdote a queimará sobre o altar, sobre as vítimas queimadas a Javé. Assim o sacerdote fará sobre essa pessoa o rito de expiação pelo pecado cometido, e lhe será perdoado.

5 **Casos particulares.** [1]Se uma pessoa pecar porque,* tendo ouvido a advertência do juramento e sendo testemunha ocular ou de conhecimento, não denunciar, será considerada culpada. [2]Se alguém tocar, por inadvertência, alguma coisa impura, como seja o cadáver de uma fera* impura, ou de um animal doméstico impuro, ou de um réptil impuro, ele se tornará impuro e culpado. [3]Se alguém tocar, por inadvertência, qualquer espécie de imundície humana, que torne impura a pessoa, quando se tornar ciente incorrerá em falta. [4]Quando alguém jurar com os lábios, sem refletir, fazer mal ou fazer bem, proferindo com leviandade um daqueles juramentos que as pessoas costumam pronunciar, quando vier a sabê-lo, será culpado de suas ações. [5]Aquele, pois, que for culpado de uma dessas coisas, confesse o pecado que cometeu, [6]e como sua oferta pela culpa, pelo pecado que cometeu, apresente a Javé, do gado miúdo, uma ovelha ou uma cabra como oferta pelo

---

* **4**,24. 1,11 | **5**,1. Pr 29,24; Dt 19,15-20 | 2. 11-16

Levítico 5-6

pecado; e o sacerdote fará por ele a expiação de seu pecado. [7]Se suas posses não são suficientes para oferecer uma ovelha, apresente a Javé, para expiação do pecado que cometeu, duas rolas ou dois pombinhos, um em sacrifício pelo pecado e o outro em holocausto. [8]Ele os levará ao sacerdote, que oferecerá primeiro a vítima pelo pecado. O sacerdote lhe destroncará a cabeça perto da nuca, sem a separar por completo; [9]aspergirá com o sangue da vítima a parede do altar e espremerá o resto do sangue ao pé do altar; é um sacrifício pelo pecado. [10]Com a outra ave fará um holocausto, segundo o ritual. Assim, o sacerdote fará por ele a expiação pelo pecado que cometeu, e lhe será perdoado.

[11]Mas se suas posses não são suficientes para oferecer duas rolas ou dois pombinhos, apresentará como oferenda pelo pecado cometido um décimo de efá de flor de farinha, sem derramar-lhe azeite por cima e sem pôr incenso, pois é um sacrifício pelo pecado. [12]Ele a levará ao sacerdote, o qual tomará um punhado dela como memorial a ser queimado sobre o altar, sobre as ofertas queimadas a Javé; é um sacrifício pelo pecado. [13]O sacerdote fará assim a expiação por ele, pelo pecado que cometeu em alguma dessas coisas, e lhe será perdoado. O restante será do sacerdote, como na oblação".

Sacrifícios de reparação. [14]Javé disse a Moisés: [15]"Se alguém cometer uma fraude e pecar, por inadvertência, subtraindo alguma das coisas sagradas de Javé, oferecerá a Javé, em sacrifício de reparação, um carneiro do rebanho, sem defeito, conforme tua avaliação em siclos de prata, segundo o siclo do santuário; [16]restituirá o que defraudou das coisas sagradas, acrescentando-lhe um quinto. Entregará tudo ao sacerdote, o qual fará por ele a expiação com o carneiro oferecido em reparação, e

lhe será perdoado. [17]Se alguém pecar fazendo, sem o saber, alguma coisa proibida pela lei de Javé, será culpado e levará o peso de sua falta. [18]Apresentará ao sacerdote, como sacrifício de reparação, um carneiro do rebanho, sem defeito, segundo tua avaliação; e o sacerdote fará por ele o rito da expiação, pela falta cometida por inadvertência, sem o saber, e lhe será perdoada. [19]É um sacrifício de reparação, pois certamente ele era culpado diante de Javé".

[20]Javé disse a Moisés: [21]"Se alguém pecar e cometer uma infidelidade* contra Javé, negando a seu próximo um depósito, um objeto penhorado, ou uma coisa roubada ou extorquida a seu próximo; [22]ou encontrando uma coisa perdida* e mentindo a respeito dela, ou jurando falso em alguma das coisas em que o homem costuma pecar; [23]então, se pecar e se tornar culpado, restituirá o que roubou ou extorquiu, ou o depósito que lhe foi confiado, ou o objeto perdido que encontrou, [24]e tudo aquilo sobre o que jurou falso; fará a restituição integral e acrescentará mais um quinto, entregando-o a seu proprietário no dia de seu sacrifício pelo pecado. [25]Como sacrifício de reparação, apresentará a Javé um carneiro* do rebanho, sem defeito, de acordo com tua avaliação. [26]E o sacerdote fará por ele o rito de expiação diante de Javé, e lhe será perdoado, seja qual for a falta com a qual se tornou culpado".†

6 **Holocausto quotidiano.** [1]Javé disse a Moisés: [2]"Ordena a Aarão e a seus filhos: Esta é a lei do holocausto†. O holocausto ficará ardendo sobre o braseiro, em cima do altar, toda a noite até pela manhã, e o fogo do altar permanecerá aceso. [3]O sacerdote vestirá a túnica de linho e os calções de linho sobre seu corpo, e quando o fogo tiver consumido o holocausto, retirará a cinza de cima do altar e a depositará ao lado deste. [4]De-

---

* **5,**21. Êx 22,6-14 **|** 22. Êx 23,1s **|** 25. 5,16

† **5,**26. Trata-se de culpas que causaram dano a alguém; o dano precisa ser reparado antes de se fazer o sacrifício. **| 6,**2. Ritual perpétuo e comunitário, de que fala Êx 29,38-42; não se refere mais a sacrifícios ocasionais de indivíduos.

pois se despojará daquelas vestes e vestirá outras, e levará as cinzas para fora do acampamento, a um lugar puro. [5]O fogo se manterá* aceso sobre o altar, sem jamais se apagar, e cada manhã o sacerdote porá nele lenha, sobre a qual disporá o holocausto e nele queimará a gordura dos sacrifícios de comunhão. [6]Um fogo contínuo arderá sobre o altar, sem jamais se apagar".

Direitos dos sacerdotes na oblação. [7]"Esta é a lei da oblação. Os filhos de Aarão a oferecerão perante Javé diante do altar. [8]Um deles tirará dela um punhado de flor de farinha com seu azeite e todo o incenso que está sobre a oblação, e queimará tudo isso no altar como perfume agradável, como um memorial para Javé. [9]Aarão e seus filhos comerão o restante da oblação; comerão sem fermento, em um lugar sagrado, no átrio da tenda da reunião. [10]Não será cozido com fermento; é a parte que eu lhes dei de minhas oferendas queimadas. É coisa santíssima, como o sacrifício pelo pecado e o sacrifício de reparação. [11]Poderá comer dele todo varão dentre os filhos de Aarão; é uma lei perpétua para vossas gerações, referente à oferta queimada em honra de Javé. Tudo o que as tocar ficará consagrado".

Consagração dos sacerdotes. [12]Javé disse a Moisés: [13]"Esta será a oblação* que Aarão e seus filhos oferecerão a Javé no dia de sua consagração: um décimo de efá de flor de farinha como oblação quotidiana, metade de manhã e metade à tarde. [14]Será preparada na frigideira, com azeite; tu a trarás bem misturada e oferecerás os pedaços cozidos da oblação como perfume agradável a Javé. [15]E o sacerdote que, entre seus filhos, for ungido para lhe suceder, fará o mesmo. É uma lei perpétua; será queimada inteiramente para Javé. [16]Toda a oferta do sacerdote será inteiramente queimada; dela não se comerá".

Sacrifício pelo pecado. [17]Disse ainda Javé a Moisés: [18]"Fala a Aarão e a seus filhos: Esta é a lei do sacrifício pelo pecado: no lugar onde se imola o holocausto, será imolada diante de Javé a vítima do sacrifício pelo pecado; é coisa santíssima. [19]O sacerdote que a oferecer pelo pecado a comerá; ele a comerá num lugar sagrado, no átrio da tenda da reunião.[20]Tudo o que tocar essa carne ficará consagrado; se o sangue dela respingar uma veste, lavarás em lugar santo o que foi respingado. [21]O vaso de argila em que foi cozida será quebrado; porém, se for cozida num vaso de bronze, será esfregado e lavado com água. [22]Poderá comê-la todo varão dentre os sacerdotes; é coisa santíssima. [23]Mas não se poderá comer* nenhuma vítima do sacrifício pelo pecado, cujo sangue tenha sido levado para a tenda da reunião, para se fazer a expiação no santuário; será queimada no fogo.

7 **Sacrifícios de reparação.** [1]Esta é a lei do sacrifício de reparação; é coisa santíssima. [2]A vítima será imolada onde se imola o holocausto, e seu sangue será aspergido sobre o altar, ao redor. [3]Dela se oferecerá toda a gordura: a cauda, a gordura que cobre as entranhas, [4]os dois rins com a gordura que os cobre na região lombar e a massa gordurosa que se destacará do fígado e dos rins. [5]O sacerdote queimará tudo isso sobre o altar em oferta queimada a Javé; é um sacrifício de reparação. [6]Poderá comê-la todo varão dentre os sacerdotes. Será comida num lugar sagrado; é coisa santíssima. [7]A lei será a mesma para o sacrifício pelo pecado e para o sacrifício de reparação. A vítima pertencerá ao sacerdote que com ela tiver feito o rito da expiação. [8]Ao sacerdote que tiver oferecido o holocausto por alguém caberá o couro da vítima. [9]Toda oblação cozida no forno,* ou preparada em panela ou assadeira, pertencerá ao sacerdote que a ofereceu. [10]Mas toda oblação amassada com azeite, ou seca, será de todos os filhos de Aarão indistintamente.*

---

* **6**,5. 2Mc 1,18-36 | 13. 8-9 | 23. 4,5.16 | **7**,9. 1; 2,4-7 | 10. 5,11-13; Nm 5,15; Ez 44,29

Levítico 7

Sacrifícios de comunhão. [11]Esta é a lei do sacrifício de comunhão† que se oferecerá a Javé. [12]Quem oferecer em ação de graças oferecerá com o sacrifício de ação de graças bolos ázimos amassados com azeite, bolachas sem fermento untadas com azeite e flor de farinha bem amassada em forma de tortas untadas com azeite. [13]A esses bolos acrescentará como oferta pão fermentado, com seu sacrifício de comunhão em ação de graças. [14]De cada uma dessas coisas apresentará uma porção a Javé como tributo; ela pertencerá ao sacerdote que aspergiu o sangue do sacrifício de comunhão. [15]A carne da vítima de ação de graças será comida no mesmo dia em que for oferecida; não se deixará nada para o dia seguinte.

[16]Mas se a vítima é oferecida como promessa ou oferta espontânea, será comida no mesmo dia em que for oferecida, e o que sobrar poderá ser comido no dia seguinte; [17]porém, o que ainda restar da carne do sacrifício no terceiro dia será queimado no fogo. [18]Se alguém comer da carne do sacrifício de comunhão no terceiro dia,* quem a ofereceu não será aceito, não lhe será atribuído o sacrifício; é uma abominação. E quem dela tiver comido, levará o peso de sua falta. [19]A carne que tiver tocado alguma coisa impura, não se comerá; será jogada ao fogo. Quanto à carne do sacrifício, toda pessoa pura poderá comê-la. [20]Mas quem estiver em estado de impureza e comer da carne de um sacrifício de comunhão* oferecido a Javé será exterminado do meio de seu povo. [21]Se alguém tocar uma imundície qualquer, de homem ou de animal, ou qualquer coisa imunda, e comer da carne do sacrifício de comunhão pertencente a Javé será exterminado do meio do seu povo".

Partes da vítima que não devem ser comidas. [22]Javé falou a Moisés: [23]"Dize aos israelitas: Não comereis gordura de boi, de ovelha ou de cabra. [24]A gordura de animal morto naturalmente ou dilacerado por fera pode servir para qualquer uso, mas de maneira alguma a comereis. [25]Porque todo aquele que comer gordura de animal oferecido a Javé em sacrifício consumido pelo fogo será exterminado do meio de seu povo. [26]Nenhum sangue comereis, nem de quadrúpedes nem de aves, onde quer que habitardes. [27]Toda pessoa que comer qualquer sangue será exterminada do meio de seu povo".

Direitos dos sacerdotes nos sacrifícios de comunhão. [28]Javé disse a Moisés: [29]"Dize aos israelitas: Quem oferecer a Javé um sacrifício de comunhão trará uma parte de seu sacrifício de comunhão como oferta a Javé. [30]Com suas próprias mãos apresentará as partes que devem ser queimadas a Javé; apresentará a gordura juntamente com o peito,* para fazer com o peito o gesto de apresentação diante de Javé. [31]O sacerdote queimará a gordura sobre o altar, e o peito será para Aarão e seus filhos. [32]Como tributo de vossos sacrifícios de comunhão, dareis ao sacerdote a coxa direita; [33]ela caberá àquele que dentre os filhos de Aarão tiver oferecido o sangue e a gordura do sacrifício de comunhão. [34]Porque dos sacrifícios de comunhão dos israelitas eu tomo o peito do rito da apresentação e a coxa do tributo, e os dou ao sacerdote Aarão e a seus filhos, como lei eterna para os israelitas. [35]Essa é a porção reservada a Aarão e a seus filhos, nas ofertas queimadas a Javé, no dia em que foram apresentados para servirem a Javé como sacerdotes. [36]Foi isso que Javé mandou dar-lhes no dia em que os consagrou* entre os israelitas: lei perpétua para todas as vossas gerações".

[37]Esta é a lei do holocausto, da oblação, do sacrifício pelo pecado, do sacrifício de reparação, da consagração e do sacrifício de comunhão, [38]que Javé ordenou a Moisés no monte Sinai, no

---

* **7,**18. 19,7 | 20. 11-16 | 30. Êx 29,24 | 36. Êx 30,22

† **7,**11. Volta a falar dos sacrifícios de comunhão, ver c. 3, distinguindo três tipos, conforme a finalidade for de ação de graças, de cumprimento de promessa ou de pura devoção.

Levítico 7-8

dia em que mandou aos israelitas que apresentassem suas ofertas a Javé no deserto do Sinai.

8 Rito da consagração dos sacerdotes.

[1]Javé disse a Moisés: [2]"Toma Aarão,* seus filhos, as vestes, o óleo da unção, o novilho para o sacrifício pelo pecado, os dois carneiros, o cesto de pães ázimos, [3]e convoca toda a comunidade à entrada da tenda da reunião". [4]Moisés fez como Javé lhe havia ordenado, e a comunidade se reuniu à entrada da tenda da reunião. [5]Disse Moisés à comunidade: "Isto é o que Javé mandou fazer". [6]Moisés mandou que se aproximasse Aarão com seus filhos e os lavou com água. [7]Colocou em Aarão a túnica, cingiu-o com o cinto; revestiu-o com o manto, sobre o qual adaptou o efod; cingiu-o com a faixa tecida do efod, atando-o. [8]Depois colocou-lhe o peitoral,* no qual pôs os Urim e os Tumim. [9]Pôs-lhe na cabeça o turbante, diante do qual colocou a lâmina de ouro, o diadema sagrado, como Javé tinha ordenado* a Moisés. [10]Em seguida Moisés tomou o óleo da unção e ungiu o tabernáculo e todas as coisas que nele havia, consagrando-as. [11]Com o óleo aspergiu sete vezes o altar e ungiu o altar e todos os seus utensílios, a bacia e seu pedestal, para os consagrar. [12]Derramou um pouco do óleo da unção sobre a cabeça de Aarão e o ungiu, para o consagrar. [13]A seguir, Moisés ordenou que se aproximassem os filhos de Aarão, revestiu-os com as túnicas, cingiu-os com os cintos e atou-lhes os barretes, como Javé havia ordenado a Moisés.

[14]Então mandou trazer o novilho para o sacrifício pelo pecado, e Aarão e seus filhos impuseram as mãos sobre a cabeça do novilho. [15]Moisés o imolou, tomou de seu sangue, aplicou-o com o dedo aos chifres do altar, em todo o redor, para purificá-lo; derramou o sangue aos pés do altar e o consagrou, para fazer expiação por ele. [16]Depois tomou toda a gordura que envolve as entranhas, a massa de gordura que sai do fígado e os dois rins com sua gordura e os queimou sobre o altar. [17]Mas o novilho com seu couro, sua carne e seus excrementos queimou-os fora do acampamento, como Javé havia ordenado a Moisés. [18]Mandou vir também o carneiro do holocausto, e Aarão e seus filhos impuseram as mãos sobre a cabeça do carneiro. [19]Moisés o imolou e aspergiu o sangue sobre o altar, ao redor. [20]Partiu o carneiro em pedaços e queimou-lhe a cabeça, os pedaços e a gordura. [21]Depois de lavar com água os intestinos e as patas, Moisés queimou todo o carneiro no altar, como holocausto de aroma agradável, oferenda queimada em honra de Javé, como ele havia ordenado a Moisés.

[22]A seguir mandou trazer o segundo carneiro, o carneiro da investidura. Aarão e seus filhos impuseram as mãos sobre a cabeça do carneiro; [23]Moisés o imolou, tomou do sangue e o aplicou sobre o lóbulo da orelha direita de Aarão, sobre os polegares de sua mão direita e de seu pé direito. [24]Mandou que se aproximassem os filhos de Aarão, aplicou sangue sobre os lóbulos de suas orelhas direitas e sobre os polegares de suas mãos direitas e de seus pés direitos, e Moisés aspergiu o resto do sangue ao redor do altar. [25]Depois tomou as partes gordas, isto é, a cauda e toda a gordura que envolve as entranhas, a massa gordurosa que sai do fígado, os dois rins com sua gordura e a coxa direita. [26]Tirou do cesto de pães ázimos, que estava na presença de Javé, um bolo ázimo, uma torta de pão azeitado e uma bolacha e os colocou sobre as gorduras e a coxa direita. [27]Pôs tudo nas mãos de Aarão e de seus filhos* e ordenou que fizessem o gesto de apresentação diante de Javé. [28]Depois Moisés tomou-os das mãos deles e queimou-os no altar, em cima do holocausto; foi o sacrifício da investidura, de aroma agradável, oferenda queimada a Javé. [29]Moisés tomou também o peito do carneiro e fez o gesto

---

* **8**,2. Êx 28,1-29, 35; 39,1-32; 40,12-15 | 8. Êx 28,6; Dt 33,8 | 9. Ez 21,31; Êx 30,22 | 27. Êx 28,41

Levítico 8-9

de apresentação diante de Javé; era a porção que lhe cabia do carneiro da investidura, como Javé havia ordenado a Moisés. [30]Depois Moisés tomou do óleo da unção e do sangue que estava sobre o altar e aspergiu com ele Aarão e suas vestes, e igualmente seus filhos e suas vestes, e assim consagrou Aarão e suas vestes, como também seus filhos e suas vestes com ele.

[31]Depois Moisés disse a Aarão e a seus filhos: "Cozinhai a carne à entrada da tenda da reunião e comei-a ali com o pão que está no cesto do sacrifício da investidura, conforme ordenei, dizendo: 'Aarão e seus filhos a comerão'. [32]O que sobrar da carne e dos pães o queimareis ao fogo. [33]Não vos afasteis da entrada da tenda da reunião durante sete dias, até que se completem os dias de vossa investidura, pois são necessários sete dias para vossa investidura. [34]Como se fez hoje, Javé ordenou que assim se repita, para oferecer por vós o rito de expiação. [35]Ficareis, pois, à entrada da tenda da reunião dia e noite durante sete dias, guardando a norma de Javé, para que não morrais, pois assim me foi ordenado". [36]Aarão e seus filhos fizeram tudo o que Javé havia ordenado por meio de Moisés.

9 Investidura de Aarão e de seus filhos.

[1]No oitavo dia, Moisés chamou Aarão, seus filhos e os anciãos de Israel, [2]e disse a Aarão: "Toma um novilho para o sacrifício pelo pecado, e um carneiro para o holocausto, ambos sem defeito, e oferece-os a Javé. [3]E dirás aos israelitas: Tomai um bode para o sacrifício pelo pecado, um novilho e um cordeiro, ambos de um ano e sem defeito, para o holocausto; [4]um boi e um carneiro para o sacrifício de comunhão, para serem imolados diante de Javé, e uma oblação amassada com azeite, porque hoje Javé vos aparecerá". [5]Eles trouxeram à entrada da tenda da reunião tudo o que Moisés havia ordenado, e toda a comunidade se aproximou e ficou de pé diante de Javé. [6]Então disse Moisés: "É isto que Javé ordenou que fizésseis, para que a glória de Javé se manifeste a vós". [7]Moisés disse a Aarão: "Aproxima-te do altar e oferece teu sacrifício pelo pecado e teu holocausto; faze expiação por ti e por tua família; apresenta a oferta do povo e faze expiação por ele,* como Javé ordenou". [8]Aarão aproximou-se do altar e imolou o novilho do sacrifício por seu próprio pecado. [9]Os filhos de Aarão apresentaram-lhe o sangue;* molhou nele o dedo, aplicou-o aos chifres do altar e derramou o restante do sangue aos pés do altar. [10]Queimou sobre o altar a gordura, os rins e a massa de gordura que sai do fígado extraídos da oferta pelo pecado, como Deus tinha ordenado a Moisés; [11]a carne e o couro, porém, queimou-os fora do acampamento.

[12]Imolou também o holocausto; seus filhos apresentaram-lhe o sangue, que ele derramou sobre o altar, ao redor. [13]Depois trouxeram-lhe a vítima dividida em pedaços, junto com a cabeça, e ele os queimou sobre o altar. [14]Lavou os intestinos e as patas e os queimou sobre o holocausto, no altar. [15]Em seguida apresentou a oferenda do povo: tomou o bode do sacrifício pelo pecado do povo, imolou-o e ofereceu-o em sacrifício pelo pecado, como o primeiro. [16]Depois apresentou o holocausto e o ofereceu conforme o ritual. [17]Apresentou a oblação, tirou dela um punhado que queimou sobre o altar, além do holocausto da manhã. [18]Enfim imolou o boi e o carneiro em sacrifício de comunhão do povo; os filhos de Aarão lhe apresentaram o sangue, que ele derramou sobre o altar, ao redor. [19]As gorduras do boi e do carneiro, a cauda, a gordura que envolve as entranhas, os rins e a massa de gordura que sai do fígado, [20]eles os colocaram sobre os peitos, e ele os queimou sobre o altar. [21]Com os peitos e a coxa direita Aarão fez o gesto de apresentação diante de Javé, conforme as ordens de Moisés.

---

* **9**,7. Êx 24,16 | 9. Hb 5,1-4; 7,27; 9,17s

115 Levítico 9-10

²²Aarão ergueu suas mãos sobre o povo e o abençoou; tendo terminado o sacrifício pelo pecado, o holocausto e o sacrifício de comunhão, desceu. ²³Moisés e Aarão entraram na tenda da reunião e, quando saíram, abençoaram o povo. A glória de Javé apareceu a todo o povo. ²⁴Saiu fogo da frente de Deus e consumiu o holocausto e as gorduras que estavam sobre o altar. À vista disso, todo o povo gritou de alegria e se prostrou com o rosto em terra.

10

Castigo da usurpação de Nadab e Abiú. ¹Nadab e Abiú, filhos de Aarão,* tomaram cada qual seu turíbulo, puseram nele fogo e incenso e ofereceram a Javé um fogo irregular, que ele não tinha ordenado†. ²Saiu fogo da presença de Javé,* que os devorou, e morreram diante de Javé. ³Então Moisés disse a Aarão: "É isso que Javé tinha anunciado ao dizer:

'Mostrar-me-ei santo naqueles que se aproximam de mim,
e serei glorificado diante de todo o povo'".

Aarão ficou calado. ⁴Moisés chamou Misael e Elisafã, filhos de Oziel, tio de Aarão, e disse-lhes: "Aproximai-vos, levai vossos irmãos de diante do santuário para fora do acampamento". ⁵Eles se aproximaram e os levaram em suas vestes para fora do acampamento, como Moisés tinha dito. ⁶Então Moisés disse a Aarão e a seus filhos Eleazar e Itamar: "Não desgrenheis os cabelos de vossas cabeças, nem rasgueis vossas vestes, para que não morrais e para que não se irrite Javé contra toda a comunidade; mas vossos irmãos, toda a casa de Israel, chorem sobre as vítimas do fogo de Javé. ⁷Não vos afasteis da entrada da tenda da reunião, para que não morrais, porque está sobre vós o óleo da unção de Javé". Eles fizeram como Moisés havia mandado.

Deveres dos sacerdotes. ⁸Javé disse a Aarão:* ⁹"Quando vierdes à tenda da reunião tu e teus filhos, não bebereis vinho nem bebida inebriante, para que não morrais; é uma lei perpétua para vossas gerações, ¹⁰a fim de que saibais distinguir o sagrado do profano, o puro do impuro, ¹¹e ensinar aos israelitas todos os preceitos que Javé lhes deu por meio de Moisés".

¹²Moisés disse a Aarão e a seus filhos sobreviventes, Eleazar e Itamar: "Tomai a oblação que resta das oferendas queimadas a Javé e comei-a sem fermento junto ao altar, pois é coisa santíssima. ¹³Vós a comereis* no lugar sagrado: é a parte que cabe a ti e a teus filhos nas oferendas queimadas a Javé, pois assim me foi ordenado. ¹⁴Também o peito que foi ofertado* e a coxa do tributo comereis em lugar puro tu, teus filhos e tuas filhas contigo, pois são a parte que cabe a ti e a teus filhos dos sacrifícios de comunhão dos israelitas. ¹⁵Além da gordura a ser queimada, serão trazidos a coxa do tributo e o peito ofertado, para que sejam oferecidos diante de Javé; isto pertencerá a ti e a teus filhos contigo por estatuto perpétuo, conforme ordenou Javé".

¹⁶Moisés procurou diligentemente* o bode do sacrifício pelo pecado e soube que havia sido queimado. Então irritou-se contra Eleazar e Itamar, os filhos sobreviventes de Aarão, dizendo: ¹⁷"Por que não comestes no lugar sagrado a oferta pelo pecado, posto que é coisa santíssima? Ela vos foi dada para removerdes a culpa da comunidade, fazendo sobre ela o rito de expiação diante de Javé. ¹⁸Seu sangue não foi levado para o interior do santuário; devíeis, pois, ter comido a oferta no lugar sagrado, conforme ordenei". ¹⁹Então Aarão disse a Moisés: "Eles ofereceram hoje seu sacrifício pelo pecado e seu holocausto diante de Javé, e tais coisas me aconteceram; se eu tivesse comido hoje a vítima pelo pecado, teria agradado a Javé?". ²⁰Moisés ouviu isto e deu-se por satisfeito.

---

* **10**,1. Nm 16,1-17,5 | 2. Nm 16,35; 2Rs 1,10s | 8. Ez 44,21 | 13. 6,9s | 14. 7,34 | 16. 9,15

† **10**,1. O fogo não foi retirado do altar como era prescrito. A punição divina adverte que as normas devem ser observadas rigorosamente.

Levítico 11 · **116**

II. LEIS SOBRE A PUREZA (11–16)

11 Animais puros e impuros.

[1]Javé disse a Moisés e a Aarão:* [2]"Dizei aos israelitas: São estes os animais† que podeis comer dentre todos os que existem na terra. [3]Podeis comer todo animal que tem o casco fendido, partido em duas unhas, e que rumina. [4]Mas, entre os que ruminam, ou têm o casco fendido, não comereis: o camelo, que rumina, mas não tem o casco fendido, será impuro para vós; [5]o coelho, que rumina, mas não tem o casco fendido, será impuro para vós; [6]a lebre, que rumina, mas não tem o casco fendido, será impura para vós; [7]o porco, que tem o casco fendido, partido em duas unhas, mas não rumina, será impuro para vós. [8]Não comereis suas carnes nem tocareis seus cadáveres; vós os tereis como impuros.

[9]Dos animais aquáticos, são estes os que podeis comer: todos os que têm barbatanas e escamas e vivem nas águas, nos mares ou nos rios. [10]Serão para vós abominação todos os que não têm barbatanas nem escamas nos mares ou nos rios, todos os que se movem na água e todos os que vivem na água; [11]serão para vós abominação, não comereis suas carnes e abominareis seus cadáveres. [12]Tudo o que nas águas não tem barbatanas nem escamas será abominação para vós.

[13]Entre as aves serão para vós abomináveis as seguintes, que não devereis comer, porque são abomináveis: a águia, a ossífraga, o abutre; [14]o milhafre e as diversas espécies de falcões; [15]toda espécie de corvos; [16]o avestruz, a coruja, a gaivota e toda espécie de gaviões; [17]o mocho, o alcatraz e o íbis; [18]o cisne, o pelicano e o abutre egípcio; [19]a cegonha, as diversas espécies de garça, a poupa e o morcego.

[20]Todo inseto alado que anda sobre quatro patas será abominação para vós. [21]Mas entre todos os insetos que andam sobre quatro patas podeis comer os que, além das patas, têm pernas com que saltam sobre a terra. [22]Deles podeis comer os seguintes: a locusta, o gafanhoto, o acrídio e o grilo, em suas várias espécies. [23]Todo outro inseto alado de quatro patas será abominação para vós.

[24]Esses animais vos tornarão impuros; todo aquele que tocar seu cadáver ficará impuro até a tarde, [25]e todo aquele que transportar seu cadáver terá de lavar suas vestes e ficará impuro até a tarde. [26]Todo animal que tem casco, mas não fendido, e que não rumina, será impuro para vós; todo aquele que os tocar ficará impuro. [27]Entre os quadrúpedes, todo animal que anda sobre as plantas dos pés será impuro para vós; todo aquele que tocar seu cadáver ficará impuro até a tarde; [28]e quem transportar seu cadáver deverá lavar suas vestes e ficará impuro até a tarde. Esses animais serão impuros para vós.

[29]Entre os animais que rastejam pela terra tereis por impuros os seguintes: a toupeira, o rato e as diversas espécies de lagarto; [30]o geco, o crocodilo da terra, a lagartixa, o lagarto da areia e o camaleão. [31]Esses, entre todos os répteis, são impuros para vós; quem os tocar, quando mortos, ficará impuro até a tarde. [32]Todo o objeto sobre o qual cair o cadáver de algum deles ficará impuro: utensílio de madeira, pano, couro ou saco, ou qualquer objeto com que se faz alguma coisa; deverá ser mergulhado em água e será considerado impuro até a tarde; depois ficará puro. [33]Se cair algum deles num vaso de argila, todo o seu conteúdo se tornará impuro, e quebrareis o vaso. [34]Todo alimento comestível sobre o qual cair a água desse vaso será impuro; e todo líquido potável que estiver em qualquer desses utensílios será impuro. [35]Aquilo sobre

---

* **11**,1. 20,25s; Dt 14,3-21; Gn 7,2

† **11**,2. Os critérios usados para esses tabus alimentares parecem ser a higiene, a aversão natural, e o uso de alguns animais nos cultos pagãos, como é o caso do porco. A classificação dos animais não é científica, mas popular. Jesus ensinará a pureza interior, declarando puros todos os alimentos, Mc 7,19.

Levítico 11-13

o que cair algum desses cadáveres será impuro; se for um forno ou um fogão, serão destruídos; são impuros e como impuros devereis considerá-los. [36]Mas as fontes, cisternas e depósitos de água permanecerão puros; mas quem tocar seus cadáveres ficará impuro. [37]Se cair algum de seus cadáveres sobre uma semente que vai ser semeada, permanecerá pura; [38]mas se a semente estiver molhada com água e lhe cair em cima algum desses cadáveres, vós a tereis por impura. [39]Se morrer um animal do qual vos é lícito comer, quem tocar seu cadáver ficará impuro até a tarde; [40]quem comer de suas carnes terá de lavar suas vestes e ficará impuro até a tarde; quem transportar seu cadáver deverá lavar suas vestes e ficará impuro até a tarde.

[41]Todo réptil que rasteja sobre a terra é coisa abominável; não se deve comê-lo. [42]Tudo o que se arrasta sobre o ventre, tudo o que anda sobre quatro ou mais patas, enfim, tudo o que rasteja pela terra não o comereis, porque é abominação. [43]Não vos torneis abomináveis com algum desses animais que rastejam, nem vos contamineis com eles, pois ficaríeis também impuros. [44]Pois sou eu, Javé, o vosso Deus;* deveis santificar-vos para serdes santos, porque eu sou santo; não deveis contaminar-vos com nenhum réptil que rasteja pela terra. [45]Sim, eu sou Javé, que vos tirei da terra do Egito,* para ser vosso Deus. Sede santos, porque eu sou santo.

[46]Esta é a lei referente aos quadrúpedes, às aves, a todo o ser vivente que se move na água ou rasteja sobre a terra; [47]para se fazer a distinção entre o puro e o impuro, entre os animais que se podem comer e os que não se podem comer".

12 Lei sobre a mulher que deu à luz.

[1]Javé disse a Moisés†: [2]"Fala aos israelitas: Se uma mulher conceber e der à luz um menino, ficará impura durante sete dias, como nos dias de sua menstruação. [3]No oitavo dia,* o menino será circuncidado, [4]e ela ficará ainda trinta e três dias purificando-se de seu sangue; não tocará nenhum objeto sagrado e não irá ao santuário, até se completarem os dias de sua purificação. [5]Se der à luz uma menina, ficará impura durante duas semanas, como no período da menstruação, e ficará mais sessenta e seis dias purificando-se de seu sangue. [6]Completados os dias de sua purificação,* seja por um filho, seja por uma filha, levará ao sacerdote, à entrada da tenda da reunião, um cordeiro de um ano, para holocausto, e um pombinho ou uma rola, em sacrifício pelo pecado. [7]O sacerdote os oferecerá a Javé e fará a expiação por ela, e então ficará purificada de seu fluxo de sangue. Esta é a lei sobre a mulher que dá à luz um menino ou uma menina. [8]Mas se ela não tiver meios suficientes para oferecer um cordeiro, tome duas rolas ou dois pombinhos,* um para o holocausto e outro para o sacrifício pelo pecado. O sacerdote fará a expiação por ela, e assim ficará purificada".

13 Lei sobre a lepra.

[1]Javé disse a Moisés e a Aarão:* [2]"Quando alguém tiver na pele um tumor, dartro ou mancha, que se torna em sua pele um sintoma de chaga de lepra†, será levado ao sacerdote Aarão, ou a algum dos sacerdotes, seus filhos. [3]O sacerdote examinará a chaga na pele e, se o cabelo naquele lugar se tornou branco e a chaga se apresentar mais funda que o resto da pele, a chaga é de lepra. Ao

---

* **11**,44. 17,1 **|** 45. 22,33; 19,2; 17,1 **| 12**,3. 15,19; Gn 17,10; Lc 1,59; 2,21 **|** 6. Lc 2,22-38 **|** 8. 5,7-13

† **12**,1. Os cc. 12 e 15 falam de certas situações ligadas ao sexo e à transmissão da vida, que determinavam um estado de impureza, afastando a pessoa dos atos de culto, por falta de uma perfeita integridade física. Essa impureza não era considerada como culpa moral, mas como uma situação existencial do momento, incompatível com a santidade de Deus. **| 13**,2. Os cc. 13 e 14 incluem sob o nome de lepra uma série de doenças da pele, e até mesmo o mofo das vestes, do couro e das paredes. O sacerdote era o árbitro que prescrevia a exclusão da comunidade e readmitia a ela.

Levítico 13

constatar isso, o sacerdote o declarará impuro. [4]Se, porém, a mancha sobre a pele for branca, mas não aparecer mais funda que a pele, e o cabelo não se tornou branco, o sacerdote isolará o enfermo durante sete dias. [5]No sétimo dia o sacerdote o examinará e, se constatar que a chaga permaneceu estacionária, sem se alastrar sobre a pele, ele o isolará durante mais sete dias [6]e o examinará novamente no sétimo dia. Se constatar que a chaga se atenuou e não se alastrou pela pele, o sacerdote o declarará puro, pois trata-se de dartro; ele lavará suas vestes e ficará puro. [7]Mas se o dartro se alastrou na pele, mesmo depois que o sacerdote o tiver examinado e declarado puro, ele se apresentará novamente ao sacerdote, o qual, tendo examinado o dartro [8]e vendo-o estendido sobre a pele, o declarará impuro. É lepra.

[9]Quando alguém tiver uma doença do gênero da lepra, será levado ao sacerdote [10]que o examinará. Se constatar sobre a pele um tumor branco, onde os cabelos se tornaram brancos e aparecer carne viva no tumor, [11]é lepra inveterada na pele. O sacerdote o declarará impuro, mas sem isolá-lo, porque é impuro. [12]Mas se a lepra se alastrar sobre a pele e cobrir toda a pele do enfermo, da cabeça aos pés, até onde o sacerdote puder ver, [13]este examinará o enfermo e, verificando que a lepra cobriu toda a pessoa, declarará puro o enfermo; sendo que ficou todo branco, está puro. [14]Mas se aparecer nele carne viva, ficará impuro; [15]e o sacerdote, vendo a carne viva, o declarará impuro, pois a carne viva é impura, é lepra. [16]Mas se a carne viva mudar novamente e voltar a ser branca, apresente-se ao sacerdote, [17]o qual o examinará e, constatando que a chaga voltou a ser branca, declarará puro o enfermo; ele é puro.

[18]Se alguém teve na pele uma úlcera que sarou, [19]mas no lugar da úlcera aparecer um tumor branco, ou uma mancha branco-avermelhada, apresente-se ao sacerdote, [20]o qual o examinará. Se constatar que a mancha se mostra mais funda que a pele e seu cabelo embranqueceu, ele o declarará impuro; é chaga de lepra que se formou na úlcera. [21]Se, porém, o sacerdote examina a chaga e vê que não há nela cabelo branco nem depressão na pele, mas vê que está descorada, o sacerdote isole-o durante sete dias. [22]Se a mancha se alastrar pela pele, declare-o impuro; trata-se de lepra. [23]Mas se a mancha permanecer estacionária, sem se alastrar, é a cicatriz da úlcera; o sacerdote o declarará puro.

[24]Se alguém tiver sofrido queimadura na pele e, ao cicatrizar-se a queimadura, se formar uma mancha branco-avermelhada ou somente branca, [25]o sacerdote examine-a. Se constatar que o cabelo se tornou branco e que apareceu depressão na pele, trata-se de lepra que se formou na queimadura. O sacerdote o declarará impuro; é uma chaga de lepra. [26]Mas se, ao examiná-la, o sacerdote não encontra cabelo branco nem depressão na pele, mas verifica que está descorada, isole-o durante sete dias. [27]No sétimo dia examine-o e, se a mancha se tiver propagado pela pele, ele o declarará impuro; é um caso de lepra. [28]Se, porém, a mancha permaneceu localizada, sem se alastrar, e se tornou descorada, é crosta de queimadura. O sacerdote o declarará puro, pois trata-se de cicatriz de queimadura.

[29]Quando um homem ou uma mulher tiverem uma chaga na cabeça ou no queixo, [30]o sacerdote examinará a chaga e, se constatar que está mais funda que a pele e o cabelo nela é amarelado e ralo, o sacerdote o declarará impuro; é micose, isto é, lepra da cabeça ou do queixo. [31]Mas se, ao examinar a chaga da micose, o sacerdote comprova que não está mais funda que o restante da pele, nem se encontram nela cabelos pretos, isolará o paciente durante sete dias. [32]No sétimo, o sacerdote a examinará e, se

---

* **13**,1. Dt 24,8s; Nm 12,10-15

verificar que a micose não se alastrou, e que não se formaram nela cabelos amarelados, nem está mais funda que a pele, [33]o enfermo cortará a barba, exceto na parte afetada pela micose, e o sacerdote o isolará durante outros sete dias. [34]No sétimo dia o sacerdote examinará a micose e, se comprovar que não se alastrou sobre a pele e não se apresenta mais funda que a pele, ele o declarará puro. Ele lavará suas vestes e ficará puro. [35]Se, porém, depois de ter sido declarado puro, a micose se alastrar pela pele, [36]o sacerdote o examinará e, se vir que a micose se alastrou pela pele, o sacerdote não precisará observar se o cabelo amarelou; é impuro. [37]Mas se a micose permaneceu estacionária e nela cresceu cabelo preto, então a micose está curada; é puro, o sacerdote o declarará puro.

[38]Se aparecerem manchas na pele de um homem ou de uma mulher, e essas manchas forem brancas, [39]o sacerdote as examinará. Se essas manchas na pele de seu corpo forem descoradas, trata-se de exantema que apareceu na pele; a pessoa é pura.

[40]Quando um homem perde os cabelos da cabeça, é calvo, é puro.[41]Se lhe caírem os cabelos da parte da frente, é calvície dianteira; é puro. [42]Mas se na calvície posterior ou dianteira houver uma chaga branco-avermelhada, é lepra que se formou em seu crânio ou em sua fronte. [43]O sacerdote o examinará e, se verificar que a crosta da chaga é branco-avermelhada na zona calva, com aspecto semelhante ao da lepra da pele do corpo, [44]o homem é leproso, é impuro, e o sacerdote o declarará impuro. Está com lepra na cabeça.

[45]O enfermo atacado de lepra andará com roupas rasgadas e com os cabelos desgrenhados; cobrirá a barba e gritará: "Impuro! Impuro!" [46]Será impuro enquanto durar seu mal e, sendo impuro, habitará sozinho e fora do acampamento.

Lepra das vestes. [47]Quando aparecer mancha de lepra numa veste, seja ela de lã ou de linho, [48]num tecido ou pano de linho ou de lã, numa pele, ou em qualquer objeto de couro, [49]se a mancha na veste, ou no couro, ou no tecido, ou no pano, ou em qualquer objeto de couro é esverdeada ou avermelhada, trata-se de lepra e deve ser mostrada ao sacerdote. [50]O sacerdote examinará a mancha e isolará o objeto durante sete dias. [51]No sétimo dia examinará a mancha; se ela se estendeu pela veste, pelo tecido, pelo pano, pelo couro ou pelo objeto feito de couro, a mancha é lepra contagiosa; o objeto é impuro. [52]Deve-se queimar a veste, o tecido, o pano, seja de lã ou de linho, ou o objeto de couro onde se encontre a mancha, porque é lepra contagiosa; deve ser entregue às chamas.

[53]Mas se, ao examiná-la, o sacerdote constatar que a mancha não se alastrou na veste, nem no tecido, nem no pano, nem no objeto de couro, [54]ordenará que se lave o objeto atingido e o isolará de novo durante sete dias. [55]Depois de lavado, o sacerdote examinará a mancha; se verificar que não mudou de aspecto nem se dilatou, é impuro. Seja entregue às chamas, porque está corroído no avesso e no direito. [56]Mas se o sacerdote, ao examiná-la, constatar que a parte infectada ficou descorada depois de lavada, ele a arrancará da veste, do couro, do tecido ou do pano. [57]Mas se a mancha reaparecer na veste, no tecido, no pano, ou em qualquer outro objeto de couro, é um mal que se difunde; o objeto infectado será queimado. [58]Mas a veste, o tecido, o pano ou qualquer objeto de couro, do qual tiver desaparecido a mancha com a lavagem, lavar-se-á de novo e ficará puro. [59]Esta é a lei sobre a mancha de lepra da veste de lã ou de linho, do tecido ou do pano, e de todo objeto de couro, para declará-lo puro ou impuro".

14 **Purificação do leproso.** [1]Javé disse a Moisés:* [2]"Esta será a lei para o leproso no dia de sua purificação. Será levado ao sacerdote,

---

* **14**,1. Mt 8,4; Lc 17,14

Levítico 14

³o qual sairá a seu encontro fora do acampamento e o examinará. Se a chaga da lepra do leproso estiver curada, ⁴ordenará que se tomem, para quem deve ser purificado, duas aves vivas e puras, madeira de cedro, lã escarlate e hissopo. ⁵O sacerdote ordenará que uma das aves seja imolada sobre um vaso de argila contendo água da fonte. ⁶Tomando a ave viva, juntamente com a madeira de cedro, a lã escarlate e o hissopo, ele os molhará com a ave viva no sangue da ave imolada sobre a água da fonte ⁷e aspergirá sete vezes quem deve ser purificado da lepra. Então o declarará purificado* e soltará a ave viva no campo aberto. ⁸O purificado lavará suas vestes, rapará todo o seu cabelo, se lavará com água e ficará puro, podendo reingressar no acampamento, mas ficará sete dias fora de sua tenda. ⁹No sétimo dia, rapará de novo os cabelos da cabeça, da barba, das sobrancelhas, todos os cabelos; lavará suas vestes, lavará seu corpo na água e será puro. ¹⁰No oitavo dia tomará dois cordeiros sem defeito e uma ovelha de um ano, sem defeito, e três décimos de flor de farinha amassada com azeite, como oblação, e um quartilho† de azeite. ¹¹O sacerdote que faz a purificação apresentará a Javé quem deve ser purificado, juntamente com essas coisas, à entrada da tenda da reunião. ¹²Em seguida tomará um dos cordeiros para oferecê-lo em sacrifício de reparação, junto com o quartilho de azeite, e fará com eles o gesto de apresentação diante de Javé. ¹³Imolará o cordeiro no lugar onde se costuma imolar a vítima pelo pecado e o holocausto, no lugar sagrado; porque, como o sacrifício pelo pecado, o sacrifício de reparação pertence ao sacerdote; é coisa santíssima. ¹⁴Então o sacerdote tomará do sangue do sacrifício de reparação e o aplicará sobre o lóbulo da orelha direita de quem se purifica, sobre o polegar de sua mão direita e sobre o polegar de seu pé direito.

¹⁵Depois, o sacerdote derramará azeite do quartilho na palma de sua mão esquerda, ¹⁶molhará o dedo direito no azeite que está em sua mão esquerda e com ele fará sete aspersões de azeite diante de Javé. ¹⁷Do restante do azeite que ficar em sua mão, o sacerdote aplicará uma parte sobre o lóbulo da orelha direita de quem se purifica, sobre o polegar de sua mão direita e sobre o polegar de seu pé direito, por cima do sangue do sacrifício de reparação. ¹⁸O azeite que restar em sua mão, o sacerdote o derramará sobre a cabeça daquele que se purifica; assim o sacerdote fará por ele a expiação diante de Javé.

¹⁹A seguir, o sacerdote oferecerá o sacrifício pelo pecado e fará a expiação por aquele que tem de purificar-se de sua impureza; finalmente, imolará o holocausto. ²⁰Oferecerá no altar o holocausto e a oblação; fará a expiação por ele, e será puro. ²¹Mas se é pobre* e suas posses não lhe permitirem fazer tanto, tome um só cordeiro, o do sacrifício de reparação, para fazer o gesto de apresentação e realizar pelo enfermo o rito de expiação. Tome um décimo de flor de farinha amassada com azeite para a oblação, um quartilho de azeite ²²e duas rolas ou dois pombinhos, segundo suas possibilidades, um dos quais será para o sacrifício pelo pecado e o outro para o holocausto. ²³No oitavo dia, ele os trará ao sacerdote para sua purificação, à entrada da tenda de reunião, diante de Javé. ²⁴O sacerdote tomará o cordeiro do sacrifício de reparação e o quartilho de azeite e fará com eles o gesto de apresentação diante de Javé. ²⁵Imolará o cordeiro do sacrifício de reparação, tomará de seu sangue e o aplicará sobre o lóbulo da orelha direita daquele que se purifica, sobre o polegar de sua mão direita e sobre o polegar de seu pé direito. ²⁶O sacerdote derramará do azeite na palma de sua mão esquerda, ²⁷e com o dedo da mão direita fará aspersões

---

* **14**,7. Nm 19,6.18; Sl 51,9 | 21. 5,7-13; 12,8

† **14**,10. Três décimos de um efá equivalem a uns 13 litros. Um quartilho equivale a 0,60l.

sete vezes, diante de Javé, com o azeite que está em sua mão esquerda. ²⁸A seguir, o sacerdote aplicará parte do azeite que está em sua mão sobre o lóbulo da orelha direita, sobre o polegar da mão direita e sobre o polegar do pé direito de quem se purifica, por cima do sangue do sacrifício da reparação. ²⁹O resto do óleo que tiver na mão, o sacerdote o derramará sobre a cabeça de quem se purifica, para oferecer a expiação por ele diante de Javé. ³⁰Depois, quem se purifica oferecerá uma das rolas ou um dos pombinhos, segundo suas posses, ³¹um em sacrifício pelo pecado e o outro para o holocausto, unido à oblação. Assim o sacerdote fará a expiação diante de Javé por aquele que deve ser purificado. ³²Tal é a lei para o doente de lepra que não tem meios de conseguir o necessário para sua purificação".

Lepra das casas. ³³Javé disse a Moisés e a Aarão: ³⁴"Quando tiverdes entrado na terra de Canaã que vos darei em propriedade, se eu ferir de lepra alguma casa da terra que possuireis, ³⁵o dono dessa casa avisará o sacerdote, dizendo-lhe: Uma espécie de praga apareceu em minha casa. ³⁶O sacerdote ordenará que desocupem a casa, antes de ir examinar a enfermidade, a fim de que não se contamine o que está dentro da casa. Depois disso, o sacerdote entrará para examinar a casa. ³⁷Examinará a mancha e, se constatar nas paredes da casa manchas esverdeadas ou avermelhadas parecendo mais fundas que a parede, ³⁸o sacerdote sairá da casa até a soleira da porta e a fechará durante sete dias. ³⁹No sétimo dia voltará e a examinará; se constatar que a praga se estendeu nas paredes da casa, ⁴⁰mandará arrancar as pedras atingidas pela enfermidade e atirá-las fora da cidade, em lugar impuro. ⁴¹Mandará raspar todo o interior da casa, e lançarão o pó da raspagem fora da cidade, em lugar impuro. ⁴²Depois tomarão outras pedras e as colocarão no lugar das primeiras, e com nova argamassa será rebocada a casa. ⁴³Mas, se a mancha reaparecer e se difundir na casa depois de tiradas as pedras, e depois que a casa foi raspada e rebocada de novo, ⁴⁴o sacerdote irá examiná-la; se verificar que a enfermidade se alastrou pela casa, é lepra corrosiva naquela casa; é impura. ⁴⁵Então mandará demolir a casa e levar para fora da cidade, para um lugar impuro, as pedras, a madeira e todo o reboco. ⁴⁶Quem tiver entrado na casa durante todo o tempo que ela permaneceu fechada ficará impuro até a tarde. ⁴⁷Quem tiver dormido nela lavará suas vestes; e quem tiver comido nela lavará suas vestes. ⁴⁸Mas se o sacerdote, quando vier examinar o mal, verifica que ele não se alastrou na casa, depois que foi rebocada, declare-a pura, porque o mal está curado.

⁴⁹Para purificar a casa, tome duas aves, madeira de cedro, lã escarlate e hissopo. ⁵⁰Imolará uma das aves sobre um vaso de argila contendo água da fonte. ⁵¹Tomará a madeira de cedro, o hissopo, a lã escarlate e a ave viva e os mergulhará no sangue da ave imolada e na água da fonte. Fará sete aspersões sobre a casa. ⁵²Tendo-a assim purificado, ⁵³solte a ave viva fora da cidade, no campo. Feita assim a expiação pela casa, ela ficará pura.

⁵⁴Esta é a lei referente a toda sorte de lepra ou de micose, ⁵⁵lepra das vestes e das casas, ⁵⁶tumores, dartros e manchas, ⁵⁷para ensinar quando uma coisa ou pessoa é impura e quando é pura. Esta é a lei sobre a lepra".

15 **Pureza sexual.** ¹Javé disse a Moisés e a Aarão: ²"Dizei aos israelitas: Todo homem que tiver um fluxo que sai de seu corpo será impuro por causa desse fluxo. ³Nisto consiste sua impureza: enquanto durar o fluxo, quer seu corpo o deixe sair, quer o retenha, ele será impuro. ⁴Todo leito em que se deitar aquele que tem o fluxo será impuro e todo móvel em que se sentar será impuro. ⁵Quem tocar seu leito lavará suas vestes, se banhará em água e ficará impuro até a tarde. ⁶Quem se sentar sobre um móvel onde esse homem se sentou lavará suas vestes, se banhará em água e ficará impuro até a tarde. ⁷Quem tocar o

Levítico 15-16

corpo do homem que tem o fluxo lavará suas vestes, se banhará em água e ficará impuro até a tarde. [8]Se quem tem o fluxo cuspir sobre uma pessoa pura, esta deverá lavar suas vestes, banhar-se em água e ficará impura até a tarde. [9]Toda a sela sobre a qual cavalgar o que tem o fluxo ficará impura. [10]Quem tocar alguma coisa que tenha estado debaixo dele ficará impuro até a tarde; e quem carregar tais coisas deverá lavar suas vestes, banhar-se em água e ficará impuro até a tarde. [11]Todo aquele em quem tocar aquele que tem o fluxo, sem este ter lavado as mãos, deverá lavar suas vestes, banhar-se em água e ficará impuro até a tarde. [12]O vaso de barro tocado pelo que tem o fluxo deve ser quebrado e todo recipiente de madeira será lavado com água.

[13]Quando estiver curado de seu fluxo, contará sete dias para sua purificação. Deverá lavar suas vestes, banhar-se em água corrente e então ficará puro. [14]No oitavo dia, tome consigo duas rolas ou dois pombinhos, venha diante de Javé, à entrada da tenda da reunião, e os entregue ao sacerdote, [15]o qual os oferecerá, um em sacrifício pelo pecado e o outro em holocausto. Assim o sacerdote fará por ele, diante de Javé, a expiação de seu fluxo.

[16]Quando um homem tiver uma emissão seminal, banhará em água todo o corpo e ficará impuro até a tarde. [17]Toda roupa e todo couro sobre os quais houver sêmen sejam lavados com água e ficarão impuros até a tarde. [18]Quando um homem se une a uma mulher e tem emissão de sêmen, deverão ambos lavar-se com água e ficarão impuros até a tarde.

[19]Quando a mulher tem um fluxo em seu corpo, e se trata de fluxo de sangue, sua impureza durará sete dias. Quem a tocar ficará impuro até a tarde. [20]Tudo aquilo sobre o que ela se deitar durante sua impureza ficará impuro; e tudo aquilo sobre o que ela se sentar será impuro. [21]Quem tocar seu leito deverá lavar suas vestes, banhar-se em água e ficará impuro até a tarde; [22]e quem tocar qualquer móvel sobre o qual ela se sentou deverá lavar suas vestes, banhar-se em água e ficará impuro até a tarde. [23]Quem tocar alguma coisa que estiver sobre seu leito ou sobre aquilo em que ela se sentou ficará impuro até a tarde. [24]Se um homem se unir a ela, a impureza dela passará para ele e ficará impuro durante sete dias; e todo o leito sobre o qual ele se deitar ficará impuro.

[25]Se uma mulher tiver um fluxo de sangue durante vários dias, fora do tempo costumado, ou se seu fluxo se prolongar além do tempo de sua impureza, durante todo o tempo desse fluxo ficará impura, como no período de sua impureza. [26]Todo o leito sobre o qual se deitar durante o tempo do fluxo será para ela como o leito em que dorme durante sua impureza; e todo o móvel sobre o qual se sentar ficará impuro como no período de sua impureza. [27]Quem os tocar deverá lavar suas vestes, banhar-se em água e ficará impuro até a tarde. [28]Quando estiver curada de seu fluxo, contará sete dias e depois ficará pura. [29]No oitavo dia tomará consigo duas rolas ou dois pombinhos e os levará ao sacerdote, à entrada da tenda da reunião. [30]O sacerdote oferecerá um deles em sacrifício pelo pecado e o outro em holocausto e fará por ela, diante de Javé, o rito de expiação de seu fluxo que a tornava impura.

[31]Ensinai os israelitas a purificar-se de suas impurezas, para que não morram por causa delas, contaminando meu tabernáculo que está no meio deles. [32]Esta é a lei a respeito do homem que tem um fluxo e daquele que tem emissão de sêmen, contraindo impurezas; [33]a respeito da mulher no tempo da impureza de suas regras; a respeito do homem ou da mulher que têm um fluxo e a respeito daquele que se une a uma mulher impura".

16 O dia das expiações. [1]Javé falou a Moisés* depois da morte dos dois filhos de Aarão, mortos ao se

---

16,1. 23,26-32; Nm 29,7-11; Hb 9,6-14

123   Levítico 16

apresentarem diante de Javé. [2]Disse Javé a Moisést: "Dize a teu irmão Aarão que não entre* a qualquer hora no santuário, além do véu, diante do propiciatório que está sobre a arca, para que não morra; porque eu aparecerei na nuvem sobre o propiciatório. [3]Assim entrará Aarão no santuário: com um novilho para o sacrifício pelo pecado e um carneiro para o holocausto. [4]Vestirá a túnica sagrada de linho e calções de linho sobre seu corpo; ele se cingirá com um cinto de linho e com um turbante de linho envolverá a cabeça. São essas as vestes sagradas que vestirá, depois de se ter banhado em água.

[5]Receberá da comunidade dos israelitas dois bodes para o sacrifício pelo pecado e um carneiro para o holocausto. [6]Aarão oferecerá o novilho do sacrifício pelo pecado e fará a expiação por si e por sua casa. [7]Tomará os dois bodes e os colocará diante de Javé, à entrada da tenda da reunião. [8]Lançará a sorte sobre eles: uma para Javé e outra para Azazel. [9]Oferecerá o bode que tocou em sorte a Javé* e fará com ele um sacrifício pelo pecado. [10]O bode, porém, que tocou em sorte a Azazel será apresentado vivo diante de Javé, para se fazer com ele o rito de expiação, a fim de ser enviado a Azazel no deserto.

[11]Aarão oferecerá o novilho do sacrifício por seu pecado, fará a expiação por si e por sua casa e imolará o novilho. [12]Tomará um turíbulo cheio de brasas ardentes tiradas do altar, diante de Javé, e dois punhados de incenso aromático pulverizado e levará tudo para detrás do véu. [13]Porá o incenso no fogo, diante de Javé, a fim de que a nuvem de incenso* envolva o propiciatório que está sobre a arca, e ele não morra. [14]Tomará do sangue do novilho* e aspergirá com o dedo o lado oriental do propiciatório; diante do propiciató-

rio fará sete aspersões com o sangue, servindo-se do dedo. [15]Imolará o bode destinado ao sacrifício pelo pecado do povo e levará o sangue para detrás do véu. Fará com ele o mesmo que fez com o sangue do novilho, aspergindo-o sobre o propiciatório e diante dele. [16]Assim fará a expiação pelo santuário,* purificando-o das impurezas dos israelitas, de suas transgressões e de todos os seus pecados. O mesmo fará pela tenda da reunião que se encontra entre eles, no meio de suas impurezas. [17]Ninguém deve estar na tenda da reunião,* quando ele entrar para fazer a expiação no santuário, até ele sair, após haver feito a expiação por si, por sua família e por toda a comunidade de Israel. [18]Então sairá em direção ao altar que está diante de Javé e fará a expiação pelo altar, tomando do sangue do novilho e do sangue do bode e aplicando-o sobre os chifres do altar ao redor. [19]Servindo-se do dedo, fará com o mesmo sangue sete aspersões sobre o altar. Desta maneira o purificará das impurezas dos israelitas e o santificará.

[20]Quando acabar de fazer a expiação pelo santuário, pela tenda da reunião e pelo altar, Aarão mandará trazer o bode vivo. [21]Porá ambas as mãos* sobre a cabeça delet, confessará sobre ele todas as iniquidades, todas as transgressões e todos os pecados dos israelitas e, carregando-os sobre a cabeça do bode, ele o enviará para o deserto por meio de um homem designado para isso. [22]O bode levará sobre si todas as iniquidades deles para uma região desolada, e o homem soltará o bode no deserto.

[23]Depois, Aarão entrará na tenda da reunião e tirará as vestes de linho, que havia posto para entrar no santuário, e as deixará ali mesmo. [24]Lavará seu corpo com água no lugar sagrado, porá de novo suas vestes e, saindo, oferece-

---

* **16**,2. Êx 19,12; 25,17 **|** 9. 16,22 **|** 13. Êx 25,17 **|** 14. Êx 33,20 **|** 16. Ez 45,18-20; Rm 3,25 **|** 17. Dt 4,7; Is 6,5 **|** 21. Tb 8,3

† **16**,2. Esse rito solene do dia das expiações, o Yom Kipur, cancelava todos os pecados e irregularidades do povo, restituindo-lhe seu caráter de povo santo e assegurando-lhe de novo as bênçãos prometidas. **| 16**,21. Essa imposição das mãos transferia simbolicamente para o animal todas as culpas do povo.

Levítico 16-17

rá seu holocausto e o do povo e fará o rito de expiação por si e pelo povo. ²⁵Queimará sobre o altar a gordura do sacrifício pelo pecado.

²⁶O homem que levou o bode a Azazel lavará suas vestes, banhará seu corpo com água e depois poderá entrar no acampamento. ²⁷O novilho e o bode imolados em sacrifício pelo pecado, cujo sangue foi levado ao santuário para fazer o rito de expiação, serão levados para fora do acampamento e serão queimados com fogo seu couro, sua carne e seus excrementos. ²⁸Aquele que os queimar lavará suas vestes, banhará o corpo com água e depois poderá entrar no acampamento. ²⁹Isto será para vós lei perpétua:* no décimo dia do sétimo mês jejuareis e não fareis trabalho algum, tanto o cidadão como o estrangeiro que habita no meio de vós. ³⁰Porque nesse dia se fará a expiação por vós, para vos purificar; e sereis purificados de todos os vossos pecados diante de Javé. ³¹É para vós um sábado de repouso solene e deveis jejuar; é uma lei perpétua. ³²O sacerdote que recebeu a unção e a investidura para exercer o sacerdócio em lugar de seu pai fará o rito da expiação. Vestirá as vestes sagradas de linho ³³e fará a expiação pelo santuário, pela tenda da reunião e pelo altar; fará o rito da expiação pelos sacerdotes e por todo o povo da comunidade. ³⁴Isto será para vós uma lei perpétua, para fazer o rito de expiação pelos israelitas por todos os seus pecados, uma vez por ano". E foi feito como Javé havia ordenado a Moisés.

III. CÓDIGO DE SANTIDADE
(17–26)

17 **Normas para o abate dos animais.** ¹Javé disse a Moisés†: ²"Fala a Aarão*, a seus filhos e a todos os israelitas e dize-lhes: É isto que orde-

na Javé: ³Todo israelita que imolar um boi, uma ovelha, ou uma cabra, dentro ou fora do acampamento, ⁴sem o apresentar à entrada da tenda da reunião, para o oferecer a Javé diante de seu tabernáculo, será culpado pelo sangue derramado;* derramou sangue e será eliminado do meio de seu povo. ⁵Assim os israelitas deverão trazer ao sacerdote, à entrada da tenda da reunião, para Javé, os animais que desejariam oferecer no campo e os oferecerão a Javé como sacrifícios de comunhão. ⁶O sacerdote aspergirá o sangue sobre o altar de Javé, à entrada da tenda da reunião, e queimará a gordura em aroma agradável a Javé. ⁷Não mais imolarão vítimas aos demônios* com os quais se prostituem. Isto será uma lei perpétua para eles e seus descendentes.

⁸Dize-lhes ainda: Todo israelita ou estrangeiro que habita no meio de vós, que deseja oferecer um holocausto ou um sacrifício, ⁹sem apresentá-lo à entrada da tenda da reunião, para oferecê-lo a Javé, será exterminado do meio de seu povo. ¹⁰Todo israelita ou estrangeiro,* residente entre vós, que comer qualquer sangue, voltarei minha face contra esse que comeu sangue e o exterminarei do meio de seu povo. ¹¹Porque a vida do ser vivo está no sangue, e eu vos dou o sangue* sobre o altar, para fazer o rito de expiação por vossas vidas; pois o sangue, enquanto vida, expia. ¹²Por isso eu disse aos israelitas: 'Ninguém dentre vós comerá sangue, nem mesmo o estrangeiro que habita entre vós o comerá'.

¹³Todo israelita ou estrangeiro, residente entre vós, que caçar algum animal ou ave que é permitido comer, derramará seu sangue e o cobrirá com terra. ¹⁴Porque a vida de todo ser vivo é o sangue;* em seu sangue está a vida. Por isso, eu disse aos israelitas: 'Não comereis o sangue de nenhuma criatu-

---

* **16**,29. 23,27-32 | **17**,2. Êx 20,24; Dt 12,4-28 | 4. 1,5 | 7. 16,8; Is 13,21; 34,12-14 | 10. 1,5 | 11. Hb 9,7.21s **17**,14. Dt 12,15 / Êx 22,30; Dt 14,21; Ez 4,14

† **17**,1. Estes capítulos insistem na santidade que se requer de tudo que entra em relação com o Deus santo e transcendente: pessoas, lugares, tempos e objetos. Além da pureza legal e da separação do que é profano, ensinam também a retidão moral, o amor ao próximo, a prática da justiça.

ra', pois a vida de toda criatura é seu sangue;* e quem o comer será exterminado. ¹⁵Todo nativo ou estrangeiro que comer um animal morto ou dilacerado deverá lavar suas vestes e banhar-se em água; ficará impuro até a tarde, depois será puro. ¹⁶Mas, se não lavar as vestes e não se banhar, levará o peso de sua falta".

18 Honestidade no matrimônio.
¹Javé disse a Moisés:* ²"Dize aos israelitas: Eu sou Javé, vosso Deus. ³Não procedereis conforme os costumes do Egito, onde habitastes, nem fareis como fazem na terra de Canaã, para onde vos conduzo; e não seguireis suas leis. ⁴Mas praticareis meus preceitos, observareis minhas leis e por elas vos conduzireis. Eu sou Javé, vosso Deus. ⁵Guardareis, pois, meus estatutos* e meus decretos, mediante os quais quem os pratica encontra a vida. Eu sou Javé.

⁶Ninguém de vós se aproximará de uma parenta próxima para unir-se† a ela. Eu sou Javé. ⁷Não desonrarás teu pai,* unindo-te a tua mãe; ela é tua mãe: não te unirás a ela. ⁸Não te unirás a tua madrasta: porque seria desonrar teu pai. ⁹Não te unirás a tua irmã,* filha de teu pai ou de tua mãe, nascida na casa ou fora dela; não te unirás a ela. ¹⁰Não te unirás à filha de teu filho ou à filha de tua filha, porque seria desonrar-te a ti mesmo. ¹¹Não te unirás à filha de tua madrasta, nascida de teu pai: ela é tua irmã. ¹²Não te unirás à irmã de teu pai, pois é da mesma carne que teu pai. ¹³Não te unirás à irmã de tua mãe, porque é da mesma carne que tua mãe. ¹⁴Não desonrarás o irmão de teu pai, unindo-te a sua mulher: ela é tua tia. ¹⁵Não te unirás a tua nora: é a mulher de teu filho; não te unirás a ela. ¹⁶Não te unirás a tua cunhada: seria desonrar teu irmão. ¹⁷Não te unirás a uma mulher e a sua filha,* nem te unirás à filha de seu filho, nem à filha de sua filha; são tuas parentas próximas: seria uma infâmia. ¹⁸Não tomarás por esposa a irmã de tua mulher, para fazer dela uma rival, e unir-te a ela enquanto viver a primeira.

¹⁹Não te aproximarás de uma mulher durante sua impureza menstrual, para te unires a ela. ²⁰Não dormirás com a mulher de teu próximo,* contaminando-te com ela. ²¹Não darás nenhum descendente teu para ser passado pelo fogo em honra de Moloc†; não profanarás o nome de teu Deus. Eu sou Javé. ²²Não te deitarás com um homem como se faz com mulher: é coisa abominável. ²³Não terás relações com animal,* contaminando-te com ele. A mulher não se ponha diante de um animal para unir-se com ele: é uma perversão.

²⁴Não vos contaminareis com nenhuma dessas coisas, porque com todas elas se contaminaram os povos que vou expulsar de vossa frente. ²⁵O país se contaminou e eu decidi punir sua maldade, de sorte que o país vomitou seus habitantes. ²⁶Vós, porém, observareis minhas leis e meus preceitos e não cometereis nenhuma dessas abominações, nem o nativo e nem o estrangeiro residente entre vós. ²⁷Porque todas essas abominações cometeram os que habitavam neste país antes de vós, e o país ficou contaminado. ²⁸Não aconteça que o país vos vomite por havê-lo contaminado, como vomitou os povos que o habitaram antes de vós. ²⁹Porque todo aquele que cometer alguma dessas abominações será eliminado do meio de seu povo. ³⁰Observai minhas ordens e não pratiqueis nenhum desses costumes abomináveis que se praticaram antes de vós, e não vos contaminareis com eles. Eu sou Javé, vosso Deus".

---

* **18**,1. 20,8-21; Ez 20,7s; Êx 23,23s | 5. Dt 4,1; 5,30; 6,24; 8,1; Ez 20,11 | 7. Dt 23,1; 27,20.23 | 9. Dt 27,22 | 17. 20,14 | 20. Êx 20,14 | 23. Gn 19,5

† **18**,6. A expressão hebraica que traduzimos por "unir-se a" é "descobrir a nudez de". | 21. O sacrifício de crianças, com o qual os cananeus prestavam culto ao deus Moloc, acontecia também entre os israelitas, Lv 20,2-5; 2Rs 16,3; Jr 7,31; Ez 16,21.

Levítico 19

19 Prescrições religiosas e morais.

[1]Javé falou a Moisés, dizendo: [2]"Fala a toda a comunidade dos israelitas e dize-lhes: Sede santos,* porque eu, Javé, vosso Deus, sou santo. [3]Cada um de vós respeite seu pai e sua mãe* e guarde meus sábados. Eu sou Javé, vosso Deus. [4]Não deveis recorrer aos ídolos* nem fabricar para vós deuses de metal fundido. Eu sou Javé, vosso Deus.

[5]Quando oferecerdes a Javé um sacrifício de comunhão,* oferecei-o de tal modo que sejais aceitos. [6]Comereis dele no mesmo dia do sacrifício ou no dia seguinte; o que restar no terceiro dia será queimado ao fogo. [7]Se alguém comer dele no terceiro dia, é coisa abominável, não será aceito. [8]Quem dele comer levará o peso de sua iniquidade, porque profanou uma coisa consagrada a Javé; será exterminado do meio de seu povo.

[9]Quando fizerdes a colheita de vossa terra, não ceifareis até os limites do terreno nem recolhereis as espigas que ficaram. [10]Em tua vinha não colherás os cachos que ficaram nem apanharás os frutos caídos; tu os deixarás para o pobre e o estrangeiro. Eu sou Javé, vosso Deus.

[11]Não furtareis, nem usareis de fraude,* nem de mentiras uns com os outros. [12]Não jurareis falso por meu nome,* profanando assim o nome de vosso Deus. Eu sou Javé. [13]Não oprimirás nem roubarás teu próximo;* o salário do trabalhador não ficará contigo até a manhã seguinte. [14]Não insultarás o surdo nem porás tropeço diante do cego, mas temerás teu Deus. Eu sou Javé. [15]Não sereis injustos em vossos julgamentos; não favorecerás o pobre nem terás preferência pelo poderoso, mas julgarás teu próximo com justiça.

[16]Não andes espalhando maledicências entre teu povo nem tomes posição contra a vida de teu próximo. Eu sou Javé. [17]Não tenhas ódio de teu irmão em teu coração;* corrige lealmente teu próximo para não incorreres em pecado por causa dele. [18]Não tomarás vingança nem guardarás rancor contra teus compatriotas. Amarás teu próximo⁺ como a ti mesmo. Eu sou Javé.

[19]Guardarás meus estatutos.* Não cruzarás animais de espécies diferentes; nem semearás em teu campo duas espécies diferentes de sementes; nem usarás vestes tecidas com dois tipos de material. [20]Se um homem se deitar com uma mulher escrava, comprometida com outro homem, mas não resgatada nem posta em liberdade, deverá pagar uma indenização, mas eles não serão mortos, porque ela não era livre. [21]O homem trará a Javé, à entrada da tenda da reunião, um carneiro como sacrifício de reparação. [22]O sacerdote fará por ele, diante de Javé, o rito de expiação com o carneiro de reparação pelo pecado cometido. E lhe será perdoado seu pecado.

[23]Quando tiverdes entrado na terra e tiverdes plantado toda sorte de árvores frutíferas, considerareis seus frutos como impuros; durante três anos serão para vós impuros e não os comereis. [24]No quarto ano, todos os seus frutos serão consagrados como oferta de louvor a Javé. [25]No quinto ano comereis seus frutos, para que vos faça crescer sua produção. Eu sou Javé, vosso Deus.

[26]Não comereis coisa alguma com sangue.* Não praticareis adivinhações nem magia. [27]Não cortareis o cabelo arredondando os cantos nem rapareis a barba nos lados. [28]Não fareis incisões no corpo por um morto nem fareis tatuagem no corpo. Eu sou Javé. [29]Não

---

* **19**,2. 11,44s; 17,1 | 3. Êx 20,12; 19,30; 26,2; Êx 20,8 | 4. Êx 20,4s | 5. Dt 24,19-22 | 11. Êx 20,15; Dt 24,7; 25,13 | 12. Êx 20,16; Dt 19,16-21 | 13. Dt 24,14s | 17. Ez 33,1-9; Mt 18,15; Eclo 10,6; Rm 12,19; Mt 22,39; 5,43 | 19. Dt 22,9-11 | 26. 17,10-14; 19,31; Dt 18,10-12

⁺ **19**,18. Próximo e compatriota eram sinônimos. Jesus estende a noção a toda a humanidade: Mt 5,43-44; Lc 10,25-37 e propõe como modelo seu amor, Jo 13,34, dando assim um novo mandamento. | 29. A prostituição sagrada, a prática do sexo para honrar um deus, era frequente entre certos povos antigos e uma tentação para os israelitas em contato com eles, Gn 38,21; Dt 23,18-19; Os 4,14.

Levítico 19-20

desonres tua filha prostituindo-a, a fim de que o país não se entregue à prostituição† e não se encha de maldade. [30]Guardareis meus sábados* e venerareis meu santuário. Eu sou Javé. [31]Não recorrereis aos que evocam os espíritos* nem consultareis adivinhos, contaminando-vos com eles. Eu sou Javé, vosso Deus. [32]Levanta-te diante de uma cabeça branca e dá honra à pessoa idosa. Teme teu Deus. Eu sou Javé. [33]Se um estrangeiro vier residir convosco* em vossa terra, não o maltrateis. [34]Tratai o estrangeiro residente em vosso meio como um concidadão. Tu o amarás como a ti mesmo, porque também vós fostes estrangeiros na terra do Egito. Eu sou Javé, vosso Deus. [35]Não cometereis injustiça* nos julgamentos, nem na vara, nem no peso, nem na medida. [36]Usareis balança justa, peso justo, efá justo, quartilho justo. Eu sou Javé, vosso Deus, que vos tirei da terra do Egito. [37]Observareis, pois, todas as minhas leis e todos os meus preceitos. Eu sou Javé".

20 **Penas para os transgressores.** [1]Javé falou a Moisés: [2]"Dirás aos israelitas: Todo israelita ou estrangeiro residente em Israel, que sacrificar um de seus filhos a Moloc,* certamente morrerá; o povo da terra o apedrejará. [3]Voltarei contra ele meu rosto e o extirparei do meio de seu povo, porque contaminou meu santuário e profanou meu santo nome, sacrificando um de seus filhos a Moloc. [4]Se, porém, o povo da terra fechar os olhos diante desse homem que tiver sacrificado um de seus filhos a Moloc e não o matar, [5]eu voltarei meu rosto contra ele e sua família e o extirparei do meio de seu povo com todos os que o seguiram na prostituição,* prostituindo-se a Moloc. [6]Se alguém recorrer aos que evocam os espíritos* e aos adivinhos, prostituindo-se com eles, voltarei minha face contra essa pessoa e a exterminarei do meio de seu povo. [7]Santificai-vos e

sede santos, porque eu sou Javé, vosso Deus. [8]Guardai meus preceitos e cumpri-os. Eu sou Javé, que vos santifica. [9]Quem amaldiçoar seu pai ou sua mãe certamente morrerá. Amaldiçoou o pai ou a mãe: será responsável por sua própria morte. [10]Se alguém comete adultério com uma mulher casada, com a mulher de seu próximo, certamente morrerão o adúltero e a adúltera. [11]Se um homem dormir com sua madrasta, desonrando assim seu pai, certamente morrerão ambos os culpados; serão responsáveis por sua própria morte. [12]Se um homem dormir com sua nora, certamente morrerão todos os dois; cometeram uma depravação, são responsáveis por sua própria morte. [13]Se um homem se deitar com outro homem como se fosse mulher, ambos cometeram uma abominação; certamente morrerão e serão responsáveis por sua própria morte. [14]Se um homem tomar por esposas uma mulher e a mãe dela, cometeu uma infâmia; serão entregues às chamas ele e as duas, para que não exista essa infâmia no meio de vós. [15]O homem que tiver relação com animal certamente morrerá, e matareis também o animal. [16]Se uma mulher se aproxima de um animal para unir-se com ele, a mulher e o animal serão mortos; certamente morrerão; sobre eles caia seu sangue. [17]Se um homem desposar sua irmã por parte de pai ou de mãe e tiver relações sexuais com ela, é uma ignomínia; serão exterminados à vista de seus concidadãos. Ele desonrou a própria irmã: levará o peso de sua falta. [18]Se um homem dormir com uma mulher durante o tempo de sua menstruação e tiver relações com ela, descobrindo seu fluxo e ela mesma descobrindo a fonte de seu sangue, ambos serão exterminados do meio de seu povo. [19]Tampouco te unirás à irmã de teu pai ou à irmã de tua mãe, porque seria desonrar sua própria carne; os dois levarão o peso de sua falta. [20]O homem que se unir com a mulher de

---

* **19**,30. Êx 20,8 | 31. 19,26; 20,6.27; Dt 18,11 | 33. Êx 22,20 | 35. Dt 25,13-16; Am 8,5; Is 10,1s | **20**,2. 18,21 | 5. 1Rs 11,7 | 6. 19,26.31; 11,44s; 17,1

Levítico 20-21

seu tio desonra seu tio; levarão o peso de sua falta; morrerão sem filhos. [21]O homem que desposar a mulher de seu irmão comete uma torpeza; desonrou seu irmão. Ficarão sem filhos.

Exortação geral. [22]Guardai todos os meus estatutos e todos os meus decretos e praticai-os, para que não vos vomite a terra para a qual vos estou conduzindo, para habitardes nela. [23]Não sigais os costumes dos povos que vou expulsar de vossa frente, porque praticaram todas essas coisas e me causaram aversão. [24]A vós, porém, eu digo: Tomareis posse da terra deles, eu vo-la darei como herança, terra onde corre leite e mel. Eu sou Javé, vosso Deus, que vos separei dos outros povos. [25]Fareis distinção entre animais puros e impuros, entre aves puras e impuras. Não vos contaminareis com nenhum animal, ou ave, ou réptil que rasteja pela terra, seres que vos indiquei como impuros. [26]Sereis, pois, santos para mim,* porque eu, Javé, sou santo, e vos separei dos outros povos, para serdes meus. [27]O homem ou a mulher* que entre vós evocarem espíritos ou praticarem adivinhações certamente morrerão; serão apedrejados. Serão responsáveis pela própria morte".

21 A santidade dos sacerdotes.
[1]Javé disse a Moisés: "Fala aos sacerdotes, filhos de Aarão, e dize-lhes: O sacerdote não se contamine por causa de um morto entre seu povo, [2]exceto quando se tratar de parente próximo como sua mãe, seu pai, seu filho, sua filha, seu irmão, [3]ou por uma irmã ainda virgem, que vive com ele e não se casou; por ela poderá contaminar-se. [4]Sendo um chefe no meio de seu povo, não se contaminará, profanando-se a si mesmo. [5]Os sacerdotes não usarão tonsura na cabeça* nem raparão as extremidades da barba, nem farão incisões no corpo. [6]Serão santos para seu Deus e não profanarão o nome de seu Deus, pois são eles que oferecem a Javé os sacrifícios consumidos pelo

fogo, o pão de seu Deus; por isso serão santos. [7]Não tomarão por esposa uma mulher prostituta, desonrada ou repudiada por seu marido, porque o sacerdote é santo para seu Deus, [8]e como santo o considerarás, pois oferece o pão de teu Deus; será santo para ti, porque eu, Javé, que vos santifico, sou santo.* [9]Se a filha de um sacerdote se desonra, prostituindo-se, desonra seu pai; será entregue às chamas.

O sumo sacerdote. [10]Mas aquele que é sumo sacerdote* entre seus irmãos, sobre cuja cabeça foi derramado o óleo da unção, e que foi consagrado para vestir as vestes sagradas, não desgrenhará os cabelos, nem rasgará suas roupas, [11]nem se aproximará de morto algum, nem mesmo por seu pai ou por sua mãe se contaminará. [12]Não sairá do santuário nem profanará o santuário de seu Deus, porque leva sobre si a consagração do óleo de seu Deus. Eu sou Javé. [13]Tomará por esposa uma mulher virgem. [14]Não se casará com uma viúva, nem com uma repudiada, nem com uma desonrada pela prostituição, mas tomará por esposa uma virgem de seu povo. [15]Desse modo não profanará sua descendência no meio de seu povo, porque eu sou Javé, que o santifico".

Impedimentos. [16]Javé disse ainda a Moisés: [17]"Fala a Aarão e dize-lhe: Nenhum de teus descendentes, em suas diversas gerações, que tenha algum defeito corporal, se aproximará para oferecer o pão de seu Deus. [18]Porque não se aproximará nenhum homem que tiver algum defeito: cego, coxo, mutilado, deformado, [19]ou que tenha o pé ou a mão fraturados, [20]ou seja corcunda, ou anão, ou que tenha doença nos olhos, sarna, eczema, ou seja eunuco. [21]Nenhum homem da descendência do sacerdote Aarão, que seja portador de algum defeito, se aproximará para oferecer as oferendas queimadas a Javé; possui um defeito e por isso não se aproximará para oferecer o pão de seu Deus. [22]Poderá comer do pão de seu Deus, das coisas santíssimas e

---

* **20**,26. 11,44s; 17,1 | 27. 19,26,31; 20,6 | **21**,5. 19,27s | 8. 11,44s; 17,1 | 10. 8,7-12

das santas. [23]Mas não ultrapassará o véu nem se aproximará do altar, porque tem defeito, para que não profane meus lugares santos, pois eu sou Javé, que os santifico". [24]Assim falou Moisés a Aarão, a seus filhos e a todos os israelitas.

22 Pureza de quem vive do altar.

[1]Javé falou a Moisés: [2]"Dize a Aarão e a seus filhos que tratem com veneração as oferendas santas a mim consagradas pelos israelitas, para que não profanem meu santo nome. [3]Dize-lhes: Em todas as vossas gerações sucessivas, todo homem de vossa descendência que se aproximar em estado de impureza das coisas santas, consagradas a Javé pelos israelitas, esse homem será eliminado de minha presença. Eu sou Javé. [4]Ninguém da descendência de Aarão, que for leproso ou tiver fluxo,* comerá das oferendas sagradas, até que seja purificado. Aquele que tocar alguma coisa que um cadáver tornou impura, aquele que teve emissão seminal [5]e aquele que tiver tocado qualquer tipo de réptil, e assim se tornou impuro, ou tiver tocado uma pessoa que lhe comunicou uma impureza de qualquer espécie; [6]aquele, enfim, que teve tais contatos será impuro até a tarde e não poderá comer das coisas sagradas, sem antes ter-se banhado em água. [7]Depois do pôr do sol será novamente puro e poderá comer das coisas santas, porque são seu alimento. [8]Não comerá de um animal morto naturalmente ou dilacerado por fera,* pois se contaminaria com ele. Eu sou Javé. [9]Os sacerdotes observarão minhas prescrições; senão, incorreriam em pecado e morreriam por as terem profanado. Eu sou Javé, que os santifico.

[10]Nenhum estranho poderá comer das coisas sagradas; tampouco o hóspede do sacerdote ou seu empregado poderá comer das coisas sagradas. [11]Se um sacerdote, porém, adquire alguém com seu dinheiro, este pode comer, como também aquele que nasceu em sua casa; com efeito, comem de seu pão. [12]A filha de um sacerdote, que se casar com um leigo, não comerá das ofertas das coisas sagradas. [13]Mas se a filha de um sacerdote ficar viúva, ou for repudiada sem ter filhos, e voltar à casa de seu pai, como no tempo de sua juventude, poderá comer do pão de seu pai; mas nenhum estranho comerá dele. [14]Quem por inadvertência tiver comido uma coisa sagrada deve restituí-la ao sacerdote, acrescentando um quinto. [15]Os sacerdotes não profanarão as coisas sagradas que os israelitas oferecem a Javé. [16]E não os farão levar* a pena do pecado de que seriam culpados, comendo de suas ofertas sagradas. Pois eu sou Javé, que as santifico".

Integridade das vítimas. [17]Javé disse a Moisés: [18]"Fala a Aarão, a seus filhos e a todos os israelitas: Quando um israelita ou um estrangeiro residente em Israel trouxer sua oferenda para cumprir uma promessa qualquer, ou como oferenda voluntária para oferecer a Javé em holocausto, [19]oferecerá, para ser aceito, um macho sem defeito, novilho, carneiro ou cabrito. [20]Não oferecereis nenhum que tenha defeito, porque não seria aceito em vosso favor. [21]Quando alguém oferecer* a Javé em sacrifício de comunhão um animal maior ou menor, para cumprir uma promessa ou como oferta voluntária, para que seja aceito, o animal deverá ser perfeito, sem defeito algum. [22]Não oferecereis a Javé animal cego,* aleijado, mutilado, ulceroso, ou que tenha sarna ou dartro.* Não fareis deles uma oferta queimada a Javé sobre o altar. [23]De um boi ou de uma ovelha com membros atrofiados ou deformados poderás fazer uma oferta espontânea, mas não seriam aceitos para cumprimento de uma promessa. [24]Não oferecereis a Javé um animal com os testículos machucados, esmagados, arrancados ou cortados; não fareis isto em vossa terra. [25]Não aceitareis tais vítimas das mãos de um estrangeiro para oferecê-las

---

* **22,**4. 13; 15 | 8. 17,15 | 16. 5,14-16 | 21. 3,1 | 22. 1,3; 3,1 / 21,18-21; Ml 1,8

Levítico 22-23

como alimento a vosso Deus, pois são deformadas e defeituosas; não seriam aceitas em vosso favor".

26Javé disse ainda a Moisés: 27"Quando nascer um bezerro, cordeiro ou cabrito, ficará sete dias com a mãe. Do oitavo dia em diante será aceito como oferta queimada a Javé. 28Não imolareis no mesmo dia uma vaca* ou uma ovelha com sua cria. 29Quando ofereceres a Javé um sacrifício de louvor, fazei-o de maneira que seja aceito em vosso favor. 30Será comido no mesmo dia, e não deixareis nada para o dia seguinte. Eu sou Javé.

31Guardareis meus mandamentos* e os cumprireis. Eu sou Javé. 32Não profanareis meu santo nome,* a fim de que eu seja santificado no meio dos israelitas. Eu sou Javé, que vos santifico, 33que vos tirei da terra do Egito, para ser vosso Deus. Eu sou Javé".

23 Os dias festivos. 1Javé disse a Moisés: 2"Fala aos israelitas* e dize-lhes: São estas as festas de Javé, que vós proclamareis como santas convocações. As festas são estas. 3Trabalhareis durante seis dias,* mas o sétimo dia será um sábado de repouso e de santa assembleia; não fareis nenhum trabalho; é um sábado para Javé, onde quer que habiteis.

A Páscoa e os Ázimos. 4São estas as festas de Javé, as assembleias santas que convoxcareis no devido tempo. 5No dia quatorze do primeiro mês, ao entardecer, é a Páscoa de Javé. 6No dia quinze desse mês é a festa dos Ázimos em honra de Javé; durante sete dias comereis pães sem fermento. 7No primeiro dia, tereis uma santa assembleia; não fareis nenhum trabalho servil. 8Durante sete dias apresentareis a Javé uma oferenda queimada; no sétimo dia haverá uma assembleia santa; não fareis nenhum trabalho servil".

As primícias. 9Javé disse a Moisés: 10"Fala aos israelitas* e dize-lhes: Quando tiverdes entrado na terra que

vos dou e fizerdes a colheita, levareis ao sacerdote um feixe de espigas como primícias de vossa colheita. 11Ele o oferecerá diante de Javé, para que seja aceito em vosso favor; fará o oferecimento no dia seguinte ao sábado. 12No dia em que for oferecido vosso feixe, oferecereis um cordeiro de um ano, sem defeito, como holocausto a Javé, 13juntamente com a oblação* de dois décimos de flor de farinha amassada com azeite, oferenda queimada de perfume agradável para Javé, e a libação de um quarto de hin de vinho. 14Não comereis pão, nem grãos tostados, nem espigas frescas antes deste dia em que apresentareis a oferta a vosso Deus. É uma lei perpétua para todas as vossas gerações, onde quer que habiteis.

Pentecostes. 15A partir do dia seguinte ao sábado, desde o dia em que tiverdes trazido o feixe para ser ofertado, contareis sete semanas completas. 16Contareis cinquenta dias até o dia seguinte ao sétimo sábado, e apresentareis a Javé uma nova oblação. 17Trareis de vossas casas, para serem ofertados como primícias a Javé, dois pães feitos com dois décimos de um efá de flor de farinha e preparados com fermento. 18Com os pães oferecereis sete cordeiros de um ano, sem defeito, um novilho e dois carneiros como holocausto para Javé, acompanhados de sua oblação e de suas libações, oferendas queimadas de aroma agradável a Javé. 19Oferecereis também um bode, como sacrifício pelo pecado, e dois cordeiros de um ano, como sacrifício de comunhão. 20O sacerdote os oferecerá diante de Javé com o gesto de apresentação, junto com o pão das primícias e os dois cordeiros; serão coisas consagradas a Javé, e pertencerão ao sacerdote.

21Nesse mesmo dia convocareis uma santa assembleia e não fareis nenhum trabalho servil; é lei perpétua para vossos descendentes, onde quer que habiteis. 22E quando fizerdes a colheita

---

* **22**,28. Êx 23,19; 7,12 | 31. 11,44s; 17,1 | 32. 11,45; 25,38.55; 26,13.45 | **23**,2. Êx 23,14 | 3. Êx 20,8 | 10. Dt 26,1 | 13. Nm 15,4

Levítico 23-24

de vossa terra, não ceifarás até o limite extremo do terreno, nem apanharás as espigas caídas no chão, mas as deixarás para o pobre e o estrangeiro. Eu sou Javé, vosso Deus".

O primeiro dia do sétimo mês. 23Javé falou a Moisés: 24"Dize aos israelitas* o seguinte: No primeiro dia do sétimo mês† tereis um dia de repouso, comemoração com som de trombeta e santa assembleia. 25Não fareis nenhum trabalho servil e apresentareis oferendas queimadas a Javé".

O dia das Expiações. 26Javé disse a Moisés: 27"O dia dez desse sétimo mês* é o dia das Expiações; tereis uma santa assembleia, fareis jejum e apresentareis uma oferta queimada a Javé. 28Nenhum trabalho fareis nesse dia, porque é o dia das Expiações, para fazer expiação por vós diante de Javé, vosso Deus. 29Porque todo aquele que não jejuar nesse dia será exterminado do meio de seu povo; 30e toda pessoa que fizer algum trabalho neste dia, eu a exterminarei do meio de seu povo. 31Não fareis nenhum trabalho: é lei perpétua para vossos descendentes, onde quer que habiteis. 32Será para vós um sábado de repouso e fareis jejum; desde a tarde do dia nove do mês até a tarde seguinte guardareis o repouso do sábado".

Festa das Tendas. 33Javé falou a Moisés: 34"Dize aos israelitas* o seguinte: No dia quinze desse sétimo mês haverá a festa das Tendas†, que durará sete dias, em honra de Javé. 35No primeiro dia haverá uma santa assembleia, e não fareis nenhum trabalho servil. 36Durante sete dias apresentareis oferenda queimada a Javé. No oitavo dia tereis uma santa assembleia e apresentareis oferenda queimada a Javé; é dia de assembleia solene, não fareis nenhum trabalho servil.

37São estas as solenidades de Javé, nas quais convocareis uma santa assembleia, para apresentar oferta queimada a Javé, holocaustos, oblações, sacrifícios e libações, cada coisa em seu dia, 38além dos sábados de Javé, de vossos dons, de todas as vossas promessas e de todas as vossas oferendas espontâneas que costumais fazer a Javé.

39No dia quinze do sétimo mês, quando tiverdes colhido os frutos da terra, festejareis a solenidade de Javé durante sete dias; o primeiro e o oitavo dia serão de repouso. 40No primeiro dia tomareis frutos de árvores formosas, folhas de palmeiras, ramos de árvores frondosas e de salgueiros da torrente e vos alegrareis diante de Javé, vosso Deus, durante sete dias. 41Cada ano celebrareis esta festa durante sete dias em honra de Javé; é lei perpétua para vossos descendentes; no sétimo mês a celebrareis. 42Durante sete dias habitareis em tendas; todos os nascidos em Israel morarão em tendas, 43para que saibam vossos descendentes que em tendas eu fiz habitar os israelitas quando os tirei do Egito. Eu sou Javé, vosso Deus".

44Assim Moisés anunciou aos israelitas as festas de Javé.

24

Lâmpadas e pães da apresentação. 1Javé falou a Moisés: 2"Ordena aos israelitas* que tragam azeite puro de olivas esmagadas para o candelabro, para manter as lâmpadas sempre acesas. 3Aarão deverá prepará-las, fora do véu do testemunho, na tenda da reunião, para que fiquem diante de Javé, desde a tarde até pela manhã, continuamente; é uma lei perpétua para vossos descendentes. 4Ele disporá as lâmpadas sobre o candelabro de ouro puro, para que estejam sempre diante de Javé†.

5Tomarás flor de farinha* e farás com ela doze pães, cada um de dois dé-

---

* **22**,24. Nm 10,10 | 27. Nm 29,7-11 | **23**,34. Êx 23,14 | **24**,2. Êx 25,31-40; Lv 6,5s; Êx 27,20s | 5. Êx 25,23

† **23**,24. Esta festa tornou-se mais tarde o início do ano civil. O sétimo mês corresponde a setembro/outubro. O ano religioso começa no mês de nisã, março/abril. | 34. Festa de agradecimento a Deus pelo término das colheitas, durante a qual o povo morava em tendas, recordando os quarenta anos passados no deserto. | **24**,4. O candelabro de luzes sempre acesas, como a lâmpada do Santíssimo em nossas igrejas e as velas que acendemos, representam o desejo de estar sempre em adoração diante de Deus.

Levítico 24-25

cimos de um efá, [6]e os colocarás em duas fileiras, de seis pães cada uma, sobre a mesa de ouro puro, diante de Javé. [7]Sobre cada fileira porás incenso puro, que será sobre o pão como um memorial, uma oferta queimada a Javé. [8]Cada sábado ele disporá os pães diante de Javé, continuamente; serão fornecidos pelos israelitas como aliança perpétua. [9]Pertencerão a Aarão e a seus filhos, que os comerão no lugar santo, porque serão coisa santíssima para ele entre as oferendas queimadas a Javé. É uma lei perpétua".

Punição do blasfemador. Lei do talião. [10]O filho de uma israelita* e de um egípcio saiu entre os israelitas e teve uma briga no acampamento com um homem israelita. [11]Ora, o filho da mulher israelita blasfemou o nome de Javé e o amaldiçoou. Levaram-no então a Moisés. A mãe dele se chamava Salomit, filha de Dabri, da tribo de Dã. [12]Puseram-no sob custódia, até que lhes fosse indicada a vontade de Javé. [13]Javé falou a Moisés: [14]"Leva o blasfemador para fora do acampamento; os que o ouviram ponham as mãos sobre a cabeça dele, e toda a comunidade o apedrejará. [15]Depois dirás aos israelitas: 'Todo o homem que amaldiçoar seu Deus levará a pena de seu pecado; [16]quem blasfemar o nome de Javé certamente morrerá; toda a comunidade o apedrejará; tanto o estrangeiro como o nativo, se blasfemar o nome de Javé, morrerá'.

[17]Quem tirar a vida a um ser humano* certamente morrerá; [18]e quem matar um animal o pagará: animal por animal.* [19]Se alguém ferir seu próximo, como ele fez assim lhe será feito: [20]fratura por fratura, olho por olho, dente por dente; a lesão que tiver provocado lhe será feita também. [21]Quem matar um animal o pagará; mas quem matar uma pessoa morrerá. [22]Tereis uma mesma norma, tanto para o estrangei-

ro como para o nativo; porque eu sou Javé, vosso Deus". [23]Assim falou Moisés aos israelitas. Eles levaram o blasfemador para fora do acampamento e o apedrejaram. Os israelitas fizeram como Javé tinha ordenado a Moisés.

25

O ano sabático. [1]Javé falou a Moisés* no monte Sinai, dizendo: [2]"Fala aos israelitas e dize-lhes: Quando tiverdes entrado na terra que vos dou, a terra observará um sábado de repouso em honra de Javé. [3]Durante seis anos semearás teu campo, durante seis anos podarás tua vinha e recolherás seus frutos, [4]mas o sétimo ano será um sábado de repouso para a terra, um sábado em honra de Javé†: não semearás teu campo nem podarás tua vinha. [5]Não colherás o que nascer dos grãos caídos de tua ceifa nem vindimarás as uvas produzidas pela vinha não podada; será ano de completo repouso para o solo. [6]O que a terra produzir durante seu repouso vos servirá de alimento a ti, a teu servo, a tua serva, ao trabalhador e ao estrangeiro que mora contigo, [7]bem como a teu gado e aos animais que vivem no país; tudo o que produzir servirá de alimento.

O ano do jubileu. [8]Contarás sete semanas de anos, isto é, sete vezes sete anos, de sorte que essas sete semanas de anos serão para ti quarenta e nove anos. [9]No dia dez do sétimo mês mandarás tocar a trombeta. No dia das Expiações fareis soar a trombeta por todo o vosso país. [10]Santificareis o quinquagésimo ano* e proclamareis no país a liberdade para todos os seus habitantes. Será para vós um jubileu, em que cada um voltará a suas possessões e a sua família. [11]O quinquagésimo ano será para vós um jubileu: não semeareis, nem ceifareis o que a terra produzir espontaneamente, nem vindimareis a vinha não podada, [12]porque é o jubileu, tempo santo para vós; comereis

---

* **24**,10. Êx 22,27 | 17. Êx 21,12-20 | 18. Êx 21,25 | **25**,1. Êx 23,10s; Dt 15,1-11 | 10. Êx 21,2-11; Dt 15,12-18; Jr 34,8-22; Is 61,1-3

† **25**,4. A terra repousa no sétimo ano, como o israelita repousa no sétimo dia em honra do Criador. Deus, verdadeiro proprietário das terras, Lv 25,23, garantia que mesmo assim não faltariam alimentos.

133 Levítico 25

o produto do campo. ¹³Neste ano de jubileu, cada um de vós voltará a sua possessão.

¹⁴Se venderes alguma coisa a teu próximo ou dele a comprares, não vos prejudiqueis um ao outro. ¹⁵Comprarás de teu próximo tendo em vista o número de anos passados desde o jubileu, e ele venderá a ti tendo em conta os anos de colheitas.¹⁶Quanto maior for o número desses anos, tanto mais aumentarás o preço, e quanto menor for, tanto mais o abaixarás, pois ele te vende certo número de colheitas. ¹⁷Não vos prejudiqueis mutuamente, mas temei vosso Deus, porque eu sou Javé, vosso Deus. ¹⁸Observai minhas leis, guardai meus preceitos e pratiquai-os, a fim de habitardes em segurança no país. ¹⁹A terra vos dará seus frutos, comereis até vos saciar e habitareis nela em segurança. ²⁰Se perguntardes: 'Que comeremos no sétimo ano, visto que não semearemos nem faremos nossa colheita?', ²¹eu vos enviarei minha bênção no sexto ano, que produzirá frutos para três anos. ²²Assim no oitavo ano semeareis e comereis da colheita antiga até o nono ano; comereis da antiga colheita até que venha a nova.

Proteção à propriedade. ²³A terra não poderá ser vendida para sempre, porque a terra é minha, e vós sois para mim como estrangeiros e peregrinos. ²⁴Em todo o terreno de vossa propriedade concedereis o direito de resgatar a terra. ²⁵Por isso, se um irmão teu empobrecer* e vender uma parte de sua propriedade, aquele que tem o direito de resgate, seu parente mais próximo, virá resgatar o que seu irmão vendeu. ²⁶Se alguém não tiver quem faça o resgate, mas conseguir ajuntar a soma necessária para seu resgate, ²⁷contará os anos passados desde a venda, restituirá ao comprador o equivalente aos anos que ainda restam e retomará a posse de sua propriedade. ²⁸Se, porém, não conseguir meios suficientes para recuperá-la, a propriedade ficará em poder de quem a comprou até o ano jubilar. No jubileu sairá, e o outro retomará sua posse.

Propriedade e benefícios. ²⁹Quando alguém vender uma casa de moradia numa cidade murada, terá direito de resgate dentro de um ano a partir da venda; durará um ano seu direito de resgate. ³⁰Não sendo resgatada antes de completar o ano, essa casa, situada em cidade murada, pertencerá para sempre ao comprador e a seus descendentes; não será liberada no jubileu. ³¹Mas as casas das aldeias não cercadas de muros serão consideradas como as propriedades rurais; podem ser resgatadas, e no ano jubilar serão liberadas. ³²Quanto às cidades dos levitas,* eles têm um direito permanente de resgate em se tratando das casas que aí possuírem. ³³Se uma casa é vendida por um levita numa cidade que pertence aos levitas, e não é resgatada, será liberada no jubileu; porque as casas das cidades levíticas são seus bens imóveis entre os israelitas. ³⁴Mas não poderá ser vendido o terreno que rodeia suas cidades, porque é sua possessão perpétua. ³⁵Se teu irmão empobrecer e não tiver com que te pagar, tu o sustentarás como a um estrangeiro ou hóspede, para que viva contigo. ³⁶Não receberás dele nem juros, nem lucro, mas temerás teu Deus, para que teu irmão viva contigo. ³⁷Não lhe emprestarás teu dinheiro a juros nem lhe darás alimento visando lucro. ³⁸Eu sou Javé, vosso Deus,* que vos tirei do Egito, para vos dar a terra de Canaã e para ser vosso Deus.

Escravidão e resgate. ³⁹Se teu irmão empobrecer estando contigo* e se vender a ti, não lhe imporás trabalho de escravo. ⁴⁰Viverá em tua casa como empregado ou como hóspede e estará a teu serviço até o ano jubilar. ⁴¹Então sairá livre de tua casa, ele e seus filhos, e voltará para sua família e para a propriedade de seus pais.⁴²Porque são meus servos, que eu tirei do Egito; não podem ser vendidos como se vende um escravo. ⁴³Não o dominarás

---

* **25**,25. Rt 4,1-12 | 32. Nm 35,1-8; Js 21; Ez 48,13 | 38. 22,33 | 39. Êx 21,2-11; Dt 15,12-18; Jr 34,8-22

Levítico 25-26

com dureza, mas temerás teu Deus. [44]Os escravos e as escravas que tiveres virão das nações ao vosso redor; delas podeis adquirir escravos e escravas. [45]Podereis também comprá-los dentre os filhos dos estrangeiros, que habitarem em vosso meio, e dentre suas famílias que vivem convosco e que nasceram em vossa terra; serão vossa propriedade. [46]Podereis também deixá-los em herança a vossos filhos depois de vós; podeis servir-vos deles como escravos para sempre. Mas, tratando-se de vossos irmãos, os israelitas, ninguém dominará sobre o outro com aspereza.

[47]Se um estrangeiro ou um forasteiro que vive contigo se enriquecer, e teu irmão, vizinho dele, empobrecer e se vender ao estrangeiro, ao forasteiro ou a um descendente de sua família, [48]depois de se ter vendido,* terá direito de resgate; um de seus irmãos poderá resgatá-lo, [49]bem como um tio, um primo, ou qualquer membro de sua família; se ele conseguir os recursos, ele mesmo poderá resgatar-se. [50]Calculará com seu comprador o tempo a partir do ano em que se vendeu a ele até o ano jubilar, e o preço a pagar dependerá do número dos anos, calculando seus dias de trabalho como os de um operário. [51]Se faltarem ainda muitos anos, pagará seu resgate conforme o número desses anos e conforme o preço pelo qual foi vendido; [52]se faltarem poucos anos até o jubileu, fará a conta com ele e pagará seu resgate na proporção desses anos. [53]Estará na casa do comprador como operário contratado ano por ano; e o comprador não o tratará com dureza diante de teus olhos. [54]Se não for resgatado de nenhuma dessas formas, no ano jubilar ficará livre ele e seus filhos com ele. [55]Porque os israelitas são meus servos; são servos meus, que tirei da terra do Egito. Eu sou Javé, vosso Deus.

26 Promessas aos que observarem a lei.

[1]Não fareis para vós falsos deuses,* nem levantareis ídolos ou colunas sagradas, nem colocareis em vossa terra alguma pedra trabalhada para a adorardes, porque eu sou Javé, vosso Deus.* [2]Guardai meus sábados e venerai meu santuário. Eu sou Javé.

[3]Se caminhardes segundo minhas leis* e guardardes meus mandamentos e os puserdes em prática†, [4]eu vos mandarei as chuvas em seu devido tempo, e a terra dará seus produtos, e as árvores do campo darão seus frutos. [5]A debulha do trigo* se prolongará para vós até a vindima, e a vindima se estenderá até a semeadura; comereis vosso pão com fartura* e habitareis em vosso país em segurança. [6]Darei a paz a vossa terra; dormireis sem que ninguém vos perturbe. Afastarei do país os animais nocivos, e por ele a espada não passará. [7]Perseguireis vossos inimigos,* e eles cairão ao fio da espada diante de vós. [8]Cinco de vós perseguirão cem, e cem dos vossos porão em fuga dez mil, e vossos inimigos tombarão diante de vós ao fio da espada. [9]Eu me voltarei para vós, vos farei crescer, vou multiplicar-vos e confirmarei minha aliança convosco. [10]Comereis da colheita antiga,* que durará tanto que devereis jogá-la fora para dar lugar à nova. [11]Porei minha habitação no meio de vós e não vos rejeitarei.* [12]Caminharei no meio de vós e serei vosso Deus, e vós sereis meu povo. [13]Eu sou Javé, vosso Deus, que vos tirei da terra do Egito, para vos livrar da escravidão; quebrei as cadeias de vosso jugo e vos fiz andar de cabeça erguida.

Ameaças aos transgressores. [14]Mas se não me ouvirdes* e não puserdes em prática todos esses mandamentos, [15]se desprezardes minhas leis e rejeitardes meus preceitos, não cumprindo meus mandamentos, rompendo assim

---

* **25**,48. Ne 5,8 | **26**,1. Ez 8,12 / Lv 17,1; 19,30; Jr 17,19-27; Ez 20,12s | 3. Dt 28,1-14; 11,13s | 5. Ez 34,26s / Am 9,13 | 7. Dt 28,7 | 10. 25,21s | 11. Dt 4,7; Ez 48,35; 36,28; 37,27 | 14. Dt 28,15-68; Am 4,6-12

† **26**,3. O Código de Santidade termina com bênçãos para os que observarem as leis, e maldições para os que as violarem, como era costume nos tratados entre os povos antigos, ver Dt 28.

135 Levítico 26

minha aliança, [16]então eu vos farei isto: enviarei contra vós o terror, a tísica e a febre, que consomem os olhos e esgotam a vida. Em vão semeareis vossa semente, porque vossos inimigos a colherão. [17]Voltarei contra vós minha face e sereis derrotados por vossos inimigos. Vossos adversários vos dominarão, e fugireis sem que ninguém vos persiga. [18]Se apesar disso não me ouvirdes, eu vos castigarei sete vezes mais por causa de vossos pecados. [19]Quebrarei vosso poder orgulhoso,* tornarei como ferro vosso céu e como bronze vossa terra. [20]Em vão gastareis vossas energias, porque a terra não dará seu produto e as árvores do campo não produzirão seus frutos.*

[21]Se vos opuserdes a mim e não quiserdes obedecer-me, agravarei sete vezes mais vosso castigo por causa de vossos pecados. [22]Enviarei contra vós as feras do campo* que devorarão vossos filhos, matarão vossos animais e vos dizimarão, de sorte que vossos caminhos fiquem desertos.*

[23]Se apesar disso não vos quiserdes corrigir e vos obstinardes em resistir-me, [24]também eu vos serei hostil e vos ferirei sete vezes mais por causa de vossos pecados.* [25]Farei cair sobre vós a espada vingadora da aliança. Quando vos reunirdes em vossas cidades, enviarei a peste no meio de vós, e caireis nas mãos de vossos inimigos.* [26]Quando eu vos tiver tirado o sustento do pão, dez mulheres hão de assar o pão num só forno e vos distribuirão esse pão racionado; comereis e não ficareis saciados.

[27]Se apesar disso não me obedecerdes* e continuardes opondo-vos a mim, [28]também eu me oporei a vós com furor e vos castigarei sete vezes mais por causa de vossos pecados. [29]Comereis as carnes de vossos filhos e de vossas filhas. [30]Destruirei vossos lugares altos, derrubarei vossos altares de incenso, atirarei vossos cadáveres sobre os cadáveres de vossos ídolos e vos rejeitarei. [31]Reduzirei vossas cidades a um deserto* e vossos santuários a ruínas e não aspirarei o aroma agradável de vossos perfumes. [32]Assolarei vosso país, e pasmarão vossos inimigos que o tiverem ocupado.

[33]Eu vos dispersarei entre as nações e desembainharei a espada contra vós; vossa terra ficará desolada e vossas cidades, reduzidas a escombros. [34]Então a terra gozará de seus sábados durante todo o tempo em que ficar desolada e vós estiverdes no país de vossos inimigos; então a terra repousará e gozará de seus sábados. [35]Durante todo o tempo de sua desolação terá o repouso que não teve quando a habitáveis.

[36]Quanto àqueles que de vós sobreviverem,* infundirei tal covardia em seus corações na terra de seus inimigos, que o simples ruído de uma folha agitada os porá em fuga; fugirão como se foge da espada e cairão sem serem perseguidos. [37]Tropeçarão uns nos outros como à vista de uma espada, sem que ninguém os persiga. Não podereis resistir diante de vossos inimigos. [38]Perecereis entre as nações, e a terra de vossos inimigos vos devorará.

[39]Os que sobreviverem dentre vós* serão aniquilados nas terras de vossos inimigos por causa de suas iniquidades, e perecerão também por causa das iniquidades de seus pais. [40]Confessarão sua iniquidade e a iniquidade de seus pais, nas transgressões que cometeram contra mim, e porque se comportaram como meus inimigos.* [41]Eu também me oporei a eles e os levarei para a terra de seus inimigos. Se então seu coração incircunciso se humilhar e expiarem seus pecados, [42]eu me lembrarei de minha aliança com Jacó, e de minha aliança com Isaac, e de minha aliança com Abraão; e me lembrarei também da terra. [43]A terra será abandonada por eles; gozará de seus sábados enquanto ficar desolada, sem a presença deles. Assim eles expiarão seu pecado,

---

* 26,19. Jr 14,1-9; 23; 5,24s | 20. Dt 11,17 | 22. Ez 14,15 / Lm 1,4 | 24. Ez 21 | 25. Sl 105,16; Ez 4,16 | 27. Lm 2,20; 4,10 | 31. Jr 22,5; Lm 2,5 | 36. Ez 21,12 | 39. Ez 4,17 | 40. Ez 16,60s; 20,9.13.16.24; Jr 4,4; Ez 20,23

Levítico 26-27

porque desprezaram meus preceitos e detestaram minhas leis.

⁴⁴Apesar disso,* quando estiverem na terra de seus inimigos, não os rejeitarei nem os desprezarei a ponto de destruí-los e romper meu pacto com eles,* porque eu sou Javé, seu Deus. ⁴⁵Eu me recordarei, em favor deles, da aliança com seus antepassados, os quais tirei do Egito,* à vista das nações, para ser seu Deus. Eu sou Javé".

⁴⁶Estes são os decretos, os costumes e as leis que Javé estabeleceu entre ele e os israelitas, no monte Sinai, por intermédio de Moisés.

IV. APÊNDICE
(27)

27 Cumprimento de promessas.

¹Javé disse a Moisés: ²"Fala aos israelitas e dize-lhes: Quando alguém cumpre uma promessa feita a Javé, baseando-se no valor de uma pessoa, ³um homem entre vinte e sessenta anos será avaliado em cinquenta siclos de prata, segundo o siclo do santuário; ⁴se for mulher, será avaliada em trinta siclos. ⁵Entre cinco e vinte anos, o homem será avaliado em vinte siclos e a mulher, em dez. ⁶Entre um mês e cinco anos, o homem será avaliado em cinco siclos de prata e a mulher, em três. ⁷Dos sessenta anos para cima, o homem será avaliado em quinze siclos e a mulher, em dez. ⁸Mas se for pobre aquele que fez a promessa e não puder pagar tal quantia, ele apresentará a pessoa ao sacerdote, e este a avaliará segundo os recursos de quem fez a promessa.

⁹Em se tratando de um animal que pode ser oferecido a Javé, todo animal oferecido a Javé será sagrado. ¹⁰Não pode ser trocado nem permutado, substituindo-se um bom por um ruim, ou um ruim por um bom. Mas se alguém trocar um animal por outro, tanto um como o outro serão sagrados.

¹¹Tratando-se de um animal impuro, que não pode ser oferecido a Javé, o animal seja apresentado ao sacerdote, ¹²que o avaliará como bom ou como mau; e a avaliação do sacerdote deverá ser aceita. ¹³Mas se o que fez a promessa desejar resgatá-lo, acrescente um quinto à avaliação.

¹⁴Se alguém consagrar sua casa a Javé, o sacerdote fará a avaliação, se é de muito ou pouco valor; e o valor que lhe atribuir o sacerdote será aceito. ¹⁵Mas, se aquele que a consagrou quiser resgatar sua casa, acrescente um quinto ao valor estimado, e a casa será sua.

¹⁶Se alguém consagrar a Javé um terreno de sua propriedade, seja avaliado em proporção da quantidade que nele se pode semear, a saber: cinquenta siclos de prata para cada homer de cevada. ¹⁷Se ele consagrar seu terreno desde o ano do jubileu, o preço será o de tua avaliação. ¹⁸Mas se for consagrado depois do jubileu, o sacerdote calcule seu valor em proporção dos anos que faltam para o jubileu, fazendo um abatimento em tua avaliação. ¹⁹Mas, se aquele que consagrou o terreno quiser resgatá-lo, acrescente um quinto ao preço da avaliação, e o terreno ficará seu. ²⁰Se não o resgatar e vender o campo a um terceiro, não poderá mais resgatá-lo; ²¹mas quando for liberado, no jubileu, será consagrado a Javé, como se fosse votado ao anátema†, e passará a ser propriedade do sacerdote. ²²Se alguém consagrar* a Javé um terreno comprado e não pertencente aos bens de herança, ²³o sacerdote calculará o preço em proporção dos anos que faltam para o jubileu, e essa pessoa pagará naquele mesmo dia o preço determinado, como coisa consagrada a Javé. ²⁴No ano jubilar, o campo voltará ao proprietário do qual foi comprado e a cujo patrimônio pertencia. ²⁵Toda avaliação tua seja feita segundo o siclo do santuário. Cada siclo vale vinte geras.

---

* **26**,44. Dt 4,29-31 / Lm 3,21s.31s; 5,21s **|** 45. 22,23 **| 27**,22. 27,28 **|** 26. Êx 13,11

† **27**,21. Anátema é um termo usado no contexto da guerra santa, para indicar o que é separado, posto de lado, consagrado a Deus, senhor absoluto da vida. Os povos conquistados eram exterminados, a fim de não serem para Israel ocasião de apostasia, Dt 20,16-18.

137 Levítico 27

²⁶Ninguém poderá consagrar* o primogênito de um animal, porque, enquanto primogênito, já pertence a Javé; seja boi, seja ovelha, pertence a Javé. ²⁷Se o animal é impuro, pode ser resgatado pelo preço de avaliação, acrescido de um quinto. Se não for resgatado, seja vendido pelo preço de avaliação.

²⁸Mas nada daquilo que alguém consagra a Javé como anátema pode ser vendido ou resgatado; nada do que ele possui, quer se trate de homens, animais ou terreno de sua propriedade. Todo anátema é uma coisa santíssima para Javé. ²⁹Nenhuma pessoa votada ao anátema pode ser resgatada; mas certamente morrerá.

Dízimos. ³⁰Todos os dízimos da terra,* tanto dos produtos do solo como dos frutos das árvores, pertencem a Javé, são coisa consagrada a Javé. ³¹Quem quiser resgatar uma parte de seus dízimos ajuntará um quinto de seu valor. ³²Em todo dízimo do gado, seja graúdo ou miúdo, será coisa consagrada a Javé o décimo de tudo o que passa sob o cajado do pastor. ³³Não se deve observar se o animal é bom ou ruim, e não se pode trocar. Se alguém trocar um animal por outro, ambos serão coisas santas e não poderão ser resgatados".

³⁴São estes os mandamentos que Javé deu a Moisés, para os israelitas no monte Sinai.

---

* **27**,30. Dt 14,22

NÚMEROS

O nome deste livro deriva dos recenseamentos que são o tema de uns poucos capítulos iniciais. Em seguida, no meio de normas referentes ao culto e de fragmentos poéticos, dos quais os mais importantes são os oráculos de Balaão, prossegue o relato da peregrinação de Israel no deserto, a partir dos últimos dias passados no Sinai. Depois de uma permanência de quarenta anos em Cades, o povo retoma sua caminhada até o limite da terra prometida. Deus continua a mostrar-se um poderoso e solícito protetor, livrando o povo dos perigos, dando-lhe a vitória nos combates e água para sua sede. Essa marcha é também uma sucessão de murmurações e de revoltas do povo, que chega a violar a aliança com práticas de flagrante idolatria. Diante disso, é necessário que Deus o castigue, para purificá-lo e fazê-lo voltar à observância de seus solenes compromissos. São punições numerosas e tremendas, que custaram a vida a toda a geração que saiu do Egito. A severidade com que intervém o Deus justo e santo não anula sua misericordiosa bondade, e tampouco a desobediência do povo consegue impedir que vá adiante o plano da salvação.

O livro apresenta um povo sempre a caminho e isolado dos outros povos, que deve construir sua identidade somente a partir da experiência da presença de Deus, não podendo contar ainda com a mediação de uma terra.

O leitor de Números vê na comunidade do deserto a imagem da Igreja, povo santo e ao mesmo tempo sempre necessitado de conversão, porque ainda sujeito ao pecado; povo de peregrinos, a caminho da pátria futura (Hb 13,14); que está no mundo, mas não é do mundo (Jo 17,16), pois sua pátria está no céu (Fl 3,20); povo conduzido pelo novo Moisés, Cristo, que é, ele próprio, o Caminho (Jo 14,6) que liga a terra ao céu; por isso São Paulo dirá: "Caminhai no Senhor Jesus" (Cl 2,6). É Cristo o libertador desse novo povo de Deus, livre da lei do pecado e da morte (Rm 8,2), que abandonou os ídolos para servir ao Deus vivo e verdadeiro (1Ts 1,9).

I. NO SINAI
(1–10,10)

1 **Recenseamento dos israelitas.** ¹Javé falou a Moisés no deserto do Sinai,* na tenda da reunião, no primeiro dia do segundo mês, no segundo ano da saída do Egito, dizendo: ²"Fazei o recenseamento de toda a assembleia dos israelitas por famílias e por casas patriarcais, contando um por um os nomes de todos os indivíduos do sexo masculino. ³Serão registrados por ti e por Aarão, segundo seus esquadrões, todos os que são aptos para a guerra, da idade de vinte anos para cima. ⁴Estará convosco um homem de cada tribo, um que seja chefe da casa de seus pais. ⁵São estes os nomes dos homens* que vos assistirão: De Rúben, Elisur, filho de Sedeur. ⁶De Simeão, Salamiel, filho de Surisadai. ⁷De Judá, Naasson,* filho de Aminadab. ⁸De Issacar, Natanael, filho de Suar. ⁹De Zabulon, Eliab, filho de Helon. ¹⁰Dos filhos de José: de Efraim, Elisama, filho de Amiud; de Manassés, Gamaliel, filho de Fadassur. ¹¹De Benjamim, Abidã, filho de Gedeão. ¹²De Dã, Aiezer, filho de Amisadai. ¹³De Aser, Fegiel, filho de Ocrã. ¹⁴De Gad, Eliasaf, filho de Deuel. ¹⁵De Neftali, Aíra, filho de Enã".

¹⁶Estes foram os homens escolhidos* dentre a comunidade; eram chefes de suas tribos paternas e comandantes de milhares em Israel.

¹⁷Moisés e Aarão tomaram estes homens, que haviam sido designados nominalmente, ¹⁸e no primeiro dia do segundo mês convocaram toda a comunidade e determinaram sua descendência por famílias e por casas patriarcais, alistando um por um os nomes dos homens de mais de vinte anos. ¹⁹Como Javé havia ordenado a Moisés, assim ele os contou no deserto do Sinai.

²⁰Dos filhos de Rúben, primogênito de Israel, seus descendentes segundo suas famílias e suas casas patriarcais,

---

* **1**,1. 26,1-51 | 5. 10,13-28 | 7. 2,10; 7,30; 10,18; 2,3; Rt 4,20; Mt 1,4; Lc 3,32s | 16. 2,14; 7,42; Ap 7,4-8

Números 1

contando um por um os nomes de todos os homens de vinte anos para cima, aptos para a guerra, [21]foram recenseados quarenta e seis mil e quinhentos.

[22]Dos filhos de Simeão, seus descendentes segundo suas famílias e suas casas patriarcais, contando um por um os nomes de todos os homens de vinte anos para cima, aptos para a guerra, [23]foram recenseados cinquenta e nove mil e trezentos.

[24]Dos filhos de Gad, seus descendentes segundo suas famílias e suas casas patriarcais, contando os nomes de todos os homens de vinte anos para cima, aptos para a guerra, [25]foram recenseados quarenta e cinco mil e seiscentos e cinquenta.

[26]Dos filhos de Judá, seus descendentes segundo suas famílias e suas casas patriarcais, contando os nomes de todos os homens de vinte anos para cima, aptos para a guerra, [27]foram recenseados setenta e quatro mil e seiscentos.

[28]Dos filhos de Issacar, seus descendentes segundo suas famílias e suas casas patriarcais, contando os nomes de todos os homens de vinte anos para cima, aptos para a guerra, [29]foram recenseados cinquenta e quatro mil e quatrocentos.

[30]Dos filhos de Zabulon, seus descendentes segundo suas famílias e suas casas patriarcais, contando os nomes de todos os homens de vinte anos para cima, aptos para a guerra, [31]foram recenseados cinquenta e sete mil e quatrocentos.

[32]Entre os filhos de José, dos filhos de Efraim, seus descendentes segundo suas famílias e suas casas patriarcais, contando os nomes de todos os homens de vinte anos para cima, aptos para a guerra, [33]foram recenseados quarenta mil e quinhentos.

[34]Entre os filhos de José, dos filhos de Manassés, seus descendentes segundo suas famílias e suas casas patriarcais, contando os nomes de todos os homens de vinte anos para cima, ap-

tos para a guerra, [35]foram recenseados trinta e dois mil e duzentos.

[36]Dos filhos de Benjamim, seus descendentes segundo suas famílias e suas casas patriarcais, contando os nomes de todos os homens de vinte anos para cima, aptos para a guerra, [37]foram recenseados trinta e cinco mil e quatrocentos.

[38]Dos filhos de Dã, seus descendentes segundo suas famílias e suas casas patriarcais, contando os nomes de todos os homens de vinte anos para cima, aptos para a guerra, [39]foram recenseados sessenta e dois mil e setecentos.

[40]Dos filhos de Aser, seus descendentes segundo suas famílias e suas casas patriarcais, contando os nomes de todos os homens de vinte anos para cima, aptos para a guerra, [41]foram recenseados quarenta e um mil e quinhentos.

[42]Dos filhos de Neftali, seus descendentes segundo suas famílias e suas casas patriarcais, contando os nomes de todos os homens de vinte anos para cima, aptos para a guerra, [43]foram recenseados cinquenta e três mil e quatrocentos.

[44]São esses os alistados por Moisés, Aarão e os doze chefes, cada um representando sua casa patriarcal. [45]Assim todos os israelitas que foram recenseados segundo as casas patriarcais, da idade de vinte anos para cima, todos os que eram aptos para a guerra, [46]foram ao todo seiscentos e três mil e quinhentos e cinquenta recenseados.

Ofício dos levitas. [47]Os levitas, porém, não foram contados entre eles,* segundo as casas patriarcais de sua tribo, [48]pois Javé falou a Moisés,* dizendo-lhe: [49]"Somente a tribo de Levi não será recenseada nem contada com os outros israelitas, [50]mas confiarás a eles o cuidado do tabernáculo do testemunho, de todos os seus utensílios e de todos os seus pertences. Eles transportarão o tabernáculo e todos os seus utensílios; exercerão nele seu ministério

---

* **1**,47. 2,32; 11,21; 26,51; Êx 12,37; 38,26 **|** 48. 2,33; Êx 25-28; 3,6-8; Ez 48,8-14

Números 1-2

e acamparão ao redor do tabernáculo. [51]Quando o tabernáculo* tiver de ser transportado, eles o desarmarão; quando o tabernáculo tiver de parar, os levitas o armarão, e qualquer estranho que se aproximar será morto. [52]Os israelitas acamparão* cada um no próprio acampamento, junto a sua bandeira, segundo suas fileiras. [53]Mas os levitas acamparão em torno do tabernáculo do testemunho, para que minha ira não caia sobre a comunidade dos israelitas. Os levitas terão por tarefa guardar o tabernáculo". [54]Assim fizeram os israelitas; conforme tudo o que Javé havia ordenado a Moisés, assim o fizeram.

2 A ordem do acampamento.
[1]Javé falou a Moisés e a Aarão,* dizendo: [2]"Os israelitas acamparão cada qual junto a sua bandeira, sob os estandartes de suas casas patriarcais; acamparão ao redor da tenda da reunião, a certa distância†. [3]Ao oriente, do lado do sol nascente, acamparão os da bandeira do acampamento de Judá conforme suas fileiras, e seu comandante será Naasson, filho de Aminadab; [4]e seu exército, segundo o censo, é de setenta e quatro mil e seiscentos homens. [5]Junto deles ficarão acampados os da tribo de Issacar, e seu comandante será Natanael, filho de Suar; [6]e seu exército, segundo o censo, é de cinquenta e quatro mil e quatrocentos homens. [7]Em seguida, a tribo de Zabulon, e seu comandante será Eliab, filho de Helon; [8]seu exército, segundo o censo, é de cinquenta e sete mil e quatrocentos homens. [9]O total dos recenseados do acampamento de Judá é de cento e oitenta e seis mil e quatrocentos homens, segundo seus esquadrões; serão os primeiros a se porem em marcha.
[10]Ao sul estarão os da bandeira do acampamento de Rúben conforme suas fileiras; e seu comandante será Elisur, filho de Sedeur; [11]e seu exército, segundo o censo, é de quarenta e seis mil e quinhentos homens. [12]Junto acampará a tribo de Simeão, com seu comandante Salamiel, filho de Surisadai; [13]e seu exército, segundo o censo, é de cinquenta e nove mil e trezentos homens. [14]Em seguida a tribo de Gad, com seu comandante Eliasaf, filho de Deuel; [15]suas fileiras, segundo o censo, contam quarenta e cinco mil e seiscentos e cinquenta homens [16]O total dos recenseados do acampamento de Rúben é de cento e cinquenta e um mil e quatrocentos e cinquenta homens, segundo seus esquadrões; eles se porão em marcha em segundo lugar.
[17]Depois se porá em marcha o tabernáculo com o acampamento dos levitas, no meio dos acampamentos; assim como acamparam, assim seguirão em marcha, cada um em seu lugar e sob sua bandeira.
[18]Ao ocidente estará a bandeira do acampamento de Efraim segundo suas fileiras, e seu comandante será Elisama, filho de Amiud; [19]suas fileiras, segundo o censo, contam quarenta mil e quinhentos homens. [20]Junto deles virá a tribo de Manassés com seu comandante Gamaliel, filho de Fadassur; [21]suas fileiras, segundo o censo, contam trinta e dois mil e duzentos homens. [22]Em seguida, a tribo de Benjamim com seu comandante Abidã, filho de Gedeão; [23]suas fileiras, segundo o censo, contam trinta e cinco mil e quatrocentos homens. [24]O total dos recenseados do acampamento de Efraim é de cento e oito mil e cem homens, segundo seus esquadrões; entrarão em marcha em terceiro lugar.
[25]Ao norte estará a bandeira do acampamento de Dã, e seu comandante será Aiezer, filho de Amisadai; [26]suas fileiras, segundo o censo, contam ses-

---

* 1,51. Êx 40,36-38; 9,15-23 | 52. Êx 19,12; 3,10.38 | 2,1. 10,11-28

† 2,2. O acampamento tinha a forma de um quadrado, em cujo centro ficava a tenda de Deus, com a tribo de Levi a seu redor. Cada um dos quatro lados era ocupado por três tribos, tendo no meio a principal das três. Ao caminharem, iam à frente seis tribos, lideradas pela de Judá, depois a tenda com os levitas e as outras seis tribos atrás.

senta e dois mil e setecentos homens. [27]Junto deles acampará a tribo de Aser com seu comandante Fegiel, filho de Ocrã; [28]suas fileiras, segundo o censo, contam quarenta e um mil e quinhentos homens. [29]Em seguida, a tribo de Neftali com seu comandante Aíra, filho de Enã; [30]suas fileiras, segundo o censo, contam cinquenta e três mil e quatrocentos homens. [31]O total dos recenseados do acampamento de Dã é de cento e cinquenta e sete mil e seiscentos homens, e entrarão em marcha por último, junto suas bandeiras".

[32]São esses os que foram contados dos israelitas,* segundo suas casas patriarcais; o total dos recenseados dos acampamentos, segundo suas fileiras, é de seiscentos e três mil e quinhentos e cinquenta homens. [33]Mas os levitas não foram contados com os outros israelitas, conforme Javé havia ordenado a Moisés. [34]Os israelitas fizeram tudo como Javé havia ordenado a Moisés; assim acampavam junto suas bandeiras e assim se punham em marcha, cada qual conforme sua família e conforme a casa de seus pais.

3 **Os descendentes de Aarão.** [1]São estes os descendentes de Aarão e de Moisés,* no tempo em que Javé falou a Moisés no monte Sinai. [2]São estes os nomes* dos filhos de Aarão: Nadab, o primogênito, Abiú, Eleazar e Itamar.* [3]São estes os nomes dos filhos de Aarão, sacerdotes ungidos e consagrados para exercerem o sacerdócio. [4]Nadab e Abiú morreram na presença de Javé, enquanto lhe ofereciam um fogo irregular no deserto do Sinai,* e não tiveram filhos. Eleazar e Itamar exerceram o sacerdócio na presença de seu pai Aarão.

Ofício dos levitas. [5]Javé falou a Moisés: [6]"Convoca a tribo de Levi e apresenta-a ao sacerdote Aarão para que o sirva. [7]Cuidarão de tudo o que é confiado a ele e a toda a comunidade junto à tenda da reunião, fazendo assim o serviço do tabernáculo. [8]Tomarão conta de todos os utensílios da tenda da reunião e estarão a serviço dos israelitas, ministrando no tabernáculo. [9]Oferecerás os levitas* a Aarão e a seus filhos como oblatos†, isto é, oferecidos a eles dentre os israelitas. [10]Estabelecerás Aarão e seus filhos em seu cargo, para que exerçam o sacerdócio; e todo o estranho que se aproximar será morto".* [11]Javé disse a Moisés: [12]"Tomei dentre os israelitas os levitas em lugar de todo primogênito, de todo israelita nascido do primeiro parto; os levitas serão meus†. [13]Porque todo primogênito* é meu; desde o dia em que feri de morte os primogênitos na terra do Egito, consagrei para mim todos os primogênitos em Israel, tanto dos homens como dos animais; eles me pertencem. Eu sou Javé".

Recenseamento dos levitas. [14]Javé disse a Moisés* no deserto do Sinai: [15]"Faze o recenseamento dos filhos de Levi segundo suas casas patriarcais e suas famílias, contando todos os homens da idade de um mês para cima". [16]Segundo a ordem de Javé, Moisés contou-os conforme lhe fora mandado. [17]São estes os filhos de Levi,* com seus nomes: Gérson, Caat e Merari. [18]São estes os nomes dos filhos de Gérson, segundo suas famílias: Lobni e Semei. [19]Filhos de Caat, segundo suas famílias: Amram, Isaar, Hebron e Oziel. [20]Filhos de Merari, segundo suas famílias: Mooli e Musi. São essas as famílias de Levi, segundo suas casas patriarcais.

[21]De Gérson descendem a família lobnita e a família semeíta. São essas as famílias dos gersonitas. [22]O número total dos homens recenseados, da idade de um mês para cima, foi de sete mil e quinhentos. [23]As famílias dos gersoni-

---

* **2**,32. 1,46 | **3**,1. 26,59-61 | 2. Êx 6,23 / Êx 29; Lv 8-9; Êx 30,22 | 4. Lv 10,1-7 | 9. 8,14-19; Esd 2,43 | 10. 1,51 | 13. Êx 13,11 | 14. 26,57-62 | 17. Gn 46,11; Êx 6,16-19 | 25. Êx 26-27

† **3**,9. Esse nome se aplicará depois do Exílio a uma categoria inferior de ministros do templo, Esd 2,43; Ne 11,3. | 12. Deus toma a seu serviço os homens da tribo de Levi em troca dos primogênitos, que lhe pertenciam e deviam ser resgatados, Êx 13,11-16.

Números 3-4

tas acampavam atrás do tabernáculo, ao ocidente. ²⁴O chefe da casa patriarcal dos gersonitas era Eliasaf, filho de Lael. ²⁵O encargo dos gersonitas na tenda da reunião* era cuidar do tabernáculo e da tenda, de sua cobertura e do véu da entrada da tenda da reunião, ²⁶das cortinas do átrio e do véu da entrada do átrio, que está em volta do tabernáculo e do altar, e das cordas necessárias para todo o seu serviço.

²⁷De Caat descendem as famílias dos amramitas, dos isaaritas, dos hebronitas e dos ozielitas. São essas as famílias dos caatitas. ²⁸Contando todos os homens da idade de um mês para cima, somaram oito mil e seiscentos encarregados do serviço do santuário. ²⁹As famílias dos caatitas acampavam do lado sul do tabernáculo. ³⁰O chefe da casa patriarcal* dos caatitas era Elisafã, filho de Oziel. ³¹Seu encargo era o cuidado da arca, da mesa, do candelabro, dos altares e utensílios sagrados que servem para o culto, do véu e de tudo o que se refere a seu serviço. ³²O chefe supremo dos levitas era Eleazar, filho do sacerdote Aarão, cabendo-lhe a supervisão dos encarregados do santuário.

³³De Merari descendem a família dos moolitas e a família dos musitas. Essas são as famílias dos meraritas. ³⁴Todos os homens que delas foram recenseados, com mais de um mês de idade, somaram seis mil e duzentos homens. ³⁵O chefe da casa patriarcal de Merari era Suriel, filho de Abiail. Acampavam do lado norte do tabernáculo. ³⁶O encargo dos filhos de Merari* era cuidar das tábuas do tabernáculo, das vigas, das colunas e de suas bases, de todos os utensílios e de tudo o que se refere a seu serviço, ³⁷das colunas que rodeiam o átrio, com suas bases, das estacas e das cordas. ³⁸Diante do tabernáculo, ao oriente, em frente à tenda da reunião, do lado do sol nascente, acampavam Moisés, Aarão e seus filhos, que tinham o cuidado do santuário, por incumbência dos israelitas; e todo estranho* que se aproximasse devia ser punido com a morte. ³⁹O total dos levitas recenseados por Moisés e Aarão conforme a ordem de Javé, contados segundo suas famílias, todos os homens com mais de um mês de idade, foi de vinte e dois mil.

Recenseamento dos primogênitos. ⁴⁰Javé disse a Moisés: "Faze o recenseamento dos primogênitos israelitas do sexo masculino com mais de um mês de idade e soma seus nomes. ⁴¹Tomarás para mim* os levitas – eu sou Javé – em lugar de todos os primogênitos dos israelitas, e os animais dos levitas, em troca de todos os primogênitos dos animais dos israelitas". ⁴²Moisés recenseou, como Javé lhe havia mandado, todos os primogênitos dos israelitas. ⁴³O total dos primogênitos homens, contados nominalmente, que foram recenseados a partir de um mês de idade, foi de vinte e dois mil e duzentos e setenta e três.

Os levitas substituem os primogênitos. ⁴⁴Javé falou a Moisés: ⁴⁵"Toma os levitas em troca de todos os primogênitos dos israelitas e os animais dos levitas em troca dos animais deles; os levitas serão meus: eu sou Javé. ⁴⁶Como resgate pelos duzentos e setenta e três primogênitos que excedem o número dos levitas, ⁴⁷tomarás cinco siclos por pessoa; e os tomarás segundo o siclo do santuário, o qual é de vinte geras. ⁴⁸Darás o dinheiro a Aarão e a seus filhos como resgate por aqueles que excedem o número". ⁴⁹Moisés tomou o dinheiro do resgate por aqueles que excediam o número dos resgatados pelos levitas. ⁵⁰Dos primogênitos dos israelitas recebeu em dinheiro mil e trezentos e sessenta e cinco siclos, conforme o siclo do santuário. ⁵¹E conforme a ordem de Javé, Moisés entregou a Aarão e a seus filhos o dinheiro daqueles que haviam sido resgatados, como Javé havia ordenado a Moisés.

---

* **3**,30. Êx 25,10-40; 30,1-10 | 36. Êx 26,15-30; 27,9-19 | 38. 1,51 | 41. 3,12s; Êx 13,11 | 46. Êx 13,11 | 47. Lv 5,15

Números 4

4 Descendentes dos levitas – Os filhos de Caat. [1]Javé falou a Moisés: [2]"Dentre os filhos de Levi, faze a contagem dos filhos de Caat, segundo suas famílias e suas casas patriarcais, [3]dos que têm entre trinta e cinquenta anos, todos os que se alistariam no exército, para prestar serviço na tenda da reunião. [4]O encargo dos filhos de Caat na tenda da reunião será cuidar das coisas mais sagradas. [5]Quando se levantar o acampamento, Aarão e seus filhos virão tirar o véu de separação e com ele cobrirão a arca do testemunho. [6]Colocarão em cima dela uma cobertura de couro fino,* sobre a qual estenderão um pano de púrpura violeta, e colocarão os varais na arca. [7]Estenderão uma toalha de púrpura violeta sobre a mesa da apresentação e lhe colocarão em cima os pratos, as colheres, as taças e os copos para a libação; e também o pão perene estará sobre ela. [8]Sobre esses objetos* estenderão um pano escarlate envolto numa cobertura de couro fino e colocarão na mesa os varais. [9]Tomarão um pano de púrpura e envolverão o candelabro da luz, as lâmpadas, as espevitadeiras, os cinzeiros e todos os recipientes de óleo que são usados em seu serviço, [10]e o colocarão com todos os seus utensílios num estojo de pele fina para pô-lo em cima da padiola. [11]Sobre o altar de ouro† estenderão um pano* de púrpura violeta e o cobrirão com uma cobertura de couro fino, e lhe colocarão os varais. [12]Tomarão todos os utensílios usados no serviço do santuário e os envolverão num pano de púrpura violeta, cobrindo-os com uma cobertura de couro fino, e os colocarão na padiola. [13]Tirarão do altar as cinzas e estenderão sobre ele um pano de púrpura escarlate. [14]Em cima colocarão todos os utensílios empregados no serviço, isto é: braseiros, garfos, pás, bacias e todos os outros acessórios do altar, estenderão em cima uma cobertura de couro fino e lhe colocarão os varais. [15]Quando Aarão e seus filhos tiverem acabado de cobrir os objetos do santuário e todos os utensílios sagrados, ao levantarem o acampamento, virão os filhos de Caat* para transportá-los, mas sem tocar nas coisas sagradas, para que não morram. Esse é o encargo dos filhos de Caat na tenda da reunião. [16]Eleazar, filho do sacerdote Aarão, ficará encarregado do óleo para a iluminação, do incenso aromático, da oblação perpétua e do óleo para a unção, como também da vigilância de todo o tabernáculo e de tudo o que ele contém, do santuário e de seus utensílios".*

[17]Javé disse a Moisés e a Aarão: [18]"Não permitais que seja eliminada dentre os levitas a tribo das famílias dos caatitas. [19]Mas fazei assim com eles para conservarem a vida e não morrerem ao se aproximarem das coisas mais sagradas: entrem Aarão e seus filhos e indiquem a cada um seu serviço e seu encargo; [20]mas não entrem eles para ver, nem por um instante, as coisas sagradas, pois morreriam".

Os filhos de Gérson. [21]Javé falou a Moisés: [22]"Faze o recenseamento também dos filhos de Gérson, segundo suas casas patriarcais e suas famílias. [23]Recensearás todos os homens que têm entre trinta e cinquenta anos e que se alistariam no exército, para prestar serviço na tenda da reunião: [24]Este será o encargo das famílias dos gersonitas, o que devem fazer e o que devem transportar: [25]levarão as cortinas do tabernáculo, a tenda da reunião, a cobertura de couro fino, que a recobre, e o véu da entrada da tenda da reunião, [26]as cortinas do átrio, o véu da entrada da porta do átrio que rodeia o tabernáculo e o altar, as cordas e todos os utensílios para seu serviço; farão todo o serviço que se refere a essas coisas. [27]Todo o serviço dos gersonitas, tudo o que devem transportar e fazer será conforme as ordens de Aarão e de seus

---

* **4,6.** Êx 26,31-37; 35,12; 39,34; 2Sm 6,7 **|** 8. Êx 25,23 **|** 11. Êx 30,1-6 **|** 15. 2Sm 6,7; Lv 17,1 **|** 16. Êx 27,20; 30,22-33.34-38

† **4,11.** O altar dos perfumes, Êx 30,1-10; no v. 13 fala do altar dos holocaustos, Êx 27,1-8.

Números 4-5

filhos; e lhes indicareis tudo que devem transportar. [28]Esse é o encargo das famílias dos gersonitas na tenda da reunião; e seu serviço estará sob a direção de Itamar, filho do sacerdote Aarão.

Os filhos de Merari. [29]Contarás também os filhos de Merari segundo suas famílias e suas casas patriarcais. [30]Recensearás todos os homens que têm entre trinta e cinquenta anos e que se alistariam no exército, para prestar serviço na tenda da reunião. [31]São estes os objetos confiados a eles para transportar, conforme todo o seu serviço na tenda da reunião: as tábuas, as vigas, as colunas e as bases do tabernáculo, [32]as colunas que rodeiam o átrio e suas bases, as estacas e as cordas com todos os seus acessórios para o serviço; e indicareis a cada um nominalmente os utensílios que devem transportar. [33]Esse é o ofício das famílias de Merari, de acordo com todo o seu serviço na tenda da reunião, sob a chefia de Itamar, filho do sacerdote Aarão".

Recenseamento dos levitas. [34]Moisés, Aarão e os chefes da comunidade fizeram o censo dos filhos de Caat, segundo suas famílias e suas casas patriarcais, [35]de todos os homens que tinham entre trinta e cinquenta anos e que se alistariam no exército, para prestar serviço na tenda da reunião. [36]Foram contados, segundo suas famílias, dois mil e setecentos e cinquenta. [37]São estes os recenseados das famílias dos caatitas, todos os que prestavam serviço na tenda da reunião, que Moisés e Aarão contaram, cumprindo a ordem de Javé dada a Moisés.

[38]Foi feito o recenseamento dos filhos de Gérson, segundo suas famílias e suas casas patriarcais, [39]de todos os homens que tinham entre trinta e cinquenta anos e que se alistariam no exército, para prestar serviço na tenda da reunião; [40]estes recenseados segundo suas famílias e suas casas patriarcais foram dois mil e seiscentos e trinta. [41]São estes os recenseados dentre as famílias de Gérson, todos os que serviam na tenda da reunião e que Moisés e Aarão recensearam em cumprimento da ordem de Javé.

[42]Foi feito o recenseamento dos filhos de Merari, segundo suas famílias e suas casas patriarcais, [43]de todos os homens que tinham entre trinta anos e cinquenta anos e que se alistariam no exército, para prestar serviço na tenda da reunião; [44]estes recenseados segundo suas famílias foram três mil e duzentos. [45]São estes os recenseados das famílias de Merari, cujo censo fizeram Moisés e Aarão por ordem de Javé a Moisés.

[46]O número total dos levitas que Moisés, Aarão e os chefes de Israel recensearam segundo suas famílias e suas casas patriarcais, [47]todos os homens de trinta anos até cinquenta anos, que eram aptos para servir no culto e no transporte da tenda da reunião, [48]foi de oito mil e quinhentos e oitenta. [49]Conforme a ordem de Javé transmitida por Moisés, eles foram recenseados, designando-se para cada um o que devia fazer e o que devia transportar; assim foram recenseados como Javé havia ordenado a Moisés.

5 **Exclusão dos impuros.** [1]Javé disse a Moisés: [2]"Ordena aos israelitas* que excluam do acampamento todos os leprosos, todos os que têm um corrimento e todos os que estão impuros por contato com um morto. [3]Afastai tanto os homens como as mulheres, pondo-os fora do acampamento, para não contaminarem seu acampamento no meio do qual eu habito". [4]Os israelitas fizeram assim, e os puseram para fora do acampamento; como Javé ordenou a Moisés, assim fizeram os israelitas.

Reparação pelo furto. [5]Javé disse a Moisés: [6]"Dize aos israelitas:* Quando um homem ou uma mulher se torna infiel a Javé por ter cometido um dos pecados que o ser humano comete, essa pessoa é culpada. [7]Confessará a

---

* **5**,2. Dt 23,10-15; Lv 13,45s; 15; 19,11-16 | 6. Lv 5,15-26

145   Números 5

culpa que cometeu e fará plena restituição do dano feito, com o acréscimo de um quinto, e o entregará ao que foi prejudicado. [8]Mas se tal pessoa não tem nenhum parente a quem se possa fazer a restituição, a indenização será feita a Javé, isto é, ao sacerdote, além do carneiro de expiação que se oferecerá pelo culpado. [9]Toda oferenda de qualquer coisa sagrada, que os israelitas oferecerem ao sacerdote, pertencerá a este. [10]As oferendas sagradas de cada um serão para ele; aquilo que alguém oferece ao sacerdote caberá a este".

Sacrifício pelo ciúme. [11]Javé falou a Moisés[†]: [12]"Dize aos israelitas: Se a esposa de alguém se desviar e for infiel a ele, [13]dormindo com outro homem, e isso ficar oculto aos olhos do marido, e ela se tiver contaminado sem ser descoberta, e não se tiver encontrado nenhuma testemunha contra ela, porque não foi surpreendida no ato; [14]se nele sobrevier o espírito de ciúme e se tornar ciumento de sua mulher, que se contaminou, ou se nele sobrevier o espírito de ciúme e se tornar ciumento de sua mulher, que de fato não se contaminou, [15]esse homem levará sua mulher ao sacerdote e fará por ela uma oferenda de um décimo de efá de farinha de cevada;[*] não derramará óleo sobre a oferta nem lhe porá incenso, porque é uma oblação de ciúme, uma oferenda comemorativa que recorda uma culpa.

[16]O sacerdote a fará aproximar-se e a colocará diante de Javé. [17]Depois tomará água santa num vaso de barro, um pouco de pó do chão do tabernáculo, que porá dentro da água. [18]O sacerdote apresentará a mulher diante de Javé, soltará os cabelos dela e colocará em suas mãos a oblação comemorativa, isto é, a oblação por ciúme, e na mão do sacerdote estará a água amarga, portadora de maldição.

[19]O sacerdote fará a mulher jurar e lhe dirá: 'Se nenhum homem dormiu contigo e não te desviaste de teu marido, contaminando-te, esta água amarga, portadora de maldição, não te fará mal algum. [20]Mas se te desviaste de teu marido e te contaminaste dormindo com outro que não o teu marido [21]— então o sacerdote fará a mulher pronunciar um juramento de imprecação, dizendo —: Que Javé te faça objeto de maldição e de imprecação no meio de teu povo, fazendo murchar teu sexo e inchar teu ventre. [22]E que esta água, portadora de maldição, penetre em tuas entranhas para fazer inchar teu ventre e murchar teu sexo'. A mulher responderá: 'Amém, amém'. [23]Depois o sacerdote escreverá essas maldições numa folha e as apagará na água amarga. [24]Fará que a mulher beba a água amarga, portadora da maldição. Essa água de maldição penetrará nela para lhe ser amarga.

[25]Em seguida, o sacerdote tomará das mãos da mulher a oblação por ciúme[*] e, apresentando-a diante de Javé, a levará para o altar. [26]O sacerdote tomará uma porção da oferenda e a queimará sobre o altar como memorial; depois fará a mulher beber a água. [27]Havendo-lhe dado de beber a água, acontecerá que, se ela se contaminou e foi infiel ao marido, entrará nela a água portadora de maldição e lhe será amarga, seu ventre inchará e seu sexo murchará; e essa mulher se tornará motivo de imprecação entre seu povo. [28]Mas se não se contaminou e estiver pura, ficará ilesa e será fecunda.

[29]Esta é a lei do ciúme, no caso em que uma mulher se tenha desviado de seu marido e se tenha contaminado, [30]ou no caso em que, sobrevindo ao marido o espírito de ciúme, se tenha tornado ciumento de sua mulher; então apresentará a mulher diante de

---

* **5**,15. Lv 5,11 | 25. Lv 5,12

† **5**,11. Rito para invocar o juízo de Deus na falta de provas. Esse tipo de juízo ou ordália, que perdurou até a Idade Média, é próprio de uma sociedade machista, que permite ao marido submeter a esposa a uma prática humilhante.

Números 5-6

Javé, e o sacerdote aplicará a ela toda esta lei. [31]O marido estará isento de culpa, e a mulher carregará a pena de sua iniquidade".

6 Os nazireus.
[1]Javé disse a Moisés: [2]"Fala aos israelitas e dize-lhes: Quando um homem ou mulher fizer uma promessa especial, a promessa de nazireato[+], consagrando-se a Javé, [3]deverá abster-se de vinho* e de bebidas alcoólicas, não tomara vinagre de vinho nem de outras bebidas fortes, não tomará suco de uva e não comerá uvas frescas* nem secas. [4]Durante todo o tempo de seu nazireato não tomará nada que seja produzido pela vinha, desde as sementes até as cascas.

[5]Por todo o tempo de seu nazireato,* a navalha não passará sobre sua cabeça, até que se cumpra o tempo pelo qual se consagrou a Javé; será consagrado e deixará crescer os cabelos de sua cabeça.

[6]Enquanto durar o tempo de sua consagração a Javé, não se aproximará de um morto; [7]nem quando se tratar do pai ou da mãe, do irmão ou da irmã ele se contaminará, porque traz sobre a cabeça o sinal da consagração a Javé. [8]Por todo o tempo de seu nazireato* ficará consagrado a Javé.

[9]Se alguém morrer repentinamente perto dele, tornando impura sua cabeça consagrada, ele rapará a cabeça no dia de sua purificação; no sétimo dia rapará a cabeça. [10]E no oitavo dia levará ao sacerdote, à entrada da tenda da reunião, duas rolas ou dois pombinhos. [11]O sacerdote oferecerá um em sacrifício pelo pecado e o outro em holocausto e fará por ele o rito de expiação por se ter contaminado por causa do morto; e ele consagrará no mesmo dia sua cabeça. [12]Consagrará de novo a Javé o tempo de seu nazireato e levará um cordeiro de um ano* como sacrifí-

cio de reparação; os dias precedentes não serão contados, por ter sido violado seu nazireato.

[13]Esta é a lei do nazireu: "No dia em que terminar a duração de seu nazireato, será conduzido à entrada da tenda da reunião [14]e apresentará sua oferenda a Javé: um cordeiro de um ano, sem defeito, em holocausto, uma ovelha de um ano, sem defeito, em sacrifício pelo pecado, um carneiro sem defeito, como sacrifício de comunhão, [15]um cesto de pães ázimos de flor de farinha amassada com óleo, e tortas sem fermento, untadas com azeite, junto com suas oblações e libações. [16]O sacerdote apresentará essas coisas diante de Javé e oferecerá seu sacrifício pelo pecado e seu holocausto. [17]Com o carneiro, oferecerá a Javé o sacrifício de comunhão, junto com o cesto de pães ázimos, e o sacerdote fará a oblação e a libação que o acompanham. [18]Depois o nazireu, à entrada da tenda da reunião, rapará sua cabeça de consagrado, tomará os cabelos de sua cabeça de consagrado e os colocará no fogo que arde debaixo do sacrifício de comunhão. [19]Em seguida o sacerdote tomará a espádua do carneiro, já cozida, um pão ázimo do cesto e uma torta sem fermento e colocará tudo na mão do nazireu, quando ele tiver terminado de rapar sua cabeça de consagrado. [20]O sacerdote fará com eles o gesto de oferenda* diante de Javé; é a parte sagrada, devida ao sacerdote, além do peito, que também será oferecido, e a coxa que lhe é reservada; depois disso, o nazireu poderá beber vinho.

[21]Esta é a lei sobre o nazireu que fez uma promessa e sua oferenda a Javé por seu nazireato, além daquilo que suas posses lhe permitirem acrescentar; ele se comportará segundo os termos da promessa que fez, conforme a lei de sua consagração".

---

* **6**,3 Lc 1,15 / Jz 13,5; 16,17 | 5. Am 2,12 | 8. Lv 21,12; At 21,23-26 | 12. Lv 14,21-34 | 20. Lv 7,34; 10,14 24. Sl 121,7s; Êx 23,20; Jo 17,11s; Sl 4,7; 31,17

† **6**,2. Como sinal de sua especial consagração a Deus, o nazireu prometia, para sempre ou por certo tempo, não tomar bebida forte, deixar crescer os cabelos e não tocar nenhum morto, Jz 13,5-7, 1Sm 1,11, Am 2,11-12.

A bênção litúrgica. [22]Javé disse a Moisés: [23]"Fala a Aarão e a seus filhos: Assim abençoareis os israelitas; dizei-lhes: [24]'Javé te abençoe e te guarde!* [25]Javé faça brilhar sobre ti sua face e te conceda sua graça! [26]Javé volte para ti sua face e te dê a paz!'.* [27]Assim invocarão meu nome sobre os israelitas, e eu os abençoarei".

7 Oferendas dos chefes das tribos.

[1]No dia em que Moisés* acabou de levantar o tabernáculo, ele o ungiu e o consagrou com todos os seus utensílios; ungiu e consagrou também o altar com todos os seus pertences. [2]Então apresentaram sua oferenda os chefes de Israel que estavam à frente de suas casas patriarcais, que eram chefes das tribos e presidiram ao recenseamento. [3]Levaram sua oferenda diante de Javé: seis carros cobertos e doze bois, um carro para cada dois príncipes e um boi para cada um, e os apresentaram diante do tabernáculo. [4]Javé falou a Moisés, dizendo: [5]"Recebe-os deles e sejam destinados ao serviço da tenda da reunião; darás tudo aos levitas, conforme o serviço especial de cada um". [6]Moisés recebeu os carros e os bois e os entregou aos levitas. [7]Deu aos filhos de Gérson* dois carros e quatro bois, em razão de suas funções; [8]aos filhos de Merari,* quatro carros e oito bois, em virtude da função que haviam de exercer sob a direção de Itamar, filho do sacerdote Aarão. [9]Mas aos filhos de Caat* não deu nenhum, porque tinham o encargo das coisas sagradas que deviam transportar nos ombros.

Ofertas para a dedicação do altar. [10]Os chefes fizeram sua oferenda* para a dedicação do altar, no dia em que foi ungido; apresentaram sua oferenda diante do altar. [11]Javé disse a Moisés: "Os chefes apresentarão, cada um em seu dia, sua oferenda para a dedicação do altar".

[12]No primeiro dia apresentou sua oferenda Naasson, filho de Aminadab,* da tribo de Judá. [13]Sua oferenda foi: uma bandeja de prata pesando cento e trinta siclos; uma bacineta de prata de setenta siclos, conforme o peso do santuário, ambas cheias de flor de farinha com azeite para a oblação; [14]um vaso de ouro de dez siclos, cheio de perfume; [15]um novilho, um carneiro, um cordeiro de um ano para o holocausto; [16]um bode para o sacrifício pelo pecado; [17]e dois bois, cinco carneiros, cinco bodes e cinco cordeiros de um ano para o sacrifício de comunhão. Essa foi a oferenda de Naasson, filho de Aminadab.

[18]No segundo dia apresentou sua oferenda Natanael, filho de Suar, chefe de Issacar.* [19]Ofereceu uma bandeja de prata pesando cento e trinta siclos; uma bacineta de prata de setenta siclos, conforme o peso do santuário, ambas cheias de flor de farinha com azeite para a oblação; [20]um vaso de ouro de dez siclos, cheio de perfume; [21]um novilho, um carneiro, um cordeiro de um ano para o holocausto; [22]um bode para o sacrifício pelo pecado; [23]e dois bois, cinco carneiros, cinco bodes e cinco cordeiros de um ano para o sacrifício de comunhão. Essa foi a oferenda de Natanael, filho de Suar.

[24]No terceiro dia, Eliab,* filho de Helon, chefe dos filhos de Zabulon, [25]apresentou como sua oferta uma bandeja de prata pesando cento e trinta siclos; uma bacineta de prata de setenta siclos, conforme o peso do santuário, ambas cheias de flor de farinha com azeite para a oblação; [26]um vaso de ouro de dez siclos, cheio de perfume; [27]um novilho, um carneiro, um cordeiro de um ano para o holocausto; [28]um bode para o sacrifício pelo pecado; [29]e dois bois, cinco carneiros, cinco bodes e cinco cordeiros de um ano para o sacrifício de comunhão. Essa foi a oferenda de Eliab, filho de Helon.

[30]No quarto dia, Elisur,* filho de Sedeur, chefe dos filhos de Rúben, [31]apresentou como sua oferenda uma

---

* **6**,26. Sl 122,6s; Dt 28,10; Eclo 50,22 | **7**,1. Êx 40,17-33 | 7. 4,24-28 | 8. 4,31-33 | 9. 4,4-15 | 10. Ez 43,18-26 | 12. 2,3 | 18. 2,5 | 24. 2,7 | 30. 2,10

Números 7

bandeja de prata, do peso de cento e trinta siclos; uma bacineta de prata de setenta siclos, conforme o peso do santuário, ambas cheias de flor de farinha com azeite para a oblação; ³²um vaso de ouro de dez siclos, cheio de perfume; ³³um novilho, um carneiro, um cordeiro de um ano para o holocausto; ³⁴um bode para o sacrifício pelo pecado; ³⁵e dois bois, cinco carneiros, cinco bodes e cinco cordeiros de um ano para o sacrifício de comunhão. Essa foi a oferenda de Elisur, filho de Sedeur.

³⁶No quinto dia, Salamiel,* filho de Surisadai, chefe dos filhos de Simeão, ³⁷apresentou sua oferenda, que consistiu numa bandeja de prata pesando cento e trinta siclos; uma bacineta de prata de setenta siclos, conforme o peso do santuário, ambas cheias de flor de farinha com azeite para a oblação; ³⁸um vaso de ouro de dez siclos, cheio de perfume; ³⁹um novilho, um carneiro, um cordeiro de um ano para o holocausto; ⁴⁰um bode para o sacrifício pelo pecado; ⁴¹e dois bois, cinco carneiros, cinco bodes e cinco cordeiros de um ano para o sacrifício de comunhão. Essa foi a oferenda de Salamiel, filho de Surisadai.

⁴²No sexto dia, Eliasaf,* filho de Deuel, chefe dos filhos de Gad, ⁴³apresentou como sua oferenda uma bandeja de prata pesando cento e trinta siclos; uma bacineta de prata de setenta siclos, conforme o peso do santuário, ambas cheias de flor de farinha com azeite para a oblação; ⁴⁴um vaso de ouro de dez siclos, cheio de perfume; ⁴⁵um novilho, um carneiro, um cordeiro de um ano para o holocausto; ⁴⁶um bode para o sacrifício pelo pecado; ⁴⁷e dois bois, cinco carneiros, cinco bodes e cinco cordeiros de um ano para o sacrifício de comunhão. Essa foi a oferenda de Eliasaf, filho de Deuel.

⁴⁸No sétimo dia, Elisama,* filho de Amiud, chefe dos filhos de Efraim, ⁴⁹apresentou sua oferenda, que consistiu numa bandeja de prata pesando cento e trinta siclos; uma bacineta de prata de setenta siclos, conforme o peso do santuário, ambas cheias de flor de farinha com azeite para a oblação; ⁵⁰um vaso de ouro de dez siclos, cheio de perfume; ⁵¹um novilho, um carneiro, um cordeiro de um ano para o holocausto; ⁵²um bode para o sacrifício pelo pecado; ⁵³e dois bois, cinco carneiros, cinco bodes e cinco cordeiros de um ano para o sacrifício de comunhão. Essa foi a oferenda de Elisama, filho de Amiud.

⁵⁴No oitavo dia, Gamaliel,* filho de Fadassur, chefe dos filhos de Manassés, ⁵⁵apresentou sua oferenda: uma bandeja de prata pesando cento e trinta siclos; uma bacineta de prata de setenta siclos, conforme o peso do santuário, ambas cheias de flor de farinha com azeite para a oblação; ⁵⁶um vaso de ouro de dez siclos, cheio de perfume; ⁵⁷um novilho, um carneiro, um cordeiro de um ano para o holocausto; ⁵⁸um bode para o sacrifício pelo pecado; ⁵⁹e dois bois, cinco carneiros, cinco bodes e cinco cordeiros de um ano para o sacrifício de comunhão. Essa foi a oferenda de Gamaliel, filho de Fadassur.

⁶⁰No nono dia, Abidã,* filho de Gedeão, chefe dos filhos de Benjamim, ⁶¹apresentou sua oferenda: uma bandeja de prata pesando cento e trinta siclos; uma bacineta de prata de setenta siclos, conforme o peso do santuário, ambas cheias de flor de farinha com azeite para a oblação; ⁶²um vaso de ouro de dez siclos, cheio de perfume; ⁶³um novilho, um carneiro, um cordeiro de um ano para o holocausto; ⁶⁴um bode para o sacrifício pelo pecado; ⁶⁵e dois bois, cinco carneiros, cinco bodes e cinco cordeiros de um ano para o sacrifício de comunhão. Essa foi a oferenda de Abidã, filho de Gedeão.

⁶⁶No décimo dia, Aiezer,* filho de Amisadai, chefe dos filhos de Dã, ⁶⁷apresentou sua oferenda: uma bandeja de prata pesando cento e trinta siclos; uma bacineta de prata de setenta siclos, conforme o peso do santuário, ambas cheias de flor de farinha com

---

* **7**,36. 2,12 | 42. 2,14 | 48. 2,18 | 54. 2,20 | **7**,60. 2,22 | 66. 2,25

149 Números 7-8

azeite para a oblação; 68um vaso de ouro de dez siclos, cheio de perfume; 69um novilho, um carneiro, um cordeiro de um ano para o holocausto; 70um bode para o sacrifício pelo pecado; 71e dois bois, cinco carneiros, cinco bodes e cinco cordeiros de um ano para o sacrifício de comunhão. Essa foi a oferenda de Aiezer, filho de Amisadai.

72No décimo primeiro dia, Fegiel,* filho de Ocrã, chefe dos filhos de Aser, 73apresentou sua oferenda: uma bandeja de prata pesando cento e trinta siclos; uma bacineta de prata de setenta siclos, conforme o peso do santuário, ambas cheias de flor de farinha com azeite para a oblação; 74um vaso de ouro de dez siclos, cheio de perfume; 75um novilho, um carneiro, um cordeiro de um ano para o holocausto; 76um bode para o sacrifício pelo pecado; 77e dois bois, cinco carneiros, cinco bodes e cinco cordeiros de um ano para o sacrifício de comunhão. Essa foi a oferenda de Fegiel, filho de Ocrã.

78No décimo segundo dia, Aíra,* filho de Enã, chefe dos filhos de Neftali, 79apresentou sua oferenda: uma bandeja de prata pesando cento e trinta siclos; uma bacineta de prata de setenta siclos, conforme o peso do santuário, ambas cheias de flor de farinha com azeite para a oblação; 80um vaso de ouro de dez siclos, cheio de perfume; 81um novilho, um carneiro, um cordeiro de um ano para o holocausto; 82um bode para o sacrifício pelo pecado; 83e dois bois, cinco carneiros, cinco bodes e cinco cordeiros de um ano para o sacrifício de comunhão. Essa foi a oferta de Aíra, filho de Enã.

84Estas foram as oferendas feitas pelos chefes de Israel para a dedicação do altar, no dia em que foi ungido: doze bandejas de prata, doze bacinetas de prata e doze vasos de ouro. 85Cada bandeja de prata pesava cento e trinta siclos, cada bacineta setenta, de modo que o total da prata de todos esses vasos foi de dois mil e quatrocentos siclos de prata, conforme o peso do santuário. 86Os doze vasos de ouro, cheios de perfume, pesavam cada um dez siclos, conforme o siclo do santuário; o total do ouro foi de cento e vinte siclos. 87O total dos animais para o holocausto foi: doze novilhos, doze carneiros, doze cordeiros de um ano com sua oblação e doze bodes para o sacrifício pelo pecado. 88O total dos animais para o sacrifício de comunhão foi: vinte e quatro novilhos, sessenta carneiros, sessenta bodes e sessenta cordeiros de um ano. Essas foram as oferendas para a dedicação do altar, quando foi ungido.

89Quando Moisés entrava na tenda da reunião* para falar com Javé, ouvia a voz que lhe falava do alto do propiciatório, que está por cima da arca do testemunho entre os dois querubins; e assim lhe falava.

8 **O candelabro.** 1Javé disse a Moisés: 2"Fala a Aarão* e dize-lhe: Quando acenderes as lâmpadas, faze de tal maneira que as sete lâmpadas projetem a luz para a parte da frente do candelabro". 3E assim fez Aarão: colocou as lâmpadas de modo que iluminassem a parte da frente do candelabro, como Javé havia ordenado a Moisés. 4O candelabro era feito de ouro batido; desde sua base até as flores era de ouro batido. Foi feito segundo o modelo que Javé lhe havia mostrado. **Consagração dos levitas.** 5Javé disse a Moisés:* 6"Toma à parte os levitas do meio dos israelitas e purifica-os. 7Assim farás para purificá-los: farás sobre eles uma aspersão com água lustral, e eles passarão a navalha por todo o corpo, lavarão suas vestes e ficarão puros. 8Depois tomarão um novilho junto com sua oblação de flor de farinha amassada com óleo, e tu tomarás um outro novilho para o sacrifício pelo pecado. 9Farás os levitas se aproximarem diante da tenda da reunião e reunirás toda a comunidade dos israelitas. 10Depois

---

* **7,**72. 2,27 | 78. 2,29 | 89. Êx 33,9-11; Êx 25,17 | **8,**2. Êx 25,31s; Lv 24,2-4 | 5. Lv 8; 19,1-10; Lv 14,8s; Ez 36,25

Números 8-9

que tiveres feito os levitas aproximar-
-se diante de Javé, os israelitas imporão
as mãos sobre eles. ¹¹Aarão apresentará os levitas como uma oferta apresentada a Javé pelos israelitas; assim serão
destinados ao serviço de Javé. ¹²Os levitas imporão as mãos sobre a cabeça
dos novilhos; com um deles oferecerás
um sacrifício pelo pecado e com o outro, um holocausto a Javé para fazer a
expiação pelos levitas. ¹³Depois colocarás os levitas diante de Aarão* e de
seus filhos e os oferecerás a Javé com
o gesto de apresentação. ¹⁴Separarás
assim os levitas do meio dos israelitas,
a fim de que me pertençam. ¹⁵Depois
disso entrarão para fazer o serviço da
tenda da reunião. Tu os purificarás,
portanto, e os oferecerás com o gesto
de apresentação, ¹⁶porque são doados,
são reservados a mim entre os israelitas;* eu os tomei para mim em lugar
de todos os que nascem de primeiro
parto, de todos os primogênitos dos
israelitas. ¹⁷Porque meu é todo o primogênito dos israelitas, tanto dos homens como dos animais; desde o dia
em que feri todos os primogênitos na
terra do Egito, eu os consagrei a mim
¹⁸e tomei os levitas em substituição a
todos os primogênitos dos israelitas.
¹⁹Dou os levitas a Aarão e a seus filhos;
os levitas lhes são doados do meio dos
israelitas, para assegurar o culto dos
israelitas na tenda da reunião e para
fazer pelos israelitas o rito de expiação,
de modo que não caia flagelo sobre os
israelitas por se terem aproximado do
santuário". ²⁰Assim fizeram Moisés, Aarão e toda
a comunidade dos israelitas a respeito
dos levitas; os israelitas fizeram com os
levitas tudo o que Javé havia ordenado
a Moisés a respeito deles. ²¹Os levitas
se purificaram, lavaram suas vestes,
e Aarão os ofereceu com o gesto de
apresentação diante de Javé, e fez por
eles a expiação, a fim de purificá-los.
²²Depois disso os levitas vieram para
prestar o serviço na tenda da reunião,
na presença de Aarão e de seus filhos.

Como Javé havia ordenado a Moisés
em relação aos levitas, assim fizeram
com eles.

²³Javé falou a Moisés: ²⁴"Esta é a lei
relativa aos levitas: de vinte e cinco
anos para cima começarão a prestar
serviço na tenda da reunião; ²⁵mas a
partir dos cinquenta anos de idade deixarão o serviço e não mais trabalharão.
²⁶Poderão ajudar seus irmãos a cumprir
suas obrigações na tenda da reunião,
mas não farão trabalhos. Assim farás
com os levitas quanto a seu ministério".

9 A Páscoa no Sinai.

¹Javé falou a
Moisés no deserto do Sinai,* no
segundo ano depois da saída do Egito,
no primeiro mês, e disse: ²"Os israelitas
celebrarão a Páscoa na data marcada.
³Deveis celebrá-la* no tempo estabelecido, no dia quatorze deste mês,
ao entardecer, segundo todas as leis
e os costumes que a ela se referem".
⁴Moisés ordenou aos israelitas que celebrassem a Páscoa. ⁵Eles a celebraram
no dia quatorze do primeiro mês, ao
entardecer, no deserto do Sinai. Conforme tudo o que Javé havia ordenado
a Moisés, assim fizeram os israelitas.

⁶Mas havia alguns* que estavam impuros por causa de um morto e não
puderam celebrar a Páscoa naquele dia.
Apresentando-se naquele mesmo dia
a Moisés e Aarão, ⁷disseram-lhes aqueles homens: "Estamos impuros por causa de um morto. Por que haveríamos
de ser excluídos de oferecer o sacrifício
a Javé no tempo marcado no meio dos
israelitas?" ⁸Moisés respondeu-lhes:
"Aguardai, para que eu saiba o que
Javé ordenará a vosso respeito". ⁹Javé
disse a Moisés: ¹⁰"Fala aos israelitas:
Se alguém de vós ou de vossos descendentes estiver impuro por ter tocado um morto ou se acha distante em
viagem, poderá celebrar a Páscoa em
honra de Javé, ¹¹mas celebre-a no dia
quatorze do segundo mês, ao entardecer, comendo-a com pães ázimos e
ervas amargas. ¹²Não deixará nada dela
para a manhã seguinte nem lhe que-

---

* **8**,13. Êx 29,24 | 16. 3,12s; Êx 13,11 | **9**,1. Êx 12,1 | 3. Êx 12,6 | 6. 5,2; 19,11

151 Números 9-10

brará osso algum; celebrará a Páscoa observando todo o seu ritual. ¹³Aquele, porém, que estiver puro, não se encontrar em viagem e deixar de celebrar a Páscoa será exterminado do meio de seu povo, porque não apresentou a oferta a Javé no tempo marcado; este carregará a pena de seu pecado. ¹⁴Se um estrangeiro* residente entre vós celebrar a Páscoa de Javé, observará o ritual e os costumes da Páscoa; tereis uma única lei, para o estrangeiro e para o nativo da terra".

A nuvem sobre o tabernáculo. ¹⁵No dia em que foi erigido* o tabernáculo, uma nuvem cobriu o tabernáculo, isto é, a tenda do testemunho; desde a tarde até pela manhã ela ficava sobre o tabernáculo com a aparência de fogo. ¹⁶Assim acontecia constantemente: durante o dia a nuvem o cobria e durante a noite tomava o aspecto de fogo. ¹⁷Toda vez que a nuvem se elevava de sobre a tenda, os israelitas se punham em marcha e onde a nuvem parava, ali acampavam os israelitas. ¹⁸Por ordem de Javé partiam os israelitas e por ordem de Javé acampavam; durante todo o tempo em que a nuvem ficava parada sobre o tabernáculo permaneciam acampados. ¹⁹Quando a nuvem se detinha por muito tempo sobre o tabernáculo, os israelitas cumpriam a ordem de Javé e não se moviam. ²⁰Se, ao contrário, a nuvem se detinha poucos dias sobre o tabernáculo, à ordem de Javé acampavam e à ordem de Javé se punham em marcha. ²¹Outras vezes a nuvem se detinha somente desde a tarde até a manhã: quando se levantava pela manhã, eles se punham em marcha. Ou então ela permanecia um dia e uma noite: quando ela se elevava, partiam. ²²Se a nuvem permanecia sobre o tabernáculo dois dias, um mês ou um ano, enquanto a nuvem pairava sobre o tabernáculo, os israelitas permaneciam acampados e não partiam; mas quando ela se levantava, punham-se em marcha. ²³Conforme a ordem de Javé acampavam e conforme a ordem

de Javé partiam, observando as prescrições de Javé como ele havia ordenado por intermédio de Moisés.

10 **As trombetas.*** ¹Javé disse a Moisés: ²"Faze para ti* duas trombetas de prata; tu as farás modeladas a martelo; elas te servirão para convocar a assembleia e para dar o sinal de levantar o acampamento. ³Quando tocarem ambas, toda a comunidade se reunirá junto de ti à entrada da tenda da reunião; ⁴quando tocar uma só, serão os chefes, os comandantes de milhares de Israel, que se reunirão junto de ti. ⁵Ao toque de alarme, partirão os acampados ao oriente. ⁶Ao segundo toque de alarme, partirão os acampados do lado sul. Deve-se tocar o alarme para que se ponham a caminho. ⁷Tocareis também para reunir a comunidade, mas sem toque de alarme. ⁸Os filhos de Aarão, os sacerdotes, tocarão as trombetas; isto será uma norma perpétua para as vossas gerações.

⁹Quando no vosso país sairdes para combater contra um adversário que vos oprime, tocareis o alarme com as trombetas; assim sereis lembrados diante de Javé, vosso Deus, e sereis libertados de vossos inimigos. ¹⁰Em vossos dias alegres, em vossas festas e no primeiro dia de cada mês, tocareis as trombetas durante vossos holocaustos e vossos sacrifícios de comunhão; isto servirá para vos trazer à lembrança de vosso Deus. Eu sou Javé, vosso Deus".*

II. EM CADES
(10,11–21,3)

Partida do Sinai. ¹¹Aconteceu que no segundo ano, no dia vinte e um do segundo mês, a nuvem levantou-se de cima do tabernáculo do testemunho ¹²e os israelitas partiram do deserto do Sinai, por etapas, e a nuvem parou no deserto de Farã. ¹³Assim puseram-se a caminho* pela primeira vez por ordem de Javé, transmitida por Moisés. ¹⁴Partiu primeiro a bandeira do

---

* **9**,14. Êx 12,48 | 15. Êx 13,22; 40,34-38 | **10**,1. Jl 2,1.15s; 1Ts 4,16s; 1Cor 15,52 | 10. Lv 17,1 | **10**,13. 2,1-34

Números 10-11

acampamento de Judá com seus esquadrões. O chefe deles era Naasson, filho de Aminadab; [15]o chefe da tribo dos filhos de Issacar era Natanael, filho de Suar; [16]o chefe da tribo dos filhos de Zabulon era Eliab, filho de Helon. [17]O tabernáculo foi desmontado, e os filhos de Gérson e os filhos de Merari puseram-se a caminho, carregando o tabernáculo.

[18]Depois partiu a bandeira do acampamento de Rúben com seus esquadrões; era seu comandante Elisur, filho de Sedeur; [19]o chefe da tribo dos filhos de Simeão era Salamiel, filho de Surisadai; [20]e o chefe da tribo dos filhos de Gad era Eliasaf, filho de Deuel. [21]Logo puseram-se a caminho os caatitas, levando o santuário; o tabernáculo foi montado antes que eles chegassem.

[22]Partiu depois a bandeira do acampamento dos filhos de Efraim, segundo seus esquadrões; seu comandante era Elisama, filho de Amiud; [23]o chefe da tribo de Manassés era Gamaliel, filho de Fadassur; [24]o chefe da tribo dos filhos de Benjamim era Abidã, filho de Gedeão.

[25]Depois pôs-se a caminho, na retaguarda de todos os acampamentos, a bandeira do acampamento dos filhos de Dã com seus esquadrões. Chefiava-os Aiezer, filho de Amisadai; [26]o chefe da tribo de Aser era Fegiel, filho de Ocrã; [27]o chefe da tribo de Neftali era Aíra, filho de Enã. [28]Foi nesta ordem que se puseram a caminho os israelitas com seus esquadrões quando partiram.

[29]Moisés disse a Hobab,* filho de Raguel, madianita, seu sogro: "Nós partimos para aquele lugar do qual Javé disse: Eu o darei a vós. Vem conosco* e te faremos bem, pois Javé prometeu o bem a Israel". [30]Mas ele disse: "Eu não irei convosco, mas voltarei para minha terra e para junto de meus parentes". [31]Moisés insistiu: "Não nos abandones, pois tu conheces os lugares onde devemos acampar no deserto e assim nos servirás de guia. [32]Se vieres conosco,

faremos a ti o bem que Javé nos fizer". [33]Assim partiram da montanha de Javé e caminharam três dias; a arca da aliança de Javé ia à frente deles durante os três dias de caminho, para procurar-lhes um lugar de repouso. [34]A nuvem de Javé* estava por cima deles durante o dia quando partiam do acampamento.

[35]Quando a arca se punha a caminho, Moisés dizia: "Levantai-vos, Javé,* e sejam dispersos vossos inimigos; fujam diante de vós vossos adversários". [36]E quando parava, dizia: "Voltai, Javé, para as multidões de milhares de Israel".

11 A murmuração do povo.

[1]O povo começou a queixar-se, e isto desagradou aos ouvidos de Javé. Ao ouvi-lo, Javé encheu-se de cólera; o fogo de Javé irrompeu entre eles e devorou a extremidade do acampamento. [2]O povo então clamou* a Moisés, o qual implorou a Javé, e o fogo se extinguiu. [3]Deram àquele lugar o nome de "Tabera", porque aí o fogo de Javé se acendera entre eles.

[4]Certa gentinha* que se encontrava no meio deles foi tomada de um desejo incontrolável, e também os israelitas recomeçaram a chorar, dizendo: "Quem dera que tivéssemos carne para comer! [5]Lembramo-nos do peixe que comíamos de graça no Egito; das melancias, dos melões, da verdura, das cebolas e dos alhos; [6]agora, porém, estamos enfraquecidos; não vemos nada senão este maná".

[7]O maná era parecido* com a semente de coentro, e seu aspecto era como o da resina. [8]O povo se dispersava para colhê-lo e o moía num moinho ou o socava num pilão, para depois cozinhá-lo na panela e fazer bolos; tinha gosto de pão amassado com óleo. [9]Quando à noite caía o orvalho sobre o acampamento, caía por cima dele o maná.*

Intercessão de Moisés. [10]Moisés ouviu o povo chorar agrupado por famílias, cada qual à porta da própria tenda;

---

* **10,**29. Êx 2,15-22 / Gn 12,2 | 34. 9,15-23; Êx 40,34-38 | 35. Sl 68,2; Is 33,3 | **11,**2. Êx 32,11 | 4. Êx 16 | 7. Êx 16,14 | 9. Êx 32,11

153 Números 11

Javé ficou imensamente irado e Moisés sentiu grande desgosto. [11]Então Moisés disse a Javé: "Por que tratastes tão mal* vosso servo? E por que não encontrei graça diante de vós, a ponto de me impordes o cuidado de todo este povo? [12]Acaso fui eu que concebi todo este povo? E fui eu que o dei à luz para vós me dizerdes: 'Leva-o em teu colo, como a ama carrega o bebê, até a terra que jurei dar a seus pais'? [13]Onde encontrarei carne para dar a todo este povo, que chora junto de mim, dizendo: 'Dá-nos carne para comer'? [14]Eu não posso levar sozinho* o fardo deste povo, pois é pesado demais para mim. [15]Se quereis tratar-me assim, dai-me antes a morte, eu vos peço, se encontrei graça a vossos olhos, para que eu não veja mais minha desventura".

Resposta de Javé. [16]Javé disse a Moisés: "Reúne para mim setenta homens dentre os anciãos de Israel, que tu saibas serem pessoas maduras e de confiança; leva-os à tenda da reunião e fiquem junto de ti. [17]Eu descerei e ali falarei contigo; tomarei do espírito que há em ti e o porei neles, para que levem contigo o fardo do povo e não o leves sozinho.

[18]Dirás ao povo: Santificai-vos para amanhã* e comereis carne, pois haveis chorado aos ouvidos de Javé, dizendo: 'Quem dera que tivéssemos carne para comer! Estávamos tão bem no Egito!' Por isso Javé vos dará carne e comereis. [19]Não comereis um dia só, nem cinco, nem dez, nem vinte dias; [20]mas por um mês inteiro, até que vos saia pelas narinas e vos cause náuseas, já que rejeitastes Javé que está no meio de vós e chorastes, dizendo: Por que saímos do Egito?"

[21]Moisés respondeu:* "Este povo, no meio do qual estou, conta seiscentos mil homens a pé, e vós dizeis: 'Eu lhes darei carne e comerão durante um mês inteiro?' [22]Seria suficiente para eles abater as ovelhas e os bois? Juntando para eles todos os peixes do mar, bastariam para saciá-los?" [23]Javé replicou a Moisés:* "Acaso se encurtou o braço de Javé? Verás agora se minha palavra se cumpre ou não".

[24]Moisés saiu então e referiu ao povo as palavras de Javé; escolheu setenta homens dentre os anciãos do povo e os colocou ao redor da tenda. [25]Então Javé desceu na nuvem* e lhe falou; tomou do espírito que estava nele e o pôs nos setenta anciãos; e logo que o espírito pousou sobre eles, puseram-se a profetizar, mas depois nunca mais.

Carisma profético. [26]Haviam ficado no acampamento dois homens, um chamado Eldad e o outro Medad. O espírito pousou também sobre eles, pois estavam na lista, mas não tinham ido à tenda; e profetizaram no acampamento. [27]Um jovem correu e levou a notícia a Moisés, dizendo: "Eldad e Medad estão profetizando no acampamento". [28]Então Josué,* filho de Nun[†], ministro de Moisés desde jovem, tomou a palavra e disse: "Moisés, meu senhor, proíbe-os". [29]Moisés replicou: "És tu ciumento por minha causa? Quem dera que todos do povo de Javé profetizassem,* e Javé infundisse neles seu espírito!"[†] [30]A seguir Moisés voltou para o acampamento junto com os anciãos de Israel.

As codornizes. [31]Então, por ordem de Javé, levantou-se um vento* que trouxe do mar codornizes e as fez cair sobre os acampamentos, numa extensão de um dia de caminho, de um lado e do outro em volta do acampamento, até a altura de dois côvados do chão. [32]O povo esteve de pé todo aquele dia, toda aquela noite e todo o dia seguinte recolhendo codornizes; quem

---

* **11**,11. Êx 3,11; 4,1: 5,22 | 14. Êx 18,18 | 18. Êx 19,10 | 21. 1,46 | 23. Is 50,2; 59,1; Jr 32,17; Ez 12,25; 24,14 | 25. 1Sm 10,9-13; 19,20-24; 2Rs 2,9 | 28. Js 1,1 | 29. Jl 3,1s; At 2 | 31. Êx 16,12s | 34. Dt 9,22

† **11**,28. Seu nome era Oseias, Nm 13,16, e Moisés mudou-o para Josué, que é o mesmo nome de Jesus, "Javé salva". | 29. Moisés deseja que todos, e não apenas certas categorias de pessoas, recebam os dons do Espírito, o que Joel anuncia para os tempos messiânicos, Jl 3,1-2, e se realiza em Pentecostes, At 2,16-21, e hoje pelos sacramentos da Igreja.

Números 11-13

recolheu menos recolheu dez almudes; e as estenderam para si ao redor do acampamento. ³³Tinham ainda a carne entre os dentes e não tinham acabado de mastigá-la, quando a cólera de Javé se acendeu contra seu povo e o feriu com um terrível flagelo. ³⁴Deram àquele lugar o nome* de "Cibrot-Ataava" †, porque ali foi sepultado o povo que se deixou dominar pela cobiça. ³⁵De Cibrot-Ataava o povo partiu para Haserot e aí acampou.

12
Castigo de Maria. ¹Maria e Aarão criticaram Moisés* por causa de sua esposa etíope, pois Moisés havia se casado com uma etíope†. ²Disseram: "Será que Javé falou apenas com Moisés? Não falou também conosco?" Javé ouviu isto. ³Ora, Moisés era muito humilde,* mais que qualquer pessoa deste mundo. ⁴De repente, Javé disse a Moisés, a Aarão e a Maria: "Saí todos os três e ide à tenda da reunião". Saíram os três. ⁵Javé desceu na coluna de nuvem e se pôs à entrada da tenda; chamou Aarão e Maria, e eles se apresentaram. ⁶Ele disse: "Escutai com atenção o que vou dizer: Se entre vós há um profeta, eu, Javé, me manifesto a ele em visão, e em sonhos eu lhe falo. ⁷Mas não é assim com meu servo Moisés,* que é o homem de confiança em toda a minha casa. ⁸Com ele eu falo face a face,* claramente e não por enigmas; e ele contempla a forma de Javé. Como, pois, vos atrevestes a criticar Moisés, meu servo?" ⁹A ira de Javé se acendeu contra eles; e ele se retirou.

¹⁰Quando a nuvem se afastou de cima do tabernáculo, Maria ficou leprosa,* branca como a neve; Aarão voltou-se para Maria e viu que estava leprosa. ¹¹Então Aarão disse a Moisés:* "Eu te peço, meu senhor, não nos faças carregar a culpa do pecado, porque agimos como loucos e pecamos! ¹²Que ela não seja como um natimorto, que sai do seio materno com a metade da carne já consumida". ¹³Moisés clamou a Javé, dizendo: "Ó Deus, eu vos peço, curai-a!" ¹⁴Javé respondeu a Moisés: "Se seu pai lhe tivesse cuspido no rosto, não ficaria ela coberta de vergonha* durante sete dias? Que ela fique, pois, excluída por sete dias do acampamento e depois será readmitida". ¹⁵Maria ficou durante sete dias excluída do acampamento, e o povo não se pôs a caminho enquanto Maria não foi readmitida. ¹⁶Depois disso o povo partiu de Haserot e acampou no deserto de Farã.

13
Envio de exploradores a Canaã. ¹Javé disse a Moisés: ²"Envia homens* para explorar a terra de Canaã, que vou dar aos israelitas; enviareis um de cada tribo patriarcal, e que sejam todos chefes entre eles". ³Moisés mandou-os do deserto de Farã, conforme a ordem de Javé; todos eram chefes dos israelitas.

⁴São estes seus nomes:

Da tribo de Rúben, Samua, filho de Zacur;

⁵da tribo de Simeão, Safat, filho de Huri;

⁶da tribo de Judá, Caleb, filho de Jefoné;

⁷da tribo de Issacar, Igal, filho de José;

⁸da tribo de Efraim, Oseias, filho de Nun;

⁹da tribo de Benjamim, Falti, filho de Rafu;

¹⁰da tribo de Zabulon, Gediel, filho de Sodi;

¹¹da tribo de José, isto é, da tribo de Manassés, Gadi, filho de Susi;

¹²da tribo de Dã, Amiel, filho de Gemali;

¹³da tribo de Aser, Setur, filho de Miguel;

¹⁴da tribo de Neftali, Naabi, filho de Vapsi;

¹⁵da tribo de Gad, Guel, filho de Maqui.

---

* **12**,1. Êx 15,20; 20,1 | 3. Êx 3,11; 4,10s; Eclo 45,4 | 7. Hb 3,2-5 | 8. Êx 33,11; 1Cor 13,12; Êx 33,20 | 10. Dt 24,9 | 11. Êx 32,11 | 14. Lv 13,4-6 | **13**,2. Dt 1,20-29

† **11**,34. Este nome significa "sepulcros da cobiça". | **12**,1. Maria é irmã de Moisés, Nm 26,59, e a mulher etíope é a madianita Séfora, Êx 2,21.

155 Números 13-14

[16]São esses os nomes dos enviados por Moisés para observar a terra. Moisés deu a Oseias, filho de Nun, o nome de Josué.

[17]Moisés enviou-os para espiar a terra de Canaã e disse-lhes: "Subi daqui ao Negueb e depois escalai as montanhas; [18]vede como é a terra e o povo que a habita, se ele é forte ou fraco, se são poucos ou muitos; [19]como é a terra por ele habitada, se é boa ou ruim; como são as cidades onde mora, se são abertas ou fortificadas; [20]como é o terreno, se é fértil ou pobre e se existem árvores ou não. Sede corajosos e trazei dos produtos da terra". Era então o tempo das primeiras uvas.

[21]Subiram, pois, e exploraram a terra desde o deserto de Sin até Roob, à entrada de Emat. [22]Tendo subido pelo Negueb, chegaram até Hebron, onde se achavam Aimã, Sesai e Tolmai, os descendentes de Enac. Hebron fora construída sete anos antes de Tânis, cidade do Egito. [23]Chegaram ao vale de Escol, onde cortaram um ramo com um cacho de uvas, e dois homens o carregaram numa vara; levaram também romãs e figos. [24]Aquele lugar foi chamado vale de Escol[†], por causa do cacho que os israelitas haviam cortado ali. **Relato dos exploradores.** [25]Quarenta dias depois,* voltaram da exploração da terra. [26]Ao chegar, apresentaram-se a Moisés, a Aarão e a toda a comunidade dos israelitas no deserto de Farã, em Cades; deram informações a eles e a toda a comunidade e mostraram os frutos da terra. [27]Disseram assim a Moisés: "Fomos à terra à qual nos enviaste; nela de fato corre leite e mel,* e são estes seus produtos. [28]Mas o povo que a habita é forte, as cidades são fortificadas e muito grandes; vimos ali também os descendentes de Enac. [29]Os amalecitas moram na região do Negueb; os heteus, os jebuseus e os amorreus, nas montanhas; os cananeus moram à beira-mar e ao longo do Jordão". [30]Então Caleb fez

o povo calar diante de Moisés, dizendo: "Subamos para conquistar a terra! Somos capazes, não há dúvida!"

[31]Mas os outros que haviam ido com ele diziam: "Não podemos atacar esse povo, porque é mais forte do que nós". [32]E falavam mal da terra que haviam explorado, dizendo aos israelitas: "A terra que fomos observar é um país que devora seus habitantes, e todas as pessoas que nela vimos são de grande estatura. [33]Vimos ali desses gigantes, isto é, os descendentes de Enac,* da raça dos gigantes; tínhamos a impressão de ser gafanhotos, e assim devíamos parecer aos olhos deles".

14 Rebelião do povo. [1]Então toda a comunidade* prorrompeu em altos brados e o povo passou a noite chorando. [2]Todos os israelitas murmuraram* contra Moisés e Aarão e toda a comunidade lhes disse: "Quem dera que tivéssemos morrido na terra do Egito, ou perecido neste deserto! [3]Por que Javé nos conduz a essa terra? Para morrermos pela espada e serem nossas mulheres e nossas crianças presa do inimigo? Não seria melhor voltarmos para o Egito?" [4]E disseram uns aos outros: "Escolhamos um chefe e voltemos para o Egito".

[5]Então Moisés e Aarão prostraram-se com o rosto em terra diante de toda a comunidade reunida dos israelitas. [6]Josué, filho de Nun, e Caleb, filho de Jefoné, dois dos exploradores da terra, rasgaram suas vestes [7]e disseram a toda a comunidade dos israelitas: "A terra que percorremos para explorar é uma terra extremamente boa. [8]Se Javé nos for favorável, ele nos introduzirá nela e no-la entregará; é uma terra onde corre leite e mel. [9]Mas não vos revolteis contra Javé, nem tenhais medo do povo daquela terra, pois podemos devorá-los como pão. Seus deuses protetores os abandonaram, enquanto que Javé está conosco; não os temais".

---

* **13**,25. Dt 1,25 | 27. Êx 3,8 | 33. Dt 2,10 | **14**,1. Dt 1,26-32 | 2. Êx 14,11 | 10. Êx 32,7-14 | 11. Êx 32,10 | 12. Gn 12,2

† **13**,24. Escol quer dizer cacho. Esse vale fica perto de Hebron, a 30 km ao sul de Jerusalém.

Números 14

[10]Toda a comunidade* estava a ponto de apedrejá-los, quando a glória de Javé apareceu na tenda da reunião a todos os israelitas. [11]Javé disse a Moisés: "Até quando este povo me desprezará? Até quando se negará a crer em mim, apesar de todos os sinais* que realizei no meio deles? [12]Eu o ferirei com a peste e o aniquilarei; mas farei de ti uma nação maior* e mais forte do que eles".

Intercessão de Moisés. [13]Moisés respondeu a Javé: "Os egípcios ficarão sabendo, pois com vossa força fizestes sair este povo do meio deles, [14]e o dirão aos habitantes desta terra. Eles ouviram que vós, Javé, estais no meio deste povo, que vos mostrais a eles face a face,* que vossa nuvem está sobre eles e que caminhais à frente deles numa coluna de nuvem de dia e numa coluna de fogo de noite. [15]Ora, se destruirdes este povo* como se fosse um só homem, as nações que antes ouviram vossa fama dirão: [16]Javé não foi capaz de levar este povo à terra que lhe havia prometido com juramento, por isso os destruiu no deserto. [17]Agora, pois, que o grande poder de Javé se manifeste, conforme dissestes: [18]Javé é paciente* e cheio de misericórdia, perdoa a iniquidade, mas não deixa impune o culpado, castigando a iniquidade dos pais nos filhos, até a terceira e a quarta geração. [19]Perdoai, pois, a culpa deste povo, conforme a grandeza de vossa bondade, como perdoastes a este povo desde o Egito até aqui". [20]Javé respondeu: "Perdoo* conforme teu pedido. [21]Mas, por minha vida e pela glória de Javé* que enche toda a terra, [22]todos os que viram minha glória e os sinais que realizei no Egito e no deserto, que já me puseram à prova dez vezes e não obedeceram a minha voz, [23]não verão a terra que eu prometi com juramento a seus pais; nenhum dos que me desprezaram a

verá! [24]Mas meu servo Caleb, porque foi animado de um outro espírito e me obedeceu plenamente, eu o introduzirei naquela terra onde entrou, e sua descendência a possuirá. [25]Já que os amalecitas e os cananeus habitam no vale, voltai amanhã para trás e parti para o deserto pelo caminho do mar Vermelho".

Castigo. [26]Javé falou a Moisés e a Aarão, dizendo: [27]"Até quando essa comunidade perversa vai murmurar contra mim? Tenho ouvido as queixas que os israelitas fazem contra mim. [28]Dizelhes: Por minha vida, diz Javé, eu vos tratarei conforme vossas palavras que eu ouvi†. [29]Cairão neste deserto vossos cadáveres, vós todos que fostes recenseados, desde a idade de vinte anos para cima, vós que murmurastes contra mim. [30]Juro que não entrareis na terra na qual jurei estabelecer-vos, exceto Caleb, filho de Jefoné, e Josué, filho de Nun! [31]Vossos filhos, dos quais dissestes que seriam presa do inimigo, eu os farei entrar; eles hão de conhecer a terra que vós desprezastes; [32]mas, quanto a vós, vossos cadáveres cairão neste deserto. [33]Vossos filhos andarão errantes no deserto durante quarenta anos, levando o peso de vossas infidelidades, até que vossos cadáveres sejam consumidos no deserto. [34]Conforme o número de dias empregados para explorar a terra, que foi de quarenta, contando um ano para cada dia, carregareis o castigo de vossas culpas por quarenta anos e tereis a experiência de meu desagrado. [35]Eu, Javé, o disse. Assim tratarei esta comunidade perversa, que se rebelou contra mim: neste deserto será consumida e nele morrerá".

[36]Os homens que Moisés havia mandado explorar a terra e que, voltando, haviam levado toda a comunidade a murmurar contra ele, falando mal da terra, [37]esses homens que haviam difamado a terra foram feridos de morte

---

* **14**,14. Êx 33,14; 34,9s | 15. 9,15-23; Êx 13,21; Êx 33,12 | 18. Êx 34,6s | 20. Dt 1,34-40 | 21. Is 6,3; 11,9; Hab 3,3; Sl 57,6; 72,19; Êx 24,16

† **14**,28. Javé castiga as murmurações dos israelitas, prometendo que acontecerá o que eles próprios disseram, cf. v. 2.

157 Números 14-15

diante de Javé; [38]só Caleb, filho de Jefoné, e Josué, filho de Nun, sobreviveram dentre os que tinham ido explorar a terra.

Derrota. [39]Moisés transmitiu* essas palavras a todos os israelitas, e o povo ficou muito amargurado. [40]Na manhã seguinte, bem cedo, puseram-se a caminho para a região das montanhas, dizendo: "Estamos dispostos a subir para o lugar do qual Javé falou, pois pecamos". [41]Moisés disse: "Por que quereis transgredir a ordem de Javé? Não sereis bem-sucedidos. [42]Não subais, porque Javé não está no meio de vós; não sejais derrotados por vossos inimigos. [43]Os amalecitas e os cananeus estão lá, diante de vós, e caireis pela espada; porque deixastes de seguir Javé, ele não estará convosco". [44]Mas eles teimaram em subir para a região das montanhas, quando nem a arca de Javé,* nem Moisés se moveram do acampamento. [45]Então os amalecitas* e os cananeus, que habitavam na região das montanhas, desceram e os derrotaram, perseguindo-os até Horma.

15 **Oblações e sacrifícios.** [1]Javé disse a Moisés: [2]"Fala aos israelitas* o seguinte: Quando tiverdes entrado na terra em que ides morar e que eu vos dou, [3]e fizerdes a Javé uma oferenda queimada, holocausto ou sacrifício, em cumprimento de uma promessa ou como oferta espontânea, ou por ocasião de vossas festas, para oferecer a Javé um perfume agradável, com bois ou ovelhas, [4]aquele que fizer sua oferta a Javé oferecerá como oblação um décimo de efá de flor de farinha, amassada com um quarto de hin de azeite. [5]Farás uma libação de um quarto de hin de vinho com o holocausto ou o sacrifício, para cada cordeiro. [6]Para um carneiro, oferecerás como oblação dois décimos de um efá de flor de farinha, amassada com um terço de hin de azeite, [7]e para a libação apresentarás um terço de hin de vinho, como perfume agradável

a Javé. [8]Se ofereceres a Javé um novilho como holocausto ou sacrifício, para cumprir uma promessa ou como sacrifício de comunhão, [9]apresentarás com o novilho, como oblação, três décimos de flor de farinha amassada com meio hin de azeite, [10]e para a libação oferecerás meio hin de vinho como oferenda queimada, de perfume agradável a Javé. [11]Assim se fará para cada boi, carneiro, cordeiro ou cabrito. [12]Conforme o número de animais que ofereceres, fareis assim para cada sacrifício. [13]Todo nativo procederá desse modo ao oferecer vítimas para queimar em perfume agradável a Javé. [14]Se um estrangeiro que reside convosco, ou qualquer outro que se encontrar em vosso meio nas gerações futuras, quiser fazer uma oferenda queimada em perfume agradável a Javé, fará como vós fazeis. [15]Haverá uma só norma* para toda a assembleia, para vós e para o estrangeiro que reside convosco; será uma norma perpétua para todas as vossas gerações; como sois vós, assim será o estrangeiro diante de Javé. [16]Haverá uma só lei e uma só regra para vós e para o estrangeiro que habita convosco.*

Primícias e expiações. [17]Javé disse a Moisés: [18]"Fala aos israelitas: Quando tiverdes entrado na terra para a qual vos conduzo, [19]então, ao comerdes o pão da terra, separareis um tributo para Javé. [20]Como primícias de vossa massa, separareis um bolo, como se separa o tributo da eira. [21]Das primícias de vossa massa dareis a Javé uma parte como tributo, em todas as vossas gerações. [22]E, se por inadvertência faltardes* e não puserdes em prática todos estes mandamentos que Javé deu a Moisés, [23]ou seja, tudo o que Javé vos ordenou através de Moisés, desde o dia em que Javé vos deu suas ordens e daí em diante, por todas as vossas gerações, [24]então, se o pecado foi cometido por inadvertência, sem que a comunidade o notasse, toda ela oferecerá um novilho em holocausto de odor agradável a Javé, junto com a

---

* **14**,39. 20,12; Dt 1,41-45 | 44 10,35 | 45. Êx 17,8 | **15**,2. Êx 29,40s; Lv 23,18; 2,1-10 | **15**,15. Êx 12,48 | 16. Lv 17,15; 24,22; 9,14; 15,29s | 22. Lv 4

Números 15-16

oblação e a libação, e um bode em sacrifício pelo pecado. ²⁵O sacerdote fará a expiação por toda a comunidade dos israelitas, e lhes será perdoado, porque foi uma inadvertência, e eles apresentaram diante de Javé sua oferenda para ser queimada e seu sacrifício pelo pecado diante de Javé por sua inadvertência. ²⁶E será perdoado a toda a comunidade dos israelitas e ao estrangeiro que mora no meio deles, porque o povo inteiro agiu por inadvertência. ²⁷Mas se quem pecou por inadvertência for uma só pessoa, oferecerá uma cabra de um ano como sacrifício pelo pecado. ²⁸O sacerdote fará a expiação diante de Javé pela pessoa que pecou por inadvertência, quando o fez sem o devido conhecimento; o sacerdote fará o rito de expiação por ela, e lhe será perdoado. ²⁹Tereis uma mesma lei para aquele que pecar por inadvertência, quer seja um nativo dentre os israelitas, quer seja um estrangeiro que habite entre vós. ³⁰Mas quem pecar deliberadamente, quer seja nativo do país, quer seja estrangeiro, ultraja Javé; deverá ser exterminado do meio de seu povo. ³¹Por ter desprezado a palavra de Javé e violado seu mandamento, ele será exterminado; será responsável por sua culpa".

O violador do sábado. ³²Enquanto os israelitas estavam no deserto,* surpreenderam um homem apanhando lenha em dia de sábado; ³³os que o encontraram apanhando lenha o apresentaram a Moisés, a Aarão e a toda a comunidade ³⁴e o puseram sob custódia, porque ainda não estava definido o que se devia fazer com ele. ³⁵Javé disse a Moisés: "Este homem seja morto;* toda a comunidade o apedreje fora do acampamento". ³⁶Toda a comunidade o levou para fora do alojamento e o apedrejou; e ele morreu, como Javé havia ordenado a Moisés.

As franjas das vestes. ³⁷Javé falou a Moisés, dizendo: ³⁸"Fala aos israelitas* e dize-lhes que, por todas as gerações, façam franjas nos cantos de suas vestes e prendam as franjas de cada canto com um cordão de púrpura violeta. ³⁹As franjas vos servirão para que, vendo-as, vos lembreis de todos os mandamentos de Javé, para os praticardes, e não vos deixeis levar por vosso coração nem por vossos olhos atrás dos quais vos costumais prostituir; ⁴⁰porque assim vos lembrareis de meus preceitos e os poreis em prática, e sereis santos diante de vosso Deus. ⁴¹Eu sou Javé, vosso Deus, que vos tirei da terra do Egito para ser vosso Deus. Eu sou Javé, vosso Deus".

16 **A revolta de Coré.** ¹Coré,* filho de Isaar, filho de Caat, filho de Levi, Datã e Abiram, filhos de Eliab, e On, filho de Felet – Eliab e Felet eram filhos de Rúben – ²revoltaram-se contra Moisés, junto com duzentos e cinquenta israelitas, dentre os principais da comunidade, membros do conselho e homens de renome. ³Reuniram-se contra Moisés e Aarão e lhes disseram: "Basta! Toda a comunidade é santa, todos são santos e no meio deles está Javé. Com que direito vos colocais acima da comunidade de Javé?"†

⁴Ouvindo isto, Moisés prostrou-se com o rosto em terra. ⁵Depois falou a Coré e a todo o seu grupo, dizendo: "Amanhã de manhã Javé dará a conhecer quem lhe pertence e quem é santo e o fará aproximar-se dele; fará aproximar-se dele seu eleito. ⁶Fazei, pois, isto: tomai turíbulos, tu, Coré, e todo o teu grupo; ⁷amanhã ponde fogo neles e incenso sobre o fogo, diante de Javé; o homem que Javé tiver escolhido será o santo. Isso vos baste, filhos de Levi!". ⁸Depois, disse a Coré: "Ouvi-me, ó filhos de Levi. ⁹É pouco para vós que o Deus de Israel vos tenha separado da comunidade* de Israel e vos tenha aproximado dele, para o servirdes no tabernáculo de Javé e para estardes diante da comunidade como seus ministros? ¹⁰Ele

---

* **15**,32. Êx 20,8; 31,12-17; 35,1-3 | 35. Lv 24,12 | 38. Dt 22,12; Mt 9,20; 23,5 | **16**,1. Sl 106,16-18; Eclo 45,18-20; Jd 11 | 9. 3,45; 8,14-19

† **16**,3. Revoltam-se por não aceitarem uma hierarquia dentro da comunidade, com funções próprias para cada categoria: leigos, levitas, sacerdotes.

Números 16-17

vos chamou para junto dele, a ti e a todos os teus irmãos, filhos de Levi; agora ambicionais também o sacerdócio? [11] É contra Javé que vos reunistes, tu e teus partidários. Quem é Aarão, para que murmureis contra ele?"

[12] Moisés mandou chamar Datã e Abiram, filhos de Eliab, mas eles responderam: "Não vamos. [13] Não basta ter-nos tirado* de uma terra onde corre leite e mel, para nos fazer morrer neste deserto? Queres também dominar sobre nós? [14] Não é a uma terra onde corre leite e mel que nos conduziste, nem nos deste em posse terrenos e vinhas. Pensas arrancar os olhos desta gente? Não, não vamos". [15] Moisés, tomado de violenta ira, disse a Javé: "Não olheis para sua oblação; não tomei deles um jumento sequer e a nenhum deles fiz mal".

Castigo. [16] Então Moisés disse a Coré: "Tu e todo o teu grupo, apresentai-vos amanhã diante de Javé; tu, eles e também Aarão. [17] Cada um de vós tome seu turíbulo, ponha nele incenso e leve cada um seu turíbulo diante de Javé: duzentos e cinquenta turíbulos. Também tu e Aarão, levareis cada um seu turíbulo". [18] Tomaram, pois, cada um seu turíbulo, puseram-lhe fogo, colocaram incenso por cima e se puseram à entrada da tenda da reunião com Moisés e Aarão. [19] Coré reuniu diante deles toda a comunidade à entrada da tenda da reunião. Então a glória de Javé manifestou-se a toda a comunidade. [20] Javé falou a Moisés e a Aarão, dizendo-lhes: [21] "Separai-vos dessa comunidade, porque eu a destruirei num instante". [22] Eles então se prostraram com o rosto em terra e disseram: "Ó Deus, Deus que destes a vida a todas as criaturas,* por causa de um só que pecou, vos irritais contra toda a comunidade?" [23] Então Javé falou a Moisés e lhe disse: [24] "Fala à multidão e dize-lhe: Saí de perto das tendas de Coré, Datã e Abiram". [25] Moisés levantou-se e foi

para onde estavam Datã e Abiram, seguido dos anciãos de Israel. [26] E falou à comunidade, dizendo: "Afastai-vos das tendas desses homens ímpios e não toqueis em nenhuma de suas coisas, para não serdes consumidos em seus pecados". [27] Eles saíram de perto das tendas de Coré, Datã e Abiram. Datã e Abiram saíram para fora e se puseram de pé à entrada de suas tendas, com suas mulheres, seus filhos e suas crianças. [28] Então Moisés disse:* "Nisto conhecereis que foi Javé que me mandou fazer tudo o que fiz, e não agi por iniciativa própria. [29] Se estes morrerem de morte natural e se a sorte deles for a de todos os mortais, não foi Javé que me enviou. [30] Mas se Javé fizer uma coisa inaudita, se a terra abrir sua boca e os tragar com tudo o que lhes pertence, se descerem vivos ao abismo, então sabereis que estes homens rejeitaram Javé". [31] Mal acabara de pronunciar essas palavras, fendeu-se o chão debaixo deles, [32] a terra abriu-se e os tragou com suas famílias, com todo o grupo de Coré e com todos os seus bens. [33] Eles, junto com tudo o que possuíam, desceram vivos à morada dos mortos†, a terra fechou-se por cima deles e assim pereceram no meio da comunidade. [34] Ouvindo seus gritos, todos os israelitas que se achavam em torno deles fugiram, pois diziam: "Que a terra não nos engula a nós também!" [35] Um fogo saiu de Javé* e devorou os duzentos e cinquenta homens que ofereciam incenso.

17

Remoção dos turíbulos. [1] Javé falou a Moisés, dizendo: [2] "Ordena a Eleazar, filho do sacerdote Aarão, que tire os turíbulos do meio das chamas,* porque são objetos consagrados, e jogue fora o fogo. [3] Os turíbulos desses homens que pecaram e pagaram com a vida sejam reduzidos a lâminas batidas para revestir o altar, porque foram apresentados a Javé e

---

* **16**,13. Êx 3,8 **|** 22. 27,16; Jó 12,10; Ap 22,6; Gn 18,16-33 **|** 28. Êx 3,12; 4,30s; Jo 2,11 **|** 35. Lv 10,1-3 **|** **17**,2. Lv 10,1-3

† **16**,33. A expressão designa a morte repentina. Os antigos hebreus pensavam que todos os mortos iam para um mesmo lugar, subterrâneo, onde levavam uma vida semelhante ao sono.

Números 17-18

portanto são sagrados; servirão de sinal para os israelitas". [4]O sacerdote Eleazar tomou os turíbulos de bronze, apresentados pelos homens que foram devorados pelo fogo, e os mandou reduzir a lâminas para revestir o altar, [5]como memorial para os israelitas, a fim de que não se aproxime nenhum estranho, não pertencente à descendência de Aarão, ofereça incenso diante de Javé e lhe aconteça como a Coré e a seus partidários, como Javé havia dito por meio de Moisés.

Tumulto acalmado. [6]No dia seguinte, toda a multidão dos israelitas começou a reclamar contra Moisés e Aarão, dizendo: "Vós matastes o povo de Javé". [7]Enquanto a comunidade se reunia contra Moisés e Aarão, estes se voltaram para a tenda da reunião; a nuvem a cobriu e apareceu a glória de Javé. [8]Moisés e Aarão foram até diante da tenda da reunião, [9]e Javé falou a Moisés, dizendo: [10]"Saí do meio desta comunidade,* que eu a exterminarei num instante". Eles então se prostraram com o rosto em terra, [11]e Moisés disse a Aarão: "Toma o turíbulo, põe nele fogo do altar e por cima incenso, vai depressa à comunidade e oferece expiação por ela, porque a ira de Javé se acendeu e já começou o flagelo". [12]Aarão tomou o turíbulo, como Moisés havia ordenado, e correu para o meio da comunidade; o flagelo já havia começado entre o povo. Mas ele pôs o incenso e fez a expiação pelo povo, [13]colocou-se entre os mortos e os vivos, e cessou a calamidade. [14]Contudo pereceram naquela calamidade quatorze mil e setecentos, sem contar os que haviam morrido por causa de Coré. [15]Aarão voltou para junto de Moisés à entrada da tenda da reunião, depois que cessou a calamidade.

A vara de Aarão. [16]Javé disse a Moisés: [17]"Fala aos israelitas que te deem uma vara para cada casa patriarcal, de cada um de seus chefes segundo suas casas patriarcais, isto é, doze varas. Escreverás o nome de cada um deles em sua vara; [18]na vara de Levi escreverás o nome de Aarão, porque haverá uma vara para cada chefe de sua casa patriarcal. [19]Tu as colocarás na tenda da reunião,* diante do testemunho, no lugar onde me encontro contigo. [20]Aquele cuja vara florescer, será o que eu escolhi, e assim farei cessar diante de mim as reclamações dos israelitas contra vós". [21]Falou, pois, Moisés aos israelitas, e todos os seus chefes lhe entregaram uma vara, uma vara para cada chefe, conforme suas casas patriarcais, isto é, doze varas; a vara de Aarão achava-se entre elas. [22]Moisés colocou as varas diante de Javé na tenda do testemunho. [23]No dia seguinte, Moisés entrou na tenda do testemunho, e a vara de Aarão, correspondente à tribo de Levi, havia florescido: havia brotado, tinham desabrochado flores e amadurecido as amêndoas. [24]Então Moisés tirou todas as varas da presença de Javé e as levou a todos os israelitas; eles as viram e retomou cada qual sua vara. [25]Javé disse a Moisés: "Torna a pôr a vara de Aarão diante do testemunho, para que seja conservada como sinal contra esses rebeldes; e farás cessar as reclamações deles contra mim, para que não morram". [26]Assim fez Moisés; como Javé lhe havia ordenado, assim fez.

[27]Os israelitas disseram a Moisés: "Vê, estamos para morrer, estamos perdidos, todos perdidos! [28]Todo aquele que se aproximar do tabernáculo de Javé morrerá; então morreremos todos?"

18

Deveres e direitos dos levitas. [1]Javé disse a Aarão:* "Tu e teus filhos, e contigo a casa de teu pai, levareis o peso das iniquidades cometidas com relação ao santuário; tu e teus filhos contigo levareis o peso das iniquidades cometidas no exercício de vosso sacerdócio. [2]Admite também teus irmãos, os da tribo de Levi, da linhagem de teu pai, para que sejam teus auxiliares e te sirvam quando tu e teus filhos contigo estiverdes diante da tenda do testemunho. [3]Cumprirão

---

* **17,**10. 16,21; Sb 18,20-25 | 19. Êx 25,21s | **18,**1. Hb 7,25-28

161 Números 18

tuas ordens e estarão a serviço de toda a tenda, mas não deverão aproximar-se dos utensílios sagrados nem do altar, para que não morram nem eles, nem vós. ⁴Serão teus auxiliares e cuidarão da tenda da reunião em todos os serviços da tenda; e nenhum estranho se aproximará de vós. ⁵Fareis o serviço do santuário e do altar, e assim não haverá mais cólera contra os israelitas. ⁶Eu escolhi os levitas,* vossos irmãos, do meio dos israelitas; são um dom para vós, "doados" a Javé para o serviço da tenda da reunião. ⁷Tu, porém, e teus filhos contigo, exercereis vosso sacerdócio em tudo o que se refere ao altar* e ao que está além do véu; e prestareis vosso serviço. Eu vos dou vosso sacerdócio como um dom para o serviço; e o estranho que se aproximar será morto".

Parte reservada aos sacerdotes. ⁸Javé disse a Aarão: "Eu te entrego* o cuidado de meus tributos. Eu te dou todas as coisas consagradas pelos israelitas, como a parte que é destinada a ti e a teus filhos por direito perpétuo por causa de vossa unção. ⁹Isto caberá a ti dentre as coisas santíssimas não consumidas pelo fogo: todas as suas oferendas, isto é, qualquer oblação, todo sacrifício pelo pecado, todo sacrifício de reparação; são coisas santíssimas que pertencem a ti e a teus filhos. ¹⁰Tu as comerás no lugar mais sagrado, e delas comerão todos os homens; será coisa sagrada para ti. ¹¹Também isto será para ti: um tributo sobre as ofertas dos israelitas e o que eles oferecerão com o gesto de apresentação. Dou-os a ti, a teus filhos e a tuas filhas, como estatuto perpétuo;* poderá comê-los todo aquele de tua casa que estiver puro. ¹²O melhor do azeite, do vinho e do trigo, as primícias que eles oferecem a Javé, dou-os a ti. ¹³Serão tuas as primícias de todos os produtos da terra, que eles levarão a Javé; todo aquele de tua casa que estiver puro poderá comê-las. ¹⁴Tudo o que em Israel for votado ao interdito será para ti. ¹⁵Todo

primogênito de qualquer ser vivo,* oferecido a Javé, tanto de homens como de animais, será teu; mas cuidarás que sejam resgatados os primogênitos dos homens e do mesmo modo farás resgatar os primogênitos dos animais impuros. ¹⁶Resgatarás os que devem ser resgatados quando completarem um mês, segundo tua avaliação, por cinco siclos de prata, conforme o siclo do santuário, que é de vinte geras. ¹⁷Não farás resgatar, porém, os primogênitos de vaca, de ovelha ou de cabra, porque são sagrados. Aspergirás seu sangue sobre o altar e queimarás sua gordura como oferenda queimada de perfume agradável a Javé. ¹⁸A carne deles será tua, bem como o peito oferecido com o gesto ritual e a coxa direita. ¹⁹Dou a ti, a teus filhos e a tuas filhas contigo, por estatuto perpétuo,* todo o tributo das coisas sagradas que os israelitas oferecem a Javé. É um pacto inviolável e eterno diante de Javé para ti e para tua descendência contigo".

²⁰Javé disse a Aarão: "Não possuirás nenhuma herança em sua terra, e no meio deles nenhuma porção terás; eu sou tua porção e tua herança no meio dos israelitas. ²¹Entreguei aos filhos de Levi* todos os dízimos dos israelitas pelo serviço que prestam, o serviço da tenda* da reunião; ²²assim os israelitas não mais se aproximarão da tenda da reunião, para que não levem sobre si um pecado e morram. ²³São os levitas que prestarão serviço na tenda da reunião; e eles responderão por suas faltas. É uma lei perpétua para vossas gerações; e não terão herança no meio dos israelitas. ²⁴Porque aos levitas dei por herança os dízimos que os israelitas separam em tributo a Javé; por isso eu lhes disse que não terão nenhuma herança no meio dos israelitas".

²⁵Javé disse a Moisés: ²⁶"Falarás* aos levitas e lhes dirás: Quando receberdes dos israelitas o dízimo que vos dou como vossa herança da parte deles, tirareis dele um tributo para Javé,

---

* **18**,6. Esd 2,43 | 7. Êx 26,33 | 8. Lv 6-7; Ez 44,28-30 | 11. Dt 26,1 | 15. Êx 13,11 | 19. Lv 2,13 | 21. Dt 14,22 / Êx 19,12 | 26. Dt 14,22

Números 18-19

isto é, o dízimo dos dízimos; [27]será contado como tributo vosso, como se fosse o trigo da eira ou o vinho do lagar. [28]Assim também vós retirareis o tributo de Javé de todos os dízimos que receberdes dos israelitas, e esse tributo separado para Javé o dareis ao sacerdote Aarão. [29]De qualquer coisa que vos seja oferecida, separareis todo tributo para Javé; é do melhor de todas as coisas que retirareis a parte a ser consagrada. [30]Tu dirás aos levitas: Uma vez separado o melhor, o restante será contado para vós, levitas, como o fruto da eira ou como o produto do lagar. [31]Podereis comê-lo em qualquer lugar, vós e vossa família, porque é vossa recompensa pelo serviço que prestais na tenda da reunião. [32]Assim não sereis culpados de nenhum pecado, porque oferecestes o melhor como tributo; e não profanareis as oferendas sagradas dos israelitas e não morrereis".

19 Água da purificação.

[1]Javé disse a Moisés* e a Aarão: [2]"Esta é uma norma da lei que Javé prescreve: "Ordena aos israelitas que te tragam* uma novilha vermelha†, perfeita, sem defeito, que ainda não tenha sido submetida ao jugo". [3]Vós a entregareis ao sacerdote Eleazar, o qual a levará para fora do acampamento e mandará que seja degolada em sua presença. [4]O sacerdote Eleazar* molhará o dedo no sangue dela e aspergirá sete vezes* em direção da entrada da tenda da reunião. [5]Depois fará queimar a novilha em sua presença; serão queimados o couro, a carne, o sangue e os excrementos. [6]O sacerdote tomará* madeira de cedro, hissopo e escarlate e os lançará no fogo que queima a novilha. [7]Então o sacerdote lavará suas vestes e seu corpo com água e voltará ao acampamento,* mas será impuro até a tarde. [8]Também aquele que tiver quei-

mado a novilha lavará suas vestes e seu corpo com água e será impuro até a tarde. [9]Um homem puro recolherá as cinzas da novilha e as depositará fora do acampamento, em lugar puro, onde serão guardadas* para a comunidade dos israelitas, para a água purificadora. É um sacrifício pelo pecado. [10]Aquele que tiver recolhido as cinzas da novilha lavará suas vestes e será impuro até a tarde. Isto será uma norma perpétua para os israelitas e para o estrangeiro que mora entre eles.

[11]Quem tocar o cadáver de qualquer pessoa* torna-se impuro por sete dias; [12]ele se purificará com aquela água no terceiro e no sétimo dia e ficará puro; mas se não se purificar no terceiro e no sétimo dia, não ficará puro. [13]Aquele que tocar o cadáver de uma pessoa e não se purificar contamina o tabernáculo de Javé e será exterminado de Israel; porque a água lustral não foi aspergida sobre ele, está impuro, e sua impureza permanece nele.

[14]Esta é a lei para o caso de uma pessoa que morre numa tenda: todos os que nela entrarem e tudo o que nela se encontrar serão impuros por sete dias. [15]Todo vaso aberto, não fechado por tampa ou atadura, será impuro. [16]Todo aquele que em campo aberto tiver tocado em alguém que morreu pela espada ou de morte natural, ou em ossos humanos, ou num sepulcro, será impuro por sete dias. [17]Para o impuro se tomará dentro de um vaso cinza* da vítima queimada em sacrifício pelo pecado, e sobre ela se derramará água corrente. [18]Um homem puro tomará hissopo e o molhará na água; aspergirá a tenda e todos os objetos, as pessoas que ali estiverem, aquele que tocou nos ossos, ou em alguém que foi morto ou morreu de morte natural, ou num sepulcro. [19]O puro aspergirá o impuro no terceiro e no sétimo dia; quando o tiver purificado no sétimo dia, o impuro

---

* **19,**1. 31,23; Hb 9,13 | 2. Dt 21,3 | 4. Lv 4,12; Hb 13,11s / Lv 4,5s | 6. Lv 14,4-6 | 7. Lv 11,25.40 | 9. Lv 4,11s | 11. Lv 21,2; Ag 2,13 | 17. Lv 14,4s; Dt 21,1-9

† **19,**2. Este ritual, que parece de origem pagã, visava obter a cinza usada na água lustral. A cor vermelha lembra o sangue, fonte da vida, e a terra.

Números 19-20

lavará as vestes e se banhará em água e à tarde ficará puro. ²⁰Mas o impuro que não se purificar será exterminado do meio da comunidade, porque contamina o santuário de Javé; não tendo sido aspergida sobre ele a água da purificação, permanece impuro. ²¹Será uma norma perpétua para eles; aquele que tiver feito a aspersão com a água da purificação lavará suas vestes, e quem tiver tocado a água da purificação será impuro até a tarde; ²²todas as coisas que o impuro tocar ficarão impuras; e a pessoa que o tiver tocado ficará impura até a tarde".

20 **Águas de Meriba.** ¹Os israelitas, toda a comunidade,* chegaram ao deserto de Sin no primeiro mês, e o povo acampou em Cades. Foi ali que morreu Maria e ali mesmo foi sepultada. ²Como faltasse água* para a comunidade, amotinaram-se contra Moisés e Aarão. ³O povo discutia com Moisés e dizia: "Quem dera que tivéssemos morrido quando morreram* nossos irmãos diante de Javé! ⁴Por que trouxestes a comunidade de Javé a este deserto? para morrermos aqui nós e nossos rebanhos? ⁵Por que nos fizestes sair da terra do Egito? para trazer-nos a este lugar miserável, que não serve para semear, que não tem figueiras, nem videiras, nem romãs e nem sequer água para beber?"

⁶Moisés e Aarão deixaram a comunidade, foram à entrada da tenda da reunião e se prostraram com o rosto em terra; então apareceu-lhes a glória de Javé. ⁷E Javé falou a Moisés,* dizendo: ⁸"Toma a vara e reúne a comunidade, tu e Aarão, teu irmão; na presença deles falai à rocha, e ela dará suas águas; farás assim brotar água da rocha e darás de beber à comunidade e a seus animais". ⁹Moisés tomou a vara que estava diante de Javé, conforme lhe fora ordenado. ¹⁰Moisés e Aarão reuniram a comunidade diante da rocha, e disse Moisés: "Ouvi, ó rebeldes! Poderemos fazer brotar água desta rocha para vós?" ¹¹Moisés levantou a mão* e bateu duas vezes na rocha com a vara; jorrou água em abundância, e a comunidade e seus animais beberam. ¹²Javé disse a Moisés e Aarão:* "Visto que não crestes em mim†, de modo a manifestar minha santidade aos olhos dos israelitas, vós não introduzireis esta comunidade na terra que lhe dou". ¹³Estas são as águas de Meriba,* onde os israelitas discutiram com Javé, e ele manifestou sua santidade entre eles.

Partida de Cades. ¹⁴De Cades, Moisés enviou embaixadores* ao rei de Edom, para lhe dizerem: "Israel, teu irmão,† manda dizer-te: Tu conheces todas as tribulações por que passamos; ¹⁵como nossos pais desceram ao Egito e ali habitamos por longo tempo, e os egípcios nos maltrataram a nós e a nossos pais; ¹⁶como nós clamamos a Javé, que ele ouviu nossa voz* e enviou um anjo que nos tirou do Egito. Agora estamos em Cades†, cidade situada no limite de teu território. ¹⁷Deixa-nos passar por tua terra; não atravessaremos campos nem vinhas, nem beberemos água dos poços; seguiremos a estrada real, sem nos desviar para a direita nem para a esquerda, até que tenhamos atravessado teu território". ¹⁸Mas Edom respondeu-lhe: "Tu não passarás por meu território; do contrário, sairei armado a teu encontro". ¹⁹Os israelitas lhe disseram: "Subiremos pela estrada batida; se nós ou nosso gado bebermos de tuas águas, pagaremos seu preço; deixa-nos simplesmente atravessar a pé". ²⁰Mas ele disse: "Não passarás". E Edom saiu a seu encontro com um exército grande e forte. ²¹Assim Edom recusou deixar

---

* **20**,1. Êx 17,1-7 | 2. Êx 14,11 | 3. 16,34; 17,28 | 7. 17,25 | 11. 1Cor 10,4; Jo 7,38; 19,34 | 12. Dt 1,37; 3,26s; 32,51; 33,8; Sl 106,32s | 13. 27,14; Êx 17,7 | 14. Dt 2,4-7; Jz 11,17; Am 1,11; Is 34; 63,1-6 | 16. Êx 23,20; 21,22 | 22. 33,38s; Dt 10,6

† **20**,12. O pecado de Moisés pode estar em suas palavras, v. 10, ou no gesto de bater duas vezes na rocha, ou ainda no fato de não ter empreendido logo a conquista de Canaã, Nm 14,20-25; Dt 4,21. | 14. Edom designa os descendentes de Esaú, filho de Isaac e irmão de Jacó-Israel. | 16. Os israelitas viveram em Cades trinta e oito anos, como se deduz de Nm 33,38.

Números 20-21

Israel passar por seu território, e Israel desviou-se dele.

Morte de Aarão. [22]Então os israelitas, toda a comunidade, partiram de Cades* e chegaram ao monte Hor. [23]Javé falou a Moisés e a Aarão no monte Hor, nos confins da terra de Edom, dizendo: [24]"Aarão vai ser reunido a sua gente, pois não deve entrar na terra que dou aos israelitas, porque fostes rebeldes a minha ordem nas águas de Meriba. [25]Toma Aarão e seu filho Eleazar e faze-os subir ao monte Hor; [26]despoja Aarão de seus paramentos, reveste com eles seu filho Eleazar; Aarão será reunido aos seus e ali morrerá". [27]Moisés fez como Javé havia ordenado, e subiram ao monte Hor à vista de toda a comunidade. [28]Moisés tirou os paramentos de Aarão e com eles revestiu Eleazar, seu filho; e Aarão morreu ali, no alto do monte. Moisés e Eleazar desceram do monte. [29]Toda a multidão compreendeu que Aarão tinha morrido* e toda a casa de Israel o chorou durante trinta dias.

21 Derrota do rei de Arad.

[1]Quando o rei cananeu de Arad, que morava no Negueb, soube que Israel vinha pela estrada de Atarim, combateu contra ele e fez prisioneiros. [2]Então Israel fez a Javé esta promessa: "Se entregardes este povo em minhas mãos, votarei suas cidades ao interdito". [3]Javé atendeu ao pedido de Israel e entregou os cananeus em suas mãos; Israel os votou ao interdito junto com suas cidades, e aquele lugar recebeu o nome de Horma[+].

III. NAS ESTEPES DE MOAB (21,4–36,13)

A serpente de bronze. [4]Os israelitas partiram do monte Hor na direção do mar Vermelho, para rodearem o país de Edom. Durante a viagem* o povo perdeu a coragem [5]e reclamava contra Javé e contra Moisés, dizendo: "Por que nos fizestes subir do Egito? Para morrermos no deserto? Não há pão, não há água e estamos enjoados deste alimento fraco". [6]Então Javé enviou contra o povo* serpentes venenosas, que os mordiam, e morreu muita gente de Israel. [7]O povo dirigiu-se a Moisés, dizendo: "Pecamos, reclamando contra Javé e contra ti; pede a Javé que afaste de nós as serpentes". E Moisés rezou pelo povo. [8]Javé disse-lhe:* "Faze para ti uma serpente venenosa e suspende-a numa haste. Todo aquele que for mordido e olhar para ela ficará com vida". [9]Então Moisés fez uma serpente de bronze* e suspendeu-a numa haste; quando alguém era mordido por serpente, olhava para a serpente de bronze e ficava com vida[+].

A caminho da Transjordânia. [10]Depois os israelitas partiram e acamparam em Obot. [11]Partindo de Obot, acamparam em Jeabarim, no deserto que está diante de Moab, ao oriente. [12]Partiram dali e acamparam junto à torrente de Zared. [13]Partindo dali, acamparam do outro lado do Arnon, que corre no deserto e nasce no território dos amorreus; pois o Arnon é a fronteira de Moab, entre Moab e os amorreus. [14]Por isso se diz no Livro das Guerras de Javé[+]:

"Vaeb, junto de Sufa, e a torrente do Arnon
[15]e o declive dos vales que se inclina para a sede de Ar e se apoia à fronteira de Moab".

[16]Daí foram a Beer, que é o poço ao qual se referia Javé quando disse a Moisés:* "Reúne o povo e eu lhe darei água". [17]Então Israel cantou este cântico:

---

* **20**,29. Dt 34,8 | **21**,4. Êx 22,27; 14,11 | 6. Dt 8,15; 1Cor 10,9 | 8. Êx 32,11 | 9. 2Rs 18,4; Sb 16,4s; Jo 3,14s; 19,37 | **21**,16. Jo 4,1

† **21**,3. Horma significa anátema, extermínio, interdito. Consagram-se a Javé os despojos da guerra, destruindo-os. | 9. A cura provinha daquele que é o Salvador de todos, diz Sb 16,7. Jesus faz dessa serpente o prenúncio de sua morte redentora, Jo 3,14-15. O rei Ezequias destruirá a serpente, porque se tornara objeto de idolatria, 2Rs 18,4. | 14. Livro perdido, citado somente aqui, que devia conter hinos de guerra. As guerras de Javé são as de seu povo.

165 Números 21-22

"Jorra, ó poço; entoai-lhe cânticos;
[18]poço cavado pelos príncipes,
aberto pelos chefes do povo
com o cetro, com seus bastões".

Do deserto foram a Matana, [19]de Matana para Naaliel, de Naaliel para Bamot [20]e de Bamot ao vale que se abre nos campos de Moab, em direção às alturas do Fasga, que fica diante do deserto e o domina.

Vitória sobre Seon, rei dos amorreus. [21]Então Israel mandou mensageiros* a Seon, rei dos amorreus, para dizer-lhe: [22]"Deixa-me passar pela tua terra. Não nos desviaremos pelos campos nem pelas vinhas e não beberemos água de teus poços; mas iremos pela estrada real até que tenhamos ultrapassado tuas fronteiras". [23]Mas Seon não deixou Israel atravessar seu território; reuniu toda a sua gente e marchou contra Israel no deserto; chegou a Jasa e combateu contra Israel. [24]Israel derrotou-o, passando-o ao fio da espada, e conquistou seu país desde o Arnon até o Jaboc, até os confins dos amonitas, pois Jazer estava na fronteira dos amonitas. [25]Israel tomou todas aquelas cidades e estabeleceu-se em todas as cidades dos amorreus, em Hesebon e em todas as suas aldeias. [26]Porque Hesebon era a cidade de Seon, rei dos amorreus, o qual tinha feito guerra ao precedente rei de Moab, e lhe havia tomado toda a terra até o Arnon. [27]Por isso dizem os poetas:

"Vinde a Hesebon; que seja reconstruída
e restaurada a cidade de Seon;
[28]porque um fogo saiu de Hesebon,*
uma chama da cidade de Seon,
e devorou Ar Moab
e consumiu as alturas do Arnon.
[29]Ai de ti, Moab!
estás perdido, povo de Camos!†
Fez de seus filhos fugitivos
e de suas filhas, escravas

de Seon, rei dos amorreus.
[30]Nós os crivamos de flechas;
desde Hesebon até Dibon tudo está em ruínas,
devastamos tudo até Nofe,
que está junto de Medaba.

[31]Assim Israel se estabeleceu na terra dos amorreus. [32]A seguir, Moisés mandou explorar Jazer; os israelitas a tomaram junto com suas aldeias e expulsaram os amorreus que ali habitavam.

Vitória sobre Og, rei de Basã. [33]Depois, mudando de direção,* subiram a caminho de Basã. Og, rei de Basã, saiu-lhes ao encontro com toda a sua gente para combatê-los em Edrai. [34]Javé disse a Moisés: "Não o temas, pois o entreguei em tuas mãos com todo o seu povo e sua terra; tu o tratarás como trataste Seon, rei dos amorreus, que habitava em Hesebon". [35]Eles o derrotaram junto com seus filhos e todo o seu povo, até não restar nenhum sobrevivente; e apoderaram-se de seu país.

22 **Balac, rei de Moab.** [1]Os israelitas partiram e acamparam nas estepes de Moab, na outra margem do Jordão, em frente de Jericó. [2]Balac, filho de Sefor,* ficou sabendo de tudo o que Israel tinha feito aos amorreus. [3]Moab teve grande medo desse povo, porque era numeroso, e ficou aterrorizado diante dos israelitas. [4]Moab disse aos anciãos de Madiã: "Agora esta multidão vai devorar tudo o que está ao redor de nós, como o boi devora o capim do campo".

Balac, filho de Sefor, que era o rei de Moab naquele tempo, [5]enviou mensageiros a Balaão†, filho de Beor, em Petor, que está à margem do rio, na terra dos filhos de Amaú, para que o chamassem, dizendo-lhe: "Saiu do Egito um povo que cobre a face da terra e está morando a minha frente. [6]Vem,

---

* **21**,21. Dt 2,26-36; Jz 11,19s; 20,14-21 | 28. Jr 48,45s | 33. Dt 3,1-17 | **22**,2. 2Pd 2,15s; Jd 11; Ap 2,14

† **21**,29. Deus dos moabitas, descendentes de Ló, Gn 19,30-38. | **22**,5. Adivinho chamado para amaldiçoar Israel. Obediente a Javé, Nm 22,13.38, Balaão não se deixa corromper, Nm 24,13, e abençoa Israel; Js 24,10 diz que Javé o forçou a abençoar. Nm 31,16 culpa Balaão pela idolatria de Israel em Petor, Nm 25,1-13, e Nm 31,8 narra como foi morto. Cf. também 2Pd 2,15-16; Jd 11.

Números 22

pois, e amaldiçoa por mim este povo, porque é mais poderoso do que eu, a fim de que eu possa derrotá-lo e expulsá-lo do país, pois eu sei que aquele que tu abençoas é abençoado, e aquele que amaldiçoas é maldito".

[7]Os anciãos de Moab e os anciãos de Madiã, levando consigo o preço do malefício, foram até Balaão e lhe transmitiram as palavras de Balac. [8]Ele respondeu-lhes: "Ficai aqui esta noite, e eu vos responderei conforme o que Javé me disser". Os chefes de Moab pernoitaram na casa de Balaão.

[9]Deus veio a Balaão e lhe perguntou: "Quem são estes homens que estão contigo?" [10]Balaão respondeu a Deus: "Balac, filho de Sefor, rei de Moab, enviou-os a mim para me dizerem: [11]'Saiu do Egito um povo que cobre a face da terra; vem, pois, e amaldiçoa-o por mim, para que eu possa derrotá-lo e expulsá-lo'". [12]Mas Deus disse a Balaão: "Não vás com eles, nem amaldiçoes este povo, porque ele é abençoado".

[13]Levantando-se de manhã, Balaão disse aos chefes de Balac: "Voltai para vosso país, porque Javé não me deixou ir convosco". [14]Ouvindo isso, os chefes de Moab levantaram-se e voltaram para junto de Balac e lhe disseram: "Balaão não quis vir conosco".

[15]Balac, porém, enviou de novo outros chefes, mais numerosos e mais importantes que os primeiros. [16]Foram até Balaão e lhe disseram: "Balac, filho de Sefor, manda dizer-te: 'Não recuses vir ter comigo, [17]porque te cumularei de honras e farei tudo o que me ordenares! Vem, pois, e amaldiçoa para mim este povo'". [18]Balaão respondeu aos servos de Balac: "Ainda que Balac me desse sua casa cheia de prata e de ouro, eu não poderia transgredir a ordem de Javé, meu Deus, em coisa alguma, pequena ou grande. [19]Ficai também vós aqui esta noite, para que eu saiba o que Javé tem ainda para me falar".

[20]Durante a noite Deus veio a Balaão e lhe disse: "Já que estes homens vieram chamar-te, levanta-te e vai com eles, mas farás apenas o que eu te ordenar". [21]Balaão levantou-se de manhã, arreou a jumenta e partiu com os chefes de Moab.

A jumenta de Balaão. [22]Mas Deus ficou irritado por causa de sua ida, e o anjo de Javé colocou-se no caminho para barrar-lhe a passagem. Balaão ia montado em sua jumenta e tinha consigo dois de seus servos. [23]A jumenta viu o anjo de Javé parado no caminho com sua espada desembainhada na mão e desviou-se do caminho, indo pelo campo. Balaão espancou a jumenta para fazê-la voltar ao caminho. [24]Então o anjo de Javé se pôs numa passagem estreita, entre as vinhas, com um muro de ambos os lados. [25]A jumenta, vendo o anjo de Javé, encostou-se ao muro apertando contra ele o pé de Balaão, e ele a espancou de novo. [26]Então o anjo de Javé os ultrapassou novamente e se colocou numa passagem tão estreita que não havia como se desviar nem para a direita, nem para a esquerda. [27]A jumenta, vendo o anjo parado, deitou-se debaixo de Balaão, o qual, enfurecido, a espancava com o bastão.* [28]Então Javé abriu a boca da jumenta, e ela disse a Balaão: "Que te fiz eu para me espancares três vezes?" [29]Balaão respondeu à jumenta: "Porque estás zombando de mim. Se tivesse uma espada na mão, eu te mataria agora mesmo!" [30]A jumenta replicou a Balaão: "Não sou eu tua jumenta, a qual sempre montaste até hoje? Costumo comportar-me assim contigo?" Respondeu Balaão: "Não". [31]Então Javé abriu os olhos de Balaão, e ele viu o anjo de Javé que estava no caminho, tendo na mão sua espada desembainhada; e Balaão inclinou-se e se prostrou com o rosto em terra. [32]O anjo de Javé disse a Balaão: "Por que espancaste tua jumenta essas três vezes? Eu vim para me opor a ti, porque teu caminho é perverso diante de mim. [33]A jumenta me viu e se desviou de mim por três vezes. Se ela não se tivesse desviado, a esta hora

---

* **22**,27. 2Pd 2,16

Números 22-23

eu já te teria matado, deixando-a com vida". ³⁴Então Balaão disse ao anjo de Javé: "Pequei, porque não sabia que tu estavas postado contra mim no caminho; agora, pois, se não agrada a teus olhos o que estou fazendo, voltarei para trás". ³⁵Mas o anjo de Javé disse a Balaão: "Podes ir com esses homens, mas dirás somente o que eu te falar". E Balaão seguiu com os chefes de Balac.

³⁶Quando Balac ouviu dizer que Balaão estava chegando, saiu-lhe ao encontro até Ar Moab, na fronteira do Arnon, na extremidade do território. ³⁷Balac disse a Balaão: "Não mandei mensageiros para te chamar? Por que não vieste logo? Não estou em condições de tratar-te com a devida honra?" ³⁸Balaão respondeu a Balac:* "Eu vim até tua presença; mas poderei eu dizer qualquer coisa? Aquilo que Deus me puser na boca é o que direi". ³⁹Balaão partiu com Balac e chegaram a Cariat-Husot. ⁴⁰Balac imolou bois e ovelhas e mandou uma parte a Balaão e aos chefes que o acompanhavam.

⁴¹Na manhã seguinte, Balac tomou Balaão e o fez subir a Bamot-Baal, de onde pôde ver a extremidade do acampamento de Israel.

23 **Balaão abençoa Israel.** ¹Balaão disse a Balac: "Edifica-me aqui sete altares e prepara-me sete novilhos e sete carneiros". ²Balac fez conforme Balaão lhe pediu; e Balac e Balaão ofereceram um novilho e um carneiro sobre cada altar. ³Depois Balaão disse a Balac: "Fica junto de teu holocausto, enquanto eu me retiro; talvez Javé venha a meu encontro, e qualquer coisa que me revele eu te informarei". E subiu a um monte escalvado. ⁴Deus veio ao encontro de Balaão, o qual lhe disse: "Preparei sete altares e ofereci um novilho e um carneiro sobre cada altar". ⁵Javé pôs uma mensagem na boca de Balaão e disse: "Volta para Balac e dize-lhe isto".

⁶Tendo voltado, encontrou-o de pé junto de seu holocausto, com todos os chefes de Moab. ⁷Então pronunciou seu poema, dizendo:

"De Aram mandou-me vir Balac,
dos montes do oriente, o rei de Moab:
Vem e amaldiçoa Jacó;
vem, impreca contra Israel.
⁸Como amaldiçoarei aquele que Deus não amaldiçoou?
Como incriminarei, se Javé não incrimina?
⁹Das alturas dos rochedos o contemplo,
das colinas eu o vejo.
É um povo que mora à parte,
e entre as nações não será contado.
¹⁰Quem pode contar o pó de Jacó
e enumerar a areia de Israel?
Possa eu morrer a morte dos justos,
e seja meu fim semelhante ao deles!"
¹¹Balac disse a Balaão: "Que me fizeste? Eu te chamei para amaldiçoar meus inimigos, e tu os abençoas!" ¹²Respondeu Balaão: "Não devo eu cuidar de só dizer aquilo que Javé põe em minha boca?"

¹³Disse Balac: "Vem comigo a outro lugar, donde tu possas vê-lo. Verás apenas a extremidade dele e não o verás todo; amaldiçoa-o por mim de lá". ¹⁴Levou-o ao campo das Sentinelas, no cume do Fasga. Construiu ali sete altares e ofereceu um novilho e um carneiro sobre cada altar. ¹⁵Balaão disse a Balac: "Fica aqui junto a teu holocausto, enquanto vou encontrar-me com Javé". ¹⁶Javé foi ao encontro de Balaão, pôs uma mensagem em sua boca e disse: "Volta a Balac e dize-lhe isto". ¹⁷Tendo voltado, encontrou-o de pé junto de seu holocausto, e os chefes dos moabitas com ele. Balac perguntou-lhe: "Que te disse Javé?" ¹⁸Balaão pronunciou seu poema, dizendo:

"Levanta-te, Balac, e escuta;
inclina-me teu ouvido, filho de Sefor.
¹⁹Deus não é um homem, que possa mentir,*
nem um filho de homem, para se retratar.
Acaso ele diz e não faz?

---

* **22**,38. Jr 1,9 | **23**,19. 1Sm 15,29; Ml 3,6; Jó 9,32; Tt 1,2; Hb 6,18; Tg 1,17

Números 23-24

ou promete e não cumpre? [20]Pois bem: recebi a ordem de abençoar;
ele abençoou, eu não posso revogar.
[21]Ele não viu iniquidade em Jacó,
não notou maldade em Israel.
Javé, seu Deus, está com ele,
é aclamado rei no meio dele.
[22]Deus o tirou do Egito;*
é para ele como a força de um búfalo.
[23]Contra Jacó não vale magia,
nem sortilégio contra Israel;
a seu tempo se dirá a Jacó
e a Israel o que Deus realiza.
[24]É um povo que se levanta como uma leoa
e que se ergue como um leão;*
não se deita antes de ter devorado a presa
e bebido o sangue das vítimas".
[25]Balac disse a Balaão: "Se não o amaldiçoas, ao menos não o abençoes!"
[26]Balaão respondeu a Balac: "Eu não te disse que faria tudo o que Javé me disse?" [27]Balac disse a Balaão: "Vem, que te levarei a um outro lugar, e talvez seja do agrado de Deus que de lá o amaldiçoes por mim!" [28]Balac levou Balaão ao cimo do monte Fegor, que domina o deserto. [29]Balaão disse a Balac: "Constrói-me aqui sete altares e prepara-me sete novilhos e sete carneiros". [30]Balac fez como disse Balaão e ofereceu um novilho e um carneiro sobre cada altar.

24 **A profecia de Balaão.** [1]Balaão viu que Javé se comprazia em abençoar Israel e por isso não foi, como outras vezes, em busca de presságios, mas voltou-se para o deserto. [2]Levantando os olhos, viu Israel acampado segundo suas tribos, e o espírito de Deus veio sobre ele. [3]Então pronunciou seu poema, dizendo:

"Oráculo de Balaão, filho de Beor,
oráculo do homem do olhar penetrante;
[4]oráculo daquele que ouve as palavras de Deus,

que contempla a visão do Onipotente,*
que cai em êxtase e seus olhos se abrem.
[5]Como são belas tuas tendas, ó Jacó,*
e tuas moradas, ó Israel!
[6]Elas se estendem como vales,
como jardins à beira de um rio,
como aloés que Javé plantou,
como cedros junto às águas.
[7]De sua descendência surgirá um homem*
que governará muitas nações;
seu rei será maior que Agag,
e seu reino será engrandecido.
[8]Aquele Deus que o tirou do Egito*
é para ele como a força do búfalo.
Devorará as nações que lhe são inimigas*
e lhes quebrará os ossos,
e os crivará com suas flechas.
[9]Ele se abaixa e se deita como o leão*
e como a leoa; quem o fará levantar-se?
Bendito seja quem te abençoar,*
maldito seja quem te amaldiçoar".
[10]Encolerizado contra Balaão, Balac sacudiu as mãos e lhe disse: "Foi para amaldiçoar meus inimigos que te chamei, e já é a terceira vez que os cobriste de bênçãos! [11]Pois bem, foge para tua terra. Pensei em cumular-te de honras, mas Javé te impediu de recebê-las".
[12]Balaão respondeu a Balac: "Não falei aos mensageiros que me enviaste:
[13]Ainda que Balac me desse sua casa cheia de prata e de ouro, eu não poderia transgredir a ordem de Javé, fazendo por minha conta bem ou mal; o que Javé disser, isto eu direi? [14]E agora que volto para meu povo, vem, que te comunicarei o que este povo fará a teu povo no futuro". [15]E pronunciou seu poema, dizendo:

"Oráculo de Balaão, filho de Beor,
oráculo do homem do olhar penetrante;
[16]oráculo daquele que ouve as palavras de Deus
e conhece a ciência do Altíssimo;

---

* **23**,22. 24,8s | 24. Gn 49,9 | **24**,4. Gn 17,1 | 5. Sl 84,2; Is 54,2s | 7. 24,17; Gn 49,10; Is 9,5s; 11,1s | 8. 23,22-24 / Dt 33,17 | 9. Gn 49,9 / Gn 12,3: 27,29

169 Números 24-25

que vê as visões do Onipotente,
que cai em êxtase e seus olhos se
abrem.
[17]Eu o vejo, mas não agora;*
eu o contemplo, mas não de perto.
Surgirá uma estrela de Jacó
e se levantará um cetro de Israel
que esmagará os chefes de Moab
e abaterá todos os filhos de Set.†
[18]Edom será sua possessão*
e Seir, seu inimigo, será sua propriedade,
e Israel fará coisas prodigiosas.
[19]De Jacó virá um dominador
que exterminará os sobreviventes
das cidades".
[20]Ao ver Amalec, pronunciou seu
poema, dizendo:*
"Primícias das nações é Amalec,
mas seu fim será a ruína perpétua".
[21]Depois viu os quenitas e pronunciou seu poema, dizendo:*
"Tua morada é segura:
puseste teu ninho no rochedo;
[22]mesmo assim o quenita será devastado,
até que Assur te leve prisioneiro".
[23]E retomando seu poema, disse:
"Ai! Quem viverá quando Deus fizer
estas coisas?
[24]Virão navios das costas de Setim*
e oprimirão Assur e oprimirão Héber,
e também ele acabará sendo destruído".
[25]Depois Balaão partiu e voltou para
sua terra, e Balac também seguiu seu
caminho.*

25 **Idolatria de Israel e castigo.**
[1]Enquanto Israel estava acampado em Setim, o povo começou a
prostituir-se* com as filhas de Moab.
[2]Elas o convidavam para os sacrifícios
a seus deuses, e o povo comia e se
prostrava diante de seus deuses. [3]Israel

aderiu a Baal-Fegor†, e a ira de Javé
acendeu-se contra ele. [4]Javé disse a
Moisés:* "Prende todos os príncipes do
povo e enforca-os diante de Javé, à luz
do dia, para que se afaste de Israel a
ira ardente de Javé". [5]Moisés disse aos
juízes de Israel: "Mate cada um aquele de seus que aderiram a Baal-Fegor".
[6]Chegou então um dos israelitas trazendo para junto de seus irmãos uma
madianita, à vista de Moisés e de toda
a comunidade dos israelitas que choravam à entrada da tenda da reunião.
[7]Vendo isto, Fineias, filho de Eleazar,
filho do sacerdote Aarão, levantou-
-se do meio da assembleia, tomou na
mão* uma lança, [8]seguiu o israelita
até o interior da alcova e transpassou
ambos, homem e mulher,* no ventre;
e cessou o flagelo entre os israelitas.
[9]Nesse flagelo morreram vinte e quatro mil pessoas. [10]Javé disse a Moisés:
[11]"Fineias, filho de Eleazar, filho do sacerdote Aarão, afastou dos israelitas
minha ira, porque entre eles foi animado do mesmo zelo que eu, de sorte
que, em meu zelo, não exterminei todo
o povo* de Israel. [12]Por isso tu lhe dirás:
Dou a ele minha aliança de paz, [13]que
será para ele e para sua descendência
depois dele: a aliança de um sacerdócio eterno, porque teve zelo por seu
Deus e fez expiação pelos israelitas".
[14]O israelita que foi morto com a madianita chamava-se Zambri; era filho
de Salu e chefe de uma casa patriarcal dos simeonitas. [15]A madianita que
foi morta chamava-se Cozbi; era filha
de Sur, chefe de uma família, isto é, de
uma casa patriarcal de Madiã. [16]Javé
falou a Moisés, dizendo:* [17]"Atacai os
madianitas e exterminai-os, [18]porque
vos provocaram com seus artifícios,
seduzindo-vos no caso de Fegor e de
Cozbi, filha de um príncipe de Madiã,

---

* **24**,17. Ap 2,28; 22,16; Gn 49,10 | 18. Gn 25,23; 27,39 | 20. Êx 17,8.14; 1Sm 15,3 | 21. 1Sm 15,6 | 24. Dn
11,30 | 25. 31,8 | **25**,1. 31,16; Dt 3,29; 4,3; Sl 106,28-31; Ap 2,14 | 4. Êx 18,25s | 7. Êx 6,25 | 8. 1Cor 10,8 |
11. Dt 4,24; Êx 32,25-29; Lv 1-7; Dt 33,8-11; Ez 44,15; Sl 106,30s; Eclo 45,23-26 | 16. 31,3-12

* **24**,17. Promessa de um rei guerreiro e vencedor, realizada por Davi, e, no sentido espiritual, no Messias.
Esta profecia inspirou a mais antiga representação de Nossa Senhora, que é uma pintura da Mãe com
o Filho, tendo ao lado um homem que indica uma estrela: está em Roma, na catacumba de Priscila.
25,3. Mulheres moabitas seduzem homens de Israel à prostituição em honra do deus local, o Baal
(=senhor) de Fegor.

Números 25-26

irmã deles, que foi morta no dia do flagelo por causa de Fegor".

26 Novo recenseamento.
[1]Após esse flagelo, Javé disse a Moisés e a Eleazar, filho do sacerdote Aarão: [2]"Fazei o recenseamento+ de toda a comunidade dos israelitas, dos vinte anos para cima, segundo suas casas patriarcais, contando todos os que são aptos para pegar em armas em Israel". [3]E Moisés e Eleazar, sacerdote, falaram com eles nas estepes de Moab, junto ao Jordão, defronte de Jericó, dizendo: [4]"Serão recenseados os que tiverem a idade de vinte anos para cima, como Javé havia ordenado a Moisés".

São estes os israelitas que saíram da terra do Egito:

[5]Rúben, primogênito de Israel.* Filhos de Rúben: de Henoc, o clã henoquita; de Falu, o clã faluíta; [6]de Hesron, o clã hesronita; de Carmi, o clã carmita. [7]São estes os clãs rubenitas. Seus recenseados foram ao todo quarenta e três mil e setecentos e trinta.

[8]Filho de Falu: Eliab. [9]Filhos de Eliab:* Namuel, Datã e Abiram. Estes, Datã e Abiram, homens respeitados na comunidade, foram os que se rebelaram contra Moisés e Aarão em companhia de Coré, rebelando-se contra Javé, [10]e foram tragados, junto com Coré, pela terra que abriu sua boca, enquanto morriam os de seu grupo, devorando o fogo duzentos e cinquenta homens, para servir de advertência. [11]Mas os filhos de Coré não pereceram.

[12]Filhos de Simeão,* segundo seus clãs: de Namuel, o clã namuelita; de Jamin, o clã jaminita; de Jaquin, o clã jaquinita; [13]de Zara, o clã zaraíta; de Saul, o clã saulita. [14]São estes os clãs simeonitas. Seus recenseados foram ao todo vinte e dois mil e duzentos.

[15]Filhos de Gad,* segundo seus clãs: de Sefon, o clã sefonita; de Agi, o clã agita; de Suni, o clã sunita; [16]de Ozni, o clã oznita; de Heri, o clã herita; [17]de Arod, o clã arodita; de Areli, o clã arelita. [18]São estes os clãs dos filhos de Gad. Seus recenseados foram ao todo quarenta mil e quinhentos.

[19]Filhos de Judá:* Her e Onã. Her e Onã morreram na terra de Canaã. [20]Dos filhos de Judá, saíram os clãs: de Sela, o clã selaíta; de Farés, o clã faresita; de Zaré, o clã zareíta. [21]Os filhos de Farés foram: de Hesron, o clã hesronita; de Hamul, o clã hamulita. [22]Estes foram os clãs de Judá. Seus recenseados foram ao todo setenta e seis mil e quinhentos.

[23]Filhos de Issacar,* segundo seus clãs: de Tola, o clã tolaíta; de Fua, o clã fuaíta; [24]de Jasub, o clã jasubita; de Semron, o clã semronita. [25]São estes os clãs de Issacar. Seus recenseados foram ao todo sessenta e quatro mil e trezentos.

[26]Filhos de Zabulon,* segundo seus clãs: de Sared, o clã saredita; de Elon, o clã elonita; de Jalel, o clã jalelita. [27]São estes os clãs de Zabulon. Seus recenseados foram ao todo sessenta mil e quinhentos.

[28]Filhos de José,* segundo seus clãs: Manassés e Efraim.

[29]Filhos de Manassés: de Maquir, o clã maquirita; e Maquir gerou Galaad; de Galaad, o clã galaadita. [30]Estes são os filhos de Galaad: de Jezer, o clã jezerita; de Helec, o clã helequita; [31]de Asriel, o clã asrielita; de Siquém, o clã siquemita; [32]de Semida, o clã semidaíta; de Héfer, o clã heferita. [33]Salfaad, filho de Héfer, não teve filhos, mas apenas filhas; são estes os nomes das filhas de Salafaad: Maala, Noa, Hegla, Melca e Tersa. [34]São estes os clãs de Manassés. Seus recenseados foram ao todo cinquenta e dois mil e setecentos.

[35]São estes os filhos de Efraim, segundo seus clãs: de Sutala, o clã sutalaíta; de Bequer, o clã bequerita; de Teen, o clã teenita. [36]São estes os filhos

---

* **26**,5. Gn 46,8s | 9. 16,1-17,15 | 12. Gn 46,10 | 15. Gn 46,16 | 19. Gn 46,12 | 23. Gn 46,13; Jz 10,1s | 26. Gn 46,14; Jz 12,11s | 28. Gn 46,20; Js 17,1; Jz 5,14; 1Cr 7,14-19

+ **26**,2. Esse recenseamento acontece trinta e oito anos depois do primeiro, Nm 1, e prepara a partilha da terra.

de Sutala: de Herã, o clã heranita. [37]São estes os clãs de Efraim. Formavam o total de trinta e dois mil e quinhentos recenseados.

São estes os filhos de José, segundo seus clãs.

[38]Filhos de Benjamim,* segundo seus clãs: de Bela, o clã belaíta; de Asbel, o clã asbelita; de Airam, o clã airamita; [39]de Sufam, o clã sufamita; de Hufam, o clã hufamita. [40]Bela teve os filhos Ared e Naamã: de Ared, o clã aredita; de Naamã, o clã naamanita. [41]São estes os filhos de Benjamim, segundo seus clãs. Seus recenseados foram ao todo quarenta e cinco mil e seiscentos.

[42]São estes os filhos de Dã,* segundo seus clãs: de Suam, o clã suamita. Estes são os filhos de Dã, segundo seus clãs. [43]Os recenseados de todos os clãs suamitas foram ao todo sessenta e quatro mil e quatrocentos.

[44]Filhos de Aser,* segundo seus clãs: de Jemna, o clã jemnaíta; de Jessui, o clã jessuíta; de Beria, o clã beriaíta. [45]Dos filhos de Beria: de Héber, o clã heberita; de Melquiel, o clã melquielita. [46]Aser tinha uma filha chamada Sara. [47]São estes os clãs dos filhos de Aser. Seus recenseados foram ao todo cinquenta e três mil e quatrocentos.

[48]Filhos de Neftali,* segundo seus clãs: de Jasiel, o clã jasielita; de Guni, o clã gunita; [49]de Jeser, o clã jeserita; de Selém, o clã selemita. [50]São estes os clãs de Neftali, repartidos segundo seus clãs. Seus recenseados foram ao todo quarenta e cinco mil e quatrocentos.

[51]O total dos israelitas recenseados foi, portanto,* de seiscentos e um mil e setecentos e trinta.

[52]Javé falou a Moisés: [53]"A esses repartirás a terra em herança na proporção do número das pessoas. [54]Aos que são em maior número* darás uma propriedade maior e aos que são em número menor darás uma propriedade menor; a cada um será dada a propriedade em proporção do número dos recenseados. [55]Mas a terra será repartida por sorteio; tomarão posse conforme os nomes de suas tribos paternas. [56]Por sorteio será repartida a herança deles, entre o mais numeroso e o de menor número.

Recenseamento dos levitas. [57]São estes os levitas recenseados,* segundo seus clãs: de Gérson, o clã gersonita; de Caat, o clã caatita; de Merari, o clã merarita.

[58]São estes os clãs levitas: o clã lobnita, o clã hebronita, o clã moolita, o clã musita, o clã coreíta. Caat* gerou Amram. [59]A mulher de Amram chamava-se Jocabed, filha de Levi, que lhe nasceu no Egito. Ela gerou para Amram: Aarão, Moisés e Maria, irmã deles. [60]Aarão gerou Nadab e Abiú, Eleazar e Itamar. [61]Nadab e Abiú morreram* ao oferecerem um fogo irregular diante de Javé.

[62]Dos levitas foram recenseados vinte e três mil homens com idade superior a um mês. Não foram contados* com os outros israelitas, porque a eles não foi dada nenhuma herança entre os israelitas.

[63]Foram esses que Moisés* e o sacerdote Eleazar recensearam quando fizeram o recenseamento dos israelitas nas estepes de Moab, junto ao Jordão, defronte de Jericó. [64]Entre eles não havia mais ninguém dos que tinham sido recenseados por Moisés e Aarão no recenseamento feito no deserto do Sinai, [65]porque Javé dissera* a respeito deles que morreriam no deserto; e de fato não restou nenhum deles, exceto Caleb, filho de Jefoné, e Josué, filho de Nun.

27

Herança das mulheres. [1]Vieram então as filhas de Salfaad,* filho de Héfer, filho de Galaad, filho de Maquir, filho de Manassés, filho de José; seus nomes eram: Maala, Noa, Hegla, Melca e Tersa. [2]Apresentaram-se

---

* **26**,38. Gn 46,21 | 42. Gn 46,23 | 44. Gn 46,17 | 48. Gn 46,24 | 51. 2,32; 11,21; 1,46 | 54. 33,54 | 57. Gn 46,11; Êx 6,16-23; 1Cr 6,1-15 | 58. Êx 6,20 | 61. Lv 10,1-3; 3,4 | 62. 3,14-39 | 63. 18,20-24 | 65. 14,20-38
27,1. 26,33; Js 17,3s

Números 27-28

diante de Moisés, diante do sacerdote Eleazar, diante dos chefes e de toda a comunidade à entrada da tenda da reunião e disseram: [3]"Nosso pai morreu no deserto; não estava entre os que se amotinaram contra Javé no grupo de Coré, mas morreu por causa de seu pecado e não deixou filhos. [4]Por que deveria desaparecer o nome de nosso pai no meio de sua família? Só porque não teve filhos? Dai-nos uma propriedade entre os irmãos de nosso pai".

[5]Moisés levou o caso delas à presença de Javé. [6]E Javé disse a Moisés: [7]"É justo o que dizem as filhas de Salfaad; dá-lhes uma propriedade entre os irmãos de seu pai e passa-lhes a herança de seu pai. [8]E assim dirás aos israelitas: Morrendo alguém sem deixar filhos homens, fareis passar sua herança a sua filha. [9]Se não tiver filhas, dareis sua herança a seus irmãos. [10]Se não tiver irmãos, dareis sua herança aos irmãos de seu pai. [11]E se seu pai não tiver irmãos, dareis sua herança ao parente mais próximo em sua família, e dela ficará dono. Esta será para os israelitas uma norma de direito, como ordenou Javé a Moisés".

Josué, sucessor de Moisés. [12]Disse ainda Javé a Moisés:* "Sobe a este monte Abarim e contempla a terra que dou aos israelitas. [13]Depois de a teres contemplado, também tu serás reunido aos teus, como se reuniu teu irmão* Aarão; [14]porque fostes rebeldes a minha ordem no deserto de Sin, na revolta da comunidade, e não manifestastes minha santidade mediante as águas, diante de seus olhos". São essas as águas de Meriba, de Cades, no deserto de Sin. [15]Moisés falou a Javé, dizendo-lhe: [16]"Javé, Deus que deu a vida* a todas as criaturas, estabeleci como chefe desta comunidade um homem [17]que saia e que entre à frente deles, que os faça sair e entrar, para que a comunidade de Javé não fique

como rebanho sem pastor". [18]Javé disse* a Moisés: "Toma Josué, filho de Nun, homem no qual reside o espírito, e impõe tua mão sobre ele. [19]Depois apresenta-o ao sacerdote Eleazar e a toda a comunidade; dá-lhe tuas ordens diante deles [20]e comunica-lhe parte de tua autoridade†, a fim de que toda a comunidade dos israelitas lhe obedeça. [21]Ele se apresentará ao sacerdote Eleazar, o qual consultará* para ele o juízo dos Urim diante de Javé; a uma ordem sua sairão e a uma ordem sua entrarão ele e todos os israelitas com ele e toda a comunidade". [22]Moisés fez* como Javé havia ordenado. Tomou Josué e o fez comparecer perante o sacerdote Eleazar e toda a comunidade. [23]Impôs-lhe as mãos* e deu-lhe suas ordens, conforme Javé havia ordenado por meio de Moisés.

28 Sacrifício cotidiano.

[1]Javé disse a Moisés: [2]"Ordena aos israelitas* e dize-lhes: Tereis o cuidado de me apresentar no tempo prescrito minha oferenda, meu alimento para minhas ofertas queimadas de perfume agradável. [3]Tu lhes dirás:* É esta a oferta queimada que oferecereis a Javé: cada dia dois cordeiros de um ano, sem defeito, em holocausto perpétuo. [4]Oferecerás um dos cordeiros pela manhã e o outro ao entardecer; [5]e para a oblação, um décimo de efá de flor de farinha amassada com um quarto de hin de óleo de olivas esmagadas. [6]É o holocausto perpétuo* que foi oferecido no monte Sinai, oferenda queimada de perfume agradável a Javé. [7]Sua libação será de um quarto de hin para cada cordeiro, e a libação de bebida inebriante a Javé será feita no lugar sagrado. [8]O outro cordeiro será oferecido ao entardecer, com uma oblação e uma libação semelhantes às da manhã: é uma oferenda queimada de perfume agradável a Javé.

---

* **27**,12. Dt 31,1-8.23; 34,9 | 13. 20,12 | 16. 16,22 | 18. Ez 34,5 | 21. Dt 33,8 | 22. Êx 28,30 | 23. Dt 34,9
28,2. Lv 23; Êx 23,14 | 3. Êx 29,38-46; Lv 6,2; Ez 46,13-15 | 6. 15,4; Lv 23,13

† **27**,20. Josué não será profeta como Moisés, o primeiro e maior deles; mas receberá os oráculos divinos por meio do sumo sacerdote.

Números 28-29

Sacrifício do sábado. [9]No dia de sábado oferecereis* dois cordeiros de um ano, sem defeito, e, como oblação, dois décimos de flor de farinha amassada com óleo, com sua libação. [10]Este é o holocausto do sábado, de cada sábado, além do holocausto perpétuo e de sua libação.

Sacrifício do início do mês. [11]No primeiro dia* de cada mês† oferecereis em holocausto a Javé dois novilhos, um carneiro e sete cordeiros de um ano, sem defeito, [12]e três décimos de flor de farinha amassada com óleo, como oblação para cada novilho, e dois décimos de flor de farinha amassada com óleo, como oblação pelo carneiro, [13]e um décimo de flor de farinha amassada com óleo, como oblação para cada cordeiro: é um holocausto de perfume agradável, oferenda queimada em honra de Javé. [14]Suas libações serão de meio hin de vinho para cada novilho, um terço de hin pelo carneiro e um quarto de hin de vinho para cada cordeiro. Este é o holocausto de cada mês, para todos os meses do ano. [15]Além do holocausto perpétuo, será oferecido a Javé um bode em sacrifício pelo pecado, com sua oblação.

A Páscoa. [16]No dia quatorze do primeiro mês* será a Páscoa de Javé. [17]No dia quinze desse mês é dia de festa; durante sete dias se comerão pães ázimos. [18]No primeiro dia haverá uma santa assembleia; não fareis nenhum trabalho servil. [19]Oferecereis em holocausto, a ser queimado em honra de Javé, dois novilhos, um carneiro e sete cordeiros de um ano, sem defeito; [20]a respectiva oblação de flor de farinha amassada com óleo, de três décimos para cada novilho, dois décimos pelo carneiro [21]e um décimo para cada um dos sete cordeiros; [22]e um bode em sacrifício pelo pecado, para fazer expiação por vós. [23]Oferecereis tudo isto, além do holocausto da manhã, que é holocausto perpétuo. [24]Assim oferecereis em cada um dos sete dias o alimento da oferta queimada em perfume agradável a Javé, além do holocausto perpétuo e da libação correspondente. [25]No sétimo dia haverá uma santa assembleia e não fareis nenhum trabalho servil.

Pentecostes. [26]No dia das primícias,* quando apresentardes a Javé a oblação de frutos novos, na festa das Semanas, haverá uma santa assembleia e não fareis nenhum trabalho servil. [27]Oferecereis em holocausto de perfume agradável a Javé dois novilhos, um carneiro e sete cordeiros de um ano; [28]sua oblação de flor de farinha amassada com óleo será de três décimos para cada novilho, dois décimos pelo carneiro [29]e um décimo para cada um dos sete cordeiros; [30]um bode em sacrifício pelo pecado para fazer expiação por vós. [31]Fareis isto, além do holocausto perpétuo e da respectiva oblação e as libações correspondentes. Os animais devem ser sem defeito.

29 **Festas das aclamações.** [1]No primeiro dia do sétimo* mês tereis uma santa assembleia e não fareis nenhum trabalho servil; será para vós o dia de tocar as trombetas. [2]Oferecereis em holocausto de perfume agradável a Javé um novilho, um carneiro e sete cordeiros de um ano, sem defeito, [3]e a oblação correspondente de flor de farinha amassada com óleo, de três décimos pelo novilho, dois décimos pelo carneiro [4]e um décimo para cada um dos sete cordeiros, [5]e um bode em sacrifício pelo pecado, para oferecer expiação por vós, [6]além do holocausto mensal com a oblação correspondente, do holocausto perpétuo com a respectiva oblação e de suas libações prescritas, para serem queimadas em perfume agradável a Javé.

O dia das Expiações. [7]No dia dez desse sétimo mês* haverá uma santa as-

---

* **28**,9. Ez 46,4s | 11. Am 8,5; Is 1,13; Ez 46,6s | 16. Êx 12; Lv 23,5-8; Dt 16,1-8; Ez 45,21-24 | 26. Êx 23,14; Lv 23,15-21; Dt 16,9-12 | **29**,1. Lv 23,24; 10,5s | 7. Lv 16; Ez 45,18-20

† **28**,11. O mês começava com a lua nova, e o primeiro dia era marcado por cerimônias religiosas, inclusive sacrifícios, 1Sm 20,5; Os 2,13; Am 8,5.

Números 29-30

sembleia; jejuareis e não fareis nenhum trabalho servil. [8]Oferecereis em holocausto de perfume agradável a Javé um novilho, um carneiro e sete cordeiros de um ano, que devem ser sem defeito, [9]com sua oblação de flor de farinha amassada com óleo: três décimos pelo novilho, dois décimos pelo carneiro, [10]um décimo para cada um dos sete cordeiros [11]e um bode em sacrifício pelo pecado. Isto, além do sacrifício expiatório próprio do rito da expiação e do holocausto perpétuo, com a oblação e das libações correspondentes.

Festa das Tendas. [12]No dia quinze do sétimo mês* haverá uma santa assembleia; não fareis nenhum trabalho servil e fareis festa em honra de Javé durante sete dias. [13]Oferecereis em holocausto, a ser queimado em perfume agradável em honra de Javé, treze novilhos, dois carneiros, quatorze cordeiros de um ano, sem defeito, [14]e sua oblação de flor de farinha amassada com óleo: três décimos para cada um dos treze novilhos, dois décimos para cada um dos dois carneiros, [15]um décimo para cada um dos quatorze cordeiros [16]e um bode em sacrifício pelo pecado, além do holocausto perpétuo, sua oblação e sua libação.

[17]No segundo dia oferecereis doze novilhos, dois carneiros e quatorze cordeiros de um ano, sem defeito, [18]bem como a oblação e as libações de costume, conforme o número dos novilhos, dos carneiros e dos cordeiros, [19]e um bode pelo pecado, além do holocausto perpétuo, sua oblação e suas libações.

[20]No terceiro dia oferecereis onze novilhos, dois carneiros e quatorze cordeiros de um ano, sem defeito, [21]com a oblação e as libações de costume, conforme o número dos novilhos, dos carneiros e dos cordeiros, [22]e um bode pelo pecado, além do holocausto perpétuo, sua oblação e libação.

[23]No quarto dia oferecereis dez novilhos, dois carneiros e quatorze cordeiros de um ano, sem defeito, [24]com a oblação e as libações de costume, conforme o número dos novilhos, dos carneiros e dos cordeiros, [25]e um bode pelo pecado, além do holocausto perpétuo, sua oblação e libação.

[26]No quinto dia oferecereis nove novilhos, dois carneiros e quatorze cordeiros de um ano, sem defeito, [27]com a oblação e as libações de costume, conforme o número dos novilhos, dos carneiros e dos cordeiros, [28]e um bode pelo pecado, além do holocausto perpétuo, sua oblação e libação.

[29]No sexto dia oferecereis oito novilhos, dois carneiros e quatorze cordeiros de um ano, sem defeito, [30]com a oblação e as libações de costume, conforme o número dos novilhos, dos carneiros e dos cordeiros, [31]e um bode pelo pecado, além do holocausto perpétuo, sua oblação e libação.

[32]No sétimo dia oferecereis sete novilhos, dois carneiros e quatorze cordeiros de um ano, sem defeito, [33]com a oblação e libações de costume,* conforme o número dos novilhos, dos carneiros e dos cordeiros, [34]e um bode pelo pecado, além do holocausto perpétuo, sua oblação e libação.

[35]No oitavo dia tereis uma santa assembleia; não fareis nenhum trabalho servil. [36]Oferecereis como holocausto a ser queimado em perfume agradável em honra de Javé, um novilho, um carneiro e sete cordeiros de um ano, sem defeito, [37]com a oblação e as libações de costume, conforme o número dos novilhos, dos carneiros e dos cordeiros, [38]e um bode pelo pecado, além do holocausto perpétuo, sua oblação e libação. [39]São estes os sacrifícios que oferecereis a Javé em vossas solenidades, além de vossas promessas e ofertas espontâneas, dos holocaustos, oblações, libações e sacrifícios de comunhão".

30

Leis sobre as promessas. [1]Moisés comunicou aos israelitas* tudo o que Javé lhe havia ordenado. [2]Moisés falou também aos chefes

---

* **29**,12. Êx 23,14; Lv 23,33-43; Dt 16,13-15; Ez 45,25; Jo 7,2 | 33. Jo 7,37 | **30**,1. Lv 27,1 | 3. Dt 23,21-23; Ecl 5,3-4; Sl 50,14; 56,13; 76,12; Jz 11,30-40

Números 30-31

das tribos dos israelitas, dizendo-lhes: "Isto é o que Javé ordenou: [3]Quando alguém fizer uma promessa a Javé* ou assumir uma obrigação sob juramento, não faltará a sua palavra, mas fará tudo conforme prometeu.

[4]Se uma mulher fizer uma promessa a Javé ou se impuser uma obrigação, enquanto é ainda solteira na casa paterna, [5]e seu pai, ciente de sua promessa e da obrigação que ela se impôs, não lhe disser nada, todas as suas promessas e todas as obrigações que ela assumiu serão válidas. [6]Porém, se o pai, logo que ficou ciente das promessas ou das obrigações que ela se impôs, a desaprovar, não serão válidas, e Javé lhe perdoará, porque seu pai a desaprova.

[7]E se ela se casar,* estando sujeita a suas promessas ou a alguma obrigação assumida sem reflexão, [8]e seu marido, ao tomar conhecimento, nada lhe diz, suas promessas e as obrigações assumidas serão válidas. [9]Mas se o marido, no dia em que ficar ciente, a desaprovar, invalida a promessa e a obrigação assumida sem reflexão, e Javé a perdoará.

[10]A promessa de uma viúva ou de uma mulher repudiada, qualquer que seja a obrigação que assumiram, será válida.

[11]Se uma mulher, vivendo na casa do marido, fizer uma promessa e assumir com juramento alguma obrigação, [12]e o marido, ao saber disso, não lhe disser nada nem a desaprovar, todas as suas promessas e obrigações terão valor. [13]Mas se o marido, ao saber disso, anular tudo o que ela pronunciou, será nula toda promessa ou obrigação assumida, porque foram anuladas pelo marido; e Javé lhe perdoará. [14]O marido pode confirmar ou anular qualquer promessa ou juramento pelo qual ela se obrigou a abster-se de alguma coisa. [15]Mas se o marido não lhe disser nada até o dia seguinte, confirma todas as suas promessas e toda obrigação que tiver assumido; ele as confir-

ma, porque guardou silêncio no dia em que foi informado. [16]E se as anular mais tarde, responderá pelo pecado dela". [17]São estas as leis que Javé prescreveu a Moisés sobre marido e mulher e sobre o pai e a filha adolescente, enquanto ela viver na casa do pai.

31 Guerra contra os madianitas.

[1]Javé disse a Moisés: [2]"Vinga os israelitas* do mal que lhes fizeram os madianitas; depois serás reunido aos teus". [3]Então Moisés falou ao povo: "Que alguns de vossos homens se armem para a guerra e marchem contra os madianitas, para executar a vingança* de Javé contra Madiã. [4]Mandareis para o combate mil homens de cada tribo de Israel". [5]Assim foram recrutados dentre as fileiras de Israel mil de cada tribo, isto é, doze mil homens armados para a guerra. [6]Moisés os enviou ao combate, mil homens por tribo, e com eles mandou Fineias,* filho do sacerdote Eleazar, o qual levou consigo os objetos sagrados e as trombetas para a aclamação. [7]Combateram contra Madiã, como Javé havia ordenado a Moisés, e mataram todos os homens. [8]Além disso, mataram os reis madianitas Evi, Recém, Sur, Hur* e Rebe, cinco reis de Madiã; também mataram à espada Balaão, filho de Beor. [9]Os israelitas levaram como prisioneiras as mulheres madianitas e suas crianças, e lhes tomaram todo o seu gado, todos os seus rebanhos e todos os seus bens. [10]Incendiaram todas as cidades que eles habitavam e todos os seus acampamentos. [11]Tomaram todos os despojos, tudo o que haviam capturado, as pessoas e os animais, [12]e trouxeram os prisioneiros, os despojos e a presa a Moisés, ao sacerdote Eleazar e à comunidade dos israelitas, acampados nas estepes de Moab, junto ao Jordão, defronte de Jericó.

[13]Moisés, o sacerdote Eleazar e todos os chefes da comunidade saíram ao encontro deles fora do acampamento. [14]Moisés indignou-se contra os chefes

---

* **30**,7. Lv 5,4 | **31**,1. Dt 20,1-21,14 | 3. 25,17s | 6. 25,6-13; 10,9 | 8. Js 13,21s

Números 31

do exército, chefes de mil e chefes de cem, que voltavam do combate, ¹⁵e lhes disse: "Poupastes a vida a todas as mulheres! ¹⁶Mas foram justamente elas que por instigação de Balaão levaram os israelitas a ser infiéis a Javé no caso de Fegor, motivo do flagelo que sobreveio à comunidade de Javé! ¹⁷Matai, portanto, todos os meninos e toda mulher que tenha tido relações com homem; ¹⁸mas conservai com vida, para vós, toda moça que não tenha tido relações com homem. ¹⁹Quanto a vós, acampai fora do acampamento durante sete dias, e qualquer um que tiver matado* alguém ou tocado um morto purifique-se no terceiro e no sétimo dia; isto vale tanto para vós como para vossos prisioneiros. ²⁰Purificareis também todas as roupas e todos os objetos de couro, todos os tecidos de pelo de cabra e todo utensílio de madeira".

²¹O sacerdote Eleazar disse aos soldados que tinham ido à guerra: "Esta é uma prescrição da lei que Javé ordenou a Moisés: ²²O ouro, a prata, o cobre, o ferro, o estanho e o chumbo, ²³tudo que resiste ao fogo fareis passar pelo fogo e será puro; mas será purificado também com a água da purificação;* e tudo aquilo que não resiste ao fogo fareis passar pela água. ²⁴No sétimo dia lavareis vossas vestes e sereis puros; depois podereis entrar no acampamento".

Divisão dos despojos. ²⁵Javé falou a Moisés, dizendo-lhe: ²⁶"Tu, o sacerdote Eleazar e os chefes das casas patriarcais da comunidade fazei o inventário de tudo o que foi capturado, tanto em pessoas como em animais. ²⁷Dividirás a presa entre os combatentes que foram à guerra e toda a comunidade. ²⁸Da parte que cabe aos combatentes que foram à guerra reservarás,* como tributo para Javé, um de cada quinhentos, tanto em pessoas como em bois, jumentos e ovelhas. ²⁹Tu o tomarás da metade que lhes corresponde e o entregarás ao sacerdote Eleazar como oferta a Javé. ³⁰E da metade que toca aos israelitas tomarás um de cada cinquenta, tanto das pessoas como dos bois, jumentos e ovelhas e de todos os outros animais, entregando-os aos levitas, que têm o encargo do tabernáculo de Javé".

³¹Moisés e o sacerdote Eleazar fizeram como Javé havia ordenado a Moisés. ³²O que foi capturado, o que restou dos despojos tomados pelas tropas combatentes era ao todo seiscentos e setenta e cinco mil ovelhas, ³³setenta e dois mil bois, ³⁴sessenta e um mil jumentos, ³⁵e trinta e duas mil pessoas, isto é, mulheres que não tiveram relações com homem. ³⁶A metade atribuída àqueles que tinham ido à guerra foi de trezentas e trinta e sete mil e quinhentas ovelhas, ³⁷das quais seiscentas e setenta e cinco para o tributo a Javé; ³⁸trinta e seis mil bois, dos quais setenta e dois como tributo a Javé; ³⁹trinta mil e quinhentos jumentos, e como tributo a Javé sessenta e um; ⁴⁰dezesseis mil pessoas, e como tributo a Javé trinta e duas. ⁴¹Moisés entregou ao sacerdote Eleazar, conforme Javé lhe havia ordenado, o tributo separado para Javé.

⁴²Quanto à metade correspondente aos israelitas, que Moisés tinha separado da dos combatentes, ⁴³esta metade pertencente à comunidade foi de trezentas e trinta e sete mil e quinhentas ovelhas, ⁴⁴trinta e seis mil bois, ⁴⁵trinta mil e quinhentos jumentos, ⁴⁶e dezesseis mil pessoas. ⁴⁷Dessa metade que pertencia aos israelitas Moisés tomou um em cada cinquenta, tanto das pessoas como dos animais, e os entregou aos levitas, que têm o encargo do tabernáculo de Javé, como Javé havia ordenado a Moisés.*

As oferendas. ⁴⁸Então os comandantes das fileiras do exército, chefes de mil e chefes de cem, aproximaram-se de Moisés ⁴⁹e lhe disseram: "Teus servos fizeram a conta dos guerreiros que estavam sob nosso comando e não faltam nenhum. ⁵⁰Portanto, cada um de nós está trazendo, como oferenda a Javé,

---

* **31**,19. 19,11s | 23. 19,1-10 | 28. 1Sm 30,24 | 47. 18,26-32.

os objetos de ouro que achou: braceletes, pulseiras, anéis, brincos, colares, correntes, para fazer expiação por nós diante de Javé". [51]Moisés e o sacerdote Eleazar receberam deles aquele ouro: todo tipo de objetos feitos com arte. [52]Todo o ouro da oferta* que eles apresentaram a Javé, da parte dos chefes de mil e dos chefes de cem, foi de dezesseis mil e setecentos e cinquenta siclos. [53]Os guerreiros ficaram com aquilo que cada um havia saqueado. [54]Moisés e o sacerdote Eleazar receberam o ouro dos chefes de mil e de cem e o levaram à tenda da reunião, como memorial para os israelitas diante de Javé.

32 Divisão da Transjordânia. [1]Os filhos de Rúben* e os filhos de Gad possuíam rebanhos em enorme quantidade. Vendo que a terra de Jazer e a terra de Galaad eram lugares adequados para rebanhos, [2]vieram dizer a Moisés, ao sacerdote Eleazar e aos chefes da comunidade: [3]"Atarot, Dibon, Jazer, Nemra, Hesebon, Eleale, Sebam, Nebo e Meon, [4]terras que Javé submeteu à comunidade de Israel, é uma região boa para rebanhos, e nós, teus servos, possuímos rebanhos". [5]E acrescentaram: "Se temos encontrado graça diante de teus olhos, que esse território seja entregue em possessão a teus servos; não nos faças atravessar o Jordão".†

[6]Moisés respondeu aos filhos de Gad e aos filhos de Rúben: "Irão vossos irmãos combater e vós ficareis aqui? [7]Por que quereis desanimar os israelitas para que não passem à terra que Javé lhes dá? [8]Assim fizeram vossos pais quando os enviei de Cades Barne para explorar a terra. [9]Subiram até o vale de Escol, observaram a terra e desencorajaram os israelitas para que não entrassem na terra que Javé lhes dava. [10]Naquele dia acendeu-se a ira de Javé, o qual jurou dizendo: [11]Jamais verão a terra que eu prometi com juramento a Abraão, a Isaac e a Jacó os homens que saíram do Egito com mais de vinte anos de idade, porque não me seguiram fielmente, [12]exceto Caleb, filho de Jefoné, o cenezeu, e Josué, filho de Nun, que seguiram Javé fielmente. [13]Assim, a ira de Javé se acendeu contra Israel, e ele os fez errar pelo deserto durante quarenta anos, até que desaparecesse aquela geração que havia feito o mal aos olhos de Javé. [14]E vós, raça de homens pecadores, tomais o lugar de vossos pais, para aumentar ainda mais a indignação de Javé contra Israel! [15]Se deixais de segui-lo, ele prolongará ainda a estadia no deserto e causareis a ruína de todo este povo".

[16]Então se aproximaram de Moisés e lhe disseram: "Construiremos aqui currais para nossos rebanhos e cidades para nossos filhos. [17]Mas estamos prontos para marchar armados à frente dos israelitas, até que os tenhamos introduzido em seu lugar; nossos filhos ficarão nas cidades fortificadas, ao abrigo dos habitantes do país. [18]Não regressaremos a nossas casas enquanto cada um dos israelitas não tiver tomado posse de sua herança. [19]Porque nada herdaremos com eles do outro lado do Jordão, nem mais adiante, porque já teremos nossa herança deste lado do Jordão, ao oriente".

[20]Moisés respondeu-lhes: "Se fizerdes isto, se vos armardes para combater diante de Javé, [21]e todo guerreiro entre vós passar o Jordão diante de Javé, até que ele expulse seus inimigos de sua presença, [22]e só voltardes depois que o país estiver submetido a Javé, então estareis quites com Javé e com Israel, e este território será vossa propriedade diante de Javé. [23]Mas se assim não fizerdes, pecareis contra Javé, e sabei que a pena de vosso pecado vos alcançará. [24]Construí, portanto, cidades para vossos filhos e currais

---

* **31**,52. Êx 30,11-16 | **32**,1. Dt 3,12-20; 33,6.20s; Js 1,12-18; 13,8-32; 21,24s.31s

† **32**,5. Moisés permite que as tribos de Gad, Rúben e a metade da tribo de Manassés repartam entre si as terras já conquistadas, contanto que participem na conquista das terras do outro lado do Jordão. Começa a cumprir-se a promessa de Deus de dar a seu povo uma terra em Canaã.

Números 32-33

para vossos rebanhos e cumpri a promessa que fizestes".

²⁵Os filhos de Gad e os filhos de Rúben responderam a Moisés: "Teus servos farão como meu senhor mandou. ²⁶Nossos filhos, nossas mulheres, nossos rebanhos e todo o nosso gado ficarão lá, nas cidades de Galaad, ²⁷mas teus servos, todos os que estão armados para a guerra, marcharão diante de Javé e combaterão como ordena meu senhor".

²⁸Então Moisés deu ordens a respeito deles ao sacerdote Eleazar, a Josué, filho de Nun, e aos chefes de famílias das tribos de Israel, dizendo-lhes: ²⁹"Se os filhos de Gad e os filhos de Rúben atravessarem convosco o Jordão, todos armados para combater diante de Javé, quando o país for por vós conquistado, dareis a eles a terra de Galaad em possessão. ³⁰Mas se não passarem armados convosco, receberão sua propriedade no meio de vós na terra de Canaã".

³¹Responderam os filhos de Gad e os filhos de Rúben: "Como Javé falou a teus servos, assim faremos. ³²Passaremos armados diante de Javé à terra de Canaã, mas a propriedade de nossa herança ficará do lado de cá do Jordão". ³³Então Moisés deu aos filhos de Gad e aos filhos de Rúben, e à metade da tribo de Manassés, filho de José, o reino de Seon, rei dos amorreus, e o reino de Og, rei de Basã: o país com suas cidades e territórios, e as cidades do país a seu redor.

³⁴Os filhos de Gad reedificaram Dibon, Atarot e Aroer, ³⁵Atrot-Sofá, Jazer, Jegbaá, ³⁶Bet-Nemra, Bet-Arã, cidades fortificadas e currais para os animais. ³⁷Os filhos de Rúben reedificaram Hesebon, Eleale, Cariataim, ³⁸Nebo, Baal Meon, mudando-lhes os nomes, e Sabama. Deram outros nomes às cidades que edificaram. ³⁹Os filhos de Maquir, filho de Manassés, partiram para Galaad e dele se

apossaram, expulsando os amorreus que lá habitavam. ⁴⁰Moisés deu Galaad a Maquir, filho de Manassés, que aí se estabeleceu. ⁴¹Jair, filho de Manassés,* foi também e conquistou suas aldeias e as chamou aldeias de Jair. ⁴²Nobe foi para Canat, apoderou-se dela e de suas vizinhanças e chamou-a Nobe, conforme seu nome.

33 As etapas de toda a viagem.

¹São estas as etapas dos israelitas†, que saíram da terra do Egito, segundo suas fileiras, sob o comando de Moisés e Aarão. ²Moisés anotou seus pontos de partida, em suas diversas etapas, por ordem de Javé; e são estas suas etapas, segundo seus pontos de partida.

³Partiram de Ramsés no dia quinze do primeiro mês. No dia seguinte à Páscoa, os israelitas saíram corajosamente, à vista de todos os egípcios, ⁴enquanto estes sepultavam* os que dentre eles Javé havia ferido de morte, todos os seus primogênitos; também contra seus deuses Javé tinha feito justiça.

⁵Os israelitas partiram* de Ramsés e acamparam em Sucot. ⁶Partiram de Sucot e acamparam em Etam,* que está nos limites do deserto. ⁷Partiram de Etam e voltaram em direção de Piairot, que está defronte de Baal-Sefon, e acamparam diante de Magdol. ⁸Partiram de Piairot e atravessaram pelo meio do mar em direção ao deserto, fizeram três dias de caminhada pelo deserto de Etam e acamparam em Mara. ⁹Partiram de Mara* e chegaram a Elim, onde havia doze fontes e setenta palmeiras, e aí acamparam. ¹⁰Partiram de Elim e acamparam junto ao mar Vermelho. ¹¹Partiram do mar Vermelho e acamparam no deserto de Sin. ¹²Partiram do deserto de Sin* e acamparam em Dafca. ¹³Partiram de Dafca e acamparam em Alus. ¹⁴Partiram de Alus* e acamparam em Rafidim, onde o povo

---

* **32**,41. Dt 3,14; Jz 10,4 | **33**,4. Êx 14,8 | 5. Êx 12,37 | 6. Êx 13,20; 14,1-4 | 9. Êx 15,23.27 | 12. Êx 16,1 | 14. Êx 17,1-7 | 15. Êx 19,1

† **33**,1. Os vv. 3-49 mencionam quarenta etapas do êxodo, desde o Egito até à beira do Jordão. É difícil, ou até impossível, localizar a maioria desses lugares.

179 Números 33-34

não encontrou água para beber. [15]Partiram de Rafidim* e acamparam no deserto do Sinai.

[16]Partiram do deserto do Sinai* e acamparam em Cibrot-Ataava. [17]Partiram de Cibrot-Ataava e acamparam em Haserot. [18]Partiram de Haserot* e acamparam em Retma. [19]Partiram de Retma e acamparam em Remon-Farés. [20]Partiram de Remon-Farés e acamparam em Lebna. [21]Partiram de Lebna e acamparam em Ressa. [22]Partiram de Ressa e acamparam em Ceelata. [23]Partiram de Ceelata e acamparam no monte Séfer. [24]Partiram do monte Séfer e acamparam em Harada. [25]Partiram de Harada e acamparam em Macelot. [26]Partiram de Macelot e acamparam em Taat. [27]Partiram de Taat e acamparam em Taré. [28]Partiram de Taré e acamparam em Matca. [29]Partiram de Matca e acamparam em Hesmona. [30]Partiram de Hesmona* e acamparam em Moserot. [31]Partiram de Moserot e acamparam em Benê-Jacã. [32]Partiram de Benê-Jacã e acamparam em Hor-Gadgad. [33]Partiram de Hor-Gadgad e acamparam em Jetebata. [34]Partiram de Jetebata e acamparam em Ebrona. [35]Partiram de Ebrona e acamparam em Asiongaber.

[36]Partiram de Asiongaber* e acamparam no deserto de Sin, que é Cades. [37]Partiram de Cades* e acamparam no monte Hor, nos confins da terra de Edom. [38]Por ordem de Javé, o sacerdote Aarão subiu ao monte Hor, e ali morreu no quadragésimo ano depois da saída dos israelitas do Egito, no primeiro dia do quinto mês. [39]Aarão tinha cento e vinte e três anos quando morreu no monte Hor. [40]O rei de Arad, cananeu,* que habitava no Neguebe, na terra de Canaã, ficou sabendo da chegada dos israelitas.

[41]Partiram do monte Hor* e acamparam em Salmona. [42]Partiram de Salmona e acamparam em Finon. [43]Partiram de Finon e acamparam em Obot.

[44]Partiram de Obot* e acamparam em Jeabarim, na fronteira de Moab. [45]Partiram de Jeabarim e acamparam em Dibon-Gad. [46]Partiram de Dibon-Gad e acamparam em Elmon-Diblataim. [47]Partiram de Elmon-Diblataim* e acamparam nos montes Abarim, defronte do Nebo. [48]Partiram dos montes Abarim e acamparam nas estepes de Moab, às margens do Jordão, defronte de Jericó; [49]acamparam às margens do Jordão, desde Bet-Jesimot até Abel-Setim, nas estepes de Moab.

Divisão da terra prometida. [50]Javé falou a Moisés nas estepes de Moab,* às margens do Jordão, defronte de Jericó, dizendo-lhe: [51]"Fala aos israelitas e dize-lhes: Quando tiverdes atravessado o Jordão e entrado na terra de Canaã, [52]expulsareis de vossa frente todos os habitantes do país, destruireis todos os seus ídolos* esculpidos, quebrareis todas as suas estátuas de metal fundido e devastareis todos os seus lugares altos. [53]Tomareis posse da terra e nela habitareis, porque vos dou essa terra como propriedade. [54]Dividireis a terra por sorteio,* entre vossas famílias: a uma numerosa dareis uma parte maior, a uma pequena uma parte menor. Cada um terá aquilo que lhe couber por sorte. A partilha será feita segundo vossas tribos patriarcais. [55]Mas se não expulsardes os habitantes do país de vossa frente, os que ficarem serão como espinhos em vossos olhos e aguilhões em vossos flancos e vos afligirão na terra em que habitardes. [56]E aquilo que eu tinha pensado fazer a eles, eu o farei a vós".

34 **As fronteiras.** [1]Javé disse a Moisés: [2]"Ordena aos israelitas* e dize-lhes: Quando entrardes no país de Canaã, esta será a terra que vos caberá como herança: a terra de Canaã com estas fronteiras.

[3]Vosso limite meridional começará no deserto de Sin, que confina com

---

* **33**,16. 11,34s | 18. 12,16 | 30. Dt 10,6s | 36. Dt 2,1-8 | 37. 20,22-29; Dt 10,6; 32,50 | 40. 21,1.10-20 | 41. 21,4 | 44. 21,10s | 47. 22,1 | 50. Lv 26; Dt 7,1-6.16; 12,2s | 52. Lv 26,1 | 54. 26,54-56 | **34**,2. Jz 20,1; Js 14-19; Ez 47,13-21

Números 34-35

Edom. O limite meridional se estenderá da extremidade do mar Salgado para o oriente, ⁴depois se voltará para o sul, em direção à subida dos Escorpiões, passará por Sin e chegará ao sul de Cades Barne, donde irá em direção de Hasar-Adar, passando por Asemona; ⁵de Asemona dobrará para a torrente do Egito e terminará no mar. ⁶Vosso limite ocidental será o mar Grande, que será para vós o limite ao ocidente. ⁷Vosso limite setentrional será este: do mar Grande traçareis a fronteira até o monte Hor; ⁸do monte Hor seguireis em frente até a entrada de Emat, e o limite terminará em Sedada; ⁹depois sairá em direção de Zefrona para terminar em Hasar-Enon. Este será vosso limite setentrional. ¹⁰Para o limite oriental traçareis uma linha de Hasar-Enon até Sefama; ¹¹o limite descerá de Sefama a Harbel, ao oriente de Ain, e continuará descendo até tocar a margem oriental do mar de Quineret. ¹²Depois o limite descerá ao longo do Jordão para terminar no mar Salgado. Esta será vossa terra com suas fronteiras por todos os lados".

¹³Moisés ordenou aos israelitas o seguinte: "Este é o território que herdareis por sorteio e que Javé mandou dar às nove tribos e à meia tribo, ¹⁴porque a tribo dos filhos de Rúben e a tribo dos filhos de Gad, segundo suas famílias, e a meia tribo de Manassés, receberam sua herança. ¹⁵Essas duas tribos e a meia tribo já receberam sua herança do lado de lá do Jordão, na altura de Jericó, ao oriente, do lado do sol nascente".

¹⁶Javé disse a Moisés: ¹⁷"São estes os nomes dos homens que dividirão entre vós o país: o sacerdote Eleazar e Josué, filho de Nun. ¹⁸Chamareis também um chefe de cada tribo para repartir a terra. ¹⁹São estes os nomes desses homens: para a tribo de Judá, Caleb, filho de Jefoné; ²⁰para a tribo dos filhos de Simeão, Samuel, filho de Amiud; ²¹para a tribo de Benjamim, Elidad, filho de Caselon; ²²para a tribo dos filhos de Dã, o chefe Boci, filho de Jogli; ²³para os filhos de José, para a tribo dos filhos de Manassés, o chefe Haniel, filho de Efod; ²⁴para a tribo dos filhos de Efraim, o chefe Camuel, filho de Seftã; ²⁵para a tribo dos filhos de Zabulon, o chefe Elisafã, filho de Farnac; ²⁶para a tribo dos filhos de Issacar, o chefe Faltiel, filho de Ozã; ²⁷para a tribo dos filhos de Aser, o chefe Aiud, filho de Salomi; ²⁸para a tribo dos filhos de Neftali, o chefe Fedael, filho de Amiud". ²⁹Foi a esses que Javé ordenou que dividissem a herança para os israelitas na terra de Canaã.

35

As cidades dos levitas. ¹Javé falou a Moisés nas estepes de Moab,* às margens do Jordão, defronte de Jericó, dizendo-lhe: ²"Ordena aos israelitas que, da herança que possuem, deem aos levitas cidades onde possam habitar e também pastagens ao redor das cidades. ³As cidades lhes servirão de habitação, e as pastagens para seu gado, seus bens e para todos os seus animais. ⁴As pastagens das cidades que dareis aos levitas se estenderão por mil côvados a partir dos muros da cidade, em todo o seu redor. ⁵Do lado de fora da cidade, medireis dois mil côvados do lado oriental, dois mil côvados do lado meridional, dois mil côvados do lado ocidental, dois mil côvados do lado setentrional, ficando a cidade no meio; e estas serão para eles as pastagens das cidades. ⁶As cidades que dareis* aos levitas serão as seis cidades de refúgio, destinadas por vós para que nelas possa refugiar-se o homicida, e mais outras quarenta e duas; ⁷ao todo serão quarenta e oito as cidades que dareis aos levitas, com suas pastagens. ⁸As cidades que dareis serão tomadas da propriedade dos israelitas: tomareis mais de uma tribo maior e menos de uma tribo menor;* cada tribo cederá para os levitas algumas de suas cidades, em proporção da herança que tiver recebido.

Cidades de refúgio. ⁹Javé disse a Moisés: ¹⁰"Fala aos israelitas* o seguinte: Quando atravessardes o Jordão para

---

* **35**,1. 18,20-24; Js 20-21; Ez 48,13 | 6. Dt 4,41-43 | 8. 26,54 | 10. Êx 21,13; Dt 19,1-13

Números 35-36

entrardes na terra de Canaã, ¹¹escolhereis cidades que vos sirvam de cidades de refúgio, onde possa refugiar-se o homicida que matou alguém involuntariamente. ¹²Essas cidades vos servirão de refúgio contra o vingador do sangue†, para que o assassino não seja morto antes de comparecer em juízo diante da comunidade. ¹³As cidades que indicareis serão vossas seis cidades de refúgio. ¹⁴Indicareis três cidades* do outro lado do Jordão e outras três na terra de Canaã: serão cidades de refúgio.¹⁵Para os israelitas, para o estrangeiro e para aquele que mora no meio de vós, essas seis cidades servirão de refúgio, para que nelas se refugie todo aquele que matar alguém involuntariamente.

¹⁶Mas se alguém feriu um outro com um instrumento de ferro e disso resultou a morte, é um homicida; o homicida deverá ser morto. ¹⁷Se o feriu usando uma pedra que tinha na mão, capaz de causar a morte, e a vítima morreu, é um homicida; o homicida deverá ser morto. ¹⁸Se o feriu com um instrumento de madeira, capaz de causar a morte, e a vítima morreu, é um homicida; o homicida deverá ser morto. ¹⁹É o vingador do sangue que matará o homicida; quando o encontrar, ele o matará. ²⁰Se alguém empurrar um outro por ódio, ou lhe atirar alguma coisa de propósito, causando-lhe a morte, ²¹ou então, se por hostilidade lhe bater com as mãos e ele morrer, quem lhe bateu será morto; cometeu um homicídio, e o vingador de sangue o matará quando o encontrar.

²²Mas se o empurrar acidentalmente ou atirar alguma coisa sobre ele sem maldade, ²³ou se, não o vendo, deixar cair sobre ele uma pedra que possa causar a morte, e a vítima morrer, não sendo ele inimigo da vítima, nem procurando fazer-lhe mal, ²⁴a comunidade julgará entre o que matou e o vingador do sangue, conforme essas leis. ²⁵A comunidade livrará o homicida das mãos do vingador do sangue e o fará voltar à cidade de refúgio onde se havia refugiado. Ficará ali até a morte do sumo sacerdote, que foi ungido com o óleo santo. ²⁶Mas, se o homicida em qualquer momento sair dos limites de sua cidade de refúgio onde se havia refugiado, ²⁷e o vingador do sangue o encontrar fora dos limites de sua cidade de refúgio e o matar, não será culpado do sangue derramado, ²⁸porque o homicida deve permanecer em sua cidade de refúgio até a morte do sumo sacerdote, e só depois da morte desse poderá voltar à terra de sua propriedade.

²⁹Estas serão normas de direito para vós e para vossas gerações, onde quer que habiteis. ³⁰Todo aquele que matar uma pessoa, conforme o depoimento das testemunhas, será condenado à morte; mas ninguém será condenado à morte por depoimento de uma só testemunha. ³¹Não aceitareis resgate pela vida de um homicida condenado à morte, pois deve ser morto. ³²Tampouco aceitareis resgate por quem se tenha refugiado em sua cidade de refúgio, para que volte a habitar em sua terra antes da morte do sumo sacerdote. ³³Não contaminareis* o país em que viveis, porque o sangue contamina a terra, e não se pode fazer expiação pela terra, por causa do sangue nela derramado, senão com o sangue de quem o derramou. ³⁴Não profaneis a terra em que habitais, e no meio da qual eu também habito, pois eu sou Javé, que habito entre os israelitas".*

36

Herança das mulheres. ¹Os chefes das casas patriarcais da família dos filhos de Galaad, filho de Maquir, filho de Manassés, um dos clãs dos filhos de José, tomaram a palavra

---

* **35**,14. Dt 4,41-43 **|** 33. Gn 9,5s **|** 34. Êx 29,45

† **35**,12. Na sociedade primitiva da época em que vigorava a lei do talião, Êx 21,24, o parente mais próximo da vítima exercia o direito de vingança. Essa pessoa, chamada "goel", redentor, era quem protegia a família, impedindo também a alienação dos bens, Lv 25,25. Deus é chamado o Redentor de Israel, Is 41,14; Jr 50,34; Sl 19,15.

Números 36

182

diante de Moisés e dos principais chefes das casas patriarcais dos israelitas e disseram: [2]"Javé ordenou a meu senhor que repartisse por sorteio a terra a ser dada em herança aos israelitas; e meu senhor recebeu ordem, da parte de Javé, de dar a herança de Salfaad, nosso irmão, a suas filhas. [3]Ora, se elas se casarem* com homens de uma outra tribo de Israel, sua herança será retirada da parte de nossos pais: aumentará a parte da tribo na qual forem recebidas e diminuirá a parte que tocou por sorte a nós. [4]Quando chegar o jubileu para os israelitas, a herança delas* será acrescida à herança das tribos às quais pertencerão e será subtraída da herança da tribo de nossos pais".

[5]Então Moisés comunicou aos israelitas esta ordem recebida de Javé: "Tem razão a tribo de José. [6]Isto é o que Javé ordena a respeito das filhas de Salfaad: Casem-se com quem quiserem, contanto que seja com alguém de uma família da tribo de seu pai. [7]A herança dos israelitas não passará de uma tribo para outra, porque cada um dos israelitas estará ligado à herança da tribo de seus pais. [8]Toda moça que possuir uma herança numa das tribos dos israelitas deverá casar-se com alguém de uma família de sua tribo paterna, para que cada israelita conserve a posse da herança de seus pais. [9]Desse modo nenhuma herança passará de uma tribo a outra, mas cada uma das tribos dos israelitas ficará ligada à própria herança".

[10]Conforme Javé havia ordenado a Moisés, assim fizeram as filhas de Salfaad, [11]e Maala, Tersa, Hegla, Melca e Noa, filhas de Salfaad, casaram-se com os filhos de seus tios paternos. [12]Casaram-se dentro das famílias dos filhos de Manassés, filho de José; e assim sua herança permaneceu dentro da tribo da família de seu pai.

[13]São estes os mandamentos e as leis que Javé deu aos israelitas por meio de Moisés nas estepes de Moab, às margens do Jordão, defronte de Jericó.

---

* **36**,3. 27,1-11 | 4. Lv 25,1

DEUTERONÔMIO

O título do livro é a transcrição de duas palavras gregas que significam "segunda lei" e têm sua origem em Dt 17,18, onde se prescreve que o rei tenha para seu uso "uma cópia desta lei". Bem diferente dos outros livros do Pentateuco, este se apresenta como uma coleção de três discursos de Moisés, o qual, logo antes de morrer, no limiar da terra prometida, relata ao povo os acontecimentos do êxodo, testemunhos da predileção de Deus por Israel, e lhe recorda a promulgação da lei no Sinai e outras normas complementares, para exortá-lo a permanecer fiel à aliança. O livro da Lei achado no templo em 622 a.C., na época de Josias (2Rs 22,8), é a primeira edição do Deuteronômio. Este fato suscitou uma grande reforma religiosa que aboliu todos os lugares de culto fora de Jerusalém, unificando o santuário.

O livro do Deuteronômio formou a escola chamada deuteronomista, que tinha sua própria teologia e vocabulário. Essa escola, que floresceu nos anos anteriores e sucessivos à queda de Jerusalém, foi responsável pela redação dos livros chamados na Bíblia Hebraica de "Profetas Anteriores", a saber, Josué, Juízes, e os livros de Samuel e dos Reis. A teologia que eles exprimem pode ser assim resumida: a aliança é um compromisso recíproco, que vale enquanto Israel respeita as leis. Porque ela foi rompida por culpa de Israel, cabe a Javé aplicar as penas previstas nesta aliança, e o povo tem de passar pelo castigo. Mas a esperança não fica perdida, porque é definitiva a escolha que Javé fez de Israel como seu povo.

Se é verdade que o Deuteronômio é antes de tudo um livro de leis, é preciso salientar também o forte influxo que os profetas exerceram na formulação dessas leis. Israel é um povo escolhido por amor e não por seu valor ou merecimento (7,7-9). O modo de corresponder a esse amor demonstrado por Deus é amá-lo de todo o coração, obedecendo a suas normas, não apenas às do culto, mas também às morais e sociais. No Antigo Testamento, é o Deuteronômio o livro que mais fala do amor divino.

I. MOISÉS RELEMBRA A HISTÓRIA (1,1–4,40)

1 **Introdução ao discurso: o lugar e o tempo.** ¹São estas as palavras que Moisés falou a todo o Israel do outro lado do Jordão, no deserto, na Arabá, diante de Suf, entre Farã e Tofel, Labã, Haserot e Dizaab. ²São onze dias de caminho desde o Horeb até Cades-Barne, pelo caminho do monte Seir. ³No quadragésimo ano, no dia primeiro do décimo primeiro mês, Moisés falou aos israelitas conforme tudo o que Javé lhe havia mandado dizer-lhes. ⁴Depois de ter derrotado Seon,* rei dos amorreus, que habitava em Hesebon, e Og, rei de Basã, que residia em Astarot e em Edrai, ⁵do outro lado do Jordão, na terra de Moab, Moisés começou a explicar esta lei, dizendo†:

Retrospectiva. ⁶"Javé, nosso Deus, disse-nos no Horeb: Já morastes nesta montanha o bastante. ⁷Voltai-vos e parti; ide à região montanhosa dos amorreus e a todas as vizinhanças, à planície, à montanha, à baixada, ao Negueb, à costa marítima, à terra dos cananeus e ao Líbano, até o grande rio, o Eufrates. ⁸Coloco a terra diante de vós; entrai e tomai posse da terra* que Javé, vosso Deus, jurou dar a vossos pais, a Abraão, a Isaac, a Jacó e sua descendência depois deles.

⁹Eu vos disse naquele tempo:* 'Não posso encarregar-me de vós sozinho; ¹⁰Javé, vosso Deus, vos multiplicou de tal modo que hoje sois tão numerosos como as estrelas do céu. ¹¹Javé, Deus de vossos pais,* vos multiplique mil vezes mais e vos abençoe, como vos prometeu. ¹²Como poderia eu suportar sozinho vosso peso, vossa carga e vossas contendas? ¹³Escolhei dentre vossas tribos* homens sábios e dotados de discernimento e de experiência,

---

* **1**,4. Nm 21,21-35 **|** **1**,8. Gn 12,7.15; 26,2-5; 28,13-15 **|** 9. Êx 18,13-26; Nm 11,14 **|** 11. Gn 15,5; 22,17 **|** 13. Nm 11,16s

† **1**,5. Este discurso de Moisés, 1,6–4,40, tem duas partes: na primeira, 1,6–3,29, relembra os principais acontecimentos do êxodo; na segunda, 4,1-40, exorta à fidelidade à lei de Deus.

Deuteronômio 1

e eu os constituirei vossos chefes'. [14]E vós me respondestes: 'É bom fazermos o que disseste'. [15]Então tomei os chefes de vossas tribos, homens sábios e dotados de experiência, e os constituí vossos chefes, chefes de mil, de cem, de cinquenta, de dez, e oficiais para vossas tribos. [16]Na mesma ocasião* prescrevi a vossos juízes: 'Escutai as contendas entre vossos irmãos e julgai com equidade entre cada um deles e seu irmão, ou um estrangeiro que mora junto dele. [17]Não façais acepção* de pessoa em juízo; ouvi tanto o pequeno como o grande; não tenhais medo de ninguém, porque o juízo pertence a Deus. Se alguma questão for difícil demais para vós, apresentai-a a mim, e eu a ouvirei'. [18]Naquela ocasião vos prescrevi tudo o que devíeis fazer".

Em Cades Barne. [19]"Partindo do Horeb,* percorremos todo aquele vasto e terrível deserto que vistes, em direção à região montanhosa dos amorreus, como Javé, nosso Deus, nos tinha ordenado, e chegamos a Cades Barne. [20]Então eu vos disse: 'Chegastes à região montanhosa dos amorreus, que Javé, nosso Deus, nos dá. [21]Javé, vosso Deus, colocou a terra diante de vós: subi, tomai posse dela,* como vos falou Javé, Deus de vossos pais; não temais nem desanimeis'. [22]Então viestes todos a mim, dizendo: 'Mandemos alguns homens a nossa frente para que explorem por nós o país e nos informem sobre o caminho pelo qual devemos subir e as cidades nas quais devemos entrar'. [23]A proposta me agradou e escolhi dentre vós doze homens, um de cada tribo. [24]Eles partiram e, subindo à região montanhosa, chegaram até o vale de Escol e o exploraram. [25]Tomando consigo frutos do lugar, eles os trouxeram para nós e nos informaram, dizendo: 'É boa a terra que Javé, nosso Deus, nos dá'. [26]Vós, porém, não quisestes subir e fostes rebeldes à ordem de Javé, vosso Deus; [27]reclamastes em vossas tendas, dizendo: 'Javé nos odeia, por isso tirou-nos do Egito para nos entregar ao poder dos amorreus e nos exterminar. [28]Para onde subiremos? Nossos irmãos nos fizeram perder a coragem, dizendo: É um povo maior e mais alto do que nós; as cidades são grandes e fortificadas até o céu; também vimos ali os descendentes de Enac'.

[29]Então eu vos disse: 'Não vos assusteis* nem tenhais medo deles. [30]Javé, vosso Deus, que vai a vossa frente, combaterá por vós ele mesmo, conforme tudo o que fez por vós no Egito, a vossos olhos, [31]e no deserto, onde vistes Javé, vosso Deus,* vos levar como um homem leva seu filhinho, por todo o caminho que percorrestes, até chegardes a este lugar'. [32]Não obstante tudo isso, não confiastes em Javé, vosso Deus, [33]o qual vos precedia no caminho, em busca de um lugar onde pudésseis acampar, com o fogo de noite,* para vos mostrar o caminho que devíeis seguir, e de dia com a nuvem.

[34]Ouvindo o som de vossas vozes, Javé se enfureceu e jurou, dizendo: [35]'Nenhum dos homens* dessa geração perversa verá aquela boa terra, que jurei dar a seus pais, [36]exceto Caleb, filho de Jefoné;* esse há de vê-la, e a ele e a seus filhos darei a terra que pisou, porque seguiu fielmente a Javé'. [37]Também contra mim se irritou Javé,* por vossa causa, e disse: 'Nem tu entrarás lá. [38]Mas teu servo Josué, filho de Nun, entrará; encoraja-o, pois é ele que fará Israel herdar a terra. [39]E vossos meninos, dos quais dissestes que seriam escravizados, vossos filhos que não sabem ainda distinguir entre o bem e o mal, eles entrarão; a eles darei a terra, e a possuirão. [40]Quanto a vós, voltai para trás e ide para o deserto pelo caminho do mar Vermelho'.

[41]Então me respondestes:* 'Pecamos contra Javé; vamos subir e combater, conforme tudo o que Javé, nosso Deus, nos ordenou'. E cada um de vós tomou

---

* **1**,16. 17,8-13 | 17. Lv 19,15 | 19. Nm 13,1-14,10 | 21. Js 1,6.9 | 29. 2,10; At 13,18 | 31. 7,6; 14,1; 32,6; Êx 4,22; Os 11,1; Is 63,16; Jr 31,9 | 33. Êx 13,21s | 35. Nm 14,21-35 | 36. Nm 13,30; 14,6.9 | 37. Nm 20,12; Dt 3,26; 4,21; 34,4 | 41. Nm 14,39-45

185 Deuteronômio 1-2

suas armas e vos preparastes para subir às montanhas. ⁴²Mas Javé me disse: 'Dize a eles: Não subais nem luteis, porque eu não estou convosco; para não serdes derrotados diante de vossos inimigos'. ⁴³Eu vos falei, mas não me ouvistes; fostes rebeldes à ordem de Javé e, cheios de arrogância, subistes às montanhas. ⁴⁴Então os amorreus, que habitam naquelas montanhas, saíram contra vós e vos perseguiram como fazem as abelhas* e vos derrotaram desde Sin até Horma. ⁴⁵Voltando, chorastes diante de Javé, mas Javé não ouviu vossa voz nem vos deu atenção. ⁴⁶É por isso que tivestes de ficar em Cades esse tempo todo que lá permanecestes".

2 Através do deserto. ¹"Voltamos então e fomos para o deserto, pelo caminho do mar Vermelho, conforme Javé me havia falado, contornando a montanha de Seir durante muito tempo. ²Depois Javé me disse: ³'Já andastes bastante ao redor desta montanha; dirigi-vos para o norte. ⁴Dá ao povo esta ordem: Ides atravessar o território de vossos irmãos, os filhos de Esaú, que habitam em Seir.* Eles terão medo de vós; mas tende cuidado: ⁵não os ataqueis, pois nada vos darei da terra deles, nem sequer o comprimento de um pé; porque dei a Esaú a posse da região* montanhosa de Seir. ⁶Comprareis deles, por dinheiro, o alimento que comereis; e também a água comprareis deles por dinheiro. ⁷Pois Javé, vosso Deus, vos abençoou* em toda obra de vossas mãos; ele vela sobre vossa caminhada por este vasto deserto; há quarenta anos Javé, vosso Deus, vos acompanha, e nada vos faltou. ⁸Passamos, pois, ao largo de nossos irmãos,* os filhos de Esaú, que habitam em Seir, pela estrada da Arabá, por Elat e Asiongaber e, virando, tomamos o caminho do deserto de Moab.

⁹Então Javé me disse: 'Não ataques os moabitas* nem lhes dês combate, porque nada te darei da terra deles; pois dei Ar como propriedade aos filhos de Ló. ¹⁰Antes habitavam ali os emim, povo grande, numeroso e de alta estatura como os enacim; ¹¹eram considerados como rafaim, assim como os enacim; os moabitas, porém, os chamavam de emim. ¹²Em Seir habitavam antes os horreus; mas os filhos de Esaú os expulsaram e exterminaram, estabelecendo-se em seu lugar, como fez Israel com a terra de sua propriedade, que Javé lhe deu.

¹³Agora levantai-vos e atravessai a torrente de Zared'. E atravessamos a torrente de Zared. ¹⁴A duração de nossa caminhada desde Cades Barne até a passagem da torrente de Zared foi de trinta e oito anos, até que toda a geração dos guerreiros tivesse desaparecido do meio do acampamento, como Javé lhes havia jurado. ¹⁵Esteve contra eles a mão de Javé, para os exterminar do meio do acampamento até seu desaparecimento.

¹⁶Depois que a morte fez desaparecer todos os guerreiros dentre o povo, ¹⁷Javé me falou, dizendo: ¹⁸'Hoje estás para atravessar os limites de Moab, em Ar, ¹⁹e chegarás diante dos filhos de Amon. Não os ataques nem lhes dês combate†, porque nada te darei da terra dos filhos de Amon; pois dei-a aos filhos de Ló como propriedade. ²⁰Também ela foi considerada terra dos rafaim; eles, de fato, nela habitaram anteriormente, e eram chamados de zomzomim pelos amonitas; ²¹era um povo grande e numeroso, de alta estatura como os enacim; Javé, porém, os exterminou diante dos amonitas, que os expulsaram e se estabeleceram em seu lugar; ²²exatamente como tinha feito em favor dos filhos de Esaú, que habitavam em Seir, quando exterminou

---

* **1**,44. Sl 118,12 | **2**,4. Nm 20,14-21 | 5. Gn 36,8 | 7. Êx 33,14.16; 34,9s; Dt 8,2s; 29,5; Ne 9,20s | 8. Nm 20,21 9. Nm 21,10-20

† **2**,19. Javé impede que ataquem os idumeus, v. 5, os moabitas, v. 9, e os amonitas, v. 19, povos aparentados com Israel. Foi Javé mesmo que lhes dera aquelas terras. | 23. Ilha citada em Jr 47,4 e Am 9,7; provavelmente é Creta, e os caftorim são os filisteus, os "povos do mar".

Deuteronômio 2-3

os horreus diante deles, de modo que os expulsaram e habitaram no lugar deles até hoje. [23]Também os aveus, que moravam nas aldeias até Gaza, foram exterminados pelos caftorim, emigrados de Caftor[+], que se estabeleceram em seu lugar. [24]Levantai-vos, ponde-vos a caminho e atravessai a torrente do Arnon. Entrego em vossas mãos Seon, rei de Hesebon, o amorreu, com sua terra; começai a tomar posse dela, fazei-lhe guerra. [25]Hoje começarei a espalhar o terror e o medo de vós entre os povos, onde quer que habitem: quando ouvirem falar de vós, tremerão e se angustiarão diante de vós'".

Conquista do reino de Seon. [26]"Do deserto de Cademot* mandei mensageiros a Seon, rei de Hesebon, com palavras de paz, para dizer-lhe: [27]'Deixa-me atravessar teu país; caminharei unicamente pela estrada, sem me desviar nem para a direita, nem para a esquerda. [28]Tu me venderás por dinheiro* o alimento para comer, e por dinheiro me darás água para beber; permite apenas que eu passe a pé, [29]como fizeram comigo os filhos de Esaú, que habitam em Seir, e os moabitas, que habitam em Ar, até que eu passe o Jordão, para entrar na terra que Javé, nosso Deus, nos dá'. [30]Mas Seon, rei de Hesebon, não quis deixar-nos passar por seu território; porque Javé, vosso Deus, cegou seu espírito e endureceu-lhe o coração para entregá-lo a vossa mão, como é hoje. [31]Disse-me então Javé: 'Comecei a entregar-te Seon e seu país; começa a conquista para te apoderar de seu país'. [32]Seon saiu a nosso encontro com toda a sua gente até Jasa, para combater contra nós. [33]Mas Javé o entregou a nosso poder, e nós o vencemos, com seus filhos e toda a sua gente. [34]Então tomamos todas as suas cidades e votamos ao interdito homens, mulheres e crianças, sem deixar um sobrevivente; [35]apenas tomamos como presa para nós o gado e os despojos das cidades que conquistamos.

[36]Desde Aroer, que está à margem do vale do Arnon, e desde a cidade situada nesse vale, até Galaad, não houve cidade que fosse forte demais para nós: Javé, nosso Deus, entregou-as todas a nosso poder. [37]Somente não invadistes o país dos amonitas, isto é, toda a região da torrente do Jaboc e as cidades da montanha e todos os lugares que Javé, nosso Deus, nos havia proibido".

3 Conquista do reino de Og.

[1]"Voltando, subimos pelo caminho de Basã;* e Og, rei de Basã, veio a nosso encontro em Edrai, com toda a sua gente, para combater contra nós. [2]E Javé me disse: 'Não o temas, porque eu o entreguei em tuas mãos com toda a sua gente e seu país; farás com ele como fizeste com Seon, rei dos amorreus, que morava em Hesebon'. [3]Assim Javé, nosso Deus, entregou em nossas mãos também Og, rei de Basã, com toda a sua gente, e nós o derrotamos, a ponto de não lhe deixar nenhum sobrevivente. [4]Nessa ocasião lhe tomamos todas as cidades; não houve cidade que não lhes tomássemos: sessenta cidades, toda a região de Argob, o reino de Og em Basã. [5]Todas essas cidades eram fortificadas com altos muros, portas e ferrolhos; sem contar o grande número de cidades sem muros. [6]E nós as votamos ao interdito, como tínhamos feito com Seon, rei de Hesebon; votamos ao interdito cada cidade: homens, mulheres e crianças, [7]mas reservamos como nossa presa todo o gado e os despojos das cidades. [8]Tomamos, assim, naquela ocasião, dos dois reis amorreus, o território do outro lado do Jordão, desde a torrente do Arnon até o monte Hermon, [9]chamado Sarion pelos sidônios e Sanir pelos amorreus; [10]todas as cidades do planalto, todo o Galaad e todo o Basã, até Selca e Edrai, cidades do reino de Og, em Basã. [11]Porque Og, rei de Basã, era o último sobrevivente dos rafaim; seu leito, um leito de ferro, é o que está em Rabá

---

* **2**,26. Nm 21,21-25; Jz 11,19-22 | 28. Nm 20,18.21 | **3**,1. Nm 21,33-35

187

Deuteronômio 3-4

dos amonitas; mede nove côvados de comprimento e quatro de largura, em côvados comuns".

Divisão dos territórios conquistados. ¹²"Foi então que tomamos posse daquela terra.* Dei aos rubenitas e aos gaditas o território desde Aroer, à margem da torrente do Arnon, e a metade da região montanhosa de Galaad com suas cidades. ¹³À meia tribo de Manassés dei o restante de Galaad e todo o Basã, o reino de Og. Toda a região de Argob com todo o Basã se chamava terra dos rafaim. ¹⁴Jair, filho de Manassés,* tomou toda a região de Argob até a divisa com os gessuritas e os maacatitas e deu seu nome às aldeias de Basã, que ainda hoje se chamam aldeias de Jair. ¹⁵A Maquir dei Galaad. ¹⁶Aos rubenitas e aos gaditas dei o território de Galaad até a torrente do Arnon, com a metade do vale que serve de limite, e até a torrente do Jaboc, fronteira dos amonitas; ¹⁷e ainda a planície* com o Jordão como limite, desde Quineret até o mar da planície, o mar Salgado, ao pé das encostas do Fasga, ao oriente.

¹⁸Naquele tempo vos dei esta ordem: 'Javé, vosso Deus, vos deu como propriedade esta terra: vós todos, homens valentes, marchareis armados à frente dos israelitas, vossos irmãos. ¹⁹Somente vossas mulheres, vossas crianças e vosso gado – sei que tendes muito gado – ficarão nas cidades que vos dei, ²⁰até que Javé tenha dado descanso a vossos irmãos, como a vós, e que também eles tenham tomado posse da terra que Javé, vosso Deus, lhes dá do outro lado do Jordão; então voltareis cada qual para a propriedade que vos dei'. ²¹Na mesma ocasião, dei a Josué esta ordem:* 'Teus olhos viram tudo o que Javé, vosso Deus, fez a esses dois reis: assim fará Javé a todos os reinos que vais atravessar. ²²Não tenhas medo deles, porque Javé, vosso Deus, combate por vós'".

Moisés excluído da terra prometida. ²³"Naquele tempo supliquei a Javé, dizendo: ²⁴'Senhor Javé, vós começastes* a mostrar a vosso servo vossa grandeza e vossa mão poderosa: qual é o deus, no céu ou na terra, que pode fazer obras e portentos como os vossos? ²⁵Eu vos peço: deixai-me atravessar, para ver a boa terra que está além do Jordão, essas belas montanhas e o Líbano!' ²⁶Mas Javé* se irritou contra mim, por vossa causa, e não me atendeu. Javé me disse: 'Basta, não me fales mais nisto. ²⁷Sobe ao cume do Fasga,* ergue teu olhar para o ocidente e o norte, para o sul e o oriente; contempla com teus olhos, porque não passarás esse Jordão. ²⁸Entrega o comando a Josué, anima-o e encoraja-o; pois ele passará à frente desse povo e o fará possuir a terra que verás'. ²⁹Assim permanecemos no vale, diante de Bet-Fegor".*

4 **Exortação à observância das leis.** ¹"Agora, Israel, ouvi as leis* e os costumes que vos ensino. Ponde-os em prática, para que vivais e entreis para tomar posse da terra que vos dá Javé, Deus de vossos pais. ²Nada acrescentareis ao que vos mando e nada lhes tirareis, mas observareis os mandamentos de Javé, vosso Deus, que vos prescrevo. ³Vossos olhos* viram o que Javé fez em Baal-Fegor: Javé, vosso Deus, exterminou de vosso meio todos os que seguiram o Baal de Fegor; ⁴mas vós, que permanecestes fiéis a Javé, vosso Deus, estais hoje todos vivos. ⁵Vede! Ensinei-vos leis e costumes como Javé, meu Deus, me ordenou, para que os pratiqueis na terra em que entrareis para possuí-la. ⁶Observai-os e cumpri-os, pois serão eles vossa sabedoria* e vossa inteligência aos olhos dos povos, os quais, ao ouvirem falar de todas essas leis, dirão: 'Essa grande nação é o único povo sábio e sensato!' ⁷De fato, que grande nação* existe,

---

* **3**,12. Nm 32 | 14. Nm 32,41; Jz 10,3-5 | 17. Nm 34,11s | 21. Js 1,1 | 24. 5.24; 11,2s; Êx 15,6s; Sl 86,8 | 26. Nm 20,12 | 27. 32,48-52 | 29. Nm 25,1-18 | **4**,1. 5,1; 6,1; 8,1; 11,8s | 3. Nm 25,1-18 | 6. Jó 28,28; Sl 19,8; Eclo 1,16-18; Pr 1,7; 9,10 | 7. 4,32-34; Sl 145,18; 147,19s; 148,14

Deuteronômio 4

da qual a divindade tanto se aproxima, como está perto de nós Javé, nosso Deus, toda vez que o invocamos? ⁸Que grande nação possui leis e costumes como toda esta Lei que hoje vos proponho?† ⁹Somente tomai cuidado* e ficai atentos para não esquecerdes as coisas que vossos olhos viram e para que não se afastem de vosso coração em todos os dias de vossa vida, mas contai-as a vossos filhos e netos.

¹⁰Lembrai-vos do dia em que comparecestes perante Javé, vosso Deus, no Horeb,* quando Javé me disse: 'Convoca-me o povo, e eu os farei ouvir minhas palavras, para que aprendam a temer-me todo o tempo que viverem sobre a terra, e ensinem o mesmo a seus filhos'. ¹¹Então vos aproximastes e permanecestes ao pé da montanha, a qual ardia em chamas até o meio do céu, entre trevas, nuvens e escuridão. ¹²E Javé vos falou do meio do fogo; ouvistes o som das palavras, mas não vistes nenhuma figura, era só uma voz. ¹³Ele vos revelou sua aliança, que vos mandou cumprir, os dez mandamentos* que escreveu sobre duas tábuas de pedra. ¹⁴Quanto a mim, Javé mandou-me, naquela ocasião, ensinar-vos leis e costumes, que deveríeis praticar na terra na qual entrareis para dela tomar posse".

Proibição da idolatria. ¹⁵"Tende muito cuidado! Já que não vistes nenhuma figura no dia em que Javé vos falou no Horeb, do meio do fogo, ¹⁶não aconteça que vos corrompais e vos fabriqueis alguma imagem esculpida†, na forma de alguma figura, como a representação de homem ou de mulher, ¹⁷de qualquer animal* terrestre, de qualquer pássaro que voa pelo céu,

¹⁸de qualquer réptil que se arrasta pelo chão,* de qualquer peixe que há nas águas sob a terra. ¹⁹Não suceda que, levantando os olhos ao céu e vendo o sol, a lua, as estrelas* e todo o exército celeste, vos deixeis levar a prestar-lhes adoração e culto. Javé, vosso Deus, deu estas coisas em herança a todos os povos que há debaixo do céu. ²⁰A vós, porém, Javé escolheu e vos tirou da fornalha de ferro do Egito,* para serdes seu povo, sua herança, como hoje sois. ²¹Javé irritou-se contra mim,* por vossa causa, e jurou que eu não passaria o Jordão e não entraria na boa terra que Javé, vosso Deus, está para vos dar em herança. ²²De fato, eu morrerei neste país e não passarei o Jordão; vós, sim, o passareis e tomareis posse daquela boa terra. ²³Guardai-vos de esquecer a aliança que Javé, vosso Deus, fez convosco e não façais para vós nenhuma imagem esculpida, representando alguma coisa que Javé, vosso Deus, vos proibiu; ²⁴porque Javé, vosso Deus, é um fogo devorador,* é um Deus apaixonado".

Ameaças e promessas. ²⁵"Quando tiverdes gerado filhos e netos e tiverdes envelhecido na terra, se vos corromperdes fazendo imagens esculpidas na forma de uma coisa qualquer e praticando o que desagrada a Javé, vosso Deus, de modo a provocar sua ira, ²⁶invoco hoje como testemunhas contra vós o céu e a terra, que logo desaparecereis totalmente da superfície da terra, da qual ides tomar posse atravessando o Jordão.* Não vivereis nela muito tempo, mas sereis inteiramente exterminados. ²⁷Javé vos dispersará entre os povos, e de vós não restará senão um pequeno número† entre as nações, aonde Javé

---

* **4**,9. 32,7; Sl 44,2; 78,3; Jl 1,3 | 10. Êx 19,16-20 | 13. Êx 20,1 | 17. Êx 20,4s | 18. Rm 1,23 | 19. 17,3; Sb 13,2 | 20. Jr 4,20 | 21. 1Rs 8,51; Nm 20,21 | 24. Êx 20,5; 13,22; Is 33,14; Sf 1,18; Hb 12,29 | 26. Js 23,16; Lv 26,14-19

† **4**,8. A lei é obra da sabedoria divina. É uma pedagogia, uma "torá" ou instrução paterna. É firme em seus preceitos e amorosa em suas promessas. | 16. Antigamente Deus, que não tem corpo nem aparência, não podia ser representado por uma imagem. Mas depois que se mostrou na carne e viveu entre os homens, posso fazer uma imagem daquilo que vi de Deus (S. João Damasceno). A encarnação do Filho de Deus inaugurou uma nova lei das imagens. | **4**,27. O povo será dizimado por causa de suas culpas e sofrerá o exílio, tempo de purificação. Um resto fiel a Deus será semente de um novo povo, Is 43; Sf 3,13.

189

Deuteronômio 4-5

vos levará. [28]Ali servireis* a deuses que são obra de mãos humanas, de madeira e pedra, incapazes de ver, ouvir, comer e cheirar. [29]De lá buscareis Javé,* vosso Deus, e o encontrareis, contanto que o busqueis de todo o vosso coração e de toda a vossa alma. [30]Quando estiverdes na angústia e vos tiverem alcançado todos esses males, nos últimos tempos, voltareis para Javé, vosso Deus, e ouvireis sua voz. [31]Porque Javé, vosso Deus, é um Deus misericordioso; ele não vos abandonará, nem vos destruirá, nem se esquecerá da aliança que jurou a vossos pais".*

Predileção de Deus para com Israel. [32]"Interrogai os tempos passados que vos precederam, desde o dia em que Deus criou o ser humano sobre a terra: de um extremo ao outro do céu jamais aconteceu coisa tão grande como esta? Ouviu-se algo semelhante? [33]Existe acaso um povo que ouviu a voz de Deus falando do meio do fogo,* como vós ouvistes, e tenha continuado a viver? [34]Houve jamais um deus* que tentou vir escolher uma nação do meio de outra, com provas, sinais, prodígios* e batalhas, com mão poderosa, com braço estendido e com grandes terrores, como Javé, vosso Deus, fez por vós, a vossos olhos no Egito? [35]Isto vos foi mostrado* para que reconhecêsseis que Javé é Deus, e não há outro fora dele. [36]Do céu vos fez ouvir sua voz para vos instruir; na terra vos mostrou seu grande fogo, do meio do qual o ouvistes falar. [37]E porque amou vossos pais, escolheu sua descendência depois deles, e vos fez sair do Egito com sua presença e sua grande força, [38]para expulsar* de vossa frente nações maiores e mais poderosas do que vós, para vos introduzir na terra delas, dando-a a vós como herança, como hoje acontece. [39]Reconhecei, pois hoje,* e gravai em vosso coração que Javé é Deus, lá em cima no céu e aqui embaixo na

terra, e não há outro. [40]Observai suas leis e seus mandamentos, que hoje vos prescrevo, para que sejais felizes* vós e vossos filhos depois de vós, e vivais longos anos na terra que Javé, vosso Deus, vos dá para sempre".

II. MOISÉS EXPÕE A LEI
(4,41–26,19)

Cidades de refúgio além do Jordão. [41]Então Moisés separou três cidades do outro lado do Jordão, a oriente, [42]para que nelas* se pudesse refugiar o homicida que houvesse matado seu próximo involuntariamente e sem o ter odiado antes, de modo que, refugiando-se numa dessas cidades, pudesse salvar a própria vida: [43]Bosor, no deserto,* no planalto, para os rubenitas; Ramot em Galaad, para os gaditas; e Golã, em Basã, para os manassitas.

Tempo e lugar do discurso. [44]Esta é a Lei que Moisés propôs aos israelitas. [45]São estes os preceitos, os estatutos e os decretos que Moisés comunicou aos israelitas, quando saíram do Egito, [46]do outro lado do Jordão, no vale diante de Bet-Fegor, no país de Seon, rei dos amorreus, que habitava em Hesebon, e que Moisés e os israelitas derrotaram quando saíram do Egito. [47]Eles se apoderaram* de seu país e o do de Og, rei de Basã, os dois reis dos amorreus, que estavam do outro lado do Jordão, ao oriente, [48]desde Aroer, situada à margem da torrente do Arnon, até o monte Sião, isto é, o Hermon, [49]com toda a planície do outro lado do Jordão, ao oriente, até o mar da planície, ao pé do monte Fasga.

5 **Os dez mandamentos.** [1]Moisés convocou todos* os israelitas, e lhes disse:

"Ouve, Israel, as leis e os costumes que hoje proclamo a vossos ouvidos; aprendei-os e guardai-os a fim de ob-

---

* **4,28.** 2Rs 17,6; 25,8s / Is 4,3; Sl 105,12s **|** 29. 30,1-5; Os 5,15; Is 55,6; Jr 29,13; 2Cr 15,2.4.7s.15; Sl 27,8; 105,3s **|** 31. Mt 7,7s; Êx 34,6s 33. Êx 33,20 **|** 34. 7,6 / Jr 33,21; Sl 40,6 **|** 35. Êx 20,3; Dt 32,39; Is 43,10-13; Mc 12,32 **|** 38. 7,1; 9,1; 11,23 **|** 39. 1Rs 8,23; 2Cr 20,6; Sl 83,19 **|** 40. Is 65,20; Zc 8,4 **|** 42. Êx 21,13 **|** 43. Js 20,8 **|** 47. 2,26-3,17 **|** 5,1. 4,1

Deuteronômio 5

servá-los. ²Javé, nosso Deus, fez conosco uma aliança* no Horeb; ³não com nossos pais fez Javé esta aliança, e sim conosco, nós, todos os que hoje aqui estamos vivos. ⁴Face a face Javé falou convosco na montanha, do meio do fogo. ⁵Eu estava então entre Javé e vós, para vos transmitir a palavra de Javé, porque tivestes medo do fogo e não subistes à montanha. Ele disse:

⁶'Eu sou Javé, teu Deus,* que te tirei da terra do Egito, da casa da escravidão. ⁷Não terás outros deuses diante de mim. ⁸Não farás para ti nenhuma escultura,* ou qualquer representação das coisas que estão lá em cima nos céus ou aqui embaixo na terra, ou nas águas sob a terra. ⁹Não as adorarás† nem as servirás, porque eu, Javé, teu Deus, sou um Deus apaixonado,* que puno a iniquidade dos pais nos filhos até a terceira e a quarta geração daqueles que me odeiam; ¹⁰mas uso de misericórdia até a milésima geração para com aqueles que me amam e observam meus preceitos.

¹¹Não pronunciarás em vão o nome de Javé, teu Deus, porque Javé não deixará impune aquele que pronunciar seu nome em vão.

¹²Guardarás o dia de sábado, santificando-o, como te ordenou Javé, teu Deus. ¹³Seis dias trabalharás e farás toda a tua obra, ¹⁴mas o sétimo dia é o sábado de Javé, teu Deus; não farás nenhum trabalho nem tu, nem teu filho, nem tua filha, nem teu servo, nem tua serva, nem teu boi, nem teu jumento, nem qualquer de teus animais, nem o estrangeiro* que mora dentro de tuas cidades, para que teu servo e tua serva repousem como tu. ¹⁵Lembra-te que foste escravo na terra do Egito, de onde Javé, teu Deus, te tirou com mão poderosa e braço estendido; e é por isso que Javé, teu Deus, te ordenou guardar o dia de sábado†.

¹⁶Honrarás teu pai e tua mãe, como te ordenou Javé,* teu Deus, para que vivas muitos anos e sejas feliz na terra que Javé, teu Deus, te dá. ¹⁷Não matarás. ¹⁸Não cometerás adultério. ¹⁹Não furtarás. ²⁰Não darás falso testemunho contra o próximo. ²¹Não desejarás a mulher do próximo. Não cobiçarás a casa de teu próximo, nem seu campo, nem seu servo, nem sua serva, nem seu boi, nem seu jumento, nem coisa alguma de teu próximo'.

²²São essas as palavras* que Javé dirigiu a toda a vossa assembleia no monte, do meio do fogo, das nuvens e da escuridão, com voz forte, sem nada acrescentar. Escreveu-as sobre duas tábuas de pedra e as entregou a mim.

²³Quando ouvistes a voz do meio das trevas,* enquanto o monte estava em chamas, vós, os chefes de vossas tribos e vossos anciãos vos aproximastes de mim e dissestes: ²⁴'Javé, nosso Deus, mostrou-nos sua glória e sua grandeza, e ouvimos sua voz do meio do fogo.* Hoje vimos que Deus pode falar com o homem, e este permanecer vivo. ²⁵Por que, então, nos expor a morrer? Esse grande fogo vai devorar-nos! Se continuarmos a ouvir a voz de Javé, nosso Deus, morreremos. ²⁶De fato, quem dentre todos os mortais ouviu, como nós, a voz do Deus vivo,* falando do meio do fogo, e continuou com vida? ²⁷Aproxima-te e ouve tudo o que dirá Javé, nosso Deus; depois nos transmitirás tudo o que Javé, nosso Deus, te tiver dito, e nós o ouviremos e cumpriremos'.

²⁸Javé ouviu vossas palavras,* enquanto me faláveis, e me disse: 'Ouvi as palavras que este povo te dirigiu; está bem tudo o que falaram. ²⁹Quem

---

* **5**,2. 4,10-13 | 6. Êx 20,2-17 | 8. 4,15-20 | 9. 4,24; 7,9s | 14. Êx 12,48 | 16. Eclo 3,1-16 | 22. Êx 24,8; Dt 4,12s | 23. Êx 20,18-21 | 24. Êx 19,16 / Êx 33,20 | 26. Is 6,5 | 28. Êx 19,8; 24,3

† **5**,8. No II Concílio de Niceia, VII Concílio Ecumênico, do ano 787, a Igreja Católica reconheceu oficialmente como legítimo o culto às imagens, porque esse culto e prestado ao santo representado e não à imagem como tal. | **5**,15. Aqui o sábado comemora a libertação da escravidão do Egito e não o repouso do Criador, como em Êx 20,11.

dera que o coração deles fosse sempre assim, decidido a me temer e a observar todos os meus mandamentos, para serem felizes eles e seus filhos para sempre! [30]Vai e ordena-lhes que voltem para suas tendas. [31]Tu, porém, fica aqui junto de mim, pois quero te comunicar todos os mandamentos, leis e costumes que lhes deves ensinar, para que os pratiquem na terra que lhes dou como herança'.

[32]Cuidai, pois, de agir como Javé, vosso Deus, vos mandou, sem vos desviardes nem para a direita, nem para a esquerda. [33]Segui em tudo* o caminho que Javé, vosso Deus, vos prescreveu, para que tenhais vida, sejais felizes e prolongueis vossos dias na terra da qual tomareis posse".

6 O amor de Deus na observância da lei.

[1]"São estes os mandamentos, as leis e os costumes que Javé, teu Deus, ordenou que te ensinasse, para que os pratiques na terra na qual entrarás para dela tomar posse. [2]Assim, se por toda a tua vida temeres a Javé,* teu Deus, e observares todas as suas leis e seus mandamentos que te prescrevo, terás vida longa tu, teu filho e teu neto. [3]Ouve, pois, Israel, e esforça-te por praticá-los, para que sejas feliz e te multipliques muito na terra onde corre leite e mel, conforme te prometeu Javé, Deus de teus pais.

[4]Ouve, Israel: Javé, nosso Deus,* Javé é único. [5]Amarás Javé, teu Deus, de todo o teu coração, de toda a tua alma e com todas as tuas forças[+]. [6]Estas palavras, que hoje te ordeno, estejam em teu coração. [7]Tu as ensinarás a teus filhos e delas falarás sentado em casa, andando pelo caminho, ao deitar-te e ao levantar-te; [8]tu as prenderás* a tua mão como um sinal, e serão como um frontal entre teus olhos; [9]tu as escre-

verás nas portas de tua casa e nas entradas de tua cidade. [10]Quando Javé, teu Deus, te tiver introduzido na terra que a teus pais, Abraão, Isaac e Jacó, prometeu com juramento que te daria: cidades grandes e belas* que não edificaste, [11]com casas cheias de toda espécie de bens que não acumulaste, cisternas que não cavaste, vinhas e oliveiras que não plantaste; quando comeres e te saciares, [12]então toma cuidado para não esqueceres* Javé, teu Deus, que te tirou do Egito, da casa da escravidão. [13]Temerás Javé, teu Deus, a ele servirás e por seu nome hás de jurar. [14]Não seguirás outros deuses,* nenhum dos deuses dos povos que houver a teu redor, [15]pois Javé, teu Deus, que mora no meio de ti, é um Deus apaixonado; não aconteça que a ira de Javé, teu Deus, se inflame contra ti e te faça desaparecer da face da terra.

[16]Não tentarás Javé, teu Deus,* como o tentaste em Massá. [17]Observa fielmente os mandamentos de Javé, teu Deus, suas instruções e suas leis que ele te prescreveu. [18]Faze o que é justo e bom aos olhos de Javé, para que sejas feliz e entres na posse da boa terra que Javé prometeu com juramento a teus pais, [19]depois de haver expulsado todos os teus inimigos de tua frente, como Javé prometeu.

[20]E amanhã, quando teu filho te perguntar:* 'Que significam estas instruções, estas leis e estes costumes que Javé, nosso Deus, vos prescreveu?' [21]Responderás a teu filho[+]: 'Éramos escravos do faraó no Egito, mas Javé nos tirou do Egito com mão poderosa. [22]Javé realizou, diante de nossos olhos, sinais e prodígios grandes e terríveis para o Egito, para o faraó e toda a sua casa. [23]Tirou-nos de lá para nos conduzir e nos dar a terra que havia jurado a nossos pais. [24]Javé nos mandou prati-

---

* **5**,33. 17,11.20; Js 1,7 | **6**,2. Êx 15,26 | 4. 4,35; 10,12; Mt 22,37; Jr 31,33; 11,18-21 | 8. Êx 13,9.16 | 10. Js 24,13 | 12. 8,10-18; 32,13-18 | 14. Êx 23,32s; Dt 4,24 | 16. Êx 17,1-7; Nm 20,2-13 | **6**,20. Êx 12,26s; 13,8

† **6**,5. Este é o mandamento identificado por Jesus como o maior, Mt 22,38. É amar o Deus único, com amor intenso e exclusivo, e por amor observar os mandamentos. | **6**,21. A Bíblia mostra a importância da catequese familiar, Êx 10,2; 13,8.14; Dt 11,19. É pelo testemunho dos pais que os filhos devem começar a aprender os ensinamentos da fé.

Deuteronômio 6-7

car todas estas leis e temer a Javé, nosso Deus, para sermos sempre felizes e para ele nos conservar em vida, como fez até agora. [25]Esta será nossa justiça: observar e praticar todos estes preceitos diante de Javé, nosso Deus, como ele nos prescreveu'".

7 Atitude para com os cananeus.

[1]"Quando Javé, teu Deus,* te houver introduzido na terra, na qual entrarás para dela tomar posse, e tiver expulsado de tua frente muitas nações – os heteus, os gergeseus, os amorreus, os cananeus, os ferezeus, os heveus e os jebuseus – sete nações maiores e mais poderosas do que tu; [2]quando Javé, teu Deus,* as entregar a ti, e tu as derrotares, tu as votarás ao interdito. Não farás aliança com elas nem delas terás piedade. [3]Não contrairás matrimônio* com elas; não darás tuas filhas a seus filhos nem tomarás suas filhas para teus filhos, [4]porque seduziriam* teus filhos para não me seguirem e para servirem outros deuses, de modo que a cólera de Javé se acenderia contra ti e sem demora te exterminaria. [5]Pelo contrário, assim agirás com elas: destruirás seus altares,* despedaçarás suas colunas sagradas, abaterás seus troncos idolátricos e queimarás no fogo seus ídolos. [6]Porque tu és um povo consagrado* a Javé, teu Deus; Javé, teu Deus, te escolheu para seres seu povo particular entre todos os povos que estão sobre a face da terra".

Israel, povo predileto. [7]"Não porque fosses mais numeroso que todos os outros povos Javé se afeiçoou a ti e te escolheu; pelo contrário, és o menor entre todos os povos; [8]mas porque Javé te ama[+] e quer cumprir o juramento feito a teus pais, com mão poderosa te tirou e te resgatou da casa da escravidão, do poder do faraó, rei do Egito. [9]Reconhece, pois, que Javé, teu Deus,

ele sim é Deus; o Deus fiel,* que guarda a aliança e a bondade até a milésima geração para com aqueles que o amam e observam seus mandamentos; [10]e que também retribui pessoalmente aos que o odeiam, fazendo-os perecer; não tardará, mas retribuirá prontamente a quem o odeia. [11]Guarda os mandamentos,* leis e costumes que hoje te mando pôr em prática. [12]E por teres obedecido* a esses costumes e os teres guardado e cumprido,* Javé, teu Deus, guardará contigo a aliança e a bondade que jurou a teus pais. [13]Ele te amará, te abençoará e te multiplicará; abençoará o fruto de teu seio e o fruto de tua terra – teu trigo, teu vinho e teu óleo – as crias de tuas vacas e as de tuas ovelhas, na terra que a teus pais jurou dar-te. [14]Serás bendito mais que todos os povos; não haverá no meio de ti homem ou mulher estéril, nem animal estéril em teu gado. [15]Javé afastará de ti* toda enfermidade; e todas as epidemias funestas do Egito, que bem conheces, não as mandará sobre ti, mas sobre todos aqueles que te odeiam".

Javé estará com seu povo. [16]"Exterminarás, pois,* todos os povos que Javé, teu Deus, está para te entregar. Não terás piedade deles, e assim não servirás a seus deuses, porque isto seria um laço para ti. [17]Talvez penses* contigo mesmo: 'Estas nações são mais numerosas do que eu; como poderei expulsá-las?' [18]Não as temas: lembra-te bem do que Javé, teu Deus, fez ao faraó e a todo o Egito, [19]das grandes provas que viste com teus olhos, dos sinais e prodígios, e da mão poderosa e do braço estendido,* com que Javé, teu Deus, te fez sair. Assim fará Javé, teu Deus, com todos os povos dos quais tens medo. [20]Além disso, Javé, teu Deus, mandará vespas contra eles, até que pereçam os que ficarem e os que se tiverem escondido de ti. [21]Não tremas diante deles,*

---

* **7,**1. Êx 34,11-17; Sl 106,34-39 / At 13,19 | 2. 2,34 | 3. Êx 23,32s; 34,12-16 | 4. Esd 9,1s | 5. 12,3 | 6. Êx 19,6; Dt 14,2; Is 62,3; Am 3,2 | 9. 4,35; 5,9s; Êx 34,6s | 11. Ez 14,12 | 12. Êx 23,22s / Jo 14,21-23; Lc 1,72 | 15. Êx 15,26 | 16. Êx 23,24-33 | 17. 9,1-6 | 19. Êx 23,28; Js 24,12; Sb 12,8 | 21. Êx 34,9s

+ **7,**8. A escolha de Javé é livre e não depende dos merecimentos do povo. O mesmo acontece com o povo cristão, 1Jo 4,10.

porque Javé, teu Deus, o Deus grande e terrível, está no meio de ti. [22]Javé, teu Deus, vai expulsar* pouco a pouco de tua frente estas nações; não poderás destruí-las rapidamente, para que não se multipliquem para teu dano os animais ferozes. [23]Mas Javé, teu Deus, as entregará a ti e lançará sobre elas um grande pânico, até que sejam exterminadas. [24]Entregará em tuas mãos seus reis, e tu farás desaparecer seus nomes de debaixo do céu; ninguém te poderá resistir, até que os tenhas exterminado. [25]Lançareis no fogo as imagens de seus deuses; não cobiçarás a prata nem o ouro que os recobrem, retendo-os para ti, para não seres preso no laço por eles; pois isto é uma abominação para Javé, teu Deus. [26]Não introduzirás em tua casa uma abominação, porque te tornarias anátema igual a ela; deves detestá-la e abominá-la com horror, porque é votada ao extermínio".

8 **Provações no deserto.** [1]"Cuida de pôr em prática todos os mandamentos que hoje te prescrevo, para que possas viver e multiplicar-te, entrar e possuir a terra que Javé jurou a teus pais. [2]Lembra-te de todo o caminho* que Javé, teu Deus, te fez percorrer no deserto nestes quarenta anos, a fim de te humilhar e te provar, para saber o que tinhas no coração e se observarias ou não seus mandamentos. [3]Ele te humilhou,* te fez passar fome, depois te alimentou com o maná, que nem tu nem teus pais conhecíeis, para te ensinar que não só de pão vive o homem,* mas de toda palavra que sai da boca de Javé vive o homem†. [4]Tuas roupas não se gastaram nem inchou teu pé nesses quarenta anos. [5]Reconhece, pois, em teu coração que, assim como um homem corrige seu filho,* assim Javé, teu Deus, te corrigia.

[6]Guarda os mandamentos de Javé, teu Deus,* andando por seus caminhos e temendo-o. [7]Porque Javé, teu Deus, te fará entrar numa terra excelente; terra de riachos, de fontes e de nascentes, que brotam nos vales e nas montanhas; [8]terra de trigo e de cevada, de vinhas, figueiras e romãzeiras, terra de oliveiras, de azeite e de mel; [9]terra onde não comerás pão racionado, onde nada te faltará; terra onde as pedras são de ferro e de cujas montanhas poderás extrair o cobre. [10]Comerás e te saciarás, e bendirás Javé, teu Deus, pela boa terra que te deu. [11]Toma cuidado para não esqueceres Javé, teu Deus, deixando de observar os mandamentos, os costumes e as leis que hoje te prescrevo; [12]não aconteça que, depois que comeres à saciedade, construíres belas casas e nelas morares, [13]e depois que se multiplicarem teus bois e tuas ovelhas, e aumentarem teu ouro e tua prata e todos os teus bens, [14]teu coração se encha de orgulho* e te esqueças de Javé, teu Deus, que te tirou da terra do Egito, da casa da escravidão, [15]que te conduziu por aquele grande e terrível deserto, lugar de serpentes venenosas e de escorpiões,* terra árida e sem água; que para ti fez brotar água da rocha duríssima;* [16]que no deserto te alimentou com o maná, desconhecido de teus pais, a fim de te humilhar e te pôr à prova, para teres um futuro feliz.

[17]Não penses contigo mesmo: 'Foi minha força e o vigor de minha mão que me proporcionaram estas riquezas'. [18]Lembra-te de Javé, teu Deus,* porque é ele quem te dá força para adquirir riquezas, confirmando a aliança que jurou a teus pais, como hoje se vê. [19]Mas, se esqueceres Javé, teu Deus, seguindo outros deuses, prestando-lhes culto e adoração, eu te declaro solenemente hoje que perecerás com certeza. [20]Como as nações que Javé faz desaparecer diante de ti, assim também perecerás, por não teres atendido à voz de Javé, teu Deus".

---

* **7**,22. Êx 23,29; Jz 2,6 | **8**,2. 29,4s; Êx 15,25 | 3. Sb 11,9s; Êx 16 / Mt 4,4 | 5. Pr 3,11s; 1Cor 11,31s | 6. 11,10-12 | 14. Eclo 10,14; Jr 26 | 15. Nm 21,6 / Êx 17,7; Nm 20,1-13; Êx 16; Nm 11,7-9 | 18. 9,4; 32,17; Jz 7,2; Is 10,13-15; Am 6,13; 1Cor 1,26-31; Ef 2,8s; Jo 15,5

† **8**,3. A lei de Deus, palavra sua, é vida para o homem, v. 1; Lv 18,5.

Deuteronômio 9

9 Fidelidade de Deus às promessas.

[1]"Ouve, Israel: hoje vais passar o Jordão* para entrar e despojar nações maiores e mais poderosas do que tu, cidades grandes e fortificadas até o céu [2]e um povo numeroso e de alta estatura, os enacim, que conheces e dos quais ouviste dizer: 'Quem pode resistir* aos enacim?' [3]Pois bem, fica sabendo hoje que é Javé, teu Deus, que marchará diante de ti,* como um fogo devorador; ele os exterminará e os subjugará a ti; tu os expulsarás e os destruirás rapidamente, como Javé te prometeu. [4]Quando Javé, teu Deus, os tiver expulsado de tua frente,* não penses contigo mesmo: 'É por causa de minha justiça que Javé me fez entrar nesta terra e possuí-la'; porque é por causa da perversidade dessas nações que Javé as expulsa de tua frente. [5]Não é por tua justiça, nem pela retidão de teu coração que entrarás na posse de seu país, mas é por causa da perversidade dessas nações que Javé, teu Deus, as expulsa de tua frente; e para cumprir a palavra que Javé jurou a teus pais, Abraão, Isaac e Jacó. [6]Fica sabendo, pois, que não é por tua justiça* que Javé, teu Deus, te dá esta boa terra como possessão; pois tu és um povo de cabeça dura.

Recordação da infidelidade de Israel.

[7]Lembra-te, não te esqueças,* que no deserto provocaste a ira de Javé, teu Deus. Desde o dia em que saíste da terra do Egito, até tua chegada a este lugar, estás sendo rebelde a Javé. [8]Também no Horeb provocaste a ira de Javé, que se indignou contra ti a ponto de querer exterminar-te. [9]Quando subi ao monte para receber as tábuas de pedra, as tábuas da aliança que Javé estabelecia contigo, fiquei no monte quarenta dias e quarenta noites sem comer pão nem beber água. [10]Javé entregou-me as duas tábuas de pedra, escritas pelo dedo de Deus, nas quais estavam todas aquelas palavras que Javé te dirigiu no monte†, do meio do fogo, no dia da assembleia. [11]Ao fim de quarenta dias* e de quarenta noites, Javé me deu as tábuas de pedra, as tábuas da aliança. [12]Javé disse-me: 'Levanta-te, desce depressa daqui, pois teu povo, que tiraste do Egito, se corrompeu; depressa se afastaram do caminho que os mandei seguir: fizeram para si um ídolo de metal fundido'. Disse-me ainda Javé: [13]'Eu vi este povo:* é um povo de cabeça dura. [14]Deixa-me destruí-lo e cancelar seu nome de debaixo do céu; mas de ti farei uma nação mais forte* e mais numerosa do que esta'.

[15]Então voltei-me e desci do monte que estava todo em chamas, trazendo em minhas mãos as duas tábuas da aliança. [16]Olhei e vi que tinhas pecado contra Javé, teu Deus: tinhas feito para ti um bezerro de metal fundido. Depressa te havias afastado do caminho que Javé te havia prescrito. [17]Então agarrei as duas tábuas e as atirei de minhas mãos, quebrando-as ante teus olhos. [18]Depois disso prostrei-me diante de Javé, como da primeira vez, durante quarenta dias e quarenta noites, sem comer pão nem beber água, por causa de todos os pecados que havias cometido, praticando que desagrada a Javé e provocando sua ira. [19]Pois tive medo* da cólera e do furor de Javé, irritado contra ti a ponto de querer exterminar-te. Mas também desta vez Javé me ouviu. [20]Javé se enfureceu fortemente também contra Aarão, até querer aniquilá-lo; mas naquela ocasião intercedi também em favor de Aarão. [21]Quanto ao objeto do pecado, o bezerro por ti fabricado, eu o agarrei e o queimei ao fogo, esmigalhei-o, moendo-o até que ficasse reduzido a pó finíssimo,* e atirei o pó na torrente que desce da montanha.

[22]Também em Tabera, em Massa,* em Cibrot-Ataava, provocaste a cólera de Javé. [23]E quando Javé queria que par-

---

* **9**,1. 4,38 | 2. 2,10 | 3. 7,22 | 4. 8,17; 18,12 | 6. Ef 2,6-8; Tt 3,5 | 7. Êx 32 | 11. 5,3-22 | 13. 9,6; 31,27; Êx 32,9 | 14. Jr 7,26; 17,23; 19,15; Br 2,30 | 19. Hb 12,21 | 21. Êx 32,20; Nm 11,1-3 | 22. Êx 17,1-7; Nm 20,1-13; 11,4-34; 13,25-14,38; Dt 1,25-40

† **9**,10. Na nova aliança, a nova lei será escrita não na pedra, mas no coração das pessoas, Jr 31,33.

tisses de Cades Barne, dizendo: 'Sobe e toma posse da terra que te dou'; resististe à ordem de Javé, teu Deus, não lhe deste crédito e não obedeceste a sua voz. [24]Tens sido rebelde a Javé desde o dia em que te conheci.

[25]Eu me lancei à terra* diante de Javé e fiquei prostrado quarenta dias e quarenta noites, porque Javé falava em te exterminar. [26]Intercedi junto a Javé, dizendo: 'Senhor Javé, não destruais vosso povo e vossa herança que resgatastes com vossa grandeza e que tirastes do Egito com mão poderosa. [27]Lembrai-vos de vossos servos, Abraão, Isaac e Jacó; não considereis a dureza deste povo, sua maldade, seu pecado, [28]para que não digam os habitantes da terra de onde nos tirastes: Javé não era capaz de os introduzir na terra que lhes prometera e, porque os odiava, ele os tirou de lá para fazê-los morrer no deserto. [29]Não obstante, são eles vosso povo e vossa herança, que tirastes de lá com vosso grande poder e com vosso braço estendido'".

10 As novas tábuas da lei. [1]"Naquele tempo, Javé me disse:* 'Corta duas tábuas de pedra, como as primeiras, e sobe até mim na montanha; faze também uma arca de madeira. [2]Escreverei sobre as tábuas as palavras que estavam nas primeiras, que quebraste,* e tu as colocarás na arca'. [3]Fiz, pois, uma arca de madeira de acácia, cortei duas tábuas de pedra como as primeiras e subi ao monte com as duas tábuas na mão. [4]Então Javé escreveu sobre as tábuas, como tinha escrito a primeira vez, as dez palavras que ele vos havia falado no monte, do meio do fogo, no dia da assembleia, e as entregou a mim. [5]Voltei-me e desci do monte e coloquei as tábuas na arca que eu tinha feito, e lá elas permanecem, como Javé me ordenou.

[6]Os israelitas partiram dos poços dos filhos de Jacã para Mosera; aí morreu Aarão,* e foi sepultado, e em seu lugar exerceu o sacerdócio seu filho Eleazar. [7]De lá partiram para Gadgad e de Gadgad para Jetebata, lugar rico em água corrente.

[8]Foi nesse tempo que Javé destacou a tribo de Levi* para transportar a arca da aliança de Javé, para estar em sua presença, servi-lo e abençoar em seu nome, como faz até hoje. [9]Por isso Levi não tem parte nem herança com seus irmãos; Javé é sua herança,* como Javé, teu Deus, lhe havia dito.

[10]Fiquei, pois, sobre o monte, como a primeira vez, quarenta dias e quarenta noites; e Javé me atendeu também desta vez, renunciando a te destruir. [11]Javé me disse: 'Levanta-te! Põe-te a caminho à frente do povo, para que entrem e tomem posse da terra que jurei a seus pais que lhes daria'".

Exigências de Javé. [12]"E agora, Israel, o que te pede Javé, teu Deus, senão que temas Javé, teu Deus, que andes em todos os seus caminhos, que o ames* e que sirvas a Javé, teu Deus, com todo o teu coração e com toda a tua alma, [13]guardando os mandamentos de Javé e suas leis, que hoje te prescrevo, para teu bem? [14]Vê: a Javé, teu Deus, pertencem os céus* e o mais alto dos céus†, a terra e tudo o que nela existe. [15]No entanto, somente a teus pais* Javé se afeiçoou e os amou; e depois deles escolheu, dentre todos os povos, sua descendência, que és tu, como acontece no dia de hoje. [16]Circuncida,* pois, teu coração† e não endureças mais tua nuca. [17]Porque Javé, teu Deus, é o Deus dos deuses, o Senhor dos senhores,* o Deus grande, forte e terrível, que não faz acepção de pessoas nem aceita suborno; [18]ele faz justiça ao órfão e à viúva e ama o estrangeiro, dando-lhe

---

* **9,**25. Êx 32,11-14 | **10,**1. Êx 34,1s.27 | 2. Êx 25,10 | 6. Nm 33,31-38 | 8. Nm 1,48-53; 3,1-10; 4,1-33 | 9. Nm 18,20 | 12. 6,5 | 14. Sl 24,1s; Is 66,1s; Êx 19,5 | 15. 7,6 | 16. 30,6; Jr 4,4; Dt 9,13 | 17. 1Tm 6,15; Ap 17,14; 19,16 | 18. Jó 34,9; Sb 6,7

† **10,**14. Literalmente, "os céus dos céus", superlativo hebraico. Mesmo tipo de superlativo no v. 17, "o Deus supremo". | 16. A circuncisão do coração é a que tira tudo o que impede de compreender e praticar a vontade de Deus, é a que faz nascer a nova criatura, Gl 6,15.

Deuteronômio 10-11

pão e roupa.* ¹⁹Tu, também, ama o estrangeiro, porque foste estrangeiro na terra do Egito. ²⁰Temerás Javé, teu Deus; a ele servirás, a ele estarás unido e por seu nome jurarás. ²¹É a ele que deves louvar: ele é o teu Deus, que fez por ti essas coisas grandiosas e tremendas que teus olhos viram. ²²Quando teus pais desceram para o Egito* eram setenta pessoas, mas agora Javé, teu Deus, te fez tão numeroso como as estrelas do céu".

11 Motivos para ser fiel a Javé.

¹"Amareis a Javé, vosso Deus, e observareis sempre suas prescrições, suas leis, costumes e mandamentos. ²Vossos filhos não conheceram nem viram as lições que deu Javé, vosso Deus; mas vós, hoje, conheceis sua grandeza, sua mão poderosa* e seu braço estendido; ³seus sinais e seus feitos que realizou no Egito contra o faraó, rei do Egito, e todo o seu país; ⁴o que fez com o exército egípcio, com seus cavalos e seus carros, arrojando sobre eles as águas do mar Vermelho, quando vos perseguiam, e destruindo-os até o dia de hoje; ⁵o que fez por vós no deserto até que chegásseis a este lugar; ⁶e o que fez a Datã e a Abiram,* filhos de Eliab, filho de Rúben, quando a terra se abriu e os engoliu com suas famílias, suas tendas e todos os seus adeptos, no meio de todo o Israel. ⁷Vossos olhos viram todos esses grandes feitos que Javé realizou".

Promessas e advertências. ⁸"Guardai todos os mandamentos que hoje vos prescrevo, para que sejais fortes e entreis e tomeis posse da terra para a qual ides passar, a fim de possuí-la, ⁹e para que tenhais vida longa na terra que Javé jurou dar a vossos pais e a sua descendência, terra onde corre leite e mel.* ¹⁰Porque a terra para onde ides, a fim de possuí-la, não é como a terra do Egito, de onde saístes, na qual

lançáveis vossa semente* e a regáveis com o pé, como se rega uma horta. ¹¹A terra da qual ides tomar posse é uma terra de montanhas e vales, que absorve a água da chuva que vem do céu; ¹²é uma terra da qual Javé, vosso Deus, cuida, tendo sempre os olhos sobre ela, do começo ao fim do ano.

¹³Se realmente obedecerdes* a meus mandamentos, que hoje vos prescrevo, amando Javé, vosso Deus, e servindo-o de todo o vosso coração e de toda a vossa alma, ¹⁴farei cair a seu tempo a chuva* de que necessita vossa terra, a chuva do outono e da primavera†, para que possais recolher vosso trigo, vosso vinho novo e vosso azeite; ¹⁵farei crescer o capim em vosso campo para vosso gado e tereis alimento até a saciedade. ¹⁶Tende cuidado para que vosso coração não se deixe seduzir e vos desvieis para servir a outros deuses e prostrar-vos diante deles; ¹⁷porque então Javé, tomado de ira contra vós, fecharia os céus e não cairia a chuva, a terra não daria seus produtos, e depressa iríeis desaparecer da boa terra que Javé vos dá".

A felicidade nas mãos do povo. ¹⁸"Gravai estas minhas palavras em vosso coração e em vossa alma, prendei-as como um sinal a vossa mão e sejam como um frontal entre vossos olhos. ¹⁹Ensinai-as a vossos filhos, falando delas sentados em vossa casa e quando caminhais pela estrada, ao deitar-vos e ao levantar-vos; ²⁰escrevei-as nas portas de vossa casa e nas entradas de vossa cidade, ²¹para que vossos dias* e os de vossos filhos, na terra que Javé jurou dar a vossos pais, sejam tão numerosos como os dias do céu* sobre a terra. ²²Pois se observardes, de fato, todos estes mandamentos que vos mando praticar, amando Javé vosso Deus, andando em todos os seus caminhos e estando unidos a ele, ²³Javé expulsará de vossa frente

---

* **10,**22. Gn 46,27; Êx 1,5 | **11,**2. Êx 7-15 | 6. Nm 16 | 9. 28,3-5 | 10. 8,7-10; Ne 9,25 | **11,**13. Lv 26,3-13 | 14. Jr 5,24; Jl 2,19.23s | 21. Pr 3,2; Ne 9,29 / Jr 33,25

† **11,**14. Na Palestina, as primeiras chuvas caem em outubro/novembro (outono), e as últimas em março/abril (primavera).

todas essas nações, de sorte que despojareis nações maiores* e mais poderosas do que vós. ²⁴Será vosso todo lugar* que a sola de vosso pé tiver pisado; vosso território se estenderá desde o deserto até o Líbano, desde o grande rio, o Eufrates, até o mar ocidental. ²⁵Ninguém vos poderá resistir. Javé espalhará o terror e o medo de vós por toda a terra em que pisardes, como vos prometeu.

²⁶Vede! Hoje ponho diante de vós* a bênção e a maldição: ²⁷a bênção, se obedecerdes aos mandamentos de Javé, vosso Deus, que hoje vos prescrevo; ²⁸a maldição, se não obedecerdes aos mandamentos de Javé, vosso Deus, e vos afastardes do caminho que hoje vos prescrevo, para ir atrás de outros deuses, que não conhecestes. ²⁹Quando pois Javé, vosso Deus, vos houver introduzido* na terra, na qual ides entrar para dela tomar posse, colocareis a bênção sobre o monte Garizim e a maldição sobre o monte Ebal. ³⁰Esses montes ficam além do Jordão, no caminho do ocidente, na terra dos cananeus, que habitam na planície, defronte de Guilgal, junto aos carvalhos de Moré. ³¹De fato, ides atravessar o Jordão para vos apoderardes da terra que Javé, vosso Deus, vos dá; tomareis posse dela e nela habitareis; ³²e cuidareis de cumprir todas as leis e costumes que hoje vos exponho".

12 Santuário único. ¹"São estas as leis e os costumes† que cuidareis de praticar na terra que Javé, Deus de vossos pais, vos deu como propriedade por todo o tempo que viverdes na terra. ²Destruireis inteiramente* todos os lugares onde as nações, que ides conquistar, prestaram culto a seus deuses sobre as altas montanhas, sobre as colinas e debaixo de toda árvore frondosa. ³Demolireis seus altares, quebrareis suas colunas sagradas, queimareis no fogo seus troncos idolátricos, abatereis as estátuas esculpidas de seus deuses,* fazendo desaparecer seus nomes daquele lugar.

⁴Não fareis assim com Javé, vosso Deus; ⁵mas o procurareis no lugar que Javé, vosso Deus, tiver escolhido entre todas as vossas tribos,* para pôr ali seu nome†. Lá deveis ir, ⁶e para lá levareis vossos holocaustos,* vossos sacrifícios, vossos dízimos, vossas contribuições, vossas promessas, vossas ofertas espontâneas e os primogênitos de vosso gado e de vosso rebanho. ⁷Lá comereis diante de Javé, vosso Deus, e vos alegrareis vós e vossas famílias† por todo empreendimento de vossa mão, no qual Javé, vosso Deus, vos tiver abençoado. ⁸Não fareis como nós fazemos aqui agora: cada qual faz tudo o que lhe parece bom; ⁹porque até agora não entrastes* ainda no repouso e na herança que Javé, vosso Deus, vos concede. ¹⁰Mas quando, atravessado o Jordão, habitardes na terra que Javé, vosso Deus, vos dá como herança, ele vos dará descanso de todos os vossos inimigos ao redor e habitareis em segurança. ¹¹Então levareis para o lugar que Javé, vosso Deus, tiver escolhido, para fazer habitar nele seu nome, tudo o que vos ordeno: vossos holocaustos, vossos sacrifícios, vossos dízimos, vossas contribuições e todas as ofertas escolhidas que tiverdes prometido a Javé, vosso Deus; ¹²e vos alegrareis diante de Javé, vosso Deus, vós, vossos filhos, vossas filhas, vossos servos, vossas servas e o levita que mora em vossas cidades, porque ele não tem parte nem herança convosco".

---

* **11**,23. 4,38 | 24. Js 1,3-5 | 26. 27-28; 30,15-20 | 29. 27,4; Jo 4,20s | **12**,2. 1Rs 14,23; 2Rs 16,4; 17,10; Is 57,5; Ez 6,13 | 3. Êx 23,24; 34,13 | 5. Êx 20,24 | 6. Lv 1-3; Dt 14,22 | 9. Jz 17,6; 21,25

† **12**,1. Começa aqui o Código deuteronomista, cap. 12–26, conjunto de leis religiosas e sociais. Parece ter sido este código a "lei" encontrada no templo no reinado de Josias, 2Rs 22,8, ponto de partida de sua reforma. | 5. Esta lei do santuário único, o de Jerusalém, só vigorou a partir de Josias, 2Rs 23,8. Até então adoravam a Deus em muitos lugares sagrados. A lei visava evitar a contaminação pelos cultos cananeus. | 7. Ir a um santuário é viver um dia de alegria diante de Deus. O autor o repete muitas vezes: ver v. 12; 14,26; 16,11.14; 27,7.

Deuteronômio 12-13

Normas sobre os sacrifícios. ¹³"Guarda-te de oferecer teus holocaustos em qualquer lugar que vires; ¹⁴mas é no lugar que Javé escolher numa de tuas tribos que oferecerás teus holocaustos e ali farás tudo o que te ordeno. ¹⁵No entanto, toda vez que o desejares, poderás matar animais e comer sua carne em todas as tuas cidades, conforme a bênção que Javé, teu Deus, te houver concedido; quem é impuro e quem é puro poderão comer igualmente, como se faz com a gazela* e com o cervo; ¹⁶somente não comerás o sangue, mas o derramarás no chão como água. ¹⁷Não poderás comer em tua cidade o dízimo de teu trigo, de teu vinho novo e de teu azeite, os primogênitos de teu gado* e de teu rebanho, nem qualquer coisa que tiveres oferecido como promessa, nem tuas oferendas voluntárias e nem tuas contribuições; ¹⁸mas o comerás diante de Javé, teu Deus, no lugar que Javé, teu Deus, tiver escolhido, tu, teu filho, tua filha, teu servo, tua serva e o levita que mora em tuas cidades; e te alegrarás diante de Javé, teu Deus, por toda obra a de tuas mãos. ¹⁹Guarda-te de desamparar o levita enquanto viveres em tua terra.

²⁰Quando Javé, teu Deus, tiver alargado teu território, como te prometeu, e tu disseres: 'Eu queria comer carne', e porque é teu desejo comê-la, poderás comer carne à vontade. ²¹Se for longe de ti o lugar que Javé, teu Deus, tiver escolhido para nele fazer morar seu nome, matarás de teu gado ou de teu rebanho que Javé te houver dado, conforme te ordenei, e poderás comer em tuas cidades o quanto quiseres. ²²Mas comerás como se come carne de gazela e de cervo; o impuro e o puro poderão igualmente comer. ²³Cuida, porém, de não comer o sangue,* pois o sangue é a vida; não comerás, portanto, a vida junto com a carne. ²⁴Não o comas, mas derrama-o no chão como água. ²⁵Não o comas, para que sejas feliz tu e teus filhos depois de ti, por teres feito aquilo que agrada a Javé. ²⁶Mas as coisas santas que tens para oferecer e aquelas das quais fizeste uma promessa, tu as tomarás contigo e irás ao lugar que Javé tiver escolhido, ²⁷e oferecerás teus holocaustos, a carne e o sangue sobre o altar de Javé, teu Deus; o sangue de teus sacrifícios será derramado sobre o altar de Javé, teu Deus, e a carne a comerás. ²⁸Observa e pratica todas estas ordens que te dou, a fim de que sejas feliz tu e teus filhos depois de ti, para sempre, por teres feito o que é bom e justo aos olhos de Javé, teu Deus".

Contra os ritos cananeus. ²⁹"Quando Javé, teu Deus, tiver exterminado* diante de ti as nações, em cuja terra entrarás para desalojá-las, e quando as tiveres conquistado e habitares em sua terra, ³⁰cuida de não seres seduzido para seguir seu exemplo, depois que forem aniquiladas diante de ti. Não faças indagações sobre seus deuses, como, por exemplo: 'Como é que estas nações serviam a seus deuses? Eu também farei o mesmo'. ³¹Não farás assim com Javé, teu Deus, porque elas praticavam para seus deuses tudo o que há de abominável e de odioso aos olhos de Javé; chegaram a queimar no fogo,* para seus deuses, seus filhos e suas filhas!"

13 **Contra a idolatria.** ¹"Cuidarás de pôr em prática todas as coisas que te ordeno, sem nada acrescentar e sem nada tirar.

²Se surgir em teu meio um profeta, ou um sonhador, que te anuncia um sinal ou um prodígio, ³e se esse sinal ou prodígio anunciado acontecer, e ele te disser: 'Vamos seguir outros deuses,* que não conheceste, e sirvamo-los', ⁴não darás atenção às palavras desse profeta, ou sonhador, porque é Javé, teu Deus, que assim te porá à prova, para saber se amas Javé, teu Deus, de todo o teu coração e de toda a tua alma. ⁵Seguirás Javé, teu Deus, a ele temerás, guardarás seus mandamentos e obedecerás a sua voz,* a ele servirás e a ele estarás unido. ⁶Esse profeta, ou

---

* **12**,15. 12,23; Lv 1,5 | 17. Dt 14,22 | 23. Lv 1,5 | 29. 7,1-6 | 31. Lv 18,21 | **13**,3. Jr 23,11-14 | 5. 6,13 | 6. 18,21

esse sonhador, será morto por ter pregado a rebelião* contra Javé, teu Deus, que te tirou da terra do Egito e te resgatou da casa da escravidão, para te desviar do caminho que Javé, teu Deus, te mandou seguir; extirparás assim o mal de teu meio.

[7]Se teu irmão, filho de teu pai ou de tua mãe, ou teu filho, ou tua filha, ou esposa que repousa em teu seio, ou teu amigo que é como tu mesmo, tentar seduzir-te em segredo, dizendo: 'Vamos servir a outros deuses', deuses que não conheceste, nem tu, nem teus pais, [8]entre os deuses dos povos que te rodeiam, próximos ou distantes, de um extremo a outro da terra, [9]não concordarás com ele nem o ouvirás; teu olho não terá piedade dele, não o pouparás nem encobrirás seu erro. [10]Ao contrário, tens o impreterível dever de matá-lo: tua mão será a primeira a levantar-se contra ele para fazê-lo morrer, e depois a mão de todo o povo. [11]Tu o apedrejarás até que morra, porque procurou afastar--te de Javé, teu Deus, que te tirou da terra do Egito, da casa da escravidão. [12]E todo Israel, ouvindo isto, temerá e não tornará a cometer tal crime em teu meio.

[13]Se em alguma de tuas cidades que Javé, teu Deus, te dá para ali habitar, ouvires dizer [14]que homens perversos saíram do meio de ti e seduziram os habitantes de sua cidade, dizendo: 'Vamos servir a outros deuses', [15]deuses que não conheces, deverás indagar, examinar e interrogar cuidadosamente. Se for verdade comprovada que tal abominação foi cometida em teu meio, [16]deverás sem falta passar a fio de espada os habitantes dessa cidade, votando-a ao interdito com tudo o que nela existir; inclusive seu gado passarás a fio de espada. [17]Juntarás no meio da praça todos os seus despojos, e queimarás totalmente a cidade e seus despojos, oferecendo-a toda a Javé, teu Deus. Ela se tornará uma ruína eterna e não será reconstruída. [18]Não fique em

tua mão nenhuma das coisas interditadas, para que Javé aplaque o furor de sua ira, te faça misericórdia e tenha piedade de ti, e te multiplique como jurou a teus pais, [19]caso tenhas ouvido a voz de Javé, teu Deus, observando todos os seus mandamentos que hoje te prescrevo e fazendo o que agrada a Javé, teu Deus".

14 Animais puros e impuros.

[1]"Vós sois filhos de Javé, vosso Deus.* Não vos fareis incisões no corpo nem vos raspareis os cabelos entre os olhos por causa de um morto; [2]sois um povo consagrado a Javé, vosso Deus, e Javé vos escolheu para que sejais seu povo particular entre todos os povos que existem sobre a face da terra.

[3]Não comereis coisa alguma abominável. [4]São estes os animais* que podereis comer: boi, ovelha, cabra, [5]cervo, gazela, corça, cabrito montês, antílope, ovelha montês e gamo. [6]Podereis comer todo animal que tenha o casco fendido, partido em duas unhas, e que rumina. [7]Todavia, entre os ruminantes e os que têm o casco fendido em duas unhas, não comereis os seguintes: o camelo, a lebre e o coelho, porque, embora ruminantes, não têm o casco fendido: para vós serão impuros. [8]Também o porco, porque, embora tenha a unha fendida, não rumina: será impuro para vós. Não comereis da carne deles nem tocareis seus cadáveres.

[9]Entre todos os animais aquáticos, são estes os que podereis comer: todos os que têm barbatanas e escamas podereis comer, [10]mas não comereis nenhum que não tenha barbatanas nem escamas: será coisa impura para vós.

[11]Podereis comer de todas as aves puras. [12]Estas, porém, não podereis comer: a águia, a ossífraga, o abutre; [13]o milhafre e as diversas espécies de falcões; [14]toda espécie de corvos; [15]o avestruz, a coruja, a gaivota e toda espécie de gaviões; [16]o mocho, o íbis, o cisne; [17]o pelicano, o abutre egípcio e

---

* **14**,1. Lv 19,27s; Êx 19,6; Dt 7,6 | 4. Lv 11

Deuteronômio 14-15

o alcatraz; [18]a cegonha, as diversas espécies de garça, a poupa e o morcego. [19]Tereis como impuro todo inseto alado; não comereis deles. [20]Podereis comer toda ave pura.

[21]Não comereis de nenhum animal* achado morto. Podereis dá-lo para comer ao forasteiro que mora em vossas cidades, ou vendê-lo a um estranho; porque sois um povo consagrado a Javé, vosso Deus. Não cozinhareis um cabrito no leite de sua mãe".*

Dízimos. [22]"Sem falta separarás cada ano o dízimo† de todo o fruto de tua semeadura, de tudo o que teu campo tiver produzido, [23]e comerás diante de Javé, teu Deus, no lugar que ele tiver escolhido para nele fazer habitar seu nome, o dízimo de teu trigo, de teu vinho novo e de teu azeite, além dos primogênitos de teu gado e de teu rebanho, para que aprendas a temer sempre Javé, teu Deus.

[24]Se, porém, o caminho for longo demais para ti, e não possas levar o dízimo, porque fica muito distante o lugar que Javé, teu Deus, tiver escolhido para estabelecer seu nome, quando Javé, teu Deus, te houver abençoado, [25]trocarás o dízimo por dinheiro e, levando contigo o dinheiro, irás ao lugar escolhido por Javé, teu Deus. [26]Lá empregarás o dinheiro na compra de qualquer coisa que desejares: bois, ovelhas, vinho, bebidas fermentadas, tudo o que desejares, e o comerás ali, diante de Javé, teu Deus, e te alegrarás com tua família. [27]Não deixarás desamparado o levita que habita em tuas cidades, pois ele não tem parte nem herança contigo.

[28]No fim de cada três anos* separarás o dízimo de todos os teus produtos do terceiro ano e o guardarás em tuas cidades. [29]Virá então o levita, que não tem parte nem herança contigo, o estrangeiro, o órfão e a viúva, que moram em tuas cidades, e comerão até se fartarem; para que Javé, teu Deus, te abençoe em todas as obras que tuas mãos fizerem".

15 O ano sabático. [1]"Ao fim de cada sete anos* farás remissão.

[2]Esta será a forma da remissão: Todo credor que emprestou alguma coisa a seu próximo perdoará o empréstimo feito; não exigirá nada de seu próximo nem de seu irmão, porque foi proclamada a remissão em honra de Javé. [3]Poderás exigi-lo do estrangeiro, mas a teu irmão perdoarás o que de teu estiver com ele, [4]para que não haja pobres no meio de ti; porque Javé te abençoará com certeza na terra que Javé, teu Deus, te dá como herança para a possuíres, [5]contanto que em verdade obedeças à voz de Javé, teu Deus, cuidando de pôr em prática todos estes mandamentos que hoje te prescrevo. [6]Javé, teu Deus,* te abençoará como te prometeu, de sorte que emprestarás a muitas nações, mas não tomarás empréstimo; dominarás muitas nações, e elas não te dominarão.

[7]Se houver em teu meio algum pobre entre teus irmãos, em alguma de tuas cidades, na terra que Javé, teu Deus, te dá, não endurecerás teu coração nem fecharás tua mão diante de teu irmão pobre, [8]mas tu lhe abrirás com largueza tua mão e lhe emprestarás generosamente o que precisar para atender a sua necessidade. [9]Cuida que não surja em teu coração este pensamento mesquinho: 'Está próximo o sétimo ano, o ano da remissão'; e, portanto, olhando com maus olhos teu irmão pobre, nada lhe dês; ele clamaria a Javé contra ti, e isto seria um pecado teu. [10]Sem falta lhe darás, e lhe darás de bom grado; assim Javé, teu Deus, te abençoará em toda obra tua e em todo empreendimento teu. [11]Porque jamais deixará de haver pobres* nesta terra†; por isso eu te ordeno: abre tua mão com largue-

---

* **14**,21. Lv 17,15 / Êx 23,19; 34,26 **|** 28. 26,12 **| 15**,1. Lv 25,1-7 **|** 6. 23,20s **|** 11. Mt 26,11

† **14**,22. Esse dízimo devia lembrar ao povo que Deus era o dono da terra, Lv 25,23, e de seus frutos. **15**,11. O fato de haver gente pobre, vivendo na miséria, é contra o plano de Deus e é devido aos pecados da sociedade. Na Igreja primitiva, onde reinava a fraternidade, não havia pobres, At 4,34.

Deuteronômio 15-16

za a teu irmão, a teu necessitado, a teu pobre em tua terra.

¹²Se um irmão se vender a ti,* hebreu ou hebreia, ele te servirá por seis anos, e no sétimo o deixarás sair livremente. ¹³E quando o libertares, não o despedirás de mãos vazias, ¹⁴mas lhe darás com fartura alguma coisa de teu rebanho, de tua eira, de teu lagar; daquilo com que Javé, teu Deus, te houver abençoado lhe darás. ¹⁵Lembra-te que foste escravo na terra do Egito e que Javé, teu Deus, te resgatou; é por isso que te ordeno* isto hoje. ¹⁶Mas se ele te disser: 'Não quero deixar-te', porque gosta de ti e de tua família e se sente bem em tua casa, ¹⁷então tomarás uma sovela e lhe furarás a orelha contra a porta, e assim será teu escravo para sempre; o mesmo farás com tua escrava. ¹⁸Não sintas pesar ao deixá-lo sair livremente, pois te prestou durante seis anos um serviço que vale o dobro do salário de um diarista; e assim Javé, teu Deus, te abençoará em tudo o que fizeres".

Primogênitos. ¹⁹"Todo primogênito macho que nascer* de teu gado e de teu rebanho tu o consagrarás a Javé, teu Deus. Não trabalharás com o primogênito de tuas vacas nem tosquiarás o primogênito de tuas ovelhas; ²⁰cada ano o comerás com tua família, diante de Javé, teu Deus, no lugar que Javé tiver escolhido. ²¹Se ele tiver algum defeito, se for coxo ou cego ou tiver qualquer outro defeito grave, não o sacrificarás a Javé, teu Deus; ²²poderás comê-lo em tua cidade; o impuro e o puro podem comê-lo igualmente como se come a gazela ou o cervo. ²³Seu sangue, porém, não o comerás, mas o derramarás no chão como água".

16 **Festas: A Páscoa.** ¹"Guarda o mês de abib* e celebra a Páscoa em honra de Javé, teu Deus, porque foi no mês de abib que Javé, teu Deus,

te fez sair do Egito, de noite. ²Imolarás a Javé, teu Deus, o sacrifício pascal, tomando de teu gado e de teu rebanho, no lugar que Javé, teu Deus, tiver escolhido para nele fazer habitar seu nome. ³Com ele não comerás nada fermentado; durante sete dias comerás ázimos, pão de aflição, porque saíste do Egito a toda pressa, a fim de recordares por toda a vida o dia de tua saída da terra do Egito. ⁴Durante sete dias não se verá contigo fermento em todo o teu território; e da carne que tiveres imolado na tarde do primeiro dia, nada restará até a manhã seguinte. ⁵Não poderás imolar a vítima pascal em qualquer uma das cidades que Javé, teu Deus, te dá; ⁶mas sim no lugar que Javé, teu Deus, tiver escolhido para nele fazer habitar seu nome† é que imolarás a vítima pascal, pela tarde, ao pôr do sol, hora de tua saída do Egito. ⁷Cozinharás e comerás a vítima no lugar escolhido por Javé, teu Deus. Na manhã seguinte poderás voltar e ir para tuas tendas. ⁸Durante seis dias comerás pães ázimos, e no sétimo dia haverá uma assembleia em honra de Javé, teu Deus; não farás trabalho algum".

Pentecostes. ⁹"Contarás sete semanas;* a partir do dia em que iniciarem a ceifar a messe, começarás a contar sete semanas. ¹⁰Então celebrarás a festa das Semanas em honra de Javé, teu Deus, trazendo ofertas voluntárias de tua mão, na medida em que Javé, teu Deus, te houver abençoado. ¹¹E te alegrarás na presença de Javé, teu Deus, com teu filho, tua filha, teu servo, tua serva, com o levita que vive em tuas cidades, com o estrangeiro, o órfão e a viúva que moram em teu meio, no lugar escolhido por Javé, teu Deus, para nele fazer habitar seu nome. ¹²Lembra-te de que foste escravo no Egito; observa e pratica estas leis".

Festa das Tendas. ¹³"Celebrarás a festa das Tendas* durante sete dias, depois

---

* **15**,12. Êx 21,2-4; Lv 25,8s; Jr 34,14 | 15. Êx 21,5s | 19. Êx 13,2.11 | **16**,1. Êx 12,1; 23,14; Lv 23,5-8 | 9. Êx 23,14; Lv 23,15-21; Nm 28,26-31 | 13. Lv 23,33-43; Nm 29,12-39

† **16**,6. Em consequência da reforma de Josias, 2Rs 23, a Páscoa começou a ser celebrada com uma romaria ao templo de Jerusalém; antes era uma festa familiar.

Deuteronômio 16-17

de haveres recolhido o produto de tua eira e de teu lagar. [14]E te alegrarás em tua festa com teu filho e tua filha, teu servo e tua serva, o levita e o estrangeiro, o órfão e a viúva, que vivem em tuas cidades. [15]Durante sete dias festejarás Javé, teu Deus, no lugar que Javé tiver escolhido; porque Javé, teu Deus, te abençoará em todas as tuas colheitas e em todo o trabalho de tuas mãos, e assim estarás plenamente satisfeito.

[16]Três vezes ao ano todos os teus homens se apresentarão diante de Javé, teu Deus, no lugar que ele tiver escolhido: na festa dos Ázimos, na festa das Semanas e na festa das Tendas. Ninguém comparecerá diante de Javé de mãos vazias: [17]cada um traga sua oferta na medida da bênção que Javé, teu Deus, lhe tiver concedido".

Deveres dos juízes. [18]"Constituirás juízes* e oficiais para cada uma de tuas tribos em todas as cidades que Javé, teu Deus, te dá, para que julguem o povo com sentenças justas. [19]Não distorcerás o direito, não farás acepção de pessoas nem aceitarás presentes, porque o presente cega os olhos dos sábios e corrompe as sentenças dos justos. [20]Segue estritamente a justiça, a fim de viveres e possuíres a terra que Javé, teu Deus, te dá".

Repressão da apostasia. [21]"Não plantarás nenhum tronco sagrado,* ou árvore qualquer junto do altar de Javé, teu Deus, que fizeres para ti; [22]nem levantarás colunas sagradas, o que Javé, teu Deus, detesta".

17 O direito penal.
[1]"Não sacrificarás a Javé, teu Deus,* um boi ou uma ovelha que tenha algum defeito ou alguma deformidade; porque isto é uma abominação para Javé, teu Deus.

[2]Se no meio de ti, em alguma de tuas cidades que Javé, teu Deus, te dá,* houver um homem ou uma mulher que faça o que é mau aos olhos de Javé, teu Deus, transgredindo sua aliança, [3]e vá servir a outros deuses e adorá-los, especialmente ao sol ou à lua ou a todo o exército celeste, coisa contrária a minhas ordens, [4]e isto te for denunciado ou disto ouvires falar, farás uma investigação minuciosa; e se ficar comprovado que é verdade e que realmente foi cometida tal abominação em Israel, [5]levarás às portas de tua cidade esse homem ou essa mulher, que tiverem cometido essa maldade, e tu apedrejarás tal homem ou mulher até que morram. [6]Por depoimento de duas ou três testemunhas será decretada a pena de morte contra aquele que deve morrer; ninguém será morto por depoimento de uma só testemunha. [7]A mão das testemunhas será a primeira a levantar-se contra ele para o fazer morrer, depois a mão de todo o povo; assim extirparás o mal do meio de ti".

Juízes levitas. [8]"Quando o juízo sobre uma causa for difícil demais para ti, a respeito de um homicídio, uma controvérsia, ou um ferimento, e é motivo de contestação em tua cidade, então te levantarás, subirás ao lugar escolhido por Javé, teu Deus, [9]e irás ter com os sacerdotes levitas e com o juiz que estiver em exercício na ocasião; tu os consultarás, e eles te comunicarão a sentença do julgamento. [10]Tu procederás de acordo com a decisão que te houverem anunciado naquele lugar, escolhido por Javé, e cuidarás de pôr em prática todas as suas instruções. [11]Agirás de acordo com a orientação que te derem e segundo a sentença que te anunciarem, sem te desviares nem para a direita, nem para a esquerda da sentença que te indicarem. [12]Mas aquele que proceder com presunção, não obedecendo nem ao sacerdote que está ali a serviço de Javé, teu Deus, nem ao juiz, esse homem morrerá, e assim extirparás o mal de Israel. [13]E todo o povo, ao saber disso, temerá e não mais agirá com presunção".

---

* **16**,18. Êx 23,1-3. 6-8 | 21. Êx 34,13; 23,24 | **17**,1. Lv 22,20-25 | 2. 13; 19,16-21

† **17**,14. A monarquia não é imposta por Javé, é apenas tolerada. Estas normas supõem já feita uma experiência negativa.

O rei. [14]"Quando tiveres entrado na terra* que Javé, teu Deus, te dá, e dela tiveres tomado posse e nela habitares, se disseres: 'Quero estabelecer um rei sobre mim†, como todas as nações a meu redor', [15]deverás estabelecer sobre ti o rei que Javé, teu Deus, escolher. Constituirás sobre ti um rei escolhido entre teus irmãos; não poderás constituir sobre ti um estrangeiro, alguém que não seja teu irmão. [16]Mas ele não deve possuir grande número de cavalos nem reconduzir o povo ao Egito para aumentar sua cavalaria, porque Javé disse: 'Jamais voltareis por aquele caminho!'† [17]Não possuirá grande número de mulheres, para que seu coração não se desvie, nem acumulará para si mesmo prata e ouro em quantidade excessiva. [18]Quando subir a seu trono real, escreverá para si, num livro, uma cópia desta Lei, conforme o texto em poder dos sacerdotes levitas. [19]Guardará consigo esse exemplar e o lerá todos os dias de sua vida, a fim de aprender a temer Javé, seu Deus, observando todas as palavras desta Lei e também estas regras, para pô-las em prática. [20]Assim, não se tornará orgulhoso diante de seus irmãos e não se desviará dos mandamentos nem para a direita, nem para a esquerda; e desse modo terá ele, como também seus filhos, um longo reinado no meio de Israel".

18 **Os sacerdotes.** [1]"Os sacerdotes levitas,* toda a tribo de Levi, não terão parte nem herança em Israel; viverão dos sacrifícios feitos pelo fogo a Javé e de seu patrimônio†. [2]Esta tribo não terá herança entre seus irmãos;* Javé será sua herança, como lhe disse. [3]Estes serão os direitos dos sacerdotes sobre o povo, sobre os que oferecem em sacrifício um boi ou uma ovelha: darão ao sacerdote a espádua, as mandíbulas e o estômago. [4]Tu lhe darás as primícias de teu trigo, de teu vinho novo e de teu azeite, e as primícias da tosquia de tuas ovelhas; [5]pois Javé, teu Deus, o escolheu entre todas as tuas tribos, para que ele e seus filhos estejam sempre em sua presença, a serviço* do nome de Javé. [6]Se o levita que mora numa de tuas cidades, em qualquer parte de Israel, vier de livre vontade para o lugar escolhido por Javé, [7]poderá exercer seu ministério em nome de Javé, seu Deus, como todos os seus irmãos levitas que lá estão diante de Javé. [8]Receberá para seu sustento uma parte igual à dos outros, além do produto da venda de seu patrimônio".

Os profetas. [9]"Quando tiveres entrado na terra que Javé, teu Deus, te dá, não apreenderás a imitar os abomináveis costumes daquelas nações. [10]Não haja em teu meio quem faça passar* seu filho ou sua filha pelo fogo, nem quem pratique a adivinhação, o sortilégio, o agouro, o feitiço, [11]ou a magia; nem quem consulte espíritos ou oráculos, nem quem evoque os mortos†. [12]Porque Javé detesta* todo aquele que faz tais coisas, e é por causa dessas abominações que Javé, teu Deus, expulsa de tua frente essas nações. [13]Tu serás irrepreensível para com Javé, teu Deus. [14]Na verdade, essas nações, que estás para expulsar, ouvem os feiticeiros e os adivinhos; mas a ti, Javé, teu Deus, não permite agir assim.

[15]Javé, teu Deus, suscitará para ti,* em teu meio, dentre teus irmãos, um profeta como eu; a ele ouvirás. [16]Foi isto mesmo que pediste a Javé, teu Deus, no Horeb, no dia da assembleia, dizendo: 'Que eu não ouça mais a voz de Javé, meu Deus, e que não veja mais este grande fogo, para não mor-

---

* **17**,14. 1Sm 8-10 | **18**,1. Nm 18 | 2. Ez 44,28s; Lv 6-7; Nm 18,8-24 | 5. 2Rs 23,9 | 10. Lv 18,21 | 12. Lv 19,31 | 15. Nm 12,6

† **17**,16. Esta ordem, citada também em Dt 28,68, não se encontra na Bíblia. | **18**,1. Muitos levitas ficaram na penúria quando foram eliminados os santuários locais e passaram a ser recomendados à caridade pública como as viúvas, os órfãos e os estrangeiros, Dt 14,27; 16,14. | 11. A Bíblia condena expressamente evocar os mortos como faz o Espiritismo, e condena toda forma de adivinhação, porque "esconde uma vontade de poder sobre o tempo, a história, as pessoas, e um desejo de obter poderes ocultos" (CIC).

Deuteronômio 18-19

rer'. [17]E Javé me disse: 'Está bem o que disseram.* [18]Suscitarei para eles, dentre seus irmãos, um profeta como tu†; porei minhas palavras em sua boca, e ele lhes dirá tudo o que eu lhe ordenar. [19]Se alguém não ouvir minhas palavras, que ele falar em meu nome, eu mesmo pedirei contas a essa pessoa.* [20]Mas o profeta que tiver a ousadia de dizer em meu nome alguma coisa que não o mandei dizer, ou que falar em nome de outros deuses, tal profeta morrerá'. [21]Talvez te perguntes a ti mesmo: 'Como poderemos saber que tal palavra Javé não a disse?' [22]Se o profeta falar em nome de Javé, e sua predição não se cumpre, não acontece, esta é uma palavra que Javé não disse; o profeta a falou por presunção; não o temas'".

19 As cidades de refúgio e o homicídio. [1]"Quando Javé, teu Deus, tiver exterminado* as nações cuja terra ele te dá, quando as tiveres expulsado e te estabeleceres em suas cidades e em suas casas, [2]reservarás três cidades no meio da terra que Javé, teu Deus, te dá como herança. [3]Manterás em bom estado o acesso a elas e dividirás em três partes a superfície de tua terra que Javé, teu Deus, te dá como patrimônio, a fim de que nelas possa refugiar-se todo homicida. [4]É este o caso em que o homicida que ali se refugia terá a vida salva: quando atinge seu próximo involuntariamente, sem que antes o odiasse. [5]Por exemplo: se alguém vai com seu companheiro à floresta para cortar lenha e, enquanto sua mão maneja o machado para derrubar a árvore, o ferro se desprende do cabo e atinge o companheiro, e este morre, ele fugirá para uma dessas cidades e terá a vida salva. [6]Senão, o vingador do sangue, indignado, perseguirá o homicida e o alcançará, se o caminho for muito longo, e lhe tirará a vida, embora não merecesse a morte, porque não o odiava anteriormente.

[7]Por isso, eu te ordeno: Reserva três cidades. [8]Se Javé, teu Deus, amplia tuas fronteiras, como jurou a teus pais, e te dá toda a terra* que prometeu dar a teus pais, [9]desde que observes todos estes mandamentos que hoje te prescrevo, amando Javé, teu Deus, e andando sempre por seus caminhos, então acrescentarás outras três cidades a essas três†, [10]para que assim não se derrame sangue inocente no meio de tua terra que Javé, teu Deus, te dá como herança, e tu não te tornes culpado de homicídio.

[11]Se, porém, um homem odeia seu próximo e lhe prepara uma cilada, lança-se sobre ele e o fere mortalmente, refugiando-se depois numa dessas cidades, [12]os anciãos de sua própria cidade mandarão prendê-lo e o entregarão ao vingador do sangue, para que morra. [13]Não terás piedade dele; mas removerás de Israel a culpa de ter derramado sangue inocente, e serás feliz.*

[14]Não modifiques as divisas de teu vizinho,* colocadas por teus antepassados, na herança que receberás na terra que Javé, teu Deus, te dá como posse".

As testemunhas. [15]"Uma só testemunha não será suficiente para incriminar alguém,* qualquer que seja o delito ou o pecado que ele tenha cometido; o fato será estabelecido pelo depoimento de duas ou três testemunhas. [16]Se contra alguém se levantar uma falsa testemunha, para o acusar de rebelião, [17]os dois contendores comparecerão diante de Javé, diante dos sacerdotes e dos juízes que estiverem em função naqueles dias. [18]Os juízes farão uma investigação minuciosa e, se for cons-

---

* **18**,17. At 3,22s; 7,37; Êx 4,12 | 19. Ez 3,19; 33,9 | **19**,1. Êx 21,13s; Nm 35,9-34 | 8. 4,41-43 | 13. 19,21; 21,13 | 14. 27,17 | 15. 17,2-7; Mt 18,16; 2Cor 13,1; 1Tm 5,19; Hb 10,28; Jo 8,16s | 21. 19,13; Êx 21,25

† **18**,18. Deus fala por meio de seus profetas, sobretudo por meio do maior deles, seu Filho Jesus, anunciado aqui, At 3,22-23 e esperado pelo povo, Jo 1,21. | **19**,9. Conforme Js 20,7-8, as cidades de refúgio são: Cedes na Galileia, Siquém e Hebron. E na Transjordânia, Bosor, Ramot de Galaad e Golã em Basã.

Deuteronômio 19-21

tatado que a testemunha é uma testemunha falsa e que ela caluniou seu irmão, [19]vós lhe fareis o que ela tramava fazer com seu irmão†. Assim extirparás o mal de teu meio, [20]e os demais, ao sabê-lo, terão medo e não se cometerá mais, em teu meio, esse tipo de ação malvada. [21]Não terás piedade; vida por vida, olho por olho, dente por dente,* mão por mão, pé por pé".

20 **Leis para a guerra.** [1]"Quando saíres para guerrear contra teus inimigos, ao veres cavalos e carros e um povo mais numeroso que tu, não tenhas medo, porque contigo está Javé, teu Deus†, que te tirou da terra do Egito. [2]Quando chegar a hora do combate, o sacerdote se adiantará e dirá ao povo: [3]'Ouve, Israel! Hoje ides combater contra vossos inimigos. Que vossa coragem não esmoreça! Não tenhais medo, não vos alarmeis nem tremais diante deles, [4]porque Javé, vosso Deus, marcha convosco* para combater por vós, contra vossos inimigos, para vos salvar'.

[5]Depois, assim falarão os oficiais* ao povo: 'Há alguém que construiu uma casa nova e ainda não a inaugurou? Que ele se retire e volte para casa, para não acontecer que, morrendo no combate, um outro a inaugure. [6]Há alguém que plantou uma vinha e ainda não aproveitou de seus frutos? Que se retire e volte para casa,* para não acontecer que, morrendo na batalha, um outro aproveite de seus frutos. [7]Há alguém que está noivo de uma mulher e ainda não se casou com ela? Que se retire e volte para casa, para não acontecer que, morrendo no combate, um outro se case com ela'. [8]E os oficiais dirão ainda ao povo: 'Há algum medroso e sem coragem? Que se retire e volte para casa, para que sua covardia não contagie seus irmãos'. [9]Quando ti-

verem terminado de falar ao povo, os chefes estabelecerão comandantes das tropas à frente do povo.

[10]Quando te aproximares* de uma cidade para atacá-la, tu lhe proporás a paz; [11]se ela aceitar a paz e te abrir as portas, toda a população que nela habita trabalhará para ti e te servirá. [12]Mas, se não aceitar a paz e te fizer guerra, tu a sitiarás. [13]Javé, teu Deus, a entregará em tuas mãos, e tu passarás a fio de espada todos os seus homens. [14]Mas as mulheres, as crianças, o gado e tudo o que houver na cidade, todos os seus despojos, tu os tomarás para ti e comerás dos despojos de teus inimigos que Javé, teu Deus, te houver dado. [15]Assim farás a todas as cidades que estão muito longe de ti e que não são cidades dessas nações. [16]Mas, nas cidades desses povos que Javé, teu Deus, te dá como herança, não deixarás com vida nenhum ser que respira, [17]mas votarás ao completo extermínio os heteus, os amorreus, os cananeus, os ferezeus, os heveus e os jebuseus, como Javé, teu Deus, te ordenou, [18]para que não te ensinem a imitar todas as abominações que cometeram para seus deuses, e assim peques contra Javé, teu Deus.

[19]Quando sitiares uma cidade por muito tempo para atacá-la e tomá-la, não cortarás suas árvores a golpes de machado; poderás comer de seus frutos, mas não deves abatê-las: acaso as árvores do campo são homens, para serem tratadas como os sitiados? [20]Somente poderás destruir e abater as árvores que souberes que não são frutíferas, para com elas fazeres as obras do cerco da cidade inimiga, até que se renda".

21 **Homicídio de autoria desconhecida.** [1]"Se na terra que Javé, teu Deus, te dá em possessão, for encontrado, estendido no campo, um

---

* **20**,4. Êx 33,14; 34,9s **|** 5. 1Mc 3,56 **| 20**,6. 24,5 **|** 10. 7,1-5

† **19**,19. Esta norma foi aplicada a Amã na história de Ester, Est 7,9, e aos dois velhos que acusaram Suzana, Dn 13,62. **| 20**,1. Para os hebreus, a guerra tinha um caráter religioso, era uma guerra santa, que "Javé dos exércitos", simbolizado pela arca da aliança, empreendia no meio de seu povo, para dar-lhe a terra prometida.

Deuteronômio 21-22

homem assassinado, sem que se saiba quem o matou, [2]sairão teus anciãos e teus juízes e medirão as distâncias entre o morto e as cidades ao redor. [3]Conhecida a cidade mais próxima do morto, os anciãos daquela cidade tomarão uma novilha que ainda não tenha sido submetida ao trabalho e ao jugo, [4]e levarão a novilha a um córrego perene, num lugar não arado nem semeado, e ali, no córrego, quebrarão a nuca da novilha. [5]Depois se aproximarão os sacerdotes, filhos de Levi, porque a eles Javé, teu Deus, escolheu para seu serviço e para abençoarem em seu nome, e a palavra deles deve decidir toda controvérsia e todo caso de lesão. [6]E todos os anciãos da cidade* mais próxima do morto lavarão as mãos sobre a novilha cuja nuca quebraram no córrego [7]e dirão estas palavras: 'Nossas mãos não derramaram este sangue e nossos olhos nada viram. [8]Perdoai, Senhor, ao vosso povo de Israel, que resgatastes, e não culpeis vosso povo de Israel pelo sangue inocente derramado'. Assim se fará por eles a expiação daquele sangue, [9]e assim tirarás do meio de ti a culpa* pelo sangue inocente, tendo feito o que agrada a Javé".

Casamento com uma prisioneira de guerra. [10]"Quando fores à guerra contra teus inimigos, e Javé, teu Deus, os entregar em tuas mãos e os tiveres feito prisioneiros, [11]e vires entre eles uma mulher bonita e gostares dela, podes tomá-la como tua mulher [12]e introduzi-la em tua casa. Ela rapará a cabeça e cortará as unhas; [13]deporá as vestes de prisioneira, ficará em tua casa e chorará seu pai e sua mãe durante um mês inteiro. Depois disso, poderás unir-te a ela: serás seu marido, e ela será tua mulher. [14]Se mais tarde não te agradares dela, tu a deixarás ir livremente, mas de modo algum poderás vendê-la por dinheiro, ou maltratá-la, porque a humilhaste".

Direitos do primogênito. [15]"Se um homem tem duas mulheres, uma que ele ama* e a outra que ele não ama, e ambas lhe derem filhos, se o filho primogênito for da mulher não amada, [16]no dia em que repartir entre os filhos seus bens em herança, não poderá considerar primogênito o filho da mulher amada, preferindo-o ao filho da não-amada, que é de fato o primogênito. [17]Mas terá de reconhecer como primogênito o filho da não-amada, dando-lhe uma dupla porção de tudo o que possui; pois ele é o primeiro fruto de seu vigor, e a ele pertence o direito de primogenitura".

O filho rebelde. [18]"Se alguém tiver um filho indócil e rebelde,* que não obedece ao pai nem à mãe, e que, mesmo depois de corrigido por eles, não lhes dá atenção; [19]seu pai e sua mãe o tomarão e o levarão aos anciãos, à porta de sua cidade, [20]e dirão aos anciãos de sua cidade: 'Este nosso filho é indócil e rebelde; não nos obedece, é um vagabundo e beberrão'. [21]Então todos os homens da cidade o apedrejarão até que morra; e assim extirparás o mal de teu meio. E todo o Israel, ao saber disso, temerá".

Cadáver de um condenado. [22]"Se alguém cometeu um pecado que merece a pena de morte, e for executado e pendurado a uma árvore, [23]seu cadáver não ficará ali* durante a noite; tu o sepultarás no mesmo dia sem falta, pois é amaldiçoado* por Deus aquele que é pendurado. Não contaminarás o chão que Javé, teu Deus, te dá em propriedade".

22 Deveres de humanidade.

[1]"Se vês extraviados o boi ou a ovelha de teu irmão,* não te esquives, mas reconduze-os a teu irmão. [2]Se teu irmão não mora perto de ti e não o conheces, leva o animal para tua casa para que fique contigo até que teu irmão venha procurá-lo, e então devolve-o. [3]Farás o mesmo com seu jumento e com seu manto e com qualquer objeto perdido por teu irmão que

---

* **21**,6. 17,8-12 | **21**,9. 19,13 | 15. Gn 29,30s; 1Sm 1,2.8 | 18. Pr 23,22; 30,17 | 23. Jo 19,31 / Gl 3,13 | **22**,1. Êx 23,4s

207　　　Deuteronômio 22

encontrares: não poderás esquivar-te. [4]Ao veres o jumento ou o boi de teu irmão, caídos na estrada, não te esquivarás, mas ajudarás a levantá-lo.

[5]A mulher não deve usar roupa de homem, nem o homem usará vestido de mulher[†], pois Javé, teu Deus, detesta quem faz essas coisas.

[6]Se encontrares pelo caminho, numa árvore ou no chão, um ninho de passarinho com filhotes ou ovos, e a mãe sobre os filhotes ou sobre os ovos, não apanharás a mãe com os filhotes; [7]deixarás voar a mãe e poderás tomar para ti os filhotes, para que sejas feliz e vivas longamente. [8]Ao construíres uma casa nova, farás um parapeito em torno do terraço; assim, se alguém cair lá de cima, tua casa não será responsável pelo acidente".

Misturas ilícitas. [9]"Não semearás em tua vinha duas espécies de sementes, para que todo o produto não se torne impróprio para o uso: o produto da semente e o fruto da vinha. [10]Não lavrarás* com boi e jumento atrelados juntos. [11]Não usarás roupa de tecido misto, feito de lã e de linho. [12]Farás borlas nos quatro cantos* do manto com que te cobrires".

Delitos contra o matrimônio. [13]"Se um homem, depois de se casar com uma mulher, e depois de coabitar com ela, começar a detestá-la [14]e a acusá-la de atos vergonhosos, e a difamá-la publicamente, dizendo: 'Casei-me com esta mulher, mas ao unir-me a ela descobri que não era virgem', [15]então o pai e a mãe da jovem tomarão as provas de sua virgindade e as levarão aos anciãos, à porta da cidade. [16]O pai da jovem dirá aos anciãos: 'Dei minha filha por esposa a este homem, mas, porque a detesta, [17]ele a acusa de atos vergonhosos, dizendo: Não achei os sinais da virgindade em tua filha; no entanto, aqui estão as provas da virgindade de minha filha – e desdobrarão o pano diante dos anciãos

da cidade. [18]Então os anciãos daquela cidade tomarão o homem e o castigarão, [19]impondo-lhe, além disso, uma multa de cem siclos de prata, que darão ao pai da jovem, porque aquele homem difamou uma virgem de Israel. Ela continuará sendo sua mulher, e ele não poderá repudiá-la enquanto viver. [20]Mas, se a acusação for verdadeira, se não se acharem as provas da virgindade da jovem, [21]então a levarão à porta da casa de seu pai e os homens de sua cidade a apedrejarão até que morra, pois cometeu uma infâmia em Israel, prostituindo-se na casa de seu pai. E assim extirparás o mal de teu meio.

[22]Se um homem for apanhado deitado com uma mulher casada, morrerão ambos, o homem que se deitou com a mulher, e ela também. Assim farás desaparecer de Israel o mal. [23]Se uma moça é noiva* de um homem[†], e um outro a encontra na cidade e se deita com ela, [24]levareis os dois à porta da cidade e os apedrejareis até que morram; a jovem, porque não gritou, apesar de estar na cidade; e o homem, por ter desonrado a mulher do próximo. Assim extirparás o mal de teu meio. [25]Mas se foi no campo que o homem encontrou a jovem noiva e, violentando-a, deitou-se com ela, morrerá somente o homem que com ela se deitou. [26]Nada farás à jovem, porque ela não cometeu um pecado que mereça a morte. Pois este caso é semelhante ao do homem que se lança sobre o outro e o mata. [27]De fato ele a encontrou no campo, a jovem pode ter gritado, mas não havia ninguém para socorrê-la.

[28]Se um homem encontrar uma moça virgem, não noiva, e, agarrando-a, deitar-se com ela e for pego em flagrante, [29]o homem que a violentou pagará ao pai da jovem cinquenta siclos de prata, e ela será sua esposa, uma vez que a desonrou; e durante toda a sua vida não poderá repudiá-la".

---

* **22**,10. Lv 19,19 **|** 12. Nm 15,37 **|** 23. Lv 20,10

† **22**,5. Prática condenada por causa dos escândalos que provocava nos cultos cananeus. **|** 23. A noiva pertencia a seu futuro marido e era obrigada à fidelidade como uma mulher casada.

Deuteronômio 23

23 [1]"Ninguém se casará com a mulher de seu pai* nem levantará a coberta do leito paterno".†

Participação na assembleia. [2]"Não poderá entrar na assembleia de Javé o homem que tiver os testículos esmagados* ou o membro viril amputado. [3]Não entrará na assembleia de Javé quem é filho ilegítimo; nenhum de seus descendentes,* nem mesmo na décima geração, será admitido na assembleia de Javé. [4]Não será admitido na assembleia de Javé um amonita ou um moabita†; nenhum de seus descendentes, *nem mesmo na décima geração, será admitido na assembleia de Javé, [5]porque não vieram a vosso encontro no caminho com pão e água, quando saístes do Egito e porque pagaram Balaão, filho de Beor, de Petor, na Mesopotâmia, para te amaldiçoar, [6]embora Javé, teu Deus, não tenha ouvido Balaão, mas mudou para ti a maldição em bênção, porque Javé, teu Deus, te ama. [7]Enquanto viveres, não te empenharás pela paz nem pela prosperidade deles. [8]Não detestes o edomita, porque é teu irmão; não detestes o egípcio, porque foste estrangeiro em seu país: [9]na terceira geração seus descendentes poderão ser admitidos na assembleia de Javé".

Pureza no acampamento. [10]"Quando saíres em campo* contra teus inimigos, cuida de evitar todo mal. [11]Se houver em teu meio algum homem que ficou impuro por causa de uma polução noturna, sairá do acampamento e não voltará; [12]ao cair da tarde se banhará em água e, ao pôr do sol, voltará ao acampamento.

[13]Terás também um lugar fora do acampamento, aonde sairás para tuas necessidades. [14]Levarás na bagagem uma pá, com a qual, ao saíres para tuas necessidades, farás um buraco e depois cobrirás as fezes. [15]Pois Javé, teu Deus, anda no meio de teu acampamento, para te libertar e entregar em tuas mãos os inimigos; portanto, teu acampamento deve ser santo, de sorte que ele não veja em ti nada de inconveniente nem se afaste por isso de ti".

Leis de humanidade. [16]"Não entregarás a seu dono o escravo fugitivo que buscar refúgio em tua casa; [17]habitará contigo, no meio dos teus, no lugar que escolher em qualquer de tuas cidades, onde lhe agradar; não o maltrates.

[18]Entre os israelitas não deverá haver prostitutas nem prostitutos. [19]Não levarás à casa de Javé, teu Deus, o salário de uma meretriz nem o pagamento de um cão† para cumprir qualquer promessa, porque ambos são abominação para Javé, teu Deus.

[20]A teu irmão não emprestarás a juros,* seja dinheiro, seja alimento, ou qualquer coisa que se costuma emprestar a juros. [21]Ao estrangeiro emprestarás a juros, mas não a teu irmão, para que Javé, teu Deus, te abençoe em todos os teus empreendimentos na terra em que entrarás para te apoderares dela".

Cumprimento das promessas. [22]"Quando fizeres uma promessa a Javé, teu Deus, não demores a cumpri-la, porque Javé,* teu Deus, de certo te pedirá contas, e tu serias culpado. [23]Se deixas de fazer promessa, não estás pecando. [24]Mas, mantém e cumpre o que saiu de tua boca, pois te comprometeste espontaneamente diante de Javé, teu Deus, mediante aquilo que prometeste com tua boca.

[25]Se entrares na vinha de teu próximo, poderás comer uva à vontade, até a saciedade, mas não te é permitido levar uvas em teu cesto. [26]Se entrares no trigal de teu próximo, poderás colher espigas com tua mão,* mas não poderás cortar com a foice o trigo de teu próximo".

---

* **23**,1. 27,20 | 2. Lv 21,17-23; Is 56,3-5 | 4. Ne 13,1-3 | 10. Nm 5,1-4; Lv 15,16s | **23**,20. 15,6; Êx 22,24; Lv 25,35-38 | 22. Nm 30,3; Ecl 5,3s | 26. Mt 12,1 | **24**,1. Mt 19,7

† **23**,1. Violação do leito matrimonial do pai, como fez Rúben, filho de Jacó, Gn 35,22. Ao contrário, cobrir uma mulher com o manto significa desposá-la, Rt 3,9. | 4. De Rute, que devia ser excluída por ser moabita, Deus fez a bisavó de Davi, Mt 1,5-6. | **23**,19. Por imitação dos cultos cananeus, a prostituição sagrada entrou em Israel, 1Rs 14,24; cão é o nome dado ao prostituto, por desprezo.

Deuteronômio 24-25

24 **O divórcio.** ¹"Se um homem, depois de ter escolhido uma mulher e casado com ela, não se agradar mais dela, porque notou nela algum inconveniente, escreva-lhe uma certidão* de divórcio†, que lhe entregará em mãos, e a despedirá de sua casa. ²Se ela, saindo da casa dele, se casar com outro homem ³e, se este segundo marido, não se agradando mais dela, lhe escrever e entregar em mãos uma certidão de divórcio e a despedir de sua casa, ou se morrer esse segundo marido que a havia desposado, ⁴o primeiro marido, que a tinha despedido, não poderá retomá-la por esposa, depois que ela se tornou impura, porque isto seria um ato abominável diante de Javé; e assim não mancharás de pecado a terra que Javé, teu Deus, te dá em herança. ⁵Um homem recém-casado* não irá à guerra nem será encarregado de qualquer ofício; por um ano ficará livre em sua casa, para que possa dar alegria à mulher que desposou".

Equidade e humanidade. ⁶"Ninguém tomará como penhor as duas mós, nem mesmo a de cima, porque seria penhorar uma vida. ⁷Se for surpreendido alguém* que tenha sequestrado um de seus irmãos israelitas e que o tenha reduzido à escravidão ou vendido, o sequestrador será morto, e assim extirparás o mal do meio de ti. ⁸Em caso de lepra,* cuida de observar e seguir todas as instruções que vos darão os sacerdotes levitas; cuidareis de agir conforme lhes ordenei. ⁹Lembra-te do que Javé, teu Deus, fez a Maria durante a viagem, quando saíeis do Egito.

¹⁰Se emprestares a teu próximo uma coisa qualquer, não entrarás na casa dele para apanhar seu penhor: ¹¹ficarás do lado de fora, e o homem a quem emprestaste te trará o penhor lá fora. ¹²Se ele for pobre,* não irás dormir tendo o penhor em teu poder. ¹³Sem falta lhe devolverás o penhor* ao pôr do sol, para que possa dormir com seu manto† e te abençoe, e com isto farás um ato de justiça diante de Javé, teu Deus. ¹⁴Não deves explorar um assalariado* humilde e pobre, quer seja ele um de teus irmãos, quer seja um dos estrangeiros que moram em tua terra, numa de tuas cidades. ¹⁵Tu lhe darás no mesmo dia seu salário, antes que o sol se ponha, pois é pobre e o espera ansioso; assim não clamará a Javé contra ti, e não cometerás um pecado.

¹⁶Não serão condenados à morte os pais por causa dos filhos,* nem os filhos por causa dos pais; cada qual morrerá por seu próprio pecado.†

¹⁷Não lesarás o direito de um estrangeiro ou de um órfão, nem tomarás como penhor a roupa de uma viúva. ¹⁸Recorda que foste escravo no Egito,* de onde te resgatou Javé, teu Deus; é por isso que te mando agir assim. ¹⁹Quando fizeres a colheita em teu campo,* se esqueceres algum feixe no chão, não voltes para apanhá-lo: ficará para o estrangeiro, o órfão e a viúva, a fim de que Javé, teu Deus, te abençoe em todo trabalho de tuas mãos†. ²⁰Quando sacudires tuas oliveiras, não voltarás para apanhar o que ficou nos ramos: ficará para o estrangeiro, o órfão e a viúva. ²¹Quando colheres os cachos de tua vinha, não voltes para apanhar os que restaram: ficarão para o estrangeiro, o órfão e a viúva. ²²Recorda que foste escravo na terra do Egito; é por isso que te mando agir assim".

25 ¹"Quando houver contenda entre homens, eles se apresentarão ao tribunal e serão julgados; será absolvido o inocente e será con-

---

* **24**,5. 20,7 | 7. Êx 21,16 | 8. Lv 13-14; Nm 12,10-15 | 12. Êx 22,25s | 13. Jó 22,6; Am 2,8 | 14. Lv 19,13; Jr 22,13; Ml 3,5; Tg 5,4 | 16. Dt 7,10; Ez 14,12 | 18. Êx 22,21s; Dt 7,19 | 19. Lv 19,9s; 23,22; Rt 2,2; Êx 23,11; Dt 26,12s

† **24**,1. Alguns legistas admitiam o divórcio "por qualquer motivo", Mt 19,3, e outros eram menos liberais. A certidão permitia à mulher casar-se de novo, sendo uma proteção para ela. | 13. O manto era a última coisa que restava ao pobre e lhe servia para dormir, Êx 22,25-26. | 16. Afirmar a responsabilidade individual é uma novidade numa época em que a sorte do indivíduo estava ligada à de seu grupo, e a sorte do grupo à do indivíduo. Comparar com Dt 5,9; Êx 34,7. | 19. Booz faz isto de propósito, para que Rute possa levar trigo para casa, Rt 2,16.

Deuteronômio 25-26

denado o culpado. ²Se este merecer ser açoitado, o juiz o mandará deitar-se no chão e o fará açoitar em sua presença, com um número de golpes proporcional a sua culpa. ³Poderão aplicar-lhe* não mais de quarenta açoites†, para que teu irmão não fique desonrado a teus olhos no caso de se ultrapassar de muito esse número de golpes. ⁴Não porás mordaça ao boi* enquanto debulha o trigo†.

Lei do levirato. ⁵Se irmãos morarem juntos e um deles morrer sem filhos,* a mulher do falecido não casará fora da família, com um estranho: seu cunhado a tomará por esposa, cumprindo para com ela a lei do levirato†; ⁶e o primogênito que ela der à luz tomará o nome do irmão falecido, para que seu nome não desapareça de Israel. ⁷Se, porém, aquele homem se recusa a tomar como esposa sua cunhada, esta irá à porta da cidade procurar os anciãos e dirá: 'Meu cunhado se nega a perpetuar o nome de seu irmão em Israel; não quer cumprir para comigo o dever de cunhado'. ⁸Então os anciãos de sua cidade o convocarão e o interrogarão; se ele persistir, afirmando: 'Não quero desposá-la', ⁹sua cunhada se aproximará dele na presença dos anciãos, lhe tirará a sandália do pé, lhe cuspirá no rosto e dirá: 'Assim se faz com o homem que não quer edificar a casa de seu irmão'. ¹⁰E em Israel ele será apelidado: 'a casa do descalçado'".

Honestidade. ¹¹"Quando dois homens estiverem brigando entre si, e a mulher de um vier para livrar seu marido das mãos de quem bate nele, estender a mão e o pegar pelas partes vergonhosas, ¹²tu lhe cortarás a mão sem piedade.

¹³Não terás na bolsa dois pesos diferentes, um grande e outro pequeno;* ¹⁴não terás em tua casa dois alqueires desiguais, um grande e outro pequeno. ¹⁵Terás um peso exato e justo, terás um alqueire exato e justo, para que tenhas vida longa na terra que Javé, teu Deus, te dá; ¹⁶porque Javé, teu Deus, detesta quem faz isto, ele abomina quem comete fraude".

Contra os amalecitas. ¹⁷"Lembra-te do que te fez Amalec* na viagem, quando saíste do Egito; ¹⁸como, sem temor de Deus, veio a teu encontro no caminho e atacou na retaguarda todos os que se arrastavam atrás de ti, enquanto estavas cansado e extenuado. ¹⁹Quando, pois, Javé, teu Deus, te houver dado descanso de todos os teus inimigos em redor, na terra que Javé, teu Deus, te dá em herança, apagarás a memória de Amalec de debaixo do céu; não o esqueças.

26

Primícias e dízimos. ¹"Quando tiveres entrado na terra que Javé, teu Deus, te dá e dela tiveres tomado posse e nela habitares, ²tomarás das primícias de todos os frutos do solo, que colheres na terra que Javé, teu Deus, te dá e, colocando-as num cesto, as levarás ao lugar escolhido por Javé, teu Deus, para nele estabelecer seu nome. ³Tu te apresentarás ao sacerdote em função naqueles dias e lhe dirás: 'Declaro hoje a Javé, meu Deus, que entrei na terra que Javé jurou a nossos pais que nos daria'.

⁴O sacerdote tomará de tua mão o cesto e o depará diante do altar de Javé, teu Deus. ⁵Então dirás na presença de Javé, teu Deus†: 'Meu pai era um arameu errante* que desceu ao Egito, onde viveu como emigrado, poucos em número, mas aí se tornou uma grande nação, forte e numerosa. ⁶Os

---

* **25**,3. 2Cor 11,24 **|** 4. 1Cor 9,9; 1Tm 5,18 **|** 5. Gn 38; Rt 4; Mt 22,24 **|** 13. Lv 19,35s; Am 8,5; Os 12,8; Mq 6,10s; Pr 20,10; 11,1 **|** 17. Êx 17,8-15 **| 26**,5. 10,22; Sl 105,12

† **25**,3. Para ficar dentro dos limites da lei, os algozes davam trinta e nove golpes, 2Cor 11,24. **|** 4. Princípio aplicado ao operário do Evangelho em 1Cor 9,9 e 1Tm 5,18. **|** 5. Levirato vem da palava latina "levir", cunhado. A finalidade da lei era assegurar a estabilidade do patrimônio familiar e obter para o defunto uma espécie de imortalidade, mediante um herdeiro. **| 26**,5. Neste "credo israelita" o fiel oferece as primícias da colheita ao Senhor da terra, celebra seus prodígios e agradece o cumprimento das promessas que Deus tinha feito.

egípcios nos maltrataram, nos oprimiram e nos submeteram a uma dura escravidão. [7]Então clamamos a Javé, Deus de nossos pais, e Javé ouviu nossa voz, viu nossa miséria, nossa fadiga e nossa angústia. [8]E Javé nos fez sair do Egito com mão poderosa e com braço estendido, com grande terror, com sinais e prodígios, [9]e nos trouxe a este lugar e nos deu esta terra, terra onde corre leite e mel. [10]E agora estou trazendo as primícias dos frutos da terra que me destes, ó Senhor'.

E as deporás diante de Javé, teu Deus, e te prostrarás diante de Javé, teu Deus. [11]E te alegrarás com o levita e o estrangeiro que moram em teu meio, por todos os bens que Javé, teu Deus, te concedeu a ti e a tua casa".

Rito para os dízimos trienais. [12]"Quando acabares de separar* todo o dízimo de tua colheita, no terceiro ano, que é o ano do dízimo, tu o darás ao levita, ao estrangeiro, ao órfão e à viúva, para que comam dele à saciedade em tuas cidades. [13]Dirás então na presença de Javé, teu Deus: 'Tirei de minha casa o que era consagrado e o dei ao levita,* ao estrangeiro, ao órfão e à viúva, tudo conforme me ordenastes; não transgredi nem esqueci vossos mandamentos. [14]Não comi dessas coisas durante meu luto, nada tirei estando impuro e nada ofereci por um morto; obedeci à voz de Javé, meu Deus; fiz tudo como me ordenaste. [15]De tua santa morada do céu olha* e abençoa teu povo Israel e a terra que nos deste, como juraste a nossos pais, terra onde corre leite e mel'.

[16]Hoje Javé, teu Deus, te ordena que pratiques estas leis e estes costumes; deves observá-los e pô-los em prática com todo o teu coração e com toda a tua alma. [17]Hoje fizeste Javé declarar que ele será teu Deus, com a condição de andares em seus caminhos e observares suas leis, seus mandamentos e costumes, e obedeceres a sua voz.

[18]Javé te fez declarar hoje que tu serás seu povo particular, como te prometeu, com a condição de guardares todos os seus preceitos. [19]Ele te elevará acima de todas as nações que fez, em honra, fama e glória; e serás um povo consagrado a Javé, teu Deus, como te prometeu".

III. SANÇÕES
(27–30)

27 **Promulgação pública da lei.** [1]Moisés e os anciãos de Israel deram ao povo esta ordem: "Observai todos os mandamentos que hoje vos prescrevo[+]. [2]No dia em que passareis o Jordão para entrardes na terra que Javé,* vosso Deus, vos dá, levantareis grandes pedras e as revestireis de cal. [3]Escrevereis nelas todas as palavras desta lei, quando tiverdes atravessado para entrar na terra que Javé, vosso Deus, vos dá, terra onde corre leite e mel,* como vos prometeu Javé, Deus de vossos pais. [4]Depois de atravessado o Jordão, levantareis essas pedras, como hoje vos ordeno, sobre o monte Ebal, e as revestireis de cal. [5]Lá construireis um altar de pedras não trabalhadas por ferro algum; [6]de pedras brutas construireis o altar de Javé, teu Deus, e sobre este altar oferecereis holocaustos a Javé, vosso Deus. [7]Oferecereis sacrifícios de comunhão, dos quais comereis ali mesmo e vos alegrareis diante de Javé, vosso Deus. [8]Sobre as pedras escrevereis com toda a clareza as palavras desta lei". [9]Moisés e os sacerdotes levitas disseram a todo o Israel: "Guardai silêncio e ouvi, ó Israel: hoje vos tornastes o povo de Javé, vosso Deus; [10]obedecereis, portanto, à voz de Javé, vosso Deus, e guardareis seus mandamentos e suas leis que hoje vos prescrevo".

Maldições aos transgressores. [11]Naquele dia, Moisés deu ao povo a seguinte ordem: [12]"Quando tiverdes pas-

---

* **26**,12. 14,22; Êx 12,48 | 13. 24,19 | 15. 1Rs 8,43; Sl 11,4; Br 2,16 | **27**,2. Js 8,32 | 3. Js 8,30s | 8. Êx 20,24s | 12. Js 8,33-35 / 11,29

+ **27**,2. As maldições e bênçãos são limitadas à perspectiva terrena que caracteriza o Deuteronômio. Nessa época o israelita ainda não tinha uma noção clara da vida futura.

Deuteronômio 27-28

sado o Jordão,* estes estarão sobre o monte Garizim* para abençoar o povo: Simeão, Levi, Judá, Issacar, José e Benjamim. [13]Estes estarão sobre o monte Ebal† para a maldição: Rúben, Gad, Aser, Zabulon, Dã e Neftali. [14]Os levitas tomarão a palavra e dirão em alta voz a todos os homens de Israel:

[15] 'Maldito seja aquele que faz um ídolo* esculpido ou de metal fundido, coisa abominável para Javé, obra de artesão, e o põe em lugar escondido'; e todo o povo dirá: 'Amém'.

[16] 'Maldito seja aquele que despreza pai e mãe';* e todo o povo dirá: 'Amém'.

[17] 'Maldito quem desloca a divisa de seu vizinho';* e todo o povo dirá: 'Amém'.

[18] 'Maldito seja aquele que faz o cego errar o caminho';* e todo o povo dirá: 'Amém'.

[19] 'Maldito seja aquele que lesa o direito do estrangeiro, do órfão ou da viúva';* e todo o povo dirá: 'Amém'.

[20] 'Maldito seja aquele que se deita com a mulher de seu pai,* porque levanta a coberta do leito paterno'; e todo o povo dirá: 'Amém'.

[21] 'Maldito seja aquele que tem relações com qualquer animal';* e todo o povo dirá: 'Amém'.

[22] 'Maldito seja aquele que se deita com sua irmã,* filha de seu pai ou de sua mãe'; e todo o povo dirá: 'Amém'.

[23] 'Maldito seja aquele que se deita com sua sogra';* e todo o povo dirá: 'Amém'.

[24] 'Maldito seja aquele que mata seu próximo à traição';* e todo o povo dirá: 'Amém'.

[25] 'Maldito seja aquele que aceita presente para tirar a vida* de um inocente'; e todo o povo dirá: 'Amém'.

[26] 'Maldito seja aquele que não cumpre as palavras desta lei,* para pô-las em prática'; e todo o povo dirá: 'Amém'".

28 Bênçãos para os que observam a Lei.

[1]"Se obedeceres fielmente à voz de Javé, teu Deus, guardando e praticando todos os seus mandamentos, que hoje te prescrevo, Javé, teu Deus, te exaltará acima de todas as nações da terra. [2]E todas essas bênçãos descerão sobre ti e te alcançarão, porque terás obedecido à voz de Javé, teu Deus. [3]Bendito serás na cidade* e bendito serás no campo. [4]Benditos serão o fruto de teu seio,* o produto de teu solo e o fruto de teus animais, as crias de tuas vacas e de tuas ovelhas. [5]Benditos serão teu cesto e tua amassadeira. [6]Bendito serás ao entrares e ao saíres. [7]Javé fará com que sejam derrotados diante de ti teus inimigos que te atacarem; por um caminho sairão contra ti e por sete caminhos fugirão de tua presença. [8]Javé mandará que a bênção esteja contigo, em teus celeiros e em todos os teus empreendimentos; ele te abençoará na terra que Javé, teu Deus, te dá. [9]Javé fará de ti um povo a ele consagrado, conforme te jurou, se observares os mandamentos de Javé, teu Deus, e andares por seus caminhos. [10]Todos os povos da terra,* vendo que tu levas o nome de Javé, terão medo de ti. [11]Javé te dará fartura de bens, no fruto de teu seio, no fruto de teus animais e no produto de teu solo, na terra que Javé jurou a teus pais que te daria. [12]Javé abrirá para ti* seu reservatório maravilhoso, o céu, para dar a tua terra a chuva no tempo certo e abençoar todo o trabalho de tuas mãos. Emprestarás a muitas nações, sem nada tomar emprestado. [13]Javé te colocará na primeira fila e não na última, e estarás sempre por cima e não por baixo, contanto que ouças os mandamentos de Javé, teu Deus, que hoje te prescrevo, para guardá-los e pô-los em prática, [14]sem te desviares

---

* **27**,15. Êx 20,4 | 16. Êx 21,17 | 17. 19,14 | 18. Lv 19,14 | 19. Êx 22,20s | 20. 23,1 | 21. Êx 22,18 | 22. Lv 18,23 | 23. Lv 18,9; Lv 18,17 | 24. Êx 20,13 | 25. Êx 23,8 | 26. Gl 3,10 | **28**,3. 11,10-15 | 4. Gn 49,25s | 10. Jr 14,9 | 12. 11,14

† **27**,13. Ebal e Garizim são dois montes da Samaria, próximos de Siquém. Js 8,30-35 narra o cumprimento desta ordem.

213 Deuteronômio 28

nem para a direita, nem para a esquerda de nenhuma das palavras que hoje te ordeno, seguindo outros deuses e servindo a eles".

Maldições. [15]"Mas se não obedeceres à voz de Javé, teu Deus, guardando e cumprindo todos os seus mandamentos e leis, que hoje te prescrevo, cairão sobre ti e te alcançarão todas estas maldições:* [16]Maldito serás na cidade e maldito serás no campo. [17]Malditos serão teu cesto e tua amassadeira. [18]Malditos serão o fruto de teu seio e o produto de teu solo, as crias de tuas vacas e as crias de tuas ovelhas. [19]Maldito serás ao entrares e ao saíres.

[20]Javé mandará contra ti a maldição, a confusão e a derrota em todo empreendimento de tuas mãos, até que sejas destruído e pereças rapidamente, por causa da maldade de tuas ações pelas quais me abandonaste. [21]Javé mandará a peste contagiar-te, até que te elimine da terra em que entrarás para possuí-la. [22]Javé te ferirá de tísica, febre, inflamação, queimadura, secura, carbúnculo e malária, que te perseguirão até te arruinarem. [23]Teu céu por cima de tua cabeça será como bronze, e a terra sob teus pés será como ferro. [24]Em lugar de chuva, Javé mandará a tua terra areia e pó, que descerão do céu sobre ti até que pereças.

[25]Javé te fará sucumbir diante de teus inimigos; por um caminho sairás contra eles e por sete fugirás da presença deles, e serás objeto de horror para todos os reinos da terra. [26]Teus cadáveres servirão de alimento a todas as aves do céu e às feras da terra, sem que ninguém as expulse. [27]Javé te ferirá com as úlceras do Egito, os bubões, a micose, a sarna, de que não sararás. [28]Javé te ferirá de loucura, cegueira e delírio mental, [29]de modo que, em pleno meio-dia, andarás tateando, como o cego na escuridão; teus esforços darão em nada, e serás oprimido e roubado continuamente, sem que haja quem te ajude. [30]Serás noivo de uma mulher, mas um outro a possuirá; construirás uma casa, mas não

a habitarás; plantarás uma vinha, mas não provarás seus frutos. [31]Teu boi será morto* a tua frente, mas não comerás dele; teu jumento será roubado em tua presença e não te será devolvido; tuas ovelhas serão dadas a teus inimigos, sem que ninguém as recupere. [32]Teus filhos e tuas filhas serão entregues a um povo estrangeiro diante de teus olhos, os quais se consumirão de saudade o dia todo, sem nada poderes fazer. [33]Um povo que não conheces comerá o fruto de teu solo e o produto de tuas fadigas, e jamais deixarás de ser oprimido e maltratado em todo o tempo. [34]Enlouquecerás diante do espetáculo que verão teus olhos. [35]Javé te ferirá nos joelhos e nas coxas com uma úlcera maligna incurável, desde a planta dos pés até o alto da cabeça. [36]Javé te levará a ti e ao rei, que houveres constituído sobre ti, a uma nação* que nem tu, nem teus pais conheceram, e ali servirás a outros deuses, de madeira e de pedra. [37]Serás objeto de horror, de sarcasmo e de ironia para todos os povos entre os quais Javé te conduzirá. [38]Lançarás no campo muita semente, mas colherás pouco, porque o gafanhoto a devorará. [39]Plantarás e cultivarás vinhas, mas não beberás vinho, nem colherás uvas, porque o verme as comerá. [40]Terás oliveiras em todo o teu território, mas não te ungirás com o óleo, porque as azeitonas cairão. [41]Gerarás filhos e filhas, mas não te pertencerão, pois irão para o cativeiro. [42]Todas as tuas árvores e o fruto de teu solo serão consumidos pelo gafanhoto. [43]O estrangeiro que vive em teu meio se elevará cada vez mais alto a tua custa, ao passo que tu descerás cada vez mais baixo. [44]É ele que te emprestará, mas tu não poderás emprestar-lhe; ele estará na primeira fila e tu na última. [45]Todas estas maldições cairão sobre ti, te perseguirão e te alcançarão, até que sejas destruído, por não teres obedecido à voz de Javé, teu Deus, observando os mandamentos e as leis que ele te prescreveu; [46]e elas serão como um sinal e um prodígio para ti e para teus descendentes para sempre".

---

* **28**,15. Lv 26,14-39; Jr 26,4-6 | 31. Is 62,8s; Am 5,11; Mq 6,15; 20,5-7 | 36. 2Rs 17,4-6; 25,7.11; Lc 19,41-44

Deuteronômio 28   214

Prenúncio de guerras e do exílio.
47"Já que não serviste a Javé, teu Deus, com alegria e boa vontade quando tinhas de tudo* com fartura, 48servirás a teus inimigos, que Javé mandará contra ti, na fome, na sede, na nudez e na privação total; ele porá um jugo de ferro em teu pescoço até te destruir. 49Javé suscitará contra ti uma nação* distante, dos confins da terra, que cairá sobre ti como a águia;* uma nação cuja língua não entendes, 50gente de aspecto feroz, que não tem respeito pelo ancião, nem piedade da criança. 51Devorará o fruto de teu gado e de teu solo, até que sejas destruído; ela não te deixará trigo, nem vinho nem azeite, nem as crias de tuas vacas e de tuas ovelhas, até te destruir. 52Ela te sitiará em todas as tuas cidades, até que, em toda a tua terra, caiam teus muros altos e fortificados em que punhas tua confiança. Ela te sitiará em todas as tuas cidades, em toda a terra que Javé, teu Deus, te houver dado. 53Durante o cerco,* na angústia à qual te reduzirá teu inimigo, comerás o fruto de teu ventre, a carne de teus filhos e de tuas filhas que Javé, teu Deus, te houver dado. 54O homem mais delicado e sensível de teu meio olhará com maus olhos seu irmão, a esposa de seu coração e os filhos que lhe restaram, 55não querendo partilhar com nenhum deles a carne de seus filhos, que ele mesmo come, por não lhe ter sobrado nada no assédio e na angústia à qual te reduzirá teu inimigo em todas as tuas cidades. 56A mulher mais delicada e sensível de teu meio que, por sua delicadeza e sensibilidade, nem sequer ousava pôr a sola do pé no chão, olhará com maus olhos o marido de seu coração, seu filho e sua filha, 57por causa da placenta que saiu de seu ventre e por causa dos filhos que vai dar à luz, porque, na total privação, os comerá às ocultas durante o cerco e na angústia a que te reduzirá teu inimigo, em tuas cidades.

58Se não guardares, para pôr em prática, todas as palavras desta Lei, escritas neste livro, temendo este nome glorioso e terrível de Javé, teu Deus, 59Javé te ferirá a ti e a teus descendentes com flagelos extraordinários, flagelos tremendos e persistentes, enfermidades graves e crônicas. 60Voltará contra ti todas as doenças do Egito, diante das quais tremias, e elas te contagiarão. 61E também todas as enfermidades e todos os flagelos, não descritos no livro desta lei, Javé os fará vir sobre ti até que sejas destruído. 62Ficareis poucos em número, vós que éreis tão numerosos como as estrelas do céu, porque não obedecestes à voz de Javé, vosso Deus.

63Assim como Javé tinha prazer em vos abençoar e multiplicar, assim terá prazer em vos fazer perecer e vos destruir. Sereis arrancados da terra em que entrareis para a possuir. 64Javé vos dispersará no meio de todos os povos, de um extremo ao outro da terra, e ali servireis a outros deuses, de madeira e de pedra, que nem vós, nem vossos pais conheceram. 65No meio dessas nações não tereis descanso, nem lugar para pousar a planta do pé; lá Javé vos dará um coração temeroso, olhos sem brilho e um ânimo abatido. 66Vossa vida estará diante de vós como suspensa a um fio, sentireis temor noite e dia, sem acreditar em vossa vida. 67De manhã direis:* 'Quem dera que fosse já tarde!' E à tarde direis: 'Quem dera que já fosse manhã!', por causa do pavor que invadirá vosso coração e do espetáculo que vossos olhos terão de ver. 68Javé vos fará voltar de barco para o Egito,* pelo caminho do qual eu vos havia dito: 'Nunca mais o vereis!'; e lá vos vendereis a vossos inimigos como escravos e escravas, mas não haverá comprador".

69São estas as palavras da aliança que Javé mandou Moisés fazer com os israelitas, na terra de Moab, além da aliança já feita com eles no Horeb.

---

* **28**,47. Jr 5,19 | 49. Is 5,26; 33,19 / Jr 5,15; Br 4,15 | 53. Jr 19,9; Lv 26,29; Ez 5,10; Lm 2,20; 4,10 | 67. Jó 7,4 | 68. Os 8,13

29

Lições da história. [1]Moisés convocou todo Israel e lhes disse†: "Vistes tudo o que Javé fez diante de vossos olhos no Egito, ao faraó, a todos os seus servos e a toda a sua terra, [2]as grandes provações que teus olhos viram, aqueles grandes sinais e prodígios. [3]Mas até hoje Javé não vos deu inteligência* para compreender, olhos para ver e ouvidos para ouvir. [4]Eu vos conduzi durante quarenta anos através do deserto, e vossas vestes não se gastaram sobre vós, nem se gastou vossa sandália em vosso pé. [5]Não comestes pão nem bebestes vinho ou bebida fermentada,* para que reconhecêsseis que eu sou Javé, vosso Deus. [6]Quando chegastes a esta região, saíram a nosso encontro Seon, rei de Hesebon, e Og, rei de Basã, para nos atacarem, mas nós os vencemos. [7]Conquistamos seu país* e o demos como herança aos rubenitas e aos gaditas e à meia tribo de Manassés. [8]Observai, portanto, as palavras desta aliança e praticai-as, para que prospereis em tudo o que fizerdes".

Ameaças contra os transgressores da aliança. [9]"Hoje estais todos na presença de Javé, vosso Deus: os chefes de vossas tribos, vossos anciãos, vossos oficiais, todos os homens de Israel, [10]vossas crianças e vossas mulheres, inclusive vossos estrangeiros que moram em vosso acampamento, desde vosso lenhador até vosso carregador de água, [11]para entrardes na aliança de Javé, vosso Deus, e no juramento que Javé, vosso Deus, faz hoje convosco, [12]a fim de constituir-vos hoje como seu povo e para ser ele próprio vosso Deus, como vos prometeu e como jurou a vossos pais, Abraão, Isaac e Jacó. [13]Não é só convosco que faço hoje esta aliança e este juramento, [14]mas tanto com quem está conosco aqui hoje diante de Javé, nosso Deus, como com quem não está aqui conosco hoje. [15]Sim, vós sabeis como habitamos no Egito e como passamos no meio das nações que atravessastes; [16]vistes suas abominações e seus ídolos, de madeira e de pedra, de prata e de ouro, que existem entre elas. [17]Que não haja entre vós homem ou mulher, família ou tribo, cujo coração se desvie hoje de Javé, nosso Deus, para ir servir aos deuses dessas nações; que não haja entre vós nenhuma raiz que produza veneno ou absinto. [18]E se, depois de ter ouvido estas palavras de imprecação, alguém se achar abençoado e disser: 'Eu tenho tudo, porque me obstinei em seguir minhas ideias, pois terreno regado não tem mais sede', [19]Javé não lhe dará seu perdão; a cólera e o zelo de Javé se inflamarão contra ele; todas as maldições escritas neste livro cairão sobre ele; e Javé apagará seu nome de debaixo do céu. [20]Javé o separará, para sua desgraça, de todas as tribos de Israel, conforme todas as maldições da aliança escrita neste livro da Lei.

[21]A geração futura, vossos filhos que virão depois de vós, e o estrangeiro que virá de um país distante, ao verem as calamidades desta terra e as doenças com que Javé a terá afligido, dirão: [22]'Toda a sua terra está queimada com enxofre e sal; não pode ser semeada nem produzirá; nela não crescerá nenhuma planta, como na destruição de Sodoma e Gomorra,* de Adma e Seboim, que Javé destruiu em sua ira e em seu furor'. [23]Todas as nações perguntarão: 'Por que Javé tratou assim este país?* Que significa o ardor de tão grande ira?' [24]E responderão: 'Porque abandonaram a aliança de Javé, Deus de seus pais, que ele tinha feito com eles quando os tirou da terra do Egito, [25]e passaram a servir outros deuses e os adoraram, deuses que não conheciam, e que ele não lhes tinha indicado. [26]Por isso a ira de Javé se inflamou contra esse país, fazendo cair sobre ele todas as maldições escritas neste livro. [27]Javé os arrancou do próprio solo com ira, furor e grande indignação e os atirou num outro país,

---

* **29,3.** 4,29; 30,14; Is 29,10; Rm 11,8; Dt 8,4 **|** 5. 2,30-35 **|** 7. 3,12-16 **|** 22. Gn 19,25 **|** 23. Jr 22,8s; 1Rs 9,7s

† **29,1.** Os cc. 29-30 contêm um terceiro e último discurso de Moisés, que acompanha a aliança realizada em Moab, antes de começar a conquista da terra prometida.

Deuteronômio 29–31

como se vê hoje'. [28]As coisas secretas* pertencem a Javé, nosso Deus, mas as coisas reveladas são para nós e nossos filhos para sempre, a fim de cumprirmos todas as palavras desta Lei".

30 Promessas de misericórdia.

[1]Quando te sobrevierem todas estas coisas,* a bênção e a maldição, que te propus, se as meditares, no meio das nações para as quais Javé te houver deportado, [2]e voltares a Javé, teu Deus, e obedeceres tu e teus filhos a sua voz, com todo o teu coração e com toda a tua alma, conforme tudo o que hoje te ordeno, [3]Javé, teu Deus, reconduzirá teus cativos,* terá compaixão de ti e te reunirá de novo do meio de todos os povos entre os quais te havia dispersado. [4]Ainda que tivesses sido expulso para a extremidade do céu, de lá te reuniria Javé, teu Deus, e iria lá te buscar. [5]Javé, teu Deus, te reconduzirá à terra que teus pais possuíram, para que a possuas,* e ele te fará feliz e te multiplicará mais que teus pais. [6]Javé, teu Deus, circuncidará teu coração* e o coração de teus descendentes, para que ames Javé, teu Deus, com todo o teu coração e com toda a tua alma, para que tenhas vida. [7]Javé, teu Deus, fará recair todas estas maldições sobre teus inimigos e teus adversários que te perseguiram. [8]E tu voltarás a obedecer à voz de Javé e cumprirás todos os seus mandamentos que hoje te ordeno. [9]Javé te fará prosperar em toda obra de tuas mãos, no fruto de teu seio, no fruto de teus animais e no fruto de teu solo; pois Javé voltará a ter prazer em te fazer bem, como tinha prazer em fazer bem a teus pais, [10]contanto que obedeças à voz de Javé, teu Deus, observando seus mandamentos e decretos, escritos neste livro da Lei, e voltes a Javé, teu Deus, de todo o teu coração e de toda a tua alma. [11]Na verdade, este mandamento, que hoje te prescrevo, não é difícil demais para ti, nem está fora de teu alcance. [12]Não está no céu,* para que digas: 'Quem subirá por nós ao céu para trazê-lo até nós e nos fazer ouvi-lo, para que o pratiquemos?' [13]Tampouco se acha do outro lado do mar, para dizeres: 'Quem atravessará por nós o mar para trazê-lo até nós e nos fazer ouvi-lo, para que o pratiquemos?' [14]Ao contrário, a palavra está perto de ti,* em tua boca e em teu coração, para que a ponhas em prática".

Escolhe a vida! [15]"Olha: hoje coloco a tua frente a vida e o bem,* a morte e o mal. [16]Por isso te ordeno hoje que ames Javé, teu Deus, que andes em seus caminhos e guardes seus mandamentos, suas leis e seus costumes, para que vivas e te multipliques, e Javé, teu Deus, te abençoe na terra em que vais entrar para dela tomar posse. [17]Se, porém, teu coração se desviar e não obedeceres, mas te deixares seduzir para te prostrares diante de outros deuses e os servires, [18]eu te declaro hoje que de certo perecerás e não viverás muitos anos na terra em que entrarás para a possuir,* passado o Jordão. [19]Tomo hoje por testemunhas contra ti o céu e a terra de que te proponho a vida e a morte, a bênção e a maldição. Escolhe a vida†, para que vivas tu e tua descendência, [20]amando Javé, teu Deus, obedecendo a sua voz e a ele aderindo, porque ele é tua vida e te dá vida longa, para que possas morar na terra que Javé jurou dar a teus pais, Abraão, Isaac e Jacó".

IV. CONCLUSÃO DO DEUTERONÔMIO (31–34)

31 Últimas disposições. Eleição de Josué.

[1]Depois, Moisés veio dirigir a todo o Israel estas palavras: [2]"Tenho hoje cento e vinte anos;

---

* **29**,28. Lv 26,40-45 | **30**,1. 4,29-31; 29,3 | 3. Jr 29,14; 31,10; Mq 2,12; Am 9,14; Zc 8,7s | 5. Is 43,5-7 | 6. 10,16; Jr 4,4 | 12. Jó 28; Rm 10,6-8 | 14. 6,7; Jo 1,14 | 15. 11,26-28; Sl 1,1; Jr 21,8; Eclo 15,17s; Rm 6,21-23; Gl 6,8; Ne 9,29; Pr 8,34s; 9,11 | 18. 4,26; 31,28 | **31**,2. 3,21-28

† **30**,19. Deus respeita a liberdade da pessoa, não a constrange a fazer o bem nem a impede de fazer o mal, para que seja ela a responsável por seus atos.

217   Deuteronômio 31

não posso mais comandar; e Javé me disse: 'Não passarás* este Jordão'. ³É Javé, teu Deus, que passará diante de ti; ele exterminará essas nações a tua frente, e tu possuirás suas terras. Josué passará a tua frente como disse Javé. ⁴Javé fará a elas* o que fez a Seon e Og, reis dos amorreus, e a seu país, que ele destruiu. ⁵Javé as entregará em teu poder, e tu as tratarás conforme o mandamento que te dei. ⁶Sê forte e corajoso;* não tenhas medo nem te atemorizes diante delas, porque é Javé, teu Deus, que caminha contigo; ele não te deixará nem te abandonará".

⁷Depois, Moisés chamou Josué e lhe disse na presença de todo o Israel: "Sê forte e corajoso, porque tu entrarás com este povo na terra que Javé jurou dar a seus pais e tu lhe darás a terra em herança. ⁸O próprio Javé caminha diante de ti; ele estará contigo e não te deixará nem te abandonará; não temas nem te intimides".

Leitura periódica da Lei. ⁹Moisés escreveu esta Lei* e entregou-a aos sacerdotes, filhos de Levi, que transportavam a arca da aliança de Javé, e a todos os anciãos de Israel. ¹⁰Moisés deu-lhes esta ordem: "No fim de cada sete anos, no tempo marcado para o ano da remissão, na festa das Tendas, ¹¹quando todo o Israel vier apresentar-se diante de Javé, vosso Deus, no lugar por ele escolhido, lereis esta Lei diante de todo o Israel para que a ouçam. ¹²Reuni o povo, homens, mulheres e crianças, e o estrangeiro que mora em vossas cidades, para que ouçam e aprendam a temer Javé, vosso Deus, e para que guardem e ponham em prática todas as palavras desta Lei. ¹³E seus filhos, que ainda não a conhecem, ouvirão e aprenderão a temer Javé, vosso Deus, todos os dias que viverdes sobre a terra da qual ireis tomar posse, passando o Jordão".

Introdução ao cântico. ¹⁴Javé disse a Moisés: "O dia de tua morte se aproxima.* Chama Josué e apresentai-vos na tenda da reunião, para que eu lhe dê minhas ordens". Foram pois, Moisés e Josué, e se apresentaram na tenda da reunião. ¹⁵Então Javé apareceu numa coluna de nuvem, que parou à entrada da tenda. ¹⁶Javé disse a Moisés: "Vais adormecer com teus pais,* e este povo, levantando-se, irá prostituir-se, seguindo deuses estrangeiros da terra em que está para entrar; ele me abandonará, rompendo a aliança que fiz com ele. ¹⁷Porém, naquele mesmo dia minha cólera se inflamará contra ele, e eu os abandonarei, ocultando-lhes minha face. Muitos males e adversidades os atingirão para devorá-los. Então dirá: 'Se estes males me atingiram, não será porque Javé não está mais comigo?' ¹⁸Mas eu ocultarei completamente minha face naquele dia, por causa de todo o mal que praticou, voltando-se para outros deuses. ¹⁹E agora, escreve para ti este cântico e ensina-o aos israelitas, coloca-o em sua boca, a fim de que este cântico me sirva de testemunho contra os israelitas. ²⁰Com efeito, quando eu o tiver introduzido na terra que prometi com juramento a seus pais, terra onde corre leite e mel,* ele comerá e ficará saciado, engordará e depois se voltará para outros deuses e os servirá, desprezando-me e rompendo minha aliança. ²¹Mas quando males e angústias sem número o atingirem, este cântico dará testemunho contra ele, porque não o esquecerão os lábios de seus descendentes. Pois eu conheço os propósitos que o animam hoje, antes mesmo que eu o faça entrar na terra que prometi com juramento". ²²Naquele dia Moisés escreveu este cântico e o ensinou aos israelitas. ²³Javé deu esta ordem a Josué, filho de Nun: "Sê forte e corajoso, porque és tu que conduzirás os israelitas à terra que lhes prometi com juramento; e eu estarei contigo".

A Lei junto da arca. ²⁴Quando acabou de escrever num livro as palavras desta Lei até o fim, ²⁵Moisés ordenou aos levitas que carregavam a arca da aliança de Javé: ²⁶"Tomai este livro da Lei e

---

* **31,**4. Nm 21,24s | 6. 1,29s; Js 1,9 | 9. 2Rs 23,1s | 14. Êx 25,22 | 16. 4,25-28 | 20. 32,15

Deuteronômio 31-32

colocai-o ao lado da arca da aliança de Javé, vosso Deus, para ali servir de testemunho contra vós. [27]Porque conheço vosso espírito rebelde e vossa cabeça dura. Se hoje, enquanto estou ainda vivo no meio de vós, fostes rebeldes a Javé, quanto mais o sereis depois de minha morte! [28]Reuni a meu redor todos os anciãos de vossas tribos e vossos oficiais, e falarei estas palavras a seus ouvidos, tomando o céu e a terra como testemunhas contra eles. [29]Porque sei que depois de minha morte certamente vos corrompereis e vos desviareis do caminho que vos ordenei; mas a desgraça vos atingirá nos dias que virão, porque tereis praticado o que desagrada a Javé, irritando-o com as obras de vossas mãos". [30]Moisés pronunciou até o fim, aos ouvidos de toda a comunidade de Israel, as palavras deste cântico:

32 Cântico de Moisés. [1]"Escutai, ó céus, e eu falarei,*
ouve, ó terra, as palavras de minha boca!
[2]Goteje qual chuva minha doutrina,*
destile qual orvalho minha palavra,
como chuvisco sobre a verdura,*
como aguaceiro sobre a relva.
[3]Porque proclamarei o nome de Javé;
engrandecei nosso Deus!
[4]Ele é a Rocha†, seu agir é perfeito,*
pois todos os seus caminhos são retidão;
é um Deus fiel e sem iniquidade,
ele é justo e reto!
[5]Pecaram contra ele os filhos degenerados,
geração perversa e tortuosa!
[6]É assim que retribuis a Javé,*
povo louco e insensato?
Não é ele teu pai que te adquiriu,*
que te fez e te firmou?
[7]Recorda os tempos antigos,
medita os anos de idade em idade!
Pergunta a teu pai, e te contará,*

a teus anciãos, e te dirão.
[8]Quando o Altíssimo deu às nações sua herança,*
quando repartiu os filhos dos homens,
ele fixou as fronteiras dos povos
conforme o número dos filhos de Israel:*
[9]porque a porção de Javé é seu povo,
Jacó é a parte de sua herança.
[10]Encontrou-o numa terra deserta,
na solidão medonha do deserto;
rodeou-o e cuidou dele,
guardando-o como a pupila dos olhos.
[11]Como a águia encoraja seus filhotes,
esvoaçando sobre eles,
assim estendeu as asas, apanhou-o,*
e sobre as penas o carregou.
[12]Sozinho Javé o guiou:*
nenhum outro deus o acompanhava.
[13]Ele o fez subir às alturas da terra,
para comer os produtos do campo;
deu-lhe a sugar o mel do rochedo
e o azeite da mais dura rocha;
[14]manteiga de vacas, leite de ovelhas
com a gordura dos cordeiros,
dos carneiros da raça de Basã, e dos bodes,
com a farinha do melhor trigo;
bebeste o sangue das uvas,
o vinho espumante.
[15]Jacó comeu e saciou-se,*
Jesurun† engordou e deu coices,
sim, ficaste gordo, pingue, rechonchudo.
Rejeitou o Deus que o criou
e ultrajou a Rocha que o salvou.
[16]Com outros deuses provocaram seu ciúme,
com abominações o irritaram;
[17]ofereceram sacrifícios a demônios que não são Deus,*
a deuses que não conheciam,
novos, recém-chegados,
que teus pais não veneravam.

---

* **32**,1. 4,26; 30,19 | 2. Is 55,10 / Sl 72,6; Os 6,3 | 4. Sl 18,32; Is 17,10; 44,8 | 6. Os 11,1-4 / 1,31 | 7. 4,32 | 8. Gn 10; At 17,26 | 9. 7,6 | 11. Sl 17,8 | 12. Is 43,11; Os 13,4; Is 58,14; Dt 8,7-10; 11,10-17; Sl 81,17 | 15. 31,20; Os 13,6; Is 44,2; Jr 5,7; Dt 4,24 | 17. 13,3.7s.14

† **32**,4. Símbolo do Deus imutável, que é apoio inabalável e refúgio seguro para o israelita fiel, Is 26,4; Sl 62,7-8. | 15. Nome poético para Israel, inspirado na imagem de um touro, Dt 33,5.26; Is 44,2.

219   Deuteronômio 32

¹⁸Abandonaste a Rocha que te gerou,*
esqueceste o Deus que te formou.
¹⁹Javé viu e, em sua ira, rejeitou
seus filhos e filhas que o provocaram
²⁰e disse: 'Ocultarei deles minha face*
e verei qual será seu fim;
porque são uma geração perversa,
filhos que não têm lealdade.
²¹Provocaram meu ciúme com aquilo
que não é deus*
e me irritaram com seus ídolos vãos;
também eu os provocarei com gente
que não é povo,
com uma nação insensata os irritarei.
²²Pois em meu furor se acendeu um
fogo*
que queimará até o mais profundo
abismo;
vai devorar a terra e seus produtos
e abrasar o fundamento das montanhas.
²³Acumularei calamidades sobre
eles,*
e esgotarei contra eles minhas flechas;
²⁴serão consumidos pela fome, devorados pela febre
e por uma terrível peste.
Mandarei contra eles os dentes das
feras,
junto com o veneno das serpentes
que rastejam pelo chão.
²⁵Fora, os privará de filhos a espada*
e dentro, o terror fará perecer
o rapaz e a moça,
o bebê e o idoso'.
²⁶Eu disse: 'Vou triturá-los,*
apagarei sua memória do meio dos
homens.
²⁷Mas temo a provocação do inimigo.*
Que seus adversários não se iludam,
dizendo:
Nossa mão prevaleceu,
não foi Javé que fez tudo isso'.
²⁸Pois eles são gente sem juízo,*
e não há neles discernimento.
²⁹Se fossem sábios, compreenderiam
isto

e atentariam para seu fim.
³⁰Como poderia um só perseguir
mil,* e dois pôr em fuga dez mil,
senão porque sua Rocha os vendeu
e Javé os entregou?
³¹Pois a rocha deles não é como nossa Rocha,
nossos próprios inimigos o atestam.
³²Porque a vinha deles vem das vinhas de Sodoma
e das plantações de Gomorra;
suas uvas são venenosas,
seus cachos são amargos.
³³O vinho deles é veneno de serpentes,
veneno mortal de víboras.
³⁴Isto não está guardado comigo,*
selado em meus tesouros?
³⁵A mim pertencem a vingança e a
retribuição*
na hora em que seu pé vacilar.
Porque o dia de sua ruína está perto,
o destino deles se apressa a chegar.
³⁶Pois Javé fará justiça a seu povo*
e terá piedade de seus servos,
ao ver que suas forças se esgotaram
e que já não existe nem escravo, nem
livre.
³⁷Então ele dirá: 'Onde estão seus
deuses,*
a rocha na qual confiavam?
³⁸Eles comiam a gordura de suas vítimas,
bebiam o vinho de suas libações!
Que se levantem e vos socorram,
que vos sirvam de defesa!
³⁹Vede agora que eu, eu sou,*
e não há Deus além de mim;
eu faço morrer e faço viver,
eu firo e eu mesmo curo,*
e ninguém pode livrar-se de minha
mão.
⁴⁰Levanto a mão para o céu
e digo: Tão certo como eu vivo eternamente,
⁴¹quando eu afiar minha espada fulgurante*
e minha mão empunhar o juízo,
eu me vingarei de meus adversários
e aos que me odeiam darei a paga.

---

* **32**,18. Is 17,10; Jr 2,27.32; Os 8,14 | 20. 31,17 | 21. Is 45,6; Jr 2,11 | 22. 28,15-68; Jr 15,14; 17,4 | 23. Ez 5,16s; Lv 26,21-26 | 25. Êx 7,15; Lm 1,20 | 26. Êx 32,10-12 | 27. Nm 14,13-16; 9,28; Is 10,12-15; 42,8; 48,11 | 28. 4,6; 29,8; Jr 4,22 | 30. Is 30,17 | 34. Is 49,2; Os 13,2 | 35. Rm 12,19; Hb 10,30 | 36. Sl 135,14 | 37. Jr 2,28 | 39. Is 41,4; 34,10.13 / Is 42,8 / Is 19,22 | 41. Ez 21,14-22; Is 49,2

Deuteronômio 32-33

⁴²Enquanto minha espada devorará a carne,
embriagarei de sangue minhas flechas,*
do sangue dos mortos e dos prisioneiros,
das cabeças cabeludas do inimigo'.
⁴³Exultai, ó nações, por seu povo,*
porque Javé vingará o sangue de seus servos,
fará recair a vingança sobre seus adversários
e purificará sua terra e seu povo".
⁴⁴Moisés veio com Josué, filho de Nun, e proferiu todas as palavras deste cântico aos ouvidos do povo.

Últimas recomendações. ⁴⁵Quando Moisés acabou de falar todas estas palavras a todo o Israel, ⁴⁶disse-lhes: "Prestai atenção a todas as palavras com que hoje testemunho contra vós; prescrevei-as a vossos filhos, a fim de que cuidem de praticar todas as palavras desta Lei. ⁴⁷Não se trata de palavra sem importância,* pois é a vossa vida, e é em virtude dela que vivereis longamente na terra que ides possuir, passando o Jordão". ⁴⁸Nesse mesmo dia* Javé falou a Moisés: ⁴⁹"Sobe a este monte Abarim, ao monte Nebo, na terra de Moab, defronte de Jericó, e contempla a terra de Canaã que dou aos israelitas como propriedade. ⁵⁰Morrerás sobre o monte que vais subir e serás reunido aos teus, como morreu teu irmão Aarão, no monte Hor, e foi reunido aos seus, ⁵¹porque fostes infiéis* a mim no meio dos filhos de Israel nas águas de Meriba de Cades,* no deserto de Sin, por não terdes manifestado minha santidade no meio dos israelitas. ⁵²Por isso verás diante de ti a terra que dou aos israelitas, mas não entrarás nela".

33 Bênçãos de Moisés. ¹Esta é a bênção que Moisés,* homem de Deus, pronunciou sobre os israelitas, antes de morrer.

²Ele disse†:
"Javé veio do Sinai,*
surgiu para eles de Seir;
resplandeceu desde o monte Farã
e chegou a Meriba de Cades;
de sua mão direita saía o fogo da Lei para eles.
³Vós amais os povos,
todos os vossos santos estão em vossa mão;*
eles se sentam a vossos pés
para receber vossas palavras.
⁴Moisés nos prescreveu uma Lei,*
uma herança para a assembleia de Jacó.
⁵Houve um rei em Jesurun,*
quando se reuniram os chefes do povo
junto com as tribos de Israel.
⁶Viva Rúben e não morra,
e viva o número pequeno de seus homens".
⁷Isto é o que disse para Judá:
"Ouvi, ó Senhor, a voz de Judá
e reconduzi-o a seu povo;
que suas mãos defendam seu direito,
vinde em seu socorro contra seus inimigos".
⁸Para Levi disse:
"Dai a Levi vossos Tumim*
e vossos Urim ao homem santo,
que provastes em Massa*
e com o qual contendestes nas águas de Meriba;
⁹que disse de seus pais: 'Não os vi'
e não reconheceu seus irmãos
e ignorou seus próprios filhos;
mas guardaram vossa palavra
e cumprem vossa aliança.
¹⁰Ensinam vossos costumes a Jacó
e vossa Lei a Israel;
fazem subir o incenso ante vossas narinas
e oferecem holocaustos sobre vosso altar.
¹¹Abençoai, Senhor, seus esforços
e aceitai a obra de suas mãos;

---

* **32**,42. Sl 68,22.24; Jr 46,10 | 43. Hb 1,6 | 47. 8,3; Ne 9,29 | 48. 3,23-28 | 51. Nm 20,12 / Ez 20,41 **33**,1. Gn 49 | 2. Êx 19,1 | 3. Jo 10,28 | 4. Jo 1,17 | 5. 32,15 | 8. 1Sm 14,41 / Nm 20,1-13; Êx 32,25-29; Nm 25,7s.10s

† **33**,2. Discurso de adeus, como o de Jacó em Gn 49, anunciando o futuro das tribos e dando a cada uma sua bênção. Simeão não é mencionado; Levi e José recebem as bênçãos mais solenes.

Deuteronômio 33-34

golpeai as costas de seus adversários
e dos que o odeiam, para que não se
levantem".
¹²Para Benjamim disse:
"O amado de Javé
habita junto dele em segurança.
O Altíssimo o protege todo dia
e mora entre suas colinas".
¹³Para José disse:
"Sua terra será abençoada por Javé
com os dons preciosos do céu,
com o orvalho e com as águas profundas do abismo;
¹⁴com os melhores frutos que o sol
amadurece
e com os melhores frutos de cada
lua;
¹⁵com os melhores produtos dos
montes antigos,*
com os dons preciosos das colinas
eternas
¹⁶e com o melhor da terra e sua riqueza.*
O favor daquele que estava na sarça
desça sobre a cabeça de José
e sobre a fronte do predileto entre
seus irmãos.
¹⁷De seu touro é o primogênito, a ele
a glória!
Seus chifres são como os do búfalo,
ferirá com eles os povos,
até os confins da terra.
Tais são as miríades de Efraim,
tais são os milhares de Manassés".
¹⁸Para Zabulon disse:
"Rejubila-te, Zabulon, em tuas expedições,
e tu, Issacar, em tuas tendas!
¹⁹Convidarão os povos à montanha,
e ali imolarão sacrifícios legítimos;
porque sorverão as riquezas do mar
e os tesouros ocultos na areia".
²⁰Para Gad disse:
"Bendito seja quem aumenta a terra
de Gad!
Ele repousa como um leoa
e dilacera braço e cabeça.
²¹Escolheu para si as primícias,
onde lhe estava reservada a parte do
chefe;

mas se juntou aos chefes do povo,
cumpriu a justiça de Javé
e suas sentenças sobre Israel".
²²Para Dã disse:
"Dã é um leãozinho
que se lança de Basã".
²³Para Neftali disse:
"Neftali, cumulado de favores
e repleto da bênção de Javé,
toma posse do mar e do sul".
²⁴Para Aser disse:
"Bendito seja Aser entre os filhos;
seja o favorito de seus irmãos
e mergulhe no óleo seu pé.
²⁵De ferro e de bronze sejam teus
ferrolhos,
e dure teu vigor quanto teus dias".
²⁶"Ninguém é como o Deus de Jesurun:*
cavalga os céus, para te socorrer,
e as nuvens, em sua majestade.
²⁷O Deus eterno é teu refúgio,*
aqui embaixo é ele o braço antigo;
ele expulsa de tua frente o inimigo
e te diz: 'Destrói!'
²⁸Israel habita em segurança;*
a fonte de Jacó jorra à parte
para uma terra de trigo e de vinho
novo,
na qual o próprio céu goteja orvalho.
²⁹Feliz és tu, ó Israel!*
Quem é igual a ti, um povo salvo por
Javé?
Ele é o escudo que te protege*
e a espada que te dá a vitória.
Teus inimigos tratarão de corromper-
-te,
mas tu pisarás suas alturas".

34 **Morte de Moisés.** ¹Moisés
subiu das estepes de Moab ao
monte Nebo,* ao cimo do Fasga, que
está em frente de Jericó. Javé mostrou-
-lhe todo o país: de Galaad até Dã,
²todo Neftali, a terra de Efraim com
Manassés, toda a terra de Judá até o
mar ocidental, além do Negueb, ³e a
região do vale de Jericó, cidade das
palmeiras, até Segor. ⁴E Javé lhe disse:
"Esta é a terra que prometi com jura-

---

* **33**,15. Gn 49,26 | 16. Êx 3,1-3 | 26. Êx 15,11; Dt 32,15; Sl 18,11; 68,5 | 27. Sl 90,1s | 28. Nm 23,9; Jr 23,6 |
29. Sl 33,12; 144,15 / Sl 115,9-11 | **34**,1. Nm 22,1; Dt 3,27

Deuteronômio 34

mento a Abraão, a Isaac e a Jacó, dizendo: 'Eu a darei a tua posteridade'. Eu te faço vê-la com teus olhos, mas nela não entrarás".

⁵Aí, na terra de Moab, morreu Moisés, servo de Javé, conforme a palavra de Javé. ⁶Ele o sepultou† no vale, na terra de Moab, defronte de Bet-Fegor; e até hoje ninguém sabe o lugar de sua sepultura. ⁷Moisés tinha cento e vinte anos* quando morreu; sua vista não se havia enfraquecido, nem se abatera seu vigor. ⁸Os israelitas choraram Moisés nas estepes de Moab durante trinta dias, até que se cumprissem os dias do pranto e do luto por Moisés. ⁹Josué, filho de Nun, ficou cheio do espírito de sabedoria, porque Moisés havia imposto as mãos sobre ele; e os israelitas lhe obedeceram,* fazendo como Javé havia ordenado a Moisés.

¹⁰Nunca mais surgiu em Israel* um profeta igual a Moisés, com o qual Javé conversava face a face, ¹¹por todos os sinais e prodígios que Javé o mandou fazer na terra do Egito, contra o faraó e todos os seus servos e todo o seu país; ¹²e por todo o poder de sua mão e todos os grandes e tremendos feitos que Moisés operou diante dos olhos de todo o Israel.

---

* **34**,7. Jd 9 | 9. Nm 27,18-23 | 10. Jr 15,1; Eclo 45,1-5; Êx 33,11.20; Nm 12,6-8

† **34**,6. Ficou desconhecido o lugar da sepultura de Moisés, talvez para evitar um culto supersticioso. Antigas lendas dizem que os anjos o sepultaram, Jd 9.

JOSUÉ

Esta obra trata da conquista de Canaã por parte do povo eleito, guiado por Josué, sucessor de Moisés, e da distribuição do território entre as doze tribos. Depois, a missão de Josué se encerra com seu último discurso e com a renovação da aliança em Siquém.

Javé promete estar com ele como esteve com Moisés (Js 1,5). Josué é apresentado como um chefe que cumpre com perfeição o ensinamento de Moisés, chegando a parecer uma cópia sua: também ele tem uma visão, faz o povo atravessar o Jordão como outrora o mar Vermelho, celebra a Páscoa, intercede pelo pecado do povo e faz um discurso de despedida.

Os acontecimentos, que devem ter sucedido pelo final do séc. XIII a.C., são narrados de forma esquemática, incompleta e idealizada. Se comparados com o que diz o início do livro dos Juízes, que parece bem mais próximo da realidade, percebe-se que a conquista de Canaã neste tempo não foi completa nem foi obra de um exército formado por todas as tribos. A ideia subjacente às narrativas é a de que Deus combate as batalhas de Israel e lhe dá a vitória, expulsando e mandando exterminar as populações locais, em punição de sua idolatria e também para que a religião do povo eleito não fosse por elas contaminada.

Josué é o protagonista, mas não o autor do livro, que pertence à história deuteronomística e teve sua primeira redação no tempo de Josias, séc. VII, e a redação definitiva após o exílio. Na época de Josué, o povo era fiel à aliança, por isso conquistou a terra, mas quando o livro foi escrito, o povo a havia perdido, em razão de seus pecados. Era preciso reavivar sua esperança de que, se voltasse à fidelidade do tempo de Josué, Deus lhe restituiria o país que lhe havia dado.

A doação da terra foi um ato de fidelidade às promessas feitas a Moisés e aos patriarcas. Se o Gênesis é o livro das promessas (Gn 12,7), Josué é o livro em que elas se cumprem.

Para o cristão, Josué, cujo nome significa o mesmo que Jesus, prefigura o Salvador: a travessia do rio Jordão que dá acesso à terra prometida anuncia o batismo, que introduz no reino de Deus. O livro de Josué ensina que toda a terra pertence a Javé (3,13). Fazendo uso da terra, o homem deve sentir-se administrador de um bem que não é seu e agir em tudo segundo as normas do Deus justo e santo.

I. CONQUISTA DA TERRA PROMETIDA (1–12)

1 **Josué sucede a Moisés.** ¹Após a morte de Moisés, servo de Javé,* disse Javé a Josué†, filho de Nun, e assistente de Moisés: ²"Meu servo Moisés morreu; agora levanta-te, atravessa o Jordão tu e todo este povo, em direção à terra que eu dou aos israelitas. ³Eu vos dou todo o território em que puserdes os pés,* conforme prometi a Moisés. ⁴Desde o deserto e o Líbano até o grande rio, o Eufrates, toda a terra dos heteus até o grande mar, onde se põe o sol, será vosso território†. ⁵Ninguém te poderá resistir* em todos os dias de tua vida; estarei contigo como estive com Moisés; não te deixarei nem te abandonarei. ⁶Sê forte e corajoso, porque farás este povo herdar a terra que a seus pais jurei* dar-lhes. ⁷Somente sê forte e muito valente, procurando agir conforme toda a lei que Moisés, meu servo, te prescreveu; não te desvies dela nem para a direita, nem para a esquerda,* para teres bom êxito em todos os teus empreendimentos. ⁸Não se afaste* de tua boca este livro da Lei, mas medita-o dia e noite, procurando agir em conformidade com tudo o que nele está prescrito, e assim serás feliz em teus empreendimentos e serás bem sucedido. ⁹Não sou eu que te mando* ser forte e corajoso? Não temas nem

---

* **1**,1. Dt 34 | 3. Dt 11,24s | 5. Êx 3,12; 1,9.17; 3,7; 6,27; Dt 31,7s.23 | 6. Dt 3,28 | 7. Dt 5,32 | 8. Dt 29,8; Dt 6,6s; 17,18s | 9. Dt 31,7.23; Dt 1,29s; 7,21; 20,1s; 31,6

† **1**,1. Josué significa "Javé salva", e é uma variante do nome de Jesus. Sua missão de introduzir o povo na terra prometida prefigura a de Jesus. | 4. O território aqui delimitado é muito maior do que a terra efetivamente conquistada e repartida.

Josué 1-2

te apavores, pois Javé, teu Deus, estará contigo aonde quer que fores".

Preparativos para a passagem do Jordão. [10]Josué ordenou aos oficiais* do povo: [11]"Passai pelo meio do acampamento e dai esta ordem ao povo: 'Preparai provisões, pois daqui a três dias atravessareis este Jordão, para tomar posse da terra que Javé, vosso Deus, vos dá como herança'".

[12]E às tribos de Rúben,* de Gad e à meia tribo de Manassés Josué disse: [13]"Lembrai-vos do que vos ordenou Moisés, servo de Javé, dizendo: 'Javé, vosso Deus, vos concedeu repouso e vos deu esta terra'†. [14]Vossas mulheres, vossos filhos e vosso gado fiquem na terra que Moisés vos deu deste lado do Jordão; mas vós todos, que sois fortes e valorosos, passareis armados na frente de vossos irmãos e os ajudareis, [15]até que Javé conceda descanso a vossos irmãos, como a vós, e eles também tomem posse da terra que Javé, vosso Deus, lhes dá. Então podereis voltar à terra que vos pertence e que vos foi dada por Moisés, servo de Javé, deste lado do Jordão, onde nasce o sol".

[16]Eles responderam a Josué: "Faremos tudo o que nos ordenaste e iremos aonde quer que nos mandes. [17]Assim como em tudo obedecemos a Moisés, assim também obedeceremos a ti; somente que Javé, teu Deus, esteja contigo, como esteve com Moisés. [18]Todo aquele que for rebelde a tuas ordens e não obedecer a tuas palavras em tudo quanto lhe ordenares será morto. Somente sê forte e corajoso".*

2 **Josué envia exploradores.** [1]Josué, filho de Nun, mandou* secretamente de Setim dois espiões, dizendo: "Ide e examinai o país e a cidade de Jericó"†. Eles foram e entraram na casa

de uma prostituta chamada Raab,* e ali se hospedaram. [2]Foi comunicado ao rei de Jericó: "Alguns israelitas chegaram aqui esta noite para explorar o país". [3]Então o rei de Jericó mandou dizer a Raab: "Põe para fora os homens que vieram ter contigo e entraram em tua casa, pois vieram para explorar todo o país". [4]Mas a mulher levou os dois homens a um esconderijo e depois disse: "Sim, vieram a mim uns homens, mas eu não sabia de onde eram; [5]quando ia ser fechada a porta da cidade, sendo já escuro, eles partiram, e não sei para onde foram; persegui-os depressa que os alcançareis". [6]Mas ela os fizera subir ao terraço e os escondera entre os feixes de linho que ali tinha empilhado. [7]Os homens foram atrás deles pela estrada do Jordão, em direção dos vaus; e logo que saíram os que os perseguiam, a porta da cidade foi fechada.

O pacto com Raab. [8]Antes que os espiões* se deitassem, Raab subiu ao terraço até eles [9]e lhes disse: "Sei que Javé vos deu esta terra, porque o medo de vós nos invadiu e todos os habitantes tremem diante de vós. [10]Ouvimos dizer como Javé secou diante de vós as águas do mar Vermelho,* quando saíeis do Egito; e o que fizestes do outro lado do Jordão aos dois reis dos amorreus, Seon e Og, votando-os ao extermínio. [11]Tendo ouvido isto, nosso coração* desfaleceu e em ninguém mais há ânimo algum por causa de vós, porque Javé, vosso Deus, é Deus lá no alto do céu e aqui embaixo na terra†. [12]Agora, pois, vos peço: jurai-me* por Javé que, assim como vos tratei com bondade, também vós tratareis com bondade a casa de meu pai; e dai-me um sinal seguro [13]de que preservareis a vida de meu pai, de minha mãe, de meus irmãos e de minhas irmãs e

---

* **1**,10. Dt 16,18 | 12. Nm 32; Dt 3,18-20 | 18. Dt 17,12 | **2**,1. Nm 13 / Mt 1,5 | 8. Hb 11,31; Tg 2,25 | 10. 9,9s; Êx 14 | 11. Nm 21,23s.33s; 5,1 | 12. Dt 4,39

† **1**,13. Esta parte do povo recebeu suas terras na Transjordânia, mas devia ajudar seus irmãos a conquistar as terras do outro lado do Jordão, Dt 3,13-20. | **2**,1. Jericó, cidade do período neolítico, 6.000 a.C., a 8 km a oeste do Jordão, é talvez a mais antiga do mundo. | 11. Raab, que vai pertencer ao povo de Deus e entrar na genealogia de Jesus, Mt 1,5, já fala como uma israelita, proclamando as convicções religiosas do povo.

225 Josué 2-3

de todos os que lhes pertencem, livrando-nos da morte". [14]Os homens responderam-lhe: "Estamos prontos a dar nossa vida* por vós, contanto que não reveles o que estamos fazendo; e quando Javé nos der esta terra, nós te trataremos com bondade e lealdade".

Volta dos exploradores. [15]Então ela os fez descer pela janela* com uma corda, porque sua casa era pegada aos muros e ela morava sobre os muros.[16]E disse-lhes: "Ide em direção à montanha, para que não vos encontrem os que vos procuram, e ficai ali escondidos três dias, até que eles voltem, e depois segui vosso caminho". [17]Os homens disseram-lhe: "Assim cumpriremos este juramento que nos fizeste prestar: [18]quando entrarmos no país, amarrarás este cordão de fio escarlate à janela pela qual nos fizeste descer e reunirás em casa contigo teu pai, tua mãe, teus irmãos e toda a família de teu pai. [19]Todo aquele que sair para fora* da porta de tua casa será responsável por sua morte, e nós seremos inocentes; mas se alguém tocar qualquer um que estiver contigo em tua casa, seremos nós os responsáveis. [20]Se revelares esta nossa missão, ficaremos desobrigados do juramento que nos fizeste prestar". [21]Ela respondeu: "Seja como dizeis". Ela os despediu e eles partiram. Ela atou à janela o cordão de fio escarlate.

[22]Partiram, pois, e chegaram ao monte, onde ficaram três dias, até que voltaram seus perseguidores, os quais os procuraram por todo o caminho, mas não os encontraram. [23]Então os dois homens voltaram, desceram do monte, atravessaram o Jordão e vieram a Josué, filho de Nun, a quem narraram tudo o que lhes tinha acontecido. [24]Disseram a Josué: "Certamente Javé, nosso Deus, entregou toda essa terra em nossas mãos, e todos os seus habitantes estão apavorados diante de nós".

3 **A passagem do Jordão.** [1]Josué levantou-se bem cedo e partiram de Setim ele e todos os israelitas; chegaram ao Jordão e ali pararam antes de atravessá-lo. [2]Três dias depois, os oficiais percorreram o acampamento [3]e ordenaram ao povo: "Quando virdes a arca da aliança de Javé, vosso Deus, carregada pelos sacerdotes levitas, partireis de vosso lugar e a seguireis. [4]Mas conservai entre vós e ela a distância de uns dois mil côvados; não vos aproximeis dela, para que possais saber o caminho pelo qual haveis de ir, pois nunca passastes por este caminho!"

[5]Josué disse ao povo: "Santificai-vos,* porque amanhã Javé fará maravilhas no meio de vós". [6]Aos sacerdotes Josué disse: "Tomai a arca da aliança e passai à frente do povo". E eles foram andando à frente do povo, carregando a arca da aliança. [7]Javé disse a Josué: "Hoje começarei a engrandecer-te aos olhos de todo o Israel, para que saibam que, assim como estive com Moisés, eu estarei contigo. [8]Tu ordenarás* aos sacerdotes que carregam a arca da aliança, dizendo: 'Quando chegardes à beira das águas do Jordão, ficai parados no Jordão'". [9]Então Josué disse aos israelitas: "Aproximai-vos e ouvi as palavras de Javé, vosso Deus". [10]Depois acrescentou:* "Nisto reconhecereis que o Deus vivo está no meio de vós e que ele expulsará de vossa frente os cananeus,* os heteus, os heveus, os ferezeus, os gergeseus, os amorreus e os jebuseus: [11]a arca da aliança do Senhor de toda a terra vai passar o Jordão diante de vós.* [12]Agora, pois, escolhei doze homens das tribos de Israel, um de cada tribo. [13]Logo que as plantas dos pés dos sacerdotes que transportam a arca de Javé, Senhor de toda a terra, tocarem as águas do Jordão, elas serão divididas: as águas que descem de cima pararão, amontoando-se".

[14]Quando o povo desarmou as tendas para atravessar o Jordão, os sacerdotes que levavam a arca da aliança caminharam à frente do povo. [15]Logo que os transportadores da arca chegaram ao Jordão, e os pés dos sacerdotes

---

* **2**,14. 6,22-25 | 15. At 9,25; 2Cor 11,33 | 19. 2Sm 1,16 | **3**,5. Êx 19,10.15 | 8. 1,5.17 | 10. Êx 34,9s / Dt 7,1 | 11. 4,2

Josué 3-4

que carregavam a arca se molharam na beira das águas – pois o Jordão transborda por todas as suas margens durante todo o tempo da ceifa – [16]as águas que desciam de cima pararam* e se levantaram num montão, à grande distância, junto de Adam, cidade que fica ao lado de Sartã; as águas que desciam para o mar da Arabá, o mar Salgado, foram completamente separadas; e o povo atravessou defronte de Jericó. [17]Os sacerdotes que transportavam a arca da aliança de Javé pararam em terra seca, no meio do Jordão, enquanto todos os israelitas passavam a pé enxuto,* até que toda a nação acabou de atravessar o Jordão†.

4 **As doze pedras.** [1]Quando toda a nação acabou de atravessar o Jordão, Javé disse a Josué: [2]"Escolhei entre o povo doze homens, um de cada tribo, [3]e dai-lhes esta ordem: 'Tomai doze pedras daqui, do meio do Jordão, do lugar onde estiveram parados os pés dos sacerdotes, levai-as convosco e colocai-as no lugar onde passareis esta noite'". [4]Josué chamou os doze homens que havia escolhido entre os israelitas, um de cada tribo, [5]e lhes disse: "Passai adiante da arca de Javé, vosso Deus, até o meio do Jordão, e tomai cada um uma pedra sobre os ombros, conforme o número das tribos dos israelitas, [6]para que isto seja um sinal no meio de vós. Quando amanhã vossos filhos vos perguntarem: 'Que significam para vós estas pedras?',* [7]vós lhes respondereis: 'É que as águas do Jordão foram cortadas diante da arca da aliança de Javé; quando ela atravessou o Jordão, foram cortadas as águas do Jordão; e estas pedras serão para os israelitas um memorial para sempre'". [8]Foi assim que os israelitas fizeram o que Josué lhes tinha ordenado: tomaram doze pedras do meio do Jordão, como Javé tinha falado a Josué, conforme o número das tribos dos israelitas, e as levaram consigo ao lugar onde iam pernoitar e aí as depositaram.

[9]Josué erigiu outras doze pedras no meio do Jordão, no lugar onde estiveram parados os pés dos sacerdotes que levavam a arca da aliança, e ali estão elas até o dia de hoje. [10]Os sacerdotes que levavam a arca da aliança ficaram parados no meio do Jordão, até que foi executado tudo o que Javé tinha mandado Josué dizer ao povo, conforme tudo que Moisés tinha ordenado a Josué; e o povo se apressou em atravessar. [11]Quando todo o povo terminou de atravessar, a arca de Javé e os sacerdotes passaram à frente do povo.

[12]Os filhos de Rúben, os filhos de Gad e a meia tribo de Manassés passaram em ordem de batalha à frente dos israelitas, como Moisés lhes tinha ordenado. [13]Em número de aproximadamente quarenta mil guerreiros armados, eles passaram diante de Javé, prontos para o combate, rumo à planície de Jericó. [14]Naquele dia Javé engrandeceu Josué aos olhos de todo o Israel, que o respeitou como havia respeitado Moisés, durante toda a sua vida.

[15]Javé disse a Josué: [16]"Ordena aos sacerdotes que carregam a arca da aliança que saiam do Jordão". [17]Josué ordenou aos sacerdotes: "Saí do Jordão!" [18]E logo que os sacerdotes que levavam a arca da aliança de Javé saíram do meio do Jordão e as plantas de seus pés tocaram a terra seca, as águas do Jordão retornaram a seu leito e recomeçaram a correr, como antes, por todas as suas margens. [19]O povo saiu do Jordão no dia dez do primeiro mês e acampou em Guilgal, no limite oriental de Jericó.

[20]As doze pedras tiradas do Jordão, Josué as erigiu em Guilgal [21]e disse aos israelitas: "Quando amanhã vossos filhos perguntarem a seus pais: 'Que

---

* **3**,16. Êx 14,21 | 17. Êx 14,22 | **4**,6. 4,21-24; Êx 12,26 | 21. 4,6s

† **3**,17. Nosso batismo é prefigurado na travessia do Jordão, pela qual o povo de Deus recebe o dom da terra prometida, imagem da vida eterna. O fato é narrado como uma solene liturgia e com termos que lembram a passagem do mar Vermelho.

Josué 4-6

significam* estas pedras?', ²²instruireis vossos filhos, respondendo: 'Israel atravessou este Jordão a pé enxuto.' ²³Pois Javé, vosso Deus, secou as águas do Jordão diante de vós até que passásseis, como Javé, vosso Deus, havia feito com o mar Vermelho, que ele secou diante de nós, até que o passamos, ²⁴para que* todos os povos da terra reconheçam que a mão de Javé é poderosa, e para que vós temais sempre Javé, vosso Deus".

5 **Terror dos reis amorreus e cananeus.** ¹Quando todos os reis dos amorreus, que habitavam além do Jordão, ao ocidente, e todos os reis cananeus, que habitavam junto ao mar, ouviram dizer que Javé tinha secado as águas do Jordão* diante dos israelitas até que tivessem passado, desfaleceu-se o coração deles e perderam toda a coragem diante dos israelitas.

Circuncisão dos israelitas. ²Naquele tempo Javé disse a Josué: "Faze facas de pedra e torna a circuncidar pela segunda vez os israelitas". ³Josué fez então facas de pedra* e circuncidou os israelitas na colina de Aralot. ⁴Foi este o motivo por que Josué os circuncidou: todo o povo que tinha saído do Egito, os homens, todos os homens de guerra, já tinham morrido no deserto pelo caminho, depois que saíram do Egito. ⁵Todo o povo que saíra do Egito havia sido circuncidado, mas todo o povo nascido no deserto, durante a viagem, depois da saída do Egito, não estava circuncidado. ⁶Os israelitas tinham caminhado quarenta anos* pelo deserto, até que se extinguiu toda a nação, isto é, os homens de guerra que haviam saído do Egito. Porque não obedeceram à palavra de Javé, a eles Javé jurou que não os deixaria ver a terra que Javé a seus pais havia jurado dar-nos: uma

terra onde corre leite e mel.* ⁷Mas em lugar deles suscitou seus filhos, que Josué circuncidou, pois eram incircuncisos, não tendo sido circuncidados durante a viagem. ⁸Quando toda a nação tinha sido circuncidada, ficaram no mesmo lugar no acampamento até sararem. ⁹Então Javé disse a Josué: "Hoje tirei de vós a desonra do Egito". Assim, aquele lugar foi chamado Guilgal† até hoje.

Primeira Páscoa em Canaã. Cessa o maná. ¹⁰Os israelitas acamparam em Guilgal e celebraram a Páscoa no dia quatorze do mês, à tarde, nas planícies de Jericó. ¹¹No dia seguinte à Páscoa comeram dos produtos da terra, pão ázimo e trigo tostado. ¹²Um dia depois de terem comido dos frutos da terra cessou o maná.* Os israelitas não tiveram mais o maná†, mas comeram dos frutos da terra de Canaã naquele ano.

Visão de Josué. ¹³Estando Josué perto de Jericó,* levantou os olhos e viu um homem em pé diante dele, tendo na mão uma espada desembainhada. Josué foi a seu encontro e perguntou-lhe: "És um dos nossos ou dos inimigos?" ¹⁴Respondeu: "Não! Eu sou o chefe do exército de Javé†; cheguei agora mesmo". Josué prostrou-se com o rosto em terra, adorou-o e lhe disse: "Que tem a dizer meu Senhor a seu servo?" ¹⁵O chefe do exército de Javé respondeu a Josué: "Tira as sandálias dos pés, pois o lugar em que estás é santo". E Josué assim o fez.*

6 **Tomada de Jericó.** ¹Jericó estava barricada e blindada por causa dos israelitas: ninguém saía nem entrava. ²Javé disse a Josué: "Olha: entreguei em tuas mãos Jericó, seu rei e seus valentes guerreiros. ³Vós todos, homens de guerra, circulai em torno da cidade, dando uma volta a seu redor; fazei as-

---

* **4**,24. Êx 14,21 | **5**,1. 2,11 | 3. Gn 17,10 | 6. Nm 14,20-38 / Êx 3,8 | 12. Êx 16,14 | 13. 1Cr 21,16 | 15. Êx 3,5; 19,12

† **5**,9. Guilgal quer dizer círculo de pedras, 4,20. Será a base das operações militares de Josué. Mais tarde ali será edificado um santuário. | 12. O maná era o pão da caminhada, Êx 16,15, por isso cessa quando o povo chega à terra prometida. É figura da Eucaristia, que nutre o povo a caminho da pátria definitiva e que também cessará quando virmos a Deus face a face. | 14. Como um novo Moisés, Josué começa sua missão com uma teofania, cf. Êx 3.

Josué 6

228

sim durante seis dias. [4]Sete sacerdotes levem diante da arca sete trombetas de chifre de carneiro. No sétimo dia rodeai a cidade sete vezes, e os sacerdotes toquem as trombetas. [5]Quando soar longamente o chifre de carneiro e vós ouvirdes o toque da trombeta, todo o povo lançará com força seu grito de guerra. Então as muralhas da cidade cairão, e o povo entrará nela, cada um pelo lugar a sua frente".

[6]Então Josué, filho de Nun, chamou os sacerdotes e lhes disse: "Tomai a arca da aliança, e sete sacerdotes levem sete trombetas de chifre de carneiro adiante da arca de Javé". [7]Ao povo ele disse: "Passai e rodeai a cidade, e os guerreiros marchem diante da arca de Javé". [8]Depois que Josué falou ao povo, os sete sacerdotes que levavam as sete trombetas de chifre de carneiro diante de Javé passaram e tocaram as trombetas; a arca da aliança de Javé os seguia. [9]Os guerreiros marchavam diante dos sacerdotes que tocavam as trombetas, e a retaguarda seguia a arca; e enquanto marchavam tocavam as trombetas.

[10]Josué tinha dado esta ordem ao povo: "Não griteis nem façais ouvir vossa voz, nem saia de vossa boca palavra alguma até o dia em que eu vos disser: 'Gritai!' Então gritareis". [11]A arca de Javé contornou a cidade, dando uma volta a seu redor; depois voltaram a acampamento e ali pernoitaram.

Procissão ao redor de Jericó. [12]Josué levantou-se bem cedo, e os sacerdotes tomaram a arca de Javé. [13]Os sete sacerdotes que levavam as sete trombetas de chifre de carneiro caminharam diante da arca de Javé tocando as trombetas; diante deles iam os homens armados, e a retaguarda seguia atrás da arca de Javé; caminhavam ao som das trombetas. [14]No segundo dia deram uma volta ao redor da cidade e voltaram para o acampamento; assim fizeram durante seis dias. [15]No sétimo dia se levantaram de madrugada e rodearam a cidade do mesmo modo, sete vezes. [16]Na sétima volta os sacerdotes tocaram as trombetas e Josué disse ao povo: "Gritai, pois Javé vos entregou a cidade"†. [17]A cidade com tudo o que nela existe será votada ao extermínio em honra de Javé†. Somente terão a vida salva a prostituta Raab e todos os que estiverem com ela na casa, porque escondeu* os exploradores que enviamos. [18]Mas guardai-vos das coisas votadas ao extermínio para não serdes amaldiçoados tomando alguma coisa votada ao extermínio; tornaríeis maldito o acampamento de Israel e o levaríeis à ruína. [19]Mas toda a prata, o ouro* e os objetos de bronze e de ferro são consagrados a Javé e irão para seu tesouro".

Tomada da cidade. Raab é salva. [20]O povo gritou, e as trombetas tocaram; quando ouviu o som das trombetas, o povo lançou um grande grito,* e os muros desabaram. Então o povo entrou na cidade, cada qual no ponto em que se achava, e assim tomaram a cidade. [21]Votaram ao extermínio tudo o que havia na cidade, passando a fio de espada homens e mulheres, crianças e velhos, bois, ovelhas e jumentos.

[22]Josué disse aos dois exploradores:* "Ide à casa daquela prostituta e fazei-a sair com tudo quanto lhe pertence como lhe jurastes". [23]Os jovens exploradores foram e fizeram sair Raab com seu pai, sua mãe e seus irmãos, com tudo o que lhe pertencia; fizeram sair também todos os seus parentes e os deixaram fora do acampamento de Israel.

[24]Queimaram a cidade com tudo o que nela havia, exceto a prata, o ouro e os objetos de cobre e de ferro, que depositaram no tesouro da casa de

---

* **6**,17. Lv 27,28s / 2,1-21 | 19. 7,1-26 | 20. Hb 11,30 | 22. 2,1-21

† **6**,16. A tomada de Jericó, primeira cidade conquistada em Canaã, é descrita em termos de uma liturgia, para mostrar que é o poder de Javé e não a força das armas que vence os inimigos. | 17. Na guerra santa, todos os despojos pertenciam à divindade vitoriosa. Os objetos eram levados para o templo e todos os seres vivos eram aniquilados. Costume difundido no Oriente antigo, não foi totalmente praticado em Israel, senão no tempo de Josué.

Javé. **25**Mas Josué poupou a vida da prostituta Raab, de sua família e tudo o que lhe pertencia; e ela morou no meio de Israel até hoje, porque escondeu os mensageiros enviados por Josué para espiar Jericó.

26Naquele tempo Josué mandou pronunciar o seguinte juramento:* "Amaldiçoado seja da parte de Javé aquele que se puser a reconstruir esta cidade de Jericó: sobre seu primogênito lançará seus fundamentos e sobre seu caçula assentará suas portas"†.

27Javé esteve com Josué,* cuja fama se espalhou por toda a terra.

7 Pecado de Acã e derrota em Hai.
1Os israelitas cometeram uma infidelidade violando o anátema, pois Acã, filho de Carmi, filho de Zabdi, filho de Zaré, da tribo de Judá, apoderou-se do que era anátema; e a ira de Javé acendeu-se contra os israelitas. **2**De Jericó, Josué mandou homens a Hai, que está perto de Bet-Áven, ao oriente de Betel, e lhes disse: "Subi para espiar o país". Eles subiram e exploraram Hai.

3Retornando a Josué, disseram-lhe: "Não é preciso que suba o povo todo, mas subam uns dois ou três mil homens e ataquem Hai. Não canseis ali todo o povo, pois eles são poucos". **4**Assim subiram lá uns três mil homens escolhidos dentre o povo, mas tiveram de fugir diante dos homens de Hai, **5**que mataram cerca de trinta e seis e os perseguiram desde a porta da cidade até Sabarim e os derrotaram na descida. Por isso o coração do povo desfaleceu e se tornou como água.

Lamentação de Josué. **6**Então Josué rasgou suas vestes, prostrou-se com o rosto em terra diante da arca de Javé até a tarde, tanto ele como os anciãos de Israel, e cobriram de pó suas cabeças. **7**Josué disse:* "Ah! Senhor Deus, por que fizestes este povo passar o Jordão, se era para nos entregar nas mãos dos amorreus e destruir-nos? Oxalá tivéssemos ficado do outro lado do Jordão! **8**Oh! Senhor, que posso dizer depois que Israel voltou as costas aos inimigos? **9**Os cananeus e todos os habitantes da terra saberão disso, eles nos cercarão e apagarão da terra nosso nome. Que fareis vós, então, por vosso glorioso nome?" **10**Javé disse a Josué: "Levanta-te! Por que ficas assim prostrado com o rosto em terra? **11**Israel pecou e transgrediu minha aliança que eu lhe prescrevi: tomaram do que era anátema, roubando e mentindo, e as esconderam em suas bagagens. **12**Por isso, os israelitas não poderão enfrentar seus inimigos, mas voltarão as costas diante deles, porque eles próprios se tornaram anátemas. Não estarei mais convosco se não eliminardes o objeto do anátema que está no meio de vós†. **13**Levanta-te, santifica o povo e dize-lhe: Santificai-vos para amanhã, porque assim diz Javé, Deus de Israel: 'Um anátema está no meio de ti, ó Israel; não poderás resistir diante de teus inimigos enquanto não tiverdes afastado de vosso meio* o anátema'. **14**Por isso, amanhã cedo vos apresentareis tribo por tribo; e a tribo que Javé designar pela sorte se apresentará clã por clã; e o clã que Javé designar pela sorte se apresentará família por família; e a família que Javé designar pela sorte se apresentará pessoa por pessoa. **15**Aquele que for apontado pela sorte naquilo a que se refere o anátema será queimado com tudo quanto lhe pertence, porque transgrediu a aliança com Javé e porque cometeu uma infâmia em Israel".

O culpado é descoberto. **16**Josué levantou-se bem cedo e convocou Israel por tribos; foi sorteada a tribo de Judá. **17**Depois mandou que se aproximassem os clãs de Judá, e foi sorteado o clã de Zaré. Mandou que se aproximasse o clã de Zaré por famílias, e foi sortea-

---

* **6**,26. 1Rs 16,34 | 27. 1,5 | **7**,7. Êx 32,11-14 | 13. 1Sm 14,40-42

† **6**,26. Os cananeus costumavam edificar muros e portas das cidades imolando crianças, sepultadas nos alicerces. A maldição se cumpriu em Hiel de Betel, 1Rs 16,34. | **7**,12. O pecado de um indivíduo contamina todo o povo e afasta dele a presença de Javé vencedor.

Josué 7-8

da a família de Zabdi. [18]Fez com que se aproximasse a família deste, pessoa por pessoa, e foi sorteado Acã, filho de Carmi, filho de Zabdi, filho de Zaré, da tribo de Judá. [19]Disse então Josué a Acã: "Meu filho, dá glória a Javé, Deus de Israel, e rende-lhe homenagem! Dize-me o que fizeste, sem me esconder nada". [20]Acã respondeu a Josué: "É verdade, pequei contra Javé, Deus de Israel; foi isto que fiz: [21]Vi entre os despojos um belo manto de Senaar, duzentos siclos de prata e uma barra de ouro de cinquenta siclos; cobicei-os e os peguei; estão escondidos no chão, no meio de minha tenda, e a prata está embaixo".

Punição de Acã. [22]Josué enviou mensageiros, que foram correndo à tenda, e de fato tudo estava lá escondido, e a prata embaixo. [23]Tomaram o que estava na tenda e o levaram a Josué e a todos os israelitas, depondo-o diante de Javé. [24]Então Josué, e todo o Israel com ele, tomou Acã, filho de Zaré, a prata, o manto e a barra de ouro, com seus filhos e filhas, seus bois, jumentos e ovelhas, sua tenda e tudo o que tinha e conduziu-os ao vale de Acor. [25]Josué disse: "Por que trouxeste sobre nós a desgraça? Que Javé traga hoje a desgraça sobre ti". Todo o Israel o apedrejou; e depois de os terem apedrejado, eles os queimaram. [26]Levantaram sobre ele um grande monte de pedras que permanece até hoje. Então Javé se aplacou do ardor de sua ira. Por isso aquele lugar se chama até hoje vale de Acor[†].

8 **Conquista de Hai.** [1]Javé disse a Josué: "Não temas e não desanimes. Toma contigo todos os guerreiros, levanta-te e sobe contra Hai. Eu entrego em tuas mãos o rei de Hai, seu povo, sua cidade e sua terra. [2]Trata Hai e seu rei como trataste Jericó e seu rei; mas podeis tomar para vós como presa seus despojos e seu gado. Arma uma emboscada à cidade, por detrás dela". [3]Josué e todos os guerreiros se

levantaram para subir contra Hai. Josué escolheu trinta mil homens valentes e os fez partir de noite, [4]dando-lhes estas ordens: "Atenção, armareis uma emboscada contra a cidade, por detrás dela; não vos afasteis muito da cidade e ficai todos de prontidão. [5]Eu e todo o povo que está comigo nos aproximaremos da cidade e, quando saírem atrás de nós como da primeira vez, fugiremos diante deles. [6]Eles sairão atrás de nós até que os tenhamos afastado da cidade – porque dirão: 'Estão fugindo de nós como da primeira vez'. – Enquanto estivermos fugindo diante deles, [7]vós saireis da emboscada e tomareis a cidade, porque Javé, vosso Deus, a entregará em vossas mãos. [8]Logo que tiverdes tomado a cidade, incendiai-a. Fazei como Javé ordenou; esta é a ordem que vos dou".

[9]Em seguida Josué os despediu, e eles foram armar a emboscada; ficaram entre Betel e Hai, ao ocidente de Hai. Josué passou aquela noite no meio do povo.

[10]Josué levantou-se de madrugada, passou em revista o povo e subiu com os anciãos de Israel, à frente do povo, contra Hai. [11]Todos os guerreiros que estavam com ele subiram e avançaram até chegar à frente da cidade e acamparam ao norte de Hai. Havia um vale entre eles e Hai. [12]Tomou uns cinco mil homens e os pôs em emboscada entre Betel e Hai, ao ocidente da cidade. [13]Dispuseram assim o povo: todo o acampamento ao norte da cidade, e a emboscada ao ocidente dela; Josué passou aquela noite no meio do vale.

[14]Quando o rei de Hai viu isso, os homens da cidade levantaram-se às pressas bem cedo; o rei e todo o seu povo saíram contra Israel para lhe dar combate na descida que está defronte da Arabá; mas não sabia que havia uma emboscada contra ele atrás da cidade. [15]Josué e todo o Israel, fingindo-se derrotados por eles, fugiram em direção ao deserto. [16]Então todo o povo que estava na cidade foi convocado

---

† 7,26. Do verbo "acar", trazer desgraça.

Josué 8-9

para persegui-los, e perseguindo Josué afastaram-se da cidade. [17]Em Hai e em Betel não ficou um só homem que não saísse em perseguição de Israel; deixaram a cidade aberta e perseguiram Israel.

[18]Então Javé disse a Josué:* "Estende a lança que tens na mão contra Hai, porque vou entregá-la em teu poder". Josué levantou contra a cidade a lança que tinha na mão. [19]Quando ele estendeu a mão, os homens que estavam de emboscada saíram depressa de seu lugar, entraram correndo na cidade, tomaram-na e sem demora a incendiaram. [20]Quando os homens de Hai olharam para trás, viram a fumaça da cidade subir ao céu e não puderam fugir nem para um lado, nem para o outro, porque o povo que estava fugindo para o deserto voltou-se contra os que o perseguiam. [21]De fato, Josué e todo o Israel, ao verem que os homens da emboscada tinham tomado a cidade e que dela subia fumaça, voltaram-se e atacaram os homens de Hai. [22]Também os outros saíram da cidade contra eles, de modo que os homens de Hai se viram cercados de um lado e de outro pelos israelitas, que os desbarataram a ponto de não restar nem sobrevivente, nem fugitivo. [23]O rei de Hai foi capturado vivo e levado a Josué. [24]Quando Israel acabou de matar todos os habitantes de Hai no campo e no deserto, onde o haviam perseguido, e havendo todos, até o último, caído ao fio da espada, todo o Israel voltou a Hai e a passou a fio de espada. [25]O total de mortos naquele dia, entre homens e mulheres, foi de doze mil, toda a população de Hai. [26]Josué não retirou a mão que estendera com a lança até haver exterminado todos os habitantes de Hai. [27]Israel tomou como presa somente o gado e os despojos da cidade, conforme a ordem que Javé havia dado a Josué. [28]Josué queimou Hai e a reduziu a um montão de ruínas para sempre, uma

desolação até hoje. [29]Quanto ao rei de Hai, mandou enforcá-lo numa árvore e lá o deixou até a tarde. Ao pôr do sol, Josué mandou que tirassem o cadáver da árvore* e o lançassem à entrada da porta da cidade. Levantaram sobre ele um grande monte de pedras que permanece até hoje.

Renovação da aliança. [30]Então Josué construiu um altar a Javé, Deus de Israel, sobre o monte Ebal, [31]conforme a ordem dada por Moisés, servo de Javé,* aos israelitas, como está escrito no livro da Lei de Moisés: um altar de pedras intactas, ainda não tocadas pelo ferro†, e sobre ele foram oferecidos holocaustos a Javé e imolados sacrifícios de comunhão. [32]E lá Josué escreveu sobre pedras* uma cópia da Lei que Moisés tinha escrito na presença dos israelitas. [33]Israel inteiro,* tanto os estrangeiros como os nativos, seus anciãos, seus oficiais e seus juízes, estava de pé, dos dois lados da arca, diante dos sacerdotes levitas que carregavam a arca da aliança de Javé, metade voltados para o monte Garizim e metade para o monte Ebal, como antes havia ordenado Moisés, servo de Javé, que se fizesse ao dar a bênção ao povo de Israel. [34]Em seguida Josué leu todas as palavras da Lei, as bênçãos e as maldições, conforme tudo o que está escrito no livro da Lei. [35]Não houve uma só palavra, de tudo o que Moisés tinha ordenado, que Josué não lesse diante de toda a comunidade de Israel, incluindo as mulheres, as crianças e os estrangeiros que habitavam no meio deles.

9 **Astúcia dos gabaonitas.** [1]Ao saberem dessas coisas, todos os reis que moravam deste lado do Jordão, nos montes,* na baixada e em todo o litoral do mar Grande até defronte do Líbano – heteus, amorreus, cananeus, ferezeus, heveus e jebuseus – [2]aliaram-se para combater de comum acordo contra Josué e contra Israel. [3]Os habitantes de Ga-

---

* **8**,18. 8,26; Êx 17,8-15; 2Rs 13,14-19 | 29. Dt 21,22s; Js 10,27; 7,26 | 31. Êx 20,25; Dt 27,5-7 | 32. Dt 27,2-4.8 | 33. Dt 27,9-26; Dt 11,29 | **9**,1. Jz 1,9; Dt 7,1

† **8**,31. O motivo é citado em Êx 20,25: o trabalho humano as profanaria.

Josué 9-10

baon, quando ouviram falar como Josué havia tratado Jericó e Hai, ⁴usaram de astúcia: partiram, munidos de provisões, carregando sobre seus jumentos sacos velhos e odres de vinho gastos, rotos e remendados; ⁵calçaram sandálias velhas e remendadas e vestiram roupas surradas; todo o pão que traziam era duro e esfarelado. ⁶Eles foram até Josué, no acampamento de Guilgal, e disseram a ele e aos homens de Israel: "Estamos vindo de uma terra distante. Fazei, pois, aliança conosco agora". ⁷Os israelitas responderam àqueles heveus: "Talvez habiteis no meio de nós; como podemos fazer aliança convosco?" ⁸Eles responderam a Josué: "Nós somos teus servos". Disse-lhes Josué: "Quem sois e de onde vindes?" ⁹Responderam-lhe: "Teus servos vêm de uma terra muito distante,† por causa do nome de Javé, teu Deus, pois ouvimos falar dele,* de tudo o que fez no Egito ¹⁰e de tudo o que ele fez aos dois reis amorreus que moravam além do Jordão, Seon, rei de Hesebon, e Og, rei de Basã, que morava em Astarot. ¹¹Por isso nossos anciãos e todos os habitantes de nossa terra nos disseram: 'Tomai convosco provisões de viagem, ide ao encontro deles e dizei-lhes: Somos vossos servos; fazei, pois, aliança conosco agora'. ¹²Vede nosso pão: estava quente quando pegamos provisões de nossas casas no dia em que partimos para vir a vosso encontro, e agora está seco e esfarelado. ¹³Estes odres de vinho, que eram novos quando os enchemos, agora estão gastos. Nossas vestes e nossas sandálias estão surradas devido à longa viagem". ¹⁴Os homens de Israel tomaram das provisões deles sem consultar Javé†. ¹⁵Josué fez com eles a paz e firmou com eles uma aliança, garantindo-lhes a vida; também os chefes da comunidade a confirmaram com juramento.

Punição dos gabaonitas. ¹⁶Mas, três dias depois de fazerem a aliança com eles, souberam que eram seus vizinhos e que habitavam no meio deles. ¹⁷Então os israelitas partiram e em três dias chegaram a suas cidades, que eram Gabaon, Cafira, Berot e Cariat-Iarim. ¹⁸Os israelitas não os mataram, porque os chefes da comunidade lhes haviam jurado por Javé, Deus de Israel. Por isso toda a comunidade murmurava contra os chefes. ¹⁹Então todos os chefes responderam a toda a comunidade: "Nós juramos a eles em nome de Javé, Deus de Israel, e por isso não os podemos tocar. ²⁰Nós os trataremos assim: pouparemos suas vidas para não atrair sobre nós a ira divina por causa do juramento que lhes fizemos". ²¹Disseram-lhes, pois, os chefes: "Que conservem a vida";* e se tornaram rachadores de lenha e carregadores de água para toda a comunidade, como os chefes lhes haviam falado.

²²Josué chamou os gabaonitas e lhes disse: "Por que nos enganastes, dizendo: 'Moramos muito longe de vós', ao passo que habitais em nosso meio? ²³Doravante sois malditos, e nunca deixareis de ser escravos, cortadores de lenha e carregadores de água para a casa de meu Deus". ²⁴Eles responderam a Josué: "É que teus servos foram bem informados de que Javé, teu Deus, ordenou a seu servo Moisés que vos entregaria toda esta terra e que havia de aniquilar diante de vós todos os seus habitantes. Por isso, diante de vós tememos muito por nossas vidas e agimos assim. ²⁵Agora estamos em tuas mãos: trata-nos como te parecer justo e bom". ²⁶Assim fez com eles Josué; livrou-os das mãos dos israelitas, para que não os matassem. ²⁷Naquele dia os destinou a cortar lenha e a carregar água para a comunidade e para o altar de Javé, no lugar por ele escolhido, coisa que fazem até hoje.

10 **Cinco reis em guerra contra Gabaon.** ¹Adonisedec, rei de Jerusalém, soube que Josué tinha to-

---

* **9**,9. 2,10 **|** 21. Dt 29,10

† **9**,9. Os israelitas não podiam fazer aliança com os povos de Canaã, Dt 7,1-7, mas deviam poupar as cidades distantes Dt 20,10-15, por isso os gabaonitas fingem que vêm de longe. **|** 14. Sinal de hospitalidade, de paz e de aliança, não ratificado por uma palavra profética.

mado e destruído Hai, tratando Hai e seu rei como havia tratado Jericó e seu rei, e que os habitantes de Gabaon tinham feito a paz com os israelitas e habitavam no meio deles. [2]Ficou aterrorizado, porque a cidade de Gabaon era uma cidade grande, como uma das cidades reais, maior do que Hai, e todos os seus homens eram valentes. [3]Por isso, Adonisedec,* rei de Jerusalém, mandou dizer a Hoam, rei de Hebron, a Faram, rei de Jarmut, a Jáfia, rei de Laquis, e a Dabir, rei de Eglon: [4]"Vinde até mim e ajudai-me a tomar Gabaon, porque fez a paz com Josué e com os israelitas". [5]Então se reuniram os cinco reis amorreus – o rei de Jerusalém, o rei de Hebron, o rei de Jarmut, o rei de Laquis e o rei de Eglon – e subiram com todas as suas tropas, acamparam diante de Gabaon e a atacaram.

Socorro e vitória. [6]Os gabaonitas mandaram dizer* a Josué no acampamento de Guilgal: "Não negues a teus servos tua ajuda, mas sobe depressa até nós para salvar-nos e ajudar-nos, pois todos os reis amorreus que habitam nas montanhas se aliaram contra nós". [7]Josué subiu de Guilgal com todos os guerreiros e toda a elite do exército. [8]Javé disse a Josué: "Não os temas, pois eu os entreguei em tuas mãos e nenhum deles te poderá resistir". [9]Então Josué, depois de marchar por toda a noite desde Guilgal, caiu de repente sobre eles. [10]Javé os desbaratou* diante de Israel e lhes infligiu uma grande derrota em Gabaon; perseguiu-os pelo caminho que sobe a Bet-Horon e os bateu até Azeca e Maceda. [11]Enquanto fugiam de Israel e se achavam na descida de Bet-Horon, Javé fez cair do céu grandes pedras* sobre eles até Azeca, e eles morreram; foram mais numerosos os mortos pelas pedras do granizo do que pela espada dos israelitas.
[12]No dia em que Javé entregou os amorreus nas mãos dos israelitas, Josué falou a Javé, e disse na presença de Israel:

"Sol, detém-te sobre Gabaon,
e tu, Lua, no vale de Aialon".

[13]O Sol parou e a Lua não se moveu* até que a nação se vingou de seus inimigos.
Não está isso escrito no livro do Justo?[†] O Sol parou no meio do céu e não se apressou a se esconder por quase um dia inteiro. [14]Nunca houve, nem antes nem depois, um dia como aquele, no qual Javé atendeu à voz de um homem, pois Javé combatia por Israel. [15]Depois disso, voltou Josué e todo Israel com ele para o acampamento de Guilgal.

Morte dos reis derrotados. [16]Os cinco reis fugiram e se esconderam na caverna de Maceda. [17]Contaram isto a Josué, dizendo: "Os cinco reis foram encontrados, escondidos na caverna de Maceda". [18]Josué ordenou: "Rolai grandes pedras na entrada da caverna e ponde ali alguns homens para vigiá-los. [19]Vós, porém, não fiqueis lá; persegui vossos inimigos e atacai-os pela retaguarda, não os deixando entrar em suas cidades, porque Javé, vosso Deus, os entregou em vossas mãos". [20]Quando Josué e os israelitas acabaram de lhes infligir esta grande derrota até exterminá--los, os sobreviventes que escaparam se refugiaram nas cidades fortificadas. [21]Todo o povo voltou são e salvo ao acampamento, em Maceda, junto a Josué, e ninguém ousou fazer coisa alguma contra os israelitas. [22]Então Josué disse: "Abri a boca da caverna e trazei-me de lá os cinco reis". [23]Assim fizeram, tirando da caverna e levando a ele os cinco reis – o rei de Jerusalém, o rei de Hebron, o rei de Jarmut, o rei de Laquis e o rei de Eglon. [24]Quando os reis foram retirados e levados a Josué, este chamou todos os homens de Israel e disse aos chefes dos guerreiros que o tinham acompanhado: "Aproximai-vos e ponde os pés sobre o pes-

---

* **10**,3. Jz 1,5 | 6. 9,3-14 | 10. Eclo 46,4-6 | 11. Jó 38,22s; Êx 9,18-26 | 13. Hab 3,11s | 24. Sl 110,1

† **10**,13. Coleção de poesias sobre os grandes heróis do povo, citada também em 2Sm 1,18, e que depois se perdeu. É uma linguagem poética, que não se deve entender literalmente.

Josué 10-11

coço destes reis".* Eles, aproximando-se, puseram os pés sobre o pescoço deles. [25]Josué lhes disse: "Não temais e não vos acovardeis; mas sede fortes e corajosos, pois assim fará Javé com todos os vossos inimigos contra os quais devereis combater". [26]Depois disso, Josué os feriu de morte e mandou suspendê-los em cinco árvores, onde permaneceram até a tarde. [27]Ao pôr do sol Josué ordenou* que os tirassem das árvores e os lançassem na caverna onde se haviam escondido. Colocaram na entrada da caverna grandes pedras que ali permanecem até hoje.

Conquista do sul de Canaã. [28]Naquele mesmo dia Josué tomou Maceda e a passou a fio de espada junto com seu rei; votou-a ao extermínio com todo ser vivo que nela se achava, sem deixar sobrevivente; tratou o rei de Maceda como tinha tratado o rei de Jericó. [29]Depois, Josué com todo o Israel passou de Maceda para Lebna e atacou-a. [30]Javé entregou também esta cidade e seu rei nas mãos de Israel, que a passou a fio de espada com todos os que ali moravam, sem deixar nenhum sobrevivente; tratou seu rei como havia tratado o rei de Jericó. [31]Josué com todo o Israel passou de Lebna para Laquis e, depois de sitiá-la, atacou-a. [32]Javé entregou Laquis nas mãos de Israel, que a tomou no segundo dia e a passou a fio de espada com todos os seus habitantes, como havia feito com Lebna. [33]Naquele tempo Horam, rei de Gazer,* veio em auxílio de Laquis; mas Josué o derrotou junto com seu povo, sem deixar sobrevivente. [34]Depois Josué, e com ele todo o Israel, passou de Laquis para Eglon; depois de assediá-la, atacaram-na. [35]Naquele mesmo dia a tomaram e a passaram a fio de espada; Josué votou ao extermínio naquele mesmo dia todo ser vivo que nela existia, exatamente como fizera com Laquis. [36]De Eglon Josué subiu* com todo o Israel a Hebron e a atacou. [37]Tomaram-na e a passaram a fio de espada* junto com seu rei, com todas as cidades dela dependentes e todo ser vivo que nela se achava, sem deixar ninguém com vida, como tinha feito com Eglon, e votou-a ao extermínio com todos os que nela moravam. [38]Então Josué, e com ele todo Israel, voltou-se contra Dabir e atacou-a. [39]Tomou-a com seu rei* e com todas as suas cidades dependentes, passaram-nas a fio de espada e votaram ao extermínio todo ser vivo que lá se achava, sem deixar sobrevivente. Josué tratou Dabir e seu rei como havia tratado Hebron e como também havia tratado Lebna e seu rei.

[40]Josué conquistou, pois, todo o país: a região montanhosa, o Negueb,* a baixada e as encostas e todos os seus reis. Não deixou sobrevivente, votando ao extermínio todo ser vivo, como Javé, Deus de Israel, havia ordenado. [41]Josué destruiu-os desde Cades Barne até Gaza, e toda a terra de Gósen até Gabaon. [42]Capturou de uma só vez todos esses reis e suas terras, porque Javé, Deus de Israel, combatia por Israel. [43]Por fim, Josué, e com ele todo o Israel, voltou para o acampamento de Guilgal.

11

Conquista do norte de Canaã. [1]Quando soube disso, Jabin, rei de Hasor, enviou mensageiros a Jobab, rei de Merom, ao rei de Semeron, ao rei de Acsaf, [2]e aos reis que moravam ao norte, nas montanhas, na Arabá, ao sul de Genesaré, na planície e nas alturas de Dor do lado do mar; [3]aos cananeus* do oriente e do ocidente, aos amorreus, aos heveus, aos ferezeus, aos jebuseus da montanha e aos heteus aos pés do Hermon na terra de Masfa. [4]Eles partiram com todas as suas tropas, um povo numeroso como a areia da praia do mar, com enorme quantidade de carros e cavalos. [5]Todos esses reis se reuniram e foram acampar juntos perto das águas de Merom, para combater Israel. [6]Javé disse a Josué: "Não os temas, porque amanhã a esta mesma hora eu os entregarei todos, mortos, a Israel. Cortarás os tendões de seus cavalos e queimarás seus carros".

---

* **10**,27. 8,29 | 33. Jz 1,29 | 36. Jz 1,10-15 | 37. 14,12s; 15,13s | 39. 15,15s | 40. Jz 1,9 | **11**,3. Dt 7,1

235   Josué 11-12

[7]Josué, com todos os guerreiros, caiu de improviso sobre eles nas águas de Merom e os atacou. [8]Javé os entregou nas mãos de Israel, que os venceu e os perseguiu até Sidônia, a grande, até Maserefot-Maim e até o vale de Masfa, ao oriente; e os derrotou até não lhes deixar um só sobrevivente. [9]Josué os tratou como Javé lhe havia ordenado: cortou os tendões de seus cavalos e queimou seus carros.

Tomada das cidades. [10]Então Josué voltou, tomou Hasor e matou à espada seu rei, pois Hasor era antigamente a capital de todos aqueles reinos. [11]Passou a fio de espada todo ser vivo que aí se encontrava, votando-a ao extermínio, sem deixar sobrevivente, e incendiou Hasor. [12]Josué apoderou-se de todas as cidades daqueles reis e de todos aqueles reis e passou-os a fio de espada, votando-os ao extermínio, como havia ordenado Moisés, servo de Javé. [13]Israel, porém, não incendiou nenhuma das cidades situadas sobre colinas, exceto Hasor, a única que Josué incendiou. [14]Os israelitas apoderaram-se de todos os despojos dessas cidades e dos rebanhos; quanto às pessoas, passaram-nas a fio de espada até exterminá-las completamente, sem deixar ninguém com vida. [15]Como Javé havia ordenado a Moisés, seu servo, assim Moisés o ordenou a Josué, o qual o executou sem omitir coisa alguma do que Javé havia ordenado a Moisés.

Sumário das conquistas de Josué. [16]Assim Josué conquistou toda aquela terra[+]: a região montanhosa, o Negueb inteiro, toda a terra de Gósen, a baixada, a Arabá, a parte montanhosa de Israel e suas campinas, [17]desde o monte Halac, que se eleva em direção de Seir até Baal-Gad no vale do Líbano, aos pés do monte Hermon; prendeu todos os seus reis, a quem feriu de morte. [18]Durante muito tempo Josué comba-

teu contra todos esses reis[+], [19]porque não houve cidade que fizesse as pazes com os israelitas, exceto os heveus que habitavam em Gabaon.* Foi combatendo que conquistaram todas as outras, [20]pois era desígnio de Javé que o coração deles se obstinasse* em fazer a guerra a Israel, a fim de que fossem votados ao extermínio sem compaixão e aniquilados, como Javé havia ordenado a Moisés.

[21]Naquele tempo veio Josué e exterminou os enaquitas* da região montanhosa, isto é, de Hebron, de Dabir, de Anab, de todos os montes de Judá e de todos os montes de Israel; votou-os, com suas cidades, ao extermínio. [22]Assim, pois, não restou nenhum enaquita na terra dos israelitas; só ficaram alguns em Gaza, em Gat e em Azoto. [23]Josué, portanto, ocupou todo o país, exatamente como Javé havia dito a Moisés, e deu-o em herança a Israel, conforme sua divisão por tribos. E o país descansou da guerra.

12 Reis vencidos por Moisés.
[1]São estes os reis do país que os israelitas derrotaram e cujo território ocuparam do outro lado do Jordão, ao oriente, desde a torrente do Arnon até o monte Hermon, e toda a Arabá oriental: [2]Seon, rei dos amorreus, que residia em Hesebon e dominava desde Aroer, à margem do vale do Arnon, e desde o meio deste vale e a metade de Galaad até o rio Jaboc, fronteira dos amonitas; [3]e sobre a Arabá até o mar de Genesaré a leste e até o mar da Arabá, ou mar Salgado, a leste, até Bet-Jesimot; e ao sul, ao sopé das encostas do Fasga. [4]Og, rei de Basã, um sobrevivente dos refaítas,* que morava em Astarot e em Edrai, [5]dominava o monte Hermon e Saleca, todo o Basã até a fronteira dos gessuritas e dos maacatitas, e sobre a metade de Galaad até a fronteira de Seon,* rei de Hesebon. [6]Moisés, servo

---

* **11**,19. 9,3 **|** 20. Êx 4,21 **|** 21. 15,13s; Jz 1,10-15 **| 12**,4. Dt 2,10 **|** 5. Nm 21,21-35

+ **11**,16. A terra prometida é dom de Deus, mas precisa ser conquistada. Assim é a obra de nossa salvação eterna. "Deus te criou sem ti, mas não te salvará sem ti" (S. Agostinho). **|** 18. As guerras da conquista duraram de cinco a sete anos, 14,7.10.

Josué 12-13

de Javé, e os israelitas os derrotaram; e Moisés, servo de Javé, deu seu país em herança às tribos de Rúben e de Gad e à meia tribo de Manassés.*

Reis vencidos por Josué. [7]E são estes os reis do país, vencidos por Josué e pelos israelitas, aquém do Jordão, ao ocidente, desde Baal-Gad, no vale do Líbano, até o monte Halac, que se eleva em direção de Seir, e cujas terras Josué deu em herança às tribos de Israel, de acordo com suas divisões; [8]nos montes, na planície, na Arabá, nas encostas, no deserto e no Negueb; o país dos heteus, dos amorreus, dos cananeus,* dos ferezeus, dos heveus e dos jebuseus: [9]o rei de Jericó, o rei de Hai, perto de Betel, [10]o rei de Jerusalém, o rei de Hebron, [11]o rei de Jarmut, o rei de Laquis, [12]o rei de Eglon, o rei de Gazer, [13]o rei de Dabir,* o rei de Gader, [14]o rei de Horma, o rei de Arad, [15]o rei de Lebna, o rei de Odolam, [16]o rei de Maceda,* o rei de Betel, [17]o rei de Tafua, o rei de Ofer, [18]o rei de Afec, o rei de Saron, [19]o rei de Merom, o rei de Hasor, [20]o rei de Semeron Meron,* o rei de Acsaf, [21]o rei de Tanac, o rei de Meguido, [22]o rei de Cedes, o rei de Jecnaam no Carmelo, [23]o rei de Dor, nas alturas de Dor, o rei de Goim em Guilgal, [24]o rei de Tersa; ao todo trinta e um reis.

II. PARTILHA DA TERRA (13-22)

13 **Partilha da terra conquistada.** [1]Josué era já idoso e de idade avançada; Javé lhe disse: "Tu és idoso e de idade avançada, e resta ainda muita terra para conquistar. [2]É esta a terra que falta: todas as províncias dos filisteus† e toda a terra dos gessuritas, [3]desde o Sior, que está defronte do Egito, até a fronteira de Acaron,* ao norte – território considerado cananeu; os cinco principados dos filisteus: Gaza, Azoto, Ascalon, Gat e Acaron; também

os heveus, [4]ao sul; toda a terra dos cananeus, desde Ara dos sidônios até Afeca, e a fronteira dos amorreus; [5]a região de Biblos e todo o Líbano, ao oriente, desde Baal-Gad, aos pés do monte Hermon, até a entrada de Emat. [6]Todos os habitantes da montanha, desde o Líbano até Maserefot-Maim, todos os sidônios, eu os expulsarei de diante dos israelitas.* Tu deves somente distribuir por sorte este país em herança a Israel, como te ordenei. [7]Agora, pois, reparte esta terra em herança entre as nove tribos e a meia tribo de Manassés". [8]As tribos de Rúben e de Gad e a outra metade da tribo de Manassés já haviam recebido sua herança, aquilo que Moisés lhes havia dado do outro lado do Jordão, ao oriente; o próprio Moisés, servo de Javé, lhes havia dado: [9]desde Aroer, na margem da torrente do Arnon, com a cidade que está no meio do vale, e todo o planalto de Medaba até Dibon; [10]todas as cidades de Seon, rei dos amorreus, que reinava em Hesebon, até a fronteira dos amonitas; [11]Galaad e o território dos gessuritas e dos maacatitas, toda a montanha do Hermon e todo o Basã até Saleca; [12]no Basã, todo o reino de Og, que reinava em Astarot e em Edrai, e era o último sobrevivente dos refaítas. Estes foram derrotados e expulsos por Moisés. [13]Mas os israelitas não expulsaram os gessuritas e os maacatitas, e assim eles continuam morando no meio de Israel até hoje. [14]Somente à tribo de Levi não foi dada herança;* as ofertas feitas a Javé, Deus de Israel, são sua herança, como ele lhes disse.

Tribo de Rúben. [15]Moisés havia dado uma parte à tribo dos filhos de Rúben,* segundo suas famílias. [16]Seu território ia desde Aroer, à margem da torrente do Arnon, com a cidade que está no meio do vale, todo o planalto até Medaba, [17]Hesebon e todas as cidades que estão no planalto: Dibon, Bamot-

---

* **12**,6. Nm 32 ! 8. Dt 7,1 | 13. Jz 1,29 | 16. Jz 1,22-26 | 20. Jz 1,27s | **13**,3. Jz 3,3 | 6. 23,5 | 14. 13,33; Nm 18,20; Dt 18,2 | 15. Gn 49,3s; Dt 33,6

† **13**,2. Povo que chegou da ilha de Creta no séc. XIII a.C. e se estabeleceu na costa. Foram os principais inimigos de Israel. Mesmo depois de submetidos por Davi, conservaram sua autonomia.

-Baal, Bet-Baal-Meon, [18]Jasa, Cedimot, Mefaat, [19]Cariataim, Sábama e, na montanha da Arabá, Sarat-Asaar; [20]Bet-Fegor, as encostas do Fasga, Bet-Jesimot, [21]todas as cidades do planalto e todo o reino de Seon, rei dos amorreus, que reinou em Hesebon e foi derrotado por Moisés com os príncipes de Madiã, Evi, Recém, Sur, Hur e Rebe, vassalos de Seon, que habitavam o país. [22]Os israelitas também mataram à espada, entre outros, Balaão, o adivinho, filho de Beor.* [23]O Jordão foi a fronteira do território dos filhos de Rúben. Esta foi a herança dos filhos de Rúben, segundo suas famílias, com as cidades e suas vilas.

Tribo de Gad. [24]Também à tribo dos filhos de Gad* Moisés havia dado uma parte segundo suas famílias. [25]Seu território compreendia Jazer, todas as cidades de Galaad, a metade do país dos amonitas até Aroer que está em frente de Rabá, [26]e desde Hesebon até Ramot-Masfa e Betonim; a partir de Maanaim até o território de Debir, [27]e no vale: Bet-Aram, Bet-Nemra, Sucot, Safon – o resto do reino de Seon, rei de Hesebon –, tendo o Jordão por limite até a extremidade do mar de Genesaré, além do Jordão, ao oriente. [28]Esta foi a herança dos filhos de Gad, segundo suas famílias, com as cidades e suas vilas.

Meia tribo de Manassés. [29]Moisés havia dado também uma parte à meia tribo de Manassés; e foi esta a possessão da meia tribo dos filhos de Manassés segundo suas famílias: [30]seu território foi desde Maanaim, todo o Basã, todo o reino de Og, rei de Basã, todas as aldeias de Jair em Basã, sessenta cidades. [31]A metade de Galaad, assim como Astarot e Edrai, cidades do reino de Og em Basã, foram dadas aos filhos de Maquir, filho de Manassés, a saber, à metade dos filhos de Maquir, segundo suas famílias.

[32]Estas são as heranças que Moisés repartiu nas planícies de Moab, além do Jordão, defronte de Jericó, ao oriente. [33]Mas à tribo de Levi, Moisés não deu herança:* Javé, Deus de Israel, é sua herança, como lhes havia dito.

14 **Ao ocidente do Jordão.** [1]Foi isto que receberam em herança os israelitas na terra de Canaã e que lhes distribuíram em herança o sacerdote Eleazar e Josué, filho de Nun, e os chefes das famílias das tribos israelitas. [2]Foi por sorteio entre as nove tribos e meia que receberam sua herança, como Javé havia ordenado por meio de Moisés, [3]pois às duas tribos e meia Moisés já havia dado a herança do outro lado do Jordão, mas aos levitas não deu herança entre elas. [4]Os filhos de José formavam duas tribos, Manassés e Efraim; e não foi dada no país nenhuma parte aos levitas, mas apenas algumas cidades, para nelas habitarem, e seus arredores, para seu gado e para seus bens. [5]Os israelitas fizeram como Javé havia ordenado a Moisés e repartiram o país.†

Hebron é destinada a Caleb. [6]Os filhos de Judá vieram ter com Josué em Guilgal e Caleb, filho de Jefoné, o cenezeu, disse-lhe: "Tu sabes o que Javé disse a Moisés, homem de Deus, a meu e a teu respeito em Cades Barne. [7]Eu tinha quarenta anos* quando Moisés, servo de Javé, me enviou de Cades Barne para explorar o país, e eu lhe fiz um relato conforme sentia em meu coração. [8]Enquanto os irmãos que haviam ido comigo desencorajavam o povo, eu seguia fielmente Javé, meu Deus. [9]Por isso, naquele dia, Moisés jurou, dizendo-me: 'A terra que teus pés pisaram será herança tua e de teus filhos para sempre, porque seguiste fielmente Javé, meu Deus'. [10]Pois bem, Javé me conservou* em vida, como prometeu, nestes quarenta e cinco anos, desde quando ele disse isto a Moisés, enquanto Israel peregrinava no deserto. Agora estou com oitenta

---

* **13**,23. Nm 22,2; 31,8 | 24. Gn 49,19; Dt 33,20s | ,33. 13,14 | **14**,7. Nm 13-14 | 10. Nm 14,38

† **14**,5. Cada tribo devia ainda completar a conquista da terra que lhe foi designada, porque nem todo o território atribuído a cada uma estava já dominado.

Josué 14-15

e cinco anos, [11]mas ainda forte* como no dia em que Moisés me enviou a explorar o país, com as mesmas forças agora como naquela época, tanto para combater como para ir e vir. [12]Dá-me, pois, aquela montanha* da qual falou Javé naquele dia. Tu mesmo ouviste naquele dia que lá estavam* os enacim e cidades grandes e fortificadas. Se Javé estiver comigo, eu os expulsarei, como disse Javé".

[13]Josué abençoou Caleb, filho de Jefoné, e deu-lhe Hebron* como herança. [14]Por isso Hebron permaneceu até o dia de hoje propriedade de Caleb, filho de Jefoné, o cenezeu, porque ele seguiu perfeitamente Javé, Deus de Israel. [15]Hebron se chamava antes Cariat-Arbe;* Arbe foi o maior homem entre os enacim. E o país repousou da guerra.

15 Tribo de Judá.

[1]O território que coube por sorte à tribo dos filhos de Judá, segundo suas famílias, estendia-se até a fronteira de Edom, tendo o deserto de Sin, ao sul, como extremidade meridional. [2]Ao sul sua fronteira partia da extremidade do mar Salgado,† da ponta voltada para o sul, [3]e se prolongava ao sul da subida de Acrabim,* passava por Sin e subia ao sul de Cades Barne; passava por Hesron, subia até Adar, dobrava em direção a Carca; [4]passava por Asemona, continuava até a torrente do Egito para terminar no mar. "Esta será vossa fronteira meridional", disse Josué.

[5]A fronteira oriental era o mar Salgado até a foz do Jordão. A fronteira setentrional, partindo do braço de mar onde desemboca o Jordão, [6]subia a Bet-Hogla, passava ao norte de Bet-Arabá, subia até a Pedra de Boen, filho de Rúben; [7]partindo do vale de Acor, subia a Dabir e dobrava ao norte para Guilgal, diante da subida de Adomim, ao sul da torrente; depois a fronteira passava pelas águas de En-Sames e terminava em En-Roguel; [8]daí a fronteira subia pelo vale de Ben-Enom, na encosta meridional dos jebuseus, que é Jerusalém; depois subia até o alto do monte que está diante do vale de Enom, ao ocidente, e à extremidade da planície dos refaim, ao norte. [9]Do alto do monte, a fronteira dobrava em direção da fonte das águas de Neftoa, continuava para as cidades do monte Efron e se voltava para Baala, que é Cariat-Iarim. [10]De Baala, a fronteira dobrava para o ocidente em direção à montanha de Seir, passava pela encosta setentrional do monte Jearim, que é Queslon, descia a Bet-Sames e atravessava Tamna. [11]De lá, a fronteira continuava para o lado setentrional de Acaron, dobrava para Secron, atravessava o monte Baala e chegava a Jebneel, para terminar no mar.

[12]O limite ocidental era a praia do mar Grande. Estas eram as fronteiras ao redor dos filhos de Judá, segundo suas famílias.

A parte de Caleb e de Otoniel. [13]Como Javé lhe havia mandado, Josué deu a Caleb, filho de Jefoné,* uma porção no meio dos filhos de Judá: a Cidade de Arbe, pai de Enac, isto é, Hebron. [14]Caleb expulsou dela os três filhos de Enac: Sesai, Aimã e Tolmai, descendentes de Enac. [15]Dali subiu contra os habitantes de Dabir, que antes se chamava Cariat-Séfer. [16]Caleb disse: "A quem atacar e tomar Cariat-Séfer darei minha filha Acsa por esposa". [17]Quem tomou a cidade foi Otoniel, filho de Cenez, irmão de Caleb, e este lhe deu sua filha Acsa por esposa. [18]Ora, enquanto era levada para a casa de Otoniel, ela o incentivou a pedir ao pai um terreno. Ela apeou do jumento, e Caleb perguntou-lhe: "Que queres?" [19]Respondeu ela: "Dá-me um presente: visto que me deste terra no Negueb, dá-me também fontes de água". Caleb deu-lhe as nascentes de cima e as de baixo.

Cidades de Judá. [20]Esta foi a herança da tribo dos filhos de Judá, segundo suas

---

* **14**,11. Eclo 46,9s | 12. Nm 14,24 / Dt 2,10 | 13. 15,13-19; Jz 1,10-15 | 15. 15,14 | **15**,3. Jz 1,36 | 13. Jz 1,10-15; 14,6

† **15**,2. O mar Salgado é o mar Morto; e o mar Grande, 15,12.47, é o mar Mediterrâneo.

famílias: [21]As cidades situadas na extremidade da tribo dos filhos de Judá, até a fronteira de Edom, no Negueb, eram: Cabseel, Eder, Jagur, [22]Cina, Dimona, Adeada, [23]Cades, Hasot-Jetnã, [24]Zif, Telem, Balot, [25]Hasor-Adata, Cariot-Hesron – que é Hasor –, [26]Amam, Sama, Molada, [27]Haser-Gada, Hasemon, Bet-Félet, [28]Hasor-Sual, Bersabeia e seus arredores; [29]Baala, Jim, Esem, [30]Eltolad, Cesil, Horma, [31]Siceleg, Madmana, Sensena, [32]Lebaot, Selim, Ain e Remon; ao todo vinte e nove cidades com suas aldeias.

[33]Na planície: Estaol, Saraá, Asena, [34]Zanoe, Aen-Ganim, Tafua, Enaim, [35]Jarmut, Odolam, Soco, Azeca, [36]Saraim, Aditaim, Gedera e Gederotaim: quatorze cidades com suas aldeias.

[37]Sanã, Hadasa, Magdol-Gad, [38]Deleã, Masfa, Jecetel, [39]Laquis, Bascat, Eglon, [40]Quebon, Leemas, Cetlis, [41]Gederot, Bet-Dagon, Naama e Maceda: dezesseis cidades com suas aldeias.

[42]Lebna, Éter, Asa, [43]Jefta, Esna, Nesib, [44]Ceila, Aczib e Maresa: nove cidades com suas aldeias.

[45]Acaron com suas vilas e aldeias, [46]e, a partir de Acaron até o mar, todas as que estão junto de Azoto com suas aldeias. [47]Azoto com suas vilas e aldeias até a torrente do Egito e as costas do mar Grande.

[48]Na montanha: Saamir, Jeter, Soco, [49]Dana, Cariat-Sana, hoje Dabir, [50]Anab, Estemo, Anim, [51]Gósen, Holon e Gilo: onze cidades com suas aldeias.

[52]Arab, Duma, Esaã, [53]Janum, Bet-Tafua, Afeca, [54]Hamata, Cariat-Arbe, hoje Hebron, e Sior: nove cidades com suas aldeias.

[55]Maon, Carmel, Zif, Jota, [56]Jezrael, Jucadam, Zanoe, [57]Acain, Gabaá e Tamna: dez cidades com suas aldeias.

[58]Halul, Bet-Sur, Gedor, [59]Maret, Bet-Anot e Eltecon: seis cidades com suas aldeias. Técua, Éfrata, hoje Belém, Fegor, Etam, Culon, Tatam, Sores, Carem, Galim, Beter e Maanat: onze cidades com suas aldeias.

[60]Cariat-Baal – que é Cariat-Iarim – e Areba: duas cidades com suas aldeias.

[61]No deserto: Bet-Arabá, Medin, Sacaca, [62]Nebsã, a Cidade do Sal e Engadi: seis cidades com suas aldeias.

[63]Mas os filhos de Judá não conseguiram expulsar os jebuseus* que habitavam em Jerusalém; por isso os jebuseus moram ainda hoje em Jerusalém, junto com os filhos de Judá.

16

Território dos filhos de José. [1]A parte que coube por sorteio aos filhos de José* se estendia desde o Jordão, perto de Jericó, em direção das águas de Jericó, ao oriente, até o deserto que sobe de Jericó à região montanhosa de Betel. [2]Continuava de Betel a Lusa e passava pela fronteira dos arquitas, em Atarot; [3]descia em direção do ocidente para a fronteira dos jeflatitas até o limite de Bet-Horon Inferior e até Gazer, terminando no mar. [4]Os filhos de José, Manassés e Efraim, receberam assim seu patrimônio.

Efraim. [5]Este é o território dos filhos de Efraim, segundo suas famílias: A fronteira de sua herança era, ao oriente, Atarot-Adar até Bet-Horon Superior; [6]e a fronteira se estendia até o mar, ao norte de Macmetat, depois dobrava para leste em direção a Tanat-Silo e passava diante dela ao oriente de Janoe. [7]De Janoe descia para Atarot e Naarata, tocava Jericó e terminava no Jordão. [8]De Tafua, o limite ia em direção do ocidente até a torrente de Caná e acabava no mar. Esta foi a possessão da tribo dos filhos de Efraim, segundo suas famílias, [9]mais as cidades reservadas para os filhos de Efraim no meio da possessão dos filhos de Manassés: todas aquelas cidades com suas aldeias. [10]Os cananeus que habitavam em Gazer* não foram expulsos; por isso moram até hoje no meio de Efraim, sujeitos a trabalhos forçados.

17

Manassés. [1]Esta foi a parte que coube por sorte* à tribo de Manassés, pois era o primogênito de José. A Maquir, primogênito de Manassés e pai de Galaad, por ser homem de guerra, coube Galaad e Basã.

---

* 15,63. Jz 1,8.21; 2Sm 5,6-9 | **16**,1. Dt 33,13-17 | 10. Jz 1,29 | **17**,1. Dt 33,13-17

Josué 17-18

²Foi sorteada também uma parte aos outros filhos de Manassés, segundo suas famílias: aos filhos de Abiezer, aos filhos de Helec, aos filhos de Esriel, aos filhos de Sequem, aos filhos de Héfer e aos filhos de Semida. Esses eram os filhos homens de Manassés, filho de José, segundo suas famílias. ³Porém Salfaad,* filho de Héfer, filho de Galaad, filho de Maquir, filho de Manassés, não teve filhos, mas só filhas, que se chamavam Maala, Noa, Hegla, Melca e Tersa. ⁴Elas se apresentaram ao sacerdote Eleazar, a Josué, filho de Nun, e aos chefes e disseram: "Javé ordenou a Moisés que nos desse uma herança no meio de nossos irmãos". Então, segundo a ordem de Javé, foi-lhes dada uma herança no meio dos irmãos de seu pai. ⁵Dessa maneira, Manassés obteve dez partes além do território de Galaad e de Basã, do outro lado do Jordão, ⁶porque as filhas de Manassés conseguiram uma herança no meio dos filhos dele. O país de Galaad ficou para os outros filhos de Manassés.

⁷A fronteira de Manassés se estendia de Aser a Macmetat, que se acha em frente de Siquém, e seguia pela direita até Jasib En-Tafua. ⁸A região de Tafua pertencia a Manassés, ao passo que Tafua, nos confins de Manassés, era dos filhos de Efraim. ⁹Depois a fronteira descia para a torrente de Caná; ao sul da torrente havia cidades de Efraim no meio das cidades de Manassés. A fronteira de Manassés passava ao norte da torrente e terminava no mar. ¹⁰Assim, o território ao sul pertencia a Efraim e aquele ao norte a Manassés, tendo o mar por limite; ao norte confinavam com Aser e ao oriente com Issacar. ¹¹Manassés possuía também, nos territórios de Issacar e de Aser:* Betsã e suas vilas, Jeblaam e suas vilas, os habitantes de Dor e suas vilas, os habitantes de En-Dor e suas vilas, os habitantes de Tanac e suas vilas, os habitantes de Meguido

e suas vilas: três províncias. ¹²Mas como os filhos de Manassés não puderam tomar posse dessas cidades, os cananeus conseguiram permanecer nessa região. ¹³Quando, porém, os israelitas se tornaram mais fortes,* submeteram os cananeus a trabalhos forçados, mas não os expulsaram totalmente.

Pretensões dos filhos de José. ¹⁴Os descendentes de José disseram a Josué: "Por que me deste em herança apenas uma parte, uma só porção, quando sou um povo numeroso, tendo Javé me abençoado tanto?" ¹⁵Respondeu-lhes Josué: "Se és um povo numeroso, sobe à floresta e desmata-a à vontade na terra dos ferezeus e dos refaítas, visto que para ti é muito pequena a montanha de Efraim". ¹⁶Os descendentes de José responderam: "Não nos basta a montanha; e todos os cananeus que habitam na planície* têm carros de ferro, tanto os que estão em Betsã e suas vilas, como os do vale de Jezrael". ¹⁷Josué replicou à casa de José – a Efraim e a Manassés –: "Tu és um povo numeroso, e grande é tua força; não terás uma parte apenas, ¹⁸pois a montanha será tua. Embora seja uma floresta, tu a desmatarás e será tua em toda a sua extensão, porque expulsarás dela os cananeus, não obstante possuam carros de ferro e sejam fortes".

18 **Território das outras tribos.** ¹Reuniu-se em Silo† toda a comunidade* dos israelitas e lá foi armada a tenda da reunião. O país havia sido dominado por eles. ²Mas entre os israelitas restavam sete tribos que não haviam recebido suas possessões. ³Josué disse aos israelitas: "Até quando tardareis a ocupar a terra que vos deu Javé, Deus de vossos pais? ⁴Escolhei três homens de cada tribo, para que eu os envie a percorrer o país; farão uma descrição dele, com vistas à distribuição a ser feita, e voltarão para junto de mim. ⁵Eles o dividirão em sete partes;

---

* **17,**3. Nm 27,1-11 | 11. Jz 1,27s | 13. 1Rs 9,20s | 16. Jz 1,19 | **18,**1. Êx 25,22

† **18,**1. Cidade situada 30 km ao norte de Jerusalém, nela estava o santuário com a arca no tempo dos Juízes, Jz 18,31.

241   Josué 18-19

Judá ficará em seu território ao sul, e a casa de José em seu território ao norte. 6Fazei, pois, uma descrição do país em sete partes e trazei-a a mim; eu farei o sorteio para vós aqui diante de Javé, nosso Deus. 7Os levitas não devem possuir nenhuma porção no meio de vós, já que sua herança é o sacerdócio de Javé; e quanto a Gad, a Rúben e à meia tribo de Manassés, já receberam sua parte além do Jordão, ao oriente, dada a eles por Moisés, servo de Javé".

8Aqueles homens se levantaram e partiram; aos que iam fazer a descrição do país, Josué deu esta ordem: "Ide, percorrei o país e descrevei-o; depois voltai a mim, e eu farei o sorteio para vós aqui diante de Javé, em Silo". 9Partiram, pois, percorreram o país e o descreveram por cidades em sete partes, num livro, e voltaram a Josué no acampamento em Silo. 10Josué fez o sorteio para eles em Silo, na presença de Javé, e fez a divisão do país entre os israelitas, segundo suas partes.

Benjamim. 11A sorte caiu primeiro* sobre a tribo dos filhos de Benjamim, segundo suas famílias; coube a eles o território situado entre os filhos de Judá e os filhos de José. 12Ao norte, sua fronteira partia do Jordão e subia pela encosta ao norte de Jericó, depois galgava a montanha rumo ao oeste e terminava no deserto de Bet-Áven. 13Daí a fronteira passava por Luza, isto é, na encosta ao sul de Luza, que é Betel. Descia para Atarot-Adar no monte que está ao sul de Bet-Horon-Inferior. 14Depois a fronteira dobrava para o oeste, pelo lado sul do monte que se encontra diante de Bet-Horon, e terminava em Cariat-Baal, que é Cariat-Iarim, cidade dos filhos de Judá; este era o lado ocidental. 15Pelo lado sul, a fronteira partia da extremidade de Cariat-Iarim e se prolongava até Jim, chegando à fonte das águas de Neftoa. 16Depois descia para a extremidade do monte, que está defronte do vale de Ben-Enom,* ao norte da planície dos refaítas; depois descia pelo vale de Enom para a

encosta sul dos jebuseus e continuava descendo até En-Roguel. 17Daí dobrava para o norte e chegava a En-Sames, continuava até Gelilot, que está defronte da subida de Adomim, para descer à rocha de Boen, filho de Rúben. 18Passava pela vertente setentrional, diante da Arabá em direção ao norte, e descia para a Arabá; 19em seguida passava pelo lado norte de Bet-Hegla e terminava na ponta setentrional do mar Salgado, na extremidade meridional do Jordão. Esta era a fronteira ao sul. 20No lado oriental, o Jordão constituía a fronteira. Esta foi a possessão dos filhos de Benjamim, segundo suas famílias, com suas fronteiras de todos os lados.

21As cidades da tribo dos filhos de Benjamim, segundo suas famílias, eram Jericó, Bet-Hegla, Amec-Casis, 22Bet-Arabá, Samaraim, Betel, 23Avim, Fara, Efra, 24Cafar-Emona, Ofni, Gaba: doze cidades e suas aldeias. 25Gabaon, Ramá, Berot, 26Masfa, Cafira, Mosa, 27Recém, Jarafel, Tarala, 28Sela, Elef, Jebus – que é Jerusalém –, Gabaá e Cariat: quatorze cidades com suas vilas. Esta foi a possessão dos filhos de Benjamim, segundo suas famílias.

19 **Simeão.** 1No segundo sorteio* foi sorteado Simeão, isto é, a tribo dos filhos de Simeão, segundo suas famílias, e sua herança foi no meio da herança dos filhos de Judá.

2Em sua herança tiveram: Bersabeia, Saba, Molada, 3Haser-Sual, Bela, Asem, 4Eltolad, Betul, Horma, 5Siceleg, Bet-Marcabot, Haser-Susa, 6Bet-Lebaot e Saroen: treze cidades com suas aldeias; 7Ain, Remon, Atar, Asa: quatro cidades com suas aldeias, 8e todas as aldeias ao redor dessas cidades até Baalat-Beer e Ramá do Negueb. Esta foi a parte da tribo dos filhos de Simeão, segundo suas famílias. 9A herança dos filhos de Simeão foi tomada da porção dos filhos de Judá, porque a porção dos filhos de Judá era grande demais para eles. Assim, os filhos de Simeão tive-

---

* **18**,11. Dt 33,12 | 16. 15,8 | **19**,1. 1Cr 4,28-33

Josué 19

ram sua herança no meio da herança de Judá.

Zabulon. [10]No terceiro sorteio* foram sorteados os filhos de Zabulon, segundo suas famílias. A fronteira de sua possessão se estendia até Sarid; [11]daí subia a oeste até Merala, tocava Debaset e chegava à torrente que está diante de Jecnaam.

[12]De Sarid a fronteira dobrava para o oriente, onde nasce o sol, até o limite de Ceselet-Tabor, continuava para Daberet e subia a Jáfia. [13]De lá passava em direção do oriente, para o levante, a Gat-Héfer e Etacasim, continuava para Remon, virando para Noa. [14]Depois a fronteira dobrava ao norte para Hanaton e terminava no vale de Jectael; [15]com Catet, Naalol, Semeron, Jerala e Belém: doze cidades e suas aldeias. [16]Esta foi a parte dos filhos de Zabulon, segundo suas famílias: essas cidades e suas aldeias.

Issacar. [17]No quarto sorteio* foi sorteado Issacar, os filhos de Issacar, segundo suas famílias. [18]Seu território compreendia Jezrael, Casalot, Suném, [19]Hafaraim, Seon, Anaarat, [20]Rabit, Cesion, Abes, [21]Ramet, En-Ganim, En-Hada e Bet-Fases. [22]A fronteira alcançava o Tabor, Seesima e Bet-Sames, e terminava no Jordão: dezesseis cidades com suas aldeias. [23]Foi esta a parte da tribo dos filhos de Issacar, segundo suas famílias: essas cidades com suas aldeias.

Aser. [24]No quinto sorteio* foi sorteada a tribo dos filhos de Aser, segundo suas famílias. [25]Seu território incluía Halcat, Cali, Beten, Acsaf, [26]Elmelec, Amaad e Messal; pelo lado ocidental chegava até o Carmelo e Sior-Labanat. [27]Depois dobrava do lado do sol nascente para Bet-Dagon, chegava a Zabulon e ao vale de Jeftael, ao norte de Bet-Emec e de Neiel, e se prolongava à esquerda para Cabul, [28]Abdon, Roob, Hamon e Caná até Sidônia, a grande. [29]Depois, a fronteira dobrava em direção a Ramá até a cidade fortificada de Tiro. De lá virava para Hosa e terminava no mar,

na região de Aczib. [30]Incluía também Aco, Afec e Roob: vinte e duas cidades e suas aldeias. [31]Foi esta a parte da tribo dos filhos de Aser, segundo suas famílias: essas cidades e suas aldeias.

Neftali. [32]No sexto sorteio* foi sorteado Neftali, os filhos de Neftali, segundo suas famílias. [33]Sua fronteira se estendia desde Helef e o carvalho de Saananim, com Adami-Neceb e Jebnael, até Lecum, e terminava no Jordão. [34]Depois a fronteira dobrava ao ocidente para Aznot-Tabor; daqui passava a Hucoca, limitava com Zabulon ao sul, ao ocidente com Aser, e ao oriente com Judá do Jordão. [35]As cidades fortificadas eram: Assedim, Ser, Emat, Recat, Genesaré, [36]Edema, Rama, Hasor, [37]Cedes, Edrai, En-Hasor, [38]Jeron, Magdalel, Horém, Bet-Anat e Bet-Sames: dezenove cidades e suas aldeias. [39]Foi esta a parte da tribo dos filhos de Neftali, segundo suas famílias: essas cidades e suas aldeias.

Dã. [40]No sétimo sorteio* foi sorteada a tribo dos filhos de Dã, segundo suas famílias. [41]O território de sua possessão compreendia: Saraá, Estaol, Ir--Sames, [42]Salebim, Aialon, Itla, [43]Elon, Tamna, Acaron, [44]Eltece, Gebeton, Baalat, [45]Jeud, Benê-Barac e Gat-Remon; [46]e Me-Jarcon, Racon, com o território defronte de Jope. [47]Mas a parte dos filhos de Dã* era muito pequena para eles. Por isso subiram e atacaram Lesem. Depois de tomá-la, passaram-na a fio de espada, tomaram posse dela e aí se estabeleceram. E a Lesem deram o nome de Dã, conforme o nome de Dã, seu pai. [48]Foi esta a parte da tribo dos filhos de Dã, segundo suas famílias: essas cidades e suas aldeias.

A parte de Josué. [49]Quando acabaram de repartir a terra segundo suas fronteiras, os israelitas deram a Josué, filho de Nun, uma possessão no meio deles. [50]Segundo a ordem de Javé,* deram-lhe a cidade que ele pedira, Tamnat-Serah, na montanha de Efraim; ele reconstruiu a cidade e nela se esta-

---

* **19**,10. Jz 1,30; Dt 33,18 | 17. Dt 33,18 | 24. Jz 1,31s; Dt 33,24 | 32. Jz 1,33; Dt 33,23 | 40. Dt 33,22 | 47. Jz 18 | 50. 24,30; Jz 2,9

beleceu. [51]São estas as heranças que o sacerdote Eleazar, Josué, filho de Nun, e os chefes de família das tribos dos israelitas distribuíram por sorteio em Silo, na presença de Javé, na entrada da tenda da reunião. Assim terminaram a partilha da terra.

20 Cidades de refúgio.

[1]Javé falou a Josué: [2]"Dize aos israelitas:* Designai as cidades de refúgio de que vos falei por meio de Moisés, [3]para que nelas se possa refugiar o homicida que houver matado alguém acidentalmente, sem querer. Elas vos servirão de refúgio contra o vingador do sangue. [4]O homicida se dirigirá* a uma dessas cidades, ficará parado à entrada da porta da cidade e explicará seu caso aos anciãos da cidade. Estes o acolherão no meio deles na cidade, lhe darão moradia e habitará entre eles. [5]Se o vingador do sangue o perseguir, não o entregarão em suas mãos, porque matou seu próximo sem querer, e não o odiava antes. [6]Habitará nesta cidade até que compareça em juízo perante a comunidade e até que morra o sumo sacerdote em exercício neste tempo. Então o homicida poderá voltar e entrar de novo em sua cidade e em sua casa, na cidade de onde fugiu".

[7]Eles designaram Cedes na Galileia, na montanha de Neftali, Siquém na montanha de Efraim e Cariat-Arbe, isto é, Hebron, na montanha de Judá. [8]E do outro lado do Jordão, ao oriente de Jericó, designaram Bosor,* da tribo de Rúben, no planalto do deserto, Ramot em Galaad, da tribo de Gad, e Golã em Basã, da tribo de Manassés. [9]Foram estas as cidades designadas para todos os israelitas e para os estrangeiros que habitavam entre eles, a fim de que nelas pudesse refugiar--se aquele que tivesse matado alguém sem querer, e não fosse morto pelo vingador do sangue antes de ter comparecido perante a comunidade.

21 Cidades dos levitas.

[1]Os chefes de família dos levitas* vieram falar com o sacerdote Eleazar, com Josué, filho de Nun, e com os chefes de famílias das tribos dos israelitas, [2]em Silo, na terra de Canaã, e assim lhes disseram: "Javé ordenou por meio de Moisés que nos fossem dadas cidades para habitar e seus arredores para nossos rebanhos"†. [3]Então os israelitas, conforme a ordem de Javé, deram aos levitas, de suas possessões, as seguintes cidades com seus arredores.

[4]A sorte saiu para as famílias dos caatitas; e os filhos do sacerdote Aarão, que eram levitas, obtiveram por sorte treze cidades das tribos de Judá, de Simeão e de Benjamim. [5]Aos outros filhos de Caat couberam por sorte dez cidades das famílias da tribo de Efraim, da tribo de Dã e da meia tribo de Manassés. [6]Para os filhos de Gérson foram sorteadas treze cidades das famílias da tribo de Issacar, da tribo de Aser, da tribo de Neftali e da meia tribo de Manassés, em Basã. [7]Os filhos de Merari, segundo suas famílias, receberam doze cidades da tribo de Rúben, da tribo de Gad e da tribo de Zabulon. [8]Assim os israelitas sortearam entre os levitas essas cidades com seus arredores, como Javé havia ordenado por meio de Moisés.

[9]Assim eles deram, tomando-as da tribo dos filhos de Judá e da tribo dos filhos de Simeão, as cidades mencionadas a seguir, [10]que ficaram para os filhos de Aarão, pertencentes às famílias caatitas dos filhos de Levi, porque a eles tocara a primeira sorte. [11]Foram-lhes dadas, na montanha de Judá, Cariat-Arbe, a cidade do pai de Enac, que é Hebron, com seus campos ao redor, [12]menos o campo da cidade* e suas aldeias, já cedidos como possessão a Caleb, filho de Jefoné. [13]Aos filhos do sacerdote Aarão deram Hebron, cida-

---

* **20**,2. Êx 21,13; Nm 35,9-34; Dt 19,1-13 | 4. Nm 35,19 | 8. Dt 4,43 | **21**,1. Nm 35,1-8; 1Cr 6,39-66 | 12. 14,13s

† **21**,2. Os levitas não recebem território tribal, Js 18,7, mas ficam dispersos em Israel, Gn 49,7 em diversas cidades, com suas famílias e rebanhos.

Josué 21-22

de de refúgio para o homicida, com seus arredores; Lebna e seus arredores, [14]Jeter e seus arredores, Estemo e seus arredores, [15]Holon e seus arredores, Dabir e seus arredores, [16]Asã e seus arredores, Jeta e seus arredores e Bet--Sames e seus arredores: nove cidades dessas duas tribos. [17]Da tribo de Benjamim deram Gabaon e seus arredores, Gaba e seus arredores, [18]Anatot e seus arredores e Almon e seus arredores: quatro cidades. [19]O total das cidades dos sacerdotes, filhos de Aarão, foi de treze cidades com seus arredores.

[20]As famílias levíticas dos outros filhos de Caat receberam por sorte algumas cidades da tribo de Efraim; [21]deram-lhes Siquém e seus arredores, nas montanhas de Efraim, como cidade de refúgio para o homicida, Gazer e seus arredores, [22]Cibsaim e seus arredores, Bet-Horon e seus arredores: quatro cidades; [23]da tribo de Dã deram Eltece e seus arredores, Gebeton e seus arredores, [24]Aialon e seus arredores, Gat-Remon e seus arredores: quatro cidades. [25]Da meia tribo de Manassés deram Tanac e seus arredores, Jibleam e seus arredores: duas cidades. [26]Ao todo: dez cidades com seus arredores para as famílias dos outros filhos de Caat.

[27]Aos filhos de Gérson, que eram das famílias dos levitas, foram dadas, da meia tribo de Manassés: Golã, em Basã, com seus arredores, como cidade de refúgio para o homicida, e Astarot com seus arredores: duas cidades; [28]da tribo de Issacar: Cesion e seus arredores, Daberat e seus arredores, [29]Jarmut e seus arredores, En-Ganim e seus arredores: quatro cidades; [30]da tribo de Aser: Masal e seus arredores, Abdon e seus arredores, [31]Helcat e seus arredores, Roob e seus arredores: quatro cidades; [32]da tribo de Neftali: Cedes, na Galileia, e seus arredores, cidade de refúgio para o homicida, Hamot-Dor e seus arredores, Cartã e seus arredores: três cidades. [33]Total das cidades dos gersonitas, segundo suas famílias: treze cidades com seus arredores.

[34]Aos outros levitas das famílias dos filhos de Merari foram dadas, da tribo de Zabulon: Jecnaam e seus arredores, Carta e seus arredores, [35]Dimna e seus arredores, Naalol e seus arredores: quatro cidades. [36]Do outro lado do Jordão de Jericó, da tribo de Rúben: Bosor, no deserto do planalto, cidade de refúgio para o homicida, e seus arredores, Jasa e seus arredores, [37]Cedimot e seus arredores, Mefaat e seus arredores: quatro cidades; [38]da tribo de Gad: Ramot em Galaad, cidade de refúgio para o homicida, e seus arredores, Maanaim e seus arredores, [39]Hesebon e seus arredores, Jazer e seus arredores: ao todo quatro cidades. [40]Total das cidades que tocaram por sorte aos filhos de Merari, de acordo com suas famílias, que formavam o resto das famílias dos levitas: doze cidades. [41]Total das cidades dos levitas no meio do território dos israelitas: quarenta e oito cidades com seus arredores. [42]Cada uma dessas cidades abrangia seus campos ao redor; assim era para todas essas cidades.

[43]Desta forma Javé deu aos israelitas toda a terra que havia jurado dar a seus pais. Tomaram posse dela e nela moraram. [44]Javé lhes deu descanso de todos os lados, conforme tudo o que havia jurado a seus pais; de todos os seus inimigos, nenhum lhes pôde resistir, e Javé entregou todos os seus inimigos em suas mãos. [45]De todas as boas promessas que Javé havia feito à casa de Israel nenhuma falhou: todas foram cumpridas.*

22 Retorno das tribos da Transjordânia.

[1]Josué convocou os rubenitas, os gaditas e a meia tribo de Manassés [2]e lhes disse: "Vós fizestes tudo o que vos ordenou Moisés,* servo de Javé, e me obedecestes em tudo o que vos mandei. [3]Não abandonastes vossos irmãos durante este longo tempo até hoje, cuidando de observar o mandamento de Javé, vosso Deus. [4]E agora que Javé, vosso Deus, concedeu

---

* 21,45. 23,14; Is 55,11 | 22,2. 1,12-18; Nm 32

245　　　　　　　Josué 22

descanso a vossos irmãos, como lhes havia prometido, voltai e ide para vossas tendas, na terra que vos pertence e que Moisés, servo de Javé, vos deu na outra margem do Jordão. [5]Cuidai, somente, de praticar o mandamento e a Lei que Moisés,* servo de Javé, vos prescreveu, amando Javé, vosso Deus, seguindo todos os seus caminhos, observando seus mandamentos, permanecendo unidos a ele e servindo-o de todo o vosso coração e de toda a vossa alma". [6]Depois Josué os abençoou e os despediu, e eles voltaram para suas tendas. [7]Moisés tinha dado a uma metade da tribo de Manassés uma herança em Basã, e à outra metade Josué deu uma herança entre seus irmãos, aquém do Jordão, ao ocidente. Quando Josué os despediu para suas tendas, ele os abençoou [8]e lhes disse: "Voltai para vossas tendas com grandes riquezas, com numerosos rebanhos, com prata, ouro, bronze, ferro e roupas em grande quantidade; reparti com vossos irmãos os despojos de vossos inimigos!"

O altar-testemunho. [9]Assim, os rubenitas, os gaditas e a meia tribo de Manassés voltaram, deixando os israelitas em Silo, na terra de Canaã, para se dirigirem ao país de Galaad, à terra de sua propriedade que tinham recebido como herança segundo a ordem dada por Javé por intermédio de Moisés. [10]Chegando a Gelilot do Jordão, que está na terra de Canaã, os rubenitas, os gaditas e a meia tribo de Manassés construíram um altar ali à margem do Jordão, um altar de aspecto imponente. [11]Os israelitas ouviram dizer: "Os filhos de Rúben, os filhos de Gad e a meia tribo de Manassés ergueram um altar diante da terra de Canaã, em Gelilot do Jordão, do lado dos israelitas". [12]Quando souberam disso, toda a comunidade dos israelitas se reuniu em Silo para subir e fazer guerra contra eles. [13]Os israelitas enviaram aos filhos de Rúben, de Gad e à meia tribo de Manassés, na terra de Galaad, Fineias,* filho do sacerdote Eleazar, [14]e com ele

dez príncipes, um príncipe de cada tribo de Israel, cada um dos quais era chefe de sua casa patriarcal entre os milhares de Israel. [15]Quando chegaram à terra de Galaad, junto aos rubenitas, aos gaditas e à meia tribo de Manassés, disseram-lhes: [16]"Assim fala toda a comunidade de Javé: Que infidelidade é esta que cometestes contra o Deus de Israel, voltando hoje as costas a Javé, ao construir para vós um altar para vos rebelar hoje contra Javé? [17]Não nos basta o pecado de Fegor,* do qual até hoje não nos purificamos, apesar do flagelo que caiu sobre a comunidade de Javé? [18]Vós hoje deixais de seguir Javé! Se vós hoje vos rebelais contra Javé, amanhã ele ficará irado contra toda a comunidade de Israel. [19]Se considerais impura a terra que possuís, podeis passar para a terra de propriedade de Javé, onde está instalado o tabernáculo de Javé, e tomar possessão no meio de nós; mas não vos revolteis contra Javé nem vos revolteis contra nós, erguendo outro altar, além do altar de Javé, nosso Deus. [20]Quando Acã, filho de Zaré, cometeu uma infidelidade em relação ao extermínio, não foi sobre toda a comunidade de Israel que recaiu a ira divina? Não foi só ele que morreu por causa de seu crime!"

[21]Os rubenitas, os gaditas e a meia tribo de Manassés responderam aos chefes dos milhares de Israel: [22]"Javé, Deus dos deuses,* Javé, Deus dos deuses, bem o sabe e Israel fique sabendo: se foi por rebelião e por infidelidade contra Javé, que não nos salve neste dia! [23]O próprio Javé nos peça contas se erguemos um altar com intenção de nos afastar de Javé e para oferecer sobre ele holocaustos e oblações e fazer sacrifícios de comunhão. [24]Mas o que fizemos foi por causa da seguinte preocupação: talvez amanhã vossos filhos perguntem aos nossos: 'Que tendes vós a ver com Javé, Deus de Israel? [25]Javé pôs o Jordão como limite entre nós e vós, ó filhos de Rúben e de Gad; não tendes parte alguma com

---

* **22**,5. Dt 6,5 | 13. Nm 25,7.11s | **22**,17. Nm 25,3-5; Dt 4,3 | 22. Dt 10,17

Josué 22-23

Javé!' Assim vossos filhos poderiam afastar os nossos do temor de Javé. ²⁶Por isso dissemos: Vamos construir um altar, não para holocaustos nem para sacrifícios, ²⁷mas para que sirva de testemunho entre nós e vós, e entre nossos descendentes depois de nós, de que queremos servir a Javé, em sua presença, com nossos holocaustos, nossas vítimas e nossos sacrifícios de comunhão, e para que amanhã vossos filhos não digam aos nossos: 'Não tendes parte alguma com Javé!' ²⁸Por isso pensamos: Se algum dia falarem assim a nós ou a nossos descendentes, nós lhes responderemos: 'Vede a forma do altar de Javé que nossos pais construíram, não para holocaustos, nem para sacrifícios, mas sim como testemunho entre nós e vós'. ²⁹Longe de nós a intenção de nos rebelar contra Javé e de deixar de segui-lo hoje, erigindo um altar para holocaustos, oblações e sacrifícios, além do altar de Javé, nosso Deus, que está diante de seu tabernáculo".

³⁰Ao ouvirem essas palavras dos filhos de Rúben, de Gad e de Manassés, o sacerdote Fineias e os príncipes da assembleia, chefes dos milhares de Israel, que estavam com ele, ficaram satisfeitos. ³¹E Fineias, filho do sacerdote Eleazar, disse aos filhos de Rúben, de Gad e de Manassés: "Hoje reconhecemos que Javé está entre nós, pois não cometestes esta infidelidade contra Javé e assim livrastes os israelitas da mão de Jave". ³²Depois Fineias, filho do sacerdote Eleazar, e os príncipes deixaram os filhos de Rúben e de Gad e voltaram da terra de Galaad para a terra de Canaã, para junto dos israelitas, aos quais relataram o ocorrido. ³³Os israelitas se deram por satisfeitos, louvaram a Deus e não mais falaram em fazer guerra contra eles e devastar o país habitado pelos filhos de Rúben e de Gad. ³⁴Os filhos de Rúben e de Gad chamaram o altar de "Ed", porque, disseram, "ele é um testemunho entre nós de que Javé é Deus".*

III. EPÍLOGO
(23–24)

23 **Discurso de Josué.** ¹Passado muito tempo desde que Javé dera descanso a Israel de todos os seus inimigos ao redor, Josué, já idoso* é de idade avançada, ²convocou todo o Israel, seus anciãos, seus chefes, seus juízes e seus oficiais, e lhes disse†: "Estou velho e de idade avançada. ³Vistes tudo o que Javé, vosso Deus, fez a todas essas nações por vossa causa, pois foi Javé que combateu por vós. ⁴Vede! Eu distribuí por sorte entre vós, como possessão para vossas tribos, essas nações que ainda restam, bem como as que exterminei desde o Jordão até o mar Grande, ao ocidente. ⁵O próprio Javé, vosso Deus,* as expulsará de vossa frente e as despojará diante de vós, e tomareis posse de seu país como vos prometeu Javé, vosso Deus. ⁶Por isso, esforçai-vos muito para observar e cumprir tudo o que está escrito no livro da Lei de Moisés, sem vos desviardes nem para a direita, nem para a esquerda. ⁷Não vos mistureis com as nações* que ficaram em vosso meio; não pronuncieis o nome de seus deuses nem jureis por eles; não os sirvais nem os adoreis. ⁸Mas aderi a Javé, vosso Deus, como fizestes até hoje. ⁹Javé expulsou de vossa frente nações grandes e poderosas; e ninguém pôde resistir diante de vós até hoje. ¹⁰Um só homem dentre vós perseguia mil,* porque o próprio Javé, vosso Deus, combatia por vós, como vos prometeu. ¹¹Velai atentamente sobre vós mesmos, para amardes Javé vosso Deus. ¹²Porque, se dele vos desviardes e vos unirdes ao que restou dessas nações que ficaram convosco, contraindo matrimônio com elas e misturando-vos com elas e elas convosco, ¹³estai bem certos de que Javé, vosso Deus, não continuará a expulsar de vossa frente essas na-

---

* **22**,34. Gn 31,48-52 | **23**,1. 13,1; 14,10; 24,29 | 5. 13,6 | 7. Dt 7,1-6 | 10. Lv 26,8; Dt 32,30; Dt 6,5; Dt 7,1-6

† **23**,2. Como Moisés, Dt 31, também Josué pronuncia um discurso de despedida. Recorda como Deus foi fiel em cumprir suas promessas e exorta o povo à fidelidade à aliança.

247 Josué 23-24

ções e elas serão para vós uma rede e um laço, um flagelo para vossas costas e espinhos em vossos olhos, até que tenhais desaparecido desta boa terra que vos deu Javé, vosso Deus. [14]Vede: hoje estou para seguir o caminho de todo o mundo. Reconhecei, portanto, de todo o vosso coração e de toda a vossa alma que, dentre todas as boas palavras que Javé, vosso Deus, tinha dito a vosso respeito, nenhuma ficou sem efeito: todas se cumpriram para vós, nenhuma* delas falhou! [15]Pois bem! Assim como se cumpriu para vós toda promessa que Javé, vosso Deus, havia feito em vosso favor, assim também Javé realizará contra vós todas as suas ameaças, até vos eliminar desta boa terra que Javé, vosso Deus, vos concedeu. [16]Se transgredirdes a aliança que Javé, vosso Deus, vos prescreveu, se servirdes a outros deuses e os adorardes, a ira de Javé se inflamará contra vós e desaparecereis rapidamente* desta boa terra que ele vos deu".

24 Renovação da aliança com Javé.

[1]Josué reuniu em Siquém todas as tribos de Israel, chamou os anciãos de Israel, seus chefes, seus juízes e seus oficiais, e eles se apresentaram diante de Deus. [2]Então Josué disse a todo o povo†: "Assim fala Javé, Deus de Israel: Outrora vossos pais, Taré, pai de Abraão e de Nacor,* habitavam do outro lado do rio e serviam a outros deuses.* [3]Mas eu tirei vosso pai Abraão do outro lado do rio e o fiz percorrer toda a terra de Canaã; multipliquei sua descendência e lhe dei Isaac. [4]A Isaac dei Jacó e Esaú.* A Esaú dei em possessão a montanha de Seir; mas Jacó e seus filhos desceram para o Egito. [5]Enviei depois Moisés e Aarão, castiguei o Egito* com os prodígios que realizei no meio

deles e depois vos fiz sair. [6]Fiz vossos pais saírem do Egito e vós chegastes ao mar; os egípcios perseguiram vossos pais com carros e cavaleiros até o mar Vermelho. [7]Eles clamaram a Javé, e ele colocou uma densa nuvem entre vós e os egípcios; depois atirou sobre eles o mar, que os recobriu. Vossos olhos viram o que fiz no Egito; depois habitastes por muito tempo no deserto. [8]Eu vos conduzi à terra dos amorreus* que moravam além do Jordão; combateram contra vós, mas eu os entreguei em vossas mãos; ocupastes sua terra* e eu os exterminei diante de vós. [9]Em seguida surgiu Balac, filho de Sefor, rei de Moab, para combater contra Israel. Ele mandou chamar Balaão, filho de Beor, para vos amaldiçoar. [10]Eu, porém, não quis ouvir Balaão; ele teve de vos abençoar, e eu vos livrei de suas mãos. [11]Depois atravessastes o Jordão e chegastes a Jericó. Os habitantes de Jericó combateram contra vós – os amorreus,* os ferezeus, os cananeus, os heteus, os gergeseus, os heveus e os jebuseus – mas eu os entreguei em vossas mãos. [12]Mandei a vossa frente vespas* que expulsaram de vossa presença os dois reis amorreus, não com tua espada, nem com teu arco. [13]Dei-vos uma terra* que não lavrastes, cidades que não construístes e nas quais habitais, vinhas e olivais que não plantastes e cujos frutos comeis.

[14]Agora, pois, temei a Javé e servi-o com integridade e sinceridade; lançai fora os deuses* aos quais vossos pais serviram do outro lado do rio e no Egito, e servi a Javé. [15]Todavia, se não vos agrada servir a Javé, escolhei hoje a quem quereis servir: se aos deuses a quem serviram vossos pais do outro lado do rio, ou aos deuses dos amorreus, em cujo país habitais. Eu e minha casa serviremos a Javé!"

---

* **23**,14. Dt 28 | 16. Dt 4,26 | **24**,2. Gn 11,27-32 / Gn 12–24; 35,2-4 | 4. Gn 25,19-26; 27; 36,1-8; Gn 46,1-7 | 5. Êx 3-15 | 8. Nm 21,21-35; Dt 2,26-3,11 / Nm 22-24 | 11. Dt 7,1 | 12. Dt 7,20 | 13. Dt 6,10-13 | 14. Gn 35,2; Ez 20,7

† **24**,2. Terminada a conquista e a partilha da terra prometida, Israel é convidado a confirmar sua aliança com Deus em Siquém, santuário situado no centro do país e ligado à memória dos Patriarcas, Gn 33,18-20.

Josué 24

Compromissos do povo. [16]O povo respondeu: "Longe de nós abandonar Javé para servir a outros deuses! [17]Porque Javé, nosso Deus, é aquele que nos tirou, a nós e a nossos pais, da terra do Egito, da casa da servidão, que realizou diante de nossos olhos esses grandes prodígios e nos protegeu em todo o caminho que percorremos e por entre todos os povos pelos quais passamos. [18]Javé expulsou de nossa frente todos os povos, inclusive os amorreus que habitavam a terra. Portanto, também nós serviremos a Javé, porque ele é nosso Deus".

[19]Josué disse ao povo:* "Não sereis capazes de servir a Javé, porque ele é um Deus santo, um Deus ciumento, que não suportará vossas transgressões, nem vossos pecados. [20]Se abandonardes Javé para servir a outros deuses, ele se voltará contra vós, ele vos fará mal e vos consumirá, depois de vos ter feito bem". [21]O povo, porém, respondeu: "Não! É a Javé que serviremos!" [22]Josué disse ao povo: "Vós sois testemunhas contra vós mesmos de que escolhestes Javé para servi-lo!" Responderam: "Somos testemunhas!" [23]Disse Josué: "Tirai, portanto, do meio de vós os deuses estrangeiros e orientai vosso coração para Javé, Deus de Israel!" [24]O povo respondeu a Josué: "Serviremos a Javé, nosso Deus, e obedeceremos a sua voz". [25]Naquele dia Josué fez em Siquém* um pacto com o povo e lhe deu leis e prescrições. [26]Josué escreveu essas palavras no livro da Lei de Deus. Tomou em seguida uma grande pedra e a erigiu ali, debaixo do carvalho, junto ao santuário de Javé. [27]Disse Josué a todo o povo: "Esta pedra será um testemunho contra nós, pois ela ouviu todas as palavras* que Javé nos disse; será um testemunho contra vós, a fim de que não renegueis vosso Deus". [28]Em seguida Josué despediu o povo, cada um para sua herança.*

Morte de Josué. [29]Depois desses acontecimentos, Josué, filho de Nun, servo de Javé,* morreu com a idade de cento e dez anos. [30]Foi sepultado nos terrenos de sua propriedade em Tamnat-Sare, que fica nas montanhas de Efraim, ao norte do monte Gaás. [31]Israel serviu a Javé durante toda a vida de Josué e durante toda a vida dos anciãos que sobreviveram a Josué e que tinham conhecido todos os feitos realizados por Javé em favor de Israel.

[32]Os ossos de José,* que os israelitas tinham trazido do Egito, foram sepultados em Siquém, na parte do campo que Jacó havia comprado dos filhos de Hemor, pai de Siquém, por cem moedas de prata, e que se tornou propriedade dos filhos de José. [33]Morreu também Eleazar, filho de Aarão, e foi sepultado em Gabaá, na montanha de Efraim, cidade que haviam dado a seu filho Fineias.

---

* **24**,19. Lv 17,1; Dt 4,24; 6,15 | 25. Êx 15,25 | 27. Gn 12,6; 35,4; Dt 11,30; Jz 9,6 | 28. Jz 2,6 | 29. Jz 2,6-10 | 32. Gn 50,24s; Êx 13,19; Gn 33,18-20

JUÍZES

Após a morte de Josué, quando as tribos já se haviam dispersado por todo o território de Canaã, cada qual ocupando a parte que lhe fora designada, faltava ao povo um líder unanimemente aceito como houve até então. Não havia entre elas outro fator de unidade senão a fé no Deus único e a aliança do Sinai. É um tempo de transição, marcado pelas infidelidades de Israel que se deixa seduzir pelos atrativos da idolatria dos povos vizinhos. Esse pecado do povo é punido por frequentes incursões dos inimigos, que chegam a dominar os israelitas durante longos períodos. Nessa situação de desespero, o povo se recorda dos compromissos da aliança e clama a Javé por libertação. Para combater o opressor e afastar o perigo, Deus suscita um líder carismático, sob cuja chefia se reúne certo número de tribos. Esses chefes militares, doze ao todo, chamam-se "juízes", dos quais os mais conhecidos são Débora, Gedeão, Jefté e Sansão.

A história deles abrange o período que vai da morte de Josué ao nascimento de Samuel, por meio do qual será introduzida a monarquia, ou seja, do ano 1220 ao ano 1050 a.C. Os fatos são apresentados como se fossem um drama em quatro atos, que se repete várias vezes: infidelidade de Israel, castigo de Javé, clamor de Israel a Javé, vitória do povo que luta sob o comando do juiz mandado por Deus.

O livro, classificado entre os Profetas anteriores, é o único testemunho sobre aqueles cento e setenta anos e um retrato precioso do Israel pré-monárquico desorganizado e fraco para poder enfrentar um perigo comum.

O autor anônimo, que escreve lá pelos séculos VII e VI a.C., quer mostrar que a opressão, a guerra e a escravidão são um castigo causado pela infidelidade à aliança, ao passo que a vitória sobre os inimigos é uma consequência do retorno a Deus. Prega a conversão e a confiança em Javé, o Deus fiel, que salvou e pode sempre salvar o povo que segue sua lei.

I. PRÓLOGO HISTÓRICO E TEOLÓGICO
(1,1–3,6)

1 **Judá conquista seu território.** [1]Depois da morte de Josué, os israelitas consultaram Javé, perguntando: "Quem de nós será o primeiro a subir para combater os cananeus?" [2]Javé respondeu: "Judá subirá,* pois entreguei o país em suas mãos!" [3]Então Judá propôs a Simeão, seu irmão: "Vem comigo ao território que me coube por sorte e lutemos contra os cananeus; depois eu também irei contigo a teu território". Simeão foi com ele. [4]Subiu, pois, Judá, e Javé entregou-lhe nas mãos os cananeus e os ferezeus, e derrotaram em Bezec dez mil deles. [5]Encontraram em Bezec Adonibezec, lutaram contra ele e venceram os cananeus e os ferezeus.

[6]Adonibezec fugiu,* mas eles o perseguiram e prenderam, e lhe cortaram os polegares das mãos e dos pés. [7]Então Adonibezec exclamou: "Setenta reis, cujos polegares das mãos e dos pés mandei cortar, apanhavam as migalhas debaixo de minha mesa! Assim como eu fiz, Deus me deu a paga!" Levaram-no para Jerusalém, onde morreu.

A situação no sul de Canaã. [8]Os filhos de Judá atacaram Jerusalém* e a tomaram†; passaram seus habitantes ao fio da espada e a incendiaram. [9]Depois, os filhos de Judá desceram para combater os cananeus* que viviam na região montanhosa, no Negueb e na baixada. [10]Judá atacou os cananeus* que habitavam em Hebron, antes chamada Cariat-Arbe, e derrotou Sesai, Aimã e Tolmai. [11]De lá marchou contra os habitantes de Dabir,* que antes se

---

* **1**,2. 20,18 | 6. Js 10,1-27 | 8. Js 15,63; 1,21 | 9. Js 9,1; 10,40 | 10. Js 15,13-19 | 11. Js 10,36-39; 11,21s; Js 14,6; 3,9s

† **1**,8. Informação imprecisa, como também a do v. 18. Quem conquistou Jerusalém foi Davi, 2Sm 5,6-8, e as cidades filisteias – Gaza, Ascalon e Acaron – nunca pertenceram aos israelitas.

Juízes 1-2

chamava Cariat-Séfer. [12]Então Caleb prometeu: "Àquele que atacar e tomar Cariat-Séfer darei minha filha Acsa por esposa". [13]Quem tomou a cidade foi Otoniel, filho de Cenez, irmão caçula de Caleb, e este lhe deu sua filha Acsa por esposa. [14]Chegando à casa do marido, ela o incentivou a pedir ao pai dela um campo. Ela apeou do jumento, e Caleb perguntou-lhe: "Que desejas?" [15]Ela respondeu: "Dá-me um presente: visto que me deste terra no Negueb, dá-me também fontes de água". Caleb deu--lhe as nascentes de cima e as de baixo.

[16]Os filhos de Hobab, o quenita,* sogro de Moisés, subiram junto com os filhos de Judá, da cidade das Palmeiras para o deserto de Judá que está ao sul de Arad, e vieram habitar com o povo. [17]Depois, Judá marchou com seu irmão Simeão e venceram os cananeus residentes em Sefat, e votaram a cidade ao extermínio; por isso ela foi chamada Horma. [18]Judá tomou ainda Gaza e seu território, Ascalon e seu território, Acaron e seu território. [19]Javé estava com Judá, e ele conquistou a região montanhosa; mas não conseguiu expulsar os habitantes da planície, porque tinham carros de ferro. [20]Segundo a ordem de Moisés, Hebron foi dada a Caleb, o qual expulsou de lá os três filhos de Enac. [21]Os filhos de Benjamim não expulsaram os jebuseus que habitavam em Jerusalém; por isso os jebuseus habitam em Jerusalém com os filhos de Benjamim até hoje.

No centro. [22]A casa de José também marchou contra Betel, e Javé esteve com eles. [23]A casa de José mandou explorar Betel,* que antes se chamava Luza. [24]Os exploradores viram um homem que saía da cidade e lhe disseram: "Indica-nos uma entrada para a cidade e te trataremos com bondade". [25]Mostrou-lhes então uma entrada da cidade, e eles a passaram a fio de espada,* mas deixaram em liberdade aquele homem e toda a sua família. [26]Ele emigrou para o país dos heteus, onde fundou uma cidade à qual chamou Luza, nome que tem ainda hoje.

[27]Manassés não desalojou os habitantes de Betsã e de seus arredores, nem os de Tanac* e de seus arredores, nem os de Dor e de seus arredores, nem os de Jeblaam e de seus arredores, nem os de Meguido e de seus arredores: os cananeus conseguiram permanecer nessa região. [28]Mas quando Israel se tornou mais forte, sujeitou os cananeus a trabalhos forçados,* mas não os expulsou.

[29]Igualmente Efraim não expulsou os cananeus que habitavam em Gazer, e os cananeus permaneceram em Gazer no meio deles†.

No norte. [30]Tampouco Zabulon expulsou os habitantes de Cetron* e de Naalol; assim os cananeus continuaram a morar no meio deles, porém foram sujeitos a trabalhos forçados. [31]Aser não expulsou os habitantes de Aco,* nem os de Sidônia, de Maaleb, de Aczib, de Helba, de Afec e de Roob; [32]os aseritas habitaram no meio dos cananeus, moradores da região, porque não os expulsaram. [33]Neftali não expulsou os habitantes de Bet-Sames, nem os de Bet-Anat, e habitou no meio dos cananeus, moradores daquela região; mas sujeitou a trabalhos forçados os habitantes de Bet-Sames* e de Bet-Anat.

[34]Os amorreus empurraram* os filhos de Dã para as montanhas, não os deixando descer para a planície, [35]e continuaram morando em Ar-Hares, em Aialon e em Salebim; mas depois, quando o poder da casa de José se tornou mais forte, foram submetidos a trabalhos forçados. [36]O território dos amorreus estendia-se desde a subida de Acrabim* e de Sela para cima.

2

Oráculo de Boquim. [1]O anjo de Javé subiu de Guilgal a Boquim* e disse: "Eu vos fiz sair do Egito e vos introduzi na terra que jurei dar a vossos

---

* **1**,16. Nm 24,21; 10,29-32; Êx 2,16 | 23. Js 7,2 | 25. Js 6,23 | 27. Js 17,11-13 | 28. Js 16,10 | 30. Js 19,10-15 | 31. Js 19,24-31 | 33. Js 19,32-38 | 34. Js 19,47; 17,1 | 36. Js 15,3; Nm 34,3-5 | **2**,1. 6,7-10 / Dt 7,1-5

† **1**,29. Conforme o livro de Josué, a conquista da terra foi rápida, total e obra conjunta de todas as tribos; as notícias do livro dos Juízes são mais próximas da realidade.

Juízes 2-3

pais, dizendo: 'Jamais romperei minha aliança* convosco; [2]quanto a vós, não fareis aliança com os habitantes deste país, mas destruireis seus altares'. Vós, porém, não obedecestes a minha voz. Por que fizestes isto? [3]Portanto, agora eu digo: Não os expulsarei de vossa frente; serão vossos adversários e seus deuses serão uma tentação para vós". [4]Quando o anjo de Javé acabou de dizer essas palavras a todos os israelitas, o povo começou a chorar em voz alta. [5]Por isso deram àquele lugar o nome de Boquim,* e lá ofereceram sacrifícios a Javé.

Morte de Josué. [6]Josué despediu o povo, e os israelitas foram cada qual para sua herança, a fim de tomar posse da terra. [7]O povo serviu a Javé durante toda a vida de Josué e durante toda a vida dos anciãos* que sobreviveram a Josué e que tinham conhecido todos os feitos realizados por Javé em favor de Israel. [8]Josué, filho de Nun, servo de Javé, morreu* com a idade de cento e dez anos. [9]Foi sepultado nos terrenos de sua propriedade em Tamnat-Hares, que fica nas montanhas de Efraim, ao norte do monte Gaás. [10]Quando toda aquela geração foi reunida a seus pais, surgiu depois dela outra geração que não conhecia Javé, nem tampouco os prodígios que ele fizera em favor de Israel.

Pecado e castigo dos israelitas. [11]Os israelitas fizeram o que desagrada a Javé e serviram aos ídolos de Baal†. [12]Abandonaram Javé, Deus de seus pais, que os tinha tirado do Egito, e seguiram outros deuses, dentre os deuses dos povos a seu redor. Prostraram-se diante deles, provocando a ira de Javé. [13]Apartaram-se de Javé, para servirem a Baal e às astartes.

[14]Por isso inflamou-se contra Israel a ira de Javé, e ele os entregou nas mãos de salteadores, que os saquearam. Ele os abandonou nas mãos de seus inimigos ao redor, de sorte que já não puderam* resistir a seus adversários. [15]Em todas as suas expedições, a mão de Javé intervinha contra eles para lhes fazer mal, como Javé mesmo lhes havia dito e jurado; e era extrema a aflição deles.

Ofício dos juízes. [16]Então Javé suscitava juízes que os livravam do poder de seus salteadores. [17]Mas nem a seus juízes obedeciam, pois continuavam a prostituir-se com outros deuses e os adoravam. Depressa se afastavam do caminho percorrido por seus pais, que obedeciam aos mandamentos de Javé; mas eles não procederam assim. [18]Quando Javé lhes suscitava juízes, Javé estava com o juiz e os livrava da opressão dos inimigos durante toda a vida do juiz, porque Javé se compadecia de seus gemidos por causa dos que os perseguiam e afligiam. [19]Mas quando morria o juiz, reincidiam e se corrompiam mais do que seus pais, seguindo outros deuses para servi-los e adorá-los; não renunciavam a suas obras nem a sua conduta obstinada†.

Os cananeus vizinhos dos hebreus. [20]Por isso acendeu-se contra Israel a ira de Javé, que disse: "Já que esta geração violou a aliança que eu fiz com seus pais e não obedeceu a minha voz, [21]eu também não expulsarei da frente deles nenhuma das nações que Josué deixou quando morreu, [22]a fim de, por meio delas, submeter Israel à prova, para ver se vai seguir ou não o caminho de Javé, como fizeram seus pais. [23]Foi por isso que Javé deixou aquelas nações, não as expulsando logo nem as entregando nas mãos de Josué.

3 [1]São estas as nações que Javé deixou ficar para pôr à prova, por meio delas, os israelitas, isto é, todos aqueles que não sabiam de todas as

---

* **2**,5. 20,26 | 7. Js 24,31 | 8. Js 24,29s; Js 19,50 | 14. Dt 28,15-46

† **2**,11. Baal, que quer dizer "senhor", é a divindade suprema dos cananeus, o deus do solo e da fertilidade. Astarte, v. 13, é a deusa cananeia do amor e da fecundidade. Aserá, 3,7, era uma deusa semelhante, cujo símbolo era um tronco sagrado. | 19. A história desse período se resume em quatro momentos que se repetem: o povo peca por idolatria, é castigado com a opressão dos inimigos, implora o socorro divino e Deus lhe manda um libertador, um juiz, líder carismático local.

Juízes 3

guerras de Canaã – ²ele queria apenas que as gerações dos israelitas conhecessem e aprendessem a guerra;* aqueles pelo menos que não a tinham visto antes –: ³os cinco principados dos filisteus, todos os cananeus, os sidônios e os heveus que habitavam nas montanhas do Líbano, desde o monte Baal-Hermon até a entrada de Emat. ⁴Essas nações serviram para provar os israelitas e ver se obedeceriam aos mandamentos que Javé havia prescrito a seus pais por meio de Moisés. ⁵Assim, os israelitas habitaram no meio dos cananeus,* dos heteus, dos amorreus, dos ferezeus, dos heveus e dos jebuseus. ⁶Tomaram por esposas as filhas deles e deram aos filhos deles as próprias filhas, e serviram a seus deuses.

II. HISTÓRIA DOS JUÍZES
(3,7–16,31)

Otoniel. ⁷Os israelitas fizeram o que desagrada a Javé;* esqueceram Javé, seu Deus, e serviram aos ídolos de Baal e às aserás. ⁸Acendeu-se contra Israel a ira de Javé, que os entregou nas mãos de Cusã-Rasataim, rei de Aram Naaraim, e os israelitas estiveram sujeitos a Cusã-Rasataim durante oito anos. ⁹Os israelitas clamaram a Javé, e ele suscitou-lhes um libertador que os salvou: Otoniel,* filho de Cenez, irmão caçula de Caleb.

¹⁰O espírito de Javé esteve sobre ele†, e ele julgou Israel e partiu para a guerra. Javé entregou em suas mãos Cusã-Rasataim, rei de Aram, e seu poder prevaleceu sobre Cusã-Rasataim.* ¹¹O país ficou em paz durante quarenta anos. Depois Otoniel, filho de Cenez, morreu.

Aod. ¹²Os israelitas voltaram a fazer o que desagrada a Javé. E Javé deu poder a Eglon, rei de Moab, contra os israelitas, porque haviam feito o que desagrada a Javé. ¹³Eglon reuniu consigo os amonitas e os amalecitas, marchou contra Israel, derrotou-o e tomou a cidade das Palmeiras. ¹⁴Os israelitas serviram a Eglon, rei de Moab, durante dezoito anos.

¹⁵Então os israelitas clamaram a Javé, e Javé lhes suscitou um libertador: Aod, o canhoto, filho de Gera, benjaminita. Por meio dele os israelitas enviaram o tributo a Eglon, rei de Moab. ¹⁶Aod fez para si uma espada de dois gumes, de um côvado de comprimento, e a cingiu debaixo da roupa, do lado direito. ¹⁷Entregou o tributo a Eglon, rei de Moab, que era um homem muito gordo. ¹⁸Depois de entregar o tributo, despediu as pessoas que o haviam trazido. ¹⁹Mas quando chegou aos ídolos que estão perto de Guilgal, ele voltou para trás e disse: "Tenho uma coisa a dizer-te em segredo, ó rei!" O rei disse: "Silêncio!" Todos os que estavam com ele saíram de sua presença. ²⁰Aod entrou; o rei estava sentado na sala de cima, bem fresca, reservada a ele. Aod disse-lhe: "Tenho uma palavra de Deus para ti!" Eglon levantou-se da cadeira. ²¹Então Aod estendeu a mão esquerda, puxou a espada que levava do lado direito e cravou-a no ventre do rei. ²²Até o cabo penetrou com a lâmina e sobre esta se fechou a gordura, pois Aod não retirou do ventre a espada que saía por detrás. ²³Aod saiu para o pórtico, fechou atrás de si as portas da sala de cima e as trancou. ²⁴Depois que ele saiu, os servos vieram olhar e, encontrando trancadas as portas da sala de cima, disseram: "Com certeza ele está fazendo suas necessidades na sala de verão". ²⁵Esperaram tanto, que ficaram preocupados; e como ele não abrisse as portas da sala, pegaram a chave e abriram: encontraram seu senhor estendido morto no chão.

²⁶Enquanto eles esperavam, Aod fugiu, passou pelos ídolos e chegou são e salvo a Seira. ²⁷Ao chegar, mandou tocar as trombetas na montanha

---

* **3**,2. Js 13,3-6 | 5. Dt 7,1 | 7. 2,13 | 9. 1,13 | 10. 3,30; 5,31; 8,28; Js 11,23; 14,15

† **3**,10. O espírito de Javé, mediante o dom da fortaleza, assiste os juízes em sua função libertadora, 6,34; 11,29; 13,25.

de Efraim, e os israelitas desceram da montanha com ele à frente. [28]Ele disse: "Segui-me, pois Javé entregou vossos inimigos moabitas em vossas mãos". Desceram atrás dele e se apoderaram dos vaus do Jordão onde há passagem para Moab, e não deixaram ninguém passar. [29]Naquele dia derrotaram os moabitas, uns dez mil homens, todos robustos e valentes: ninguém escapou. [30]Assim, naquele dia, Moab foi humilhado sob a mão* de Israel. E a terra ficou em paz durante oitenta anos.

Samgar. [31]Depois de Aod surgiu Samgar,* filho de Anat, que matou seiscentos filisteus com um aguilhão de bois. Ele também salvou Israel.

4 **Débora e Barac.** [1]Depois que morreu Aod, os israelitas recomeçaram a fazer o que desagrada a Javé, [2]e Javé os entregou nas mãos de Jabin,* rei de Canaã, que reinava em Hasor. O general de seu exército chamava-se Sísara e morava em Haroset-Goim. [3]Os israelitas clamaram a Javé, porque Sísara tinha novecentos carros de ferro e fazia vinte anos que oprimia duramente os israelitas. [4]Naquele tempo era juíza em Israel uma profetisa, Débora, mulher de Lapidot. [5]Atendia debaixo da palmeira de Débora, entre Ramá e Betel, na montanha de Efraim, e os israelitas vinham a ela para resolver suas questões. [6]Ela mandou chamar* Barac, filho de Abinoem, de Cedes em Neftali, e lhe disse: "Javé, Deus de Israel, deu esta ordem: 'Vai, marcha para o monte Tabor e leva contigo dez mil homens dos filhos de Neftali e de Zabulon.* [7]Na torrente do Quison, eu atrairei a ti Sísara, o general do exército de Jabin, com seus carros e suas tropas e o entregarei em tuas mãos'". [8]Mas Barac respondeu-lhe: "Se vieres comigo, eu irei; mas se não vieres comigo, não irei". [9]Ela respondeu-lhe: "Sim, irei contigo;* mas não será tua a honra da expedição que realizas, porque é nas mãos de uma mulher que Javé entre-

gará Sísara". Débora levantou-se e foi para Cedes com Barac. [10]Barac chamou Zabulon e Neftali a Cedes e subiram com ele dez mil homens, e também Débora o acompanhou.

[11]Héber, o quenita,* havia se separado dos quenitas, descendentes de Hobab, sogro de Moisés, e havia armado sua tenda perto do carvalho de Saananim, perto de Cedes. [12]Anunciaram a Sísara que Barac, filho de Abinoem, subira ao monte Tabor; [13]então Sísara reuniu todos os seus carros, novecentos carros de ferro, e toda a gente que estava com ele, desde Haroset-Goim até a torrente do Quison. [14]Então Débora disse a Barac: "Levanta-te,* porque este é o dia em que Javé entregou Sísara em tuas mãos! Porventura Javé não saiu a tua frente?" Barac desceu do monte Tabor seguido dos dez mil homens. [15]Javé desbaratou Sísara com todos os seus carros e com todo o seu exército, que foi passado ao fio da espada diante de Barac. Sísara desceu do carro e fugiu a pé. [16]Barac perseguiu os carros e o exército até Haroset-Goim. Todo o exército de Sísara foi passado a fio de espada; ninguém escapou.

Sísara é morto por Jael. [17]Entretanto Sísara tinha fugido a pé para a tenda de Jael, mulher de Héber, o quenita, pois havia paz entre Jabin, rei de Hasor, e a casa de Héber, o quenita. [18]Jael saiu ao encontro de Sísara e lhe disse: "Entra, meu senhor, entra em minha morada; não temas". Ele entrou em sua tenda e ela o cobriu com um manto. [19]Disse-lhe ele: "Dá-me, por favor, um pouco de água para beber, pois estou com sede". Ela abriu o odre de leite, deu-lhe de beber e o cobriu de novo. [20]Ele disse: "Fica à porta da tenda, e se vier alguém te perguntar: 'Há alguém aqui?' responde-lhe: 'Não'". [21]Então Jael, mulher de Héber, tomou um cravo da tenda e, pegando um martelo, chegou perto dele devagarinho e pregou-lhe na testa o cravo, que penetrou até o chão, enquanto Sísara estava num profundo sono e cansado; e

---

* **3**,30. 3,11 | 31. 5,6; 2Sm 23,11s | **4**,2. Js 11,1 | 6. Hb 11,32 / Sl 83,10 | 9. 4,14; Gn 16,7 | 11. Nm 24,21; | Jz 1,16 | 14. 4,8; 5,19

Juízes 4-5

assim morreu. [22]Enquanto Barac perseguia Sísara, Jael saiu-lhe ao encontro e lhe disse: "Vem e te mostrarei o homem que procuras". Entrou com ela e viu Sísara no chão, morto, com o cravo pregado na testa. [23]Assim Deus humilhou, naquele dia, Jabin, rei de Canaã, diante dos israelitas. [24]E a mão dos israelitas foi se tornando sempre mais pesada sobre Jabin, rei de Canaã, até que o exterminaram.

5 Cântico de Débora.

[1]Naquele dia, Débora cantou este cântico† com Barac, filho de Abinoem:

[2]"Porque os chefes assumiram o comando em Israel,
porque o povo se ofereceu espontaneamente, bendizei a Javé!
[3]Ouvi, ó reis, escutai, ó príncipes!
Eu, sim, eu cantarei a Javé,
celebrarei a Javé, Deus de Israel!*
[4]Senhor, quando saístes de Seir,*
quando avançastes dos campos de Edom,*
a terra estremeceu, os céus se dissolveram,*
as nuvens se desfizeram em água;*
[5]derreteram-se os montes*
na presença de Javé, o do Sinai;
diante de Javé, Deus de Israel.
[6]Nos dias de Samgar, filho de Anat,
nos dias de Jael, não havia mais caravanas,*
e os que viajavam seguiam caminhos tortuosos.
[7]Faltavam chefes em Israel, não os havia,
até que surgiste, ó Débora,
surgiste como mãe em Israel.
[8]Escolheram novos deuses,*
e a guerra estava às portas;
não se via nem escudo, nem lança,
para quarenta mil em Israel!
[9]Meu coração está com os chefes de Israel,
os que se ofereceram espontaneamente entre o povo:

bendizei a Javé!
[10]Vós que cavalgais brancas jumentas,
ou que sentais sobre tapetes,
e vós que andais pelo caminho, considerai.
[11]Longe do ruído dos arqueiros,
junto aos bebedouros,
celebrem-se as obras justas de Javé,
as obras justas para com seus camponeses em Israel.
Então o povo de Javé desceu às portas.
[12]Desperta, desperta, Débora!
Desperta, desperta, entoa um cântico!
Levanta-te, Barac,
e conduz teus prisioneiros, filho de Abinoem!
[13]Então desceu o resto dos poderosos,
e o povo de Javé veio a mim com os valentes.
[14]De Efraim vieram os radicados em Amalec,
atrás de ti, Benjamim, entre tua gente.
De Maquir desceram os chefes
e de Zabulon os que seguram o bastão do comando.*
[15]Os príncipes de Issacar foram com Débora;
como Issacar, Barac se lança a pé na planície.
Nos clãs de Rúben,
são grandes as deliberações.
[16]Por que ficas entre os currais,
ouvindo os balidos do rebanho?
Nos clãs de Rúben,
são grandes as deliberações.
[17]Galaad ficou do outro lado do Jordão,
e Dã, por que ficou junto dos navios?
Aser assentou-se na praia do mar*
e permaneceu nos seus portos.
[18]Zabulon é um povo que arriscou a vida,
como Neftali, nas alturas do campo.

---

* **5**,3. Dt 32,2 | 4. Dt 33,2 / Sl 68,8s / Êx 19,16 / Is 64,2 | 5. Sl 97,5 | 6. 3,31 | 8. 1Sm 13,19-22 | 14. Nm 32,29; Js 17,1 | 17. Js 19,40

† **5**,1. O belo cântico de Débora é considerado o documento mais antigo da Bíblia hebraica. Exalta o Senhor do universo que vence o inimigo e celebra a unidade das tribos de Israel.

Juízes 5-6

¹⁹Vieram os reis e combateram,
os reis de Canaã combateram*
em Tanac, junto às águas de Meguido;*
mas não levaram despojo de prata.
²⁰Do céu as estrelas combateram,*
de suas órbitas lutaram contra Sísara.
²¹A torrente do Quison, a antiga torrente os arrastou;
a torrente do Quison!
Avança, minha alma, com poder!
²²Então ressoaram os cascos dos cavalos
pelo contínuo galope de seus corcéis.
²³"Amaldiçoai Meroz", diz o anjo de
Javé,
"amaldiçoai seus habitantes,
pois não vieram em auxílio de Javé,
em auxílio de Javé entre os heróis".
²⁴Seja bendita Jael entre as mulheres!*
A mulher de Héber, o quenita,
seja bendita entre as mulheres que
moram em tendas.
²⁵Deu leite ao que lhe pediu água,
numa taça de nobres ofereceu-lhe
nata.
²⁶Pegou com a mão esquerda o cravo
e com a direita o martelo do operário;
golpeou Sísara, quebrou-lhe a cabeça,
partiu-lhe e atravessou-lhe a testa.
²⁷Aos pés dela se encurvou, caiu e
ficou estirado;
aos pés dela se encurvou, caiu
onde se encurvou, aí caiu morto.
²⁸A mãe de Sísara olha pela janela
e grita atrás da veneziana:
'Por que o carro dele demora a chegar?
Por que é tão vagaroso o andar de
seus carros?'
²⁹As mais sábias de suas damas lhe
respondem,
e ela repete a si própria as palavras:
³⁰'Certamente acharam despojos e
os repartem:

uma ou duas jovens para cada guerreiro,
roupas coloridas para Sísara,
despojos de roupas coloridas e bordadas,
de roupas coloridas e bordadas de
ambos os lados
para os ombros do vencedor'.
³¹Assim pereçam, Javé, todos os vossos inimigos!†
Mas os que vos amam sejam como
o sol,*
quando se levanta em sua força!"
E o país teve descanso durante quarenta anos.

6 **Madianitas oprimem Israel.** ¹Os
israelitas fizeram o que desagrada
a Javé, e Javé os entregou em poder
dos madianitas durante sete anos. ²A
mão dos madianitas pesou duramente
sobre Israel. Por medo deles os israelitas se serviram das grutas* que existem
nos montes, das cavernas e das fortificações. ³Cada vez que os israelitas semeavam os cereais, subiam contra eles
os madianitas, os amalecitas e os filhos
do oriente; ⁴acampavam defronte deles e devastavam os produtos do solo
até Gaza,* não deixando em Israel sustento algum: nem ovelhas, nem bois,
nem jumentos. ⁵Vinham com seus rebanhos e suas tendas, e chegavam tão
numerosos como gafanhotos. Eles e
seus camelos eram inumeráveis e invadiam o país para devastá-lo. ⁶Por causa
dos madianitas Israel ficou reduzido a
grande miséria, e os israelitas clamaram a Javé.
⁷Quando os israelitas clamaram* a
Javé por causa dos madianitas, ⁸Javé
enviou-lhes um profeta que lhes disse: "Assim fala Javé, Deus de Israel: 'Eu
vos tirei do Egito e vos fiz sair da casa
da servidão. ⁹Libertei-vos da mão dos
egípcios e de todos os vossos opressores. Expulsei-os da vossa frente e vos
dei a terra deles. ¹⁰Eu vos disse também: Eu sou Javé, vosso Deus; não ve-

---

* **5,**19. Sl 48,5 / 4,14 | 20. Js 10,10-14; 2Sm 5,24; Sl 18,14s | 24. Jt 13,18; Lc 1,42 | 31. 2Sm 23,3-7; Dn 12,3;
Mt 13,43 | **6,**2. 1Sm 13,6 | 4. Lv 26,16; Dt 28,31s | 7. 2,1-5

† **5,**31. Os inimigos de Israel são inimigos do próprio Javé, por isso devem morrer, Sl 73,27.

Juízes 6

256

nereis os deuses dos amorreus em cuja terra habitais! Vós, porém, não obedecestes a minha voz'".

Missão de Gedeão. [11]Veio o anjo de Javé e sentou-se debaixo do carvalho de Efra,* que pertencia a Joás de Abiezer, quando Gedeão, seu filho, estava malhando o trigo no lagar†, para escondê-lo dos madianitas. [12]O anjo de Javé apareceu-lhe e disse: "Javé está contigo, valente guerreiro!" [13]Gedeão respondeu: "Por favor, meu senhor, se Javé está conosco, por que nos aconteceu tudo isso? Onde estão todos os prodígios que nossos pais nos contaram, dizendo: 'Javé não nos tirou do Egito?' Mas agora Javé nos abandonou e nos entregou nas mãos dos madianitas". [14]Javé voltou-se para ele* e disse: "Vai com esta tua força. Tu livrarás Israel das mãos dos madianitas. Não sou eu que te envio?" [15]Respondeu Gedeão: "Por favor, meu senhor, como poderei salvar Israel? Minha família é a mais humilde de Manassés, e eu sou o menor na casa de meu pai". [16]Disse-lhe Javé: "Eu estarei contigo, e tu derrotarás os madianitas como se fossem um só homem". [17]Gedeão lhe disse: "Se encontrei graça* a vossos olhos, dai-me um sinal* de que sois vós que falais comigo. [18]Peço-vos que não vos afasteis daqui até que eu volte a vós, traga minha oferenda e a coloque a vossa frente". Ele respondeu: "Ficarei até voltares".

[19]Gedeão foi, preparou um cabrito e, com um efá de farinha, fez pães ázimos; pôs a carne num cesto e o caldo numa panela, levou-os para debaixo do carvalho e os apresentou [20]ao anjo de Javé, que lhe disse: "Toma a carne e os pães ázimos, coloca-os sobre esta pedra e derrama o caldo por cima". Ele assim o fez. [21]Então o anjo de Javé estendeu a vara que tinha na mão e tocou a carne e os pães ázimos. Da rocha saiu um fogo que consumiu a carne e os pães ázimos;* e o anjo de Javé desapareceu de sua vista. [22]Gedeão percebeu que era o anjo de Javé e exclamou: "Ai de mim, Senhor Javé! Pois vi o anjo de Javé face a face!" [23]Javé lhe disse: "A paz esteja contigo! Não temas, não morrerás"†. [24]Gedeão ergueu ali um altar e chamou-o "Javé é paz"; ele existe* até o dia de hoje em Efra de Abiezer.

Gedeão destrói o altar de Baal. [25]Naquela mesma noite Javé disse a Gedeão: "Toma o touro de teu pai, o segundo touro de sete anos; destrói o altar de Baal* que pertence a teu pai e derruba o tronco idolátrico que está perto dele. [26]Edifica um altar a Javé, teu Deus, no alto desta rocha, em lugar conveniente; toma depois o segundo touro e oferece-o em holocausto sobre a lenha do tronco idolátrico que vais derrubar". [27]Gedeão tomou consigo dez homens dentre seus servos e fez como Javé lhe ordenara; mas, por medo da família de seu pai e do povo da cidade, não o fez de dia, mas sim de noite. [28]Na manhã seguinte, quando os habitantes da cidade se levantaram, viram que estava destruído o altar de Baal, derrubado o tronco idolátrico que ficava perto dele e que o segundo touro tinha sido imolado sobre o altar recém-construído. [29]Perguntaram-se uns aos outros: "Quem fez isto?" Depois de indagar e procurar, disseram: "Foi Gedeão, filho de Joás, que fez isto". [30]Então a gente da cidade disse a Joás: "Traze para fora teu filho para que seja morto, pois destruiu o altar de Baal e cortou o tronco sagrado que ficava perto dele". [31]Mas Joás respondeu* a todos os que se puseram contra ele: "Quereis ser os defensores da causa de Baal? Quereis vir em seu auxílio? Quem lutar por Baal será morto antes do amanhecer. Se ele é deus, defenda ele mesmo sua causa, porque foi demolido seu altar". [32]Naquele dia deram a Gedeão o nome de

---

* **6**,11. Gn 16,7; Js 17,2; Nm 26,30 | 14. Êx 3,10-12 | 17. Êx 4,1-9 / 1Sm 14,10 | 21. Lv 9,24; 1Rs 18,38; 1Cr 21,26 | 24. Js 22,34 | 25. Êx 34,13 | 31. Dt 17,2-5 | 33. 3,10

† **6**,11. Lagar é onde se espremem as uvas para fazer vinho. Em suas incursões, os madianitas roubavam os produtos das colheitas. | **6**,23. Pensavam que morreria quem visse a Deus, Dt 5,26; Jz 13,22.

Jerobaal, porque se dizia: "Que Baal se defenda contra ele, porque demoliu seu altar".

Invasão dos madianitas. Prodígio do velo. [33]Todos os madianitas, os amalecitas e os filhos do oriente se aliaram, atravessaram o Jordão e acamparam na planície* de Jezrael. [34]Então o espírito de Javé revestiu Gedeão, que tocou a trombeta, e o clã de Abiezer foi convocado a segui-lo. [35]Enviou mensageiros* a todo o Manassés, que também foi convocado a segui-lo. Mandou mensageiros às tribos de Aser, Zabulon e Neftali, que igualmente subiram a seu encontro.*

[36]Gedeão disse a Deus: "Se realmente quereis salvar Israel por meu intermédio, como dissestes, [37]eu porei um velo de lã na eira; se somente o velo se cobrir de orvalho, ficando seco todo o terreno, saberei que libertareis Israel por meu intermédio, como dissestes". [38]E assim aconteceu: na manhã seguinte levantou-se, apertou o velo, e com o orvalho que espremeu dele encheu uma bacia. [39]Gedeão disse ainda a Deus: "Não vos irriteis contra mim se vos falo mais uma única vez. Permiti, por favor, que eu faça mais uma vez a prova do velo: que somente o velo fique enxuto e haja orvalho no terreno todo". [40]E Deus assim fez naquela noite: somente o velo ficou enxuto e sobre o terreno todo havia orvalho.

7 Escolha dos trezentos guerreiros.
[1]Jerobaal, que é o mesmo Gedeão, e todo o povo que estava com ele, levantaram-se cedo e foram acampar perto da fonte de Harod; o acampamento dos madianias ficava ao norte do seu, ao pé da colina de Moré, no vale. [2]Então Javé disse a Gedeão: "O povo que está contigo é numeroso demais para que eu entregue os madianitas em suas mãos. Assim Israel poderia gloriar-se* a minhas custas†, dizendo: 'Foi minha mão que me

salvou!' [3]Proclama o seguinte aos ouvidos do povo: 'Quem tem medo e treme, volte para trás e retire-se da montanha de Galaad'". Regressaram vinte e dois mil homens do povo, restando dez mil. [4]Javé disse a Gedeão: "Ainda há gente demais. Faze-os descer à água e ali os porei à prova para ti. Aquele de quem eu disser: 'Este irá contigo', ele te seguirá; e todo aquele de quem eu te disser: 'Este não irá contigo', ele não irá". [5]Gedeão fez o povo descer à água; e Javé lhe disse: "Todos aqueles que lamberem a água com a língua, como faz o cão, tu os porás de um lado; e todos aqueles que se ajoelharem para beber, tu os porás do outro lado". [6]O número dos homens que lamberam a água, levando-a à boca com a mão, foi de trezentos; todo o restante do povo se ajoelhou para beber. [7]Então Javé disse a Gedeão: "É com esses trezentos homens que lamberam a água que vos libertarei, entregando os madianitas em tuas mãos. Que todo o grosso do povo volte para suas casas". [8]A tropa tomou nas mãos as provisões e suas trombetas, e Gedeão despediu todos os outros israelitas cada qual para sua tenda, ficando com os trezentos homens. O acampamento dos madianitas estava embaixo, no vale.

O sonho do madianita. [9]Naquela noite Javé disse a Gedeão: "Levanta-te e desce ao acampamento porque o entrego em tuas mãos. [10]Se, porém, tens medo de descer, desce ao acampamento com teu servo Fara [11]e escuta o que eles dizem; tu então te sentirás encorajado e atacarás o acampamento". Desceu com Fara, seu servo, até os postos avançados dos homens armados do acampamento. [12]Os madianitas, os amalecitas e todos os filhos do oriente estavam espalhados pelo vale, numerosos como gafanhotos, e seus camelos eram inumeráveis como a areia na praia do mar. [13]Quando Gedeão chegou,* um homem estava contando um sonho a

---

* 6,35. 3,27; 7,23s / 6,17 **| 7**,2. Dt 8,17s; Am 6,13; Dt 20,8; 1Mc 3,56 **|** 13. 6,5; Êx 10,14s; Jr 46,23; Jl 1,6s

† 7,2. Com um número reduzido de combatentes, a vitória será mais claramente obra de Deus. **|** 13. O pão de cevada representa Israel, povo sedentário, e a tenda representa os madianitas, seminômades.

Juízes 7-8

seu companheiro, dizendo: "Tive um sonho: vi um pão de cevada que rolava pelo acampamento dos madianitas; quando chegou à tenda, bateu nela, derrubou-a e ela se virou de cima para baixo, ficando estendida no chão"†. [14]O companheiro disse-lhe: "Isto não é outra coisa senão a espada de Gedeão, filho de Joás, o israelita. Deus entregou--lhe nas mãos os madianitas e todo o acampamento!"

Primeira vitória de Gedeão. [15]Ao ouvir a narração do sonho e sua explicação, Gedeão se prostrou; depois voltou ao acampamento de Israel e disse: "Levantai-vos, que Javé entregou em vossas mãos o acampamento dos madianitas!" [16]Repartiu os trezentos homens em três batalhões, entregou a todos eles trombetas e cântaros vazios com tochas dentro dos cântaros [17]e lhes disse: "Olhai para mim e fazei como eu; quando eu chegar à extremidade do acampamento, o que eu fizer, fazei--o vós também. [18]Quando eu tocar a trombeta com todos os que estiverem comigo, vós também tocareis as trombetas em volta de todo o acampamento e gritareis: 'Por Javé e por Gedeão!'"

[19]Gedeão e os cem homens que o acompanhavam chegaram à extremidade do acampamento no início da vigília da meia-noite, quando acabavam de se trocar as sentinelas; tocaram as trombetas e quebraram os cântaros que tinham nas mãos. [20]Então os três batalhões tocaram as trombetas e quebraram os cântaros; seguravam com a mão esquerda as tochas e com a direita as trombetas, para tocá-las, e gritaram: "Espada por Javé e por Gedeão!" [21]Cada qual ficou em seu lugar, ao redor do acampamento, e todo o acampamento se pôs a correr, a gritar e a fugir. [22]Enquanto os trezentos continuavam a tocar as trombetas, Javé fez com que a espada de cada madianita se voltasse contra o próprio companheiro, em todo o acampamento, e o exército fugiu* até Bet-Seta, rumo a Serera, até a margem de Abel-Meúla,

defronte de Tebat. [23]Então os israelitas de Neftali, de Aser e de todo o Manassés se reuniram e perseguiram os madianitas. [24]Gedeão enviou mensageiros por toda a montanha de Efraim para dizerem: "Descei ao encontro dos madianitas e ocupai antes deles os cursos de água e o Jordão até Bet-Bera". Todos os efraimitas se reuniram e ocuparam os cursos de água até Bet-Bera e o Jordão. [25]Capturaram os dois príncipes madianitas, Oreb e Zeb,* e mataram Oreb no rochedo de Oreb, e Zeb no lagar de Zeb. Continuaram a perseguir os madianitas e levaram as cabeças de Oreb e de Zeb a Gedeão, do outro lado do Jordão.

8 **Murmurações contra Gedeão.** [1]Os efraimitas disseram* a Gedeão: "Que é isto que nos fizeste, não nos chamando quando foste combater contra os madianitas?" E discutiram duramente com ele. [2]Mas ele lhes disse: "O que eu fiz em comparação convosco? Não vale mais o resto das uvas de Efraim do que a vindima de Abiezer? [3]Foi em vossas mãos que Javé pôs os príncipes dos madianitas, Oreb e Zeb; que pude fazer em comparação convosco?" Diante dessas palavras o ressentimento deles se aplacou.

[4]Gedeão e os trezentos homens chegaram ao Jordão e o atravessaram, continuando a perseguição, apesar de cansados. [5]Disse ele aos habitantes de Sucot: "Dai, por favor, pão aos homens que me acompanham, pois estão extenuados, e estou perseguindo Zebá e Sálmana, reis de Madiã". [6]Mas os chefes de Sucot responderam: "Acaso já estão em teu poder Zebá e Sálmana, para que tenhamos de dar pão a tuas tropas?" [7]Gedeão respondeu: "Pois bem, quando Javé tiver posto Zebá e Sálmana em minhas mãos, eu vos açoitarei com espinhos e cardos do deserto". [8]De lá subiu para Fanuel e falou aos moradores do mesmo modo; eles lhe responderam como os de Sucot. [9]Ele disse também aos habitantes

---

* **7,**22. 2Cr 24,23 | 25. Sl 83,12 | **8,**1. 6,35; 7,24

Juízes 8

de Fanuel: "Quando voltar são e salvo, destruirei esta torre".

Derrota e morte de Zebá e Sálmana. [10]Zebá e Sálmana estavam em Carcar com seu exército, uns quinze mil homens, todos os sobreviventes de todo o exército dos filhos do oriente, pois tinham sido mortos cento e vinte mil soldados. [11]Gedeão subiu pelo caminho dos nômades, a leste de Nobe e de Jegbaá, e derrotou o acampamento que se julgava em segurança. [12]Zebá e Sálmana escaparam, mas Gedeão os perseguiu e capturou esses dois reis madianitas, Zebá e Sálmana, e desbaratou todo o exército. [13]Depois, Gedeão, filho de Joás, voltou da batalha pela subida de Hares; [14]prendeu um rapaz de Sucot para interrogá-lo, e este lhe deu por escrito os nomes dos chefes e dos anciãos de Sucot: setenta e sete homens. [15]Gedeão se apresentou aos habitantes de Sucot e lhes disse: "Aqui estão Zebá e Sálmana, a respeito dos quais me insultastes, dizendo: 'Acaso já estão em teu poder Zebá e Sálmana, para que demos pão a teus homens cansados?'" [16]Tomando os anciãos da cidade, castigou os homens de Sucot com os espinhos e os cardos do deserto. [17]Destruiu a torre de Fanuel e massacrou os habitantes da cidade. [18]Depois perguntou a Zebá e Sálmana: "Como eram os homens que matastes no Tabor?" Responderam: "Eram como tu, cada um deles parecia filho de rei". [19]Replicou ele: "Eram meus irmãos, filhos de minha mãe! Pela vida de Javé! Se os tivésseis deixado vivos, não vos mataria!" [20]Depois disse a Jeter, seu primogênito: "Levanta-te, mata-os!" Mas ele não puxou da espada, porque sendo ainda muito novo tinha medo. [21]Então Zebá e Sálmana disseram: "Levanta-te e mata-nos tu mesmo, porque assim como é o homem, assim é sua força". Gedeão levantou-se, matou Zebá e Sálmana* e tirou os enfeites de meias-luas que seus camelos levavam ao pescoço.

Gedeão recusa a realeza. [22]Os israelitas disseram a Gedeão: "Sê nosso governante, tu, teu filho e teu neto, pois nos livraste do poder dos madianitas". [23]Respondeu-lhes Gedeão: "Não sou eu que vos governarei, nem meu filho: é Javé que vos governará". [24]Disse-lhes ainda Gedeão: "Gostaria de fazer-vos um pedido: que cada um de vós me dê um anel de seus despojos". Os inimigos tinham anéis de ouro, por serem ismaelitas. [25]Responderam* eles: "De bom grado os daremos". Estenderam um manto, no qual cada um lançou um anel* de seus despojos. [26]O peso dos anéis de ouro que Gedeão tinha pedido foi de mil e setecentos siclos, sem contar as meias-luas, os brincos, as vestes de púrpura que usavam os reis madianitas e os colares que seus camelos traziam ao pescoço. [27]Com este ouro, Gedeão fez um efod† e o colocou em sua cidade, Efra.* Todo Israel foi lá prostituir-se com ele, e isto veio a ser um tropeço para Gedeão e sua família.

[28]Assim os madianitas foram humilhados diante dos israelitas e não mais levantaram a cabeça; e a terra ficou em paz durante quarenta anos,* o tempo que viveu Gedeão.

[29]Jerobaal, filho de Joás, foi morar em sua casa. [30]Gedeão teve setenta filhos, nascidos dele, pois tinha muitas mulheres. [31]Sua concubina que morava em Siquém gerou-lhe também um filho, a quem deu o nome de Abimelec. [32]Gedeão, filho de Joás, morreu após uma velhice feliz e foi sepultado no túmulo de Joás, seu pai, em Efra de Abiezer.

[33]Depois que morreu Gedeão, os israelitas voltaram a prostituir-se com os ídolos de Baal e fizeram de Baal-Berit† seu deus, [34]não se lembrando mais de Javé, seu Deus, que os havia libertado

---

* **8,**21. 9,54; Sl 83,12 | 25. Nm 31,28s.50s / 2Sm 8,11s | 27. 17-18; 1Rs 12,26-32 | 28. 3,11

† **8,**27. A palavra efod, que em Êx 28 designa uma peça do vestuário sacerdotal, aqui indica uma estátua, um ídolo. Assim Gedeão, ao mesmo tempo que professa a soberania de Javé, não aceitando a realeza, arrasta o povo à idolatria, | 33. Baal-Berit quer dizer senhor da aliança. El Berit, 9,46, significa deus da aliança; são divindades cananeias.

Juízes 8-9

de todos os inimigos ao redor. [35]Não demonstraram gratidão alguma para com a casa de Jerobaal-Gedeão* por todo o bem que tinha feito a Israel.

9 Abimelec se faz rei.

[1]Abimelec, filho de Jerobaal, foi a Siquém à procura dos irmãos de sua mãe e assim falou a eles e a todo o clã da casa paterna de sua mãe: [2]"Dizei a todos os senhores de Siquém: 'O que é melhor para vós: que vos governem setenta homens, isto é, todos os filhos de Jerobaal, ou que vos governe um só?' Lembrai-vos que eu sou de vosso osso e de vossa carne". [3]Os irmãos de sua mãe repetiram essas palavras aos senhores de Siquém, e o coração deles se inclinou para Abimelec, porque disseram: "É nosso irmão". [4]Deram-lhe setenta siclos de prata do templo de Baal-Berit, com os quais Abimelec* contratou homens ordinários e aventureiros que o seguiram. [5]Foi à casa de seu pai, em Efra, e massacrou de uma só vez seus irmãos, os filhos de Jerobaal, setenta homens. Mas Joatão, o filho mais jovem de Jerobaal, escapou, porque tinha-se escondido. [6]Então se reuniram todos os habitantes de Siquém e toda a Bet-Melo e foram proclamar rei a Abimelec, junto do carvalho da estela* que está em Siquém.

Apólogo de Joatão. [7]Ao saber disso, Joatão* subiu ao cume do monte Garizim e gritou-lhes em alta voz: "Ouvi-me, senhores de Siquém! E que Deus vos ouça! [8]Um dia, as árvores se puseram a caminho para ungir um rei que reinasse sobre elas†. Disseram à oliveira: 'Reina sobre nós'. [9]Respondeu-lhes a oliveira: 'Hei de renunciar a meu azeite, com o qual se dá honra a Deus e aos homens,* para agitar-me acima das árvores?' [10]Então as árvores disseram à figueira: 'Vem tu, e reina sobre nós'. [11]Respondeu-lhes a figueira: 'Hei de renunciar a minha doçura e

a meu fruto saboroso, para agitar-me acima das árvores?' [12]Disseram então à videira: 'Vem tu, e reina sobre nós'. [13]Respondeu, porém, a videira: 'Hei de renunciar a meu vinho, alegria de Deus* e dos homens, para agitar-me sobre as árvores?' [14]Então todas as árvores disseram ao espinheiro: 'Vem tu, e reina sobre nós!' [15]O espinheiro respondeu: 'Se realmente quereis ungir-me vosso rei, vinde e abrigai-vos a minha sombra; mas se não, que saia fogo do espinheiro e devore os cedros do Líbano!' [16]Pois bem! Se procedestes com lealdade e retidão proclamando Abimelec como rei, se agistes corretamente com Jerobaal e sua casa, se o tratastes como mereciam seus atos – [17]pois meu pai combateu por vós e, arriscando sua vida, vos libertou da opressão dos madianitas, [18]mas vos levantastes hoje contra a casa de meu pai e matastes seus filhos, setenta homens de uma só vez, e proclamastes rei dos senhores de Siquém a Abimelec, filho de uma escrava de meu pai, porque é vosso irmão –; [19]se, portanto, agistes hoje com lealdade e retidão com Jerobaal e sua casa, que Abimelec vos faça felizes e que vós o façais feliz igualmente. [20]Do contrário, que saia de Abimelec um fogo* que devore os senhores de Siquém e de Bet-Melo, e saia dos senhores de Siquém e de Bet-Melo um fogo que devore Abimelec!" [21]Depois, Joatão fugiu correndo e refugiou-se em Bera, onde habitou para escapar de seu irmão Abimelec.

Revolta contra Abimelec. [22]Abimelec governou Israel por três anos. [23]Depois, Deus suscitou um espírito de discórdia entre ele e os senhores de Siquém, e estes traíram Abimelec [24]para vingar a violência feita aos setenta filhos de Jerobaal e fazer recair o sangue deles sobre Abimelec, seu irmão, que os havia massacrado, e sobre os senhores de Siquém que o tinham ajudado a matar

---

* **8**,35. 9,16 | **9**,4. 8,33 | 6. Js 24,26 | 7. Js 8,33 | 9. Sl 104,15 | 13. Sl 104,15; Eclo 31,32-36; Pr 31,6; Ecl 9,7 | 20. 9,49

† **9**,8. Este apólogo ridiculariza a presunção de Abimelec de tornar-se rei: as árvores nobres recusam a realeza, mas ele, que é como o espinheiro, a aceita.

Juízes 9

seus irmãos. ²⁵Os senhores de Siquém armaram emboscadas contra ele nos cimos dos montes, assaltando todos os que passavam por lá; e Abimelec foi informado disso.

²⁶Gaal, filho de Obed, passou por Siquém com seus irmãos, e os senhores de Siquém puseram nele sua confiança. ²⁷Saíram em campo, vindimaram suas vinhas, pisaram as uvas e fizeram festa; depois entraram no templo de seu deus, comeram e beberam, amaldiçoando Abimelec. ²⁸Disse Gaal, filho de Obed: "Quem é Abimelec e o que é Siquém, para estarmos a seu serviço? O próprio filho de Jerobaal e Zebul,* seu oficial, serviram outrora aos homens de Hemor, pai de Siquém; por que haveríamos de servir a Abimelec? ²⁹Ah! se eu tivesse este povo em minhas mãos! Expulsaria Abimelec e lhe diria: 'Aumenta teu exército e vem enfrentar-me!'" ³⁰As palavras de Gaal, filho de Obed, chegaram aos ouvidos de Zebul, prefeito da cidade, o qual se encheu de ira. ³¹e em segredo mandou mensageiros a Abimelec para dizer-lhe: "Gaal, filho de Obed, e seus irmãos vieram a Siquém e incitam a cidade contra ti. ³²Sai, pois, esta noite, tu e as tropas que estão contigo, e arma uma emboscada no campo. ³³Amanhã cedo, ao nascer o sol, levanta-te e ataca a cidade; quando Gaal e sua gente sair contra ti, faze com ele como puderes".

Abimelec derrota os siquemitas. ³⁴Abimelec e sua gente se levantaram durante a noite e puseram-se em emboscada contra Siquém, divididos em quatro grupos. ³⁵Entretanto Gaal, filho de Obed, saiu e parou diante da porta da cidade. Então Abimelec saiu da emboscada com seus soldados. ³⁶Vendo aquela tropa, Gaal disse a Zebul: "Há gente descendo dos cimos dos montes". Zebul respondeu: "Tu tomas por gente a sombra dos montes". ³⁷Gaal, porém, insistiu: "Há gente descendo do lado do Umbigo da Terra e um outro grupo que vem pelo caminho do carvalho dos Adivinhos". ³⁸Então Zebul lhe disse: "Onde está agora tua jactância, com a qual dizias: 'Quem é Abimelec para que o sirvamos?' Não é esse o povo que desprezavas? Sai agora e combate contra ele". ³⁹Gaal saiu à frente dos siquemitas e combateu contra Abimelec. ⁴⁰Mas Abimelec perseguiu Gaal, que fugiu diante dele, e muitos caíram mortos até a porta da cidade. ⁴¹Abimelec ficou em Aruma, ao passo que Zebul expulsou Gaal e seus irmãos, impedindo-os de morar em Siquém.

Destruição de Siquém. ⁴²No dia seguinte, o povo saiu ao campo, e Abimelec soube disso. ⁴³Tomou seu exército, dividiu-o em três grupos e os pôs de emboscada no campo. Quando viu o povo saindo da cidade, levantou-se contra eles e os atacou. ⁴⁴Abimelec e o grupo que estava com ele correram e tomaram posição à entrada da porta da cidade, enquanto os outros dois grupos se lançavam sobre todos os que estavam no campo e os matavam. ⁴⁵Abimelec lutou aquele dia inteiro contra a cidade, apoderou-se dela e massacrou a população; arrasou a cidade e espalhou sal sobre ela.

⁴⁶Sabendo disso, todos os senhores de Magdol-Siquém se refugiaram na cripta do templo de El-Berit. ⁴⁷Informado de que todos os senhores* de Magdol-Siquém se haviam reunido lá, ⁴⁸Abimelec subiu ao monte Salmon com toda a gente que o acompanhava e, tomando um machado, cortou um galho de árvore, colocou-o sobre o ombro e disse aos que estavam com ele: "O que me vistes fazer, fazei-o também vós, depressa". ⁴⁹Então todos os homens cortaram galhos e seguiram Abimelec; amontoaram os galhos sobre a cripta e a incendiaram sobre os que lá se achavam. Assim morreram todos os habitantes de Magdol-Siquém, umas mil pessoas, entre homens e mulheres.

Morte de Abimelec. ⁵⁰Depois, Abimelec marchou contra Tebes, sitiou-a e tomou-a. ⁵¹No meio da cidade havia uma torre fortificada, na qual se refu-

---

* **9**,28. Gn 34 | 47. 8,33; 9,4

Juízes 9-11

giaram todos os homens e mulheres e todos os senhores da cidade; fecharam atrás de si a porta da torre e subiram a seu terraço. 52Abimelec chegou até a torre e a atacou; aproximou-se da porta para lhe atear fogo, 53mas uma mulher lhe atirou na cabeça a pedra de um moinho, quebrando-lhe o crânio. 54Abimelec chamou logo seu escudeiro e lhe disse: "Pega tua espada e me mata,* para que não digam de mim: 'Uma mulher o matou!'" O escudeiro o traspassou e ele morreu. 55Quando os israelitas viram que Abimelec estava morto, voltaram cada qual para sua casa. 56Desse modo, Deus fez recair sobre Abimelec o mal que havia feito a seu pai, massacrando seus setenta irmãos. 57Também todo o mal feito pelos siquemitas, Deus o fez recair sobre a cabeça deles; foi assim que se cumpriu sobre eles a maldição de Joatão, filho de Jerobaal.*

10 **Juízes Tola e Jair.** 1Depois de Abimelec, surgiu para salvar Israel Tola,* filho de Fua, filho de Dodo, da tribo de Issacar. Morava em Samir, na montanha de Efraim, 2e governou Israel durante vinte e três anos. Depois morreu e foi sepultado em Samir.

3Depois dele surgiu Jair, de Galaad,* que foi juiz em Israel durante vinte e dois anos. 4Tinha trinta filhos, que montavam trinta jumentos e possuíam trinta cidades, chamadas ainda hoje aldeias de Jair,* situadas na terra de Galaad. 5Depois Jair morreu e foi sepultado em Camon.

Opressão dos amonitas. 6Os israelitas recomeçaram* a fazer o que desagrada a Javé, servindo aos ídolos de Baal, às astartes e aos deuses dos arameus, dos sidônios, dos moabitas, dos amonitas e dos filisteus. Abandonaram Javé e não o serviram mais. 7Por isso acendeu-se contra os israelitas a ira de Javé, que os entregou ao poder dos filisteus e dos amonitas. 8A partir daquele ano, estes oprimiram e afligiram durante dezoito anos todos os israelitas que habitavam além do Jordão, na terra dos amorreus, em Galaad. 9Os amonitas atravessaram* o Jordão para combater também contra as tribos de Judá, de Benjamim e de Efraim, e foi grande a aflição de Israel.

10Então os israelitas clamaram a Javé, dizendo: "Pecamos contra vós, porque abandonamos nosso Deus e servimos aos ídolos de Baal". 11Javé respondeu-lhes: "Quando os egípcios, os amorreus, os amonitas, os filisteus, 12os sidônios, Amalec e Maon vos oprimiram, e clamastes a mim, não vos salvei de suas mãos? 13Vós, porém, me abandonastes e servistes a outros deuses. Por isso não vos salvarei mais. 14Ide e clamai aos deuses que escolhestes; que vos livrem eles no tempo de vossa angústia!" 15Os israelitas responderam a Javé: "Nós pecamos; fazei de nós o que vos parecer bom; mas, por favor, livrai-nos hoje!" 16Tiraram de seu meio os deuses estrangeiros e serviram a Javé, que não aguentou mais ver Israel sofrer.

17Os amonitas se reuniram e acamparam em Galaad, ao passo que os israelitas se reuniram e acamparam em Masfa. 18Então o povo e os anciãos de Galaad perguntaram uns aos outros: "Quem vai começar a batalha contra os amonitas? Ele vai chefiar todos os habitantes de Galaad".

11 **Jefté é eleito juiz.** 1Jefté, o galaadita, era um guerreiro valente. Era filho de uma prostituta, e seu pai era Galaad. 2A mulher de Galaad também lhe deu filhos, os quais, depois de crescidos, expulsaram Jefté de casa, dizendo-lhe: "Não terás herança na casa de nosso pai,* pois és filho de outra mulher". 3Jefté fugiu para longe de seus irmãos e foi morar na terra de Tob. Em torno dele se reuniram homens ordinários que assaltavam com ele.

4Passado algum tempo, os amonitas entraram em guerra contra Israel; 5e

---

* **9**,54. 1Sm 31,4 | 57. 9,20 | **10**,1. 1Cr 7,1-5 | 3. Nm 32,41; 1Cr 2,21-23 | 4. 12,14 | 6. 2,13 | 9. Nm 21,21-35 **11**,2. Gn 21,10

quando os amonitas atacaram Israel, os anciãos de Galaad foram buscar Jefté na terra de Tob [6]e lhe disseram: "Vem, sê nosso chefe na guerra contra os amonitas". [7]Jefté respondeu aos anciãos de Galaad: "Não sois vós que me odiáveis e me expulsastes de minha casa paterna? Por que recorreis a mim, agora que vos achais na aflição?" [8]Os anciãos responderam: "É por isso que voltamos a ti agora, para que venhas conosco combater contra os amonitas; serás nosso chefe e o de todos os habitantes de Galaad". [9]Disse Jefté aos anciãos de Galaad: "Se vós me reconduzis para combater contra os amonitas, e se Javé os entregar em meu poder, serei eu vosso chefe?" [10]Responderam a Jefté os anciãos de Galaad: "Que Javé seja testemunha entre nós, se não fizermos o que estás dizendo". [11]Jefté foi com os anciãos de Galaad, e o povo o aclamou seu chefe e comandante. E Jefté repetiu todas as suas palavras na presença de Javé, em Masfa.

Negociações entre Jefté e o rei de Amon. [12]Jefté enviou mensageiros ao rei dos amonitas para lhe dizer: "Que há entre mim e ti, para que venhas contra mim, para fazer guerra a meu país?" [13]O rei dos amonitas disse aos mensageiros de Jefté: "É porque, quando Israel subiu do Egito, tomou minha terra desde o Arnon até o Jaboc e até o Jordão. Devolve-a agora pacificamente". [14]Jefté enviou de novo mensageiros ao rei dos amonitas [15]para dizer-lhe: "Assim fala Jefté: Israel não tomou a terra de Moab nem a dos amonitas; [16]porque, quando saiu do Egito, Israel andou pelo deserto até o mar Vermelho e chegou a Cades. [17]Então Israel enviou embaixadores ao rei de Edom, dizendo: 'Por favor, deixa-me atravessar* teu país', mas o rei de Edom não permitiu. Enviou-os também ao rei de Moab, o qual recusou. E Israel permaneceu em Cades. [18]Depois caminhou pelo deserto, contornou o país de Edom e de Moab e chegou ao oriente do país de Moab. Acampou do outro lado do Arnon, sem entrar no país de Moab, pois o Arnon* é o limite de Moab. [19]Israel enviou depois mensageiros a Seon, rei dos amorreus, rei de Hesebon, para dizer-lhe: 'Deixa-me, por favor, atravessar teu país para alcançar meu destino'. [20]Mas Seon não confiou em Israel para lhe dar passagem por seu território; ao contrário, reuniu toda a sua gente, acampou em Jasa e atacou Israel. [21]Mas Javé, Deus de Israel, entregou Seon e todo o seu povo nas mãos de Israel, que os venceu; assim Israel conquistou todo o país dos amorreus, que habitavam naquela região. [22]Apoderou-se de todo o território dos amorreus desde o Arnon até o Jaboc e desde o deserto até o Jordão. [23]E agora que Javé, Deus de Israel, desalojou os amorreus diante de Israel, seu povo, pretendes tomar-lhe a terra? [24]Não possuis aquilo que Camos, teu deus, te dá como propriedade? Assim também nós possuiremos tudo o que Javé desapropriou a nossa frente†. [25]Serias tu maior que Balac, filho de Sefor, rei de Moab? Contendeu ele com Israel? Entrou em guerra contra ele? [26]Faz trezentos anos* que os israelitas habitam em Hesebon e suas vilas, em Aroer e suas vilas e em todas as cidades às margens do Arnon; por que não procuraste retomá-las durante esse tempo? [27]Eu não te fiz nenhum mal, mas ages mal para comigo, declarando-me guerra. Que Javé seja juiz entre os israelitas e os amonitas!" [28]Mas o rei dos amonitas não atendeu às palavras que Jefté lhe mandara dizer.

A promessa de Jefté. [29]O espírito de Javé veio* sobre Jefté, o qual atravessou Galaad e Manassés, passou por Masfa de Galaad, e dali chegou até os amonitas. [30]Jefté fez uma promessa* a Javé, dizendo: "Se entregardes os amonitas em meu poder, [31]o ser vivo que sair da porta de minha casa para vir a meu encontro, quando eu voltar são e

---

* **11**,17. Nm 20,14-21 | 18. Nm 21,21-35; Dt 2,26-37 | 26. Nm 22-24; Js 24,9s | 29. 3,10 | 30. 2Rs 3,27; Mq 6,7

† **11**,24. Jefté argumenta a partir da crença de que cada deus é senhor de um território.

Juízes 11-12

salvo do combate contra os amonitas, pertencerá a Javé, e o oferecerei em holocausto". ³²Jefté marchou contra os amonitas para combatê-los, e Javé os entregou em seu poder. ³³Ele os derrotou desde Aroer até a entrada de Menit, vinte cidades, e até Abel-Carmim. Com essa tremenda derrota, os amonitas foram subjugados pelos israelitas.

³⁴Quando Jefté estava voltando para casa, em Masfa, sua filha saiu para recebê-lo, dançando ao som de tamborins. Era sua filha única:* além dela não tinha filho nem filha. ³⁵Ao vê-la, rasgou suas vestes e exclamou: "Ai, minha filha, tu me afundas na desgraça! És do número dos que me arruínam! Pois dei minha palavra a Javé, e não posso voltar atrás". ³⁶Ela respondeu: "Meu pai,* se deste tua palavra a Javé, faze comigo segundo tua promessa, já que Javé te concedeu vingar-te de teus inimigos, os amonitas". ³⁷Depois disse ao pai: "Seja-me concedido isto: deixa-me livre por dois meses, para que eu possa vagar pelos montes, chorando minha virgindade† com minhas companheiras". ³⁸Ele disse: "Vai"; e deixou-a ir durante dois meses. Ela foi pelos montes com suas companheiras e chorou sua virgindade. ³⁹Passados os dois meses, voltou para junto do pai, o qual cumpriu com ela a promessa que havia feito†. Ela não teve relações com nenhum homem. Daí vem o costume em Israel ⁴⁰de as jovens israelitas* chorarem todo ano, por quatro dias, a filha de Jefté, o galaadita.

12 **Queixa e punição dos efraimitas.** ¹Os efraimitas se reuniram* e passaram o Jordão em direção a Safon e disseram a Jefté: "Por que foste combater os amonitas sem nos convidar para ir contigo? Queimaremos tua casa, contigo dentro!" ²Jefté respon-

deu-lhes: "Eu e meu povo estávamos em sério conflito com os amonitas. Quando vos pedi auxílio, não viestes para me livrar de suas mãos. ³Vendo que não me ajudaríeis, arrisquei minha vida marchando contra os amonitas, e Javé os entregou em meu poder. Por que, então, vindes hoje combater-me?" ⁴Jefté convocou todos os homens de Galaad e lutou contra os efraimitas, e os homens de Galaad derrotaram os efraimitas, pois estes diziam: "Vós, galaaditas, sois fugitivos de Efraim, morando no meio de Efraim e de Manassés". ⁵Os galaaditas* se apoderaram das passagens do Jordão que conduzem a Efraim e, quando os efraimitas fugitivos diziam: "Deixai-me passar", os homens de Galaad lhe perguntavam: "És efraimita?" Se dissesse que não, ⁶eles lhe replicavam: "Fala, então, Chibolet". Se falasse* "Sibolet", não conseguindo pronunciar corretamente, eles o agarravam e matavam num dos vaus do Jordão†. Nessa ocasião morreram quarenta e dois mil efraimitas†.

⁷Jefté foi juiz de Israel durante seis anos. Depois, Jefté, o galaadita, morreu e foi sepultado em sua cidade em Galaad.

Os juízes Abesã, Elon e Abdon. ⁸Depois dele, Abesã, de Belém, governou Israel. ⁹Teve trinta filhos e trinta filhas; deu as filhas em casamento a gente de fora e mandou vir de fora trinta noivas para seus filhos. Governou Israel durante sete anos. ¹⁰Morreu e foi sepultado em Belém.

¹¹Depois dele governou* Israel Elon, da tribo de Zabulon, o qual foi juiz de Israel durante dez anos. ¹²Depois, Elon, o zabulonita, morreu e foi sepultado em Aialon, na terra de Zabulon.

¹³Depois dele regeu* Israel Abdon, filho de Hilel, da cidade de Faraton. ¹⁴Teve quarenta filhos e trinta netos,

---

* **11**,34. 1Sm 18,6s | 36. Nm 30,3 | **11**,40. 2Cr 35,25 | **12**,1. 8,1-3 | 5. 3,28; 7,24 | 6. Mt 26,73 | 11. Nm 26,26 | 13. 10,4

† **11**,37. Era considerado uma desgraça morrer sem deixar descendência. | 39. Promessa absurda, porque só se pode prometer a Deus o que é lícito e bom. Jefté sentiu-se obrigado a cumpri-la, porque o voto era irrevogável, Nm 30,3. Os sacrifícios humanos existiram em Israel, embora condenados pela lei, Dt 12,31, e pelos profetas, Jr 7,31. | **12**,6. Esta palavra hebraica significa espiga ou torrente. / Foi a primeira guerra civil entre os israelitas.

Juízes 12-13

que montavam setenta jumentos. Julgou Israel durante oito anos. [15]Depois, Abdon, filho de Hilel, o faratonita, morreu e foi sepultado em Faraton, na terra de Efraim, na montanha de Amalec.

13

Nascimento de Sansão. [1]Os israelitas recomeçaram a fazer o que desagrada a Javé, e Javé os entregou nas mãos dos filisteus durante quarenta anos. [2]Havia um homem* de Saraá, da tribo de Dã, chamado Manué. Sua mulher, sendo estéril, não tinha gerado filhos. [3]O anjo de Javé* apareceu à mulher e lhe disse: "És estéril, não tens filhos, mas conceberás e darás à luz um filho. [4]Agora pois, cuida de não beber vinho nem qualquer bebida inebriante, nem tomes alimento impuro, [5]pois conceberás e darás à luz um filho. Sobre a cabeça dele jamais passará* a navalha, porque o menino será consagrado a Deus[†] desde o seio materno, e ele começará a libertar Israel do poder dos filisteus".

[6]A mulher entrou em casa e contou isto ao marido, dizendo: "Veio a mim um homem de Deus, que tinha o aspecto de um anjo de Deus, de tão terrível que era. Não lhe perguntei de onde era, nem ele me disse seu nome. [7]Assim me falou: 'Conceberás e darás à luz um filho. Daqui em diante não bebas vinho nem qualquer bebida inebriante, nem comas nada de impuro, porque o menino será consagrado a Deus desde o seio materno até o dia de sua morte'".

[8]Então Manué suplicou a Javé, dizendo: "Eu vos peço, meu Senhor, que o homem de Deus que nos enviastes, venha outra vez e nos diga como devemos tratar o menino que há de nascer". [9]Deus atendeu à oração de Manué, e o anjo de Deus voltou à mulher enquanto estava sentada no campo; Manué, seu marido, não estava com ela. [10]Ela correu depressa e avisou o marido, dizendo: "Apareceu aquele homem que veio

a mim outro dia". [11]Manué levantou-se, acompanhou a mulher e, chegando perto do homem, perguntou-lhe: "És o homem que falou com esta mulher?" Ele respondeu: "Sou eu mesmo". [12]Respondeu Manué: "Quando tua palavra se cumprir, como deverá viver o menino, e que temos de fazer por ele?" [13]O anjo de Javé disse a Manué: "Que a mulher se abstenha de tudo o que lhe falei: [14]não tome nada do que provém da videira, não beba vinho, nem bebida inebriante e não coma nada de impuro; observe tudo o que lhe mandei". [15]Manué disse ao anjo de Javé: "Peço-te que fiques conosco, enquanto te preparamos um cabrito". [16]Mas o anjo de Javé respondeu a Manué: "Ainda que me faças ficar, eu não comeria de teu alimento; mas se queres fazer um holocausto, oferece-o a Javé". Pois Manué não sabia que aquele era o anjo de Javé. [17]Manué perguntou ao anjo de Javé: "Qual é teu nome, para que possamos honrar-te quando se cumprir tua palavra?" [18]O anjo de Javé* respondeu-lhe: "Por que perguntas por meu nome? Ele é maravilhoso!" [19]Manué tomou o cabrito com a oblação e, sobre uma pedra, ofereceu-o em holocausto a Javé, que faz maravilhas. Manué e sua mulher ficaram olhando. [20]Enquanto a chama subia do altar para o céu, o anjo de Javé subiu junto com a chama do altar. Vendo isto, Manué e sua mulher se prostraram com o rosto em terra. [21]O anjo de Javé não apareceu mais a Manué e sua mulher. Então Manué se deu conta de que aquele era o anjo de Javé [22]e disse a sua mulher: "Vamos morrer* certamente, porque vimos a Deus!" [23]Mas a mulher lhe respondeu: "Se Javé nos quisesse fazer morrer, não teria recebido de nossas mãos o holocausto e a oblação, nem nos teria mostrado tudo isso, nem nos teria comunicado agora coisas como essas". [24]A mulher

---

* **13**,2. Js 13,2; 15,33 | 3. Gn 18; 1Sm 1; Lc 1,5-25 | 5. Nm 6,1 | 18. Gn 32,30; Êx 3,14; Ap 19,12 | 22. Êx 33,20 | **13**,24. Hb 11,32

† **13**,5. Bem diferente dos outros juízes, Sansão é um herói popular, um nazireu, Nm 6,1-21, sobre o qual foram conservadas algumas narrativas pitorescas que falam de suas lutas contra os filisteus e de seus amores. Os filisteus só serão plenamente vencidos no tempo de Davi.

Juízes 13-14

deu à luz um filho* e o chamou Sansão. O menino cresceu e Javé o abençoou, [25]e o espírito de Javé* começou a manifestar-se nele no acampamento de Dã, entre Saraá e Estaol†.

14 Sansão casa-se com uma filisteia.

[1]Sansão desceu a Tamna* e viu lá uma mulher entre as filhas dos filisteus. [2]Ao voltar para casa, informou seu pai e sua mãe: "Vi em Tamna uma mulher entre as filhas dos filisteus; tomai-a por esposa para mim". [3]Seu pai e sua mãe lhe responderam: "Acaso não há mulheres* entre as filhas de teus irmãos ou em todo o nosso povo, para que vás buscar uma entre os filisteus,* esses incircuncisos?" Mas Sansão disse a seu pai: "Toma-me essa, pois é dela que gostei". [4]Seu pai e sua mãe não sabiam que isto provinha de Javé, que buscava uma ocasião de contenda com os filisteus, pois naquele tempo dominavam os israelitas.

[5]Sansão desceu a Tamna com seu pai e sua mãe; quando chegaram às vinhas de Tamna, um leãozinho veio a seu encontro, rugindo. [6]Então o espírito de Javé* se apoderou de Sansão, e ele, sem ter nada na mão, despedaçou o leão como se despedaça um cabrito. Mas não contou nem ao pai, nem à mãe o que tinha feito. [7]Desceu, conversou com a mulher, e ela lhe agradou. [8]Depois de algum tempo, ao descer para desposá-la, desviou-se do caminho para ver a carcaça do leão, e viu que havia dentro dela um enxame de abelhas e mel. [9]Tomou nas mãos um favo e foi comendo enquanto andava. Quando alcançou seu pai e sua mãe, deu-lhes do mel, e eles comeram; mas não lhes disse que havia tirado aquele mel da carcaça do leão. [10]Seu pai foi à casa da mulher, e Sansão deu ali um banquete, porque este é o costume entre os jovens. [11]Quando o viram, escolheram trinta jovens para ficarem com ele.

[12]Sansão lhes disse: "Vou propor-vos uma adivinhação: se nos sete dias do banquete souberdes decifrá-la, dando--me a resposta certa, eu vos darei trinta túnicas e trinta mudas de roupa; [13]mas, se não souberdes decifrá-la, me dareis trinta túnicas e trinta mudas de roupa". Responderam-lhe: "Propõe tua adivinhação, e nós a ouviremos". [14]Disse--lhes:

"Do que come saiu comida
e do forte saiu doçura".

Passaram-se três dias sem que tivessem conseguido decifrar a adivinhação. [15]No quarto dia disseram à mulher de Sansão: "Adula teu marido para que decifre* para nós a adivinhação; do contrário te queimaremos junto com a casa de teu pai. Foi para tomar nossas coisas que nos convidaste?" [16]A mulher de Sansão começou a chorar junto dele, dizendo-lhe: "Tu me odeias em vez de me amar: propuses--te um enigma à minha gente e não o explicaste a mim". Respondeu ele: "Se nem a meu pai, nem a minha mãe o expliquei, eu o explicaria a ti?" [17]Ela continuou chorando junto dele durante os sete dias que durou o banquete. No sétimo dia ele lhe deu a solução, porque ela o importunava. E ela a comunicou a sua gente. [18]No sétimo dia, antes do pôr do sol, os homens da cidade disseram a Sansão:

"O que é mais doce que o mel?
O que é mais forte que o leão?"

Sansão respondeu-lhes:

"Se não tivésseis arado com minha novilha, não teríeis descoberto meu enigma".

[19]Então o espírito de Javé se apoderou dele e, descendo a Ascalon, matou trinta homens; tomou suas vestes e deu-as aos que haviam decifrado o enigma. Cheio de ira, voltou para a casa paterna. [20]E a mulher de Sansão foi dada ao companheiro que tinha sido seu acompanhante de honra.

---

* **13**,25. 3,10; 18,12; Js 19,41 | **14**,1. Js 15,10; 19,43 | 3. Gn 34,4 / Gn 24,3s; 28,1s | 6. 3,10; 1Sm 17,34s; 2Sm 23,20 | 15. 16,5-21

† **13**,25. O nascimento de Sansão, de mãe estéril, é prodigioso e é anunciado solenemente, como o de João Batista, Lc 1,5-20, e o de Jesus, Lc 1,26-38.

Juízes 15-16

15

Sansão vinga-se dos filisteus. [1]Algum tempo depois, nos dias da ceifa do trigo, Sansão foi visitar sua mulher, levando um cabrito, e disse: "Quero estar com minha mulher em seu quarto". Mas o pai dela não o deixou entrar, [2]dizendo: "Eu pensei que não gostasses dela e a dei a teu companheiro de honra. Sua irmã menor não é mais bonita que ela? Toma-a em lugar da outra". [3]Sansão lhes disse: "Desta vez não terei culpa se eu fizer mal aos filisteus".

[4]Ele saiu, apanhou trezentas raposas e, tomando tochas, amarrou as raposas duas a duas pelas caudas, e pôs uma tocha entre cada par de caudas. [5]Depois acendeu as tochas e soltou as raposas nas plantações dos filisteus, incendiando os feixes, o trigo ainda por ceifar e até as vinhas e os olivais. [6]Os filisteus perguntaram: "Quem fez isso?" E lhes disseram: "Foi Sansão, o genro do homem de Tamna, porque este lhe tomou a mulher e a deu a um companheiro dele". Então os filisteus foram e queimaram a mulher e o pai dela. [7]Sansão lhes disse: "Já que fizeste isto, eu não descansarei enquanto não me tiver vingado de vós". [8]E os atacou impiedosamente, fazendo uma grande chacina. Depois desceu e foi morar numa caverna do rochedo de Etam.

[9]Então os filisteus subiram,* acamparam em Judá e investiram contra Lequi. [10]Os homens de Judá lhes perguntaram: "Por que subistes contra nós?" Eles responderam: "Viemos prender Sansão para tratá-lo como ele nos tratou". [11]Três mil homens de Judá desceram à caverna do rochedo de Etam e disseram a Sansão: "Não sabes que os filisteus nos dominam? Por que nos fizeste isso?" Ele respondeu-lhes: "Assim como fizeram comigo, eu fiz com eles". [12]Eles replicaram: "Descemos para te prender e te entregar nas mãos dos filisteus". Sansão respondeu: "Jurai-me que não me matareis". [13]Eles lhe garantiram, dizendo: "Não; vamos apenas te amarrar e te entregar nas mãos dos filisteus, mas não te mataremos". Amarraram-no com duas cordas novas e o fizeram sair do rochedo. [14]Quando chegou a Lequi, os filisteus vieram-lhe ao encontro com gritos de alegria. Então o espírito de Javé se apoderou de Sansão, e as cordas que tinha nos braços se tornaram como fios de linho queimados, e as amarras caíram de suas mãos. [15]Achou ali uma queixada de jumento ainda fresca, apanhou-a e com ela matou mil homens. [16]Sansão disse:

"Com a queixada de um jumento amontoei gente,
com a queixada de um jumento abati mil homens".

[17]Dito isto, lançou fora a queixada; por isso aquele lugar foi chamado Ramat-Lequi. [18]Ficou com muita sede e invocou Javé, dizendo: "Vós concedestes por meio de vosso servo esta grande vitória; mas agora terei de morrer de sede e cair nas mãos dos incircuncisos?" [19]Então Deus fendeu a rocha côncava que há em Lequi, e brotou água. Sansão bebeu, recuperou as forças e se reanimou. Por isso esta fonte foi chamada En-Coré†, a qual ainda hoje existe em Lequi. [20]Sansão foi juiz de Israel* no tempo dos filisteus durante vinte anos.

16

Sansão foge de Gaza. [1]Sansão foi a Gaza e, tendo visto uma prostituta, entrou na casa dela. [2]Quando o povo de Gaza soube que Sansão havia chegado lá, cercaram-no e ficaram a noite toda de emboscada à porta da cidade. Guardaram silêncio durante toda a noite, dizendo entre si: "Ao raiar do dia o mataremos". [3]Sansão dormiu até meia-noite; então se levantou, agarrou os batentes da porta da cidade com os dois postes, arrancou-os com as trancas, colocou tudo sobre os ombros e o levou para o alto do monte, que está diante de Hebron.

---

* **15**,9. 2Sm 23,11 **|** 20. 16,31 **| 16**,5. 14,15-18

† **15**,19. En-Coré significa "a fonte do suplicante". Ramat-Lequi, v. 17, é "colina da queixada".

Juízes 16

Sansão e Dalila. [4]Depois disso, Sansão enamorou-se de uma mulher do vale de Sorec, chamada Dalila. [5]Os chefes dos filisteus foram procurá-la para dizer-lhe: "Seduze-o e descobre* de onde é que lhe vem sua força extraordinária e como poderemos dominá-lo para o amarrar e castigar; e cada um de nós te dará mil e cem siclos de prata".

[6]Dalila disse a Sansão: "Dize-me, por favor, de onde vem tua força extraordinária e de que modo poderias ser amarrado e dominado?" [7]Sansão respondeu: "Se me amarrassem com sete cordas de arco frescas, que ainda não estivessem secas, eu ficaria fraco e seria como um homem qualquer". [8]Os chefes dos filisteus mandaram à mulher sete cordas de arco frescas, ainda não secas, com as quais ela o amarrou. [9]Ela havia escondido homens em seu quarto. E gritou: "Sansão, os filisteus vêm te atacar!" Ele rompeu as cordas como se rompe um fio de estopa chamuscado pelo fogo. E continuou oculto o segredo de sua força.

[10]Dalila disse a Sansão: "Zombaste de mim e me disseste mentiras. Dize-me agora, eu te peço, com que poderias ser amarrado". [11]Ele respondeu: "Se me amarrassem fortemente com cordas novas, jamais usadas, eu perderia as forças e seria como um homem qualquer". [12]Dalila tomou cordas novas, amarrou-o com elas e gritou: "Sansão, os filisteus vêm te atacar!" Havia gente escondida no quarto. Mas ele rebentou as cordas de seus braços como se fossem um fio.

[13]Dalila disse a Sansão: "Até agora zombaste de mim e me disseste mentiras. Dize-me com que poderias ser amarrado". Ele respondeu-lhe: "Se entrelaçares as sete tranças de minha cabeleira com a urdidura de um tear e as fixares com um pino, eu ficarei fraco e serei como um homem qualquer". [14]Dalila o fez dormir, entrelaçou as sete tranças de sua cabeça com a urdidura, fixou-as com um pino e gritou: "San-

são, os filisteus vêm te atacar!" Mas ele, despertando do sono, arrancou o pino do tear com a urdidura.

[15]Dalila disse-lhe: "Como podes dizer que me amas, quando teu coração não está comigo? Por três vezes zombaste de mim e não me revelaste em que consiste tua grande força". [16]Como todos os dias ela o pressionasse com suas palavras e o importunasse até lhe causar angústia mortal, [17]ele acabou lhe abrindo por completo o coração, dizendo-lhe: "Nunca passou sobre minha cabeça a navalha, pois sou consagrado a Javé desde o seio materno. Se me raparem a cabeça, perderei minha força, eu me tornarei fraco† e serei como qualquer outro homem". [18]Dalila percebeu que lhe havia contado toda a verdade; mandou chamar os chefes dos filisteus, dizendo-lhes: "Vinde, pois desta vez revelou-me toda a verdade". Os chefes dos filisteus foram para a casa dela, levando consigo o dinheiro. [19]Ela fez Sansão dormir sobre seus joelhos, chamou um homem e mandou-o cortar as sete tranças de sua cabeça. Assim ela começou a dominá-lo e retirou-se dele sua força. [20]Então ela gritou: "Sansão, os filisteus vêm te atacar!" Acordando, ele pensou: "Eu me sairei como nas outras vezes e me livrarei". Mas não sabia que Javé se havia apartado dele. [21]Os filisteus o prenderam, arrancaram-lhe os olhos e o levaram para Gaza acorrentado com uma dupla cadeia de bronze, e o puseram a girar a mó do moinho na prisão. [22]Entretanto, seus cabelos recomeçaram a crescer depois de terem sido cortados.

Morte de Sansão. [23]Os chefes dos filisteus se reuniram para oferecer um sacrifício solene a seu deus Dagon e para festejar. Diziam:

"Nosso deus entregou em nossas mãos

nosso inimigo Sansão".

[24]Quando o povo o viu, começou a louvar seu deus, gritando:

"Nosso deus entregou em nosso poder nosso inimigo

---

† **16**,17. A milagrosa força de Sansão não estava nos cabelos, mas dependia da observância do voto do nazireato.

269 Juízes 16-18

que devastou nosso país e matou tantos dos nossos".

²⁵Estando alegre seu coração, disseram: "Chamai Sansão para nos divertir". Sansão foi tirado da prisão e teve de dar espetáculo diante deles. Colocaram-no de pé entre as colunas. ²⁶Sansão disse ao rapaz que o conduzia pela mão: "Deixa que eu toque as colunas que sustentam o edifício e que me apoie nelas". ²⁷O edifício estava repleto de homens e mulheres, e todos os chefes dos filisteus lá estavam; no terraço havia umas três mil pessoas, homens e mulheres, assistindo ao espetáculo de Sansão. ²⁸Sansão invocou Javé, dizendo: "Senhor Javé, lembrai-vos de mim, eu vos peço! Dai-me força, ó Deus, somente para esta vez, e com um só golpe me vingarei dos filisteus pela perda de meus olhos". ²⁹Sansão encostou as mãos nas duas colunas centrais que sustentavam o edifício, apoiou-se contra uma com a mão direita e contra a outra com a mão esquerda ³⁰e exclamou: "Que eu morra com os filisteus!" Sacudiu então com todas as suas forças as colunas, fazendo o edifício desabar sobre os chefes e todo o povo que ali se achava. Assim foram mais numerosos os que ele matou ao morrer do que os que ele matara durante a vida. ³¹Seus irmãos e toda a casa de seu pai desceram para buscar o corpo; voltaram com ele e o sepultaram entre Saraá e Estaol, no túmulo de Manué, seu pai. Ele tinha sido juiz em Israel durante vinte anos.*

III. APÊNDICES
(17–21)†

17 O santuário de Micas e o jovem levita. ¹Havia um homem na montanha de Efraim que se chamava Micas. ²Disse ele a sua mãe: "Os mil e cem siclos de prata que te foram roubados, e a propósito dos quais proferiste uma maldição, falando em minha presença, estão comigo; fui eu que os tirei". Respondeu-lhe a mãe: "Que meu filho seja bendito por Javé!" ³Ele devolveu os mil e cem siclos de prata a sua mãe, e ela disse: "De coração consagro a Javé esse dinheiro de minha mão, em favor de meu filho, a fim de fazer uma estátua esculpida e uma imagem de metal fundido. Por isso, eu te devolvo agora o dinheiro". ⁴Ele restituiu o dinheiro a sua mãe, e ela tomou duzentos siclos de prata e os entregou a um ourives, para ele fazer uma estátua esculpida e uma imagem de metal fundido, que foram postas na casa de Micas. ⁵Assim, Micas veio a possuir* um santuário. Fez também um efod e terafins, e consagrou um de seus filhos para ser seu sacerdote. ⁶Naquele tempo não havia rei em Israel* e cada qual fazia o que lhe parecia bom.

⁷Ora, um jovem levita de Belém de Judá, de um clã de Judá, morava ali como forasteiro. ⁸Tinha deixado a cidade de Belém de Judá para ir morar onde encontrasse lugar; e, passando pela montanha de Efraim, chegou à casa de Micas. ⁹Este lhe perguntou: "De onde vens?" Respondeu: "Sou um levita de Belém de Judá e ando à procura de um lugar onde morar". ¹⁰Micas lhe disse: "Fica comigo e sê para mim pai e sacerdote. Eu te darei dez siclos de prata por ano, roupa e comida". O levita entrou. ¹¹Consentiu em morar com aquele homem, e este o tratou como a um de seus filhos. ¹²Micas consagrou o levita, e este jovem serviu-lhe de sacerdote, habitando na casa de Micas. ¹³Micas disse: "Agora estou certo de que Javé me fará o bem, porque tenho este levita como sacerdote".

18 Danitas procuram um território. ¹Naquele tempo não havia rei em Israel.* Naquela época a tribo de Dã procurava um território

---

* **16**,31. 15,20 | **17**,5. 1Sm 2,28; 15,22; 1Sm 7,1 | 6. 18,1; 19,1; 21,25; Dt 12,8 | **18**,1. Js 19,40; 1,34-36; 5,17 | 2. 13,2

† **17**. Os cc. 17–21 falam da idolatria dos danitas e da guerra civil contra os benjaminitas, num contexto de desordem e de violência, motivado pela falta de um rei, diz o autor, favorável à monarquia. | **18**,1. A tribo migrou porque não conseguiu expulsar os amorreus do território que lhe foi destinado, Jz 1,34.

Juízes 18

onde instalar-se, pois até então não havia recebido nenhuma herança entre as tribos de Israel†. ²Os danitas enviaram de seu clã cinco homens valentes de Saraá e de Estaol* para reconhecerem o país e o explorarem, ordenando-lhes: "Ide explorar o país". Ao chegarem à montanha de Efraim, entraram na casa de Micas, onde pernoitaram. ³Estando perto da casa de Micas, reconheceram a voz do jovem levita; e, chegando lá, perguntaram-lhe: "Quem te trouxe para cá? Que fazes aqui? Que tens tu por aqui?" ⁴Ele lhes respondeu: "Micas me fez isto e isto, e me contratou para lhe servir de sacerdote". ⁵Então lhe disseram: "Consulta, por favor, a Deus, para sabermos se será bem-sucedida a nossa viagem". ⁶Disse-lhes o sacerdote: "Ide em paz; vossa viagem está sob o olhar de Javé".

⁷Os cinco homens partiram e chegaram a Lais. Viram que a população de lá vivia em segurança, à maneira dos sidônios, tranquila e confiante, porque no país não havia ninguém com autoridade que lhes pudesse causar o menor dano; estavam afastados dos sidônios e não mantinham relações com ninguém. ⁸Voltaram a seus irmãos, em Saraá e Estaol, e estes lhes perguntaram: "Que tendes a dizer?" ⁹Eles responderam: "Levantai-vos e subamos contra eles, pois vimos o país, é de fato excelente. E vós, ficais calados? Saí sem demora para ir tomar posse dessa terra. ¹⁰Chegando lá, encontrareis uma população tranquila, numa região extensa. Pois Deus a entregou em vossas mãos; é um lugar onde não falta nada do que existe na terra!"

Violência dos danitas contra Micas. ¹¹Então seiscentos homens* do clã dos danitas partiram de Saraá e Estaol, bem armados para a guerra. ¹²Subiram e acamparam em Cariat-Iarim,* em Judá; por isso aquele lugar, que fica a oeste de Cariat-Iarim, foi chamado e se chama até hoje "Acampamento de Dã". ¹³Daí passaram à montanha de Efraim e chegaram à casa de Micas. ¹⁴Os cinco homens, que tinham ido explorar a terra de Lais, falaram a seus irmãos: "Sabeis que nestas casas há um efod e terafim, uma estátua esculpida e uma imagem de metal fundido? Considerai, pois, o que deveis fazer". ¹⁵Voltaram-se para aquela direção e entraram na habitação do jovem levita, na casa de Micas, e o saudaram como amigos. ¹⁶Os seiscentos danitas, com suas armas de guerra, ficaram à entrada da porta, ¹⁷e os cinco homens que tinham ido explorar o país subiram, entraram na casa, apanharam a estátua esculpida, o efod, os terafins e a imagem de metal fundido, enquanto o sacerdote estava à entrada da porta com os seiscentos homens armados. ¹⁸Quando eles entraram na casa de Micas e apanharam a estátua esculpida, o efod, os terafins e a imagem de metal fundido, o sacerdote perguntou-lhes: "O que estais fazendo?" ¹⁹Eles responderam: "Cala-te! Põe a mão sobre tua boca e vem conosco. Serás nosso pai e nosso sacerdote. Que é melhor para ti: ser sacerdote na casa de um só homem, ou ser sacerdote de uma tribo e de um clã de Israel?" ²⁰Com o coração alegre, o sacerdote apanhou o efod, os terafins e a estátua esculpida e foi-se embora no meio da tropa. ²¹Retomando sua direção, eles partiram, mandando a sua frente as crianças, os animais e a bagagem.

²²Já estavam longe da casa de Micas, quando este e os moradores das casas próximas à sua se reuniram e saíram em perseguição dos danitas. ²³E como gritassem atrás dos danitas, estes se voltaram e perguntaram a Micas: "Que há contigo, que reuniste essa gente?" ²⁴Ele respondeu: "Levastes os deuses que fiz para mim e o sacerdote, e fostes embora. Que me resta agora? E como podeis perguntar-me: 'Que há contigo?'" ²⁵Os danitas lhe disseram: "Não nos faças mais ouvir tua voz; do contrário, homens exasperados poderiam lançar-se contra vós e perderias a vida junto com tua família". ²⁶Os danitas continuaram seu caminho; e Micas,

---

* **18**,11. 13,2; 18,2 | 12. 13,25

vendo que eram mais fortes do que ele, virou-se e voltou para casa. ²⁷Os danitas levaram, pois, consigo os objetos fabricados por Micas e o sacerdote que ele tinha a seu serviço. Chegaram a Lais, uma população tranquila e confiante, passaram-na a fio de espada e incendiaram a cidade. ²⁸Não houve quem a socorresse, porque estava longe de Sidônia e porque não mantinha relações com ninguém. Estava situada no vale que se estende em direção a Bet-Roob. Os danitas reconstruíram a cidade e nela habitaram, ²⁹e a chamaram Dã, do nome de seu pai, nascido de Israel. Antes a cidade se chamava Lais. ³⁰Depois erigiram para si a estátua esculpida; e Jônatas,* filho de Gérson, filho de Manassés, e seus descendentes foram sacerdotes para a tribo de Dã até a época do cativeiro do país. ³¹Instalaram para eles a estátua esculpida feita por Micas,* e ela permaneceu lá durante todo o tempo em que o santuário de Deus esteve em Silo.

19 **Levita em Gabaá.** ¹Naquele tempo, quando não havia rei em Israel,* um levita que habitava na parte mais distante da montanha de Efraim tomou por concubina uma mulher de Belém de Judá. ²Essa mulher lhe foi infiel e, separando-se dele, voltou para a casa de seu pai, em Belém de Judá, onde ficou quatro meses. ³Seu marido foi a seu encontro a fim de falar-lhe ao coração e trazê-la de volta. Levava consigo um servo e dois jumentos. Ela o introduziu na casa de seu pai, e este, ao vê-lo, veio recebê-lo com alegria. ⁴Seu sogro, o pai da jovem, reteve-o consigo durante três dias; comeram, beberam e passaram as noites ali. ⁵No quarto dia, levantaram-se cedo, e o levita dispunha-se a partir; mas o pai da jovem lhe disse: "Restaura tuas forças com um bocado de pão, depois partireis". ⁶Os dois se sentaram, comeram e beberam juntos. Depois, o pai

da jovem disse ao genro: "Eu te peço, consente em passar aqui esta noite e que teu coração se alegre!" ⁷O homem, porém, levantou-se para partir, mas o sogro tanto insistiu que ele passou mais aquela noite lá. ⁸No quinto dia, ele se levantou bem cedo para partir, mas o pai da jovem lhe disse: "Recobra tuas forças, por favor, e permanecei até o fim do dia". E comeram juntos. ⁹Então o homem se levantou para partir com sua concubina e seu servo; mas o sogro, o pai da jovem, lhe disse: "Vê, o dia está terminando e vai anoitecer; passa a noite aqui e se alegre teu coração. Amanhã vos levantareis bem cedo e partireis de volta para tua casa". ¹⁰O homem não aceitou pernoitar; levantou-se, partiu e chegou defronte de Jebus†, que é Jerusalém,* com os dois jumentos selados e sua concubina.

¹¹Quando estavam perto de Jebus, já chegava o fim do dia, e o criado disse* a seu senhor: "Deixemos a estrada e entremos nesta cidade dos jebuseus para pousar". ¹²Mas seu senhor lhe respondeu: "Não nos desviaremos para entrar numa cidade de estrangeiros, que não são israelitas; vamos até Gabaá". ¹³E acrescentou: "Vamos ver se chegamos a um desses lugares, Gabaá ou Ramá, para passar a noite". ¹⁴Foram mais adiante, prosseguindo a viagem e chegaram perto de Gabaá de Benjamim ao pôr do sol. ¹⁵Dirigiram-se para lá a fim de passar a noite. O levita entrou e sentou-se na praça da cidade; e não houve quem os acolhesse em casa para o pernoite.

¹⁶Nisso passou por lá um ancião que voltava do trabalho no campo, ao anoitecer. Ele era da montanha de Efraim, mas habitava em Gabaá como forasteiro, ao passo que os habitantes do lugar eram benjaminitas. ¹⁷Erguendo os olhos, viu o caminheiro na praça da cidade e lhe disse: "Para onde vais? E de onde vens?" ¹⁸Ele lhe respondeu: "Estamos viajando de Belém de Judá para

---

* **18**,30. Êx 2,22; 18,3 | 31. 2Rs 15,29 | **19**,1. 17,6 | 10. Js 15,8; 18,16.28; 2Sm 5,6; 1Cr 11,4s | 11. Gn 19,1-11; Os 9,9; 10,9

† **19**,10. Nome derivado do povo que ali habitava, os jebuseus.

Juízes 19-20

a parte mais distante da montanha de Efraim. Eu sou de lá e tinha ido até Belém de Judá; agora volto para minha casa, mas não há quem me receba em sua casa. ¹⁹No entanto, tenho palha e feno para nossos jumentos, e também pão e vinho para mim, para tua serva e para o criado que acompanha teus servos; não falta nada!" ²⁰O ancião lhe disse: "Sê bem-vindo. Deixa-me cuidar do que necessitas; somente não passes a noite na praça". ²¹Levou-os para sua casa e deu forragem aos animais. Os viajantes lavaram os pés e depois comeram e beberam.

Infâmia dos gabaanitas. ²²Enquanto restauravam as forças, alguns homens da cidade, gente perversa,* cercaram a casa e, batendo à porta, gritaram para o ancião, dono da casa: "Traze para fora o homem que entrou em tua casa, para que abusemos dele". ²³Então o dono da casa saiu e lhes disse: "Não, meus irmãos, não façais tão grande maldade! Uma vez que este homem se hospedou em minha casa, não pratiqueis esta infâmia! ²⁴Estão aqui minha filha virgem e a concubina dele; vou trazê-las e podereis humilhá-las e fazer com elas o que vos agradar; mas não pratiqueis contra este homem semelhante crime". ²⁵Eles, porém, não quiseram atendê-lo. Então o levita tomou sua concubina e levou-a para fora. Eles a violentaram e abusaram dela a noite toda, até pela manhã, deixando-a ao romper da aurora. ²⁶Quando amanhecia, a mulher foi cair à entrada da casa do homem onde estava seu marido, e ali ficou até o dia clarear. ²⁷De manhã seu marido levantou-se e abriu a porta da casa para sair e continuar a viagem, e encontrou sua concubina caída à entrada da casa com as mãos na soleira da porta. ²⁸Ele lhe disse: "Levanta-te, vamos embora". Mas não houve resposta. Então colocou-a sobre seu jumento e, pondo-se a caminho, voltou para casa. ²⁹Chegando a sua casa, apanhou uma faca, tomou sua concubina,* dividiu-a membro por membro em doze pedaços e mandou-os por toda a terra de Israel. ³⁰E todos os que viram aquilo disseram: "Jamais aconteceu, nem nunca se viu coisa semelhante desde que os israelitas saíram do Egito até o dia de hoje. Pensai nisso, deliberai e manifestai-vos!"

20 Punição dos benjaminitas.

¹Então todos os israelitas saíram, desde Dã até Bersabeia e a terra de Galaad†, e a comunidade se reuniu como um só homem diante de Javé, em Masfa. ²Os chefes de todo o povo, de todas as tribos de Israel, apresentaram-se na assembleia do povo de Deus, em número de quatrocentos mil homens de infantaria que manejavam a espada. ³Os benjaminitas* souberam que os israelitas tinham subido a Masfa. Os israelitas disseram: "Contai-nos como foi que aconteceu esse crime". ⁴Respondeu o levita, o marido da mulher que foi morta: "Eu tinha entrado em Gabaá de Benjamim com minha concubina para ali passar a noite. ⁵Os habitantes de Gabaá se levantaram contra mim e de noite cercaram a casa onde eu estava; queriam me matar, e violentaram minha concubina de tal maneira que ela morreu. ⁶Então tomei minha concubina, dividi-a em pedaços e os mandei por todo o território da herança de Israel, porque eles cometeram um ato vergonhoso e uma infâmia em Israel. ⁷Vós todos, ó israelitas, deliberai e tomai uma decisão aqui mesmo".

⁸Então todo o povo levantou-se como um só homem e exclamou: "Nenhum de nós voltará a sua tenda, nenhum retornará a sua casa. ⁹É isto que faremos a Gabaá: nós a atacaremos tirando a sorte; ¹⁰tomaremos em cada tribo de Israel dez homens de cada cem, cem de cada mil e mil de cada dez mil, os quais irão procurar alimento para o povo, a fim de que, quando voltarem, Gabaá de Benjamim seja tratada conforme a infâmia que cometeu em Israel".

---

* **19**,22. Gn 19,4s | 29. 1Sm 11,7 | **20**,3. 20,17

† **20**,1. Limites de Israel, respectivamente ao norte, sul e leste.

273   Juízes 20

[11]Assim ajuntaram-se contra a cidade todos os israelitas, unidos como um só homem. [12]As tribos de Israel mandaram mensageiros por toda a tribo de Benjamim, dizendo: "Que crime é esse que foi cometido entre vós? [13]Entregai-nos aqueles homens perversos de Gabaá para que os matemos e extirpemos o mal do meio de Israel". Mas os benjaminitas* não acataram a intimação de seus irmãos israelitas; [14]ao contrário, deixaram suas cidades e se reuniram em Gabaá para combater contra os israelitas. [15]Naquele dia fizeram uma contagem dos benjaminitas vindos das diversas cidades: vinte e seis mil homens que manejavam a espada, não incluídos os habitantes de Gabaá, que eram setecentos homens de elite. [16]Entre toda essa gente havia setecentos homens de escol que eram canhotos, todos eles capazes de acertar um fio de cabelo com a pedra de sua funda, sem errar o alvo. [17]Foram contados os israelitas, sem os de Benjamim: quatrocentos mil homens que manejavam a espada,* todos homens de guerra. [18]Eles se puseram a caminho, subindo a Betel para consultar a Deus. Perguntaram: "Quem de nós irá primeiro combater os benjaminitas?" Javé respondeu: "Judá seja o primeiro a subir".

Luta contra os benjaminitas. [19]Na manhã seguinte os israelitas puseram-se em marcha e acamparam em Gabaá. [20]Saíram, pois, contra os benjaminitas e dispuseram-se em ordem de batalha contra eles perto de Gabaá. [21]Os benjaminitas saíram de Gabaá, e naquele dia massacraram vinte e dois mil homens de Israel†. [23]Os israelitas subiram e choraram diante de Javé até a tarde e consultaram Javé, dizendo: "Devo continuar a combater contra os filhos de Benjamim, meu irmão?" Javé respondeu: "Atacai-o!" [22]Os homens de Israel recobraram ânimo e postaram-se de novo em ordem de batalha no lugar onde estiveram na véspera. [24]Os israelitas avançaram contra os benjaminitas

no segundo dia; [25]neste segundo dia os benjaminitas saíram de Gabaá contra eles e massacraram dezoito mil israelitas, todos hábeis no manejo da espada. [26]Então todos os israelitas, todo o povo, subiram a Betel e ali choraram sentados diante de Javé, jejuaram o dia todo até a tarde e ofereceram holocaustos e sacrifícios de comunhão diante de Javé. [27]Depois consultaram Javé – porque naquele tempo a arca da aliança de Deus estava lá, [28]e Fineias,* filho de Eleazar, filho de Aarão, prestava serviço naquele tempo diante dela – e perguntaram: "Devo continuar ainda a sair e combater contra os filhos de Benjamim, meu irmão, ou devo desistir?" Javé respondeu: "Ide, porque amanhã os entregarei em vossas mãos".

Derrota dos benjaminitas. [29]Israel pôs emboscadas em torno de Gabaá;* [30]e no terceiro dia os israelitas atacaram os benjaminitas, dispondo-se em ordem de batalha diante de Gabaá, como das outras vezes. [31]Os benjaminitas saíram contra aquela tropa, deixando-se atrair para longe da cidade. Como das outras vezes, começaram a fazer vítimas entre as tropas, pelos caminhos que conduzem, um a Betel e outro a Gabaon: uns trinta homens de Israel. [32]Os benjaminitas pensaram: "Estão derrotados diante de nós como antes". Mas os israelitas diziam: "Vamos fugir para atraí-los para longe da cidade pelos caminhos". [33]Então todos os homens de Israel saíram de seu lugar e tomaram posição de combate em Baal-Tamar, enquanto os israelitas emboscados irrompiam de suas posições na planície de Gabaá. [34]Dez mil homens escolhidos chegaram diante de Gabaá, e a luta foi terrível; mas os benjaminitas não imaginavam que a desgraça ia cair sobre eles. [35]Javé derrotou Benjamim diante de Israel, e os israelitas mataram naquele dia vinte e cinco mil e cem homens de Benjamim, todos hábeis no manejo da espada. [36]Finalmente, os benjaminitas viram que estavam derrotados.

---

* **20**,13. Dt 17,12 | 17. 20,27 | 28. Nm 25,7-13 | 29. Js 8
† **20**,21. Como sugerem vários comentaristas, invertemos os vv. 22 e 23.

Juízes 20-21

Os israelitas haviam cedido terreno aos benjaminitas, porque confiavam na emboscada que haviam posto contra Gabaá. [37]Os homens da emboscada lançaram-se rapidamente sobre Gabaá e, invadindo-a, passaram toda a cidade a fio de espada. [38]Havia um sinal combinado entre os homens de Israel e os da emboscada: estes deviam fazer subir ao céu uma coluna de fumaça. [39]Quando os homens de Israel retrocediam na batalha, os benjaminitas começaram a fazer vítimas, matando uns trinta homens de Israel, e pensavam: "Estão derrotados diante de nós, como no primeiro combate". [40]Mas quando começou a erguer-se da cidade o sinal, isto é, a coluna de fumaça, os benjaminitas olharam para trás e viram que a cidade toda subia em chamas para o céu. [41]Nisso os israelitas deram meia-volta e os benjaminitas ficaram aterrados ao ver que se abatia sobre eles a desgraça, [42]fugiram diante dos israelitas em direção ao deserto; mas os combatentes os alcançaram, e os que vinham da cidade os massacraram no meio. [43]Cercaram os benjaminitas e os perseguiram sem parar e os esmagaram diante de Gabaá, ao oriente. [44]De Benjamim caíram dezoito mil homens, todos eles valentes guerreiros. [45]Os sobreviventes bateram em retirada e fugiram para o deserto, para a rocha de Remon, e os israelitas mataram pelo caminho cinco mil homens e, perseguindo-os até Guidom, mataram mais dois mil. [46]Assim o número total dos benjaminitas que tombaram naquele dia foi de vinte e cinco mil homens que manejavam a espada, todos valentes guerreiros. [47]Seiscentos homens que haviam batido em retirada e fugido para o deserto, para o rochedo de Remon, permaneceram ali durante quatro meses. [48]Os israelitas se voltaram contra os benjaminitas e na cidade passaram a fio de espada tanto os homens como os animais e tudo o que encontraram, e incendiaram também todas as cidades que encontraram.

21 Reabilitação dos benjaminitas.

[1]Os israelitas tinham feito em Masfa este juramento: "Nenhum de nós dará sua filha em casamento a um benjaminita". [2]Depois o povo foi a Betel e ficou ali diante de Deus até a tarde, e em voz alta chorou amargamente, [3]dizendo: "Por que, ó Javé, Deus de Israel, sucedeu isto, que falte hoje uma tribo a Israel?" [4]No dia seguinte o povo se levantou cedo, ergueu lá um altar e ofereceu holocaustos e sacrifícios de comunhão. [5]Depois os israelitas perguntaram: "Quem é, dentre todas as tribos de Israel, que não tomou parte na assembleia diante de Javé?" Porque tinham feito um juramento solene contra quem não comparecesse diante de Javé em Masfa, dizendo: "Será punido de morte!"

[6]Os israelitas, porém, tiveram pena de Benjamim, seu irmão, e diziam: "Hoje uma tribo foi cortada de Israel. [7]Que faremos para dar mulheres aos sobreviventes, visto que juramos por Javé que não lhes daríamos nossas filhas em casamento?" [8]Então perguntaram: "Qual das tribos de Israel não compareceu diante de Javé em Masfa?" Constatou-se que ninguém de Jabes de Galaad tinha ido ao acampamento para a assembleia. [9]De fato, ao contarem a tropa, não foi encontrado ninguém de Jabes de Galaad.

[10]Então a comunidade* mandou lá doze mil homens dos mais valentes guerreiros com esta ordem: "Ide e passai a fio de espada os habitantes de Jabes de Galaad, inclusive as mulheres e as crianças. [11]Fareis desta maneira: votai ao extermínio* todos os homens e toda mulher que não for virgem". [12]Encontraram entre os habitantes de Jabes de Galaad quatrocentas moças que não haviam tido relações com homens e as levaram ao acampamento de Silo, que está na terra de Canaã. [13]Então toda a assembleia enviou mensageiros aos benjaminitas que estavam no rochedo de Remon para lhes propor a paz. [14]Os benjaminitas voltaram para casa, e lhes

---

* **21**,10. Nm 31,5s | 11. Js 6,17; Nm 31,17s

275 Juízes 21

foram dadas por esposas as jovens que haviam sido poupadas dentre as mulheres de Jabes de Galaad, mas não foram suficientes para eles.

¹⁵O povo teve pena de Benjamim, porque Javé havia feito uma brecha nas tribos de Israel. ¹⁶Os anciãos da comunidade disseram: "Como faremos para conseguir mulheres para os sobreviventes, visto que as mulheres de Benjamim foram exterminadas?" ¹⁷E acrescentaram: "Os sobreviventes de Benjamim devem ter uma herança, para que não desapareça uma tribo de Israel. ¹⁸Nós não podemos dar-lhes nossas filhas em casamento". Pois os israelitas tinham jurado: "Maldito aquele que der uma mulher a um benjaminita!" ¹⁹Mas disseram:* "Todo ano se celebra a festa de Javé em Silo". A cidade está situada ao norte de Betel, ao oriente da estrada de Betel a Siquém, e ao sul de Lebona. ²⁰E aconselharam aos benjaminitas: "Ide esconder-vos nas vinhas ²¹e ficai observando: quando as moças de Silo saírem para dançar em coro, irrompei das vinhas, raptai cada um uma mulher entre as moças de Silo e voltai para o país de Benjamim. ²²Quando seus pais ou seus irmãos vierem até nós para protestar, nós lhes responderemos: 'Por amor de nós, tende compaixão deles, porque na guerra não conseguimos capturar uma mulher para cada um deles, e não fostes vós que as destes a eles: nesse caso, seríeis culpados'". ²³Assim fizeram os benjaminitas e tomaram mulheres dentre as dançarinas segundo o seu número; voltaram para sua herança, reconstruíram as cidades e nelas habitaram. ²⁴Então também os israelitas partiram de lá e foram cada qual para sua tribo e seu clã, voltando todos para sua herança.

²⁵Naquela época não havia rei em Israel,* e cada um fazia o que achava certo.

---

* 21,19. 1Sm 1,3 | 25. 17,6

RUTE

O livro de Rute narra a história de uma família do tempo dos Juízes. Houve uma carestia em Israel e Elimelec migrou de Belém para Moab com sua mulher Noemi e os filhos Maalon e Quelion. Pouco depois, Elimelec morreu e seus filhos se casaram com as moabitas Orfa e Rute. Depois de dez anos, morreram Maalon e Quelion, e Noemi ficou sozinha, sem marido e sem filhos. Sabendo que a carestia em Israel havia terminado, ela decidiu voltar para Belém. Orfa ficou em Moab, mas Rute não quis deixar Noemi e seguiu-a rumo a Belém. Lá Rute se pôs a respigar nos campos de Booz, seu parente, que se tornou seu marido. Desse casamento nasceu Obed, pai de Jessé, pai de Davi.

Atribuído a Samuel pela tradição judaica, este livrinho, que é uma joia da literatura hebraica, foi escrito durante ou após o exílio de Babilônia. Na Jerusalém desse tempo, o partido conservador, dirigido por Esdras e Neemias, impunha aos israelitas a proibição de casamentos com mulheres estrangeiras, ordenando até mesmo que fossem expulsas as estrangeiras casadas com israelitas. O livro de Neemias (13,1) recorda explicitamente a palavra do Dt 23,4, segundo a qual o amonita e o moabita, enumerados entre os clássicos inimigos de Israel, "não deviam jamais entrar na comunidade de Deus".

Em polêmica com essa atitude intransigente, o livro de Rute apresenta o paradoxo de uma mulher moabita que se torna modelo de piedade familiar e de fidelidade à aliança. Não só merece ser acolhida no povo de Deus, mas depois vem a ser a bisavó de Davi, portanto, membro da família do Messias (Mt 1,5).

Todos os nomes dos personagens são simbólicos: Rute significa "cheia de bens". O simbolismo de seu nome mostra que as nações têm um papel decisivo no advento da era messiânica. Essa moabita é presença de Deus para Israel. A bênção que Deus concede a essa mulher estrangeira, que se converte ao Deus de Israel e se torna membro do povo eleito, prenuncia a mensagem da salvação universal, expressa por Pedro em At 10,34: "Deus não faz discriminação de pessoas, mas, em qualquer nação que seja, quem o teme e pratica a justiça é aceito por ele".

I. ELIMELEC EM MOAB
(1,1-5)

1 **Elimelec emigra para Moab.** ¹No tempo em que os Juízes governavam, houve uma fome no país. Então um homem de Belém de Judá foi morar nos campos de Moab com sua mulher e seus dois filhos. ²Esse homem chamava-se Elimelec, sua mulher chamava-se Noemi, e os nomes de seus dois filhos eram Maalon e Quelion. Eram efrateus, de Belém* de Judá. Chegando aos campos de Moab, ali se estabeleceram. ³Elimelec, marido de Noemi, morreu, e ela ficou com seus dois filhos, ⁴os quais se casaram com mulheres moabitas: uma chamada Orfa e a outra, Rute†. Permaneceram lá uns dez anos. ⁵Morreram também os dois, Maalon e Quelion,

e Noemi ficou sem seus dois filhos e sem seu marido.

II. NOEMI VOLTA PARA BELÉM
(1,6-22)

Noemi volta para Belém com Rute. ⁶Então ela se pôs a caminho para voltar dos campos de Moab com suas noras, pois ficara sabendo nos campos de Moab que Deus tinha visitado seu povo, dando-lhe pão. ⁷Partiu, pois, com as duas noras do lugar onde estava, e tomaram o caminho de volta à terra de Judá.

⁸Noemi disse a suas duas noras: "Ide, voltai cada qual para a casa de sua mãe. Que Javé vos trate com bondade, como tratastes os que morreram e a mim mesma! ⁹Que Javé vos conceda encontrar descanso, cada uma na casa

---

* **1**,2. Mq 5,1; 1Cr 4,4

† **1**,4. Alguns destes nomes parecem simbólicos. Elimelec: meu Deus é rei; Noemi: minha doçura; Maalon: enfermidade; Quelion: desfalecimento; Orfa: a que volta as costas; Rute: amiga; Mara, v. 20: amarga.

de um marido!" Beijou-as, e elas se puseram a chorar em voz alta, [10]dizendo: "Não! Vamos voltar contigo para teu povo". [11]Noemi respondeu: "Voltai, minhas filhas; por que haveis de vir comigo? Porventura tenho ainda* em meu seio filhos que possam vir a ser vossos maridos?† [12]Voltai, minhas filhas, parti, pois estou velha demais para me casar de novo. E mesmo que eu dissesse: 'Tenho esperança', se esta noite tivesse um marido e desse à luz filhos, [13]esperaríeis por eles até que crescessem? Ficaríeis sem casar por causa deles? Não, minhas filhas! Minha amargura é maior que a vossa, pois a mão de Javé pesa sobre mim". [14]Elas choraram novamente em voz alta; depois, Orfa beijou sua sogra e voltou para seu povo, mas Rute ficou com ela.

[15]Disse-lhe então Noemi: "Olha, tua cunhada voltou para seu povo e para seus deuses; volta também com ela". [16]Respondeu Rute: "Não insistas comigo para que te deixe e me afaste de ti, pois

para onde fores, irei também,
onde for tua morada, será também a minha;
teu povo será meu povo
e teu Deus será o meu Deus†.

[17]Onde morreres, ali morrerei e serei sepultada.

Que Javé me mande um castigo
em cima do outro
se outra coisa, que não seja a morte,
me separar de ti!"

[18]Quando Noemi viu que Rute estava firmemente decidida a acompanhá-la, não insistiu mais com ela.

[19]Partiram, pois, as duas e chegaram a Belém. A sua chegada, Belém inteira agitou-se por causa delas, e as mulheres diziam: "Esta é Noemi?" [20]Mas ela respondeu: "Não me chameis* de Noemi; chamai-me de Mara, pois o Onipotente me encheu de amargura. [21]Parti com as mãos cheias, e Javé me reconduz de mãos vazias! Por que haveríeis de chamar-me Noemi quando Javé se pronunciou contra mim e o Onipotente me afligiu?"

[22]Foi assim que regressou Noemi com sua nora Rute, a moabita, que veio dos campos de Moab. Chegaram a Belém no começo da colheita da cevada.

III. RUTE NO CAMPO DE BOOZ (2)

2 **Rute encontra Booz.** [1]Noemi tinha um parente por parte de seu marido, homem rico e importante, da família de Elimelec, chamado Booz.

[2]Rute, a moabita,* disse a Noemi: "Permite que eu vá ao campo respigar atrás daquele que me acolher com bondade". Ela respondeu-lhe: "Vai, minha filha". [3]Ela foi e respigou no campo atrás dos segadores. Por coincidência, entrou na parte do campo pertencente a Booz, da família de Elimelec. [4]Naquele momento, Booz estava chegando de Belém e disse aos segadores: "Que Javé esteja convosco!" Responderam eles: "Que Javé te abençoe!"* [5]Booz perguntou depois a seu servo, o feitor dos segadores: "De quem é esta jovem?" [6]O servo, feitor dos segadores, respondeu: "Esta jovem é a moabita que voltou com Noemi dos campos de Moab. [7]Ela pediu: 'Deixa-me respigar e recolher entre os feixes atrás dos segadores'. Veio e ficou desde a manhã até agora; só descansou um pouco na choça".

[8]Booz disse a Rute: "Ouça, minha filha. Não vás respigar noutro campo, nem te afastes daqui, mas fica junto com minhas criadas. [9]Observa o terreno que os homens estiverem ceifando e vai atrás deles. Ordenei aos servos para não te molestarem. Quando tiveres sede, vai procurar os cântaros e bebe da água que os servos tiverem buscado". [10]Então ela caiu com o rosto em terra, prostrou-se e lhe disse: "Por que

---

* **1**,11. Dt 25,5-10 | 20. Êx 15,23; Jó 1,21 | **2**,2. Lv 19,9s; 23,22; Dt 24,19-22 | 4. Sl 129,7s

† **1**,11. Noemi refere-se à lei do levirato, a "lei do cunhado", Dt 25,5-6, conforme a qual se um homem casado morresse sem deixar filhos, o irmão dele devia casar-se com a viúva para suscitar uma descendência a seu irmão. | 16. Sendo moabita, Rute deveria ser excluída da comunidade de Israel, Dt 23,4.

Rute 2-3

encontrei favor a teus olhos, de modo que te interesses por mim, que não passo de uma estrangeira?" [11]Em resposta, Booz lhe disse: "Foi-me contado tudo o que fizeste por tua sogra após a morte de teu marido, e como deixaste pai e mãe e tua terra natal para vires morar no meio de um povo que antes não conhecias. [12]Que Javé te retribua o que fizeste e que recebas uma farta recompensa da parte de Javé, Deus de Israel, sob cuja proteção vieste abrigar-te!" [13]Ela respondeu: "Possa eu ser bem acolhida* por ti, meu senhor! Pois me confortaste e falaste ao coração de tua serva, embora eu não seja sequer como uma de tuas servas". [14]Na hora da refeição, Booz disse a Rute: "Vem aqui para comer do pão e molhar teu bocado no vinagre". Ela sentou-se junto aos segadores, e Booz ofereceu-lhe trigo tostado. Ela comeu até saciar-se e guardou as sobras. [15]Quando ela se levantou para respigar, Booz ordenou a seus servos: "Deixai-a respigar também entre os feixes e não a molesteis. [16]Cuidai também que caiam algumas espigas de vossos feixes, e deixai-as para que ela as recolha, e não a censureis". [17]Rute respigou no campo até o entardecer e depois debulhou as espigas que havia colhido; deu quase um almudet.

[18]Voltou para a cidade carregando a cevada, e sua sogra viu o que ela havia recolhido. Rute tirou e lhe deu a comida que havia guardado depois de comer à vontade. [19]Perguntou-lhe a sogra: "Onde respigaste hoje, onde trabalhaste? Bendito aquele que te deu atenção!" Ela contou a sua sogra com quem tinha trabalhado, dizendo: "O homem com quem trabalhei hoje se chama Booz". [20]Noemi disse a sua nora: "Seja ele abençoado por Javé que não cessa de usar de misericórdia para com os vivos e os mortos!" E acrescentou: "Esse homem é nosso parente próximo, é um dos que têm sobre nós direito* de resgate"t. [21]Rute, a moabita, disse: "Ele me falou também: 'Fica com meus servos até que terminem toda a colheita'". [22]Noemi respondeu a Rute, sua nora: "É bom, minha filha, que estejas na companhia de suas servas e não te exponhas a maus tratos num outro campo". [23]Assim ela ficou no meio das servas de Booz, respigando até o fim da colheita da cevada e do trigo. E morava com sua sogra.

IV. RUTE, ESPOSA DE BOOZ
(3–4)

3 **Noemi propõe a Rute o matrimônio com Booz.** [1]Noemi, sua sogra, disse-lhe: "Minha filha, não devo eu procurar um lar para ti, para que sejas feliz? [2]Ora, esse Booz, com cujas servas estavas, não é nosso parente? Esta noite ele vai joeirar a cevada na eira. [3]Lava-te, pois, e perfuma-te, põe teu manto e desce à eira, mas não te deixes reconhecer por ele, até que tenha acabado de comer e de beber. [4]Quando ele for dormir, observa o lugar em que está deitado; então chega, descobre seus pés e deita-te; e ele te dirá o que deves fazer". [5]Rute respondeu-lhe: "Farei tudo o que disseste".

[6]Desceu, pois, à eira e fez tudo o que sua sogra lhe havia mandado. [7]Booz comeu, bebeu, seu coração se alegrou e ele foi deitar-se junto de um monte de cevada. Então ela veio de mansinho, descobriu seus pés e deitou-se. [8]No meio da noite, o homem se assustou; voltou-se e viu uma mulher deitada a seus pés. [9]Perguntou: "Quem és tu?" Ela respondeu: "Eu sou Rute, tua serva. Estende teu manto sobre tua serva, pois tens o direito de resgate"t. [10]Ele disse: "Que Javé te abençoe, minha filha; este teu novo ato de bondade ex-

---

* 2,13. Sl 36,8; 91,1.4 | 20. 2,1 | 3,10. 2,11

t 2,17. Um almude equivale a 45 litros. | 20. Parente próximo de Noemi e, por extensão, de Rute. Este parente devia resgatar a parte do campo vendida por Noemi, 4,3, para evitar que a família a perdesse, e desposar Rute, pois Noemi era idosa, para garantir uma posteridade a Elimelec. Mas existe um outro que é de fato o parente mais próximo, 3,12. | 3,9. O manto é símbolo de proteção; Rute pede proteção, ou seja, pede que Booz a tome por esposa.

Rute 3-4

cede o primeiro,* pois não procuraste jovens, pobres ou ricos. ¹¹E agora, minha filha, não tenhas medo: farei por ti tudo o que disseres, pois toda a comunidade de meu povo sabe que és uma mulher virtuosa. ¹²Realmente eu tenho o direito de resgate, mas há um outro que é parente mais próximo do que eu. ¹³Passa a noite* aqui e quando amanhecer o dia, se ele quiser exercer seu direito de resgate sobre ti, está bem, que ele te resgate; se, pelo contrário, não quiser te resgatar, eu te resgatarei; juro pela vida de Javé! Fica deitada até de manhã". ¹⁴Ela ficou deitada a seus pés até de manhã e levantou-se antes que uma pessoa pudesse reconhecer a outra; pois ele disse: "Que ninguém saiba que esta mulher veio à eira". ¹⁵Disse então Booz: "Estende o manto que te cobre e segura-o". Ela o segurou, e ele colocou no manto seis medidas de cevada, que lhe pôs às costas. E ela voltou para a cidade.

¹⁶Quando chegou à casa de sua sogra, esta lhe perguntou: "Como foi, minha filha?" Contou-lhe então tudo o que aquele homem havia feito por ela. ¹⁷E acrescentou: "Estas seis medidas de cevada foi ele que me deu, dizendo-me: 'Não voltarás de mãos vazias para junto de tua sogra'". ¹⁸Noemi disse-lhe: "Espera, minha filha, até saberes como terminará tudo isso; pois este homem não descansará enquanto não resolver hoje mesmo esta questão".

4 **Booz casa-se com Rute.** ¹Booz subiu à porta da cidade e sentou-se ali. Vendo passar o parente do qual tinha falado, disse-lhe: "Fulano, vem e senta-te aqui". O homem aproximou-se e sentou-se. ²Booz escolheu dez homens dentre os anciãos da cidade e lhes disse: "Sentai-vos aqui". Eles se sentaram. ³Então disse ao homem que tinha o direito de resgate: "Noemi,

aquela que veio dos campos de Moab, quer vender a parte do terreno que pertencia a nosso parente Elimelec. ⁴Resolvi informar-te disso,* dizendo-te: 'Compra-o na presença dos que estão aqui sentados e dos anciãos de meu povo'. Se quiseres resgatá-lo, resgata-o; mas se não o quiseres, declara-o, para eu tomar conhecimento. Pois não há outro que possa resgatá-lo a não ser tu e, depois de ti, eu". Ele respondeu: "Vou resgatá-lo". ⁵Replicou Booz: "No dia em que adquirires esse campo da mão de Noemi,* estarás adquirindo também Rute, a moabita, a mulher daquele que morreu, para perpetuar o nome do morto sobre seu patrimônio". ⁶Então respondeu o que tinha o direito de resgate: "Assim não posso exercer meu direito, pois iria prejudicar meu patrimônio. Resgata tu o que eu deveria resgatar, pois não posso fazê-lo".

⁷Ora, antigamente era costume* em Israel, em caso de resgate ou de alienação, para convalidar o ato, um tirar a sandália e entregá-la ao outro; era esse o modo de testemunhar em Israel. ⁸Disse então a Booz o resgatador: "Compra-o para ti", e tirou a sandália†.

⁹Booz disse aos anciãos e a todo o povo: "Sois testemunhas hoje de que comprei da mão de Noemi tudo o que pertencia a Elimelec, a Quelion e a Maalon. ¹⁰Ao mesmo tempo adquiro por mulher Rute, a moabita, viúva de Maalon, para restaurar o nome do falecido sobre sua herança e para que o nome do falecido não desapareça do meio de seus irmãos, nem da porta de sua cidade. Disso sois testemunhas hoje". ¹¹Todo o povo que se achava junto à porta, bem como os anciãos, responderam: "Nós somos testemunhas! Que Javé faça a essa mulher que entra em tua casa como fez a Raquel e a Lia,* que fundaram a casa de Israel.

---

* **3**,13. 2,20 | **4**,4. Lv 25,25 | 5. Dt 25,5-10 | 7. Dt 25,9s | 11. Gn 35,23-26 / Gn 35,19s | 12. Gn 38 / 1Cr 2,5.9-12.19.50s

† **4**,8. O parente mais próximo renuncia ao direito de resgate, mas não é tratado com desprezo como prevê Dt 25,9-10. O gesto com a sandália é como assinar um contrato. Lançar a sandália sobre um terreno é tomar posse, Sl 60,10; 108,10.

Rute 4

Torna-te poderoso em Éfrata,
adquire um nome em Belém.*
¹²E seja tua casa semelhante à de Farés,*
que Tamar deu à luz para Judá,
graças à posteridade que Javé vai te dar desta jovem".*

¹³Assim Booz desposou Rute, que se tornou sua esposa. Uniu-se a ela, e Javé deu a Rute a graça de conceber, e ela deu à luz um filho. ¹⁴As mulheres disseram então a Noemi: "Bendito seja Javé que não te deixou hoje sem um redentor; que o nome dele seja famoso em Israel! ¹⁵Possa ele reanimar tua vida e te apoiar na velhice, pois quem o gerou é tua nora, que te ama e que vale para ti mais do que sete* filhos". ¹⁶Noemi tomou o menino no colo e serviu-lhe de ama.

¹⁷As vizinhas* deram-lhe um nome, dizendo: "Nasceu um filho a Noemi" e o chamaram Obed⁺. Foi ele o pai de Jessé, pai de Davi.

Genealogia de Davi. ¹⁸Esta é a posteridade de Farés:* Farés gerou Hesron. ¹⁹Hesron gerou Ram e Ram gerou Aminadab. ²⁰Aminadab gerou Naasson e Naasson gerou Salmon. ²¹Salmon gerou Booz e Booz gerou Obed. ²²Obed gerou Jessé e Jessé gerou Davi⁺.

---

* **4**,15. 1Sm 1,8 | 17. Gn 30,3 | 18. 1Cr 2,5-15; Mt 1,3-5; Lc 3,31-33

⁺ **4**,17. Obed quer dizer servo (de Deus); pela lei, o menino é filho de Noemi e de Elimelec. | 22. Na genealogia de Jesus, Mateus dirá que "Booz gerou Obed de Rute" (1,5). Assim, a moabita, nascida num povo excluído de Israel, Dt 23,4, por sua fé e sua dedicação à sogra, foi incorporada de modo especial ao povo eleito.

OS LIVROS DE SAMUEL

Esses dois livros abrangem um período que vai do nascimento de Samuel ao fim do reinado de Davi, ou seja, do ano 1050 ao ano 970. O nome da obra não exprime bem seu conteúdo, pois apenas os primeiros quinze capítulos têm Samuel como protagonista; daí em diante a história vai girar em torno de Saul e de Davi. A versão grega dos Setenta e a Vulgata dividem o livro em dois e unem Samuel e Reis sob um único título: "Reinos" nos Setenta e "Reis" na Vulgata, resultando assim um total de quatro livros.

Na composição do livro foram utilizados documentos, às vezes justapostos e de diversas tendências, nem sempre bem combinados num relato lógico: há duas narrativas da instituição da monarquia, duas versões da rejeição de Saul e, na seção Saul-Davi, as repetições são várias.

Samuel foi o último juiz de Israel e o primeiro grande profeta que orientou os chefes e o povo de Israel. Em seu tempo, impotente diante da expansão dos filisteus, Israel vai abandonar o sistema das tribos e adotar a monarquia, para ter um rei "como todas as outras nações" e fortalecer-se numa unidade mais compacta. Mas Israel já tem um rei, Javé; como, então, constituir sobre ele um soberano terrestre? A solução será que o rei de Israel seja um vassalo de Javé, um instrumento dócil e totalmente fiel em suas mãos, para a realização de seus planos em benefício do povo.

A primeira experiência, com Saul, depois dos sucessos iniciais, fracassou, por causa de sua desobediência. Não obstante seus pecados, Davi vai viver o ideal da monarquia em Israel, mostrando-se servo do Senhor e obediente à voz dos profetas. Javé está com ele e lhe dá êxito em todas as suas campanhas militares. Davi toma dos jebuseus a cidade de Jerusalém e faz dela sua capital e a cidade santa pela presença da arca da aliança. Como recompensa de sua fidelidade, recebe pelo profeta Natã a promessa divina de uma dinastia perene. Essa promessa alimentou através das gerações a esperança de um Davi redivivo, salvador do povo, um Messias-rei, esperança realizada em Jesus, aclamado como rei e filho de Davi.

Os livros de Samuel ensinam que toda autoridade humana está sujeita ao poder supremo de Deus, rei dos reis e senhor dos senhores.

PRIMEIRO LIVRO DE SAMUEL

I. ÚLTIMOS JUÍZES DE ISRAEL
(1–7)

1 **A família de Samuel.** ¹Havia um homem de Ramataim-Sofim, da montanha de Efraim, chamado Elcana,* filho de Jeroam, filho de Eliú, filho de Tou, filho de Suf, um efraimita. ²Elcana tinha duas mulheres, uma chamada Ana e a outra, Fenena. Fenena tinha filhos; Ana, porém, não os tinha. ³Todo ano esse homem subia de sua cidade para adorar e oferecer sacrifícios a Javé dos exércitos em Silo†, onde os dois filhos de Eli, Hofni e Fineias, eram sacerdotes de Javé.

⁴Quando chegava o dia em que Elcana oferecia o sacrifício, dava porções* a Fenena, sua mulher e a todos os seus filhos e filhas. ⁵A Ana dava uma porção dupla, porque a amava,* embora Javé a houvesse tornado estéril. ⁶Sua rival a provocava continuamente para irritá-la, porque Javé a tornara estéril. ⁷Assim acontecia todo ano: sempre que Ana subia à casa de Javé, Fenena a irritava dessa maneira; por isso Ana chorava e não comia. ⁸Elcana, seu marido, lhe dizia: "Ana, por que estás chorando e não queres comer? E por que se aflige teu coração? Não sou para ti mais do que dez filhos?"*

---

* **1**,1. 1Cr 6,19-23 | 3. Êx 23,14; Lv 23,39; Jz 21,19 | 4. Dt 12,18 | 5. Gn 16,4s | 8. Rt 4,15

† **1**,3. Silo, a 35 km ao norte de Jerusalém, era o santuário mais importante da época. Lá estava a tenda da reunião, Jz 18,1. "Javé dos exércitos" quer dizer Senhor dos exércitos de Israel, dos anjos, das estrelas e das forças do universo.

1 Samuel 1-2

A promessa de Ana. [9]Depois de terem comido e bebido em Silo, Ana levantou-se. O sacerdote Eli estava sentado numa cadeira à entrada do templo de Javé. [10]Ela, com a alma amargurada, suplicava a Javé e chorava copiosamente. [11]Fez também uma promessa, dizendo: "Javé dos exércitos, se vos dignardes olhar para a aflição de vossa serva* e vos lembrardes de mim, se não esquecerdes de vossa serva e lhe derdes um filho homem, eu o oferecerei a Javé por todos os dias de sua vida, e a navalha jamais passará sobre sua cabeça". [12]Sua oração diante de Javé se prolongava, e Eli observava o movimento de seus lábios. [13]Ana falava em seu coração e somente seus lábios se moviam, mas não se ouvia sua voz. Por isso Eli pensou que estivesse bêbada[†] [14]e lhe disse: "Até quando estarás embriagada? Cura tua ressaca!" [15]Mas Ana respondeu, dizendo: "Não, meu senhor; sou uma mulher de alma atribulada. Não bebi vinho nem bebida inebriante, mas estava desabafando meu coração diante de Javé. [16]Não tomes tua serva por uma mulher indigna, porque é o excesso de minha dor e de minha tristeza que me fez falar até agora". [17]Respondeu-lhe Eli: "Vai em paz e que o Deus de Israel te conceda o que lhe pediste". [18]Ela replicou: "Que tua serva encontre graça a teus olhos". A mulher retirou-se, tomou alimento e seu rosto não foi mais o mesmo.

Nascimento de Samuel. [19]Na manhã seguinte ela e o marido se levantaram cedo e, depois de adorar Javé, partiram e voltaram para sua casa em Ramá. Elcana uniu-se a sua mulher Ana, e Javé lembrou-se dela. [20]Passado o devido tempo depois de Ana ter concebido, deu à luz um filho e o chamou Samuel, dizendo: "Eu o pedi a Javé"[†]. [21]Seu marido, Elcana, foi com toda a sua família oferecer a Javé o sacrifício anual e cumprir sua promessa. [22]Ana, porém, não foi, porque disse a seu marido: "Vou esperar até que o menino seja desmamado; então o levarei para ser apresentado diante de Javé e ficar lá para sempre". [23]Respondeu-lhe Elcana, seu marido: "Faze o que te parecer melhor; fica até que o tenhas desmamado. Basta que Javé realize sua palavra". Ela ficou e aleitou seu filho até que o desmamou.

Samuel é consagrado a Javé. [24]Quando o desmamou, tomou-o consigo, com um novilho de três anos, um efá de farinha e um odre de vinho, e o introduziu na casa de Javé em Silo. O menino era ainda pequeno. [25]Imolaram o novilho e conduziram o menino a Eli. [26]Ana disse: "Perdão, meu senhor! Por tua vida, senhor; eu sou aquela mulher que estava aqui junto de ti suplicando a Javé. [27]Foi por este menino que eu lhe suplicava, e Javé me concedeu o que lhe pedi. [28]Por isso, por minha vez o entrego a Javé por toda a vida: seja consagrado a Javé". E Samuel adorou ali Javé.

2 **Cântico de Ana**[†]. [1]Então Ana orou, dizendo:

"Meu coração exulta em Javé,*
minha fortaleza em Javé se exalta;
abre-se minha boca contra meus inimigos,
porque me alegro com tua salvação.
[2]Não há santo como Javé,*
porque não há outro além de vós;
não há Rocha como nosso Deus.
[3]Não multipliqueis palavras orgulhosas,
cesse em vossa boca a arrogância,
porque Javé é um Deus que tudo sabe,
um Deus que julga as ações humanas.
[4]O arco dos fortes é quebrado,
e os fracos são revestidos de vigor.*

---

* **1**,11. Lc 1,48; Nm 6,1-3; Jz 13,5; 16,17 | **2**,1. Lc 1,47; Is 61,10 | **2**. Lv 17,1; Sl 17,3 | **4**. Is 40,29

† **1**,13. Era costume rezar em voz alta, mas Ana apenas movia os lábios. | 20. Etimologia popular: "chaal" é pedir e "El" é Deus. Nascido de mãe estéril por um dom divino todo especial, Samuel pertencerá a Deus, que dará ao casal três filhos e duas filhas, 2,21. | **2**,1. Este hino a Javé, que abate os poderosos e eleva os humildes, tem semelhanças com o Magnificat de Maria, Lc 1,46-55. Prediz a destruição dos inimigos e a exaltação do rei, o ungido de Javé: é o que Deus fará por meio de Samuel.

283　　　　　　　　　　**1 Samuel 2**

⁵Os que eram fartos procuram um ganha-pão,
os que tinham fome não têm mais de trabalhar.
Sete vezes deu à luz a que era estéril,*
a mãe de muitos filhos perdeu as forças.
⁶É Javé que faz morrer e faz viver,*
faz descer ao abismo e de lá voltar.
⁷Javé dá a pobreza e a riqueza,
humilha e também exalta.*
⁸Ergue da poeira o indigente,*
da imundície levanta o pobre,
para os fazer sentar entre os príncipes
e dar-lhes um trono glorioso;
porque são de Javé as colunas da terra,*
e sobre elas firmou o mundo.
⁹Ele vela sobre os passos de seus fiéis,
mas os ímpios morrerão nas trevas,
pois ninguém triunfará por sua força.
¹⁰Os inimigos de Javé serão destruídos.
Do céu contra eles trovejará,
Javé julgará os confins da terra.*
A seu rei dará fortaleza,
e exaltará o poder de seu Ungido".*
¹¹Elcana voltou para sua casa em Ramá, e o menino ficou servindo a Javé na presença do sacerdote Eli.

Maldade dos filhos de Eli. ¹²Os filhos de Eli eram homens indignos, que não se importavam com Javé. ¹³Assim se comportavam esses sacerdotes com o povo:* quando alguém oferecia um sacrifício, enquanto a carne estava cozinhando, vinha um servo do sacerdote com um garfo de três dentes, ¹⁴metia-o no caldeirão, na panela, no tacho ou na caçarola, e tudo o que o garfo apanhava, o sacerdote o tomava para si†. Assim faziam com todos os israelitas que iam a Silo. ¹⁵Além disso, antes que se queimasse a gordura, vinha um servo do sacerdote e dizia ao que oferecia o sacrifício: "Dá esta carne ao sacerdote, para assar, pois ele não aceitará de ti

carne cozida, mas crua". ¹⁶Se a pessoa lhe dissesse: "Deixa que se queime* primeiro a gordura, depois tomarás o que quiseres", o servo respondia: "Não, tens de me dá-la agora mesmo, do contrário a tomarei à força". ¹⁷Era enorme o pecado daqueles jovens diante de Javé, porque desonravam as ofertas feitas a Javé.

Samuel serve a Javé no templo. ¹⁸Entretanto Samuel prestava serviço diante de Javé; era ainda menino e trajava uma túnica de linho. ¹⁹Sua mãe fazia para ele todo ano uma pequena veste, que lhe levava quando subia com o marido para oferecer o sacrifício anual. ²⁰Eli abençoava Elcana e sua mulher, dizendo: "Que Javé te conceda filhos desta mulher, em lugar daquele que ela ofereceu a Javé". E eles voltavam para casa. ²¹Com efeito, Javé visitou Ana, que concebeu e deu à luz três filhos e duas filhas. E o jovem Samuel crescia junto de Javé.

Eli repreende seus filhos. ²²Eli já era muito idoso. Ficou sabendo tudo o que seus filhos faziam com todos os israelitas e as relações que tinham com as mulheres que prestavam serviço à entrada da tenda da reunião. ²³Ele lhe disse: "Por que fazeis essas coisas? Eu ouço o povo todo falar de vossas más ações. ²⁴Não, meus filhos, porque não é boa a fama que ouço o povo de Javé espalhar. ²⁵Se alguém pecar contra o próximo, Deus intercederá por ele; mas, se pecar contra Javé, quem intercederá por ele?" Eles, porém, não escutavam a voz do pai, porque Javé queria fazê-los morrer.* ²⁶Entretanto o jovem Samuel ia crescendo em estatura e no conceito de Javé e das pessoas.

A sentença contra a família de Eli. ²⁷Um homem de Deus veio a Eli e lhe disse: "Assim fala Javé: 'Porventura não me revelei claramente à casa de teu pai, quando estavam no Egito, a serviço do faraó? ²⁸Eu o escolhi entre todas

---

* **2,**5. Sl 113,9; Is 54,1 | 6. Dt 32,39; Sb 16,13; Sl 30,4 | 7. Lc 1,52s | 8. Sl 113,7s / Sl 75,4; 104,5; Jó 9,6; 38,6 | 10. Sl 98,9 / Sl 89,25; 2,6 | 13. Dt 18,3; Lv 7,29-36 | 16. Lv 3,3-5 | 25. Eclo 46,13; Lc 2,52

† **2,**14. Estava bem determinado pelo ritual o que era reservado aos sacerdotes nos sacrifícios, Lv 7,28-34. | 28. Efod, aqui e em 23,9; 30,7, é um objeto pelo qual se tirava a sorte, para saber a resposta de Deus.

1 Samuel 2-3

as tribos de Israel, para se tornar meu sacerdote, para subir a meu altar, para queimar incenso e para usar o efod[†] em minha presença; e dei à casa de teu pai todas as ofertas queimadas dos filhos de Israel. ²⁹Por que, pois, desprezais meus sacrifícios e minhas oblações que mandei oferecer em meu santuário, e por que honras teus filhos mais do que a mim, engordando-vos com o melhor de todas as oblações de Israel, meu povo? ³⁰Por isso – oráculo de Javé, Deus de Israel – eu tinha declarado que tua casa e a casa de teu pai estariam para sempre a meu serviço, mas agora – oráculo de Javé – longe de mim tal coisa! Porque eu honro* os que me honram, e serão desprezados os que me desprezam. ³¹Virão dias em que eu cortarei teu braço e o braço da casa de teu pai, de modo que não haverá mais nenhum idoso em tua casa. ³²Verás um rival em minha morada e todo o bem que ele fará a Israel; mas em tua casa nunca mais haverá nenhum idoso. ³³Aquele dos teus que eu não excluir de meu altar ficará para te consumir os olhos e torturar-te o coração; mas todos os descendentes de tua casa* morrerão na flor da idade. ³⁴E te servirá de sinal o que acontecerá a teus dois filhos, Ofni e Fineias: ambos morrerão no mesmo dia. ³⁵Suscitarei para mim* um sacerdote fiel, que procederá segundo meu coração e meu desejo, e lhe edificarei uma casa estável, e ele andará sempre na presença de meu ungido. ³⁶Todo sobrevivente de tua casa irá prostrar-se diante dele em troca de uma moeda de prata e de um pedaço de pão e dirá: 'Rogo-te que me admitas a alguma das funções sacerdotais, para que eu tenha um pedaço de pão para comer'".

3 **Vocação de Samuel.** ¹Entretanto o menino Samuel servia a Javé na presença de Eli. Naquele tempo a palavra de Javé era rara e as visões não eram frequentes. ²Certo dia, Eli estava

dormindo em seu quarto. Sua vista começava a enfraquecer e não enxergava bem. ³A lâmpada de Deus ainda não se havia apagado, e Samuel dormia* no templo de Javé, onde estava a arca de Deus. ⁴Javé chamou: "Samuel, Samuel!" Ele respondeu: "Aqui estou"; ⁵e correu para junto de Eli e disse: "Aqui estou, pois me chamaste". Ele respondeu: "Não te chamei; volta e dorme". Samuel voltou a dormir. ⁶Javé tornou a chamar: "Samuel, Samuel!" Samuel levantou-se, foi para junto de Eli e disse: "Aqui estou, pois me chamaste". Eli respondeu: "Não te chamei, meu filho; volta e dorme". ⁷Samuel ainda não conhecia Javé, e a palavra de Javé ainda não lhe havia sido revelada. ⁸Javé chamou de novo Samuel, pela terceira vez; e ele se levantou, foi até Eli e lhe disse: "Aqui estou, pois me chamaste". Então Eli compreendeu que Javé estava chamando o menino, ⁹por isso Eli disse a Samuel: "Vai deitar-te, e se te chamarem outra vez, dirás: 'Falai, Javé, que vosso servo escuta'". Samuel tornou a deitar-se em seu lugar. ¹⁰Então Javé veio, pôs-se junto dele e o chamou como das outras vezes: "Samuel, Samuel!" Então Samuel respondeu: "Falai, que vosso servo escuta!" ¹¹Javé disse a Samuel: "Vou fazer em Israel uma coisa tal que a todos que a ouvirem retinirão os dois ouvidos. ¹²Nesse dia realizarei* contra Eli tudo o que falei contra sua casa, do começo ao fim. ¹³Eu lhe anunciei que executaria minhas sentenças sobre sua casa para sempre, por causa da iniquidade que ele bem conhece, pois seus filhos atraíram sobre si a maldição, e ele não os corrigiu.¹⁴Por isso juro à casa de Eli que a iniquidade de sua casa jamais será expiada, nem com sacrifícios, nem com oblações".

¹⁵Samuel dormiu até de manhã, depois abriu as portas da casa de Javé; mas tinha medo de contar a Eli a visão. ¹⁶Eli chamou Samuel, dizendo: "Samuel, meu filho!" Este respondeu: "Aqui estou!" ¹⁷Eli continuou: "Que te

---

* **2**,30. 2Sm 22,25; Sl 18,26 | 33. 22,18s; 14,10 | 35. 4,11 | **3**,3. Lv 24,3 | 12. 2,27-36 | 17. Rt 1,17

† **3**,17. Veja a nota em 2Sm 19,14.

285   1 Samuel 3-4

disse ele? Por favor, não me ocultes nada. Assim Deus te faça e outro tanto† se me ocultares* alguma coisa de tudo o que te disse". [18]Samuel narrou-lhe tudo, sem lhe ocultar nada. Então Eli exclamou: "Ele é Javé; faça o que for de seu agrado!"*

[19]Samuel cresceu, e Javé estava com ele; e não deixou cair no vazio nenhuma de suas palavras. [20]Então todo Israel, desde Dã até Bersabeia, reconheceu que Samuel tinha sido constituído profeta* de Javé. [21]E Javé continuou a manifestar-se em Silo, porque em Silo Javé se revelava a Samuel mediante sua palavra.

4 **Israel é derrotado pelos filisteus.** [1]A palavra de Samuel chegava a todo o Israel. Os israelitas saíram para combater contra os filisteus* em Ebenezer; os filisteus acamparam em Afec. [2]Os filisteus se dispuseram em ordem de batalha contra Israel. Desfechado o ataque, os israelitas foram derrotados pelos filisteus, que mataram cerca de quatro mil homens dentre as fileiras. [3]Quando a tropa voltou ao acampamento, os anciãos de Israel perguntaram: "Por que Javé nos derrotou hoje diante dos filisteus?† Vamos a Silo buscar a arca da aliança de Javé, para que venha entre nós e nos salve das mãos de nossos inimigos". [4]O povo mandou,* pois, buscar em Silo a arca da aliança de Javé dos exércitos, que está sentado sobre querubins†, e os dois filhos de Eli, Ofni e Fineias, acompanharam a arca da aliança de Deus. [5]Quando a arca da aliança de Javé entrou no acampamento, todo o Israel aclamou com voz tão forte, que fez retumbar a terra. [6]Os filisteus ouviram o ruído da aclamação e perguntaram: "Que significa o ruído deste grande clamor no acampamento dos hebreus?" Então souberam que a arca de Javé havia chegado ao acampamento [7]e tiveram medo, pois diziam: "Deus veio ao acampamento!" E acrescentaram: "Ai de nós! Isto nunca aconteceu até agora! [8]Ai de nós! Quem nos salvará das mãos desses deuses poderosos? Esses são os deuses que feriram os egípcios com toda a sorte de pragas no deserto. [9]Coragem, ó filisteus, e portai-vos como homens para não vos tornardes escravos dos hebreus, como eles foram vossos escravos. Agi como homens e combatei". [10]Os filisteus lutaram, pois, e Israel foi vencido, fugindo cada um para sua tenda. A derrota foi enorme, e foram mortos de Israel trinta mil homens da infantaria. [11]A arca de Deus foi tomada e morreram os dois filhos de Eli: Ofni e Fineias.

Morte de Eli. [12]Um homem de Benjamim correu do campo de batalha e chegou no mesmo dia a Silo com as vestes rasgadas e a cabeça coberta de terra. [13]Quando chegou, Eli estava sentado na cadeira, à beira do caminho, observando, porque seu coração estava receoso por causa da arca de Deus. Logo que o homem entrou na cidade e contou a notícia, toda a cidade prorrompeu em gritos. [14]Ao ouvir o ruído dos gritos, Eli perguntou: "Que significa o ruído desse tumulto?" O homem apressou-se em ir informar Eli. [15]Ora, Eli estava com noventa e oito anos, tinha o olhar fixo e não enxergava mais. [16]O mensageiro disse a Eli: "Eu sou o que venho do campo de batalha; fugi de lá hoje". Eli perguntou-lhe: "Que aconteceu, meu filho?" [17]Em resposta, o mensageiro disse: "Israel fugiu diante dos filisteus, e houve grande mortandade entre o povo; também teus dois filhos, Ofni e Fineias, foram mortos, e a arca de Deus foi tomada". [18]Logo que ele falou da arca de Deus, Eli caiu da cadeira para trás, junto da porta, quebrou a nuca e morreu, pois era idoso e pesado. Tinha sido juiz de Israel durante quarenta anos.

[19]Sua nora, a esposa de Fineias, estava grávida e próxima do parto; ao ouvir a

---

* **3**,18. Jó 1,21 | 20. Jz 20,1 | **4**,1. Js 13,2; 1 Sm 29,1 | 4. Nm 10,35s

† **4**,3. Para o autor, a resposta é clara: por causa da idolatria; assim, Deus não está com o povo. | 4. Os querubins, esfinges aladas que estavam sobre o propiciatório da arca, Êx 25,18, eram como um trono para Deus.

1 Samuel 4-6

notícia da tomada da arca de Deus e da morte do sogro e do marido, agachou-se e deu à luz, porque lhe sobrevieram as dores. [20]Enquanto estava morrendo, disseram-lhe as mulheres que a assistiam: "Não temas, porque tiveste um filho". Mas ela não respondeu* nem prestou atenção. [21]Deu ao menino o nome de Icabod†, dizendo: "A glória se afastou de Israel", porque a arca de Deus fora tomada e tinham morrido seu sogro e seu marido. [22]Ela disse: "Passou a glória de Israel, porque foi tomada a arca de Deus".

5 **A arca de Deus entre os filisteus.** [1]Os filisteus tomaram a arca de Deus* e a transportaram de Ebenezer para Azoto. [2]Os filisteus tomaram a arca de Deus e a introduziram no templo de Dagon†, colocando-a ao lado de Dagon. [3]No dia seguinte, levantando-se de manhã cedo, os habitantes de Azoto encontraram Dagon caído com o rosto por terra diante da arca de Javé. Tomaram Dagon e o repuseram em seu lugar. [4]Na manhã seguinte, quando se levantaram, encontraram Dagon caído com o rosto por terra diante da arca de Javé; a cabeça e as duas mãos, cortadas, jaziam no limiar da porta, e de Dagon só restava o tronco. [5]Por isso, até hoje os sacerdotes de Dagon e todos os que entram no templo de Dagon não pisam no limiar de Dagon em Azoto.

[6]A mão de Javé pesou duramente sobre os habitantes de Azoto e os devastou, afligindo-os com tumores em Azoto e seus arredores. [7]Diante de tais coisas, eles tiveram medo e disseram: "A arca do Deus de Israel não deve permanecer no meio de nós, porque sua mão pesa sobre nós e sobre Dagon,* nosso deus". [8]Mandaram reunir junto deles todos os príncipes dos filisteus e lhes perguntaram: "Que faremos com a arca do Deus de Israel?" Eles responderam: "Que a arca do Deus de Israel seja levada para Gat". E a arca do Deus de Israel foi levada para lá.

[9]Depois que a transferiram, a mão de Javé pesou sobre a cidade, causando enorme pânico; afligiu os habitantes da cidade, pequenos e grandes, e lhes saíram tumores. [10]Então mandaram a arca de Deus para Acaron. Quando a arca de Deus chegou a Acaron, os habitantes de Acaron gritaram, dizendo: "Transportaram até nós a arca do Deus de Israel para nos fazer perecer a nós e a nosso povo". [11]Mandaram convocar todos os príncipes dos filisteus, aos quais disseram: "Mandai embora a arca do Deus de Israel, para que volte a seu lugar e não nos faça morrer a nós e a nosso povo". Porque havia um terror mortal na cidade inteira, de tão pesada que se tornara ali a mão de Deus. [12]Os que não morriam eram afligidos com tumores. E o clamor da cidade se elevou até o céu.

6 **A arca volta a Israel.** [1]A arca de Javé esteve no país dos filisteus durante sete meses. [2]Depois, os filisteus chamaram os sacerdotes e os adivinhos e perguntaram: "Que devemos fazer com a arca de Javé? Indicai-nos como havemos de devolvê-la a seu lugar". [3]Responderam eles: "Se devolverdes a arca do Deus de Israel, não a mandeis sem nada, mas fazei uma oferta de reparação. Então, sereis curados e sabereis por que sua mão não cessou de pesar sobre vós". [4]Perguntaram: "E que oferta de reparação devemos fazer-lhe?" Responderam: "Cinco tumores de ouro e cinco ratos de ouro, conforme o número dos príncipes dos filisteus, porque é a mesma praga que atingiu todos vós e vossos príncipes. [5]Fazei, pois, imitações de vossos tumores e dos ratos que devastam o país e dai glória ao Deus* de Israel. Talvez ele alivie o peso de sua mão sobre vós, sobre vossos deuses e sobre vosso país. [6]Por que endurecer vosso coração, como fizeram os egípcios e o faraó? Depois que os tratou duramente, não deixaram partir os israelitas, e es-

---

* 4,20. Gn 35,16s | 5,1. Jz 16,23 | 7. Js 13,2 | 6,5. Js 7,19

† 4,21. Icabod significa "onde está a glória?". | 5,2. Deus do trigo, adorado pelos filisteus, Jz 16,23. Javé mostra seu poder contra Dagon.

287　　　1 Samuel 6-7

tes não se foram? [7]Fazei, pois, um carro novo, tomai duas vacas com bezerros, sobre as quais ainda não se tenha posto a canga†; atrelai-as ao carro* e separai delas os bezerros, mandando-os para o curral. [8]Depois tomai a arca de Javé e colocai-a no carro, pondo a seu lado, numa caixa, os objetos de ouro que lhe ofereceis como reparação, e deixai-a ir. [9]E observai: se ela subir pelo caminho de seu território, rumo a Bet-Sames, foi Javé que nos causou este grande mal; se não, saberemos que não foi sua mão que nos feriu, mas que isto nos sucedeu por acaso. [10]E assim fizeram. Pegaram duas vacas com bezerros, atrelaram-nas ao carro e prenderam seus bezerros no curral. [11]Puseram no carro a arca de Javé e a caixa com os ratos de ouro e as imitações dos tumores. [12]As vacas se encaminharam diretamente pela estrada de Bet-Sames, seguindo sempre o mesmo caminho, berrando enquanto andavam, sem se desviarem nem para a direita, nem para a esquerda. Os príncipes dos filisteus foram atrás delas até a fronteira de Bet-Sames. [13]Os habitantes de Bet-Sames estavam ceifando o trigo no vale e, levantando os olhos, viram a arca e se alegraram quando a viram. [14]O carro chegou ao campo de Josué de Bet-Sames e parou ali, onde havia uma grande pedra. Cortaram em pedaços a madeira do carro e ofereceram as vacas em holocausto a Javé. [15]Os levitas desceram a arca de Javé e a caixa que estava ao lado dela, com os objetos de ouro, e os puseram sobre a grande pedra. No mesmo dia os habitantes de Bet-Sames ofereceram holocaustos e sacrifícios a Javé. [16]Os cinco príncipes dos filisteus viram isso e voltaram no mesmo dia para Acaron. [17]Foram estes os tumores de ouro que os filisteus ofereceram a Javé como reparação: um por Azoto, um por Gaza, um por Ascalon, um por Gat, um por Acaron. [18]Também os ratos de ouro foram segundo o número de todas as cidades dos cinco príncipes, desde as cidades fortificadas até as aldeias sem muros. A grande pedra, sobre a qual puseram a arca de Javé, está ainda hoje no campo de Josué de Bet-Sames. [19]Deus castigou os habitantes de Bet-Sames, porque olharam dentro da arca de Javé, e matou setenta homens entre os cinquenta mil do povo. O povo ficou de luto, porque Javé o castigou com tão grande flagelo. [20]Então disseram os habitantes de Bet-Sames: "Quem poderá estar diante de Javé,* este Deus santo? Saindo daqui, para quem irá?" [21]Mandaram mensageiros aos habitantes de Cariat-Iarim, dizendo: "Os filisteus restituíram a arca de Javé; descei e levai-a para vós".

7 [1]Os homens de Cariat-Iarim vieram buscar a arca de Javé e a levaram para a casa de Abinadab, situada na colina; consagraram seu filho Eleazar para guardar a arca de Javé.

A reforma religiosa de Samuel. [2]Desde o dia em que a arca de Javé foi colocada em Cariat-Iarim, passou muito tempo – vinte anos – e todo o Israel suspirou por Javé. [3]Por isso Samuel falou* a toda a casa de Israel, dizendo: "Se é de todo o vosso coração que vos converteis a Javé, tirai do meio de vós os deuses estrangeiros e as astartes e dirigi vosso coração a Javé, servindo a ele só, e ele vos livrará do poder dos filisteus. [4]Os israelitas lançaram fora* os ídolos de Baal e as astartes† e puseram-se a servir só a Javé. [5]Samuel disse: "Reuni todo o Israel em Masfa e eu rogarei a Javé por vós". [6]Reuniram-se em

---

* **6**,7. Dt 21,3; 2Rs 2,20 | **6**,20. Sl 76,8; Ml 3,2 | **7**,3. Jz 6,6-10; 10,10-16 | 4. Jz 2,13; Jz 20,1; 1Sm 10,17

† **6**,7. Seria para a divindade o primeiro serviço delas. Também Jesus no domingo de ramos pede um jumentinho que ninguém ainda montou, Mc 11,2. | **7**,4. Deuses cananeus: Baal, que significa "senhor", é o deus da fecundidade e Astarte é a deusa do amor. | 6. Única menção desse rito no Antigo Testamento; simboliza o coração contrito que "se derrama como água diante da face de Deus", Lm 2,19. / Samuel é comparado aos juízes, os heróis da luta pela independência. É também sua função interceder pelo povo, 12,19.23. Masfa, a 13 km a noroeste de Jerusalém, é um santuário existente desde o tempo dos Juízes, Jz 20,1, e mencionado até no tempo dos Macabeus, 1Mc 3,46.

1 Samuel 7-8

Masfa e, tirando água, derramaram-na diante de Javé† e jejuaram aquele dia, dizendo: "Pecamos contra Javé". Samuel foi juiz dos israelitas em Masfa†.

Derrota dos filisteus. [7]Quando os filisteus ficaram sabendo que os israelitas se haviam reunido em Masfa, os príncipes dos filisteus marcharam contra os israelitas. Informados disso, estes tiveram medo dos filisteus. [8]Os israelitas disseram a Samuel: "Não cesses de clamar por nós a Javé, nosso Deus, para que nos salve das mãos dos filisteus". [9]Samuel tomou um cordeiro que ainda mamava* e o ofereceu inteiro em holocausto a Javé; clamou a Javé por Israel, e Javé o ouviu. [10]Enquanto Samuel oferecia o holocausto, os filisteus aproximaram-se para atacar Israel; mas Javé trovejou naquele dia com grande estrondo sobre os filisteus e os confundiu, de modo que foram derrotados diante de Israel. [11]Os homens de Israel saíram de Masfa, perseguiram os filisteus e os derrotaram até abaixo de Bet-Car. [12]Então Samuel tomou uma pedra, colocou-a entre Masfa e Sen e a chamou Ebenezer, dizendo: "Até aqui Javé nos ajudou"†.

Samuel, último juiz. [13]Assim, os filisteus foram humilhados e não voltaram mais a invadir o território de Israel. A mão de Javé* pesou sobre os filisteus durante toda a vida de Samuel. [14]Foram restituídas aos israelitas as cidades que os filisteus lhes haviam tomado, desde Acaron até Gat. Israel libertou seu território das mãos dos filisteus. E houve paz entre Israel e os amorreus†. [15]Samuel julgou Israel por todo o tempo de sua vida. [16]Anualmente dava uma volta* por Betel, Guilgal e Masfa e julgava Israel em todos esses lugares. [17]Depois voltava para Ramá, onde morava, e dali governava Israel. Ali construiu um altar a Javé.

II. SAUL, O PRIMEIRO REI DE ISRAEL (8–15)

8 **Israelitas pedem um rei.** [1]Quando Samuel envelheceu, nomeou seus filhos juízes de Israel. [2]Seu filho primogênito chamava-se Joel, e o segundo, Abias; eles foram juízes em Bersabeia. [3]Seus filhos, porém, não seguiram seu exemplo, mas se desviaram pela cobiça, deixando-se subornar e violando a justiça. [4]Reuniram-se então todos os anciãos de Israel, foram ao encontro de Samuel em Ramá [5]e lhe disseram: "Estás idoso e teus filhos não seguem teus caminhos; estabelece, pois, um rei* sobre nós que nos governe, como o têm todas as nações". [6]Desagradaram a Samuel estas palavras que disseram: "Dá-nos um rei que nos governe"; e Samuel orou a Javé†. [7]Mas Javé disse a Samuel: "Atende à voz do povo em tudo o que te diz, porque não é a ti que rejeitaram, mas a mim,* para que eu não reine sobre eles. [8]Conforme sempre agiram desde o dia em que os tirei do Egito até hoje, abandonando-me para servir a outros deuses,* assim fazem também contigo. [9]Agora, pois, atende ao pedido deles, mas adverte-os solenemente e declara-lhes o direito do rei que reinará sobre eles".

[10]Samuel referiu todas as palavras de Javé ao povo que lhe havia pedido um rei [11]e disse: "Este será o direito do rei que reinará sobre vós: Tomará vossos filhos e os encarregará de seus carros e de seus cavalos,* e os fará correr diante de seu carro. [12]Ele os nomeará chefes de mil e chefes de cinquenta; ele os fará lavrar seus campos, ceifar suas messes e fabricar suas armas de guerra e peças para seus carros. [13]Tomará vossas filhas para serem suas perfumistas, cozinheiras* e padeiras. [14]Vai desapropriar os melhores de vossos campos, de vossas

---

* **7,**9. Eclo 46,16-18 | 13. Jz 3,30; 8,28; 11,33 | 16. Jz 12,7.9.11.14; 16,31 | **8,**5. Dt 17,14; At 13,21 | 7. 12,12; Jz 8,22s | 8. Jz 10,13; 1Rs 9,9 | 11. 1Rs 12; Dt 17,14-20 | 13. 1Rs 21,1-24

† **7,**12. Ebenezer, 2Sm 4,1, significa "pedra do auxílio". | 14. O termo amorreus designa os cananeus, habitantes da terra prometida. | **8,**6. No pedido do povo, Samuel percebe um sinal de sua desconfiança em Deus, único rei de Israel. Tenta convencer o povo expondo o caráter opressor da monarquia, 8,11-18. A essa visão antimonarquista (8; 10,17-27; 12) contrapõe-se a visão favorável à monarquia (9,1-10,16; 11). Samuel apresenta o ideal de um rei teocrático, observante da lei mosaica.

289   1 Samuel 8-9

vinhas, de vossos olivais, para dá-los a seus servos. [15]Tomará a décima parte de vossas sementes e de vossas vinhas, para dá-la a seus cortesãos e oficiais. [16]Tomará vossos servos e servas, vossos melhores bois e jumentos, e com eles fará suas obras. [17]Cobrará o dízimo de vossos rebanhos, e vós mesmos sereis seus escravos. [18]Então clamareis por causa de vosso rei que escolhestes, mas naquele dia Javé não* vos atenderá". [19]O povo, porém, não deu atenção às palavras de Samuel e disse: "Não! Mas haverá um rei sobre nós, [20]e seremos também nós como todas as nações: nosso rei nos governará, marchará a nossa frente e combaterá nossas batalhas". [21]Samuel ouviu todas as palavras do povo e as repetiu aos ouvidos de Javé. [22]Javé disse a Samuel: "Ouve a voz deles e estabelece sobre eles um rei". Então Samuel disse aos israelitas: "Volte cada um para sua cidade".

9 Encontro de Saul com Samuel.
[1]Havia um homem da tribo de Benjamim,* chamado Cis, filho de Abiel, filho de Seror, filho de Becorat, filho de Afia, benjaminita, homem forte e valoroso. [2]Ele tinha um filho chamado Saul,* jovem e belo. Não havia entre os israelitas ninguém mais belo que ele; dos ombros para cima ultrapassava a todos. [3]As jumentas de Cis, pai de Saul, se perderam; por isso Cis disse a seu filho: "Toma contigo um dos servos, levanta-te e vai procurar as jumentas". [4]Eles percorreram a montanha de Efraim e atravessaram a terra de Salisa, mas não as encontraram. Depois passaram pela região de Salim, e tampouco estavam ali; atravessaram o país de Benjamim sem nada encontrar. [5]Quando chegaram à terra de Suf, Saul disse ao servo que o acompanhava: "Vem, voltemos para casa, senão meu pai deixará de pensar nas jumentas e ficará preocupado conosco". [6]O criado

disse: "Nesta cidade há um homem de Deus* muito respeitado; tudo o que ele diz acontece sem falta. Vamos, pois, lá; talvez nos indique o caminho que devemos seguir". [7]Saul disse a seu criado: "Então vamos. Mas que levaremos a esse homem? O pão terminou em nossos alforjes e não temos nenhum presente para levar ao homem de Deus. Que temos?" [8]O criado respondeu de novo a Saul: "Eu tenho um quarto de siclo de prata;* vou dá-lo ao homem de Deus, para que nos mostre o caminho". [9]Antigamente, em Israel,* quando alguém ia consultar a Deus, dizia: "Vinde, vamos ao vidente", porque aquele que hoje se chama profeta, antigamente se chamava vidente. [10]Saul disse ao criado: "Boa proposta; vamos". E se encaminharam para a cidade onde estava o homem de Deus. [11]Enquanto iam subindo pela encosta da cidade,* encontraram umas moças que saíam para buscar água e lhes perguntaram: "O vidente está aqui?" [12]Responderam elas: "Sim, está ali diante de ti. Apressa-te, pois ele veio hoje à cidade, porque hoje o povo oferece um sacrifício no lugar alto†. [13]Logo que entrardes na cidade, vós certamente o encontrareis, antes que suba ao lugar alto para comer; pois o povo não começará a comer enquanto ele não chegar. É ele que deve abençoar o sacrifício; só depois é que os convidados comem. Subi, portanto, que o encontrareis* logo". [14]Eles subiram à cidade. Quando entravam, Samuel estava saindo na direção deles para subir ao lugar alto.

[15]Um dia antes da chegada de Saul,* Javé tinha avisado Samuel, dizendo-lhe: [16]"Amanhã a esta hora te enviarei um homem da terra de Benjamim, e tu o ungirás para chefe de Israel, meu povo. Ele libertará meu povo* da mão dos filisteus; com efeito, voltei o olhar para meu povo, visto que seu clamor chegou até mim".

---

* **8,**18. 1Rs 12,4; Pr 1,25-33; Mq 3,4 | **9,**1. 1Cr 8,33 | 2. 10,23; 16,12 | 6. 1Rs 13,1; Jz 13,6 | 8. 2Rs 5,15 | 9. Eclo 46,15 | 11. Gn 24,11; Êx 2,16 | 13. Lv 3,1 | 15. At 9,10-16 | 16. Êx 3,7.10

† **9,**12. Segundo um costume cananeu, conservado pelos israelitas, o lugar alto era o santuário da cidade, e o culto aí celebrado permaneceu legítimo até a reforma de Josias, 2Rs 23,8.

1 Samuel 9-10

290

¹⁷Quando Samuel viu Saul, Javé lhe disse: "Este é o homem de quem te falei: ele governará* meu povo". ¹⁸Saul aproximou-se de Samuel no meio da porta da cidade e lhe disse: "Por favor, mostra-me onde é a casa do vidente". ¹⁹Samuel respondeu a Saul: "Sou eu o vidente. Sobe diante de mim ao lugar alto; hoje comereis comigo e amanhã de manhã eu te despedirei, depois de te revelar tudo o que tens no coração. ²⁰Quanto às jumentas que se perderam há dias, não te preocupes, pois foram encontradas. Para quem é tudo o que há de precioso em Israel? Não é para ti e para toda a casa de teu pai?" ²¹Saul respondeu: "Porventura não sou eu benjaminita, da menor das tribos de Israel? E minha família, não é ela a menor entre todas as famílias da tribo de Benjamim? Por que me falas assim?" ²²Samuel, tomando consigo Saul e seu criado, levou-os para a sala e deu-lhes o primeiro lugar entre os convidados, que eram umas trinta pessoas. ²³Samuel disse ao cozinheiro: "Traze a porção que te entreguei e que te mandei guardar à parte". ²⁴O cozinheiro trouxe a coxa com o que havia nela e colocou-a diante de Saul. Samuel disse: "Eis aqui o que foi reservado; põe-no diante de ti e come, pois foi guardado para ti para esta ocasião, quando convidei o povo". Assim Saul comeu com Samuel naquele dia. ²⁵Desceram do lugar alto para a cidade, e Samuel conversou com Saul no terraço.

Saul é ungido rei. ²⁶Eles se levantaram cedo; ao romper da aurora, Samuel chamou Saul no terraço, dizendo-lhe: "Levanta-te e te despedirei". Saul levantou-se e ambos, ele e Samuel, saíram para fora. ²⁷Quando desciam à periferia da cidade, Samuel disse a Saul: "Dize ao servo que passe adiante de nós", e ele passou; "tu, porém, espera um momento, para que eu te comunique a palavra de Deus".

10 ¹Então Samuel tomou um frasco de óleo, derramou-o sobre a cabeça de Saul† e o beijou, dizendo: "Não foi Javé que te ungiu* como chefe de sua herança? Terás poder sobre o povo de Javé e o livrarás das mãos dos inimigos que o rodeiam. Isto será para ti* o sinal de que Javé te ungiu como chefe de sua herança: ²Hoje, quando te separares de mim, encontrarás dois homens junto ao túmulo de Raquel, na fronteira de Benjamim, em Selça, e eles te dirão: 'Foram encontradas as jumentas que foste procurar. Teu pai não se inquieta mais por elas, mas está preocupado convosco, dizendo: Que farei por meu filho?' ³Continuando mais adiante, chegarás ao carvalho do Tabor e encontrarás aí três homens subindo para adorar a Deus em Betel: um leva três cabritos, outro três pães e o terceiro um odre de vinho. ⁴Eles te saudarão e te darão dois pães, que receberás de suas mãos. ⁵Depois chegarás a Gabaá de Deus,* onde se encontra o destacamento dos filisteus. Quando entrares na cidade, encontrarás um grupo de profetas† descendo do lugar alto, precedidos de liras, pandeiros, flautas e cítaras, e eles estarão profetizando.* ⁶Então o espírito de Javé descerá sobre ti, profetizarás com eles e serás transformado em outro homem. ⁷Quando esses sinais te acontecerem, faze o que as circunstâncias pedirem, porque Deus está contigo. ⁸Depois descerás antes de mim a Guilgal, e eu descerei* a teu encontro para oferecer holocaustos e imolar sacrifícios de comunhão. Esperarás sete dias, até que eu chegue e te mostre o que deverás fazer".

⁹Logo que voltou as costas para retirar-se de Samuel, Deus lhe transformou o coração, e no mesmo dia se realizaram todos aqueles sinais. ¹⁰Ao chegarem a Gabaá,* um grupo de profetas saiu ao encontro de Saul; o espírito de

---

* **9,**17. 16,12 | **10,**1. 9,16s / 14,10; Dt 32,9; 7,6 | 5. 13,3 | 8. Jz 3,10 / Lv 1,1; 3,1 | 10. 19,20-24

† **10,**1. A unção dá ao rei um caráter sagrado, faz dele "o ungido de Javé", 12,3; 24,7. Messias é a palavra hebraica para "Ungido", que em grego é Cristo. O reino de Saul começa no ano 1030 a.C. | 5. Espécie de confraria que vivia em comunidade e usava a dança e a música para entrar em transe. Aos olhos do povo pareciam loucos, 2Rs 9,11. Aparecem com frequência na história de Eliseu, 2Rs 2,3.5.7.

Deus apoderou-se dele, e ele se pôs a profetizar no meio deles. [11]Quando todos os que o conheciam antes o viram profetizar com os profetas, diziam entre si: "Que aconteceu com o filho de Cis? Saul também está entre os profetas?" [12]Um homem do lugar respondeu: "Mas quem é o pai deles?"† Daí vem o provérbio: "Saul também está entre os profetas?"

[13]Quando acabou de profetizar, Saul subiu ao lugar alto. [14]O tio dele perguntou a seu criado: "Aonde fostes?" Respondeu ele: "Procurar as jumentas; mas, vendo que não apareciam, fomos a Samuel". [15]O tio lhe disse: "Conta-me, por favor, o que Samuel vos disse". [16]Saul respondeu ao tio: "Ele nos garantiu que as jumentas tinham sido encontradas". Mas não lhe disse nada do que Samuel lhe havia falado sobre o reino.

[17]Samuel convocou o povo* diante de Javé, em Masfa, [18]e disse aos israelitas: "Assim fala Javé, Deus de Israel: 'Eu tirei Israel do Egito* e vos livrei do poder dos egípcios e de todos os reinos que vos oprimiam'. [19]Mas hoje vós rejeitastes vosso Deus, que vos salvou de todas as vossas aflições e angústias, e dissestes: 'Estabelece um rei sobre nós'. Agora, pois, apresentai-vos diante de Javé por tribos e por famílias". [20]Samuel mandou que se aproximassem* todas as tribos de Israel, e a tribo de Benjamim foi designada pela sorte. [21]Mandou que se aproximasse a tribo de Benjamim segundo suas famílias, e foi sorteada a família de Metri. Depois foi escolhido Saul, filho de Cis. Procuraram-no, mas não foi encontrado. [22]Perguntaram então a Javé: "Esse homem já veio aqui?" Javé respondeu: "Está escondido entre a bagagem". [23]Correram a tirá-lo de lá e, quando se apresentou no meio do povo, era mais alto que todos* dos ombros para cima. [24]Samuel disse a todo o povo: "Estais vendo aquele que Javé escolheu? Não há nin-

guém como ele* em todo o povo". E todo o povo o aclamou, gritando: "Viva o rei!" [25]Então Samuel expôs ao povo* a lei do reino e a escreveu num livro, que depôs diante de Javé. Depois, Samuel despediu todo o povo, cada um para sua casa. [26]Também Saul foi para sua casa em Gabaá; e com ele foram homens valorosos, cujos corações Deus havia tocado. [27]Alguns homens grosseiros, porém, disseram: "Como é que ele pode* salvar-nos?" Fizeram pouco caso dele e não lhe levaram presentes. Mas Saul não se importou.

11 Saul vence os amonitas.
[1]Naás, o amonita, marchou contra Jabes de Galaad e sitiou-a. Todos os habitantes de Jabes disseram a Naás: "Faze aliança conosco, e nós te serviremos". [2]Mas Naás, o amonita, respondeu-lhes: "Farei aliança convosco com esta condição: tirar-vos a todos o olho direito, para assim lançar a desonra sobre todo o Israel". [3]Os anciãos de Jabes lhe responderam: "Dá-nos sete dias de prazo, a fim de que enviemos mensageiros a todo o território de Israel; se ninguém vier em nosso socorro, nós nos entregaremos a ti". [4]Os mensageiros chegaram a Gabaá de Saul e contaram isso ao povo; e todo o povo se pôs a chorar em voz alta. [5]Saul voltava então do campo, atrás dos bois, e perguntou: "Que tem o povo para chorar assim?" Contaram-lhe as palavras dos homens de Jabes. [6]Ao ouvir tais palavras, Saul ficou possuído do espírito de Deus* e encheu-se de cólera. [7]Tomou uma junta de bois, dividiu-os em pedaços e mandou-os, por meio de mensageiros, a todo o território de Israel com este aviso: "Assim se fará com os bois de quem não seguir Saul* e Samuel". O terror de Javé apoderou-se do povo, e eles se puseram em marcha como um só homem. [8]Saul passou-os em revista em Besec: os filhos de Israel eram trezentos mil

---

* **10**,17. 7,5 | 18. Jz 6,8s; Êx 20,2; Lv 25,38 | 20. Js 7,16-18 | 23. 9,2 | 24. 1Rs 1,39; 2Rs 11,12 | 25. 8,11-18; Dt 17,18ss; Js 24,26ss | 27. 11,12ss | **11**,6. 10,10; Jz 3,10 | 7. Jz 19,29; 14,15

† **10**,12. O sentido aqui é o mesmo que em Mt 13,54: "Donde lhe vem esta sabedoria?"

1 Samuel 11-12

e os homens de Judá trinta mil. [9]Disseram aos mensageiros que tinham vindo: "Assim direis aos habitantes de Jabes: 'Amanhã, quando o sol esquentar, sereis socorridos'". Os mensageiros voltaram e deram a notícia aos homens de Jabes, que se encheram de alegria. [10]Disseram aos amonitas: "Amanhã sairemos até vós, e fareis de nós o que vos aprouver".

[11]No dia seguinte, Saul dividiu o povo em três grupos, que penetraram no acampamento inimigo durante a vigília da manhã e atacaram os amonitas até a hora mais quente do dia. Os sobreviventes dispersaram-se de tal maneira que não ficaram dois deles juntos. [12]Então o povo disse a Samuel: "Quem é que perguntava se Saul devia reinar* sobre nós? Entregai-nos esses homens para que os matemos". [13]Mas Saul disse: "Hoje ninguém será morto, porque neste dia* Javé salvou Israel". [14]Samuel disse ao povo: "Vinde, vamos a Guilgal* e renovemos ali a realeza". [15]Todo o povo foi a Guilgal e lá, diante de Javé, em Guilgal, proclamaram Saul rei. Ali ofereceram sacrifícios de comunhão diante de Javé, e Saul e todos os homens de Israel se alegraram imensamente.*

12 Samuel renuncia ao cargo de juiz.
[1]Samuel disse a todo o Israel[†]: "Eu vos atendi em tudo o que me dissestes e estabeleci um rei sobre vós. [2]Agora será o rei que irá a vossa frente.* Já sou idoso, de cabelos brancos, e meus filhos estão em vosso meio.* Eu vos conduzi desde minha juventude até hoje. [3]Aqui estou. Testemunhai contra mim na presença de Javé e de seu Ungido. De quem tomei o boi?* De quem tomei o jumento? A quem defraudei? A quem oprimi? De quem recebi presentes para fechar os olhos e ajudá-lo? Eu vos restituirei tudo". [4]Responderam eles: "Tu não nos

prejudicaste, nem nos oprimiste, nem tomaste nada de ninguém". [5]Disse-lhes ele: "Javé é testemunha contra vós e é testemunha seu Ungido, neste dia, de que não encontrastes nada em minha mão". E o povo respondeu: "É testemunha". [6]Samuel disse ao povo:* "Javé é testemunha, ele que designou Moisés e Aarão e tirou vossos pais do Egito. [7]Agora, pois, permanecei aqui, para que eu, diante de Javé, discuta convosco a respeito de todos os benefícios que Javé concedeu a vós e a vossos pais. [8]Depois que Jacó entrou no Egito, vossos pais clamaram a Javé, e ele enviou Moisés e Aarão,* que tiraram vossos pais do Egito e os fizeram morar neste lugar. [9]Mas eles se esqueceram de Javé, seu Deus, e ele os entregou nas mãos de Sísara, chefe do exército de Hasor, e nas mãos dos filisteus e do rei de Moab, que lhes fizeram guerra. [10]Então clamaram a Javé, dizendo: 'Pecamos, porque abandonamos Javé para servir aos ídolos de Baal e às astartes. Mas agora, livrai-nos das mãos de nossos inimigos, e nós vos serviremos'. [11]Javé enviou Jerobaal,* Barac, Jefté e Samuel e vos livrou das mãos de vossos inimigos ao redor, e vivestes em segurança. [12]Vendo que Naás, rei dos amonitas, marchava contra vós, dissestes-me: 'Não! Um rei deve reinar sobre nós'. No entanto, Javé, vosso Deus,* é o vosso rei. [13]Aí tendes, pois, o rei que escolhestes e pedistes; Javé estabeleceu* um rei sobre vós. [14]Se temerdes Javé e o servirdes e obedecerdes a sua voz, se não fordes rebeldes às ordens de Javé, então vós e o rei que reina sobre vós continuareis a seguir Javé, vosso Deus. [15]Se, porém, não obedecerdes à voz de Javé e se vos rebelardes a suas palavras, a mão de Javé será contra vós como foi contra vossos pais. [16]Aguardai ainda agora e contemplai o prodígio que Javé vai rea-

---

* **11**,12. 10,27 | 13. 2Sm 19,23 | 14. Js 4,19 | 15. Lv 3,1 | **12**,2. Nm 27,16s / Eclo 46,19 | 3. Nm 16,15; 1Sm 8,11-17 | 6. Mq 6,4 | 8. Jz 4-5; 13-16; 3,12-30 | 11. Jz 6-8; 4-5; 11-12 | 12. 11,1s | 13. 8,7 | 17. 1Rs 18

† **12**,1. Como Moisés, Dt 29-30, e Josué, Js 23, Samuel faz um discurso de despedida: protesta sua integridade, recorda os grandes feitos de Deus em favor do povo e o exorta à fidelidade à aliança. | 17. Na Palestina não chove na época da colheita, maio-junho; só em outubro começam as chuvas.

293   1 Samuel 12-13

lizar diante de vossos olhos. [17]Não estamos na época da ceifa do trigo?* Pois eu invocarei Javé e ele fará trovejar e chover†; assim compreendereis e vereis que o mal que fizestes, pedindo para vós um rei, é grande aos olhos de Javé". [18]Samuel invocou Javé, o qual enviou naquele dia trovões e chuva; e todo o povo teve grande temor de Javé e de Samuel. [19]Por isso todo o povo disse a Samuel: "Roga a Javé, teu Deus, por teus servos, para não morrermos; porque acrescentamos a todos os nossos pecados o mal de pedir para nós um rei". [20]Samuel respondeu ao povo: "Não temais. Vós fizestes, sim, todo este mal; todavia, não deixeis de seguir Javé, mas servi-o de todo o vosso coração. [21]Não vos afasteis* dele para seguirdes coisas vãs†, que para nada servem nem podem salvar, porque nada são. [22]Javé não abandonará seu povo, por respeito a seu grande nome, porque Javé quis fazer de vós seu povo.* [23]De minha parte, longe de mim pecar contra Javé, deixando de orar por vós; antes, eu vos ensinarei o caminho bom e direito. [24]Somente temei Javé e servi-o com sinceridade de todo o vosso coração; vede quão grandes coisas fez por vós! [25]Mas se continuardes a fazer o mal, perecereis vós e vosso rei".

13   Saul luta contra os filisteus.

[1]Saul havia reinado um ano. No segundo ano de seu reinado sobre Israel, [2]escolheu para si três mil homens de Israel: dois mil estavam com ele em Macmas e na montanha de Betel e mil com Jônatas em Gabaá de Benjamim; despediu o restante do povo, cada um para sua tenda. [3]Jônatas derrotou o destacamento dos filisteus que estava em Gaba; e os filisteus souberam disso. Então Saul mandou tocar a trombeta por todo o país, dizendo: "Ouçam isto os hebreus!" [4]Todo o Israel ouviu dizer: "Saul derrotou o destacamento dos filisteus, e Israel tornou-se odioso aos filisteus". O povo foi convocado para junto de Saul em Guilgal. [5]Os filisteus reuniram-se para combater contra Israel com trinta mil carros, seis mil cavaleiros e uma tropa numerosa como a areia que há na praia* do mar; subiram e acamparam em Macmas, ao oriente de Bet-Áven. [6]Os homens de Israel viram-se em apuros, porque o povo estava sendo apertado. O povo escondeu-se então em grutas,* cavernas, entre as rochas, nos subterrâneos e nas cisternas. [7]Houve hebreus que passaram o Jordão para irem à terra de Gad e de Galaad. Saul estava ainda em Guilgal, e todo o povo o seguia tremendo.

Desobediência de Saul. [8]Ele esperou sete dias, tempo determinado por Samuel;* mas este não chegava a Guilgal, e o povo, deixando Saul, debandava. [9]Então disse Saul: "Trazei-me o holocausto e os sacrifícios de comunhão". E ofereceu o holocausto. [10]Mal tinha acabado de oferecer o holocausto, chegou Samuel, e Saul saiu-lhe ao encontro para saudá-lo. [11]Samuel perguntou: "Que fizeste?" Saul respondeu: "Quando vi que a tropa me abandonava e que tu não chegavas no dia combinado, e que os filisteus estavam concentrados em Macmas, [12]pensei: 'Os filisteus vão descer a Guilgal contra mim, e eu ainda não aplaquei Javé!' Assim me vi forçado a oferecer o holocausto". [13]Samuel disse a Saul: "Agiste como um insensato! Não observaste o mandamento que Javé, teu Deus, te havia dado. Javé teria estabelecido teu reino sobre Israel para sempre. [14]Agora, porém, teu reino não subsistirá. Javé procurou* para si um homem segundo seu coração e o designou como soberano de seu povo, porque tu não cumpriste o que Javé te havia ordenado.

Preparação para a batalha. [15]Samuel pôs-se a caminho e subiu de Guilgal para Gaba de Benjamim. Saul passou em revista a tropa que se achava com ele: eram cerca de seiscentos homens. [16]Saul, portanto, seu filho Jônatas e a tropa que

---

* **12**,21. Dt 32,37-39 | 22. Jr 14,21; Ez 20,9; Dt 7,5; Êx 32,11 | **13**,5. Js 7,2 | 6. 14,11 | 8. 10,8 | 14. At 13,22

† **12**,21. Samuel se refere aos ídolos, que nada são. O nome de Javé (= Ele é) afirma, ao contrário, seu Ser por excelência.

1 Samuel 13-14

se achava com eles tomaram posição em Gaba de Benjamim, enquanto os filisteus estavam acampados em Macmas. [17]Saiu do acampamento dos filisteus uma tropa de choque dividida em três grupos: um tomou a direção de Efra, na terra de Sual, [18]o outro rumou para Bet-Horon e o terceiro dirigiu-se para o caminho da fronteira, que domina o vale das Hienas, na direção do deserto.

[19]Em toda a terra de Israel não se encontrava um ferreiro, porque os filisteus tinham dito: "É preciso evitar que os hebreus fabriquem espadas ou lanças". [20]Por isso todos os israelitas tinham de descer aos filisteus para afiar a relha de seu arado, seu machado, sua enxada e sua foice. [21]O custo da afiação era de dois terços de siclo por relha e por machado, e um terço de siclo para a enxada ou para endireitar o aguilhão. [22]Assim, no dia da batalha, aconteceu que, em toda a tropa que estava com Saul e Jônatas, ninguém possuía espada ou lança, exceto Saul e Jônatas, seu filho, que as possuíam. [23]Um destacamento dos filisteus saiu para o passo de Macmas.

14 Valentia de Jônatas.
[1]Um dia, Jônatas, filho de Saul, disse a seu jovem escudeiro: "Vem, passemos até o posto avançado dos filisteus que está do outro lado"; mas não comunicou isto a seu pai. [2]Saul achava-se então na extremidade de Gaba, debaixo da romãzeira de Magron, com uma tropa de uns seiscentos homens. [3]Aías, filho de Aquitob,* irmão de Icabod, filho de Fineias, filho de Eli, sacerdote de Javé em Silo,* levava o efod. Aquela gente não sabia que Jônatas tinha saído. [4]No desfiladeiro, por onde Jônatas tentava chegar ao posto avançado dos filisteus, havia dois picos rochosos, um de cada lado: um se chamava Boses e o outro Sene. [5]Um deles erguia-se ao norte, diante de Macmas, e o outro, ao sul, dian-

te de Gaba. [6]Disse Jônatas a seu jovem escudeiro: "Vem, atravessemos até a posição desses incircuncisos. Pode ser que Javé faça alguma coisa por nós; porque nada impede Javé de dar a vitória por meio de muita* ou de pouca gente". [7]Respondeu-lhe o escudeiro: "Faze o que te parecer melhor; vai, que estou contigo a tua disposição". [8]Jônatas disse: "Iremos na direção desses homens e nos mostraremos a eles. [9]Se nos disserem: 'Esperai até que cheguemos até vós', ficaremos em nosso lugar e não subiremos até eles. [10]Se, porém, nos disserem: 'Subi até nós', subiremos, porque Javé os entregou em nossas mãos. Isto nos servirá de sinal".

[11]Ambos se mostraram ao destacamento dos filisteus, que disseram: "Os hebreus* estão saindo das cavernas onde se haviam escondido". [12]Os homens do destacamento disseram a Jônatas e a seu escudeiro: "Subi até nós, que temos uma coisa a vos dizer". Então disse Jônatas a seu escudeiro: "Sobe atrás de mim, pois Javé os entregou nas mãos de Israel". [13]Jônatas subiu usando as mãos e os pés, seguido de seu escudeiro. Os filisteus caíam diante de Jônatas, e o escudeiro, atrás dele, acabava de matá-los. [14]Esse primeiro massacre realizado por Jônatas e seu escudeiro foi de uns vinte homens no espaço de meio sulco. [15]O pânico espalhou-se no acampamento, no campo e entre toda aquela gente; também o destacamento* e a tropa de choque encheram-se de medo; a terra tremeu, e Deus mandou seu terror.

Derrota dos filisteus. [16]As sentinelas* de Saul, que se achavam em Gaba de Benjamim, olharam e viram que a multidão se dispersava e fugia para todos os lados. [17]Saul disse à tropa que estava com ele: "Fazei a chamada para ver quem dos nossos saiu". Feita a chamada, viram que faltavam Jônatas e seu escudeiro. [18]Então Saul disse a Aías:

---

* **14,**3. 4,21 / 2,28; 14,18 | 6. 17,48 | 11. 13,6 | 15. 13,16s.23 | 16. 11,7

† **14,**18. Efod aqui tem o sentido de objeto para tirar a sorte. Nossa tradução segue o grego. O hebraico diz: "Traze a arca de Deus; pois nesse dia a arca de Deus estava com os israelitas". Saul interrompe a consulta a Deus, pressentindo a iminência do combate.

295   1 Samuel 14

"Traze o efod"; pois era ele que levava o efod diante de Israel nesse dia†. [19]Enquanto* Saul estava falando com o sacerdote, crescia o tumulto no acampamento dos filisteus. Por isso Saul disse ao sacerdote: "Retira tua mão". [20]Saul e todos os que estavam com ele se reuniram e foram até o lugar do combate; os filisteus brandiam a espada uns contra os outros, e a confusão era total. [21]Os hebreus, que antes se haviam posto a serviço dos filisteus e que tinham subido com eles dos arredores ao acampamento, voltaram e se uniram aos israelitas que estavam com Saul e Jônatas. [22]Também todos os israelitas que se haviam escondido na montanha de Efraim, ao saber que os filisteus fugiam, puseram-se também a persegui-los para combatê-los. [23]Assim, naquele dia, Javé salvou Israel.

Jônatas desobedece ao juramento. A batalha estendeu-se até além de Bet-Áven. [24]Os israelitas estavam exaustos naquele dia, porque Saul mandou o povo fazer este juramento: "Maldito quem comer alguma coisa antes do anoitecer†, antes que eu me tenha vingado de meus inimigos". Por isso ninguém dentre o povo comeu coisa alguma. [25]Todo o povo entrou num bosque, onde havia mel à flor da terra. [26]Quando o povo entrou no bosque, viu o mel que escorria, mas ninguém levou a mão à boca, por respeito ao juramento. [27]Jônatas, porém, não tinha ouvido quando seu pai mandou o povo jurar; estendeu a ponta da vara que tinha na mão, molhou-a num favo de mel, levou a mão à boca e sua vista clareou. [28]Alguém do povo disse: "Teu pai fez o povo jurar, dizendo: 'Maldito o homem que tomar alimento hoje!'" E o povo estava exausto. [29]Jônatas respondeu: "Meu pai prejudicou o país. Vede como se aclararam meus olhos por eu ter provado um pouco deste mel. [30]Quanto mais se o povo tivesse comido hoje à vontade dos despojos tomados dos inimigos: quão maior teria sido a der-

rota dos filisteus!" [31]Naquele dia eles bateram os filisteus desde Macmas até Aialon; mas o povo estava esgotado.

As carnes com sangue. [32]O povo lançou-se,* então, sobre os despojos; tomaram ovelhas, bois, novilhos, e os mataram no chão e comeram as carnes com o sangue. [33]Comunicaram isto a Saul, dizendo: "O povo está pecando contra Javé, está comendo carne com o sangue". Saul disse: "Fostes infiéis! Rolai agora para perto de mim uma grande pedra". [34]E acrescentou: "Espalhai-vos entre o povo e dizei-lhes: 'Cada um me traga seu boi ou sua ovelha, para degolá-los aqui e comê-los; mas não pequeis contra Javé, comendo com o sangue'". Assim, naquela noite, cada um do povo trouxe consigo seu boi e ali o imolou. [35]Então Saul construiu um altar* a Javé; esse foi o primeiro altar que Saul construiu a Javé.

Jônatas é descoberto e salvo. [36]Depois Saul disse: "Desçamos esta noite atrás dos filisteus, saqueemo-los até o raiar do dia e não deixemos nenhum deles com vida". O povo respondeu: "Faze tudo o que te parecer bom". Mas o sacerdote disse: "Consultemos a Deus aqui". [37]Saul perguntou a Deus: "Devo perseguir os filisteus? Vós os entregareis nas mãos de Israel?" Mas naquele dia Deus não lhe deu resposta. [38]Então disse Saul: "Vinde aqui, vós todos, chefes do povo, e examinai* e vede qual foi o pecado cometido hoje. [39]Porque tão certo como vive Javé, o salvador de Israel, ainda que a culpa esteja em meu filho Jônatas, certamente morrerá". Não houve em todo o povo quem lhe respondesse. [40]Então disse a todo o Israel: "Ficai de um lado, e eu com meu filho Jônatas ficaremos do outro". O povo respondeu a Saul: "Faze o que te parecer bem". [41]Saul disse a Javé: "Javé, Deus de Israel, dai a resposta justa!" Caiu a sorte em Jônatas e Saul, e o povo saiu livre. [42]Então disse Saul: "Lançai a sorte entre mim e Jônatas, meu filho. E a sorte caiu em Jô-

---

* **14**,19. 2,28 | 32. Js 10,10ss; Lv 1,5 | 35. Jz 6,24 | 38. 28,6

† **14**,24. Como no combate espiritual contra o Maligno, o jejum serve para obter de Deus a vitória.

1 Samuel 14-15

natas. ⁴³Saul disse a Jônatas: "Declara-me o que fizeste". Jônatas o declarou, dizendo: "Provei, sim, um pouco de mel com a ponta da vara que tinha na mão; estou pronto para morrer". ⁴⁴Saul disse: "Que Deus me faça um mal* em cima de outro se tu não morreres, Jônatas". ⁴⁵Mas o povo disse a Saul: "Há de morrer Jônatas que obteve tamanha salvação em Israel? Jamais! Pela vida de Javé, não cairá por terra um só cabelo de sua cabeça, porque hoje ele agiu com Deus". Assim o povo salvou Jônatas, e ele não foi morto. ⁴⁶Saul desistiu de perseguir os filisteus, e estes foram para sua terra.

Vitórias de Saul. Sua família. ⁴⁷Depois de tomar posse do reino de Israel, Saul fez guerra contra todos os seus inimigos em redor: contra Moab, os amonitas, Edom, os reis de Soba* e os filisteus; e para onde quer que se voltasse, era vitorioso. ⁴⁸Mostrou sua valentia derrotando os amalecitas e libertando Israel das mãos dos opressores. ⁴⁹Os filhos de Saul eram: Jônatas, Jesui e Melquisua, e suas duas filhas se chamavam Merob, a primeira, e Micol, a mais nova. ⁵⁰A mulher de Saul chamava-se Aquinoam, filha de Aquimaás; e o general de seu exército chamava-se Abner,* filho de Ner, tio de Saul. ⁵¹Cis, pai de Saul, e Ner, pai de Abner, eram filhos de Abiel. ⁵²Durante todo o tempo de Saul houve uma guerra feroz contra os filisteus. Quando via um homem forte* e valoroso, ele o tomava consigo.

15

Guerra contra os amalecitas. ¹Samuel disse a Saul: "Javé me enviou para te ungir rei sobre seu povo Israel. Agora, pois, ouve as palavras de Javé. ²Assim fala Javé dos exércitos: 'Vou punir Amalec* pelo que fez a Israel, barrando-lhe o caminho quando saía do Egito. ³Vai, pois, agora e ataca Amalec e vota ao extermínio* tudo o que lhe pertence, sem piedade, ma-

tando homens e mulheres, crianças e bebês, bois e ovelhas, camelos e jumentos'".

⁴Saul convocou o povo e o passou em revista em Telém: eram duzentos mil infantes e dez mil homens de Judá. ⁵Saul foi à cidade de Amalec e pôs uma emboscada no vale. ⁶Ele disse aos quenitas: "Retirai-vos, afastai-vos, saí do meio dos amalecitas,* para que eu não vos destrua com eles; pois vós tratastes com bondade os israelitas quando subiam do Egito". Os quenitas afastaram-se do meio dos amalecitas. ⁷E Saul derrotou os amalecitas desde Hévila até Sur, que está ao oriente do Egito. ⁸Capturou vivo Agag, rei dos amalecitas, e votou todo o povo ao extermínio, passando-o a fio de espada.

Segunda desobediência de Saul. ⁹Mas Saul e a tropa pouparam Agag e o melhor das ovelhas e dos bois, os animais cevados, os cordeiros e tudo o que havia de bom; não o quiseram votar ao extermínio, mas tudo o que era desprezível e sem valor votaram-no ao extermínio†. ¹⁰Então foi dirigida a Samuel esta palavra de Javé: ¹¹"Arrependo-me de ter feito rei a Saul, porque se afastou de mim e não cumpriu minhas ordens". Samuel entristeceu-se e clamou a Javé a noite toda.

¹²Levantou-se de manhã cedo para ir ao encontro de Saul, mas alguém veio dizer-lhe: "Saul foi ao Carmelo, onde ergueu para si um monumento e, quando voltou, seguiu adiante e desceu a Guilgal". ¹³Samuel foi a Saul, e este lhe disse: "Que Javé te abençoe! Cumpri a ordem de Javé". ¹⁴Mas Samuel disse: "O que são esses balidos de ovelhas que chegam a meus ouvidos e esses mugidos de bois que ouço?" ¹⁵Disse Saul: "Foram trazidos dos amalecitas; porque o povo poupou o melhor das ovelhas e dos bois para oferecer em sacrifício a Javé, teu Deus; o resto nós votamos ao extermínio". ¹⁶Disse então Samuel a Saul: "Basta! Eu

---

* **14**,44. Rt 1,17 | 47. 2Sm 8,2s; 10,2s; 10,6s | 50. 18,17s.20s | 52. 9,1 | **15**,2. Êx 17,8-16; Dt 25,17ss | 3. Js 6,17 | 6. Êx 17,8

† **15**,9. Querendo agradar ao povo, Saul comete uma falta grave contra Javé, violando o extermínio, Dt 7,2.

te anunciarei o que Javé me disse esta noite". Respondeu-lhe Saul: "Fala".

[17]Samuel prosseguiu: "Ainda que sejas pequeno a teus próprios olhos, não és o chefe das tribos de Israel, e Javé não te ungiu rei de Israel? [18]Javé te enviou em expedição, dizendo: 'Vai, e vota ao interdito esses pecadores, os amalecitas, e combate-os até exterminá-los'. [19]Por que não obedeceste à voz de Javé, mas te lançaste sobre os despojos, fazendo o que desagrada a Javé?" [20]Saul respondeu a Samuel: "Eu obedeci, sim, à voz de Javé; parti em expedição para onde Javé me mandou, trouxe aqui Agag, rei de Amalec, e votei os amalecitas ao extermínio. [21]Mas o povo tomou dos despojos ovelhas e bois, como primícias do que devia ser exterminado, para sacrificá-los a Javé, teu Deus, em Guilgal". [22]Samuel disse:

"Porventura Javé se compraz tanto
nos holocaustos e nos sacrifícios*
como na obediência a sua voz?
A obediência vale mais* que o sacrifício†,
e a docilidade, mais que gordura dos
carneiros.
[23]A rebeldia é como o pecado de adivinhação,
e a obstinação é igual à idolatria†.
Porque rejeitaste a palavra de Javé,
ele te rejeitou para que não reines
mais".

[24]Então Saul disse a Samuel: "Pequei, transgredindo a ordem de Javé e tuas palavras, porque tive medo do povo e atendi a seus pedidos. [25]Agora, pois, eu te peço, perdoa meu pecado e volta comigo, para que possa adorar Javé". [26]Mas Samuel respondeu a Saul: "Não voltarei contigo, porque rejeitaste a palavra de Javé, e Javé te rejeitou, a fim de que não sejas rei sobre Israel". [27]Samuel voltou-se para se retirar, mas Saul o segurou pela orla do manto, o qual se rasgou. [28]Então

Samuel* lhe disse: "Hoje Javé rasgou de ti o reino de Israel e o deu a um outro, que é superior a ti. [29]Além disso, Aquele que é a glória de Israel não mente nem se arrepende, pois não é um ser humano para se arrepender".* [30]Disse Saul: "Pequei; mas agora honra-me, te peço, diante dos anciãos de meu povo e diante de Israel: volta comigo, para que possa adorar Javé, teu Deus". [31]Samuel voltou com Saul, e este adorou Javé. [32]Em seguida Samuel ordenou: "Trazei-me Agag, rei de Amalec. Agag aproximou-se dele confiante, pensando: "Passou a amargura da morte". [33]Disse Samuel: "Assim como tua espada deixou sem filhos as mulheres, assim sem filhos ficará tua mãe entre as mulheres". E o fez em pedaços diante de Javé, em Guilgal. [34]A seguir Samuel partiu para Ramá, e Saul subiu para sua casa em Gabaá de Saul. [35]Samuel não viu mais Saul até o dia de sua morte; mas Samuel chorava por Saul, pois Javé se arrependera de ter estabelecido Saul como rei de Israel.

III. SAUL E DAVI
(16–31)

16 Davi é ungido rei†. [1]Javé disse a Samuel: "Até quando ficarás chorando por Saul, quando eu o rejeitei, para que não reine sobre Israel? Enche de óleo o chifre† e vai; eu te envio a Jessé, de Belém,* pois dentre seus filhos escolhi para mim um rei". [2]Samuel respondeu: "Como irei? Se Saul ficar sabendo, ele me matará". Javé disse-lhe: "Toma contigo uma novilha e dize: 'Vim oferecer um sacrifício a Javé'. [3]Convida Jessé para o sacrifício e eu te mostrarei o que deves fazer; ungirás para mim aquele que eu te indicar". [4]Samuel fez como Javé lhe dissera. Quando chegou a Belém, os anciãos da cidade saíram tremendo a seu encontro e lhe per-

---

* **15**,22. Am 5,21 / Os 6,6 | 28. 1Rs 11,11.30s; Jr 18,1 | 29. Nm 23,19; 1Sm 15,11 | **16**,1. Rt 4,17.22; Is 11,1

† **15**,22. Princípio inculcado pelos profetas, Is 1,11-17; Jr 6,20; Os 6,6; Mq 6,6-8. | 23. Literalmente, "um crime de terafim". Terafim eram pequenos ídolos representando os deuses protetores do lar, Gn 31,19.34; serviam para a adivinhação, Ez 21,26, que é um pecado contra a fé em Deus. | **16**,1. Esta unção permanecerá secreta e não altera a vida de Davi nem a de Saul, que continua rei até a morte, 31,4, porém cada vez mais isolado de Deus e do povo. Davi será coroado rei em Hebron, 2Sm 5,1-5. / O chifre de boi servia de recipiente para guardar o óleo, 1Rs 1,39.

1 Samuel 16-17

guntaram: "Vens trazer-nos a paz?" ⁵Ele respondeu: "Venho, sim; vim para oferecer um sacrifício a Javé; purificai-vos e vinde comigo ao sacrifício". Purificou Jessé e seus filhos e os convidou para o sacrifício. ⁶Quando eles chegaram, Samuel olhou para Eliab e pensou: "Com certeza o Ungido de Javé está aqui diante dele". ⁷Mas Javé disse a Samuel: "Não leves em conta sua aparência,* nem sua alta estatura, pois o descartei. Não se trata do que o homem vê. O homem vê a aparência,* mas Javé vê o coração". ⁸Então Jessé chamou Abinadab e fê-lo passar diante de Samuel, o qual disse: "Também não é este o que Javé escolheu". ⁹Jessé fez passar Sama,* mas Samuel disse: "Tampouco é este o escolhido por Javé". ¹⁰Jessé apresentou a Samuel sete de seus filhos, mas Samuel disse a Jessé: "Javé não escolheu nenhum desses". ¹¹A seguir Samuel perguntou a Jessé: "Teus filhos estão todos aqui?" Respondeu Jessé: "Falta o mais novo, que está apascentando o rebanho". Samuel disse a Jessé: "Manda buscá-lo, pois não nos sentaremos à mesa enquanto ele não tiver chegado". ¹²Jessé mandou buscá-lo. Era ruivo,* de olhos bonitos e de bela aparência. Javé disse: "Levanta-te e unge-o, pois é este". ¹³Samuel tomou o chifre de óleo* e o ungiu no meio de seus irmãos. A partir desse dia, o espírito de Javé apoderou-se de Davi. Samuel levantou-se e voltou para Ramá.

Davi na corte de Saul†. ¹⁴O espírito de Javé retirou-se de Saul, e um espírito mau, da parte de Javé, começou a atormentá-lo†. ¹⁵Por isso os servos de Saul lhe disseram: "Um mau espírito vindo de Deus te atormenta. ¹⁶Ordene nosso senhor a teus servos que estão diante de ti que procurem alguém que saiba tocar harpa e, quando de Deus vier sobre ti o mau espírito, ele a tocará, e

te sentirás melhor". ¹⁷Saul disse a seus servos: "Procurai para mim um homem que saiba tocar bem e trazei-o". ¹⁸Um dos jovens respondeu: "Conheço um filho de Jessé, de Belém, que sabe tocar; é forte e valente, homem de guerra, habilidoso no falar, de belo aspecto e Javé está com ele". ¹⁹Saul enviou mensageiros a Jessé para lhe dizer: "Manda-me teu filho Davi, o que está com o rebanho". ²⁰Jessé tomou um jumento carregado de pães, um odre de vinho e um cabrito e os enviou a Saul por meio de seu filho Davi. ²¹Davi chegou à presença de Saul e se pôs a seu serviço; Saul afeiçoou-se muito a ele e o nomeou seu escudeiro. ²²Saul mandou dizer a Jessé: "Permite que Davi fique a meu serviço, pois ganhou minha afeição". ²³Cada vez que o espírito de Deus assaltava Saul, Davi tomava a harpa e a tocava, e Saul se acalmava, se sentia melhor e o espírito mau fugia dele.

17 **Guerra contra os filisteus.** ¹Os filisteus ajuntaram suas tropas para a guerra e se reuniram em Soco de Judá; acamparam entre Soco e Azeca, em Éfes-Domim. ²Também Saul e os homens de Israel se reuniram e acamparam no vale do Terebinto, e se puseram em ordem de batalha para enfrentar os filisteus. ³Os filisteus estavam num monte de um lado, e Israel estava num monte do outro lado, e no meio havia o vale. ⁴Saiu então do acampamento dos filisteus* um gigante, que se chamava Golias, de Gat, e que tinha seis côvados e um palmo de altura. ⁵Trazia na cabeça um capacete de bronze e vestia uma couraça de escamas que pesava cinco mil siclos de bronze†. ⁶Trazia caneleiras de bronze nas pernas e um dardo de bronze entre os ombros. ⁷A haste de sua lança era como o cilindro

---

* **16**,7. 9,2; 10,23s; / Jr 17,10; 20,12; 11,20; Is 55,8s **|** 9. Jó 10,4; Sl 147,10s; Pr 15,11 **|** 12. 2Sm 14,25s **|** 13. 10,6; Jz 3,10 **| 17**,4. 2Sm 21,19

† **16**,14. Essas histórias sobre Davi provêm de várias tradições, difíceis de harmonizar. / O quadro que nós identificaríamos talvez como depressão, é diagnosticado pelo autor como resultante de um espírito mau. E esse mau espírito vem de Javé, conforme a linguagem bíblica que atribui diretamente a Deus o bem e o mal. **| 17**,5. Golias é descrito como um herói legendário: 3 m de altura, com uma couraça de 60 kg e uma lança de 6 kg.

de um tear, e a ponta da lança pesava seiscentos siclos de ferro. Um escudeiro o precedia. [8]Parou diante das fileiras de Israel e gritou-lhes: "Por que saís, dispondo-vos em ordem de batalha? Não sou eu filisteu, e vós os servos de Saul? Escolhei dentre vós um homem que venha contra mim. [9]Se for capaz de combater comigo e me matar, nós seremos vossos servos; mas se eu o vencer e o matar, vós sereis nossos súditos e nos servireis". [10]E o filisteu acrescentou: "Lanço hoje este desafio às fileiras de Israel: Dai-me um homem que lute comigo". [11]Ao ouvirem essas palavras do filisteu, Saul e todo o Israel ficaram consternados e cheios de medo.

Davi no acampamento. [12]Davi era filho de um efraimita de Belém* de Judá, chamado Jessé, que tinha oito filhos. Nos tempos de Saul, esse homem já era idoso e de idade avançada. [13]Seus três filhos mais velhos partiram para a guerra seguindo Saul; eles se chamavam Eliab, o primogênito, Abinadab, o segundo, e Sama, o terceiro. [14]Davi era o mais novo e, enquanto os três mais velhos seguiam Saul, [15]ele ia e vinha de onde estava Saul para apascentar o rebanho de seu pai em Belém.

[16]Entretanto aquele filisteu vinha de manhã e de tarde, apresentando-se assim durante quarenta dias. [17]Jessé disse a seu filho Davi: "Toma para teus irmãos um efá deste trigo tostado e estes dez pães e leva-os, correndo, a teus irmãos no acampamento. [18]Leva também estes dez queijos ao comandante dos mil; vê se teus irmãos estão bem e traze-me um sinal da parte deles. [19]Saul e eles, com todos os homens de Israel, estão no vale do Terebinto, combatendo contra os filisteus". [20]Davi levantou-se de manhã cedo, deixou o rebanho com um guarda e, carregando as coisas, partiu como Jessé lhe havia ordenado; chegou ao acampamento na hora em que o exército saía para tomar posição de combate e lançava o grito de guerra. [21]Israelitas e filisteus puseram-se em ordem de batalha, exército contra exército. [22]Então Davi deixou sua carga aos cuidados do guarda das bagagens, correu para as fileiras e foi cumprimentar seus irmãos. [23]Enquanto falava com eles, saiu das fileiras dos filisteus aquele gigante, o filisteu de Gat, chamado Golias, falando as palavras de sempre, e Davi as ouviu. [24]Ao verem aquele homem, todos os israelitas* fugiram dele e tiveram grande medo. [25]Os homens de Israel diziam: "Vedes este homem que avança? Vem desafiar Israel. O rei cumulará de grandes riquezas aquele que o matar, e lhe dará sua filha por esposa, e isentará de qualquer tributo em Israel a casa de seu pai". [26]Davi perguntou aos que estavam perto dele: "O que será dado a quem matar esse filisteu e tirar essa afronta de Israel? Mas quem é este filisteu incircunciso que ousa insultar o exército do Deus vivo?" [27]E o povo lhe repetiu* as mesmas palavras: "Assim será feito a quem o matar". [28]Eliab, seu irmão mais velho, ouviu-o conversar com os outros, irritou-se contra ele e disse: "Por que vieste aqui? E com quem deixaste aquelas poucas ovelhas no deserto? Conheço tua arrogância e a maldade de teu coração; foi para ver a batalha que vieste". [29]Davi disse: "Que fiz eu agora? Fiz somente uma pergunta". [30]Afastando-se dele, dirigiu-se a um outro, fazendo a mesma pergunta; e lhe responderam como antes. [31]Os que ouviram as palavras de Davi foram levá-las ao conhecimento de Saul, que mandou chamá-lo.

Davi mata o gigante Golias. [32]Davi disse a Saul: "Que ninguém perca a coragem por causa dele. Teu servo irá combater contra aquele filisteu". [33]Saul disse a Davi: "Não poderás enfrentar esse filisteu para lutar com ele, porque não passas de um rapaz, e ele é um guerreiro desde sua juventude". [34]Davi respondeu a Saul: "Teu servo apascentava o rebanho de seu pai, e quando vinha um leão ou um urso e arrebatava uma ovelha do rebanho, [35]corria atrás dele e o atacava e lhe tirava da boca a presa; e se ele se voltava contra mim,

---

* **17**,12. Rt 1,2; 1Sm 10,16s | 24. 17,8ss | 27. Js 5,9; Jz 14,3; 15,18

1 Samuel 17-18

eu o agarrava pela queixada e o feria e matava. ³⁶Teu servo venceu o leão e o urso, e esse filisteu incircunciso será como um deles, porque insultou as fileiras do Deus vivo". ³⁷E acrescentou: "Javé, que me salvou* das garras do leão e do urso, vai livrar-me do poder desse filisteu". Então Saul disse a Davi: "Vai, e que Javé esteja contigo".

³⁸Saul revestiu Davi com sua armadura, colocou-lhe na cabeça um capacete de bronze e o vestiu com uma couraça. ³⁹Davi cingiu a espada de Saul sobre a armadura e tentou andar, porque não estava habituado. Por isso disse a Saul: "Não posso andar com isso, pois não estou acostumado". Tirando de si aquelas coisas, ⁴⁰tomou na mão seu cajado, escolheu na torrente cinco pedras lisas, colocou-as em seu embornal de pastor, ou seja, em seu alforje e, com a funda na mão, avançou contra o filisteu. ⁴¹Também o filisteu avançou, aproximando-se sempre mais de Davi, e seu escudeiro o precedia. ⁴²O filisteu olhou e, quando viu Davi, o desprezou, porque era ainda moço,* ruivo e de bela aparência. ⁴³O filisteu perguntou a Davi: "Sou acaso um cachorro, para vires contra mim com paus?" E o amaldiçoou por seus deuses. ⁴⁴Disse ainda o filisteu a Davi: "Vem cá e darei tuas carnes às aves do céu e às feras do campo". ⁴⁵Em resposta, disse Davi ao filisteu: "Tu vens a mim com espada, lança e dardo; eu, porém, vou a ti em nome de Javé dos exércitos, o Deus das fileiras de Israel, que desafiaste. ⁴⁶Hoje Javé te entregará em minhas mãos, e eu te abaterei e te cortarei a cabeça; darei hoje os cadáveres do exército dos filisteus às aves do céu e às feras do campo; toda a terra saberá* que existe um Deus em Israel; ⁴⁷e toda esta assembleia vai ficar sabendo que Javé salva não com espada, nem com lança, porque a batalha é de Javé, e ele vos entregará em nosso poder".

⁴⁸Quando o filisteu se moveu,* avançou e se aproximou para atacar Davi, este apressou-se e correu ao combate contra o filisteu. ⁴⁹Davi meteu a mão no embornal, apanhou uma pedra e atirou-a com a funda, atingindo o filisteu na fronte. A pedra penetrou-lhe na fronte, e ele caiu com o rosto em terra. ⁵⁰Foi assim que Davi venceu o filisteu, ferindo-o de morte com a funda e com a pedra. Como não tinha espada, ⁵¹correu, pôs-se de pé sobre o filisteu, pegou a espada dele, desembainhou-a e matou-o, cortando-lhe a cabeça com ela. Vendo que estava morto seu herói, os filisteus fugiram. ⁵²Então os homens de Israel e de Judá se levantaram e, lançando gritos de guerra, perseguiram os filisteus até Gat e até as portas de Acaron; os filisteus caíram mortos pelo caminho desde Saraim até Gat e Acaron. ⁵³Voltando da perseguição aos filisteus, os israelitas saquearam seu acampamento. ⁵⁴Davi apanhou a cabeça do filisteu e levou-a para Jerusalém, e guardou as armas dele em sua tenda.*

⁵⁵Quando Saul viu Davi avançar contra o filisteu, perguntou a Abner, general do exército: "Abner, de quem é filho esse rapaz?" Abner respondeu: "Por tua vida, ó rei, não sei". ⁵⁶O rei ordenou: "Pergunta de quem é filho esse rapaz". ⁵⁷Quando Davi voltou, depois de ter matado o filisteu, Abner tomou-o consigo e o levou à presença de Saul; Davi tinha na mão a cabeça do filisteu. ⁵⁸Saul perguntou-lhe: "Jovem, és filho de quem?" Davi respondeu: "Sou filho de teu servo Jessé, de Belém".

18 A amizade entre Jônatas e Davi.
¹Quando Davi acabou de falar com Saul, Jônatas afeiçoou-se a Davi,* e Jônatas o amou como a si mesmo. ²Naquele dia Saul o reteve consigo e não o deixou voltar à casa de seu pai. ³Jônatas fez um pacto com

---

* **17**,37. Dt 30,3s; Lv 26,8; Pr 28,1 **|** 42. 16,12 **|** 46. Js 4,24 **|** 48. Os 1,7; 1Sm 14,6; 2Rs 19,34s **|** 54. 17,57; 21,9 **| 18**,1. 19,1-7; 20; 23,16ss; 2Sm 1,26

† **18**,3. Enquanto crescem a inveja e o ódio de Saul, nasce a forte amizade entre Davi e o filho de Saul, Jônatas.

301 1 Samuel 18

Davi, porque o amava como a si próprio†. ⁴Tirou o manto que usava e o deu a Davi; assim fez com suas vestes, a espada, o arco e o cinturão. ⁵Davi saía aonde quer que Saul o mandava e era bem-sucedido. Por isso Saul o colocou à frente dos guerreiros, e ele era estimado por todo o povo e também pelos oficiais de Saul.

Inveja de Saul. ⁶Ao retornarem eles, quando Davi voltava depois de matar o filisteu, as mulheres de todas as cidades de Israel saíram ao encontro* do rei Saul cantando e dançando alegremente, com tambores e címbalos. ⁷As mulheres cantavam, enquanto tocavam e diziam:

"Saul matou seus mil,
mas Davi, seus dez mil".*

⁸Saul se enfureceu, pois lhe desagradaram essas palavras, e disse: "Deram a Davi dez mil e a mim apenas mil; que mais lhe falta senão o reino?" ⁹Daquele dia em diante, Saul não mais olhou Davi com bons olhos.

¹⁰No dia seguinte um espírito mau* da parte de Deus apoderou-se de Saul, e ele começou a delirar no meio de sua casa. Como nos outros dias, Davi dedilhava a harpa. Saul estava com uma lança na mão. ¹¹Ele arremessou a lança, pensando cravar Davi à parede, mas este se esquivou duas vezes. ¹²Saul ficou com medo de Davi, porque Javé estava com Davi, ao passo que se havia retirado dele. ¹³Por isso o afastou de si, nomeando-o chefe de mil; e Davi saía e voltava à frente da tropa. ¹⁴Era bem-sucedido em todas as suas expedições, e Javé estava com ele. ¹⁵Vendo como ele se saía bem, Saul teve medo dele. ¹⁶Mas todos em Israel* e em Judá gostavam de Davi, porque os comandava na saída e na volta.

Davi casa com a filha de Saul. ¹⁷Saul disse a Davi: "Aqui está Merob, minha filha mais velha, que te darei por esposa, contanto que sejas um guerreiro valoroso a meu serviço e traves as batalhas de Javé". Porque Saul pensava: "Que não seja minha mão a abatê-lo, mas que seja a mão dos filisteus". ¹⁸Davi respondeu a Saul: "Quem sou eu e o que é minha vida, ou a casa de meu pai em Israel, para eu vir a ser genro do rei?" ¹⁹Mas quando chegou o tempo em que Merob, filha de Saul, devia ser dada a Davi, foi dada por esposa a Adriel de Meola.*

²⁰Ora Micol, outra filha de Saul, amava Davi. Contaram isto a Saul, e ele ficou contente. ²¹Pensava consigo mesmo: "Eu lhe darei Micol, para que seja para ele um laço que o fará cair nas mãos dos filisteus". Portanto, disse Saul a Davi pela segunda vez: "Hoje te tornarás meu genro". ²²Saul ordenou a seus servos: "Falai em segredo a Davi, dizendo: 'O rei te quer bem, e seus servos te estimam; torna-te genro do rei'". ²³Os servos de Saul repetiram essas palavras aos ouvidos de Davi, mas ele respondeu: "Parece-vos pouco chegar a ser genro do rei? Eu sou um homem pobre e de condição humilde". ²⁴Os servos de Saul levaram-lhe a resposta, dizendo: "Assim falou Davi". ²⁵Saul respondeu: "Dizei a Davi: O rei não deseja dote algum, mas cem prepúcios de filisteus,* para se vingar de seus inimigos". Saul pensava fazer Davi cair nas mãos dos filisteus. ²⁶Quando os servos comunicaram a Davi essas palavras, agradou-lhe a proposta de se tornar genro do rei. E antes de expirar o prazo, ²⁷Davi se pôs a caminho, partiu com seus homens e matou duzentos filisteus. Levou todos os seus prepúcios ao rei, a fim de se tornar genro do rei. E Saul deu-lhe sua filha Micol por esposa. ²⁸Saul teve de reconhecer que Javé estava com Davi e que sua filha Micol o amava. ²⁹Saul ficou com mais medo ainda de Davi e se tornou seu inimigo durante toda a vida. ³⁰Os chefes dos filisteus continuaram a sair para a guerra, mas cada vez que o faziam, Davi tinha mais êxito do que todos os oficiais de Saul. Por esse motivo seu nome se tornou muito famoso.

---

* **18**,6. Êx 15,20s; Jz 5; 11,34 | 7. 21,12; 29,5 | 10. 19,9s; 16,14 | 16. 2Sm 5,2 | 19. 2Sm 21,8 | 25. 17,26

1 Samuel 19-20

19 **Jônatas defende Davi.** [1]Saul comunicou a Jônatas, seu filho, e a todos os seus oficiais que planejava matar Davi. Mas Jônatas, filho de Saul, tinha grande afeição por Davi. [2]Avisou Davi, dizendo: "Saul, meu pai, está procurando te matar; por isso, toma cuidado amanhã cedo, fica num lugar secreto e esconde-te". [3]Eu sairei e estarei ao lado de meu pai no campo onde estiveres, e falarei de ti a meu pai; e se eu perceber alguma coisa te avisarei". [4]Jônatas falou a Saul, seu pai, em favor de Davi e lhe disse: "Que o rei não faça mal a seu servo Davi, pois ele não te ofendeu; ao contrário, o serviço dele tem sido de grande vantagem para ti. [5]Pondo em risco sua vida, ele matou o filisteu, e Javé deu uma grande vitória a todo o Israel. Tu mesmo o viste e te alegraste. Por que, pois, haverias de pecar, derramando sangue inocente, matando Davi sem motivo?" [6]Saul atendeu ao apelo de Jônatas e jurou: "Pela vida de Javé, ele não morrerá!" [7]Então Jônatas chamou Davi e lhe contou tudo isso; depois o apresentou a Saul, e Davi ficou a serviço dele como antes. [8]Começou de novo* a guerra, e Davi saiu para combater contra os filisteus; infligiu-lhes uma grande derrota, e eles fugiram diante dele.

Micol salva Davi. [9]Um espírito mau,* da parte de Javé, apoderou-se de Saul, quando estava sentado em sua casa com a lança na mão, enquanto Davi tocava a harpa. [10]Saul tentou cravar Davi à parede com a lança; mas Davi desviou-se diante de Saul, e a lança cravou-se na parede. Davi fugiu e escapou naquela noite. [11]Então Saul enviou emissários à casa de Davi para que o vigiassem e o matassem na manhã seguinte. Mas Micol, mulher de Davi, avisou-o, dizendo: "Se não fugires esta noite, amanhã serás morto". [12]Micol fez Davi descer por uma janela, e ele saiu, fugiu e se pôs a salvo. [13]Depois Micol tomou um ídolo doméstico* e o deitou na cama; pôs-lhe na cabeça uma pele de cabra e o

cobriu com um manto. [14]Saul mandou emissários para prenderem Davi, mas ela lhes disse: "Ele está doente". [15]Saul tornou a mandar emissários para que vissem Davi, ordenando-lhes: "Trazei-o na cama, para ser morto". [16]Ao entrarem, os emissários só encontraram na cama o ídolo com uma pele de cabra na cabeça. [17]Saul perguntou a Micol: "Por que me enganaste assim e deixaste meu inimigo fugir e escapar?" Micol respondeu a Saul: "Ele me disse: Deixa-me ir, porque senão te mato!".

Davi refugia-se em Naiot. [18]Depois que Davi fugiu e se pôs a salvo, foi encontrar-se com Samuel em Ramá e contou-lhe tudo o que Saul lhe havia feito. Ele e Samuel partiram e foram morar em Naiot. [19]Informaram a Saul, dizendo: "Davi está em Naiot de Ramá". [20]Então Saul enviou emissários para prenderem Davi; mas quando eles viram a comunidade dos profetas profetizando†, com Samuel a sua frente,* o espírito de Deus apoderou-se dos emissários de Saul, e eles também se puseram a profetizar. [21]Informado disso, Saul mandou outros emissários, os quais também se puseram a profetizar. Mandou um terceiro grupo de emissários, que também se puseram a profetizar. [22]Então ele próprio foi a Ramá; ao chegar à grande cisterna que está em Soco, perguntou: "Onde estão Samuel e Davi?" Responderam-lhe: "Estão em Naiot de Ramá". [23]Então ele foi para Naiot de Ramá; e o espírito de Deus veio também sobre ele, e ia andando e profetizando até chegar a Naiot de Ramá. [24]Também ele se despojou de suas vestes e também ele profetizou diante de Samuel; ficou caído no chão, despido, durante todo aquele dia e toda a noite. Daí o provérbio: "Saul também está entre os profetas?"*

20 **Jônatas intercede por Davi.** [1]Davi fugiu de Naiot de Ramá* e foi se encontrar com Jônatas e lhe disse: "Que fiz eu? Qual é minha culpa

---

* **19**,8. 18,10s | 9. 16,14 | 13. 15,22 | 20. 10,5 | 24. 10,10s | **20**,1. 19,1-7; 11-17

† **19**,20. Profetizar designa aqui um tipo de exaltação mística, acompanhada de música, gritos e danças.

303 1 Samuel 20

e que mal fiz a teu pai, para que procure me matar?" ²Respondeu-lhe Jônatas: "De modo algum! Não morrerás. Meu pai não faz coisa alguma, nem grande, nem pequena, sem me informar. Por que haveria de me ocultar isso? Não é possível!" ³Davi fez este juramento: "Bem sabe teu pai que me tens amizade, por isso deve ter dito: 'Que Jônatas não o saiba, para não ficar triste'. Mas pela vida de Javé e por tua vida, entre mim e a morte há apenas um passo". ⁴Jônatas disse a Davi: "Farei por ti tudo o que quiseres". ⁵Davi respondeu a Jônatas: "Amanhã é lua nova e eu deveria sentar-me à mesa com o rei†. Mas deixa-me partir, e me ocultarei no campo até a tarde. ⁶Se teu pai procurar por mim, tu lhe dirás: 'Davi me pediu com insistência que o deixasse ir correndo a Belém, sua cidade, porque lá se celebra o sacrifício anual para toda a sua família'. ⁷Se ele responder: 'Está bem', teu servo está fora de perigo; mas se ele ficar irado, saiba que decretou minha ruína. ⁸Tu, porém, trata com bondade teu servo, já que o admitiste a uma aliança contigo em nome de Javé. Se existe em mim alguma culpa, mata-me tu mesmo. Por que haverias de levar-me a teu pai?" ⁹Jônatas respondeu: "Longe de ti tal coisa! Se eu soubesse com certeza que meu pai decretou tua ruína, não te informaria?" ¹⁰Davi perguntou a Jônatas: "Quem me avisará no caso de teu pai te responder com dureza?"

¹¹Disse Jônatas a Davi: "Vamos para o campo". Ambos foram ao campo. ¹²Então disse Jônatas a Davi: "Por Javé, Deus de Israel! Amanhã ou depois de amanhã a esta hora terei indagado sobre as intenções de meu pai. Se ele estiver bem disposto para contigo e eu não te avisar, ¹³que Javé me trate com todo o seu rigor. Se, ao contrário, meu pai quiser fazer-te mal, eu te avisarei e te farei partir, para que vás em paz e Javé esteja contigo, como esteve com meu pai. ¹⁴Se então eu ainda estiver vivo, trata-me com a bondade de Javé; se, porém, estiver morto, ¹⁵jamais deixarás de usar de benevolência com minha família, nem mesmo quando Javé tiver eliminado da face da terra os inimigos de Davi, um depois do outro†. ¹⁶Assim Jônatas* fez uma aliança com a família de Davi, dizendo: "Javé peça contas do sangue aos inimigos de Davi". ¹⁷Jônatas fez Davi jurar de novo por causa da amizade que lhe tinha, pois o amava como a si mesmo.

¹⁸Jônatas disse-lhe: "Amanhã é lua nova, e tua ausência será notada, pois tua cadeira estará vazia. ¹⁹Depois de amanhã descerás rapidamente ao lugar onde te escondeste no dia daquele fato e ficarás junto à pedra de Ezel. ²⁰Eu atirarei três setas naquela direção, como se atirasse ao alvo. ²¹Mandarei a seguir um criado, dizendo: 'Vai procurar as setas'. Se eu disser ao criado: 'As setas estão para cá de ti, apanha-as', então vem, porque, pela vida de Javé, podes estar tranquilo e não há nada a temer. ²²Mas se eu disser ao criado: 'As setas estão mais para lá de ti', então foge, porque Javé te manda partir. ²³Quanto àquilo de que falamos tu e eu, Javé seja testemunha entre mim e ti para sempre".

Jônatas defende Davi. ²⁴Davi escondeu-se no campo. Chegou a lua nova, e o rei sentou-se à mesa para comer. ²⁵O rei tomou seu lugar de costume, junto à parede; Jônatas colocou-se defronte, Abner sentou-se ao lado de Saul, mas o lugar de Davi ficou vazio. ²⁶Naquele dia Saul não disse nada, pois pensou: "Alguma coisa lhe terá acontecido, não estará puro, certamente não se purificou". ²⁷Mas no dia seguinte, o segundo dia da lua nova, o lugar de Davi continuava vazio. Então Saul perguntou a Jônatas: "Por que o filho de Jessé não veio comer nem ontem, nem hoje?"

---

* **20**,16. 2Sm 9; 21,7

† **20**,5. A lua nova, ou novilúnio, marcava o começo de cada mês, quando se celebrava com sacrifícios e banquetes a festa da neomênia, Nm 28,11-15. | 15. Jônatas pressente que Davi sucederá a Saul, e como era costume eliminar a família do rei vencido, pede misericórdia para si e sua família.

1 Samuel 20-21

²⁸Respondeu Jônatas a Saul: "Ele me pediu com insistência que o deixasse ir a Belém. ²⁹Ele disse: 'Deixa-me ir, por favor, porque temos na cidade um sacrifício de família, e um de meus irmãos ordena que eu vá. Agora, pois, se encontrei graça diante de teus olhos, permite-me ir visitar meus irmãos'. É por isso que não compareceu à mesa do rei". ³⁰Então Saul se enfureceu contra Jônatas e disse: "Filho de mulher perversa e rebelde! Acaso não sei que tomas o partido do filho de Jessé, para tua vergonha e para vergonha da nudez de tua mãe? ³¹Enquanto o filho de Jessé viver sobre a terra, não estarás seguro nem tu, nem teu reino. Manda, pois, prendê-lo e conduzi-lo a mim, porque ele deve morrer". ³²Jônatas respondeu a seu pai e disse: "Por que deve morrer? Que fez ele?" ³³Então Saul arremessou a lança para matá-lo. Jônatas compreendeu que seu pai estava resolvido a matar Davi. ³⁴Levantou-se da mesa, ardendo em ira, e nada comeu naquele segundo dia da lua nova, porque estava magoado por causa de Davi, porque seu pai o tinha ultrajado.

Jônatas aconselha Davi a fugir. ³⁵Na manhã seguinte, Jônatas saiu ao campo para se encontrar com Davi, levando consigo um criado. ³⁶Jônatas disse ao criado: "Corre e pega as setas que vou atirar". Enquanto o rapaz corria, ele atirou uma seta para além dele. ³⁷Quando o rapaz chegou ao lugar onde se achava a seta que Jônatas tinha atirado, este lhe gritou: "A seta não está mais para lá de ti?" ³⁸E Jônatas tornou a gritar* ao rapaz: "Corre, depressa, não pares". O servo de Jônatas recolheu as setas e as trouxe a seu senhor. ³⁹O rapaz nada entendeu; somente Jônatas e Davi sabiam de que se tratava. ⁴⁰Jônatas entregou suas armas ao criado e lhe disse: "Vai, leva-as à cidade". ⁴¹Logo que o rapaz se retirou, Davi levantou-se do lado sul e, caindo com o rosto em terra, prostrou-se três vezes; a seguir se beijaram e choraram juntos, mas Davi chorou mais. ⁴²Jônatas disse a Davi: "Vai em paz; porquanto nós dois fizemos este juramento em nome de Javé. Javé seja testemunha entre mim e ti, entre minha descendência e a tua para sempre".

21 ¹Davi se pôs a caminho e partiu, e Jônatas voltou para a cidade.

Davi foge para Nob. ²Davi foi a Nob, à casa do sacerdote Aquimelec. Este saiu a seu encontro, tremendo, e lhe perguntou: "Por que vens sozinho, sem ninguém contigo?" ³Davi respondeu ao sacerdote Aquimelec: "O rei me deu um encargo e me disse: 'Que ninguém saiba da missão que te confiei e da ordem que te dei'. Quanto a meus servos, combinei que me encontrassem num determinado lugar. ⁴Se tens à mão cinco pães, ou outra coisa que tiveres, dá-me". ⁵O sacerdote respondeu a Davi: "Não tenho à mão pão comum; há somente pão sagrado;* com a condição de que teus homens pelo menos não tenham tido contato com mulheres"†. ⁶Davi respondeu ao sacerdote: "Estivemos afastados das mulheres, como antes, desde a partida; e os corpos dos jovens se conservam puros, ainda que a viagem seja profana; com maior razão hoje, eles têm seus corpos purificados". ⁷Então o sacerdote deu-lhe o pão sagrado, porque lá não havia outro senão os pães da apresentação, que foram tirados da presença de Javé, para serem substituídos por pão fresco quando eles são retirados.

⁸Achava-se lá, naquele dia, detido na presença de Javé, um dos servos de Saul, chamado Doeg,* edomita, chefe dos pastores de Saul. ⁹Davi perguntou a Aquimelec: "Tens aqui à mão uma espada ou uma lança? Pois eu não trouxe comigo nem minha espada, nem minhas armas, porque a ordem do rei era urgente". ¹⁰Respondeu-lhe o sacerdote: "Ali está a espada de Golias,

---

* **20**,38. 20,22 | **21**,5. Êx 25,30; Lv 24,5-9; Mt 12,3s | 8. 22,9s | 10. 17,51.54

† **21**,5. Os pães da apresentação eram reservados aos sacerdotes, Lv 24,6-9; Mt 12,4. As leis da guerra santa proibiam as relações sexuais durante a expedição, Dt 23,10.

305 1 Samuel 21-22

o filisteu, que tu mataste no vale do Terebinto;* está embrulhada num pano atrás do efod. Se a queres levar, leva-a; porque aqui não há outra, senão esta". Davi disse: "Ela não tem igual, dá-me esta espada".

Davi em Gat. ¹¹Partiu, pois, Davi, naquele dia, fugindo da presença de Saul, e foi para junto de Aquis, rei de Gat. ¹²Os servos de Aquis* lhe perguntaram: "Não é este Davi, o rei do país? Não é para ele que se cantava dançando:

'Saul matou seus mil,
mas Davi, seus dez mil'?"*

¹³Davi ficou preocupado com essas palavras e teve muito medo de Aquis, rei de Gat. ¹⁴Assim, mudou de conduta diante deles, fingindo-se de louco entre eles: traçava sinais nas portas da cidade e deixava a saliva escorrer-lhe pela barba†. ¹⁵Por isso Aquis perguntou a seus servos: "Estais vendo que esse homem é louco; por que o trouxestes a mim? ¹⁶Estão me faltando loucos, para me trazerdes mais este para fazer loucuras em minha presença? Ele há de entrar em minha casa?"

22 **Davi na caverna de Odolam.** ¹Davi partiu de lá e refugiou-se na caverna de Odolam. Seus irmãos e toda a família de seu pai souberam disso e desceram para junto dele. ²Todos os que estavam em dificuldade, os que tinham dívidas e todos os descontentes juntaram-se a ele, e ele se tornou seu chefe. Uns quatrocentos homens estavam com ele. ³De lá Davi foi a Masfa de Moab e disse ao rei de Moab: "Permite que meu pai e minha mãe fiquem convosco até eu saber o que Deus quer fazer de mim". ⁴Apresentou-os ao rei de Moab, com o qual eles ficaram durante todo o tempo em que Davi esteve em seu refúgio. ⁵Mas o profeta Gad disse a Davi: "Não fiques em teu refúgio, mas parte e vai para a terra de Judá". Davi partiu e foi para o bosque de Haret.

Saul manda matar os sacerdotes de Nob. ⁶Saul ficou sabendo que Davi e os homens que estavam com ele tinham sido vistos. Saul achava-se em Gabaá, sentado debaixo de uma tamareira, na colina, com sua lança na mão, e todos os seus servos estavam de pé a seu redor. ⁷Disse Saul a seus servos que o rodeavam: "Escutai, benjaminitas! O filho de Jessé* também dará a todos vós campos e vinhas? Ele fará todos vós chefes de cem e de mil homens? ⁸Por que todos vós conspirastes contra mim? Por que ninguém me informou da aliança que meu filho fez com o filho de Jessé, e ninguém se inquietou por minha causa, nem me revelou que meu filho instigava meu servo contra mim, para me armar ciladas, como faz hoje?" ⁹Respondeu Doeg, o edomita,* que estava entre os oficiais de Saul: "Eu vi o filho de Jessé chegar a Nob, à casa de Aquimelec, filho de Aquitob, ¹⁰o qual consultou por ele Javé, deu-lhe provisões e lhe entregou a espada de Golias, o filisteu". ¹¹Então o rei mandou chamar o sacerdote Aquimelec, filho de Aquitob, e toda a sua família, os sacerdotes que se achavam em Nob; e todos se apresentaram ao rei.

¹²Disse Saul: "Escuta, por favor, filho de Aquitob". Ele respondeu: "Eis-me aqui, meu senhor". ¹³Disse-lhe Saul: "Por que tu e o filho de Jessé conspirastes contra mim? Tu lhe deste pão e uma espada e consultaste a Deus por ele, para que se revolte contra mim e me arme ciladas como faz hoje". ¹⁴Aquimelec respondeu ao rei, dizendo: "E quem, entre todos os teus servos, é fiel como Davi, genro do rei, chefe de teus guardas e honrado em tua casa? ¹⁵Foi porventura hoje que comecei a consultar Javé por ele? De forma alguma! Não impute o rei a seu servo, nem a toda a sua família tal acusação, porque teu servo não sabia nada desse assunto, nem pouco e nem muito". ¹⁶E o rei disse: "Morrerás sem falta, Aquimelec, tu e toda a tua família".

---

* **21**,12. 27 / 18,7 | **22**,7. 8,14 | 9. 21,2-10

† **21**,14. Davi finge-se de louco para salvar a vida, confiando que os inimigos filisteus não atacarão um louco.

1 Samuel 22-23

[17]Então o rei ordenou aos guardas* que o rodeavam: "Voltai-vos e matai os sacerdotes de Javé, porque também eles estão do lado de Davi: sabiam que tinha fugido e não me avisaram". Mas os servos do rei não ousaram estender a mão contra os sacerdotes de Javé. [18]Disse então o rei a Doeg: "Volta-te e mata os sacerdotes!" Doeg, o edomita, voltando-se, lançou-se sobre os sacerdotes e massacrou naquele dia oitenta e cinco homens que vestiam o efod de linho. [19]Saul passou* a fio de espada também Nob, a cidade dos sacerdotes: homens e mulheres, crianças e bebês, bois, jumentos e ovelhas caíram ao fio da espada. [20]Mas um filho de Aquimelec, filho de Aquitob, chamado Abiatar, escapou e fugiu para junto de Davi†. [21]Abiatar anunciou a Davi que Saul tinha trucidado os sacerdotes de Javé. [22]Davi disse a Abiatar: "Imaginei naquele dia que Doeg, o edomita, estando lá, iria com certeza informar Saul. Sou eu a causa da morte de todas as pessoas de tua família. [23]Fica comigo, não temas, pois quem atentar contra tua vida atentará também contra a minha. Mas comigo estarás seguro".

23

Davi em Ceila. [1]Disseram a Davi: "Os filisteus estão atacando Ceila e saqueando as eiras". [2]Davi consultou Javé: "Devo ir atacar esses filisteus?" Javé respondeu a Davi: "Vai, ataca os filisteus e liberta Ceila". [3]Mas os homens de Davi lhe disseram: "Se mesmo aqui na Judeia temos medo, quanto mais indo a Ceila para atacar as tropas dos filisteus!" [4]Davi consultou novamente Javé, o qual lhe respondeu: "Põe-te a caminho, desce a Ceila, porque eu entregarei os filisteus em tuas mãos". [5]Marchou, pois, Davi com sua gente para Ceila e atacou os filisteus; tomou-lhes seus animais e infligiu-lhes grande derrota, salvando assim os habitantes de Ceila. [6]Quando Abiatar,* filho de Aquimelec, refugiou-se junto de Davi, ele desceu a Ceila levando consigo o efod.*

[7]Saul foi informado de que Davi tinha ido para Ceila e disse: "Deus o entregou em minhas mãos, porque ele se fechou a si mesmo, entrando numa cidade de portas e ferrolhos". [8]Saul chamou todo o povo para a guerra, a fim de descerem a Ceila e cercarem Davi e sua gente. [9]Mas quando Davi soube que Saul tramava o mal contra ele, disse ao sacerdote Abiatar: "Traze o efod". [10]Depois disse Davi: "Javé, Deus de Israel,* vosso servo tem informação segura de que Saul planeja vir a Ceila para destruir a cidade por minha causa. [11]Os senhores de Ceila me entregarão nas mãos dele? Saul vai descer, como vosso servo ouviu dizer? Javé, Deus de Israel, manifestai-o, por favor, a vosso servo". Javé respondeu: "Descerá". [12]Davi perguntou novamente: "Os senhores de Ceila me entregarão a mim e a minha gente nas mãos de Saul?" Javé respondeu-lhe: "Entregarão". [13]Então Davi e sua gente, cerca de seiscentos homens, se retiraram e, tendo saído de Ceila, andaram sem rumo. Quando Saul foi informado de que Davi havia fugido de Ceila, desistiu da expedição.

Davi em Zif. [14]Davi permaneceu no deserto, em lugares seguros, e ficou na região montanhosa do deserto de Zif. Saul o procurava continuamente, mas Deus não o entregou em suas mãos. [15]Davi soube que Saul tinha saído para tirar-lhe a vida e permaneceu no deserto de Zif, em Horesa. [16]Então Jônatas, filho de Saul, pôs-se a caminho e foi encontrar-se com Davi em Horesa e lhe fortaleceu a confiança em Deus, dizendo-lhe: [17]"Não temas, porque a mão de Saul, meu pai, não te alcançará. Tu reinarás sobre Israel, e eu serei o segundo depois de ti; bem o sabe Saul, meu pai". [18]E os dois fizeram aliança na presença de Javé. Davi ficou em Horesa, ao passo que Jônatas voltou para casa.

Davi é traído pelos habitantes de Zif. [19]Os habitantes de Zif subiram até Gabaá, à procura de Saul, e lhe disseram:

---

* **22**,17. 2,31ss | 19. 2,18 | **23**,6. 22,20-23 / 2,28 | 10. 2,28

† **22**,20. Abiatar será o sumo sacerdote por todo o reinado de Davi, permanecendo-lhe sempre fiel.

307   1 Samuel 23-24

"Davi está escondido entre nós nos refúgios de Horesa, na colina de Aquila, que está ao sul do deserto. [20]Desce, pois, conforme é teu desejo, ó rei; e nós o entregaremos nas mãos do rei". [21]Saul exclamou: "Que Javé vos abençoe, porque tivestes compaixão de mim! [22]Ide, por favor, e informai-vos melhor para conhecer e ver o lugar em que se refugia e quem o viu lá, pois me disseram que ele é muito esperto. [23]Procurai conhecer todos os esconderijos onde se oculta e voltai a mim com indicações precisas, e eu irei convosco. Se ele estiver na região, eu o buscarei entre todos os clãs de Judá". [24]Eles partiram e foram a Zif, à frente de Saul. Mas Davi e sua gente estavam no deserto de Maon, na planície ao sul do deserto. [25]Saul foi para lá com sua tropa a sua procura; mas Davi, tendo sido avisado, desceu para um rochedo e ficou no deserto de Maon. Saul soube disso e perseguiu Davi no deserto de Maon. [26]Saul caminhava por um lado do monte, enquanto Davi com os seus caminhavam pelo outro. Davi se apressava para escapar de Saul, mas este e sua tropa apertavam o cerco a Davi e a sua gente para os prender. [27]Nesse momento chegou um mensageiro a Saul, dizendo-lhe: "Vem depressa, pois os filisteus invadiram o país". [28]Então Saul desistiu de perseguir Davi e marchou contra os filisteus. Por isso aquele lugar foi chamado "Rocha da separação".

24 **Davi em Engadi.** [1]Davi subiu de lá e se estabeleceu nos refúgios de Engadi[+]. [2]Quando Saul voltou da perseguição aos filisteus, comunicaram-lhe: "Davi está no deserto de Engadi". [3]Então Saul tomou três mil homens escolhidos dentre todo o Israel e partiu em busca de Davi e de sua gente, diante dos rochedos das Cabras Montesas. [4]No caminho, chegou a uns currais de ovelhas, onde havia uma gruta. Saul entrou nela para fa-

zer suas necessidades. Davi e sua gente estavam no fundo da gruta. [5]Então disseram a Davi seus homens: "Este é o dia no qual Javé te diz: 'Entrego em tuas mãos teu inimigo e tu o tratarás como te aprouver'". Davi levantou-se e, sem ser notado, cortou a orla do manto de Saul. [6]Depois disso, porém, Davi sentiu remorso por ter cortado a orla do manto de Saul. [7]E disse a sua gente: "Javé não permita que eu faça tal coisa* a meu senhor, ao ungido de Javé+, estendendo a mão contra ele, pois é o ungido de Javé". [8]Com estas palavras Davi conteve seus homens e não lhes permitiu que se lançassem sobre Saul. Então Saul se levantou, saiu da caverna e continuou seu caminho.

[9]Depois Davi se levantou também, saiu da caverna e gritou atrás de Saul: "Ó rei, meu senhor!" Quando Saul olhou para trás, Davi se inclinou com o rosto em terra e se prostrou. [10]Davi perguntou a Saul: "Por que dás ouvidos às palavras dos que dizem: 'Davi procura fazer-te mal'? [11]Hoje teus olhos viram como Javé te entregou em minhas mãos dentro da gruta; alguns me falaram para te matar, mas eu te poupei, pensando: 'Não estenderei a mão contra meu senhor, porque é o ungido de Javé e meu pai'. [12]Olha e vê em minha mão a orla de teu manto. Se eu cortei a orla de teu manto e não te matei, podes ver claramente que não existe em meu proceder nem maldade, nem rebeldia e não pequei contra ti, ao passo que tu me armas ciladas para tirar-me a vida! [13]Que Javé seja juiz entre mim e ti, e que ele me vingue de ti; mas nunca estenderei minha mão contra ti. [14]Como diz o velho ditado: 'A maldade vem dos maus; mas minha mão não te tocará'. [15]Contra quem saiu o rei de Israel? A quem estás perseguindo?* A um cão morto, a uma pulga! [16]Que Javé seja juiz e julgue entre mim e ti; que ele

---

* **24**,7. 31,4; 2Sm 1,14 | 15. 2Sm 9,8; 16,9

+ **24**,1. Engadi, "fonte do cabrito", Ct 1,14, é um oásis no meio da margem ocidental do Mar Morto, onde há muitas grutas. | 7. Davi evita o confronto direto com Saul, para não ser forçado a matar aquele que Deus ungiu.

1 Samuel 24-25

veja e defenda minha causa e me faça justiça, livrando-me de tuas mãos".

[17]Quando Davi acabou de dizer essas palavras a Saul, este respondeu: "É esta a tua voz, meu filho Davi?" E Saul chorou em voz alta. [18]Disse a Davi: "Tu és mais justo que eu, pois me tens feito bem, e eu te paguei com o mal. [19]Mostraste hoje que me tens feito bem, pois Javé me havia posto em tuas mãos e não me mataste. [20]Quem é que encontra seu inimigo e o deixa ir são e salvo? Que Javé te recompense pelo bem que hoje me fizeste. [21]Agora sei que reinarás com certeza, e que o reino de Israel há de ser estável em tua mão. [22]Jura-me agora, por Javé, que não exterminarás minha descendência depois de mim[†] e não cancelarás meu nome da casa de meu pai". [23]Davi o jurou a Saul. Saul voltou para casa, e Davi e seus homens subiram para o refúgio.

25

Morte de Samuel. [1]Samuel morreu,* e todo o Israel se reuniu para fazer lamentação por ele. Sepultaram-no em sua casa, em Ramá. Davi se pôs a caminho e desceu ao deserto de Farã.

Davi em Maon. Nabal e Abigail. [2]Havia em Maon um homem* que tinha suas possessões no Carmelo. Era muito rico: possuía três mil ovelhas e mil cabras. Estava no Carmelo tosquiando suas ovelhas. [3]Chamava-se Nabal e sua esposa, Abigail, mulher inteligente e bela, ao passo que o marido, descendente de Caleb, era grosseiro e mau. [4]No deserto, Davi soube que Nabal tosquiava as ovelhas [5]e enviou dez jovens, dizendo-lhes: "Subi ao Carmelo, visitai Nabal e saudai-o em meu nome. [6]Dizei-lhe: 'Salve! A paz esteja contigo! Paz para tua família, paz a tudo o que te pertence. [7]Fiquei sabendo que estás tosquiando. Ora, teus pastores estiveram conosco e nunca os tratamos mal, e nada lhes faltou durante todo o tempo que estiveram no Carmelo. [8]Pergunta-o a teus criados, e eles o confirmarão. Portanto, encontrem os jovens favor ante teus olhos, porque viemos num dia de festa[†]. Rogo-te que dês o que puderes a teus servos e a teu filho Davi'". [9]Ao chegarem, os jovens de Davi repetiram todas essas palavras a Nabal da parte de Davi e aguardaram. [10]Mas Nabal respondeu aos servos de Davi: "Quem é Davi e quem é o filho de Jessé? Hoje são muitos os servos que fogem de seus senhores! [11]Então hei de tomar meu pão, minha água e a carne que preparei para meus tosquiadores, para dá-los a homens que não sei de onde vêm?" [12]Os jovens de Davi retomaram seu caminho, voltaram e foram contar-lhe tudo o que fora dito. [13]Então Davi disse a seus homens: "Cinja cada um sua espada". Todos cingiram sua espada e Davi cingiu também a sua. Saíram atrás de Davi uns quatrocentos homens, ficando duzentos para cuidar das bagagens.

[14]Um dos criados avisou Abigail, mulher de Nabal, dizendo: "Davi enviou do deserto mensageiros para saudarem nosso amo e ele os tratou mal. [15]Ora, aqueles homens foram muito bons para conosco! Nunca nos ofenderam, e nós não perdemos nada durante todo o tempo que estivemos com eles, quando nos achávamos no campo. [16]De dia e de noite foram para nós como uma muralha o tempo todo que estivemos com eles apascentando o rebanho. [17]Agora, pois, considera e vê o que hás de fazer, porque está decretada a ruína de nosso amo e de toda a sua casa; e ele é de tão mau caráter, que não se lhe pode falar". [18]Então Abigail tomou rapidamente duzentos pães, dois odres de vinho, cinco ovelhas já preparadas, cinco medidas de trigo tostado, cem cachos de uvas passas, duzentas tortas de figos secos e carregou tudo sobre jumentos [19]e disse a seus servos: "Ide

---

* **25**,1. 28,3 | 2. 15,12

† **24**,22. Saul faz a Davi o mesmo pedido que Jônatas tinha feito, 20,15. Davi manterá seu juramento, 2Sm 9,1-10. | **25**,8. Era costume fazer festa no dia da tosquia das ovelhas. Davi pede uma remuneração pela proteção dada aos animais.

309   1 Samuel 25

na frente, que eu vou depois". E não disse nada a seu marido Nabal. ²⁰Enquanto ela, montada num jumento, descia pela parte encoberta do monte, Davi vinha descendo com sua gente na direção contrária, e ela se encontrou com eles. ²¹(Ora, Davi tinha dito: "Foi em vão que protegi tudo o que este homem tinha no deserto, de modo que nada se perdesse de tudo o que possuía, pois me pagou o bem com o mal. ²²Que Deus mande a Davi um castigo sobre o outro se até amanhã eu deixar vivo um só homem dentre todos os seus").

²³Logo que viu Davi, Abigail desceu rapidamente do jumento e prostrou-se com o rosto em terra diante de Davi. ²⁴Lançou-se a seus pés e disse: "Meu senhor, sobre mim recaia a culpa! Permite que tua serva fale a teus ouvidos, e ouve as palavras de tua serva. ²⁵Que meu senhor não dê atenção a esse homem de mau caráter que é Nabal, pois ele é o que diz seu nome: ele se chama Nabal e nele só existe insensatez†. Porém eu, tua serva, não vi os jovens que meu senhor tinha enviado. ²⁶Agora, pois, meu senhor, pela vida de Javé e por tua própria vida, já que Javé te impediu de derramar sangue e de vingar-te com as próprias mãos, tenham a sorte de Nabal teus inimigos e os que procuram fazer mal a meu senhor. ²⁷Este presente que tua serva trouxe a meu senhor seja entregue aos jovens que acompanham meu senhor. ²⁸Peço que perdoes a ofensa de tua serva, porque de certo Javé edificará a meu senhor uma casa estável, já que meu senhor combate as batalhas de Javé, e em toda a tua vida não se encontra em ti maldade. ²⁹Ainda que alguém se levante para te perseguir e atentar contra tua vida, a vida de meu senhor será guardada no cofre dos que vivem junto de Javé, teu Deus†, ao passo que a vida de teus inimigos ele a lançará longe como a pedra de uma funda. ³⁰Quando Javé tiver feito a meu senhor todo o bem que te prometeu e te houver constituído soberano de Israel, ³¹meu senhor não terá esta dor e este remorso de ter derramado sangue sem motivo e de ter feito justiça com as próprias mãos. Quando Javé fizer bem a meu senhor, recorda-te de tua serva".

³²Então disse Davi a Abigail: "Bendito seja Javé, Deus de Israel, que hoje te enviou a meu encontro; ³³bendita seja tua sabedoria e bendita sejas tu que hoje me impediste de derramar sangue e de vingar-me por minhas mãos. ³⁴De fato, pela vida de Javé, Deus de Israel, que me impediu de te fazer o mal, se não tivesses vindo tão depressa a meu encontro, ao amanhecer não teria restado a Nabal um só homem". ³⁵Davi recebeu de suas mãos o que ela havia trazido e disse-lhe: "Sobe em paz para tua casa; vê que atendi a teu pedido e te tratei com respeito".

³⁶Abigail voltou para junto de Nabal; ele estava dando em sua casa um banquete como o banquete de um rei, e seu coração estava alegre. Estava completamente embriagado, e por isso ela não lhe contou nada até o amanhecer. ³⁷Na manhã seguinte, estando Nabal já livre do vinho, sua mulher contou-lhe o ocorrido; seu coração parou dentro dele, e ele ficou como uma pedra. ³⁸Uns dez dias depois, Javé feriu mortalmente Nabal e ele morreu. ³⁹Quando soube que Nabal havia morrido, Davi exclamou: "Bendito seja Javé que me fez justiça da afronta recebida de Nabal e preservou seu servo de praticar o mal! Javé fez recair sobre sua cabeça a maldade de Nabal".

Davi casa-se com Abigail. Depois, Davi mandou falar com Abigail para pedi-la em casamento. ⁴⁰Os servos de Davi foram à casa de Abigail, no Carmelo, e lhe disseram: "Davi nos enviou a ti para te levar para seres sua esposa". ⁴¹Então ela se levantou, inclinou-se com o rosto em terra e disse: "Tua serva é como uma escrava, pronta a lavar os pés dos servos de meu senhor".

---

† **25,**25. Nabal significa insensato. | 29. Deus guarda os justos como se guardam joias preciosas num cofre.

1 Samuel 25-26

310

[42]Abigail rapidamente se pôs a caminho, montada num jumento, com as cinco moças que a atendiam e seguiu os mensageiros de Davi, e se tornou sua mulher. [43]Davi se casou também com Aquinoam de Jezrael, e ambas foram suas esposas. [44]Pois Saul tinha dado sua filha* Micol, mulher de Davi, a Falti, filho de Lais, que era de Galim.

26 **Davi poupa a vida de Saul.** [1]Os habitantes de Zif* foram procurar Saul em Gabaá para dizer-lhe: "Davi está escondido na colina de Aquila, defronte da estepe". [2]Saul pôs-se a caminho e desceu ao deserto de Zif com três mil homens escolhidos de Israel, para ir em busca de Davi no deserto de Zif. [3]Saul acampou na colina de Aquila, à margem da estepe, junto da estrada, enquanto Davi ficou no deserto. Quando soube que Saul tinha vindo procurá-lo no deserto, [4]Davi enviou espiões e soube com certeza que Saul havia chegado. [5]Então Davi se pôs a caminho, foi ao lugar onde Saul tinha acampado e observou o lugar onde dormiam Saul e Abner, filho de Ner, chefe de seu exército: Saul dormia no meio do acampamento, e sua gente estava acampada ao redor dele. [6]Davi perguntou* a Abimelec, o heteu, e a Abisaí, filho de Sárvia, irmão de Joab: "Quem quer descer comigo ao acampamento de Saul?" Abisaí respondeu: "Eu descerei contigo". [7]Davi e Abisaí penetraram, de noite, no meio da tropa e viram Saul deitado, dormindo no meio do acampamento, e sua lança fincada no chão, a sua cabeceira; Abner e a tropa estavam deitados a seu redor. [8]Abisaí disse a Davi: "Hoje Deus entregou teu inimigo* em tuas mãos. Agora, pois, deixa-me cravá-lo no chão com a lança, com um só golpe, pois não precisarei de um segundo". [9]Mas Davi respondeu a Abisaí: "Não o mates! Pois quem poderia* estender a mão contra o ungido de Javé e ficar impune?"†

[10]E acrescentou: "Pela vida de Javé! É Javé que o ferirá: ou chegará seu dia e morrerá, ou irá combater e será morto. [11]Javé me livre de estender a mão contra o ungido de Javé. Mas agora, apanha a lança que está a sua cabeceira e a bilha de água e vamos embora". [12]Davi tirou a lança e a bilha de água da cabeceira de Saul, e se foram. Ninguém viu, ninguém percebeu nada, ninguém acordou; todos dormiam, porque Javé tinha feito cair sobre eles um sono profundo.

[13]Davi passou para o lado oposto, pôs-se no cimo do monte, ao longe, a grande distância deles, [14]e gritou à tropa e a Abner, filho de Ner: "Abner, não respondes?" Abner respondeu: "Quem és tu que gritas ao rei?" [15]Disse Davi a Abner: "Não és tu um homem? E quem é igual a ti em Israel? Por que não guardaste o rei, teu senhor? Pois alguém do povo entrou aí para matar o rei, teu senhor. [16]Não está certo o que fizeste. Pela vida de Javé, mereceis a morte vós que não protegestes vosso senhor, o ungido de Javé. Olha agora onde estão a lança do rei e a bilha de água que estava a sua cabeceira". [17]Saul reconheceu a voz de Davi e perguntou: "Não é esta a tua voz, meu filho Davi?" Davi respondeu: "Sim, é minha voz, ó rei, meu senhor". [18]E acrescentou: "Por que meu senhor persegue seu servo? Que fiz eu e que mal pratiquei? [19]Agora, pois, eu te peço, ó rei, meu senhor: escuta as palavras de teu servo. Se é Javé que te incita contra mim, seja ele aplacado por uma oferenda; mas se são os homens, malditos sejam diante de Javé, porque hoje me expulsaram, para que eu não tenha parte na herança de Javé, dizendo: 'Vai servir* a outros deuses!'. [20]Que meu sangue não caia por terra longe da presença de Javé, já que o rei de Israel saiu atrás de uma pulga, como quem persegue uma perdiz pelos montes". [21]Então Saul disse: "Eu pequei! Volta, meu filho Davi! Daqui

---

* **25,**44. 18,20s; 19,10s; 2Sm 3,13s **| 26,**1. 23,19s **| 26,**6. 1Cr 2,16 **|** 8. 18,11; 19,10 **|** 9. 9,26 **|** 19. Dt 7,6

† **26,**9. De novo, como no cap. 24, Davi está diante de Saul e, podendo matá-lo, respeita sua pessoa e sua vida.

por diante não te farei mal algum, porque hoje deste tamanha importância a minha vida. Procedi como um louco e cometi graves erros". [22]Davi respondeu, dizendo: "Aqui está a lança do rei; que um dos moços venha apanhá-la. [23]Javé retribuirá* a cada um segundo sua justiça e sua lealdade; pois Javé te entregou hoje em minhas mãos, mas eu não quis estender a mão contra o ungido de Javé. [24]Assim como hoje tua vida foi preciosa a meus olhos, assim também seja preciosa minha vida aos olhos de Javé, e ele me livre de toda aflição". [25]Saul disse a Davi: "Bendito sejas, meu filho Davi! De certo farás grandes coisas e certamente triunfarás". Davi continuou seu caminho,* e Saul voltou para sua casa.

27 **Davi entre os filisteus.** [1]Davi pensou consigo mesmo: "Mais dia, menos dia, vou acabar perecendo pelas mãos de Saul; nada melhor para mim do que refugiar-me na terra dos filisteus. Assim Saul, perdendo a esperança, desistirá de procurar-me por todo o território de Israel, e escaparei de suas mãos". [2]Davi pôs-se a caminho* e foi com os seiscentos homens que tinha consigo para junto de Aquis, filho de Maaca, rei de Gat. [3]Davi morou com Aquis, em Gat, ele e seus homens, cada um com sua família, e Davi com suas duas mulheres, Aquinoam de Jezrael e Abigail, que fora esposa de Nabal, do Carmelo. [4]Saul foi informado de que Davi fugira para Gat e desistiu de persegui-lo.

[5]Davi disse então a Aquis: "Se encontrei favor diante de teus olhos, seja-me dado, numa das cidades do campo, um lugar onde possa instalar-me; pois, por que deveria teu servo habitar contigo na cidade real?" [6]Naquele dia Aquis lhe deu Siceleg; e por isso Siceleg pertence aos reis de Judá até o dia de hoje.

[7]O tempo que Davi permaneceu* na região dos filisteus foi de um ano e quatro meses. [8]Davi subia com seus homens e fazia incursões contra os gessuritas, os gersitas e os amalecitas,* porque esses povos habitavam a região que vai de Telém, em direção a Sur, até a terra do Egito. [9]Davi assolava o país, não deixando com vida nem homem nem mulher, mas levava ovelhas, bois, jumentos, camelos e roupas, e voltava para junto de Aquis. [10]Aquis perguntava a Davi: "Onde fizestes incursão hoje?" Davi respondia: "Contra o sul de Judá, contra o sul de Jerameel, ou contra o sul dos quenitas". [11]Mas Davi não deixava com vida nem homem e nem mulher, para não ter de levá-los a Gat, pensando: "Não aconteça que nos denunciem, dizendo: Davi fez isto". Foi este seu modo de agir durante todo o tempo em que esteve no país dos filisteus. [12]Aquis confiava em Davi, pensando: "Ele se tornou odioso a Israel, seu povo, de modo que será meu servo para sempre".

28 **Filisteus em guerra contra Saul.** [1]Naqueles dias os filisteus reuniram suas tropas para combater contra Israel. Aquis disse a Davi: "Bem sabes que deverás vir comigo à guerra tu e teus homens". [2]Davi respondeu a Aquis: "Tu verás o que teu servo pode fazer". Aquis disse a Davi: "Pois bem, eu te nomeio meu guarda pessoal para sempre".

A necromante de Endor. [3]Samuel tinha morrido,* e todo o Israel o tinha chorado e o haviam sepultado em Ramá, sua terra. Saul tinha expulsado do país os que evocavam os mortos e os adivinhos. [4]Os filisteus se reuniram e foram acampar em Sunam. Saul reuniu todo o Israel e acampou em Gelboé. [5]Quando Saul viu o acampamento dos filisteus, teve medo e seu coração estremeceu com veemência. [6]Consultou a Javé,* mas Javé não lhe respondeu nem por sonho, nem pela sorte, nem pelos profetas. [7]Então disse Saul a seus servos: "Procurai-me uma mulher que saiba evocar os mortos, para que eu possa ir a

---

* 26,23. Sl 7,9; 18,21 **|** 25. 24,21 **| 27**,2. 21,11-16 **|** 7. 29,3; **|** 8. Êx 17,8; 1Sm 15; Js 13,2 **| 28**,3. 25,1 **|** 6. 14,41 **|** 7. 1Rs 14,2

1 Samuel 28-29

ela e consultá-la". Responderam-lhe os servos: "Em Endor há uma mulher* que sabe evocar os mortos". [8]Saul disfarçou-se, vestiu outras roupas e partiu com dois homens. Chegaram de noite à casa da mulher e ele disse: "Peço-te que me digas o futuro, evocando um espírito, e faças subir aquele que eu te disser". [9]Respondeu-lhe a mulher: "Bem sabes o que fez Saul, que expulsou do país os médiuns e os adivinhos; por que, pois, armas cilada a minha vida, para fazer-me morrer?" [10]Saul jurou-lhe por Javé, dizendo: "Pela vida de Javé, nenhum castigo te sobrevirá por causa disso". [11]Perguntou a mulher: "A quem te devo evocar?" Respondeu ele: "Evoca-me Samuel"[†]. [12]Quando a mulher viu Samuel, gritou em voz alta e disse a Saul: "Por que me enganaste? Tu és Saul". [13]O rei lhe disse: "Não temas. Que viste?" A mulher respondeu a Saul: "Vi um ser divino subindo da terra". [14]Perguntou-lhe Saul: "Que aspecto tem?" Respondeu ela: "Vem subindo um ancião, coberto com um manto". Compreendeu Saul que era Samuel; inclinou-se com o rosto em terra e se prostrou. [15]Disse-lhe então Samuel: "Por que me incomodaste, fazendo-me subir?" Respondeu-lhe Saul: "É que estou em grande angústia,* porque os filisteus me fazem guerra e Deus se retirou de mim, ele não me responde mais nem pelos profetas e nem por sonhos; por isso te chamei, para que me reveles o que devo fazer". [16]Disse Samuel: "E por que me consultas,* se Javé se retirou de ti e se tornou teu inimigo? [17]Javé agiu conforme havia dito por meu intermédio; arrancou o reino de tuas mãos e o deu a um outro, a Davi. [18]Porque não obedeceste à voz de Javé, nem puseste em execução o ardor de sua ira contra Amalec, Javé te fez isto hoje. [19]Javé entregará Israel junto contigo nas mãos dos filisteus; amanhã tu* e teus filhos estareis comigo, e Javé entregará também o exército de Israel nas mãos dos filisteus". [20]Na mesma hora

Saul caiu estendido no chão, tomado de grande terror por causa das palavras de Samuel. Ademais, estava extenuado, porque nada tinha comido durante todo o dia e durante toda a noite. [21]A mulher aproximou-se de Saul e, vendo-o tão aterrorizado, disse-lhe: "Tua serva obedeceu a tua voz, e arrisquei minha vida, obedecendo às ordens que me deste. [22]Agora pois te peço que escutes também tu a voz de tua serva e permitas que te sirva um bocado de pão, para que comas e recuperes as forças para te pores a caminho". [23]Mas ele recusou, dizendo: "Não comerei". Seus servos, porém, junto com a mulher insistiram com ele, e ele cedeu; levantou-se do chão e sentou-se no leito. [24]A mulher tinha em casa um bezerro cevado, que ela abateu sem demora; tomou farinha, amassou-a e fez com ela pães ázimos. [25]Colocou tudo diante de Saul e de seus servos, e eles comeram. Depois se levantaram e partiram naquela mesma noite.

29 Davi é afastado do exército dos filisteus.
[1]Os filisteus reuniram todas as suas tropas em Afec,* e os israelitas acamparam junto à fonte que existe em Jezrael. [2]Os chefes dos filisteus avançavam em batalhões de cem e de mil, e Davi e seus homens iam na retaguarda com Aquis. [3]Os chefes dos filisteus perguntaram: "Estes hebreus, o que estão fazendo aqui?" Respondeu Aquis aos chefes dos filisteus: "É Davi, servo de Saul, rei de Israel; está comigo há dias ou, melhor, há anos, sem que eu tenha encontrado nele falta alguma, desde quando se refugiou junto de mim até hoje. [4]Mas os príncipes dos filisteus se irritaram contra ele e lhe disseram: "Manda de volta este homem, para que volte ao lugar que lhe designaste e não desça conosco à batalha;* não suceda que na batalha se torne nosso inimigo. Pois com que meio ganharia melhor o favor de seu senhor senão com as cabeças desses

---

* **28**,15. Eclo 46,20 | 16. 15,27s | 19. 31,2-6 | **29**,1. 4,1 | 4. 14,21

† **28**,11. A Bíblia proíbe evocar os mortos, Lv 19,31; 20,6. Deus permitiu que Samuel aparecesse realmente a Saul, não por forças misteriosas da médium, mas para anunciar a Saul seu fim próximo.

1 Samuel 29-30

homens? ⁵Não é este aquele Davi do qual cantavam, dançando:
'Saul matou seus mil,
mas Davi, seus dez mil'?"*

⁶Então Aquis chamou Davi e lhe disse: "Pela vida de Javé, tu és um homem reto, e gostaria que saísses e entrasses comigo no acampamento, pois não achei em ti nenhum mal desde o dia em que vieste a mim até hoje; mas não és bem-visto pelos chefes dos filisteus. ⁷Volta, portanto, e vai em paz, para que não desagrades aos chefes dos filisteus". ⁸Respondeu Davi: "Mas que fiz eu, ou o que encontraste em teu servo desde o dia em que entrei a teu serviço até hoje, para que não vá combater contra os inimigos do rei, meu senhor?" ⁹Respondeu Aquis a Davi: "Eu sei que és tão grato a meus olhos como um anjo de Deus; todavia os chefes dos filisteus disseram: 'Ele não deve sair conosco à batalha'.* ¹⁰Portanto, levanta-te amanhã bem cedo, tu e os servos de teu senhor que vieram contigo; e levantando-se bem cedo, parti logo que o dia clarear". ¹¹Então Davi e seus homens se levantaram cedo, para se porem a caminho de manhã, voltando ao país dos filisteus. E os filisteus subiram a Jezrael.

30 Vitória de Davi sobre os amalecitas.

¹Três dias depois, quando Davi e seus homens chegaram a Siceleg, os amalecitas tinham feito uma incursão no Negueb e em Siceleg, tinham destruído e incendiado Siceleg. ²Fizeram prisioneiras as mulheres e todos os que lá se achavam, pequenos e grandes; não mataram ninguém, mas os levaram consigo e continuaram seu caminho. ³Quando Davi e seus homens chegaram à cidade, ela estava incendiada, e suas mulheres, seus filhos e suas filhas tinham sido levados cativos. ⁴Então Davi e o povo que estava com ele choraram em voz alta, até não terem mais forças para chorar. ⁵Também tinham sido levadas cativas as duas mulheres de Davi, Aquinoam de Jezrael* e Abigail, que fora mulher de Nabal do Carmelo. ⁶Davi ficou extremamente aflito, porque o povo falava em apedrejá-lo, pois todos estavam amargurados por causa de seus filhos e suas filhas. Mas Davi recobrou ânimo em Javé, seu Deus. ⁷Davi disse ao sacerdote Abiatar,* filho de Aquimelec: "Traze-me, por favor, o efod". Abiatar trouxe o efod a Davi. ⁸Davi consultou Javé, perguntando: "Devo perseguir esse bando? Eu o alcançarei?" Ele respondeu: "Persegue-o, pois com certeza o alcançarás e recuperarás a todos". ⁹Davi partiu com os seiscentos homens que estavam com ele e chegaram à torrente de Besor, onde os retardatários ficaram. ¹⁰Mas Davi continuou a perseguição com quatrocentos homens, porque ficaram para trás duzentos, que estavam muito cansados para poderem atravessar a torrente de Besor. ¹¹Encontraram no campo um egípcio e o levaram a Davi. Deram-lhe pão para comer e água para beber. ¹²Deram-lhe também um pedaço de torta de figos secos e dois cachos de uvas passas. Depois que comeu, recuperou as forças, porque havia três dias e três noites que não comia nem bebia. ¹³Davi perguntou-lhe: "A quem pertences e de onde vens?" Ele respondeu: "Sou um jovem egípcio, servo de um amalecita; meu amo me abandonou quando adoeci três dias atrás. ¹⁴Fizemos uma incursão no Negueb dos cereteus,* no território de Judá e no Negueb de Caleb e incendiamos Siceleg". ¹⁵Davi perguntou-lhe: "Poderias levar-me até esse bando?" Respondeu ele: "Jura-me por Deus que não me matarás nem me entregarás a meu amo, e eu te guiarei até esse bando". ¹⁶Ele o conduziu até lá. Os amalecitas estavam espalhados por toda a região, comendo, bebendo e fazendo festa por todos os despojos sem conta que haviam tomado da terra dos filisteus e da terra de Judá. ¹⁷Davi os atacou desde a aurora até à tarde do dia seguinte e nenhum deles escapou, exceto quatrocentos jovens que montaram nos camelos e fugiram. ¹⁸Assim Davi recuperou tudo o que os amalecitas tinham tomado e recuperou também suas duas esposas. ¹⁹Nada deles se perdeu, desde

---

* **29**,5. 18,7; 21,12 | 9. 2Sm 14,17-20; 19,28 | **30**,5. 27,3 | 7. 2,28 | 14. 27,10

1 Samuel 30-31

as pequenas coisas até as grandes, nem filhos e nem filhas, nem das coisas roubadas, nem do que lhes tinham tomado; Davi recuperou tudo. [20]Davi tomou todas as ovelhas e bois, e os que andavam à frente do gado diziam: "Esta é a presa de Davi". [21]Quando Davi chegou ao lugar onde estavam os duzentos homens que, de tão cansados, não tinham podido segui-lo e tinham ficado na torrente de Besor, eles saíram ao encontro de Davi e de sua gente. Davi aproximou-se deles e os saudou cordialmente. [22]Então todos os homens maus e indignos dentre os que tinham ido com Davi começaram a dizer: "Visto que eles não foram conosco, não lhes daremos nada dos despojos que recuperamos, exceto a cada qual sua mulher e seus filhos; que os tomem e se retirem". [23]Mas Davi disse: "Não façais assim, meus irmãos, com o que Javé nos deu; ele nos protegeu e entregou em nossas mãos o bando que nos havia atacado. [24]Quem poderia ser de vossa opinião neste assunto? Igual parte hão de ter os que descem à batalha e os que ficam guardando as bagagens; seja feita a divisão em partes iguais". [25]Daquele dia em diante* ele fez disso para Israel uma lei e um costume que duram até hoje. [26]Quando chegou a Siceleg, Davi enviou parte dos despojos a seus amigos, os anciãos de Judá, dizendo: "Aqui está um presente para vós dos despojos dos inimigos de Javé". [27]Mandou para os de Betel, os de Ramá do Neguebe, os de Jatir; [28]para os de Aroer, os de Sefamot, os de Estemo; [29]para os de Racal, os das cidades dos jerameelitas, os das cidades dos quenitas; [30]para os de Horma, os de Bor-Asã, os de Atar; [31]para os de Hebron e para todos os lugares por onde Davi e sua gente haviam passado[†].

31 Derrota e morte de Saul. [1]Os filisteus combateram* contra Israel, e os homens de Israel fugiram diante dos filisteus e caíram mortos no monte Gelboé. [2]Os filisteus arremeteram contra Saul e seus filhos e mataram Jônatas, Abinadab e Melquisua,* filhos de Saul. [3]A violência do combate recaiu sobre Saul. Os arqueiros o atingiram e o feriram gravemente. [4]Então disse Saul a seu escudeiro: "Desembainha tua espada* e transpassa-me com ela, para que não venham estes incircuncisos, me transpassem e escarneçam de mim. Mas seu escudeiro* recusou, porque estava com muito medo. Então Saul tomou da espada* e se lançou sobre ela. [5]Vendo que Saul estava morto, o escudeiro também se lançou sobre sua espada e morreu com ele. [6]Assim morreram juntos naquele dia Saul, seus três filhos, seu escudeiro e todos os seus homens. [7]Quando os israelitas que estavam do outro lado do vale e os que viviam além do Jordão viram que as tropas de Israel tinham fugido e que Saul e seus filhos tinham sido mortos, abandonaram as cidades e fugiram; os filisteus vieram e nelas se instalaram.

[8]No dia seguinte vieram os filisteus para despojar os mortos e encontraram Saul e seus três filhos estendidos no monte Gelboé. [9]Cortaram a cabeça de Saul,* despojaram-no de suas armas e enviaram mensageiros por toda a terra dos filisteus, para levar a boa-nova ao templo de seus ídolos e ao povo. [10]Colocaram as armas de Saul* no templo de Astarte e penduraram seu corpo nos muros de Betsã. [11]Quando os habitantes de Jabes de Galaad souberam o que os filisteus tinham feito a Saul, [12]todos os homens mais valentes se puseram a caminho, andaram a noite toda e tiraram dos muros de Betsã o corpo de Saul e os corpos de seus três filhos; eles os levaram para Jabes e lá os cremaram. [13]Depois recolheram seus ossos, sepultaram-nos debaixo da tamareira de Jabes e jejuaram durante sete dias.

---

* **30,**25. Nm 31,27 | **31,**1. 1Cr 10,1-12; 2Sm 1,1-16 | 2. 14,49 | 4. Jz 9,54 / 17,26 / 26;9; 9,26 | 9. 17,51 | 10. 5,2; 21,10

† **30,**31. Distribuindo-lhes os despojos, Davi agradecia a hospitalidade recebida e preparava seu futuro político.

SEGUNDO LIVRO DE SAMUEL

I. DAVI EM HEBRON
(1 – 4)

1 **Davi é informado da morte de Saul e de Jônatas.** [1]Depois da morte de Saul,* Davi voltou da derrota dos amalecitas e ficou dois dias em Siceleg. [2]No terceiro dia* chegou do acampamento de Saul um homem com as vestes rasgadas e com a cabeça coberta de pó+; logo que chegou perto de Davi, prostrou-se com o rosto em terra e se inclinou. [3]Davi perguntou-lhe: "De onde vens?" Ele respondeu-lhe: "Fugi do acampamento de Israel". [4]Disse-lhe Davi: "O que aconteceu? Conta-me, por favor". Respondeu ele: "O povo fugiu do campo de batalha e muitos do povo caíram mortos, também Saul e seu filho Jônatas morreram". [5]Davi então perguntou ao jovem que lhe trazia a notícia: "Como sabes que Saul e seu filho Jônatas morreram?" [6]Respondeu o jovem informante: "Eu estava por acaso no monte Gelboé e vi Saul que se apoiava a sua lança, enquanto carros e cavaleiros o perseguiam. [7]Então ele voltou-se para trás, avistou-me e me chamou. Eu respondi: 'Aqui estou'. [8]Perguntou-me ele: 'Quem és tu?' Respondi-lhe: 'Sou um amalecita'. [9]Disse-me ele: 'Lança-te sobre mim e mata-me, porque apoderou-se de mim uma grande angústia, embora minha vida ainda esteja toda em mim'. [10]Lancei-me então sobre ele e o matei, porque sabia que não poderia viver depois de ter caído. Tirei-lhe o diadema* que tinha na cabeça e o bracelete que trazia no braço e os trouxe aqui a meu senhor". [11]Então Davi agarrou suas vestes e as rasgou; e o mesmo fizeram todos os que estavam com ele. [12]Lamentaram-se,* choraram e jejuaram até à tarde por causa de Saul e de Jônatas, seu filho, por causa do povo de Javé e da casa de Israel, porque tinham caído pela espada.

[13]Perguntou Davi ao jovem portador da notícia: "De onde és tu?" Ele respondeu: "Sou filho de um estrangeiro, amalecita". [14]Disse-lhe Davi: "Como é que não tiveste temor de estender a mão* para matar o ungido de Javé?" [15]Davi chamou um dos servos e lhe disse: "Vem e mata-o". O servo feriu-o, e ele morreu. [16]Davi disse-lhe: "Teu sangue recaia sobre tua cabeça,* pois tua própria boca testemunhou contra ti ao dizer: 'Eu matei o ungido de Javé'".

Elegia de Davi sobre Saul e Jônatas. [17]Então Davi entoou esta elegia sobre Saul e seu filho Jônatas [18]e ordenou que fosse ensinada aos filhos de Judá. É o cântico do arco. Está escrito* no Livro do Justo+.

[19]O esplendor de Israel pereceu sobre tuas montanhas!
Como caíram os heróis?*
[20]Não leveis a notícia a Gat,*
não a publiqueis nas ruas de Ascalon,
para que não se alegrem as filhas dos filisteus,*
para que não exultem as filhas dos incircuncisos!
[21]Montes de Gelboé,*
nem orvalho nem chuva caia sobre vós!
Vossos campos não deem mais primícias para as ofertas,
porque aí foi profanado o escudo dos valentes,
o escudo de Saul,
como se não houvesse sido ungido com óleo!
[22]O arco de Jônatas jamais voltava
sem o sangue dos mortos e sem a gordura dos valentes;
também a espada de Saul jamais voltou vazia.*
[23]Saul e Jônatas, tão amados e queridos em sua vida,
nem na morte foram separados.

---

* **1**,1. 1Sm 31,1-13 | 2. 1Sm 30; 4,12-17 | 10. 2Rs 11,12 | 12. 1Sm 31,13 | 14. 1Sm 26,9 | 16. Js 2,19; Lv 20,9 | 18. Js 10,13 | 19. 1Mc 9,21 | 20. Mq 1,10 / 1Sm 31,9; Jz 16,23s | 21. Dt 33,13 | 22. 1Sm 14,47

+ **1**,2. Manifestações de dor e de luto, 1Sm 4,12. | 18. Esse livro, que não existe mais, reunia uma série de poesias sobre os grandes heróis do povo. Ver Js 10,13.

2 Samuel 1-2

Eram mais velozes que as águias,
mais fortes que os leões.
[24]Filhas de Israel, chorai por Saul,
que vos vestia luxuosamente de escarlate*
e punha enfeites de ouro em vossas vestes.
[25]Como caíram os valentes no meio da batalha,
como foi morto Jônatas nas alturas?
[26]Estou angustiado por ti, meu irmão Jônatas
que me foste tão caro!
Teu amor foi para mim mais maravilhoso
que o amor das mulheres.
[27]Como tombaram os heróis
e pereceram as armas de guerra?"

2 Davi coroado rei em Hebron.
[1]Depois disso, Davi consultou a Javé,* perguntando: "Devo subir a alguma das cidades de Judá?" Javé respondeu-lhe: "Sobe". Perguntou Davi: "Para onde devo subir?" Ele respondeu: "Para Hebron".[+] [2]Subiu, pois, Davi com suas duas mulheres, Aquinoam de Jezrael e Abigail, que fora mulher de Nabal do Carmelo. [3]Davi levou também os homens que estavam com ele, cada um com sua família, e se estabeleceram nas aldeias de Hebron. [4]Chegaram os homens de Judá e ali ungiram Davi rei sobre a casa de Judá.

Mensagem aos habitantes de Jabes de Galaad. Avisaram a Davi que tinham sido os homens de Jabes de Galaad* que haviam sepultado Saul. [5]Então Davi enviou mensageiros aos moradores de Jabes de Galaad para dizer-lhes: "Sede benditos de Javé, vós que praticastes esta obra de misericórdia para com Saul, vosso senhor, dando-lhe sepultura! [6]Agora, pois, que Javé vos mostre sua bondade e sua fidelidade; eu também vos recompensarei pelo gesto que fizestes. [7]Agora fortalecei vossas mãos

e sede homens valentes, pois, morto Saul, vosso senhor, a casa de Judá me ungiu como seu rei[+].

Luta entre os seguidores de Isbaal e os de Davi. [8]Entretanto Abner, filho de Ner, chefe do exército de Saul, tomou Isbaal, filho de Saul,* levou-o a Maanaim [9]e o proclamou rei sobre Galaad, sobre Aser, sobre Jezrael, sobre Efraim, sobre Benjamim e sobre todo o Israel. [10]Isbaal, filho de Saul, tinha quarenta anos quando começou a reinar sobre Israel, e reinou dois anos; somente a casa de Judá seguia Davi. [11]O tempo que Davi reinou em Hebron sobre a casa de Judá foi de sete anos e seis meses.*

[12]Abner, filho de Ner, e os servos de Isbaal, filho de Saul, saíram de Maanaim com destino a Gabaon. [13]Saiu também Joab, filho de Sárvia, com os homens de Davi, e se encontraram perto da piscina de Gabaon, ficando uns de um lado da piscina e os outros do lado oposto. [14]Abner disse a Joab: "Que se levantem alguns jovens e lutem diante de nós". Joab respondeu: "Que se levantem". [15]Levantaram-se, pois, e avançaram em igual número: doze de Benjamim, da parte de Isbaal, filho de Saul, e doze servos de Davi. [16]Cada um agarrou seu adversário pela cabeça, cravou-lhe a espada no lado, e caíram juntos. Por isso foi dado àquele lugar o nome de "campo das espadas"; está perto de Gabaon. [17]Foi violenta naquele dia a batalha. Abner e os homens de Israel foram derrotados diante dos servos de Davi. [18]Estavam ali os três filhos de Sárvia: Joab, Abisaí e Asael; este último era veloz como uma gazela do campo. [19]Ele perseguiu Abner, indo atrás dele sem se desviar nem para a direita e nem para a esquerda. [20]Abner voltou-se para trás e perguntou: "És tu Asael?" Ele respondeu: "Sim". [21]Disse-lhe Abner: "Desvia-te para a

---

* **1**,24. Jz 5,30 | **2**,1. 1Sm 2,28 | 4. 1Sm 31,11ss | 8. 1Sm 14,49 | 11. 5,5 | 22. 3,27

† **2**,1. No ano 1000, Davi começa a reinar em Hebron, no centro do território de Judá, por ele muitas vezes percorrido em suas campanhas militares, e a princípio seu poder restringe-se a essa tribo, pois Isbaal, filho de Saul, reinava sobre as outras tribos, 2,10. | 7. Davi tenta atrair para seu partido os habitantes de Jabes, que veneravam a memória de Saul.

direita ou para a esquerda, agarra um dos jovens e toma seus despojos". Mas Asael não quis desistir de persegui-lo. [22]Abner tornou a dizer a Asael: "Deixa de me perseguir; por que obrigar-me a te derrubar* no chão? Como poderia depois olhar para o rosto de Joab, teu irmão?" [23]Mas ele recusou desviar-se; então Abner o feriu no estômago com a ponta da lança, e a lança o traspassou. Asael caiu e morreu ali mesmo. Todos os que chegavam ao lugar onde ele caíra morto paravam. [24]Mas Joab e Abisaí continuaram a perseguir Abner, e o sol se punha quando chegaram à colina de Ama, que está defronte de Gia, junto ao caminho do deserto de Gabaon. [25]Os benjaminitas juntaram-se atrás de Abner, formando um só esquadrão, e se puseram no alto de uma colina. [26]Abner gritou a Joab: "A espada há de devorar para sempre? Não sabes que no fim haverá amargura? Até quando vais esperar para dizer a tua gente que deixe de perseguir seus irmãos?" [27]Respondeu Joab: "Pela vida de Deus! Se não houvesses falado, o povo não cessaria de perseguir seus irmãos até amanhã cedo". [28]Então Joab tocou a trombeta, e todo o povo parou; não perseguiram mais Israel, nem continuaram lutando. [29]Abner e sua gente caminharam toda aquela noite pela Arabá, passaram o Jordão, atravessaram todo o Bitron e chegaram a Maanaim. [30]Joab também voltou da perseguição a Abner e, quando reuniu toda a tropa, faltavam dos servos de Davi dezenove homens, além de Asael. [31]Mas os servos de Davi tinham matado trezentos e sessenta homens entre os benjaminitas e os que estavam com Abner. [32]Tomaram depois Asael e o sepultaram no túmulo de seu pai, em Belém. Depois Joab e sua gente caminharam toda a noite e chegaram a Hebron ao romper do dia.

3 **Reinado de Davi em Hebron.** [1]Foi longa a guerra entre a casa de Saul e a de Davi; mas Davi se tornava

sempre mais forte, ao passo que a casa de Saul ia se enfraquecendo. [2]Nasceram filhos a Davi* em Hebron; o primogênito foi Amnon, de Aquinoam de Jezrael; [3]o segundo foi Queleab, de Abigail, que fora mulher de Nabal do Carmelo; o terceiro foi Absalão, filho de Maaca, filha de Tolmai, rei de Gessur; [4]o quarto foi Adonias, filho de Hagit; o quinto foi Safatias, filho de Abital; [5]o sexto foi Jetraam, filho de Egla, mulher de Davi. Estes nasceram a Davi em Hebron.

Abner toma o partido de Davi. [6]Durante a guerra entre a casa de Saul e a de Davi, Abner fortaleceu-se na casa de Saul. [7]Ora, Saul tinha tido uma concubina chamada Resfa,* filha de Aías. Isbaal disse a Abner: "Por que te uniste à concubina de meu pai?" [8]Abner ficou muito irado por causa dessas palavras de Isbaal e disse: "Porventura sou eu a cabeça de um cão que pertence a Judá? Até hoje guardei fidelidade à casa de Saul, teu pai, a seus irmãos e seus amigos, e não te entreguei nas mãos de Davi; e hoje me censuras pela culpa cometida com esta mulher? [9]Que Deus mande a Abner* um castigo em cima de outro se eu não fizer para Davi o que Javé lhe prometeu com juramento: [10]transferir a realeza da casa de Saul e estabelecer o trono de Davi sobre Israel e sobre Judá, desde Dã até Bersabeia!" [11]Isbaal não ousou replicar a Abner, porque o temia.

[12]Então Abner enviou mensageiros a Davi de sua parte para lhe dizerem: "A quem pertence o país? Faze aliança comigo, e minha mão te ajudará a fazer voltar a ti todo o Israel". [13]Davi respondeu: "Está bem, farei aliança contigo;* mas uma coisa te peço: não compareças diante de mim sem trazeres Micol, filha de Saul, quando vieres ver-me". [14]Também Davi enviou mensageiros a Isbaal, filho de Saul, para lhe dizerem: "Devolve minha mulher, Micol, que desposei por cem prepúcios de filisteus". [15]Isbaal mandou que a tirassem de seu marido, Faltiel, filho

---

* **3**,2. 1Cr 3,1-4 | 7. 21,8-10 | 9. 3,18; 5,2; 1Sm 25,30 | 13. 1Sm 18,20-27

2 Samuel 3

de Lais. [16]Seu marido a acompanhou,* caminhando e chorando atrás dela até Baurim. Ali Abner lhe disse: "Anda, volta para trás". E ele voltou.

[17]Abner conversou* com os anciãos de Israel, dizendo: "Já faz tempo que estáveis querendo que Davi reinasse sobre vós. [18]Agora é tempo de agir, porque Javé falou a respeito de Davi: 'É pela mão de meu servo Davi que libertarei meu povo Israel do poder dos filisteus e de todos os seus inimigos'". [19]Abner conversou também com os benjaminitas e depois foi expor a Davi, em Hebron, tudo o que Israel e toda a casa de Benjamim haviam decidido. [20]Abner apresentou-se a Davi, em Hebron, acompanhado de vinte homens, e Davi ofereceu um banquete a Abner e a seus companheiros. [21]Depois Abner disse a Davi: "Vou partir e reunir todo o Israel em torno do rei, meu senhor, para que façam aliança contigo, e assim possas reinar sobre tudo o que teu coração deseja". Depois disso Davi despediu Abner, e ele partiu em paz.

Abner é morto por Joab. [22]Entretanto os servos de Davi e Joab regressaram de uma expedição, trazendo muitos despojos; Abner já não estava com Davi em Hebron, pois este o havia despedido e ele tinha ido em paz. [23]Quando Joab chegou com toda a tropa que estava com ele, disseram-lhe que Abner, filho de Ner, viera ter com o rei, e que este o havia despedido, e ele tinha ido em paz. [24]Então Joab compareceu perante o rei e lhe disse: "Que fizeste? Abner veio a ti; e por que o deixaste partir livremente? [25]Conheces Abner, filho de Ner. Ao certo veio para enganar-te, espiar teus movimentos e saber tudo o que fazes". [26]Saindo Joab da presença de Davi, enviou atrás de Abner mensageiros, que o fizeram voltar da cisterna de Sira, sem que Davi o soubesse. [27]Quando Abner chegou a Hebron, Joab levou-o à parte, no interior da porta, como para lhe falar em segredo; ali o feriu no ventre e o matou, por causa do sangue de Asael,

seu irmão. [28]Mais tarde Davi* ficou sabendo do fato e disse: "Eu e meu reino somos para sempre inocentes diante de Javé do sangue de Abner, filho de Ner: [29]recaia sobre a cabeça de Joab e sobre toda a casa de seu pai. Que nunca falte na casa de Joab quem sofra de corrimento ou de lepra, nem quem ande com bengala, nem quem morra pela espada, nem quem tenha falta de pão". [30]Joab e seu irmão Abisaí mataram Abner* porque este havia assassinado seu irmão Asael no combate de Gabaon. [31]Disse então Davi a Joab e a toda a gente que estava com ele: "Rasgai vossas vestes, vesti roupas de saco e chorai por causa de Abner". O rei Davi seguiu atrás do féretro. [32]Sepultaram Abner em Hebron. O rei chorou em voz alta junto ao sepulcro de Abner, e chorou também todo o povo. [33]O rei entoou um lamento para Abner, dizendo:

"Devia Abner morrer
como morre um insensato?
[34]Não tinhas as mãos atadas,
nem os pés presos com grilhões,
e caíste como os que caem
diante dos malvados".

E todo o povo recomeçou a chorar sobre ele.

[35]Depois, toda a gente veio a Davi para persuadi-lo a tomar alimento, enquanto ainda era dia. Mas Davi jurou, dizendo: "Deus me mande um castigo em cima de outro se antes do pôr do sol* eu comer pão ou qualquer outra coisa!" [36]Todo o povo soube disso e o aprovou, pois tudo o que o rei fazia agradava a todo o povo. [37]Assim todo o povo e todo o Israel compreenderam naquele dia que não tinha partido do rei a ordem de matar Abner, filho de Ner. [38]Depois disse o rei a seus servos: "Não sabeis que hoje caiu em Israel um príncipe, um grande homem? [39]Eu hoje sou ainda fraco, embora ungido rei, e esses homens, os filhos de Sárvia, são mais duros do que eu. Que Javé retribua a quem faz o mal conforme sua malícia".*

---

* **3**,16. 1Sm 25,44 | 17. 3,10 | 28. 2,22s | 30. 2,22s | 35. 1Sm 31,13 | 39. Sl 27,4

2 Samuel 4-5

4 **Isbaal é morto.** ¹Quando Isbaal, filho de Saul, soube que Abner tinha sido morto em Hebron, perdeu o ânimo, e todo o Israel ficou atemorizado. ²Ora, o filho de Saul tinha dois homens que chefiavam bandos armados, um chamado Baana e o outro Recab, ambos filhos de Remon de Berot, da tribo de Benjamim, pois também Berot é considerada parte de Benjamim. ³Os berotitas fugiram* para Getaim, onde moram como forasteiros até hoje.

⁴Jônatas, filho de Saul, tinha um filho aleijado* dos dois pés. Estava com cinco anos, quando chegou de Jezrael a notícia da morte de Saul e de Jônatas. Sua ama o tomou e fugiu com ele, mas na fuga precipitada o menino caiu e ficou coxo; seu nome era Meribaal.

⁵Recab e Baana, filhos de Remon, o berotita, foram e chegaram no calor do meio-dia à casa de Isbaal, que estava dormindo a sesta. ⁶Entraram no interior da casa, como para apanhar trigo, e o feriram no ventre; e Recab e Baana, seu irmão, fugiram. ⁷Quando entraram na casa, Isbaal dormia sobre seu leito, em seu quarto; eles o feriram mortalmente e o decapitaram. Depois tomaram a cabeça e caminharam a noite toda pela estrada da Arabá.

Davi manda matar os homicidas. ⁸Levaram a Davi, em Hebron, a cabeça de Isbaal e disseram ao rei: "Eis a cabeça de Isbaal, filho de Saul, teu inimigo, que procurava matar-te. Assim Javé concedeu hoje a meu senhor, o rei, vingança contra Saul e sua descendência". ⁹Em resposta, disse Davi a Recab e a Baana, seu irmão, filhos de Remon, o berotita: "Pela vida de Javé, que me livrou de toda angústia! ¹⁰Quando veio aquele que me anunciou a morte de Saul, pensando trazer-me uma boa notícia, mandei prendê-lo e matá-lo em Siceleg, para recompensá-lo pela boa nova. ¹¹Quanto mais agora que homens malvados* assassinaram um homem justo em sua casa e sobre seu leito, não deverei pedir conta de seu sangue derramado por vossas mãos e exterminar-vos da terra?" ¹²Davi ordenou a seus servos* que os matassem; cortaram-lhes as mãos e os pés e os suspenderam junto ao açude de Hebron. Depois tomaram a cabeça de Isbaal e a sepultaram no sepulcro de Abner em Hebron.

II. DAVI, REI EM JERUSALÉM (5-20)

5 **Davi, rei de todo o Israel.** ¹Todas as tribos de Israel* vieram a Davi em Hebron e lhe disseram: "Somos de tua raça* e de tua família†. ²Já no passado, quando Saul reinava sobre nós, eras tu que conduzias Israel de um lado para o outro.* E Javé te disse: 'Tu serás o pastor de meu povo Israel e serás o soberano de Israel'". ³Vieram, pois, todos os anciãos de Israel ao rei, em Hebron, e o rei Davi fez um pacto com eles em Hebron, diante de Javé, e ungiram Davi como rei de Israel. ⁴Davi tinha trinta anos quando começou a reinar†, e reinou quarenta anos. ⁵Em Hebron reinou* sobre Judá sete anos e seis meses, e em Jerusalém reinou trinta e três anos sobre todo o Israel e Judá.*

Davi conquista Jerusalém. ⁶O rei partiu com seus homens* para Jerusalém, contra os jebuseus que moravam naquela terra. Disseram estes a Davi: "Não entrarás aqui, porque os cegos e os coxos te expulsarão"; querendo dizer: "Davi não entrará aqui". ⁷Davi, porém, tomou a fortaleza de Sião, que é a Cidade de Davi†. ⁸Naquele dia disse Davi: "Todo aquele que estiver disposto a atacar os jebuseus suba pelo canal subterrâneo† e fira os coxos e os cegos

---

* 4,3. Js 18,25 | 4. 1Sm 31 | 11. 1,1-16 | 12. 1Sm 31,10; Dt 21,22s | **5**,1. 1Cr 11,1ss / Dt 17,15 | 2. 1Sm 18,16; 3,10 | 5. 2,11 / 1Cr 3,4 | 6. 1Cr 11,4-9 | 8. Lv 21,18

† 5,1. Literalmente, "teus ossos e tua carne", ver Gn 2,23. | 4. Morto o rival Isbaal, 4,7, Davi passou a reinar sobre todo o povo. | 7. Davi conquista a capital dos jebuseus e faz dela a capital política e religiosa de seu reino. Jerusalém podia ser um polo de união das tribos pois era neutra, não pertencendo a nenhuma delas, e estava no centro do território. | 8. Um túnel, cavado na rocha, que levava para a cidade a água da fonte Guion.

2 Samuel 5-6

que a alma de Davi detesta". Por isso* costuma-se dizer: "Cegos e coxos não entrarão na casa".

⁹Davi instalou-se na fortaleza e deu--lhe o nome de "Cidade de Davi"; levantou construções ao redor, do Melo para dentro. ¹⁰Davi ia crescendo* cada vez mais em poder, porque Javé, Deus dos exércitos, estava com ele.

¹¹Hiram, rei de Tiro,* enviou mensageiros a Davi com madeira de cedro, carpinteiros e pedreiros, os quais construíram um palácio para Davi. ¹²Então Davi compreendeu que Javé o havia confirmado como rei sobre Israel e tinha enaltecido seu reinado por amor a seu povo Israel. ¹³Depois que veio de Hebron, Davi tomou mais concubinas* e mulheres de Jerusalém, e lhe nasceram outros filhos e filhas. ¹⁴São estes os nomes dos que lhe nasceram em Jerusalém: Samua, Sobab, Natã, Salomão, ¹⁵Jebaar, Elisua,* Nafeg, Jáfia, ¹⁶Elisama, Eliada e Elifalet.

Vitórias sobre os filisteus. ¹⁷Quando os filisteus souberam* que Davi fora ungido rei de Israel, subiram todos a sua procura; ao saber disso, Davi desceu à fortaleza. ¹⁸Os filisteus chegaram e se espalharam pelo vale de Rafaim. ¹⁹Então Davi consultou Javé,* perguntando: "Devo subir contra os filisteus? Vós os entregareis em minhas mãos?" Javé respondeu-lhe: "Sobe, pois com certeza os entregarei em tuas mãos". ²⁰Davi foi a Baal-Farasim e ali os derrotou. E disse: "Javé me abriu uma brecha em meus inimigos como uma brecha feita pelas águas". Por isso aquele lugar foi chamado Baal-Farasim. ²¹Os filisteus deixaram lá seus ídolos, que Davi e sua gente recolheram.

²²Os filisteus voltaram a subir* e se espalharam pelo vale de Rafaim. ²³Davi consultou Javé, que lhe respondeu: "Não subas, mas rodeia por detrás deles e assalta-os defronte das amoreiras.

²⁴Quando ouvires ruído como de passos nas copas* das amoreiras, lança-te logo ao ataque, porque então Javé sairá diante de ti para derrotar o exército dos filisteus". ²⁵Davi fez conforme Javé lhe havia mandado e bateu os filisteus desde Gaba até a entrada de Gazer.

6 Trasladação da arca para Jerusalém.
¹Davi tornou a reunir todos os homens escolhidos* de Israel, em número de trinta mil. ²Ele pôs-se a caminho e foi para Baala de Judá com toda a gente reunida em torno dele, para transportar de lá a arca de Deus, sobre a qual é invocado o Nome, o nome de Javé dos exércitos* que se assenta sobre os querubins. ³Puseram a arca de Deus num carro novo e a levaram da casa de Abinadab, situada na colina. Oza e Aio, filhos de Abinadab,* guiavam o carro novo. ⁴Oza caminhava ao lado da arca de Deus e Aio caminhava diante dela. ⁵Davi e toda a casa de Israel se alegravam diante de Javé com todo tipo de instrumentos de madeira de cipreste: cítaras, harpas,* tamborins, pandeiros e címbalos. ⁶Quando chegaram à eira de Nacon, Oza estendeu a mão para a arca de Deus e segurou--a, porque os bois tropeçaram. ⁷Então acendeu-se a ira de Javé contra Oza, e Deus o feriu ali mesmo por aquela temeridade, e ele caiu morto ali, perto da arca de Deus. ⁸Davi entristeceu-se porque Javé abriu uma brecha no povo, ferindo Oza, e aquele lugar foi chamado "Farés-Oza"†, nome que traz ainda hoje. ⁹Naquele dia Davi teve medo de Javé e disse: "Como poderá vir para junto de mim a arca de Javé?" ¹⁰Assim Davi não quis levar a arca de Javé para junto de si, para a Cidade de Davi, mas mandou que a levassem para a casa de Obed-Edom, de Gat.

¹¹A arca de Javé permaneceu na casa de Obed-Edom, de Gat, durante três

---

* **5**,10. 1Sm 1,3 | 11. 1Cr 14,1s; 1Rs 5,15 | 13. 1Cr 14,3-7; 2Sm 3,2-5 | 15. 1Cr 3,5-8 | 17. 1Cr 14,8-16 | 19. 1Sm 2,28 | 22. 1Sm 4,11 | 24. Sl 84,7; 2Rs 7,6; Gn 3,8 | **6**,1. 1Cr 13,1-14; Sl 132,6-10-13s | 2. Js 15,9.60 | 3. 1Sm 4,3s; Êx 25,10 | 5. 1Sm 6,7; Sl 150,3-5; 68,25s

† **6**,8. Quer dizer "a brecha de Oza". Com a melhor das intenções, Oza comete uma falta de respeito a uma coisa sagrada, um ato proibido pela lei, Nm 4,15.

321   2 Samuel 6-7

meses, e Javé abençoou Obed-Edom e toda a sua família. ¹²Foi contado ao rei Davi* que Javé estava abençoando a família de Obed-Edom e todas as suas coisas por causa da arca de Deus. Então Davi foi lá e transportou com alegria a arca de Deus da casa de Obed-Edom para a Cidade de Davi. ¹³Quando os carregadores da arca de Javé deram os seis primeiros passos, ele imolou um touro e um bezerro cevado. ¹⁴Davi dançava* com todas as suas forças diante de Javé. Estava vestido com um efod de linho. ¹⁵Assim Davi e toda a casa de Israel transladaram a arca de Javé com júbilo e ao som de trombetas.*

¹⁶Quando a arca de Javé entrou na Cidade de Davi, Micol, filha de Saul, olhou pela janela e, vendo o rei Davi que pulava e dançava diante de Javé, desprezou-o em seu coração. ¹⁷Conduziram, pois, a arca de Javé* e a colocaram em seu lugar, na tenda que Davi havia armado para ela. Davi ofereceu holocaustos e sacrifícios* de comunhão diante de Javé. ¹⁸Quando Davi acabou de oferecer os holocaustos e os sacrifícios de comunhão, abençoou o povo em nome de Javé dos exércitos. ¹⁹Distribuiu a todo o povo, isto é, a toda a multidão dos israelitas, homens e mulheres, um bolo, um pedaço de carne e uma torta de uva passa para cada um. Depois todo o povo se retirou, cada qual para sua casa.

²⁰Quando Davi voltou para abençoar sua família, Micol, filha de Saul, saiu-lhe ao encontro e disse: "Como se cobriu de honra hoje o rei de Israel, desnudando-se à vista das escravas de seus servos, como se despojaria sem pudor um homem qualquer!" ²¹Respondeu Davi a Micol: "É diante de Javé, que me escolheu de preferência a teu pai e a toda a sua casa, constituindo-me príncipe de Israel, povo de Javé; é diante

de Javé que tenho festejado ²²e ainda me tornarei mais vil que desta vez. Serei desprezível a teus olhos, mas pelas escravas de que falaste, por elas serei honrado". ²³E Micol, filha de Saul, não teve filhos até o dia de sua morte.*

7 Profecia de Natã.

¹Aconteceu que, quando o rei* já morava em seu palácio, depois que Javé lhe havia dado descanso de todos os seus inimigos em redor, ²o rei disse ao profeta Natã: "Vê: eu moro num palácio de cedro, ao passo que a arca de Deus se acha debaixo* de uma tenda". ³Respondeu-lhe Natã: "Vai, faze tudo o que tens em mente, porque Javé está contigo".

⁴Mas naquela mesma noite a palavra de Javé foi dirigida a Natã, dizendo: ⁵"Vai e dize a meu servo Davi: Assim fala Javé: És tu que vais edificar uma casa para minha morada? ⁶Não morei em casa* alguma desde o dia em que tirei do Egito os filhos de Israel até hoje, mas andei errante sob uma tenda, um tabernáculo. ⁷Em todo lugar por onde tenho andado com todos os filhos de Israel, acaso falei uma palavra a algum dos juízes de Israel, que eu mandei apascentar meu povo, para dizer: 'Por que não me edificais uma casa de cedro?' ⁸Agora, pois, assim dirás a meu servo Davi: Assim fala Javé dos exércitos: Eu te tirei das pastagens,* do pastoreio das ovelhas, para seres príncipe de meu povo Israel; ⁹estive contigo em toda parte por onde andaste e exterminei todos os teus inimigos diante de ti; engrandecerei teu nome como o nome dos grandes da terra. ¹⁰Prepararei um lugar para meu povo Israel; aí o plantarei para que more em sua casa e não seja mais incomodado, e os malvados não continuem a oprimi-lo como no passado, ¹¹desde o dia em que cons-

---

* **6**,12. 1Cr 15,1-29 **|** 14. 1Rs 18,26 **|** 15. 1Sm 2,18 **|** 17. 1Cr 16,1-3 / Lv 1,1; 3,1 **|** 23. 20,3 **| 7**,1. 1Cr 17,1-15; 1Rs 5,4 **|** 2. Dt 12,10; 25,19; Sl 132,1-5 **|** 6. 1Rs 8,16.27; At 7,48; Êx 40,34-38 **|** 8. 1Sm 16,11; 17,14-20.28.34s; Sl 78,70; Sl 89,28 **|** 11. 23,5; Sl 89,30-38; Sl 132,11s; At 2,30

† **7**,11. Essa profecia de Natã está centrada na palavra "casa", entendida como morada e como família. Deus promete a Davi que o trono de Israel será estável e sempre ocupado por um descendente seu. A profecia refere-se a Salomão, filho de Davi, mas também a um futuro descendente dele, e filho de Deus de modo especial: o Messias, At 2,30; Hb 1,5.

2 Samuel 7-8

tituí juízes sobre Israel, meu povo. Eu te darei descanso de todos os teus inimigos. E Javé te anuncia que ele te fará* uma casa†. [12]Quando teus dias se tiverem completado e tu adormeceres com teus pais, farei surgir depois de ti um descendente teu, que sairá de ti, e tornarei estável seu reino. [13]É ele que edificará uma casa* a meu nome, e eu estabelecerei para sempre seu trono real. [14]Eu serei para ele um pai,* e ele será para mim um filho. Se ele fizer o mal, eu o castigarei com vara de homens e com açoites de filhos de homens, [15]mas minha misericórdia não se apartará dele,* como a retirei de Saul, a quem expulsei de diante de tua presença. [16]Tua casa e teu reino serão firmes para sempre* diante de mim, e teu trono será estável para sempre". [17]Natã falou a Davi segundo todas estas palavras* e de acordo com toda esta visão.

Davi agradece a Deus. [18]Então o rei Davi entrou, sentou-se diante de Javé e disse: "Quem sou eu, Senhor Javé, e o que é minha casa, para me terdes feito chegar até aqui? [19]Mas isso ainda pareceu pouco a vossos olhos, Senhor Javé, pois estendestes vossas promessas à casa de vosso servo para um futuro distante! É assim que fazeis com os seres humanos, Senhor Javé? [20]Que mais Davi poderia dizer-vos? Pois vós, Senhor Javé, bem conheceis vosso servo! [21]Por causa de vossa palavra e segundo vosso coração realizastes todas essas grandes coisas, para manifestá-las a vosso servo. [22]Por isso, ó Senhor Javé, vós sois grande, porque não há ninguém igual a vós,* nem existe Deus além de vós, conforme tudo o que ouvimos com nossos ouvidos. [23]Que outra nação há na terra* igual a vosso povo Israel, que Deus veio resgatar para torná-lo seu povo, para dar-lhe um nome e realizar em seu favor coisas grandes e obras tremendas para vossa terra, por amor de vosso povo que resgatastes para vós do Egito, das nações e de seus deuses? [24]Estabelecestes vosso povo Israel para ser vosso povo* para sempre; e vós, ó Javé, vos tornastes seu Deus. [25]Agora, pois, Javé Deus, confirmai para sempre a palavra que pronunciastes acerca de vosso servo e de sua casa e fazei como dissestes. [26]Que seja engrandecido vosso nome para sempre, e se diga: 'Javé dos exércitos é Deus sobre Israel'; e que a casa de vosso servo Davi seja estável diante de vós. [27]Porque vós, Javé dos exércitos, Deus de Israel, fizestes uma revelação aos ouvidos de vosso servo, dizendo: 'Eu te edificarei uma casa'. Por isso vosso servo se animou a dirigir-vos esta prece. [28]Sim, Senhor Javé, vós sois Deus,* e vossas palavras são verdade, e prometestes este bem a vosso servo. [29]E agora dignai-vos abençoar a casa de vosso servo, para que permaneça para sempre diante de vós; já que vós, Senhor Javé, o prometestes, e com vossa bênção a casa de vosso servo será bendita eternamente".

8 **As conquistas de Davi.** [1]Depois disso, Davi derrotou os filisteus e os submeteu; retirou dos filisteus a supremacia que tinham. [2]Também derrotou os moabitas e os mediu com o cordel, fazendo-os deitar-se por terra; mediu dois cordéis para os matar e um cordel inteiro para os deixar com vida. Assim os moabitas ficaram sujeitos a Davi, pagando-lhe tributo.

[3]Davi derrotou também Adadezer, filho de Roob, rei de Soba, quando este ia estabelecer seu domínio até o rio.† [4]Davi tomou-lhe mil e setecentos cavaleiros* e vinte mil homens de infantaria; desjarretou os cavalos de todos os carros, mas deixou suficientes para cem carros. [5]Os arameus de Damasco vieram em socorro de Adadezer, rei de Soba, mas Davi matou vinte e dois mil homens entre os arameus. [6]Davi esta-

---

* **7**,13. 1Rs 5,19; 8,19 **|** 14. 1Cr 17,11-14; 22,10; 28,6 **|** 15. 1Sm 13,14; 15,28 **|** 16. 23,5; Lc 1,32s **|** 17. 1Cr 17,16-27; 1Sm 18,18 **|** 22. Êx 15,11 **|** 23. Dt 4,7.34 **|** 24. Dt 7,6; 26,17; 29,12 **|** 28. Nm 23, 19 **| 8**,4. Js 11,6-9; Dt 17,16 **|** 6. 2Rs 11,10

† **8**,3. Na Bíblia, o rio sem especificação é o Eufrates.

323

2 Samuel 8-9

beleceu postos militares entre os arameus de Damasco; eles se tornaram servos de Davi e lhe pagaram tributo. Javé dava a vitória a Davi por onde quer que fosse.*

[7]Davi tomou dos servos de Adadezer seus escudos de ouro e levou-os para Jerusalém. [8]De Tebá e de Berotai, cidades de Adadezer, o rei Davi tomou uma grande quantidade de bronze.

[9]Quando Toú, rei de Emat, soube que Davi tinha vencido todo o exército de Adadezer, [10]mandou seu filho Joram ao rei Davi para o saudar e congratular-se com ele, porque tinha combatido contra Adadezer e o tinha derrotado, pois Adadezer estava sempre em guerra com Toú. Joram levava consigo objetos de prata, de ouro e de bronze, [11]os quais o rei Davi consagrou também a Javé, junto com a prata e o ouro que já havia consagrado, tomados de todas as nações que subjugara: [12]Edom, Moab, Amon, os filisteus, Amalec, e dos despojos de Adadezer, filho de Roob, rei de Soba.

[13]Davi ganhou renome quando voltou depois de derrotar os arameus* no vale do Sal, dezoito mil homens. [14]Pôs guarnições em Edom; em todo o Edom pôs guarnições, e todos os edomitas tornaram-se servos* de Davi. E Javé concedia a vitória a Davi por onde quer que fosse.

Oficiais de Davi. [15]Davi reinou sobre todo o Israel e administrava o direito e a justiça* a todo o seu povo. [16]Joab, filho de Sárvia, era chefe do exército; Josafá, filho de Ailud, era chanceler; [17]Sadoc, filho de Aquitob, e Aquimelec, filho de Abiatar, eram sacerdotes; Saraías era escrivão; [18]Banaías, filho de Joiada, era o comandante dos cereteus e dos feleteus†. Os filhos de Davi eram sacerdotes.

9 **Favores de Davi ao filho de Jônatas.** [1]Davi perguntou: "Resta ainda alguém da casa de Saul,* para que eu possa fazer-lhe o bem por amor de Jônatas?" [2]Ora havia um criado na casa de Saul, de nome Siba. Ele foi chamado à presença de Davi e o rei perguntou-lhe: "Tu és Siba?" Respondeu ele: "Sou teu criado". [3]Disse-lhe o rei: "Não restou alguém da casa de Saul* a quem eu possa demonstrar a benevolência de Deus?" Respondeu Siba ao rei: "Vive ainda um filho de Jônatas, aleijado dos pés". [4]"Onde está ele?", perguntou o rei. Respondeu Siba ao rei: "Está na casa de Maquir,* filho de Amiel, em Lo-Dabar". [5]E o rei mandou que fossem buscá-lo na casa de Maquir, filho de Amiel, em Lo-Dabar. [6]Então Meribaal, filho de Jônatas, filho de Saul, veio à presença de Davi, prostrou-se com o rosto em terra e se inclinou. Disse Davi: "Meribaal!" Respondeu ele: "Eis aqui teu servo". [7]Disse-lhe Davi: "Não temas,† pois quero tratar-te com benevolência em atenção a Jônatas, teu pai, e te restituirei todas as terras de Saul, teu avô, e tu comerás sempre a minha mesa". [8]Ele se inclinou profundamente e disse: "Quem é teu servo para teres olhado para um cão morto como eu?" [9]O rei chamou Siba, servo de Saul, e lhe disse: "Tudo o que pertencia a Saul e a sua casa eu o dou ao filho de teu senhor. [10]Lavrarás para ele a terra tu, teus filhos e teus servos e recolherás os produtos, a fim de que a família de teu senhor tenha o necessário para viver; mas Meribaal, filho de teu senhor, comerá sempre a minha mesa". Siba tinha quinze filhos e vinte servos. [11]Ele respondeu ao rei: "Teu servo fará conforme tudo o que o rei, meu senhor, ordena a seu servo". E Meribaal comeu à mesa do rei, como um de seus filhos. [12]Meribaal tinha um filho pequeno, chamado Micas; e todos os que moravam na casa de Siba* estavam a serviço de Meribaal. [13]Este habitava em Jerusalém, porque comia sempre à mesa do rei. Ele era coxo de ambos os pés.

---

* 8,13. 2Rs 14,7 | 14. 1Rs 11,14.25; 1Cr 18,14-17 | 15. 20,23-26; 1Rs 4,1-6 | **9,**1. 1Sm 18,1-4; 20,15s.42; 21,1-14 | 3. 16,1-4; 19,27-31 | 5. 4,4; 17,27 | 12. 1Cr 8,34s; 16,1-4; 19,25-31; 21,7

† 8,18. Mercenários estrangeiros, oriundos de dois clãs filisteus. | 9,7. Meribaal tinha motivo para temer, pois a dinastia anterior costumava ser eliminada quando surgia um novo rei.

2 Samuel 10-11

10 **Vitória sobre os amonitas.** [1]Depois disso morreu o rei dos amonitas,* e seu filho Hanon reinou em seu lugar. [2]Davi disse: "Quero usar para com Hanon, filho de Naás, a mesma benevolência que seu pai usou para comigo". Enviou seus servos para o consolar pela morte de seu pai. Mas quando os servos de Davi chegaram ao país dos amonitas, [3]os príncipes dos amonitas* disseram a Hanon, seu senhor: "Pensas que Davi pretende honrar teu pai, enviando-te mensageiros de pêsames? Ou não foi antes para investigar e explorar a cidade, para depois destruí-la, que Davi te enviou seus servos? [4]Então Hanon prendeu os servos de Davi, mandou rapar-lhes metade da barba, cortar-lhes as vestes pela metade, até às nádegas, e os despediu. [5]Informado disso, Davi enviou alguns ao encontro deles, pois estavam muito humilhados, e mandou dizer-lhes: "Ficai em Jericó, até que vos cresça a barba, e depois voltareis".

[6]Quando os amonitas perceberam* que se haviam tornado odiosos a Davi, mandaram mensageiros para tomarem a seu soldo vinte mil homens de infantaria entre os arameus de Bet-Roob e entre os arameus de Soba, mil homens do rei de Maaca e doze mil homens da gente de Tob. [7]Sabendo disso, Davi mandou Joab com todo o exército* dos valentes. [8]Os amonitas saíram e se puseram em ordem de batalha à entrada da porta, enquanto os arameus de Soba e de Roob, e a gente de Tob e de Maaca estavam à parte, no campo. [9]Vendo Joab que tinha contra ele duas frentes de batalha, uma adiante e outra atrás, escolheu alguns entre os melhores de Israel e os dispôs em ordem de combate diante dos arameus; [10]colocou o restante das tropas sob as ordens de seu irmão Abisaí, que dispôs seus esquadrões para enfrentar os amonitas. [11]Disse Joab: "Se os arameus me forem superiores, tu virás em meu auxílio; e se os amonitas forem mais fortes que tu, eu irei socorrer-te. [12]Sê corajoso e mostremo-nos valentes em defesa de nosso povo e das cidades de nosso Deus; e que Javé faça o que lhe parecer bem". [13]Então Joab avançou com a gente que estava com ele para combater contra os arameus, e estes fugiram diante deles. [14]Os amonitas, vendo fugir os arameus, fugiram também eles diante de Abisaí e entraram na cidade. Joab retornou da guerra contra os amonitas e regressou a Jerusalém.

Vitória sobre os arameus. [15]Vendo, pois, os arameus que tinham sido derrotados por Israel, reuniram-se em massa.* [16]Adadezer mandou chamar os arameus que moravam do outro lado do rio; eles chegaram a Helam, tendo à frente Sobac, chefe do exército de Adadezer. [17]Avisado disso, Davi reuniu todo o Israel, passou o Jordão e chegou a Helam. Os arameus puseram-se em ordem de batalha contra Davi e lhe deram combate. [18]Mas fugiram diante de Israel, e Davi matou dentre os arameus os homens de setecentos carros e quarenta mil cavaleiros; feriu também Sobac, chefe do exército, que ali morreu. [19]Todos os reis vassalos de Adadezer, ao verem que tinham sido vencidos por Israel, fizeram as pazes com os israelitas e os serviram. Daí em diante, os arameus não ousaram mais socorrer os amonitas.

11 **Duplo pecado de Davi.** [1]No ano seguinte, no tempo em que os reis costumam sair* para a guerra, Davi enviou Joab com seus servos e todo o Israel. Eles massacraram os amonitas e sitiaram Rabá. Davi, porém, ficou em Jerusalém. [2]Uma tarde ele se levantou do leito e estava passeando pelo terraço do palácio, quando de lá avistou uma mulher que se banhava. Era uma mulher muito bonita. [3]Mandou perguntar quem era. Disseram-lhe: "É Betsabeia, filha de Eliam, esposa de Urias, o heteu". [4]Então Davi mandou

---

* **10**,1. 1Cr 19,1-5 | 3. 1Sm 21,12; 2Sm 3,24s | 6. 1Cr 19,6-15; 8,3 | 7. 21,15-22; 23,8s | 15. 1Cr 19,16-19; 2Sm 8,3-8 | **11**,1. 1Cr 20,1; 10,7

... ùm pobre.† ²O rico tinha ovelhas e bois em grande quantidade, ³ao passo que o pobre não possuía nada senão uma ovelhinha, que ele havia comprado e criado, e que tinha crescido com ele e com seus filhos. Comia de seu pão, bebia da sua taça e dormia em seu colo: era para ele como uma filha. ⁴Tendo chegado um viandante à casa do rico, este não quis tomar de suas ovelhas nem de seus bois para preparar a refeição para o caminheiro que havia chegado, mas tomou a ovelha do pobre e a preparou para seu hóspede".

⁵Então Davi foi tomado de violenta cólera contra aquele homem e disse a Natã: "Pela vida de Javé, o homem que fez isso é réu de morte! ⁶Pagará* quatro vezes o valor da ovelha por haver feito tal coisa e porque não teve compaixão". ⁷Natã respondeu a Davi: "Tu és esse homem! Assim diz Javé, Deus de Israel: 'Eu te ungi rei sobre Israel e te livrei das mãos de Saul. ⁸Eu te dei a casa de teu senhor e pus em teus braços as mulheres de teu senhor, eu te dei a casa de Israel e de Judá. Se ainda é pouco, poderia dar-te muito mais. ⁹Por que desprezaste a palavra de Javé, fazendo o que lhe desagrada? Mataste à espada Urias, o heteu, fazendo-o perecer pela espada dos amonitas e tomaste por esposa sua mulher. ¹⁰Pois bem, a espada jamais se apartará de tua casa†, porque me desprezaste, tomando por esposa a mulher de Urias, o heteu'.

¹¹Assim fala Javé: 'De tua própria casa vou suscitar o mal contra ti. Tomarei tuas mulheres* diante de teus olhos e as darei a teu próximo, que se unirá a elas à vista deste sol. ¹²Tu agiste às ocultas, mas eu farei isto diante de todo o Israel, à luz do sol'".

¹³Davi respondeu a Natã: "Pequei contra Javé". Natã disse a Davi: "Javé, por sua vez, perdoou teu pecado; não morrerás. ¹⁴Mas porque com isto deste aos inimigos de Javé ocasião de blasfemar, o filho que te nasceu morrerá

certamente". ¹⁵E Natã voltou para casa.

Javé feriu o menino que a mulher de Urias tinha dado à luz a Davi, e ele adoeceu gravemente. ¹⁶Davi suplicou a Deus pelo menino* e jejuou; chegando a sua casa, passou a noite deitado no chão. ¹⁷Os anciãos de seu palácio insistiram com ele para que se levantasse do chão, mas ele não quis e não tomou alimentos com eles. ¹⁸No sétimo dia o menino morreu, e os servos de Davi tinham medo de dizer-lhe que o menino tinha morrido, porque diziam: "Se quando o menino ainda vivia, nós lhe falávamos e ele não nos ouvia, como, pois, lhe diremos agora: 'O menino morreu'? Poderia fazer-se algum mal". ¹⁹Mas Davi, notando que seus servos cochichavam entre si, compreendeu que o menino tinha morrido. Então perguntou-lhes: "O menino morreu?" "Sim", responderam. ²⁰Então Davi levantou-se do chão, lavou-se, ungiu-se, mudou de roupa e entrou na casa de Javé para adorar. Depois voltou para casa, pediu que lhe servissem alimento e comeu. ²¹Perguntaram-lhe então os servos: "Que é isto que fizeste? Quando o menino estava vivo, jejuaste e choraste; mas agora que morreu, te levantas e comes?" ²²Ele respondeu: "Quando o menino ainda estava vivo, jejuei e chorei porque pensava: 'Quem sabe se Javé não terá compaixão de mim e o menino viverá?' ²³Mas agora que morreu, por que haveria de jejuar? Poderei fazê-lo voltar? Eu irei a ele, mas ele não voltará a mim". *

²⁴Davi consolou sua mulher Betsabeia, foi até ela e com ela se uniu. Ela deu à luz um filho, ao qual foi dado o nome de Salomão. Javé o amou ²⁵e comunicou isto por meio do profeta Natã, que lhe deu o nome de Jededias†, em atenção a Javé.

²⁶Entretanto, Joab atacou* Rabá dos amonitas e tomou a cidade real. ²⁷Joab enviou mensageiros a Davi para lhe dizer: "Ataquei Rabá e tomei a cidade

---

* **12**,6. Êx 21,37 | 11. 16,22 | 16. 21,10; 1Rs 21,27 | 23. Jó 7,9 | 26. 1Cr 20,1-3

† **12**,10. Profecia que se cumpriu na morte violenta de seus filhos Amnon (13,28s), Absalão (18,14s) e Adonias (1Rs 2,23ss). | 25. O significado deste nome é "amado de Javé". Salomão significa "pacífico".

mensageiros para que a trouxessem. Ela veio, e ele se uniu a ela, quando ela acabava de purificar-se da menstruação. A seguir ela voltou para casa.

5A mulher concebeu e mandou avisar Davi, dizendo: "Estou grávida!" 6Então Davi mandou dizer a Joab: "Envia-me Urias, o heteu". Joab enviou Urias a Davi. 7Quando Urias se apresentou a Davi, este lhe perguntou como estavam Joab e o exército e como ia a guerra. 8Depois disse Davi a Urias: "Desce a tua casa e lava os pés". Urias saiu do palácio real e depois foi-lhe mandado um presente do rei. 9Mas Urias dormiu junto à porta do palácio real com todos os servos de seu senhor e não desceu a sua casa. 10Comunicaram isto a Davi, dizendo: "Urias não desceu a sua casa". Por isso Davi perguntou a Urias: "Não chegaste de uma viagem? Por que, então, não desceste a tua casa?" 11Urias respondeu a Davi: "A arca, Israel e Judá estão debaixo de tendas;* Joab, meu senhor, e os servos de meu senhor estão acampados ao ar livre, e eu deveria ir para minha casa comer e beber e dormir com minha mulher?† Por tua vida e pela vida de tua alma, não farei tal coisa!" 12Davi disse a Urias: "Fica ainda hoje aqui e amanhã te despedirei". E Urias ficou em Jerusalém naquele dia. No dia seguinte, 13Davi o convidou a comer e beber com ele e o embriagou. Ao anoitecer, Urias saiu e foi deitar-se em sua cama entre os servos de seu senhor, mas não desceu a sua casa.

14Na manhã seguinte, Davi escreveu uma carta a Joab e enviou-a por meio de Urias. 15Na carta havia escrito: "Ponde Urias na primeira linha, onde o combate é mais violento, e abandonai-o, a fim de que seja ferido e morra". 16Enquanto sitiava a cidade, Joab colocou Urias num lugar onde sabia que estavam homens valorosos. 17Os defensores da cidade saíram para atacar Joab; tombaram alguns entre as tropas e entre os servos de Davi, morrendo também Urias, o heteu. 18Joab mandou informar Davi de tudo o que sucedera na batalha. 19Ordenou ao mensageiro, dizendo: "Quando tiveres acabado de contar ao rei tudo o que aconteceu no combate, 20se ele se enfurecer e te disser: 'Por que vos aproximastes tanto da cidade para combater? Não sabíeis que haviam de atirar do alto dos muros? 21Quem matou Abimelec,* filho de Jerobaal? Não foi uma mulher que atirou sobre ele do alto do muro um pedaço de uma roda de moinho, e assim ele morreu em Tebes? Por que vos aproximastes tanto dos muros?' Então lhe dirás: 'Morreu também teu servo Urias, o heteu'".

22O mensageiro partiu e, chegando, comunicou a Davi tudo o que Joab lhe havia mandado dizer. 23Disse o mensageiro a Davi: "Aqueles homens eram mais fortes que nós e saíram contra nós em campo aberto; nós, porém, os repelimos até à porta da cidade. 24Então os arqueiros atiraram contra teus servos do alto do muro; morreram alguns servos do rei e morreu também teu servo Urias, o heteu". 25Davi respondeu ao mensageiro: "Dirás isto a Joab: 'Não sintas pesar por isto, porque a espada devora tanto de um lado como do outro. Reforça o ataque à cidade até destruí-la'. E tu, encoraja-o".

26Quando a mulher de Urias soube que seu marido tinha morrido, ela o pranteou. 27Terminado o luto, Davi mandou buscá-la e a trouxe para seu palácio. Ela se tornou sua esposa e deu-lhe à luz um filho. Mas aquilo que Davi tinha feito desagradou a Javé.

12 O arrependimento de Davi.
1Javé enviou Natã* a Davi. Natã foi até ele e disse-lhe: "Havia numa mesma cidade dois homens: um

---

* 11,11. 1Sm 4,3s | 21. Jz 9,50-54 | 12,1. 14,4-17

† 11,11. Davi tenta encobrir seu adultério fazendo Urias encontrar-se com sua esposa, mas este segue a lei que proibia os soldados de ter relações sexuais durante a guerra, Dt 23,10. | 12,1. Natã conta uma parábola, a primeira da Bíblia, servindo-se do mesmo expediente que a mulher de Técua, 14,2-7: pede uma sentença do rei para um caso fictício, apresentado como real. Aqui a sentença do rei vai contra ele próprio.

das águas. [28]Agora, pois, reúne o resto das tropas, vem sitiar a cidade e tomá-la; do contrário, conquistarei a cidade e lhe darei meu nome". [29]Davi juntou todas as tropas e marchou para Rabá; combateu contra ela e a tomou. [30]Tirou da cabeça do rei deles a coroa, que pesava um talento de ouro e tinha pedras preciosas, e a coroa foi posta sobre a cabeça de Davi. Levou da cidade grande quantidade de despojos. [31]Retirou a população que havia nela e ocupou-a em trabalhos com serras, picaretas e machados de ferro; empregou-a também na fabricação de tijolos. O mesmo fez com todas as cidades dos amonitas. Em seguida, Davi voltou* com todas as tropas para Jerusalém.

13 O incesto de Amnon. [1]Depois disso, aconteceu* que Absalão, filho de Davi, tinha uma irmã muito bonita chamada Tamar, da qual se enamorou Amnon, outro filho de Davi. [2]Ficou tão apaixonado por sua irmã Tamar que caiu doente, porque, sendo ela virgem, parecia-lhe difícil fazer-lhe alguma coisa. [3]Amnon tinha um amigo chamado Jonadab, filho de Sama, irmão de Davi. Jonadab, que era muito astuto, [4]perguntou-lhe: "Por que estás emagrecendo de dia para dia, ó filho do rei? Não vais me contar?" Respondeu-lhe Amnon: "Eu estou enamorado de Tamar, irmã de Absalão, meu irmão". [5]Disse-lhe Jonadab: "Deita-te na cama e finge que estás doente; quando teu pai vier te visitar, dize-lhe: 'Peço-te que venha minha irmã Tamar e me dê de comer; que ela prepare a comida a minha vista, para que eu a veja e coma de sua mão'". [6]Amnon deitou-se, pois, fingindo que estava doente. Quando o rei veio visitá-lo, disse-lhe Amnon: "Peço-te que venha minha irmã Tamar e prepare em minha presença dois bolos, para que eu coma de sua mão". [7]Então Davi mandou dizer a Tamar em sua casa: "Vai à casa de teu irmão Am-

non e prepara alguma coisa para ele comer". [8]Tamar foi à casa de seu irmão Amnon, que estava deitado; tomou um pouco de farinha, amassou-a, fez bolos na presença dele e os assou. [9]Depois tomou a panela e a esvaziou diante dele, mas Amnon não quis comer. Ele disse: "Fazei sair todos daqui". Todos saíram. [10]Então Amnon disse a Tamar: "Traze a comida ao quarto, para que a coma de tua mão". Tamar tomou os bolos que havia preparado e os levou ao irmão Amnon no quarto. [11]Quando ela os colocou diante dele para que tomesse, ele a segurou e lhe disse: "Vem, minha irmã, deita-te comigo". [12]Mas ela lhe disse: "Não, meu irmão; não me forces,* pois isto não se faz em Israel. Não cometas esta infâmia. [13]Para onde iria eu com minha vergonha? E tu serias considerado um infame em Israel. Agora, pois, peço-te que fales ao rei; ele não me negará a ti"†. [14]Mas ele não quis escutá-la e, sendo mais forte que ela, violentou-a e se uniu a ela. [15]Depois Amnon passou a detestá-la profundamente, a tal ponto que o ódio que sentiu foi maior que o amor com que a amara antes. Disse, pois, Amnon: "Levanta-te e vai embora". [16]Mas ela lhe disse: "Não, vou! Porque esta injustiça que me fazes, mandando-me embora, é maior que a outra que me fizeste". Ele, porém, não quis ouvi-la [17]e, chamando seu criado que o servia, disse: "Manda-a para fora daqui e fecha a porta atrás dela". [18]Ela estava vestida com uma túnica luxuosa, porque assim se vestiam as filhas virgens do rei. Seu servo a expulsou e fechou a porta atrás dela. [19]Tamar então cobriu a cabeça de cinza, rasgou a túnica luxuosa que trajava e saiu gritando com as mãos na cabeça. [20]Seu irmão Absalão perguntou-lhe: "Amnon, teu irmão, esteve contigo? Guarda silêncio agora, minha irmã; ele é teu irmão. Não se angustie teu coração por isso". Tamar ficou desolada na casa de seu irmão Absalão.

---

* **12**,31. Êx 1,13; 1Cr 20,3 | **13**,1. 3,2s | 12. Gn 34,7; Dt 22,21; Jz 20,6.10; Jr 29,23

† **13**,13. Talvez não estivesse em vigor a lei contrária a esse tipo de união, Dt 27,22; Lv 18,9.11. Abraão e Sara eram irmãos, filhos do mesmo pai, mas não da mesma mãe, Gn 20,12.

2 Samuel 13-14

²¹O rei Davi tomou conhecimento de todas essas coisas e ficou muito indignado. ²²Mas Absalão não disse a Amnon nem mal e nem bem, pois odiava Amnon pelo fato de ter desonrado sua irmã Tamar.

Morte de Amnon; fuga de Absalão. ²³Dois anos depois, aconteceu* que se tosquiavam as ovelhas de Absalão em Baal-Hasor, perto de Efraim; e Absalão convidou todos os filhos do rei. ²⁴Absalão foi à presença do rei e lhe disse: "Teu servo está mandando tosquiar suas ovelhas; peço-te que venham com teu servo o rei e seus oficiais". ²⁵Mas o rei respondeu a Absalão: "Não, meu filho, não iremos todos, para que não te sejamos pesados". Embora Absalão insistisse, ele não quis ir, mas deu-lhe sua bênção. ²⁶Disse Absalão: "Neste caso, permite que venha conosco pelo menos meu irmão Amnon". Respondeu-lhe o rei: "Por que iria ele contigo?" ²⁷Mas Absalão tanto insistiu que o rei deixou ir com ele Amnon e todos os filhos do rei.

²⁸Ora, Absalão deu esta ordem a seus servos: "Ficai atentos; quando Amnon estiver alegre pelo vinho e eu vos disser: 'Feri Amnon!', matai-o sem medo. Sou eu que estou mandando. Tende coragem e sede fortes". ²⁹Os servos de Absalão fizeram a Amnon como Absalão lhes tinha ordenado. Então todos os filhos do rei se levantaram e, montando cada um em seu animal, fugiram. ³⁰Quando eles ainda estavam no caminho, chegou ao rei este boato: "Absalão matou todos os filhos do rei e nenhum deles escapou". ³¹Então o rei se levantou, rasgou suas vestes e lançou-se por terra, e todos os seus servos que estavam com ele rasgaram as vestes. ³²Mas Jonadab, filho de Sama, irmão de Davi, tomou a palavra e disse: "Não pense meu senhor que assassinaram todos os jovens, filhos do rei, pois somente Amnon foi morto. Porque, por ordem de Absalão, isto tinha sido determinado desde o dia em que Amnon desonrou sua irmã Tamar. ³³Por-

tanto, não se aflija o rei, meu senhor, pensando que todos os filhos do rei foram mortos, porque morreu somente Amnon, ³⁴e Absalão fugiu". O servo que estava de sentinela, levantando os olhos, viu que vinha muita gente pelo caminho de Horonaim. A sentinela foi anunciar ao rei: dizendo: "Vi gente que vinha pelo caminho de Horonaim, do lado do monte". ³⁵Jonadab disse então ao rei: "São os filhos do rei que estão chegando; como disse teu servo, assim sucedeu". ³⁶Logo que acabou de falar, chegaram os filhos do rei e choraram em voz alta; também o rei e todos os seus servos choraram amargamente. ³⁷Quanto a Absalão, fugiu para junto de Tolmai, filho de Amiud, rei de Gessur. Davi chorava por seu filho todos os dias.*

³⁸Assim, pois, Absalão fugiu e foi para Gessur, onde esteve três anos. ³⁹Depois se acalmou a ira de Davi contra Absalão, porque se havia consolado da morte de Amnon.

14 **Volta de Absalão a Jerusalém.** ¹Joab, filho de Sárvia, compreendeu que o coração do rei estava inclinado para Absalão. ²Mandou trazer de Técua uma mulher sagaz, a quem disse: "Finge estar de luto, veste roupas de luto e não te unjas com óleo; aparenta ser uma mulher que há muito tempo está de luto por um morto. ³Tu te apresentarás ao rei e lhe dirás tais e tais palavras". E Joab lhe comunicou* o que tinha de dizer. ⁴A mulher de Técua apresentou-se ao rei e, inclinando-se, prostrou-se com o rosto em terra e exclamou: "Salva-me, ó rei!"* ⁵Perguntou-lhe o rei: "O que tens?" Respondeu ela: "Sou uma mulher viúva, meu marido morreu. ⁶Tua serva tinha dois filhos,* os quais brigaram entre si no campo e, não havendo quem os separasse, um feriu o outro e o matou. ⁷Toda a família se levantou* contra tua serva, dizendo: 'Entrega-nos o fratricida a fim de que o matemos para vingar o irmão, que ele matou, e extermine-

---

13,23. 1Sm 25,4s | 37. 3,3 | **14**,3. 12,1s | 4. 1Rs 3,16s; 2Rs 8,3s | 6. 2Rs 6,26s

329   2 Samuel 14

mos também o herdeiro'. Assim apagarão a última brasa que me ficou, de sorte a não restar a meu marido nome ou posteridade na terra". [8]O rei disse à mulher: "Vai para tua casa, que eu darei ordens a teu respeito". [9]A mulher de Técua disse ao rei: "Ó rei, meu senhor, a culpa caia sobre mim e sobre a casa de meu pai, mas o rei e seu trono sejam sem culpa". [10]Disse o rei: "Se alguém falar contra ti, traze-o a mim, e não mais te molestará". [11]Ela replicou: "Que o rei se digne de pronunciar* o nome de Javé, teu Deus, para que o vingador do sangue não aumente a destruição e não façam perecer meu filho!" Ele respondeu: "Pela vida de Javé, não há de cair ao chão um só cabelo de teu filho!" [12]A mulher acrescentou: "Permite que tua serva diga mais uma palavra ao rei, meu senhor". Respondeu ele: "Fala". [13]Disse, pois, a mulher: "Por que, então, pensaste semelhante coisa contra o povo de Deus? Pois falando deste modo, o rei é de certa forma culpado, porque não faz voltar seu desterrado. [14]Na verdade, nós morremos e somos como água derramada* no chão, que não se pode mais recolher. Deus não tira a vida, mas cogita meios para que não fique banido dele o exilado. [15]Se eu vim agora falar dessa coisa ao rei, meu senhor, é porque o povo me atemorizou. Tua serva disse consigo mesma: Falarei ao rei e talvez ele faça o que lhe disser sua serva; [16]o rei ouvirá sua serva e a livrará das mãos daquele que intenta extirpar tanto a mim como meu filho da herança de Deus. [17]Disse, portanto, tua serva: Que seja de alívio a resposta do rei, meu senhor, que me tranquilize, porque o rei, meu senhor, é como um anjo de Deus para discernir entre o bem e o mal. Que Javé, teu Deus, esteja contigo".

[18]Então o rei respondeu à mulher, dizendo: "Peço-te que não me ocultes nada do que vou te perguntar". Respondeu ela: "Pois fale o rei, meu senhor". [19]O rei perguntou: "Não está contigo a mão de Joab em tudo isso?" Respondeu a mulher: "Por tua vida, ó rei, meu senhor, a coisa não está nem à direita e nem à esquerda de tudo o que disse o rei, meu senhor. Sim, foi Joab que me incumbiu disso e que sugeriu a tua serva todas essas palavras. [20]Teu servo Joab planejou isso para modificar a situação presente; mas meu senhor é sábio como um anjo de Deus e conhece tudo o que se passa na terra. [21]O rei disse a Joab: "Decidi a questão: Vai e traze de volta o jovem Absalão. [22]Joab prostrou-se com o rosto em terra, fez reverência e bendisse o rei. Disse depois: "Hoje teu servo reconhece que obteve teu favor, ó rei, meu senhor, já que o rei se dignou fazer segundo o pedido de seu servo". [23]Joab partiu, foi a Gessur e trouxe Absalão para Jerusalém[+]. [24]O rei, porém, advertiu: "Que ele volte para casa e não compareça à minha presença". Absalão voltou para casa e não compareceu diante do rei.

Absalão é readmitido à presença do rei. [25]Em todo o Israel não havia homem tão louvado por sua beleza como Absalão: da planta dos pés até o alto da cabeça não havia nele defeito algum. [26]Quando cortava a cabeleira (e a cortava todo final de ano, porque se lhe tornava muito pesada e por isso a cortava), o peso dos cabelos de sua cabeça era de duzentos siclos, segundo o peso real. [27]Absalão teve três filhos* e uma filha chamada Tamar, que era uma linda mulher.

[28]Absalão permaneceu dois anos em Jerusalém sem ver o rosto do rei. [29]Mandou chamar Joab com o intuito de enviá-lo ao rei; mas ele não quis ir a Absalão. Mandou chamá-lo pela segunda vez, mas ele se recusou a ir. [30]Então Absalão disse a seus servos: "Vede: o campo de Joab está junto ao meu, e há cevada nele; ide e ateai-lhe fogo". Os servos de Absalão puseram fogo* no campo. [31]Então Joab foi até a casa de Absalão e lhe disse: "Por que razão teus servos incendiaram meu

---

* **14**,7. Nm 35,19 **|** 11. Nm 35,19 **|** 14. Jó 14,7-12; Sl 88,6-11; Jó 7,9 **|** 27. 18,18 **|** 30. Jz 15,4s

† **14**,23. Joab tenta conquistar as boas graças de Absalão, herdeiro do trono.

2 Samuel 14-15

330

campo?" [32]Respondeu-lhe Absalão: "Eu mandei chamar-te para te dizer: Vem cá, para eu te enviar ao rei e perguntar: Por que vim de Gessur? Seria melhor para mim estar ainda lá. Agora, portanto, quero comparecer diante do rei; e se for culpado, que me mande matar". [33]Joab foi ter com o rei e lhe deu o recado. O rei mandou chamar Absalão, o qual veio até ele e se prostrou com a face em terra diante do rei. E o rei beijou Absalão.

15 **Revolta de Absalão.** [1]Depois disso, aconteceu que Absalão procurou* para si carros e cavalos e cinquenta homens que corriam a sua frente. [2]Absalão se levantava bem cedo e ficava à beira do caminho da porta; toda vez que alguém tinha um processo e ia dirigir-se ao rei para decidi-lo, Absalão o chamava e lhe dizia: "De qual cidade és tu?" Ele respondia: "Teu servo é de tal tribo de Israel". [3]Absalão lhe dizia: "Olha, tua causa é boa e justa, mas não há ninguém que te atenda da parte do rei". [4]E Absalão acrescentava: "Quem me dera ser constituído juiz desta terra! Viriam a mim todos os que tivessem demanda ou questão, e eu lhes faria justiça". [5]Quando alguém se aproximava para prostrar-se diante dele, estendia-lhe a mão, abraçava-o e o beijava. [6]Absalão fazia assim com todos os israelitas que vinham ao rei para pedir justiça e dessa maneira cativava os corações dos israelitas.

[7]Quatro anos mais tarde, Absalão disse ao rei: "Permite-me que vá a Hebron para cumprir uma promessa que fiz a Javé; [8]porque teu servo fez uma promessa quando estava em Gessur, em Aram, dizendo: 'Se Javé me reconduzir a Jerusalém, prestarei culto a Javé'". [9]Respondeu-lhe o rei: "Vai em paz". Ele se pôs a caminho rumo a Hebron. [10]Absalão enviou espiões a todas as tribos de Israel para dizer-lhes: "Quando ouvirdes o toque da trombeta, gritai: 'Absalão reina em Hebron'". [11]Com Absalão partiram de Jerusalém duzentos homens convidados por ele, os quais iam com toda a boa-fé, sem saber de nada. [12]Enquanto oferecia os sacrifícios, Absalão mandou também chamar de Gilo, sua terra natal, Aquitofel,* o gilonita, conselheiro de Davi. E assim a conjuração se tornava poderosa, porque o povo ia aumentando em torno de Absalão.

Davi foge de Jerusalém. [13]Veio a Davi um mensageiro, dizendo: "O coração dos israelitas inclina-se para Absalão". [14]Então Davi disse a todos os seus servos que estavam com ele em Jerusalém: "Levantai-vos e fujamos, porque não poderemos escapar diante de Absalão. Apressai-vos em partir, do contrário ele nos surpreenderá e fará cair sobre nós a ruína e passará a cidade a fio de espada". [15]Os servidores do rei lhe responderam: "Estamos prontos a fazer tudo o que parecer melhor ao rei, nosso senhor". [16]O rei partiu com toda a sua família, mas deixou dez concubinas para guardar o palácio.

[17]Saiu, portanto, o rei* e todo o povo atrás dele, e pararam na última casa. [18]Todos os seus servos iam a seu lado, como também todos os cereteus* e todos os feleteus; e todos os gateus, em número de seiscentos homens, que o tinham seguido desde Gat, caminhavam diante do rei. [19]Disse o rei a Etai, o gateu: "Por que vens também conosco? Volta e fica com o rei, porque és estrangeiro e também um desterrado de teu lugar de origem. [20]Chegaste ontem e hoje eu te faria andar errante conosco, enquanto eu mesmo não sei aonde vou? Volta e leva contigo teus irmãos; e que a misericórdia e a fidelidade de Javé estejam contigo". [21]Mas Etai respondeu ao rei: "Pela vida de Javé e pela vida do rei, meu senhor! Em qualquer lugar onde estiver o rei, meu senhor, seja para a morte, seja para a vida, ali estará também teu servo". [22]Davi respondeu a Etai: "Vem, pois, e segue adiante". Passou, pois, adiante Etai, o gateu, com toda a sua gente e com todas as crianças que estavam

---

* **15,**1. 1Rs 1,5 | 12. 16,23 | 17. 16,21s; 20,3 | 18. 8,18

2 Samuel 15-16

com ele. ²³Todos choravam em voz alta, enquanto o povo ia passando. O rei atravessou o vale do Cedron†, e toda a multidão passou diante dele pela estrada que leva ao deserto. ²⁴Com ele ia também Sadoc, acompanhado de todos os levitas que carregavam a arca de Deus. Depuseram a arca de Deus, e Abiatar ofereceu sacrifícios, até que todo o povo acabou de sair da cidade. ²⁵Então o rei disse a Sadoc: "Leva a arca de Deus de volta para a cidade, porque se eu encontrar graça aos olhos de Javé, ele me fará voltar* e me fará ver a arca e sua morada. ²⁶Se, porém, me disser: 'Não me agradas', eis-me aqui: faça de mim o que lhe aprouver". ²⁷A seguir o rei disse a Sadoc, o sacerdote: "Estás vendo? Volta em paz para a cidade, e vossos dois filhos convosco: Aquimaás, teu filho, e Jônatas, filho de Abiatar. ²⁸Vede: eu esperarei nas planícies do deserto, até que me cheguem notícias vossas". ²⁹Então Sadoc e Abiatar reconduziram a arca de Deus para Jerusalém e lá ficaram.

³⁰Davi, porém, ia subindo a encosta do monte das Oliveiras e, enquanto subia, chorava. Caminhava com a cabeça coberta e os pés descalços. Toda a gente que o seguia tinha a cabeça coberta e, subindo, chorava. ³¹Alguém informou a Davi que Aquitofel* se encontrava entre os conjurados de Absalão; e Davi exclamou: "Fazei, Javé, eu vos peço, que sejam loucos os conselhos de Aquitofel". ³²Quando Davi chegou ao cume do monte, onde se adorava a Deus, saiu-lhe ao encontro Cusai, o araquita, com as vestes rasgadas e a cabeça coberta de pó. ³³Disse-lhe Davi: "Se fores comigo, tu me serás pesado, ³⁴mas se voltares à cidade e disseres a Absalão: 'Serei teu servo, ó rei; como fui antes servo de teu pai, agora serei teu servo', então frustrarás em meu favor o conselho de Aquitofel. ³⁵Não estão aí contigo os sacerdotes Sadoc e Abiatar? Pois bem, tudo o que ouvires

da casa do rei comunicarás aos sacerdotes Sadoc e Abiatar. ³⁶Lá estão com eles seus dois filhos, Aquimaás, filho de Sadoc, e Jônatas, filho de Abiatar; por meio deles me comunicarás tudo o que ouvires". ³⁷E Cusai, amigo de Davi, entrou na cidade, quando Absalão entrava em Jerusalém.

16 Siba e Semei vão ao encontro de Davi.

¹Davi havia passado* um pouco além do cume do monte, quando Siba, criado de Meribaal, veio a seu encontro com dois jumentos selados, carregados de duzentos pães, cem cachos de uvas passas, cem frutas frescas e um odre de vinho. ²Perguntou o rei a Siba: "Para que trazes isto?" Respondeu Siba: "Os jumentos são para que monte a família real; os pães e as frutas são para que os comam teus jovens; e o vinho, para que bebam dele os que se cansarem no deserto". ³O rei perguntou: "Onde está o filho de teu senhor?" Siba respondeu ao rei: "Ficou em Jerusalém, porque disse: 'Hoje a casa de Israel me devolverá o reino de meu pai'". ⁴O rei disse a Siba: "É teu tudo o que pertence a Meribaal!" Ao que Siba respondeu: "Eu me prostro* diante de ti; que eu possa obter teu favor, ó rei, meu senhor".

⁵Ao chegar o rei a Baurim,* saiu dali um homem da família da casa de Saul, chamado Semei, filho de Gera; ao sair, ia amaldiçoando. ⁶Atirava pedras contra Davi e contra todos os servos do rei Davi, embora todo o povo e todos os valentes estivessem à direita e à esquerda do rei. ⁷Enquanto amaldiçoava, Semei dizia: "Vai-te, vai-te, homem sanguinário, homem perverso! ⁸Javé fez recair sobre ti todo o sangue da casa de Saul, em cujo lugar reinaste, e Javé pôs a realeza nas mãos de Absalão, teu filho. Agora estás preso em tua própria desgraça, pois és um homem sanguinário". ⁹Então Abisaí, filho de Sárvia,* perguntou ao rei: "Por que

---

* **15**,25. 16,10 | 31. 16,23; 17,14.23 | **16**,1. 4,4; 9,1.13 | 4. 19,25-31 | 5. 3,16 | 9. 1Sm 26,6

† **15**,23. Davi prefere fugir a ter de lutar contra seu próprio filho. O vale do Cedron está entre Jerusalém e o monte das Oliveiras. Sobre esse monte havia um lugar de culto a Deus, v. 32.

2 Samuel 16-17

este cão morto há de amaldiçoar o rei, meu senhor? Permite-me que vá e lhe corte a cabeça". [10]Mas o rei respondeu: "Que tenho eu convosco, filhos de Sárvia?* Deixai-o amaldiçoar, pois foi Javé que disse: 'Amaldiçoa Davi'; e quem pode dizer-lhe: 'Por que fizeste isso?'" [11]Davi disse ainda a Abisaí e a todos os seus servos: "Se meu filho, que saiu de minhas entranhas, procura matar-me, quanto mais esse benjaminita! Deixai-o insultar, porque foi Javé que lho ordenou. [12]Quem sabe se Javé olhará para minha aflição e me dará bens em troca das maldições de hoje?" [13]Enquanto Davi e sua gente seguiam seu caminho, Semei ia pelo flanco do monte paralelo a ele, caminhando, insultando e atirando pedras* diante dele e lançando pó. [14]O rei e toda a gente que o acompanhava chegaram fatigados e ali descansaram.

Absalão em Jerusalém. [15]Enquanto isso, Absalão com todo o povo, os israelitas, entrou em Jerusalém e com ele também Aquitofel. [16]Quando Cusai,* o araquita, amigo de Davi, chegou à presença de Absalão, disse-lhe: "Viva o rei, viva o rei!" [17]Mas Absalão replicou a Cusai: "É esta tua fidelidade a teu amigo? Por que não acompanhaste teu amigo?" [18]Cusai respondeu a Absalão: "Não; porque eu serei daquele que foi escolhido por Javé, por este povo e por todos os israelitas; serei dele e com ele ficarei. [19]De resto, a quem devo servir? Não é a seu filho? Como servi a teu pai, assim servirei a ti!"

[20]Depois Absalão disse a Aquitofel: "Dai-me vosso conselho sobre o que devemos fazer". [21]Aquitofel respondeu a Absalão: "Une-te às concubinas de teu pai, que ele deixou guardando o palácio;* quando todo o Israel souber que te tornaste odioso a teu pai, a coragem daqueles que estão de teu lado se fortalecerá". [22]Armaram, pois, para Absalão uma tenda no terraço,* e ali, à vista de todo o Israel, ele se uniu às concubinas de seu pai†. [23]Naquela época, um conselho dado por Aquitofel valia tanto como um oráculo recebido de Deus; assim era considerado, quer por Davi, quer por Absalão, todo conselho de Aquitofel.

17 Conselho de Aquitofel é frustrado por Cusai.

[1]Aquitofel disse a Absalão: "Deixa-me escolher doze mil homens e sair em perseguição de Davi esta noite. [2]Cairei sobre ele quando estiver cansado e fraco e o amedrontarei; então fugirá todo o povo que está com ele, e eu matarei somente o rei. [3]Assim farei voltar a ti todo o povo; o retorno de todos depende do homem a quem buscas; e todo o povo estará em paz". [4]Essa ideia agradou a Absalão e a todos os anciãos de Israel. [5]Mas Absalão ordenou: "Chamai também Cusai, o araquita, e ouçamos o que ele tem a dizer". [6]Quando Cusai chegou à presença de Absalão, este lhe disse: "Desse modo falou Aquitofel. Devemos seguir sua opinião? Se não, fala tu". [7]Disse Cusai a Absalão: "Desta vez o conselho dado por Aquitofel não é bom". [8]Cusai acrescentou ainda: "Conheces teu pai e seus homens; sabes que são valentes e estão enfurecidos como a ursa no campo à qual foram roubados os filhotes. Teu pai é homem guerreiro e não passará a noite junto com o povo. [9]Com certeza agora está escondido numa gruta ou em algum outro lugar. Se no começo caírem alguns dos teus, quem ficar sabendo dirá: 'Os seguidores de Absalão foram derrotados'. [10]Então até o mais valente, que tem um coração de leão, desanimaria; pois todo o Israel sabe que teu pai é um herói e que são valorosos os que estão com ele. [11]Por isso, meu conselho é que se reúna junto de ti todo o Israel, desde Dã até Bersabeia, tão numeroso como a areia na praia do mar, e que tu pessoalmente vás ao combate. [12]Assim o alcançaremos em

---

* **16**,10. 19,23; 15,25s | 13. 19,19-25 | 16. 15,32-37 | 21. 15,16 | 22. 12,11s

† **16**,22. Esse gesto atrevido de Absalão, que também cumpre a profecia de Natã, 12,11, demonstra que já se considerava rei, pois é ao sucessor do rei que pertence seu harém, 12,8.

2 Samuel 17-18

qualquer lugar onde estiver e cairemos sobre ele como cai o orvalho sobre a terra; nem ele e nem companheiro algum seu ficará vivo. [13]Se ele se refugiar em alguma cidade, todo o Israel trará cordas a essa cidade e nós a arrastaremos para a torrente, de sorte que não se encontre ali nem mesmo uma pedrinha". [14]Então Absalão e todos os israelitas disseram: "O conselho de Cusai, o araquita, é melhor do que o de Aquitofel". Com efeito, Javé havia decretado que se frustrasse o bom conselho de Aquitofel,* para fazer cair a desgraça sobre Absalão.

Davi é informado secretamente por Cusai. [15]Depois disse Cusai aos sacerdotes Sadoc e Abiatar: "Desse e desse modo Aquitofel aconselhou Absalão e os anciãos de Israel, mas eu o aconselhei assim e assim. [16]Agora, pois, mandai avisar Davi imediatamente, dizendo: "Não passes a noite* nas planícies do deserto, mas atravessa logo para o outro lado, para que não seja exterminado o rei e toda a gente que está com ele". [17]Ora, Jônatas e Aquimaás aguardavam junto à fonte de Rogel,* onde uma criada iria levar-lhes as informações, e eles iriam avisar o rei Davi, porque não podiam ser vistos entrando na cidade. [18]Mas um jovem os viu e comunicou a Absalão. Os dois então partiram rapidamente, chegaram à casa de um homem em Baurim, que tinha em seu pátio um poço, ao qual desceram.* [19]A dona da casa tomou uma coberta, estendeu-a sobre a boca do poço e espalhou por cima trigo descascado, de modo que não se notava nada. [20]Os servos de Absalão chegaram à casa da mulher e perguntaram: "Onde estão Aquimaás e Jônatas?" A mulher respondeu: "Passaram o riacho". Eles se puseram a procurar, mas, não os encontrando, voltaram para Jerusalém. [21]Depois que partiram, os dois saíram do poço e foram avisar o rei Davi, di-

zendo-lhe: "Ide depressa e atravessai as águas, porque Aquitofel aconselhou assim e assim contra vós". [22]Então Davi pôs-se em marcha com toda a gente que o seguia, e eles atravessaram o Jordão; quando amanheceu não faltava ninguém que não tivesse passado o Jordão. [23]Aquitofel,* vendo que não se havia seguido seu conselho, selou o jumento, partiu e foi para casa em sua cidade. Depois de pôr em ordem sua casa, enforcou-se e assim morreu†. Foi sepultado no túmulo de seu pai.

Absalão persegue Davi. [24]Davi chegou a Maanaim, enquanto Absalão atravessava o Jordão com todos os homens de Israel. [25]Absalão nomeou Amasa* chefe do exército em lugar de Joab. Amasa era filho de um homem chamado Jetra, ismaelita, que se havia unido a Abigail, filha de Naás e irmã de Sárvia, mãe de Joab. [26]Israel acampou com Absalão na região de Galaad.

[27]Quando Davi chegou a Maanaim, Sobi,* filho de Naás, de Rabá dos amonitas, Maquir, filho de Amiel, de Lo-Dabar, e Berzelai, o galaadita,* de Rogelim, [28]trouxeram camas, bacias e vasos de barro, trigo, cevada, farinha, grãos torrados, favas, lentilhas, [29]mel, manteiga, ovelhas, queijo de vaca, e apresentaram tudo a Davi e ao povo que estava com ele para que comessem; porque diziam: "Este povo deve ter sofrido fome, cansaço e sede no deserto".

18 **Derrota e morte de Absalão.** [1]Davi passou em revista o povo que o acompanhava e constituiu sobre eles chefes de mil e chefes de cem. [2]Davi enviou o povo: um terço sob o comando de Joab, outro terço sob o comando de Abisaí, filho de Sárvia, e outro terço sob o comando de Etai, o gateu. O rei disse ao povo: "Eu também sairei convosco". [3]Mas o povo respondeu: "Não deves ir, porque se tivermos de fugir, não se importarão conosco; e

---

* **17**,14. 15,31 | 16. 15,27s | 17. 15,27; 1Rs 1,9 | 18. Js 2,4s.15s | 23. 15,31 | 25. 19,14; 20,4-13 | 27. 10,2 / 9,4; 19,32

† **17**,23. Além do suicídio de Saul, 1Sm 31,4, a Bíblia conta o de Aquitofel, o de Zambri, 1Rs 16,18, o de Razias, 2Mc 14,41-46, e o de Judas, Mt 27,5.

2 Samuel 18

ainda que morra a metade de nós, ninguém faria caso; tu, porém, vales tanto como dez mil de nós. É melhor que da cidade nos prestes socorro". [4]Respondeu-lhes o rei: "Farei o que bem vos parecer". Então o rei se pôs à entrada da porta, e todo o povo foi saindo em centenas e milhares. [5]Então o rei deu esta ordem a Joab, a Abisaí e a Etai: "Por consideração a mim, tratai benignamente o jovem Absalão". E toda a gente ouviu, quando o rei deu ordens a todos os chefes a respeito de Absalão.

[6]Saiu a campo a tropa contra Israel e travou-se a batalha no bosque de Efraim. [7]Lá foi derrotado o povo de Israel pelos servos de Davi, e naquele dia houve ali grande mortandade: vinte mil mortos. [8]A batalha estendeu-se por toda a região, e naquele dia o bosque fez mais vítimas entre o povo do que a espada.

[9]Absalão encontrou-se frente a frente com os oficiais de Davi. Absalão ia montado num burro e, tendo o burro entrado debaixo dos ramos espessos de um grande carvalho, a cabeça de Absalão embaraçou-se no carvalho, de modo que ele ficou suspenso entre o céu e a terra, enquanto seguia adiante o burro que ele cavalgava. [10]Um homem o viu e foi dizer a Joab: "Vi Absalão pendurado num carvalho". [11]Joab respondeu ao homem que lhe deu a notícia: "Já que o viste, por que não o mataste ali mesmo, deixando-o no chão? Eu te daria dez siclos de prata e um cinto". [12]Mas ele respondeu a Joab: "Ainda que me pusessem na mão mil siclos de prata, não estenderia a mão contra o filho do rei, porque nós ouvimos quando o rei ordenou a ti, a Abisaí e a Etai; dizendo: 'Por consideração a mim,* tratai benignamente o jovem Absalão'. [13]Se eu tivesse procedido traiçoeiramente contra a vida dele, como ao rei nada fica oculto, tu mesmo estarias contra". [14]Respondeu Joab: "Não quero perder tempo assim contigo". E tomando três dardos, cravou-os no coração de Absalão, que ainda estava vivo no meio do carvalho. [15]Depois, dez jovens escudeiros de Joab* rodearam Absalão e a golpes acabaram de matá-lo. [16]Em seguida Joab mandou tocar a trombeta, e o povo cessou de perseguir Israel, porque Joab deteve o povo. [17]Carregaram Absalão e o lançaram numa grande fossa, na floresta,* e levantaram sobre ele um enorme monte de pedras. Depois, todo o Israel fugiu, cada um para sua tenda. [18]Quando ainda era vivo, Absalão mandara erguer para si um monumento que se acha no vale do Rei, porque dizia: "Não tenho um filho que conserve a lembrança de meu nome". Deu seu nome àquele monumento, que ainda hoje se chama monumento de Absalão.*

Davi é informado da morte de Absalão. [19]Aquimaás, filho de Sadoc, disse: "Vou correndo anunciar ao rei a boa notícia de que Javé lhe fez justiça livrando-o do poder de seus inimigos". [20]Joab respondeu-lhe: "Hoje não serás portador de boa-nova; outro dia a levarás, mas hoje não darás a notícia, já que o filho do rei morreu". [21]Joab disse a um etíope: "Vai e comunica ao rei o que viste". [22]Aquimaás, filho de Sadoc, disse de novo a Joab: "Aconteça o que acontecer, deixa-me correr também atrás do etíope". Respondeu Joab: "Para que correr, meu filho? A notícia não te trará recompensa". [23]Replicou ele: "Seja o que for, eu correrei". Então Joab lhe disse: "Corre". Aquimaás correu pelo caminho da planície e ultrapassou o etíope.

[24]Davi estava sentado entre as duas portas; a sentinela subiu ao terraço da porta junto ao muro, ergueu os olhos e avistou um homem que corria sozinho. [25]A sentinela gritou e avisou o rei, o qual disse: "Se está só, traz boas notícias". Enquanto o homem se aproximava sempre mais, [26]a sentinela avistou outro homem que vinha correndo e gritou ao porteiro: "Um outro vem correndo sozinho". Disse o rei: "Também este traz boas notícias". [27]Disse a sentinela: "O modo de correr* do primeiro me parece

---

* **18**,12. 18,5 | 15. 1Sm 14,13 | 17. Js 7,26; 8,29; 10,27 | 18. Gn 14,17; 14,27 | 27. 2Rs 9,20; 1Rs 1,42

335 2 Samuel 18-19

ser o de Aquimaás, filho de Sadoc". O rei respondeu: "É um homem de bem e vem com boas notícias". [28]Gritando, Aquimaás disse ao rei: "Paz!" Inclinou-se diante do rei com o rosto em terra e acrescentou: "Bendito seja Javé, teu Deus, que te entregou os que tinham levantado as mãos contra o rei, meu senhor!" [29]O rei perguntou: "Está bem o jovem Absalão?" Aquimaás respondeu: "Vi um grande tumulto quando Joab enviou o servo do rei e a mim, teu servo, mas não fiquei sabendo o que era". [30]Disse-lhe o rei: "Põe-te ao lado e espera aqui". Ele se pôs a um lado e esperou. [31]Chegou também o etíope e disse ao rei: "Receba meu senhor, o rei, a boa notícia de que hoje Javé te fez justiça, livrando-te de todos os que se haviam levantado contra ti". [32]Perguntou o rei ao etíope: "Está bem o jovem Absalão?" O etíope respondeu-lhe: "Sejam como esse jovem os inimigos do rei, meu senhor, e todos os que se levantam contra ti para o mal".

19 **Davi chora a morte de Absalão.** [1]O rei comoveu-se profundamente e, subindo ao aposento que havia em cima da porta, pôs-se a chorar; e, andando, dizia: "Meu filho Absalão! Meu filho, meu filho Absalão! Quem me dera ter morrido em teu lugar! Absalão, meu filho, meu filho!" [2]Então foram dizer a Joab: "O rei está chorando e se lamenta por Absalão. [3]Assim, naquele dia a vitória se converteu em luto para todo o povo, porque o povo ouviu dizer naquele dia que o rei estava de luto por causa de seu filho. [4]Naquele dia o povo entrou na cidade às escondidas, como costuma entrar às escondidas o povo envergonhado que fugiu da batalha. [5]O rei cobriu o rosto* e gritava em voz alta: "Meu filho Absalão! Absalão, meu filho! Meu filho!" [6]Joab entrou na casa do rei e disse: "Hoje cobriste de vergonha a face de toda a tua gente, que hoje salvou tua vida, a de teus filhos e filhas e a de tuas mulheres e concubinas, [7]porque amas a quem te odeia e odeias a quem te ama. Hoje demonstraste que chefes e soldados nada te importam; pois percebo que, se Absalão estivesse vivo, e todos nós tivéssemos morrido hoje, estarias contente. [8]Agora, pois, levanta-te, sai e fala ao coração de teus servos, porque juro por Javé que, se não saíres, ninguém ficará contigo esta noite; e isto será para ti uma desventura maior do que todas as que te sobrevieram desde tua juventude até agora".[†] [9]Então o rei se levantou e foi sentar-se à porta. Quando avisaram a todo o povo, dizendo: "O rei está sentado à porta da cidade", todo o povo veio à presença dele.

Davi retorna à capital. Entretanto, os de Israel tinham fugido cada qual para sua tenda. [10]Todo o povo discutia em todas as tribos de Israel, dizendo: "O rei livrou-nos das mãos de nossos inimigos e nos salvou das mãos dos filisteus, mas agora fugiu do país por causa de Absalão. [11]Mas Absalão, a quem ungíramos como rei sobre nós, morreu na batalha. Que esperais ainda para trazer o rei de volta?" [12]Então o rei Davi mandou dizer aos sacerdotes Sadoc e Abiatar: "Falai assim aos anciãos de Judá: 'Por que seríeis os últimos a reconduzir o rei a sua casa? O que se dizia em todo o Israel chegou aos ouvidos do rei, a sua casa. [13]Vós sois meus irmãos, sois meu osso e minha carne. Por que, então, seríeis os últimos a reconduzir o rei?' [14]A Amasa direis: 'Não és tu meu osso e minha carne? Que Deus me mande um castigo sobre outro† se não vieres a ser para sempre chefe de meu exército em lugar de Joab'". [15]Assim conquistou o coração de toda a gente de Judá como se fosse o de um só homem; por isso mandaram dizer ao rei: "Volta com todos os teus servos".

---

* **19**,5. 15,30

† **19**,8. Joab avisa a Davi que seu apego ao filho morto, Absalão, pode sublevar as tropas contra ele. | 14. Literalmente: "este castigo e mais este"; nesse tipo de imprecação, a pessoa mencionava o castigo que aceitava de Deus, se estivesse mentindo. Mas Joab eliminará Amasa, 20,10, e continuará no cargo.

2 Samuel 19

¹⁶Então o rei voltou e chegou ao Jordão. Os de Judá vieram a Guilgal para receber o rei e ajudá-lo a passar o Jordão. ¹⁷Semei, filho de Gera,* benjaminita de Baurim, apressou-se em descer com os homens de Judá ao encontro do rei Davi. ¹⁸Com ele vinham mil homens de Benjamim e Siba, servo da família de Saul, acompanhado de seus quinze filhos e seus vinte servos. Eles cruzaram o Jordão antes do rei ¹⁹e passaram à outra margem, a fim de atravessar a família do rei e fazer o que lhe aprouvesse. Semei, filho de Gera, prostrou-se diante do rei, quando este estava para atravessar o Jordão, ²⁰e lhe disse: "Não me considere culpado meu senhor e não te lembres do mal que fez teu servo no dia em que o rei, meu senhor, saiu de Jerusalém; que o rei não guarde rancor. ²¹Teu servo reconhece que pecou, e por isso hoje sou o primeiro de toda a casa de José a descer ao encontro do rei, meu senhor".

²²Mas Abisaí, filho de Sárvia, tomando a palavra, disse: "Semei não merece a morte por ter amaldiçoado o ungido de Javé?" ²³Davi respondeu-lhe: "Que tenho eu a ver* convosco, filhos de Sárvia, para que hoje vos torneis meus adversários? Alguém poderia ser condenado à morte em Israel num dia como o de hoje? Não tenho eu certeza de que hoje sou rei sobre Israel?" ²⁴E o rei disse a Semei: "Não morrerás"; e jurou-lho.

²⁵Também Meribaal, neto de Saul, desceu ao encontro do rei; não tinha lavado os pés, nem feito a barba, nem lavado as vestes desde o dia* em que o rei partira até o dia em que voltou em paz. ²⁶Logo que chegou a Jerusalém para receber o rei, este lhe perguntou: "Por que não vieste comigo, Meribaal?" ²⁷Ele respondeu: "Ó rei, meu senhor, meu servo me enganou. Com efeito, teu servo tinha dito: 'Mandarei selar um jumento e o montarei para ir com o rei, porque teu servo é coxo'. ²⁸Ele caluniou teu servo diante do rei, meu senhor; mas o rei, meu senhor, é como um anjo de Deus: faze, pois, o que te aprouver. ²⁹Porque todos os da casa de meu pai não mereciam do rei, meu senhor, senão a morte, e não obstante admitiste teu servo entre os que comem a tua mesa. Que direito, pois, tenho ainda de me queixar ao rei?" ³⁰Disse-lhe o rei: "Não precisas dizer mais nada. Já decidi que tu e Siba repartireis as terras". ³¹Meribaal disse ao rei: "Fique ele com tudo, já que o rei, meu senhor, voltou em paz a sua casa".

³²Também Berzelai, o galaadita, desceu de Rogelim e passou o Jordão com o rei, despedindo-se dele perto do Jordão. ³³Berzelai era muito idoso, da idade de oitenta anos; tinha fornecido víveres ao rei, quando este estava em Maanaim,* pois era muito rico. ³⁴O rei disse a Berzelai: "Passa comigo e eu te sustentarei junto a mim em Jerusalém". ³⁵Mas Berzelai respondeu ao rei: "Quanto tempo me resta de vida, para que eu suba com o rei a Jerusalém? ³⁶Tenho agora oitenta anos; acaso posso ainda distinguir o que é bom do que é mau? Pode teu servo ainda saborear o que come e o que bebe? Pode ainda ouvir a voz dos cantores e das cantoras? Por que teu servo deveria ainda ser um peso ao rei, meu senhor? ³⁷Teu servo irá com o rei um pouco além do Jordão; e por que o rei há de retribuir-me com tal recompensa? ³⁸Permite que teu servo volte para morrer em minha cidade, junto ao sepulcro de meu pai e de minha mãe. Mas aqui está teu servo Camaam: que ele passe com o rei, meu senhor, e faze a ele o que te aprouver". ³⁹O rei disse: "Camaam passará comigo, e eu lhe farei tudo o que te aprouver; tudo o que me pedires, eu farei por ti". ⁴⁰Todo o povo atravessou o Jordão, e o rei também passou; beijou e abençoou Berzelai, e este voltou para seu lugar. ⁴¹O rei prosseguiu para Guilgal e Camaam continuou com ele. Todo o povo de Judá e a metade do povo de Israel acompanhavam o rei.

---

* **19**,17. 16,5-13; 16,1-4; 19,25-31 | 23. 16,9s; 1Sm 11,13 | 25. Dt 21,12 | 33. 17,27-29

Dissensões entre Israel e Judá[†]. [42]Todos os homens de Israel vieram ter com o rei e lhe perguntaram: "Por que nossos irmãos, os homens de Judá, te sequestraram e fizeram o rei e sua casa atravessar o Jordão com todos os homens de Davi?" [43]Todos os homens de Judá responderam aos homens de Israel: "Porque o rei é nosso parente. Por que ficais irados com isso? Acaso comemos às custas do rei ou recebemos dele algum presente?" [44]Os homens de Israel responderam aos homens de Judá, dizendo: "Nós temos no rei dez partes,* e mais direito sobre Davi do que vós. Por que, pois, nos desprezastes? Não fomos nós os primeiros a propor que se reconduzisse nosso rei?" Mas as palavras dos homens de Judá foram mais duras do que as dos homens de Israel.

20 **Revolta de Seba.** [1]Achava-se ali um homem perverso, chamado Seba, filho de Bocri, benjaminita, o qual tocou a trombeta e disse:
"Não temos parte em Davi,*
nem herança no filho de Jessé!
Cada um para sua tenda, ó Israel".
[2]Todos os homens de Israel deixaram de seguir Davi e foram atrás de Seba, filho de Bocri, ao passo que os de Judá ficaram com seu rei, conduzindo-o desde o Jordão até Jerusalém.
[3]Quando Davi chegou a sua casa em Jerusalém, tomou as dez concubinas* que havia deixado para guardar a casa e mandou encerrá-las; dava-lhes o sustento, mas não se uniu mais a elas; e assim permaneceram encerradas até à morte, vivendo como viúvas.

Amasa é morto por Joab. [4]O rei disse a Amasa: "Convoca-me* os homens de Judá para daqui a três dias; tu também apresenta-te aqui". [5]Amasa partiu para convocar os homens de Judá, mas demorou-se além do prazo fixado. [6]Davi disse a Abisaí: "Seba, filho de Bocri, nos fará agora mais mal do que Absalão.

Toma os servos de teu senhor e persegue-o, para que não encontre cidades fortificadas e nos escape". [7]Então saíram atrás dele os homens de Joab, os cereteus,* os feleteus e todos os valentes; saíram de Jerusalém perseguindo Seba, filho de Bocri. [8]Quando se achavam perto da grande pedra* que está em Gabaon, veio a seu encontro Amasa. Joab estava vestido com sua roupa de soldado, sobre a qual usava um cinturão atado à cintura, com a espada embainhada, a qual caiu enquanto ele caminhava. [9]Joab disse a Amasa: "Estás bem, meu irmão?" E com a mão direita pegou na barba de Amasa para o beijar. [10]Amasa não percebeu a espada que Joab tinha na mão; este o feriu no ventre e derramou pelo chão suas entranhas; caiu morto, sem precisar de outro golpe. Depois, Joab e Abisaí, seu irmão, continuaram a perseguir Seba, filho de Bocri. [11]Um dos jovens de Joab parou junto ao corpo de Amasa e gritou: "Quem está do lado de Joab e de Davi, que siga Joab!" [12]Entretanto, Amasa jazia banhado em sangue no meio do caminho; vendo aquele homem que todo o povo parava, retirou Amasa do caminho para o campo e cobriu-o com uma roupa, pois viu que todos os que chegavam perto dele paravam. [13]Uma vez retirado do caminho, todos prosseguiram atrás de Joab para perseguirem Seba, filho de Bocri.

Fim de Seba e de sua revolta. [14]Joab percorreu todas as tribos de Israel até Abel-Bet-Maaca, e todos os beritas se ajuntaram e o seguiram. [15]Chegaram a Abel-Bet-Maaca e aí sitiaram Seba, levantando contra a cidade um aterro que dominava as fortificações. Toda a tropa que estava com Joab solapava o muro para derrubá-lo. [16]Então uma mulher sagaz começou a gritar de dentro da cidade: "Escutai, escutai! Dizei a Joab que se aproxime, para eu falar com ele". [17]Quando ele chegou perto, a mulher perguntou: "És tu Joab?" Ele

---

* **19**,44. 1Rs 11,31 | **20**,1. 1Rs 12,16 | 3. 15,16; 16,20ss | 4. 19,14 | 7. 8,18; 23,8s | 8. 2,13

† **19**,42. Israel aqui designa as tribos do norte: a rivalidade as levará ao cisma, 1Rs 12,16. Seba já proclama a separação, 20,1.

2 Samuel 20-21

respondeu: "Sim". Disse-lhe ela: "Ouve as palavras de tua serva". Respondeu ele: "Estou ouvindo". [18]A mulher continuou: "Antigamente se dizia: 'Peça-se conselho em Abel'; e assim encerravam qualquer assunto. [19]Somos uma cidade das mais pacíficas e fiéis de Israel; e tu procuras destruir uma cidade que é uma mãe em Israel. Por que queres aniquilar a herança de Javé?" [20]Joab respondeu: "Longe, longe de mim a ideia de destruir e de devastar. [21]Não é assim; mas um homem da montanha de Efraim, chamado Seba, filho de Bocri, levantou a mão contra o rei, contra Davi. Entregai-o somente, e eu me retirarei da cidade". A mulher respondeu a Joab: "A cabeça dele te será lançada dos muros". [22]Então a mulher, com sua sabedoria, dirigiu-se a todo o povo; eles cortaram a cabeça de Seba, filho de Bocri, e a lançaram a Joab, o qual tocou a trombeta, e todos se retiraram da cidade, cada qual para sua tenda; e Joab voltou para junto do rei em Jerusalém.

[23]Joab comandava* todo o exército de Israel e Banaías, filho de Joiada, comandava os cereteus e os feleteus. [24]Adoniram era superintendente das obras públicas; Josafá, filho de Ailud, era o cronista; [25]Siva era escrivão; Sadoc e Abiatar eram sacerdotes. [26]Também Ira, de Jair,* era sacerdote de Davi.

III. APÊNDICES
(21-24)

21 **Reparação feita aos gabaonitas.** [1]No tempo de Davi houve fome durante três anos consecutivos. Davi consultou a Javé, e Javé lhe disse: "É por causa de Saul e de sua casa sanguinária, porque ele matou os gabaonitas"†. [2]Então o rei chamou os gabaonitas e conversou com eles. Os gabaonitas* não eram israelitas, mas sim um resto dos amorreus, aos quais os israelitas se haviam ligado com juramento, mas Saul, em seu zelo pelos filhos de Israel e de Judá, tinha procurado exterminá-los. [3]Davi perguntou aos gabaonitas: "Que devo fazer por vós e que reparação vos darei, para que possais abençoar a herança de Javé?" [4]Responderam os gabaonitas: "Nós não temos questão com Saul nem com sua família por causa de prata ou de ouro, nem queremos que morra alguém em Israel". Davi lhes disse: "Farei por vós o que me pedirdes". [5]Responderam eles ao rei: "Daquele homem que nos massacrou e que tinha planejado exterminar-nos para nos fazer desaparecer de todo o território de Israel, [6]sejam-nos entregues sete homens dentre seus descendentes, e nós os enforcaremos diante de Javé em Gabaá de Saul, o eleito de Javé". O rei respondeu: "Eu os entregarei". [7]Porém o rei poupou Meribaal, filho de Jônatas, filho de Saul, por causa do juramento* que Davi e Jônatas tinham feito entre si diante de Javé. [8]O rei tomou os dois filhos que Resfa, filha de Aías, tinha dado a Saul, isto é, Armoni e Meribaal,* e os cinco filhos que Merab, filha de Saul, tinha dado a Adriel, filho de Berzelai, de Meola. [9]Entregou-os aos gabaonitas, que os enforcaram no monte, diante de Javé. Todos os sete morreram juntos, tendo sido executados nos primeiros dias da colheita da cevada.

[10]Então Resfa, filha de Aías, tomou um pano de saco* e o estendeu para si sobre uma rocha, ficando lá desde o início da ceifa até que caiu água do céu sobre os corpos, e não deixou as aves do céu se aproximarem deles de dia, nem as feras do campo de noite. [11]Contaram a Davi o que havia feito Resfa, filha de Aías, concubina de Saul. [12]Ele foi recolher os ossos de Saul e de Jônatas, seu filho, junto aos habitantes de Jabes de Galaad,* que os haviam furtado da praça de Betsã, onde os fi-

---

* **20**,23. 8,16ss | 26. 8,18 | **21**,2. Js 9,3-27 | 7. 1Sm 20,15s.42 | 8. 1Sm 18,19 | 10. 3,31; 12,16 | 12. 1Sm 31,10-13

† **21**,1. Era preciso expiar o pecado para afastar o castigo da seca. Saul pecou, violando o juramento narrado em Js 9,15. A vingança do sangue não pode atingir o culpado, e seus descendentes pagam por ele.

listeus os tinham pendurado quando derrotaram Saul em Gelboé. ¹³Mandou trazer de lá os ossos de Saul e os de Jônatas, seu filho, e foram recolhidos também os ossos dos enforcados. ¹⁴Os ossos de Saul e de seu filho Jônatas foram sepultados na terra de Benjamim, em Sela, no sepulcro de Cis, seu pai. Assim fizeram tudo o que o rei havia mandado. Depois disso, Deus foi propício ao país.

Os heróis de Davi. ¹⁵Houve de novo guerra dos filisteus contra Israel. Davi desceu com seus servos para combater os filisteus e ficou extenuado.¹⁶Ishbi, filho de Nob, um dos descendentes de Rafa, cuja lança pesava trezentos siclos de bronze e que cingia uma espada nova, tentou matar Davi, ¹⁷mas veio em seu auxílio* Abisaí, filho de Sárvia, que feriu o filisteu e o matou. Então os soldados de Davi lhe fizeram este juramento: "Nunca mais* sairás conosco à guerra, para que não se apague a lâmpada de Israel".

¹⁸Depois disso houve* outra batalha contra os filisteus em Gob; então Sobocai, de Husa, matou Saf, descendente de Rafa.

¹⁹Houve em Gob mais outra batalha contra os filisteus, na qual Elcanã, filho de Iari, belemita, matou Golias de Gat, cuja lança tinha uma haste que era como o cilindro de um tear.

²⁰Depois houve outra batalha em Gat, na qual se encontrou um homem de grande estatura, que tinha seis dedos em cada mão e em cada pé, isto é, vinte e quatro dedos, e que era também descendente de Rafa. ²¹Ele insultou Israel; mas Jônatas,* filho de Sama, irmão de Davi, o matou. ²²Esses quatro eram descendentes de Rafa, em Gat, e foram mortos pelas mãos de Davi e de seus soldados.

22 **Hino ao Deus salvador.** ¹Davi dirigiu a Javé as palavras deste cântico no dia em que Javé o livrou das mãos de todos os seus inimigos e das mãos de Saul. ²Disse ele:

"Javé é minha rocha, minha fortaleza, meu libertador,
³meu Deus, meu rochedo em que me refugio,*
meu escudo e minha poderosa salvação,*
meu alto refúgio, meu abrigo,
meu salvador, da violência me livrais.
⁴Invoco a Javé, digno de ser louvado,
e serei salvo de meus inimigos.
⁵Ondas mortais me rodearam,
torrentes de perdição me atemorizaram,*
⁶envolveram-me as correntes do abismo,
laços de morte me surpreenderam.
⁷Em minha angústia invoquei Javé,
a meu Deus gritei por socorro;
lá de seu templo ele ouviu minha voz,
chegou meu grito a seus ouvidos.
⁸Então a terra se abalou e tremeu;*
vacilaram as bases dos céus,
oscilaram porque ele se indignou.
⁹Saiu fumaça de suas narinas,
e de sua boca um fogo devorador;
e dele surgiram brasas ardentes.
¹⁰Inclinou os céus e desceu*
com uma nuvem escura a seus pés.
¹¹Cavalgava um querubim e voou;
foi visto sobre as asas do vento.
¹²Fez das trevas uma tenda a seu redor;
acúmulo de águas, espessas nuvens.
¹³Do fulgor de sua presença
brasas de fogo se acenderam.
¹⁴Javé trovejava dos céus,
o Altíssimo soltou sua voz;
¹⁵disparou suas flechas e os dispersou,*
lançou relâmpagos e os desbaratou.
¹⁶E apareceu o fundo do mar,
descobriram-se as bases do mundo
por vossa ameaça, Javé,
pela rajada de vento de vosso furor.
¹⁷Lá do alto estendeu a mão e me tomou,*
tirou-me das águas caudalosas;
¹⁸livrou-me de meu inimigo poderoso
e dos que me odiavam, pois eram mais fortes que eu.

---

* **21**,17. 14,7 / 1Rs 11,36; 15,4; 2Rs 8,19 | 18. 1Cr 20,4-8; 23,27 | 21. 13,3; 1Sm 16,9 | **22**,3. 1Sm 2,2 / 1Sm 2,1 | 5. 23,6 | 8. Êx 19,16 | 10. Sl 144,5 | 15. Sl 144,6 | 17. Sl 144,7

2 Samuel 22

¹⁹Assaltaram-me no dia de meu infortúnio,
mas Javé se fez meu amparo;
²⁰retirou-me para um lugar espaçoso,
salvou-me porque me ama.
²¹Javé recompensou-me segundo minha justiça,
conforme a pureza de minhas mãos me retribuiu;
²²porque tenho seguido os caminhos de Javé
e não tenho agido mal longe de meu Deus;
²³porque tenho ante os olhos todas as suas leis,
e não me desvio de seus preceitos.
²⁴Tenho sido correto para com ele,
e me preservei de minha iniquidade.
²⁵Por isso Javé me retribuiu segundo minha justiça,
e conforme minha pureza ante seus olhos.
²⁶Sois bondoso com quem é bondoso,
e com quem é íntegro vos mostrais íntegro;
²⁷com quem é sincero sois sincero,
mas inflexível com o perverso.
²⁸Vós salvais o povo humilde,
mas vossos olhos estão sobre os altivos para abatê-los.
²⁹Sim, vós sois minha lâmpada, Javé;
Javé aclara minhas trevas.
³⁰Convosco enfrento um exército,
com meu Deus escalo muralhas.
³¹Perfeito é o proceder de Deus,
acrisolada é a palavra de Javé;
ele é escudo para todos os que nele se abrigam.
³²Pois quem é Deus, senão Javé?
Quem é Rocha, afora nosso Deus?
³³Deus é minha poderosa fortaleza
e torna irrepreensível meu caminho.
³⁴Iguala meus pés aos das corças,
e me mantém firme em minhas alturas.
³⁵Treinou minhas mãos para a batalha,
e meus braços para retesar o arco de bronze.

³⁶Vós me destes vosso escudo salvador,
e vossa gentileza me engrandeceu.
³⁷Fizestes-me avançar a largos passos,
e meus pés não vacilaram.
³⁸Persegui meus inimigos e os derrotei,
e não voltei atrás sem tê-los destruído.
³⁹Acabei com eles e os abati, e não puderam reerguer-se,
caíram debaixo de meus pés.
⁴⁰De força me dotastes para o combate,
dobrastes diante de mim meus adversários.
⁴¹Fizestes meus inimigos voltar-me as costas,
e exterminei os que me odiavam.
⁴²Clamaram, mas ninguém os acudiu,
gritaram a Javé, mas ele não respondeu.
⁴³Triturei-os como o pó da terra,
pisei neles como no barro das ruas.
⁴⁴Das contendas de meu povo me livrastes
e me guardastes para ser chefe de nações.
Um povo que eu não conhecia me serviu.
⁴⁵Os filhos dos estrangeiros se submetem a mim,
ouvindo minha voz me obedecem.
⁴⁶Os filhos dos estrangeiros desfalecem,
tremendo abandonam seus refúgios.
⁴⁷Viva Javé! Bendito seja meu Rochedo,
e exaltado seja Deus, minha Rocha salvadora;
⁴⁸o Deus que me concedeu vitória,
e os povos a mim submeteu
⁴⁹e livrou-me de meus inimigos.
Sobre meus adversários me elevais
e do homem violento me livrais.
⁵⁰Por isso, Javé, eu vos louvo entre as nações*
e cantarei louvores a vosso nome.
⁵¹Ele concede a seu rei grandes vitórias,

---

* **22**,50. Sl 22,23

2 Samuel 22-23

e usa de benignidade para com seu ungido,
para com Davi e sua descendência para sempre.

23 Últimas palavras de Davi.

[1]São estas as últimas palavras de Davi: *
"Oráculo de Davi, filho de Jessé,
oráculo do homem exaltado por Deus,
do ungido do Deus de Jacó,
do doce cantor de Israel.
[2]O espírito de Javé fala por meu intermédio,*
e sua palavra está em minha língua.
[3]Falou o Deus de Israel,*
a Rocha de Israel me disse:
Aquele que governa os homens com justiça,*
que governa com o temor de Deus,
[4]é como a luz da manhã quando sai o sol,
como manhã sem nuvens,
como a chuva que faz germinar a terra.
[5]Não é assim minha casa diante de Deus?
Pois fez comigo um pacto eterno,*
em tudo bem regulado e seguro.
Não fará ele germinar minha completa salvação
e tudo o que eu desejo?
[6]Mas os malvados serão todos lançados fora como os espinhos,
porque não podem ser tocados com a mão;
[7]quem os toca se arma com um ferro ou com o cabo de uma lança,
e com fogo serão totalmente consumidos em seu lugar".

Os três mais famosos heróis de Davi.
[8]São estes os nomes dos heróis* de Davi: Isbaal, o haquemonita, chefe dos Três; foi ele que brandiu sua lança contra oitocentos, matando-os de uma só vez.
[9]Depois deste, Eleazar, filho de Dodô,* o aoíta, um dos três valorosos que estavam com Davi, quando desafiaram os filisteus reunidos para combater, enquanto os israelitas se retiravam. [10]Eleazar permaneceu firme e combateu os filisteus até que sua mão se cansou e ficou colada à espada. Naquele dia Javé concedeu uma grande vitória, e o povo voltou para junto de Eleazar, mas somente para recolher os despojos.

[11]Depois dele, Sama, filho de Age, o ararita. Os filisteus tinham-se concentrado em Lequi, onde havia um terreno coberto de lentilhas. O povo havia fugido diante dos filisteus; [12]mas Sama se postou no meio do campo, defendeu-o e derrotou os filisteus. Javé efetuou assim uma grande vitória.

Os Trinta: a guarda de Davi. [13]Três dos Trinta desceram e no tempo da colheita foram à gruta* de Odolam, onde estava Davi, enquanto uma tropa dos filisteus se achava acampada no vale dos refaítas. [14]Davi achava-se então no refúgio, e havia em Belém uma guarnição* de filisteus. [15]Davi exprimiu este desejo: "Quem me dera beber da água do poço que está junto à porta de Belém!" [16]Então os três valorosos abriram uma passagem através do acampamento filisteu, tiraram água do poço de Belém, que está junto à porta, levaram-na e ofereceram-na a Davi; mas ele não a quis beber e a derramou em honra de Javé, [17]dizendo: "Longe de mim, Javé, fazer tal coisa! Beberia eu o sangue dos homens que lá foram arriscando a própria vida?" E não a quis beber. Isto fizeram aqueles três heróis.

[18]Abisaí, irmão de Joab, filho de Sárvia, era chefe dos Trinta. Foi ele que vibrou sua lança contra trezentos homens e os matou; e ganhou renome entre os Trinta. [19]Era o mais ilustre dos Trinta e por isso tornou-se o chefe deles; mas não igualou os Três primeiros.
[20]Banaías, filho de Joiada, filho de um homem valoroso* de Cabseel, fez grandes proezas: foi quem matou os dois heróis de Moab e foi quem desceu a

---

* **23**,1. 1Rs 2,5-9 | 2. Is 59,21 | 3. Jr 1,9 / Sl 72,1-6 | 5. 7,11-16 | 8. 1Cr 11,11-41; 27,2-15 | 9. 1Sm 17,1 | 13. 1Sm 22,1 | 14. 5,18 | 20. 8,18; 20,23; 1Rs 2,29s

2 Samuel 23-24

uma cisterna num dia de neve, e matou ali um leão. [21]Matou também um egípcio de enorme estatura; o egípcio tinha na mão uma lança, mas ele saiu a seu encontro com um cajado, arrancou a lança da mão do egípcio e o matou com sua própria lança. [22]Isto fez Banaías, filho de Joiada, obtendo fama entre os Trinta. [23]Foi mais ilustre que os Trinta, mas não chegou a igualar os Três primeiros. Davi o colocou à frente de sua guarda pessoal.

[24]Asael, irmão* de Joab, figurava entre os Trinta, com Elcanã, filho de Dodô, de Belém; [25]Sama, de Harod; Elica, de Harod; [26]Heles, de Falti; Ira, filho de Aces, de Técua; [27]Abiezer, de Anatot; Sabeni, o husaíta; [28]Selmon, o aoíta; Maarai, de Netofa; [29]Hélod, filho de Baana, de Netofa; Etai, filho de Ribai, de Gabaá dos filhos de Benjamim; [30]Banaías, de Faraton; Hedai, das torrentes de Gaás; [31]Abi-Albon, de Arbat; Azmot, de Baurim; [32]Eliaba, de Saalbon; Jazen, o gunita; [33]Jônatas, filho de Sama, de Arar; Aiam, filho de Sarar, de Arar; [34]Elifalet, filho de Aasbai, filho do maacatita; Aliam, filho de Aquitofel, de Gilo; [35]Hersai, do Carmelo; Faraai, de Arbi; [36]Igaal, filho de Natã, de Soba; Bani, de Gad; [37]Selec, o amonita; Naarai, de Berot, escudeiro de Joab, filho de Sárvia; [38]Ira, de Jeter; Gareb, de Jeter; [39]Urias, o heteu.* Ao todo, trinta e sete.

24 Recenseamento e castigo[†].

[1]A ira de Javé* acendeu-se de novo contra os israelitas e instigou Davi contra eles, dizendo-lhe: "Vai e faze um recenseamento de Israel e de Judá". [2]Disse o rei a Joab, chefe do exército, que estava com ele: "Percorre todas as tribos de Israel, de Dã a Bersabeia, e faze o recenseamento da população, para que eu saiba seu número" [3]Mas

Joab respondeu ao rei: "Que Javé, teu Deus, multiplique o povo cem vezes mais do que agora e faça com que os olhos do rei, meu senhor, possam vê-lo; mas por que o rei, meu senhor, deseja isto?" [4]Contudo, a ordem do rei prevaleceu contra Joab e contra os chefes do exército. Saiu, pois, Joab com os chefes do exército da presença do rei, para fazer o recenseamento do povo de Israel.

[5]Passaram o Jordão e acamparam em Aroer, à direita da cidade situada no meio do vale, e chegaram a Gad e Jazer. [6]Daí foram a Galaad e seguiram até Cades, na terra dos heteus; passaram por Dã-Jaã e dobraram para Sidônia. [7]Foram à fortaleza de Tiro e a todas as cidades dos heveus e dos cananeus, e saíram para Bersabeia, no Negueb de Judá. [8]Percorreram, pois, todo o país e voltaram para Jerusalém ao cabo de nove meses e vinte dias. [9]Joab entregou* ao rei o resultado do recenseamento do povo: havia em Israel oitocentos mil guerreiros que manejavam a espada e em Judá quinhentos mil guerreiros[†].

[10]Depois de ter recenseado o povo, Davi sentiu remorsos e disse a Javé: "Pequei gravemente fazendo isto; mas agora, Javé, perdoai, vos peço, a culpa de vosso servo, porque agi com grande insensatez". [11]De manhã, quando Davi se levantava, a palavra de Javé foi dirigida ao profeta Gad, vidente de Davi, nestes termos: [12]"Vai dizer a Davi:* Assim fala Javé: 'Eu te proponho três coisas; escolhe uma delas para que eu a faça'". [13]Gad compareceu diante de Davi e lhe transmitiu esta mensagem: "Queres que sobrevenham* três anos de fome a teu país, ou que tu fujas durante três meses diante de teu inimigo que te perseguirá, ou que haja três dias de epidemia em teu país? Agora reflete e vê que res-

---

* **23**,24. 1Sm 22,14; 2,18-23 | **39**. 11,3s | **24**,1. 1Cr 21,1-5 | 9. 1Cr 21,7-17; 1Sm 24,6 | 12. 1Sm 22,5 | 13. 21,1

† **24.** Recensear a população era considerado uma violação de um direito exclusivo de Javé, dispensador da vida e chefe de Israel, o único que pode saber o número de seus súditos. Por isso, Êx 30,12 prevê um resgate ao se fazer recenseamento. Aqui ele é feito "por instigação de Javé", conforme o modo de atribuir tudo a Deus, o bem e o mal. | 9. Esses números significariam que a população total era de 7 milhões de pessoas, evidente exagero. | 16. Localizada no monte Moriá, Gn 22,2, nela será edificado o templo de Salomão, 2Cr 3,1.

343 2 Samuel 24

posta devo levar a quem me enviou". ¹⁴Davi respondeu a Gad: "Estou muito angustiado. É melhor cair nas mãos de Javé, porque é grande sua misericórdia, do que cair nas mãos dos homens". ¹⁵E Javé mandou sobre Israel uma epidemia, desde aquela manhã até a tempo fixado, e de Dã a Bersabeia morreram setenta mil homens do povo.

O altar sobre a eira de Areúna. ¹⁶O anjo estendeu a mão* sobre Jerusalém para exterminá-la, mas Javé se arrependeu* daquele mal e disse ao anjo que semeava a destruição entre o povo: "Basta! Detém agora tua mão!" O anjo de Javé estava junto da eira de Areúna, o jebuseu†. ¹⁷E Davi, vendo o anjo flagelar o povo, disse a Javé: "Fui eu que pequei, fui eu que fiz o mal; mas estas ovelhas, que fizeram? Que vossa mão se volte contra mim e contra minha família!"

¹⁸Naquele dia Gad* apresentou-se a Davi e lhe disse: "Sobe, ergue a Javé um altar na eira de Areúna, o jebuseu". ¹⁹Davi subiu conforme a palavra de Gad, como Javé lhe havia ordenado. ²⁰Areúna olhou e viu que vinham a ele o rei e seus servos; saiu e se prostrou diante do rei com o rosto em terra. ²¹Areúna disse: "Por que vem o rei, meu senhor, a seu servo?" Respondeu Davi: "Para comprar de ti esta eira, a fim de construir um altar a Javé; assim se afastará do povo a epidemia". ²²Disse então Areúna a Davi: "Que o rei, meu senhor, a tome e ofereça o que bem lhe parecer. Eis aqui os bois* para o holocausto, a grade e os jugos dos bois para a lenha. ²³Tudo isto, ó rei, Areúna entrega ao rei". Disse também Areúna ao rei: "Javé, teu Deus, te seja propício". ²⁴O rei lhe respondeu: "De modo algum! Eu comprarei tudo por seu preço, pois não vou oferecer a Javé, meu Deus, holocaustos que não me custem nada". Davi comprou a eira e os bois por cinquenta siclos de prata. ²⁵Edificou ali um altar a Javé e ofereceu holocaustos e sacrifícios de comunhão. Então Javé teve piedade do país, e a epidemia* foi afastada de Israel.

---

* **24,**16. Êx 12,23 / 2Rs 19,35 **|** 18. 1Cr 21,18-28 **|** 22. 1Sm 6,14; 1Rs 19,21 **|** 25. 21,14

OS LIVROS DOS REIS

Os dois livros dos Reis, que possuímos atualmente, eram um só no cânon judaico e ficaram divididos desde que foi feita a versão grega dos Setenta, a qual uniu Samuel e Reis num só conjunto de quatro livros, procedimento adotado também pela Vulgata.

A história narrada é a da monarquia de Israel, desde os últimos anos de Davi até a conquista de Jerusalém pelos babilônios (ano 970 a 586 a.C.).

Com o forte apoio da mãe e do profeta Natã, Salomão sobrepuja seus irmãos e sobe ao trono sacrificando a vida de várias pessoas. Pede a Deus sabedoria e dele recebe, além desta, riqueza e glória. Sua maior obra é a construção do grandioso templo de Jerusalém, que será dedicado numa festa solene, para tornar-se o centro de toda a vida religiosa do povo. O fim da vida de Salomão é marcado por seus desastrosos casamentos com mulheres pagãs, que desviaram seu coração do culto ao único Deus verdadeiro. O castigo virá no tempo de seu filho Roboão: o magnífico reino perde a unidade, ficando dividido em dois, o reino de Israel no norte da Palestina, e o de Judá no sul. Além de político, o cisma é ao mesmo tempo religioso, pois são fundados dois santuários rivais do de Jerusalém.

Depois de narrar a história paralela dos dois reinos, até a ruína do reino do norte em 721 a.C., o livro concentra-se no reino do sul, que resistiu ainda por mais de um século, graças à dinastia davídica, ao templo e às reformas empreendidas por reis piedosos. É nessa época que viveram muitos profetas, alguns dos quais pronunciaram oráculos que fazem parte da Bíblia. A obra contém tudo o que sabemos dos profetas Elias e Eliseu e mostra em ação, como guias espirituais dos reis e do povo, os profetas Isaías e Jeremias. As notícias que dá sobre os reis são geralmente esquemáticas, porque, tratando-se de uma história religiosa, os redatores só conservaram aquilo que servia a sua finalidade. No final de sua biografia, cada rei recebe uma avaliação global de seu comportamento religioso.

No espírito do Deuteronômio, o autor explica o exílio e a ruína da cidade e do templo como consequência da infidelidade à aliança. Mas Deus é fiel às promessas feitas a Davi e a sua descendência, por isso o caminho da esperança é a conversão a ele.

PRIMEIRO LIVRO DOS REIS

I. REINADO DE SALOMÃO
(1–11)

1 **Velhice de Davi.** [1]O rei Davi estava velho, em idade avançada; por mais que o cobrissem de roupas, não conseguia aquecer-se. [2]Por isso disseram-lhe seus servos: "Procure-se para o senhor nosso rei uma jovem virgem que assista o rei, cuide dele e durma em seus braços, para que o senhor nosso rei se aqueça". [3]Procuraram, pois, em todo o território de Israel uma jovem bela e acharam Abisag, a sunamita, e a trouxeram ao rei.

Conspiração de Adonias†. [4]Essa jovem era extremamente bela, cuidava do rei e o servia, mas ele não se uniu a ela. [5]Ora, Adonias, filho de Haguit,* exaltou-se, dizendo: "Sou eu que vou reinar!" Arranjou para si carro e cavalos,* além de cinquenta homens que corriam diante dele. [6]Seu pai, enquanto viveu, jamais o repreendeu, dizendo: "Por que fazes isso?" Também ele era extraordinariamente belo e havia nascido depois de Absalão. [7]Entrou em entendimentos com Joab, filho de Sárvia, e com o sacerdote Abiatar, que lhe deram apoio; [8]mas o sacerdote Sadoc, Banaías, filho de Joiada, o profeta Natã, Semei e Rei, bem como os valentes de Davi, não estavam do lado de Adonias.

[9]Certa vez, Adonias imolou ovelhas, bois e bezerros cevados junto à Pe-

---

* **1**,5. 2 Sm 3,4 / 2Sm 15,1

† **1**,4. Adonias era o quarto filho de Davi, nascido depois de Amnon, Queleab e Absalão. De Queleab nada sabemos; estando mortos os outros dois irmãos, Adonias pensava que o trono lhe pertencia.

345 1 Reis 1

dra de Zoélet, situada perto da fonte de Roguel, e convidou todos os seus irmãos, os filhos do rei, e todos os homens de Judá que estavam a serviço do rei, [10]mas não convidou o profeta Natã, nem Banaías, nem os valentes, nem seu irmão Salomão.

A luta pela sucessão. [11]Então Natã disse a Betsabeia,* mãe de Salomão: "Não ficaste sabendo que Adonias, filho de Haguit, proclamou-se rei sem que Davi, nosso senhor, o saiba? [12]Agora, deixa-me dar-te um conselho, para que salves tua vida e a de teu filho Salomão. [13]Vai, apresenta-te ao rei Davi e dize-lhe: 'Senhor, meu rei, porventura não juraste a tua serva, dizendo: É teu filho Salomão que reinará depois de mim e se sentará em meu trono?† Por que então Adonias se tornou rei?' [14]Enquanto ainda estiveres lá, falando com o rei, entrarei depois de ti e confirmarei tuas palavras".

[15]Betsabeia foi ter com o rei em seu aposento. Ora, o rei estava muito velho e Abisag, a sunamita, o servia. [16]Betsabeia inclinou-se e prostrou-se diante do rei, o qual lhe perguntou: "Que desejas?" [17]Ela respondeu-lhe: "Meu senhor, juraste a tua serva por Javé teu Deus, dizendo: 'É teu filho Salomão que reinará depois de mim e se sentará em meu trono'. [18]Agora, porém, Adonias tornou-se rei e tu, senhor meu rei, não sabes disso. [19]Ele imolou grande número de bois, bezerros cevados e ovelhas e convidou todos os filhos do rei, o sacerdote Abiatar e Joab, general do exército, mas não convidou teu servo Salomão. [20]Agora, senhor meu rei, todo Israel dirige para ti seu olhar, a fim de que lhe anuncies quem se sentará sobre o trono do senhor meu rei depois dele. [21]Do contrário, quando o senhor meu rei tiver adormecido com seus pais, eu e meu filho Salomão seremos tidos como culpados".

[22]Ela ainda estava falando com o rei, quando entrou o profeta Natã. [23]Anunciaram ao rei: "O profeta Natã está aí". Ele veio perante o rei e prostrou-se diante dele com o rosto em terra. [24]Disse Natã: "Senhor meu rei, acaso dissestes: 'Adonias reinará depois de mim e se sentará em meu trono?' [25]Pois ele desceu hoje para imolar inúmeros bois, bezerros cevados e ovelhas e convidou todos os filhos do rei, os oficiais do exército e o sacerdote Abiatar; eles estão comendo e bebendo em sua presença e gritando: 'Viva o rei Adonias!' [26]Mas não convidou a mim, teu servo, nem o sacerdote Sadoc, nem Banaías, filho de Joiada, nem teu servo Salomão. [27]Porventura foi por ordem do senhor meu rei que isto se fez, sem que tenhas indicado a teu servo quem sucederia no trono ao senhor meu rei?

Salomão é consagrado rei. [28]O rei Davi respondeu: "Chamai para mim Betsabeia". Ela veio perante o rei e ficou de pé diante dele. [29]Então o rei fez este juramento: "Pela vida de Javé, que me livrou de toda adversidade, [30]como te jurei por Javé, Deus de Israel, dizendo: 'Teu filho Salomão reinará depois de mim e se sentará em meu trono em meu lugar', assim o farei hoje mesmo". [31]Betsabeia inclinou-se com o rosto em terra, prostrou-se diante do rei e disse: "Viva para sempre o rei Davi, meu senhor!" [32]Depois o rei Davi ordenou: "Chamai para mim o sacerdote Sadoc, o profeta Natã e Banaías, filho de Joiada". Eles vieram perante o rei, [33]e este lhes disse: Tomai convosco* os servos de vosso senhor, fazei montar em minha mula meu filho Salomão e fazei-o descer até Guion. [34]Lá o sacerdote Sadoc e o profeta Natã* o ungirão rei de Israel e vós tocareis a trombeta e gritareis: 'Viva o rei Salomão!' [35]Depois subireis atrás dele, e ele virá sentar-se em meu trono e reinará em meu lugar, pois foi a ele que constituí chefe sobre Israel e sobre Judá". [36]Banaías, filho de Joiada, respondeu ao rei: "Amém! Que assim o ordene o Senhor, o Deus do senhor meu rei! [37]Como Javé esteve com o senhor meu rei, assim esteja com Sa-

---

* **1**,11. 2Sm 12,24 | 33. 2Rs 11,11-20 | 34. 1Sm 9,26

† **1**,13. Este juramento não consta na Bíblia, mas Davi não recusaria nada à mulher que tanto amou.

1 Reis 1-2

lomão e que exalte seu trono mais do que o trono do rei Davi, meu senhor!"

[38]Desceram, pois, o sacerdote Sadoc, o profeta Natã, Banaías, filho de Joiada, os cereteus* e os feleteus[+]. Fizeram Salomão montar na mula do rei Davi e o conduziram a Guion. [39]O sacerdote Sadoc apanhou na tenda o chifre de óleo e ungiu Salomão;* soaram a trombeta e todo o povo gritou: "Viva o rei Salomão!" [40]Depois, todo o povo subiu atrás dele, tocando flauta e exultando com tão grande júbilo que a terra se fendia com seus clamores.

Adonias abandonado. [41]Adonias e todos os seus convidados ouviram aqueles clamores quando estavam acabando a refeição. Joab ouviu o toque da trombeta e perguntou: "Por que esse barulho e alvoroço na cidade?" [42]Estava ainda falando quando chegou Jônatas, filho do sacerdote Abiatar, e Adonias disse: "Entra, pois és um homem valente e certamente trazes* boas notícias". [43]Jônatas respondeu a Adonias: "Pelo contrário, o rei Davi, nosso senhor, acaba de constituir Salomão rei! [44]O rei mandou com ele o sacerdote Sadoc, o profeta Natã, Banaías, filho de Joiada, os cereteus e os feleteus, fizeram-no montar na mula do rei [45]e o sacerdote Sadoc e o profeta Natã o ungiram rei em Guion; voltaram de lá soltando gritos de alegria, e a cidade se alvoroçou; é este o rumor que acabais de ouvir. [46]Além disso, Salomão já está sentado no trono real, [47]e os oficiais do rei já foram felicitar o rei Davi, nosso senhor, dizendo: 'Que teu Deus glorifique o nome de Salomão mais ainda que o teu e que ele engrandeça seu trono mais que o teu!' O rei prostrou-se sobre seu leito [48]e assim falou: 'Bendito seja Javé, Deus de Israel, que faz alguém sentar-se sobre meu trono hoje, permitindo que meus olhos o vissem'".

[49]Então todos os convidados de Adonias entraram em pânico, levantaram-se e cada qual partiu para um lado. [50]Adonias, temendo Salomão, levantou-se e foi agarrar-se aos chifres do altar[+]. [51]Informaram Salomão nestes termos: "Adonias está com medo* do rei Salomão e agarrou-se aos chifres do altar, dizendo: 'Que o rei Salomão me jure hoje que não mandará matar seu servo à espada'". [52]Salomão respondeu: "Se ele se portar como pessoa honesta, nem sequer um de seus cabelos cairá por terra; mas se for surpreendido em falta, morrerá". [53]O rei Salomão ordenou que o descessem do altar; ele veio e prostrou-se diante do rei Salomão, que lhe disse: "Vai para casa".

2 **Últimas disposições de Davi[+].**
[1]Aproximando-se o momento de sua morte, Davi ordenou a seu filho Salomão: [2]"Vou seguir o caminho de todo o mundo.* Sê corajoso e porta-te como homem. [3]Observa as ordens de Javé,* teu Deus, andando em seus caminhos, pondo em prática seus estatutos, seus mandamentos, seus decretos e seus preceitos, conforme está escrito na lei de Moisés, a fim de seres bem-sucedido em tudo quanto fizeres e em todos* os teus projetos. [4]Para que Javé cumpra a promessa que me fez quando disse: 'Se teus filhos conservarem* boa conduta, caminhando com lealdade diante de mim, de todo o seu coração e de toda a sua alma, jamais te faltará um sucessor no trono de Israel'. [5]Tu sabes também o que me fez Joab,* filho de Sárvia, o que ele fez aos dois chefes do exército de Israel, Abner, filho de Ner, e Amasa, filho de Jeter. Ele os matou, vingando em tempo de paz o sangue derramado na guerra e manchando de sangue inocente o cinturão de seus rins e a sandália de seus pés; [6]agirás conforme tua sabedoria, mas não deixes que seus cabelos brancos desçam em paz ao xeol. [7]Aos filhos de

---

* **1**,38. 2Sm 8,18 | 39. 1Sm 10,1; 16,1.13; Êx 30,22 | 42. 2Sm 18,27 | 51. Êx 21,13s; 1Rs 2,28 | **2**,2. Js 23,14 | 3. Dt 17,18-20 / Dt 29,8 | 4. 2Sm 7,11-16 | 5. 2Sm 3,21-27; 20,8-12 | 7. 2Sm 19,32-40

[+] **1**,38. Ver a nota em 2Sm 8,18. | 50. Ver a nota em Êx 27,2. | **2**. Davi exorta Salomão a ser fiel à aliança e o encarrega de vingar certos crimes, coisa que ele não pôde fazer, ou por causa de um juramento, ou porque as circunstâncias não lho permitiram.

1 Reis 2

Berzelai,* o galaadita, porém, mostrarás benevolência e eles estarão entre os que comem a tua mesa, pois com igual bondade vieram a meu encontro quando eu fugia diante de teu irmão Absalão. [8]Tens contigo Semei,* filho de Gera, o benjaminita de Baurim, que me amaldiçoou violentamente no dia em que parti para Maanaim; mas como ele desceu para me encontrar no Jordão, jurei-lhe por Javé que eu não o mataria pela espada. [9]Mas agora, não o deixarás impune: sensato como és, saberás como tratá-lo para fazer descer ao xeol manchados de sangue seus cabelos brancos".

Morte de Davi. Reina Salomão. [10]Davi adormeceu* com seus pais e foi sepultado na Cidade de Davi. [11]O reinado de Davi sobre Israel durou quarenta anos: em Hebron reinou sete anos, em Jerusalém trinta e três. [12]Salomão subiu ao trono de Davi, seu pai, e sua realeza foi firmemente estabelecida.

Morte de Adonias. [13]Adonias, filho de Haguit, foi ter com Betsabeia, mãe de Salomão. Ela perguntou: "É pacífica tua visita?" Ele respondeu: "Sim". [14]E acrescentou: "Tenho algo a te dizer". Ela respondeu: "Fala". [15]E ele: "Bem sabes que a realeza me pertencia e que todo o Israel esperava que eu me tornasse rei, mas a realeza me escapou e foi dada a meu irmão, porque por vontade de Javé era dele. [16]Agora, só tenho um pedido a fazer-te, não o recuses". Ela respondeu: "Fala". [17]E ele: "Dize, eu te peço, ao rei Salomão – pois ele nada te negará – que me dê Abisag, a sunamita, por esposa". [18]"Está bem", respondeu Betsabeia, "eu falarei ao rei em teu favor". [19]Betsabeia foi, pois, à presença do rei Salomão para lhe falar em favor de Adonias, e o rei ergueu-se para ir a seu encontro e prostrou-se diante dela; depois sentou-se no trono e mandou colocar um assento para a mãe do rei, e ela sentou-se a sua direita. [20]Disse ela: "Tenho um pequeno pedido para te fazer, não o negues". O rei lhe respondeu: "Pede, minha mãe, que não o negarei".

[21]Ela respondeu: "Que se dê Abisag, a sunamita, por esposa a teu irmão Adonias". [22]Em resposta, o rei Salomão disse a sua mãe: "E por que pedes para Adonias Abisag, a sunamita? Pede também para ele a realeza! Pois ele é meu irmão mais velho; para ele, para o sacerdote Abiatar e para Joab, filho de Sárvia!" [23]O rei Salomão jurou por Javé, dizendo: "Que Deus me mande um castigo em cima de outro se Adonias não pagar com a própria vida esta palavra que pronunciou! [24]Agora pois, pela vida de Javé que me estabeleceu e me fez sentar no trono de Davi, meu pai,* e me edificou uma casa conforme prometera, hoje mesmo Adonias estará morto". [25]O rei Salomão encarregou disso Banaías, filho de Joiada, o qual se lançou sobre Adonias, e ele morreu.

Demissão de Abiatar. [26]Ao sacerdote Abiatar o rei disse: "Vai para Anatot, para tua propriedade, porque és digno de morte, mas não te farei morrer hoje, porque carregaste a arca de Javé diante de Davi, meu pai, e compartilhaste todas as provações de meu pai". [27]Salomão afastou Abiatar do sacerdócio de Javé, cumprindo-se assim a palavra que Javé havia pronunciado contra a casa de Eli em Silo.

Punição de Joab. [28]Quando essa notícia* chegou a Joab – que havia apoiado Adonias, embora não tivesse apoiado Absalão – ele refugiou-se na tenda de Javé e agarrou-se aos chifres do altar. [29]Comunicaram ao rei Salomão: "Joab refugiou-se na tenda de Javé e acha-se junto do altar". Então Salomão mandou Banaías, filho de Joiada, dizendo-lhe: "Vai e mata-o!" [30]Banaías foi à tenda de Javé e lhe disse: "O rei ordena que saias daqui". "Não", respondeu ele, "eu morrerei* aqui". Banaías levou a resposta ao rei: "Assim me falou Joab e assim me respondeu". [31]O rei lhe disse: "Faze como ele disse; mata-o e depois sepulta-o. Assim tirarás de cima de mim e de cima da casa de meu pai o sangue que Joab derramou* sem motivo. [32]Javé fará recair sobre a cabeça dele o sangue

---

* **2**,8. 2Sm 16,5-14 | 10. 1Cr 29,26s | 24. 2Sm 7,11-16 | 28. 1Rs 1,51 | 30. Êx 21,14 | 31. 2,5

1 Reis 2-3

que derramou quando atacou e matou à espada dois homens mais justos e melhores do que ele, sem que meu pai Davi o soubesse: Abner, filho de Ner, chefe do exército de Israel, e Amasa, filho de Jeter, chefe do exército de Judá. 33Assim recairá o sangue deles sobre a cabeça de Joab e de sua descendência para sempre; mas a Davi e a sua descendência, a sua dinastia e a seu trono Javé dará paz para sempre!" 34Banaías, filho de Joiada, saiu, arremeteu contra Joab e o matou, enterrando-o depois em sua casa, no deserto. 35Em seu lugar, na chefia do exército, o rei colocou Banaías, filho de Joiada; e em lugar de Abiatar colocou o sacerdote Sadoc.

Morte de Semei. 36Depois o rei mandou chamar Semei e lhe disse: "Constrói para ti uma casa em Jerusalém: nela habitarás e dela não sairás para lugar nenhum. 37No dia em que saíres e atravessares a torrente do Cedron, tem por certo que morrerás; teu sangue recairá sobre tua cabeça". 38Semei respondeu ao rei: "Está bem, teu servo fará como o senhor meu rei ordenou"; e Semei permaneceu por muito tempo em Jerusalém.

39Mas, decorridos três anos, aconteceu que dois escravos de Semei* fugiram para junto de Aquis, filho de Maaca, rei de Gat. Avisaram Semei, dizendo: "Teus escravos estão em Gat". 40Então Semei preparou-se, selou seu jumento e partiu para Gat, para a casa de Aquis, a fim de procurar seus escravos; Semei foi e trouxe de Gat seus escravos. 41Informaram Salomão de que Semei tinha viajado de Jerusalém a Gat e que havia regressado. 42O rei mandou chamar Semei e lhe disse: "Porventura não te fiz jurar por Javé e não te adverti, dizendo: 'No dia em que saíres para ir aonde quer que seja, tem por certo que morrerás?' E tu me respondeste: 'Está bem o que disseste'. 43Por que então não observaste o juramento de Javé e a ordem que te dei?" 44Depois o rei disse a Semei: "Bem

conheces todo o mal que fizeste a meu pai Davi; por isso Javé vai fazer recair tua maldade sobre tua própria cabeça. 45Mas bendito seja o rei Salomão e que o trono de Davi permaneça firme diante de Javé para sempre!" 46O rei deu ordens a Banaías, filho de Joiada, o qual saiu e arremeteu contra Semei, e este morreu. Assim foi consolidado o reino nas mãos de Salomão.

3 **Salomão pede a Deus a sabedoria.** 1Salomão tornou-se genro* do faraó, rei do Egito, tomando por esposa a filha do faraó; introduziu-a na Cidade de Davi,* enquanto acabava de construir seu palácio, a casa de Javé e as muralhas em torno de Jerusalém. 2O povo oferecia sacrifícios* nos lugares altos†, pois até então não havia sido construída uma casa para o nome de Javé. 3Salomão amou a Javé; comportava-se segundo os preceitos de seu pai Davi; mas oferecia sacrifícios e incenso nos lugares altos.

4O rei foi a Gabaon* para lá oferecer um sacrifício, pois era o lugar alto mais importante; Salomão ofereceu mil holocaustos sobre aquele altar. 5Em Gabaon, Javé apareceu em sonho a Salomão durante a noite. Deus disse: "Pede o que queres que eu te dê". 6Salomão respondeu: "Vós demonstrastes grande benevolência para com vosso servo Davi, meu pai, porque ele caminhou diante de vós na fidelidade, justiça e retidão de coração para convosco; vós lhe guardastes essa grande benevolência e lhe destes um filho que se sentasse em seu trono como hoje acontece. 7Agora, pois, Javé, meu Deus, fizestes reinar vosso servo em lugar de meu pai Davi, mas eu não passo de um jovem, não sei como conduzir-me. 8Vosso servo se encontra no meio de vosso povo que escolhestes, povo tão numeroso* que não se pode contar nem calcular. 9Dai, pois, a vosso servo* um coração

---

* **2,**39. 1Sm 21,11; 27,2s | **3,**1. 7,8; 9,16s.24 / 2Sm 5,9 | 2. 1Sm 9,12 | 4. 2Cr 1,3-12 | 8. 4,20 | 9. Sb 8,21-9,18 / Pr 2,6-9

† **3,**2. Ver a nota em 1Sm 9,12. | **3,**9. O coração é aqui considerado como o órgão com que se percebem o sentido e a ordem do mundo.

compreensivo* para governar vosso povo† e para discernir entre o bem e o mal, pois quem poderia governar vosso povo que é tão numeroso?" [10]Agradou ao Senhor que Salomão tivesse pedido tal coisa; [11]e Deus lhe disse: "Porque foi este teu pedido e não pediste para ti vida longa, nem riqueza, nem a vida de teus inimigos, mas pediste para ti discernimento para governar com retidão, [12]vou fazer como pediste: dou-te um coração sábio e inteligente como ninguém teve antes de ti e ninguém terá depois de ti. [13]E também o que não pediste eu te dou: riqueza e glória tais que não haverá entre os reis quem te seja semelhante durante toda a tua vida. [14]E se andares em meus caminhos, guardando meus estatutos e meus mandamentos como o fez teu pai Davi, eu te darei uma vida longa". [15]Salomão despertou e viu que aquilo fora um sonho. Voltou a Jerusalém e pôs-se diante da arca da aliança do Senhor; ofereceu holocaustos e sacrifícios de comunhão e deu um banquete para todos os seus servos.

O julgamento de Salomão. [16]Certa vez duas prostitutas vieram apresentar-se diante do rei. [17]Disse uma das mulheres: "Ó meu senhor! Eu e esta mulher moramos na mesma casa, e eu dei à luz quando ela estava em casa. [18]Três dias depois de eu ter dado à luz, esta mulher também teve uma criança; e não havia ninguém mais na casa além de nós duas. [19]Ora, certa noite morreu o filho desta mulher, pois ela se deitou sobre ele. [20]Ela então se levantou durante a noite, retirou meu filho de meu lado enquanto tua serva dormia e o deitou em seus braços, e nos meus colocou seu filho morto. [21]Levantei-me de manhã para amamentar meu filho e encontrei-o morto. Mas reparando nele pela manhã, constatei que não era o meu filho que eu tinha dado à luz". [22]Então a outra mulher disse: "Não é verdade! Meu filho

é o que está vivo e o teu é o que está morto!" A outra protestava: "Não é verdade! Teu filho é o que está morto e o meu é o que está vivo!" Assim discutiam diante do rei. [23]Ele disse: "Uma diz: 'Meu filho é o que está vivo e o teu é o que está morto!', e a outra responde: 'Não! Teu filho é o que está morto e o meu é o que está vivo!' [24]"Trazei-me uma espada", ordenou o rei; e levaram uma espada diante do rei. [25]O rei disse: "Cortai o menino vivo em duas partes e dai metade a uma e metade à outra". [26]Então a mulher, de quem era o filho vivo, suplicou ao rei, pois suas entranhas se comoveram por causa do filho, dizendo: "Ó meu senhor! Dai-lhe então o menino vivo, mas não o mateis!" Mas a outra dizia: "Não seja meu nem teu, cortai-o!" [27]Então o rei tomou a palavra e disse: "Dai à primeira o menino vivo e não o mateis, pois é ela a sua mãe". [28]Todo Israel soube da sentença pronunciada pelo rei e todos lhe demonstraram muito respeito, pois viram que havia nele a sabedoria de Deus para fazer justiça†.

4 **Os ministros de Salomão.** [1]O rei Salomão reinava sobre todo o Israel, [2]e estes eram seus altos funcionários:

Azarias, filho de Sadoc, sacerdote;
[3]Eliorefe e Aías, filhos de Sisa, secretários;
Josafá, filho de Ailud, cronista;
[4]Banaías, filho de Joiada, comandante do exército;
Sadoc e Abiatar, sacerdotes;
[5]Azarias, filho de Natã, chefe dos prefeitos;*
Zabud, filho de Natã, sacerdote e amigo do rei;
[6]Aisar, prefeito do palácio;
Adoram, filho de Abda, encarregado dos trabalhos forçados.*

Os prefeitos de Salomão. [7]Salomão tinha doze prefeitos, sobre todo o Israel, que abasteciam o rei e sua casa;

---

* 4,5. 1Rs 4,7s | 6. 1Rs 5,27

† 3,28. Salomão revelou-se profundo conhecedor do coração humano e também um rei justo, por isso digno de estima. | 4,7. Introduz um tipo de administração moderna, não baseada na divisão por tribos, para não sobrecarregar as menores.

1 Reis 4-5

cada um cuidava do abastecimento durante um mês do ano†.

⁸Eis seus nomes:

O filho de Hur, na montanha de Efraim†;

⁹o filho de Decar, em Maces, Salebim, Bet-Sames, Eilon-Bet-Hanã;

¹⁰o filho de Hesed, em Arubot, ao qual pertenciam Soco e toda a terra de Héfer;

¹¹o filho de Abinadab em todo o distrito de Dor; era casado com Tabaat, filha de Salomão;

¹²Baana, filho de Ailud, em Tanac e Meguido, e todo o Betsã que está perto de Sartã, abaixo de Jezrael, desde Betsã até Abel-Meúla e até além de Jecmaan;

¹³o filho de Gaber, em Ramot de Galaad; ele tinha as aldeias de Jair, filho de Manassés, que estão em Galaad; possuía também o território de Argob que está em Basã, sessenta grandes cidades muradas e com ferrolhos de bronze;

¹⁴Ainadab, filho de Ado, em Maanaim;

¹⁵Aquimaás em Neftali, que também se casou com uma filha de Salomão, de nome Basemat;

¹⁶Baana, filho de Husi, em Aser e em Baalot;

¹⁷Josafá, filho de Farué, em Issacar;

¹⁸Semei, filho de Ela, em Benjamim;

¹⁹Gaber, filho de Uri, na região de Galaad, terra de Seon, rei dos amorreus, e de Og, rei de Basã; ele era o único prefeito que havia nesta terra.

²⁰A população de Judá e de Israel era grande, tão numerosa* como a areia que está na praia do mar; comiam, bebiam e viviam felizes.

5 Grandeza e sabedoria de Salomão.

¹Salomão dominava* sobre todos os reinos desde o rio Eufrates até a terra dos filisteus e até a fronteira do Egito. Pagavam-lhe tributo e serviram a Salomão todos os dias de sua vida.

²As provisões diárias de Salomão eram trinta coros de flor de farinha e sessenta de farinha comum, ³dez bois cevados, vinte bois de pasto, cem carneiros, sem contar os veados, gazelas, antílopes e as aves cevadas. ⁴Pois ele dominava sobre toda a região a oeste do Eufrates – desde Tafsaco até Gaza, sobre todos os reis da região a oeste do Eufrates – e vivia em paz com todos os países a seu redor. ⁵Judá e Israel viveram em segurança, cada qual debaixo de sua videira e de sua figueira, desde Dã até Bersabeia, durante toda a vida de Salomão†.

⁶Salomão possuía quarenta mil estábulos† para os cavalos de seus carros* e doze mil cavalos.

⁷Os prefeitos zelavam, cada qual durante um mês, pelo sustento de Salomão e de todos os que se sentavam à mesa do rei, não deixando faltar coisa alguma. ⁸Mandavam levar também a cevada e a palha para os cavalos e os animais de tração, no lugar onde estivesse o rei, e cada qual segundo as ordens recebidas.

⁹Deus concedeu a Salomão sabedoria e inteligência extraordinárias e um coração tão grande como a areia que está na praia do mar. ¹⁰A sabedoria de Salomão foi maior que a de todos os filhos do oriente e maior que toda a sabedoria do Egito†. ¹¹Foi mais sábio que qualquer pessoa: mais que Etã, o ezraíta, mais que os filhos de Maol, Emã, Calcol e Darda; sua fama espalhou-se por todas as nações circunvizinhas. ¹²Pronunciou três mil provérbios, e seus cânticos foram em número de mil e cinco. ¹³Falou das plantas, desde o cedro que cresce no Líbano até o hissopo que sobe pelos muros; falou também dos quadrúpedes, das aves, dos répteis e dos peixes. ¹⁴De todos os povos vinha gente para ouvir a sabedoria de Salomão e também enviados

---

* **4**,20. Gn 22,17 | **5**,1. 2Cr 9,26 | 6. 1Rs 10,26; 2Cr 1,14; 9,25

† **4**,8. Região montanhosa do centro da Palestina, onde residia a tribo de Efraim. | **5**,5. O nome Salomão significa "pacífico" e em seu tempo realiza-se o ideal da paz messiânica. | 6. Erro de copista: o certo é quatro mil, cf. 2Cr 9,25. | 10. Os árabes, "filhos do oriente", e os egípcios eram famosos por sua sabedoria. Salomão foi o primeiro e o maior sábio de Israel.

351 1 Reis 5-6

por todos os reis da terra que tinham ouvido falar de sua sabedoria.

Tratado com Hiram. ¹⁵Quando Hiram, rei de Tiro,* soube que Salomão havia sido ungido rei em lugar de seu pai, mandou-lhe seus servos, pois Hiram sempre tinha sido amigo de Davi. ¹⁶Salomão mandou dizer a Hiram: ¹⁷"Bem sabes que Davi,* meu pai, não pôde construir um templo para o nome de Javé, seu Deus, por causa das guerras que o importunavam de todos os lados, até que Javé submetesse os inimigos a seus pés. ¹⁸Mas agora Javé, meu Deus, deu-me tranquilidade por todos os lados: não existe adversário nem calamidade. ¹⁹Por isso resolvi construir um templo ao nome de Javé, meu Deus, conforme o que disse Javé a Davi,* meu pai: 'Teu filho, que colocarei no trono em teu lugar, é que construirá um templo para meu nome'. ²⁰Ordena, pois, que cortem para mim cedros do Líbano; meus servos estarão com os teus e eu te darei como salário de teus servos tudo o que me pedires, porque tu sabes que não há entre nós ninguém que saiba cortar madeira como os sidônios". ²¹Quando Hiram ouviu a mensagem* de Salomão, muito se alegrou e disse: "Bendito seja hoje Javé,* que deu a Davi um filho sábio que governa este grande povo!" ²²Hiram mandou responder a Salomão: "Recebi tua mensagem. Eu te darei toda a madeira de cedro e de cipreste que desejares. ²³Meus servos a descerão do Líbano até o mar e a farei transportar pelo mar até o lugar que me indicares; ali, eu a desembarcarei e tu a levarás. Por tua vez, desejo que forneças víveres para minha casa". ²⁴Hiram forneceu* a Salomão madeira de cedro e de cipreste na quantidade que ele quis, ²⁵e Salomão pagou a Hiram vinte mil coros de trigo para o sustento de sua casa e vinte coros de azeite virgem. Era isso que Salomão pagava a Hiram todo ano. ²⁶Javé concedeu a Salomão a sabedoria, conforme lhe prometera. Houve bom entendimento entre Hiram e Salomão, e os dois fizeram uma aliança.

²⁷O rei Salomão recrutou em todo o Israel mão de obra para os trabalhos forçados; e os recrutados foram trinta mil homens. ²⁸Mandava-os para o Líbano, em rodízio, dez mil cada mês; eles passavam um mês no Líbano e dois meses em casa; Adoram dirigia os trabalhos forçados. ²⁹Salomão tinha* ainda setenta mil carregadores e oitenta mil que talhavam pedra na montanha†, ³⁰afora os oficiais de Salomão, em número de três mil e trezentos, que dirigiam os trabalhos e comandavam o povo que os efetuava. ³¹O rei mandou extrair grandes blocos de pedra escolhida e lavrada, destinadas aos alicerces do templo. ³²Os operários de Salomão, os de Hiram e os de Biblos cortaram e prepararam as madeiras e as pedras para a construção do templo.

6 **A construção do templo.** ¹No ano quatrocentos e oitenta*, após a saída dos israelitas da terra do Egito, no quarto ano do reinado de Salomão sobre Israel, no mês de ziv, que é o segundo mês, ele começou a construir o templo de Javé. ²O templo que o rei Salomão edificou para Javé tinha sessenta côvados de comprimento, vinte de largura e trinta de altura†. ³O pórtico diante do lugar santo do templo tinha vinte côvados de comprimento, igualando assim à largura do templo, e dez côvados de largura em frente do templo. ⁴Fez no templo janelas quadrangulares com grades. ⁵Contra a parede do templo, ele fez quartos ao redor dos muros do templo, em torno do lugar santo e do santuário interior, e fez aposentos laterais ao redor. ⁶O andar de baixo tinha cinco côvados de largura, o do meio seis e o terceiro sete, pois do lado de fora do templo ao redor, ele

---

* **5,**15. 2Cr 2,2-8 | 19. 2Sm 7,12s | 21. 2Cr 2,10s / 2Cr 2,15 | 24. 2Cr 2,9 | 29. 2Cr 2,2.17 | **6,**1. 2Cr 3,1-7

† **5,**29. Trata-se do monte Bezeta, na parte norte da Cidade Santa. | **6,**2. O templo foi iniciado no ano 960 a.C. Media 30 metros de comprimento, 10 de largura e 15 de altura.

1 Reis 6

tinha feito reentrâncias de modo que as vigas não se introduziam nas paredes do templo. [7]Quando edificaram o templo, usaram pedras já talhadas nas pedreiras; assim, durante sua construção, não se ouviu no templo barulho de martelo, de machado, nem de qualquer outro instrumento de ferro. [8]A entrada para o andar inferior situava-se no lado direito do templo e por meio de uma escada em caracol subia-se ao andar do meio e, deste, ao terceiro. [9]Terminada a construção do templo, Salomão cobriu-o com vigas e tábuas de cedro. [10]Os andares que construiu ao redor de todo o templo tinham cinco côvados de altura e estavam ligados ao templo por traves de cedro.

[11]A palavra de Javé foi então dirigida a Salomão nestes termos: [12]"Quanto a esta casa que estás construindo,* se procederes segundo minhas leis, se observares minhas normas e seguires todos os meus mandamentos, agindo de acordo com eles, eu cumprirei em teu favor minha palavra, que falei a Davi, teu pai, [13]e habitarei no meio dos israelitas e não abandonarei meu povo, Israel". [14]Salomão edificou o templo e o concluiu.

A decoração interna. O santo dos santos. [15]Revestiu com tábuas* de cedro o lado interno das paredes do templo, desde o pavimento até as vigas do teto, revestiu com madeira o interior e cobriu com tábuas de cipreste o pavimento do templo. [16]No fundo do templo fez um compartimento de vinte côvados com tábuas de cedro, desde o chão até as vigas, e reservou esse espaço como santuário interior, ou santo dos santos. [17]O templo, isto é, o lugar santo que estava na frente, media quarenta côvados. [18]No interior do templo, o cedro era esculpido com botões e flores abertas; tudo era de cedro e não se via pedra alguma. [19]Salomão dispôs um santuário interior dentro do templo, para nele colocar a arca da aliança de Javé. [20]O santuário interior tinha vinte côvados de comprimento, vinte côvados de largura e vinte côvados de altura; Salomão o revestiu de ouro fino e recobriu o altar de cedro.

[21]Salomão revestiu de ouro fino o interior do templo e fez passar correntes de ouro diante do santuário interior, que revestiu de ouro. [22]Assim recobriu de ouro o templo todo, até que todo o templo fosse terminado e recobriu também de ouro todo o altar que pertencia ao santuário interior.

Os querubins†. [23]No santuário interior, ele fez dois querubins* de madeira de oliveira, de dez côvados de altura cada um. [24]A asa de um querubim media cinco côvados e a outra também tinha cinco côvados; de uma extremidade à outra das asas havia, pois, a distância de dez côvados. [25]O outro querubim media também dez côvados; ambos os querubins tinham a mesma dimensão e o mesmo formato. [26]A altura do primeiro querubim era de dez côvados, e essa também era a altura do segundo. [27]Colocou os querubins no meio do santuário interior; os querubins estavam de asas estendidas, de sorte que a asa de um tocava uma parede e a asa do outro tocava a outra parede, e suas asas tocavam uma na outra, no meio da sala. [28]Revestiu de ouro os querubins. [29]Em todas as paredes ao redor do templo, tanto no interior como no exterior, mandou esculpir querubins, palmas e flores. [30]Cobriu de ouro o pavimento do templo, por dentro e por fora.

As portas. O pátio. [31]Para a entrada do santuário interior ele fez portas de madeira de oliveira; a verga com as ombreiras ocupavam a quinta parte da parede. [32]Os dois batentes eram de madeira de oliveira. Mandou esculpir neles figuras de querubins, palmeiras e flores e cobriu-as de ouro; também recobriu de ouro os querubins e as palmeiras. [33]Para a entrada do lugar santo fez também ombreiras de madeira de oliveira, que ocupavam a quarta parte

---

* **6**,12. 2Sm 7,11-16 | 15. 2Cr 3,8s | 23. 2Cr 3,10-13

† **6**,23. Ver a nota em 1Sm 4,4.

da largura da parede. [34]As duas portas eram de madeira de cipreste: cada batente constava de dois painéis giratórios. [35]Mandou esculpir neles querubins, palmeiras e flores, revestidos de ouro ajustado sobre a escultura.

[36]Construiu o pátio interior com três fileiras de pedras lavradas e uma fileira de vigas de cedro.

[37]No quarto ano, no mês de ziv, foram lançados os alicerces do templo; [38]no décimo primeiro ano, no mês de bul, que é o oitavo mês, o templo foi concluído em todas as suas partes e em todos os seus detalhes. Foi construído em sete anos.

7

O palácio de Salomão. [1]Salomão levou treze anos para construir seu palácio, até seu completo acabamento. [2]Construiu o palácio chamado Floresta do Líbano, de cem côvados de comprimento, cinquenta de largura e trinta de altura, sobre quatro fileiras de colunas de cedro e vigas de cedro sobre as colunas. [3]Estava coberto de cedro em cima das vigas que se apoiavam sobre as colunas, que eram quarenta e cinco, quinze para cada fileira. [4]Havia três fileiras de janelas, umas frente às outras, em três fileiras. [5]Todas as portas e janelas tinham marcos quadrados, e uma janela estava diante da outra, em três fileiras. [6]Fez também o pórtico das colunas com cinquenta côvados de comprimento e trinta de largura; e diante das colunas desse pórtico havia outro pórtico com colunas, com uma cobertura na frente. [7]Depois fez o pórtico do trono, ou sala do julgamento, onde ele administrava a justiça; era revestido de cedro desde o pavimento até o teto. [8]A casa onde morava, construída da mesma forma, tinha um outro pátio no interior do pórtico. Salomão fez também uma casa com um pórtico semelhante a esse para a filha do faraó, que ele havia desposado.

[9]Todos esses edifícios eram feitos de pedras escolhidas, talhadas sob medida, serradas nos lados interno e externo, desde os fundamentos até as beiras dos tetos,* e por fora até o grande pátio. [10]Também os alicerces eram de pedras selecionadas, enormes blocos, uns de dez côvados e outros de oito côvados. [11]Em cima também havia pedras escolhidas, talhadas sob medida, e madeira de cedro. [12]O grande pátio era cercado por três fileiras de pedra talhada e por uma fileira de vigas de cedro; assim também eram feitos o pátio interno do templo de Javé e o pórtico do templo.

O bronzista Hiram. [13]Salomão mandou chamar Hiram, de Tiro,* [14]filho de uma viúva da tribo de Neftali, cujo pai era natural de Tiro e trabalhava com bronze. Era dotado de grande sabedoria, inteligência e habilidade para executar qualquer trabalho em bronze. Apresentou-se ao rei Salomão e executou todos os seus trabalhos.

As colunas de bronze. [15]Modelou as duas colunas* de bronze; a altura de cada uma era de dezoito côvados, e sua circunferência media-se com um fio de doze côvados. [16]Fez dois capitéis de bronze fundido, colocando-os no topo das colunas; cada capitel tinha cinco côvados de altura. [17]Os capitéis, no topo das colunas, tinham redes de tranças em forma de correntes: sete para um capitel e sete para o outro. [18]Fez também romãs, em duas fileiras em torno de cada rede, para cobrir os capitéis da parte superior das colunas. Fez o mesmo para o outro capitel. [19]Os capitéis que encimavam as colunas eram em forma de lótus e eram de quatro côvados. [20]Os capitéis sobre as duas colunas tinham duzentas romãs, em duas fileiras, em cima da parte convexa do capitel, próxima à rede, tanto no primeiro capitel como no segundo. [21]Ergueu as colunas no pórtico do templo; ergueu a coluna do lado direito, à qual deu o nome de Jaquin; ergueu a coluna do lado esquerdo e chamou-a Booz†. [22]O topo das colunas tinha a

---

* **7**,9. 2Cr 4,9 | 13. 2Cr 2,12s | 15. 2Cr 3,15ss

† **7**,21. Estes nomes significam "estabilidade" e "força".

1 Reis 7

forma de um lótus. Assim ficou pronto o trabalho das colunas.*

O mar de bronze†. ²³Fez o mar de metal fundido, redondo, medindo dez côvados de um lado ao outro. Tinha cinco côvados de altura e trinta côvados de circunferência. ²⁴Havia por baixo de sua borda ao redor botões de flores, em número de dez por côvado, dispostos em duas fileiras e fundidos numa só peça com o mar. ²⁵Este repousava sobre doze bois, dos quais três olhavam para o norte, três para o oeste, três para o sul e três para o leste; o mar se elevava sobre eles, e a parte posterior de seus corpos estava voltada para o interior. ²⁶Sua espessura era de um palmo e sua borda tinha a mesma forma que a borda de uma taça, como a flor do lótus. Sua capacidade era de dois mil batos.

As bases e as bacias de bronze. ²⁷Fez também dez bases de bronze, tendo cada uma quatro côvados de comprimento, quatro de largura e três de altura. ²⁸Eram assim construídas: tinham painéis laterais, e os painéis estavam encerrados em molduras. ²⁹Sobre os painéis que estavam entre as molduras havia leões, bois e querubins, e sobre as molduras se apoiava um pedestal; em cima e embaixo dos leões e dos bois havia guirlandas em forma de festões. ³⁰Cada base tinha quatro rodas de bronze e eixos também de bronze; seus quatro pés tinham suportes por baixo da bacia; esses suportes eram de bronze fundido e tinham guirlandas de cada lado. ³¹Sua abertura sobressaía do interior um côvado, à maneira de um capitel; sua abertura era redonda, feita com uma base de um côvado e meio de diâmetro. Também ao redor de sua abertura havia esculturas; mas os painéis eram retangulares e não redondos. ³²As quatro rodas estavam debaixo dos painéis; os eixos das rodas saíam da base; a altura das rodas era de um côvado e meio. ³³A forma das rodas era como a da roda de um carro: eixos, aros, raios e cubos, tudo era de metal fundido. ³⁴Havia quatro suportes, nos quatro cantos de cada base: a base e seus suportes formavam uma só peça. ³⁵Na parte superior da base havia um suporte redondo de meio côvado de altura; e sobre a base havia suportes e painéis que formavam uma só peça com a base. ³⁶Sobre a superfície de seus painéis e de suas molduras mandou gravar querubins, leões e palmeiras, conforme o espaço livre, e guirlandas ao redor. ³⁷Assim fez as dez bases: todas do mesmo metal, da mesma dimensão e da mesma forma.

³⁸Fez ainda dez bacias de bronze,* contendo cada uma quarenta batos; cada bacia tinha quatro côvados de circunferência e repousava sobre uma das dez bases. ³⁹Dispôs as bases,* colocando cinco do lado direito do templo e cinco do lado esquerdo do templo; e pôs o mar do lado direito do templo, a sudoeste.

Os utensílios do templo. ⁴⁰Hiram fez as bacias,* as pás e as taças. Assim acabou de fazer toda a obra que devia fazer para o rei Salomão no templo de Javé:

⁴¹duas colunas, os globos dos capitéis que estavam no alto das colunas, as duas redes para cobrir os dois globos dos capitéis que estavam no alto das colunas, ⁴²as quatrocentas romãs para as duas redes, isto é, duas fileiras de romãs para cada rede, para cobrir os dois globos dos capitéis que estavam no alto das colunas;

⁴³as dez bases e as dez bacias sobre as bases;

⁴⁴o mar único com os doze bois embaixo;

⁴⁵as bacias, as pás, as taças.

Todos esses objetos que Hiram fez para o rei Salomão no templo de Javé eram de bronze polido. ⁴⁶Foi na planície do Jordão que o rei mandou fundi-los, em terra argilosa, entre Sucot e

---

* **7,**22. 2Cr 4,2-5 | 38. 2Cr 4,6 | 39. 2Cr 4,10 | 40. 2Cr 4,11-18

† **7,**23. O "mar" era uma grande bacia com a água lustral destinada às abluções dos sacerdotes, 2Cr 4,6; tinha 15 metros de circunferência e 2,50 de profundidade.

355　　　　　　　　1 Reis 7-8

Sartã. ⁴⁷Salomão deixou de pesar todos esses objetos; por causa de sua enorme quantidade, não se calculou o peso do bronze.

⁴⁸Salomão fez todos os utensílios do templo de Javé: o altar de ouro, a mesa* sobre a qual estavam os pães da apresentação, também de ouro; ⁴⁹os candelabros de ouro puríssimo,* cinco à direita e cinco à esquerda, diante do santuário interior; as flores, as lâmpadas e as tenazes, também de ouro; ⁵⁰as bacias, as facas, as taças, as colheres e os incensórios de ouro puríssimo; as dobradiças para as portas da sala interior, isto é, do santo dos santos e do lugar santo, também de ouro.

⁵¹Assim ficou terminada toda a obra* que o rei Salomão executou para o templo de Javé. Então Salomão mandou trazer as coisas que seu pai Davi havia consagrado: a prata, o ouro e os utensílios, e colocou-os nos tesouros do templo de Javé.

8 **A dedicação do templo.** ¹Depois Salomão reuniu* em sua presença em Jerusalém os anciãos de Israel, todos os chefes das tribos e os chefes das famílias dos israelitas, para trasladar da Cidade de Davi, que é Sião, a arca da aliança de Javé. ²Todos os homens de Israel congregaram-se junto do rei Salomão para a festa, no mês de etanim, que é o sétimo mês. ³Vieram todos os anciãos de Israel. Os sacerdotes tomaram a arca ⁴e a levaram para cima, com a tenda da reunião e todos os utensílios sagrados que nela estavam. Os sacerdotes e os levitas os transportaram. ⁵O rei Salomão e toda a comunidade de Israel reunida junto dele diante da arca imolaram ovelhas e bois em quantidade tal que não se podia contar nem calcular. ⁶Os sacerdotes introduziram a arca da aliança de Javé em seu lugar, no santuário interior do templo, a sa-

ber, no santo dos santos, sob as asas dos querubins. ⁷Com efeito, os querubins estendiam as asas sobre o lugar da arca, abrigando do alto a arca e seus varais. ⁸Estes eram tão compridos que do lugar santo, diante do santuário interior, podiam-se ver suas extremidades, mas não se podiam ver de fora. Aí estão até hoje. ⁹Na arca nada havia,* exceto as duas tábuas de pedra que Moisés, no Horeb, aí havia colocado, quando Javé concluiu a aliança com os israelitas, depois que saíram da terra do Egito.

Deus toma posse do templo. ¹⁰Quando os sacerdotes saíram do santuário,* a nuvem encheu o templo* de Javé, ¹¹e os sacerdotes não puderam continuar sua função por causa da nuvem, porque a glória de Javé enchia o templo de Javé†. ¹²Então disse Salomão:

"Javé declarou que habitaria na obscuridade.*

¹³Sim, construí para vós uma sublime morada,*

um lugar onde habitareis para sempre".

Discurso de Salomão. ¹⁴Depois o rei voltou-se* e abençoou toda a assembleia de Israel, enquanto toda ela se mantinha de pé. ¹⁵Salomão disse: "Seja bendito Javé, Deus de Israel, que realizou com poder o que com sua boca prometera a meu pai Davi, dizendo: ¹⁶'Desde quando fiz sair do Egito meu povo Israel, não escolhi cidade alguma dentre todas as tribos de Israel, para nela se construir um templo onde habitaria* meu nome†, mas escolhi Davi para comandar Israel, meu povo'. ¹⁷Meu pai Davi teve a intenção de construir uma casa para o nome de Javé, Deus de Israel, ¹⁸mas Javé disse a meu pai Davi: 'Planejaste edificar uma casa para meu nome e fizeste bem ao conceber tal projeto. ¹⁹Contudo, não serás tu quem edificará a casa, e sim teu filho, saído

---

* **7,**48. Êx 25,23; 1Rs 6,20s | 49. 2Cr 4,7 | 51. 2Cr 5,1 | **8,**1. 2Cr 5,2-10 | 9. Êx 25,21; 40,20; Dt 10,2-5 | 10. 2Cr 5,11-6,2 / Êx 40,34s; Ap 15,8; Êx 24,16 | 12. Sl 18,12; 97,2 | 13. Sl 132,13s | 14. 2Cr 6,3-11 | 16. Ez 48,35

† **8,**11. Como a escada de Jacó que unia o céu com a terra, Gn 28, o santuário é o lugar onde se cancela a distância entre o céu e a terra. | 16. O nome é a pessoa. Jerusalém, o templo, é o lugar que Deus escolheu para estar presente no meio do povo.

1 Reis 8

de tuas entranhas, é que construirá a casa para meu nome'. [20]Javé realizou a palavra que dissera: sucedi a meu pai Davi e tomei posse do trono de Israel como prometera Javé, construí a casa para o nome de Javé, Deus de Israel, [21]e nela preparei um lugar para a arca, na qual se acha a aliança que Javé concluiu com nossos pais quando os fez sair da terra do Egito".

Oração de Salomão. [22]Em seguida, Salomão* postou-se diante do altar de Javé, diante de toda a assembleia de Israel, estendeu as mãos para o céu [23]e disse: "Javé, Deus de Israel! Não existe nenhum Deus* como vós lá em cima nos céus, nem aqui embaixo sobre a terra; como vós, que sois fiel à aliança e conservais a misericórdia para com vossos servos que caminham de todo o coração diante de vós. [24]Cumpristes a vosso servo Davi, meu pai, a promessa* que lhe havíeis feito, e o que dissestes com vossa boca executastes hoje com vosso poder. [25]E agora, Javé, Deus de Israel, mantende a vosso servo Davi, meu pai, a promessa que lhe fizestes, ao dizer: 'Jamais te faltará um descendente diante de mim que se assente no trono de Israel, contanto que teus filhos atendam a seu procedimento, caminhando diante de mim como tu mesmo caminhaste'. [26]Agora, pois, Deus de Israel, que se cumpra a palavra que dissestes a vosso servo Davi, meu pai! [27]Mas será verdade que Deus habita sobre a terra?* Se os céus e os céus* dos céus não vos podem conter, muito menos esta casa que construí! [28]Sede atento à oração e à súplica de vosso servo, Javé, meu Deus! Escuta o clamor e a prece que vosso servo faz hoje diante de vós! [29]Que vossos olhos estejam abertos dia e noite sobre esta casa, sobre este lugar do qual dissestes: 'Meu nome estará lá'.* Ouvi a prece que vosso servo fará voltado para este lugar.

Oração pelo povo. [30]Escutai as súplicas de vosso servo* e de vosso povo Israel quando rezarem voltados para este lugar. Escutai do lugar onde residis, no céu, escutai* e perdoai.

[31]Se alguém pecar contra seu próximo e, porque obrigado a jurar, vier jurar ante vosso altar neste templo, [32]escutai do céu e agi! Fazei justiça a vossos servos: declarai culpado o mau, fazendo recair sobre sua cabeça o peso de sua falta, e declarai justo o inocente, tratando-o segundo sua retidão.

[33]Quando Israel, vosso povo,* for vencido diante do inimigo, por haver pecado contra vós, se ele se converter a vós, louvar vosso nome, rezar e suplicar a vós neste templo, [34]escutai do céu, perdoai o pecado de Israel, vosso povo, e reconduzi-o à terra que destes a seus pais.

[35]Quando o céu se fechar* e não houver chuva por terem eles pecado contra vós, se eles rezarem voltados para este lugar, louvarem vosso nome e se arrependerem de seu pecado, por os terdes afligido, [36]escutai do céu, perdoai o pecado de vossos servos e de vosso povo Israel, indicando-lhes o caminho reto que devem seguir e concedei a chuva a vossa terra que destes em herança a vosso povo.

[37]Quando na terra houver fome,* ou peste, mela ou ferrugem, gafanhotos ou pulgões; quando o inimigo sitiar as cidades do país, quando houver qualquer calamidade ou epidemia, [38]qualquer que seja a oração ou a súplica que vos for dirigida por um indivíduo ou por todo o Israel, vosso povo, desde que experimente o remorso no coração, se ele erguer as mãos para este templo, [39]escutai do céu, onde morais, perdoai e agi; retribuí a cada um segundo seu proceder, pois conheceis seu coração – sois o único que conhece o coração de todos – [40]a fim de que vos respeitem por todos os dias que viverão sobre a terra que destes a nossos pais.

[41]Também o estrangeiro,* que não pertence a Israel, vosso povo, se vier

---

* **8**,22. 2Cr 6,12-20 | 23. Dt 4,39; 7,9 | 24. 2Sm 7,11-16 | 27. Dt 4,7; Jo 1,14 / Is 66,1; Jr 23,24; At 7,49; 17,24 | 29. Dt 12,5.11; Ez 48,35 | 30. 2Cr 6,21-31 / Sl 123,1 | 33. Lv 26,14.17; Dt 28,25.45; Js 7 | 35. Dt 11,17; 28,23s | 37. Dt 28,21.38.42.51 | 41. 2Cr 6,32-39; Êx 12,48; At 8,27; Is 2 2-5; Mq 4,1-3; Jr 16,19-21

357 1 Reis 8

de uma terra longínqua por causa de vosso nome – [42]porque ouvirão falar de vosso grande nome, de vossa mão forte e de vosso braço estendido –, se ele vier rezar neste templo, [43]escutai do céu, onde residis, atendei todos os pedidos do estrangeiro,* a fim de que todos os povos da terra conheçam vosso nome e vos temam como o faz Israel, vosso povo, e saibam eles que este templo que edifiquei foi dedicado a vosso nome.

[44]Quando vosso povo sair à guerra contra seus inimigos, na direção à qual o enviardes, e ele rezar a Javé, voltado para a cidade* que escolhestes e para o templo que construí para vosso nome, [45]escutai do céu sua prece e sua súplica e fazei-lhe justiça.

[46]Quando tiverem pecado contra vós – pois não há pessoa alguma* que não peque – e vós, irritado contra eles, os entregardes ao inimigo, e seus vencedores os deportarem para uma terra inimiga, distante ou próxima, [47]se eles caírem em si, na terra para onde tiverem sido deportados, se arrependerem e vos suplicarem na terra* dos que os levaram cativos, dizendo: 'Pecamos, agimos mal, cometemos iniquidade', [48]se retornarem a vós de todo o seu coração e de toda a sua alma na terra dos inimigos que os tiverem deportado, e se rezarem a vós voltados para sua terra que destes a seus pais,* para a cidade que escolhestes e para o templo que construí para vosso nome, [49]escutai do céu, onde residis, sua prece e sua súplica e fazei-lhes justiça. [50]Perdoai a vosso povo que pecou contra vós todas as transgressões que cometeram contra vós e movei à compaixão os que os levaram cativos, para que se compadeçam deles, [51]pois são vosso povo e vossa herança, são os que fizestes sair do Egito, daquela fornalha de ferro.*

[52]"Que vossos olhos estejam abertos* para a súplica de vosso servo e de vosso povo Israel, para ouvirdes todos os apelos que lançarem a vós. [53]Pois vós o separastes* de todos os povos da terra como vossa herança, como declarastes por meio de vosso servo Moisés, quando fizestes sair do Egito nossos pais, Senhor Javé!"

Bênção do povo. [54]Quando Salomão acabou de dirigir a Javé toda essa oração e essa súplica, levantou-se do lugar onde estava ajoelhado, diante do altar de Javé, de mãos erguidas para o céu. [55]Pôs-se de pé e abençoou em voz alta toda a assembleia de Israel, dizendo: [56]"Seja bendito Javé que concedeu o repouso a seu povo Israel, conforme todas as suas promessas; de todas as boas promessas que fez por meio de seu servo Moisés, nenhuma falhou! [57]Que Javé, nosso Deus, esteja conosco* como esteve com nossos pais, que não nos abandone nem nos rejeite! [58]Incline para ele nossos corações,* a fim de que andemos em todos os seus caminhos e guardemos os mandamentos, as leis e os decretos que ele prescreveu a nossos pais. [59]Que essas palavras por mim pronunciadas em oração diante de Javé estejam presentes dia e noite diante de Javé, nosso Deus, para que faça justiça a seu servo e a Israel, seu povo, conforme as necessidades de cada dia. [60]Assim todos os povos da terra saberão que Javé é Deus e que não há outro além dele. [61]Seja vosso coração totalmente dedicado a Javé, nosso Deus, observando seus estatutos e guardando seus mandamentos como o fazeis hoje".

Os sacrifícios na dedicação do templo. [62]O rei e todo Israel com ele ofereceram sacrifícios* diante de Javé. [63]Salomão imolou, para o sacrifício de comunhão* que ofereceu a Javé, vinte e dois mil bois e cento e vinte mil ovelhas. Assim o rei e todos os israelitas consagraram o templo de Javé. [64]Naquele mesmo dia o rei consagrou o interior do pátio que está diante do templo de Javé; pois foi lá que ofereceu

---

* 8,43. Zc 8,20-32 **|** 44. Dn 6,11 **|** 46. Pr 20,9; Ecl 7,20; Rm 3,23; 1Jo 1,8ss **|** 47. Dt 28,63s; 30,1s **|** 48. Dt 9,5**|** 51. Dt 9,26; 32,9; Jr 11,4; Dt 4,20 **|** 52. 2Cr 6,40 **|** 53. Dt 7,6 **|** 57. Is 55,10s; Dt 31,6; Js 1,5 **|** 58. Jr 31,31**|** 62. 2Cr 7,4-10 **|** 63. Lv 3,1 **|** 64. Lv 1-3

1 Reis 8-9

o holocausto, a oblação e as gorduras dos sacrifícios de comunhão, uma vez que o altar de bronze, que estava diante de Javé, era pequeno demais para conter o holocausto,* a oblação e as gorduras dos sacrifícios de comunhão. 65Nesta ocasião, Salomão celebrou a festa,* e todo o Israel com ele; houve uma grande assembleia, desde a entrada de Emat até a torrente do Egito, diante de Javé, nosso Deus, por sete dias e mais sete dias, isto é, quatorze dias. 66No oitavo dia despediu o povo; bendizendo o rei, eles voltaram para suas casas, alegres e de coração contente por todo o bem que Javé fizera a seu servo Davi e a Israel, seu povo.

9 **Nova aparição divina.** 1Depois que Salomão acabou* de construir o templo de Javé, o palácio real e tudo o que tencionava realizar, 2Javé apareceu-lhe* uma segunda vez, como lhe aparecera em Gabaon. 3Javé lhe disse: "Ouvi a oração e a súplica que me dirigiste. Consagrei esta casa que construíste, nela colocando meu nome para sempre; meus olhos e meu coração aí estarão todos os dias. 4Quanto a ti, se procederes diante de mim como teu pai Davi, na integridade e retidão do coração, se agires segundo minhas ordens e observares meus estatutos e meus decretos, 5firmarei para sempre teu trono real sobre Israel, como prometi a Davi, teu pai, dizendo: 'Jamais te faltará um descendente sobre o trono de Israel'. 6Porém, se vós e vossos filhos me abandonardes, não observando os mandamentos e os estatutos* que vos prescrevi e indo servir a outros deuses e prostrar-vos diante deles, 7então erradicarei Israel da terra que lhe dei; rejeitarei para longe de mim este templo† que consagrei a meu nome, e Israel será objeto de sarcasmo* e de zombaria entre todos os povos. 8E quanto a este templo, que é sublime, todo

aquele que passar perto dele ficará estupefato e exclamará: 'Por que Javé tratou assim* esta terra e este templo?' 9Responderão: 'Porque abandonaram Javé, seu Deus, que fez sair seus pais da terra do Egito; aderiram a outros deuses, prostraram-se diante deles e os serviram; por isso Javé fez cair sobre eles todas estas desgraças'".

Cidades dadas a Hiram. 10Ao cabo de vinte anos,* durante os quais Salomão construiu os dois edifícios: o templo de Javé e o palácio real – 11Hiram, rei de Tiro, lhe havia fornecido madeira de cedro e de cipreste* e também ouro na quantidade que ele quis –, então o rei Salomão deu a Hiram vinte cidades na região da Galileia. 12Hiram veio de Tiro para ver as cidades que Salomão lhe havia dado e elas não lhe agradaram. 13Por isso disse: "Que cidades são estas que me deste, meu irmão?" E deu-lhes o nome de "terra de Cabul", que persiste até hoje. 14Hiram enviou ao rei cento e vinte talentos de ouro.

Edifícios de Salomão. Sua grandeza. 15Esta é a razão pela qual o rei Salomão impôs o trabalho forçado: construir o templo de Javé, seu palácio, o Melo e o muro de Jerusalém, bem como Hasor, Meguido e Gazer. 16O faraó, rei do Egito, fez uma expedição, tomou Gazer, incendiou-a e massacrou os cananeus que lá moravam e depois deu-a como dote a sua filha, esposa de Salomão. 17Salomão reconstruiu Gazer, Bet-Horon inferior, 18Baalat, Tamar, na região deserta do país, 19todas as cidades-armazéns pertencentes a Salomão, as cidades para seus carros e para seus cavalos e tudo quanto aprouve a Salomão construir em Jerusalém, no Líbano e em toda a terra sob seu domínio. 20Toda a população que restava dos amorreus,* heteus, ferezeus, heveus e jebuseus, que não pertencia aos israelitas, 21e todos os descendentes desses povos que ficaram após eles na terra

---

* **8**,65. Jz 20,1 | **9**,1. 2Cr 7,11-22 | 2. 1Rs 3,5-15 | 6. Dt 28,15 | 7. Dt 28,37; Jr 18,16; 19,8; 29,18 | 8. Dt 29,23-26 | 10. 2Cr 8,1-6 | 11. 5,24s | 20. 2Cr 8,7-10; Dt 7,1 | 21. Dt 7,2; 20,16

† **9**,7. Se for rejeitado por seu povo, Deus rejeitará também o templo e todo tipo de culto, que seria hipócrita.

sem serem votados ao extermínio* pelos israelitas, Salomão os empregou como mão de obra nos trabalhos forçados, e tal é sua condição ainda hoje. [22]Mas não impôs os trabalhos forçados aos israelitas que serviam como soldados; eram seus servos, seus oficiais e seus escudeiros, comandantes de seus carros e de sua cavalaria. [23]Os chefes dos prefeitos que dirigiam os trabalhos de Salomão eram quinhentos e cinquenta; tinham a seu encargo o povo empregado nas obras. [24]Logo que a filha do faraó subiu da Cidade de Davi para a residência que Salomão lhe havia construído, ele edificou o Melo.

[25]Três vezes por ano Salomão oferecia holocaustos e sacrifícios de comunhão sobre o altar que erguera a Javé† e queimava incenso sobre o altar que estava diante de Javé. Assim terminou o templo.

[26]Salomão construiu também uma frota* em Asiongaber, perto de Elat, na costa do mar Vermelho, na terra de Edom. [27]Hiram enviou-lhe nos navios da frota seus súditos, marinheiros que conheciam o mar†, para trabalharem junto com os servos de Salomão. [28]Foram a Ofir e de lá trouxeram quatrocentos e vinte talentos de ouro, que entregaram ao rei Salomão.

10 **A rainha de Sabá visita Salomão†.** [1]A rainha de Sabá* ouviu falar da fama de Salomão, por causa do nome de Javé, e veio pô-lo à prova por meio de perguntas difíceis. [2]Chegou a Jerusalém com numerosa comitiva, com camelos carregados de aromas, de grande quantidade de ouro e de pedras preciosas. Apresentou-se diante de Salomão e lhe expôs tudo o que tinha no coração. [3]Salomão respondeu a todas as suas perguntas e nada houve, por demais obscuro para ele, que não pudesse explicar. [4]Quando

a rainha de Sabá viu toda a sabedoria de Salomão, o palácio que fizera para si, [5]as iguarias de sua mesa, os aposentos de seus oficiais, o serviço de seus criados e suas vestes, seus copeiros e os holocaustos que ele oferecia no templo de Javé, ficou fora de si [6]e disse ao rei: "Realmente era verdade o que ouvi em minha terra a respeito de ti e de tua sabedoria! [7]Eu não acreditava no que diziam antes de vir e ver com meus próprios olhos; mas de fato não me haviam contado nem a metade: tua sabedoria e tua riqueza superam tudo quanto ouvi. [8]Feliz tua gente, felizes estes teus servos, que estão continuamente em tua presença e ouvem tua sabedoria! [9]Bendito seja Javé, teu Deus, que se agradou de ti, colocando-te sobre o trono de Israel; é porque Javé ama Israel para sempre que ele te constituiu rei, para exerceres o direito e a justiça".

[10]Ela deu ao rei cento e vinte talentos de ouro, uma grande quantidade de aromas e de pedras preciosas. Nunca mais chegou tamanha quantidade de aromas como a que a rainha de Sabá ofereceu ao rei Salomão. [11]Por sua vez, a frota de Hiram, que trazia ouro de Ofir, trouxe de lá também madeira de sândalo em grande quantidade e pedras preciosas. [12]Com essa madeira de sândalo o rei fez balaustradas para o templo de Javé e para o palácio real, liras e harpas para os músicos. Nunca mais se transportou dessa madeira de sândalo nem se viu mais dela até hoje. [13]Por sua vez, o rei Salomão ofereceu à rainha de Sabá tudo o que ela desejou e pediu, além dos presentes que lhe deu conforme sua generosidade real. Depois ela partiu e voltou para sua terra com seus servos.

As riquezas de Salomão. [14]O peso do ouro* que chegava para o rei Salomão, anualmente, era de seiscentos e sessen-

---

* **9**,26. 2Cr 8,17s | **10**,1. 2Cr 9,1-12; Mt 12,42 | 14. 2Cr 9,13-24

† **9**,25. Nas festas de Páscoa, Pentecostes e das Tendas. | 27. Os fenícios, chamados sidônios em 5,20 e 16,31, eram hábeis navegadores. Ofir, terra do ouro, provavelmente fica na Arábia ocidental. | **10**. Deve ser do norte da Arábia que vem a rainha de Sabá; não por mera curiosidade, mas certamente para celebrar um acordo comercial e/ou de autorização para a passagem de caravanas.

1 Reis 10-11

ta e seis talentos de ouro, [15]sem contar o que lhe provinha dos vendedores, do comércio dos negociantes, de todos os reis da Arábia e dos governadores do país. [16]O rei Salomão fez duzentos escudos grandes de ouro batido, para cada um dos quais utilizou seiscentos siclos de ouro, [17]e trezentos pequenos escudos de ouro batido, empregando em cada um deles três minas de ouro, e os depositou na casa da Floresta do Líbano. [18]O rei fez também um grande trono de marfim e o revestiu de ouro puro. [19]Esse trono tinha seis degraus, um espaldar redondo na parte superior, braços de cada lado do assento e perto dos braços dois leões em pé, [20]e doze leões em pé de cada lado dos seis degraus. Jamais se fez algo semelhante em nenhum outro reino.

[21]Todas as taças que o rei Salomão usava para beber eram de ouro e todos os objetos da casa da Floresta do Líbano* eram de ouro puro; nada era de prata, porque da prata não se fazia nenhum caso no tempo de Salomão. [22]Com efeito, o rei tinha no mar uma frota de Társis[†] junto com a frota de Hiram, e de três em três anos a frota de Társis voltava trazendo ouro, prata, marfim, macacos e pavões. [23]O rei Salomão superou em riqueza e em sabedoria todos os reis da terra. [24]Todo o mundo queria ser recebido por Salomão para ouvir a sabedoria que Deus lhe havia posto no coração. [25]Ano após ano, cada um trazia seu presente: objetos de prata e objetos de ouro, roupas, armas e aromas, cavalos e mulas.

Os carros de Salomão. [26]Salomão reuniu também carros e cavaleiros;* possuía mil e quatrocentos carros e doze mil cavaleiros, distribuídos nas cidades dos carros* e junto do rei, em Jerusalém. [27]Fez com que a prata fosse tão comum em Jerusalém* quanto as pedras, e que os cedros fossem tão numerosos como os sicômoros da

Planície. [28]Importavam-se para Salomão cavalos* do Egito e da Cilícia; os comerciantes do rei importavam-nos da Cilícia pelo preço estipulado. [29]Um carro era importado do Egito por seiscentos siclos de prata e um cavalo, por cento e cinquenta. O preço era o mesmo para os reis dos heteus e para os reis de Aram, que os importavam por meio desses comerciantes.

11 As mulheres de Salomão.

[1]Além da filha do faraó, o rei Salomão amou muitas mulheres estrangeiras: moabitas, amonitas, edomitas, sidônias e heteias, [2]pertencentes às nações das quais Javé dissera aos israelitas: "Não caseis com elas nem casem elas convosco, pois certamente desviariam vossos corações para seus deuses". Mas Salomão uniu-se a elas por amor. [3]Teve setecentas mulheres princesas e trezentas concubinas, e suas mulheres perverteram seu coração[†]. [4]Quando ficou velho, suas mulheres desviaram seu coração para outros deuses, e seu coração não foi mais todo de Javé, seu Deus, como o fora o de Davi, seu pai. [5]Salomão prestou culto à Astarte, deusa dos sidônios, e a Melcom, a abominação dos amonitas. [6]Fez o mal aos olhos de Javé e não lhe foi fiel plenamente como seu pai Davi. [7]Foi então que Salomão construiu, na montanha que está defronte de Jerusalém, um lugar alto para Camos, a abominação dos moabitas, e para Moloc, a abominação dos amonitas. [8]Fez o mesmo para todas as suas mulheres estrangeiras, as quais ofereciam incenso e sacrifícios a seus deuses.

Anúncio do cisma. [9]Javé indignou-se contra Salomão, porque seu coração se desviara de Javé, Deus de Israel, que lhe aparecera duas vezes [10]e que lhe havia ordenado precisamente que não seguisse outros deuses, mas ele não obedeceu ao que Javé lhe ordenara. [11]Então Javé

---

* **10,**21. Eclo 47,18 | 26. 2Cr 1,14-17; 9,25 / 1Rs 5,6; 9,19 | 27. 2Cr 1,15; 9,27 | 28. 2Cr 1,16; 9,28

† **10,**22. Grandes navios para viagens longas pelo mar Mediterrâneo. | **11,**3. A grandeza de um rei media-se pelas proporções de seu harém, e seus casamentos representavam alianças políticas. Mas as mulheres desviaram o coração de Salomão para a idolatria, para a infidelidade a Javé.

disse a Salomão: "Já que procedeste assim e não guardaste minha aliança e os estatutos que te dei, vou tirar-te o reino e dá-lo a um de teus servos. [12]Todavia, não farei isso durante tua vida, por amor a Davi, teu pai; é da mão de teu filho que o arrebatarei. [13]Mas não lhe tirarei o reino todo: darei a teu filho uma tribo, por amor a meu servo Davi e a Jerusalém, que escolhi.

Os inimigos de Salomão. [14]Javé suscitou contra Salomão um inimigo: Adad, o edomita, da estirpe real de Edom. [15]Depois que Davi esteve em Edom,* Joab, general do exército, foi sepultar os mortos e matou todos os homens de Edom. [16]Joab e todo o Israel lá permaneceram por seis meses até exterminar todos os homens de Edom. [17]Então Adad fugiu para o Egito com alguns edomitas, servos de seu pai. Ele era ainda muito jovem. [18]Partindo de Madiã, chegaram a Farã; tomaram consigo alguns homens de Farã e foram para o Egito, para junto do faraó, rei do Egito. O faraó deu a Adad uma casa, cuidou de seu sustento e lhe doou um terreno. [19]Adad ganhou a simpatia do faraó, que lhe deu por mulher sua cunhada, a irmã de Táfnis, a rainha-mãe. [20]A irmã de Táfnis deu-lhe um filho, Genubat, que Táfnis criou no palácio do faraó. Genubat morava no palácio do faraó, junto com os filhos deste. [21]Quando Adad ouviu dizer, no Egito, que Davi adormecera com seus pais e que Joab, general do exército, estava morto, disse ao faraó: "Deixa-me partir, quero voltar para minha terra". [22]O faraó respondeu-lhe: "Que te falta em minha casa para desejares voltar para tua terra?" – "Nada", respondeu ele, "mas deixa-me partir".

[23]Javé suscitou contra Salomão um outro inimigo: Razon, filho de Eliada, que fugira de seu senhor, Adadezer,* rei de Soba. [24]Reuniu outros homens em torno de si e se tornou chefe de um bando; foi então que Davi os massacrou. Foram a Damasco, aí se estabeleceram e reinaram sobre Damasco. [25]Foi um adversário de Israel durante toda a vida de Salomão, fazendo o mal como fez Adad: detestava Israel e reinou sobre a Síria.

Revolta de Jeroboão. [26]Também Jeroboão, filho de Nabat, efraimita de Sareda e servo de Salomão, revoltou-se contra o rei; sua mãe era uma viúva chamada Sarva. [27]Foi esta a causa de sua revolta: Salomão estava construindo o Melo* e fechando a brecha da Cidade de Davi, seu pai. [28]Jeroboão* era um homem valente e forte; vendo Salomão como esse jovem trabalhava, colocou-o à frente de todos os trabalhos forçados da casa de José. [29]Aconteceu que, tendo Jeroboão saído de Jerusalém, o profeta Aías de Silo,* que trajava um manto novo, encontrou-o no caminho; os dois estavam sozinhos no campo. [30]Aías tomou o manto novo que trajava, rasgou-o em doze pedaços† [31]e disse a Jeroboão: "Toma para ti dez pedaços, pois assim fala Javé, Deus de Israel: Rasgarei o reino das mãos de Salomão e te darei dez tribos. [32]Mas ele ainda ficará com uma tribo, por amor a meu servo Davi e a Jerusalém, cidade que escolhi dentre todas as tribos de Israel. [33]É que eles me abandonaram, prestaram culto à Astarte, deusa dos sidônios, a Camos, deus de Moab, a Melcom, deus dos amonitas, e não andaram em meus caminhos, fazendo o que é reto a meus olhos e observando meus estatutos e decretos, como fez seu pai Davi. [34]Todavia, não tirarei da mão dele o reino todo, pois o estabeleci príncipe por todo o tempo de sua vida, por amor a meu servo Davi, que escolhi, e que observou meus mandamentos e meus estatutos; [35]é da mão de seu filho que tirarei o reino e o darei a ti, isto é, dez tribos. [36]A seu filho deixarei uma tribo, para

---

* **11**,15. 2Sm 8,13s | 23. 2Sm 8,3; 10,16s | 27. 9,15 | 28. 2Sm 5,6 | 29. 1Sm 1,3 | 36. 2Sm 21,17; 1Rs 15,4; 2Rs 8,19

† **11**,30. Gesto simbólico e profético, expediente muito comum entre os profetas para confirmar suas palavras e realizar de certa forma a predição.

1 Reis 11-12

que meu servo Davi tenha* sempre uma lâmpada diante de mim em Jerusalém, cidade que escolhi para nela colocar meu nome. [37]Quanto a ti, eu te tomarei para reinares sobre tudo o que desejares e serás rei de Israel. [38]Se obedeceres a tudo que eu te mandar, se seguires meus caminhos e fizeres o que é reto a meus olhos, observando meus estatutos e meus mandamentos, como fez meu servo Davi, então estarei contigo e construirei para ti uma casa estável, como o fiz para Davi. Eu te entregarei Israel [39]e humilharei, por causa disso, a descendência de Davi, mas não para sempre".

[40]Salomão procurou matar Jeroboão, mas este fugiu para o Egito,* para junto de Sesac, rei do Egito, e permaneceu no Egito até a morte de Salomão.

Morte de Salomão. [41]O resto dos atos de Salomão,* tudo o que ele fez e sua sabedoria, não estão escritos no livro dos Atos de Salomão? [42]O tempo que Salomão reinou em Jerusalém sobre todo o Israel foi de quarenta anos. [43]Depois, Salomão adormeceu com seus pais e foi sepultado na Cidade de Davi, seu pai; seu filho Roboão reinou em seu lugar.

II. HISTÓRIA DOS REIS DE ROBOÃO ATÉ ACAB (12–16)

12 **Roboão, rei de Judá.** [1]Roboão foi para Siquém,* pois foi lá que todo o Israel se havia congregado para proclamá-lo rei. [2]Quando Jeroboão, filho de Nabat, soube disso, ele ainda estava no Egito, para onde fugira do rei Salomão, pois morava no Egito. [3]Mandaram chamá-lo, e ele veio com toda a assembleia de Israel. Disseram assim a Roboão: [4]"Teu pai nos impôs um jugo pesado; agora, pois, alivia a dura servidão de teu pai e o jugo pesado que ele nos impôs, e nós te serviremos"[†]. [5]Ele respondeu: "Ide e daqui a três dias voltai a mim". E o povo foi embora.

[6]O rei Roboão consultou os anciãos que haviam auxiliado seu pai Salomão durante sua vida e perguntou: "Que me aconselhais a responder a este povo?" [7]Eles responderam: "Se hoje te fizeres servo deste povo, se o servires e lhe responderes com boas palavras, então eles serão para sempre teus servidores". [8]Mas ele rejeitou o conselho que os anciãos lhe deram e consultou os jovens que foram seus companheiros de infância e que estavam a seu serviço. [9]Perguntou-lhes: "Que aconselhais que se responda a este povo que me falou assim: 'Alivia o jugo que teu pai nos impôs'?" [10]Os jovens, seus companheiros de infância, responderam-lhe: "Eis o que dirás a este povo que te disse: 'Teu pai tornou pesado nosso jugo, mas tu alivia-o'; eis o que lhes responderás: 'Meu dedo mínimo é mais grosso que os rins de meu pai! [11]Meu pai vos sobrecarregou com um jugo pesado, mas eu o tornarei mais pesado ainda; meu pai vos castigou com açoites, e eu vos castigarei com escorpiões!'"

[12]Jeroboão e todo o povo se apresentaram a Roboão, no terceiro dia, de acordo com a ordem que lhe dera: 'Voltai a mim daqui a três dias'. [13]O rei respondeu duramente ao povo, rejeitou o conselho dos anciãos [14]e, seguindo o conselho dos jovens, falou-lhes assim: "Meu pai tornou vosso jugo pesado, mas eu aumentarei o peso de vosso jugo: meu pai vos castigou com açoites, e eu vos castigarei com escorpiões". [15]Assim, o rei não ouviu o povo, porque isto era uma disposição de Javé, para cumprir a palavra que ele dissera a Jeroboão, filho de Nabat,* por intermédio de Aías de Silo.

O cisma político. [16]Quando todo o Israel viu que o rei não os ouvia, o povo respondeu ao rei:

"Que parte temos com Davi?*

---

* **11**,40. 14,25 | 41. 2Cr 9,29-31 | **12**,1. 2Cr 10 | 15. 11,29-39 | 16. 2Sm 20,1

† **12**,4. As tribos do norte sentiam-se discriminadas desde o tempo de Davi. As tendências separatistas e a intransigência de Roboão provocam a divisão do reino.

363　　　　　　　　　1 Reis 12-13

Não temos herança com o filho de Jessé.
A tuas tendas, ó Israel!
E agora, cuida de tua casa, Davi."
E Israel voltou para suas tendas. [17]Mas Roboão continuou a reinar sobre os israelitas que moravam nas cidades de Judá. [18]O rei Roboão enviou Adoram,* chefe dos trabalhos forçados, mas todo o Israel o apedrejou, e ele morreu; então o rei Roboão subiu depressa a seu carro a fim de fugir para Jerusalém. [19]Assim Israel* se rebelou contra a casa de Davi até o dia de hoje. **Jeroboão, rei de Israel.** [20]Quando todo o Israel soube que Jeroboão tinha voltado, convidaram-no para a assembleia e o proclamaram rei sobre todo o Israel. Ninguém seguiu a casa de Davi, com a única exceção da tribo de Judá.

[21]Quando Roboão chegou a Jerusalém,* convocou toda a casa de Judá e a tribo de Benjamim, num total de cento e oitenta mil guerreiros de escol, para dar combate à casa de Israel e restituir o reino a Roboão, filho de Salomão. [22]Mas a palavra de Deus foi dirigida a Semeías, homem de Deus, nestes termos: [23]"Fala a Roboão, filho de Salomão, rei de Judá, a toda a casa de Judá e de Benjamim e ao resto do povo: [24]Assim fala Javé: Não subais para guerrear contra vossos irmãos, os israelitas; volte cada um para sua casa, pois o que aconteceu foi por minha vontade". Eles obedeceram à ordem de Javé e regressaram como Javé lhes ordenara.

[25]Jeroboão fortificou Siquém na montanha de Efraim e ali se estabeleceu. Depois saiu de lá e fortificou Fanuel.

O cisma religioso. [26]Jeroboão refletiu consigo mesmo: "Desse jeito o reino pode voltar à casa de Davi. [27]Se este povo continuar subindo ao templo de Javé em Jerusalém para oferecer sacrifícios, o coração deste povo se voltará para seu senhor, Roboão, rei de Judá; vão me matar e voltar para Roboão, rei de Judá". [28]Depois de ter pedido conselho, fez dois bezerros de ouro† e disse ao povo: "Deixai de subir a Jerusalém! Israel, eis aqui teus deuses* que te fizeram sair da terra do Egito". [29]Colocou um em Betel e o outro em Dã. [30]Este procedimento levou ao pecado, porque o povo ia até Dã para prostrar-se diante de um dos bezerros. [31]Construiu também santuários nos lugares altos e designou como sacerdotes homens tirados do povo, que não eram filhos de Levi. [32]Jeroboão instituiu uma festa no dia quinze do oitavo mês, à semelhança da que se celebrava em Judá,* e subiu ao altar que fez em Betel para sacrificar aos bezerros que tinha feito. Em Betel também estabeleceu sacerdotes para os lugares altos que havia edificado. [33]Subiu ao altar que havia feito em Betel, no dia quinze do oitavo mês, data que escolhera arbitrariamente; instituiu uma festa para os israelitas e subiu ao altar para queimar incenso.

13 **Condenação do altar de Betel.** [1]Um homem de Deus chegou de Judá a Betel, por ordem de Javé, no momento em que Jeroboão estava de pé diante do altar para oferecer o sacrifício. [2]Por ordem de Javé, gritou contra o altar: "Altar, altar! Assim fala Javé: Na casa de Davi nascerá um filho* chamado Josias†, que imolará sobre ti os sacerdotes dos lugares altos que sobre ti ofereceram incenso e queimará sobre ti ossadas humanas". [3]Ao mesmo tempo, ele deu um sinal, dizendo: "Este é o sinal de que Javé falou: Este altar vai partir-se e se espalhará a cinza que está por cima dele". [4]Quando ouviu o que o homem de Deus bradava contra o altar de Betel, o rei Jeroboão estendeu a mão fora do altar e disse: "Agarrai-o!" Mas a mão que ele estendera contra o homem secou, de sorte que ele não

---

* **12**,18. 4,6; 5,27 **|** 19. Eclo 47,21 **|** 21. 2Cr 11,1-4 **|** 28. Êx 32,4 **|** 32. 8,65 **| 13**,2. 2Rs 23,15s

† **12**,28. Jeroboão funda dois santuários cismáticos, nos extremos sul e norte do território, e esse pecado de levar o povo à idolatria será condenado pelo autor sacro em cada avaliação dos reis do norte: 15,34; 16,26 etc. **| 13**,2. Josias, que reinou em Judá de 640 a 609 a.C., cumpre essa profecia, 2Rs 23,15-17.

1 Reis 13

a pôde mais recolher. ⁵O altar partiu-se e as cinzas do altar se espalharam, conforme o sinal que dera o homem de Deus, por ordem de Javé. ⁶Então o rei tomou a palavra e disse ao homem de Deus: "Aplaca, eu te peço, Javé teu Deus, e roga por mim, a fim de que me seja restituída a mão". O homem de Deus aplacou Javé, e a mão do rei lhe foi restituída, ficando como antes. ⁷O rei disse ao homem de Deus: "Vem comigo a minha casa para refazeres tuas forças, e eu te darei um presente". ⁸Mas o homem de Deus disse ao rei: "Mesmo que me desses a metade de tua casa,* não iria contigo. Nada comerei nem beberei neste lugar, ⁹pois recebi de Javé esta ordem: 'Nada comerás nem beberás, nem voltarás pelo mesmo caminho por onde fores'". ¹⁰E ele voltou por outro caminho, sem retomar o caminho pelo qual chegara a Betel.

O homem de Deus e o profeta. ¹¹Vivia em Betel um profeta já idoso, ao qual seus filhos vieram contar tudo o que o homem de Deus tinha feito naquele dia em Betel; também contaram ao pai as palavras que dissera ao rei. ¹²O pai perguntou-lhes: "Em que direção ele seguiu?" Pois seus filhos tinham visto o caminho que tomara o homem de Deus que viera de Judá. ¹³Disse ele aos filhos: "Selai o jumento"; eles lhe selaram o jumento, e o pai montou. ¹⁴Foi atrás do homem de Deus e o encontrou sentado debaixo de um terebinto e perguntou-lhe: "És tu o homem de Deus vindo de Judá?" Ele respondeu: "Sim". ¹⁵O profeta continuou: "Vem comigo a minha casa para comer alguma coisa". ¹⁶Mas ele respondeu: "Não posso voltar nem ir contigo, nem comer pão, nem beber água contigo aqui, ¹⁷pois recebi de Javé esta ordem: 'Lá não comerás nem beberás nada, nem voltarás pelo mesmo caminho por onde fores'". ¹⁸Então o outro lhe disse: "Eu também sou profeta como tu e um anjo me disse, por ordem de Javé: 'Leva-o contigo a tua casa, para ele comer pão e beber água'", mas era mentira.

¹⁹O homem de Deus voltou então com ele, comeu e bebeu em sua casa.

²⁰Ora, enquanto estavam à mesa, a palavra de Javé foi dirigida ao profeta que o havia trazido ²¹e este clamou ao homem de Deus vindo de Judá: "Assim fala Javé. Porque foste rebelde à palavra de Javé e não cumpriste a ordem que te deu Javé teu Deus, ²²mas voltaste, comeste e bebeste no lugar do qual te havia dito: 'Não comerás nem beberás ali', teu cadáver não entrará no sepulcro de teus pais". ²³Depois que ele comeu e bebeu, o profeta que o havia feito voltar mandou selar seu jumento, ²⁴e ele partiu. No caminho, um leão o encontrou e o matou; seu cadáver ficou estendido no caminho, o jumento continuou a seu lado e o leão também ficou junto do cadáver. ²⁵Passaram por ali algumas pessoas que viram o cadáver estendido no caminho, e o leão junto dele; foram e divulgaram a notícia na cidade onde morava o velho profeta. ²⁶Ao saber disso, o profeta que o havia feito voltar atrás no caminho disse: "É o homem de Deus, aquele que desobedeceu à ordem de Javé! Javé o entregou ao leão, que o dilacerou e matou, conforme a predição que Javé lhe havia feito!" ²⁷Ordenou a seus filhos: "Selai para mim o jumento"; e eles o selaram. ²⁸Partiu e encontrou o cadáver estendido no caminho, com o jumento e o leão ao lado; o leão não tinha devorado o cadáver nem dilacerado o jumento. ²⁹Ergueu o cadáver do homem de Deus, colocou-o sobre o jumento e conduziu-o para a cidade onde morava, para prânteá-lo e sepultá-lo. ³⁰Depositou o cadáver em seu próprio túmulo e pranteou-o dizendo: "Ai, meu irmão!" ³¹Depois de tê-lo sepultado, disse* a seus filhos: "Quando eu morrer, sepultai-me no mesmo túmulo em que foi sepultado o homem de Deus;* poreis meus ossos ao lado dos seus. ³²Porque com certeza se cumprirá a palavra que ele bradou por ordem de Javé contra o altar de Betel e contra todos os santuários dos

---

* **13**,8. Nm 22,18 | **13**,31. Jr 22,18 / 2Rs 23,17s

lugares altos que estão nas cidades da Samaria".

³³Depois desse fato, Jeroboão não se converteu de sua má conduta, mas continuou a designar como sacerdotes dos lugares altos homens tirados do povo. A quem a desejasse, ele dava a investidura para tornar-se sacerdote dos lugares altos. ³⁴Nisto consistiu o pecado da casa de Jeroboão e é por isso que foi destruída e exterminada da face da terra.

14 Profecia de Aías contra Jeroboão.

¹Por aquele tempo, adoeceu Abias, filho de Jeroboão, ²e Jeroboão disse a sua mulher: "Levanta-te e disfarça-te para que não reconheçam que és a esposa de Jeroboão e vai a Silo, onde está* o profeta Aías, aquele que me predisse que eu reinaria sobre este povo. ³Leva contigo dez pães, bolos e um pote de mel* e vai ter com ele; ele te indicará o que vai suceder ao menino". ⁴Assim fez a mulher de Jeroboão; levantou-se, foi a Silo e entrou na casa de Aías. Ora, este não mais conseguia enxergar, porque a velhice lhe obscurecera os olhos. ⁵Mas Javé lhe dissera: "Aí vem a esposa de Jeroboão para te pedir um oráculo a respeito do filho, que está doente; e tu lhe dirás isso e isso. Ela virá fingindo ser uma outra". ⁶Logo que Aías ouviu o barulho de seus passos junto à porta, disse: "Entra, esposa de Jeroboão! Por que queres passar por outra? Estou encarregado de te dar uma triste notícia. ⁷Vai dizer a Jeroboão: 'Assim fala Javé, Deus de Israel: Eu te levantei do meio do povo e te estabeleci como chefe sobre meu povo Israel; ⁸arranquei o reino da casa de Davi para dá-lo a ti. Mas tu não foste como meu servo Davi, que observou meus mandamentos e me seguiu de todo o coração, fazendo somente o que é reto a meus olhos; ⁹ao contrá-rio, fizeste mais mal que todos os teus antecessores e chegaste a fazer para ti outros deuses,* imagens fundidas para me irritares, e me lançaste para trás das costas. ¹⁰Por isso mandarei a desgraça sobre a casa de Jeroboão; exterminarei todos os homens* da casa de Jeroboão, escravos ou livres em Israel; varrerei a casa de Jeroboão como se varre o esterco, até que não reste nada. ¹¹Os membros da família de Jeroboão que morrerem* na cidade serão devorados pelos cães e os que morrerem no campo serão comidos pelas aves do céu†, porque o disse Javé'. ¹²E tu, levanta-te e vai para casa; quando puseres os pés na cidade, o menino morrerá. ¹³Todo o Israel chorará sobre ele e o sepultará. Com efeito, ele é o único membro da família de Jeroboão que será sepultado, pois só nele, entre toda a família de Jeroboão, achou-se alguma coisa de bom diante de Javé, Deus de Israel. ¹⁴Javé estabelecerá sobre Israel um rei que exterminará a casa de Jeroboão. É hoje, sim! É agora mesmo! ¹⁵Javé ferirá Israel como quando o caniço se agita na água; arrancará Israel desta boa terra que deu a seus pais e o dispersará do outro lado do rio, porque fizeram seus troncos idolátricos, provocando a ira de Javé. ¹⁶Ele abandonará Israel por causa dos pecados que Jeroboão cometeu e levou Israel a cometer"†.

¹⁷A mulher de Jeroboão levantou-se, partiu e chegou a Tersa†; quando transpôs a soleira de sua porta, o menino morreu. ¹⁸Sepultaram-no, e todo o Israel pranteou-o como dissera Javé, por intermédio de seu servo, o profeta Aías.

¹⁹O resto dos atos de Jeroboão, as guerras que fez e seu governo, tudo isso está escrito no livro dos Anais dos reis de Israel†. ²⁰O tempo que reinou Jeroboão foi de vinte e dois anos; adormeceu com seus pais, e seu filho Nadab reinou em seu lugar.

---

* **14**,2. 11,29-39 | 3. 1Sm 9,7 | 9. Êx 20,3ss | 10. 1Sm 25,22 | 11. 15,27-30; 16,4; 21,24

† **14**,11. Ficar sem sepultura era uma das maiores infâmias para um israelita. | 16. Mais um exemplo, depois daquele de Samuel-Saul, de reprovação de um rei por um profeta. Haverá outros conflitos entre os dois poderes: Elias-Acab, Isaías-Acaz, Jeremias-Joaquim. | 17. A 10 km ao nordeste de Siquém, foi capital do reino do norte até a fundação de Samaria, 16,24. | 19. O autor cita diversas vezes as fontes que ele usou, mas que depois se perderam.

1 Reis 14-15

Reinado de Roboão. [21]Roboão, filho de Salomão,* tornou-se rei de Judá; tinha quarenta e um anos quando subiu ao trono e reinou dezessete anos em Jerusalém, cidade que Javé escolhera entre todas as tribos de Israel para nela colocar seu nome. Sua mãe, amonita, chamava-se Naama. [22]Judá fez o mal aos olhos de Javé; irritaram seu ciúme mais do que haviam feito seus pais, com todos os pecados que cometeram. [23]Também eles construíram lugares altos, ergueram colunas sagradas e troncos idolátricos[+] sobre toda colina elevada e debaixo de toda árvore frondosa.* [24]Houve até prostitutos sagrados[+] no país. Praticaram todas as abominações das nações que Javé havia expulsado da frente dos israelitas.

[25]No quinto ano do rei Roboão, o rei do Egito,* Sesac[+], atacou Jerusalém. [26]Apoderou-se dos tesouros do templo de Javé e dos do palácio real, levando tudo, até mesmo todos os escudos de ouro que Salomão mandara fazer. [27]Para substituí-los,* o rei Roboão mandou fazer escudos de bronze e os confiou aos chefes dos guardas, que vigiavam a porta do palácio real. [28]Cada vez que o rei ia ao templo de Javé, os guardas vinham e os tomavam e depois os devolviam à sala dos guardas.

[29]O resto da história de Roboão,* tudo o que fez, não está escrito no livro dos Anais dos reis de Judá? [30]Houve guerra contínua entre Roboão e Jeroboão. [31]Roboão adormeceu com seus pais e foi sepultado com seus pais na Cidade de Davi. Sua mãe chamava-se Naama, a amonita. Seu filho Abiam reinou em seu lugar.

15 **Abiam, rei de Judá.** [1]No décimo oitavo ano do rei Jeroboão, Abiam* tornou-se rei em Judá [2]e reinou três anos em Jerusalém. Sua mãe chamava-se Maaca, filha de Absalão. [3]Imitou todos os pecados que seu pai* cometera antes dele, e seu coração não foi plenamente fiel a Javé, seu Deus, como o coração de Davi, seu antepassado. [4]Mas por amor a Davi, Javé, seu Deus, concedeu-lhe uma lâmpada em Jerusalém, elevando seu filho depois dele e poupando Jerusalém. [5]Davi, com efeito, fizera* o que é reto aos olhos de Javé e em nada se havia afastado do que ele lhe ordenara por toda a sua vida, com exceção do episódio de Urias, o heteu.

[6]Houve guerra entre Roboão e Jeroboão todos os dias de sua vida. [7]O resto da história de Abiam, tudo o que fez, não está escrito no livro dos Anais dos reis de Judá? Houve guerra entre Abiam e Jeroboão. [8]Depois Abiam adormeceu* com seus pais e foi sepultado na Cidade de Davi; seu filho Asa reinou em seu lugar.

Asa, rei de Judá. [9]No vigésimo ano de Jeroboão, rei de Israel, Asa tornou-se rei de Judá [10]e reinou quarenta e um anos em Jerusalém. Sua avó chamava-se Maaca, filha de Absalão. [11]Asa fez o que é reto* aos olhos de Javé, como Davi, seu antepassado. [12]Expulsou do país* todos os prostitutos sagrados e aboliu todos os ídolos que seus pais haviam feito. [13]Chegou a retirar de sua avó a dignidade de rainha-mãe, porque ela fizera um ídolo para Aserá; Asa quebrou o ídolo e o queimou na torrente do Cedron. [14]Mas os lugares altos não desapareceram; contudo o coração de Asa foi plenamente fiel a Javé por toda a sua vida. [15]Depositou no templo de Javé as oferendas consagradas por seu pai e suas próprias oferendas: prata, ouro e objetos.

[16]Houve guerra entre Asa e Baasa,* rei de Israel, enquanto viveram. [17]Baasa, rei de Israel, atacou Judá e fortificou Ramá para impedir as comunicações com Asa, rei de Judá. [18]Então Asa to-

---

* **14,**21. 2Cr 12,13s | 23. 1Sm 9,12; Êx 23,24; | **34**,13; Dt 12,2; Dt 23,19 | 25. 2Cr 12,2.9ss | 27. 10,16 | 29. 2Cr 12,16 | **15**,1. 2Cr 13,1s | 3. 2Cr 11,20 | 5. 2Cr 13,2 | 8. 2Cr 13,23 | 11. 2Cr 14,1-3; Dt 23,19 | 12. 2Cr 15,16ss | 16. 2Cr 16,1-6

+ **14,**23. As colunas sagradas eram pedras erigidas para simbolizar divindades masculinas; os troncos idolátricos representavam as divindades femininas. | 24. Ver as notas em Lv 19,29 e em Dt 23,19. | 25. Reinou no Egito de 945 a 925 a.C.; foi o primeiro faraó da XXII dinastia.

1 Reis 15-16

mou a prata e o ouro que restavam nos tesouros do templo de Javé e nos tesouros do palácio real e os entregou a seus servos, para enviá-los a Ben-Adad[†], filho de Tabremon, filho de Hezion, rei de Aram, que residia em Damasco, com esta mensagem: [19]"Haja aliança entre mim e ti, como houve entre meu pai e teu pai! Envio-te um presente de prata e ouro. Vai e rompe tua aliança com Baasa, rei de Israel, para que se afaste de mim!" [20]Ben-Adad deu ouvidos ao rei Asa e enviou os chefes de seu exército contra as cidades de Israel; conquistou Aion, Dã, Abel-Bet-Maaca, toda a região de Quineret com toda a terra de Neftali. [21]Quando Baasa o soube, suspendeu os trabalhos em Ramá e ficou em Tersa. [22]Então o rei Asa convocou todos os de Judá, sem excetuar ninguém; tiraram as pedras e a madeira com as quais Baasa estava fortificando Ramá, e com elas o rei fortificou Gaba de Benjamim e Masfa.

[23]O resto da história de Asa,* toda a sua valentia, todos os seus atos e as cidades que construiu, não está tudo escrito no livro dos Anais dos reis de Judá? Mas em sua velhice teve uma doença nos pés. [24]Asa adormeceu com seus pais e foi sepultado na Cidade de Davi, seu antepassado, e seu filho Josafá reinou em seu lugar.

Nadab, rei de Israel. [25]No segundo ano de Asa, rei de Judá, Nadab, filho de Jeroboão, tornou-se rei de Israel e reinou dois anos em Israel. [26]Fez o mal aos olhos de Javé, imitando o comportamento de seu pai e o pecado ao qual tinha arrastado Israel. [27]Baasa, filho de Aías, da casa de Issacar, conspirou contra ele e o assassinou em Gebeton, cidade filisteia, enquanto Nadab e todo o Israel a sitiavam. [28]Baasa matou-o no terceiro ano de Asa, rei de Judá, e reinou em seu lugar. [29]Logo que se tornou rei, massacrou toda a casa de Jeroboão, não deixou ninguém com vida, a todos exterminou[†], segundo a predição que

Javé fizera por intermédio de seu servo Aías* de Silo, [30]por causa dos pecados que ele cometera e fizera Israel cometer, provocando assim a indignação de Javé, Deus de Israel.

[31]O resto da história de Nadab, todos os seus feitos, não está tudo escrito no livro dos Anais dos reis de Israel? [32]Houve guerra entre Asa e Baasa, rei de Israel, enquanto viveram.

Baasa, rei de Israel. [33]No terceiro ano de Asa, rei de Judá, Baasa, filho de Aías, tornou-se rei sobre todo o Israel em Tersa e reinou vinte e quatro anos. [34]Fez o mal aos olhos de Javé, imitando a conduta de Jeroboão e o pecado ao qual ele havia arrastado Israel.

16

O profeta Jeú. [1]A palavra de Javé foi dirigida a Jeú, filho de Hanani, contra Baasa, nestes termos: [2]"Eu te levantei do pó e te estabeleci chefe* sobre meu povo Israel, mas tu imitaste o comportamento de Jeroboão e levaste Israel, meu povo, a pecar, irritando-me com seus pecados. [3]Por isso varrerei Baasa e sua casa, tratarei sua casa como a de Jeroboão, filho de Nabat. [4]Todo membro da família de Baasa que morrer na cidade será devorado pelos cães* e o que morrer no campo será comido pelas aves do céu".

[5]O resto da história de Baasa, seus atos e proezas, não está tudo escrito no livro dos Anais dos reis de Israel? [6]Baasa adormeceu com seus pais e foi sepultado em Tersa. Seu filho Ela reinou em seu lugar.

[7]Também por meio do profeta Jeú, filho de Hanani, veio a palavra de Javé contra Baasa e contra sua casa, por causa de todo o mal que fizera aos olhos de Javé, irritando-o com suas ações, tornando-se semelhante à casa de Jeroboão e também por ter exterminado essa casa.

Ela, rei de Israel. [8]No vigésimo sexto ano de Asa, rei de Judá, Ela, filho de Baasa, tornou-se rei de Israel em Ter-

---

* **15**,23. 2Cr 16,11-14 **|** 29. 1Rs 14,10s **| 16**,2. 14,7-11 **|** 4. 14,11

† **15**,18. Esta aliança com Ben-Adad I dá início a uma série de recursos a reis pagãos, que serão reprovados pelos profetas, por verem neles um sinal de pouca confiança em Javé e um perigo de sincretismo.

1 Reis 16

sa e reinou por dois anos. [9]Seu servo Zambri, chefe da metade de seus carros, conspirou contra ele. Estando ele em Tersa, bebendo* e embriagando-se em casa de Arsa, mordomo do palácio em Tersa, [10]Zambri entrou, feriu-o e o matou no vigésimo sétimo ano de Asa, rei de Judá; depois reinou em lugar dele. [11]Logo que se tornou rei e sentou-se no trono, massacrou toda a família de Baasa, sem deixar um só homem,* e matou também seus parentes e amigos. [12]Zambri exterminou toda a casa de Baasa, segundo a predição que Javé fizera contra Baasa por intermédio do profeta Jeú, [13]por causa de todos os pecados* que cometeram Baasa e Ela, seu filho, e fizeram Israel cometer, irritando Javé, Deus de Israel, com seus ídolos.

[14]O resto da história de Ela e todos os seus atos, não está tudo escrito no livro dos Anais dos reis de Israel?

Zambri, rei de Israel. [15]No vigésimo sétimo ano de Asa, rei de Judá, Zambri reinou sete dias em Tersa. O povo estava acampado diante de Gebeton, que pertence aos filisteus. [16]Quando o acampamento recebeu esta notícia: "Zambri fez uma conspiração e matou o rei", todo Israel, no mesmo dia, no acampamento, proclamou rei de Israel Amri, chefe do exército. [17]Amri e todo o Israel com ele saíram de Gebeton e vieram sitiar Tersa. [18]Quando Zambri viu que a cidade ia ser tomada, entrou na cidadela do palácio real, pôs fogo no palácio, estando lá dentro, e morreu. [19]Tudo por causa do pecado que cometeu, fazendo o mal aos olhos de Javé, imitando a conduta de Jeroboão e o pecado que fez, levando Israel a pecar.

[20]O resto da história de Zambri e a conspiração que ele tramou, não está tudo escrito no livro dos Anais dos reis de Israel?

[21]Então o povo de Israel se dividiu: metade apoiou Tebni, filho de Ginet, querendo fazê-lo rei; a outra metade apoiou Amri. [22]Mas o partido de Amri prevaleceu sobre o de Tebni, filho de Ginet; Tebni morreu e Amri tornou-se rei.

Amri, rei de Israel. [23]No trigésimo primeiro ano de Asa, rei de Judá, Amri tornou-se rei de Israel e reinou doze anos, seis dos quais em Tersa. [24]Depois comprou de Semer, por dois talentos de prata, o monte de Samaria; construiu sobre ele uma cidade, a que deu o nome de Samaria†, por causa do nome de Semer, proprietário do monte. [25]Amri fez o mal aos olhos de Javé, agindo pior que todos os seus antecessores. [26]Imitou em tudo a conduta de Jeroboão, filho de Nabat, e os pecados a que este levou Israel, irritando Javé, Deus de Israel, com seus ídolos.

[27]O resto da história de Amri, seus atos e proezas, não está tudo escrito no livro dos Anais dos reis de Israel? [28]Amri adormeceu com seus pais e foi sepultado em Samaria. Seu filho Acab reinou em seu lugar.

Acab, rei de Israel. [29]Acab, filho de Amri, tornou-se rei de Israel no trigésimo oitavo ano de Asa, rei de Judá, e reinou vinte e dois anos sobre Israel, em Samaria. [30]Acab, filho de Amri, fez o mal aos olhos de Javé, mais que todos os seus antecessores. [31]Como se não lhe bastasse imitar os pecados de Jeroboão, filho de Nabat, desposou ainda Jezabel, filha de Etbaal, rei dos sidônios†, e passou a servir a Baal e a adorá-lo. [32]Erigiu-lhe um altar no templo de Baal, que construiu em Samaria. [33]Acab erigiu também um tronco idolátrico* e cometeu ainda outros pecados, irritando Javé, Deus de Israel, mais que todos os reis de Israel que o precederam. [34]Em seu tempo, Hiel de Betel reconstruiu Jericó; pelo preço de

---

* **16**,9. Is 5,11 | 11. 1Sm 25,22 | 13. 16,1-4 | 33. Êx 34,13 | 34. Lv 18,21 / Js 6,26

† **15**,29. Quem usurpava o trono costumava eliminar a família do rei. Enquanto o reino do norte passa por uma série de golpes de estado, a dinastia davídica mantém-se firme no sul. | **16**,24. Samaria foi uma capital comparável a Jerusalém: em boa posição estratégica, fácil de se defender e sem ligação com nenhuma tribo. | 31. Ver nota em 9,27. | 34. Ver a nota em Js 6,26.

1 Reis 16-17

seu primogênito Abiram* lançou seus fundamentos e pelo preço de seu último filho Segub assentou suas portas, conforme a predição que fizera Javé por meio de Josué,* filho de Nun†.

III. O PROFETA ELIAS
(17–22)

17 **Anúncio do castigo.** ¹Elias, o tesbita, um dos habitantes de Galaad, disse a Acab: "Pela vida de Javé, Deus de Israel, a quem sirvo: não haverá nestes anos nem orvalho e nem chuva,* a não ser quando eu o ordenar"†.

Na torrente de Carit. ²A palavra de Javé foi-lhe dirigida nestes termos: ³"Vai-te daqui, retira-te para o oriente e esconde-te na torrente de Carit, que está a leste do Jordão. ⁴Beberás da torrente, e os corvos por ordem minha te levarão alimento". ⁵Elias partiu e fez como Javé ordenara, indo morar na torrente de Carit, a leste do Jordão. ⁶Os corvos lhe traziam pão* e carne de manhã, pão e carne de tarde, e ele bebia da torrente.

O milagre da farinha e do óleo. ⁷Depois de certo tempo,* a torrente secou, porque não chovia no país. ⁸Então lhe veio a palavra de Javé, dizendo: ⁹"Levanta-te e vai a Sarepta, que pertence a Sidônia,* e lá habitarás. Ordenei lá a uma viúva que te dê o sustento". ¹⁰Ele se levantou e foi para Sarepta. Ao chegar à porta da cidade, estava lá uma viúva apanhando lenha; chamou-a e disse: "Por favor, traze-me num vaso um pouco de água para eu beber!" ¹¹Quando ela já estava indo para buscar água, ele gritou-lhe: "Traze-me também um pedaço de pão em tua mão!" ¹²Respondeu ela: "Pela vida de Javé, teu Deus, não tenho pão cozido; tenho apenas um punhado de farinha numa vasilha e um pouco de azeite num jarro. Estou ajuntando uns grave-tos e vou preparar esse resto para mim e meu filho; nós o comeremos e depois esperaremos a morte". ¹³Elias respondeu-lhe: "Não temas; vai e faze como disseste. Mas, primeiro, prepara-me com o que tens um pãozinho e traze-o para mim; depois o prepararás para ti e para teu filho. ¹⁴Pois assim fala Javé, Deus de Israel:

A vasilha de farinha não ficará vazia
e o jarro de azeite não acabará
até o dia em que Javé enviar
a chuva sobre a face da terra".

¹⁵Ela foi e fez como Elias dissera; e comeram ela, ele e sua casa durante muito tempo. ¹⁶A vasilha de farinha não se esvaziou e o jarro de azeite não acabou, conforme a palavra que Javé havia pronunciado por meio de Elias.

A ressurreição do filho da viúva. ¹⁷Depois disso, aconteceu que o filho* dessa mulher, dona da casa, adoeceu, e seu mal foi tão grave que ele veio a falecer. ¹⁸Então ela disse a Elias: "Que tenho eu contigo, homem de Deus? Vieste a minha casa para reavivar a lembrança de minhas faltas e causar a morte de meu filho?"† ¹⁹Ele respondeu-lhe: "Dá-me teu filho". Tomando-o dos braços dela, levou-o ao quarto de cima, onde morava, e colocou-o sobre seu leito. ²⁰Depois clamou a Javé, dizendo: "Javé, meu Deus, até a viúva que me hospeda quereis afligir, fazendo seu filho morrer?" ²¹Estendeu-se por três vezes* sobre o menino e invocou Javé, dizendo: "Javé, meu Deus, eu vos peço, fazei voltar a ele a alma deste menino!" ²²Javé atendeu à súplica de Elias; a alma do menino voltou a ele, e ele reviveu. ²³Elias tomou o menino, desceu-o do quarto de cima para a casa e entregou-o a sua mãe, dizendo: "Olha, teu filho está vivo". ²⁴A mulher respondeu a Elias: "Agora reconheço que és um homem de Deus e que de fato Javé fala por tua boca!"

---

* **17**,1. Tg 5,17; Ap 11,6 | 6. Êx 16,8.12 | 7. 2Rs 4,1-7 | 9. Lc 4,25s | 17. 2Rs 4,18-37; Lc 7,11-17 | 21. 2Rs 4,33-36; At 20,10

† **17**,1. Elias desafia Baal, o deus da chuva, que os israelitas estavam seguindo, abandonando Javé. **17**,18. Diante da santidade de Elias, a mulher sente sua indignidade e pensa que a morte do filho é castigo por algum pecado.

1 Reis 18

18 Encontro de Elias com Abdias.

[1]Passado muito tempo, no terceiro ano, a palavra de Javé foi dirigida a Elias nestes termos: "Vai apresentar-te diante de Acab; vou mandar a chuva sobre a face da terra". [2]Elias partiu e foi apresentar-se a Acab.

Havia uma grande fome em Samaria. [3]Acab mandou chamar Abdias, intendente do palácio. Este era um homem muito temente a Javé; [4]quando Jezabel massacrou os profetas de Javé, ele tomou cem profetas e os escondeu numa gruta em grupos de cinquenta, providenciando-lhes comida e bebida. [5]Acab disse a Abdias: "Vai pelo país, a todas as fontes e torrentes, talvez encontremos capim para manter vivos os cavalos e os burros e não tenhamos de sacrificar os animais". [6]Repartiram entre si a terra para percorrê-la: Acab partiu sozinho para um lado e Abdias partiu sozinho para o outro. [7]Enquanto Abdias caminhava, Elias veio a seu encontro; ele o reconheceu e se prostrou com o rosto em terra, dizendo: "És tu meu senhor Elias?" [8]Ele respondeu: "Sou eu! Vai e dize a teu senhor: Elias está aqui". [9]Mas o outro replicou: "Que pecado cometi para entregares teu servo nas mãos de Acab, para ele me matar? [10]Pela vida de Javé, teu Deus, não há nação nem reino onde meu senhor não tenha mandado procurar-te; e quando respondiam: 'Ele não está aqui!', fazia o reino e a nação jurar que não te haviam achado. [11]E agora mandas: 'Vai dizer a teu senhor: Elias está aqui!' [12]Mas, quando eu me apartar de ti, o espírito de Javé te transportará não sei para onde, eu irei informar Acab e ele, não te achando, me matará! No entanto, teu servo teme a Javé desde a juventude. [13]Porventura não foi contado a meu senhor o que fiz quando Jezabel massacrava os profetas de Javé, como escondi cem profetas de Javé, em grupos de cinquenta, numa gruta e lhes forneci pão e água? [14]E agora ordenas: 'Vai dizer a teu senhor: Elias está aqui'. Ele vai me matar!" [15]Elias respondeu-lhe: "Pela vida de Javé dos exércitos[t], a quem sirvo,[*] hoje mesmo me apresentarei a ele".

Encontro de Acab com Elias.

[16]Abdias foi encontrar-se com Acab e contou-lhe o acontecido; e Acab saiu ao encontro de Elias. [17]Logo que viu Elias, Acab lhe disse: "És tu, flagelo de Israel?" [18]Elias respondeu: "Não sou eu o flagelo de Israel, mas és tu e a casa de teu pai, porque vós abandonastes os mandamentos de Javé e tu seguiste os ídolos de Baal.[*] [19]Pois bem, manda que se reúna todo o Israel junto de mim, no monte Carmelo, com os quatrocentos e cinquenta profetas de Baal e os quatrocentos profetas de Aserá, que comem à mesa de Jezabel".

O sacrifício no Carmelo[t].

[20]Acab convocou todo o Israel e reuniu os profetas no monte Carmelo. [21]Elias, aproximando-se de todo o povo, disse: "Até quando ficareis mancando de duas pernas? Se Javé é Deus, segui-o! Se é Baal, segui-o!" Mas o povo não lhe respondeu nada. [22]Então Elias disse ao povo: "Sou o único dos profetas de Javé que fiquei, enquanto os profetas de Baal são quatrocentos e cinquenta. [23]Deem-nos dois novilhos; que eles escolham um para si e depois de esquartejá-lo o coloquem sobre a lenha, sem lhe pôr fogo. Eu prepararei o outro novilho e o colocarei sobre a lenha, sem lhe pôr fogo. [24]Invocareis depois o nome de vosso deus, e eu invocarei o nome de Javé: o deus que responder enviando fogo, é ele o Deus". Todo o povo respondeu: "Está bem".

[25]Elias disse então aos profetas de Baal: "Escolhei para vós um novilho e preparai-o vós primeiro, pois sois mais numerosos. Invocai o nome de vosso deus, mas não acendais o fogo". [26]Eles tomaram o novilho que lhes foi

---

* **18**,15. 1Sm 1,3 | **18**,18. Jz 2,13

t **18**,15. Ver a nota em 1Sm 1,3. | 20. Monte da Galileia, de 552 metros, que avança pelo Mediterrâneo formando a linda baía de Haifa. Na nuvem de que fala o v. 44 os antigos viram uma prefiguração de Maria, a flor do Carmelo, Nossa Senhora do Carmo.

1 Reis 18-19

dado, prepararam-no e invocaram o nome de Baal desde a manhã até o meio-dia, dizendo: "Baal, responde-nos!" Mas não houve voz nem resposta; e eles dançavam dobrando o joelho diante do altar que haviam feito. ²⁷Ao meio-dia, Elias começou a zombar deles, dizendo: "Gritai mais alto, pois ele é deus; ele pode estar meditando ou fazendo negócios ou, em viagem; talvez esteja dormindo e precisa ser acordado!" ²⁸Gritaram mais forte e, segundo seu costume, fizeram incisões no próprio corpo com espadas e lanças, até escorrer sangue. ²⁹Passado o meio-dia, eles profetizaram* até a hora da apresentação da oferenda, mas não houve voz, nem resposta, nem sinal de atenção.

³⁰Então Elias disse a todo o povo: "Aproximai-vos de mim"; e todo o povo se aproximou dele. Ele restaurou o altar de Javé que fora demolido. ³¹Tomou doze pedras, segundo o número das doze tribos dos filhos de Jacó, a quem Javé havia dito: "Teu nome será Israel" ³²e edificou com as pedras um altar* ao nome de Javé. Fez em redor do altar um rego capaz de conter duas medidas de semente. ³³Empilhou a lenha, esquartejou o novilho e o colocou sobre a lenha. ³⁴Depois disse: "Enchei quatro talhas de água e entornai-a sobre o holocausto e sobre a lenha". Ele disse: "Fazei-o de novo", e eles o fizeram. E acrescentou: "Fazei-o pela terceira vez", e eles o fizeram. ³⁵A água se espalhou em torno do altar e inclusive o rego ficou cheio de água. ³⁶Na hora em que se apresentava a oferenda, o profeta Elias aproximou-se e disse: "Javé, Deus de Abraão, de Isaac e de Jacó, fazei que hoje se saiba que vós sois Deus em Israel, que sou vosso servo e que foi por ordem vossa que fiz todas essas coisas. ³⁷Respondei-me, Javé, respondei-me, para que este povo reconheça que vós, Javé, sois Deus e que converteis os corações deles!" ³⁸Então caiu o fogo de Javé* que consumiu o holocausto e a lenha, as pedras e a terra, secando a água que estava no rego. ³⁹Vendo isto, todo o povo prostrou-se com o rosto em terra, exclamando: "É Javé que é Deus!" É Javé que é Deus!" ⁴⁰Elias lhes disse: "Prendei os profetas de Baal; que nenhum deles escape!" Eles os prenderam. Elias fê-los descer à torrente de Quison e lá os degolou.

O fim da seca. ⁴¹Disse Elias a Acab: "Sobe, come e bebe, pois já se ouve o rumor de uma tempestade". ⁴²Enquanto Acab subia para comer e beber, Elias subiu ao topo do Carmelo, prostrou-se por terra* e pôs o rosto entre os joelhos. ⁴³Disse a seu criado: "Sobe e olha para o lado do mar". Ele subiu, olhou e disse: "Não há nada". Elias disse: "Retorna sete vezes". ⁴⁴Na sétima vez, o criado disse: "Está subindo do mar uma nuvem pequena como a mão de uma pessoa". Elias disse: "Vai dizer a Acab: Prepara o carro e desce, para que a chuva não te detenha". ⁴⁵Num instante o céu se escureceu com muita nuvem e vento e caiu uma forte chuva. Acab subiu a seu carro e partiu para Jezrael. ⁴⁶A mão de Javé esteve* sobre Elias. Ele cingiu os rins e correu diante de Acab até a entrada de Jezrael.

19 **O caminho do Horeb.** ¹Acab contou a Jezabel tudo o que fizera Elias e como passara a fio de espada todos os profetas. ²Então Jezabel mandou a Elias um mensageiro para lhe dizer: "Que os deuses me mandem um castigo sobre outro se amanhã a esta hora eu não tiver feito de tua vida o que fizeste da vida deles!" ³Vendo isto, Elias levantou-se e partiu para salvar sua vida. Chegou a Bersabeia, que pertence a Judá, e deixou lá seu criado. ⁴Ele fez a caminhada de um dia pelo deserto* e foi sentar-se debaixo de um junípero. Pediu a morte, dizendo: "Agora basta,* Javé! Retira-me a vida, pois não sou melhor que meus pais". ⁵Deitou-se e dormiu debaixo do junípero. Mas um anjo o tocou e lhe disse: "Levanta-te e come".

---

* **18**,29. 18,36; 2Rs 3,20; Dn 9,21. | 32. Gn 32,39. | 38. Nm 11,1; 16,35; Lv 9,24; Jz 6,21. | 42. Tg 5,18. | 46. 2Rs 3,15; Ez 13. | **19,**4. Gn 21,14-21 / Nm 11,14; Tb 3,6; Jn 4,3.8; Jó 7,15

1 Reis 19-20

⁶Abriu os olhos e viu a sua cabeceira um pão cozido sobre pedras quentes e um jarro de água. Comeu, bebeu e tornou a deitar-se. ⁷Mas o anjo de Javé veio pela segunda vez, tocou-o e disse: "Levanta-te e come, porque o caminho é longo demais para ti". ⁸Levantou-se, comeu e bebeu e, depois, com a força daquela comida, caminhou* quarenta dias e quarenta noites até a montanha de Deus, o Horeb†.

Deus aparece a Elias. ⁹Lá entrou na gruta,* onde passou a noite. Então veio a ele a palavra de Javé, que lhe disse: "Que fazes aqui, Elias?" ¹⁰Ele respondeu: "Estou cheio de ardente zelo por Javé dos exércitos, porque os israelitas abandonaram vossa aliança,* derrubaram vossos altares e mataram vossos profetas a espada. Fiquei somente eu, e procuram tirar-me a vida". ¹¹Deus disse: "Sai e fica na montanha diante de Javé". E Javé passou.* Um vento forte e impetuoso fendia as montanhas e quebrava os rochedos diante de Javé, mas Javé não estava no vento; depois do vento houve um terremoto, mas Javé não estava no terremoto; ¹²depois do terremoto, um fogo, mas Javé não estava no fogo; depois do fogo, o sussurro de uma leve brisa†. ¹³Quando Elias o ouviu, cobriu o rosto* com o manto, saiu e pôs-se à entrada da gruta. Então veio-lhe uma voz que disse: "Que fazes aqui, Elias?" ¹⁴Ele respondeu: "Estou cheio de ardente zelo por Javé dos exércitos, porque os israelitas abandonaram vossa aliança, derrubaram vossos altares e mataram vossos profetas à espada. Fiquei somente eu, e procuram tirar-me a vida".

¹⁵Javé lhe disse: "Vai, retoma teu caminho na direção do deserto de Damasco. Ungirás Hazael como rei de Aram.* ¹⁶Ungirás Jeú, filho de Namsi, como rei de Israel e ungirás Eliseu, filho de Safat, de Abel-Meúla, como profeta em teu lugar. ¹⁷Quem escapar da espada de Hazael, Jeú o matará e quem escapar da espada de Jeú, Eliseu o matará. ¹⁸Mas pouparei em Israel sete mil homens, todos os que não dobraram os joelhos* diante de Baal e não o beijaram com sua boca".

Vocação de Eliseu. ¹⁹Partindo dali, Elias encontrou Eliseu, filho de Safat, que estava arando com doze juntas de bois diante dele, e ele estava com a duodécima. Elias passou perto dele e lançou sobre ele seu manto. ²⁰Eliseu abandonou seus bois, correu atrás de Elias e disse: "Deixa-me abraçar meu pai e minha mãe, depois te seguirei". Elias respondeu: "Vai e volta; pois bem sabes o que te fiz". ²¹Eliseu afastou-se de Elias e, tomando a junta de bois, a imolou. Serviu-se da lenha do arado para cozinhar a carne e deu-a aos seus para comer. Depois levantou-se, seguiu Elias e se pôs a seu serviço†.

20 **Samaria é sitiada.** ¹Ben-Adad, rei de Aram†, mobilizou todo o seu exército: tinha consigo trinta e dois reis, cavalos e carros. Subiu, sitiou Samaria e a atacou. ²Enviou mensageiros à cidade, a Acab, rei de Israel, ³para lhe dizer: "Assim fala Ben-Adad: Tua prata e teu ouro são meus; tuas mulheres e teus filhos são meus". ⁴O rei de Israel deu esta resposta: "Seja como disseste, senhor meu rei. Eu sou teu com tudo o que me pertence". ⁵Mas os mensageiros voltaram e disseram: "Assim fala Ben-Adad. Eu mandei dizer-te que deves entregar-me tua prata e teu ouro, tuas mulheres e teus filhos. ⁶Amanhã a esta hora enviar-te-ei meus servos, que revistarão tua casa e as casas de teus servos e se apoderarão de tudo quanto lhes aprouver e o carregarão".

---

* **19**,8. Êx 24,18; Mt 4,1 | 9. Êx 33,18-34,9 | 10. Rm 11,3 | 11. Êx 13,22; 19,16 | 13. Êx 3,6; 33,20 | 15. 2Rs 8,7-15; 2Rs 9,1-13; 19,19-21 | 18. Is 4,3; Rm 11,4s

† **19**,8. O pão que sustenta Elias na caminhada é figura da Eucaristia, que alimenta o cristão até o encontro definitivo com Deus. | **19**,12. Os fenômenos da teofania do Sinai, Êx 19,19, aqui precedem a manifestação divina, que acontece no silêncio e na intimidade. | 21. O gesto com manto significa tomada de posse em nome de Deus, que chama Eliseu para ser seu profeta. | **20**,1. Este é Ben-Adad II, filho daquele mencionado em 15,18.

1 Reis 20

[7]Então o rei de Israel convocou todos os anciãos do país e disse: "Reparai e vede que esse homem quer nossa ruína! Mandou exigir de mim minhas mulheres e meus filhos, minha prata e meu ouro, e não lhe recusei nada". [8]Todos os anciãos e todo o povo disseram-lhe: "Não lhe obedeças nem consintas!" [9]Ele deu, pois, esta resposta aos mensageiros de Ben-Adad: "Dizei ao senhor meu rei: Farei tudo o que pediste a teu servo da primeira vez, mas esta outra exigência não a posso satisfazer". Os mensageiros partiram, levando a resposta.

[10]Então Ben-Adad mandou dizer-lhe: "Que os deuses me mandem um castigo sobre outro se o pó de Samaria for suficiente para encher o côncavo da mão de todo o povo que me acompanha!" [11]Mas o rei de Israel deu-lhe esta resposta: "Dizei-lhe: Aquele que cinge seu cinturão não se glorie como aquele que o tira!"† [12]Quando Ben-Adad ouviu esta resposta – ele estava bebendo com os reis em suas tendas – ordenou a seus servos: "Tomai posição!" Eles tomaram posição contra a cidade.

Vitória israelita. [13]Então um profeta veio procurar Acab, rei de Israel, e disse: "Assim fala Javé: Vês toda esta multidão imensa? Pois eu a entrego hoje em tuas mãos e reconhecerás que eu sou Javé". [14]Acab perguntou: "Por meio de quem?" Ele respondeu: "Assim fala Javé: Pelos servos dos chefes das províncias". Acab perguntou: "Quem dará início ao combate?" – "Tu mesmo", respondeu o profeta.

[15]Acab passou em revista os servos dos chefes das províncias. Eram ao todo duzentos e trinta e dois. Em seguida passou em revista todo o exército, todos os israelitas, que eram sete mil. [16]Fizeram uma incursão ao meio-dia, enquanto Ben-Adad estava nas tendas bebendo até embriagar-se juntamente com os trinta e dois reis, seus aliados. [17]Saíram primeiro os servos dos chefes das províncias. Ben-Adad mandou saber o que era e lhe informaram: "Saíram alguns homens de Samaria". [18]Ele ordenou: "Se saíram com intento de paz, capturai-os vivos, e se saíram para combater, capturai-os vivos também!" [19]Saíram então da cidade os servos dos chefes das províncias, seguidos do exército, [20]e cada um deles abateu seu adversário. Os arameus fugiram, e Israel os perseguiu; Ben-Adad, rei de Aram, escapou a cavalo com alguns cavaleiros. [21]Então saiu o rei de Israel; atacou os cavalos e os carros e infligiu a Aram uma grande derrota.

[22]O profeta aproximou-se do rei de Israel e lhe disse: "Vamos! Coragem! Considera bem o que deves fazer, pois daqui a um ano o rei de Aram te atacará".

[23]Os servos do rei de Aram disseram-lhe: "O Deus dessa gente é um Deus de montanhas, é por isso que nos venceram. Mas lutemos contra eles na planície e certamente os venceremos. [24]Faze, pois, o seguinte: afasta esses reis de seu posto e substitui-os por prefeitos. [25]Recruta um exército tão numeroso como o que perdeste, com o mesmo número de cavalos e carros; depois os atacaremos na planície e certamente os venceremos". O rei seguiu o conselho deles e assim fez.

Vitória de Afec. [26]No começo do ano†, Ben-Adad passou em revista os arameus e subiu a Afec para combater Israel. [27]Os israelitas foram mobilizados e providos de víveres, saindo depois a seu encontro. Acampados diante dos inimigos, os israelitas pareciam dois rebanhos de cabras, enquanto os arameus enchiam toda a região.

[28]Um homem de Deus aproximou-se do rei de Israel e lhe disse: "Assim fala Javé: Já que Aram disse que Javé é um Deus de montanhas e não um Deus de planícies, entrego em tuas mãos toda essa multidão e reconhecerás que eu sou Javé". [29]Durante sete dias estiveram acampados uns diante dos outros. No sétimo dia travou-se a batalha, e os israelitas mataram num só dia cem mil soldados de infantaria dos

---

† **20**,11. O provérbio significa: Não cantar vitória antes da hora. | 26. No começo da primavera.

1 Reis 20-21

arameus. ³⁰Os sobreviventes fugiram para Afec, para a cidade, mas as muralhas desabaram sobre os vinte e sete mil homens que restaram.

Ben-Adad também fugiu e se refugiou na cidade num quarto retirado. ³¹Seus servos disseram-lhe: "Olha! Ouvimos dizer que os reis de Israel são reis clementes. Ponhamos sacos nos rins e cordas no pescoço e vamos ao encontro do rei de Israel; talvez ele te poupe a vida". ³²Puseram, pois, sacos nos rins e cordas no pescoço, apresentaram-se ao rei de Israel e disseram: "Assim fala teu servo Ben-Adad: Por favor, poupa-me a vida!" Ele respondeu: "Ele ainda está vivo? Ele é meu irmão!" ³³Aqueles homens acolheram essas palavras como um bom augúrio e logo quiseram confirmá-las, dizendo: "Ben-Adad é teu irmão". Acab respondeu: "Ide buscá-lo". Veio Ben-Adad à presença de Acab e este o fez subir a seu carro. ³⁴Ben-Adad então lhe disse: "Vou restituir-te as cidades que meu pai tomou de teu pai e poderás abrir para ti mercados em Damasco, como meu pai os possuía em Samaria". "Quanto a mim", disse Acab, "deixar-te-ei em liberdade mediante esse tratado". Acab fez uma aliança com ele e o deixou em liberdade.

Um profeta condena a atitude de Acab. ³⁵Um dos discípulos dos profetas* disse a seu companheiro, por ordem de Javé: "Fere-me!", mas este se recusou a feri-lo. ³⁶Replicou ele: "Porque não obedeceste à voz de Javé,* logo que te afastares de mim um leão te matará". Logo que ele se afastou, um leão o encontrou e o matou. ³⁷O profeta encontrou-se com outro homem e disse: "Fere-me!" O homem desferiu-lhe um golpe e o feriu. ³⁸O profeta partiu e ficou aguardando* o rei na estrada; tinha ficado irreconhecível com a atadura que pôs sobre os olhos. ³⁹Ao passar o rei, ele gritou: "Teu servo estava no meio do combate quando alguém saiu das fileiras e trouxe-me um homem dizendo-me: 'Toma conta deste homem! Se ele

desaparecer, tua vida responderá pela sua ou, então, pagarás um talento de prata'. ⁴⁰Ora, enquanto teu servo estava ocupado aqui e ali, o outro desapareceu". O rei de Israel disse-lhe: "Esta é tua sentença: tu mesmo a pronunciaste". ⁴¹Mas, sem demora, o homem tirou a atadura que trazia sobre os olhos, e o rei de Israel reconheceu que ele era um dos profetas. ⁴²Ele disse ao rei: "Assim fala Javé: porque deixaste escapar o homem que eu tinha votado ao extermínio, tua vida responderá por sua vida e teu povo por seu povo". ⁴³O rei de Israel voltou para casa aborrecido e irritado, e entrou em Samaria.

21

A vinha de Nabot. ¹Depois disso aconteceu o seguinte: Nabot de Jezrael tinha uma vinha* em Jezrael, ao lado do palácio de Acab, rei de Samaria. ²Acab disse a Nabot: "Cede-me tua vinha, para que eu a transforme numa horta, já que ela está situada junto a meu palácio; em troca te darei uma vinha melhor, ou, se preferires, pagarei em dinheiro seu valor". ³Mas Nabot respondeu a Acab: "Javé me livre de ceder-te a herança de meus pais!"

Acab e Jezabel. ⁴Acab voltou para casa aborrecido e irritado por causa da resposta que lhe dera Nabot de Jezrael: "Não te cederei a herança* de meus pais". Deitou-se na cama, voltou o rosto para a parede e não quis comer nada. ⁵Sua mulher Jezabel aproximou-se dele e lhe disse: "Por que estás aborrecido e não queres comer?" ⁶Respondeu ele: "Porque conversei com Nabot de Jezrael e lhe propus: 'Cede-me tua vinha por seu preço em dinheiro, ou, se preferires, dar-te-ei outra vinha em troca'. Mas ele respondeu: 'Não te cederei minha vinha'". ⁷Então sua mulher Jezabel lhe disse: "Mas és tu que agora governas Israel! Levanta-te, come e que teu coração se alegre, pois eu te darei a vinha de Nabot de Jezrael".

Assassinato de Nabot. ⁸Ela escreveu então umas cartas em nome de Acab,

---

* **20**,35. 2Rs 2,3s | 36. 13,20-25 | 38. 2Sm 12,1-12; 14,1-20 | **21**,1. Is 5,8ss | 4. 21,3

375 1 Reis 21-22

selou-as com o selo real e as enviou aos anciãos e aos nobres da cidade, concidadãos de Nabot. ⁹Nessas cartas escrevera o seguinte: "Proclamai um jejum† e fazei Nabot sentar-se entre os primeiros do povo. ¹⁰Fazei comparecer diante dele dois homens inescrupulosos que o acusem assim: 'Tu amaldiçoaste a Deus* e ao rei!' Depois, levai-o para fora e apedrejai-o até morrer!"

¹¹Os homens da cidade de Nabot, os anciãos e os nobres que moravam em sua cidade fizeram conforme Jezabel lhes havia ordenado, segundo estava escrito nas cartas que ela lhes enviara. ¹²Proclamaram um jejum e colocaram Nabot entre os primeiros do povo. ¹³Então chegaram dois homens inescrupulosos, que se sentaram diante dele e testemunharam contra Nabot diante do povo, dizendo: "Nabot amaldiçoou a Deus e ao rei". Levaram-no para fora da cidade e o apedrejaram até a morte. ¹⁴Depois mandaram a notícia a Jezabel: "Nabot foi apedrejado e está morto". ¹⁵Quando Jezabel ouviu que Nabot tinha sido apedrejado e que estava morto, disse a Acab: "Levanta-te e vai tomar posse da vinha de Nabot de Jezrael, que ele não quis te ceder por seu preço em dinheiro, pois Nabot já não vive, está morto". ¹⁶Quando Acab soube que Nabot estava morto, levantou-se para descer à vinha de Nabot de Jezrael e dela tomar posse.

Profecia de Elias contra Acab. ¹⁷Então a palavra de Javé* foi dirigida a Elias, o tesbita, nestes termos: ¹⁸"Levanta-te e desce ao encontro de Acab, rei de Israel, que está em Samaria. Ele se encontra na vinha de Nabot, aonde desceu para dela tomar posse. ¹⁹Isto lhe dirás: 'Assim fala Javé: Mataste e ainda por cima tomas a herança!'† Tu lhe dirás: 'Assim fala Javé: No mesmo lugar em que os cães lamberam* o sangue de Nabot, os cães lamberão também o teu'". ²⁰Acab disse a

Elias: "Então me apanhaste, meu inimigo!" Elias respondeu: "Sim, apanhei-te. Porque te deixaste subornar para fazer o que é mau aos olhos de Javé, ²¹farei cair sobre ti a desgraça: varrerei tua raça,* exterminarei os homens da casa de Acab, escravos ou livres em Israel. ²²Farei com tua casa como fiz com a de Jeroboão, filho de Nabat, e com a de Baasa, filho de Aías, porque provocaste minha ira e fizeste Israel pecar. ²³Também de Jezabel Javé falou, dizendo: 'Os cães devorarão* Jezabel no campo de Jezrael'. ²⁴Os membros da família de Acab que morrerem na cidade serão devorados pelos cães; e os que morrerem no campo serão comidos pelas aves do céu".

²⁵De fato, não houve ninguém* que se prestou para fazer o que desagrada a Javé como Acab, porque a isso o instigava sua mulher Jezabel. ²⁶Agiu de maneira muito abominável, cultuando os ídolos, como fizeram os amorreus que Javé expulsara da frente dos israelitas.

Arrependimento de Acab. ²⁷Quando Acab ouviu essas palavras, rasgou as vestes, cobriu o corpo com pano de saco e jejuou; dormia vestido de pano de saco e andava de cabeça baixa. ²⁸Então a palavra de Javé foi dirigida a Elias, o tesbita, dizendo: ²⁹"Viste como Acab se humilhou diante de mim? Por se ter humilhado diante de mim, não mandarei a desgraça durante sua vida; é nos dias de seu filho que enviarei a desgraça sobre sua casa".

22 **Acab e Josafá contra os arameus.** ¹Passaram-se três anos* sem guerra entre Aram e Israel. ²No terceiro ano, Josafá, rei de Judá, veio visitar o rei de Israel. ³Disse o rei de Israel a seus oficiais: "Não sabeis que Ramot de Galaad nos pertence? E nós não fazemos nada para tomá-la das mãos do rei de Aram!" ⁴Perguntou a Josafá:

---

* **21**,10. Êx 22,27; Lv 24,14 | 17. 2Sm 12 | 19. 2Rs 9,25s | 21. 14,10s; 16,3s | 23. 2Rs 9,10 | 25. 1Rs 16,30-34 | **22**,1. 2Cr 18,2-3

† **21**,9. O jejum era proclamado durante as calamidades públicas, para obter o perdão dos pecados que as causaram. | **21**,19. Javé defende o direito dos pobres, ofício que o rei deveria cumprir, Sl 72,2.

1 Reis 22

"Queres vir comigo à guerra em Ramot de Galaad?" Josafá respondeu ao rei de Israel: "Conta comigo como contigo mesmo, com meu povo como com teu povo, com meus cavalos como com teus cavalos".

Os falsos profetas predizem a vitória. [5]Mas Josafá disse ao rei* de Israel: "Por favor, consulta hoje mesmo a palavra de Javé". [6]O rei de Israel reuniu os profetas, quatrocentos aproximadamente, e perguntou-lhes: "Devo ir atacar Ramot de Galaad, ou devo desistir?" Responderam: "Ataca-a; Javé a entregará nas mãos do rei". [7]Mas Josafá disse: "Acaso não existe aqui um outro profeta de Javé que possamos consultar?" [8]O rei de Israel respondeu a Josafá: "Há ainda um pelo qual se pode consultar Javé, mas eu o detesto, pois jamais profetiza o bem a meu respeito, mas sempre a desgraça: é Miqueias, filho de Jemla"†. Josafá respondeu: "Que o rei não fale assim!" [9]O rei de Israel chamou um eunuco e disse: "Chama depressa Miqueias, filho de Jemla".

[10]O rei de Israel e Josafá, rei de Judá, estavam sentados, cada um em seu trono, revestidos com seus trajes reais; estavam sentados numa eira diante da porta de Samaria, e todos os profetas profetizavam diante deles. [11]Sedecias, filho de Canaana, fez para si chifres de ferro e disse: "Assim fala Javé: Com isto ferirás os arameus até exterminá-los"†. [12]E todos os profetas faziam a mesma predição, dizendo: "Sobe a Ramot de Galaad. Triunfarás! Javé vai entregá-la nas mãos do rei".

O profeta Miqueias prediz o fracasso. [13]O mensageiro que foi chamar* Miqueias disse-lhe: "Os profetas são unânimes em predizer coisas boas para o rei. Procura falar como eles e predizer o sucesso". [14]Mas Miqueias respondeu: "Pela vida de Javé! O que Javé me disser, é isso que anunciarei!" [15]Chegando à presença do rei, este perguntou-lhe:

"Miqueias, devemos ir a Ramot de Galaad para combater ou devemos desistir?" Respondeu ele: "Ataca-a. Triunfarás! Javé vai entregá-la nas mãos do rei". [16]Mas o rei lhe disse: "Quantas vezes é preciso que eu te conjure para que me digas somente a verdade em nome de Javé?" [17]Então ele disse:

"Eu vi todo o Israel disperso pelas montanhas
como um rebanho sem pastor.
E Javé me disse: Eles não têm mais senhor,
que cada um volte em paz para sua casa!"

[18]O rei de Israel disse então a Josafá: "Não te havia dito que ele não profetizaria para mim o bem, mas o mal?" [19]Disse Miqueias : "Escuta, pois, a palavra de Javé: Eu vi Javé sentado em seu trono;* todo o exército do céu estava junto dele, a sua direita e a sua esquerda. [20]Javé perguntou: 'Quem enganará Acab, para que ele suba contra Ramot de Galaad e lá pereça?' Um dizia uma coisa e outro dizia outra. [21]Então um espírito se aproximou e se colocou diante de Javé: 'Sou eu que o enganarei', disse ele. Javé lhe perguntou: 'E de que modo?' [22]Respondeu: 'Partirei e serei um espírito de mentira na boca de todos os seus profetas'. Javé disse: 'Tu o enganarás e ainda prevalecerás. Vai e faze assim'. [23]Agora, pois, Javé infundiu um espírito de mentira na boca de todos esses teus profetas, mas Javé prenunciou a teu respeito uma desgraça"†.

[24]Então Sedecias, filho de Canaana, aproximou-se de Miqueias, esbofeteou-o e disse: "Por qual caminho o espírito de Javé saiu de mim para te falar?" [25]Miqueias respondeu: "Tu o verás no dia em que tiveres de fugir de um aposento a outro para te esconder". [26]O rei de Israel ordenou: "Prende Miqueias e conduze-o a Amon, o governador da cidade, e a Joás, o filho do rei. [27]Tu lhes dirás: 'Assim fala o rei. Lançai

---

* **22**,5. 2Cr 18,4-11 | 13. 2Cr 18,12-27 | 19. Is 6,1; Jó 1,6; 2,1

† **22**,8. Não é o profeta do qual a Bíblia conserva um livro e que viveu um século e meio depois. | 11. Ver a nota em 11,30 | 23. Miqueias quer mostrar como Deus permitiu ao espírito mau enganar os ímpios para os castigar.

este homem na prisão e alimentai-o com pão e água escassos até que eu volte são e salvo'". ²⁸Miqueias disse: "Se voltares são e salvo, é porque Javé não falou por meu intermédio". E ele disse: "Escutai, povos todos!"

Morte de Acab em Ramot de Galaad. ²⁹O rei de Israel marchou com Josafá,* rei de Judá, contra Ramot de Galaad. ³⁰O rei de Israel disse a Josafá: "Vou disfarçar-me para entrar no combate, mas quanto a ti, veste-te com tuas roupas". O rei de Israel disfarçou-se e foi para o combate. ³¹O rei de Aram dera esta ordem a seus trinta e dois comandantes dos carros: "Não atacareis nem pequenos e nem grandes, mas somente o rei de Israel". ³²Quando os comandantes dos carros viram Josafá, disseram: "O rei de Israel é ele", e se voltaram contra ele para o atacar; mas Josafá se pôs a gritar ³³e, quando os comandantes dos carros viram que não era ele o rei de Israel, deixaram de persegui-lo. ³⁴Ora, um homem atirou com seu arco, ao acaso, e atingiu o rei de Israel numa brecha da couraça. Este disse a seu cocheiro: "Volta e leva-me para fora do combate, pois me sinto mal". ³⁵Mas o combate tornou-se tão violento naquele dia que tiveram de manter o rei de pé sobre seu carro diante dos arameus, e pela tarde ele morreu; o sangue de sua ferida escorria no fundo do carro. ³⁶Ao pôr do sol, um grito percorreu o acampamento: "Volte cada um para sua cidade e cada um para sua terra!" ³⁷E o rei morreu. Foi transportado para Samaria e lá sepultado. ³⁸Lavaram o carro na piscina de Samaria, onde as prostitutas se lavavam, e os cães lamberam seu sangue, conforme a palavra que Javé pronunciara.

³⁹O resto da história de Acab, todos os seus atos, a casa de marfim que construiu, todas as cidades que fortificou, não está tudo escrito no livro dos Anais dos reis de Israel? ⁴⁰Acab adormeceu com seus pais, e seu filho Ocozias reinou em seu lugar.

Josafá, rei de Judá. ⁴¹Josafá, filho de Asa, tornou-se rei de Judá* no quarto ano de Acab, rei de Israel. ⁴²Josafá tinha trinta e cinco anos quando começou a reinar, e reinou vinte e cinco anos em Jerusalém. Sua mãe chamava-se Azuba, filha de Selaqui. ⁴³Seguiu em tudo o procedimento de seu pai Asa, sem dele se apartar, fazendo o que é reto aos olhos de Javé. ⁴⁴Todavia, os lugares altos não desapareceram; o povo continuou a oferecer sacrifícios e incenso nos lugares altos. ⁴⁵Josafá viveu em paz com o rei de Israel.

⁴⁶O resto da história de Josafá, as proezas que realizou e as guerras que empreendeu, não está tudo escrito no livro dos Anais dos reis de Judá? ⁴⁷Ele extirpou do país o resto dos prostitutos sagrados* que ainda existiam do tempo de seu pai Asa. ⁴⁸Não havia rei em Edom, mas um prefeito era aí rei. ⁴⁹Josafá construiu navios de Társis para ir a Ofir em busca de ouro, mas eles não puderam ir porque os navios se quebraram em Asiongaber. ⁵⁰Então Ocozias, filho de Acab, disse a Josafá: "Meus servos poderiam ir com os teus nos navios". Mas Josafá não concordou. ⁵¹Josafá adormeceu com seus pais e foi sepultado com seus pais na Cidade de Davi, seu ancestral. Seu filho Jorão reinou em seu lugar.

Ocozias, rei de Israel. ⁵²Ocozias, filho de Acab, tornou-se rei de Israel em Samaria no décimo sétimo ano de Josafá, rei de Judá, e reinou dois anos sobre Israel. ⁵³Fez o mal aos olhos de Javé e imitou o comportamento de seu pai e de sua mãe, e o de Jeroboão, filho de Nabat, que levara Israel a pecar. ⁵⁴Prestou culto a Baal e prostrou-se diante dele, provocando a ira de Javé, Deus de Israel, como o fizera seu pai.

---

* **22**,29. 2Cr 18,28-34 | 41. 2Cr 20,31-21,1 | 47. 15,12; Dt 23,19

SEGUNDO LIVRO DOS REIS

I. OS PROFETAS ELIAS E ELISEU
(1–13)

1 **Ocozias e Elias.** ¹Depois da morte de Acab,* Moab rebelou-se contra Israel. ²Ocozias caiu da janela de seu aposento em Samaria e ficou ferido. Enviou mensageiros, dizendo-lhes: "Ide consultar Baal Zebub†, deus de Acaron, para saber se ficarei curado deste mal". ³Mas o anjo de Javé disse a Elias, o tesbita: "Levanta-te e vai ao encontro dos mensageiros do rei de Samaria e dize-lhes: Porventura não há um Deus em Israel, para irdes consultar Baal Zebub, deus de Acaron? ⁴Por isso, assim diz Javé: 'Não descerás do leito ao qual subiste, mas com certeza morrerás'". E Elias partiu. ⁵Os mensageiros voltaram para junto de Ocozias, que lhes perguntou: "Por que voltastes?" ⁶Responderam: "Veio a nosso encontro um homem que nos disse: 'Ide, voltai para junto do rei que vos enviou e dizei-lhe: Assim fala Javé. Porventura não há um Deus em Israel, para mandardes consultar Baal Zebub, deus de Acaron? Por isso, não descerás do leito ao qual subiste, mas com certeza morrerás'". ⁷Perguntou-lhes Ocozias: "Que aparência tinha o homem que veio a vosso encontro e vos disse essas palavras?" ⁸Responderam-lhe: "Era um homem que trajava uma veste de pelos, com um cinto de couro na cintura". Disse o rei: "É Elias, o tesbita!"

⁹Então o rei mandou a Elias um chefe de cinquenta com seus cinquenta comandados; o chefe subiu até ele, que estava sentado no alto da montanha, e lhe disse: "Homem de Deus! O rei te ordena que desças!" ¹⁰Elias respondeu ao chefe dos cinquenta: "Se eu sou um homem de Deus, que desça fogo do céu* e te devore a ti e a teus cinquenta". Um fogo desceu do céu e o devorou com seus cinquenta. ¹¹O rei enviou de novo outro chefe de cinquenta com seus cinquenta comandados, que lhe falou dizendo: "Homem de Deus! O rei te ordena que desças depressa!" ¹²Elias respondeu: "Se eu sou um homem de Deus, que desça fogo do céu e te devore a ti e a teus cinquenta". Um fogo desceu do céu e o devorou com seus cinquenta. ¹³O rei mandou um terceiro chefe de cinquenta com seus cinquenta comandados. Esse terceiro chefe subiu, dobrou os joelhos diante de Elias e suplicou-lhe assim: "Ó homem de Deus! Que tenham algum valor a teus olhos minha vida e a destes teus cinquenta servos. ¹⁴Caiu fogo e devorou os dois primeiros chefes dos cinquenta com seus comandados; mas agora, que minha vida tenha algum valor a teus olhos!" ¹⁵O anjo de Javé disse a Elias: "Desce com ele, não o temas". Ele se levantou, desceu com ele e foi ter com o rei, ¹⁶a quem disse: "Assim fala Javé: Por teres enviado mensageiros para consultar Baal Zebub, deus de Acaron – porventura não há Deus em Israel, cuja palavra possa ser consultada? – não descerás do leito ao qual subiste, mas com certeza morrerás".

¹⁷Ele morreu, conforme a palavra de Javé, pronunciada por Elias. Como não tinha filhos, Jorão tornou-se rei em seu lugar no segundo ano de Jorão, filho de Josafá, rei de Judá. ¹⁸O resto da história de Ocozias e seus feitos, não está tudo escrito no livro dos Anais dos reis de Israel?

2 **Elias é arrebatado ao céu.** ¹Quando Javé ia arrebatar Elias no turbilhão, Elias e Eliseu partiram de Guilgal ²e Elias disse a Eliseu: "Fica aqui, pois Javé me enviou até Betel". Mas Eliseu respondeu: "Pela vida de Javé e por tua vida, não te deixarei!" Eles desceram a

---

* **1**,1. 3,4-27 | 10. Lc 9,54s

† **1**,2. O nome do deus era Baal-Zebul, "Baal príncipe", mas por zombaria falavam Baal-Zebub, "Baal das moscas".

Betel. [3]Os discípulos dos profetas[t] que moravam em Betel foram ao encontro de Eliseu e lhe disseram: "Sabes que hoje Javé vai levar teu mestre por cima de tua cabeça?" Ele respondeu: "Sei, mas ficai calados". [4]Elias disse-lhe: "Eliseu, fica aqui, pois Javé me envia até Jericó". Mas ele respondeu: "Pela vida de Javé e por tua vida, não te deixarei!" E foram para Jericó. [5]Os discípulos dos profetas que moravam em Jericó aproximaram-se de Eliseu e lhe disseram: "Sabes que hoje Javé vai levar teu mestre por cima de tua cabeça?" Ele respondeu: "Sei, mas ficai calados". [6]Elias disse-lhe: "Fica aqui, pois Javé me envia até o Jordão". Mas ele respondeu: "Pela vida de Javé e por tua vida, não te deixarei!" E partiram os dois juntos.

[7]Cinquenta homens dentre os discípulos dos profetas foram também e pararam a certa distância deles, enquanto os dois se detinham à beira do Jordão. [8]Então Elias tomou seu manto, enrolou-o e bateu com ele nas águas, que se dividiram de um lado e de outro, e ambos atravessaram a pé enxuto.* [9]Depois que passaram, Elias disse a Eliseu: "Pede o que quiseres que eu faça por ti antes de ser arrebatado de tua presença". Eliseu respondeu: "Que uma dupla porção de teu espírito venha sobre mim!"[t] [10]Elias respondeu: "Pedes uma coisa difícil; todavia, se me vires ao ser arrebatado de tua presença, isso te será concedido; caso contrário, não te será dado". [11]Aconteceu que, enquanto andavam e conversavam, um carro de fogo* e cavalos de fogo os separaram um do outro, e Elias subiu ao céu no turbilhão[t]. [12]Eliseu olhava e gritava: "Meu pai! Meu pai! Carro* e cavalaria de Israel!" Depois não mais o viu e, tomando suas vestes, rasgou-as em duas partes. [13]Apanhou o manto de Elias, que havia caído, e voltou para trás, parando à beira do Jordão.

[14]Tomou o manto de Elias, que havia caído dele, e bateu com ele nas águas, dizendo: "Onde está Javé, o Deus de Elias?" Quando bateu nas águas, estas se dividiram de um lado e de outro, e Eliseu atravessou o rio. [15]Os discípulos dos profetas de Jericó viram-no à distância e disseram: "O espírito de Elias repousa sobre Eliseu!" Vieram a seu encontro e se prostraram por terra diante dele. [16]Disseram-lhe: "Há aqui com teus servos cinquenta homens valentes. Permite que saiam à procura de teu mestre; talvez o espírito de Javé* o tenha arrebatado e lançado sobre algum monte ou em algum vale". Mas ele respondeu: "Não mandeis ninguém". [17]Mas eles o importunaram até que, constrangido, disse: "Mandai!" Mandaram pois os cinquenta homens,* que procuraram Elias durante três dias sem encontrá-lo. [18]Voltaram para junto de Eliseu, que havia ficado em Jericó, o qual lhes disse: "Não vos disse eu que não fôsseis?"

O poder de Eliseu. [19]Os habitantes da cidade disseram a Eliseu: "Esta cidade é bem-situada, como bem pode ver meu senhor, mas suas águas são ruins e a terra é estéril". [20]Disse ele: "Trazei-me um prato e ponde nele sal". Eles o trouxeram. [21]Ele foi à fonte das águas, lançou-lhe sal e disse: "Assim fala Javé: 'Eu saneio estas águas* e elas não mais causarão morte nem esterilidade'". [22]E as águas se tornaram saudáveis até hoje, segundo a palavra pronunciada por Eliseu.

[23]De lá subiu a Betel. Enquanto subia pelo caminho, uns rapazinhos que saíram da cidade zombaram dele, dizendo: "Sobe, careca! Sobe, careca!" [24]Eliseu virou-se, olhou para eles e os amaldiçoou em nome de Javé. Então saíram do bosque duas ursas e despedaçaram quarenta e dois deles. [25]Dali foi para o monte Carmelo e depois voltou para Samaria.

---

* **2,8.** Êx 14,16.22 | 11. 6,16s | 12. Eclo 48,9.12; 13,14 | 16. 1Rs 18,12 | 17. Dt 34,6; Ml 3,23 | 21. Êx 15,25

+ **2,3.** Ver a nota em 1Sm 10,5. | 9. Uma dupla porção da herança era a parte do filho mais velho. Mas aqui, tratando-se de um carisma, não depende de Elias mas de Deus. | 11. Elias desaparece no mistério, fazendo surgir sobre ele muitas crenças, sobretudo a de sua volta para preparar a vinda do Messias. Jesus dirá que seu Elias foi João Batista, Mt 17,10-13.

2 Reis 3

3 Jorão, rei de Israel.
[1]No décimo oitavo ano de Josafá, rei de Judá, Jorão, filho de Acab, tornou-se rei de Israel em Samaria e reinou doze anos. [2]Fez o mal aos olhos de Javé; não, porém, como seu pai e sua mãe, pois derrubou a coluna sagrada de Baal que seu pai tinha feito. [3]Mas continuou apegado aos pecados que Jeroboão, filho de Nabat, fez Israel cometer[t] e deles não se apartou.

Guerra contra Moab.
[4]Mesa, rei de Moab, era criador de gado e pagava ao rei de Israel como tributo cem mil cordeiros e a lã de cem mil carneiros. [5]Mas quando morreu Acab, o rei de Moab revoltou-se contra o rei de Israel.

[6]Então o rei Jorão saiu de Samaria* e passou em revista todo o Israel. [7]Partiu e mandou dizer a Josafá, rei de Judá: "O rei de Moab revoltou-se contra mim; queres vir comigo para combater* contra Moab?" Ele respondeu: "Irei; conta comigo como contigo mesmo, com meu povo como com teu povo, com meus cavalos como com teus cavalos". [8]E perguntou: "Por qual caminho subiremos?" O outro respondeu: "Pelo caminho do deserto de Edom".

[9]O rei de Israel, o rei de Judá e o rei de Edom partiram. Depois de caminharem sete dias, faltou água para o exército e para os animais que os seguiam. [10]O rei de Israel exclamou: "Ai de nós! Javé chamou-nos, os três reis, para entregar-nos nas mãos de Moab!" [11]Mas Josafá perguntou: "Não existe aqui um profeta de Javé pelo qual possamos consultar* Javé?" Então um dos servos do rei de Israel respondeu: "Está aqui Eliseu, filho de Safat, que derrama água nas mãos de Elias".* [12]Então Josafá disse: "A palavra de Javé está com ele". Desceram pois até ele o rei de Israel, Josafá e o rei de Edom. [13]Mas Eliseu disse ao rei de Israel: "Que tenho eu a ver contigo? Vai procurar os profetas de teu pai e os profetas de tua mãe!" O rei de Israel respondeu-lhe: "Não! É que Javé chamou-nos, os três reis, para entregar-nos nas mãos de Moab!" [14]Eliseu retrucou: "Pela vida de Javé dos Exércitos[t], a quem sirvo, se não fosse em atenção a Josafá, rei de Judá,* eu não te daria atenção nem sequer olharia para ti! [15]No entanto, trazei-me agora um músico".* Enquanto o músico tocava, a mão de Javé veio sobre Eliseu [16]que disse: "Assim fala Javé: 'Cavai neste vale fossos e mais fossos'; [17]pois assim fala Javé: 'Não vereis vento nem vereis chuva, mas este vale se encherá de água e bebereis vós, vossos rebanhos e vossos animais de carga'. [18]Mas isto é ainda pouco aos olhos de Javé, pois ele entregará Moab em vossas mãos. [19]Destruireis todas as cidades fortificadas* e todas as cidades principais, cortareis todas as árvores frutíferas, tapareis todas as nascentes e cobrireis de pedras todos os campos férteis". [20]E aconteceu que, na manhã seguinte, na hora da apresentação da oferenda, escorreu água da direção de Edom, e a região ficou alagada.

[21]Quando os moabitas souberam que aqueles reis tinham vindo atacá-los, convocaram todos os que tinham idade para pegar em armas, do mais novo ao mais velho, e tomaram posição na fronteira. [22]De manhã, quando eles se levantaram e o sol brilhou sobre as águas, os moabitas viram ao longe as águas vermelhas como sangue. [23]Disseram: "É sangue! Certamente aqueles reis lutaram entre si e se mataram uns aos outros. E agora, Moab, à pilhagem!" [24]Mas quando eles chegaram ao acampamento dos israelitas, estes se levantaram e venceram os moabitas, que fugiram diante deles; os israelitas invadiram o país e dizimaram os moabitas. [25]Destruíram as cidades; cada um lançou uma pedra em todas as terras cultivadas para as cobrir, taparam todas as nascentes e cortaram

---

* 3,6. 1Rs 22 | 7. 1Rs 22,4 | 11. 1Rs 22,7 / 1Rs 19,21 | 14. 1Rs 18,15 | 15. 1Sm 10,6 | 19. Dt 20,19

† 3,3. Ver a nota em 1Rs 12,28. | 14. Ver a nota em 1Sm 1,3. | 25. Essa prática, comum nas guerras antigas, era proibida em Israel: Dt 20,19.

381 2 Reis 3-4

todas as árvores frutíferas†. Não restaram a Qir-Hareset senão suas pedras; os fundibulários a cercaram e a atacaram. ²⁶Quando o rei de Moab viu que a batalha estava perdida para ele, tomou consigo setecentos homens armados de espada para abrir uma passagem e chegar até o rei de Edom, mas não o conseguiu. ²⁷Tomando, então, seu filho primogênito, que devia suceder-lhe no trono, ofereceu-o em holocausto sobre a muralha. Isto provocou grande cólera contra os israelitas, que se retiraram e voltaram para sua terra.

4 **Milagres de Eliseu.** ¹A mulher de um dos discípulos* dos profetas suplicou a Eliseu, dizendo: "Teu servo, meu marido, morreu, e bem sabes que teu servo temia a Javé. Ora, veio o credor para tomar meus dois filhos e fazê-los escravos". ²Eliseu lhe disse: "Que posso fazer por ti? Dize-me, que tens em casa?" Respondeu ela: "Tua serva nada tem em casa a não ser um frasco de óleo". ³Então, ele ordenou: "Vai e pede emprestados a todos os teus vizinhos jarros vazios em grande quantidade! ⁴Depois entra, fecha a porta atrás de ti e de teus filhos e derrama óleo em todos esses jarros, pondo-os de lado à medida que estiverem cheios". ⁵Ela retirou-se e fechou a porta atrás dela e dos filhos; estes lhe apresentaram os jarros e ela os enchia. ⁶Ora, quando os jarros ficaram cheios, ela disse a um dos filhos: "Traze mais um". Mas ele respondeu: "Não há mais nenhum". Então o óleo parou de correr. ⁷Ela foi informar o homem de Deus, o qual disse: "Vai, vende esse óleo e paga a dívida, e vivereis tu e teus filhos do que restar".

⁸Certo dia, Eliseu passava por Sunam e uma mulher rica que lá morava o convidou com insistência para uma refeição. Depois, cada vez que passava por ali, ia até lá para comer. ⁹Ela disse a seu marido: "Sei que é um santo homem de Deus este que passa sempre por nossa casa. ¹⁰Façamos para ele, no terraço, um quarto de tijolos com cama, mesa, cadeira e lâmpada, a fim de que, quando vier a nossa casa, possa ficar lá". ¹¹Passando um dia por ali, retirou-se ao quarto do terraço e se deitou. ¹²Disse a seu servo Giezi: "Chama essa sunamita". Chamou-a e ela veio a sua presença. ¹³Ele disse ao servo: "Dize-lhe: 'Tu nos trataste com todo desvelo. Que podemos fazer por ti? Queres que eu interceda por ti junto ao rei ou junto ao chefe do exército?'" Mas ela respondeu: "Vivo no meio de meu povo"†. ¹⁴Eliseu perguntou: "Então, que se pode fazer por ela?" Giezi respondeu: "Ela não tem filhos e seu marido já é idoso". ¹⁵Disse Eliseu: "Chama-a". O servo a chamou e ela veio à porta. ¹⁶Ele disse: "Daqui a um ano, nesta mesma época, terás um filho* nos braços". Mas ela replicou: "Não, meu senhor, homem de Deus, não enganes tua serva!" ¹⁷Mas a mulher concebeu e deu à luz um filho na mesma época, no ano seguinte, como Eliseu lhe havia dito.

¹⁸O menino cresceu. Certo dia foi ter com o pai junto dos ceifeiros ¹⁹e disse a seu pai: "Ai, minha cabeça! Ai, minha cabeça!"* O pai ordenou a um dos servos: "Leva-o para junto da mãe dele". ²⁰Este o tomou e o conduziu à mãe. O menino ficou nos joelhos da mãe até o meio-dia e depois morreu. ²¹Ela subiu, colocou o menino sobre o leito do homem de Deus, fechou a porta atrás dele e saiu. ²²Chamou o marido e disse-lhe: "Manda-me um dos servos com uma jumenta; vou depressa à casa do homem de Deus e volto". ²³Perguntou-lhe ele: "Por que vais ter com ele hoje? Não é lua nova nem sábado!" Mas ela respondeu: "Fica em paz". ²⁴Mandou selar a jumenta e disse ao servo: "Conduze-me e vai adiante. Não me detenhas pelo caminho, a não ser que eu te ordene". ²⁵Ela partiu e foi até o homem de Deus no monte Carmelo. Quando o homem de Deus a viu de longe, disse a Giezi, seu servo: "Lá está a sunami-

---

* **4,**1. 1Rs 17,8-15 | 16. Gn 18,10 | 19. 1Rs 17,17-24
† **4,**13. Quer dizer que não precisa de nada e que seus serviços são gratuitos.

2 Reis 4-5

ta. ²⁶Corre-lhe ao encontro e pergunta: Estás bem? Teu marido vai bem? Teu filho está bem?" Ela respondeu: "Tudo bem". ²⁷Chegando perto do homem de Deus na montanha, ela agarrou-lhe os pés. Giezi aproximou-se para afastá-la, mas o homem de Deus disse: "Deixa-a, pois tem a alma amargurada, e Javé me ocultou o motivo e nada me revelou". ²⁸Ela disse: "Acaso eu pedi um filho a meu senhor? Não te havia pedido que não me enganasses?" ²⁹Eliseu disse a Giezi: "Cinge teus rins, toma meu bastão na mão e parte! Se encontrares alguém, não o saúdes,* e se alguém te saudar, não lhe respondas†. Colocarás meu bastão sobre o rosto do menino". ³⁰Mas a mãe do menino disse: "Pela vida de Javé e por tua vida, eu não te deixarei!" Então ele se ergueu e a seguiu. ³¹Giezi, que os havia precedido, tinha colocado o bastão sobre o rosto do menino, mas este não disse nada nem reagiu. Então o servo voltou para encontrar-se com Eliseu e informou-o: "O menino não despertou".

³²Eliseu chegou à casa: lá estava o menino morto e estendido sobre sua cama. ³³Ele entrou, fechou a porta atrás deles dois e orou a Javé. ³⁴Depois subiu à cama, deitou-se sobre o menino,* pondo a boca sobre a dele, os olhos sobre os dele, as mãos sobre as dele, estendeu-se sobre ele e a carne do menino se reaqueceu. ³⁵Eliseu levantou-se, pôs-se a andar de um lado para outro na casa, depois tornou a subir e se estendeu sobre ele. Então o menino espirrou sete vezes e abriu os olhos. ³⁶Eliseu chamou Giezi e disse-lhe: "Chama a sunamita". Chamou-a e, quando ela chegou perto, disse-lhe: "Toma teu filho". ³⁷Ela entrou, lançou-se a seus pés, prostrou-se por terra, depois tomou seu filho e saiu.

³⁸Eliseu voltou a Guilgal.* A fome reinava então no país. Estando os discípulos dos profetas sentados a sua frente, ele disse a seu servo: "Põe a panela grande no fogo e prepara uma sopa para os discípulos dos profetas. ³⁹Um deles saiu ao campo para apanhar ervas e encontrou uma trepadeira selvagem, colheu de seus frutos, enchendo o manto. Voltou e cortou-os em pedaços dentro da panela de sopa, sem saber o que era. ⁴⁰Distribuíram a sopa aos homens, para que comessem. Porém, logo que provaram dela, soltaram um grito: "Homem de Deus! Na panela está a morte!" E não puderam mais comer. ⁴¹Então Eliseu disse: "Trazei-me farinha". Jogou farinha na panela e disse: "Serve aos homens, para que comam". E já não havia mais nada de nocivo na panela.

⁴²Veio um homem de Baal-Salisa e trouxe para o homem de Deus pão das primícias: vinte pães de cevada e espigas novas de trigo que tinha em seu embornal. Eliseu ordenou: "Oferece a esta gente para que coma". ⁴³Mas seu servo respondeu: "Como hei de servir isso para cem pessoas?" Ele repetiu: "Oferece a esta gente para que coma,* pois assim fala Javé: 'Comerão e ainda sobrará'". ⁴⁴Serviu-o para eles, que comeram e ainda sobrou, segundo a palavra de Javé.

5 **Cura de Naamã, o leproso.** ¹Naamã, chefe do exército do rei de Aram, era um homem muito importante e estimado por seu senhor, pois fora por meio dele que Javé concedera a vitória aos arameus. Mas esse homem valente era leproso. ²Ora, os arameus, numa incursão, tinham levado do território de Israel uma moça que ficou ao serviço da mulher de Naamã. ³Disse ela a sua patroa: "Se meu senhor se dirigisse ao profeta que está em Samaria, este o livraria da lepra". ⁴Naamã foi informar seu senhor: "A moça que veio da terra de Israel falou isso e isso". ⁵O rei de Aram respondeu: "Vai, que eu enviarei uma carta ao rei de Israel". Naamã partiu, levando consigo dez ta-

---

* **4**,29. Lc 10,4 | 34. 1Rs 17,21 | 38. 2,1 | 43. Mt 14,13-21; 15,32-38

† **4**,29. Missão urgente, que não admite perda de tempo, Lc 10,4; no Oriente as saudações são demoradas.

383 2 Reis 5

lentos de prata, seis mil siclos de ouro e dez vestes. [6]Entregou ao rei de Israel a carta que dizia: "Quando esta carta chegar a tuas mãos, fica sabendo que mandei a ti meu servo Naamã, para que o cures da lepra". [7]Ao ler a carta, o rei de Israel rasgou suas vestes e disse: "Acaso sou um deus,* capaz de dar a morte ou a vida, para que este me mande um homem para eu curá-lo da lepra? Considerai e vede que ele anda buscando pretextos contra mim!"

[8]Mas quando Eliseu, o homem de Deus, soube que o rei de Israel havia rasgado as vestes, mandou dizer-lhe: "Por que rasgaste as vestes? Que ele venha a mim para que saiba que há um profeta em Israel". [9]Naamã chegou com seu carro e seus cavalos à porta da casa de Eliseu. [10]Este mandou um mensageiro dizer-lhe: "Vai lavar-te sete vezes* no Jordão e tua carne te será restituída e ficarás limpo". [11]Naamã, irritado, retirou-se dizendo: "Eu pensava comigo: Certamente ele sairá e, ficando de pé, invocará o nome de Javé, seu Deus, tocará com a mão o lugar infetado e me curará da lepra. [12]Porventura os rios de Damasco, o Abana e o Farfar, não valem mais que todas as águas de Israel? Não poderia eu lavar-me neles para ser purificado?" Voltando as costas, retirou-se indignado. [13]Mas seus servos, aproximando-se dele, disseram-lhe: "Meu pai! Se o profeta te houvesse ordenado uma coisa difícil, não a terias feito? Quanto mais agora que ele te diz: 'Lava-te e ficarás purificado'". [14]Ele então desceu e mergulhou sete vezes no Jordão, conforme a ordem do homem de Deus, e sua carne tornou-se como a de uma criança:* estava curado!†

[15]Ele voltou à casa do homem de Deus com todo o seu séquito; entrou, apresentou-se diante dele e disse: "Agora sei que não há Deus em toda a terra a não ser em Israel! Por favor, aceita este presente de teu servo". [16]Mas Eliseu replicou: "Pela vida de Javé, a quem sirvo, nada aceitarei". Naamã insistiu para que ele aceitasse, mas ele recusou. [17]Então Naamã disse: "Sendo assim, permite, então, que se dê a teu servo a quantidade de terra que duas mulas podem carregar, pois teu servo não mais oferecerá holocausto nem sacrifício a outros deuses, mas só a Javé†. [18]Que Javé perdoe, porém, a teu servo isto: quando meu senhor vai ao templo de Remon para adorar, ele se apoia sobre meu braço e também eu me prostro no templo de Remon. Quando, pois, eu me prostrar no templo de Remon, que Javé perdoe isto a teu servo!"† [19]Eliseu respondeu-lhe: "Vai em paz". Naamã se retirou e caminhou até certa distância.

[20]Giezi, servo de Eliseu, o homem de Deus, disse consigo: "Meu senhor foi generoso demais para com esse arameu Naamã, não aceitando dele o que havia trazido. Pela vida de Javé, vou correr atrás dele e ganharei dele alguma coisa". [21]E Giezi correu no encalço de Naamã. Quando Naamã o viu correndo atrás dele, saltou de seu carro, foi-lhe ao encontro e perguntou: "Vai tudo bem?" [22]Ele respondeu: "Tudo bem. Meu senhor mandou-me dizer-te: 'Agora mesmo acabam de chegar a minha casa dois jovens da montanha de Efraim, discípulos dos profetas. Dá-me para eles, eu te peço, um talento de prata e duas vestes". [23]Naamã respondeu: "Aceita dois talentos". Insistiu com ele e atou os dois talentos de prata em dois sacos, junto com duas vestes, e entregou-os a dois de seus servos, que os levaram à frente de Giezi. [24]Quando chegou a Ofel, Giezi tomou os objetos de suas mãos e os guardou em casa; depois despediu os homens, que se retiraram.

---

* **5**,7. Gn 30,2; 1Sm 2,6 **|** 10. Jo 9,7 **|** 14. Mt 3,13ss; Lc 4,27

† **5**,14. No sentido espiritual, a lepra significa o pecado e as águas do Jordão, o batismo. **|** 17. Naamã quer "terra pura" para oferecer sobre ela seus sacrifícios a Javé, ver Am 7,17. **|** 18. Remon, também chamado Hadad, era o deus da chuva, correspondente ao Baal cananeu. Eliseu não vê problema nesse tipo de participação apenas exterior.

2 Reis 5-6

25A seguir veio apresentar-se a seu senhor. Eliseu perguntou-lhe: "Donde vens, Giezi?" "Teu servo não foi a lugar nenhum", respondeu. 26Mas Eliseu lhe disse: "Acaso meu espírito não estava presente quando alguém saltou de seu carro a teu encontro? Era este o momento de aceitar dinheiro, de aceitar vestes, olivais e vinhas, ovelhas, bois, servos e servas? 27A lepra de Naamã se apegará a ti e a tua posteridade para sempre". E Giezi saiu de sua presença branco como a neve por causa da lepra.*

6 **O machado no rio.** 1Os discípulos dos profetas disseram a Eliseu: "Como vês, o lugar em que moramos contigo é pequeno demais para nós. 2Vamos até o Jordão; ali cada um de nós apanhará um tronco de madeira e lá construiremos uma moradia". Ele respondeu: "Ide". 3Um deles disse: "Queiras vir com teus servos". Ele respondeu: "Irei". 4Partiu com eles. Chegados ao Jordão, puseram-se a cortar madeira. 5Estando um deles a abater um tronco, o ferro do machado caiu na água, e ele gritou: "Ai, meu senhor, era um machado emprestado!" 6Mas o homem de Deus perguntou-lhe: "Onde ele caiu?". O outro mostrou-lhe o lugar. Então Eliseu cortou um pedaço de madeira, jogou-o naquele lugar e o ferro veio à tona. 7Disse então: "Apanha-o". O homem estendeu a mão e o apanhou.

Eliseu captura um batalhão arameu. 8O rei de Aram estava em guerra contra Israel. Tomou conselho com seus oficiais e disse-lhes: "Em tal e tal lugar estará meu acampamento". 9O homem de Deus mandou dizer ao rei de Israel: "Cuidado, não passes por esse lugar, pois os arameus estão descendo para lá". 10O rei de Israel mandou seus homens para o lugar que o homem de Deus lhe havia indicado. Ele o advertia e o rei ficava de sobreaviso; e isto se deu não apenas uma ou duas vezes.

11O coração do rei de Aram ficou intrigado com isso e convocou seus oficiais para perguntar-lhes: "Não me poderíeis informar quem dentre os nossos está do lado do rei de Israel?" 12Um de seus oficiais respondeu: "Ninguém, senhor meu rei; é Eliseu, profeta de Israel, que revela ao rei de Israel até mesmo as palavras que dizes em teu quarto de dormir". 13Ordenou ele: "Ide, vede onde ele está e mandarei prendê-lo". Foi-lhe anunciado: "Ele está em Dotã". 14Então o rei mandou para lá cavalos, carros e uma poderosa tropa; chegaram de noite e cercaram a cidade.

15O servo do homem de Deus levantou-se bem cedo e saiu. Viu que um batalhão cercava a cidade com cavalos e carros. Seu servo lhe disse: "Ai, meu senhor, como vamos fazer?" 16"Não tenhas medo", respondeu, "pois são mais numerosos os que estão conosco do que os que estão com eles". 17Eliseu orou dizendo: "Javé, abre seus olhos para que veja!" Javé abriu os olhos do servo e ele viu a montanha coberta de cavalos e carros de fogo em torno de Eliseu.

18Quando os arameus desciam contra ele, Eliseu orou assim a Javé: "Dignai-vos ferir essa gente de cegueira";* e ele os feriu de cegueira, conforme a palavra de Eliseu. 19Então Eliseu lhes disse: "Não é este o caminho nem é esta a cidade. Segui-me, que vos conduzirei ao homem que procurais". Ele os conduziu a Samaria. 20Ao entrarem em Samaria, Eliseu disse: "Javé, abri os olhos dessa gente para que veja". Javé abriu seus olhos e eles viram: estavam no centro de Samaria!

21Quando os viu, o rei de Israel disse a Eliseu: "Devo matá-los, meu pai?" 22Mas ele respondeu: "Não! Porventura tiras a vida àqueles que fizeste prisioneiros com tua espada e teu arco? Dá-lhes pão e água, para que comam e bebam e depois voltem para seu senhor". 23O rei serviu-lhes um grande banquete; depois de terem comido e bebido, despediu-os e eles voltaram para seu senhor. Dali em diante os bandos arameus não fizeram mais incursões no território de Israel.

---

* **5,**27. Êx 4,6; Nm 12,10 | **6,**18. Gn 19,11

A fome em Samaria. [24]Depois disso, aconteceu que Ben-Adad, rei de Aram, reuniu todo o seu exército e veio sitiar Samaria. [25]Houve então grande fome em Samaria, e o cerco foi tão cruel que uma cabeça de jumento valia oitenta siclos de prata e a quarta parte de um cab de cebola selvagem, cinco siclos de prata.

[26]Passando o rei pela muralha, uma mulher gritou-lhe: "Socorre-me, senhor meu rei!" [27]Respondeu ele: "Se Javé não te socorre, donde posso tirar auxílio para ti? Dos produtos da eira ou do lagar?" [28]Depois o rei perguntou: "Que te aconteceu?" Respondeu ela: "Esta mulher me disse: 'Entrega teu filho para que o comamos hoje,* que amanhã comeremos o meu'. [29]Cozinhamos, pois, meu filho e o comemos. No dia seguinte eu lhe disse: 'Entrega teu filho para que o comamos'; mas ela ocultou seu filho". [30]Quando o rei ouviu o que dissera a mulher,* rasgou suas vestes†. O rei estava andando sobre a muralha, e o povo viu que ele trazia sobre o corpo um cilício. [31]Ele disse: "Que Deus me mande um castigo sobre o outro† se a cabeça de Eliseu, filho de Safat, ainda lhe ficar sobre os ombros hoje!"

[32]Eliseu estava sentado em sua casa e os anciãos com ele; o rei fez-se preceder por um mensageiro. Mas antes que este chegasse até ele, Eliseu disse aos anciãos: "Vereis que este filho de assassino mandou cortar minha cabeça. Atenção! Quando chegar o mensageiro, fechai a porta e empurrai-o com ela. Acaso atrás dele não se ouve o barulho dos passos de seu senhor?" [33]Ele ainda estava falando, quando o mensageiro desceu até ele e disse: "Todo este mal vem de Javé! Que devo ainda esperar de Javé?"

7 **Libertação de Samaria.** [1]Eliseu respondeu: "Escutai a palavra de Javé! Assim fala Javé: 'Amanhã a esta hora, na porta de Samaria, um seah de flor de farinha custará um siclo e dois

seah de cevada, um siclo'". [2]Mas o escudeiro, em cujo braço o rei se apoiava, respondeu ao homem de Deus: "Ainda que Javé fizesse janelas no céu,* isto seria possível?" Eliseu disse: "Tu o verás com teus próprios olhos, mas não comerás".*

[3]À porta da cidade estavam quatro leprosos,* os quais disseram entre si: "Por que ficarmos aqui à espera da morte? [4]Se resolvermos entrar na cidade, morreremos lá, porque a fome reina lá dentro; se ficarmos aqui, morreremos na mesma. Vamos, pois, e passemos para o acampamento dos arameus; se nos deixarem viver, viveremos, e se nos matarem, morreremos!" [5]Ao anoitecer, levantaram-se para ir em direção ao acampamento dos arameus. Ao chegarem ao limite do acampamento, notaram que lá não havia ninguém. [6]É que Javé fizera ouvir no acampamento* dos arameus um ruído de carros e de cavalos, o ruído de um grande exército, de modo que eles disseram entre si: "O rei de Israel deve ter contratado contra nós os reis dos heteus e os reis do Egito, para que marchem contra nós". [7]Levantaram-se e fugiram ao anoitecer, abandonando suas tendas, cavalos e jumentos; deixaram o acampamento intacto e fugiram para salvar a vida. [8]Aqueles leprosos chegaram ao limite do acampamento e entraram numa tenda; depois de terem comido e bebido, levaram de lá prata, ouro e vestes, que foram em seguida esconder. Voltaram depois e penetraram em outra tenda, tiraram de lá os despojos e igualmente os esconderam. **Fim do cerco e da fome.** [9]Disseram então entre si: "Não está certo o que estamos fazendo. Hoje é um dia de boas novas e nós estamos calados! Se esperarmos até raiar o dia de amanhã, um castigo nos sobrevirá. Vamos pois, entremos na cidade e levemos a notícia ao palácio do rei". [10]Foram, chamaram os guardas da porta da cidade e lhes disseram: "Fomos ao acampamento

---

* **6**,28. Dt 28,53 **|** 30. 1Rs 20,31; 21,27 **| 7**,2. Gn 7,11; 8,2; Is 24,18; Ml 3,10 / 2Rs 7,17 **|** 3. Lv 13,46 **|** 6. 6,17

† **6**,30. Sinal de dor e de consternação, Gn 37,29; Jz 11,35. **|** 31. Ver a nota em 2Sm 19,14.

2 Reis 7-8

dos arameus; lá não havia ninguém, não se ouvia a voz de ninguém; havia somente cavalos e jumentos amarrados e as tendas intactas". [11]Os guardas da porta gritaram e transmitiram a notícia para o interior do palácio do rei.

[12]De noite, o rei levantou-se e disse a seus oficiais: "Vou explicar-vos o que os arameus nos fizeram. Sabendo que estamos sofrendo fome, retiraram-se do acampamento para se esconderem no campo, pensando: Eles sairão da cidade, nós os apanharemos vivos e entraremos na cidade". [13]Um de seus oficiais respondeu: "Tomem-se cinco dos cavalos sobreviventes que ainda estão aqui – acontecerá a eles como a toda a multidão de Israel que permanece na cidade e como a toda a multidão de Israel que pereceu –, nós os mandaremos lá e veremos". [14]Tomaram dois carros com os cavalos, e o rei os enviou atrás do exército dos arameus, dizendo: "Ide e vede". [15]Eles os seguiram até o Jordão; a estrada estava cheia de vestes e de outros objetos que os arameus tinham abandonado em sua pressa; os mensageiros voltaram e informaram o rei.

[16]Então o povo saiu e saqueou o acampamento dos arameus; um seah de flor de farinha passou a custar um siclo e dois seah de cevada, um siclo, conforme a palavra de Javé. [17]O rei tinha posto como sentinela na porta o escudeiro em cujo braço ele se apoiava;* o povo o pisoteou junto à porta e ele morreu, conforme dissera o homem de Deus quando o rei descera até ele. [18]Com efeito, depois que o homem de Deus dissera ao rei: "Amanhã à esta hora, na porta de Samaria dois seah de cevada custarão um siclo e um seah de flor de farinha custará um siclo", [19]o escudeiro respondera ao homem de Deus: "Ainda que Javé fizesse janelas no céu, isto seria possível?" E Eliseu dissera: "Tu o verás com teus próprios olhos, mas não comerás". [20]Foi o que lhe aconteceu: o povo o pisoteou na porta e ele morreu.

8 A sunamita recupera seus bens.

[1]Eliseu tinha dito à mulher, cujo filho ele havia ressuscitado: "Levanta-te, parte com tua família e vai morar onde puderes, pois Javé fez vir a fome, e ela já está vindo sobre a terra por sete anos". [2]A mulher se levantara e fizera o que o homem de Deus tinha mandado: partiu com sua família e morou sete anos na terra dos filisteus. [3]Ao cabo de sete anos, ela voltou da terra dos filisteus e foi ao rei para reclamar sua casa e suas terras.

[4]O rei estava conversando com Giezi, servo do homem de Deus, e dizia: "Conta-me todas as grandes coisas realizadas por Eliseu". [5]Ele estava justamente contando ao rei como ele havia ressuscitado um morto, quando se apresentou ao rei a mulher, cujo filho ele ressuscitara, para reclamar sua casa e suas terras. Giezi disse: "Senhor meu rei, aí está a mulher e aí está seu filho que Eliseu fez voltar à vida". [6]O rei interrogou a mulher, e ela lhe contou o acontecido. Então o rei pôs a sua disposição um oficial e ordenou a este: "Cuida que lhe seja restituído tudo o que lhe pertence e todos os rendimentos das terras, desde o dia em que deixou o país até agora".

Eliseu e Hazael de Damasco. [7]Eliseu foi a Damasco. O rei de Aram, Ben-Adad, estava doente; foi-lhe anunciado: "O homem de Deus veio até aqui". [8]Então o rei ordenou a Hazael: "Toma contigo um presente, vai ao encontro do homem de Deus* e consulta Javé por meio dele, para saber se ficarei curado desta enfermidade".

[9]Hazael partiu ao encontro de Eliseu e levou como presente tudo o que havia de melhor em Damasco, com o que carregou quarenta camelos. Veio à presença dele e disse-lhe: "Teu filho Ben-Adad, rei de Aram,* mandou perguntar-te: 'Ficarei curado desta enfermidade?'" [10]Eliseu respondeu: "Vai dizer-lhe: 'Certamente ficarás curado',* mas Javé mostrou-me que de certo ele morrerá". [11]Depois tornou imóvel a expres-

---

* **7,**17. 7,2 | **8,**8. 5; 1,2 | 9. 6,21 | 10. 1Rs 19,15

387 2 Reis 8-9

são de seu rosto, olhando-o fixamente até que Hazael se sentiu embaraçado, e o homem de Deus chorou. [12]Hazael disse: "Por que meu senhor está chorando?" Eliseu respondeu: "Porque sei o mal que farás aos israelitas: incendiarás suas fortalezas, passarás ao fio da espada seus jovens, esmagarás suas crianças e rasgarás o ventre* das mulheres grávidas". [13]Hazael disse: "Mas o que é teu servo? Como este cão poderia realizar essa grande façanha?" Eliseu respondeu: "Javé mostrou-me que serás rei de Aram".

[14]Hazael deixou Eliseu e voltou para junto de seu senhor, o qual lhe perguntou: "Que te disse Eliseu?" "Disse-me que certamente vais sarar", respondeu ele. [15]No dia seguinte, ele pegou uma coberta, mergulhou-a na água e estendeu-a sobre seu rosto, de modo que Ben-Adad morreu, e Hazael reinou em seu lugar.

Jorão, rei de Judá. [16]No quinto ano de Jorão, filho de Acab,* rei de Israel, reinando ainda Josafá em Judá, Jorão, filho de Josafá, tornou-se rei de Judá. [17]Tinha trinta e dois anos quando começou a reinar e reinou oito anos em Jerusalém. [18]Imitou o comportamento dos reis de Israel, como fizera a casa de Acab, pois sua mulher era filha de Acab. Fez o mal aos olhos de Javé. [19]Todavia, Javé não quis destruir Judá por causa de seu servo Davi, segundo a promessa* que lhe fizera de dar-lhe uma lâmpada, a ele e a seus filhos para sempre.

[20]Em seu tempo, Edom libertou-se* do domínio de Judá e constituiu um rei para si. [21]Jorão foi a Seira com todos os seus carros. Levantou-se à noite e forçou a linha dos edomitas que haviam cercado a ele e aos comandantes dos carros, mas sua gente fugiu para as tendas. [22]Assim, Edom livrou-se do domínio de Judá até o dia de hoje. Naquele tempo Lebna também se revoltou.

[23]O resto da história de Jorão e tudo o que fez não está escrito no livro dos Anais dos reis de Judá? [24]Jorão adormeceu com seus pais* e foi sepultado com seus pais na Cidade de Davi. Seu filho Ocozias reinou em seu lugar.

Ocozias, rei de Judá. [25]No décimo segundo ano de Jorão,* filho de Acab, rei de Israel, Ocozias, filho de Jorão, tornou-se rei em Judá. [26]Tinha vinte e dois anos quando começou a reinar e reinou um ano em Jerusalém. Sua mãe chamava-se Atalia e era filha de Amri, rei de Israel. [27]Ele imitou a conduta da família de Acab e fez o mal aos olhos de Javé, como a família de Acab, pois era aparentado com a casa de Acab.

[28]Ele foi com Jorão, filho de Acab, combater Hazael,* rei de Aram, em Ramot de Galaad. Mas os arameus feriram Jorão. [29]O rei Jorão voltou a Jezrael para tratar-se dos ferimentos recebidos dos arameus em Ramot, quando combatia contra Hazael, rei de Aram; e Ocozias, filho de Jorão, rei de Judá, desceu a Jezrael para visitar Jorão, filho de Acab, que estava enfermo.

9 **Jeú, rei de Israel.** [1]O profeta Eliseu chamou um dos discípulos dos profetas e disse-lhe: "Cinge teus rins, toma contigo este frasco de óleo e parte para Ramot de Galaad. [2]Chegando lá, procura por Jeú, filho de Josafá, filho de Namsi. Tendo-o encontrado, chama-o do meio de seus colegas e leva-o a um aposento separado. [3]Tomarás então o frasco de óleo e o derramarás sobre sua cabeça, dizendo: 'Assim fala Javé: Eu te unjo como rei* de Israel'; depois abre a porta e foge depressa".

[4]O jovem, o jovem profeta, partiu em direção de Ramot de Galaad. [5]Quando chegou, encontrou os chefes do exército em reunião e disse: "Chefe, tenho algo a dizer-te". Jeú perguntou: "A qual de nós?" "A ti, chefe", respondeu ele. [6]Então Jeú ergueu-se e entrou em casa. O jovem derramou-lhe o óleo sobre a cabeça e disse: "Assim fala Javé, Deus de Israel: Eu te unjo como rei sobre o

---

* **8,**12. 15,16; Am 1,3 | 16. 2Cr 21,5ss | 19. 2Sm 7,11-16; 1Rs 11,36 | 20. 2Cr 21,8ss | 24. 2Cr 21,20 | 25. 2Cr 22,1-6 | 28. 1Rs 22,3s; 2Rs 9,14s | **9,**3. 1Rs 19,16

2 Reis 9

povo de Javé, sobre Israel. [7]Exterminarás a casa de Acab,* teu senhor, e eu vingarei o sangue de meus servos, os profetas, e de todos os servos de Javé derramado por Jezabel, [8]e morrerá toda a família de Acab. Exterminarei todo homem* da família de Acab†, tanto o escravo como o livre em Israel. [9]Tratarei a família de Acab como a de Jeroboão, filho de Nabat,* e a de Baasa, filho de Aías.* [10]Os cães devorarão Jezabel no campo de Jezrael; ninguém lhe dará sepultura". Depois ele abriu a porta e fugiu.

[11]Jeú saiu para onde estavam os oficiais de seu senhor, os quais lhe perguntaram: "Está tudo bem? Por que veio a ti esse louco?" Respondeu ele: "Conheceis bem esse homem e sua linguagem!" [12]Mas eles disseram: "Não é verdade! Explica-nos tudo!" Ele respondeu: "Falou-me desse e desse modo e disse: Assim fala Javé: 'Eu te ungi como rei de Israel'". [13]Imediatamente, todos tomaram seus mantos e os estenderam debaixo de seus pés, sobre os degraus; tocaram a trombeta e gritaram: "Jeú é rei!"

[14]Jeú, filho de Josafá, filho de Namsi, conspirou* contra Jorão. Jorão, com todo o Israel, tinha defendido Ramot de Galaad de um ataque de Hazael, rei de Aram. [15]Depois o rei Jorão tinha voltado a Jezrael para tratar-se das feridas que os arameus lhe haviam infligido nos combates que sustentava contra Hazael, rei de Aram. Jeú disse: "Se estais de acordo, que não saia ninguém da cidade para levar a notícia a Jezrael". [16]Jeú subiu num carro e partiu para Jezrael. Jorão lá estava, acamado, e Ocozias, rei de Judá, tinha ido visitá-lo.

Jeú mata os reis de Israel e de Judá.
[17]A sentinela que estava na torre de Jezrael viu aproximar-se a tropa de Jeú e anunciou: "Estou vendo uma tropa". Jorão ordenou: "Chama um cavaleiro e manda-o a seu encontro para perguntar: 'Tudo vai bem?'" [18]O cavaleiro foi ao encontro de Jeú e disse: "Assim fala o rei: 'Tudo vai bem?'" "Que te importa se tudo vai bem?", respondeu Jeú. "Passa para trás de mim e segue-me". A sentinela anunciou: "O mensageiro chegou até eles, mas não volta". [19]O rei enviou um segundo cavaleiro; este chegou perto deles e perguntou: "Assim fala o rei: 'Tudo vai bem?'" "Que te importa se tudo vai bem?", respondeu Jeú. "Passa para trás de mim e segue-me". [20]A sentinela anunciou: "Ele chegou até eles, mas não volta. Pela maneira de dirigir o carro deve ser Jeú, filho de Namsi; ele dirige como um doido!" [21]Jorão disse: "Preparai meu carro!"* O carro foi preparado e Jorão, rei de Israel, e Ocozias, rei de Judá, partiram, cada qual em seu carro, ao encontro de Jeú e o alcançaram no campo de Nabot de Jezrael.

[22]Ao ver Jeú, Jorão perguntou: "Vai tudo bem, Jeú?" Este respondeu: "Como pode ir tudo bem se perduram as prostituições† de tua mãe Jezabel e suas inúmeras magias?" [23]Então Jorão virou seu carro e fugiu, bradando a Ocozias: "Traição, Ocozias!" [24]Mas Jeú já havia retesado seu arco e atingiu Jorão entre as espáduas; a flecha atingiu o coração do rei, que tombou dentro do carro. [25]Jeú ordenou a Badacer, seu escudeiro: "Tira-o e lança-o no campo de Nabot de Jezrael.* Lembras-te? Quando nós dois estávamos num carro seguindo Acab, seu pai, Javé pronunciou contra ele esta sentença: [26]'De certo, vi ontem o sangue de Nabot e de seus filhos, oráculo de Javé.* Neste mesmo campo eu te retribuirei, oráculo de Javé'. Tira-o, pois, e joga-o no campo, conforme a palavra de Javé".

[27]Vendo isso, Ocozias, rei de Judá, fugiu pela estrada* de Bet-Gã, mas Jeú o perseguiu e gritou: "Matai-o também!" Feriram-no dentro de seu carro na subida de Gaver, que fica perto de Jeblaam; refugiou-se em Meguido e lá

---

* **9,**7. 1Rs 16,4.13; 19,10; 21 | 8. 1Rs 21,21-24 | 9. 1Rs 14,10s / 1Rs 16,3s | 14. 1Rs 22,3 | 21. 2Cr 22,7s | 25. 1Rs 21 | 26. 1Rs 21,19 | 27. 2Cr 22,8s

† **9,**8. O profeta Oseias condenará Jeú "pelo sangue derramado em Jezrael", Os 1,4. | **9,**22. Ver a nota em Êx 34,15.

morreu. [28]Seus servos o transportaram num carro até Jerusalém e o sepultaram em seu túmulo com seus pais, na Cidade de Davi. [29]Ocozias se tornara rei de Judá no décimo primeiro ano de Jorão, filho de Acab.

Fim de Jezabel. [30]Quando Jeú chegou a Jezrael, Jezabel o soube. Pintou os olhos, enfeitou a cabeça e se pôs à janela. [31]Quando Jeú atravessou a porta, ela perguntou: "Tudo vai bem, Zambri[+], assassino* de seu senhor?" [32]Jeú ergueu os olhos para a janela e disse: "Quem está comigo? Quem?" Dois ou três eunucos olharam para ele. [33]Ordenou ele: "Lançai-a abaixo". Eles a lançaram para baixo; seu sangue salpicou a parede e os cavalos, e Jeú passou sobre ela. [34]Depois entrou, comeu e bebeu e enfim disse: "Ide ver aquela maldita e dai-lhe sepultura, pois é filha de rei". [35]Quando chegaram para sepultá-la, só encontraram o crânio, os pés e as mãos. [36]Voltaram para contar isso a Jeú, que disse: "Esta foi a palavra que Javé pronunciou por intermédio de seu servo Elias, o tesbita: 'No campo de Jezrael, os cães devorarão a carne de Jezabel; [37]e o cadáver de Jezabel no campo de Jezrael* será como esterco espalhado no solo, de modo que não se poderá dizer: Esta é Jezabel!'"

10

Massacre da família real de Israel. [1]Havia em Samaria setenta filhos* de Acab. Jeú escreveu cartas e enviou-as a Samaria, aos chefes da cidade, aos anciãos e aos tutores dos filhos de Acab. Dizia a carta: [2]"Quando esta carta vos chegar às mãos, vós que tendes convosco os filhos de vosso senhor, carros e cavalos, uma cidade fortificada e armamentos, [3]escolhei entre os filhos de vosso senhor o melhor e o mais digno, ponde-o no trono de seu pai e combatei pela casa de vosso senhor!" [4]Eles, porém, sentiram grande medo e disseram:

"Se dois reis não puderam resistir-lhe, como o poderíamos nós?" [5]O mordomo do palácio, o prefeito da cidade, os anciãos e os tutores mandaram dizer a Jeú: "Somos teus servos, faremos tudo o que ordenares, não escolheremos rei algum; faze o que te agradar".

[6]Jeú escreveu-lhes depois uma segunda carta em que dizia: "Se estais do meu lado e quereis obedecer-me, tomai as cabeças dos filhos de vosso senhor e vinde ter comigo amanhã a esta hora em Jezrael". Havia setenta filhos do rei nas casas dos nobres da cidade, que os educavam. [7]Recebida a carta, apoderaram-se dos filhos do rei, degolaram todos os setenta e, pondo suas cabeças em cestos, enviaram-nas para Jezrael.

[8]Veio um mensageiro anunciar a Jeú: "Trouxeram as cabeças dos filhos do rei". Ele disse: "Colocai-as em dois montes à entrada da porta da cidade até a manhã seguinte". [9]De manhã ele saiu e, de pé, disse a todo o povo: "Vós sois inocentes. Quanto a mim, conspirei contra meu senhor e o matei; mas, e estes todos, quem os matou? [10]Sabei, pois, que não ficará* sem cumprimento nenhuma das palavras que Javé pronunciou contra a família de Acab; Javé executou o que havia dito por intermédio de seu servo Elias". [11]E Jeú matou todos os sobreviventes da família de Acab em Jezrael: todos os nobres, os parentes e os sacerdotes; não deixou escapar nenhum.

Massacre dos príncipes de Judá. [12]A seguir pôs-se a caminho* e partiu para Samaria. Passando por Bet-Eced-dos-Pastores, [13]encontrou parentes de Ocozias, rei de Judá, e perguntou: "Quem sois?" Responderam: "Somos parentes de Ocozias e descemos para saudar os filhos do rei e os filhos da rainha-mãe". [14]Ordenou Jeú: "Prendei-os vivos!" Foram apanhados vivos e degolados junto ao poço de Bet-Eced.

---

* **9**,31. 1Rs 16,9-18 | 37. 9,10; 1Rs 21,23; Jr 8,2 | **10**,1. Jz 9,5; 1Rs 15,29; 16,11; 2Rs 11,1 | 10. 1Rs 21,21-24 | 12. 2Cr 22,8

† **9**,31. Jezabel compara Jeú a Zambri, que usurpou o trono matando o rei Ela, 1Rs 16,10. | **10**,15. Jonadab e os recabitas viviam uma religião baseada no nomadismo: não possuíam casas nem campos, Jr 35.

2 Reis 10-11

Eram quarenta e dois e nenhum foi poupado.

Jeú e Jonadab. [15]Partindo dali encontrou-se* com Jonadab, filho de Recab†, que vinha a seu encontro; saudou-o e disse-lhe: "Teu coração é leal para comigo, como meu coração para contigo?" "Sim", respondeu Jonadab. E Jeú replicou: "Se é assim, dá-me a mão". Jonadab deu-lhe a mão e Jeú fê-lo subir a seu lado no carro. [16]Disse-lhe: "Vem comigo e verás meu zelo por Javé". E o levou consigo em seu carro. [17]Entrando em Samaria, matou todos os sobreviventes da família de Acab em Samaria; exterminou-a, segundo a palavra que Javé dissera a Elias.

Massacre dos fiéis de Baal e destruição de seu templo. [18]Jeú reuniu todo o povo e disse: "Acab venerou um pouco a Baal; Jeú vai venerá-lo muito. [19]Agora, pois, congregai-me todos os profetas de Baal, todos os seus fiéis e todos os seus sacerdotes; que ninguém falte, porque desejo oferecer um grande sacrifício a Baal. Quem faltar perderá a vida". Mas Jeú agiu com astúcia, para exterminar os fiéis de Baal. [20]Ordenou: "Convocai uma solene assembleia para Baal"; e eles a convocaram. [21]Jeú enviou mensageiros por todo o Israel e vieram todos os fiéis de Baal sem faltar ninguém. Entraram no templo de Baal,* que ficou lotado de uma extremidade à outra. [22]Jeú disse ao guarda do vestiário: "Traze vestes para todos os fiéis de Baal"; e ele trouxe vestes para eles. [23]Jeú veio ao templo de Baal com Jonadab, filho de Recab, e disse aos fiéis de Baal: "Reparai bem se não há servidores de Javé aqui convosco, mas somente fiéis de Baal". [24]Entraram para oferecer sacrifícios e holocaustos.

Ora, Jeú colocara do lado de fora oitenta homens e dissera: "Se algum de vós deixar escapar um desses homens que vou entregar-vos, responderá com a própria vida pela dele". [25]Quando Jeú acabou de oferecer o holocausto, ordenou aos guardas e aos escudeiros: "Entrai, matai-os! E que nenhum escape!" Os guardas e os escudeiros passaram-nos ao fio da espada e chegaram até o santuário do templo de Baal. [26]Tiraram a coluna sagrada do templo de Baal e a queimaram. [27]Derrubaram a coluna sagrada de Baal, demoliram também o templo de Baal e o transformaram em latrina, que permanece até hoje.

Reinado de Jeú em Israel. [28]Assim Jeú fez Baal desaparecer de Israel. [29]Entretanto, Jeú não se desviou dos pecados que Jeroboão, filho de Nabat, fizera Israel cometer, isto é, os bezerros de ouro de Betel* e de Dã. [30]Javé disse a Jeú: "Porque executaste bem o que era agradável a meus olhos e cumpriste toda a minha vontade contra a casa de Acab, teus filhos até a quarta geração se assentarão sobre o trono de Israel". [31]Mas Jeú não seguiu fielmente e de todo o seu coração a lei de Javé, Deus de Israel; não se afastou dos pecados que Jeroboão fizera Israel cometer.

[32]Por aquele tempo, Javé começou a reduzir o território de Israel; Hazael venceu Israel em todas as suas fronteiras, [33]desde o Jordão até o oriente, arrebatando-lhe toda a terra de Galaad, a terra de Gad, de Rúben, de Manassés, desde Aroer, junto à torrente do Arnon, até Galaad e Basã†.

[34]O resto da história de Jeú, tudo o que fez, todas as suas façanhas, não está tudo escrito no livro dos Anais dos reis de Israel? [35]Ele adormeceu com seus pais e foi sepultado em Samaria. Seu filho Joacaz sucedeu-lhe no trono. [36]Jeú reinou sobre Israel durante vinte e oito anos em Samaria.

11

Atalia usurpa o reino de Judá†. [1]Quando Atalia, mãe de Ocozias,* soube que seu filho estava morto, resolveu exterminar toda a descendência real. [2]Mas Josaba, filha do rei Jorão e irmã de Ocozias, tomou Joás, filho de Ocozias, retirou-o do meio dos

---

* **10**,15. Jr 35,1-11 | 21. 1Rs 16,32 | 29. 1Rs 12,28s | **11**,1. 2Cr 22,9-23,21

† **10**,33. Assim Israel perdeu todo o território a leste do rio Jordão. | **11**. Atalia era filha de Acab e Jezabel, e esposa de Jorão, pai de Ocozias; para usurpar o trono, massacrou o resto da família real.

391 2 Reis 11-12

filhos do rei que estavam sendo massacrados e o instalou, com sua ama, no quarto dos leitos; assim ela o escondeu de Atalia e ele não foi morto. [3]Ficou seis anos com ela, escondido no templo de Javé, enquanto Atalia reinava sobre o país.

[4]No sétimo ano, Joiada mandou chamar os centuriões dos caritas e os guardas e os convocou para junto de si no templo de Javé. Concluiu com eles uma aliança, fê-los prestar juramento no templo de Javé e mostrou-lhes o filho do rei. [5]Deu-lhes esta ordem: "Eis o que haveis de fazer: a terça parte de vós, que entra em serviço no dia de sábado, montará guarda no palácio real, [6]a outra terça parte na porta de Sur, e a outra terça parte na porta atrás dos guardas; assim guardareis o palácio por turnos. [7]Os outros dois grupos vossos, todos os que largam o serviço no sábado, montarão guarda no templo de Javé junto ao rei. [8]Fareis um círculo em torno do rei, cada qual com sua arma na mão; e todo aquele que quiser forçar vossas fileiras será morto. Acompanhareis o rei em todo lugar aonde ele for".

[9]Os centuriões fizeram tudo quanto lhes ordenara o sacerdote Joiada. Cada qual reuniu seus homens, tanto os que entravam em serviço no sábado, como os que largavam no sábado, e vieram para junto do sacerdote Joiada. [10]O sacerdote entregou aos centuriões as lanças e os escudos do rei Davi, que estavam no templo de Javé. [11]Os guardas postaram-se, de armas na mão, desde o ângulo sul até o ângulo norte do templo, diante do altar e do templo e ao redor do rei. [12]Então Joiada mandou que trouxessem o filho do rei, cingiu-o com o diadema e entregou-lhe o documento da aliança; proclamaram-no rei e deram-lhe a unção. Bateram palmas e gritaram: "Viva o rei!"

[13]Ouvindo os gritos dos guardas e do povo, Atalia veio em direção ao povo no templo de Javé. [14]Quando viu o rei de pé sobre o pilar, segundo o costume, os chefes e os tocadores de trombeta perto do rei, todo o povo do país gritando de alegria e tocando as trombetas, Atalia rasgou suas vestes e bradou: "Traição! Traição!" [15]Então o sacerdote Joiada deu ordens aos centuriões da tropa: "Arrastai-a para fora, por entre as fileiras e, se alguém a seguir, passai-o ao fio da espada"; pois o sacerdote dissera: "Não a mateis dentro do templo de Javé". [16]Agarraram-na e, quando ela chegou ao palácio real, pela porta dos Cavalos, foi morta nesse lugar.

[17]Joiada concluiu entre Javé, o rei e o povo uma aliança pela qual o povo se comprometia a ser o povo de Javé; fez também uma aliança entre o rei e o povo. [18]Todo o povo da terra dirigiu-se depois ao templo de Baal e o demoliu, quebrando totalmente seus altares e suas imagens e mataram Matã, sacerdote de Baal, diante dos altares.

O sacerdote colocou guardas no templo de Javé. [19]Depois reuniu os centuriões, os caritas, os guardas e todo o povo do país. Fizeram o rei descer do templo de Javé e pela porta dos Guardas entraram no palácio, onde Joás sentou-se no trono dos reis. [20]Todo o povo da terra estava em festa e a cidade estava calma. Atalia fora morta pela espada no palácio real.

12 **Joás, rei de Judá.** [1]Joás tinha sete anos* quando começou a reinar. [2]No sétimo ano de Jeú, Joás tornou-se rei e reinou quarenta anos em Jerusalém. Sua mãe chamava-se Sebias e era de Bersabeia. [3]Joás fez o que é agradável aos olhos de Javé por todo o tempo durante o qual o sacerdote Joiada o instruiu. [4]Contudo, os lugares altos não desapareceram, e o povo continuava a oferecer sacrifícios e incenso sobre os lugares altos.

[5]Joás disse aos sacerdotes: "Todo o dinheiro das oferendas sagradas que for trazido ao templo de Javé, tanto o dinheiro estipulado para cada pessoa – o dinheiro do resgate das pessoas

---

* **12**,1. 2Cr 24,1.16

2 Reis 12-13

– como todo o dinheiro oferecido espontaneamente ao templo, [6]recebam-no os sacerdotes, cada qual da mão de seus conhecidos, e o empreguem no templo, para fazer as restaurações necessárias". [7]Mas no vigésimo terceiro ano do rei Joás, os sacerdotes não tinham ainda restaurado o templo. [8]Então Joás chamou o sacerdote Joiada e os outros sacerdotes e disse-lhes: "Por que não restaurais os estragos do templo? Doravante não recebereis mais o dinheiro de vossos conhecidos, mas o dareis para restaurar os estragos do templo". [9]Os sacerdotes concordaram em não mais receber dinheiro do povo e em não ser mais os encarregados de reparar os estragos do templo.

[10]Então o sacerdote Joiada tomou um cofre, fez-lhe uma abertura na tampa e o colocou ao lado do altar, à direita de quem entrava no templo de Javé, e os sacerdotes que guardavam a entrada depositavam nele todo o dinheiro oferecido ao templo de Javé. [11]Quando viam que havia muito dinheiro no cofre, subiam o secretário do rei e o sumo sacerdote, que ensacavam e contavam o dinheiro que havia no templo de Javé. [12]Uma vez conferido o dinheiro, era entregue aos empreiteiros contratados para as obras do templo de Javé, e estes o empregavam para pagar os carpinteiros e os construtores que trabalhavam no templo de Javé, [13]os pedreiros e talhadores de pedras, e na compra de madeira e pedras lavradas, destinadas à restauração do templo de Javé. [14]Mas não se faziam taças de prata, nem facas, nem bacias, nem trombetas, nem objeto algum de ouro ou de prata para o templo de Javé com o dinheiro oferecido ao templo de Javé; [15]este era entregue aos empreiteiros que o empregavam na restauração do templo de Javé. [16]Nem se pediam contas aos homens aos quais era entregue o dinheiro para dá-lo aos operários, porque agiam com honestidade. [17]O dinheiro dos sacrifícios de reparação e dos sacrifícios pelo pecado não eram destinados ao templo de Javé, mas ficavam para os sacerdotes.

[18]Naquele tempo Hazael,* rei de Aram, partiu para combater Gat e tomou-a; depois resolveu marchar contra Jerusalém. [19]Joás, rei de Judá, tomou todos os objetos que haviam consagrado os reis de Judá, seus pais, Josafá, Jorão e Ocozias, e também os que ele próprio havia consagrado, bem como todo o ouro que se encontrava nos tesouros do templo de Javé e do palácio real, e enviou tudo isso a Hazael, rei de Aram, o qual se retirou de Jerusalém†.

[20]O resto da história de Joás e todos os seus feitos, não está tudo escrito no livro dos Anais dos reis de Judá? [21]Seus oficiais sublevaram-se e fizeram uma conspiração; mataram Joás em Bet-Melo, na descida para Sila. [22]Jozacar, filho de Semaat, e Jozabad, filho de Somer, o feriram e ele morreu. Foi sepultado com seus pais na Cidade de Davi, e seu filho Amasias reinou em seu lugar.

13 **Joacaz, rei de Israel.** [1]No vigésimo terceiro ano de Joás, filho de Ocozias, rei de Judá, tornou-se rei sobre Israel em Samaria Joacaz, filho de Jeú, e reinou dezessete anos. [2]Fez o mal aos olhos de Javé e imitou o pecado ao qual Jeroboão, filho de Nabat, arrastou Israel e não se afastou dele.

[3]Então a ira de Javé inflamou-se contra Israel e ele o entregou a Hazael, rei de Aram, e a Ben-Adad, filho de Hazael, por todo aquele período. [4]Mas Joacaz implorou a Javé, e Javé o atendeu, porque viu a tirania com que o rei de Aram* oprimia Israel. [5]Javé deu a Israel um libertador†; eles se libertaram do poder de Aram, e os israelitas puderam de novo morar em suas tendas como antes. [6]Todavia, não se apartaram do

---

* **12**,18. 2Cr 24,23-27; 2Rs 8,7-15 | **13**,4. 14,26s | 6. Êx 34,13

† **12**,19. Conforme 2Cr 24,23s. 27, Joás foi derrotado por Hazael e tornou-se vassalo de Damasco. | **13**,5. Esse libertador parece ser Jeroboão II, que reinou em Israel de 783 a 743 a.C. Era filho de Joás de Israel, v. 13.

393   **2 Reis 13-14**

pecado ao qual a casa de Jeroboão havia arrastado Israel; obstinaram-se nele. Até mesmo o tronco idolátrico* permaneceu de pé em Samaria. [7]Javé só deixou como tropas a Joacaz cinquenta cavaleiros, dez carros e dez mil soldados de infantaria; o rei de Aram os havia exterminado e reduzido a pó que se calca aos pés.

[8]O resto da história de Joacaz, tudo o que fez e suas façanhas, não está tudo escrito no livro dos Anais dos reis de Israel? [9]Joacaz adormeceu com seus pais e foi sepultado em Samaria. Seu filho Joás reinou em seu lugar.

Joás, rei de Israel. [10]No trigésimo sétimo ano de Joás, rei de Judá, tornou-se rei sobre Israel em Samaria Joás, filho de Joacaz, e reinou dezesseis anos. [11]Fez o mal aos olhos de Javé e não se afastou de todos os pecados aos quais Jeroboão, filho de Nabat, havia arrastado Israel, mas obstinou-se neles.

[12]O resto da história de Joás,* tudo o que fez e suas façanhas, a guerra que fez a Amasias,* rei de Judá, não está tudo escrito no livro dos Anais dos reis de Israel? [13]Joás adormeceu com seus pais, e Jeroboão sucedeu-lhe no trono. Joás foi sepultado em Samaria com os reis de Israel.

Morte de Eliseu. [14]Quando Eliseu foi atingido pela doença da qual ia morrer, Joás, rei de Israel, desceu para visitá-lo e chorou diante dele, dizendo: "Meu pai! Meu pai!* Carro e cavalaria de Israel!"[†] [15]Disse-lhe Eliseu: "Toma um arco e flechas"; e Joás tomou um arco e flechas. [16]Eliseu disse ao rei de Israel: "Empunha o arco"; e ele o empunhou. Eliseu pôs as mãos sobre as mãos do rei [17]e disse: "Abre a janela do lado do oriente"; e ele a abriu. Então Eliseu disse: "Atira!"; e ele atirou. Eliseu disse: "Flecha de vitória para Javé! Flecha de vitória contra Aram! Vencerás Aram em Afec até o extermínio".

[18]Depois disse Eliseu: "Toma as flechas"; e Joás tomou-as. Eliseu disse ao rei de Israel: "Atira contra a terra"; e ele deu três golpes e parou. [19]Então o homem de Deus irritou-se contra ele e disse: "Era preciso dar cinco ou seis golpes. Então terias derrotado Aram até o extermínio; agora, porém, vencerás Aram apenas três vezes".

[20]Eliseu morreu e foi sepultado. Na entrada do ano, bandos de moabitas costumavam fazer incursões no país. [21]Aconteceu que, enquanto alguns homens estavam sepultando um morto, avistaram um desses bandos; jogaram o corpo dentro do túmulo de Eliseu e partiram. Quando o morto tocou nos ossos de Eliseu, recobrou a vida e pôs-se de pé.

Vitória sobre os arameus. [22]Hazael, rei de Aram, tinha oprimido os israelitas por todo o tempo em que vivera Joacaz. [23]Mas Javé se mostrou benévolo e compadeceu-se deles. Voltou-se para eles por causa da aliança que fizera com Abraão, Isaac e Jacó; não os quis destruir e nem os rejeitou para longe de sua face até o presente. [24]Hazael, rei de Aram, morreu e seu filho Ben-Adad[†] reinou em seu lugar. [25]Então Joás, filho de Joacaz, retomou das mãos de Ben-Adad, filho de Hazael, as cidades que Hazael tinha arrebatado de seu pai Joacaz na guerra. Joás os venceu três vezes* e assim reconquistou as cidades de Israel.

II. OS REIS ATÉ A QUEDA
DE SAMARIA
(14–17)

14 **Amasias, rei de Judá.** [1]No segundo ano de Joás,* filho de Joacaz, rei de Israel, tornou-se rei Amasias, filho de Joás, rei de Judá. [2]Tinha vinte e cinco anos quando começou a reinar e reinou vinte e nove anos em Jerusalém. Sua mãe chamava-se Joaden e era de Jerusalém. [3]Fez o que é agradável a Javé, mas não como seu

---

* **13,**12. 14,15 / 14,8-14 | **14.** Gn 50,1; 2Rs 2,12 | 25. 13,19 | **14,**1. 2Cr 25,1-4.11.17-28

† **13,**14. Porque Eliseu adivinhava os movimentos do inimigo, 2Rs 6,10, e levava Israel à vitória. | 24. Trata-se aqui de Ben-Adad III.

2 Reis 14

pai Davi; em tudo imitou Joás, seu pai. [4]No entanto, os lugares altos não desapareceram, e o povo continuava a oferecer sacrifícios e incenso sobre os lugares altos.

[5]Logo que o poder real se consolidou em suas mãos, mandou matar aqueles seus oficiais que tinham assassinado o rei, seu pai. [6]Mas não mandou matar os filhos dos assassinos, em obediência ao que está escrito no livro da lei de Moisés, onde Javé ordenou: Os pais não serão mortos por causa de seus filhos nem os filhos serão mortos por causa dos pais; mas cada um morrerá por seu próprio pecado[+].

[7]Ele matou dez mil edomitas no vale do Sal, tomou de assalto a Rocha e deu-lhe o nome de Jecetel, que ela conserva até hoje.

[8]Então Amasias enviou mensageiros a Joás, filho de Joacaz, filho de Jeú, rei de Israel, para lhe dizer: "Vem, para medirmos forças!" [9]Joás, rei de Israel, mandou em resposta esta mensagem a Amasias, rei de Judá: "O espinheiro do Líbano[*] mandou dizer ao cedro do Líbano: 'Dá tua filha por esposa a meu filho'. Mas os animais selvagens do Líbano passaram e pisaram o espinheiro. [10]Obtiveste uma vitória sobre Edom e teu coração se enche de orgulho! Celebra tua glória, mas fica em casa. Para que provocar a desgraça e causar tua ruína e a de Judá contigo?"

[11]Mas Amasias não quis atendê-lo e Joás, rei de Israel, partiu para a guerra. Enfrentaram-se os dois, ele e Amasias, rei de Judá, em Bet-Sames, que pertence a Judá. [12]Judá foi derrotado por Israel e cada um fugiu para sua tenda. [13]Joás, rei de Israel, prendeu Amasias, rei de Judá, filho de Joás, filho de Ocozias, em Bet-Sames. Depois foi a Jerusalém e fez uma brecha de quatrocentos côvados na muralha de Jerusalém, desde a porta de Efraim até a porta do Ângulo. [14]Apoderou-se de todo o ouro e prata e de todos os objetos que se achavam no templo de Javé e no tesouro do palácio real, além de reféns, e voltou para Samaria.

[15]O resto da história de Joás,[*] tudo o que fez e suas façanhas, a guerra que fez a Amasias, rei de Judá, não está tudo escrito no livro dos Anais dos reis de Israel? [16]Joás adormeceu com seus pais e foi sepultado em Samaria com os reis de Israel. Jeroboão, seu filho, reinou em seu lugar.

[17]Amasias, filho de Joás, rei de Judá, viveu ainda quinze anos depois da morte de Joás, filho de Joacaz, rei de Israel.

[18]O resto da história de Amasias não está escrito no livro dos Anais dos reis de Judá? [19]Tramaram contra ele uma conspiração em Jerusalém; ele fugiu para Laquis, mas mandaram persegui-lo até Laquis e ali o mataram. [20]Transportaram seu corpo sobre cavalos e o sepultaram em Jerusalém, junto de seus pais, na Cidade de Davi. [21]Todo o povo[*] de Judá escolheu Azarias[+], que tinha dezesseis anos, e o constituiu rei em lugar de seu pai Amasias. [22]Foi ele que reconstruiu Elat e a reconquistou para Judá, depois que o rei adormecera com seus pais.

Jeroboão II, rei de Israel. [23]No décimo quinto ano de Amasias, filho de Joás, rei de Judá, tornou-se rei de Israel, em Samaria, Jeroboão[+], filho de Joás, e reinou quarenta e um anos. [24]Fez o mal aos olhos de Javé e não se afastou de todos os pecados aos quais Jeroboão, filho de Nabat, havia arrastado Israel.

[25]Restabeleceu as fronteiras de Israel, desde a entrada de Emat até o mar da Arabá, conforme Javé, Deus de Israel, havia dito por intermédio de seu servo, o profeta Jonas, filho de Amitai[+], que era de Gat-Ofer. [26]Pois Javé viu a extrema aflição de Israel, onde não havia mais nem escravo, nem livre, nem quem o pudesse socorrer. [27]Javé não

---

* **14**,9. Jz 9,8-15 | 15. 2Rs 13,12 | 21. 2Cr 26,1

+ **14**,6. Ver a nota em Dt 24,16, que é o texto citado aqui. | 21. Chamado também Ozias: 15,1.30. | 23. É no tempo dele e em seu território que profetizam Oseias e Amós. | 25. É a este profeta que foi atribuído, por pseudonímia, o livro de Jonas.

2 Reis 14-15

havia decidido apagar o nome de Israel de debaixo do céu, por isso o salvou pela mão de Jeroboão, filho de Joás.

[28]O resto da história de Jeroboão, tudo o que fez e suas façanhas, as guerras que fez e como reconquistou para Israel Damasco e Emat que pertenciam a Judá, tudo isso não está escrito no livro dos Anais dos reis de Israel? [29]Jeroboão adormeceu com seus pais junto aos reis de Israel, e seu filho Zacarias reinou em seu lugar.

15 Azarias, rei de Judá. [1]No vigésimo sétimo ano* de Jeroboão, rei de Israel, tornou-se rei de Judá Azarias, filho de Amasias. [2]Tinha dezesseis anos quando começou a reinar e reinou cinquenta e dois anos em Jerusalém; sua mãe chamava-se Jequelias e era de Jerusalém. [3]Fez o que é agradável a Javé, como tudo o que fizera seu pai Amasias. [4]Entretanto, os lugares altos não desapareceram, e o povo continuava a oferecer sacrifícios e incenso nos lugares altos.

[5]Mas Javé castigou o rei, e ele ficou leproso até o dia de sua morte. Morava numa casa isolada, e seu filho Joatão regia o palácio e governava o povo.

[6]O resto da história de Azarias e tudo o que fez não estão escritos no livro dos Anais dos reis de Judá? [7]Azarias adormeceu com seus pais, foi sepultado com seus pais na Cidade de Davi, e seu filho Joatão tornou-se rei em seu lugar.

Zacarias, rei de Israel. [8]No trigésimo oitavo ano de Azarias, rei de Judá, tornou-se rei de Israel, em Samaria, Zacarias, filho de Jeroboão, e reinou seis meses. [9]Fez o mal aos olhos de Javé, como fizeram seus pais, e não se afastou dos pecados aos quais Jeroboão, filho de Nabat, havia arrastado Israel.

[10]Selum, filho de Jabes, fez uma conspiração contra ele, feriu-o mortalmente diante do povo e tornou-se rei em seu lugar.

[11]O resto da história de Zacarias está escrito no livro dos Anais dos reis de Israel. [12]Realizou-se o que Javé havia dito a Jeú: "Teus filhos até a quarta geração se assentarão sobre o trono de Israel"; e assim aconteceu†.

Selum, rei de Israel. [13]Selum, filho de Jabes, tornou-se rei no trigésimo nono ano de Azarias, rei de Judá, e reinou um mês em Samaria.

[14]Manaém, filho de Gadi, partiu de Tersa e entrou em Samaria; ali matou Selum, filho de Jabes, e tornou-se rei em seu lugar.

[15]O resto da história de Selum e a conspiração que ele tramou, tudo está escrito no livro dos Anais dos reis de Judá. [16]Manaém devastou Tipsa, matando todos os que lá estavam e assolou seu território desde Tersa, porque não lhe tinham aberto as portas; arrasou a cidade e rasgou o ventre de todas as mulheres grávidas.

Manaém, rei de Israel. [17]No trigésimo nono ano de Azarias, rei de Judá, Manaém, filho de Gadi, tornou-se rei em Israel e reinou dez anos em Samaria. [18]Fez o mal aos olhos de Javé, não se afastando, durante toda a sua vida, dos pecados que Jeroboão, filho de Nabat, fizera Israel cometer.

[19]Pul, rei da Assíria†, invadiu o país. Manaém pagou a Pul mil talentos de prata para que o ajudasse a consolidar o poder real em suas mãos. [20]Manaém requereu essa quantia de Israel, de todas as pessoas abastadas, para dá-la ao rei da Assíria: a cada um solicitou cinquenta siclos de prata. Então o rei da Assíria se retirou, não permanecendo na terra.

[21]O resto da história de Manaém e tudo o que fez, não está tudo escrito no livro dos Anais dos reis de Israel? [22]Manaém adormeceu com seus pais, e Faceias, seu filho, reinou em seu lugar.

Faceias, rei de Israel. [23]No quinquagésimo ano de Azarias, rei de Judá, tornou-se rei de Israel, em Samaria, Fa-

---

* **15**,1. 2Cr 26,3s.21ss

† **15**,12. Terminada a dinastia de Jeú, o reino do norte entra numa fase de anarquia e de rápida decadência. | 19. Outro nome para Teglat-Falasar III, mencionado no v. 29, que reinou de 745 a 727 a.C.

2 Reis 15-16

ceias, filho de Manaém, e reinou dois anos. ²⁴Fez o mal aos olhos de Javé, não se afastando dos pecados que Jeroboão, filho de Nabat, fizera Israel cometer.

²⁵Seu escudeiro, Faceia, filho de Romelias, conspirou contra ele e o assassinou em Samaria, na torre do palácio real, junto com Argob e Arié. Tinha consigo cinquenta homens de Galaad. Matou o rei e reinou em seu lugar.

²⁶O resto da história de Faceias e tudo o que fez está escrito no livro dos Anais dos reis de Israel.

Faceia, rei de Israel. ²⁷No quinquagésimo segundo ano de Azarias, rei de Judá, tornou-se rei de Israel, em Samaria, Faceia, filho de Romelias, e reinou vinte anos. ²⁸Fez o mal aos olhos de Javé, não se afastando dos pecados que Jeroboão, filho de Nabat, fizera Israel cometer.

²⁹No tempo de Faceia, rei de Israel, veio Teglat-Falasar, rei da Assíria, e tomou Aion, Abel-Bet-Maaca, Janoe, Cedes, Hasor, Galaad, a Galileia e toda a terra de Nefali e deportou seus habitantes para a Assíria†. ³⁰Oseias, filho de Ela, conspirou contra Faceia, filho de Romelias, feriu-o mortalmente e tornou-se rei em seu lugar no vigésimo ano de Joatão, filho de Ozias.

³¹O resto da história de Faceia e tudo o que ele fez está escrito no livro dos Anais dos reis de Israel.

Joatão, rei de Judá. ³²No segundo ano de Faceia,* filho de Romelias, rei de Israel, começou a reinar Joatão, filho de Ozias, rei de Judá. ³³Tinha vinte e cinco anos quando subiu ao trono e reinou dezesseis anos em Jerusalém. Sua mãe chamava-se Jerusa e era filha de Sadoc. ³⁴Fez o que é reto aos olhos de Javé, imitando em tudo a conduta de seu pai Ozias. ³⁵Entretanto, os lugares altos não desapareceram, e o povo continuou a oferecer sacrifícios e incenso nos lugares altos. Foi ele que construiu a porta superior do templo de Javé.

³⁶O resto da história de Joatão, tudo o que fez, não está escrito no livro dos Anais dos reis de Judá? ³⁷Naqueles dias, Javé começou a mandar contra Judá Rason, rei de Aram, e Faceia, filho de Romelias. ³⁸Joatão adormeceu com seus pais, foi sepultado com eles na Cidade de Davi, seu antepassado, e seu filho Acaz tornou-se rei em seu lugar.

16 **Acaz, rei de Judá.** ¹No décimo sétimo ano* de Faceia, filho de Romelias, começou a reinar Acaz, filho de Joatão, rei de Judá. ²Acaz tinha vinte anos quando subiu ao trono e reinou dezesseis anos em Jerusalém. Não fez o que é reto aos olhos de Javé, seu Deus, como havia feito Davi, seu antepassado. ³Imitou a conduta dos reis de Israel e chegou a fazer passar seu filho* pelo fogo†, segundo os costumes abomináveis das nações que Javé havia expulsado de diante dos israelitas. ⁴Ofereceu sacrifícios e incenso nos lugares altos,* nas colinas e debaixo de toda árvore frondosa.

⁵Naquele tempo marcharam contra Jerusalém Rason, rei de Aram, e Faceia, filho de Romelias, rei de Israel; sitiaram Acaz, mas não puderam vencê-lo†. ⁶Na mesma época, Rason, rei de Aram, reconquistou Elat para Aram,* expulsou de Elat os judeus, os edomitas a ocuparam e lá permanecem* até hoje. ⁷Então Acaz enviou mensageiros a Teglat-Falasar, rei da Assíria, para dizer-lhe: "Sou teu servo e teu filho. Vem libertar-me das mãos do rei de Aram e do rei de Israel que se insurgiram contra mim". ⁸Acaz tomou a prata e o ouro* que havia no templo de Javé e nos tesouros do palácio real e os enviou como presente ao rei da Assíria. ⁹O rei da Assíria atendeu a seu pedido, subiu contra

---

* **15**,32. 2Cr 27,1-4.7-9 | **16**,1. 2Cr 28,1-4 | 3. Lv 18,21 | 4. Dt 12,2 | 6. 2Cr 28,17 / 2Cr 18,16 | 8. 2Cr 28,21

† **15**,29. O rei assírio deporta os povos vencidos, em vez de massacrá-los ou vendê-los como escravos. **16**,3. Expressão que designa a imolação de seres humanos ao deus cananeu Moloc. Ver a nota em Lv 18,21. | 5. Essa guerra, empreendida para tentar dissuadir Judá de aliar-se à Assíria, é o contexto dos cap. 7 e 8 de Isaías.

Damasco e apoderou-se dela; deportou seus habitantes para Quir e matou Rason.

¹⁰O rei Acaz foi a Damasco para encontrar-se com Teglat-Falasar, rei da Assíria. Tendo visto o altar que havia em Damasco, o rei Acaz mandou ao sacerdote Urias o desenho do altar e seu modelo, com todos os detalhes para sua execução. ¹¹Assim o sacerdote Urias construiu o altar, seguindo todas as instruções que o rei Acaz lhe havia mandado de Damasco, antes que este voltasse de Damasco. ¹²Quando o rei Acaz chegou de Damasco, viu o altar, aproximou-se e subiu a ele. ¹³Fez queimar sobre o altar seu holocausto* e suas oblações; derramou sua libação e espargiu o sangue de seus sacrifícios de comunhão. ¹⁴Quanto ao altar de bronze que estava diante de Javé, mandou tirá-lo da frente do templo, onde ele estava entre o altar e o templo de Javé, e mandou colocá-lo no lado norte de seu altar. ¹⁵O rei Acaz deu esta ordem ao sacerdote Urias: "É sobre o altar grande que queimarás o holocausto da manhã e a oblação da tarde, o holocausto e a oblação do rei, o holocausto, a oblação e as libações de todo o povo; derramarás sobre ele todo o sangue dos holocaustos e dos sacrifícios. Quanto ao altar de bronze, competirá a mim determinar". ¹⁶O sacerdote Urias fez tudo o que lhe ordenara o rei Acaz.

¹⁷O rei Acaz quebrou os painéis das bases,* retirou das bases as bacias, mandou descer o mar de bronze de cima dos bois de bronze* que o sustentavam e o colocou sobre um pavimento de pedras. ¹⁸Em consideração ao rei da Assíria, removeu do templo de Javé o pórtico do sábado, que fora construído no templo, e a entrada externa do rei.

¹⁹O resto da história de Acaz, tudo o que fez,* não está escrito no livro dos Anais dos reis de Judá? ²⁰Acaz adormeceu com seus pais e foi sepultado na Cidade de Davi. Seu filho Ezequias reinou em seu lugar.

17 Oseias, rei de Israel.
¹No décimo segundo ano de Acaz, rei de Judá, tornou-se rei de Israel, em Samaria, Oseias, filho de Ela, o qual reinou nove anos. ²Fez o mal aos olhos de Javé, mas não como os reis de Israel, seus predecessores.

³Salmanasar, rei da Assíria, marchou contra Oseias, e este submeteu-se a ele, pagando-lhe tributo. ⁴Mas o rei da Assíria descobriu que Oseias conspirava, porque havia mandado mensageiros a Sô, rei do Egito, e não pagava mais o tributo ao rei da Assíria, como fazia todo ano. Então o rei da Assíria mandou encarcerá-lo e prendê-lo com grilhões.

Tomada da Samaria. ⁵Depois, o rei da Assíria invadiu todo o país* e sitiou Samaria durante três anos. ⁶No nono ano de Oseias, o rei da Assíria tomou Samaria e deportou os israelitas para a Assíria, estabelecendo-os em Hala e às margens do Habor, rio de Gozã, e nas cidades dos medos.

Motivos da ruína de Israel. ⁷Isso aconteceu porque os israelitas pecaram contra Javé, seu Deus, que os fizera subir da terra do Egito, libertando-os do poder do faraó, rei do Egito. Veneraram outros deuses, ⁸seguiram os costumes das nações que Javé havia expulsado da frente deles e os costumes introduzidos pelos reis de Israel. ⁹Os israelitas fizeram secretamente coisas não justas contra Javé, seu Deus; construíram lugares altos em todas as cidades onde moravam, desde as torres de vigia até as cidades fortificadas. ¹⁰Erigiram para si colunas sagradas e troncos idolátricos* sobre toda colina elevada e debaixo de toda árvore frondosa. ¹¹Queimaram incenso em todos os lugares altos, imitando as nações que Javé havia expulsado da frente deles, e cometeram ações más, provocando a ira de Javé. ¹²Prestaram culto aos ídolos, embora Javé lhes houvesse dito: "Vós não fareis tal coisa".

¹³No entanto, Javé tinha feito esta advertência a Israel e a Judá, por meio

---

* **16**,13. 2Cr 28,23 | 17. 2Cr 28,24; 1Rs 7,27-37 / 1Rs 7,23-26 | 19. 2Cr 28,26s | **17**,5. 2Rs 18,9ss | 10. Êx 23,24; 34,13; Dt 12,2

2 Reis 17

de todos os seus profetas e videntes: "Convertei-vos de vossa má conduta e observai meus mandamentos e meus estatutos, conforme toda a lei que prescrevi a vossos pais e que lhes comuniquei por intermédio de meus servos, os profetas". [14]Mas eles não obedeceram; antes, endureceram sua cerviz* como o haviam feito seus pais, que não tinham acreditado em Javé, seu Deus. [15]Desprezaram seus estatutos, bem como a aliança que ele havia concluído com seus pais, e as ordens que lhes havia dado. Correndo atrás das vaidades,* eles próprios se tornaram vaidade, como as nações ao redor, apesar de Javé lhes ter ordenado que não as imitassem. [16]Rejeitaram todos os mandamentos de Javé, seu Deus, fabricaram para si estátuas de metal fundido, os dois bezerros de ouro, fizeram um tronco idolátrico, adoraram todo o exército do céu e prestaram culto a Baal. [17]Fizeram passar pelo fogo seus filhos e filhas,* praticaram a adivinhação e a feitiçaria e venderam-se para fazer o mal na presença de Javé, provocando sua ira. [18]Então Javé irritou-se extremamente contra Israel e arrojou-o para longe de sua face. Restou apenas a tribo de Judá.

[19]Judá tampouco guardou os mandamentos de Javé, seu Deus, mas seguiu os costumes que Israel introduziu. [20]Por isso, Javé rejeitou toda a descendência de Israel, humilhou-a e entregou-a aos saqueadores e, enfim, baniu-a para longe de sua face. [21]Com efeito, quando ele arrancou Israel da casa de Davi, eles proclamaram como rei Jeroboão, filho de Nabat; Jeroboão afastou Israel de Javé e levou-o a cometer um grande pecado. [22]Os israelitas imitaram todos os pecados que Jeroboão cometera e deles não se afastaram [23]até que finalmente Javé baniu Israel de sua presença, como o havia anunciado por intermédio de todos os seus servos, os profetas; assim Israel

foi deportado para longe de sua terra, para a Assíria, onde está até hoje.

Origem dos samaritanos†. [24]O rei da Assíria mandou vir gente de Babilônia, de Cuta, de Ava, de Emat e de Sefarvaim e estabeleceu-os nas cidades de Samaria, em lugar dos israelitas; eles tomaram posse de Samaria e fixaram-se em suas cidades.

[25]Quando começaram a se instalar na terra, não veneravam Javé, e este mandou contra eles leões que os matavam. [26]Disseram, pois, ao rei da Assíria: "As populações que deportaste para fixá-las nas cidades de Samaria não conhecem a religião do deus do país, e ele mandou leões contra elas. Os leões as matam porque elas não conhecem a religião do deus do país". [27]Então o rei da Assíria ordenou: "Mandai para lá um dos sacerdotes que deportastes; que ele se estabeleça lá e lhes ensine a religião do deus do país". [28]Então veio um dos sacerdotes deportados de Samaria e se fixou em Betel; este ensinava-lhes como deviam venerar Javé.

[29]Mas cada nação fabricou para si seus próprios deuses e os colocou nos templos dos lugares altos, que os samaritanos haviam feito; assim fez cada povo nas cidades* em que habitou. [30]Os homens de Babilônia fizeram uma estátua de Sucot-Benot; os de Cuta, uma de Nergel; os de Emat, uma de Asima; [31]os de Ava, uma de Nebaaz e uma de Tartac; e os de Sefarvaim queimavam seus próprios filhos em honra de Adramelec e de Anamelec, deuses de Sefarvaim. [32]Prestavam culto também a Javé e do meio deles mesmos elegeram sacerdotes* dos lugares altos, que oficiavam para eles nos templos dos lugares altos. [33]Veneravam Javé e serviam a seus deuses, segundo o costume das nações de onde tinham sido deportados. [34]Seguem ainda hoje esses ritos antigos: não honram Javé, nem observam seus estatutos e seus decretos, nem a lei e os mandamentos

---

* **17**,14. Dt 9,13 | 15. Jr 2,5 | 17. Dt 18,10 | 29. Jo 4,9 | 32. 1Rs 12,31

† **17**,24. Os samaritanos eram discriminados pelos judeus, Jo 4,9, porque eram uma população mestiça de religião sincretista.

que Javé prescreveu aos filhos de Jacó, a quem dera o nome de Israel. ³⁵Javé concluíra* com eles uma aliança e lhes dera esta ordem: "Não adoreis deuses estrangeiros nem vos prostreis diante deles, não lhes presteis culto nem lhes ofereçais sacrifícios. ³⁶Mas temei a Javé, que vos fez subir da terra do Egito pelo grande poder de seu braço estendido; diante dele vos prostrareis e oferecereis sacrifícios. ³⁷Observareis os estatutos e os decretos, a lei e o mandamento que ele vos deu por escrito, pondo-os em prática todos os dias, e não temereis outros deuses. ³⁸Não esqueçais a aliança que eu concluí convosco e não presteis culto a deuses estrangeiros; ³⁹adorai somente a Javé, vosso Deus, e ele vos libertará da mão de todos os vossos inimigos". ⁴⁰Eles, porém, não obedeceram e continuaram a seguir seus costumes antigos.

⁴¹Assim, essas nações adoravam a Javé e prestavam culto a seus ídolos; seus filhos e seus netos continuam até hoje fazendo o que fizeram seus pais.

III. REIS DE JUDÁ ATÉ O CATIVEIRO (18–25)

18 **Ezequias, rei de Judá.** ¹No terceiro ano de Oseias,* filho de Ela, rei de Israel, tornou-se rei Ezequias, filho de Acaz, rei de Judá. ²Tinha vinte e cinco anos quando começou a reinar e reinou vinte e nove anos em Jerusalém. Sua mãe chamava-se Abi e era filha de Zacarias. ³Fez o que agrada aos olhos de Javé, imitando tudo o que fizera Davi, seu antepassado. ⁴Foi ele que aboliu os lugares altos,* quebrou as colunas sagradas, abateu os troncos idolátricos e reduziu a pedaços a serpente de bronze* que Moisés havia feito, pois os israelitas até então lhe ofe-

reciam incenso e a chamavam Noestã†.
⁵Pôs sua confiança em Javé, Deus de Israel. Depois dele, não houve entre todos os reis de Judá quem fosse semelhante a ele; e antes dele também não houve. ⁶Conservou-se fiel a Javé, sem jamais se afastar dele, e observou os mandamentos que Javé prescrevera a Moisés. ⁷Por isso, Javé estava com ele,* e ele teve êxito em todos os seus empreendimentos. Revoltou-se contra o rei da Assíria e não mais lhe foi submisso. ⁸Derrotou os filisteus até Gaza e seus territórios, desde as torres de vigia até as cidades fortificadas.

Fim do reino de Israel. ⁹No quarto ano de Ezequias,* que era o sétimo ano de Oseias, filho de Ela, rei de Israel, Salmanasar, rei da Assíria†, atacou Samaria e a sitiou. ¹⁰No fim de três anos conquistou-a. Foi no sexto ano de Ezequias, que era o nono ano de Oseias, rei de Israel, que Samaria foi tomada. ¹¹O rei da Assíria deportou os israelitas para a Assíria, estabelecendo-os em Hala e às margens do Habor, rio de Gozã, e nas cidades dos medos†. ¹²Isso aconteceu porque eles não obedeceram* à palavra de Javé, seu Deus, e violaram sua aliança; não ouviram nem puseram em prática tudo o que prescrevera Moisés, servo de Javé.

Invasão de Senaqueribe†. ¹³No décimo quarto ano* do rei Ezequias, Senaqueribe, rei da Assíria, atacou e tomou todas as cidades fortificadas de Judá. ¹⁴Então Ezequias, rei de Judá, mandou esta mensagem ao rei da Assíria em Laquis: "Cometi um erro! Retira-te de mim e aceitarei as condições que me impuseres". O rei da Assíria exigiu de Ezequias, rei de Judá, trezentos talentos de prata e trinta talentos de ouro. ¹⁵Ezequias entregou toda a prata que se achava no templo de Javé e nos tesouros do palácio real. ¹⁶Então Ezequias mandou

---

* **17**,35. Êx 19,5; 20,1-5 | **18**,1. 2Cr 29,1 | 4. 2Cr 31,1 / Nm 21,4-9; Sb 16,6 | 7. Gn 39,2 | 9. 2Rs 17,1-4 | 12. 2Rs 17,7-18 | 13. 2Cr 32,1; Is 36,1

† **18**,4. Ver a nota em Nm 21,9. | 9. Salmanasar V, filho e sucessor de Teglat-Falasar III, invade o país e sitia a cidade, mas quem toma Samaria é seu irmão e sucessor, Sargon II, em 721 a.C. | 11. Entre esses deportados o autor bíblico situa a história de Tobias. | 13. Senaqueribe diz em seus Anais: "Encerrei Ezequias em Jerusalém como um pássaro na gaiola". Esta seção, 18,13-20,19, encontra-se também em Is 36-39.

2 Reis 18

retirar das portas do templo de Javé e dos umbrais o ouro de que ele, rei de Judá, os havia revestido, e o entregou ao rei da Assíria.

[17]De Laquis, o rei da Assíria* mandou ao rei Ezequias, em Jerusalém, o comandante supremo, o oficial superior e o ajudante de campo com um grande exército. Subiram e chegaram a Jerusalém. Tendo subido e chegado, postaram-se perto do canal do açude superior,* que está no caminho do campo do Lavador. [18]Chamaram o rei e saíram a seu encontro o chefe do palácio, Eliacim, filho de Helcias,* o secretário Sobna e o arauto Joaé, filho de Asaf. [19]O ajudante de campo lhes disse: "Dizei a Ezequias: Assim fala o grande rei, o rei da Assíria: 'Que confiança é essa em que te apoias? [20]Pensas que palavras vãs representam conselho e valentia para guerrear? Ora, em que depões tua confiança para te revoltares contra mim? [21]Confias no apoio do Egito, esse caniço quebrado,* que penetra e fura a mão de quem nele se apoia; pois assim é o faraó, rei do Egito, para todos os que nele confiam. [22]Tu me dirás talvez: É em Javé, nosso Deus, que pomos nossa confiança. Mas não é aquele mesmo, do qual Ezequias destruiu os lugares altos e os altares, dizendo ao povo de Judá e de Jerusalém: Só diante deste altar, em Jerusalém, é que deveis prostrar-vos? [23]Pois bem! Aceita um desafio de meu senhor, o rei da Assíria: eu te darei dois mil cavalos, se puderes encontrar cavaleiros para montá-los! [24]Como poderás repelir um só capitão, um dos menores servos de meu senhor? Mas tu confias no Egito para ter carros e cavaleiros! [25]E então, foi porventura sem o consentimento de Javé que eu ataquei este lugar para o destruir? Foi Javé que me disse: Ataca este país e devasta-o!'"

[26]Eliacim, filho de Helcias, Sobna e Joaé disseram ao ajudante de campo: "Peço-te que fales a teus servos em aramaico†, pois nós o entendemos; não nos fales em hebraico, porque o povo que está sobre as muralhas está ouvindo". [27]Mas o ajudante de campo respondeu-lhes: "Porventura foi a teu senhor e a ti que meu senhor mandou dizer essas coisas? Não foi antes ao povo, que está sentado sobre as muralhas e que está condenado, como vós, a comer seus excrementos e a beber a própria urina?"

[28]Então o ajudante de campo pôs-se de pé e, gritando em voz alta, em língua hebraica, disse: "Escutai a palavra do grande rei, o rei da Assíria. [29]Assim fala o rei: 'Não vos deixeis enganar por Ezequias, pois não poderá livrar-vos de minha mão. [30]Que Ezequias não vos faça confiar em Javé, dizendo: Certamente Javé nos salvará, esta cidade não cairá nas mãos do rei da Assíria. [31]Não deis ouvidos a Ezequias, pois assim fala o rei da Assíria: Fazei as pazes comigo e rendei-vos; então cada um poderá comer o fruto de sua vinha e de sua figueira e beber a água de seu poço, [32]até que eu venha para vos transportar para uma terra como a vossa, terra que produz trigo e vinho, terra de pão e de vinhas, terra de azeite e de mel, para que possais viver e não morrer. Mas não deis ouvidos a Ezequias, que vos ilude, dizendo: Javé nos salvará! [33]Acaso os deuses das nações puderam livrar cada qual sua própria terra das mãos do rei da Assíria? [34]Onde estão os deuses de Emat e de Arfad?* Onde estão os deuses de Sefarvaim, de Ana e de Ava? Acaso eles livraram Samaria de minha mão? [35]Dentre todos os deuses das nações, quais os que livraram sua terra de minha mão, para que Javé possa livrar Jerusalém de minha mão?'"

[36]O povo guardou silêncio e não lhe respondeu nada, pois tal foi a ordem do rei: "Não lhe dareis resposta alguma". [37]O chefe do palácio, Eliacim, filho de Helcias, o secretário Sobna e o escriba Joaé, filho de Asaf, foram à presença do rei Ezequias, com as vestes rasgadas, e lhe transmitiram as palavras do ajudante de campo.

---

* **18**,17. 2Cr 32,9-19; Is 36,2-22 / Is 7,3 | 18. Is 22,15-25 | 21. Is 30,1-7; 31,1-3; Ez 29,6 | 34. 2Rs 17,5s.24

† **18**,26. O aramaico era a língua internacional, e será a língua dos hebreus depois do exílio de Babilônia.

19

Isaías exorta à resistência.
[1]Ao ouvir essas coisas,* o rei Ezequias rasgou suas vestes, cobriu-se de pano de saco e foi ao templo de Javé. [2]Enviou o chefe do palácio, Eliacim, o secretário Sobna e os anciãos dos sacerdotes, cobertos de pano de saco, ao profeta Isaías, filho de Amós, [3]para lhe dizerem: "Assim fala Ezequias: Hoje é um dia de angústia, de castigo e de opróbrio. Os filhos estão para nascer e não há força para dá-los à luz[†]. [4]Oxalá, Javé, teu Deus, tenha ouvido todas as palavras do ajudante de campo, que o rei da Assíria, seu senhor, mandou para insultar o Deus vivo; oxalá, Javé, teu Deus, dê o castigo merecido pelas palavras que Javé, teu Deus, ouviu! Faze uma prece em favor do resto* que ainda subsiste"[†].

[5]Os ministros do rei Ezequias foram ter com Isaías, [6]e este lhes disse: "Direis a vosso senhor: Assim fala Javé: Não tenhas medo das palavras que ouviste e com as quais os servos do rei da Assíria* me ultrajaram. [7]Mandarei sobre ele um espírito, de modo que, ao ouvir certa notícia, voltará para sua terra, e farei com que pereça pela espada em sua terra".

[8]O ajudante de campo* retornou e encontrou o rei da Assíria combatendo contra Lebna. O ajudante de campo, com efeito, ouviu dizer que o rei se retirara de Laquis, [9]pois tinha recebido esta notícia a respeito de Taraca, rei da Etiópia: "Ele partiu para te fazer guerra".
Carta de Senaquerib a Ezequias. Outra vez enviou Senaquerib mensageiros* a Ezequias para lhe dizer: [10]"Assim falareis a Ezequias, rei de Judá: Que teu Deus, em quem confias, não te iluda, dizendo: Jerusalém não será entregue às mãos do rei da Assíria! [11]Ouviste contar o que os reis da Assíria fizeram a todas as nações, destruindo-as

completamente, e tu poderias escapar? [12]Acaso seus deuses libertaram as nações que meus pais devastaram: Gozã, Harã, Resef e os edenitas que moravam em Telassar? [13]Onde estão o rei de Emat, o rei de Arfad, o rei de Lair, de Sefarvaim, de Ana e de Ava?"

[14]Ezequias tomou a carta das mãos dos mensageiros e leu-a. Depois subiu ao templo de Javé e desdobrou-a diante de Javé. [15]Ezequias rezou assim na presença de Javé: "Javé, Deus de Israel, que estais sentado sobre os querubins,* vós sois o único Deus de todos os reinos da terra; vós fizestes o céu e a terra. [16]Inclinai vossos ouvidos, Javé, e escutai, abri vossos olhos, Javé, e vede! Escutai as palavras de Senaquerib, que mandou mensageiros para insultar o Deus vivo. [17]É verdade, Javé, os reis da Assíria devastaram as nações e sua terra, [18]lançaram ao fogo seus deuses, pois aqueles não eram deuses, mas obras de mãos humanas,* madeira e pedra; por isso puderam aniquilá-los. [19]Mas agora, Javé, nosso Deus, livrai-nos de sua mão, vos suplico, e que todos os reinos da terra saibam que somente vós, Javé, sois Deus!"
Oráculo de Isaías contra Senaquerib.
[20]Então Isaías, filho de Amós,* mandou dizer a Ezequias: "Assim fala Javé, Deus de Israel. Ouvi a súplica que me dirigiste a respeito de Senaquerib, rei da Assíria. [21]Eis o oráculo que Javé pronunciou contra ele:

"Despreza-te, zomba de ti
a virgem, filha de Sião[†].
Atrás de ti meneia a cabeça
a filha de Jerusalém.
[22]A quem insultaste e blasfemaste?
Contra quem elevaste a voz
e olhaste com arrogância?
Contra o Santo de Israel![†]
[23]Por teus mensageiros insultaste o Senhor.

---

* **19**,1. Is 37,1-7 | 4. Is 4,3 | 6. Is 10,5-19 | 8. Is 37,9-20; 2Cr 32,17 | 9. 2Cr 32,17 | 15. Êx 25,18; 2Cr 32,20 | 18. Is 40,20; Jr 10,1-16 | 20. Is 37,21-35

† **19**,3. O provérbio exprime a angústia de Ezequias, que quer defender a cidade, mas não tem como. | 4. Depois de exilados 200 mil de seus habitantes, Judá, a única tribo que sobrou, 17,18, é um pobre resto, o qual, porém, será fiel a Deus e será semente do novo Israel. Dele nascerá o Messias. | 21. Expressão cara aos profetas, para designar Jerusalém. | 22. Expressão típica de Isaías, para indicar o Deus transcendente.

2 Reis 19-20

Disseste: 'Com meus numerosos carros

galguei os cimos dos montes,
os pincaros do Líbano.
Cortei seus cedros mais altos
e seus mais belos ciprestes.
Cheguei a sua morada mais distante,
ao bosque mais exuberante.
²⁴Cavei e bebi águas estrangeiras,
sequei com a planta dos pés
todos os canais do Egito!'
²⁵Não sabes que há muito tempo fiz
esse projeto
e desde tempos remotos o decidi?
Agora o realizo.
Coube a ti reduzir a montes de ruínas
cidades fortificadas.
²⁶Seus habitantes, sem poder fazer
nada,
cheios de medo e confusão,
eram como a erva do campo,
como a grama verdejante
e o capim dos telhados,
queimado antes que cresça.
²⁷Eu sei quando te assentas,*
quando sais e quando entras,
e também teu furor contra mim.
²⁸Porque ficaste furioso contra mim,
e tua insolência chegou até meus ouvidos,
porei meu anel em tuas narinas
e meu freio em tua boca,
e te farei voltar pelo caminho por
onde vieste.
²⁹Isto te servirá de sinal:
Neste ano comereis o que nascer por
si só,
no segundo ano, o que brotar do
mesmo chão,
mas, no terceiro ano, semeai e colhei,
plantai vinhas e comei de seu fruto.
³⁰O resto da casa de Judá que escapar
tornará a produzir raízes embaixo
e frutos em cima.
³¹Pois de Jerusalém sairá um resto
e do monte Sião, sobreviventes.
Fará isto o zelo de Javé dos Exércitos!*

³²Por isso, diz Javé sobre o rei da Assíria:
Ele não entrará nesta cidade,
nela não lançará nenhuma flecha,
não empunhará escudo contra ela,
nem acumulará contra ela os terraplenos.
³³Por onde veio, voltará,
não entrará nesta cidade, oráculo de
Javé.
³⁴Protegerei esta cidade e a salvarei
em atenção a mim mesmo e a meu
servo Davi".*

O anjo exterminador†. ³⁵Naquela
mesma noite, saiu o anjo de Javé* e
exterminou no acampamento assírio
cento e oitenta e cinco mil homens. De
manhã, quando o povo despertou, todos estavam mortos.
³⁶Senaquerib, rei da Assíria, levantou o acampamento e partiu. Voltou
para Nínive e aí permaneceu. ³⁷Certo
dia, estando ele a adorar no templo de
Nesroc, seu deus, Adramelec e Sarasar,
seus filhos, mataram-no a espada e fugiram para a terra de Ararat. Seu filho
Asaradon reinou em seu lugar.

20 Doença e cura de Ezequias.
¹Naquela época Ezequias foi
atingido* por uma doença mortal. O
profeta Isaías, filho de Amós, veio dizer-lhe: "Assim fala Javé: Põe ordem em
tua casa porque vais morrer, não sobreviverás". ²Ezequias virou o rosto para
a parede e assim rezou a Javé: ³"Javé,
lembrai-vos, por favor, de como andei
fielmente e com toda a integridade de
coração diante de vós, fazendo o que
era agradável a vossos olhos". E Ezequias chorou abundantes lágrimas.
⁴Antes que Isaías deixasse o pátio
central, veio-lhe a palavra de Javé, dizendo: ⁵"Volta e dize a Ezequias, chefe de meu povo: Assim fala Javé, Deus
de teu antepassado Davi. Escutei tua
prece e vi tuas lágrimas. Vou curar-te:
em três dias subirás ao templo de Javé.

---

* **19**,27. Sl 139,2s / 1Sm 14,10 **|** 31. Dt 4,24 **|** 34. 2Sm 7,12-17; Os 1,7 **|** 35. 2Cr 32,21s; Is 37,36ss; Eclo 48,21 **| 20**,1. 2Cr 32,24; Is 38,1-8

† **19**,35. O exército assírio é aniquilado pela peste, na qual o povo vê a intervenção divina, 1Mc 7,41; 2Mc 8,19.

403   **2 Reis 20-21**

⁶Acrescentarei quinze anos a tua vida. Livrar-te-ei, a ti e a esta cidade, da mão do rei da Assíria, protegerei esta cidade por amor de mim mesmo e de meu servo Davi".

⁷Isaías disse: "Tomai um pão de figos"; tomaram-no e o aplicaram sobre a úlcera, e o rei ficou curado.

⁸Ezequias perguntou* a Isaías: "Qual é o sinal de que Javé vai me curar e de que, dentro de três dias, subirei ao templo de Javé?" ⁹Isaías respondeu: "Eis, da parte de Javé, o sinal de que ele realizará o que disse: Queres que a sombra avance dez degraus ou que retroceda dez degraus?" ¹⁰Ezequias disse: "É fácil que a sombra avance dez degraus, mas não que retroceda dez degraus". ¹¹O profeta Isaías invocou Javé, que fez a sombra recuar dez degraus, que já havia descido na escada de Acaz†.

Os embaixadores de Babilônia. ¹²Naquele tempo* Merodac-Baladã, filho de Baladã, rei de Babilônia, mandou cartas e um presente a Ezequias, pois ouvira falar que Ezequias estivera doente. ¹³Ezequias deu audiência aos mensageiros e lhes mostrou toda a sala do tesouro, a prata, o ouro, os aromas, o óleo precioso, bem como seu arsenal e tudo o que havia em seus armazéns. Não houve nada em seu palácio ou em todos os seus domínios que Ezequias não lhes mostrasse.

¹⁴Então o profeta Isaías foi ter com o rei Ezequias e perguntou-lhe: "Que disseram aqueles homens e de onde vieram para te visitar?" Ezequias respondeu: "Vieram de um país longínquo, de Babilônia". ¹⁵Isaías continuou: "Que é que viram em teu palácio?" Ezequias respondeu: "Viram tudo o que há em meu palácio; nada há em meus armazéns que eu não lhes tenha mostrado".

¹⁶Então Isaías disse a Ezequias: "Escuta a palavra de Javé: ¹⁷Dias virão em que será levado para Babilônia tudo quanto existe em teu palácio†, tudo o que teus antepassados acumularam até hoje; nada ficará, diz Javé. ¹⁸Dentre os filhos que te nascerem e que tiveres gerado, tomarão alguns para serem eunucos no palácio do rei de Babilônia". ¹⁹Ezequias disse a Isaías: "É favorável a palavra de Javé que anuncias". Com efeito, ele pensava: "Por que não? Pelo menos haverá paz e segurança enquanto eu for vivo".

Morte de Ezequias. ²⁰O resto da história de Ezequias, todas as suas façanhas, e como construiu o açude e o canal* para levar água à cidade†, não está tudo escrito no livro dos Anais dos reis de Judá? ²¹Ezequias adormeceu com seus pais, e seu filho Manassés reinou em seu lugar.

21 **Manassés, rei de Judá.** ¹Manassés tinha doze anos* quando começou a reinar e reinou cinquenta e cinco anos em Jerusalém. Sua mãe chamava-se Hafsiba. ²Ele fez o que é mau aos olhos de Javé, imitando as abominações das nações que Javé havia expulsado de diante dos israelitas. ³Reconstruiu os lugares altos que Ezequias, seu pai,* havia destruído, ergueu altares a Baal, fabricou um tronco idolátrico, como havia feito Acab, rei de Israel, e prostrou-se diante de todo o exército do céu e lhe prestou culto. ⁴Construiu altares no templo de Javé, do qual Javé dissera: "É em Jerusalém que colocarei meu nome".

⁵Edificou altares para todo o exército do céu nos dois pátios do templo de Javé. ⁶Fez passar seu filho* pelo fogo. Praticou a magia e a adivinhação, estabeleceu necromantes e feiticeiros. Multiplicou as ações que Javé consi-

---

* **20**,8. 1Sm 14,10 | 12. Is 39; 2Cr 32,25-29; 32,23 | 20. 2Cr 32,30; Eclo 48,17 | **21**,1. 2Cr 33,1-10 | 3. 18,4; 1Rs 16,32s; 2Rs 17,16 | 6. Lv 18,21

† **20**,11. Trata-se de um relógio solar, que marcava as horas pela sombra que o sol dava nos degraus da escada. | 17. Os profetas condenavam as alianças com outros povos, sinal de pouca confiança em Javé e ocasião de contaminação pagã. Isaías já anuncia o castigo do exílio de Babilônia, que começará cem anos depois. | 20. Túnel, cavado na rocha, para levar a água da fonte Guion, que era fora da cidade, para a piscina de Siloé.

2 Reis 21-22

dera más, provocando assim sua ira. [7]Colocou o ídolo de Aserá, que mandara esculpir, no templo do qual Javé dissera a Davi e a seu filho* Salomão: "Neste templo e em Jerusalém, cidade que escolhi entre todas as tribos de Israel, colocarei meu nome para sempre. [8]Não mais farei com que os pés dos israelitas vagueiem longe da terra que dei a seus pais, contanto que se dediquem a praticar tudo quanto lhes ordenei, segundo toda a lei que meu servo Moisés lhes prescreveu". [9]Mas eles não obedeceram. Manassés os corrompeu, a tal ponto que fizeram mais mal que as nações que Javé havia exterminado diante dos israelitas.

[10]Então Javé falou por intermédio de seus servos, os profetas: [11]"Já que Manassés, rei de Judá, cometeu essas abominações, procedendo ainda pior que tudo* o que tinham feito antes dele os amorreus, e fez pecar também Judá com seus ídolos, [12]assim fala Javé, Deus de Israel: Eis que faço cair sobre Jerusalém e sobre Judá uma desgraça tal que fará retinir os dois ouvidos de todos os que dela ouvirem falar. [13]Passarei sobre Jerusalém o cordel de Samaria* e o prumo da casa de Acab; limparei Jerusalém como se limpa um prato, que se vira para baixo depois de haver sido limpado. [14]Abandonarei os restos de minha herança, entregá-los-ei nas mãos de seus inimigos, e eles servirão de presa e de espólio a todos os seus inimigos, [15]porque fizeram o que é mau a meus olhos e provocaram minha ira, desde o dia em que seus pais saíram do Egito até hoje".

[16]Manassés derramou também o sangue inocente em quantidade tão grande que inundou Jerusalém de um lado a outro†, sem falar nos pecados que fez Judá cometer, procedendo mal aos olhos de Javé.

[17]O resto da história* de Manassés, tudo o que fez, os pecados que cometeu, não está tudo escrito no livro dos Anais dos reis de Judá? [18]Manassés adormeceu com seus pais e foi sepultado no jardim de seu palácio, o jardim de Oza. Seu filho Amon reinou em seu lugar.

Amon, rei de Judá. [19]Amon tinha vinte e dois anos* quando começou a reinar e reinou dois anos em Jerusalém. Sua mãe chamava-se Mesalemet; era filha de Harus e natural de Jeteba. [20]Ele fez o que é mau aos olhos de Javé, como havia feito seu pai Manassés. [21]Seguiu em tudo a conduta de seu pai, prestou culto aos ídolos que ele havia servido e prostrou-se diante deles. [22]Abandonou Javé, Deus de seus pais, e não seguiu o caminho de Javé.

[23]Os servos de Amon conspiraram contra ele e mataram o rei em seu palácio. [24]Mas o povo da terra matou todos os que haviam conspirado contra o rei Amon e proclamou rei em seu lugar seu filho Josias.

[25]O resto da história de Amon, o que ele fez, não está escrito no livro dos Anais dos reis de Judá? [26]Sepultaram-no em seu túmulo, no jardim de Oza, e seu filho Josias reinou em seu lugar.

22 Josias, rei de Judá. [1]Josias tinha oito anos* quando começou a reinar e reinou trinta e um anos em Jerusalém. Sua mãe chamava-se Idida; era filha de Hadaia e natural de Besecat. [2]Fez o que é agradável aos olhos de Javé e imitou em tudo a conduta de seu antepassado Davi, sem se desviar nem para a direita e nem para a esquerda.

Descoberta do livro da lei†. [3]No décimo oitavo ano* de Josias, o rei mandou o secretário Safã, filho de Aslias, filho de Mesolam, ao templo de Javé,* ordenando: [4]"Vai ter com o sumo sacerdote Helcias, para que ele faça a conta do dinheiro que foi oferecido ao templo de Javé e que os guardas da porta re-

---

* **21**,7. 1Rs 8,16 | 11. 1Rs 21,26 | 13. Is 34,11; Am 7,7-9; Lm 2,8 | 17. 2Cr 33,18ss | 19. 2Cr 33,21-25 | **22**,1. 2Cr 34,1s | 3. 2Cr 34,8.18 / 12,11-16

† **21**,16. Conforme o Talmud e o apócrifo Ascensão de Isaías, este profeta foi uma das vítimas de Manassés. | **22**,3. Ver a nota em Dt 12,1.

2 Reis 22-23

colheram do povo. ⁵Que ele o entregue aos empreiteiros encarregados do templo de Javé, para que estes o deem aos operários que trabalham na restauração do templo de Javé – ⁶aos carpinteiros, aos construtores e aos pedreiros – e o utilizem na compra de madeira e de pedras talhadas destinadas à restauração do templo. ⁷Mas não lhes peçam contas do dinheiro que lhes for entregue, pois agem com honestidade.

⁸O sumo sacerdote Helcias disse ao secretário Safã: "Achei no templo de Javé o livro da lei!" Helcias deu o livro a Safã, que o leu. ⁹O secretário Safã veio ter com o rei e informou-lhe: "Teus servos retiraram o dinheiro que se achava no templo e o entregaram aos empreiteiros da obra, encarregados do templo de Javé". ¹⁰Depois o secretário Safã anunciou ao rei: "O sacerdote Helcias deu-me um livro"; e Safã leu-o diante do rei.

Consulta à profetisa Hulda. ¹¹Ao ouvir as palavras* contidas no livro da lei, o rei rasgou as vestes†. ¹²Ordenou ao sacerdote Helcias, a Aicam, filho de Safã, a Acobor, filho de Micas, ao secretário Safã e a Asaías, ministro do rei: ¹³"Ide consultar Javé por mim, pelo povo e por todo o Judá a respeito das palavras deste livro que acaba de ser encontrado. Grande é a ira de Javé, que se inflamou contra nós, porque nossos pais não obedeceram às palavras deste livro e não agiram conforme tudo o que nele está escrito para nós".

¹⁴O sacerdote Helcias, Aicam, Acobor, Safã e Asaías foram ter com a profetisa Hulda, esposa de Selum, filho de Tícua, filho de Haraas, guarda dos vestiários; ela morava em Jerusalém, no bairro novo. Expuseram-lhe a questão, ¹⁵e ela respondeu: "Assim fala Javé, Deus de Israel. Dizei ao homem que vos enviou a mim: ¹⁶'Assim fala Javé: Estou para fazer cair a desgraça sobre este lugar e sobre seus habitantes, cumprindo tudo o que diz o livro que o rei de Judá acaba de ler. ¹⁷Por-

que me abandonaram e queimaram incenso a outros deuses, para me irritar com todas as suas ações, minha ira se inflamou contra este lugar e ela não se aplacará'. ¹⁸E direis ao rei de Judá que vos enviou para consultar Javé: 'Assim fala Javé, Deus de Israel, a respeito das palavras que ouviste: ¹⁹Porque teu coração se comoveu e te humilhaste diante de Javé, ouvindo as palavras que pronunciei contra este lugar e seus habitantes, a saber, que se tornarão objeto de horror e de maldição, e porque rasgaste as vestes e choraste diante de mim, eu também te ouvi, oráculo de Javé. ²⁰Por isso te reunirei a teus pais, serás deposto em paz em teu sepulcro e teus olhos não verão todos os males que vou mandar sobre este lugar'". Eles levaram ao rei essa resposta.

23 **Josias renova a aliança com Javé.** ¹Então o rei mandou reunir* junto de si todos os anciãos de Judá e de Jerusalém, ²subiu ao templo de Javé com todos os homens de Judá e todos os habitantes de Jerusalém, os sacerdotes e os profetas e todo o povo, desde o menor até o maior. Leu diante deles todo o conteúdo do livro da aliança encontrado no templo de Javé. ³De pé junto ao pilar, o rei concluiu diante de Javé uma aliança, comprometendo-se a seguir Javé e a guardar seus mandamentos, seus testemunhos e seus estatutos, de todo o seu coração e de toda a sua alma, pondo em prática as cláusulas da Aliança escritas nesse livro. Todo o povo aderiu à Aliança.

Reforma religiosa. ⁴O rei ordenou a Helcias,* o sumo sacerdote, aos sacerdotes da segunda ordem e aos guardas das portas que retirassem do santuário de Javé todos os objetos que tinham sido feitos para Baal, para Aserá e para todo o exército do céu; queimou-os fora de Jerusalém, nos campos do Cedron e levou suas cinzas para Betel. ⁵Destituiu os sacerdotes idólatras, que os reis de Judá haviam estabelecido

---

* **22**,11. 2Cr 34,19-28 | **23**,1. 2Cr 34,29ss | 4. 2Cr 34,3ss; 21,3-7 | 5. Dt 17,3

† **22**,11. Ver a nota em 6,30.

2 Reis 23

para oferecer incenso nos lugares altos das cidades de Judá e dos arredores de Jerusalém, e os que ofereciam incenso a Baal,* ao Sol, à Lua, às estrelas e a todo o exército do céu. [6]Transportou do templo de Javé para fora de Jerusalém, para a torrente do Cedron, o tronco idolátrico e queimou-o na torrente do Cedron; reduziu-o a cinzas e lançou suas cinzas* na vala comum. [7]Demoliu as casas dos prostitutos sagrados, que estavam no templo de Javé, onde as mulheres teciam tendas para Aserá.

[8]Mandou vir das cidades de Judá todos os sacerdotes e profanou os lugares altos*. onde esses sacerdotes haviam oferecido incenso, desde Gaba até Bersabeia†. Demoliu os lugares altos das portas, que se achavam à entrada da porta de Josué, governador da cidade, à esquerda de quem entra pela porta da cidade. [9]Mas os sacerdotes dos lugares altos* não podiam subir ao altar de Javé em Jerusalém; comiam, porém, pães sem fermento no meio de seus irmãos. [10]O rei profanou o Tofet do vale de Ben-Enom,* para que ninguém mais pudesse passar pelo fogo seu filho ou sua filha em honra de Moloc. [11]Fez desaparecer os cavalos que os reis de Judá tinham dedicado ao Sol na entrada do templo de Javé, perto do aposento do eunuco Natã-Melec, nas dependências, e queimou os carros do Sol†. [12]Os altares que estavam no terraço do quarto superior de Acaz, edificados pelos reis de Judá, e os que Manassés tinha construído nos dois pátios do templo de Javé, o rei os demoliu, reduziu-os a pedaços e lançou suas cinzas na torrente do Cedron. [13]O rei profanou os lugares altos situados diante de Jerusalém, ao sul do monte das Oliveiras, e que Salomão, rei de Israel, tinha construído para Astarte,* abominação dos sidônios, para Camos, abominação dos moabitas, e para Melcom, abominação dos amonitas. [14]Quebrou as colunas sagradas, cortou os troncos idolátricos* e encheu de ossos humanos o seu local†.

[15]Demoliu também o altar que estava em Betel,* o lugar alto edificado por Jeroboão, filho de Nabat, que havia arrastado Israel ao pecado; demoliu também esse altar e esse lugar alto, queimou o lugar alto e o reduziu a pó; queimou o tronco idolátrico. [16]Josias voltou-se e viu os túmulos que estavam na montanha; mandou buscar os ossos daqueles túmulos e queimou-os sobre o altar, profanando-o conforme a palavra de Javé, anunciada pelo homem de Deus* que tinha predito essas coisas, [17]e perguntou: "Que sepulcro é esse que estou vendo?" Os homens da cidade responderam: "É o túmulo do homem de Deus que veio de Judá e anunciou essas coisas que acabas de realizar contra o altar de Betel". [18]Disse o rei: "Deixai-o em paz e que ninguém toque em seus ossos". Deixaram, pois, seus ossos intactos,* bem como os do profeta que tinha vindo de Samaria†.

[19]Josias fez desaparecer também todos os templos dos lugares altos que estavam nas cidades de Samaria e que os reis de Israel haviam construído, irritando com isso a Javé, e procedeu com eles exatamente como tinha agido em Betel. [20]Todos os sacerdotes dos lugares altos que ali se achavam foram por ele imolados sobre os altares e queimou sobre esses altares ossos humanos. Depois regressou a Jerusalém.

Celebração da Páscoa†. [21]O rei ordenou a todo o povo:* "Celebrai a Páscoa em honra de Javé, vosso Deus, do modo como está descrito neste livro* da aliança". [22]Não se havia celebrado uma Páscoa semelhante a esta em Israel desde os dias dos juízes que haviam governado Israel, ou seja, durante todo o tempo dos reis de Israel e dos reis de Judá. [23]Foi somente no décimo oitavo ano do rei Josias que semelhante Páscoa foi celebrada em honra de Javé em Jerusalém.

[24]Josias eliminou* também os necromantes, os adivinhos, os deuses domés-

---

* **23**,6. 1Rs 14,23; Dt 16,21 | 8. 1Rs 14,24; Dt 23,18s | 9. Dt 12 | 10. Lv 18,21 | 13. 1Rs 11,7 | 14. 1Rs 14,23; Dt 16,21s | 15. 1Rs 12,31s | 16. 1Rs 12,33-13,32 | 18. 1Rs 13,31 | 21. 2Cr 35,1.18s / Dt 16,1-8

ticos, os ídolos e todas as abominações que se viam na terra de Judá e em Jerusalém, a fim de executar as palavras da lei escritas no livro que o sacerdote Helcias havia encontrado no templo de Javé. ²⁵Não houve antes dele rei algum que se tivesse voltado, como ele, para Javé, de todo o seu coração,* de toda a sua alma e com toda a sua força, em perfeita fidelidade à lei de Moisés; nem depois dele houve outro igual.

²⁶Contudo, Javé não abrandou o furor de sua grande ira que se havia inflamado contra Judá por causa das provocações que Manassés lhe havia feito. ²⁷Disse Javé: "Também expulsarei Judá da minha presença, como expulsei Israel; rejeitarei esta cidade de Jerusalém, que eu tinha escolhido, e o templo do qual eu dissera: Aí residirá o meu nome".

Morte de Josias. ²⁸O resto da história* de Josias, tudo o que fez, não está escrito no livro dos Anais dos reis de Judá?

²⁹Em seu tempo, o faraó Necao, rei do Egito, partiu para socorrer o rei da Assíria, às margens do rio Eufrates. O rei Josias marchou contra ele†, mas Necao matou-o em Meguido, no primeiro encontro. ³⁰Seus servos transportaram seu corpo num carro desde Meguido, conduziram-no para Jerusalém* e o sepultaram em seu túmulo. O povo da terra tomou Joacaz, filho de Josias, ungiu-o e o constituiu rei em lugar de seu pai.

Joacaz, rei de Judá. ³¹Joacaz tinha vinte e três anos* quando começou a reinar e reinou três meses em Jerusalém. Sua mãe chamava-se Hamital; era filha de Jeremias e natural de Lebna. ³²Ele fez o mal aos olhos de Javé, como o haviam feito seus pais.

³³O faraó Necao o aprisionou em Rebla, no território de Emat, para que não reinasse mais em Jerusalém, e impôs ao país um tributo de cem talentos de prata e um talento de ouro. ³⁴O faraó Necao nomeou rei a Eliacim, filho de Josias, em lugar de seu pai Josias, e mudou seu nome para Joaquim. Levou Joacaz para o Egito, onde morreu.

³⁵Joaquim pagou ao faraó a prata e o ouro, mas teve de criar impostos na terra para pagar a quantia exigida pelo faraó; cobrou de cada um, segundo suas posses, a prata e o ouro que era preciso dar ao faraó Necao.

Joaquim, rei de Judá. ³⁶Joaquim tinha vinte e cinco anos* quando começou a reinar e reinou onze anos em Jerusalém. Sua mãe chamava-se Zebida; era filha de Fadaías e natural de Ruma. ³⁷Ele fez o mal aos olhos de Javé, como o haviam feito seus pais.

24 **Primeira invasão babilônica.** ¹Em seu tempo, Nabucodonosor, rei de Babilônia, marchou contra Joaquim, o qual lhe esteve sujeito durante três anos e depois se revoltou. ²Javé mandou contra ele bandos de caldeus, de arameus, de moabitas e de amonitas; incitou-os contra Judá para destruí-lo, conforme a palavra que Javé havia pronunciado por intermédio de seus servos, os profetas. ³Isto aconteceu a Judá unicamente por ordem de Javé, que queria rejeitá-lo de sua presença, por causa dos pecados de Manassés, por tudo o que ele fizera, ⁴e também por causa do sangue inocente* que ele havia derramado, inundando Jerusalém de sangue inocente, o que Javé não quis perdoar.

⁵O resto da história de Joaquim,* tudo o que fez, não está escrito no livro dos Anais dos reis de Judá? ⁶Joaquim adormeceu com seus pais, e Joaquin, seu filho, reinou em seu lugar.

---

* **23,**24. 21,6; Dt 18,11 | 25. Dt 6,5 | 28. 2Cr 35,26s.20-24 | 30. 2Cr 36,1; 11,20; 21,24 | 31. 2Cr 36,2-4 | 36. 2Cr 36,5s | **24,**4. 21,16 | 5. 2Cr 36,8

† **23,**8. A partir de Josias, só o santuário de Jerusalém era legítimo. Ver a nota em Dt 12,5. Essa reforma foi apoiada pelos profetas Jeremias e Sofonias, que viveram nessa época. | 11. Josias elimina do templo os carros e os cavalos que eram usados nas procissões em honra do Sol divinizado. | 14. Tornando impuro o local com os ossos, o culto ali ficava impraticável. | 18. Ver a história dele em 1Rs 13,11-32. | 21. Ver a nota em Esd 6,19. | 29. Josias tomou o partido de Babilônia contra a Assíria e por isso enfrentou o faraó que ia em auxílio dos assírios.

2 Reis 24-25

⁷O rei do Egito não saiu mais de sua terra, pois o rei de Babilônia havia conquistado, desde a torrente do Egito até o rio Eufrates, tudo o que pertencia ao rei do Egito.

Joaquin, rei de Judá. ⁸Joaquin tinha dezoito anos* quando começou a reinar e reinou três meses em Jerusalém. Sua mãe chamava-se Noesta; era filha de Elnatã e natural de Jerusalém. ⁹Ele fez o mal aos olhos de Javé, como o havia feito seu pai.

A primeira deportação. ¹⁰Naquele tempo os oficiais* de Nabucodonosor, rei de Babilônia, marcharam contra Jerusalém e a cidade foi sitiada. ¹¹Nabucodonosor, rei de Babilônia, veio em pessoa atacar a cidade, enquanto seus soldados a sitiavam. ¹²Então Joaquin, rei de Judá, saiu ao encontro do rei de Babilônia, acompanhado de sua mãe, de seus oficiais, de seus chefes e de seus eunucos, e o rei de Babilônia o fez prisioneiro; era o oitavo ano de seu reinado.

¹³Nabucodonosor levou todos os tesouros do templo de Javé e os tesouros do palácio real e quebrou todos os objetos de ouro que Salomão, rei de Israel, havia fabricado* para o templo de Javé, como Javé havia anunciado. ¹⁴Levou para o cativeiro Jerusalém inteira, todos os chefes e todos os homens valentes, em número de dez mil exilados, e todos os ferreiros e artesãos; só restou a população mais pobre do país. ¹⁵Deportou Joaquin para Babilônia; também deportou de Jerusalém para Babilônia a mãe do rei, suas mulheres, seus eunucos e os nobres do país. ¹⁶Todos os homens de valor, em número de sete mil, os ferreiros e os artesãos, em número de mil, e todos os homens valorosos aptos para a guerra foram conduzidos para o exílio em Babilônia pelo rei de Babilônia. ¹⁷Em lugar de Joaquin, o rei de Babilônia constituiu rei a seu tio Matanias, cujo nome mudou para Sedecias.

Sedecias, rei de Judá. ¹⁸Sedecias tinha vinte e um anos† quando começou* a reinar e reinou onze anos em Jerusalém. Sua mãe chamava-se Hamital, filha de Jeremias, e era de Lebna. ¹⁹Ele fez o mal aos olhos de Javé, como o havia feito Joaquin. ²⁰Isto aconteceu a Jerusalém e a Judá por causa da ira de Javé que, por fim, os rejeitou de sua presença. Sedecias revoltou-se contra o rei de Babilônia†.

25 **Cerco de Jerusalém.** ¹No nono ano de seu reinado,* no dia dez do décimo mês, Nabucodonosor, rei de Babilônia, veio atacar Jerusalém com todo o seu exército; acampou diante da cidade e construiu terraplenos a seu redor. ²A cidade ficou sitiada até o décimo primeiro ano de Sedecias. ³No dia nove do mês, quando a fome reinava na cidade e a população não tinha mais alimento, ⁴abriram uma brecha nas muralhas da cidade.† Então todos os guerreiros escaparam de noite pela porta que há entre os dois muros perto do jardim do rei e, enquanto os caldeus ainda cercavam a cidade, tomaram o caminho da Arabá. ⁵O exército dos caldeus perseguiu o rei e o alcançou nas planícies de Jericó, enquanto todos os seus soldados se dispersaram para longe dele. ⁶O rei foi preso e conduzido a Rebla, à presença do rei de Babilônia, e pronunciaram a sentença contra ele. ⁷Degolaram os filhos de Sedecias na presença dele; depois Nabucodonosor furou os olhos de Sedecias, algemou-o e o conduziu para Babilônia.

Queda de Jerusalém e segunda deportação. ⁸No dia sete do quinto mês* – era o décimo nono ano do reinado de Nabucodonosor, rei de Babilônia – Nabuzardã, comandante da guarda,

---

* **24**,8. 2Cr 36,9 | 10. 2Cr 36,10 | 13. 20,17 | 18. 2Cr 36,11s; Jr 52,1ss; 22,17; 23,26s | **25**,1. 2Cr 36,13; Jr 39,1-7 | 8. Jr 52,12-27; 39,8ss

† **24**,18. O trecho que vai de 24,18 a 25,30 constitui o c 52 de Jeremias. | 20. Jeremias era contra essa rebelião, Jr 27,12, mas era tachado de derrotista e contestado pelos falsos profetas, Jr 28,2. | **25**,4. Jerusalém caiu no ano 586. O templo foi incendiado, a cidade destruída, o povo deportado para Babilônia junto com o rei. Parecia o fim de tudo, mas Deus fará o povo renascer no exílio.

oficial do rei de Babilônia, fez sua entrada em Jerusalém. [9]Incendiou o templo* de Javé, o palácio real e todas as casas de Jerusalém. [10]Todo o exército caldeu que acompanhava o comandante da guarda destruiu as muralhas que rodeavam Jerusalém. [11]Nabuzardã, comandante da guarda, deportou o resto da população que tinha ficado na cidade, os desertores que haviam passado para o lado do rei de Babilônia e o resto da multidão. [12]Do povo pobre do país, o comandante da guarda deixou uma parte, como viticultores e agricultores.

[13]Os caldeus quebraram* as colunas de bronze do templo de Javé, as bases e o mar de bronze que estavam no templo de Javé e levaram o bronze para Babilônia. [14]Levaram também as panelas, as pás, as facas, os incensórios e todos os objetos de bronze que serviam para o culto. [15]O comandante da guarda* tomou os turíbulos e os vasos de aspersão, tudo o que era de ouro e tudo o que era de prata. [16]Quanto às duas colunas, ao mar e às bases, que Salomão havia feito para o templo de Javé, o peso do bronze de todos esses objetos não se podia calcular. [17]A altura de uma coluna era de dezoito côvados, e sobre ela havia um capitel de bronze da altura de três côvados; havia uma rede e romãs em torno do capitel, tudo de bronze. A segunda coluna era feita do mesmo modo, com a rede.

[18]O comandante da guarda* prendeu Saraías, sacerdote principal, Sofonias, sacerdote da segunda ordem, e os três guardas das portas. [19]Na cidade prendeu um eunuco, chefe dos guerreiros, cinco dos que eram conselheiros do rei, que foram encontrados na cidade, o secretário do chefe do exército, encarregado da mobilização, e sessenta homens do povo que foram encontrados na cidade. [20]Nabuzardã, comandante da guarda, prendeu-os e os levou à presença do rei de Babilônia, em Rebla, [21]e o rei de Babilônia mandou matá-los em Rebla, no país de Emat. Assim Judá foi exilado para longe de sua terra.

Godolias, governador de Judá. [22]Quanto ao povo que ficou na terra de Judá, aí deixado por Nabucodonosor, rei de Babilônia,* ele o entregou ao governo de Godolias, filho de Aicã, filho de Safã. [23]Quando todos os oficiais das tropas e seus homens souberam que o rei de Babilônia havia nomeado Godolias governador, vieram ter com ele em Masfa; eram eles: Ismael, filho de Natanias, Joanã, filho de Carea, Saraías, filho de Taneumet, o netofatita, Jezonias, o maacatita, junto com seus homens. [24]Godolias declarou-lhes sob juramento, a eles e a seus homens, e disse-lhes: "Nada temais da parte dos servos dos caldeus; ficai na terra, submetei-vos ao rei de Babilônia e tudo vos correrá bem".

[25]Mas no sétimo mês, Ismael, filho de Natanias, filho de Elisama, que era de linhagem real, veio com dez homens e matou Godolias, bem como os judeus e os caldeus que estavam com ele em Masfa. [26]Então todo o povo, desde o maior até o menor, como também os chefes das tropas, partiram e foram para o Egito porque tinham medo dos caldeus.

Joaquin tratado como rei. [27]No trigésimo sétimo ano* da deportação de Joaquin, rei de Judá, no dia vinte e sete do décimo segundo mês, Evil-Merodac, rei de Babilônia, no ano em que subiu ao trono, deu anistia a Joaquin, rei de Judá, e o tirou da prisão. [28]Falou-lhe benignamente e deu-lhe um lugar mais elevado que o dos outros reis que estavam com ele em Babilônia. [29]Mandou que trocasse suas vestes de prisioneiro. Joaquin passou a comer na mesa do rei por toda a vida. [30]Seu sustento foi garantido constantemente pelo rei, dia após dia, enquanto viveu.

---

* **25**,9. 2Cr 36,19 **|** 13. 1Rs 7,15.22.27-39; 16,17; 1Rs 7,23-26; 2Cr 36,18 **|** 15. 1Rs 7,45.50 **|** 18. 23,4 **|** 22. Jr 40,5; 40,7-41,18 **|** 27. Jr 52,31-34

OS LIVROS DAS CRÔNICAS

Assim se chamam os dois livros que, na origem, formavam um só e que as versões grega e latina chamaram de "Paralipômenos", quer dizer, livros que contêm "as notícias omitidas" nos livros precedentes. Mas o conteúdo do livro vai muito além, porque narra a vida de Davi, de Salomão e dos reis de Judá, recordando, portanto, fatos já conhecidos, mas apresentados como a história de uma comunidade religiosa, que tem no templo e na liturgia seu centro vital.

O autor não faz parte da escola deuteronomista, mas é um levita de Jerusalém que escreve em torno do ano 300 a.C., portanto, na época em que a comunidade judaica era governada pelos sacerdotes.

Antes de narrar a história dos reis, o livro traz nove capítulos de longas listas genealógicas, que vão desde Adão até Davi, como se quisesse resumir todo o período anterior.

A preocupação do autor parece ser a unidade política e religiosa do judaísmo, porque nessa época a maior parte dos judeus vivia na diáspora e prosperava o cisma dos samaritanos. É seu objetivo, portanto, sustentar e promover a teocracia, ressaltando a importância da monarquia davídica com suas instituições e a restauração do culto depois do exílio de Babilônia. Para ele, Davi é um segundo Moisés, o rei ideal e imagem do rei messiânico. O cronista gosta de falar da função dos levitas, dos cantores, dos músicos, da oração e do culto no templo. É preciso notar, porém, que a organização minuciosa do culto, que o autor atribui a Davi, é posterior ao exílio.

Sobre os reis Davi e Salomão, o autor traz apenas as informações positivas e seus méritos com relação ao templo e à liturgia. Na biografia deles omite tudo o que poderia obscurecer a imagem desses grandes e beneméritos reis. Também a história dos doze sucessores de Salomão no trono de Judá, até sua ruína, é vista sempre sob um prisma religioso.

O cronista parece conformado com o desaparecimento da monarquia e não espera sua restauração, mas para ele o importante é que Javé reside e reina no meio de seu povo em Jerusalém, no templo reconstruído. A idolatria provocou a ruína do reino de Davi, mas permanecem as instituições davídicas, e a comunidade, que celebra o culto de Javé, é chamada a servi-lo na fidelidade à lei e ao templo. Para o cristão de hoje, os livros das Crônicas são um convite a honrar nossas igrejas e santuários, com sua liturgia e sobretudo a Eucaristia, fonte e ápice de toda a vida cristã.

PRIMEIRO LIVRO DAS CRÔNICAS

I. GENEALOGIAS
(1–9)[†]

1 **Três grandes famílias dos povos.** [1]Adão, Set, Enós, [2]Cainã, Malaleel,* Jared, [3]Henoc, Matusalém, Lamec, [4]Noé, Sem, Cam e Jafé.

[5]Filhos de Jafé: Gomer, Magog,* os medos, Javã, Tubal, Mosoc, Tiras. [6]Filhos de Gomer: Asquenez, Rifat, Togorma. [7]Filhos de Javã: Elisa, Társis, os cetim e os rodanim.

[8]Filhos de Cam: Cuch,* Mesraim, Fut, Canaã.

[9]Filhos de Cuch: Seba, Hévila, Sabata, Regma, Sabataca. Filhos de Regma: Sabá e Dadã. [10]Cuch gerou Nemrod, que foi o primeiro homem poderoso na terra.

[11]Mesraim gerou os povos* de Lud, de Anam, de Laab, de Naftu, [12]de Patros, de Caslu, dos quais descendem os filisteus, e de Cáftor. [13]Canaã gerou Sidon, seu primogênito, depois Het, [14]os jebuseus, os amorreus, os gergeseus, [15]os heveus, os araceus, os sineus, [16]os arádios, os samareus e os emateus.

[17]Filhos de Sem: Elam,* Assur, Arfaxad, Lud e Aram; Hus, Hul, Geter e Mes.

---

* **1**,1. Gn 5 | 5. Gn 10,2ss | 8. Gn 10,6ss | 11. Gn 10,13-18 | 17. Gn 10,22-29

† **1**. Os cc. 1-9 contêm uma série de genealogias, destinadas a mostrar que a construção do templo e a organização do culto realizam um projeto de Deus estabelecido desde o princípio do mundo.

411   1 Crônicas 1-2

[18]Arfaxad gerou Salé, e Salé gerou Héber. [19]Héber teve dois filhos: o primogênito recebeu o nome de Faleg, pois foi em sua época que a terra foi dividida, e seu irmão chamava-se Jectã. [20]Jectã gerou Elmodad, Salef, Asarmot, Jaré, [21]Aduram, Uzal, Decla, [22]Ebal, Abimael, Sabá, [23]Ofir, Hévila, Jobab; todos esses são filhos de Jectã.

De Sem a Abraão. [24]Sem, Arfaxad,* Salé, [25]Héber, Faleg, Réu, [26]Sarug, Nacor, Taré, [27]Abrão ou, melhor,* Abraão†. [28]Filhos de Abraão: Isaac e Ismael. [29]São estes os seus descendentes:

O primogênito de Ismael foi Nabaiot;* depois nasceram-lhe Cedar, Adbeel, Mabsam, [30]Masma, Duma, Massa, Hadad, Tema, [31]Jetur, Nafis e Cedma. Esses são os filhos de Ismael.

[32]Filhos de Cetura,* concubina de Abraão: deu à luz Zamrã, Jecsã, Madã, Madiã, Jesboc e Sue. Filhos de Jecsã: Sabá e Dadã. [33]Filhos de Madiã: Efa, Ofer, Henoc, Abida, Eldaá. Todos esses são filhos de Cetura.

Isaac e Esaú. [34]Abraão gerou Isaac.* Filhos de Isaac: Esaú e Israel.

[35]Filhos de Esaú: Elifaz, Reuel, Jeús, Jalam e Coré. [36]Filhos de Elifaz: Temã, Omar, Efó, Gatam, Cenez, Tamna, Amalec. [37]Filhos de Reuel: Naat, Zara, Sama, Meza.

[38]Filhos de Seir: Lotã,* Sobal, Sebeon, Ana, Dison, Eser, Disã. [39]Filhos de Lotã: Hori e Emam. Irmã de Lotã: Tamna. [40]Filhos de Sobal: Aliã, Manaat, Ebal, Sefo, Onam. Filhos de Sebeon: Aía e Ana. [41]Filho de Ana: Dison. Filhos de Dison: Hamrã, Esebã, Jetrã, Carã. [42]Filhos de Eser: Balaã, Zavã, Jacã. Filhos de Disã: Hus e Arã.

[43]São estes os reis que reinaram* no país de Edom, antes que algum rei reinasse sobre os israelitas: Bela, filho de Beor, cuja cidade se chamava Danaba. [44]Após a morte de Bela, reinou em seu lugar Jobab, filho de Zara, de Bosra. [45]Após a morte de Jobab, reinou em seu lugar Husam, da região dos temanitas. [46]Morto Husam, reinou em seu lugar Adad, filho de Badad, que venceu os madianitas nos Campos de Moab; sua cidade chamava-se Avit. [47]Morto Adad, sucedeu-lhe no trono Semla de Masreca. [48]Morto Semla, sucedeu-lhe Saul de Reobot Naar. [49]Saul morreu e em seu lugar reinou Baalanã, filho de Acobor. [50]Quando morreu Baalanã, sucedeu-lhe Adad, natural da cidade de Fau e casado com Meetabel, filha de Matred, filha de Mezaab.

[51]Após a morte de Adad,* surgiram chefes em Edom: o chefe Tamna, o chefe Alva, o chefe Jetet, [52]o chefe Oolibama, o chefe Ela, o chefe Finon, [53]o chefe Cenez, o chefe Temã, o chefe Mabsar, [54]o chefe Magdiel, o chefe Iram. São esses os chefes de Edom.

2 **Filhos de Jacó.** [1]Estes são os israelitas:* Rúben, Simeão, Levi e Judá, Issacar e Zabulon, [2]Dã, José e Benjamim, Neftali, Gad e Aser.

[3]Filhos de Judá: Her,* Onã e Sela. Todos esses três lhe nasceram de Bat-Sua, a cananeia. Her, primogênito de Judá, fez o mal* aos olhos de Javé, que lhe tirou a vida. [4]Tamar, nora de Judá, lhe gerou Farés e Zara.* Foram, ao todo, cinco os filhos de Judá.

[5]Filhos de Farés:* Hesron e Hamul. [6]Filhos de Zara:* Zambri, Etã, Calcol e Darda: cinco ao todo. [7]Filho de Carmi: Acar,* que atraiu a desgraça sobre Israel, por ter violado o anátema.

[8]Filho de Etã: Azarias.

Origens de Davi. [9]Filhos de Hesron: nasceram-lhe Jerameel, Ram e Calubi. [10]Ram gerou Aminadab, Aminadab gerou Naasson, príncipe dos filhos de Judá. [11]Naasson* gerou Salma, e Salma gerou Booz. [12]Booz gerou Obed,* e Obed gerou Jessé. [13]Jessé gerou Eliab, seu primogênito; Abinadab, o segundo; Samaá, o terceiro; Natanael, o quarto; Radai, o quinto; [15]Asom, o sexto; Davi,

---

* **1**,24. Gn 11,10-26 | 27. Gn 17,5 | 29. Gn 25,13-16 | 32. Gn 25,2ss | 34. Gn 25,19; 36,10-13; Gn 36,15ss | 38. Gn 36,20-28 | 43. Gn 36, 31-39 | 51. Gn 36,40-43 | **2**,1. Gn 35,23-26 | 3. Gn 38,2-5 / Gn 38,7 | 4. Gn 38,27-30 | 5. Gn 46,12 | 6. 1Rs 5,11 | 7. Js 7 | 11. Nm 1,7 | 12. Rt 4,19-22

† **1**,27. Ver a nota em Gn 17,5.

1 Crônicas 2-3

o sétimo. [16]Eles tinham duas irmãs: Sárvia e Abigail. Filhos de Sárvia: Abisaí, Joab e Asael: três. [17]Abigail deu à luz Amasa, cujo pai foi Jéter, o ismaelita.

Caleb. [18]Caleb,* filho de Hesron, gerou Jeriot, de sua mulher Azuba; são estes os filhos que ela teve: Jaser, Sobab e Ardon. [19]Quando Azuba morreu, Caleb casou-se com Éfrata, que lhe deu à luz Hur. [20]Hur gerou Uri, e Uri gerou Beseleel.

[21]Depois Hesron desposou a filha de Maquir, pai de Galaad. Aos sessenta anos casou-se com ela, que lhe gerou Segub. [22]Segub gerou Jair,* que possuía vinte e três cidades na terra de Galaad. [23]Mais tarde, Aram e Gessur apoderaram-se das aldeias de Jair, Canat e suas aldeias, num total de sessenta cidades. Todos eles eram filhos de Maquir, pai de Galaad.

[24]Depois que morreu Hesron, Caleb casou-se com Éfrata, esposa de seu pai Hesron, que lhe gerou Asur, pai de Técua†.

Jerameel. [25]Jerameel, primogênito de Hesron, teve os seguintes filhos: Ram, o primogênito, Buna, Oren, Asom, Aías. [26]Jerameel teve outra mulher,* chamada Atara, que foi a mãe de Onam.

[27]Os filhos de Ram, primogênito de Jerameel, foram Moos, Jamin e Acar.

[28]Os filhos de Onam foram Semei e Jada. Filhos de Semei: Nadab e Abisur. [29]A mulher de Abisur chamava-se Abiail; ela lhe deu à luz Aobã e Molid. [30]Filhos de Nadab: Saled e Apaim. Saled morreu sem filhos. [31]Filho de Apaim: Jesi; filho de Jesi: Sesã; filho de Sesã: Oolai. [32]Filhos de Jada, irmão de Semei: Jéter e Jônatas. Jéter morreu sem filhos. [33]Filhos de Jônatas: Falet e Ziza. Foi esta a descendência de Jerameel.

[34]Sesã não teve filhos, mas filhas sim. Tinha ele um servo egípcio de nome Jaraá, [35]ao qual Sesã deu sua filha por esposa. Ela lhe deu à luz Etei. [36]Etei gerou Natã, Natã gerou Zabad, [37]Zabad gerou Oflal, Oflal gerou Obed, [38]Obed gerou Jeú, Jeú gerou Azarias, [39]Azarias gerou Helés, Helés gerou Elasa, [40]Elasa gerou Sisamoi, Sisamoi gerou Selum, [41]Selum gerou Icamias, Icamias gerou Elisama.

Descendentes de Caleb. [42]Filhos de Caleb,* irmão de Jerameel: Mesa, o primogênito, que foi o pai de Zif, e seu filho Maresa, pai de Hebron. [43]Filhos de Hebron: Coré, Tafua, Recém e Sama. [44]Sama gerou Raam, pai de Jercaam. Recém gerou Samai. [45]O filho de Samai foi Maon, o qual foi o pai de Betsur.

[46]Efa, concubina de Caleb, gerou Harã, Mosa e Gezez. Harã gerou Gezez. [47]Filhos de Jaadai: Regom, Joatão, Gesã, Falet, Efa e Saaf.

[48]Maaca, concubina de Caleb, gerou Saber e Tarana; [49]gerou também Saaf, pai de Madmana, e Sue, pai de Macbena e de Gabaá. A filha de Caleb chamava-se Acsa.* [50]Foram estes os descendentes de Caleb.

Filhos de Hur,* primogênito de Éfrata: Sobal, pai de Cariat-Iarim, [51]Salma, pai de Belém, Harif, pai de Bet-Gader. [52]Sobal, pai de Cariat-Iarim, teve por filhos Haroe e a metade dos manaatitas. [53]As famílias de Cariat-Iarim foram os jetritas, os futitas, os sematitas e os maseritas. Deles descendem os povos de Saraá e de Estaol.*

[54]Filhos de Salma: Belém, os netofatitas, Atarot-Bet-Joab, a metade dos manaatitas, os saraítas. [55]As famílias dos escribas* que moravam em Jabes eram os tiriateus, os simeateus, os sucateus. São estes os quenitas que descendem de Emat, pai da casa de Recab.*

3 **Descendentes de Davi.** [1]São estes os filhos de Davi,* que lhe nasceram em Hebron: Amnon, o primogênito, filho de Aquinoam de Jezrael; Daniel, o segundo, filho de Abigail do Carmelo; [2]Absalão, o terceiro, filho de Maaca, filha de Tolmai, rei de Gessur; Adonias, o quarto, filho de Hagit; [3]Safatias, o quinto, filho de Abital; Jetraam, o sexto, filho

---

* **2**,18. Js 14,6; 1Cr 2,42s; 4,11s | 22. Nm 32,41s | 26. 1Sm 27,10 | 42. Js 14,6; 1Cr 2,18s; 4,11s | 49. Js 15,16-19 | 50. 2,19; 4,1s | 53. Jz 13,2; 18,2 | 55. Nm 24,21 / 2Rs 10,15 | **3**,1. 2Sm 3,2-5

† **2**,24. Nessas genealogias, alguns nomes geográficos tornam-se nomes de pessoas.

1 Crônicas 3-4

de Egla, sua esposa. ⁴Foram, pois, seis os que lhe nasceram em Hebron, onde reinou sete anos e seis meses.

Reinou, depois, trinta e três anos em Jerusalém. ⁵São estes os filhos* que lhe nasceram em Jerusalém: Samua, Sobab, Natã, Salomão, todos os quatro filhos de Betsabeia, filha de Amiel; ⁶Jebaar, Elisama, Elifalet, ⁷Noge, Nafeg, Jáfia, ⁸Elisama, Eliada, Elifalet: nove. ⁹Todos estes eram filhos de Davi, sem contar os filhos das concubinas. Tamar era irmã deles.*

Reis de Judá. ¹⁰Filhos de Salomão: Roboão, de quem foi filho Abias, de quem foi filho Asa, de quem foi filho Josafá, ¹¹de quem foi filho Jorão, de quem foi filho Ocozias, de quem foi filho Joás, ¹²de quem foi filho Amasias, de quem foi filho Azarias, de quem foi filho Joatão, ¹³de quem foi filho Acaz, de quem foi filho Ezequias, de quem foi filho Manassés, ¹⁴de quem foi filho Amon, de quem foi filho Josias. ¹⁵Filhos de Josias: Joanã, o mais velho; Joaquim, o segundo; Sedecias, o terceiro; Selum, o quarto. ¹⁶Filhos de Joaquim: Jeconias, de quem foi filho Sedecias.*

A estirpe real depois do exílio. ¹⁷Filhos de Jeconias, o cativo: Salatiel, ¹⁸Melquiram, Fadaías, Senasser, Jecemias, Hosama, Nadabias. ¹⁹Filhos de Fadaías: Zorobabel e Semei. Filhos de Zorobabel: Mosolam e Hananias. Salomit era irmã deles. ²⁰Filhos de Mosolam: Hasaba, Ool, Baraquias, Hasadias, Josab-Hesed: cinco. ²¹Filhos de Hananias: Faltias, Jeseías, Rafaías, Arnã, Abdias, Sequenias.* ²²Filhos de Sequenias: Semeías, Hatus, Jegaal, Bárias, Naarias, Safat: seis. ²³Filhos de Naarias: Elioenai, Ezequias, Ezricam: três. ²⁴Filhos de Elioenai: Oduías, Eliasib, Feleías, Acub, Joanã, Dalaías, Anani: sete.

4 **Estirpe de Judá.** ¹Filhos de Judá:* Farés, Hesron, Carmi, Hur, Sobal. ²Reaías, filho de Sobal, gerou Jaat, e Jaat gerou Aumai e Laad. São estes os clãs saraítas.

³E esta é a descendência* de Etam: Jezrael, Jesema, Jedebos; a irmã deles se chamava Asalelfuni.

⁴Fanuel foi o pai de Gedor; Ezer foi o pai de Hosa.

São estes os filhos de Hur, primogênito de Éfrata, pai de Belém.

⁵Asur, pai de Técua, teve duas esposas: Halaá e Naara.

⁶Naara lhe deu à luz Oozam, Héfer, os tamanitas e os aastaritas. São estes os filhos de Naara.

⁷Filhos de Halaá: Seret, Saar, Etna.

⁸Cós gerou Anob, Soboba e os clãs de Aareel, filho de Arum. ⁹Jabes suplantou seus irmãos. Sua mãe deu-lhe o nome de Jabes,* dizendo: "Dei-o à luz entre dores". ¹⁰Jabes invocou o Deus de Israel, dizendo: "Quem me dera que realmente me abençoasses e aumentasses meu território, que tua mão estivesse comigo, conservando-me longe do mal, de modo que eu não sofra!" Deus lhe concedeu o que pediu.

¹¹Calub, irmão de Suaá,* gerou Mair, que foi o pai de Eston. ¹²Eston gerou Bet-Rafa, Fesse e Teína, pai de Irnaás. São estes os homens de Reca.

¹³Filhos de Cenez:* Otoniel e Saraías. Filhos de Otoniel: Hatat e Maonati. ¹⁴Maonati gerou Ofra. Saraías gerou Joab,* pai do vale dos Artesãos. De fato eles eram artesãos.

¹⁵Filhos de Caleb,* filho de Jefoné: Hir, Ela e Naam. Filho de Ela: Cenez.

¹⁶Filhos de Jalelel: Zif, Zifa, Tirias, Asrael.

¹⁷Filhos de Ezra: Jéter, Mered, Éfer, Jalon. A mulher de Mered deu à luz Maria, Samai e Jesba, pai de Estemo; ¹⁸sua mulher judia deu à luz Jared, pai de Gedor, Héber, pai de Soco, e Icutiel, pai de Zanoe. São estes os filhos de Betias, a filha do faraó, com a qual se casara Mered.

¹⁹Filhos de sua esposa judia, irmã de Naam, pai de Ceila: Dalaia e Simão, pai de Jomã. Filhos de Naam, pai de Ceila: os garmitas e Estemo, o maacatita.

---

* **3**,5. 14,3-7; 2Sm 5,14s | 9. 2Sm 13,1s | 16. 2Cr 36,1s | 21. Esd 8,3 | **4**,1. 2,3 | 3. 2,50 | 9. 2,55; Gn 35,18 | 11. Js 14,6; 2,18s.42s | 13. Jz 1,13 | 14. Ne 11,35 | 15. Nm 13,6

1 Crônicas 4-5

20Filhos de Simão: Amnon, Rina, Ben-Hanã, Tilon.

Filhos de Jesi: Zoet e Ben-Zoet.

21Filhos de Sela,* filho de Judá: Her, pai de Leca; Laada, pai de Maresa, e os clãs dos fabricantes de linho em Bet-Asbea. 22Joaquim, os homens de Cozeba, Joás e Saraf, que dominaram sobre Moab e depois voltaram a Belém. Esses fatos são antigos. 23Eles eram oleiros e moravam em Nataim e Gadera, em companhia do rei, para o qual trabalhavam.

Simeão. 24Filhos de Simeão:* Namuel, Jamin, Jarib, Zara, Saul, 25de quem foi filho Selum, de quem foi filho Mabsam, de quem foi filho Masma. 26Filhos de Masma: Hamuel, de quem foi filho Zacur, de quem foi filho Semei. 27Semei teve dezesseis filhos e seis filhas, mas seus irmãos não tiveram muitos filhos e seus clãs não se multiplicaram como os filhos de Judá.

28Moravam em Bersabeia: Molada, Hasar-Sual, 29Bala,* Asem, Tolad, 30Batuel, Horma, Siceleg, 31Bet-Marcabot, Hasar-Susim, Bet-Berai e Saari. Foram essas as suas cidades, até o reinado de Davi. 32Suas aldeias foram: Etam, Ain, Remon, Toquen e Asa: cinco cidades, 33e todas as aldeias ao redor dessas cidades até Baal. Foi lá que eles moraram e esta foi sua genealogia. 34Masobab, Jemlec, Josa, filho de Amasias, 35Joel, Jeú, filho de Josabias, filho de Saraías, filho de Asiel, 36Elioenai, Jacoba, Isuaías, Asaías, Adiel, Isimiel, Banaías, 37Ziza, filho de Sefei, filho de Jedaías, filho de Semri, filho de Samaías: 38esses homens, citados nominalmente, eram príncipes em seus clãs e suas famílias cresceram enormemente. 39Andaram rumo à entrada de Gedor até o oriente do vale, procurando pastagens para seu gado. 40Encontraram pastagens boas e abundantes; a região era vasta, tranquila e pacífica. Eram descendentes de Cam os que habitavam lá antes.

41Estes que acabam de ser mencionados chegaram no tempo de Ezequias, rei de Judá; atacaram suas tendas e os meunitas† que lá se achavam. Votaram-nos ao extermínio,* que dura ainda em nossos dias, e se estabeleceram em seu lugar, pois lá havia pastagens para seu rebanho.

42Quinhentos homens, dentre os descendentes de Simeão, foram para a montanha de Seir, comandados por Faltias, Naarias, Rafaías e Oziel, filhos de Jesi. 43Abateram o resto dos sobreviventes de Amalec e fizeram lá sua morada até nossos dias.*

5

Rúben. 1Filhos de Rúben,* primogênito de Israel. Era de fato o primogênito; mas por ter violado o leito de seu pai, seu direito de primogenitura foi dado aos filhos de José, filho de Israel, e ele não foi mais considerado como primogênito. 2Judá suplantou seus irmãos e dele nasceu um príncipe, mas o direito de primogenitura coube a José.

3Filhos de Rúben,* primogênito de Israel: Henoc, Falu, Hesron, Carmi.

4Filhos de Joel: Samaías, de quem foi filho Gog, de quem foi filho Semei, 5de quem foi filho Micas, de quem foi filho Reaías, de quem foi filho Baal, 6de quem foi filho Beera, que Teglat-Falasar, rei da Assíria, levou para o cativeiro. Ele foi príncipe dos rubenitas.

7Seus irmãos, conforme os clãs, como estão inscritos nas genealogias, são: Jeiel, o primeiro; depois Zacarias, 8e Bela, filho de Azaz, filho de Sama, filho de Joel,* que morava em Aroer, até Nebo e Baal-Meon. 9Para o oriente, seu território atingia a entrada do deserto, o qual se estende até o rio Eufrates, pois ele tinha numerosos rebanhos na terra de Galaad.

10No tempo de Saul, guerrearam contra os agarenos, que caíram em suas mãos, e se estabeleceram nas tendas deles em toda a parte oriental de Galaad.

---

* **4,**21. 2,3 | 24. Gn 46,10; Nm 26,12; 1,29s; Gn 25,13 | 29. Js 19,1-8 | 41. Js 6,17 | 43. Êx 17,8 | **5,**1. Gn 35,22 | 3. Gn 46,9; Nm 26,5s | 8. Nm 32,37

† **4,**41. Tribo edomita da região de Seir, ao sul do mar Morto.

Gad. [11]Defronte deles moravam os filhos de Gad na região de Basã até Selca: [12]Joel, o primeiro;* Safam, o segundo; depois Janaí e Safat em Basã.

[13]Seus irmãos, segundo suas famílias, foram: Miguel, Mosolam, Sebe, Jorai, Jacã, Zie e Héber: sete.

[14]Estes eram os filhos de Abiail, filho de Uri, filho de Jaroe, filho de Galaad, filho de Miguel, filho de Jesesi, filho de Jedo, filho de Buz. [15]Ai, filho de Abdiel, filho de Guni, era o chefe de sua família.

[16]Tinham-se fixado em Galaad, em Basã e seus arredores, bem como em todas as pastagens do Saron até seus limites extremos. [17]Foi na época de Joatão, rei de Judá, e de Jeroboão, rei de Israel, que todos eles foram registrados nas listas genealógicas.

[18]Os filhos de Rúben, os filhos de Gad, a metade da tribo de Manassés, gente valorosa, homens armados de escudo e espada, sabendo manejar o arco e exercitados em combates, podiam sair para a guerra em número de quarenta e quatro mil e setecentos e sessenta. [19]Lutaram contra os agarenos* e contra Jetur, Nafis e Nodab. [20]Deus lhes veio em auxílio contra eles, e os agarenos, bem como todos os seus aliados, caíram em seu poder, pois no combate haviam invocado a Deus, que os atendeu por terem posto nele sua confiança. [21]Arrebataram os rebanhos dos agarenos: cinquenta mil camelos, duzentas e cinquenta mil ovelhas, dois mil jumentos e cem mil pessoas, [22]pois muitos caíram mortos, sendo a guerra querida por Deus. E se instalaram na terra deles até o exílio.

A meia tribo de Manassés. [23]Os membros da meia tribo* de Manassés, que eram numerosos, estabeleceram-se na região desde Basã até Baal-Hermon, Sanir e o monte Hermon.

[24]Eis os chefes de suas famílias: Éfer, Jesi, Eliel, Ezriel, Jeremias, Odoías, Jediel. Eram homens fortes e valorosos, gente famosa, chefes de suas famílias.

[25]Mas foram infiéis ao Deus de seus pais e se prostituíram com os deuses dos povos do país que Deus havia aniquilado diante deles. [26]O Deus de Israel excitou o espírito de Pul, rei da Assíria, e o de Teglat-Falasar, rei da Assíria.† Ele deportou Rúben, Gad e a meia tribo de Manassés, e os conduziu para Hala, para Habor, para Ara e para o rio Gozã, onde estão ainda hoje.

Levi. [27]Filhos de Levi: Gérson, Caat e Merari.* [28]Filhos de Caat: Amram, Isaar, Hebron, Oziel. [29]Filhos de Amram: Aarão, Moisés e Maria. Filhos de Aarão: Nadab e Abiú, Eleazar e Itamar.

[30]Eleazar gerou Fineias, Fineias gerou Abisue, [31]Abisue gerou Boci, Boci gerou Ozi, [32]Ozi gerou Zaraías, Zaraías gerou Meraiot, [33]Meraiot gerou Amarias, Amarias gerou Aquitob, [34]Aquitob gerou Sadoc, Sadoc gerou Aquimaás, [35]Aquimaás gerou Azarias, Azarias gerou Joanã, [36]Joanã gerou Azarias. Foi este que exerceu o sacerdócio no templo construído por Salomão em Jerusalém. [37]Azarias gerou Amarias, Amarias gerou Aquitob, [38]Aquitob gerou Sadoc, Sadoc gerou Selum, [39]Selum gerou Helcias, Helcias gerou Azarias, [40]Azarias gerou Saraías, Saraías gerou Josedec, [41]e Josedec foi para o exílio quando do Javé, pela mão de Nabucodonosor, deportou Judá e Jerusalém.

6 **Descendência de Levi.** [1]Os filhos de Levi* foram: Gérson, Caat e Merari. [2]São estes os nomes dos filhos de Gérson: Lobni e Semei. [3]Filhos de Caat: Amram, Isaar, Hebron e Oziel. [4]Filhos de Merari: Mooli e Musi. São estes os clãs de Levi, agrupados segundo seus pais.

[5]O filho de Gérson foi Lobni, de quem foi filho Jaat, de quem foi filho Zama, [6]de quem foi filho Joa, de quem foi filho Ado, de quem foi filho Zara, de quem foi filho Jetrai.

[7]Filhos de Caat: Aminadab, de quem foi filho Coré, de quem foi filho Asir,

---

* **5**,12. Js 13,24-28; Gn 46,16; Nm 26,15-18; Dt 3,10s | 19. Dt 33,21 | 23. Nm 32,39 | **5**,27. Gn 46,11; Êx 6,18; Nm 26,59s | **6**,1. Nm 3,17.20

† **5**,26. São o mesmo personagem, ver a nota em 2Rs 15,19.

1 Crônicas 6

[8]de quem foi filho Elcana, de quem foi filho Abiasaf, de quem foi filho Asir, [9]de quem foi filho Taat, de quem foi filho Uriel, de quem foi filho Ozias, de quem foi filho Saul. [10]Filhos de Elcana: Amasai e Aquimot, [11]de quem foi filho Elcana, de quem foi filho Sofai, de quem foi filho Naat, [12]de quem foi filho Eliab, de quem foi filho Jeroam, de quem foi filho Elcana. [13]Filhos de Elcana: Samuel, o mais velho, e Abias, o segundo.

[14]Filhos de Merari:* Mooli, de quem foi filho Lobni, de quem foi filho Semei, de quem foi filho Oza, [15]de quem foi filho Samaá, de quem foi filho Hagias, de quem foi filho Asaías.

Os cantores do templo. [16]Eis os que Davi encarregou de dirigir o canto no templo de Javé, quando a arca teve aí seu lugar de repouso. [17]Exerceram o ministério do canto diante da habitação da tenda da reunião, até que Salomão construiu em Jerusalém o templo de Javé, e exerciam seu ofício de acordo com a norma estabelecida para eles.

[18]Eis os que estavam em função e seus filhos:

Entre os filhos de Caat: Emã, o cantor, filho de Joel, filho de Samuel, [19]filho de Elcana, filho de Jeroam, filho de Eliel, filho de Tou, [20]filho de Suf, filho de Elcana, filho de Maat, filho de Amasai, [21]filho de Elcana, filho de Joel, filho de Azarias, filho de Sofonias, [22]filho de Taat, filho de Asir, filho de Abiasaf, filho de Coré, [23]filho de Isaar, filho de Caat, filho de Levi, filho de Israel.

[24]Seu irmão Asaf ficava a sua direita. Asaf era filho de Baraquias, filho de Samaé, [25]filho de Miguel, filho de Basaías, filho de Melquias, [26]filho de Atanai, filho de Zara, filho de Adaías, [27]filho de Etã, filho de Zama, filho de Semei, [28]filho de Jet, filho de Gérson, filho de Levi.

[29]À esquerda, seus irmãos, filhos de Merari, que eram Etã, filho de Cusi, filho de Abdi, filho de Maloc, [30]filho de Hasabias, filho de Amasias, filho de Helcias, [31]filho de Amasai, filho de Boni, filho de Somer, [32]filho de Mooli, filho de Musi, filho de Merari, filho de Levi.

Os outros levitas. [33]Seus irmãos, os levitas, estavam designados para todo o serviço da habitação do templo de Deus. [34]Aarão e seus filhos apresentavam as oferendas sobre o altar dos holocaustos e sobre o altar do incenso; cuidavam de todo o serviço no santo dos santos* e faziam o rito da expiação para Israel conforme tudo quanto ordenara Moisés, servo de Deus.

[35]São estes os filhos de Aarão: Eleazar, de quem foi filho Fineias, de quem foi filho Abisue, [36]de quem foi filho Boci, de quem foi filho Ozi, de quem foi filho Zaraías, [37]de quem foi filho Meraiot, de quem foi filho Amarias, de quem foi filho Aquitob, [38]de quem foi filho Sadoc, de quem foi filho Aquimaás.

Cidades dos sacerdotes. [39]Eis os lugares em que moravam, segundo seus acampamentos em seu território:*

Aos filhos de Aarão, do clã de Caat, que foi sorteado primeiro, [40]foi dada Hebron, no país de Judá,* com as pastagens vizinhas. [41]Mas os campos da cidade e suas aldeias foram dados a Caleb, filho de Jefoné. [42]Aos filhos de Aarão foram dadas Hebron, cidade de refúgio, Lebna e suas pastagens, Jéter, Estemo e suas pastagens, [43]Helon e suas pastagens, Dabir e suas pastagens, [44]Asã e suas pastagens, Bet-Sames e suas pastagens. [45]Aos da tribo de Benjamim foram dadas Gaba e suas pastagens, Almat e suas pastagens, Anatot e suas pastagens. O total de suas cidades foi treze, repartidas segundo seus clãs.

Cidades dos levitas. [46]Os outros filhos de Caat,* segundo seus clãs, obtiveram por sorte dez cidades tomadas aos clãs da tribo de Efraim, da tribo de Dã e da meia tribo de Manassés. [47]Os filhos de Gérson, segundo seus clãs, obtiveram treze cidades tomadas da tribo de Issacar, da tribo de Aser, da tribo de Neftali e da tribo de Manassés, em Basã. [48]Os filhos de Merari, segundo seus clãs, obtiveram por sorte doze cidades tomadas da tribo de Rúben, da tribo de Gad e da tribo de Zabulon. [49]Os israelitas

---

* **6**,14. Êx 6,19; Nm 26,58 | 34. Lv 1,4 | 39. Js 21,5-40 / Js 21,4.10-19 | 46. Js 21,5-8

417   1 Crônicas 6-7

designaram aos levitas essas cidades com suas pastagens.

⁵⁰Também por sorteio* designaram as cidades às quais deram seus respectivos nomes e que foram tomadas das tribos dos filhos de Judá, dos filhos de Simeão e dos filhos de Benjamim.

⁵¹Os outros clãs dos filhos de Caat* receberam cidades no território da tribo de Efraim. ⁵²Foram-lhes dadas as seguintes cidades de refúgio: Siquém e suas pastagens, na montanha de Efraim, Gazer e suas pastagens, ⁵³Jecmaam e suas pastagens, Bet-Horon e suas pastagens, ⁵⁴Aialon e suas pastagens, Gat-Remon e suas pastagens; ⁵⁵e da meia tribo de Manassés, Tanac e suas pastagens, Balaam e suas pastagens. Isto foi dado ao clã dos outros filhos de Caat.

⁵⁶Para os filhos de Gérson, segundo seus clãs, foram dadas por sorteio, da meia tribo de Manassés, Golã em Basã e suas pastagens, Astarot e suas pastagens; ⁵⁷da tribo de Issacar, Cedes e suas pastagens, Daberet e suas pastagens, ⁵⁸Ramot e suas pastagens, Anem e suas pastagens; ⁵⁹da tribo de Aser, Masal e suas pastagens, Abdon e suas pastagens, ⁶⁰Hucoc e suas pastagens, Roob e suas pastagens; ⁶¹da tribo de Neftali, Cedes, na Galileia, e suas pastagens, Hamon e suas pastagens, Cariataim e suas pastagens.

⁶²Para os outros filhos de Merari, foram tomadas da tribo de Zabulon: Remon e suas pastagens, Tabor e suas pastagens; ⁶³do outro lado do Jordão, perto de Jericó, a oriente do Jordão, da tribo de Rúben: Bosor, no deserto, e suas pastagens, Jasa e suas pastagens, ⁶⁴Cedimot e suas pastagens, Mefaat e suas pastagens; ⁶⁵da tribo de Gad: Ramot, em Galaad, e suas pastagens, Maanaim e suas pastagens, ⁶⁶Hesebon e suas pastagens, Jazer e suas pastagens.

7 **Issacar.** ¹Os filhos de Issacar foram quatro: Tola,* Fua, Jasub e Semron. ²Filhos de Tola: Ozi, Rafaías, Jeriel, Jemai, Jebsem, Samuel, chefes de suas casas paternas, homens valentes que somavam, no tempo de Davi, vinte e dois mil e seiscentos. ³Filho de Ozi: Izraías. Filhos de Izraías: Miguel, Abdias, Joel, Jesias; ou seja, cinco, todos chefes. ⁴Tinham, em suas gerações, segundo suas famílias, em tropas de guerra trinta e seis mil homens, pois tinham muitas mulheres e filhos. ⁵Seus irmãos, em todas as famílias de Issacar, homens valentes, foram oitenta e sete mil, todos registrados por suas genealogias.

Benjamim. ⁶Filhos de Benjamim: Bela, Bocor, Jadiel: três.*

⁷Filhos de Bela: Esbon, Ozi, Oziel, Jerimot e Urai: cinco, chefes de família, valentes guerreiros, somando vinte e dois mil e trinta e quatro homens.

⁸Filhos de Bocor:* Zamira, Joás, Eliezer, Elioenai, Amir, Jerimot, Abias, Anatot, Almat; todos filhos de Bocor; ⁹os chefes de suas famílias, guerreiros valentes, contavam, segundo sua parentela, vinte mil e duzentos homens.

¹⁰Filho de Jadiel: Balã. Filhos de Balã: Jeús, Benjamim, Aod, Canana, Zetã, Társis, Aisaar. ¹¹Todos esses filhos de Jadiel tornaram-se chefes de família, valentes guerreiros, em número de dezessete mil e duzentos homens aptos para a guerra e para combater.

¹²Sufan e Hufam* foram filhos de Ir. Hasim, filho de Aer.

Neftali. ¹³Filhos de Neftali:* Jasiel, Guni, Jeser, Selum. Eram filhos de Bala.

Manassés. ¹⁴Filhos de Manassés:* Esriel, que sua concubina arameia deu à luz. Ela deu à luz também Maquir, pai de Galaad. ¹⁵Maquir tomou uma esposa para Hufam e Sufan. O nome de sua irmã era Maaca. O nome do segundo era Salfaad.* Salfaad teve filhas.

¹⁶Maaca, mulher de Maquir, deu à luz um filho, a quem deu o nome de Farés. Seu irmão chamava-se Sares, e seus filhos, Ulam e Recém.

¹⁷Filho de Ulam: Badã. Estes foram os filhos de Galaad, filho de Maquir, filho de Manassés.

---

* **6,**50. Js 21,9 | 51. Js 21,20-37 | **7,**1. Gn 46,13; Nm 26,23s; Jz 10,1 | 6. 8,1s; Gn 46,21; Nm 26,38 | 8. Gn 21,18 | 12. Nm 26,38s | 13. Gn 46,24 | 14. Nm 26,48ss | 15. Nm 26,33

1 Crônicas 7-8

¹⁸Tinha uma irmã chamada Ama-léquet,* que deu à luz Isod, Abiezer e Moola.

¹⁹Semida teve os seguintes filhos: Asin, Siquém, Leci e Aniam.

Efraim. ²⁰Filho de Efraim:* Sutala, de quem foi filho Bared, de quem foi filho Taat, de quem foi filho Elada, de quem foi filho Taat, ²¹de quem foi filho Zabad, de quem foi filho Sutala, de quem foram filhos Ezer e Elada, mortos pelos homens de Gad, nascidos no país, pois eles tinham descido para roubar seus rebanhos. ²²Seu pai, Efraim, chorou--os por muito tempo e seus irmãos vieram consolá-lo. ²³Depois uniu-se a sua esposa, a qual concebeu e deu à luz um filho que ele chamou Berias, pois "a adversidade tinha sobrevindo a sua casa". ²⁴Teve por filha Sara,* que construiu Bet-Horon inferior e superior e Ozensara.

²⁵Foi filho dele Rafa,* de quem foi filho Resef, de quem foi filho Tela, de quem foi filho Taã, ²⁶de quem foi filho Laadã,* de quem foi filho Amiud, de quem foi filho Elisama, ²⁷de quem foi filho Nun,* de quem foi filho Josué.

²⁸Sua propriedade e seu domicílio eram Betel e seus arredores, Norã, a leste, Gazer e seus arredores, a oeste, Siquém e seus arredores até Ai e seus arredores. ²⁹Pertenciam aos filhos de Manassés: Betsã com seus arredores, Tanac com seus arredores, Meguido com seus arredores, Dor com seus arredores. Era lá que moravam os filhos de José, filho de Israel.

Aser. ³⁰Filhos de Aser:* Jemna, Jesua, Jessui, Beria; Sara era irmã deles.

³¹Filhos de Beria: Héber e Melquiel. Este foi o pai de Barzait. ³²Héber gerou Jeflat,* Somer, Hotam e Suaá, irmã deles.

³³Filhos de Jeflat: Fosec, Bamaal e Asot. São estes os filhos de Jeflat.

³⁴Filhos de Somer, irmão dele: Roaga, Haba e Aram.

³⁵Filhos de Hélem, irmão dele: Sufa, Jemna, Seles e Amal. ³⁶Filhos de Sufa:

Sue, Harnafer, Sual, Beri e Jamra, ³⁷Bosor, Od, Sama, Salusa, Jetrã e Beera. ³⁸Filhos de Jéter: Jefoné, Fasfa, Ara.

³⁹Filhos de Ola: Área, Haniel, Resias.

⁴⁰Todos esses eram filhos de Aser, chefes de famílias, homens de elite, guerreiros valentes, chefes dentre os príncipes. Contados nos registros genealógicos, para o serviço na guerra, seu número foi de vinte e seis mil homens.

8 **Descendência de Benjamim.** ¹Benjamim gerou Bela,* seu primogênito; Asbel, o segundo; Ahrah, o terceiro; ²Noaá, o quarto; Rafa, o quinto. ³Os filhos de Bela foram: Adar, Gera, pai de Aod, ⁴Abisue, Naamã e Aoe, ⁵Gera, Sefufam e Huram.

⁶Estes foram os filhos de Aod, que eram chefes de família entre os habitantes de Gaba e que foram deportados para Manaat: ⁷Naamã, Aías e Gera, que os levou cativos; ele gerou Oza e Aiud.

⁸Saaraim teve filhos nos Campos de Moab, depois de haver repudiado suas mulheres Husim e Baara. ⁹De Hodes, sua mulher, teve os seguintes filhos: Jobab, Sebias, Mesa, Melcam, ¹⁰Jeús, Sequias, Marma. Esses foram seus filhos, chefes de família.

¹¹De Husim nasceram-lhe Abitob e Elfaal. ¹²Filhos de Elfaal: Héber, Misaam e Samad: foi este quem construiu Ono e Lod com seus arredores.

¹³Berias e Sama eram chefes de família dos habitantes de Aialon e puseram em fuga os habitantes de Gat.*

¹⁴Seus irmãos: Sesac e Jerimot. ¹⁵Zabadias, Arod, Éder, ¹⁶Miguel, Jesfa e Joá eram filhos de Berias.

¹⁷Zabadias, Mosolam, Hezeci, Héber, ¹⁸Jesamari, Jeslias, Jobab eram filhos de Elfaal.

¹⁹Jacim, Zecri, Zabdi, ²⁰Elioenai, Seletai, Eliel, ²¹Adaías, Baraías, Samaat eram filhos de Semei. ²²Jesfã, Héber, Eliel, ²³Abdon, Zecri, Hanã, ²⁴Hananias, Elam, Anatotias, ²⁵Jefdaías, Fanuel eram filhos de Sesac.

---

* **7,**18. Jz 6,11s | 20. Nm 26,35 | 24. 8,13 | 25. Js 16,3 | 26. Nm 1,10 | 27. Êx 33,11 | 30. Gn 46,17 | 32. Nm 26,44 | **8,**1. Gn 46,21; Nm 26,38ss; Jz 3,15 | 13. 7,23

419 1 Crônicas 8-9

²⁶Semsari, Soorias, Otolias, ²⁷Jersias, Elias, Zecri eram filhos de Jeroam.

²⁸Esses foram chefes de famílias, segundo suas gerações. Moravam em Jerusalém.*

²⁹Em Gabaon habitavam Jeiel, pai de Gabaon,* cuja esposa se chamava Maaca; ³⁰e os filhos: Abdon, o primogênito; Sur, Cis, Baal, Ner, Nadab, ³¹Gedor, Aio, Zaquer e Macelot. ³²Macelot gerou Samaá. Moraram em Jerusalém com seus irmãos, bem defronte deles.

Saul e sua família. ³³Ner gerou Cis, Cis* gerou Saul, Saul gerou Jônatas, Melquisua, Abinadab e Isbaal. ³⁴Filho de Jônatas: Meribaal; Meribaal gerou Micas. ³⁵Filhos de Micas: Fiton, Melec, Taraá, Aaz. ³⁶Aaz gerou Joada, Joada gerou Almat, Azmot e Zambri; Zambri gerou Mosa, ³⁷Mosa gerou Banaá, de quem foi filho Rafa, de quem foi filho Elasa, de quem foi filho Asel. ³⁸Asel teve seis filhos, cujos nomes são: Ezricam, seu primogênito; Ismael, Sarias, Azarias, Abdias, Hanã. Todos filhos de Asel.

³⁹Filhos de Esec, seu irmão: Ulam, o primogênito; Jeús, o segundo; Elifalet, o terceiro. ⁴⁰Os filhos de Ulam foram homens valorosos, arqueiros. Tiveram muitos filhos e netos: cento e cinquenta. Todos estes eram filhos de Benjamim.

9 **Habitantes de Jerusalém.** ¹Todos os israelitas foram registrados segundo as genealogias e foram inscritos no livro dos reis de Israel e de Judá. Foram deportados para Babilônia por causa de suas infidelidades. ²Os primeiros* que voltaram a habitar em suas propriedades e em suas cidades foram os israelitas: os sacerdotes, os levitas e os "oblatos". ³Em Jerusalém moravam filhos de Judá, de Benjamim, de Efraim e de Manassés.

⁴Utai, filho de Amiud, filho de Amri, filho de Imri, filho de Bani, um dos filhos de Farés, filho de Judá. ⁵Dos selanitas, Asaías, o primogênito, e seus filhos. ⁶Dos filhos de Zara, Jeuel e seus irmãos: seiscentos e noventa homens.

⁷Dos filhos de Benjamim: Salo, filho de Mosolam, filho de Oduías, filho de Asana; ⁸Joabnias, filho de Jeroam. Ela, filho de Ozi, filho de Mocori; Mosolam, filho de Safatias, filho de Reuel, filho de Jebanias. ⁹E seus irmãos, segundo suas gerações, foram novecentos e cinquenta e seis; todos esses homens foram chefes de família em suas casas paternas.

¹⁰Dos sacerdotes: Jedaías, Joiarib, Jaquin, ¹¹Azarias, filho de Helcias, filho de Mosolam, filho de Sadoc, filho de Maraiot, filho de Aquitob, chefe do templo de Deus. ¹²Adaías, filho de Jeroam, filho de Fassur, filho de Melquias; Maasai, filho de Adiel, filho de Jezra, filho de Mosolam, filho de Mosolamot, filho de Emer, ¹³e seus irmãos, chefes de família, foram mil e setecentos e sessenta homens de valor para a obra do serviço do templo de Deus.

¹⁴Dos levitas: Semeías, filho de Hassub, filho de Ezricam, filho de Hasabias, dos filhos de Merari, ¹⁵Bacbacar, Hares, Galal, Matanias, filho de Micas, filho de Zecri, filho de Asaf; ¹⁶Abdias, filho de Semeías, filho de Galal, filho de Iditun; Baraquias, filho de Asa, filho de Elcana, que habitavam nas aldeias dos netofatitas.

¹⁷Os porteiros: Selum, Acub, Telmon, Aimã e seus irmãos. Selum, o chefe, ¹⁸permanece ainda hoje junto à porta real, a oriente. Eram estes os porteiros dos acampamentos dos levitas: ¹⁹Selum, filho de Cora, filho de Abiasaf, filho de Coré e seus irmãos, os coreítas, da mesma família, dedicavam-se ao serviço litúrgico; guardavam a entrada da tenda, e seus pais, responsáveis pelo acampamento de Javé, guardavam seu acesso. ²⁰Fineias, filho de Eleazar, fora outrora seu chefe – que Javé esteja com ele! ²¹Zacarias, filho de Mosolamias, era porteiro na entrada da tenda da reunião. ²²Todos esses escolhidos para serem guardas das portas eram duzentos e doze quando foram registrados, segundo seus registros genealógicos.

---

* **8,28.** 9,34 | **29.** 9,35-38 | **33.** 1Sm 14,49ss; 1Cr 9,39-43 | **9,2.** Ne 11,3-19

1 Crônicas 9-10

Davi e Samuel, o vidente, estabeleceram-nos em sua função permanente. ²³Eles e seus filhos eram responsáveis pelas portas do templo de Javé, pela casa da Tenda. ²⁴Nos quatro pontos cardeais ficavam os porteiros: a leste, a oeste, ao norte e ao sul. ²⁵Seus irmãos que moravam em suas aldeias vinham ter com eles, de tempos a tempos, por uma semana, ²⁶pois os quatro chefes dos porteiros lá ficavam constantemente. Os levitas eram responsáveis pelos aposentos e pelos tesouros do templo de Deus. ²⁷Passavam a noite ao redor do templo de Deus, pois deviam guardá-lo e abri-lo todas as manhãs.

²⁸Alguns deles cuidavam dos objetos do culto; contavam-nos ao levá-los para dentro e ao retirá-los. ²⁹Alguns outros eram responsáveis pela mobília, por toda a mobília sacra, pela flor de farinha, pelo vinho, pelo óleo, pelo incenso e pelos perfumes. ³⁰Alguns dos filhos dos sacerdotes preparavam a essência aromática para os perfumes.

³¹Um dos levitas, Matatias,* primogênito de Selum, o coreíta, tinha a responsabilidade permanente pelas coisas que se preparavam na frigideira. ³²Entre os caatitas, alguns de seus irmãos estavam encarregados dos pães a serem apresentados cada sábado.

³³Quanto aos cantores, chefes de famílias levíticas, moravam nas dependências do templo, livres de outras funções, pois estavam em serviço dia e noite.

³⁴São esses os chefes das famílias levíticas,* segundo suas gerações. Esses chefes moravam em Jerusalém.

Origens de Saul. ³⁵Em Gabaon* moravam o pai de Gabaon, Jeiel, cuja mulher chamava-se Maaca, ³⁶e os filhos: Abdon, o primogênito, Sur, Cis, Baal, Ner, Nadab, ³⁷Gedor, Aio, Zacarias, Macelot. ³⁸Macelot gerou Samaam. Moravam em Jerusalém com seus irmãos, defronte deles.

³⁹Ner gerou Cis, Cis gerou Saul, Saul gerou Jônatas, Melquisua, Abinadab, Isbaal. ⁴⁰Filho de Jônatas: Meribaal.

Meribaal gerou Micas. ⁴¹Filhos de Micas: Fiton, Melec, Taraá. ⁴²Aaz gerou Jará, Jará gerou Almat, Azmot e Zambri. Zambri gerou Mosa. ⁴³Mosa gerou Banaá, de quem foi filho Rafaías, de quem foi filho Elasa, de quem foi filho Asel. ⁴⁴Asel teve seis filhos, cujos nomes são: Ezricam, seu primogênito, Ismael, Saraías, Azarias, Abdias, Hanã; esses são os filhos de Asel.

II. HISTÓRIA DE DAVI
(10–29)

10 **Morte de Saul e de seus filhos.** ¹Os filisteus* combateram contra Israel; os israelitas fugiram diante dos filisteus e caíram mortos na montanha de Gelboé. ²Os filisteus perseguiram de perto Saul e seus filhos e mataram Jônatas, Abinadab e Melquisua, filhos de Saul. ³O peso do combate recaiu então sobre Saul. Os arqueiros o surpreenderam, e ele foi ferido gravemente pelos arqueiros. ⁴Então disse Saul a seu escudeiro: "Toma tua espada e traspassa-me, para não acontecer que esses incircuncisos venham zombar de mim". Mas seu escudeiro recusou-se, pois estava com muito medo. Então Saul pegou sua espada e lançou-se sobre ela. ⁵Vendo que Saul estava morto, o escudeiro lançou-se também sobre sua espada e morreu. ⁶Assim morreram juntos Saul, seus três filhos e toda a sua casa. ⁷Todos os homens de Israel que estavam no vale, ao verem que os homens de Israel fugiam e que Saul e seus filhos tinham morrido, abandonaram suas cidades e fugiram. Vieram os filisteus e lá se estabeleceram.

⁸No dia seguinte, os filisteus foram despojar os mortos e encontraram Saul e seus filhos caídos no monte Gelboé. ⁹Eles o despojaram, levaram sua cabeça e suas armas; enviaram mensageiros por toda a terra dos filisteus para anunciar a boa nova a seus ídolos e a seu povo. ¹⁰Colocaram suas armas na casa de seu deus e pregaram seu crânio no templo de Dagon.

---

* **9**,31. Lv 2,4-7 | 34. 8,28 | 35. 8,29-38 | **10**,1. 1Sm 31,1-13

421   1 Crônicas 10-11

[11]Quando todos os habitantes de Jabes de Galaad souberam tudo o que os filisteus tinham feito com Saul, [12]todos os guerreiros se puseram a caminho e retiraram o corpo de Saul e o corpo de seus filhos, levaram-nos para Jabes, sepultaram seus ossos debaixo do terebinto de Jabes e jejuaram durante sete dias.

[13]Saul pereceu por causa de sua infidelidade para com Javé: não seguira a palavra de Javé e também consultara uma necromante pedindo conselho, [14]em vez de consultar Javé, que por isso o fez perecer e transferiu a realeza a Davi, filho de Jessé†.

11 Unção de Davi como rei de Israel.
[1]Todos os israelitas* se reuniram em torno de Davi, em Hebron, e lhe disseram: "Vê, somos de teus ossos e de tua carne. [2]Já no passado, quando Saul reinava sobre nós, eras tu que conduzias Israel de um lado para o outro, e Javé, teu Deus, te disse: 'És tu que apascentarás Israel, meu povo; és tu que serás o chefe de meu povo, Israel'". [3]Todos os anciãos de Israel vieram, pois, para junto do rei em Hebron. Davi concluiu um pacto com eles em Hebron, na presença de Javé, e eles ungiram Davi como rei de Israel, segundo a palavra de Javé, transmitida por Samuel.*

Davi conquista Jerusalém†. [4]Davi, com todo o Israel, avançou* sobre Jerusalém – isto é, Jebus – onde estavam os jebuseus, habitantes daquela região. [5]Os habitantes de Jebus disseram a Davi: "Tu não entrarás aqui". Mas Davi se apoderou da fortaleza de Sião, que é a Cidade de Davi. [6]Disse Davi: "Quem for o primeiro a atacar os jebuseus será chefe e príncipe". Joab, filho de Sárvia, foi o primeiro a subir e tornou-se chefe. [7]Davi estabeleceu-se na fortaleza que, por isso, foi chamada Cidade de Davi. [8]Edificou a cidade ao redor, desde o Melo, completando o circuito, e Joab restaurou o resto da cidade. [9]Davi tornava-se cada vez mais poderoso, e Javé dos Exércitos estava com ele.

Os valentes de Davi. [10]São estes os chefes dos valentes de Davi, que se tornaram poderosos com ele em seu reinado e que, com todo o Israel, o haviam constituído rei, segundo a palavra de Javé a respeito de Israel. [11]Eis a lista dos valentes* de Davi: Jesbaam, filho de Hacamon, chefe dos Três; ele brandiu sua lança contra trezentos e os matou de uma só vez.

[12]Depois dele, Eleazar, filho de Dodô, o aoíta, que era um dos três valentes. [13]Estava com Davi em Afes-Domim quando os filisteus se reuniram lá para o combate. Havia lá um campo todo plantado de cevada; o exército fugiu diante dos filisteus, [14]mas eles se postaram no meio do campo, defenderam-no e abateram os filisteus. Javé efetuou lá uma grande vitória.

[15]Três dentre os trinta chefes desceram para perto de Davi, até o rochedo próximo à gruta de Odolam, enquanto o exército dos filisteus estava acampado no vale dos Rafaim. [16]Davi estava então no refúgio e havia uma guarnição dos filisteus em Belém. [17]Davi exprimiu este desejo: "Quem me dera beber da água do poço situado junto à porta de Belém!" [18]Os três, abrindo passagem através do acampamento filisteu, tiraram água do poço situado junto à porta de Belém, levaram-na e ofereceram-na a Davi; mas ele não a quis beber e a derramou em libação a Javé, [19]dizendo: "Deus me livre de fazer isso! Acaso hei de beber o sangue destes homens que arriscaram suas vidas? Pois foi com risco de vida que eles a trouxeram!" E não quis mesmo beber. Foi isso que fizeram esses três valentes.

[20]Abisaí, irmão de Joab, era o chefe dos Trinta. Ele brandiu a lança contra trezentos e os matou, tornando-se famoso entre os Três. [21]Entre os Trinta era o mais respeitado e foi seu chefe, mas não chegou a igualar-se aos Três.

---

* **11**,1. 2Sm 5,1ss | 3. 1Sm 16,1-13 | 4. 2Sm 5,4-10 | 11. 2Sm 23,8-39

† **10**,14. O autor chega a seu tema central: a dinastia davídica, depositária das promessas divinas e o esplendor da liturgia do templo, que tem em Davi seu organizador. | **11**,4. Ver a nota em 2Sm 5,7.

1 Crônicas 11-12

22Banaías, filho de Joiada, guerreiro de muitas façanhas, natural de Cabseel, abateu os dois heróis de Moab; desceu dentro de uma cisterna, onde matou um leão num dia de neve. 23Matou também um egípcio, um gigante de cinco côvados de altura, que tinha nas mãos uma lança semelhante a um cilindro de tear; desceu contra ele com um bastão, arrebatou a lança da mão do egípcio e matou-o com sua própria lança. 24Eis o que fez Banaías, filho de Joiada, conquistando um nome entre os trinta valentes. 25Era famoso entre os Trinta, mas não chegou a igualar-se aos Três; Davi colocou-o no comando de sua guarda pessoal.

26São estes os heróis valorosos: Asael, irmão de Joab; Elcanã, filho de Dodô, de Belém; 27Samot, o harodita; Heles, o felonita; 28Ira, filho de Aces, de Técua; Abiezer, de Anatot; 29Sobocai, de Husa; Elai, de Ao; 30Maarai, de Netofa; Héled, filho de Baana, de Netofa; 31Etai, filho de Riblai, de Gabaá dos filhos de Benjamim; Banaías, de Faraton; 32Hurrai, das torrentes de Gaás; Abiel, de Arbat; 33Azmot, de Baurim; Eliaba, de Saalbon; 34Asem, de Gezon; Jônatas, filho de Saage, de Arar; 35Aiam, filho de Sacar, de Arar; Elifelet, filho de Ur; 36Héfer, de Maquera; Aías, o felonita; 37Hesron, do Carmelo; Naarai, filho de Azbai; 38Joel, irmão de Natã; Mibar, filho de Agarai; 39Selec, o amonita; Naarai, de Beerot, escudeiro de Joab, filho de Sárvia; 40Ira, de Jéter; Gareb, de Jéter; 41Urias, o heteu; Zabad, filho de Oolai; 42Adina, filho de Siza, o rubenita, chefe dos rubenitas e com ele outros trinta; 43Hanã, filho de Maaca; Josafá, o matanita; 44Ozias, de Astarot; Sama e Jaiel, filhos de Hotam, de Aroer; 45Jediel, filho de Samri, e Joás, seu irmão, o tasaíta; 46Eliel, o maumita; Jeribaal e Josaías, filhos de Elnaem; Etma, o moabita; 47Eliel, Obed e Jasiel, de Soba.

12 Primeiros seguidores de Davi.

1Eis os que aderiram a Davi em Siceleg, quando ele se conservava longe de Saul, filho de Cis. Estavam entre os valentes que o ajudaram na guerra. 2Estavam armados com arcos e sabiam usar tanto a mão direita como a esquerda para lançar pedras com a funda e flechas com o arco.* Eram dos irmãos de Saul, da tribo de Benjamim: 3Aiezer, o chefe, e Joás, filho de Samaá, de Gabaá; Jaziel e Falet, filhos de Azmot; Baraca e Jeú, de Anatot; 4Ismaías, de Gabaon, valente do número dos trinta e chefe dos Trinta; 5Jeremias, Jeeziel, Joanã e Jozabat, de Gaderot; 6Eluzaí, Jeerimot, Baalias, Samarias, Safatias, de Harif; 7Elcana, Jesias, Azareel, Joezer, Jesbaam, coreítas; 8Joela, Zabadias, filhos de Jeroam de Gedor.

9Dentre os gaditas alguns passaram para Davi em sua fortaleza no deserto. Eram guerreiros valorosos, homens de guerra prontos para combater, que sabiam manejar o escudo e a lança. Tinham o aspecto de leões e eram ágeis como gazelas nas montanhas. 10Ezer era seu chefe; Abdias, o segundo; Eliab, o terceiro; 11Masmana, o quarto; Jeremias, o quinto; 12Eti, o sexto; Eliel, o sétimo; 13Joanã, o oitavo; Elzabad, o nono; 14Jeremias, o décimo; Macbanai, o undécimo. 15Esses eram os filhos de Gad, capitães do exército; o menor valia por cem homens e o maior, por mil. 16Foram eles que passaram o Jordão, no primeiro mês, quando transbordava em todas as suas margens, e puseram em fuga todos os habitantes do vale, tanto da margem oriental como da ocidental. 17Alguns dos filhos de Benjamim e de Judá vieram também aliar-se a Davi em sua fortaleza. 18Davi foi a seu encontro, tomou a palavra e lhes disse: "Se é com intenções pacíficas que vindes a mim, para me prestar auxílio, estou disposto a unir-me convosco; mas se é para trair-me e entregar-me a meus inimigos, não havendo eu cometido violência alguma, que o Deus de nossos pais o veja e faça justiça!"

19Então um espírito desceu sobre Amasai, chefe dos Trinta, que exclamou:

* 12,2. 8,40

"Nós somos teus, Davi,
e contigo estamos, filho de Jessé!
Paz, paz a ti e a quem te ajuda,
pois é teu Deus que te ajuda!"

Davi os acolheu e os colocou entre os chefes da tropa.

[20]Também de Manassés alguns passaram para Davi, quando ele veio com os filisteus para lutar contra Saul. Mas não lhe prestaram auxílio,* porque, tendo-se reunido em conselho, os príncipes dos filisteus despediram Davi, dizendo: "Ele poderia passar para o lado de seu senhor Saul à custa de nossas cabeças!" [21]Quando partia para Siceleg, alguns de Manassés se juntaram a ele: Ednas, Jozabad, Jediel, Miguel, Jozabad, Eliú, Salati, chefes de milhares de homens de Manassés. [22]Eles ajudaram Davi contra os assaltantes, pois todos eram homens valorosos e se tornaram oficiais do exército.

[23]Cada dia, com efeito, chegava gente para ajudar Davi, de tal modo que seu acampamento se tornou enorme.

Davi, rei de todo o Israel. [24]Eis o número de guerreiros equipados para a guerra que vieram para junto de Davi, em Hebron, para transferir-lhe a realeza de Saul, segundo a ordem de Javé:

[25]Dos filhos de Judá, armados de escudo e lança: seis mil e oitocentos homens equipados para a guerra;

[26]dos filhos de Simeão: sete mil e cem soldados valentes para a guerra;

[27]dos filhos de Levi: quatro mil e seiscentos, [28]e Joiada, chefe da família de Aarão, com três mil e setecentos homens; [29]Sadoc, jovem e valente guerreiro, e vinte e dois oficiais de sua família;

[30]dos filhos de Benjamim, irmãos de Saul: três mil, porque a maioria deles tinha até então ficado fiel à casa de Saul;

[31]dos filhos de Efraim: vinte mil e oitocentos guerreiros valentes, homens ilustres em suas famílias;

[32]da meia tribo de Manassés: dezoito mil, que foram escolhidos individualmente para ir proclamar Davi rei;

[33]dos filhos de Issacar, que sabiam discernir os tempos para saber o que Israel devia fazer: duzentos chefes e todos os seus irmãos sob suas ordens;

[34]de Zabulon: cinquenta mil homens aptos para a guerra, prontos para a batalha com toda sorte de armas e dispostos a prestar ajuda de coração resoluto;

[35]de Neftali: mil oficiais e com eles trinta e sete mil homens armados de escudo e lança;

[36]dos filhos de Dã: vinte e oito mil e seiscentos homens prontos para o combate;

[37]de Aser: quarenta mil guerreiros prontos para a batalha;

[38]da Transjordânia, isto é, de Rúben, de Gad e da meia tribo de Manassés: cento e vinte mil homens com todas as armas de guerra.

[39]Todos esses homens de guerra, prontos para a batalha, dirigiram-se a Hebron de coração sincero a fim de proclamar Davi rei sobre todo o Israel; também todos os outros de Israel eram unânimes em conferir a Davi a realeza. [40]Durante três dias ficaram lá, comendo e bebendo em companhia de Davi, porque seus irmãos haviam preparado tudo para eles. [41]Também os que eram vizinhos até de Issacar, Zabulon e Neftali levaram alimentos sobre jumentos e camelos, sobre mulas e bois: provisões de farinha, tortas de figos e uvas secas, vinho e azeite, bois e ovelhas em abundância, pois havia alegria em Israel.

13 **Trasladação da arca.** [1]Davi reuniu-se em conselho com os oficiais de milhares e de centenas e com todos os comandantes. [2]Disse ele a toda a assembleia de Israel: "Se é de vosso agrado e se isso vem de Javé, nosso Deus, enviaremos mensageiros a nossos irmãos que ficaram em todas as terras de Israel, bem como aos sacerdotes e aos levitas em suas cidades e campos vizinhos, para que eles se juntem a nós. [3]Então reconduziremos para o meio de nós a arca de nosso Deus, pois não nos ocupamos dela no tempo de Saul".

---

* **12**,20. 1Sm 29

1 Crônicas 13-15

424

[4]Toda a assembleia decidiu agir assim, pois a proposta pareceu justa a todo o povo. [5]Davi convocou* todo o Israel, desde Sior no Egito até a entrada de Emat, para trazer de Cariat-Iarim* a arca de Deus. [6]Em seguida, Davi e todo o Israel subiram a Baala, isto é, a Cariat-Iarim, que está em Judá, a fim de trazer de lá a arca de Deus, Javé, que tem seu trono sobre os querubins[†], onde é invocado seu nome. [7]Da casa de Abinadab transportaram a arca de Deus sobre um carro novo. Oza e Aio conduziam o carro. [8]Davi e todo o Israel dançavam diante de Deus com todas as suas forças, cantando ao som de cítaras, harpas, tamborins, címbalos e trombetas. [9]Quando chegaram à eira de Quidon, Oza estendeu a mão para segurar a arca, porque os bois tropeçaram. [10]Então a ira de Javé se inflamou contra Oza e o feriu por ter colocado a mão na arca; Oza morreu lá, diante de Deus. [11]Davi ficou desgostoso porque Javé fulminou Oza, e deu àquele lugar o nome de Farés-Oza[†], que conserva até hoje.

[12]Naquele dia Davi temeu a Deus e disse: "Como poderei levar para minha casa a arca de Deus?" [13]Assim Davi não conduziu a arca para sua casa, na Cidade de Davi, mas mandou que a levassem para a casa de Obed-Edom, de Gat. [14]A arca de Deus ficou três meses com a família de Obed-Edom, em sua casa; Javé abençoou a casa de Obed-Edom e tudo o que lhe pertencia.

14

O palácio de Davi. [1]Hiram, rei de Tiro, enviou mensageiros* a Davi, levando madeira de cedro, e também pedreiros e carpinteiros para construir-lhe uma casa. [2]Então Davi teve certeza de que Javé o havia confirmado como rei de Israel e que sua realeza era grandemente exaltada por causa de Israel, seu povo.

[3]Em Jerusalém, Davi casou-se ainda com outras mulheres e gerou mais filhos e filhas. [4]Eis os nomes dos filhos* que lhe nasceram em Jerusalém: Samua, Sobab, Natã, Salomão, [5]Jebaar, Elisua, Elifalet, [6]Noga, Nafeg, Jáfia, [7]Elisama, Baaliada, Elifalet.

Vitória sobre os filisteus. [8]Quando os filisteus souberam* que Davi fora ungido rei de todo o Israel, subiram todos para prendê-lo. Sabendo disso, Davi saiu contra eles. [9]Os filisteus chegaram e se espalharam pelo vale dos rafaim. [10]Então Davi consultou a Deus: "Devo atacar os filisteus? Hás de entregá-los em minhas mãos?" Javé respondeu-lhe: "Ataca-os! Eu os entregarei em tuas mãos". [11]Eles subiram a Baal-Farasim e lá Davi os derrotou. Davi disse: "Por minha mão Deus abriu uma brecha entre meus inimigos como uma brecha feita pelas águas". É por isso que esse lugar recebeu o nome de Baal-Farasim. [12]No local, eles abandonaram seus deuses. "Que sejam jogados ao fogo!", ordenou Davi.

[13]Os filisteus tornaram a se espalhar pelo vale. [14]Davi consultou de novo a Deus e Deus lhe respondeu: "Não os sigas, mas rodeia por detrás deles, a certa distância, e cai sobre eles diante das amoreiras. [15]Quando ouvires um ruído de passos no alto das amoreiras, sairás para o combate, porque Deus terá saído a tua frente para vencer o exército filisteu". [16]Davi fez como Deus lhe ordenara e desbaratou o exército filisteu desde Gabaon até Gazer.

[17]A fama de Davi espalhou-se por todos os países, e Javé fez com que todas as nações o temessem.

15

Preparativos para o transporte da arca. [1]Davi construiu para si edifícios na Cidade de Davi, preparou um lugar para a arca de Deus e ergueu para ela uma tenda. [2]Depois disse: "Ninguém pode levar a arca* de Deus a não ser os levitas, pois Javé os escolheu para carregarem a arca de Javé e nela servirem para sempre".

[3]Então Davi convocou todo o Israel em Jerusalém para transportar a arca

---

* **13**,5. 2Sm 6,2-11 / Jz 20,1 | **14**,1. 2Sm 5,11-16 | 4. 3,5-8 | 8. 2Sm 5,17-25 | **15**,2. Nm 1,50; 3,5s; 4; 7.9

† **13**,6. Ver a nota em 1Sm 4,4. | 11. Ver a nota em 2Sm 6,8.

1 Crônicas 15-16

de Javé para o lugar que lhe havia preparado. [4]Reuniu os filhos de Aarão* e os levitas: [5]dos filhos de Caat, Uriel, o chefe, e seus cento e vinte irmãos; [6]dos filhos de Merari, Asaías, o chefe, e seus duzentos e vinte irmãos; [7]dos filhos de Gérson, Joel, o chefe, e seus cento e trinta irmãos; [8]dos filhos de Elisafã, Semeías, o chefe, e seus duzentos irmãos; [9]dos filhos de Hebron, Eliel, o chefe, e seus oitenta irmãos; [10]dos filhos de Oziel, Aminadab, o chefe, e seus cento e doze irmãos.

[11]Davi convocou os sacerdotes Sadoc e Abiatar, os levitas Uriel, Asaías, Joel, Semeías, Eliel e Aminadab [12]e disse-lhes: "Vós sois os chefes das famílias levíticas; santificai-vos, vós e vossos irmãos, e depois transportai a arca de Javé, Deus de Israel, para o lugar que lhe preparei. [13]Porque não estáveis lá na primeira vez, Javé irrompeu contra nós: não nos dirigimos a ele segundo a regra". [14]Os sacerdotes e os levitas se santificaram para transportar a arca de Javé, Deus de Israel, [15]e os levitas transportaram a arca de Deus sobre os ombros por meio de varais,* como o havia prescrito Moisés, segundo a palavra de Javé.

[16]Davi ordenou aos chefes dos levitas que designassem seus irmãos cantores, com instrumentos musicais, harpas, cítaras e címbalos, para que, levantando a voz, fizessem ouvir sons de alegria. [17]Os levitas nomearam Emã, filho de Joel, Asaf, um de seus irmãos, filho de Baraquias e, entre os filhos de Merari, seus irmãos, Etã, filho de Casaías. [18]Eles tinham consigo seus irmãos da segunda ordem: Zacarias, Ben, Jaziel, Semiramot, Jaiel, Ani, Eliab, Banaías, Maasias, Matatias, Elifalu, Macenias e os porteiros Obed-Edom e Jeiel. [19]Os cantores Emã, Asaf e Etã faziam ressoar címbalos de bronze. [20]Zacarias, Aziel, Semiramot, Jaiel, Ani, Eliab, Maasias, Banaías tocavam a lira para vozes de soprano. [21]Matatias, Elifalu, Macenias, Obed-Edom, Jeiel e Ozazias tocavam cítaras na oitava para guiar o canto. [22]Conenias, chefe dos levitas encarregados do transporte, orientava o transporte, pois era perito nisso. [23]Baraquias e Elcana exerciam a função de porteiros junto à arca. [24]Os sacerdotes Sebanias, Josafá, Natanael, Amasai, Zacarias, Banaías e Eliezer tocavam as trombetas diante da arca de Deus. Obed-Edom e Jeías eram porteiros junto à arca.

A arca na Cidade de Davi. [25]Então Davi, os anciãos de Israel* e os chefes de mil, com grande júbilo, transportaram da casa de Obed-Edom a arca da aliança de Javé. [26]E porque Deus assistia os levitas que carregavam a arca da aliança de Javé, foram imolados sete touros e sete carneiros. [27]Davi trajava um manto de linho fino, como também todos os levitas que levavam a arca, os cantores e Conenias, chefe encarregado do transporte. Davi usava também um efod de linho. [28]Todo o Israel acompanhou a arca da aliança de Javé, fazendo aclamações ao som das trombetas, do clarim e dos címbalos, fazendo ressoar liras e cítaras. [29]Ao chegar a arca da aliança de Javé à Cidade de Davi, Micol, a filha de Saul, olhou pela janela e viu o rei Davi dançando e saltando; em seu coração, ela o desprezou.

16 **Sacrifícios e ofertas na trasladação.** [1]Introduziram, pois, a arca de Deus e a depositaram no centro da tenda que Davi tinha armado para ela. Ofereceram diante de Deus holocaustos e sacrifícios de comunhão. [2]Quando Davi acabou de oferecer esses holocaustos e esses sacrifícios de comunhão, abençoou o povo em nome de Javé. [3]Depois mandou distribuir a todos os israelitas, homens e mulheres, para cada um, um pão, uma porção de carne e um bolo de passas.

[4]Davi designou alguns dos levitas para prestar serviço diante da arca de Javé, para celebrar, glorificar e louvar a Javé, Deus de Israel. [5]Eram Asaf, o chefe, em segundo lugar Zacarias, depois Oziel, Semiramot, Jaiel, Matatias, Eliab, Banaías, Obed-Edom e Jeiel. Eles toca-

---

* **15**,4. Dt 31,25 | 15. Nm 7,9 | 25. 2Sm 6,12-19

1 Crônicas 16

vam liras e cítaras, enquanto Asaf fazia ressoar os címbalos. [6]Os sacerdotes Banaías e Jaziel com as trombetas estavam sempre diante da arca da aliança de Deus. [7]Foi naquele dia que Davi encarregou, pela primeira vez, Asaf e seus irmãos de celebrar Javé com hinos:

Cântico de Davi. [8]Louvai a Javé, aclamai seu nome,*
anunciai entre os povos seus grandes feitos.
[9]Cantai, entoai salmos para ele,
narrai todas as suas maravilhas.
[10]Gloriai-vos de seu Nome santo,
alegrem-se os corações que buscam a Javé.
[11]Procurai Javé e sua força,
sem cessar buscai sua face.
[12]Lembrai-vos das maravilhas que ele fez,
de seus prodígios e das sentenças de sua boca.
[13]Descendentes de Israel, seu servo,
filhos de Jacó, seus eleitos;
[14]é ele Javé, nosso Deus,
sobre toda a terra ele julga.
[15]Lembrai-vos sempre de sua aliança,
da palavra promulgada para mil gerações,
[16]do pacto concluído com Abraão,
do juramento que fez a Isaac.
[17]Ele o erigiu como lei para Jacó,
para Israel, como aliança para sempre,
[18]dizendo: "Eu te darei a terra de Canaã,
como vossa parte de herança".
[19]Então éreis pouco numerosos,
pouquíssimos e estrangeiros no país.
[20]Eles iam de nação em nação,
de um reino para um povo diferente;
[21]não deixou que ninguém os oprimisse,
por causa deles até reis castigou:
[22]"Não toqueis em meus consagrados,
nem façais mal a meus profetas!"
[23]Cantai a Javé, habitantes de toda a terra,*
proclamai, dia após dia, sua salvação;
[24]narrai entre as nações sua glória,

entre todos os povos suas maravilhas.
[25]Pois Javé é grande e muito digno de louvor,
mais temível que todos os deuses.
[26]Nada são todos os deuses das nações,
mas foi Javé quem fez os céus.
[27]Diante dele, esplendor e majestade,
em seu santuário, poder e alegria.
[28]Rendei a Javé, famílias dos povos,
rendei a Javé glória e poder,
[29]rendei a Javé a glória de seu Nome.
Apresentai a oblação, trazei-a a sua presença,
adorai a Javé na beleza de sua santidade.
[30]Tremei diante dele, habitantes de toda a terra.
Ele firmou o universo, inabalável.
[31]Que os céus se alegrem e exulte a terra.
Dizei entre as nações: "Javé reina!"
[32]Ressoe o mar e tudo o que ele encerra,
rejubile o campo e tudo o que há nele.
[33]Gritem de alegria as árvores das florestas,
na presença de Javé, pois ele vem para julgar a terra.
[34]Dai graças a Javé, pois ele é bom,*
porque eterno é seu amor.
[35]Dizei: Salvai-nos, Deus de nossa salvação,
reuni-nos, livrai-nos do meio das nações,
para celebrarmos vosso santo Nome
e nos gloriarmos em vosso louvor.
[36]Bendito seja Javé, o Deus de Israel,
desde sempre e para sempre!
E todo o povo disse: "Amém!"
E louvou a Javé.

Encargos dos levitas. [37]Davi deixou lá, diante da arca da aliança de Javé, Asaf e seus irmãos, para garantirem um serviço permanente diante da arca, conforme o ritual cotidiano; [38]deixou também Obed-Edom e seus sessenta e oito irmãos. Obed-Edom, filho de Idi-

---

* **16**,8. Sl 105,1-15 | 23. Sl 96 | 34. Sl 106,1.47s

tun, e Hosá eram porteiros. [39]Deixou o sacerdote Sadoc e os sacerdotes seus irmãos diante da habitação de Javé, no lugar alto de Gabaon, [40]para oferecer a Javé holocaustos perpétuos sobre o altar dos holocaustos, de manhã e de tarde, e fazer tudo o que está escrito na lei que Javé prescrevera a Israel. [41]Estavam com eles Emã e Iditun e os outros que foram escolhidos e designados pelo nome para louvar a Javé, "porque eterno é seu amor". [42]Na companhia deles estavam Emã e Iditun, encarregados de tocar as trombetas, os címbalos e os instrumentos que acompanhavam os cânticos de Deus. Os filhos de Iditun foram designados para a porta.

[43]Depois todo o povo partiu,* cada um para sua casa, e Davi voltou para abençoar sua casa.

17

Profecia de Natã†.[1]Quando Davi se instalou em sua casa, disse ao profeta Natã: "Eu moro* numa casa de cedro e a arca da aliança de Javé está sob a tenda!" [2]Natã respondeu a Davi: "Faze tudo o que estiver em teus planos, porque Deus está contigo". [3]Mas, naquela mesma noite, a palavra de Deus foi dirigida a Natã nestes termos: [4]"Vai dizer a Davi, meu servo: Assim fala Javé: 'Não serás tu que me construirás uma casa para eu nela morar. [5]Sim, jamais morei numa casa desde o dia em que fiz Israel subir até hoje, mas eu passava de uma tenda à outra e de uma morada à outra. [6]Durante todo o tempo em que caminhei com todo o Israel, acaso disse eu a algum dos juízes de Israel que designei como pastores de meu povo: Por que não me construís uma casa de cedro?' [7]Agora, pois, dirás a meu servo Davi: Assim fala Javé dos exércitos: 'Fui eu que te tirei do pastoreio, de detrás do rebanho, para seres chefe de meu povo Israel. [8]Estive contigo por toda a parte aonde ias, exterminei diante de ti todos os teus inimigos. Dar-te-ei um renome igual ao dos mais ilustres da terra.

[9]Escolherei um lugar para Israel, meu povo, lá o estabelecerei e ele habitará nesse lugar, sem ser inquietado, e os maus não tornarão a oprimi-lo como outrora, [10]desde quando estabeleci juízes sobre meu povo Israel. Submeterei todos os teus inimigos. Eu te anuncio que Javé te fará uma casa. [11]Quando se completarem teus dias e fores para junto de teus pais, suscitarei depois de ti um descendente teu, que será um de teus filhos, e consolidarei seu reino. [12]Ele me construirá uma casa, e eu firmarei seu trono para sempre. [13]Eu serei para ele um pai, e ele será para mim um filho; não lhe retirarei meu amor como o retirei daquele que te precedeu. [14]Mantê-lo-ei para sempre em minha casa e em meu reino, e seu trono será firme para sempre'".

[15]Natã comunicou a Davi todas essas palavras e toda essa revelação.

Oração de Davi. [16]Então o rei Davi entrou,* sentou-se diante de Javé e disse: "Quem sou eu, Javé Deus, e o que é minha casa, para me terdes conduzido até aqui? [17]Mas isso é pouco demais a vossos olhos, ó Deus, e estendestes vossas promessas à casa de vosso servo para um futuro longínquo e me tratastes como se eu fosse um homem ilustre, ó Javé Deus. [18]Que mais poderia dizer-vos Davi, em vista da glória que destes a vosso servo? Pois conheceis bem vosso servo. [19]Javé, em consideração a vosso servo e segundo vosso coração, fizestes toda essa grandeza para dar a conhecer todas essas grandes coisas. [20]Javé, não há ninguém como vós e não há outro Deus senão vós, conforme tudo o que ouviram nossos ouvidos. [21]Que outra nação há sobre a terra, como vosso povo Israel, que um Deus tenha ido resgatá-la para dela fazer seu povo, para torná-la famosa, mediante feitos grandes e temíveis, ao expulsar nações da frente de vosso povo que resgatastes do Egito? [22]Constituístes vosso povo Israel como vosso povo para sempre e vós,

---

* **16**,43. 2Sm 6,19s | **17**,1. 2Sm 7,1-17 | 16. 2Sm 7,18-29

† **17**. Ver a nota em 2Sm 7,11.

1 Crônicas 17-19

Javé, vos tornastes seu Deus. ²³E agora, que permaneça para sempre, ó Javé, a promessa que fizeste a vosso servo e a sua casa, e faze como dissestes. ²⁴Seja firme e engrandecido vosso nome para sempre, a fim de que se diga: 'Javé dos exércitos é o Deus de Israel, ele é Deus para Israel'. A casa de Davi, vosso servo, será confirmada diante de vós, ²⁵pois fostes vós, meu Deus, que revelastes a vosso servo a intenção de construir-lhe uma casa. É por isso que vosso servo teve a coragem de rezar em vossa presença. ²⁶Sim, Javé, vós sois Deus, e fizestes essa bela promessa a vosso servo. ²⁷Agora, pois, dignai-vos abençoar a casa de vosso servo para que ela perdure para sempre em vossa presença. Porque o que abençoais, Javé, é bendito para sempre".

18 **Vitórias de Davi.** ¹Aconteceu, depois disso,* que Davi venceu os filisteus e os subjugou. Tomou das mãos dos filisteus Gat e suas vizinhanças. ²Depois venceu Moab, e os moabitas se tornaram súditos de Davi e lhe pagaram tributo.

³Davi derrotou Adadezer, rei de Soba, em Emat, quando ele ia estabelecer seu domínio sobre o rio Eufrates. ⁴Davi tomou-lhe mil carros, sete mil cavaleiros e vinte mil soldados de infantaria; e Davi cortou os jarretes de todos os cavalos, guardando apenas cem deles. ⁵Os arameus de Damasco vieram em auxílio de Adadezer, rei de Soba, mas Davi matou vinte e dois mil homens dos arameus. ⁶Depois Davi estabeleceu postos militares entre os sírios de Damasco, e assim os arameus se tornaram súditos de Davi e lhe pagaram tributo. Aonde quer que Davi fosse, Javé lhe concedia a vitória. ⁷Davi tomou os escudos de ouro que os guardas de Adadezer traziam e levou-os para Jerusalém. ⁸De Tebat e de Cun, cidades de Adadezer, Davi retirou uma enorme quantidade de bronze com a qual Salomão fez o mar de bronze, as colunas e os utensílios de bronze.*

⁹Quando Toú, rei de Emat, soube que Davi tinha derrotado todo o exército de Adadezer, rei de Soba, ¹⁰mandou seu filho Adoram ao rei Davi para saudá-lo e felicitá-lo por ter guerreado contra Adadezer e por tê-lo vencido, pois Toú estava em guerra com Adadezer. Mandou-lhe toda espécie de objetos de ouro, prata e bronze, ¹¹que o rei Davi consagrou também a Javé, junto com a prata e o ouro que havia tomado de todas as nações: de Edom, Moab, dos filhos de Amon, dos filisteus e dos amalecitas.

¹²Abisaí, filho de Sárvia, venceu os edomitas em número de dezoito mil no vale do Sal. ¹³Estabeleceu postos militares em Edom, e todos os edomitas se tornaram súditos de Davi. Aonde quer que Davi fosse, Javé lhe concedia a vitória.

¹⁴Davi reinou* sobre todo o Israel, praticando o direito e a justiça para todo o seu povo.

¹⁵Joab, filho de Sárvia, comandava o exército; Josafá, filho de Ailud era o arauto; ¹⁶Sadoc, filho de Aquitob, e Aquimelec, filho de Abiatar, eram sacerdotes; Susa era secretário; ¹⁷Banaías, filho de Joiada, comandava os cereteus e os feleteus. Os filhos de Davi eram os primeiros ao lado do rei.

19 **Insulto aos embaixadores de Davi.** ¹Depois disso sucedeu* que Naás, rei dos amonitas, morreu e seu filho reinou em seu lugar. ²Disse Davi: "Tratarei com bondade Hanon, filho de Naás, porque seu pai tratou-me com bondade". Então Davi mandou mensageiros para dar-lhe os pêsames pela morte de seu pai. Mas quando os servos de Davi chegaram ao país dos amonitas, junto a Hanon, para dar-lhe os pêsames, ³os príncipes dos amonitas disseram a Hanon: "Pensas acaso que Davi pretende honrar teu pai por ter ele mandado pessoas que te deem os pêsames? Não é antes para reconhecer, explorar e espionar o país que seus servos vieram a tua casa?" ⁴Então Hanon

---

* **18**,1. 2Sm 8,1-14 | 8. 22,3 | 14. 2Sm 8,15-18 | **19**,1. 2Sm 10,1-5

prendeu os servos de Davi, rapou-lhes a barba, cortou suas vestes a meia altura até as coxas e depois os despediu. [5]Informaram Davi do que havia acontecido àqueles homens, e ele mandou alguém ao encontro deles, pois estavam muito envergonhados. O rei mandou dizer-lhes: "Ficai em Jericó até que vossa barba cresça e depois voltareis".

Derrota dos amonitas. [6]Os amonitas* notaram que se haviam tornado odiosos a Davi; Hanon e os amonitas mandaram mil talentos de prata para contratar arameus da Mesopotâmia, arameus de Maaca e habitantes de Soba. [7]Contrataram sete mil carros e o rei de Maaca com seu povo, os quais vieram acampar diante de Medaba, enquanto os amonitas, depois de deixarem suas cidades e se reunirem, chegavam para o combate. [8]Quando soube disso, Davi enviou Joab com todo o exército dos valentes. [9]Os amonitas saíram e formaram em linha de batalha na entrada da cidade, enquanto os reis que tinham vindo mantinham-se à parte, em campo aberto. [10]Vendo Joab que a frente de batalha estava tanto diante como detrás dele, escolheu um grupo dentre toda a elite de Israel e os dispôs para enfrentar os arameus. [11]Confiou a seu irmão Abisaí o resto do exército e os alinhou defronte dos amonitas. [12]Ele disse: "Se os arameus prevalecerem sobre mim, virás em meu socorro; se os amonitas prevalecerem sobre ti, irei em teu auxílio. [13]Tem coragem e mostremo-nos fortes por nosso povo e pelas cidades de nosso Deus. E que Javé faça o que lhe parecer bem!". [14]Joab e a tropa que estava com ele avançaram para combater contra os arameus, mas estes fugiram diante dele. [15]Quando os amonitas viram que os arameus tinham fugido, fugiram também eles diante de Abisaí, irmão de Joab, e tornaram a entrar na cidade. Então Joab voltou para Jerusalém.

Derrota dos arameus. [16]Vendo que haviam sido derrotados* perante Israel, os arameus enviaram mensageiros e mobilizaram os arameus que moravam do outro lado do rio; Sofac, general de Adadezer, era quem os comandava. [17]Isso foi notificado a Davi, que reuniu todo o Israel, passou o Jordão, alcançou-os e tomou posição diante deles. Depois Davi se postou em ordem de batalha diante dos arameus que lhe deram combate. [18]Mas os arameus fugiram diante de Israel, e Davi matou sete mil homens dos carros e quarenta mil peões; matou também Sofac, o general. [19]Quando os servos de Adadezer se viram vencidos diante de Israel, fizeram a paz com Davi e sujeitaram-se a ele. Os arameus não mais quiseram prestar socorro aos amonitas.

20 **Cerco e tomada de Rabá.** [1]Aconteceu no ano seguinte, no tempo em que os reis costumam partir para a guerra, que Joab conduziu as forças do exército e devastou o país dos amonitas. Depois veio sitiar Rabá, enquanto Davi permanecia em Jerusalém†. Joab venceu Rabá* e a destruiu. [2]Davi retirou de Melcom a coroa que estava em sua cabeça. Constatou que ela pesava um talento de ouro* e continha uma pedra preciosa. Davi colocou-a na cabeça. Trouxe da cidade uma enorme quantidade de despojos. [3]Quanto aos habitantes, fê-los sair e colocou-os em trabalhos de serra, de picaretas de ferro e de machados. Assim agiu com todas as cidades dos amonitas. Depois Davi e todo o exército voltaram a Jerusalém.

Batalhas contra os filisteus. [4]Aconteceu depois disso* que houve uma outra batalha contra os filisteus em Gazer. Foi então que Sobocai de Husa matou Safai, um descendente dos rafaim. Os filisteus foram subjugados.* [5]Houve ainda uma outra batalha contra os filisteus, na qual Elcanã, filho de Jair, matou Lami, irmão de Golias de Gat; a haste de sua lança era como um

---

* **19**,6: 2Sm 10,6-14 | 16. 2Sm 10,15-19 | **20**,1. 2Sm 12,26 | 2. 2Sm 12,30s | 4. 2Sm 21,18-22 / Dt 2,10

† **20**,1. O autor silencia o duplo pecado de Davi e suas consequências: os dramas familiares e as rebeliões internas; narra apenas suas vitórias e sua obra litúrgica.

1 Crônicas 20-21

cilindro de tear. [6]Houve mais uma batalha em Gat, onde havia um homem de grande estatura, que tinha vinte e quatro dedos, seis em cada mão e em cada pé. Também ele era descendente de Rafa. [7]Como desafiasse Israel, Jônatas, filho de Samaá, irmão de Davi, o matou. [8]Esses homens eram descendentes de Rafa de Gat e pereceram pela mão de Davi e de seus servos.

21

Recenseamento. [1]Satã levantou-se contra Israel* e induziu Davi a fazer o recenseamento de Israel[†]. [2]Davi disse a Joab e aos chefes do povo: "Ide e recenseai Israel, de Bersabeia a Dã, e trazei-me o número deles para que eu o saiba". [3]Mas Joab respondeu: "Que Javé multiplique por cem o número de seu povo! Senhor, meu rei, acaso não são todos eles servos de meu senhor? Por que, então, meu senhor faz esta pesquisa? Por que ele quer ser causa de pecado para Israel?" [4]Mas a ordem do rei prevaleceu contra Joab. Partiu Joab, percorreu todo o Israel e depois voltou a Jerusalém. [5]Joab entregou a Davi o resultado do recenseamento do povo: todo o Israel contava um milhão e cem mil homens aptos para a guerra, e Judá quatrocentos e setenta mil aptos para a guerra. [6]Entre esses Joab não incluía nem os levitas e nem os filhos de Benjamim, porque lhe repugnava a ordem do rei.

Castigo e perdão divinos. [7]Esse fato desagradou a Deus, o qual feriu Israel. [8]Então Davi disse a Deus: "Pequei* gravemente fazendo tal coisa! Mas agora perdoa, eu te peço, o pecado de teu servo, pois cometi uma grande loucura". [9]Javé disse então a Gad, o vidente de Davi: [10]"Vai dizer a Davi: Assim fala Javé. 'Eu te proponho três coisas: escolhe uma delas e eu a mandarei'". [11]Veio, pois, Gad até Davi e disse-lhe: "Assim fala Javé: Escolhe: [12]ou três anos de fome, ou ser derrotado durante três meses diante de teus adversários, atin-

gindo-te a espada de teus adversários, ou três dias da espada de Javé com a peste que se difunde sobre o país, e o anjo de Javé devastando todo o território de Israel. Decide agora o que devo responder àquele que me enviou". [13]Davi respondeu a Gad: "Estou numa grande aflição. Ah! Que eu caia nas mãos de Javé, pois imensa é sua misericórdia, mas não caia nas mãos dos homens!"

[14]Assim Javé enviou a peste sobre Israel e morreram setenta mil israelitas. [15]Depois Deus enviou um anjo a Jerusalém para exterminá-la; mas, no momento de exterminá-la, Javé viu e se compadeceu diante do mal; e disse ao anjo exterminador: "Basta! Retira tua mão".

O anjo de Javé achava-se então perto da eira de Ornã, o jebuseu.

[16]Erguendo os olhos, Davi viu o anjo de Javé entre a terra e o céu, tendo na mão a espada desembainhada, voltada contra Jerusalém. Vestidos de panos de saco, Davi e os anciãos prostraram-se com o rosto em terra, [17]e Davi disse a Deus: "Não fui eu quem mandou recensear o povo? Não fui eu quem pecou e cometeu o mal? Mas estes, o rebanho, que fizeram? Javé, meu Deus, que vossa mão pese sobre mim e sobre minha família, mas que não haja epidemia em vosso povo!"

Compra da eira de Ornã. [18]O anjo de Javé mandou* Gad dizer a Davi que subisse e edificasse um altar a Javé na eira de Ornã, o jebuseu[†]. [19]Subiu, pois, Davi, segundo a palavra que Gad lhe havia dito em nome de Javé. [20]Ora, ao se voltar, Ornã viu o anjo, e seus quatro filhos que estavam com ele se esconderam. Ornã estava debulhando o trigo [21]quando Davi veio ter com ele. Ornã olhou, viu Davi, saiu da eira e prostrou-se diante dele com o rosto em terra. [22]Davi disse então a Ornã: "Cede-me o local desta eira, para que eu aí construa um altar para Javé; cede-me por seu

---

* **21**,1. 2Sm 24,1-9 | 8. 2Sm 24,10-17 | 18. 2Sm 24,18-25

† **21**,1. Em 2Sm 24 é Deus mesmo e não Satã que sugere a ideia do recenseamento. Ver a nota em 2Sm 24,1. | **21**,18. Ver a nota em 2Sm 24,16.

1 Crônicas 21-22

justo preço. Assim o flagelo se afastará do povo". ²³Ornã respondeu a Davi: "Toma-o e que o senhor, meu rei, faça o que lhe parecer bom. Vê: eu dou os bois para os holocaustos, os manguais como lenha e o trigo para a oblação. Tudo isto te dou". ²⁴Mas o rei Davi respondeu a Ornã: "Não! Quero comprá-lo por seu valor em dinheiro, pois não quero tomar para Javé o que te pertence e assim oferecer um holocausto que nada me custe". ²⁵Davi deu a Ornã, pelo terreno, o peso de seiscentos siclos de ouro.

²⁶Davi construiu lá um altar para Javé e ofereceu holocaustos e sacrifícios de comunhão. Invocou Javé, e Javé lhe respondeu, fazendo cair fogo do céu sobre o altar do holocausto ²⁷e ordenou ao anjo* que recolocasse sua espada na bainha. ²⁸Naquele tempo, vendo que Javé lhe havia respondido na eira de Ornã, o jebuseu, Davi ofereceu lá um sacrifício. ²⁹A habitação de Javé que Moisés havia feito no deserto e o altar do holocausto achavam-se nessa época no lugar alto de Gabaon, ³⁰mas Davi não tinha podido ir até lá para consultar a Deus, porque a espada do anjo de Javé o amedrontara.

22 Preparativos para a construção do templo.
¹Depois Davi disse: "Aqui estará a casa de Javé Deus e aqui estará o altar do holocausto para Israel".

²Davi mandou reunir* os estrangeiros que se achavam na terra de Israel, e depois designou canteiros para trabalharem as pedras para a construção da casa de Deus. ³Davi preparou também muito ferro para os cravos dos batentes das portas e para os ganchos, bem como uma quantidade incalculável de bronze ⁴e troncos de cedro sem conta, pois os sidônios e os tírios tinham enviado a Davi troncos de cedro em abundância.

⁵Depois Davi disse: "Meu filho Salomão é jovem e imaturo; e esta casa que se deve construir para Javé tem de ser grande e sublime, para suscitar fama e admiração em todos os países. Farei para ele os preparativos". Assim Davi, antes de morrer, fez grandes preparativos. ⁶Em seguida chamou seu filho Salomão e ordenou-lhe que construísse um templo para Javé, o Deus de Israel. ⁷Davi disse a Salomão: "Meu filho, estava em meus planos construir uma casa para o nome de Javé, meu Deus. ⁸Mas foi-me dirigida esta palavra de Javé: 'Tu derramaste sangue em demasia e efetuaste grandes guerras; não construirás uma casa para meu nome, pois derramaste muito sangue sobre a terra, diante de mim. ⁹Vai nascer-te um filho, que será um homem pacífico, e eu lhe darei a paz com todos os seus inimigos ao redor. Seu nome será Salomão e em seus dias darei a Israel paz e tranquilidade†. ¹⁰Ele construirá uma casa para meu nome. Ele será para mim um filho, e eu serei para ele um pai; firmarei para sempre o trono de sua realeza sobre Israel'. ¹¹Agora, pois, meu filho, Javé esteja contigo para que construas a casa de Javé, teu Deus, como ele o disse a teu respeito. ¹²Que Javé te conceda inteligência e entendimento, para que, quando ele te constituir rei sobre Israel, observes a lei de Javé, teu Deus. ¹³Só prosperarás se observares e puseres em prática os estatutos e as normas que Javé prescreveu a Moisés para Israel. Sê forte* e corajoso! Não temas nem te amedrontes! ¹⁴Com grandes esforços pude reservar para a casa de Javé cem mil talentos de ouro, um milhão de talentos de prata e uma quantidade de bronze e de ferro que não se pode avaliar. Preparei também madeira e pedras, e tu ainda acrescentarás mais. ¹⁵Terás à tua disposição muitos operários: canteiros, pedreiros, carpinteiros, toda espécie de artesãos para qualquer trabalho. ¹⁶De ouro, prata, bronze e ferro há uma quantidade incalculável. Avante! Mãos à obra e que Javé esteja contigo!"

---

* **21**,27. 1Rs 18,38 | **22**,2. 1Rs 5,31s | 13. Dt 31,23

† **22**,9. Ver a nota em 1Rs 5,5.

1 Crônicas 22-23

[17]Davi ordenou também a todos os oficiais de Israel que ajudassem seu filho Salomão. Ele disse: [18]"Javé, vosso Deus, não está convosco? Não vos deu o descanso por toda parte? Com efeito, entregou em minhas mãos os habitantes da região, e a terra foi submetida a Javé e a seu povo. [19]Agora, aplicai vosso coração e vossa alma a buscar a Javé, vosso Deus. Ide, construí o santuário de Javé, vosso Deus, para introduzir a arca da aliança de Javé e os objetos sagrados de Deus no templo que será edificado para o nome de Javé".

23 Organização dos levitas.
[1]Quando ficou velho* e cheio de dias, Davi proclamou seu filho Salomão rei sobre Israel. [2]Reuniu todos os chefes de Israel, os sacerdotes e os levitas.

[3]Foi feito o recenseamento* dos levitas de trinta anos para cima. Contados um por um, seu número foi de trinta e oito mil homens; [4]vinte e quatro mil dentre eles presidiam aos ofícios do templo de Javé, seis mil eram escribas e juízes, [5]quatro mil eram porteiros e outros quatro mil louvavam a Javé com os instrumentos que Davi tinha feito para esse fim.*

[6]Davi os repartiu por turnos, segundo os filhos de Levi: Gérson, Caat e Merari.

[7]Para os gersonitas: Leedã e Semei. [8]Filhos de Leedã: Jaiel,* o primeiro, Zetam e Joel; três ao todo. [9]Filhos de Semei: Salomit, Hoziel, Arã; três ao todo. São estes os chefes das famílias de Leedã. [10]Filhos de Semei: Jeet, Ziza, Jeús, Berias; foram estes os filhos de Semei: quatro ao todo. [11]Jeet era o mais velho; Ziza, o segundo; depois Jeús e Berias que não tiveram muitos filhos e foram registrados numa só família.

[12]Filhos de Caat: Amram, Isaar, Hebron, Oziel; quatro ao todo. [13]Filhos de Amram: Aarão e Moisés. Aarão foi escolhido para consagrar as coisas sacrossantas, ele e seus filhos para sempre, para queimar o incenso diante de Javé, servi-lo e abençoar em seu nome

para sempre. [14]Moisés foi um homem de Deus, e seus filhos foram contados na tribo de Levi. [15]Filhos de Moisés: Gérson e Eliezer. [16]Filhos de Gérson: Subael,* o primeiro. [17]Filhos de Eliezer foram: Roobias, o primeiro. Eliezer não teve outros filhos, mas os filhos de Roobias foram muitíssimos. [18]Filhos de Issar: Salomit, o primeiro. [19]Filhos de Hebron: Jerias, o primeiro; Amarias, o segundo; Jaaziel, o terceiro; Jecmaan, o quarto. [20]Filhos de Oziel: Micas, o primeiro; Jesias, o segundo.

[21]Filhos de Merari: Mooli e Musi. Filhos de Mooli: Eleazar e Cis. [22]Eleazar morreu sem filhos, mas teve filhas que foram desposadas pelos filhos de Cis, seus irmãos. [23]Filhos de Musi: Mooli, Éder, Jerimot; três ao todo.

[24]Eram estes os filhos de Levi segundo suas famílias, os chefes de família conforme o recenseamento, contados nominalmente, um por um, escalados para o serviço do templo de Javé dos vinte anos para cima.

[25]Pois Davi tinha dito: "Javé, Deus de Israel, deu o descanso a seu povo e habita para sempre em Jerusalém. [26]Os levitas não terão mais de transportar a habitação e os objetos destinados a seu serviço". [27]De fato, segundo as últimas disposições de Davi, os levitas que foram* recenseados tinham vinte anos ou mais. [28]Deviam estar às ordens dos filhos de Aarão para o serviço do templo de Javé nos átrios e nas salas, para a purificação de tudo o que é consagrado e para fazer o serviço do templo de Deus. [29]Cuidavam dos pães da apresentação, da flor de farinha destinada à oblação, dos pães ázimos, das tortas cozidas sobre a chapa e das tortas fritas e de todas as medidas de capacidade e de comprimento. [30]Deviam comparecer todas as manhãs para celebrar e louvar a Javé, e igualmente à tarde. [31]Presidiam* a todos os holocaustos oferecidos a Javé nos sábados, nas luas novas e nas solenidades, segundo um número preciso e de acordo com as normas, sempre diante de Javé. [32]As-

---

* **23**,1. 1Rs 1,1-21 | 3. Nm 4,3 | 5. Am 6,5 | 8. 26,21s | 16. 24,20-30 | 27. 23,3.24 | 31. Nm 28-29

sim competia a eles o cuidado da tenda da reunião, o cuidado do santuário e o cuidado de seus irmãos, os filhos de Aarão, no serviço do templo de Javé.

24

Classes sacerdotais. [1]São estas as classes dos filhos* de Aarão. Os filhos de Aarão foram: Nadab, Abiú, Eleazar, Itamar. [2]Nadab e Abiú morreram antes de seu pai, sem deixar filhos, e foram Eleazar e Itamar que se tornaram sacerdotes. [3]Davi com Sadoc, dos filhos de Eleazar, e Aquimelec, dos filhos de Itamar, dividiu-os em classes segundo suas funções. [4]Visto que se encontraram entre os filhos de Eleazar mais chefes que entre os filhos de Itamar, formaram-se dezesseis classes com os chefes de família dos filhos de Eleazar e oito com os chefes de família dos filhos de Itamar. [5]Foram repartidos por sorte, tanto uns como os outros, porque havia oficiais do santuário e oficiais de Deus tanto entre os filhos de Eleazar como entre os filhos de Itamar. [6]Um dos levitas, o escriba Semeías, filho de Natanael, inscreveu-os diante do rei, dos oficiais, do sacerdote Sadoc, de Aquimelec, filho de Abiatar, dos chefes de famílias sacerdotais e levíticas; uma família era sorteada para Eleazar, depois uma outra, ao passo que uma só era sorteada para Itamar.

[7]Joiarib foi o primeiro a ser sorteado; Jedeías, o segundo; [8]Harim, o terceiro; Seorim, o quarto; [9]Melquias, o quinto; Mainã, o sexto; [10]Acos, o sétimo; Abias, o oitavo†; [11]Jesua, o nono; Sequenias, o décimo; [12]Eliasib, o décimo primeiro; Jacim, o décimo segundo; [13]Hofa, o décimo terceiro; Isbaab, o décimo quarto; [14]Belga, o décimo quinto; Emer, o décimo sexto; [15]Hezir, o décimo sétimo; Hafses, o décimo oitavo; [16]Fetatias, o décimo nono; Ezequiel, o vigésimo; [17]Jaquin, o vigésimo primeiro; Gamul, o vigésimo segundo; [18]Dalaías, o vigésimo terceiro; Maazias, o vigésimo quarto.

[19]Assim foram distribuídos em seu serviço para entrar no templo de Javé, de acordo com o regulamento estabelecido para eles por Aarão, seu pai, como Javé, Deus de Israel, lhe ordenara.

Chefes dos outros filhos de Levi. [20]Quanto aos outros* filhos de Levi, os chefes foram:

Dos filhos de Amram: Subael; dos filhos de Subael, Jeedias. [21]Quanto a Roobias, o chefe dos filhos de Roobias era Jesias. [22]Dos isaaritas, Solomot; dos filhos de Solomot, Jaat. [23]Filhos de Hebron: Jerias, o primeiro; Amarias, o segundo; Jaaziel, o terceiro; Jecmaam, o quarto. [24]Filho de Oziel: Micas. Dos filhos de Micas, Samir. [25]Jesias era irmão de Micas. Dos filhos de Jesias, Zacarias. [26]Os filhos de Merari foram Mooli e Musi. Seus filhos: Jazias e Bani. [27]Filhos de Merari da parte de Jazias, seu filho: Soam, Zacur, Hebri; [28]de Mooli, Eleazar, que não teve filhos; [29]de Cis, o filho de Cis foi Jerameel. [30]Filhos de Musi: Mooli, Éder e Jerimot.

Foram estes os filhos de Levi, divididos segundo suas famílias. [31]Também estes participaram do sorteio, como seus irmãos, os filhos de Aarão, tanto os chefes de casas paternas como o menor de seus irmãos, na presença do rei Davi, de Sadoc, de Aquimelec e dos chefes de famílias sacerdotais e levíticas.

25

Cantores. [1]Davi,* junto com os chefes do exército, separou para o serviço também alguns dos filhos de Asaf, de Emã e de Iditun, que profetizavam com cítaras, harpas e címbalos†. A lista desses homens encarregados de tal atividade é esta:

[2]Dos filhos de Asaf: Zacur, José, Natanias, Asarela; os filhos de Asaf dependiam de seu pai, que profetizava sob a direção do rei.

[3]Quanto a Iditun,* filhos de Iditun: Godolias, Sori, Jesaías, Hasabias, Semei

---

* **24**,1. Nm 3,2s | 20. 23,16s | **25**,1. 16,37-43 | 3. 2Rs 3,15

† **24**,10. A essa classe de Abias pertencia o pai de João Batista, Zacarias, Lc 1,5. | **25**,1. Falavam em nome de Javé e transmitiam suas mensagens compondo hinos.

1 Crônicas 25-26

e Matatias; eram seis, sob a direção de seu pai, Iditun, que profetizava ao som de cítaras para celebrar e louvar a Javé.

⁴Quanto a Emã, filhos de Emã: Bocias, Matanias, Oziel, Subael, Jerimot, Hananias, Hanani, Eliata, Gedelti, Romenti-Ezer, Jesbacasa, Meiloti, Otir, Maaziot. ⁵Todos estes eram filhos de Emã, o vidente do rei que transmitia as palavras de Deus para exaltar seu poder. Deus deu a Emã quatorze filhos e três filhas. ⁶Todos eles cantavam no templo de Javé sob a direção de seu pai, ao som de címbalos, harpas e cítaras para o serviço do templo de Deus, sob as ordens do rei, de Asaf, de Iditun e de Emã.

⁷O número deles, juntamente com seus irmãos instruídos no canto dedicado a Javé, todos eles mestres, era de duzentos e oitenta e oito. ⁸Lançaram sortes para determinar os turnos do serviço, tanto para o pequeno como para o grande, tanto para o mestre como para o discípulo. ⁹O primeiro sobre o qual recaiu a sorte foi o asafita José. O segundo foi Godolias; com seus filhos e irmãos, eram doze. ¹⁰O terceiro foi Zacur; com seus filhos e irmãos, eram doze. ¹¹O quarto foi Isari; com seus filhos e irmãos, eram doze. ¹²O quinto foi Natanias; com seus filhos e irmãos, eram doze. ¹³O sexto foi Bocias; com seus filhos e irmãos, eram doze. ¹⁴O sétimo foi Isreela; com seus filhos e irmãos, eram doze. ¹⁵O oitavo foi Jesaías; com seus filhos e irmãos, eram doze. ¹⁶O nono foi Matanias; com seus filhos e irmãos, eram doze. ¹⁷O décimo foi Semei; com seus filhos e irmãos, eram doze. ¹⁸O décimo primeiro foi Azareel; com seus filhos e irmãos, eram doze. ¹⁹O décimo segundo foi Hasabias; com seus filhos e irmãos, eram doze. ²⁰O décimo terceiro foi Subael; com seus filhos e irmãos, eram doze. ²¹O décimo quarto foi Matatias; com seus filhos e irmãos, eram doze. ²²O décimo quinto foi Jerimot; com seus filhos e irmãos, eram doze. ²³O décimo sexto foi Hananias; com seus filhos e irmãos, eram doze. ²⁴O décimo sétimo foi Jesbacasa;

com seus filhos e irmãos, eram doze. ²⁵O décimo oitavo foi Hanani; com seus filhos e irmãos, eram doze. ²⁶O décimo nono foi Meiloti; com seus filhos e irmãos, eram doze. ²⁷O vigésimo foi Eliata; com seus filhos e irmãos, eram doze. ²⁸ O vigésimo primeiro foi Otir; com seus filhos e irmãos, eram doze. ²⁹O vigésimo segundo foi Gedelti; com seus filhos e irmãos, eram doze. ³⁰O vigésimo terceiro foi Maaziot; com seus filhos e irmãos, eram doze. ³¹O vigésimo quarto foi Romenti-Ezer; com seus filhos e irmãos, eram doze.

26 Porteiros.

¹A distribuição dos porteiros* foi assim: Dos coreítas: Meselemias, filho de Coré, um dos filhos de Asaf. ²Filhos de Meselemias: Zacarias, o primogênito; Jediel, o segundo; Zabadias, o terceiro; Jatanael, o quarto; ³Elam, o quinto; Joanã, o sexto; Elioenai, o sétimo.

⁴Foram filhos de Obed-Edom:* Seméias, o primogênito; Jozabad, o segundo; Joaá, o terceiro; Sacar, o quarto; Natanael, o quinto; ⁵Amiel, o sexto; Issacar, o sétimo; Folati, o oitavo; com efeito, Deus havia abençoado Obed-Edom. ⁶A seu filho Seméias nasceram filhos que tiveram autoridade sobre suas famílias, pois eram homens valentes. ⁷Filhos de Seméias: Otni, Rafael, Obed, Elzabad e seus irmãos Eliú e Samaquias, homens de valor. ⁸Todos estes eram descendentes de Obed-Edom. Eles, seus filhos e irmãos, homens robustos e capazes em sua função, somavam sessenta e dois da linhagem de Obed-Edom.

⁹Meselemias teve filhos e irmãos: dezoito homens valentes.

¹⁰Hosa, um dos filhos de Merari, teve os seguintes filhos: Semri, o primeiro, porque, embora não fosse o mais velho,* seu pai o nomeara chefe. ¹¹Helcias era o segundo; Tebelias, o terceiro; Zacarias, o quarto. Eram treze ao todo os filhos e irmãos de Hosa.

¹²A essas classes de porteiros, isto é, a seus chefes, foi confiada a guarda

---

* **26**,1. 9,17-27 | 4. 2Sm 6,10s; 1Cr 15,21 | 10. Gn 48,13-20

para servirem, como seus irmãos, no templo de Javé. [13]Para cada porta tiraram a sorte,* participando tanto o pequeno como o grande, segundo suas famílias. [14]O lado do oriente coube por sorte a Selemias; a Zacarias, seu filho, conselheiro prudente, a sorte atribuiu o lado norte. [15]A Obed-Edom coube o sul, e os armazéns a seus filhos. [16]A Sefim e a Hosa coube o oeste com a porta Salequet, no caminho que sobe. Um posto de guarda estava defronte do outro: [17]seis levitas cada dia a oriente, quatro cada dia ao norte, quatro cada dia ao sul, e nos armazéns, dois em cada um; [18]no átrio do ocidente havia quatro na rua e dois no próprio átrio. [19]Eram esses os turnos dos porteiros, descendentes de Coré e de Merari.

Outras funções levíticas. [20]Os levitas, seus irmãos, encarregados da guarda dos tesouros do templo de Deus e dos tesouros das oferendas consagradas, [21]eram filhos de Leedã, filhos de Gérson segundo a linha de Leedã. Chefes das famílias de Leedã, o gersonita, eram os jaielitas. [22]Os jaielitas, Zatam e Joel, seu irmão, eram responsáveis pelos tesouros do templo de Javé.

[23]Quanto aos amramitas, isaaritas, hebronitas e ozielitas: [24]Subael, filho de Gérson, filho de Moisés, era superintendente dos tesouros. [25]Seus irmãos pela linha de Eliezer: Roobias, seu filho, de quem foi filho Isaías, de quem foi filho Jorão, de quem foi filho Zecri, de quem foi filho Salomit. [26]Este Salomit e seus irmãos eram responsáveis por todos os tesouros das oferendas consagradas que o rei Davi, os chefes de famílias, os chefes de esquadrões de mil e de cem e os chefes do exército [27]tinham consagrado,* tomando-os dos despojos de guerra para a manutenção do templo de Javé. [28]Tudo o que havia sido consagrado pelo vidente Samuel, por Saul, filho de Cis, por Abner, filho de Ner, e por Joab, filho de Sárvia, e todos os objetos consagrados por qualquer pessoa estavam sob a responsabilidade de Salomit e seus irmãos.

[29]Dentre os isaaritas: Conenias* e seus filhos eram encarregados dos negócios externos de Israel como magistrados e juízes.

[30]Dentre os hebronitas: Hasabias e seus irmãos, homens valentes, em número de mil e setecentos, eram responsáveis pela segurança de Israel do lado oeste do Jordão, no referente a todo o serviço de Javé e aos interesses do rei. [31]Jerias era o chefe dos hebronitas segundo as gerações de suas casas paternas. No quadragésimo ano do reinado de Davi fizeram-se pesquisas e encontraram-se entre eles homens de valor em Jazer de Galaad. [32]Seus irmãos eram dois mil e setecentos homens valorosos, chefes de famílias; o rei Davi os nomeou inspetores dos rubenitas, dos gaditas e da meia tribo de Manassés para todas as coisas referentes a Deus e aos interesses do rei.

27

Organização do reino. [1]Esta é a lista dos israelitas segundo seu número, os chefes das famílias, os comandantes de esquadrões de mil e de cem e seus oficiais a serviço do rei em tudo o que se referia às divisões que entravam e saíam cada mês, durante todos os meses do ano. Cada divisão tinha vinte e quatro mil homens.

[2]À frente da primeira divisão,* designada para o primeiro mês, estava Jesboam, filho de Zabdiel. Sua divisão tinha vinte e quatro mil homens. [3]Era um dos filhos de Farés e estava à frente de todos os oficiais do exército para o primeiro mês. [4]À frente da divisão do segundo mês* estava Dudi, o aoíta, e sua divisão, comandada por Macelot; contava vinte e quatro mil homens. [5]O oficial da terceira divisão,* designada para o terceiro mês, era Banaías, filho de Joiada, sumo sacerdote. Sua divisão tinha vinte e quatro mil homens. [6]Este Banaías era um dos trinta valentes e estava à frente dos Trinta. Em sua divisão estava também seu filho Amizabad. [7]O quarto, designado para o quarto mês,* era Asael, irmão de Joab; seu filho Za-

---

* **26**,13. 9,24 | 27. 18,11; Nm 31,48-54 | 29. 15,22; 27,17 | **27**,2. 11,11 | 4. 11,12 | 5. 12,27 | 7. 2Sm 2,18-23

1 Crônicas 27-28

badias lhe sucedeu. Sua divisão tinha vinte e quatro mil homens. 8O quinto, designado para o quinto mês, era o oficial Samaot, o jezraíta. Era responsável por uma divisão de vinte e quatro mil homens. 9O sexto, designado para o sexto mês, era Ira, filho de Aces, de Técua; era responsável por uma divisão de vinte e quatro mil homens. 10O sétimo, designado para o sétimo mês, era Heles, o felonita, dos descendentes de Efraim; era responsável por uma divisão de vinte e quatro mil homens. 11O oitavo, designado para o oitavo mês, era Sobocai, de Husa, zaraíta; era responsável por uma divisão de vinte e quatro mil homens. 12O nono, designado para o nono mês, era Abiezer de Anatot, benjaminita; era responsável por uma divisão de vinte e quatro mil homens. 13O décimo, designado para o décimo mês, era Maarai, de Netofa, zaraíta; era responsável por uma divisão de vinte e quatro mil homens. 14O décimo primeiro, designado para o décimo primeiro mês, era Banaías, filho de Faraton, dos descendentes de Efraim; era responsável por uma divisão de vinte e quatro mil homens. 15O décimo segundo, designado para o décimo segundo mês, era Holdai, de Netofa, da estirpe de Otoniel; era responsável por uma divisão de vinte e quatro mil homens.

16Com relação às tribos de Israel: de Rúben era chefe Eliezer, filho de Zecri; de Simeão, Safatias, filho de Maaca; 17de Levi, Hasabias, filho de Camuel; de Aarão, Sadoc; 18de Judá, Eliú, um dos irmãos de Davi; de Issacar, Amri, filho de Miguel; 19de Zabulon, Jesmaías, filho de Abdias; de Neftali, Jerimot, filho de Oziel; 20de Efraim, Oseias, filho de Ozazias; da meia tribo de Manassés, Joel, filho de Fadaías; 21da meia tribo de Manassés, em Galaad, Jado, filho de Zacarias; de Benjamim, Jesiel, filho de Abner; 22de Dã, Ezriel, filho de Jeroam. Estes foram os chefes das tribos de Israel.

23Davi não fez o recenseamento dos que tinham menos de vinte anos, porque Javé dissera que multiplicaria Israel como as estrelas do céu. 24Joab, filho de Sárvia, começara o recenseamento, mas não o terminou, porque a grande ira se abateu sobre Israel por causa disso, e o número não foi registrado nos Anais do rei Davi.

25Azmot, filho de Adiel, era o encarregado dos tesouros do rei. Jônatas, filho de Ozias, era o encarregado dos armazéns nos campos, nas cidades, nas aldeias e nas torres. 26Responsável pelos lavradores dos campos e empregados no cultivo da terra: Ezri, filho de Quelub. 27Responsável pelas vinhas: Semei, de Ramá. Responsável pelo produto das vinhas depositado nas adegas: Zabdi, de Sefam. 28Responsável pelas oliveiras e sicômoros na Planície: Baalanã, de Gader. Responsável pelas reservas de azeite: Joás. 29Responsável pelo gado que pastava em Saron: Setrai, de Saron. Responsável pelo gado nos vales: Safat, filho de Adli. 30Responsável pelos camelos: Ubil, ismaelita. Responsável pelas jumentas: Jadias, de Meranot. 31Responsável pelos rebanhos de ovelhas: Jaziz, o agareno. Todos estes foram administradores dos bens pertencentes a Davi.

32Jônatas, tio de Davi, conselheiro, homem inteligente e escriba, era o encarregado dos filhos do rei junto com Jaiel, filho de Hacamon. 33Aquitofel* era conselheiro do rei. Cusai, o araquita, era amigo do rei. 34Joiada, filho de Banaías, e Abiatar sucederam a Aquitofel. Joab era o comandante do exército do rei.

28 Instruções de Davi para a construção do templo.

1Davi reuniu em Jerusalém todos os chefes de Israel: os chefes das tribos, os chefes das divisões a serviço do rei, os comandantes de esquadrões de mil e de cem, os chefes encarregados de todo o patrimônio, do gado do rei e de seus filhos, como também os funcionários, os homens valorosos e todos os guerreiros valentes. 2O rei Davi levantou-se e, de pé, declarou:

---

*27,33. 2Sm 15,31s; 16,17 | 28,2. Sl 132,7

437
1 Crônicas 28

"Escutai-me, meus irmãos* e meu povo. Eu tinha a intenção de edificar uma casa onde repousasse a arca da aliança de Javé, para pedestal de nosso Deus. Fiz os preparativos para a construção, ³mas Deus me disse: 'Não construirás uma casa* para meu nome, pois foste homem de guerra e derramaste sangue'.

⁴Dentre toda a família de meu pai, foi a mim que Javé, o Deus de Israel, escolheu para ser rei de Israel para sempre. Com efeito, foi Judá que ele escolheu como chefe, foi minha família que ele escolheu na casa de Judá e, entre os filhos de meu pai, foi a mim que ele elegeu para constituir-me rei sobre todo o Israel. ⁵Dentre todos os meus filhos – pois Javé me deu muitos – é meu filho Salomão que ele escolheu para ocupar o trono da realeza de Javé sobre Israel. ⁶Ele me disse: 'É teu filho* Salomão que construirá minha casa e meus átrios, pois eu o escolhi como filho e serei para ele um pai. ⁷Consolidarei seu reino para sempre, se ele continuar a cumprir fielmente, como faz hoje, meus mandamentos e minhas normas'.

⁸E agora, ante os olhos de todo o Israel, a assembleia de Javé, diante de nosso Deus que nos ouve, guardai e observai todos os mandamentos de Javé, vosso Deus, a fim de possuirdes esta boa terra e a transmitirdes depois de vós para sempre como herança a vossos filhos.*

⁹E tu, Salomão, meu filho, reconhece o Deus de teu pai e serve-o de todo o coração, com ânimo disposto, pois Javé sonda todos os corações e penetra todos os desígnios do pensamento. Se o procurares, ele se deixará encontrar por ti, mas se o abandonares, ele te rejeitará para sempre. ¹⁰Considera, pois, que Javé te escolheu para lhe construíres uma casa para santuário. Sê forte e mãos à obra!"

¹¹Davi deu a seu filho Salomão o modelo do pórtico, dos edifícios, dos armazéns, das salas superiores, dos aposentos interiores e da sala do propiciatório. ¹²Deu-lhe também a descrição de tudo o que tinha em mente sobre os átrios do templo de Javé, as salas ao redor, os tesouros* do templo de Deus e os tesouros das coisas sagradas; ¹³as classes dos sacerdotes e dos levitas, todos os cargos do serviço do templo de Javé e todos os utensílios para o serviço do templo de Javé. ¹⁴Para as coisas de ouro, entregou a quantidade devida de ouro para todos os utensílios de cada serviço, e para os utensílios de prata, a quantidade devida para todos os utensílios de cada serviço. ¹⁵Entregou a quantidade devida de ouro para os candelabros de ouro e suas lâmpadas de ouro, a quantidade devida para cada candelabro com suas lâmpadas. Fez o mesmo para os candelabros de prata: deu a quantidade devida para cada candelabro e suas lâmpadas, de acordo com a função de cada candelabro. ¹⁶Também entregou a quantidade devida de ouro para cada uma das mesas da apresentação dos pães e a prata para as mesas de prata. ¹⁷Também entregou ouro puro para os garfos, as bacias* e os copos. Para as taças de ouro, entregou a quantidade devida de ouro para cada taça, e para as taças de prata, a quantidade devida de prata. ¹⁸Além disso, entregou a quantidade devida de ouro puro para o altar do incenso e para o modelo do carro de ouro dos querubins que estendem suas asas e cobrem a arca da aliança de Javé. ¹⁹Disse Davi: "Tudo isto me foi dado por escrito pela mão de Javé para fazer-me compreender todos os detalhes do modelo".†

²⁰Disse ainda Davi a seu filho Salomão: "Sê forte e corajoso, age sem medo e não desanimes, pois Javé Deus, meu Deus, está contigo. Ele não te deixará nem te abandonará, até que tenhas concluído todo o trabalho para o serviço da casa de Javé. ²¹Eis aí as clas-

---

* **28**,3. 22,8 | 6. 17,12s; 22,10s | 8. Dt 4,5 | 12. Ez 42; 26,20 | 17. Nm 4,14; Êx 27,3

† **28**,19. O santuário terrestre era considerado cópia do santuário celeste, do qual Deus dava o modelo. Assim como deu a Moisés o modelo da tenda, Êx 25,9.40, assim dá a Davi o modelo do templo.

1 Crônicas 28-29

ses dos sacerdotes e dos levitas para todo o serviço da casa de Deus. Todos os voluntários hábeis em qualquer especialidade te ajudarão em toda esta obra; os oficiais e todo o povo estão às tuas ordens".

29

Ofertas para o templo. ¹O rei Davi disse então a toda a assembleia: "Meu filho Salomão, o escolhido por Deus, é jovem e imaturo, ao passo que a obra é imensa, pois este palácio não se destina a um homem, mas a Javé Deus. ²Empenhei todos os meus esforços, preparando para a casa de meu Deus: o ouro para o que deve ser de ouro, a prata para o que deve ser de prata, o bronze para o que deve ser de bronze, o ferro para o que deve ser de ferro, a madeira para o que deve ser de madeira; pedras de ônix, pedras de engaste, pedras ornamentais, pedras de diversas cores, toda espécie de pedras preciosas e grande quantidade de mármore. ³Ademais, pelo amor que tenho à casa de meu Deus, dou à casa de meu Deus o ouro e a prata que possuo, além daquele que preparei para o santuário: ⁴três mil talentos de ouro, de ouro de Ofir, e sete mil talentos de prata para o revestimento das paredes internas; ⁵ouro para o que deve ser de ouro, prata para o que deve ser de prata e para os trabalhos manuais a serem feitos pelos artesãos. Quem hoje está disposto a trazer ofertas voluntárias para consagrá-las a Javé?" ⁶Os chefes das famílias, os chefes das tribos de Israel, os chefes de esquadrões de mil e de cem e os administradores dos negócios do rei se prontificaram a fazer ofertas. ⁷Deram para o serviço da casa de Deus cinco mil talentos de ouro,* dez mil dáricos; dez mil talentos de prata, dezoito mil talentos de bronze e cem mil talentos de ferro. ⁸E os que possuíam pedras preciosas ofertaram-nas ao tesouro da casa de Javé, entregando-as a Jaiel, o gersonita. ⁹O povo alegrou-se com suas ofertas voluntárias, pois foi de todo o coração que eles assim fizeram ofertas voluntárias a Javé; também o rei Davi sentiu grande alegria.

Ação de graças de Davi. ¹⁰Davi bendisse então a Javé na presença de toda a assembleia. Disse ele:

"Bendito sejais, Javé,
Deus de nosso pai Israel,
desde sempre e para sempre!
¹¹É vossa, Javé, a grandeza, a força,
a glória, a majestade e o esplendor,
pois tudo no céu e na terra vos pertence.
É vossa, Javé, a realeza
e a soberania sobre todas as coisas.
¹²De vós emanam riqueza e glória;
sois o Senhor de tudo.
Em vossa mão, força e poder;
em vossa mão, o poder de tudo elevar e de tudo fortalecer.
¹³Por isso, ó nosso Deus, agora vos damos graças
e louvamos vosso Nome glorioso.

¹⁴Pois quem sou eu e quem é meu povo para sermos capazes de fazer tais ofertas voluntárias? Porque tudo vem de vós, e vos ofertamos o que recebemos de vossa mão. ¹⁵Diante de vós somos estrangeiros e peregrinos como todos os nossos pais; nossos dias na terra são como a sombra e não há esperança. ¹⁶Javé, nosso Deus, toda esta fartura de coisas que prepamos para a construção de uma casa para vós, para vosso santo nome, provém de vossa mão, e tudo vos pertence. ¹⁷Sei, ó meu Deus, que provais os corações e que amais a retidão; e foi na retidão de meu coração que fiz todas estas ofertas; e agora vejo com alegria teu povo, aqui presente, fazer-te estas ofertas espontâneas. ¹⁸Javé, Deus de Abraão, de Isaac e de Israel, nossos pais, conservai para sempre no coração de vosso povo estas disposições e sentimentos e dirigi seus corações para vós. ¹⁹A meu filho Salomão dai um coração íntegro para que guarde vossos mandamentos, vossos testemunhos e vossos estatutos, para que ele os ponha todos em prática e construa este edifício para o qual fiz os preparativos".

---

* 29,7. Nm 7

439 1 Crônicas 29

²⁰Depois Davi disse a toda a assembleia: "Bendizei, pois, a Javé, vosso Deus!" E toda a assembleia bendisse a Javé, Deus de seus pais, ajoelhou-se e prostrou-se diante de Deus e diante do rei.

Salomão sobe ao trono. ²¹No dia seguinte os israelitas ofereceram sacrifícios e holocaustos a Javé: mil touros, mil carneiros, mil cordeiros com as respectivas libações e grande quantidade de sacrifícios por todo o Israel. ²²Nesse dia comeram e beberam diante de Javé* com grande alegria. De novo proclamaram rei a Salomão, filho de Davi, e o ungiram, consagrando-o a Javé como chefe, e ungiram Sadoc como sacerdote. ²³Salomão assentou-se no trono de Javé para reinar no lugar de Davi, seu pai. Prosperou e todo o Israel lhe obedeceu. ²⁴Todos os oficiais, todos os homens valentes e também todos os filhos de Davi submeteram-se ao rei Salomão. ²⁵À vista de todo o Israel, Javé engrandeceu sobremaneira a Salomão e deu-lhe a glória de uma realeza tal que nenhum rei de Israel antes dele havia tido.

Morte de Davi. ²⁶Assim Davi, filho de Jessé,* reinou sobre todo o Israel. ²⁷Seu reinado sobre Israel durou quarenta anos: em Hebron reinou sete anos e em Jerusalém, trinta e três anos. ²⁸Morreu numa feliz velhice, saciado de anos, de riquezas e de glória. Seu filho Salomão reinou em seu lugar. ²⁹A história do rei Davi, do começo ao fim, está registrada nas crônicas de Samuel, o vidente, nas crônicas do profeta Natã e nas crônicas de Gad, o vidente†, ³⁰com tudo o que se refere a seu reino, a seu poder e aos fatos que aconteceram com ele, com Israel e com todos os reinos dos outros países.

---

* **29,22.** 1Rs 1,39 | **26.** 1Rs 2,11

† **29,29.** O autor usou fontes que não chegaram até nós. Destas três obras só conhecemos aquilo que foi incorporado aos livros de Samuel e dos Reis.

SEGUNDO LIVRO DAS CRÔNICAS

I. REINADO DE SALOMÃO
(1–9)†

1 **Primeiros atos de Salomão.** [1]Salomão, filho de Davi, consolidou-se em sua realeza. Javé, seu Deus, estava com ele e muito o engrandeceu. [2]Salomão mandou ordens a todo o Israel, aos comandantes de esquadrões de mil e de cem, aos magistrados e a todos os príncipes de todo o Israel, chefes das famílias. [3]Depois Salomão com toda a assembleia* dirigiu-se para o lugar alto de Gabaon, porque lá se achava a tenda da reunião de Deus, erguida no deserto por Moisés,* servo de Javé. [4]Mas Davi tinha transladado a arca de Deus de Cariat-Iarim até o lugar que lhe havia preparado; com efeito, erguera para ela uma tenda em Jerusalém. [5]O altar de bronze feito por Beseleel, filho de Uri, filho de Hur,* lá estava diante da habitação de Javé. Salomão e a assembleia foram lá consultá-lo. [6]Ali Salomão, na presença de Deus, subiu ao altar de bronze que estava diante da tenda da reunião e ofereceu mil holocaustos†.

Salomão pede a sabedoria. [7]Naquela noite, Deus apareceu a Salomão e lhe disse: "Pede o que queres que eu te dê". [8]Salomão respondeu a Deus: "Vós demonstrastes grande amor para com meu pai Davi e me fizestes reinar em seu lugar. [9]Agora, Javé Deus, cumpra-se vossa promessa feita a meu pai Davi, pois me estabelecestes rei sobre um povo tão numeroso como o pó da terra. [10]Concedei-me sabedoria e inteligência para que eu possa conduzir este povo; pois quem poderia governar este teu povo tão grande?"

[11]Deus disse a Salomão: "Já que é este teu desejo e não pediste nem riqueza, nem tesouros, nem glória, nem a vida de teus inimigos; já que nem mesmo pediste vida longa, mas pediste sabedoria e inteligência para governar meu povo sobre o qual te constituí rei, [12]a sabedoria e a inteligência te são concedidas. Eu te darei também riqueza, tesouros e glória como não teve nenhum dos reis* que te precederam nem terão os que vierem depois de ti".

[13]Salomão deixou o lugar alto de Gabaon* e a tenda da reunião, foi para Jerusalém e começou a reinar sobre Israel. [14]Reuniu carros e cavalos; chegou a possuir mil e quatrocentos carros e doze mil cavalos; ele os colocou nas cidades destinadas aos carros e perto do rei, em Jerusalém. [15]O rei fez com que a prata e o ouro fossem tão comuns em Jerusalém quanto as pedras, e o cedro tão abundante como os sicômoros na Planície. [16]Os cavalos de Salomão eram importados do Egito e da Cilícia; os comerciantes do rei compravam-nos na Cilícia pelo preço estipulado. [17]Importavam também do Egito um carro por seiscentos siclos de prata e um cavalo por cento e cinquenta siclos; da mesma forma, por meio daqueles comerciantes, os exportavam a todos os reis dos heteus e aos reis de Aram.

[18]Salomão decidiu construir um templo para o nome de Javé e um palácio para si.

2 **Preparativos para a construção do templo.** [1]Salomão contratou* setenta mil homens para o transporte, oitenta mil para extrair pedras nas montanhas e três mil e seiscentos supervisores.

[2]Depois Salomão mandou dizer a Hiram, rei de Tiro: "Como fizeste com meu pai Davi, ao qual enviaste cedro para edificar uma casa* para ele morar, faze-o também comigo. [3]Resolvi edifi-

---

* **1**,3. 1Rs 3,4-15 / 1Cr 16,39; 21,29 | 5. 1Cr 2,20 | 12. Mt 6,33 | 13. 1Rs 10,26-33; 2Cr 9,22-27 | **2**,1. 2,17; 1Rs 5,29s | 2. 1Cr 14,1 | 3. Nm 20,12; 17,5; Lv 24,6; Nm 28-29

† **I.** O Cronista omite tudo o que lhe parece menos digno do rei sábio e glorioso: as lutas sangrentas que marcaram sua subida ao trono, seus amores proibidos e seus fracassos na política externa e interna. | 6. O culto do templo será a continuação da liturgia do período do deserto. Ver 8,13.

2 Crônicas 2-3

car um templo ao nome de Javé, meu Deus, para consagrá-lo a ele, a fim de queimar diante dele incenso aromático, oferecer continuamente os pães da apresentação* e holocaustos de manhã e de tarde, aos sábados, nas luas novas e nas solenidades de Javé, nosso Deus, o que é lei perpétua para Israel. ⁴A casa que vou construir há de ser grande, porque nosso Deus é maior que todos os deuses. ⁵Mas quem seria capaz de lhe construir uma casa, se os céus e os céus dos céus não o podem conter? E eu, quem sou para construir-lhe uma casa, embora seja apenas para queimar incenso em sua presença? ⁶Envia-me, por favor, um homem perito em trabalhar o ouro, a prata, o bronze, o ferro, a púrpura carmesim e violeta e que saiba fazer obras de entalhe; ele trabalhará com os artesãos que tenho comigo em Judá e em Jerusalém e que Davi, meu pai, preparou. ⁷Envia-me do Líbano troncos de cedro, de cipreste e de sândalo, pois sei que teus servos sabem cortar as madeiras do Líbano. Meus servos trabalharão com os teus, ⁸para me prepararem madeira em grande quantidade, pois a casa que quero construir será grande e maravilhosa. ⁹A teus servos, que vão cortar e lavrar a madeira, darei vinte mil coros de trigo, vinte mil coros de cevada, vinte mil batos de vinho e vinte mil batos de azeite".

Tratado com Hiram. ¹⁰Numa carta que enviou a Salomão, Hiram, rei de Tiro, respondeu: "É porque ama seu povo que Javé te fez reinar sobre ele". ¹¹Depois acrescentou: "Bendito seja Javé, o Deus de Israel, que fez os céus e a terra e deu ao rei Davi um filho sábio, sensato e prudente, que vai construir uma casa para Javé e um palácio para si próprio. ¹²Envio-te um homem hábil e entendido, Hiram-Abi, ¹³filho de uma descendente de Dã e de um pai de Tiro. Sabe trabalhar* o ouro, a prata, o bronze, o ferro, a pedra, a madeira, a

púrpura, o tecido violeta, o linho fino, o carmesim, e sabe fazer toda espécie de entalhe e executar qualquer projeto que lhe for proposto. Ele trabalhará com teus artesãos e com os de Davi, teu pai. ¹⁴Agora, pois, que meu senhor envie a seus servos o trigo, a cevada, o azeite e o vinho prometidos. ¹⁵Nós cortaremos no Líbano toda a madeira de que terás necessidade e a levaremos pelo mar em balsas até Jope, e tu a farás subir até Jerusalém".*

¹⁶Salomão fez o recenseamento de todos os estrangeiros que residiam no território de Israel, depois do censo que fizera Davi seu pai, e acharam-se cento e cinquenta e três mil e seiscentos. ¹⁷Destinou setenta mil deles como carregadores, oitenta mil para extrair pedras na montanha e três mil e seiscentos como supervisores dos trabalhos dessa gente.

3 **A construção do templo.** ¹Salomão começou, então, a construção* do templo de Javé em Jerusalém, sobre o monte Moriát, que fora indicado a seu pai Davi, no lugar preparado por Davi* na eira de Ornã, o jebuseu. ²Salomão começou a construir no segundo mês do quarto ano de seu reinado. ³Foram estas as medidas dos alicerces que Salomão lançou para construir o templo de Deus: tinha sessenta côvados de comprimento, segundo a medida antiga, e vinte de largura. ⁴O pórtico* na frente do templo tinha vinte côvados de comprimento, igualando à largura do edifício, e tinha uma altura de cento e vinte côvados. Salomão revestiu seu interior de ouro puro. ⁵Quanto à grande sala, revestiu-a de madeira de cipreste, que recobriu de ouro puro e mandou esculpir por cima palmeiras e guirlandas. ⁶Revestiu esta sala com uma decoração de pedras preciosas; o ouro era de Parvaim. ⁷Recobriu de ouro

---

* **2,**13. 1Rs 7,14; Êx 31,2s | 15. 1Rs 5,23-26; 1Cr 22,2 | **3,**1. 1Rs 6 / 1Cr 21,15s | 4. Ez 40,5

† **3,**1. Local do sacrifício de Abraão e Isaac, Gn 22,2. A construção do templo demorou sete anos e meio, 1Rs 6,37s. | 7. A fachada do templo estava voltada para o sol nascente. O santuário tinha duas partes: o santo e o santo dos santos. Nelas não entrava o povo, que ficava nos pátios diante do templo: o primeiro era reservado aos sacerdotes e o segundo era do povo. No tempo de Herodes acrescentaram o pátio das mulheres e o dos gentios.

2 Crônicas 3-4

a sala, as vigas, os umbrais, as paredes e as portas, e depois mandou esculpir querubins nas paredes†.

[8]A seguir, construiu a sala do santuário interior, cujo comprimento era de vinte côvados, correspondendo à largura do templo, e cuja largura era de vinte côvados. Recobriu-a com ouro puríssimo, avaliado em seiscentos talentos; [9]os pregos de ouro pesavam cinquenta siclos. Forrou de ouro também as salas superiores. [10]Para a sala do santuário interior mandou esculpir dois querubins e revestiu-os de ouro. [11]As asas dos querubins tinham vinte côvados de comprimento. A asa de um tinha cinco côvados e chegava até uma parede da sala; e a outra asa, de cinco côvados, tocava a asa do outro querubim. [12]A asa do outro querubim, de cinco côvados, também chegava até a parede da sala; e a outra asa, de cinco côvados, tocava a asa do outro querubim. [13]As asas desses querubins, estendidas, mediam vinte côvados. Estavam colocados de pé, com as faces voltadas para o interior do templo.

[14]Mandou fazer a cortina de púrpura violeta, escarlate, carmesim e de linho puro; e nela mandou bordar querubins.

[15]Diante do templo fez duas colunas* de trinta e cinco côvados de altura, encimadas por um capitel de cinco côvados. [16]Fez correntes à maneira de guirlandas, que mandou colocar no alto das colunas, e fez cem romãs para colocar nas correntes. [17]Erigiu as colunas diante do lugar santo, uma à direita e a outra à esquerda, dando o nome de Jaquin à da direita, e de Booz à da esquerda†.

4

A mobília do templo. [1]Fabricou um altar de bronze com vinte côvados de comprimento, vinte de largura e dez de altura. [2]Fez o mar de metal fundido,* medindo dez côvados de uma borda à outra, de forma circular, com cinco côvados de altura e trinta côvados de circunferência†. [3]Por baixo de sua borda, ao redor, havia figuras semelhantes a bois, dez em cada côvado, dispostos em duas fileiras ao redor do mar, os quais tinham sido fundidos numa só peça com ele. [4]O mar repousava sobre doze bois, dos quais três estavam voltados para o norte, três para o oeste, três para o sul e três para o leste. O mar se apoiava sobre eles, e a parte posterior de seus corpos estava voltada para o interior. [5]Sua espessura era de um palmo, e sua borda tinha a mesma forma que a borda de uma taça, como uma flor de lírio. Sua capacidade era de três mil batos.

[6]Fez dez bacias* e colocou cinco à direita e cinco à esquerda, para nelas se lavar o que servia para o holocausto, mas era no mar que os sacerdotes se lavavam. [7]Fez os dez candelabros* de ouro, segundo as normas prescritas, e os colocou no templo, cinco à direita e cinco à esquerda. [8]Fez dez mesas* e instalou-as no templo, cinco à direita e cinco à esquerda; e fez também cem bacias de ouro.

[9]Construiu o pátio dos sacerdotes* e o pátio grande, como também suas portas, que mandou revestir de bronze. [10]Colocou o mar à direita, para o lado* sudeste. [11]Hiram fez as panelas, as pás e as bacias. Assim terminou a obra de que o encarregara o rei Salomão para o templo de Deus: [12]as duas colunas, os dois globos* dos capitéis que estavam no alto das colunas, as duas redes para cobrir os dois globos dos capitéis que estavam no alto das colunas; [13]as quatrocentas romãs para as duas redes, isto é, duas fileiras de romãs para cada rede, para cobrir os dois globos dos capitéis que estavam no topo das colunas; [14]ele fez as bases e as dez bacias sobre as bases; [15]o mar único com os doze bois embaixo; [16]as panelas, as pás, os garfos e todos os utensílios que Hiram-Abi fez de bronze polido para o rei Salomão, para o templo de Javé. [17]Foi na planície do Jordão, entre Sucot e Sardata, em ter-

---

* **3**,15. 1Rs 7,15-22 | **4**,2. 1Rs 7,23-26 | 6. 1Rs 7,38s | 7. 1Rs 7,49 | 8. 1Cr 28,16 | 9. 1Rs 7,50 | 10. 1Rs 7,12
† **3**,17. Ver a nota em 1Rs 7,21. | **4**,2. Ver a nota em 1Rs 7,23.

443　　　　　　　　2 Crônicas 4-6

ra argilosa, que o rei os mandou fundir. [18]Salomão fez todos esses objetos em tal quantidade que não se podia calcular o peso do bronze.

[19]Salomão fez todos os objetos destinados ao templo de Deus: o altar de ouro e as mesas sobre as quais estavam os pães da apresentação; [20]os candelabros, com suas lâmpadas de ouro puro, para serem acesas, conforme a lei, perante o santuário interior; [21]as flores, as lâmpadas, as tenazes, de ouro, e era ouro puro; [22]as facas, as taças, as colheres e os incensórios, de ouro puro. Quanto às portas do templo, as portas interiores para o santuário interior e as portas do lugar santo eram de ouro.

5 [1]Assim ficou terminada toda a obra que Salomão executou para a casa de Javé; e Salomão mandou trazer o que seu pai Davi havia consagrado: a prata, o ouro e todos os utensílios, e colocou-os no tesouro da casa de Deus.

Trasladação da arca da aliança. [2]Então, Salomão reuniu* em Jerusalém os anciãos de Israel, todos os chefes das tribos e os chefes das famílias dos israelitas, para fazer subir da Cidade de Davi, que é Sião, a arca da aliança de Javé. [3]Todos os homens de Israel se congregaram junto do rei, na festa do sétimo mês. [4]Vieram todos os anciãos de Israel, e foram os levitas que carregaram a arca. [5]Transportaram a arca e a tenda da reunião com todos os objetos sagrados que nela estavam; foram os sacerdotes-levitas que os transportaram.

[6]O rei Salomão e toda a comunidade de Israel reunida junto dele, diante da arca, imolaram ovelhas e bois em quantidade tal que não se podia contar nem calcular. [7]Os sacerdotes conduziram a arca da aliança de Javé a seu lugar, ao santuário interior do templo, a saber, a lugar santíssimo, sob as asas dos querubins. [8]Os querubins estendiam suas asas sobre o lugar da arca, cobrindo a arca e seus varais. [9]Estes eram tão longos que do lugar santo, defronte do santuário interior, se viam suas extremidades no prolongamento da arca, mas não fora daí; eles aí permanecem até hoje. [10]Na arca nada havia, exceto as duas tábuas que Moisés, no Horeb, aí tinha colocado, quando Javé concluiu uma aliança com os israelitas na saída do Egito.

Deus toma posse do templo. [11]Ora, quando os sacerdotes* saíram do santuário – pois todos os sacerdotes que lá estavam se haviam santificado sem observar a ordem das classes – [12]e os levitas cantores* em sua totalidade, Asaf, Emã e Iditun, com seus filhos e irmãos, vestidos de linho puro, portando címbalos, harpas e cítaras, permaneciam de pé a oriente do altar, e com eles cento e vinte sacerdotes que tocavam trombetas, [13]aconteceu que, quando os que tocavam trombetas e os cantores, bem juntos, se fizeram ouvir em uníssono louvando e dando graças a Javé, quando levantaram a voz junto com as trombetas, os címbalos e os outros instrumentos para celebrar a Javé "porque ele é bom, porque eterno é seu amor", então o templo, o templo de Javé, se encheu com uma nuvem, [14]e os sacerdotes não puderam continuar sua função por causa da nuvem, pois a glória de Javé enchia a casa de Deus.

6 **A dedicação do templo.** [1]Então disse Salomão:
"Javé declarou que habitaria na obscuridade.
[2]Mas eu construí para vós uma sublime morada,
um lugar onde habitareis para sempre".

Discurso de Salomão. [3]Depois o rei se voltou* e abençoou toda a assembleia de Israel, enquanto toda a assembleia de Israel se mantinha de pé; [4]e ele disse:
"Bendito seja Javé, Deus de Israel, que realizou com poder o que com sua boca prometeu a meu pai Davi, dizendo: [5]'Desde quando fiz sair meu povo

---

* **5**,2. 1Rs 8,1-9 | 11. 1Rs 8,10-13 | 12. 1Cr 24 | **6**,3. 1Rs 8,14-21

2 Crônicas 6

do Egito, não escolhi uma cidade, dentre todas as tribos de Israel, para nela se construir um templo onde habitaria meu nome, e não escolhi um homem para ser chefe de Israel, meu povo. [6]Mas escolhi Jerusalém para que meu nome aí estivesse e escolhi Davi para comandar Israel, meu povo'.

[7]Meu pai Davi teve a intenção de construir uma casa para o nome de Javé, Deus de Israel, [8]mas Javé disse a meu pai Davi: 'Planejaste edificar uma casa para meu nome, e fizeste bem ao conceber tal projeto. [9]Contudo, não serás tu quem edificará esta casa, e, sim, teu filho, saído de tuas entranhas, que construirá a casa para meu nome'. [10]Javé realizou a palavra que dissera: sucedi a meu pai Davi e tomei posse do trono de Israel como prometera Javé; construí a casa para o nome de Javé, Deus de Israel, [11]e nela coloquei a arca, na qual se acha a aliança que Javé concluiu com os israelitas".

Oração de Salomão. [12]Em seguida, Salomão postou-se diante do altar de Javé, na presença de toda a assembleia de Israel, e estendeu as mãos†. [13]Ora, Salomão mandara* fazer uma tribuna de bronze, de cinco côvados de comprimento, cinco de largura e três de altura, que pusera no meio da esplanada. Salomão subiu à tribuna e se ajoelhou diante de toda a assembleia de Israel. Estendeu as mãos para o céu [14]e disse: "Javé, Deus de Israel! Não existe nenhum Deus semelhante a vós, nem no céu e nem na terra; vós que guardais a aliança e o amor para com vossos servos que caminham de todo o coração diante de vós. [15]Cumpristes para com vosso servo Davi, meu pai, a promessa que lhe havíeis feito, e o que dissestes com vossa boca executastes com poder, como hoje se vê. [16]E agora, Javé, Deus de Israel, mantendo a vosso servo Davi, meu pai, a promessa que lhe fizestes, ao dizer: 'Jamais te faltará um descendente que se assente diante de mim no trono de Israel, contanto que

teus filhos atendam a seu procedimento e sigam minha lei como procedeste diante de mim'. [17]Agora, pois, Javé, Deus de Israel, que se cumpra a palavra que dissestes a vosso servo Davi! [18]Mas será verdade que Deus habita com os homens nesta terra? Se os céus e os céus dos céus não vos podem conter, muito menos esta casa que construí! [19]Todavia, sede atento à prece e à súplica de vosso servo, Javé, meu Deus; escuta o clamor e a prece que vosso servo faz diante de vós! [20]Que vossos olhos estejam abertos dia e noite sobre esta casa, sobre o lugar onde prometestes colocar vosso nome, para ouvirdes a prece que vosso servo fará voltado para este lugar".

Oração pelo povo. [21]"Escutai as súplicas* de vosso servo e de vosso povo Israel quando rezarem voltados para este lugar. Escutai do céu, do lugar em que residis, escutai e perdoai. [22]Se alguém pecar contra seu próximo e, porque obrigado a jurar, vier jurar ante vosso altar neste templo, [23]escutai do céu e agi! Fazei justiça a vossos servos: declarai culpado o mau, fazendo recair sobre sua cabeça o peso de sua falta, e declarai inocente o justo, tratando-o segundo sua retidão. [24]Quando Israel, vosso povo, for vencido pelo inimigo, por haver pecado contra vós, e depois se converter e louvar vosso nome, rezar e suplicar diante de vós neste templo, [25]escutai do céu, perdoai o pecado de Israel, vosso povo, e reconduzi-o ao país que lhe destes a ele e a seus pais. [26]Quando o céu se fechar e não houver chuva, por terem eles pecado contra vós, se rezarem voltados para este lugar, louvarem vosso nome e se arrependerem de seu pecado, por os terdes afligido, [27]escutai do céu, perdoai o pecado de vossos servos e de Israel, vosso povo – vós lhe ensinareis o caminho reto que devem seguir – e regai com a chuva vossa terra que destes em herança a vosso povo.

---

* **6**,13. 1Rs 8,22-29 | 21. 1Rs 8,30-51

† **6**,12. O israelita rezava de pé, com as mãos erguidas.

445   2 Crônicas 6-7

²⁸Quando o país sofrer a fome, a peste, a mela e a ferrugem; quando sobrevierem os gafanhotos ou os pulgões; quando o inimigo deste povo o sitiar em seu país ou em suas cidades, quando houver qualquer calamidade ou epidemia, ²⁹toda oração ou súplica que qualquer pessoa ou todo o vosso povo de Israel fizer, tomando consciência cada um de sua chaga e de sua dor, e estendendo as mãos para este templo, ³⁰escutai do céu onde residis, perdoai e retribuí a cada um segundo seu proceder, pois conheceis seu coração – sois o único que conhece o coração dos homens – ³¹a fim de que vos temam e sigam vossos caminhos por todos os dias que viverem sobre a terra que destes a nossos pais.

³²Mesmo o estrangeiro que não pertencer a Israel, vosso povo, se vier de um país longínquo por causa da grandeza de vosso nome, de vossa mão forte e de vosso braço estendido, para rezar neste templo, ³³escutai do céu onde residis, atendei a todos os pedidos do estrangeiro, a fim de que todos os povos da terra conheçam vosso nome e vos temam como o faz Israel, vosso povo, e saibam eles que este templo que edifiquei é dedicado a vosso nome.

³⁴Quando vosso povo sair à guerra contra seus inimigos, na direção à qual o enviardes, e ele rezar a vós voltado para esta cidade que escolhestes e para o templo que construí para vosso nome, ³⁵escutai do céu sua prece e sua súplica e fazei-lhe justiça.

³⁶Quando tiverem pecado contra vós – pois não há pessoa alguma que não peque – e vós, irritado contra eles, os entregardes ao inimigo, e seus vencedores os deportarem para uma terra distante ou próxima, ³⁷se eles caírem em si, na terra para onde tiverem sido deportados, se converterem e vos suplicarem na terra de seu cativeiro, dizendo: 'Pecamos, agimos mal, cometemos iniquidade', ³⁸se retornarem a vós de todo o seu coração e de toda a sua alma na terra de seu cativeiro para onde foram deportados, e se rezarem a vós voltados para sua terra que destes a seus pais, para a cidade que escolhestes e para o templo que construí para vosso nome, ³⁹escutai do céu, do lugar onde residis, sua prece e sua súplica, e fazei-lhes justiça. Perdoai a vosso povo que pecou contra vós".

⁴⁰"Agora, ó meu Deus,* que vossos olhos estejam abertos e vossos ouvidos atentos às orações feitas neste lugar! ⁴¹E agora,

levantai-vos, Javé Deus,

e vinde para o lugar de vosso repouso,*

vós e a arca de vossa força!

Que vossos sacerdotes, Javé Deus,

se revistam de salvação

e que vossos fiéis se alegrem na felicidade!

⁴²Javé Deus, não rejeiteis vosso ungido,

lembrai-vos do amor que tivestes a vosso servo Davi!"

7 **Oferta de sacrifícios.** ¹Quando Salomão* acabou de rezar, desceu fogo do céu, que consumiu o holocausto e os sacrifícios, e a glória de Javé encheu o templo. ²Os sacerdotes não puderam entrar no templo de Javé, pois a glória de Javé enchia o templo de Javé. ³Todos os israelitas, vendo o fogo descer e a glória de Javé sobre o templo, prostraram-se com o rosto em terra sobre o pavimento; adoraram e celebraram Javé, "porque ele é bom, porque eterno* é seu amor". ⁴O rei e todo o povo ofereceram sacrifícios diante de Javé. ⁵O rei Salomão imolou* em sacrifício vinte e dois mil bois e cento e vinte mil ovelhas. Assim o rei, junto com todo o povo, consagrou o templo de Deus. ⁶Os sacerdotes exerciam suas funções; assim também os levitas, com os instrumentos musicais consagrados a Javé e feitos por Davi para louvar a Javé, "porque eterno* é seu amor", cada vez que Davi louvava por meio deles. Os sacerdotes tocavam* as trom-

---

* **6**,40. 1Rs 8,52 | 41. Sl 132,8-11 | **7**,1. 1Cr 21,26; 5,14 | 3. Sl 136,1 | 5. 1Rs 8,62s | 6. Sl 136,s / Nm 10,1-10

2 Crônicas 7-8

betas defronte deles e todo o Israel se mantinha de pé.

7Salomão consagrou* a parte central do pátio que estava diante do templo de Javé, porque foi lá que ele ofereceu os holocaustos e as gorduras dos sacrifícios de comunhão, pois o altar de bronze que Salomão fizera não podia conter o holocausto, as oblações e as gorduras. 8Naquele tempo Salomão celebrou a festa durante sete dias e todo o Israel com ele, uma grande assembleia desde a entrada de Emat até a torrente do Egito. 9No oitavo dia fez-se uma reunião solene, pois haviam celebrado a dedicação do altar durante sete dias e a festa durante outros sete dias. 10No dia vinte e três do sétimo mês Salomão despediu o povo para que voltasse a suas casas, alegre e de coração contente pelo bem que Javé fizera a Davi, a Salomão e a Israel, seu povo.

Javé responde à oração de Salomão. 11Salomão terminou* o templo de Javé e o palácio real, e completou tudo o que tencionava fazer no templo de Javé e em sua casa. 12Javé apareceu, então, de noite a Salomão e lhe disse: "Ouvi tua prece e escolhi este lugar para mim como casa dos sacrifícios. 13Quando eu fechar o céu e não houver chuva, quando eu ordenar aos gafanhotos que devorem o país e quando eu enviar a peste contra meu povo, 14se meu povo, sobre quem foi invocado meu nome, se humilhar, rezar, buscar minha face e se arrepender de sua má conduta, eu escutarei do céu, perdoarei seus pecados e restaurarei seu país. 15Doravante, meus olhos estarão abertos e meus ouvidos atentos à oração feita neste lugar+. 16Para o futuro escolhi e consagrei esta casa, a fim de que meu nome aí esteja para sempre; meus olhos e meu coração estarão ali todos os dias. 17Quanto a ti, se caminha-

res diante de mim como fez Davi, teu pai, fazendo tudo quanto te ordeno, e se observares meus estatutos e meus decretos, 18consolidarei teu trono real como prometi a teu pai Davi quando disse: 'Jamais te faltará um descendente que reine em Israel'.+ 19Mas se vos desviardes, abandonando os estatutos e os mandamentos que vos propus, se fordes servir a outros deuses e lhes prestardes culto, 20eu vos arrancarei de minha terra que vos dei, rejeitarei para longe de minha presença esta casa que consagrei a meu nome e a farei objeto de escárnio e de zombaria entre todos os povos. 21Todo aquele que passar perto desta casa, que era tão excelsa, vai espantar-se e perguntar: 'Por que Javé tratou assim este país e esta casa?' 22E responderão: 'Porque abandonaram Javé, o Deus de seus pais, que os fez sair da terra do Egito, aderiram a outros deuses, adoraram-nos e serviram-nos; por isso fez vir sobre eles todas estas calamidades'".

8 Obras de Salomão. 1Passados vinte anos,* durante os quais Salomão construiu o templo de Javé e seu próprio palácio, 2ele reconstruiu as cidades que Hiram lhe havia dado e nelas estabeleceu os israelitas. 3Depois marchou contra Emat de Soba e apoderou-se dela. 4Reconstruiu Tadmor+ no deserto e todas as cidades-armazéns por ele edificadas no país de Emat. 5Reconstruiu Bet-Horon superior e Bet-Horon inferior, cidades fortificadas com muros, portas e ferrolhos, 6bem como Baalat, todas as cidades-armazéns pertencentes a Salomão, todas as cidades para os carros e as cidades para a cavalaria, enfim, tudo o que desejou construir em Jerusalém, no Líbano e em todos os países sob seu domínio.

7Toda a população que restava dos heteus, dos amorreus, dos ferezeus,

---

* **7**,7. 1Rs 8,64ss | 11. 1Rs 9,1-9 | **8**,1. 1Rs 9,10-25

+ **7**,15. A igreja é o lugar ideal para a oração: "Não podes rezar em casa como na igreja, onde se encontra o povo reunido, onde o grito é lançado a Deus de um só coração. Há ali algo mais, a união dos espíritos, a harmonia das almas, o vínculo da caridade, as orações dos presbíteros" (S. João Crisóstomo). | 18. A fidelidade do rei e do povo à aliança é condição essencial para obterem o que Deus prometeu. **8**,4. Chamada também Palmira, fica na Síria, 250 km a nordeste de Damasco.

dos heveus e dos jebuseus, que não pertenciam a Israel, [8]e todos os descendentes desses povos que ficaram depois deles no país sem serem exterminados pelos israelitas, Salomão os levou para mão de obra nos trabalhos forçados, como são ainda hoje.

[9]Mas Salomão não utilizou nenhum dos israelitas como escravo para suas obras, pois eles serviam como soldados; eram oficiais de seus escudeiros, comandantes de seus carros e de sua cavalaria. [10]Os chefes dos inspetores do rei Salomão eram em número de duzentos e cinquenta, encarregados de governar o povo.

[11]Salomão transferiu a filha do faraó da Cidade de Davi para a casa que lhe havia construído. Com efeito, ele dizia: "Nenhuma mulher minha pode habitar na casa de Davi, rei de Israel, porque estes lugares nos quais entrou a arca de Javé são sagrados".

[12]Salomão ofereceu, então, holocaustos a Javé sobre o altar de Javé que ele havia edificado diante do pórtico, [13]e o fazia* segundo o número exigido cada dia, oferecendo-os, conforme a ordem de Moisés, nos sábados, nas luas novas e nas três solenidades anuais: a festa dos Ázimos, a festa das Semanas e a festa das Tendas. [14]Ele estabeleceu, segundo a disposição de Davi,* seu pai, as classes sacerdotais para seu serviço, os levitas em sua função para louvar e assistir aos sacerdotes segundo o ritual cotidiano, e os porteiros, segundo sua respectiva classe, em cada porta, pois esta foi a norma de Davi, homem de Deus. [15]Em nenhum outro ponto, nem no que concerne ao tesouro, afastaram-se da norma que o rei dera aos sacerdotes e aos levitas. [16]Assim foi completada toda a obra de Salomão, desde o dia em que foram lançados os alicerces do templo até que ficou concluída. Assim ficou terminado o templo de Javé.

[17]Então Salomão partiu* para Asiongaber e Elat, junto ao mar, no país de Edom. [18]Hiram enviou-lhe, por meio de seus servos, navios e servos que conheciam o mar. Com os servos de Salomão eles foram a Ofir e, de lá, trouxeram quatrocentos e cinquenta talentos de ouro, que entregaram ao rei Salomão.

9 A rainha de Sabá visita Salomão†.

[1]A rainha de Sabá* ouviu falar da fama de Salomão e veio a Jerusalém para pô-lo à prova por meio de enigmas. Chegou com um cortejo muito numeroso, com camelos carregados de aromas, grande quantidade de ouro e de pedras preciosas. Apresentou-se a Salomão e lhe expôs tudo o que tinha no coração. [2]Salomão respondeu a todas as suas perguntas e nada houve por demais obscuro para ele que não pudesse solucionar. [3]Quando a rainha de Sabá viu a sabedoria de Salomão, o palácio que fizera para si, [4]as iguarias de sua mesa, os aposentos de seus oficiais, o serviço e as vestes de seus domésticos, seus copeiros e seus trajes e os holocaustos que ele oferecia no templo de Javé, ficou fora de si e disse ao rei: [5]"Realmente, era verdade tudo o que ouvi em meu país a respeito de ti e de tua sabedoria! [6]Eu não queria acreditar no que diziam antes de vir e ver com meus próprios olhos: porém, não me disseram nem a metade sobre a grandeza de tua sabedoria: ultrapassas a fama que chegou a meus ouvidos. [7]Feliz tua gente, felizes teus servos que estão continuamente em tua presença e ouvem tua sabedoria! [8]Bendito seja Javé, teu Deus, que se agradou de ti para te colocar sobre seu trono como rei para Javé, teu Deus. É porque teu Deus ama Israel e deseja consolidá-lo para sempre, que ele te constitui rei sobre ele para exerceres o direito e a justiça".

[9]Ela deu ao rei cento e vinte talentos de ouro, uma grande quantidade de aromas e de pedras preciosas. Jamais houve aromas como os que a rainha de Sabá ofereceu ao rei Salomão.

---

* **8**,13 Nm 28-29; Êx 23,14 | 14. 1Cr 23-26 | 17. 1Rs 9,26ss | **9**,1. 1Rs 10,1-13

† **9**. Ver a nota em 1Rs 10,1.

2 Crônicas 9-10

[10]Os servos de Hiram e os de Salomão, que trouxeram ouro de Ofir, trouxeram também madeira de sândalo e pedras preciosas. [11]Com a madeira de sândalo o rei fez as escadas do templo de Javé e do palácio real, liras e harpas para os cantores; jamais se viu antes coisa igual no país de Judá. [12]O rei Salomão ofereceu à rainha de Sabá tudo o que ela desejou e pediu, além do equivalente ao que ela lhe trouxera. Depois ela partiu e voltou para sua terra com seus servos.

[13]O peso do ouro* que chegava para Salomão, anualmente, era de seiscentos e sessenta e seis talentos de ouro; [14]sem contar o que lhe provinha dos viajantes e comerciantes importadores. Todos os reis da Arábia e todos os governadores do país também traziam a Salomão ouro e prata.

Riquezas de Salomão. [15]O rei Salomão fez duzentos* escudos grandes de ouro batido, para cada um dos quais utilizou seiscentos siclos de ouro batido, [16]e trezentos escudos pequenos de ouro batido, para cada um dos quais empregou trezentos siclos de ouro, e depositou-os na casa da Floresta do Líbano. [17]O rei fez também um grande trono* de marfim, que revestiu de ouro puro. [18]Esse trono tinha seis degraus e um estrado de ouro, fixos no trono; de ambos os lados do assento havia braços e dois leões em pé perto dos braços. [19]Doze leões estavam colocados à direita e à esquerda, nos seis degraus. Jamais se fez algo de semelhante em nenhum reino.

[20]Todas as taças* que Salomão usava para beber eram de ouro, e toda a baixela da casa da Floresta do Líbano era de ouro puro; a prata, no tempo do rei Salomão, não tinha valor. [21]Com efeito, o rei tinha navios que iam a Társis com os servos de Hiram e, de três em três anos, os navios voltavam de Társis carregados de ouro, prata, marfim, macacos e pavões.

[22]O rei Salomão superou em riqueza e em sabedoria todos os reis da terra.

[23]Todos os reis da terra queriam ser recebidos por Salomão para ouvir a sabedoria que Deus lhe tinha posto no coração, [24]e cada um trazia anualmente seu presente: objetos de prata, objetos de ouro, roupas, armas e aromas, cavalos e mulas.

[25]Salomão tinha quatro mil* estábulos para seus cavalos e seus carros, e doze mil cavalos, que distribuiu nas cidades dos carros e junto do rei, em Jerusalém.

[26]Ele estendeu seu domínio* sobre todos os reis, desde o rio até o país dos filisteus e até à fronteira com o Egito. [27]Fez com que a prata fosse tão comum* em Jerusalém quanto as pedras, e os cedros tão numerosos como os sicômoros da Planície. [28]Importavam-se para Salomão cavalos do Egito e de todos os países.

Morte de Salomão. [29]O resto da história* de Salomão, do começo ao fim, não está tudo escrito nas crônicas do profeta Natã, na profecia de Aías de Silo e nas visões de Ido, o vidente, a respeito de Jeroboão, filho de Nabat? [30]Salomão reinou quarenta anos em Jerusalém sobre todo o Israel. [31]Depois ele adormeceu com seus pais e foi enterrado na Cidade de Davi, seu pai. Tornou-se rei em seu lugar seu filho Roboão.

II. REIS DE JUDÁ ATÉ O CATIVEIRO (10–36)

10 **O cisma político**†. [1]Roboão foi a Siquém,* pois foi lá que todo o Israel tinha ido para proclamá-lo rei. [2]Sabendo disso, regressou do Egito Jeroboão, filho de Nabat, que se encontrava no Egito, para onde fugira do rei Salomão. [3]Mandaram chamá-lo, e ele veio com todo o Israel.

Disseram assim a Roboão: [4]"Teu pai tornou pesado nosso jugo; agora, alivia a dura servidão de teu pai e o jugo pesado que ele nos impôs e nós te ser-

---

* **9**,13. 1Rs 10,14s | 15. 1Rs 10,16s | 17. 1Rs 10,18ss | 20. 1Rs 10,21-25 | 25. 1Rs 5,6; 10,26; 2Cr 1,14 | 26. 1Rs 5,1 | 27. 1Rs 10,27s; 2Cr 1,15 | 29. 1Rs 11,41ss | **10**,1. 1Rs 12,1-19

† **10**. Ver a nota em 1Rs 12,4.

449 2 Crônicas 10-11

viremos". [5]Ele respondeu: "Voltai a mim daqui a três dias". E o povo foi embora. [6]O rei Roboão consultou os anciãos que haviam servido a seu pai Salomão durante sua vida e perguntou: "Que me aconselhais a responder a este povo?" [7]Eles disseram: "Se te mostrares benévolo para com este povo, se o contentares e lhe dirigires boas palavras, então eles serão para sempre teus servidores". [8]Mas ele rejeitou o conselho dos anciãos e consultou os jovens que haviam crescido com ele e estavam a seu serviço. [9]Perguntou-lhes: "Que aconselhais que se responda a este povo que me falou assim: 'Alivia o julgo que teu pai nos impôs'?" [10]Os jovens, seus companheiros de infância, responderam: "Eis o que dirás ao povo que te disse: 'Teu pai tornou pesado nosso jugo, mas tu, alivia nosso jugo', eis o que responderás: 'Meu dedo mínimo é mais grosso que os rins de meu pai! [11]Meu pai vos sobrecarregou com um jugo pesado, mas eu o tornarei mais pesado ainda; meu pai vos castigou com açoites, e eu vos castigarei com escorpiões!'"

[12]Jeroboão e todo o povo se apresentaram a Roboão no terceiro dia, de acordo com a ordem que ele dera: "Voltai a mim daqui a três dias". [13]O rei respondeu-lhes duramente. O rei Roboão rejeitou o conselho dos anciãos [14]e, seguindo o conselho dos jovens, falou-lhes assim: "Meu pai tornou vosso jugo pesado, mas eu o tornarei mais pesado ainda; meu pai vos castigou com açoites e eu, com escorpiões". [15]Assim, o rei não ouviu o povo: era uma disposição de Deus, para cumprir a palavra que Javé dissera a Jeroboão, filho de Nabat, por intermédio de Aías de Silo. [16]Quando todo o Israel viu que o rei não os ouvia, o povo respondeu ao rei:

"Que parte temos com Davi?
Não temos herança com o filho de Jessé.
Cada um para suas tendas, ó Israel!
E agora cuida de tua casa, Davi!"

E todo o Israel voltou para suas tendas. [17]Mas Roboão continuou a reinar sobre os israelitas que moravam nas cidades de Judá. [18]O rei Roboão enviou Adoram, chefe dos trabalhos forçados, mas os israelitas o apedrejaram e ele morreu; então o rei Roboão subiu depressa a seu carro a fim de fugir para Jerusalém. [19]Assim Israel se rebelou contra a casa de Davi até o dia de hoje.

11 Reinado de Roboão. [1]Quando Roboão chegou* a Jerusalém, convocou a casa de Judá e a de Benjamim, em número de cento e oitenta mil guerreiros escolhidos, para combater Israel e reconquistar o reino para Roboão. [2]Mas foi dirigida a Semeías, homem de Deus, esta palavra de Javé: [3]"Dize a Roboão, filho de Salomão, rei de Judá, e a todo o Israel que está em Judá e em Benjamim: [4]Assim fala Javé: Não subais para combater vossos irmãos; que cada um volte para sua casa, porque o que aconteceu foi por minha vontade". Eles deram ouvidos às palavras de Javé, regressaram e não marcharam contra Jeroboão.

[5]Roboão ficou morando em Jerusalém e, para defesa, fortificou cidades em Judá. [6]Reconstruiu Belém, Etam e Técua, [7]Betsur, Soco, Odolam, [8]Gat, Maresa, Zif, [9]Aduram, Laquis, Azeca, [10]Saraá, Aialon, Hebron; eram cidades fortificadas situadas em Judá e em Benjamim. [11]Reforçou essas fortalezas e colocou nelas comandantes, bem como depósitos de víveres, de azeite e de vinho. [12]Em cada uma dessas cidades pôs escudos e lanças e tornou-as extremamente fortes. Judá e Benjamim permaneceram-lhe fiéis.

O cisma religioso. [13]Os sacerdotes e os levitas que se achavam em todo o Israel deixaram seu território e passaram para o lado dele. [14]Os levitas, com efeito,* abandonaram suas pastagens e suas propriedades e vieram morar em Judá e em Jerusalém, porque Jeroboão e seus filhos os excluíram do sacerdócio

---

* **11**,1. 1Rs 12,21-24 | 14. Nm 35,2

2 Crônicas 11-12

de Javé. [15]Jeroboão estabelecera seus próprios sacerdotes para os lugares altos e para os demônios* e os bezerros que tinha fabricado†. [16]Além deles,* também de todas as tribos de Israel os que buscavam de coração a Javé, Deus de Israel, foram a Jerusalém a fim de oferecer sacrifícios a Javé, Deus de seus pais. [17]Assim fortaleceram o reino de Judá e durante três anos apoiaram Roboão, filho de Salomão, porque por três anos ele seguiu o caminho de Davi e de Salomão.

A família de Roboão. [18]Roboão tomou por esposa* Maalat, filha de Jerimot, filho de Davi e de Abigail, filha de Eliab, filho de Jessé. [19]Ela lhe deu à luz os filhos Jeús, Somorias, Zoom. [20]Depois dela,* tomou por esposa Maaca, filha de Absalão, que lhe gerou Abias, Etai, Ziza e Solomit. [21]Roboão amou Maaca, filha de Absalão, mais que todas as outras mulheres e concubinas. Com efeito, ele teve dezoito mulheres e sessenta concubinas, e gerou vinte e oito filhos e sessenta filhas. [22]Roboão fez de Abias, filho de Maaca, o chefe da família, príncipe entre seus irmãos, porque pensava fazê-lo rei. [23]Roboão foi prudente* e distribuiu alguns de seus filhos em todas as regiões de Judá e de Benjamim e em todas as cidades fortificadas; forneceu-lhes víveres em abundância e procurou para eles muitas mulheres.

12 **A infidelidade de Roboão.** [1]Quando o reino foi consolidado e ele sentiu-se forte, Roboão abandonou a lei de Javé, e todo o Israel seguiu* seu exemplo. [2]No quinto ano do reinado de Roboão, o rei do Egito, Sesac†, marchou contra Jerusalém — pois ela fora infiel a Javé — [3]com mil e duzentos carros, sessenta mil cavaleiros e um exército incontável formado de líbios, suquitas e etíopes, que vieram com ele do Egito. [4]Tomou as cidades fortificadas de Judá e chegou até Jerusalém. [5]Semeías, o profeta, veio ter com Roboão e os oficiais de Judá que se haviam reunido em Jerusalém, fugindo de Sesac, e disse-lhes: "Assim fala Javé: Vós me abandonastes, por isso também vos abandonei nas mãos de Sesac". [6]Então os chefes de Israel e o rei se humilharam e disseram: "Javé é justo". [7]Quando Javé viu que eles se haviam humilhado, a palavra de Javé foi dirigida a Semeías nestes termos: "Porque eles se humilharam, não os exterminarei; em breve lhes permitirei escapar, e não é pelas mãos de Sesac que minha ira se abaterá sobre Jerusalém. [8]Mas eles se tornarão seus servos para que saibam a diferença entre servir a mim e servir aos reinos dos outros países!"

[9]Subiu pois Sesac, rei do Egito,* contra Jerusalém. Tomou os tesouros do templo de Javé e os do palácio real; apoderou-se de tudo, inclusive dos escudos de ouro que Salomão fizera. [10]Para substituí-los, o rei Roboão mandou fazer escudos de bronze e os confiou aos chefes dos guardas que vigiavam a porta do palácio real; [11]cada vez que o rei ia ao templo de Javé, os guardas vinham e os tomavam e depois os devolviam à sala dos guardas.

[12]Mas porque Roboão se humilhara, a ira de Javé se afastou dele e não o aniquilou completamente. Em Judá havia também coisas boas. [13]O rei Roboão* consolidou-se em Jerusalém e continuou reinando. Tinha quarenta e um anos quando subiu ao trono e reinou dezessete anos em Jerusalém, cidade que Javé escolhera entre todas as tribos de Israel para nela colocar seu nome.

Sua mãe chamava-se Naama, a amonita. [14]Ele, porém, fez o mal, porque não aplicou seu coração a buscar Javé. [15]A história de Roboão,* do começo ao fim, não está porventura escrita

---

* **11,15.** Lv 17,7 | 16. Esd 2,43 | 18. 1Rs 11,1-13 | 20. 1Rs 15,2 | 23. 1Rs 11,7-27 | **12,**1. 1Rs 14,22.25 | 9. 1Rs 14,26s | 13. 1Rs 14,21 | 15. 1Rs 14,29ss

† **11,15.** Para evitar que o povo continuasse a adorar em Jerusalém, Jeroboão fez dois santuários cismáticos. Mas os sacerdotes e os levitas repudiaram a idolatria. | **12,**2. Ver a nota em 1Rs 14,25.

2 Crônicas 12-13

nas crônicas do profeta Semeías e do vidente Ido? Houve guerras contínuas entre Roboão e Jeroboão. ¹⁶Roboão adormeceu com seus pais e foi enterrado na Cidade de Davi; seu filho Abias reinou em seu lugar.

13 Guerra entre Abias e Jeroboão.

¹No décimo oitavo ano* do reinado de Jeroboão, Abias tornou-se rei de Judá ²e reinou três anos em Jerusalém. Sua mãe chamava-se Micaías, era filha de Uriel e natural de Gabaá. Houve guerra entre Abias e Jeroboão. ³Abias lançou-se ao combate com um exército de guerreiros valentes, quatrocentos mil homens de elite, e Jeroboão deu-lhe batalha com oitocentos mil homens escolhidos, fortes e valorosos.

O discurso de Abias†. ⁴Abias postou-se no alto do monte Semeron, situado na montanha de Efraim†, e exclamou: "Ouvi-me, Jeroboão e todo o Israel! ⁵Não sabeis que Javé, o Deus de Israel, deu a realeza sobre Israel para sempre a Davi e a seus filhos com uma aliança inviolável? ⁶Jeroboão, filho de Nabat, servo de Salomão, filho de Davi, levantou-se e se revoltou contra seu senhor. ⁷Homens ociosos e sem valor uniram-se a ele e se impuseram a Roboão, filho de Salomão; Roboão era ainda jovem, de caráter tímido, e não pôde resistir-lhes. ⁸E agora pensais em oferecer resistência à realeza de Javé, que os filhos de Davi exercem, porque sois uma imensa multidão e tendes convosco os bezerros de ouro que Jeroboão fabricou para serem vossos deuses! ⁹Acaso não expulsastes os sacerdotes de Javé, filhos de Aarão, e os levitas, instituindo para vós sacerdotes como o fazem os povos das outras terras? Todo aquele que vem com um touro e sete carneiros para se fazer consagrar torna-se sacerdote daquilo que não é Deus. ¹⁰Quanto a nós, nosso Deus é Javé, e não o abandonamos: os sacerdotes a serviço de Javé são os filhos de Aarão, e os levitas exercem seu ofício. ¹¹Toda manhã e toda tarde eles oferecem holocaustos a Javé, queimam o incenso aromático, fazem a apresentação dos pães sobre a mesa pura, acendem o candelabro de ouro com suas lâmpadas para que ardam cada noite. Pois nós observamos as prescrições de Javé, nosso Deus, mas vós as haveis abandonado. ¹²Conosco, a nossa frente,* está Deus e aqui estão seus sacerdotes com as trombetas retumbantes, prontos para tocá-las contra vós! Israelitas, não luteis contra Javé, o Deus de vossos pais, pois não tereis sucesso!"

A batalha. ¹³Jeroboão pôs uma emboscada para atingi-los pela retaguarda, de modo que estavam em frente de Judá, mas tinham a emboscada por trás deles. ¹⁴Voltando-se, as tropas de Judá viram-se atacadas pela frente e pelas costas. Clamaram por Javé, os sacerdotes tocaram a trombeta, ¹⁵os homens de Judá lançaram o grito de guerra e, enquanto os homens de Judá gritavam, Deus derrotou Jeroboão e todo o Israel diante de Abias e de Judá. ¹⁶Os israelitas fugiram diante de Judá, e Deus os entregou nas mãos de Judá. ¹⁷Abias e seu exército lhes infligiram uma grande derrota, e de Israel caíram mortos quinhentos mil homens escolhidos. ¹⁸Nesta ocasião, pois, os israelitas foram humilhados, e os filhos de Judá prevaleceram porque se apoiaram em Javé, Deus de seus pais.

Fim do reinado. ¹⁹Abias perseguiu Jeroboão e tomou-lhe algumas cidades: Betel e seus arredores, Jesana e seus arredores, Efron e seus arredores. ²⁰Jeroboão não recuperou seu poderio durante a vida de Abias; Javé o feriu e ele morreu. ²¹Abias, porém, tornou-se* poderoso; desposou quatorze mulheres e gerou vinte e dois filhos e dezesseis filhas. ²²O resto da história de Abias, seu proceder e seus atos, estão escritos no comentário do profeta Ado. ²³Depois

---

* **13**,1. 1Rs 15,1s.7 | 12. Nm 10,9 | 21. 1Rs 15,7s

† **13**,4. Abias proclama ao Israel cismático que o legítimo sucessor de Davi e o culto prescrito por Javé estão em Judá. / Ver a nota em 1Rs 4,8.

2 Crônicas 13-15

Abias adormeceu com seus pais e foi sepultado na Cidade de Davi.* Seu filho Asa reinou em seu lugar. Durante sua vida, o país esteve tranquilo por dez anos.

14 **Reinado de Asa.** ¹Asa fez o que é bom e justo* aos olhos de Javé, seu Deus. ²Eliminou os altares estrangeiros e os lugares altos, despedaçou as colunas sagradas, destruiu os troncos idolátricos,† ³ordenou a Judá que buscasse Javé, o Deus de seus pais, e praticasse a lei e os mandamentos. ⁴Suprimiu em todas as cidades de Judá os lugares altos e os altares de incenso. E o reino viveu tranquilo durante seu reinado. ⁵Reconstruiu as cidades fortificadas de Judá, pois o país gozava de paz, e não houve guerra contra ele naqueles anos, porque Javé lhe deu descanso.

⁶Disse ele a Judá: "Restauremos estas cidades, circundando-as de muros com torres e portas guarnecidas de ferrolhos. O país ainda nos pertence, pois temos buscado a Javé, nosso Deus. Nós o temos buscado, e ele nos deu a paz de todos os lados".

Reconstruíram e prosperaram. ⁷Asa dispunha de um exército de trezentos mil homens de Judá armados de escudo e lança e de duzentos e oitenta mil benjaminitas armados de escudo e arco, todos valentes guerreiros.

Asa vence Zara. ⁸Zara, o etíope, marchou contra eles com um exército de um milhão de homens e trezentos carros e chegou até Maresa. ⁹Asa saiu a seu encontro e tomou posição no vale de Sefata, perto de Maresa. ¹⁰Asa invocou Javé, seu Deus, e disse: "Não há ninguém igual a vós, Javé, para socorrer tanto o poderoso como o fraco. Socorrei-nos, Javé, nosso Deus! É em vós que nos apoiamos e é em vosso nome que marchamos contra esta multidão. Javé, vós sois nosso Deus, que o mortal não prevaleça contra vós!"

¹¹Javé derrotou os etíopes diante de Asa e de Judá; os etíopes fugiram ¹²e Asa os perseguiu com seu exército até Gerara. Pereceram tantos etíopes que não restou um sequer, pois foram destroçados diante de Javé e de seu exército. E estes recolheram imensa quantidade de despojos. ¹³Atacaram todas as cidades em torno de Gerara, pois o terror de Javé pesava sobre elas e todas foram saqueadas, pois nelas havia muitos despojos. ¹⁴Saquearam também as tendas dos pastores e capturaram grande número de ovelhas e camelos; e voltaram para Jerusalém.

15 **A reforma de Asa.** ¹O espírito de Deus desceu* sobre Azarias, filho de Oded†, ²que saiu ao encontro de Asa e lhe disse: "Asa, e vós todos de Judá e de Benjamim, ouvi-me! Javé está convosco quando estais com ele. Se o procurardes, ele se deixará encontrar, mas se o abandonardes, também ele* vos abandonará. ³Israel esteve por muito tempo sem o Deus verdadeiro, sem sacerdote para ensiná-lo e sem lei; ⁴mas quando, em sua aflição, eles voltaram para Javé, Deus de Israel, e o buscaram, Javé se deixou encontrar* por eles. ⁵Naquele tempo não havia paz para quem entrava nem para quem saía, mas muitas tribulações sobre todos os habitantes daquelas terras. ⁶As nações e as cidades se batiam umas contra as outras, pois Deus as afligia com todo tipo de calamidades. ⁷Quanto a vós, sede fortes e que vossas mãos não se enfraqueçam, porque haverá uma recompensa para vosso trabalho".

⁸Quando Asa ouviu essas palavras e essa profecia, criou coragem e fez desaparecer os ídolos abomináveis de toda a terra de Judá e de Benjamim e das cidades que havia conquistado na montanha de Efraim, e restaurou o altar de Javé que se achava diante do pórtico de Javé. ⁹Congregou todos os habitantes de Judá e de Benjamim, bem

---

* **13**,23. 12,15 | **14**,1. 1Rs 15,11s | 7. 1Cr 8,40 | **15**,1. Os 3,4s | 2. Dt 4,29s | 4. Is 19,2

† **14**,2. Ver a nota em 1Rs 14,23. | **15**,1. Única menção do profeta Azarias, do qual nada sabemos. Também desconhecido é o profeta Eliezer, citado em 20,37.

453   2 Crônicas 15-16

como os de Efraim, de Manassés e de Simeão que habitavam com eles, pois muitos israelitas tinham passado para Asa, vendo que Javé, seu Deus, estava com ele. [10]No terceiro mês do décimo quinto ano do reinado de Asa, eles se reuniram em Jerusalém. [11]Ofereceram em sacrifício a Javé, naquele dia, uma parte dos despojos que tinham recolhido, a saber, setecentos bois e sete mil ovelhas. [12]Comprometeram-se por uma aliança a buscar Javé, Deus de seus pais, de todo o seu coração e de toda a sua alma; [13]e todo aquele que não buscasse Javé, Deus de Israel, seria morto, fosse ele grande ou pequeno, homem ou mulher. [14]Prestaram juramento a Javé em voz alta* e com gritos de júbilo, ao som das trombetas e dos clarins. [15]Todos os de Judá se alegraram com este juramento, porque tinham jurado de todo o coração. Foi com toda a sua boa vontade que procuraram Javé. Por isso ele se deixou encontrar por eles e deu-lhes a paz por todos os lados.

[16]O rei Asa destituiu* de sua dignidade de rainha sua mãe Maaca, por ter feito um ídolo para Aserá; Asa quebrou o ídolo, reduziu-o a pó e queimou-o na torrente do Cedron. [17]Mas os lugares altos não desapareceram de Israel, embora o coração de Asa permanecesse íntegro por toda a sua vida. [18]Depositou no templo de Deus as oferendas sagradas de seu pai e suas próprias oferendas: prata, ouro e objetos.

[19]Não houve guerra até o trigésimo quinto ano do reinado de Asa.

16 Aliança de Asa com Ben-Adad I.
[1]No trigésimo sexto ano do reinado de Asa, Baasa, rei de Israel, marchou contra Judá; fortificou Ramá para impedir as comunicações com Asa, rei de Judá. [2]Então Asa tirou ouro e prata dos tesouros do templo de Javé e do palácio real e enviou-os a Ben-Adad, rei de Aram†, que residia em Damasco, com esta mensagem: [3]"Haja aliança entre mim e ti como houve entre meu pai e teu pai. Envio-te prata e ouro; vai, rompe tua aliança com Baasa, rei de Israel, para que se retire de mim". [4]Ben-Adad deu ouvidos ao rei Asa e enviou os chefes de seu exército contra as cidades de Israel; conquistou Aion, Dã, Abelmaim e todas as cidades-armazéns de Neftali. [5]Quando Baasa o soube, desistiu de fortificar Ramá e interrompeu sua obra. [6]Então o rei Asa convocou todo o Judá; tiraram as pedras e a madeira com que Baasa estava fortificando Ramá, e ele fortificou com elas Gaba e Masfa.

[7]Então Hanani, o vidente, veio ter com Asa, rei de Judá, e disse-lhe: "Porque te apoiaste no rei de Aram e não em Javé, teu Deus, as forças do rei de Aram escaparam de tuas mãos†. [8]Não formavam os etíopes e os líbios um numeroso exército com uma grande multidão de carros e de cavalos? E, contudo, porque te apoiaste em Javé, não te foram entregues nas mãos? [9]Pois os olhos de Javé percorrem toda a terra* para fortalecer os que têm um coração íntegro para com ele; agiste como insensato desta vez e por isso, doravante, haverá guerras contra ti". [10]Encolerizado contra o vidente, Asa mandou metê-lo na prisão, pois ficara irritado por causa disso; pela mesma época maltratou também alguns do povo.

Fim do reinado de Asa. [11]A história de Asa, do começo ao fim, está narrada no livro dos reis de Judá e de Israel. [12]No trigésimo nono ano de seu reinado, Asa teve uma doença muito grave nos pés; todavia, em sua doença não recorreu a Javé, mas aos médicos. [13]Asa adormeceu com seus pais; morreu no quadragésimo primeiro ano de seu reinado. [14]Sepultaram-no no túmulo que tinha mandado cavar para si na Cidade de Davi. Estenderam-no num leito repleto de aromas e perfumes preparados por um perito em perfumaria; e fizeram em sua honra uma grande fogueira.

---

* **15**,14. Ne 10,30 | 16. 1Rs 15,13ss | 9. Sl 33,13s

† **16**,2. Ver a nota em 1Rs 15,18. | 7. Os profetas se opõem aos reis cada vez que estes buscam alianças com os pagãos; elas demonstravam falta de confiança em Deus e foram sempre prejudiciais para Israel.

2 Crônicas 17-18

454

17 Reinado de Josafá[†].

[1]Sucedeu-lhe no trono seu filho Josafá, que se fortificou contra Israel. [2]Colocou tropas em todas as cidades fortificadas de Judá e estabeleceu guarnições no país de Judá e nas cidades de Efraim que Asa, seu pai, tinha conquistado.

[3]Javé esteve com Josafá, pois sua conduta foi aquela que de início seguira seu pai Davi, e não seguiu os ídolos de Baal. [4]Mas buscou o Deus de seu pai e procedeu segundo seus mandamentos sem imitar as ações de Israel. [5]Javé consolidou o reino em suas mãos e todos os de Judá traziam ofertas a Josafá, o qual teve riquezas e glória em abundância. [6]Seu coração[*] se fortaleceu em seguir os caminhos de Javé e de novo ele suprimiu em Judá os lugares altos e os troncos idolátricos.

[7]No terceiro ano de seu reinado enviou seus oficiais Ben-Hail, Abdias, Zacarias, Natanael e Miqueias para instruir as cidades de Judá. [8]Estavam com eles os levitas Semeías, Natanias, Zabadias, Asael, Semiramot, Jônatas,[*] Adonias e Tobias e os sacerdotes Elisama e Jorão. [9]Puseram-se a ensinar em Judá, levando consigo o livro da Lei de Javé,[*] e percorreram todas as cidades de Judá, instruindo o povo. [10]O terror de Javé estendeu-se sobre todos os reinos das terras que circundavam Judá e assim não guerrearam contra Josafá. [11]Alguns dos filisteus vieram trazer a Josafá, como tributo, presentes e prata; também os árabes lhe trouxeram um rebanho de sete mil e setecentos carneiros e sete mil e setecentos bodes. [12]Josafá prosperava sempre mais; edificou em Judá cidadelas e cidades-armazéns.

[13]Possuía provisões abundantes nas cidades de Judá e tinha guerreiros em Jerusalém, homens fortes e valorosos. [14]Este é o número deles, segundo suas famílias: de Judá, os comandantes de milhares eram o chefe Ednas, com trezentos mil valentes guerreiros; [15]depois dele o chefe Joanã, com duzentos e oitenta mil homens; [16]depois dele Amasias, filho de Zecri, que se dedicou voluntariamente ao serviço de Javé, com duzentos mil guerreiros valentes.

[17]De Benjamim: Eliada, valente guerreiro, com duzentos mil homens armados com arco e escudo; [18]depois dele Jozabad,[*] com cento e oitenta mil homens preparados para a guerra.

[19]São esses os que estavam a serviço do rei, sem contar os homens por ele colocados nas praças fortes de todo o território de Judá.

18 Aliança de Josafá com Acab.

[1]Josafá, que tinha riquezas[*] e glória em abundância, aparentou-se com Acab. [2]Depois de alguns anos, desceu a Samaria para visitar Acab. Este matou muitas ovelhas e bois para ele e para sua comitiva, e o persuadiu a atacar com ele Ramot de Galaad. [3]Acab, rei de Israel, perguntou a Josafá, rei de Judá: "Queres vir comigo contra Ramot de Galaad?" Este respondeu-lhe: "Conta comigo como contigo, com meu povo como com teu povo; iremos contigo à guerra".

[4]Mas Josafá disse ao rei de Israel: "Consulta primeiro a palavra de Javé". [5]O rei de Israel reuniu os profetas, em número de quatrocentos, e perguntou-lhes: "Devemos ir atacar Ramot de Galaad, ou devo desistir?" Eles responderam: "Ataca-a; Deus a entregará nas mãos do rei". [6]Mas Josafá disse: "Não existe aqui um outro profeta de Javé que podemos consultar?" [7]O rei de Israel respondeu a Josafá: "Há ainda um pelo qual se pode consultar Javé, mas eu o detesto; jamais profetiza o bem a meu respeito, senão sempre a desgraça: é Miqueias, filho de Jemla". Josafá disse: "Que o rei não fale assim!" [8]O rei de Israel chamou um eunuco e disse-

---

* **17**,6. 1Sm 9,12 | 8. 19,8 | 9. Esd 7,25 | 18. 1Cr 8,40 | **18**,1. 1Rs 22,1-40

† **17**. O Cronista manifesta simpatia por Josafá, rei fiel a Deus, que promoveu a instrução religiosa do povo, era poderoso e respeitado no exterior e vitorioso na guerra. Seu erro foi aliar-se a Acab, 19,2, e a Jorão, reis do norte.

455 2 Crônicas 18

-lhe: "Manda vir depressa Miqueias, filho de Jemla".

⁹O rei de Israel e Josafá, rei de Judá, estavam sentados, cada um em seu trono, revestidos com suas vestes reais; estavam sentados numa eira diante da porta de Samaria, e todos os profetas profetizavam diante deles. ¹⁰Sedecias, filho de Canaana, fez para si uns chifres de ferro e disse: "Assim diz Javé: Com isto ferirás os arameus até destruí-los"†. ¹¹E todos os profetas faziam a mesma predição, dizendo: "Sobe a Ramot de Galaad. Triunfarás! Javé vai entregá-la nas mãos do rei".

¹²O mensageiro que fora chamar Miqueias lhe disse: "Os profetas são unânimes em predizer coisas boas para o rei. Procura falar como eles e predize o sucesso". ¹³Miqueias, porém, respondeu: "Pela vida de Javé! O que meu Deus disser, é isso que anunciarei". ¹⁴Chegando à presença do rei, este lhe perguntou: "Miqueias, devemos ir combater em Ramot de Galaad ou devo desistir?". Ele respondeu: "Atacai-a. Triunfareis! Seus habitantes serão entregues em vossas mãos". ¹⁵Mas o rei lhe disse: "Quantas vezes é preciso que eu te conjure que me digas somente a verdade em nome de Javé?" ¹⁶Então ele disse:

"Eu vi todo o Israel disperso pelas montanhas

como um rebanho sem pastor.

E Javé me disse: Eles não têm mais senhor,

que cada um volte em paz para sua casa!"

¹⁷O rei de Israel então disse a Josafá: "Não te havia dito que ele não profetizaria para mim o bem, mas o mal?" ¹⁸Miqueias respondeu:

"Escutai, pois, a palavra de Javé: Eu vi Javé assentado em seu trono; todo o exército celeste estava a sua direita e a sua esquerda. ¹⁹Javé perguntou: 'Quem enganará Acab, rei de Israel, para que marche contra Ramot de Galaad e lá pereça?' Responderam este de um modo e aquele de outro. ²⁰Então

um espírito se aproximou e colocou-se diante de Javé: 'Sou eu que o enganarei', disse ele. Javé perguntou-lhe: 'E de que modo?' ²¹Respondeu: 'Partirei e serei um espírito de mentira na boca de todos os seus profetas'. Javé disse: 'Tu o enganarás e ainda prevalecerás. Vai e faze assim'. ²²Agora, pois, Javé infundiu um espírito de mentira na boca de teus profetas, mas Javé prenunciou a teu respeito uma desgraça".

²³Então Sedecias, filho de Canaana, aproximou-se de Miqueias, esbofeteou-o e disse: "Por qual caminho o espírito de Javé saiu de mim para te falar?" ²⁴Miqueias replicou: "É o que verás no dia em que tiveres de fugir de um aposento a outro para te esconder". ²⁵O rei de Israel ordenou: "Prendei Miqueias e conduzi-o a Amon, governador da cidade, e a Joás, filho do rei. ²⁶Vós lhes direis: 'Assim diz o rei: Lançai este homem na prisão e alimentai-o com pão e água escassos até que eu volte são e salvo'. ²⁷Miqueias disse: 'Se voltares são e salvo, é porque Javé não falou pela minha boca'. Depois acrescentou: 'Ouvi, povos todos'".

O combate. ²⁸O rei de Israel e Josafá, rei de Judá, marcharam contra Ramot de Galaad. ²⁹O rei de Israel disse a Josafá: "Vou disfarçar-me para entrar no combate, mas quanto a ti, veste-te com tuas roupas!" O rei de Israel disfarçou-se e eles foram combater. ³⁰O rei de Aram dera esta ordem a seus comandantes de carros: "Não atacareis nem pequeno e nem grande, mas somente o rei de Israel". ³¹Quando os comandantes dos carros viram Josafá, disseram: "O rei de Israel é ele"; e concentraram sobre ele o combate. Mas Josafá se pôs a gritar, e Javé lhe veio em socorro e Deus os afastou para longe dele. ³²Quando os comandantes dos carros viram que não era ele o rei de Israel, afastaram-se dele.

³³Ora, um homem atirou com seu arco, ao acaso, e atingiu o rei de Israel numa brecha da couraça. O rei disse ao cocheiro: "Volta e leva-me para fora

---

† **18**,10. Ver a nota em 1Rs 11,30.

2 Crônicas 18-20

da batalha, pois estou ferido". [34]Mas o combate se tornou tão violento naquele dia, que o rei de Israel teve de ficar sobre seu carro diante dos arameus até a tarde, e ao pôr do sol ele morreu.

19 Um profeta repreende Josafá.
[1]Josafá, rei de Judá, voltou são e salvo para casa em Jerusalém. [2]O vidente Jeú, filho de Hanani, saiu a seu encontro* e disse ao rei Josafá: "Devias tu levar auxílio ao ímpio e amar os inimigos de Javé? Por isso caiu sobre ti a ira de Javé. [3]Todavia, foi encontrado em ti algo de bom, pois eliminaste da terra os troncos idolátricos e aplicaste teu coração à procura de Deus.

Reformas de Josafá. [4]Josafá, rei de Judá, depois de uma permanência em Jerusalém, visitou de novo seu povo, desde Bersabeia até a montanha de Efraim, a fim de conduzi-lo a Javé, o Deus de seus pais. [5]Estabeleceu juízes no país, de cidade em cidade, em todas as cidades fortificadas de Judá. [6]Disse a estes juízes: "Vede bem o que fazeis,* porque não administrais a justiça em nome dos homens, mas em nome de Javé, que está convosco quando pronunciais uma sentença. [7]Agora, pois, convosco esteja o temor de Javé. Cuidado com o que fazeis, pois em Javé nosso Deus não existe nenhuma iniquidade, nem parcialidade, nem corrupção por suborno".

[8]Também em Jerusalém Josafá estabeleceu alguns levitas,* sacerdotes e chefes de família israelitas, para julgar segundo Javé e para os pleitos dos habitantes de Jerusalém. [9]Deu-lhes esta ordem: "Agireis no temor de Javé, na fidelidade e integridade de coração. [10]Seja qual for a causa que vos for apresentada por vossos irmãos residentes em suas cidades* – questões de homicídio, de contestação sobre a lei, sobre um mandamento, sobre estatutos ou normas – instruí-os, para que eles não se tornem culpados diante de Javé, e sua ira não se inflame contra vós e contra vossos irmãos; agindo assim não sereis culpados.

[11]O sumo sacerdote Amarias vos guiará em toda questão religiosa e Zabadias, filho de Ismael, chefe da casa de Judá, em toda questão referente ao rei. Os levitas estarão a vossa disposição como escribas. Sede fortes e trabalhai, e Javé estará com quem for bom".

20 Guerra contra os moabitas e os amonitas.
[1]Depois disso, os moabitas e os amonitas, acompanhados dos meunitas†, vieram lutar contra Josafá. [2]Anunciaram isto a Josafá, dizendo: "Uma multidão imensa marcha contra ti do outro lado do mar†, de Edom; já está em Asasontamar, que é Engadi". [3]Josafá ficou com medo e se dispôs a buscar Javé e proclamou um jejum para todo o Judá. [4]O povo de Judá* reuniu-se para buscar socorro junto de Javé, e de todas as cidades de Judá vieram para buscar Javé. [5]Josafá pôs-se de pé no meio da assembleia de Judá e de Jerusalém no templo de Javé, diante do pátio novo, e exclamou: [6]"Javé, Deus de nossos pais, não sois vós o Deus que está nos céus e que domina sobre todos os reinos das nações? Em vossa mão estão a força e o poder e ninguém vos pode resistir. [7]Não fostes vós, nosso Deus, que, diante de Israel, vosso povo, expulsastes os habitantes desta terra e a destes* à raça de vosso amigo Abraão, a qual amarás para sempre? [8]Nela se estabeleceram e construíram um santuário para vosso nome, dizendo: [9]'Se nos sobrevier alguma desgraça, guerra, punição, peste ou fome, compareceremos diante deste templo e diante de vós, pois vosso nome está neste templo; clamaremos a vós em nossa angústia, vós nos ouvireis e nos salvareis'. [10]Eis agora os amonitas, os moabitas e os habitantes das montanhas de Seir, através dos

---

* **19**,2. 16,7 | 6. Dt 1,16s | 8. Dt 17,8-13 | 10. Nm 35,19 | **20**,4. 1Rs 21,9; Jr 36,6; Jl 1,14 | 7. Is 41,8 | 10. Dt 2,4s.9s.18s

† **20**,1. Ver a nota em 1Cr 4,41. | 2. Refere-se ao mar Morto.

457   2 Crônicas 20

quais não deixastes Israel passar quando vinha* da terra do Egito, de sorte que se afastou deles sem os destruir; [11]agora nos pagam, vindo expulsar-nos de vossa herança que nos destes como propriedade. [12]Ó nosso Deus, não exercerás justiça sobre eles, posto que não temos força diante dessa multidão imensa que nos ataca? Não sabemos o que fazer, mas nossos olhos se voltam para vós".

[13]Todos os habitantes de Judá se mantinham de pé na presença de Javé, junto com suas crianças, suas mulheres e seus filhos. [14]Então, no meio da assembleia, o espírito de Javé desceu sobre Jaaziel, filho de Zacarias, filho de Banaías, filho de Jeiel, filho de Matanias,* o levita, um dos filhos de Asaf. [15]Ele exclamou: "Prestai atenção, vós todos de Judá e habitantes de Jerusalém, e tu, ó rei Josafá! Assim vos fala Javé: Não temais, não vos deixeis atemorizar diante dessa imensa multidão; pois esta guerra não é vossa, mas de Deus. [16]Descei amanhã contra eles: subirão pela encosta de Sis e vós os encontrareis na extremidade do vale, defronte do deserto de Jeruel. [17]Não tereis de combater nesse momento. Tomai posição, ficai parados e vereis a salvação de Javé em vosso favor. Judá e Jerusalém, não temais nem vos atemorizeis; parti amanhã ao encontro deles, e Javé estará convosco".

[18]Josafá inclinou-se com o rosto em terra, e todos os de Judá e os habitantes de Jerusalém prostraram-se diante de Javé para o adorarem. [19]Os levitas da linhagem dos caatitas e dos coreítas puseram-se então a louvar Javé, Deus de Israel, em voz alta.

[20]Na manhã seguinte levantaram-se bem cedo e partiram para o deserto de Técua. Enquanto saíam, Josafá, de pé, exclamou: "Ouvi-me, Judá e habitantes de Jerusalém! Crede em Javé, vosso Deus, e estareis seguros;* crede em seus profetas e triunfareis". [21]A seguir, depois de ter deliberado com o povo, designou cantores para Javé que, re-

vestidos com os ornamentos sagrados, marchassem diante dos guerreiros, louvando Javé e dizendo:

"Louvai a Javé,
porque seu amor é para sempre".*

[22]Quando começaram a cantar e a louvar, Javé pôs emboscadas contra os amonitas, os moabitas e os habitantes da montanha de Seir que vieram contra Judá, e foram derrotados. [23]Os amonitas e os moabitas insurgiram-se contra os habitantes da montanha de Seir para destiná-los ao extermínio e destruí-los; mas quando aniquilaram os habitantes da montanha de Seir, eles contribuíram para se aniquilar uns aos outros.*

[24]Quando os homens de Judá chegaram a certa altura donde se avistava o deserto, olharam para a multidão e só viram cadáveres estendidos pelo chão: ninguém tinha escapado. [25]Então vieram Josafá e sua gente para saquear seus despojos; encontraram entre eles gado em grande quantidade, riquezas, vestes e objetos preciosos; apanharam mais do que podiam carregar e passaram três dias ocupados no saque, de tão abundante que era a presa. [26]No quarto dia reuniram-se no vale da Bênção e, porque ali bendisseram a Javé, deram ao lugar o nome de vale da Bênção, nome em uso até hoje. [27]Depois, todos os homens de Judá e de Jerusalém, com Josafá à frente, voltaram muito alegres a Jerusalém, pois Javé os havia alegrado à custa dos inimigos. [28]Chegaram a Jerusalém, ao templo de Javé, ao som das liras, das cítaras e das trombetas, [29]e o terror de Deus se abateu* sobre todos os reinos daquelas terras, quando souberam que Javé havia combatido contra os inimigos de Israel.

[30]O reinado de Josafá foi calmo, porque seu Deus lhe deu paz de todos os lados.

Fim do reinado de Josafá. [31]Josafá reinou em Judá;* tinha trinta e cinco anos quando se tornou rei e reinou vinte e cinco anos em Jerusalém. Sua mãe chamava-se Azuba, filha de Selaqui.

---

* **20**,14. 1Cr 9,15; Ne 11,17.22 | 20. Is 7,9 | 21. Sl 136,1 | 23. Js 6,17; Ez 38,21 | 29. Dt 2,25 | 31. 1Rs 22,41-51

2 Crônicas 20-21

[32]Seguiu o modo de proceder de seu pai Asa sem se desviar, fazendo o que é justo aos olhos de Javé. [33]Contudo, os lugares altos não desapareceram, porque o povo ainda não havia fixado seu coração* no Deus de seus pais. [34]O resto da história de Josafá, do começo ao fim, acha-se escrito nos Atos de Jeú, filho de Hanani, que foram inseridos no livro dos reis de Israel.

[35]Depois disso, Josafá, rei de Judá, fez aliança com Ocozias, rei de Israel, que procedia iniquamente. [36]Associou-se a ele para construir navios que chegassem a Társis; foi em Asiongaber que os construíram. [37]Mas Eliezer, filho de Dodias, de Maresa†, profetizou então contra Josafá: "Porque te associaste a Ocozias – disse – Javé abriu uma brecha em tuas obras". Os navios se despedaçaram e não puderam partir para Társis.

21

[1]Josafá adormeceu com seus pais e foi sepultado com eles na Cidade de Davi. Seu filho Jorão reinou em seu lugar.

Reinado de Jorão. [2]Seus irmãos, filhos de Josafá, eram: Azarias, Jaiel, Zacarias, Azarias, Miguel e Safatias; todos filhos de Josafá, rei de Israel†. [3]Seu pai lhes havia dado numerosos presentes: prata, ouro, joias e cidades fortificadas, mas deixara o trono para Jorão, pois era o primogênito. [4]Mas, quando Jorão tomou posse do reino de seu pai e se fortaleceu, matou a fio de espada todos os seus irmãos e também alguns oficiais.

[5]Jorão tinha trinta e dois anos* quando começou a reinar e reinou oito anos em Jerusalém. [6]Imitou o comportamento dos reis de Israel, como fizera a casa de Acab, pois tinha se casado com uma filha de Acab; e fez o mal aos olhos de Javé. [7]Todavia, Javé não quis destruir a casa de Davi, por causa da aliança que havia concluído com ele e segundo a promessa que lhe fizera de dar a ele e a seus filhos uma lâmpada para sempre.*

Punição de Jorão. [8]Em seu tempo, Edom libertou-se do domínio de Judá e constituiu seu próprio rei. [9]Jorão, com seus oficiais e todos os seus carros, passou a fronteira e, levantando-se à noite, derrotou os edomitas que o tinham cercado, junto com os oficiais de seus carros. [10]Mas Edom foi rebelde ao domínio de Judá até o dia de hoje. Foi também nessa época que Lebna sacudiu seu jugo, porque Jorão havia abandonado Javé, o Deus de seus pais. [11]Além disso, edificou lugares altos nos montes de Judá, fez os habitantes de Jerusalém se prostituir e fez Judá se extraviar. [12]Chegou-lhe então um escrito do profeta Elias, que dizia: "Assim fala Javé, o Deus de Davi, teu pai. Porque não seguiste o comportamento de Josafá, teu pai, nem o de Asa, rei de Judá, [13]mas imitaste o exemplo dos reis de Israel e induziste à prostituição Judá e os habitantes de Jerusalém, como se prostituiu a casa de Acab, e porque, além disso, mataste teus irmãos, tua família, que eram melhores do que tu, [14]Javé vai ferir com um grande flagelo teu povo, teus filhos, tuas mulheres e todos os teus bens. [15]Tu mesmo serás afligido por graves doenças, por uma doença intestinal, de tal modo que, dia após dia, tuas entranhas sairão de teu corpo pelo efeito da doença".

[16]Javé excitou contra Jorão a hostilidade dos filisteus e dos árabes, vizinhos dos etíopes. [17]Atacaram Judá, invadiram-no* e levaram todas as riquezas que acharam no palácio real, como também seus filhos e suas mulheres, não lhe deixando nenhum outro filho senão Ocozias, o mais novo deles. [18]Depois de tudo isso, Javé feriu-o nas entranhas com um mal incurável. [19]Com o passar do tempo, pelo fim do segundo ano, saíram-lhe as entranhas por causa de sua doença, e ele morreu em meio a cruéis tormentos. O povo

---

* **20**,33. 17,6 | **21**,5. 2Rs 8,17ss | 7. 1Rs 11,36; 2Rs 8,20ss | 17. 14,8 | 19. 16,14

† **20**,37. Nada se sabe desse profeta Eliezer. | **21**,2. Propriamente, rei de Judá, mas para o Cronista Judá é o verdadeiro Israel.

não fez em sua homenagem a fogueira como tinha feito para seus pais.*

[20]Tinha trinta e dois anos quando subiu ao trono* e reinou oito anos em Jerusalém. Ele se foi sem ser pranteado e foi sepultado na Cidade de Davi, mas não nos sepulcros dos reis.

22 Reinado de Ocozias.

[1]Em seu lugar, os habitantes de Jerusalém* proclamaram rei Ocozias, seu filho mais novo, pois a tropa que, com os árabes, tinha invadido o acampamento matara todos os mais velhos. Assim, Ocozias, filho de Jorão, tornou-se rei de Judá. [2]Tinha vinte e dois anos quando começou a reinar e reinou um ano em Jerusalém. Sua mãe chamava-se Atalia e era filha de Amri. [3]Também ele imitou a conduta da casa de Acab, pois sua mãe o aconselhava a proceder iniquamente. [4]Fez o mal aos olhos de Javé, como a família de Acab, pois foram eles que, para sua ruína, se tornaram seus conselheiros* após a morte de seu pai. [5]Seguindo o conselho deles, marchou com Jorão, filho de Acab, rei de Israel, para combater Hazael, rei de Aram, em Ramot de Galaad. Mas os arameus feriram Jorão; [6]e ele voltou a Jezrael para curar os ferimentos que recebera em Ramot ao combater Hazael, rei de Aram.

Ocozias, filho de Jorão, rei de Judá, desceu a Jezrael para visitar Jorão, filho de Acab, porque ele estava enfermo. [7]Foi desígnio de Deus* que a ruína de Ocozias acontecesse por causa dessa visita a Jorão. Pois quando chegou, saiu com Jorão para combater Jeú, filho de Namsi, ungido por Javé para exterminar a casa de Acab. [8]Enquanto fazia justiça contra a casa de Acab, Jeú encontrou os oficiais de Judá e os sobrinhos de Ocozias,* seus servos, e os matou. [9]Depois mandou procurar Ocozias. Eles o capturaram quando estava escondido em Samaria e o trouxeram a Jeú, que o executou. Mas foi-lhe dada uma sepultura, porque diziam: "É filho de Josafá, que buscava Javé de todo o coração". Não havia ninguém na casa de Ocozias que estivesse em condições de reinar.

Usurpação de Atalia†. [10]Quando a mãe de Ocozias, Atalia, soube que seu filho estava morto, resolveu exterminar toda a descendência real da casa de Judá. [11]Mas Josaba, filha do rei, retirou Joás, filho de Ocozias, dentre os jovens filhos do rei que estavam sendo massacrados e o colocou, com sua ama, no quarto dos leitos. Assim Josaba, filha do rei Jorão, esposa do sacerdote Joiada e irmã de Ocozias, ocultou-o das vistas de Atalia, evitando que ela o matasse. [12]Ficou seis anos com eles, escondido no templo de Deus, enquanto Atalia reinava sobre o país.

23 Coroação de Joás e morte de Atalia.

[1]No sétimo ano Joiada* se animou e mandou chamar os comandantes de cem, a saber, Azarias, filho de Jeroam, Ismael, filho de Joanã, Azarias, filho de Obed, Maasias, filho de Adaías, Elisafat, filho de Zecri, e fez com eles uma aliança. [2]Percorreram Judá, reuniram os levitas de todas as cidades de Judá e os chefes das famílias israelitas. Vieram a Jerusalém, [3]e toda a assembleia concluiu uma aliança com o rei no templo de Deus. "Eis o filho do rei", disse-lhes Joiada; "que ele reine, como Javé o declarou a respeito dos filhos de Davi! [4]Eis o que fareis: um terço dentre vós, sacerdotes e levitas que entram para o turno no sábado, montará guarda nas entradas; [5]um outro terço estará no palácio real e o terço restante na porta do Fundamento, e todo o povo estará nos pátios do templo de Javé. [6]Que ninguém entre no templo de Javé, exceto os sacerdotes e os levitas em serviço; poderão entrar porque são consagrados. Todo o povo observará as ordens de Javé. [7]Os levitas formarão um círculo ao redor do rei de ar-

---

* **21**,20. 2Rs 8,24 | **22**,1. 2Rs 8,24-29 | 4. Eclo 10,16 | 7. 2Rs 9,21; 10,12ss | 8. 2Rs 9,28s / 2Rs 11,1ss **23**,1. 2Rs 11,4-16

† **22**,10. Ver a nota em 2Rs 11,1.

2 Crônicas 23-24

mas em punho; todo aquele que entrar no templo será morto. Acompanhareis o rei a todo lugar aonde ele for".

⁸Os levitas e todos os homens de Judá executaram tudo o que lhes ordenara o sacerdote Joiada. Cada qual reuniu seus homens, os que começavam a semana e os que a terminavam, pois o sacerdote Joiada não dispensou nenhuma classe. ⁹A seguir, o sacerdote Joiada entregou aos chefes de cem as lanças, escudos grandes e pequenos* que pertenceram ao rei Davi e estavam no templo de Deus. ¹⁰Dispôs todo o povo, cada qual com sua arma na mão, desde o ângulo sul ao ângulo norte do templo, perto do altar e do templo, rodeando o rei. ¹¹Então trouxeram o filho do rei, cingiram-no com o diadema e deram-lhe o documento da aliança. Depois, Joiada e seus filhos ungiram-no e clamaram: "Viva o rei!"

¹²Ouvindo os gritos do povo que corria para junto do rei e o aclamava, Atalia veio em direção ao povo no templo de Javé. ¹³Quando viu o rei de pé sobre seu pilar, à entrada, os chefes e os tocadores de trombetas perto do rei, todo o povo do país, gritando de alegria ao som de trombetas e os cantores com os instrumentos musicais dirigindo o canto dos hinos, Atalia rasgou as vestes e bradou: "Traição! Traição!" ¹⁴Mas Joiada mandou que saíssem os chefes de cem, que comandavam as tropas, e disse-lhes: "Arrastai-a para fora por entre as fileiras e, se alguém a seguir, passai-o ao fio da espada"; pois o sacerdote dissera: "Não a mateis no templo de Javé". ¹⁵Agarraram-na e, quando ela chegou ao palácio real, na entrada da porta dos Cavalos, foi morta neste lugar.

A reforma de Joiada. ¹⁶Joiada concluiu* entre ele, todo o povo e o rei uma aliança, para que eles fossem o povo de Javé. ¹⁷O povo todo dirigiu-se depois ao templo de Baal e o demoliu; quebraram os altares e as imagens e mataram Matã, sacerdote de Baal, diante dos altares.

¹⁸Joiada confiou a vigilância do templo de Javé aos sacerdotes e levitas que Davi tinha organizado para cuidarem do templo de Javé,* a fim de oferecerem holocaustos a Javé como está escrito na lei de Moisés, na alegria e com cânticos, segundo as ordens de Davi.* ¹⁹Instalou porteiros nas entradas do templo de Javé, para que por nenhum pretexto entrasse lá uma pessoa impura. ²⁰Depois chamou os chefes de cem, os nobres, os que exerciam autoridade sobre o povo e toda a população do país, e fizeram o rei descer do templo de Javé. Entraram no palácio real pela porta superior e fizeram o rei sentar-se no trono real. ²¹Todo o povo da terra estava em festa e a cidade se mantinha calma depois que Atalia fora morta pela espada.

24

Joás restaura o templo. ¹Joás tinha sete anos quando começou* a reinar e reinou quarenta anos em Jerusalém. Sua mãe chamava-se Sebias e era de Bersabeia. ²Joás fez o que agrada aos olhos de Javé por todo o tempo em que viveu o sacerdote Joiada. ³Joiada tomou para o rei duas mulheres, das quais teve filhos e filhas. ⁴Mais tarde Joás resolveu restaurar o templo de Javé.

⁵Convocou os sacerdotes e os levitas e disse-lhes: "Ide pelas cidades de Judá e recolhei de todo o Israel dinheiro para restaurar de ano em ano o templo de vosso Deus. Fazei isto rapidamente". Mas os levitas não se apressaram. ⁶Então o rei mandou chamar Joiada, o chefe deles, e disse-lhes: "Por que não exigiste* dos levitas que trouxessem de Judá e de Jerusalém o tributo que Moisés, servo de Javé, e a assembleia de Israel estabeleceram para a tenda do testemunho? ⁷A perversa Atalia e seus filhos dilapidaram o templo de Deus e usaram para os ídolos de Baal todas as coisas sagradas do templo de Javé". ⁸Então o rei ordenou que se fizesse um cofre para ser colocado diante da porta do templo de Javé. ⁹Proclamou-se em

---

* **23**,9. 1Cr 24,19 | 16. 2Rs 11,17-20 | 18. 1Cr 23,13 / 1Cr 25-26 | **24**,1. 2Rs 12,2-17 | 6. Êx 25,1-9; 38,25-31

461 2 Crônicas 24-25

Judá e em Jerusalém que trouxessem a Javé o tributo que Moisés, servo de Deus, tinha prescrito a Israel no deserto. [10]Todos os oficiais e todo o povo vieram com alegria colocar o tributo no cofre até enchê-lo.

[11]Quando o cofre era levado pelos levitas ao administrador do rei, porque viam que havia nele muito dinheiro, então o secretário real vinha com o comissário do sacerdote-chefe para esvaziar o cofre, depois o tomavam e o recolocavam em seu lugar. Faziam assim diariamente e recolheram muito dinheiro.[12]O rei e Joiada deram esse dinheiro aos encarregados da obra para o serviço do templo de Javé, e eles pagaram os pedreiros e carpinteiros para restaurar o templo de Javé e também os artesãos que trabalhavam com ferro e bronze para restaurar o templo de Javé. [13]Os empreiteiros se puseram a trabalhar, e as obras de restauração progrediram em suas mãos: restauraram o templo de Deus como era em seu estado primitivo e o consolidaram. [14]Terminadas as obras, levaram ao rei e a Joiada o resto do dinheiro; com ele foram feitos utensílios para o templo de Javé, objetos para o ministério e os holocaustos, vasos e objetos de ouro e de prata.

Continuamente ofereciam-se holocaustos no templo de Javé por todo o tempo em que viveu Joiada. [15]Depois, Joiada ficou velho e morreu saciado de anos. Tinha cento e trinta anos quando morreu, [16]e foi sepultado com os reis na Cidade de Davi, pois ele tinha praticado o bem em Israel para com Deus e seu templo.

Apostasia de Joás e castigo. [17]Após a morte de Joiada, os oficiais de Judá vieram prostrar-se diante do rei e desta vez o rei os ouviu. [18]Abandonaram o templo de Javé, Deus de seus pais, para prestar culto aos troncos idolátricos e aos ídolos. Devido a este pecado, a ira de Deus se abateu sobre Judá e sobre Jerusalém. [19]Para os reconduzir a Javé foram-lhes enviados profetas, que deram testemunho contra o povo, mas este não lhes deu ouvidos. [20]Então o espírito de Deus apoderou-se de Zacarias, filho do sacerdote Joiada,[†] que se apresentou diante do povo e lhe disse: "Assim fala Deus: Por que transgredis os mandamentos de Javé, de sorte que já não prosperais? Já que abandonastes a Javé, ele vos abandona". [21]Conspiraram então contra ele e, por ordem do rei, o apedrejaram* no pátio do templo de Javé. [22]Assim, o rei Joás não se recordou da bondade que lhe havia testemunhado Joiada, pai de Zacarias, e matou seu filho, que ao morrer gritou: "Que Javé o veja e peça contas!"

[23]Na passagem do ano,* o exército dos arameus marchou contra Joás. Invadiu Judá e Jerusalém, exterminou entre o povo todos os chefes e enviou todos* os despojos ao rei de Damasco. [24]Embora o exército dos arameus tivesse vindo com poucos homens, Javé entregou em suas mãos um exército considerável, porque abandonaram Javé, Deus de seus pais.

Os arameus fizeram justiça contra Joás [25]e, quando se retiraram, deixando-o gravemente enfermo, seus servos conspiraram contra ele para vingar o filho do sacerdote Joiada e mataram-no em seu leito. Assim morreu e foi sepultado na Cidade de Davi, mas não nos sepulcros dos reis. [26]Foram estes os que conspiraram contra ele: Zabad, filho de Semaat, a amonita, e Jozabad, filho de Semarit, a moabita. [27]O que se refere a seus filhos, à quantia do tributo que ele impôs e à restauração do templo de Deus, tudo está relatado no comentário do livro dos reis. Amasias, seu filho, reinou em seu lugar.

25 **Reinado de Amasias.** [1]Amasias tornou-se rei* com vinte e cinco anos de idade e reinou vinte e nove anos em Jerusalém. Sua mãe

---

* **24**,21. Mt 23,35 | 23. 2Rs 12,18-22 / Dt 32,30 | **25**,1. 2Rs 14

† **24**,20. É o Zacarias citado em Lc 11,51, chamado filho de Baraquias em Mt 23,35, por assimilação com Is 8,2.

2 Crônicas 25

chamava-se Joaden e era de Jerusalém. ²Fez o que é agradável aos olhos de Javé, mas não com coração íntegro. ³Quando se sentiu seguro no poder, mandou matar os oficiais que tinham assassinado o rei, seu pai. ⁴Mas poupou os filhos deles, pois está escrito na Lei, no livro de Moisés,* esta ordem de Javé: Os pais não serão mortos por causa dos filhos, nem os filhos serão mortos por causa dos pais, mas cada um morrerá por seu próprio pecado†.

Guerra contra Edom. ⁵Amasias reuniu os homens de Judá e os colocou, segundo suas famílias, sob as ordens de comandantes de mil e de cem para todo o Judá e Benjamim. Fez o recenseamento dos que tinham vinte anos ou mais e encontrou trezentos mil homens de elite aptos para a guerra, armados de lança e escudo. ⁶Recrutou depois como mercenários, por cem talentos de prata, cem mil guerreiros valentes de Israel. ⁷Um homem de Deus veio então a seu encontro e lhe disse: "Ó rei, não é preciso que as tropas de Israel venham em teu auxílio, porque Javé não está nem com Israel e nem com nenhum efraimita. ⁸Pois se eles vierem, em vão procurarás lutar com coragem; Deus te fará fraquejar diante de teus inimigos, pois é nele que está o poder para sustentar e abater". ⁹Amasias respondeu ao homem de Deus: "Mas e os cem talentos que dei ao exército de Israel?" Disse o homem de Deus: "Javé pode dar-te muito mais que isso". ¹⁰Amasias despediu então de seu exército os que tinham vindo de Efraim e mandou-os voltar para casa; eles ficaram muito irritados contra Judá e voltaram para casa cheios de cólera.

¹¹Amasias animou-se,* partiu à frente de seu exército e chegou ao vale do Sal, onde derrotou dez mil filhos de Seir. ¹²Os homens de Judá capturaram outros dez mil vivos, levaram-nos ao cume de um rochedo e de lá os precipitaram, de modo que todos ficaram despedaçados. ¹³Quanto à tropa que Amasias tinha despedido, em vez de levá-la para combater a seu lado, ela invadiu as cidades de Judá, desde Samaria até Bet-Horon, matou três mil pessoas e levou imensos despojos.

¹⁴Depois de voltar de sua campanha vitoriosa contra os edomitas, Amasias trouxe os deuses dos filhos de Seir e os constituiu como seus deuses, prostrou-se diante deles e lhes queimou incenso. ¹⁵Por isso inflamou-se contra Amasias a ira de Javé, que lhe enviou um profeta para dizer-lhe: "Por que buscaste os deuses deste povo, que não puderam livrar seu povo de tua mão?" ¹⁶Enquanto ele ainda falava, Amasias o interrompeu: "Acaso te nomeamos conselheiro do rei? Cala-te! Por que queres ser morto?" O profeta calou-se, mas depois disse: "Sei que Deus decretou tua ruína por teres agido assim e não teres ouvido meu conselho".

Guerra contra Israel. ¹⁷Depois de ter tomado conselho,* Amasias, rei de Judá, mandou dizer a Joás, filho de Joacaz, filho de Jeú, rei de Israel: "Vem para medirmos forças!" ¹⁸Joás, rei de Israel, mandou em resposta esta mensagem a Amasias, rei de Judá: "O espinheiro do Líbano mandou dizer ao cedro do Líbano: 'Dá tua filha* por esposa a meu filho'. Mas um animal selvagem do Líbano passou e pisou o espinheiro. ¹⁹Tu dizes: 'Triunfei de Edom', e teu coração se envaideceu e te glorias. Mas fica em tua casa! Para que provocar a desgraça e causar tua ruína e a de Judá contigo?"

²⁰Mas Amasias não lhe deu ouvidos, pois era vontade de Deus entregá-los nas mãos dos inimigos por terem buscado os deuses de Edom. ²¹Joás, rei de Israel, partiu para a guerra e se enfrentaram ele e Amasias, rei de Judá, em Bet-Sames, que pertence a Judá. ²²Judá foi derrotado por Israel e cada um fugiu para sua tenda. ²³Joás, rei de Israel, fez prisioneiro em Bet-Sames o rei de Judá, Amasias, filho de Joás, filho de Joacaz, e conduziu-o a Jerusalém. Fez uma brecha de quatrocentos côva-

---

* **25**,4. Dt 24,16 | 11. 2Rs 14,7 | 17. 2Rs 14,8-14 | 18. Jz 9,7-15

† **25**,4. Ver a nota em Dt 24,16, que é o texto citado aqui.

2 Crônicas 25-26

dos na muralha de Jerusalém, desde a porta de Efraim até a porta do Ângulo. ²⁴Tomou todo o ouro,* a prata e todos os objetos que se achavam no templo de Deus, aos cuidados de Obed-Edom, e os tesouros do palácio real, e voltou a Samaria, levando reféns.

Fim do reinado de Amasias. ²⁵Amasias, filho de Joás,* rei de Judá, viveu ainda quinze anos depois da morte de Joás, filho de Joacaz, rei de Israel.

²⁶O resto da história de Amasias, do começo ao fim, não está escrito no livro dos reis de Judá e de Israel? ²⁷Depois que Amasias se desviou de Javé, tramou-se contra ele uma conspiração em Jerusalém e ele fugiu para Laquis; perseguiram-no, porém, até Laquis e lá o mataram. ²⁸Transportaram seu corpo sobre cavalos e o sepultaram junto de seus pais na Cidade de Davi.

26 **Reinado de Ozias.** ¹Todo o povo de Judá tomou Ozias, que tinha dezesseis anos,* e o constituiu rei em lugar de seu pai Amasias. ²Ele reconstruiu Elat e a reconquistou para Judá, depois que o rei adormeceu com seus pais. ³Ozias tinha dezesseis anos* quando começou a reinar e reinou cinquenta e dois anos em Jerusalém. Sua mãe chamava-se Jequelias e era de Jerusalém. ⁴Fez o que é agradável aos olhos de Javé, como tudo o que fizera seu pai Amasias. ⁵Aplicou-se a procurar a Deus, enquanto viveu Zacarias que o instruiu no temor de Deus. Todo o tempo que buscou a Javé, Deus o fez prosperar.

⁶Saiu a combater contra os filisteus, derrubou as muralhas de Gat, de Jabne e de Azoto e construiu cidades na região de Azoto e entre os filisteus. ⁷Deus o ajudou contra os filisteus, contra os árabes que habitavam em Gur-Baal e contra os meunitas. ⁸Os amonitas pagaram tributo* a Ozias. Seu renome estendeu-se até a fronteira do Egito, porque se tornara extremamente poderoso.

⁹Ozias construiu torres em Jerusalém: na porta do Ângulo, na porta do Vale e na Esquina, e as fortificou. ¹⁰Construiu também torres no deserto e cavou numerosas cisternas, pois dispunha de numeroso rebanho na planície e no planalto; tinha lavradores e vinhateiros nas montanhas e nos campos férteis, pois gostava da agricultura.*

¹¹Ozias tinha um exército treinado, pronto para entrar em combate, dividido em fileiras segundo o número registrado pelo escriba Jeiel e pelo comissário Maasias, sob a direção de Hananias, um dos oficiais do rei. ¹²O número total dos chefes das famílias desses guerreiros valentes era de dois mil e seiscentos. ¹³Tinham sob suas ordens as tropas do exército, constituído de trezentos e sete mil e quinhentos homens, de grande valor, prontos para auxiliar o rei contra o inimigo. ¹⁴Ozias distribuiu a eles, a todo o exército, escudos, lanças, capacetes, couraças, arcos e pedras para as fundas. ¹⁵Mandou fazer em Jerusalém máquinas inventadas por técnicos, para colocá-las sobre as torres e sobre os ângulos, a fim de atirar flechas e grandes pedras. Seu renome estendeu-se até bem longe, pois foi maravilhosamente ajudado até se tornar poderoso.

Orgulho e castigo de Ozias. ¹⁶Mas quando viu que estava forte, seu coração encheu-se de orgulho para sua própria ruína. Pecou contra Javé seu Deus, entrando no templo de Javé para queimar incenso no altar dos perfumes. ¹⁷Atrás dele entrou o sacerdote Azarias com mais oitenta corajosos sacerdotes de Javé. ¹⁸Eles se opuseram ao rei Ozias, dizendo-lhe: "Não é a ti que compete oferecer incenso a Javé, mas aos sacerdotes descendentes de Aarão, consagrados para este ofício. Sai do santuário, porque pecaste, e isto não te servirá de glória diante de Javé Deus". ¹⁹Ozias, que tinha nas mãos o incensório, encolerizou-se. Mas, enquanto ele se irritava contra os sacerdotes, apare-

---

* **25**,24. 1Cr 26,15 | 25. 2Rs 14,17-20 | **26**,1. 2Rs 14,21s | 3. 2Rs 15,2ss | 8. 20,1 | 10. 1Cr 27,25-31 | 19. Nm 12,10

2 Crônicas 26-28

ceu a lepra em sua fronte na presença dos sacerdotes, no templo de Javé,* perto do altar dos perfumes. 20O sumo sacerdote Azarias e todos os sacerdotes voltaram-se para ele e viram a lepra em sua fronte. Expulsaram-no imediatamente, e ele mesmo se apressou em sair, porque Javé o havia castigado. 21O rei Ozias ficou leproso* até o dia de sua morte. Por ser leproso, morava numa casa separada, porque estava excluído do templo de Javé. Seu filho Joatão regia o palácio e governava a população do país. 22O resto da história de Ozias, do começo ao fim, foi escrito pelo profeta Isaías, filho de Amós†. 23Ozias adormeceu com seus pais e foi sepultado com eles no terreno dos sepulcros reais, pois diziam: "É um leproso". Joatão, seu filho, reinou em seu lugar.

27 Reinado de Joatão. 1Joatão
tinha vinte e cinco anos* quando começou a reinar e reinou dezesseis anos em Jerusalém. Sua mãe chamava-se Jerusa e era filha de Sadoc. 2Fez o que é agradável aos olhos de Javé, imitando em tudo a conduta de seu pai, Ozias, mas todavia entrar no santuário de Javé. Mas o povo continuou a corromper-se.

3Ele construiu a porta superior do templo de Javé e fez numerosas obras na muralha do Ofel. 4Edificou cidades na montanha de Judá e também cidadelas e torres nos bosques.

5Combateu contra o rei dos amonitas. Venceu-os, e os amonitas lhe pagaram naquele ano cem talentos de prata, dez mil coros de trigo e dez mil de cevada; isto lhe pagaram os amonitas também no segundo e no terceiro anos. 6Joatão tornou-se poderoso, pois ordenou seus caminhos diante de Javé, seu Deus.

7O resto da história de Joatão,* todas as suas guerras e suas atividades, tudo

está escrito no livro dos reis de Israel e de Judá. 8Tinha vinte e cinco anos quando começou a reinar e reinou dezesseis anos em Jerusalém. 9Joatão adormeceu com seus pais e foi sepultado na Cidade de Davi. Seu filho Acaz reinou em seu lugar.

28 Reinado de Acaz. 1Acaz tinha
vinte anos* quando começou a reinar e reinou dezesseis anos em Jerusalém. Não fez o que é agradável aos olhos de Javé, como o havia feito Davi, seu antepassado. 2Imitou a conduta dos reis de Israel e até mandou fazer estátuas de metal de Baal, 3queimou perfumes no vale dos filhos de Enom e fez passar seus filhos pelo fogo†, segundo os costumes abomináveis* das nações que Javé tinha expulsado da frente dos israelitas. 4Ofereceu sacrifícios e incenso nos lugares altos, nas colinas e debaixo de toda árvore verdejante.

5Por isso Javé, seu Deus, entregou-o* nas mãos do rei dos arameus. Estes o derrotaram e fizeram grande número de prisioneiros, que foram levados para Damasco. Foi também entregue às mãos do rei de Israel, que lhe infligiu pesada derrota. 6Faceia, filho de Romelias, matou num só dia cento e vinte mil homens de Judá, todos guerreiros valentes, por terem abandonado Javé, o Deus de seus pais. 7Zecri, herói efraimita, matou Maasias, filho do rei, Ezricam, chefe do palácio, e Elcana, que era o lugar-tenente do rei. 8Os israelitas levaram presos de Judá, seu povo irmão, duzentos mil: mulheres, meninos e meninas; tomaram também imensos despojos, que levaram para Samaria. **Os israelitas ouvem o profeta Oded.** 9Havia lá um profeta de Javé, de nome Oded†. Saindo ao encontro do exército que chegava a Samaria, assim falou: "Em sua ira contra eles, Javé, o Deus de

---

* **26**,21. 2Rs 15,5ss; Lv 13,46; Nm 19,20 | **27**,1. 2Rs 15,32-35 | 7. 2Rs 15,36ss | **28**,1. 2Rs 16,2-5 | 3. Lv 18,21 | 5. 2Rs 16; Is 7-9

† **26**,22. Esse escrito, atribuído ao profeta Isaías, não chegou até nós. | **28**,3. É o vale da Geena, que fica na zona sul de Jerusalém, local de sacrifícios humanos ao deus Moloc. 9. Profeta que vem da Samaria: mais um dos muitos que o Cronista gosta de relembrar: 15,1; 16,7; 24,20; 25,7s.

vossos pais, entregou Judá em vossas mãos, mas vós os massacrastes com um furor tal que chegou até o céu. [10]E agora pensais em reduzir os filhos de Judá e de Jerusalém a servos e servas vossos! Mas vós próprios não sois também culpados diante de Javé, vosso Deus? [11]Ouvi-me agora: fazei voltar vossos irmãos, os prisioneiros que fizestes, porque o ardor da ira de Javé vos ameaça".

[12]Alguns dos chefes dos efraimitas, a saber, Azarias, filho de Joanã, Baraquias, filho de Mosolamot, Ezequias, filho de Selum, Amasa, filho de Hadali, insurgiram-se contra os que voltavam da expedição [13]e disseram: "Não podeis introduzir aqui estes prisioneiros, porque já pesa sobre nós uma culpa diante de Javé e pretendeis aumentar o número de nossos pecados e de nossas faltas; na verdade, nossa culpa é enorme e uma ira ardente ameaça Israel". [14]Então o exército abandonou os prisioneiros e os despojos na presença dos chefes e de toda a assembleia. [15]Em seguida, alguns homens, designados nominalmente para este fim, puseram-se a reconfortar os prisioneiros. Com os despojos, vestiram todos os que estavam nus: deram-lhes roupa, calçado, comida e bebida e os medicaram com unções. Transportaram todos os fracos sobre animais* e os conduziram a seus irmãos em Jericó, a cidade das palmeiras. Em seguida regressaram a Samaria. **Idolatria e morte de Acaz.** [16]Por esse tempo, Acaz mandou* pedir ao rei da Assíria que o socorresse.

[17]Os edomitas tinham outra vez invadido Judá, derrotaram-no e levaram consigo prisioneiros. [18]Os filisteus fizeram incursões contra as cidades da Planície e do Negueb de Judá. Conquistaram Bet-Sames, Aialon, Gederot, Soco e seus arredores, Tamna e seus arredores, Gamzo e seus arredores, e aí se estabeleceram. [19]Com efeito, Javé humilhava Judá por causa de Acaz, rei de Judá, que incitava Judá ao relaxamento e era infiel a Javé.

[20]Teglat-Falasar, rei da Assíria, veio contra ele e o oprimiu em vez de ajudá--lo. [21]Acaz retirou uma parte* dos bens do templo de Javé e das casas do rei e dos príncipes para dá-los ao rei da Assíria, mas isto de nada lhe serviu. [22]Enquanto sofria o cerco,* ele, o rei Acaz, pecou ainda mais contra Javé. [23]Ofereceu sacrifícios aos deuses de Damasco que o haviam derrotado, pois pensou: "Já que os deuses dos reis de Aram vieram em seu socorro, também eu lhes oferecerei sacrifícios para que me ajudem". Mas foram eles que causaram sua perda e a de todo o Israel.

[24]Acaz juntou todos os utensílios* do templo de Deus e os reduziu a pedaços; fechou as portas do templo de Javé e fez altares para si em todas as esquinas de Jerusalém; [25]edificou lugares altos em todas as cidades de Judá, para neles oferecer incenso a outros deuses, e provocou a ira de Javé, o Deus de seus pais.

[26]O resto de sua história e de todas as suas ações, do começo ao fim, está tudo escrito no livro dos reis de Judá e de Israel. [27]Acaz adormeceu* com seus pais e foi sepultado na cidade, em Jerusalém, mas não o colocaram nos sepulcros dos reis de Israel. Seu filho Ezequias reinou em seu lugar.

29

Reinado de Ezequias. [1]Ezequias tornou-se rei* com vinte e cinco anos de idade e reinou vinte e nove anos em Jerusalém. Sua mãe chamava-se Abia e era filha de Zacarias. [2]Fez o que é agradável aos olhos de Javé, imitando tudo o que fizera Davi, seu antepassado.

Purificação do templo. [3]No primeiro mês do primeiro ano* de seu reinado ele abriu as portas do templo de Javé e as restaurou. [4]Depois convocou os sacerdotes e os levitas, reuniu-os na praça oriental [5]e disse-lhes: "Escutai--me, levitas! Santificai-vos agora e consagrai o templo de Javé, Deus de nossos pais, e eliminai do santuário a

---

* **28**,15. Lc 10,25-37 | 16. 2Rs 16,6s; Is 7-8 | 21. 2Rs 16,8 | 22. 2Rs 16,12s; Is 10,20 | 24. 2Rs 16,17 | 27. 2Rs 16,19s | **29**,1. 2Rs 18,1ss | 3. 28,24

2 Crônicas 29

impureza. [6]Nossos pais foram infiéis e fizeram o mal aos olhos de Javé, nosso Deus. Abandonaram-no, desviaram seus olhos da habitação de Javé e lhe voltaram as costas. [7]Chegaram a fechar as portas do vestíbulo, apagaram as lâmpadas* e não mais queimaram incenso, nem ofereceram holocaustos ao Deus de Israel no santuário. [8]Por isso a ira de Javé caiu sobre Judá e sobre Jerusalém; ele os fez objetos de terror, espanto e zombaria,* como o vedes com os próprios olhos. [9]É assim que nossos pais caíram sob a espada; nossos filhos, nossas filhas e nossas mulheres estão no cativeiro. [10]Agora decidi concluir uma aliança com Javé, Deus de Israel, para que se afaste de nós sua ira ardente. [11]Meus filhos, não sejais mais negligentes, pois foi a vós que Javé escolheu para estardes em sua presença, para servi-lo, para vos dedicardes a seu culto e lhe oferecerdes incenso".

[12]Levantaram-se então os levitas: Maat, filho de Amasai, Joel, filho de Azarias, dos filhos de Caat; dos meraritas: Cis, filho de Abdi, e Azarias, filho de Jalaleel; dos gersonitas: Joá, filho de Zema, e Éden, filho de Joá; [13]dos filhos de Elisafã: Samri e Jeiel; dos filhos de Asaf: Zacarias e Matanias; [14]dos filhos de Emã: Jaiel e Semei; dos filhos de Iditun: Semeías e Oziel. [15]Reuniram seus irmãos e, depois de se terem santificado, vieram por ordem do rei, conforme as palavras de Javé, purificar o templo de Javé.

[16]Os sacerdotes penetraram na parte interna do templo de Javé para purificá-lo. Removeram para o pátio do templo de Javé todas as coisas impuras que encontraram no santuário de Javé, e os levitas amontoaram-nas e foram jogá-las fora, na torrente do Cedron. [17]Começaram a purificação no primeiro dia do primeiro mês; no oitavo dia* desse mês entraram no vestíbulo de Javé; em oito dias consagraram o templo de Javé e terminaram a purificação no décimo sexto dia do primeiro mês.

Ezequias restabelece o culto. [18]Apresentaram-se então no palácio do rei Ezequias e disseram-lhe: "Purificamos todo o templo de Javé, o altar dos holocaustos e todos os utensílios, a mesa dos pães da apresentação e todos os seus utensílios. [19]Preparamos e consagramos todos os objetos que o rei Acaz havia lançado fora durante seu ímpio reinado; estão agora diante do altar de Javé".

[20]O rei Ezequias levantou-se imediatamente, reuniu os oficiais da cidade e subiu ao templo de Javé. [21]Mandou trazer sete touros, sete carneiros, sete cordeiros e sete bodes para o sacrifício pelo pecado, na intenção da casa real, do santuário e de Judá. O rei mandou então que os sacerdotes, filhos de Aarão, oferecessem os holocaustos sobre o altar de Javé. [22]Imolaram os touros, e os sacerdotes recolheram o sangue que derramaram sobre o altar. Depois imolaram os carneiros e derramaram seu sangue sobre o altar. Imolaram os cordeiros e derramaram seu sangue sobre o altar. [23]Em seguida mandaram trazer os bodes destinados ao sacrifício pelo pecado, diante do rei e da assembleia, que lhes impuseram as mãos. [24]Os sacerdotes os imolaram e ofereceram seu sangue como sacrifício pelo pecado, a fim de executarem o rito de expiação por todo o Israel; com efeito, era por todo o Israel que o rei ordenara que se oferecessem os holocaustos e o sacrifício pelo pecado.

[25]Também estabeleceu os levitas no templo de Javé com címbalos, liras e cítaras, segundo as prescrições de Davi, de Gad, o vidente do rei, e do profeta Natã; pois a ordem vinha de Deus por intermédio de seus profetas. [26]Assim, os levitas tomaram lugar com os instrumentos de Davi, e os sacerdotes com as trombetas. [27]Ezequias mandou oferecer os holocaustos sobre o altar; o holocausto estava começando quando entoaram os cânticos de Javé e soaram as trombetas, acompanhadas dos instrumentos de Davi, rei de Israel. [28]Toda

---

* **29**,7. 2,3 | 8. Lv 26,32; Dt 28,25; Jr 25,18 | 17. 15,16

a assembleia se prostrou, enquanto os cantores cantavam e as trombetas tocavam até se concluir o holocausto.
²⁹Terminado o holocausto, o rei e todos os que o acompanhavam se ajoelharam e se prostraram. ³⁰Depois o rei Ezequias e os oficiais ordenaram aos levitas que louvassem a Javé com as palavras de Davi e de Asaf, o vidente; eles o louvaram com entusiasmo, depois se inclinaram e se prostraram. ³¹Ezequias tomou então a palavra e disse: "Agora vos consagrastes a Javé. Aproximai-vos, trazei ao templo de Javé as vítimas e os sacrifícios de louvor". A assembleia trouxe as vítimas e os sacrifícios de louvor, e todos os de coração generoso* trouxeram holocaustos. ³²O número dos holocaustos trazidos pela assembleia foi de setenta bois, cem carneiros, duzentos cordeiros, tudo em holocausto a Javé; ³³seiscentos bois e três mil ovelhas foram consagrados. ³⁴Todavia, o número dos sacerdotes foi insuficiente para esfolar todos esses holocaustos; por isso os levitas, seus irmãos, os ajudaram até que esta obra terminasse e até que os sacerdotes* fossem santificados; os levitas, de fato, estavam mais dispostos que os sacerdotes* a se santificar. ³⁵Além do grande número de holocaustos, houve a gordura dos sacrifícios de comunhão e as libações correspondentes a cada holocausto. Assim foi restabelecido o culto no templo de Javé. ³⁶Ezequias e todo o povo se alegraram com o que Deus havia realizado para o povo, porque tudo foi feito com presteza.

30 Convocação para a Páscoa.

¹Ezequias enviou mensageiros para todo o Israel e Judá; escreveu também cartas a Efraim e Manassés para convidá-los a vir ao templo de Javé, em Jerusalém, para celebrar a Páscoa* em honra de Javé, Deus de Israel. ²O rei, seus oficiais e toda a assembleia de Jerusalém resolveram celebrá-la no se-

gundo mês,* ³já que não puderam celebrá-la no tempo devido, porque não se haviam santificado sacerdotes em número suficiente e o povo ainda não se tinha reunido em Jerusalém. ⁴Isto pareceu justo aos olhos do rei e de toda a assembleia. ⁵Decidiu-se publicar em todo o Israel, de Bersabeia a Dã, um apelo para que viessem celebrar em Jerusalém uma Páscoa para Javé, Deus de Israel†; de fato, muitos não tinham observado as normas prescritas. ⁶Partiram então os mensageiros, com as cartas escritas pelo rei e seus oficiais, e foram por todo o Israel e Judá. Deviam dizer, segundo a ordem do rei: "Israelitas, voltai a Javé, o Deus de Abraão, de Isaac e de Israel, e ele voltará para vós, que sobrevivestes depois de ter escapado das mãos dos reis da Assíria. ⁷Não sejais como vossos pais e vossos irmãos que pecaram contra Javé, o Deus de seus pais, e foram por ele entregues à ruína, como vedes. ⁸Não endureçais vossa cerviz como o fizeram vossos pais. Submetei-vos a Javé, vinde a seu santuário que ele consagrou para sempre, servi a Javé, vosso Deus, para que se afaste de vós sua ardente ira. ⁹Porque, se voltardes para Javé, vossos irmãos e vossos filhos encontrarão misericórdia* diante dos que os deportaram e poderão regressar a esta terra, pois Javé, vosso Deus, é clemente e misericordioso. Se voltardes para ele, não afastará de vós sua face".

¹⁰Os mensageiros foram e percorreram, de cidade em cidade, o país de Efraim e de Manassés, e também o de Zabulon, mas o povo zombava deles e os escarnecia. ¹¹No entanto, alguns homens de Aser, de Manassés e de Zabulon se humilharam e vieram a Jerusalém. ¹²Também em Judá a mão de Deus agiu para fazê-los executar unanimemente as prescrições do rei e dos oficiais, conforme a palavra de Javé. ¹³Uma grande multidão reuniu-se em Jerusalém para celebrar no se-

---

* **29**,31. Lv 7,11 | 34. 1Cr 15,12 | **30**,1. Êx 12,1 | 2. Nm 9,6-13 | 9. 1Rs 8,50

† **30**,5. Este convite às tribos do norte exprime a esperança profética da volta à unidade e à fidelidade ao Deus único.

2 Crônicas 30-31

gundo mês a festa dos Ázimos; foi uma assembleia extremamente numerosa. [14]Puseram-se a destruir os altares que estavam em Jerusalém e todos os altares de incenso,* e os jogaram na torrente do Cedron.

A Páscoa e os Ázimos. [15]Imolaram a Páscoa no dia catorze* do segundo mês. Cheios de confusão, os sacerdotes e os levitas santificaram-se e levaram holocaustos ao templo de Javé. [16]Depois puseram-se em seus postos, conforme as normas a eles impostas pela lei de Moisés, homem de Deus. Os sacerdotes derramavam o sangue que recebiam das mãos dos levitas, [17]pois na assembleia havia muitos que não se tinham santificado. Por isso os levitas estavam encarregados de imolar as vítimas pascais em lugar dos que não tinham a pureza exigida para consagrá-las a Javé. [18]Na verdade, grande parte do povo, muitos de Efraim, de Manassés, de Issacar e de Zabulon, não se tinham purificado: comeram a Páscoa sem obedecer ao que é prescrito. Mas Ezequias orou por eles, dizendo: "Que Javé, em sua bondade, perdoe [19]a todos os que aplicaram seu coração em buscar a Deus, a Javé, o Deus de seus pais, mesmo se não têm a pureza exigida para as coisas santas". [20]Javé ouviu Ezequias e conservou o povo são e salvo.

[21]Assim os israelitas que se achavam em Jerusalém celebraram durante sete dias e com grande alegria a festa dos Ázimos, enquanto os levitas e os sacerdotes louvavam cada dia a Javé, cantando a Javé com instrumentos sonoros. [22]Ezequias dirigiu palavras de encorajamento a todos os levitas que mostravam grande conhecimento das coisas de Javé; durante sete dias tomaram parte no festim da solenidade, celebrando os sacrifícios de comunhão e louvando a Javé, o Deus de seus pais. [23]Depois toda a assembleia resolveu celebrar mais sete dias de festa e festejaram outros sete dias com alegria.

[24]Pois Ezequias, rei de Judá, ofereceu à assembleia mil touros e sete mil ovelhas, e os oficiais deram à assembleia mil touros e dez mil ovelhas. Os sacerdotes se santificaram em grande número. [25]Toda a assembleia dos filhos de Judá se alegrou, como também os sacerdotes, os levitas e toda a assembleia vinda de Israel, os refugiados vindos da terra de Israel e também os que moravam em Judá. [26]Reinou imenso júbilo em Jerusalém, pois desde os dias de Salomão, filho de Davi, rei de Israel, nada de semelhante se havia realizado em Jerusalém. [27]Os sacerdotes levitas puseram-se a abençoar o povo: sua voz foi ouvida e sua oração chegou até os céus, a morada santa de Javé.

31 Luta contra a idolatria.

[1]Quando tudo foi terminado,* todo o Israel que lá se achava saiu pelas cidades de Judá quebrando as colunas sagradas, despedaçando os troncos idolátricos, demolindo os lugares altos e os altares, para eliminá-los por completo de todo Judá, Benjamim, Efraim e Manassés. A seguir, todos os israelitas voltaram para suas cidades, cada um para sua propriedade.

Reorganização do clero. [2]Ezequias restabeleceu as classes dos sacerdotes e dos levitas, cada um em sua classe, segundo sua função; os sacerdotes e os levitas para os holocaustos, os sacrifícios de comunhão, o serviço litúrgico, a ação de graças e o louvor nas portas dos acampamentos de Javé. [3]O rei reservou uma parte de seus bens* para os holocaustos da manhã e da tarde, para os holocaustos dos sábados, das luas novas e das solenidades,* como está escrito na lei de Javé. [4]Ordenou também ao povo, aos habitantes de Jerusalém, que entregassem aos sacerdotes e aos levitas a parte que lhes tocava, a fim de que pudessem observar a lei de Javé. [5]Logo que foi promulgada esta ordem, os israelitas trouxeram* em abundância as primícias do trigo,

---

* **30**,14. 28,24s | 15. Esd 9,6 | **31**,1. 2Rs 18,4 | 3. 1Cr 9,19 / Ez 45,17; 1Cr 29,3; Nm 28-29 | 5. Nm 18,18-24; Dt 14,22

do vinho, do óleo, do mel e de todos os produtos agrícolas e trouxeram em abundância o dízimo de tudo. [6]Os israelitas e os de Judá, que moravam nas cidades de Judá, trouxeram também o dízimo dos bois e das ovelhas e o dízimo das coisas santas consagradas a Javé, fazendo grandes montões. [7]Foi no terceiro mês que começaram a fazer tais montões e terminaram no sétimo. [8]Ezequias e os oficiais vieram ver os montões e bendisseram a Javé e a Israel, seu povo. [9]Ezequias interrogou os sacerdotes e os levitas acerca dos montões. [10]O sumo sacerdote Azarias, da casa de Sadoc, respondeu-lhe: "Desde que começaram a trazer essas oferendas ao templo de Javé, temos tido o que comer com fartura e tem sobrado muita coisa, pois Javé abençoou seu povo; esta grande quantidade é o que sobra".

[11]Ezequias ordenou que se preparassem depósitos no templo de Javé, o que foi feito. [12]Depositaram-se ali, fielmente, as oferendas, os dízimos e as coisas consagradas. Encarregado disso foi o levita Conenias, auxiliado por seu irmão Semei. [13]Jaiel, Azarias, Naat, Asael, Jerimot, Jozabad, Eliel, Jesmaquias, Maat e Banaías eram os inspetores, sob as ordens de Conenias e de seu irmão Semei, por disposição do rei Ezequias e de Azarias, chefe do templo de Deus. [14]O levita Coré, filho de Jemna, guarda da porta oriental, era encarregado das oferendas espontâneas feitas a Deus; distribuía os dons oferecidos a Javé e as coisas sacrossantas. [15]Sob suas ordens, Éden, Miniamin, Jesua, Semeías, Amarias e Sequenias, nas cidades sacerdotais, deviam distribuir fielmente as porções a seus irmãos, grandes e pequenos, segundo suas classes; [16]com exceção dos homens que estavam registrados em suas genealogias,* de três anos para cima, eles distribuíam a todos os que entravam no templo de Javé sua porção diária para seu serviço, segundo suas funções e de acordo com suas classes. [17]Os sacerdotes foram ins-

critos por famílias e os levitas, de vinte anos ou mais, segundo suas funções e suas classes. [18]Foram inscritos com todas as crianças, as mulheres, os filhos, as filhas, toda a assembleia, pois deviam consagrar-se com fidelidade às coisas sagradas. [19]Para os sacerdotes, filhos de Aarão, que residiam nos campos ao redor de suas cidades, havia em cada cidade homens nominalmente designados para distribuir as porções a todos os homens entre os sacerdotes e a todos os levitas inscritos.

[20]Assim procedeu Ezequias em todo o Judá. Fez o que é bom, reto e leal aos olhos de Javé, seu Deus. [21]Tudo o que executou para o serviço do templo de Deus, pela lei e pelos mandamentos, ele o fez buscando a Deus de todo o coração e foi bem-sucedido.

32 Invasão de Senaquerib. [1]Depois desses acontecimentos* e dessas provas de fidelidade, veio Senaquerib, rei da Assíria, invadiu Judá e sitiou as cidades fortificadas com o propósito de conquistá-las. [2]Vendo, então, Ezequias que Senaquerib chegava com a intenção de atacar Jerusalém, [3]decidiu, com seus oficiais e seus guerreiros, obstruir as águas das nascentes que estavam fora da cidade e eles lhe prestaram ajuda. [4]Tendo-se reunido uma grande multidão,* obstruíram todas as fontes e o riacho que corria pelo território, dizendo: "Por que os reis da Assíria, vindo aqui, haveriam de achar água em abundância?" [5]Corajosamente Ezequias se pôs a restaurar todas as brechas da muralha, sobre ela construiu torres, ergueu uma segunda muralha na parte externa, fortificou o Melo na Cidade de Davi e mandou fazer armas e escudos em abundância. [6]Colocou generais à frente do povo, reuniu-os em seu redor na praça da porta da cidade e os encorajou, dizendo: [7]"Sede firmes e corajosos!* Não temais nem vos apavoreis diante do rei da Assíria e diante de toda a multidão que o acompanha, pois Aquele que está conosco é mais

* **31**,16. 1Cr 23,3 **| 32**,1. 2Rs 18,13 **|** 4. Is 22,9ss; Ne 2,17s **|** 7. 14,10; 20,6-12

2 Crônicas 32

poderoso do que o que está com ele. [8]Com ele está um braço* de carne, mas conosco está Javé, nosso Deus, que nos socorre e combate nossas batalhas". O povo ganhou confiança ao ouvir as palavras de Ezequias, rei de Judá.

Insultos de Senaquerib. [9]Depois disso, Senaquerib, rei da Assíria,* enquanto ainda estava sitiando Laquis com todas as suas tropas, enviou seus servos a Jerusalém para dizer a Ezequias, rei de Judá, e a todos os de Judá que se achavam em Jerusalém: [10]"Assim fala Senaquerib, rei da Assíria: Em que confiais para permanecerdes em Jerusalém sitiados? [11]Acaso Ezequias não vos está enganando, para vos fazer perecer pela fome e pela sede, quando vos diz: 'Javé, nosso Deus, nos livrará das mãos do rei da Assíria?' [12]Não foi este mesmo Ezequias que suprimiu os lugares altos e os altares de Javé, ordenando a Judá e a Jerusalém: 'Diante de um só altar vos prostrareis e sobre ele oferecereis incenso?' [13]Não sabeis o que temos feito, meus pais e eu, a todos os povos de outras terras? Os deuses das nações dessas terras puderam livrá-las de minhas mãos? [14]Qual é, dentre todos os deuses das nações que meus pais votaram ao extermínio, aquele que pôde livrar seu povo de minhas mãos? E vosso Deus poderia então livrar-vos de minhas mãos? [15]Portanto, não vos deixeis iludir por Ezequias! Que não vos engane dessa maneira! Não lhe deis crédito, pois nenhum deus de nação alguma, nem de reino algum, pôde livrar seu povo de minhas mãos nem das mãos de meus pais; vossos deuses tampouco vos livrarão de minhas mãos".

[16]Seus servos falaram ainda mais contra Javé Deus e contra Ezequias,* seu servo. [17]Senaquerib escrevera uma carta insultando Javé, Deus de Israel, e falando contra ele nestes termos: "Assim como os deuses das nações das outras terras não livraram seus povos de minhas mãos, o Deus de Ezequias não livrará delas seu povo". [18]Os servos de Senaquerib bradavam em voz alta, usando a língua hebraica, dirigindo-se ao povo que estava sobre a muralha, para atemorizá-lo e intimidá-lo e assim se apoderarem da cidade. [19]Falavam do Deus de Jerusalém como se ele fosse um dos deuses dos povos da terra, obra de mãos humanas.

Senaquerib é vencido. [20]Então o rei Ezequias* e o profeta Isaías, filho de Amós, rezaram para este fim e clamaram ao céu. [21]E Javé enviou um anjo que exterminou todos os guerreiros valentes, os capitães e os oficiais no acampamento do rei da Assíria[†]. Este voltou para sua terra coberto de vergonha;* e, tendo entrado no templo de seu deus, alguns de seus próprios filhos ali o mataram à espada. [22]Assim Javé salvou Ezequias e os habitantes de Jerusalém das mãos de Senaquerib, rei da Assíria, e das mãos de todos os outros, e concedeu-lhes a tranquilidade em todas as fronteiras. [23]Muitos levaram a Jerusalém ofertas* para Javé e presentes para Ezequias, rei de Judá, que, depois desses acontecimentos, adquiriu prestígio aos olhos de todas as nações.

Últimos anos de Ezequias. [24]Por aqueles dias Ezequias caiu doente* e esteve a ponto de morrer. Implorou a Javé, que lhe falou e lhe concedeu um milagre. [25]Ezequias, porém, não correspondeu ao benefício recebido, porque seu coração se orgulhou; por isso a ira divina se abateu sobre ele, sobre Judá e sobre Jerusalém. [26]Ezequias, porém, humilhou-se* do orgulho de seu coração, assim como os habitantes de Jerusalém; a ira de Javé cessou de abater-se sobre eles durante a vida de Ezequias. [27]Ezequias possuiu muitas riquezas* e glória. Acumulou tesouros para si em ouro, prata, pedras preciosas, aromas, escudos

---

* **32**,8. Is 31,3 | 9. 2Rs 18,17-37; Is 36,1-22 | 16. 2Rs 19,9-13; Is 37,9-19 | 20. 2Rs 19,15; Is 37,15 | 21. 2Rs 19,35ss; Is 37,36ss | 23. 14,6; 2Rs 20,12 | 24. 2Rs 20,1s; Is 38,1s | 26. 2Rs 20,12-19; Is 39,1-8 | 27. 2Rs 20,13; Is 39,2

† **32**,21. Ver a nota em 2Rs 19,35.

e toda espécie de objetos preciosos. [28]Teve armazéns para as safras de trigo, vinho e óleo; estábulos para todo tipo de gado e apriscos para os rebanhos. [29]Construiu cidades para si e possuiu ovelhas e bois em grande quantidade, pois Deus lhe havia dado bens imensos.

[30]Ezequias obstruiu a saída* superior das águas do Guion e as canalizou para baixo, para o ocidente da Cidade de Davi†. Ezequias foi bem-sucedido em todas as suas empresas. [31]Quando os oficiais de Babilônia lhe enviaram mensageiros para se informarem a respeito do milagre que havia acontecido no país, Deus o abandonou para experimentá-lo e para conhecer o íntimo de seu coração. [32]O resto da história de Ezequias e os testemunhos de sua piedade, tudo está escrito na visão do profeta Isaías, filho de Amós, e no livro dos reis de Judá e de Israel. [33]Ezequias adormeceu com seus pais e foi sepultado na subida para os túmulos dos filhos de Davi. Em sua morte, todos os de Judá e os habitantes de Jerusalém lhe prestaram homenagens. Seu filho Manassés reinou em seu lugar.

33

Manassés e o retorno à idolatria. [1]Manassés tinha doze anos* quando começou a reinar e reinou cinquenta e cinco anos em Jerusalém. [2]Fez o que é mau aos olhos de Javé, imitando as abominações das nações que Javé tinha expulsado da frente dos israelitas. [3]Reconstruiu os lugares altos que Ezequias, seu pai, havia destruído, ergueu altares para os ídolos de Baal, fabricou troncos idolátricos, prostrou-se diante de todo o exército do céu e lhe prestou culto. [4]Construiu altares no templo de Javé, do qual Javé dissera: "É em Jerusalém que meu nome estará para sempre". [5]Construiu altares para todo o exército do céu nos dois pátios do templo de Javé. [6]Fez passar seus filhos pelo fogo no vale dos filhos de Enom. Praticou a magia, os encantamentos, a feitiçaria e instituiu necromantes e adivinhos; multiplicou as ações que Javé considera como más, provocando assim sua ira. [7]Colocou o ídolo que mandara esculpir no templo de Deus, do qual Deus tinha dito a Davi e a Salomão, seu filho: "Neste templo e em Jerusalém, cidade que escolhi entre todas as tribos de Israel, farei residir meu nome para sempre. [8]Não mais farei com que o pé de Israel vagueie fora da terra que destinei a seus pais, contanto que procurem cumprir tudo o que lhes ordenei por meio de Moisés: toda a lei, os decretos e as decisões". [9]Mas Manassés corrompeu os habitantes de Judá e de Jerusalém, a tal ponto que fizeram mais mal do que as nações que Javé havia exterminado diante dos israelitas. [10]Javé falou a Manassés e a seu povo, mas não lhe deram ouvidos.

Cativeiro e conversão. [11]Então Javé fez vir contra Manassés os generais do exército do rei assírio, que o prenderam com ganchos, amarraram-no com cadeias e o levaram para Babilônia. [12]Angustiado, implorou a Javé, seu Deus, e humilhou-se profundamente diante do Deus de seus pais. [13]Orou a Javé, que se deixou comover. Ouviu sua súplica e o fez voltar para Jerusalém, a seu reino. Manassés reconheceu que Javé é Deus. [14]Depois disso, ele edificou o muro exterior da Cidade de Davi a oeste do Guion, no vale, até a porta dos Peixes, rodeando o Ofel; ele o fez muito alto. Pôs também chefes militares em todas as cidades fortificadas de Judá.

[15]Fez desaparecer do templo* de Javé os deuses estrangeiros e o ídolo, como também todos os altares que havia construído sobre o monte do templo e em Jerusalém, e os lançou fora da cidade. [16]Reconstruiu o altar de Javé, ofereceu sobre ele sacrifícios de comunhão e de louvor, e ordenou a Judá que servisse a Javé, Deus de Israel. [17]Mas o povo continuava a sacrificar nos lugares altos, ainda que somente a Javé, seu Deus.

---

* **32**,30. 2Rs 20,20s | **33**,1. 2Rs 21,1-18 | 15. 14,2

† **32**,30. Trata-se do canal de Ezequias, notável obra de engenharia da época, ver a nota em 2Rs 20,20.

2 Crônicas 33-34

[18]O resto da história de Manassés, a oração que fez a seu Deus[+] e as palavras dos videntes que lhe falaram[*] em nome de Javé, Deus de Israel, acham-se nas crônicas dos reis de Israel. [19]Sua oração e como foi ouvido, todos os seus pecados e sua impiedade, os pontos onde havia construído os lugares altos e erguido troncos idolátricos e estátuas antes que se humilhasse, tudo está consignado na história de Hozai. [20]Manassés adormeceu com seus pais e foi sepultado em sua casa. Amon, seu filho, reinou em seu lugar.

Reinado de Amon. [21]Amon tinha vinte e dois anos[*] quando começou a reinar e reinou dois anos em Jerusalém. [22]Fez o mal aos olhos de Javé, como havia feito seu pai Manassés. Amon ofereceu sacrifícios e prestou culto a todos os ídolos que seu pai Manassés tinha feito. [23]Não se humilhou diante de Javé como se havia humilhado seu pai Manassés; ao contrário, tornou-se mais e mais culpado. [24]Seus servos tramaram contra ele e o mataram no palácio; [25]mas o povo do país matou todos os que haviam conspirado contra Amon e proclamou rei, em seu lugar, seu filho Josias.

34 **Reinado de Josias.** [1]Josias tinha oito anos[*] quando começou a reinar e reinou trinta e um anos em Jerusalém. [2]Fez o que é agradável aos olhos de Javé e seguiu a conduta de seu antepassado Davi, sem se desviar nem para a direita e nem para a esquerda.

Primeiras reformas. [3]No oitavo ano de seu reinado,[*] quando ainda não era mais que um adolescente, começou a buscar o Deus de Davi, seu antepassado. No décimo segundo ano[*] de seu reinado começou a purificar Judá e Jerusalém dos lugares altos[+], dos troncos idolátricos, dos ídolos de madeira ou de metal fundido. [4]Derrubaram diante dele os altares dos ídolos de Baal, ele próprio demoliu os altares de incenso que estavam sobre eles, despedaçou os troncos idolátricos, os ídolos de madeira ou de metal fundido e, tendo-os reduzido a pó, espalhou o pó sobre os túmulos dos que lhes ofereceram sacrifícios. [5]Queimou os ossos dos sacerdotes sobre seus altares e assim purificou Judá e Jerusalém. [6]Nas cidades de Manassés, de Efraim, de Simeão e também de Neftali e nos territórios devastados que os rodeavam, [7]ele demoliu os altares, quebrou os troncos idolátricos, quebrou e pulverizou os ídolos, derrubou os altares de incenso em toda a terra de Israel e depois voltou para Jerusalém.

Os trabalhos do templo. [8]No décimo oitavo ano[*] de seu reinado, depois de ter purificado o país e o templo, Josias encarregou Safã, filho de Aslias, Maasias, governador da cidade, e Joá, filho de Joacaz, o arauto, de restaurar o templo de Javé, seu Deus. [9]Eles se apresentaram a Helcias, sumo sacerdote, e lhe entregaram o dinheiro oferecido ao templo[*] de Deus e que os levitas, guardas da porta, haviam recolhido de Manassés, de Efraim e de todo o resto de Israel, assim como de todos os de Judá e de Benjamim que habitavam em Jerusalém. [10]Puseram esse dinheiro nas mãos dos que faziam a obra do templo de Javé e estes o utilizaram para os trabalhos de restauração e de reparação do templo. [11]Deram-no aos carpinteiros e aos pedreiros para comprar as pedras talhadas e a madeira necessária para a estrutura e para as vigas das construções que os reis de Judá tinham deixado cair em ruínas.

[12]Esses homens executaram fielmente o trabalho; tinham como inspetores Jaat e Abdias, levitas dos filhos de Merari, Zacarias e Mosolam, descendentes dos caatitas, assim como outros levitas que sabiam tocar instrumentos musi-

---

* **33**,18. 2Rs 21,17s | 21. 2Rs 21,19-26 | **34**,1. 2Rs 22,1s | 3. 2Rs 23,4-20 / 14,1-4; 31,1 | 8. 2Rs 22,3-7 | 9. 24,8s

+ **33**,18. Salmo apócrifo da época helenística, conhecido como "Oração de Manassés", que exprime em 15 vv. os sentimentos do rei convertido. | **34**,3. Ver a nota em 2Rs 23,8.

2 Crônicas 34-35

cais. [13]Eles também vigiavam os carregadores e dirigiam todos os que faziam trabalhos de qualquer tipo. E alguns dos levitas eram escribas, inspetores e porteiros.

Descoberta do livro da lei[t]. [14]No momento em que se retirava* o dinheiro oferecido ao templo de Javé, o sacerdote Helcias encontrou o livro da Lei de Javé transmitida por Moisés. [15]Helcias tomou a palavra e disse ao secretário Safã: "Achei o livro da lei no templo de Javé". E Helcias deu o livro a Safã. [16]Safã entregou o livro ao rei e disse-lhe também: "Tudo o que foi confiado a teus servidores, eles o executam; [17]tiraram o dinheiro encontrado no templo de Javé e o puseram nas mãos dos empreiteiros e dos que executam as obras". [18]Depois o secretário Safã anunciou ao rei: "O sacerdote Helcias deu-me um livro". E fez sua leitura diante do rei.

[19]Quando ouviu as palavras da lei, o rei rasgou suas vestes. [20]Ordenou a Helcias, a Aicam, filho de Safã, a Abdon, filho de Micas, ao secretário Safã e a Asaías, ministro do rei: [21]"Ide e consultai Javé por mim e pelos que restam de Israel e de Judá a respeito das palavras do livro que foi encontrado. Grande é a ira de Javé que caiu sobre nós, porque nossos pais não observaram a palavra de Javé e não agiram segundo tudo o que está escrito neste livro".

Oráculo da profetisa Hulda. [22]Helcias e os enviados* do rei foram ter com a profetisa Hulda, mulher de Selum, filha de Técua, filho de Haraas, guarda dos vestiários; ela morava em Jerusalém, no bairro novo. Transmitiram-lhe o recado [23]e ela respondeu: "Assim fala Javé, Deus de Israel.

Dizei ao homem que vos enviou a mim: [24]Assim fala Javé: Farei cair a desgraça sobre este lugar e sobre seus habitantes, todas as maldições escritas no livro que foi lido diante do rei de Judá, [25]porque me abandonaram e ofereceram incenso a outros deuses, irritando-me com todo o seu modo de agir. Minha ira se inflamará contra este lugar e não se aplacará. [26]E direis ao rei de Judá que vos enviou para consultar a Javé: Assim fala Javé, Deus de Israel, a respeito das palavras que ouviste: [27]Porque teu coração se comoveu e te humilhaste diante de Deus, ouvindo as palavras que ele pronunciou contra este lugar e contra seus habitantes, porque te humilhaste, rasgaste tuas vestes e choraste diante de mim, eu também te ouvi, oráculo de Javé. [28]Eu te reunirei a teus pais e serás deposto em paz no sepulcro, e teus olhos não verão toda a desgraça que vou mandar sobre este lugar e sobre seus habitantes". Eles levaram ao rei essa resposta.

Renovação da aliança. [29]Então o rei mandou* reunir todos os anciãos de Judá e de Jerusalém; [30]subiu ao templo de Javé com todos os homens de Judá, os habitantes de Jerusalém, os sacerdotes, os levitas e todo o povo, do maior ao menor, e leu diante deles todo o conteúdo do livro da aliança encontrado no templo de Javé. [31]O rei pôs-se de pé em seu lugar e concluiu diante de Javé uma aliança, obrigando-se a seguir a Javé, a guardar seus mandamentos, seus testemunhos e estatutos, de todo o seu coração e de toda a sua alma, pondo em prática as palavras da aliança escritas nesse livro. [32]Fez com que aderissem ao pacto todos os que se achavam em Jerusalém e em Benjamim; e os habitantes de Jerusalém procederam de acordo com a aliança de Deus, o Deus de seus pais. [33]Josias fez desaparecer* todas as abominações de todos os territórios pertencentes aos israelitas e obrigou todos os que estavam em Israel a servir a Javé, seu Deus. Durante toda a sua vida eles não deixaram de seguir a Javé, o Deus de seus pais.

35 **Preparação da Páscoa.** [1]Josias celebrou em Jerusalém* a Páscoa para Javé; imolaram o cordeiro pascal no dia catorze do primeiro mês[t].

---

* **34**,14. 2Rs 22,8-13 | 22. 2Rs 22,14-20 | 29. 2Rs 23,1ss | 33. 2Rs 23,4s | **35**,1. 2Rs 23,21; Êx 12,1

† **34**,14. Ver a nota em Dt 12,1. | **35**,1. Ver a nota em Esd 6,19.

2 Crônicas 35

474

[2]Restabeleceu os sacerdotes em suas funções e os estimulou a se dedicarem ao serviço do templo de Javé. [3]Depois disse aos levitas, que ensinavam a todo o Israel e que estavam consagrados a Javé: "Depositai a arca santa no templo construído por Salomão, filho de Davi, rei de Israel:* ela não será mais um peso para vossos ombros. Servi agora a Javé, vosso Deus, e a Israel, seu povo. [4]Disponde-vos por famílias, segundo vossas classes, conforme as instruções escritas de Davi, rei de Israel, e de seu filho Salomão. [5]Permanecei* no santuário, segundo a distribuição das casas paternas de vossos irmãos, os filhos do povo e do grupo das casas paternas dos levitas. [6]Imolai a Páscoa,* santificai-vos e preparai-a para vossos irmãos, a fim de que procedam conforme a palavra de Javé transmitida por Moisés.

A solenidade. [7]Josias forneceu aos homens do povo, para todos os que se achavam presentes, trinta mil cordeiros e cabritos do rebanho, todos destinados* a vítimas pascais, e ainda três mil bois. Tudo isso foi tirado das propriedades do rei. [8]Seus oficiais fizeram também* espontaneamente uma oferenda ao povo, aos sacerdotes e aos levitas. Helcias, Zacarias e Jeiel, chefes do templo de Deus, deram aos sacerdotes, para os sacrifícios pascais, duas mil e seiscentas ovelhas e trezentos bois. [9]Os chefes dos levitas, Conenias, Semeías e Natanael, seus irmãos, Hasabias, Jeiel e Jozabad deram aos levitas, como vítimas pascais, cinco mil cordeiros e quinhentos bois. [10]Preparada assim a liturgia, os sacerdotes colocaram-se em seus postos e os levitas fizeram o mesmo, segundo suas classes, de acordo com a ordem do rei. [11]Imolaram os cordeiros pascais; os sacerdotes derramavam o sangue que recebiam das mãos dos levitas, e os levitas esfolavam as vítimas. [12]Puseram à parte o holocausto, para dá-lo aos filhos do povo, segundo as divisões das casas pater-

nas, para que o oferecessem a Javé, como está escrito no livro de Moisés; o mesmo fizeram com os bois. [13]Assaram ao fogo o cordeiro pascal segundo a norma* e cozeram as ofertas consagradas em panelas, caldeirões e caçarolas e distribuíram-nas rapidamente a todo o povo. [14]Depois disso prepararam a Páscoa para si mesmos e para os sacerdotes, porque os sacerdotes, filhos de Aarão, tinham estado ocupados até a noite em oferecer o holocausto e as gorduras; é por isso que os levitas prepararam a Páscoa para si e para os sacerdotes, filhos de Aarão. [15]Os cantores, filhos de Asaf, estavam em seus postos, segundo as prescrições de Davi, de Asaf, de Emã, e de Iditun, o vidente do rei. Os porteiros estavam nas várias portas e não tiveram de abandonar suas funções, pois seus irmãos levitas lhes prepararam tudo.

[16]Assim, naquele dia, toda a liturgia de Javé foi preparada de modo que se pudesse celebrar a Páscoa e oferecer holocaustos sobre o altar de Javé segundo a ordem do rei Josias. [17]Os israelitas que estavam presentes celebraram a Páscoa naquela data e a festa dos Ázimos durante sete dias. [18]Não se havia celebrado em Israel* uma Páscoa semelhante a essa desde a época do profeta Samuel; nenhum rei de Israel celebrara uma Páscoa como a que celebrou Josias com seus sacerdotes, os levitas, todo o Judá e Israel, que se acharam ali, e os habitantes de Jerusalém. [19]Foi no décimo oitavo ano* do reinado de Josias que esta Páscoa foi celebrada.

Morte trágica de Josias. [20]Depois de tudo isso, tendo Josias já restaurado o templo, Necao, rei do Egito, partiu para uma guerra em Carquemis, junto ao Eufrates. Josias marchou contra ele†, [21]e Necao enviou mensageiros para lhe dizer: "Que tenho a ver contigo, rei de Judá? Não é a ti que vou atacar hoje, mas é com outra casa que estou em

---

* **35**,3. 1Cr 15,15; 5,4 | 5. 1Cr 24-26 | 6. 30,17; Dt 12,18s | 7. Êx 12,5 | 8. Nm 7; 1Cr 29,6-9 | 13. Êx 12,2-11 | 18. 2Rs 23,22 | 19. 2Rs 23,23.28ss

† **35**,20. Ver a nota em 2Rs 23,29.

2 Crônicas 35-36

guerra, e Deus me ordenou que me apressasse. Deixa de opor-te ao Deus que está comigo, para que ele não te destrua". ²²Mas Josias não se retirou, animou-se a combatê-lo e não atendeu às palavras de Necao, inspiradas por Deus, e deu-lhe combate no vale de Meguido. ²³Os arqueiros* atiraram contra o rei Josias, e este disse a seus servos: "Levai-me para fora, porque estou gravemente ferido". ²⁴Seus servos o tiraram para fora de seu carro, fizeram-no subir em outro carro e o levaram a Jerusalém, onde ele morreu. Foi sepultado nos sepulcros de seus pais. Todo Judá e Jerusalém o pranteram; ²⁵Jeremias compôs uma lamentação sobre Josias, e todos os cantores e cantoras até hoje têm falado de Josias. Fizeram disso uma norma em Israel, e esses cânticos se acham nas Lamentações.

²⁶O resto da história de Josias, os testemunhos de sua piedade, conforme as prescrições da lei de Javé, ²⁷suas ações, do começo ao fim, tudo isso está escrito no livro dos reis de Israel e de Judá.

36

Reinado de Joacaz. ¹O povo da terra* tomou Joacaz, filho de Josias, e o constituiu rei em lugar de seu pai, em Jerusalém. ²Joacaz tinha vinte e três anos quando começou a reinar e reinou três meses em Jerusalém. ³O rei do Egito o destituiu em Jerusalém e impôs ao país um tributo de cem talentos de prata e um talento de ouro. ⁴Depois o rei do Egito estabeleceu seu irmão Eliaquim como rei sobre Judá e Jerusalém e mudou seu nome para Joaquim. Quanto a seu irmão Joacaz, Necao o tomou e levou para o Egito.

Reinado de Joaquim. ⁵Joaquim tinha vinte e cinco anos* quando começou a reinar e reinou onze anos em Jerusalém; fez o mal aos olhos de Javé, seu Deus. ⁶Nabucodonosor, rei de Babilônia,* marchou contra ele e prendeu-o com cadeias de bronze a fim de levá-lo

para Babilônia. ⁷Nabucodonosor levou para Babilônia também uma parte dos objetos do templo de Javé e guardou-os em seu palácio em Babilônia. ⁸O resto da história de Joaquim, as abominações que cometeu e todo o mal que se achou nele, tudo isso está escrito no livro dos reis de Israel e de Judá. Joaquin, seu filho, reinou em seu lugar.

Reinado de Joaquin. ⁹Joaquin tinha dezoito anos* quando começou a reinar e reinou três meses e dez dias em Jerusalém; fez o mal aos olhos de Javé. ¹⁰Na passagem do ano,* o rei Nabucodonosor mandou prendê-lo e deportá-lo para Babilônia, junto com os objetos preciosos do templo de Javé, e nomeou Sedecias, irmão de seu pai, como rei sobre Judá e Jerusalém.*

Reinado de Sedecias. ¹¹Sedecias tinha vinte e um anos quando começou a reinar e reinou onze anos em Jerusalém. ¹²Fez o mal aos olhos de Javé, seu Deus. Não se humilhou diante do profeta Jeremias,* que falava da parte de Javé. ¹³Revoltou-se, além disso, contra o rei Nabucodonosor,* o qual o tinha feito jurar em nome de Deus. Endureceu a cerviz e tornou seu coração inflexível, recusando-se a voltar a Javé, o Deus de Israel.

¹⁴Igualmente todos os chefes de Judá, os sacerdotes e o povo multiplicaram suas infidelidades, imitando todas as abominações das nações, e contaminaram o templo que Javé havia consagrado para si em Jerusalém. ¹⁵Javé, Deus de seus pais, enviou-lhes advertências* oportunas e frequentes por meio de seus mensageiros, pois tinha compaixão de seu povo e de sua habitação. ¹⁶Mas eles zombaram dos mensageiros de Deus, desprezaram suas palavras, caçoaram dos profetas,* até que a ira de Javé contra seu povo chegou a tal ponto que já não havia mais remédio.

A queda de Jerusalém. ¹⁷Mandou então contra eles o rei dos caldeus, que matou pela espada* seus jovens na

---

* **35**,23. 18,33ss | **36**,1. 2Rs 23,30-34 | 5. 2Rs 23,36s | 6. 2Rs 24,1s | 9. 2Rs 24,8s | 10. 2Rs 24,10-16 / 2Rs 24,18ss; Jr 52,1ss | 12. Jr 37-39 | 13. Ez 17,13-16 | 15. Hb 1,1 | 16. Mt 23,34ss | 17. Lm 1,15; 5,11-14

2 Crônicas 36

casa de seu santuário e não poupou nem o adolescente, nem a moça, nem o ancião, nem o homem de cabelos brancos. Deus entregou-os todos em suas mãos. [18]Nabucodonosor levou para Babilônia* todos os objetos do templo de Deus, grandes e pequenos, os tesouros do templo de Javé, os tesouros do rei e de seus oficiais. [19]Queimaram o templo de Deus, derrubaram as muralhas de Jerusalém,* incendiaram todos os seus palácios e destruíram todos os seus objetos preciosos†. [20]Depois Nabucodonosor deportou para Babilônia os que escaparam da espada; tiveram de servir a ele e a seus filhos até o advento do reino persa, [21]cumprindo assim o que Javé dissera pela boca de Jeremias: "Até que o país

tenha desfrutado de seus sábados, ele repousará durante todos os dias da desolação, até que se tenham passado setenta anos"†.

Ciro concede a liberdade aos judeus. [22]No primeiro ano de Ciro,* rei da Pérsia, para cumprir a palavra de Javé pronunciada por Jeremias, Javé suscitou o espírito de Ciro, rei da Pérsia, que mandou proclamar em todo o seu reino, de viva voz e por escrito, o seguinte: [23]"Assim fala Ciro, rei da Pérsia: Javé, o Deus do céu, entregou-me todos os reinos da terra; ele me encarregou de construir para ele um templo em Jerusalém, na terra de Judá. Quem, dentre vós, pertence a todo o seu povo? Que seu Deus esteja com ele e que suba para lá!"†

---

* **36**,18. 2Rs 25,14s | 19. 2Rs 25,9s | 22. Esd 1,1ss

† **36**,19. Ver a nota em 2Rs 25,4. | 21. A terra que não cumpriu suas obrigações para com Javé deverá "repousar", ficará sem a presença e o trabalho de seus habitantes, Lv 26,34; Jr 25,11; 29,10. | 23. Os vv. 22s, tirados do início do livro de Esdras, mostram que o templo e as instituições davídicas permanecem.

ESDRAS

Esdras-Neemias era a princípio um livro só, e a separação dos dois começa na Vulgata, que os denomina primeiro e segundo livros de Esdras, e contém além destes um terceiro e um quarto livros. A obra é a continuação dos livros das Crônicas e provavelmente tem o mesmo autor. Começa com o edito de Ciro, do ano 538 a.C., que põe fim ao exílio de Babilônia, autorizando os hebreus a regressar à pátria e a reconstruir o templo destruído por Nabucodonosor. Uma primeira caravana de repatriados volta para Jerusalém sob a chefia de Zorobabel e Josué. Começavam a realizar-se as profecias, segundo as quais haveria de voltar um resto santo, ao qual o povo ficaria reduzido (Is 4,3). O altar é reerguido e celebra-se a festa das Tendas. Depois empreendem a obra de reconstruir o templo, estimulados pelos oráculos dos profetas Ageu, Zacarias e Malaquias. Terminado e consagrado o templo em 515 a.C., celebram a festa da Páscoa e dos Ázimos. Em 398 a.C. chega a Jerusalém Esdras, "sacerdote e escriba da lei do Deus do céu" (Esd 7,12), com uma nova caravana de repatriados, munido de uma autorização do rei Artaxerxes II para levar ouro e prata destinados ao culto do templo. Ele encontra a cidade já rodeada de muros, reconstruídos sob a direção de Neemias. Uma das providências tomadas por ele refere-se à proibição dos casamentos com mulheres estrangeiras e à expulsão delas e dos filhos nascidos dessas uniões. Além das reconstruções materiais, era preciso reerguer e organizar a comunidade. Três ideias-mestras comandam esta restauração espiritual: o povo eleito, a lei, o templo. Esdras cumpriu tão bem essa missão que é chamado o pai do judaísmo. A tradição atribui a ele também a fixação do cânon hebraico do Antigo Testamento.

O cronista utiliza diversas fontes, entre as quais uma crônica aramaica, citada na língua original em 4,6–6,12, além de cartas e decretos. Embora não seja completa a visão que o livro oferece desse período, no entanto ele parece bem fundamentado historicamente: é confirmado por textos dos profetas Ageu, Zacarias, Malaquias, e a história do império persa lhe dá credibilidade.

As feridas abertas em sua alma pela amarga experiência do exílio de Babilônia, ensinam ao resto de Israel que ele somente pode construir o futuro respeitando e seguindo a vontade de Deus, que em sua misericórdia mantém sua presença salvífica no meio da comunidade que escolheu.

I. VOLTAM OS PRIMEIROS REPATRIADOS
(1–6)

1 **Ciro concede a liberdade aos judeus[†].** [1]No primeiro ano de Ciro, rei da Pérsia,* para cumprir a palavra de Javé pronunciada por Jeremias,* Javé suscitou o espírito de Ciro, rei da Pérsia, que mandou proclamar em todo o seu reino, de viva voz e por escrito, o seguinte: [2]"Assim fala Ciro, rei da Pérsia:* Javé, o Deus do céu, entregou-me todos os reinos da terra e me encarregou de construir para ele um templo em Jerusalém, na terra de Judá. [3]Quem dentre vós pertence a todo o seu povo? Que Deus esteja com ele e que ele suba a Jerusalém, na terra de Judá, e construa o templo de Javé, o Deus de Israel, o Deus que reside em Jerusalém. [4]A população de todos os lugares, onde reside o resto do povo[†], ofereça-lhes uma ajuda em prata, ouro, bens, animais e donativos espontâneos para o templo de Deus que está em Jerusalém".

[5]Então puseram-se a caminho os chefes de família de Judá e de Benjamim, os sacerdotes e os levitas; todos aqueles cujo espírito Deus despertou subiram para ir edificar o templo de Javé em Jerusalém. [6]Todos os seus vizinhos os ajudaram com prata, ouro,

---

* **1**,1. 2Cr 36,23s / Jr 25,11s; 29,10; Zc 1,12 | 2. Is 45,1

† **1**. Esse edito é do ano 538 a.C., um ano depois da conquista de Babilônia por Ciro, anunciada em Is 44,28; 45,1-7. | **4**. O "resto" são os israelitas que sobreviveram ao desastre da nação e ao exílio. São os construtores do novo Israel.

Esdras 1-2

bens, animais e objetos preciosos, fora o que eles tinham oferecido voluntariamente.

⁷O rei Ciro mandou trazer os utensílios do templo de Javé que Nabucodonosor havia transportado de Jerusalém e tinha posto no templo de seu deus. ⁸Ciro, rei da Pérsia, retirou-os por meio do tesoureiro Mitridates, que os entregou contados a Sasabassar, príncipe de Judá. ⁹Eis seu número: trinta bacias de ouro, mil bacias de prata, vinte e nove facas, ¹⁰trinta taças de ouro, quatrocentas e dez taças de prata de segunda categoria, mil outros utensílios. ¹¹Todos os objetos de ouro e prata somavam cinco mil e quatrocentos. Tudo isso Sasabassar levou, quando os deportados subiram de Babilônia para Jerusalém.

2 **Lista dos repatriados.** ¹São estes os homens da província* que voltaram do cativeiro, os quais Nabucodonosor, rei de Babilônia, deportara para Babilônia; voltaram para Jerusalém e para Judá, cada um para sua cidade. ²Eles voltaram com Zorobabel, Josué, Neemias, Saraías, Raelaías, Naamani, Mardoqueu, Belsã, Mesfar, Beguai, Reum, Baana.

Lista dos homens do povo de Israel: ³filhos de Faros†: dois mil e cento e setenta e dois; ⁴filhos de Safatias: trezentos e setenta e dois; ⁵filhos de Area: setecentos e setenta e cinco; ⁶filhos de Faat-Moab, isto é, filhos de Josué e de Joab: dois mil e oitocentos e doze; ⁷filhos de Elam: mil e duzentos e cinquenta e quatro; ⁸filhos de Zetua: novecentos e quarenta e cinco; ⁹filhos de Zacai: setecentos e sessenta; ¹⁰filhos de Baani: seiscentos e quarenta e dois; ¹¹filhos de Bebai: seiscentos e vinte e três; ¹²filhos de Azgad: mil e duzentos e vinte e dois; ¹³filhos de Adonicam: seiscentos e sessenta e seis; ¹⁴filhos de Beguai: dois mil e cinquenta e seis; ¹⁵filhos de Adin: quatrocentos e cinquenta e quatro; ¹⁶filhos de Ater, isto é, de Ezequias: noventa e oito; ¹⁷filhos de Besai: trezentos e vinte e três; ¹⁸filhos de Jora: cento e doze; ¹⁹filhos de Hasum: duzentos e vinte e três; ²⁰filhos de Gebar: noventa e cinco; ²¹filhos de Belém: cento e vinte e três; ²²homens de Netofa: cinquenta e seis; ²³homens de Anatot: cento e vinte e oito; ²⁴filhos de Azmot: quarenta e dois; ²⁵filhos de Cariatlarim, de Cafira e de Berot: setecentos e quarenta e três; ²⁶filhos de Ramá e de Gaba: seiscentos e vinte e um; ²⁷homens de Macmas: cento e vinte e dois; ²⁸homens de Betel e de Hai: duzentos e vinte e três; ²⁹filhos de Nebo: cinquenta e dois; ³⁰filhos de Megbis: cento e cinquenta e seis; ³¹filhos de outro Elam: mil e duzentos e cinquenta e quatro; ³²filhos de Harim: trezentos e vinte; ³³filhos de Lod, de Hadid e de Ono: setecentos e vinte e cinco; ³⁴filhos de Jericó: trezentos e quarenta e cinco; ³⁵filhos de Senaá: três e mil seiscentos e trinta.

³⁶Sacerdotes: filhos de Jedaías, da casa de Josué: novecentos e setenta e três; ³⁷filhos de Emer: mil e cinquenta e dois; ³⁸filhos de Fasur: mil e duzentos e quarenta e sete; ³⁹filhos de Harim: mil e dezessete.

⁴⁰Levitas: filhos de Josué e de Cadmiel, descendentes de Odovias: setenta e quatro.

⁴¹Cantores: filhos de Asaf, cento e vinte e oito.

⁴²Filhos dos porteiros: filhos de Selum, filhos de Ater, filhos de Telmon, filhos de Acub, filhos de Hatita, filhos de Sobai: ao todo cento e trinta e nove.

⁴³Oblatos†: filhos de Siá, filhos de Hasufa, filhos de Tabaot, ⁴⁴filhos de Ceros, filhos de Siaá, filhos de Fadon, ⁴⁵filhos de Lebana, filhos de Hagaba, filhos de Acub, ⁴⁶filhos de Hagab, filhos de Semlai, filhos de Hanã, ⁴⁷filhos de Guidel, filhos de Gaer, filhos de Raaías, ⁴⁸filhos de Rasin, filhos de Necoda, filhos de Gazam, ⁴⁹filhos de Uza, filhos de Fasea,

---

* **2**,1. Ne 7,6-72

† **2**,3. Aqui a expressão "filhos de" seguida de um nome geográfico significa "natural de". | **2**,43. Pessoal subalterno a serviço dos levitas; descendiam dos gabaonitas, Js 9,23, de prisioneiros de guerra, Nm 31,28, e de mercenários estrangeiros.

filhos de Besai, ⁵⁰filhos de Asena, filhos dos meunitas, filhos dos nefusitas, ⁵¹filhos de Bacbuc, filhos de Hacufa, filhos de Harur, ⁵²filhos de Baslut, filhos de Maida, filhos de Harsa, ⁵³filhos de Bercos, filhos de Sísara, filhos de Tema, ⁵⁴filhos de Nasias, filhos de Hatifa.

⁵⁵Filhos dos servos de Salomão: filhos de Sotai, filhos de Soferet, filhos de Feruda, ⁵⁶filhos de Jaala, filhos de Darcon, filhos de Guidel, ⁵⁷filhos de Safatias, filhos de Hatil, filhos de Foqueret-Assebaim, filhos de Ami. ⁵⁸Total dos oblatos e dos filhos dos servos de Salomão: trezentos e noventa e dois.

⁵⁹Quanto aos seguintes que voltavam de Tel-Mela, Tel-Harsa, Querub, Adon e Emer, não puderam demonstrar que sua família e sua estirpe eram de Israel: ⁶⁰filhos de Dalaías, filhos de Tobias, filhos de Necoda: seiscentos e cinquenta e dois. ⁶¹E entre os filhos dos sacerdotes: filhos de Habias, filhos de Acos, filhos de Berzelai, o qual se casara* com uma das filhas de Berzelai, o galaadita, e adotou seu nome; ⁶²esses procuraram seus registros genealógicos e, não os achando, foram excluídos do sacerdócio como impuros, ⁶³e o governador proibiu-lhes comer dos alimentos sagrados, até que se apresentasse um sacerdote para usar os *Urim* e os *Tumim*.†

⁶⁴Toda a assembleia reunida era de quarenta e duas mil e trezentas e sessenta pessoas, ⁶⁵afora seus escravos e escravas, em número de sete mil e trezentos e trinta e sete. Tinham consigo duzentos cantores e cantoras. ⁶⁶Seus cavalos eram setecentos e trinta e seis e suas mulas, duzentas e quarenta e cinco; ⁶⁷seus camelos eram quatrocentos e trinta e cinco e seus jumentos, seis mil e setecentos e vinte.

⁶⁸Alguns chefes de família, chegando ao templo de Javé que está em Jerusalém, fizeram ofertas voluntárias para o templo de Deus, a fim de que fosse reconstruído em seu local. ⁶⁹Segundo suas posses, deram ao tesouro da obra sessenta e uma mil dracmas de ouro, cinco mil minas de prata e cem túnicas sacerdotais.

⁷⁰Os sacerdotes, os levitas e uma parte do povo se instalaram em Jerusalém; os cantores, os porteiros e os oblatos, em suas respectivas cidades, e todos os outros israelitas em suas cidades.

3 **Reconstrução do altar.** ¹Quando chegou o sétimo mês,* já estando estabelecidos em suas cidades os israelitas, todo o povo se reuniu como um só homem em Jerusalém. ²Josué, filho de Josedec, com seus irmãos, os sacerdotes, e Zorobabel, filho de Salatiel, e seus irmãos, puseram-se a reconstruir o altar do Deus de Israel, para nele se oferecerem holocaustos,* como está escrito na lei de Moisés, homem de Deus. ³Restabeleceram o altar em seu lugar, apesar do medo que tinham dos povos das terras, e ofereceram sobre ele holocaustos a Javé, holocaustos da manhã e da tarde†. ⁴Celebraram a festa das Tendas,* como está prescrito, com o número de holocaustos cotidianos que está determinado para cada dia. ⁵Depois, além do holocausto perpétuo, ofereceram os que estão previstos para os sábados, luas novas e todas as solenidades consagradas a Javé, e os de todos aqueles que faziam uma oferenda voluntária a Javé. ⁶No primeiro dia do sétimo mês começaram a oferecer holocaustos a Javé, embora os alicerces do santuário de Javé ainda não tivessem sido colocados.

Primeiras obras do templo. ⁷Depois deu-se dinheiro aos talhadores de pedra* e aos carpinteiros; aos sidônios e tírios foram dados víveres, bebidas e óleo, para que transportassem pelo mar até Jafa madeiras de cedro do Líbano, segundo a autorização dada por Ciro, rei da Pérsia. ⁸No segundo ano de

---

* **2**,61. 2Sm 17,27; 19,32s; 1Rs 2,7 | **3**,1. Ne 7,72b; 8,1 | 2. 1Rs 8,64 | 4. Êx 23,14; Nm 28,3-8 | 7. 1Cr 22,4; 2Cr 2,9.14

† **2**,63. Ver a nota em Êx 28,30. | **3**,3. O culto renasce em Jerusalém, com as festas e os sacrifícios prescritos, para reatar as relações com Deus.

Esdras 3-4

sua chegada ao templo de Deus em Jerusalém, no segundo mês, Zorobabel, filho de Salatiel, e Josué, filho de Josedec, com os outros irmãos seus, os sacerdotes, os levitas e todo o povo que regressou do cativeiro para Jerusalém, começaram a obra; confiaram aos levitas de vinte anos para cima a direção dos trabalhos do templo de Javé. 9Josué, seus filhos e seus irmãos, Cadmiel e seus filhos e os filhos de Odovias puseram-se unanimemente a dirigir os operários da construção no templo de Deus. 10Quando os construtores acabaram de colocar os alicerces do santuário de Javé, os sacerdotes, paramentados e com trombetas, bem como os levitas, filhos de Asaf, com címbalos, apresentaram-se para louvar a Javé,* segundo as prescrições de Davi, rei de Israel. 11Cantavam louvando e dando graças a Javé; diziam: "Porque ele é bom, pois eterno é seu amor"* por Israel. E o povo todo aclamava em altas vozes, louvando a Javé, porque eram lançados os alicerces do templo de Javé. 12Contudo, muitos sacerdotes, muitos levitas e chefes de família, já idosos, e que tinham visto o primeiro templo, choravam em voz alta* enquanto, sob suas vistas, punham-se os alicerces†, mas muitos gritavam de alegria e júbilo. 13E assim não se podiam distinguir as vozes de alegria das vozes do choro do povo; pois o povo gritava em altos brados e o vozerio se ouvia de longe.

4 **Oposição dos samaritanos.** 1Quando os inimigos de Judá e de Benjamim souberam que os repatriados estavam construindo um santuário a Javé, o Deus de Israel, 2vieram ao encontro de Zorobabel e dos chefes de família e lhes disseram: "Deixai-nos edificar convosco, pois, como vós, buscamos vosso Deus e lhe oferecemos sacrifícios desde o tempo de Asaradon, rei da Assíria, que nos trouxe para cá".

3Mas Zorobabel, Josué e os outros chefes de família de Israel responderam: "Não nos convém edificar convosco um templo a nosso Deus; cabe unicamente a nós construí-lo para Javé, o Deus de Israel, como no-lo prescreveu Ciro, rei da Pérsia". 4Então o povo da terra pôs-se a desencorajar o povo de Judá e a amedrontá-lo para que não construísse. 5E ainda subornaram contra eles conselheiros para frustrar seu projeto durante todo o tempo de Ciro, rei da Pérsia, até o reinado de Dario, rei da Pérsia.

Denúncia ao rei Xerxes. 6Durante o reinado de Xerxes, no começo de seu reinado, eles escreveram uma carta de denúncia contra os habitantes de Judá e de Jerusalém.

7No tempo de Artaxerxes, Mitridates, Tabel e outros companheiros seus escreveram a Artaxerxes, rei da Pérsia; o texto do documento estava em caracteres aramaicos e traduzido em aramaico. 8Depois Reum, governador, e Samsai, secretário, escreveram ao rei Artaxerxes, contra Jerusalém, a seguinte carta:

9"Reum, o governador, Samsai, o secretário, e seus outros colegas, os juízes e os legados, oficiais e funcionários, homens de Uruc, de Babilônia e de Susa – isto é, os elamitas – 10e de outros povos que o grande e ilustre Assurbanipal deportou e estabeleceu nas cidades de Samaria e nas outras regiões de além-rio".

11Esta é a cópia da carta que eles enviaram:

"Ao rei Artaxerxes, teus servos, o povo da região de além-rio:

12Saiba o rei que os judeus, que saíram de junto de ti para cá e vieram para Jerusalém, estão reconstruindo a cidade rebelde e perversa; reconstroem as muralhas e já restauram seus fundamentos. 13Saiba ainda o rei que, se esta cidade for reconstruída e restauradas suas muralhas, eles não pagarão mais

---

* **3**,10. 2,41 | 11. Sl 100,5; 136 | 12. Ag 2,3

† **3**,12. Choravam de emoção, ou talvez porque pressentiam a modéstia do segundo templo se comparado ao esplendor do primeiro, Tb 14,5; Ag 2,3.

481 Esdras 4-5

impostos, nem tributos, nem pedágio, e o tesouro do rei sairá prejudicado. [14]Ora, já que somos mantidos pelo palácio, não nos parece conveniente ver a desonra do rei; por isso enviamos ao rei essas informações, [15]para que se façam pesquisas no livro das memórias de teus pais; encontrarás nessas memórias e saberás que esta cidade é uma cidade rebelde, que causa prejuízo aos reis e às províncias, e que nela se têm fomentado revoltas desde os tempos antigos. Foi por isso que esta cidade foi destruída. [16]Fazemos saber ao rei que, se esta cidade for reconstruída e suas muralhas reedificadas, em breve não terás mais possessão alguma na região de além-rio!"

Suspensão dos trabalhos. [17]O rei mandou a seguinte resposta:

"A Reum, governador, a Samsai, secretário, e a seus outros colegas que residem na Samaria e em outros lugares da região de além-rio, paz!

[18]A carta que enviastes a mim foi lida em minha presença acuradamente. [19]Ordenei que se fizessem investigações e achou-se que desde os tempos antigos esta cidade se têm sublevado contra os reis e que nela tem havido insurreições e revoltas. [20]Reis poderosos reinaram em Jerusalém, tendo se tornado senhores de toda a região de além-rio: a eles se pagavam impostos, tributos e pedágio. [21]Mandai, portanto, que esses homens suspendam as obras e que esta cidade não seja reconstruída, até que eu o ordene. [22]Guardai-vos de agir com negligência neste assunto, para que o mal não aumente com prejuízo dos reis".

[23]Logo que a cópia do documento do rei Artaxerxes foi lida diante do governador Reum, de Samsai, o secretário,* e de seus colegas, partiram a toda pressa para Jerusalém, ao encontro dos judeus e, pela força das armas, fizeram cessar os trabalhos.

[24]Assim ficaram interrompidos os trabalhos do templo de Deus em Je-

rusalém. A interrupção durou até o segundo ano do reinado de Dario, rei da Pérsia.

5 **Recomeço das obras.** [1]Mas os profetas Ageu e Zacarias†, filho de Ado,* puseram-se a profetizar aos judeus que estavam na Judeia e em Jerusalém, em nome do Deus de Israel que os inspirava. [2]Então Zorobabel, filho de Salatiel, e Josué, filho de Josedec, começaram a construir o templo de Deus em Jerusalém; os profetas de Deus estavam com eles, dando-lhes apoio. [3]Por esta época, Tatanai, governador da região de além-rio, Setar-Buzanai e seus colegas vieram ter com eles e lhes perguntaram: "Quem vos deu permissão para reconstruir este templo e restaurar estas paredes? [4]Quais os nomes das pessoas que estão fazendo esta construção?" [5]Mas Deus tinha os olhos voltados para os anciãos dos judeus: não foram obrigados a parar o trabalho, até que chegasse a Dario um relatório e viesse uma resposta escrita sobre a questão.

[6]Cópia da carta que Tatanai, governador da região de além-rio, Setar-Buzanai e seus colegas, as autoridades da região de além-rio mandaram ao rei Dario. [7]Enviaram-lhe um relatório nestes termos:

"Ao rei Dario, paz completa! [8]Saiba o rei que estivemos na província de Judá, no templo do grande Deus. Ele está sendo reconstruído com pedras enormes e suas paredes estão sendo revestidas de madeira; o trabalho está sendo executado com diligência e progride nas mãos dessa gente. [9]Interrogamos, pois, aqueles anciãos e lhes dissemos: 'Quem vos deu permissão para reconstruirdes este templo e restaurardes estas paredes?' [10]Pedimos também os nomes deles para te relatar; pudemos assim transcrever os nomes dos homens que estão à frente deles.

[11]Eis a resposta que nos deram: 'Somos os servidores do Deus do céu e

---

* **4**,23. Ne 1,3 | **5**,1. Ag 1,14-2,9; Zc 4,9

† **5**,1. Dois profetas bíblicos que incentivaram o povo a reerguer o templo.

Esdras 5-6

da terra; estamos reconstruindo um templo que havia sido edificado muitos anos atrás e que um grande rei de Israel construiu e terminou. [12]Mas porque nossos pais irritaram o Deus do céu, este os entregou nas mãos de Nabucodonosor, o caldeu, rei de Babilônia, que destruiu este templo e deportou o povo para Babilônia. [13]Entretanto, no primeiro ano de Ciro, rei de Babilônia, o próprio rei Ciro deu ordem de reconstruir este templo de Deus; [14]além disso, o rei Ciro retirou do santuário de Babilônia os utensílios de ouro e prata do templo de Deus, que Nabucodonosor levara do santuário de Jerusalém e transportara para o santuário de Babilônia; mandou entregá-los a um homem chamado Sasabassar, que ele nomeou governador, [15]e disse-lhe: Toma estes utensílios, vai depositá-los no santuário de Jerusalém, e que o templo de Deus seja reconstruído em seu lugar primitivo. [16]O mesmo Sasabassar veio, pois, colocou os fundamentos do templo de Deus em Jerusalém; e desde aquela época até o presente está sendo construído, mas ainda não está acabado'. [17]Agora, pois, se o rei acha conveniente, procure-se nos arquivos do rei, em Babilônia, se é verdade que foi dada por Ciro a ordem de reconstruir o templo de Deus em Jerusalém; e que o rei nos mande sua decisão sobre o assunto".

6 **Decreto favorável de Dario.** [1]Então, por ordem do rei Dario, fizeram-se pesquisas nos arquivos onde estavam guardados os tesouros, em Babilônia, [2]e encontrou-se em Ecbátana, fortaleza situada na província da Média, um rolo onde estava escrito o seguinte:

"Memorando.*

[3]No primeiro ano de seu reino, o rei Ciro ordenou a respeito do templo de Deus em Jerusalém:

O templo seja reconstruído como lugar onde se ofereçam sacrifícios; seus fundamentos sejam sólidos, sua altura seja de sessenta côvados e sua largura de sessenta côvados. [4]Tenha três fileiras de pedras talhadas e uma fileira de madeira. A despesa será paga pela casa do rei. [5]Além disso, serão restituídos os utensílios de ouro e de prata do templo de Deus, que Nabucodonosor retirou do santuário de Jerusalém e transferiu para Babilônia; de modo que tudo retome seu lugar no santuário de Jerusalém e seja depositado no templo de Deus.

[6]Agora, pois, Tatanai, governador da região de além-rio, Setar-Buzanai e vós, seus colegas, e autoridades da região de além-rio, afastai-vos de lá; [7]deixai que o governador de Judá e os anciãos dos judeus prossigam a obra desse templo de Deus; que eles reconstruam esse templo de Deus em seu lugar. [8]Eis o que ordeno sobre o que deveis fazer no tocante a esses anciãos dos judeus, para a reconstrução desse templo de Deus: com as entradas do rei, isto é, com os impostos da região de além-rio, as despesas desta gente lhe serão reembolsadas com exatidão e sem interrupção. [9]O que for necessário para os holocaustos do Deus do céu – novilhos, carneiros e cordeiros – e também trigo, sal, vinho e óleo, isto lhes será fornecido diariamente, sem negligência, conforme as indicações dos sacerdotes de Jerusalém, [10]para que possam oferecer ao Deus do céu sacrifícios de agradável odor e para que rezem pela vida do rei e de seus filhos. [11]Ordeno também que, se alguém transgredir este edito, arranque-se de sua casa uma viga de madeira, que será erguida para que nela seja ele suspenso; e sua casa seja convertida num montão de imundícies. [12]Que o Deus que faz habitar ali seu nome abata todo rei e todo povo que ousar modificar este decreto ou destruir esse templo de Deus em Jerusalém. Eu, Dario, dei esta ordem: seja pontualmente executada".

---

* **6**,2. 1,4

† **6**,15. A construção, iniciada em 537, terminou em 515. O templo será reformado por Herodes Magno, Jo 2,20, e será destruído por Tito em 70 d.C.

Dedicação do templo. [13]Então Tatanai, governador da região de além-rio, Setar-Buzanai e seus colegas obedeceram fielmente às instruções enviadas pelo rei Dario. [14]Os anciãos dos judeus continuaram a construir e fizeram progressos sob a inspiração do profeta Ageu e de Zacarias, filho de Ado. Terminaram a construção de acordo com a ordem do Deus de Israel e segundo o decreto de Ciro, de Dario e de Artaxerxes, rei da Pérsia. [15]Este templo foi concluído no dia vinte e três do mês de adar, no sexto ano do reinado do rei Dario†. [16]Então os israelitas – os sacerdotes, os levitas e o resto dos repatriados – celebraram com alegria a dedicação deste templo de Deus; [17]ofereceram para a dedicação deste templo de Deus cem touros, duzentos carneiros e quatrocentos cordeiros e, como sacrifício pelo pecado de todo o Israel, doze bodes, segundo o número das tribos de Israel. [18]Estabeleceram também os sacerdotes, segundo suas classes, e os levitas, segundo suas divisões, para a liturgia do templo de Deus em Jerusalém, como está escrito no livro de Moisés.

Celebração da Páscoa†. [19]Os repatriados celebraram a Páscoa* no dia catorze do primeiro mês, [20]porque os sacerdotes e os levitas se haviam purificado todos juntos e por isso todos estavam puros; imolaram, pois, a Páscoa para todos os repatriados, para seus irmãos, os sacerdotes, e para si mesmos. [21]Comeram a Páscoa os israelitas que haviam voltado do exílio e todos os que, tendo rompido com a impureza dos pagãos do país, se haviam juntado a eles para buscar a Javé, o Deus de Israel. [22]Celebraram com alegria durante sete dias a festa dos Ázimos, pois Javé os enchera de alegria, tendo feito in-

clinar-se para eles o coração do rei da Assíria†, para que apoiasse seu esforço nas obras do templo de Deus, o Deus de Israel.

II. A REFORMA DE ESDRAS
(7–10)

7 Chegada de Esdras. [1]Depois desses fatos, no reinado de Artaxerxes, rei da Pérsia, chegou Esdras, filho de Saraías, filho de Azarias, filho de Helcias, [2]filho de Selum, filho de Sadoc, filho de Aquitob, [3]filho de Amarias, filho de Azarias, filho de Maraiot, [4]filho de Zaraías, filho de Ozi, filho de Boci, [5]filho de Abisue, filho de Fineias, filho de Eleazar, filho do sumo sacerdote Aarão; [6]este Esdras subiu de Babilônia. Era um escriba† versado na lei de Moisés,* dada por Javé, o Deus de Israel. Como a mão de Javé, seu Deus, estava sobre ele, o rei lhe concedeu tudo o que pediu. [7]Subiram também para Jerusalém, no sétimo ano do rei Artaxerxes, certo número de israelitas: sacerdotes, levitas, cantores, porteiros e oblatos. [8]Esdras chegou a Jerusalém no quinto mês do sétimo ano do rei. [9]No primeiro dia do primeiro mês ele iniciou sua partida de Babilônia e no primeiro dia do quinto mês chegou a Jerusalém: a mão benéfica de Deus estava sobre ele. [10]Com efeito, Esdras havia aplicado seu coração a estudar a Lei de Javé, a praticar e ensinar em Israel os estatutos e as normas.

Decreto de Artaxerxes. [11]Esta é a cópia do documento que o rei Artaxerxes entregou ao sacerdote Esdras, escriba versado nos mandamentos de Javé e em seus estatutos* referentes a Israel.

[12]"Artaxerxes, o rei dos reis, ao sacerdote Esdras, escriba da lei do Deus do céu, paz completa.

---

* **6**,19. Êx 12,1 **| 7**,6. 7,28; 8,18; Ne 2,8.18 **|** 11. 1,2.

† **6**,19. Celebrar a Páscoa é reviver a memória do Deus salvador e confirmar o compromisso de fidelidade. Quatro vezes a Bíblia recorda a celebração de uma Páscoa solene após uma grande experiência salvífica: na noite do êxodo, Êx 12,21, após a entrada na terra prometida, Js 5,10ss, na reforma de Josias, 2Rs 23,21s, e aqui, na dedicação do templo. **|** 22. Os reis persas são os sucessores dos reis babilônios, os quais sucederam aos reis assírios. **| 7**,6. Escriba era um escrivão ou secretário da corte. Depois do exílio, o escriba será o especialista, sábio ou leigo, que lê, traduz e explica as leis ao povo.

Esdras 7-8

¹³Dei ordem para que todo aquele que em meu reino faça parte do povo de Israel, de seus sacerdotes ou levitas, e queira partir para Jerusalém, possa ir contigo; ¹⁴porque tu és enviado pelo rei e por seus sete conselheiros, para inspecionar Judá e Jerusalém, segundo a lei de teu Deus, a qual está em tuas mãos, ¹⁵e para levares a prata e o ouro que o rei e seus conselheiros ofereceram espontaneamente ao Deus de Israel que reside em Jerusalém, ¹⁶e toda a prata e ouro que encontrares em toda a província de Babilônia, além das ofertas espontâneas que o povo e os sacerdotes doarem para o templo de seu Deus em Jerusalém. ¹⁷Com esse dinheiro, pois, cuidarás de comprar touros, carneiros, cordeiros, bem como as oblações e libações que os acompanham, e os oferecerás sobre o altar do templo de vosso Deus em Jerusalém. ¹⁸Utilizareis o restante da prata e do ouro como vos parecer melhor a ti e a teus irmãos, conforme a vontade de vosso Deus. ¹⁹Deposita diante de teu Deus, em Jerusalém, os utensílios que te foram entregues para o culto do templo de teu Deus. ²⁰Tudo o mais que for necessário para o templo de teu Deus, e que te compete providenciar, porás na conta do tesouro real. ²¹Sou eu mesmo, o rei Artaxerxes, que dou esta ordem a todos os tesoureiros da região de além-rio: 'Executai rigorosamente tudo o que vos pedir o sacerdote Esdras, escriba da lei do Deus do céu, ²²até o limite de cem talentos de prata, cem coros de trigo, cem batos de vinho, cem batos de azeite e sal à vontade. ²³Tudo o que for prescrito pelo Deus do céu seja executado com exatidão para o templo do Deus do céu, para que a Ira não venha sobre o reino do monarca e de seus filhos. ²⁴Nós vos fazemos saber, também, que não é permitido cobrar imposto, tributo ou pedágio de nenhum dos sacerdotes, levitas, cantores, porteiros, oblatos, numa pala-

vra, de nenhum dos servidores desta casa de Deus'. ²⁵E tu, Esdras, segundo a sabedoria de teu Deus que possuis, estabelece escribas e juízes que administrem a justiça para todo o povo da região de além-rio, para todos os que conhecem a lei de teu Deus, e ensina-a a quem não a conhece. ²⁶Todo aquele que não observar a lei de teu Deus e a lei do rei será castigado rigorosamente: com a morte ou o desterro, com multa ou prisão".

²⁷Bendito seja Javé, o Deus de nossos pais, que dispôs o coração do rei para honrar o templo de Javé em Jerusalém ²⁸e que me fez obter o favor do rei, de seus conselheiros e de todos os mais altos ministros do rei. Quanto a mim, enchi-me de coragem, pois a mão de Javé, meu Deus, estava sobre mim, e reuni alguns chefes de Israel para que subissem comigo.

8 Lista dos repatriados com Esdras.

¹São estes, com sua genealogia[†], os chefes de família que subiram comigo de Babilônia no reinado do rei Artaxerxes:

²Dos filhos de Fineias: Gérson; dos filhos de Itamar: Daniel; dos filhos de Davi: Hatus, filho de Sequenias; ³dos filhos de Faros: Zacarias, com o qual foram registrados cento e cinquenta homens; ⁴dos filhos de Faat-Moab: Elioenai, filho de Zaraías, e com ele duzentos homens; ⁵dos filhos de Zetua: Sequenias, filho de Jaaziel, e com ele trezentos homens; ⁶dos filhos de Adin: Abed, filho de Jônatas, e com ele cinquenta homens; ⁷dos filhos de Elam: Isaías, filho de Atalia, e com ele setenta homens; ⁸dos filhos de Safatias: Zebedias, filho de Miguel, e com ele oitenta homens; ⁹dos filhos de Joab: Abdias, filho de Jaiel, e com ele duzentos e dezoito homens; ¹⁰dos filhos de Bani: Salomit, filho de Josfias, e com ele cento e sessenta homens; ¹¹dos filhos de Bebai: Zacarias, filho de Bebai, e com ele vinte e oito homens; ¹²dos filhos de Azgad:

---

† 8,1. As listas genealógicas servem para estabelecer a identidade das pessoas e seus cargos hereditários, 2,62.

Joanã, filho de Ectã, e com ele cento e dez homens; [13]dos filhos de Adonicam: os mais novos, cujos nomes são: Elifalet, Jeiel e Semeías, e com eles sessenta homens; [14]e dos filhos de Beguai: Utai, filho de Zabud, e com ele setenta homens.

Viagem e chegada a Jerusalém. [15]Reuni-os junto ao rio que corre para Aava e lá acampamos três dias. Encontrei ali homens do povo e sacerdotes, mas não encontrei nenhum levita. [16]Então mandei chamar Eliezer, Ariel, Semeías, Elnatã, Jarib, Elnatã, Natã, Zacarias e Mosolam, homens sábios, [17]e os enviei a Ado, chefe na localidade de Casfia; ditei-lhes as palavras que deviam dizer a Ado e a seus irmãos, oblatos na localidade de Casfia: que nos enviassem ministros para o templo de nosso Deus. [18]E, graças à mão benéfica de nosso Deus, que estava sobre nós, eles nos apresentaram um homem prudente, dos filhos de Mooli, filho de Levi, filho de Israel: Serebias, com seus filhos e irmãos, dezoito homens; [19]e ainda Hasabias e com ele Isaías, um dos filhos de Merari, seus irmãos e seus filhos: vinte homens. [20]E entre os oblatos* que Davi e os chefes tinham posto a serviço dos levitas: duzentos e vinte oblatos, todos registrados nominalmente.

[21]Ali, perto do rio Aava, proclamei um jejum, para nos humilharmos diante de nosso Deus e lhe pedirmos uma boa viagem para nós, para nossas crianças e para todos os nossos bens. [22]Porque eu teria vergonha* de pedir ao rei uma escolta e cavaleiros para nos defender do inimigo durante a viagem; ao contrário, tínhamos declarado ao rei: "A mão de nosso Deus se estende benigna sobre todos os que o buscam; mas seu poder e sua ira se abatem sobre todos os que o abandonam". [23]Jejuamos, pois, invocando nosso Deus nessa intenção, e ele nos atendeu.

[24]Escolhi doze chefes dos sacerdotes, isto é, Serebias e Hasabias e com eles dez de seus irmãos; [25]pesei diante deles a prata, o ouro e os utensílios, oferendas que o rei, seus conselheiros, seus príncipes e todo o Israel que se achava lá haviam feito para o templo de nosso Deus. [26]Pesei, portanto, e entreguei nas mãos deles seiscentos e cinquenta talentos de prata, utensílios de prata no valor de cem talentos, cem talentos de ouro, [27]vinte taças de ouro de mil dáricos e dois vasos de um bronze muito claro e brilhante, precioso como ouro. [28]Declarei-lhes: "Sois consagrados a Javé; estes utensílios são sagrados; esta prata e este ouro são oferta voluntária a Javé, o Deus de vossos pais. [29]Sede vigilantes em guardá-los até que possais pesá-los diante dos chefes dos sacerdotes e dos levitas e dos chefes de famílias de Israel, em Jerusalém, nas salas do templo de Javé". [30]Os sacerdotes e os levitas tomaram então a seus cuidados a prata, o ouro e os utensílios assim pesados, para transportá-los a Jerusalém, para o templo de nosso Deus.

[31]No dia doze do primeiro mês, partimos do rio Aava e fomos para Jerusalém. A mão de nosso Deus estava sobre nós, e na estrada protegeu-nos dos assaltos dos inimigos e dos salteadores. [32]Chegamos a Jerusalém e lá descansamos três dias. [33]No quarto dia, a prata, o ouro e os utensílios foram pesados no templo de nosso Deus e entregues nas mãos do sacerdote Meremot, filho de Urias, com quem estavam Eleazar, filho de Fineias, e os levitas Jozabad, filho de Josué, e Noadaías, filho de Benui. [34]Tudo correspondia ao número e ao peso; e o peso total foi registrado.

Naquele tempo, [35]os que voltaram do exílio, os exilados, ofereceram holocaustos ao Deus de Israel: doze touros por todo o Israel, noventa e seis carneiros, setenta e dois cordeiros, doze bodes pelo pecado; tudo isso em holocausto a Javé.

[36]Entregaram os decretos do rei aos sátrapas reais e aos governadores da região de além-rio, os quais deram sua ajuda ao povo e ao templo de Deus.

---

* **8,**20. 2,43 | 22. Ne 2,9

Esdras 9-10

9 Matrimônios com estrangeiras†.

¹Feito isso, os chefes vieram* procurar-me, dizendo: "O povo de Israel, os sacerdotes e os levitas não se separaram dos povos de outras terras no que se refere a suas abominações – cananeus,* heteus, ferezeus, jebuseus, amonitas, moabitas, egípcios e amorreus – ²porque, para si e para seus filhos, tomaram esposas entre as filhas deles,* e assim a linhagem santa misturou-se com os povos dessas terras; os chefes e os magistrados foram os primeiros a incorrer nessa infidelidade!" ³Quando ouvi isso, rasguei minha veste e meu manto, arranquei os cabelos da cabeça* e da barba† e sentei-me consternado. ⁴Todos os que temiam as palavras do Deus de Israel reuniram-se a meu redor por causa dessa infidelidade dos exilados. Eu fiquei sentado e consternado até a oblação da tarde. ⁵Na hora da oblação da tarde, levantei-me de minha prostração; com a veste e o manto rasgados, caí de joelhos, estendi as mãos para Javé, meu Deus, ⁶e disse:

Oração de Esdras. "Meu Deus, estou coberto de vergonha e confusão ao levantar minha face para vós, meu Deus. Porque nossas iniquidades se multiplicaram até acima de nossas cabeças, e nossa culpa cresceu até o céu. ⁷Desde os dias de nossos pais até este dia uma grande culpa pesa sobre nós: por causa de nossas iniquidades, nós, nossos reis e nossos sacerdotes, fomos entregues às mãos dos reis de outras terras e temos sido sujeitos à espada, ao cativeiro, à rapina e à vergonha, como ainda hoje. ⁸Mas agora, por um breve instante, Javé, nosso Deus, nos concedeu a graça de deixar-nos um resto* de sobreviventes† e de dar-nos um asilo em seu lugar santo; assim nosso Deus deu brilho a nossos olhos e um pouco de vida no meio de nossa escravidão. ⁹Porque somos escravos, mas em nossa escravidão nosso Deus não nos abandonou; antes, granjeou-nos o favor dos reis da Pérsia, fazendo-nos reviver para podermos reconstruir o templo de nosso Deus e restaurar suas ruínas, concedendo-nos proteção em Judá e em Jerusalém. ¹⁰Mas agora, ó nosso Deus, que podemos dizer depois disso? Pois abandonamos vossos mandamentos ¹¹que destes por meio de vossos servos, os profetas, dizendo: 'A terra aonde ides entrar* para dela tomar posse é uma terra contaminada pela imundície dos povos do país, pelas abominações com que a infestaram de uma extremidade à outra* com suas impurezas. ¹²Por isso, não deis vossas filhas a seus filhos e não tomeis suas filhas como esposas para vossos filhos; não deveis jamais contribuir para sua prosperidade e seu bem-estar, para que assim vos torneis fortes e comais os melhores frutos da terra e a deixeis como herança a vossos filhos para sempre'.

¹³Ora, depois de tudo o que nos aconteceu, por causa de nossas más ações e por causa de nossa grande culpa – embora vós, ó nosso Deus, nos tenhais castigado menos do que mereciam nossas iniquidades e nos tenhais deixado os sobreviventes que aqui estão – ¹⁴tornaremos a violar vossos mandamentos e nos aparentar com os povos que cometem essas abominações? Não vos irraríeis contra nós até nos aniquilardes, sem deixar resto nem sobreviventes? ¹⁵Javé, Deus de Israel, vós sois justo, por isso o que restou de nós é um grupo de sobreviventes, como acontece hoje. Eis-nos aqui diante de vós com nossa culpa! Sim, por sua causa é impossível subsistirmos em vossa presença".

10 A ordem de repudiar as mulheres estrangeiras.

¹Enquanto Esdras rezava e fazia esta confissão chorando, prostrado diante do templo

---

* **9**,1. Ml 2,10s / Dt 7,1 | 2. Ne 9,2 | 3. Is 66,2.5 | 8. Is 4,3 | 11. Lv 18,24s; Ez 36,17 / Dt 7,3

† **9**. A lei mosaica proibia os casamentos com estrangeiras, Êx 34,16; Dt 7,3s. Ver Ml 2,11. A experiência nefasta de reis como Salomão, 1Rs 11,1-13 e Acab, 1Rs 16,31, servia de advertência, Ne 13,26. | 3. Rasgar as vestes é sinal de dor e consternação. Esta é a única vez que ocorre a expressão "arrancar os cabelos". | 8. Ver a nota em 1,4.

Esdras 10

de Deus, uma imensa assembleia de Israel, homens, mulheres e crianças, reuniu-se em torno dele, e o povo chorava copiosamente. [2]Então Sequenias, filho de Jaiel, um dos filhos de Elam, tomou a palavra e disse a Esdras: "Fomos infiéis a nosso Deus, desposando mulheres estrangeiras, tomadas dentre os povos do país. Pois bem, apesar disso, resta ainda uma esperança para Israel. [3]Façamos uma aliança com nosso Deus: despediremos todas essas mulheres e os filhos que delas nasceram, de acordo com o conselho de meu senhor e dos que temem os mandamentos de nosso Deus, e que seja feito conforme a lei. [4]Levanta-te, pois, a ti é confiada esta incumbência, mas estaremos a teu lado. Coragem e mãos à obra!" [5]Então Esdras se levantou e fez os chefes dos sacerdotes e dos levitas e todo o Israel jurar que fariam como acabava de ser dito; e eles juraram. [6]Esdras ergueu-se diante do templo de Deus e dirigiu-se ao aposento de Joanã, filho de Eliasib, onde passou a noite sem comer pão nem beber água, pois estava de luto por causa da infidelidade dos repatriados.

[7]Fez-se uma proclamação em Judá e em Jerusalém a todos os repatriados, para que se reunissem em Jerusalém: [8]quem não comparecesse dentro de três dias, segundo o conselho dos chefes e dos anciãos, teria todos os seus bens votados ao extermínio e seria excluído da comunidade dos repatriados. [9]Reuniram-se, pois, todos os homens de Judá e de Benjamim no prazo de três dias em Jerusalém: era o dia vinte e nove do nono mês. Todo o povo se encontrava na praça do templo de Deus, tremendo por causa daquele assunto e porque chovia forte. [10]Então o sacerdote Esdras levantou-se e declarou-lhes: "Cometestes uma infidelidade desposando mulheres estrangeiras: aumentastes desta forma a culpa de Israel! [11]Mas agora confessai-vos a Javé, o Deus de vossos pais, e executai sua vontade separando-vos dos povos do país e das mulheres estrangeiras". [12]A assembleia inteira respondeu com voz forte: "Sim, nosso dever é agir segundo tuas ordens! [13]Mas o povo é numeroso e estamos na estação das chuvas: não se consegue ficar ao relento; além disso, o assunto não se resolve em um dia ou dois, pois somos muitos os que fomos rebeldes neste ponto. [14]Que nossos chefes representem a assembleia inteira; e todos os que, em nossas cidades, desposaram mulheres estrangeiras venham aqui em datas marcadas, acompanhados dos anciãos e dos juízes da respectiva cidade, até que se afaste de nós o furor da ira de nosso Deus por causa disso".

[15]Só Jônatas, filho de Asael, e Jaasias, filho de Tícua, fizeram oposição a esta proposta, sustentados por Mosolam e pelo levita Sebetai. [16]Os repatriados agiram como fora proposto. O sacerdote Esdras escolheu para si alguns homens, chefes de famílias, segundo suas casas, todos designados nominalmente. Começaram no primeiro dia do décimo mês as sessões para examinar os casos. [17]E no primeiro dia do primeiro mês terminaram a investigação de todos os homens que tinham desposado mulheres estrangeiras.

Lista dos culpados. [18]Entre os filhos dos sacerdotes que haviam desposado mulheres estrangeiras foram achados os seguintes: entre os filhos de Josué, filho de Josedec, e entre seus irmãos: Maasias, Eliezer, Jarib e Godolias. [19]Prometeram com juramento repudiar suas mulheres e, por seu pecado, ofereceram um carneiro como sacrifício de reparação;

[20]entre os filhos de Emer: Hanani e Zabadias;

[21]entre os filhos de Harim: Maasias, Elias, Semeías, Jaiel e Ozias;

[22]entre os filhos de Fasur: Elioenai, Maasias, Ismael, Natanael, Jozabad e Elasa.

[23]Entre os levitas: Jozabad, Semei,* Celaías, também chamado Calita, Petaías, Judá e Eliezer.

[24]Entre os cantores: Eliasib.

Entre os porteiros: Selum, Telem e Uri.

---

* **10**,23. Ne 8,7; 10,11

Esdras 10

25Entre os israelitas:

dos filhos de Faros: Remeías, Jezias, Melquias, Miamin, Eleazar, Melquias e Banaías;

26dos filhos de Elam: Matanias, Zacarias, Jaiel, Abdi, Jerimot e Elias;

27dos filhos de Zetua: Elioenai, Eliasib, Matanias, Jerimot, Zabad e Aziza;

28dos filhos de Bebai: Joanã, Hananias, Zabai, Atlai;

29dos filhos de Beguai: Mosolam, Meluc, Adaías, Jasub, Jerimot;

30dos filhos de Faat-Moab: Ednas, Calal, Banaías, Maasias, Matanias, Beseleel, Benui, Manassés;

31dos filhos de Harim: Eliezer, Jesias, Melquias, Semeías, Simeão, 32Benjamim, Meluc, Semerias;

33dos filhos de Hasum: Matanai, Matatias, Zabad, Elifalet, Jermai, Manassés, Semei;

34dos filhos de Bani: Maadai, Amram, Joel, 35Banaías, Badaías, Quelias, 36Vanias, Meremot, Eliasib, 37Matanias, Matanai e Jasi;

38dos filhos de Benui: Semei, 39Selemias, Natã e Adaías;

40dos filhos de Zacai: Sisai, Sarai, 41Azareel, Selemias, Semerias, 42Selum, Amarias, José;

43dos filhos de Nebo: Jeiel, Matanias, Zabad, Zabina, Jedu, Joel, Banaías.

44Todos esses tinham desposado mulheres estrangeiras; e alguns deles tinham mulheres das quais tiveram filhos.

NEEMIAS

Chama-se Neemias o governador da província judaica sujeita ao império persa, responsável pela reconstrução dos muros de Jerusalém, obra iniciada em 445 a.C. Já estava reconstruído o templo, mas a cidade não tinha segurança, com os muros em ruínas e a população reduzida a poucas famílias. Os samaritanos opunham tenaz resistência, fazendo fracassar as várias tentativas de reconstrução; denunciavam os judeus ao rei da Pérsia, obtendo dele a interrupção das obras.

Neemias era um judeu de Susa, copeiro da corte de Artaxerxes I, rei da Pérsia. Obteve dele a anulação do decreto que proibia a reconstrução e recebeu licença para ir pessoalmente dirigir a obra, com a autoridade de governador do rei. Homem enérgico e bom organizador, conseguiu reunir as forças, animar o povo e iniciar os trabalhos, não se deixando intimidar pelos sarcasmos e pela oposição dos vizinhos. Levou doze anos para reconstruir os muros e ao mesmo tempo conseguiu aumentar a população e socorrer os pobres, explorados por saqueadores e usurários. Assim, por obra desse leigo corajoso, a cidade renasceu, alimentando a esperança da realização das profecias que falavam de uma nova Jerusalém, centro de atração para todas as nações (Is 60,1-6).

Num dia solene, às vezes chamado "Dia do Nascimento do Judaísmo", Esdras, o escriba, faz ao povo a leitura do livro da Lei, ou seja, do Pentateuco, na forma em que existia na época (Ne 8,1-12).

O livro refere ainda a celebração da festa das Tendas e a realização de uma liturgia penitencial. Neemias empreende uma reforma religiosa e moral, insistindo na observância do sábado e dos dízimos para os levitas e na proibição dos matrimônios com estrangeiras.

Para o leitor do livro, aquele trabalho de refazer os muros caídos, fortificar as portas e reconstruir as casas pode significar simbolicamente reconstruir a vida pessoal e comunitária, com a força da fé e da união, à luz da palavra de Deus. É um convite à luta pelo crescimento de nossas comunidades, para que sejam sinal de unidade, de amor e de paz.

I. NEEMIAS RECONSTRÓI AS MURALHAS
(1–7)[†]

1 **Tristeza de Neemias pela sorte dos repatriados.** [1]Palavras de Neemias, filho de Hacalias. No mês de casleu, no vigésimo ano, quando me encontrava na cidadela de Susa, [2]chegou Hanani, um de meus irmãos, com alguns homens de Judá. Interroguei-os sobre os judeus repatriados que haviam sobrevivido ao cativeiro e sobre Jerusalém. [3]Responderam-me: "Os sobreviventes do cativeiro, que estão lá na província, vivem em grande miséria e abatimento: as muralhas de Jerusalém estão em ruínas e suas portas, incendiadas". [4]Ouvindo essas palavras, sentei-me, chorei, fiquei de luto vários dias, jejuando e rezando diante do Deus do céu.

[5]Eu disse: "Ah! Javé, Deus do céu, Deus grande e temível, que mantendes a aliança* e a misericórdia para com aqueles que vos amam e observam* vossos mandamentos, [6]que vossos ouvidos estejam atentos e vossos olhos abertos para ouvir a prece de vosso servo. Dia e noite eu vos suplico em favor dos israelitas, vossos servos, e confesso os pecados que nós israelitas cometemos contra vós: também eu e a casa de meu pai pecamos. [7]Procedemos muito mal para convosco, não observando os mandamentos, estatutos e normas que havíeis prescrito a Moisés, vosso servo. [8]Lembrai-vos, porém, da palavra que confiastes a Moisés,* vosso servo: 'Se fordes infiéis, eu vos dispersarei entre as nações; [9]mas se voltardes a mim, observando meus mandamentos e pondo-os em prática, mesmo que vossos exilados

---

* **1**,5. Dt 7.9.12 / 2Cr 6,40 | 8. Dt 30,1-4

† **1**. Os cc. 1-7 reproduzem um diário de Neemias. O ano 20 de Artaxerxes I é 446 a.C. Susa era residência de inverno dos reis da Pérsia.

Neemias 1-2

se acharem nos confins do céu, de lá os reunirei e reconduzirei ao lugar que escolhi para nele fazer habitar meu nome'. [10]Eles são vossos servos e vosso povo que resgatastes* por vosso grande poder e com vossa mão poderosa! [11]Senhor, que vossos ouvidos estejam atentos à prece de vosso servo, à prece de vossos servos que desejam temer vosso nome. Concedei, vos suplico, o bom êxito a vosso servo e fazei-o ganhar a benevolência deste homem".

Eu era então copeiro do rei.

2 Neemias vai a Jerusalém.

[1]No mês de nisã, no vigésimo ano do rei Artaxerxes, estando diante dele o vinho, eu o tomei e ofereci ao rei. E, como antes eu nunca havia estado triste em sua presença, [2]o rei me disse: "Por que estás com a fisionomia triste se não estás doente? Certamente é teu coração que está aflito!" Fiquei muito apreensivo [3]e disse ao rei: "Viva o rei para sempre! Como meu rosto poderia não estar triste quando está em ruínas a cidade onde estão os túmulos de meus pais e suas portas, devoradas pelo fogo?" [4]E o rei me disse: "Então, que desejas?" Invoquei o Deus do céu [5]e respondi ao rei: "Se é do agrado do rei e se encontrei favor ante teus olhos, envia-me a Judá, à cidade santa onde jazem meus pais, a fim de que possa reconstruí-la". [6]O rei perguntou-me, estando a rainha sentada a seu lado: "Até quando durará tua viagem? Quando voltarás?" Aprouve ao rei enviar-me e marquei-lhe um prazo. [7]Eu disse ainda ao rei: "Se parecer bem ao rei, sejam-me dadas cartas para os governadores da região de além-rio, a fim de que me deixem passar e entrar em Judá; [8]e também uma carta para Asaf, guarda do parque real, para que me forneça madeira de construção para as portas da cidadela do templo, para as muralhas da cidade e para a casa em que vou morar". O rei me deu as cartas, pois a mão benévola de meu Deus estava sobre mim.

[9]Fui, pois, ter com os governadores* da região de além-rio e entreguei-lhes as cartas do rei. O rei mandou uma escolta de oficiais do exército e de cavaleiros para me acompanhar.

[10]Quando Sanabalat, o horonita[+], e Tobias, o funcionário amonita, foram informados disso, mostraram-se muito aborrecidos pelo fato de ter chegado alguém para trabalhar em benefício dos israelitas.

Neemias exorta a reconstruir as muralhas. [11]Chegando a Jerusalém, lá permaneci três dias. [12]Depois levantei-me de noite, acompanhado de alguns homens, sem ter revelado a ninguém o que meu Deus me havia inspirado fazer por Jerusalém e sem ter comigo outro animal senão minha própria montaria. [13]Saí, pois, à noite, pela porta do Vale, dirigi-me à fonte do Dragão e depois à porta do Esterco; inspecionei os muros de Jerusalém, que estavam derrubados e cujas portas tinham sido incendiadas. [14]Prossegui meu caminho rumo à porta da Fonte e à piscina do Rei, e não encontrei mais passagem para o animal que cavalgava. [15]Por isso fui subindo de noite pela torrente, sempre observando as muralhas, entrei pela porta do Vale e voltei para casa. [16]Os magistrados não ficaram sabendo aonde eu tinha ido, nem o que havia feito. Até então nada tinha comunicado aos judeus, nem aos sacerdotes, nem aos nobres, nem aos magistrados, nem aos que se ocupavam dos trabalhos. [17]Disse-lhes então: "Estais vendo a situação miserável em que estamos: Jerusalém está destruída e suas portas, devoradas pelo fogo. Vinde! Reconstruamos as muralhas de Jerusalém e não seremos mais objeto de insulto!" [18]Eu lhes expus como a mão benévola de Deus tinha estado sobre mim, e as palavras que o rei me havia dirigido. "Levantemo-nos! – exclamaram – e ponhamos mãos à obra!" E lançaram-se com coragem a esse belo empreendimento.

---

* **1**,10. Dt 9,29 | **2**,9. Esd 8,22

+ **2**,10. Governador da Samaria, mencionado nos papiros de Elefantina. Tobias tinha aliados importantes, 6,18.

Neemias 2-3

[19]Ao saber disso, Sanabalat, o horonita, Tobias, o funcionário amonita, e Gosem, o árabe, zombaram de nós e nos olharam com desprezo, dizendo: "Que é que estais fazendo? Uma revolta contra o rei?" [20]Mas eu lhes respondi: "O Deus do céu nos fará triunfar. Nós, seus servos, vamos começar a construir. Quanto a vós, não tendes parte, nem direito, nem memória em Jerusalém".

3 Os operários e suas obras[†]. [1]Eliasib, o sumo sacerdote, e seus irmãos, os sacerdotes, puseram-se a trabalhar e construíram a porta das Ovelhas: puseram as vigas, fixaram os batentes e continuaram a construir até a torre dos Cem e até a torre de Hananeel. [2]Junto dele trabalhou o povo de Jericó e, mais adiante, Zacur, filho de Imri. [3]Os filhos de Asená construíram a porta dos Peixes[*]: puseram as vigas, fixaram os batentes, as fechaduras e as trancas. [4]Junto deles trabalhava na restauração Meremot, filho de Urias, filho de Acus; junto deles trabalhava na restauração Mosolam, filho de Baraquias, filho de Mesebezet; junto deles trabalhava na restauração Sadoc, filho de Baana. [5]Junto deles trabalhou na restauração o povo de Técua, mas seus nobres se recusaram a submeter-se ao serviço de seus senhores. [6]Joiada, filho de Fasea, e Mosolam, filho de Besodias, restauraram a porta Velha: puseram as vigas, fixaram os batentes, as fechaduras e as trancas. [7]Ao lado deles trabalharam na restauração Meltias de Gabaon e Jadon de Meronot, bem como o povo de Gabaon e de Masfa, que pertenciam ao domínio do governador da região de além-rio. [8]Junto deles trabalhou na restauração Oziel, membro da corporação dos ourives; mais além restaurou Hananias, da corporação dos perfumistas: eles reforçaram Jerusalém até a muralha larga. [9]Junto deles restaurou Rafaías, filho de Hur, chefe da metade do distrito de Jerusalém. [10]A seu lado trabalhava Jedaías, filho de Haromaf, defronte de sua casa. Ao lado dele trabalhou Hatus, filho de Hasebonias. [11]Melquias, filho de Herem e Hasub, filho de Faat-Moab, reconstruíram o setor seguinte e a torre dos Fornos. [12]Junto deles trabalhou na restauração, junto com suas filhas, Selum, filho de Aloés, chefe da metade do distrito de Jerusalém. [13]Hanun e os habitantes de Zanoc restauraram a porta do Vale: reconstruíram-na, puseram-lhe os batentes, as fechaduras e as trancas, e refizeram mil côvados de muro, até a porta do Esterco. [14]Melquias, filho de Recab, chefe do distrito de Bet-Acarem, restaurou a porta do Esterco: reconstruiu-a, fixou-lhe os batentes, as fechaduras e as trancas.

[15]Selum, filho de Col-Hoza, chefe do distrito de Masfa, restaurou a porta da Fonte: construiu-a, cobriu-a, fixou-lhe os batentes, as fechaduras e as trancas. Reconstruiu também o muro da piscina de Siloé, ao lado do jardim do rei, até a escada que desce da Cidade de Davi. [16]Depois dele, Neemias, filho de Azboc, chefe da metade do distrito de Betsur, fez a restauração até defronte dos túmulos de Davi, até o açude artificial e até a casa dos Heróis. [17]Depois deles trabalharam os levitas: Reum, filho de Bani; ao lado dele, restaurou Hasabias, chefe da metade do distrito de Ceila, para seu distrito; [18]junto dele restauraram seus irmãos: Benui, filho de Henadad, chefe da metade do distrito de Ceila. [19]A seu lado, Ezer, filho de Jesua, chefe de Masfa, restaurou um outro setor, defronte da subida do Arsenal, na esquina.

[20]Depois dele, Baruc, filho de Zabai, reconstruiu com grande entusiasmo outro setor, desde a esquina até a porta da casa de Eliasib, o sumo sacerdote. [21]Depois dele, Meremot, filho de Urias, filho de Acos, restaurou outro setor, desde a entrada da casa de Eliasib até

---

* **3**,3. Esd 2,35

† **3**. Este c. parece reproduzir um documento dos arquivos do templo; é o texto mais rico em detalhes sobre a topografia da antiga Jerusalém.

Neemias 3-4

sua extremidade. [22]Depois dele trabalharam na restauração os sacerdotes que moravam na periferia. [23]Depois deles, Benjamim e Hasub restauraram diante de suas casas. Depois deles, Azarias, filho de Maasias, filho de Ananias, restaurou ao lado de sua casa. [24]Depois dele, Benui, filho de Henadad, restaurou um outro setor, desde a casa de Azarias até a esquina e até o ângulo. [25]Depois dele, Falel, filho de Ozi, restaurou em frente à esquina e à torre que sobressai acima do andar superior do palácio real e está junto ao pátio da prisão. Depois dele, Fadaías, filho de Faros, restaurou [26]até defronte da porta das Águas, ao oriente, e até a torre que sobressai. [27]Depois dele, o povo de Técua restaurou um outro setor, em frente da grande torre que sobressai e até o muro de Ofel.

[28]A partir da porta dos Cavalos, os sacerdotes trabalharam nas restaurações, cada um em frente de sua casa. [29]Depois deles, Sadoc, filho de Hemer, restaurou* diante de sua casa. Depois dele, restaurou Semaías, filho de Sequemias, guardião da porta do Oriente. [30]Depois deles, Hananias, filho de Selemias, e Hanun, sexto filho de Selef, restauraram outro setor. Depois dele, Mosolam, filho de Baraquias, restaurou diante de seu aposento. [31]Depois dele, Melquias, da corporação dos ourives, restaurou até a morada dos oblatos† e dos comerciantes, em frente à porta da Guarda, até a sala alta do ângulo. [32]E entre a sala alta do ângulo e a porta das Ovelhas restauraram os ourives e os comerciantes.

Reações dos inimigos. [33]Logo que Sanabalat soube que estávamos reconstruindo as muralhas, encolerizou-se e mostrou-se muito irritado. Escarnecendo dos judeus, [34]exclamou diante de seus irmãos e diante das tropas de Samaria: "Que estão fazendo esses pobres judeus? Refazer os muros e depois oferecer sacrifícios? Vão terminar num dia? Farão reviver essas pedras†, tiradas de montões de escombros e já calcinadas?" [35]Tobias, o amonita, que estava a seu lado, disse: "Isso que eles estão construindo, se uma raposa subir aí, derrubará sua muralha de pedras!" [36]Ouvi, nosso Deus, como somos desprezados! Fazei recair seus insultos sobre sua cabeça. Entregai-os como presa numa terra de cativeiro! [37]Não perdoeis sua iniquidade* e que seu pecado não seja cancelado diante de vós, pois ofenderam os construtores.

[38]Assim reconstruímos os muros, que foram completados até meia altura. O povo tinha ânimo para trabalhar.

4 Tenacidade dos construtores.

[1]Quando Sanabalat, Tobias, os árabes, os amonitas e os azotitas souberam que a reconstrução das muralhas de Jerusalém ia adiante e que as brechas começavam a ser fechadas, ficaram muito irritados [2]e ajuntaram-se todos de comum acordo, para virem atacar Jerusalém e criar confusão no local.

[3]Invocamos então nosso Deus e, por causa deles, para proteger a cidade, estabelecemos contra eles um policiamento dia e noite. [4]Judá, porém, dizia: "Diminuem as forças dos carregadores, há escombros demais: não poderemos reerguer as muralhas!" [5]E nossos inimigos declaravam: "Antes que saibam ou vejam qualquer coisa, surgiremos no meio deles: então vamos massacrá-los e parar a obra!" [6]Estavam chegando alguns judeus que moravam perto deles e que dez vezes nos avisaram: "De todos os lados para os quais vos voltais, eles virão contra nós". [7]Eu distribuí o povo por famílias nos lugares baixos e abertos por detrás dos muros, com suas espadas, lanças e arcos. [8]Depois que inspecionei tudo, levantei-me e disse aos nobres, aos magistrados e

---

* **3**,29. Ez 40,6 | 37. Jr 18,23

† **3**,31. Ver a nota em Esd 2,43. | **3**,34. As ruínas são pedras mortas, mas ganham vida as pedras quando formam um conjunto. Na Igreja, os cristãos são "pedras vivas", 1Pd 2,5, que formam o edifício de Deus, 1Cor 3,9.

ao resto do povo: "Não tenhais medo dessa gente! Lembrai-vos do Senhor, grande e temível, e combatei por vossos irmãos, vossos filhos, vossas filhas, vossas mulheres e vossas casas!" [9]Quando nossos inimigos souberam que estávamos informados e que Deus lhes frustrara o projeto, voltamos todos às muralhas, cada qual a seu trabalho.

[10]Mas, a partir desse dia, a metade de meus homens participava dos trabalhos e os outros empunhavam lanças, escudos, arcos e couraças; os chefes estavam atrás de toda casa dos judeus. [11]Os que construíam as muralhas e os que carregavam e levavam as cargas, com uma das mãos trabalhavam e com a outra seguravam uma arma. [12]Cada um dos construtores, no momento do serviço, trazia sua espada cingida na cintura. Um trombeteiro estava a meu lado. [13]Eu disse aos nobres, aos magistrados e ao resto do povo: "A obra é grande e extensa, e nós estamos espalhados ao longo das muralhas, longe uns dos outros. [14]Reuni-vos em torno de nós no lugar de onde ouvirdes sair o som da trombeta, e nosso Deus combaterá por nós". [15]Assim, pois, nós continuávamos os trabalhos, e a metade dos homens empunhava as lanças, desde o raiar da aurora até aparecerem as estrelas. [16]Naquela época eu disse ainda ao povo: "Cada um com seu ajudante passe a noite em Jerusalém, para que de noite nos sirvam de guarda e de dia trabalhem". [17]Mas nem eu, nem meus irmãos, nem meus homens, nem os guardas que me escoltavam, ninguém tirava a roupa: cada um conservava sua arma na mão direita.

5 **Medidas sociais.** [1]Surgiu uma grande queixa* entre os homens do povo e suas mulheres contra seus irmãos, os judeus. [2]Uns diziam: "Nós, nossos filhos e nossas filhas somos numerosos; queremos trigo para comer e viver". [3]Outros diziam: "Temos de hipotecar nossos campos, nossas vinhas e nossas casas para recebermos trigo durante a carestia". [4]Outros ainda diziam: "Tomamos dinheiro emprestado para pagarmos o tributo do rei, empenhando nossas terras e nossas vinhas. [5]Ora, temos a mesma carne que nossos irmãos, e nossos filhos* são como os deles; no entanto, temos de entregar à escravidão nossos filhos e filhas†; e há entre nossas filhas algumas que já são escravas! Não podemos fazer nada, porque nossos campos e nossas vinhas já pertencem a outros".

[6]Fiquei muito irritado quando ouvi suas lamúrias e essas palavras. [7]Tendo considerado comigo mesmo, repreendi os nobres e os magistrados nestes termos: "Praticais a usura, cada qual contra seu irmão!" Convoquei contra eles uma grande assembleia [8]e lhes disse: "Resgatamos na medida de nossas posses nossos irmãos judeus que se haviam vendido às nações. E agora vós vendeis vossos irmãos para que sejam vendidos a nós?" Eles emudeceram e não acharam resposta. [9]Continuei: "Não está certo o que fazeis. Não deveríeis caminhar no temor de Deus, para evitar os insultos das nações, nossas inimigas? [10]Também eu, meus irmãos e meus homens emprestamos-lhes dinheiro e trigo. Pois bem, perdoemos-lhes essa dívida. [11]Restituí-lhes hoje mesmo seus campos, suas vinhas, seus olivais e suas casas e renunciai aos juros que lhes cobrais pelo dinheiro, pelo trigo, pelo vinho e pelo óleo". [12]Responderam: "Nós restituiremos; não exigiremos nada mais deles: faremos como disseste". Chamei então os sacerdotes e os fiz jurar que agiriam segundo essa promessa. [13]Depois sacudi a dobra de meu manto, dizendo: "Que Deus assim sacuda* para fora de sua casa e de seus bens todo homem que não mantiver essa palavra: que seja assim sacudido e despojado de tudo!" Toda a assembleia respondeu: "Amém!" E deu louvor a Javé. E o povo agiu conforme esse compromisso.

---

* **5**,1. Jr 34,8-22 | 5. Lv 25,39 | 13. Jr 18,1
† **5**,5. Ver a nota em Êx 21,2.

Neemias 5-6

Retidão de Neemias. [14]Além disso, desde o dia em que o rei me nomeou governador do país de Judá, do vigésimo ao trigésimo segundo ano do rei Artaxerxes[†], durante doze anos, eu e meus irmãos jamais comemos o pão devido ao governador. [15]Ora, os antigos governadores que me precederam oneravam o povo: cobravam dele todo dia, para o pão, quarenta siclos de prata; até seus servos oprimiam o povo. Eu, ao contrário, jamais agi assim, por temor de Deus.

[16]Dei-me ao trabalho para fazer essas muralhas e não comprei nenhum terreno. Todo o meu pessoal estava lá reunido no trabalho.

[17]A minha mesa comiam os judeus e os magistrados em número de cento e cinquenta, sem contar os que vinham a nós das nações vizinhas. [18]O que era preparado cada dia – um boi, seis ovelhas escolhidas e aves – era preparado por minha conta e, de dez em dez dias, muito vinho de todo tipo. Apesar de tudo isso, jamais reclamei o pão do governador, pois os trabalhos pesavam muito sobre o povo. [19]Lembrai-vos a meu favor, ó meu Deus, de tudo o que fiz por este povo!

6 **Intrigas dos inimigos.** [1]Quando Sanabalat, Tobias, Gosem, o árabe, e outros inimigos nossos souberam que eu havia reconstruído as muralhas e que não havia mais nenhuma brecha, embora nesta data eu não tinha ainda fixado os batentes nas portas, [2]Sanabalat e Gosem enviaram-me esta mensagem: "Vem para um encontro em Cefirim, no vale de Ono". Mas eles pensavam em fazer-me mal. [3]Enviei-lhes, pois, mensageiros com esta resposta: "Estou ocupado num grande trabalho e não posso descer: por que haveria de cessar a obra, quando eu a deixasse para ir até vós?" [4]Quatro vezes mandaram-me o mesmo convite e dei-lhes a mesma resposta. [5]Então Sanabalat mandou-me dizer a mesma coisa pela quinta vez, por meio de seu servo, que tinha nas mãos uma carta aberta, [6]na qual estava escrito: "Ouve-se dizer entre as nações, e Gasmu o confirma, que tu e os judeus pensais em rebelar-vos, e é por isso que estais reconstruindo as muralhas; que tu serias o rei deles [7]e terias até mesmo constituído profetas para proclamarem a teu respeito em Jerusalém: 'Há um rei em Judá!' Agora esses boatos vão chegar aos ouvidos do rei: vem, pois, e entendamo-nos". [8]Mas mandei responder-lhe: "Não aconteceu isto que afirmas, mas tu o inventas em teu espírito". [9]A verdade é que eles todos queriam amedrontar-nos, pensando: "Suas mãos desistirão do trabalho, que jamais será terminado". No entanto, dava-se o contrário: eu fortalecia minhas mãos!

[10]Um dia fui à casa de Semaías, filho de Delaías, filho de Metabeel, que se havia encerrado lá dentro. Ele declarou:

"Reunamo-nos no templo de Deus,
no interior do santuário;
fechemos as portas do santuário,
porque virão para te matar,
sim, esta noite, virão te matar!"

[11]Mas eu respondi: "Um homem como eu há de fugir? E qual é o homem de minha condição que entraria no santuário para salvar sua vida?[†] Não, não irei!" [12]Reconheci que não era Deus que o tinha enviado, mas que ele pronunciara este oráculo contra mim porque Tobias e Sanabalat o haviam subornado. [13]Fora subornado para amedrontar-me e levar-me a agir daquele modo e pecar, para criar-me uma reputação má e expor-me à desonra. [14]Lembrai-vos, meu Deus, de Tobias* e de Sanabalat, pelo que cometeram; e também de Noadias, a profetisa, e dos outros profetas que quiseram intimidar-me.

Término das muralhas. [15]As muralhas ficaram prontas no dia vinte e cinco de elul, em cinquenta e dois dias. [16]Quando todos os nossos inimigos o souberam e todas as nações em torno de

---

* **6**,14. Jr 23,9-40; Zc 13,2s | 16. Sl 118,22s; 127,1

† **5**,14. Neemias governou a Judeia de 446 a 434 a.C. | **6**,11. Sendo leigo, Neemias não podia entrar no santuário, Nm 18,7.

495 Neemias 6-7

nós viram isto, sentiram-se fortemente humilhados e reconheceram que este trabalho fora realizado* graças a nosso Deus.

[17]Por essa época os nobres de Judá mandavam muitas cartas a Tobias e as de Tobias lhes chegavam às mãos; [18]pois ele tinha em Judá muitos aliados, sendo genro de Sequenias, filho de Area, e tendo seu filho Joanã desposado a filha de Mosolam, filho de Baraquias. [19]Até mesmo em minha presença enalteciam suas boas ações e lhe transmitiam minhas palavras. Tobias mandava cartas para me intimidar.

7 **Vigilância nas portas.** [1]Quando as muralhas foram reedificadas, eu fixei os batentes; os porteiros, os cantores e os levitas foram estabelecidos em suas funções. [2]Confiei a administração de Jerusalém a Hanani, meu irmão, e a Hananias, comandante da cidadela, pois era um homem fiel e que temia a Deus mais do que muitos outros. [3]Ordenei-lhes: "As portas de Jerusalém não serão abertas antes que o sol comece a esquentar; e, enquanto os cidadãos ainda estiverem de pé, serão fechadas e trancadas. Sejam estabelecidos postos de guarda para os habitantes de Jerusalém, ficando cada um em seu posto, cada um diante de sua casa".

[4]A cidade era espaçosa e grande, mas sua população era pouca e não se construíam casas. [5]Meu Deus inspirou-me então que reunisse os nobres, os magistrados e o povo para fazer o recenseamento genealógico. Achei o registro genealógico dos que haviam regressado no início e lá encontrei escrito:

Lista dos primeiros repatriados†. [6]São estes os cidadãos da província que regressaram do exílio, os quais Nabucodonosor, rei da Babilônia, tinha deportado* e que regressaram a Jerusalém e a Judá, cada qual a sua cidade. [7]Chegaram com Zorobabel, Josué, Neemias, Azarias, Raamias, Naamani, Mardoqueu, Belsã, Mesfarat, Beguai, Naum e Baana.

Número dos homens do povo de Israel: [8]filhos de Faros: dois mil e cento e setenta e dois; [9]filhos de Safatias: trezentos e setenta e dois; [10]filhos de Area: seiscentos e cinquenta e dois; [11]filhos de Faat-Moab, isto é, filhos de Josué e de Joab: dois mil e oitocentos e dezoito. [12]filhos de Elam: mil e duzentos e cinquenta e quatro; [13]filhos de Zetua: oitocentos e quarenta e cinco; [14]filhos de Zacai: setecentos e sessenta; [15]filhos de Benui: seiscentos e quarenta e oito; [16]filhos de Bebai: seiscentos e vinte e oito; [17]filhos de Azgad: dois mil e trezentos e vinte e dois; [18]filhos de Adonicam: seiscentos e sessenta e sete; [19]filhos de Beguai: dois mil e sessenta e sete; [20]filhos de Adin: seiscentos e cinquenta e cinco; [21]filhos de Ater, isto é, de Ezequias: noventa e oito; [22]filhos de Hasum: trezentos e vinte e oito; [23]filhos de Besai: trezentos e vinte e quatro; [24]filhos de Haref: cento e doze; [25]filhos de Gabaon: noventa e cinco; [26]homens de Belém e de Netofa: cento e oitenta e oito; [27]homens de Anatot: cento e vinte e oito; [28]homens de Bet-Azmot: quarenta e dois; [29]homens de Cariat-larim, de Cafira e de Beerot: setecentos e quarenta e três; [30]homens de Ramá e de Gaba: seiscentos e vinte e um; [31]homens de Macmas: cento e vinte e dois; [32]homens de Betel e de Hai: cento e vinte e três; [33]homens de outro Nebo: cinquenta e dois; [34]filhos de outro Elam: mil e duzentos e cinquenta e quatro [35]filhos de Harim: trezentos e vinte; [36]filhos de Jericó: trezentos e quarenta e cinco; [37]filhos de Lod, de Hadid e de Ono: setecentos e vinte e um; [38]filhos de Senaá: três mil e novecentos e trinta.

[39]Sacerdotes, filhos de Jedaías, isto é, a casa de Josué: novecentos e setenta e três; [40]filhos de Emer: mil e cinquenta e dois; [41]filhos de Fasur: mil e duzentos e quarenta e sete; [42]filhos de Harim: mil

---

* **7**,6. Esd 2,1-70

† **7**,6. Repete a lista de Esd 2. Ver a nota em Esd 2,3.

Neemias 7-8

e dezessete.

[43]Levitas: filhos de Josué, isto é, de Cadmiel, filhos de Odovias: setenta e quatro.

[44]Cantores: filhos de Asaf: cento e quarenta e oito.

[45]Porteiros: filhos de Selum, filhos de Ater, filhos de Telmon, filhos de Acub, filhos de Hatita, filhos de Sobai: cento e trinta e oito.

[46]Oblatos: filhos de Siá, filhos de Hasufa, filhos de Tabaot, [47]filhos de Ceros, filhos de Siaá, filhos de Fadon, [48]filhos de Lebana, filhos de Hagaba, filhos de Selmai, [49]filhos de Hanã, filhos de Guidel, filhos de Gaar, [50]filhos de Raaías, filhos de Rasin, filhos de Necoda, [51]filhos de Gazam, filhos de Oza, filhos de Fasea, [52]filhos de Besai, filhos dos meunitas, filhos dos nefusitas, [53]filhos de Bacbuc, filhos de Hacufa, filhos de Harur, [54]filhos de Baslut, filhos de Meida, filhos de Harsa, [55]filhos de Bercos, filhos de Sísara, filhos de Tema, [56]filhos de Nasias, filhos de Hatifa.

[57]Filhos dos servos de Salomão: filhos de Sotai, filhos de Soferet, filhos de Feruda, [58]filhos de Jaala, filhos de Darcon, filhos de Guidel, [59]filhos de Safatias, filhos de Hatil, filhos de Foqueret-Assebaim, filhos de Amon. [60]Total dos oblatos e dos filhos dos servos de Salomão: trezentos e noventa e dois.

[61]As pessoas seguintes, que voltavam de Tel-Mela, Tel-Harsa, Querub, Adon e Emer, não puderam demonstrar que sua família e sua estirpe eram de Israel: [62]filhos de Dalaías, filhos de Tobias, filhos de Necoda: seiscentos e quarenta e dois. [63]E entre os sacerdotes, os filhos de Hobias, os filhos de Acos, os filhos de Berzelai, o qual se casara com uma das filhas de Berzelai, o galaadita, e adotou seu nome. [64]Esses procuraram seu registro genealógico, mas não foi encontrado: foram excluídos, pois, do sacerdócio como impuros, [65]e o governador proibiu-lhes comer dos alimentos sagrados, até que se apresentasse um sacerdote para usar os *Urim* e os *Tumim*.

[66]Toda a assembleia reunida era de quarenta e duas mil e trezentas e sessenta pessoas, [67]fora seus escravos e escravas, em número de sete mil e trezentos e trinta e sete. Tinham também duzentos e quarenta e cinco cantores e cantoras. [68]Seus cavalos eram setecentos e trinta e seis e suas mulas, duzentas e quarenta e cinco; [69]seus camelos eram quatrocentos e trinta e cinco e seus jumentos, seis mil e setecentos e vinte. [70]Certo número de chefes de família fez doações para as obras. O governador deu para o tesouro mil dracmas de ouro, cinquenta cálices e quinhentas e trinta túnicas sacerdotais. [71]Alguns chefes de família depuseram no cofre das obras vinte mil dracmas de ouro e duas mil e duzentas minas de prata. [72]As doações feitas pelo resto do povo atingiram o montante de vinte mil dracmas de ouro, duas mil minas de prata e sessenta e sete túnicas sacerdotais. [73]Os sacerdotes e os levitas instalaram-se em Jerusalém; os porteiros, os cantores, uma parte do povo, os oblatos e todo o Israel estabeleceram-se em suas cidades. Quando chegou o sétimo mês, os israelitas estavam assim instalados em suas cidades.

II. ESDRAS RESTAURA O CULTO (8–9)

8 **Esdras expõe a Lei ao povo**[†]. [1]Todo o povo se reuniu* como um só homem na praça situada defronte da porta das Águas. Disseram ao escriba Esdras que trouxesse o livro da Lei de Moisés[†], que Javé havia dado a Israel. [2]Então o sacerdote Esdras trouxe a Lei diante da assembleia, formada de homens, mulheres e de todos os que

---

* **8**,1. Esd 3,1

† **8**. O povo devia refazer não apenas sua vida material, mas principalmente sua vida de comunidade religiosa, de povo escolhido, cuja base era a observância da lei mosaica. | 1. Os cinco livros do Pentateuco, na forma existente na época. | 2. Dia festivo no calendário judaico, ver a nota em Lv 23,23.

Neemias 8-9

tinham o uso da razão. Era o primeiro dia do sétimo mês†. ³Na praça, situada diante da porta das Águas, ele leu o livro desde a aurora até o meio-dia, na presença dos homens, das mulheres e dos que tinham o uso da razão: todo o povo ouvia atentamente a leitura do livro da Lei.

⁴O escriba Esdras estava sobre uma tribuna de madeira, construída para a ocasião; perto dele estavam, a sua direita, Matatias, Sema, Anias, Urias, Helcias, Maasias; e a sua esquerda, Fadaías, Misael, Melquias, Hasum, Hasbadana, Zacarias e Mosolam. ⁵Esdras abriu o livro à vista de todo o povo, pois ele estava mais alto que todos; quando ele o abriu, todo o povo se pôs de pé. ⁶Então Esdras bendisse a Javé, o grande Deus, e todo o povo, com as mãos erguidas, responderam: "Amém! Amém!" Depois se inclinaram e se prostraram diante de Javé, com o rosto em terra. ⁷Josué, Bani, Serebias, Jamim, Acub, Sabatai, Hodias, Maasias, Celita, Azarias, Jozabad, Hanã, Falaías, que eram levitas, explicavam a Lei ao povo, enquanto o povo estava de pé em seu lugar. ⁸Leram no livro da Lei de Deus* claramente e explicando o sentido, de modo que se podia compreender a leitura.

⁹Neemias, que era o governador, e Esdras, o sacerdote-escriba, e os levitas que instruíam o povo disseram a todo o povo: "Hoje é um dia consagrado a Javé, vosso Deus". Não vos entristeçais nem choreis!" É que todo o povo chorava ao ouvir as palavras da Lei. ¹⁰Disse-lhes ainda: "Ide, comei carnes gordas, tomai bebidas doces e mandai porções a quem nada preparou, porque hoje é um dia consagrado a nosso Senhor! Não fiqueis tristes: a alegria de Javé é a vossa força!"† ¹¹E os levitas acalmavam todo o povo, dizendo: "Calai-vos, porque hoje é um dia santo. Não vos aflijais!" ¹²E todo o povo se retirou para comer e beber; distribuíram porções aos pobres e celebraram uma grande

festa, pois haviam compreendido as palavras que lhes foram proclamadas. **A festa das Tendas.** ¹³No segundo dia, os chefes de família de todo o povo, os sacerdotes e os levitas se reuniram em torno do escriba Esdras para estudar as palavras da Lei. ¹⁴Encontraram escrito na Lei, que Javé havia prescrito por intermédio de Moisés, que os israelitas deviam morar* em tendas durante a festa do sétimo mês. ¹⁵Então anunciaram e publicaram em todas as suas cidades e em Jerusalém: "Ide à montanha e trazei ramos de oliveira, de azambujeiro, de murta, de palmeira e de outras árvores frondosas, para fazer tendas, como está prescrito". ¹⁶O povo saiu; trouxe ramos e fez tendas, cada qual sobre seu terraço, em seus pátios, nos átrios do templo de Deus, na praça da porta das Águas e na praça da porta de Efraim. ¹⁷Toda a assembleia dos que haviam voltado do cativeiro construiu assim tendas e nelas morou. Os israelitas não tinham feito isso desde os dias de Josué, filho de Nun, até aquele dia. E houve uma alegria muito grande.

¹⁸Esdras fez a leitura do livro da Lei de Deus cada dia, do primeiro ao último. Durante sete dias celebrou-se a festa, e no oitavo houve, segundo a norma, uma reunião solene.

9 **Penitência e confissão pública†.** ¹No dia vinte e quatro do mesmo mês, os israelitas, vestidos de pano de saco e com a cabeça coberta de pó, reuniram-se para um jejum. ²Os da estirpe de Israel* separaram-se de todos os estrangeiros e, estando de pé, confessaram seus pecados e as iniquidades de seus pais. ³Ficando de pé em seu lugar, leram o livro da Lei de Javé, seu Deus, durante a quarta parte do dia; durante outra quarta parte do dia confessaram seus pecados e se prostraram diante de Javé, seu Deus. ⁴No palanque dos levitas ficaram de pé Josué, Benui, Cadmiel, Sebanias, Buni, Serebias, Bani,

---

* **8**,8. Esd 7,6 **|** 14. Lv 23,33-36.39-43; Êx 23,14 **| 9**,2. Esd 9,1s; 10,11

† **8**,10. O povo sente a alegria da salvação, da presença protetora de Javé em seu meio. **| 9**. A leitura da lei serviu de exame de consciência, avivou o sentimento coletivo de culpa.

Neemias 9

Canani e invocaram em voz alta a Javé, seu Deus; [5]e os levitas Josué, Cadmiel, Bani, Hasabneias, Serebias, Hodias, Sebanias, Fetaías disseram†:

"Levantai-vos, bendizei a Javé, vosso Deus,*
de eternidade em eternidade!

E que se bendiga vosso nome glorioso
que excede toda bênção e louvor!

[6]Vós, Javé, sois o único!*
Fizestes os céus, os céus dos céus
e todo o seu exército,
a terra e tudo o que ela contém,
os mares e tudo quanto há neles.
A tudo isso sois vós que dais vida,
e o exército dos céus vos adora.

[7]Sois vós, Javé, o Deus*
que escolheu Abrão,
tirou-o de Ur dos caldeus
e lhe deu o nome de Abraão.

[8]Achando seu coração fiel diante de vós,
fizestes aliança com ele,*
para dar-lhe a terra do cananeu,
do heteu e do amorreu,
do ferezeu, do jebuseu e do gergeseu,
a ele e a sua posteridade.
E cumpristes vossas promessas,
pois vós sois justo.

[9]Vistes a aflição de nossos pais no Egito*
e ouvistes seu grito junto ao mar Vermelho.

[10]Realizastes sinais e prodígios contra o faraó,*
contra todos os seus servos e todo o povo de seu país,
pois sabíeis quão arrogantes tinham sido contra nossos pais.
Adquiristes um renome que dura ainda hoje.

[11]Abristes o mar diante deles,*
passaram pelo meio do mar a pé enxuto.
Precipitastes nos abismos seus perseguidores,*
como uma pedra em águas impetuosas.

[12]Vós os guiastes de dia com uma coluna de nuvem*
e de noite com uma coluna de fogo,
para iluminar diante deles o caminho
pelo qual haveriam de andar.

[13]Descestes sobre o monte Sinai*
e do céu lhes falastes;
e lhes destes normas justas,
leis verdadeiras,*
estatutos e mandamentos excelentes;

[14]destes-lhes a conhecer vosso santo sábado;*
prescrevestes-lhes mandamentos, estatutos e uma lei
por intermédio de Moisés, vosso servo.

[15]Do céu lhes destes o pão para sua fome,*
do rochedo fizestes brotar água para sua sede.
Ordenastes-lhes que fossem tomar posse da terra
que havíeis jurado dar-lhes.

[16]Mas nossos pais se comportaram com soberba,
endureceram a cerviz, não obedeceram*
a vossos mandamentos.

[17]Recusaram-se a obedecer, esquecidos das maravilhas
que havíeis feito por eles;
endureceram o coração e escolheram um chefe
a fim de voltarem para o Egito, para sua escravidão.
Mas vós sois o Deus do perdão,*
clemente e misericordioso,
lento para a cólera e cheio de ternura:
não os abandonastes!

[18]Mesmo quando fizeram para si
um bezerro de metal fundido
e disseram: 'Eis teu Deus
que te fez sair do Egito!'*
e cometeram grandes blasfêmias,

---

* **9**,5. Sl 78 | 6. Dt 6,4 | 7. Gn 12,1; 17,5 | 8. Gn 15,18s | 9. Êx 2,23s | 10. Êx 7-12 | 11. Êx 14 / Êx 15,5.10 | 12. Êx 13,21s | 13. Êx 19 / Dt 4,5-8 | 14. Êx 20,8 | 15. Êx 16,1; 17,1 | 16. Nm 14,1-4 | 17. Êx 34,6 | 18. Êx 32,4

† **9**,5. Uma das mais belas orações da Bíblia: louva a Deus pelas maravilhas que operou em favor de Israel, e confessa os pecados do povo.

499   Neemias 9

[19] em vossa imensa compaixão
não os abandonastes no deserto;
a coluna de nuvem não se apartou deles,
para guiá-los de dia pelo caminho,
nem a coluna de fogo durante a noite,
para iluminar diante deles a estrada
pela qual haviam de andar.
[20] Destes-lhes vosso bom espírito
para instruí-los;
não recusastes o maná a sua boca
e lhes destes água para sua sede.
[21] Por quarenta anos cuidastes deles no deserto,
e nada lhes faltou:
suas vestes não se estragaram*
e seus pés não se incharam.
[22] E vós lhes entregastes reinos e povos,*
e os repartistes entre eles por fronteiras:
tomaram posse da terra de Seon, rei de Hesebon,
e da terra de Og, rei de Basã.
[23] Multiplicastes seus filhos*
como as estrelas do céu
e os introduzistes na terra
aonde ordenastes a seus pais
que entrassem para dela tomarem posse.
[24] Seus filhos invadiram e conquistaram a terra;
e vós humilhastes diante deles
os habitantes da terra, os cananeus,
que entregastes nas mãos deles,
com seus reis e os povos da terra,
para os tratarem como quisessem.
[25] Apoderaram-se de cidades fortificadas*
e de uma terra fértil;
apossaram-se de casas
repletas de toda sorte de bens,
de cisternas já cavadas, de vinhas, de olivais,*
de árvores frutíferas em abundância;
comeram, saciaram-se, engordaram
e se alegraram por vossa grande bondade.

[26] Mas depois desobedeceram, revoltados contra vós,
viraram as costas a vossa lei,
mataram vossos profetas que os admoestavam
para que voltassem a vós
e cometeram grandes impiedades.
[27] Por isso os abandonastes nas mãos de seus inimigos,*
que os oprimiram.
Mas no tempo de sua angústia gritaram a vós,
e vós, do céu, os ouvistes,
e em vossa grande compaixão lhes enviastes
salvadores que os libertaram das mãos de seus opressores.
[28] Mas logo que recuperavam a paz,
de novo faziam o mal diante de vós,
e por isso os abandonáveis nas mãos de seus inimigos
que os tiranizavam.
De novo clamavam a vós,
e vós, do céu, os ouvíeis
e muitas vezes em vossa compaixão os libertastes.
[29] Vós os advertíeis para reconduzi-los a vossa lei;
mas se orgulhavam, não obedeciam a vossos mandamentos,
pecaram contra vossas normas,
nas quais acha a vida quem as observa†.
Seus ombros recusaram o jugo,
endureceram a cerviz e não obedeceram.
[30] Fostes paciente com eles por muitos anos;
vós os advertistes por vosso espírito
e pela boca dos profetas;
eles, porém, não quiseram ouvir.
Então os entregastes
ao poder dos povos de outras terras.
[31] Mas em vossa grande compaixão
não os exterminastes nem os abandonastes,
porque sois um Deus clemente e misericordioso.
[32] E agora, ó nosso Deus,

---

* **9**,21. Dt 8,4 | 22. Dt 1,4; 2,26-3,11; Nm 21,21-35 | 23. Dt 1,10 | 25. Dt 3,5; 6,10s / Dt 32,15 | 27. Sb 2,10-23 | 32. Lm 5; Eclo 36,1-9

† **9**,29. Ver Lv 18,5, citado em Gl 3,12.

Neemias 9-10

vós que sois o Deus grande, poderoso e tremendo,*
que mantendes a aliança e o amor,
não menosprezeis toda a aflição
que se abateu sobre nós, nossos reis,
nossos chefes,
nossos sacerdotes, nossos profetas e
todo o vosso povo,
desde o tempo dos reis da Assíria
até o dia de hoje.
[33]Tendes sido justo em tudo o que
nos sucedeu,
pois agistes com fidelidade,
enquanto nós procedemos mal.
[34]Sim, nossos reis, nossos chefes,
nossos sacerdotes
e nossos pais não seguiram vossa lei,
nem prestaram atenção a vossos
mandamentos,
nem às advertências que vós lhes re-
petíeis.
[35]E quando estavam em seu reino
e na grande prosperidade que lhes
concedestes,
e na terra espaçosa e fértil
que pusestes diante deles, não vos
serviram
nem se apartaram de suas ações más.
[36]E hoje estamos escravizados
na terra que havíeis dado a nossos
pais
para gozarem de seus frutos e de
seus bens;
nós estamos na escravidão.
[37]Seus produtos enriquecem os reis,
que nos impusestes, por causa de
nossos pecados,
e que dispõem a seu arbítrio
de nossas pessoas e de nosso gado.
Achamo-nos em grande aflição".

III. REFORMA RELIGIOSA
(10–13)

10 **Novo pacto com Deus.** [1]Por
causa disso tudo, assumimos
um sério compromisso por escrito. No
documento selado constam os nomes
de nossos chefes, de nossos levitas e de
nossos sacerdotes.

[2]O documento selado trazia* as assi-
naturas de:
Neemias, o governador, filho de Hacalias, e Sedecias.
[3]Seraías, Azarias, Jeremias, [4]Fasur,
Amarias, Melquias, [5]Hatus, Sebanias,
Meluc, [6]Harim, Meremot, Abdias, [7]Da-
niel, Genton, Baruc, [8]Mosolam, Abias,
Miamin, [9]Maazias, Belgai, Semeías: estes são os sacerdotes.
[10]Depois os levitas: Josué, filho de
Azanias, Benui, dos filhos de Henadad, Cadmiel [11]e seus irmãos Sebanias,
Odias, Celita, Falaías, Hanã, [12]Micas,
Roob, Hasebias, [13]Zacur, Serebias, Sebanias, [14]Odias, Bani, Beninu.
[15]Os chefes do povo: Faros, Faat-
-Moab, Elam, Zetu, Bani, [16]Buni, Azgad,
Bebai, [17]Adonias, Beguai, Adin, [18]Ater,
Ezequias, Azur, [19]Adias, Hasum, Besai,
[20]Haref, Anatot, Nebai, [21]Megfias, Mosolam, Hazir, [22]Mesezebel, Sadoc, Jedua, [23]Feltias, Hanã, Anaías, [24]Oseias,
Hananias, Hasub, [25]Aloés, Falea, So-
bec, [26]Reum, Hasabna, Maasias, [27]Aías,
Hanã, Anã, [28]Meluc, Harim, Baana.
[29]O resto do povo, os sacerdotes,
os levitas, os porteiros, os cantores, os
oblatos, numa palavra, todos os que
se separaram dos povos dos países
estrangeiros para abraçarem a lei de
Deus, e também suas esposas, filhos e
filhas, todos os que tinham o uso da razão, [30]unem-se a seus irmãos e chefes
e se comprometem, por imprecação e
juramento, a caminhar segundo a lei de
Deus, dada pelo ministério de Moisés,
o servo de Deus, a guardar e praticar
todos os mandamentos de Javé, nosso
Deus, suas normas e estatutos; [31]a não
dar nossas filhas* às populações locais
e não tomar suas filhas para esposas de
nossos filhos; [32]a não comprar nada em
dia de sábado,* ou em outro dia santificado, dos povos do país que trou-
xerem para vender, no dia de sábado,
qualquer espécie de mercadorias ou
víveres; a não cultivar nosso solo no sétimo ano, e a perdoar toda dívida.
[33]Impusemo-nos como obrigações:*
dar a terça parte de um siclo por ano

---

* **10**,2. 12,12-26 | 31. 13,23-27 | 32. 13,15-22; Êx 20,8 | 33. Êx 30,11s; 2Cr 24,6.9

Neemias 10-11

para o culto do templo de nosso Deus: [34]para o pão da apresentação, para a oblação perpétua e o holocausto perpétuo, para os sacrifícios dos sábados, das luas novas, das solenidades, e para as oferendas sagradas, para os sacrifícios pelo pecado que garantem a expiação em favor de Israel; em suma, para toda a liturgia do templo de nosso Deus. [35]Nós, os sacerdotes,* os levitas e o povo resolvemos também pela sorte a questão das ofertas de lenha que se devem fazer ao templo de nosso Deus, cada família por sua vez, em datas fixas, cada ano, para ser queimada sobre o altar de Javé, nosso Deus, como está escrito na Lei. [36]Nós nos empenhamos também a levar cada ano* ao templo de Javé as primícias de nosso solo e as primícias de todos os frutos de todas as árvores, [37]bem como os primogênitos de nossos filhos e de nosso rebanho, como está escrito na Lei, as primeiras crias de nossas vacas e de nossas ovelhas, para apresentá-las no templo de nosso Deus, aos sacerdotes em função no templo de nosso Deus. [38]Além disso, a melhor parte de nossas farinhas, dos frutos de toda árvore, do vinho novo e do azeite levaremos aos sacerdotes, nas dependências* do templo de nosso Deus; e o dízimo das rendas de nosso solo, aos levitas;* são os próprios levitas que recolherão o dízimo em todas as nossas cidades agrícolas. [39]Um sacerdote, filho de Aarão, acompanhará os levitas quando forem recolher* o dízimo para o templo de nosso Deus, nas salas do tesouro; [40]pois é para estas salas que os israelitas e os levitas devem levar as ofertas de trigo, de vinho e de azeite; lá se acham também os utensílios do santuário, os sacerdotes em serviço, os porteiros e os cantores. Assim não mais negligenciaremos o templo de nosso Deus.

11

Jerusalém é repovoada. [1]Então os chefes do povo se estabeleceram em Jerusalém. O resto do povo tirou a sorte para que de cada dez homens um viesse residir em Jerusalém, a cidade santa, enquanto os outros nove ficariam nas cidades. [2]E o povo abençoou todos os que espontaneamente decidiram morar em Jerusalém.

[3]São estes os chefes* da província que se fixaram em Jerusalém, enquanto nas cidades de Judá habitou cada um em sua propriedade, em suas cidades: israelitas, sacerdotes, levitas, oblatos e os descendentes dos servos de Salomão.

[4]Em Jerusalém moravam* alguns dos filhos de Judá e dos filhos de Benjamim.

Entre os filhos de Judá: Ataías, filho de Ozias, filho de Zacarias, filho de Amarias, filho de Safatias, filho de Malaleel, dos descendentes de Farés; [5]Maasias, filho de Baruc, filho de Col-Hoza, filho de Hazias, filho de Adaías, filho de Joiarib, filho de Zacarias, descendente de Sela. [6]O total dos descendentes de Farés que se fixaram em Jerusalém era de quatrocentos e sessenta e oito homens valorosos.

[7]Estes são os filhos de Benjamim: Salu, filho de Mosolam, filho de Joed, filho de Fadaías, filho de Calaías, filho de Maasias, filho de Eteel, filho de Isaías, [8]e depois dele Gabai, Salati: ao todo novecentos e vinte e oito.

[9]Joel, filho de Zecri, era seu chefe e Judá, filho de Senua, era o segundo chefe da cidade.

[10]Entre os sacerdotes: Jedaías, filho de Joiarib, filho de [11]Saraías, filho de Helcias, filho de Mosolam, filho de Sadoc, filho de Maraiot, filho de Aquitob, chefe do templo de Deus, [12]e seus irmãos que se dedicavam ao serviço do templo: oitocentos e vinte e dois; Adaías, filho de Jeroam, filho de Felelias, filho de Amsi, filho de Zacarias, filho de Fasur, filho de Melquias, [13]e seus irmãos, chefes de família: duzentos e quarenta e dois; Amasai, filho de Azareel, filho de Aazi, filho de Mosolamot, filho de Emer, [14]e seus irmãos, homens valorosos, em número de cento e vinte e oito.

---

* **10**,35. Lv 24,5-9; Nm 28,3-8 | 36. Dt 26,1; Êx 13,11; Ne 13,31 | 38. 13,10-14 / Dt 14,22; Nm 18,21.24s | 39. Nm 18,26 | **11**,3. 1Cr 9,2 | 4. 1Cr 9,4-17

Neemias 11-12

Zabdiel, filho de Guedolim, era seu chefe.

[15]Entre os levitas: Semeías, filho de Asub, filho de Ezricam, filho de Hasabias, filho de Buni; [16]Sabatai e Jozabad, aqueles dentre os chefes levíticos que eram responsáveis pelo serviço externo do templo de Deus; [17]Matanias, filho de Micas, filho de Zabdi, filho de Asaf, que dirigia os hinos e entoava a ação de graças durante a oração; Becbecias, o segundo entre seus irmãos; Abdias, filho de Samua, filho de Galal, filho de Iditun. [18]Total dos levitas na cidade santa: duzentos e oitenta e quatro. [19]Os porteiros: Acub, Telmon e seus irmãos, que montavam guarda nas portas: cento e setenta e dois.

[20]O resto de Israel, dos sacerdotes e dos levitas moravam em todas as cidades de Judá, cada qual em sua propriedade.

[21]Os oblatos estabeleceram-se no Ofel: Siá e Gasfa estavam à frente dos oblatos. [22]O chefe dos levitas de Jerusalém era Ozi, filho de Bani, filho de Hasabias, filho de Matanias, filho de Micas; ele fazia parte dos filhos de Asaf, os cantores encarregados da liturgia do templo de Deus; [23]pois havia uma instrução do rei a respeito deles e um regulamento acerca dos cantores, determinando as coisas para cada dia. [24]Fetaías, filho de Mesezebel, que pertencia aos filhos de Zara, filho de Judá, estava à disposição do rei para todos os negócios do povo.

A população judaica na província. [25]Quanto às cidades e suas aldeias, alguns filhos de Judá moravam em Cariat-Arbe e em suas aldeias, em Dibom e em suas aldeias, em Cabseel e em suas aldeias, [26]em Jesua, em Molada, em Bet-Falet, [27]em Haser-Sual, em Bersabeia e em suas aldeias, [28]em Siceleg, em Mecona e em suas aldeias, [29]em En-Remon, em Saraá, em Jarmut, [30]em Zanoe, em Odolam e em suas aldeias, em Laquis e em suas aldeias, em Azeca e em suas aldeias. Estabeleceram-se, pois, desde Bersa-beia até o vale de Enom. [31]Os filhos de Benjamim estabeleceram-se em Gaba, Macmas, Aía e Betel e em suas aldeias, [32]em Anatot, Nob, Ananias, [33]em Hasor, Ramá, Getaim, [34]em Hadid, Seboim, Nebalat, [35]em Lod e em Ono, e no vale dos Artesãos.

[36]Uma parte dos levitas estabeleceu-se em Judá e outra em Benjamim.

12 Sacerdotes e levitas repatriados.

[1]São estes os sacerdotes e os levitas que subiram com Zorobabel, filho de Salatiel, e com Josué: Saraías, Jeremias, Esdras, [2]Amarias, Meluc, Hatus, [3]Sequenias, Reum, Meremor, [4]Ado, Guenton, Abias, [5]Miamin, Madias, Belga, [6]Semeías, Joiarib, Jedaías, [7]Salu, Amoc, Helcias, Jedaías.

Esses eram os chefes dos sacerdotes e de seus irmãos no tempo de Josué. [8]Os levitas eram: Josué, Benui, Cadmiel, Serebias, Judá, Matanias; este último, com seus irmãos, dirigia os hinos de louvor, [9]enquanto Becbecias e Ani, seus irmãos, ficavam defronte deles, segundo seus turnos de serviço.

[10]Josué gerou Joaquim; Joaquim gerou Eliasib, Eliasib gerou Joiada, [11]Joiada gerou Jônatas, e Jônatas gerou Jedua.

[12]No tempo de Joaquim,* os sacerdotes chefes de famílias sacerdotais foram: da família de Saraías: Maraías; da família de Jeremias: Hananias; [13]da família de Esdras: Mosolam; da família de Amarias: Joanã; [14]da família de Meluc: Jônatas; da família de Sebanias: José; [15]da família de Harim: Ednas; da família de Maraiot: Helci; [16]da família de Ado: Zacarias; da família de Guenton: Mosolam; [17]da família de Abias: Zeri; da família de Miniamin e de Moadias: Felti; [18]da família de Belga: Samua; da família de Semeías: Jônatas; [19]da família de Joiarib: Matanai; da família de Jedaías: Ozi; [20]da família de Selai: Celai; da família de Amoc: Héber; [21]da família de Helcias: Hasabias; da família de Zedaías: Natanael.

[22]Os levitas foram registrados, quanto aos chefes de família, no tempo de

---

* **12**,12. 10,3-14; 12,1

503 Neemias 12

Eliasib, de Joiada, de Joanã e de Jedua; e os sacerdotes foram inscritos no reinado de Dario, o persa.

[23]Os filhos de Levi, chefes de família, foram inscritos no livro das Crônicas† até o tempo de Joanã, filho de Eliasib.

[24]Os chefes dos levitas* eram: Hasabias, Serebias, Josué, Benui, Cadmiel e seus irmãos que ficavam defronte deles para executar os hinos de louvor e de ação de graças segundo as instruções de Davi, homem de Deus, cada um conforme seu turno de serviço. [25]Matanias, Becbecias, Abdias, Mosolam, Telmon* e Acub eram porteiros e montavam guarda nos armazéns perto das portas.

[26]Esses viviam no tempo de Joaquim, filho de Josué, filho de Josedec, e no tempo de Neemias, o governador, e de Esdras, o sacerdote-escriba.

Dedicação das muralhas de Jerusalém. [27]Para a dedicação das muralhas de Jerusalém convocaram-se os levitas de todos os lugares onde residiam para vir a Jerusalém e celebrar a dedicação alegremente, com hinos e cânticos ao som de címbalos, harpas e cítaras. [28]Reuniram-se os cantores do distrito que circunda Jerusalém, das aldeias dos netofatitas, [29]de Bet-Guilgal, dos campos de Gaba e de Azmot, pois os cantores haviam construído para si aldeias em torno de Jerusalém. [30]Os sacerdotes e os levitas purificaram-se e depois purificaram o povo, as portas e as muralhas.

[31]Mandei então que subissem às muralhas os chefes de Judá e organizei dois grandes coros. O primeiro caminhava no alto das muralhas para a direita, na direção da porta do Esterco; [32]atrás deles iam Osaías e a metade dos chefes de Judá, [33]como também Azarias, Esdras, Mosolam, [34]Judá, Benjamim, Semeías e Jeremias, [35]pertencentes ao coro dos sacerdotes, com trombetas; depois Zacarias, filho de Jônatas, filho de Semeías, filho de Mata-

nias, filho de Micas, filho de Zacur, filho de Asaf, [36]com seus irmãos Semeías, Azareel, Malalai, Galalai, Maai, Natanael, Judá, Hanani, com os instrumentos musicais de Davi, homem de Deus; Esdras,* o escriba, ia à frente deles†.

[37]Chegando à porta da Fonte,* subiram diretamente os degraus da Cidade de Davi, pela escada das muralhas, por cima do palácio de Davi, até a porta das Águas, a oriente.

[38]O segundo coro caminhava para a esquerda: eu o segui com a outra metade do povo, pelo alto das muralhas, passando por cima da torre dos Fornos, até a muralha larga; [39]depois, passando por cima da porta de Efraim, da porta Velha, da porta dos Peixes, pela torre de Hananeel e pela torre dos Cem, até a porta das Ovelhas; pararam na porta da Guarda.

[40]Depois os dois coros tomaram lugar no templo de Deus; também eu, e a metade dos magistrados comigo, [41]e os sacerdotes Eliaquim, Maasias, Miniamin, Micas, Elioenai, Zacarias, Hananias, com trombetas; [42]e também Maasias, Semeías, Eleazar, Ozi, Joanã, Melquias, Elam e Ezer. Os cantores fizeram-se ouvir sob a direção de Jezraías. [43]Naquele dia ofereceram grandes sacrifícios e se regozijaram, pois Deus lhes havia concedido uma grande alegria. Também as mulheres e as crianças se alegraram, e a alegria de Jerusalém ouvia-se de longe.

O tributo sagrado. [44]Naquele tempo,* alguns homens foram designados para guardar as salas destinadas a armazenar as contribuições, as primícias e os dízimos; esses homens deveriam recolher dos campos das cidades as porções que a lei reserva para os sacerdotes e para os levitas. Pois Judá se regozijava pelos sacerdotes e pelos levitas em exercício. [45]Eles executavam o serviço de seu Deus e o serviço das purificações, como também os cantores* e os porteiros, segundo as prescri-

---

* **12**,24. Esd 2,40 | 25. 11,17 | 36. Am 6,5 | 37. 1Cr 23,5 | 44. 13,10s | 45. 1Cr 23-26; 2Cr 8,14; 29,30; 33,15

† **12**,23. Trata-se dos arquivos do templo e não dos livros que fazem parte da Bíblia. | **12**.36. Estão juntos, na festa da dedicação das muralhas, Esdras e Neemias, os dois fundadores do Judaísmo.

Neemias 12-13

ções de Davi e de Salomão, seu filho. [46]Com efeito, já antigamente, desde os dias de Davi e de Asaf, havia chefes de cantores, cânticos de louvor e hinos de ação de graças a Deus. [47]Todo o Israel, no tempo de Zorobabel* e no tempo de Neemias, servia cada dia as porções destinadas aos cantores e aos porteiros; dava aos levitas as coisas consagradas,* e os levitas davam aos filhos de Aarão as coisas consagradas que lhes eram destinadas.

13 A reforma de Neemias.

[1]Naquele tempo fez-se ao povo uma leitura do livro de Moisés e lá se achou escrito que o amonita e o moabita* não deviam jamais entrar na assembleia de Deus†, [2]porque não vieram ao encontro dos israelitas com pão e água e porque tinham contratado contra eles Balaão para os amaldiçoar, embora nosso Deus tivesse mudado a maldição em bênção. [3]Quando ouviram a leitura da Lei,* excluíram de Israel todos os estrangeiros.

[4]Mas, antes disso, o sacerdote Eliasib, que fora encarregado das salas do templo de nosso Deus e era parente de Tobias,* [5]havia posto à disposição deste uma sala espaçosa, onde antes se colocavam as oferendas, o incenso, os utensílios, o dízimo do trigo, do vinho e do azeite, isto é, as partes devidas por lei aos levitas, aos cantores e aos porteiros e o que se reservava para os sacerdotes. [6]Enquanto se fazia tudo isso, eu estava ausente de Jerusalém, pois no trigésimo segundo ano de Artaxerxes, rei de Babilônia, tinha voltado para junto do rei; mas ao cabo de certo tempo, pedi ao rei uma licença [7]e voltei a Jerusalém. Soube então do mal que havia cometido Eliasib em favor de Tobias,* cedendo-lhe uma sala nos átrios do templo de Deus. [8]Fiquei muito indignado: atirei para fora do aposento toda a mobília de Tobias [9]e ordenei que se purificassem as salas e que se recolocassem nela os utensílios do templo de Deus, as oferendas e o incenso.

Os dízimos para os levitas. [10]Eu soube também que as porções dos levitas não lhes eram dadas e que os levitas* e os cantores, encarregados do serviço, haviam fugido cada qual para sua propriedade. [11]Repreendi os magistrados e lhes disse: "Por que o templo de Deus está abandonado?" Tornei a reuni-los e os reintegrei em suas funções. [12]Então todo Judá trouxe* para os armazéns o dízimo do trigo, do vinho e do azeite. [13]Nomeei para cuidar dos armazéns o sacerdote Selemias, o escriba Sadoc e Fadaías, um dos levitas, e, como seu assistente, Hanã, filho de Zacur, filho de Matanias, pois eles tinham fama de íntegros; sua função era fazer as distribuições a seus irmãos. [14]Por isso, lembrai-vos de mim, meu Deus: não apagueis de vossa memória os atos de piedade que realizei pelo templo de meu Deus e por seu culto.

Observância do sábado. [15]Naqueles dias eu vi em Judá* gente que, em dia de sábado, calcava no lagar; outros que transportavam feixes de trigo, colocavam-nos sobre os jumentos, e também vinho, uvas, figo e toda espécie de cargas que queriam levar para Jerusalém em dia de sábado; eu protestei por causa do dia em que vendiam seus produtos. [16]Em Jerusalém havia alguns habitantes vindos de Tiro, que importavam peixe e mercadorias de toda espécie, para vendê-las aos filhos de Judá em Jerusalém em dia de sábado. [17]Repreendi os nobres de Judá, dizendo-lhes: "Que coisa abominável estais fazendo, profanando o dia de sábado! [18]Não foi assim que agiram vossos pais? Pois Deus então mandou vir toda esta desgraça sobre nós e sobre esta cidade. E vós, quereis aumentar a Ira contra Israel, profanando o sábado?" [19]Por isso mandei que, mal

---

* **12**,47. 13,10s / 10,39; Nm 18,26 | **13**,1. Dt 23,3-6 | 3. 13,4-9.23-28 | 4. 12,44 | 7. Mt 21,12s; Jo 2,13-17 | 10. 12,44.47 | 12. 10,38s | 15. 10,32; Êx 20,8

† **13**,1. Ver a nota em Dt 23,4. | 19. O sábado começa quando anoitece a sexta-feira.

505 Neemias 13

as sombras caíssem sobre as portas de Jerusalém, antes do sábado†, se fechassem os batentes e que não se abrissem senão depois do sábado. Coloquei nas portas alguns de meus homens, para que nenhuma carga entrasse no dia de sábado. ²⁰Assim, uma ou duas vezes, comerciantes e vendedores de toda espécie de mercadoria passaram a noite fora de Jerusalém, ²¹mas eu os adverti, declarando-lhes: "Por que passais a noite ao pé das muralhas? Se o fizerdes outra vez, mandarei prender-vos!" De então em diante não vieram mais aos sábados. ²²Ordenei aos levitas que se purificassem e viessem vigiar as portas, para que se santificasse o sábado. Lembrai-vos de mim também por isso, meu Deus, e tende piedade de mim, segundo vossa grande misericórdia!

Os casamentos com estrangeiras. ²³Naqueles dias também encontrei judeus* que se haviam casado com mulheres azotitas, amonitas ou moabitas. ²⁴A metade de seus filhos falava a língua de Azoto ou a língua deste ou daquele povo, mas não sabia mais falar a língua dos judeus. ²⁵Admoestei-os, amaldiçoei-os e bati em alguns, arranquei-lhes os cabelos e ordenei-lhes em nome de Deus: "Não deveis dar vossas filhas aos filhos deles, nem tomar como esposa para vossos filhos ou para vós mesmos alguma das filhas deles! ²⁶Não foi este o pecado de Salomão,* rei de Israel? Entre tantas nações, não houve rei que se igualasse a ele; era amado por seu Deus, e Deus o tinha feito rei de todo o Israel. Mas também ele foi levado ao pecado pelas mulheres estrangeiras! ²⁷Quereis que se diga de vós que cometeis também este grande crime de trair nosso Deus desposando mulheres estrangeiras?"

²⁸Um dos filhos de Joiada, filho de Eliasib, o sumo sacerdote, tornara-se genro de Sanabalat, o horonita.* Expulsei-o para longe de mim. ²⁹Lembrai-vos dessa gente, ó meu Deus, porque profanaram o sacerdócio e a aliança do sacerdócio e dos levitas.

³⁰Assim purifiquei-os de todo elemento estrangeiro e restabeleci as funções para os sacerdotes e os levitas, designando a cada um sua tarefa. ³¹Também dei disposições sobre o fornecimento da lenha em tempos determinados e sobre as primícias.

Lembrai-vos de mim, ó meu Deus, para meu bem!

---

* **13**,23. 10,31; 13,1-3 | 26. 1Rs 11,1-13; 2Sm 12,25 | 28. 2,10

TOBIAS

O herói desta história de família, que dá o nome ao livro, é um jovem da tribo de Neftali, que vive exilado em Nínive, capital da Assíria, com seu pai Tobit e com sua mãe Ana. O pai é um israelita fiel a todas as observâncias da lei, que se distingue pela prática das obras de misericórdia, sobretudo pela sepultura que dá aos mortos e pela solidariedade com os pobres.

Acontece que Tobit, homem de tantos méritos, perde a vista acidentalmente e, no meio de tanto sofrimento, à semelhança de Jó, deve ainda ouvir as palavras irreverentes da esposa, que lhe lança em rosto a inutilidade de todas aquelas boas obras.

Tobias se recomenda a Deus, e suas preces chegam ao céu junto com as de uma moça, Sara, que vive em Ecbátana, na Média, e também leva uma vida cheia de provações, pois já foi dada em casamento a sete noivos, e todos eles morreram na noite de núpcias. Sua serva chegou ao ponto de acusá-la de ser ela a responsável pela morte dos jovens, mas, na verdade, era o demônio Asmodeu que os matava.

Querendo recuperar uma quantia que ele tem depositada na Média, Tobit manda seu filho fazer uma longa viagem, na qual é guiado por um tal Azarias, filho de Ananias, que na verdade é o anjo Rafael. Na viagem, Tobias e Azarias apanham e guardam um peixe, que depois servirá para dar a Tobit e a Sara a solução de seus problemas. Tobias vai à casa de Raguel, pai de Sara, e recebe a moça em casamento. Enquanto a família festeja o evento, Azarias vai à Média para trazer o dinheiro que pertence a Tobit.

Depois, os três, Azarias, Tobias e Sara, fazem a viagem de volta a Nínive, onde Azarias se manifesta como anjo de Deus, enviado para proteger e abençoar aquela família israelita fiel. Tobit recupera a vista e canta então um hino de louvor à providência de Deus.

O livro inspira-se nos modelos bíblicos patriarcais, propõe uma ideia elevada do matrimônio e mostra como Deus recompensa os que permanecem fiéis a seus deveres religiosos. Ele não abandona seus fiéis na provação, mas guia toda a história segundo seu desígnio, operando no cotidiano das pessoas também por meio de seus anjos.

É anônimo o autor, que usou a língua hebraica ou aramaica. Do texto original perdido acharam-se recentemente fragmentos. A versão grega chegou até nós em duas principais recensões, cuja data provável é 200 a.C., pelas semelhanças com o Eclesiástico.

O leitor de Tobias aprende a buscar uma sadia convivência doméstica, feita de respeito e de pequenas gentilezas, santificando sua vida de família, fortalecida pelo sacramento do matrimônio.

I. AS PROVAÇÕES DOS JUSTOS TOBIT E SARA
(1–4)

1 **Tobit no exílio.** ¹História de Tobit, filho de Tobiel, filho de Ananiel, filho de Aduel, filho de Gabael, da descendência de Asiel, da tribo de Neftali, ²o qual, no tempo de Salmanasar, rei da Assíria†, foi exilado de Tisbé, que fica ao sul de Cedes em Neftali, na Galileia setentrional, acima de Hasor, para o ocidente, ao norte de Sefat.

³Eu, Tobit, trilhei os caminhos da verdade e da justiça todos os dias de minha vida. Dei muitas esmolas a meus irmãos e a meus compatriotas, deportados comigo para Nínive, no país da Assíria. ⁴Quando eu era jovem e estava ainda em minha terra, a terra de Israel, toda a tribo de Neftali, meu antepassado, separou-se da casa de Davi e de Jerusalém, cidade escolhida dentre todas as tribos de Israel para seus sacrifícios; lá é que fora construído e consagrado para todas as gerações futuras o templo em que Deus habita. ⁵Todos os meus irmãos

---

* **1**,5. 2Rs 12,16-32 / Dt 16,16

† **1**,1. Salmanasar V, que reinou de 726 a 722. | **1**,5. Na rebelião que separou o reino do norte do reino do sul, Jeroboão fundou dois santuários, para evitar que o povo continuasse a ir a Jerusalém para adorar, 1Rs 11,28s.

Tobias 1-2

e a casa de Neftali, meu antepassado, ofereciam sacrifícios ao bezerro que Jeroboão,* rei de Israel, fizera em Dã†, sobre todas as montanhas da Galileia.

[6]Muitas vezes eu era o único a ir em peregrinação a Jerusalém, por ocasião das festas, como prescreve a todo Israel uma lei perpétua. Corria a Jerusalém com as primícias dos frutos e dos animais,* com o dízimo do gado e a primeira lã das ovelhas. [7]Entregava tudo* para o culto aos sacerdotes, filhos de Aarão. Aos levitas, então em serviço em Jerusalém, eu dava o dízimo do vinho e do trigo, do óleo, das romãs e dos outros frutos. Por seis anos consecutivos convertia em dinheiro o segundo dízimo e ia gastá-lo cada ano em Jerusalém. [8]O terceiro dízimo* eu o entregava aos órfãos, às viúvas e aos estrangeiros que viviam com os israelitas;* levava-o e dava-o a eles de três em três anos, e nós o consumíamos juntos, conforme os preceitos da lei de Moisés e as recomendações de Débora, mãe de nosso pai Ananiel, pois meu pai havia morrido deixando-me órfão. [9]Chegando à idade adulta, casei-me com uma mulher de minha parentela, chamada Ana; ela me deu um filho a quem chamei Tobias†.

[10]Depois da deportação para a Assíria, quando fui levado prisioneiro, cheguei a Nínive. Todos os meus irmãos e os de minha raça comiam dos alimentos dos pagãos; [11]quanto a mim, eu me guardava de comer dos alimentos dos pagãos. [12]Como me lembrava de meu Deus com toda a minha alma, [13]o Altíssimo me fez ganhar o favor de Salmanasar e cheguei a ser seu procurador. [14]Enquanto ele viveu, eu costumava viajar para a Média e lá administrava seus negócios; foi então que depositei em Ragés, na Média, na casa de meu parente Gabael, irmão de Gabri, uns sacos de dinheiro no valor de dez talentos de prata.

[15]Morto Salmanasar, sucedeu-lhe no trono seu filho Senaquerib; as estradas da Média foram fechadas e não pude voltar mais lá. [16]Nos dias de Salmanasar dei muitas esmolas* a meus irmãos de raça; [17]dava meu pão aos famintos e roupa aos que estavam nus; e quando via o cadáver de algum de meus compatriotas jogado para fora das muralhas de Nínive, sepultava-o. [18]Enterrei igualmente os que Senaquerib matou quando regressou da Judeia em fuga: depois do castigo que lhe mandou o Rei do céu, por causa de suas blasfêmias, Senaquerib, em sua ira, mandou matar muitos dos israelitas. Então eu retirava seus corpos para dar-lhes sepultura. Senaquerib os procurava e não mais os encontrava. [19]Mas um ninivita foi denunciar ao rei que era eu quem os enterrava às escondidas. Quando eu soube que o rei estava informado a meu respeito e que me procurava para matar, tive medo e fugi. [20]Todos os meus bens me foram arrebatados; tudo foi confiscado para o tesouro real: nada me restou senão Ana, minha esposa, e meu filho Tobias.

[21]Menos de quarenta dias depois, o rei foi assassinado por seus dois filhos, que fugiram para os montes Ararat. Sucedeu-lhe seu filho Asaradon. Este constituiu Aicar†, filho de meu irmão Anael, superintendente das finanças do reino, de modo que ele dirigia toda a administração. [22]Então Aicar intercedeu por mim e assim pude retornar a Nínive. No tempo de Senaquerib, rei da Assíria, Aicar havia sido copeiro-mor, chanceler, administrador e encarregado das finanças; e Asaradon o havia mantido no ofício. Era meu sobrinho, um de minha parentela.

2 **Tobit fica cego.** [1]No reinado de Asaradon pude voltar para minha casa e foi-me devolvida minha esposa Ana com meu filho Tobias. Em nossa festa de Pentecostes,* a festa das Se-

---

* **1**,6. Dt 14,22 | 7. Dt 18,3ss; Nm 18,12s | 8. Dt 14,22-27 / Dt 14,28s | 16. Jó 31,16-20 | **2**,1. Êx 23,14

† **1**,9. Tobit pratica fielmente a lei: esmola, dízimos, peregrinação a Jerusalém, abstenção de alimentos proibidos, casamento dentro da tribo, sepultura dos mortos. | **1**,21. Aicar é célebre pela obra que traz seu nome, a "Sabedoria de Aicar", coleção de provérbios e de fábulas de origem assíria, do começo do séc. VII a.C., conhecida por uma tradução aramaica do séc. V a.C. Ver Tb 14,10.

Tobias 2-3

manas, foi-me preparado um excelente almoço e tomei meu lugar à mesa. ²Quando puseram a mesa com numerosos pratos, disse a meu filho Tobias: "Filho, vai procurar entre nossos irmãos deportados em Nínive algum pobre, de coração fiel, e traze-o aqui para comer conosco. Vou esperar-te até que voltes, meu filho". ³Saiu, pois, Tobias à procura de algum pobre dentre nossos irmãos e quando regressou disse: "Meu pai!" Respondi: "E então, filho?" Continuou Tobias: "Pai, há um homem de nosso povo que acaba de ser assassinado; foi estrangulado e depois lançado na praça, onde ainda está". ⁴Levantei-me imediatamente, deixei meu prato intacto, fui tirar o homem da praça e o coloquei num quarto, esperando o pôr do sol para enterrá-lo. ⁵Tornei a entrar, lavei-me e tomei a refeição na tristeza, ⁶recordando as palavras que disse o profeta Amós contra Betel:

"Vossas festas se converterão em luto*

e todos os vossos cânticos em lamentações".

⁷E eu chorei. Depois, quando o sol se pôs, saí, cavei uma fossa e o sepultei. ⁸Meus vizinhos diziam, rindo de mim: "Ele não tem mais medo. Justamente por esse motivo já foi procurado para ser morto. Teve de fugir e agora está de novo sepultando os mortos!"

⁹Naquela noite, depois de tomar banho, fui para o pátio da casa e deitei-me junto ao muro do pátio com o rosto descoberto por causa do calor. ¹⁰Não reparei que havia pardais acima de mim no muro. Caiu-me nos olhos excremento ainda quente, produzindo neles manchas brancas. Fui aos médicos para me tratar; mas quanto mais me aplicavam pomadas, mais as manchas me cegavam, até que fiquei completamente cego. Durante quatro anos

fiquei cego, e todos os meus irmãos se afligiam por minha causa; Aicar cuidou de meu sustento por dois anos, até que partiu para Elimaida†.

Paciência de Tobit. ¹¹Naquela ocasião, minha mulher Ana começou a trabalhar como operária; ¹²fiava lã e recebia tela para tecer; ela a entregava aos fregueses e estes lhe pagavam o preço. Ora, no dia sete do mês de distros, ela acabou uma encomenda e entregou-a aos fregueses, que lhe pagaram o preço inteiro e ainda lhe deram um cabrito para um almoço. ¹³Ao entrar em minha casa, o cabrito começou a berrar. Chamei então minha esposa e perguntei-lhe: "Donde vem este cabrito? Não terá sido roubado? Devolve-o a seus donos, porque não temos direito de comer coisa roubada". ¹⁴Ela me disse: "É um presente que me foi dado além de meu salário!" Mas não acreditei nela e ordenei-lhe que o devolvesse a seus donos, envergonhando-me por causa dela. Então ela replicou: "Onde estão tuas esmolas? Onde estão tuas boas obras?* Todos sabem o que isto te causou!"

3 **Oração de Tobit.** ¹Com a alma atormentada pela dor, suspirei e chorei; depois fiz esta prece de lamentação:

²"Vós sois justo, Senhor,*

e justas são todas as vossas obras.

Todos os vossos caminhos são misericórdia e lealdade,

e vós sois o Juiz do mundo.*

³E agora, Senhor,

lembrai-vos de mim, olhai para mim;

não me castigueis por meus pecados,*

nem por meus erros,

nem pelos de meus pais,

pois pecamos em vossa presença

⁴e desobedecemos a vossos mandamentos;*

---

* 2,6. Am 8,10 | 14. Jó 2,9 | **3,**2. Dn 3,27-32 / Êx 34,7 | 3. Sl 119,137; 25,10 | 4. Br 1,17s / Dn 9,5s; Br 2,4s; 3,8

† 2,10. A Vulgata acrescenta aqui: "O Senhor permitiu que lhe acontecesse essa provação para que fosse dado à posteridade o exemplo de sua paciência como a do santo homem Jó". E cita esta palavra de Tobias: "Nós somos filhos dos santos e esperamos aquela vida que Deus há de dar aos que jamais deixam de acreditar nele".

por isso nos entregastes ao saque,*
ao cativeiro e à morte,
ao escárnio, à zombaria e ao desprezo
de todos os povos entre os quais nos
dispersastes.
⁵E agora, todas as vossas sentenças
são verdadeiras,
quando me tratais segundo minhas
faltas
e as de meus pais.
Pois não obedecemos a vossas ordens,
nem caminhamos na verdade diante
de vós.
⁶E agora, tratai-me como vos aprouver,*
dignai-vos retirar-me a vida,
para que eu desapareça da face da
terra
e de novo me torne pó.
Pois para mim mais vale morrer que
viver.*
Sofri ultrajes sem motivo,
imensa é minha tristeza.
Ordenai, Senhor, que eu seja livre
desta provação.
Deixai-me partir para a morada eterna,
não afasteis vosso rosto de mim, Senhor.
Pois para mim é melhor morrer do
que passar a vida
aguentando um mal inexorável,
e não quero mais ouvir injúrias contra mim".

Infelicidade de Sara. ⁷Naquele mesmo
dia aconteceu que Sara, filha de Raguel,
habitante de Ecbátana, na Média, teve
também de ouvir insultos de uma serva de seu pai. ⁸Ela fora dada sete vezes
em casamento, mas Asmodeu, o pior
dos demônios†, matara seus maridos
um após outro, antes que se tivessem
unido a ela como esposos. A serva lhe
dizia: "És tu que matas teus maridos! Já
foste dada a sete homens e não foste
feliz sequer uma vez! ⁹Queres castigar-
-nos por terem morrido teus maridos?

Vai procurá-los e que nunca se veja de
ti nem filho e nem filha!" ¹⁰Naquele dia,
a alma de Sara encheu-se de tristeza:
ela se pôs a chorar e subiu ao quarto
de seu pai com a intenção de se enforcar. Mas, refletindo melhor, pensou:
"Que não venham depois insultar meu
pai, dizendo-lhe: 'Tua filha única, que
amavas,* enforcou-se porque se sentia
infeliz'. Assim eu faria meu pai, em sua
velhice, descer acabrunhado à mansão
dos mortos. É melhor que, em vez de
me enforcar, suplique ao Senhor que
me envie a morte, para não ter de ouvir
injúrias durante minha vida".

Oração de Sara. ¹¹E naquele momento, estendendo as mãos para a janela,
orou assim:*
"Bendito sejais, Deus de misericórdia,
e bendito seja vosso nome pelos séculos.
Que todas as vossas obras
vos bendigam para sempre.
¹²Elevo agora para vós meu rosto e
meus olhos.
¹³Que vossa palavra me livre da terra,
pois não quero mais ouvir ultrajes.
¹⁴Vós sabeis, Senhor, que estou pura,
homem algum me tocou;
¹⁵não desonrei meu nome
nem o nome de meu pai
na terra de meu cativeiro.
Sou a filha única de meu pai:
ele não tem outro filho para herdar,
não tem junto a si irmão algum nem
parente
a quem eu me deva reservar como
esposa.
Já perdi sete maridos:
por que deveria ainda viver?
Se não vos apraz, Senhor, dar-me a
morte,
olhai-me com piedade,
e não tenha eu de ouvir injúrias".

**Deus ouve as orações de Tobit e de
Sara.** ¹⁶Naquele instante, na glória de
Deus, foi acolhida a oração de ambos
¹⁷e foi enviado Rafael† para curar os
dois: para tirar as manchas brancas dos

---

* **3**,6. Nm 11,15; 1Rs 19,4 / Jn 4,3.8; Jó 7,15 **|** 10. 6,15; Gn 37,35; 42,38; 44,29.31 **|** 11. Dn 6,11; 1Rs 8,44.48;
Sl 5,8; 28,2; 134,2; 138,2

† **3**,8. Asmodeu significa "o devastador". **|** 17. Rafael quer dizer "Deus cura".

Tobias 3-4

olhos de Tobit, a fim de que visse com seus próprios olhos a luz de Deus, e para dar Sara, filha de Raguel, como esposa a Tobias, filho de Tobit, e livrá-la de Asmodeu, o pior dos demônios; porque Tobias tinha mais direitos de tê-la como esposa do que todos os outros pretendentes. Naquela mesma hora, voltava Tobit do pátio para a casa; e Sara, filha de Raguel, estava descendo do quarto.

4 **Conselhos de Tobit a seu filho.** ¹Naquele dia, Tobit lembrou-se do dinheiro que havia depositado com Gabael, em Ragés, na Média, ²e pensou consigo: "Já estou desejando morrer; seria bom chamar meu filho Tobias para lhe falar sobre esse dinheiro, antes de morrer". ³Chamou, pois, seu filho Tobias para junto de si e lhe disse:

"Quando eu morrer, dar-me-ás uma digna sepultura;* honra tua mãe e não a abandones em nenhum dia de tua vida;* faze o que lhe agrada e não lhe sejas causa de tristeza alguma. ⁴Lembra-te, meu filho, dos muitos perigos que ela correu por tua causa, quando estavas em seu seio. E quando ela morrer, sepulta-a junto de mim, no mesmo túmulo.

⁵Meu filho, lembra-te do Senhor todos os dias e não queiras pecar nem transgredir seus mandamentos. Pratica boas obras todos os dias de tua vida e não andes pelos caminhos da injustiça. ⁶Pois, se agires com retidão,* terás êxito em todas as tuas ações, como todos os que praticam a justiça.

⁷Toma de teus bens para dar esmola.* Nunca afastes de algum pobre tua face, e Deus não afastará de ti sua face. ⁸Tua esmola seja de acordo com os bens que possuis: se tens muito, dá mais; se tens pouco, não tenhas receio de dar esmola de acordo com aquele pouco. ⁹Porque assim acumulas um bom te-

souro para o dia da necessidade. ¹⁰Pois a esmola livra da morte e impede que se caia nas trevas. ¹¹Dom precioso é a esmola para quantos a praticam na presença do Altíssimo.

¹²Guarda-te, meu filho, de toda impureza.* Escolhe uma esposa da estirpe de teus pais e não uma mulher estrangeira, que não pertença à tribo de teu pai, porque nós somos filhos dos profetas. Lembra-te de Noé, de Abraão,* de Isaac e de Jacó, nossos pais mais antigos. Todos eles escolheram sua esposa entre seus parentes e foram abençoados em seus filhos, e sua descendência possuirá a terra como herança. ¹³Tu também, meu filho, ama teus parentes, e que teu coração não se ensoberbeça, fazendo-te desprezar teus irmãos, os filhos e as filhas de teu povo; escolhe por esposa uma dentre eles. Pois o orgulho é causa de ruína e de muita inquietação. A ociosidade traz a pobreza e a penúria, porque a mãe da indigência é a ociosidade.

¹⁴Não deixes para pagar no dia seguinte* o salário de quem trabalha para ti, mas entrega-o imediatamente. Se serves a Deus, serás recompensado. Sê vigilante, meu filho, em todas as tuas ações e mostra-te educado em todo o teu comportamento. ¹⁵Não faças a ninguém* o que não queres que te façam†. Não bebas vinho até a embriaguez e não faças da embriaguez tua companheira pela estrada.

¹⁶Dá de teu pão aos que têm fome e de tuas roupas aos que estão nus. Dá esmola de tudo o que tens em abundância; e, ao dares esmola, não haja pesar em teus olhos. ¹⁷Oferece teu pão e derrama teu vinho sobre o túmulo dos justos, mas não o dês ao pecador†. ¹⁸Pede o conselho de toda pessoa sensata e não desprezes nenhum conselho salutar. ¹⁹Bendize ao Senhor

---

* **4,**3. Êx 20,12 / Pr 23,22; Eclo 7,29 | 6. 13,6; Jo 3,21; Ef 4,15 | 7. 12,8ss; Pr 19,17; Eclo 4,1-6; Dt 15,7s.11; 1Jo 3,17; Mt 12. 6,20; Eclo 3,33; 29,15 | 12. Gn 24,3s; 28,1s; Jz 14,3 / Gn 11,31; 25,20; 29,15-30; Tb 6,12 | 14. Lv 19,13; Dt 24,15 | 15. Mt 7,12; Lc 6,31; Is 58,7; Mt 25,35s; Dt 15,10; 2Cor 9,7; Dt 26,14 | 19. Sl 119,10.12.26s.33s/ Dt 4,6; 1Sm 2,7

† **4,**15. Essa "regra de ouro da caridade" encontra-se em quase todas as religiões. Jesus lhe dá uma forma positiva, Mt 7,12; Lc 6,31. | 17. Quando morria alguém, era costume levar alimento aos familiares do morto, Jr 16,7.

511 Tobias 4-5

Deus em toda circunstância,* pede-lhe que dirija teus caminhos e que cheguem a bom termo todas as tuas veredas e teus projetos. Pois nem toda nação possui a sabedoria; é o Senhor quem lhes dá o dom de desejar o bem. Segundo sua vontade, ele exalta* ou rebaixa até o fundo da mansão dos mortos. Portanto, meu filho, lembra-te desses mandamentos e não permitas que se apaguem de teu coração.

²⁰Também quero dizer-te, meu filho, que deixei em depósito com Gabael, filho de Gabri, em Ragés, na Média, dez talentos de prata. ²¹Não te preocupes, filho, se ficamos pobres. Tens uma grande riqueza se temes a Deus, se evitas toda espécie de pecado e se fazes o que agrada ao Senhor teu Deus.*

II. VIAGEM DE TOBIAS E RAFAEL (5–6)

5 **Tobias é enviado à Média.** ¹Então Tobias respondeu a seu pai Tobit: "Pai, farei tudo quanto me ordenaste. ²Mas como poderei recuperar esse dinheiro, se ele não me conhece nem eu a ele? Que sinal lhe darei para que me reconheça, creia em mim e me entregue o dinheiro? Além disso, não sei que caminho tomar para chegar à Média". ³Tobit então respondeu a seu filho Tobias: "Ele me deu um documento assinado, e eu também lhe entreguei um documento escrito; eu o dividi em duas partes, para que cada um de nós ficasse com a metade. Tomei uma e deixei a outra com o dinheiro. Faz vinte anos que depositei esse dinheiro. Agora, filho, procura um homem de confiança que te possa acompanhar, e lhe pagaremos por todo o tempo até tua volta; vai e recupera esse dinheiro junto a Gabael".

Rafael, guia de Tobias. ⁴Tobias saiu em busca de alguém que conhecesse o caminho e que fosse com ele à Média. Ao sair, encontrou o anjo Rafael, de pé diante dele; mas não sabia que era um anjo de Deus. ⁵Disse-lhe, pois: "De onde és, ó jovem?" Respondeu-lhe: "Sou um dos israelitas, teus irmãos, e vim procurar trabalho". Perguntou-lhe Tobias: "Conheces o caminho da Média?" ⁶"Sim", respondeu ele; "já estive lá muitas vezes e conheço bem todos os caminhos. Fui à Média com frequência e hospedei-me na casa de Gabael, nosso irmão, que mora em Ragés, pois Ragés está situada na montanha e Ecbátana na planície". ⁷Disse-lhe Tobias: "Espera-me, jovem, que vou informar meu pai, porque preciso que venhas comigo e te darei teu salário". ⁸Respondeu o outro: "Fico esperando, mas não demores".

⁹Tobias foi informar seu pai e disse-lhe: "Encontrei um homem, que é dos israelitas, nossos irmãos". E seu pai lhe disse: "Chama-o aqui, para que eu saiba a qual família e a qual tribo pertence e se é digno de confiança para que te acompanhe, filho". Tobias saiu, chamou-o e disse-lhe: "Jovem, meu pai está te chamando".

¹⁰Ele entrou na casa, e Tobit o saudou por primeiro. Ele respondeu: "Desejo-te grande alegria". Disse Tobit: "Que alegria posso ainda ter? Estou cego e não posso ver a luz do céu; estou mergulhado nas trevas como os mortos que não contemplam mais a luz. Estou vivo mas moro com os mortos; ouço a voz das pessoas, mas não as vejo". Disse-lhe o anjo: "Tem confiança, que Deus em breve te curará. Tem confiança!" Tobit lhe disse: "Meu filho Tobias quer ir à Média. Podes ir com ele e servir-lhe de guia? Eu te darei teu salário, irmão". Ele respondeu: "Posso ir com ele, pois conheço todos os caminhos e fui frequentes vezes à Média, percorri todas as suas planícies e suas montanhas e conheço todas as suas estradas". ¹¹Disse-lhe Tobit: "Irmão, de que família e de que tribo és tu? Fala, irmão". ¹²Respondeu-lhe: "Que importa minha tribo?" Tobit insistiu: "Gostaria de saber com segurança de quem és filho e qual é teu nome". ¹³Respondeu-lhe: "Sou Azarias, filho do grande Ananias†,

---

† **5**,13. Azarias quer dizer "auxílio divino" e Ananias "graça divina".

Tobias 5-6

um de teus irmãos". [14]Disse-lhe Tobit: "Sejas bem-vindo e tenhas boa saúde, irmão! Não leves a mal, irmão, meu desejo de conhecer com certeza tua família. Vejo que és parente meu e pertences a uma família honesta e honrada. Conheci Ananias e Natã, os dois filhos do grande Semeías; eles iam comigo a Jerusalém, juntos lá adorávamos, e eles não se desviaram do bom caminho. Teus irmãos são homens de bem; descendes de ilustre estirpe. Sê bem-vindo!"

[15]E acrescentou: "Pagar-te-ei como salário uma dracma por dia e te darei, como a meu filho, o que te for necessário. Viaja, pois, com meu filho, [16]e depois ainda acrescentarei algo a teu salário". Ele respondeu: "Irei com teu filho, nada receies. Sãos partiremos e sãos regressaremos a ti, porque o caminho é seguro". [17]Respondeu-lhe Tobit: "Bendito sejas, irmão!" Chamou seu filho e disse-lhe: "Filho, prepara as coisas para a viagem e parte com teu irmão; que lá vos proteja o Deus que está nos céus e que vos reconduza a mim sãos e salvos; e que seu anjo vos acompanhe com sua proteção, filho".

Tobias parte em viagem. Tobias saiu para empreender a viagem, e beijou seu pai e sua mãe. Tobit lhe disse: "Boa viagem!" [18]Sua mãe pôs-se a chorar e disse a Tobit: "Para que mandaste meu filho partir? Não é ele o bastão de nossa mão que sempre vai e vem conosco? [19]Que não seja o dinheiro o mais importante; que ele não tenha valor ao lado de nosso filho. [20]O nível de vida que Deus nos tinha dado era-nos suficiente". [21]Respondeu-lhe Tobit: "Não penses nisso; são partiu nosso filho e são voltará a nós; com teus próprios olhos o verás no dia em que ele regressar a ti são e salvo. Não penses nisso nem te inquietes por causa deles, minha irmã. [22]Um bom anjo o acompanhará, lhe dará uma viagem tranquila e o devolverá são e salvo! [23]Então ela parou de chorar.

6

Um peixe providencial. [1]Partiu, pois, Tobias, em companhia do anjo, e o cão os seguia. Caminharam juntos até que os surpreendeu a primeira noite; então pararam e acamparam à margem do rio Tigre. [2]Tobias desceu ao rio para lavar os pés, mas naquela hora um grande peixe saltou da água e tentou devorar-lhe o pé. Ele gritou [3]e o anjo lhe disse: "Agarra o peixe e não o deixes fugir!" Tobias dominou o peixe e o arrastou para a beirada. [4]O anjo acrescentou: "Abre o peixe, tira-lhe o fel, o coração e o fígado†; guarda-os e joga fora os intestinos. O fel, o coração e o fígado são remédios úteis". [5]O jovem abriu o peixe, tirou-lhe o fel, o coração e o fígado. Assou uma parte do peixe e comeu-a, e guardou o resto depois de o ter salgado. Depois continuaram ambos a caminhada até chegarem perto da Média.

[6]Então Tobias perguntou ao anjo: "Azarias, meu irmão, que remédio há no coração, no fígado e no fel do peixe?" [7]Respondeu ele: "Queima-se o coração ou o fígado do peixe diante de um homem ou de uma mulher atormentados por um demônio ou por um espírito mau, e a fumaça faz cessar todo ataque contra eles e não restará nenhum vestígio. [8]O fel serve para untar os olhos de quem tem manchas brancas: soprando sobre as manchas, ele ficará curado".

Rafael fala a Tobias sobre Sara. [9]Quando entraram na Média, estando já perto de Ecbátana, [10]Rafael disse ao jovem: "Tobias, meu irmão!" Respondeu-lhe: "Eis-me aqui". E disse ele: "Esta noite ficaremos na casa de Raguel; ele é teu parente e tem uma filha de nome Sara; [11]além dela, não tem filhos nem filhas. Tu és seu parente mais próximo e tens direito de desposá-la mais do que qualquer outro homem, e é justo que sejas o herdeiro dos bens de seu pai. É uma moça prudente, corajosa, muito graciosa, e seu pai lhe tem muito amor".

---

† **6**,5. Conforme o testemunho de Galeno, médico grego do séc. II, os antigos acreditavam que o fel do peixe podia curar doenças dos olhos.

513 Tobias 6-7

[12]E acrescentou: "Tens o direito de tomá--la por esposa.† Escuta-me, irmão. Esta noite falarei com o pai acerca da moça, para que te seja dada como noiva; e quando voltarmos de Ragés, celebraremos o casamento. Tenho certeza de que Raguel não tem o direito de recusá-la a ti, nem de dá-la a outro. Seria réu de morte, segundo a sentença do livro de Moisés, pois ele sabe que é teu direito, de preferência a qualquer outro, tomar sua filha como esposa. Portanto, ouve--me, irmão: falaremos esta noite sobre a moça e pediremos sua mão. Quando voltarmos de Ragés, nós a tomaremos para levá-la conosco a tua casa".

[13]Tobias respondeu a Rafael: "Azarias, meu irmão, ouvi dizer que ela já foi dada a sete maridos e que todos morreram no quarto nupcial, na própria noite em que deviam unir-se a ela. Também ouvi dizer que era um demônio que os matava. [14]Por isso tenho medo: o demônio tem ciúme dela, não lhe faz nenhum mal, porém mata quem queira aproximar-se dela. Sou filho único; se eu morrer, farei descer ao túmulo a vida de meu pai* e de minha mãe em consequência de sua tristeza por minha causa. Eles não têm outro filho que lhes dê sepultura. [15]Respondeu-lhe o anjo: "Não te lembras das recomendações de teu pai, que te mandou tomar como esposa uma mulher da casa de teu pai?* Ouve-me, irmão; não tenhas medo desse demônio, desposa-a; sei que esta noite ela te será dada por mulher. [16]Quando entrares no quarto nupcial, toma o fígado e o coração do peixe e coloca-os sobre as brasas do incenso. O cheiro se espalhará e, quando o demônio o respirar, fugirá e nunca mais aparecerá junto dela. [17]Mas antes de unir-te a ela, levantai-vos ambos para fazer oração e suplicai ao Senhor do céu que vos conceda sua graça e sua salvação. Não temas, pois ela te foi destinada* desde a eternidade, [18]e a ti compete salvá-la. Ela te seguirá, e creio que te dará filhos que serão para ti como irmãos. Não te preocupes". [19]Quando Tobias ouviu as palavras de Rafael e soube que Sara era sua irmã, parente da família de seu pai, enamorou-se de tal modo que seu coração não podia separar-se dela.

III. CASAMENTO DE TOBIAS E SARA (7-9)

7 **A acolhida de Raguel.** [1]Entrando em Ecbátana, disse Tobias: "Azarias, meu irmão, leva-me imediatamente à casa de nosso irmão Raguel". Conduziu-o, pois, à casa de Raguel e o encontraram sentado à porta do pátio. Eles o saudaram primeiro e ele respondeu: "Salve, irmãos, sede bem-vindos!" E os fez entrar em sua casa. [2]Disse a sua esposa Edna: "Como esse rapaz se parece com meu irmão Tobit!" [3]Edna perguntou-lhes: "De onde sois, irmãos?" Responderam: "Somos dos filhos de Neftali, deportados para Nínive". [4]Disse então: "Conheceis Tobit, nosso irmão?" "Conhecemos, sim", responderam. Perguntou de novo: "Ele está bem?" [5]Responderam:* "Vive e está bem". E Tobias acrescentou: "É meu pai". [6]Raguel então levantou-se, beijou-o, chorou [7]e disse: "Bendito sejas,* filho! És filho de um pai honrado e bom. Que infelicidade ter ficado cego um homem tão justo e generoso em dar esmolas!" Lançou--se ao pescoço de Tobias, filho de seu irmão, e chorou. [8]Também chorou sobre ele sua mulher Edna, e também sua filha Sara chorou. [9]Matou depois um carneiro do rebanho e fez-lhes calorosa recepção.
Casamento de Tobias com Sara. Depois de se lavarem e se purificarem, puseram-se à mesa. Tobias disse então a Rafael: "Azarias, meu irmão, dize a

---

* **6**,15. Gn 24,7.40; Êx 23,20 | 16. 3,10 / 4,12s | 18. Gn 24,44 | **7**,5. Gn 29,4ss; 43,27-30 | 7. Gn 33,4; 45,14; Lc 15,20

† **6**,13. Alude a uma legislação matrimonial desconhecida, segundo a qual o direito de casar com uma moça pertence em primeiro lugar a seu parente mais próximo.

Tobias 7-8

Raguel que me dê por esposa minha irmã Sara". [10]Raguel ouviu essas palavras e disse ao jovem: "Come e bebe e passa a noite tranquilo, porque ninguém, a não ser tu, meu irmão, tem o direito de desposar minha filha Sara; de tal modo que nem mesmo eu tenho possibilidade de dá-la a outro, pois és meu parente mais próximo. Mas vou falar-te com franqueza, rapaz. [11]Já a dei a sete maridos dentre nossos irmãos, e todos morreram na mesma noite em que entraram em seu quarto. Mas agora, filho, come e bebe, e o Senhor vos dará sua graça e sua paz". Tobias respondeu: "Não comerei nem beberei até que tenhas tomado uma decisão* a meu respeito". Raguel lhe disse: "Está bem! Ela te é dada segundo a sentença da lei de Moisés e como o Céu decreta que ela te seja dada. Recebe tua irmã. A partir de agora tu és seu irmão, e ela é tua irmã. Ela te é dada a partir de hoje e para sempre. Que o Senhor do céu vos faça felizes esta noite, filho, e vos dê sua misericórdia e sua paz". [12]Raguel chamou sua filha Sara e, quando ela se apresentou, tomou-a pela mão e entregou-a a Tobias,* dizendo: "Recebe-a, pois ela te é dada por esposa, segundo a lei e a sentença escrita no livro de Moisés. Toma-a e leva-a sã e salva para a casa de teu pai. E que o Deus do céu vos dê boa viagem e a paz". [13]Chamou depois a mãe da moça e mandou que trouxesse uma folha de papiro, e redigiu o documento do matrimônio, pelo qual dava a Tobias sua filha por esposa, conforme a sentença da Lei de Moisés. [14]Depois disso começaram a comer e a beber. [15]Raguel chamou sua mulher Edna* e disse-lhe: "Irmã, prepara o outro quarto e leva Sara para lá". [16]Ela preparou o leito do quarto, tal como lhe fora ordenado, e levou a filha para lá. Chorou por causa dela, depois enxugou as lágrimas e disse: "Tem confiança, minha filha! Que o Senhor do céu mude tua tristeza em alegria! Tem confiança, minha filha!" E saiu.

8 Sara é libertada do demônio.

[1]Quando acabaram de comer e beber, decidiram ir dormir; conduziram, pois, o jovem e o introduziram no aposento. [2]Tobias então recordou-se dos conselhos de Rafael e, tirando o coração e o fígado do peixe de dentro da sacola onde os guardara, colocou-os sobre as brasas do incenso. [3]O cheiro do peixe expulsou o demônio, que fugiu para as regiões do alto Egito. Rafael seguiu-o, prendeu-o e acorrentou-o imediatamente.

[4]Entretanto, os pais haviam saído e fechado a porta do quarto. Então Tobias levantou-se do leito e disse a Sara: "Levanta-te, minha irmã! Rezemos e peçamos a nosso Senhor que tenha compaixão de nós e nos salve".

Oração de Tobias e Sara. [5]Ela se levantou e começaram a rezar e a pedir para obterem a salvação. E começaram a dizer:

"Bendito sejais, Deus de nossos pais,*
e bendito seja vosso nome
por todos os séculos dos séculos!
Bendigam-vos os céus
e vossa criação inteira
em todos os séculos!
[6]Vós criastes Adão
e criastes Eva, sua mulher,
para ser sua ajuda e amparo,
e de ambos nasceu o gênero humano.
Vós mesmo dissestes:
'Não é bom que o homem fique só:*
façamos-lhe uma ajuda semelhante a ele'.
[7]E agora, não é por luxúria
que tomo esta minha irmã,
mas com reta intenção.
Dignai-vos ter piedade de mim e dela
e conduzir-nos juntos a uma idade avançada!
[8]E disseram em coro: Amém! Amém!"
[9]E dormiram a noite toda.

Alegria dos pais de Sara. Ora, Raguel levantou-se e, tomando consigo os criados, foram cavar um túmulo. [10]Pois dizia consigo: "Não aconteça que tenha morrido e nos tornemos objeto

---

* **7,**11. Gn 24,33 | 12. Gn 24,50s | 15. Gn 24,54 | **8,**5. Dn 3,26 | 6. Gn 2,18

de escárnio e zombaria". ¹¹Quando acabaram de cavar o túmulo, Raguel voltou para casa, chamou sua mulher ¹²e disse-lhe: "Manda uma criada entrar no quarto e ver se Tobias está vivo; porque, se morreu, nós o enterraremos sem que ninguém o saiba". ¹³Mandaram a criada, acenderam a lâmpada e abriram a porta; ela entrou e os achou deitados juntos e dormindo. ¹⁴A criada saiu e anunciou-lhes que ele estava vivo e que nada de mal lhe acontecera. ¹⁵Raguel bendisse ao Deus do céu com estas palavras:

"Bendito sois, ó Deus,
com todo o puro louvor!
Que vos bendigam por todos os séculos!
¹⁶Bendito sejais porque me alegrastes,
e porque não sucedeu o mal que eu temia,
mas nos tratastes segundo vossa grande misericórdia.
¹⁷Bendito sejais por terdes tido compaixão
dos dois filhos únicos.
Tende piedade deles, Senhor,
e dai-lhes vossa salvação;
fazei que sua vida transcorra
na alegria e na graça".

¹⁸Depois mandou que os criados fechassem a cova antes do amanhecer. ¹⁹Raguel ordenou a sua esposa que fizesse muitos pães;* ele foi ao estábulo, tomou dois bois e quatro carneiros e mandou aprontá-los. E assim começaram os preparativos para o banquete. ²⁰Depois chamou Tobias e lhe disse: "Durante quatorze dias não sairás daqui, mas ficarás onde estás, comendo e bebendo em minha casa e encherás de gozo a alma de minha filha após todas as suas tristezas. ²¹Depois tomarás a metade de tudo quanto aqui possuo e voltarás feliz à casa de teu pai. E quando minha mulher e eu tivermos morrido, também será vossa a outra metade. Tem confiança, filho! Sou teu pai e Edna é tua mãe; somos teus e de tua irmã desde agora e para sempre. Tem confiança, filho!"

9 **Rafael vai à casa de Gabael.** ¹Então Tobias chamou Rafael e disse-lhe: ²"Azarias, meu irmão, toma contigo quatro criados e dois camelos e parte para Ragés. ³Dirige-te à casa de Gabael, entrega-lhe o documento, recebe o dinheiro e conduze-o também a ele contigo para as bodas. ⁴Sabes que meu pai deve estar contando os dias e, se eu me demoro um dia a mais, dou-lhe um grande desgosto. ⁵Bem viste como Raguel me conjurou, de modo que não posso contrariar seu juramento". Rafael partiu, então, para Ragés, na Média, com os quatro criados e os dois camelos, e pernoitaram na casa de Gabael. Apresentou-lhe o documento e deu-lhe a notícia de que Tobias, filho de Tobit, se havia casado e o convidava para as bodas. Gabael levantou-se, trouxe os sacos de dinheiro com os selos ainda intactos e contou o dinheiro; depois colocaram-nos sobre os camelos. ⁶De madrugada, partiram juntos para as bodas e, chegando à casa de Raguel, encontraram Tobias reclinado à mesa. Este levantou-se logo para saudá-lo, e Gabael começou a chorar e o abençoou, dizendo: "Filho excelente de um pai perfeito, justo e caridoso! Que o Senhor te conceda as bênções do céu a ti, a tua mulher e ao pai e à mãe de tua mulher! Bendito seja Deus que me concedeu ver esta imagem viva de meu primo Tobit!"

IV. VOLTA PARA NÍNIVE
(10–11)

10 **Ânsia dos pais de Tobias.** ¹Enquanto isso, diariamente Tobit contava* os dias necessários para fazer aquela viagem de ida e volta. Quando se esgotou o prazo, não tendo regressado o filho, ²ele pensou: "Será que ficou retido por lá? Ou talvez tenha morrido Gabael e não haja ninguém para entregar-lhe o dinheiro!" ³E começou a ficar aflito. ⁴Ana, sua mulher, dizia: "Meu filho morreu e já não se encon-

---

* **8**,19. Gn 24,54s; Jz 14,10-18 | **10**,1. Gn 44,18-34

Tobias 10-11

tra entre os vivos!" E começou a chorar e a lamentar-se por seu filho, dizendo: 5"Ai de mim, filho meu! Por que te deixei partir, luz de meus olhos? 6Tobit respondeu: "Tranquiliza-te, irmã, não te preocupes; ele está bem. Com certeza tiveram lá um imprevisto. Seu companheiro é um homem de confiança e um de nossos irmãos; não te inquietes por causa dele, minha irmã; em breve estará aqui". 7Ela replicou-lhe: "Deixa-me, não tentes enganar-me; meu filho morreu". E todos os dias saía cedo para observar a estrada por onde seu filho havia partido. Não acreditava em mais ninguém. E quando o sol se punha,* entrava em casa e gemia e chorava a noite inteira, sem poder dormir.

Quando se completaram os catorze dias* das bodas, que Raguel havia prometido com juramento celebrar em honra de sua filha, Tobias veio dizer-lhe: "Deixa-me partir; estou certo de que meu pai e minha mãe não têm mais esperança de rever-me. Portanto, peço-te, meu pai, deixa-me regressar para junto de meu pai. Já te expliquei em que situação o deixei". 8Raguel respondeu a Tobias: "Fica, filho, fica comigo e enviarei mensageiros a teu pai Tobit, que lhe dêem notícias tuas". 9Tobias disse: "De modo algum. Peço-te que me permitas voltar para junto de meu pai". 10Então Raguel levantou-se,* entregou a Tobias sua mulher Sara e a metade de todos os seus bens: servos e servas, bois e carneiros, jumentos e camelos, vestes, prata e utensílios. 11E deixou-os partir contentes. Ao despedir-se de Tobias, disse: "Felicidades, filho, e boa viagem! Que o Senhor do céu vos guie, a ti e a tua mulher Sara, pelo bom caminho, e que eu possa ver vossos filhos* antes de morrer". 12A sua filha Sara ele disse: "Vai para a casa de teu sogro, pois doravante eles são teus pais, como os que te deram a vida. Vai em paz, filha. Que eu tenha boas notícias de ti, enquanto eu viver". Depois abraçou-os e deixou-os partir.

Edna disse a Tobias: "Filho e irmão caríssimo, que o Senhor te traga de volta e que eu viva até ver os filhos teus e de minha filha Sara, antes de morrer. Na presença do Senhor confio-te minha filha Sara em tutela; não lhe causes tristeza em todos os dias de tua vida. Vai em paz, filho. A partir de hoje sou tua mãe, e Sara é tua irmã. Que possamos todos juntos ter boa sorte por todos os dias de nossa vida!" E beijando os dois, deixou-os partir sãos e salvos.

13Assim Tobias saiu da casa de Raguel contente e feliz, e bendizendo o Senhor do céu e da terra, Rei de todas as coisas, porque havia levado a bom termo sua viagem. Bendisse também a Raguel* e sua mulher Edna e lhes disse: "Possa eu ter a felicidade de vos honrar todos os dias de minha vida!"

11 **Viagem para Nínive.** 1Quando chegaram perto de Caserin, que fica diante de Nínive, 2disse Rafael: "Sabes em que situação deixamos teu pai; 3corramos à frente de tua esposa, para preparar a casa, antes que ela chegue com os outros". 4Seguiram, pois, os dois juntos. Ele acrescentou: "Toma contigo o fel". O cão seguia atrás deles.

5Ana estava sentada, observando o caminho por onde devia voltar seu filho. 6Pressentiu que era ele que estava chegando e disse a Tobit: "Teu filho está chegando com seu companheiro!"

7Rafael disse a Tobias, antes que ele se aproximasse do pai: "Tenho certeza de que se abrirão os olhos de teu pai. 8Unta-lhe os olhos com o fel do peixe; o remédio fará as manchas brancas contrair-se, e elas cairão de seus olhos como escamas. Assim teu pai vai recuperar a vista e verá a luz".

9Ana correu adiante e lançou-se ao pescoço de seu filho, dizendo: "Eu te revejo, meu filho; agora posso morrer!" E começou a chorar.*

Tobit recupera a vista. 10Tobit levantou-se e, tropeçando, atravessou a porta do pátio. 11Tobias foi-lhe ao

---

* **10**,7. Gn 45,26 / Gn 24,54-61 | 10. Gn 24,35; 30,43 | 11. Gn 45,28 | 13. Gn 24,21.40.42.56 | **11**,9. Gn 33,4; 45,14; 46,29s; Lc 15,20

Tobias 11-12

encontro, tendo na mão o fel do peixe; soprou-lhe nos olhos e, fazendo-o aproximar-se, disse-lhe: "Tem confiança, pai!" Aplicou-lhe o remédio e esperou um pouco. [12]Depois, com ambas as mãos, tirou-lhe as escamas* dos cantos dos olhos. [13]Então Tobit lançou-se-lhe ao pescoço, [14]chorando, e exclamou: "Agora te vejo, filho, luz de meus olhos!" E disse ainda:

"Bendito seja Deus!
Bendito seja seu grande nome!
Benditos todos os seus santos anjos
por todos os séculos!
[15]Porque ele me havia punido,
e de novo se compadeceu de mim,*
e agora vejo meu filho Tobias!"

Tobias entrou em casa, cheio de alegria e bendizendo a Deus em voz alta. Depois contou a seu pai como fora feliz sua viagem; disse-lhe que trouxera o dinheiro e que se havia casado com Sara, filha de Raguel, a qual estava vindo e já estava perto das portas de Nínive.

A acolhida a Sara. [16]Tobit saiu ao encontro de sua nora até as portas de Nínive, louvando a Deus em sua alegria. Quando os habitantes de Nínive viram-no caminhar com o mesmo vigor de outrora, sem que ninguém o conduzisse pela mão, ficaram admirados. [17]Tobit proclamou diante deles que Deus se havia compadecido dele e lhe havia aberto os olhos. Enfim Tobit aproximou-se de Sara, esposa de seu filho Tobias, e abençoou-a com estas palavras: "Sê bem-vinda, minha filha! Bendito seja Deus que te trouxe até nós! Bendito seja teu pai, bendito seja meu filho Tobias e bendita sejas tu, minha filha! Entra na casa que é tua casa em boa saúde, na alegria e na bênção! Entra, minha filha". Foi esse um dia de júbilo para todos os judeus de Nínive. [18]Seus primos Aicar e Nadav vieram congratular-se com Tobit. E festejaram as núpcias com alegria durante sete dias.

V. O ANJO REVELA SUA IDENTIDADE (12)

12 O anjo Rafael. [1]Terminadas as bodas,* Tobit chamou seu filho Tobias e disse-lhe: "Filho, cuida de pagar o salário ao homem que te acompanhou, acrescentando também alguma gratificação". [2]Tobias respondeu: "Pai, quanto devo dar-lhe por seus serviços? Mesmo entregando-lhe a metade dos bens que ele trouxe comigo eu não teria prejuízo. [3]Reconduziu-me são e salvo, curou minha mulher, trouxe-me o dinheiro e, enfim, te curou! Que recompensa posso dar-lhe?" [4]Disse-lhe Tobit: "Filho, é justo que ele receba a metade de tudo o que trouxe". [5]Chamou-o, pois, Tobias, e disse-lhe: "Toma como recompensa a metade de tudo quanto trouxeste e vai em paz".

[6]Então Rafael chamou ambos à parte e disse-lhes: "Bendizei a Deus e proclamai entre todos os viventes os benefícios que vos concedeu; bendizei e celebrai seu nome. Manifestai a todos os homens as obras de Deus, como é justo, e não deixeis de dar-lhe graças. [7]É bom manter oculto* o segredo do rei; porém, é coisa gloriosa revelar e publicar as obras de Deus. Praticai o bem, e nenhum mal vos atingirá†.

[8]Boa coisa é a oração e o jejum, e a esmola com a justiça. Mais vale o pouco com justiça do que a riqueza com a iniquidade. É melhor praticar a esmola* do que acumular tesouros de ouro. [9]A esmola livra da morte e purifica de todo pecado. Os que dão esmola terão longa vida;* [10]mas os que cometem o pecado e a injustiça são inimigos da própria vida.

[11]Vou dizer-vos toda a verdade, sem nada vos ocultar: já vos ensinei que é conveniente manter oculto o segredo do rei, mas que é honroso apregoar as obras de Deus. [12]Quando tu e Sara fa-

---

* **11**,12. At 9,18 | 15. Dt 32,39; Tb 13,2 | **12**,1. Gn 30,25-31 | 7. 4,7-11; Eclo 29,11-18 | 8. Pr 11,4; 16,8 | 9. Eclo 3,29; Dn 4,24 | 12. Zc 1,12; Jó 33,23s; At 10,4; Ap 8,3s

† **12**,7. Princípio fundamental da doutrina clássica da retribuição: "A quem teme o Senhor não acontece nenhum mal", Eclo 33,1.

Tobias 12-13

zíeis oração, era eu quem apresentava vossas súplicas diante da glória do Senhor; eu fazia o mesmo quando enterravas* os mortos. ¹³Quando não hesitaste em te levantares da mesa, deixando a refeição, para ires sepultar* um morto, fui enviado para provar tua fé, ¹⁴e agora Deus enviou-me para curar-te a ti e a tua nora Sara. ¹⁵Eu sou Rafael, um dos sete anjos† que estão a serviço de Deus e têm acesso junto à glória do Senhor".

¹⁶Ficaram ambos cheios de espanto* e caíram com a face em terra, com grande temor. ¹⁷Mas ele lhes disse: "Não tenhais medo; a paz esteja convosco! Bendizei a Deus para sempre. ¹⁸Se estive convosco, não foi por benevolência minha, mas por vontade de Deus; a ele deveis bendizer todos os dias, a ele deveis cantar hinos. ¹⁹Embora me tenhais visto comer,* eu nada comia; o que víeis era só aparência. ²⁰E agora, bendizei o Senhor sobre a terra e dai graças a Deus. Vou voltar para Aquele que me enviou. Escrevei tudo isto que vos aconteceu". E ele foi subindo. ²¹Quando se reergueram, não puderam mais vê-lo. Puseram-se então a bendizer e a celebrar a Deus, dando-lhes graças por aquelas grandes maravilhas, porque lhes havia aparecido um anjo de Deus.

VI. CÂNTICO E EPÍLOGO
(13–14)

13 **Cântico de Tobit.** ¹E disse Tobit:

"Bendito seja Deus, que vive eternamente;*
seu reino dura por todos os séculos.
²Ele castiga e tem piedade,
faz descer às profundezas dos abismos*
e faz subir da grande perdição:
nada escapa de sua mão.*

³Celebrai-o, israelitas, diante das nações!*
Porque vos dispersou entre elas,
⁴e aí vos mostrou sua grandeza.
Exaltai-o diante de todos os seres vivos,
pois ele é nosso Senhor,*
ele é nosso Deus,
ele é nosso Pai,
ele é Deus por todos os séculos!
⁵Se ele vos castiga por vossas iniquidades,
terá compaixão de todos vós
e vos reunirá de todas as nações
entre as quais fostes dispersos.*
⁶Se voltardes para ele
de todo o coração e com toda a vossa alma,*
para agir na verdade em sua presença,
então ele se voltará para vós
e não mais vos ocultará sua face.
Considerai, pois, como vos tratou,
dai-lhe graças em alta voz.
Bendizei o Senhor da justiça
e exaltai o Rei dos séculos.*
⁷Eu o celebro na terra de meu exílio,
manifesto sua força e sua grandeza
a um povo de pecadores.
Convertei-vos, pecadores,
praticai a justiça diante dele;
quem sabe, voltará a amar-vos
e vos fará misericórdia!
⁸Eu exalto a meu Deus,
celebro o Rei do céu
e exulto por sua grandeza.
Que todos o aclamem e celebrem em Jerusalém!
⁹Jerusalém, cidade santa,*
Deus te castigou por causa das obras de teus filhos,
mas ainda terá piedade dos filhos dos justos.*
¹⁰Celebra o Senhor dignamente
e bendize o Rei dos séculos;
ele reconstruirá em ti seu templo com alegria,

---

* **12**,13. Jó 1-2; Lc 1,19 | 16. Jz 13,20ss | 19. Tg 13,16.20 | **13**,1. 3,11; 8,5.15; Sl 144,1 | 2. Dn 3,26 / 1Sm 2,6 | 3. Sb 16,15 | 4: Is 63,16; 64,7; Sb 14,3; Eclo 23,1.4; Mt 6,9 | 5. Dt 30,3 | 6. Dt 30,2 / 1Tm 1,17 | 9. Is 60; Ap 21 / Mq 7,19 | 10. Am 9,11; Is 44,26.28; Zc 1,16

† **12**,15. Na Bíblia apenas três anjos têm nome: Rafael, 3,17; 5,4; 6,11 etc., Gabriel, Dn 8,16; 9,21; Lc 1,19.26, e Miguel, Dn 10,21; Jd 9; Ap 12,7. Ap 8,2 fala também de sete anjos. São criaturas de Deus, totalmente espirituais, que compõem sua corte celeste e estão a seu serviço. A palavra "anjo" quer dizer mensageiro.

Tobias 13-14

para em ti alegrar todos os deportados,*
para contentar em ti todos os infelizes,
por todas as gerações futuras.
11Como luz esplêndida brilharás*
até os confins da terra;
virão a ti de longe nações numerosas,*
os habitantes de todos os confins da
terra
virão para a morada de teu santo
nome,*
trazendo nas mãos presentes para o
Rei do céu.
Em ti as gerações das gerações
manifestarão sua alegria,
e o nome da cidade eleita durará pelos séculos.
12Malditos os que te insultam;*
malditos serão os que te destroem,
os que derrubam tuas muralhas,
os que abatem tuas torres,
os que queimam tuas casas!
Mas sejam benditos para sempre os
que te reconstruírem!
13Então exultarás e te alegrarás
por causa dos filhos dos justos,
pois serão todos reunidos
e bendirão o Senhor dos séculos!
14Felizes os que te amam,*
felizes os que se alegram por tua paz!
Felizes todos os homens
que tiverem chorado por tuas adversidades!
Pois vão se alegrar em ti,
verão toda a tua felicidade para sempre.
15Minha alma, bendize o Senhor, o
grande Rei,
16porque Jerusalém vai ser reconstruída,
e sua casa para sempre!
Serei feliz, se ficar um resto de minha
descendência
para ver tua glória e louvar o Rei do
céu!*
As portas de Jerusalém serão reconstruídas*

com safiras e esmeraldas,
e todas as tuas muralhas, com pedras
preciosas;
as torres de Jerusalém serão construídas com ouro,*
e com ouro puro seus baluartes.
17As praças de Jerusalém serão cal-
çadas
com rubis e pedras de Ofir;*
as portas de Jerusalém
entoarão cânticos de alegria;
e todas as suas casas aclamarão:
Aleluia! Bendito seja o Deus de Israel
e benditos aqueles que bendizem
seu santo nome
para sempre e pelos séculos!"

14

1Aqui terminaram as palavras
do cântico de Tobit.

Recomendações de Tobit ao filho.
Tobit morreu em paz na idade de cento
e doze anos, e recebeu honrosa sepultura em Nínive. 2Tinha sessenta e dois
anos quando perdeu a vista; e, depois
de recuperá-la, viveu na abundância,
praticou a esmola e continuou sempre a bendizer a Deus e a celebrar sua
grandeza. 3Estando perto de morrer,*
chamou seu filho Tobias e recomen-
dou-lhe: "Meu filho, toma teus filhos 4e
vai para a Média, pois creio na palavra
de Deus pronunciada por Naum* sobre
Nínive. Vai se cumprir e realizar contra
a Assíria e contra Nínive† tudo o que
anunciaram os profetas de Israel, que
Deus enviou; nenhuma de suas palavras ficará sem cumprimento. Tudo
sucederá a seu tempo. Haverá mais segurança na Média do que na Assíria e
em Babilônia, porque sei e creio que se
cumprirá tudo o que Deus disse; acontecerá, e não há de falhar nem uma palavra das profecias.
Nossos irmãos que moram na terra
de Israel serão dispersos e deportados
para longe de sua bela pátria, e todo o
solo de Israel se transformará num de-

---

* **13**,11. Is 9,1; 49,6; 60,1 / Sl 22,28; Mq 4,2 / Zc 8,20ss | 12. Br 4,31s | 14. Is 66,10; Sl 122,6 | 16. Ag 2,9 /
Is 62,1s; Br 5,1 / Is 54,11; 60,17 | 17. Ap 21,10-21 | **14**,3. Gn 47,29 | 4. Na 1-3 / Ez 23; Is 64,10

† **14**,4. Nínive foi tomada em 612 a.C. por Nabopalassar, pai de Nabucodonosor, e por Ciáxares, rei dos
Medos. Babilônia foi destruída por Ciro em 539 a.C.

Tobias 14

serto. Samaria e Jerusalém* serão um deserto. E a casa de Deus ficará por algum tempo desolada e queimada. ⁵Depois, de novo Deus terá compaixão* deles e os reconduzirá à terra de Israel. Eles reconstruirão sua casa, menos bela que a primeira, até estarem completos os tempos. Mas então, voltando todos do cativeiro,* reconstruirão Jerusalém em seu esplendor, e nela a casa de Deus será reerguida, como o anunciaram os profetas de Israel. ⁶E todos os povos da terra inteira* se converterão e temerão a Deus de verdade. Eles todos abandonarão seus ídolos que os extraviaram no erro. ⁷E bendirão ao Deus dos séculos na justiça.* Todos os israelitas que tiverem sido poupados naqueles dias se lembrarão de Deus com sinceridade. Eles se reunirão e virão para Jerusalém,* e para sempre habitarão com segurança a terra de Abraão, que lhes será dada como propriedade. Então alegrar-se-ão os que amam a Deus de verdade. Mas os que cometem o pecado e a injustiça desaparecerão de toda a terra.

⁸E agora, meus filhos, eu vos recomendo que sirvais a Deus de verdade e façais o que lhe agrada. Ensinai a vossos filhos a obrigação de praticar a justiça e a esmola, de se lembrar de Deus, de bendizer seu nome em todo o tempo, de verdade e com todas as suas forças.

⁹Portanto, meu filho, sai de Nínive, não fiques aqui. ¹⁰Logo que tiveres sepultado tua mãe junto de mim, parte naquele mesmo dia e não te demores mais neste país, porque vejo que aqui se cometem sem pudor muitas injustiças e muitas fraudes. Considera, filho, tudo o que fez Nadab a Aicar, seu pai de criação. Não mandou lançá-lo vivo debaixo da terra? Deus, porém, fez o criminoso pagar sua infâmia diante de sua vítima, porque Aicar voltou à luz, enquanto Nadab desceu às trevas eternas, em castigo por seu atentado contra a vida de Aicar. Por haver praticado a esmola, Aicar escapou do laço mortal que lhe havia preparado Nadab, e este nele caiu para sua ruína. ¹¹Vede, portanto, meus filhos, aonde conduz a esmola e aonde conduz a iniquidade, a saber, à morte. Mas meu espírito se vai".

Eles o estenderam sobre o leito; ele morreu e foi sepultado com veneração. **Últimos anos de Tobias.** ¹²Quando sua mãe morreu,* Tobias enterrou-a junto do pai. Depois partiu para a Média com sua mulher e os filhos. Passou a morar em Ecbátana, na casa de Raguel, seu sogro. ¹³Assistiu seus sogros com respeito em sua velhice e depois os sepultou em Ecbátana, na Média. Tobias herdou as posses de Raguel e também as de seu pai Tobit. ¹⁴Faleceu estimado por todos, na idade de cento e dezessete anos. ¹⁵Antes de morrer, foi testemunha da ruína de Nínive. Viu os ninivitas prisioneiros deportados para a Média por ordem de Ciáxares, rei da Média. Bendisse a Deus por tudo o que ele fez aos ninivitas e aos assírios. Antes de morrer, pôde alegrar-se com a sorte de Nínive e bendisse o Senhor Deus pelos séculos dos séculos.*

---

* **14,**5. Jr 31; Ez 36,24s / Esd 3,12; Ag 2,3 | 6. Ag 2,9; Ez 40-42 | 7. Is 18,7; 19,22; Jr 16,19 / Is 60,4.21; Ez 34,28; 36,12; 37,25; 39,26 | 12. 4,4; Gn 49,31 | 15. Sl 137,8; Na 1-3

JUDITE

"Deus escolhe os fracos para confundir os fortes" (1Cor 1,27). Esta frase de São Paulo traduz perfeitamente a lição principal do livro de Judite. Uma mulher vence o soberbo, o forte, o violento. Betúlia e seus habitantes foram salvos do cerco de Holofernes e seu exército por meio de Judite, cujo nome significa "a judia" por excelência, verdadeira mãe da pátria. Essa jovem e virtuosa viúva salva a cidade graças a sua fé, beleza, coragem e astúcia. O fato exprime um frequente modo de agir da providência divina, que costuma servir-se, para suas grandes obras, de instrumentos humildes e inadequados. Como disse o papa Bento XVI, em sua primeira mensagem como Papa: "Conforta-me o fato de que o Senhor sabe como trabalhar e agir, mesmo com instrumentos insuficientes". A tese que domina o relato é a da reviravolta das situações, a da "revolução divina da esperança" (L. Boff), que Maria cantou no Magnificat: "Depôs do trono os poderosos e elevou os humildes" (Lc 1,52). A confiança em Deus, a oração e a obediência à palavra divina foram a base da vitória sobre a situação dramática, humanamente sem saída.

O autor introduz na história um personagem estrangeiro, Aquior, chefe amonita, que afirma a experiência de que, quando Israel é fiel a seu Deus, é inútil combatê-lo, pois se torna invencível. Este homem depois se converte e é admitido na comunidade de Israel, dentro de uma perspectiva universalista da salvação e passando por cima da lei escrita (Dt 23,4).

Como o livro de Tobias, também este foi escrito provavelmente em hebraico ou aramaico e é conhecido somente em suas versões. Não é uma obra histórica, mas uma livre composição com fins didáticos, que ilustra a presença salvífica de Deus no meio de seu povo perseguido. O autor é desconhecido e a época de composição é a metade do séc. II a.C., no contexto da perseguição de Antíoco IV. É uma mensagem de esperança baseada na fé no Deus de Israel, que guia a história de seu povo. O relato convida a ver as adversidades da vida não como castigo, mas como provação que pode ser superada com fé paciente, na certeza de que Deus comanda os caminhos da história e não abandona os seus.

I. AMEAÇAS AO POVO DE DEUS
(1–3)[†]

1 **Guerra de Nabucodonosor contra Arfaxad.** [1]No décimo segundo ano* do reinado de Nabucodonosor, que reinava sobre os assírios na grande cidade de Nínive, reinava Arfaxad sobre os medos em Ecbátana. [2]Este edificou em torno de Ecbátana muralhas de pedras cortadas, de três côvados de largura por seis de comprimento. A altura da muralha era de setenta côvados e sua espessura era de cinquenta côvados. [3]Junto às portas da cidade construiu torres de cem côvados de altura, cujas bases tinham sessenta côvados de largura. [4]Fez as portas, elevando-as à altura de seten-

ta côvados; a largura de cada uma era de quarenta côvados, para a passagem de seu poderoso exército e o desfile de seus infantes. [5]Naquela época o rei Nabucodonosor fez guerra ao rei Arfaxad, na grande planície, que se acha no território de Ragau. [6]Coligaram-se com ele todos os habitantes das montanhas e todos os residentes nas margens do Eufrates, do Tigre e do Hidaspes, e os habitantes da planície de Arioc, rei dos elamitas; de modo que muitas nações se reuniram para tomar parte na batalha dos filhos de Queleud.

Os povos ocidentais não entram na guerra. [7]Então Nabucodonosor, rei dos assírios, mandou mensageiros a todos os habitantes da Pérsia, a todos os habitantes das regiões ocidentais, isto é,

---

* 1,1. Gn 10,22

† 1. Os oito primeiros capítulos do livro contam a história de uma guerra na qual se defrontam o poder político de Nabucodonosor sobre as nações e a força do Deus "defensor dos fracos", 9,11.

Judite 1-2

aos da Cilícia e de Damasco, do Líbano e do Antilíbano, a todos os que moravam na costa, [8]aos que pertenciam às populações do Carmelo e de Galaad, da Galileia superior e da grande planície de Esdrelon, [9]bem como a todos os habitantes da Samaria e de suas cidades, aos que estavam além do Jordão até Jerusalém, Batana, Quelus, Cadés, a torrente do Egito, Táfnes, Ramsés e toda a terra de Gessen, [10]até além de Tânis e de Mênfis, e a todos os habitantes do Egito até os confins da Etiópia. [11]Mas os habitantes de todas essas regiões receberam com desprezo o convite de Nabucodonosor, rei dos assírios, e não o seguiram na guerra, porque não o temiam, considerando-o um homem isolado, e despediram seus enviados com as mãos vazias e menosprezados.

[12]Nabucodonosor se encheu de violenta cólera contra todas essas regiões e jurou por seu trono e por seu reino vingar-se delas, devastando com a espada todos os territórios da Cilícia, de Damasco e da Síria; todos os habitantes do país de Moab e os filhos de Amon; toda a Judeia e todos os habitantes do Egito até os confins dos dois mares.

Vitória de Nabucodonosor. [13]Marchou, pois, com seu exército contra Arfaxad no décimo sétimo ano e derrotou-o no combate; desbaratou seu exército com toda a sua cavalaria e todos os seus carros. [14]Apoderou-se de suas cidades, chegou até Ecbátana, tomou de assalto suas torres, saqueou suas praças e mudou seu esplendor em opróbrio. [15]Capturou Arfaxad nas montanhas de Ragau, traspassou-o com suas lanças e o exterminou de uma vez para sempre. [16]Voltou depois para Nínive com suas tropas e com aqueles que se haviam juntado a ele, uma imensa multidão de guerreiros; ali se entregaram a festas e banquetes durante cento e vinte dias.*

2 **Campanha contra o ocidente.** [1]No décimo oitavo ano, no dia vinte e dois do primeiro mês, no palácio de Nabucodonosor, rei dos assírios, foi debatido um plano de vingança contra toda a terra, como ele havia ameaçado. [2]Tendo convocado todos os seus ministros e todos os seus nobres, fez com eles uma reunião secreta e decidiu ele mesmo a destruição total daquelas regiões. [3]Eles opinaram que se devia exterminar todos aqueles que não haviam atendido a seu apelo. [4]Terminada a consulta, Nabucodonosor, rei dos assírios, chamou Holofernes, general supremo de seu exército, o segundo depois dele, e lhe disse: [5]"Assim fala o grande rei, o senhor de toda a terra: Quando saíres de minha presença, tomarás contigo homens valorosos, num total de cento e vinte mil infantes e doze mil cavalos com seus cavaleiros, [6]e marcharás contra toda a terra do ocidente, porque desobedeceram à ordem de minha boca. [7]Ordena-lhes que me preparem terra e água, porque em meu furor vou marchar contra eles e cobrir toda a superfície da terra com os pés de meus soldados, e a entregarei a eles para que a saqueiem. [8]Seus feridos encherão os vales, e transbordarão suas torrentes e seus rios, repletos de seus cadáveres. [9]Eu os conduzirei prisioneiros até os extremos confins da terra. [10]Vai, pois, e ocupa para mim todos os seus territórios e, quando se entregarem a ti, tu os reservarás para mim, para o dia de seu castigo. [11]Quanto aos insubmissos, teu olho não terá piedade deles: vota-os ao extermínio e ao saque em todo o território que te é confiado. [12]Porque, por minha vida e pelo poder de meu reino, eu o disse e o realizarei com meu braço! [13]De tua parte, cuida de não transgredir nem uma só ordem de teu senhor, mas cumpre exatamente o que te ordenei, executa-o sem demora".

[14]Ao sair da presença de seu senhor, Holofernes convocou todos os chefes, generais e oficiais do exército assírio. [15]Contou homens de elite para a expedição, de acordo com as ordens de seu senhor, cerca de cento e vinte mil, e doze mil arqueiros a cavalo, [16]e os

---

* 1,16. Est 1,3s

pôs em ordem, como se costuma organizar a tropa para a guerra. ¹⁷Tomou consigo também camelos, jumentos e bestas em enorme quantidade para o transporte da bagagem, e ovelhas, bois e cabras sem conta, para o abastecimento; ¹⁸víveres em abundância para cada homem e grande quantidade de ouro e prata da casa do rei. ¹⁹Em seguida, ele e todo o seu exército puseram-se em marcha a fim de preceder o rei Nabucodonosor e cobrir toda a face da terra do ocidente com seus carros, seus cavaleiros e seus infantes selecionados. ²⁰Com eles partiu uma multidão heterogênea, numerosa como gafanhotos* e como a areia da terra, em tamanha quantidade que não se podia contar.

Vitórias de Holofernes. ²¹Partiram de Nínive e, após três dias de marcha, chegaram à planície de Bectilet, de onde saíram e foram acampar perto da montanha situada à esquerda da Cilícia superior. ²²Dali, Holofernes avançou com todo o seu exército, infantaria, cavalaria e carros pela região montanhosa. ²³Devastou Fud e Lud, espoliou todos os filhos de Rassis* e os ismaelitas que vivem à margem do deserto, ao sul de Queleon. ²⁴Transpôs o Eufrates, percorreu a Mesopotâmia e arrasou todas as cidades fortificadas que dominam a torrente Abrona, chegando até o mar. ²⁵Depois apoderou-se dos territórios da Cilícia, abateu todos os que lhe opunham resistência e alcançou as fronteiras de Jafé, que se estendem ao sul, defronte da Arábia. ²⁶Cercou todos os madianitas, queimou suas tendas e apoderou-se de seus rebanhos. ²⁷Desceu, a seguir, às planícies de Damasco nos dias da colheita do trigo, incendiou seus campos, exterminou ovelhas e bois, saqueou suas cidades, devastou seus campos e passou ao fio da espada todos os seus jovens.

²⁸O temor e o terror diante dele invadiram os habitantes da costa: os de Sidônia e de Tiro, os habitantes de Sur e de Oquina, e todos os moradores de Jâmnia. Também as populações de Azoto e de Ascalon foram tomadas de grande terror.

3 **Rendição e devastação.** ¹Enviaram-lhe, por isso, embaixadores com propostas de paz: ²"Nós somos – disseram – servos do grande rei Nabucodonosor e nos lançamos a teus pés; trata-nos como te aprouver. ³Nossas casas, todo o nosso território, todos os campos de trigo, o gado, os rebanhos e todos os currais de nossas tendas estão a teu dispor: faze deles o que quiseres. ⁴Também nossas cidades com seus moradores estão a teu serviço: vem e trata-os como achares melhor". ⁵Os homens se apresentaram a Holofernes e lhe referiram essas palavras. ⁶Então desceu ele à costa com seu exército, estabeleceu guarnições nas praças fortes e tomou delas homens escolhidos como auxiliares. ⁷Aquelas populações com toda a região ao redor o receberam com coroas, danças e ao som de tamborins. ⁸Mas ele demoliu* todos os templos deles e cortou seus bosques sagrados, porque tinha a ordem de destruir todos os deuses da terra, de modo que todos os povos adorassem unicamente a Nabucodonosor,† e em todas as suas línguas e tribos o invocassem como deus. ⁹Depois chegou defronte de Esdrelon, perto de Dotain, que fica em frente à grande cadeia de montanhas da Judeia. ¹⁰Acamparam entre Geba e Citópolis, e ele ficou lá um mês inteiro a fim de recolher todas as provisões para seu exército.

II. O POVO É OPRIMIDO
(4–8)

4 **Alarme na Judeia.** ¹Os israelitas que habitavam na Judeia ouviram tudo o que Holofernes, comandante supremo de Nabucodonosor, rei dos

---

* **2**,20. Jl 2,2-7.11 **|** 23. Gn 10,6.13.22 **| 3**,8. 2Cr 17,6; Êx 34,13

† **3**,8. A realidade histórica é outra: nenhum rei assírio, babilônio ou persa pretendeu ser adorado como deus.

Judite 4-5

assírios, tinha feito aos outros povos e como havia votado ao saque e à destruição todos os seus templos. [2]Foram tomados de indizível terror dele e temeram por Jerusalém e pelo templo do Senhor, seu Deus. [3]Fazia pouco que tinham voltado do cativeiro e que todo o povo da Judeia se havia reunido; os vasos sagrados, o altar e o templo tinham sido consagrados de novo após a profanação. [4]Enviaram, pois, mensageiros a todo o território da Samaria, a Cona, Bet-Horon, Belmain, Jericó, a Coba, a Aisora e ao vale de Salém; [5]ocuparam todos os cumes dos montes mais altos, rodearam de muros as aldeias situadas sobre eles e se abasteceram de víveres em preparação para a guerra, pois seus campos acabavam de ser ceifados. [6]Joaquim, que era sumo sacerdote em Jerusalém naquele período, escreveu aos habitantes de Betúlia† e de Betomestain, situada diante de Esdrelon, em frente à planície próxima de Dotain, [7]ordenando-lhes que ocupassem as passagens dos montes, porque por elas se entrava na Judeia; seria fácil deter ali os invasores, já que o acesso era estreito e só permitia a passagem de dois de cada vez.

[8]Os israelitas fizeram o que lhes havia ordenado o sumo sacerdote Joaquim e o conselho dos anciãos de todo o povo de Israel, residentes em Jerusalém.

Os israelitas se recomendam a Deus. [9]Com insistente fervor, todos os israelitas ergueram seu clamor a Deus e se humilharam com grande ardor. [10]Eles, com as mulheres e os filhos, seus rebanhos, todos os estrangeiros, mercenários e seus escravos, cingiram-se de pano* de saco. [11]Todos os israelitas de Jerusalém, inclusive as mulheres e as crianças, prostraram-se diante do templo, cobriram a cabeça de cinza e estenderam seus panos de saco diante do Senhor. [12]Recobriram de pano* de saco também o altar e clamaram a uma voz e com insistência ao Deus de Israel, para que não fossem entregues à pilhagem seus filhos, raptadas suas mulheres, destruídas as cidades de sua herança, profanado o santuário, para a ironia ultrajante dos pagãos. [13]O Senhor ouviu seu clamor e olhou para sua aflição, enquanto o povo continuava a jejuar por muitos dias em toda a Judeia e em Jerusalém, diante do santuário do Senhor onipotente. [14]O sumo sacerdote Joaquim,* todos os sacerdotes que estavam diante do Senhor e os ministros do Senhor,* com os rins cingidos de pano de saco, ofereciam o holocausto perpétuo, bem como os sacrifícios votivos e as ofertas espontâneas do povo. [15]Com os turbantes cobertos de cinza, invocavam com todo fervor o Senhor, para que se dignasse visitar benignamente toda a casa de Israel.

5

Holofernes informa-se sobre os israelitas. [1]Entretanto foi comunicado a Holofernes, comandante supremo do exército assírio, que os israelitas se aprontavam para a guerra, que haviam fechado as passagens dos montes, fortificado todos os cumes dos altos montes e colocado obstáculos nas planícies. [2]Tomado de grande furor, ele convocou todos os chefes de Moab, os generais de Amon e todos os sátrapas do litoral [3]e lhes disse: "Explicai-me, filhos de Canaã, que povo é esse que habita na montanha, quais são as cidades em que reside, quantos guerreiros tem seu exército, em que consiste sua força e seu vigor, quem é o rei que os governa e dirige seu exército, [4]e por que recusaram vir a meu encontro, ao contrário do que fizeram todos os habitantes do ocidente?"

Discurso de Aquior. [5]Então Aquior, chefe de todos os amonitas,* respondeu-lhe: "Ouça meu senhor uma palavra da boca de teu servo; eu te direi a

---

* **4**,10. Jn 3,7s | 12. Est 4,1 | 14. Est 4,16 / Jl 2,17 | **5**,5. 11,9-19

† **4**,6. As imprecisões geográficas e históricas do livro não devem impedir o leitor de captar a lição teológica que ele transmite. Betúlia é uma posição-chave para a conquista da Judeia, 8,21, mas é impossível de se localizar.

verdade acerca desse povo que habita nesta região montanhosa, e não sairá mentira da boca de teu servo.

[6]Este povo é descendente dos caldeus. [7]Primeiro foram morar na Mesopotâmia, porque não quiseram seguir os deuses de seus pais que viviam na terra dos caldeus. [8]Tendo abandonado a religião de seus pais, adoraram o Deus do céu, o Deus que haviam reconhecido; expulsos da presença de seus deuses, fugiram para a Mesopotâmia, onde moraram por muito tempo. [9]Mas seu Deus* ordenou-lhes que deixassem aquela terra e fossem para a terra de Canaã; aí se estabeleceram e se enriqueceram de ouro e prata e de numerosos rebanhos. [10]Depois, por causa de uma fome que se abateu sobre toda a terra de Canaã, desceram para o Egito,* onde permaneceram enquanto tiveram o que comer; lá se tornaram uma grande multidão e uma estirpe inumerável. [11]Então o rei do Egito levantou-se contra eles e os explorou, obrigando-os a fabricar tijolos; foram humilhados e tratados como escravos.* [12]Mas eles clamaram a seu Deus, o qual feriu toda a terra do Egito com pragas incuráveis,* e por isso os egípcios os expulsaram para longe. [13]Deus secou o mar Vermelho* diante deles [14]e os conduziu pelo caminho do Sinai e de Cades Barne; expulsaram todos os habitantes do deserto, [15]estabeleceram-se no território dos amorreus* e com seu poder exterminaram todos os habitantes de Hesebon. Depois de terem atravessado o Jordão, apoderaram-se de toda a região montanhosa, [16]expulsaram da frente deles os cananeus,* os ferezeus, os jebuseus, os siquemitas e todos os gergeseus e moraram ali por muito tempo. [17]Enquanto não pecaram* contra seu Deus, gozaram de prosperidade, porque têm consigo um Deus que detesta a iniquidade. [18]Mas quando se desviaram do caminho que lhes havia traçado, sofreram tremendas destrui-

ções em muitas guerras, foram levados cativos para uma terra estrangeira,* o templo de seu Deus foi arrasado e suas cidades caíram em poder dos inimigos. [19]Agora, porém, tendo-se convertido a seu Deus, voltaram dos lugares por onde foram dispersos, reocuparam Jerusalém, onde se encontra seu santuário, repovoaram a região montanhosa até então deserta. [20]Portanto, soberano senhor, se há alguma falta neste povo por haver pecado contra seu Deus e, se constatarmos que há neles esse tropeço, avancemos para atacá-los. [21]Mas se em sua nação não há iniquidade,* passe adiante meu senhor, para não suceder que o Senhor e Deus deles tome sua defesa, e nós nos tornemos alvo de zombaria diante de toda a terra".

Holofernes rejeita o conselho de Aquior. [22]Quando Aquior acabou de dizer essas palavras, todo o povo que formava uma roda em torno da tenda se pôs a murmurar, e os oficiais de Holofernes e todos os habitantes do litoral e de Moab falavam em esquartejá-lo. [23]Disseram: "Não temeremos os israelitas. É um povo que não tem exército nem força para uma batalha violenta. [24]Avancemos, pois, e serão uma presa fácil para todo o teu exército, soberano Holofernes!

6 **Aquior é entregue aos israelitas.** [1]Cessado o tumulto do povo reunido em círculo, em assembleia, Holofernes, comandante supremo do exército assírio, disse a Aquior, na presença de toda aquela multidão de estrangeiros e a todos os amonitas: [2]"Quem és tu, Aquior, tu e os mercenários de Efraim para profetizar em nosso meio como fizeste hoje e dizer-nos que não façamos guerra à estirpe de Israel, porque seu Deus será seu escudo? Quem é deus exceto Nabucodonosor? Ele lançará* suas forças e os exterminará da face da terra, e seu deus não os poderá salvar". [3]Nós, os servos do rei,

---

* **5**,9. Gn 11,31-12,5 | 10. Gn 42,1-5; 46,1-7; Êx 1,7 | 11. Êx 1,8-14; | 12. Êx 7-12 | 13. Êx 14,21s | 15. Nm 21,21-32 / Js 3 | 16. Dt 7,1 | 17. Dt 28-30; Sl 106,40-46 | 18. 2Rs 25 | 21. 11,10 | **6**,2. Dn 3,14-18; Is 36,18ss; 37,4.16-20

Judite 6-7

os bateremos como a um só homem, e não poderão resistir ao ímpeto de nossos cavalos. [4]Nós os queimaremos no território deles, suas montanhas se embriagarão com seu sangue e seus campos ficarão cheios de seus cadáveres. Diante de nós não se manterão firmes sobre a planta dos pés, mas serão inteiramente destruídos, diz o rei Nabucodonosor, senhor de toda a terra. Ele falou e não ficarão sem efeito suas palavras. [5]Quanto a ti, Aquior, mercenário de Amon, que pronunciaste essas palavras no dia de tua perversidade, de hoje em diante não verás mais minha face, até que eu tenha tomado vingança desta raça que fugiu do Egito. [6]Então a espada de meu exército* e a lança de meus servos te transpassarão as costas e cairás entre os feridos daquele povo quando eu voltar. [7]E agora meus servos te conduzirão à montanha e te deixarão numa das cidades de acesso, [8]e não perecerás até que sejas exterminado com eles. [9]Se em teu coração esperas que não serão capturados, não fiques com esse ar abatido! Tenho dito; e nenhuma de minhas palavras ficará sem efeito".

[10]Holofernes ordenou a seus servos, que prestavam serviço na tenda, que tomassem Aquior consigo e o levassem a Betúlia, para entregá-lo nas mãos dos israelitas. [11]Os servos o tomaram e o conduziram para fora do acampamento, rumo à planície, e de lá, tomando a direção da montanha, chegaram perto das fontes que se acham ao pé de Betúlia. [12]Quando os homens da cidade o viram subir ao topo do monte, empunharam as armas e saíram da cidade para o alto do monte, enquanto todos os fundibulários ocupavam a via de acesso e lançavam pedras sobre eles. [13]Estes, abrigando-se no sopé do monte, amarraram Aquior e o deixaram estendido no chão ao pé do monte, e voltaram ao seu senhor. [14]Então os israelitas desceram de sua cidade, aproximaram-se dele, desataram-no e, conduzindo-o a Betúlia, apresentaram-no aos chefes de sua cidade, [15]que naquele tempo eram Ozias, filho de Micas, da tribo de Simeão, Cabris, filho de Gotoniel, e Carmis, filho de Melquiel. [16]Estes convocaram todos os anciãos da cidade, e todos os jovens e as mulheres acorreram à assembleia.

Colocaram Aquior no meio de toda aquela gente, e Ozias perguntou-lhe o que havia acontecido. [17]Em resposta, ele contou as deliberações do conselho de Holofernes, o discurso que este pronunciara no meio dos príncipes dos assírios e todas as palavras arrogantes de Holofernes contra a casa de Israel. [18]Então o povo prostrou-se para adorar a Deus e exclamou: [19]"Senhor, Deus do céu, olhai para a arrogância desta gente e tende piedade da humilhação de nossa estirpe; e neste dia olhai benigno para aqueles que vos são consagrados". [20]Depois confortaram Aquior e muito o elogiaram. [21]Ozias o levou da assembleia para sua casa, onde ofereceu um banquete aos anciãos. E durante toda aquela noite invocaram o socorro do Deus de Israel.

7

Holofernes marcha contra Betúlia. [1]No dia seguinte, Holofernes ordenou a todo o seu exército e a toda a multidão dos que se haviam reunido a ele como aliados que se pusessem em marcha contra Betúlia, que ocupassem as vias de acesso da montanha e que fizessem a guerra contra os israelitas. [2]Naquele dia, pois, avançaram todos os seus homens valorosos. O exército de seus guerreiros era formado de cento e setenta mil infantes e doze mil cavaleiros, sem contar os encarregados dos serviços e os homens que iam com eles a pé, uma multidão enorme. [3]Acamparam no vale próximo de Betúlia, perto da fonte, e se espalharam, em largura, sobre Dotain até Belbaim e, em extensão, desde Betúlia até Quiamon, situada defronte de Esdrelon.

[4]Ao ver a multidão deles, os israelitas ficaram angustiados, e disseram

---

* **6**,6. 5,12; 16,12

Judite 7

uns aos outros: "Agora esta gente vai arrasar a superfície de todo o país, e nem os montes mais altos, nem os vales, nem as colinas suportarão seu peso". [5]Cada qual empunhou suas armas e, depois de acender fogo em suas torres, montaram guarda toda aquela noite.* [6]No segundo dia, Holofernes fez desfilar toda a sua cavalaria à vista dos israelitas que estavam em Betúlia, [7]inspecionou as vias de acesso à cidade, procurou os mananciais de água e ocupou-os, colocando neles guarnições de homens armados, e retornou a seu exército.

A cidade fica sem água. [8]Vieram a ele todos os príncipes dos edomitas, todos os chefes do povo de Moab e os comandantes do litoral e lhe disseram: [9]"Queira nosso senhor ouvir um conselho, para evitar qualquer perda a seu exército. [10]Este povo dos israelitas confia menos em suas lanças* do que nas alturas dos montes onde moram, pois não é fácil escalar o topo de seus montes. [11]Portanto, meu senhor, não combatas contra eles como se usa fazer numa batalha ordenada, e não cairá homem algum de teu povo. [12]Fica em teu acampamento e mantém nele todos os homens de teu exército; mas que teus servos se apoderem da fonte de água que jorra ao pé do monte, [13]porque é lá que buscam água todos os habitantes de Betúlia. A sede os consumirá e entregarão sua cidade. Nós subiremos com nossa gente ao cimo dos montes vizinhos, onde tomaremos posição, vigiando para que ninguém saia da cidade. [14]Ficarão extenuados pela fome eles, suas mulheres e seus filhos e, antes que a espada os alcance, jazerão estendidos nas ruas onde moram. [15]Assim lhes darás uma dura retribuição, por se terem rebelado e por não terem vindo pacificamente a teu encontro".

[16]Essas palavras agradaram a Holofernes e a todos os seus oficiais, e por isso ele ordenou que se fizesse conforme haviam proposto. [17]Partiu, pois, o batalhão dos moabitas e, com eles, cinco mil assírios; acamparam no vale, ocupando os depósitos de água e os mananciais dos israelitas. [18]Por sua vez, os edomitas e os amonitas subiram à montanha defronte de Dotain e daí enviaram parte de seus homens para o sul e para o oriente, diante de Egrebel, localidade vizinha de Cuch, junto à torrente de Mocmur. O resto do exército assírio acampou na planície e cobria toda a superfície da região. As tendas e seus equipamentos, em grandíssimo número, formavam um enorme acampamento.

Os habitantes de Betúlia pensam em render-se. [19]Então os israelitas clamaram ao Senhor, seu Deus, com o ânimo abatido, porque todos os seus inimigos os haviam cercado e não era possível escapar do meio deles. [20]Todo o acampamento assírio, infantaria, carros e cavalaria, os manteve cercados por trinta e quatro dias, e todos os habitantes de Betúlia viram esgotar-se todos os seus recipientes de água. [21]As cisternas se esvaziaram e não mais dispunham de água para beber à vontade nem por um só dia, pois a água era racionada. [22]As crianças desmaiavam, as mulheres e os jovens desfaleciam de sede e caíam pelas praças da cidade e nas passagens das portas, não restando neles nenhuma energia.

[23]Então todo o povo, jovens, mulheres e crianças, reuniu-se em torno de Ozias e dos chefes da cidade, clamaram em alta voz e disseram diante de todos os anciãos: [24]"Deus seja juiz entre nós e vós pelo grande dano que nos fizestes, não querendo propor a paz aos assírios. [25]Agora não há ninguém que nos possa socorrer, mas Deus nos vendeu às mãos deles, para sermos abatidos diante deles pela sede e pela grande miséria. [26]Chamai-os agora e entregai toda a cidade à gente de Holofernes e a todo o seu exército para que a saqueiem. [27]É melhor para nós sermos presa de sua pilhagem: seremos seus escravos com certeza, mas pelo menos

---

* **7,**5. 1Mc 12,28s | 10. 1Rs 20,23.28; Sl 68,15.17

Judite 7-8

ficaremos com vida e não teremos de ver nossas crianças morrendo diante de nossos olhos, e nossas mulheres e filhos dando o último suspiro. [28]Nós vos conjuramos pelo céu e pela terra, por nosso Deus e Senhor de nossos pais, que nos pune segundo nossos pecados e as culpas de nossos pais, que façais hoje mesmo conforme dissemos". [29]E no meio da assembleia todos prorromperam num grande pranto, a uma só voz, e clamaram ao Senhor Deus em altos brados[†].

[30]Ozias, porém, lhes disse: "Coragem, irmãos! Resistamos ainda por cinco dias, durante os quais o Senhor, nosso Deus, voltará sua misericórdia para nós, pois não nos abandonará até o fim[†]. [31]Se, passados esses cinco dias, não nos chegar socorro algum, farei como dissestes". [32]Assim despediu o povo, cada qual para seu lugar: os homens voltaram aos muros e às torres de sua cidade e mandaram as mulheres e as crianças para suas casas. Na cidade reinava grande consternação.

8 **Intervenção de Judite[†].** [1]Naqueles dias, esses fatos chegaram ao conhecimento de Judite, filha de Merari, filho de Ox, filho de José, filho de Oziel, filho de Elquias, filho de Ananias, filho de Gedeão, filho de Rafain, filho de Aquitob, filho de Elias, filho de Helcias, filho de Eliab, filho de Natanael, filho de Salamiel, filho de Surisadai, filho de Israel. [2]Manassés, seu marido, da mesmo tribo e linhagem que ela, tinha morrido nos dias da colheita da cevada. [3]Ele estava no campo vigiando os que amarravam os feixes, quando teve insolação na cabeça e precisou recolher-se ao leito, morrendo em Betúlia, sua cidade. Foi

sepultado com seus pais no campo situado entre Dotain e Balamon. [4]Havia três anos e quatro meses que Judite ficara viúva e desde então vivia recolhida em sua casa, [5]em cujo terraço tinha mandado construir para si uma tenda. Vestia um pano de saco e trajava roupas de viúva. [6]Desde que ficara viúva, jejuava todos os dias, exceto nas vigílias dos sábados e nos sábados, nas vigílias dos novilúnios e nos novilúnios[†], nas festas e nos dias de alegria para o povo de Israel. [7]Tinha uma bela aparência e um aspecto encantador. Seu marido, Manassés, deixara-lhe ouro e prata, servos e criadas, animais e campos, e ela morava no meio de tudo isso. [8]Não havia quem falasse mal dela, pois era muito temente a Deus.

Judite repreende os chefes da cidade. [9]Ela soube das palavras exasperadas que o povo, desalentado pela falta de água, dissera às autoridades e soube também da resposta que Ozias lhe dera, ao jurar-lhe que entregaria a cidade aos assírios após cinco dias. [10]Mandou a serva, administradora de todos os seus bens, chamar Cabris e Carmis, os anciãos de sua cidade. [11]Vieram a sua presença, e ela lhes disse: "Ouvi-me, ó chefes dos cidadãos de Betúlia! Não foram justas as palavras que hoje pronunciastes diante do povo, interpondo este juramento que pronunciastes entre Deus e vós, de entregar a cidade a nossos inimigos, se o Senhor não vos socorrer no prazo fixado. [12]Quem sois vós* que hoje tentais a Deus e usurpais seu lugar entre os filhos dos homens? [13]Agora pondes à prova o Senhor onipotente, mas nunca compreendereis nada dele. [14]Com efeito, se não sois capazes* de conhecer o íntimo do coração humano nem

---

* 8,12. Jó 38,2; 40,2s.7s; 42,3 | 14. Pr 14.10; 1Cor 2,11 / Sl 139,16s; Rm 11,33s

† 7,29. A Vulgata exprime assim a oração do povo: "Pecamos nós e nossos pais, agimos injustamente, cometemos a iniquidade. Vós, que sois misericordioso, tende misericórdia de nós, ou então, com vossos castigos, vingai nossas iniquidades e não entregueis aqueles que vos louvam a um povo que vos ignora, para que não se diga entre as nações: 'Onde está o Deus deles?'" | 30. Ozias espera um milagre, pois fazia só um mês que terminara a colheita, 4,5, e estava começando o verão, época em que não chove. | 8. O autor vai expor como uma viúva se contrapõe à arrogância dos inimigos e ao erro daqueles que pretendem exigir de Deus um milagre. Judite significa "a judia": é uma verdadeira filha do povo de Deus, é a glória de Israel, 15,9. | 8,6. Ver a nota em 1Sm 20,5.

Judite 8

de entender os pensamentos de sua mente, como podereis perscrutar o Deus que fez tudo isso, conhecer sua mente* e compreender seus desígnios? Não, irmãos! Não provoqueis à ira o Senhor, nosso Deus. [15]Pois, se ele não tem a intenção de nos socorrer no período de cinco dias, tem poder para nos defender nos dias que quiser, como também de nos exterminar diante de nossos inimigos. [16]Não exijais garantias dos desígnios do Senhor, nosso Deus, porque Deus não é como um homem, que pode receber ameaças, nem como um filho de homem, que pode sofrer pressões. [17]Por isso, aguardando com esperança a salvação que vem dele, invoquemo-lo em nosso socorro, e ele ouvirá nosso clamor, se for de seu agrado. [18]Pois em nossa geração não houve* nem existe hoje tribo ou família, povo ou cidade entre nós que adore deuses feitos por mão humana, como sucedia outrora. [19]Por isso nossos pais foram abandonados à espada* e à rapina e sucumbiram miseravelmente diante de nossos inimigos. [20]Nós, porém, não reconhecemos outro Deus afora ele; por isso esperamos que não nos desdenhará, nem a nós e nem a ninguém de nossa nação. [21]Se formos conquistados,* toda a Judeia também o será, nosso santuário será saqueado, e Deus pedirá conta a nosso sangue de sua profanação. [22]Ele fará recair sobre nossa cabeça, entre as nações das quais seremos escravos, a morte de nossos irmãos, a escravidão do país e a desolação de nossa herança. Seremos assim motivo de escândalo e de opróbrio diante de nossos conquistadores. [23]Nossa escravidão não nos alcançará favor algum, mas o Senhor, nosso Deus, a converterá em desonra. [24]Agora, pois, irmãos, demonstremos a nossos irmãos que de nós depende a vida deles, e que o santuário, o templo e o altar repousam sobre nós. [25]Além de tudo, agradeçamos ao Senhor, nosso Deus, que nos prova como a nossos pais. [26]Recordai tudo o que fez com Abraão, todas as provações a que submeteu Isaac* e tudo o que aconteceu com Jacó na Mesopotâmia da Síria, quando apascentava as ovelhas de Labão, seu tio materno. [27]Assim como os fez passar pelo fogo, para provar seu coração, assim também não está se vingando de nós, mas é para advertir que o Senhor flagela* os que lhe estão próximos"†.

Judite se oferece para salvar a cidade. [28]Ozias respondeu-lhe: "Tudo o que disseste foi falado com um coração reto, e ninguém pode contradizer tuas palavras. [29]Não é de hoje que se manifesta tua sabedoria, mas desde o início de teus dias todo o povo reconheceu tua inteligência e a nobreza de índole de teu coração. [30]Mas o povo sofre tremendamente com a sede e nos obrigou a agir como lhe prometemos e a nos onerar com um juramento que não poderemos transgredir. [31]Pois bem, roga por nós, porque és uma mulher piedosa, e o Senhor enviará a chuva para encher nossas cisternas, e não mais desfaleceremos".

[32]Respondeu-lhes Judite: "Ouvi-me: vou realizar uma ação que se transmitirá de geração em geração entre os filhos de nosso povo. [33]Esta noite ponde-vos à porta da cidade; eu sairei com minha serva e, antes da data na qual pensastes entregar a cidade a nossos inimigos, o Senhor visitará Israel por meu intermédio†. [34]Vós, porém, não me pergunteis por meus planos, pois não vos direi nada, até que seja concluído o que vou fazer". [35]Responderam-lhe Ozias e os chefes: "Vai em paz e que o Senhor esteja contigo, para tirar vingança de nossos inimigos". [36]Saíram então da tenda e se retiraram para seus lugares.

---

* **8,**18. 5,20s; 11,10 | 19. Sl 78,56s; 106,13s; Ez 16,15-58 | 21. Jr 7,17-20; 14,7-15,9 | 26. Gn 22,1-19; 28,5; 29,23-30; 31 | 27. Dt 4,7

† **8,**27. O sofrimento não deve ser interpretado como castigo de Deus, mas como uma provação, Hb 12,7. | 33. Ver a nota em Êx 3,16.

Judite 9-10

III. JUDITE LIBERTA O POVO
(9–16)

9 Judite implora o auxílio divino.

[1]Judite prostrou-se com o rosto em terra, cobriu de cinzas a cabeça e descobriu o pano de saco com que estava vestida. Era a hora em que na casa de Deus em Jerusalém* se oferecia o incenso no templo de Deus; ela invocou o Senhor em voz alta, dizendo: [2]"Senhor, Deus de meu pai Simeão,* pusestes na mão dele a espada para tomar vingança dos estrangeiros que desataram o cinto de uma virgem para manchá-la, e desnudaram sua coxa para desonrá-la, e violaram seu seio para ultrajá-la; porque vós dissestes: 'Não se fará isto', mas eles o fizeram. [3]Por isso entregastes à morte seus chefes e ao sangue aquele leito, manchado com a astúcia deles, retribuída com astúcia; abatestes os servos com seus chefes e os chefes sobre seus tronos. [4]Entregastes suas mulheres ao saque, suas filhas à escravidão, e todos os seus despojos para serem divididos entre vossos filhos diletos, porque eles, inflamados de zelo por vós, ficaram horrorizados com a profanação de seu sangue e a vós tinham clamado, invocando vosso auxílio. Ó Deus, Deus meu,* ouvi também a mim, pobre viúva. [5]Pois vós fizestes os acontecimentos de outrora, de agora e do futuro. Vós dispusestes o presente e o futuro, e o que pensastes se cumpriu. [6]As coisas por vós deliberadas* se apresentaram e disseram: 'Eis-nos aqui'; porque todos os vossos caminhos são preparados e vossas resoluções são tomadas com previdência. [7]Vede os assírios: engrandecidos com a força de seu exército,* orgulhosos de seus cavalos e cavaleiros, envaidecidos com o valor de seus infantes, confiando em seus escudos, flechas, arcos e fundas, não reconhecem que vós sois o Deus que acaba com as guerras. [8]Senhor é vosso nome. Abatei a força deles com vosso poder e esmagai seu vigor com vossa cólera, já que decidiram profanar vosso santuário, contaminar o tabernáculo onde repousa vosso nome glorioso e quebrar com o ferro o chifre de vosso altar†. [9]Olhai para sua soberba e descarregai vossa ira sobre suas cabeças. Dai-me a mim, que sou viúva, a força de fazer o que projetei. [10]Feri com a astúcia de meus lábios o escravo com o patrão e o patrão com o servo, e quebrantai sua arrogância pela mão de uma mulher, [11]já que vossa força não está no número,* nem vosso poder nos valorosos; antes, vós sois o Deus dos humildes, o socorro dos pequenos, o defensor dos fracos, o protetor dos abandonados, o salvador dos desesperados. [12]Sim, sim, ó Deus de meu pai, Deus da herança de Israel, soberano dos céus e da terra, criador das águas, rei de toda a tua criação, ouvi minha oração. [13]Dai-me uma palavra sedutora, que se torne uma ferida e um golpe mortal para aqueles que conceberam* desígnios cruéis contra vossa aliança, contra vosso templo consagrado, contra o monte Sião e contra a casa que pertence a vossos filhos. [14]Fazei que todo o vosso povo e cada uma de suas tribos reconheça que vós sois Deus, o Deus de todo poder e de toda fortaleza, e que não há outros fora de vós que possam proteger a estirpe de Israel".

10 Judite sai da cidade.

[1]Quando Judite terminou de invocar o Deus de Israel e de pronunciar todas essas palavras, [2]levantou-se do chão, chamou sua criada e desceu à casa onde passava* os sábados e os dias de festa. [3]Depôs o pano de saco com que estava vestida e se despojou de suas vestes de viúva. Lavou com água o próprio corpo, ungiu-se com óleos perfumados, penteou os cabelos e atou-os com uma fita. Vestiu as roupas de festa

---

* **9**,1. Êx 30,7s; Sl 141,2 | 2. 6,15; Gn 34 | 4. Is 44,7 | 6. Br 3,35; Jó 38,35; Is 46,9-13 | 7. 2Mc 8,18; Sl 33,16s; 16,2; Sl 46,10; 76,4 | 11. 1Sm 14,6; Jz 7,4-7 | 13. Est 4,17r-s; Jt 10,4; 11,20.23; 16,6.9 | **10**,2. 8,6

† **9**,8. Ver a nota em Êx 27,2. Os quatro chifres do altar tinham um especial caráter de santidade; quebrá--los seria um ato particularmente sacrílego.

531 Judite 10-11

que costumava usar quando era vivo seu marido, Manassés. [4]Calçou as sandálias, pôs os braceletes, os colares, os anéis, os brincos e todas as suas joias; tornou-se muito fascinante,* a ponto de seduzir os olhos de qualquer homem que a visse. [5]Entregou depois a sua serva um odre de vinho e uma garrafa de azeite, encheu uma sacola com trigo torrado, figos secos, pães puros; envolveu todos os seus recipientes e os deu à serva* para levar. [6]Saíram para a porta da cidade e encontraram ali postados Ozias e os anciãos da cidade, Cabris e Carmis, [7]os quais, ao vê-la com o aspecto transfigurado e roupas diferentes, ficaram extremamente admirados com sua beleza e lhe disseram: [8]"Que o Deus de nossos pais te conceda encontrar favor e cumprir teus desígnios, para a glória dos israelitas e a exaltação de Jerusalém". [9]Ela adorou a Deus e lhes disse: "Ordenai que me seja aberta a porta da cidade, para que eu possa sair e executar isto que me augurastes". Ordenaram aos jovens da guarda que abrissem a porta como ela pedira, [10]e assim foi feito. Judite saiu junto com sua criada. Os homens da cidade a seguiram com o olhar enquanto descia o monte, até ela atravessar o vale; depois perderam-na de vista.

Judite é levada à presença de Holofernes. [11]Elas caminharam em linha reta pelo vale; vieram então a seu encontro as sentinelas avançadas dos assírios, [12]que a detiveram e lhe perguntaram: "De quem és, de onde vens e para onde vais?" Ela respondeu: "Sou filha de hebreus e estou fugindo deles, porque estão prestes a ser entregues a vós para serem devorados. [13]Desejo ir à presença de Holofernes, comandante supremo de vosso exército, para lhe dar informações seguras; quero indicar-lhe o caminho pelo qual poderá passar e apoderar-se de toda a região montanhosa, sem que haja um só ferido ou morto entre seus soldados". [14]Quando ouviram essas palavras e contemplaram seu rosto, que lhes pareceu um

prodígio de beleza, os homens lhe disseram: [15]"Salvaste tua vida, apressando-te a descer para te apresentar a nosso senhor; vai, pois, a sua tenda; alguns dos nossos te acompanharão até entregar-te a ele. [16]Quando estiveres diante dele, não temas em teu coração, mas informa-o conforme disseste, e serás bem tratada". [17]Escolheram dentre eles cem homens que se colocaram ao lado dela e da criada e as conduziram à tenda de Holofernes.

[18]Logo que correu pelas tendas a notícia de sua chegada, houve alvoroço em todo o acampamento; vieram colocar-se a seu redor, enquanto ela estava fora da tenda de Holofernes, aguardando que fosse informado a seu respeito. [19]Ficaram admirados com sua beleza e, por causa dela, admiravam os israelitas, dizendo uns aos outros: "Quem desprezará um povo que possui semelhantes mulheres? Não convém deixar vivo nenhum de seus homens. Os sobreviventes poderiam seduzir a terra inteira". [20]Então saíram os guardas de Holofernes, com todos os seus oficiais, e introduziram Judite na tenda. [21]Holofernes estava repousando em seu leito, sob um cortinado, tecido de púrpura e de ouro, de esmeraldas e de pedras preciosas. [22]Anunciaram-lhe a presença dela, e ele veio para a entrada da tenda, precedido de lâmpadas de prata. [23]Quando Judite chegou à presença dele e de seus oficiais, todos se maravilharam com a beleza de seu rosto. Ela se prostrou com a face em terra para reverenciá-lo, mas os oficiais a fizeram levantar-se.

11 **Judite é acolhida por Holofernes.** [1]Disse-lhe então Holofernes: "Coragem, mulher, não temas em teu coração, porque nunca tratei mal a homem algum que estivesse disposto a servir a Nabucodonosor, rei de toda a terra. [2]Se teu povo, que habita na montanha, não me houvesse desprezado, eu não teria erguido minha lança contra eles; mas foram eles mesmos

---

* **10**,4. 9,13 | 5. Est 4,17x

Judite 11

que causaram isto a si próprios. ³Agora dize-me: por que fugiste deles para vir até nós? Certamente vieste para salvar tua vida. Coragem! Ficarás viva esta noite e no futuro, ⁴porque ninguém te fará mal; antes, todos te tratarão bem, como se costuma fazer aos servos de meu senhor, o rei Nabucodonosor.

Judite promete a vitória a Holofernes. ⁵Judite lhe respondeu: "Digna-te acolher as palavras de tua escrava, e possa tua serva falar em tua presença; não direi mentira* a meu senhor nesta noite. ⁶Se seguires as palavras de tua serva, Deus levará tua empresa a bom termo por meio de ti, e meu senhor não ficará frustrado em seus projetos. ⁷Pela vida de Nabucodonosor, rei de toda a terra, e pelo poder dele, que te enviou para reconduzir ao reto caminho todos os viventes, graças a ti* não somente os homens lhe servirão, mas também as feras do campo, os rebanhos e as aves do céu viverão, graças a tua força, submissos a Nabucodonosor e a toda a sua dinastia. ⁸Pois nós ouvimos falar de tua sabedoria e da habilidade de teu gênio, e é sabido em toda a terra que somente tu és valente em todo o reino, poderoso no saber e maravilhoso nas expedições guerreiras.

⁹Quanto àquilo que disse Aquior em teu conselho, tivemos conhecimento de suas palavras, pois os homens de Betúlia lhe pouparam a vida e ele lhes comunicou tudo o que dissera em tua presença. ¹⁰Por isso, soberano senhor, não desprezes suas palavras, mas guarda-as no coração, porque são verdadeiras; realmente, nosso povo não será punido nem prevalecerá a espada contra ele, se não houver pecado contra seu Deus. ¹¹Pois bem, para que meu senhor não seja repelido e seu propósito fique frustrado, a morte cairá sobre eles, porque apoderou-se deles o pecado, com o qual provocam a ira de seu Deus, cada vez que cometem um erro. ¹²Já que lhes faltavam víveres e toda a água se esgotara, decidiram matar seu gado e resolveram alimen-

tar-se de tudo o que Deus, em suas leis, lhes proibira comer. ¹³Deliberaram comer as primícias do trigo e os dízimos do vinho e do óleo, que conservavam e reservavam* para os sacerdotes que prestam serviço na presença de nosso Deus em Jerusalém; essas coisas a ninguém do povo era permitido tocar com as mãos. ¹⁴Enviaram mensageiros a Jerusalém, uma vez que também ali os habitantes fizeram o mesmo, para lhes trazerem a autorização da parte do conselho dos anciãos. ¹⁵Acontecerá que, quando lhes chegar a resposta e a puserem em prática, naquele mesmo dia serão entregues a teu poder, para a sua perdição.

¹⁶Por isso, eu, tua serva,* ao saber de tudo isso, fugi do meio deles. Deus me enviou para realizar contigo façanhas tais que todas as pessoas que o ouvirem no mundo inteiro ficarão atônitas. ¹⁷Porque tua serva é uma mulher piedosa, que serve a Deus noite e dia. Eu me proponho a permanecer junto de ti, meu senhor, mas tua serva irá à noite ao vale fazer oração a Deus, e ele me comunicará quando tiverem cometido seus pecados. ¹⁸Então virei comunicar-te, e sairás com todo o teu exército, e nenhum deles poderá opor-te resistência. ¹⁹Eu te levarei através da Judeia até defronte de Jerusalém; e no meio dela colocarei teu trono. Tu os conduzirás como ovelhas sem pastor, e não haverá nem sequer um cão para latir contra ti. Essas coisas me foram ditas segundo minha previdência, foram-me reveladas e fui encarregada de anunciá-las a ti".

²⁰Suas palavras agradaram a Holofernes e a todos os seus oficiais que, maravilhados de sua sabedoria, disseram: ²¹"De um extremo ao outro da terra não existe mulher semelhante em beleza corporal e em inteligência no falar". ²²E Holofernes lhe disse: "Deus fez bem enviando-te à frente de teu povo, para que haja força em nossas mãos e ruína entre os que desprezaram meu senhor. ²³És bela de aspecto e sábia nas

---

* **11**,5. 10,13 | 7. Jr 27,6; Br 3,16s; Dn 2,38 | 13. Dt 14,22; Lv 22,15s | 16. 11,6

Judite 11-13

palavras; se fizeres como disseste, o teu Deus será o meu Deus e tu habitarás no palácio de Nabucodonosor, e tua fama se estenderá por toda a terra".

12 Judite no banquete de Holofernes.

¹Holofernes ordenou que a introduzissem onde guardava sua prataria e mandou que lhe servissem à mesa de suas próprias iguarias e lhe dessem a beber de seu vinho. ²Mas Judite respondeu: "Não as comerei,* para que não me sejam ocasião de queda. Eu me servirei dos alimentos que trouxe comigo". ³Disse-lhe Holofernes: "E quando se esgotarem as provisões que trouxeste, como poderemos fornecer-te outras semelhantes, já que não há ninguém de tua gente entre nós?" ⁴Respondeu-lhe Judite: "Por tua vida, meu senhor, tua serva não consumirá as provisões que trouxe consigo, antes que o Senhor realize por meu intermédio o que decidiu!" ⁵Os oficiais de Holofernes a introduziram na tenda e ela dormiu até meia-noite. Por volta da vigília da manhã, levantou-se ⁶e mandou dizer a Holofernes: "Que meu senhor ordene que se permita a sua serva sair para rezar". ⁷Holofernes ordenou a sua guarda pessoal que não a impedissem.

Permaneceu ela três dias no acampamento, saindo todas as noites para o vale de Betúlia e se lavava no campo, na fonte. ⁸Quando voltava, orava ao Senhor, Deus de Israel, para que lhe dirigisse os passos para o restabelecimento dos filhos de seu povo. ⁹Voltava purificada e ficava na tenda até ao cair da tarde, quando lhe traziam a refeição†.

¹⁰No quarto dia, Holofernes ofereceu um banquete somente a seus oficiais, sem convidar nenhum dos funcionários. ¹¹Disse ao eunuco Bagoas, encarregado de todos os seus bens: "Vai e persuade aquela mulher hebreia que se encontra junto de ti, para que venha até nós a fim de comer e beber conosco.¹²Seria vergonhoso para nós deixar partir tal mulher sem ter tido relações com ela; porque se não soubermos conquistá-la, zombará de nós". ¹³Bagoas saiu da presença de Holofernes, foi até ela e disse: "Não hesite a bela jovem em vir a meu senhor, para ser honrada em sua presença e beber vinho conosco alegremente e se tornar neste dia como uma das filhas dos assírios que vivem no palácio de Nabucodonosor". ¹⁴Respondeu-lhe Judite: "Quem sou eu para contradizer a meu senhor? Tudo o que lhe agradar eu o farei sem demora e será para mim motivo de satisfação até o dia de minha morte". ¹⁵E, levantando-se, adornou-se com as vestes e com todos os seus adereços femininos. Sua serva foi a sua frente e estendeu por terra, diante de Holofernes, as peles que recebera de Bagoas para seu uso cotidiano, a fim de reclinar-se sobre elas durante a refeição†. ¹⁶Judite entrou e reclinou-se. O coração de Holofernes ficou extasiado diante dela e seu espírito se agitou. Apoderou-se dele o desejo ardente de se unir a ela, porque, desde o dia que a vira, procurava um momento favorável para a seduzir. ¹⁷Disse-lhe, portanto: "Bebe e alegra-te conosco". ¹⁸Respondeu Judite: "Beberei, sim, meu senhor, porque hoje minha vida é para mim mais gloriosa do que em qualquer outro dia desde meu nascimento!" ¹⁹E começou a comer e a beber diante dele daquilo que a serva lhe havia preparado. ²⁰Alegre por causa dela, Holofernes bebeu tão grande quantidade de vinho como jamais havia bebido num só dia desde seu nascimento.

13 Judite corta a cabeça de Holofernes.

¹Sendo já tarde, seus oficiais se apressaram a retirar-se. Bagoas fechou a tenda por fora e afastou os guardas da presença de seu senhor; foram todos para seus leitos, extenua-

---

* **12,**2. 10,5; Dn 1,8; Est 4,17ˣ

† **12,**9. Abluções e jejum são práticas de penitência. O jejum consistia em não comer nada até o pôr do sol, 2Sm 3,35. Também Ester, antes de apresentar-se ao rei Assuero, impõe a si própria e aos judeus um jejum de três dias, Est 4,16. | 15. Os antigos não se sentavam para as refeições, mas se reclinavam.

Judite 13-14

dos pela bebida excessiva. ²Judite ficou sozinha na tenda com Holofernes, afogado em vinho e caído sobre o leito. ³Judite havia dito à serva que ficasse fora de sua tenda e aguardasse sua saída como fazia todo dia. Tinha dito que sairia para a oração, e o mesmo dissera a Bagoas. ⁴Todos se haviam retirado, e ninguém, pequeno ou grande, se achava mais na tenda. Então Judite, de pé junto ao leito de Holofernes, disse em seu coração: "Senhor, Deus de todo poder, volvei nesta hora vosso olhar à obra de minhas mãos, para exaltação de Jerusalém, ⁵pois é este o momento de virdes em auxílio de vossa herança e de executar meu plano, para a ruína dos inimigos que se ergueram contra nós!" ⁶Aproximando-se da coluna do leito que estava perto da cabeça de Holofernes, retirou sua espada. ⁷Depois chegou perto do leito, agarrou a cabeleira da cabeça dele e disse: "Dai-me forças, ó Senhor, Deus de Israel, neste dia!" ⁸E com toda a sua força deu-lhe dois golpes* no pescoço, cortando-lhe a cabeça. ⁹Fez o corpo rolar para fora do leito e tirou das colunas o cortinado.

A cabeça de Holofernes é levada para Betúlia. Pouco depois saiu e entregou à serva a cabeça de Holofernes, ¹⁰que ela pôs na sacola das provisões. E ambas saíram juntas, segundo o costume, para fazer oração. Atravessaram o acampamento, contornaram o vale, subiram o monte de Betúlia e chegaram às portas da cidade. ¹¹De longe, Judite gritou aos guardas das portas: "Abri, abri a porta! Deus, nosso Deus, está conosco,* para mostrar mais uma vez seu poder em Israel e sua força contra os inimigos, como fez também hoje!" ¹²Quando os homens de sua cidade ouviram sua voz, desceram rapidamente à porta da cidade e convocaram os anciãos da cidade. ¹³Acorreram todos, pequenos e grandes, pois lhes parecia inacreditável a chegada dela. Abriram a porta, acolheram as duas mulheres e, acendendo fogo para alumiar, reuniram-se em torno delas. ¹⁴Disse Judite

em voz alta: "Louvai a Deus, louvai-o! Louvai a Deus, que não retirou sua misericórdia da casa de Israel, mas por minha mão abateu nesta noite nossos inimigos". ¹⁵Tirou da sacola a cabeça e mostrou-a, dizendo-lhes: "Eis a cabeça de Holofernes, comandante supremo do exército dos assírios, e eis o cortinado sob o qual ele jazia em sua embriaguez. O Senhor o matou pela mão de uma mulher. ¹⁶Viva o Senhor que me protegeu no caminho por onde andei! Minha face o seduziu para sua ruína, sem que ele tenha cometido pecado comigo para minha desonra e vergonha".

Louvores do povo. ¹⁷Todo o povo ficou estupefato e, prostrando-se para adorar a Deus, exclamou em coro: "Bendito sois, ó Deus nosso, que aniquilastes hoje os inimigos de vosso povo!" ¹⁸Ozias lhe disse: "Bendita sejas tu, ó filha,* pelo Deus Altíssimo, sobre todas as mulheres da terra, e bendito o Senhor Deus, criador do céu e da terra, que te conduziu para cortares a cabeça do chefe de nossos inimigos! ¹⁹A confiança de que deste prova não se apagará jamais da memória dos homens, que recordarão para sempre o poder de Deus. ²⁰Que Deus faça com que isto seja para tua eterna exaltação, cumulando-te de bens, por teres arriscado a vida, por causa da humilhação de nossa gente, mas socorreste nossa ruína, comportando-te retamente diante de nosso Deus". E todo o povo respondeu: "Amém! Amém!"

14 **Conselhos de Judite.** ¹Disse-lhes Judite: "Ouvi-me, irmãos: tomai esta cabeça e pendurai-a no parapeito de vossos muros. ²Quando brilhar a luz da manhã e o sol surgir sobre a terra, tome cada um suas armas, e todo homem válido saia da cidade. Estabelecei sobre vós um chefe, simulando descer à planície contra as sentinelas avançadas dos assírios, sem descer de fato. ³Eles tomarão suas armaduras, irão a seu acampamento para

---

* **13**,8. Jz 4,21 | 11. Êx 15,1s; Sl 48,8-12; 68; 98,1ss | 18. Jz 5,24; Lc 1,28

Judite 14-15

acordar os generais do exército assírio; correrão à tenda de Holofernes, mas não o encontrando, o terror vai apoderar-se deles e fugirão diante de vós. [4]Então vós e todos os habitantes de todo o território de Israel os perseguireis e os abatereis em sua fuga. [5]Mas antes de fazer isso, chamai-me Aquior, o amonita, para que venha reconhecer aquele que desprezou a casa de Israel e o enviou entre nós como destinado à morte".

A cabeça de Holofernes é mostrada a Aquior. [6]Chamaram Aquior da casa de Ozias. Quando chegou e viu a cabeça de Holofernes na mão de um homem no meio do povo reunido, caiu com o rosto em terra e desmaiou. [7]Logo que o levantaram, lançou-se aos pés de Judite e, prostrado diante dela, exclamou: "Bendita sejas tu em todas as tendas de Judá e entre todos os outros povos que se encherão de assombro ao ouvirem teu nome! [8]Agora conta-me tudo o que fizeste nestes dias". Judite, rodeada pelo povo, narrou-lhe tudo o que fizera desde o dia em que partira até o momento em que lhes falava. [9]Quando acabou de falar, o povo prorrompeu em grandes aclamações e encheu a cidade de gritos de alegria. [10]Aquior, vendo tudo o que o Deus de Israel tinha feito,* creu firmemente em Deus, recebeu a circuncisão e foi agregado definitivamente† à casa de Israel.

A morte de Holofernes aterroriza os assírios. [11]Ao surgir a aurora, suspenderam à muralha a cabeça de Holofernes e, empunhando cada qual as próprias armas, saíram em esquadrões para as encostas do monte. [12]Quando os assírios os viram, mandaram informar seus capitães, e estes foram prevenir seus generais, os chefes de milhares e todos os seus comandantes. [13]Foram à tenda de Holofernes e disseram ao encarregado de todos os seus bens: "Desperta nosso senhor, porque aqueles escravos se atreveram a descer para dar-nos combate, para se fazerem aniquilar". [14]Bagoas entrou e bateu palmas diante da cortina da tenda, pensando que estivesse dormindo com Judite. [15]Mas como ninguém respondesse, abriu a cortina e, entrando no dormitório, encontrou-o morto, estendido no chão, sem a cabeça, que haviam levado. [16]Gritou com voz forte, com lamentações, gemidos, altos brados e rasgou suas vestes. [17]A seguir entrou na tenda onde estava alojada Judite e não a encontrou. Então precipitou-se para fora em direção ao povo e exclamou: [18]"Aqueles escravos nos traíram!* Uma única mulher hebreia lançou a vergonha sobre a casa de Nabucodonosor! Holofernes jaz por terra sem cabeça!" [19]Ouvindo tais palavras, os chefes do exército assírio rasgaram suas túnicas e, com a alma profundamente consternada, elevaram no meio do acampamento altíssimos gritos e clamores de dor.

15 **Fuga dos assírios.** [1]Os que estavam nas tendas, quando souberam do que acontecera, ficaram atônitos. [2]Dominados pelo terror e pelo pânico, ninguém mais quis ficar perto do outro, mas todos com o mesmo ímpeto se dispersaram, fugindo por todos os caminhos da planície e da montanha. [3]Também os acampados no monte em torno de Betúlia se deram à fuga. Então os israelitas, todos dentre eles capazes de combater, lançaram-se sobre eles. [4]Ozias enviou mensageiros a Betomestain, a Bebai, a Cobe, a Cola e a todo o território de Israel, para anunciar o acontecido e incitar todos a atacar os inimigos para os massacrar. [5]Ouvindo isso, os israelitas lançaram-se sobre eles, todos ao mesmo tempo, e os destroçaram até Coba. Vieram também os de Jerusalém e de toda a região montanhosa, porque lhes fora

---

* **14**,10. Dt 23,4s | 18. 13,15; 16,6-9; Jz 9,54

† **14**,10. Literalmente: "até o dia de hoje". Aquior era amonita; sua admissão na comunidade transgride a prescrição de Dt 23,4. Mas Aquior tinha dado um testemunho tão firme do Deus de Israel, 5,5-21, que não podia ser deixado de fora.

Judite 15-16

anunciado o que se passara no acampamento de seus inimigos. Os habitantes de Galaad e da Galileia os atacaram pelos lados, infligindo-lhes grandes massacres até perto de Damasco e de seus confins. ⁶Os outros habitantes de Betúlia precipitaram-se sobre o acampamento dos assírios e o saquearam, tornando-se extremamente ricos. ⁷Ao voltarem do extermínio, os israelitas* apoderaram-se do restante, de modo que as vilas e aldeias da montanha e da planície apoderaram-se de muitos despojos, pois os havia em enorme quantidade.

Triunfo de Judite. ⁸Então o sumo sacerdote Joaquim e o conselho dos anciãos dos israelitas, que moravam em Jerusalém, vieram ver o grande bem que o Senhor havia feito a Israel e para ver Judite e cumprimentá-la. ⁹Tendo entrado em sua casa, todos a exaltaram a uma só voz, dizendo: "Tu és a glória de Jerusalém, o supremo orgulho de Israel, a grande honra de nosso povo. ¹⁰Realizando tudo isso com tua mão, fizeste grandes coisas por Israel, e delas o Senhor se agradou. Bendita sejas para sempre da parte do Senhor onipotente"†. E todo o povo respondeu: "Amém!"

¹¹Todo o povo continuou a saquear o acampamento durante trinta dias. Deram a Judite a tenda de Holofernes com toda a sua prataria, seus divãs, seus vasos e toda a sua mobília. Ela tomou tudo isso, carregou-o sobre sua mula e, tendo atrelado seus carros, empilhou tudo neles. ¹²Acorreram todas as mulheres de Israel para vê-la;* cumularam-na de elogios e organizaram entre elas uma dança em sua honra. Ela tomou ramos em suas mãos e os distribuiu às mulheres que a acompanhavam. ¹³Ela e suas companheiras se coroaram com ramos de oliveira; depois, colocando-se à frente de todo o povo, ela dirigiu a dança de todas as mulheres; atrás vinham todos os homens de Israel, revestidos de suas armaduras, cingidos com coroas e cantando hinos.

Cântico de Judite. ¹⁴No meio de todo o Israel, Judite entoou este cântico de ação de graças, e todo o povo acompanhava em voz alta este hino de louvor:

16

¹Disse Judite:
"Entoai com tímpanos um hino para meu Deus,
cantai ao Senhor com címbalos,*
Modulai em sua honra um salmo de louvor,
exaltai e invocai seu nome.
²Sim, o Senhor é um Deus que acaba com as guerras;*
ele acampou no meio do povo
e me salvou da mão de meus perseguidores.
³Veio Assur das montanhas do norte,
veio com as miríades de seu exército,
uma multidão que obstruía as torrentes,
seus cavalos recobriam as colinas.
⁴Jurou incendiar meu território,
passar meus jovens ao fio da espada,
despedaçar ao chão meus lactantes,
entregar ao saque minhas crianças
e à rapina minhas virgens.
⁵Mas o Senhor onipotente os deixou frustrados
pela mão de uma mulher.
⁶Seu herói não sucumbiu diante de jovens,
nem foram filhos de titãs que o abateram,
nem enormes gigantes os que o atacaram;
mas Judite, a filha de Merari,
com a beleza de seu rosto o desarmou.
⁷Despojou-se das roupas de viúva
para confortar os aflitos em Israel.
Ungiu o rosto com perfumes,

---

* **15**,7. Est 9,5.16 | 12. Êx 15,20; Jz 11,34; 1Sm 18,6; Jr 31,4.13 | **16**,1. Sl 81,2ss; 135,1ss; 149,1ss | 2. 9,7; Êx 15,3; Sl 46,10; 68,31; 76,4

† **15**,10. Esses louvores do povo a Judite são também palavras que a Igreja dirige a Nossa Senhora. Como uma nova Judite, ela vence o inimigo do povo, a serpente (Gn 3,15), e contribui para a salvação do mundo, aceitando ser a Mãe do Salvador.

537   Judite 16

[8]prendeu os cabelos com uma fita,
trajou um vestido de linho para se-
duzi-lo.
[9]Suas sandálias arrebataram-lhe os
olhos,
sua beleza cativou-lhe a alma,
e a espada cortou-lhe o pescoço.
[10]Os persas aterrorizaram-se com
sua audácia,
e os medos assombraram-se com
sua coragem.
[11]Então meus humildes gritaram e os
amedrontaram,
bradaram meus fracos e incutiram-
-lhes pavor;
ergueram sua voz e os puseram em
fuga.
[12]Filhos de mães jovens os traspassaram,*
como a filhos de desertores os feriram;
pereceram na batalha de meu Senhor.
[13]Cantarei a meu Deus um hino
novo.*
Senhor, vós sois grande e glorioso,*
admirável em vossa força, invencível!
[14]A vós sirvam todas as criaturas,
porque falastes e tudo ganhou existência,*
enviastes vosso espírito e tudo foi
construído,
e ninguém pode resistir a vossa voz.*
[15]Os montes se abalam desde seus
fundamentos com as águas*
e, como cera, derretem-se as rochas
a vossa vista.
Mas para os que vos veneram
vos mostrais sempre propício.*
[16]É pouca coisa todo o sacrifício de
suave fragrância,*
é coisa mínima toda a gordura dos
holocaustos a vós oferecidos.
Mas aquele que venera o Senhor

é grande em todos os sentidos.*
[17]Ai das nações que se levantam
contra meu povo!*
O Senhor todo-poderoso os punirá
no dia do juízo,
entregando ao fogo e aos vermes
suas carnes,*
e chorarão, penando, eternamente".
Últimos atos e morte de Judite.
[18]Chegados a Jerusalém, adoraram a
Deus e, depois que o povo se purificou, ofereceram holocaustos, oblações
e oferendas. [19]Judite dedicou todos os
objetos de Holofernes que o povo lhe
havia oferecido, e o baldaquino que
arrancara do leito dele ofereceu-o em
homenagem ao Senhor. [20]O povo prolongou os festejos em Jerusalém, diante do santuário, por três meses, durante os quais Judite permaneceu com
eles. [21]Passados esses dias, cada qual
voltou para sua casa. Judite retirou-se
para Betúlia e fixou sua habitação em
suas possessões, e em seu tempo foi
celebrizada em toda a terra. [22]Muitos
a cortejaram, mas ela não se deu a
nenhum homem durante todos os
dias de sua vida, desde o dia em que
morreu Manassés, seu marido, e foi
reunido a seus antepassados. [23]Ela
alcançou uma idade muito avançada,
envelhecendo na casa de seu marido
até os cento e cinco anos. Ela deu a
liberdade a sua serva. Morreu em Betúlia e foi sepultada no túmulo de Manassés, seu marido. [24]Israel pranteou-
-a durante sete dias. Antes de morrer,
ela distribuiu todos os seus bens a todos os parentes mais próximos, quer
de Manassés, seu marido, quer de sua
própria família. [25]Enquanto viveu Judite, ninguém mais atemorizou Israel,
nem durante muito tempo* depois de
sua morte†.

---

* **16**,12. 5,23 | 13. Sl 144,9 / Sl 86,10; 147,5 | 14. Sl 33,9; 148,5; 104,30 / Est 4,17b | 15. Sl 97,5; Jz 5,5 / Sl 25,14; 103,13 | 16. Sl 51,18 / Eclo 34,14-20 | 17. Jz 5,31; Jl 4,1-4 / Is 66,24 | 25. Jz 3,11

† **16**,25. A Vulgata acrescenta: "A data desta vitória foi incluída pelos hebreus entre as festividades religiosas, e foi celebrada pelos judeus desde então até hoje".

ESTER

O livro conta como foi salva de uma ameaça de extermínio a comunidade israelita residente na Pérsia no tempo do rei Xerxes I, aí denominado Assuero. Como na história de Judite, é de novo pela intervenção de uma mulher que o povo escapa do perigo. A protagonista, que dá o nome ao livro, é uma jovem judia que vive com seu tio Mardoqueu na corte e foi elevada à dignidade de rainha.

O primeiro ministro Amã encheu-se de ódio contra Mardoqueu pelo fato de este não se ajoelhar a sua passagem, como mandava um decreto do rei. Sabendo que ele pertencia ao povo judeu, obtém do rei um decreto de extermínio desse povo, fixando por sorteio a data de seu cumprimento. Os judeus ficam extremamente angustiados, mas Mardoqueu convence Ester a interceder em favor de seu povo. Amã, que já havia preparado a forca para Mardoqueu, é sentenciado em seu lugar, e Mardoqueu é nomeado primeiro ministro. O decreto contra os judeus é revogado, e eles são autorizados a vingar-se de seus inimigos, o que fazem promovendo grandes massacres. Para comemorar o fato, foi instituída uma festa popular chamada Purim, termo babilônico que significa "sorteio".

O nacionalismo exacerbado do livro e a violência da vingança deixam perplexo o leitor cristão, mas é preciso lembrar que nem todos os detalhes do relato têm caráter histórico. Tratava-se de uma reação a uma ameaça de extermínio, justificada até certo ponto pela lei do talião, e também que se trata de uma época ainda não iluminada pela luz do Evangelho.

Esta obra anônima chegou até nós em duas formas: o texto hebraico, mais breve, escrito por volta do ano 250 a.C., que não menciona nenhuma vez o nome de Deus, e o texto grego, reconhecido como inspirado, que acrescenta nove suplementos de caráter profundamente religioso, colocados pela Vulgata em apêndice e pelas traduções modernas, dentro do texto, como faz o grego.

O autor escreve para explicar a origem da festa de Purim, na qual era lido este livro. Ele não é citado no Novo Testamento e nem existia na biblioteca de Qumrã.

Demonstra uma perene consciência de um Deus providente que inverte as situações em favor de seu povo oprimido.

I. ESTER NA CORTE DO REI PERSA (1–2)

1 **Sonho de Mardoqueu.** ¹ᵃNo segundo ano do reinado do grande rei Assuero†, no primeiro dia do mês de Nisã, Mardoqueu, filho de Jair, filho de Semei, filho de Cis, da tribo de Benjamim, teve um sonho. ¹ᵇEle era um judeu que morava na cidade de Susa, homem ilustre, que prestava serviço na corte do rei; ¹ᶜdescendia do grupo dos exilados que Nabucodonosor, rei de Babilônia, havia deportado* de Jerusalém, com Jeconias, rei da Judeia. ¹ᵈFoi este seu sonho: Gritos e tumulto, trovões e terremoto, uma agitação sobre a terra. ¹ᵉDois dragões enormes avançaram, ambos prontos para o combate. Soltaram um forte rugido; ¹ᶠe, ao ouvi-lo, todas as nações se prepararam para a guerra, para combater contra o povo dos justos. ¹ᵍFoi um dia de trevas e de escuridão, de tribulação e de angústia, de grande inquietação na terra. ¹ʰToda a nação dos justos ficou perturbada, temendo sua própria ruína, e se preparou para morrer. ¹ⁱClamaram a Deus, e de seu grito brotou, como de uma pequena fonte, um grande rio, de águas caudalosas. ¹ʲDespontaram a luz e o sol;* os humildes foram exaltados e devoraram os poderosos. ¹ᵏTendo visto esse sonho e o que Deus decidira fazer, Mardoqueu acordou. Guardou o sonho em sua mente e até a noite tentou por todos os meios compreendê-lo.

---

* **1**,1c. 2Rs 24,8.15 | **1**,1j. 8,16; Sf 2,3

† **1**,1a. Este rei é Xerxes I, que reinou na Pérsia de 486 a 465 a.C.

Mardoqueu descobre uma conspiração.

[1]Mardoqueu morava* na corte com Bagatã e Tares, dois eunucos do rei, que guardavam o palácio. [1m]Ouviu suas conversas e, indagando sobre seus planos, descobriu que preparavam um atentado contra o rei Assuero, e avisou o rei. [1n]Este mandou submeter os dois eunucos a um interrogatório; eles confessaram* e foram justiçados. [1o]Depois o rei mandou registrar essas coisas nas crônicas, e também Mardoqueu as registrou. [1p]O rei nomeou Mardoqueu funcionário da corte e lhe ofereceu presentes por seu feito. [1q]Entretanto, Amã, filho de Amadates, o agagita,* que tinha prestígio junto ao rei, procurava arruinar Mardoqueu* e seu povo por causa desses dois eunucos do rei.

Banquete do rei Assuero.

[1]No tempo de Assuero, aquele Assuero que reinou desde a Índia até a Etiópia sobre cento e vinte e sete províncias, [2]naquele tempo em que o rei Assuero ocupava seu trono real na cidadela de Susa, [3]no terceiro ano de seu reinado, deu ele um banquete a todos os seus oficiais e servidores, estando assim perante ele os mais poderosos da Pérsia e da Média, os nobres e os governadores das províncias. [4]Então mostrou-lhes as riquezas e a glória de seu reino e o esplendor de sua eminente grandeza, por muitos dias, a saber, cento e oitenta dias. [5]Passados aqueles dias, o rei ofereceu a todo o povo, grandes e pequenos, que se achavam na cidadela de Susa, um banquete de sete dias no pátio do jardim do palácio real. [6]Cortinas brancas, verdes e azuis, suspensas com cordões de linho fino e de púrpura, pendiam de anéis de prata e de colunas de mármore; os divãs de ouro e prata estavam sobre o pavimento de mármore vermelho, azul, branco e preto. [7]Dava-se de beber em copos de ouro de formas diversas; o vinho na corte era abundante, graças à liberalidade do rei. [8]Por ordem do rei ninguém devia ser constrangido a beber, pois o rei havia ordenado a todos os oficiais do palácio que deixassem cada um agir como quisesse. [9]Também a rainha Vasti ofereceu um banquete* às mulheres no palácio real do rei Assuero.

Repúdio da rainha Vasti.

[10]No sétimo dia, quando o coração do rei estava alegre pelo vinho, ele ordenou a Maumã, Bazata, Harbona, Agdata, Bagata, Zetar e Carcas, os sete eunucos que serviam pessoalmente ao rei Assuero, [11]que trouxessem a sua presença a rainha Vasti com a coroa real, para mostrar ao povo e aos nobres sua beleza, pois era muito bela. [12]Mas a rainha Vasti recusou-se a comparecer, conforme a ordem do rei transmitida pelos eunucos. Então o rei ficou extremamente irritado e se inflamou de ira. [13]Consultou os sábios, que entendiam das leis, porque assim se tratavam os interesses do rei na presença de todos os que conheciam a lei e o direito. [14]Os mais chegados a ele eram Carsena, Setar, Admata, Társis, Mares, Marsana e Mamucã, sete príncipes da Pérsia e da Média, que tinham acesso ao rei e ocupavam os primeiros postos no reino. [15]Perguntou-lhes o que, segundo a lei, se devia fazer à rainha Vasti, por não ter cumprido a ordem do rei Assuero transmitida por meio dos eunucos. [16]Mamucã respondeu diante do rei e dos príncipes: "Não somente contra o rei pecou a rainha Vasti, mas também contra todos os príncipes e contra todos os povos que há em todas as províncias do rei Assuero. [17]Pois a conduta da rainha chegará ao conhecimento de todas as mulheres, de modo que desprezarão seus maridos, quando ouvirem dizer: 'O rei Assuero ordenou que introduzissem a sua presença a rainha Vasti, porém ela não foi'. [18]Hoje mesmo as princesas da Pérsia e da Média,* que souberem do comportamento da rainha, dirão o mesmo a todos os príncipes do rei e assim haverá muito desprezo e indignação. [19]Se bem parecer ao rei, promulgue um decreto real, para ser registrado entre as leis da Pérsia e da Média, para que seja irre-

---

* **1,**1l.2,21s; 6,2s **|** 1n. 6,1; 10,2 **|** 1q. 3,1 / 3,5s **|** 9. Dn 5,1.4 **|** 19. Dn 6,8.10.13.16; Est 3,12; 8,5.8

Ester 1-2

vogável, determinando que nunca mais Vasti compareça diante do rei Assuero; e o rei confira o título de rainha a uma outra melhor do que ela. [20]Quando o decreto emanado pelo rei for conhecido em todo o seu reino, que é vasto, todas as mulheres darão honra a seus maridos, do maior ao menor". [21]O conselho agradou ao rei e aos príncipes, de modo que o rei agiu segundo dissera Mamucã. [22]Enviou cartas a todas as províncias do rei,* a cada província em sua respectiva escrita, e a cada povo em sua própria língua, determinando que cada homem fosse senhor em sua casa e que falasse a língua de seu povo.

2 Ester é eleita rainha.

[1]Depois disso, quando a ira do rei Assuero já se havia acalmado, lembrou-se ele de Vasti, do que ela fizera e do decreto emanado contra ela. [2]Disseram, então, os cortesãos que o serviam: "Procurem-se para o rei jovens, virgens e belas. [3]Que o rei nomeie oficiais em todas as províncias de seu reino, a fim de que reúnam todas as jovens, virgens e belas na cidadela de Susa, na casa das mulheres, aos cuidados de Egeu, eunuco do rei, guarda das mulheres; ele lhes dará o necessário para seus enfeites. [4]A jovem que agradar ao rei será rainha em lugar de Vasti". A proposta agradou ao rei e assim foi feito.

[5]Havia, então, na cidadela de Susa, um judeu chamado Mardoqueu, filho de Jair, filho de Semei, filho de Cis, benjaminita, [6]que havia sido exilado de Jerusalém entre os deportados* levados com Jeconias, rei de Judá, por Nabucodonosor, rei de Babilônia. [7]Ele havia criado Hadassa, que é Ester†, filha de seu tio, órfã de pai e mãe, uma jovem bela e formosa. Depois da morte de seus pais, Mardoqueu a adotara como filha. [8]Quando a ordem do rei e seu decreto foram divulgados, e numerosas moças foram acolhidas na residência real de Susa, sob a guarda de Egeu, também Ester foi conduzida* ao

palácio do rei, sob a guarda de Egeu, encarregado das mulheres. [9]A jovem agradou-lhe e ganhou seu favor; pelo que se apressou em dar-lhe os unguentos e sua alimentação, pôs a sua disposição sete jovens escolhidas da casa do rei e instalou-a com suas jovens nos melhores aposentos da casa das mulheres. [10]Ester não revelou sua nacionalidade, nem sua linhagem, pois Mardoqueu lhe ordenara que não as revelasse. [11]Todos os dias Mardoqueu passeava diante do pátio da casa das mulheres, a fim de saber como estava Ester e se era bem tratada.

[12]Quando chegava para cada uma das jovens a vez de se apresentar ao rei Assuero, ao cabo dos doze meses prescritos às mulheres para seus preparativos – porque assim se distribuía o tempo de seu tratamento: seis meses com óleo de mirra e seis meses com aroma e unguentos para mulheres, [13]e só então a jovem se apresentava ao rei – era-lhe dado tudo o que desejasse levar consigo da casa das mulheres para a casa do rei. [14]Entrava ao entardecer e na manhã seguinte passava para outro apartamento de mulheres, sob a guarda de Sasagaz, eunuco do rei e encarregado das concubinas, e não voltava mais à presença do rei, salvo se este a quisesse de novo* e a chamasse pelo nome.

[15]Ao chegar sua vez de apresentar-se ao rei, Ester, filha de Abiail, tio de Mardoqueu, que a adotara como filha, nada pediu além daquilo que lhe fora indicado por Egeu, eunuco do rei, guarda das mulheres; e Ester atraía a simpatia de todos os que a viam. [16]Ester foi conduzida ao rei Assuero em seu palácio real, no décimo mês, que é o mês de tebet, no sétimo ano de seu reinado. [17]E o rei amou Ester mais do que todas as outras mulheres, tendo ela alcançado sua graça e benevolência mais do que qualquer outra virgem, de modo que o rei lhe pôs na cabeça* o diadema régio e a fez rainha em lugar

---

* **1**,22. Dn 3,4; 6,26 | **2**,6. 1,1a-c | **2**,8. Dn 1,3-20 | 14. 4,11 | 17. 4,17u-y

† **2**,7. Ester na língua persa significa estrela; Hadassa em hebraico quer dizer murta.

541   Ester 2-3

de Vasti. [18]Então o rei ofereceu um suntuoso banquete, o banquete de Ester, a todos os seus oficiais e servidores; concedeu às províncias um dia de repouso e distribuiu presentes com a generosidade de um rei.

Mardoqueu descobre uma conspiração. [19]Quando as jovens se reuniram pela segunda vez, Mardoqueu estava sentado à porta do rei. [20]Como Mardoqueu lhe recomendara, Ester* não havia revelado sua linhagem e sua nação, pois guardava as ordens de Mardoqueu como outrora, quando estava sob sua tutela. [21]Naqueles dias, pois, estando Mardoqueu sentado junto à porta do rei, Bagatã e Tares, dois eunucos do rei, guardas da porta, irritados com o rei Assuero, planejaram um atentado contra ele. [22]Isto chegou ao conhecimento de Mardoqueu, que o revelou à rainha Ester, e ela preveniu o rei em nome de Mardoqueu. [23]Feitas as investigações e verificado o fato, os dois eunucos foram pendurados a uma forca, e isso foi registrado nas crônicas na presença do rei.

II. CONSPIRAÇÃO CONTRA OS JUDEUS
(3–7)

3 **Exaltação de Amã, inimigo dos judeus.** [1]Depois desses acontecimentos, o rei Assuero engrandeceu Amã, filho de Amadates, o agagita, e o exaltou, fazendo-o superior a todos os oficiais que estavam com ele. [2]Todos os servidores do rei, que estavam à porta do rei, inclinavam-se e se prostravam diante de Amã, porque assim tinha ordenado o rei a seu respeito; porém Mardoqueu não se inclinava nem se prostrava. [3]Por isso os servidores do rei, que estavam a sua porta, perguntaram a Mardoqueu: "Por que transgrides a ordem do rei?" [4]Apesar de lhe repetirem isso todos os dias, Mardoqueu não lhes dava ouvidos; então informaram Amã, para ver se Mardoqueu persisti-

ria em sua atitude, pois ele lhes dissera que era judeu. [5]Vendo Amã que Mardoqueu não se inclinava nem se prostrava diante dele, encheu-se de furor. **Amã propõe o extermínio dos judeus.** [6]Mas achou pouco atentar apenas contra Mardoqueu, pois o haviam informado de que povo era ele; por isso tramou exterminar todos os judeus, povo de Mardoqueu, que se achavam em todo o reino de Assuero. [7]No primeiro mês, isto é, no mês de nisã, no duodécimo ano do reinado de Assuero, foi lançado o Pur[+], ou seja, as sortes, na presença de Amã,* para a escolha do dia e do mês. A sorte caiu no dia treze do duodécimo mês, chamado adar. [8]Então Amã disse ao rei Assuero: "Entre os povos de todas as províncias de teu reino existe um povo espalhado e segregado, cujas leis são diferentes das leis de todos os outros povos, e que não cumpre as ordens do rei; não convém ao rei deixá-lo viver. [9]Se o rei está de acordo, promulgue-se uma ordem para exterminá-los, e eu farei passar às mãos dos funcionários dez mil talentos de prata, para que os depositem nos tesouros do rei". [10]Então o rei tirou do dedo seu anel* e o entregou a Amã, filho de Amadates, o agagita, o inimigo dos judeus, [11]dizendo-lhe: "Seja para ti o dinheiro, e faz desse povo o que quiseres".

Publicação do decreto de extermínio. [12]No dia treze do primeiro mês foram chamados os secretários do rei, que escreveram, seguindo em tudo as ordens de Amã, aos sátrapas do rei, aos governadores de cada província* e aos príncipes de cada povo, a cada província na respectiva escrita e a cada povo em sua língua. O escrito foi redigido em nome do rei Assuero e selado com o selo do rei. [13]Foram enviadas cartas, por meio de estafetas, a todas as províncias do rei, com a ordem de destruir, matar e exterminar todos os judeus, jovens e anciãos, crianças e mulheres, num só dia, no dia treze do duodécimo mês, que é o mês de adar, e de saquear seus bens.

---

* **2**,20. 2,14 | **3**,7. 9,24ss | 10. 7,4 | 12. Dn 3,4.7

† **3**,7. Pur é um nome assírio, mencionado aqui porque vai dar seu nome à festa de Purim, 9,26-32.

Ester 3-4

¹³ᵃEra este o teor dessa carta: "O grande rei Assuero, aos sátrapas das cento e vinte e sete províncias, desde a Índia até a Etiópia, e aos governadores a eles subordinados, assim escreve: ¹³ᵇEstando eu à frente* de muitas nações e tendo o domínio do mundo inteiro, não exaltado pelo orgulho do poder, mas governando sempre com moderação e doçura, resolvi assegurar continuamente uma vida serena a meus súditos, garantir um reino tranquilo e seguro até as fronteiras e fazer florescer a paz suspirada por todos.

¹³ᶜOra, tendo indagado a meus conselheiros como pode ser realizado tudo isso, um deles, chamado Amã, que se distingue entre os nossos pela prudência, notável por sua devoção indefectível e comprovada fidelidade, elevado à segunda dignidade do reino, ¹³ᵈdenunciou-nos que, entre todas as estirpes* do mundo, mistura-se um povo mal-intencionado, oposto a todos os outros por suas leis, que despreza continuamente os decretos do rei, a ponto de ser um obstáculo ao governo que exercemos para a satisfação geral.

¹³ᵉConsiderando, pois, que esta nação é a única que está em contínuo contraste com todo ser humano, diferenciando-se por um regime de leis extravagantes e que, mal-intencionada contra nossos interesses, comete as piores desordens e ameaça assim a estabilidade do reino, ¹³ᶠordenamos que os homens que vos forem assinalados nas cartas de Amã,* o intendente dos negócios públicos e nosso segundo pai, sejam todos, com suas mulheres e filhos, radicalmente exterminados pelas espadas de seus adversários, sem piedade nem consideração de espécie alguma, no dia quatorze do duodécimo mês, isto é, adar, do corrente ano, ¹³ᵍa fim de que, lançados esses opositores de ontem e de hoje lançados violentamente ao abismo num único dia, sejam doravante asseguradas ao Estado estabilidade e tranquilidade plenas".

¹⁴Uma cópia desse edito devia ser emanada com força de lei em todas as províncias e promulgada para todos os povos, para estarem preparados para o dia indicado. ¹⁵Por ordem do rei, os estafetas partiram a toda pressa, e o edito foi promulgado na cidadela de Susa. O rei e Amã assentaram-se para beber, mas na cidade de Susa reinava a consternação.

4

Consternação dos judeus. ¹Quando Mardoqueu soube de tudo o que havia acontecido, rasgou as vestes, cobriu-se de pano de saco e de cinzas e saiu pela cidade clamando em voz alta e amargamente. ²Chegou até a porta do palácio, pois ninguém podia atravessá-la vestido de pano de saco. ³Em todas as províncias aonde chegavam a ordem do rei e seu edito, houve grande luto entre os judeus, com jejum, prantos e lamentos†, e muitos se deitavam sobre pano de saco e sobre a cinza.

Mardoqueu exorta Ester a interceder. ⁴As damas de Ester e seus eunucos vieram contar-lhe essa novidade, e a rainha ficou muito angustiada. Mandou roupas para Mardoqueu vestir, fazendo-o despir a veste de saco, mas ele não aceitou. ⁵Então Ester chamou Atac, um dos eunucos do rei que este havia posto a serviço dela, e o encarregou de ir perguntar a Mardoqueu o que significava aquilo e por que agia assim. ⁶Atac saiu para encontrar-se com Mardoqueu na praça da cidade, diante da porta do rei. ⁷Mardoqueu narrou-lhe tudo o que lhe acontecera e falou também da soma de dinheiro que Amã prometera pagar ao tesouro real para obter o extermínio dos judeus. ⁸Entregou-lhe uma cópia do decreto publicado em Susa para os exterminar, a fim de que o mostrasse a Ester, informando-a de tudo e encarregando-a de apresentar-se ao rei para implorar sua graça e interceder em favor do povo. ⁸ᵃ"Recorda-te – mandou dizer-lhe –

---

* **3,**13b. Jt 2,5 | 13d. 3,8 | 13f. 8,12

† **4,**3. Práticas comuns para manifestar dor e luto.

dos dias de tua pobreza, quando eras alimentada por minha mão; porque Amã, o segundo depois do rei, falou contra nós, para nossa ruína. Invoca o Senhor, fala ao rei em nosso favor e livra-nos da morte!"

Ester aceita e assume o risco. [9]Veio, pois, Atac e transmitiu a Ester as palavras de Mardoqueu. [10]Ester conversou com Atac e mandou-o dizer a Mardoqueu: [11]"Todos os servidores do rei e o povo das províncias sabem que se alguém, homem ou mulher, entrar no pátio interno para estar com o rei, sem ter sido chamado, por força de uma lei igual para todos, incorre na pena de morte, a não ser que o rei lhe estenda o cetro de ouro, salvando-lhe neste caso a vida. Ora, há trinta dias que não sou chamada para me apresentar ao rei". [12]Estas palavras de Ester foram comunicadas a Mardoqueu. [13]E este mandou dizer-lhe: "Não penses que serás a única entre todos os judeus a escapar, por estares na casa do rei; [14]porque se tu nesta hora te calares, os judeus receberão socorro e libertação de alguma outra parte,† mas tu e a casa de teu pai perecereis. Quem sabe se não foi justamente em previsão de uma circunstância como esta que chegaste à realeza?"

[15]Ester mandou responder a Mardoqueu: [16]"Vai, reúne todos os judeus que se acham em Susa e jejuai por mim; ficai três dias sem comer e sem beber, nem de noite e nem de dia. Eu também com minhas damas jejuaremos da mesma forma†, e depois me apresentarei ao rei, embora seja contra a lei; e se tiver de morrer, morrerei". [17]Mardoqueu retirou-se e fez tudo conforme Ester lhe ordenara.

Oração de Mardoqueu. [17a]Depois, recordando-se de todas as obras do Senhor, Mardoqueu dirigiu-lhe a seguinte oração: [17b]"Senhor, Senhor rei todo-poderoso, tudo está sob vosso domínio,* e não há quem possa opor-se a vós em vossa vontade de salvar Israel! [17c]Sois vós que criastes o céu e a terra e todas as maravilhas que estão sob o firmamento; sois o Senhor do universo, e não há quem possa resistir a vós, Senhor! [17d]Vós conheceis tudo; sabeis, ó Senhor, que não foi por orgulho, nem por vanglória que deixei de prostrar-me diante do soberbo Amã, pois que, para a salvação de Israel, estaria pronto a beijar-lhe as plantas dos pés. [17e]Mas agi assim para não colocar a glória de um homem acima da glória de Deus. Não me prostrarei jamais diante de alguém, senão diante de vós, que sois meu Senhor, e não farei isto por orgulho. [17f]Agora, pois, Senhor Deus, rei, Deus de Abraão, poupai vosso povo, porque querem destruir-nos e fazer perecer aquela que desde os tempos antigos é vossa herança. [17g]Não desprezeis a porção que para vós libertastes* da terra do Egito. [17h]Ouvi minha súplica e sede propício a vossa herança, transformai nosso luto em alegria, para que, vivos, possamos cantar hinos a vosso nome, Senhor, e não fecheis a boca dos que vos louvam!" [17i]E todo o Israel clamava com toda a força, pois pairava a morte diante de seus olhos.

Oração de Ester. [17j]Também a rainha Ester, tomada de mortal angústia, procurava refúgio junto ao Senhor. Depôs suas vestes suntuosas e vestiu roupas de luto e de dor; em lugar de perfumes preciosos, cobriu a cabeça com cinzas e pó; mortificou duramente o corpo e, nos lugares onde costumava ostentar seus alegres penteados, deixava cair as tranças de sua cabeleira desfeita. Ela suplicou assim ao Senhor, Deus de Israel:

[17k]"Ó meu Senhor, nosso rei, vós sois o Único; socorrei-me a mim, que estou só, e não tenho outro refúgio senão vós, pois um grande perigo me amea-

---

* **4,**17b. Êx 19,5; 2Cr 20,6s; Jt 16,14; Is 41,10-16; 2Rs 19,15; Is 40,21-26 | **4,**17g. Dt 9,26; 32,9; 1Rs 8,51; Jr 10,16; Sl 33,12; Jl 4,2; Sl 6,6; 115,17s; Is 38,18ss

† **4,**14. Mardoqueu pode estar pensando numa intervenção divina. Mas alguns autores fazem desta frase uma frase interrogativa e então o sentido seria que só de Ester pode vir a salvação. | 16. Ver a nota em Jt 12,9.

Ester 4-5

ça. [17l]Desde minha infância aprendi, no seio de minha família,* que vós, Senhor, escolhestes Israel entre todas as nações e nossos pais entre todos os seus antepassados para vossa herança perpétua, e em seu favor executastes tudo o que havíeis prometido. [17m]Agora, pecamos contra vós,* e por isso nos entregastes às mãos de nossos inimigos, por termos adorado seus deuses. Sois justo, Senhor! [17n]Mas agora eles, não satisfeitos com a amargura de nossa escravidão, colocaram as mãos sobre as mãos de seus ídolos,* para frustrar a sentença que pronunciastes, para exterminar vossa herança, fechar a boca dos que vos louvam, extinguir vosso altar e a glória de vosso templo [17o]e abrir, ao invés, a boca das nações, para enaltecer os ídolos vãos e idolatrar continuamente um rei de carne. [17p]Não abandoneis, Senhor, vosso cetro a deuses que nem sequer existem; que não se riam de nossa ruína, mas fazei recair esses projetos sobre seus autores e puni exemplarmente o primeiro de nossos perseguidores. [17q]Lembrai-vos, Senhor! Manifestai-vos no dia de nossa aflição e dai-me coragem, Rei dos deuses e senhor de toda autoridade! [17r]Ponde em minha boca* palavras persuasivas na presença do leão, voltai seu coração para o ódio a nosso inimigo, para a perdição dele e de seus semelhantes. [17s]Quanto a nós, salvai-nos com vossa mão e socorrei-me, porque estou só e não tenho senão a vós, Senhor. [17t]Vós conheceis todas as coisas e sabeis que odeio a glória dos ímpios, que abomino o leito dos incircuncisos e de todo estrangeiro. [17u]Conheceis a necessidade que me constrange e como detesto a insígnia de minha elevada posição, que trago na cabeça* nos dias em que devo aparecer em público; detesto-a como a um pano imundo e não a trago nos dias em que estou retirada. [17v]Jamais vossa serva comeu à mesa de Amã, nem prestigiou os banquetes do rei, nem bebeu o vinho das libações. [17w]Desde sua promoção até agora, nunca vossa serva provou alegria a não ser em vós, Senhor, Deus de Abraão. [17x]Ó Deus, cuja força prevalece sobre todos, ouvi a voz dos desesperados, salvai-nos das mãos dos malfeitores e livrai-me de meus temores".

5 Ester apresenta-se ao rei.

[1]No terceiro dia, quando terminou de rezar, Ester despojou-se das vestes de suplicante e se cobriu de todo o luxo de sua grandeza. [1a]Assim, radiante de beleza, depois de invocar o Deus que vela sobre todos e os salva, tomou consigo duas servas; a uma delas se apoiava delicadamente, enquanto a outra a seguia, erguendo-lhe a cauda do vestido. [1b]No auge de sua beleza, tinha as faces rosadas, seu rosto irradiava alegria e amor, mas seu coração estava angustiado pelo medo. [1c]Depois de atravessar todas as portas, apresentou-se ante o rei, que estava sentado em seu trono real, revestido de todos os ornamentos de suas solenes aparições, todo fulgurante de ouro e pedras preciosas, e seu aspecto era terrificante. [1d]Quando ele ergueu a cabeça cintilante de majestade e lançou um olhar cheio de cólera, a rainha empalideceu e desmaiou, apoiando a cabeça sobre a serva que a precedia. [1e]Então Deus converteu em mansidão o coração do rei que, apreensivo, saltou do trono e tomou Ester nos braços até que ela voltou a si; procurava confortá-la com palavras tranquilizantes, dizendo-lhe: [1f]"Que tens, Ester? Sou teu irmão. Coragem! Não morrerás, pois nossa lei foi feita para a gente comum. Aproxima-te". [2]E, erguendo o cetro de ouro, pousou-o sobre o pescoço de Ester e a beijou, dizendo-lhe: "Fala!" [2a]Ela lhe disse: "Eu te vi, ó senhor, como um anjo de Deus, e meu coração perturbou-se diante de tua glória, porque és maravilhoso, senhor, e teu rosto é cheio de encanto". [2b]Mas enquanto falava, caiu

---

* **4**, 17l. Dt 6,20-25; 7,6 | 17m. Jz 2,6 | 17n. 4,17 | 17r. Dt 10,17; Sl 136,2; 95,3; Dn 2,47; 11,36 | 17u. Is 64,6; Lv 15,19-30

Ester 5-6

desfalecida. O rei ficou perturbado, enquanto todos os seus servos tentavam reanimá-la.

³Disse-lhe então o rei: "Que tens, rainha Ester? Qual é teu pedido?* Mesmo que seja a metade de meu reino, te será concedido". ⁴Respondeu Ester: "Se parecer bem ao rei, venha hoje com Amã ao banquete que lhe preparei". ⁵O rei ordenou: "Chamai logo Amã para atender ao desejo de Ester".

Assim, o rei foi com Amã ao banquete preparado por Ester.

⁶Enquanto era servido o vinho, o rei perguntou a Ester: "Qual é teu pedido? Será deferido. Que desejas? Ainda que seja a metade de meu reino, te será concedido". ⁷Respondeu Ester: "Eis meu pedido e o que desejo: ⁸Se encontrei graça aos olhos do rei e se lhe apraz atender a meu pedido e satisfazer meu desejo, venha o rei com Amã ao banquete que lhes darei; e amanhã farei o que o rei ordena".

Amã resolve mandar enforcar Mardoqueu. ⁹Naquele dia Amã saiu feliz e com o coração alegre; mas quando, junto à porta do rei, ele viu Mardoqueu, que não se levantava nem se movia do lugar a sua passagem, encheu-se de ira contra ele. ¹⁰Amã porém conteve-se, foi para casa, convocou os amigos e Zares, sua esposa, ¹¹e lhes falou da glória de suas riquezas, do grande número de seus filhos, de tudo o que o rei havia feito para engrandecê-lo e de como o elevara sobre todos os príncipes e cortesãos. ¹²E acrescentou: "Também a rainha Ester, a ninguém fez vir com o rei ao banquete que havia preparado, a não ser a mim; e também para amanhã fui convidado por ela juntamente com o rei. ¹³Mas tudo isso de nada vale para mim, enquanto eu vir o judeu Mardoqueu assentar-se à porta do rei!" ¹⁴Então lhe disseram sua esposa Zares e todos os seus amigos: "Manda preparar uma forca da altura de cinquenta côvados e amanhã de manhã pede ao rei que nela seja suspenso Mardoqueu; poderás então, todo alegre, acompanhar o rei no banquete". Este conselho agradou a Amã, e ele mandou preparar a forca.

6 **Elevação de Mardoqueu.** ¹Naquela noite, o rei não conseguia dormir; mandou, então, trazer o livro das memórias, das crônicas, que foram lidas em sua presença. ²Achou-se escrito como Mardoqueu havia denunciado Bagatã e Tares, os dois eunucos do rei, guardas da porta, que haviam tramado um atentado contra o rei Assuero. ³O rei perguntou: "Que honra e distinções se deram a Mardoqueu por esse ato?"* Responderam-lhe seus cortesãos que lhe serviam: "Nada foi feito por ele". ⁴Perguntou o rei: "Quem está no átrio?" Ora, Amã acabava de entrar no átrio externo do palácio real, para dizer ao rei que mandasse pendurar Mardoqueu na forca que ele lhe havia preparado. ⁵Os cortesãos responderam: "É Amã que está no átrio". "Que ele entre!" disse o rei. ⁶Tendo entrado Amã, o rei perguntou-lhe: "Que se deve fazer a um homem que o rei deseja honrar?" Amã pensou: "A quem o rei desejaria honrar senão a mim?" ⁷E respondeu ao rei: "Para o homem que o rei deseja honrar, ⁸tragam-se a veste real que o rei costuma usar e o cavalo que ele costuma montar, e sobre sua cabeça seja posta uma coroa real. ⁹Veste e cavalo sejam entregues a um dos mais nobres oficiais do rei, e este revestirá o homem a quem o rei deseja honrar; ele o conduzirá montado a cavalo pelas ruas da cidade, clamando diante dele: "Assim se faz ao homem a quem o rei quer honrar!" ¹⁰Então o rei disse a Amã: "Toma logo a veste* e o cavalo, como disseste, e faze assim a Mardoqueu, o judeu que se acha à porta do rei; e não omitas nada de tudo o que disseste"†. ¹¹Amã tomou a veste e o cavalo, revestiu Mardoqueu e o levou a cavalo pelas

---

* **5**,3. 5,6; 7,2; 9,12; Mc 6,23 | **6**,3. 1,1q | 10. Dn 5,29

† **6**,10. O orgulhoso e egoísta Amã viu-se forçado a honrar e glorificar a pessoa que ele planejava enforcar.

Ester 6-8

ruas, clamando diante dele: "Assim se faz ao homem a quem o rei quer honrar!" [12]Depois disso, Mardoqueu voltou à porta do rei, e Amã foi depressa para casa, abatido e com o rosto coberto. [13]Contou à esposa Zares e a todos os seus amigos tudo o que lhe sucedera. Então lhe disseram seus sábios e sua esposa Zares: "Se Mardoqueu, diante do qual começaste a sucumbir, é da estirpe dos judeus, nada poderás contra ele, mas sucumbirás totalmente".

Amã é punido com a morte. [14]Estavam ainda conversando com Amã, quando chegaram os eunucos do rei e o conduziram apressadamente ao banquete preparado por Ester.

7 [1]Foram, pois, o rei e Amã ao banquete da rainha Ester. [2]Novamente, neste segundo dia, enquanto bebiam vinho, o rei perguntou a Ester: "Qual é teu pedido, rainha Ester? Será deferido. Que desejas? Mesmo que fosse a metade do reino, te será concedido". [3]Respondeu então a rainha: "Se realmente encontrei graça diante de teus olhos, ó rei, e se ao rei agradar, concede-me a vida – eis meu pedido – e a vida de meu povo – eis meu desejo[+]. [4]Pois fomos vendidos eu e meu povo para sermos destruídos, massacrados e exterminados. Se fôssemos vendidos como escravos e escravas, eu me calaria; mas nosso adversário não poderia reparar o dano feito ao rei com nossa morte". [5]O rei Assuero perguntou* à rainha Ester: "Quem é e onde está aquele que ousou planejar semelhante coisa?" [6]Respondeu Ester: "O perseguidor, o inimigo é Amã, este miserável!" Então Amã ficou aterrorizado na presença do rei e da rainha. [7]Encolerizado, o rei se levantou do banquete e foi para o jardim do palácio, enquanto Amã ficou a implorar por sua vida à rainha Ester, pois compreendera que em seu coração o rei decidira sua

ruína. [8]Quando o rei voltou do jardim do palácio à sala do banquete, viu Amã prostrado sobre o divã onde estava Ester e exclamou: "Ainda se atreve a fazer violência à rainha em minha presença, em minha casa?" Logo que estas palavras saíram da boca do rei, cobriram o rosto de Amã. [9]Então Harbona, um dos eunucos, disse na presença do rei: "Na casa de Amã há uma forca de cinquenta côvados de altura, preparada por ele para Mardoqueu, o qual com uma palavra tanto bem fez ao rei". Ordenou o rei: "Suspendei-o nela!"[+]. [10]Suspenderam, pois, Amã na forca que ele havia preparado para Mardoqueu; e o furor do rei se aplacou.

III. O POVO JUDEU É SALVO
(8–10)

8 **Mardoqueu é empossado no cargo de Amã.** [1]Naquele mesmo dia,* o rei Assuero deu à rainha Ester a casa de Amã, o inimigo dos judeus, e Mardoqueu veio perante o rei, pois Ester lhe explicara o parentesco deles dois. [2]Então o rei tirou do dedo o anel que havia retirado de Amã e o entregou a Mardoqueu;* e Ester confiou a Mardoqueu a administração da casa que fora de Amã.

É revogado o decreto de extermínio. [3]Ester voltou novamente a falar ao rei; prostrou-se a seus pés e suplicou-lhe entre lágrimas que revogasse a maldade de Amã, o agagita, e o plano que havia tramado. [4]O rei estendeu a Ester o cetro de ouro, ela se pôs de pé diante dele [5]e disse: "Se ao rei aprouver e se encontrei favor perante ele, se esta coisa lhe parece justa e se eu lhe agrado a seus olhos, escreva-se que ficam revogadas as cartas concebidas por Amã, filho de Amadates, o agagita, que as fez escrever com o propósito de exterminar os judeus em todas as províncias do rei; [6]pois como poderia eu resistir, ao ver a calamidade que atingiria meu

---

* **7**,5. 3,8s | **8**,1. Pr 11,8; 26,27 | 2. Dn 2,48s; Pr 13,22

† **7**,3. A intercessão de Ester, que salva o povo da perdição, faz dela uma figura de Nossa Senhora, que Deus exaltou como rainha e à qual Ele nada recusa. Este trecho do livro é lido na Missa de Nossa Senhora Aparecida. | 9. A ordem do rei é o que está prescrito em Dt 19,19.

547 Ester 8

povo? E como poderia eu resistir, ao ver a destruição de minha estirpe?" [7]Respondeu, então, o rei Assuero à rainha Ester e ao judeu Mardoqueu: "Dei a Ester a casa de Amã, e ele foi suspenso a uma forca por ter levantado a mão contra os judeus. [8]Escrevei, vós mesmos,* um decreto em favor dos judeus, em nome do rei, como vos parecer melhor, e selai-o com o anel do rei, pois uma ordem escrita em nome do rei e selada com seu anel é irrevogável". [9]Sem perder tempo, no dia vinte e três do terceiro mês, ou seja, do mês de sivã, foram convocados os secretários do rei e escreveram, conforme tudo o que ordenou Mardoqueu, aos judeus, aos sátrapas, aos governadores e aos chefes das cento e vinte e sete províncias, desde a Índia até a Etiópia, a cada província em sua respectiva escrita, a cada povo em sua própria língua e aos judeus em sua escrita própria e em sua língua. [10]Essas cartas, escritas em nome do rei Assuero e seladas com o anel do rei, foram expedidas por meio de estafetas que montavam velozes corcéis, nascidos de cavalos de raça. [11]Nelas o rei concedia aos judeus, em qualquer cidade que habitassem, o direito de se reunir e de defender sua vida, destruindo, matando e exterminando todas as pessoas armadas de qualquer povo e de qualquer província que os atacassem, sem excluir as crianças e as mulheres, e de saquear-lhes os bens, [12e]e isto num mesmo dia, isto é, no dia treze do duodécimo mês, ou seja, o mês de adar, em todas as províncias do rei Assuero.

Carta em favor dos judeus. [12a]Eis o texto dessa carta:

[12b]O grande rei Assuero, aos sátrapas das cento e vinte e sete províncias, desde a Índia até a Etiópia, aos governadores de província e a todos os seus súditos leais, saudações! [12c]Há pessoas que, quanto mais frequentemente são honradas com a maior generosidade por seus benfeitores, tanto mais se tornam arrogantes;

e não só procuram prejudicar nossos súditos, mas, tornando-se sua saciedade um fardo insuportável para elas, tramam insídias contra seus próprios benfeitores. [12d]Elas não só expulsam do coração dos homens a gratidão, mas, embriagadas pelos aplausos de quem ignora o bem, presumem até poder escapar de Deus, que tudo vê, e de sua justiça, que odeia o mal. [12e]Com frequência também acontece com as autoridades constituídas que, por haverem confiado a amigos a administração dos negócios públicos e se terem deixado influenciar por eles, tornam-se responsáveis com eles pelo derramamento de sangue inocente, provocando males irreparáveis; [12f]porque os falsos raciocínios de sua índole perversa enganaram a irrepreensível boa-fé dos governantes. [12g]Isto se pode constatar não só nas antigas histórias às quais fizemos referência, mas observando também os delitos cometidos por essa peste de governantes indignos. [12h]Para o futuro envidaremos esforços para assegurar a todos a tranquilidade e a paz do reino, [12i]promovendo as oportunas mudanças e julgando sempre com a maior equidade as questões que nos forem submetidas.

[12j]Assim foi que Amã, filho de Amadates, o macedônio, na verdade estranho ao sangue persa e muito alheio a nossa benignidade, fora acolhido como hóspede entre nós. [12k]Foi tão favorecido pela amizade que professamos com todos os povos a ponto de ser proclamado nosso pai e de ver-se reverenciado por todos com a prostração, como a segunda personalidade do reino. [12l]Mas não aguentando o peso de sua soberba, intentou privar-nos do poder e da vida; [12m]valendo-se de falsos e tortuosos argumentos, pediu a pena de morte para nosso salvador e constante benfeitor, Mardoqueu, para nossa irrepreensível companheira no reino, Ester, e para todo o seu povo. [12n]Esperava, com tais meios, surpreender-nos no isolamento e passar aos macedônios o império dos persas.

---

* **8**,8. 1,19; 3,12

Ester 8-9

¹²ºOra, nós verificamos que esses judeus, condenados ao extermínio por aquele homem três vezes criminoso, não são malfeitores, mas se governam por leis justíssimas ¹²ᵖe são filhos do Altíssimo, Deus supremo e sempre vivo, a quem nós e nossos predecessores devemos a conservação do reino na maior prosperidade. ¹²qPor conseguinte, agireis bem não fazendo nenhum caso das cartas enviadas por Amã, filho de Amadates, pois este seu autor foi enforcado com toda a sua família diante das portas de Susa, justo castigo que lhe foi dado sem demora por Deus, Senhor do universo. ¹²ʳAfixai uma cópia da presente carta em todo lugar público, deixai os judeus praticar abertamente suas leis e auxiliai-os para que possam repelir os que queriam atacá-los no dia marcado para a perseguição, o dia treze do duodécimo mês, que é adar; ¹²ˢporque este dia, que deveria ser um dia de ruína para a estirpe eleita, Deus, Senhor de todas as coisas, o transformou em dia de alegria. ¹²ᵗQuanto a vós, entre vossas festas comemorativas, celebrai este dia memorável com toda a sorte de festejos, a fim de que no presente e no futuro seja memorial de vossa salvação para nós e para os persas de boa vontade, mas para nossos adversários seja lembrança de sua perdição. ¹²ᵘToda cidade e mais geralmente toda localidade que não executar as presentes ordens será inexoravelmente arrasada a ferro e fogo, reduzida a ser não só inabitável para os homens, mas ainda odiosa aos animais selvagens e às aves para sempre".

Júbilo dos judeus. ¹³Uma cópia do edito a ser promulgado em cada província foi transmitida a todas as populações, a fim de que os judeus estivessem preparados para se vingar de seus inimigos no dia estabelecido. ¹⁴Os estafetas, montados em cavalos velozes, usados para o serviço do rei, partiram às pressas e estimulados pela ordem do rei. O decreto foi logo promulgado também na cidadela de Susa. ¹⁵Mardoqueu saiu da audiência com o rei trajando uma veste régia, de púrpura violeta e de linho branco, com uma grande coroa de ouro e um manto de linho e de púrpura. A cidade de Susa gritava de alegria e estava em festa. ¹⁶Para os judeus foi um dia de luz, de alegria, de regozijo e de glória. ¹⁷Em toda província, em toda cidade e em toda parte aonde chegava a ordem do rei e seu edito, havia entre os judeus júbilo e alegria, banquetes e festas. Entre a população do país muitos se tornaram judeus, pois o temor dos judeus apoderou-se deles.

9 Vingança dos judeus contra seus inimigos.

¹No dia treze do duodécimo mês, que é o mês de adar, quando a ordem e o edito do rei deveriam ser executados, naquele mesmo dia em que os inimigos dos judeus esperavam tê-los em seu poder, aconteceu o contrário: os judeus é que tiveram em seu poder seus inimigos. ²Os judeus congregaram-se em suas cidades, em todas as províncias do rei Assuero, para agredir os que procuravam sua perdição, e ninguém lhes pôde resistir, porque o temor deles se apoderara de todos os povos. ³Todos os chefes das províncias, os sátrapas, os governadores e os que cuidavam dos interesses do rei apoiaram os judeus, porque o temor de Mardoqueu os dominava; ⁴ele se tornara poderoso na corte, e por todas as províncias se divulgava sua fama; Mardoqueu crescia sempre mais em poder. ⁵Assim os judeus massacraram todos os seus inimigos, passando-os a fio de espada, matando-os e exterminando-os; e trataram seus adversários como quiseram†.

⁶Na cidadela de Susa, os judeus mataram e exterminaram quinhentos homens; ⁷mataram Farsandata, Delfon, Esfata, ⁸Forata, Adalia, Aridata, ⁹Fermesta,* Arisai, Aridai e Jezata, ¹⁰os dez filhos de Amã, filho de Amadates,

---

* **9**,9. 3,13; 9,15; Jt 15,7.11.19

† **9**,5. O autor não quer exaltar a vingança, mas demonstrar como Deus reverte as situações beneficiando os oprimidos.

549

Ester 9

o perseguidor dos judeus; mas não se entregaram à pilhagem.

Outro dia de chacina. [11]Naquele mesmo dia foi comunicado ao rei o número dos mortos na cidadela de Susa. [12]O rei disse à rainha Ester: "Os judeus mataram e exterminaram quinhentos homens e os dez filhos de Amã na cidadela de Susa; que terão feito nas outras províncias do rei? Qual é teu pedido agora? Ele te será concedido. Que mais solicitas? Será feito". [13]Respondeu Ester: "Se ao rei aprouver, seja permitido aos judeus de Susa fazer também amanhã o que estava decretado para hoje, e os dez filhos de Amã sejam suspensos à forca". [14]O rei ordenou que assim se fizesse, e o decreto foi publicado em Susa; os dez filhos de Amã foram dependurados na forca. [15]Os judeus de Susa reuniram-se também no dia catorze do mês de adar e mataram em Susa trezentos homens, sem, no entanto, entregar-se à pilhagem. [16]Também os outros judeus, que estavam nas províncias do rei, reuniram-se para defender a própria vida e se pôr ao abrigo dos ataques de seus inimigos; mataram setenta e cinco mil deles, sem, todavia, entregar-se à pilhagem. [17]Isto aconteceu no dia treze do mês de adar. No dia catorze repousaram e fizeram dele um dia de festa e de alegria. [18]Mas os judeus de Susa reuniram-se nos dias treze e catorze do mesmo mês; no dia quinze repousaram e fizeram dele um dia de festa e de alegria. [19]Por isso os judeus dos campos, que habitam nas aldeias não cercadas de muros, celebram o dia catorze do mês de adar como um dia de alegria, de banquete e de festa, trocando presentes entre si, [19a]enquanto que para os das cidades, o dia festivo* que passam na alegria, enviando presentes a seus vizinhos, é o dia quinze de adar.

Instituição da festa de Purim. [20]Mardoqueu redigiu o relato desses acontecimentos e enviou cartas a todos os judeus de todas as províncias do rei Assuero, próximas e distantes, [21]ordenando-lhes que celebrassem anualmente os dias catorze e quinze do mês de adar, [22]porque foi nesses dias que os judeus se haviam livrado de seus inimigos, foi nesse mês que sua angústia se convertera em alegria e seu luto em festa; que fizessem deles dias de banquetes e de alegria, com troca de manjares e donativos aos pobres. [23]Os judeus comprometeram-se a continuar aquilo que já haviam começado a fazer, e que Mardoqueu lhes havia prescrito.

[24]Efetivamente, Amã, filho de Amadates, o agagita, o inimigo de todos os judeus, tinha planejado exterminá-los e havia lançado o pur, isto é, a sorte, para o extermínio e a destruição deles. [25]Mas quando Ester se apresentou diante do rei, este ordenou por escrito que recaísse sobre a cabeça de Amã a perversa maquinação tramada contra os judeus, e que ele e seus filhos fossem suspensos à forca. [26]É por isso que esses dias foram chamados Purim†, da palavra pur. Assim, por causa de todas as palavras desta carta, do que testemunharam e do que lhes havia sucedido, [27]os judeus estabeleceram e adotaram para si mesmos, para seus descendentes e para todos os que haveriam de unir-se a eles, o costume irrevogável de celebrar anualmente esses dois dias, do modo prescrito na carta e no tempo determinado. [28]Esses dias haveriam de ser comemorados e festejados por todas as gerações, em todas as famílias, províncias e cidades; esses dias de Purim nunca poderiam deixar de ser celebrados entre os judeus, e sua recordação jamais haveria de se apagar entre seus descendentes.

[29]A rainha Ester, filha de Abiail, e o judeu Mardoqueu escreveram com toda a autoridade para dar vigor a essa segunda carta relativa aos Purim. [30]Foram expedidas cartas a todos os judeus nas cento e vinte e sete províncias do rei-

---

* **9**,19a. Ne 8,10ss

† **9**,26. Purim é o plural hebraico de Pur, 3,7. A data que os hebreus celebram até hoje com o mesmo nome chamava-se "festa de Mardoqueu" no tempo dos Macabeus, 2Mc 15,36.

Ester 9-10

550

no de Assuero, com sinceros votos de paz, [31]recomendando que celebrassem esses dias de Purim no tempo devido, conforme estabeleceram o judeu Mardoqueu e a rainha Ester, da maneira que eles mesmos tinham determinado para si e para seus descendentes acerca do jejum e das lamentações. [32]Uma ordem de Ester estabeleceu as modalidades desses Purim, e foi registrada num livro.

10 Poder de Assuero e de Mardoqueu. [1]O rei Assuero impôs um tributo ao continente e às ilhas do mar. [2]Todos os feitos de seu poder e de sua autoridade, bem como o relato da elevação de Mardoqueu, a quem ele exaltou, estão escritos no livro das crônicas dos reis da Média e da Pérsia. [3]Com efeito, o judeu Mardoqueu era o segundo depois do rei Assuero; era muito considerado entre os judeus e estimado pela multidão de seus irmãos, pois procurava o bem* de seu povo e falava a favor da prosperidade de toda a sua linhagem.

Mardoqueu interpreta o sonho. [3a]Então Mardoqueu disse: "Veio de Deus tudo isso! [3b]Lembro-me do sonho que tive acerca desses acontecimentos: nenhum detalhe foi omitido. [3c]A pequena fonte que se transformou em rio, a luz que despontou, o sol e

as águas caudalosas. Este rio é Ester, desposada pelo rei e constituída rainha. [3d]Os dois dragões somos eu e Amã. [3e]As nações são os que se reuniram para destruir o nome dos judeus. [3f]Minha nação é Israel, aqueles que elevaram a voz a Deus e foram salvos. Sim, o Senhor salvou seu povo e nos livrou de todos esses males, e Deus operou sinais e prodígios tão grandes como jamais tinha havido entre as nações. [3g]Por isso, ele estabeleceu dois destinos: um para o povo de Deus e outro para todas as nações. [3h]Esses dois destinos se realizaram na hora, no momento e no dia, segundo o desígnio de Deus, e em todas as nações. [3i]Então, Deus se lembrou de seu povo e fez justiça a sua herança. [3j]Por isso, esses dois dias do mês de adar, isto é, os dias treze e catorze desse mês, serão por eles celebrados, reunindo-se com alegria e exultação diante de Deus, por todas as gerações, para sempre, em Israel, seu povo".

A tradução grega do livro. [3k]No quarto ano do reinado de Ptolomeu e de Cleópatra, Dositeu, que dizia ser sacerdote e levita, e Ptolomeu, seu filho, trouxeram a presente carta sobre os Purim, afirmando que se tratava da carta autêntica traduzida por Lisímaco, filho de Ptolomeu, membro da comunidade de Jerusalém.

---

* **10**,3. 2Mc 15,14

PRIMEIRO LIVRO DOS MACABEUS

Macabeu, que significa "martelo", é o apelido que foi dado a Judas, filho de Matatias, e depois estendido a seus irmãos João, Simão, Judas, Eleazar e Jônatas, por causa da valentia com que lutaram contra os exércitos pagãos durante a perseguição ao judaísmo. Esta perseguição foi decretada por Antíoco IV Epífanes, da dinastia dos Selêucidas, que dominaram a Judeia desde 200 até 142 a.C. Foram introduzidos na Palestina os costumes dos pagãos, a cultura e o estilo de vida dos gregos, denominado helenismo, e ao mesmo tempo os judeus foram proibidos de praticar as normas da lei mosaica sob pena de morte. Contra essas determinações levantou-se Matatias, judeu fervoroso, que arrastou atrás de si um bom número de seguidores, entre os quais os assideus. Começa então uma verdadeira guerra, com muitas batalhas travadas entre os dois lados. Sempre vitorioso nos confrontos, Judas morre afinal na batalha de Elasa e sucede-lhe Jônatas, que também conduz as tropas a diversas vitórias, até ser morto traiçoeiramente. Em seu lugar, assume o comando Simão, que obtém a independência da Judeia. A história narrada neste primeiro livro aconteceu no espaço de quarenta anos, de 175 a 134 a.C.

Apesar de terem o mesmo nome e serem chamados de primeiro e segundo, trata-se de dois livros autônomos e independentes, isto é, o segundo não é a continuação do primeiro. Este foi escrito em hebraico, mas só chegou até nós na versão grega. O autor não é conhecido, mas é provável que seja um judeu palestinense, cheio de zelo por sua fé, que escreveu depois de 134 a.C., mas antes de 63 a.C., quando os romanos anexaram a Palestina, sob Pompeu. Ele conta fatos ocorridos em sua época e cita documentos oficiais, portanto sua narrativa merece crédito, tendo-se em conta, porém, que se trata de uma história religiosa, com a mesma concepção dos livros anteriores, que viam nas adversidades do povo um castigo divino por suas infidelidades e, nas vitórias, o socorro vindo do Céu.

O livro é um apelo a amar nossa fé e nossas tradições, base de uma vida comunitária que merece ser defendida e promovida com todo o empenho.

I. PERSEGUIÇÃO RELIGIOSA
(1)

1 **Alexandre Magno e seus sucessores.** ¹Depois que Alexandre, o macedônio, filho de Filipe, saindo da terra de Cetim, venceu Dario, rei dos persas e dos medos, reinou em seu lugar, tendo começado pela Grécia. ²Empreendeu muitas guerras, tomou fortalezas, matou os reis da região, ³avançou até os confins da terra, apoderou-se dos despojos de uma multidão de nações e a terra se calou diante dele. Mas seu coração se exaltou e se encheu de orgulho. ⁴Reuniu um exército poderosíssimo e conquistou regiões, povos e soberanos, que se tornaram seus tributários. ⁵Mas, depois disso, caiu doente e compreendeu que estava

para morrer. ⁶Por isso convocou seus oficiais mais ilustres, que tinham sido educados com ele desde a mocidade, e repartiu entre eles seu reino, quando ainda estava vivo. ⁷Alexandre tinha reinado doze anos quando morreu†. ⁸Então seus oficiais tomaram o poder, cada qual em seu território ⁹e, após sua morte, todos cingiram o diadema e depois deles seus filhos, por muitos anos, multiplicando os males sobre a terra. **Antíoco IV Epífanes.** ¹⁰Saiu deles uma raiz pecadora,* Antíoco Epífanes, filho do rei Antíoco, que havia estado em Roma como refém, e começou a reinar no ano cento e trinta e sete da dominação grega†. ¹¹Naqueles dias, surgiram de Israel* homens iníquos, que instigaram a muitos, dizendo: "Vamos, façamos aliança com as nações circunvizi-

---

* **1**,10. 2Mc 4,7 | 11. 2Mc 4,9-17

† **1**,7. Alexandre Magno reinou de 336 a 323 a.C. e morreu de febre em Babilônia, aos 32 anos. | 10. O ano 137 da era selêucida equivale ao ano 175 a.C.

1 Macabeus 1

nhas, pois, desde que nos separamos delas, muitos males caíram sobre nós". [12]Agradou-lhes esse modo de falar, [13]e alguns dentre o povo tomaram a iniciativa de ir ao rei, o qual lhes deu autorização para introduzir os costumes dos gentios†. [14]Construíram, então, em Jerusalém, uma praça de esportes, segundo os costumes dos pagãos, [15]cancelaram os sinais da circuncisão†, afastaram-se da santa aliança, para se associar aos pagãos, e se venderam para fazer o mal.

[16]Quando lhe pareceu que seu reino estava bem consolidado, Antíoco resolveu conquistar o Egito para reinar sobre os dois reinos. [17]Invadiu, pois, o Egito* com um exército imponente, com carros e elefantes, com a cavalaria e uma grande esquadra. [18]Travou batalha contra Ptolomeu, rei do Egito, que bateu em retirada diante dele, e muitos caíram feridos. [19]As cidades fortes do Egito foram tomadas, e o país foi saqueado.

Perseguição contra os judeus. [20]Depois de ter vencido o Egito,* no ano cento e quarenta e três, Antíoco voltou e marchou contra Israel, subindo até Jerusalém com numeroso exército. [21]Entrou no santuário com arrogância, tirou o altar de ouro, o candelabro da luz com todos os seus acessórios, [22]a mesa da apresentação, os copos, as taças, os incensórios de ouro, o véu, as coroas e os ornamentos de ouro que havia na fachada do templo, removendo tudo. [23]Tomou também a prata,* o ouro e os objetos preciosos, bem como os tesouros escondidos que conseguiu encontrar. [24]Tendo recolhido tudo, partiu para sua região, depois de ter feito uma matança e falado com extrema arrogância.

[25]Israel celebrou um grande luto em todos os lugares,

[26]gemeram os chefes e os anciãos;
as virgens e os jovens perderam todo o vigor,
e a beleza das mulheres se alterou.
[27]Todo recém-casado entoou um lamento,
e a esposa esteve de luto em seu quarto.
[28]Tremeu a terra por causa de seus habitantes,
e toda a casa de Jacó se cobriu de vergonha.

Destruição e mortes em Jerusalém. [29]Dois anos depois, o rei enviou* às cidades de Judá um coletor de tributos, que veio a Jerusalém com um exército imponente. [30]Dirigiu aos habitantes falsas palavras de paz e ganhou a confiança deles. Mas depois, caindo sobre a cidade de improviso, golpeou-a duramente e matou muita gente de Israel. [31]Saqueou a cidade, entregou-a às chamas e abateu as casas e os muros a seu redor. [32]Reduziram à escravidão mulheres e crianças, e se apoderaram dos rebanhos. [33]Reconstruíram a cidade de Davi† com um muro elevado, um forte e com torres possantes, fazendo dela sua cidadela. [34]Instalaram ali gente ímpia, homens iníquos que se fortificaram lá dentro. [35]Abasteceram-na de armas e víveres e depositaram aí os despojos tomados de Jerusalém, de sorte que se tornou uma grande armadilha. [36]Foi uma emboscada para o santuário e uma constante ameaça para Israel.

[37]Derramaram sangue inocente ao redor do santuário
e profanaram o lugar santo.
[38]Por causa deles fugiram os habitantes de Jerusalém,
que ficou sendo habitação de estrangeiros.
Tornou-se estranha a sua gente,
abandonada por seus próprios filhos!

---

* **1**,17. 2Mc 5,1; Dn 11,25-28 | 20. 2Mc 5,11-16 | 23. 2Mc 5,21 | 29. 2Mc 5,24ss

† **1**,13. Gentios, pagãos, nações, são termos que os judeus usavam para designar os outros povos. Aqui tem um sentido claramente pejorativo; mas em São Paulo os gentios são os destinatários da salvação, depois da recusa dos judeus, At 13,46. | 15. Uma das novidades do helenismo era o ginásio, onde os atletas lutavam completamente despidos; os jovens hebreus, para não serem discriminados, disfarçavam por meio de uma operação o sinal da aliança de Deus com Abraão. | 33. Esta "cidade de Davi" não é o mesmo local de 2Sm 5,7; fica na parte oeste de Jerusalém. Chamada cidadela ou Acra, será o baluarte da repressão síria, até ser tomada pelos judeus no tempo de Simão em 141 a.C., 13,49-52.

553

1 Macabeus 1-2

³⁹Seu santuário ficou desolado como um deserto,
suas festas se mudaram em luto,
seus sábados, em dias de vergonha,
e sua honra, em desprezo.
⁴⁰Igual a sua glória foi sua desonra,
e sua grandeza deu lugar ao luto.

Imposição de costumes pagãos. ⁴¹Depois o rei enviou a todo o seu reino uma ordem para que todos formassem um só povo, ⁴²renunciando cada qual aos próprios costumes†. Todas as nações aceitaram a ordem do rei; ⁴³também em Israel muitos abraçaram de bom grado a religião dele, sacrificando aos ídolos e violando o sábado. ⁴⁴O rei expediu também decretos por meio de mensageiros a Jerusalém e às cidades de Judá, prescrevendo-lhes que adotassem os costumes estranhos ao país; ⁴⁵que se abolissem os holocaustos, os sacrifícios e as libações no santuário; que se violassem os sábados e as festas; ⁴⁶que se profanassem o santuário e as pessoas consagradas; ⁴⁷que se construíssem altares, templos e ídolos, e se imolassem porcos e animais impuros; ⁴⁸que deixassem incircuncisos os filhos e que se contaminassem com toda a sorte de impurezas e profanações, ⁴⁹de tal modo que esquecessem a lei e subvertessem todas as instituições. ⁵⁰Quem não agisse conforme a ordem do rei devia ser morto. ⁵¹Em conformidade com todas essas ordens, que tinha enviado a todo o reino, nomeou inspetores para todo o povo e ordenou às cidades de Judá que oferecessem sacrifícios em cada uma delas. ⁵²Muitos dentre o povo aderiram a eles: todos os que tinham abandonado a lei. Praticaram o mal no país, ⁵³obrigando Israel a viver nos esconderijos e em todos os seus lugares de refúgio.

⁵⁴No dia quinze do mês de casleu,* do ano cento e quarenta e cinco, construíram a abominação da desolação sobre o altar dos holocaustos†; nas cidades circunvizinhas de Judá ergueram altares ⁵⁵e às portas das casas e nas praças ofereciam sacrifícios. ⁵⁶Os livros da lei que lhes caíam nas mãos eram rasgados e lançados ao fogo. ⁵⁷Se descobrissem na casa de alguém um exemplar da aliança, e se alguém observasse a lei, o decreto do rei o condenava à morte. ⁵⁸Com prepotência tratavam os israelitas que eram surpreendidos cada mês nas várias cidades. ⁵⁹No dia vinte e cinco de cada mês ofereciam sacrifícios no altar que estava sobre o altar dos holocaustos. ⁶⁰Conforme o decreto, as mulheres* que circuncidassem os filhos eram condenadas à morte, ⁶¹com os filhinhos pendurados ao pescoço, com seus familiares e com os que tinham feito a circuncisão. ⁶²Todavia, muitos em Israel permaneceram firmes e tiveram a força de não comer nada de impuro, ⁶³preferindo morrer a se contaminar com alimentos impuros e a profanar a santa aliança, e de fato morreram. ⁶⁴Uma grande ira pesou fortemente sobre Israel.

II. MATATIAS
(2)

2 **Matatias, pai dos Macabeus†.** ¹Naquele tempo, Matatias, filho de João, filho de Simão, sacerdote da descendência de Joarib, deixou Jerusalém para se estabelecer em Modin. ²Tinha cinco filhos: João, apelidado Gadi; ³Simão, chamado Tassi; ⁴Judas, chamado Macabeu; ⁵Eleazar, chamado Auarã; Jônatas, chamado Afus†. ⁶Ao ver

---

* **1**,54. Dn 9,27; 11,31 | 60. 2Mc 6,10

† **1**,42. Para promover a unificação do país, o rei impõe o helenismo ou seja, os costumes gregos, seu modo de viver e a cultura grega. Começa a perseguição religiosa aos judeus com a abolição de suas instituições. Muitos judeus abandonam a lei, enquanto outros passam da resistência passiva à guerra santa. | 54. A expressão significa "horror devastador" e reaparece em Dn 9,27; 11,31; 21,11; Mt 24,15; Mc 13,11. Foi erigido um altar pagão no templo sobre o altar dos holocaustos. | **2**. Macabeu significa martelo: a família foi um verdadeiro martelo contra os inimigos. Os descendentes de Matatias também são chamados asmoneus, de Asmon, um dos antepassados deles. | 5. Todos os cinco morrerão de morte violenta: dois no campo de batalha – Eleazar, 6,43-46, e Judas, 9,18 – e os outros três por traição – João, 9,6.38, Jônatas, 12,48, e Simão, 16,16.

1 Macabeus 2

as impiedades que se cometiam em Judá e em Jerusalém, [7]exclamou: "Ai de mim! Por que eu nasci para ver a ruína de meu povo e a destruição da cidade santa, ficando aqui sentado, enquanto ela é entregue às mãos dos inimigos e o santuário às mãos de estrangeiros?

[8]Seu templo tornou-se como um homem sem glória,

[9]os objetos que eram sua glória foram levados como despojos;

seus meninos foram mortos em suas praças,

seus jovens, pela espada do inimigo.

[10]Que nação não herdou uma parte de seu reino

e não se apoderou de seus despojos?

[11]Foi-lhe roubado todo o ornamento,

e de livre tornou-se escrava.

[12]Nosso lugar santo, nossa beleza, nossa glória,

foi devastado, e as nações o profanaram:

[13]para que ainda viver?"

[14]Matatias e seus filhos rasgaram as vestes, vestiram roupas de saco e choraram amargamente.

Zelo de Matatias. [15]Os emissários do rei, encarregados de forçar à apostasia, vieram à cidade de Modin para os sacrifícios. [16]Muitos israelitas juntaram-se a eles, porém, Matatias e seus filhos reuniram-se à parte. [17]Tomando a palavra, os emissários do rei disseram a Matatias: "Tu és um chefe ilustre e poderoso nesta cidade, apoiado por filhos e parentes. [18]Aproxima-te, pois, por primeiro e cumpre a ordem do rei, como têm feito todas as nações, como também os homens de Judá e os que ficaram em Jerusalém. Assim, tu e teus filhos sereis contados entre os amigos do rei; tu e teus filhos sereis honrados com prata, ouro e muitos outros presentes". [19]Em resposta, disse Matatias em voz alta: "Ainda que todas as nações sob o domínio do rei lhe obedeçam, abandonando cada qual a religião de seus pais e aderindo às ordens do rei, [20]eu, meus filhos e meus parentes continuaremos a caminhar na aliança de nossos pais. [21]Deus nos livre de abandonar a lei e as tradições! [22]Não daremos ouvido às palavras do rei para nos desviar de nosso culto, nem à direita e nem à esquerda".

[23]Mal acabou de falar, um judeu adiantou-se à vista de todos para sacrificar sobre o altar de Modin, conforme o ordem do rei. [24]Quando o viu, Matatias inflamou-se de zelo, estremeceram suas entranhas e, tomado de justa cólera, arremessou-se sobre ele e o matou sobre o altar. [25]Matou também na mesma hora o oficial do rei que forçava a sacrificar e destruiu o altar. [26]Agiu por zelo pela Lei, como havia feito Fineias* com Zambri, filho de Salu. [27]Depois Matatias pôs-se a gritar pela cidade: "Quem tem zelo pela Lei e quer defender a aliança siga-me!" [28]Ele e seus filhos* fugiram para os montes, abandonando na cidade tudo o que possuíam.

Preparação para a guerra. [29]Então, muitos que buscavam a justiça e o direito desceram para morar no deserto, [30]levando consigo os filhos, as mulheres e os animais, porque os males pesavam sobre eles. [31]Foi referido aos oficiais do rei e às milícias que estavam em Jerusalém na cidade de Davi que aqueles homens, os quais haviam transgredido a ordem do rei, haviam descido para os esconderijos no deserto†. [32]Então saíram muitos* em sua perseguição e, alcançando-os, acamparam defronte deles, preparando-se para dar-lhes combate em dia de sábado. [33]E lhes diziam: "Agora basta! Saí, cumpri a ordem do rei e tereis salva a vida". [34]Mas eles responderam: "Não sairemos e não cumpriremos a ordem do rei, profanando o dia de sábado". [35]Então os inimigos sem demora os atacaram, [36]mas eles não revidaram, não atiraram uma só pedra, nem barricaram seus esconderijos, [37]dizendo:

---

* **2**,26. 25,6-15 | 28. 2Mc 5,27 | 32. 2Mc 6,11

† **2**,31. Esses esconderijos são principalmente grutas, algumas enormes, resultantes da erosão. Em muitas delas foram descobertos os "manuscritos do mar Morto" ou "de Qumran".

1 Macabeus 2

"Morramos todos em nossa inocência; o céu e a terra são testemunhas de que nos matais injustamente". [38]A tropa se lançou sobre eles, atacando-os em dia de sábado, e morreram eles, suas mulheres, seus filhos e seus animais em número de mil pessoas.

[39]Quando Matatias e seus filhos souberam disso, muito se entristeceram por eles. [40]Disseram, depois, um ao outro: "Se todos fizermos como fizeram nossos irmãos, não combatendo contra os gentios por nossas vidas e por nossas tradições, em breve nos exterminarão da face da terra". [41]Tomaram naquele dia esta decisão: "Combateremos contra quem quer que nos ataque em dia de sábado e não morreremos todos, como pereceram nossos irmãos nos esconderijos".

Os assideus se unem a Matatias. [42]Então uniu-se a eles um grupo dos assideus†, homens valentes de Israel, todos apegados à lei. [43]Também todos os que fugiam por causa dos males juntaram-se a eles e lhes deram apoio. [44]Formaram assim um exército e bateram, em sua ira, os pecadores e os homens ímpios com furor. Os restantes, para salvar-se, refugiaram-se junto aos gentios. [45]Matatias e seus amigos percorreram o país, destruíram os altares [46]e circuncidaram à força os meninos incircuncisos que encontraram no território de Israel. [47]Deram caça aos soberbos, e por seu mérito a empresa foi bem-sucedida; [48]defenderam a lei contra a prepotência das nações e dos reis e não permitiram que prevalecessem os pecadores.

Testamento de Matatias. [49]Contudo, aproximavam-se de seu fim os dias de Matatias. Ele disse a seus filhos: "Agora triunfam a soberba e a injustiça, é o tempo da destruição e da explosão da cólera. [50]Pois bem, caros filhos, mostrai zelo pela Lei e dai vossas vidas pela aliança de nossos pais. [51]Lembrai-vos dos grandes feitos de nossos pais em seus tempos e ganhareis uma grande glória e um renome eterno. [52]Porventura Abraão* não foi achado fiel na prova e isto não lhe foi imputado como justiça? [53]José, no tempo de sua angústia,* observou o preceito e tornou-se senhor do Egito. [54]Fineias,* nosso pai, pelo zelo demonstrado, obteve a aliança de um sacerdócio eterno. [55]Josué, por ter cumprido* a palavra divina, tornou-se juiz em Israel. [56]Caleb, por haver testemunhado diante da assembleia, recebeu uma herança no país. [57]Davi, por sua piedade,* obteve o trono do reino para sempre. [58]Elias foi elevado* ao céu porque demonstrara um zelo ardente pela lei. [59]Ananias, Azarias, Misael,* por sua fé, foram salvos das chamas. [60]Daniel, por sua retidão,* foi libertado da boca dos leões. [61]Compreendei assim que, de geração em geração, todos aqueles que esperam nele não sucumbem. [62]Não tenhais medo das palavras do homem pecador, pois sua glória acabará em esterco e em vermes. [63]Hoje é exaltado, mas amanhã terá desaparecido, porque voltará a seu pó, e seus projetos serão aniquilados. [64]Filhos, sede valorosos e ficai firmes na lei, porque por ela sereis glorificados. [65]Aí tendes vosso irmão Simão. Sei que é homem sábio; ouvi-o sempre; ele será vosso pai. [66]Judas Macabeu, valente guerreiro desde a juventude, será para vós o comandante do exército e conduzirá a batalha contra os povos. [67]Reuni em torno de vós todos os cumpridores da Lei e vingai vosso povo. [68]Retribuí aos gentios o que merecem e estai sempre atentos às prescrições da Lei". [69]Depois os abençoou e foi reunido a seus pais. [70]Morreu no ano cento e quarenta e seis e foi sepultado no sepulcro de seus pais em Modin. Todo o Israel o chorou com grande luto.

---

* **2,**52. Gn 15,6 | 53. Gn 37; 39-41 | 54. Nm 25,6-13 | 55. Nm 13,30; 14,24 | 57. 2Sm 7 | 58. 1Rs 19,10.14; 2Rs 2,11s | 59. Dn 3 | 60. Dn 6

† **2,**42. O termo "assideus" significa "piedosos" e designa um grupo de judeus observantes da lei, hostis aos costumes pagãos e alheios à política. Apoiaram os macabeus, enquanto estes se mantiveram no campo religioso. Deles derivam os fariseus e os essênios.

1 Macabeus 3

III. AS BATALHAS DE JUDAS MACABEU
(3,1–9,22)

3 **Judas, herói nacional.** ¹Em seu lugar surgiu seu filho Judas, chamado Macabeu; ²todos os seus irmãos e todos os que haviam aderido a seu pai lhe deram apoio e combateram com entusiasmo a guerra por Israel.

³Ele dilatou a glória de seu povo,
revestiu-se com a couraça como um gigante,
cingiu-se com a armadura de guerra;
travou batalhas
e protegeu o acampamento com a espada.
⁴Foi semelhante a um leão em suas empresas,
a um leãozinho que ruge sobre a presa.
⁵Perseguiu os ímpios, caçando-os,
e entregou às chamas os que perturbavam seu povo.
⁶Esmoreceram os ímpios por medo dele,
e os malfeitores foram confundidos.
⁷Causou amarguras a muitos reis
e alegrou Jacó com seus feitos.
⁸Percorreu as cidades de Judá e exterminou delas os ímpios
e apartou de Israel a ira divina.
⁹Tornou-se famoso até os confins da terra
e reuniu os dispersos.

Primeiras vitórias de Judas. ¹⁰Apolônio havia reunido, além dos gentios, um grande exército da Samaria para guerrear contra Israel. ¹¹Judas, sabendo disso, marchou a seu encontro, derrotou-o e o matou; muitos caíram feridos de morte e os restantes fugiram. ¹²Tomaram seus despojos. Judas apoderou-se da espada de Apolônio e com ela combateu durante todos os seus dias.

¹³Seron, comandante do exército da Síria, soube que Judas havia reunido ao redor de si um grupo de fiéis e de homens prontos a sair para a guerra. ¹⁴Ele disse: "Vou ganhar fama e alcançar glória no reino; combaterei Judas e seus adeptos que desprezam as ordens do rei". ¹⁵Partiu, pois, e junto com ele subiu um forte exército de ímpios para ajudá-lo a tomar vingança dos israelitas. ¹⁶Quando chegou à subida de Bet-Horon, Judas saiu contra ele com pouca gente. ¹⁷Ao verem o exército que marchava contra eles, disseram a Judas: "Como poderemos nós, sendo tão poucos, combater contra uma multidão tão grande e forte? Estamos esgotados porque hoje ainda estamos em jejum". ¹⁸Mas Judas respondeu: "É bem fácil que muitos caiam nas mãos de poucos, e para o Céu† é indiferente salvar por meio de muitos ou de poucos; ¹⁹na guerra* o triunfo não depende da grandeza do exército, mas é do Céu que vem a força. ²⁰Eles marcham contra nós, cheios de insolência e de impiedade, para eliminar-nos com nossas mulheres e nossos filhos e para nos saquear; ²¹mas nós combatemos por nossas vidas e por nossas leis. ²²Ele os aniquilará diante de nós; portanto, não os temais". ²³Logo que acabou de falar, caiu sobre eles de improviso, e Seron e seu exército saíram derrotados* diante dele. ²⁴Eles os perseguiram pela descida de Bet-Horon até à planície. Caíram cerca de oitocentos homens, e os restantes fugiram para a região dos filisteus. ²⁵Assim, Judas e seus irmãos começaram a ser temidos, e o terror se apoderou das nações ao redor. ²⁶A fama dele chegou ao conhecimento do rei, e as nações falavam das batalhas de Judas.

Lísias, delegado de Antíoco. ²⁷Ao ouvir essas notícias, o rei Antíoco inflamou-se de cólera e mandou reunir todas as tropas de seu reino, um exército poderosíssimo. ²⁸Abriu seu erário, pagou às tropas o soldo de um ano e ordenou-lhes que estivessem prontas para qualquer eventualidade. ²⁹Viu,

---

* **3**,19. 1Sm 14,6 | 23. Js 10,10

† **3**,18. Para evitar toda profanação, nem sequer pronunciavam o nome divino, que substituíam por "Céu".

557   1 Macabeus 3

porém, que faltava dinheiro em seus cofres e que os tributos do país eram escassos por causa da revolta e da ruína que ele mesmo havia provocado na região, por ter abolido as tradições que estavam em vigor desde os tempos antigos. ³⁰Teve receio, então, de não poder dispor, como lhe acontecera uma ou duas vezes, de recursos para as despesas e os donativos que fazia com mão pródiga, superando os reis precedentes. ³¹A ansiedade apoderou-se de sua alma e então resolveu ir à Pérsia recolher os tributos das províncias e juntar muito dinheiro. ³²Deixou Lísias, homem ilustre de estirpe régia, na direção dos negócios do reino desde o rio Eufrates até à fronteira do Egito, ³³incumbindo-o também de educar seu filho Antíoco, até seu regresso. ³⁴Confiou-lhe a metade de seu exército com os elefantes e deu-lhe instruções a respeito de tudo o que desejava, também com referência aos habitantes da Judeia e de Jerusalém; ³⁵devia enviar contra eles um exército para abater e destruir o poder de Israel e o resto de Jerusalém, cancelar até mesmo sua lembrança daquele lugar ³⁶e instalar estrangeiros em todos os seus territórios, distribuindo-lhes as terras. ³⁷O rei tomou a outra metade do exército e partiu de Antioquia, capital de seu reino, no ano cento e quarenta e sete. Atravessou o rio Eufrates e pôs-se a percorrer as províncias setentrionais.

³⁸Lísias escolheu Ptolomeu,* filho de Dorímenes, Nicanor e Górgias, homens valorosos entre os amigos do rei; ³⁹enviou com eles quarenta mil homens e sete mil cavaleiros para invadir a terra de Judá e devastá-la conforme a ordem do rei. ⁴⁰Partiram com todas as suas tropas e foram acampar na planície, perto de Emaús.

⁴¹Quando os comerciantes do país ouviram falar deles, vieram ao acampamento trazendo grande quantidade de prata e de ouro, como também correntes, para comprar os israelitas como escravos. A eles se juntaram tropas da Síria e de países estrangeiros.

Conselho dos Macabeus. ⁴²Judas e seus irmãos viram que os males se agravavam e que aquelas tropas acampavam em seu território; souberam o que o rei havia mandado fazer para a ruína e o extermínio do povo. ⁴³Por isso disseram uns aos outros: "Façamos o povo reerguer-se de seu abatimento e combatamos por nosso povo e pelo santuário". ⁴⁴Então foi convocada a assembleia geral em preparação para a guerra e para rezar e implorar piedade e misericórdia.

⁴⁵Jerusalém estava desabitada como um deserto:
não havia entre seus filhos quem entrasse ou saísse;
o santuário era calcado aos pés;
filhos de estrangeiros ocupavam a cidadela,
transformada em abrigo de gentios;
a alegria fora banida de Jacó,
não se ouvia mais a flauta nem a cítara.

⁴⁶Reuniram-se, pois,* e foram para Masfa, defronte de Jerusalém, porque antigamente havia em Masfa um lugar de oração para Israel. ⁴⁷Naquele dia jejuaram, vestiram-se de pano de saco, puseram cinza na cabeça e rasgaram as vestes. ⁴⁸Desenrolaram o livro da Lei,* buscando nele as coisas que os gentios perguntavam aos ídolos de seus deuses. ⁴⁹Trouxeram também as vestes sacerdotais, as primícias e os dízimos e mandaram vir os nazireus* que tinham cumprido o tempo de seu voto. ⁵⁰Elevaram a voz para o Céu,* dizendo: "Que faremos destes e para onde os levaremos? ⁵¹Vosso santuário foi calcado aos pés e profanado, vossos sacerdotes estão de luto e humilhados. ⁵²As nações se reuniram contra nós para nos aniquilar; vós sabeis o que tramam contra nós. ⁵³Como poderemos resistir diante deles, se não nos socorreis?" ⁵⁴Então tocaram as trombetas e gritaram em voz alta.

---

* **3**,38. 2Mc 8,8-15; 4,45; 8,8s; 10,14; 2,18 | 46. 2Mc 8,16-23; Jz 20,1ss; 1Sm 7,5s | 48. 2Mc 8,23 | 49. Nm 6,1 | 50. 2,21

1 Macabeus 3-4

55Depois, Judas nomeou os comandantes do povo: chefes de mil, de cem, de cinquenta e de dez; 56ordenou aos que estavam construindo sua casa, aos que tinham acabado de se casar ou de plantar uma vinha,* como também aos medrosos, que cada qual voltasse para casa, conforme a Lei. 57Então o exército pôs-se em marcha e foi acampar ao sul de Emaús. 58Judas disse: "Cingi as armas, sede fortes e estai prontos para dar combate amanhã de manhã a estas nações que se aliaram contra nós para destruir a nós e nosso santuário. 59Porque para nós é melhor morrer combatendo do que ver a ruína de nossa gente e do santuário. 60O que for da vontade do Céu* ele o fará!"

Judas derrota Górgias. 1Górgias tomou consigo* cinco mil homens e mil cavaleiros escolhidos; essa tropa saiu de noite 2para invadir o acampamento dos judeus e atacá-los de improviso. Os homens da cidadela lhe serviam de guia. 3Logo que o soube, Judas* partiu com seus guerreiros para cair sobre o exército do rei que se achava em Emaús, 4enquanto as tropas ainda estavam dispersas fora do acampamento. 5Górgias chegou à noite ao acampamento de Judas e, não encontrando ninguém, pôs-se a procurá-los pelas montanhas, dizendo: "Fugiram de nós". 6Ao despontar do dia, Judas surgiu na planície com três mil homens, os quais, porém, não tinham armaduras nem espadas como desejariam. 7Viram que o acampamento dos gentios era poderoso e fortificado, que a cavalaria o rodeava e que eram homens treinados para a guerra. 8Judas disse aos que estavam com ele: "Não temais seu número e não tenhais medo de seu assalto. 9Lembrai-vos como nossos pais foram salvos no mar Vermelho, quando o Faraó os perseguiu com um exército. 10Clamemos, pois, agora ao Céu,* na esperança de que nos seja benigno, que se recorde da aliança com nossos pais e derrote hoje esse exército diante

de nós. 11Assim todas as nações saberão que existe quem resgata e salva Israel". 12Quando os estrangeiros levantaram os olhos e viram que os judeus marchavam contra eles, 13saíram do acampamento para travar batalha. Os que estavam com Judas tocaram então as trombetas 14e atacaram. Os gentios foram derrotados e fugiram para a planície. 15Os que ficaram para trás caíram todos a golpes de espada. Perseguiram-nos até Gazara e até as planícies da Idumeia, de Azoto e de Jâmnia, de modo que tombaram uns três mil homens.

16Quando Judas e suas tropas retornaram da perseguição, 17disse ele ao povo: "Deixai de lado a avidez dos despojos, porque um outro combate nos espera: 18Górgias com suas tropas está na montanha perto de nós; por isso resisti agora diante de nossos inimigos e combatei-os; depois recolhereis os despojos com segurança". 19Judas estava acabando de falar, quando apareceu um esquadrão que espiava do alto do morro. 20Viram que os seus tinham sido postos em fuga e que o acampamento estava em chamas, pois a fumaça que ainda se via manifestava o acontecido. 21Ao verem isto, foram dominados pelo pânico e, vendo também que as tropas de Judas estavam na planície, prontas para o combate, 22fugiram todos para a região dos filisteus. 23Então Judas voltou para saquear o acampamento, onde encontraram muito ouro, prata, tecidos de púrpura violeta e de púrpura marinha e riquezas em quantidade. 24Ao voltar cantavam hinos e bendiziam o Céu:

"Porque ele é bom e eterna é sua misericórdia".*

25Aquele foi um dia de grande libertação para Israel.

Judas derrota Lísias. 26Os estrangeiros* que escaparam foram referir a Lísias todo o acontecido. 27Ao ouvir isto, ficou consternado e abatido, porque as coisas em Israel não tinham acontecido como ele desejava, e o êxito não fora

---

* **3,**56. Dt 20,5-9 | 60. 2,21 | **4,**1. 2Mc 8,23-29 | 3. 1,33 | 10. 2,21 | 24. Sl 118,1ss | 26. 2Mc 11,1-12

559 1 Macabeus 4

conforme as ordens do rei. ²⁸Por isso, no ano seguinte reuniu sessenta mil homens escolhidos e cinco mil cavaleiros para combater os judeus. ²⁹Entraram na Iduméia e acamparam em Betsur, e Judas saiu contra eles com dez mil homens. ³⁰Ao ver tão forte exército, rezou, dizendo: "Bendito sois vós, ó Salvador de Israel, que quebrastes o ímpeto do gigante pela mão de vosso servo Davi e entregastes o exército dos filisteus nas mãos de Jônatas, filho de Saul,* e de seu escudeiro. ³¹Do mesmo modo, fazei cair este exército nas mãos de Israel, vosso povo, de modo que sejam cobertos de ignomínia com suas forças e com sua cavalaria. ³²Infundi neles o terror, quebrantai a audácia de sua força e sejam arrastados na própria derrota. ³³Derrubai-os sob a espada dos que vos amam, a fim de que vos louvem com hinos todos os que conhecem vosso nome". ³⁴Lançaram-se uns contra os outros e caíram diante deles cerca de cinco mil homens do exército de Lísias. ³⁵Vendo a retirada de suas tropas e a audácia demonstrada pelos soldados de Judas, como estavam prontos a viver ou morrer corajosamente, Lísias voltou para Antioquia, onde começou a recrutar mercenários estrangeiros em maior número, para depois voltar para a Judeia.

Restabelecimento do culto. ³⁶Então Judas e seus irmãos* disseram: "Nossos inimigos estão derrotados; vamos, pois, purificar o santuário e consagrá-lo de novo. ³⁷Reuniram todo o exército e subiram ao monte Sião. ³⁸Viram o santuário deserto,* o altar profanado, as portas incendiadas e o mato que crescia nos átrios como se fora num bosque ou num monte, e as salas destruídas. ³⁹Rasgaram as vestes, fizeram uma grande lamentação, cobriram-se de cinzas, ⁴⁰prostraram-se com a face por terra, mandaram dar os sinais com as trombetas e elevaram clamores ao Céu.* ⁴¹Judas incumbiu certo número de homens de combater os da cidadela, até que ele tivesse purificado o santuário. ⁴²Escolheu sacerdotes sem mácula, observantes da lei, ⁴³os quais purificaram o santuário e levaram para um lugar impuro* as pedras contaminadas. ⁴⁴Deliberaram o que deviam fazer do altar dos holocaustos, que tinha sido profanado, ⁴⁵e ocorreu-lhes a boa ideia de demoli-lo, a fim de que não se tornasse para eles motivo de desonra, porque os gentios o haviam contaminado. Demoliram-no ⁴⁶e colocaram as pedras no monte do templo, num lugar conveniente, à espera de que viesse algum profeta† e se pronunciasse a seu respeito. ⁴⁷Depois tomaram pedras intactas, segundo a prescrição da Lei,* e construíram um altar novo, conforme o modelo do anterior. ⁴⁸Restauraram o santuário* e o interior do templo e consagraram os átrios. ⁴⁹Mandaram fazer novos utensílios sagrados e introduziram no templo o candelabro, o altar dos perfumes e a mesa. ⁵⁰Queimaram incenso sobre o altar, acenderam as lâmpadas do candelabro, que voltaram a brilhar no templo. ⁵¹Puseram os pães sobre a mesa, dependuraram as cortinas e terminaram todos os trabalhos empreendidos. ⁵²No dia vinte e cinco do nono mês, ou seja, do mês de casleu, do ano cento e quarenta e oito, levantaram-se bem cedo* ⁵³e ofereceram um sacrifício, conforme as prescrições da Lei, sobre o novo altar dos holocaustos que tinham construído. ⁵⁴Exatamente no tempo e no dia em que os gentios o haviam profanado, foi inaugurado entre cânticos e ao som de cítaras, harpas e címbalos. ⁵⁵Todo o povo se prostrou com o rosto por terra, adorando e bendizendo o Céu que os havia conduzido ao sucesso. ⁵⁶Celebraram a dedicação do altar durante oito dias, oferecendo com alegria holocaustos e sacrifícios de comunhão e de ação de graças. ⁵⁷Além disso, ornaram a fa-

---

* **4**,30. 1Sm 17; 14,1-23 | 36. 2Mc 10,1-8 | 38. Sl 74,2-7 | 40. 2,21 | 43. 1Rs 8,64 | 47. Êx 20,25 | 48. Êx 25,31-39; 30,1-10; 25,23-30 | 52. Êx 20,25

† **4**,46. Desde o tempo de Malaquias não havia profetas; o povo sentia sua ausência e continuava na espera, 9,27; 14,41.

1 Macabeus 4-5

chada do templo com coroas de ouro e pequenos escudos. Refizeram os portões e os aposentos, nos quais colocaram portas. [58]Foi imensa a alegria entre o povo, e assim foi cancelado o opróbrio infligido pelos gentios. [59]Depois, Judas, seus irmãos e toda a assembleia de Israel estabeleceram que se celebrassem os dias da dedicação do altar em sua data própria, todos os anos, durante oito dias, a partir do dia vinte e cinco do mês de casleu, com grande júbilo e alegria†. [60]Nesse tempo construíram em torno do monte Sião muros altos e torres sólidas, para que os gentios não voltassem a calcá-lo aos pés como fizeram antes. [61]Judas instalou ali forças militares para o defender e fortificou também Betsur, para que o povo tivesse um baluarte contra a Iduméia.

5 **Vitória sobre as nações vizinhas.** [1]Quando as nações ao redor ouviram falar que o altar tinha sido reconstruído e que o santuário fora restaurado em seu estado anterior, ficaram sumamente irritados; [2]decidiram eliminar os da estirpe de Jacó que viviam entre eles e começaram a matar e a fazer massacre entre o povo. [3]Então Judas* pôs-se a combater contra os filhos de Esaú na Iduméia, em Acrabatena, porque oprimiam os israelitas; infligiu-lhes uma fragorosa derrota, humilhando-os e tomando seus despojos. [4]Lembrou-se depois da maldade dos filhos de Beã, que eram para o povo um laço e um tropeço, armando-lhes emboscadas nos caminhos. [5]Obrigou-os a se refugiar nas torres, sitiou-os e votou-os ao extermínio, incendiando-lhes as torres* com todos os que se encontravam dentro. [6]Em seguida, passou aos amonitas, onde encontrou um forte contingente e um povo numeroso sob o comando de Timóteo. [7]Organizou contra eles muitas expedições de guerra, derrotando-os e aniquilando-os. [8]Conquistou também Jazer e seus arredores e voltou para a Judeia.

[9]Então se aliaram os pagãos de Galaad contra os israelitas que viviam em seu território, para os destruir, mas estes fugiram para a fortaleza de Datema [10]e escreveram uma carta a Judas e a seus irmãos, dizendo: "Os gentios que nos circundam reuniram-se contra nós para nos eliminar [11]e já se prepararam para tomar a fortaleza onde nos refugiamos; Timóteo comanda seu exército. [12]Vem, pois, livrar-nos de suas mãos, porque já tombaram muitos dos nossos. [13]Todos os nossos irmãos que estavam no território de Tobias foram mortos; suas mulheres foram levadas escravas com seus filhos e seus bens, e trucidaram aí cerca de mil homens".

Vitória de Simão na Galileia. [14]Estavam ainda lendo esta carta, quando chegaram da Galileia outros mensageiros com as vestes rasgadas, trazendo notícias semelhantes. [15]Diziam que se tinham unido contra eles os habitantes de Ptolemaida, de Tiro e de Sidônia, com toda a Galileia das nações, para exterminá-los.

[16]Quando Judas e o povo ouviram essas coisas, reuniu-se uma grande assembleia para deliberar o que haviam de fazer por seus irmãos atribulados e oprimidos pelos gentios. [17]Judas disse a seu irmão Simão: "Escolhe um contingente de homens e vai libertar teus irmãos da Galileia; eu e meu irmão Jônatas iremos para Galaad". [18]Deixou José, filho de Zacarias, e Azarias, chefe do povo, com o resto das tropas guardando a Judeia. [19]Deu-lhes esta ordem: "Governai este povo, mas não traveis batalhas com os gentios até nossa volta". [20]Foram dados três mil homens a Simão para a expedição à Galileia, e a Judas oito mil para Galaad.

[21]Simão partiu para a Galileia, onde travou muitas batalhas com os gentios, que foram desbaratados diante dele. [22]Perseguiu-os até às portas de Ptolemaida; dos gentios tombaram cerca de três mil homens, e Simão se apoderou

---

* **5**,3. 2Mc 10,15-23 | **5**. Js 6,17

† **4**,59. Festa ainda hoje celebrada pelos judeus, que a chamam de Hanucá. Festa das luzes, que representam o dom da Lei, ela aparece no Evangelho com o nome de "Dedicação", Jo 10,22.

561 1 Macabeus 5

de seus despojos. [23]Tomou depois os israelitas que estavam na Galileia e em Arbates, com suas mulheres e filhos e todos os seus bens, e os levou para a Judeia com grande alegria.

Novas vitórias de Judas. [24]Enquanto isso, Judas Macabeu e Jônatas, seu irmão, atravessaram o rio Jordão* e caminharam três dias pelo deserto. [25]Encontraram-se com os nabateus, que os acolheram pacificamente e os informaram a respeito de tudo o que acontecera a seus irmãos em Galaad. [26]"Muitos deles, disseram, encontram-se presos em Bosora, Bosor, Alimas, Casfo, Maced e Carnaim, todas elas cidades grandes e fortificadas; [27]e há prisioneiros também nas outras cidades de Galaad. Para amanhã está marcado o ataque às fortalezas, para conquistá-las, e eliminar todos no mesmo dia". [28]Então Judas, com seu exército, voltou logo atrás pelo caminho do deserto rumo a Bosora; tomou a cidade e passou a fio de espada todos os homens, tomou todos os seus despojos e incendiou a cidade. [29]De noite partiu de lá e levou os seus até a fortaleza. [30]De manhã, erguendo os olhos, viram uma multidão incalculável que erguia escadas e máquinas para tomar a fortaleza e que atacava os sitiados. [31]Ao ver que a batalha já havia começado e que a gritaria da cidade subia ao céu com o clangor das trombetas e clamores intensos, [32]Judas disse a seus soldados: "Lutai hoje por vossos irmãos!" [33]Lançou-os em três fileiras às costas do inimigo, tocando as trombetas e erguendo gritos de invocações. [34]As tropas de Timóteo souberam que era o Macabeu, puseram-se em fuga diante dele e sofreram uma pesada derrota. Nesse dia tombaram cerca de oito mil de seus homens. [35]Judas dirigiu-se então para Alimas, atacou-a, tomou-a, matou todos os seus varões, saqueou-a e entregou-a às chamas. [36]Partindo dali, conquistou Casfo, Maced, Bosor e as outras cidades de Galaad.

Judas vence Timóteo em Basã. [37]Depois desses acontecimentos, Timóteo recrutou outro exército e acampou defronte de Rafon, do outro lado da torrente. [38]Judas mandou explorar o acampamento, e lhe referiram: "Uniram-se a ele todos os estrangeiros que nos rodeiam, formando um exército imponente; [39]também árabes foram recrutados como auxiliares. Estão acampados do outro lado da torrente, prontos para atacar-te". Então Judas marchou para enfrentá-los. [40]Enquanto Judas se aproximava da torrente com seu exército, Timóteo disse aos comandantes de suas tropas: "Se ele atravessar por primeiro* contra nós, não poderemos resistir-lhe, porque terá uma grande vantagem sobre nós. [41]Mas se tiver medo e acampar além do rio, nós atravessaremos e sairemos vitoriosos". [42]Quando Judas se aproximou da torrente, pôs os escribas do povo ao longo da torrente, dando-lhes esta ordem: "Não permitais que ninguém se detenha, mas todos deverão ir ao combate". [43]Passou ele por primeiro ao encontro do inimigo, e todo o povo o seguiu. Foram batidos diante dele todos aqueles gentios, que atiraram fora as armas e se refugiaram no templo de Carnaim. [44]Os judeus tomaram a cidade e atearam fogo ao templo com todos os que estavam dentro. Assim, Carnaim foi vencida e não puderam mais resistir diante de Judas. [45]Judas reuniu todos os israelitas residentes em Galaad, do menor ao maior, com suas mulheres e filhos e com todos os seus bens, uma multidão imensa, para levá-los à terra de Judá.

Destruição de Efron. [46]Chegaram a Efron, cidade grande e fortificada, situada no caminho, e que não se podia contornar nem pela direita e nem pela esquerda, sendo necessário atravessá-la. [47]Mas seus moradores* fecharam a passagem e obstruíram as portas com pedras. [48]Judas mandou dizer-lhes em termos amistosos: "Vamos atravessar tua terra para voltar-mos à nossa. Ninguém vos fará mal; apenas passaremos a pé". Mas não quiseram abrir as portas. [49]Então Judas mandou anunciar

---

* **5**,24. 2Mc 12,10-31 | 40. 1Sm 14,9s | 47. Nm 20,14s; 21,21s

1 Macabeus 5-6

a toda a tropa que cada um tomasse posição no lugar onde estivesse. ⁵⁰Os soldados tomaram posição; ele atacou a cidade durante todo aquele dia e toda a noite, e a cidade caiu* em suas mãos. ⁵¹Passou a fio de espada todos os varões, destruiu a cidade totalmente e, tomando os despojos, atravessou--a, passando por sobre os cadáveres. ⁵²Depois passaram o rio Jordão rumo à grande planície defronte de Betsã. ⁵³Judas ia reunindo os retardatários e encorajando o povo durante todo o trajeto até chegarem à terra de Judá. ⁵⁴Subiram, então, com alegria e júbilo ao monte Sião e ofereceram holocaustos, porque tinham voltado em paz e sem ter perdido nenhum deles.

Ambição humilhada. ⁵⁵No tempo em que Judas e Jônatas estavam em Galaad e Simão, seu irmão, na Galileia, diante de Ptolemaida, ⁵⁶José, filho de Zacarias, e Azarias, comandante do exército, vieram a saber dos feitos gloriosos e das batalhas que tinham travado ⁵⁷e disseram: "Celebrizemos também nosso nome; combatamos contra os gentios que nos rodeiam". ⁵⁸Deram ordem aos soldados que estavam com eles e foram atacar Jâmnia. ⁵⁹Mas Górgias saiu da cidade com seus homens, ao encontro deles, para combatê-los. ⁶⁰José e Azarias foram vencidos e perseguidos até o território da Judeia, e naquele dia caíram cerca de dois mil israelitas. ⁶¹Foi uma grande derrota para o povo, porque não deram ouvidos a Judas e a seus irmãos, pensando realizar proezas. ⁶²Mas eles não eram da estirpe daqueles aos quais era dado salvar Israel. ⁶³O valente Judas e seus irmãos foram sumamente honrados diante de todo o Israel e de todas as nações que ouviram pronunciar seus nomes, ⁶⁴de tal modo que se reuniam ao redor deles para congratular-se.

Vitórias sobre os idumeus e os filisteus. ⁶⁵Depois, Judas foi com seus irmãos guerrear contra os filhos de Esaú, na região meridional; tomou Hebron com suas vilas, destruiu as fortalezas e incendiou as torres que as rodeavam. ⁶⁶Partiu de lá em direção à terra dos filisteus e atravessou Marisa. ⁶⁷Naquela ocasião caíram mortos em combate alguns sacerdotes, que queriam fazer atos de bravura, indo combater de modo temerário. ⁶⁸Judas dirigiu-se para Azoto, distrito dos filisteus; destruiu seus altares, queimou as estátuas de seus ídolos e, depois de recolher os despojos das cidades, voltou para a Judeia.

6 Morte inglória de Antíoco IV.

¹Enquanto percorria as províncias* setentrionais, o rei Antíoco ficou sabendo que existia na Pérsia a cidade de Elimaida, famosa por sua riqueza, sua prata e seu ouro; ²que lá havia um templo riquíssimo, onde se achavam armaduras de ouro, couraças e armas, deixadas por Alexandre, filho de Filipe, o rei macedônio que havia reinado por primeiro sobre os gregos. ³Foi até lá e procurava apoderar-se da cidade e saqueá-la, mas não conseguiu, porque os habitantes souberam de seus planos, ⁴levantaram-se contra ele armados, e ele fugiu, retirando-se com grande tristeza, para regressar a Babilônia. ⁵Estava ainda na Pérsia, quando alguém veio anunciar-lhe que as tropas enviadas à Judeia tinham sido derrotadas, ⁶que Lísias fora para lá com um forte exército, mas que fora vencido pelos judeus, os quais se tinham reforçado com armas, instrumentos de guerra e a grande quantidade de despojos tomados aos exércitos destruídos; ⁷que, além disso, haviam abatido* a abominação por ele erguida sobre o altar em Jerusalém e tinham rodeado o santuário com altos muros, como era antes, e igualmente Betsur, cidade pertencente ao rei. ⁸Ao ouvir tais notícias, o rei ficou aturdido e fortemente agitado; lançou-se sobre o leito e adoeceu de tristeza, porque as coisas não aconteceram conforme seus desejos. ⁹Ficou assim muitos dias, porque se renovava nele uma forte depressão, e pensou que estava

---

* 5,50. Js 6,17 | 6,1. 2Mc 9; 1,11-17 | 7. 1,54; 4,45

para morrer. [10]Convocou todos os seus amigos e lhes disse: "Fugiu o sono de meus olhos e tenho o coração abatido pela inquietude. [11]E digo a mim mesmo: 'A que grau de aflição cheguei e em que terrível agitação caí, eu que era tão feliz e amado no tempo de meu poder!' [12]Agora, porém, assalta-me a lembrança do mal que fiz em Jerusalém, saqueando todos os objetos de prata e ouro que ali se encontravam e mandando exterminar os habitantes da Judeia sem motivo. [13]Reconheço que é por causa disso que estas desgraças me atingiram; e agora morro de tristeza numa terra estrangeira". [14]Então chamou Filipe, um de seus amigos, e nomeou-o regente de todo o seu reino. [15]Deu-lhe o diadema, seu manto e o anel, encarregando-o de guiar seu filho Antíoco e educá-lo para reinar. [16]E ali morreu o rei Antíoco, no ano cento e quarenta e nove. [17]Ao saber da morte do rei, Lísias proclamou rei seu filho Antíoco, que ele educara desde pequenino, e deu-lhe o nome de Eupátor.

Antíoco V invade a Judeia. [18]Ora, os que ocupavam a cidadela* impediam a passagem dos israelitas ao redor do templo, procurando importuná-los continuamente e ajudar os gentios. [19]Judas resolveu exterminá-los e convocou todo o povo para sitiá-los. [20]Reuniram-se, pois, e puseram o cerco em torno da cidadela no ano cento e cinquenta, e construíram plataformas e máquinas. [21]Alguns dos sitiados, porém, escaparam do cerco, e a eles se uniram alguns israelitas renegados; [22]foram ter com o rei e lhe disseram: "Até quando esperarás para fazer justiça e vingar nossos irmãos? [23]Nós aceitamos de boa vontade servir a teu pai, seguir suas ordens e cumprir seus decretos. [24]Por essa razão, os filhos de nosso povo sitiaram a cidadela e se apartaram de nós; antes, matam todos os nossos que caem em suas mãos e saqueiam nossos bens. [25]E não apenas contra nós estendem as mãos, mas também contra todos os territórios vizinhos. [26]Hoje estão acampados em torno da cidadela de Jerusalém, para se apoderarem dela, e fortificaram o santuário e Betsur. [27]Se não te apressas em precedê-los, farão coisas ainda piores e não mais poderás detê-los".

[28]Ao ouvir isso, o rei se encheu de cólera e reuniu todos os seus amigos, comandantes do exército e da cavalaria. [29]Vieram a ele também tropas mercenárias de outros reinos e das ilhas marítimas, [30]de sorte que o número de suas tropas era de cem mil infantes, vinte mil cavalos e trinta e dois elefantes adestrados para a guerra. [31]Passaram pela Idumeia e acamparam junto a Betsur; atacaram-na durante muitos dias utilizando máquinas, mas os sitiados saíram, incendiaram-nas numa investida e contra-atacavam valorosamente. [32]Então Judas saiu da cidadela e foi acampar em Bet-Zacarias, defronte do acampamento do rei. [33]Mas o rei levantou-se bem cedo, moveu o acampamento, lançando impetuosamente suas tropas em direção de Bet-Zacarias, onde as tropas se dispuseram para o combate e soaram as trombetas. [34]Para instigar os elefantes ao combate, mostraram-lhes suco de uvas e de amoras. [35]Repartiram esses animais por entre as falanges, colocando nos dois lados de cada elefante mil homens, protegidos com couraça de malhas de ferro e com elmos de bronze na cabeça, e quinhentos cavaleiros escolhidos estavam dispostos em torno de cada animal; [36]esses ficavam sempre ao lado do animal, onde quer que estivesse, e o acompanhavam aonde quer que fosse, sem jamais afastar-se dele. [37]Sobre cada elefante havia sólidas torres de madeira, protegidas dos ataques, firmadas a ele por meio de cilhas, e em cada torre estavam quatro soldados que combatiam lá de cima, e mais seu condutor indiano. [38]O rei repartiu o restante da cavalaria pelas duas alas do exército, para incutir terror e dar cobertura às falanges. [39]Quando o sol brilhava sobre os escudos de ouro e de

---

* **6**,18. 1,33s

1 Macabeus 6-7

bronze, as montanhas resplandeciam e brilhavam como tochas acesas. [40]Parte do exército do rei se dispôs no alto dos montes, uma outra parte na planície, e começaram a avançar com passo firme e em ordem. [41]Todos tremiam ao ouvir o clamor daquela multidão, o marchar de tanta gente e o retinir de suas armas, pois era de fato um exército imenso e forte. [42]Judas com suas tropas avançou para o ataque, e no exército do rei caíram seiscentos homens.

Heroísmo de Eleazar. [43]Eleazar, chamado Auarã, vendo um dos elefantes protegido com couraças régias, que superava em altura todos os animais, julgou que fosse o rei que o montava. [44]Sacrificou-se então para a salvação de seu povo e para conquistar um nome eterno. [45]Correu até ele com ousadia através da falange, golpeando à direita e à esquerda, de modo que os inimigos se repartiam diante dele para um lado e para o outro. [46]Meteu-se debaixo do elefante, golpeou-o por baixo e o matou; o animal tombou ao solo por cima dele, e ali morreu Eleazar. [47]Os judeus, vendo o poderio do exército do rei e o ímpeto das tropas, retiraram-se diante deles.

Pacificação. [48]Então o exército do rei subiu para atacá-los em Jerusalém, e o rei acampou contra a Judeia e contra o monte Sião. [49]Fez a paz com os habitantes de Betsur, os quais saíram da cidade, não tendo mais provisões para resistir ao cerco, visto que a terra estava no repouso* do ano sabático†. [50]O rei apoderou-se de Betsur e pôs ali uma guarnição para defendê-la. [51]Sitiou o santuário durante muito tempo, empregando plataformas, máquinas de atirar, lança-chamas, catapultas, escorpiões para lançar flechas e fundas. [52]Também os judeus prepararam máquinas contra as máquinas dele e lutaram por muito tempo. [53]Mas não havia mais víveres nos depósitos, porque aquele era o ano sabático e porque

os que se tinham refugiado na Judeia, fugindo dos gentios, haviam consumido o resto das provisões. [54]Foram deixados poucos homens no santuário porque a fome os afligia; os outros se dispersaram, indo cada qual para sua terra. [55]Entretanto Lísias ficou sabendo que Filipe, encarregado pelo rei Antíoco, quando ainda vivo, de educar seu filho Antíoco para que pudesse reinar, [56]tinha voltado da Pérsia e da Média com as tropas que haviam acompanhado o rei e procurava tomar as rédeas* do governo. [57]Então, apressadamente, resolveu partir e disse ao rei, aos comandantes do exército e aos soldados: "Nós estamos ficando cada dia mais fracos, o alimento é pouco e o lugar que sitiamos está bem fortificado, e temos de cuidar dos negócios do reino. [58]Estendamos, pois, a mão direita a esses homens e façamos as pazes com eles e com toda a sua nação. [59]Vamos permitir que vivam segundo suas leis, como antes, pois é por causa dessas leis, abolidas por nós, que eles se irritaram e fizeram tudo isso". [60]A proposta agradou ao rei e aos comandantes; mandou negociar a paz com eles, e eles aceitaram. [61]O rei e os comandantes juraram diante deles e, sob essas condições, eles saíram da fortaleza. [62]Mas quando o rei subiu ao monte Sião e viu as fortificações do lugar, violou o juramento prestado e mandou demolir os muros a seu redor. [63]Depois partiu às pressas e voltou para Antioquia, onde encontrou Filipe, que se tinha apoderado da cidade; combateu contra ele e tomou a cidade à força.

7

Judas acusado diante de Demétrio. [1]No ano cento e cinquenta e um,* Demétrio, filho de Seleuco, escapou de Roma com poucos homens e desembarcou numa cidade marítima onde começou a reinar. [2]Quando ele entrou no palácio real de seus pais, o exército capturou Antíoco e Lísias para

---

* **6**,49. Lv 25,1 | 56. 2Mc 11,13-33 | **7**,1. 2Mc 14,1-10

† **6**,49. De 7 em 7 anos, por um ano não se cultivava a terra, e tudo o que ela produzia espontaneamente pertencia a todos, Êx 23,11; Lv 25,2-7.

565   1 Macabeus 7

entregá-los a ele. [3]Informado disso, ele falou: "Não me mostreis seus rostos". [4]Por isso os soldados os mataram, e assim Demétrio sentou-se no trono de seu reino. [5]Vieram a ele todos os homens iníquos e ímpios de Israel, conduzidos por Alcimo, que desejava o cargo de sumo sacerdote. [6]Acusaram o povo diante do rei, dizendo: "Judas e seus irmãos exterminaram todos os teus amigos e nos expulsou de nossa terra. [7]Manda agora um homem de tua confiança, para que vá ver quanto dano ele fez a nós e aos domínios do rei e castigue aquela gente e todos os que a ajudam".

Báquides contra Judas. [8]O rei escolheu Báquides,* um dos amigos do rei, que governava a região do outro lado do rio, homem poderoso no reino e fiel ao rei; [9]ele o enviou com o ímpio Alcimo, a quem conferiu o sumo sacerdócio, e lhe deu ordem de tirar vingança dos israelitas. [10]Eles partiram e chegaram à Judeia com um forte exército. Enviaram mensageiros a Judas e a seus irmãos com falsas palavras de paz. [11]Eles, porém, não confiaram em suas palavras, porque notaram que tinham vindo com um grande exército. [12]Todavia, um grupo de escribas reuniu-se com Alcimo e Báquides para buscar uma solução justa.* [13]Os assideus foram os primeiros entre os israelitas a lhes pedir a paz, [14]pois diziam: "É um sacerdote da estirpe de Aarão que veio com as tropas; não vai cometer injustiça contra nós". [15]Falou-lhes com palavras amistosas, jurando-lhes: "Não faremos mal algum nem a vós e nem a vossos amigos". [16]Deram-lhe crédito, mas ele mandou prender sessenta deles e os massacrou num só dia, conforme o que está escrito:

[17]"As carnes de vossos santos e o seu sangue*
   derramaram em torno de Jerusalém,
   e não havia quem os sepultasse".

[18]O medo e o terror apoderaram-se de todo o povo, que dizia: "Não

há neles sinceridade nem justiça, pois violaram o pacto e o juramento prestado". [19]Báquides partiu de Jerusalém e acampou em Bet-Zet; prendeu muitos dos homens que tinham passado para seu lado e alguns do povo; mandou matá-los e jogá-los no poço grande. [20]Confiou o país a Alcimo, deixando-lhe soldados que o apoiassem, e voltou para junto do rei.

Alcimo é superado por Judas. [21]Alcimo reivindicava o sumo sacerdócio. [22]Todos os perturbadores do povo uniram-se a ele, apoderaram-se da Judeia e provocaram uma grande calamidade em Israel. [23]Judas viu que o mal, feito por Alcimo e os seus aos israelitas, era pior que o dos gentios; [24]por isso percorreu todo o território da Judeia, tirando vingança dos que haviam desertado e impedindo-os de fazer incursões pelo país. [25]Quando Alcimo viu que Judas e seus companheiros se tornaram mais fortes e que não poderia resistir-lhes, voltou para junto do rei e acusou-os dos piores crimes.

Expedição de Nicanor. [26]Então o rei mandou Nicanor,* um de seus mais ilustres generais, que odiava e detestava Israel, com ordens para exterminar* o povo. [27]Nicanor veio a Jerusalém* com um poderoso exército e enviou alguns mensageiros a Judas e a seus irmãos com falsas palavras de paz, para dizer-lhes: [28]"Não haja luta entre mim e vós; irei com poucos homens para encontrar-vos pacificamente". [29]De fato, veio a Judas e trocaram cumprimentos amistosos; mas os inimigos estavam prontos para raptar* Judas. [30]Percebendo que Nicanor viera até ele com intenções dolosas, Judas teve medo dele e não quis mais ver sua face. [31]Então Nicanor, vendo desmascarado seu plano, marchou contra Judas para dar-lhe combate perto de Cafarsalama. [32]Ali tombaram da parte de Nicanor cerca de cinco mil homens, e os restantes refugiaram-se na cidade de Davi. [33]Depois desses fatos, Nicanor* su-

---

* **7,8.** 2,18 **| 12.** 2,42 **| 17.** Sl 79,2s **| 26.** 2Mc 14,12ss / 1Mc 3,38 **| 27.** 2Mc 14,15-24 **| 29.** 2Mc 14,30 **| 33.** 2Mc 14,31-36

1 Macabeus 7-8

biu ao monte Sião. Vieram do santuário a seu encontro alguns sacerdotes e anciãos do povo para saudá-lo amigavelmente e mostrar-lhe o holocausto que ofereciam pelo rei. [34]Mas ele zombou deles e os ridicularizou, ultrajando-os e falando com arrogância. [35]Irritado, fez este juramento: "Se Judas não me for entregue de imediato com seu exército, quando eu voltar vitorioso, entregarei este templo às chamas"; e retirou-se enfurecido. [36]Então os sacerdotes voltaram para dentro e foram postar-se diante do altar e do templo, chorando e dizendo: [37]"Vós escolhestes esta casa para que sobre ela fosse invocado vosso Nome e fosse casa de oração e de súplica para vosso povo. [38]Exercei vossa vingança sobre este homem e seu exército; fazei que pereçam pela espada. Lembrai-vos de suas blasfêmias e não permitais que sobrevivam".

Derrota de Nicanor. [39]Nicanor saiu de Jerusalém e foi acampar em Bet-Horon, onde veio juntar-se a ele um exército da Síria. [40]Judas acampou em Adasa com três mil homens e rezou assim: [41]"Quando os emissários do rei blasfemaram,* interveio vosso anjo e matou cento e oitenta e cinco mil de seus homens. [42]Abatei do mesmo modo este exército diante de nós hoje, a fim de que os outros saibam que ele falou impiamente contra vosso santuário, e julgai-o segundo sua impiedade". [43]Os exércitos travaram batalha* no dia treze do mês de adar, e foi derrotado o exército de Nicanor, que foi o primeiro a tombar na luta. [44]Quando suas tropas o viram caído, largaram as armas e fugiram. [45]Os judeus os perseguiram um dia de caminho, desde Adasa até perto de Gazarra, tocando atrás deles as trombetas de alarme. [46]Saíram então camponeses de todas as aldeias circunvizinhas da Judeia, que os cercaram, de modo que se voltavam uns contra os outros, e assim caíram todos sob a espada, sem que restasse um só. [47]Os judeus tomaram os despojos e a presa, cortaram a cabeça de Nicanor e a mão direita que ele havia estendido com arrogância e as levaram para pendurá-las à vista de Jerusalém. [48]O povo fez uma grande festa e passou aquele dia como um dia de intenso júbilo. [49]Decidiram celebrar todo ano esse dia, no dia treze de adar.

[50]Assim a terra de Judá ficou tranquila por algum tempo.

8

Elogio dos romanos†. [1]Judas ficou sabendo da fama dos romanos: que eram muito poderosos e benévolos com todos os seus aliados, que concediam sua amizade aos que se dirigiam a eles e que eram fortes e poderosos; [2]Narraram-lhe suas guerras e as gloriosas façanhas realizadas entre os gauleses, como os tinham vencido e submetido a tributo; [3]tudo quanto fizeram na região da Espanha para se apoderarem das minas de prata e de ouro ali existentes; [4]como conquistaram todo aquele país graças a sua habilidade e a sua perseverança, não obstante o país estivesse muito distante do deles; como esmagaram os reis vindos contra eles dos confins da terra, infligindo-lhes graves derrotas, enquanto que os outros lhes pagavam um tributo anual; [5]que tinham vencido na guerra e submetido Filipe e Perseu, rei dos ceteus, e os que se haviam rebelado contra eles. [6]Também Antíoco, o Grande, rei da Ásia, que marchou contra eles com cento e vinte elefantes, cavalaria, carros e um exército imenso, foi por eles derrotado [7]e capturado vivo; impuseram a ele e a seus sucessores que pagassem um pesado tributo, entregassem reféns e cedessem territórios: [8]a região da Índia, a Média, a Lídia, com algumas de suas mais belas províncias, que tomaram dele para dá-las ao rei Eumenes. [9]Os gregos decidiram enfrentá-los e destruí-los, [10]mas quando estes souberam desse plano, mandaram contra eles um único general; combateram contra eles e muitos caíram mortos; levaram cativos suas mulheres e filhos, saquearam seus bens, conquistaram o

---

* **7**,41. 2Mc 15,22-24; 2Rs 18,17-19,37; Is 36-37 | 43. 2Mc 15,26-36

país, demoliram suas fortalezas e reduziram-nos à servidão até o dia de hoje. [11]Quanto aos outros reinos e ilhas que se opuseram a eles, foram destruídos e submetidos. [12]Com seus amigos, porém, e com os que se fiavam em seu apoio, mantiveram amizade; estenderam seu poder sobre os reis, quer vizinhos quer distantes, e todos os que ouviam pronunciar seu nome sentiam temor. [13]Os que eles querem ajudar e instalar no trono reinam; mas depõem quem eles querem. Atingiram um poder considerável. [14]Apesar de tudo, nenhum deles cingiu o diadema, nem se vestiu de púrpura para se engrandecer; [15]mas constituíram um conselho e, diariamente, trezentos e vinte conselheiros deliberam continuamente sobre os negócios públicos para seu bom andamento. [16]Confiam cada ano a um só homem o encargo de os governar e o domínio sobre todo o império, e a ele todos obedecem, sem que haja entre eles inveja ou rivalidade.

Judas faz aliança com os romanos. [17]Então Judas escolheu* Eupólemo, filho de João, filho de Acos, e Jasão, filho de Eleazar, e mandou-os a Roma para fazer amizade e aliança com eles [18]e para libertar-se do jugo, porque viam que a dominação dos gregos reduzia Israel à escravidão. [19]Chegaram a Roma depois de uma viagem muito longa, entraram no Senado e falaram nestes termos: [20]"Judas, chamado Macabeu, seus irmãos e o povo dos judeus nos enviaram a vós para concluir convosco um tratado de aliança e de paz e para sermos inscritos entre vossos aliados e amigos". [21]A proposta* agradou-lhes. [22]Esta é a cópia da carta que gravaram em tábuas de bronze e que enviaram a Jerusalém, para que lá ficasse como documento de paz e de aliança: [23]"Prosperidade aos romanos e à nação dos judeus, no mar e na terra, para sempre! Estejam longe deles a espada e o inimigo. [24]Mas se uma guerra ameaça Roma primeiramente ou algum de seus aliados em todos os seus domínios, [25]a nação dos judeus combaterá a seu lado como as circunstâncias o permitirem, de coração sincero. [26]Não darão aos inimigos nem lhes fornecerão trigo, armas, dinheiro, navios, conforme a decisão de Roma, e cumprirão seus compromissos sem pretender nada. [27]Do mesmo modo, se sobrevier uma guerra aos judeus primeiramente, os romanos combaterão a seu lado de coração sincero, conforme o permitirem as circunstâncias. [28]Aos inimigos não será dado trigo, nem armas, nem dinheiro, nem navios, segundo a decisão de Roma, mas cumprirão essas obrigações lealmente. [29]Foi nestes termos que os romanos fizeram aliança com o povo dos judeus. [30]Se depois disso, estes ou aqueles quiserem acrescentar ou tirar algo, poderão fazê-lo à vontade, e aquilo que tiverem acrescentado ou tirado será obrigatório. [31]E com relação aos males que o rei Demétrio lhes vem causando, assim lhe escrevemos: 'Por que fazes pesar teu jugo sobre os judeus, nossos amigos e aliados? [32]Se, portanto, eles recorrerem novamente contra ti, defenderemos seus direitos e te atacaremos por mar e por terra'".

9 **Gloriosa morte de Judas.** [1]Quando Demétrio soube que Nicanor tinha morrido no combate e que seu exército tinha sido destruído, decidiu enviar novamente Báquides e Alcimo para a Judeia à frente da ala direita de suas tropas. [2]Tomaram o caminho da Galileia e acamparam em Masalot, no território de Arbelas; ocuparam-na e mataram muitas pessoas. [3]No primeiro mês do ano cento e cinquenta e dois acamparam diante de Jerusalém. [4]Depois partiram e se dirigiram a Beerzet com vinte mil homens e dois mil cavaleiros. [5]Judas estava acampado em Ela-

---

* 8,17. 2Mc 4,11 | 21. 14,18

† 8. Os romanos acabavam de aniquilar Cartago (ano 202 a.C.) e despertavam em todos os povos grande admiração por seu sucesso militar e sua diplomacia. Mas, de aliados dos judeus, transformaram-se em seus dominadores a partir de 63 a.C.

1 Macabeus 9

sa com três mil homens escolhidos, [6]os quais, à vista de um exército tão numeroso, entraram em pânico e muitos fugiram do campo, não restando mais do que oitocentos. [7]Judas viu que seu exército se desagregava justamente na iminência da batalha; sentiu seu coração angustiado, porque não tinha mais tempo de reuni-los. [8]Desamparado, disse aos que tinham ficado: "Levantemo-nos e marchemos contra nossos adversários, caso possamos enfrentá-los". [9]Mas eles o dissuadiam, dizendo: "Não podemos; é melhor salvarmos nossas vidas agora; depois voltaremos com nossos irmãos e lhes daremos combate; somos poucos demais". [10]Judas replicou: "Longe de mim fazer tal coisa, fugir diante deles! Se é chegada nossa hora, morramos corajosamente por nossos irmãos e não deixemos motivo de censura a nossa glória".

[11]O exército inimigo saiu do acampamento, e os judeus se dispuseram para enfrentá-los. A cavalaria estava dividida em duas alas; os fundibulários e os arqueiros precediam o grosso do exército, e na primeira fila estavam todos os mais valentes. Báquides estava na ala direita. [12]A falange avançou dos dois lados ao som das trombetas; os homens de Judas também tocaram as trombetas. [13]A terra tremeu com o fragor dos exércitos, que travaram batalha desde a manhã até a tarde. [14]Judas viu que Báquides e a parte mais forte do exército estavam à direita; reuniram-se por isso em torno de Judas todos os mais valentes; [15]destroçaram a ala direita e a perseguiram até o monte Azara. [16]Mas os da ala esquerda, vendo que tinha sido derrotada a ala direita, voltaram-se no encalço de Judas e dos seus, atacando-os pelas costas. [17]A batalha se tornou mais violenta e houve muitas vítimas de ambas as partes. [18]Tombou também Judas, e os restantes fugiram. [19]Jônatas e Simão recolheram o corpo de seu irmão Judas e o sepultaram no túmulo de seus pais em Modin. [20]Todo o Israel o chorou, fez um grande luto por ele e se lamentaram durante muitos dias, dizendo:

[21]"Como pôde cair o herói*
que salvava Israel?"

[22]O resto das ações de Judas, de suas guerras, dos atos de bravura que praticou e de seus títulos de glória, não foi escrito, porque as ações foram muito numerosas.

IV. JÔNATAS, SUCESSOR DE JUDAS
(9,23–12,53)

Báquides oprime os judeus. [23]Depois da morte de Judas, os renegados reapareceram em todo o território de Israel e todos os malfeitores levantaram a cabeça. [24]Naquele tempo houve uma fome terrível, e o país passou para o lado deles. [25]Báquides escolheu homens ímpios e os estabeleceu à frente do país. [26]Estes procuravam os amigos de Judas e os interrogavam, levando-os a Báquides, que se vingava deles e os insultava. [27]Foi uma grande tribulação para Israel, como não se tinha visto desde o dia em que não mais apareceu um profeta no meio deles.

Jônatas, chefe dos judeus. [28]Reuniram-se por isso todos os amigos de Judas e disseram a Jônatas: [29]"Desde que morreu teu irmão Judas, não se acha mais um homem semelhante a ele que possa conduzir a ação contra os inimigos e Báquides, e contra os que hostilizam nossa nação. [30]Por isso, nós te elegemos agora no lugar dele como nosso chefe e guia para combater nossas batalhas". [31]Assim, Jônatas assumiu naquele mesmo dia o comando e sucedeu a seu irmão Judas.

[32]Quando Báquides soube disso, procurava matá-lo. [33]Mas Jônatas, Simão, seu irmão, e todos os seus adeptos foram informados e fugiram para o deserto de Técua, acampando perto da água da cisterna de Asfar. [34]Báquides teve conhecimento disso num dia de sábado e foi também, com todo

---

* **9**,21. 2Sm 1,27

569 1 Macabeus 9

o seu exército, para o outro lado do Jordão. ³⁵Jônatas mandou seu irmão,* comandante da tropa, pedir aos nabateus, seus amigos, licença para guardar junto deles sua bagagem que era enorme. ³⁶Mas os filhos de Iambri, que moravam em Medaba, fizeram uma incursão, capturaram João com tudo quanto tinha e partiram com sua presa. ³⁷Depois desses fatos contaram a Jônatas e a seu irmão Simão o seguinte: "Os filhos de Iambri estão celebrando uma grande festa de casamento, e de Nabata acompanham com grande pompa a noiva, filha de um grande personagem de Canaã". ³⁸Lembraram-se então do fim sangrento de seu irmão João e foram esconder-se ao abrigo de um monte. ³⁹Levantando os olhos para observar, viram aparecer um cortejo grande e ruidoso. O noivo, acompanhado dos amigos e irmãos, caminhava ao encontro do cortejo ao som de tamborins, instrumentos musicais e com grande aparato. ⁴⁰De seu esconderijo lançaram-se sobre eles e os massacraram; morreram muitos, e os outros fugiram para a montanha. Eles recolheram todos os seus despojos. ⁴¹Assim, as núpcias transformaram-se em luto, e o som de seus instrumentos musicais em lamentações. ⁴²Depois de vingar dessa maneira o sangue do irmão, voltaram para o pantanal do Jordão.

Batalha contra Báquides. ⁴³Ao saber disso, Báquides veio num dia de sábado até as margens do Jordão com um grande exército. ⁴⁴Jônatas disse a seus companheiros: "Levantemo-nos e combatamos por nossas vidas, porque hoje não é como das outras vezes. ⁴⁵Temos inimigos pela frente e pelas costas, e dos dois lados temos as águas do Jordão, pantanal e matagais; não é possível retirar-nos. ⁴⁶Clamai, pois, ao Céu, para que possais escapar das mãos de nossos inimigos". ⁴⁷Travou-se o combate, e Jônatas estendeu a mão para ferir Báquides, mas este esquivou

o golpe, recuando. ⁴⁸Então Jônatas e seus homens arrojaram-se ao Jordão e nadaram até o lado oposto, mas os outros não passaram o Jordão para persegui-los. ⁴⁹Naquele dia caíram cerca de mil homens da parte de Báquides.

⁵⁰Regressando a Jerusalém, Báquides edificou fortificações na Judeia: as fortalezas de Jericó, Emaús, Bet-Horon, Betel, Tamnata, Faraton e Tefon, com altas muralhas, portas e ferrolhos, ⁵¹e instalou nelas guarnições para hostilizar Israel. ⁵²Fortificou também a cidade de Betsur, Gazarra e a cidadela, onde colocou guarnições e armazenou víveres. ⁵³Tomou como reféns os filhos dos chefes do país e os prendeu na cidadela de Jerusalém.

Morte de Alcimo. ⁵⁴No ano cento e cinquenta e três, no segundo mês, Alcimo mandou derrubar o muro do átrio interno do santuário, destruindo assim a obra dos profetas.† Foi iniciada a demolição. ⁵⁵Mas justamente então Alcimo sofreu um derrame, e sua obra ficou interrompida. Sua boca se fechou e ficou paralisada, impedindo-o de pronunciar sequer uma palavra e de dar ordens a respeito de sua casa. ⁵⁶Alcimo morreu nesta época, no meio de grandes tormentos. ⁵⁷Vendo que Alcimo estava morto, Báquides voltou para junto do rei, e a terra de Judá gozou de paz por dois anos.

Intrigas dos judeus apóstatas. ⁵⁸Então todos os renegados se reuniram em conselho e disseram: "Jônatas e os seus vivem tranquilos e seguros; vamos chamar Báquides e ele os prenderá todos numa só noite". ⁵⁹Foram procurá-lo e deliberaram com ele, ⁶⁰que se pôs a caminho com um grande exército e enviou em segredo cartas a todos os seus aliados na Judeia, dizendo-lhes que capturassem Jônatas e seus companheiros. Mas não conseguiram, porque seu plano foi descoberto. ⁶¹Ao invés, os homens de Jônatas conseguiram apanhar uns cinquenta homens do

---

* **9**,35. 5,25

† **9**,54. Os profetas Ageu e Zacarias animaram o povo, que voltava do exílio de Babilônia, a reconstruir o templo.

1 Macabeus 9-10

país, que tinham sido instigadores de tal iniquidade, e os mataram. [62]Depois, Jônatas e Simão com seus homens retiraram-se para Bet-Basi, no deserto, e reconstruíram suas ruínas e a fortificaram. [63]Informado disso, Báquides reuniu toda a sua gente e avisou os da Judeia. [64]Veio acampar diante de Bet-Basi e atacou-a durante muitos dias, mandando construir também máquinas. [65]Jônatas deixou seu irmão Simão na cidade e saiu pela região, percorrendo-a com uns poucos homens. [66]Bateu Odomer com seus irmãos e os filhos de Faziron em suas tendas. Começaram a atacar e cresceram em forças.

Báquides, derrotado, firma a paz.
[67]Então Simão e seus companheiros saíram da cidade e incendiaram as máquinas. [68]Enfrentaram Báquides; venceram-no e lhe infligiram uma grande humilhação, porque seu plano e sua expedição tinham fracassado. [69]Sumamente irritado contra aqueles renegados que o haviam induzido a vir ao país, matou muitos deles e decidiu voltar para sua terra. [70]Sabendo disso, Jônatas enviou-lhe mensageiros para as conversações de paz e para a restituição dos prisioneiros. [71]Báquides aceitou e agiu segundo suas propostas, jurando-lhe que, pelo resto da vida, nunca mais lhe faria mal. [72]Restituiu-lhe os prisioneiros que no passado tinha levado da terra de Judá, retirou-se para seu país e não voltou mais ao território deles; [73]assim descansou a espada em Israel. Jônatas estabeleceu-se* em Macmas, onde começou a governar o povo e fez desaparecer os ímpios de Israel.

10 Jônatas entre dois rivais.
[1]No ano cento e sessenta veio Alexandre Epífanes, filho de Antíoco, e ocupou a Ptolemaida, onde foi bem acolhido e começou a reinar. [2]Ao saber disso, o rei Demétrio reuniu um exército muito numeroso e saiu para combater contra ele. [3]Ao mesmo tempo, Demétrio enviou uma carta a Jônatas com palavras pacíficas e lisonjeiras. [4]Pois dizia consigo mesmo: "Apressemo-nos em fazer aliança com eles, antes que ele a faça com Alexandre contra nós, [5]porque certamente se lembrará de todos os males que causamos a ele, a seus irmãos e a sua nação". [6]Autorizou-o a recrutar exércitos, fabricar armas e considerar-se seu aliado; além disso, deu ordens para que lhe fossem entregues os reféns que estavam na cidadela.

[7]Então Jônatas veio a Jerusalém e leu a carta a todo o povo e aos da cidadela.[8]Um grande medo apoderou-se deles, quando ouviram que o rei o autorizava a recrutar tropas. [9]Por isso os da cidadela entregaram os reféns a Jônatas, que os restituiu a seus pais. [10]Jônatas fixou residência em Jerusalém e começou a reconstruir e renovar a cidade. [11]Ordenou aos que executavam os trabalhos que construíssem os muros e rodeassem o monte Sião com uma muralha de pedras quadradas, como para uma fortaleza; e assim fizeram. [12]Então fugiram os estrangeiros que ficavam nas fortalezas construídas por Báquides, [13]abandonando cada qual seu lugar para voltar a seu país, [14]com exceção de alguns dos que haviam abandonado a lei e os preceitos, os quais permaneceram em Betsur, onde era seu refúgio.

[15]O rei Alexandre ficou sabendo das muitas promessas que Demétrio fizera a Jônatas. Falaram-lhe também das guerras e proezas que ele e seus irmãos tinham realizado, como também das aflições que tinham suportado. [16]Disse então: "Poderemos encontrar outro homem igual a este? Pois bem, façamos dele agora um amigo e aliado nosso". [17]Escreveu e enviou-lhe esta carta:

[18]"O rei Alexandre a seu irmão Jônatas, saúde.

[19]Ouvimos falar de ti que és homem forte e poderoso, merecedor de nossa amizade. [20]Por isso te nomeamos hoje sumo sacerdote de tua nação* e te damos o título de amigo do rei – e lhe

---

* **9**,73. Dt 19,19; 22,22 | **10**,20. 2,18

571 1 Macabeus 10

enviou púrpura e uma coroa de ouro – para que abraces nosso partido e nos conserves amizade".

²¹Jônatas vestiu a túnica sagrada no sétimo mês do ano cento e sessenta, na festa das Tendas; entretanto recrutou tropas e fabricou muitas armas.

²²Tendo ouvido falar dessas coisas, Demétrio ficou contrariado e disse: ²³"Que fizemos, deixando que Alexandre nos precedesse em ganhar a amizade dos judeus para fortalecer sua posição! ²⁴Também eu lhe escreverei em termos persuasivos, com promessas de honras e de presentes, para que estejam do meu lado, dando-me apoio". ²⁵Enviou-lhes uma carta nestes termos: "O rei Demétrio à nação dos judeus, saúde.

²⁶Ficamos contentes por saber que tendes observado os acordos feitos conosco e que permanecestes fiéis a nossa amizade, sem passar para o lado de nossos adversários. ²⁷Continuai, pois, a nos guardar fidelidade, que nós, em troca do que fazeis por nós, vos retribuiremos com benefícios: ²⁸nós vos concederemos muitas isenções e vos enviaremos presentes. ²⁹Desde agora já dispensamos e isentamos a todos os judeus dos tributos e dos impostos do sal e do ouro das coroas. ³⁰Renuncio também, a partir de hoje, à terça parte dos produtos do solo e à metade dos frutos das árvores que me caberiam, deixando de cobrá-los, desde hoje e para sempre, da terra de Judá e dos três distritos da Samaria* e da Galileia a ela anexados†. ³¹Jerusalém com seu território será sagrada e isenta dos dízimos e dos tributos. ³²Renuncio também ao controle da cidadela de Jerusalém, cedendo-a ao sumo sacerdote, para que ponha lá homens que quiser escolher para guardá-la. ³³Concedo gratuitamente a liberdade a todo judeu levado escravo da terra da Judeia para qualquer lugar de meu reino, e todos sejam isentos dos impostos, também daqueles sobre seus animais.

³⁴Todas as solenidades, os sábados, os novilúnios e as festas prescritas, com os três dias precedentes e os três seguintes, sejam todos dias de imunidade e de remissão para todos os judeus que estão em meu reino; ³⁵ninguém terá autoridade para fazer processo contra eles ou molestar a qualquer um deles por qualquer motivo. ³⁶Serão recrutados entre os judeus, para os exércitos do rei, até trinta mil homens, aos quais será pago o soldo como a todas as tropas do rei. ³⁷Alguns deles serão destacados para as maiores fortalezas do rei e outros serão encarregados dos negócios de confiança do reino. Seus superiores e comandantes serão escolhidos dentre eles e poderão viver segundo suas leis, como o rei determinou para a terra de Judá. ³⁸Os três distritos da região de Samaria anexados à Judeia lhe sejam incorporados de tal forma que dependam de uma só pessoa e não obedeçam a outra autoridade que não a do sumo sacerdote. ³⁹Faço doação de Ptolemaida, com seu território, ao santuário de Jerusalém, para as despesas necessárias do santuário. ⁴⁰Darei também cada ano quinze mil siclos de prata das rendas do rei, provenientes dos lugares mais apropriados. ⁴¹E todo o excedente que os funcionários não entregaram, como nos anos precedentes, de agora em diante será entregue para as obras do templo. ⁴²Além disso, os cinco mil siclos de prata cobrados cada ano sobre as rendas do santuário sejam também cancelados, porque pertencem aos sacerdotes em função. ⁴³E todos aqueles que se refugiarem no templo de Jerusalém e em todas as suas dependências por motivo de dívida para com o rei ou por qualquer outra obrigação sejam deixados livres com todos os bens que possuem em meu reino. ⁴⁴Para as construções e as reparações no santuário, as despesas serão pagas pelo erário real. ⁴⁵Também para a construção dos muros e das fortificações ao redor de Jerusalém e para

---

* **10**,30. 11,34

† **10**,30. Conforme 11,34, os três distritos são: Aferema, Lida e Ramataim.

1 Macabeus 10

a construção de muros na Judeia, as despesas ficarão por conta do rei".

⁴⁶Quando Jônatas e o povo ouviram essas palavras, não lhes deram crédito nem as aceitaram, porque se recordaram do grande mal que Demétrio havia feito em Israel e como os havia duramente oprimido. ⁴⁷Decidiram-se, ao invés, a favor de Alexandre, que fora o primeiro a dirigir-se a eles com palavras amistosas, e foram para sempre seus aliados. ⁴⁸Então o rei Alexandre reuniu um grande exército e marchou contra Demétrio. ⁴⁹Os dois reis travaram batalha; o exército de Demétrio pôs-se em fuga, e Alexandre, saindo em sua perseguição, prevaleceu sobre ele. ⁵⁰Combateu violentamente até o pôr do sol e Demétrio morreu naquele mesmo dia.

Honras reais a Jônatas. ⁵¹Alexandre mandou embaixadores a Ptolomeu, rei do Egito†, para dizer-lhe:

⁵²"Voltei a meu reino e sentei-me no trono de meus pais; recobrei o poder, derrotando Demétrio, e tomei posse de nossa terra. ⁵³Travei batalha com ele; foi derrotado por nós, ele com seu exército, e assim sentamo-nos em seu trono real. ⁵⁴Façamos amizade entre nós; dá-me tua filha em casamento e eu, uma vez teu genro, darei a ti e a ela presentes dignos de ti".

⁵⁵O rei Ptolomeu respondeu, dizendo: "Feliz o dia em que voltaste à terra de teus pais e te sentaste em seu trono real. ⁵⁶Farei por ti tudo o que escreveste; somente vem encontrar-me em Ptolemaida, a fim de que nos vejamos mutuamente, e serei teu sogro, como disseste".

⁵⁷Ptolomeu partiu do Egito com sua filha Cleópatra e chegou a Ptolemaida no ano cento e sessenta e dois. ⁵⁸O rei Alexandre foi a seu encontro. Ptolomeu deu-lhe sua filha Cleópatra, e celebraram-se as núpcias em Ptolemaida com grande magnificência, como costumam fazer os reis.

⁵⁹O rei Alexandre escreveu a Jônatas para que viesse visitá-lo. ⁶⁰Ele foi a Ptolemaida com grande pompa, encontrou-se com os dois reis* e deu a eles, bem como a seus amigos, prata, ouro e muitos outros presentes, e assim conquistou sua simpatia. ⁶¹Então se uniram contra ele uns homens perversos de Israel, traidores da lei, e apresentaram acusações contra ele, mas o rei não lhes deu atenção. ⁶²Ao invés, ordenou que se trocassem as vestes de Jônatas e que fosse revestido de púrpura, e assim foi feito. ⁶³Depois o rei o fez sentar-se a seu lado e disse a seus oficiais: "Saí com ele pela cidade e proclamai que ninguém faça acusações contra ele por nenhum motivo, e que ninguém o importune por qualquer razão que seja. ⁶⁴Quando os caluniadores viram as honras que recebia, como proclamava o arauto, e como estava vestido de púrpura, fugiram todos. ⁶⁵O rei o cumulou de honras, inscreveu-o entre seus primeiros amigos e nomeou-o comandante e governador da província.* ⁶⁶Então Jônatas voltou para Jerusalém na paz e na alegria.

Apolônio é derrotado por Jônatas. ⁶⁷No ano cento e sessenta e cinco, Demétrio, filho de Demétrio, veio de Creta à terra de seus pais. ⁶⁸Quando o rei Alexandre o soube, ficou bastante preocupado e voltou para Antioquia. ⁶⁹Ora, Demétrio nomeou Apolônio governador da Celessíria, e este, recrutando um grande exército, foi acampar em Jâmnia e mandou dizer ao sumo sacerdote Jônatas: "Só tu te levantaste contra nós e, por tua causa, tornei-me objeto de zombaria e de insulto. ⁷⁰Por que exerces tua autoridade contra nós nas montanhas? ⁷¹Pois bem, se tens confiança em tuas tropas, desce contra nós na planície e ali nos mediremos um com o outro, porque comigo está a força das cidades. ⁷²Informa-te e fica sabendo quem sou eu e quem são os outros, nossos aliados. Eles te dirão que não podeis manter firmes os pés diante de nós, pois teus pais foram postos em fuga duas vezes em sua própria terra. ⁷³Não poderás resistir à cavalaria e a tão grande exército na planície, onde

---

* **10**,60. 2,18 | 65. 2,18

† **10**,51. Trata-se de Ptolomeu VI Filométor, 180-145 a.C.

573 1 Macabeus 10-11

não há pedra, nem rocha, nem lugar para onde fugir". ⁷⁴Ao ouvir as palavras de Apolônio, o ânimo de Jônatas se agitou. Escolheu dez mil homens e saiu de Jerusalém. Simão, seu irmão, veio a seu encontro para auxiliá-lo. ⁷⁵Acampou diante de Jope, mas seus habitantes fecharam-lhe as portas, porque em Jope havia uma guarnição de Apolônio. Ele atacou-a ⁷⁶e, amedrontados, os habitantes da cidade abriram-lhe as portas, e assim Jônatas apoderou-se de Jope. ⁷⁷Apolônio o soube e pôs em campo três mil cavaleiros e um grande exército; dirigiu-se para Azoto, como se quisesse atravessar o país, mas ao mesmo tempo invadiu a planície, porque tinha uma cavalaria numerosa na qual confiava. ⁷⁸Jônatas seguiu-o em direção de Azoto, e os dois exércitos travaram batalha. ⁷⁹Apolônio tinha deixado mil cavaleiros escondidos atrás deles. ⁸⁰Jônatas percebeu que havia uma emboscada a suas costas. Os cavaleiros rodearam seu exército e lançaram flechas sobre as tropas da manhã à noite, ⁸¹mas as tropas permaneceram firmes, conforme ordenara Jônatas, e por isso os cavalos deles se cansaram. ⁸²Então Simão fez avançar seu exército e atacou a falange; e como a cavalaria estivesse extenuada, foram derrotados e fugiram, ⁸³enquanto a cavalaria se dispersava pela planície. Os fugitivos chegaram a Azoto e entraram no templo de Dagon,* seu ídolo, procurando salvar-se. ⁸⁴Jônatas incendiou Azoto e as cidades circunvizinhas, depois de tê-las saqueado, e entregou às chamas também o templo de Dagon com os que aí se haviam refugiado. ⁸⁵Foram cerca de oito mil os que morreram à espada, junto com os que foram queimados pelo fogo. ⁸⁶Partindo dali, Jônatas foi acampar em Ascalon, cujos habitantes vieram a seu encontro prestando-lhe grandes honras. ⁸⁷Depois, Jônatas regressou a Jerusalém com os seus, levando imensos despojos. ⁸⁸O rei Alexandre, ao saber desses fatos, concedeu a Jônatas honras ainda maiores.

⁸⁹Enviou-lhe uma fivela de ouro, daquelas com que se costuma presentear os parentes do rei, e entregou-lhe como propriedade Acaron e todo o seu território.

11

Luta entre Ptolomeu VI e Alexandre. ¹O rei do Egito reuniu forças numerosas como a areia da praia do mar e muitos navios, querendo apoderar-se com astúcia do reino de Alexandre para anexá-lo a seu próprio reino. ²Foi à Síria, com palavras de paz, e os habitantes das cidades lhe abriam as portas e saíam-lhe ao encontro, porque era ordem do rei Alexandre que recebessem seu sogro. ³Mas quando Ptolomeu entrava nas cidades, deixava em cada uma tropas para guarnecê-la. ⁴Ao se aproximar de Azoto,* mostraram-lhe o templo de Dagon incendiado, Azoto e sua periferia destruídas, os cadáveres abandonados e os restos dos que tinham sido queimados na guerra, pois os haviam amontoado ao longo de seu percurso. ⁵Contaram ao rei o que Jônatas fizera, pensando que ele o haveria de censurar, mas o rei ficou calado. ⁶Jônatas, com grande pompa, saiu ao encontro do rei em Jope, trocaram saudações e ali pernoitaram. ⁷Jônatas acompanhou o rei até o rio chamado Elêutero e depois voltou para Jerusalém. ⁸O rei Ptolomeu apoderou-se das cidades costeiras até Selêucia marítima; forjava maus planos contra Alexandre. ⁹Enviou embaixadores ao rei Demétrio para dizer-lhe: "Vem, façamos aliança entre nós; eu te darei minha filha, casada com Alexandre, e reinarás no reino de teu pai. ¹⁰Pois me arrependi de lhe ter dado minha filha, porque tentou matar-me". ¹¹Acusava-o assim, porque desejava apoderar-se de seu reino. ¹²Tomou-lhe a filha e deu-a a Demétrio; mudou de atitude para com Alexandre, e a inimizade entre eles se tornou manifesta. ¹³Ptolomeu fez sua entrada em Antioquia e cingiu a coroa da Ásia; pôs na cabeça duas coroas: a do Egito e a da Ásia.

---

* **10**,83. 1Sm 5,1s; 1Mc 11,4 | **11**,4. 10,84

1 Macabeus 11

Morte de Ptolomeu VI e de Alexandre. [14]Naquela época, o rei Alexandre estava na Cilícia, porque os habitantes daquela região se haviam revoltado. [15]Quando soube do acontecido, Alexandre marchou contra ele para combatê-lo; mas Ptolomeu foi a seu encontro com grandes forças e o pôs em fuga. [16]Alexandre fugiu para a Arábia, procurando aí refúgio, e o rei Ptolomeu triunfou. [17]O árabe Zabdiel cortou a cabeça de Alexandre e mandou-a a Ptolomeu. [18]Mas três dias depois morreu também o rei Ptolomeu, e seus homens que estavam nas fortalezas foram mortos pelos outros que estavam nas mesmas fortalezas. [19]Assim, Demétrio começou a reinar; era o ano cento e sessenta e sete.

Jônatas, favorito de Demétrio II. [20]Naqueles dias, Jônatas reuniu os homens da Judeia para atacar a cidadela de Jerusalém e mandou fazer muitas máquinas de guerra para usá-las contra ela. [21]Mas alguns homens iníquos, que odiavam sua própria nação, foram ter com o rei e lhe anunciaram que Jônatas sitiava a cidadela. [22]Ao ouvir isso, Demétrio se enfureceu; e, confirmada a notícia, partiu imediatamente. Foi a Ptolemaida e escreveu a Jônatas que levantasse o cerco e se apresentasse, o mais depressa possível, a ele em Ptolemaida para uma conversa. [23]Jônatas recebeu o aviso e ordenou que se continuasse o assédio; depois, escolhendo um grupo de anciãos de Israel e de sacerdotes, enfrentou o perigo. [24]Tomou consigo prata, ouro, vestes e muitos outros presentes e foi até o rei, em Ptolemaida, e ganhou-lhe as boas graças; [25]alguns renegados de sua nação apresentaram acusações contra ele, [26]mas o rei o tratou como o haviam tratado seus predecessores* e o exaltou na presença de todos os seus amigos. [27]Confirmou-o na dignidade de sumo sacerdote e em todas as outras honras que tinha antes e estabeleceu que fosse contado entre seus primeiros amigos. [28]Jônatas pediu ao rei que de-clarasse a Judeia isenta dos tributos,* junto com os três distritos da Samaria, prometendo-lhe em troca trezentos talentos. [29]O rei concordou, e a respeito de tudo isso escreveu uma carta* a Jônatas com os seguintes dizeres:

[30]"O rei Demétrio a Jônatas, seu irmão, e à nação judaica, saudações! [31]Remetemos também a vós, para que tomeis conhecimento, uma cópia da carta que escrevemos a vosso respeito a Lástenes, nosso parente: [32]'O rei Demétrio a Lástenes, seu pai, saudações! [33]Decidimos favorecer a nação dos judeus, nossos amigos e cumpridores das obrigações que têm para conosco, em vista de seus bons sentimentos a nosso respeito. [34]Por isso, nós lhes confirmamos a posse dos territórios da Judeia* e dos três distritos de Aferema, Lida e Ramataim, desmembrados da Samaria e anexados à Judeia, com todas as suas dependências, em favor de todos os que oferecem sacrifícios em Jerusalém, em lugar dos tributos que no passado o rei cobrava deles anualmente sobre os produtos do solo e sobre os frutos das árvores. [35]Quanto aos outros direitos* que temos sobre os dízimos e sobre os tributos que nos cabem, sobre as salinas, e as coroas que nos eram devidas, a partir deste momento renunciamos completamente a eles. [36]Nenhuma dessas disposições será revogada a partir de agora e para sempre'. [37]Cuidai de fazer uma cópia deste decreto, para ser entregue a Jônatas e colocada na montanha santa em lugar bem-visível".

Jônatas apoia Demétrio II. [38]O rei Demétrio, vendo que o país estava em paz diante dele e que ninguém se lhe opunha, despediu todas as suas tropas, cada qual para a sua terra, com exceção das tropas estrangeiras que havia recrutado nas ilhas dos gentios; por esse motivo todas as tropas que tinham estado com seus pais começaram a odiá-lo. [39]Trifão, que antes fora do partido de Alexandre, vendo que todas as tropas murmuravam contra

---

* **11**,26. 2,18; 10,65 | 28. 10,30; 11,34 | 29. 10,26-45 | 34. 10,30 | 35. 10,29

Demétrio, dirigiu-se ao árabe Jâmlico, o qual educava Antíoco, o jovem filho de Alexandre, [40]e o pressionava para que lho entregasse, a fim de fazê-lo reinar em lugar de seu pai. Narrou-lhe tudo o que fizera Demétrio e como suas tropas o odiavam; e lá ficou por muitos dias.

[41]Jônatas mandou pedir ao rei Demétrio que retirasse de Jerusalém os homens que estavam na cidadela e os outros que se achavam nas fortalezas, porque faziam guerra a Israel. [42]Em resposta, Demétrio mandou dizer a Jônatas: "Por ti e por tua nação farei não só isto, mas cumularei de honras a ti e tua nação na primeira oportunidade. [43]Por ora farás bem em mandar-me homens que combatam a meu lado, porque todas as minhas tropas desertaram". [44]Jônatas enviou-lhe a Antioquia três mil guerreiros valorosos, e quando eles chegaram à presença do rei, ele muito se alegrou com sua vinda. [45]Mas os habitantes da cidade reuniram-se no centro da cidade, em número de cento e vinte mil, com o propósito de matar o rei. [46]Então o rei refugiou-se no palácio, enquanto os cidadãos invadiam as ruas da cidade e começavam a combater. [47]O rei chamou em socorro os judeus, os quais se reuniram todos junto dele e depois se espalharam pela cidade, matando naquele dia cerca de cem mil. [48]Puseram fogo na cidade, recolheram muitos despojos naquele dia e salvaram o rei. [49]Os habitantes da cidade, ao verem que os judeus se haviam apoderado da cidade como queriam, perderam a coragem e clamaram ao rei, suplicando-lhe com estas palavras: [50]"Estende-nos a mão direita e cessem os judeus de combater contra nós e contra a cidade!" [51]E, depondo as armas, fizeram as pazes. Assim, os judeus cobriram-se de glória diante do rei e de todos os cidadãos de seu reino e voltaram para Jerusalém carregados de despojos. [52]O rei Demétrio se fortaleceu sobre seu trono real e o país ficou tranquilo sob seu governo. [53]Mas depois renegou tudo o que havia prometido, mostrou-se hostil a Jônatas e não retribuiu os favores que este lhe fizera; ao contrário, muito o atormentou.

Jônatas apoia Antíoco VI. [54]Depois disso, Trifão voltou com Antíoco, ainda menino, que começou a reinar e cingiu o diadema. [55]Reuniram-se em torno dele todas as tropas despedidas por Demétrio e combateram contra este, que fugiu e foi vencido. [56]Trifão capturou os elefantes e apoderou-se de Antioquia. [57]Então o jovem Antíoco escreveu a Jônatas o seguinte: "Confirmo-te no ofício de sumo sacerdote, nomeio-te chefe dos quatro distritos e te incluo entre os amigos do rei". [58]Mandou-lhe ainda vasos de ouro e um serviço de mesa, deu-lhe o direito de beber em taças de ouro, de vestir púrpura e de usar uma fivela de ouro. [59]Além disso, constituiu Simão, seu irmão, governador do território que vai da Escada de Tiro até a fronteira com o Egito.

[60]Então Jônatas começou a percorrer a região do outro lado do rio e as várias cidades, e todo o exército da Síria se uniu a ele para combaterem juntos. Chegou a Ascalon, cujos moradores o receberam com honra. [61]De lá partiu para Gaza, mas os moradores de Gaza lhe fecharam as portas; ele a sitiou e incendiou sua periferia, depois de tê-la saqueado. [62]Então os cidadãos de Gaza suplicaram a Jônatas, e ele estendeu-lhes a mão direita em sinal de paz; todavia tomou os filhos de seus chefes como reféns e mandou-os para Jerusalém. Depois atravessou a região até Damasco.

Jônatas derrota os partidários de Demétrio. [63]Jônatas ficou sabendo que os generais de Demétrio se achavam em Cedes, na Galileia, com um grande exército, com a intenção de fazê-lo desistir da empresa. [64]Marchou, então, contra eles, deixando no país seu irmão Simão. [65]Este veio acampar diante de Betsur e por muitos dias combateu contra ela, mantendo-a sitiada. [66]Então suplicaram-lhe que fizesse as pazes, e ele consentiu; mas expulsou-os dali, ocupou a cidade e pôs nela uma guarnição. [67]Enquanto isso, Jônatas acam-

1 Macabeus 11-12

pou com seu exército junto das águas de Genesar, e de manhã cedo chegaram à planície de Asor. [68]Ali na planície avançou contra ele o exército dos estrangeiros, depois de haver posto uma emboscada contra ele nos montes. [69]Atacavam pela frente, quando os da emboscada, saindo de suas posições, se lançaram na luta. [70]Todos os homens de Jônatas fugiram, não ficando um sequer, exceto Matatias, filho de Absalão, e Judas de Calfi, comandantes do exército. [71]Então Jônatas rasgou as vestes, cobriu a cabeça com cinza e se pôs a rezar. [72]Depois voltou a combater os inimigos e os derrotou, obrigando-os a fugir. [73]Vendo isto, os seus, que tinham fugido, voltaram para junto dele e com ele perseguiram o inimigo até o acampamento deles em Cedes, onde também acamparam. [74]Morreram naquele dia cerca de três mil homens das tropas estrangeiras. Então Jônatas voltou para Jerusalém.

12 **Renovação da aliança com Roma e com Esparta.** [1]Vendo que a ocasião era favorável, Jônatas escolheu alguns homens e os enviou a Roma para confirmar e renovar a amizade* com eles. [2]Também a Esparta e a outros lugares enviou cartas com o mesmo objetivo. [3]Foram, pois, a Roma, entraram no Senado e disseram: "O sumo sacerdote Jônatas e a nação dos judeus nos enviaram para que renoveis a amizade e a aliança com eles, como antes". [4]Os romanos lhes deram cartas para as autoridades de cada lugar, para que lhes facilitassem um retorno tranquilo à Judeia.

[5]Esta é a cópia da carta escrita por Jônatas aos espartanos:

[6]"Jônatas, sumo sacerdote, o Senado da nação, os sacerdotes e o restante do povo judeu, aos espartanos, seus irmãos, saudações!

[7]Já no passado, vosso rei Ario* enviou a Onias, sumo sacerdote, uma carta, na qual dizia que sois nossos irmãos, como atesta a cópia anexa. [8]Onias acolheu o enviado* com honras e recebeu a carta na qual se falava de aliança e de amizade. [9]Nós, portanto, embora não tenhamos necessidade de tais coisas, porque temos para nossa consolação* os livros santos† que estão em nossas mãos, [10]tentamos enviar-vos alguns para renovar a fraternidade e a amizade que nos liga a vós, para não nos tornarmos estranhos a vós, visto que muitos anos são passados desde quando nos mandastes mensageiros. [11]Em todo o tempo e incessantemente, nas festas e nos outros dias prescritos, nos lembramos de vós nos sacrifícios que oferecemos e nas orações, porque é justo e conveniente recordar-se dos irmãos. [12]Alegramo-nos com vossa glória. [13]Nós, ao invés, temos sido afligidos por muitas tribulações e muitas guerras, porque os reis a nosso redor nos têm combatido. [14]Durante essas guerras, porém, não quisemos importunar-vos a vós nem a outros aliados e amigos nossos, [15]porque recebemos do Céu uma ajuda segura e assim fomos libertados de nossos inimigos, que foram humilhados. [16]Escolhemos Numênio, filho de Antíoco,* e Antípatro, filho de Jasão, para enviá-los aos romanos para renovar nossa antiga amizade e aliança com eles. [17]Ordenamos também a eles que fossem até vós para saudar-vos e entregar-vos de nossa parte esta carta referente à renovação de nossa fraternidade. [18]Agora tende a gentileza de nos responder sobre esse assunto".

[19]Esta é a cópia da carta que tinham enviado a Onias:

[20]"Ario, rei dos espartanos, a Onias, sumo sacerdote, saudações.

[21]Foi encontrado num escrito referente aos espartanos e aos judeus que eles são irmãos e descendentes da es-

---

* **12**,1. 8,17-32 | 7. 12,20-23 | 8. 2Mc 5,9 | 9. Rm 15,4 | 16. 14,22; 15,15

† **12**,9. Primeiro uso desta expressão para indicar o Antigo Testamento, que já estava formado. Em 7,17, o autor citava o Sl 79, chamando-o de "Escritura". Esdras e Neemias, e depois Judas, se preocuparam em reunir os livros sagrados. | 21. Corria em Esparta a lenda de que o povo de lá era descendente de Abraão como os judeus.

tirpe de Abraão†. ²²Agora que sabemos disso, tende a bondade de nos escrever a respeito de vossa prosperidade. ²³De nossa parte vos respondemos: vosso gado e todos os vossos bens são nossos, e os nossos são vossos. Ordenamos, pois, que isto vos seja comunicado".

Outras vitórias de Jônatas. ²⁴Jônatas soube que os generais de Demétrio tinham voltado com um exército mais numeroso que o anterior para lutar contra ele. ²⁵Partiu de Jerusalém e foi encontrá-los na região de Hamat, sem lhes dar tempo de penetrar em sua região. ²⁶Enviou exploradores a seu acampamento, e estes, ao voltar, referiram-lhe que estavam já dispostos a assaltá-los naquela noite. ²⁷Quando o sol se pôs, Jônatas ordenou a seus homens que vigiassem com as armas na mão, prontos para o combate durante toda a noite, e dispôs sentinelas nos postos avançados ao redor de todo o acampamento. ²⁸Os inimigos, porém, ao saber que Jônatas e os seus estavam prontos para o combate, sentiram medo e pavor no coração. Acenderam fogueiras em seu acampamento e fugiram. ²⁹Jônatas e os seus não se aperceberam de nada até a manhã, porque viam o fogo aceso. ³⁰Jônatas lançou-se em sua perseguição, mas não conseguiu alcançá-los, porque haviam atravessado o rio Elêutero. ³¹Jônatas voltou-se então contra os árabes chamados zabadeus, bateu-os e tomou seus despojos. ³²Partindo dali, marchou para Damasco e percorreu toda a região. ³³Também Simão havia partido e chegou até Ascalon e as fortalezas vizinhas; depois dirigiu-se para Jope e ocupou-a, ³⁴porque ouvira dizer que queriam entregar a fortaleza aos partidários de Demétrio; por isso pôs ali uma guarnição para defendê-la.

³⁵Quando voltou, Jônatas convocou os anciãos do povo e com eles decidiu construir fortalezas na Judeia, ³⁶levantar mais os muros de Jerusalém e erguer uma grande barreira entre a cidadela e a cidade, para separá-la da cidade, a fim de que ficasse isolada, de tal modo que os da cidadela não pudessem comprar nem vender. ³⁷Então se reuniram para reconstruir a cidade; e, visto que tinha caído uma parte do muro da torrente, do lado leste, mandou restaurar a parte chamada Cafenata. ³⁸Simão edificou Adida, na Sefelá, e fortificou-a, munindo-a de portas com trancas.

Jônatas, prisioneiro de Trifão. ³⁹Trifão desejava reinar* sobre a Ásia e cingir o diadema, estendendo a mão contra o rei Antíoco; ⁴⁰mas temia que Jônatas o impedisse e lhe declarasse guerra; por isso, procurava um modo de prendê-lo e eliminá-lo. Partiu e foi para Betsã. ⁴¹Jônatas marchou contra ele com quarenta mil homens escolhidos para uma batalha ordenada e chegou a Betsã. ⁴²Quando Trifão o viu chegar com um exército numeroso, não ousou lançar as mãos sobre ele. ⁴³Recebeu-o com honras, apresentou-o a todos os seus amigos, deu-lhe presentes e ordenou a suas tropas que lhe obedecessem como a ele próprio. ⁴⁴Depois disse a Jônatas: "Por que incomodaste toda esta gente, não havendo guerra nenhuma entre nós? ⁴⁵Por isso, despede-os agora para suas casas; escolhe uns poucos homens para te acompanharem e vem comigo a Ptolemaida. Eu te entregarei a ti junto com as outras fortalezas, as outras tropas e todos os funcionários; depois disso partirei, tomando o caminho da volta, pois foi para isso que eu vim". ⁴⁶Jônatas, acreditando nele, fez como ele dissera: despediu as tropas, que retornaram para a Judeia, ⁴⁷e reteve consigo três mil homens, dois mil dos quais deixou na Galileia, e mil o acompanharam. ⁴⁸Mas quando Jônatas entrou em Ptolemaida, os habitantes

---

* **12**,39. 11,39s.54s

† **13**,41. Neste ano de 142 a.C. Israel torna-se um estado independente. Simão foi não só etnarca, mas também sumo sacerdote. Para os Macabeus, a liberdade política era necessária para garantir a liberdade religiosa. Mas envolvendo-se na política perderam a estima dos grupos religiosos.

1 Macabeus 12-13

da cidade fecharam as portas, prenderam-no e passaram a fio de espada todos os que tinham entrado com ele. [49]Trifão mandou as tropas e a cavalaria para a Galileia e para a grande planície, a fim de aniquilar todos os partidários de Jônatas. [50]Estes, porém, ao ouvirem dizer que ele fora preso e estava perdido, juntamente com seus companheiros, encorajaram-se mutuamente e marcharam em linhas cerradas, prontos para o combate. [51]Então os perseguidores, vendo que eles lutavam pela vida, voltaram para trás. [52]Aqueles chegaram todos sãos e salvos à Judeia. Choraram Jônatas e seus companheiros e sentiram grande medo. E todos os israelitas fizeram luto fechado. [53]Todas as nações ao redor deles procuraram então exterminá-los, pois diziam: "Não têm chefe nem quem os auxilie; agora é o momento de combatê-los, para apagar sua memória do meio dos homens.

V. SIMÃO, SUCESSOR DE JÔNATAS (13–16)

13
Simão, o novo comandante. [1]Simão soube que Trifão reunira um poderoso exército para ir à Judeia e devastá-la. [2]Vendo que o povo tremia de medo, subiu a Jerusalém, reuniu o povo [3]e os confortou, dizendo-lhes: "Bem sabeis o quanto eu, meus irmãos e a casa de meu pai temos feito pelas leis e pelo santuário, as guerras e as angústias que suportamos. [4]É por isso que todos os meus irmãos pereceram pela causa de Israel e eu fiquei sozinho. [5]Agora, longe de mim o pensamento de poupar minha vida em qualquer momento de tribulação! Pois não sou melhor que meus irmãos; [6]antes, vingarei minha nação, o santuário,* vossas mulheres e vossos filhos, uma vez que todos os povos, por causa de seu ódio, se aliaram para exterminar-nos". [7]Ouvindo essas palavras, reacendeu-se o ânimo do povo, [8]que respondeu em altos brados: "Tu és nosso chefe em lugar de Judas e de Jônatas, teu irmão; [9]dirige nossas batalhas, e faremos tudo o que nos disseres". [10]Então ele reuniu todos os homens aptos para a guerra, acelerou o acabamento dos muros de Jerusalém e fortificou-a em todo o redor. [11]Depois enviou a Jope Jônatas, filho de Absalão, com um numeroso exército, e ele expulsou de lá os ocupantes e lá se instalou.

Trifão tenta invadir a Judeia. [12]Trifão saiu de Ptolemaida com um grande exército para invadir a Judeia, levando consigo Jônatas prisioneiro. [13]Simão veio acampar em Adida, diante da planície. [14]Quando Trifão soube que Simão havia substituído Jônatas, seu irmão, e que se preparava para dar-lhe batalha, enviou-lhe mensageiros para dizer-lhe: [15]"É por causa do dinheiro que teu irmão Jônatas devia ao tesouro real pelos cargos que exercia, que nós o mantemos preso. [16]Manda agora cem talentos de prata e dois de seus filhos como reféns, a fim de que, posto em liberdade, não se rebele contra nós; depois o soltaremos". [17]Simão percebeu que lhe falava assim com engano e no entanto mandou trazer o dinheiro e os meninos, a fim de não suscitar uma grande hostilidade entre o povo, [18]que haveria de dizer: "É porque ele não mandou o dinheiro e os meninos que Jônatas morreu. [19]Por isso mandou os meninos e os cem talentos; mas ele o enganou e não libertou Jônatas.

[20]Depois disso, Trifão retomou sua marcha para invadir a região e devastá-la. Deu uma volta pelo caminho que vai a Adora; mas Simão com seu exército se opunha a ele aonde quer que fosse. [21]Entretanto, os ocupantes da cidadela enviaram mensageiros a Trifão, para que se apressasse a vir em seu auxílio através do deserto e a mandar-lhes víveres. [22]Trifão mandou preparar toda a sua cavalaria para a viagem, mas naquela noite caiu muita neve e ele, por causa da neve, não pôde viajar. Partiu e dirigiu-se para Galaad.

---

* **13**,6. 5,2; 12,53

1 Macabeus 13

Assassínio de Jônatas. ²³Ao se aproximar de Bascama, matou Jônatas, que foi sepultado ali. ²⁴E Trifão voltou para sua terra.

²⁵Simão mandou recolher os ossos de seu irmão Jônatas e o sepultou em Modin, cidade de seus pais. ²⁶Todo o Israel o chorou com grandes lamentações e guardou luto por ele durante muitos dias. ²⁷Depois, Simão construiu sobre o túmulo de seu pai e de seus irmãos um monumento de pedras polidas atrás e na frente, bastante alto para ser visto. ²⁸Ergueu também sete pirâmides, uma em frente da outra, em honra do pai, da mãe e dos quatro irmãos, ²⁹mandou decorá-las com grandes colunas ao redor e sobre as colunas mandou esculpir armas para eterna recordação; e ao lado das armas, navios esculpidos, para serem vistos por todos os que navegam pelo mar. ³⁰Assim é o mausoléu que ele mandou fazer em Modin, e que existe ainda hoje. ³¹Trifão agia falsamente com o jovem rei Antíoco. Mandou matá-lo, ³²reinou em seu lugar, cingiu a coroa da Ásia e causou grande calamidade ao país.

Reconciliação com Demétrio II. ³³Simão reconstruiu as fortalezas da Judeia, muniu-as de altas torres, de grandes muros, de portas com trancas e abasteceu de víveres as fortalezas. ³⁴Também escolheu alguns homens, que mandou ao rei Demétrio, para que concedesse a imunidade ao país, porque todos os atos de Trifão haviam sido rapinas. ³⁵O rei Demétrio mandou-lhe uma resposta conforme tais pedidos e escreveu-lhe uma carta que dizia assim:

³⁶"O rei Demétrio a Simão, sumo sacerdote e amigo dos reis, aos anciãos e à nação dos judeus, saudações!

³⁷Recebemos a coroa de ouro e a palma que enviastes. Estamos dispostos a concluir convosco uma paz completa e a escrever aos administradores para que vos concedam as isenções. ³⁸Tudo o que estabelecemos a vosso respeito fica confirmado, e as fortalezas que construístes sejam vossas. ³⁹Perdoamo-vos também os erros e as faltas cometidas até o dia de hoje, como também a coroa que nos deveis; e se algum outro tributo era arrecadado em Jerusalém, não seja mais exigido. ⁴⁰Se existem entre vós homens aptos para se alistarem em nossa guarda, que se alistem, e haja paz entre nós".

Independência da Judeia. ⁴¹No ano cento e setenta foi tirado de Israel o jugo dos gentios†; ⁴²e o povo de Israel começou a datar assim os documentos e os contratos: "No ano primeiro de Simão, sumo sacerdote, governador e chefe dos judeus".

⁴³Naquele tempo, Simão acampou* diante de Gazara e cercou-a com suas tropas; construiu uma torre móvel, aproximou-a da cidade, abateu uma torre e tomou-a. ⁴⁴Os que estavam na torre móvel saltaram para dentro da cidade, provocando ali enorme agitação. ⁴⁵Os habitantes da cidade subiram aos muros com suas mulheres e filhos, rasgaram suas vestes e com grandes gritos suplicavam a Simão que fizesse as pazes com eles. ⁴⁶Diziam: "Não nos trates conforme nossa maldade, mas conforme tua misericórdia". ⁴⁷Simão fez um acordo com eles e cessou de combatê-los. Mas expulsou-os da cidade, purificou as casas onde havia ídolos e fez seu ingresso na cidade entre cantos de hinos e de bênçãos. ⁴⁸Baniu dela toda a impureza e nela estabeleceu pessoas observantes da lei; fortificou-a e construiu nela uma casa para si.

Tomada da cidadela. ⁴⁹Os que estavam na cidadela em Jerusalém não podiam ir e vir pelas redondezas para comprar ou vender; passavam muita fome e não poucos haviam morrido à míngua. ⁵⁰Por isso clamaram a Simão pedindo a paz, e ele a concedeu, mas expulsou-os dali e purificou a cidadela das contaminações. ⁵¹Fizeram seu ingresso nela no dia vinte e três do segundo mês do ano cento e setenta e um, com cantos de louvor, ramos de palmeiras, com cítaras, címbalos e harpas, com hinos e cantos, porque um

---

* **13**,43. 2Mc 10,28-38

1 Macabeus 13-14

grande inimigo tinha sido extirpado do meio de Israel. [52]Simão ordenou que todo ano se celebrasse essa data com alegria. Fortificou o monte do templo ao lado da cidadela e foi morar lá com os seus. [53]Vendo que seu filho João já se tornara um homem maduro, Simão nomeou-o chefe de todas as tropas. E este morou em Gazara.

14 **Demétrio II, prisioneiro dos partas.** [1]No ano cento e setenta e dois, o rei Demétrio reuniu suas tropas e foi à Média buscar reforços para combater Trifão. [2]Mas Arsaces, rei da Pérsia e da Média, soube que Demétrio tinha penetrado em seu território e mandou um de seus generais para capturá-lo vivo. [3]Este partiu, derrotou o exército de Demétrio, prendeu-o vivo e o levou a Arsaces, que o lançou na prisão.

Elogio de Simão. [4]A Judeia gozou de paz enquanto viveu Simão.*

Ele procurou o bem de seu povo;
e aos seus agradou seu governo
e sua glória por todo o tempo.
[5]Além de todas as suas glórias, tomou Jope,
fez dela um porto e abriu um acesso às ilhas do mar.
[6]Dilatou os limites de sua nação,*
manteve a região sob controle
[7]e recuperou muitos prisioneiros.
Tomou Gazara, Betsur e a cidadela,
tirou delas as impurezas,
e não houve quem lhe pudesse resistir.
[8]Em paz cultivavam sua terra,
o solo dava seus produtos*
e as árvores do campo seus frutos.
[9]Os anciãos sentavam-se nas praças;*
todos falavam sobre a prosperidade,
e os jovens usavam esplêndidas vestes e armaduras de guerra.
[10]Forneceu provisões às cidades
e as muniu de fortificações;
seu nome glorioso chegou aos confins da terra.

[11]Restabeleceu a paz no país,
e grande foi a alegria de Israel.
[12]Sentou-se cada um debaixo de sua videira e de sua figueira,*
e não havia quem lhes causasse medo.
[13]Desapareceu do país quem os combatia,
e os reis, naqueles dias, foram esmagados.
[14]Fortaleceu todos os humildes de seu povo†,
zelou pela lei e exterminou todos os ímpios e perversos.
[15]Tornou glorioso o santuário
e multiplicou os vasos sagrados.

Simão renova a aliança com Roma e Esparta. [16]Souberam em Roma e em Esparta que Jônatas tinha morrido, e muito se entristeceram. [17]Mas quando ouviram dizer que seu irmão Simão se tornara sumo sacerdote em seu lugar e que tinha o domínio da região e de suas cidades, [18]escreveram-lhe uma carta* em placas de bronze para renovar com ele a amizade e a aliança* que haviam contraído com Judas e Jônatas, seus irmãos. [19]A carta foi lida na assembleia em Jerusalém. [20]Esta é a cópia da carta enviada pelos espartanos:

"As autoridades e os cidadãos de Esparta, a Simão, sumo sacerdote, aos anciãos, aos sacerdotes e ao restante do povo judeu, seus irmãos, saudações! [21]Os embaixadores que enviastes a nosso povo nos informaram de vossa glória e de vossa honra, e nos alegramos com sua vinda. [22]Registramos da seguinte forma, entre as decisões do povo, as coisas que eles disseram: Numênio, filho de Antíoco, e Antípatro, filho de Jasão, embaixadores dos judeus, vieram até nós para renovar a amizade conosco. [23]O povo houve por bem recebê-los com honras e inserir a cópia de seus discursos nos arquivos públicos, para que o povo dos espartanos conserve sua lembrança. Uma cópia

---

* **14**,4. 3,3-9 | 6. Êx 34,24 | 8. Zc 8,12 | 9. Zc 8,4s | 12. 1Rs 5,5; Mq 4,4; Zc 3,10 | 18. 8,22 / 8,17s; 12,3

† **14**,14. Esse grupo de judeus, de vida simples, marcada pela fé e confiança em Deus, é anunciado por Sofonias como o povo do futuro, 2,3; 3,12, e aparece nos Salmos, 18,28, nos escritos de Qumran e em Mt 5,3.

581　　　**1 Macabeus 14**

dessas coisas foi escrita para o sumo sacerdote Simão".

²⁴Depois disso, Simão enviou Numênio a Roma com um grande escudo de ouro, pesando mil minas, para confirmar a aliança com eles.

Poderes conferidos a Simão. ²⁵Quando o povo soube disso, perguntou: "Que prova de reconhecimento daremos a Simão e a seus filhos? ²⁶Pois ele, com seus irmãos e a casa de seu pai, mostrou-se firme, combateu e expulsou os inimigos de Israel, garantindo-lhe a liberdade". Gravaram uma inscrição em placas de bronze, que foram postas sobre colunas no monte Sião. ²⁷Este é o texto da inscrição:

"No dia dezoito de elul, do ano cento e setenta e dois, terceiro ano de Simão, sumo sacerdote, em Asaramel, ²⁸na grande assembleia dos sacerdotes, do povo, dos chefes da nação e dos anciãos da região nos foi notificado o seguinte:

²⁹Durante as guerras frequentes que ocorreram na região, Simão, filho de Matatias, da estirpe de Joarib, e seus irmãos afrontaram o perigo e resistiram aos adversários de sua nação, para que o santuário e a lei permanecessem estáveis, e assim tributaram a sua nação uma glória insigne; ³⁰Jônatas congregou sua nação, tornou-se seu sumo sacerdote e reuniu-se a sua gente. ³¹Os inimigos dos judeus tentaram invadir sua região e estender a mão contra seu santuário. ³²Surgiu então Simão, que combateu por sua nação e gastou grande parte de seus bens para equipar os homens do exército e pagar-lhes o soldo. ³³Fortificou as cidades da Judeia, como também Betsur, na fronteira da Judeia, onde antes se achavam as armas dos inimigos, e pôs ali uma guarnição de soldados judeus. ³⁴Fortificou também Jope, que está à beira-mar, e Gazara nos confins de Azoto, na qual antes moravam os inimigos, mas ele colocou lá os judeus e armazenou ali todo o necessário para seu sustento. ³⁵O povo viu a lealdade de Simão e a glória que ele se propunha

conquistar para sua nação. Constituiu-o seu chefe e sumo sacerdote por ter feito todas essas coisas, por causa da justiça e da fidelidade que manteve com sua nação e porque de todos os modos tinha procurado exaltar seu povo. ³⁶Em seus dias conseguiu extirpar com suas mãos os gentios de sua região, especialmente os que ocupavam a cidade de Davi em Jerusalém, onde haviam construído para si uma cidadela; de lá faziam suas incursões, profanando os arredores do santuário e atentando gravemente contra sua santidade. ³⁷Ele pôs ali uma guarnição de judeus, fortificou-a para a segurança da região e da cidade e elevou os muros de Jerusalém. ³⁸Por isso o rei Demétrio o confirmou no cargo de sumo sacerdote, ³⁹incluiu-o* entre seus amigos e lhe conferiu grandes honras. ⁴⁰Com efeito, ele ficou sabendo que os judeus foram considerados como amigos, aliados e irmãos pelos romanos, que haviam recebido com honras os embaixadores de Simão; ⁴¹que aprouve aos judeus e aos sacerdotes que Simão fosse seu chefe e sumo sacerdote para sempre, até que surgisse um profeta* acreditado, ⁴²e que fosse também seu governador e responsável pelo santuário, com poderes para designar os superintendentes das obras, da região, dos armamentos e das fortalezas; ⁴³que assumisse o cuidado do santuário e fosse obedecido por todos; que em seu nome se escrevessem todos os documentos; que pudesse revestir-se de púrpura e usar ornamentos de ouro. ⁴⁴Portanto a ninguém dentre o povo e dentre os sacerdotes será lícito ab-rogar qualquer dessas coisas ou contradizer o que ele disser, ou convocar assembleias no país sem sua autorização, ou vestir-se de púrpura e usar fivela de ouro; ⁴⁵todo aquele que agir contra essas disposições ou violar alguma delas seja considerado culpado. ⁴⁶Todo o povo houve por bem conceder a Simão essas prerrogativas.

⁴⁷Simão aceitou e concordou em exercer o cargo de sumo sacerdote, ser o governador e príncipe dos judeus e

---

* **14**,39. 2,18 | 41. 4,46

1 Macabeus 14-15

dos sacerdotes e estar à frente de todos. [48]Ordenaram que esta inscrição fosse gravada em placas de bronze para ser colocada no recinto do santuário, num lugar visível, [49]e que uma cópia fosse guardada no tesouro, à disposição de Simão e de seus filhos".

15 Antíoco VII faz concessões a Simão.
[1]Antíoco, filho de Demétrio, enviou das ilhas do mar uma carta a Simão, sumo sacerdote e príncipe dos judeus, e a toda a nação, [2]nos seguintes termos:

"O rei Antíoco, a Simão, sumo sacerdote e príncipe, e à nação dos judeus, saudações!

[3]Visto que certos homens infames usurparam o reino de nossos pais, pretendo reivindicar a posse do reino para restabelecê-lo em seu estado primitivo. Recrutei tropas mercenárias e mandei equipar navios de guerra [4]com o intento de desembarcar no país, a fim de me vingar daqueles que arruinaram nosso país e devastaram muitas cidades de meu reino. [5]Agora, pois, te confirmo todas as isenções tributárias que te foram concedidas pelos reis antes de mim, bem como quaisquer outras isenções de donativos. [6]Concedo-te autorização para cunhar moeda própria para o uso de teu país. [7]Que Jerusalém e o santuário sejam livres. Todas as armas que fabricaste e as fortalezas que construíste permaneçam em teu poder. [8]Toda a dívida que tens ou poderás ter com o tesouro régio te seja perdoada desde agora e para sempre. [9]E quando tivermos reconquistado nosso reino, tributaremos a ti, a tua nação e ao templo honras tão grandes que vossa glória se torne manifesta por toda a terra".

Antíoco VII na Palestina. [10]No ano cento e setenta e quatro, Antíoco partiu para a terra de seus pais, e todas as tropas se uniram a ele, de sorte que somente poucas permaneceram com Trifão. [11]Antíoco se pôs a persegui-lo, e ele veio fugindo até Dora, na costa do mar, [12]pois sabia que as desgraças se

acumulavam sobre ele e que as tropas o haviam abandonado. [13]Antíoco veio acampar diante de Dora com cento e vinte mil combatentes e oito mil cavaleiros. [14]Cercou a cidade, enquanto os navios atacavam do mar, e assim apertava a cidade por mar e por terra, não deixando ninguém sair nem entrar.

Promulgação da aliança entre romanos e judeus. [15]Então chegaram de Roma* Numênio e seus companheiros, trazendo cartas para o rei e para as regiões. Nelas estava escrito:

[16]"Lúcio, cônsul dos romanos, ao rei Ptolomeu, saudações!

[17]Vieram a nós, como nossos amigos e aliados, os embaixadores dos judeus, enviados por Simão, sumo sacerdote, e pelo povo dos judeus para renovar a antiga amizade e aliança. [18]Trouxeram um escudo de ouro de mil minas. [19]Então pareceu-nos bem escrever aos reis e às regiões para que não lhes causem nenhum dano, nem combatam contra eles, nem contra suas cidades e sua região, e para que não se aliem com os que lhes fazem guerra. [20]Aprouve-nos aceitar da parte deles o escudo. [21]Se houver, por acaso, homens perversos que fugiram da região deles para junto de vós, entregai-os ao sumo sacerdote Simão, para que os castigue conforme sua lei".

[22]Escreveu a mesma coisa ao rei Demétrio, a Átalo, a Ariarates e a Arsaces, [23]e para todas as regiões: para Sampsames, os espartanos, Delos, Mindos, Siciônia, Cária, Samos, Panfília, Lícia, Halicarnasso, Rodes, Faselis, Cós, Side, Arados, Gortina, Cnido, Chipre e Cirene. [24]E escreveram uma cópia também para o sumo sacerdote Simão.

Antíoco VII retira sua palavra. [25]O rei Antíoco estava acampado diante de Dora, na parte nova, lançando continuamente contra ela as fileiras e construindo máquinas. Mantinha Trifão cercado, de modo que não podia entrar nem sair. [26]Simão mandou-lhe dois mil homens de elite para combater a seu lado e também prata, ouro e

---

* **15**,15. 12,16; 14,22ss; 8,17

583 1 Macabeus 15-16

equipamentos em quantidade. ²⁷Mas ele não só recusou-se a aceitá-los, mas revogou todas as concessões que lhe havia feito antes e se mostrou hostil. ²⁸Enviou-lhe Atenóbio,* um de seus amigos, para tratar com ele e dizer-lhe: "Vós ocupais Jope, Gazara e a cidade de Jerusalém, que são cidades de meu reino. ²⁹Assolastes seus territórios, causastes graves danos ao país e vos apoderastes de muitas localidades de meu reino. ³⁰Agora, pois, entregai as cidades que ocupastes e os tributos das localidades de que vos apoderastes fora das fronteiras da Judeia. ³¹Ou então, dai-nos em troca quinhentos talentos de prata pelas devastações causadas e outros quinhentos talentos pelos tributos das cidades; do contrário, iremos guerrear-vos".

³²Atenóbio, o amigo do rei, foi a Jerusalém, viu a magnificência de Simão, seu serviço de mesa com vasilhame de ouro e de prata, o grandioso aparato, e ficou maravilhado. Depois transmitiu-lhe a mensagem do rei. ³³Simão respondeu-lhe: "Não ocupamos terra estrangeira, nem nos apoderamos de bens alheios, mas sim da herança de nossos pais que, injustamente, a certo momento, foi usurpada por nossos inimigos. ³⁴Simplesmente aproveitamos de uma ocasião favorável para recuperar a herança de nossos pais. ³⁵Quanto a Jope e Gazara, que tu reclamas, elas infligiram graves danos a nosso povo e a nossa região; por elas te daremos cem talentos". ³⁶Ele, sem dizer nada, voltou furioso para junto do rei e referiu-lhe as palavras de Simão, sua magnificência e tudo o que tinha visto. E o rei ficou sumamente irado.

³⁷Nesse meio tempo, Trifão embarcou num navio e fugiu para Ortosia. ³⁸Então o rei nomeou Cendebeu subcomandante do litoral e entregou-lhe tropas de infantaria e cavalaria; ³⁹deu-lhe ordem para acampar diante da Judeia, reconstruir Quedron, reforçando-lhe as portas, e guerrear contra o povo. Enquanto isso, o rei se pôs a perseguir Trifão. ⁴⁰Cendebeu chegou a Jâmnia, começou a provocar o povo e a invadir a Judeia, a fazer prisioneiros entre a população e a massacrá-la. ⁴¹Restaurou Quedron e ali estabeleceu cavalaria e tropas para que, fazendo incursões, patrulhassem as estradas da Judeia, como o rei havia mandado.

16 Vitória dos filhos de Simão sobre Cendebeu.

¹João† partiu então de Gazara para referir a seu pai, Simão, tudo o que Cendebeu estava fazendo. ²Simão chamou seus dois filhos maiores, Judas e João, e disse-lhes: "Eu, meus irmãos e a casa de meu pai combatemos as guerras de Israel desde nossa juventude até o dia de hoje, e por várias vezes conseguimos libertar Israel com nossa atuação. ³Agora, porém, já estou velho, enquanto vós, pela misericórdia do Céu, estais na idade boa. Tomai meu lugar e o de meu irmão e ide combater por nossa nação. A ajuda do Céu esteja convosco!" ⁴Depois escolheu na região vinte mil combatentes e cavaleiros, que partiram contra Cendebeu. Eles pernoitaram em Modin. ⁵Levantando-se de manhã, avançavam rumo à planície, quando surgiu diante deles um enorme exército de infantaria e cavalaria; entre eles e os outros havia uma torrente. ⁶João com sua gente tomou posição diante deles; depois, vendo que os seus tinham medo de atravessar a torrente, atravessou-a ele mesmo por primeiro; os outros, vendo-o, atravessaram também atrás dele. ⁷Dividiu sua gente e pôs os cavaleiros no meio da infantaria, pois a cavalaria inimiga era muito numerosa. ⁸Então ressoaram as trombetas, e Cendebeu foi derrotado com seu exército; muitos deles caíram feridos, e os sobreviventes fugiram para a fortaleza. ⁹Judas, irmão de João, ficou ferido. João, porém, perseguiu os inimigos até Quedron, que Cendebeu havia reconstruído. ¹⁰Outros se refu-

---

* **15**,28. 2,18

† **16**,1. Este é João Hircano, que governou de 134 a 104 a.C.; era filho de Simão, ver 13,53.

1 Macabeus 16

giaram nas torres que há nos campos de Azoto, mas João as incendiou, e assim morreram dentre eles cerca de dois mil homens. Em seguida voltou em paz para a Judeia.

Simão é assassinado. [11]Ptolomeu, filho de Abubo, tinha sido nomeado governador da planície de Jericó; ele tinha muita prata e ouro, [12]pois era genro do sumo sacerdote. [13]Seu coração se encheu de orgulho e, pretendendo tornar-se senhor da região, maquinava pérfidos projetos para eliminar Simão e seus filhos. [14]Enquanto Simão estava visitando as cidades da região, preocupado com suas necessidades, desceu a Jericó com seus filhos Matatias e Judas no ano cento e setenta e sete, no undécimo mês[†], que é o mês de sebat. [15]O filho de Abubo os recebeu com perfídia na pequena fortaleza chamada Doc, que ele tinha construído; preparou-lhe um grande banquete, e escondeu lá alguns homens. [16]Quando Simão e seus filhos ficaram ébrios, Ptolomeu levantou-se com seus cúmplices, que, de armas nas mãos, precipitaram-se sobre Simão na sala do banquete, matando-o junta-mente com seus filhos e alguns de seus servos. [17]Cometeu assim uma grande traição e retribuiu o bem com o mal. [18]A seguir, Ptolomeu escreveu um relato dessas coisas e enviou-o ao rei, a fim de que lhe mandasse tropas em seu auxílio e lhe confiasse a região e as cidades. [19]Enviou outros a Gazara para matar João e expediu cartas aos comandantes para que viessem ter com ele, porque queria dar-lhes prata, ouro e presentes. [20]Mandou outros para que ocupassem Jerusalém e o monte do templo. [21]Mas alguém correu adiante e anunciou a João, em Gazara, a notícia da morte de seu pai e de seus irmãos; e acrescentou: "Mandou matar também a ti". [22]Ao ouvir isto, ficou estarrecido; prendeu os que tinham vindo para liquidá-lo e os matou, pois sabia que procuravam matá-lo.

João, filho de Simão, sucede ao pai. [23]Os demais feitos de João, suas guerras, os atos de bravura que praticou, os muros que construiu e suas façanhas, [24]tudo isso está escrito nos anais de seu pontificado, a partir do momento em que se tornou sumo sacerdote depois de seu pai.

---

† 16,14. Essa data corresponde a fevereiro de 134 a.C.

SEGUNDO LIVRO DOS MACABEUS

Este livro não é a continuação do primeiro, mas sim o resumo, redigido por um autor desconhecido, de uma obra em cinco volumes, que não chegou até nós, escrita por Jasão de Cirene, e tem como tema central a figura de Judas Macabeu. A data de composição do livro parece ser por volta do ano 124 a.C., por isso é provável que o autor nem sequer tenha conhecido o primeiro livro dos Macabeus. Os fatos que ele conta ocorreram num período de apenas quinze anos, 176-161 a.C., portanto são em parte anteriores e em parte contemporâneos aos de 1Mc 1-7. O autor documenta sua narrativa citando várias cartas, dando-lhe assim um cunho de historicidade. Seu estilo é muito particular, frequentemente oratório, como se falasse a uma assembleia. Tece inúmeras considerações de natureza espiritual e salienta o clima religioso em que se desenvolvem os combates, falando de orações, exortações e jejuns. Também insere no relato elementos misteriosos como visões e aparições. Destaca o heroísmo dos que sacrificaram suas vidas para defender a lei de Deus e se manter fiéis a ela. Escrevendo aos irmãos judeus que moram no Egito, para interessá-los pela sorte do templo de Jerusalém, fala com entusiasmo da dedicação do altar e da purificação do templo "famoso em todo o universo" (2,22).

O livro testemunha uma evolução notável das crenças sobre a vida futura, falando claramente da ressurreição dos mortos, das penas da vida futura, da oração pelos defuntos. Contém ainda afirmações preciosas da criação ex nihilo (a partir do nada), dos méritos dos mártires e da intercessão dos santos.

Podemos encontrar em 6,12.16 a mensagem do livro para nós hoje: "Recomendo àqueles que terão em mãos este livro, que não se deixem abater por causa dessas calamidades; pensem, antes, que esses castigos não sucederam para a ruína, mas para a correção de nossa gente. O Senhor nunca retira de nós sua misericórdia e, mesmo quando o corrige com a adversidade, jamais abandona seu povo".

I. RECORDANDO A HISTÓRIA
(1–2)

1 **Cartas aos judeus do Egito.**
Primeira carta
¹"Os irmãos judeus que moram em Jerusalém e na região da Judeia, aos irmãos judeus do Egito†, saudações e votos de paz e prosperidade!

²Que Deus vos cumule de benefícios e se lembre de sua aliança com Abraão, Isaac e Jacó, seus servos fiéis. ³Que vos conceda a todos ânimo para adorá-lo e cumprir seus desígnios com um coração grande e de boa vontade, ⁴que vos abra a mente para entender sua lei e seus preceitos e vos dê a paz. ⁵Ouça vossas orações, mostre-vos misericórdia e não vos abandone no tempo da adversidade. ⁶Estamos rezando por vós aqui neste momento.

⁷Quando reinava Demétrio, no ano cento e sessenta e nove†, nós, os judeus, vos escrevemos: 'Na tribulação e na angústia que se abateram sobre nós nestes anos, desde quando Jasão e seus adeptos, traindo a terra santa e o reino, ⁸incendiaram a grande porta do templo e derramaram sangue inocente, suplicamos ao Senhor e fomos atendidos; oferecemos um sacrifício e flor de farinha, acendemos as lâmpadas e apresentamos os pães'. ⁹E agora vos escrevemos para vos convidar a celebrar a festa das Tendas do mês de casleu. No ano cento e quarenta e oito".

Segunda carta
¹⁰"Os habitantes de Jerusalém e da Judeia, o conselho dos anciãos† e Ju-

---

† **1,1.** Havia judeus no Egito desde a queda de Jerusalém em 586 a.C. Tinham um templo na ilha de Elefantina, destruído em 411 a.C., e ergueram um outro em Leontópolis no ano 170 d.C. Os judeus de Jerusalém consideravam-no contrário à lei, Dt 12,5-12. Celebrar no Egito a Dedicação do templo de Jerusalém seria reconhecê-lo como único templo legítimo. **|** 7. O ano 169 da era selêucida corresponde ao ano 143 a.C. **|** 10. Espécie de Senado, mencionado também em 1Mc 12,6; 2Mc 4,44; 11,27; participava do governo da comunidade.

2 Macabeus 1

das, a Aristóbulo, mestre do rei Ptolomeu, da estirpe dos sacerdotes sagrados, e aos judeus que moram no Egito, saudações e felicidade!

[11]Libertados por Deus de grandes perigos, muito lhe agradecemos por ter combatido a nosso lado contra o rei, [12]pois ele mesmo expulsou aqueles que atacaram a cidade santa. [13]Com efeito, seu chefe, estando na Pérsia,* foi massacrado junto com seu exército, que parecia invencível, no templo de Naneia, por meio de uma artimanha dos sacerdotes de Naneia†. [14]É que Antíoco tinha ido com seus amigos ao templo da deusa, sob o pretexto de celebrar seu casamento com ela, mas sua intenção era apropriar-se, a título de dote, de suas muitas riquezas. [15]Os sacerdotes do Naneion as expuseram quando ele entrou no recinto do templo com uns poucos. Fecharam o templo logo que Antíoco entrou, [16]abriram a porta secreta do teto e, lançando pedras, fulminaram o chefe junto com os outros, esquartejaram-nos e cortaram suas cabeças, que lançaram aos que estavam fora. [17]Em tudo seja bendito nosso Deus que entregou à morte os sacrílegos! [18]Como estamos para celebrar a festa da purificação do templo no dia vinte e cinco do mês de casleu, julgamos necessário informar-vos disso, para que também vós celebreis a festa das Tendas e do fogo que apareceu quando Neemias ofereceu sacrifícios depois da reconstrução do templo e do altar".

O fogo sagrado. [19]De fato, quando nossos pais foram deportados para a Pérsia†, os sacerdotes fiéis de então tiraram o fogo do altar e o esconderam com cautela na cavidade de um poço seco, no qual o depositaram em segurança, de modo que o lugar ficou desconhecido de todos.

[20]Passados muitos anos, quando aprouve a Deus, Neemias, enviado pelo rei da Pérsia, ordenou aos descendentes dos sacerdotes, que esconderam o fogo, que fossem buscá-lo. Eles referiram que não haviam encontrado o fogo, e sim água grossa†, então ele mandou tirar dessa água para levar-lhe. [21]Quando tudo estava pronto para os sacrifícios, Neemias ordenou aos sacerdotes que aspergissem com aquela água a lenha e as coisas postas sobre ela. [22]Assim foi feito e, pouco tempo depois, o sol, que antes estava encoberto por nuvens, começou a brilhar e acendeu-se um grande fogo, maravilhando a todos. [23]Enquanto se consumia o sacrifício, os sacerdotes fizeram uma oração, e todos os outros com eles; Jônatas entoava e os demais, com Neemias, respondiam.

Oração litúrgica. [24]A oração dizia assim: 'Senhor, Senhor Deus, criador de todas as coisas, terrível e forte, justo e misericordioso, o único rei e o único bom, [25]o único generoso, o único justo, onipotente e eterno, que livrais Israel de todo o mal, que fizestes de nossos pais vossos escolhidos e os santificastes, [26]aceitai este sacrifício em favor de todo o vosso povo de Israel, guardai vossa herança e santificai-a. [27]Reuni nossos dispersos, concedei a liberdade aos que vivem como escravos entre as nações, olhai para os que são desprezados e ultrajados; fazei que as nações reconheçam que sois nosso Deus. [28]Castigai os que nos oprimem e nos injuriam com soberba; [29]plantai vosso povo* em vosso lugar santo, como disse Moisés'.

[30]Entretanto, os sacerdotes cantavam hinos. [31]Quando o sacrifício foi consumido, Neemias mandou derramar sobre grandes pedras a água restante. [32]Feito isso, apareceu uma chama que foi absorvida pelo clarão que resplandecia sobre o altar. [33]Quando o fato foi divulgado, contaram também ao rei dos persas que, no lugar onde os sacer-

---

* **1**,13. 1Mc 6,1-13; 2Mc 9,1-29 | 29. Dt 30,3ss

† **1**,13. Deusa persa da natureza e da fecundidade, identificada pelos gregos com Diana. | 19. Propriamente Babilônia, chamada Pérsia depois de conquistada por Ciro, o persa, em 539 a.C. | 20. Esse líquido denso é o petróleo. Pensaram que o fogo desse líquido tivesse caído do céu.

587   2 Macabeus 1-2

dotes deportados haviam escondido o fogo, aparecera uma água, com a qual os companheiros de Neemias tinham purificado o que era preciso para o sacrifício. [34]Constatado o fato, o rei mandou cercar o local e o declarou sagrado. [35]Àqueles a quem o rei queria obsequiar, ele distribuía as copiosas rendas que dali retirava. [36]Neemias e seus companheiros deram a esse líquido o nome de neftar, que quer dizer 'purificação'; mas por muitos é chamado 'nafta'.

2 A arca e o fogo milagroso.

[1]Encontra-se nos documentos que o profeta Jeremias ordenou aos deportados que tomassem do fogo, como foi falado. [2]Que o mesmo profeta recomendou aos deportados, ao entregar-lhes a Lei, que não esquecessem os mandamentos do Senhor e não se deixassem desviar nos pensamentos ao verem as estátuas de ouro e de prata e os ornamentos que as revestiam. [3]E com outras recomendações semelhantes exortava-os a não afastarem de seu coração a Lei. [4]Naquele documento constava também que o profeta, avisado por um oráculo, mandou que a tenda e a arca o seguissem, enquanto ele se dirigia para o monte em que subira Moisés para contemplar a herança de Deus. [5]Lá chegando, Jeremias encontrou uma habitação em forma de gruta, onde pôs a tenda, a arca e o altar dos perfumes, fechando depois a entrada. [6]Alguns dos que o haviam acompanhado voltaram para marcar o caminho, mas não puderam encontrá-lo. [7]Ao saber disso, Jeremias os repreendeu, dizendo: 'O lugar ficará desconhecido até que Deus reúna o povo e use de misericórdia para com ele. [8]Então o Senhor mostrará de novo essas coisas, e aparecerá a glória do Senhor junto com a nuvem, como se mostrava no tempo de Moisés* e quando Salomão rezou para que o lugar santo fosse consagrado com magnificência'.

[9]Contava-se ainda como ele, sendo sábio, ofereceu sacrifícios pela dedicação e conclusão do templo. [10]Assim como Moisés suplicara* ao Senhor, e do céu descera o fogo que consumiu as vítimas, da mesma maneira Salomão suplicou, e o fogo descido do alto consumiu os holocaustos. [11]Moisés havia dito:* 'Por não ter sido comido, o sacrifício pelo pecado foi destruído'. [12]Do mesmo modo Salomão celebrou oito dias de festa.

Coleção de escritos. [13]Além dessas coisas, narrava-se também nos documentos e nas memórias de Neemias como ele fundou uma biblioteca, na qual reuniu os livros referentes aos reis e aos profetas, os escritos de Davi e as cartas dos reis sobre as oferendas votivas. [14]Do mesmo modo, também Judas recolheu os livros* que estavam dispersos por causa da guerra que tivemos de enfrentar; agora os temos em nossas mãos. [15]Se, pois, precisardes deles, mandai pessoas que os levem até vós.

[16]Nós vos escrevemos* enquanto estamos para celebrar a purificação; fareis bem se celebrardes esses dias. [17]O Deus que salvou todo o seu povo e restituiu a todos a herança, o reino, o sacerdócio e a santificação, [18]como havia prometido na Lei, este Deus, nós o esperamos, sem demora terá piedade de nós e nos reunirá, de todas as regiões que há debaixo do céu,* no lugar santo, pois nos livrou de grandes males e purificou este lugar".

Prefácio do autor. [19]A história de Judas Macabeu e de seus irmãos, a purificação do grande templo e a dedicação do altar, [20]as guerras contra Antíoco Epífanes e seu filho Eupátor, [21]as aparições celestes em favor daqueles que generosamente lutaram em defesa do judaísmo†, a ponto de saquear toda a região, apesar de serem poucos, e de pôr em fuga uma multidão de bárbaros, [22]de reconquistar o templo famoso em todo o

---

* **2**,8. Êx 24,16; 1Rs 8,10s | 10. Lv 9,24; 2Cr 7,1 | 11. Lv 10,16s; 1Rs 8,65s | 14. 1Mc 1,56s | 16. 1Mc 4,59| 18. Dt 30,3ss

† **2**,21. Primeira vez que aparece este termo; ver também 8,1; 14,38; Gl 1,14. Por oposição ao helenismo, designa o conjunto de crenças, instituições, costumes e práticas dos judeus.

2 Macabeus 2-3

universo, libertar a cidade e restabelecer as leis que estavam para ser abolidas; ²³todas essas coisas que foram expostas por Jasão de Cirene em cinco livros, nós tentaremos resumi-las num só volume. ²⁴De fato, considerando a multidão de números e a dificuldade que encontram os que querem se aprofundar nas narrativas históricas de material abundante, ²⁵procuramos oferecer satisfação ao leitor, facilidade para quem quer guardar na memória e utilidade para todos a quem chegar este livro. ²⁶Para nós, que assumimos a penosa tarefa de fazer este resumo, não foi trabalho fácil, mas custou-nos suores e vigílias, ²⁷assim como não é fácil preparar um banquete e satisfazer os gostos dos outros. Não obstante, pelo reconhecimento que esperamos de muitos, suportaremos com prazer esse duro trabalho, ²⁸deixando ao autor a exposição completa dos pormenores e procurando proceder segundo os esquemas de um resumo. ²⁹Pois como o arquiteto de uma casa nova deve cuidar do conjunto da construção, enquanto compete ao decorador e ao pintor procurar os materiais adequados a sua ornamentação, assim, a meu ver, acontece conosco. ³⁰Cabe a quem compõe a história penetrar nas questões e investigá-las, ocupando-se dos mínimos detalhes; ³¹mas a quem faz uma adaptação deve-se permitir certa brevidade no dizer, renunciando à exposição minuciosa dos fatos. ³²Comecemos, pois, aqui nossa narração, sem nada acrescentar ao que foi dito, uma vez que é ingênuo ser prolixo no que precede a história e ser sucinto na história propriamente dita.

II. PERSEGUIÇÃO RELIGIOSA DE ANTÍOCO
(3–7)

3 Intrigas de Simão. ¹Quando a cidade santa gozava de completa paz e as leis eram observadas do melhor modo possível, graças à piedade do sumo sacerdote Onias† e sua aversão ao mal, ²os próprios reis honravam o lugar santo e glorificavam o templo com os dons mais esplêndidos. ³Tanto assim que Seleuco, rei da Ásia, custeava com suas rendas todas as despesas necessárias para a liturgia dos sacrifícios.

⁴Certo Simão, da tribo de Belga, nomeado superintendente do templo, desentendeu-se com o sumo sacerdote a respeito da administração do mercado da cidade. ⁵Não podendo prevalecer sobre Onias, recorreu a Apolônio de Tarso, então governador da Celessíria e da Fenícia, ⁶e contou-lhe que o tesouro de Jerusalém estava repleto de riquezas indizíveis, a ponto de ser incalculável a quantidade de dinheiro que havia ali e que, não tendo nada que ver com as despesas para os sacrifícios, era possível fazer cair tudo em poder do rei.

Atentados contra os tesouros do templo. ⁷Numa audiência com o rei, Apolônio informou-o acerca das riquezas que lhe haviam sido denunciadas. O rei escolheu Heliodoro, superintendente de seus negócios, e enviou-o com a ordem de confiscar as referidas riquezas. ⁸Heliodoro pôs-se logo a caminho, aparentemente para visitar as cidades da Celessíria e da Fenícia, mas na realidade para cumprir a ordem do rei. ⁹Chegando a Jerusalém, foi acolhido com benevolência pelo sumo sacerdote da cidade; passou-lhe a informação recebida e manifestou o motivo de sua vinda. Perguntou, pois, se as coisas eram realmente assim. ¹⁰O sumo sacerdote informou-o de que os depósitos eram de viúvas e órfãos; ¹¹que uma parte pertencia a Hircano, filho de Tobias, homem de posição elevada; que, ao contrário do que havia falsamente afirmado o ímpio Simão, o total do dinheiro era quatrocentos talentos de prata e duzentos de ouro; ¹²e que era absolutamente impossível lesar os que tinham confiado na santidade do lugar, na majestade e na inviolabilidade do

---

* **3**,24. 5,4
† **3**,1. Onias III foi sumo sacerdote de 198 a 175 a.C. Era filho de Simão II.

589 2 Macabeus 3

templo, venerado no mundo inteiro. [13]Mas Heliodoro, em virtude das instruções que recebera do rei, respondeu resoluto que aqueles bens deveriam ser transferidos para o tesouro do rei. [14]No dia por ele marcado, apresentou-se para fazer o inventário das riquezas, enquanto era grande a agitação em toda a cidade. [15]Os sacerdotes, revestidos com suas vestes sacerdotais, prostraram-se diante do altar dos holocaustos e invocavam o Céu[†], autor da lei sobre os depósitos, para que conservasse intactos esses bens para aqueles que os haviam depositado. [16]Quem observasse o semblante do sumo sacerdote sentia o coração ferido, porque o olhar e a palidez de seu rosto manifestavam a angústia de sua alma. [17]Dominado pelo medo e pelo tremor em todo o seu corpo, ele demonstrava aos que o viam a angústia de seu coração. [18]Das casas saltavam fora as pessoas em grupos para rezarem juntas, por causa da profanação que o lugar sagrado estava para sofrer. [19]As mulheres, com o peito cingido com a faixa de penitência, enchiam as ruas; as meninas, recolhidas em casa, acorriam umas para as portas, outras para os muros e outras ainda debruçavam-se às janelas. [20]Todas, de mãos estendidas para céu, faziam suas súplicas. [21]Era comovente ver a prostração confusa da multidão e a ânsia do sumo sacerdote, agitado por grande angústia.

Castigo de Heliodoro. [22]Enquanto invocavam o Senhor onipotente, para que com toda a segurança guardasse intactos os bens para quem os haviam depositado, [23]Heliodoro, de sua parte, executava o que fora decidido. [24]Mal chegara lá com seus cúmplices, junto à câmara do tesouro, o Senhor dos espíritos e de todo o poder manifestou-se de modo tão extraordinário que todos os que tiveram a ousadia de entrar, atingidos pelo poder de Deus, perderam o vigor* e a coragem. [25]Apareceu-lhes um cavalo, montado por um terrível cavaleiro e ricamente ajaezado, o qual se movia impetuosamente e lançava contra Heliodoro suas patas anteriores. Quem o montava parecia usar uma armadura de ouro. [26]Apareceram-lhe outros dois jovens, dotados de força extraordinária e de beleza esplêndida, ricamente vestidos, os quais, postados de um e de outro lado de Heliodoro, açoitavam-no sem parar, aplicando-lhe numerosos golpes. [27]De repente caiu por terra, envolto numa densa escuridão; eles o ergueram e o puseram na maca. [28]Aquele que pouco antes entrara na câmara do tesouro com numeroso séquito e toda a sua guarda foi levado assim, incapaz de ajudar a si mesmo. Reconheceram claramente a soberania de Deus! [29]Enquanto ele, prostrado pela força divina, estava caído sem fala e sem qualquer esperança de salvação, [30]os outros bendiziam o Senhor que havia glorificado seu lugar santo. E o templo, pouco antes invadido pelo terror e pela consternação, encheu-se de glória e de alegria quando apareceu o Senhor onipotente.

[31]Alguns companheiros de Heliodoro rogaram a Onias que suplicasse ao Altíssimo para que concedesse àquele que estava exalando seu último respiro a graça da vida. [32]O sumo sacerdote, temendo que o rei pudesse suspeitar que os judeus tinham feito um atentado contra Heliodoro, ofereceu um sacrifício para que fosse salvo. [33]Enquanto o sumo sacerdote oferecia o sacrifício de expiação, apareceram de novo a Heliodoro os mesmos jovens, com as mesmas vestes e, ficando de pé, lhe disseram: "Agradece muito ao sumo sacerdote Onias, porque é graças a ele que o Senhor te poupou a vida. [34]E tu, açoitado pelo Céu, anuncia a todos o grande poder de Deus". Dito isto, desapareceram.

Conversão de Heliodoro. [35]Então Heliodoro ofereceu um sacrifício ao Senhor e fez as mais fervorosas promessas Àquele que lhe havia conservado a vida; depois despediu-se de Onias e voltou com suas tropas para junto do

---

† **3**,15. Ver a nota em 1Mc 3,18.

2 Macabeus 3-4

rei. [36]Dava a todos testemunho das obras do Deus imenso, as quais ele havia visto com seus próprios olhos. [37]Ao rei que lhe perguntava quem lhe parecia apto para ser enviado outra vez a Jerusalém, Heliodoro respondeu: [38]"Se tens algum inimigo ou algum conspirador contra teu governo, manda-o lá; e o receberás de volta bem flagelado, se é que conseguirá escapar, pois em torno daquele lugar há realmente uma força divina. [39]De fato, aquele que tem sua morada no céu vela sobre aquele lugar e o protege; golpeia e elimina os que vão lá com más intenções".

[40]Assim aconteceram os fatos referentes a Heliodoro e à preservação do tesouro.

4 Onias denuncia Simão perante o rei. [1]O mencionado Simão, que havia denunciado o tesouro e traído a pátria, caluniava Onias, acusando-o de ter mandado assaltar Heliodoro e de ser o causador de seus males. [2]Ousava chamar de perturbador da ordem pública aquele benfeitor da cidade, protetor dos concidadãos e zeloso observador das leis. [3]Sua hostilidade cresceu a tal ponto que foram cometidos homicídios por um dos homens recrutados por Simão. [4]Onias, considerando o dano dessa rivalidade e o fato de que Apolônio, filho de Menesteu, governador da Celessíria e da Fenícia, fomentava a maldade de Simão, [5]foi ter com o rei, não para acusar seus concidadãos, mas visando ao interesse geral e particular de todo o povo. [6]De fato, ele percebia que, sem uma intervenção do rei, já não era possível que se restabelecesse a paz na vida pública e que Simão pusesse termo a sua insensatez.

Jasão, sumo sacerdote, introduz costumes helenistas. [7]Quando Seleuco morreu e sucedeu-lhe no trono Antíoco,* chamado Epífanes, Jasão, irmão de Onias, obteve por corrupção o cargo de sumo sacerdote. [8]Prometeu ao rei, durante uma audiência, trezentos e sessenta talentos* de prata e oitenta talentos provenientes de outras rendas. [9]Comprometeu-se também a pagar outros cento e cinquenta talentos, se lhe fosse concedido construir, por sua conta, um ginásio e um campo de treinamento e conferir a cidadania antioquena aos habitantes de Jerusalém. [10]Tendo o rei consentido, Jasão, logo que assumiu o cargo, começou a levar seus concidadãos a adotar os costumes gregos. [11]Suprimiu as concessões feitas aos judeus pelos reis, por intermédio de João, pai de Eupólemo,* aquele que depois chefiou a embaixada para concluir um tratado de amizade e aliança com os romanos e, abolindo as legítimas instituições pátrias, introduziu costumes contrários à lei. [12]Foi com satisfação que ele construiu o ginásio bem debaixo da fortaleza e induziu os melhores jovens aos exercícios de atletismo. [13]Desse modo, tanto prosperou o helenismo† e houve tal invasão de costumes estrangeiros, por causa da desmedida perversidade de Jasão, homem ímpio e não sumo sacerdote, [14]que os sacerdotes já não demonstravam nenhum zelo pela liturgia do altar, mas, desprezando o templo e descuidando os sacrifícios, corriam, ao sinal do gongo, para o ginásio, a fim de tomar parte nos espetáculos contrários à lei. [15]Não davam mais a mínima importância às honras pátrias, mas apreciavam sumamente as honrarias gregas. [16]Por causa disso se acharam numa situação penosa, quando tiveram por inimigos e justiceiros justamente aqueles cuja forma de viver seguiam com zelo e aos quais desejavam assemelhar-se em tudo. [17]Mas não se violam impunemente as leis divinas, como o demonstrará o período histórico seguinte.

[18]Quando eram celebrados em Tiro* os jogos quinquenais com a presença do rei, [19]o torpe Jasão mandou, como espectadores, alguns antioquenos de Jerusalém, levando consigo trezentas dracmas de prata para o sacrifício

---

* 4,7. 1Mc 1,10 | 8. 1Mc 1,11-15 | 11. 1Mc 8,17 | 18. 4,9

† 4,13. Ver a nota em 1Mc 1,42.

em honra de Hércules. Os portadores julgaram, porém, não ser conveniente empregá-las para o sacrifício, mas destiná-las para uma outra despesa. [20]Assim, a soma enviada para o sacrifício em honra de Hércules foi usada, por iniciativa dos portadores, para a construção de galeras.

[21]Por meio de Apolônio, filho de Menesteu, enviado ao Egito por ocasião da festa da entronização do rei Filométor, Antíoco veio a saber que este se tornara hostil a seu governo e por isso preocupou-se com sua segurança. Dirigiu-se a Jope e de lá foi a Jerusalém. [22]Acolhido magnificamente por Jasão e pela cidade, foi introduzido à luz de tochas e com aclamações. Depois, conduziu seu exército para acampar na Fenícia.

Menelau, sumo sacerdote. [23]Três anos depois,* Jasão enviou Menelau, irmão do mencionado Simão, para entregar o dinheiro ao rei e levar a bom termo as negociações sobre certos assuntos urgentes. [24]Tendo sido apresentado ao rei, adulou-o com um comportamento de gente importante e obteve o cargo de sumo sacerdote, superando em trezentos talentos de prata a oferta de Jasão. [25]De posse do documento de nomeação, ele se apresentou, não trazendo consigo nada que fosse digno do sumo sacerdócio, mas somente os sentimentos de um tirano cruel e a fúria de um animal feroz.

[26]Desse modo Jasão, que havia enganado o próprio irmão, foi por sua vez enganado por outro e obrigado a fugir para a região da Amanítida. [27]Quanto a Menelau, mantinha-se firme no poder, mas não se preocupava em pagar ao rei o dinheiro prometido. [28]Então Sóstrato, comandante da fortaleza, o reclamou, porque era encarregado de receber os impostos. Por essa razão, ambos foram convocados pelo rei. [29]Menelau deixou como substituto no sumo sacerdócio seu irmão Lisímaco, enquanto Sóstrato deixou Crates, comandante dos cipriotas.

Onias é morto por Andrônico. [30]Estando assim as coisas, aconteceu que os habitantes de Tarso e de Malos revoltaram-se, porque estas cidades foram doadas a Antioquide, concubina do rei. [31]O rei partiu a toda pressa a fim de acalmar a situação, deixando como substituto Andrônico, um de seus altos dignitários. [32]Então Menelau, julgando ter encontrado uma ocasião favorável, roubou alguns objetos de ouro do templo e os deu de presente a Andrônico, e conseguiu vender outros em Tiro e nas cidades vizinhas. [33]Mas Onias protestou, quando se certificou do fato e depois de se ter refugiado num lugar seguro em Dafne, perto de Antioquia. [34]Por isso Menelau, em conversa particular com Andrônico, incitou-o a eliminar Onias. Andrônico foi visitar Onias, ganhou sua confiança com engano, estendendo-lhe até a direita em sinal de juramento e persuadiu-o,* embora despertasse suspeitas, a sair de seu refúgio; então o matou imediatamente, sem nenhum respeito pela justiça. [35]Por esse motivo, não somente os judeus, mas também muitos de outras nações ficaram indignados e consternados com o injustificável assassínio desse homem.

Punição de Andrônico. [36]Quando o rei regressou dos mencionados lugares da Cilícia, apresentaram-se a ele os judeus da cidade, juntamente com alguns gregos que com eles compartilhavam da indignação por causa do assassínio injusto de Onias. [37]Antíoco entristeceu-se profundamente e, compadecido, chorou, recordando a prudência e a grande moderação do morto. [38]Depois, cheio de furor, mandou imediatamente despojar Andrônico da púrpura, rasgar-lhe as vestes e conduzi-lo por toda a cidade até o lugar onde havia cometido sua impiedade contra Onias, e lá cancelou do mundo o assassino. Assim o Senhor lhe deu o merecido castigo.

Lisímaco morre numa sedição. [39]Entretanto, muitos roubos sacrílegos tinham sido feitos na cidade com o consentimento de Menelau. Quando

---

* **4**,23. 3,4 | 34. Dn 9,26

2 Macabeus 4-5

a notícia se espalhou também fora, o povo se insurgiu contra Lisímaco, pois muitos objetos de ouro já haviam desaparecido. ⁴⁰Como a multidão estava excitada e cheia de ira, Lisímaco armou cerca de três mil homens e começou a usar de violência sob o comando de certo Aurano, avançado em idade, mas não menos em loucura. ⁴¹Percebendo que Lisímaco os atacava, uns apanharam pedras, outros bastões, outros ainda enchiam as mãos com a cinza que estava lá e se lançaram confusamente contra os partidários de Lisímaco. ⁴²Desse modo feriram muitos e abateram outros; obrigaram todos a fugir e mataram o próprio ladrão sacrílego junto da câmara do tesouro.

Processo contra Menelau. ⁴³Sobre estes fatos foi instaurado um processo contra Menelau. ⁴⁴Quando o rei veio a Tiro, três homens enviados pelo conselho dos anciãos apresentaram denúncia contra ele. ⁴⁵Menelau, vendo-se já perdido, prometeu elevada soma a Ptolomeu de Dorimeno, para que lhe obtivesse o favor do rei. ⁴⁶Então Ptolomeu* conduziu o rei a um pórtico, sob o pretexto de tomar um pouco de ar, e o fez mudar de parecer. ⁴⁷Assim, o rei absolveu das acusações Menelau, autor de todo aquele mal, e condenou à morte aqueles infelizes, os quais teriam sido declarados inocentes, ainda que tivessem defendido sua causa diante dos citas. ⁴⁸Sem demora sofreram esta pena injusta os que tinham tomado a defesa da cidade, dos povos e dos vasos sagrados. ⁴⁹Por essa razão, os próprios habitantes de Tiro, indignados com esse crime, providenciaram magnificamente o necessário para os funerais das vítimas. ⁵⁰Entretanto, Menelau, graças à cobiça dos poderosos, permanecia no poder, crescendo em maldade e tornando-se o principal adversário de seus concidadãos.

5 **Expedição de Antíoco IV no Egito.** ¹Por esse tempo, enquanto Antíoco preparava a segunda expedição contra o Egito, ²aconteceu que, durante cerca de quarenta dias, foram vistos na cidade inteira, correndo pelo ar, cavaleiros com vestes douradas, armados de lanças e dispostos em coorte, espadas desembainhadas; ³esquadrões de cavalaria alinhados para a batalha, assaltos e incursões desfechados de um e de outro lado, movimentação de escudos, florestas de lanças, arremesso de dardos, cintilações de armaduras de ouro e couraças de toda espécie. ⁴Todos, por isso, rezavam para que a aparição fosse de bom augúrio.

Jasão assalta Jerusalém. ⁵Tendo-se espalhado a falsa notícia de que Antíoco morrera, tomou Jasão não menos de mil homens e atacou a cidade de surpresa. Batidos os defensores dos muros, a cidade já estava tomada, quando Menelau se refugiou na fortaleza. ⁶Jasão começou a fazer um massacre impiedoso de seus próprios concidadãos, sem pensar que o sucesso obtido contra a própria gente é um grandíssimo insucesso, mas crendo, ao contrário, que conquistava troféus sobre inimigos e não sobre os próprios compatriotas. ⁷Não conseguiu, porém, assumir o poder; consciente da vergonha de sua conspiração, fugiu novamente para a região da Amanítida. ⁸Coube-lhe finalmente um miserável destino. Denunciado perante Aretas, tirano dos árabes, fugia de cidade em cidade, perseguido por todos, detestado como traidor das leis, execrado como algoz de sua pátria e dos próprios concidadãos, foi enxotado para o Egito. ⁹Ele, que a muitos expulsara da pátria, foi morrer exilado entre os espartanos, aonde se dirigira na esperança de encontrar refúgio* em nome da comum origem. ¹⁰Ele, que mandara atirar ao solo sem sepultura tanta gente, morreu sem ser chorado, não teve funeral de espécie alguma, nem um lugar no sepulcro de seus pais.

Devastação da cidade e do templo. ¹¹Quando esses acontecimentos chegaram ao conhecimento do rei, ele pensou que a Judeia se tivesse rebelado. Deixou, pois, o Egito, furioso como

---

* **4**,46. 1Mc 3,38; 2Mc 8,8; 10,12 | **5**,9. 1Mc 12,7

593 2 Macabeus 5-6

uma fera, e ocupou a cidade à mão armada. [12]Deu ordens aos soldados para matar sem piedade a quantos encontrassem e trucidar os que se refugiassem nas casas. [13]Houve matança de jovens e velhos, extermínio de homens, mulheres e crianças, massacre de moças e criancinhas. [14]Em apenas três dias houve oitenta mil vítimas: quarenta mil no decurso da luta, e não foi menor o número dos que foram vendidos como escravos. [15]Não contente com isso, ousou entrar no templo* mais santo de toda a terra, guiado por Menelau, o traidor das leis e da pátria; [16]com suas mãos imundas tomou os vasos sagrados e saqueou com suas mãos sacrílegas os objetos doados por outros reis para o engrandecimento, a glória e a honra do lugar santo. [17]Antíoco se exaltou* em seu pensamento, não considerando que o Senhor se tinha irado somente por pouco tempo por causa dos pecados dos habitantes da cidade, e que daí provinha sua aparente indiferença para com o lugar santo. [18]Com efeito, se não estivessem mergulhados numa multidão de pecados, também ele, logo que entrasse, teria sido flagelado e dissuadido de sua temeridade, como acontecera a Heliodoro, enviado pelo rei Seleuco para inspecionar a câmara do tesouro. [19]Mas o Senhor não escolheu o povo* por causa do lugar santo, mas o lugar santo por causa do povo. [20]É por isso que o próprio lugar, depois de ter participado das desventuras caídas sobre o povo, participou também de seus benefícios; e assim como foi abandonado enquanto ardeu a ira do Onipotente, do mesmo modo foi restaurado em toda a sua glória, quando se deu a reconciliação com o grande Soberano.

Massacre em Jerusalém. [21]Antíoco tirou do templo mil e oitocentos talentos e voltou a toda pressa para Antioquia, julgando em seu orgulho, por causa da exaltação de seu coração, que tinha tornado navegável a terra firme e transitável a pé o mar. [22]Deixou ministros para oprimir a nação: em Jerusalém, um tal Filipe, originário da Frígia, mas de índole mais bárbara do que aquele que o nomeara; [23]em Garizim, Andrônico; além destes, Menelau, que a todos excedeu em maldade contra seus concidadãos, nutrindo uma hostilidade declarada* contra os judeus. [24]Depois enviou o misarca† Apolônio com um exército de vinte e dois mil homens, com a ordem de trucidar todos os adultos e vender as mulheres e as crianças como escravas. [25]Ele chegou a Jerusalém, fingindo intenções pacíficas, e aguardou até ao dia santo do sábado; depois, aproveitando-se do repouso dos judeus, ordenou aos seus um desfile militar [26]e mandou exterminar todos os que saíram para assistir ao espetáculo. Depois, invadindo a cidade com seus soldados armados, massacrou uma grande multidão.

[27]Judas, chamado também Macabeu,* fugiu com uns dez homens para o deserto, onde vivia à maneira dos animais selvagens, nos montes, com os companheiros. Alimentando-se unicamente de ervas, resistiam para evitar toda contaminação.

6 **Perseguição de Antíoco IV Epífanes.** [1]Não muito tempo depois, o rei mandou um ancião,* um ateniense, com o encargo de obrigar os judeus a abandonar as leis de seus pais e a não viver mais segundo as leis de Deus. [2]Mandou também profanar o templo de Jerusalém, dedicando-o a Júpiter Olímpio, e dedicar o do monte Garizim a Júpiter Hospitaleiro, conforme o pedido dos habitantes do lugar†. [3]A propagação do mal foi penosa e intolerável para todos. [4]O templo ficou repleto

---

* **5**,15. 1Mc 1,20-24 | 17. 6,12-16; 7,16-19.32-38 | 19. 3,1; 1Cr 17,9; Mc 2,27 | 23. 1Mc 1,29-37 | 27. 1Mc 2,28 | **6**,1. 1Mc 1,45-51

† **5**,24. Comandante de tropas mercenárias da Mísia, na Ásia Menor. | **6**,2. Trata-se dos samaritanos, que haviam construído sobre o Garizim um templo rival do de Jerusalém e o consagraram a um deus pagão, para não sofrerem a repressão que sofriam os judeus – diz o historiador Flávio Josefo.

2 Macabeus 6

de dissolução e de orgias dos pagãos, que lá se divertiam com meretrizes; nos próprios átrios sagrados tinham relações com mulheres e introduziram aí coisas inconvenientes. [5]O altar estava coberto de coisas detestáveis, proibidas pelas leis. [6]Não se podia observar o sábado, nem guardar as festas tradicionais, nem simplesmente declarar-se judeu. [7]Eram arrastados com brutal violência ao banquete sacrifical que se realizava todo mês, no dia natalício do rei; e, por ocasião das festas dionisíacas, eram obrigados a acompanhar, coroados de hera, o cortejo em honra de Dionísio.

[8]Por instigação dos habitantes de Ptolemaida, foi promulgado um decreto para que, nas cidades helenísticas circunvizinhas, se procedesse do mesmo modo a respeito dos judeus, obrigando-os a participar dos banquetes sacrificais, [9]com a ordem de matar os que se recusassem a adotar os costumes gregos. Podia-se então entrever a tribulação que os aguardava.* [10]Assim, foram presas duas mulheres por terem circuncidado os filhos; tiveram de circular publicamente pela cidade com o filho pendurado aos seios, e depois foram precipitadas do alto dos muros. [11]Outros, que se haviam reunido nas grutas vizinhas para celebrar secretamente o sábado, foram denunciados a Filipe e juntos entregues às chamas; não ousaram defender-se, por respeito àquele sacratíssimo dia.

Sentido da perseguição. [12]Recomendo àqueles* que terão em mãos este livro que não se deixem abater por causa dessas calamidades; pensem, antes, que esses castigos não sucederam para a ruína, mas para a correção de nossa gente. [13]Porque não deixar impunes por muito tempo os que cometem a impiedade, mas castigá-los sem demora, é sinal de grande benevolência. [14]Com efeito, para castigar* as outras nações, o Soberano espera com paciência que elas cheguem a completar a medida de suas iniquidades, mas não

foi assim que lhe aprouve agir conosco, [15]para que não tenha de nos punir no fim, quando nossos pecados chegarem ao extremo. [16]Por isso ele nunca retira de nós sua misericórdia e, mesmo quando corrige seu povo com a adversidade, ele jamais o abandona.

[17]Sirva de advertência o que acabamos de dizer; depois disso, voltemos a nossa narrativa.

Martírio de Eleazar. [18]Certo homem, chamado Eleazar, um dos principais escribas, já avançado em idade e de bela aparência, estava sendo forçado a abrir a boca para comer carne de porco. [19]Preferindo a morte gloriosa* a uma existência infame, encaminhou-se espontaneamente ao suplício. [20]Cuspiu o que lhe puseram na boca, comportando-se como deveriam fazer os que têm a coragem de recusar as comidas que não se podem comer nem por amor à própria vida. [21]Os que presidiam àquele ímpio banquete sacrifical, conhecendo de longa data aquele homem, tomaram-no à parte e tentavam persuadi-lo a mandar trazer carne permitida, por ele mesmo preparada, e fingir que estava comendo das carnes do sacrifício prescrito pelo rei; [22]agindo assim, escaparia da morte e seria tratado com clemência por causa da antiga amizade que os ligava. [23]Mas ele tomou uma nobre resolução, digna da idade e do prestígio da velhice, da merecida distinção de seus cabelos brancos e da ótima conduta observada desde a infância, mas sobretudo digna da santa lei estabelecida por Deus e, sem hesitar, respondeu logo que o mandassem à morada dos mortos: [24]"Na verdade, não é digno de nossa idade fingir; senão muitos jovens, pensando que Eleazar, com seus noventa anos, adotou os costumes estrangeiros, [25]serão desviados também eles, por minha causa, por minha simulação, por amor a uns poucos e breves dias de vida, e eu atrairia sobre minha velhice a vergonha e a infâmia. [26]Pois, mesmo que no presente eu conseguisse evitar o castigo dos homens, vivendo

---

* **6**,9. 1Mc 1,60s | 12. 5,17-20; 7,16-19. 32-38 | 14. Sb 11,9s; 12,2.22; 1Ts 2,16 | 19. Lv 11,7s; Hb 11,35

595   2 Macabeus 6-7

ou morrendo não escaparia das mãos do Onipotente. [27]Por isso, renunciando agora corajosamente à vida, mostrar-me-ei digno de minha velhice, [28]deixando aos jovens um nobre exemplo de uma bela morte, voluntária e generosa, pelas venerandas e santas leis". Dizendo isso, encaminhou-se logo para o suplício. [29]Os que o conduziam mudaram em dureza a benevolência de pouco antes, porque as palavras que acabava de dizer lhes pareciam uma loucura. [30]Ele, porém, prestes a morrer sob os golpes, suspirando, disse: "O Senhor, a quem pertence a sagrada ciência, bem sabe que, podendo escapar da morte, sofro no corpo tormentos atrozes sob os açoites, mas na alma suporto de boa vontade tudo isso pelo temor dele". [31]Assim partiu ele desta vida, deixando não só aos jovens, mas também à grande maioria do povo, sua morte como exemplo de generosidade e um memorial de fortaleza.

7 Martírio dos sete irmãos e de sua mãe[†].
[1]Aconteceu também que sete irmãos* foram presos com sua mãe e torturados com flagelos e nervos de boi pelo rei, que queria forçá-los a comer carne de porco, proibida pela lei. [2]Um deles, fazendo-se porta-voz de todos, disse: "Que pretendes perguntar ou saber de nós? Estamos prontos a morrer, antes que transgredir as leis de nossos pais". [3]O rei, enfurecido, ordenou que pusessem ao fogo frigideiras e caldeirões. [4]Quando começaram a ferver, mandou cortar a língua daquele que tinha falado, arrancar-lhe o couro cabeludo e cortar-lhe as mãos e os pés à vista dos outros irmãos e da mãe. [5]Quando ficou completamente mutilado, o rei mandou conduzi-lo ao fogo e pô-lo na frigideira enquanto ainda respirava. Enquanto um denso vapor subia da frigideira, os outros com sua mãe se exortavam a morrer com coragem, dizendo: [6]"O Senhor Deus está vendo e certamente tem compaixão de nós, como o declarou Moisés em seu cântico, que atesta abertamente: 'E Ele terá piedade de seus servos'".

[7]Quando o primeiro partiu assim desta vida, levaram o segundo ao suplício. Depois de lhe terem arrancado a pele da cabeça com os cabelos, perguntaram-lhe: "Queres comer, antes que seja torturado teu corpo, membro por membro?" [8]Respondeu ele na língua de seus pais: "Não!" Por isso, também ele sofreu os tormentos como o primeiro. [9]Ao exalar o último suspiro, disse: "Tu, ó criminoso, nos exclui da vida presente, mas o Rei do universo nos fará ressurgir para uma vida eterna[†] a nós que morremos por suas leis".

[10]Depois deste, torturaram o terceiro. Apresentou logo a língua, como lhe foi ordenado, estendeu corajosamente as mãos [11]e disse com dignidade: "Do Céu recebi estes membros; mas por causa de suas leis os desprezo, porque espero recebê-los novamente dele". [12]Até o próprio rei* e sua corte ficaram impressionados com a força de ânimo do jovem, que não fazia caso algum dos sofrimentos.

[13]Morto este, torturaram o quarto do mesmo modo, com suplícios. [14]Estando para morrer, disse: "Vale mais morrer pela mão dos homens, tendo da parte de Deus a esperança de ser por ele ressuscitado. Porque para ti não haverá ressurreição para a vida".

[15]Logo depois conduziram o quinto e o torturaram. [16]Mas ele, olhando para o rei, disse: "Porque tens autoridade sobre os homens, embora sejas mortal, fazes o que queres; não creias, porém, que nossa raça tenha sido abandonada por Deus. [17]Quanto a ti, espera e verás seu grande poder e como atormentará a ti e tua descendência".

---

* 7,1. Hb 11,35 | 12. 12,38-46

† 7. Esta narrativa deu início a um gênero literário de muito sucesso, imitado nas atas dos mártires, que exalta a coragem dos justos e incrimina a crueldade dos perseguidores. | 9. Primeira afirmação da crença numa vida sem fim dos corpos ressuscitados. Ver também Dn 12,1-4. Uma ressurreição dos justos somente.

2 Macabeus 7

18Depois deste, trouxeram o sexto.* Quando estava para morrer, disse: "Não tenhas vãs ilusões; é por nossa causa que sofremos tais coisas, porque pecamos contra nosso Deus; eis por que nos acontecem essas coisas assombrosas; 19tu, porém, não penses que ficarás impune, depois que ousaste combater contra Deus".

20Mas admirável sobretudo e digna de eterna memória foi a mãe, que, vendo morrer num só dia seus sete filhos, suportava tudo corajosamente, amparada pela esperança que tinha no Senhor. 21Cheia de nobres sentimentos e dando força varonil a suas palavras de mulher, exortava a cada um deles na língua materna, dizendo-lhes: 22"Não sei de que modo aparecestes* em meu seio; não fui eu que vos dei o espírito e a vida, nem fui eu que dispus organicamente os elementos de cada um de vós. 23Por isso, o Criador do mundo, que plasmou no princípio o homem e deu origem a todos os seres, por sua misericórdia vos restituirá o espírito e a vida, porque agora vos sacrificais a vós mesmos por suas leis".

24Antíoco, considerando-se desprezado, porque pensava que aquelas palavras eram ofensivas, enquanto o mais novo estava ainda vivo, começou não só a exortá-lo com palavras, mas também a prometer-lhe com juramento que o faria rico e feliz e que, se abandonasse as tradições de seus pais, o trataria como amigo e lhe confiaria importantes cargos. 25Mas como o menino não lhe desse a menor atenção, o rei chamou a mãe e exortou-a a dar conselhos ao filho para salvar sua vida. 26Depois de longas exortações, ela aceitou tentar persuadir o filho. 27Inclinando-se para ele e ludibriando o cruel tirano, disse na língua materna: "Meu filho, tem piedade de mim, que durante nove meses te trouxe no seio, por três anos te amamentei, criei-te, eduquei-te e te alimentei até esta idade. 28Eu te peço, meu filho: Contempla o céu e a terra e observa todas as coisas que neles há, reconhece que não foi de coisas existentes que Deus as fez† e que também o gênero humano tem a mesma origem. 29Não temas este verdugo, mas sê digno de teus irmãos e aceita a morte, para que eu te reencontre com eles no dia da misericórdia".

30Enquanto ela ainda falava, o menino disse: "O que é que esperais? Não obedeço à ordem do rei; obedeço à Lei que foi dada a nossos pais por meio de Moisés. 31E tu, que és o autor de toda* essa maldade contra os hebreus, não escaparás das mãos de Deus. 32Pois é por causa de nossos pecados que nós sofremos. 33E se agora, para nos punir e corrigir, nosso Senhor, que vive, por breve tempo se mostra irado contra nós, ele se reconciliará novamente com seus servos. 34Mas tu, ó ímpio, tu, o mais torpe de todos os homens, não te exaltes como um louco, embalando-te em vãs esperanças, enquanto ergues a mão contra os filhos do Céu, 35porque ainda não escapaste ao juízo do Onipotente, que tudo vê. 36Pois nossos irmãos, depois de terem suportado um breve tormento em vista de uma vida perene, caíram pela aliança de Deus; mas tu receberás, no juízo de Deus, o justo castigo de tua soberba.37Também eu, como meus irmãos, sacrifico meu corpo e minha vida pelas leis de meus pais, pedindo a Deus que sem demora se mostre misericordioso para com nossa nação e te obrigue, com duras provas e flagelos, a reconhecer que só ele é Deus; 38e que afinal se detenha em mim e em meus irmãos a ira do Onipotente, que com toda a justiça se abateu sobre toda a nossa raça".

39Fora de si pela cólera, o rei tratou este último com crueldade ainda maior do que os outros, sentindo amargamente o sarcasmo. 40Assim este também partiu desta vida, ilibado, confiando inteiramente no Senhor. 41Por último, depois dos filhos, morreu a mãe.

---

* **7**,18. 5,17-20; 6,12-15 | 22. Jó 10,8-12; Sl 139,13ss; Eclo 11,5 | 31. 5,17-20; 6,12-16
† **7**,28. Primeira e mais precisa afirmação da criação a partir do nada, ver Hb 11,3

597 2 Macabeus 7-8

[42]Mas, em torno dos banquetes sacrificais e dessas torturas monstruosas, seja suficiente o que aqui foi exposto.

III. JUDAS MACABEU
(8–15)

8 **A insurreição dos Macabeus.** [1]Entretanto Judas, chamado também Macabeu, e seus companheiros, entrando secretamente nas aldeias, convidavam os parentes e, recrutando os que haviam permanecido fiéis ao judaísmo, reuniram cerca de seis mil homens. [2]Suplicavam ao Senhor a fim de que volvesse o olhar para o povo, oprimido por todos, tivesse piedade do templo, profanado pelos ímpios, [3]que se compadecesse da cidade, devastada e prestes a ser arrasada até ao solo, que escutasse os clamores do sangue que gritava a ele, [4]que se lembrasse da iníqua matança das crianças inocentes, que vingasse as blasfêmias lançadas contra seu Nome e manifestasse sua aversão ao mal. [5]Depois de organizado o grupo, o Macabeu* tornou-se invencível para os pagãos, pois a ira do Senhor se havia mudado em misericórdia. [6]Chegando de surpresa a cidades e vilas, incendiava-as; ocupava os pontos estratégicos e punha em fuga não poucos inimigos. [7]Para esses ataques, escolhia de preferência como aliada a noite; e a fama de sua bravura se difundia por toda a parte. **Nicanor enviado contra Judas.** [8]Vendo que esse homem crescia em importância e obtinha sucessos* sempre mais frequentes, Filipe escreveu a Ptolomeu, governador da Celessíria e da Fenícia,* para que viesse defender os interesses do rei. [9]Este escolheu logo Nicanor, filho de Pátroclo,* um dos amigos mais próximos do rei, e enviou-o à frente de não menos de vinte mil homens, mercenários de diversas nações, a fim de exterminar toda a raça dos judeus; associou-lhe também Górgias, general de profissão e perito em operações de guerra. [10]Nicanor planejava pagar o tributo de dois mil talentos, que o rei devia aos romanos, com a venda dos judeus que haveria de capturar. [11]Sem demora divulgou pelas cidades costeiras o convite para que viessem comprar escravos judeus, prometendo ceder noventa deles por um talento. Não esperava que a justiça de Deus estivesse para atingi-lo. **Judas encoraja os seus.** [12]Judas foi informado da expedição de Nicanor e anunciou a seus homens a chegada do exército inimigo. [13]Então os medrosos e os que não confiavam na justiça de Deus fugiram e foram para outros lugares. [14]Outros, porém, venderam tudo o que lhes restava e ao mesmo tempo rezavam ao Senhor para que salvasse aqueles que o ímpio Nicanor tinha vendido antes mesmo da batalha; [15]e isso, se não por eles mesmos, pelo menos por causa das alianças feitas com seus pais e porque sobre eles fora invocado seu Nome augusto e cheio de majestade. [16]O Macabeu reuniu seus homens, em número de seis mil, exortou-os a não se atemorizar diante dos inimigos, nem se preocupar com a multidão dos gentios, que vinham agredi-los injustamente, mas a combater heroicamente, [17]tendo diante dos olhos o ultraje cometido por eles contra o lugar santo, a humilhação imposta à cidade devastada e a abolição dos costumes tradicionais. [18]Ele disse: "Eles confiam nas armas* e em sua audácia, mas nós confiamos em Deus Onipotente, que pode abater com um só aceno os que vêm contra nós e o mundo inteiro". [19]Lembrou-lhes os socorros* recebidos por seus antepassados, de modo especial aquele contra Senaquerib, quando foram mortos cento e oitenta e cinco mil homens; [20]e a batalha que teve lugar em Babilônia contra os gálatas, quando oito mil judeus com quatro mil macedônios se lançaram à luta, mas depois, achando-se os macedônios em dificuldade, os oito mil massacraram cento e vinte mil homens, graças ao auxílio que lhes veio do Céu, obtendo grande vantagem. **Primeira vitória sobre Nicanor.** [21]Com essas palavras encorajou-os e os dispôs

---

* **8**,5. 1Mc 3,3-9 **|** 8. 1Mc 3,38-4,25 / 4,45; 10,12 **|** 9. 1Mc 3,38; 2,18 **|** 18. Sl 20,8 **|** 19. 2Rs 19,35; Is 37,36

2 Macabeus 8-9

a morrer pela lei e pela pátria; depois repartiu o exército em quatro divisões, [22]pondo à frente de cada uma seus irmãos Simão, José e Jônatas, e deu a cada um o comando de mil e quinhentos homens. [23]Além disso, ordenou a Eleazar* que lesse o livro sagrado e deu a palavra de ordem: "Socorro de Deus", e ele mesmo se pôs à frente da primeira divisão e atacou Nicanor. [24]O Onipotente se fez seu aliado e massacraram mais de nove mil inimigos, feriram e mutilaram a maior parte do exército de Nicanor e obrigaram todos à fuga. [25]Apoderaram-se do dinheiro dos que tinham vindo para comprá-los e perseguiram os fugitivos até certa distância, mas voltaram atrás porque já era tarde; [26]com efeito, era véspera do sábado, motivo pelo qual não continuaram a persegui-los. [27]Recolhidas as armas e tomados os despojos dos inimigos, passaram o sábado bendizendo e louvando mais do que nunca o Senhor que os havia salvo naquele dia e havia começado a usar de misericórdia para com eles. [28]Passado o sábado, distribuíram uma parte dos despojos entre as vítimas da perseguição, as viúvas e os órfãos, e dividiram o resto entre si e os filhos. [29]Depois disso, fizeram uma súplica coletiva, pedindo ao Senhor misericordioso que se reconciliasse plenamente com seus servos.

Vitórias sobre Timóteo e Báquides.
[30]Combateram também com os soldados de Timóteo e de Báquides e mataram mais de vinte mil deles; tornaram-se senhores absolutos de altas fortalezas e dividiram seus imensos despojos em partes iguais entre si mesmos, os perseguidos, os órfãos, as viúvas e também os idosos. [31]Recolhidas as armas dos inimigos, com muito cuidado as colocaram em depósitos convenientes e levaram para Jerusalém o resto dos despojos. [32]Mataram o comandante das tropas de Timóteo, um criminoso de marca maior, que muito fizera sofrer os judeus. [33]Enquanto na pátria se celebrava a vitória, queimaram vivos os que haviam incendiado as portas do templo, inclusive Calístenes, que se refugiara numa casinha, e assim recebeu o justo castigo por sua profanação. [34]O supercriminoso Nicanor, que havia trazido mil mercadores para lhes vender* os judeus, [35]humilhado, com a ajuda de Deus, por aqueles que ele considerava insignificantes, depôs suas esplêndidas vestes e atravessou o país como um escravo fugitivo; abandonado por todos, chegou a Antioquia, favorecido por uma sorte extraordinária, pois seu exército tinha sido destruído. [36]E aquele que se comprometera a pagar o tributo aos romanos com a venda dos prisioneiros de Jerusalém confessava que os judeus tinham um Defensor e que eles eram invulneráveis porque seguiam as leis prescritas por ele.

9 Castigo do ímpio Antíoco IV.

[1]Nessa mesma época, Antíoco* voltou das regiões da Pérsia envergonhado. [2]Com efeito, tinha ido à cidade chamada Persépolis, havia tentado saquear o templo e ocupar a cidade; mas a multidão se revoltou, pegou em armas, e Antíoco, expulso pelos habitantes do país, teve de retirar-se vergonhosamente.

[3]Ao chegar perto de Ecbátana, recebeu notícias do que acontecera com Nicanor e com as tropas de Timóteo. [4]Inflamado de ira, planejava fazer os judeus pagar pela desonra que lhe fora infligida por aqueles que o haviam posto em fuga. Por isso ordenou a seu cocheiro que conduzisse o carro sem parar até o fim da viagem. Mas já o acompanhava a sentença do Céu, pois em seu orgulho havia dito: "Farei de Jerusalém o cemitério de judeus logo que eu chegar lá!" [5]Mas o Senhor que tudo vê, o Deus de Israel, feriu-o com uma doença incurável e invisível. De fato, mal terminara de pronunciar aquelas palavras, foi acometido de dores atrozes nas entranhas e de cruéis tormentos nos intestinos; [6]isto era perfeitamente justo, pois ele havia

---

* 8,23. 1Mc 3,48 **| 34.** 8,23s **| 9,**1. 1Mc 6,1-16; 1,11-17

atormentado as entranhas dos outros com numerosas e estranhas torturas. [7]Mas ele não desistia de sua altivez; ao contrário, ainda cheio de soberba, respirando o fogo de sua cólera contra os judeus, mandou acelerar a corrida. De repente, porém, caiu do coche, que corria veloz, e a queda foi tão violenta que todos os membros de seu corpo ficaram fraturados. [8]Ele, que até então pensava em sua arrogância sobre--humana, que podia dominar as ondas do mar e se julgava* capaz de pesar na balança a altura das montanhas, estendido no chão, era levado numa maca, demonstrando claramente a todos o poder de Deus; [9]tanto mais que do corpo desse ímpio começaram a sair vermes* e, enquanto estava vivo, suas carnes caíam aos pedaços entre dores e tormentos, e todo o exército sentia náuseas daquela podridão por causa do mau cheiro. [10]Aquele que pouco antes pensava tocar os astros do céu, ninguém agora o podia carregar por causa do incômodo intolerável do mau cheiro. [11]Naquele momento, enfim, coberto de feridas, começou a despojar-se do excesso de orgulho e a tomar consciência de sua situação, pelo efeito do flagelo divino, torturado por crises dolorosas. [12]Não podendo mais nem ele próprio suportar seu mau cheiro, disse: "É justo sujeitar-se a Deus e não pretender, sendo mortal, igualar-se à divindade". [13]Aquele celerado rezava ao Soberano, que não havia de usar de misericórdia para com ele, dizendo [14]que ia declarar livre a cidade santa, aonde ele se apressava em chegar a fim de arrasá-la ao solo e convertê-la em cemitério; [15]que ia igualar, nos direitos, aos atenienses todos os judeus, que antes ele julgava indignos de uma sepultura, mas bons para ser lançados, com seus filhos, em pasto às feras e às aves†; [16]que ia adornar com as mais belas ofertas votivas o santo templo por ele anteriormente saqueado; que ia restituir, em número

ainda maior, todos os vasos sagrados e prover com suas rendas às despesas necessárias para os sacrifícios; [17]e que, além disso, prometia tornar-se judeu e percorrer todos os lugares habitados para proclamar o poder de Deus.

Carta de Antíoco aos judeus. [18]Como, porém, as dores não cessavam de modo algum, porque pesava sobre ele o justo juízo de Deus, e ele perdia toda a esperança de cura, escreveu aos judeus a carta seguinte, em tom de súplica, assim redigida:

[19]"Aos nobres cidadãos judeus, o rei e comandante Antíoco envia cordiais saudações e votos de saúde e felicidade perfeita. [20]Se estais bem, vós e vossos filhos, e se vossos negócios vão conforme desejais, é o que desejo eu que ponho minha esperança no Céu. [21]Recordo com afeto vossas provas de estima e benevolência para comigo. Quanto a mim, ao voltar das regiões da Pérsia, achando-me atingido por uma doença insuportável, achei necessário preocupar-me com a comum segurança de todos. [22]Não que eu desespere de meu estado; pelo contrário, tenho muitas esperanças de escapar dessa doença; [23]mas considerando que também meu pai, toda vez que empreendia expedições nas regiões setentrionais, designava o sucessor, [24]a fim de que, no caso de um acontecimento inesperado ou de uma notícia infausta, os habitantes do país não se agitassem, sabendo em que mãos fora deixado o poder; [25]além disso, constatando que os soberanos próximos de nós e os vizinhos de nosso reino espreitam as circunstâncias e aguardam as eventualidades, nomeei como rei meu filho Antíoco, que em outras ocasiões, ao partir para as regiões setentrionais, confiei e recomendei a muitos de vós. Escrevi a ele a carta citada abaixo. [26]Eu vos recomendo, pois, e vos peço que, lembrados dos benefícios que recebestes de mim em público ou em particular,

---

* **9**,8. Is 40,12; 51,15; Jó 38,8-11; Sl 65,7s **|** **9**. Eclo 7,19; At 12,23

† **9**,15. Para os judeus, como para quase todos os povos antigos, ficar sem sepultura era o mais terrível dos castigos depois da morte.

2 Macabeus 9-10

cada um de vós conserve para comigo e para com meu filho vossa costumeira benevolência. [27]Estou certo de que ele, seguindo minhas diretrizes, usará convosco de moderação e humanidade".

Morte de Antíoco. [28]Assim, este homicida e blasfemador, sofrendo as dores mais horríveis, do mesmo modo que havia tratado os outros, teve a sorte lamentável de perder a vida em terra estrangeira, nas montanhas. [29]Seu companheiro de infância, Filipe, transportou seu corpo; mas, temendo o filho de Antíoco, retirou-se para o Egito, junto de Ptolomeu Filométor.

10 **Purificação do templo.** [1]Entretanto, o Macabeu e seus companheiros, sob a guia do Senhor, recuperaram o templo e a cidade; [2]demoliram os altares construídos pelos estrangeiros na praça, como também os lugares de culto; [3]purificaram o templo e ali edificaram um outro altar; tiraram de pederneiras centelhas de fogo, tomaram deste fogo e, depois de dois anos de interrupção, ofereceram sacrifícios, fizeram fumegar o incenso, acenderam as lâmpadas e expuseram os pães da apresentação. [4]Feito isso, prostrados por terra, suplicaram ao Senhor que não os deixasse cair de novo em tão grandes males, mas que, se voltassem a pecar, ele os castigasse com clemência e não os entregasse às nações blasfemas e bárbaras. [5]No mesmo dia em que o templo tinha sido profanado pelos estrangeiros, ocorreu a purificação do templo, isto é, no dia vinte e cinco do mês de casleu.

[6]Celebraram com alegria oito dias de festa, como na festa das Tendas, lembrando que pouco tempo antes, durante a festa das Tendas, estavam dispersos pelos montes e nas cavernas como feras. [7]Por isso, levando bastões ornados, ramos verdes e palmas, cantavam hinos Àquele que de modo tão feliz os conduzira até a purificação de seu lugar santo. [8]Decretaram então com edito público, confirmado por votação, que toda a nação dos judeus festejasse anualmente esses dias.

[9]Tais foram as circunstâncias da morte de Antíoco, chamado Epífanes.

Judas vence os idumeus. [10]Agora exporemos os fatos referentes a Antíoco Eupátor,* filho daquele ímpio, limitando-nos aos males causados pelas guerras. [11]Este, tendo tomado posse do reino, pôs à frente de sua administração certo Lísias, comandante supremo da Celessíria e da Fenícia. [12]Entretanto Ptolomeu, chamado Macron, o primeiro a observar a justiça para com os judeus, procurando reparar as injustiças cometidas contra eles, esforçava-se por resolver pacificamente as questões deles. [13]Por causa disso foi acusado pelos amigos do rei perante Eupátor. Ouvindo em todas as ocasiões que o chamavam de traidor por ter abandonado Chipre, que lhe fora confiada por Filométor, e porque passara para o partido de Antíoco Epífanes, não mais podendo exercer com honra seu cargo, suicidou-se, tomando veneno.

[14]Górgias, tornando-se governador da região, recrutava mercenários estrangeiros e se aproveitava de todas as ocasiões para guerrear os judeus. [15]Ao mesmo tempo, também os idumeus,* que ocupavam fortalezas estratégicas, importunavam os judeus e, acolhendo os que eram expulsos de Jerusalém, procuravam manter acesa a luta. [16]Mas os soldados do Macabeu,* depois de elevar preces, implorando a Deus que fosse seu aliado, assaltaram as fortalezas dos idumeus.

[17]Depois de um vigoroso ataque conseguiram apoderar-se delas; rechaçaram todos os que combatiam sobre os muros, trucidaram a quantos lhes caíssem nas mãos, matando assim não menos de vinte mil homens. [18]Outros nove mil, ao menos, conseguiram refugiar-se em duas torres particularmente fortes, abastecidas de todo o necessário para um cerco. [19]Então o Macabeu deixou lá Simão e José e também Zaqueu com seus soldados,

---

* **10**,10. 1Mc 6,17 | 15. 1Mc 5,1-8 | 16. 8,23s

2 Macabeus 10-11

em número suficiente para sustentar o cerco, e transferiu-se para outros lugares mais críticos. [20]Mas os soldados de Simão, seduzidos pelo dinheiro, deixaram corromper-se por alguns dos que estavam nas torres e, depois de receberem setenta mil dracmas, deixaram fugir certo número deles. [21]Informado do ocorrido, o Macabeu reuniu os chefes do povo e acusou os culpados de terem vendido seus irmãos por dinheiro, pondo em liberdade seus inimigos. [22]Mandou matá-los como traidores e imediatamente ocupou as duas torres. [23]E visto que, com as armas na mão, em tudo teve êxito, exterminou nas duas fortalezas mais de vinte mil inimigos.

Derrota e morte de Timóteo. [24]Timóteo, que antes havia sido derrotado pelos judeus, juntou numerosas forças mercenárias, reuniu não poucos cavaleiros da Ásia e foi para a Judeia com a intenção de conquistá-la com as armas. [25]Quando ele se aproximava, os homens do Macabeu cobriram de pó a cabeça para a oração a Deus[†] e, cingidos os rins com cilícios, [26]prostraram-se diante do altar, pedindo a Deus que lhes fosse propício, que fosse inimigo* de seus inimigos e adversário de seus adversários, como diz a Lei. [27]Terminada a oração, empunharam as armas e avançaram até uma boa distância da cidade e, quando já estavam perto do inimigo, pararam. [28]Ao despontar a luz da manhã, começou o ataque das duas partes: uns tinham como garantia de sucesso e de vitória, além de seu valor, o recurso ao Senhor; os outros tomavam como guia para o combate seu furor. [29]Quando a batalha* se tornou mais violenta, apareceram do céu aos inimigos, sobre cavalos com freios de ouro, cinco homens majestosos, que se puseram à frente dos judeus. [30]Tomando o Macabeu no meio e protegendo-o com suas armaduras, tornavam-no invulnerável, ao mesmo tempo que lançavam flechas e raios contra

os inimigos que, confusos e cegos, se dispersaram na maior desordem. [31]Resultaram mortos vinte mil e quinhentos soldados e seiscentos cavaleiros.

[32]O próprio Timóteo teve de refugiar-se numa fortaleza muito bem fortificada, chamada Gazara, onde era comandante Quéreas. [33]Mas os soldados do Macabeu* cercaram com entusiasmo a fortaleza durante quatro dias. [34]Os sitiados, confiantes nas fortificações do lugar, multiplicavam as blasfêmias e não cessavam de proferir palavras ímpias. [35]Ao amanhecer do quinto dia, vinte jovens do exército do Macabeu, inflamados de indignação por aquelas blasfêmias, lançaram-se valorosamente contra os muros e trucidaram com ardor feroz a quantos lhes caíam nas mãos. [36]Outros também, atacando os assediados pelo lado oposto da muralha, atearam fogo às torres e, acendendo fogueiras, queimaram vivos os blasfemadores; outros ainda arrombaram as portas, fizeram entrar o resto das tropas e ocuparam a cidade. [37]Mataram também Timóteo, que se escondera numa cisterna, bem como seu irmão Quéreas e Apolófanes. [38]Realizada essa façanha, glorificaram com hinos e cantos de louvor o Senhor que fizera tão grandes benefícios a Israel e lhes dera a vitória.

11 **Primeira expedição de Lísias.** [1]Logo depois, Lísias,* tutor e parente do rei e encarregado dos negócios do reino, mal suportando o que tinha acontecido, [2]recrutou cerca de oitenta mil homens com toda a sua cavalaria e marchou contra os judeus, com o propósito de fazer da cidade uma residência para os gregos, [3]submeter o templo a tributo, como os outros templos dos gentios, e pôr a leilão todos os anos a dignidade de sumo sacerdote. [4]Não tendo em conta alguma o poder de Deus, mas confiando apenas em suas dezenas de milhares de infan-

---

* **10**,26. Êx 23,22 | **29**. 5,4 | **33**. 1Mc 13,43-48 | **11**,1. 1Mc 4,26-35

† **10**,25. Em sinal de luto e como prática de penitência, Js 7,6; Jó 2,12; Lm 2,10. Como em nossa quarta-feira de cinzas.

2 Macabeus 11

tes, milhares de cavaleiros e em seus oitenta elefantes, [5]penetrou na Judeia,* aproximou-se de Betsur, que era uma localidade fortificada, distante cerca de cinco esquenos† de Jerusalém, e lhe pôs cerco. [6]Logo que os homens do Macabeu souberam que Lísias cercava as fortalezas, suplicaram ao Senhor entre gemidos e lágrimas, juntamente com todo o povo, que mandasse um anjo bom* para salvar Israel. [7]O próprio Macabeu foi o primeiro a empunhar armas e exortou os outros a enfrentar com ele o perigo, para socorrer seus irmãos. Partiram todos juntos com coragem. [8]Quando ainda estavam perto de Jerusalém, apareceu à frente deles um cavaleiro vestido de branco,* que agitava armas de ouro. [9]Então todos juntos glorificaram o Deus misericordioso e sentiram-se animados de tamanho ardor que estavam prontos a atacar não só os homens, mas também os mais ferozes animais e muros de ferro. [10]Avançaram em formação de batalha, tendo um aliado vindo do céu, pela misericórdia que o Senhor tivera deles. [11]Lançaram-se contra os inimigos como leões, abateram onze mil infantes, mil e seiscentos cavaleiros e obrigaram os demais a fugir. [12]Quase todos escaparam feridos e sem armas; o próprio Lísias conseguiu salvar-se, fugindo de maneira vergonhosa.

Lísias faz as pazes com os judeus. [13]Mas Lísias, que não era tolo,* refletindo sobre a derrota sofrida, compreendeu que os hebreus eram invencíveis, porque o Deus poderoso combatia por eles. [14]Por isso enviou-lhes embaixadores a fim de persuadi-los a fazer um acordo em tudo o que fosse justo, prometendo-lhes que para tanto ele haveria de persuadir também o rei e induzi-lo a se tornar amigo deles. [15]Todas as propostas de Lísias foram aceitas pelo Macabeu, que se preocupava apenas com o bem público; quanto ao rei, concedeu tudo o que o Macabeu pedira a Lísias por escrito a respeito dos judeus.

[16]São estes os termos da carta que Lísias escreveu aos judeus:

"Lísias, ao povo dos judeus, saudações! [17]Vossos enviados, João e Absalão, entregaram-nos o documento aqui transcrito, pedindo que ratificasse o que nele está contido. [18]Submeti ao rei tudo o que era preciso referir-lhe, e ele concedeu o que era aceitável. [19]Se, pois, conservardes uma atitude favorável ao governo, eu me esforçarei por promover vossos interesses também no futuro. [20]Sobre esses pontos e outros particulares, dei ordens a meus e a vossos negociadores a fim de que os discutam convosco. [21]Passai bem. Ano cento e quarenta e oito, aos vinte e quatro dias do mês de dióscoro."

Carta de Antíoco V a Lísias. [22]A carta do rei assim dizia: "O rei Antíoco, a seu irmão Lísias, saudações! [23]Tendo sido nosso pai transladado para junto dos deuses, e querendo nós que os cidadãos do reino possam entregar-se tranquilamente ao cuidado de seus negócios, [24]e tendo sabido que os judeus não querem adotar os costumes gregos, mas, preferindo seu modo de viver, pedem que lhes seja permitido observar suas leis, [25]e desejando nós que também esse povo viva sem temor, decidimos que o templo lhes seja restituído e que possam viver segundo os costumes de seus antepassados. [26]Farás bem, portanto, em lhes enviar embaixadores para concluir a paz com eles, para que, conhecendo nossa intenção, tenham confiança e se entreguem alegremente a suas ocupações".

Carta de Antíoco V aos judeus. [27]A carta do rei ao povo dizia o seguinte:

"O rei Antíoco, ao Conselho dos judeus e aos demais judeus, saudações! [28]Se estais bem, é o que nós desejamos; também nós estamos bem de saúde. [29]Menelau nos informou que quereis voltar para casa e cuidar de vossos afazeres. [30]Àqueles, pois, que voltarem até o dia trinta do mês de

---

* **11**,5. 1Mc 4,29 | 6. Êx 23,20 | 8. 5,4 | 13. 1Mc 6,57-61

† **11**,5. Um esqueno equivale a 5,5 km. Betsur fica a 28,5 km a sudoeste de Jerusalém. | 30. Primeiro mês do calendário macedônio, corresponde ao nisã hebraico. Essa data corresponde a fins de março de 164.

xântico†, será garantida segurança com permissão 31aos judeus de fazer uso de seus alimentos especiais e de suas leis, como no passado, e nenhum deles será de modo algum molestado pelos erros cometidos por ignorância. 32Envio também Menelau para tranquilizar-vos. 33Passai bem. Ano cento e quarenta e oito, no dia quinze do mês de xântico".

Carta dos romanos aos judeus. 34Também os romanos mandaram aos judeus uma carta nestes termos:

"Quinto Mêmio e Tito Mânio, embaixadores dos romanos, ao povo judeu, saudações! 35Também nós aprovamos as coisas que Lísias, parente do rei, vos concedeu. 36Quanto aos pontos que julgou necessário submeter à apreciação do rei, depois de haverdes deliberado entre vós, mandai-nos logo alguém, para que os exponhamos ao rei como melhor vos convém. Pois estamos de partida para Antioquia. 37Portanto, mandai alguém sem demora para nos comunicar vossa opinião. 38Passai bem. Ano cento e quarenta e oito, no dia quinze do mês de xântico".

12 **Vingança de Judas contra Jope e Jâmnia.** 1Concluídos esses tratados, Lísias voltou para junto do rei, e os judeus retomaram o cultivo dos campos. 2Mas, alguns dos comandantes locais como Timóteo, Apolônio, filho de Geneu, Jerônimo, Demofonte e também Nicanor, comandante dos cipriotas, não os deixavam viver tranquilos nem estar em paz. 3Os habitantes de Jope cometeram um ato particularmente ímpio. Convidaram os judeus, que moravam entre eles, a subir com suas mulheres e filhos a algumas embarcações, preparadas por eles, como se não houvesse nenhuma animosidade contra eles, 4mas fosse uma iniciativa de todos os cidadãos. Os judeus aceitaram, como gente que desejava a paz, e não tinha nenhuma suspeita. Mas, quando chegaram ao largo, foram afogados em número não

inferior a duzentos. 5Logo que Judas soube da crueldade cometida contra seus compatriotas, deu ordem a seus homens 6e, invocando a Deus, justo juiz, marchou contra os assassinos de seus irmãos e de noite incendiou o porto, queimou as embarcações e passou a fio de espada todos os que aí se haviam refugiado. 7Como a cidade estivesse fechada, retirou-se com a intenção de voltar outra vez a fim de exterminar toda a população de Jope. 8No entanto, ao saber que também os moradores de Jâmnia pretendiam fazer a mesma coisa com os judeus que habitavam entre eles, 9atacou de noite também os habitantes de Jâmnia e ateou fogo ao porto e à frota, a tal ponto que o clarão das chamas se avistava até em Jerusalém, distante duzentos e quarenta estádios.

Campanha de Judas em Galaad. 10Quando se haviam afastado dali nove estádios,* enquanto marchavam contra Timóteo, não menos de cinco mil árabes com quinhentos cavaleiros irromperam contra eles. 11Foi violenta a batalha, mas os homens de Judas, com o auxílio de Deus, saíram vitoriosos; então os nômades, vencidos, pediram a Judas que lhes estendesse a mão direita em sinal de paz, prometendo fornecer-lhes gado e ajudá-los em outras coisas. 12Judas compreendeu que na realidade podiam ser-lhe úteis em muitas coisas e consentiu em fazer a paz com eles. Concluído o acordo, os árabes partiram para suas tendas.

13Judas atacou também uma cidade fortificada de nome Caspin, fortemente defendida por trincheiras, cercada de muros e habitada por uma mistura de povos. 14Confiantes na solidez dos muros e em seus depósitos de víveres, os moradores insultavam de modo trivial os homens de Judas, zombando deles, blasfemando e dizendo coisas inconvenientes. 15Mas os homens de Judas, depois de terem invocado o supremo Senhor do universo, que sem aríetes e sem máquinas de guerra fez ruir Je-

---

* **12,**10. 1Mc 5,24-53 | 15. Js 6

2 Macabeus 12

ricó* no tempo de Josué, assaltaram furiosamente os muros. ¹⁶Tomada a cidade por vontade de Deus, fizeram um massacre indescritível, a ponto de um lago vizinho, de dois estádios de largura, parecer cheio de sangue que para lá escorria.

Vitória de Judas em Cárnion. ¹⁷Tendo-se afastado de lá setecentos e cinquenta estádios,* chegaram a Cáraca, onde residiam os judeus chamados tubianos. ¹⁸Mas nesses lugares não encontraram Timóteo, que já se havia retirado de lá sem ter feito nada, deixando, porém, em certo lugar uma guarnição muito forte. ¹⁹Mas Dositeu e Sosípatro, oficiais do Macabeu, fizeram uma incursão e exterminaram os homens de Timóteo deixados na fortaleza, que eram mais de dez mil. ²⁰Por sua vez, o Macabeu dispôs seu exército em fileiras, cujo comando confiou a ambos, e marchou contra Timóteo, que dispunha de cento e vinte mil infantes e dois mil e quinhentos cavaleiros. ²¹Informado do avanço de Judas, Timóteo mandou à frente as mulheres e as crianças com as bagagens, para um lugar chamado Cárnion, uma posição inexpugnável e inacessível pela estreiteza de todas as passagens. ²²Quando apareceu a primeira fileira de Judas, difundiu-se entre os inimigos o pânico, como também o terror que lhes inspirava a aparição daquele que tudo vê. Puseram-se em fuga, correndo em todas as direções, a ponto de se ferirem entre si frequentemente e se traspassarem mutuamente com as pontas de suas espadas. ²³Judas os perseguiu com um vigor extremo, passando ao fio da espada aqueles criminosos, dos quais massacrou cerca de trinta mil. ²⁴O próprio Timóteo, que caiu em poder das tropas de Dositeu e Sosípatro, suplicava com muita astúcia que o deixassem ir com vida, porque ele mantinha como reféns os pais de muitos deles e os irmãos de outros, que poderiam ser tratados sem consideração alguma. ²⁵Quando ele os persuadiu, com longos discursos, de que os restituiria ilesos, deixaram-no ir livre a fim de salvar seus irmãos.

²⁶A seguir, Judas marchou contra Cárnion e contra o templo de Atargatis† e matou vinte e cinco mil homens. ²⁷Depois da derrota e da destruição destes, atacou também Efron, cidade fortificada na qual morava Lísias com uma multidão de várias nacionalidades. Jovens robustos, enfileirados diante dos muros, combatiam vigorosamente, e dentro havia um grande estoque de máquinas de guerra e de projéteis. ²⁸Após invocar o Senhor que destrói com seu poder as forças dos inimigos, os judeus se apoderaram da cidade e mataram cerca de vinte e cinco mil dos que estavam dentro.

²⁹Partindo de lá, foram a Citópolis, que fica a seiscentos estádios de Jerusalém. ³⁰Mas os judeus que ali moravam deram testemunho da benevolência com que os cidadãos de Citópolis os tinham tratado e da acolhida benigna que lhes tinham dispensado nos dias calamitosos; ³¹por isso Judas e os seus lhes agradeceram e exortaram-nos a mostrar-se bem-dispostos também dali em diante para com seu povo. Chegaram a Jerusalém quando já estava próxima a festa das Semanas.

Derrota de Górgias. ³²Depois desta festa, chamada Pentecostes, marcharam contra Górgias, governador da Iduméia, ³³que lhes saiu ao encontro com três mil homens e quatrocentos cavaleiros. ³⁴Travada a batalha, aconteceu que tombaram alguns dentre os judeus. ³⁵Certo Dositeu, valoroso cavaleiro dos tubianos, conseguiu agarrar Górgias e, segurando-o pelo manto, arrastava-o à força com o propósito de capturar vivo aquele maldito. Nisso, porém, um cavaleiro trácio investiu contra ele e cortou-lhe o braço, e assim Górgias fugiu para Marisa. ³⁶Quanto aos soldados de Esdrin, combatiam há muito tempo e se achavam extenuados; Judas então

---

* **12**,17. 1Mc 5,13.37-44

† **12**,26. Deusa que os sírios identificavam com Astarte, e os gregos com Afrodite ou Ártemis.

2 Macabeus 12-13

invocou o Senhor, para que se mostrasse seu aliado e guia na batalha. ³⁷Em seguida, entoou na língua paterna o grito de guerra com cantos religiosos e arremessou-se de improviso contra as tropas de Górgias, pondo-as em fuga.

O sacrifício pelos mortos. ³⁸Reunido o exército, Judas foi para a cidade de Odolam. Chegando o sétimo dia, purificaram-se segundo o costume e passaram ali o sábado. ³⁹No dia seguinte, quando a necessidade já se impunha, os soldados de Judas saíram para recolher os corpos dos que haviam tombado, para depô-los junto aos parentes nos sepulcros de seus pais. ⁴⁰Então encontraram debaixo da túnica de cada morto objetos consagrados aos ídolos de Jâmnia, que a lei proíbe aos judeus. Ficou assim claro para todos o motivo pelo qual haviam morrido. ⁴¹Todos, pois, glorificaram a conduta do Senhor, justo juiz, que manifesta as coisas ocultas, ⁴²e puseram-se em oração, implorando que o pecado cometido fosse completamente cancelado. E o nobre Judas exortou sua gente a se conservar sem pecado, de vez que tinham visto com os próprios olhos o que acontecera aos mortos por causa de seu pecado. ⁴³Depois, feita uma coleta de um tanto por pessoa, ajuntou cerca de duas mil dracmas de prata, que enviou a Jerusalém, para mandar oferecer um sacrifício pelo pecado, e realizou assim uma ação muito boa e nobre, pensando na ressurreição; ⁴⁴com efeito, se não esperasse que os mortos ressuscitariam, teria sido coisa supérflua e vã rezar pelos defuntos†. ⁴⁵Mas se ele pensava na magnífica recompensa que está reservada àqueles que adormecem com sentimentos de piedade, seu pensamento foi santo e piedoso. Por isso, mandou oferecer o sacrifício de expiação pelos mortos, para que fossem absolvidos de seu pecado.

13

Antíoco V e Lísias contra os judeus. ¹No ano cento e quarenta e nove chegou aos homens de Judas a notícia de que Antíoco Eupátor avançava contra a Judeia com um exército, ²e que com ele estava também Lísias, seu tutor e primeiro ministro, tendo cada qual um exército grego de cento e dez mil infantes, cinco mil e trezentos cavaleiros, vinte e dois elefantes e trezentos carros armados de foices. ³A eles se juntara também Menelau, que com muita astúcia instigava Antíoco, movido não pelo desejo de ser útil à pátria, mas pela esperança de ser reconduzido ao poder. ⁴Mas o Rei dos reis excitou contra aquele criminoso a ira de Antíoco, o qual, depois que Lísias demonstrou ser Menelau o responsável por todos os males, deu ordens para que fosse levado a Bereia e ali executado segundo o costume do lugar. ⁵Naquele lugar existe uma torre de cinquenta côvados de altura, cheia de cinza, com um mecanismo giratório, que de todos os lados faz precipitar na cinza. ⁶É daí que é lançado para morrer quem é réu de furtos sacrílegos ou quem chegou aos extremos de outros delitos graves. ⁷Tal foi o suplício no qual morreu o ímpio Menelau, que nem sequer foi sepultado. ⁸Com toda a justiça, porque depois de ter cometido tantos crimes contra o altar, cujo fogo e cinza são puros, na cinza encontrou a morte†.

Batalha de Modin. ⁹O rei, cheio de ferozes sentimentos, vinha para mostrar aos judeus coisas piores que as acontecidas no tempo de seu pai. ¹⁰Quando Judas soube disso, convidou o povo a invocar o Senhor dia e noite, para que, como das outras vezes, socorresse os que estavam em perigo de se verem privados da Lei, da pátria e do santo templo, ¹¹e que não permitisse que o povo,* que apenas começara a reco-

---

* **13**,11. 1Mc 4,36

† **12**,44. Os que morrem na graça de Deus podem ser libertados de pecados não expiados, que impedem obter a ressurreição gloriosa. Isto é a base da doutrina da Igreja sobre o purgatório e sobre os sufrágios pelos mortos. | **13**,8. Mais uma vez o autor constata que todo crime é punido, e precisamente por meio daquilo com que foi cometido.

2 Macabeus 13-14

brar ânimo, caísse nas mãos daqueles infames gentios. [12]Quando todos haviam feito isso juntos e haviam implorado o Senhor misericordioso com gemidos, jejuns e prostrações durante três dias contínuos, Judas os exortou e ordenou-lhes que estivessem preparados. [13]Depois de um encontro reservado com os anciãos, decidiu que se devia, com a ajuda de Deus, resolver a situação saindo a combate, antes que o exército do rei invadisse a Judeia e ocupasse a cidade. [14]Entregando todo o cuidado nas mãos do Criador do universo, exortou os seus a combater heroicamente até à morte em defesa das leis, do templo, da cidade, da pátria e das instituições; e fez seu exército acampar perto de Modin. [15]Dada aos seus a palavra de ordem: "Vitória de Deus", com um grupo de jovens escolhidos entre os melhores, atacou de noite a tenda do rei, matou cerca de dois mil homens em seu acampamento e matou também o maior dos elefantes* com seu condutor; [16]enfim, espalharam pelo acampamento o terror e a confusão e retiraram-se com pleno êxito. [17]Já raiava o dia quando esta façanha foi concluída, graças à proteção que o Senhor dera a Judas.

Antíoco V faz as pazes com os judeus. [18]Então o rei, tendo assim experimentado* a audácia dos judeus, tentou conquistar com astúcia as posições. [19]Partiu contra Betsur, praça forte dos judeus, mas foi rechaçado, mal-sucedido e vencido, [20]pois Judas fez chegar aos sitiados o que necessitavam. [21]Certo Rôdoco, soldado do exército judeu, revelou aos inimigos informações secretas; foi descoberto, capturado e encarcerado. [22]Pela segunda vez, o rei tratou com os sitiados de Betsur: estendeu-lhes a mão, estreitou a deles em sinal de paz e retirou-se. Atacou os homens de Judas, mas saiu derrotado. [23]Veio a saber depois que Filipe, que ele deixara à frente da administração em Antioquia, se havia rebelado. Consternado, convidou os judeus a fazer negociações, submeteu-se, obrigou-se sob juramento a respeitar todas as suas justas exigências, restabeleceu o acordo e ofereceu um sacrifício, honrou o templo e foi generoso para com o lugar santo. [24]Dispensou boa acolhida ao Macabeu e deixou Hegemônides como governador do território entre a Ptolemaida e a região dos gerrênios. [25]Passou por Ptolemaida, mas os cidadãos do lugar, descontentes com o tratado de paz, estavam indignados e queriam rescindir o contrato. [26]Então Lísias subiu à tribuna, defendeu-o como pôde, conseguiu persuadi-los e acalmá-los, ganhou sua benevolência e voltou para Antioquia. São esses os fatos relacionados com a expedição e a retirada do rei.

14 Intrigas de Alcimo junto ao rei Demétrio.

[1]Três anos depois, Judas e os seus souberam que Demétrio, filho de Seleuco, havia desembarcado no porto de Trípoli com um grande exército e uma frota [2]e que se havia apoderado do país, eliminando Antíoco e seu tutor Lísias. [3]Certo Alcimo, que antes havia sido sumo sacerdote, mas que voluntariamente se havia contaminado no tempo da revolta, tendo compreendido que para ele já não havia salvação alguma nem possibilidade de acesso ao santo altar, [4]foi ter com o rei Demétrio, por volta do ano cento e cinquenta e um,* oferecendo-lhe uma coroa de ouro e uma palma, além dos tradicionais ramos de oliveira do templo. Naquele dia ficou quieto. [5]Mas encontrou uma ocasião favorável a seus loucos intentos, quando foi convocado por Demétrio ao conselho e interrogado sobre as disposições e intenções dos judeus. Ele respondeu: [6]"Os judeus que se chamam assideus, cujo chefe é Judas Macabeu, fomentam a guerra e as rebeliões, não permitindo que o reino reencontre a tranquilidade. [7]É por isso que eu, despojado de minha dignidade hereditária, ou seja, do sumo sacerdócio,

---

* **13**,15. 1Mc 6,43 | 18. 1Mc 6,48-63 | **14**,4. 1Mc 10,29

2 Macabeus 14

vim aqui, [8]em primeiro lugar pensando sinceramente nos interesses do rei; em segundo lugar, porque me preocupo com meus compatriotas, pois não é pouco o que todo o nosso povo sofre pela atitude temerária dos homens de que falei. [9]Tu, ó rei, que bem conheces os pormenores de cada uma dessas coisas, digna-te prover ao bem-estar de nosso país e de nossa gente ameaçada, com aquela cortês benevolência que tens para com todos. [10]Pois, enquanto Judas viver, é impossível o Estado gozar de paz". [11]Logo que ele acabou de falar, os outros amigos do rei, irritados com os sucessos de Judas,* apressaram-se a incitar Demétrio. [12]Este escolheu imediatamente Nicanor, que era comandante da divisão dos elefantes, nomeou-o governador da Judeia e o enviou [13]com a ordem de eliminar Judas, dispersar seus partidários e constituir Alcimo sumo sacerdote do grande templo. [14]Os gentios da Judeia, que haviam fugido diante de Judas, acorriam em massa para se juntar a Nicanor, imaginando que o infortúnio e as desgraças dos judeus redundariam em vantagem para eles.

Nicanor faz amizade com Judas. [15]Ao saberem da expedição de Nicanor* e da agressão dos gentios, os judeus, cobrindo-se de pó, elevaram súplicas Àquele que para a eternidade havia constituído seu povo e que com sinais manifestos havia sempre socorrido os que são sua herança. [16]Depois, a uma ordem do comandante, partiram logo dali e foram travar batalha com o inimigo perto da aldeia de Dessau. [17]Simão, irmão de Judas,* já havia atacado Nicanor, quando sofreu um ligeiro contratempo por causa da chegada repentina de adversários. [18]Todavia Nicanor, conhecendo a coragem dos soldados de Judas e seu entusiasmo nas lutas pela pátria, não ousava decidir a questão com derramamento de sangue. [19]Mandou, por isso, Possidônio, Teódoto e Matatias apresentar e receber propostas de paz. [20]Estas foram longamente discutidas, e quando o comandante fez o comunicado às tropas, por voto unânime manifestaram sua aceitação dos acordos. [21]Portanto marcaram uma data para se encontrarem reservadamente num mesmo lugar; de um e de outro lado avançou um carro e foram colocados assentos. [22]Judas tinha postado homens armados nos lugares apropriados, receando que os inimigos cometessem alguma perfídia imprevista. Encerraram o encontro com pleno acordo. [23]Nicanor se deteve em Jerusalém, onde nada fez de inconveniente; despediu as tropas que haviam acorrido em massa a ele. [24]Procurava sempre a companhia de Judas e sentia um afeto cordial por ele. [25]Aconselhou-o a se casar e a constituir família; e ele se casou, ficou tranquilo e levou uma vida normal.

Nicanor recebe a ordem de capturar Judas. [26]Quando Alcimo ficou sabendo da amizade entre ambos, conseguiu uma cópia dos tratados concluídos e apresentou-se a Demétrio, acusando Nicanor de ter sentimentos contrários ao governo, pois designara para seu sucessor Judas, o perturbador do reino. [27]O rei, furioso e exasperado pelas calúnias desse depravado, escreveu a Nicanor, dizendo-lhe que estava descontente com os tratados e ordenando-lhe que lhe enviasse imediatamente o Macabeu, acorrentado, para Antioquia. [28]Ao receber essas ordens, Nicanor ficou consternado; custava-lhe muito ter de violar os tratados concluídos com aquele homem que não havia feito mal algum. [29]Mas, como não era possível agir* contra a vontade do rei, procurava uma oportunidade de cumprir as ordens do rei com um estratagema. [30]O Macabeu, notando que Nicanor se comportava para com ele de modo mais frio e que nos encontros habituais se mostrava mais rude, pensou que aquela frieza não era bom sinal; por isso, reuniu não poucos de seus homens e não compareceu mais diante de Nicanor.* [31]Quando este per-

---

* **14**,11. 1Mc 2,18; 7,26 | 15. 1Mc 7,27s | 17. 1Mc 7,31 | 29. 1Mc 7,29s | 30. 1Mc 7,33-38

2 Macabeus 14-15

cebeu que havia sido habilmente logrado por Judas, dirigiu-se ao sublime e santo templo, enquanto os sacerdotes ofereciam os sacrifícios prescritos, e ordenou que lhe entregassem aquele homem. [32]Como eles jurassem que não sabiam onde podia estar o homem procurado, [33]ele estendeu a mão direita para o templo e jurou: "Se não me entregardes Judas algemado, arrasarei esta morada de Deus, derrubarei o altar e levantarei aqui um santuário esplêndido a Dionísio". [34]Dito isto, retirou-se. Os sacerdotes, erguendo as mãos ao céu, puseram-se a invocar Aquele que sempre combateu por nossa nação, dizendo: [35]"Vós, ó Senhor, que não precisais de nada, quisestes possuir um templo entre nós para vossa morada. [36]E agora, ó Senhor, santo de toda a santidade, preserva para sempre da profanação esta casa há pouco purificada".

Suicídio de Razis. [37]Foi denunciado perante Nicanor certo Razis, um dos anciãos de Jerusalém, homem cheio de amor pela cidade e tido em grande consideração, a ponto de ser chamado, por sua bondade, "pai dos judeus". [38]Já antes, nos dias anteriores à revolta, havia sofrido acusações de professar o judaísmo e realmente tinha empenhado pelo judaísmo corpo e alma com plena generosidade. [39]Querendo Nicanor manifestar a todos a hostilidade que tinha contra os judeus, mandou mais de quinhentos homens para prendê-lo, [40]pois pensava que com sua prisão haveria de infligir grave golpe aos judeus. [41]Mas quando aquela tropa estava para ocupar a torre, tentava forçar a porta do pátio e já ordenava que trouxessem fogo para incendiar as portas, ele, vendo-se cercado de todos os lados, lançou-se sobre sua espada, [42]preferindo morrer com honra* a cair nas mãos dos ímpios e sofrer insultos indignos de sua nobreza. [43]Mas porque, na precipitação do combate, não se feriu com golpe mortal, enquanto a tropa já irrompia pelas portas adentro, subiu corajosamente os muros e precipitou-se virilmente sobre a multidão. [44]Todos recuaram rapidamente, deixando um espaço livre no meio do qual ele caiu. [45]Respirando ainda e ardendo de indignação, levantou-se, enquanto o sangue lhe escorria em torrentes e as feridas o atormentavam, atravessou correndo por entre a multidão, pôs-se de pé sobre uma rocha escarpada [46]e, já completamente exangue, arrancou as entranhas, agarrou-as com ambas as mãos e lançou-as sobre a multidão, implorando ao senhor* da vida e do espírito que lhas restituísse um dia. Desse modo expirou.

15

Arrogância de Nicanor. [1]Nicanor, informado de que os homens de Judas se encontravam na região da Samaria, decidiu atacá-los com toda a segurança num dia de sábado. [2]Disseram-lhe então os judeus que haviam sido forçados a segui-lo: "Não deves matá-los de modo tão cruel e bárbaro! Respeita o dia que foi honrado e santificado por Aquele que tudo vê!" [3]Mas aquele supercriminoso perguntou se existia no céu um soberano que havia mandado santificar o sábado. [4]Eles responderam: "Foi o Senhor vivo, o Soberano do céu, que ordenou que se celebrasse o sétimo dia". [5]Replicou: "E eu, que sou soberano da terra, ordeno-vos que pegueis em armas e executeis as ordens do rei". Todavia, não conseguiu levar a termo seu cruel intento.

Judas encoraja seus homens. [6]Enquanto Nicanor, exaltando-se com toda a sua soberba, estava decidido a erigir um público troféu pela vitória sobre os homens de Judas, [7]o Macabeu, de seu lado, estava firmemente convencido, com toda a esperança, de obter o socorro do Senhor. [8]Exortava os seus a não temer o ataque dos gentios, mas a recordar a ajuda que no passado tinham recebido do Céu e a confiar na vitória que lhes fora concedida também no presente pelo Todo-poderoso.

---

* **14**,42. 1Sm 31,4 | 46. 7,9

609   2 Macabeus 15

[9]Confortou-os com as palavras da Lei e dos Profetas e, recordando-lhes também as lutas que já haviam superado, deixou-os ainda mais animados. [10]Tendo assim despertado seu ardor, demonstrou e denunciou a perfídia dos gentios e sua violação dos juramentos. [11]Armou cada um deles, não tanto com a segurança dos escudos e das lanças, quanto com o conforto de nobres palavras, e encheu-os de alegria, narrando-lhes um sonho digno de fé, uma espécie de visão.

[12]Sua visão foi esta: Onias, que fora sumo sacerdote, homem excelente, modesto no trato, de caráter manso, distinto no falar, exercitado assiduamente desde criança na prática de todas as virtudes, estendendo as mãos, rezava por toda a comunidade dos judeus. [13]Depois, do mesmo modo, aparecera outro homem, que se distinguia por seus cabelos brancos, revestido de uma prodigiosa e soberana majestade. [14]Tomando a palavra, disse Onias: "Este é o amigo de seus irmãos e que reza muito pelo povo e pela cidade santa, Jeremias, o profeta de Deus"†. [15]Jeremias estendeu a mão direita para entregar a Judas uma espada de ouro e, ao entregá-la, pronunciou estas palavras: [16]"Toma a santa espada, presente de Deus; com ela abaterás os inimigos".

[17]Animados por essas belíssimas palavras de Judas, capazes de excitar o heroísmo e de dar aos jovens uma alma viril, decidiram não se demorar no acampamento, mas passar corajosamente ao ataque e bater-se com todas as energias para resolver a questão, pois a cidade, a religião e o templo corriam perigo. [18]De fato, a apreensão pelas mulheres e filhos, pelos irmãos e parentes era para eles coisa de menor importância, pois sua primeira e principal preocupação* era o templo sagrado. [19]A inquietação dos que ficaram na cidade não era menor, ansiosos pelo êxito da batalha em campo aberto.

Derrota e morte de Nicanor. [20]Enquanto todos estavam à espera da prova iminente, estando já próximos os inimigos, o exército disposto em ordem de batalha, os elefantes colocados em suas posições e a cavalaria enfileirada nas alas, [21]o Macabeu, vendo aquela multidão imensa, a variedade das armas preparadas e o aspecto feroz dos elefantes, estendeu as mãos para o céu e invocou o Senhor que faz prodígios, bem sabendo que não é pelas armas, mas segundo sua decisão que ele concede a vitória àqueles que são dignos dela. [22]Em sua oração ele dizia: "Vós, ó Senhor, no tempo de Ezequias,* rei de Judá, enviastes vosso anjo que exterminou cento e oitenta e cinco mil homens no acampamento de Senaquerib; [23]mandai também agora, ó Soberano dos céus, um anjo bom diante de nós para incutir temor e espanto. [24]Com o poder de vosso braço sejam esmagados os que, blasfemando, vieram atacar vosso santo povo". Com essas palavras, concluiu. [25]Enquanto os soldados de Nicanor* avançavam entre toques de trombetas e hinos de guerra, [26]os soldados de Judas afrontavam os inimigos entre súplicas e orações. [27]Combatendo com as mãos e rezando a Deus com o coração, prostraram por terra não menos de trinta e cinco mil homens e ficaram cheios de alegria por essa manifestação de Deus. [28]Terminada a batalha, enquanto se retiravam jubilosos, reconheceram Nicanor, caído por terra, revestido com sua armadura. [29]No meio dos clamores e da confusão, glorificaram o Soberano Senhor na língua materna. [30]Então aquele que havia sido sempre o primeiro a combater de corpo e alma pelos compatriotas e que conservara para com eles o afeto da juventude, ordenou que cortassem a cabeça de Nicanor, sua mão com o braço inteiro e os levassem para Jerusalém. [31]Quando lá chegou, convocou seus concidadãos, dispôs os sacerdotes

---

* **15**,18. 1Mc 4,36 | 22. 1Mc 7,40ss; 8,19; 2Rs 19,35; Is 37,36 | 25. 1Mc 7,43-50

† **15**,14. É a primeira vez que a Bíblia afirma a eficácia da oração dos santos, depois da morte, a favor dos vivos. Esta fé está ligada à da ressurreição.

2 Macabeus 15

diante do altar e mandou chamar os que se achavam na cidadela. ³²Mostrou então a cabeça do imundo Nicanor e a mão que este blasfemador estendera com arrogância contra o santuário do Onipotente. ³³Mandou cortar a língua do ímpio Nicanor e lançá-la em pedaços às aves. Quanto ao braço, salário de sua loucura, mandou pendurá-lo diante do templo†.

O dia de Nicanor. ³⁴Todos fizeram subir ao céu louvores ao Senhor glorioso, dizendo: "Bendito seja Aquele* que conservou incontaminado seu santo lugar!" ³⁵Judas mandou pendurar a cabeça de Nicanor na cidadela, como sinal claro e evidente para todos da ajuda do Senhor. ³⁶Enfim decretaram unanimemente, com voto público, que não se deixasse passar despercebido esse dia, mas que fosse celebrado no dia treze do duodécimo mês, chamado adar* na língua siríaca, o dia anterior à festa de Mardoqueu†.

³⁷Assim, pois, se desenrolaram os fatos referentes a Nicanor. E como, a partir daí, a cidade ficou em poder dos hebreus, também eu encerro aqui minha narração.

Epílogo. ³⁸Se a disposição dos fatos foi boa e bem-sucedida, é exatamente isso o que eu queria; se, porém, tem pouco valor e é medíocre, é o quanto pude fazer. ³⁹Pois assim como faz mal beber somente vinho ou somente água, ao passo que o vinho misturado com água é agradável e causa um delicioso prazer, assim também é a arte de bem dispor a narração que agrada aos ouvidos do leitor. Portanto, aqui termino.

---

* **15**,34. 1Sm 31,9s | 36. 1Mc 7,49

† **15**,33. Jogo de palavras: a palavra que significa "salário" significa também "braço", Jr 48,25. | 36. Outro nome da festa de Purim, ver a nota em Est 9,26.

JÓ

Um homem está com seu filho de oito anos diante do corpo do Beato João XXIII, venerado num altar da basílica de São Pedro, e diz ao menino, quase chorando:
– Meu filho, este era o "Papa buono".
E o pequeno, com sua inocência, responde:
– E por que ele morreu?

Só a Bíblia, e nenhuma obra sapiencial extrabíblica, coloca o problema da dor, da morte e do sofrimento do inocente, enigma que angustia a humanidade de todos os tempos. Mas nem os sábios da Bíblia têm a resposta.

A forma literária do livro de Jó é a de um relato em prosa no início e no fim, dentro do qual, em forma de poesia, estão três ciclos de discursos polêmicos.

Não sabemos quem seja o autor, certamente o maior poeta da Bíblia, que escreveu essa obra-prima da literatura mundial, provavelmente depois do exílio, talvez pelo ano 450 a.C.

Os dois primeiros capítulos revelam que o drama que vai começar deriva de uma permissão de Deus, em resposta a um desafio lançado por Satanás para testar se Jó consegue permanecer fiel na provação. O leitor está advertido, mas os personagens não conhecem essa chave de leitura. Apresenta-se então o santo homem Jó, íntegro, rico e feliz, que é submetido a provações duríssimas. Seus três amigos vêm chorá-lo, e numa longa conversa põem em confronto as ideias correntes sobre a justiça de Deus. Segundo a teoria da retribuição neste mundo, sem a perspectiva da vida futura, afirmam que Jó sofre porque pecou. Ele protesta sua inocência, fazendo com que os três endureçam mais ainda sua posição. Jó se debate nas trevas, e seus gritos de desabafo se alternam com expressões de confiança e de submissão a Deus. Intervém um novo personagem, que tenta justificar a conduta de Deus, mostrando que o mal não serve só para punir, mas também para corrigir e ensinar. Enfim, fala o próprio Deus, revelando a Jó Sua onipotência e Sua sabedoria na criação e no governo do mundo. Jó confessa sua ignorância e reconhece que falou como insensato. Afinal, Deus reprova os três sábios e recompensa Jó, restituindo-lhe a saúde, os filhos e os bens em dobro.

Jó não é a última palavra da revelação divina sobre o misterioso tema do mal no mundo. O Novo Testamento mostra como "na cruz de Cristo não só a redenção foi realizada mediante o sofrimento, mas o próprio sofrimento humano foi remido" (João Paulo II). "Só em Cristo e por Cristo se ilumina o enigma da dor e da morte" (Vat. II).

I. PRÓLOGO
(1–2)

1 **Virtude e felicidade de Jó.** ¹Havia na terra de Hus um homem* chamado Jó†: homem íntegro e reto, que temia a Deus e evitava o mal. ²Nasceram-lhe sete filhos e três filhas. ³Possuía sete mil ovelhas e três mil camelos, quinhentas juntas de bois, quinhentas jumentas e grande número de servos. Este homem era o mais rico de todos os do Oriente.

⁴Seus filhos costumavam ir às casas uns dos outros banquetear-se, em rodízio, e mandavam convidar também suas três irmãs para comer e beber juntos. ⁵Quando terminava o ciclo desses banquetes, Jó mandava chamá-los para purificá-los. Levantava-se bem cedo e oferecia um holocausto para cada um deles†. Pois ele pensava: "Talvez meus filhos tenham pecado e ofendido a Deus em seu coração". Assim fazia Jó cada vez.

---

* **1**,1. Ez 14,14 | 6. 1Rs 22,19-23; Zc 3,1s; Gn 3,1

† **1**,1. Jó é um sincero adorador do verdadeiro Deus, mas não é israelita; mora nos confins da Arábia e da Idumeia. | 5. Jó faz o ofício de intercessor, 42,8, como Abraão, Gn 18,23s e Moisés, Êx 32,12. Espíritos celestes, que fazem parte da corte divina. "Satã" significa acusador, adversário; lança um desafio a Deus e Deus aceita. Satã desaparece do livro de Jó: foi talvez um recurso usado para não atribuir a Deus os males de Jó.

Jó 1-2

Deus permite que Jó seja posto à prova. [6]Um dia os filhos de Deus[†] foram apresentar-se* diante de Javé, e entre eles foi também Satã. [7]Javé perguntou a Satã: "De onde vens?" Satã respondeu a Javé: "De percorrer a terra e de andar por ela". [8]Javé disse a Satã: "Reparaste em meu servo Jó? Não há ninguém como ele na terra: homem íntegro e reto, que teme a Deus e evita o mal". [9]Satã respondeu a Javé e disse: "É por nada que Jó teme a Deus? [10]Não puseste um muro de proteção em torno dele, de sua casa e de tudo o que ele tem? Abençoaste o trabalho de suas mãos e seu gado se multiplica na região. [11]Mas estende a mão, toca tudo o que possui e verás como te lançará maldições em rosto!" [12]Javé disse a Satã: "Tudo o que ele possui está em teu poder; só não estendas a mão contra ele". E Satã saiu da presença de Javé.

[13]Aconteceu que um dia, enquanto seus filhos e suas filhas estavam comendo e bebendo na casa do irmão mais velho, [14]um mensageiro veio a Jó e disse: "Os bois estavam arando e as jumentas pastando perto deles, [15]quando os sabeus* caíram sobre eles e os roubaram e passaram os servos ao fio da espada. Só eu escapei e vim trazer-te a notícia".

[16]Enquanto ele ainda falava, entrou um outro e disse: "O fogo de Deus caiu do céu: atingiu as ovelhas e os servos e os devorou. Só eu escapei e vim trazer-te a notícia.

[17]Enquanto ele ainda falava, entrou um outro e disse: "Os caldeus, divididos em três bandos, lançaram-se sobre os camelos e os levaram e passaram os servos ao fio da espada. Só eu escapei e vim trazer-te a notícia".

[18]Enquanto ele ainda falava, entrou um outro e disse: "Teus filhos e tuas filhas estavam comendo e bebendo na casa do irmão mais velho, [19]quando um vento impetuoso veio do deserto e abalou os quatro cantos da casa; ela caiu sobre os jovens e eles morreram. Só eu escapei e vim trazer-te a notícia".

[20]Então Jó se levantou e rasgou as vestes; raspou a cabeça, caiu por terra, prostrou-se [21]e disse:

"Nu saí do seio de minha mãe,*
e nu voltarei para lá[†].
Javé deu, Javé tirou,*
seja bendito o nome de Javé!"

[22]Em tudo isto Jó não pecou e não atribuiu a Deus nada de injusto.

2 **Doença de Jó.** [1]Num outro dia em que os filhos de Deus* foram apresentar-se a Javé, entre eles foi também Satã apresentar-se a Javé. [2]Javé perguntou a Satã: "De onde vens?" Satã respondeu a Javé: "De percorrer a terra e de andar por ela". [3]Javé disse a Satã: "Reparaste em meu servo Jó? Não há ninguém como ele na terra: homem íntegro e reto, que teme a Deus e evita o mal. Ele persevera firme em sua integridade, não obstante me tenhas instigado contra ele, sem razão, para arruiná-lo". [4]Satã respondeu a Javé: "Pele por pele; tudo quanto tem, o homem está pronto a dá-lo por sua vida. [5]Mas estende a mão, toca-o nos ossos e na carne e verás como te lançará maldições em rosto!" [6]Javé disse a Satã: "Pois bem, ele está em tuas mãos. Apenas poupa-lhe a vida".

[7]Satã retirou-se da presença de Javé e feriu Jó com uma úlcera maligna desde a planta dos pés até o alto da cabeça. [8]Jó apanhou um caco para se coçar, sentado entre as cinzas. [9]Então sua mulher* disse: "Continuas ainda firme em tua integridade? Amaldiçoa a Deus e morre!" [10]Mas ele respondeu-lhe: "Falas como uma ignorante! Se de Deus aceitamos o bem, por que não deveríamos aceitar o mal?"

Em tudo isto Jó não pecou em palavras.

Três amigos vão visitar Jó. [11]Três amigos de Jó ficaram sabendo de todas as desgraças que se tinham abatido sobre ele. Partiram cada um de seu país: Elifaz de Temã, Baldad de Suás e Sofar de Naamat e se puseram de acordo para

---

* **1**,15. 1Rs 10,1 | 20. Ecl 5,14; Eclo 40,1 | 21. Gn 2,7; 3,19; Eclo 11,14; Ecl 5,18 | **2**,1. 1,6 | 9. Tb 2,14

† **1**,6. Existe uma piedade desinteressada, que não busca recompensa nem na extrema necessidade? Jó mostra que sim. | 21. Fala da mãe biológica e da mãe terra. Ver Ecl 5,14; Sb 7,1-6; Eclo 40,1.

ir mostrar-lhe amizade e consolá-lo. [12]Erguendo os olhos de longe, não o reconheceram e choraram em voz alta. Rasgaram suas vestes e espalharam cinza na cabeça jogando-a para o céu. [13]Depois ficaram sentados ao lado dele no chão por sete dias e sete noites. Ninguém lhe dirigiu uma palavra, porque viam que era muito grande sua dor.

II. PRIMEIRA SÉRIE DE DISCURSOS
(3–14)

3 **Jó maldiz o dia de seu nascimento.** [1]Enfim, Jó abriu a boca e amaldiçoou o dia de seu nascimento; [2]começou a dizer:

[3]Pereça o dia em que nasci*
e a noite em que se disse: "Foi concebido um homem!"†
[4]Aquele dia seja trevas,
não cuide dele Deus lá do alto,
nem brilhe sobre ele a luz†.
[5]Apoderem-se dele as trevas e a sombra da morte,
uma nuvem se estenda sobre ele
e a escuridão do dia o apavore!
[6]O escuro domine aquela noite,
não seja ela contada entre os dias do ano,
nem entre na conta dos meses.
[7]Aquela noite seja estéril
e nela não entre o som do júbilo;
[8]Que lhe lancem maldições os que amaldiçoam o dia,
os que sabem evocar Leviatã†.
[9]Escureçam as estrelas de sua aurora;
que espere a luz e não venha;
não veja abrir-se os olhos da alvorada,
[10]porque não fechou a porta do ventre de minha mãe,
e não escondeu de meus olhos a miséria!
[11]Por que não morri ao nascer*
e não pereci logo que saí do ventre?
[12]Por que dois joelhos me acolheram†
e dois seios me amamentaram?

[13]Sim, agora eu repousaria tranquilo,
dormiria e teria descanso
[14]com os reis e os conselheiros da terra,*
que para si construíram mausoléus;
[15]ou com os príncipes, que têm ouro
e enchem de prata suas casas.
[16]Ou, como aborto oculto, eu não existiria,*
como os fetos que não viram a luz.
[17]Lá embaixo os maus param de atormentar
e repousa quem se cansou.
[18]Os prisioneiros descansam juntos,
não ouvem mais a voz do opressor.
[19]Lá estão o pequeno e o grande,
e o escravo está livre de seu patrão.
[20]Para que dar luz a um infeliz
e vida a quem tem amargura no coração,
[21]àqueles que esperam a morte e ela não vem,*
e a procuram mais que a um tesouro,
[22]que se alegram exultantes
e rejubilam ao encontrar a sepultura...*
[23]a um homem, cujo caminho é oculto
e a quem Deus de todo lado cercou?
[24]Em lugar da comida tenho meu gemido,*
e meus clamores se derramam como água,
[25]porque o que eu temo me acontece*
e o que me espanta me atinge.
[26]Não tenho paz, não tenho descanso,
não tenho repouso, me assalta o tormento!

4 **Ninguém é justo diante de Deus.** [1]Elifaz de Temã tomou a palavra e disse:
[2]Se alguém tenta falar-te, ficarás ofendido?
Mas quem pode conter as palavras?
[3]Tu a muitos ensinavas
e sabias fortalecer as mãos fracas.
[4]Tuas palavras levantavam quem caía,
e os joelhos que se dobravam reforçaste.

---

* **3**,3. Jr 20,14-18; Eclo 23,18 | 11. 10,18s | **3**,14. Is 14,9ss | 16. Ecl 6,3 | 21. Ap 9,6 | 22. Pr 4,18s; Is 26,7 | 24. Sl 42,4 | 25. Pr 10,24

† **3**,3. Melhor que uma vida miserável seria não ter nascido. | 4. Jó diz o contrário do "Faça-se a luz" do Criador; ele diz: "que haja trevas". | 8. Os feiticeiros, aos quais se atribuía o poder de tornar bons ou maus os dias. | 12. Ao nascer o filho, o pai o reconhecia como seu, colocando-o sobre os joelhos.

Jó 4-5

⁵Mas agora acontece contigo e ficas deprimido;*
és atingido e esmoreces.
⁶Tua piedade não era talvez tua confiança
e a integridade de tua conduta, tua esperança?
⁷Lembra-te: qual o inocente que pereceu?*
E quando foi exterminada gente honesta?
⁸Conforme tenho visto, quem cultiva a iniquidade*
e quem semeia o sofrimento, são esses que os colhem.
⁹A um sopro de Deus perecem
e pelo vento de sua ira são aniquilados†.
¹⁰Cessam o rugido do leão e o bramido da fera,
e os dentes dos leõezinhos são quebrados.*
¹¹Morre o leão por falta de presa
e os filhotes da leoa se dispersam.
¹²Foi-me trazida em segredo uma palavra
e meu ouvido percebeu seu leve sussurro.
¹³Entre os fantasmas de visões noturnas,
quando cai sobre os homens o sono profundo,
¹⁴assaltou-me o medo e um terror
que fez tremer todos os meus ossos;
¹⁵um vento soprou em meu rosto,
arrepiando-me os cabelos do corpo.
¹⁶Alguém estava de pé, mas não o reconheci,
só uma figura apareceu a meus olhos.
Houve silêncio, depois ouvi uma voz que dizia:
¹⁷"Pode um mortal ser justo diante de Deus?*
Pode um ser humano ser puro diante do seu criador?
¹⁸Mesmo em seus servos ele não pode confiar

e até em seus anjos encontra defeitos;
¹⁹quanto mais naqueles que moram em casas de barro†,
que têm em pó seu fundamento
e são esmagados como a traça!
²⁰Serão aniquilados entre a manhã e a tarde†;
sem que ninguém o perceba, perecem para sempre.
²¹Não foi já arrancada a corda de sua tenda?
Eles morrem, mas sem possuir a sabedoria!"

5 **Elifaz convida Jó a refugiar-se em Deus.** ¹Chama, pois! Alguém te responderá?
E a qual dos santos recorrerás?
²Porque a raiva mata o insensato
e a inveja leva à morte o imbecil.
³Eu vi um tolo criar raízes,
mas logo amaldiçoei sua casa.
⁴Seus filhos estão sem nenhum socorro,
são oprimidos no tribunal, sem defensor.*
⁵O faminto devora sua colheita,
roubando-a até entre os espinhos;
e quem tem sede engole seus bens.
⁶A miséria não nasce do chão,
nem brota da terra o sofrimento,
⁷mas o homem nasce para sofrer,*
como as faíscas para voar para o alto†.
⁸Eu, porém, me voltarei para Deus
e a Deus confiarei minha causa;
⁹a ele, que faz prodígios insondáveis*
e maravilhas sem número,
¹⁰que espalha a chuva sobre a terra
e manda as águas sobre os campos.
¹¹Eleva os humildes*
e põe a salvo, no alto, os aflitos.*
¹²Frustra os projetos dos astutos*
e faz fracassar suas manobras;
¹³apanha os sábios em sua própria astúcia
e faz abortar as intrigas dos espertos.
¹⁴Em pleno dia topam com as trevas
e ao meio-dia andam tateando como se fosse noite.

---

* **4**,5. Pr 24,10 | 7. Sl 37,25; Pr 12,20; Eclo 2,10; 2Pd 2,9 | 8. Pr 22,8; Eclo 7,3 | 10. Pr 28,15; Sl 17,12; 23,14.22 | 17. Sl 143,2; Jó 15,14; 14,4 | **5**,4. Sl 127,5 | 7. 15,35; Gn 3,17ss | 9. 9,10; Eclo 43,36 | 11. 1Sm 2,7s / Sl 75,8 | 12. 12,23ss

† **4**,9. Elifaz exprime a doutrina tradicional: os justos são recompensados com a felicidade, os maus são punidos com sofrimentos. | 19. O homem feito do barro, ver Sb 9,15, | 20. Ninguém é justo diante de Deus, por isso todos passam pelo sofrimento. | **5**,7. Deus não é o autor do mal; este vem do pecado do homem.

Jó 5-6

¹⁵Mas Deus salva o pobre da língua afiada
e da mão dos poderosos.
¹⁶Assim há esperança para o fraco,
e a injustiça tem de fechar a boca.
Em Deus há felicidade. ¹⁷Feliz o homem a quem Deus corrige!*
Por isso não recuses a lição do Onipotente,
¹⁸porque ele faz a chaga e a enfaixa,*
fere e suas mãos curam†.
¹⁹De seis angústias te libertará,
e na sétima não te tocará o mal†;
²⁰na fome te livrará da morte*
e na guerra, do golpe da espada;
²¹serás protegido do flagelo da língua*
e não temerás quando chegar a ruína.
²²Rirás da calamidade e da penúria
e não temerás os animais selvagens.
²³Farás um pacto com as pedras do campo,*
e as feras do campo viverão em paz contigo†.
²⁴Saberás que tua tenda está em paz
e verás que nada te falta
quando visitares tua propriedade.
²⁵Verás crescer tua prole,*
tua descendência como a erva dos prados.
²⁶Em robusta velhice descerás ao sepulcro,
como o trigo colhido a seu tempo.
²⁷É isto que temos observado: é assim.
Escuta-o e tira proveito.

6 **O sofrimento revela a fraqueza humana.** ¹Então Jó respondeu:
²Se possível fosse pesar minha aflição,
e pôr na balança todos os meus males,
³pesariam certamente mais que a areia do mar;
por isso minhas palavras não têm nexo†.
⁴Porque as flechas do Onipotente estão cravadas em mim,*

e meu espírito bebe seu veneno,
e terrores imensos se juntam contra mim.*
⁵Zurra talvez o asno quando tem capim?
O boi berra diante de seu feno?
⁶Come-se sem sal comida insípida?
Ou que gosto há no suco de malva?
⁷O que eu recusava tocar
é minha comida de doente.
⁸Oh! Se me acontecesse o que desejo,
e Deus me concedesse o que espero!
⁹Quem dera que Deus me esmagasse,*
soltasse a mão e me aniquilasse!
¹⁰Seria para mim um conforto:
eu me alegraria nas dores que ele não me poupa,
por não ter renegado os decretos do Santo.*
¹¹Qual é minha força, para poder resistir,
ou qual meu fim, para prolongar minha vida?
¹²Minha força é a força das pedras?
Minha carne é talvez de bronze?
¹³Terei como apoio o nada?
Todo socorro me é negado?
¹⁴Quem deixa de compadecer-se do aflito*
abandonou o temor do Onipotente†.
¹⁵Meus irmãos me traíram como uma torrente,
como as águas de torrentes que passam,
¹⁶que se turvam com o degelo*
e nas quais se dissolve a neve,
¹⁷mas no verão desaparecem
e no calor somem de seus leitos.
¹⁸As caravanas se desviam de suas pistas,
adentram o deserto e ali se perdem.
¹⁹As caravanas de Temã as procuram,*
os viajantes de Sabá contam com elas.

---

* **5**,17. Pr 3,11s | 18. Dt 32,39; Os 6,1 | 20. Jr 39,18; Sl 33,19 | 21. Sl 12,3ss; 31,21; 91 | 23. 2Rs 3,19-25; Os 2,20; Is 11,6ss | 25. Dt 28,4.11 | **6**,4. 7,20; 16,13; Sl 38,3 / Sl 88,17 | 9. 7,15 | 10. Lv 17,1 | 14. 29,12s; 31,16-20 | 16. Jr 15,18 | 19. Is 21,14; 1Rs 10,1

† **5**,18. Por meio dos sofrimentos, Deus age para corrigir e educar o homem, para convertê-lo e fazê-lo voltar a ele. | 19. Este provérbio numérico significa que Deus libertará Jó de todo o mal. | 23. Quem está em paz com Deus sentirá sobre si a proteção do mundo: "Tudo concorre para o bem dos que amam a Deus" (Rm 8,28). Ao contrário, a criação persegue o ímpio, Jó 20,27. | **6**,3. Jó reconhece sua falta, mas pensa que seu sofrimento é maior que sua falta. | 14. Os amigos de Jó diziam-lhe boas palavras no tempo da felicidade, mas agora não sabem confortá-lo.

Jó 6-7

²⁰Mas ficam desiludidos por terem confiado,
chegando lá, ficam confusos.
²¹Assim sois para mim agora:
vedes meus males e o medo vos assalta.
²²Por acaso eu vos disse: "Dai-me alguma coisa",*
ou "tomai de vossos bens um presente para mim",
²³ou "livrai-me das mãos do inimigo",
ou "do poder dos violentos resgatai-me"?
²⁴Instruí-me e então me calarei,
fazei-me conhecer em que errei.
²⁵Que têm de ofensivo as palavras justas?
Mas o que provam vossos argumentos?
²⁶Pensais talvez em criticar palavras
e o que um desesperado falou ao vento?
²⁷Seríeis capazes de leiloar um órfão
e de pôr à venda vosso amigo.
²⁸Agora, pois, prestai-me atenção,
porque diante de vós não mentirei.
²⁹Retratai-vos: não sejais injustos!
Retratai-vos: é minha justiça que está em jogo!
³⁰Há iniquidade em minha língua?
Ou meu paladar não distingue mais o infortúnio?

7 **Jó desabafa com Deus.** ¹Não é uma luta a vida do homem sobre a terra?*
Seus dias não são como os de um assalariado?
²Como o escravo suspira pela sombra*
e como o operário espera seu salário,
³assim o que ganhei foram meses de ilusão,
noites de aflição me foram concedidas.
⁴Ao deitar-me, digo: "Quando me levantarei?"
Mas a noite se prolonga e fico todo agitado até a aurora.
⁵Minha carne está recoberta de vermes e de uma crosta de terra,
minha pele se racha e supura.

⁶Mais velozes que a lançadeira são meus dias,*
que se acabam sem esperança.
⁷Recordai-vos que minha vida é apenas um sopro*
e meus olhos não tornarão a ver a felicidade.
⁸Os olhos dos que me veem não me verão mais;
vossos olhos me procurarão e eu não estarei mais lá.
⁹Como a nuvem se dissipa e passa,*
assim quem desce ao abismo não retorna;
¹⁰não voltará mais a sua casa,
sua morada não o reconhecerá.
¹¹Mas eu não manterei fechada a boca,
falarei na angústia de meu espírito,
me lamentarei na amargura de meu coração!
¹²Sou eu por acaso o mar ou um monstro marinho,*
para que coloqueis um guarda a meu lado?
¹³Quando digo: "Meu catre me dará alívio,
meu leito aliviará meu sofrimento",
¹⁴vós então me espantais com sonhos
e com fantasmas me aterrorizais.
¹⁵Preferiria ser asfixiado*
e morrer, em lugar de minhas dores!
¹⁶Detesto minha vida, não viverei para sempre.
Deixai-me, porque meus dias não são mais que um sopro.
¹⁷Que é o homem, para lhe dardes tanta importância*
e lhe prestardes atenção,
¹⁸a ponto de sondá-lo toda manhã*
e a cada instante o pô-lo à prova?
¹⁹Quando deixareis de me espiar
e me dareis tempo para engolir a saliva?
²⁰Se pequei, o que vos fiz,
ó guarda dos homens?†
Por que fizestes de mim um alvo
e me tornei um peso para vós?

---

* **6**,22. Jr 15,10 | **7**,1. 14,14 | 2. Eclo 40,1s; Ecl 2,23; Eclo 30,17 | 6. Is 38,12 | 7. Sl 78,39; 89,48 | 9. Sb 2,1.4 | 12. 3,8; 9,13; 26,12 | 15. 6,9 / Sl 144,4 | 17. Sl 8,5; 144,3 | 18. Sl 139

† **7**,20. "Jó se queixa de ser vigiado. Ele desfigura seu Deus. Jó já está desfigurado, e ele sabe disso; mas agredindo seu Deus, ele se desfigura mais ainda" (Maurice Gilbert). | **9**,6. Terremotos e eclipses eram considerados manifestações da onipotência divina. As colunas da terra são as imaginárias pilastras de sustentação do mundo.

617   Jó 7-9

21Por que não perdoais meu pecado
e não cancelais minha iniquidade?
Porque em breve estarei deitado no pó;
vós me buscareis, e já não existirei!

8 **Deus não subverte o direito.** 1En-
tão começou a dizer Baldad de
Suás:
2Até quando falarás desse modo*
e tuas palavras serão como um vento
impetuoso?
3Pode Deus desviar o direito?
Pode o Onipotente subverter a justiça?
4Se teus filhos pecaram contra ele,
entregou-os ao poder da iniquidade
deles.*
5Se buscares a Deus
e implorares ao Onipotente,
6se és puro e íntegro,
desde agora velará sobre ti
e restabelecerá a morada de tua justiça.
7Tua primitiva condição será pouca
coisa
diante de teu magnífico futuro.
8Pergunta às gerações passadas,*
reflete na experiência de seus pais,
9porque nós somos de ontem e nada
sabemos,
passam como sombra nossos dias na
terra.*
10Mas eles te instruirão e te falarão,
trazendo do coração as palavras.
11Cresce o papiro fora do pântano?
Pode brotar o junco sem água?
12Quando está verde e ainda não cortado,
seca antes de qualquer outra planta.
13Tal é o destino de quem se esquece
de Deus;*
assim se frustra a esperança do ímpio.
14Sua confiança é como um fio,*
e uma teia de aranha é sua segurança:
15Ele se apoia em sua casa, mas ela
não resiste;
agarra-se nela, mas ela não aguenta.
16É árvore viçosa diante do sol,
e sobre o jardim se expandem seus
ramos,

17sobre um montão de pedras se entrelaçam suas raízes,
explora as fendas das rochas.
18Mas se é tirado de seu lugar,
este o renega: "Nunca te vi!"
19Esta é a alegria de sua vida,
e da terra brotam outros.
20Não, Deus não rejeita o homem íntegro
nem colabora com os malfeitores.
21Encherá de novo tua boca de sorrisos
e teus lábios de cantos de alegria.
22Teus inimigos serão cobertos de vergonha,*
e a tenda dos ímpios não mais existirá.

9 **É inútil lutar contra Deus.** 1Jó respondeu dizendo:
2Na verdade eu sei que é assim:*
pois como pode um homem ter razão
diante de Deus?
3Se alguém quisesse discutir com ele,
não poderia responder-lhe uma vez
entre mil.
4Ele é sábio de coração e forte em poder;
quem o desafiou e saiu ileso?
5Ele remove as montanhas sem que
elas o percebam,*
e em sua ira as desmorona.
6Sacode a terra de seu lugar
e suas colunas estremecem†.
7A um seu comando, o sol não se levanta,*
e nas estrelas põe um selo.
8Ele sozinho estende os céus*
e caminha sobre as ondas do mar.
9Criou a Ursa e o Órion,*
as Plêiades e as constelações do Sul.
10Faz coisas grandes e insondáveis*
e maravilhas sem número.
11Passa perto de mim e não o vejo,*
ele se afasta e não o percebo.
12Se retira alguma coisa, quem o pode
impedir?
Quem ousa dizer-lhe: "Que estais fazendo?

---

* **8**,2. 34,10-12; Dt 32,4 | 4. 1,19 | 8. Eclo 8.,9; Dt 4,32; 32,7 | 9. 14,2 | 13. Sl 37,1s; Pr 10,28 | 14. 27,18 | 15.
Mt 7,26s | 22. Sl 6,11; Pr 14,11 | **9**,2. 38-42 | 5. Is 13,10.13; Jl 2,10 | 7. Sl 19,5ss; Br 3,34s | 8. Sl 104,2; Is
40,22; 42,5

Jó 9-10

¹³Deus não retira sua cólera:
debaixo dele se curvam os aliados de Raab.*

¹⁴Como, pois, posso eu responder-
-lhe,*
escolher palavras para replicar-lhe?

¹⁵Ainda que eu tivesse razão, não posso responder-lhe,
a meu juiz pediria clemência.

¹⁶E se a meu apelo respondesse,
eu não acreditaria que tivesse escutado minha voz.

¹⁷Com uma tempestade ele me esmaga,
multiplica minhas chagas sem razão.

¹⁸Não me deixa retomar o fôlego,*
mas sacia-me de amarguras.

¹⁹Se é questão de força, é ele o poderoso;
se de justiça, quem pode convocá-lo?

²⁰Se eu tivesse razão, minha boca me
condenaria;
se fosse inocente, ele provaria que sou
culpado.

²¹Sou inocente? Nem mesmo eu sei;
detesto minha vida!†

²²Para mim é tudo a mesma coisa; por
isso eu digo:*
"Ele extermina o inocente e o culpado".

²³Se um flagelo mata de improviso,
ele se ri da dor dos inocentes.

²⁴A terra é deixada à mercê do mau:
ele cobre o rosto de seus juízes;
se não é ele, quem pode ser?*

²⁵Meus dias passam mais velozes que
um corredor,
fogem sem ter visto a felicidade.

²⁶Passam como barcos de junco,
como águia que se lança sobre a presa.

²⁷Se digo: "Quero esquecer meu gemido,
deixar esse meu ar triste e ser alegre",

²⁸todas as minhas dores me apavo-
ram;
pois bem sei que não me tereis por
inocente.

²⁹Se sou culpado,
por que cansar-me em vão?

³⁰Ainda que me lavasse com a neve*
e limpasse com soda minhas mãos,

³¹então me afundaríeis na lama
e minhas próprias roupas teriam nojo
de mim.

³²Porque ele não é um ser humano
como eu
a quem eu possa responder:
"Compareçamos juntos em juízo".*

³³Não há entre nós um árbitro
que ponha a mão sobre nós dois

³⁴para afastar de mim sua vara
de modo que seu terror não me ame-
dronte.*

³⁵Então poderei falar sem temê-lo,
porque a meu ver não sou assim.

10 Por que me fazeis sofrer?†.
¹Minha vida me causa tédio!
Darei livre curso a meu lamento,*
falarei na amargura de meu coração.

²Direi a Deus: Não me condeneis!
Mostrai-me por que sois meu adversário.

³É bom para vós oprimir-me,
desprezar a obra de vossas mãos
e favorecer os projetos dos malvados?

⁴Tendes olhos de carne
ou também vós vedes como o homem
vê?*

⁵São vossos dias como os dias de um
mortal,
vossos anos como os dias de um homem,

⁶para que investigueis minha culpa
e examineis meu pecado,

⁷mesmo sabendo que não sou culpado
e que ninguém pode livrar-me de vossa mão?*

⁸Vossas mãos me formaram e me fizeram*
íntegro em toda parte; quereríeis agora destruir-me?

⁹Recordai-vos que como argila me
plasmastes*
e ao pó me fareis voltar?

¹⁰Não me derramastes como leite*

---

* **9**,9. 38,31s; Am 5,8 | 10. 5,9 | 11. 23,8s | 13. Sl 89,11 | 14. 9,32; 13,13s.18s; 23,1-7 | 18. 7,19 | 22. Ecl 9,2s | 24. 12,9 | 30. Is 1,18; Sl 51,9; Jr 2,22 | 32. Ecl 6,10 | 34. 13,21 | **10**,1. 7,11.15 | 4. 1Sm 16,7; Jr 11,20 | 7. Sb 16,15 | 8. Gn 2,7 | 9. 33,6 | 10. Sb 7,2; Sl 139,13.15

† **9**,21. Jó confirma que é inocente, mas diante do silêncio e da hostilidade de Deus, começa a duvidar de sua inocência. | **10**. Jó quer defender-se e para isso pede uma pausa nos sofrimentos.

619 Jó 10-11

e me fizestes coalhar como queijo?
¹¹De pele e de carne me vestistes,
de ossos e de nervos me tecestes†.
¹²Vida e benevolência me concedestes*
e vossa providência guardou meu espírito.
¹³No entanto, isto escondíeis no coração,
sei que isto tínheis no pensamento!
¹⁴Vós me vigiais, se peco,
e não me deixais impune por minha
culpa.
¹⁵Se sou culpado, ai de mim!
Se sou justo, não ouso levantar a cabeça,
saciado como estou de ignomínia e
cheio de miséria.
¹⁶Se a levanto, me caçais como um
leão,
realizando de novo prodígios contra
mim.
¹⁷Repetis vossos ataques a mim,
contra mim aumentais vossa ira
e me assaltais com tropas descansadas.
¹⁸Por que me fizestes sair do seio materno?*
Ah! Se eu tivesse morrido antes que algum olho me visse!
¹⁹Eu seria como se jamais houvesse
existido;
do ventre transportado ao túmulo!
²⁰Não são poucos os dias de minha
vida?*
Deixai-me, de modo que eu possa respirar um pouco*
²¹antes que eu me vá, sem retorno,*
para o país das trevas e da sombra da
morte,
²²terra escura como noite profunda,
onde reinam a sombra da morte e a
desordem,
onde a luz é como as trevas.

11 **Deus sabe o que faz.** ¹Então
Sofar de Naamat tomou a palavra e disse†:
²A tantas palavras não se dará resposta?

Ou o homem falador deve ter razão?
³Teu palavreado fará a gente se calar?
Zombas e ninguém te desmascara?
⁴Tu dizes: "Pura é minha conduta,
sou inocente aos olhos dele".
⁵Mas se Deus quisesse falar
e abrir os lábios contra ti,
⁶para manifestar-te os segredos da
sabedoria,*
que são tão difíceis de entender,
então saberias que Deus te perdoa
parte de tua culpa.
⁷Pretendes sondar o íntimo de Deus
ou penetrar a perfeição do Onipotente?
⁸É mais alta que o céu: que podes fazer?*
É mais profunda que os abismos: que
sabes dela?
⁹Mais longa que a terra é sua dimensão,
mais vasta que o mar.
¹⁰Se ele intervém e aprisiona
e chama a juízo, quem pode impedi-lo?
¹¹Pois ele conhece os homens falsos,
vê a iniquidade e a observa.
¹²O insensato criará juízo,*
embora o homem nasça como um
asno selvagem.
¹³Se dirigires o coração para Deus
e estenderes a ele tuas mãos,
¹⁴se afastares a iniquidade de tua mão
e não deixares habitar a injustiça em
tuas tendas,
¹⁵então poderás erguer a fronte sem
mancha,
estarás firme e não terás temor,
¹⁶porque esquecerás tua aflição
e a recordarás como águas passadas.
¹⁷Tua vida ressurgirá mais clara que o
meio-dia,
as trevas serão para ti como a aurora.
¹⁸Estarás seguro porque há esperança,
e, olhando a teu redor, repousarás
tranquilo.
¹⁹Tu te deitarás e ninguém te pertur-
bará,
ao contrário, muitos procurarão teu
favor.

---

* **10**,12. Gn 2,7 | 18. 3,11-16 | 20. 14,1 / 7,7 | 21. Sl 39,14 | **11**,6. Rm 11,33 | 8. Ef 3,18 | 12. 39,5-8

† **10**,11. Admira a maravilha da criação que é o corpo humano. | **11**,1. Sofar repete as acusações contra Jó
e exorta-o à conversão.

Jó 11-13

620

[20]Mas os olhos dos maus se consomem,
não há refúgio para eles,
sua única esperança é o último respiro!

12

Ironia de Jó. [1]Jó então respondeu[†]:
[2]Realmente, vós sois a voz do povo
e a sabedoria morrerá convosco!
[3]Mas também eu tenho entendimento como vós*
e não sou menos que vós;
quem não sabe coisas como essas?
[4]Sou motivo de zombaria para meus amigos,
eu que clamava a Deus e ele me respondia;
zombam do homem justo e reto.
[5]"Para o infeliz, desprezo", pensam os de vida folgada[†],
"para quem cambaleia, um empurrão".
[6]As tendas dos ladrões estão tranquilas,
há segurança para quem provoca a Deus,
pensando que ele está em suas mãos.

A sabedoria infinita de Deus. [7]Mas interroga também os animais, para que te ensinem,
as aves do céu, para que te informem;
[8]ou fala com os répteis da terra, para que te instruam,
ou com os peixes do mar, para que te contem.
[9]Quem não sabe, entre todos esses seres,*
que a mão de Deus fez isto?
[10]Ele tem na mão a alma de todo ser vivo,*
e o espírito de todo ser humano.
[11]O ouvido não distingue as palavras,
e o paladar não saboreia os alimentos?
[12]Nos anciãos está a sabedoria*
e na vida longa a prudência.
[13]Em Deus residem a sabedoria e a força,*
a ele pertencem o conselho e o entendimento!
[14]Se ele destrói, ninguém pode reconstruir,*
se aprisiona alguém, ninguém pode libertar.
[15]Se retém as águas, tudo seca,
se as solta, devastam a terra.
[16]Força e sabedoria o acompanham,
dele dependem quem erra e quem faz errar.
[17]Torna imbecis os conselheiros
e priva de entendimento os juízes.
[18]Desata o cinturão dos reis
e cinge seus rins com uma corda.
[19]Faz andar descalços os sacerdotes
e derruba os poderosos.
[20]Aos acreditados retira a palavra
e priva de entendimento os anciãos.
[21]Sobre os nobres espalha o desprezo*
e afrouxa o cinturão dos fortes.
[22]Arranca das trevas os segredos
e traz à luz as coisas obscuras.
[23]Engrandece os povos e os aniquila,*
expande as nações e as suprime.
[24]Tira o entendimento aos chefes do país
e os faz vaguear em desertos sem pista.*
[25]Vão tateando pelas trevas, sem luz,
e ele os faz cambalear como bêbados.

13

Jó espera compreensão de Deus. [1]Sim, tudo isto meu olho viu,
meu ouvido ouviu e entendeu.
[2]O que vós sabeis, eu também sei;*
não sou menos que vós.
[3]Mas eu quero falar ao Onipotente,*
com Deus gostaria de argumentar.
[4]Vós sois fabricantes de mentiras,
sois todos médicos inúteis.
[5]Oxalá vos calásseis de todo!
Seria para vós um ato de sabedoria!*
[6]Escutai, pois, minha defesa
e aos argumentos de meus lábios prestai atenção.

---

* **12**,3. 13,2 | 9. 9,24 | 10. Nm 16,22; Dn 5,23 | 12. 32,7ss | 13. Is 11,2; Pr 8,14 | 14. Sl 127,1; Is 22,22 | 21. Sl 107,40 | 23. At 17,26 | 24. Sl 107,40 | 2. 12,3 | 3. 9,14 | 5. Pr 17,28

+ **12**,1. Jó acredita na sabedoria de Deus e por isso pergunta como é que ele pode castigar um inocente. | 5. Se apenas os pecadores sofressem, os que sofrem seriam desprezados.

Jó 13-14

⁷Quereis em defesa de Deus dizer o falso
e em seu favor falar com engano?
⁸Tomais assim seu partido
e assim vos fazeis seus advogados?
⁹Seria bom para vós se vos examinasse?
Pensais enganá-lo como se engana um homem?
¹⁰Severamente vos repreenderá,
se em segredo mostrais parcialidade.
¹¹Sua majestade não vos amedronta?
E o terror dele não vos assalta?
¹²Provérbios de cinzas são vossas sentenças,
defesas de argila vossas respostas.
¹³Calai-vos diante de mim e falarei eu,*
aconteça o que acontecer.
¹⁴Quero agarrar minha carne com os dentes
e pôr em minhas mãos minha vida.
¹⁵Ainda que me mate, eu nele esperarei;
quero só defender diante dele minha conduta!
¹⁶E isto mesmo será minha salvação,
porque um ímpio não se apresentaria diante dele.
¹⁷Escutai bem minhas palavras
e prestai atenção a minha explicação.
¹⁸Preparei meu processo,*
sei que serei declarado inocente.
¹⁹Quem quer disputar comigo?
Porque então me calarei, pronto a morrer†.
²⁰Mas, ó Deus, concedei-me só duas coisas
e então não me esconderei de vossa presença:
²¹afastai de mim vossa mão*
e não me espante mais vosso terror.
²²Depois interrogai-me e eu responderei
ou falarei eu e vós me respondereis.
²³Quantas são minhas culpas e meus pecados?

Dai-me a conhecer minhas faltas e meu pecado.
²⁴Por que me escondeis vossa face*
e me considerais um inimigo?†
²⁵Quereis espantar uma folha levada pelo vento
e perseguir uma palha seca?*
²⁶Pois escreveis contra mim sentenças amargas
e fazeis pesar sobre mim os erros de minha mocidade;*
²⁷prendeis meus pés ao cepo,
observais todos os meus passos
e examinais os rastos de meus pés,
²⁸apesar de eu ser como madeira carcomida*
ou como roupa roída pela traça.

14 **Brevidade da vida humana.** ¹O homem, nascido de mulher,*
tem a vida curta, mas cheia de tormentos.
²Como uma flor desabrocha e murcha,*
foge como a sombra sem parar.
³E sobre um tal ser mantendes abertos vossos olhos*
e o chamais a juízo diante de vós?
⁴Quem pode tirar o puro do impuro?*
Ninguém!†
⁵Se seus dias estão contados,
se o número de seus meses depende de vós,
se lhe fixastes um limite intransponível,
⁶afastai dele o olhar para que descanse,
até que termine, como um operário, seu dia.
⁷Pois para a árvore há esperança:
mesmo cortada, ainda renasce,
e seus ramos não cessam de crescer;
⁸mesmo se sob a terra envelhece sua raiz
e no solo morre seu tronco,
⁹ao sentir a água, torna a brotar
e solta ramos como planta nova.
¹⁰O homem, porém, se morre, jaz inerte,
quando o mortal expira, onde está?*

---

* **13**,13. 10,1 | 18. 9,14 | 21. 9,34; 23,6 | 24. Sl 4,7; 44,25; 88,15 | 25. Sl 83,14 | 26. Sl 25,7 | 28. Is 50,9; Sl 39,12; 102,27 | **14**,1. Eclo 40,1-10; 41,1-4; Sb 2,1 | 2. Is 40,6ss | 3. Ecl 6,12; Sl 8,5; 144,3 | 4. 4,17; 9,30; 15,14; 25,4; Sl 51,7 | 10. Ecl 3,21; Is 19,5; 51,6

† **13**,19. Numa disputa com Deus, Jó acredita que sairia vencedor. | 24. O problema já não é tanto o sofrimento, mas a pessoa de Deus que Jó vê agora como um inimigo: "Esse Deus é ainda o meu Deus?" **14**,4. A tradição cristã viu neste v., que fala de uma impureza congênita que vem da natureza humana, um esboço da doutrina do pecado original, explicitada por São Paulo em Rm 5,12-14.

Jó 14-15

[11] Poderão desaparecer as águas do mar
e os rios secar e esgotar-se,
[12] mas o homem que jaz não mais se levantará,[+]
enquanto durarem os céus não despertará,
nem mais acordará de seu sono.
[13] Oh! Se quisésseis esconder-me no abismo,*
ocultar-me, até que passe vossa ira,
fixar-me um prazo e depois lembrar-vos de mim!
[14] Se o homem que morre pudesse reviver,
eu esperaria todos os dias de minha luta*
até acabar meu turno.
[15] Vós me chamaríeis e eu responderia,
teríeis saudade da obra de vossas mãos.
[16] Enquanto agora contais meus passos,
não vigiaríeis mais meu pecado.*
[17] Fecharíeis numa caixa meu pecado
e cobriríeis minha iniquidade.*
[18] Mas igual à montanha que cai e desmorona,
igual ao rochedo que muda de lugar;
[19] como as águas gastam as pedras
e as cheias carregam a terra,
assim aniquilais a esperança do homem.
[20] Vós o abateis para sempre e ele se vai,
desfigurais seu rosto e o expulsais.
[21] Se são honrados seus filhos, ele não o sabe;
se são desprezados, ele o ignora!
[22] Somente suas dores ele sente
e só por ele seu coração se aflige.

III. SEGUNDA SÉRIE DE DISCURSOS (15–21)[+]

15 **Jó se condena por suas palavras.** [1] Então Elifaz de Temã respondeu dizendo[+]:
[2] Um sábio responde com vã ciência
e enche o ventre com o vento oriental?
[3] Defende-se ele com palavras inúteis
e com razões sem proveito?
[4] Sim, tu destróis a religião
e eliminas a oração diante de Deus.
[5] Pois tua iniquidade inspira tuas palavras
e adotas a linguagem dos astutos.
[6] É tua boca que te condena, não eu,
e teus próprios lábios testemunham contra ti.
[7] És porventura o primeiro homem que nasceu,*
ou foste formado antes das colinas?
[8] Ouviste os secretos conselhos de Deus*
e és dono exclusivo da sabedoria?
[9] O que sabes tu, que nós não saibamos?
Que conhecimento tens, que nós não tenhamos?
[10] Também entre nós há idosos e anciãos,
muito mais velhos que teu pai.
[11] Fazes pouco caso das consolações de Deus
e do tom moderado de nossas palavras?
[12] Por que te deixas levar pela paixão
e por que flamejam teus olhos,
[13] quando voltas contra Deus teu furor
deixando sair tais palavras de tua boca?
[14] O que é o homem, para considerar-se puro,*
e o que nasce de mulher, para se julgar justo?
[15] Se nem mesmo em seus santos Deus confia,
e os céus não são puros a seus olhos;
[16] quanto menos este ser abominável e corrupto,
o homem, que bebe a iniquidade como água!*
[17] Quero explicar-te, escuta-me,
o que tenho visto te contarei;
[18] o que os sábios referem, sem ocultá-lo,
tendo-o ouvido de seus pais;*

---

* **14**,13. Is 26,20; Am 9,2 | **14**. 7,1 | 16. 10,6 | 17. 9,30 | **15**,7. Eclo 49,16; Pr 8,25 | 8. Jr 23,18; Rm 11,34 | 14. 4,17s; 14,4 | 16. 34,7 | 18. 8,8ss; Dt 32,7ss

+ **14**,12. No tempo do autor, a ressurreição dos mortos ainda não tinha sido revelada. | **III**. Os amigos de Jó tornam-se cada vez mais agressivos. Jó contra-ataca e começa a abrir-se à esperança. | **15**,1. Querer entrar em demanda com Deus, como faz Jó, é uma ofensa a Ele.

623 Jó 15-16

¹⁹só a eles foi concedida esta terra,
nem estrangeiro algum se havia infiltrado entre eles.
²⁰Por todos os dias da vida o mau é atormentado;*
poucos são os anos reservados ao prepotente.
²¹Gritos de espanto lhe ressoam aos ouvidos,*
e em plena paz é assaltado pelo bandido.

²²Ele não espera sair das trevas,
sente-se votado à espada.
²³Destinado como pasto aos abutres,
sabe que está próxima sua ruína,
o dia das trevas.
²⁴A tribulação e a angústia o amedrontam,
assaltam-no como um rei pronto ao ataque.
²⁵Porque estendeu contra Deus sua mão,
ousou desafiar o Onipotente;
²⁶lançou-se contra ele com audácia,
protegido por seus escudos blindados;
²⁷porque tinha o rosto coberto de gordura
e banha em torno da cintura.
²⁸Tinha morado em cidades devastadas,
em casas desabitadas,
destinadas a se tornar ruínas.
²⁹Não ficará rico, não durará sua fortuna,
nem se estenderá seu patrimônio sobre a terra.
³⁰Das trevas não escapará,
a chama do fogo secará seus ramos
e suas flores serão levadas pelo vento.
³¹Não confie na vaidade que engana,*
porque a vaidade será sua recompensa.
³²Sua ramagem secará antes do tempo
e seus ramos não tornarão a ficar verdes.
³³Será como a videira que deixa cair
sua uva ainda verde
e como a oliveira que perde suas flores.

³⁴porque a raça do ímpio é estéril
e o fogo devora as tendas do homem venal.*
³⁵Concebe a malícia e gera a infelicidade,*
e em seu seio prepara o engano.

16 Jó ainda tem esperança. ¹Então Jó respondeu†:

²Já ouvi muitas coisas como estas;
sois todos consoladores importunos.
³Quando acabarão vossos discursos vazios?
Ou o que te leva a responder ainda?
⁴Também eu seria capaz de falar como vós,
se estivésseis em meu lugar:
multiplicaria as palavras contra vós
e sacudiria a cabeça contra vós.
⁵Eu vos confortaria com a boca
e movendo meus lábios vos acalmaria.
⁶Mas se falo, não cessa minha dor;
se me calo, ela se afastará de mim?
⁷Agora, porém, Deus me extenuou,
devastou toda a minha companhia;
⁸insurgiu-se como testemunha contra mim:*
meu caluniador depõe contra mim.
⁹Sua cólera me dilacera, me persegue,
range os dentes contra mim;
meu inimigo sobre mim aguça os olhos.
¹⁰Abrem sua boca contra mim,
batem-me no rosto com insultos,
todos se aliam contra mim.
¹¹Deus me entrega aos malvados,
e me lança nas mãos dos ímpios.
¹²Eu estava tranquilo e ele me arruinou,
agarrou-me pelo pescoço e me triturou;
fez de mim seu alvo.
¹³Seus arqueiros me rodeiam de todo lado;
ele atravessa meus rins sem piedade
e derrama no chão meu fel.
¹⁴Abre-me ferida sobre ferida,
assalta-me como um guerreiro.
¹⁵Costurei um saco sobre minha pele
e prostrei a fronte no pó.

---

* **15**,20. Sb 17,3s | 21. 18,11 | 31. 20,6s | 34. 5,6s | 35. Pr 22,8; Sl 7,15; Gl 6,8 | **16**,8. 30,12
† **16**,1. A agressão dos amigos faz Jó dirigir-se a Deus, confiando em Sua justiça.

Jó 16-18

¹⁶De tanto chorar, tenho o rosto vermelho
e a sombra cobre minhas pálpebras.
¹⁷Contudo, não há violência em minhas mãos
e pura tem sido minha oração.
¹⁸Ó terra, não cubras meu sangue†
e não tenha descanso meu clamor.
¹⁹Mas desde agora minha testemunha está nos céus,
meu defensor está lá em cima†.
²⁰Meus amigos zombam de mim,*
mas diante dele meus olhos derramam lágrimas,
²¹para que defenda o homem diante de Deus,
como faz um mortal com seu próximo;
²²pois passarão mais uns poucos anos
e irei por um caminho sem retorno.*

17 A falsa sabedoria dos amigos.
¹Meu espírito se apaga,
meus dias se extinguem;*
o sepulcro me espera.
²Não estou rodeado de zombadores?
Meus olhos contemplam sua hostilidade.
³Sede vós mesmo minha garantia junto de vós.
Quem mais quereria bater em minha mão?†
⁴Porque privastes de inteligência a mente deles,
por isso não deixareis que triunfem.
⁵Como quem convida os amigos à partilha,
enquanto os olhos de seus filhos desfalecem;
⁶assim me tornei ludíbrio dos povos,
sou objeto de escárnio diante deles.
⁷Meu olho se ofusca de dor*
e meus membros não são mais que sombra.
⁸Gente honesta se espanta com isto
e o inocente se indigna contra o ímpio.*
⁹Mas o justo se confirma em sua conduta,

e quem tem mãos puras redobra de coragem.
¹⁰Quanto a vós, voltai todos e vinde:
e entre vós não acharei um sábio.
¹¹Passaram meus dias, se esfumaram meus projetos,
os desejos de meu coração.
¹²Pretendem que a noite seja dia,
que a luz esteja iminente, quando chegam as trevas.*
¹³Se posso esperar alguma coisa, o abismo é minha casa,
nas trevas estendo meu leito.
¹⁴Ao sepulcro eu grito: "Tu és meu pai!"
e aos vermes: "Minha mãe, minhas irmãs sois vós!"
¹⁵E minha esperança onde está?
Meu bem-estar, quem o pode ver?
¹⁶Descerão comigo ao abismo,
quando juntos baixarmos ao pó.

18 Vida infeliz do ímpio.
¹Baldad de Suás respondeu dizendo:
²Quando terminarás esses discursos?
Reflete bem e depois falaremos.
³Por que considerar-nos como animais*
e nos fazer passar por idiotas a teus olhos?
⁴Tu que dilaceras tua alma em teu furor,
por tua causa deve ficar deserta a terra
e os rochedos se mover de seu lugar?
⁵Sim, a luz do malvado se apagará*
e não brilhará mais a chama de seu fogo.
⁶A luz se ofuscará em sua tenda
e a lâmpada se extinguirá sobre ele.
⁷Seu passo vigoroso se encurtará*
e seus projetos o arruinarão,
⁸porque seus pés o empurram para a rede*
e sobre malhas caminhará.
⁹Um laço o apanhará pelo calcanhar,
uma armadilha o prenderá.

---

* **16**,20. 19,15 | 22. 10,21 | **17**,1. Ecl 12,1-7 | 7. 30,9 | 8. Is 52,15 | 12. 5,17-26; 8,6s; 11,17; Jo 8,12 | **18**,3. 12,7s; 16,9s | 5. Jo 8,12; Jr 25,10 | 7. Sl 18,37; Pr 4,12 | 8. Sl 35,7s; 140,6

† **16**,18. O sangue clama por vingança enquanto não for recoberto, Gn 4,10; Ez 24,7. | 19. Deus não é somente aquele que acusa, é também aquele que defende. | **17**,3. Bater na mão do outro, gesto ainda em uso para concluir um acordo.

Jó 18-19

¹⁰No chão se esconde uma cilada para ele
e lhe é armado um alçapão no caminho.
¹¹Terrores o amedrontam de todo lado*
e o perseguem a cada passo.
¹²Sua riqueza se mudará em fome,
e a ruína está pronta a seu lado.
¹³Um mal devorará sua pele,
consumirá seus membros o primogênito da morte.
¹⁴Será retirado da segurança de sua tenda,
para ser arrastado perante o rei dos terrores.
¹⁵Podes morar na tenda que não é mais dele;*
sobre sua morada se espalhará enxofre.
¹⁶Por baixo, suas raízes secarão,*
por cima, serão cortados seus ramos.
¹⁷Sua lembrança se apagará na terra*
e seu nome não mais se ouvirá pelas ruas.
¹⁸Da luz será lançado nas trevas
e do mundo será banido.
¹⁹Nem família, nem descendência terá entre seu povo,*
nem sobrevivente onde morava.
²⁰Diante de seu fim se espantará o ocidente
e o oriente sentirá pavor.
²¹Esta é a sorte do iníquo,
este é o paradeiro de quem desconhece a Deus.

19 Esperança na provação†. ¹Em resposta, Jó disse:

²Até quando me atormentareis
e me afligireis com vossas palavras?
³São dez vezes que me injuriais
e me maltratais sem pudor.
⁴Mesmo se fosse verdade que eu errei,
só a mim importaria meu erro.
⁵Se realmente quereis triunfar de mim,
e fazer de minha humilhação um argumento contra mim,
⁶sabei, então, que Deus me tratou injustamente
e me envolveu em sua rede.
⁷Eu grito contra a violência, mas não tenho resposta,*
peço ajuda, mas não há justiça!
⁸Fechou-me a estrada para que eu não passe,
e em meu caminho estendeu as trevas.
⁹Despojou-me de minha glória*
e tirou-me da cabeça a coroa.
¹⁰Demoliu-me de todo lado e eu pereço,*
arrancou como árvore minha esperança.
¹¹Acendeu contra mim sua ira*
e me considera como seu adversário.
¹²Suas tropas acorreram juntas
e aplanaram sua estrada contra mim;
puseram cerco em torno de minha tenda.
¹³Afastou de mim meus irmãos*
e meus conhecidos se tornaram estranhos para mim.
¹⁴Os parentes desapareceram
e meus amigos íntimos me esqueceram.
¹⁵Os moradores de minha casa e minhas criadas me tratam como estranho,
sou um estrangeiro a seus olhos.
¹⁶Chamo meu servo e ele não responde,
tenho de suplicar-lhe com minha boca.
¹⁷Meu hálito é repugnante para minha esposa
e provoco nojo aos filhos de minha mãe.
¹⁸Até os moleques me desprezam:
se tento levantar-me, zombam de mim.
¹⁹Todos os meus amigos íntimos me abominam,*
e os que eu amava se revoltam contra mim.
²⁰Meus ossos se colam à pele e à carne
e só me restou a pele de meus dentes.

---

* **18**,11. 15,21; Sb 17,10-14 | 15. Is 34,9 | 16. Is 34,9; Sl 11,6 | 17. Sl 9,6; 34,17; Pr 10,7 | 19. Sl 37,28 | **19**,7. Lm 3,7ss | 9. 29,14 | 10. 14,7s; 17,15 | 11. 33,10 | 13. Sl 38,12; 69,9; 88,9.19 | 19. Sl 41,10; Eclo 6,8; Jo 13,18

† **19**. No auge de sua tragédia, Jó se abandona a Deus, do qual espera uma reabilitação completa.

Jó 19-20

²¹Piedade, piedade de mim, meus amigos,
porque a mão de Deus me atingiu!
²²Por que me perseguis como o faz Deus,
e nunca vos saciais de minha carne?*
²³Quem dera que minhas palavras fossem escritas*
e gravadas num livro;
²⁴que fossem esculpidas para sempre sobre a rocha,
com estilete de ferro e com o chumbo!
²⁵Pois eu sei que meu Redentor está vivo†
e que, por último, se erguerá sobre o pó!†
²⁶Depois que esta minha pele for destruída,
de minha carne verei a Deus.
²⁷Eu o verei, eu mesmo,
e meus olhos o contemplarão e não um outro.
Meus rins se consomem dentro de mim†.
²⁸Porque dizeis: "Como o perseguiremos,
se a raiz desses males está nele?"
²⁹Temei para vós a espada,
porque o furor traz a punição da espada;
assim sabereis que existe um juiz.

20 Consequências do pecado.
¹Sofar de Naamat tomou a palavra e disse†:
²Por isso meus pensamentos me levam a responder:
por causa da agitação que sinto em mim.
³Escutei uma repreensão que me ultraja,
mas meu espírito me inspira a resposta.
⁴Não sabes tu que desde sempre,*

desde quando o homem foi posto sobre a terra,
⁵o triunfo dos maus dura pouco
e a alegria do ímpio é momentânea?
⁶Mesmo se sua estatura chegasse até o céu*
e sua cabeça tocasse as nuvens,
⁷como seu próprio esterco, desaparece para sempre
e os que o viram dirão: "Onde está ele?"
⁸Como um sonho se esfumará e não será achado,*
e se dissipará como uma visão noturna.
⁹O olho acostumado a vê-lo não o verá mais,
sua morada o perderá de vista.
¹⁰Seus filhos deverão indenizar os pobres,
suas mãos restituirão suas riquezas.*
¹¹Seus ossos ainda cheios de vigor
com ele jazem no pó.
¹²Se a sua boca foi doce o mal,*
se o mantinha escondido sob a língua,
¹³saboreando-o sem engoli-lo,
retendo-o em seu paladar:
¹⁴sua comida se estragará em suas entranhas,
será veneno de cobra em seu intestino.
¹⁵Agora vomita os bens devorados,
Deus os expulsa de seu ventre.
¹⁶Sugou veneno de cobra,*
uma língua de víbora o mata.
¹⁷Não verá mais torrentes de óleo,*
rios de mel e de coalhada;
¹⁸entregará o que ganhou sem aproveitá-lo,
não gozará do lucro de seu comércio.
¹⁹Porque oprimiu e abandonou os pobres,
roubou casas em vez de construí-las;
²⁰porque seu ventre não soube contentar-se,
não salvará nenhum de seus tesouros.

---

* **19**,22. Sl 27,2 | 23. 16,18-21 | **20**,4. Sl 37; 73 | 6. Sl 37,35 | 8. Sl 73,20; Is 29,8; Sb 5,14 | 10. 27,16s | 12. Pr 20,17 | 16. Dt 32,32s | 17. 29,6

† **19**,25. Este Redentor, "goel" em hebraico, é o parente mais próximo, que tem a obrigação de resgatar da pobreza, redimir da escravidão e vingar a morte. Jó espera que um dia Deus, seu Redentor, proclamará sua inocência. / "Por último": pronuncia a sentença definitiva, preservando Jó da morte e triunfa sobre toda injustiça. A tradução de São Jerônimo "em minha carne verei a Deus" fez do v. 26 uma afirmação da ressurreição. | 27. Para o homem da Bíblia, é dos rins que nascem as emoções violentas, os sentimentos secretos e as paixões, Sl 7,10; 16,7; Pr 23,16; Jr 11,20. | **20**,1. Sofar reage com violência às palavras de Jó, afirmando que a felicidade do ímpio é passageira e que é infalível seu castigo.

Jó 20-21

²¹Nada escapou a sua voracidade,
por isso não durará seu bem-estar.
²²No auge da abundância se achará
na penúria;
todo tipo de miséria cairá sobre ele.
²³Quando estiver para encher seu
ventre,
Deus lançará sobre ele o ardor de sua
ira,
que choverá sobre ele enquanto está
comendo.
²⁴Se escapar da arma de ferro,*
o arco de bronze o traspassará.
²⁵A flecha sai de suas costas,
uma espada chamejante de seu fígado.
Terrores o assaltam.
²⁶Todas as trevas lhe estão reservadas.*
Um fogo não aceso pelo homem o
devorará,*
consumirá o que restou em sua tenda.
²⁷Revelarão os céus sua iniquidade
e a terra se levantará contra ele.
²⁸Escorrem as riquezas de sua casa*
como águas no dia de sua ira.
²⁹Esta é a sorte que Deus reserva ao
homem mau,*
a herança que Deus lhe destinou.

21 A prosperidade dos maus†.
¹Jó respondeu:
²Escutai bem minha palavra
e seja este o conforto que me dais.
³Permiti que eu fale
e quando tiver terminado, zombai à
vontade.
⁴É de um homem que me queixo?
E por que não deveria perder a paciência?*
⁵Prestai-me atenção e ficareis atônitos
e poreis a mão sobre a boca.
⁶Quando penso nisto, eu me perturbo*
e um calafrio se apodera de minha
carne.
⁷Por que os maus continuam em vida,*
envelhecem e crescem em poder?

⁸Sua prole prospera com eles a sua
frente,
seus rebentos crescem ante seus
olhos.
⁹Suas casas estão tranquilas e sem temores;
a vara de Deus não pesa sobre eles.
¹⁰Seu touro fecunda e não falha,
sua vaca dá cria e não aborta.
¹¹Deixam correr seus meninos, como
um rebanho,
e seus filhos dançam.
¹²Cantam com tamborins e cítaras,*
divertem-se ao som da flauta.
¹³Acabam no bem-estar seus dias
e tranquilos descem ao abismo.
¹⁴No entanto diziam a Deus: "Afastai-
-vos de nós,*
não queremos conhecer vossos caminhos.
¹⁵Quem é o Onipotente, para que devamos servir-lhe?
E que nos adianta suplicar-lhe?"
¹⁶Não têm nas mãos seu bem-estar?
O conselho dos ímpios não está longe
dele?
¹⁷Quantas vezes se apaga a lâmpada
dos ímpios,*
ou sobre eles se abate a ruína,
ou a ira de Deus lhes retribui com castigos?
¹⁸Serão eles como palha diante do
vento*
ou como cisco que a tempestade arrasta?
¹⁹"Deus reserva a punição para seus
filhos...".
Que seja castigado ele próprio para
que aprenda!
²⁰Veja com seus olhos sua ruína
e beba da ira do Onipotente!
²¹Pois o que lhe importa sua casa depois de morto,
quando o número de seus meses acabou?*
²²Acaso se ensina a ciência a Deus
a ele que julga os seres superiores?

---

* **20,**24. Dt 32,41s; Sb 5,17-23 | 26. 15,21; 18,14; Sl 88,16s / 1,16; 15,34 | 28. Is 24,18 | 29. 27,13; Ap 21,8
21,4. 6,3.26; 16,4ss | 6. 29,9; 40,4 | 7. Jr 12,1s; Sl 73,3-12; Ml 3,15.18s | 12. Am 6,5 | 14. 22,17; Mt 3,14s; Jr
2,31 | 17. 18,5; 20,22; 26-28 | 18. Sl 1,4 | 21. 14,21s; Ecl 9,5s

† **21.** Jó se apoia na experiência diária e refuta Sofar, porta-voz da doutrina tradicional: a retribuição terrestre, como é imaginada, não acontece. No fim do segundo ciclo de discursos, Jó chega à conclusão de que
seu Deus que o fere é o único que o pode salvar.

Jó 21-22

23Um morre em pleno vigor,
todo tranquilo e feliz;
24sua cintura está coberta de gordura
e a medula de seus ossos ainda fresca.
25Um outro morre com o coração amargurado
sem nunca ter provado a felicidade.
26No pó jazem juntos,*
e os vermes os recobrem.
27Eu conheço vossos pensamentos
e vossos maus juízos a meu respeito!
28Com efeito dizeis: "Onde está a casa do prepotente
e onde as tendas dos ímpios?"
29Não interrogastes os que viajam?
Não podeis negar seus testemunhos
30de que no dia da aflição é poupado o malvado*
e no dia da ira ele é protegido.
31Quem lhe lançará em rosto sua conduta
e lhe retribuirá pelo que fez?
32Quando for levado ao sepulcro,
farão vigília sobre seu túmulo.
33Os torrões do vale lhe serão leves.
Atrás dele toda a população desfila
e a sua frente uma multidão sem número.
34Por que, pois, me consolais em vão?
De vossas respostas não resta senão engano.

IV. TERCEIRA SÉRIE
DE DISCURSOS
(22–31)

22 **Supostos pecados de Jó.** 1Elifaz de Temã tomou a palavra e disse†:
2Pode o homem ser útil a Deus,
se o sábio só ajuda a si mesmo?
3Que proveito tira o Onipotente, se és justo?*
O que ele ganha, se procedes retamente?
4É por tua piedade que te corrige
e te convoca em juízo?

5Não é, antes, por causa de tua grande maldade*
e de tuas iniquidades sem limite?
6Com efeito, sem motivo tomavas penhores de teus irmãos*
e das vestes despojaste os nus.*
7Não deste de beber ao que tinha sede*
e ao faminto recusaste o pão.*
8Entregavas a terra ao prepotente
e nela habitavam teus favoritos.
9As viúvas despedias de mãos vazias*
e os braços dos órfãos eram quebrados.
10Eis por que estás cercado de laços*
e um repentino pavor te perturba.
11Ou a escuridão, que não te permite ver,*
e águas abundantes te submergem.
12Mas Deus não está no alto dos céus?*
Olha a abóbada estrelada como é alta!
13E dizes: "O que Deus sabe?*
Pode julgar através da nuvem escura?
14As nuvens são um véu para ele e não vê*
enquanto caminha sobre a abóbada do céu".
15Queres seguir a rota antiga,
já pisada por homens iníquos,
16arrebatados antes do tempo,
quando um rio arrastou seus fundamentos?
17Diziam a Deus: "Afastai-vos de nós!*
O que pode nos fazer o Onipotente?"
18No entanto, foi ele que enchera de bens as casas deles.
Mas eu me afasto das intrigas dos maus.
19Os justos veem isto e se alegram*
e o inocente zomba deles:
20"Sim, nossos inimigos foram aniquilados
e o fogo devorou o que restou deles!"
21Reconcilia-te com ele e terás a paz.*
Assim a felicidade te será restituída.
22Acolhe de sua boca a instrução
e põe em teu coração suas palavras.

---

* **21**,26. Ecl 9,2s | 30. Pr 11,4; Am 5,18; Rm 2,3-6 | **22**,3. 35,7 | 5. 29,11-17; 31 | 6. Êx 22,25s / Is 58,7 | 7. Ez 18,7 / Mt 25,42s | 9. 31,16-26; Êx 22,21 | 10. 18,8.11; 19,6 | 11. Is 58,10s; Sl 69,2s | 12. Is 40,26s | 13. Sl 73,11; Is 29,15 | 14. Jr 23,23s | 17. 21,14 | 19. Sl 58,11

† **22**,1. Elifaz acusa Jó de pecados concretos, que são a causa de suas desgraças, mas diz que Deus lhe mostrará misericórdia se ele se converter humildemente.

629   Jó 22-24

²³Se te voltares para o Onipotente serás restabelecido.

Se afastares de tua tenda a iniquidade,
²⁴se considerares o ouro como pó
e como as pedras dos riachos o ouro de Ofir,
²⁵então o Onipotente será teu ouro*
e prata acumulada para ti.
²⁶Então sim, no Onipotente encontrarás tuas delícias
e levantarás para Deus teu rosto.
²⁷Tu lhe suplicarás e ele te ouvirá
e tu cumprirás tuas promessas.
²⁸Quando decidires uma coisa, serás bem-sucedido
e sobre teus caminhos brilhará a luz.
²⁹Ele humilha o orgulho do soberbo,*
mas socorre quem tem os olhos baixos.
³⁰Ele livra o inocente;
serás libertado graças à pureza de tuas mãos.

23 Deus parece distante.
¹Então Jó respondeu†:
²Ainda hoje meu lamento é amargo
e sua mão pesa sobre meus gemidos.
³Quem dera que eu soubesse onde encontrá-lo!
Então eu chegaria até seu trono!
⁴Exporia diante dele minha causa*
e encheria minha boca de argumentos.
⁵Eu conheceria os termos de sua resposta
e entenderia o que tivesse a me dizer.
⁶Discutiria comigo ostentando seu poder?
Não, ele me prestaria atenção!
⁷Então um justo debateria com ele
e eu seria absolvido para sempre por meu juiz.
⁸Mas se vou adiante, ele não está lá,*
se vou para trás, não o percebo.
⁹À esquerda o busco e não o avisto,
volto-me para a direita e não o vejo.

¹⁰Mas ele conhece minha conduta,*
se me submete à prova, saio dela como ouro puro.*
¹¹Meus pés seguiram suas pegadas,*
a seu caminho me apeguei sem me desviar.
¹²Não me afastei dos mandamentos de seus lábios,
no coração guardei as palavras de sua boca.
¹³Se ele decide, quem o fará mudar?
Tudo o que ele deseja, ele o realiza.*
¹⁴Ele executará, pois, minha sentença,
como tantos outros decretos seus.
¹⁵Por isso na presença dele eu me perturbo;*
quanto mais penso nisso, mais medo tenho dele.
¹⁶Deus me fez perder a coragem,
o Onipotente me encheu de terror.
¹⁷Pois não é por causa das trevas que estou abatido,
ainda que a escuridão me cubra o rosto.

24 Injustiças no mundo.
¹Por que o Onipotente não tem tempos de reserva
e seus fiéis não veem seus dias?†
²Os malvados deslocam as divisas,*
roubam os rebanhos e os levam ao pasto;
³levam o jumento dos órfãos,*
tomam como penhor o boi da viúva.
⁴Empurram os necessitados para fora da estrada,*
todos os pobres do país têm de se esconder.
⁵Como asnos selvagens no deserto saem para o trabalho;
bem cedo vão em busca de alimento;
a estepe lhes oferece alimento para os filhos.
⁶Colhem num campo que não é deles;
vindimam a vinha do malvado.
⁷Passam a noite nus por falta de roupa,*
não têm coberta contra o frio.

---

* **22**,21. 5,17s | 25. Sl 4,8; 16,5s; 63,4ss; 84,11; Is 58,14 | 29. Is 2,11-17; Lc 1,52s | **23**,4. 9,14 | 8. Sl 139,7-10 | 10. Sl 139,1-6 / Jr 11,20 | 11. Sl 17,5 | 13. Is 55,10s | 15. Sl 119,120 | **24**,2. Dt 27,17 | 3. Dt 24,17 | 4. Dt 15,11 | 7. Dt 24,12s

† **23**,1. Jó quer defender-se diante desse Deus misterioso que deixa os maus cometer os piores crimes e oprimir os pequenos. | **24**,1. É a pergunta de muita gente: Se Deus é Todo-poderoso, por que não impede que aconteça tanta coisa ruim?

Jó 24-26

⁸São molhados pela chuva das montanhas,
por falta de abrigo se agarram aos rochedos.
⁹Arrancam o órfão do seio materno*
e tomam em penhor a coberta do pobre.*
¹⁰E estes andam nus, sem ter o que vestir;
têm fome e carregam os feixes.
¹¹Espremem o óleo no recinto do ímpio,
pisam a uva e sofrem a sede.
¹²Da cidade sobe o gemido dos moribundos
e a alma dos feridos implora socorro:
mas Deus não presta atenção a suas preces.*
¹³Há outros que são rebeldes à luz,*
não querem conhecer seus caminhos
nem seguir suas veredas.
¹⁴De madrugada se levanta o homicida
para matar o pobre e o indigente;*
e de noite atua como ladrão.
¹⁵O olho do adúltero aguarda o anoitecer*
e pensa: "Ninguém vai me ver";
e põe um véu sobre o rosto.
¹⁶Nas trevas penetram nas casas,
de dia estão escondidos:
não querem saber da luz.
¹⁷A aurora é para eles como sombra de morte;
porque estão acostumados com os terrores das trevas.
¹⁸São velozes sobre a superfície das águas;
maldita é sua porção sobre a terra,
já não andam pelo caminho das vinhas.
¹⁹Como seca e calor consomem as águas da neve,
assim faz o abismo com o pecador.
²⁰O seio que o trouxe o esquece,
os vermes o devoram com gosto,
não se conserva sua memória
e é cortada como uma árvore a iniquidade.
²¹Ele maltratava a estéril sem filhos
e não fazia nenhum bem à viúva.

²²Mas com sua força arrastava os poderosos,
e quando desesperava de viver, se levanta são.
²³Deus lhe concede segurança e ele está firme,
mas seus olhos observam sua conduta.
²⁴São exaltados por breve tempo, depois desaparecem,
são abatidos e arrebatados como todos os mortais,
ceifados como a ponta de uma espiga.
²⁵Não é assim mesmo? Quem pode desmentir-me
e reduzir a nada minhas palavras?

25 O homem não é justo diante de Deus.

¹Baldad de Suás tomou a palavra e disse:
²Ele possui o domínio e o terror;
ele faz reinar a paz no alto dos céus.
³Podem-se contar suas legiões?
E sobre quem não se levanta sua luz?
⁴Como pode ser justo o homem diante de Deus*
e ser puro o que nasce de mulher?
⁵Se mesmo a lua perde o clarão
e as estrelas não são puras a seus olhos:
⁶quanto menos o homem, este verme,
o ser humano, esta larva!

26 A majestade de Deus é insondável.

¹Jó respondeu:
²Como tens ajudado o homem fraco
e socorrido o braço sem vigor!
³Como sabes aconselhar o ignorante
e quanta sagacidade tens demonstrado!
⁴A quem dirigiste tuas palavras
e de quem vem a inspiração que emana de ti?*
⁵Os mortos tremem debaixo da terra,
como também as águas e os que nelas vivem.
⁶O abismo está desnudo diante dele*
e sem véu a perdição.*
⁷Ele estende o norte sobre o vazio,*
mantém suspensa a terra sobre o nada.
⁸Encerra as águas em suas nuvens,

---

* **24**,9. Pr 23,10 / Êx 22,25s | 12. Ap 6,10s | 13. Jo 3,20; Ef 5,8-14; 1Ts 5,4-8 | 14. Sl 10,8s; 37,32 | 15. Pr 7,9s |
25,4. 4,17; 15,15 | **26**,4. 1Rs 22,24

e estas não se rompem sob seu peso.
⁹Cobre a vista de seu trono
estendendo sobre ele sua nuvem.
¹⁰Traçou um círculo sobre as águas,*
no limite entre a luz e as trevas.*
¹¹As colunas do céu estremecem,
e se espantam ante sua ameaça.
¹²Com sua força agita o mar
e com sua inteligência doma Raab.*
¹³A seu sopro se acalmam os céus,*
sua mão traspassa a serpente fugidia.
¹⁴Isto é apenas o exterior de suas obras;
o eco fraco que nós percebemos.
Mas o trovão de seu poder, quem o entenderá?

27

Jó reafirma sua inocência. ¹Prosseguindo seu discurso, Jó disse:
²Pela vida de Deus, que me nega justiça,*
e do Onipotente, que amargurou meu ânimo:
³enquanto em mim houver alento,
e o sopro de Deus em minhas narinas,*
⁴jamais meus lábios dirão falsidade
e minha língua jamais falará mentira!
⁵Longe de mim que eu vos dê razão;
até a morte reivindicarei minha integridade.
⁶Eu me apegarei a minha justiça sem ceder,
minha consciência não me reprova nenhum de meus dias.
⁷Seja tratado como iníquo meu inimigo
e meu adversário como um malfeitor.
⁸Pois o que pode esperar o ímpio, quando é cortado,
quando Deus lhe tira a vida?
⁹Deus escutará seu grito,
quando a angústia cair sobre ele?
¹⁰Encontrará sua alegria no Onipotente?*
Invocará Deus em todo momento?
¹¹Eu vos mostrarei o poder de Deus,
não vos ocultarei os desígnios do Onipotente.
¹²Vós todos já o vistes;

por que, pois, vos perdeis em coisas vãs?
¹³Esta é a sorte que Deus reserva ao malvado
e a porção que os violentos recebem do Onipotente.
¹⁴Se tem muitos filhos, serão para a espada,
e seus descendentes não terão o que comer.
¹⁵Os sobreviventes, a peste os sepultará,
e suas viúvas não os chorarão.
¹⁶Se ele acumula prata como pó
e amontoa vestimentas como barro:
¹⁷ele as amontoa, mas o justo é que as vestirá,*
e a prata, o inocente a repartirá.
¹⁸A casa que constrói é como a da traça,*
como uma cabana feita pelo vigia.
¹⁹Deita-se rico, mas pela última vez,
quando abre os olhos, não tem mais nada.
²⁰Em pleno dia o terror o assalta,*
de noite o furacão o arrebata.
²¹O vento leste o carrega e ele vai,
varre-o para longe de seu lugar.
²²Deus o atinge sem piedade,
enquanto ele tenta escapar de sua mão.
²³Aplaudem sua ruína
e assobiam contra ele de seu lugar.

28

Hino à sabedoria. ¹Certamente, para a prata há minas
e para o ouro, lugares onde é refinado.
²O ferro se retira do solo
e da pedra se funde o cobre.
³O homem põe termo às trevas
e explora até o extremo limite
as rochas nas trevas e na densa escuridão.
⁴Abre galerias longe do povoado,
em lugares inacessíveis aos transeuntes;
oscila suspenso, longe dos homens.
⁵A terra, da qual se retira o pão,
por baixo é revolvida como pelo fogo.
⁶Suas pedras contêm safiras,
e ouro sua poeira.
⁷Essa vereda, a ave de rapina a ignora,
e não a avistam os olhos do falcão.

---

* 26,6. Pr 15,11 / Sl 139,8.11s | 7. Am 9,2; 38,6 | 10. 22,14 / Jo 1,7.14 | 12. 7,12; 9,13 | 13. 3,8; Is 27,1 | **27**,2. 34,5 | 3. 33,4; Gn 2,7 | 10. 22,26 | 17. 20,10-15 | 18. 8,15 | 20. 20,25

Jó 28-29

⁸Nunca a pisaram animais ferozes,
nem o leão jamais a atravessou.
⁹Contra o rochedo o homem estende a mão,
revolve as montanhas a partir da base:
¹⁰nas rochas escava galerias
e sobre tudo o que é precioso põe o olho.
¹¹Explora as fontes dos rios
e traz à luz o que aí estava escondido.
¹²Mas a sabedoria, onde se acha?†
E o lugar da inteligência, onde está?*
¹³O homem não sabe o preço dela,
ela não se encontra na terra dos vivos.
¹⁴O abismo diz: "Não está em mim"
e o mar diz: "Nem tampouco comigo".
¹⁵Não se troca por ouro maciço,
nem se compra a peso de prata.
¹⁶Não se adquire com o ouro de Ofir,
nem com o precioso ônix ou a safira.
¹⁷O ouro e o cristal não a igualam;*
ela não se permuta por vasos de ouro puro.
¹⁸Corais e cristais não merecem menção,
vale mais descobrir a sabedoria que as pérolas.
¹⁹Não a iguala o topázio da Etiópia;
nem se pode avaliar com o ouro puro.
²⁰Mas de onde vem a sabedoria?
E o lugar da inteligência, onde está?
²¹Ela se esconde dos olhos de todo ser vivo
e é desconhecida das aves do céu.
²²O abismo e a morte dizem:*
"Com nossos ouvidos ouvimos sua fama".
²³Só Deus conhece o caminho dela,*
só ele sabe onde ela se acha,
²⁴porque ele observa até as extremidades da terra,
vê tudo o que há debaixo do céu.
²⁵Quando determinou o peso do vento*
e fixou a medida das águas,
²⁶quando impôs uma lei à chuva
e um caminho ao relâmpago dos trovões:

²⁷então a viu e a avaliou,*
compreendeu-a e sondou-a plenamente
²⁸e disse ao homem:
"Temer ao Senhor, isto é a sabedoria*
e evitar o mal, isto é a inteligência".

29 Passado feliz.

¹Jó continuou a pronunciar suas sentenças e disse:
²Oh! Quem me dera voltar a ser como nos meses passados,
como nos dias em que Deus me protegia,
³quando brilhava sua lâmpada sobre minha cabeça
e a sua luz eu caminhava no meio das trevas;
⁴como eu era nos dias de meu outono,
quando Deus protegia minha tenda,*
⁵quando o Onipotente estava ainda comigo*
e meus filhos estavam a meu redor;*
⁶quando eu lavava meus pés no leite*
e a rocha me derramava arroios de óleo!
⁷Quando eu saía para a porta da cidade*
e na praça punha minha cadeira:
⁸ao ver-me, os jovens se retiravam*
e os velhos se levantavam e ficavam de pé;
⁹os notáveis interrompiam suas conversas*
e punham a mão sobre a boca;
¹⁰calava-se a voz dos príncipes
e sua língua ficava colada ao paladar.
¹¹O ouvido que me escutava, me proclamava feliz,*
e o olho que me via, me dava testemunho,
¹²porque eu socorria o pobre que pedia ajuda,*
o órfão sem socorro.
¹³A bênção do moribundo descia sobre mim
e ao coração da viúva eu comunicava alegria.

---

* **28**,12. Ecl 7,24; Br 3,15; Eclo 1,6; Br 3,29ss | 17. Sb 7,9 | 22. 26,6 | 23. Br 3,32; Pr 2,6; 8,27-30 | 25. 36,27-33; Is 40,12ss | 27. Eclo 1,8s.19 | 28. Pr 1,7; 8,13 | **29**,4. 1,10 | 5. Sl 127,3ss / Sl 128,3 | 6. 20,17 | 7. 5,4 | 8. Lv 19,32 | 9. Sb 8,10ss | 11. 22,6.9 | 12. Sl 72,12s; Is 11,4s

† **28**,12. O homem pode achar ouro nas profundezas da terra, mas não sabe onde se acha a sabedoria, a coisa mais preciosa de todas. Mas pode alcançar a sabedoria prática, o temor do Senhor, v.28.

Jó 29-30

¹⁴Eu me revestia de justiça como de uma veste;*
minha equidade me servia de manto e turbante.
¹⁵Eu era os olhos para o cego,
era os pés para o coxo.
¹⁶Pai eu era para os pobres
e examinava a causa do desconheci-do.*
¹⁷Quebrava o queixo do malvado*
e de seus dentes arrancava a presa.
¹⁸Pensava: "Morrerei em meu ninho
e multiplicarei como areia em meus dias".*
¹⁹Minha raiz se estenderá até as águas
e o orvalho cairá de noite sobre meus ramos.
²⁰Minha glória será sempre nova em mim
e meu arco se reforçará em minha mão.
²¹Escutavam-me e esperavam
e guardavam silêncio para ouvir meu conselho.
²²Depois que eu falava, não replica-vam;
sobre eles desciam gota a gota mi-nhas palavras.
²³Esperavam-me como se espera a chuva*
e abriam a boca como para as águas da primavera.
²⁴Eu sorria para eles quando não ti-nham confiança,
e não podiam obscurecer a luz de meu rosto.
²⁵Sentado como chefe, eu lhes indica-va o caminho a seguir
e aí permanecia como um rei entre seus soldados,
como quem consola os aflitos.

30

Infelicidade presente†. ¹Mas agora se riem de mim
os mais jovens do que eu,
cujos pais eu recusaria
colocar entre os cães de meu rebanho.
²De resto, de que me serviria a força de suas mãos?*

Perderam todo o vigor,
³esgotados pela miséria e pela fome,
pois roíam a estepe,
lúgubre e vasta solidão,
⁴recolhendo malvas entre os arbus-tos
e raízes de giesta para comer.
⁵Foram expulsos do convívio huma-no;
contra eles se grita como contra o la-drão;
⁶de modo que habitam nas fendas dos vales,
nas cavernas da terra e nos rochedos.
⁷Gritam no meio dos arbustos,
debaixo dos espinheiros se amon-toam;
⁸gente imbecil, gente sem nome,
rejeitados pelo país.
⁹E agora sou motivo de escárnio para eles,*
assunto de suas piadas!
¹⁰Têm horror de mim e me evitam
e não hesitam cuspir-me no rosto!
¹¹Porque Deus afrouxou a corda de meu arco e me abateu,*
diante de mim eles são desenfreados.
¹²A minha direita se levanta a ralé;*
empurram meus pés
e abrem caminho até mim para me perder.
¹³Arruínam minha vereda,
conspirando para minha derrota
e ninguém se opõe a eles.
¹⁴Irrompem como por uma larga bre-cha,
e se revolvem no meio dos escom-bros.
¹⁵Terrores caem sobre mim;
como vento se dissipa minha honra
e como nuvem passou minha felicida-de.
¹⁶Agora a vida em mim me consome*
e me oprimem dias de tristeza.
¹⁷De noite, o mal me traspassa os os-sos,
e as dores que me roem não me dão repouso.

---

* **29**,14. 19,9; Sl 132,9; Is 59,17 **|** 16. Pr 29,7 **|** 17. Pr 30,14 **|** 18. Sl 1,1ss **|** 23. Dt 32,2 **30**,2. 24,4s **|** 9. 16,7-11; Lm 3,14; Sl 69,13 **|** 11. 29,20 **|** 12. Sl 109,6 **|** 16. 16,12-17

† **30.** Em contraste com o c. anterior, no qual recordava a felicidade de outrora, Jó enumera o que sofre agora da parte das pessoas e de Deus.

Jó 30-31

¹⁸Com grande força ele me agarra pela roupa,
me aperta pela gola de minha túnica.
¹⁹Lançou-me na lama:
tornei-me como pó e cinza.
²⁰Grito a vós, mas não me respondeis,
eu me apresento, mas não me prestais atenção.
²¹Vós vos tornastes cruel contra mim
e com a força de vossas mãos me perseguis.
²²Vós me levantais e me fazeis cavalgar o vento
e me fazeis desaparecer na tempestade.
²³Sei bem que me conduzis à morte,
à casa destinada a todo ser vivo.
²⁴Mas de nada vale suplicar quando ele estende a mão,
embora eles gritem quando ele castiga.
²⁵Não chorei por quem passava por dias difíceis
e não me angustiei pelo indigente?
²⁶Pois eu esperava o bem e veio o mal,
esperava a luz e veio a escuridão.
²⁷Minhas entranhas fervem sem parar
e dias de aflição me assaltam.
²⁸Eu caminho triste, sem consolo,
na assembleia me levanto para invocar auxílio.
²⁹Tornei-me irmão dos chacais
e companheiro dos avestruzes.
³⁰Minha pele escurece e cai
e meus ossos ardem de calor.
³¹Minha cítara acompanha os lamentos
e minha flauta a voz de quem chora.

31 **Retidão de Jó†.** ¹Eu tinha feito com meus olhos um pacto de não fitar nem mesmo uma virgem.*
²Que parte me atribuiria Deus lá de cima
e que porção me reservaria o Onipotente lá do alto?
³Não é a ruína reservada ao iníquo
e o infortúnio quem faz o mal?
⁴Não vê ele minha conduta
e não conta todos os meus passos?

⁵Se agi com falsidade*
e meu pé se apressou para a fraude,
⁶pode me pesar numa balança justa
e Deus reconhecerá minha integridade.
⁷Se meu passo andou fora da estrada
e meu coração seguiu meus olhos,
se a minhas mãos se apegou qualquer mancha,
⁸que um outro coma o que eu semeio
e sejam arrancadas minhas plantações.
⁹Se meu coração foi seduzido por uma mulher*
e estive à espreita à porta de meu próximo,
¹⁰que minha mulher gire a mó para um outro
e outros a possuam!
¹¹Pois isto seria uma infâmia,*
um delito a ser punido pelos juízes;
¹²seria um fogo que devora até a destruição
e teria consumido toda a minha colheita.
¹³Se neguei os direitos de meu escravo*
e da escrava, quando em demanda comigo,
¹⁴que faria, quando Deus se levantar,
e quando me pedir contas, que responderia?
¹⁵Quem me fez no seio materno, não o fez também?*
Não foi o mesmo que nos formou no seio?
¹⁶Se recusei aos pobres o que desejam,
se deixei desfalecer os olhos da viúva,
¹⁷se comi sozinho meu pedaço de pão,*
sem o partilhar com o órfão,
¹⁸ – porque Deus, como um pai, me educou desde a infância
e desde o ventre de minha mãe me guiou –
¹⁹se jamais vi perecer um indigente por falta de roupa

---

* **30,** | **31,**1. Êx 20,14.17; Dt 5,18.21; Eclo 9,5 | 5. Pr 11,1; 20,10 | **31,**9. Pr 7 | 11. Dt 22,22s; Pr 6,32-35 | 13. Êx 21,2s; Lv 25,39s; Dt 5,14s | 15. Pr 17,5; 22,2; Ef 6,9; Cl 4,1; Is 58,7; Tb 4,7-11.16 | 17. Mt 25,35s

† **31.** Depois de um belo exame de consciência, Jó conclui de novo que é inocente, e pede para ser ouvido por Deus.

ou um pobre por não ter coberta;
²⁰se não me abençoaram seus flancos,
que com a lã de meus cordeiros se
aqueceram;
²¹se levantei a mão contra o órfão,
porque via à porta quem me apoiava:
²²que meu ombro se separe da nuca
e se quebre no cotovelo meu braço.
²³De fato, me aterroriza o castigo de
Deus
e diante de sua majestade não posso
resistir.
²⁴Se pus minha confiança no ouro*
e ao ouro fino eu disse: "Tu és minha
segurança";
²⁵se me alegrei porque eram grandes
meus bens
e muito tinha ganho minha mão;
²⁶se vendo o sol resplandecer*
e a luz avançando radiosa,
²⁷deixou-se seduzir em segredo meu
coração
mandando um beijo com a mão na
boca†,
²⁸também este teria sido um delito
digno de castigo,
porque teria renegado a Deus que
está no alto.
²⁹Acaso me alegrei com a ruína de
meu inimigo*
e exultei porque o atingia a desventura,
³⁰eu que não permitia a minha língua
pecar,
desejando sua morte com imprecações?
³¹Não diziam os que moravam em minha tenda:
"Quem não ficou saciado com a carne
servida por ele?"
³²Ao relento não passava a noite o estrangeiro,
e ao viandante eu abria minhas portas.
³³Não escondi, à maneira dos homens,
minha culpa,
mantendo oculto no peito meu delito,
³⁴como se temesse a grande multidão,
e o desprezo das famílias me espan-
tasse,
de modo a ficar calado e sem sair de
casa.

³⁵Ah! quem me dera ter alguém que
me ouvisse!
Aponho minha assinatura! O Onipotente me responda!
O documento escrito por meu adversário,
³⁶eu quereria levá-lo sobre meus ombros
e cingi-lo como meu diadema!
³⁷Eu lhe daria conta do número de
meus passos
e me apresentaria a ele como um
príncipe.
³⁸Se contra mim grita minha terra
e seus sulcos choram com ela,
³⁹se comi seu fruto sem pagar
e causei a morte de seus donos,
⁴⁰em lugar de trigo, me produza espinhos,
e joio em lugar de cevada.
Fim das palavras de Jó.

V. DISCURSOS DE ELIÚ
(32–37)

32 **Intervenção do jovem Eliú.**
¹Aqueles três homens pararam
de responder a Jó, porque ele se considerava justo. ²Então se acendeu a ira de
Eliú, filho de Baraquel, de Buz, da tribo
de Ram. Sua ira se acendeu contra Jó,
porque este pretendia ter razão contra
Deus. ³Ficou também irado contra seus
três amigos porque, não lhe tendo dado
resposta, jogavam a culpa em Deus.
⁴Eliú tinha esperado, enquanto eles falavam com Jó, porque eram mais idosos
que ele. ⁵Mas quando viu que na boca
desses três homens não havia mais resposta, sua ira se acendeu.
Eliú se apresenta. ⁶Tomando, pois, a
palavra, Eliú, filho de Baraquel, de Buz,
disse:
Eu sou jovem de idade
e vós já sois anciãos;
por isso em minha timidez não ousava
manifestar-vos meu pensamento.
⁷Eu refletia: Falarão os anos*
e a idade avançada ensinará a sabedoria.
⁸Mas o que torna inteligente o ho-

---

* **31**,24. Pr 11,28; Sl 49,7; 52,9; Eclo 31,5-10; Mt 6,24 **|** 26. Dt 4,19; Ez 8,16 **|** 29. Pr 24,17s; Mt 5,43-48
† **31**,27. Enviar beijos era um gesto de adoração, conhecido em toda a Antiguidade, Os 13,2.

Jó 31-33

mem é o espírito,
e o sopro do Onipotente.
⁹A idade avançada não dá sabedoria,*
nem a velhice a compreensão do que
é justo†.
¹⁰Por isso eu ouso dizer: Escutai-me;
também eu exporei meu saber.
¹¹Aguardei vossas palavras,
prestei atenção a vossos argumentos
enquanto procuráveis respostas.
¹²Eu vos segui com atenção,
mas ninguém pôde convencer Jó,
nem dar resposta a suas razões.
¹³Não digais: Encontramos a sabedoria;*
só Deus pode triunfar dele, não um
homem!
¹⁴Não foi a mim que ele dirigiu suas
palavras,
e não lhe responderei com vossos argumentos.
¹⁵Estão desconcertados, não respondem mais,
faltam-lhes as palavras.
¹⁶Esperei, mas porque não falam mais,
porque estão aí sem resposta,
¹⁷quero também eu dizer o que penso,
eu também darei meu parecer.
¹⁸Pois tenho muito o que falar,
pressionado pelo espírito que mora
em mim.
¹⁹Dentro de mim há como vinho não
aberto,*
como odres novos que vão se arrebentar.
²⁰Falarei para desabafar,
abrirei a boca e responderei.
²¹Não farei acepção de pessoas,
não adularei ninguém.
²²Porque não sei adular;
senão meu criador em breve me levaria.

33

Deus ensina o homem por meio da dor. ¹Escuta, pois, Jó,
o que tenho a dizer;
a cada palavra minha presta atenção.

²Eu abro a boca,
em minha garganta fala minha língua.
³Meu coração dirá sábias palavras
e meus lábios falarão com sinceridade.
⁴O espírito de Deus me criou*
e o sopro do Onipotente me dá vida.
⁵Se podes, responde-me,
prepara-te a defender tuas posições.
⁶Diante de Deus sou igual a ti
e também eu fui tirado do barro.
⁷Nada tens a temer de mim,
nem farei pesar sobre ti minha mão.*
⁸Ora, disseste a meu ouvido
– e ouvi bem o som de tuas palavras:
⁹"Eu sou puro, sem pecado,*
sou inocente, não tenho culpa;
¹⁰mas Deus inventa pretextos contra
mim
e me considera inimigo seu;
¹¹prendeu meus pés no tronco*
e vigia todos os meus passos!"*
¹²Nisto não tens razão – eu te respondo;
Deus, com efeito, é maior que o homem.
¹³Por que debates com ele
por não responder a cada palavra
tua?†
¹⁴Deus fala ora de um, ora de outro
modo,
mas não se presta atenção.
¹⁵Fala no sonho, em visão noturna,*
quando o sono profundo cai sobre os
homens
adormecidos na cama;
¹⁶abre então o ouvido dos homens
e sela a instrução que lhes dá,
¹⁷para dissuadir o homem do mal
e mantê-lo distante do orgulho,
¹⁸para preservar sua alma da fossa
e sua vida da morte violenta.
¹⁹Corrige-o com a dor em seu leito†
e com o tormento incessante em seus
ossos;*
²⁰a ponto de sentir náusea do pão*
e repugnância pelo alimento preferido;

---

* **32**,7. 12,12; 15,10; Eclo 25,6ss | 9. Sb 4,8 | 13. 4,12s; 11,6 | 19. Jr 20,9; Mt 9,17 | **33**,4. 10,8; Gn 2,7 | 7. 13,21 | 9. 10,7; 16,17; 23,10; 27,5 | 11. 13,24; 19,11 / 13,27 | 15. 4,12-16; Dn 4,2s | 19. Dt 8,5; Pr 3,12 | 20. Sl 107,18

† **32**,9. A sabedoria não vem automaticamente com o passar dos anos, mas é dom de Deus. | **33**,13. O homem precisa aceitar que os desígnios de Deus estão acima de sua compreensão. | 19. Os males que nos afligem têm um caráter medicinal e educativo, Pr 3,11s; Dt 8,5.

637 Jó 33-34

²¹quando sua carne se consome a olhos vistos*
e seus ossos, que antes não se viam, aparecem;
²²quando ele se aproxima da fossa
e sua vida da morada dos mortos.
²³Mas se houver um anjo junto dele,
um mediador só entre mil,
para mostrar ao homem seu dever,
²⁴que tenha piedade dele e diga:
"Preserva-o de descer à fossa,
encontrei o resgate para ele";
²⁵então sua carne será mais robusta que a de um jovem,*
voltará aos dias de sua adolescência.
²⁶Suplicará a Deus, que lhe será propício
e o fará ver com alegria seu rosto,
e devolverá ao homem sua justiça.
²⁷Cantará diante dos homens e dirá:
"Eu tinha pecado e violado a justiça,
mas ele não me puniu como eu merecia;
²⁸livrou-me da fossa
e minha vida contempla a luz".
²⁹Tudo isto Deus faz,
duas, três vezes com o homem,
³⁰para tirar sua alma da fossa
e iluminá-la com a luz dos vivos.
³¹Presta atenção, Jó, escuta-me;
cala-te e eu falarei.
³²Mas se tens algo a dizer, responde-me;
fala, porque gostaria de poder dar-te razão.
³³Se não, escuta-me;
cala-te e te ensinarei a sabedoria.

34 Aceitar os juízos divinos. ¹Eliú continuou a falar, dizendo†:

²Ouvi, sábios, minhas palavras,
e vós, entendidos, prestai-me ouvido,
³porque o ouvido aprecia os discursos,*
como o paladar saboreia os alimentos.
⁴Examinemos o que é justo,
indaguemos entre nós o que é o bem.
⁵Porque Jó disse: "Eu sou justo,
mas Deus me nega justiça.*

⁶Apesar de meu direito, passo por mentiroso;*
incurável é minha chaga, ainda que eu seja sem culpa".
⁷Quem é como Jó
que bebe, como água, o sarcasmo,
⁸que anda em companhia dos malfeitores*
e caminha com homens iníquos?
⁹Porque ele disse: "Não adianta ao homem
estar em boas graças com Deus".
¹⁰Por isso escutai-me, homens de bom senso:*
longe de Deus a iniquidade
e do Onipotente a injustiça!
¹¹Porque ele retribui ao homem segundo seu agir*
e trata cada um conforme sua conduta.
¹²Na verdade Deus não faz o mal*
e o Onipotente não viola o direito!
¹³Quem lhe confiou o governo da terra
e quem lhe entregou o universo?
¹⁴Se ele só pensasse em si mesmo
e chamasse de volta seu sopro,
¹⁵toda criatura morreria no mesmo instante*
e o homem retornaria ao pó.*
¹⁶Se tens inteligência, escuta bem isto,
presta atenção ao som de minhas palavras.
¹⁷Quem odeia o direito pode governar?
Ousas condenar o supremo Justo?
¹⁸Ele que ousa dizer a um rei: "Iníquo!"*
e aos príncipes: "Malvados!";
¹⁹ele que não usa parcialidade com os poderosos
e não prefere o rico ao pobre,
porque todos eles são obra de suas mãos?
²⁰Num instante morrem em plena noite,*
o povo se agita e eles desaparecem;
e sem esforço remove os tiranos,
²¹porque Deus mantém os olhos abertos sobre a conduta do homem*
e vê todos os seus passos.

---

* **33**,21. 19,20 | 25. Sl 103,5 | **34**,3. 12,11 | 5. 27,2 | 6. 9,15; 30,21 | 8. 15,16 | 10. 8,3-7 | 11. Sl 62,13; Pr 24,12 Eclo 16,14 | 12. Mt 16,27; Rm 2,6 | 15. Sl 104,29s / Gn 6,3; 3,19 | 18. Is 40,23s | 20. Éx 12,29; Sb 18,14ss | 21. Sl 33,14s; Jr 32,19

† **34**,1. Deus não pode ser acusado de injustiça no governo do mundo.

Jó 34-35

²²Lá não há trevas, nem densa escuridão,
onde possam esconder-se os malfeitores.
²³Porque não precisa observar o homem por muito tempo
para fazer comparecê-lo diante dele em juízo.
²⁴Sem investigar ele abate os poderosos,
e coloca outros em seu lugar.
²⁵Porque conhece suas obras,
os derruba de noite e são esmagados.
²⁶Ele os castiga como malvados,
à vista de todos;
²⁷porque se afastaram dele
sem prestar atenção a seus caminhos,
²⁸de modo a fazer chegar até ele o grito do pobre
e fazê-lo ouvir o lamento dos aflitos.
²⁹Mas se ele se cala, quem o pode condenar?
Se oculta sua face, quem poderá vê-lo?*
No entanto ele vela sobre as nações como sobre os indivíduos,
³⁰para impedir que o ímpio reine,
e ponha armadilhas para o povo.

³¹Pode-se, portanto, dizer a Deus:
"Carrego a pena, sem ter feito o mal;
³²ensina-me o que não vejo;
se cometi iniquidade, não o farei mais?"
³³Deveria ele retribuir segundo tuas ideias,
visto que tu recusas seu juízo?
Porque tu deves escolher e não eu,
dize, pois, o que sabes.
³⁴Os homens sensatos me dirão
com todo sábio que me escuta:
³⁵"Jó não fala com sabedoria
e suas palavras não têm sentido".
³⁶Seja ele examinado até o fundo,
porque suas respostas são como as de um ímpio,
³⁷pois junta a seu pecado a revolta,
zomba de nós batendo palmas
e multiplica contra Deus suas palavras.

35 Atitude do homem diante de Deus.
¹Eliú prosseguiu dizendo†:
²Achas que é justo dizeres:
"Tenho razão diante de Deus"?
³Porque disseste: "O que te importa?*
Que ganharei por não ter pecado?"
⁴Eu te darei a resposta:
a ti e a teus amigos contigo.
⁵Contempla o céu e observa,
considera as nuvens: são mais altas que tu.
⁶Se pecas, em que o atinges?
Se multiplicas teus delitos, que dano lhe causas?
⁷Se tu és justo, que lhe dás,*
ou o que recebe ele de tua mão?
⁸Tua malícia só pode afetar um homem como tu,
e tua justiça só ajuda a um filho de homem!
⁹Grita-se sob os excessos da opressão,
invoca-se ajuda por causa da força dos poderosos.
¹⁰Mas ninguém diz: "Onde está aquele Deus que me criou,
que na noite inspira cantos de alegria;
¹¹que nos torna mais inteligentes que os animais da terra
e nos faz mais sábios que as aves do céu?"
¹²Grita-se então, mas ele não responde
por causa da soberba dos maus.
¹³Com certeza Deus não escuta trivialidades,*
o Onipotente não lhes dá atenção".
¹⁴Mais ainda quando dizes que não o vês, que tua causa está diante dele e nele esperas.
¹⁵Mas agora, se sua ira não intervém*
e não faz muito caso das transgressões
¹⁶é que Jó abre inutilmente a boca
e acumula palavras sem sentido.

36 Deus é justo.
¹Eliú continuou dizendo†:
²Espera um pouco e te instruirei,
porque em defesa de Deus tenho mais a dizer.

---

* **34**,29. Sb 11,23; 12,2 | **35**,3. 7,20 | 7. 22,3 | 13. 22,13 | 15. 21

† **35**,1. Deus está muito acima dos homens: não tira vantagem do bem que fazem, nem sofre danos quando fazem o mal. Mas Deus está sempre pronto para socorrer os que o invocam. | **36**,1. Será feliz aquele que aceita o sofrimento como uma correção.

³Longe irei buscar meu saber
para justificar meu criador,
⁴pois, certamente não são mentira minhas palavras:
é um homem de perfeita ciência que está aqui contigo.
⁵Olha: Deus é grande, mas não despreza ninguém;
ele é grande em força e sabedoria.
⁶Não deixa o iníquo viver,
mas faz justiça aos aflitos.
⁷Não afasta dos justos seu olhar,*
mas os faz sentar no trono com os reis
e os exalta para sempre.
⁸Se eles estão presos com correntes
e apertados pelas cordas da aflição,
⁹é que ele quis fazê-los reconhecer o que fizeram
e as faltas em que caíram por orgulho;
¹⁰abre seus ouvidos para a correção*
e ordena que se apartem da iniquidade.
¹¹Se escutam e se submetem,
terminarão seus dias no bem-estar
e seus anos em delícias.
¹²Mas se não quiserem escutar,
de morte violenta perecerão,
morrerão em sua cegueira.
¹³Os ímpios de coração acumulam
para si a ira;
não pedem socorro, quando Deus os acorrenta:
¹⁴morrem em plena juventude,
sua vida acaba entre os dissolutos.
¹⁵Mas Deus liberta o pobre por meio da aflição,
abre seus ouvidos com a infelicidade.
¹⁶Também a ti pretende retirar-te da angústia:
terás em troca um lugar amplo e sem limites
e tua mesa será cheia de comidas suculentas.
¹⁷Mas tu estás cheio do juízo do ímpio:
justiça e condenação te alcançarão.
¹⁸Que tua cólera não te induza a escarnecer,
e a gravidade da expiação não te leve a desviar-te.
¹⁹Pode teu grito fazer-te sair da angústia,

ou todos os recursos de tua força?
²⁰Não suspires por aquela noite,
na qual os povos vão para seu lugar.
²¹Cuida de não caminhares para a iniquidade,
porque por isto foste provado pela aflição.
²²Olha: Deus é sublime em seu poder;
que mestre se lhe pode comparar?
²³Quem pode impor-lhe o caminho a seguir?*
Quem ousaria dizer-lhe: "Agistes mal"?
²⁴Recorda-te que deves exaltar sua obra
que outros homens cantaram.
²⁵Todo homem a admira,
o mortal a contempla de longe.
²⁶Sim, Deus é tão grande que não o compreendemos:
o número de seus anos é incalculável.
²⁷Ele atrai ao alto as gotas-d'água,
que se condensam em vapor para a chuva,
²⁸que as nuvens derramam
e deixam cair sobre o homem em abundância.
²⁹Quem pode calcular a extensão das nuvens,*
os fragores de sua morada?
³⁰Expande sua luz a seu redor
e cobre as profundezas do mar.
³¹Por esses meios governa os povos*
e oferece alimento em abundância.
³²Enche as mãos de relâmpagos
e os lança contra o alvo.
³³Seu fragor anuncia sua vinda,
a cólera se inflama contra a iniquidade.

37 Hino à onipotência de Deus.
¹Por isso meu coração bate forte
e salta fora do peito.
²Escutai, escutai o fragor de sua voz,*
o estrondo que sai de sua boca.
³Ele o difunde debaixo de todo o céu
e seu relâmpago chega aos confins da terra.
⁴Atrás dele ruge o trovão,
troveja com sua voz majestosa

---

* **36**,7. 2Cr 33,11ss | 10. 33,23 | 23. Rm 11,33s; Is 40,13 | 29. Sl 18,10-15 | 31. Sl 104,13s | 2. Sl 18,14; 30

Jó 37-38

e nada detém os raios,
quando se ouve sua voz.
[5]De modo admirável troveja Deus
com sua voz,*
faz prodígios que não compreendemos!
[6]Ele de fato diz à neve: "Cai sobre a
terra"

e às chuvas torrenciais: "Sede impetuosas".
[7]Sobre a mão de cada um põe um sigilo,*
para que todos reconheçam sua obra.
[8]As feras se retiram a seus abrigos
e em suas tocas permanecem.
[9]Do sul avança o furacão*
e do norte o frio.
[10]Ao sopro de Deus se forma o gelo*
e a extensão das águas se congela.
[11]Carrega de umidade os nimbos
e as nuvens espalham seus raios.
[12]Ele as faz vaguear por toda parte
conforme suas ordens,
para fazerem tudo o que lhes manda
sobre o mundo inteiro.
[13]Ele as envia para castigo da terra,
ou como sinal de bondade.
[14]Presta ouvido a isto, Jó;
para e considera as maravilhas de
Deus.
[15]Sabes como Deus as dirige
e como as nuvens produzem o relâmpago?
[16]Conheces como a nuvem paira no
ar,
os prodígios daquele que tudo sabe?
[17]Sabes por que tuas vestes são quentes*
quando a terra repousa por causa do
vento sul?
[18]Estendeste com ele o firmamento,*
sólido como espelho de metal fundido?
[19]Ensina-nos o que devemos dizer-
-lhe;

em nossas trevas, estamos sem palavras.
[20]Ele deverá ser informado de que eu
quero falar?
Mas quem pode desejar ser engolido?
[21]Agora não se vê mais a luz,
obscurecida no meio das nuvens;
mas o vento sopra e as dispersa.
[22]Do norte chegam esplendores dourados,
Deus é rodeado de uma tremenda
majestade.
[23]Não podemos alcançar o Onipotente,
sublime em poder e retidão
e grande pela justiça: ele não oprime
ninguém.
[24]Por isso os homens o temem:
mas ele não olha para os que se julgam sábios.

VI. DISCURSOS DE JAVÉ
(38–42,6)

38 Intervenção de Javé. A Sabedoria criadora[†]. [1]Então Javé
respondeu a Jó do meio do turbilhão:
[2]Quem é este que quer ofuscar meus
desígnios*
com palavras insensatas?
[3]Cinge teus rins como homem;
eu te interrogarei e tu me instruirás.
[4]Onde estavas tu quando lancei os
fundamentos da terra?
Fala, se tens tanta inteligência!
[5]Quem fixou suas dimensões, se é que
o sabes?*
Ou quem estendeu sobre ela a medida?
[6]Onde se apoiam suas bases?*
Ou quem pôs sua pedra angular,
[7]enquanto alegravam-se em coro as
estrelas da manhã*
e aplaudiam todos os filhos de Deus?*
[8]Quem fechou com duas portas o
mar,*
quando saiu impetuoso do seio ma-

---

* **37**,5. 5,9 | 7. Sl 104,19-23 | 9. 9,9 | 10. Sl 147,17 | 17. Pr 8,28 | 18. Gn 1,6 | **38**,2. 42,3 | 5. Zc 1,16 | 6. 26,7 / Sl 118,22 | 7. Br 3,34 / Zc 4,7 | 8. Sl 148,2s

† **38**. Jó acusou Deus de desordem no mundo dos homens; Deus vai lhe mostrar a ordem do universo. Com ironia, fala do modo maravilhoso como governa sua criação. Também os amigos de Jó haviam falado das ações incompreensíveis do Deus Criador: Jó, 11,7-9; 36,22-30; 37,12-16. Jó deve confiar que o mundo está em boas mãos.

641 Jó 38-39

terno,

⁹quando eu o circundava de nuvens para vesti-lo

e de densa escuridão para enfaixá-lo;

¹⁰quando lhe fixei um limite

e lhe pus ferrolhos e portas

¹¹e eu disse: "Até aqui chegarás e não além*

e aqui se quebrará o orgulho de tuas ondas"?

¹²Alguma vez na vida deste ordens à manhã

e designaste à aurora seu lugar,

¹³para ela segurar os cantos da terra

e expulsar para fora os malvados?

¹⁴Então a terra se transforma como argila sob o selo

e toma cor como roupa.

¹⁵Mas é retirada aos maus sua luz*

e é quebrado o braço levantado.

¹⁶Chegaste alguma vez às fontes do mar

e percorreste o fundo do abismo?

¹⁷As portas da morte te foram mostradas?

Viste as portas da sombra da morte?*

¹⁸Tens uma ideia da extensão da terra?

Fala, se sabes tudo isso!

¹⁹Qual o caminho para a morada da luz,

e onde têm morada as trevas,

²⁰para que possas conduzi-las a seu domínio

e saibas dirigi-las para sua casa?

²¹Com certeza, tu sabes, porque então já tinhas nascido

e o número de teus dias é bem grande!

²²Entraste alguma vez nos depósitos da neve,*

viste alguma vez os reservatórios do granizo,

²³que eu guardo para o tempo da calamidade,

para o dia da guerra e da batalha?

²⁴Por quais caminhos se difunde a luz,

ou se propaga o vento leste sobre a terra?

²⁵Quem abriu canais para os aguaceiros

e uma estrada para os relâmpagos e trovões,

²⁶para fazer chover sobre uma terra desabitada,

sobre um deserto onde não há ninguém,

²⁷para regar solidões desoladas

e fazer brotar a erva na estepe?

²⁸A chuva tem um pai?

Ou quem gera as gotas do orvalho?

²⁹Do seio de quem sai o gelo,

e quem dá à luz a geada do céu?

³⁰As águas endurecem como pedra

e a superfície do abismo se congela.

³¹Podes tu atar os laços das Plêiades*

ou soltar as cordas do Órion?

³²És tu que fazes nascer a seu tempo as constelações

e guias a Ursa com seus filhotes?

³³Conheces as leis do céu

ou regulas seu influxo sobre a terra?

³⁴Podes dar ordens às nuvens

para que te cubra a abundância de águas?

³⁵És tu que envias os raios e eles partem*

dizendo-te: "Aqui estamos"?

³⁶Quem deu ao íbis a sabedoria

ou quem concedeu ao galo a inteligência?

³⁷Quem pode contar as nuvens com exatidão

ou quem derrama os odres do céu,

³⁸quando se funde o pó numa massa

e os torrões se apegam uns aos outros?

³⁹És tu que caças a presa para a leoa*

e sacias a fome dos leõezinhos,

⁴⁰quando estão deitados em suas covas

ou quando espreitam na moita?

⁴¹Quem prepara ao corvo seu alimento,*

quando seus filhotes gritam para Deus

e vagueiam por falta de comida?

39 **As maravilhas do reino animal.** ¹Sabes tu quando parem as cabras montesas

ou assistes ao parto das corças?

²Contas os meses de sua gestação

e sabes o tempo de seu parto?

---

* **38**,11. Sl 104,6-9; Jó 7,12; Pr 8,29 | 15. 24,13-17 | 17. 10,21s | 22. Êx 9,18-26; Js 10,11; Is 28,17; 30,30 | 31. 9,9 | 35. Br 3,35 | 39. Sl 104,20ss | 41. Sl 147,9

Jó 39-40

³Elas se abaixam para dar cria,
e se livram de suas dores.
⁴Os filhotes se tornam fortes, crescem no campo,
partem e não voltam mais a elas.
⁵Quem deixa livre o asno selvagem,
quem solta os laços do onagro,
⁶ao qual dei a estepe como casa
e como morada a terra salgada?
⁷Ele despreza o barulho da cidade
e não ouve os gritos dos tropeiros.
⁸Gira pelas montanhas, sua pastagem,
e anda à procura de tudo o que é verde.
⁹O búfalo estará disposto a servir-te
ou a passar a noite em teu curral?
¹⁰Poderás prendê-lo com a corda ao arado
ou fazê-lo lavrar os vales atrás de ti?
¹¹Confiarás nele, porque sua força é grande
e a ele entregarás teu trabalho?
¹²Contarás com ele, para que traga para casa
e ajunte tua colheita em tua eira?
¹³A asa do avestruz bate alegremente,
como se tivesse penas e plumagem de cegonha.
¹⁴Pois abandona à terra os ovos
e os deixa aquecer na areia.
¹⁵E se esquece de que algum pé pode esmagá-los,
ou um animal selvagem pisá-los.
¹⁶Trata duramente os filhotes, como se não fossem seus,*
não se incomoda de se ter cansado em vão,
¹⁷porque Deus o privou de sabedoria
e não lhe concedeu a inteligência.
¹⁸Mas quando se levanta para fugir,
zomba do cavalo e de seu cavaleiro.
¹⁹És tu que dás a força ao cavalo
e revestes de crinas seu pescoço?
²⁰És tu que o fazes saltar como um gafanhoto?
Seu fogoso respirar é terrível.
²¹Por sua força exulta e escava a terra
e se lança ao encontro das armas.
²²Despreza o medo, não teme,
nem retrocede diante da espada.
²³Sobre ele ressoa a aljava,
a lança reluzente e o dardo.

²⁴Com ímpeto e com furor, devora a distância
e ao som da trombeta não mais se contém.
²⁵Relincha cada vez que toca a trombeta
e de longe fareja a batalha,
os gritos dos chefes e o alarido.
²⁶É por tua inteligência que o falcão alça o voo*
e estende as asas para o sul?
²⁷É a teu comando que a águia se eleva
e faz seu ninho nas alturas?
²⁸Ela mora nas rochas e aí passa a noite,
no cimo do penhasco inacessível.
²⁹Lá de cima espia a presa,
de longe a observam seus olhos.
³⁰Seus filhotes são ávidos de sangue;
e onde há cadáveres, lá ela está.

40

Humilde resposta de Jó. ¹E Javé disse a Jó:
²Aquele que disputa com o Onipotente quer instruí-lo?
Responda aquele que discute com Deus.
³E Jó respondeu a Javé:
⁴Eu sou bem mesquinho: que vos posso responder?
Ponho a mão sobre minha boca.
⁵Falei uma vez, mas não replicarei,
falei duas vezes, mas não continuarei.

Grandeza de Deus criador. ⁶Então Javé respondeu a Jó do meio do turbilhão, dizendo:
⁷Cinge os rins como homem:
eu te interrogarei e tu me instruirás.
⁸Ousarias mesmo anular meu juízo
e dizer que estou errado para teres razão?
⁹Tens tu um braço como o de Deus
e podes trovejar com a voz como ele?
¹⁰Orna-te de majestade e de grandeza,
reveste-te de esplendor e de glória.
¹¹Derrama os furores de tua cólera,
e com um olhar abate todos os soberbos.
¹²Humilha com um olhar todo arrogante,

---

* **39**,16. Lm 4,3 | 26. Jr 8,7

643 Jó 40-41

esmaga os ímpios onde quer que estejam.

¹³Esconde-os no pó todos juntos,
encerra suas faces no lugar oculto.

¹⁴Então também eu te louvarei,
porque tua mão direita te haverá
dado a vitória.†

O hipopótamo. ¹⁵Vê o hipopótamo,
que eu criei como também a ti:
ele come capim como o boi.

¹⁶Observa: sua força está nos rins
e seu vigor nos músculos do ventre.

¹⁷Endurece a cauda como um cedro,
os nervos de suas coxas se entrelaçam;

¹⁸seus ossos são tubos de bronze,
suas vértebras como barras de ferro.

¹⁹Ele é a primeira das obras de Deus;
seu criador o proveu de espada.

²⁰Os montes lhe fornecem pastagem
e lá todos os animais do campo se divertem.

²¹Debaixo das plantas de lótus se
deita,
entre os caniços do pântano se esconde.

²²Com sua sombra o cobrem os lótus
selvagens,
os salgueiros da torrente o circundam.

²³Se o rio transborda, ele não teme,
fica tranquilo, ainda que o Jordão
suba até sua boca.

²⁴Quem pode agarrá-lo pela frente
e atravessar seu focinho com uma
corda?

O crocodilo. ²⁵Podes fisgar o crocodilo
com o anzol
e prender sua língua com uma corda,

²⁶fincar-lhe um junco nas narinas*
e furar-lhe a queixada com um gancho?

²⁷Ele te fará muitas súplicas
e te dirigirá palavras mansas?

²⁸Fará contigo uma aliança,
para que o tomes como servo para
sempre?

²⁹Brincarás com ele como se fosse um
passarinho,

prendendo-o para divertir tuas filhas?

³⁰As companhias de pesca o venderão,
os comerciantes o dividirão entre si?

³¹Crivarás de dardos sua pele
e com o arpão sua cabeça?

³²Põe sobre ele tua mão:
à lembrança da luta, não tentarás de
novo!

41 **A força do crocodilo.** ¹Diante
dele tua esperança é ilusória,
a vista dele basta para amedrontar.

²Ninguém é tão audaz que ouse provocá-lo
e quem pode estar firme diante dele?

³Quem o enfrentou e saiu com vida?
Ninguém debaixo de todo o céu.

⁴Não deixarei de falar da força de seus
membros:
em matéria de força não tem igual.

⁵Quem pode despojá-lo de sua couraça
e na dupla fila de seus dentes quem
pode penetrar?

⁶As portas de sua boca quem jamais
as abriu?
Em torno de seus dentes está o terror!

⁷Seu dorso são fileiras de escudos,
estreitamente ligados entre si.

⁸Um está tão perto do outro,
que entre eles o ar não passa.

⁹Cada um adere ao próximo,
são compactos e inseparáveis.

¹⁰Seu espirro irradia luz
e seus olhos são como as pálpebras
da aurora.

¹¹De sua boca saem chamas,*
dela saltam faíscas de fogo.

¹²De suas narinas sai fumaça
como de uma panela fervendo ou de
um caldeirão.

¹³Seu sopro incendeia carvões,
jorram chamas de sua boca.

¹⁴Em seu pescoço reside a força
e diante dele corre o terror.

¹⁵As dobras de sua carne são bem
compactas,

---

* **40**,26. Ez 19,4.9; 29,4 | **41**,11. Ap 9,17

† **40**,14. Deus pergunta a Jó se ele é capaz de acabar com toda a maldade que há no mundo. Com ironia, diz
que se prostrará diante de Jó se ele for capaz.

Jó 41-42

são bem firmes sobre ele e não se movem.

¹⁶Seu coração é duro como pedra,
duro como a pedra inferior do moinho.

¹⁷Quando se levanta, tremem os valentes
e pelo terror ficam perdidos.

¹⁸A espada que o atinge não entra nele,
nem lança, dardo ou flecha.

¹⁹Para ele o ferro é como palha,
o bronze como pau podre.

²⁰A flecha não o afugenta;
as pedras da funda são restolho para ele.

²¹O tacape lhe parece uma estopa;
ele zomba do vibrar da lança.

²²Por baixo tem escamas pontiagudas
e se arrasta como grade no barro.

²³Faz o abismo ferver como panela,
transforma o mar num vaso de unguento.

²⁴Atrás de si deixa um rastro luminoso,
como se o mar tivesse cabelos brancos.

²⁵Na terra ninguém é igual a ele,
foi feito para não ter medo.

²⁶Desafia todo ser altaneiro;
ele é o rei de todas as feras soberbas.

42

Jó retrata suas palavras. ¹Então Jó respondeu a Javé, dizendo:

²Compreendo que podeis tudo
e que coisa alguma vos é impossível.

³Quem é esse que, sem saber nada,*
denigre a providência?
É verdade: falei sobre o que não entendia,
maravilhas que me ultrapassam e que eu ignorava.

⁴"Escuta-me e deixa-me falar,
eu te interrogarei e tu me instruirás".

⁵Eu vos conhecia só por ouvir dizer,
mas agora meus olhos vos veem.

⁶Por isso me retrato
e me arrependo sobre pó e cinza†.

VII. EPÍLOGO
(42,7-17)†

Javé repreende os amigos de Jó. ⁷Depois de haver dirigido essas palavras a Jó, Javé disse a Elifaz de Temã: "Minha ira se acendeu contra ti e contra teus dois amigos, porque não dissestes de mim coisas retas como fez meu servo Jó. ⁸Tomai, pois, sete novilhos e sete carneiros e ide a meu servo Jó e oferecei-os em holocausto por vós; meu servo Jó intercederá por vós; e assim, em atenção a ele, não castigarei vossa insensatez, porque não dissestes de mim coisas retas como fez meu servo Jó".

⁹Elifaz de Temã, Baldad de Suás e Sofar de Naamat foram e fizeram como lhes tinha dito Javé, o qual aceitou a oração de Jó.

Jó retorna à felicidade. ¹⁰Quando Jó rezou por seus amigos,* Javé o restabeleceu em seu estado anterior e lhe concedeu o duplo do que antes possuía. ¹¹Todos os seus irmãos, suas irmãs e seus antigos conhecidos vieram visitá-lo e comeram com ele em sua casa. Tiveram compaixão dele e o consolaram de todo o mal que Javé tinha mandado sobre ele e o presentearam cada qual com uma moeda de prata e um anel de ouro.

¹²Javé abençoou a nova condição de Jó mais que a primeira. Ele possuiu quatorze mil ovelhas e seis mil camelos, mil juntas de bois e mil jumentas. ¹³Teve também sete filhos e três filhas. ¹⁴Chamou a primeira Pomba, a segunda Cássia e a terceira Azeviche. ¹⁵Em toda a

---

* **42**,3. 38,2 | 10. Êx 22,8

† **42**,6. Há em Jó uma aceitação de seu estado: "eu me consolo" em meu estado de homem sofredor. Ele julgava Deus a partir de seu caso pessoal; agora reconhece que Deus o supera infinitamente. | **VII**. Javé não repreende Jó por suas palavras quase blasfemas. Jó intercede pelos amigos, sinal de sua reconciliação com Deus, com os amigos e com a sociedade. Não há explicação, não há resposta para o sofrimento do inocente. Jó aceita o mistério da vida, não se coloca no centro do mundo, a partir do qual vá julgar se Deus existe ou não. Há muito inocente vítima de injustiça. O verdadeiro justo sofredor é o Cristo. Por sua paixão e morte na cruz, deu um novo sentido ao sofrimento, o qual doravante pode configurar-nos com ele e unir-nos a sua paixão redentora. Assim nosso sofrimento incompreensível servirá para o bem da humanidade, por sua união ao de Cristo que salvou o mundo.

645   **Jó 42**

terra não se acharam mulheres tão belas como as filhas de Jó; e seu pai lhes destinou uma parte da herança junto com seus irmãos.

[16]Depois disso, Jó viveu ainda cento e quarenta anos e viu seus filhos e netos até a quarta geração. [17]Depois Jó morreu,* velho e saciado de anos†.

---

* **42**,17. Gn 25,8; 35,29

† **42**,17. O texto grego termina com uma adição interessante, que afirma a ressurreição: "Está escrito que ele ressuscitará de novo com aqueles que o Senhor ressuscitar".

SALMOS

Os Salmos são uma coleção de cento e cinquenta cânticos ou hinos, inspirados pelo Espírito Santo, destinados a ser cantados no culto do templo de Jerusalém. Utilizados também por Cristo e pelos apóstolos, a Igreja os escolheu como fundamento de sua prece oficial, a Liturgia das Horas. Síntese de todo o Antigo Testamento em forma de poesia e oração, neles o israelita fiel cantava sua vida, suas alegrias e esperanças, tristezas e angústias. Embora a tradição tenha considerado Davi como autor de todos os Salmos, por seu talento musical e poético e por seu zelo pelo culto, eles foram compostos ao longo de toda a história de Israel e por isso traduzem em oração as várias experiências de vida do povo eleito. Acredita-se que 70% dos Salmos sejam da época monárquica; foram depois retocados e reeditados durante a época persa ou helenística para se adaptarem a exigências novas.

Conforme seu conteúdo, podemos distinguir nos Salmos: meditações sobre a antiga história de Israel, lamentações individuais e públicas, poemas que exaltam Jerusalém, a divina realeza, a lei dada por Deus ao povo, cânticos de romaria, de louvor a Jerusalém e ao templo, orações de louvor, de súplica, de agradecimento, de penitência, etc.

"Salmo é bênção pronunciada pelo povo, louvor de Deus pela assembleia, aplauso de todos, palavra dita pelo universo, voz da Igreja, melodiosa profissão de fé" (S. Ambrósio). Nos salmos de louvor, celebram-se as obras maravilhosas de Deus na criação, na história e em sua providência amorosa. Nas lamentações, o coração humano desabafa nas horas tristes da doença, do perigo, da calúnia, da traição, da guerra, da derrota, da perseguição e do exílio. Mas a alma que sofre se abre à confiança num Deus bom e misericordioso, que a seu tempo intervém. Se o salmo reflete uma situação do passado, por outro lado, seu caráter universal faz com que possa ser rezado por pessoas de qualquer condição e em qualquer tempo.

Os Salmos são a oração de todos os tempos, e neles reza a voz do próprio Cristo, no qual eles encontram seu pleno significado, pois falam dele (Lc 24,44), anunciando os mistérios de sua vida. "Nos salmos fala a Igreja em Cristo e fala Cristo na Igreja" (S. Agostinho).

Aqui numeramos os Salmos de acordo com a bíblia hebraica, seguida por todas as traduções modernas. Entre parênteses colocamos a numeração antiga, que provém dos Setenta e da Vulgata.

I. LIVRO PRIMEIRO
(1–41 [40])

1 **Os dois caminhos**[†].[1]É feliz quem não segue o conselho dos maus,*
não se detém no caminho dos pecadores
nem toma parte nas reuniões dos zombadores,
[2]mas na lei de Javé encontra sua alegria*
e nela medita dia e noite.
[3]Será como árvore plantada à beira de um regato,*
que dá fruto no devido tempo
e cuja folhagem não seca:

em tudo o que faz terá sempre sucesso.
[4]Os maus, porém, não são assim;
são como palha que o vento carrega.*
[5]Por isso não podem enfrentar o julgamento,
e os pecadores não têm vez na reunião dos justos.
[6]Pois Javé conhece o caminho dos justos,
mas a senda dos maus leva à ruína.*

2 **Promessa de Deus a seu Ungido.**
[1]Por que este tumulto entre as nações?*
Por que os povos fazem vãos projetos?

---

* **1**,1. Jr 21,8; Dt 30,15-20 | 2. 119 | 3. Jr 17,8; Ez 19,10s | 4. Jó 21,18; Sl 35,5 | 6. 112,10 | **2**,1. At 4,25-28

† **1**. Os Salmos começam com uma bem-aventurança. O Salmo 1 propõe o tema da pessoa humana diante das opções do bem e do mal, da felicidade e da ruína.

Salmos 2-5

²Os reis da terra se insurgem*
e os poderosos fazem aliança
contra Javé e contra seu Ungido:
³"Vamos quebrar suas correntes*
e libertar-nos de sua opressão!"
⁴Aquele que mora nos céus ri deles,*
zomba deles Javé.
⁵Então, cheio de ira, vai dizer-lhes,
apavorando-os com seu furor:
⁶"Eu consagrei meu rei
sobre Sião, meu santo monte!"
⁷Vou proclamar o decreto de Javé:
Ele me disse: "Tu és meu Filho,*
eu hoje te gerei!†
⁸Pede-me e te darei como herança as nações,
e por tua possessão os confins da terra.
⁹Tu as governarás com cetro de ferro,*
tu as quebrarás como potes de barro".
¹⁰Agora, pois, tomai cuidado, ó reis,
aceitai este aviso, juízes da terra:
¹¹Servi a Javé com reverência
e alegrai-vos nele com tremor.
¹²Beijai seus pés para que não se irrite
e pereçais pelo caminho,
pois sua ira se inflama de repente.
Felizes todos os que nele se abrigam!*

3 **Confiança em Deus na adversidade.** ¹*Salmo de Davi, quando fugia de seu filho Absalão.**
²Ó Javé, como são numerosos meus adversários!
Muitos são os que se levantam contra mim.
³Muitos dizem a meu respeito:
"Deus não vai dar-lhe a salvação!"
⁴Mas vós, Javé, sois minha defesa,*
sois minha glória, vós que ergueis minha cabeça.
⁵Quando com minha voz eu invoquei Javé,*
ele me respondeu de seu santo monte.
⁶Eu me deito e adormeço;*
desperto, pois Javé me sustenta.*
⁷Não tenho medo da multidão de gente

que se lança contra mim de todo lado.
⁸Levantai-vos, Javé, salvai-me, Deus meu!
Feristes na face todos os meus inimigos;
os dentes dos ímpios quebrastes.*
⁹A salvação é de Javé.
Sobre vosso povo desça vossa bênção.

4 **Oração da noite.** ¹*Ao regente do coro. Com instrumentos de corda. Salmo de Davi.*
²Quando eu clamo, respondei-me,
ó meu Deus justiceiro;
na angústia libertai-me;
tende piedade de mim e ouvi minha oração.
³Ó raça humana, até quando ofendereis minha glória,
amareis a vaidade, buscareis a mentira?
⁴Sabei que Javé faz maravilhas em favor de seu amigo;
Javé escuta quando lhe dirijo meu apelo.
⁵Tremei e não pequeis;*
no silêncio de vosso leito meditai e calai.
⁶Oferecei sacrifícios legítimos
e tende confiança em Javé.*
⁷São muitos os que dizem: "Quem nos fará provar o bem?"
Levantai sobre nós, Javé, a luz de vossa face†.
⁸Destes a meu coração alegria maior
que a daqueles que têm muito trigo e vinho.
⁹Em paz adormeço, logo que me deito,*
pois só vós, Javé, me fazeis repousar com segurança.

5 **Oração da manhã.** ¹*Ao regente do coro. Com flautas. Salmo de Davi.*
²Escutai, Javé, minhas palavras,*
atendei a meu clamor;
³ficai atento à voz de minha prece,
meu Rei e meu Deus,

---

* **2**,2. Ap 19,19; Sl 83,6 | 3. 149,8 | 4. Is 40,15ss.22ss; Sl 59,9 | 7. 89,27; At 13,33; Hb 1,5; 5,5; At 2,36 | 9. Is 49,6; Dt 7,14 | 12. 35,9; Pr 16,20 | **3**,1. 2Sm 15,13ss | 4. 18,3; 62,8 | 5. Dt 33,29; Sl 27,6; 110,7 | 6. Pr 3,24 / Sl 4,9 | 8. 58,7; Jn 2,10 | **4**,5. Ef 4,26; Sl 51,21 | 6. Nm 6,25; Pr 16,16; Dn 9,17 | 9. 3,6 | **5**,2. 86,6

† **2**,7. No dia de sua coroação, o rei era adotado como filho de Deus, 2Sm 7,14. Aqui o rei de Israel é figura do Messias. | **4**,7. A imagem sugere o rosto sorridente de Deus ao conceder seus benefícios, Sl 44,4; 89,16.

Salmos 5-7

⁴pois é a vós que imploro.*
Javé, de manhã ouvis minha voz,
bem cedo para vós me volto e fico esperando.
⁵Pois não sois um Deus que gosta da
maldade;
junto de vós o mau não habita.
⁶Os insolentes não podem ficar em
vossa presença,
odiais todos os que fazem o mal.*
⁷Destruís os que falam mentira;
Javé abomina quem derrama sangue
ou comete fraude.
⁸Eu, porém, pela grandeza de vosso
amor
posso entrar em vossa casa,
diante de vosso santo templo com reverência me prostro.*
⁹Javé, guiai-me em vossa justiça,
por causa de meus inimigos
aplainai a minha frente vosso caminho.*
¹⁰Pois não existe na boca deles sinceridade,
seu coração é cheio de malícia,
sua garganta é um sepulcro aberto,*
usam a língua para adular.
¹¹Castigai-os, ó Deus! Que fracassem
seus planos,
em razão de seus muitos crimes rejei-
tai-os,
pois se revoltam contra vós†.
¹²Alegrem-se, porém, todos os que em
vós confiam;*
exultem para sempre porque vós os
protegeis;
e em vós se rejubilem os que amam
vosso nome.*
¹³Pois abençoais o justo, Javé,
como um escudo vossa bondade o rodeia.

6 **Súplica de um enfermo†.** ¹Ao regente do coro. Com instrumentos
de corda. Na oitava. Salmo de Davi.
²Javé, não me repreendais em vossa ira*
nem me castigueis em vosso furor.

³Tende piedade de mim, Javé: perdi as
forças;
curai-me, Javé: meus ossos estremecem,*
⁴e minha alma está aflita ao extremo.
Mas vós, Javé, até quando?
⁵Voltai, Javé, livrai minha alma;
por vossa misericórdia salvai-me.
⁶Pois na morte ninguém se lembra de
vós;*
quem vos louvará* na morada dos
mortos?†
⁷Estou cansado de tanto gemer,
inundo de pranto meu leito toda noite
e de lágrimas banho minha cama.
⁸A tristeza perturba meus olhos,
já envelheço entre tantos inimigos.
⁹Afastai-vos de mim, todos vós malfeitores,
pois Javé ouviu a voz de meu pranto.
¹⁰Javé ouviu minha súplica,
Javé acolheu minha oração.
¹¹Fiquem confusos e conturbados todos os meus inimigos,
envergonhados, recuem num instante.

7 **Oração de um justo caluniado.** ¹La-
mento de Davi, que ele cantou diante
de Javé por causa do benjaminita Cuch.
²Javé, meu Deus, em vós me refugio,
salvai-me de todos os que me perseguem e livrai-me,
³para que ninguém, como um leão, me
arrebate
e me devore sem que ninguém me so-
corra.
⁴Javé, meu Deus, se agi mal,
se há em minhas mãos iniquidade,
⁵se paguei com o mal meu amigo,
ou despojei meu inimigo sem razão,
⁶o inimigo me persiga e me atinja,*
pise ao chão minha vida
e lance minha honra ao pó.
⁷Levantai-vos, Javé, em vossa ira,
erguei-vos contra a fúria de meus inimigos

---

* **5**,4. 84,4 | 6. Pr 6,17ss | 8. 138,2; 1Rs 8,44.48; Dn 6,11; Sl 23,3 | 9. Is 26,7 | 10. Rm 3,13 | 12. Ap 7,15s / Sl 69,37; 119,132 | **6**,2. Jr 10,24; Sl 38,2 | 3. Jr 17,14s | 6. Is 38,18 / Sl 88,11ss | **7**,6. 6,5

† **5**,11. O salmista apela para a justiça de Deus, porque os inimigos do povo eram considerados inimigos de Deus. | **6**. Primeiro dos sete Salmos Penitenciais: 6; 32; 38; 51; 102; 130; 143, com os quais o pecador arre-pendido suplica com confiança o perdão ao Deus misericordioso. | **6**. Naquela época achavam que após a morte as pessoas viviam como sombras, num sono que as desligava de tudo, até mesmo de Deus, Sl 88,11-13. Daí o destaque dado à retribuição nesta vida.

649 Salmos 7-9

e exercei em meu favor a justiça que mandastes.
⁸Que vos rodeie a assembleia dos povos,
no alto sobre ela assentai-vos.
⁹Javé é o juiz dos povos.
Defendei meu direito, ó Javé,
conforme a justiça e a inocência que há em mim.
¹⁰Ponde um termo à maldade dos ímpios
e confirmai o justo,
vós que sondais corações e mentes, ó Deus justo.*
¹¹Minha defesa está em Deus,*
ele salva os que têm o coração reto.
¹²Deus é um justo juiz,
todo dia se acende sua ira.
¹³Acaso não afiará de novo a espada?
Armou e apontou seu arco.
¹⁴Armas mortíferas preparou,
tornou ardentes suas flechas.*
¹⁵Vede: o ímpio concebe a iniquidade:
traz em seu seio a malícia
e dará à luz o engano.*
¹⁶Abriu uma cisterna e escavou-a
e caiu na fossa que ele mesmo fez.*
¹⁷Que sua malícia lhe recaia na cabeça,
e sobre seu crânio desça sua violência.*
¹⁸Darei graças a Javé por sua justiça
e cantarei louvores ao nome de Javé Altíssimo.

8 Grandeza de Javé e dignidade do homem. ¹*Ao regente do coro. Para harpa de Gat. Salmo de Davi.*
²Ó Javé, Senhor nosso,
como é grande vosso nome em toda a terra!*
Sobre os céus se eleva vossa majestade.
³Da boca das crianças e dos lactentes procurais um louvor
contra vossos adversários,
para calar o inimigo e o vingador.
⁴Ao contemplar vosso céu, obra de vossas mãos,

vejo a lua e as estrelas que criastes:
⁵que coisa é o homem, para dele vos lembrardes†,
que é o ser humano, para o visitardes?*
⁶No entanto o fizestes pouco menor que um deus,*
de glória e de honra o coroastes.
⁷Vós o colocastes acima das obras de vossas mãos,
tudo pusestes sob seus pés:
⁸ovelhas e bois, todos juntos,
e também os animais do campo,
⁹as aves do céu e os peixes do mar;
todo ser que percorre os caminhos do mar.
¹⁰Ó Javé, Senhor nosso,
como é grande vosso nome em toda a terra!

9 Poder e justiça de Deus†. ¹*Ao regente do coro. Conforme a melodia* **(9A)** *"Morrer pelo filho". Salmo de Davi.*
Alef ²Eu vos louvarei, Javé, de todo o coração,*
proclamarei todas as vossas maravilhas.
³Quero alegrar-me e exultar em vós,
cantar a vosso nome, ó Altíssimo.
Bet ⁴Meus inimigos recuaram,
diante de vossa face caíram e pereceram.
⁵Porque sustentastes meu direito e minha causa,*
sentastes em vosso trono como justo juiz.
Guimel ⁶Ameaçastes as nações, os ímpios aniquilastes,
cancelando o nome deles eternamente e para sempre.
⁷Pereceram os inimigos, são ruínas para sempre,
suas cidades destruístes, acabou sua lembrança.*
Hê ⁸Javé permanece para sempre†,
preparou seu trono para o juízo.
⁹Julga o mundo com justiça,*
governa as nações com retidão.

---

* **7**,10. Jr 11,20 | 11. 3,4 | 14. Is 50,11 | 15. Is 59,4; Jó 15,35 | 16. 9,16; 35,8; Pr 26,27 | 17. Jó 4,8; Eclo 27,28ss **8**,2. 19,2-7; 104 | 5. 144,3; Jó 7,17s; Hb 2,6-9 | 6. Gn 1,26; Eclo 17,1-4; Sb 2,23 | **9**,2. 138,1 | 5. 7,9.12; 89,15 | 7. Gn 19,23ss | 9. 96,13; 98,9

† **8**,5. O homem é um frágil caniço, mas um caniço que pensa (Pascal). Uma pessoa vale mais que um milhão de estrelas. | **9**. Acróstico em ordem alfabética, cada verso começando com uma letra hebraica. Esse tipo de composição representa uma busca de perfeição e de totalidade no louvar a Deus. Outros salmos alfabéticos: 25; 37; 111; 112; 119; 145. | 8. O reino de Deus é sem fim e ninguém pode resistir a seu poder soberano; embora muitos pensem que são senhores absolutos, não escapam do juízo de Deus.

Salmos 9-10

Waw [10]Para o oprimido Javé será um refúgio,*
um refúgio no tempo da angústia.
[11]Em vós confiam os que conhecem vosso nome,*
pois não desamparais os que vos buscam, Javé.
Záin [12]Cantai louvores a Javé, que habita em Sião,*
entre os povos suas obras proclamai.
[13]Pois deles se lembra o vingador do sangue,*
não esquece o clamor dos pobres.
Het [14]Piedade de mim, Javé, vede a aflição
que me causaram meus perseguidores,
vós que me tirais das portas da morte,*
[15]para que eu cante todos os vossos louvores
nas portas da filha de Sião
e exulte com vossa salvação.
Tet [16]As nações se afundaram na fossa que cavaram,
seu pé ficou preso na rede que armaram.*
[17]Javé se manifestou, exerceu o juízo,
o ímpio foi apanhado em sua armadilha.
Yod [18]Sejam lançados no abismo os ímpios,
e todas as gentes que se esquecem de Deus.
Caf [19]Porque o pobre não ficará esquecido para sempre,
a esperança dos aflitos jamais se perderá.*
[20]Levantai-vos, Javé, não prevaleça o homem,
sejam as nações julgadas em vossa presença.
[21]Javé, incuti nelas o temor,
saibam as nações que são mortais.

10 **Prece para ser libertado do inimigo†.** Lamed [1]Javé, por
(9B) que estais tão longe*
e vos escondeis no tempo da angústia?
[2]Com soberba o ímpio oprime o pobre:

seja apanhado nas intrigas que tramou.
(Mem) [3]Pois o mau se gloria da cupidez de sua alma,
o avarento ultraja e despreza Javé.*
(Nun) [4]Em sua arrogância o ímpio diz:
"Ele não castiga";
"Deus não existe" – eis todo o seu pensamento.
[5]Seus caminhos prosperam o tempo todo,
vossos juízos estão muito distantes de sua vista,
despreza todos os seus adversários.
(Samec) [6]Diz consigo mesmo: "Não vacilarei,
de geração em geração estarei livre do mal".
Pê [7]Sua boca está cheia de maldição,*
de enganos e de fraude;
debaixo de sua língua há insulto e maldade.
[8]Põe-se de tocaia nas vilas,*
mata às ocultas o inocente.*
Áin [9]Seus olhos espreitam o desamparado,
arma insídias na surdina, como um leão em sua cova,*
tocaia para atacar o pobre,
para agarrá-lo e prendê-lo em sua rede.
(Çade) [10]Abaixa-se, rasteja
e caem em suas garras os fracos.
[11]Diz consigo mesmo: "Deus se esqueceu,
desviou o rosto, não verá isto nunca".
Qof [12]Levantai-vos, Javé! Erguei, ó Deus, vossa mão!*
Não vos esqueçais dos pobres!
[13]Com que direito pode o ímpio desprezar a Deus
dizendo consigo mesmo que Deus não se importa?*
Resh [14]Vós, porém, vistes a fadiga e a aflição
e estais atento para dar-lhes a paga.
A vós se entrega o infeliz,
do órfão sois o defensor.*
Shin [15]Quebrai o braço do ímpio e do malvado,

---

* **9**,10. Is 25,4; Sl 37,39 | 11. 36,11; 86,4 | 12. 7,18 | 13. Jó 16,18 | 14. Sb 16,13 | 16. 7,16 | 19. 7,7 | **10**,1.
22,2; 74,1 | 3. 10,13; Jó 22,13; 14,1; 36,2; Sf 1,12 | 7. Rm 3,14 | 8. 17,12 / Os 6,9 | **10**,9. 17,12 | 12. 74,11;
44,25; 94,7; Ez 9,9; Jó 22,13 | 13. 10,4; 31,8; 56,9 | 14. Êx 22,21s

† **10**. Este salmo e o anterior formam um só nas versões grega e latina, cuja numeração fica por isso uma
unidade abaixo da hebraica, que aqui adotamos, colocando entre parênteses a greco-latina.

651 Salmos 10-14

castigai a impiedade, até nada mais se encontrar.
[16]Javé é rei pelos séculos eternos,*
de sua terra são exterminadas as nações.
Taw [17]Ouvistes o desejo dos humildes, Javé,
fortaleceis seu coração e os escutais,
[18]para fazerdes justiça ao órfão e ao oprimido,*
a fim de que o homem feito de barro já não infunda terror.

11 **Em Javé está a confiança do justo.** [1]*Ao regente do coro. De*
(10) *Davi.*
Confio em Javé! Como podeis dizer-me: "Voa para um monte como um pássaro!*
[2]Pois os inimigos armam o arco,*
preparam sua flecha na corda
para ferir às ocultas os de reto coração.
[3]Destruídos os fundamentos, que pode fazer o justo?"
[4]Javé está em seu templo santo,*
no céu está o trono de Javé.*
Seus olhos observam,*
suas pálpebras sondam os seres humanos.
[5]Javé põe à prova o justo e o ímpio,
mas detesta quem ama a violência.
[6]Fará chover sobre os ímpios brasa, fogo e enxofre,*
e um vento abrasador é a porção de seu cálice.
[7]Pois justo é Javé, ele ama a justiça,
os bons contemplarão sua face.

12 **Pedido de socorro.** [1]*Ao regente do coro. Na oitava. Sal-*
(11) *mo de Davi.*
[2]Socorro, Javé! Os bons estão acabando,*
desaparecem os fiéis entre os filhos dos homens.*
[3]Dizem mentiras uns aos outros,*
adulam com os lábios, com um coração fingido.

[4]Javé exterminará toda boca mentirosa, e a língua que fala com arrogância.
[5]Porque dizem: "Por nossa língua somos fortes,*
nossos lábios nos pertencem;
quem é senhor sobre nós?"
[6]"Por causa da miséria dos pobres
e do gemido dos necessitados
agora me levanto – diz Javé –*
levarei a salvação a quem a deseja".
[7]As promessas de Javé são sinceras,*
como prata refinada em forno de barro, sete vezes depurada.
[8]Vós, Javé, nos guardareis,
para sempre nos livrareis dessa gente.
[9]Os ímpios vagueiam por toda parte,
quando entre os filhos dos homens
reina a baixeza.

13 **Lamento de um justo na provação.** [1]*Ao regente do*
(12) *coro. Salmo de Davi.*
[2]Até quando, Javé, me esquecereis para sempre?
Até quando me ocultareis vossa face?*
[3]Até quando terei conflitos em minha alma,
com tristeza no coração cada dia?
Até quando de mim triunfará o inimigo?
[4]Olhai, respondei-me, Javé, meu Deus,
conservai-me a luz dos olhos,
para que eu não durma o sono da morte,
[5]para que não diga meu inimigo: "Eu o venci!",*
e não exultem meus adversários se eu vacilar.
[6]Mas em vossa misericórdia eu confio.
Alegre-se meu coração em vossa salvação
e cante a Javé pelo bem que me fez.

14 **Um mundo sem Deus.** [1]*Ao regente do coro. De Davi.*
(13) O insensato pensa: "Deus não existe!"†
São corruptos, fazem coisas abomináveis,*

---

* **10**,16. Jr 10,10; 145,13; Na 2,1 | 18. Dt 10,18 | **11**,1. 91,3; 55,7 | 2. 7,13; 10,8; 37,14; 57,5; 64,4 | 4. Hab 2,20 / 102,20 / Dt 26,15; Is 66,1 | 6. Gn 19,24; Ez 38,22; Ap 20,9; 8,5 | **12**,2. Mq 7,2 / Is 59,15 | 3. Jr 9,7; Is 59,3s; Sl 55,22 | 5. 31,19 | 6. Is 33,10 | 7. 18,31; 19,8; Pr 30,5 | **13**,2. 6,4; 77,8s; 89,47; 94,3; Lm 5,20 | 5. 37,17 | **14**,1. 10,4; 36,2; Sf 1,12

† **14**,1. Salmo quase totalmente igual ao Sl 53. O termo "insensato" significa muitas vezes "ímpio".

Salmos 14-17

não há quem faça o bem.
²Do céu Javé se inclina sobre os homens*
para ver se existe um sábio, alguém
que procure a Deus.
³Todos se extraviaram, são todos corruptos;*
não há quem faça o bem, nem um sequer.
⁴Não entendem nada todos os malvados
que devoram meu povo como se fosse pão?
Não invocam Javé:*
⁵tremerão de pavor, porque Deus está
com a estirpe do justo.
⁶Quereis confundir as esperanças do pobre,
mas é Javé seu refúgio.
⁷Venha de Sião a salvação de Israel!
Quando Deus fizer voltar os exilados
de seu povo,*
exultará Jacó e Israel se alegrará.

15 **Quem é digno de estar diante de Javé?.** ¹Salmo de Davi.
(14) Javé, quem pode habitar em
vossa tenda?
Quem pode morar em vosso santo
monte?
²Aquele que vive na integridade, age
com justiça*
e em seu coração fala a verdade;
³que não calunia com sua língua,
não causa dano ao próximo
e não lança insulto ao vizinho.
⁴A seus olhos é desprezível o malvado,
mas ele honra quem respeita Javé.
Mesmo se jura com dano próprio, não
volta atrás;
⁵se empresta dinheiro, é sem usura,*
e não aceita presentes para condenar
o inocente.
Quem agir deste modo ficará firme
para sempre.

16 **Javé é minha herança.** ¹Hino de Davi.
(15) Guardai-me, ó Deus: em vós
me refugio.
²Eu digo a Javé: "Sois vós meu Senhor,
fora de vós não tenho bem algum".
³Para os santos que estão na terra, homens nobres,
é toda a minha afeição.
⁴Multiplicam seus ídolos, correm atrás
deles;
não derramarei suas libações de sangue,
nem pronunciarei com meus lábios
seus nomes.
⁵Javé é minha parte da herança e meu
cálice.*
Vós garantis minha sorte.
⁶Um lugar ameno coube-me por sorte†,
maravilhosa é minha herança.
⁷Bendigo a Javé que me aconselha;
mesmo de noite meu coração me ensina.
⁸Sempre coloco Javé ante meus olhos;
porque está a minha direita, não vacilo.*
⁹Disso se alegra meu coração, exulta
minha alma;
também meu corpo repousa seguro,
¹⁰pois não abandonareis minha vida no
abismo,*
nem deixareis vosso santo experimentar a corrupção†.
¹¹O caminho da vida me indicareis;
em vossa presença há plena alegria,
a vossa direita, delícias eternas.

17 **Deus esperança do inocente perseguido.** ¹Oração de Davi.
(16) Acolhei, Javé, minha justa causa,
sede atento a meu clamor.
Escutai minha prece
feita com lábios sem engano.
²Venha de vós minha sentença,
vossos olhos vejam o que é justo.
³Sondai meu coração, visitai-me de
noite,*

---

* **14**,2. 11,4 | 3. Rm 3,11s; Sl 11,3 | 4. Dt 28,67 | 7. 85,2; 126,1 | **15**,2. 119,1 | 5. Êx 22,24; 23,8 | **16**,5. Nm 18,20; Dt 10,9; Eclo 45,20ss | 8. 121,5 | 10. At 2,26ss; 13,35; Sl 49,16; 73,24 | **17**,3. Jó 7,18; 23,10; Sl 26,2; 138,23

† **16**,6. Lit. "o cordel mediu para mim", alusão ao sistema de medir as partes da herança para depois
sorteá-las entre os herdeiros. A herança do salmista é o próprio Javé, v.5: tal era a porção dos levitas,
Dt 18,1s. | 10. O salmista confia que o amor de Deus por ele é tão forte que Ele vai querer tê-lo sempre
consigo, e portanto vai impedir que a morte os separe. É uma esperança, ainda vaga, de ressurreição;
mas, partindo desse texto, os apóstolos anunciam a ressurreição de Cristo, At 2,25-28; 13,35

653 Salmos 17-18

provai-me no fogo: em mim não encontrareis malícia.
⁴Minha boca não se tornou culpada,*
conforme agem os homens;
seguindo a palavra de vossos lábios,
evitei os caminhos do violento.
⁵Firmai meus passos em vossos caminhos,*
para que meus pés não vacilem.
⁶Eu vos invoco, meu Deus, pois me respondeis;
prestai-me ouvidos, escutai minhas palavras.
⁷Mostrai-me os prodígios de vosso amor;
vós que salvais dos inimigos
quem se refugia a vossa direita.
⁸Guardai-me como a pupila dos olhos,*
à sombra de vossas asas escondei-me,*
⁹da vista dos maus que me oprimem,
dos inimigos mortais que me rodeiam.
¹⁰Eles fecharam seu coração insensível,
suas bocas falam com arrogância.
¹¹Cercaram agora nossos passos,
em nós fixam os olhos para abater-nos.
¹²São como um leão que anseia agarrar a presa,*
e um leãozinho que espreita na tocaia.
¹³Levantai-vos, Javé, enfrentai-os, abatei-os;*
com vossa espada livrai-me dos ímpios,
¹⁴com vossa mão, Javé, dos homens deste mundo,
para quem o melhor é esta vida
e cujo ventre está cheio de vossos bens;*
seus filhos ficam saciados
e ainda lhes sobra para os filhos deles.
¹⁵Eu, porém, na justiça contemplarei vossa face,*
ao despertar me saciarei de vossa presença†.

18
(17)

Cântico de triunfo†. ¹*Ao regente do coro. Do servo de Javé, Davi, que dirigiu a Javé as palavras desse cântico,* * *no dia em que* Javé o livrou de todos os seus inimigos e de Saul. ²*Ele disse:*
Eu vos amo, Javé, minha força,
³Javé, meu rochedo, minha fortaleza, meu libertador;*
meu Deus, minha rocha, na qual me refugio;
meu escudo e minha poderosa salvação, meu baluarte.*
⁴Invoquei Javé, digno de ser louvado,
e fui salvo de meus inimigos.*
⁵Ondas mortais me rodearam,*
torrentes de perdição me atemorizaram,
⁶laços infernais me envolveram,
redes de morte me surpreenderam.
⁷Em minha angústia invoquei Javé,
a meu Deus gritei por socorro;
minha voz ele ouviu de seu templo,
chegou meu grito a seus ouvidos.
⁸Então a terra se abalou e tremeu;*
vacilaram as bases dos montes,
oscilaram porque ele se indignou.
⁹Saiu fumaça de suas narinas,
de sua boca, um fogo devorador,
e dele surgiram brasas ardentes.
¹⁰Inclinou os céus e desceu
com uma nuvem escura a seus pés.
¹¹Cavalgava um querubim e voou,
pairando nas asas do vento.
¹²Pôs as trevas como véu a seu redor*
e como tenda, águas escuras e espessas nuvens.
¹³Do esplendor que o precedia derramaram-se nuvens,
granizo e brasas de fogo.
¹⁴Do céu trovejou Javé,*
o Altíssimo soltou sua voz;
granizo e brasas de fogo;
¹⁵lançou suas flechas e as espalhou,
multiplicou seus raios e os expulsou.
¹⁶E apareceu o fundo do mar,
descobriram-se as bases do mundo,*
por causa de vossa ameaça, Javé,
e do vento de vosso furor.*
¹⁷Do alto estendeu a mão e me tomou,
tirou-me das águas profundas.

---

* **17**,4. Jó 23,11s | 5. 17,37 | 8. Dt 32,10s / Sl 36,8; 61,5; 64,8; 91,4 | 12. 10,9; 22,14; 35,17; 56,5 | 13. Jr 15,15s | 14. 73,12 | 15. 4,8; 73,25s | **18**,1. 2Sm 22 | 3. Dt 32,4 / Gn 49,24; Dt 32,15.18.37; 33,17 | 4. 75,5; Lc 1,69 | 5. Dt 13,14 | 8. Êx 19,16ss; Jz 5,4s; Hab 3,3-6.8-13 | 12. Êx 13,21; 19,16; Dt 4,11 | 14. 29; 77,18s; Êx 19,19 | 16. Jó 36,29s; Sl 77,17 / Êx 15,8

† **17**,15. O salmista tem a esperança de ver a Deus depois de despertar do sono da morte. | **18**. Este salmo encontra-se também em 2Sm 22.

Salmos 18

654

¹⁸Livrou-me de inimigos muito fortes,
e dos que me odiavam
porque eram mais fortes que eu.
¹⁹Assaltaram-me no dia de meu infortúnio,
mas Javé foi meu apoio.
²⁰Levou-me a um lugar espaçoso,
salvou-me porque me ama.
²¹Javé me tratou segundo minha justiça,
recompensou-me conforme a pureza
de minhas mãos.
²²Pois tenho seguido os caminhos de
Javé,
não me apartei perversamente de meu
Deus.
²³Tenho ante os olhos todas as suas
leis,
não afastei de mim seus preceitos.
²⁴Tenho sido correto com ele,*
atento para não pecar.
²⁵Javé me retribuiu segundo minha justiça,
conforme a pureza de minhas mãos
diante de seus olhos.
²⁶Sois bondoso com quem é bondoso,
com quem é íntegro vos mostrais íntegro;
²⁷com quem é sincero sois sincero,
mas inflexível com o perverso†.
²⁸Pois vós salvais o povo humilde,*
mas os olhos altivos humilhais.
²⁹Javé, vós acendeis minha lâmpada,*
meu Deus, aclarai minhas trevas.
³⁰Sim, convosco sinto-me forte para o
ataque,
com meu Deus venço qualquer barreira.
³¹Perfeito é o proceder de Deus,*
acrisolada é a palavra de Javé;
ele é um escudo para todos os que nele
se abrigam.
³²Pois quem é Deus senão Javé?*
Quem é rochedo senão nosso Deus?
³³Foi Deus que me encheu de força
e tornou perfeito meu caminho;
³⁴deu-me pés velozes como os das corças*

e me faz estar seguro nas alturas;
³⁵treinou minhas mãos para a guerra
e meus braços para retesar o arco de
bronze.*
³⁶Vós me destes vosso escudo salvador,
vossa mão direita é meu apoio,
e vossa bondade me engrandeceu.
³⁷Fizestes-me avançar a largos passos,
e meus pés não vacilaram.
³⁸Persegui meus inimigos e os alcancei,
não voltei atrás sem tê-los destruído;
³⁹esmaguei-os e não puderam reerguer-se,
caíram debaixo de meus pés.
⁴⁰De força me dotastes para o combate,
dobrastes debaixo de mim meus adversários.
⁴¹Pusestes em fuga meus inimigos;*
exterminei os que me odiavam.
⁴²Ninguém acudiu quando pediram socorro,
gritaram a Javé, mas não os ouviu.
⁴³Triturei-os como pó diante do vento,
pisei neles como na lama das ruas.
⁴⁴Das conjuras do povo me livrastes,
como chefe das nações me colocastes;*
serviu-me um povo que não conheci.
⁴⁵Mal escutam minha voz, obedecem.
Os estrangeiros se inclinam a minha
frente.
⁴⁶Os povos estrangeiros caem exaustos,
saem tremendo de seus refúgios.
⁴⁷Viva Javé e bendito meu rochedo!
Seja exaltado o Deus meu salvador,
⁴⁸o Deus que me concedeu vitória
e os povos a mim submeteu;
⁴⁹libertou-me de inimigos furiosos,
elevou-me sobre meus agressores
e salvou-me de homens violentos.
⁵⁰Por isso vos louvo, ó Javé, entre os
povos,*
e com cânticos vosso nome louvarei.
⁵¹"Ele deu a seu rei grandes vitórias,*
foi bondoso com Davi, seu consagra-
do†,
e com sua descendência para sempre".

---

* **18**,24. Dt 18,13 | 28. Pr 3,34; Jó 22,29 | 29. Jó 29,3 | 31. Dt 32,4; Pr 30,5; Sl 11,7 | 32. Is 44,8; 45,21 | 34. Hab 3,19; Dt 32,13 | 35. Is 58,14 | 41. 20,13 | 44. 2,8s; Ap 2,26ss | 50. Rm 15,9; Sl 7,18 | 51. 1Sm 2,10; Sl 89,29-38

† **18**,27. Deus sairá vencedor de quem se ilude de poder enganá-lo enquanto desobedece à lei divina. | 51. Consagrado pela unção real. Mas na pessoa de Davi está incluído o Messias, herdeiro das promes-sas divinas a Davi, 2Sm 7,16. As palavras "Cristo" e "Messias" significam ungido, consagrado.

Salmos 19-21

19

Hino ao Deus criador. [1]*Ao regente do coro. Salmo de Davi.*
(18) [2]Os céus proclamam a glória de Deus*
e o firmamento anuncia a obra de suas mãos†.
[3]O dia passa a mensagem ao outro dia
e a noite conta a notícia à outra noite.
[4]Não é uma fala, nem são palavras,
sua voz não se ouve.
[5]Por toda a terra se difunde seu anúncio*
e aos confins do mundo a sua mensagem†.
Lá ele armou uma tenda para o sol
[6]que surge como o esposo do quarto nupcial;
exulta como um herói que percorre o caminho.
[7]Ele nasce numa extremidade do céu*
e seu percurso alcança o outro extremo;
nada escapa a seu calor.
[8]A lei de Javé é perfeita, conforto para a alma;*
o testemunho de Javé é verdadeiro,
torna sábios os pequenos.
[9]As ordens de Javé são justas,
alegram o coração;
é puro o mandamento de Javé,
ilumina os olhos.
[10]É límpido o temor de Javé, dura para sempre;
os juízos de Javé são verdade, são todos justos.
[11]São mais preciosos que o ouro, que muito ouro fino,*
mais doces que o mel e que o licor de um favo.
[12]Também vosso servo neles se instrui,
em guardá-los há grande recompensa.
[13]Quem pode discernir seus próprios erros?
Perdoai-me os que não vejo.
[14]Também do orgulho salvai vosso servo
para que não me domine;
então serei irrepreensível e imune do grande pecado.

[15]Dignai-vos aceitar as palavras de minha boca
e os pensamentos de meu coração.
Javé, meu rochedo e meu redentor.

20

Oração pela vitória do rei.
[1]*Ao regente do coro, Salmo de*
(19) *Davi.*
[2]Javé te escute no dia da aflição,*
e te proteja o nome do Deus de Jacó.
[3]De seu santuário te mande auxílio*
e de Sião te sustente.
[4]Lembre-se de todos os teus sacrifícios
e aceite teus holocaustos.
[5]O que teu coração deseja ele te dê
e realize todos os teus planos;
[6]para podermos exultar por tua vitória
e desfraldar estandartes em nome de nosso Deus;
conceda-te Javé tudo o que lhe pedes.
[7]Agora sei que Javé salva seu ungido*
e lhe responde de seu santo céu,
com a força vitoriosa de sua mão direita.
[8]Uns confiam nos carros, outros nos cavalos,*
mas nós invocamos o nome de Javé nosso Deus.
[9]Eles tropeçam e caem,
mas nós nos levantamos e ficamos de pé.
[10]Javé, dai ao rei a vitória,
atendei-nos, quando vos invocamos.

21

Ação de graças pela vitória do rei. [1]*Ao regente do coro.*
(20) *Salmo de Davi.*
[2]Javé, o rei se alegra com vosso poder,
quanto exulta por vossa salvação!
[3]Realizastes o desejo de seu coração,
não rejeitastes o pedido de seus lábios.
[4]Ao encontro dele viestes com venturosas bênçãos;
em sua cabeça pusestes uma coroa de ouro puro.
[5]Ele vos pediu vida, e vida lhe destes,*
longos dias para sempre, sem fim.
[6]Grande é sua glória por vossa salvação,

---

* **19**,2. Gn 1,1-8.14-19; Eclo 43; Sl 93; 147,4s.15-20; Pr 8,22-31; Jó 38,7.31ss; Sl 104 | 5. Rm 10,18 | 7. 65,9 | 8. 119 | 11. 119,127.103 | **20**,2. Pr 18,10; Sl 18,47-50; 44,6 | 3. 1Rs 8,30 | 7. 18,51 | 8. Os 1,7; Sl 33,16s; 147,10s | **21**,5. 2Rs 20,1-7; Is 38,1-20; 1Rs 3,14 | 6. 45,4

† **19**,2. O firmamento, através de sua magnificência, de sua beleza, de sua ordem, é um arauto eloquente do Criador, cuja glória enche o universo (S. Atanásio). | 5. São Paulo cita este texto para dizer que os apóstolos pregaram o Evangelho por todo o mundo, Rm 10,18.

Salmos 21-22

sobre ele pusestes majestade e honra;*
[7]vós o fazeis bendito para sempre,
a vossa presença o inundais de alegria.*
[8]Porque o rei confia em Javé:
pela misericórdia do Altíssimo jamais
vacilará.
[9]Tua mão alcançará todos os teus inimigos,
tua mão direita castigará os que te
odeiam.*
[10]Farás deles como uma fornalha ardente
no dia em que mostrares teu rosto.
Javé os aniquilará em sua ira,
e o fogo os consumirá.
[11]Farás sumir da terra seus descendentes*
e sua posteridade dentre os mortais.
[12]Se contra ti tramam o mal e fazem
intrigas,
nada poderão fazer,
[13]porque tu os porás em fuga,*
com teu arco visarás sua face.
[14]Levantai-vos, Javé, com vossa força!
Vamos cantar e celebrar vosso poder.

22
O sofrimento redentor do justo†. [1]*Ao regente do coro.*
(21) *Conforme a melodia "A corça da aurora". Salmo de Davi.*
[2]Meu Deus, meu Deus, por que me
abandonastes?*
Estão longe de me salvar
as palavras de meu clamor.
[3]Meu Deus, clamo de dia e não respondeis,
grito de noite e não encontro repouso.
[4]Vós, porém, sois o santo,*
vós que habitais entre os louvores de
Israel.
[5]Em vós confiaram nossos pais,
confiaram e vós os libertastes;
[6]a vós clamaram e foram salvos,
esperando em vós não ficaram frustrados.
[7]Mas eu sou um verme, e não um homem,

infâmia dos homens e desprezado pelo
povo.
[8]Zombam de mim todos os que me
veem,*
torcem os lábios, sacodem a cabeça:
[9]"Confiou em Javé, que ele o salve;*
que o livre, se é seu amigo".
[10]Fostes vós que me tirastes do seio
materno,*
em segurança me pusestes sobre o
peito de minha mãe.
[11]A vós fui entregue desde quando
nasci,
desde o seio materno vós sois meu Deus.
[12]Não fiqueis longe de mim,* pois a angústia está próxima
e não há quem me ajude.
[13]Rodeiam-me touros numerosos,
cercam-me touros de Basã.
[14]Contra mim escancararam a boca
como um leão que dilacera e ruge.*
[15]Como água sou derramado,
deslocam-se todos os meus ossos.
Como a cera se tornou meu coração:
derrete-se dentro de meu peito.
[16]Está seca minha garganta como um
caco,
minha língua ficou colada ao céu da
boca,
na poeira da morte me deitastes.
[17]Um bando de cachorros me rodeia,
circunda-me uma corja de bandidos.
Traspassaram minhas mãos e meus pés,
[18]posso contar todos os meus ossos.
Eles me olham, me observam,
[19]repartem entre si minhas roupas*
sobre minha túnica tiram a sorte.
[20]Mas vós, Javé, não fiqueis longe,
minha força, vinde logo em meu socorro.
[21]Livrai da espada minha alma,
das unhas do cão, minha única vida.*
[22]Da boca do leão e dos chifres dos
búfalos
salvai este pobre que sou eu.
[23]Anunciarei vosso nome a meus irmãos,*
no meio da assembleia vou louvar-vos.

---

* **21**,7. 16,11 | 9. 18,36 | 11. 109,13; Jó 18,19 | 13. 18,41 | **22**,2. Is 52,13-53,12; Mt 27,46; Is 49,14; 54,7 | 4.
Lv 17,1; Is 6,3 | 8. Mt 27,39 | 9. Mt 27,43; Sb 2,18ss | 10. Is 44,2.24 | 12. 35,22; 38,22; 40,14; 71,12 | 14.
17,12 | 19. Mt 27,35; Jo 19,24 | 21. 7,3; 17,12; 57,5 | 23. Hb 2,12; 40,10

† **22**. O justo descreve seus sofrimentos e sente que de seu sacrifício nasce uma vida nova para seu povo
e para o mundo. Como os cânticos do Segundo Isaías, sobretudo Is 52,13–53,12, também este salmo
prenuncia a Paixão de Cristo.

657

Salmos 22-25

²⁴Louvai a Javé, vós que o temeis,
dai-lhe glória, toda a raça de Jacó,
temei-o, toda a estirpe de Israel.
²⁵Pois ele não desprezou nem desde-
nhou a dor do aflito;
não lhe ocultou sua face,
mas o atendeu quando gritou por socorro.
²⁶De vós vem meu louvor na grande
assembleia.
Cumprirei meus votos diante dos que
o temem.
²⁷Os pobres comerão e ficarão fartos,
a Javé louvarão os que o buscam:
"Viva para sempre o coração deles!"
²⁸Recordarão e voltarão a Javé*
todos os confins da terra;
diante dele se prostrarão
todas as famílias das nações.
²⁹Pois o reino pertence a Javé,*
ele domina sobre as nações.
³⁰Só diante dele se prostrarão
os que dormem sob a terra;
diante dele se curvarão os que descem
ao pó.
Quanto a mim, para ele viverei,*
³¹a ele servirá minha descendência.
Do Senhor se falará à geração futura;
³²anunciarão sua justiça ao povo que
vai nascer:
"Eis a obra do Senhor!"

23

O bom pastor†. *Salmo de Davi.*
Meu pastor é Javé, nada me
(22) falta.*
²Em verdes prados me faz descansar,
a águas tranquilas me conduz.*
³Restaura minhas forças;
pelo justo caminho me guia*
por amor de seu nome.
⁴Se eu tiver de andar por um vale escuro,*
não temerei mal nenhum, pois comigo
estais.
Vosso bastão e vosso cajado me dão
segurança.

⁵Diante de mim preparais* uma mesa†
aos olhos de meus inimigos;
ungis com óleo minha cabeça,*
meu cálice transborda.
⁶Felicidade e graça vão me acompanhar
todos os dias de minha vida.
E na casa de Javé habitarei*
por muitíssimos anos.

24

Entrada no templo. ¹*Salmo de*
Davi.
(23) A Javé pertence a terra e tudo
o que nela existe,*
o mundo e os que nele habitam.
²Pois foi ele que a estabeleceu sobre os
mares*
e firmou-a sobre os rios.
³Quem vai subir ao monte de Javé,*
quem pode permanecer em seu santuário?
⁴Quem tem mãos inocentes e coração
puro,
quem não corre atrás de vaidades
e não jura falsamente.
⁵Este obterá de Javé a bênção
e a justiça de Deus seu salvador.
⁶É esta a gente que o procura,
que procura a face do Deus de Jacó.*
⁷Levantai, ó portas, vossos frontões,*
erguei-vos, portas eternas,
para que entre o rei da glória.*
⁸Quem é este rei da glória?
É Javé, forte e poderoso,
Javé, poderoso no combate.
⁹Levantai, ó portas, vossos frontões,
erguei-vos, portas eternas,
para que entre o rei da glória.*
¹⁰Quem é este rei da glória?
Javé dos exércitos† – é ele o rei da glória.*

25

Confiança do justo. ¹*De Davi.*
Alef A vós, Javé, elevo minha
(24) alma,*
²meu Deus;

---

* **22,**28. Is 45,22; 52,10 | 29. Zc 14,9; Ab 21 | 30. Is 53,10; Sl 48,14; 71,18; 78,6; 102,19 | **23,**1. Ez 34,1; Jo
10,10s | 2. Ap 7,17 | 3. Is 40,31; Jr 31,25; Pr 4,11; Sl 115,1 | 4. Is 50,10; Jó 10,21s | 5. 22,27 / 63,6 | 6. 27,4 |
24,1. Is 66,1s; Sl 89,12; 1Cor 10,26 | 2. 75,4; Is 42,5 | 3. 15 | 6. 27,8s | 7. 2Sm 6,12-16; Sl 118,19s / Ez 44,2;
Ml 3,1; 1Cor 2,8 | 10. 1Sm 1,3 | **25,**1. 86,4

† **23.** Deus se mostra bondoso para seus fiéis como um pastor e um hospedeiro. | 5. O banquete messi-
ânico, imagem da glória futura, da qual a Eucaristia é a antecipação, o penhor. | **24,**10. Deus é senhor
dos exércitos celestes – os anjos –, das estrelas e dos esquadrões do povo eleito.

Salmos 25-26

Bet em vós me refugio:
que eu não fique frustrado!
Não se alegrem sobre mim meus inimigos!
Guimel ³Não fique envergonhado nenhum dos que em vós esperam;*
fique envergonhado quem é infiel por um nada.
Dalet ⁴Mostrai-me, Javé, vossos caminhos,*
ensinai-me vossas veredas.
Hê ⁵Fazei-me caminhar em vossa verdade e instruí-me,
porque sois o Deus que me salva,
(Waw) e em vós sempre esperei.
Záin ⁶Lembrai-vos, Javé, de vossa misericórdia
e de vosso amor, que são eternos.
Het ⁷*Não* recordeis os pecados de minha juventude*
e minhas transgressões;
lembrai-vos de mim em vossa misericórdia,
por causa de vossa bondade, Javé!
Tet ⁸Bom e reto é Javé,
por isso indica aos pecadores o caminho;
Yod ⁹guia os humildes na justiça,
aos pobres ensina seu caminho.
Kaf ¹⁰Todas as veredas de Javé são amor e verdade*
para quem observa sua aliança e seus preceitos.
Lamed ¹¹Javé, por causa de vosso nome,
perdoai meu pecado, que é grande.
Mem ¹²Qual é o homem que teme a Javé?*
Ele lhe indicará o caminho que deve escolher.
Nun ¹³Sua alma gozará de bem-estar,
sua descendência possuirá a terra.*
Samec ¹⁴A amizade de Javé é para os que o temem,
dá-lhes a conhecer sua aliança.
Áin ¹⁵Tenho os olhos fixos em Javé,*
pois ele livra do laço meus pés.
Pê ¹⁶Voltai-vos para mim, tende piedade,*
porque sou sozinho e infeliz.

Çade ¹⁷Aliviai as angústias de meu coração,
livrai-me de meus tormentos.
(Qof) ¹⁸Vede minha miséria e meu sofrimento,
e perdoai todos os meus pecados.
Resh ¹⁹Olhai meus inimigos: eles são muitos;
e me detestam com ódio violento.
Shin ²⁰Protegei-me, dai-me a salvação;*
que eu não fique envergonhado, pois em vós me refugio.
Taw ²¹Que me guardem a integridade e a retidão,
porque em vós tenho esperado.
²²Ó Deus, livrai Israel de todas as suas angústias.*

26 Oração confiante de um inocente. ¹De Davi.

(25)   Javé, fazei-me justiça,
pois tenho caminhado na retidão.
Confio em Javé, não hei de vacilar.
²Javé, sondai-me e ponde-me à prova,*
testai no fogo meu coração e minha mente.
³Vossa bondade está diante de meus olhos
e em vossa verdade tenho caminhado.
⁴Não vivo em companhia de homens falsos*
nem ando com gente mentirosa.
⁵Detesto o convívio dos maus,*
não fico no meio dos ímpios.
⁶Lavo na inocência minhas mãos*
e andarei ao redor de vosso altar, Javé,
⁷para fazer ressoar ações de graças
e proclamar todas as vossas maravilhas.
⁸Javé, gosto da casa onde morais*
e do lugar onde reside vossa glória.
⁹Não arrasteis minha alma junto com os pecadores,*
nem minha vida com os sanguinários,
¹⁰pois nas mãos deles está a perfídia,
sua mão direita está cheia de subornos.
¹¹Quanto a mim, é reto meu caminho;*
resgatai-me e tende misericórdia.
¹²Meu pé está firme na retidão;
nas assembleias bendirei a Javé.*

---

* **25**,3. 22,6; 40,15s; Is 49,23; 50,7 | 4. 27,11; 86,11; 119,35; 143,8 | 7. Jó 13,26; Is 64,8; 106,4 | 10. 85,10s | 12. Pr 19,23 | 13. 37,9.29; Is 57,13 | 15. 123,1; 141,8s | 16. 86,16; 119,32 | 20. 16,1 | 22. 130,8 | **26**,2. 7,10; 17,3; 139,23 | 4. 119,30 | 5. 1,1 | 6. 73,13; Mt 27,24 | 8. 29,9; 63,3 | 9. 28,3 | 11. 25,16 | 12. 22,23; 40,11; 52,11

27

Confiança em Deus nos perigos. [1]De Davi.

(26) Javé é minha luz e minha salvação;*
de quem terei medo?
É Javé quem defende minha vida;
a quem temerei?
[2]Quando me assaltam os malvados
para devorar-me a carne,*
são eles, os adversários e inimigos,
que tropeçam e caem.
[3]Se contra mim acampa um exército,
meu coração não teme;
se contra mim enfurece a batalha,
mesmo então tenho confiança.
[4]Uma só coisa peço a Javé, só isto desejo:
morar na casa de Javé todos os dias de
minha vida*
para gozar da suavidade de Javé
e contemplar seu santuário.
[5]Ele me dá abrigo em sua tenda*
no dia da desgraça.
Esconde-me em sua morada,*
sobre o rochedo me eleva.
[6]E agora levanto a cabeça
sobre os inimigos que me rodeiam;
imolarei em sua tenda sacrifícios de louvor,
hinos de alegria cantarei a Javé.
[7]Ouvi, Javé, minha voz;
eu clamo, tende piedade de mim! Respondei-me!
[8]De vós meu coração disse: "Buscai minha face".*
Vossa face, Javé, eu busco.
[9]Não me escondais vossa face,
não rejeiteis com ira vosso servo.
Sois meu auxílio, não me deixeis,
não me abandoneis, Deus meu salvador.
[10]Ainda que pai e mãe me abandonem,
Javé me acolhe.*
[11]Mostrai-me, Javé, vosso caminho,*
guiai-me pela reta estrada por causa
de meus inimigos.
[12]Não me entregueis ao arbítrio de
meus adversários;
pois contra mim se levantaram falsas

testemunhas
que só respiram violência.
[13]Tenho certeza de que vou contemplar
a bondade de Javé na terra dos vivos.*
[14]Espera em Javé, sê forte,
anima teu coração e espera em Javé.

28

Súplica e ação de graças. [1]De Davi.

(27) A vós eu clamo, Javé, meu rochedo;
não fiqueis surdo a minha voz.*
Pois, se não me falais,
serei como quem desce à sepultura.
[2]Escutai a voz de minha súplica quando
vos imploro,
quando elevo as mãos* para vosso santuário†.
[3]Não me arrasteis com os ímpios*
e com os que praticam o mal.
Falam de paz com seu próximo,*
mas têm no coração a maldade.
[4]Tratai-os conforme suas obras, Javé,
e segundo a malícia de seus atos.
Pagai-lhes de acordo com suas ações,
dai-lhes o salário merecido.*
[5]Pois não atendem às obras de Javé,
nem ao que fazem suas mãos.
Que ele os destrua e não os reedifique!
[6]Bendito seja Javé*
que ouviu a voz de minha súplica.
[7]Javé é minha força e meu escudo;
meu coração nele confia;
socorreu-me, por isso exulta meu coração,
com meu canto dou-lhe graças.
[8]Javé é a força de seu povo,
o refúgio salvador de seu ungido.
[9]Salvai vosso povo e abençoai vossa
herança,*
guiai-os e para sempre sustentai-os.

29

A voz poderosa de Javé.* [1]Salmo de Davi.

(28) Ofertai a Javé, filhos de Deus,*
ofertai a Javé glória e poder.
[2]Dai a Javé a glória devida a seu nome,
adorai a Javé em sua santa aparição.

---

* **27**,1. 18,29; 36,10; 43,3 | 2. Jó 19,22; Sl 14,4 | 4. 23,6; 42,3 | 5. Ap 7,15s / 31,32; 18,3 | 8. 24,6; 105,4 | 10. Jr 31,20; Os 11,8; Is 49,15 | 11. 86,11; 25,4 | 13. 115,9; 142,6 | **28**,1. 18,3 | 2. 5,8; 134,2; 1Rs 8,48 | 3. 26,9 / 11,3; 55,22; 62,5; Pr 26,24s | 4. Jr 50,29 | 6. 52,7 | 9. 3,9; 29,11; Dt 32,11 | **29**. 18,14; 68,9; 77,17ss; 97,2-6; 144,5s; Êx 19,9; Hab 3 | 1. 96,7s

† **28**,2. Os hebreus e os primeiros cristãos rezavam de pé, com as mãos erguidas; os hebreus, voltados para o templo.

Salmos 29-31

³Eis a voz de Javé sobre as águas!*
O Deus glorioso troveja,
Javé, sobre a imensidão das águas.
⁴Poderosa é a voz de Javé;
é majestosa a voz de Javé.
⁵A voz de Javé quebra os cedros,
Javé quebra os cedros do Líbano.
⁶Faz saltar como um bezerro o Líbano*
e o Sarion, como bois selvagens.
⁷A voz de Javé espalha chamas de fogo;*
⁸a voz de Javé estremece o deserto,
Javé estremece o deserto de Cades.
⁹A voz de Javé retorce os carvalhos
e desnuda as florestas.
E em seu templo todos dizem: "Glória!"
¹⁰Na tempestade tem Javé seu trono,*
Javé se assenta como rei eterno.
¹¹Javé dará força a seu povo,*
Javé abençoará seu povo com a paz.

30

Ação de graças pela liberta-ção da morte. ¹*Salmo de Davi.*
(29) *Cântico para a dedicação do templo.**
²Eu vos exalto, Javé, porque me livrastes
e não deixastes rir de mim meus inimigos.
³Javé, meu Deus, a vós clamei e me curastes.
⁴Javé, me fizestes subir do abismo,
me reanimastes para eu não descer à sepultura.
⁵Cantai hinos a Javé, vós que o amais,*
celebrai seu memorial santo;
⁶porque sua ira dura um instante,
mas sua bondade, por toda a vida.
Se de tarde sobrevém o pranto,
de manhã chega a alegria.
⁷Quando eu era feliz, eu disse:
"Nada me fará vacilar!"
⁸Em vossa bondade, Javé,
me fizestes mais firme que um monte;
mas quando escondestes vosso rosto,*
eu fiquei conturbado.
⁹A vós eu clamo, Javé,

a meu Senhor peço socorro.
¹⁰Que proveito tendes se eu morro,
se baixo à sepultura?
Acaso o pó vos poderá louvar*
e proclamar vossa fidelidade?†
¹¹Atendei, Javé, tende piedade,
Javé, vinde em meu auxílio.
¹²Mudastes em alegria meu lamento,
minha veste de luto em roupa de festa,*
¹³para que meu coração vos cante sem cessar.
Javé, meu Deus, eu vos louvarei para sempre.

31

Súplica de um aflito. ¹*Ao regente do coro. Salmo de Davi.*
(30) ²Em vós, Javé, me refugiei,*
não seja eu jamais envergonhado;
por vossa justiça livrai-me!
³Inclinai para mim vosso ouvido,
vinde depressa libertar-me.
Sede para mim um rochedo protetor,*
a fortaleza que me salva.
⁴Porque sois minha rocha e meu baluarte,
por vosso nome me conduzis e me guiais.
⁵Livrai-me do laço que me armaram,
porque sois meu protetor.
⁶Em vossas mãos entrego meu espírito;
vós me remistes, Javé, Deus fiel.*
⁷Odiais os que seguem ídolos vãos;
quanto a mim, é em Javé que espero.
⁸Eu me alegrarei e exultarei por vosso amor,
porque olhastes para minha miséria,
e as angústias de minha alma compreendestes.
⁹Não me entregastes às mãos do inimigo,
mas pusestes meus pés em lugar seguro.
¹⁰Piedade de mim, Javé, pois me sinto angustiado;*
definham de tristeza meus olhos, meu corpo e minha alma.

---

* **29**,3. 77,19; 104,7; Is 30,30; Ez 10,5 | 6. 114,4 | 7. Hab 3,11 | 10. Gn 6-9; Is 54,9 | 11. Dn 7,27 | **30**,1. Esd 6,16; 1Mc 4,36s | **30**,5. 7,18; 97,12; Is 54,7s; Jó 14,13; Sl 17,15 | 8. 104,29 | 10. Is 38,18; Sl 6,6; 88,11s | 12. Jr 31,13; Is 61,3; Sl 126; Est 9,22 | **31**,2. 71,1s | 3. 18,3; 71,3 | 6. Lc 23,46; At 7,59 | 10. 35; 38; 69; 71

† **30**,10. Ver a nota em Sl 6,6. A vida no além-túmulo era imaginada como uma vida de sombras, num total esquecimento de Deus.

Salmos 31-32

¹¹Sim, na dor se gasta minha vida,
e meus anos entre gemidos;
por causa de minha culpa decaiu meu vigor,
e meus ossos se consomem.*
¹²De todos os meus adversários tornei-
-me o opróbrio,
alvo de zombaria para meus vizinhos,
um terror para meus conhecidos:*
quem me vê pela rua foge de mim.
¹³Caí no esquecimento como um morto;
sou como um vaso quebrado.
¹⁴Pois ouvi a calúnia de muitos;*
terror por todos os lados.
Reuniram-se contra mim,
tramando acabar com minha vida.
¹⁵Mas eu em vós espero, Javé,
repito: sois vós meu Deus.
¹⁶Na vossa mão está meu destino;
livrai-me de meus inimigos e dos que me perseguem.
¹⁷Sobre vosso servo fazei brilhar vossa face,
salvai-me por vossa misericórdia.
¹⁸Javé, não seja eu confundido, pois vos invoquei;
confundidos sejam os ímpios,
desçam mudos ao abismo.
¹⁹Emudeçam as bocas mentirosas,
que falam contra o justo com insolência,
com soberba e desprezo.
²⁰Como é grande vossa bondade,
que reservastes aos que vos temem,
que demonstrais aos que em vós se refugiam
diante dos filhos dos homens!
²¹Sob o abrigo de vossa face os defendeis,
longe das intrigas humanas;
sob a tenda os protegeis,*
longe das línguas maldosas.*
²²Bendito seja Javé
que engrandeceu sua misericórdia para comigo
numa cidade fortificada.
²³Em minha prostração eu dizia:
"De vossa presença fui expulso".*

Mas ouvistes a voz de minha súplica,
quando por vós clamei.
²⁴Amai a Javé, vós todos, seus santos!*
Javé defende seus fiéis,
mas trata com rigor os que agem com soberba.
²⁵Tende coragem e um coração firme,
vós todos que esperais em Javé.

32 Ação de graças pelo perdão dos pecados*. ¹*Poema de*
(31) *Davi.*

Feliz aquele a quem foi cancelada a culpa
e foi perdoado o pecado.
²Feliz o homem ao qual Javé não atribui iniquidade*
e em cujo espírito não há engano.
³Enquanto eu me calava,
meus ossos consumiam-se,*
eu gemia o dia inteiro.
⁴Pois dia e noite sobre mim pesava vossa mão,
e meu vigor transformou-se em seca de verão.
⁵Revelei-vos meu pecado,*
meu erro não escondi.
Eu disse: "Confessarei a Javé minhas culpas",
e vós perdoastes a malícia de meu pecado.*
⁶Por isso a vós suplica todo fiel no tempo oportuno.
Quando irrompem grandes águas, não o poderão atingir†.
⁷Vós sois meu refúgio, da angústia me guardais,
com cantos de libertação me rodeais.
⁸"Vou instruir-te, vou indicar-te o caminho a seguir;
com os olhos sobre ti, eu te darei conselho.*
⁹Não sejas como o cavalo ou o jumento sem inteligência
que se dominam com freio e rédea,
de outra forma, de ti não se aproximam".
¹⁰Serão muitas as dores do ímpio,

---

* **31**,11. 6,3 | 12. Jó 19,13-19; 38,12 | 14. Jr 20,10; Sl 41,6 | 21. 37,5 / Ap 7,15s; Jó 5,21; Sl 109,3 | 23. 60,11; Is 26,1 | 24. 37,34s | **32**. Os 14,3; Is 1,18; Pr 28,13; Tg 5,16; 1Jo 1,9 | 2. Rm 4,7s | 3. 31,11 | 5. Jó 31,33; Sl 51,5 / 51,3s | 8. 33,18
† **32**,6. As grandes águas simbolizam calamidades ou graves perigos.

Salmos 32-34

662

mas a graça envolve quem confia em Javé.

¹¹Alegrai-vos em Javé e exultai, ó justos;*

jubilai, vós todos, retos de coração!

33
Hino à providência divina.
¹Exultai, ó justos, em Javé;
(32)   aos homens retos convém louvá-lo.

²Louvai a Javé com a cítara,*
com a harpa de dez cordas cantai-lhe.

³Entoai-lhe um cântico novo,*
salmodiai com arte e aclamai.

⁴Pois reta é a palavra de Javé,
e fidelidade toda a sua obra.*

⁵Ele ama a justiça e o direito†;
da misericórdia de Javé a terra está cheia.

⁶Pela palavra de Javé foram feitos os céus,*
e todo o seu exército, pelo sopro de sua boca.*

⁷Como num odre ajunta as águas do mar,
encerra em comportas os oceanos.*

⁸Tema a Javé toda a terra,*
tremam diante dele todos os habitantes do mundo;

⁹pois ele falou e a criação se fez,
deu uma ordem e ela existiu.*

¹⁰Javé anula os projetos das nações,
frustra os intentos dos povos.

¹¹Mas o plano de Javé perdura para sempre,*
os desígnios de seu coração, por todas as gerações.

¹²Feliz a nação que tem Javé como Deus,*
o povo que escolheu por sua herança.

¹³Do céu Javé está olhando,*
ele vê a humanidade inteira.

¹⁴Do lugar onde mora observa
todos os habitantes da terra.

¹⁵Foi ele que lhes formou o coração,*
ele discerne tudo o que fazem.

¹⁶O rei não se salva por um forte exército,
nem o herói por seu grande vigor.

¹⁷O cavalo não garante a vitória,*
com toda a sua força não pode salvar.

¹⁸O olhar de Javé está sobre os que o temem,*
sobre os que esperam em seu amor,

¹⁹para da morte livrá-los
e conservar-lhes a vida em tempo de fome.

²⁰Nossa alma espera em Javé,
é ele nosso auxílio e nosso escudo.*

²¹Nele se alegra nosso coração,
porque confiamos em seu santo nome.

²²Javé, esteja sobre nós vossa misericórdia,*
do modo como esperamos em vós.

34
Javé, protetor dos justos. ¹*De Davi, quando se fingiu de doido diante de Abimelec e, expulso por ele, retirou-se.*
(33)

Alef ²Bendirei a Javé em todo o tempo,
seu louvor estará sempre em minha boca.

Bet ³Em Javé se gloria minha alma,
ouçam os humildes e se alegrem.

Guimel ⁴Celebrai comigo a Javé,
exaltemos juntos seu nome.

Dalet ⁵Busquei a Javé, e ele me respondeu
e de todos os meus temores me livrou.

Hê ⁶Olhai para ele e sereis iluminados,
vossas faces não ficarão envergonhadas.

Záin ⁷Este pobre clamou e Javé o ouviu:
de todas as suas angústias o livrou.

Het ⁸O anjo de Javé acampa*
em volta dos que o temem e os salva.

Tet ⁹Provai e vede como é bom Javé;*
feliz o homem que nele se abriga.

Yod ¹⁰Temei a Javé, vós, seus fiéis,
pois nada falta aos que o temem†.

Kaf ¹¹Os ricos empobrecem, passam fome,
mas nada falta a quem busca Javé.

---

* **32**,11. 33,1 | **33**,2. 32,11; 92,2; 147,1 | 3. 92,4; 144,9 | 4. 89,15 | 6. 119,64 / Gn 2,1 | 7. Gn 1,9s; Jó 38,8-11.22 | 8. Êx 15,8; Sl 78,13 | 9. Gn 1,3s; Is 48,13; Sl 148,5 | 11. Is 40,8; 46,10 | 12. 144,15; Êx 19,6 | 13. Jó 34,21 | 15. Zc 12,1; Sl 94,9ss; 139,1-16 | 17. Os 1,7 | 18. 32,8; 34,16 | 20. 115,9s | 22. 90,17 | **34**,8. Êx 14,19 | 9. 1Pd 2,3 / Sl 2,12

† **33**,5. Justiça e direito significam a obediência aos mandamentos de Deus. | **34**,10. O temor de Deus consiste em reconhecer a supremacia de Deus sobre a própria vida e exprimir esse reconhecimento fazendo Sua vontade e adorando-o.

663 Salmos 34-35

Lamed [12]Vinde, filhos, escutai-me:*
eu vos ensinarei o temor de Javé.
Mem [13]Quem é que ama a vida*
e deseja longos dias para saborear o
bem?
Nun [14]Preserva tua língua do mal,
e teus lábios de palavras mentirosas.
Samec [15]Evita o mal e faze o bem,*
busca a paz e persegue-a.*
Áin [16]Os olhos de Javé estão voltados
para os justos,
seus ouvidos estão atentos a seu grito
de socorro.
Pê [17]Javé afasta seu rosto dos maus,
para cancelar da terra a lembrança deles.
Çade [18]Clamam os justos e Javé os
ouve,
e os livra de todas as suas angústias.
Qof [19]Javé está perto dos que têm o coração ferido,*
e salva os de ânimo abatido.*
Resh [20]Muitas são as aflições do justo,
mas de todas Javé o livra.
Shin [21]Preserva todos os seus ossos,
nem um só deles se quebrará.*
Taw [22]A malícia mata o ímpio,
e quem odeia o justo será punido.
[23]Javé resgata a vida de seus servos;
dos que nele confiam nenhum será punido.

35

**Invocação contra os perse-
guidores.** [1]*De Davi.*
(34) Javé, julgai os que me acusam,
combatei os que me combatem.
[2]Empunhai o escudo e a couraça
e levantai-vos para me defender.
[3]Vibrai a lança e o dardo
contra meus perseguidores.
Dizei a minha alma: "Sou eu tua salvação".*
[4]Sejam confundidos e cobertos de vergonha*
os que ameaçam minha vida;
voltem para trás e sejam envergonhados
os que tramam minha ruína.
[5]Sejam como a palha diante do vento,*
quando o anjo de Javé os expulsar.

[6]Seja escura e escorregadia sua estrada,
e que o anjo de Javé os persiga.
[7]Pois sem motivo me armaram seu laço,
sem razão cavaram uma fossa para
mim.
[8]Venha sobre eles a ruína de repente,*
e que os prenda a rede que armaram;
nela caiam para sua ruína.
[9]Mas minha alma se alegre em Javé,
exulte com sua salvação.
[10]Digam todos os meus ossos:*
"Javé, quem é semelhante a vós,
que livrais do mais forte o indefeso,
o pobre e o desvalido, de quem os explora?"
[11]Levantam-se testemunhas mentirosas,*
querem saber de mim o que não sei.
[12]Pagam-me o bem com o mal,*
desolação para minha alma.
[13]Eu, porém, quando eles adoeciam,
vestia-me de saco, com jejum me afligia,
e ecoava em meu peito minha súplica.
[14]Como por um amigo, ou por um irmão, me angustiava,
como quem está de luto pela mãe, eu
andava curvado.
[15]Mas agora que estou sofrendo,
eles se alegram e se reúnem,
contra mim se reúnem para ferir-me
sem que eu o saiba;
dilaceram-me sem trégua.
[16]Atacam-me, zombam de mim,
rangem os dentes contra mim.
[17]Senhor, até quando ficareis olhando?
Livrai minha alma da violência deles,
e desses leões minha única vida!*
[18]Eu vos darei graças na grande assembleia*
e vos louvarei no meio de um povo numeroso.
[19]Não riam de mim meus inimigos gratuitos,*
nem pisquem os olhos os que me
odeiam sem razão.*
[20]Pois eles não falam de paz,*
mas contra os mansos da terra tramam
intrigas.

---

* **34**,12. Pr 1,8; 4,1 | 13. 1Pd 3,10ss | 15. 37,27 / Mt 5,9 | 19. 51,19 / Mt 11,29s | 21. Jo 19,36 | **35**,3. 27,1 |
4. 71,13; 40,15 | 5. 1,4; 83,13 / 34,8; Jr 23,12 | 8. Is 47,11 | 10. 51,10; 85,8 | 11. 26,12; Mt 26,59s | 12.
38,21; 109,5 | 17. 17,12; 22,21s | 18. 22,23 | 19. 38,17 / 69,5 | 20. 120,6s

Salmos 35-37

²¹Contra mim escancaram a boca e dizem:
"Ah! Ah! vimos com nossos olhos!"*
²²Vistes, Javé, não fiqueis mudo!
Senhor, não fiqueis longe de mim!*
²³Despertai e levantai-vos para defender-me,
meu Deus e meu Senhor, defendei minha causa!
²⁴Julgai-me segundo vossa justiça,
Javé meu Deus; que não se riam de mim.
²⁵Que não possam dizer entre si:*
"Ah! é isto que queríamos!"
nem digam: "Nós o devoramos".
²⁶Fiquem confusos todos juntos e cobertos de ignomínia
os que se alegram com meus males;
sejam cobertos de confusão e de opróbrio
os que se elevam contra mim.
²⁷Exultem e rejubilem
os que se alegram com minha justiça
e possam dizer sempre: "Seja exaltado Javé*
que zela pela paz de seu servo".
²⁸E minha língua proclamará vossa justiça
e vosso louvor todo dia.

36 Maldade humana e bondade divina. ¹Ao regente do coro. De (35) Davi, servo de Javé.

²No coração do ímpio fala o pecado;
não há temor de Deus ante seus olhos.*
³Porque adula a si próprio,
não pode descobrir e detestar seu erro.
⁴Suas palavras são maldade e engano,
deixou de entender e de fazer o bem.
⁵Trama em seu leito a maldade,*
obstina-se no caminho que não serve,
não quer rejeitar o mal.
⁶Javé, vossa misericórdia chega até o céu,*
e até as nuvens, vossa fidelidade.
⁷Vossa justiça é como os montes mais altos,

vossos juízos, como o grande abismo:
por eles salvais os homens, Javé.
⁸Como é preciosa vossa misericórdia, ó Deus!
Por isso os filhos dos homens se refugiam*
à sombra de vossas asas.
⁹Da abundância de vossa casa eles se fartam;*
da torrente de vossas delícias lhes dais de beber.
¹⁰Pois em vós está a fonte da vida;*
em vossa luz vemos a luz†.
¹¹Estendei vossa misericórdia aos que vos conhecem
e vossa justiça aos retos de coração.
¹²Que o pé dos soberbos não me alcance
e que a mão dos ímpios não me expulse.
¹³Caíram os que cometem o pecado,
abatidos, não podem levantar-se.

37 A sorte dos bons e a dos maus†. ¹De Davi. (36) Alef Não te irrites por causa dos maus*

nem invejes os malfeitores.
²Porque logo serão cortados como a relva
e como o mato verde vão secar.
Bet ³Espera em Javé e faze o bem:
habitarás na terra e viverás seguro.
⁴Põe em Javé tuas delícias,
e ele te dará o que teu coração deseja.
Guimel ⁵Entrega a Javé teu futuro,*
espera nele, que ele vai agir.
⁶Fará brilhar como a luz tua justiça
e teu direito como o meio-dia.*
Dalet ⁷Descansa em Javé e nele espera.
Não te irrites por causa dos que prosperam em seu caminho
e executam seus maus intentos.
Hê ⁸Desiste da ira, renuncia ao furor,
não te irrites, o que é de certo um mal.
⁹Pois os malfeitores serão exterminados,
mas herdarão a terra os que esperam em Javé.*

---

* **35**,21. Lm 2,16 | 22. 38,22 | 25. 40,16; Ez 25,3; 26,2 | 27. 40,17 | **36**,2. Rm 3,18 | 5. Mq 2,1 | 6. 57,11; 71,19 | 8. 17,8 | 9. 63,6 | 10. 16,11; 46,5 | **37**,1. Pr 23,17; 24,1.19; Ml 2,17; Sl 90,6; 103,15; Is 40,7 | 5. Pr 3,5 | 6. Is 58,10; Sb 5,6 | 9. 25,13

† **36**,10. A luz do olhar de Deus ilumina os olhos de nosso coração e ensina-nos a ver tudo na luz de Sua verdade e de Sua misericórdia com todos. | **37**. Por que os maus, em vez de receber castigos, levam uma vida feliz? O salmista responde que é uma felicidade passageira, como passageira é a provação do justo.

Salmos 37

Waw ¹⁰Daqui a pouco não existirá o ímpio;
olharás para seu lugar e não o encontrarás.
¹¹Mas os humildes herdarão* a terra†
e gozarão de uma paz imensa.
Záin ¹²O ímpio trama contra o justo
e range os dentes contra ele.
¹³Dele se ri o Senhor,
pois vê chegar seu dia.
Het ¹⁴Os maus puxam a espada e armam o arco
para abater o pobre e o necessitado,
para matar os de reta conduta.
¹⁵Mas sua espada penetrará em seu próprio coração,
seus arcos serão quebrados.
Tet ¹⁶Mais vale o pouco que tem o justo*
do que as riquezas de muitos ímpios.
¹⁷Pois os braços dos ímpios se quebrarão,
mas Javé confirma os justos.
Yod ¹⁸Javé conhece os dias dos inocentes,
eterna será a herança deles.
¹⁹No tempo do infortúnio não serão confundidos
e nos dias de fome serão saciados.
Kaf ²⁰Os ímpios, porém, morrerão,
os inimigos de Javé como os prados
mais belos vão secar
e desaparecer como a fumaça.
Lamed ²¹O ímpio toma emprestado e não devolve,
mas o justo tem piedade e doa.
²²Pois os que Javé abençoa possuirão a terra,
mas serão exterminados os que ele amaldiçoa.
Mem ²³Javé firma os passos do homem,*
e seu caminho lhe agrada.
²⁴Se ele cair, não ficará prostrado,
pois Javé o segura pela mão.
Nun ²⁵Fui jovem e agora sou idoso:
mas nunca vi um justo abandonado

nem um descendente seu mendigando pão.
²⁶Sempre se compadece e empresta,
e sua posteridade é abençoada.
Samec ²⁷Foge do mal e faze o bem*
e terás uma morada para sempre.
²⁸Pois Javé ama a justiça
e não abandona seus fiéis.
Áin Os maus serão destruídos para sempre,
a descendência dos ímpios será eliminada.
²⁹Os justos possuirão a terra
e nela para sempre habitarão.
Pê ³⁰A boca do justo fala a sabedoria,
sua língua diz o que é justo†.
³¹A lei de seu Deus está em seu coração,*
não vacilarão seus passos.
Çade ³²O malvado espreita o justo
e busca um modo de o matar.
³³Javé não abandona o justo na mão do ímpio,
não deixa que seja condenado no julgamento.
Qof ³⁴Espera em Javé e guarda seu caminho.
Ele te exaltará, para herdares a terra;
verás o extermínio dos ímpios.
Resh ³⁵Eu vi o ímpio em sua arrogância*
crescendo como um cedro frondoso†;
³⁶passei depois e não estava mais lá,
procurei-o e não o encontrei.
Shin ³⁷Observa o justo e vê o homem reto,
pois o homem de paz terá uma descendência.*
³⁸Mas os rebeldes serão todos aniquilados,
a posteridade dos maus será exterminada.
Taw ³⁹A salvação dos justos vem de Javé,
é ele seu protetor no tempo da angústia.
⁴⁰Javé os ajuda e os livra,*
livra-os dos ímpios e os salva,
porque nele buscam refúgio.

---

* **37**,11. Mt 5,4 | 16. Pr 15,16; 16,8 | 23. Pr 20,24 | 27. 34,15 | 31. Dt 6,3.6; Jr 31,33 | 35. Jó 20,6s; Is 2,13; 14,13; Ez 31,10 | 37. Pr 23,18; 24,14 | 40. 9,10

† **37**,11. Os humildes, em hebraico "anawim", são as pessoas simples, que não possuem riquezas nas quais confiar, mas colocam em Deus sua esperança, conscientes de que dependem dele. | 30. Justiça e sabedoria se equivalem: o sábio tem um comportamento de fidelidade e transparência. | 35. Na Bíblia o cedro pode simbolizar o orgulhoso, Is 2,13.

Salmos 38-39

38
Dor pelo pecado. [1]*Salmo de Davi. Para comemorar.*

(37) [2]Javé, não queirais repreender-me em vossa ira,*
nem castigar-me em vosso furor.
[3]Porque vossas flechas me atingiram
e sobre mim se abateu vossa mão.*
[4]Por causa de vossa ira nada em mim
é são,*
não há saúde em meus ossos por causa
de meu pecado.
[5]Minhas culpas ultrapassam minha cabeça,
como uma carga pesada excedem minhas forças.*
[6]São fétidas e purulentas minhas chagas
por causa de minha loucura.
[7]Estou encurvado e muito abatido,
ando triste o dia inteiro.
[8]Porque meus rins estão cheios de ardor,
em meu corpo nada há de sadio.
[9]Estou sem forças e muito alquebrado,
meu coração transtornado me faz gemer.*
[10]Senhor, diante de vós está todo o
meu desejo,
e meu gemido não vos é oculto.
[11]Meu coração se agita, o vigor me
abandona,*
apaga-se a luz de meus olhos.
[12]Amigos e companheiros
fogem à vista de minhas chagas,*
meus parentes se mantêm à distância.
[13]Armam laços os que tramam contra
minha vida,
os que buscam minha ruína me ameaçam
e imaginam astúcias o dia todo.*
[14]Mas eu, como um surdo, não escuto,
como um mudo, não abro a boca.*
[15]Sou como quem não ouve nem tem
resposta.
[16]Pois em vós espero, Javé,
vós me respondereis, Senhor meu
Deus.
[17]Porque eu disse: "Não permitais que
se alegrem de mim*

e contra mim se ensoberbeçam,
quando meu pé vacila".
[18]Pois estou prestes a cair
e tenho sempre ante os olhos minha
dor.
[19]Confesso minha culpa,*
ânsias me provoca meu pecado.
[20]Meus inimigos estão vivos e são fortes,
são muitos os que me odeiam sem motivo;
[21]pagam-me o bem com o mal,
são meus adversários porque sigo o
que é bom.*
[22]Não me abandoneis, Javé;*
meu Deus, não fiqueis longe de mim.*
[23]Vinde depressa em meu auxílio,*
Senhor, minha salvação!

39
Pedido de sabedoria e de perdão. [1]*Ao regente do coro.*

(38) *Para Iditun. Salmo de Davi.*
[2]Eu decidi: "Vou controlar meus caminhos
para não pecar com a língua;
vou pôr um freio a minha boca
enquanto o malvado estiver a minha
frente".
[3]Fiquei mudo, em silêncio,
calei-me, mas sem resultado.
E minha dor se agravou.*
[4]Ardia meu coração dentro de mim:
um fogo interior me consumia.
Então falei com minha língua:
[5]"Dai-me a conhecer, Javé, meu fim,
qual seja a extensão de meus dias.
Quero saber como sou frágil.*
[6]Em poucos palmos fixastes meus
dias,*
e a duração de minha vida
é um nada a vossos olhos.
É apenas um sopro todo ser humano!
[7]O homem passa como sombra,*
em vão se inquieta.
Acumula riquezas e não sabe quem as
recolherá.
[8]E agora, que posso esperar, Senhor?
Em vós está minha esperança.
[9]Livrai-me de todas as minhas culpas;

---

* **38**,2. 6,2 | 3. Lm 3,12; Jó 6,4 | 4. Is 1,5s | 5. Esd 9,6 | 9. 102,4ss | 11. 6,8; 31,11; 88,7 | 12. Jó 12,4s; 19,13-19; Sl 31,12; 41,6-10; 88,9 | 13. 35,20 | 14. Is 53,7 | 17. 13,5; 35,19 | 19. 51,5; 32,5 | 21. 109,3ss | 22. 109,3ss; 35,12 / 35,22; 22,12 | 23. 40,14.18 | **39**,3. 37,1 | 5. 89,48 | 6. Jó 7,6.16; 14,1-5; Sl 73,20; 90,9s | 7. 62,10; 94,11; Is 40,7; Ecl 2,22; 6,2

667 Salmos 39-40

não façais de mim o opróbrio do insensato.
¹⁰Calo-me, não abro a boca,
pois sois vós que o fizestes.
¹¹Afastai de mim vosso flagelo;
pelos golpes de vossa mão estou no
fim.
¹²Castigando o erro, corrigis o homem,
e como a traça destruís tudo o que lhe
é caro.
Sim, como um sopro é todo ser humano.
¹³Escutai minha prece, Javé,
e prestai ouvidos a meu grito;
diante de minhas lágrimas não fiqueis
mudo.
Pois sou diante de vós um peregrino,
um forasteiro como todos os meus
pais.
¹⁴Afastai de mim vosso olhar para que
eu tome alento,*
antes que eu me vá e não exista mais.

40

**Ação de graças e pedido de
auxílio.** ¹*Ao regente do coro.
Salmo de Davi.*

(39) ²Esperei firmemente em Javé
e ele se inclinou para mim,
atendendo minha súplica.
³Tirou-me da fossa da morte, do barro
do pântano,*
colocou meus pés sobre a rocha,
deu segurança a meus passos.
⁴Fez-me cantar um canto novo,
um louvor a nosso Deus.
Muitos vão ver e temer, e confiarão em
Javé.*
⁵Feliz quem põe em Javé sua esperança
e não se volta para os soberbos,*
nem para os que seguem a mentira.
⁶Quantos prodígios fizestes, Javé, meu
Deus,*
quantos projetos em nosso favor!
Ninguém a vós se pode comparar.
Quero anunciá-los e proclamá-los,
mas são demais para serem contados.
⁷Não quisestes sacrifício nem oferta,*
mas abristes meus ouvidos†.

Não pedistes holocausto nem vítima
expiatória.
⁸Então eu disse: "Eis que venho.*
No rolo do livro está escrito a meu respeito
⁹que eu cumpra vossa vontade.
Meu Deus, é isto que desejo,*
vossa lei está dentro de meu coração".
¹⁰Anunciei a justiça na grande assembleia;*
não cerrei meus lábios, Javé, vós o sabeis.
¹¹Não ocultei vossa justiça no fundo do
coração,
proclamei vossa fidelidade e vossa salvação.
Não escondi da grande assembleia
vossa misericórdia e vossa fidelidade.
¹²Javé, não me recuseis vossa misericórdia,
vosso amor e vossa fidelidade me
guardem sempre.*
¹³Pois me rodeiam males sem número,
minhas culpas me oprimem e me impedem a vista.*
São mais que os cabelos de minha cabeça;*
meu coração desfalece.
¹⁴Dignai-vos, Javé, libertar-me;*
vinde depressa, Javé, em meu socorro.
¹⁵Que todos juntos fiquem confusos e
envergonhados
os que buscam tirar-me a vida;*
caiam para trás e fiquem cobertos de
ignomínia*
os que desejam minha ruína.
¹⁶Fiquem consternados por sua ignomínia
os que me dizem: "Bem feito!"
¹⁷Exultem e se alegrem em vós
todos os que vos buscam;
digam sempre: "Javé é grande!"*
os que desejam vossa salvação.
¹⁸Eu porém sou pobre e infeliz,
mas o Senhor cuida de mim.
Vós sois meu auxílio e meu libertador;
Meu Deus, não tardeis.

---

* **39**,14. 119,19; Jó 7,19; 14,6 | **40**,3. 18,5; 69,2s.15s; Jr 38,6 | 4. 52,8; Is 41,5 | 5. Jr 17,7; Sl 1,1 | 6. 139,17s;
Dt 4,34; Sl 35,10 | 7. Hb 10,5ss; Is 50,5 | 8. Am 5,21; Sl 50,7-15; 51,18s; 69,31s | 9. 37,31 | 10. 22,23; 35,18;
149,1 | 12. 89,34 | 13. 38,5; 6,8; 38,11 / 69,5 | 14. 70,2 | 15. 71,13 | 16. 35,20-25 | 17. 35,27; 69,7; 104,1

† **40**,7. Para compreender e aceitar o ensinamento de Deus, Is 50,4s; Lc 24,45. A tradução grega entendeu: "vós me formastes um corpo", leitura adotada pela Carta aos Hebreus, 10,5ss, que viu aí uma
alusão à encarnação do Verbo.

Salmos 41-43

41
(40)

Oração de um doente. [1]*Ao regente do coro. Salmo de Davi.*

[2]Feliz o homem que cuida do pobre,*
no dia do infortúnio Javé o libertará.
[3]Velará sobre ele Javé,
e o fará viver feliz sobre a terra,
e não o entregará às mãos dos inimigos.
[4]Javé o sustentará no leito da dor
e lhe dará alívio em sua doença.
[5]Eu disse: "Piedade de mim, Javé;
curai-me, porque pequei contra vós".
[6]Meus inimigos me desejam o mal:*
"Quando é que morrerá
e será cancelado seu nome?"
[7]Quem vem visitar-me diz mentira,
seu coração acumula maldade*
e, saindo, fala mal.
[8]Juntos murmuram contra mim todos
os que me odeiam,
prevendo o mal para mim:
[9]"Uma doença ruim caiu sobre ele,
de onde está deitado não se levantará".
[10]Até meu amigo íntimo, em quem eu
confiava,*
aquele que comia de meu pão,
levanta contra mim seu calcanhar.
[11]Mas vós, Javé, de mim tende piedade,
fazei que eu me levante, e lhes darei
a paga.
[12]Nisso reconhecerei que me amais:
se não triunfar de mim meu inimigo.
[13]Por minha integridade me sustentais
e me pondes em vossa presença para
sempre.
[14]Seja bendito Javé, Deus de Israel,*
desde sempre e para sempre. Amém,
amém.

II. LIVRO SEGUNDO
(42 [41] – 72 [71])

42-43
(41-42)

Desejo de Deus e de seu templo[†]**.** [1]*Ao regente do coro. Poema. Dos filhos de Coré.*

[2]Como a corça deseja as águas correntes,*
assim minha alma anseia por vós, ó Deus.
[3]Minha alma tem sede de Deus, do
Deus vivo:*
quando hei de ir ver a face de Deus?
[4]As lágrimas são meu pão dia e noite,
enquanto me repetem o dia inteiro:
"Onde está teu Deus?"*
[5]Disto me lembro, e meu coração se
aflige:*
através da multidão eu caminhava entre os primeiros,*
rumo à casa de Deus,
entre cantos de alegria e de louvor
de uma multidão em festa.
[6]Por que estás triste, minha alma?
Por que gemes dentro de mim?
Espera em Deus, pois ainda o louvarei,
a ele, que é meu salvador e meu Deus.*
[7]Dentro de mim se entristece minha
alma;
então me lembro de vós na terra do
Jordão e do Hermon
e no monte Misar.*
[8]Um abismo chama outro abismo,*
ao fragor de vossas cascatas;
todas as vossas vagas e ondas passaram sobre mim.*
[9]De dia Javé me concede sua misericórdia,
de noite elevo a ele meu canto,
uma oração ao Deus de minha vida.
[10]Digo a Deus, meu rochedo: "Por que
me esquecestes?
Por que ando triste, oprimido pelo inimigo?"*
[11]Quebram-se meus ossos
quando me insultam meus adversários,
repetindo o dia inteiro:
"Onde está teu Deus?"
[12]Por que estás triste, minha alma?
por que gemes dentro de mim?
Espera em Deus, pois ainda o louvarei,
a ele, que é meu salvador e meu Deus.

43

[1]Fazei-me justiça, ó Deus,
defendei minha causa contra
o povo infiel;

---

* **41**,2. Pr 14,21; Tb 4,7-11 | 6. Jr 20,10; Sl 31,12ss; 38,12s; 88,9 | 7. Jó 19,13-19 | 10. 55,14; Jo 13,18 | 14.
Ne 9,5; Dn 2,20 | **42**,2. Jo 4,1; Is 26,9; Sl 63,2; 84,3 | 3. 36,9s; 27,4 | 4. Mq 7,10 | 5. Ml 2,17; Sl 79,10 / Lm
3,20; Sl 27,4s | 6. 6,5 | 7. 43,3; 68,17 | 8. Jn 2,4 / Sl 32,6; 69,3; 88,8 | 10. 18,3

† **42**. Dois salmos que propriamente formam um só pelo tema, estrutura e refrão.

669 Salmos 43-44

livrai-me de quem é iníquo e enganador.
²Pois vós sois, ó Deus, minha fortaleza;
por que me rejeitais?
Por que devo andar triste, oprimido
pelo inimigo?
³Enviai vossa luz e vossa verdade*
para que me guiem e me conduzam
a vosso monte santo, a vossa morada.
⁴Irei ao altar de Deus,
ao Deus que é minha alegria e meu júbilo;
e vos louvarei ao som da harpa, Deus,
meu Deus.*
⁵Por que estás triste, minha alma?
Por que gemes dentro de mim?
Espera em Deus, pois ainda o louvarei,
a ele, que é meu salvador e meu Deus.

44 Elegia nacional*. ¹Ao regente do coro. Poema dos filhos de (43) Coré.

²Deus, com nossos ouvidos ouvimos;*
nossos pais nos contaram
as obras que fizestes em seu tempo,
nos dias de outrora.
³Com vossa mão expulsastes nações
para plantá-los,*
afligistes povos para dar-lhes lugar.
⁴Pois não foi com a espada que tomaram a terra*
nem foi o braço deles que lhes deu a
vitória.
Mas foi vossa mão direita, vosso braço,*
e o esplendor de vosso rosto†, porque
os amastes.
⁵Éreis vós, meu rei e meu Deus,
que decidíeis as vitórias de Jacó.
⁶Convosco vencíamos nossos inimigos,
com vosso nome pisávamos nossos
adversários.*
⁷De fato, não confio em meu arco
e não é minha espada que me salva.
⁸Mas vós nos salvastes de nossos inimigos,
humilhastes os que nos odiavam.
⁹Em Deus nos gloriávamos todo dia,
e vosso nome louvávamos para sempre.

¹⁰Porém nos rejeitastes, cobrindo-nos
de vergonha;*
já não saís à frente de nossas fileiras.
¹¹Diante do inimigo nos fizestes recuar,*
e os que nos odeiam pilharam nossos
bens.
¹²Como ovelhas para o corte nos entregastes*
e nos dispersastes entre as nações.
¹³Vendestes vosso povo por um nada,
e nada lucrastes com seu preço.
¹⁴Fizestes de nós um ludíbrio para nossos vizinhos,*
alvo de zombaria e de desdém para os
que nos rodeiam.
¹⁵Fizestes de nós uma fábula no meio
das nações,
um motivo de se menear a cabeça entre os povos.
¹⁶Minha desonra está a minha frente o
dia todo,
de confusão se cobre meu rosto
¹⁷ao ouvir aquele que ultraja e insulta,
à vista do inimigo e do vingador.
¹⁸Tudo isso nos aconteceu,
sem que nos tenhamos esquecido de
vós
nem traído vossa aliança.
¹⁹Nosso coração não voltou para trás,
nem se desviaram de vosso caminho
nossos passos.
²⁰Vós nos humilhastes num lugar de
chacais*
e estendestes sobre nós a sombra da
morte.
²¹Se tivéssemos esquecido o nome de
nosso Deus
e estendido as mãos para um deus estrangeiro,
²²não teria Deus descoberto o fato,
já que ele conhece os segredos do coração?
²³Sim, por vossa causa somos entregues à morte todo dia*
e somos tratados como gado de corte.
²⁴Levantai-vos, por que dormis, Senhor?*

---

* **43**,3. 57,4 | 4. 63,6; 81,3; 108,3 | **44**. Is 63,7-64,11; Sl 74; 79; 80 | 2. 2Sm 7,22s; Sl 78,3 | 3. 78,55 | 4. Dt 8,17s; Js 24,12; Os 1,7 / Sl 4,7 | 6. 60,14 | 10. 60,12; 68,8 | 11. Lv 26,17; Dt 28,25 | 12. Lv 26,33; Dt 28,64; 32,30; Is 52,3 | 14. 79,4 | 20. Is 34,13; Jr 9,10 | 23. Rm 8,36 | 24. 74,1 / 79,5; 80,5; 89,47

† **44**,4. O favor e a benevolência de Deus para com seu povo, e por outro lado, o terror que incutia nos inimigos o esplendor divino.

Salmos 44-46

Despertai, não nos rejeiteis para sempre.*
25Por que escondeis vossa face
e esqueceis nossa miséria e nossa aflição?
26Sim, nossa alma está prostrada ao pó,*
ao chão está pegado nosso corpo.
27Levantai-vos em nosso socorro;
por vossa misericórdia resgatai-nos.

45 As núpcias do rei messiâni-
(44) co†. 1Ao regente do coro. Conforme a melodia "Os lírios". Poema dos filhos de Coré. Cântico de amor.*
2De meu coração nasce um lindo poema:
vou cantar meus versos para o rei.
Minha língua é como a pena de um escritor veloz.
3Tu és o mais belo dos filhos dos homens,*
em teus lábios se espalha a graça,
por isso Deus te abençoou para sempre.
4Herói, põe a espada em teu cinto
no esplendor de tua majestade,*
5avança com sucesso, sobe ao carro
em defesa da verdade, da mansidão e da justiça.
Tua mão direita te ensine prodígios;
6tuas flechas agudas penetram o coração dos inimigos do rei;
a teus pés caem os povos.
7Vosso trono, ó Deus, dura para sempre,
é cetro justo o cetro de vosso reino.
8Amais a justiça e odiais a iniquidade;
por isso Deus, vosso Deus, vos consagrou com óleo de alegria,
de preferência a vossos iguais.
9Vossas vestes têm o perfume de mirra,
aloé e cássia,
dos palácios de marfim vos alegra o som das cítaras.

10Filhas de reis estão entre vossas prediletas;
a vossa direita está a rainha, vestida com ouro de Ofir.
11Ouve, filha, vê, presta atenção:
esquece teu povo e a casa de teu pai;*
12que agrade ao rei tua beleza.
Ele é teu senhor: presta-lhe homenagem.
13Vem o povo de Tiro trazendo dons,*
os mais ricos do povo imploram teu favor.
14Toda formosa é a filha do rei em sua morada,
tecido de ouro é seu vestido.*
15É apresentada ao rei com vestes bordadas;
com ela as virgens, suas companheiras,
a vós são conduzidas;
16guiadas com alegria e exultação,
entram no palácio real.
17A vossos pais sucederão vossos filhos,
os quais fareis príncipes por toda a terra.
18Farei recordar vosso nome por todas as gerações,*
assim vos louvarão os povos para todo o sempre.

46 Deus, refúgio* e força de seu
(45) povo†. 1Ao regente do coro. Cântico dos filhos de Coré. Conforme a melodia "As virgens". Cântico.
2Deus é nosso amparo e fortaleza,
auxílio sempre pronto na angústia.
3Por isso não tememos se a terra é transtornada,*
se os montes desmoronam no fundo do mar;
4se suas águas se agitam espumando,*
e em sua fúria os montes estremecem.
5Um rio com seus canais*
alegra a cidade de Deus†,
a santa morada do Altíssimo.
6No meio dela Deus está: não poderá vacilar,

---

* 44,26. 119,25; 7,6 | 45,1. 60,1; 69,1; 80,1 | 3. Ct 5,10-16 | 4. 21,6 | 11. Gn 12,1; Js 24,2; Ez 16,3 | 13. 60,5s; 72,10s | 14. Ez 16,10-13 | 18. Is 60,15.21; 61,9; 62,2.7 | 46. Is 33,20s; 66,12 | 3. Is 24,18-23; 54,10 | 4. Jó 9,5s | 5. 36,9; Gn 2,10 | 6. 2Rs 19,35

† 45. Salmo para o casamento do rei, no estilo do Cântico dos Cânticos. Faz referência à promessa divina da permanência do trono davídico para sempre, 2Sm 7,16, e prefigura as núpcias de Deus com seu povo e de Cristo com a Igreja. | 46. Primeiro dos salmos de Sião: Sl 46; 48; 76; 84; 87; 122. O contexto histórico deste salmo parece ser o fim de um cerco, do qual a cidade foi libertada, graças ao Emanuel, "Deus conosco", v 8. | 5. Simboliza as bênçãos divinas sobre Jerusalém e sobre o templo.

Salmos 46-49

Deus vai socorrê-la antes que amanhe-ça.*

⁷As nações se agitam, os reinos se abalam;*
ele faz ouvir sua voz, a terra se dissolve.
⁸Javé dos exércitos está conosco,
nosso refúgio é o Deus de Jacó.*
⁹Vinde e vede as obras de Javé,
ele fez prodígios sobre a terra.
¹⁰Acabará com as guerras até nos con-fins da terra,
quebrará os arcos e partirá as lanças,*
queimará no fogo os carros de guerra.
¹¹"Parai e reconhecei que eu sou Deus;*
eu domino sobre as nações e domino
sobre a terra".
¹²Javé dos exércitos está conosco,
nosso refúgio é o Deus de Jacó.

47
(46)

Javé, rei do universo*. ¹*Ao regente do coro. Salmo dos filhos de Coré.*

²Povos todos, batei palmas,*
aclamai a Deus com gritos de alegria.
³Porque Javé, o Altíssimo, é tremendo,*
grande rei sobre a terra inteira.
⁴Ele sujeitou a nós os povos,
pôs as nações sob nossos pés.
⁵Escolheu para nós nossa herança,*
orgulho de Jacó, seu predileto.
⁶Deus subiu por entre aclamações,*
Javé ao som da trombeta.*
⁷Cantai a Deus, cantai;*
cantai a nosso rei, cantai;
⁸porque Deus é o rei de toda a terra,
cantai com sabedoria.
⁹Deus reina sobre as nações,*
Deus se assenta em seu trono santo.
¹⁰Os chefes dos povos se reuniram*
com o povo do Deus de Abraão,
porque a Deus pertencem os pode-rosos da terra:
é ele o Altíssimo.

48
(47)

A glória e a força de Sião.
¹*Cântico. Salmo dos filhos de Coré.*

²Grande é Javé e digno de todo louvor*
na cidade de nosso Deus.
³Seu monte santo, que se eleva em sua beleza,*
é a alegria de toda a terra.
O monte Sião, para os lados do norte,
é a cidade do grande rei.
⁴Deus em seus palácios
dá-se a conhecer como fortaleza.
⁵Pois os reis se aliaram,
juntos avançaram.
⁶Mas logo que viram se espantaram
e, tomados de medo, fugiram.
⁷Lá o terror os dominou,*
dor como de parturiente,
⁸semelhante ao vento oriental
que destrói os navios de Társis†.
⁹Como ouvimos, assim vimos
na cidade de Javé dos exércitos,
na cidade de nosso Deus;
Deus a estabeleceu para sempre.
¹⁰Recordamos, ó Deus, vossa bondade
no interior de vosso templo.
¹¹Como vosso nome, ó Deus,*
assim vosso louvor se estende até os
confins da terra;
está cheia de justiça vossa mão direita.
¹²Alegre-se o monte Sião,
exultem as cidades de Judá
por causa de vossos julgamentos.*
¹³Percorrei Sião, girai em torno dela,*
contai suas torres.
¹⁴Contemplai suas muralhas,
observai suas fortalezas,
para narrar às gerações futuras:*
¹⁵"Este Deus é o nosso Deus
pelos séculos dos séculos;
é ele que nos guia para sempre".*

49
(48)

Vaidade das riquezas. ¹*Ao regente do coro. Salmo dos filhos de Coré.*

²Ouvi isto, povos todos,*
prestai ouvidos, habitantes do mundo,
³nobres e gente simples,
ricos e pobres igualmente.
⁴Minha boca fala a sabedoria,

---

* **46**,7. Is 17,14 | 8. 24,10 | 10. Is 2,4; Ez 39,9s | 11. 76,4; Dt 32,39; Ez 12,16 | **47**. 93; 96; 97; 98; 99 | 2. Sf 3,14s | 3. Êx 15,18; Is 52,7 | 5. Is 58,14; 2,8 | 6. Nm 23,21 / 24,7-10; 68,19 | 7. 89,16; 98,6 | 9. Jr 10,7; 72,11 | 10. Is 2,2ss; Esd 6,21 | **48**,2. 96,4 | 3. 50,2 | 7. Êx 15,14; Jr 4,31 | 11. 113,3; Ml 1,11 | 12. 97,8 | 13. Is 26,1; 33,20s | 14. 71,18; Sl 90,2; 102,28 | 15. 23,3 | **49**,2. Pr 8,4s

† **48**,8. Ver a nota em 1Rs 10,22.

Salmos 49-50

meu coração tem um pensar inteligente.

⁵Inclinarei meus ouvidos às sentenças,*
explicarei meu enigma ao som da harpa.

⁶Por que ter medo nos dias de infortúnio,
quando me cerca a malícia dos perversos?

⁷Eles confiam em seus bens*
e se orgulham de sua grande riqueza.

⁸Ninguém pode resgatar-se a si mesmo,*
nem pagar a Deus seu preço.

⁹Por mais que se pague o resgate de sua vida,*
jamais poderá bastar

¹⁰para viver sem fim e não ver o túmulo.

¹¹Porque verá morrer os sábios;*
o néscio e o insensato morrerão juntos,
deixando para outros suas riquezas.

¹²O sepulcro será sua casa para sempre,*
sua morada por todas as gerações,
no entanto deram seu nome a suas terras.

¹³Mas o homem na prosperidade não compreende,*
é como os animais que perecem.

¹⁴Esta é a sorte de quem confia em si mesmo,
o futuro de quem se compraz em suas palavras.

¹⁵Como ovelhas são levadas para o abismo,
a morte será seu pastor;
descerão diretamente ao sepulcro,
sua glória está destinada à ruína,*
sua morada será o lugar dos mortos.

¹⁶Mas Deus vai resgatar-me do poder do abismo*
e me acolherá†.

¹⁷Não te preocupes se vires alguém enriquecer-se
e aumentar a glória de sua casa.

¹⁸Pois ao morrer nada leva consigo,*
nem desce com ele sua glória.

¹⁹Ainda que em vida se tenha lisonjeado:
"Hão de louvar-te por teu sucesso",

²⁰vai juntar-se à geração de seus pais*
que nunca mais verão a luz.

²¹O homem na prosperidade não compreende,
é como os animais que perecem.

50 O verdadeiro culto†. ¹Salmo de Asaf.

(49) Fala Javé, o Deus dos deuses,*
convoca a terra do nascer ao pôr do sol.

²De Sião, beleza perfeita, Deus resplandece,

³chega nosso Deus e não se calará.*
Diante dele há um fogo devorador,
e a seu redor, tempestade furiosa.

⁴Chama do alto os céus e a terra,*
pois vai julgar seu povo:

⁵"Congregai a minha frente meus fiéis
que fizeram aliança comigo por meio do sacrifício!"*

⁶Os céus anunciam sua justiça,*
pois é Deus que vai julgar.

⁷"Ouve, meu povo, deixa-me falar,
Israel, vou testemunhar contra ti:
Eu sou Deus, o teu Deus.

⁸Não te censuro por teus sacrifícios†;
teus holocaustos estão sempre a minha frente.*

⁹Não aceito novilhos de tua casa
nem cabritos de teus rebanhos.

¹⁰Pois são minhas todas as feras da floresta
e os milhares de animais sobre os montes.

¹¹Conheço todas as aves do céu
e tudo o que se move nos campos me pertence.

¹²Se eu tivesse fome, não te falaria,
porque o mundo é meu com o que nele existe.*

---

* **49**,5. 78,2 | 7. Pr 10,15; Jr 9,22 | 8. Ez 7,19 | 9. Mt 16,26; Rm 3,24 | 11. Ecl 2,16; Sl 38,7 | 12. Eclo 11,18s; Ecl 12,5 | 13. Ecl 3,18-21 | 15. 73,20 | 16. 73,24 | 18. 1Tm 6,7 | 20. Jó 10,21 | **50**,1. Js 22,22; Dt 10,17 | 2. Is 63,19 | 4. Dt 32,1 | 5. Êx 24,4-8 | 6. 19,2 | 8. Am 5,21 | 12. 24,1

† **49**,16. Expressão de uma esperança de vida em comunhão com Deus que dura além da morte. É um passo na revelação da doutrina da imortalidade da alma e da ressurreição. | **50**. Os sacrifícios não agradam a Deus quando falta a obediência a suas leis, sobretudo à lei do amor fraterno. | 8. Deus não condena os sacrifícios, mas sim a ideia de que têm eficácia automática, mesmo quando oferecidos com más disposições.

Salmos 50-51

¹³Por acaso comerei carne de touros
ou beberei sangue de cabritos?
¹⁴Como sacrifício, oferece a Deus o louvor
e cumpre tuas promessas ao Altíssimo.*
¹⁵Invoca-me no dia da angústia,
que eu te livrarei e tu me honrarás".
¹⁶Porém ao ímpio Deus diz:
"Por que repetes meus preceitos*
e recitas minha aliança com a boca,
¹⁷sendo que odeias a disciplina
e desprezas minhas palavras?
¹⁸Quando vês um ladrão andas com ele
e tens parte com os adúlteros.
¹⁹Abandonas ao mal tua boca,
e tua língua trama a falsidade.
²⁰Sentado falas contra teu irmão
e calunias o filho de tua mãe.
²¹É isto que fizeste, e eu me calaria?
Pensas que sou como tu?
Eu te repreendo e te lanço tudo em
rosto.
²²Compreendei isto, vós que vos esqueceis de Deus,
para que eu não vos dilacere,*
e não haja quem vos livre.
²³Quem me oferece o sacrifício de louvor,
esse me glorificará;
e a quem caminha retamente*
farei gozar da salvação de Deus".

51

Oração de Davi penitente†.
¹Ao regente do coro. Salmo de
(50) Davi. ²Quando o profeta Natã
veio a seu encontro, depois que ele pecou com Betsabeia.*
³Tende piedade de mim, ó Deus,*
conforme vossa misericórdia;
em vosso grande amor meus pecados
apagai.

⁴Lavai-me de toda a minha culpa,
e purificai-me de meu pecado.
⁵Reconheço minha iniquidade*
e meu pecado está sempre a minha
frente†.
⁶Contra vós, só contra vós eu pequei,*
fiz o que é mau a vossos olhos;
por isso sois justo quando falais,*
reto em vosso julgamento.
⁷Eu nasci* na iniquidade†,
no pecado minha mãe me concebeu.
⁸Mas vós quereis a sinceridade do coração
e no íntimo me ensinais a sabedoria.
⁹Purificai-me com o hissopo e ficarei
puro;*
lavai-me e ficarei mais branco que a
neve.
¹⁰Fazei-me ouvir alegria e júbilo,
exultem os ossos que vós quebrastes.*
¹¹Afastai de meus pecados vosso olhar,
apagai todas as minhas culpas.
¹²Criai em mim, ó Deus, um coração
puro†,
renovai em mim um espírito resoluto.*
¹³Não me rejeiteis de vossa presença*
e não me priveis de vosso santo espírito.
¹⁴Devolvei-me a alegria de ser salvo,*
que me sustente um ânimo generoso.
¹⁵Quero ensinar vossos caminhos aos
que erram,
e a vós retornarão os pecadores.
¹⁶Livrai-me do sangue* derramado†,
ó Deus, Deus meu salvador,
e minha língua exaltará vossa justiça.
¹⁷Abri, Senhor, meus lábios
e minha boca proclamará vosso louvor.
¹⁸Pois não vos agrada o sacrifício*
e, se ofereço holocaustos, não os aceitais.
¹⁹Sacrifício para Deus é um espírito
contrito;*

---

* **50**,14. Os 14,3 | 16. Rm 2,17-24 | 22. Dt 32,39 | 23. 91,16 | **51**,2. 2Sm 11-12 | 3. Ez 18,23 | 5. Is 59,12; Ez 6,9 | 6. Is 59,2 / Rm 3,4 | 7. Jó 14,4 | 9. Is 1,18; Ez 36,25; Jó 9,30; Hb 9,13s | 10. 6,3; 35,10 | 12. Ez 11,19 | 13. Sb 1,5; 9,17 | 14. Rm 8,9.14ss; Is 57,15s | 16. 30,10 | 18. 50,8

† **51**. Este salmo, verdadeira joia do Saltério, no qual o salmista pede a Deus que o purifique e renove interiormente, tornou-se a oração por excelência dos pecadores que somos todos nós. | 5. Há alguns que, depois de terem pecado, estão totalmente tranquilos, como se nada tivesse acontecido (Orígenes). | 7. A consciência de que todo ser humano nasce impuro prepara a revelação do mistério do pecado original. | 12. Só Deus pode criar; assim a reconciliação do pecador é obra exclusiva de Deus, como o ato de criar. É mais do que ressuscitar um morto, porque é restituir a vida não do corpo, mas da alma. | **51**,16. O sangue de Urias, que Davi mandou matar, 2Sm 11,15. Outra tradução possível: "Rompe o silêncio que me envolve", tradução que combina bem com o contexto.

Salmos 51-54

não desprezais, ó Deus, um coração
contrito e humilhado.
²⁰Em vosso amor sede propício a Sião,*
reconstruí os muros de Jerusalém.
²¹Então aceitareis os sacrifícios prescritos,*
o holocausto e a inteira oblação;
então imolarão novilhos sobre vosso
altar.*

52
(51)

Destino do fraudulento†.
¹Ao regente do coro. Poema de
Davi. ²Quando Doeg, o edomita, veio avisar a Saul que Davi
tinha entrado na casa de Abimelec.*
³Por que te glorias do mal,
ó prepotente em tua malícia?
⁴O dia todo planejas ciladas;
tua língua é uma navalha afiada,
fabricante de enganos.
⁵Preferes o mal ao bem,*
a mentira à sinceridade;
⁶gostas de palavras perniciosas,
ó língua enganadora!
⁷Por isso Deus te abaterá para sempre,
te destruirá, te expulsará da tenda*
e te extirpará da terra dos vivos.
⁸Os justos verão, temerão*
e se rirão dele, dizendo:
⁹"Eis o homem que não punha em
Deus seu refúgio,
mas confiava em sua grande riqueza,
e com seus crimes se fortalecia".
¹⁰Eu, porém, sou como uma oliveira
verdejante na casa de Deus;*
confio na misericórdia de Deus eternamente e para sempre.
¹¹Para sempre vos louvarei pelo que
fizestes*
e diante de vossos fiéis proclamarei a
bondade de vosso nome†.

53
(52)

Um mundo sem Deus†. ¹Ao regente do coro. Conforme a melodia "Mahalat". Poema de Davi.
²O insensato pensa: "Deus não existe".

São corruptos, fazem coisas abomináveis;*
não há quem faça o bem.
³Do céu Deus se inclina sobre os homens*
para ver se existe um sábio,
alguém que procure a Deus.
⁴Todos se extraviaram, são todos corruptos;*
não há quem faça o bem, nem um sequer.
⁵Não entendem nada todos os malfeitores
que devoram meu povo como se fosse
pão?
Não invocam a Deus:*
⁶tremeram de pavor lá onde não havia
o que temer.
Porque Deus dispersou os ossos dos
que te sitiam;
tu os confundirás, porque Deus os rejeitou.
⁷Quem mandará de Sião a salvação de
Israel?
Quando Deus fizer voltar os exilados
de seu povo,*
exultará Jacó e Israel se alegrará.

54
(53)

Oração no perigo iminente.
¹Ao regente do coro. Com instrumentos de corda. Poema de
Davi. ²Quando os zifeus vieram dizer a
Saul: "Por acaso Davi não está escondido entre nós?"*
³Deus, por vosso nome, salvai-me,
por vosso poder fazei-me justiça;
⁴Deus, ouvi minha oração,
prestai ouvidos às palavras de minha
boca.
⁵Pois levantaram-se contra mim os arrogantes*
e os violentos procuram tirar-me a vida,
sem se importar com Deus.
⁶Deus vem em meu auxílio,
o Senhor sustenta minha vida.*

---

* **51**,19. Is 57,15; 66,2; Sl 35,19 | 20. Jr 30,18; 31,4 | 21. Ez 36,33; Is 58,12 / Sl 4,6; Lv 1,3 | **52**,2. 1Sm 21,8;
22,6s | 5. Jr 4,22; 9,4; Jo 3,19s | 7. Jó 18,14; Pr 2,22 | 8. 40,4 | 10. 1,3; 92,13ss | 11. Jr 11,16; Zc 4,14 |
53,2. 10,4; 36,2; Sf 1,12 | 3. 11,4 | 4. Rm 3,11s; Sl 12,2 | 5. Dt 28,67 | 7. 85,2; 126,1 | **54**,2. 1Sm 23,15;
26,1s | 5. 86,14

† **52**. Anúncio do castigo que virá do Deus justo sobre o pérfido caluniador. | 11. O ímpio confia nas
riquezas e usa a língua para fazer o mal: será excluído da tenda de Deus; o salmista confia no constante
amor de Deus e O louva com sua língua: será instalado no templo. | **53**. Com pequenas variantes, este
salmo reproduz o Sl 14.

675 Salmos 54-56

[7]Faz recair o mal sobre meus adversários[†].
Em vossa fidelidade aniquilai-os.
[8]De todo o coração vos oferecerei um sacrifício,
o sacrifício de louvor a vosso nome,
Javé, porque é bom.*
[9]Porque me livrou de toda a angústia,
e meu olhar desafiou meus inimigos.*

55 Oração do justo perseguido*. [1]Ao regente do coro. Com instrumentos de corda. Poema de Davi.
(54)

[2]Ó Deus, escutai minha oração,
não rejeiteis minha súplica;
[3]prestai-me atenção e atendei-me.
Estou ansioso em minha tristeza e me perturbo
[4]pelo grito do inimigo, pelo clamor do malvado.
Pois sobre mim fazem cair desgraças,
me perseguem com furor.
[5]Meu coração treme em meu peito
e terrores mortais se abateram sobre mim.
[6]Temor e tremor me invadem
e de mim se apodera o horror.
[7]Então digo: "Ah! Se eu tivesse asas como a pomba*
para voar em busca de descanso!
[8]Fugiria para longe, iria morar no deserto.*
[9]Buscaria depressa um lugar de refúgio,
protegido do vendaval e da tempestade".
[10]Dispersai-os, Senhor, confundi suas línguas,
porque vejo na cidade violência e discórdia:*
[11]dia e noite circulam sobre seus muros,
e dentro há iniquidade e malícia.
[12]Insídias reinam em seu interior
e não cessam em suas praças a opressão e a fraude[†].

[13]Se fosse um inimigo que me insultasse, eu suportaria;
se fosse um adversário que se levantasse contra mim,
me esconderia dele.
[14]Mas és tu, meu companheiro,*
meu amigo e confidente;
[15]uma doce amizade nos unia,
na casa de Deus alegres caminhávamos.*
[16]Que a morte caia sobre eles,
que desçam vivos* ao lugar dos mortos[†],
pois a maldade mora com eles, no meio deles.*
[17]Eu, porém, invoco a Deus, e Javé me salva.
[18]De tarde, de manhã e ao meio-dia me lamento e suspiro[†],
e ele escutará minha voz;
[19]vai dar-me a paz, livrando-me dos que me combatem:
porque são muitos contra mim.
[20]Deus vai ouvir-me e humilhá-los,
ele que domina desde sempre.*
Pois para eles não há conversão,
não têm temor de Deus.
[21]Cada qual estendeu a mão contra seus aliados,
violou sua aliança.
[22]Mais macia que a manteiga é sua boca,*
porém no coração têm a guerra;
mais brandas que o óleo são suas palavras,*
mas são espadas afiadas.
[23]Entrega a Javé teus cuidados*
e ele te dará apoio;
jamais permitirá que o justo vacile".
[24]Vós, ó Deus, os precipitareis na fossa profunda.
Os homens sanguinários e fraudulentos
não chegarão à metade de seus dias[†].
Mas eu em vós confio.*

56 Confiança na palavra de Deus. [1]Ao regente do coro. Conforme a melodia "A pom-
(55)

---

* **54**,6. 118,7 | 8. 52,11 | 9. 58,11; 91,8 | **55**. Jr 9,1-8 | 7. 11,1 | 8. Jr 9,1 | 10. Jr 5,1; 6,6; Ez 22,2; Sf 3,1 | 14. 41,10 | 15. Jr 9,3-7; Mt 26,21-24 | 16. 49,15 / Is 5,14; Pr 1,12 | 20. 29,10; 93,2 | 22. 28,3 / 57,5; Pr 12,18 | 23. 37,5; 1Pd 5,7 | 24. 25,2; 56,5 | **56**,1. 1Sm 21,11s

† **54**,7. Aplicação da lei do talião: a má sorte que os inimigos planejavam para o salmista caberá a eles, Sl 37,14s. | **55**,12. Perto da porta da cidade, único espaço mais aberto, estava a praça, palco de toda a vida social: negócios, processos, bate-papos, etc. | 16. A morte prematura ou repentina era o castigo do ímpio. | 18. O dia dos hebreus começava de tarde, por isso a tarde é mencionada primeiro. | 24. Morrer jovem era um dos piores castigos, para quem esperava retribuição somente nesta vida.

Salmos 56-58

ba dos terebintos distantes". *Poema de Davi. Quando os filisteus o mantinham preso em Gat.**
²Piedade de mim, ó Deus,
porque um homem me persegue;
o dia todo um agressor me oprime.
³Meus adversários me humilham o dia todo,
os que me atacam são muitos, ó Altíssimo.
⁴Na hora do medo, em vós me refugio.
⁵Em Deus, cuja promessa eu louvo,
em Deus confio, não temerei:
que pode fazer-me um homem?
⁶Estão sempre falando e tramando,
só pensam em fazer-me o mal.
⁷Conjuram, armam ciladas,
observam meus passos
para atentarem contra minha vida.
⁸Pagai-lhes conforme sua iniquidade,
em vossa ira abatei os povos, ó Deus.
⁹Contastes os passos de minha vida errante,
minhas lágrimas recolheis em vosso odre;*
não estão elas inscritas em vosso livro?
¹⁰Então vão recuar meus inimigos,
quando eu vos invocar;
sei que Deus está do meu lado.*
¹¹Em Deus, cuja promessa eu louvo,
¹²em Deus confio, não temerei:*
que pode fazer-me um homem?
¹³Mantenho, ó Deus, os votos que vos fiz:
vou render-vos ações de graças,*
¹⁴porque me livrastes da morte,*
preservastes meus pés da queda,
para que eu caminhe na presença de Deus
na luz dos vivos.*

57
(56)
Oração da manhã no sofrimento. ¹*Ao regente do coro. Segundo a melodia "Não destruas". Poema de Davi. Quando fugiu de Saul na caverna.**
²Piedade de mim, ó Deus, tende piedade,
pois em vós me refugio;

abrigo-me à sombra de vossas asas*
até que passe a calamidade.
³Invocarei o Deus Altíssimo,
Deus que me faz o bem.
⁴Mande do céu para salvar-me,
confundindo meus perseguidores,
Deus mande sua misericórdia e sua fidelidade.*
⁵Eu me deito entre leões que devoram a gente:*
seus dentes são lanças e flechas,
sua língua, espada afiada.*
⁶Ó Deus, elevai-vos acima dos céus,*
sobre toda a terra se estenda vossa glória.
⁷Armaram uma rede a meus pés, me humilharam;
cavaram a minha frente uma fossa,
mas eles mesmos caíram nela.*
⁸Meu coração está pronto, ó Deus,*
está pronto meu coração.
Quero cantar, a vós quero louvar.
⁹Desperta, minha glória,
despertai, harpa e cítara,*
quero acordar a aurora.
¹⁰Entre os povos, Senhor, vos louvarei,*
entre as nações vos cantarei hinos,
¹¹porque vossa bondade se eleva até os céus,*
e vossa fidelidade até as nuvens.
¹²Ó Deus, elevai-vos acima dos céus,
sobre toda a terra se estenda vossa glória.

58
(57)
Contra os juízes iníquos*. ¹*Ao regente do coro. Segundo a melodia "Não destruas". Poema de Davi.*
²Fazeis mesmo justiça, ó poderosos?
É segundo o direito que julgais os homens?
³Não! No coração cometeis crimes;*
no país vossas mãos distribuem a injustiça.
⁴Desde o seio materno os maus se desviaram;
desde seu nascimento os mentirosos se perdem.
⁵Têm um veneno como o da serpente,*

---

* **56**,9. Is 25,8; Ap 7,17 | 10. 118,7; 124,1s | 12. Hb 13,6; Sl 118,6 | 13. Lv 7,11s | 14. Jó 33,30; 27,13/ 116,9; Ecl 11,7 | **57**,1. 1Sm 24,4s | 2. 17,8 | 4. 43,3 | 5. 17,12 / 64,4 | 6. 72,19; 102,16 | 7. 7,16 | 8. 108,2-6 | 9. 6,5 | 10. Jó 38,12; 9,12; 18,50 | 11. 36,6 | **58**. 82 | 3. Dt 16,19; Mq 2,1; Sl 82,2 | 5. Dt 32,33; Sl 140,4

Salmos 58-60

como o veneno da víbora surda, que fecha os ouvidos
⁶para não ouvir a voz do encantador, do mago mais perito.
⁷Ó Deus, quebrai-lhes os dentes na boca;*
Javé, parti suas presas de leões!
⁸Que se dissipem como água que corre,* que sequem como mato que se pisa;
⁹como a lesma que se derrete e some,* como o abortivo que nunca viu a luz do dia.*
¹⁰Antes que soltem espinhos como o mato,*
verdes ou queimados, o turbilhão os carregue.*
¹¹O justo se alegrará ao ver a vingança;*
banhará seus pés no sangue dos ímpios.*
¹²Dirão: "Existe, sim, recompensa para o justo,*
existe um Deus que governa a terra!"

59 **Pedido de proteção contra os agressores.** ¹*Ao regente do coro. Segundo a melodia "Não des-* **(58)** *truas". Poema de Davi. Quando Saul mandou homens para vigiar sua casa e matá-lo.**
²Livrai-me de meus inimigos, meu Deus,
protegei-me contra meus adversários.
³Livrai-me dos que fazem o mal,
salvai-me dos que derramam sangue.
⁴Pois espreitam minha vida,
gente poderosa trama contra mim,
sem que eu tenha culpa nem pecado, Javé.
⁵Sem culpa minha se apressam e atacam.
Despertai, vinde a meu encontro e olhai!
⁶Mas vós, Javé, Deus dos exércitos, Deus de Israel,
levantai-vos e castigai todas as nações,

não tenhais piedade de ninguém que faz o mal.*
⁷Eles voltam cada noite, ladrando como cães*
e giram pela cidade.
⁸Alardeiam com sua boca, têm espadas entre os lábios:*
"Pois quem está ouvindo?"
⁹Mas vós, Javé, vos rides deles,*
zombais de todas as nações.
¹⁰A vós, minha força, eu me dirijo;
pois sois vós, ó Deus, minha defesa.
¹¹Venha a meu encontro meu Deus de misericórdia;
ele me fará desafiar meus inimigos.*
¹²Não os extermineis, para que meu povo não esqueça;
dispersai-os com vossa força e humilhai-os,
ó Senhor, que sois nosso escudo.
¹³Eles pecam a cada palavra de seus lábios;*
mas serão vítimas de seu orgulho
por causa da maldição e da mentira que proferem.
¹⁴Aniquilai-os em vosso furor, aniquilai-os,*
de modo que não mais existam.
Para saberem que Deus reina em Jacó
e até os confins da terra.
¹⁵Eles voltam cada noite ladrando como cães,
e giram pela cidade;
¹⁶em busca de alimento vagueiam†,
uivando se não conseguem saciar-se.
¹⁷Eu, porém, cantarei vosso poder,
de manhã exaltarei vossa misericórdia,*
porque fostes minha defesa,
meu refúgio no dia da angústia.
¹⁸Ó minha força, a vós quero cantar
porque sois, ó Deus, minha defesa,
meu Deus de misericórdia.

60 **Oração depois de uma derrota.** ¹*Ao regente do coro. Con-* **(59)** *forme a melodia "O lírio do tes-*

---

* **58**,7. 3,8; 35,17; Sl 57,5 | 8. Jó 11,16; Sl 37,2 | 9. Jó 3,16 / Ecl 6,3s | 10. Os 13,8 / Jó 21,18; 27,21 | 11. Na 1,10 / Sl 52,8; 68,24 | 12. Jó 19,29; Ml 2,17; 3,18 | **59**,1. 1Sm 19,11-17 | 6. Is 26,10 | 7. 54,11 | 8. 52,4; 55,2; 57,5; 64,4 | 9. 2,4; 37,13 | 11. 54,9 | 13. Pr 12,13; 18,7 | 14. Ez 5,13; 6,12; 13,13; Sl 46,10s; 83,19 | 17. 17,15

† **59**,16. Os inimigos do salmista são como chacais e cães que à noite invadem a cidade à procura de alimento; mas o salmista lhes escapa.

Salmos 60-62

temunho". *Poema de Davi. Para ensinar.*
²*Quando ele guerreou os arameus da Mesopotâmia e os arameus de Soba; e Joab, na volta, venceu Edom no vale do Sal, doze mil homens.**
³Ó Deus, vós nos rejeitastes, nos dispersastes;
estáveis irado, voltai para nós.
⁴Abalastes e fendestes a terra;*
reparai suas brechas, pois ameaça ruir.
⁵Fizestes vosso povo passar por duras provas,
a beber nos destes vinho atordoante†.
⁶Aos que vos temem destes um sinal*
a fim de fugirem para longe do arco.
⁷Para que vossos amados sejam libertados,*
salvai-nos com a mão direita e respondei-nos.
⁸Deus falou em seu santuário:
"Exultarei, dividirei Siquém*
e vou medir o vale de Sucot†.
⁹Galaad e Manassés me pertencem,
Efraim é o capacete de minha cabeça.
Judá é meu cetro,*
¹⁰Moab é a bacia em que me lavo,
sobre a Idumeia lançarei minhas sandálias†,
sobre a Filisteia cantarei vitória".*
¹¹Quem me conduzirá à cidade fortificada?
Quem me guiará até Edom,
¹²a não ser vós, ó Deus, que nos rejeitastes,
e já não saís, ó Deus, com nossas fileiras?*
Vinde em nosso auxílio na tribulação,
porque é vã a salvação humana.*
¹³Com Deus faremos proezas,*
e ele esmagará nossos inimigos.

61

(60)

Prece de um exilado. ¹*Ao regente do coro. Com instrumentos de corda. De Davi.*
²Ouvi, ó Deus, meu clamor,
ficai atento a minha oração.

³Dos confins da terra eu vos invoco,*
enquanto meu coração desfalece.
Levai-me para um rochedo inacessível,*
⁴pois vós sois para mim um refúgio,*
torre forte diante do inimigo.
⁵Possa eu morar em vossa tenda para sempre,
à sombra de vossas asas encontrar abrigo.
⁶Porque vós, ó Deus, aceitastes meus votos*
e me destes a herança dos que temem vosso nome.
⁷Aos dias do rei acrescentai muitos dias,*
por muitas gerações durem seus anos.
⁸Reine para sempre diante de Deus;*
designai o amor e a fidelidade para o guardarem.
⁹Assim cantarei hinos a vosso nome, sempre,
cumprindo meus votos dia após dia.*

62

(61)

Só em Deus existe paz. ¹*Ao regente do coro. Segundo a melodia de Iditun. Salmo de Davi.*
²Só em Deus repousa minha alma;
dele vem minha salvação.
³Só ele é meu rochedo e minha salvação,
minha rocha de defesa: jamais vacilarei.
⁴Até quando vos lançareis contra um homem,
para abatê-lo todos juntos,
como parede inclinada,
ou um muro prestes a cair?
⁵Só conspiram para precipitá-lo do alto,*
têm prazer em mentir.
Com a boca bendizem, mas no coração maldizem.*
⁶Só em Deus repousa, ó minha alma,*
pois dele vem minha esperança.
⁷Só ele é meu rochedo e minha salvação,
minha rocha de defesa: jamais vacilarei.

---

* **60**,2. 1Sm 8,1-14; 10,7s; 1Cr 18,1-13 | 4. Is 24,20 | 6. Jr 25,15; Is 51,17.21s; Sl 74,9 | 7. 108,7-14 | 8. Is 42,13; Eclo 50,26; Ab 19s; Is 11,13 | 9. Gn 49,10 | 10. Is 11,14 | 12. 44,10; 68,8 / 33,16s | 13. Os 1,7; 2Cr 14,10; Sl 44,6 | **61**,3. 27,4s / 43,3 | 4. Pr 18,10; Sl 46,2 | 6. 17,8 | 7. 21,5 | 8. 72,5; 89,5.30.34.37; 40,12; 85,11s; 89,15.25 | 9. Pr 20,28 | **62**,5. 4,3 / 28,3; 55,22 | 6. 42,6.12; 43,5; 118,8; Mq 7,7

† **60**,5. Deus os inebriou de amargura com a derrota. | 8. Dividir e medir eram sinais de posse. | 10. Mais outros gestos que indicam domínio, agora de terras estrangeiras.

679 Salmos 62-64

⁸Em Deus está minha salvação e minha glória;*
minha rocha de defesa, meu refúgio está em Deus.
⁹Confiai nele, ó povo, em todo o tempo,*
diante dele derramai vosso coração, nosso refúgio é Deus.
¹⁰São apenas um sopro os filhos de Adão,*
uma mentira os seres humanos;*
juntos, na balança,* são menos que um sopro†.
¹¹Não confieis na violência,*
não vos enganeis com a rapina;*
não apegueis o coração às riquezas, se elas aumentam.*
¹²Deus disse uma palavra, duas eu ouvi:*
que o poder pertence a Deus
¹³e a vós, Senhor, a misericórdia;
pois retribuís a cada um segundo suas obras.*

63 **Sede de Deus†.** ¹*Salmo de Davi. Quando estava no deserto de Judá.**
(62)
²Ó Deus, vós sois meu Deus,*
desde a aurora vos procuro.
De vós tem sede minha alma,*
anela por vós minha carne,
como terra deserta, seca, sem água.*
³Assim no santuário vos contemplei,
para ver vosso poder e vossa glória.
⁴Pois vossa bondade vale mais que a vida†,
meus lábios proclamarão vosso louvor.
⁵Assim vos bendirei enquanto eu viver,
em vosso nome erguerei minhas mãos.
⁶Eu me saciarei como num farto banquete,*
e com vozes de alegria vos louvará minha boca.

⁷Quando de vós me lembro em meu leito
e penso em vós nas vigílias noturnas,
⁸porque fostes meu auxílio,
exulto de alegria à sombra de vossas asas.*
⁹A vós minha alma está unida,
vossa mão direita me sustenta.
¹⁰Mas os que querem me fazer mal*
irão para as profundezas da terra;
¹¹serão entregues ao poder da espada
e se tornarão pasto dos chacais†.
¹²O rei, porém, se alegrará em Deus,*
e se gloriarão todos os que juram por ele,
pois será fechada a boca dos mentirosos.

64 **Castigo dos caluniadores.** ¹*Ao regente do coro. Salmo de Davi.*
(63)
²Ouvi, ó Deus, a voz de meu lamento,
preserva minha vida do terror do inimigo.
³Protegei-me da conjura dos malvados,
do tumulto dos malfeitores.
⁴Afiam sua língua como espada,*
lançam como flechas palavras amargas†
⁵para ferir às ocultas o inocente;*
de surpresa o atacam, sem nada temer.
⁶Em sua maldade se obstinam,
fazem acordo para esconder ciladas,*
dizendo: "Quem poderá vê-las?"*
⁷Meditam a iniquidade, executam suas tramas;
impenetrável é o homem, seu coração é um abismo.
⁸Mas Deus os atinge com suas flechas,*
de repente são feridos.
⁹Sua própria língua é a causa de sua ruína;
todos, ao vê-los, menearão a cabeça.*

---

* **62**,8. Jr 3,23; Is 45,17; 60,19 | 9. Is 26,4 | 10. 39,6s / 116,11 / Is 40,15 | 11. Is 30,12 / Ez 22,29 / Jr 17,11; Jó 27,12s; 31,25 | 12. Mt 6,19s.24; Ecl 5,9s; Jó 40,5 | 13. 28,4; 31,24; Jó 34,11; Rm 2,6; 2Tm 4,14 **63**,1. 1Sm 22-24 | 2. Sl 36,8ss / 42,2 / 143,6 | 6. 36,9 | 8. 17,8 | 10. 5,11 | 12. 21,2; 64,11 | **64**,4. 55,22; 57,6; 59,8; 140,4 | 5. Jr 9,2; 11,2 | 6. Pr 1,11s; 6,14 / Sl 10,11; 94,7 | 8. 7,13s; 39,3 | 9. 44,15

† **62**,10. Por detrás de seu orgulho, os inimigos não têm nenhum peso. | **63**. A oração é o encontro entre a sede de Deus e a nossa. Deus tem sede de que nós tenhamos sede dele (S. Agostinho). | 4. Para os hebreus o bem supremo era a vida, mas aqui algo é colocado acima dela: o amor de Deus. Partindo daí, era possível acreditar que o amor de Deus se estende para além da vida: "Quem nos separará ... ?" Rm 8,35-39. | 11. Ficarão sem sepultura, o pior castigo para um morto. | **64**,4. As flechas são símbolo da calúnia. O caluniador também será atingido por flechas, conforme a lei do talião: pelas flechas de Deus, v. 8.

Salmos 64-66

¹⁰Então todos temerão,*
anunciarão as obras de Deus
e entenderão o que ele fez.
¹¹O justo se alegrará em Javé*
e nele porá sua esperança,
e todos os de coração reto se gloriarão.

65
(64)

Alegria das criaturas pela providência divina. ¹Ao regente do coro. Salmo de Davi. Cântico.

²A vós se deve o louvor, ó Deus, em Sião,
a vós a promessa se cumpra em Jerusalém.
³A vós, que escutais a oração,
vem todo mortal.*
⁴As iniquidades prevalecem contra nós,*
mas vós perdoais nossas rebeliões.
⁵Feliz quem escolheis e atraís para vós†,
para morar em vossos átrios.
Queremos saciar-nos com os bens de vossa casa,
com a santidade de vosso templo.
⁶Com os prodígios de vossa justiça,
vós nos respondeis, ó Deus, nossa salvação,
esperança dos confins da terra e dos mares distantes.*
⁷Firmais os montes com vossa força,*
cingido de poder.*
⁸Fazeis calar o fragor do mar e o estrondo de suas ondas;*
acabais com o tumulto dos povos.
⁹Os habitantes dos extremos confins
tremem ante vossos prodígios;
fazeis exultar de alegria
as portas do oriente e do ocidente.
¹⁰Visitais a terra e a regais,*
enchendo-a com vossas riquezas.*
O rio de Deus está cheio de água;
fazeis crescer o trigo para os homens.
Assim preparais a terra:
¹¹irrigais seus sulcos, aplanais os torrões,
com as chuvas abrandais a terra e
abençoais seus germes.

¹²Coroais o ano com vossos benefícios,*
a vossa passagem goteja a fartura.
¹³Gotejam os pastos do deserto*
e as colinas se revestem de júbilo.
¹⁴Os prados se cobrem de rebanhos,
douram-se os vales com o trigo,*
tudo canta e vibra de alegria.

66
(65)

Louvor à bondade de Deus. ¹Ao regente do coro. Cântico. Salmo.

Aclamai a Deus, terra inteira,
²cantai a glória de seu nome;*
dai-lhe glorioso louvor.
³Dizei a Deus: "Como são estupendas vossas obras!
Pela grandeza de vossa força
diante de vós se curvam vossos inimigos.*
⁴A vossa frente toda a terra se prostra
e canta para vós, canta para vosso nome".
⁵Vinde ver as obras de Deus,
as maravilhas que fez pelos filhos dos homens.
⁶Mudou o mar em terra seca,*
atravessaram o rio a pé enxuto;
por isso, alegremo-nos nele!
⁷Com seu poder ele domina para sempre,
seus olhos observam as nações,
para que não se levantem os rebeldes.
⁸Povos, bendizei nosso Deus
e proclamai a plena voz seu louvor.
⁹Ele preservou nossa vida
e não permitiu que vacilassem nossos pés.
¹⁰Sim, ó Deus, vós nos provastes,*
nos apurastes, como se faz com a prata†.
¹¹Fizestes-nos cair numa cilada,
pusestes um peso em nossas costas.
¹²Deixastes os homens cavalgar* nossas cabeças†,
passamos pelo fogo e pela água,*
mas enfim nos trouxestes a um lugar de descanso.

---

* **64**,10. 40,4; 52,8 | 11. 5,12; 58,11; 63,12 | **65**,3. Is 66,23 | 4. 32,1 | 6. Is 66,19 | 7. Jó 38,6s / Sl 89,10; 107,29 | 8. Jó 38,11; Mt 8,26; Is 17,12 | 10. Jl 2,22s / Is 30,23.25; Lv 26,3s | 12. Am 9,13 | 13. 96,12 | 14. Is 44,23; 66,1
66,2. Ef 1,12.14 | 3. 17,45; 81,16 | 6. 114,3; Is 44,27; 50,2 | 10. Is 48,10 | 12. Is 51,23 / Is 43,2; Sl 32,6; 81,8

† **65**,5. Deus é tua riqueza. Não cuides do que te promete o mundo, mas do que te promete o Criador do mundo (S. Agostinho). | **66**,10. O povo confessa seus pecados e se reconcilia com Deus, reconhecendo que a derrota foi uma correção divina. | 12. Era costume o vencedor colocar o pé sobre o pescoço do vencido.

681

Salmos 66-68

¹³Quero entrar em vossa casa com holocaustos
e para vós cumprir minhas promessas
¹⁴que meus lábios formularam
e minha boca pronunciou em minha angústia.
¹⁵Holocaustos gordos vos ofertarei,
junto com a fumaça dos carneiros;
imolarei bois com cabritos.
¹⁶Vinde e escutai, vós todos que temeis a Deus,
vou narrar o que ele fez por mim.
¹⁷A ele gritei com minha boca
e minha língua o exaltou.
¹⁸Se eu achasse culpa em meu coração,
o Senhor não me teria ouvido;
¹⁹mas Deus me ouviu,
deu atenção à voz de minha súplica.
²⁰Bendito seja Deus que não rejeitou minha oração
nem apartou de mim seu amor.

67 Louvor universal†. ¹Ao regente do coro. Com instrumentos
(66) de corda. Salmo. Cântico.
²Deus tenha compaixão de nós e nos abençoe;*
faça brilhar sobre nós sua face.
³Para que se conheça na terra vosso caminho,*
e vossa salvação entre todas as nações†.
⁴Que os povos vos louvem, ó Deus,
que vos louvem todos os povos.
⁵Exultem as nações e se alegrem,
porque julgais os povos com justiça,*
governais as nações sobre a terra.*
⁶Que os povos vos louvem, ó Deus,
que vos louvem todos os povos.
⁷A terra deu seu fruto.*
Que a terra, nosso Deus, nos abençoe;*
⁸que Deus nos abençoe,
e o temam todos os confins da terra.

68 Marcha triunfal do Deus vencedor. ¹Ao regente do coro.
(67) Salmo de Davi. Cântico.

²Deus se levanta! Seus inimigos se dispersam;*
fogem diante dele os que o odeiam.
³Como se dissipa a fumaça, vós os dispersais;
como se derrete a cera diante do fogo,
perecem os ímpios diante de Deus.
⁴Os justos, porém, se alegram,
exultam diante de Deus e cantam de alegria.
⁵Cantai a Deus, salmodiai a seu nome,*
abri caminho para o que cavalga as nuvens;
Javé é seu nome, alegrai-vos diante dele.*
⁶Pai dos órfãos e defensor das viúvas,*
assim é Deus em sua santa morada.
⁷Aos desamparados Deus dá uma casa onde morar,
abre aos cativos a porta da felicidade;
mas os rebeldes ele deixa em terra seca.*
⁸Quando saístes à frente de vosso povo, ó Deus,*
quando atravessastes o deserto,
⁹a terra tremeu, o céu dissolveu-se
diante do Deus do Sinai,
diante de Deus, o Deus de Israel†.
¹⁰Uma chuva torrencial derramastes, ó Deus,*
fortalecestes vossa herança exausta.
¹¹E vosso povo habitou a terra
que em vosso amor, ó Deus, preparastes para o pobre.
¹²O Senhor anuncia uma notícia,
as mensageiras de vitória são uma grande fileira:
¹³"Fogem os reis, fogem os exércitos,*
até as mulheres repartem os despojos.
¹⁴Enquanto dormis entre os rebanhos,*
as asas da pomba se cobrem de prata,
suas penas, de um reflexo de ouro".
¹⁵Quando o Todo-poderoso expulsava os reis,*
caía neve sobre o Salmon.
¹⁶Monte de Deus é o monte de Basã,
monte altaneiro é o monte de Basã.

---

* **67**,2. Nm 6,24s | 3. 31,17; 4,7; Jr 33,9 | 5. 98,9 / 82,8 | 7. 85,13 / Lv 26,4; Ez 34,27; Os 2,23s | **68**,2. Nm 10,35; Is 33,3 | 5. 18,10s; Dt 33,26; Is 19,1; 66,15; 57,14 / Êx 22,21s | 6. Br 6,37 | 7. Nm 16,35 | 8. Jz 5,4s; Hab 3,3s; Dt 33,2 | 10. Êx 16,1.13; Sl 78,24s | 13. Jz 5,19-22 | 14. Jz 5,16 | 15. Gn 17,1

† **67**. Esta oração inspira-se na bênção que Moisés ensinou a Aarão, Nm 6,23-26. | 3. As bênçãos de Deus a seu povo são um incentivo para as nações buscarem também as mesmas bênçãos. O desejo de felicidade, inerente ao coração humano, deve levar a Deus, do qual vem a felicidade verdadeira. **68**,9. Recorda o êxodo, quando Deus ia à frente de seu povo para conduzi-lo ao combate e à vitória.

Salmos 68-69

¹⁷Por que tendes inveja, montes elevados,
do monte que Deus escolheu para morar?†
Javé habitará nele para sempre.
¹⁸Os carros de Deus são milhares e milhares;*
o Senhor vem do Sinai para o santuário†.
¹⁹Subistes às alturas conduzindo prisioneiros,*
recebestes homens como tributo;
mesmo os rebeldes habitarão junto a Javé Deus.
²⁰Bendito o Senhor para sempre,
cuida de nós o Deus salvador.*
²¹Nosso Deus é um Deus libertador,*
cabe ao Senhor Javé livrar da morte.
²²Sim, Deus esmaga a cabeça de seus inimigos
e o crânio cabeludo de quem caminha em seus pecados.
²³Disse o Senhor: "De Basã os trarei de volta,
dos abismos do mar os farei voltar,
²⁴para que laves no sangue teu pé,*
e a língua de teus cães receba sua parte entre os inimigos"†.
²⁵Surge vosso cortejo, ó Deus,
o cortejo de meu Deus, de meu rei, no santuário:
²⁶na frente os cantores, por último os que tocam cítaras,
no meio as meninas tocando tamborins.
²⁷"Bendizei a Deus em vossas assembleias,
bendizei a Javé, descendentes de Israel".*
²⁸Ali está Benjamim, o mais novo, que os precede,*
os chefes de Judá e suas fileiras,
os chefes de Zabulon, os chefes de Neftali.*

²⁹Ordenai, ó Deus, conforme vosso poder!
Ó Deus, confirmai o que por nós fizestes,
³⁰de vosso templo que está em Jerusalém.
Os reis vos trarão presentes.
³¹Ameaçai a fera dos caniços†,
a manada dos touros com os bezerros dos povos,*
até que se humilhem, trazendo barras de prata.
Dispersai os povos que gostam de guerras!
³²Virão os nobres do Egito,*
a Etiópia estenderá as mãos para Deus.
³³Reinos da terra, cantai a Deus,
salmodiai ao Senhor,
³⁴Àquele que cavalga os céus, os céus eternos.*
Ele faz ressoar sua voz, sua voz possante.
³⁵Reconhecei o poder de Deus,
sua majestade está sobre Israel,
seu poder sobre as nuvens†.
³⁶Tremendo sois, ó Deus, de vosso santuário.
O Deus de Israel dá força e vigor a seu povo.*
Bendito seja Deus!

69
Angústia mortal. ¹Ao regente do coro. Conforme a melodia "Os lírios". De Davi.*
(68)

²Salvai-me, ó Deus,*
porque sobem as águas até meu pescoço.*
³Estou atolado no lodo profundo,*
onde não tenho apoio;
em águas profundas caí, e a correnteza me arrasta.
⁴Cansei-me de gritar, minha garganta está seca;
meus olhos se consomem esperando por meu Deus.

---

* **68**,18. Ez 43,7; 2Rs 6,17; 7,6 | 19. 47,6; Ef 4,8ss | 20. Dt 32,11 | 21. Is 46,3s; 63,9 | 24. 1Rs 21,19; 22,38; 2Rs 9,36 | 27. Dt 33,28; Jr 2,13; 17,13 | 28. 80,2s / Is 8,23 | 31. Ez 29,2s | 32. Is 18,7; 45,14 | 34. 68,5 | 36. 28,8; 29,11 | **69**,1. 45,1 | 2. 18,5 / 124,4s | 3. Jn 2,6 |

† **68**,17. As montanhas disputam entre si a honra de serem a morada divina. | 18. Javé é como um rei vitorioso, que vai em cortejo com seus carros, os prisioneiros e os despojos, para a colina de Sião, onde vai estabelecer sua morada terrestre. | 24. Imagem rude da vingança, coroamento da vitória, da qual Javé faz os israelitas participar. | 31. A fera dos caniços é o crocodilo, símbolo do Egito; os touros são os chefes e os bezerros são o povo. | 35. Convite às nações para louvar o Senhor e reconhecer seu poder e a proteção que dá a seu povo.

Salmos 69

5Os que me odeiam sem motivo*
são mais numerosos que meus cabelos.*
São poderosos os que querem arruinar-me*
e que injustamente são meus inimigos;
deverei restituir o que não roubei?
6Deus, conheceis minha loucura,
meus pecados não vos são ocultos.
7Não fiquem confundidos por minha
causa
os que esperam em vós, Javé, Senhor
dos exércitos†.
Não sejam cobertos de vergonha por
causa de mim
os que vos buscam, Deus de Israel.
8Pois por vossa causa suportei afron-
tas,*
a ignomínia cobriu-me o rosto.
9Tornei-me um estranho para meus irmãos,*
um estrangeiro para os filhos de minha
mãe.
10Pois o zelo por vossa casa me devorou,*
os insultos dos que vos insultam caíram
sobre mim.*
11Se me mortifico com o jejum,
isto é motivo de infâmia para mim;
12se me visto de saco, sou alvo de seus
sarcasmos.
13Falam mal de mim os que se assen-
tam junto à porta
e os que bebem vinho fazem canções
sobre mim.
14Mas elevo a vós, Javé, minha oração
no tempo favorável.*
Atendei-me conforme vossa grande
bondade, ó Deus,
por vossa fidelidade em socorrer.
15Tirai-me do lodo, para que eu não
afunde,
que eu seja livre dos que me odeiam e
das águas profundas.
16Que a correnteza não me arraste,
que não me devore o pântano

e o abismo não feche sua boca sobre
mim.
17Ouvi-me, ó Javé, pois vossa bondade
é benigna,
conforme vossa grande misericórdia,
olhai para mim.
18Não escondais de vosso servo vossa
face,*
pois estou em perigo; depressa, atendei-me.
19Aproximai-vos de mim e resgatai-me,
livrai-me por causa de meus inimigos.
20Conheceis a infâmia, a vergonha
e a desonra que padeço.*
Em vossa presença estão todos os que
me afligem.
21A ignomínia oprime meu coração e
eu desfaleço;
esperei em vão quem tivesse pena de
mim,*
procurei quem me consolasse, mas não
encontrei.
22Como alimento me deram fel,
quando tive sede, me deram a beber
vinagre.*
23Que sua mesa* seja um laço para
eles†
e sua prosperidade, uma armadilha.
24Que se ofusquem seus olhos para
não verem;
e que seus rins estejam sempre doentes.
25Derramai sobre eles vossa ira,
e o furor de vossa cólera os alcance.
26Fique deserta sua morada,*
não haja quem more em suas tendas.
27Porque perseguiram aquele que feristes,*
aumentando a dor dos que provastes.
28À culpa deles ajuntai mais culpa,
e não tenham acesso a vossa justiça.
29Sejam riscados do livro dos vivos*
e entre os justos* não sejam inscritos†.
30Quanto a mim, infeliz e doente,
vosso auxílio, ó Deus, me ponha a salvo.

---

* **69**,5. Jo 15,25 / Sl 40,13 / 35,19 | 8. Jr 15,15 | 9. Jó 19,13ss | 10. 119,139 / Jo 2,17; Rm 15,3 | 14. Is 49,8;
32,6; 102,14 | 18. 102,3 | 20. Jó 6,14; Lm 1,2 | 21. Mt 26,40; Jo 16,32 | 22. Mt 27,34.48 | 23. Rm 11,9s |
26. At 1,20 | 27. Is 53,4; Sl 71,11 | 29. Êx 32,32; Is 4,3 / Dn 12,1; Ap 3,5 | 31. 22,26s

† **69**,7. Não fiquem desiludidos em sua esperança, vendo alguém que rezou em vão. | 23. A "mesa" era
um couro curtido estendido no chão, ao redor do qual os comensais se sentam ou se recostam. Por
baixo do couro, era possível haver um buraco com uma armadilha. | 29. Deseja para eles uma morte
prematura. O livro dos vivos contém os nomes dos que estão vivos. Mais tarde, ele será considerado
como o registro dos que se salvam, Fl 4,3; Ap 3,5; 13,8.

Salmos 69-71

³¹Celebrarei com um cântico o nome de Deus,*
com ações de graças o exaltarei.
³²Isto agradará a Javé mais que um touro,*
mais que um novilho com chifres e cascos.
³³Os humildes veem e se alegram.*
Vós que buscais a Deus, que vosso coração reviva!
³⁴Pois Javé atende os pobres,
não despreza seus cativos.
³⁵Que o louvem céus e terra,
os mares e tudo o que neles se move.
³⁶Pois Deus salvará Sião*
e reedificará as cidades de Judá;
ali habitarão e a possuirão.*
³⁷E a posteridade de seus servos a herdará,*
e nela habitarão os que amam seu nome.

70 **Clamor do perseguido.** ¹*Ao regente do coro. De Davi. Para comemorar.*
(69)
²Ó Deus, libertai-me;*
Javé, socorrei-me sem demora.
³Fiquem confusos e envergonhados
os que querem tirar-me a vida.
Voltem para trás envergonhados
os que desejam minha ruína.
⁴Recuem, cobertos de vergonha,
os que me dizem: "Bem feito!".
⁵Exultem e se alegrem em vós
todos os que vos buscam;
digam sempre: "Deus é grande!"
os que amam vossa salvação.
⁶Eu, porém, sou pobre e indigente;
socorrei-me, ó Deus, depressa!
Vós sois meu auxílio e meu libertador,
Javé, não tardeis.

71 **Oração de um idoso.** ¹Em vós me refugio, Javé,*
(70) não seja eu jamais envergonhado.*
²Por vossa justiça libertai-me e resgatai-me,
prestai-me atenção e salvai-me.

³Sede para mim um rochedo hospitaleiro,
onde possa sempre refugiar-me.
Ordenastes que eu seja salvo
porque sois minha rocha e minha fortaleza.
⁴Meu Deus, salvai-me da mão do ímpio,*
do poder do malvado e do opressor.
⁵Porque sois vós, Senhor, minha esperança,
sois minha confiança, Javé, desde minha juventude.
⁶Desde o seio materno tenho em vós meu apoio;*
fostes vós que me tirastes do ventre de minha mãe.
Para vós será sempre meu louvor.*
⁷Para muitos eu sou como um prodígio;*
mas vós sois meu abrigo seguro.
⁸De vosso louvor está cheia minha boca,
de vossa glória, o dia todo.
⁹Não me rejeiteis no tempo da velhice,
não me abandoneis quando declinam minhas forças.*
¹⁰Pois contra mim falam meus inimigos,
os que me espreitam conspiram juntos,
¹¹dizendo: "Deus o abandonou, persegui-o e prendei-o,*
porque não há quem o liberte".
¹²Ó Deus, não fiqueis longe de mim,*
meu Deus, socorrei-me sem demora.
¹³Sejam confundidos e aniquilados os que me acusam;*
sejam cobertos de infâmia e de vergonha*
os que querem arruinar-me.
¹⁴Eu, porém, não perco a esperança
e sempre mais vos louvarei.
¹⁵Minha boca anunciará vossa justiça todos os dias*
e vossa salvação que não sei calcular.
¹⁶Narrarei os prodígios do Senhor Javé
e me lembrarei de vossa justiça, somente dela.
¹⁷Vós me instruístes, ó Deus, desde minha juventude*

---

* **69**,32. 50,8.14; 51,18 | 33. 22,27; 70,5; 119,144 | 36. Is 44,26 / Ez 36,10; Sl 102,21ss | 37. Is 65,9 | **70**,1. 38,1 | 2. 40,14-18 | **71**,1. 31,2ss / 25,2 | 4. 140,2 | 6. Jr 17,14; Sl 22,11 / 109,1 | 7. Is 52,14; Sl 31,12 | 9. 22.12.20 | 11. 3,3; 22,9; 69,27 | 12. 22,12 | 13. 40,15 / 35,4 | 15. 35,28; 109,35 | 17. Os 2,17; Jr 2,1 / 129,1s; Is 46,3s

685 Salmos 71-73

e até hoje vossas maravilhas proclamo.*
[18]E agora, na velhice, de cabelos brancos,
não me abandoneis, ó Deus,
até que eu anuncie vossa força a esta geração,*
e vosso poder a todas as que virão.
[19]Vossa justiça, ó Deus, é alta como os céus,
fizestes coisas grandes: quem é como vós, ó Deus?*
[20]Muitas angústias e males me fizestes provar;*
tornareis a dar-me vida,
e dos abismos da terra me fareis subir de novo.
[21]Aumentareis minha grandeza*
e me consolareis novamente.
[22]Então vos darei graças com a lira,
por vossa fidelidade, meu Deus;
vou cantar-vos com a harpa, ó santo de Israel.*
[23]Cantando vossos louvores, exultarão meus lábios*
e minha vida, que resgatastes.
[24]Também minha língua o dia todo proclamará vossa justiça,
porque foram confundidos e humilhados
os que procuravam arruinar-me.

72 O poder do rei Messias*. [1]De Salomão.

(71) Dai ao rei, ó Deus, vosso julgamento,*
ao filho do rei vossa justiça;
[2]para que governe vosso povo com justiça
e vossos pobres com retidão.
[3]Que os montes tragam a paz ao povo*
e as colinas, justiça.
[4]Aos pobres de seu povo fará justiça,*
salvará os filhos do indigente
e abaterá seu opressor.
[5]Seu reino durará quanto o sol,*
quanto a lua, através das gerações.
[6]Descerá como a chuva sobre a relva,*
como a garoa que molha a terra.*

[7]Em seus dias florescerá a justiça*
e grande paz, até se extinguir a lua.
[8]Ele dominará de um mar ao outro,*
do rio até os confins da terra.
[9]Diante dele se inclinarão os habitantes do deserto,*
e lamberão o pó seus inimigos.
[10]Os reis de Társis e das ilhas vão trazer-lhe ofertas,*
os reis da Arábia e de Sabá lhe pagarão tributo.*
[11]Que o adorem todos os reis da terra
e o sirvam todas as nações.
[12]Ele libertará o indigente que o invoca
e o aflito que não acha auxílio;
[13]terá piedade do fraco e do pobre
e salvará a vida dos pobres.
[14]Da opressão e da violência os resgatará,
será precioso a seus olhos o sangue deles.*
[15]Viverá e lhe será dado ouro da Arábia;
rezarão por ele todo dia,
será bendito para sempre.
[16]Haja fartura de trigo no país,*
ondulando sobre o alto dos montes;
floresça seu fruto como o Líbano,
e se recolha como a relva da terra.
[17]Dure seu nome para sempre,
diante do sol permaneça seu nome.
Nele serão abençoadas todas as raças da terra*
e todas as nações vão proclamá-lo feliz.
[18]Seja bendito Javé Deus, o Deus de Israel,
o único que faz prodígios!
[19]E bendito para sempre seu nome glorioso.
De sua glória se encha toda a terra.
Amém! Amém!
[20]*Final das orações de Davi, filho de Jessé.*

III. LIVRO TERCEIRO
(73 [72] – 89 [88])

73 A prosperidade dos ímpios[†].
[1]*Salmo de Asaf.*

(72) Sim, Deus é bom para Israel,

---

* 71,18. 36,7; 22,31 | 19. 72,18 | 20. 86,8 | 21. 9,14; 40,3 | 22. Is 6,3 | 23. 7,18 | **72**. Is 11,1-5; Zc 9,9s | 1. Jr 23,5 | 3. Is 45,8; 52,7; 55,12 | 4. Sf 2,3 | 5. 61,8 | 6. Os 6,3; Is 45,8 / Dt 32,2 | 7. 2Sm 7,13s; Jr 31,35; 33,20 | 8. 89,38; Zc 9,10; Eclo 44,21 | 9. Is 27 | **72**,10. Is 49,23 / 1Rs 10,1 | 14. 116,15; 61,7s | 16. Is 27,6; Os 14,6-9; Am 9,13 | 17. Gn 12,3

† **73**. Diante do escândalo da prosperidade dos maus, o salmista passa da revolta a uma confiança totalmente nova. O fim, o que vem depois, é que soluciona o enigma: os maus cairão em ruína, e Deus conduzirá o justo à glória, v. 24.

Salmos 73-74

para os que têm um coração puro.
²Mas quase tropeçaram meus pés,
por pouco vacilavam meus passos.
³Pois tive inveja dos soberbos,*
quando vi a prosperidade dos maus.
⁴Para eles sofrimento não existe,
sadio e bem nutrido é seu corpo;
⁵não sofrem as labutas dos mortais,
nem são afligidos como o são os outros.
⁶Por isso, como colar os cinge o orgulho,
como veste os envolve a violência.
⁷De suas entranhas sai a malícia,*
transbordam de seu coração maus
pensamentos.
⁸Zombam, falam com malícia,
com soberba ameaçam de cima.
⁹Levantam a boca até o céu
e sua língua percorre a terra.
¹⁰Por isso no alto estão sentados,
e a enchente não os atinge;
¹¹e dizem: "O que é que Deus sabe?*
Existe conhecimento no Altíssimo?"
¹²Assim são os ímpios, sempre tranquilos,
aumentam seu poder.
¹³Foi à toa que conservei puro meu coração*
e na inocência lavei minhas mãos?*
¹⁴Porque sou molestado o dia todo*
e castigado cada manhã.
¹⁵Se eu dissesse: "Vou falar como eles",
estaria traindo a geração de vossos filhos.
¹⁶Refleti para entender isto,
mas achei difícil demais para meus
olhos†,
¹⁷até que entrei no santuário de Deus*
e entendi qual era o fim deles.
¹⁸De certo, num chão escorregadio os
colocais
e assim os fazeis cair em ruína.
¹⁹Como ficaram assolados num instante!
Pereceram, consumidos pelo terror.
²⁰Como um sonho, quando se acorda,
Senhor,

ao despertardes, desprezais a imagem
deles.*
²¹Quando meu coração se amargurava
e em meus rins sentia dor aguda,
²²eu era imbecil e ignorante,
como um animal a vossa frente.
²³No entanto, estou sempre convosco;
vós me tomastes pela mão direita†.
²⁴Com vosso conselho me guiareis
e depois me acolhereis na glória.*
²⁵Que tenho nos céus fora de vós?
Além de vós, nada desejo nesta terra.
²⁶Ainda que minha carne e meu coração desfaleçam,*
rochedo de meu coração e minha porção
é Deus para sempre!
²⁷Pois os que se afastam de vós perecerão;
aniquilais todos os que vos são infiéis.
²⁸Minha felicidade, porém, é estar perto de Deus.
Ponho no Senhor Javé meu refúgio,
para que possa anunciar todas as vossas obras
junto às portas da filha de Sião.

74 Lamento pela destruição do templo†. ¹Poema de Asaf.

(73)   Ó Deus, por que nos rejeitais
para sempre?*
Por que arde vossa ira contra o rebanho de vosso pasto?
²Lembrai-vos de vossa comunidade
que adquiristes desde o início,*
que resgatastes para ser a tribo de vossa herança;
e do monte Sião, no qual habitais.
³Voltai vossos passos para essas ruínas
sem fim:
o inimigo devastou tudo em vosso santuário.
⁴Rugiram vossos adversários no lugar
de vossas assembleias,
ergueram seus estandartes como emblema.
⁵Eram como os que brandem o machado
em meio a uma densa floresta;

---

* **73**,3. 37,1; Jó 21, 13-26 | 7. 17,10; 119,70; Jó 15,27; Jr 5,28 | 11. 10,11 | 13. Ml 3,14 / 26,6 | 14. Jó 7,18 | 17. 119,130 | 20. 49,15 | 24. 16,10 | 26. 16,6 | **74**,1. Is 63,17 | 2. Dt 7,6; Jr 10,6; Is 51,19

† **73**,16. Ele não entende como é que Deus, justo e onisciente, deixa os maus prosperar. | 23. A resposta do salmista é que a verdadeira felicidade está em Deus, e o resto não importa. | **74**. Chora a destruição de Jerusalém e do templo pelos babilônios em 586 a.C.

Salmos 74-75

⁶e agora a golpes de martelo e de machado
quebraram vossas portas.
⁷Entregaram às chamas vosso santuário,*
profanaram e demoliram a morada de vosso nome.
⁸Disseram em seu coração: "Acabemos com eles de uma vez".
Queimaram todos os santuários de Deus no país.*
⁹Não vemos mais nossos sinais,
já não há profetas, e entre nós ninguém sabe até quando.*
¹⁰Até quando, ó Deus, o adversário nos insultará?
O inimigo desprezará vosso nome até o fim?
¹¹Por que retirais vossa mão
e conservais escondida no seio vossa mão direita?
¹²Mas desde a origem Deus é nosso rei,*
ele que faz no meio do país gestos salvadores.
¹³Com vosso poder dividistes o mar,*
quebrastes a cabeça dos dragões nas águas;
¹⁴ao Leviatã esmagastes as cabeças,*
e o destes como pasto aos animais selvagens.
¹⁵Fizestes brotar fontes e torrentes,
secastes rios perenes.
¹⁶Vosso é o dia e vossa é a noite,*
vós criastes a luz e o sol†.
¹⁷Vós marcastes todos os limites da terra,
vós formastes o verão e o inverno.
¹⁸Lembrai-vos: o inimigo insultou a Javé,
um povo insensato desprezou vosso nome.
¹⁹Não abandoneis às feras a vida de quem vos louva,
não esqueçais para sempre a vida de vossos pobres.
²⁰Considerai vossa aliança,
porque os lugares sombrios da terra

estão cheios de moradas de violência.
²¹Que o oprimido não fique envergonhado;
louvem vosso nome o aflito e o necessitado.
²²Levantai-vos, ó Deus, defendei vossa causa;
lembrai-vos de que o estulto vos ultraja o dia todo.
²³Não esqueçais os clamores de vossos inimigos;
o tumulto de vossos adversários aumenta sem cessar.

75
(74)

Deus, juiz supremo. ¹Ao regente do coro. Segundo a melodia "Não destruas". Salmo de Asaf. Cântico.
²Nós vos damos graças, ó Deus, vos damos graças:
invocando vosso nome, narramos vossas maravilhas.
³No tempo que eu tiver marcado, julgarei com retidão.*
⁴Ainda que trema a terra com todos os seus habitantes,
eu mantenho firmes suas colunas.*
⁵Aos que se orgulham eu digo: "Não vos orgulheis".*
E aos ímpios: "Não levanteis a cabeça.
⁶Não levanteis tão alto vossa fronte,
não faleis com tanta arrogância.*
⁷Pois não é do oriente, nem do ocidente
e nem do deserto das montanhas†,
⁸mas é de Deus que vem o juízo:
é ele que humilha este e eleva aquele.*
⁹Pois na mão de Javé há uma taça
com vinho espumante, cheio de mistura†.
Ele o derrama: até as fezes o sorverão,*
dele vão beber todos os ímpios da terra.
¹⁰Eu, porém, exultarei para sempre,
cantarei hinos ao Deus de Jacó.
¹¹Abaterei toda a arrogância dos ímpios;
então será exaltado o poder dos justos.*

---

* **74**,7. Is 64,10; Sl 77,9 | 8. Lm 2,9 | 9. Ez 7,26; Sl 89,47 | 12. Is 52,10 | 13. Jó 7,12; Is 51,9s; Sl 89,10s | 14. Jó 3,8; 40,25; Is 27,1 | 16. Gn 1 | **75**,3. 93,1s; 96,10 | 4. 46,3; 60,4 | 5. Zc 2,1-4 | 6. 94,4 | 8. 1Sm 2,7; Dn 2,21 | 9. 60,5; Jó 21,20 / Is 51,17 | 11. 92,11

† **74**,16. Recorda a Deus sua ação prodigiosa como Criador, pedindo que derrote agora os inimigos de seu povo, como havia derrotado os poderes do caos ao criar o mundo. | **75**,7. A perfeita justiça não vem dos homens, mas de Deus. | 9. Símbolo da cólera do Juiz divino contra os maus.

Salmos 76-77

76
(75)

Canto de vitória. [1]*Ao regente do coro. Com instrumentos de corda. Salmo de Asaf. Cântico.*
[2]Deus se manifesta em Judá,
grande é em Israel seu nome;
[3]sua tenda está em Salém
e sua morada em Sião.*
[4]Lá ele quebrou as flechas do arco,*
o escudo, a espada e a guerra.
[5]Esplêndido sois e mais glorioso
do que os montes eternos.†
[6]Os corajosos foram despojados,
apanhados pelo sono,
nenhum guerreiro tinha força em seu braço.*
[7]A vossa ameaça, ó Deus de Jacó,*
carros e cavalos ficaram parados.
[8]Vós sois terrível! Quem vos resiste*
quando explode vossa ira?
[9]Do céu fizestes ouvir a sentença:*
a terra tremeu e ficou quieta,*
[10]quando Deus se levantou para julgar,
para salvar todos os pobres da terra.
[11]Pois até a ira humana vos dá glória,
e vos cingis com os que escapam da ira.*
[12]Fazei promessas a Javé vosso Deus e
cumpri-as;
todos os que estão a seu redor tragam
ofertas ao Terrível,
[13]a ele que retira o respiro dos príncipes;
ele é terrível para os reis da terra!

77
(76)

Deus renova os prodígios de seu amor†. [1]*Ao regente do coro. Sobre Iditun. Salmo de Asaf.*
[2]Com minha voz clamei a Deus;
chega a Deus minha voz, e ele me ouve.
[3]No dia da angústia busco o Senhor;*
à noite minhas mãos se estendem, incansáveis,*
e rejeito qualquer consolo.
[4]Lembro-me de Deus e solto gemidos,*
medito, e meu espírito se abate.

[5]Não me deixais pegar no sono,
fico aturdido sem poder falar.
[6]Relembro os dias de outrora†,
recordo os anos passados.*
[7]De noite medito em meu coração,
reflito, e meu espírito se interroga:
[8]Será que o Senhor nos rejeitará para
sempre*
e nunca mais se mostrará benévolo?
[9]Terá acabado para sempre seu amor*
e a promessa feita para todas as gerações?
[10]Deus se esqueceu de agir com clemência,*
ou em sua ira retirou sua misericórdia?
[11]E concluo: "Meu sofrimento é este:
está mudada a mão direita do Altíssimo".*
[12]Quero lembrar os feitos de Javé,
sim, recordarei vossas antigas maravilhas.
[13]Vou refletir sobre toda a vossa obra
e meditar em vossos grandes feitos.*
[14]Ó Deus, é santo vosso caminho,*
que deus é grande como nosso Deus?*
[15]Vós sois o Deus que faz prodígios,
manifestastes vosso poder entre os povos.
[16]Remistes com vosso braço vosso
povo,*
os filhos de Jacó e de José.*
[17]As águas vos viram, ó Deus,*
as águas vos viram e tremeram
e até os abismos se abalaram.*
[18]As nuvens derramaram águas,
as nuvens fizeram ouvir sua voz,*
e vossas setas voaram de todos os lados.
[19]Vosso trovão ressoou no turbilhão,*
vossos relâmpagos iluminaram o mundo,*
a terra tremeu e se abalou.*
[20]Abriu-se no mar vosso caminho,
vossa senda na imensidão das águas,
mas vossos vestígios ficaram invisíveis.*

---

* **76**,3. 122,6s | 4. 48,4-8; 46,10 | 6. Na 3,18 | 7. Jr 51,39.57 | 8. Dt 7,21; 10,17 | 9. Na 1,6 / Ml 3,2 | 11. Jr 13,11 | **77**,3. Is 26,16 / Sl 50,15; 88,2 | 4. Jn 2,8 | 6. 143,5 | 8. 74,1; 89,47s | 9. Lm 3,22s.31 | 10. Is 63,15; 74,9; Is 49,14s | 11. Ml 3,6 | 13. 143,5 | 14. 18,31s; 89,7 / Dt 32,4 | 16. Ne 1,10 / Gn 46,26s | 17. Hab 3,10s; Jó 7,12 / Na 1,4 | 18. 18,15; 144,6 | 19. 29 / Êx 19,16 / Sl 97,4; Is 43,16; 51,10 | 20. Ne 9,11; Sb 14,3 | 21. Is 63,11-14; Sl 78,52 / Mq 6,4

† **76**,5. Os montes são símbolo de solidez, de estabilidade, que resiste a todos os assaltos. | **77**. Num tempo de profunda desolação para Israel, relembrando os prodígios do êxodo, o salmista volta a confiar em Deus. | 6. Professar a fé nas maravilhas que Deus realizou no passado conduz a crer no que Ele é constantemente, e portanto também no tempo presente (João Paulo II).

689 Salmos 77-78

²¹Guiastes vosso povo como um rebanho,*
por meio de Moisés e de Aarão.*

78 Lições* da história†. ¹*Poema de Asaf.*

(77) Meu povo, escuta meu ensinamento;*
presta atenção às palavras de minha
boca.*
²Vou abrir a boca pronunciando sen-
tenças†,
relembrarei mistérios do passado.
³O que ouvimos, o que aprendemos,*
o que nossos pais nos contaram,
⁴não ocultaremos a seus filhos;
mas vamos contar à geração futura*
as glórias de Javé, seu poder
e os prodígios que operou.
⁵Estabeleceu um testemunho em Jacó,*
instituiu uma lei em Israel†;
ordenou a nossos pais que a ensinas-
sem a seus filhos,*
⁶para que tomasse conhecimento a
nova geração,*
a dos filhos que vão nascer.
Que se levantem e narrem a seus filhos,
⁷para que ponham em Deus sua confiança,
e não esqueçam as obras de Deus,
mas observem seus preceitos.
⁸Para não serem como seus pais,
uma geração indócil e rebelde,*
de coração inconstante,
e cujo espírito foi infiel a Deus.
⁹Os filhos de Efraim, arqueiros valentes,*
bateram em retirada no dia do combate.
¹⁰Não guardaram a aliança de Deus,
não quiseram proceder segundo sua
lei;
¹¹esqueceram suas obras

e os prodígios que lhes havia mostrado.
¹²Diante de seus pais fez milagres
na terra do Egito, no campo de Tânis.
¹³Abriu o mar para fazê-los passar,*
detendo as águas como num dique.*
¹⁴Guiou-os de dia com uma nuvem,*
e de noite com um clarão de fogo.
¹⁵Fendeu rochedos no deserto*
e deu-lhes a beber como do grande
abismo†.
¹⁶Da pedra fez brotar riachos
e fez manar água como rios.*
¹⁷Mas continuaram a pecar contra ele,*
revoltando-se contra o Altíssimo no
deserto.
¹⁸Tentaram a Deus em seu coração,*
pedindo comida a seu gosto.
¹⁹Falaram contra Deus, dizendo:
"Pode Deus preparar uma mesa no deserto?"*
²⁰Bateu na rocha, escorreram águas,
e as torrentes transbordaram.
"Poderá dar-nos pão também,
ou fornecer carne a seu povo?"
²¹Ouvindo isto, Javé ficou irado;*
um fogo acendeu-se contra Jacó*
e a cólera explodiu contra Israel,
²²porque não acreditaram em Deus
e não confiaram em sua salvação.
²³No entanto ordenou às nuvens do alto
e abriu as portas do céu;*
²⁴fez chover sobre eles maná para nu-
tri-los
e deu-lhes o trigo do céu.*
²⁵O homem comeu* o pão dos fortes†;
enviou-lhes comida com fartura.
²⁶Fez soprar no céu o vento oriental
e trouxe com seu poder o vento sul;
²⁷fez chover sobre eles carne como
poeira,
e aves como areia da praia.

---

* **78**. Is 63,7s; Sl 105; 106; 114; 115; 136; Sb 16-19; Ne 9,9-37 | 1. Dt 32,1 / Sl 49,5 | 3. 44,2; Dt 4,9 | 4. Êx 10,2; 13,14; Sl 145,4 | 5. 147,19 / Dt 4,9; 6,7 | 6. 22,31 | 8. Dt 31,27; 32,5.20 | 9. Os 7,13-16 | 13. Êx 14-15 / Êx 14,22; 15,8 | 14. Êx 13,21; Sl 105,39 | 15. Êx 17,1-7; Nm 20,2-13; Sl 105,41; 114,8 | 16. Is 48,21 | 17. Êx 20,13 | 18. Êx 16,2-36 | 19. 23,5 | 21. Nm 11 / Dt 32,22 | 23. 2Rs 7,2; Ml 3,10 | 24. Jo 6,31 | 25. Sb 16,20; 1Cor 10,4; 105,40; Dt 8,3

† **78**. Meditação sobre a história do povo, desde o êxodo até o tempo de Samuel. Javé não se cansa de mostrar seu carinho para com Israel, que lhe retribui com repetidas infidelidades. | 2. "A história é mestra de vida", dizia Cícero, mas é preciso refletir para tentar entender seus enigmas. Recordar o passado é edificar o futuro. | 5. Privilégio único de Israel, que recebeu de Deus a lei, fundamento de seu direito. | 15. O grande abismo é, na mente dos antigos, o oceano subterrâneo que alimenta as fontes. | 25. O pão que dá força, ou o pão que os fortes comem: assim entendeu Sb 16,29, que chama o maná de "alimento dos anjos".

Salmos 78

690

²⁸Fê-las cair no meio do acampamento,
ao redor de suas tendas.
²⁹Comeram e ficaram saciados;*
serviu-lhes o que desejavam.
³⁰Mal haviam matado a fome*
e a comida ainda estava em sua boca,
³¹quando a ira de Deus se acendeu
contra eles;
castigou com a morte os mais robustos
e prostrou os jovens de Israel.*
³²Apesar de tudo isto tornaram a pecar,
não tiveram fé em seus prodígios.
³³Por isso dissipou seus dias como um
sopro
e seus anos num terror repentino.
³⁴Quando os matava, o buscavam,*
arrependidos, procuravam a Deus.
³⁵Recordavam que Deus era seu rochedo
e o Deus Altíssimo, seu redentor.
³⁶Mas o adulavam com suas palavras*
e com a língua lhe mentiam.
³⁷Seu coração não era sincero com ele,*
nem foram fiéis a sua aliança.
³⁸Mas ele, em sua misericórdia,
perdoava o pecado e não os destruía.*
Muitas vezes refreou sua ira
e não deixava agir todo o seu furor.
³⁹Lembrava-se de que eram mortais,
um sopro que passa e não volta.
⁴⁰Quantas vezes se revoltaram contra
ele no deserto*
e na solidão o provocaram!
⁴¹Recomeçavam a tentar a Deus
e a exasperar o Santo de Israel.*
⁴²Não mais se lembraram de seu poder,*
do dia em que os resgatou do opressor,
⁴³dos sinais que realizou no Egito*
e de seus prodígios no campo de Tânis.
⁴⁴Mudou em sangue seus rios e riachos
para impedi-los de beber.
⁴⁵Enviou contra eles moscas para os
devorar,
e rãs para infestá-los.

⁴⁶Entregou às pragas suas colheitas,
e ao gafanhoto o produto de seu trabalho.
⁴⁷Destruiu suas vinhas com o granizo,
seus sicômoros com a geada.
⁴⁸Entregou seu gado ao granizo,
e seus rebanhos ao raio.
⁴⁹Lançou contra eles o furor de sua ira:
cólera, indignação, calamidade,
todo um exército de anjos maus.
⁵⁰Deixou agir livremente sua cólera,
não os preservou da morte,
entregou à peste a vida deles.
⁵¹Matou todos os primogênitos do Egito,*
as primícias de seu vigor nas tendas de
Cam.
⁵²Fez sair seu povo como ovelhas,*
conduziu-os como um rebanho no deserto.
⁵³Guiou-os com segurança, e não temeram,
e o mar recobriu seus inimigos.*
⁵⁴Conduziu-os a sua terra santa,
ao monte que sua mão direita conquistou.
⁵⁵Expulsou diante dele as nações,*
repartiu por sorte entre eles a herança†
e fez morar em suas tendas as tribos
de Israel.
⁵⁶Mas eles tentaram com suas revoltas
o Deus Altíssimo,
não observaram seus preceitos.
⁵⁷Desviaram-se e foram infiéis como
seus pais,
voltaram-se como um arco enganador.
⁵⁸Com seus lugares altos* o provoca-
ram†
e com seus ídolos excitaram seu zelo.
⁵⁹Deus o soube e se indignou,
e rejeitou Israel duramente.
⁶⁰Abandonou a morada de Silo,*
a tenda onde habitava entre os homens.
⁶¹Entregou ao cativeiro sua força*
e às mãos do inimigo sua glória†.

---

* **78**,29. Os 13,6 | 30. Nm 11,33 | 31. Nm 14,29 | 34. Os 5,15; Is 26,16; Nm 21,7; Dt 32,15.18 | 36. Os 6,4 |
37. Is 29,13; Os 8,1 | 38. Êx 32,14; Nm 14,20; Is 48,9; Ez 20,22; Os 11,8s; Sl 65,4; 85,4 | 40. Dt 9,22 | 41. Is
6,3 | 42. 71,22; 89,19 | 43. Êx 7,14-11,10; 12,29-36; Sb 16-18 | 51. Êx 12,29; Sl 105,36 | 52. 77,21 | 53. Êx
14,26ss | 55. 44,3; Js 24,8-13 | 58. Dt 32,16-21 | 60. 1Sm 1,3; Js 18,1 | 61. Jr 7,12; 26,6

† **78**,55. A terra que pertencia aos cananeus foi dada aos israelitas, que a dividiram entre as tribos no
tempo de Josué. | 58. Ver a nota em 1Sm 9,12. | 61. Silo é a cidade onde estava o santuário principal na
época dos Juízes. A arca da aliança, sede da glória de Deus, que foi tomada pelos filisteus, 1Sm 4,3-7.

691   Salmos 78-79

62Abandonou seu povo à espada*
e se indignou contra sua própria herança.
63O fogo devorou seus jovens,*
e suas virgens não ouviram o canto
nupcial.
64Seus sacerdotes caíram vítimas da
espada,
e suas viúvas não fizeram lamentações.
65O Senhor despertou como de um
sono,
como um guerreiro que grita dominado pelo vinho.
66Golpeou os inimigos pelas costas,*
infligindo-lhes eterna ignomínia.
67Repudiou a tenda de José,
não escolheu a tribo de Efraim,
68mas escolheu a tribo de Judá,*
o monte Sião que ele amava.*
69Construiu seu santuário alto como o
céu,
como a terra que ele fundou para sempre.
70Escolheu Davi, seu servo,*
tomou-o do aprisco das ovelhas;
71tirou-o do cuidado das ovelhas-
-mães*
para apascentar Jacó, seu povo,*
e Israel, sua herança.
72Ele os dirigiu com um coração íntegro
e com mão sábia os conduziu.

79
**Lamento* pela destruição de
Jerusalém**†. 1*Salmo de Asaf.*
(78)   Ó Deus, os pagãos invadiram
vossa herança,*
profanaram vosso santo templo,
reduziram Jerusalém a um montão de
ruínas.
2Entregaram os corpos de vossos servos*
às aves do céu como alimento,
e a carne de vossos fiéis aos animais do
campo.

3Derramaram o sangue deles*
como água em torno de Jerusalém,
e ninguém lhes deu sepultura.
4Tornamo-nos o opróbrio de nossos
vizinhos,*
o escárnio e a zombaria dos que nos
rodeiam.
5Até quando, Javé? Estareis irado para
sempre?*
Arderá como fogo vosso zelo?†
6Derramai vosso furor sobre os pagãos
que não vos conhecem*
e sobre os reinos que não invocam vosso nome,*
7pois devoraram Jacó*
e devastaram sua morada.
8Não recordeis contra nós as culpas de
nossos pais†;
venha depressa a nosso encontro vossa
misericórdia,
porque estamos reduzidos à miséria
extrema.*
9Ajudai-nos, ó Deus, nosso salvador,
pela glória de vosso nome;
salvai-nos e perdoai nossos pecados
por amor de vosso nome.
10Por que os povos deveriam dizer:
"Onde está o Deus deles?"*
Seja conhecida entre os povos, sob
nossos olhos,*
a vingança pelo sangue de vossos servos que foi derramado.
11Chegue a vossa presença o gemido
dos cativos;*
com o poder de vosso braço* salvai os
condenados à morte†.
12Devolvei sete vezes a nossos vizinhos
no seio deles
o insulto que lançaram* contra vós, Se-
nhor†.
13E nós, vosso povo e rebanho de vosso
pasto,
sempre vos daremos graças;
vossos louvores proclamaremos de geração em geração.

---

* **78**,62. Jr 12,7 | 63. Dt 32,22-25; Jr 7,34 | 66. 1Sm 5,6s | 68. 2Sm 5,9 / Sl 87,2; 48,3 | 70. 1Sm 13,14; 16,11ss
| 71. 2Sm 7,8; Sl 89,21 / Ez 34; 37,24; Sl 77,21 | **79**. 44; 74; 80 | 1. 2Rs 25,9s; Lm 1,10 | 2. Jr 7,33; 80,13s;
1Mc 7,17 | 3. Sf 1,17; Jr 14,16 | 4. 44,14; 80,7 | 5. Sf 2,8; 89,47; 44,24 | 6. Jr 10,25; Eclo 36,1-5 / 14,4 | 7.
Jr 50,7 | 8. 142,7 | 10. 115,2 / Jl 2,17 | 11. 42,4; 126,2 / Dt 32,43; Jl 4,21; Sl 102,21 | 12. 89,51; Ez 34,1

† **79**. Meditação sobre os fatos ocorridos em 586 a.C., quando os babilônios saquearam e destruíram
a cidade e massacraram a população. | 5. Deus se mostra ciumento, apaixonado, quando seu povo o
abandona para ir atrás de outros deuses. | 8. Tão grande é a calamidade, que o salmista pensa que ela
só pode ser castigo dos pecados dos antigos. | 11. Os vencidos na guerra eram condenados à escra-
vidão ou exterminados. | 12. Os vizinhos edomitas e moabitas, que na guerra se aliaram aos inimigos
de Israel e saquearam suas cidades.

Salmos 80-81

80
(79)

Canto da vinha* devastada†.
[1]*Ao regente do coro. Conforme a melodia "Os lírios do testemunho".* Salmo de Asaf.*
[2]Pastor de Israel, escutai,*
vós que guiais José como um rebanho.
Sentado sobre os querubins, resplandecei*
[3]diante de Efraim, Benjamim e Manassés.
Despertai vosso poder
e vinde em nosso auxílio.
[4]Restaurai-nos, ó Deus;*
fazei brilhar vosso rosto e seremos salvos.*
[5]Javé, Deus dos exércitos,
até quando estareis indignado*
contra as orações de vosso povo?
[6]Vós nos alimentais com pão de lágrimas*
e nos dais a beber lágrimas em abundância.
[7]Fizestes de nós motivo de discórdia para nossos vizinhos*
e nossos inimigos se riem de nós.
[8]Deus dos exércitos, restaurai-nos,
fazei brilhar vosso rosto e seremos salvos.
[9]Tirastes uma videira do Egito,*
expulsastes nações para plantá-la.
[10]O terreno lhe preparastes;
ela criou raízes e encheu a terra.
[11]Sua sombra cobriu as montanhas
e seus ramos, os mais altos cedros†.
[12]Estendeu seus sarmentos até o mar*
e até o rio, seus brotos.
[13]Por que derrubastes sua cerca,*
de modo que todo caminheiro a vindime,
[14]o javali do bosque a devaste
e os animais do campo a devorem?
[15]Deus dos exércitos, voltai-vos†,
olhai do céu e vede, visitai esta vinha;
[16]protegei a cepa que vossa mão direita plantou,
o germe que para vós cultivastes.
[17]Os que a queimaram com o fogo e a cortaram
morrerão ante vossa face ameaçadora.
[18]Esteja vossa mão sobre o homem de vossa direita,
sobre o filho do homem que para vós fortalecestes.
[19]E assim não nos afastaremos mais de vós,
vida nos dareis e invocaremos vosso nome.
[20]Javé, Deus dos exércitos, restaurai-nos,
fazei brilhar vosso rosto e seremos salvos.

81
(80)

Solene renovação da aliança†.
[1]*Ao regente do coro. Para harpa de Gat. De Asaf.*
[2]Cantai a Deus, nossa força,
aclamai ao Deus de Jacó.
[3]Entoai o cântico e tocai o tímpano,
a cítara melodiosa com a harpa.
[4]Tocai a trombeta no dia da lua nova,
na lua cheia, nosso dia de festa.*
[5]Este é um preceito para Israel,
um decreto do Deus de Jacó.
[6]Como testemunho o deu a José,
quando saiu da terra do Egito.
Ouvi uma língua que eu não entendia:
[7]"Libertei do peso seu ombro,*
suas mãos ficaram livres do cesto.
[8]Clamaste na angústia e eu te libertei,
oculto no trovão te dei resposta,
junto às águas de Meriba te provei.*
[9]Ouve, meu povo, quero te avisar;
Israel, quem dera que me ouvisses!
[10]Não haja em teu meio um outro deus,
não adores um deus estrangeiro.*
[11]Eu sou Javé, teu Deus,
que te tirei da terra do Egito;
abre a boca, eu a encherei.
[12]Mas meu povo não ouviu minha voz,*
Israel não me obedeceu.
[13]Por isso o abandonei à dureza de seu coração,*
e seguiram seus próprios conselhos.

---

* **80**. Is 63,15-64,11 | 1. 45,1 | 2. Ez 34,1 / Êx 25,18 | 4. Jr 31,18 / Sl 4,7 | 5. 44,24; 74,1 | 6. 42,4 | 7. 79,4 | 9. Is 5,1 | 12. Jz 20,1 | 13. Jr 12,7-13 | **81**,4. Lv 23,24; Nm 29,12; Êx 23,14 | 7. Êx 1,14; 6,6 | 8. Êx 19,19; Êx 17,1-7; Sl 95,8 | 10. Êx 20,2s | 12. Dt 9,7 | 13. Jr 3,17; 7,24

† **80**. Lamentação pela ruína causada pelos invasores e recordação dos antigos benefícios de Deus ao povo. | 11. A vinha é Israel, trazido do Egito no tempo do êxodo, e que em Canaã superou os cedros, isto é, outros povos. | 15. Deus está sempre disposto a voltar para seu povo, mas é preciso que também seu povo volte a Ele na fidelidade (João Paulo II). | **81**. O salmo é um convite a participar da festa das Tendas, que comemorava a estadia do povo no deserto no tempo do êxodo.

Salmos 81-83

¹⁴Ah! Se meu povo me escutasse,*
se Israel andasse por meus caminhos,
¹⁵num instante eu venceria seus inimigos*
e contra seus adversários voltaria minha mão.
¹⁶A ele se submeteriam os que odeiam
a Javé,
e o tempo deles estaria para sempre
acabado.
¹⁷Eu o alimentaria com o melhor do
trigo*
e o saciaria com mel do rochedo"†.

82
Deus juiz supremo†. ¹*Salmo de Asaf.*

(81) Deus se levanta na assembleia
divina,*
dá a sentença no meio dos deuses.
²Até quando julgareis injustamente,
tomando partido pela causa dos ímpios?
³Defendei o fraco e o órfão,*
fazei justiça ao infeliz e ao pobre.
⁴Salvai o fraco e o indigente,
livrai-o da mão dos ímpios.
⁵Não sabem, não entendem, andam
nas trevas,
vacilam todos os fundamentos da terra†.
⁶Eu disse: "Vós sois deuses,
sois todos filhos* do Altíssimo†.
⁷No entanto, morrereis como todo homem,
caireis como um príncipe qualquer".
⁸Levantai-vos, ó Deus, julgai a terra,
porque a vós pertencem todas as nações.

83
Os inimigos de Israel†. ¹*Cântico. Salmo de Asaf.*

(82) ²Ó Deus, não guardeis silêncio,*
não fiqueis calado e indiferente, ó
Deus!
³Pois vossos inimigos tumultuam,

levantam a cabeça os que vos odeiam.
⁴Contra vosso povo tramam com astúcia,
contra vossos protegidos conspiram.
⁵Dizem: "Vinde, destruamo-los,*
de modo que não sejam mais um povo
e não se fale mais o nome de Israel".
⁶Sim, todos juntos entraram em acordo
para formar uma aliança contra vós:
⁷as tendas de Edom com os ismaelitas,*
Moab com os agarenos;*
⁸Gebal com Amon e Amalec,*
a Filisteia com os habitantes de Tiro.*
⁹Até Assur se juntou a eles,
tornou-se o braço forte dos filhos de
Ló.
¹⁰Fazei-lhes como fizestes a Madiã,
como a Sísara e a Jabin na torrente
Quison,*
¹¹que foram exterminados em Endor*
e serviram de esterco para o solo.
¹²Tratai seus chefes como outrora a
Oreb e a Zeb,*
como a Zebá e a Sálmana, todos os
seus príncipes.
¹³Eles tinham dito: "Tomemos posse
das regiões de Deus".
¹⁴Meu Deus, fazei-os semelhantes ao
turbilhão,*
à palha diante do vento,
¹⁵ao fogo que queima a floresta,*
à chama que devora os montes.
¹⁶Persegui-os assim com vossa tempestade,
aterrai-os com vosso furacão.*
¹⁷Cobri o rosto deles de vergonha,
para que busquem vosso nome, ó Javé!
¹⁸Fiquem confusos e perturbados para
sempre
e morram de morte ignominiosa.
¹⁹Assim saberão que só vós, cujo nome
é Javé,*
sois o Altíssimo sobre toda a terra.

---

* **81**,14. Is 48,18 | 15. Lv 26,7s | 17. 147,14; Dt 32,13s | **82**,1. Is 3,13s | 3. Êx 23,6; Dt 1,17 |
6. 58,2 | **83**,2. 44,24; 50,3; 109,1 | 5. Jr 11,9 | 7. Nm 20,23 / 1Cr 5,10.19 | 8. Êx 17,8 / Js 13,2 | 10. Jz 7; Is
9,3; 10,26 | 11. Jz 4-5; Jr 8,2 | 12. Jz 7,25; 8,10-21 | 14. Is 17,13; 29,5 | 15. 58,10; Is 5,24; 10,17; Ez 21,3 |
16. Jr 25,32 | 19. 97,9; 46,11; Is 42,8

† **81**,17. Como sempre na história da salvação, a última palavra no diálogo entre Deus e o povo pecador
não é nunca o juízo ou o castigo, mas o amor e o perdão (João Paulo II). | **82**. Deus julga os juízes, os
quais devem administrar a justiça em Seu nome. | 5. Sem justiça, base de uma sociedade organizada,
abalam-se os fundamentos da vida civil. | 6. Os magistrados, os quais participam da autoridade divina.
83. Contra os inimigos que atacaram Israel no tempo dos Juízes. Agredir o povo de Deus é ir contra
o próprio Deus

Salmos 84-86

84

Canto do romeiro†. [1]*Ao regente do coro. Para harpa de Gat. Salmo dos filhos de Coré.* (83)
[2]Como são amáveis vossas moradas, Javé dos exércitos!
[3]Minha alma suspira e desfalece pelos átrios de Javé.*
Ao Deus vivo cantam meu coração e minha carne.
[4]Até o pardal encontra casa
e a andorinha, um ninho seu, onde pôr os filhotes;
junto a vossos altares, Javé dos exércitos,
meu rei e meu Deus.
[5]Feliz quem mora em vossa casa:*
sempre canta vossos louvores.
[6]Feliz quem encontra em vós sua força
e decide em seu coração subir ao templo.
[7]Passando pelo vale do pranto,
transforma-o numa fonte,
e a primeira chuva também o cobre de bênçãos.*
[8]Cresce seu vigor ao longo do caminho,
até que compareça diante de Deus em Sião.
[9]Javé, Deus dos exércitos, ouvi minha prece;
escutai, ó Deus de Jacó.
[10]Olhai, ó Deus, nosso escudo,
contemplai o rosto de vosso ungido†.
[11]Porque um dia em vossos átrios
vale mais que mil;
prefiro estar à porta da casa de meu Deus
a morar nas tendas dos ímpios.
[12]Porque sol e escudo é Javé Deus;
Javé concede graça e glória.
Não recusa bem algum aos que caminham com retidão.
[13]Javé dos exércitos, feliz o homem que em vós confia.

85

A salvação está próxima†. [1]*Ao regente do coro. Salmo dos filhos de Coré.* (84)
[2]Fostes benévolo, Javé, com vossa terra,*
reconduzistes Jacó do cativeiro.
[3]Perdoastes a iniquidade de vosso povo,
cancelastes todos os seus pecados.
[4]Renunciastes a todo o vosso furor*
e acabastes com vossa grande ira.
[5]Restaurai-nos, ó Deus, nossa salvação,*
e acalmai vossa ira contra nós.
[6]Estareis para sempre irado conosco,*
de idade em idade estendereis vosso furor?
[7]Não tornareis a dar-nos vida,
para que em vós se alegre vosso povo?
[8]Mostrai-nos, Javé, vossa misericórdia*
e dai-nos vossa salvação.
[9]Que eu proclame o que diz Javé Deus:
pois anuncia a paz a seu povo, a seus fiéis
e aos que voltam para ele de todo o coração.
[10]Sua salvação está próxima dos que o temem
e a glória* habitará em nossa terra†.
[11]Misericórdia e verdade se encontram,*
justiça e paz se abraçam.
[12]A verdade brota da terra*
e a justiça está olhando do céu†.
[13]Javé também dará a felicidade,
e nossa terra produzirá seu fruto.
[14]A justiça caminhará diante dele*
e seus passos abrirão caminho.

86

Oração na adversidade. [1]*Oração de Davi.* (85)
Javé, prestai atenção, respondei-me,
porque sou pobre e infeliz.
[2]Guardai-me porque sou fiel;
meu Deus, salvai vosso servo que em vós confia.
[3]Piedade de mim, Senhor,
porque a vós clamo o dia todo.

---

* **84**,1. 8,1 | 3. 42,2s; 122,1 | 5. 5,3 | 7. Ez 34,26; Jl 2,23 | **85**,2. 126 | 4. 78,38 | 5. 80,4 | 6. 79,5 | 8. Is 49,14s; 54,7 | 10. Ez 11,23; 43,2 | 11. 89,15; 97,2 | 12. Is 45,8 | 14. Zc 8,12; 9,10; Is 58,8

† **84**. Os romeiros exaltam o templo e os que nele servem a Deus. | 10. Aquele que foi consagrado pela unção: o rei ou o sumo sacerdote. | **85**. Os que voltam do exílio de Babilônia em 538 a.C. louvam e agradecem a Deus, e professam sua confiança nele diante da situação precária que enfrentam. | 10. A glória simboliza Deus: ela se afastou do templo e da cidade santa, Ez 11,23, mas voltará a habitar no meio do povo. | **85**,12. Deus volta para o meio do povo e o povo volta para Deus: céu e terra se reconciliam.

695   Salmos 86-88

[4]Alegrai a alma de vosso servo,
porque a vós, Senhor, elevo minha
alma.*
[5]Vós sois bom, Senhor, e compassivo,
rico em misericórdia para com todos os
que vos invocam.
[6]Prestai atenção, Javé, a minha prece*
e sede atento à voz de minha súplica.
[7]No dia de minha angústia vos invoco,
porque me respondeis, Senhor.
[8]Entre os deuses nenhum é como vós,
Senhor,*
e nada há que se iguale a vossas obras.*
[9]Todas as nações que criastes virão
e se prostrarão diante de vós, Senhor,*
para dar glória a vosso nome;
[10]pois vós sois grande e fazeis maravilhas;
só vós sois Deus.
[11]Ensinai-me, Javé, vosso caminho,
para eu caminhar em vossa verdade;*
disponde meu coração para que tema
vosso nome.
[12]Graças vos darei, Senhor, meu Deus,
de todo o coração
e glorificarei vosso nome para sempre,
[13]porque é grande vosso amor para
comigo
e das profundezas do abismo me livrastes.*
[14]Ó Deus, os arrogantes me assaltaram,*
uma turma de violentos atenta contra
minha vida
e não se importam convosco.
[15]Mas vós, Senhor, Deus misericordioso e compassivo,*
lento para a ira e rico de amor e de fidelidade,
[16]voltai-vos para mim e tende compaixão;*
dai a vosso servo vossa força,
salvai o filho de vossa serva.*
[17]Dai-me um sinal de benevolência,
para que meus inimigos vejam e fiquem envergonhados,

porque vós, Javé, me socorreis e me
consolais.

87
(86) **Jerusalém,* mãe de todos os povos**[†]. [1] *Salmo dos filhos de Coré. Cântico.*
Seus fundamentos estão sobre os
montes sagrados;
[2]Javé ama as portas de Sião
mais que todas as moradas de Jacó.*
[3]De ti se dizem coisas estupendas,
ó cidade de Deus.
[4]Recordarei o Egito e Babilônia
entre os que me conhecem.
Eis a Palestina, Tiro e Etiópia: este ali
nasceu.
[5]De Sião, porém, se dirá: "Todos nasceram nela[†],
e o Altíssimo a mantém firme".*
[6]Javé escreverá no registro dos povos:
"Este nasceu lá".*
[7]E dançando cantarão:
"Estão em ti todas as minhas fontes".*

88
(87) **Oração numa doença grave**[†]. [1]*Cântico. Salmo dos filhos de Coré. Ao regente do coro. Conforme a melodia "Mahalat". Para cantar. Poema de Emã, o ezraíta.*
[2]Javé, Deus meu salvador,
diante de vós eu clamo dia e noite.
[3]Chegue a vossa presença minha oração,
prestai atenção a meu lamento.
[4]Pois estou saturado de males,*
minha vida está perto do abismo.
[5]Sou contado entre os que descem à
cova,
sou como um homem sem força.*
[6]É entre os mortos minha morada,
sou como os que jazem no sepulcro,
dos quais não guardais lembrança[†]
e foram retirados de vossa mão.
[7]Numa fossa profunda me lançastes,
nas trevas, nos abismos.
[8]Pesa sobre mim vosso furor*

---

* **86**,4. 25,2 | 6. 5,2s | 8. 35,10; 89,9 / Jr 10,6 | 9. 22,28 | 11. 26,3; 27,11 | 13. 88,7 | 14. 54,5 | 15. Êx 34,6; 103,8; 145,8 | 16. 25,16 / 116,16 | **87**. 2Sm 5,9; Sl 48; 46,5; Is 2,2s | 2. 76,3; 78,68 | 5. Is 62,4s | 6. Is 4,3; Ez 13,9 | 7. Is 66,21 | **88**,4. Jó 10,15; 17,1 | 5. 143,7 | 8. 42,8 / 18,5

† **87**. Como Jerusalém acolhe pessoas de todas as nações, assim a Igreja é mãe e mestra de todos os povos. | 5. Os nascidos em Sião estarão abertos à fraternidade universal. | **88**. O doente se encontra em profundo abatimento, sentindo-se abandonado até por Deus. | 6. Nesse tempo ainda pensavam que os mortos caíam num total esquecimento, mesmo por parte de Deus.

Salmos 88-89

e com todas as vossas ondas me esmagais.*
[9]Afastastes de mim meus amigos,*
para eles me tornastes objeto de horror.
Sou prisioneiro, sem poder sair.*
[10]Meus olhos se consomem pela dor.*
O dia todo vos invoco, Javé,
e para vós estendo minhas mãos.
[11]Fazeis prodígios para os mortos?
As sombras se levantam para vos louvar?*
[12]Celebra-se vossa bondade no sepulcro
e vossa fidelidade no lugar da destruição?
[13]Nas trevas são conhecidos vossos prodígios,
e vossa justiça no país do esquecimento?
[14]Eu, porém, clamo a vós, Javé,
e de manhã chega a vós minha prece.
[15]Por que, Javé, me rejeitais,
por que me escondeis vosso rosto?
[16]Sou infeliz e moribundo desde jovem,
sob o peso de vossos terrores me desoriento.
[17]Sobre mim passou vossa ira,
vossos terrores me aniquilaram.
[18]Eles me rodeiam como água o dia todo,
todos juntos me circundam.
[19]Afastastes de mim amigos e conhecidos;
só as trevas me fazem companhia.*

89 Aliança de Deus com Davi[+].
[1]*Poema de Etã, o ezraíta.*
(88) [2]Vou cantar para sempre a bondade de Javé;
vossa fidelidade anunciarei com minha boca[+]
de geração em geração.
[3]Pois dissestes: "Minha misericórdia permanece para sempre".
Estabelecestes nos céus vossa fidelidade.
[4]"Fiz aliança com meu eleito;*
jurei a Davi, meu servo:

[5]Para sempre confirmarei tua descendência,
teu trono edificarei por todas as gerações".
[6]Os céus celebram vossas maravilhas, Javé,
e vossa fidelidade na assembleia dos santos.*
[7]Pois quem, nas alturas, se compara a Javé?*
Quem é semelhante a Javé entre os filhos de Deus?
[8]Deus é tremendo na grande assembleia dos santos,
grande e terrível entre os que o rodeiam.
[9]Javé, Deus dos exércitos, quem é como vós?*
Sois poderoso, Javé, e vossa fidelidade vos circunda.
[10]Sois vós que domais o orgulho do mar*
e que acalmais as ondas quando elas se elevam.
[11]Esmagastes o Egito como um inimigo abatido,
com braço poderoso dispersastes vossos inimigos.
[12]Vossos são os céus, vossa é a terra;
o mundo e o que nele existe vós fundastes.*
[13]Criastes o norte e o sul;
o Tabor e o Hermon cantam a vosso nome.
[14]Vosso braço é cheio de vigor,
forte é vossa mão esquerda, elevada vossa direita.
[15]A justiça e o direito são as bases de vosso trono,*
a bondade e a fidelidade caminham a vossa frente.*
[16]Feliz o povo que sabe fazer festa,*
ele caminha, Javé, à luz de vossa face!
[17]Em vosso nome ele se alegra sem cessar,
e em vossa justiça encontra sua glória.
[18]Pois vós sois sua esplêndida força,
e por vossa benevolência aumentais nosso poder.

---

* **88**,9. 38,12 / 142,8 | 10. Lm 3,7 | 11. 6,6; Is 38,18 | 19. Jó 17,13s | **89**,4. 2Sm 7,8-16 | 6. Jó 5,1 | 7. 29,1; 82,1; Jó 1,6 | 9. 86,8 | 10. Jó 7,12; Sl 65,8 | 12. 24,1s | 15. 85,11; 97,2 / Êx 34,6s | 16. 47,1

+ **89**. Deus fez a Davi a promessa de que seu trono duraria para sempre, 2Sm 7,16, mas o reino se encontra numa situação desesperada. | 2. Por sua fidelidade à promessa feita, Deus concede a graça e se mostra paciente e misericordioso.

697 Salmos 89

¹⁹Porque a Javé pertence nosso escudo,
e ao Santo de Israel, nosso rei.*
²⁰Outrora falastes numa visão a vossos fiéis*
e dissestes: "Prestei auxílio a um herói,
elevei um eleito no meio do povo.
²¹Encontrei Davi, meu servo,*
com meu santo óleo o ungi;
²²minha mão o sustentará,*
meu braço o fortalecerá.
²³O inimigo não o surpreenderá
e o iníquo não o oprimirá.
²⁴Esmagarei diante dele seus adversários
e abaterei os que o odeiam.
²⁵Minha fidelidade e minha bondade estarão com ele
e por meu nome crescerá seu poder.
²⁶Estenderei sua mão esquerda sobre o mar
e sua mão direita sobre os rios.
²⁷Ele me invocará, dizendo: 'Vós sois meu pai,*
meu Deus e meu rochedo salvador'.
²⁸Farei dele meu primogênito,*
o mais elevado dos reis da terra.
²⁹Para sempre lhe conservarei minha misericórdia,
e minha aliança com ele será estável.
³⁰Farei viver para sempre sua descendência
e seu trono como os dias do céu.
³¹Se seus filhos abandonarem minha lei
e não andarem segundo meus preceitos,
³²se violarem minhas prescrições
e não observarem meus mandamentos,
³³castigarei com a vara suas transgressões*
e com açoites seus pecados.
³⁴Mas não lhe retirarei meu amor,
nem desmentirei minha fidelidade.
³⁵Não violarei minha aliança,*
nem modificarei as promessas que fiz.
³⁶Eu o jurei uma vez por minha santidade*
e não mentirei a Davi;

³⁷sua descendência durará para sempre
e seu trono, como o sol diante de mim,
³⁸como a lua que permanece para sempre,*
testemunha fiel no firmamento".
³⁹Mas vós rejeitastes e repudiastes,
e vos irritastes contra vosso ungido.
⁴⁰Rompestes a aliança com vosso servo,
lançastes por terra e profanastes sua coroa.
⁴¹Fizestes brechas em todas as suas muralhas,*
reduzistes a ruínas suas fortalezas.
⁴²Todos os que passam o depredam,
e seus vizinhos o escarnecem.
⁴³Fizestes triunfar seus adversários,
alegrastes todos os seus inimigos.
⁴⁴Cegastes o corte de sua espada,
não o sustentastes no combate.
⁴⁵Pusestes fim a seu esplendor
e lançastes por terra seu trono.
⁴⁶Abreviastes os dias de sua juventude
e de vergonha o cobristes.
⁴⁷Até quando, Javé, vos escondereis, para sempre?*
E vosso furor se abrasará como o fogo?
⁴⁸Lembrai-vos de como é breve minha vida;*
foi para nada que criastes todos os filhos dos homens?
⁴⁹Quem é que pode viver e não ver a morte?*
Quem pode livrar sua alma do poder do abismo?
⁵⁰Onde estão, Senhor, vossos antigos gestos de bondade
que jurastes a Davi por vossa fidelidade?
⁵¹Lembrai-vos, Senhor, do ultraje feito a vossos servos,
trago no peito a injúria de muitos povos,
⁵²os insultos lançados por vossos inimigos, Javé,
lançados contra os passos de vosso ungido.
⁵³Seja bendito Javé para sempre!
Amém! Amém!*

---

* **89**,19. Is 6,3; Sl 47,10 | 20. 132,11s; 2Sm 7 | 21. 78,70 | 22. Is 42,1 | 27. 2Sm 7,14; Sl 2,7 | 28. Cl 1,15-18; Ap 1,5; Is 55,3 | 33. 2Sm 7,14 | 35. Jr 33,20s | 36. 110,4 | 38. 72,5.7 | 41. 80,13s | 47. 79,5 | 48. 39,5 | 49. 90,3s | 53. 106,48

Salmos 90-91

IV. LIVRO QUARTO
(90 [89] – 106 [105])

90
Eternidade de Deus e fragilidade humana.
(89)
¹*Súplica de Moisés, homem de Deus.*
Senhor, fostes para nós um refúgio
de geração em geração;
²Antes que nascessem os montes*
e formásseis a terra e o mundo,
desde sempre e para sempre vós sois
Deus.*
³Fazeis o homem voltar ao pó*
dizendo: "Voltai, filhos de Adão!"
⁴Pois a vossos olhos, mil anos
são como o dia de ontem que passou,*
e como uma vigília na noite.
⁵Vós os mergulhais no sono;*
são como a relva que brota de manhã:*
⁶de manhã floresce, cresce,*
de tarde murcha e seca.
⁷Porque somos consumidos por vossa
ira
e por vosso furor conturbados.
⁸Pondes diante de vós nossas culpas,
e nossos pecados ocultos à luz de vossa face.
⁹Pois todos os nossos dias passam por
causa de vossa ira,
acabam nossos anos como um sopro.*
¹⁰Nossos anos de vida são setenta,*
oitenta para os mais robustos,
mas na maior parte são fadiga e sofrimento,*
porque passam depressa e nós voamos.
¹¹Quem conhece o ímpeto de vossa
ira?
E vossa indignação, conforme o temor
que vos é devido?
¹²Ensinai-nos a contar nossos dias†,
e assim teremos um coração sábio.
¹³Voltai-vos, Javé, até quando?*
Tende compaixão de vossos servos!
¹⁴Saciai-nos de manhã com vossa bondade,*
e exultaremos de alegria pela vida afora.

¹⁵Alegrai-nos em proporção dos dias
em que nos afligistes,*
e dos anos em que suportamos a adversidade.
¹⁶Que vossa obra se manifeste a vossos
servos
e vossa glória a seus filhos.
¹⁷Esteja sobre nós a bondade do Senhor, nosso Deus.
Confirmai sobre nós a obra de nossas
mãos;
sim, confirmai a obra de nossas mãos.

91
Certeza da proteção divina*.
(90)
¹Quem habita sob a proteção
do Altíssimo
e repousa à sombra do Onipotente
²diga a Javé: "Meu refúgio, minha fortaleza,*
meu Deus, em quem confio".
³Ele te livrará do laço do caçador,*
da peste destruidora;
⁴ele te cobrirá com suas penas,*
sob suas asas encontrarás refúgio.
Escudo e couraça é sua fidelidade.
⁵Não temerás os terrores da noite*
nem a flecha que voa de dia,*
⁶nem a peste que vaga nas trevas,
nem a epidemia que devasta ao meio-dia.*
⁷Caiam mil a teu lado
e dez mil a tua direita;
tu não serás atingido.
⁸Basta que observes com teus olhos,
verás o castigo dos ímpios.
⁹"Pois vós sois meu refúgio, ó Javé".
Fizeste do Altíssimo tua morada.
¹⁰Nenhum mal te sucederá,*
nenhuma praga chegará a tua tenda.
¹¹Pois ele dará ordem a seus anjos*
para te guardarem em todos os teus
passos.
¹²Em suas mãos te levarão*
para que teu pé não tropece nalguma
pedra.
¹³Caminharás sobre a áspide e a víbora,*
pisarás sobre o leãozinho e o dragão.

---

* **90**,2. Gn 1,1; Pr 8,25 / Hab 1,12 | 3. 93,2; Gn 3,19 | 4. 2Pd 3,8 | 5. Is 40,6s / Jó 14,1s; 20,8 | 6. 103,15s | 9. Gn 6,3 | 10. Pr 10,27; Eclo 18,8s / Ecl 12,1-7 | 13. 7,6 | 14. 17,15 | 15. Nm 14,34 | **91**. Jó 5,19-22 | 2. 18,3 | 3. Dt 32,11; 17,8 | 4. Rt 2,12; Mt 23,37 | 5. Ct 3,8 / Pr 3,25 | 6. Dt 32,24; Os 13,14; Jr 15,8; Eclo 34,19 | 10. Pr 12,21; Dt 7,15 | 11. Mt 4,6; Hb 1,14 | 12. Pr 3,23 | 13. Is 11,8

† **90**,12. Tomar consciência de que tudo passa rápido.

Salmos 91-94

14"Eu o salvarei, porque ele me ama;
eu o exaltarei, porque conhece meu nome.*
15Ele me invocará e lhe darei resposta;*
perto dele estarei em sua angústia,
vou salvá-lo e torná-lo glorioso.
16Com longos dias o saciarei
e lhe mostrarei minha salvação".*

92
Louvor ao Deus criador. 1Salmo. Cântico. Para o dia de sábado.

(91)

2É belo louvar a Javé*
e celebrar vosso nome, ó Altíssimo;
3anunciar de manhã vosso amor,
e vossa fidelidade durante a noite,
4na harpa de dez cordas e na lira,
com o tom suave da cítara.
5Porque me alegrais, Javé, com vossas maravilhas,
exulto diante das obras de vossas mãos.
6Como são grandes vossas obras, Javé,*
quão profundos vossos pensamentos!
7O homem insensato não compreende*
e o imbecil não entende isto.
8Se os pecadores brotam como erva*
e florescem todos os malfeitores,
uma eterna ruína os aguarda.
9Mas vós sois excelso para sempre, ó Javé.
10Porque vossos inimigos, Javé,*
vossos inimigos perecerão;
serão dispersos todos os malfeitores.
11Vós me dais a força de um búfalo,*
com óleo fresco me ungist.
12Meus olhos desprezaram meus inimigos,
meus ouvidos ouviram falar
dos malfeitores que me desejavam o mal.
13O justo crescerá como a palmeirat,

como o cedro do Líbano se elevará.
14Plantados na casa de Javé,*
nos átrios de nosso Deus florescerão.
15Mesmo na velhice darão frutos,
serão cheios de seiva e verdejantes,
16para anunciar que Javé é reto:
é meu rochedo, e nele não há injustiça.*

93
Hino a Javé, rei supremo†.
1Javé reina, de esplendor se veste;*

(92)

de poder Javé se reveste e se cinge.*
Firmou o mundo, que jamais será abalado.*
2Firme está vosso trono desde o princípio;
vós existis desde sempre.*
3Elevam os rios, ó Javé,
elevam os rios sua voz, elevam os rios seu fragor.*
4Mais poderoso que o bramido de águas caudalosas,
mais poderoso que as ondas do mar,
poderoso é Javé nas alturas.
5Mui dignos de fé são vossos testemunhos;
a santidade convém a vossa casa*
por dias sem fim, ó Javé!

94
Deus, juiz do mundo. 1Deus justiceiro, Javé,

(93)

Deus justiceiro, manifestai-vos!*
2Levantai-vos, juiz da terra,*
pagai aos soberbos o que merecem.*
3Até quando os ímpios, Javé,*
até quando os ímpios triunfarão?
4Derramam palavras arrogantes,*
todos os malfeitores se vangloriam.
5Esmagam vosso povo, Javé,
e oprimem vossa herançat.
6Matam a viúva e o estrangeiro,*
massacram os órfãos.

---

* **91**,14. 9,11 | 15. Jr 33,3; Is 43,2 | 16. Pr 3,2 10,27; Jó 5,26 | **92**,2. 33,1-3 | 6. 8; 139,6,17s | 7. Sb 13,1 | 8. 36,33s | 10. 68,2s | 11. 75,11; Dt 33,17; Sl 23,5 | 14. 52,10 | 16. Dt 32,4 | **93**,1. 97,1; 99,1 / 47,8; 96,10 / Is 52,7 | 2. 90,2 | 3. 18,5; 96,10; 104,5 | 5. 1Rs 9,3 | **94**,1. Na 1,2; Dt 32,35 | 2. Jr 51,56 / Lm 3,62 | 3. Jr 12,1; Ml 2,17; 3,14 | 4. 73 | 6. Êx 22,21s; Dt 24,17-22

† **92**,11. Ungir-se com óleo era sinal de festa e também representa força e energia. | 13. Em grego, a mesma palavra designa "palmeira" e "fênix", a ave mitológica que renascia das próprias cinzas, símbolo da imortalidade do cristão que participa da morte de Cristo, fonte de vida nova, Rm 6,3s. | **93**. Com este salmo começa uma série de salmos de entronização, que celebram Javé como rei vencedor da batalha contra as forças do caos, para criar o mundo bem ordenado. | **94**,5. Os maus oprimem e perseguem os fracos, justamente aqueles que a lei protegia, Dt 24,17-21.

Salmos 94-96

⁷Dizem: "Javé não está vendo,*
o Deus de Jacó não percebe"†.
⁸Compreendei, insensatos do povo;*
e vós, imbecis, quando criareis juízo?
⁹Quem plantou o ouvido não escuta?*
Quem formou o olho não enxerga?
¹⁰Quem corrige as nações não castiga,
ele que ensina ao homem o saber?
¹¹Javé sabe como são fúteis
os pensamentos dos homens.*
¹²Feliz o homem a quem educais, Javé,*
e que instruís com vossa lei,
¹³para dar-lhe repouso nos dias maus,
até que se cave a fossa para o ímpio.
¹⁴Porque Javé não rejeita seu povo*
nem abandona sua herança.*
¹⁵Mas o juízo voltará a ser conforme a
justiça,
e o seguirão todos os retos de coração.
¹⁶Quem se levantará a meu favor contra os malvados?†
Quem ficará de meu lado contra os
malfeitores?
¹⁷Se Javé não viesse em meu auxílio,
em breve eu habitaria no reino do silêncio.
¹⁸Quando eu digo: "Meu pé vacila",
vossa bondade, Javé, me sustenta.
¹⁹Quando o excesso de cuidados me
invade,
vossas consolações alegram minha
alma.
²⁰Pode ser vosso aliado um tribunal iníquo,
que comete violências em nome da lei?
²¹Conspiram contra a vida do justo
e condenam o sangue inocente.
²²Mas Javé é minha defesa
e meu Deus é rocha em que me abrigo.*
²³Fará recair sobre eles sua iniquidade,*
por sua malícia os destruirá.
Javé, nosso Deus, os destruirá.

95
(94) **Convite ao louvor e à obediência.** ¹Vinde, alegres cante-
mos a Javé,
aclamemos o rochedo que nos salva,*
²vamos até ele com louvores
e o celebremos com salmos.
³Pois Javé é um grande Deus,*
grande rei acima de todos os deuses.
⁴Em sua mão estão os abismos da terra,*
são suas as alturas dos montes.
⁵É dele o mar, pois foi ele que o fez,
e a terra firme suas mãos modelaram.
⁶Vinde, prostrados adoremos,
de joelhos diante de Javé que nos criou.
⁷Pois ele é nosso Deus, e nós o povo de
que ele cuida,*
o rebanho que sua mão conduz.*
⁸Quem dera que hoje ouvísseis sua
voz:*
"Não endureçais os corações como em
Meriba,
como no dia de Massa no deserto,*
⁹onde vossos pais me tentaram, me
provaram,
apesar de terem visto minhas obras.
¹⁰Por quarenta anos* aquela geração
me aborreceu†,
e eu disse: São um povo de coração
transviado,
não conhecem meus caminhos;*
¹¹por isso jurei em minha ira:
não entrarão* em meu repouso"†.

96
(95) **Hino ao rei universal*.** ¹Um
cântico novo cantai a Javé,
terra inteira, cantai a Javé.*
²Cantai a Javé, seu nome bendizei,
anunciai sua salvação* dia após dia†.
³Entre as nações narrai sua glória,
entre todos os povos, seus prodígios.
⁴Pois Javé é grande e digno de sumo
louvor,*
temível mais que todos os deuses.

---

* **94**,7. 10,11; Ez 9,9 | 8. Pr 1,22; 8,5 | 9. Êx 4,11; Pr 20,12 | 11. 1Cor 3,20; Ecl 1,2 | 12. Sl 119,71 | 14. 1Sm
12,22 / Eclo 47,24 | 22. 7,17 | 23. 63,12; 107,42 | **95**,1. Dt 32,15 | 3. 47,3; 96,4 | 4. Dn 2,47 | 7. 100,3 /
Ez 34,1; Sl 23,1-4; 80,2 | 8. Êx 19,5; Hb 3,7-10 / Êx 17,1-7; Nm 20,2-13; Dt 6,16; 33,8 | 10. Nm 14,30.34;
Sl 78,8.37 / Dt 32,5.20 | 11. 132,8.14; Dt 12,9 | **96**. 1Cr 16,23-33 | 1. 98,1 | 2. 98,2; 105,1 | 4. 48,2; 145,3

† **94**,7. Para calar a voz de sua consciência, os maus dizem que Deus não está vendo. | 16. O orante pro-
cura testemunhas que o defendam no tribunal. | **95**,10. Os 40 dias que Jesus passou no deserto em
obediência ao Pai são uma resposta aos 40 anos durante os quais os israelitas provocaram a ira de Deus
no deserto com sua desobediência. | 11. A terra prometida, que pertence a Deus, é seu repouso, onde
os hebreus descansam depois da caminhada e das guerras do êxodo. | **96**,2. Os vv. 3 e 10 fazem deste
salmo um salmo "missionário", que lembra ao povo o dever de anunciar a glória de Deus no mundo.

Salmos 96-98

⁵Porque são um nada todos os deuses das nações,*
mas Javé fez os céus.
⁶Estão a sua frente esplendor e majestade,
força e beleza em seu santuário.
⁷Tributai a Javé, ó famílias dos povos,*
glória e poder tributai a Javé,
⁸dai a Javé a glória devida a seu nome.
Trazei a oferta e entrai em seus átrios,
⁹adorai a Javé em sua santa aparição.*
Tremei diante dele, terra inteira.
¹⁰Dizei entre as nações: "Javé reina!"*
Ele sustenta o mundo para que não vacile;
julga os povos com retidão.
¹¹Alegrem-se os céus, exulte a terra,
ressoe o mar e o que ele contém;*
¹²exulte o campo e o que ele encerra,*
gritem de alegria todas as árvores do bosque
¹³diante de Javé, pois ele vem,*
ele vem julgar a terra†.
¹⁴Julgará o mundo com justiça
e os povos conforme sua verdade.

97 A glória de Javé no juízo.
(96)
¹Javé reina,* exulte a terra†;
que se alegrem as numerosas ilhas.
²Nuvens e trevas o envolvem,
justiça e direito são a base de seu trono.*
³Um fogo caminha diante dele,*
que queima ao redor seus inimigos.
⁴Seus relâmpagos iluminam o mundo:*
ao vê-los a terra estremece.
⁵Os montes se derretem como cera diante de Javé,*
diante do Senhor de toda a terra.
⁶Os céus anunciam sua justiça*
e todos os povos contemplam sua glória.
⁷Sejam confundidos todos os que adoram estátuas

e os que se gloriam de seus ídolos.*
Diante dele todos os deuses se prostrem.
⁸Sião escuta e se alegra,*
exultam as cidades de Judá
por causa de vossos julgamentos, Javé.
⁹Porque vós, Javé, sois o Altíssimo sobre toda a terra,*
muito mais alto que todos os deuses†.
¹⁰Javé ama os que detestam o mal;
protege a vida de seus fiéis,
livrando-os das mãos dos ímpios.
¹¹Surge uma luz para o justo*
e a alegria para os retos de coração.*
¹²Ó justos, alegrai-vos em Javé,
celebrai sua santa memória.*

98 Louvor ao juiz do universo.
(99)
¹Um cântico novo cantai a Javé,*
pois ele fez maravilhas.
Deu-lhe a vitória sua mão direita*
e seu braço santo†.
²Javé manifestou sua salvação;*
aos olhos das nações revelou sua justiça.
³Lembrou-se de sua misericórdia
e de sua fidelidade à casa de Israel.
Todos os confins da terra puderam ver
a salvação de nosso Deus.
⁴Aclamai a Javé, terra inteira,*
vibrai de alegria e salmodiai.
⁵Cantai a Javé com a harpa,
com a harpa e com som melodioso;
⁶com a trompa e ao som da corneta*
exultai diante do rei Javé.
⁷Ressoe o mar e o que ele encerra,*
o mundo e seus habitantes.
⁸Os rios batam palmas,*
rejubilem todas as montanhas
⁹diante de Javé, porque ele vem julgar a terra.*
Julgará o mundo com justiça
e os povos com retidão.*

---

* **96**,5. Is 40,17-20; Sl 97,7; 1Cor 8,4ss | 7. 29,1s | 9. 29,2 | 10. 93,1 | 11. 98,7 | 12. Is 55,12 | 13. 98,9 | **97**,1. 93,1 | 2. 85,11 | 3. 18,9; 50,3 | 4. 77,19 | 5. 68,3 | 6. 50,6 | 7. 96,5 | 8. 48,12 | 9. 83,19 | 11. 112,4 / 4,7; 36,10 | 12. 30,5 | **98**,1. 96,1 / Is 52,10; 59,16; 64,5 | 2. 96,2 | 4. 96,1; Is 52,9 | 6. 47,6 | 7. 96,11 | 8. Is 55,12 | 9. 96,13 / 67,5

† **96**,13. Cada vez que Deus intervém em favor de seu povo está anunciando o julgamento universal do final da história. | **97**,1. Com a morte e a ressurreição de Cristo, foi definitivamente instaurado o reino de justiça e de amor querido por Deus. | 9. Os justos assistem exultantes ao juízo de Deus que elimina a mentira e a falsa religiosidade, fontes de miséria moral e de escravidão (João Paulo II). | **98**,1. Toda ação do braço divino está a serviço da justiça e da santidade.

Salmos 99-102

99

Hino à grandeza e à santidade de Deus. [1]Javé reina, os
(98) povos tremem,*
sobre os querubins está sentado,
a terra estremece.
[2]Grande é Javé em Sião,*
muito mais alto que todos os povos.
[3]Celebrem vosso nome grande e tremendo,
porque ele é santo.
[4]Rei poderoso que amais a justiça,*
estabelecestes o que é reto;*
o direito e a justiça exerceis em Jacó.
[5]Exaltai a Javé, nosso Deus,
prostrai-vos ante o estrado de seus
pés;
ele é santo.
[6]Moisés e Aarão estavam entre seus
sacerdotes,
Samuel entre os que invocavam seu
nome;
invocavam a Javé, e ele os ouvia.
[7]Na coluna de nuvens falava com eles;
obedeciam a seus preceitos*
e à lei que lhes havia dado.
[8]Javé, nosso Deus, vós lhes respondíeis,
éreis para eles um Deus indulgente,
mesmo castigando seus pecados.*
[9]Exaltai a Javé, nosso Deus,
prostrai-vos ante seu santo monte,
porque santo é Javé, nosso Deus.

100

**Alegria dos que entram
no templo.** [1]Salmo de ação
(99) de graças.
Aclamai a Javé, terra inteira,
[2]servi a Javé com alegria,
vinde a ele cantando jubilosos.
[3]Ficai sabendo que Javé é Deus;*
ele nos fez e nós somos seus,*
seu povo e rebanho de que ele cuida.
[4]Entrai por suas portas dando graças,
e em seus átrios com hinos de louvor,
louvai-o, bendizei seu nome;
[5]pois Javé é bom, eterno é seu amor,*
e sua fidelidade se estende a todas as
gerações.

101

Programa de um rei justo.
[1]Salmo de Davi.
(100) Quero cantar o amor e a
justiça,
a vós, Javé, salmodiarei.
[2]O caminho da retidão vou seguir;*
quando virás a mim?
Caminharei com coração íntegro,*
no interior de minha casa.
[3]Nada de mal porei ante meus olhos.*
Detesto quem faz o mal;*
jamais estará perto de mim.
[4]Longe de mim o coração perverso,
não quero conhecer o malvado.
[5]Quem calunia em segredo seu próximo*
vou reduzi-lo ao silêncio;
o que tem olhar altivo e coração arrogante*
não suportarei.
[6]Meus olhos estarão voltados para os
fiéis do país,
para que morem comigo;
quem anda pelo caminho íntegro será
meu servo.*
[7]Não há de morar em minha casa quem
comete fraudes;*
quem diz mentiras não ficará em minha
presença.*
[8]Cada manhã exterminarei todos os
ímpios do país†;
para extirpar da cidade de Javé todos
os malfeitores.

102

Prece na aflição. [1]Oração
de um aflito que, prostrado,
(101) expõe seu lamento diante
de Javé.
[2]Javé, ouvi minha oração,
e chegue a vós meu clamor.
[3]Não me oculteis vosso rosto*
no dia de minha angústia.
Inclinai para mim vosso ouvido,
quando vos invoco, atendei-me sem
demora.
[4]Pois meus dias se dissipam como fumaça
e meus ossos ardem como brasa.
[5]Pisado como a erva, meu coração secou;

---

* **99**,1. 18,8.11; 80,2 | 2. 48,2;4. 6,3 / 72,1s | 7. Êx 19,18s; 33,9; Nm 12,5 | 8. Êx 32,11; Nm 20,12 | **100**,3. 95,7
/ Dt 4,32; 32,39; Is 43,10.13; 64,7 | 5. 106,1; 107,1; 118,1s; 136,1s | **101**,2. 26,11s; 50,3 / Is 33,15 | 3. Pr
11,20 | 5. Pr 17,20; 30,10 / Pr 21,4 | 6. 26,11; 14,35; 20,7 | 7. Pr 25,5 / 5,6 | **102**,3. 69,18; 143,7

† **101**,8. Era de manhã que o rei administrava a justiça na porta da cidade.

Salmos 102-103

pois até me esqueço de comer meu pão.
⁶De tanto gemer,
minha pele está colada a meus ossos.
⁷Pareço um pelicano do deserto,
sou como a coruja entre ruínas.
⁸Não tenho sono
e sou como um pássaro solitário no telhado.
⁹Todo dia meus inimigos me insultam;
furiosos contra mim, praguejam com meu nome.
¹⁰Em vez de pão, estou comendo cinza,*
misturo lágrimas a minha bebida,
¹¹por causa de vossa indignação e de vossa ira,
pois me erguestes e depois me abatestes.
¹²Meus dias são como a sombra que declina,
e vou secando como a erva.*
¹³Mas vós, Javé, reinais para sempre,
e vossa lembrança permanece
de geração em geração.
¹⁴Levantando-vos, de Sião tereis piedade,
pois é tempo de compadecer-vos dela:
a hora é esta.
¹⁵De fato, vossos servos amam suas pedras
e têm dó de sua poeira.*
¹⁶Então as nações temerão o nome de Javé,*
e todos os reis da terra, vossa glória,
¹⁷quando Javé reconstruir Sião*
e aparecer em sua glória†.
¹⁸Ele ouvirá a prece do desamparado
e não rejeitará sua súplica.
¹⁹Que isto seja escrito para a geração futura,*
e um povo regenerado louvará a Javé.
²⁰Pois Javé olhou do alto de seu santuário,
dos céus olhou para a terra

²¹a fim de ouvir os gemidos dos cativos*
e libertar os condenados a morrer†,
²²para que o nome de Javé seja celebrado em Sião
e seu louvor em Jerusalém,
²³quando se reunirem todos os povos
e reinos*
para servir a Javé.
²⁴Quebrantou-se minha força no caminho,
meus dias se encurtaram.*
²⁵Eu digo: Meu Deus, não me leveis na metade de meus dias,*
vossos anos se estendem de geração em geração.
²⁶No princípio fundastes a terra,*
e os céus são obra de vossas mãos.
²⁷Eles perecerão, mas vós permaneceis;*
e todos ficarão gastos como veste,
como roupa os mudais e serão mudados.*
²⁸Mas vós continuais o mesmo,
e vossos anos não têm fim.
²⁹Os filhos de vossos servos terão morada,*
e sua descendência se firmará diante de vós.

103

Gratidão pela bondade divina. ¹De Davi.

(102) Minha alma, bendize a Javé,
e todo o meu ser bendiga seu santo nome!
²Minha alma, bendize a Javé,
e não esqueças nenhum de seus benefícios.
³É ele que perdoa todas as tuas culpas
e te cura* de toda doença†.
⁴É ele que salva tua vida da fossa
e te coroa com sua bondade e sua misericórdia.
⁵É ele que pela vida afora te cumula de bens

---

* **102**,10. 42,4 | 12. 90,6 | 15. Is 52,2 | 16. Is 59,19; 66,18 | 17. Is 60,1 | 19. 22,31s | 21. 79,11 | 23. Is 60,3s | 24. 39,5 | 25. 90,10 | 26. Is 51,6ss | 27. Is 65,17; 66,22 / Ap 20,11; 21,1 | 29. 69,36s | **103**,3. 41; Jó 42,10 | 6. Is 40,31

† **102**,17. A poeira representa as ruínas de Jerusalém, devastada pelos babilônios. Sua reconstrução vai demonstrar o poder de Javé às nações, que se converterão. | 21. Ver a nota no Sl 79,11. | **103**,3. Mc 2,10-11s também associam perdão dos pecados e cura de doenças. | 5. "Quando fica velha e seus olhos se ofuscam, a águia queima as penas nos raios do sol e mergulha três vezes numa fonte; rejuvenescida, torna a elevar-se nos ares. Tu também, discípulo de Cristo, busca a fonte da palavra de Deus e voa para as alturas do sol de justiça, Jesus Cristo" (Physiologus, séc. III d.C.).

Salmos 103-104

e renova tua juventude como a da águia†.

⁶Javé age com retidão,*
faz justiça a todos os oprimidos.
⁷Revelou a Moisés seus caminhos,
seus grandes feitos aos filhos de Israel.
⁸Javé é misericordioso e compassivo,*
lento para a ira e rico em bondade.
⁹Não contenderá para sempre
e não dura eternamente sua ira.
¹⁰Não nos trata conforme nossos pecados,*
não nos castiga segundo nossas culpas.
¹¹Pois quanto é alto o céu sobre a terra,
tanto é grande seu amor aos que o temem.
¹²Quanto é distante o oriente do ocidente,
tanto ele afasta de nós nossas culpas.*
¹³Como um pai se compadece dos filhos,
assim Javé se compadece dos que o temem.
¹⁴Pois ele sabe de que somos feitos:
ele se lembra de que somos pó.*
¹⁵Os dias do homem são como a relva,*
ele floresce como a flor do campo;
¹⁶basta que sopre o vento, desaparece,
e não conhecerá mais seu lugar.*
¹⁷Mas a bondade de Javé é desde sempre e para sempre
para os que o temem;
e sua justiça, para os filhos de seus filhos,
¹⁸para os que guardam sua aliança
e se lembram de seus preceitos e os guardam.
¹⁹Javé estabeleceu seu trono nos céus
e seu reino domina acima de tudo.*
²⁰Bendizei a Javé, vós, seus anjos,
valorosos em poder, que executais suas ordens,
obedecendo a sua palavra!
²¹Bendizei a Javé, vós, todos os seus exércitos,
que o servis e executais suas vontades!
²²Bendizei a Javé, vós, todas as suas obras,
em todos os lugares de seu domínio!
Minha alma, bendize a Javé!

104

(103)

Hino a Javé criador. ¹Minha alma, bendize a Javé! Javé, meu Deus, como sois grande!
De esplendor e majestade vos revestis,
²envolto em luz como num manto.
Estendeis o céu como uma tenda,*
³construís sobre as águas vossos aposentos,*
fazeis das nuvens vosso carro,
andais sobre as asas do vento.
⁴Fazeis dos ventos vossos mensageiros,*
das chamas de fogo vossos ministros.
⁵Firmastes a terra sobre suas bases,
para ficar imóvel pelos séculos eternos.
⁶Com o abismo a envolvestes como numa veste,
as águas cobriam as montanhas.
⁷A vossa ameaça fugiram,*
ao fragor de vosso trovão se retiraram.
⁸Os montes sobem, os vales descem
ao lugar que lhes designastes.*
⁹Para as águas marcastes um limite intransponível*
para não tornarem a cobrir a terra.*
¹⁰Fazeis brotar fontes nos vales
e escorrem entre os montes;
¹¹dão de beber a todos os animais do campo,
e matam sua sede os asnos selvagens.
¹²A seus lados moram as aves do céu,*
cantam entre as ramagens.
¹³De vossos aposentos irrigais os montes,
com o fruto de vossas obras saciais a terra.
¹⁴Fazeis crescer o capim para o gado*
e a erva útil ao homem,
para da terra tirar seu alimento:*
¹⁵o vinho que alegra o coração humano,*
o óleo que dá brilho a seu rosto
e o pão que sustenta seu vigor.
¹⁶Saciam-se as árvores de Javé,*
os cedros do Líbano que ele plantou.
¹⁷Aí fazem seus ninhos as aves,
e a cegonha em seu topo tem sua casa.
¹⁸Para as camurças são os altos montes,
as rochas, o refúgio dos roedores.

---

* **103**,8. Êx 34,6s; Sl 86,15; 145,8 | 10. Jr 3,12; Is 57,16; Jn 4,2; Jl 2,13 | 12. 145,9 | 14. 90,3 | 15. Is 40,7; Sl 90,5s | 16. Jó 7,10 | 19. 22,29 | **104**,2. Gn 1,3; Sl 19,2s | 3. Gn 1,6s; Am 9,6; Sl 18,11; 68,5 | 4. Hb 1,7 | 7. Jó 7,12 | 8. Gn 1,9 | 9. Jó 38,8-11 / Gn 9,11-15 | 12. Ez 31,6.13 | 14. Gn 1,11s. 29s; 2,16 / Gn 2,15; 3,17ss; 9,20 | 15. Zc 10,7; Eclo 31,26; Jz 9,13; Gn 5,29 | 16. Jz 19,5.8

705 Salmos 104-105

¹⁹Para marcar as estações fizestes a lua†,
e o sol sabe a hora de se esconder.
²⁰Estendeis as trevas e chega a noite
e vagueiam todas as feras da floresta;
²¹rugem os leõezinhos em busca de presa*
e pedem a Deus seu alimento.
²²Ao nascer do sol se retiram
e se acomodam em suas tocas.*
²³Então sai o homem para o trabalho,
para sua fadiga até a tarde.
²⁴Como são numerosas, Javé, vossas obras!*
Tudo fizestes com sabedoria,
a terra está cheia de vossas criaturas.
²⁵Eis o mar, espaçoso e vasto,
no qual há seres inumeráveis,
animais pequenos e grandes.
²⁶Percorrem-no os navios,
e o Leviatã que formastes para nele brincar.*
²⁷Todos em vós esperam
que a seu tempo lhes deis o alimento.
²⁸Vós lhes forneceis, e eles o recolhem,
abris vossa mão, e saciam-se de bens.*
²⁹Se escondeis o rosto, desfalecem;*
se a respiração lhes tirais, perecem
retornando a seu pó.
³⁰Enviais vosso espírito e são criados,*
e assim renovais a face da terra.
³¹Seja para sempre a glória de Javé,
alegre-se Javé em suas obras.*
³²Ele olha a terra, e ela treme,
toca os montes, e eles fumegam.*
³³Quero cantar a Javé enquanto eu viver,*
cantar a meu Deus por toda a vida.
³⁴Seja-lhe agradável meu poema.*
Minha alegria está em Javé.
³⁵Desapareçam da terra os pecadores
e não existam mais os ímpios.
Minha alma, bendize a Javé!

105

(104)

Fidelidade de Javé à aliança†. ¹Aleluia!
Celebrai a Javé, invocai seu nome,

manifestai entre os povos seus feitos.
²Cantai em sua honra, salmodiai para ele,
recordai todas as suas maravilhas.
³Gloriai-vos de seu santo nome,
alegre-se o coração dos que buscam a Javé.*
⁴Buscai a Javé e seu poder,
não cesseis de buscar sua face.*
⁵Lembrai-vos dos prodígios que fez,
de seus milagres e dos julgamentos que proferiu,
⁶vós, descendentes de Abraão, seu servo,*
filhos de Jacó, seu escolhido.
⁷Ele é Javé, nosso Deus;
seus juízos estão em toda a terra.
⁸Lembra-se para sempre de sua aliança,
da palavra dada por mil gerações,
⁹da aliança concluída com Abraão,*
do juramento que fez a Isaac;*
¹⁰ele o confirmou como lei para Jacó,
para Israel como aliança eterna,
¹¹dizendo: "Eu te darei a terra de Canaã*
como tua parte de herança".
¹²Quando eram em pequeno número,
bem poucos e estrangeiros no país,
¹³e migravam de nação em nação,
de um reino para outro povo,
¹⁴a ninguém permitiu oprimi-los,*
e castigou reis por causa deles:
¹⁵"Não toqueis em meus ungidos,
não maltrateis meus profetas!"†
¹⁶Chamou a fome sobre o país,*
retirou todo o sustento de pão.
¹⁷Enviou a sua frente um homem:*
José, vendido como escravo.
¹⁸Prenderam seus pés com grilhões,*
cadeias de ferro puseram-lhe ao pescoço,
¹⁹até que se realizou sua predição,*
e a palavra de Javé o justificou.
²⁰O rei mandou soltá-lo,*
o dominador dos povos o libertou.

---

* **104**,21. Jó 38,39 | 22. Jó 37,8 | 24. 8,2; Pr 8,22-31 | 26. Jó 3,8; 40,25 | 28. Jó 34,14s; Gn 3,19 | 29. Ecl 12,7; Sl 90,3 | 30. Gn 1,2; 2,7; At 2,2s | 31. Gn 1,31 | 32. 144,5 | 33. 146,2 | 34. 7,18 | **105**,3. 18,50; 96,3; 145,5 | 4. 27,8 | 6. Is 45,4; 51,2 | 9. Gn 15,1 / Gn 26,3 | 11. Gn 15,18 | 14. Gn 12,10-20; 20; 26,1-11 | 16. Gn 41,54 | 17. Gn 37,28; 45,5 | 18. Gn 39,20 | 19. Gn 40; 41,9-13 | 20. Gn 41,14

† **104**,19. O calendário hebraico era regulado pela lua, que marcava o início dos meses. | **105**. Meditação sobre as maravilhas que Deus fez na história da salvação, desde o tempo dos Patriarcas até à entrada na terra prometida. "Aleluia" significa "louvai a Javé". | 15. Ungidos e profetas são os patriarcas, aos quais Deus revelou sua Pessoa e fez suas promessas.

Salmos 105-106

21Fez dele o senhor de sua casa,*
o administrador de todas as suas posses,
22para instruir seus príncipes como queria,
e a seus anciãos ensinar sabedoria.
23Então Israel entrou no Egito*
e Jacó habitou na terra de Cam.
24Deus fez seu povo crescer muito*
e tornou-o mais forte que seus opressores.
25Mudou o coração deles,*
de modo que odiassem seu povo
e agissem com astúcia contra seus servos.
26Então enviou Moisés, seu servo,*
e Aarão, que ele tinha escolhido.*
27Realizaram entre eles seus prodígios
e milagres na terra de Cam.
28Enviou trevas e ficou tudo escuro,*
mas não respeitaram sua ordem.
29Mudou suas águas em sangue,*
fez morrer seus peixes.
30Sua terra pululou de rãs,*
até nos aposentos de seus reis.
31Ele ordenou e veio uma nuvem de moscas,*
mosquitos em todo o seu território.
32Deu-lhes granizo em vez de chuva,*
chamas de fogo em seu país.
33Danificou suas vinhas e figueiras,
quebrou as árvores de seu território.
34Ordenou e vieram os gafanhotos,*
e grilos sem número,
35que comeram toda a erva de seu país
e devoraram os produtos de seu solo.
36Exterminou todos os primogênitos
em sua terra,*
todas as primícias de seu vigor.
37Fez sair seu povo com prata e ouro
e ninguém estava doente em suas tribos.
38O Egito se alegrou com sua partida,*
pois lhes tinham inspirado terror.
39Estendeu uma nuvem para cobri-los,*
e um fogo para iluminar a noite.

40A pedido deles mandou vir codornizes,*
e os saciou com pão do céu.*
41Abriu o rochedo, e brotaram águas*
que correram no deserto como um rio.
42Pois lembrou-se de sua palavra santa,
dada a Abraão, seu servo.
43Fez seu povo sair com alegria,
seus eleitos com cânticos de júbilo.
44E deu-lhes as terras das nações,*
e tomaram posse da riqueza dos povos,
45a fim de guardarem seus preceitos
e observarem suas leis.
Aleluia!

106 Confissão dos pecados de Israel†. 1Aleluia!

(105) Celebrai a Javé, pois ele é bom,*
porque eterno é seu amor.
2Quem pode narrar as façanhas de Javé
e proclamar todo o seu louvor?
3Felizes os que guardam a retidão*
e praticam a justiça o tempo todo†.
4Lembrai-vos de mim, Javé,
pelo amor de vosso povo,*
visitai-me com vossa salvação;
5para que eu sinta a felicidade de vossos eleitos
e me alegre com a alegria de vosso povo
e me glorie com vossa herança.
6Como nossos pais, nós pecamos,
cometemos a iniquidade, procedemos mal†.
7Nossos pais, no Egito, não compreenderam vossos prodígios;
não se lembraram da multidão de vossas misericórdias,
mas se revoltaram junto ao mar, o mar Vermelho.*
8Ele, porém, os salvou por amor de seu nome,
para manifestar seu poder.
9Ameaçou o mar Vermelho e ele secou;*
guiou-os pelo abismo como por um deserto.

---

* **105**,21. Gn 41,39-44 | 23. Gn 46,1; 47,12 | 24. Êx 1,7 | 25. Êx 1,8s | 26. Êx 3,10 / Êx 4,27 | 28. Êx 10,21-29 | 29. Êx 7,14-25 | 30. Êx 7,26-8,11 | 31. Êx 8,12-15 | 32. Êx 9,13-35 | 34. Êx 10,1-20 | 36. 78,51; Êx 12,29-36 | 38. Êx 12,33 | 39. 78,14; Êx 13,21s | 40. 78,24 / Êx 16,2-36 | 41. 78,15; Êx 17,1-7 | 44. Êx 15; Dt 4,37-40; 6,20-25; 7,8-11 | **106**,1. 107,1; 100,5 | 3. Is 56,1s | 4. Ne 5,19; 13,14.22.31; Sl 25,7 | 7. Êx 14,11 | 9. Êx 14,21s

† **106**. Lamentação coletiva que vê a história de Israel como uma sequência de infidelidades, sanadas pela misericórdia divina. |3. Retidão e justiça designam a prática autêntica da religião. | 6. O povo do tempo do exílio confessa seu pecado, tendo experimentado o juízo de Deus.

Salmos 106

¹⁰Salvou-os da mão de quem os odiava,
resgatou-os do poder do inimigo.
¹¹As águas cobriram seus adversários;*
não escapou nenhum deles.
¹²Então acreditaram em suas palavras
e cantaram seu louvor.*
¹³Depressa esqueceram suas obras,
não esperaram que executasse seu plano.
¹⁴Cederam à cobiça no deserto,*
tentaram a Deus na solidão.
¹⁵Concedeu-lhes o que pediam,
mas enviou a fraqueza sobre eles.
¹⁶Tiveram inveja de Moisés no acampamento*
e de Aarão, o santo de Javé.
¹⁷A terra se abriu e engoliu Datã
e recobriu o bando de Abiram;
¹⁸ardeu o fogo contra seus sequazes,
a chama consumiu os ímpios.*
¹⁹Fizeram um bezerro em Horeb*
e adoraram uma imagem de metal;*
²⁰trocaram sua glória†
pela figura de um boi que come capim.*
²¹Esqueceram o Deus, seu salvador,*
que tinha feito façanhas no Egito,
²²maravilhas na terra de Cam,
prodígios no mar Vermelho.
²³Então pensou em exterminá-los,
se não fosse Moisés, seu eleito,
que se manteve na brecha diante dele*
para desviar sua ira, a fim de que não
os destruísse.
²⁴Desprezaram um país delicioso,*
não acreditaram em sua palavra†;
²⁵ao contrário, murmuraram em suas
tendas,
não obedeceram à voz de Javé.
²⁶Então ergueu a mão para lhes jurar*
que os faria cair no deserto,
²⁷que dispersaria seus descendentes
entre as nações
e os espalharia em outras terras.

²⁸Eles aderiram ao Baal de Fegor*
e comeram carnes sacrificadas aos
deuses mortos.
²⁹Eles o provocaram com suas obras,*
e caiu uma praga sobre eles.
³⁰Mas surgiu Fineias e agiu como juiz,*
e a praga cessou;*
³¹isto lhe foi imputado como justiça†,
de geração em geração, para sempre.*
³²Eles o irritaram junto às águas de Meriba,*
e Moisés sofreu por causa deles;
³³pois aborreceram seu espírito,
e ele foi precipitado no falar.
³⁴Não exterminaram os povos*
como Javé lhes havia mandado.
³⁵Antes, misturaram-se às nações*
e aprenderam a agir do modo delas.
³⁶Serviram a seus ídolos,*
que se tornaram uma armadilha para
eles.
³⁷Aos demônios sacrificaram
seus filhos e suas filhas.*
³⁸Derramaram o sangue inocente,
sangue de seus filhos e de suas filhas,
que imolaram aos ídolos de Canaã.
E o país foi profanado pelos assassínios.*
³⁹Eles se mancharam por seus atos
e se prostituíram com seus feitos†.
⁴⁰Por isso a ira de Javé se acendeu contra seu povo,
e ele abominou sua herança.
⁴¹Entregou-os nas mãos das nações,*
e seus adversários os dominaram.
⁴²Seus inimigos os oprimiram,
e tiveram de curvar-se a seu domínio.
⁴³Muitas vezes os libertou,*
mas eles se obstinavam em sua rebeldia
e foram humilhados por causa de suas
iniquidades.
⁴⁴Contudo, Deus olhou para a angústia
deles,
quando escutou suas súplicas.

---

* **106**,11. Êx 14,28 | 12. Êx 15,1-21 | 14. Nm 11,4ss; Sl 78,18 | 16. Nm 16; Dt 11,6 | 18. Is 26,11 | 19. Êx 32
/ Dt 9,8-21. 25-29 | 20. Jr 2,11; Rm 1,23 | 21. Dt 32,18; Jr 2,32; Sl 78,42 | 23. Êx 32,11; Ez 22,30 | 24. Nm
13,25-14,37; Dt 1,25-36 | 26. Ez 20,15.23; Nm 14,29s | 28. Nm 25 | 29. Tb 4,17 | 30. Nm 25,7s / Eclo
45,28ss | 31. Eclo 45,23s; Nm 25,11-13 | 32. 95,8s; Êx 17,1-7; Nm 20,2-13 | 34. Jz 1,21s; 2,1-5 | 35. Lv 18,3
| 36. Jz 2,11ss | 37. Dt 32,17; Br 4,7; 1Cor 10,20 | 38. Nm 35,33 | 41. Jz 2,14-23 | 43. Is 63,7ss

† **106**,20. A glória de Israel é Deus, assim chamado em outros textos como Dt 10,21; Sl 85,10; Jr 2,11. | 24.
Os hebreus chegaram a duvidar que Deus lhes daria a terra prometida, Dt 1,26s. | 31. Deus reconheceu
seu mérito e o considerou como justo, Gn 15,6, e esta justiça beneficiou também seus descendentes,
que foram elevados ao sacerdócio. | 39. Dentro do quadro simbólico da aliança como matrimônio
entre Deus e o povo, a infidelidade deste é denominada adultério e prostituição, Os 5,3; Jr 3,6; Ez 6,9.

Salmos 106-107

⁴⁵Lembrou-se de sua aliança*
e se compadeceu segundo sua grande
misericórdia,
⁴⁶e fez com que achassem compaixão*
junto a todos que os mantinham cativos.
⁴⁷Salvai-nos, Javé, nosso Deus,
reuni-nos do meio das nações,
para podermos celebrar vosso santo
nome
e gloriar-nos com vosso louvor!
⁴⁸Bendito seja Javé, Deus de Israel,*
desde sempre e para sempre!
E todo o povo diga: Amém!

V. LIVRO QUINTO
(107 [106] – 150)

107
(106)

**Ação de graças pela liber-
tação.** ¹Aleluia!
Louvai a Javé, pois ele é
bom,*
porque eterno é seu amor!
²Assim digam os que Javé remiu,
os que resgatou da mão do opressor,*
³e que ele reuniu de vários países,*
do oriente e do ocidente, do norte e
do sul.
⁴Vagavam pelo deserto, por um lugar
desolado,*
sem achar o caminho para uma cidade
habitada;
⁵sofrendo fome e sede*
suas forças iam se acabando.
⁶Em sua angústia, clamaram a Javé*
e ele os livrou de suas aflições.
⁷Conduziu-os pelo caminho reto,*
para chegarem a uma cidade habitada.
⁸Rendam graças a Javé por sua bondade
e por suas maravilhas para com os filhos dos homens.
⁹Pois saciou quem tinha sede*
e cumulou de bens quem tinha fome.
¹⁰Jaziam nas trevas e na sombra da
morte,*
prisioneiros de sofrimentos e de grilhões;
¹¹por se terem revoltado contra os oráculos de Deus*

e desprezado o desígnio do Altíssimo.
¹²Ele humilhou o coração deles pelo
sofrimento;
sucumbiram e ninguém os socorria.
¹³Em sua angústia, clamaram a Javé
e ele os livrou de suas aflições.
¹⁴Tirou-os das trevas e da sombra da
morte*
e quebrou seus grilhões.
¹⁵Rendam graças a Javé por sua bondade
e por suas maravilhas para com os filhos dos homens.
¹⁶Pois arrombou as portas de bronze*
e quebrou as trancas de ferro.
¹⁷Os insensatos, por causa de seus caminhos rebeldes,
por causa de suas iniquidades, foram
afligidos.
¹⁸Rejeitavam qualquer comida
e chegaram às portas da morte.
¹⁹Em sua angústia, clamaram a Javé,
e ele os livrou de suas aflições.
²⁰Enviou sua palavra e os curou*
e os livrou de sua ruína.
²¹Rendam graças a Javé por sua bondade
e por suas maravilhas para com os filhos dos homens.
²²Ofereçam sacrifícios de louvor
e proclamem com júbilo suas obras.
²³Desceram ao mar em navios,
para negociar na imensidão das águas.
²⁴Estes viram as obras de Javé
e suas maravilhas no oceano.
²⁵Com sua palavra mandou soprar*
um vento de tempestade que levantou
as ondas.
²⁶Subiam até os céus, desciam até os
abismos;
suas almas definhavam na angústia.
²⁷Giravam, vacilando como bêbados,*
e foi inútil toda a sua habilidade.
²⁸Em sua angústia, clamaram a Javé*
e ele os livrou de suas aflições.
²⁹Mudou a tempestade em calmaria,*
e as ondas do mar silenciaram.
³⁰Então se alegraram com a bonança,*
e ele os conduziu ao porto desejado.

---

* **106,**45. Lv 26,42; Jr 42,10 | 46. Esd 9,9 | 48. 90,53 | **107,**1. 106,1; 100,5 | 2. Is 62,12 | 3. Is 43,5s; 49,12; Zc
8,7 | 4. Dt 8,15; 32,10 | 5. Is 49,10 | 6. Os 5,15; Is 63,9 | 7. Is 35,8; 40,3; 43,19 | 9. Is 49,10; 55,1; Lc 1,53 |
10. Is 42,7.22; Jó 36,8s | 11. Lv 26,40s; 106,43 | 14. Is 42,7.16; 49,9; 51,14; 52,2; 61,1 | 16. Is 45,2; 61,1 |
20. Is 55,11; Sl 147,15; Sb 16,12 | 25. Jn 1,4s | 27. Is 29,9 | 28. Jn 1,14s; 89,10 | 29. Mt 8,26; Sl 65,8 | 30.
Is 43,2; 54,11; 57,20

Salmos 107-109

³¹Rendam graças a Javé por sua bondade
e por suas maravilhas para com os filhos dos homens.
³²Que o exaltem na assembleia do povo
e o louvem no conselho dos anciãos.
³³Transformou os rios em deserto*
e as fontes de água em terra seca;
³⁴o solo fértil em terra salgada,*
por causa da maldade de seus habitantes.
³⁵Mudou o deserto em açude,*
a terra seca em mananciais.
³⁶Ali fez morar os famintos
que fundaram uma cidade para morar.
³⁷Semearam campos e plantaram vinhas*
e recolheram seus produtos.
³⁸Ele os abençoou e proliferaram muito,
e não deixou diminuir seu rebanho.
³⁹Mas depois foram reduzidos a poucos
e humilhados sob o peso da desgraça e do sofrimento.
⁴⁰Ele lança o desprezo sobre os príncipes
e os faz errar no deserto sem caminho,
⁴¹mas levanta o pobre da miséria*
e multiplica como um rebanho as famílias.
⁴²Os justos veem e se alegram,
mas toda maldade deve fechar a boca.
⁴³Quem é sábio observe essas coisas*
e compreenda as misericórdias de Javé.

108
Louvor e oração pela vitória†. ¹Cântico. Salmo de
(107) Davi.

²Meu coração está pronto, ó Deus!*
Quero cantar e salmodiar.
Esta é minha glória.
³Despertai, harpa e cítara,
quero acordar a aurora.
⁴Entre os povos, Javé, vos louvarei,

entre as nações vos cantarei hinos,
⁵porque vossa bondade se eleva acima dos céus
e vossa fidelidade chega até as nuvens.
⁶Ó Deus, elevai-vos acima dos céus,
sobre toda a terra se estenda vossa glória.
⁷Para que vossos amados sejam libertados,
salvai-nos com a mão direita e respondei-nos.*
⁸Deus falou em seu santuário:
"Exultarei, dividirei Siquém
e vou medir o vale de Sucot.
⁹Galaad e Manassés me pertencem,
Efraim é o capacete de minha cabeça,
Judá é meu cetro,
¹⁰Moab é a bacia em que me lavo,
sobre Edom lançarei minhas sandálias†,
sobre a Filisteia cantarei vitória".
¹¹Quem me conduzirá à cidade fortificada?
Quem me guiará até Edom,
¹²a não ser vós, ó Deus, que nos rejeitastes
e já não saís, ó Deus, com nossas fileiras?
¹³Vinde em nosso auxílio contra o adversário,
porque vã é a salvação humana.
¹⁴Com Deus faremos proezas,
e ele esmagará nossos inimigos.

109
Contra os ímpios†. ¹Ao
regente do coro. Salmo de
(108) Davi.

Deus de meu louvor, não fiqueis mudo,*
²pois abrem contra mim uma boca malvada e pérfida.
Com língua mentirosa falam contra mim;
³com palavras de ódio me rodeiam,
e sem motivo me fazem guerra.
⁴Em troca de minha afeição, me caluniam,*
enquanto eu fico rezando.

---

* **106**,33. Is 42,15 | 34. Gn 13,10s; 19,23-28; Dt 29,22; Eclo 39,23; Is 41,18 | 35. 114,8 | 37. Jr 31,5; Is 65,21 | 41. Is 65,13s; 113,7ss | 43. Os 14,10 | **108**,2. 57,8-12 | 7. 60,7-14 | **109**,1. 35,22 | 4. Jr 18,20; Sl 34,12s; 38,21

† **108**. Salmo formado por dois trechos, tomados um do Sl 57,8-12 e o outro do Sl 60,7-14. | 10. Gesto de tomar posse. | **109**. O salmista invoca os piores castigos contra seus perseguidores. Naquela época primitiva, a justiça era a lei do talião. O horizonte era limitado a este mundo, e o inimigo de uma pessoa religiosa era considerado inimigo de Deus. Alguns autores acham que os vv. 6-19 não são palavras do salmista, mas citação das pragas dos adversários contra ele.

Salmos 109-110

5Pagam-me o bem com o mal
e o amor com o ódio.
6Colocai-o sob a autoridade de um ímpio,
e o acusador se ponha a sua direita.
7Quando for julgado, saia condenado,
e sua oração se converta em pecado.
8Sejam abreviados seus dias,*
e um outro assuma seu ofício.
9Fiquem órfãos seus filhos,
e viúva sua esposa.
10Seus filhos andem errantes e mendiguem,*
sejam expulsos de suas casas em ruínas.
11Que o credor lhe tome todos os bens,*
e os estrangeiros roubem o fruto de seu trabalho.
12Ninguém lhe demonstre compaixão,*
e ninguém tenha dó de seus órfãos.
13Sejam exterminados seus descendentes*
e seu nome desapareça na geração seguinte†.
14Lembre-se Javé da culpa de seus pais,*
e o pecado de sua mãe jamais seja apagado.
15Estejam sempre diante de Javé,*
e ele cancele da terra sua memória.*
16Porque não se lembrou de exercer a misericórdia,*
mas perseguiu o pobre e o indigente
e o homem de coração ferido, para matá-los.
17Amava a maldição: que venha sobre ele;
não gostava de bênção: que se afaste dele.
18Revestiu-se de maldição como de um manto;
que ela entre em seu interior como água,
e em seus ossos como óleo.

19Seja-lhe como veste que o cobre*
e como um cinto que o aperte sempre.
20Seja esta da parte de Javé
a paga de meus acusadores
e dos que falam mal de mim.
21Vós, porém, Senhor Javé,
favorecei-me por amor de vosso nome;
conforme vossa bondade misericordiosa libertai-me,*
22porque sou pobre e infeliz
e meu coração está ferido dentro de mim.
23Sou passageiro como a sombra que declina;*
como gafanhoto sou atirado para longe†.
24Por causa do jejum, vacilam meus joelhos,*
sem gordura minha carne desfalece.*
25Tornei-me para eles alvo de insulto:
ao me verem meneiam a cabeça.*
26Socorrei-me, Javé, meu Deus;
salvai-me segundo vossa misericórdia.
27E saibam eles que foi vossa mão,
que fostes vós, Javé, que o fizestes.*
28Que eles maldigam, mas vós abençoai.
Levantem-se e sejam confundidos,
mas se alegre vosso servo.
29Sejam revestidos de ignomínia meus acusadores,*
e sua vergonha os cubra como um manto.
30Muitas graças darei a Javé com minha boca
e o louvarei no meio da multidão;*
31porque ele se põe à direita do pobre*
para salvá-lo dos que o condenam.

110 Messias, rei e sacerdote†.
1Salmo de Davi.
(109)   Disse Javé a meu senhor:
"Senta-te a minha direita,*
até que eu ponha teus inimigos como
estrado de teus pés"†.

---

* **109**,8. At 1,20 | 10. Jr 18,21; Jó 5,4s | 11. Jó 20,18 | 12. Is 14,21 | 13. Jó 18,19; Pr 10,7 | 14. Jr 18,23 | 15. 90,8; 139,16 / 34,17 | 16. Jó 20,19 | 19. 73,6; 76,11 | 21. 103,8 | 23. 102,12 | 24. Jó 30,22 / Sl 69,11 | 25. 22,7 | 27. 22,32; 64,10; Nm 22,2s | 29. Jr 20,11; Is 65,13ss | 30. 22,26s | 31. 71,22s | **110**,1. Mt 22,44; At 2,34s; Hb 1,13; 10,12s; 1Pd 3,22

† **109**,13. Uma das piores desgraças era morrer sem deixar filhos, porque não sabendo da outra vida, achavam que só se podia sobreviver nos descendentes. | 23. Quando os gafanhotos invadiam o país, sacudiam-se as árvores em que pousavam. | **110**. É o salmo mais citado no NT, o qual o aplica à exaltação do Cristo ressuscitado à direita do Pai, At 2,33ss; Hb 1,13. | 1. Era costume o rei vencedor colocar o pé sobre a nuca ou sobre o peito do rei vencido.

711 Salmos 110-112

²De Sião Javé estende o cetro de teu poder:
"Domina no meio de teus inimigos!
³A ti o principado no dia de teu poder,* entre santos esplendores;
do seio da aurora, como orvalho, eu te gerei".
⁴Javé jurou e não se arrepende:
"Tu és sacerdote para sempre* à maneira de Melquisedec"†.
⁵O Senhor está a tua direita,
aniquilará os reis no dia de sua ira.*
⁶Julgará as nações e amontoará cadáveres,
esmagando cabeças na imensidão da terra.
⁷Ao longo do caminho ele bebe da torrente,†
por isso levanta a cabeça.

111 Louvor pelas grandes obras de Javé†. ¹Aleluia!

(110) *Alef* De todo o coração darei graças a Javé,
Bet na reunião dos justos e na assembleia.
Guimel ²Grandes são as obras de Javé,
Dalet merecem a reflexão dos que as amam.
Hê ³Suas obras são esplendor e majestade;
Waw sua justiça dura para sempre.*
Záin ⁴Deixou um memorial de seus prodígios:*
Het Javé é clemente e misericordioso.
Tet ⁵Dá o alimento aos que o temem,
Yod para sempre se recorda de sua aliança.
Kaf ⁶Mostrou a seu povo o poder de suas obras
Lamed ao dar-lhe a herança das nações.
Mem ⁷As obras de suas mãos são verdade e justiça,
Nun fidelidade são todos os seus preceitos;

Samec ⁸são imutáveis nos séculos, para sempre,
Áin executados com fidelidade e retidão.
Pê ⁹Enviou a seu povo a redenção,
Çade estabeleceu sua aliança para sempre.
Qof Santo e tremendo é seu nome.
Resh ¹⁰O princípio da sabedoria* é o temor de Javé†;
Shin sábios são todos os que o observam;
Taw seu louvor permanece para sempre.

112 Felicidade do justo†. ¹Aleluia!

(111) *Alef* Feliz quem teme a Javé*
Bet e muito se alegra em seus mandamentos.
Guimel ²Poderosa sobre a terra será sua descendência,
Dalet a posteridade dos justos será abençoada.
Hê ³Em sua casa há riqueza e bem-estar,
Waw e sua justiça permanece para sempre.*
Záin ⁴Surge nas trevas como luz para quem é reto,*
Het é clemente, misericordioso e justo.
Tet ⁵Feliz quem é compassivo e empresta,*
Yod administra seus bens com justiça.*
Kaf ⁶Porque jamais será abalado.
Lamed O justo será sempre recordado.
Mem ⁷Não tem medo de más notícias,
Nun seu coração é firme, confia em Javé;
Samec ⁸seu coração está seguro, nada teme,
Áin até triunfar de seus inimigos.
Pê ⁹Ele reparte e dá aos pobres,
Çade sua justiça permanece para sempre,
Qof seu poder se eleva na glória.*

---

* 110,3. 2,6 | 4. Gn 14,18; Hb 5,6 | 5. 2,9 | 111,3. 112,3 | 4. 103,8; 112 | 10. Eclo 1,20; Pr 1,7; 9,10; 15,33; Jó 28,28 | 112,1. 1,1s | 3. 111,3 | 4. 37,6; 97,11 | 5. Pr 13,9 / Sl 111,6 | 9. 89,18

† 110,4. Escolhido diretamente por Deus, e não por pertencer a uma família sacerdotal. | 7. A segunda parte deste salmo se inspira na história de Gedeão, talvez sugerida pela palavra "orvalho", ver Jz 6,36-40. | 111. Salmo alfabético, em louvor do Deus poderoso, bom, justo e fiel. | 10. Este é um dos princípios essenciais ensinados pelos sábios, Pr 1,7; 9,10; Jó 28,28. | 112. Outro salmo alfabético, desta vez exaltando o israelita fiel em praticar a lei de seu Deus.

Salmos 112-115

Resh ¹⁰O ímpio vê e se irrita,
Shin range os dentes e definha.
Taw É vão o desejo dos ímpios.

113

**Javé, auxílio dos humil-
des**†. ¹Aleluia!
(112) Louvai, servos de Javé,
louvai o nome de Javé.
²Seja bendito o nome de Javé,
desde agora e para sempre.
³Do nascer ao pôr do sol
seja louvado o nome de Javé.
⁴Excelso é Javé sobre todos os povos,
mais alta que os céus é sua glória.
⁵Quem é igual a Javé nosso Deus*
que nas alturas tem seu trono
⁶e se inclina para olhar os céus e a terra?
⁷Ergue da poeira o indigente,*
levanta o pobre da imundície,
⁸para fazê-lo sentar-se entre os príncipes,
entre os príncipes de seu povo.
⁹Faz a estéril morar em sua casa*
como alegre mãe de filhos†.

114

**As maravilhas de Javé no
êxodo**†. ¹Aleluia!
(113A) Quando Israel saiu do Egito,
a casa de Jacó do meio de um povo
bárbaro†,
²Judá se tornou seu santuário,*
e Israel, seu domínio.*
³O mar viu e se retirou,*
o Jordão voltou para trás;*
⁴os montes saltaram como carneiros,
e as colinas como cordeiros.*
⁵Que há contigo, ó mar, para fugires,
e tu, Jordão, por que voltas para trás?
⁶Por que vós, montes, saltais como carneiros
e vós, colinas, como cordeiros?
⁷Treme, ó terra, diante do Senhor,
diante do Deus de Jacó,*

⁸que muda o rochedo em açude,*
e a rocha em mananciais.

115

Único Deus verdadeiro†.
¹Não a nós, Javé, não a
(113B) nós,*
mas a vosso nome dai glória†,
por causa de vossa misericórdia e de
vossa fidelidade.*
²Por que hão de dizer os povos:
"Onde está o Deus deles?"
³Nosso Deus está nos céus,*
tudo o que ele quer, realiza.*
⁴Os ídolos das nações são prata e
ouro,*
obra de mãos humanas.
⁵Têm boca mas não falam,
têm olhos mas não veem;
⁶têm ouvidos mas não ouvem,
têm nariz mas não cheiram;
⁷têm mãos mas não palpam,
têm pés mas não andam;
da garganta não emitem sons.
⁸Sejam como eles os que os fazem
e todos os que neles confiam.
⁹É em Javé que Israel confia:*
ele é seu auxílio e proteção.
¹⁰É em Javé que a casa de Aarão confia:*
ele é seu auxílio e proteção.*
¹¹É em Javé que confiam os que temem
a Javé:
ele é seu auxílio e proteção.*
¹²Que Javé se lembre de nós e nos
abençoe:
abençoe a casa de Israel,
abençoe a casa de Aarão;
¹³abençoe os que temem a Javé,
pequenos e grandes.
¹⁴Que Javé vos multiplique*
a vós e a vossos filhos.
¹⁵Sede abençoados por Javé
que fez o céu e a terra.

---

* **113**,5. 89,7.9 | 7. 1Sm 2,8; Sl 107,41 | 9. 1Sm 2,5 **114**,2. Êx 19,6 / Sl 78,54 | 3. 66,6; 74,14s;77,17 / Jz 5,4;
Sl 29,6; 68,9 | 4. Sb 19,9 | 7. 68,9 | 8. Êx 17,1-7; 1Cor 10,4; Sl 107,35 | **115**,1. Ez 36,22s / Sl 23,3 | 3. 79,10
/ 135,6 | 4. Is 44,9s; Jr 10,1s; Br 6,3.7s | 9. 135,19s | 10. 118,2ss / 33,20 | 11. Ml 3,16 | 14. 127,3

† **113**. Os salmos 113-117, que começam todos com "Aleluia", são por isso chamados Hallel, e eram
cantados nas festas, sobretudo na ceia pascal. | 9. A mulher estéril estava sujeita a ser repudiada pelo
marido e desprezada pela sociedade como castigada por Deus. Dando-lhe filhos, Deus lhe garante a
honra e a estima do marido. | **114**. As traduções grega e latina unem este salmo ao seguinte. | 1. Bár-
baro, para os antigos, era quem não falava a língua deles. | **115**. Os antigos pensavam que os deuses
dos povos em guerra também combatiam. No cativeiro, os babilônios diziam aos hebreus que o Deus
deles tinha sido derrotado, e eles replicavam que os deuses locais eram ídolos mortos. | 1. A prospe-
ridade de Israel é manifestação da glória e do poder do Deus que o protege.

Salmos 115-118

¹⁶Os céus são os céus de Javé,
mas a terra, ele a deu aos filhos de
Adão.*
¹⁷Não são os mortos que louvam a
Javé,*
nem os que descem ao lugar do silêncio.
¹⁸Mas nós, que vivemos, a Javé bendizemos
desde agora e para sempre.

116

Ação de graças pela cura†.
¹Aleluia!
(114-115) Eu amo a Javé porque ele
escuta
o clamor de minha prece;
²porque inclinou para mim seu ouvido
no dia em que o invoquei.
³Laços de morte me apertavam,*
fiquei preso nas redes do abismo;
tristeza e angústia me oprimiam.
⁴Invoquei então o nome de Javé:*
"Salvai, ó Javé, minha alma!"
⁵Javé é clemente e justo,
nosso Deus é misericordioso.
⁶Javé protege os humildes:
eu estava prostrado, e ele me salvou.
⁷Volta, minha alma, a tua paz,*
pois Javé te fez o bem.
⁸Da morte libertou minha alma,*
das lágrimas, meus olhos,
e da queda, meus pés.
⁹Caminharei na presença de Javé*
na terra dos vivos.
¹⁰Acreditei, até mesmo quando dizia:*
"É demais meu sofrimento!"
¹¹Eu disse em minha angústia:
"Todo homem é mentiroso".*
¹²Como retribuir a Javé
por todo o bem que me fez?
¹³Erguerei o cálice da salvação
e invocarei o nome de Javé.
¹⁴Cumprirei minhas promessas a Javé
diante de todo o seu povo.
¹⁵É preciosa aos olhos de Javé*
a morte de seus fiéis†.

¹⁶Sou vosso servo, Javé,
vosso servo e filho de vossa serva:
quebrastes minhas correntes.*
¹⁷Vou oferecer-vos um sacrifício de
louvor
e invocarei o nome de Javé.*
¹⁸Cumprirei minhas promessas a Javé*
diante de todo o seu povo,
¹⁹nos átrios da casa de Javé,
no meio de ti, Jerusalém.

117

**Louvor a Deus por seu
amor†.** ¹Aleluia!
(116) Nações todas, louvai a
Javé,*
povos todos, dai-lhe glória;
²porque forte é seu amor para conosco
e a fidelidade de Javé dura para sempre.

118

**Canto de alegria e de vi-
tória.** ¹Aleluia!
(117) Dai graças a Javé, porque
ele é bom;*
porque eterno é seu amor.
²Diga Israel que ele é bom: eterno é seu
amor.
³Que o diga a casa de Aarão: eterno é
seu amor.*
⁴Digam os que temem a Javé:
eterno é seu amor.
⁵Na angústia clamei a Javé:*
Javé ouviu-me e libertou-me.
⁶Javé está comigo, nada temo:*
que pode um homem contra mim?
⁷Javé está comigo, é meu auxílio,
vou desafiar meus inimigos.*
⁸É melhor refugiar-se em Javé
que confiar no ser humano.
⁹É melhor refugiar-se em Javé
que confiar nos poderosos.
¹⁰Todas as nações me circundaram:
no nome de Javé as destruí.
¹¹Elas me rodearam e sitiaram:
no nome de Javé as destruí.
¹²Como abelhas me cercaram,

---

* **115**,16. Gn 1,28 | 17. 6,6; 94,17; Is 38,18s | **116**,3. 18,5ss; Jn 2,3 | 4. Êx 34,6 | 7. 13,6 | 8. 56,14 | 9. 27,13;
52,7; 142,6; Is 38,11 | 10. 1Cor 4,13 | 11. 12,3; 62,10 | 15. Is 43,4; Sl 72,14 | 16. 86,16 | 17. Lv 7,11 | 18.
Jn 2,10 | **117**,1. Rm 15,11 | **118**,1. 100,5; 136,1s | 3. 115,9ss; 135,19s | 5. 4,2 | 6. 27,1; 56,12 | 7. 54,6.9

† **116**. As traduções grega e latina separam em dois este salmo, fazendo começar o 115 no v.10. | 15.
Mesmo pensamento de Sl 72,14: o sangue dos pobres e dos infelizes é precioso aos olhos de Deus. |
117. Este convite às nações para louvar a Javé mostra a consciência do povo de ter sido eleito para a
salvação do mundo.

Salmos 118-119

mas se extinguiram como fogo no espinheiro:
no nome de Javé as destruí.
¹³Empurraram-me com força para derrubar-me,
mas Javé me socorreu.
¹⁴Minha força e meu canto é Javé,*
ele foi minha salvação.
¹⁵Gritos de júbilo e de vitória
se elevam nas tendas dos justos:
"A mão direita de Javé fez maravilhas,
¹⁶a mão direita de Javé se levantou,
a mão direita de Javé fez maravilhas".
¹⁷Não morrerei, mas viverei*
para anunciar as obras de Javé.
¹⁸Javé me provou duramente,
mas não me entregou à morte.
¹⁹Abri-me as portas da justiça,*
entrarei para dar graças a Javé.
²⁰É esta a porta de Javé,*
os justos entram por ela.
²¹Dou-vos graças, porque me ouvistes
e fostes minha salvação.
²²A pedra que os pedreiros rejeitaram*
veio a ser a pedra principal†.
²³Foi Javé que fez isto:
maravilha a nossos olhos.
²⁴Este é o dia que Javé fez:
nele exultemos e nos alegremos.
²⁵Dai a salvação, ó Javé!*
Dai a vitória, ó Javé!
²⁶Bendito o que vem em nome de Javé!*
Da casa de Javé vos bendizemos.
²⁷Javé é Deus e nos ilumina.
Formai a procissão com ramos nas mãos,
até os lados do altar.
²⁸Vós sois meu Deus e vos rendo graças,
vós sois meu Deus e vos exalto.
²⁹Dai graças a Javé, porque ele é bom;
porque eterno é seu amor.

119

Louvor à Lei divina†. ¹Aleluia!
(118)   *Alef* Felizes os que agem com retidão,*

os que seguem a lei de Javé.
²Felizes os que guardam seus testemunhos
e o procuram de todo o coração.*
³Não cometem iniquidade,
mas andam por seus caminhos.
⁴Promulgastes vossos preceitos
para serem observados fielmente.
⁵Sejam firmes meus caminhos
para eu guardar vossos decretos.
⁶Então não terei de envergonhar-me
se observar todos os vossos mandamentos.
⁷Vou louvar-vos com um coração sincero
quando aprender vossas justas normas.
⁸Quero observar vossos estatutos;
não me abandoneis jamais.

Bet ⁹Como pode um jovem levar vida pura?
Guardando vossa palavra!
¹⁰De todo o coração vos procuro:
não me deixeis desviar de vossos mandamentos.
¹¹Conservo no coração vossas promessas
para não pecar contra vós.
¹²Bendito sois, Javé;*
ensinai-me vossos estatutos.
¹³Com meus lábios enumerei
todas as sentenças de vossa boca.
¹⁴Eu me alegro em seguir vossos testemunhos,
como se possuísse todas as riquezas.
¹⁵Quero meditar em vossos preceitos
e considerar vossos caminhos.
¹⁶Em vossos decretos me deleito;
não esquecerei vossa palavra.

Guimel ¹⁷Sede bondoso com vosso servo,
para que eu viva e observe vossa palavra.
¹⁸Abri-me os olhos
e contemplarei as maravilhas de vossa lei.

---

* **118**,14. Êx 15,2; Is 12,2 | 17. 115,17s; Is 38,19 | 19. 24,7-10 | 20. Is 26,2 | 22. Zc 3,9; 4,7; Mt 21,42; At 4,11; 1Pd 2,4s; Ef 2,20; 1Cor 3,11 | 25. Ne 1,11 | 26. Mt 21,9; 23,39 | **119**,1. 1,1; 112,1 | 2. Dt 4,29 | 12. 25,4; 143,10 | 19. 39,13

† **118**,22. Israel, oprimido pelos grandes impérios vizinhos, vai ser a base do novo reino messiânico. Esse texto ajudou a Igreja primitiva a entender o mistério de Cristo rejeitado por seu povo e exaltado pelo Pai, Mt 21,42; At 4,11; 1Cor 3,11. | **119**. Salmo alfabético que exalta a Lei, ou seja, o conjunto das revelações feitas por Deus a Israel e os preceitos da Aliança.

715 Salmos 119

¹⁹Sou estrangeiro sobre a terra,*
não escondais de mim vossos mandamentos.
²⁰Minha alma se consome
desejando vossas decisões o tempo todo.
²¹Ameaçastes os malditos orgulhosos
que de vossos preceitos se desviam.
²²Afastai de mim a vergonha e o desprezo,
porque observei vossos testemunhos.
²³Ainda que os poderosos se reúnam e me caluniem,
vosso servo medita em vossos estatutos.
²⁴Vossos testemunhos são minhas delícias,
são eles meus conselheiros.

Dalet ²⁵Minha alma no pó está prostrada;*
dai-me vida conforme vossa palavra.
²⁶Meus caminhos vos expus e me respondestes;
ensinai-me vossos decretos.
²⁷Fazei-me conhecer o caminho de vossos preceitos
e meditarei em vossas maravilhas.
²⁸Minha alma chora de tristeza;
confortai-me segundo vossa palavra.
²⁹Afastai de mim o caminho da mentira,
dai-me o dom de vossa lei.
³⁰Escolhi o caminho da lealdade,
decidi seguir vossas sentenças.
³¹Aderi a vossos testemunhos, Javé,
não permitais que eu seja confundido.
³²Correrei pelo caminho de vossos mandamentos,
porque dilatastes meu coração.

Hê ³³Ensinai-me, ó Javé, o caminho de vossos decretos:*
quero segui-lo até o fim.
³⁴Dai-me entendimento, para guardar vossa lei
e observá-la de todo o coração.
³⁵Dirigi-me na senda de vossos mandamentos,
porque nela está minha alegria.
³⁶Inclinai meu coração para vossos testemunhos
e não para a cobiça.
³⁷Desviai meu olhar para não ver vaidades,
fazei-me viver em vosso caminho.
³⁸Cumpri para com vosso servo a vossa promessa
que conduz a vosso temor.
³⁹Afastai o insulto que me aflige,
porque vossas decisões são boas.
⁴⁰Sim, vossos preceitos eu desejo;
por vossa justiça conservai-me a vida.

Waw ⁴¹Venha sobre mim vossa misericórdia, Javé,
vossa salvação segundo vossa promessa.
⁴²A quem me insulta, poderei dar resposta
porque confio em vossa palavra.
⁴³Não me tireis da boca toda palavra verdadeira,
porque espero em vossas sentenças.
⁴⁴Guardarei continuamente vossa lei,
para sempre e pelos séculos.
⁴⁵Caminharei na liberdade,
porque vossos preceitos eu procuro.*
⁴⁶Diante de reis falarei de vossos testemunhos
sem ficar envergonhado.
⁴⁷Em vossos mandamentos encontro alegria
porque os amo.
⁴⁸Erguerei as mãos a vossos preceitos que amo
e meditarei em vossos estatutos.

Záin ⁴⁹Lembrai-vos da promessa a vosso servo,
com ela me destes esperança.
⁵⁰Isto me consola em minha miséria:
vossa promessa me faz viver.
⁵¹Os soberbos me cobrem de insultos,
mas não me desvio de vossa lei.
⁵²Recordo vossas sentenças de outrora, Javé,
e assim me consolo.
⁵³Fiquei cheio de ira contra os ímpios
que abandonam vossa lei.
⁵⁴São cânticos para mim vossos estatutos
na terra em que sou peregrino.

---

* **119**,25. 44,26 | 33. 19,12 | 45. 111,2; Esd 7,10

Salmos 119

55Recordo vosso nome durante a noite, Javé,
e observo vossa lei.
56Assim me acontece
porque guardo vossos preceitos.

Het 57Eu disse: Minha porção, Javé,
é guardar vossas palavras.
58De todo o coração vos supliquei:
piedade de mim segundo vossa promessa.
59Examinei meus caminhos
e orientei meus passos para vossos testemunhos.
60Eu me apresso sem demora
a guardar vossos mandamentos.
61Os laços dos ímpios me envolveram,
mas não esqueci vossa lei.
62No meio da noite me levanto para vos louvar
por vossas justas sentenças.
63Sou amigo de todos os que vos são fiéis
e observam vossos preceitos.
64De vossa bondade, Javé, está cheia a terra;*
ensinai-me vossos decretos.

Tet 65Fizestes o bem a vosso servo, Javé,
segundo vossa palavra.
66Ensinai-me o bom senso e a sabedoria,
pois em vossos mandamentos tenho fé.
67Antes de ser afligido, andei errado,
mas agora guardo vossa palavra.
68Vós sois bom e fazeis o bem;
vossos estatutos ensinai-me.
69Os soberbos me caluniaram;
mas de todo o coração guardarei vossos preceitos.
70O coração deles é insensível como a gordura;*
em vossa lei encontro minhas delícias.
71Foi bom para mim ser humilhado,
para aprender vossos decretos.
72Para mim vale mais a lei de vossa boca
do que milhões em ouro e prata.

Yod 73Vossas mãos me fizeram e plasmaram;*
dai-me inteligência e aprenderei vossos mandamentos.
74Vossos fiéis se alegrarão ao me verem,
porque esperei em vossa palavra.*
75Javé, sei que são justas vossas sentenças
e com razão me humilhastes.
76Vossa bondade seja meu consolo,
segundo vossa promessa a vosso servo.
77Vossa misericórdia venha a mim e viverei,
pois minhas delícias são vossa lei.
78Envergonhem-se os soberbos
que sem razão me oprimem;
mas eu meditarei em vossos preceitos.
79Voltem para mim os que vos temem
e os que conhecem vossos testemunhos.
80Que eu siga com retidão vossos estatutos
para não ficar envergonhado.

Kaf 81Desfalece minha alma à espera de vossa salvação,
mas confio em vossa palavra.
82Esmorecem meus olhos esperando por vossa promessa,
enquanto digo: Quando me darás consolo?
83Sou como um odre exposto à fumaça,*
mas não esqueço vossos estatutos.
84Quantos serão os dias de vosso servo?
Quando farás justiça contra meus perseguidores?†
85Cavaram-me fossas os soberbos
que não seguem vossa lei.
86Todos os vossos mandamentos são verdade;
sem razão me perseguem: socorrei-me!
87Quase me expulsaram deste mundo,
mas não abandonei vossos preceitos.
88Segundo vosso amor fazei-me viver,
e guardarei os testemunhos de vossa boca.

---

* **119**,64. 33,5 | 70. 17,10; 73,7 | 73. Dt 32,6; Jó 10,8 | 74. 130,5 | 83. Jó 30,30; Sl 35,14

† **119**,84. Para os antigos, a justiça divina não podia tardar, porque a vida é breve e não imaginavam uma outra vida.

Salmos 119

Lamed [89]Para sempre, ó Javé,*
vossa palavra permanece no céu.
[90]Vossa fidelidade dura por todas as gerações;
fundastes a terra e ela está firme.
[91]Tudo subsiste até hoje conforme vossas sentenças,
pois tudo está a vosso serviço.
[92]Se vossa lei não fosse meu prazer,
eu teria perecido em minha miséria.
[93]Jamais esquecerei vossos preceitos,
pois por meio deles me destes a vida.
[94]Eu vos pertenço: salvai-me,
pois tenho buscado vossos preceitos.
[95]Os ímpios me espreitam para arruinar-me,
mas estou atento a vossos testemunhos.
[96]Eu vi limites em tudo o que é perfeito,
mas vosso mandamento não tem confins.

Mem [97]Quanto amo vossa lei!
Nela medito o dia todo.
[98]Vossos preceitos me fazem mais sábio que meus inimigos,
porque sempre me acompanham.
[99]Sou mais sábio que todos os meus mestres,
porque medito em vossos testemunhos†.
[100]Entendo mais do que os idosos,*
porque observo vossos preceitos.
[101]Preservei meus pés de todo mau caminho
para guardar vossa palavra.
[102]Não me afasto de vossas sentenças,
porque sois vós que me instruís.
[103]Como são doces a meu paladar vossas promessas:*
mais que o mel para minha boca.
[104]De vossos preceitos recebo inteligência,
por isso odeio todo caminho falso.

Nun [105]Lâmpada para meus passos é vossa palavra*
e luz em meu caminho.

[106]Jurei, e o confirmo:
hei de guardar vossas justas decisões.
[107]É demais minha aflição, Javé;
dai-me vida segundo vossa palavra.*
[108]Aceitai, Javé, as ofertas de meus lábios,
vossas sentenças ensinai-me.
[109]Em constante perigo está minha vida,
mas não esqueço vossa lei.
[110]Os ímpios me armaram laços,
mas não me desviei de vossos preceitos.
[111]Minha herança para sempre são vossos testemunhos,
são a alegria de meu coração.
[112]Inclinei meu coração a cumprir vossos estatutos
para sempre, até o fim.

Samec [113]Detesto as pessoas falsas,
mas amo vossa lei.
[114]Vós sois meu refúgio e meu escudo,
espero em vossa palavra.*
[115]Afastai-vos de mim, malvados,
quero guardar os mandamentos de meu Deus.
[116]Sustentai-me segundo vossa promessa e viverei,
não deixeis que eu fique envergonhado em minha esperança.
[117]Sede vós meu auxílio e serei salvo;
e sempre terei ante os olhos vossos decretos.
[118]Desprezais todos os que se desviam de vossos estatutos,
porque sua astúcia é falsidade.*
[119]Rejeitais como escória todos os ímpios da terra,
por isso amo vossos testemunhos.*
[120]Minha carne estremece por vosso temor,
e vossas sentenças eu temo.

Áin [121]Pratiquei o direito e a justiça;
não me abandoneis a meus opressores.
[122]Assegurai o bem a vosso servo;
não me oprimam os soberbos.

---

* **119,**89. 19,10 | 100. Sb 4,8s | 103. 19,11; Jr 15,16 | 105. 18,28; Pr 6,23 | 107. 50,14.23; Hb 13,15 | 114. 6,9 | 118. Ez 22,18-22 | 119. Jó 4,14s; Sl 88,17

† **119,**99. A verdadeira sabedoria não vem com a idade, nem pela educação ou condição social, mas é fruto da adesão aos mandamentos.

Salmos 119

718

¹²³Meus olhos anseiam por vossa salvação
e por vossa promessa de justiça.
¹²⁴Tratai vosso servo conforme vosso amor
e ensinai-me vossos estatutos.
¹²⁵Sou vosso servo, dai-me inteligência
e entenderei vossos testemunhos.
¹²⁶É tempo de agirdes, Javé†;
violaram vossa lei.
¹²⁷Por isso amo vossos mandamentos
mais que o ouro, mais que o ouro fino.
¹²⁸Por isso considero retos todos os vossos preceitos,
e todo caminho falso eu detesto.

Pê ¹²⁹Maravilhosos são vossos testemunhos,
por isso os observa minha alma.
¹³⁰A revelação de vossas palavras ilumina;*
dai entendimento aos simples.
¹³¹Abro a boca suspirando,
porque desejo vossos mandamentos.
¹³²Voltai-vos para mim e tende misericórdia,*
como é vossa norma para os que amam vosso nome.*
¹³³Firmai meus passos em vossa promessa
e não deixeis que me domine iniquidade alguma.
¹³⁴Libertai-me da opressão dos homens,
e vossos preceitos guardarei.
¹³⁵Sobre vosso servo fazei brilhar vossa face*
e ensinai-me vossos estatutos.
¹³⁶Meus olhos derramam rios de lágrimas,*
porque não é obedecida vossa lei.

Çade ¹³⁷Vós sois justo, Javé,
e vossas sentenças são retas.
¹³⁸Vossos testemunhos prescrevestes com justiça
e com fidelidade incomparável.
¹³⁹Meu zelo me devora,*
porque meus inimigos esquecem vossas palavras.

¹⁴⁰Vossa promessa é totalmente pura,
por isso vosso servo a ama.
¹⁴¹Sou pequeno e desprezado,
mas não esqueço vossos preceitos.
¹⁴²Vossa justiça é justiça eterna
e vossa lei é a verdade.
¹⁴³Aflição e angústia caíram sobre mim,
mas vossos mandamentos são minhas delícias.
¹⁴⁴Vossos testemunhos são eternamente justos;
fazei-me compreendê-los e terei a vida.

Qof ¹⁴⁵De todo o coração vos invoco,
Javé, respondei-me;
observarei vossos estatutos.
¹⁴⁶A vós eu clamo, salvai-me,
e vossos testemunhos guardarei.
¹⁴⁷Precedo a aurora e suplico;
espero em vossa palavra.
¹⁴⁸Meus olhos antecipam as vigílias da noite*
para meditar em vossa promessa.
¹⁴⁹Escutai minha voz segundo vossa bondade, Javé;
fazei-me viver de acordo com vossas decisões.
¹⁵⁰Aproximam-se de mim os que seguem a maldade;
estão longe de vossa lei.
¹⁵¹Mas vós, Javé, estais perto,
e todos os vossos mandamentos são verdade.
¹⁵²Há muito tempo conheço vossos testemunhos
que estabelecestes para sempre.

Resh ¹⁵³Vede minha miséria e libertai-me,
porque não esqueço vossa lei.
¹⁵⁴Defendei minha causa, resgatai-me;*
segundo vossa promessa, fazei-me viver.
¹⁵⁵A salvação está longe dos ímpios,
porque não se importam com vossos estatutos.
¹⁵⁶Vossas misericórdias são grandes, Javé,

---

* **119**,130. 73,17 **|** 132. 25,16 / 5,12; 91,14 **|** 135. 4,7 **|** 136. Ez 9,4; Esd 9,3s **|** 139. 69,10 **|** 148. 63,7; 77,5 **|** 154. 43,1

† **119**,126. A impaciência do salmista que pede a intervenção de Deus contra os maus é compreensível no quadro da retribuição terrestre.

dai-me vida segundo vossas sentenças.
¹⁵⁷Meus perseguidores e meus adversários são muitos,
mas não abandono vossos testemunhos.
¹⁵⁸Senti desgosto ao ver os rebeldes,
porque não guardam vossa promessa.
¹⁵⁹Vede como amo vossos preceitos,
Javé;
conforme vossa bondade, dai-me vida.
¹⁶⁰A base de vossa palavra é a verdade;
são para sempre vossas justas decisões.

Shin ¹⁶¹Poderosos me perseguem sem motivo,
mas meu coração respeita vossa palavra.
¹⁶²Alegro-me com vossa promessa,
como quem acha grandes despojos.
¹⁶³Odeio e detesto a mentira,
mas amo vossa lei.
¹⁶⁴Sete vezes por dia eu vos louvo
por causa de vossas justas sentenças.
¹⁶⁵Os que amam vossa lei têm muita paz,*
e nada os faz tropeçar.
¹⁶⁶Espero em vossa salvação, Javé,
e a vossos mandamentos obedeço.
¹⁶⁷Observo vossos testemunhos
que muito amo.
¹⁶⁸Guardo vossos preceitos e vossos testemunhos,
porque diante de vós estão todos os meus caminhos.

Taw ¹⁶⁹Chegue a vós meu clamor, Javé;
dai-me entendimento, segundo vossa palavra.
¹⁷⁰Chegue a vossa presença minha súplica,*
libertai-me segundo vossa promessa.
¹⁷¹Que meus lábios exprimam vosso louvor,
porque me ensinais vossos decretos.
¹⁷²Cante minha língua vossa promessa,
porque são justos todos os vossos mandamentos.

¹⁷³Venha em meu auxílio vossa mão,
pois escolhi vossos preceitos.
¹⁷⁴Desejo vossa salvação, Javé,*
e vossa lei é meu prazer.
¹⁷⁵Possa eu viver para louvar-vos,*
e que vossas decisões me auxiliem.
¹⁷⁶Sou errante como ovelha desgarrada:*
procurai vosso servo;
porque não esqueço vossos mandamentos.

120

Desejo da paz[†]. ¹*Cântico das romarias.*
(119) Em minha angústia clamei a Javé,
e ele me respondeu.
²Javé, livrai-me dos lábios mentirosos*
e da língua enganadora.
³Que te será dado, que te será acrescentado,
língua enganadora?
⁴Flechas agudas de um guerreiro*
com brasas de giesta.
⁵Infeliz de mim! Sou estrangeiro em Mosoc,
moro entre as tendas de Cedar.
⁶Morei muito tempo com os que detestam a paz.*
⁷Eu sou pela paz, mas, quando falo em paz,
eles querem a guerra.

121

Divino protetor. ¹*Cântico das romarias.*
(120) Levanto os olhos para os montes:*
de onde me virá auxílio?
²Meu auxílio vem de Javé
que fez o céu e a terra.*
³Não deixará que teu pé vacile;*
aquele que te guarda não dorme.
⁴Não dorme nem cochila
o guarda de Israel.*
⁵Javé é teu guarda;*
Javé é tua sombra e está a tua direita.

---

* **119**,165. 37,11; 72,7; Is 54,13 **|** 170. 79,11; 88,3 **|** 174. 22,27; 69,33 **|** 175. Is 38,19; 55,3 **|** 176. Is 53,6; Jr 50,6; Ez 34,1; Lc 15,1-7 **| 120**,2. 12,3ss; 52,4ss **|** 4. 11,6; 140,11 **|** 6. 140,3 **| 121**,1. Jr 3,23 **|** 2. 124,8 **|** 3. 1Sm 2,9; Sl 66,9; 91,12 **|** 4. Dt 32,10 **|** 5. 16,8; 73,23

† **120**. Os salmos 120-134 chamam-se "Cânticos das romarias" porque eram cantados nas romarias ao templo, feitas três vezes ao ano: na Páscoa, em Pentecostes e na festa das Tendas, Dt 16,16. As romarias nos lembram que somos caminheiros na terra em direção ao céu. Os santuários são para os romeiros, em busca de suas fontes vivas, lugares privilegiados para se viver "como Igreja" as formas da oração cristã.

Salmos 121-125

6De dia o sol não te fará mal,*
nem a lua de noite.
7Javé te guardará de todo mal,*
guardará tua vida.
8Javé te protegerá
em tuas idas e vindas,*
desde agora e para sempre.

122
(121)
Oração por Jerusalém.
1Cântico das romarias. De
Davi.

Eu me alegrei com os que me disseram:*
"Vamos à casa de Javé!"
2E agora estão nossos pés
dentro de tuas portas, Jerusalém!*
3Jerusalém é construída como cidade
sólida e compacta.
É uma cidade que ele escolheu para si.
4É para lá que sobem as tribos, as tribos
de Javé,
conforme o testemunho dado a Israel,
para louvar o nome de Javé.*
5Pois lá estão os tribunais de justiça,*
os tribunais da casa de Davi.
6Pedi a paz para Jerusalém:
prosperem os que te amam.
7Haja paz dentro de teus muros,*
prosperidade em teus palácios.
8Por amor a meus irmãos e a meus
amigos
eu direi: "Paz para ti!"
9Por amor à casa de Javé, nosso Deus,*
quero que sejas feliz.

123
(122)
**Confiança no Deus liber-
tador.** 1Cântico das romarias.

Para vós levanto meus olhos,
para vós que habitais nos céus.
2Sim, como os olhos dos escravos
olham para a mão de seus patrões†,
como os olhos da escrava
olham para a mão de sua patroa,
assim nossos olhos estão voltados
para Javé, nosso Deus, até que tenha
piedade de nós.*

3Piedade de nós, Javé, piedade,
pois estamos saturados de desprezo;
4estamos saturados dos insultos dos
abastados
e do desprezo dos soberbos.*

124
(123)
**Confiança no auxílio de
Deus.** 1Cântico das romarias. De Davi.

Se Javé não estivesse de nosso lado,
– que o diga Israel –*
2se Javé não estivesse de nosso lado,
quando os homens nos atacaram,
3então nos teriam devorado vivos,
no furor de sua ira contra nós.
4Então as águas nos teriam inundado,*
uma torrente teria passado sobre nós,
5águas impetuosas teriam passado sobre nós†.
6Bendito seja Javé
que não nos entregou como presa a
seus dentes.
7Escapamos como pássaro do laço do
caçador:
rompeu-se o laço e recuperamos a liberdade.
8Nosso auxílio está no nome de Javé*
que fez o céu e a terra.

125
(124)
Confiança em Javé. 1Cân-
tico das romarias.
Quem confia em Javé é

como o monte Sião:*
não se abala, está firme para sempre.
2Como os montes rodeiam Jerusalém,
assim Javé está em volta de seu povo*
desde agora e para sempre.
3Porque o cetro dos ímpios não pesará
sobre a herança dos justos,
para que os justos não estendam a
mão* para fazer o mal†.
4Dai felicidade aos bons, ó Javé,*
e aos retos de coração.
5Mas quanto aos que se desviam por
seus caminhos tortuosos,*
Javé os elimine junto com os malfeitores.
Paz sobre Israel!*

---

* **121**,6. Is 49,10 | 7. 97,10 | 8. Tb 5,17 | **122**,1. 42,5ss; 43,3; 84,2-5 | 2. 48,13s | 4. Dt 16,16 | 5. 1Rs 7,7 |
7. 48,13 | 9. 26,8; Tb 13,14 | **123**,2. 25,15; 69,4; 119,82; 141,8; Ne 3,36 | 4. Zc 1,15 | **124**,1. 129,1; 118,2s |
4. 18,5 | 8. 121,2 | **125**,1. Pr 10,25 | 2. Dt 32,10 | 3. 119,134 | 4. 18,26s | 5. 92,10 / 128,6

† **123**,2. A mão como fonte de bênçãos e de comida abundante. | **124**,5. Símbolo da ira ameaçadora dos
inimigos. | **125**,3. A vitória dos ímpios seria um escandaloso desmentido do princípio segundo o qual
todo mal é castigado neste mundo.

Salmos 126-130

126
O retorno dos exilados†.
¹*Cântico das romarias.*
(125) Quando Javé trouxe de volta os cativos de Sião,
parecíamos sonhar.
²Então nossa boca transbordava de sorrisos
e nossa língua cantava de alegria.
Então se comentava entre as nações:*
"Javé fez por eles maravilhas".
³Maravilhas Javé fez por nós,*
encheu-nos de alegria.
⁴Trazei de volta, Javé, nossos cativos
como as torrentes do Negueb†.
⁵Quem semeia entre lágrimas
colherá com alegria.*
⁶Quando vai, vai chorando,*
levando a semente do plantio;
mas quando volta, volta alegre,*
carregando seus feixes.

127
A bênção dos filhos.
¹*Cântico das romarias. De*
(126) *Salomão.*
Se Javé não construir a casa,
é inútil o cansaço dos pedreiros.*
Se Javé não guardar a cidade,
em vão vigia a sentinela.*
²É inútil madrugar, deitar tarde,
comendo um pão ganho com suor;
a quem o ama ele o concede enquanto dorme.
³Os filhos são herança de Javé,*
é recompensa o fruto do ventre†.
⁴Como flechas na mão de um guerreiro
são os filhos gerados na juventude.*
⁵Feliz o homem que enche deles sua aljava:
não ficará humilhado quando vier à porta†
para tratar com seus inimigos.*

128
O lar feliz do fiel. ¹*Cântico*
das romarias.
(126) Feliz todo aquele que teme a Javé*
e anda em seus caminhos.
²Do trabalho de tuas mãos comerás,*
serás feliz e gozarás de bem-estar.
³Como videira frutífera será tua esposa
no recanto de teu lar;
teus filhos, como brotos de oliveira*
ao redor de tua mesa.
⁴Assim será abençoado
o homem que teme a Javé.*
⁵Javé te abençoe de Sião!*
Possas ver Jerusalém feliz
todos os dias de tua vida;
⁶e ver os filhos de teus filhos.*
Paz sobre Israel!*

129
Libertação das angústias.
¹*Cântico das romarias.*
(128) Muito me afligiram desde a juventude†
– Israel que o diga –*
²desde a juventude muito me afligiram,*
mas não me derrotaram.
³Os lavradores araram minhas costas,*
fazendo longos sulcos†.
⁴Mas Javé é justo:
rompeu as cordas dos ímpios.
⁵Voltem para trás envergonhados
todos os que odeiam Sião.
⁶Sejam como a erva dos telhados*
que seca antes de ser arrancada,
⁷não enche a mão de quem colhe
nem a braçada de quem amarra os feixes.
⁸E os que passam não vão dizer:
"Sobre vós esteja a bênção de Javé;
em nome de Javé vos abençoamos".*

130
Desejo da redenção.
¹*Cântico das romarias.*
(129) Do profundo abismo clamo a vós, Javé:*
²Senhor, escutai minha voz!*
Sejam atentos vossos ouvidos
à voz de minhas súplicas.

---

* **126**,2. Ez 36,36 | 3. Lc 1,49 | 5. Is 25,8s; Br 4,23; Ap 21,4 | 6. Jr 31,9 / Is 65,19 | **127**,1. Dt 8,11-18 / Mt 6,25-34 | 3. Dt 28,11 | 4. 128 | 5. Jó 29,5-8; Pr 31,23 | **128**,1. 112,1; 37,3ss | 2. 112,3 | 3. 144,12 | 4. 134,3 | 5. 20,3; 122,9 | 6. Gn 50,23; Jó 42,16; Pr 17,6 / Sl 125,5 | **129**,1. 124,1 | 2. 118,13 | 3. Is 51,23 | 6. Is 37,27 | 8. 118,26 | **130**,1. 18,5; 69,3; Jn 2,3 | 2. 5,2s; 55,2s; 2Cr 6,40; 7,15; Ne 1,6s

† **126**. Ação de graças pelo fim do exílio de Babilônia, ano 538 a.C. | 4. Essas torrentes, secas no verão, carregam a água das chuvas que trazem de volta o verde à paisagem. | **127**,3. Os filhos são o dom mais estimado: não sabendo da vida futura, achavam que os filhos eram o único modo de alguém sobreviver depois de morto. | **127**,5. Ver a nota em Sl 55,12. | **129**,1. A "juventude" de Israel é o período que vai da escravidão no Egito até a entrada em Canaã. | 3. Imagem forte da opressão da qual o povo de Deus foi vítima.

Salmos 130-133

³Se considerais as culpas, Javé,*
Senhor, quem poderá resistir?
⁴Mas em vós se encontra o perdão,*
para que sejais temido†.
⁵Espero em Javé, minha alma espera,
confio em sua palavra.
⁶Minha alma anseia pelo Senhor
mais que as sentinelas pela aurora,
sim, mais que as sentinelas pela aurora.
⁷Israel, põe em Javé tua esperança;
porque em Javé está a misericórdia
e nele copiosa redenção.*
⁸Ele vai redimir Israel
de todas as suas culpas.*

131
(130)

Salmo da infância espiri-
tual†. ¹*Cântico das roma-*
rias. De Davi.
Javé, meu coração não se orgulha*
e meu olhar não é soberbo.
Não ando atrás de grandezas,*
nem de coisas superiores a minhas forças.
²Ao contrário, eu me acalmo e tranquilizo,
como criança amamentada no colo da
mãe,*
como criança amamentada é minha
alma.
³Israel, espera em Javé
desde agora e para sempre.

132
(131)

As promessas de Deus a
Davi. ¹*Cântico das roma-*
rias.
Lembrai-vos, Javé, de Davi
e de toda a sua devoção†;
²do juramento que fez a Javé
e de sua promessa ao Poderoso de Jacó:*
³"Não entrarei na tenda em que moro,*
não subirei ao leito de meu repouso,
⁴não darei sono a meus olhos
nem descanso a minhas pálpebras,
⁵até que encontre um lugar para Javé,
uma morada para o Poderoso de Jacó".

⁶Ouvimos dizer que a arca estava em
Éfrata,
e a encontramos nos campos de Jaar.*
⁷Entremos em sua morada,
diante do estrado de seus pés nos
prostremos.*
⁸Levantai-vos, Javé, e vinde para o lugar de vosso repouso,*
vós e a arca de vosso poder.
⁹Vossos sacerdotes* se revistam de jus-
tiça†
e vossos fiéis exultem de alegria.
¹⁰Por amor de Davi, vosso servo,*
não rejeiteis a face de vosso ungido.
¹¹Javé jurou a Davi*
uma verdade que não retratará:
"É um fruto de tuas entranhas
que vou colocar em teu trono.*
¹²Se teus filhos guardarem minha aliança
e os testemunhos que lhes ensinarei,
também os filhos deles para sempre
se sentarão em teu trono".
¹³Porque Javé escolheu Sião,*
ele a quis para sua morada:
¹⁴"Este é para sempre o lugar de meu
repouso;
aqui vou morar porque o desejei.
¹⁵Suas provisões abençoarei amplamente
e seus pobres saciarei de pão.
¹⁶De salvação revestirei seus sacerdotes*
e exultarão de alegria seus fiéis.*
¹⁷Lá farei germinar o poder de Davi*
e vou preparar uma lâmpada para meu
ungido†.
¹⁸Cobrirei de vergonha seus inimigos,
mas sobre ele brilhará seu diadema".

133
(132)

Alegria do amor fraterno.
¹*Cântico das romarias. De*
Davi.
Oh! como é bom, como é agradável*
viverem os irmãos em harmonia!

---

* **130**,3. Jó 9,2; Na 1,6; Mq 7,18 | 4. Êx 34,7; 1Rs 8,39s; 56,5; 119,81; Is 21,11; 26,9 | 7. Is 30,18; Sl 68,21; 86,15; 100,5; 103,8 | 8. Mt 1,21; Sl 25,22; Tt 2,14 | **131**,1. Mq 6,8 / Sl 139,6 | 2. Is 30,15 | **132**,2. Gn 49,24 | 3. 2Sm 7,1s; 1Cr 28,2 | 6. 1Sm 7,1 | 7. 99,5 | 8. Nm 10,35; 68,2 | 9. 2Cr 6,41s | 10. 1Sm 9,26 | 11. 110,4 / 2Sm 7,1; Sl 89,20 | 13. 68,17; 2Sm 5,9 | 16. 2Cr 6,41; Is 61,10 / Jr 31,14 | 17. Ez 29,21; Is 11,1; Jr 33,15 | **133**,1. 87

† **130**,4. Viver no temor de Deus significa viver a existência de uma pessoa transformada por Deus. | **131**. Com a simplicidade e a confiança de um menino, o salmista está tranquilo nos braços de Deus, Mc 10,15s. | **132**,1. Os antigos reis demonstravam sua devoção construindo templos para os deuses; Davi não pôde realizar seu desejo, 1Cr 22,8. | 9. Revestir-se não é apenas entrar em contato: é um envolvi- mento completo, uma tomada de posse. Imagem frequente no Novo Testamento, 1Cor 15,54; Gl 3,27; Cl 3,12. | 17. Lâmpada aqui significa descendência.

Salmos 133-136

²É como óleo precioso sobre a cabeça,
que escorre pela barba, pela barba de
Aarão,
e desce até a orla de suas vestes.
³É como o orvalho do Hermon,*
descendo sobre os montes de Sião.
Pois é lá que Javé dá sua bênção*
e a vida para sempre.

134
Oração da noite no templo. ¹Cântico das romarias.
(133) Bendizei a Javé, vós todos,
servos de Javé;*
vós que estais na casa de Javé durante
as noites.
²Erguei as mãos para o santuário*
e bendizei a Javé.
³Javé te abençoe de Sião,*
ele que fez o céu e a terra.

135
Louvor a Javé que fez maravilhas. ¹Aleluia!
(134) Louvai o nome de Javé,*
louvai-o, servos de Javé;*
²vós que estais na casa de Javé,
nos átrios da casa de nosso Deus.
³Louvai a Javé, porque Javé é bom;
cantai salmos a seu nome, porque é
amável.
⁴Pois Javé escolheu para si Jacó,*
fez de Israel seu tesouro.
⁵Reconheço que Javé é grande,
acima de todos os deuses está o Senhor nosso.
⁶Tudo o que ele quer, Javé faz no céu
e na terra,*
no mar e em todos os abismos.
⁷Faz as nuvens subir dos confins da terra,*
faz os relâmpagos para a chuva,
tira os ventos de seus depósitos.
⁸Feriu os primogênitos do Egito,*
desde os homens até os animais.
⁹Mandou sinais e prodígios em teu
meio, ó Egito,
contra Faraó e todos os seus ministros.
¹⁰Feriu numerosas nações*
e matou reis poderosos:

¹¹Seon, rei dos amorreus, Og, rei de
Basã,
e todos os reinos de Canaã.
¹²E deu as terras deles como herança,
como herança a Israel seu povo.
¹³Javé, vosso nome é para sempre;*
Javé, vossa memória permanece por
todas as gerações.
¹⁴Porque Javé fará justiça a seu povo
e terá compaixão de seus servos.
¹⁵Os ídolos das nações são prata e
ouro,*
obra de mãos humanas:
¹⁶têm boca mas não falam,
têm olhos mas não veem,
¹⁷têm ouvidos mas não ouvem,
nem há respiro em suas bocas.
¹⁸Sejam como eles os que os fazem*
e todos os que neles confiam.
¹⁹Bendizei a Javé, casa de Israel;*
bendizei a Javé, casa de Aarão,
²⁰bendizei a Javé, casa de Levi;
vós que temeis a Javé, bendizei a Javé.
²¹De Sião seja bendito Javé
que habita em Jerusalém.

136
Hino pascal. ¹Aleluia!
Louvai a Javé, porque ele é
(135) bom:
porque eterno é seu amor.
²Louvai o Deus dos deuses:*
porque eterno é seu amor.
³Louvai o Senhor dos senhores:
porque eterno é seu amor.
⁴Só ele fez grandes maravilhas:*
porque eterno é seu amor.
⁵Fez os céus com sabedoria:*
porque eterno é seu amor.
⁶Estendeu a terra sobre as águas:*
porque eterno é seu amor.
⁷Fez os grandes luminares:*
porque eterno é seu amor.
⁸O sol para governar o dia:
porque eterno é seu amor.
⁹A lua e as estrelas para governar a noite:
porque eterno é seu amor.
¹⁰Feriu o Egito em seus primogênitos:*
porque eterno é seu amor.

---

* **133**,3. Os 14,6 / Dt 28,8; 30,20; Sl 36,10 | **134**,1. 135,1 | 2. 141,2 | 3. 128,5; 118,26; Nm 6,24 | **135**,1. 134,1
/ 113,1 | 4. 7,18; 33,12; Éx 19,5; Dt 7,6 | 6. 115,3 | 7. Jr 10,13; 51,16; Jó 28,26; 37,9; Sl 148,8 | 8. 136,10;
Éx 12,29; Sl 78,43 | 10. 136,17-22 | 13. Is 63,12; 102,13; Dt 32,36 | 15. 115,4ss | 18. 115,8 | 19. 115,9ss |
136,2. Dt 10,17 | 4. 72,18; Éx 15,11 | 5. Pr 3,19; 8,27ss | 6. 24,2 | 7. Gn 1,16 | 10. Éx 12,29; Sl 78,51; 135,8;

Salmos 136-138

¹¹E tirou Israel do meio deles:
porque eterno é seu amor.
¹²Com mão poderosa e braço estendi-
do:*
porque eterno é seu amor.
¹³Dividiu o mar Vermelho em duas par-
tes:*
porque eterno é seu amor.
¹⁴E fez Israel passar em seu meio:
porque eterno é seu amor.
¹⁵Precipitou no mar Vermelho o faraó e
seu exército:
porque eterno é seu amor.
¹⁶Conduziu seu povo no deserto:*
porque eterno é seu amor.
¹⁷Feriu grandes soberanos:
porque eterno é seu amor.
¹⁸E matou reis poderosos:
porque eterno é seu amor.
¹⁹Seon, rei dos amorreus:*
porque eterno é seu amor.
²⁰E Og, rei de Basã:*
porque eterno é seu amor.
²¹E deu a terra deles como herança:*
porque eterno é seu amor.
²²Como herança a seu servo, Israel:*
porque eterno é seu amor.
²³Em nossa humilhação se lembrou de
nós:*
porque eterno é seu amor.
²⁴Libertou-nos de nossos inimigos:*
porque eterno é seu amor.
²⁵Dá o alimento a todo ser vivo:*
porque eterno é seu amor.
²⁶Louvai o Deus dos céus:
porque eterno é seu amor.

137 Canção dos exilados†. ¹Na
beira dos rios de Babilônia*
(136) nós nos sentamos a chorar*
com saudades de Sião.
²Nos salgueiros que lá havia
penduramos nossas liras.*
³Pois lá os que nos deportaram nos pe-
diam cânticos,

pediam canções alegres nossos opressores:
"Cantai para nós um cântico de Sião!"
⁴Como cantar um cântico de Javé
em terra estrangeira?
⁵Se eu te esquecer, Jerusalém,*
fique paralisada minha mão direita;
⁶minha língua se apegue ao céu da
boca
se não me lembrar de ti,
se eu não puser Jerusalém*
acima de qualquer outra alegria.
⁷Lembrai-vos, Javé, dos filhos de Edom,
que no dia de Jerusalém diziam: *
"Arrasai-a, arrasai-a até os alicerces!"
⁸Filha de Babilônia, condenada à des-
truição,*
feliz quem te devolver o mal que nos
fizeste!†
⁹Feliz quem tomar tuas criancinhas
e esmagá-las contra a rocha!

138 Ação de graças. ¹*De Davi.*
Dou-vos graças, Javé, de
(137) todo o coração,*
pois ouvistes as palavras de minha
boca.
Diante dos anjos vos cantarei louvores
²e me prostrarei diante de vosso santo
templo.*
Celebro vosso nome por vosso amor e
vossa verdade,
pois engrandecestes vossa promessa
acima de todo o vosso nome.
³Quando vos invoquei, me respondestes
e aumentastes o vigor de minha alma.
⁴Todos os reis da terra vos louvarão,
Javé,*
quando ouvirem as palavras de vossa
boca.
⁵E cantarão nos caminhos de Javé:
"Grande é a glória de Javé!"
⁶Sim, excelso é Javé e olha para o hu-
milde,*
mas conhece o soberbo de longe.

---

* **136**,12. Dt 4,34 | 13. Êx 14,21s | 16. Dt 8,2.15 | 19. Dt 2,30s | 20. Dt 3,1s | 21. 44,3 | 22. Is 41,8; 43,21 | 23. Lc 1,48 | 24. 106,43s; Lc 1,71 | 25. 104,27; 145,15s | **137**,1. Ez 3,15 / Lm 3,48 | 2. Lm 5,14 | 5. Jr 51,50 | 6. 122,1 | 7. Ez 25,12ss; 35; Ab 10-14; Lm 4,21s | 8. Is 47,1s; Jr 50-51 | **138**,1. 9,2 | 2. 5,8 | 4. Is 40,29; Sl 68,33; Ml 1,11 | 6. Is 57,15; Lc 1,51s

† **137**. Recorda o tempo amargo do cativeiro de Babilônia, que durou de 586 a 538 a.C. | 8. Conforme a lei do talião, o povo de Babilônia e o povo de Edom devem pagar o mal que fizeram aos israelitas quando Jerusalém foi destruída em 586 a.C.

Salmos 138-140

[7]Se ando no meio da angústia, preservais minha vida;
contra a ira de meus inimigos estendeis a mão
e vossa mão direita me salva.*
[8]Javé completará sua obra em mim.
Javé, vossa bondade dura para sempre:
não abandoneis a obra de vossas mãos.

139
(138)
Ao Deus onipresente. [1]*Ao regente do coro. Salmo de Davi.*

Vós me sondais e me conheceis, Javé:
[2]sabeis quando me sento ou me levanto.*
De longe penetrais meus pensamentos;*
[3]discernis quando ando ou me deito,*
todos os meus caminhos conheceis.
[4]Pois a palavra ainda não me chegou à língua
e vós, Javé, já a sabeis inteiramente.
[5]Por trás e pela frente me envolveis
e pondes sobre mim vossa mão.
[6]Maravilhosa ciência que me ultrapassa,
tão elevada que não a posso atingir.
[7]Para onde irei, longe de vosso espírito?*
Para onde fugirei de vossa face?
[8]Se subo ao céu, lá estais;
se desço ao abismo, aí vos achais.
[9]Se tomo as asas da aurora
e vou morar nos confins do mar,
[10]também lá vossa mão me conduz
e vossa mão direita me sustenta.
[11]Se eu digo: "Que ao menos a escuridão me esconda
e que a luz se faça noite a meu redor";
[12]nem as trevas são escuras para vós*
e a noite é clara como o dia;
para vós as trevas são como luz.
[13]Fostes vós que criastes minhas entranhas*
e me tecestes no seio de minha mãe.
[14]Dou-vos graças porque me fizestes maravilhoso;

estupendas são vossas obras, bem o sei.
[15]Não vos eram ocultos meus ossos
quando eu era formado em segredo
e era tecido nas profundezas da terra[†].
[16]Eu era um simples embrião, e vossos olhos me viram*
e em vosso livro foram todos escritos
esses dias que me estavam destinados,*
quando nem um só deles existia.
[17]Como são profundos para mim vossos pensamentos,*
como é grande seu número, ó Deus!
[18]Se quisesse contá-los, são mais que a areia,
e se chego ao fim, ainda estou convosco.
[19]Ó Deus, fazei morrer o ímpio;
assassinos, afastai-vos de mim!
[20]Eles falam de vós coisas iníquas;*
em vão se ergueram contra vós.*
[21]Javé, não devo odiar os que vos odeiam
e detestar os que se revoltam contra vós?*
[22]Eu os odeio com ódio implacável
e os considero como inimigos[†].
[23]Sondai-me, ó Deus, e conhecei meu coração,*
provai-me e conhecei meus pensamentos.
[24]Vede se estou no mau caminho*
e guiai-me pelo caminho da eternidade.

140
(139)
Deus, refúgio contra os inimigos. [1]*Ao regente do coro. Salmo de Davi.*

[2]Livrai-me do homem mau, Javé,
defendei-me de quem faz violência,
[3]dos que tramam maldades em seu coração
e provocam guerras todo dia.
[4]Afiam sua língua como a da serpente;
têm veneno de víbora nos lábios.
[5]Protegei-me, Javé, das mãos do ímpio,
salvai-me do homem violento:
eles planejam me fazer cair.*

---

* **138**,7. 23,5 | **139**,2. 2Rs 19,27 / Jó 31,4 | 3. 44,22 | 7. Am 9,2s; Jó 11,8s; 23,8s | 12. Jó 12,22; 34,22; Dn 2,22 | 13. Jó 10,8s | 16. Ml 3,16; Dn 7,10 / Sl 69,29; 31,16; Jó 14,5 | 17. Jó 11,7; Eclo 18,4ss; Rm 11,33 | 20. 119,115 / Jó 21,14 | 21. 119,158; 5,11 | 23. 17,3; 26,2 | 24. 5,9; 143,10 | **140**,5. Jr 18,22; Sl 57,7; 56,17; Eclo 12,16

† **139**,15. O seio materno que forma prodigiosamente o ser humano é misterioso e fecundo como o solo. | 22. Expressão de uma moral provisória e imperfeita, que Jesus levará à perfeição, ensinando a detestar o pecado, mas amar o pecador, Mt 5,43-48.

Salmos 140-142

⁶Às escondidas me armam laços os soberbos
e estendem cordas como uma rede;
põem armadilhas em meu caminho.
⁷Digo a Javé: "Vós sois meu Deus;*
escutai, Javé, a voz de minha prece".
⁸Senhor Javé, meu forte salvador,
protegeis minha cabeça no dia da batalha.
⁹Javé, não atendais aos desejos do ímpio,
não favoreçais suas tramas.
¹⁰Não levantem a cabeça os que me rodeiam;
recaia sobre eles o mal que me desejam.
¹¹Chovam sobre eles brasas acesas;*
sejam lançados no fogo, no abismo,
donde não possam sair.
¹²Que o caluniador não se instale sobre a terra,*
que a desgraça persiga o violento até o destruir.
¹³Sei que Javé fará justiça ao oprimido
e defenderá o direito do pobre.
¹⁴Os justos louvarão vosso nome
e os retos habitarão em vossa presença.

141 Oração no perigo. ¹Salmo de Davi.

(140) A vós eu clamo, Javé; vinde em meu auxílio sem demora;
escutai minha voz, quando vos invoco.
²Que minha oração suba a vossa presença como o incenso;
minhas mãos erguidas* sejam como o sacrifício da tarde†.
³Ponde, Javé, uma guarda a minha boca,
vigiai a porta de meus lábios.
⁴Não deixeis que meu coração se incline ao mal
e pratique más ações com os malfeitores;
que eu não prove de seus manjares.
⁵Que o justo me castigue com amor e me repreenda;*

mas o óleo do ímpio não me ungirá a cabeça;
continuarei rezando em meio a suas maldades.
⁶Caíram nas mãos severas de seus juízes,
eles que de mim ouviram palavras amigas.
⁷Como a terra que se fende e se abre,
seus ossos foram espalhados na porta do abismo.
⁸Para vós, Senhor Javé, se voltam meus olhos:
em vós me refugio, não me desampareis.
⁹Preservai-me do laço que me armaram,
das ciladas dos malvados.
¹⁰Caiam os ímpios em suas próprias redes,
enquanto são e salvo escaparei.

142 Deus, refúgio do perseguido. ¹Poema de Davi.

(141) Quando estava na caverna. Oração.*
²Com minha voz eu clamo a Javé,
imploro a Javé com minha voz.
³Diante dele derramo meu lamento,
a sua frente manifesto minha angústia.
⁴Enquanto meu espírito desfalece,
vós conheceis meu caminho.*
Na trilha em que eu andava
me esconderam uma cilada.
⁵Olhai à direita e vede: ninguém me reconhece.*
Não tenho para onde fugir,
ninguém cuida de minha vida.
⁶Clamo a vós, Javé, e digo: "Sois meu refúgio,*
sois minha porção na terra dos vivos".
⁷Sede atento a meu clamor,*
porque estou extenuado.
Livrai-me de meus perseguidores,
pois são mais fortes do que eu.
⁸Retirai-me da prisão,*
para que eu celebre vosso nome;
os justos virão me rodear,
quando me fizerdes este bem.

---

* **140**,7. 31,15 | 11. Gn 19,24; Nm 16,31s | 12. 11,6; 16,11; 17,15 | **141**,2. Nm 28,4 | 5. Pr 9,8; 25,12; 27,6.9
142,1. 57,1 | 4. 139,24; 141,9 | 5. 121,5 | 6. 91,2.9; 16,5 | 7. 79,8 | 8. 88,9; Lm 3,7

† **141**,2. Os antigos rezavam de pé, com os braços abertos. Nas catacumbas, a Igreja é muitas vezes representada como uma mulher em oração. Como Cristo que abriu os braços na cruz, ela se oferece e intercede por todos, por meio dele, com ele e nele.

143
Oração do perseguido. ¹*Salmo de Davi.*

(142) Javé, ouvi minha oração,
sede atento a minha súplica, vós que
sois fiel,*
e respondei-me segundo vossa justiça.
²Não chameis a juízo vosso servo,*
pois diante de vós nenhum* ser vivo é
inocente†.
³O inimigo me persegue,*
jogou no chão minha vida
e me fez habitar nas trevas*
como os que já morreram há muito
tempo.
⁴Em mim se abateu meu espírito,
meu coração dentro de mim está desolado.
⁵Recordo os tempos antigos,*
medito em todos os vossos feitos,
sobre as obras de vossas mãos reflito.*
⁶Para vós estendo minhas mãos,
como a terra seca anseio por vós.*
⁷Respondei-me sem demora, Javé,
pois desfalece meu espírito.
Não me escondais vosso rosto,*
para eu não ser como os que descem
ao sepulcro.*
⁸Pela manhã fazei-me sentir vossa misericórdia,*
pois em vós confio.
Indicai-me a estrada que devo seguir,
porque a vós elevo minha alma.*
⁹Salvai-me de meus inimigos, Javé;
em vós busco refúgio.
¹⁰Ensinai-me a cumprir vossa vontade,*
porque sois meu Deus.
Vosso espírito bom me guie por uma
terra plana.
¹¹Por amor de vosso nome, ó Javé, fazei-me viver,
por vossa justiça, tirai-me da angústia.
¹²Em vossa misericórdia exterminai
meus inimigos*
e aniquilai todos os meus adversários,
pois sou vosso servo.*

144
Oração pela vitória e pela paz. ¹*De Davi.*

(143) Seja bendito Javé, meu rochedo,*
que treina minhas mãos para a batalha,*
meus dedos para o combate.
²Meu amor e minha fortaleza,*
meu refúgio e minha libertação,
meu escudo em que confio
e que submete os povos a mim.*
³Javé, quem é o homem para que o leveis em conta,
ou o filho do homem para que nele
penseis?*
⁴O ser humano é como um sopro;*
seus dias, uma sombra que passa.
⁵Javé, inclinai vossos céus e descei,*
tocai os montes e eles fumegarão.*
⁶Lançai os raios e dispersai os inimigos,
disparai vossas flechas e afugentai-os.
⁷Estendei do alto vossa mão,*
libertai-me e salvai-me das águas caudalosas,
da mão dos estrangeiros.
⁸A boca deles fala mentiras
e sua mão direita jura falso.
⁹Um cântico novo, ó Deus, vos cantarei,*
tocarei para vós a harpa de dez cordas;
¹⁰para vós, que dais a vitória aos reis,*
que salvais Davi, vosso servo, da espada cruel.
¹¹Salvai-me e livrai-me da mão dos estrangeiros;
cuja boca fala mentiras
e cuja mão direita jura falso.
¹²Sejam nossos filhos como plantas*
bem crescidas em sua juventude;
nossas filhas, como colunas angulares*
talhadas para adornar um palácio.
¹³Nossos paióis estejam cheios,*
transbordantes de frutos de toda espécie;
nossos rebanhos se multipliquem aos
milhares
e miríades em nossos campos;

---

* **143**,1. Jó 9,2; 14,3s | 2. Ecl 7,20 / Rm 3,20 | 3. 7,6 / Lm 3,6 | 5. 77,6 / 77,13 | 6. 63,2 | 7. 69,18; 102,3 / 28,1; 88,5 | 8. 17,15 / 25,1s; 86,4 | 10. 25,4s | 12. 54,7 / 116,16 | **144**,1. 18,47 / 18,35 | 2. 18,3 / 18,48 | 3. 8,5 | 4. 39,6s; Jó 14,2 | 5. 18,10 / 104,32; Is 63,19; 18,15 | 7. 18,17 | 9. 32,2s | 10. 18,51 | 12. 128,3 / Jó 42,14; Eclo 26,23 | 13. Lv 26,4s; Dt 7,13

† **143**,2. O AT ensina muitas vezes que todo ser humano é pecador, 1Rs 8,46; Jó 4,17; Sl 51,7; assim se preparava a revelação do dogma do pecado original, Rm 5,12-21.

Salmos 144-146 **728**

¹⁴carreguem nossos bois pesadas cargas;
não haja brechas nem incursões,*
e nenhum alarme em nossas praças.
¹⁵Feliz o povo que vive assim;
feliz o povo cujo Deus é Javé.*

145
Hino à majestade divina.
¹*Louvor de Davi.*
(144)   *Alef* Ó Deus, meu rei, quero
exaltar-vos*
e bendizer vosso nome eternamente e
para sempre.
Bet ²Quero bendizer-vos todo dia*
e louvar vosso nome eternamente e
para sempre.
Guimel ³Grande é Javé e digno de todo
louvor;*
insondável é sua grandeza.
Dalet ⁴Uma geração narre à outra vossas obras,*
e vossos prodígios anuncie.
He ⁵Proclamem o glorioso esplendor
de vossa majestade
e narrem vossas maravilhas.
Waw ⁶Falem da força de vossos portentos
e comentem vossa grandeza.
Záin ⁷Divulguem a lembrança de vossa
imensa bondade
e celebrem com júbilo vossa justiça.
Het ⁸Clemente e compassivo é Javé,*
lento para a ira e rico em misericórdia.
Tet ⁹Javé é bom para com todos,*
cheio de ternura para com todas as
suas obras.
Yod ¹⁰Que todas as vossas obras vos
louvem, Javé,
e vos bendigam vossos fiéis.
Kaf ¹¹Proclamem a glória de vosso reino*
e falem de vosso poder,
Lamed ¹²para anunciar aos filhos de
Adão vossos prodígios
e o glorioso esplendor de vosso reino.
Mem ¹³Vosso reino é um reino de todos
os séculos,*
vosso domínio se estende a todas as
gerações.*

(Nun) Fiel é Javé em suas promessas
e santo em todas as suas obras.
Samec ¹⁴Javé ampara todos os que
caem*
e reergue todos os abatidos.
Áin ¹⁵Os olhos de todos em vós esperam,*
e vós lhes forneceis o alimento na hora
certa.*
Pê ¹⁶Abris vossa mão
e saciais o desejo de todo ser vivo.
Cadê ¹⁷Javé é justo em todos os seus
caminhos,*
santo em todas as suas obras.
Qof ¹⁸Javé está perto de todos os que
o invocam,*
de todos os que o invocam de coração
sincero.
Resh ¹⁹Satisfaz o desejo dos que o temem,
escuta seu clamor e os salva.
Shin ²⁰Javé protege todos os que o
amam,*
mas há de destruir todos os ímpios.
Taw ²¹Que minha boca proclame o louvor de Javé,
e todo ser vivo bendiga seu nome santo
eternamente e para sempre.

146
Louvor a Javé salvador.
¹*Aleluia!*
(145)   Louva a Javé, minha alma;
²enquanto eu viver, louvarei a Javé,*
cantarei hinos a meu Deus por toda a
minha vida.*
³Não confieis nos poderosos,*
em seres humanos que não podem salvar.
⁴Exalam o espírito e voltam ao pó da
terra;
nesse dia se acabam seus planos.
⁵Feliz aquele cujo auxílio é o Deus de
Jacó*
e cuja esperança é Javé, seu Deus,
⁶que fez o céu e a terra,*
o mar e tudo o que há neles,
e que mantém sua fidelidade para
sempre.*

---

* **144**,14. Lv 26,6; Is 65,19 | 15. 28,11; 32,12 | **145**,1. 44,5 | 2. 34,2; 68,20 | 3. 48,2; 95,4; Jó 36,26 | 4. 71,18;
78,4 | 8. 103,8 | 9. 103,13; Sb 1,13s | 11. 93,1 | 13. Dn 3,100/ Sl 102,13 | 14. 94,18; 146,8 | 15. 104,26ss /
Mt 6,25s | 17. Dt 32,4 | 18. Dt 4,7; Jr 29,13; Is 58,9 | 20. 33,18 | **146**,2. 104,33 / 7,18 | 3. 90,3; 104,29; Ecl
12,9; 1Mc 2,63 | 5. Jr 17,7 | 6. 121,2; 124,8 / 103,6

729 Salmos 146-148

⁷Ele faz justiça aos oprimidos,
dá alimento a quem tem fome.
Javé livra os prisioneiros,*
⁸Javé devolve a vista aos cegos,*
Javé levanta os abatidos,*
Javé ama os justos.*
⁹Javé protege os estrangeiros,
ampara o órfão e a viúva,*
mas transtorna o caminho dos ímpios.
¹⁰Javé reinará para sempre,*
teu Deus, ó Sião, por todas as gerações.
Aleluia!

147 Poder e bondade de Javé†. ¹Aleluia!

(146-147) Louvai a Javé, pois é bom
cantar a nosso Deus;*
é suave e apropriado seu louvor.
²Javé reconstrói Jerusalém,
reúne os exilados* de Israel†.
³Ele cura os corações atribulados*
e enfaixa suas feridas.
⁴Ele conta o número das estrelas
e chama cada uma pelo nome.
⁵Grande é o Senhor nosso, imenso é
seu poder,*
sua sabedoria não tem limites.
⁶Javé ampara os humildes,*
mas rebaixa os ímpios até o chão.
⁷Entoai a ação de graças a Javé†,
cantai a nosso Deus ao som da harpa.
⁸Ele cobre o céu de nuvens,*
prepara a chuva para a terra,
faz brotar a relva sobre os montes
e plantas úteis ao homem;
⁹fornece alimento para o gado*
e para os filhotes do corvo que o
suplicam.
¹⁰Não lhe apraz o vigor do cavalo*
nem aprecia a corrida do homem.
¹¹Agradam a Javé os que o temem
e esperam em sua bondade.

¹²Glorifica a Javé, Jerusalém,*
louva teu Deus, ó Sião!
¹³Porque reforçou as trancas de tuas
portas†,
e em teu meio abençoou teus filhos.*
¹⁴Fez reinar a paz em tuas fronteiras*
e te sacia com o trigo melhor.
¹⁵Envia à terra sua mensagem,*
sua palavra corre veloz.
¹⁶Faz cair neve como lã,
espalha a geada como cinza.
¹⁷Lança como migalhas o granizo;*
diante de seu frio, quem resiste?
¹⁸Manda uma ordem e se derretem,
sopra seu vento e correm as águas.*
¹⁹Anuncia a Jacó sua palavra,
seus decretos e suas sentenças a Israel.
²⁰Com as outras nações não fez assim:*
elas não conhecem seus juízos†.
Aleluia!

148 Glorificação de Javé Criador*. ¹Aleluia!

Louvai a Javé do alto dos céus,
louvai-o nas alturas.
²Louvai-o, vós todos, seus anjos,*
louvai-o, vós todos, seus exércitos.
³Louvai-o, sol e lua,
louvai-o, vós todas, estrelas brilhantes.
⁴Louvai-o, céus dos céus,*
e vós, águas de cima dos céus.
⁵Louvem todos o nome de Javé,
porque ele mandou e foram criados.
⁶Firmou-os para sempre, eternamente,
deu-lhes uma lei que jamais passará.*
⁷Daqui da terra, louvai a Javé,
monstros marinhos e todos os abismos;
⁸fogo e granizo, neve e neblina,
vento de tempestade que cumpre suas
ordens;
⁹montes e todas as colinas,*
árvores frutíferas e todos os cedros;

---

* **146**,7. 68,7 | 8. Is 49,9; 61,1 / Sl 145,14 / 11,7 | 9. Êx 22,20s; Sl 68,6 | 10. Êx 15,18; Sl 145,13 | **147**,1. 92,2 |
2. 56,8 | 3. Jr 31,10; 33,6; Is 61,1; Jó 5,18 | 5. Is 40,28; Jó 36,5 | 6. 1Sm 2,7s | 8. 104,10.14.27s; Jl 2,23 | 9.
Jó 38,41; Mt 6,26 | 10. 20,8s; 33,16ss | 12. Jr 33,10s; Is 65,18s | 13. 48,14; Lv 26,6 | 14. 81,17 | 15. 29,3s;
33,9; 107,20; Is 55,10s | 17. Jó 6,16; 37,10; 38,22 | 18. Dt 33,3s | 20. Dt 4,7s | **148**. Gn 1; 104; Dn 3,57-90 |
2. 103,20s | 4. 1Rs 8,27; Gn 1,7 | **148**,6. Jr 31,35s | 9. Is 44,23

† **147**. As versões grega e latina dividem este salmo em dois e fazem começar o salmo 147 no v. 12. |
2. O salmo fala do período de Esdras e Neemias, quando os judeus, de volta do exílio, reconstroem
Jerusalém. | 7. Os vv. 7-11 louvam a Deus porque com a chuva renova cada ano seu ato de criar. |
13. Restaurados os muros sob a direção de Neemias, os judeus gozam de segurança, Ne 6,15s. | 20.
Assim como existem duas ações gloriosas de Deus – a criação e a história – assim também são duas as
revelações: uma escrita na própria natureza e aberta a todos, e a outra dada ao povo eleito na Bíblia,
para testemunhá-la e comunicá-la a toda a humanidade.

Salmos 148-150

[10]animais selvagens e domésticos,*
répteis e aves que voam;
[11]os reis da terra e todos os povos,
governantes e chefes todos da terra;
[12]rapazes e moças, idosos e crianças:*
[13]louvem o nome de Javé
porque só seu nome é sublime.
Sua majestade está acima da terra e
dos céus.*
[14]Ele exaltou o poder de seu povo:*
motivo de louvor para todos os seus fiéis,
para os filhos de Israel, povo que está
perto dele.
Aleluia!

149

Festa de Israel[†]. [1]Aleluia!
Cantai a Javé um cântico
novo;
ressoe seu louvor na assembleia dos
fiéis.*
[2]Alegre-se Israel em seu Criador,
exultem em seu rei os filhos de Sião.
[3]Louvem seu nome com danças,*
com o pandeiro e a lira cantem seu louvor.
[4]Pois Javé se agrada de seu povo,*
adorna com a salvação os humildes.

[5]Exultem os fiéis no Glorioso
e cantem de alegria em seus leitos[†];
[6]com os louvores de Deus na boca
e a espada de dois gumes nas mãos,*
[7]para exercer a vingança entre as nações*
e castigar os povos;
[8]para prender com correntes seus reis,
e seus nobres com grilhões de ferro;
[9]para executar contra eles a sentença
decretada.
É uma honra para todos os seus fiéis.
Aleluia!

150

Sinfonia final. [1]Aleluia!
Louvai a Deus em seu san-
tuário,
louvai-o no firmamento de seu poder.
[2]Louvai-o por seus prodígios,
louvai-o por sua grandeza imensa.
[3]Louvai-o tocando trombeta,
louvai-o com harpa e cítara;
[4]louvai-o com pandeiros e danças,
louvai-o nas cordas e nas flautas.
[5]Louvai-o com címbalos sonoros,
louvai-o com címbalos retumbantes.
Tudo o que respira,* louve a Javé![†]
Aleluia!

---

* **148**,10. Is 43,20 | 12. Jr 31,13 | 13. 108,6; 113,4 | 14. 89,18 | **149**,1. 40,10 | 3. 87,7; 150,4; 68,26; 81,3 |
4. Is 61,9; 62,4s; 1Sm 2,8 | 6. Ne 4,10ss; 2Mc 15,27 | 7. Zc 9,13-16 | **150**,5. Ap 5,13

† **149**. O povo de Deus como instrumento do reinado de Deus sobre as nações. São Paulo dirá que o
Reino de Deus é justiça, paz e alegria no Espírito Santo, Rm 14,17. | 5. Na assembleia... nos leitos, isto
é, em público e em particular. | **150**,5. Todas as criaturas louvam e adoram a Deus em seu templo, que
é o universo. Unidos com o Filho, voz perfeita de todo o mundo criado por meio dele, tornamo-nos
também nós oração incessante diante do trono do Pai (João Paulo II).

PROVÉRBIOS

O livro dos Provérbios, verdadeira antologia da sabedoria de Israel, apresenta-se como um conjunto de coleções de máximas e sentenças. Entre as nove coleções que se podem individuar, as mais importantes são 10,1–22,16 e 25–29, que são as partes mais antigas e atribuídas a Salomão, cujos provérbios estavam na boca de todos, como patrimônio da sabedoria popular. Salomão pode ter encarregado outras pessoas de recolher provérbios populares. Talvez tenha sido o pessoal da corte que pôs os provérbios na forma atual, mas a fonte é o povo. Ainda hoje se recolhem provérbios em todas as culturas. São todos anônimos, mas alguém os inventou. Uma vez escrito, o provérbio se transmite como dado pedagógico. Ele é um depósito a ser usado na hora certa.

Este livro recolhe provérbios de temas sapienciais tirados do ensinamento dos sábios de Israel desde o tempo dos reis até o exílio. Na volta do exílio foi feito o trabalho de reunir o material acumulado pela tradição, para salvar o patrimônio espiritual de Israel. Os nove primeiros capítulos formam uma ampla introdução, que ilustra o valor e a importância da Sabedoria. A dama Sabedoria põe a mesa e convida ao banquete, cujas iguarias são as coleções de provérbios, verdadeiro alimento para o espírito humano. Nos dois últimos capítulos encontram-se provérbios saídos de um ambiente não israelita, mais precisamente de Massa, na Transjordânia, região habitada por tribos árabes, famosas pela sua sabedoria. Serve de conclusão ao livro um célebre poema alfabético em louvor da mulher virtuosa, a qual parece ser a encarnação da sabedoria divina e humana (31,10-31).

A palavra "provérbio" designa na Bíblia toda forma literária de tipo sapiencial. Os provérbios propriamente ditos costumam ter duas partes: antitéticas, quando uma se opõe à outra (p. ex. 10,16), e paralelas, quando a segunda repete o pensamento da primeira (p. ex. 16,6).

As sentenças e ensinamentos do livro dos Provérbios atestam o grande amor dos hebreus pela Sabedoria, que se pode definir como o conjunto das virtudes morais que tem como fundamento o temor de Deus, resguardado pela disciplina, pela prudência e pelo conselho.

Ler hoje o livro dos Provérbios é beber de uma fonte inesgotável de experiência humana, que aponta o justo caminho da felicidade, meta do ser humano em todas as eras.

I. TÍTULO E TEMA DO LIVRO
(1, 1-7)

1 **Introdução.** [1]Provérbios de Salomão, filho de Davi, rei de Israel[+],
[2]para conhecer a sabedoria e a disciplina[+],
para entender palavras profundas,
[3]para adquirir instrução esclarecida:
justiça, equidade e retidão;
[4]para dar aos simples a prudência[+],
aos jovens o saber e o discernimento.
[5]Que o sábio escute e aumentará seu saber;*
e o homem entendido adquirirá sábios conselhos;

[6]para compreender provérbios e alegorias,
as máximas dos sábios e seus enigmas.
[7]O temor de Javé é o princípio* da sabedoria[+];
os estultos desprezam a sabedoria e a disciplina.

II. EXORTAÇÃO A CULTIVAR
A SABEDORIA
(1,8–9,18)

As más companhias. [8]Escuta, meu filho, a instrução de teu pai[+]
e não desprezes o ensinamento de tua mãe,*

---

* **1**,5. 22,17 | 7. Sl 111,10; Pr 9,10; 15,33; Jó 28,28; Eclo 1,16 | 8. 6,20

+ **1**,1. O uso do nome de Salomão confere autoridade ao livro todo. | 2. A sabedoria em Israel não é teórica e abstrata, mas moral e prática. Dom de Deus, concedido através da observação do mundo e das pessoas, ensina a viver conforme o projeto divino. | 4. O livro se dirige sobretudo aos simples, inexperientes e jovens, mais sujeitos a influências negativas. | 7. Temor de Deus é a atitude de respeito, humildade e veneração diante do mistério que nos ultrapassa. | 8. Filho no sentido próprio do termo, ou como sinônimo de discípulo. A família é a primeira escola de sabedoria. "Na família todos os membros evangelizam e são evangelizados" (Paulo VI).

Provérbios 1-2

⁹porque serão um diadema gracioso em tua cabeça
e colares para teu pescoço.
¹⁰Meu filho, se os pecadores quiserem te seduzir,*
não consintas!
¹¹Se te disserem: "Vem conosco, façamos emboscadas para derramar sangue,*
insidiemos impunemente o inocente;
¹²como o abismo, devoremo-los vivos, inteiros, como os que descem à fossa.
¹³Encontraremos toda espécie de bens preciosos,
encheremos de despojos nossas casas.
¹⁴Lança tua sorte conosco,
uma só bolsa teremos todos em comum".
¹⁵Meu filho, não andes com eles,
mantém teu pé longe de seus caminhos!
¹⁶Pois seus passos correm para o mal*
e se apressam a derramar o sangue.
¹⁷Sim, é inútil estender a rede
à vista de qualquer ave.
¹⁸Mas estes fazem emboscadas contra seu próprio sangue,
armam laços contra si mesmos†.
¹⁹Assim acontece com todos os gananciosos:*
a ganância tira a vida de quem se deixa dominar por ela.

Convite da Sabedoria. ²⁰A Sabedoria grita pelas ruas,
nas praças levanta a voz;*
²¹nas esquinas movimentadas ela clama,
pronuncia seus discursos nas entradas das portas da cidade:
²²"Até quando, ó inexperientes, amareis a inexperiência*
e os zombadores se deleitarão em suas zombarias†

e os insensatos terão ódio à ciência?†
²³Voltai-vos para minhas exortações:
eu infundirei meu espírito sobre vós
e vos manifestarei minhas palavras.
²⁴Porque eu chamei e recusastes,*
estendi a mão e ninguém deu atenção;
²⁵descuidastes todo conselho meu*
e minha exortação não acolhestes;
²⁶também eu vou rir de vossa desventura,*
vou zombar de vós quando vier o que temeis,
²⁷quando vos sobrevier, como uma tempestade, o que temeis,
quando a desgraça vos atingir como um furacão,
quando vos afligirem angústia e tribulação.
²⁸Então me invocarão, mas não responderei,*
me procurarão, mas não me encontrarão.*
²⁹Porque odiaram a sabedoria
e não preferiram o temor de Javé;
³⁰ignoraram meu conselho
e desprezaram todas as minhas exortações;
³¹comerão o fruto de sua conduta*
e se fartarão de seus próprios conselhos.
³²Sim, a rebeldia dos ingênuos os leva à morte*
e a despreocupação dos estultos os faz perecer;*
³³mas quem me escuta viverá tranquilo e seguro,
sem temor do mal".

2 **Benefícios da Sabedoria.** ¹Meu filho, se acolheres minhas palavras
e guardares dentro de ti meus mandamentos,

---

* **1**,10. Eclo 6,24.29 | 11. Sl 10,8; Eclo 11,34 | 16. Is 59,7; Pr 6,18 | 19. 15,27 | 20. 8,1ss; 9,3 | 22. Sl 94,8 | 24. Is 65,2.12; 66,4 | 25. Sl 107,11 | 26. Dt 28,63; Jr 23,19 | 28. Jr 11,11 / Os 5,6 | 31. Jr 6,19 | 32. 8,36 / Am 6,1; Jr 5,12s

† **1**,18. As aves não caem nas armadilhas preparadas diante de seus olhos; os maus, porém, caem nos laços que eles próprios armaram. | 20. A Sabedoria personificada assume uma função profética: denuncia a infidelidade do povo e exorta à conversão. | 22. Zombador é o dissoluto, o soberbo, aquele que, em vez de observar a ordem social estabelecida, despreza-a. / Insensato é aquele que não está disposto a submeter-se às normas ensinadas pelos sábios, porque não sabe dominar-se e não refreia suas paixões. Opõe-se à verdade que lhe vem ao encontro na criação e não confia numa ordem que lhe poderia trazer salvação.

733 Provérbios 2-3

²prestando ouvido à sabedoria,
inclinando teu coração ao entendimento†,
³se invocares o discernimento
e chamares a inteligência,
⁴se a buscares como a prata*
e a procurares como um tesouro,*
⁵então compreenderás o temor de Javé
e encontrarás o conhecimento de Deus.
⁶Porque é Javé quem dá a sabedoria,*
de sua boca provêm a ciência e a inteligência.*
⁷Aos homens retos reserva a prosperidade,
é escudo para aqueles que agem com retidão,
⁸protege as veredas da justiça
e guarda os caminhos de seus fiéis.
⁹Então compreenderás a justiça e o direito,
a retidão com todos os bons caminhos.
¹⁰Porque a sabedoria entrará em teu coração
e o conhecimento alegrará tua alma.
¹¹A reflexão te guardará
e a inteligência velará sobre ti,
¹²para te afastar do mau caminho,
e do homem que fala coisas perversas,
¹³daqueles que abandonam as veredas retas
para caminhar por estradas tenebrosas,
¹⁴e que se alegram fazendo o mal*
e encontram prazer nas perversidades do vício.
¹⁵Eles seguem veredas tortuosas
e se extraviam em seus caminhos.
¹⁶Ela te salvará da mulher* estrangeira†,
da infiel que diz palavras sedutoras,

¹⁷que abandona o companheiro de sua juventude
e esquece a aliança de seu Deus.*
¹⁸Porque sua casa conduz para a morte
e para o reino das sombras suas veredas.
¹⁹Dos que vão a ela nenhum retorna,
não alcançam as veredas da vida†.
²⁰Por isto caminharás pela estrada dos bons
e te conservarás nas sendas dos justos.
²¹Porque os homens retos habitarão a terra*
e os íntegros permanecerão nela.
²²Mas os malvados serão exterminados da terra,*
e dela serão extirpados os infiéis.

3 **Como adquirir a Sabedoria.**
¹Meu filho, não esqueças meu ensinamento
e teu coração guarde meus preceitos,
²porque te alcançarão longos dias,*
anos de vida e de prosperidade.
³Que a bondade e a fidelidade não te abandonem;*
prende-as em torno a teu pescoço,*
escreve-as sobre a tábua de teu coração,*
⁴e obterás favor e bom êxito
aos olhos de Deus e dos homens.
⁵Confia em Javé com todo o coração*
e não te apoies em tua inteligência.*
⁶Em todos os teus passos pensa nele*
e ele aplainará teus caminhos.*
⁷Não te consideres sábio;*
teme Javé e fica longe do mal.
⁸Isto será saudável para teu corpo
e um refrigério para teus ossos.†
⁹Honra Javé com teus bens*
e com as primícias de todas as tuas colheitas;*

---

* **2**,4. 3,14; 8,19; 16,16 / Mt 13,44ss | 6. Jó 32,8 / Sb 9,10 | 14. 10,23 | 16. 5,2-20; 6,24-7,27; Eclo 9,12s | 17. Êx 20,14 | 21. Sl 37,9.29; Mt 5,4 | 22. 10,30 | **3**,2. 4,10; 9,11; Dt 4,40; 8,3; Ne 9,29; Eclo 1,20 | 3. 6,21 / 7,3 / Dt 6,6-9 | 5. Sl 37,5 / 28,26 | 6. 16,3 / Eclo 2,6 | 7. Rm 12,16; Sl 34,10.15 | 9. Ml 3,10ss / Dt 26,1 | 10. Sl 4,8; Dt 28,8

† **2**,2. O coração é a sede da inteligência, dos desejos, da vontade, da consciência, da vida afetiva e moral, Mt 15,18-20. | 16. A mulher "estrangeira" é a que não é a tua. O adultério ofende também a Deus, testemunha da aliança matrimonial, Ml 2,14. | 19. Correr atrás dos prazeres provoca o vício, caminho sem retorno em muitos casos. | **3**,8. Considerava-se a saúde como a recompensa de uma vida correta, e a doença como castigo do pecado.

Provérbios 3-4

[10]então teus celeiros se encherão de trigo*
e teus lagares transbordarão de vinho[†].

Valor da Sabedoria. [11]Meu filho, não rejeites a instrução de Javé*
e não te canses de seus avisos,
[12]porque Javé corrige quem ele ama,*
como um pai ao filho predileto.
[13]Feliz o homem que encontrou a sabedoria
e aquele que adquiriu o entendimento;
[14]porque sua posse é preferível à da prata*
e melhor que o ouro é seu lucro.
[15]Ela é mais preciosa que as pérolas,*
e nada do que desejas a pode igualar.
[16]Longos dias estão em sua mão direita,
e em sua esquerda riqueza e honra.*
[17]Seus caminhos são caminhos deliciosos
e todas as suas veredas conduzem ao bem-estar.
[18]É uma árvore de vida para quem a alcança,*
e quem a abraça é feliz.
[19]Javé fundou a terra com a sabedoria,*
consolidou os céus com inteligência.
[20]Por sua ciência foram abertos os abismos,
e as nuvens destilam orvalho[†].

Felicidade do justo. [21]Meu filho, conserva a sabedoria e a discrição;*
não se afastem jamais de teus olhos:
[22]serão vida para ti
e ornamento para teu pescoço.*
[23]Então caminharás seguro por tua estrada*
e teu pé não tropeçará.
[24]Quando te deitares, não terás o que temer

e, uma vez deitado, teu sono será doce.*
[25]Não temerás o pavor repentino,*
nem o ataque que vem dos maus;
[26]porque Javé será tua segurança,
e de toda insídia preservará teu pé.

Conduta para com o próximo. [27]Não negues um benefício a quem ele é devido,*
se está em teu poder fazê-lo.
[28]Não digas a teu próximo: "Vai, volta depois, te darei amanhã",*
se tens o que te pede.
[29]Não trames o mal contra teu próximo,
quando ele mora confiante a teu lado.
[30]Não contendas sem motivo com ninguém,
se não te fez nada de mal.
[31]Não invejes o homem* violento[†]
e não imites jamais sua conduta,
[32]porque Javé detesta o malvado,
mas sua amizade é para os homens retos.
[33]A maldição de Javé está sobre a casa do opressor,
mas ele abençoa a morada dos justos.
[34]Dos zombadores ele zomba,
aos humildes, porém, concede a graça.*
[35]Os sábios herdarão a glória,
mas a infâmia será a parte dos estultos.

4 **Vantagens da Sabedoria.** [1]Escutai, ó filhos, a instrução de um pai
e aplicai-vos a aprender o discernimento;
[2]porque vos transmito uma boa doutrina;
não abandoneis meu ensinamento.
[3]Também eu fui um filho para meu pai,
terno e predileto aos olhos de minha mãe.

---

* **3**,11. Hb 12,5s; Jó 5,17 | 12. Ap 3,19; Dt 8,5 | 14. 2,4 | 15. 8,11 | 16. Sl 8,18; Eclo 4,13 | 18. 11,30; Gn 2,9; 3,22; Ap 2,7 | 19. Pr 8,22-31 | 21. 4,20 | 22. 1,9 | 23. 4,12; 6,22; Sl 91,12 | 24. Sl 3,6 | 25. Sl 91,5 | 27. Eclo 4,3 | 28. Lc 10,25-37; Mt 5,44-48 | 31. Eclo 11,22; 23,17; Sl 37,1 | 34. Tg 4,6; 1Pd 5,5; Eclo 3,20s

† **3**,10. Ver em Dt 28,8 promessas semelhantes de Javé aos que obedecem seus mandamentos. | **3**,20. O mundo tem uma mensagem, transmite uma verdade: a ordem do universo interpela o homem para que também ele ponha em ordem sua vida. | 31. A prosperidade dos maus pode causar nos justos a inveja e a tentação de imitá-los.

735 Provérbios 4-5

[4]Ele me instruía dizendo-me:
"Teu coração retenha minhas palavras;
guarda meus mandamentos* e viverás[+].
[5]Adquire a sabedoria, adquire a inteligência;
não esqueças as palavras de minha boca
e jamais delas te afastes.
[6]Não a abandones e ela te guardará,
ama-a e velará sobre ti.
[7]O princípio da sabedoria é: adquire a sabedoria;
em troca de tudo o que possuis, adquire a inteligência.
[8]Estima-a, e ela te exaltará,
será tua glória, se a abraçares.
[9]Uma coroa de graça porá sobre tua cabeça,*
com um diadema de glória te cingirá".
O caminho reto. [10]Escuta, meu filho, e acolhe minhas palavras*
e se multiplicarão os anos de tua vida.
[11]Eu te indico o caminho da sabedoria;
pelas veredas da retidão eu te guio.*
[12]Quando caminhares, não serão impedidos teus passos,
e se correres, não tropeçarás[+].
[13]Adere à disciplina, não a deixes;
guarda-a, porque ela é tua vida.
[14]Não sigas a estrada dos ímpios
e não andes pelo caminho dos maus.
[15]Evita-o, não passes por ele,
fica longe e passa ao largo.
[16]Pois eles não dormem se não fizeram o mal;
perdem o sono se não fizeram alguém cair.
[17]Comem o pão da impiedade
e bebem o vinho da violência.
[18]Mas a estrada dos justos é como a luz da aurora,
cujo esplendor aumenta até o meio-dia.

[19]O caminho dos ímpios é como a escuridão:
não sabem onde vão tropeçar.
Vigilância. [20]Meu filho, fica atento ao que eu falo,*
presta ouvido a minhas palavras.
[21]Não as percas jamais de vista,
guarda-as no fundo de teu coração;
[22]porque elas são vida para quem as encontra
e saúde para todo o teu corpo.
[23]Com todo o cuidado guarda teu coração,
porque dele emana a vida.
[24]Desvia de ti a boca enganosa
e afasta de ti os lábios maldizentes.
[25]Que teus olhos olhem de frente
e teu olhar se fixe no que está adiante.
[26]Examina a estrada onde pões o pé
e todos os teus caminhos sejam bem firmes.
[27]Não te desvies nem para a direita e nem para a esquerda,*
mantém teu pé longe do mal.

5 **A mulher sedutora.** [1]Meu filho, presta atenção a minha sabedoria
e presta ouvido a minha inteligência,
[2]para que conserves a discrição
e teus lábios guardem o conhecimento.
[3]Pois destilam mel os lábios da estrangeira,
e mais suave que o óleo é sua boca;
[4]mas o fim ao qual conduz é amargo* como absinto[+],
cortante como espada de dois gumes.
[5]Seus pés descem para a morte,
seus passos conduzem ao abismo.*
[6]Não considera a vereda da vida;
anda errante em seus caminhos e não se importa.
[7]Agora, meus filhos, escutai-me
e não vos afasteis das palavras de minha boca.

---

* **4**,4. 7,2; 8,35 | 9. 1,9; Sb 5,16 | 10. 3,1s | 11. Sl 23,3 | 20. 3,21 | 27. Dt 5,32; 28,14 | **5**,4. Ecl 7,26 | 5. 7,27

† **4**,4. A sabedoria passa de uma geração à outra; mas, propriamente, uma experiência não se transmite, descreve-se apenas. Cada geração deve refazer sua experiência e aprender de novo. | 12. Somos peregrinos pelos caminhos do mundo; a Sabedoria nos faz vencer os obstáculos da caminhada. | **5**,4. Planta de sabor amargo que cresce espontaneamente na Palestina. A amargura do absinto é símbolo de dor, sofrimento, castigo, Am 6,12; Jr 9,14; Lm 3,15.19.

Provérbios 5-6

8Mantém longe dela teu caminho
e não te aproximes da porta de sua casa,

9para não dares a outros tua honra
e teus anos a um homem cruel;

10para que não se saciem de teus bens os estranhos,
e não acabem tuas fadigas na casa de um outro;

11e tu não gemas quando vier teu fim,*
quando decaírem teu corpo e tua carne,

12e digas: "Por que odiei a disciplina
e meu coração desprezou a correção?†

13Não escutei a voz de meus mestres,
não dei atenção a quem me instruía.

14Por pouco não me achei no cúmulo dos males*
no meio da assembleia e da comunidade".

Sê fiel a tua esposa†. 15Bebe água de tua cisterna*
e a que brota de teu poço,

16para que tuas fontes não escorram para fora,
e nas ruas teus riachos;

17mas sejam para ti somente
e não para estranhos junto contigo.

18Seja bendita tua fonte;
alegra-te com a mulher de tua juventude:*

19corça amável, gazela graciosa.
Suas ternuras sempre te inebriem
e por seu amor sejas sempre atraído!

20Por que, meu filho, te apaixonar por uma estranha
e abraçar o peito de uma desconhecida?

21Porque os caminhos do homem estão diante dos olhos de Javé
e ele observa todas as suas veredas.

22Suas culpas aprisionam o ímpio;
ele é capturado com os laços de seu pecado.

23Morrerá por falta de disciplina
e se perderá pelo excesso de sua loucura.

6 Cuidado com a fiança†.

1Meu filho, se aceitaste ser fiador do próximo,*
se te empenhaste com um estranho

2e te ligaste com as palavras de teus lábios
e te deixaste prender pelas palavras de tua boca;

3meu filho, faze assim para livrar-te
porque caíste nas mãos de teu próximo:
vai, lança-te a seus pés, importuna teu próximo;

4não concedas sono a teus olhos
nem repouso a tuas pálpebras,

5livra-te como a gazela da armadilha,
como a ave da mão do caçador.

A formiga e o preguiçoso. 6Vai ver a formiga, ó preguiçoso,*
observa seus hábitos e torna-te sábio.

7Ela não tem chefe,
nem capataz, nem patrão;

8no verão prepara seu alimento,
no tempo da colheita ajunta a comida†.

9Até quando, preguiçoso, ficarás deitado?
Quando te levantarás do sono?

10Dormir um pouco, cochilar um pouco,
cruzar um pouco os braços para repousar,

11assim te sobrevirá a pobreza como um vagabundo,*
e a indigência, como um homem armado.

O insensato. 12A pessoa indigna, o homem iníquo,
anda com a falsidade na boca;

13acena com os olhos, bate os pés,*
faz sinais com os dedos;

---

* **5,**11. 29,3 | 14. Eclo 1,39 | 15. 31,10s | 18. Ecl 9,9 | 1. 11,15; 17,18; 20,16; 27,13; 22,26s; Eclo 29,19-27 | 6. 20,4-13; 22,131-16; 24,30-34; 30,24s | 11. 24,33s | 13. 10,10; Eclo 27,25

† **5,**12. Tudo pode ficar perdido para quem se deixa cativar pela mulher sedutora: reputação, saúde, vigor, riqueza. | 15. A cisterna é a esposa, o poço é a potência genital, os riachos são os filhos. | **6.** Os sábios não aprovam este tipo de caridade, 6,1-5; 17,18; 20,16; 22,27, com certeza devido às experiências negativas que conheceram. | 8. O texto grego acrescenta: "Ou então, vai ver a abelha e aprende como trabalha e como é nobre o trabalho que faz. Reis e súditos procuram seus produtos para sua saúde; embora pequena e fraca, é tida em muita estima por sua sabedoria".

737   Provérbios 6-7

[14]tem a perversidade no coração,
trama o mal continuamente, semeia discórdias.
[15]Por isso de improviso virá sua ruína,
num instante será aniquilado sem remédio.

As coisas que Javé abomina[+]. [16]Seis coisas odeia Javé,
aliás, sete são abominação para ele:
[17]olhar arrogante, língua mentirosa,
mãos que derramam sangue inocente,
[18]coração que trama iníquos projetos,
pés que correm rápidos para o mal,
[19]testemunha falsa que fala mentiras*
e aquele que provoca discórdias entre irmãos.

Contra o adultério. [20]Meu filho, observa o mandamento de teu pai,*
não esqueças o ensinamento de tua mãe.
[21]Fixa-os sempre em teu coração,*
pendura-os ao pescoço.
[22]Quando caminhares te guiarão,*
quando repousares velarão sobre ti,
quando acordares falarão contigo.
[23]Porque o mandamento é uma lâmpada, e o ensinamento é uma luz,*
e um caminho de vida as correções que corrigem,*
[24]para preservar-te da mulher alheia,
das palavras sedutoras da estrangeira.
[25]Não deseges em teu coração sua beleza;
não te deixes cativar por seus olhares,
[26]porque, se a prostituta se contenta com um pedaço de pão,
a mulher casada custa uma vida preciosa[+].
[27]Pode-se levar fogo no peito
sem queimar a roupa[+],
[28]ou caminhar sobre brasas
sem queimar os pés?

[29]Assim, quem se aproximar da mulher do próximo,
quem a tocar, não ficará impune.
[30]Não se desaprova um ladrão, se rouba
para saciar-se quando tem fome;
[31]no entanto, se é preso, deverá restituir sete vezes
e entregar todos os bens de sua casa.
[32]Mas o adúltero não tem entendimento;
quem age assim arruína sua vida.
[33]Encontrará castigo e desonra,
e sua vergonha jamais será cancelada,
[34]porque o ciúme enfurece o marido,
que não terá piedade no dia da vingança;*
[35]não aceitará nenhuma compensação,
ele recusará, mesmo se multiplicas as ofertas.

7 **As adulações da adúltera.** [1]Meu filho, guarda minhas palavras;
sejam para ti um tesouro meus preceitos.
[2]Observa meus preceitos e viverás;
guarda meu ensinamento como a pupila de teus olhos.*
[3]Prende-os a teus dedos,*
escreve-os na tábua de teu coração.*
[4]Dize à sabedoria: "Tu és minha* irmã"[+],
e chama de amigo o entendimento,
[5]para que te preserve da mulher alheia,*
da estranha que tem palavras sedutoras.
[6]Enquanto da janela de minha casa
eu estava observando pela treliça,
[7]vi entre os ingênuos,
descobri entre os jovens um moço sem juízo
[8]que passava pela praça, junto à esquina da estrangeira,
e se encaminhava para a casa dela,

---

* **5**,19. 1,16 | 20. 1,8 | 21. 3,3 | 22. 3,23s | **6**,23. Sl 119,105 / 10,17; 2,16-19; 5,2-20 | 34. 27,4 | **7**,2. 4,4; 8,35 | 3. Dt 6,8 / 3,3 | 4. 6,20s | 5. 2,16

[+] **6**,16. Provérbio numérico, semelhante a uma adivinhação, maneira atraente de propor um dado da experiência. | 26. Os adúlteros eram condenados à morte, Dt 22,22. | 27. "No peito" quer dizer no bolso formado pela túnica ou pelo manto acima da cintura. | **7**,4. Irmã quer dizer esposa, como em Ct 4,9.14; 5,1s.

Provérbios 7-8

9ao entardecer, ao declinar o dia,
ao surgir a noite e a escuridão.
10Vem a seu encontro uma mulher,
em vestes de prostituta e com a falsidade no coração.
11Ela é ousada e insolente,
não sabe manter os pés em sua casa.
12Ora está na rua, ora nas praças:*
em todo canto está à espreita.
13Agarra-o, beija-o*
e com ar deslavado lhe diz:
14"Eu devia oferecer sacrifícios de comunhão;*
hoje cumpri minhas promessast,
15por isso saí a teu encontro
para procurar-te e te encontrei.
16Cobri de colchas meu leito,*
de linho colorido do Egito;
17perfumei minha cama com mirra,
aloés e canela.
18Vem, inebriemo-nos de amor até a manhã,
gozemos juntos no prazer,
19porque meu marido não está em casa,
partiu para uma longa viagem,
20levou consigo a bolsa do dinheiro,
voltará para casa só no dia da lua cheia".
21De tanto insistir o convence,
arrasta-o com seus lábios sedutores.
22Ele a seguiu sem demora,
como um boi vai para o matadouro;
como um cervo preso pelo laço,
23até que uma flecha lhe dilacera o fígado;*
como ave que se precipita na rede
sem saber que está em jogo sua vida.
24Agora, meus filhos, escutai-me,
prestai atenção às palavras de minha boca.
25Que teu coração não se desvie para os caminhos dela,
não te percas em suas veredas,
26porque a muitos fez cair traspassados,
e os mais robustos foram suas vítimas.
27A casa dela é estrada para o abismo,
que desce para as câmaras da morte.

8 Segundo convite da Sabedoria.*
1A Sabedoria não chama?
A inteligência não faz ouvir sua voz?
2Ela se põe de pé lá em cima nas alturas,
ao longo da estrada, nas encruzilhadas dos caminhos.
3Junto às portas, na entrada da cidade,
nos lugares de passagem ela exclama:*
4"A vós, homens, eu chamo,
aos filhos de Adão se dirige minha voz.
5Aprendei, ingênuos, a prudência
e vós, estultos, tende um coração sensato.
6Escutai, porque direi coisas importantes,
de meus lábios sairá o que é reto.
7Porque minha boca proclama a verdade
e a impiedade é abominação para meus lábios.
8Todas as palavras de minha boca são justas;
nada há nelas de falso ou de tortuoso;
9todas são leais para quem as compreende
e retas para quem encontrou o conhecimento.
10Aceitai minha instrução mais que a prata,*
e o conhecimento mais que o ouro fino;
11porque a sabedoria vale mais que as pérolas*
e nenhuma coisa desejável pode se comparar com ela".

Dotes da Sabedoria. 12Eu, a Sabedoria,
moro com a prudência;
possuo a ciência da reflexão.
13Temer Javé é odiar o mal:*
detesto a soberba, a arrogância,
a má conduta e a boca perversa.
14Meu é o conselho e minha a verdadeira sabedoria;

---

* **7,**12. 5,6 | 13. 23,27-28s | 14. 5,3 | 16. Ct 3,2s | 23. Ecl 7,27; 9,12 | **8,**1.1,20-33 | 3. Jo 7,37 | 10. 3,14; 16,16 | 11. Jó 28,15-19; 3,15 | 13. Jó 28,28; Eclo 15,7

† **7,**14. Nos sacrifícios de comunhão, Lv 3, uma parte das carnes da vítima era consumida num banquete com os amigos.

739   Provérbios 8-9

eu sou a inteligência, a mim pertence a força.

¹⁵Por meu intermédio reinam os reis*
e os magistrados decretam o que é justo.

¹⁶Por meu intermédio governam os príncipes
e os nobres são os juízes legítimos†.

¹⁷Eu amo aqueles que me amam,*
e aqueles que me buscam me encontrarão.

¹⁸Comigo estão riquezas e honra,*
seguro bem-estar e equidade.

¹⁹Meu fruto vale mais que o ouro,
que o ouro fino,
e meu produto mais que a prata escolhida.

²⁰Eu ando pelo caminho da justiça
e pelas veredas da equidade,

²¹para dotar de bens os que me amam
e encher seus cofres.

A parte da Sabedoria na criação†.

²²Javé me criou como início de sua atividade,*
antes de suas obras mais antigas.

²³Desde a eternidade fui tecida,
desde o princípio, antes que existisse a terra.*

²⁴Quando não existiam os abismos, eu fui gerada;
quando ainda não havia as fontes de águas abundantes.

²⁵Antes que os montes fossem firmados,
antes das colinas, eu fui gerada.

²⁶Quando ainda não tinha feito a terra e os campos,
nem os primeiros elementos do mundo;

²⁷quando ele consolidava os céus, lá estava eu;*

quando traçava um círculo sobre a face do abismo†;

²⁸quando condensava as nuvens no alto,
quando reforçava as fontes do abismo;

²⁹quando impunha ao mar seus confins,*
de modo que as águas não ultrapassassem seus limites;*
quando traçou os fundamentos da terra.

³⁰Então eu estava com ele como sua predileta,
e eu era suas delícias todo dia,
alegrando-me diante dele a cada instante;

³¹eu brincava sobre a superfície terrestre,
encontrando minhas delícias entre os filhos de Adão.

³²Agora, filhos, escutai-me:
bem-aventurados os que seguem meus caminhos!

³³Escutai a exortação
e sede sábios, não a descuideis!

³⁴Bem-aventurado o homem que me escuta,*
velando todo dia a minhas portas
e guardando o limiar de minha casa.

³⁵Pois quem me encontra, encontra a vida*
e obtém o favor de Javé;

³⁶mas quem peca contra mim faz mal a si próprio;
todos os que me odeiam amam a morte.*

9 **O banquete da Sabedoria†.** ¹A Sabedoria construiu sua casa,
lavrou suas sete colunas.

²Matou seus animais, preparou seu vinho
e pôs sua mesa.

---

* **8**,15. Is 11,2-5; Jr 23,5; 1Rs 3,4-15; Eclo 10,4 | 17. Sb 6,12 | 18. 3,16 | 22. Eclo 1,4.9; 24,12s | 23. Jo 1,1 | 27. Jó 28,23-27; Eclo 24,8; Sb 9,9 | 29. Jó 38,8-11 / Sl 104,7ss | 34. Ap 3,20; Sb 6,14 | 35. 3,1s; 1Jo 5,12 | 36. Sb 1,12-16

† **8**,16. A autoridade tem origem divina. É em nome de Deus que se governa, Rm 13,1. | 22. A Sabedoria é o projeto de Deus, projeto de ordem na criação, concretizado no coração do mundo; é distinta de Deus e do mundo. Ainda pequenina, assistiu à atividade criadora de Deus; foi gerada, tecida, depois nasceu e tornou-se uma menina mimada: são descritas as etapas de seu crescimento. A Sabedoria personificada prepara a revelação que o NT fará do Verbo de Deus, pelo qual tudo foi criado, e que, encarnado, viveu entre os filhos dos homens, v. 31. | 27. O círculo é o horizonte, limite da terra e base da abóbada celeste. | 9. Aqui a Sabedoria é uma senhora que convida a um banquete em seu palácio. Os Santos Padres viram na Sabedoria Jesus Cristo, no palácio a Igreja, nas sete colunas os Sacramentos, na mesa a Palavra de Deus, nas servas os ministros da Palavra e nos convidados todos nós.

Provérbios 9-10

³Enviou suas servas e proclama
nos pontos mais altos da cidade:
⁴"Quem é simples venha aqui!"
A quem é sem entendimento ela diz:
⁵"Vinde, comei de meu pão†,
bebei o vinho que preparei.*
⁶Abandonai a insensatez e vivereis,
andai pelo caminho da inteligência".

Contra os zombadores. ⁷Quem corrige o zombador atrai sobre si a desonra,
quem repreende o ímpio atrai a si a injúria.
⁸Não repreendas o zombador, porque te odiará;*
repreende o sábio, e ele te amará.
⁹Dá conselho ao sábio, e ele se tornará mais sábio;*
instrui o justo, e aumentará seu saber.
¹⁰Princípio da sabedoria é o temor de Javé,*
a ciência do Santo é a inteligência.
¹¹Por meu intermédio teus dias serão numerosos,*
e os anos de tua vida se multiplicarão.
¹²Se és sábio, o és para teu bem,
se és zombador, somente tu carregarás a pena†.

O banquete da insensatez. ¹³A insensatez é uma mulher irrequieta,
uma imbecil que não sabe nada.
¹⁴Está sentada à porta de sua casa,
numa cadeira, num lugar alto da cidade,
¹⁵para convidar os que passam pela rua,
que seguem direto seu caminho:
¹⁶"Quem é simples venha aqui!"
E a quem é sem entendimento ela diz:
¹⁷"As águas roubadas são doces,
e o pão comido às ocultas é saboroso".
¹⁸Ele não sabe que lá estão os mortos,

e que seus convidados estão no profundo dos abismos.

III. SENTENÇAS DE SALOMÃO
(10,1–22,16)

10

O justo e o ímpio. ¹Provérbios de Salomão.
O filho sábio alegra o pai;*
o filho insensato entristece a mãe.
²De nada servem os tesouros mal adquiridos,*
mas a justiça livra da morte.*
³Javé não deixa o justo passar fome,*
mas reprime a avidez dos ímpios.
⁴O braço preguiçoso gera pobreza,*
mas a mão que trabalha enriquece.
⁵Quem recolhe no verão é previdente;
quem dorme no tempo da colheita é desprezível.
⁶As bênçãos de Javé descem sobre a cabeça do justo,*
mas a boca dos ímpios esconde a violência.
⁷A memória do justo é abençoada,*
mas o nome dos ímpios apodrece.
⁸O sábio de coração aceita os mandamentos,
mas quem tem lábios insensatos vai para a ruína.
⁹Quem caminha na integridade anda seguro,*
quem segue caminhos tortuosos será descoberto.
¹⁰Quem acena com os olhos† causa sofrimento,*
mas quem repreende francamente promove a paz.

As palavras do justo. ¹¹Fonte de vida é a boca do justo,
mas a boca dos ímpios esconde violência.
¹²O ódio provoca litígios,*
mas o amor recobre todas as faltas.*

---

* **9**,5. Is 55,1ss; Eclo 24,19ss; Jo 6,35 | 8. 15,12 | 9. 19,25 | 10. 1,7 | 11. 3,1s | **10**,1. 15,20; 17,25; 19,13 | 2. Eclo 5,10 / 11,4; 12,28 | 3. Sl 34,10 | 4. 15,19; 19,15 | 5. 20,4; 6,9-11 | 6. 10,6-24; 11,18 | 7. 10,27; 12,17; 14,11; Sl 112,6 | 9. 28,18 | 10. 6,13; Eclo 27,25 | 12. 17,9 / 1Cor 13,7; 1Pd 4,9

† **9**,5. O pão são as coleções de provérbios que começam no c. 10: esta é a comida que todos deveriam comer. | 12. O texto grego acrescenta: "Aquele que se apoia em mentiras apascenta os ventos, persegue aves que voam, pois abandonou os caminhos de sua própria vinha e erra pelas estradas de seu próprio domínio; percorre um deserto sem água, um país onde reina a sede, e com suas mãos recolhe a esterilidade". | **10**,10. Para zombar ou para dar aprovação ao mal feito.

Provérbios 10-11

¹³Nos lábios do entendido se encontra a sabedoria,

mas a vara é para o dorso* do insensato†.

¹⁴Os sábios entesouram o conhecimento,*

mas a boca do tolo é um perigo iminente.

¹⁵Os bens do rico são sua fortaleza;*
a ruína dos pobres é sua miséria.*

¹⁶O salário do justo serve para a vida,
o ganho do ímpio é para o pecado.

¹⁷Caminha para a vida quem guarda a disciplina;*

quem descuida a correção se extravia.*

¹⁸Os lábios sinceros aplacam o ódio;
quem difunde a calúnia é insensato.

¹⁹No muito falar não falta a culpa,*
quem refreia seus lábios é prudente.

²⁰Prata preciosa é a língua do justo,
mas o coração dos ímpios vale bem pouco.

²¹Os lábios do justo nutrem a muitos;
os estultos morrem por falta de juízo.

Felicidade da virtude. ²²É a bênção de Javé que enriquece:*

a fadiga nada lhe acrescenta†.

²³Fazer o mal é uma diversão para o insensato,*

como o cultivar a sabedoria para o homem prudente.

²⁴Ao malvado sobrevém o mal que teme,*

mas o desejo dos justos é satisfeito.

²⁵Ao passar a tempestade, desaparece o ímpio;

mas o justo está firme para sempre.

²⁶Como o vinagre para os dentes e a fumaça para os olhos,*

assim é o preguiçoso para quem lhe confia uma missão.

²⁷O temor de Javé prolonga os dias,*
mas os anos dos ímpios serão abreviados.

²⁸A espera dos justos redundará em alegria,*

mas a esperança dos ímpios perecerá.

²⁹O caminho de Javé é uma fortaleza para o homem reto,

mas é ruína para os malfeitores.

³⁰O justo jamais será abalado,*
mas os ímpios não habitarão a terra.

³¹A boca do justo exprime a sabedoria,*

mas a língua perversa será cortada.

³²Os lábios do justo destilam benevolência,*

a boca dos ímpios, perversidade.

11 **Justiça e malvadeza.** ¹Balança falsa é abominação para Javé,*
mas o peso exato lhe agrada.

²Quando vem a soberba, vem também a desonra,

ao passo que a sabedoria está com os humildes.

³A integridade dos homens retos os guia,

a perversidade dos traidores os arruína.*

⁴É inútil a riqueza no dia da cólera,
mas a justiça livra da morte.

⁵A justiça do homem honesto lhe aplana o caminho;

por sua impiedade cai o ímpio.

⁶A justiça dos homens retos os salva;
em sua ganância ficam presos os traidores.*

⁷Quando morre o ímpio, acaba sua esperança;*

perece a confiança dos malvados.

⁸O justo é libertado da angústia;
em seu lugar entra o ímpio.

O bem público. ⁹Com sua boca o ímpio arruína seu próximo,*

mas os justos se salvam pelo conhecimento.

¹⁰Com a prosperidade dos justos a cidade se alegra;*

e quando perecem os ímpios se faz festa.

---

* **10**,13. 19,29; 26,3 | 14. 18,7 | 15. 18,11 / Eclo 8,2; Sl 49,7 | 17. 6,23 / 15,32 | 19. Ecl 5,2; Pr 13,3; 17,27; Tg 3,8 | 22. Sl 127,1 | 23. 2,14 | 24. Jó 3,25; Sl 37,4 | 25. 12,3 | 26. 13,17; 25,13; 26,6 | 27. 4,10 | 28. Jó 8,13; Sl 112,10 | 30. 2,21s | 31. Sl 37,30 | 32. Ecl 10,12 | **11**,1. 20,10.23; Dt 25,13-16; Am 8,3-6; Os 12,8; Mq 6,10s | 3. 13,10 | 6. 11,3 | 7. 10,28; Sl 112,10 | 9. 29,5 | 10. 28,12

† **10**,13. Os antigos incluíam em seus métodos educativos os castigos com a vara. | 22. É Deus que torna frutuoso o trabalho humano, Sl 127,1s.

Provérbios 11-12

¹¹Com a bênção dos homens retos se ergue uma cidade;*
mas pela boca dos ímpios é destruída.
¹²Quem despreza seu próximo não tem entendimento;*
o homem prudente, porém, se cala.
¹³Quem anda tagarelando revela segredos,*
quem tem espírito fiel os mantém ocultos.
¹⁴Sem governo o povo decai,*
a segurança depende de um bom número de conselheiros†.
¹⁵Quem se faz fiador de um estranho se dá mal,*
quem evita dar garantias vive tranquilo.
¹⁶A mulher graciosa alcança glória,*
mas os homens enérgicos adquirem riquezas.
Sentenças várias. ¹⁷Faz bem a si mesmo o homem misericordioso,*
mas o cruel atormenta sua própria carne.
¹⁸O ímpio obtém um falso lucro,
mas para quem semeia a justiça a recompensa é certa.
¹⁹Assim como a justiça é para a vida,
quem segue o mal é destinado à morte.
²⁰Javé abomina os corações tortuosos,*
mas lhe agradam os que têm uma conduta íntegra.
²¹Com certeza não ficará impune o malvado,*
mas a descendência dos justos será salva.
²²Anel de ouro em focinho de porco:
tal é a mulher bonita mas sem juízo.
²³O desejo dos justos é só o bem;
os maus só podem esperar a ira.
²⁴Há quem é pródigo e aumenta sua riqueza,
há quem poupa além da medida e só empobrece.
²⁵A pessoa generosa terá sucesso,*
e quem dá de beber será dessedentado.

²⁶Quem retém o trigo é amaldiçoado pelo povo,
mas a bênção estará sobre a cabeça de quem o vende.
²⁷Quem procura o bem encontra o favor,*
quem busca o mal, o mal o atingirá.
²⁸Quem confia em sua riqueza cairá;*
mas os justos germinarão como a folhagem.
²⁹Quem deixa sua casa em desordem herdará o vento;
e o tolo será escravo de quem tem um coração sábio.
³⁰O fruto do justo é uma árvore de vida,*
e quem conquista as almas é sábio.
³¹Se o justo recebe sua retribuição na terra,
quanto mais o ímpio e o pecador!

12

Os bons e os maus. ¹Quem ama a disciplina ama o conhecimento,*
quem odeia a correção é insensato.
²Quem é bom obtém o favor de Javé,*
mas o homem mal-intencionado ele o condena.
³Ninguém se consolida com a impiedade,*
mas a raiz dos justos não será removida.
⁴A mulher virtuosa é a coroa do marido,*
mas a que o desonra é como cárie em seus ossos.
⁵Os pensamentos dos justos são equidade,
mas as tramas dos ímpios são engano.
⁶As palavras dos ímpios são insídias mortais,*
mas a boca dos homens retos os livrará.
⁷Os ímpios, uma vez abatidos, não mais existem,
mas a casa dos justos está firme.

---

* **11**,11. 14,1 | 12. 14,21 | 13. 10,19; 17,27s | 14. 24,6; 15,22; Sb 6,24 | 15. 6,1 | 16. 31,10s; 5,15 | 17. Eclo 14,6 | 20. 12,22; 15,9 | 21. 16,5; 12,21 | 25. Is 58,10; Mt 7,2; 10,42 | 27. 12,2; 5,22 | 28. Sl 52,9s; Mc 10,24; Sl 1,3 | 30. Sl 1; 10,6 | **12**,1. 13,18; 15,5; Eclo 21,7 | 2. 11,27 | 3. 10,25 | 4. 31,10s | 6. 14,3

† **11**,14. Pedir conselho é importante tanto na vida pública como na particular.

Provérbios 12-13

[8]Um homem é louvado por seu bom senso,

quem tem um coração perverso é desprezado.

[9]É melhor ser pouco estimado mas ter um servo*

do que ser honrado e não ter pão.

[10]O justo conhece as necessidades de seus animais,*

mas os sentimentos dos ímpios são cruéis.

[11]Quem cultiva sua terra tem pão em abundância,*

mas quem vai atrás de quimeras é sem juízo.

[12]O ímpio cobiça os despojos dos maus,

a raiz dos justos produz fruto.

Uso da língua. [13]No pecado de seus lábios se prende o malvado,*

mas o justo escapará da angústia.

[14]Do fruto de sua boca cada um se sacia de bens,*

mas receberá a recompensa conforme as obras de suas mãos.

[15]O estulto julga reta sua conduta†,

mas quem escuta o conselho é sábio.

[16]O insensato manifesta logo sua cólera,

mas o homem prudente dissimula a ofensa.

[17]Quem diz a verdade anuncia a justiça,*

mas a falsa testemunha proclama o engano.

[18]Quem fala sem refletir fere como espada;*

mas a língua dos sábios é um remédio.

[19]Os lábios sinceros são estáveis para sempre,

a língua mentirosa dura só por um instante†.

[20]Há engano no coração dos que tramam o mal;

alegria têm os conselheiros de paz.*

[21]Ao justo não acontecerá nenhum dano,*

mas os ímpios serão cheios de males.

[22]Lábios mentirosos são abominação para Javé;*

ele ama os que agem com sinceridade.

[23]O homem prudente esconde seu saber,*

mas o coração dos insensatos proclama sua tolice.

A pessoa operosa. [24]A mão operosa obtém o comando,

a preguiçosa será para o trabalho forçado.

[25]A ansiedade deprime o coração do homem,*

mas uma palavra boa o alegra.

[26]O justo é guia para seu próximo,

mas o caminho dos ímpios os faz desviar.

[27]O preguiçoso não encontrará caça;

mas o diligente achará a riqueza da estepe.

[28]Na estrada da justiça está a vida,*

e em seu caminho não existe morte.

13

A pobreza e a riqueza. [1]O filho sábio ama a disciplina,

o zombador não escuta a repreensão.

[2]Do fruto de sua boca o homem come o que é bom;*

mas o apetite dos traidores se satisfaz com a violência.

[3]Quem vigia sua boca preserva sua vida:*

quem abre demais os lábios encontra a ruína.

[4]O preguiçoso deseja e não tem nada,

mas o desejo dos diligentes será satisfeito.*

[5]O justo odeia a palavra mentirosa,

mas o ímpio desonra e calunia.

[6]A justiça guarda quem tem uma conduta íntegra,

mas a maldade causa a ruína do pecador.

[7]Há quem se faz de rico e não tem nada,

---

* **12**,9. Eclo 10,30 | 10. 27,23 | 11. 28,19 | 13. 13,7 | 14. 13,2; 18,20; Lc 6,37s | 17. 14,25 | 18. 15,4 | 20. Mt 5,9 | 21. 11,21; Sl 91,10 | 22. 11,20 | 23. 10,19; 13,16 | 25. 15,13 | 28. 10,16; Rm 6,21ss | **13**,2. 12,14; 18,20 | 3. 21,23; Eclo 28,28.30; Tg 3,2-12 | 4. 6,6-11

† **12**,15. Não tomando consciência de seu erro, não aceita a correção e não se emenda. | 19. A verdade é constante, mas a mentira muda continuamente.

Provérbios 13-14

há quem se faz de pobre e tem muitos bens.

8O resgate da vida de um homem é sua riqueza,*

mas o pobre não percebe a ameaça.

9A luz dos justos alegra,*

mas a lâmpada dos ímpios se apaga†.

10A insolência só provoca contendas,

mas a sabedoria se encontra entre os que pedem conselho.*

11Riquezas depressa acumuladas diminuem;*

quem as reúne pouco a pouco as aumenta.

12Espera adiada faz mal ao coração,*

mas um desejo satisfeito é árvore de vida.

A docilidade e seus efeitos. 13Quem despreza a palavra se perderá,

quem respeita o mandamento será recompensado.

14O ensinamento do sábio é fonte de vida,*

para evitar os laços da morte.

15Um sólido bom senso obtém favor,

mas o caminho dos traiçoeiros é áspero.

16O homem prudente age conscientemente,*

mas o tolo manifesta sua insensatez.

17Um mau mensageiro cai em desgraça,

mas um enviado fiel traz saúde.*

18Pobreza e ignomínia para quem recusa a instrução,*

mas quem aceita a repreensão será honrado.

19Desejo realizado é uma doçura para a alma,*

mas é abominação para os tolos desapegar-se do mal.*

20Quem anda com os sábios se torna sábio,*

quem frequenta os insensatos sofrerá dano.

21O mal persegue os pecadores,

mas o justo é recompensado com o bem.

22Quem é bom deixa herança aos filhos de seus filhos,*

mas a riqueza do pecador está reservada ao justo.

23O campo arado pelo pobre dá comida em abundância,

mas há quem perece por falta de juízo.

24Quem poupa a vara odeia seu filho†,

mas quem o ama o corrige a tempo.*

25O justo come até ficar satisfeito,

mas o ventre dos ímpios sofre a fome.

14 A sabedoria e a insensatez.

1A mulher sábia constrói sua casa,

mas a insensata a destrói com suas mãos.

2Quem procede com retidão teme a Javé,

quem se afasta de seus caminhos o despreza.

3Na boca do imbecil há o germe da soberba,

mas os sábios são protegidos por seus lábios.

4Onde não há bois, o celeiro está vazio,

mas a abundância da colheita está no vigor do boi.

5A testemunha fidedigna não mente,

mas a falsa testemunha profere mentiras.

6O zombador busca a sabedoria e não a encontra,

mas para quem tem entendimento a ciência é coisa fácil.

7Afasta-te do homem insensato*

porque não encontrarás conhecimento em seus lábios.

8A sabedoria do homem prudente está em discernir seu caminho,

mas a insensatez dos imbecis é engano.

9Os insensatos zombam do pecado,

mas entre os homens retos há benevolência.

---

* **13**,8. 15,16 | 9. Sl 97,11 | 10. 11,2 | 11. 20,21 | 12. 3,28 | 14. 14,27 | 16. 12,23; Ecl 10,3 | 17. 25,13 | 18. 12,1 | 19. 13,12 / 29,27 | 20. Eclo 6,35s; Pr 14,7 | 22. 28,8 | 24. 22,15; 23,13s; 29,15ss; 3,12 | **14**,7. 13,20

† **13**,9. Luz e lâmpada simbolizam a vida; aqui, a vida feliz do justo e a vida curta do mau. | 24. Odiar no sentido de amar menos, Lc 14,26.

Provérbios 14-15

¹⁰O coração conhece sua própria amargura
e de sua alegria não pode participar um estranho†.
¹¹A casa dos ímpios será destruída,*
mas a tenda dos homens retos prosperará.
¹² Existe caminho que a alguém parece reto,*
mas desemboca em veredas de morte.
¹³Mesmo no riso o coração se entristece*
e a alegria termina em sofrimento.
¹⁴O relapso se fartará de seus caminhos,
mas o homem de bem ficará contente com suas obras.

A prudência. ¹⁵O ingênuo acredita em tudo,
mas o prudente controla os próprios passos.
¹⁶O sábio teme o mal e dele se afasta,
o insensato é arrogante e despreocupado.
¹⁷Quem se irrita facilmente comete loucuras,*
o mal-intencionado se torna odioso.
¹⁸Os ingênuos têm por herança a insensatez,
mas os prudentes se adornam de ciência.*
¹⁹Os maus se inclinam diante dos bons,
os ímpios diante das portas dos justos.
²⁰O pobre é odiado até pelo companheiro,*
mas são muitos os amigos do rico.
²¹Quem despreza seu próximo peca,*
mas quem se compadece dos humildes é feliz.
²²Não erram aqueles que planejam o mal?
Benevolência e favor para os que planejam o bem.
²³Em todo trabalho há proveito,
mas a conversa inútil só leva à penúria.

²⁴Coroa dos sábios é sua prudência,*
diadema dos tolos é sua insensatez.
²⁵Uma testemunha verdadeira salva vidas;*
quem fala mentiras é um impostor.
Religião e governo. ²⁶No temor de Javé está a confiança do homem forte;*
para seus filhos ele será um refúgio.
²⁷O temor de Javé é fonte de vida*
para evitar os laços da morte.
²⁸Um povo numeroso é a glória do rei;
população escassa é a ruína do príncipe.
²⁹Quem é lento para a ira tem grande bom senso,*
mas o irascível demonstra desatino.
³⁰Um coração tranquilo é vida para todo o corpo,*
mas a inveja é a cárie dos ossos.
³¹Quem oprime o pobre ofende seu Criador,*
mas quem tem piedade do indigente o honra.
³²Por sua maldade é arruinado o ímpio,
mas o justo encontra refúgio em sua integridade.
³³Num coração sensato habita a sabedoria,
mas entre os insensatos será reconhecida?
³⁴A justiça engrandece uma nação,
mas o pecado é a vergonha dos povos.
³⁵O favor do rei é para o servo inteligente,*
seu furor é para quem o desonra.

15 **A mansidão.** ¹Uma resposta gentil acalma a cólera,
uma palavra dura excita a ira.
²A língua dos sábios faz apreciar a ciência,*
a boca dos estultos derrama insensatez.
³Em todo lugar estão os olhos de Javé*
observando os maus e os bons.

---

* **14**,11. Jó 8,22 | 12. 16,25 | 13. Ecl 2,1s; 7,2-6; Lc 6,25 | 17. 14,29; 29,22 | 18. 14,24 | 20. Eclo 6,8-12; Pr 19,4.6s | 21. 11,12; Sl 41,2 | 24. 14,18 | 25. 12,17 | 26. 19,23 | 27. 13,14 | 29. 14,17; 15,18; 19,11 | 30. 17,22 | 31. 17,5 | 35. Eclo 8,10; Mt 24,45 | **15**,2. Eclo 10,14 | 3. 5,21; 15,11; 16,2; Sl 7,10; 139,1s

† **14**,10. A norma é alegrar-se com os que se alegram e chorar com os que choram; Rm 12,15, mas as profundezas do coração podem ser impenetráveis.

Provérbios 15

⁴Uma língua benévola é árvore de vida,

mas a língua perversa destrói o espírito.*

⁵O insensato despreza a correção paterna,*

mas quem aceita a admoestação é prudente.

⁶Na casa do justo há muita riqueza,

mas nos lucros do ímpio há insegurança†.

⁷A boca dos sábios difunde o conhecimento,

mas não é assim o coração dos insensatos.

⁸O sacrifício dos ímpios é abominação para Javé,*

mas a oração dos homens retos lhe agrada.

⁹A conduta dos maus é abominação para Javé;*

ele ama quem busca a justiça.

¹⁰Severa é a punição para quem abandona o reto caminho;

quem odeia a correção morrerá.*

¹¹O abismo e a perdição estão diante de Javé;

tanto mais os corações dos filhos dos homens!*

¹²O zombador não gosta de ser corrigido,*

ele não procura os sábios.

O coração feliz. ¹³Um coração alegre embeleza o rosto,*

mas, quando o coração está triste, o espírito se abate.

¹⁴O coração sábio busca o entendimento,*

a boca dos tolos se alimenta de loucura.

¹⁵Para o pobre todos os dias são maus;

para um coração contente é sempre festa.*

¹⁶Mais vale o pouco com o temor de Javé*

do que um grande tesouro com inquietação.*

¹⁷Mais vale um prato de verdura onde há amor*

do que um boi gordo onde há ódio.

¹⁸O homem colérico suscita contendas,*

mas quem é lento para a ira acalma as disputas.

¹⁹O caminho do preguiçoso é fechado com espinhos,

a estrada dos homens retos é desimpedida.

²⁰O filho sábio alegra seu pai,*

o homem insensato despreza sua mãe.*

²¹A insensatez é alegria para quem é sem juízo,

mas quem tem entendimento caminha retamente.

²²Falham as decisões tomadas sem consulta,*

têm êxito quando há muitos conselheiros.

²³É uma alegria saber dar uma resposta;

como é agradável uma palavra oportuna!

²⁴Para o homem sensato o caminho da vida é para cima,*

para salvá-lo do abismo que está embaixo.

Quem é caro e quem é odioso a Deus.
²⁵Javé derruba a casa dos soberbos*

e consolida os confins da viúva.

²⁶São abominação para Javé os maus desejos,

mas as palavras benévolas são puras.

²⁷Perturba sua casa quem age com avareza,*

mas quem detesta subornos viverá†.

²⁸O coração do justo reflete antes de responder,*

mas a boca dos maus jorra maldades.

²⁹Javé está longe dos ímpios,*

mas escuta a oração dos justos.

---

* **15**,4. 12,18 | 5. 12,1; 13,18 | 8. 21,27; 1Sm 15,22 | 9. 11,20; 12,22 | 10. 12,1; 15,32 | 11. Jr 11,20 | 12. 9,8 | 13. 12,25; Eclo 13,25 | 14. 18,15 | 15. Eclo 30,27 | 16. 13,8; 16,8 / 17,1; Sl 37,16 | 17. 17,1 | 18. 14,29; 28,25; Mt 5,9 | 20. 10,1 / 17,25; 23,22 | 22. 11,14 | 24. Ecl 3,21 | 25. 22,28; 23,10s; Dt 19,14; Os 5,10 | 27. 1,19; 17,23 | 28. 19,28 | 29. Is 59,2 | 31. 25,12

† **15**,6. Todo ato, mau ou bom, libera uma energia que cedo ou tarde repercute sobre seu autor. | 27. O autor faz várias advertências contra os presentes que "abrem portas" corrompendo a justiça: 17,8; 18,16; 19,6.

³⁰Um olhar luminoso alegra o coração;

uma boa notícia fortalece os ossos.

³¹O ouvido que escuta uma repreensão salutar*

terá sua morada no meio dos sábios.

³²Quem recusa a correção despreza a si mesmo,*

quem escuta a repreensão adquire entendimento.

³³O temor de Javé é escola de sabedoria;*

antes da glória está a humildade.*

16

A providência divina. ¹Ao homem pertencem os projetos do coração,*

mas de Javé vem a resposta da língua†.

²Todos os caminhos do homem parecem puros a seus olhos,*

mas quem sonda os espíritos é Javé.

³Recomenda a Javé tuas obras,*

e teus projetos terão sucesso.

⁴Javé fez tudo para um fim,

também o ímpio, para o dia* da desgraça†.

⁵É abominação para Javé todo coração orgulhoso,

certamente não ficará impune.*

⁶Com a bondade e a fidelidade se expia a culpa,*

e com o temor de Javé se evita o mal.

⁷Quando agrada a Javé a conduta de um homem,

reconcilia com ele até seus inimigos.

⁸É melhor o pouco com honestidade*

do que grande rendimento sem equidade†.

⁹O coração do homem planeja seu caminho,*

mas é Javé que dirige seus passos.

¹⁰O oráculo está nos lábios do rei,

sua boca não erra quando julga.

¹¹O peso e a balança justos pertencem a Javé,*

são obra sua todos os pesos da bolsa†.

¹²Fazer o mal é abominação para o rei,

porque o trono se consolida com a justiça.*

¹³Lábios justos agradam aos reis;

eles amam quem fala com retidão.*

¹⁴A ira do rei é mensageira de morte,*

mas o homem sábio a aplacará.

¹⁵Na alegria do rosto do rei está a vida,*

seu favor é como nuvem de chuva de primavera.

O sábio é modesto. ¹⁶Quanto é melhor adquirir a sabedoria do que o ouro!*

A posse da inteligência é preferível à prata.

¹⁷A estrada dos homens retos é evitar o mal;

conserva a vida quem controla seu caminhar.

¹⁸Antes da ruína vem o orgulho*

e antes da queda, a altivez de espírito.

¹⁹É melhor ser humilde de espírito com os pobres*

do que repartir despojos com os soberbos.

²⁰Quem está atento à palavra encontra o bem*

e quem confia em Javé é feliz.

²¹Será chamado inteligente quem é sábio de coração;*

a linguagem suave aumenta o saber.

²²Fonte de vida é a prudência para quem a possui,

mas o castigo dos tolos é a insensatez.

O dom da palavra. ²³O coração do sábio torna prudente* sua boca*

e aumenta o saber sobre seus lábios.

²⁴Favo de mel são as palavras gentis,

doçura para a alma e saúde para o corpo.

²⁵Existe caminho que a alguém parece reto,

mas desemboca em veredas de morte.

---

* **15**,32. 15,10; 10,17; 19,20 | 33. 1,7 / 18,12 | **16**,1. 19,21; 16,9 | 2. 21,2 | 3. 3,6; Sl 37,5 | 4. Rm 9,22 | 5. 11,21 | 6. Tb 12,9 | 8. 15,16; Tb 12,8 | 9. 19,21 | 11. 11,1 | 12. 25,5; 29,14 | 13. 14,35; 22,11 | 14. 19,12; 20,2 | 15. Sl 4,7; Pr 19,12 | 16. 3,14 | 18. 11,2; 15,33 | 19. Is 57,15 | 20. 13,13; Sl 40,5 | 21. 16,23 | 23. 14,12 / 16,21; Ecl 10,12

† **16**,1. É o que diz o provérbio "O homem propõe e Deus dispõe". | 4. Deus quer a salvação de todos, 1Tm 2,4, mas a justiça de Deus exige que o ímpio seja castigado. | 8. Não condena a riqueza como tal, mas sim a riqueza adquirida injustamente. | 11. Os comerciantes levavam na bolsa os pesos da balança.

Provérbios 16-17

²⁶O apetite do trabalhador trabalha para ele,
porque sua boca o estimula.

²⁷O homem perverso trama o mal,
e em seus lábios há como que fogo ardente.*

²⁸O homem ambíguo provoca contendas,*
e o caluniador divide os amigos.

²⁹O homem violento seduz seu próximo
e o conduz por um caminho que não é bom.

³⁰Quem fecha os olhos trama o mal
e, quando morde os lábios, já o cometeu.

³¹Coroa de honra são os cabelos brancos,*
ela se encontra nos caminhos da justiça.

³²Quem é lento para a cólera vale mais que um herói,
e quem domina a si mesmo
vale mais do que quem conquista uma cidade.*

³³Nas dobras do manto se lança a sorte†,
mas toda decisão vem de Javé.

17 A bondade para com o próximo.

¹Mais vale um pedaço de pão seco com tranquilidade*
do que uma casa cheia de carnes com discórdia.

²O escravo prudente suplantará o filho desonroso
e com os irmãos terá parte na herança.

³O cadinho é para a prata e o forno para o ouro,*
mas quem prova os corações é Javé.

⁴O malfeitor presta atenção aos lábios iníquos,
e o mentiroso dá ouvidos à língua perniciosa.

⁵Quem zomba do pobre insulta seu Criador,*
quem se alegra com a desgraça alheia não ficará impune.

⁶A coroa dos anciãos são seus netos*
e a glória dos filhos são seus pais.*

⁷Não convém ao insensato uma linguagem elevada,
menos ainda ao príncipe uma linguagem mentirosa.

⁸Um presente é como um talismã para quem o possui:*
para onde quer que se volte, tem sucesso.*

⁹Quem esconde a culpa conquista a amizade,*
mas quem a divulga desune os amigos.

¹⁰Aproveita mais uma repreensão ao homem sensato
do que cem chicotadas ao tolo.

¹¹O malvado só procura a revolta,
mas contra ele será mandado um mensageiro cruel.

¹²É melhor encontrar uma ursa da qual foram roubados os filhotes
do que um insensato em seu delírio.

¹³Quem paga o bem com o mal*
terá sempre a desventura em sua casa.

¹⁴Começar uma disputa é como abrir uma comporta,
antes que a contenda se exaspere, abandona-a.

A justiça. ¹⁵Absolver o culpado e condenar o justo
são duas coisas que Javé abomina.*

¹⁶Para que serve o dinheiro na mão do insensato?
Para comprar sabedoria? Mas ele não tem entendimento!

¹⁷O amigo quer sempre bem,*
mas o irmão nasceu para o tempo da aflição.

¹⁸É sem entendimento quem assume compromisso*
e se oferece como fiador para seu próximo.

¹⁹Quem ama a contenda ama o pecado;

---

* **16,**27. Tg 3,6 | 28. 17,9; Eclo 28,15s | 31. Sb 4,9; Eclo 25,6ss | 32. 25,28 | **17,**1. 15,17 | 3. Jr 11,20 | 5. 14,31 | 6. Sl 128,3.6 / Eclo 3,12s | 8. 18,16; 21,14 / 17,23 | 9. 10,12; 16,28 | 13. Sl 109,4s | 15. Êx 23,7; Dt 16,18ss | 17. Eclo 6,7-10 | 18. 6,1

† **16,**33. O sorteio se fazia com pedrinhas levadas nas dobras do manto. Os antigos achavam que Deus interferia quando se tirava a sorte para resolver contendas, 1Sm 14,41; 28,6.

quem se exalta causa sua ruína.
²⁰Coração mau não encontra felicidade,
  língua desonesta cai na desgraça.
²¹Quem gera um insensato terá aflição;*
  o pai de um imbecil não pode se alegrar.
²²Um coração alegre é um santo remédio,*
  mas um espírito abatido resseca os
ossos.
²³O iníquo aceita suborno às escondidas*
  para desviar o curso da justiça.
²⁴O homem prudente tem diante
dele a sabedoria,
  mas os olhos do insensato vagueiam
pelo mundo afora†.
²⁵Um filho estulto é uma tristeza para
seu pai*
  e uma amargura para aquela que o
deu à luz.
²⁶Não é justo punir o inocente;
  é contra a equidade bater em gente
honesta.
²⁷Quem modera suas palavras possui
a ciência;*
  a pessoa inteligente possui um espírito sereno.
²⁸Até o insensato, quando se cala, é
tido por sábio*
  e, se cerra seus lábios, por inteligente.

18 Sentenças várias. ¹Quem vive
isolado busca seu próprio interesse
  e se insurge contra toda sabedoria.
²O imbecil não ama o entendimento,
  mas só quer manifestar seus sentimentos.*
³Com a impiedade vem também o
desprezo,
  e com a desonra, a ignomínia.
⁴As palavras da boca do homem são
águas profundas;*

a fonte da sabedoria é uma torrente
que transborda.
⁵Não é bom favorecer o ímpio*
  fazendo injustiça ao justo no julgamento.
⁶Os lábios do insensato provocam
rixas
  e sua boca lhe atrai chicotadas.
⁷A boca do imbecil é sua ruína*
  e seus lábios são um laço para sua vida.*
⁸As palavras do caluniador são como
gulodices*
  que descem ao fundo das entra-
nhas†.
⁹Quem é indolente em seu trabalho
  é irmão do esbanjador.
¹⁰Torre forte é o nome de Javé:*
  o justo nele se refugia e está seguro.
¹¹Os bens do rico são sua fortaleza,*
  uma alta muralha, em sua opinião.
¹²Antes da queda o coração humano
se exalta,*
  mas a humildade vem antes da glória.*
¹³Quem responde antes de escutar*
  mostra insensatez para sua própria
confusão.
¹⁴O moral do homem o sustenta na
doença,
  mas um espírito abatido, quem o levantará?
¹⁵O coração inteligente adquire o conhecimento,*
  o ouvido dos sábios procura o saber.
¹⁶O presente que alguém dá lhe abre
o caminho
  e lhe dá acesso à presença dos grandes.*
¹⁷Parece ter razão quem fala primeiro
numa disputa,
  mas vem seu adversário e o questiona.
¹⁸A sorte faz cessar as contendas*
  e decide entre os poderosos.
¹⁹Um irmão ofendido resiste mais
que uma fortaleza,
  e as demandas são como os ferrolhos de um castelo†.

---

* **17**,21. 10,1; Eclo 22,3 | 22. 14,30 | 23. Êx 23,8; Dt 16,19; 27,25 | 25. 10,1; 29,15 | 27. 10,19 | 28. Jó 13,5; Eclo 20,5 | **18**,2. 12,23 | 4. 20,5; Eclo 21,16 | 5. 17,15; 24,23 | 7. 10,14; 13,3 / 12,13 | 8. 26,22 | 10. Sl 61,4; 124,8 | 11. 10,15 | 12. 16,18 / 15,33 | 13. Eclo 11,8 | 15. 15,14 | 16. 17,8; 21,14; 17,23 | 18. 16,33 | 20. 12,14; 13,2

† **17**,24. Em vez de mirar o objetivo, o insensato se perde ocupando-se de muitas coisas sem impor-
tância. | **18**,8. Sempre encontra ouvintes atentos quem fala mal do próximo. | 19. As demandas entre
irmãos costumam ser as mais violentas.

Provérbios 18-19

²⁰Com o fruto de sua boca o homem sacia o estômago,*
ele se farta com o produto de seus lábios.
²¹Morte e vida estão em poder da língua,*
e quem dela faz bom uso comerá seus frutos.
²²Quem achou uma mulher achou uma fortuna,
alcançou de Javé uma graça.*
²³O pobre fala suplicando,
mas o rico responde com dureza.
²⁴Há companheiros que levam à ruína,*
mas há amigos mais chegados que um irmão.

19 O pobre e o rico.
¹É melhor um pobre que vive honestamente*
que um insensato de lábios perversos.
²Sem reflexão, nem o zelo é coisa boa,*
e quem acelera os passos tropeça.
³A insensatez do homem perverte seu caminho,*
e contra Javé seu coração se irrita.
⁴As riquezas multiplicam os amigos,*
mas o pobre é abandonado até por seu próprio amigo.
⁵A falsa testemunha não ficará impune*
e quem espalha mentiras não escapará.
⁶Muitos são os aduladores do homem generoso*
e todos são amigos de quem dá presentes.
⁷Todos os irmãos do pobre o odeiam,
quanto mais se afastarão dele seus amigos!*
Ele vai atrás deles com súplicas, mas eles já se foram.

O prudente e o imbecil. ⁸Quem adquire bom senso ama a si mesmo
e quem conserva a prudência encontra a felicidade.
⁹A falsa testemunha não ficará impune*
e quem espalha mentiras perecerá.
¹⁰Ao imbecil não convém viver no luxo,*
menos ainda a um servo comandar os príncipes.
¹¹A prudência de um homem retarda sua ira*
e é sua glória passar por cima de uma ofensa.
¹²O furor do rei é como o rugido do leão,*
mas seu favor é como o orvalho sobre a relva.*
¹³Um filho insensato é uma calamidade para seu pai,*
e as disputas da esposa são como goteira sem fim.*
¹⁴Casa e riquezas se herdam dos pais,*
mas uma mulher judiciosa é dom de Javé.
¹⁵A preguiça faz cair no torpor,
e o indolente sofrerá fome.*
¹⁶Quem guarda os mandamentos preserva sua vida,*
mas quem descuida a própria conduta morrerá.
¹⁷Quem faz caridade ao pobre* empresta a Javé†,
o qual lhe retribuirá a boa ação.
¹⁸Corrige teu filho enquanto há esperança,*
mas não te excedas a ponto de matá-lo.
¹⁹O violento deve ser punido,
se o poupas, tu o incitas a recomeçar.
²⁰Escuta o conselho e aceita a correção*
para seres sábio no futuro.
²¹Muitos são os projetos na mente do homem,*
mas só o desígnio de Javé se realiza†.
²²O que se deseja do homem é a bondade;

---

* **18**,21. 21,23; Eclo 37,21; Tg 3,2-12 | 22. 5,15; 31,10s; Eclo 26,1-4 | 24. Eclo 13,4; 17,17; 27,10 | **19**,1. 28,6 | 2. 21,5 | 3. Eclo 15,11-21; Tg 1,13s | 4. 14,20; Eclo 6,8-12 | 5. 19,9; 21,28 | 6. Eclo 13,6s; Eclo 5,10 | 7. Eclo 13,25 | 9. 19,5 | 10. 30,22; Ecl 10,6s | 11. 14,29 | 12. 20,2 / 16,14s | 13. 17,25 / 27,15 | 14. 18,22; 31,10s | 15. 10,4 | 16. Lc 11,28 | 17. 28,27; Mt 25,40 | 18. Dt 21,18-21 | 20. 15,32 | 21. 16,1.9; Sl 33,11

† **19**,17. "Quando damos aos pobres as coisas indispensáveis, lhes devolvemos o que é deles: cumprimos um dever de justiça e não tanto um ato de caridade" (S. João Crisóstomo). | 21. Deus tem a última palavra em todos os projetos humanos e pode tomar o homem sob sua proteção até contra seus próprios planos.

Provérbios 19-20

é melhor um pobre que um mentiroso.

²³O temor de Javé conduz à vida;*
quem o possui repousará satisfeito
e não será atingido pelo mal.

²⁴O preguiçoso põe a mão no prato,*
mas nem sequer consegue levá-la à
boca.

²⁵Castiga o zombador, e o ingênuo
se tornará prudente,*
repreende o inteligente, e aprenderá
o conhecimento.

²⁶Quem maltrata o pai e expulsa a
mãe*
é um filho que envergonha e desonra.

²⁷Meu filho, deixa de ouvir a instrução,
se queres afastar-te das palavras da
sabedoria.

²⁸A testemunha corrupta zomba da
justiça,*
e a boca dos ímpios devora a iniquidade.

²⁹Para os zombadores estão prontos
os castigos
e os açoites, para as costas dos insensatos.*

20 Sentenças várias. ¹O vinho é zombador, o licor é turbulento;*
quem se deixa seduzir por eles não
é sábio.

²O terror do rei é como o rugido do
leão:*
quem o irrita arrisca a vida.

³É uma honra para o homem abster-
-se de demandas,
mas todo insensato nelas se envolve.*

⁴Desde o outono o preguiçoso não
ara,
e no tempo da colheita procura e
nada encontra.

⁵Como águas profundas é o conselho no coração humano,*
mas o homem inteligente sabe tirá-
-las.

⁶Muitos proclamam sua própria bondade,*
mas uma pessoa de confiança, quem
a encontra?

⁷O justo caminha em sua integridade;
felizes dos filhos que deixa atrás de
si!

⁸O rei que toma assento no tribunal*
dissipa todo mal com seu olhar.

⁹Quem pode dizer: "Purifiquei meu
coração,*
estou limpo de meu pecado?"

¹⁰Duplo peso e dupla medida
são duas coisas que Javé abomina.

¹¹Até a criança demonstra com seus
atos
se sua conduta é pura e reta.

¹²O ouvido que escuta e o olho que
vê:*
um e outro os fez Javé.

¹³Não ames o sono para não te tornares pobre,
mantém os olhos abertos e terás pão
à vontade.

¹⁴"É ruim, é ruim", diz o comprador,
mas quando se retira se gaba da
compra.

¹⁵Existem ouro e muitas pérolas,*
mas os lábios instruídos são joia preciosa.

¹⁶Toma-lhe a veste, porque se fez fiador para um outro,
e guarda-a como penhor para os estranhos.*

¹⁷O homem acha gostoso o pão obtido com fraude,*
mas depois sua boca fica cheia de
grãos de areia.

¹⁸Consolida teus planos pedindo
conselho,
e faze a guerra com sábia direção.

¹⁹Quem vai por aí falando revela segredos;*
não te associes a quem tem a língua
solta.*

²⁰Se alguém maldiz o pai e a mãe,*
sua lâmpada se apagará no coração
das trevas.

²¹Os bens adquiridos às pressas no
começo*
não serão abençoados no fim.

---

* **19**,23. 14,27 | 24. 26,15 | 25. 9,8 | 26. Êx 20,12; Pr 20,20; 23,22; 30,17 | 28. 15,28 | 29. 10,13 | **20**,1. 23,29-
35 | 2. 19,12 | 3. 14,17.29 | 5. 18,4 | 6. 27,2 | 8. 16,10 | 9. Jó 4,17; 1Jo 1,8ss; 11,1 | 12. Êx 4,11; Sl 94,9 | 15.
3,13ss | 16. 27,13; 6,1 | 17. Jó 20,12ss | 19. 11,13 / Êx 20,12; 21,17 | 20. 19,26 | 21. 13,11

Provérbios 20-21

²²Não digas: "Vou vingar-me do mal";*
confia em Javé e ele te salvará.

²³O duplo peso é abominação para Javé,*
e a balança falsa não é coisa boa.

²⁴Por Javé são dirigidos os passos do homem,
e como pode o homem compreender seu caminho?

²⁵É um laço para o homem dizer sem pensar: "Eu prometo!"*
e refletir só depois de feita a promessa.

O rei sábio. ²⁶Um rei sábio dispersa os maus
e faz passar sobre eles a roda†.

²⁷O espírito do homem é uma lâmpada de Javé*
que sonda todas as profundezas de seu ser.

²⁸Bondade e fidelidade velam sobre o rei;*
sobre a justiça ele firma seu trono.

²⁹A glória dos jovens é sua força;*
o ornamento dos idosos são os cabelos brancos.

³⁰As feridas que sangram são um remédio para o mal;
as chicotadas purificam as profundezas do ser humano.

21

A providência de Deus. ¹O coração do rei é água corrente na mão de Javé:
ele o dirige para onde quer.

²Cada um pensa que todo o caminho seu é reto,*
mas quem sonda os corações é Javé.

³Praticar a justiça e a equidade agrada mais a Javé que os sacrifícios.*

⁴Olhar altivo e coração soberbo,
a lâmpada dos ímpios, são pecado.

⁵Os planos do homem diligente produzem fartura,*
mas todo apressado caminha para a penúria.

⁶Acumular tesouros a poder de mentiras
é vaidade efêmera de quem procura a morte.

⁷A violência dos ímpios os arrasta,
porque rejeitam praticar a justiça.

⁸É tortuosa a conduta do criminoso,
mas o inocente é reto em seu agir.

⁹É melhor morar num canto do sótão*
do que com uma mulher briguenta numa mesma casa.

¹⁰A alma do ímpio deseja fazer o mal;
nem seu amigo encontra piedade a seus olhos.

¹¹Quando o zombador é punido, o simples se torna sábio,*
e quando o sábio é instruído, adquire conhecimento.

¹²O Justo observa a casa do ímpio
e precipita os ímpios na ruína†.

Caridade e justiça. ¹³Quem fecha o ouvido ao grito do pobre*
invocará por sua vez e não obterá resposta†.

¹⁴Presente dado em segredo acalma a ira,*
e oferta feita às ocultas aplaca o furor violento.

¹⁵É alegria para o justo que seja feita justiça,
mas é um terror para os malfeitores.

¹⁶O homem que se afasta do caminho da prudência
repousará na assembleia dos mortos†.

¹⁷Quem ama os prazeres ficará pobre*
e quem gosta de vinho e de perfumes não se enriquecerá.

¹⁸O ímpio serve de resgate para o justo
e o pérfido para os homens retos.

¹⁹É melhor morar num deserto*
do que com uma mulher briguenta e irascível.

²⁰Na morada do sábio há tesouros preciosos e perfume,
mas o insensato dilapida tudo isto.

---

* **20,**22. 25,22; Rm 12,17; 1Ts 5,15 | 23. 11,1 | 24. Sl 37,23; Pr 16,9; 19,21 | 25. Dt 23,22s; Ecl 5,3ss | 27. Mt 6,22; 1Cor 2,11 | 28. Sl 61,8; Is 16,5 | 29. 16,31 | **21,**2. 16,1; Lc 16,15; 18,9-14 | 3. Am 5,22ss; 1Sm 15,22 | 5. 19,2 | 9. 25,24; 19,13; 21,19 | 11. 19,25 | 13. Mt 6,15; Tg 2,13 | 14. 17,8.23 | 17. 23,20s | 19. 21,9

† **20,**26. A roda dos carros que na colheita separava o grão da palha. | **21,**12. O Justo é Deus juiz. | 13. "Não socorrer os pobres é roubá-los e tirar-lhes a vida" (S. João Crisóstomo). | 16. A morte, sobretudo quando repentina e prematura, era considerada o castigo dos maus. | 22. A sabedoria vale mais que a força.

²¹Quem procura a justiça e a bondade*
encontrará vida, justiça e glória.
Sabedoria e maldade. ²²O sábio assalta uma cidade aguerrida*
e abate a fortaleza na qual ela confiava†.
²³Quem guarda a boca e a língua*
preserva a si mesmo da angústia.
²⁴O soberbo arrogante se chama zombador;
ele age com orgulho insolente.
²⁵Os desejos do preguiçoso o levam à morte,*
porque suas mãos rejeitam o trabalho.
²⁶O ímpio cobiça o dia todo,
ao passo que o justo doa sem poupar.
²⁷O sacrifício dos ímpios é coisa abominável,*
tanto mais quando oferecido com má intenção.
²⁸A falsa testemunha perecerá,*
mas quem sabe escutar poderá falar sempre.
²⁹O ímpio assume um ar altivo,
mas o homem reto consolida sua conduta.
³⁰Não há sabedoria, não há entendimento,
não há conselho contra Javé.
³¹Prepara-se o cavalo para o dia da batalha,*
mas a Javé pertence a vitória.

22 **Sentenças várias.** ¹Mais vale o bom nome do que grandes riquezas,*
e ser estimado é melhor que a prata e o ouro.
²O rico e o pobre se encontram,*
Javé criou um e outro†.
³O prudente vê o perigo e se esconde,*
mas os ingênuos seguem adiante e sofrem a pena.

⁴Frutos da humildade são o temor de Javé,
a riqueza, a honra e a vida.
⁵Espinhos e cardos se encontram no caminho do mau;
quem cuida de si mesmo se mantém longe deles.
⁶Acostuma o jovem no caminho que deve seguir;*
e nem mesmo quando velho se afastará dele.
⁷O rico domina sobre o pobre
e quem toma emprestado é escravo de quem empresta.
⁸Quem semeia a injustiça recolhe a calamidade,*
e a vara de sua cólera será aniquilada.
⁹Quem tem um olhar generoso será abençoado*
porque doa de seu pão ao pobre.
¹⁰Expulsa o zombador e a discórdia acabará*
e cessarão as demandas e os insultos.
¹¹Javé ama quem é puro* de coração†,
e o rei é amigo de quem tem a graça nos lábios.*
¹²Os olhos de Javé protegem a ciência,
e ele confunde as palavras do iníquo.
¹³O preguiçoso diz: "Há um leão lá fora:*
serei morto no meio da rua"†.
¹⁴A boca das estrangeiras é uma fossa profunda,*
quem é objeto da ira de Javé cairá nela.
¹⁵A insensatez é ligada ao coração da criança,
mas a vara da correção a afastará dele.
¹⁶Quem oprime o pobre o enriquece;
quem dá ao rico apenas o empobrece†.

---

* **21**,21. Mt 5,6 | 22. Ecl 9,13ss | 23. 13,3 | 25. 13,4; 20,4 | 27. 15,8; Eclo 7,11 | 28. 19,5.9 | 31. Sl 20,8; Os 1,7
22,1. Ecl 7,1 | 2. 29,13; Jó 31,15; Sb 6,7 | 3. 27,12 | 6. Eclo 6,18 | 8. Jó 4,8; 12,14 | 9. 19,17; 28,27; Sl 112,9;
Lc 14,13s | 10. 26,20 | 11. Mt 5,8 / 16,13 | 13. 26,13 | 14. 5,2 | 15. 13,24; 29,15.17

† **22**,2. O bom relacionamento entre as classes sociais exige o respeito dos deveres e direitos recíprocos. |
11. Quem age com reta intenção. | 13. O preguiçoso inventa ou aumenta as dificuldades para justificar
sua inércia. | 16. A adversidade estimula ao esforço que conquista a prosperidade, mas a riqueza que
não custou trabalho se perde.

Provérbios 22-23

IV. SENTENÇAS DOS SÁBIOS
(22,17-24,34)†

Introdução. [17]Inclina o ouvido e escuta as palavras dos sábios,
e aplica tua mente a minha instrução.
[18]porque te será agradável guardá-las em teu íntimo;
juntas estarão prontas sobre teus lábios.
[19]Para que tua confiança esteja em Javé,
quero hoje instruir-te também a ti.
[20]Não te escrevi trinta máximas,
entre conselhos e instruções,
[21]para mostrar-te a certeza das palavras da verdade,
a fim de que possas responder com segurança a quem te interrogar?†

Recomendações. [22]Não despojes o fraco, porque é fraco,*
nem aflijas o pobre no julgamento;
[23]porque Javé defenderá a causa deles
e despojará da vida os que os despojaram.*
[24]Não te associes com uma pessoa colérica
e não andes com quem é iracundo,*
[25]para que não aprendas seus costumes
e te exponhas a uma cilada.
[26]Não sejas daqueles que se comprometem,*
que aceitam ser fiadores de dívidas,
[27]porque, se não tiveres com que pagar,
te tomarão o leito debaixo de ti.
[28]Não desloques a cerca antiga*
que teus pais colocaram.
[29]Viste um homem solícito no trabalho?
Ele estará a serviço do rei;
não ficará a serviço de gente inferior.

23

Civilidade à mesa. [1]Quando te assentares à mesa de um soberano,
considera bem o que tens à frente;
[2]põe uma faca em tua garganta
se tens muito apetite.
[3]Não desejes suas gulodices:*
são comida enganadora.
[4]Não te canses para adquirir riqueza;
renuncia a tal pensamento;
[5]logo que fixas nela teus olhos,
ela não existe mais,
porque cria asas como águia e voa
para o céu.
[6]Não comas o pão de quem tem olhar maldoso,
nem desejes suas gulodices,*
[7]porque como pensa dentro de si,
assim ele é;
ele te diz: "Come e bebe",
mas seu coração não está contigo.
[8]Vomitarás o bocado que comeste
e terás desperdiçado tuas palavras gentis.

Regras práticas. [9]Não fales aos ouvidos de um imbecil,
porque desprezará tuas sábias palavras.
[10]Não desloques a cerca antiga,*
e não invadas o terreno dos órfãos,
[11]porque o seu Defensor é forte,*
ele defenderá a causa deles contra ti.
[12]Aplica teu coração à instrução
e o ouvido às palavras da experiência.
[13]Não poupes ao menino a correção;*
mesmo se tu o castigas com a vara,
não morrerá;
[14]antes, se o castigas com a vara,
o salvarás do abismo†.

Conselhos de um pai. [15]Meu filho, se teu coração for sábio,
também meu coração se alegrará.
[16]Exultará meu íntimo,
quando teus lábios disserem palavras retas.
[17]Teu coração não inveje os pecadores,*
mas fique sempre no temor de Javé,*

---

* **22**,22. Êx 23,6 | 23. 23,11; Is 33,11 | 24. Eclo 8,19 | 26. 6,1 | 28. 23,10; 15,25; Dt 19,14 | **23**,3. 23,6 | 6. 23,3 | 10. 22,28 | 11. Êx 22,21ss; Pr 22,23 | 13. 19,18 | 17. Sl 37,1-4; 73,3 / Pr 3,31

† **IV.** O trecho que vai de 22,17 a 23,11 apresenta muitas semelhanças com o texto egípcio "Instrução de Amenemope", do séc. XII a.C. | **22**,21. Os sábios egípcios se preocupavam em formar bons mensageiros para a corte e também governantes competentes. | **23**,14. O abismo é a morte prematura, da qual será salva a pessoa que foi corrigida quando criança e assim preparada para acolher as lições da sabedoria.

Provérbios 23-24

¹⁸porque assim terás um futuro*
e tua esperança não ficará frustrada.
¹⁹Escuta, meu filho, e sê sábio
e dirige o coração pelo caminho reto.
²⁰Não estejas entre os beberrões de
vinho,
nem entre os que são gulosos de carne,
²¹porque o bêbado e o guloso em-
pobrecerão,*
e a sonolência os vestirá de farrapos.
²²Escuta teu pai que te gerou,*
não desprezes tua mãe quando velha.
²³Adquire o verdadeiro bem e não o
cedas:
a sabedoria, a instrução e o entendimento.
²⁴O pai do justo terá grande alegria*
e quem gerou um sábio exultará por
causa dele.
²⁵Que teu pai e tua mãe se alegrem*
e exulte aquela que te gerou.
²⁶Presta bem atenção, meu filho,
e teus olhos observem meus caminhos;
²⁷porque a prostituta é uma fossa
profunda,*
e um poço estreito, a estrangeira†.
²⁸Ela se põe à espreita como um ladrão*
e aumenta entre os homens o número dos infiéis.

O beberrão. ²⁹Para quem são os males? Para quem os lamentos?
Para quem as brigas? Para quem os
gemidos?
Para quem as feridas sem motivo?
Para quem os olhos turvados?
³⁰Para aqueles que se demoram junto ao vinho
e vão à procura de bebidas misturadas.
³¹Não olhes para o vinho: como é
vermelho,
como cintila na taça e desce suavemente;
³²ele acabará por morder-te como
cobra
e picar-te como víbora.
³³Então teus olhos verão coisas estranhas

e tua mente dirá coisas desconexas.
³⁴Serás como alguém deitado em
alto mar,*
e como quem se deita no alto do
mastro.
³⁵Dirás: "Eles me espancaram, mas
não sinto dor;
bateram-me, mas não reparei.
Quando acordarei? Irei buscar mais".

24

Outros conselhos. ¹Não invejes os homens maus,*
nem desejes estar com eles;
²porque seu coração trama a violência
e seus lábios só falam maldades.
³Com a sabedoria se constrói a casa*
e com a prudência ela se firma;
⁴e com a ciência se enchem seus
quartos
de todos os bens preciosos e agradáveis.
⁵O sábio é cheio de força,
e quem é experiente aumenta seu
vigor;
⁶porque com decisões prudentes farás a guerra,*
e a vitória está no grande número
dos conselheiros.
⁷É alta demais a sabedoria para o imbecil,
na porta da cidade ele não poderá
abrir a boca†.
⁸Quem planeja fazer o mal
chama-se mestre de intrigas.
⁹O propósito do tolo é o pecado,
e o zombador é abominação para os
homens.
¹⁰Se ficas abatido no dia da angústia,
bem pouca é tua força.*
Deveres de caridade. ¹¹Livra os destinados à morte
e salva os que são arrastados ao suplício.
¹²Se dizes: "Não sabíamos disso",
acaso aquele que pesa os corações
não o percebe?*
Aquele que vela sobre tua vida não
o sabe?

---

* **23**,18. 24,14 | 21. 21,17 | 22. Dt 21,18-21; Pr 19,26 | 24. 10,1 | 25. 17,25 | 27. 22,14 | 28. 7,12 | 34. Sl
107,26s | **24**,1. 23,17 | 3. 14,1 | 6. Lc 14,31; 11,14 | 10. Jó 4,5 | 12. 16,2 / Jr 17,10

† **23**,27. Dificultando sair da situação criada. | **24**,7. Ver a nota em Sl 55,12. | 12. Peca por omissão quem
não testemunha em favor de um inocente. Não vale inventar desculpas.

Provérbios 24-25

Ele não retribuirá* a cada um segundo suas obras?†

¹³Come, meu filho, o mel, porque é bom;
um favo de mel será doce a teu paladar.

¹⁴Sabe que assim é a sabedoria para ti:
se a achares, terás um futuro,*
e tua esperança não será frustrada.

¹⁵Não armes ciladas contra a morada do justo, ó ímpio,
não destruas seu lugar de repouso,

¹⁶porque o justo cai sete vezes e se levanta,
mas os ímpios sucumbem na adversidade.

¹⁷Não te alegres pela queda de teu inimigo*
e não exulte teu coração quando ele tropeça,

¹⁸para não suceder que Javé o veja e se desgoste
e afaste dele sua ira†.

¹⁹Não te irrites por causa dos maus*
e não invejes os ímpios;

²⁰porque não haverá futuro para o malvado†
e a lâmpada dos ímpios se extinguirá.

²¹Meu filho, teme a Javé e o rei*,
e não te associes com os revoltosos,

²²porque de repente surgirá sua vingança
e quem sabe que ruína ambos podem fazer?†

Palavras dos sábios. ²³Também estas são palavras dos sábios.

Ter preferências no julgamento não fica bem.*

²⁴Se alguém diz ao ímpio: "Tu és justo",
os povos o maldirão, as nações o odiarão;

²⁵mas para os que o repreendem tudo irá bem,

sobre eles descerão as melhores bênçãos.

²⁶Dá um beijo sobre os lábios
aquele que responde com palavras justas.

²⁷Organiza teus negócios de fora,*
faze teus trabalhos dos campos
e depois constrói tua casa.

²⁸Não testemunhes com leviandade contra teu próximo
e não enganes com teus lábios.

²⁹Não digas: "Como fez comigo, assim lhe farei,*
darei a cada um conforme sua obra".

A propriedade do preguiçoso. ³⁰Passei perto do campo de um preguiçoso,
da vinha de um homem sem juízo:

³¹por toda parte havia crescido o mato,
o terreno estava coberto de espinhos
e o muro de pedras tinha caído.

³²Observando, pus-me a refletir
e, do que vi, tirei esta lição:

³³Dormir um pouco, cochilar um pouco,*
cruzar um pouco os braços para repousar,

³⁴assim te sobrevirá a pobreza como um vagabundo,
e a indigência, como um homem armado.

V. SENTENÇAS DE SALOMÃO RECOLHIDAS PELOS SÁBIOS DE EZEQUIAS (25,1–29,27)

25 **A discrição.** ¹Também estes são provérbios de Salomão, transcritos pelos homens de Ezequias, rei de Judá.

²É glória de Deus encobrir as coisas,*
mas é glória do rei investigá-las.

---

* **24**,14. 23,18 | 17. Jó 31,29 | 19. Sl 37,1 | 21. 1Pd 2,17 | 23. 18,5; 28,21; 31,5 | 27. Eclo 7,16 | 29. Mt 6,12.14 | 30. 26,13.16 | 33. 6,10s | **25**,2. Tb 12,7

† **24**,18. Transferindo-a sobre ti. | 20. O problema da prosperidade dos maus só se esclarece considerando seu fim, Sl 37,9s; 49,13; 73,17. A lâmpada simboliza a vida. | 22. O texto grego acrescenta: "O filho que recebe a palavra e a guarda com carinho será preservado da perdição. Que nenhuma mentira seja pronunciada pela boca do rei, que nenhuma inverdade saia de sua língua. É uma espada a língua do rei, não um órgão de carne; quem lhe é entregue será destruído. Pois se seu furor se excita, ele devora os ossos dos homens e os queima como a chama, a tal ponto que não podem ser comidos pelos filhotes das águias".

Provérbios 25-26

³Os céus por sua altura, a terra por sua profundidade
e o coração do rei são impenetráveis.
⁴Tira as escórias da prata,
e o ourives fará com ela um vaso;
⁵tira o ímpio da presença do rei,
e seu trono se firmará na justiça.*
⁶Não te glories diante do rei
e não te ponhas no lugar dos grandes,*
⁷porque é melhor ouvires dizer:
"Sobe aqui"
do que ser humilhado diante de um superior.
O que teus olhos viram
⁸não o reveles logo num processo;
senão, que farás no fim,
se teu próximo te deixar confuso?
⁹Resolve teu problema com teu próximo,
mas não reveles o segredo de um outro;
¹⁰senão, quem te escuta te desprezará
e teu descrédito será irreparável.

A boa palavra. ¹¹Como maçãs de ouro em salvas de prata
assim é uma palavra falada na hora certa.
¹²Como anel de ouro e colar de ouro fino
é a repreensão de um sábio para um ouvido atento.*
¹³Como o frescor da neve no tempo da colheita†,
assim é um mensageiro fiel para quem o manda;*
ele reconforta o ânimo de seu senhor.
¹⁴Nuvens e vento, mas sem chuva,
tal é o homem que promete uma doação e não a faz.

A moderação. ¹⁵Com a paciência o juiz se deixa persuadir,*
uma língua suave quebra os ossos.
¹⁶Se encontraste mel, come só o que te basta,*
para que não fiques enjoado e o vomites.

¹⁷Põe raramente o pé na casa de teu vizinho,
para não suceder que se canse de ti e te odeie.
¹⁸Clava, espada e flecha aguda
é aquele que levanta falso testemunho contra o próximo.
¹⁹Como dente cariado e pé que manca,
assim é a confiança num homem desleal no dia da angústia.
²⁰É tirar o manto num dia frio,
e derramar vinagre numa chaga viva,
entoar canções para um coração aflito.
²¹Se teu inimigo tem fome, dá-lhe de comer,*
se tem sede, dá-lhe de beber;
²²porque assim amontoarás brasas* sobre sua cabeça†
e Javé te recompensará.
²³O vento norte provoca a chuva,
e uma língua caluniadora, o rosto irado.
²⁴É melhor morar num canto do sótão*
do que com uma mulher briguenta numa mesma casa.
²⁵Água fresca para uma garganta com sede*
é uma boa notícia de um país distante.
²⁶Fonte turvada e nascente poluída,
assim é o justo que cede diante do ímpio.
²⁷Comer mel demais não faz bem,*
e buscar a própria glória não é glória.
²⁸Cidade aberta, sem muros:
é o homem que não tem domínio próprio.*

26 **O estulto.** ¹Como a neve no verão e a chuva na colheita,
assim a honra não convém ao insensato.
²Como a ave que esvoaça e a andorinha que voa,*

---

* **25,**5. 16,12; 29,14 | 6. Eclo 7,4; 13,12s; Lc 14,7-11 | 12. 15,31 | 13. 25,25; 13,17 | 15. Lc 18,1-8 | 16. 25,27; 27,7 | 21. Êx 23,4s | 22. 20,22; Rm 12,20 | 24. 21,9 | 25. 25,13 | 27. 25,16 | 28. 16,32 | **26,**2. Nm 23,8; Dt 23,5

† **25,**13. No tempo quente da colheita costumavam recolher a neve do monte Hermon para refrescar as bebidas. | 22. Isto é, provocarás nele um remorso que o levará a converter-se. Num rito egípcio de expiação, o culpado levava sobre a cabeça, em sinal de conversão, uma vasilha com brasas. Ver Rm 12,20.

Provérbios 26-27

assim não tem efeito maldição sem motivo.

³O chicote é para o cavalo, o freio para o jumento

e a vara para as costas dos insensatos.*

⁴Não respondas ao idiota segundo sua idiotice

para não te tornares também como ele.

⁵Responde ao idiota segundo sua idiotice

para que ele não se julgue sábio†.

⁶Corta seus pés e bebe amarguras quem manda mensagens por meio de um tolo.

⁷As pernas de um coxo não têm força;

assim é um provérbio na boca dos imbecis.*

⁸É como prender uma pedra na funda conceder honras a um tolo.

⁹Como um galho de espinhos na mão de um bêbado,

tal é um provérbio* na boca dos imbecis†.

¹⁰Como um arqueiro que fere todo o mundo,

assim é quem contrata um tolo ou um bêbado.

¹¹Como o cão que volta a seu vômito,*

assim é o tolo que repete suas tolices.

¹²Vistes um homem que se julga sábio?*

Há mais esperança para o tolo do que para ele†.

O preguiçoso. ¹³O preguiçoso diz: "Há uma fera no caminho,*

um leão está nas ruas"†.

¹⁴A porta gira em seus gonzos,

assim o preguiçoso em seu leito.

¹⁵O preguiçoso põe a mão no prato,*

mas se cansa ao levá-la à boca.

¹⁶O preguiçoso se julga mais sábio

do que sete pessoas que respondem com juízo.

O briguento. ¹⁷Segura um cão pelas orelhas

quem se intromete numa questão que não é sua.

¹⁸Como um louco que lança fogo

e flechas de morte,

¹⁹assim é aquele que engana seu próximo

e depois diz: "Fiz isso por brincadeira!"

²⁰Por falta de lenha o fogo se apaga;

não havendo delator, cessa a contenda.*

²¹Como o carvão é para a brasa e a lenha para o fogo,

assim é o briguento para atiçar brigas.

²²As palavras do caluniador são como gulodices:*

descem ao fundo das entranhas.

O simulador. ²³Como prata não purificada recobrindo um vaso de barro

são as palavras doces com um coração perverso†.

²⁴Quem odeia dissimula com os lábios,*

mas em seu íntimo encobre o engano;

²⁵mesmo se falar suavemente, não confies,*

porque ele tem sete abominações no coração.

²⁶O ódio pode cobrir-se de simulação,

mas sua malícia aparecerá publicamente.*

²⁷Quem cava uma fossa cairá dentro dela,*

e quem rola uma pedra esta lhe cairá em cima.

²⁸A língua mentirosa odeia a verdade e a boca aduladora causa ruína.

27

A vaidade e a inveja. ¹Não te glories do dia de amanhã*

porque não sabes o que o hoje pode gerar.

²Que te louve um outro, e não tua boca,

---

* **26**,3. 10,1; 19,29 | 7. 26,9 | 9. 26,7 | 11. 2Pd 2,22 | 12. 3,7; 29,20 | 13. 22,13 | 15. 19,24 | 20. 22,10 | 22. 18,8 | 24. Eclo 12,10s | 25. Eclo 27,26; Jr 9,4-8 | 26. Sl 28,3 | 27. Sl 7,16; Ecl 10,8; Eclo 27,29s | **27**,1. Lc 12,19s; Tg 4,13s

† **26**,5. O sábio não deve rebaixar-se ao nível do idiota, e o idiota não deve elevar-se ao nível do sábio. | 9. Assim como o bêbado não sente o espinho, o imbecil não percebe o valor do provérbio. | 12. A sabedoria já desapareceu, quando a pessoa se sente segura de si e se gloria. | 13. Ver a nota em 22,13. | 23. São ambas as coisas que não combinam, portanto os elogios não são sinceros.

Provérbios 27-28

um estranho, e não teus lábios.
³Pesada é a pedra, também a areia pesa,
mas a ira do insensato pesa mais que uma e outra.
⁴O furor é cruel e a ira é impetuosa,*
mas quem pode resistir ao ciúme?
⁵É melhor uma repreensão franca
que um amor dissimulado.
⁶São leais as feridas feitas por um amigo,
enganosos, porém, os beijos do inimigo.*
⁷Garganta saciada despreza o mel;
para quem tem fome toda coisa amarga é doce.*
⁸Como um pássaro vagando longe do ninho,
assim é quem anda vagando longe de sua terra.*
⁹O perfume e o incenso alegram o coração,
a doçura de um amigo tranquiliza a alma.

Amigos e vizinhos. ¹⁰Não abandones teu amigo nem o de teu pai,*
não entres na casa de teu irmão
no dia de teu infortúnio†.
É melhor um vizinho próximo que um irmão distante.*
¹¹Sê sábio, filho, e alegrarás meu coração,
para que eu possa responder a quem me insulta.
¹²Quem é prudente vê o perigo* e se esconde,*
mas os ingênuos seguem adiante e sofrem a pena.
¹³Toma-lhe a veste, porque se fez fiador para um outro,*
e guarda-a como penhor para os estranhos.
¹⁴Abençoar o próximo de manhã cedo em voz alta
será imputado como maldição†.
¹⁵Goteira contínua em dia de chuva*
e mulher briguenta se parecem:

¹⁶querer contê-la é como reter o vento
e recolher óleo na mão.
¹⁷O ferro se aguça com o ferro
e o homem pelo contato com seu próximo.
¹⁸Quem cuida de uma figueira come de seus frutos,
quem cuida de seu patrão será honrado.
¹⁹Como um rosto é diferente do outro,
assim os corações humanos diferem entre si.
²⁰Como o abismo e a perdição nunca se saciam,*
assim são insaciáveis os olhos do homem.
²¹Como o cadinho é para a prata* e o forno para o ouro†,
assim o homem é provado pelo louvor que recebe†.
²²Ainda que soques o insensato
no morteiro entre os grãos, com o pilão,
não tiras dele sua insensatez.

Cuidado com as próprias coisas.
²³Procura conhecer bem teu rebanho*
e presta atenção a teu gado,
²⁴porque não são perenes as riquezas,
nem um diadema passa de geração em geração.
²⁵Uma vez cortado o capim, aparece a relva nova
e se recolhe a forragem dos montes;
²⁶os cordeiros te dão com que te vestir
e os bodes, o preço para comprar um campo;
²⁷as cabras, leite abundante para teu sustento,
para alimento de tua família
e para manter tuas escravas.

28 **O justo e o ímpio.** ¹O ímpio foge mesmo se ninguém o persegue,
ao passo que o justo está seguro como um leão novo.*

---

* **27,**4. 6,34s | 6. 26,24ss | 7. Lc 15,16 | 8. Eclo 29,28-35 | 10. Eclo 37,6 / 18,24 | 12. 22,3 / 18,24 | 13. 20,16; 6,1 | 15. 19,13 | 20. 30,15s; Ecl 1,8; 6,7 | 21. 17,3 | 23. 12,10; Eclo 7,24 | **28,**1. Sl 118,6

† **27,**10. O verdadeiro amigo pode valer mais que um irmão. | 14. Exagerar na cortesia pode ser hipocrisia. | **27,**21. Olhos, símbolo da inveja. O elogio serve de teste para a humildade. "Quem me elogia e quem me critica não alteram o que sou: Deus é quem sabe como eu sou" (S. Gregório Nazianzeno). / O texto grego acrescenta: "O coração do ímpio busca o mal, mas o coração reto busca a ciência".

Provérbios 28

²Por causa dos delitos de um país
multiplicam-se os tiranos,
mas com um homem inteligente e
sábio a ordem se mantém†.

³Um homem ímpio que oprime os
fracos
é uma chuva torrencial que faz faltar
o pão.

⁴Os que transgridem a lei exaltam o
ímpio,
mas os que a observam lhe fazem
guerra.

⁵Os maus não entendem o que é justo,
mas os que buscam Javé entendem
tudo.*

⁶É melhor um pobre de conduta íntegra*
que um de costumes perversos, ainda que rico.

⁷Quem observa a lei é um filho inteligente,*
quem frequenta os desregrados envergonha seu pai.

⁸Quem aumenta seus bens com usura e juros*
ajunta-os para o que tem piedade
dos pobres†.

⁹Quem desvia o ouvido para não escutar a lei,
até sua oração é abominável.*

Máximas várias. ¹⁰Quem desvia os homens retos para o mau caminho
cairá ele mesmo na fossa que cavou,
enquanto os íntegros herdarão a felicidade.*

¹¹O rico se julga sábio,
mas o pobre inteligente o desmascara.

¹²Grande é a alegria quando triunfam
os justos,*
mas se prevalecem os ímpios, cada
qual se esconde.*

¹³Quem encobre as próprias culpas
não terá sucesso,*
mas quem as confessa e as abandona obtém misericórdia.

¹⁴Feliz do homem que está sempre
vigilante,
mas quem endurece* o coração cairá
no mal†.

¹⁵Leão que ruge e urso esfaimado,
tal é o ímpio que domina sobre um
povo pobre.

¹⁶Um príncipe insensato multiplica as
opressões,
mas quem detesta a avareza prolongará seus dias.

¹⁷Um homem culpado de homicídio
fugirá até o túmulo: ninguém o so-
correrá†.

¹⁸Quem procede com retidão será
salvo,*
quem anda por caminhos tortuosos
cairá de repente.

¹⁹Quem cultiva sua terra se saciará
de pão,*
quem vai atrás de coisas vãs se fartará de pobreza.

Bondade e equidade. ²⁰O homem leal
será cumulado de bênçãos,
mas quem quer se enriquecer depressa não ficará impune†.

²¹Não fica bem ser parcial;*
até por um pedaço de pão se peca.

²²O avarento é impaciente por se enriquecer
e não pensa que cairá sobre ele a
miséria.

²³Quem corrige um outro encontrará* depois mais gratidão†
do que aquele que adula com a língua.

²⁴Quem rouba do pai e da mãe e diz:
"Não é pecado",
é companheiro do bandido.

²⁵O homem ávido provoca brigas,*
mas quem confia em Javé prosperará.

²⁶Quem confia em sua própria mente
é um insensato,*
mas quem se comporta com sabedoria será salvo.

---

* **28**,5. Sb 3,9 | 6. 19,1 | 7. 23,19-22 | 8. Êx 22,24; Pr 13,22 | 9. 15,8 | 10. 26,27 | 12. 11,10; 29,2 / 28,28 | 13. 1Jo 1,9; Eclo 4,26 | 14. Eclo 3,27ss | 18. 10,9 | 19. 12,11 | 21. 24,23; Dt 16,19 | 23. 27,5s | 25. 15,18 | 26. 3,5s

† **28**,2. Um governo estável é sinal de ordem e justiça; mas as contínuas mudanças de governo, com as suspeitas e disputas que provocam, denotam uma situação precária. | 8. A riqueza adquirida com de-sonestidade está destinada aos pobres. | 14. Endurecer o coração é tornar-se insensível aos apelos de Deus, Sl 95,8; Mc 6,52; Jo 12,40. | 17. Como Caim, fugitivo sobre a terra, Gn 4,12. | 20. A riqueza obtida rapidamente é suspeita. | 23. Corrigir os que erram é uma das obras de misericórdia.

Provérbios 28-29

²⁷Quem dá ao pobre não passará necessidade,*
mas quem fecha os olhos será coberto de maldições.
²⁸Quando os ímpios prevalecem, todos se escondem;*
quando eles perecem, os justos se multiplicam.

29

O bom governo. ¹O homem que, repreendido muitas vezes, persiste no erro
será arruinado de repente e sem remédio.
²Quando dominam os justos, o povo se alegra,*
mas quando governam os ímpios, o povo geme.
³Quem ama a sabedoria alegra seu pai,*
mas quem frequenta prostitutas dissipa seus bens.*
⁴Pela equidade o rei faz o país prosperar,*
mas quem aceita suborno o leva à ruína.
⁵O homem que adula seu próximo estende uma rede sob seus passos.
⁶Há uma cilada no pecado do homem mau,*
ao passo que o justo exulta e se alegra†.
⁷O justo se interessa pela causa dos pobres,*
mas o ímpio não sabe reconhecê-la.
⁸Os zombadores tumultuam a cidade, mas os sábios aplacam a cólera.
⁹Se um sábio tem uma contenda com um tolo;
quer se zangue, quer se ria, não haverá conclusão.
¹⁰Os homicidas odeiam quem é íntegro,
ao passo que os justos protegem sua vida.
¹¹O tolo desafoga toda a sua ira,*
mas o sábio a reprime e acalma.

¹²Se um príncipe dá atenção às mentiras,
todos os seus ministros são maus.
¹³O pobre e o opressor se encontram;*
é Javé quem ilumina os olhos de todos os dois†.
¹⁴Um rei que julga os fracos com equidade*
consolida seu trono para sempre.
Regras de educação. ¹⁵A vara e a correção dão sabedoria,*
mas a criança entregue a si mesma envergonha sua mãe.
¹⁶Quando os maus governam, multiplicam-se os crimes,
mas os justos assistirão à ruína deles.
¹⁷Corrige o filho e ele te dará conforto*
e te obterá consolações.
¹⁸Faltando a profecia, o povo se torna desenfreado,
mas quem observa a lei é feliz.
¹⁹Não se corrige um escravo com palavras,*
porque, ainda que compreenda, não obedece.
²⁰Viste um homem apressado no falar?
Há mais esperança para o tolo do que para ele.*
²¹Um escravo mimado desde a infância, no fim se tornará insolente.
²²O homem colérico suscita contendas,*
e o iracundo comete muitas faltas.
²³O orgulho do homem provoca sua humilhação,*
mas o humilde de coração obtém honras.
²⁴Quem é cúmplice do ladrão odeia-se a si mesmo,
ele ouve a imprecação e nada denuncia.
²⁵O temor do homem arma ciladas,
mas quem confia em Javé está em segurança.*

---

* **28**,27. 11,25; 19,17; 22,9 | 28. 28,12 | **29**,2. 11,10; 28,12.29 | 3. 5,10; 10,1 / 6,26; Eclo 9,6; Lc 15,13 | 4. 14,34; Is 11,4s; 11,9 | 6. Jó 18,7-10 | 7. Jó 29,16 | 11. 12,16 | 13. 22,2 | 14. 16,12; 20,28 | 15. 10,1; 22,15 | 17. 13,24; 19,18 | 19. Eclo 33,25-33 | 20. 26,12 | 22. 14,17; Eclo 1,22 | 23. Mt 23,12 | 25. 16,20

† **29**,6. Quem não deve não teme. | 13. O brilho dos olhos representa vitalidade e alegria; mas é Deus que julga o interior das pessoas.

Provérbios 29-30

26Muitos buscam o favor do príncipe,
mas é de Javé que vem a justiça para cada um.
27O iníquo é uma abominação para os justos,
e quem age retamente é abominação para os maus.

VI. SENTENÇAS DE OUTROS SÁBIOS (30–31)

30
A grandeza de Deus. 1Máximas de Agur, filho de Jaces, de Massa.

Este homem diz: Estou cansado, Deus,
estou cansado, Deus, e desfaleço,
2porque sou o mais ignorante dos homens
e não tenho inteligência humana;
3não aprendi a sabedoria
e ignoro a ciência do Santo.
4Quem subiu ao céu e dele desceu?*
Quem recolheu o vento em suas mãos?
Quem encerrou as águas em seu manto?*
Quem fixou todos os confins da terra?
Como se chama? Qual é o nome de seu filho, se o sabes?†
5Toda palavra de Deus é provada;*
ele é um escudo para quem recorre a ele.
6Não acrescentes nada a suas palavras,
para que não te repreenda e sejas achado mentiroso.
A virtude está no meio. 7Eu te peço duas coisas,
não mas negues antes que eu morra:
8afasta de mim falsidade e mentira;
não me dês nem pobreza e nem riqueza;
concede-me o pão que me for necessário;

9não suceda que, saciado,* eu te renegue*
e diga: "Quem é Javé?",
ou, reduzido à indigência, eu roube
e profane o nome de meu Deus.*
10Não calunies o escravo diante de seu senhor,*
para que não te amaldiçoe e sejas achado culpado.
A gente pior. 11Há gente que maldiz seu pai*
e não abençoa sua mãe.
12Há gente que se julga pura,
mas não foi lavada de sua imundície.
13Há gente de olhos altivos
e de olhar orgulhoso!
14Há gente cujos dentes são espadas
e cujos molares são facas
para devorar os humildes, eliminando-os da terra*
e os pobres, do meio dos homens.
Quatro coisas insaciáveis. 15A sanguessuga tem duas filhas: "Dá-me! Dá-me!"
Três coisas não se saciam jamais,
aliás, quatro jamais dizem: "Basta!":
16a mansão dos mortos, o seio estéril,
a terra que não se sacia de água*
e o fogo que nunca diz: "Basta!"
17O olho que desdenha o pai*
e despreza a obediência devida à mãe
seja arrancado pelos corvos do vale
e devorado pelas águias†.
Quatro coisas misteriosas. 18Três coisas são incompreensíveis para mim,
aliás, quatro que não consigo entender:
19o caminho da águia no céu,*
o caminho da serpente sobre a rocha,
o caminho do navio no alto mar,
o caminho do homem para uma jovem.
20Tal é a conduta da mulher adúltera:
come, limpa a boca
e diz: "Não fiz nada de mal!"

---

* **30**,4. Jo 3,13 / Jó 38-39; Eclo 1,2s | 5. Sl 18,31; 2Sm 22,31 | 9. Dt 6,12; 32,15 / Sl 119,29 / Lv 5,21 | 10. Fm 8-20 | 11. Êx 21,17 | 14. Jó 19,22; Is 9,11 | 16. 27,20 | 17. 19,26 | 19. Sb 5,10ss | 21. Ecl 10,5ss

† **30**,4. O Deus transcendente interroga a sabedoria humana, como em Jó 38-39 e Is 40,12-18. Os mistérios conduzem à adoração aquele que os medita. | 17. Seja deixado sem sepultura, para alimento das aves.

Quatro pessoas insuportáveis. 21Por três coisas a terra treme,*
aliás, quatro coisas não pode suportar:
22um escravo que se torna rei,*
um insensato que vive na fartura,
23uma mulher rejeitada que encontra marido
e uma escrava que se torna herdeira da patroa.*

Quatro coisas pequenas, mas sábias. 24Quatro seres estão entre as coisas menores da terra,
porém, são extremamente sábios:
25as formigas, povo sem força,
que preparam sua comida no verão;*
26os arganazes, povo pacífico,
mas têm seu ninho nos rochedos;
27os gafanhotos, que não têm rei,
porém, avançam todos em bandos;
28a lagartixa, que se pode segurar com as mãos,
mas penetra até nos palácios dos reis.

Quatro coisas de nobre andadura. 29Três seres têm um porte majestoso,
aliás, quatro caminham com elegância:
30o leão, o mais forte dos animais,
que não foge de nada;
31o galo empinado, o bode
e o rei à frente de seu exército.
32Se te exaltaste por insensatez
e depois refletiste,
põe a mão sobre a boca†,
33porque, batendo o leite produz-se a manteiga,
apertando o nariz sai sangue
e espremendo a cólera sai a contenda.

31 **O bom príncipe.** 1Palavras de Lemuel, rei de Massa, que sua mãe lhe ensinou.
2Que te direi, meu filho? O que, filho de minhas entranhas?*
O que, filho de minhas promessas?
3Não dês teu vigor às mulheres,*
nem teu destino àquelas que corrompem os reis.
4Não convém aos reis, Lemuel,
não convém aos reis beber vinho,*

nem aos príncipes desejar bebida forte,
5para não suceder que, bebendo, esqueçam seus decretos
e traiam o direito de todos os aflitos.
6Dai bebidas inebriantes a quem está para morrer
e o vinho a quem tem o coração amargurado:
7que ele beba e esqueça sua pobreza
e não se lembre mais de suas penas.
8Abre a boca em favor do mudo,
em defesa de todos os desamparados.*
9Abre a boca e julga com equidade
e faz justiça ao pobre e ao infeliz.

A mulher ideal†. *Alef* 10Mulher perfeita, quem pode encontrá-la?
Bem superior às pérolas é seu valor.
Bet 11Nela confia o coração de seu marido
e não virá a faltar-lhe o lucro.
Guimel 12Ela lhe dá felicidade e não desgosto
todos os dias de sua vida.
Dalet 13Procura lã e linho
e gosta de trabalhar com suas mãos.
Hê 14É como o navio de um mercador:
manda vir de longe suas provisões.
Waw 15Levanta-se quando ainda é noite,
distribui a comida para os criados
e dá ordens às empregadas.
Záin 16Examina um terreno e o compra,
e com o fruto de suas mãos planta uma vinha.
Het 17Cinge a cintura com firmeza
e fortalece seus braços.
Tet 18Constata que vão bem seus negócios;
de noite não se apaga sua lâmpada.
Yod 19Estende a mão à roca
e seus dedos manejam o fuso.
Kaf 20Abre as mãos ao pobre,
estende a mão ao indigente.
Lamed 21Não teme a neve para sua família,

---

* **30**,22. 19,10 | 23. Gn 16,3-6 | 25. 6,6ss | **31**,2. 5,1-14 | 3. Eclo 9,2; 1Rs 11,1-4 | 4. Ecl 10,16s | 8. Sl 72,2.4.12-14

† **30**,32. Evitando falar de si com louvor e vaidade, evita-se a contenda. | **31**,10. Esta mulher é a encarnação da Sabedoria humana e divina.

Provérbios 31

porque todos os de sua casa têm veste dupla.

Mem [22]Faz para si cobertas,
de linho e de púrpura são suas vestes.

Nun [23]Seu marido é estimado na praça†,
onde toma assento junto com os anciãos do lugar.*

Samec [24]Ela faz tecidos de linho e os vende
e fornece cintos ao mercador.

Áin [25]Fortaleza e honra são seus ornamentos
e sorri diante do futuro†.

Pê [26]Abre a boca com sabedoria
e sua língua ensina a bondade.

Çade [27]Segue atenta o andamento da casa
e não come o pão ociosa.

Qof [28]Seus filhos se levantam e a proclamam feliz
e seu marido a elogia dizendo:

Resh [29]"Muitas mulheres fizeram grandes coisas,
mas tu superaste a todas!"

Shin [30]A graça é enganosa e a beleza é vã,
mas a mulher que teme a Javé deve ser louvada.

Taw [31]Dai-lhe do fruto de suas mãos
e celebrai-a por suas obras nas portas da cidade.

---

* **30**,23. 24,7
† **31**,23. Ver a nota em Sl 55,12. | 26. Previdente, a mulher encara confiante o futuro.

ECLESIASTES

Coélet é um termo hebraico que significa "pregador", aquele que fala na assembleia, chamada "caal", termo traduzido para o grego como "ecclesia", de onde veio o nome "Eclesiastes". Seu autor, conforme um artifício literário muito comum no Oriente, se diz filho de Davi, rei de Jerusalém, Salomão, portanto, mas deve ser um sábio hebreu da Palestina que viveu lá pelo ano 250 a.C. O livro insiste muito no conceito de vaidade, entendida como incapacidade de revelar ao ser humano os recônditos desígnios de Deus.

É o livro da Bíblia mais fascinante para nossa geração. Coélet é o primeiro dos sábios da Bíblia a falar de seu método de reflexão e de sua pessoa. Reflete sobre o que ele observou. Apresenta três ideias principais: uma análise racional da vida não consegue achar nela um sentido, pois tudo é vaidade; Deus determina tudo o que acontece; o homem não consegue conhecer o que Deus estabeleceu, o agir de Deus no mundo.

O livro tem provérbios, reflexões sobre a brevidade da vida, sobre a inutilidade do cansaço, sobre a falência das empresas humanas, confirmadas em geral por uma referência do autor a sua experiência. Sua conclusão é que é preciso gozar da vida e dos bens deste mundo, porque são o único fruto que o ser humano retira de seus trabalhos. Mas o autor não é um puro materialista: o gozo da vida também é dom de Deus. Sabe que o ser humano deve prestar contas a Deus de seus atos e do uso que faz dos bens materiais. E não se fazem ilusões sobre a duração deles.

Comenta as contradições da vida neste mundo, ou "debaixo do sol", conforme sua expressão típica. Mostra como na terra não é possível conquistar a felicidade plena e duradoura, porque os bens estão misturados com muitos males, que não se podem evitar, mas devem ser aceitos em espírito de resignação. A obrigação do ser humano é contentar-se com o que o Senhor lhe concede e usar os bens com sabedoria, sem pretensões. O autor manifesta sua perplexidade diante do modo misterioso como Deus governa o mundo, e ao mesmo tempo afirma: "Reconheço que tudo quanto Deus faz é imutável: não há nada que acrescentar, nada que tirar" (3,14).

É natural que um livro desse tipo tenha provocado diversas reações. Uns pensam que o texto atual é um texto corrigido por piedosos que acharam o livro muito pagão. Outros dizem que Coélet faz citações de opiniões alheias que ele comenta e critica. Alguns o acusam de ser pessimista, hedonista, cético, incoerente. Mas o fato é que nós também temos nossas incoerências e contradições no modo de explicar as coisas. Coélet manifesta com toda a sinceridade os atos contraditórios que fazemos e nos ajuda a constatar como era necessária a revelação do Novo Testamento para dar pleno sentido à vida humana, "revelando o ser humano ao ser humano" (Vat. II).

I. PRÓLOGO
(1,1-11)

1 **Tudo é vaidade neste mundo.** [1]Palavras de Coélet, filho de Davi, rei de Jerusalém†.

[2]Vaidade das vaidades, diz Coélet,* vaidade das vaidades, tudo é vaidade†.

[3]Que proveito tira o homem de todo o seu trabalho com que se afadiga debaixo do sol?†

[4]Uma geração passa e uma geração vem,*
mas a terra sempre permanece.

[5]O sol se levanta e o sol se põe,
e se apressa rumo ao lugar de onde nascerá de novo.

[6]O vento sopra para o sul, depois muda para o norte,
gira e torna a girar
para recomeçar os mesmos giros.

---

* **1**,2. Sl 61,10; Rm 8,20 | **1**,4. Eclo 14,18

† **1**,1. Por uma ficção literária, para dar mais valor ao livro, é atribuído a Salomão, o sábio por excelência. | 2. "Vaidade das vaidades" é um superlativo que quer dizer a maior vaidade. O termo aparece 37 vezes no livro e significa frustração, contrassenso, vazio, o nada. No mundo não existe nada capaz de fazer o homem feliz. | 3. O autor diz que o trabalho do homem na terra é duro e decepcionante.

Eclesiastes 1-2

766

[7]Todos os rios correm para o mar,*
mas o mar nunca se enche;
para o lugar de onde os rios vêm
lá eles voltam novamente.
[8]Todas as coisas exigem fadiga,
e ninguém é capaz de explicá-las[+].
O olho nunca se farta de ver*
e nunca o ouvido se sacia de ouvir[+].
[9]O que foi é o que será,*
e o que se fez é o que se tornará a
fazer;
nada há de novo debaixo do sol[+].
[10]Há talvez alguma coisa de que se
possa dizer:
"Olha, isto é novidade"?
Já existia nos séculos que nos precederam.
[11]Não resta lembrança das coisas
passadas,
e nem das que acontecerão se conservará memória*
entre os que virão depois.

II. MEDITAÇÕES SOBRE
A VIDA HUMANA
(1,12–12,8)

Vaidade da ciência. [12]Eu, Coélet,
fui rei de Israel em Jerusalém. [13]Eu me
propus pesquisar e investigar com sabedoria tudo o que se faz debaixo do
céu. Esta é uma ocupação penosa que
Deus impôs* aos homens, para que a
ela se apliquem. [14]Vi todas as coisas
que se fazem debaixo do sol: tudo é
vaidade e correr atrás do vento.
[15]O que é torto não se pode endireitar
e o que falta não se pode calcular[+].
[16]Eu pensava e dizia comigo mesmo:
"Alcancei uma sabedoria superior* e
mais vasta do que a que tiveram os que
reinaram antes de mim em Jerusalém, e
minha mente adquiriu muita sabedoria
e muita ciência". [17]Decidi então conhe-

cer a sabedoria e a ciência, como também a insensatez e a loucura; e compreendi que também isto é correr atrás
do vento, [18]porque
muita sabedoria, muita aflição;
quem aumenta o saber aumenta a
dor[+].

2 **Vaidade dos prazeres.** [1]Eu disse a
mim mesmo: "Vem, quero pôr-te
à prova com a alegria: goza o prazer!"
Mas também isto é vaidade.
[2]Do riso eu disse: "É loucura!"*
e da alegria: "Para que serve?"
[3]Decidi em meu coração satisfazer meu
corpo com o vinho[+] – mas deixando que
meu coração me guiasse sabiamente – e
entregar-me à loucura,* até descobrir o
que convém aos filhos dos homens realizar debaixo do céu nos dias contados
de sua vida. [4]Empreendi grandes obras,
construí para mim casas,* plantei vinhas.
[5]Fiz para mim parques e jardins, nos
quais plantei árvores frutíferas de toda
espécie; [6]fiz açudes para regar com suas
águas o bosque onde cresciam as árvores. [7]Adquiri escravos e escravas e outros
eu tive nascidos em casa e possuí também bois e ovelhas, mais que todos os
meus antecessores em Jerusalém. [8]Acu-
mulei também ouro e prata,* riquezas de
reis e de províncias; procurei cantores e
cantoras, junto com as delícias dos filhos
dos homens: uma esposa e concubinas.
[9]Tornei-me grande, mais poderoso que
todos os meus antecessores em Jerusalém, embora conservando* minha sabedoria. [10]Não neguei a meus olhos nada
do que desejavam, nem recusei prazer
algum a meu coração, que se alegrava
com todo o meu trabalho; esta foi a recompensa de todas as minhas fadigas.
[11]Depois considerei todas as obras feitas
por minhas mãos e toda a fadiga que eu

---

* **1,**7. Eclo 40,11 | 8. Pr 27,20 | 9. 2,12; 3,15 | 11. 2,16 | 13. Gn 3,17ss; Ecl 3,10 | 16. 1Rs 3,12;4,29s; 10,1-13; Eclo 47,14-18 | **2,**2. Pr 14,13 | 3. 1Rs 11,1ss | 4. 1Rs 7,1-12; 1Cr 27,27 | 8. 1Rs 9,28;10 | 9. 1Rs 10,23 | 12. 1,9 | 14. 10,2 | 15. 6,8 | 16. Sb 2,4; Eclo 44,8-15; Ecl 1,11

† **1,**8. Para que a multiplicidade de ações em minha vida? Muita gente se põe esta pergunta, e é bonito a gente ver que ela está na Bíblia. / Os sentidos do homem são insaciáveis, nada na terra o satisfaz. | 9. O mundo é um eterno retorno e sem resultado. | 15. As criaturas são imperfeitas, daí a frustração diante delas. | 18. "Só sei que não sei" (Sócrates). O autor contradiz o otimismo dos sábios diante da aquisição da ciência, Pr 2,10; Eclo 14,25. | **2,**3. Os sábios não eram contra o uso moderado do vinho, Eclo 31,32s, mas advertiam contra o excesso, Eclo 31,30.

Eclesiastes 2-3

tinha suportado para fazê-las: tudo isto me pareceu vaidade e perseguir o vento: não há vantagem alguma debaixo do sol. **Vaidade da sabedoria.** [12]Considerei depois a sabedoria,* a loucura e a insensatez. "Que fará o sucessor do rei? O que já foi feito". [13]Percebi que a sabedoria é superior à insensatez, como a luz é superior às trevas.

[14]O sábio tem os olhos na fronte,*
o insensato anda na escuridão.
Mas sei também que a mesma sorte
está reservada a todos os dois.

[15]Então pensei: "Comigo vai acontecer* o mesmo que com o insensato. Então por que procurei ser sábio? Onde está a vantagem?"[+] E concluí: "Também isto é vaidade!" [16]De fato, nem do sábio* e nem do insensato restará uma lembrança duradoura, porque nos dias futuros tudo será esquecido. Morrem do mesmo modo o sábio e o insensato.

[17]Comecei a odiar a vida, porque me desgostei de tudo o que se faz debaixo do sol. Com efeito, tudo é vaidade e perseguir o vento. [18]Passei a odiar todo o trabalho com que me cansei debaixo do sol, porque deverei deixá-lo a meu sucessor[+]. [19]E quem sabe se este será sábio ou insensato? No entanto, será dono de todo o meu trabalho, que fiz com meu esforço e minha inteligência debaixo do sol. Também isto é vaidade! [20]Cheguei ao ponto de desesperar em meu coração por todo o cansaço que eu tinha enfrentado debaixo do sol, [21]porque quem trabalhou com sabedoria, com ciência e com sucesso deverá deixar seus bens a um outro que por eles não se esforçou. Também isto é vaidade e grande mal.

[22]Então que proveito o homem tira de todo o seu trabalho e da fadiga de seu coração com que se cansa debaixo do sol? [23]Sim, todos os seus dias não são senão dores e trabalho penoso; nem de noite seu coração repousa. Também isto é vaidade! [24]Não há nada melhor para o homem do que comer e beber e trabalhar feliz;* mas percebi que também isto vem das mãos de Deus[+]. [25]Com efeito, quem pode comer e se alegrar sem ele? [26]Pois ele concede sabedoria, ciência e alegria a quem lhe agrada, mas ao pecador dá a tarefa* de recolher e ajuntar para entregar àquele que é agradável a Deus. Também isto é vaidade e perseguir o vento!

3 **Cada coisa tem seu tempo**[+]. [1]Para cada coisa há seu momento e um tempo para toda atividade debaixo do céu.

[2]Há um tempo para nascer e um tempo para morrer,
um tempo para plantar e um tempo para arrancar as plantas.
[3]Um tempo para matar e um tempo para curar,
um tempo para demolir e um tempo para construir.
[4]Um tempo para chorar e um tempo para rir,
um tempo para prantear e um tempo para dançar.
[5]Um tempo para jogar pedras e um tempo para recolhê-las,
um tempo para abraçar e um tempo para se abster de abraços.
[6]Um tempo para buscar e um tempo para perder,
um tempo para guardar e um tempo para jogar fora.
[7]Um tempo para rasgar e um tempo para costurar[+],
um tempo para se calar e um tempo para falar.
[8]Um tempo para amar e um tempo para odiar,

---

* **2,**24. 3,12s.22; 5,17; 8,15; 9,7s; Eclo 1,10 | 26. Jó 27,16s; Pr 13,22

[+] **2,**15. O autor aprecia a sabedoria, 1,13, mas a vida diária o obriga a refutar as declarações dos sábios sobre suas vantagens. | 18. Ter de deixar o fruto de seu trabalho a um herdeiro, que poderá usá-lo sem juízo, é para Coélet uma amargura. | 24. Aproveitar este prazer associado por Deus às coisas simples da vida compensa a dureza do trabalho: refrão que o autor repete, 3,13.22; 5,17; 8,15; 9,7-11; 11,9s, e que ele propõe como atitude fundamental diante da vida. | **3**. Um dos objetivos do ensinamento sapiencial era o de conhecer o tempo justo, o lugar justo e a medida justa da ação humana. | 7. Rasgar simboliza a dor e o sofrimento, como rasgar as vestes era sinal de tristeza.

Eclesiastes 3-4

um tempo para a guerra e um tempo para a paz.

Estamos nas mãos de Deus. [9]Que proveito tira de sua fadiga aquele que trabalha?

[10]Tenho observado a tarefa que Deus dá aos homens para que dela se ocupem. [11]Ele fez belas todas as coisas* em seu devido tempo; pôs no coração dos homens o sentido da duração, mas sem que eles possam entender a obra realizada por Deus do princípio ao fim. [12]Concluí que não há nada melhor para eles do que se alegrar* e agir bem em sua vida. [13]Mas que um homem coma, beba e encontre alegria em seu trabalho* é um dom de Deus.[14]Reconheço que tudo quanto Deus faz é imutável: não há nada que acrescentar, nada que tirar[+]. Deus age assim para que os homens* o temam. [15]O que é já existiu; o que será já existe; Deus recupera o que já passou[+].

Desordens. [16]Mas também notei debaixo do sol* que no lugar do direito está a iniquidade e no lugar da justiça está a impiedade. [17]Pensei: Deus julgará o justo e o ímpio, porque há um tempo para cada coisa e para cada ação.

Sorte do homem. [18]Depois, a respeito dos filhos dos homens eu disse a mim mesmo: Deus quer prová-los e mostrar que eles de per si são como animais. [19]Com efeito a sorte dos homens e a dos animais* é a mesma; como morrem estes, morrem aqueles; têm todos o mesmo sopro vital. Não existe superioridade do homem em relação aos animais, porque tudo é vaidade[+]. [20]Todos caminham para o mesmo lugar:

tudo veio do pó*

e tudo retorna ao pó.

[21]Quem sabe se o sopro vital do homem sobe para o alto e se o dos animais desce para baixo da terra? [22]Percebi que nada há de melhor* para o homem do que alegrar-se em suas obras,* porque esta é sua parte[+]. Quem, aliás, poderá levá-lo a ver o que sucederá depois dele?*

4 Males e bens da sociedade.
[1]Considerei depois* todas as opressões que se cometem debaixo do sol. Vi o pranto dos oprimidos que não têm quem os console;* a força está do lado de seus opressores, mas não há quem os console. [2]Então considerei mais felizes os mortos, que já faleceram, do que os vivos que estão ainda em vida; [3]porém, mais feliz* é quem ainda não nasceu e não viu o mal que se comete debaixo do sol.

[4]Observei também que toda a fadiga e todo o sucesso de um trabalho não são senão inveja recíproca. Também isto é vaidade e perseguir o vento[+].

[5]O insensato cruza os braços*
e devora sua própria carne.

[6]É melhor um bocado com repouso
que dois com cansaço, correndo
atrás do vento[+].

[7]Além disso considerei uma outra vaidade debaixo do sol: [8]alguém é completamente só, sem companheiro, não tem filho, nem irmão. No entanto não cessa nunca de trabalhar, e seus olhos não se fartam de riqueza; e nunca se perguntou: "Para quem eu trabalho e me privo dos bens?" Também isto é vaidade e uma ocupação ingrata.

[9]Mais valem dois do que um,* porque dois têm melhor remuneração por seu trabalho. [10]Com efeito, se chega-

---

* **3**,11. 8,17; 11,5; Sl 139,17; Eclo 11,4; 18,5; Rm 11,33 | 12. 2,24 | 13. Sl 33,11 | 14. 1,9 | 16. 4,1; 5,7 | 19. Sl 49,13.21 | 20. Gn 2,7; 3,19; Sl 104,29; Jó 34,15; Eclo 16,31; Ecl 12,7 | 22. Pr 15,24 / Ecl 2,24 / Ecl 6,12 | **4**,1. 3,16 / Jó 3,11-23; 10,18-22; Ecl 6,3 | 3. Jr 20,17s; Ecl 3,16 | 5. Pr 6,9,11 | 9. Pr 18,19 | 10. Lc 10,1

+ **3**,14. Deus age com soberana independência e com sabedoria, e seus segredos são impenetráveis para o homem. | 15. Faz retornar os fatos do passado. | 19. Uma vantagem do homem aparece em 12,7: seu sopro vital retorna a Deus na morte. | 22. Ao problema da parte do homem, i. é, do lugar que lhe é atribuído na vida, Coélet responde positivamente, pois é possível reconhecer nela uma vontade de Deus favorável ao homem. **4**,4. O autor é menos otimista que os sábios: estes sentiam que por meio do mundo, que interpela o homem, era Deus mesmo que lhe falava, e neste diálogo o homem descobria seu lugar na vida. | 6. Também no trabalho é preciso observar o meio termo: nem de menos, nem de mais.

769 Eclesiastes 4-5

rem a cair, um levanta o outro. Porém, ai de quem está só:* se cair, não tem ninguém que o levante. [11]Assim também, se dois dormem juntos, podem esquentar-se; mas quem está só, como faz para esquentar-se? [12]Se alguém agride quem está só, dois podem resistir-lhe; uma corda tripla não se arrebenta facilmente.

[13]É melhor um jovem pobre, mas sábio,

do que um rei velho e insensato

que não sabe mais escutar conselhos.

[14]Porque o jovem saiu da prisão para reinar[†], embora tivesse nascido pobre em seu reino. [15]Vi todos os viventes* que se movem debaixo do sol unir-se ao jovem que ficará no lugar do outro. [16]Era uma multidão imensa a cuja frente ele estava. Mas os que vierem depois não estarão contentes com ele. Também isto é vaidade e correr atrás do vento.

Deveres para com Deus. [17]Vela sobre teus passos quando te diriges à casa de Deus. Aproximar-se para escutar vale mais do que oferecer sacrifícios como fazem os insensatos, que não compreendem que fazem o mal.

5 [1]Não sejas precipitado com a boca,* e teu coração não se apresse a proferir alguma palavra diante de Deus, porque Deus está no céu e tu estás na terra; por isso tuas palavras sejam poucas,*

[2]porque das muitas preocupações vêm os sonhos

e do muito falar, palavras insensatas.

[3]Quando fazes uma promessa* a Deus, não demores a cumpri-la, porque ele não gosta dos insensatos: cumpre aquilo que prometeste. [4]É melhor não fazer promessas do que fazê-las e depois não as cumprir. [5]Não permitas a tua boca que te faça culpado e não digas ao mensageiro que se tratou de uma inadvertência; por que dar a Deus motivo para irar-se com tuas palavras e destruir o trabalho de tuas mãos? [6]Com efeito, nos muitos sonhos* e nas muitas palavras há vaidade. Tu, porém, teme a Deus.*

Injustiças sociais. [7]Se vês na região a opressão dos pobres* e a negação do direito e da justiça, não te admires, porque sobre uma autoridade há uma outra superior que a vigia e sobre elas, uma outra ainda mais alta[†]. [8]Mas sob todos os aspectos é proveitoso para o país um rei que se ocupa dos campos.

[9]Quem ama o dinheiro jamais se sacia de dinheiro e quem ama a riqueza não tira proveito dela. Também isto é vaidade. [10]Quando crescem os bens,* aumentam também os que os devoram; e que vantagem para os donos, senão um espetáculo para os olhos?

[11]Doce é o sono do trabalhador,

quer coma pouco, quer muito;

mas a saciedade do rico

não o deixa dormir.

Fadigas inúteis. [12]Um outro grave mal eu vi debaixo do sol:* riquezas guardadas pelo dono com prejuízo próprio. [13]Essas riquezas se perdem por causa de um mau negócio, e ao filho que lhe nasceu não resta nada nas mãos. [14]Como saiu nu do seio de sua mãe,* assim irá de novo como veio, e de suas fadigas não pôde tirar nada para levar consigo. [15]Também isto é um grave mal: que ele vá exatamente como veio. Que vantagem tira de haver lançado suas fadigas ao vento? [16]Além disso terá passado todos os seus dias na obscuridade e no pranto entre muitos males, doenças e irritação.

[17]Eis o que concluí: é bom e conveniente* para o homem comer, beber e encontrar alegria em todo trabalho que faz debaixo do sol, em todos os dias da vida que Deus lhe dá: é esta a sua parte[†]. [18]Todo homem, a quem Deus concede riquezas e bens, tem também

---

* **4**,15. Eclo 11,5 | **5**,1. Pr 20,25 / Mt 6,7; Eclo 7,15 | 3. Lv 27,1; Nm 30,3; Dt 23,22ss | 6. Eclo 34,1-5 / Ecl 12,13 | 7. 3,16; 4,1 | 10. Pr 19,6; Eclo 13,7 | 12. Pr 13,8 | 14. Jó 1,21 | 17. 2,24

† **4**,14. Como José do Egito, Gn 41,41. | **5**,7. Multiplicando-se as autoridades, aumentam a opressão e o peso financeiro sobre os súditos. | **5**,17. A alegria do coração é também um modo de Deus se revelar.

Eclesiastes 5-7

a faculdade de gozar deles, tomar sua porção e tirar proveito de suas fadigas: também isto é dom de Deus. [19]Pois assim ele não pensará muito nos dias de sua vida, porque Deus o mantém ocupado com a alegria de seu coração.

6 Desejo insaciado.

[1]Um outro mal eu vi debaixo do sol,* que pesa sobre os homens. [2]A um, Deus concedeu bens, riquezas, honras e não lhe falta nada do que deseja;* mas Deus não lhe concede que possa gozar deles, porque é um estranho que os aproveita. Isto é vaidade e grave mal! [3]Se alguém tivesse cem filhos e vivesse muitos anos e muitos fossem seus dias, mas não encontrasse satisfação em seus bens e não tivesse sequer um sepulcro, então eu digo que mais feliz do que ele é um aborto, [4]porque este vem em vão e nas trevas* se vai, e seu nome é coberto pelas trevas. [5]Não viu nem conheceu o sol, todavia tem mais repouso do que o outro. [6]Mesmo que aquele vivesse duas vezes mil anos, mas sem desfrutar de seus bens, não deverão ir ambos para o mesmo lugar? [7]Toda a fadiga do homem é para sua boca e no entanto seu desejo nunca é satisfeito†. [8]Que vantagem tem o sábio sobre o insensato? Qual a vantagem do pobre que sabe comportar-se bem entre os vivos? [9]É melhor ver com os olhos do que vagar com o desejo. Também isto é vaidade e correr atrás do vento. [10]O que existe já foi determinado* há muito tempo; e todos sabem o que é um homem: ele não pode discutir com quem é mais forte do que ele†. [11]Quanto mais palavras, tanto mais vaidade; e que vantagem há para o homem? [12]Quem sabe o que convém* ao homem nesta vida, durante todos os dias de sua vã existência que ele percorre como sombra? Quem pode indicar ao homem o que acontecerá depois dele debaixo do sol?†

7 O melhor.

[1]É melhor o bom nome do que um óleo perfumado,*
e o dia da morte do que o dia do nascimento.
[2]É melhor ir a uma casa onde há luto do que a uma casa em festa;
porque aquele é o fim de todo homem,
e quem vive refletirá nisto.
[3]É preferível a tristeza ao riso,
porque pela tristeza do rosto o coração se torna melhor.
[4]O coração dos sábios está numa casa enlutada
e o coração dos insensatos, numa casa em festa.
[5]É melhor escutar a repreensão do sábio
do que ouvir o canto dos insensatos:
[6]porque como o crepitar dos espinhos debaixo da panela,
tal é o riso dos insensatos.
E também isto é vaidade.
[7]A opressão faz do sábio um insensato,
e o suborno corrompe o coração.
[8]É melhor o fim de uma coisa que seu início;
é melhor a paciência que a soberba.
[9]Que teu espírito não se irrite* rapidamente, porque a ira se aloja no íntimo dos insensatos. [10]Não perguntes: "Como o tempo antigo era melhor que o presente?", porque não é a sabedoria* que te faz perguntar isto†. [11]A sabedoria é como uma herança e é vantajosa para aqueles que veem o sol; [12]porque a sabedoria é uma proteção como também é o dinheiro; mas a vantagem do saber é que a sabedoria faz viver quem a possui.
[13]Observa a obra de Deus: quem pode endireitar o que ele fez torto?

---

* **6**,1. 2,18s; | 2. Lc 12,20 | 4. Jó 3,11 | 10. 1,9ss | 12. Sl 39,7; 90,10; 102,12; 109,23; Jó 8,9; 14,2 | **7**,1. Pr 22,1 | 9. Pr 22,24; Tg 1,9 | 10. Eclo 39,21.39s | 14. 1,15

† **6**,7. "Fizestes-nos para vós, ó Deus, e nosso coração estará inquieto enquanto não descansar em vós" (S. Agostinho). | 10. O homem não pode mudar a história nem discutir com Deus sobre o governo do mundo, que supera a inteligência humana. | 12. Não podendo prever o futuro, falta ao homem um elemento-chave para poder tomar decisões. | **7**,10. Contra todo saudosismo, o autor não concorda com os que ficam lembrando o passado para criticar o presente.

14Nos dias felizes fica alegre e nos dias tristes reflete: "Deus fez tanto uns como os outros,* para que o homem nunca possa saber nada do próprio futuro".

15Tudo eu vi em minha vã existência: o justo que morre,* não obstante sua justiça, e o ímpio que vive muito, não obstante sua maldade†.

16Não sejas escrupuloso demais
nem sábio além da medida.†
Por que arruinar-te?
17Não sejas mau demais
e não sejas insensato.
Por que morrer antes do tempo?
18É bom que te apegues a isto* sem deixar aquilo, porque quem teme a Deus tem êxito em todas estas coisas.

Valor da sabedoria. **19**A sabedoria torna o sábio mais forte* do que dez poderosos numa cidade. **20**De fato, não existe sobre a terra um homem tão justo que faça só o bem* sem jamais pecar. **21**Tampouco dês atenção a todas as palavras que se dizem, para não ouvires que teu servo falou mal de ti, **22**porque teu coração sabe que também tu falaste tantas vezes mal dos outros. **23**Tudo isto eu examinei com sabedoria e disse: "Quero ser sábio!", mas a sabedoria está longe de mim! **24**O que existiu é distante e profundo, profundo: quem pode alcançá-lo?

A mulher. **25**Apliquei-me então a conhecer, a indagar e a buscar a sabedoria e o porquê das coisas, a conhecer a maldade da insensatez* e a tolice da loucura. **26**Vejo que mais amarga do que a morte é a mulher cujo coração são laços e redes e cujos braços são correntes†. Quem é agradável a Deus escapará dela, mas o pecador será seu *prisioneiro.* **27**Isto eu descobri, diz Coélet, confrontando uma a uma as coisas, para encontrar sua razão. **28**O que eu busco e ainda não achei é isto:
Um homem entre mil eu achei;
mas uma mulher entre todas não achei†.
29Só isto eu achei:
Deus fez o homem reto,
mas eles buscam muitos subterfúgios.

8 **O sábio.** **1**Quem é como o sábio? Quem conhece a explicação das coisas?
A sabedoria do homem ilumina seu rosto
e muda a dureza de seu semblante.

2Observa as ordens do rei e, por causa do juramento feito a Deus, **3**não te apresses a afastar-te de sua presença e não persistas no mal; porque ele pode fazer tudo o que quer. **4**Com efeito, a palavra do rei é soberana; quem pode dizer-lhe: "Que estás fazendo?" **5**Quem observa o preceito não experimenta mal algum; a mente do sábio conhece o tempo e o juízo. **6**De fato, para cada coisa há um tempo e um juízo. Mas pesa um grande mal sobre o homem: **7**ele não sabe o que vai acontecer;* quem jamais pode indicar-lhe como será? **8**Homem algum é dono* de seu sopro vital a ponto de segurá-lo, nem tem poder sobre o dia de sua morte; não há trégua nesta guerra; a iniquidade não salva quem a pratica.

Vicissitudes da vida humana. **9**Tudo isto eu vi ao refletir sobre toda a ação que se faz debaixo do sol, quando um homem domina sobre outro homem, para seu próprio dano. **10**Assim eu vi levar à sepultura ímpios que antes entravam e saíam do lugar santo; eram esquecidos na cidade onde haviam feito tais coisas†. Também isto é vaidade. **11**Porque não se executa logo a

---

* **7**,15. **8**,14 | 18. Pr 10,27 | 19. 9,16s; Pr 21,22 | 20. 1Jo 1,8s; Jó 14,4 | 25. Pr 5,3s; Jz 16 | **8**,7. 10,14 | 8. Sb 2,1 | 13. 6,12

† **7**,15. A experiência contradizendo a lei da retribuição terrestre. Coélet rejeita toda teologia que ele considera irreal, porque desmentida pela experiência. | 16. A virtude está no meio, no equilíbrio, evitando todo excesso no bem e no mal. | 26. Refere-se à prostituta ou à mulher casada com outro. | 28. Superioridade do homem sobre a mulher, preconceito comum na Antiguidade. | **8**,10. Os crimes caem no esquecimento quando morrem seus autores. | 12. Constata no dia a dia um desmentido da lei da retribuição, tal como era ensinada pelos sábios.

Eclesiastes 8-9

sentença contra uma ação má, o coração dos filhos dos homens está cheio de vontade de fazer o mal; [12]porque o pecador, mesmo se comete o mal cem vezes, tem vida longa[+]. Todavia eu sei que serão felizes aqueles que temem a Deus, justamente porque sentem temor diante dele, [13]mas não será feliz o ímpio* e, como a sombra, não alongará seus dias, porque ele não teme a Deus. [14]Sobre a terra existe esta vaidade: há justos que são tratados conforme a conduta dos ímpios e há ímpios que são tratados conforme a conduta dos justos.* Eu digo que também isto é vaidade[+].

[15]Por isso exalto a alegria,* porque o homem não tem outra felicidade debaixo do sol senão comer e beber e estar alegre[+]. Seja esta sua companhia em suas fadigas durante os dias de vida que Deus lhe concede debaixo do sol.

[16]Quando me apliquei a conhecer a sabedoria e a considerar o trabalho que se faz sobre a terra – pois o homem não concede repouso a seus olhos nem de dia nem de noite – [17]então observei toda a obra de Deus;* o homem não pode descobrir a obra que se faz debaixo do sol; por mais que se canse procurando-a, não pode descobri-la. Ainda que um sábio diga que a conhece, não pode encontrá-la.

9 Tudo depende de Deus.
[1]Sim, sobre todas essas coisas refleti e compreendi tudo isto: que os justos e os sábios e suas ações estão nas mãos de Deus.*

O homem não conhece o amor nem o ódio[+]; diante dele tudo é vaidade.

[2]Há uma sorte única para todos,*
para o justo e o ímpio,
para o bom, o puro e o impuro,
para quem oferece sacrifícios e para quem não os oferece,
para o bom e para o pecador,
para quem jura e para quem tem medo de jurar.

[3]Este é o mal que há em tudo o que acontece debaixo do sol: uma mesma sorte espera a todos, e também o coração humano está cheio de malícia. A insensatez se aloja em seu coração durante a vida, depois vão para o meio dos mortos.* [4]Ora, enquanto a pessoa está entre os vivos, há esperança: porque é melhor um cão vivo do que um leão morto[+]. [5]Os vivos sabem que vão morrer, mas os mortos não sabem nada; não há mais retribuição para eles, porque sua lembrança é esquecida[+]. [6]Seu amor, seu ódio e sua inveja, tudo já acabou, não terão mais parte alguma em tudo o que se faz debaixo do sol.

[7]Vai, come com alegria teu pão,*
bebe teu vinho com o coração alegre,
porque Deus já aprovou tuas ações.

[8]Em todo o tempo tuas vestes sejam brancas
e o perfume não falte sobre tua cabeça[+].

[9]Goza a vida com a esposa que amas,* por todos os dias de tua vida fugaz que Deus te concede debaixo do sol, porque esta é tua parte na vida e nas penas que sofres debaixo do sol. [10]Tudo o que achas para fazer faze-o enquanto és capaz, porque não haverá nem atividade, nem razão, nem ciência, nem sabedoria lá embaixo, no lugar dos mortos, para onde vais.

Incerteza do êxito. [11]Eu vi também debaixo do sol que a corrida não é vencida por quem é veloz, nem a batalha pelos fortes; que o pão não vai para os sábios, nem as riquezas para

---

* **8,14.** Sl 73; Jr 12,1s | **15.** 2,24 | **17.** 3,11 | **9,1.** Pr 16,1; Dt 33,3; Sb 7,16 | **2.** 7,15; 8,14 | **3.** 3,19ss | **7.** 2,24 | **9.** Pr 5,15

+ **8,14.** O tormento da vida humana não são as contradições, mas o limite insuperável que é posto à vontade do homem de conhecer. | **15.** É melhor aproveitar dos prazeres que Deus colocou na vida do que procurar resolver problemas insolúveis. | **9,1.** Diz que não podemos saber se Deus nos considera bons ou maus, pois tudo acontece do mesmo modo para uns e outros. | **4.** O cão era quase sempre um animal vadio e faminto, por isso repelente e desprezível. | **5.** Não sabendo da vida futura, o autor sabe apenas que irá para o lugar dos mortos, que ele descreve no v. 10. | **8.** Roupas brancas e perfume são sinais de festa: como se a vida fosse uma festa contínua, Pr 15,15.

773   Eclesiastes 9-10

os homens inteligentes, nem o favor para os hábeis, porque todos dependem do tempo e das circunstâncias†. [12]Com efeito, o homem não conhece sua hora:* semelhante aos peixes que são apanhados na rede fatal e às aves presas no laço, o homem é surpreendido pelo tempo da calamidade que de repente se abate sobre ele.

[13]Também este exemplo de sabedoria eu vi debaixo do sol e me pareceu significativo: [14]Havia uma pequena cidade de poucos habitantes. Um grande rei marchou contra ela, cercou-a e construiu contra ela grandes fortificações. [15]Achava-se porém nela um homem pobre mas sábio, que com sua sabedoria salvou a cidade; contudo ninguém mais se lembrou deste homem pobre. [16]Então eu disse:

É melhor a sabedoria que a força,*
mas a sabedoria do pobre é desprezada*
e suas palavras não são ouvidas.
[17]As palavras calmas dos sábios são ouvidas
mais que os gritos de quem governa entre os insensatos.
[18]É melhor a sabedoria que as armas de guerra,
mas um só pecador pode causar a perda de um grande bem.

10 **Sabedoria e loucura.** [1]Moscas mortas fazem o unguento do perfumista exalar mau cheiro:
assim um pouco de loucura estraga o valor da sabedoria e da honra.
[2]A mente do sábio se dirige para o que é certo*
e a do insensato para o que é errado.
[3]Até na rua, enquanto o tolo caminha, falta-lhe o entendimento e demonstra a todos que é tolo.
[4]Se a ira de um poderoso se acende contra ti, não deixes teu lugar, porque a calma aplaca até as ofensas graves.
Experiências negativas. [5]Há um mal que observei debaixo do sol, como

um erro que escapou ao soberano: [6]a insensatez ocupando postos mais elevados* e ricos sentados em posição inferior. [7]Eu vi escravos montados a cavalo e príncipes andando a pé como escravos.
[8]Quem cava uma fossa cai dentro dela,*
e quem derruba um muro é mordido por uma cobra.
[9]Quem remove pedras se machuca,
e quem corta lenha corre perigo.
[10]Se o machado estiver cego e não se amola seu corte, é preciso redobrar os esforços;
a sabedoria é valiosa para se obter sucesso. [11]Se a serpente morde antes de ser encantada, de nada serve o encantador.
O sábio e o estulto. [12]As palavras da boca do sábio agradam,*
mas os lábios do estulto causam sua ruína:
[13]o princípio de seu falar é insensatez,
e o fim de suas palavras, loucura funesta.
[14]O insensato multiplica as palavras,*
mas o homem não sabe o que acontecerá: quem lhe manifestará o que haverá depois dele?
[15]O trabalho do insensato o cansa,
porque não sabe nem como ir à cidade.
Temperança. [16]Ai de ti, ó país, que tens como rei uma criança*
e cujos príncipes comem desde o amanhecer!
[17]Feliz de ti, ó país, que tens como rei um filho de nobres
e cujos príncipes comem no devido tempo
para restaurar suas forças e não para se banquetear!
[18]Por causa da negligência o teto desaba
e por causa da inércia das mãos chove dentro de casa.
[19]Para o divertimento se fazem banquetes,*

---

* **9**,12. Lc 12,20 | 16. Pr 7,19 / Pr 21,22; 24,5 | **10**,2. 2,14 | 6. Pr 19,10; 30,22 | 8. Pr 26,27; Sl 7,16; Eclo 27,29s | 12. Pr 10,32; 15,2 | 14. 8,7 | 16. Pr 31,4-7 | 19. Sl 104,15

† **10**,11. O sucesso da pessoa não depende só de suas qualidades.

Eclesiastes 10-12

e o vinho alegra a vida;
e o dinheiro serve para tudo.
²⁰Não fales mal do rei nem em pensamento;
não fales mal do rico nem em teu quarto de dormir,
porque uma ave do céu pode levar tua voz
e um ser alado comunicar a palavra.

11 Trabalha e sê alegre.
¹Lança teu pão sobre as águas, porque depois de muito tempo o reencontrarás[†]. ²Reparte com sete ou com oito, porque não sabes que mal poderá suceder sobre a terra.
³Se as nuvens estão cheias de água, vão derramá-la sobre a terra;
e se uma árvore cai ao sul ou ao norte, lá onde cai permanece.
⁴Quem observa o vento não semeia
e quem olha para as nuvens não colhe[†].
⁵Assim como não conheces o caminho do vento e como crescem os ossos no ventre da mulher grávida, assim ignoras a obra de Deus que faz tudo.*
⁶Lança tua semente de manhã, e de tarde não dês descanso a tuas mãos,
porque não sabes qual dos dois trabalhos terá êxito,
se este ou aquele,
ou se serão bons todos os dois[†].

Conselhos aos jovens. ⁷Doce é a luz,
e aos olhos agrada ver o sol.
⁸Ainda que o homem viva por muitos anos,
aproveite-os todos,
mas pense nos dias tenebrosos, que serão muitos:
tudo o que acontece é vaidade.
⁹Alegra-te, jovem, em tua juventude,
e alegre-se teu coração nos dias de tua mocidade.
Segue os caminhos de teu coração
e os desejos de teus olhos.

Sabe, porém, que de tudo isto
Deus te pedirá contas[†].
¹⁰Expulsa de teu coração a melancolia,
afasta de teu corpo a dor,
porque a juventude e a adolescência são vaidade.

12 A velhice[†].
¹Lembra-te de teu Criador nos dias de tua juventude,
antes que venham os dias tristes
e cheguem os anos dos quais dirás:
"Não tenho neles nenhum gosto",
²antes que se escureçam o sol e a luz,
a lua e as estrelas,
e retornem as nuvens depois da chuva;
³quando tremem os guardas da casa
e se curvam os homens robustos,
e as mulheres, uma depois da outra, cessam de moer,
e se ofuscam aquelas que olham das janelas,
⁴e se fecham as portas da rua;
quando diminui o ruído do moinho;
quando se acorda com o canto dos pássaros
e se calam todas as canções;
⁵quando se tem medo das subidas
e se levam sustos no caminho;
quando floresce a amendoeira
e o gafanhoto se arrasta com dificuldade,
e a alcaparra não terá mais efeito,
porque o homem parte para sua morada eterna
e os pranteadores percorrem as ruas;
⁶antes que se arrebente o cordão de prata
e a lâmpada de ouro se quebre,
e se rompa a ânfora na fonte,
e a roda se parta e caia no poço[†],
⁷e retorne o pó à terra, como era antes,
e o espírito volte a Deus que o deu[†].
⁸Vaidade das vaidades, diz Coélet,
tudo é vaidade.*

---

* **11**,5. Jo 3,8; Sl 139,14ss; 3,11 | **12**,8. 1,2

† **11**,1. Saber arriscar pode ser condição de sucesso. | 4. Precaução demasiada impede de agir; é preciso saber arriscar. | 6. Perseverar no esforço e aproveitar as circunstâncias. | 9. Gozar a vida respeitando os limites que Deus colocou. | **12**. A célebre alegoria do envelhecimento representa a idade, que faz o corpo humano parecer com uma casa em decadência: os guardas são os braços; os homens robustos, os ombros; as mulheres que moem, os dentes; as que olham das janelas, os olhos; as portas da rua, os ouvidos; o ruído do moinho, a voz. | 6. As imagens do v. 6 referem-se todas ao coração que para de bater, portanto, à morte. | 7. O espírito, sopro dado por Deus, Gn 2,7, retorna a Ele.

Eclesiastes 12

III. EPÍLOGO
(12,9-14)

⁹Além de ser sábio, Coélet ensinou também a ciência ao povo; escutou, indagou e compôs um grande número de sentenças.

¹⁰Coélet tratou de encontrar provérbios agradáveis e escreveu com exatidão palavras de verdade. ¹¹As palavras dos sábios são como aguilhões e as sentenças colecionadas são como cravos bem fixados: são dadas por um só pastor. ¹²De resto, meu filho, fica atento: os livros se multiplicam sem-fim, mas o muito estudar cansa o corpo.

¹³Esta é a conclusão, depois de ouvir tudo: Teme a Deus* e observa seus mandamentos, porque isto para o homem é tudo†.

¹⁴Com efeito, Deus fará vir ao julgamento todas as ações, todas as ocultas também, sejam boas, sejam más.

---

* 12,13. 5,6; Eclo 1,13

† 12,13. Acima de todas as suas desilusões, o autor coloca o temor de Deus e a fidelidade a seus mandamentos.

CÂNTICO DOS CÂNTICOS

O título do livro é tradução literal de um superlativo hebraico, que significa propriamente "o mais belo dos cânticos", "o cântico sublime", "o cântico por excelência". Sua atribuição a Salomão não se sustenta, é uma ficção literária. A linguagem está mais próxima da do Eclesiastes, e o livro deve ter sido composto por volta do ano 450 a.C. Nele é possível distinguir vários poemas ou cenas, obra de um só e mesmo autor.

A obra se apresenta como um drama do amor de um rapaz e uma moça, que às vezes usam linguagem bastante ousada para quem não conhece os costumes orientais. Nada evoca o sentimento religioso ou o aspecto moral das realidades humanas. Deus não é mencionado senão no fim, numa expressão consagrada.

Pelo fato de ser reconhecido como inspirado, este livro só pode ser interpretado dentro do contexto da Bíblia. Já os antigos hebreus lhe davam uma interpretação alegórica. Entre os cristãos foi Orígenes o primeiro a seguir esta linha. Depois dele, os autores em geral consideraram o Cântico como um epitalâmio, que celebra as núpcias de Cristo e da Igreja. De fato, os profetas apresentam a aliança como um matrimônio entre Deus e Israel (Is 62,5). Certos autores dizem que foi intenção do autor falar do amor divino sob aquelas imagens. A liturgia e alguns místicos também aplicam frases do Cântico a Maria Santíssima. Hoje, porém, toma-se o Cântico em seu sentido mais óbvio e imediato, de coleção de poesias de amor, que têm vários paralelos nos textos egípcios. É de fato muito oportuno proclamar a sacralidade do amor humano, que remonta ao ato criador de Deus, numa sociedade que tantas vezes o profana e espezinha. Não se nega a legitimidade da interpretação alegórica, só se afirma que não foi esta a intenção do autor.

O ambiente do livro é todo pastoril, e suas poesias estão cheias de imagens agrestes, exaltando a beleza e o valor do amor: nada pode destruí-lo, é forte como a morte, as grandes águas não podem extingui-lo (Ct 8,6s).

A leitura do Cântico deve recordar-nos que Deus é amor e fonte de todo amor verdadeiro. O amor entre homem e mulher é um dom pelo qual Deus lhes concede beber daquela fonte de vida que é seu próprio coração.

I. PRIMEIRO CÂNTICO
(1,1–2,7)

1 **Amabilidade do esposo.** ¹Cântico dos cânticos, que é de Salomão†.
²Beija-me com os beijos de tua boca!
Porque tuas carícias são melhores que o vinho†.
³Teus perfumes têm um odor suave,
aroma que se expande é teu nome,
por isso as adolescentes te amam.*
⁴Atrai-me a ti, corramos!
Que o rei me introduza em seus aposentos†:
exultaremos e nos alegraremos por ti,
recordaremos tuas carícias mais que o vinho.

É com razão que te amam!
A esposa se apresenta. ⁵Sou morena, mas formosa,
ó filhas de Jerusalém†,
como as tendas de Cedar,
como os pavilhões de Salma.
⁶Não repareis que sou morena,
porque o sol me bronzeou.
Os filhos de minha mãe se irritaram contra mim:
puseram-me para guardar as vinhas;
mas minha própria vinha* eu não guardei†.
Desejo do esposo. ⁷Dize-me, ó amor de minha alma,
onde vais apascentar o rebanho,*
onde o fazes repousar ao meio-dia,

---

* **1**,3. 6,8 | 6. Is 5,1 | 7. Ez 34,1; Sl 23,1ss; Jo 10,1-29

† **1**,1. Modo hebraico de exprimir o superlativo: "o cântico por excelência". A tradição atribuía a Salomão 1.005 cânticos, 1Rs 5,12. | 2. Ver a nota em Ecl 2,3. | 4. O rei é o esposo: no casamento os esposos traziam coroas na cabeça. | 5. As filhas de Jerusalém são as amigas da esposa que fazem o papel do coro. | 6. Os irmãos da moça acham que ela está jovem demais para o amor, mas ela não guarda sua vinha, quer dizer, seu amor.

Cântico dos Cânticos 1-2

para que eu não ande errante
atrás dos rebanhos de teus companheiros.
[8]Se não o sabes, ó mais bela das mulheres,
segue os rastos do rebanho
e leva tuas cabritas a pastar
perto das tendas dos pastores.
Colóquio entre os esposos. [9]Minha querida, eu te comparo
à égua do carro do faraó[†].
[10]Belas são tuas faces entre os brincos,
teu pescoço entre os colares de pérolas.
[11]Faremos para ti brincos de ouro,
cravejados de prata.
[12]Enquanto o rei está em seu divã,
meu nardo exala seu perfume.*
[13]Meu amado é para mim como um saquinho de mirra[†],
repousando entre meus seios.
[14]Meu amado é para mim como um ramalhete de flores de alfena[†]
nas vinhas de Engadi[†].
[15]Como és bela, minha querida, como és bela!
Teus olhos são como pombas.
[16]Como és belo, meu amado, quão gracioso!
Também nosso leito é relva verde.
[17]As traves de nossa casa são os cedros,
nosso teto são os ciprestes.[†]

2 [1]Eu sou um narciso de Saron, um lírio dos vales.
[2]Como um lírio entre os espinhos,
assim é minha querida entre as moças.
[3]Como a macieira entre as árvores do bosque,*
assim é meu amado entre os jovens.
Eu me sento a sua sombra, que eu tanto desejava,
e doce é seu fruto a meu paladar.

[4]Introduziu-me na adega do vinho[†],
e seu estandarte sobre mim é o amor.
[5]Sustentai-me com tortas de uvas,
fortalecei-me com maçãs,
porque estou doente de amor.
[6]Sua mão esquerda está debaixo de minha cabeça*
e sua direita me abraça.
[7] Eu vos conjuro, filhas de Jerusalém,*
pelas gazelas, pelas corças dos campos:*
não desperteis, não acordeis a amada,
até que ela o queira[†].

II. SEGUNDO CÂNTICO
(2,8-17)

O esposo busca a esposa. [8]A voz de meu amado!
Ele está vindo,
saltando pelos montes,
pulando pelas colinas.[†]
[9]Meu amado parece um gamo ou um filhote de gazela.
Ali está ele,
atrás de nosso muro;
olha das janelas,
espia pelas treliças.
[10]Fala meu amado e me diz:
"Levanta-te, minha querida,
minha bela, e vem!
[11]Porque o inverno passou[†],
cessou a chuva, ela se foi;*
[12]Aparecem as flores na terra,
chegou o tempo de cantar,
e a voz da rola se faz ouvir
em nossa terra.
[13]A figueira começa a dar os primeiros frutos
e as videiras em flor exalam perfume.
Levanta-te, minha querida,
minha bela, e vem!
[14]Minha pomba, que estás nas fendas dos rochedos,

---

* **1**,12. 1,3 | **2**,3. 8,5 | 6. 8,3 | 7. 3,5; 8,4 / 5,2-5; 8,5 | 11. 6,11; 7,13s

† **1**,9. Esse tipo de comparação com os esplêndidos animais do faraó era comum no oriente: símbolo de beleza, de agilidade. | 13. As mulheres o levavam no peito, por isso significa que ela se lembrará sempre do esposo. | 14. Planta que dá flores brancas de ótimo perfume. / Ver a nota em 1Sm 24,1. | 17. Madeiras usadas por Salomão na construção do templo, 1Rs 5,22. Os esposos estão em plena natureza como se fosse num palácio. | **2**,4. O vinho é o símbolo do amor; a esposa se sente inebriada de amor. | 7. O amor não é um sentimento artificial e calculado, mas tem seu tempo. | 8. O esposo é descrito como um pastor que chega com seu rebanho na primavera. | 11. Os vv. 11-13 são o mais belo canto à natureza em todo o AT (W. Rudolph).

Cântico dos Cânticos 2-4

nos esconderijos das rochas escarpadas,
mostra-me teu rosto,
faze-me ouvir tua voz,
porque tua voz é suave,
teu rosto é gracioso".
15Apanhai para nós as raposas,
as raposas pequenas
que devastam as vinhas,
porque nossas vinhas estão em flor†.
16Meu amado é meu e eu sou dele.*
Ele apascenta o rebanho entre os lírios.*
17Antes que sopre a brisa do dia
e fujam as sombras,
volta, meu amado,
semelhante ao gamo
ou ao filhote da gazela,
sobre os montes dos aromas.

III. TERCEIRO CÂNTICO
(3,1-5)

3 A esposa busca o esposo. 1De
noite, em meu leito,
procurei o amado de meu coração;
procurei-o, mas não o encontrei.*
2"Vou levantar-me e percorrer a cidade;
pelas ruas e pelas praças
quero procurar o amado de meu coração".
Procurei-o, mas não o encontrei.
3Encontraram-me os guardas que
rondavam a cidade:*
"Vistes o amado de meu coração?"
4Logo que passei por eles,
encontrei o amado de meu coração.
Segurei-o e não o deixarei,
enquanto não o conduzir à casa de
minha mãe†,
ao quarto daquela que me concebeu.*
5Eu vos conjuro, filhas de Jerusalém,*
pelas gazelas, pelas corças dos campos:
não desperteis, não acordeis a amada,
até que ela o queira.

IV. QUARTO CÂNTICO
(3,6–5,1)

O cortejo nupcial†. 6Que é aquilo
que sobe do deserto*
como coluna de fumaça,
exalando perfume de mirra, de incenso
e de todo pó aromático importado?
7É a liteira de Salomão:
sessenta valentes estão a seu redor,
dentre os mais fortes de Israel.
8Todos sabem manejar a espada
e são treinados para a guerra;
cada um traz a espada na cintura
por causa dos perigos da noite.
9O rei Salomão faz para si um palan-
quim
de madeira do Líbano.
10Fez de prata suas colunas,
de ouro seu encosto,
o assento de púrpura;
e seu interior foi decorado com amor
pelas filhas de Jerusalém.
11Saí, filhas de Sião,
e contemplai o rei Salomão
com a coroa com que o coroou sua
mãe
no dia de suas núpcias,
no dia da alegria de seu coração.

4 Louvores à beleza da esposa.
1Como és bela, minha querida,
como és bela!†
Teus olhos são como pombas
por detrás de teu véu.*
Teus cabelos são como um rebanho
de cabras
que descem da montanha de Ga-
laad†.
2Teus dentes são como um rebanho
de ovelhas tosquiadas
que sobem do lavadouro:
todas tiveram gêmeos
e nenhuma delas está sem cria.
3Como fita escarlate são teus lábios
e tua boca é graciosa;

---

* **2**,16. 6,3 / 2,1 | **3**,1. 5,6 | 3. 5,7 | 4. 8,2.5 | 5. 2,7; 8,4 | 6. 6,10; 8,5 | **4**,1. 4,3; 6,7

† **2**,15. A vinha é o amor, e as raposas são os obstáculos que o amor pode encontrar. | **3**,4. Quer dizer:
enquanto não o desposar, Gn 24,67. | 6. Representação da amada como a filha do faraó que Salomão,
seu esposo, manda buscar na liteira para introduzi-la no palácio. | **4**,1. Descrever a beleza física dos
noivos era costume nas festas de casamento, como também na literatura amorosa. / As cabras tinham
o pelo luzidio e preto. As comparações são singelas e ingênuas.

Cântico dos Cânticos 4-5

como romã partida é tua face através do véu.
⁴Teu pescoço é como a torre de Davi, construída para arsenal.
Mil escudos aí estão pendurados, todos os escudos dos valentes.
⁵Teus seios são como dois filhotes,* gêmeos de uma gazela,
que pastam entre os lírios.
⁶Antes que sopre a brisa do dia e fujam as sombras,
eu irei ao monte da mirra e à colina do incenso.
⁷És toda bela, minha querida, em ti não há mancha†.

Convite à esposa. ⁸Vem comigo do Líbano, minha esposa,
vem comigo do Líbano!
Olha do alto do Amaná,
do alto do Sanir e do Hermon,
das cavernas dos leões,
dos montes dos leopardos.
⁹Roubaste meu coração,
minha irmã, minha esposa,
roubaste meu coração
com um só de teus olhares,
com uma só pérola de teu colar!
¹⁰Como são suaves tuas carícias,*
minha irmã, minha esposa!
Como são mais deliciosas que o vinho tuas carícias!
E o odor de teus perfumes supera todos os aromas.
¹¹Teus lábios destilam mel virgem, minha esposa;*
há mel e leite debaixo de tua língua,
e o perfume de tuas vestes é como o perfume do Líbano.*
¹²És um jardim* fechado,*
minha irmã, minha esposa;
jardim fechado, fonte selada†.
¹³Teus rebentos são um pomar de romãs
com os frutos mais deliciosos,
alfena e nardo,
¹⁴nardo e açafrão, canela e cinamomo,
com todas as árvores de incenso;
mirra e aloés

com todos os mais finos aromas.
¹⁵Tu és a fonte que rega os jardins,*
poço de águas vivas
e riachos que brotam do Líbano†.
¹⁶Levanta-te, vento norte; vem, vento sul!
Sopra em meu jardim,
para que se espalhem seus aromas.
Entre meu amado em seu jardim
e coma seus frutos deliciosos.

5 ¹Entrei em meu jardim, minha irmã, minha esposa,
colhi minha mirra e meu bálsamo;
comi meu favo e meu mel,
bebi meu vinho e meu leite.
Amigos, comei, bebei;*
inebriai-vos, meus caros.

V. QUINTO CÂNTICO
(5,2–6,9)

Visita noturna do esposo. ²Eu dormia, mas meu coração estava atento.*
Ouvi meu amado que batia:
"Abre-me, minha irmã,
minha querida, minha pomba, minha perfeita:
porque minha cabeça está coberta de orvalho,
meus cabelos, do sereno da noite".
³"Eu tirei minha veste,
como vesti-la outra vez?
Já lavei meus pés,
por que sujá-los de novo?"
⁴Meu amado pôs a mão na fenda da porta
e minhas entranhas estremeceram por causa dele.
⁵Levantei-me para abrir a meu amado;
minhas mãos destilavam mirra
e meus dedos gotejavam mirra
sobre a maçaneta da fechadura.
⁶Abri então a meu amado,
mas meu amado já se tinha retirado, ele partiu.
Desfaleci por seu desaparecimento.
Procurei-o, mas não o encontrei.
Chamei-o, mas não me respondeu.*

---

* **4**,5. 7,4 | 10. 1,2,4 | 11. Pr 5,3 / Os 14,7 | 12. 6,2 / Pr 5,16 | 15. Pr 5,15s | **5**,1. Is 55,1s | 2. 2,7 | 6. 3,1

† **4**,7. A Igreja aplica este v. a Maria Imaculada. | 12. Fechado a todo outro amor, reservado somente ao amado. | 15. A fonte, a água dá vida à natureza: assim a mulher é a vida do lar.

Cântico dos Cânticos 5-6

⁷Encontraram-me os guardas que rondam a cidade;*
espancaram-me, feriram-me;
tiraram-me o manto
os guardas dos muros.
⁸Eu vos conjuro, filhas de Jerusalém,*
se encontrardes meu amado,
que lhe direis?
Que estou doente de amor!
⁹Que tem teu amado a mais que um outro,
ó mais bela das mulheres?
Que tem teu amado a mais que um outro,
para que assim nos conjures?

Descrição do esposo. ¹⁰Meu amado é claro e rosado
e se distingue entre dez mil.
¹¹Sua cabeça é como ouro, ouro puro,
seus cabelos, cachos de palmeira,
são negros como o corvo.
¹²Seus olhos são como pombas
junto a correntes de água;
seus dentes, lavados em leite,
colocados com perfeição.
¹³Suas faces, como canteiros de bálsamo,*
canteiros de ervas aromáticas;
seus lábios são lírios
que destilam mirra líquida.
¹⁴Suas mãos são anéis de ouro,
engastados de pedras preciosas.
Seu ventre é um bloco de marfim,
cravejado de safiras.
¹⁵Suas pernas, colunas de alabastro†,
apoiadas em bases de ouro puro.
Seu aspecto é o do Líbano,
majestoso como os cedros.
¹⁶Sua boca é a própria doçura,
tudo nele é um encanto!
Este é meu amado, este é meu amigo,
ó filhas de Jerusalém.

6 ¹Aonde foi teu amado,
ó mais bela das mulheres?
Aonde se dirigiu teu amado,

para que o procuremos contigo?
²Meu amado desceu a seu jardim*
entre os canteiros de bálsamo
para apascentar o rebanho nos jardins
e colher lírios.
³Eu sou de meu amado e meu amado é meu;*
ele apascenta o rebanho entre os lírios.

Complacência do esposo. ⁴Tu és bela, minha querida, como Tersa†,
graciosa como Jerusalém,
terrível como um exército em ordem de batalha.
⁵Afasta de mim teus olhos,
porque eles me perturbam.
Teus cabelos são como um rebanho de cabras*
que descem de Galaad.
⁶Teus dentes, como um rebanho de ovelhas
que sobem do lavadouro:
todas tiveram gêmeos
e nenhuma delas está sem cria.
⁷Como romã partida é tua face
através do véu.
⁸Sessenta são as rainhas,
oitenta as concubinas
e sem número as jovens.
⁹Mas uma só é minha pomba, minha perfeita†,
ela é a única de sua mãe,*
a preferida daquela que a deu à luz.
Ao vê-la, as jovens a proclamam feliz;*
as rainhas e as concubinas a celebram.

VI. SEXTO CÂNTICO
(6,10–8,4)

¹⁰"Quem é esta que avança como a aurora,*
formosa como a lua,
brilhante como o sol,
terrível como um exército* em ordem de batalha?"†

---

* **5,**7. 3,3 | 8. 2,7; 3,5 | 13. Sl 133,2 | **6,**2. 4,12-16 | 3. 2,16 | 5. 4,1ss | 9. Pr 4,3 / Pr 31,28 | 10. 3,6 / 4,4

† **5,**15. Rocha translúcida, de intensa brancura, comum no Egito e usada para esculturas. | **6,**4. Capital do reino do norte antes de Samaria; seu nome significa a graciosa, a desejada. | 9. Todo um harém não vale tanto quanto a amada. | 10. A liturgia aplica este v. a Maria Ssᵐᵃ em sua Assunção ao céu.

Cântico dos Cânticos 6-8

[11]Ao jardim das nogueiras eu desci*
para ver as plantas verdes do vale,*
para ver se tinham brotado as videiras,*
se estavam em flor as romãzeiras.
[12]Não sei como, mas meu desejo me
fez subir
aos carros de meu nobre povo.

7 Contemplação da esposa. [1]"Volta, volta, Sulamita†,

volta, volta: queremos admirar-te".
"Que admirais na Sulamita
durante a dança em duas filas?"
[2]"Como são belos teus pés
nas sandálias, filha de príncipe!
As curvas de teus quadris são como
colares,
obra de mãos de artista.
[3]Teu umbigo é uma taça redonda,
onde nunca falta o vinho aromático.
Teu ventre é um monte de trigo,
rodeado de lírios.
[4]Teus seios, como dois filhotes,*
gêmeos de gazela.
[5]Teu pescoço é como uma torre de
marfim;
teus olhos são como os açudes de
Hesebon,
junto à porta de Bat-Rabim.
Teu nariz é como a torre do Líbano,
sentinela diante de Damasco.
[6]Tua cabeça sobre teu corpo é como
o Carmelo,
e os cabelos de tua cabeça são como
a púrpura;
um rei ficou prisioneiro de tuas tranças†.
[7]Como és bela e como és graciosa,
ó amor, com todas as tuas delícias!
[8]Teu porte se assemelha ao da palmeira
e teus seios, a seus cachos.
[9]Eu disse: "Subirei à palmeira
e colherei seus frutos.
Sejam teus seios como cachos de uva
e o perfume de tua respiração como
o de maçãs".

[10]Tua boca é como vinho delicioso,
que se escoa docemente para meu
amado
e flui entre seus lábios e dentes!
Posse mútua. [11]Eu sou para meu amado
e seu desejo é para mim.*
[12]Vem, meu amado, vamos aos campos,*
passemos a noite nas aldeias.
[13]De manhã iremos às vinhas
para ver se a videira brotou,
se desabrocham suas flores,
se estão em flor as romãzeiras:
ali te darei meus amores!*
[14]As mandrágoras exalam seu perfume;
a nossas portas há frutos deliciosos
de toda espécie,
novos e secos,
que guardei para ti, meu amado.

8 O desejo da união. [1]Quem me dera que tu fosses meu irmão,

amamentado ao seio de minha mãe!
Quando te encontrasse na rua, eu
poderia beijar-te
sem que ninguém me desprezasse†.
[2]Eu te conduziria, te introduziria na
casa de minha mãe;
tu me iniciarias.
Eu te daria a beber vinho aromático
e suco de minhas romãs.
[3]Tua mão esquerda está debaixo de
minha cabeça*
e tua direita me abraça.
[4]Eu vos conjuro, filhas de Jerusalém,*
não desperteis, não acordeis minha
amada,
até que ela o queira.

VII. SÉTIMO CÂNTICO
(8,5-14)

A esposa é conduzida ao esposo.
[5]Quem é esta que sobe do deserto,
apoiada a seu amado?
Debaixo da macieira eu te despertei;*

---

* **6**,11. 4,12 / 2,11 / 7,13s | **7**,4. 4,5 | 11. Gn 3,16 | 12. 2,10-14 | 13. 2,16; 7,11 | **8**,3. 2,6 | 4. 2,7;3,5 | 5. 2,7;
3,5; 5,2; 8,4

† **7**,1. Este nome pode ser o feminino de Salomão; significaria pacífica, a que possui todo bem, especialmente a beleza. | **8**,1. Ainda hoje, entre os beduínos, só pode abraçar uma moça em público seu
irmão ou primo.

Cântico dos Cânticos 8

Lá, onde tua mãe te deu à luz,
lá onde te deu à luz aquela que te gerou.

Ardor e estabilidade do amor. 6Põe-me como um selo sobre teu coração,*
como um selo sobre teu braço†;
porque forte como a morte é o amor,*
inflexível como o abismo é o ciúme.
Suas chamas são chamas de fogo,
uma chama de Javé!†

7As grandes águas não podem extinguir o amor,*
nem os rios afogá-lo†.
Se alguém desse todas as riquezas de sua casa
em troca do amor, seria com certeza desprezado.

A irmãzinha. 8Temos uma irmã pequena
que ainda não tem seios formados.
Que faremos para nossa irmã
no dia em que pedirem sua mão?

9Se ela fosse um muro,
construiríamos em cima um palácio de prata;
se fosse uma porta,

nós a reforçaríamos com tábuas de cedro.

10Eu sou um muro
e meus seios são como torres!
Assim sou a seus olhos
como aquela que encontrou paz!

A vinha de Salomão. 11Salomão tinha uma vinha em Baal-Hamon.
Ele confiou a vinha aos guardas;
cada um lhe devia levar por seus frutos
mil siclos de prata.

12Minha vinha, que me pertence, está diante de mim†;
sejam para ti, Salomão, os mil siclos
e duzentos para os guardas de seus frutos!

O consentimento da esposa. 13Ó tu
que moras nos jardins,
os companheiros estão atentos a tua voz:
faze-me ouvi-la.

14"Corre, meu amado,*
torna-te semelhante a um gamo
ou a um filhote de gazela,
sobre os montes perfumados!"

---

* **8**,6. Dt 6,6.8; 11,18; Jr 31,33; Pr 3,3 | 7. Is 43,2 | 14. 2,17

† **8**,6. O selo servia para autenticar escritos e era um objeto que nunca se deixava: exprime o amor inseparável. / Que só Javé pode acender. Todo o Cântico é um comentário de Gn 2. | 7. A metáfora passa do fogo à água, mas é sempre o poder insuperável do amor que se exprime. | 12. A vinha é a esposa, que vale mais que a melhor vinha de Salomão.

SABEDORIA

É o livro mais recente do Antigo Testamento, tendo sido escrito na segunda metade do séc. I a.C, diretamente na língua grega. Seu título original é "Sabedoria de Salomão", em homenagem ao rei que recebeu de Deus o dom da sabedoria (1Rs 3,5-15). O autor é certamente um judeu, conhecedor do mundo helenista, pois viveu provavelmente em Alexandria, capital do helenismo sob os Ptolomeus, mas cheio de fé no "Deus dos pais e Senhor de misericórdia" (9,1).

Dirige-se aos judeus, seus compatriotas, para fortificá-los na fé dos pais, a fim de que resistam aos atrativos da cultura helenista. Ensina-os a professar a superioridade da sabedoria hebraica sobre a filosofia pagã e a redescobrir sua verdadeira identidade, mediante uma reflexão aprofundada sobre a palavra de Deus, manifestada na história de Israel. Convencido da vocação missionária do povo eleito (Is 49, 1-6), dirige-se também aos pagãos, anunciando-lhes o Deus dos hebreus e mostrando a insensatez da idolatria.

Podemos distinguir três partes no livro: na primeira (1–6,21), o autor compara a situação atual dos justos e dos ímpios e sua situação final, quando será revelada a verdade; na segunda (6,22–9,18), coloca em cena Salomão, que faz um elogio da sabedoria de Deus e reza uma oração para obter a Sabedoria; na terceira (10–19), mostra a Sabedoria agindo na história do povo eleito, desde Adão a Moisés, e retoma, em forma de midraxe, a narrativa do êxodo, recordando os benefícios concedidos a Israel, povo que acolhe e segue a sabedoria, e os castigos enviados sobre os egípcios, que recusam e combatem a sabedoria, entregando-se à idolatria.

O livro afirma claramente a imortalidade e a incorruptibilidade do ser humano, imagem de Deus, mas não fala explicitamente de ressurreição. Conhece uma dupla morte, a temporal e a eterna: a primeira, à qual também os justos estão sujeitos, é apresentada como passagem para a vida eterna no amor com Deus (3,9; 5,15). A condição da imortalidade é a prática da justiça e o reconhecimento da soberania do Senhor que virá como juiz. Revelando a Sabedoria como expressão da presença de Deus no mundo e entre os seres humanos (7,25s), o livro dá o último passo para a revelação de Cristo, Sabedoria de Deus encarnada, a fonte da vida e da felicidade eterna.

I. A SABEDORIA, FONTE DE FELICIDADE E DE IMORTALIDADE (1–9)

1 **Exortação à justiça.** [1]Amai a justiça[†], vós que governais a terra, pensai sobre o Senhor retamente e buscai-o com um coração simples; [2]porque ele se deixa encontrar[*] pelos que não o tentam[†] e se mostra aos que não recusam crer nele. [3]Com efeito, os raciocínios tortuosos afastam de Deus, e a onipotência, posta à prova, confunde os insensatos.

[4]A sabedoria não entra numa alma que pratica o mal nem habita num corpo[*] escravo do pecado[†]. [5]Pois o santo espírito, que ensina, foge do fingimento,[*] mantém-se longe dos discursos insensatos e se retira quando sobrevém a injustiça[†].

Nada escapa à sabedoria de Deus. [6]A Sabedoria é um espírito amigo dos homens,[*] mas não deixará impune quem blasfema com os lábios, porque Deus é testemunha de seus sentimentos,[*]

---

* **1**,2. 2Cr 15,2; Pr 8,17 | 4. Rm 7,24; 8,2 | 5. Rm 8,14 | 6. 7,23; Pr 8,31; Tt 3,4 / Jr 11,20

† **1**,1. Justiça é o cumprimento da vontade de Deus, tal como se revela na lei. | 2. Seria tentar a Deus pretender encontrá-lo sem respeitar as condições de fidelidade que Ele estabeleceu. | 4. Em si mesmo o corpo não é mau, mas pode vir a ser instrumento do pecado e de escravidão, Jo 8,34. | 5. O autor exorta a levar uma vida virtuosa e a confiar em Deus, para gozar da companhia de Deus e da Sabedoria.

Sabedoria 1-2

observador leal de seu coração
e mantém-se à escuta de suas palavras.

[7]Com efeito, o espírito do Senhor enche o mundo*
e, abraçando todo o universo,* conhece toda voz[†].

[8]Por isso não lhe escapará quem profere coisas injustas,*
e a justiça que corrige não o poupará.

[9]Será feito um exame dos propósitos do ímpio,*
o som de suas palavras chegará até o Senhor
para a condenação de seus crimes.

[10]Pois um ouvido cioso escuta tudo:*
nem o sussurro das murmurações lhe escapa.

[11]Guardai-vos, portanto, do murmúrio inútil,*
preservai a língua da maledicência,
porque nem uma palavra secreta ficará sem efeito,
e a boca mentirosa mata a alma.

Pecado e morte. [12]Cessai de procurar a morte com os erros de vossa vida*
e de atrair sobre vós a ruína com as obras de vossas mãos,
[13]porque Deus não fez a morte*
e não se alegra com a perdição dos seres vivos[†].

[14]De fato, ele criou todas as coisas para que existam;
as criaturas do mundo são saudáveis,
nelas não há veneno mortífero,
e o abismo não domina sobre a terra,
[15]porque a justiça é imortal.*

[16]Mas os ímpios invocam sobre si a morte[†]
com gestos e com palavras;
considerando-a amiga, por ela se consomem*
e com ela concluem aliança*
porque são dignos de pertencer-lhe.

2 Os discursos dos maus. [1]Dizem eles entre si, raciocinando erroneamente:
"Nossa vida é breve e triste;
não há remédio, quando chega o fim,
e não se conhece ninguém que tenha voltado do abismo.*

[2]Nascemos por acaso
e depois seremos como se não tivéssemos existido.
É fumaça a respiração em nossas narinas,*
o pensamento é uma centelha
que nasce do palpitar do coração.

[3]Uma vez apagada, o corpo se tornará cinza
e o espírito se dissipará como ar inconsistente.

[4]Nosso nome será esquecido com o tempo*
e ninguém recordará nossas obras.*
Nossa vida passará como os traços de uma nuvem,*
se dispersará como neblina
expulsa pelos raios do sol
e dissolvida pelo calor.

[5]Nossa existência é o passar de uma sombra*
e não há retorno em nossa morte,
porque é aposto o selo e ninguém pode voltar atrás[†].

[6]Então, gozemos os bens presentes,
aproveitemos das criaturas com ardor juvenil!

[7]Inebriemo-nos com o melhor vinho e com perfumes,
não deixemos escapar a flor da primavera.

[8]Coroemo-nos com botões de rosas antes que murchem;
[9]nenhum de nós falte a nossa orgia.
Deixemos por toda parte os sinais de nossa alegria
porque esta é nossa parte, esta é nossa sorte.

---

* **1**,7. Sl 139,7-12 / At 2,4 | 8. Pr 22,12; Eclo 39,24 | 9. 11,20 | 10. Dt 29,19 | 11. Êx 15,24; Sl 78,19 | 12. Pr 8,36 | 13. 2,23s; 11,23-12,1; Ez 18,32; 33,11 | 15. 3,4 | 16. Pr 8,36 / Is 28,15; Eclo 14,12 | **2**,1. Jó 14,1s; Sl 39,3-7; Ecl 8,8; Jó 7,9 | 2. Sl 102,4 | 4. Ecl 1,11; 2,16; 9,5s / Jó 18,17ss / Jó 7,9 | 5. Sl 39,7; 144,4; Jó 8,9; 14,2; Ecl 6,12; 8,13; 1Cr 29,15

† **1**,7. Este v. é aplicado pela liturgia ao Espírito Santo. | 13. É diante da morte que o enigma da condição humana atinge seu ponto mais alto (Vat. II). Em certo sentido, a morte corporal é natural, mas para a fé ela é na realidade salário do pecado, Rm 6,23. | 16. Os ímpios são sobretudo os judeus renegados, que perseguiam os judeus fiéis. | **2**,5. O selo num documento tornava-o definitivo e irrevogável, Est 8,8.

785 Sabedoria 2-3

[10]Oprimamos o justo pobre,
não poupemos as viúvas,
nem respeitemos os cabelos brancos
do idoso.
[11]Nossa força seja a norma da justiça,
porque a fraqueza se revela inútil.
[12]Armemos ciladas ao justo, porque
nos incomoda†
e é contrário a nossas ações;*
repreende nossas transgressões da
lei*
e nos lança em rosto as faltas contra
a educação recebida.
[13]Pretende possuir o conhecimento
de Deus
e se declara filho do Senhor.*
[14]Tornou-se uma censura a nossos
pensamentos;
sua vista nos é insuportável,
[15]porque sua vida é diferente da dos
outros,*
e totalmente diversos são seus caminhos.
[16]Ele nos compara à moeda falsa,
rejeita nossos costumes como imun-
dícias.
Proclama feliz o fim dos justos*
e se gloria de ter Deus como pai.
[17]Vejamos se suas palavras são verdadeiras;
verifiquemos o que lhe acontecerá
no fim.
[18]Pois se o justo é filho de Deus, Ele
o assistirá*
e libertará das mãos de seus adversários.
[19]Ponhamo-lo à prova com insultos
e tormentos,
para conhecer a mansidão de seu
caráter
e testar sua resignação.
[20]Condenemo-lo a uma morte infame,*

porque, conforme ele disse, Deus
cuidará dele".
O erro dos ateus. [21]Eles pensam assim,
mas se enganam,
pois sua malícia os cegou.
[22]Não conhecem os segredos de
Deus;
não esperam retribuição pela santidade
nem creem na recompensa reservada às almas puras.
[23]Sim, Deus criou o homem* para ser
incorruptível†;
ele o fez à imagem de sua própria
natureza.
[24]Mas foi pela inveja do diabo* que a
morte entrou no mundo†;
e fazem experiência dela os que lhe
pertencem.

3 **Felicidade dos bons†.** [1]As almas
dos justos, porém, estão nas mãos
de Deus,*
e nenhum tormento as atingirá.*
[2]Aos olhos dos insensatos pareciam
ter morrido;*
sua partida foi considerada um desastre,
[3]sua saída de nosso meio, uma ruína,
mas eles estão na paz†.
[4]Mesmo se, na opinião dos homens,
sofreram castigos,
sua esperança está cheia* de imorta-
lidade†.
[5]Depois de leves sofrimentos*
receberão grandes benefícios,
porque Deus os provou
e os achou dignos dele†;
[6]provou-os como o ouro na fornalha*
e os acolheu como oferta de holocausto.

---

* **2**,12. Jr 11,19; 20,10-13 / Mt 26,3s | 13. 5,5 | 15. Est 3,8.13[d-e] | 16. Mt 5,11 | 18. Sl 22,9; Mt 27,43 | **2**,20. Is 53,7; Mt 26,67s; 27,12s | 23. 1,13; 3,4; Gn 1,26; 2Pd 1,4 | 24. Gn 3; Rm 5,12 | **3**,1. Dt 33,3 / Sl 89,22 | 2. 4,17 | 4. 1,15; 2,23 | 5. Rm 8,18; 2Cor 4,17 | 6. Sl 16,3; 25,3; Pr 17,3; Jó 23,10

† **2**,12. Esse trecho, vv.12-20 é aplicado pela tradição cristã a Jesus, o Justo perseguido, Hb 12,3. | 23. Esta é a resposta ao problema do mal no mundo: o que acontece aqui é apenas a preparação para a outra vida. | 24. A morte espiritual, com sua consequência, a morte física. O termo "diabo" corresponde ao hebraico "Satã" e quer dizer "acusador", "adversário". | **3**. Afirma a fé na imortalidade da alma e na retribuição conforme os méritos de cada um. | 3. Os sofrimentos do justo não são castigo, mas pe-dagogia. A morte do justo é sua entrada na verdadeira vida. | 4. Primeira vez que esse termo aparece na Bíblia. É o dom gratuito de uma vida sem-fim com Deus. Responde à esperança do salmista de prolongar além da morte sua intimidade com Deus, Sl 16,10s; 17,15; 49,16. | 5. O sofrimento do justo não é um contrassenso, é uma purificação.

Sabedoria 3-4

⁷No dia de seu julgamento resplandecerão
e correrão como fagulhas no meio da palha.
⁸Governarão as nações, terão poder sobre os povos*
e sobre eles reinará para sempre o Senhor.
⁹Os que confiam nele compreenderão a verdade
e os que lhe são fiéis viverão junto dele no amor,*
porque a graça e a misericórdia são para seus eleitos.

Sorte infeliz dos incrédulos. ¹⁰Mas os ímpios terão o castigo que seus pensamentos merecem,
eles que desprezaram o justo e abandonaram o Senhor.
¹¹Infeliz de quem despreza a sabedoria e a disciplina:
vã é sua esperança, inúteis suas fadigas
e sem proveito suas obras.
¹²Suas mulheres são insensatas,
perversos seus filhos,*
maldita sua descendência.

Louvor à castidade. ¹³Feliz a estéril* não contaminada†,
que não conheceu uma união pecaminosa:
terá seu fruto na retribuição das almas.
¹⁴Feliz também o eunuco, que não cometeu a iniquidade com suas mãos*
e que não teve pensamentos maus contra o Senhor†;
receberá uma graça especial por sua fidelidade
e uma parte muito deliciosa no templo do Senhor.*
¹⁵Pois o fruto de lutas nobres é glorioso
e imorredoura a raiz* da sabedoria†.

Condenação do adultério. ¹⁶Mas os filhos dos adúlteros não chegarão à maturidade;
a descendência de uma união ilegítima será exterminada.
¹⁷Ainda que tenham vida longa, serão tidos por nada,
e, no fim, sua velhice será sem honra.
¹⁸Se morrerem cedo, não terão esperança
nem consolação no dia do juízo,
¹⁹porque é terrível o destino de uma geração iníqua.*

4 **Virtude e vício.** ¹É melhor não ter filhos e possuir a virtude:*
ela deixa uma lembrança rica de imortalidade,*
pois é reconhecida por Deus e pelos homens.
²Quando está presente, é imitada;
quando ausente, sentem sua falta;
na eternidade triunfa, coroada,*
por ter vencido num concurso de lutas sem mancha.
³Mas a descendência numerosa dos ímpios de nada servirá;
nascida de ramos bastardos, não lançará raízes profundas*
nem se firmará numa base sólida.
⁴Mesmo se por algum tempo seus ramos brotam,
sem solidez, será abalada pelo vento*
e desenraizada pela violência da tempestade.
⁵Seus ramos, ainda tenros, se quebrarão;
seu fruto será inútil, ainda verde para se comer,
e para nada servirá.
⁶Pois os filhos nascidos de uniões ilegítimas†
atestarão a perversidade dos pais,
quando estes forem julgados.
Qual é a vida longa diante de Deus. ⁷Quanto ao justo, ainda que morra prematuramente, encontrará repouso.*

---

* **3**,8. Dt 7,27; Sl 49,15; 149,7s; 1Cor 6,2; Ap 5,10; 20,4ss | 9. Pr 28,5; 1Cor 13,12; 1Jo 3,2 | 12. Eclo 41,8s; Sl 109,9s | 13. 4,1 | 14. Is 56,3-7 / Sl 16,5s | 15. 1,15; 2,23 | 19. Eclo 16,5 | **4**,1. Eclo 16,4 / Pr 10,7 | 2. 5,16 | 3. Eclo 23,25; 40,15 | 4. Sl 58,10 | 7. 3,3; Is 57,1s

† **3**,13. Ver a nota em Sl 113,9. | 14. O eunuco era excluído da comunidade, Dt 23,2, mas o 3º Isaías o reabilita, Is 56,3ss. | 15. A esperança da imortalidade dá valor a uma vida humanamente fracassada. | **4**,6. Trata-se do casamento com pagãos.

787   Sabedoria 4-5

[8]Velhice veneranda não é a longevidade,
nem se calcula pelo número de anos;*
[9]mas a sabedoria faz as vezes dos cabelos brancos para os homens;
longevidade verdadeira é uma vida sem mancha.*
[10]O justo agradou a Deus, foi por ele amado,
e porque vivia entre pecadores, foi transferido.
[11]Foi arrebatado, para que a malícia não mudasse sua mente*
nem o engano pervertesse sua alma.
[12]Porque o fascínio do vício ofusca o bem,
e o torvelinho da paixão abala uma mente sem maldade.
[13]Tendo chegado rapidamente à perfeição,
completou uma longa carreira.
[14]Sua alma agradou ao Senhor,
o qual por isso apressou-se a retirá-lo do meio da maldade.
Os povos veem mas sem compreender;*
não refletem neste fato:
[15]que a graça e a misericórdia de Deus são para seus eleitos
e a proteção para seus santos.
[16]O justo que morre condena os ímpios que ainda vivem;
uma juventude, que em breve chega à perfeição,
condena a longa velhice do injusto.
Insensatez dos incrédulos. [17]Eles verão o fim do sábio,*
mas não entenderão o desígnio do Senhor sobre ele
nem por que o pôs em segurança.
[18]Verão e desprezarão,*
mas o Senhor zombará deles.
[19]Enfim se tornarão um cadáver sem honra,
objeto de ultraje entre os mortos para sempre.
Deus os precipitará mudos, de cabeça para baixo,
e os abalará até os fundamentos;

serão completamente arruinados no meio de dores,
e sua memória perecerá.
[20]Tremendo se apresentarão ao julgamento de seus pecados;
suas iniquidades se levantarão contra eles para acusá-los.

5 **No juízo universal.** [1]Então o justo estará de pé com grande confiança diante dos que o oprimiram
e dos que desprezaram seus sofrimentos.*
[2]Ao vê-lo, estes serão tomados de um pavor terrível,
atônitos diante de sua salvação inesperada.
[3]Arrependidos, dirão entre si,
gemendo, com o espírito angustiado:
[4]"Este é aquele de quem outrora escarnecemos
e que em nossa insensatez fizemos alvo de ultraje;
consideramos loucura sua vida*
e desonrosa sua morte.*
[5]Como é que agora é contado entre os filhos de Deus*
e compartilha da sorte dos santos?
[6]Portanto, nós nos desviamos do caminho da verdade;*
a luz da justiça não brilhou para nós*
nem se ergueu para nós o sol.
[7]Nós nos saciamos nos caminhos da iniquidade e da perdição;
percorremos desertos impraticáveis,
mas não conhecemos o caminho do Senhor.
[8]De que nos serviu nossa soberba?
Que ganhamos com a riqueza e a arrogância?
[9]Tudo isto passou como sombra*
e como notícia fugaz,
[10]como barco que sulca a onda agitada,
sem que se possa achar vestígio de sua passagem,
nem rastro de sua quilha nas ondas;
[11]ou qual ave que voa pelos ares
sem deixar sinal algum de seu trajeto;*

---

* **4**,8. Eclo 25,6ss | 9. Pr 16,31 | 11. Gn 5,24; Eclo 44,16; Hb 11,5 | 14. Is 57,1 | 17. 3,2 | 18. Sl 37,13; 59,9; Pr 1,26 | **5**,1. 2,10-20 | 4. 2,15 / 2,20 | 5. 2,13; Cl 1,12 | 6. Pr 21,16 / Sl 119,105 | 9. 2,5; Jó 9,25s | 11. Pr 30,19

Sabedoria 5-6

porque o ar ligeiro, tocado pelo movimento das asas

é dividido pelo ímpeto vigoroso das asas em movimento,

é atravessado sem que depois se ache vestígio de sua passagem.

¹²Ou como flecha lançada contra o alvo,

quando o ar se divide e logo reflui sobre si mesmo,

e assim não se pode distinguir seu percurso;

¹³assim também nós: mal nascemos, já desaparecemos.

Não temos nenhum sinal de virtude para mostrar;

na malícia nos deixamos consumir".

¹⁴Sim, a esperança do ímpio é como palha levada pelo vento,*

como leve espuma que a tempestade expulsa;

como fumaça ao vento se dissipa,*

fugaz como a lembrança do hóspede de um só dia.

O triunfo dos justos. ¹⁵Os justos, ao contrário, vivem para sempre.

O Senhor lhes dá sua recompensa*

e o Altíssimo cuida deles.

¹⁶Por isso receberão uma esplêndida coroa real,*

um belo diadema da mão do Senhor,

porque ele os cobrirá com a mão direita*

e com o braço os protegerá.*

¹⁷Tomará como armadura seu zelo

e armará as criaturas para castigar os inimigos;*

¹⁸vestirá como couraça a justiça

e usará como capacete um juízo imparcial;

¹⁹empunhará como escudo uma santidade invencível;*

²⁰afiará sua cólera implacável como espada,

e o universo combaterá a seu lado contra os insensatos.*

²¹Como flechas certeiras partirão os raios,*

e das nuvens, como de um arco bem retesado,

atingirão o alvo;

²²da funda serão lançados granizos cheios de furor.

A água do mar se enfurecerá contra eles,

e os rios os afogarão sem piedade.

²³Um vento impetuoso se levantará contra eles*

e os dispersará como um furacão.

A iniquidade devastará a terra inteira,

e a malícia derrubará os tronos dos poderosos.

6 **Sabedoria e autoridade.** ¹Escutai, ó reis, e procurai compreender;*

aprendei, governantes de toda a terra†.

²Prestai ouvido, vós que dominais as multidões

e vos gloriais do grande número de vossos povos.*

³Porque é do Senhor que provém vosso domínio,*

e do Altíssimo vosso poder†.

Ele examinará vossas obras

e sondará vossos propósitos.

⁴Porque, sendo ministros de seu reino,

não governastes retamente,

nem observastes a Lei

e nem vos comportastes conforme a vontade de Deus.

⁵De modo terrível e repentino ele se levantará contra vós,

porque contra os grandes se exerce um juízo severo.

⁶Ao pequeno, por piedade, se perdoa,

mas os poderosos serão examinados com rigor.

⁷Pois o Senhor de todos não recua diante de ninguém,*

não se deixa impressionar pela grandeza,

---

* **5**,14. Sl 1,4 / Sl 36,20; 68,3 | 15. Is 62,11 | 16. 4,2 / Is 28,5 / Sl 7,11 | 17. 16,24; 19,6 | 19. Lv 17,1 | 20. 16,17 | 21. Sl 7,13s; 17,15 | 23. Is 30,27s | **6**,1. 1,1; Sl 2,10; Eclo 33,19 | 2. Pr 8,15s | 3. Dn 2,21.37; 1Cr 29,12; Rm 13,1; Jo 19,11 | 7. Jó 34,17ss; Eclo 35,15s / Pr 22,2; Jó 31,15

† **6**,1. A Vulgata acrescenta aqui: "A Sabedoria é melhor que a força, e o homem prudente, que o poderoso. | 3. Toda autoridade vem de Deus, Pr 8,16; Rm 13,1 e deve ser exercida segundo a Sua lei.

porque ele criou o pequeno e o grande*
e cuida igualmente de todos.
⁸Mas para os poderosos o juízo será severo.
⁹Portanto a vós, ó soberanos, se dirigem minhas palavras,
para que aprendais a sabedoria e eviteis as quedas.
¹⁰Porque quem guarda santamente as coisas santas será reconhecido santo,*
e quem as aprendeu nelas encontrará uma defesa.
¹¹Desejai, pois, minhas palavras;
ansiai por elas e recebereis a instrução.

Quem procura a Sabedoria a encontra. ¹²A Sabedoria é brilhante, sua beleza é imutável;*
facilmente é contemplada pelos que a amam
e encontrada pelos que a buscam.
¹³Para dar-se a conhecer, antecipa-se aos que a desejam†.
¹⁴Quem se levanta cedo para encontrá-la não se cansa:*
pois a encontra sentada a sua porta.
¹⁵Refletir sobre ela é a perfeição da inteligência,
e quem está vigilante por ela logo estará tranquilo.
¹⁶Pois ela mesma vai à procura dos que são dignos dela,*
mostra-se a eles favorável pelas ruas,
vai-lhes ao encontro com toda a solicitude.
¹⁷Porque seu princípio é o sincero desejo da instrução;*
a procura da instrução é amor;
¹⁸o amor é observância de suas leis;
o respeito das leis é garantia de imortalidade,*
¹⁹e a imortalidade nos aproxima de Deus.
²⁰Assim, o desejo da sabedoria conduz ao reino.*

²¹Se portanto, soberanos dos povos, amais tronos e cetros,
honrai a sabedoria para que possais reinar sempre.
Descrição da Sabedoria. ²²Vou dizer-vos o que é a Sabedoria e qual sua origem;
não vos esconderei seus segredos.*
Seguirei sua rota desde o início da criação,
trazendo à luz o conhecimento de sua natureza,
sem me afastar da verdade.
²³Não será minha companheira a inveja que consome,*
porque ela nada tem em comum com a Sabedoria.
²⁴O grande número dos sábios é a salvação do mundo;*
um rei sábio garante a estabilidade do povo.
²⁵Deixai-vos, pois, instruir por minhas palavras
e delas tirareis proveito.

7 **Salomão como homem.** ¹Eu também sou um homem mortal como todos†,
descendente do primeiro ser formado da terra.*
Fui modelado em carne no seio de uma mãe,
²durante dez meses consolidado no sangue,
fruto do sêmen de um homem e do prazer que acompanha o sono.
³Também eu, logo que nasci, respirei o ar comum
e caí numa terra igual para todos,
e o choro foi meu primeiro grito, como acontece com todos.
⁴Fui envolto em faixas e criado com todo o cuidado.
⁵Porque nenhum rei começou de outro modo a existência.
⁶Entra-se na vida e dela se sai do mesmo modo.

---

* **6**,10. 5,5 | 12. Pr 8,17; Eclo 6,23s | 14. Eclo 6,36; 39,6s | 16. Pr 1,20s; 8,2s; Eclo 15,2; 1Jo 4,10 | 17. Pr 4,7 | 18. 3,4 | 20. 3,7s; 5,16 | 22. Jó 28 | 23. Eclo 51,23s | 24. Pr 29,4; Eclo 10,1ss | **7**,1. Gn 2,7; Eclo 17,1; Sl 139,13-16; Jó 10,11

† **6**,13. Há um sublime laço de amor entre o homem e o mistério divino da criação. | **7**,1. Mas no tempo do autor os reis eram divinizados.

Sabedoria 7

Exaltação à Sabedoria. [7]Por isso pedi e foi-me dada a inteligência;*
supliquei e veio a mim o espírito da Sabedoria.

[8]Eu a preferi aos cetros e aos tronos, e, em comparação com ela, considerei um nada a riqueza;

[9]não a equiparei sequer à pedra mais preciosa,
porque todo o ouro, a seu lado, é um pouco de areia,
e como lama será avaliada diante dela a prata.

[10]Eu a amei mais que a saúde e a beleza,
preferi sua posse à própria luz,
porque seu esplendor não se ofusca.

[11]Junto com ela vieram-me todos os bens;*
em suas mãos há uma riqueza incalculável.

[12]Aproveitei de todos esses bens,
pois é a Sabedoria que os traz,
mas eu ignorava que de todos ela é mãe.*

[13]Sem falsidade aprendi e sem inveja eu reparto:
não escondo suas riquezas.*

[14]Porque ela é um tesouro inexaurível para os homens;*
os que o adquirem alcançam a amizade de Deus,
são a ele recomendados pelos dons que provêm da instrução.

[15]Que Deus me conceda falar com inteligência
e pensar de modo digno dos dons recebidos,
porque é ele que guia a sabedoria e dirige os sábios.

[16]Em suas mãos estamos nós e nossas palavras,*
toda inteligência e toda habilidade.

Deus dá a Sabedoria. [17]Ele me concedeu um perfeito conhecimento das coisas,
para compreender a estrutura do mundo e a atividade dos elementos,

[18]o princípio, o fim e o meio dos tempos,
a alternância dos solstícios e a sequência das estações,

[19]os ciclos dos anos e a posição dos astros,

[20]a natureza dos animais e o instinto das feras,*
os poderes dos espíritos e os raciocínios dos homens,
a variedade das plantas e as propriedades das raízes.

[21]Conheço tudo, o que está escondido e o que é visível,
porque instruiu-me a Sabedoria,* artífice de todas as coisas†.

Natureza e dotes da Sabedoria. [22]Nela há um espírito inteligente, santo, único, múltiplo, sutil,
móvel, perspicaz, puro,
claro, invulnerável, amante do bem, penetrante,

[23]irresistível, benéfico, amigo do homem, firme, seguro, sereno,
que tudo pode, tudo vê,*
e que penetra todos os espíritos inteligentes, puros, os mais sutis.

[24]A Sabedoria é mais ágil que qualquer movimento;
por causa de sua pureza tudo atravessa e penetra.

[25]Pois ela é um sopro do poder de Deus,*
uma emanação genuína da glória do Onipotente;*
por isso nada de impuro nela se infiltra.

[26]É um reflexo da luz eterna,*
um espelho sem mancha da atividade de Deus*
e uma imagem de sua bondade.*

[27]Embora única, tudo pode;*
permanecendo em si mesma, tudo renova
e através das idades, entrando nas almas santas,
faz delas amigos de Deus e profetas.

---

* **7,7.** 1Rs 3,6-9.12; 5,9-14; Eclo 47,14-20 | 11. 1Rs 3,13; 10,21s; Eclo 47,18 | 12. 7,21; 8,5s | 13. 6,22 | 14. Lc 12,33 | 16. Sl 31,16; Jó 12,10; Eclo 10,5 | 20. 1Rs 5,13 | 21. 8,4.6; 9,9; 14,2; Pr 8,22-31 | 23. 1,6-10 | 25. Eclo 24,5 / Êx 24,16 | 26. Hb 1,3 / Jo 1,9 / Cl 1,15 | 27. Sl 102,27s; 104,30

† **7,21.** O autor parece divinizar a Sabedoria, até então considerada criatura de Deus; ela é Sua companheira no trono, Sb 9,4.

791 Sabedoria 7-8

[28]Com efeito, Deus ama somente quem vive com a Sabedoria.
[29]Ela, na verdade, é mais bela que o sol
e supera todas as constelações;
comparada à luz do dia, é mais esplêndida;
[30]pois à luz sucede a noite,
mas contra a Sabedoria o mal não prevalece.*

8 A Sabedoria obtém todos os bens.

[1]Ela se estende com vigor de uma extremidade à outra do mundo
e governa o universo com bondade.
[2]Eu a amei e busquei desde minha juventude,*
procurei tomá-la como esposa,*
enamorado de sua beleza.
[3]Ela manifesta sua nobreza de origem
vivendo em comunhão de vida com Deus,
porque o Senhor do universo a amou.
[4]Iniciada na ciência de Deus,
é ela que escolhe suas obras.*
[5]Se a riqueza é um bem desejável na vida,
que há de mais rico que a Sabedoria,*
a qual tudo produz?
[6]Se é a inteligência que trabalha,
quem, entre os seres, é mais artífice que ela?
[7]Se alguém ama a justiça,
as virtudes são o fruto de seus trabalhos;
pois ela ensina a temperança e a prudência,
a justiça e a fortaleza[†]:
na vida coisa alguma é mais útil aos homens do que elas.
[8]Se alguém deseja também uma rica experiência,
ela conhece o passado e entrevê o futuro;
conhece a sutileza das palavras e as soluções dos enigmas,

prevê sinais e prodígios,
como também o desenrolar dos tempos e das épocas.
Desejo da Sabedoria. [9]Decidi, pois, tomá-la por companheira de minha vida,
sabendo que seria para mim uma boa conselheira
e conforto nas preocupações e na tristeza.
[10]Graças a ela terei glória entre as multidões
e honra entre os anciãos, apesar de jovem.*
[11]Serei considerado perspicaz no julgamento*
e admirado diante dos poderosos.*
[12]Se eu me calar, ficarão à espera;
se eu falar, me prestarão atenção;
se prolongar meu discurso,
porão a mão sobre a boca[†].
[13]Por meio dela obterei a imortalidade
e deixarei uma lembrança eterna a meus sucessores.
[14]Governarei os povos, e as nações me serão submissas.*
[15]Ouvindo meu nome, soberanos terríveis me temerão;
para com o povo me mostrarei bom e na guerra, corajoso.
[16]Voltando a minha casa, repousarei junto dela,
porque sua companhia não traz amargura,
nem tristeza sua convivência,
mas contentamento e alegria.*
[17]Refletindo comigo sobre tais coisas
e considerando em meu coração
que na união com a Sabedoria está a imortalidade
[18]e em sua amizade, alegria perfeita,
na obra de suas mãos, uma riqueza inesgotável,
na assiduidade de sua companhia, a inteligência,
na participação em seus discursos, a fama,
eu andava por toda a parte procurando conquistá-la.

---

* **7,**30. Jo 1,5; 16,33 **| 8,**2. 6,12-16; Eclo 15,2 **|** 4. Pr 8,27.30 **|** 5. 7,21 **|** 10. 1Rs 3,7s **|** 11. 1Rs 3,16-28; 1Rs 5,14.21; 10,4-9 **|** 14. Sl 112,6; Eclo 39,12; 1Rs 5,1 **|** 16. Ecl 1,18; Pr 3,17s

† **8,**7. São mencionadas as 4 virtudes cardeais. **|** 12. Em sinal de profundo respeito.

Sabedoria 8-9

¹⁹Eu era um menino de índole nobre,
dotado de uma alma boa;
²⁰ou melhor, como era bom,
entrei num corpo sem mancha†.
²¹Mas sabendo que não obteria de
outra forma a sabedoria,
a não ser recebendo-a de Deus,
– e era uma prova de discernimento
saber de quem procede este dom –
dirigi-me ao Senhor e lhe supliquei,
dizendo de todo o coração:

9 **A oração de Salomão.** ¹"Deus de
meus pais e Senhor de misericórdia,*
que tudo criastes com vossa palavra,
²que com vossa Sabedoria formastes
o homem,
para dominar as criaturas que fizestes,*
³e governar o mundo com santidade
e justiça
e exercer o julgamento com ânimo
reto,
⁴dai-me a Sabedoria, que se assenta
no trono a vosso lado,*
e não me excluais do número de vossos filhos,
⁵porque sou vosso servo e filho de
vossa serva,*
homem fraco e de vida breve,
incapaz de compreender a justiça e
as leis.
⁶Até o mais perfeito entre os filhos
dos homens,
sem vossa Sabedoria, será tido por
nada.
⁷Vós me escolhestes como rei de
vosso povo
e juiz de vossos filhos e de vossas filhas;
⁸mandastes-me construir um templo
em vosso santo monte,*
um altar na cidade onde morais,
imitação da tenda santa
que preparastes desde o princípio†.
⁹Convosco está a Sabedoria que conhece vossas obras,

que estava presente quando criáveis
o mundo;*
ela conhece o que é agradável a vossos olhos
e o que é conforme a vossos mandamentos.
¹⁰Mandai-a dos céus santos†,
de vosso trono glorioso,
para que me assista e trabalhe comigo
e eu saiba o que vos é agradável.
¹¹Ela, que tudo conhece e tudo compreende,*
vai guiar-me com prudência em minhas ações
e proteger-me com sua glória.*
¹²Assim minhas obras vos serão
agradáveis;
eu julgarei com equidade vosso povo
e serei digno do trono de meu pai.
¹³Pois que homem pode conhecer o
desígnio de Deus?*
Quem pode imaginar o que quer o
Senhor?
¹⁴De fato, os raciocínios dos mortais
são tímidos
e incertas nossas reflexões,
¹⁵porque um corpo corruptível torna
pesada a alma
e a tenda de argila agrava a mente
com muitas preocupações.
¹⁶Mal podemos imaginar as coisas
terrestres:
descobrimos com fadiga aquelas ao
alcance da mão;
mas quem pode atingir as coisas do
céu?*
¹⁷Quem conheceria vosso desígnio,
se não lhe concedêsseis a Sabedoria
e não lhe enviásseis do alto vosso
santo espírito?†
¹⁸Assim foram endireitados os caminhos dos que estão na terra,*
os homens aprenderam o que vos
agrada
e por meio da Sabedoria foram salvos".

---

* **9,**1. Eclo 42,15 | 2. Gn 1,28 | 4. Pr 8,27.30; Eclo 1,1 | 5. Sl 86,16; 116,16 | 8. 2Sm 7,13; 1Rs 5,19; Eclo
47,15 | 9. 7,21; Pr 8,22-30 | 11. 7,23 / Êx 24,16 | 13. Rm 11,34; 1Cor 2,16 | 16. Is 55,9; Jo 3,12 | 18. Br 4,4

† **8,**20. Não se trata da preexistência da alma, incompatível com o contexto do livro, mas de sua preemi-
nência. | **9,**8. Salomão construiu o templo imitando a tenda construída por Moisés segundo o modelo
celeste mostrado por Deus. | 10. Os céus são santos porque são a morada de Deus. | 17. O autor
parece assemelhar espírito santo e Sabedoria.

II. A SABEDORIA EM ISRAEL (10–19)†

10 A sabedoria na história de Adão a Abraão. ¹Foi ela que protegeu o primeiro homem modelado, o pai do mundo,
que foi criado sozinho,
e o libertou de sua queda,
²e deu-lhe o poder de dominar todas as coisas.*
³Mas um injusto, afastando-se dela em sua cólera,*
pereceu por seu furor fratricida.
⁴Por sua causa a terra foi submersa,*
mas a Sabedoria de novo a salvou,
conduzindo o justo num lenho sem valor.*
⁵E quando as nações foram confundidas,*
concordes apenas na malícia,
foi ela que reconheceu o justo e o conservou diante de Deus sem mancha*
e o manteve forte, não obstante sua ternura pelo filho.*
⁶E enquanto morriam os ímpios, salvou um justo,*
que fugia do fogo caído sobre as cinco cidades.

A Sabedoria e os Patriarcas. ⁷Como testemunho daquela gente má,
existe ainda uma terra fumegante e desolada,
cujas árvores produzem frutos que não amadurecem,
e em memória de uma alma incrédula
se ergue uma coluna de sal.*
⁸Pois, afastando-se da Sabedoria,
não só se tornaram incapazes de conhecer o bem,
mas deixaram também aos vivos uma lembrança de sua insensatez,*

para que suas culpas não ficassem ocultas.
⁹Mas a Sabedoria livrou das provações seus fiéis.
¹⁰Ela conduziu por caminhos retos
o justo que fugia da ira do irmão;*
mostrou-lhe o reino de Deus*
e deu-lhe a conhecer as coisas santas;
deu-lhe sucesso em suas fadigas*
e multiplicou os frutos de seu trabalho.
¹¹Assistiu-o contra a avareza dos que o exploravam
e o fez rico;*
¹²guardou-o dos inimigos
e protegeu-o contra os que lhe armavam ciladas;
declarou-o vencedor numa luta dura,*
para ensinar-lhe que a piedade* é mais poderosa que tudo†.
¹³Ela não abandonou o justo vendido,*
mas o preservou do pecado.
¹⁴Desceu com ele à cisterna*
e não o abandonou em suas cadeias,
até que lhe obteve o cetro real
e poder sobre os que o oprimiam;
desmascarou os que o difamavam
e deu-lhe uma glória eterna.

A Sabedoria guia Israel. ¹⁵Ela libertou de uma nação de opressores*
o povo santo, raça irrepreensível.
¹⁶Entrou na alma de um servo do Senhor*
e com prodígios e sinais se opôs a reis terríveis.*
¹⁷Deu aos santos a recompensa de suas fadigas,*
guiou-os por um caminho maravilhoso;
foi para eles refúgio de dia*
e brilho de estrelas à noite.

---

* **10**,2. Gn 1,26.28; Sb 9,2 | 3. Gn 4,8-13 | 4. Gn 7-8; 1Pd 3,20s / Gn 6,9; Sb 14,6s | 5. Gn 11,1-9 / Gn 12,1-3 / Gn 22,1-19 | 6. Gn 19; 2Pd 2,6ss | 7. Gn 19,26 | 8. Gn 19,1 | 10. Gn 27,43 / Gn 28,10-22 / Gn 29,1-31,16 | 11. Gn 31,23-29; 32-33 | 12. Gn 32,25-31 / Os 12,4-5 | 13. Gn 37-39 | 14. Sl 105,17-22; Gn 41,40-44 | 15. 18,1 | 16. Êx 19,6 / Êx 7-12 | 17. Sl 135,9s / Êx 13,21s

II. Com um midraxe sobre a história antiga, o autor atualiza os fatos, mostrando seu significado para o presente, mas também salientando seu alcance escatológico, pois estes fatos, acontecidos nas origens de Israel, manifestaram o julgamento de Deus e prefiguraram como Ele julgará, no fim dos tempos, justos e pecadores. | **10**,12. De todos os fatos da história deduz-se uma lição de ordem religiosa ou moral.

Sabedoria 10-11

¹⁸Fê-los atravessar o mar Vermelho,*
guiando-os através de grandes
águas;

¹⁹mas enquanto submergia seus inimigos,

lançou-os do fundo do abismo.

²⁰Por isso os justos despojaram os
ímpios

e celebraram, Senhor, vosso nome
santo

e louvaram unânimes vossa mão
protetora,*

²¹porque a Sabedoria abriu a boca
dos mudos*

e tornou eloquente a língua das
crianças.*

11 A sabedoria e Israel no deserto.

¹Ela fez prosperar suas obras
por meio de um santo profeta:*

²atravessaram um deserto desabitado,

armaram suas tendas em lugares inacessíveis;

³resistiram aos inimigos, expulsaram
os adversários.

⁴Quando tiveram sede, vos invocaram,*

e de um rochedo abrupto foi-lhes
dada água,

de uma dura rocha, um remédio contra a sede.

Castigo dos egípcios. ⁵Assim, o que
tinha servido para punir seus inimigos,

na necessidade foi para eles um be-
nefício†.

⁶Em vez das águas de um rio perene,*

infectado por sangue putrefato,

⁷em punição de um decreto infanti-
cida,*

vós lhes destes inesperadamente
água abundante,

⁸mostrando-lhes, pela sede que sentiam,

como tínheis punido seus adversários.

⁹De fato, postos à prova, embora punidos com misericórdia,*

compreenderam quais tormentos tinham sofrido os ímpios,

sentenciados por vossa cólera,

¹⁰porque provastes os vossos como
um pai que corrige,*

mas os outros castigastes como um
rei severo que condena.*

¹¹Longe ou perto foram igualmente
atingidos,

¹²porque uma dupla aflição os colheu

e gemiam recordando o passado.

¹³Quando, de fato, souberam que
por meio de seu castigo

aqueles outros recebiam benefícios,

sentiram a intervenção do Senhor;

¹⁴porque aquele que tinham outrora
exposto

e depois rejeitado com zombaria,*

no final dos acontecimentos o admiravam,

ao sofrerem uma sede diferente da
dos justos.

¹⁵Seus pensamentos insensatos, inspirados por sua injustiça,*

os extraviaram a ponto de prestarem
culto

a répteis irracionais e vis animais†.

Vós lhes enviastes como castigo uma
massa de animais irracionais,

¹⁶para que entendessem que cada
um é punido

pelas mesmas coisas pelas quais
peca†.

¹⁷Certamente, para vossa mão onipotente

que criou o mundo de uma matéria
sem forma,

não era difícil mandar contra eles
uma multidão de ursos ou de leões ferozes,

¹⁸ou feras desconhecidas, criadas
para a ocasião, cheias de furor,

que expirassem um hálito de fogo,

---

* **10**,18. Êx 14,21-29 | 20. Êx 15 | 21. Sl 8,2 / Mt 21,16 | **11**,1. Dt 18,15.18; 34,10; Os 12,14 | 4. Êx 17,1-7;
Nm 20,2-13 | 6. Êx 7,17-21 | 7. Êx 1,15s | 9. Dt 8,2-5 | 10. Dt 8,5 | 14. 12,22 / Êx 1,22; 2,3 | 15. 12,24s;
Rm 1,21 | 18. Jó 41,10-13

† **11**,5. Os mesmos elementos da natureza serviam nas mãos de Deus para castigar os maus e premiar
os bons, 11,13; 18,8. | 15. Os egípcios veneravam entre outros o crocodilo, a serpente e a rã, 15,18. |
16. Conforme a lei do talião; mas o objetivo de Deus é a conversão.

ou exalassem vapores pestíferos,
que soltassem pelos olhos relâmpagos terríveis,*
[19]capazes não só de exterminá-los com seu ataque,
mas também de aniquilá-los somente com seu aspecto aterrador
[20]E mesmo sem isso, podiam sucumbir só com um sopro,*
perseguidos pela justiça
e varridos pelo sopro de vosso poder.*
Mas dispusestes tudo com medida, número e peso.
[21]Prevalecer pela força sempre vos é possível;
quem poderá resistir à força de vosso braço?
[22]O mundo inteiro diante de vós é como pó sobre a balança*
e como gota de orvalho que cai de manhã sobre a terra.*
[23]Tendes compaixão de todos, porque tudo podeis,*
e fechais os olhos para os pecados dos homens, para que se arrependam.*
[24]Porque amais tudo o que existe*
e nada desprezais de tudo o que criastes;
pois se odiásseis alguma coisa, não a teríeis criado.
[25]Como poderia subsistir uma coisa, se não a tivésseis querido?
Ou conservar-se, se não a tivésseis chamado à existência?
[26]Vós poupais todas as coisas*
porque são vossas, Senhor, amante da vida!†

12 **Penas dos cananeus.** [1]Vosso espírito incorruptível* está em todas as coisas†.
[2]Por isso corrigis um pouco de cada vez os culpados
e os repreendeis lembrando-lhes seus pecados,*

para que renunciem ao mal e creiam em vós, Senhor.
[3]Detestáveis os antigos habitantes de vossa terra santa,
[4]por causa de suas práticas abomináveis,*
atos de magia e ritos infames.
[5]Esses cruéis matadores* de seus filhos†,
devoradores de vísceras em banquetes de carne humana e de sangue,
iniciados em ritos de orgia,
[6]esses pais assassinos de vidas indefesas,
vós os quisestes destruir pela mão de nossos pais,*
[7]para que essa terra, por vós amada mais que todas,*
recebesse uma digna colônia de filhos de Deus.
Clemência divina. [8]Mas também com eles, porque eram homens, fostes indulgente,*
mandando-lhes vespas como precursoras de vosso exército,*
para os exterminar pouco a pouco.
[9]Sem dúvida, podíeis entregar os ímpios às mãos dos justos numa batalha,
ou destruí-los de um só golpe por meio de animais ferozes
ou de uma ordem inexorável;*
[10]mas castigando-os pouco a pouco,*
dáveis tempo para o arrependimento,
ainda que não ignorásseis que sua raça era perversa
e inata sua maldade,
e que sua mentalidade jamais mudaria,
[11]porque era uma estirpe maldita desde o princípio.*
Não era por temor de alguém que deixáveis impunes suas culpas.
[12]Com efeito, quem poderia perguntar-vos: "Que fizestes?",*

---

* **11**,20. Jó 4,9; Is 11,4 / Jó 28,25; Eclo 1,9 **|** 22. Is 40,15 / Os 6,4; 13,3 **|** 23. Eclo 18,12 / 12,2.10; Rm 2,4; 3,25 **|** 24. Gn 1,31; Sl 145,9; Sb 1,13s; 2,23s **|** 26. Ez 33,11; 18,23 **|** **12**,1. Gn 2,7 **|** 2. Am 4,6 **|** 4. Dt 12,31; 18,10s **|** 5. Lv 18,21 **|** 6. Nm 33,51-56; Dt 20,16ss **|** 7. Dt 11,12 **|** 8. Sl 78,39; 103,14 / 6,7; 11,23; Êx 23,28 **|** 9. 11,17ss **|** 10. 12,2 **|** 11. Gn 9,25; 3,12.19 **|** 12. Jó 9,12; Rm 9,19-23 / Jó 9,19

† **11**,26. A glória de Deus é o homem vivo, e a vida do homem é a visão de Deus (S. Irineu). **|** **12**,1. Todas as criaturas do Senhor são habitadas por seu espírito incorruptível, e é este sopro divino que assegura a vida de todos os seres (Gn 2,7); também por isso Deus os ama. **|** 5. Ver a nota em Lv 18,21.

Sabedoria 12-13

ou quem poderia opor-se a uma sentença vossa?

Quem ousaria acusar-vos pela eliminação de nações que vós criastes?*

Quem entraria em juízo contra vós como defensor de homens injustos?

[13]Não há Deus, fora de vós, que cuide de tudo,*

para que preciseis demonstrar que não agistes injustamente.

[14]Nenhum rei ou soberano poderia enfrentar-vos

em defesa daqueles que punistes.

[15]Sendo justo, tudo governais com justiça

e considerais incompatível com vosso poder

condenar quem não merece castigo.

[16]De fato vossa força é princípio da justiça*

e vosso domínio universal vos torna indulgente para com todos.

[17]Mostrais a força se não se crê em vossa onipotência

e reprimis a insolência daqueles que a conhecem.

[18]Mas dominando a força, julgais com brandura

e nos governais com muita clemência,

porque o poder, quando quereis, está a vossa disposição.*

Lições da Sabedoria. [19]Com este modo de agir ensinastes a vosso povo

que o justo deve amar os seres humanos[t].

Além disso destes a vossos filhos a bela esperança

de que concedeis o arrependimento depois dos pecados.*

[20]Se aos inimigos de vossos filhos e dignos de morte

punistes com tanta consideração e indulgência,

concedendo tempo e lugar

para se afastarem da maldade,

[21]com quanta precaução castigastes vossos filhos,

a cujos pais, com juramentos e alianças* fizestes tão boas promessas!

[22]Assim, enquanto nos corrigis,*

flagelais nossos inimigos mil vezes mais,

para que, quando julgamos, pensemos em vossa bondade*

e, quando somos julgados, contemos com vossa misericórdia.

[23]Por isso aos que levavam, na injustiça, uma vida insensata,

vós os atormentastes* com as mesmas abominações deles[t].

[24]Porque se extraviaram demais nos caminhos do erro,

considerando deuses os mais abjetos* e mais repugnantes animais[t],

deixando-se enganar como meninos sem juízo.

[25]Por isso, como a crianças sem o uso da razão,

mandastes um castigo para zombar deles.

[26]Mas os que não se deixam corrigir por castigos de escárnio

experimentarão um juízo digno de Deus.

[27]Indignados pelos sofrimentos causados por aqueles animais,

que julgavam deuses, e vendo que eram usados para puni-los,*

compreenderam e reconheceram o verdadeiro Deus,

que antes não tinham querido conhecer.

Por isso abateu-se sobre eles a condenação final.

13 Insensatez dos que adoram as criaturas.

[1]Realmente, vãos por natureza são todos os homens

que viviam na ignorância de Deus

e que, a partir dos bens visíveis,

não foram capazes de reconhecer Aquele que é,*

nem de chegar a conhecer o artífice,* considerando suas obras[t].

---

* **12**,13. Dt 32,39; Jó 34,13 | 16. 2,11 | 18. Sl 115,3; 135,6 | 19. 11,23 | 21. Gn 12,7 / Sb 11,10 | 22. Mt 5,7; 7,2 | 23. 11,16 | 24. 11,15 | 27. 11,15 | **13**,1. Êx 3,14 / At 14,17; Rm 1,19s; Eclo 17,8

[t] **12**,19. O comportamento de Deus é proposto à imitação dos justos. | 23. Refere-se aos egípcios, punidos pelos animais que adoravam. | 24. Ver a nota em 11,15. | **13**,1. Israel não chegou ao conhecimento de Deus por argumentos racionais, mas por experimentar na história Suas intervenções salvíficas.

Sabedoria 13

²Mas foi o fogo, o vento ou o ar sutil,
a abóbada estrelada, a água impetuosa ou os luzeiros do céu
que consideraram como deuses, governantes do mundo.*
³Se, fascinados por sua beleza, os tomaram como deuses,
pensem quanto lhes é superior seu Senhor,
porque foi o próprio autor da beleza que os criou.
⁴E se ficam admirados com sua força e atividade,
deduzam daí quanto é mais poderoso aquele que os formou.
⁵De fato, a grandeza e a beleza das criaturas
conduzem, por analogia, a contemplar seu Autor.*
⁶Todavia estes merecem menor repreensão,
porque talvez se enganem
em sua busca de Deus e no querer encontrá-lo.*
⁷Vivendo no meio de suas obras, eles as investigam,
mas se deixam seduzir pela aparência,
porque é belo o espetáculo do mundo.
⁸Mas nem estes sequer são desculpáveis:
⁹porque se tanto foram capazes de conhecer
para poderem perscrutar o universo,
como não encontraram mais depressa seu Senhor?†

Insensatez dos que adoram os ídolos. ¹⁰Infelizes são aqueles cujas esperanças estão em coisas mortas
e que chamam de deuses as obras* de mãos humanas†,
ouro e prata trabalhados com arte
e imagens de animais,
ou uma pedra inútil, artesanato antigo.

¹¹Suponhamos um hábil lenhador*
que corta uma árvore fácil de manejar,
retira com cuidado toda a casca
e, trabalhando com habilidade,
faz dela um utensílio para o uso diário;*
¹²recolhe depois as sobras de seu trabalho
e as emprega no preparo da comida que o sacia.
¹³O que ainda sobra, e que para nada serve,
madeira torta e cheia de nós,
ele a toma e a esculpe para ocupar o tempo livre;
com perícia, por prazer, lhe dá forma,
e a faz semelhante a uma figura humana
¹⁴ou semelhante a um vil animal;
passa-lhe vermelhão, pinta de vermelho sua superfície
e recobre toda mancha sua;
¹⁵depois, prepara-lhe um nicho conveniente,
coloca-a na parede, prendendo-a com um prego.*
¹⁶Cuida que não caia,
bem sabendo que não tem como ajudar-se a si mesma;
de fato é apenas uma imagem e precisa de ajuda.*
¹⁷Porém, quando reza por seus bens,
seu casamento ou seus filhos,
não se envergonha de falar com aquele objeto sem vida;*
para sua saúde invoca um ser fraco,
¹⁸para sua vida pede a um morto;
por auxílio suplica a um ser inepto,
para sua viagem, àquilo que não pode dar um passo;*
¹⁹para seu lucro, trabalho e sucesso da obra de suas mãos,
pede força a um que não tem vigor nas mãos†.

---

* **13**,2. Dt 4,19; 17,3; Jó 31,26ss | 5. 13,1 | 6. At 17,27 | 10. Dt 4,28; 2Rs 19,18; Is 40,18ss | 11. Is 40,20; Jr 10,3ss / 15,7-13 | 15. Is 46,7 | 16. Br 6,25ss | 17. Is 44,17; Jr 2,27 | 18. Sl 115,4-7

† **13**,9. O ídolo não pode representar o Criador, mas é na criação que deve ser reconhecido o verdadeiro Deus. | 10. Pior que adorar os astros do céu é adorar ídolos feitos pelos próprios adoradores. | 19. "A idolatria não diz respeito somente aos falsos cultos do paganismo: ela é uma tentação constante da fé. Existe idolatria quando se presta honra e veneração a uma criatura em lugar de Deus, quer se trate de deuses ou demônios, ou do poder, do prazer, do dinheiro..." (CIC).

Sabedoria 14

14 **É Deus que salva.** [1]Um outro, que se dispõe a navegar e a sulcar ondas impetuosas,

implora a um lenho mais frágil do que a barca que o leva[†].

[2]Esta foi inventada pelo desejo de lucro

e construída por uma sabedoria artesã;

[3]mas é vossa providência, ó Pai, que a guia,

porque traçastes um caminho, mesmo no mar,*

uma rota segura entre as ondas,

[4]mostrando que podeis salvar de tudo,

de modo que se possa embarcar, mesmo sem experiência.

[5]Não quereis que as obras de vossa Sabedoria sejam inúteis;

por isso os homens confiam suas vidas até a um minúsculo lenho

e, atravessando as ondas numa jangada, chegam sãos e salvos.*

[6]Também no princípio, enquanto pereciam gigantes soberbos,*

a esperança do mundo, refugiada numa barca

guiada por vossa mão,

deixou para os séculos futuros a semente de uma nova geração.

[7]Bendito o lenho* pelo qual vem a justiça[†],

[8]mas maldito o ídolo e quem o fez;*

este porque o fabricou,

aquele porque, sendo corruptível, é chamado deus.

[9]Porque Deus detesta igualmente o ímpio e sua impiedade;

[10]a obra e o artífice serão igualmente punidos.

[11]Por isso haverá um castigo também para os ídolos das nações,*

porque entre as criaturas de Deus se tornaram uma abominação,

escândalo para as almas dos homens

e armadilha para os pés dos insensatos.

Origem da idolatria. [12]A invenção dos ídolos foi o início da apostasia,

sua descoberta corrompeu a vida[†].

[13]Eles não existiam no princípio nem existirão para sempre.

[14]Entraram no mundo pela vaidade do homem,

por isto foi decretado para eles um rápido fim.*

[15]Um pai, desconsolado por um luto prematuro,

encomendou uma imagem daquele seu filho tão cedo arrebatado,

e agora honra como um deus quem pouco antes era só um defunto

e transmitiu a seus dependentes mistérios e ritos.

[16]Depois o ímpio uso, consolidado com o tempo,

foi observado como lei.

[17]As estátuas foram adoradas também por ordem dos soberanos[†]:

os súditos, não podendo honrá-los pessoalmente

porque moravam longe,

reproduziram sua figura distante,

fazendo uma imagem visível do rei venerado,

para adular com zelo o ausente, como se estivesse presente.

[18]Mesmo entre aqueles que não o conheciam,

a difusão do culto foi estimulada pela ambição do artista.

[19]Com efeito, este, desejoso de agradar ao soberano,

forçou sua arte a fazer mais bela a imagem do que a natureza;

[20]e o povo, atraído pelo encanto da obra,

considerou objeto de culto

aquele que pouco antes honrava apenas como homem.*

[21]Isto se tornou uma cilada para os viventes,

---

* **14**,3. Sl 77,20; Is 43,16 | 5. Sl 107,29s | 6. Gn 6,1-5; Eclo 16,8; Br 3,26ss | 7. Gl 3,13s | 8. Dt 27,15 | 11. Is 2,18.20; Jr 10,11.15; Zc 13,2 | 14. 14,11 | 20. Dn 3,1-6 | 21. Êx 3,14

† **14**,1. Na popa ou na proa, os navios costumavam ter imagens de deuses, que eram invocados na viagem, At 28,11. | 7. Muitos Padres aplicaram esta expressão ao lenho da cruz, pelo qual Cristo nos salvou. | 12. A idolatria é causa de perversão moral, Rm 1,24-32. | 17. Na era helenística os soberanos eram divinizados.

799 Sabedoria 14-15

porque os homens, vítimas da desventura ou da tirania,
impuseram à pedra ou à madeira o Nome incomunicável.*

Consequências da idolatria. ²²Além disso, não lhes bastou errar sobre o conhecimento de Deus,*
mas, vivendo no vasto conflito gerado pela ignorância,
dão a tão grandes males o nome de paz.

²³Com seus sacrifícios de crianças, seus mistérios secretos,*
seus banquetes orgiásticos de estranhos ritos,
²⁴não conservam puras nem a vida e nem as núpcias,
e um mata o outro à traição
ou o aflige pelo adultério.

²⁵Por toda a parte, sem distinção,
há sangue e homicídio, furto e engano,
corrupção, deslealdade, tumulto, perjúrio;
²⁶perseguição dos bons, ingratidão pelos favores,
corrupção das almas, perversão sexual,
desordens matrimoniais, adultério e dissolução.

²⁷Porque a adoração de ídolos sem-nome
é princípio, causa e fim de todo mal†.
²⁸Os idólatras, de fato, ou se divertem até o delírio, profetizam o falso,*
vivem como iníquos ou perjuram com facilidade.

²⁹Pondo sua confiança em ídolos inanimados,
não esperam castigo por terem jurado falso.

³⁰Mas, por um duplo motivo os atingirá a justiça:
porque conceberam uma ideia falsa de Deus,
recorrendo aos ídolos,
e porque perjuraram com malícia, desprezando a santidade.

³¹Pois não é o poder daqueles pelos quais se jura,
mas é o castigo devido aos pecadores
que persegue sempre a transgressão dos injustos.

15 **Israel preservado da idolatria.** ¹Mas vós, nosso Deus, sois bom e fiel,
sois paciente e tudo governais com misericórdia.*
²Mesmo pecando, somos vossos,
pois reconhecemos vosso poder;
mas não pecaremos, sabendo que vos pertencemos.
³Com efeito, conhecer-vos* é justiça perfeita†,
reconhecer vosso poder é a raiz da imortalidade.*
⁴Não nos induziu em erro
nem a invenção humana de uma arte perversa,
nem a estéril fadiga dos pintores,
figuras lambuzadas de várias cores,*
⁵cuja vista provoca nos insensatos a paixão,
e os faz desejar a forma inanimada de uma imagem morta.
⁶Amantes do mal e dignos de semelhantes esperanças*
são os que fazem, desejam e veneram os ídolos.

Insensatez da idolatria. ⁷Um oleiro, amassando com fadiga a terra mole,
plasma para nosso uso todo tipo de vasos.
Mas com o mesmo barro modela vasos destinados a usos nobres
e aqueles para usos contrários, todos do mesmo modo.
Qual deva ser o uso de cada um deles*
é o oleiro que o determina.
⁸Depois – trabalho infame –
plasma com o mesmo barro um deus vão,
ele que pouco antes nascera da terra*

---

* **14**,22. Rm 1,24-32 | 23. 12,5; Lv 18,21 | 28. 14,23 | **15**,1. Êx 34,6s | 3. Jo 17,3 / 1,15; 2,23 | 4. 13,14 | 6. 13,10 | 7. Is 29,16 | 8. Gn 2,7 / Gn 3,19

† **14**,27. Os ídolos, não sendo de condição divina, não podem manter as pessoas no justo temor de Deus. **15**,3. Esse conhecimento conduz à justiça, porque leva a viver conforme a vontade de Deus, Jo 17,3.

Sabedoria 15-16

e que em breve retornará à terra da qual foi tirado,*

quando se lhe pedirá de volta a alma que lhe foi emprestada.

⁹Mas não o preocupa o fato de ter de morrer

nem o de ter vida breve;

antes, compete com os ourives e com os que lavram a prata,

imita os que trabalham o bronze

e considera um orgulho fabricar imitações.

¹⁰Cinza é seu coração,*

sua esperança mais vil que a terra,

sua vida mais desprezível que o barro,

¹¹porque desconhece Aquele que o modelou,*

que nele infundiu uma alma ativa*

e lhe inspirou um espírito vital.

¹²Mas ele considera um jogo nossa vida,

e a existência um comércio lucrativo.*

Ele diz: "De tudo se deve tirar proveito,

até do mal".

¹³Sim, este, mais que todos os outros, sabe que está pecando

ao fabricar de matéria terrena

frágeis vasos e estátuas de ídolos.

Insensatez dos egípcios. ¹⁴Mas muito insensatos

e mais infelizes que uma alma infantil

são todos os inimigos de vosso povo, que o oprimiram.

¹⁵Pois consideraram deuses também todos os ídolos das nações,

os quais não têm o uso dos olhos para ver,*

nem das narinas para aspirar o ar,

nem dos ouvidos para ouvir,

nem dos dedos das mãos para apalpar,

e cujos pés são incapazes de andar.

¹⁶Pois foi um homem que os fez;

plasmou-os alguém que recebeu de empréstimo o espírito.*

Ora, homem algum pode plasmar um deus semelhante a si próprio;

¹⁷sendo mortal, é uma coisa morta que ele produz com ímpias mãos.

Ele é melhor que os objetos que adora:

ele possui a vida, mas aqueles jamais.

¹⁸Adoram até os mais repugnantes animais,*

que são piores que os outros em termos de estupidez;

¹⁹não são tão belos a ponto de serem atraentes,

como acontece à vista de outros animais,

e não tiveram o louvor e a bênção de Deus.

16 **Comparação entre os egípcios e os hebreus.** ¹Por isso foram justamente punidos por seres semelhantes*

e atormentados por uma multidão de animais.

²Em lugar desse castigo, favorecestes vosso povo:

para saciar seu ardente apetite lhe preparastes

um alimento de sabor maravilhoso, as codornizes.

³Assim, aqueles, embora desejosos de alimento,

diante do aspecto repugnante dos animais enviados contra eles,

perderam também o natural apetite;

estes, porém, depois de uma breve privação,

apreciaram um alimento delicioso.*

⁴Era necessário que aos opressores sobreviesse uma carestia implacável;

mas a estes bastava que se lhes mostrasse*

como eram atormentados seus inimigos.

⁵Pois quando os assaltou o terrível furor dos animais ferozes

e pereceram por mordidas de tortuosas serpentes,*

vossa cólera não durou até o fim.

⁶Para sua correção foram amedrontados por breve tempo,

mas já tinham um sinal de salvação*

---

* **15**,10. Is 44,20 | 11. Dt 32,15 / Gn 2,7 | 12. At 19,24 | 15. Sl 115,4-7; Sb 13,18 | 16. Gn 2,7; Sl 104,29s | 18. 11,15 | **16**,1. 11,16; 12,23.27 | 3. Êx 16,9-13; Nm 11,10-32 | 4. 11,8s | 5. Nm 21,4-9 | 6. Nm 21,9

Sabedoria 16

a recordar-lhes o mandamento de vossa lei.

⁷De fato quem se voltava para ele era salvo*

não por aquilo que via,

mas por vós, Salvador de todos.*

⁸E assim convencestes nossos inimigos

de que sois aquele que livra de todo mal.

⁹Pois eles foram mortos pelas mordidas

de gafanhotos e de moscas,*

e não se achou um remédio para a vida deles,

porque mereciam ser punidos com tais meios.*

¹⁰Mas contra vossos filhos

nem os dentes de serpentes venenosas prevaleceram,

porque interveio vossa misericórdia e os curou.

¹¹Para que recordassem vossas palavras,

eram picados mas logo curados,

para não caírem em profundo esquecimento

e serem excluídos de vossos benefícios.

¹²Não foi erva ou unguento que os curou,

mas vossa palavra, Senhor, que tudo sara.*

¹³Sim, tendes poder sobre a vida e sobre a morte,

fazeis descer às portas do abismo e de lá subir.

¹⁴O ser humano, em sua malícia, pode matar,

mas não fazer voltar o espírito que saiu,

nem libertar a alma já recebida no abismo.

¹⁵É impossível escapar de vossa mão:*

¹⁶aos ímpios, que recusavam conhecer-vos,

açoitastes com a força de vosso braço,

perseguidos por estranhas chuvas e por granizo,

por implacáveis aguaceiros, e devorados pelo fogo.*

¹⁷E, coisa mais insólita, na água que tudo apaga,

o fogo ficava mais violento:

o universo combate pelos justos.*

¹⁸Às vezes a chama se atenuava

para não queimar os animais enviados contra os ímpios

e para fazê-los compreender à vista deles

que estavam sendo perseguidos pelo juízo de Deus.

¹⁹Outras vezes, mesmo no meio da água,

o fogo queimava, excedendo sua força habitual,

para destruir os produtos de uma terra iníqua.

²⁰Por outro lado, nutristes vosso povo com um alimento de anjos:*

do céu lhes proporcionastes, sem fadiga para eles, um pão já pronto,

contendo em si todo o sabor e adaptando-se a todos os gostos.

²¹Este vosso sustento manifestava

vossa doçura para com vossos filhos;

ele se adaptava ao gosto de quem dele comia†

e se transformava naquilo que cada um desejava.

²²Neve e gelo resistiam ao fogo sem derreter-se,

para que reconhecessem que o fogo,

ardendo no meio do granizo e relampejando entre as chuvas,

destruía os frutos dos inimigos.*

²³Ao contrário, o mesmo fogo

esquecia sua própria violência

para que se nutrissem os justos.

²⁴Pois a criação, obedecendo a vós, seu Criador,*

aumenta sua força para castigar os maus,

mas se abranda para beneficiar os que confiam em vós.

²⁵Por isso também então, prestando-se a toda mudança,*

---

* **16**,7. Jo 3,14-17 / Is 45,14 | 9. Êx 8,16-20; 10,4-15 / Sb 11,15s | 12. Sl 107,20; Dt 32,39 | 15. Dt 32,39; 12,27 | 16. Êx 9,24s; Sl 78,47ss | 17. 5,17.20 | 20. Êx 16; Sl 78,25; 105,40 | 22. 16,19 | 24. 5,17; 19,6 | 25. 19,18; Sl 104,27s; 136,25; 145,16

† **16**,21. O maná, "pão do céu que contém todo o sabor" é figura da Eucaristia, Jo 6,31ss.

Sabedoria 16-17

punha-se a serviço de vossa liberalidade que a todos alimenta,*
conforme o desejo dos necessitados,
²⁶para que vossos filhos que amais, Senhor, compreendessem
que não são as diversas espécies de frutos que nutrem o homem,
mas é vossa palavra que conserva os que creem em vós.*
²⁷Com efeito, o que não era destruído pelo fogo
logo se derretia ao simples calor de um raio de sol,*
²⁸para que se soubesse que é preciso antecipar-se ao sol para vos dar graças
e encontrar-vos ao despontar da luz,*
²⁹porque a esperança do ingrato
se dissolve como a geada do inverno
e escorre como água inútil.*

17 **As trevas do Egito.** ¹Sim, vossos julgamentos são grandes e difíceis de entender,*
por isso as almas incultas se extraviaram.
²Os iníquos, pensando dominar a nação santa,
acorrentados nas trevas e prisioneiros de uma longa noite,*
fechados em suas casas, jaziam excluídos da providência eterna.*
³Pensando ficar escondidos, com seus pecados secretos,
sob o véu opaco do esquecimento,
foram dispersos, atingidos por um pavor horrível
e amedrontados por alucinações†.
⁴Nem o esconderijo em que se abrigavam
os preservou do temor;
mas ruídos aterradores ressoavam ao redor deles
e fantasmas lúgubres de semblante triste lhes apareciam.
⁵Nenhum fogo, por mais intenso que fosse, conseguia iluminá-los;

nem mesmo as luzes brilhantes dos astros
conseguiam aclarar aquela noite horrível.
⁶Aparecia-lhes somente um braseiro
que se acendia por si mesmo e semeava o terror;
uma vez desaparecida esta visão,
julgavam piores ainda as coisas vistas.
⁷Fracassavam os artifícios da magia,
e sua pretensa sabedoria recebeu humilhante desmentido.
⁸Os que prometiam expulsar temores e inquietações
da alma enferma
caíam vítimas de um medo ridículo.
⁹Mesmo não havendo nada de espantoso para os aterrorizar,
a passagem dos animais e o silvo das serpentes
bastavam para sobressaltá-los;
morriam de medo e recusavam até mesmo olhar este ar
do qual não há como fugir.
¹⁰A malícia é uma coisa vil,
condenada pelo próprio testemunho,
e, oprimida pela consciência, presume sempre o pior†.
¹¹Com efeito, o temor não é outra coisa
senão a renúncia aos auxílios da razão:
¹²quanto menos no íntimo se espera deles,
tanto mais grave parece a ignorância
da causa que produz o tormento.
¹³Mas eles, durante aquela noite realmente impotente,
saída dos recessos do impotente abismo,
entorpecidos por um mesmo sono,
¹⁴ora eram perseguidos por fantasmas monstruosos,
ora paralisados pela depressão da alma,
porque um terror repentino e inesperado se abatera sobre eles.

---

* **16**,26. Dt 8,3 | 27. Êx 16,21 | 28. Sl 5,4; Eclo 39,6 | 29. Sl 58,8 | **17**,1. Sl 92,6s; Rm 11,33ss / Êx 10,21ss | 2. Êx 10,21ss / Sb 14,3

† **17**,3. Conforme a lei do talião, a praga das trevas castiga as trevas do pecado. | 10. Da consciência do pecado nasce o medo.

803   Sabedoria 17-18

¹⁵Assim também, qualquer um que caísse lá

era encerrado num cárcere sem grades.

¹⁶Fosse ele agricultor, pastor

ou operário que trabalha em lugares solitários,

surpreendido, tinha de suportar a necessidade inelutável,

porque todos estavam acorrentados à mesma cadeia de trevas.

¹⁷O sibilar do vento,

o canto melodioso de pássaros na ramagem frondosa,

a cadência da água que corre impetuosa,

o surdo fragor de rochas desmoronando,

¹⁸a corrida invisível de animais que saltavam,

o rugido de crudelíssimas feras que bramiam,

o eco que repercutia nas cavidades dos montes,

tudo os paralisava e enchia de terror.

¹⁹Todo o mundo era iluminado de luz resplandecente

e cada um se dedicava a seus trabalhos sem impedimento.

²⁰Somente sobre eles se estendia uma noite profunda,

imagem das trevas que mais tarde os envolveriam;

e eles eram para si mesmos um peso maior que as trevas.

18 **A coluna de fogo.** ¹Para vossos santos, ao contrário, resplandecia uma grande luz;*

os egípcios, porém, escutando suas vozes, sem ver seu semblante,

os proclamavam felizes, porque não tinham sofrido como eles;

²e eram-lhes gratos porque, depois de maltratados,

não revidavam

e imploravam perdão por terem sido inimigos deles.

³Em vez das trevas, destes aos vossos uma coluna de fogo,*

para os guiar por um caminho desconhecido,

e um sol inofensivo em sua gloriosa migração.*

⁴Quanto aos outros, mereciam ficar sem-luz*

e ser aprisionados nas trevas*

por haverem encerrado em prisões vossos filhos,

por meio dos quais a luz incorruptível da lei

devia ser comunicada ao mundo†.

A morte dos primogênitos. ⁵Como eles tinham decidido matar os recém-nascidos dos santos

– e um só menino foi exposto e salvo –*

como castigo arrebatastes uma multidão de filhos deles*

e os fizestes perecer todos juntos na água impetuosa.*

⁶Aquela noite foi prenunciada a nossos pais,

para que, sabendo com certeza em quais promessas tinham acreditado,

ficassem cheios de coragem†.

⁷Vosso povo esperava

a salvação dos justos e o extermínio dos inimigos.

⁸De fato, o que vos servia para punir nossos adversários

tornou-se para nós um título de glória,

pois nos chamáveis a vós.

⁹Os filhos santos dos justos ofereciam sacrifícios em segredo

e estabeleceram, de comum acordo, esta lei divina:

os santos participariam igualmente dos bens e dos perigos;

e já entoavam os hinos de seus pais.

¹⁰Respondia-lhes o grito confuso dos inimigos*

e se difundia o lamento dos que choravam seus filhos.

¹¹O mesmo castigo atingia escravo e senhor;*

---

* **18**,1. Êx 10,23 | 3. Êx 13,21s / Sb 10,17 | 4. Sl 121,6 / Sb 11,16 | 5. Êx 1,22-2,10 / Êx 12,29s / Êx 14,26-29 | 10. Êx 11,6; 12,30 | 11. Êx 11,5; 12,29

† **18**,4. A luz da salvação para todos os povos vem dos judeus, Jo 4,22. | 6. Os patriarcas mostravam interesse pelo futuro de seus descendentes, Hb 11,13.39s; 1Pd 1,10ss.

Sabedoria 18-19

o homem do povo sofria as mesmas penas que o rei.

¹²Todos igualmente tiveram inúmeros mortos,

abatidos da mesma maneira;

e os vivos não bastavam para sepultá-los*

porque num instante pereceu a parte melhor de sua geração.

¹³Aqueles que descriam de tudo por causa de suas magias,

vendo morrer seus primogênitos, reconheceram

que este povo era filho* de Deus†.

¹⁴Enquanto um profundo silêncio envolvia todas as coisas*

e a noite chegava à metade de seu rápido percurso,

¹⁵vossa Palavra onipotente lançou-se*

do céu, de vosso trono real, como implacável guerreiro†,

no meio daquela terra votada ao extermínio,

levando, como espada afiada, vossa ordem inexorável.*

¹⁶Ao parar, encheu de morte o universo;

tocava o céu e caminhava sobre a terra.

¹⁷Então, de repente, fantasmas de sonhos terríveis os sobressaltaram;*

temores inesperados caíram sobre eles.

¹⁸Caindo semimortos aqui e ali,

manifestavam a causa da morte que os atingia.

¹⁹Porque seus sonhos aterradores os tinham prevenido,

para que não morressem sem saber o motivo de seus sofrimentos.

O flagelo passageiro dos hebreus.
²⁰Mas a provação da morte atingiu também os justos

e uma multidão foi massacrada no deserto.*

Mas a ira não durou muito tempo,

²¹porque um homem irrepreensível se apressou a defendê-los:

servindo-se das armas de seu ministério,

a oração e o sacrifício expiatório do incenso,*

se opôs à cólera e pôs fim ao flagelo,

demonstrando que era vosso servo.

²²Ele não superou a ira divina com a força física,

nem com o poder das armas,

mas com a palavra deteve aquele que castigava,

recordando-lhe os juramentos feitos aos pais e as alianças.*

²³Os mortos já tinham caído aos montes uns sobre os outros

quando ele interveio, deteve a Ira

e lhe barrou o caminho para os vivos.

²⁴Pois em sua veste longa estava todo o mundo,

os nomes gloriosos dos pais,*

gravados sobre quatro fileiras de pedras preciosas,

e vossa Majestade no diadema* de sua cabeça†.

²⁵Diante disso o exterminador recuou, teve medo,

porque uma só demonstração da Cólera bastava.

19 **Hebreus e egípcios no mar Vermelho.** ¹Mas sobre os ímpios se abateu até o fim um furor implacável,

porque Deus previa também o que iriam fazer:

²que, depois de permitir que saíssem e apressá-los a partir,

mudando de ideia, os perseguiriam.*

³De fato, enquanto estavam ainda ocupados com o luto

e choravam sobre o túmulo dos mortos,

tomaram uma outra decisão insensata:

---

* **18**,12. Nm 33,4 | 13. Êx 4,22; Os 11,1 | 14. Êx 11,4; 12,29 | 15. Ap 19,11ss / Ap 19,15 | 17. Jó 4,13ss | 20. Nm 17,6-15; 1Cor 10,8 | 21. Nm 17,11s | 22. Êx 32,11ss | 24. Êx 28,17-21.29 / Êx 28,36 | **19**,2. Êx 14,5-9; 18,12

† **18**,13. Israel é filho primogênito de Deus, Êx 4,22. | 15. A liturgia do tempo do Natal aplica esse texto poético à Encarnação do Verbo. | 24. Na veste do sumo sacerdote, Êx 28,1-35, estava representado o céu na cor, a terra nas flores e no linho, o fogo no ouro, o mar nas romãs, a harmonia do universo nas campainhas; nas pedras do peitoral, as 12 tribos.

805 — Sabedoria 19

puseram-se a perseguir como fugitivos

aqueles aos quais tinham rogado que partissem.

[4]Arrastou-os a este extremo um merecido destino,

que lançou no esquecimento o ocorrido,

para que completassem a punição

que ainda faltava a seus tormentos;

[5]enquanto vosso povo empreendia uma viagem extraordinária,*

eles encontrassem uma morte inaudita.

[6]Pois toda a criação, em sua própria natureza,*

assumia nova forma, como no princípio,

obedecendo a vossas ordens,

para que vossos filhos fossem preservados de todo o mal.

[7]Apareceu a nuvem para cobrir de sombra o acampamento,*

e da água que antes havia, surgiu a terra seca:

uma estrada livre se abriu no mar Vermelho

e as ondas impetuosas deram lugar a uma planície verdejante†.

[8]Por ela passou todo o vosso povo,*

os protegidos de vossa mão,

espectadores de prodígios estupendos.

[9]Como cavalos conduzidos ao pasto,*

como cordeiros saltitantes,

glorificavam a vós, Senhor, seu libertador.*

[10]Recordavam ainda os acontecimentos do exílio:

como a terra, em vez de diversos tipos de animais, produziu moscas;*

como o rio, em vez de peixes, derramou uma multidão de rãs.*

[11]Mais tarde viram também um novo gênero de aves,

quando, levados pelo apetite, pediram comidas delicadas;*

[12]e para satisfazê-los, subiram do mar codornizes.*

Os egípcios mais culpados que os sodomitas. [13]Sobre os pecadores, porém, recaíram os castigos,

não sem sinais premonitórios de relâmpagos fragorosos;

eles sofreram justamente por sua malícia,

pois tinham manifestado ao estrangeiro um ódio profundo.

[14]Outros não acolheram visitantes desconhecidos,

mas estes reduziram a escravos

hóspedes que eram seus benfeitores.

[15]Mais ainda: haverá para os primeiros um castigo,

porque receberam forasteiros com hostilidade;

[16]mas estes, depois de tê-los festivamente acolhido,*

depois, quando já participavam de seus direitos,

os oprimiram com trabalhos duríssimos.*

[17]Foram por isso atingidos pela cegueira,

como o foram os primeiros à porta do justo,

quando, envoltos em espessas trevas,

cada um procurava a entrada de sua porta.*

[18]Assim os elementos se combinavam de modo diferente,

como na harpa a variação das notas muda a natureza do ritmo,

embora conservando sempre o mesmo tom.

Conclusão. É justamente isto que se pode deduzir

da atenta consideração dos acontecimentos:

[19]animais terrestres se tornavam aquáticos,

os que nadavam saltavam para a terra.

[20]Na água, o fogo aumentava seu poder

---

* **19,**5. 18,3 | 6. 5,17; 16,24 | 7. Êx 14,19-22 | 8. 3,1 | 9. Is 63,13s; Ml 3,20 / Êx 15,1-21 | 10. Êx 8,12-15 / Êx 8,2 | 11. Nm 11,31 | 12. Êx 16,13 | 16. Gn 45,17-20; 47,1-12 / Êx 1,8-14; 5,4-18 | 17. Gn 19,11

† **19,**7. A intervenção salvífica de Deus no êxodo, evento fundador de Israel, é o modelo de todas as libertações posteriores, inclusive a do fim da história.

Sabedoria 19

e a água esquecia sua propriedade natural de apagá-lo.

²¹As chamas, ao contrário, não consumiam as carnes*
de animais tenros, que passeavam em seu meio,
nem dissolviam aquela espécie de comida celeste,*

semelhante à geada e tão fácil de se derreter.

²²Em tudo, ó Senhor, engrandecestes*
e glorificastes vosso povo
e não o descuidastes,
assistindo-o em todo o tempo e lugar†.

---

* **19**,21. 16,18 / 16,221 | 22. Is 45,17.25

† **19**,22. Apesar dos pecados de seu povo, Deus não o abandonou; sua proteção na história passada é garantia da assistência divina para o povo superar as perseguições, Is 45,17.25.

ECLESIÁSTICO

De todos os livros sapienciais, é o mais rico de ensinamentos práticos, parecendo uma síntese da tradição de sabedoria que o precede, um manual do bom comportamento religioso e moral.

Foi escrito em hebraico, entre os anos 190 e 180 a.C, por um sábio educador da juventude, chamado Ben Sira, que vivia em Jerusalém. O neto do autor conta no Prólogo como levou a obra para o Egito no ano 132 a.C. e a traduziu para o grego para os hebreus do lugar. O texto hebraico, que São Jerônimo conheceu e era citado pelos rabinos, foi considerado perdido durante muito tempo, mas alguns fragmentos de cinco manuscritos hebraicos dos séc. XI ou XII foram descobertos em 1896 e 1900 numa sinagoga do Cairo; foram achados fragmentos em duas grutas de Qumrân e, em 1964, nas escavações de Masada, fragmentos do séc. I a.C. Assim foi possível reconstruir 3/5 do original do livro. No grego o livro se chama "Sabedoria de Jesus, filho de Sirac", e a tradução latina chamou-o de "Ecclesiasticus liber", por causa de seu uso na Igreja, sobretudo na instrução dos catecúmenos.

Na época de Ben Sira, a Palestina estava sob o domínio dos Seléucidas, propagadores dos costumes pagãos. Diante daquela invasão do mundo grego, Israel precisava confirmar sua fé, seu apego ao patrimônio religioso e salvar sua identidade como povo da Aliança. Em breve, Antíoco IV haveria de desencadear a perseguição contra a fé e os costumes judaicos, e a jovem geração educada por Ben Sira terá de optar entre a traição e o heroísmo.

O livro é uma coleção de conselhos e sentenças referentes à prática da sabedoria, fundada sobre o temor de Deus. Aborda aspectos da vida de cada dia e das relações com o próximo. Apresenta duas novidades: a sabedoria é identificada concretamente com a Lei dada por Deus ao povo eleito; e, pela primeira vez, a história é inserida no gênero sapiencial: os grandes personagens do passado são apresentados como ilustres exemplos de pessoas guiadas pela sabedoria no exercício das mais altas virtudes.

A perspectiva do autor continua limitada a esta vida. O ser humano recolhe o que semeia. Deus lhe deu dons e liberdade para que faça suas escolhas, pensando nas consequências. Uma vida guiada pelo temor de Deus gozará de sua bênção.

O texto grego, reconhecido como inspirado, existe em duas formas, a mais longa e a mais breve. Algumas traduções modernas seguem a primeira e outras, a segunda, dando origem a diferenças na numeração dos versículos. Nossa tradução segue a forma longa, opção feita também pela Nova Vulgata.

I. PRÓLOGO DO TRADUTOR GREGO†

Muitos e profundos ensinamentos nos foram dados na Lei, nos Profetas e nos outros Escritos† sucessivos, e por eles se deve louvar Israel como povo instruído e sábio.

Ora, os que leem as Escrituras devem não apenas entendê-las, mas também, como estudiosos, ser capazes de tornar-se úteis aos de fora com a palavra falada e escrita. Assim meu avô Jesus, tendo-se dedicado longamente à leitura da Lei, dos Profetas e dos outros Livros de nossos pais, e tendo alcançado uma notável competência neles, sentiu-se chamado a escrever alguma coisa a respeito do ensinamento e da sabedoria†, para que os estudiosos, familiarizando-se com seu livro, possam progredir ainda mais na conduta conforme a Lei.

Sois portanto convidados a fazer sua leitura com benevolência e atenção e a mostrar-vos indulgentes nos casos

---

† I. O neto de Jesus Ben Sira explica por que seu avô escreveu um livro de ensinamento e sabedoria, e por que ele o traduziu. / Aparece aqui pela primeira vez a divisão do AT em 3 partes: Lei, Profetas e outros Escritos, Lc 24,44. / Sabedoria é a maneira de dirigir a própria vida conforme a lei de Deus e de obter a felicidade terrestre. / Corresponde ao ano 132 a.C.

Eclesiástico 1

em que, não obstante o esforço que empregamos na tradução, parecermos não ter conseguido exprimir o sentido de certas expressões. De fato, as coisas ditas em hebraico não têm a mesma força quando são traduzidas para outra língua. E não somente esta obra, mas também a própria Lei, os Profetas e os outros Livros, quando traduzidos, diferem não pouco do texto original.

No ano trinta e oito do rei Evergetes[†], vim ao Egito, onde permaneci por certo tempo. Tendo descoberto aí um escrito de grande valor educativo, considerei necessário aplicar-me também com diligência e fadiga a traduzi-lo. Depois de lhe haver dedicado muitas vigílias e estudos em todo aquele tempo, levei a bom termo o trabalho e publico o livro para aqueles que no exterior pretendem instruir-se, reformar seus costumes e viver segundo a Lei.

II. NATUREZA E PRECEITOS DA SABEDORIA
(1,1–42,14)

1 **A sabedoria vem de Deus.** [1]Toda sabedoria vem do Senhor Deus*
e está com ele para sempre.
Ela existe antes de todos os séculos.
[2]A areia do mar, as gotas da chuva
e os dias dos séculos, quem poderá contá-los?
[3]A altura do céu, a extensão da terra,
a profundeza do abismo, quem poderá medi-las?
Quem pode penetrar a Sabedoria divina que precede a tudo?
[4]Antes de todas as coisas foi criada a sabedoria,*
e a inteligência prudente existe desde sempre.
[5]Fonte da sabedoria é a palavra de Deus nas alturas,
seu acesso são os mandamentos eternos.
[6]A quem foi revelada a raiz da sabedoria?
Quem conhece suas sutilezas?

[7]A quem foi revelada e manifestada a ciência da sabedoria?
Quem compreendeu sua grande experiência?
[8]Somente o Altíssimo, Criador onipotente,
rei poderoso e muito temível,
aquele que está sentado em seu trono, Deus dominador.
[9]Foi ele que no espírito santo criou a Sabedoria,*
ele a viu, enumerou e mediu;
[10]e difundiu-a sobre todas as suas obras
e sobre todo ser mortal, segundo sua generosidade,
e a concedeu aos que o temem.

O temor de Deus conduz à Sabedoria. [11]O temor do Senhor é glória e honra,*
alegria e coroa de exultação.
[12]O temor do Senhor alegra o coração
e dá contentamento, gozo e vida longa.
[13]Para quem teme o Senhor tudo acabará bem,
será abençoado no dia de sua morte.
[14]O amor de Deus é uma sabedoria digna de honra;
[15]àqueles a quem se manifestou ele a concede como partilha em sua visão,
para que reconheçam suas grandes obras.
[16]Princípio da sabedoria é temer o Senhor;*
ela foi gerada com os fiéis no seio materno;
com os que amam a verdade foi firmada desde sempre
e a seus descendentes se dará.
[17]O temor do Senhor é a religião da ciência;
[18]esta religião guarda e justifica o coração,
e lhe traz alegria e satisfação.
[19]Quem teme o Senhor encontrará conforto,
no dia da morte será abençoado.
[20]Plenitude da sabedoria é temer a Deus;
com seus frutos inebria seus fiéis.*

---

* **1,**1. Pr 2,6; Sb 9,4 | 4. 24,12s; Pr 8,22; Br 3,20ss; Jó 28,12-23 | 9. Jó 28,27; Jl 3,1s | 11. Dt 9,16; Pr 4,10; 1,29 | 16. Pr 1,7; Sl 111,10 | 20. Pr 8,18s

809

Eclesiástico 1-2

²¹Enche de coisas preciosas toda a sua casa,
e de seus tesouros seus celeiros.*
²²Coroa da sabedoria é o temor do Senhor;
faz florescer a paz e o fruto da salvação:
²³ambos porém são dons de Deus.
²⁴A Sabedoria derrama como chuva a ciência e o conhecimento inteligente,*
e aumenta a glória dos que a possuem.
²⁵Raiz da sabedoria é temer o Senhor;*
seus ramos são uma longa vida.

Como adquirir a sabedoria. ²⁶A inteligência e a religião da ciência estão nos tesouros da sabedoria;
mas para os pecadores a sabedoria é abominação.
²⁷O temor do Senhor expulsa o pecado,
mas quando está presente, afasta toda ira.
²⁸Pois quem não tem temor não poderá tornar-se justo:*
a violência de sua paixão causará sua ruína.
²⁹O homem paciente aguentará até o devido tempo†
e depois lhe será restituída a alegria.
³⁰A pessoa de bom senso guarda as palavras até a hora certa,
e os lábios de muitos celebrarão sua prudência.
³¹Entre os tesouros da sabedoria estão as máximas instrutivas,
³²mas para o pecador o culto a Deus é abominação.
³³Meu filho, se desejas a sabedoria, pratica a justiça,
e Deus ta concederá.
³⁴Pois o temor do Senhor é sabedoria e instrução;*
o que lhe agrada
³⁵é a confiança e a doçura†.
³⁶Não sejas indócil ao temor do Senhor

e não te aproximes dele com duplicidade de coração.
³⁷Não sejas fingido diante dos homens*
e controla tuas palavras.
³⁸Não te exaltes para não caíres
e para não atrair sobre ti a desonra;
³⁹para que o Senhor não revele teus segredos
e te humilhe diante da assembleia,*
⁴⁰porque te aproximaste do temor do Senhor com malícia,
e teu coração está cheio de astúcia e de engano.

2

Constância na provação. ¹Filho, se pretendes servir ao Senhor,*
permanece firme na justiça e no temor
e prepara-te para a provação†.
²Governa teu coração e sê constante,
inclina teu ouvido e acolhe as palavras de sabedoria
e não te perturbes no tempo da adversidade.*
³Suporta as demoras de Deus, fica unido a ele sem te separar,
para que fiques sábio em teus caminhos.*
⁴Aceita tudo o que te acontece;
permanece firme na dor e paciente em tua humilhação,
⁵porque com o fogo se provam o ouro e a prata,*
e os eleitos no cadinho da humilhação.
⁶Crê em Deus, e ele te ajudará;
espera nele, e dirigirá teus caminhos;*
conserva seu temor e nele permanece até a velhice.

Confiança. ⁷Vós que temeis o Senhor, contai com sua misericórdia;
não vos desvieis dele para não cairdes.
⁸Vós que temeis o Senhor, confiai nele,
e vossa recompensa não falhará.

---

* **1**,21. Sb 7,11 | 24. Jó 28,27 | 25. 1,16 | 28. Pr 29,22 | 34. Pr 15,33 | 37. 2,14; 5,11; Tg 1,6ss | 39. Pr 5,14 | **2**,1. Ap 2,10; Tg 1,2ss | 2. 1Pd 4,12 | 3. Ap 3,21 | 5. Rm 5,3; Tg 1,2ss | 6. Pr 3,5s

† **1**,29. No Eclo, a palavra tempo, tempo oportuno, momento favorável, "kairós", aparece 60 vezes. É sabedoria achar esse tempo e agir nele. | 35. Doçura é a disposição de acolher docilmente os mandamentos de Deus. | **2**,1. A provação na época do autor eram as dificuldades criadas pela difusão do helenismo e seu confronto com a religião e os costumes judaicos.

Eclesiástico 2-3

⁹Vós que temeis o Senhor, esperai
seus benefícios,
a felicidade eterna e a misericórdia.
¹⁰Vós que temeis o Senhor, amai-o,
e vossos corações serão iluminados.
¹¹Considerai, filhos, as gerações passadas e refleti:*
quem confiou no Senhor e ficou desiludido?
¹²Ou quem perseverou em seu temor
e foi abandonado?
Ou quem o invocou e foi por ele desprezado?
¹³Porque o Senhor é clemente e misericordioso,*
perdoa os pecados no dia da tribulação
e protege todos os que o procuram
de verdade.
¹⁴Ai dos corações covardes, dos lábios perversos e das mãos indolentes,
e do pecador que quer entrar na terra por dois caminhos!
¹⁵Ai dos corações sem coragem porque não têm fé;
por isso não serão protegidos.
¹⁶Ai de vós que perdestes a paciência
e abandonastes os caminhos retos e
vos extraviastes por maus caminhos!
¹⁷Que fareis quando o Senhor começar o acerto de contas?
¹⁸Os que temem o Senhor não são
incrédulos a sua palavra;
e os que o amam permanecem em
seus caminhos.*
¹⁹Os que temem o Senhor procuram
o que lhe agrada;
e os que o amam se saciam com sua
lei.
²⁰Os que temem o Senhor têm o coração sempre preparado
e santificam sua alma diante dele.
²¹Os que temem o Senhor guardam
seus mandamentos
e esperam com paciência sua vinda
²²dizendo: "Se não fizermos penitência,
cairemos nas mãos do Senhor* e não
nas dos homens;

²³porque, conforme é sua grandeza,
tão grande é também sua misericórdia".

3 **Deveres para com os pais.** ¹Os
discípulos da sabedoria são uma
assembleia de justos,
e a nação deles se distingue pela
obediência e pelo amor.
²Ouvi, filhos, a advertência de um pai
e segui-a para serdes salvos.
³Pois Deus glorifica o pai nos filhos
e confirma a autoridade da mãe sobre eles.
⁴Quem honra o pai intercede pelos
pecados,
evita cair neles e é ouvido em sua
oração diária.
⁵Quem honra a mãe é como alguém
que acumula tesouros.
⁶Quem honra o pai terá alegria em
seus filhos
e será ouvido no dia de sua oração.
⁷Quem honra o pai terá vida longa;
quem obedece ao pai dá consolo à
mãe.
⁸Quem teme o Senhor respeita pai e
mãe
e serve como a senhores os que lhe
deram a vida.
⁹Honra teu pai com tuas ações e palavras*
¹⁰para que desça sobre ti sua bênção.
¹¹A bênção do pai consolida as casas
dos filhos,*
mas a maldição da mãe arrasa até os
alicerces†.
¹²Não te glories da desonra de teu
pai,
porque a desonra dele não pode ser
tua glória;
¹³pois a glória de um homem depende da honra do pai,*
vergonha para os filhos é a mãe desprezada.
¹⁴Filho, ajuda teu pai na velhice,*
não o entristeças durante sua vida.
¹⁵E se ele perder a lucidez, sabe desculpar

---

* **2**,11. Jó 4,7; Sl 22,5s; 37,25 | 13. Sl 145,8s; Êx 34,6s | 18. Jo 14,15.21.23 | 22. 2Sm 24,14 | **3**,9. Mt 21,28-31 |
11. Gn 27,27s; 48,15-20; 49,3-27; Dt 33,1-25 | 13. Pr 17,6 | 14. Mt 15,4ss; Pr 19,26

† **3**,11. Os antigos consideravam infalível a bênção ou a maldição dos pais.

811　　　　　Eclesiástico 3-4

e não o desprezes em nenhum dia de sua vida.

Porque a bondade com o pai não será esquecida,

[16]mas será plantada em lugar de teus pecados

[17]e contada para ti como justiça;

no dia de tua tribulação Deus se lembrará de ti

e como a geada ao calor se dissolverão teus pecados.

[18]Como é infame aquele que abandona seu pai!*

Como é amaldiçoado pelo Senhor aquele que exaspera sua mãe!

Ser humilde. [19]Filho, realiza teu trabalho com mansidão

e serás amado mais que um homem generoso.

[20]Quanto maior fores, tanto mais te humilhes em tudo,*

e assim encontrarás graça diante de Deus.

Muitos são importantes e gloriosos,

mas é aos humildes que ele revela seus mistérios.

[21]Porque só Deus tem grande poder,*

e é pelos humildes que ele é honrado.*

[22]Não procures o que é mais alto do que tu

nem investigues o que é mais forte;*

mas pensa sempre no que Deus te ordenou

e não sejas curioso acerca de suas muitas obras.

[23]Pois não precisas ver com teus olhos o que está escondido.

[24]Guarda-te de pesquisar com exagero coisas supérfluas,

[25]porque te foi mostrado mais do que compreende uma inteligência humana.

[26]Muitos foram enganados por suas próprias opiniões,

e uma falsa aparência extraviou seus pensamentos.

Sem a pupila, falta a luz,

sem o conhecimento, falta a sabedoria.

Os danos do orgulho. [27]Um coração obstinado acabará na desgraça;*

quem ama o perigo nele perecerá.

[28]O coração que segue dois caminhos não será bem-sucedido,

quem é perverso tropeçará neles.

[29]O coração mau será acabrunhado de dores,

e o pecador acrescentará pecado sobre pecado.

[30]Para as chagas dos soberbos não existe cura,

porque a planta do mal se enraizou neles e não é percebida.

[31]O coração dos sábios compreende as palavras dos sábios,

e o ouvido atento cobiçará a sabedoria.

[32]O coração sábio e inteligente se abstém dos pecados

e praticando a justiça terá bom êxito.

[33]A água apaga um fogo ardente,

assim a esmola expia os pecados.

[34]Deus observa aquele que presta um favor

e lembra-se dele no futuro;*

no momento da queda este encontrará apoio.

4 **Obras de misericórdia.** [1]Filho, não negues ao pobre a esmola†,

não desvies dele teus olhos.

[2]Não entristeças um faminto,

não exasperes o pobre em sua indigência.

[3]Não aflijas o coração do indigente,

não adies a esmola ao angustiado.*

[4]Não rejeites o pedido do aflito,

e do necessitado não desvies o rosto.*

[5]Do pobre não afastes o olhar por causa da ira:

não lhe dês ocasião de amaldiçoar-te por detrás;

[6]porque será ouvida a súplica daquele que te amaldiçoar amargurado:

seu Criador o atenderá.*

---

* **3**,18. Pr 19,26; 30,17 | 20. Fl 2,5-8 | 21. Tg 4,6.10 / Pr 3,34; Sf 2,3 | 22. Sl 131,1 | 27. Pr 28,14; Rm 2,5 | 34. Tb 12,9; 1Pd 4,8 | **4**,3. Pr 3,27s | 4. Tb 4,7

† **4**,1. "Não socorrer os pobres é roubá-los e tirar-lhes a vida" (S. João Crisóstomo).

Eclesiástico 4

7Faze-te amar pela comunidade;
humilha-te diante do mais velho
e diante de um poderoso abaixa a cabeça.

8Inclina ao pobre teu ouvido sem tristeza;
paga-lhe tua dívida
e responde-lhe com afabilidade e mansidão.

9Arranca o oprimido do poder do opressor,*
e quando julgares não procedas com amargor.

10Sê misericordioso com os órfãos como um pai*
e como um esposo para a mãe deles;

11e serás como um filho obediente do Altíssimo,*
e ele terá compaixão de ti mais que uma mãe.

A Sabedoria educa. 12A Sabedoria inspira a vida a seus filhos
e acolhe os que a procuram.*

13Quem a ama, ama a vida,
os que a procuram solícitos receberão do Senhor a alegria.*

14Quem a possui herdará a glória;*
aonde quer que vá, Deus o abençoará.

15Os que a veneram prestam culto ao Santo,
e Deus ama os que a amam.*

16Quem a escuta julgará as nações;
quem lhe presta atenção viverá tranquilo.

17Quem nela confia a obterá em herança;
seus descendentes conservarão sua posse.

18Pois andará com ele disfarçada,
e a princípio o porá à prova;

19e lhe incutirá temor e medo,*
e o experimentará com as provas de sua disciplina,
até que ele a conserve em seus pensamentos e nela confie.

20Então ela voltará diretamente a ele e o fortalecerá
dando-lhe alegria;

21manifestará a ele seus segredos
e o enriquecerá com o tesouro do conhecimento
e da compreensão da justiça.

22Se ele, porém, seguir uma estrada falsa, ela o abandonará*
e o entregará às mãos de seu inimigo.

Pudor e respeito. 23Filho, observa o tempo oportuno e evita o mal,

24assim não te envergonharás de ti mesmo.

25Pois há uma vergonha que leva ao pecado*
e há uma vergonha que traz honra e graça.

26Não te mostres parcial para teu prejuízo
e não sejas mentiroso para tua ruína.

27Não receies advertir o teu próximo quando errar,

28não retenhas a palavra no devido tempo;
não escondas tua sabedoria por respeito humano.

29Pois é pela palavra que se reconhece a sabedoria,
e o bom senso, pela resposta da língua.

30De nenhum modo contradigas a verdade,
mas sente vergonha da tua ignorância.

31Não te envergonhes de confessar teus pecados,*
e a ninguém te submetas por causa do pecado.

32Não resistas diante de um poderoso,
como não se enfrenta a correnteza de um rio.

33Luta pela justiça até a morte,*
e Deus combaterá por ti contra teus inimigos.

34Não sejas arrogante na tua linguagem
e, ao invés, covarde e indolente em tuas ações.*

35Não sejas como um leão em tua casa,
ameaçando teus empregados e oprimindo teus dependentes.

---

* **4**,6. Dt 15,9 | 9. Jó 29,15ss | 10. Êx 22,21 | 11. Lc 6,35 | 12. 6,28s | 13. Pr 3,16ss; Sb 8,17s | 14. Pr 3,35 | 15. Jo 14,21 | 19. Mt 7,14 | 22. Jó 11,6; Dn 2,21s; Jo 15,15 | 25. 20,24 | 31. Lv 5,5 | 33. Jo 18,37 | 34. 1Jo 3,18

813 Eclesiástico 4-6

³⁶Tua mão não seja aberta para receber
e, ao contrário, fechada para dar.*

5

A falsa segurança. ¹Não confies em tuas riquezas*
e não digas: "Tenho o bastante para viver".

²Não sigas o teu vigor,
para te entregares às paixões do teu coração.

³Não digas: "Quem me dominará?",*
ou "Quem me fará prestar contas dos meus atos?"
Porque o Senhor sem dúvida fará justiça.

⁴Não digas: "Pequei,* e o que me aconteceu de mal?"†,
porque o Senhor é paciente para retribuir.

⁵Não estejas sem medo do pecado perdoado
nem acrescentes pecado a pecado.

⁶Não digas: "A misericórdia do Senhor é grande;
ele me perdoará os muitos pecados";

⁷porque sua misericórdia e sua ira chegam depressa,*
e sua ira se abate sobre os pecadores.

⁸Não demores para converter-te ao Senhor*
e não o adies de um dia para outro,

⁹pois sua ira virá de repente,
e no tempo do castigo serás arrebatado.

¹⁰Não confies em riquezas injustas,
porque de nada valem no dia da desgraça.*

¹¹Não joeires o trigo com qualquer vento
e não andes por qualquer caminho,
pois é assim que todo pecador se revela pela sua fala hipócrita.

Bom uso da língua. ¹²Sê firme na tua convicção*
e na verdade de tua convicção e no conhecimento;

e a palavra da paz e da justiça te acompanhará.

¹³Sejas pronto para ouvir a palavra a fim de entendê-la,*
e com lentidão darás a resposta.*

¹⁴Se conheces o assunto, responde a teu próximo;
se não, põe a mão sobre a boca,*
para não seres surpreendido numa palavra incorreta
e ficares envergonhado.

¹⁵No falar pode haver honra ou desonra;
a língua do homem é a sua ruína.*

¹⁶Não te faças chamar de boateiro
e não calunies com a língua;

¹⁷porque a vergonha é para o ladrão,
a má fama é para quem fala com hipocrisia
e para o boateiro, o ódio, a inimizade e a injúria.

6

¹Não causes dano, nem grande e nem pequeno,
e de amigo não te tornes inimigo.
Porque herdarás má fama, afronta e injúria;
assim acontece a todo pecador, invejoso e de fala hipócrita.

²Não te exaltes como um touro nos pensamentos de teu coração,
para não suceder que a insensatez quebre tua força,

³devore tuas folhas e estrague teus frutos,
deixando-te como árvore seca no deserto.*

⁴Uma paixão desenfreada arruína quem a possui
e o faz objeto de zombaria para os inimigos,
levando-o ao destino dos ímpios.

O amigo fiel. ⁵Uma palavra gentil multiplica os amigos e acalma os inimigos;*
uma linguagem afável favorece o bom relacionamento.

⁶Sejam muitos os que vivem em paz contigo,
mas teu conselheiro, um entre mil.*

---

* **4**,36. At 20,35 **| 5**,1. 11,26; Lc 12,15-21 **|** 3. Sl 13,5; Sb 2,11 **|** 4. Ecl 8,11-14; Rm 2,4; 3,25 **|** 7. 16,11 **|** 8. Is 55,6s; Lc 12,35-40 **|** 10. Pr 10,2 **|** 12. Mt 5,37 **|** 13. Tg 5,12 / Tg 1,19 **|** 14. Pr 30,32 **|** 15. Pr 18,21; Tg 3,6 **6**,3. Jo 15,5s **|** 5. Pr 15,1 **|** 6. 37,7-17

† **5**,4. Os céticos duvidam da intervenção de Deus nas coisas humanas e de sua função de juiz.

Eclesiástico 6

814

⁷Se pretendes adquirir um amigo, adquire-o na provação*
e não confies logo nele.
⁸Há, com efeito, quem é amigo quando lhe é cômodo,
mas não resiste no dia da adversidade.
⁹Há também o amigo que se torna inimigo
e revela as desavenças contigo.*
¹⁰Há amigo que é companheiro à mesa,
mas não resiste no dia do infortúnio.
¹¹Na tua prosperidade, será como teu igual
e se sentirá à vontade para dar ordens a teus criados.
¹²Mas se fores humilhado, ele se voltará contra ti*
e da tua presença se esconderá.
¹³Fica longe dos teus inimigos,
e sê cauteloso com teus amigos.
¹⁴Um amigo fiel é uma proteção poderosa,*
quem o encontra, encontra um tesouro.
¹⁵Nada é comparável a um amigo fiel:
é um bem que não tem preço.
¹⁶Um amigo fiel é um bálsamo de vida,*
os que temem o Senhor o encontrarão.
¹⁷Quem teme o Senhor dirige bem sua amizade,
porque como alguém é, assim será seu amigo.

Aprender a sabedoria. ¹⁸Filho, desde a juventude aceita a instrução*
e conseguirás uma sabedoria que durará até a velhice.
¹⁹Aproxima-te dela como quem ara e semeia*
e espera seus bons frutos.
²⁰Porque labutarás um pouco para cultivá-la,
mas em breve comerás de seus produtos.

²¹Quanto é áspera a sabedoria para os incultos!
O insensato não permanecerá nela.*
²²Pesará sobre ele como pedra de provação†,
e ele não tardará a jogá-la fora.
²³A instrução é de fato como diz seu nome,
mas para muitos não é manifesta.
²⁴Escuta, filho, e aceita meu parecer,
não rejeites meu conselho.
²⁵Mete teus pés em seus grilhões,
e teu pescoço em sua coleira;*
²⁶curva teu ombro e carrega-a,
não sejas impaciente com suas correntes†.
²⁷Aproxima-te dela com todo o teu ânimo*
e com toda a tua força guarda seus caminhos.
²⁸Investiga e sonda, procura e encontrarás;
e quando a tiveres alcançado, não a deixes.
²⁹No fim encontrarás nela o repouso,*
e ela se mudará para ti em alegria.
³⁰Seus troncos serão para ti uma proteção poderosa,
suas coleiras uma veste de glória.*
³¹Nela há um ornamento de ouro,
suas correntes são laços de púrpura.
³²Tu te revestirás dela como de uma veste de glória
e como uma coroa de júbilo a cingirás.*
³³Filho, se prestares atenção, aprenderás;
se aplicares teu espírito, serás prudente.*
³⁴Se gostas de ouvir, aprenderás a doutrina;
se prestares ouvido, serás sábio.
³⁵Frequenta o ambiente dos anciãos
e adere de coração a sua sabedoria,
para que possas ouvir tudo o que dizem sobre Deus,

---

* **6**,7. Pr 17,17; Eclo 12,8s | 9. Pr 25,9s | 12. Pr 19,4.7 | 14. Pr 18,19; Ecl 4,9-12 | 16. Pr 17,17; 18,24 | 18. Pr 22,6 | 19. Pr 8,18s; Sb 7,14 | 21. Pr 24,7 | 25. Mt 11,29 | 27. Dt 6,5 | 29. 4,12s; Mt 11,29; Jr 6,16 | 30. Pr 1,9 | 32. Pr 4,9 | 33. 8,9; Pr 13,20

† **6**,22. Grande pedra que se levantava nas competições de atletismo. | 26. O discípulo da sabedoria era comparado a um animal que traz o jugo em sua nuca, Mt 11,29s.

815 — Eclesiástico 6-7

e as máximas sábias não te escaparão.

³⁶E se vires um homem sensato, madruga para estar com ele,

e teu pé gaste os degraus de sua porta.

³⁷Reflete sobre os preceitos de Deus, e sê muito assíduo em seus mandamentos;*

ele tornará firme teu coração,

e teu desejo de sabedoria será satisfeito.

7 Pecados a evitar.

¹Não faças o mal, e o mal não te dominará.*

²Afasta-te da iniquidade, e ela se afastará de ti.

³Filho, não semeies nos sulcos da injustiça*

para não colher sete vezes mais.

⁴Não peças ao Senhor o poder*

nem ao rei um lugar de honra.

⁵Não queiras passar por justo diante de Deus,

pois ele conhece o coração;

nem pretendas parecer sábio diante do rei.

⁶Não procures tornar-te juiz,

a não ser que tenhas bastante força para extirpar as iniquidades;

para não suceder que tenhas medo diante dos poderosos

e comprometas tua própria integridade†.

⁷Não ofendas a população de uma cidade

e não te degrades no meio do povo.

⁸Não te deixes prender duas vezes no pecado,

porque nem de um só sairás impune.

⁹Não sejas hesitante em tua oração*

¹⁰e não deixes de rezar e de dar esmola.

¹¹Não digas: "Deus vai considerar a multidão de minhas ofertas*

e, quando eu as apresentar ao Deus Altíssimo, ele as aceitará"†.

¹²Não zombes de alguém que esteja amargurado,

porque há quem humilha e exalta: Deus que tudo vê.*

¹³Não espalhes mentiras contra teu irmão

nem algo semelhante contra um amigo.

¹⁴Não recorras de modo algum à mentira:

habituar-se a ela não é bom.

¹⁵Não fales demais no meio dos anciãos†

e não repitas palavras em tua oração.*

¹⁶Não desprezes o serviço penoso,

nem a agricultura, criada pelo Altíssimo.*

¹⁷Não te juntes à multidão dos indisciplinados;

¹⁸lembra-te de que a ira divina não tardará.

¹⁹Humilha profundamente tua alma,

porque fogo e vermes são o castigo do ímpio.*

²⁰Não troques um amigo por dinheiro,

nem um irmão querido pelo ouro de Ofir.

O pai de família. ²¹Não te separes de uma esposa sensata e virtuosa

que recebeste em sorte no temor do Senhor;

porque a graça de sua modéstia vale mais que o ouro.

²²Não maltrates um escravo que trabalha fielmente*

nem um mercenário que dá o melhor de si.

²³O servo sábio te seja caro como tua alma;*

não lhe recuses a liberdade†

nem o abandones na indigência.

---

* **6**,37. Sl 1,2 | **7**,1. Gn 4,7 | 3. Jó 4,8; Pr 22,8; Gl 6,7s | 4. 13,12s; Pr 25,6s | 9. Tg 1,6; Eclo 3,33 | 11. Pr 21,27; Am 5,21 | 12. 1Sm 2,7; Lc 1,52 | 15. Mt 6,7 | 16. Pr 2,27 | 19. Is 66,24; Jt 16,17; Mc 9,48 | 22. 33,25-33; Dt 24,14s | 23. Dt 15,12-15

† **7**,6. Embora a lei o proibisse expressamente, Lv 19,15, havia muita parcialidade e venalidade entre os juízes de Israel, praga que os profetas e os sábios combatem, Pr 17,15; Is 1,23. |11. Muitos achavam que bastava oferecer sacrifícios, mesmo sem ter as disposições religiosas necessárias. |15. Deve-se deixar os velhos falar, 32,3, porque transmitem a sabedoria dos antigos. | 23. Após seis anos de serviço, o escravo devia ser libertado, Êx 21,2-6; Dt 15,12s.

Eclesiástico 7-8

²⁴Tens rebanhos? Cuida deles
e, se te forem úteis, continuem contigo.*
²⁵Tens filhos? Educa-os*
e submete-os desde a infância.
²⁶Tens filhas? Vela sobre seus corpos
e não lhes mostres um rosto indulgente.*
²⁷Casa tua filha e terás feito um grande negócio;
entrega-a a um homem sensato.
²⁸Se tens uma mulher conforme teu coração, não a repudies;
mas naquela que é odiosa não confies.

Honra os pais e os sacerdotes. ²⁹Honra teu pai de todo o coração
e não esqueças as dores de tua mãe.*
³⁰Lembra-te de que sem eles não terias nascido;
o que lhes darás pelo que fizeram por ti?
³¹Teme com toda a alma o Senhor
e respeita seus sacerdotes.
³²Ama com todas as tuas forças aquele que te criou
e não abandones seus ministros.
³³Honra a Deus com toda a tua alma
e reverencia o sacerdote.
³⁴Entrega-lhes sua parte, como te foi ordenado:
primícias, sacrifícios expiatórios e pelas negligências
³⁵a oferenda das espáduas, o sacrifício de santificação
e as primícias das coisas santas.

Sê compreensivo e generoso. ³⁶Estende a mão ao pobre,*
para que sejam perfeitas tua propiciação e tua bênção.
³⁷Tua generosidade se estenda a todo vivente
e ao morto não negues tua piedade.
³⁸Nao deixes de consolar os que choram*
e sofre com os que sofrem.
³⁹Não te desagrade visitar um doente,
porque por isto serás amado.

⁴⁰Em todas as tuas obras recorda-te de teu fim
e jamais cairás no pecado.

8 **Prudência nas relações sociais.**
¹Não disputes com um homem poderoso
para não caíres em suas mãos.
²Não contendas com um rico,*
para não suceder que ele use contra ti o peso de seu dinheiro†;
³porque o ouro tem sido a perdição de muitos
e a prata faz desviar até o coração dos reis.
⁴Não tenhas demanda com um homem falador
e não jogues lenha em sua fogueira.
⁵Não convivas com pessoa ignorante
para que não sejas desprezado pelos príncipes.
⁶Não desprezes um homem que se afastou do pecado*
e não o censures;
lembra-te de que todos merecemos castigo.*
⁷Não desprezes quem é idoso,
porque alguns dentre nós também ficarão velhos.
⁸Não te alegres com a morte do inimigo;
recorda que todos morreremos
e não queremos que se alegrem com isso.

A tradição. ⁹Não desprezes o que falaram os antigos sábios,*
mas medita suas máximas,
¹⁰porque deles aprenderás a sabedoria e a instrução da inteligência
e como servir aos grandes* com perfeição†.
¹¹Não desprezes o que contam os velhos,
porque eles o aprenderam de seus pais;
¹²deles aprenderás a compreender
e como responder no tempo oportuno.*

---

* **7**,24. Pr 27,23 | 25. 30,1-13; Pr 13,24 | 26. 42,9-11 | 29. Êx 20,12; Tb 4,4 | 36. Dt 14,29; Sl 41,2 | 38. 37,15; Rm 12,15; Mt 25,35 | **8**,2. Pr 10,15 | 6. Mt 7,1-5 / Rm 3,9-20 | 9. Pr 13,20 | 10. Pr 14,35; 16,13s | 12. Cl 4,6

† **8**,2. Com o dinheiro e com sua influência pode comprar os juízes. | 10. A formação de bons funcionários para a corte era um dos objetivos dos sábios no Egito e em Israel.

A prudência. ¹³Não acendas os tições dos pecadores repreendendo-os,
para não te queimares nas chamas de seus pecados.
¹⁴Não permaneças na presença do insolente,
para que não arme ciladas contra tuas palavras.
¹⁵Não emprestes a um homem mais forte que tu;
o que lhe emprestares, considera-o perdido.*
¹⁶Não prestes fiança além de tua possibilidade;
se o fizeres, preocupa-te com o pagamento.*
¹⁷Não movas processo contra um juiz,
porque ele julga a seu bel-prazer.
¹⁸Com um aventureiro não te ponhas em viagem
para não aumentares teus males:*
pois ele agirá segundo seu capricho,
e perecerás com ele por causa de sua insensatez.
¹⁹Não tenhas desavenças com um homem irascível*
e não vás com ele para um lugar solitário,
porque a seus olhos o sangue é como se não fosse nada
e, onde não há socorro, ele te eliminará.
²⁰Não peças conselho aos insensatos,
porque não saberão manter teu segredo.
²¹Diante de um estranho, nada faças que deva ficar oculto
porque não sabes como reagirá.
²²Não abras teu coração a qualquer pessoa
para não afastares de ti a felicidade.

9 **Mulheres.** ¹Não tenhas ciúme da esposa amada
para não dar-lhe a ideia de te fazer mal.

²Não dês à mulher poder sobre ti,*
para que não usurpe tua autoridade e fiques humilhado.
³Não te encontres com mulher leviana*
para que não venhas a cair em seus laços.
⁴Não frequentes mulher sedutora, nem a ouças*
para que não pereças por suas artimanhas.
⁵Não fixes o olhar numa virgem,*
para que sua beleza não cause tua queda†.
⁶Não te entregues jamais às prostitutas*
para não te perderes juntamente com tua herança.
⁷Não gires os olhos pelas ruas da cidade
nem vagueies por suas praças.
⁸Desvia teu olhar de mulher formosa,
não fites uma beleza que não te pertence.
⁹Por causa da beleza de uma mulher muitos pereceram;
por ela a concupiscência queima como fogo.
[10-11]†
¹²Jamais te sentes ao lado de mulher casada,*
nem te recostes para beber junto com ela,*
¹³para que teu coração não se apaixone por ela
e, arriscando a vida, descambes na perdição.
Homens. ¹⁴Não abandones um velho amigo,
porque o novo não será igual a ele.
¹⁵É vinho novo o amigo novo:
quando ficar velho, tu o beberás com prazer.
¹⁶Não invejes a glória nem a riqueza do pecador*
porque não sabes qual será sua ruína.

---

* **8**,15. 29,4 | 16. 29,19-27 | 18. Pr 22,24s | 19. Pr 15,18 | **9**,2. Pr 31,3; Jz 16,4-21; 1Rs 11,1-4 | 3. Pr 23,27; 29,3 | 4. Pr 7,6-27 | 5. Jó 31,1; Mt 5,28 | 6. Pr 29,3; Lc 15,13 | 12. Pr 5,2 / Pr 5,15 | 16. Sl 37; 74

† **9**,5. Quem seduzia uma moça devia pagar 50 siclos, tinha a obrigação de casar-se com ela e não podia despedi-la, Dt 22,29. | 9. A Nova Vulgata omitiu os vv. 10-11, que constavam na antiga Vulgata e diziam o seguinte: ¹⁰Toda mulher que se prostitui será calcada aos pés no caminho como o esterco. ¹¹Muitos, alucinados pela beleza de uma mulher alheia, se tornaram réprobos, pois a conversa dela é como fogo que queima.

Eclesiástico 9-10

¹⁷Não te agrade a prosperidade dos injustos:
sabendo que não ficarão impunes até descerem ao abismo.
¹⁸Fica longe de quem tem o poder de matar
e não experimentarás o temor da morte.
¹⁹Se te aproximas dele, fica atento para não errares
para que não tire tua vida;
²⁰Fica sabendo que a morte está por perto,
pois caminhas no meio de armadilhas
e andas sobre redes.
²¹Convive como podes com teu próximo
e conversa com gente sábia e prudente.*
²²Teu pensamento se ocupe com os sensatos
e toda conversa tua seja sobre as leis do Altíssimo.
²³Teus comensais sejam os homens justos,
e tua glória esteja no temor de Deus.
²⁴As obras dos artesãos são louvadas por suas mãos,*
o chefe do povo, pela sabedoria de seu falar
e a palavra dos anciãos, por seu bom senso.
²⁵O falador é o terror de sua cidade:*
quem não sabe controlar suas palavras será detestado.

10

Governantes. ¹Um governante sábio educa seu povo,
a autoridade de um homem sensato será estável.
²Tal o governante do povo, tais serão seus ministros;
tal o chefe de uma cidade, tais seus habitantes.
³Um rei ignorante arruinará seu povo,
mas as cidades prosperarão pela sensatez dos chefes.*

⁴O governo do mundo está nas mãos do Senhor:
ele suscitará na hora certa um governador adequado para ele.
⁵O sucesso do homem está nas mãos do Senhor,
que investirá o magistrado em sua autoridade.*

O orgulho. ⁶Não revides qualquer injúria de teu próximo*
e não faças nada levado pela soberba.
⁷É odiosa a soberba perante Deus e o ser humano,
para ambos é abominável toda opressão.
⁸O império passa de um povo a outro por causa das injustiças, violências e riquezas dolosas.
⁹Nada há de mais criminoso que o avarento,
pois ele vende a própria alma.
¹⁰Por que se ensoberbece quem é terra e cinza?*
Vivo ainda, expele suas entranhas.
¹¹A doença prolongada cansa o médico,
a doença passageira o tranquiliza.
¹²A vida é breve para todo monarca: quem hoje é rei,* amanhã morrerá†.
¹³Quando o homem morre recebe em herança serpentes, feras e vermes.
¹⁴Princípio da soberba do homem é abandonar a Deus;*
¹⁵afasta seu coração daquele que o fez.
Princípio de todo pecado é a soberba;
quem a possui fará ferver a maldição,
e no fim ela o destruirá.
¹⁶Por isso o Senhor tornou espantosos os castigos dos maus
e os destruiu até o extermínio.
¹⁷Deus abateu o trono dos chefes soberbos,*
no lugar deles fez sentar-se os mansos.

---

* **9**,21. 37,7-15 | 24. 1,13; 10,25 | 25. 37,23 | **10**,3. Jr | 27,5; Pr 8,15s; Is 11,2-5 | 5. Rm 13,1 | 6. Lv 19,18; Mt 5,21-24; 18,21s | 10. Gn 2,7; 18,27; Eclo 17,31 | 12. Is 14,11; Jó 17,14 | 14. Dt 8,14 | 17. Lc 1,52; 1Sm 2,4-8

† **10**,12. A vida humana é precária: um mal-estar ao qual o médico não dá importância pode acabar com ela.

Eclesiástico 10-11

¹⁸Deus extirpou as raízes das nações arrogantes*
e em seu lugar plantou os humildes.
¹⁹O Senhor arruinou os territórios das nações*
e as destruiu até os fundamentos.
²⁰Muitas delas devastou e dispersou,
e fez desaparecer da terra sua lembrança.
²¹Deus apagou a memória dos soberbos
e preservou a memória dos humildes de coração.

A verdadeira glória. ²²A soberba não foi criada para os homens,
nem a raiva para os nascidos de mulher.
²³É honrada a descendência que teme a Deus;*
mas é desprezada a descendência que transgride os mandamentos do Senhor.
²⁴Entre os irmãos é honrado seu chefe,
mas aos olhos do Senhor, são os que o temem.
²⁵Forasteiro, migrante e pobre
têm como glória o temor de Deus.*
²⁶Não desprezes um justo pobre
e não exaltes um pecador rico.
²⁷O nobre, o juiz e o poderoso são honrados;
mas ninguém está acima de quem teme a Deus.
²⁸Homens livres servirão a um servo sábio;*
quem é prudente e disciplinado não se queixa quando é corrigido.

A humildade. ²⁹Não te orgulhes na execução de teu trabalho
nem te glories no tempo da adversidade.
³⁰É melhor quem trabalha e tem tudo com fartura
do que quem se orgulha e não tem o que comer.*
³¹Filho, com modéstia honra tua alma*

e dá-lhe o alimento e a glória conforme merece.
³²Quem dará razão a quem peca contra si mesmo?
Quem honrará aquele que se desonra?
³³Existe pobre honrado por causa de sua instrução e seu temor de Deus;*
e existe rico honrado por causa de sua riqueza.
³⁴Quem é honrado na pobreza, quanto mais o será na riqueza?
E quem é desprezado na riqueza, quanto mais o será na pobreza?†

11 **Sabedoria no juízo.** ¹A sabedoria do humilhado o fará manter a cabeça erguida
e lhe permitirá sentar-se entre os grandes.
²Não louves alguém por sua beleza*
e não desprezes quem tem uma aparência deformada.
³A abelha é pequena entre os seres alados,
mas seu produto é o que há de mais doce.
⁴Não te orgulhes jamais de tuas roupas
e não te ensoberbeças no dia da glória,
porque só as obras do Altíssimo são estupendas;
suas obras são escondidas e invisíveis aos homens†.
⁵Muitos soberanos sentaram-se no pó*
e um desconhecido cingiu seu diadema.
⁶Muitos poderosos foram profundamente humilhados
e homens ilustres foram entregues ao poder de estranhos.

Prudência e reflexão. ⁷Não repreendas ninguém antes de o teres indagado;
mas depois de interrogado, corrige com justiça.

---

* **10**,18. 33,12; Dn 2,35 | 19. Is 40,15ss; Sb 11,21s | 23. Jr 9,22s; 1Cor 1,26-31; 2Cor 10,17; Tg 1,9 | 25. 9,23 | 28. Pr 17,2; 11,29 | 30. Pr 12,9 | 31. Jr 9,22; 1Cor 1,31 | 33. 11,1; 10,25 | **11**,2. 1Sm 16,7; 2Cor 10,10s **11**,5. 10,17; Ecl 4,14; 10,6s

† **10**,34. A sabedoria vale mais que a riqueza. | **11**,4. Ben Sira parece conhecer a problemática de Coélet; e lhe responde que a lógica do agir de Deus não é clara ao homem no curso dos acontecimentos.

Eclesiástico 11

8Não respondas antes de ter ouvido*
e não te intrometas nas conversas de outros.

9Não contendas pelo que não te molesta
e nas demandas dos pecadores não te metas.

10Filho, não te ocupes com muitas coisas;*
ainda que te apresses, não estarás isento de culpa;
mesmo se perseguires, não atingirás
e fugindo, não conseguirás sobreviver.

11Há quem trabalha, se apressa e sofre,*
mas só se torna menos rico.

12Há quem é fraco e precisa de socorro,*
carente de bens e rico de miséria,

13no entanto Deus o olha com benevolência,
levanta-o de sua baixeza
e o faz estar de cabeça erguida,
de modo que muitos ficam pasmados.

Tudo está nas mãos de Deus. 14Bens e males, vida e morte,
pobreza e riqueza, tudo provém do Senhor.*

15Sabedoria, instrução e conhecimento da Lei estão no Senhor;
junto dele a caridade e a retidão.

16Erro e trevas foram criados para os pecadores;
os que se comprazem nas más ações envelhecem no mal.

17O dom de Deus é assegurado aos justos
e seu favor dará bons frutos para sempre.

18Há quem fica rico fazendo economia;*
e esta é a parte de sua recompensa:

19enquanto diz: "Encontrei repouso;
agora aproveitarei sozinho de meus bens",

20não repara que o tempo passa e a morte chega,
e morrendo deixará tudo para outros.

21Fica firme em teu dever e faz dele tua vida
e envelhece realizando teu trabalho.

22Não admires as obras dos pecadores;*
confia em Deus e persevera em tua tarefa,

23porque é fácil aos olhos de Deus enriquecer um pobre de repente.

24A bênção de Deus é a recompensa imediata do justo;
num instante se revela seu sucesso.

25Não digas: "De que tenho necessidade?*
e quais serão meus bens de agora em diante?"*

26Não digas: "Sou autossuficiente;*
que mal posso temer no futuro?"

27No tempo da prosperidade não te esqueças dos males;*
no tempo da adversidade não te esqueças dos bens.

28Pois é fácil para Deus no dia da morte
retribuir a cada um segundo sua conduta.

29A infelicidade de uma hora faz esquecer os maiores prazeres;
no fim de um homem são reveladas suas obras.*

30Não louves ninguém antes da morte,
porque é em seu fim que se conhece a pessoa.

Prudência. 31Não leves qualquer um para tua casa,
porque são muitas as insídias do impostor.

32Pois como as entranhas vomitam podridão,
como a perdiz é atraída para a gaiola,
e a corça para o laço,
assim é o coração do soberbo,
tal como alguém à espreita para ver a queda de seu próximo.

---

* **11**,8. Pr 18,13 | 10. 38,25 | 11. Pr 11,24; 21,5; Sl 127,1s | 12. Sf 2,3 | 14. Is 45,7; Jó 1,21 | 18. Jó 27, 16-23; Sl 49,17s; Ecl 2,21ss; Lc 12,16-21 | 22. Pr 3,31; 23,17; Eclo 9,16 | 25. Mt 6,25s / Eclo 5,1 | 26. Lc 12,16-21 | 27. 18,25; Jo 16,21 | 29. 1,13

Eclesiástico 11-13

³³Mudando o bem em mal, arma ciladas
e até nos eleitos encontra mancha.
³⁴Com uma centelha, o braseiro aumenta,
por um impostor aumenta o sangue;
o pecador arma ciladas para derramá-lo.*
³⁵Guarda-te do malvado, porque trama o mal;
para que não macule para sempre teu bom nome.
³⁶Hospeda um estranho, e ele te derrubará como um turbilhão
e te afastará de teus parentes.

12 Discernimento no fazer o bem. ¹Se fizeres o bem, sabe a quem o fazes
e será grande a gratidão por teus benefícios.
²Faze o bem ao justo e terás grande recompensa:
se não dele, certamente do Senhor.*
³Pois não há bem para quem se obstina no mal
e não dá esmolas;
porque o Altíssimo odeia os pecadores
e se compadece dos que se arrependem.
⁴Dá ao misericordioso e não ampares o pecador;
Deus dará aos ímpios e pecadores o que merecem,
guardando-os para o dia do castigo.
⁵Ajuda os bons mas não acolhas os pecadores.
⁶Faze o bem ao humilde, mas ao ímpio não auxilies;
não lhe dês instrumentos de guerra,
para que não se torne com eles mais poderoso que tu.
⁷Pois encontrarás males em dobro
por todo o bem que lhe tiveres feito,
porque também o Altíssimo odeia os pecadores*
e dará aos ímpios o castigo.
Verdadeiros e falsos amigos. ⁸Na prosperidade não se pode reconhecer quem é amigo,
mas na adversidade não se esconderá o inimigo.*
⁹Quando alguém prospera, até seus inimigos são amigos,
mas quando é infeliz, até o amigo se separa dele.
¹⁰Não confies nunca em teu inimigo,*
porque sua malícia é como o ferro que enferruja.
¹¹Ainda que, humilhado, ele ande encurvado,
fica atento e guarda-te dele;
comporta-te com ele como quem limpa um espelho
e perceberás que no fim enferrujou.
¹²Não o ponhas a teu lado,
nem se assente ele a tua direita,
para não acontecer que, voltando-se para teu lugar,
ele procure ocupar tua cadeira;
no fim conhecerás a verdade de minhas palavras
e sentirás remorso pelo que falei.
¹³Quem terá piedade de um encantador mordido por uma serpente
e de todos os que se aproximam das feras?
Assim acontece com quem se associa a um homem iníquo
e se envolve com seus pecados.
¹⁴Por um momento ficará contigo,
mas se vacilas, ele não te sustentará.
¹⁵O inimigo tem a doçura nos lábios,*
mas no coração arma ciladas para te lançar numa fossa.
¹⁶O inimigo tem lágrimas nos olhos,
mas se encontrar ocasião, será insaciável de teu sangue.
¹⁷Se males te acontecerem, lá o encontrarás por primeiro
¹⁸e, com o pretexto de te ajudar, cavará debaixo de teus pés.
¹⁹Balançará a cabeça, baterá palmas
e, murmurando muitas palavras, mudará seu semblante.

13 Escolhe as amizades. ¹Quem toca no piche com ele se suja,
e quem frequenta o soberbo se reveste de soberba†.

---

* **11**,34. Pr 1,11 | **12**,2. Dt 14,29 | 7. Mt 5,45; Lc 6,35 | 8. Pr 19,4; 17,17 | 10. Pr 26,24ss | 15. Pr 26,24ss; Jr 9,7

† **13**,1. Recomenda a prudência na escolha dos companheiros e das amizades.

Eclesiástico 13

²Não carregues um peso superior a tuas forças,

nem te associes a alguém mais nobre e mais rico que tu.

³Que há em comum entre a panela de barro e a panela de ferro?

Quando se chocarem, a panela de barro se quebrará.

⁴O rico comete injustiça e ainda reclama,*

mas o pobre sofre injustiça e ainda deve desculpar-se.

⁵Se podes ser útil, o rico se aproveitará de ti;

se não tens nada, ele te abandonará.

⁶Se tens alguma coisa, viverá contigo e te despojará

e de ti não terá compaixão.

⁷Se precisar de ti, ele te enganará

e, com sorrisos e belas palavras, te dará esperança

e perguntará: "De que precisas?"

⁸Ele te fará enrubescer com seus banquetes,*

até que te tenha exaurido duas ou três vezes,

e por fim zombará de ti;

depois, ao ver-te, não te dará atenção

e balançará a cabeça diante de ti.

⁹Humilha-te perante Deus

e espera que sua mão intervenha.

¹⁰Cuidado para não seres humilhado, seduzido pela insensatez.

¹¹Não te rebaixes em tua sabedoria,

para não suceder que, humilhado, caias na insensatez.

¹²Se alguém mais poderoso te chamar, afasta-te,

e ele te chamará mais ainda.

¹³Não te aproximes para não seres rejeitado,

mas também não fiques longe dele para não seres esquecido.

¹⁴Não ouses falar com ele em pé de igualdade

e não confies em suas muitas palavras:

com seu palavreado te porá à prova

e entre sorrisos sondará teus segredos.

¹⁵Relembrará, impiedoso, tuas palavras

e não te poupará maus-tratos e cadeias.

¹⁶Toma cuidado e presta muita atenção ao que ouves,

porque andas à beira de um abismo.

¹⁷Ouvindo, porém, estas coisas, desperta de teu sono.

¹⁸Ama a Deus por toda a vida

e invoca-o para tua salvação.

¹⁹Todo ser vivo ama seu semelhante:

assim todo ser humano ama seu próximo.

²⁰Todo ser se acasala segundo sua espécie

e todo homem se associa a quem lhe é semelhante.

²¹Que pode haver em comum entre o lobo e o cordeiro?

O mesmo acontece entre o pecador e o justo.

²²Que paz pode haver entre a hiena e o cão?

Ou que entendimento entre o rico e o pobre?†

²³O asno selvagem no deserto é a presa dos leões:

assim os pobres servem de pasto para os ricos.

²⁴Assim como a humildade é uma abominação para o soberbo,

assim o pobre é uma abominação para o rico.

²⁵Se o rico vacila, é sustentado pelos amigos;*

se o humilde cai, até pelos conhecidos é rejeitado.

²⁶Quando o rico é enganado, muitos o ajudam;*

fala tolices, e ainda o justificam;

²⁷quando o pobre é enganado, ainda o repreendem;

se fala com sabedoria, não lhe dão vez.

²⁸Fala o rico e todos se calam

e exaltam até as nuvens suas palavras;

²⁹fala o pobre e dizem: "Quem é este?"

---

* **13**,4. Pr 18,23 | 8. Pr 23,1ss | 25. Pr 19,4.7 | 26. Pr 14,20

† **13**,22. Muitas vezes "rico" quer dizer "ímpio" e "pobre", "justo".

823 Eclesiástico 13-14

Se tropeça, fazem-no cair.

³⁰A riqueza é boa para quem não tem pecado na consciência,

mas péssima é a pobreza no dizer do ímpio.

³¹O coração do homem modifica seu rosto*

para o bem ou para o mal.

³²Um rosto alegre é sinal de bom coração;

é difícil encontrá-lo, e só com esforço.

14

Avareza. ¹Feliz o homem que não pecou pelas palavras de sua boca*

e não é atormentado pelo remorso do pecado.†

²Feliz aquele, cuja consciência não o acusa

e que não perdeu a esperança.

³A um avarento não convém a riqueza;

de que serve o ouro para um invejoso?

⁴Quem nega para si injustamente acumula para outros:*

com seus bens um outro viverá no luxo.

⁵Quem é mau consigo mesmo, com quem se mostrará bom?

Não tira proveito de seus bens.

⁶Ninguém é pior do que aquele que maltrata a si mesmo;*

esta é a paga de sua malícia.

⁷Se faz o bem, ele o faz sem saber e sem querer;

mas no fim mostrará sua maldade.

⁸O olhar do invejoso é malvado:

desvia o rosto e despreza os outros.

⁹O olho insaciável do ambicioso não se contenta com uma parte,*

enquanto não consumir e ressecar sua alma.

¹⁰Um olho mau é invejoso até do pão

e não cuida de sua mesa.

¹¹Filho, se possuis bens, cuida de ti

e apresenta a Deus as ofertas devidas.

¹²Lembra-te que a morte não demora

e que o decreto do abismo não te foi revelado,

pois o decreto deste mundo é que a morte é certa†.

¹³Antes de morrer faze o bem a teu amigo

e conforme tuas posses sê com ele generoso.

¹⁴Não te prives de um dia feliz;*

não deixes escapar nenhuma parte de um bom desejo.

¹⁵Não deixarás a outrem os bens obtidos com esforço

e o fruto de tuas fadigas para serem divididos entre os herdeiros?

¹⁶Dá e recebe, e distrai tua alma;

¹⁷pratica a justiça antes de morrer,

porque na mansão dos mortos não há alegrias* para se buscar†.

¹⁸Toda carne envelhece como roupa,

e como a folha que dá fruto numa árvore verde:

¹⁹umas nascem, outras caem;*

o mesmo acontece com as gerações de carne e sangue:

umas morrem, outras nascem.

²⁰Toda obra corruptível no fim desaparece,*

e com ela se vai quem a fez.

²¹Toda obra excelente será louvada

e nela será honrado seu autor.

Felicidade do sábio. ²²É feliz quem permanece na sabedoria*

e medita em sua justiça,

e com sensatez pensa em Deus que tudo vê.

²³Feliz quem considera no coração seus caminhos,

e penetra com a mente seus segredos.

Caminha atrás da sabedoria seguindo-lhe as pegadas,

e permanece em suas veredas.

---

* **13**,31. Pr 15,13 | **14**,1. 19,16; 25,11 | 4. Lc 12,16-21; Jó 27,16s; Pr 13,22 | 6. Pr 11,17 | 9. Sb 6,23 | 14. Ecl 2,24 | 17. Ecl 9,10 | 19. Ecl 1,4 | 20. Ecl 9,6; Ap 14,13 | 22. Pr 8,32-35

† **14**,1. Uma consciência tranquila garante a paz e a felicidade. | 12. A morte um dia nos vencerá, mas o amor que tivermos doado nos salvará. | 17. Ben Sira segue a tradição, imaginando a vida depois da morte como uma vida sem alegria nem dor, Ecl 9,10.

Eclesiástico 14-15

²⁴Ele olha por suas janelas
  e escuta junto a suas portas.
²⁵Repousa perto de sua casa
  e, fincando uma estaca em suas paredes,
  arma sua tenda junto dela;
  e para sempre repousa num refúgio de bem-estar.
²⁶Põe os próprios filhos sob sua proteção
  e sob seus ramos permanece;
²⁷a sua sombra será protegido contra o calor,
  e repousará em sua glória.

15 **Benefícios da Sabedoria.** ¹Assim agirá quem teme a Deus;
  quem é fiel à Lei obterá a sabedoria.
²Esta virá a seu encontro qual mãe honrada,*
  e o acolherá como esposa virgem;
³com o pão da vida e da inteligência o nutrirá,*
  e lhe dará de beber a água da sabedoria salutar.*
  Ele se apoiará nela e não vacilará,
⁴confiará nela e não ficará desiludido.
  Ela o exaltará entre seus companheiros*
⁵e lhe dará a palavra no meio da assembleia.
  Ela o encherá do espírito de sabedoria e de inteligência
  e o cobrirá com um manto de glória.
⁶Acumulará sobre ele um tesouro de alegria e de júbilo
  e lhe dará como herança um nome eterno.
⁷Os insensatos não alcançarão a sabedoria,
  mas os homens de bom senso irão a seu encontro;
  os pecadores não a verão,
  pois ela está longe da soberba e do engano.*
⁸Os mentirosos não se lembrarão dela,

mas os homens sinceros nela serão encontrados
  e serão bem-sucedidos até o julgamento de Deus.
⁹Não é belo o louvor na boca do pecador,
¹⁰porque não lhe foi concedido por Deus.
  Com efeito, à sabedoria de Deus convém o louvor,
  que será proclamado pela boca do sábio;
  e é seu Dominador que a ensinará.
Liberdade do homem. ¹¹Não digas: "Vem de Deus* meu pecado"†,
  porque ele não faz o que ele próprio detesta.
¹²Não digas: "Ele me extraviou",
  porque ele não precisa dos ímpios.
¹³O Senhor odeia todo erro e toda abominação,
  quem o teme não ama essas coisas.
¹⁴Desde o princípio Deus criou o ser humano
  e o deixou à mercê de seu livre arbítrio
  e o entregou ao poder de sua concupiscência.
¹⁵Deu-lhe ainda os mandamentos e preceitos
  e a inteligência, para fazer o que lhe agrada.
¹⁶Se quiseres observar os mandamentos, eles te guardarão;
  se confias em Deus, tu também viverás.
¹⁷Ele pôs diante de ti a água e o fogo;*
  estenderás a mão para o que quiseres.
¹⁸Diante dos homens estão a vida e a morte, o bem e o mal;
  a cada um será dado o que lhe agradar.
¹⁹Grande, com efeito, é a sabedoria de Deus,*
  ele é forte e poderoso e tudo vê continuamente.

---

* **15**,2. Sb 8,2 | 3. Pr 9,5 / Eclo 24,19-22; Jo 4,1 | 4. Sb 8,10-15 | 7. Pr 8,13 | 11. Tg 1,13s | 17. Dt 11,26ss; Dt 30,15-20; Jr 21,8 | 19. Sl 33,13-18 | 20. 34,19; Sl 34,16

† **15**,11. Se Deus sabe tudo antes que aconteça (Eclo 23,29), a conclusão parece negar a responsabilidade do homem em suas decisões e em suas ações; mas Deus criou o homem livre e cada um define seu comportamento.

825 Eclesiástico 15-16

[20]Os olhos do Senhor estão voltados para os que o temem,*

ele conhece todas as ações dos homens.

[21]Não mandou ninguém agir como ímpio

e a ninguém deu licença para pecar.

[22]Não desejes uma multidão de filhos infiéis e iníquos.

16 Justiça de Deus.
[1]Nao te alegres com filhos ímpios;*

se são numerosos, não te comprazas neles,

se não tiverem o temor de Deus.

[2]Não confies na vida deles

nem contes com seus trabalhos;

[3]porque é melhor um filho só, temente a Deus,

do que mil filhos ímpios.

[4]É preferível morrer sem filhos

a deixar filhos ímpios.*

[5]A pátria poderá povoar-se por obra de um único homem sensato,

mas a estirpe dos ímpios será aniquilada.*

[6]Meus olhos viram muitas coisas assim

e meus ouvidos ouviram coisas mais espantosas ainda.

[7]Na assembleia dos pecadores* arderá um fogo†,

e contra uma nação incrédula se inflamará a ira divina.

[8]Não o aplacaram os antigos gigantes,*

que foram rebeldes, confiando em sua força.

[9]E não poupou os concidadãos de Ló,*

mas abominou-os por causa da soberba de suas palavras.

[10]Não teve piedade da nação condenada,

que foi expulsa por causa de seus pecados†.

[11]Assim tratou os seiscentos mil soldados

que se reuniram com o coração obstinado†;

se houvesse um só rebelde,

seria para admirar se ficasse impune.

[12]Pois a misericórdia e a ira estão em Deus:*

é paciente, deixa-se aplacar, mas derrama sua ira.

[13]Igual a sua grande misericórdia é também sua severidade;

julga os homens conforme suas obras.

[14]Não escapará o pecador com sua rapina,

como não ficará frustrada a constância do justo.

[15]Haverá recompensa para toda obra de misericórdia;

cada um a encontrará a sua frente conforme o mérito de suas obras

e conforme a inteligência de sua conduta.

O Senhor endureceu o coração do faraó, para que não o reconhecesse,

para que suas obras fossem manifestadas debaixo do céu.

Sua misericórdia revelou-se a todas as suas criaturas;

distribuiu aos filhos dos homens sua luz e as trevas.

Deus vê tudo. [16]Não digas: "Vou me esconder de Deus!*

Lá do alto, quem pensará em mim?

[17]Não serei reconhecido entre um povo numeroso,

quem sou eu no meio da criação tão imensa?"

[18]O céu e o mais alto dos céus,

o abismo e a terra inteira com o que há neles

serão abalados no dia de sua visita.

[19]Também os montes, as colinas e os fundamentos da terra*

tremerão de pavor quando Deus olhar para eles.

[20]Mas ninguém reflete sobre essas coisas;

Deus, porém, conhece todos os corações.

[21]E os caminhos de Deus, quem os compreende?

---

* **16**,1. Pr 17,21; 19,13 | 4. Sb 4,1 | 5. Sb 3,19 | 7. Nm 11,1; 16,1-30 | 8. Gn 6,1-7 | 9. Gn 19,1-29 | 12. 5,6; Êx 34,6s | 16. Sl 139,7-12; Jr 23,24; Am 9,2s | 19. Sl 18,8; Jó 37,1-7

† **16**,7. Fala das revoltas do povo no tempo de Moisés, Nm 16. | 10. Os cananeus, que expulsou diante dos israelitas. | 11. No êxodo, toda uma geração dos israelitas morreu no deserto, Nm 14,22s.

Eclesiástico 16-17

E a tempestade, que nem o olho humano percebe?

²²Na verdade, a maior parte de suas obras estão ocultas.*

E as obras de sua justiça, quem as proclama, ou quem as espera?

Pois o decreto está longe,

e o julgamento de todos só virá no final.

²³Assim pensa quem tem o coração mesquinho,

e o imprudente e extraviado pensa tolices.

Deus Criador. ²⁴Escuta-me, filho, e aprende a prudência do bom senso;*

²⁵vou te dar fielmente a instrução

e vou investigar para te ensinar a sabedoria;

sê atento em teu coração a minhas palavras.

Manifesto com exatidão as maravilhas que Deus colocou em suas obras desde o princípio

e com toda a verdade exponho seu conhecimento.

²⁶Quando Deus criou suas obras desde o princípio,*

desde sua origem distinguiu suas partes.

²⁷Ele ordenou para sempre suas tarefas,*

e o domínio de cada uma em suas gerações.

Não sentem fome nem cansaço

e não interrompem seu trabalho.

²⁸Nenhuma delas atrapalha a vizinha

²⁹e jamais desobedecem a uma ordem sua†.

³⁰Depois disso, Deus olhou para a terra

e encheu-a de seus dons;

³¹Cobriu sua superfície com todo o gênero de seres vivos*

e é para ela que devem retornar.*

17

Dons de Deus ao homem. ¹Da terra Deus criou o homem*

e o fez conforme sua imagem;

²à terra o faz voltar de novo

e o revestiu de força semelhante à sua.

³Concedeu ao homem dias contados e um tempo marcado,*

e deu-lhe o domínio sobre as coisas que existem na terra.*

⁴Infundiu em todo ser vivo o temor do homem,*

para que este dominasse sobre os animais e as aves.*

⁵Deu aos homens discernimento, língua, olhos, ouvidos

e coração para pensar,

e cumulou-os de instrução e de saber.

⁶Deu-lhes também a ciência do espírito,

encheu seu coração de bom senso

e mostrou-lhes* o bem e o mal†.

⁷Pôs seu olho em seus corações†,

mostrando-lhes a grandeza de suas obras.*

⁸Concedeu-lhes que se gloriassem de suas maravilhas,

para louvarem seu santo nome

e anunciarem a grandeza de suas obras†.

⁹Além disso deu-lhes a instrução*

e como herança a lei da vida.

¹⁰Estabeleceu com eles uma aliança eterna*

e revelou-lhes sua justiça e seus decretos.

¹¹Seus olhos contemplaram a grandeza de sua glória,

e seus ouvidos ouviram a majestade de sua voz.*

Disse-lhes: "Guardai-vos de toda injustiça!"

¹²E deu a cada um preceitos referentes ao próximo.

Deus vê e julga. ¹³Seus caminhos estão sempre diante dele,

não ficam escondidos a seus olhos.

¹⁴Sobre todo povo colocou um chefe,

---

* **16**,22. Rm 11,33 | 24. Pr 1,23 | 26. Gn 1 | 27. 42,20-25 | 31. Gn 1,24s / Gn 3,19; Sl 104,29 | **17**,1. Gn 2,7; Ecl 3,20; 12,7 | 3. Gn 6,3 / Gn 1,28; Sb 9,2s | 4. Gn 1,27 / Gn 9,2 | 6. Gn 2,17 | 7. Sb 13,1; Rm 1,19s | 9. Dt 30,15-20 | 10. Êx 34,10 | 11. Dt 4,11s

† **16**,29. Refere-se aos astros do céu. | **17**,6. A lei natural, escrita por Deus dentro do coração humano. | 7. Quer dizer que Deus tornou os homens capazes de compreender corretamente suas obras. | 8. O louvor é o ato mais nobre que somos chamados a realizar, 15,9s; 39,14s.

Eclesiástico 17-18

¹⁵mas fez de Israel a porção de Deus.*
¹⁶Todas as obras humanas estão diante dele como o sol:
seus olhos observam continuamente sua conduta.
¹⁷A ele não são ocultas suas iniquidades:
todos os seus pecados estão diante de Deus.
¹⁸A beneficência do homem é para ele como um selo†:
ele guardará sua generosidade como a pupila dos olhos.
¹⁹Depois se levantará e lhes dará a recompensa,
derramando sobre cada um deles o que lhe é devido.
²⁰Mas a quem se arrepende ele oferece o retorno,
fortalece os que perderam a esperança
dando-lhes a verdade como herança.

Convite à virtude. ²¹Retorna ao Senhor e abandona teus pecados,*
²²reza diante dele e diminui tuas ofensas.
²³Volta para o Altíssimo e afasta-te de tua injustiça;
detesta profundamente a iniquidade.
²⁴Reconhece a justiça e os decretos de Deus
e permanece firme no estado em que te colocou
e na oração ao Deus altíssimo.
²⁵De fato, na mansão dos mortos quem louvará o Altíssimo,*
em lugar dos vivos e dos que rendem louvor a Deus?†
²⁶Não te detenhas no erro dos ímpios;
louva a Deus antes da morte:
de um morto, como se nada fosse, cessa o louvor.
²⁷Louva a Deus enquanto estás vivo,
louva-o enquanto tens vida e saúde;
louva a Deus e gloria-te em suas misericórdias.

²⁸Como é grande a misericórdia do Senhor*
e seu perdão para os que se convertem a ele!
²⁹Pois nem tudo pode estar ao alcance do homem,
já que ele não é imortal.
³⁰Que há de mais brilhante que o sol?
Mas também ele desaparece.
Ou que há de mais criminoso
do que os pensamentos* da carne e do sangue?†
Mas isto também será castigado.
³¹Ele contempla as potências dos altos céus,*
mas os homens são todos terra e cinza.

18

Grandeza de Deus. ¹Aquele que vive para sempre criou todas as coisas juntamente.
Somente Deus será reconhecido justo
e permanece como rei invencível para sempre.
²Quem será capaz de proclamar suas obras?
³E quem pode investigar suas maravilhas?
⁴E o poder de sua majestade, quem poderá descrevê-lo?
Ou quem conseguirá explicar sua misericórdia?
⁵Não há nada a tirar e nada a acrescentar;*
não é possível detalhar as maravilhas de Deus.
⁶Quando alguém termina, é apenas o começo*
e, quando pára, fica perplexo.

Miséria do homem. ⁷O que é o homem?* Qual seu defeito e sua utilidade?†
Qual é seu bem e qual é seu mal?
⁸A duração da vida humana é, quando muito, cem anos;*
equivalem a uma gota-d'água no mar

---

* **17**,15. Dt 7,6 | 21. Sl 33,15 | 25. Sl 6,16; 115,17 | 28. Sl 111,4 | 30. Gn 6,5; 8,21 | 31. Jó 15,14ss; Gn 18,27; Eclo 10,10 | **18**,5. 42,22 | 6. Sl 139,17s | 7. Sl 8,5 | 8. Sl 90,10; Eclo 17,3

† **17**,18. Ver a nota em Ct 8,6. | 25. Ver a nota em Nm 16,33. | 30. A expressão "carne e sangue" designa a natureza humana em sua fraqueza, Mt 16,17. | **18**,7. O homem não pode acrescentar nada a Deus, nem diminuir nada dele.

Eclesiástico 18

e a um grão de areia, de tão pouco que são perante a eternidade.

⁹Por isto Deus é paciente com eles
e derrama sobre eles sua misericórdia.

¹⁰Vê quanto é má a presunção de seu coração,
e sabe que seu fim é funesto.

¹¹Por isso multiplica sua piedade para com eles,
e lhes mostra o caminho da justiça.

¹²A misericórdia do homem é para com o próximo,
mas a misericórdia de Deus é para com todo ser vivo.

¹³Ele repreende, ensina e instrui
como um pastor que guia seu rebanho.

¹⁴Tem piedade dos que aceitam a lição da misericórdia
e dos que são zelosos em cumprir suas decisões.

Como fazer o bem. ¹⁵Filho, não ajuntes aos benefícios a repreensão
e, ao dar um presente, não causes tristeza com uma palavra amarga.

¹⁶O orvalho não mitiga o calor?
Assim também uma palavra é melhor que um presente.

¹⁷Uma palavra não vale mais que um bom presente?
Mas o homem caridoso oferece todos os dois.

¹⁸O insensato repreende com aspereza,*
e o presente do indisciplinado resseca os olhos.

Prudência no agir. ¹⁹Antes do julgamento, procura um advogado para ti;
e antes de falar, informa-te.

²⁰Toma o remédio antes de adoecer†
e antes do julgamento examina-te a ti mesmo;
assim, no momento da sentença encontrarás perdão.

²¹Humilha-te, antes de caíres doente
e, quando tiveres pecado, mostra arrependimento.

²²Nada te impeça de cumprir a tempo uma promessa,*
não esperes até a morte para justificar-te,
porque a recompensa de Deus permanece para sempre.

²³Antes de fazer uma promessa, prepara-te a ti mesmo,
não faças como alguém que tenta o Senhor†.

²⁴Pensa na ira do dia final
e no tempo em que Deus castigará, desviando seu rosto†.

²⁵Pensa na carestia no tempo da abundância;
na indigência e na pobreza, nos dias de riqueza.

²⁶De manhã até a tarde o tempo muda,
e tudo passa depressa aos olhos de Deus.

²⁷Um homem sábio é sempre cauteloso
e nos dias do pecado se abstém da culpa.

²⁸Todo homem sagaz reconhece a sabedoria
e presta homenagem àquele que a encontrou.

²⁹Quem é sensato no falar também age com sabedoria,
compreende a verdade e a justiça
e fará chover provérbios e sentenças.

Sobre a temperança. ³⁰Não sigas tuas paixões;
põe um freio a teus desejos.

³¹Se te concedes a satisfação da paixão,
ela te tornará objeto da zombaria de teus inimigos.

³²Não te deleites com muitos banquetes,
pois a dupla porção é pobreza do outro.

³³Não frequentes tavernas nem sejas beberrão
quando nada tens no bolso,*
pois seria maquinar contra tua própria vida.

---

* **18**,18. Tg 1,5 | 22. Dt 23,22ss; Ecl 5,3; Pr 20,25; Ecl 5,1-6 | 33. Pr 23,20s

† **18**,20. É melhor prevenir que remediar. | 23. A pessoa deve pensar bem antes de fazer uma promessa e, depois de fazê-la, cumpri-la logo. | 24. O juízo final, quando Deus não usará mais de misericórdia, mas exercerá a justiça.

19

A bebida e o muito falar. [1]Um operário beberrão não ficará rico;

quem despreza as pequenas coisas irá caindo aos poucos.

[2]O vinho e as mulheres extraviam os homens de bom senso,*

e quem frequenta prostitutas perecerá:

a podridão e os vermes o terão como herança.*

[3]O atrevido caminha para a ruína:

será eliminado do meio dos vivos

e será apontado como o pior exemplo.

[4]Quem acredita de imediato é leviano e terá prejuízo;

quem peca contra si mesmo, quem o salvará?

[5]Quem se alegra com a iniquidade será desprezado;

quem detesta a correção abrevia sua vida

[6]e quem odeia a tagarelice extingue a malícia.

[7]Jamais repitas uma palavra maldosa e dura

e não sofrerás nenhum dano.

[8]Não fales do amigo nem do inimigo*

e, se sabes de um delito, não o reveles.

[9]Pois quem te ouvir desconfiará de ti

e, para defender o pecado, te odiará.

[10]Ouviste alguma coisa contra o próximo?

Guarda-a contigo e fica certo de que ela não te fará morrer.

[11]Por causa de uma palavra o insensato sofre dores,

como a parturiente para dar à luz†.

[12]Como uma flecha cravada na coxa, assim é a palavra no coração do insensato.

Não crer facilmente. [13]Corrige o amigo: talvez tenha feito o mal e diz que não o fez;

e, se o fez, para que não o faça de novo.

[14]Corrige o próximo: talvez não tenha dito nada;

mas se disse, para que não o repita.

[15]Indaga de teu amigo, porque com frequência se trata de calúnia,

e não creias em qualquer palavra.

[16]Há quem erre pela língua, mas não de propósito,*

pois quem não pecou com a língua?

[17]Interroga teu próximo, antes de ameaçá-lo,

e deixa intervir a lei do Altíssimo†.

Verdadeira e falsa sabedoria. [18]Pois toda a sabedoria é temor de Deus e nela está o temor de Deus;

e em toda a sabedoria está a prática da lei.

[19]Não é sabedoria o conhecimento do mal,

e nunca é prudência o conselho dos pecadores.

[20]Há uma astúcia que é abominável,

e há insensato que tem pouca sabedoria.

[21]É melhor alguém de pouca sabedoria

e de pouco bom senso, mas que possui o temor de Deus,

do que um outro muito inteligente,

mas que transgride a lei do Altíssimo.

[22]Existe uma esperteza eficiente, mas que é iníqua.

[23]Há quem deprave a graça para proferir a sentença

e há quem pareça oprimido e de ânimo abatido,

mas seu íntimo está cheio de engano.

[24]Há quem se rebaixe em excesso com muita humildade

e há quem incline a cabeça fingindo-se de surdo;

mas, quando não for observado, ele te suplantará.

[25]E se a fraqueza o impede de pecar,

ao encontrar uma ocasião propícia de fazer o mal, ele o fará.

[26]Pelo semblante se conhece a pessoa;

---

* **19**,2. Pr 31,3ss; Os 4,11 / Pr 5,5; 7,26s; 9,18 | 8. Pr 25,9s | 16. Ecl 7,14

† **19**,11. Sente necessidade de revelar o segredo, como a mulher que não pode reter o filho no ventre. | 17. A lei manda investigar antes de agir, Dt 19,18, e também repreender com doçura, Lv 19,17.

Eclesiástico 19-20

pelo aspecto do rosto se conhece a pessoa sensata:

²⁷a roupa que usa, seu sorriso
e seu modo de andar revelam o que é.

Discrição. ²⁸Existe repreensão inoportuna
e indício que se comprova infundado,
e há quem se cale e é prudente.

20

¹É melhor repreender do que irritar-se,
e não impedir de falar aquele que confessa.

²Como o eunuco que quer violentar uma moça,*
³assim é quem quer impor pela força uma sentença iníqua.

⁴Como é bom quando a pessoa corrigida manifesta arrependimento!
Pois assim evitarás o pecado voluntário.

⁵Há quem se cala e é considerado sábio,*
e há quem é odiado por sua tagarelice.

⁶Há quem se cala porque não tem resposta,
e há quem se cala porque sabe a hora oportuna.

⁷O homem sábio se cala até o momento certo,
mas o leviano e o imprudente não esperam a ocasião.

⁸Quem se excede no falar será detestado;
quem abusa de sua posição será odiado.

Não confiar nas aparências. ⁹Os males aumentam para quem é indisciplinado,
e o que ele inventa lhe causa prejuízo.

¹⁰Existe presente que não é útil
e existe presente duplamente retribuído.

¹¹Há humilhação motivada pela glória

e há quem depois da humilhação* levanta a cabeça†.

¹²Há quem compre muitas coisas com pouco dinheiro,
mas paga sete vezes seu valor.

¹³O sábio torna-se amável com suas palavras,
mas os favores dos insensatos são rejeitados.

Os presentes do insensato. ¹⁴O presente do insensato não te será útil,
porque seus olhos desejam receber sete vezes mais†.

¹⁵Dará pouco, mas reclamará muito,
e abrirá a boca como um arauto.

¹⁶Empresta hoje e amanhã pedirá de volta;
um homem assim é odioso.

¹⁷O insensato diz: "Não tenho um amigo,
não há gratidão por meus benefícios".

¹⁸Pois os que comem de seu pão são falsos no falar.
Quantas vezes e quantos zombarão dele!

¹⁹Pois não teve bom senso repartindo o que deveria guardar,
e igualmente o que não deveria guardar: para ele é indiferente.

Danos da língua. ²⁰É melhor escorregar no chão do que com a língua;
por isso a queda dos maus chega depressa.

²¹Uma pessoa grosseira é como história inconveniente:
está com frequência na boca dos mal-educados.

²²Não se aceita um provérbio da boca do insensato,*
porque nunca é falado a propósito.

²³Há quem esteja impedido de pecar pela miséria:
assim, durante o repouso não terá remorsos.

²⁴Há quem se perca por respeito humano*
e se arruína por causa de um imprudente;

---

* **20**,2. 30,21 | 5. Pr 17,28 | 11. Lc 1,52 | 22. Pr 26,7.9 | 24. 4,25

† **20**,11. A experiência mostra que um aparente fracasso pode ser um sucesso, e o que parecia uma vantagem pode ser uma perda. | 14. Os olhos representam a cobiça e a inveja.

Eclesiástico 20-21

perde-se devido à acepção de pessoas.

²⁵Há quem por timidez faça promessas ao amigo
e ganha por um nada um inimigo.

²⁶Mancha vergonhosa no homem é a mentira,*
está com frequência na boca dos mal-educados.

²⁷É melhor um ladrão que um mentiroso incorrigível,
mas ambos herdarão a ruína.

²⁸O vicio do mentiroso é uma desonra,*
e a vergonha o acompanhará sempre.

Discurso de parábolas. ²⁹O sábio se promove por suas palavras,
e o homem prudente agrada aos grandes.

³⁰Quem trabalha a terra aumentará a colheita
e quem pratica a justiça será exaltado;
mas quem agrada aos grandes deve fugir da iniquidade.*

³¹Presentes e dádivas cegam os olhos dos juízes*
e, como freio na boca, impedem suas repreensões.

³²Sabedoria escondida e tesouro invisível:*
para que servem uma e outro?

³³Age melhor quem esconde sua insensatez
do que aquele que esconde sua sabedoria.

21 **Fugir do pecado é sabedoria.**
¹Filho, pecaste? Não o faças de novo
e reza pelas culpas passadas, para que te sejam perdoadas.

²Foge dos pecados como de uma cobra:
se te aproximares, te morderão.

³Dentes de leão são seus dentes,
que destroem vidas humanas.

⁴Toda transgressão é como espada de dois gumes:*
a chaga que produz é incurável.

⁵O terror e a violência aniquilam a riqueza,

e a casa rica demais será destruída pela soberba;
assim a riqueza do soberbo será devastada.

⁶A oração do pobre vai de sua boca aos ouvidos de Deus,
que não tardará a lhe fazer justiça.

⁷Quem detesta a correção segue os passos do pecador,*
mas quem teme a Deus a introduz no coração.

⁸De longe se reconhece o prepotente atrevido no falar,
mas o homem sensato sabe que ele cai.

⁹Quem constrói sua casa com as riquezas de outrem
é como quem amontoa pedras para seu sepulcro.

¹⁰A assembleia dos pecadores é como um monte de estopa:*
seu fim é uma chama de fogo.

¹¹O caminho dos pecadores é calçado com pedras,*
mas termina no abismo profundo.

O sábio e o insensato. ¹²Quem observa a lei controla seus pensamentos;*

¹³a perfeição do temor de Deus é a sabedoria e o bom senso.

¹⁴Jamais será instruído quem não é prudente,

¹⁵mas há uma astúcia cheia de maldade
e não há bom senso onde existe amargura.

¹⁶A ciência do sábio transborda como enchente,*
e seu conselho permanece como fonte de vida.

¹⁷O coração do insensato é como vaso quebrado:
nada pode guardar da sabedoria.

¹⁸Qualquer palavra sábia que o homem sensato ouvir,
ele a aprovará e lhe acrescentará algo seu;
mas se a escuta um dissoluto, fica descontente
e a joga para trás das costas.

¹⁹O falar do insensato é como um fardo na viagem,

---

* **20**,26. Pr 13,5 | 28. Pr 12,22 | 30. Pr 14,35 | 31. Pr 17,8; 18,16; 21,14 | 32. 41,17s; Mt 5,14ss | **21**,4. Pr 5,4 | 7. Pr 12,1 | 10. 16,7 | 11. Mt 7,13 | 12. Gn 4,7 | 16. Pr 13,14; 18,4

Eclesiástico 21-22

mas é um prazer ouvir uma pessoa sensata.

20A palavra do homem prudente é apreciada na assembleia,

e o que ele diz é meditado nos corações.

21Como casa em ruína, assim é a sabedoria para o insensato;

a ciência do insensato é um discurso incompreensível.

22Para o insensato a instrução é como grilhões nos pés

e como algemas em sua mão direita.

23O insensato eleva a voz quando ri,

mas o homem sábio apenas sorri discretamente.

24Para o homem prudente a instrução é como um ornamento de ouro,

como um bracelete no braço direito.

25O insensato põe facilmente os pés na casa do vizinho,

mas o homem experiente respeita as pessoas.

26O insensato espia da janela o interior da casa,

mas quem é educado ficará de fora.

27É má educação ficar na porta escutando:

é grave ofensa para o homem prudente.

28Os lábios dos insensatos repetem tolices,

mas as palavras dos homens prudentes são pesadas na balança.

29Na boca dos insensatos está seu coração,

mas no coração dos sábios está sua boca.

30Quando um ímpio maldiz o adversário, maldiz a si próprio.

31O maldizente mancha sua alma e é odiado por todos;

quem permanecer com ele será odiado,

mas quem se cala e é sensato será honrado.

22 O preguiçoso. 1O preguiçoso é semelhante a uma pedra coberta de lama,

todos assobiam mostrando-lhe desprezo.

2O preguiçoso é semelhante a um monte de esterco,

quem toca nele sacode a mão.

O filho mal-educado. 3De um filho mal-educado o pai se envergonha,

mas uma filha veio ao mundo para sua confusão.

4Uma filha prudente será um tesouro para o marido,

mas a desonrada é uma aflição para seu pai.

5A filha insolente envergonha o pai e o marido,

e por ambos será desprezada.

6Uma conversa inoportuna é como música em velório,

mas a vara e a instrução em qualquer tempo são sabedoria†.

O insensato. 7Ensinar a um insensato é como colar um vaso quebrado.

8Falar com quem não quer ouvir

é como despertar um dorminhoco de um sono profundo.

9Quem fala com o insensato sobre a sabedoria

é como se falasse a um que está dormindo;

no fim da conversa ele dirá: "Quem é?"

10Chora por um morto porque perdeu a luz;

chora por um insensato porque perdeu o conhecimento.

11Chora um pouco menos por um morto porque agora repousa,

12mas a vida do insensato é pior que a morte.

13O luto por um morto dura sete dias,

mas por um insensato e um ímpio dura toda a sua vida.

14Nao fales muito com o tolo

e não viajes com o insensato.

15Guarda-te dele para não teres aborrecimentos

e para que não te contamines com seu contato.

16Afasta-te dele e encontrarás repouso,

e não serás importunado por sua tolice.

17Que há de mais pesado que o chumbo?

E qual é seu nome, a não ser "insensato"?

---

† **22**,6. Ver a nota em Pr 10,13.

833   Eclesiástico 22-23

[18]É mais fácil carregar areia, sal, barra de ferro*
do que o imprudente, o insensato e o ímpio.
[19]Uma trave de madeira bem presa
no alicerce de uma casa não se desconjunta;
assim um coração decidido depois de madura reflexão
não será abalado por nenhum temor.
[20]Um coração baseado em sábias reflexões
é como um ornamento numa parede polida.
[21]Uma paliçada posta no alto
e cascalho juntado sem argamassa
não resistem diante do vento:
[22]assim um coração mesquinho, de pensamentos tolos,
não resiste ao ímpeto do temor.[23]

Como comportar-se com os amigos.
[24]Quem machuca um olho, dele faz sair lágrimas;
quem magoa um coração, dele expulsa a amizade.
[25]Quem lança pedras contra os pássaros os põe em fuga;
quem humilha um amigo rompe a amizade.
[26]Ainda que tenhas desembainhado a espada contra um amigo,*
não desesperes: pode haver um retorno.
[27]Se abriste a boca contra um amigo,
não temas: pode haver reconciliação.
Mas se houve insulto, afronta, arrogância,*
revelação de segredos e traição,
nestes casos qualquer amigo desaparecerá.
[28]Conquista a confiança do amigo em sua pobreza
para também partilhares de sua prosperidade.
[29]Quando sofrer tribulação, permanece fiel a ele,
para também teres parte em sua herança.
[30]O vapor e a fumaça se elevam da fornalha antes do fogo;

assim, antes do derramamento de sangue,
as maldições, as injúrias e as ameaças.
[31]Não me envergonharei de proteger um amigo,
nem me esconderei de sua presença.
Se me suceder o mal por causa dele, ficarei firme;
[32]todos os que vierem a saber se guardarão dele.
[33]Quem porá uma guarda a minha boca*
e sobre meus lábios, um selo apropriado,
para que eu não caia por sua causa,
e minha língua não cause minha ruína?

23

A oração. [1]Senhor, pai e dono de minha vida†,
não me abandoneis à vontade deles,
nem me deixeis cair por causa deles.
[2]Quem aplicará a correção a meus pensamentos
e a meu coração a instrução da sabedoria,
para que não sejam poupados meus erros*
e meus delitos não apareçam?
[3]Para não suceder que cresça o número de meus erros,
multipliquem-se meus delitos,
meus pecados aumentem
e eu caia diante de meus adversários,
e o inimigo se alegre a minha custa.
[4]Senhor, pai e Deus de minha vida,
não me abandoneis ao arbítrio deles.
[5]Não me deis um olhar arrogante*
e afastai de mim toda cobiça.
[6]Tirai de mim a sensualidade
e que a luxúria não se apodere de mim,
e não me abandoneis às paixões vergonhosas e insensatas.

Instrução sobre o falar. [7]Filhos, escutai a instrução sobre o falar:
quem a observa não ficará enredado por suas palavras
nem cairá em ações criminosas.

---

* **22**,18. Pr 27,3 | 26. 19,13-17 | 27. Pr 11,13; 20,19; 25,9 | 33. Sl 141,3 | **23**,2. Sl 141,5 | 5. Sl 131,1

† **23**,1. Como povo, Israel reconheceu bem cedo a paternidade de seu Senhor, mas Ben Sira pode ter sido o primeiro indivíduo em Israel a ver em Deus seu pai pessoal.

Eclesiástico 23

8O pecador é vítima dos próprios lábios,
o maldizente e o soberbo neles encontram tropeço.

9Não acostumes tua boca ao juramento,*
pois muitas são as quedas por causa dele.

10Não pronuncies com frequência o nome de Deus
e não mistures em tuas conversas os nomes dos santos,
porque não estarás imune de ofendê-los.

11Como um escravo sempre vigiado não ficará sem feridas,
assim aquele que jura e tem sempre na boca o nome de Deus
não será isento de pecado.

12Quem jura com frequência se enche de iniquidades;
o flagelo não se afastará de sua casa.

13Se não cumprir o juramento, seu delito virá sobre ele,
se dissimular, peca duas vezes;

14e se jura falso, não será justificado;
sua casa se encherá de males.

15Há um outro modo de falar que se pode comparar à morte†;
não se encontre na herança de Jacó.

16Pois tudo isto está afastado dos que temem a Deus,
e eles não se envolverão nesses pecados.

17Que tua boca não se habitue a vulgaridades grosseiras,
pois nelas sempre há pecado.

18Lembra-te de teu pai e de tua mãe quando te sentares entre os grandes,

19para que na presença deles não esqueças quem tu és,
e, envaidecido com tua familiaridade, sofras injúrias;
chegarias a desejar não ter nascido
e a amaldiçoar o dia de teu nascimento.

20Quem tem o costume de usar palavras inconvenientes
não se corrigirá pelo resto da vida.

Luxúria. 21Duas espécies de pessoas multiplicam os pecados,
a terceira provoca ira e perdição:

22a alma que arde como fogo aceso
não se acalmará, enquanto não for consumida;

23um homem que entrega à impureza sua própria carne
não cessará, enquanto não acender o fogo.

24Para o homem impuro todo pão é apetitoso,
não cessará de prová-lo, enquanto não morrer.

25Todo homem que comete adultério em seu leito,
zombando em seu íntimo e dizendo: "Quem me vê?

26As trevas me rodeiam, as paredes me escondem,
ninguém me vê; que devo temer?
De meus pecados não se recordará o Altíssimo".

27Não compreende que os olhos dele tudo veem,
porque o medo desse homem afasta de si o temor de Deus.
Só teme os olhos dos homens.

28Não sabe que os olhos do Senhor*
são muito mais luminosos que o sol,
observam todas as ações humanas e a profundeza do abismo
e examinam os corações dos homens em seus lugares mais ocultos.

29Pois o Senhor Deus conhece todas as coisas antes de sua criação;*
do mesmo modo, depois de as ter criado, ele as observa todas.

30Este homem será punido nas praças da cidade,
banido como um potro
e será preso quando menos o espera.

31Será desonrado à frente de todos,
porque não compreendeu o temor do Senhor.

32O mesmo vale para toda mulher que abandona o marido,*
e lhe dá um herdeiro nascido de outro matrimônio.

33Antes de tudo desobedeceu à lei do Altíssimo,

---

* **23**,9. Mt 5,34s; 23,20s; Tg 5,12 | 28. Pr 15,3.11; 17,3; 24,12 | 29. Pr 8,22s | 32. Pr 2,16; 5,2-20; 6,24-35; 7,5

† **23**,15. Fala da blasfêmia, que merecia pena de morte, Lv 24,16.

Eclesiástico 23-24

em segundo lugar pecou contra o marido,
em terceiro lugar prostituiu-se no adultério
e teve filhos com outro homem.
[34]Esta será conduzida diante da assembleia
e se procederá a uma investigação sobre seus filhos.
[35]Seus filhos não lançarão raízes
e seus ramos não darão fruto.
[36]Deixará uma memória maldita,
sua infâmia não será cancelada.
[37]Os sobreviventes reconhecerão
que nada é melhor que o temor de Deus
e nada é mais doce que observar os preceitos do Senhor.
[38]Seguir o Senhor é uma grande glória,
pois é ele quem dá vida longa.

24 Elogio da Sabedoria[†].

[1]A Sabedoria faz seu próprio elogio*
e em Deus será honrada
e no meio de seu povo será glorificada.
[2]Na assembleia do Altíssimo abre a boca
e se gloria diante de seu poder.
[3]No meio de seu povo será exaltada
e será admirada em toda a santa assembleia.
[4]Entre a multidão dos eleitos receberá louvores
e bênçãos, entre os abençoados por Deus, e dirá:
[5]"Saí da boca do Altíssimo,
como primogênita antes de todas as criaturas[†].
[6]Eu fiz surgir no céu uma luz inextinguível,
e como um vapor cobri toda a terra.*
[7]Coloquei minha morada lá no alto,
meu trono está sobre uma coluna de nuvens.*

[8]Percorri sozinha a órbita do céu,*
passeei nas profundezas do abismo.
[9]Estive sobre as ondas do mar e em toda a terra,
[10]e sobre todo povo e nação assumi o domínio;
[11]sujeitei com meu poder os corações de todos, grandes e pequenos.
Entre todos estes procurei um lugar de repouso:
na herança de quem poderei estabelecer-me?
[12]Então o Criador do universo deu-me uma ordem,*
meu Criador deu um repouso para minha tenda
[13]e me disse: 'Habita em Jacó,
possui tua herança em Israel
e lança raízes entre meus eleitos'[†].
[14]Desde o princípio, antes dos séculos, ele me criou,*
e por toda a eternidade não deixarei de existir.
[15]Oficiei na tenda santa diante dele
e assim me estabeleci em Sião.
Na cidade igualmente amada repousei
e em Jerusalém está meu poder.
[16]Lancei raízes no meio de um povo glorioso,
na porção do Senhor, sua herança,
e fixei minha morada na assembleia dos santos.
[17]Elevei-me como o cedro do Líbano
e como um cipreste nas alturas do Hermon.
[18]Cresci como palmeira em Engadi
e como canteiro de rosas em Jericó.
[19]como oliveira majestosa na planície;
cresci como plátano nos caminhos à beira-d'água.
[20]Exalo um perfume de canela e de bálsamo perfumado;
como mirra escolhida espalhei bom odor,

---

* **24**,1. Pr 1,20-33; 8,1-36; 9,1-6; Jó 28; Br 3,9-4,4 | 6. Gn 1,2 | 7. Êx 13,21s | 8. Pr 8,27; Jó 22,14 | 12. Sl 132,8.13s | 14. Pr 8,23

† **24.** A Sabedoria descreve sua origem divina e sua atividade no céu e na terra. | 5. Alusão a Gn 1, que mostra a palavra de Deus em ação na criação do mundo, Sl 33,6. | 13. No sentido espiritual, aplica-se este v. ao Verbo de Deus que veio morar entre nós, Jo 1,14. Este cap. prepara a revelação do Verbo e da Santíssima Trindade no NT. | 24. A Sabedoria é um dom de Deus aos que vivem no amor reverencial, no temor de Deus. Viver no amor é cumprir a Lei. Obedecer os mandamentos é o melhor meio de alcançar a Sabedoria. Sabedoria e temor de Deus não se identificam; este é condição para se alcançar aquela.

Eclesiástico 24-25

²¹como o estoraque, o gálbano, o ônix e o aloés,
como nuvem de incenso na tenda.*
²²Como um terebinto estendi meus ramos,
e meus galhos são majestosos e belos.
²³Como a videira produzi germes graciosos,
e minhas flores são frutos de glória e riqueza.
²⁴Sou a mãe do belo amor e do temor†,
do conhecimento e da santa esperança.
²⁵Em mim está toda a graça do caminho e da verdade,
em mim toda a esperança da vida e da virtude.
²⁶Vinde a mim todos vós que me desejais
e saciai-vos de meus frutos.
²⁷Minha instrução é mais doce que o mel*
e minha herança, mais que o mel e o favo.
²⁸Minha lembrança permanece por todos os séculos.
²⁹Os que se nutrem de mim terão ainda fome
e os que bebem de mim terão ainda sede.
³⁰Quem me obedece não se envergonhará,
e quem realiza minhas obras não pecará;
³¹os que me tornam conhecida terão a vida eterna".

A Sabedoria e a Lei†. ³²Tudo isto é o livro da aliança do Altíssimo,*
³³a lei que Moisés nos prescreveu
como herança para a casa de Jacó.
³⁴Deus prometeu a Davi, seu servo,
que faria nascer dele um rei muito poderoso,
o qual se sentaria para sempre num trono glorioso.
³⁵A Lei faz transbordar a sabedoria como o Pison*

e como o Tigre na estação dos frutos novos;
³⁶inunda de inteligência como o Eufrates
e como o Jordão no tempo da colheita;
³⁷derrama a doutrina como o Nilo
e se apresenta como o Geon nos dias da vindima.*
³⁸O primeiro não exauriu seu conhecimento
nem o último conseguiu investigá-la.
³⁹Com efeito, seu pensamento é mais vasto que o mar
e seu conselho é mais profundo que o grande abismo.
O autor. ⁴⁰Eu, a Sabedoria, fiz correr os rios;
⁴¹sou como um canal de grandes águas que sai de um rio*
e como uma corrente de água entrando num jardim.
⁴²Eu disse: "Regarei meu jardim
e darei de beber aos frutos de meu prado".
⁴³Meu canal se tornou um rio,*
e meu rio se tornou um mar.
⁴⁴Farei resplandecer minha doutrina como a aurora;
eu a farei brilhar longe.
⁴⁵Penetrarei em todas as profundezas da terra,
lançarei os olhos sobre todos os que dormem
e iluminarei todos os que esperam no Senhor.
⁴⁶Continuarei a espalhar minha instrução como uma profecia
e a deixarei para as gerações futuras,
não cessarei de anunciá-la a sua posteridade
até o século santo.
⁴⁷Vede que não trabalhei só para mim,
mas para todos os que a procuram.

25 Coisas amadas e coisas detestadas. ¹Três coisas encantam minha alma

---

* **24**,21. Êx 30,7s.34s | 27. Sl 19,11; Jo 4,13s | 32. Êx 19,1; Dt 33,4 | 35. Gn 2,11 | 37. Gn 2,13; Jr 2,8 | 41. Is 58,11; Jo 4,14 | 43. Ez 47,1-12; Is 11,9; Jo 7,38

† **24**,32. Agora a Sabedoria é identificada com a Lei, manifestação da vontade de Deus e fonte de sabedoria.

837   Eclesiástico 25

e são apreciadas por Deus e pelos homens:

²concórdia entre irmãos, amizade entre vizinhos

e mulher e marido que vivem em plena harmonia.

³Três tipos de pessoas eu detesto, e sua vida é para mim insuportável:

⁴um pobre soberbo, um rico mentiroso,

um idoso tolo e insensato.

Os anciãos. ⁵Na juventude não ajuntaste;

como poderias encontrar alguma coisa na velhice?

⁶Como é belo para os cabelos brancos saber julgar

e para os anciãos saber aconselhar!

⁷Como é bela nos idosos a sabedoria*

e nas pessoas eminentes o discernimento e o conselho!

⁸Coroa dos anciãos é uma rica experiência,

e sua gloria é o temor de Deus.

Provérbio numérico. ⁹Nove coisas de que o coração não suspeita eu enalteço,

e a décima eu a contarei às pessoas com minhas palavras:

¹⁰um homem que encontra sua alegria nos filhos,

aquele que vê em vida a ruína de seus inimigos;

¹¹feliz quem vive com uma mulher sensata

e não ara como o boi preso ao burro, aquele que não peca com a língua,*

que não deve servir a alguém indigno dele;

¹²feliz quem encontrou um amigo verdadeiro

e que fala da justiça a um ouvido atento;

¹³como é grande quem encontrou a sabedoria e a ciência,

mas ninguém supera quem teme a Deus.

¹⁴O temor de Deus é mais que tudo;

¹⁵quem o possui, a quem pode ser comparado?

As mulheres más. ¹⁶O temor de Deus é o começo de seu amor

e a fé é o início da adesão a ele.

¹⁷Toda ferida é uma tristeza para o coração,

e a maldade feminina é malícia consumada.

¹⁸Qualquer ferida, mas não a ferida do coração;

¹⁹qualquer maldade, mas não a maldade da mulher.

²⁰Qualquer aflição, mas não aquela causada pelos que nos odeiam;

²¹qualquer vingança, mas não a vingança dos inimigos.

²²Não há veneno pior que o da cobra,

²³e não há ira pior que a ira de uma mulher.

É preferível morar com um leão e com um dragão*

a morar com uma mulher malvada.

²⁴A maldade da mulher altera seu semblante,

torna seu rosto sombrio como o de um urso.

Seu marido senta-se no meio dos vizinhos

²⁵e sem querer suspira amargamente.

²⁶Toda maldade é pequena diante da maldade de uma mulher:

que lhe sobrevenha a sorte do pecador!

²⁷Como ladeira arenosa para os pés de um ancião,

assim é a mulher faladeira para um homem quieto.

²⁸Não te deixes levar pela beleza de uma mulher

e não cobices seus haveres.

²⁹É motivo de indignação, desrespeito e de grande vergonha

³⁰se a mulher tem o domínio sobre o marido.

³¹Ânimo abatido, rosto triste

e ferida no coração: é o que faz uma mulher má.

³²Mãos fracas e joelhos vacilantes, assim é aquela que não faz feliz o marido.

³³Pela mulher teve início o pecado,*

---

* 25,7. Sb 4,8s | 11. 14,1 | 23. Pr 21,9.19; 25,24; 27,15 | 33. Gn 3,1-6; 1Cor 15,22; 1Tm 2,14; Rm 5,12

Eclesiástico 25-26

e é por causa dela que todos morremos.

³⁴Não deixes perder a água de tua cisterna

nem dês liberdade de sair a uma mulher má.

³⁵Se não anda conforme o aceno de tua mão,

ela te envergonhará diante de teus inimigos;

³⁶retira-a de tua intimidade

e despede-a de tua casa.

26 A mulher virtuosa.
¹Feliz o homem que tem uma boa esposa;*

o número de seus dias será duplicado.

²A mulher forte é a alegria do marido;

este passará em paz os anos de sua vida.

³Uma mulher virtuosa é uma boa sorte

concedida a quem teme a Deus:

será dada ao marido em recompensa pelas boas obras.

⁴Rico ou pobre, o coração dele se alegra,

em todo tempo seu rosto se mostra alegre.

A mulher maldosa. ⁵Três coisas teme meu coração

e pela quarta fico atemorizado:

⁶uma calúnia espalhada na cidade, aglomeração de pessoas,

⁷e uma falsa acusação: tudo isto é pior que a morte.

⁸Mas a mulher que tem ciúme de uma outra†

causa ao coração angústia e aflição;

⁹sua língua é um flagelo que a todos atinge.

¹⁰Mulher maldosa é como canga de bois mal ajustada:

dominá-la é como pegar um escorpião.

¹¹Mulher que tem o vício da bebida

causa grande ira e ofensa;

não conseguirá esconder sua vergonha.

¹²A libertinagem da mulher está no atrevimento dos olhares*

e se reconhece por suas pálpebras.

¹³Guarda-te bem de uma moça audaciosa,

para que não aproveite da ocasião que encontrar.

¹⁴Toma cuidado com toda insolência de seus olhos,

e não te admires se ela te deixar.

¹⁵Como um viajante sedento, ela abre a boca diante da fonte

e bebe qualquer água que esteja perto;

ela se assenta diante de qualquer estaca

e oferece seu corpo a toda impureza até não poder mais.

Beleza feminina. ¹⁶A graça de uma mulher cuidadosa alegra o marido

¹⁷e sua instrução revigora seus ossos.

¹⁸É um dom de Deus uma mulher sensata e silenciosa;

nada se compara a uma pessoa educada.

¹⁹Mulher santa e honesta é uma graça inestimável;

²⁰não se pode determinar o valor de uma alma casta.

²¹Como o sol que surge para o mundo nas alturas de Deus,

assim a beleza da mulher virtuosa adorna sua casa.

²²Lâmpada que arde sobre o candelabro santo:

assim é um rosto bonito num sólido corpo.

²³Colunas de ouro sobre bases de prata:

tais são as pernas graciosas sobre os pés firmes da mulher.

²⁴Como fundamentos eternos sobre a rocha firme,

assim são os mandamentos de Deus no coração de uma mulher santa.

Coisas que entristecem. ²⁵Duas coisas me entristecem o coração

e a terceira me irrita:

²⁶um guerreiro que definha na miséria,

---

* **26**,1. Pr 12,4; 31,10s | 12. Pr 6,25

† **26**,8. Trata-se de duas mulheres do mesmo homem; a bigamia era tolerada pela lei, Dt 21,15ss.

839 Eclesiástico 26-27

um homem sábio tratado com desprezo,

27e quem passa da justiça ao pecado; este último, Deus o destina à espada.

28Duas coisas me parecem árduas e perigosas:

dificilmente um comerciante será isento de culpa[+]

e um taberneiro, imune de pecado.

27 Comércio e honestidade.
1Por amor ao lucro muitos pecam;

quem procura enriquecer mostra-se impiedoso[+].

2Como entre as fendas das pedras se finca uma estaca,

assim entre a compra e a venda se insinua o pecado[+].

4Se não te agarras ao temor do Senhor,

tua casa em breve será destruída.

5Quando se balança uma peneira, sobra o refugo;

assim em seu modo de pensar aparecem os defeitos da pessoa.

6O forno prova os vasos do oleiro;

assim a adversidade comprova os justos.

7O fruto demonstra como é cultivada a árvore;[*]

assim a palavra revela o sentimento do homem.

8Não elogies ninguém antes de ele falar,

porque este é o teste das pessoas.

A justiça. 9Se procuras a justiça, tu a alcançarás

e dela te revestirás como de um manto de glória;

habitarás com ela, e ela te protegerá para sempre

e, no dia de prestar contas, encontrarás apoio.

10Os pássaros pousam junto a seus semelhantes;

assim a verdade retorna àqueles que a praticam.

11O leão está sempre à espreita da presa;

assim os pecados espreitam os que praticam a iniquidade.

12A conversa de quem teme a Deus é sempre sábia,

mas o insensato muda como a lua.

13Entre os insensatos mede teu tempo,

mas frequenta assiduamente os que refletem.

14A conversa dos insensatos é odiosa, seu riso é uma devassidão culposa.[*]

15A linguagem de quem muito jura faz arrepiar os cabelos

e suas disputas levam a tapar os ouvidos.

16Contenda entre gente soberba faz derramar sangue,

suas maldições doem aos ouvidos.

Os segredos e a amizade. 17Quem revela os segredos perde a confiança do amigo

e não encontra mais um amigo segundo seu coração.[*]

18Ama o amigo e sê fiel na amizade com ele;

19mas se revelaste seus segredos, não o procures mais;

20porque como alguém que sepultou seu morto,

assim é aquele que perde a amizade de seu próximo.

21Como alguém que solta um pássaro de sua mão,

assim deixaste partir teu amigo e não o recuperarás.

22Não o sigas, porque já está longe; fugiu como uma corça do laço,

porque sua alma está ferida;

23não conseguirás alcançá-lo.

Até da maldição pode haver perdão,

24mas revelar segredos de um amigo é um caso desesperado.

A hipocrisia. 25Quem pisca o olho está tramando o mal,[*]

e quem conhece tal pessoa dela se afasta.

---

* **27**,7. Mt 7,16 | 14. Ecl 7,3-6 | 17. 22,27 | 25. Pr 6,13; 10,10; Sl 35,19

+ **26**,28. Ben Sira considera legítimo o lucro do comerciante, 42,4s, mas adverte contra os perigos da profissão. | **27**,1. Lit. "desvia os olhos". | 2. A NV omitiu o v. 3, que na antiga Vulgata dizia: 3O pecado será eliminado junto com o pecador.

Eclesiástico 27-28

²⁶Em tua presença fala com doçura
e admira o que dizes,
mas depois muda sua linguagem
e te arma insídias com tuas próprias
palavras.
²⁷Detesto muitas coisas, mas nenhuma quanto uma pessoa assim,
e o Senhor também a detesta.
²⁸Se alguém joga uma pedra para
cima, ela lhe cairá na cabeça;
e um golpe traiçoeiro fere o próprio
traidor.
²⁹Quem abre uma cova cairá dentro
dela;*
quem põe uma pedra no caminho do
outro nela tropeçará;
e quem arma uma cilada para alguém nela será apanhado.
³⁰O plano criminoso se volta contra
seu autor,
e ele não saberá de onde lhe vem o
mal.
³¹Sarcasmo e insulto estão reservados para o soberbo;
a vingança, como um leão, o espreita.
³²Serão presos no laço os que se alegram com a queda dos justos;
a dor os consumirá antes que morram.
³³O rancor e a ira são ambos execrá-
veis,
até o pecador os reprime.

28

O perdão. ¹Quem quer vingar-se enfrentará a vingança
do Senhor
que exigirá rigorosas contas de seus
pecados.
²Perdoa ao próximo que te prejudicou*
e assim, ao rezares, teus pecados serão perdoados.
³Se alguém guarda raiva de um outro,
como ousa pedir a Deus a cura?
⁴Se não tem compaixão de seu semelhante,*
como pode pedir perdão por seus
pecados?

⁵Ele, que é apenas um mortal, guarda
rancor
e pede perdão a Deus?
Quem lhe obterá o perdão dos pecados?
⁶Lembra-te de teu fim e cessa de
odiar;*
⁷pensa na corrupção e na morte
e fica fiel aos mandamentos.
⁸Lembra-te dos mandamentos*
e não tenhas rancor de teu próximo;
⁹lembra-te da aliança com o Altíssimo
e ignora a ofensa recebida.

Evitar as disputas. ¹⁰Evita as disputas e
diminuirás os pecados;*
¹¹porque um homem passional provoca disputa,
e o pecador perturba os amigos
e semeia a inimizade entre os que viviam em paz.
¹²O fogo se alastra conforme a madeira da floresta;*
assim a ira da pessoa se inflama conforme seu poder,
e em proporção a sua riqueza cresce
sua cólera.
¹³Uma contenda repentina acende o
fogo,
uma disputa violenta faz derramar
sangue
e a língua que dá testemunho causa
a morte.
¹⁴Se sopras sobre uma fagulha, ela se
acende;
se lhe cospes em cima, ela se apaga;
ambas as coisas saem de tua boca.

A língua maldizente. ¹⁵Maldito o delator e o homem de dupla linguagem,
porque arruinou muitos que viviam
em paz.*
¹⁶A língua maldizente perturbou a
muitos
e os expulsou de nação em nação;
¹⁷destruiu as cidades fortificadas dos
ricos
e arrasou as casas dos grandes;
¹⁸destruiu as forças dos povos
e dispersou nações poderosas.
¹⁹A língua maldizente expulsou de
casa mulheres excelentes,

---

* **27**,29. Pr 26,27; Ecl 10,7; Sl 7,16; 9,16 | **28**,2. Mt 6,12ss; 5,23ss | 4. Mt 18,23-35 | 6. 7,40; 38,21 | 8. Lv
19,17s; Êx 23,4s | 10. Pr 15,18 | 12. Pr 26,20s | 15. Pr 16,28

841 Eclesiástico 28-29

privando-as do fruto de seus trabalhos.

²⁰Quem lhe presta atenção não terá descanso,

nem terá um amigo com quem repousar.

²¹O golpe do chicote produz feridas,*
mas o golpe da língua quebra os ossos.

²²Muitos caíram pelo fio da espada,
mas não tantos quantos pereceram por culpa de sua língua.

²³Feliz quem dela está protegido*
e não passou por sua cólera;
quem não atraiu seu jugo
e não foi preso com suas correntes.

²⁴Pois seu jugo é um jugo de ferro,
e suas correntes, correntes de bronze.

²⁵Terrível é a morte que ela provoca
e, em comparação com ela, é preferível a mansão dos mortos.

²⁶Ela não tem poder sobre os justos,
e estes não serão devorados por sua chama.

²⁷Os que abandonam a Deus lhe serão entregues,
ela os consumirá sem extinguir-se.
Ela se lançará contra eles como um leão,
e como uma pantera os despedaçará.

²⁸Cerca teus ouvidos com espinhos,
não dês atenção à língua perversa
e põe em tua boca uma porta com ferrolhos.

²⁹Guarda com cuidado tua prata e teu ouro,
faze uma balança para pesar tuas palavras
e freios bem ajustados para tua boca.*

³⁰Fica atento para não errar por causa da língua,
para não suceder que caias diante dos inimigos que te armam ciladas
e tua queda seja incurável e mortal.

29

Empréstimos. ¹Emprestar ao próximo é praticar a misericórdia;

quem o socorre observa os mandamentos†.

²Empresta ao próximo quando ele precisa,
e por tua vez restitui ao próximo no tempo combinado.

³Mantém a palavra e sê leal com ele:
assim acharás em todo momento o que necessitas.

⁴Muitos consideram como coisa achada o que pediram emprestado*
e causam aborrecimentos aos que os ajudaram.

⁵Antes de receber, cada um beija as mãos do doador
e fala com humildade sobre as riquezas do amigo;

⁶mas, chegada a hora de restituir, pede um prazo,
manifesta seu enfado, recrimina e culpa as circunstâncias.

⁷Se pode pagar, faz dificuldade;
paga apenas a metade da dívida
e a considera como coisa achada.

⁸Caso contrário, o credor fica fraudado de seu dinheiro
e ganhará sem motivo um inimigo;

⁹Paga-lhe com injúrias e maldições
e devolve insultos em vez da honra e do benefício.

¹⁰Muitos recusam emprestar não por maldade,
mas por medo de serem defraudados sem razão.

Caridade. ¹¹Todavia sê magnânimo com o indigente*
e não o faças esperar demais pela esmola.

¹²Por causa do mandamento, socorre o pobre
e, por causa de sua indigência, não o despeças de mãos vazias.

¹³Perde dinheiro em favor de um irmão e amigo,
não o escondas debaixo de uma pedra para ficar perdido.

¹⁴Dispõe das riquezas conforme os preceitos do Altíssimo*
e te serão mais úteis que o ouro.

---

* **28**,21. Pr 25,15 | 23. Sl 31,21 | 29. 22,33; Pr 13,3 | **29**,4. 8,15 | 11. 3,33-4,11; 7,36-40; Tb 12,8s; Mt 6,19-21; 19,21; Dt 15,11 | 14. Mt 6,19ss; Tg 5,3
† **29**,1. Pela lei, os hebreus não podiam cobrar juros uns dos outros, Êx 22,24; Lv 25,36.

Eclesiástico 29-30

¹⁵Encerra a esmola no coração do pobre*
e ela rogará por ti para te preservar de todo mal†.

¹⁸Melhor que um escudo resistente e uma lança pesada,
combaterá por ti diante do inimigo.

Fiança. ¹⁹O homem de bem se faz fiador de seu próximo,*
mas aquele que perdeu toda a vergonha o abandona.

²⁰Não esqueças o benefício de teu fiador,
porque ele arriscou a vida por ti†.

²²O pecador dilapida os bens de seu fiador,
e o ingrato abandona quem o salvou†.

²⁴A fiança arruinou muitas pessoas honestas,
sacudiu-as como as ondas do mar.

²⁵mandou para o exílio homens poderosos,
obrigados a vaguear entre gente estrangeira.

²⁶O pecador, transgredindo os mandamentos do Senhor,
compromete-se com fianças
e, procurando obter lucros, será envolvido em processos.

²⁷Ajuda teu próximo segundo tua possibilidade
e cuida de ti mesmo para não caíres.

Frugalidade e hospitalidade. ²⁸Isto basta para viver: água, pão, roupa
e uma casa para garantir a privacidade.

²⁹É melhor uma vida de pobre sob um teto de tábuas
do que esplêndidos banquetes no estrangeiro sem ter onde morar.

³⁰Contenta-te com o pouco ou o muito que tens
e não te sentirás tratado como estranho.

³¹Triste vida a de quem anda de casa em casa:*
onde for recebido, não pode agir com liberdade nem abrir a boca.

³²Serás recebido como um estranho, comerás e beberás sem prazer
e além disso escutarás coisas amargas como estas:

³³"Vem, forasteiro, prepara a mesa,
se tens alguma coisa na mão, dá-me de comer".

³⁴"Cede o lugar a um outro mais importante!
Meu irmão será meu hóspede, preciso da casa".

³⁵Estas coisas são duras para uma pessoa de bom senso:
repreensões por ser estrangeiro e os insultos de um credor.

30

Educação dos filhos. ¹Quem ama seu filho usa com frequência a vara*
para alegrar-se com ele mais tarde.

²Quem educa seu filho terá vantagem com ele
e dele poderá orgulhar-se com seus familiares.

³Quem ensina seu filho deixará com inveja o inimigo
e diante dos amigos poderá gloriar-se dele.

⁴Se morre o pai, é como se não morresse,*
porque deixa depois de si um seu semelhante.

⁵Durante a vida ele se alegrava ao vê-lo,
no momento da morte não se afligiu nem ficou envergonhado diante dos inimigos,

⁶pois deixou alguém que defende a casa contra os inimigos
e retribui os benefícios dos amigos.

⁷Quem mima um filho depois terá de enfaixar-lhe as feridas,
e a cada gemido suas entranhas se comoverão.

⁸Um cavalo não domado se torna obstinado;
um filho deixado a si mesmo se torna atrevido.

---

* **29**,15. Tb 4,9ss; Mt 6,19s; Lc 16,9 | 19. 8,16; Pr 6,1 | 31. Pr 27,8 | **30**,1. Pr 13,24; 23,13s; 29,15 | 4. Tb 9,6

† **29**,15. Os vv.16-17 estão omitidos tanto na Nova Vulgata como na antiga. | 20. A NV omite o v. 21 que diz: ²¹O pecador e o imundo fogem de seu fiador. | 22. A NV omite o v. 23 que diz: ²³Um homem se faz fiador de seu próximo, mas este perde todo o pudor e o abandona.

843   Eclesiástico 30-31

⁹Mima o filho, e ele te causará pavor,
brinca com ele, e te dará desgostos.
¹⁰Não rias com ele para que não sofras
e no fim não te faça ranger os dentes.
¹¹Não lhe dês liberdade na juventude,
não feches os olhos a seus erros.
¹²Obriga-o a curvar o pescoço enquanto jovem
e bate-lhe nas costas enquanto
criança,
para não suceder que fique teimoso
e te desobedeça,
e tu sintas uma dor profunda.
¹³Educa teu filho e cuida dele,
para que não te aborreças com sua
insolência.

A saúde. ¹⁴É melhor um pobre sadio e
forte
do que um rico fraco e atribulado em
seu físico†.
¹⁵A saúde do corpo vale mais que
todo ouro e prata,
e um ânimo robusto mais que uma
imensa fortuna.
¹⁶Não há riqueza melhor que a saúde
do corpo
nem contentamento superior à alegria do coração.
¹⁷É melhor a morte que uma vida
amarga,
o repouso eterno que uma longa doença.
¹⁸Manjares oferecidos a uma boca
fechada:
assim são as ofertas de iguarias
postas à beira de um túmulo.
¹⁹Para que serve ao ídolo a libação?
Ele não come nem sente o cheiro;*
²⁰assim é aquele que é expulso pelo
Senhor
levando a paga da iniquidade;
²¹observa com os olhos e geme,
como um eunuco que abraça uma
virgem e suspira.*

Ansiedade e alegria. ²²Não entregues
tua alma à tristeza,
não te atormentes com teus pensamentos.

²³A alegria do coração é vida para o
homem
e um inesgotável tesouro de santidade.
A alegria de um homem prolonga
sua vida.
²⁴Sê indulgente para contigo e consola teu coração;
expulsa para longe a tristeza.
²⁵Pois a tristeza já matou muita gente
e nela não há nada de útil.
²⁶A inveja e a ira abreviam os dias,
a preocupação antecipa a velhice.
²⁷Um coração luminoso e bom vive
em festa,*
pois seus banquetes são preparados
com capricho.

31 **As riquezas.** ¹A insônia do rico
arruína o corpo
e suas preocupações não o deixam
dormir.
²A inquietação pelo sustento tira o
sono,
como uma grave doença desperta
do sono.
³O rico trabalha para ajuntar riquezas
e, quando repousa, goza de suas delícias.
⁴O pobre trabalha levando uma vida
de penúria
e, se descansa, cai na indigência.
⁵Quem ama o ouro não será isento
de culpa,*
quem persegue o lucro por ele se ex-
traviará.
⁶Muitos caíram em ruína por causa
do ouro;
a ruína deles estava a sua frente.
⁷O ouro é uma armadilha para os
que lhe sacrificam;
infelizes daqueles que vão atrás dele:
por ele será apanhado todo imprudente.
⁸Feliz o rico que se encontra sem
mancha
e que não corre atrás do ouro.
⁹Quem é ele, para que possamos
louvá-lo?
Porque fez prodígios no meio de seu
povo.

---

* **30**,19. Dt 4,28; Sl 115,4-7; Is 40,20 | 21. 20,3 | 27. Pr 15,15 | **31**,5. Pr 28,20

† **30**,14. Saúde é a maior riqueza.

Eclesiástico 31

844

¹⁰Quem passou por essa prova, revelando-se perfeito?

Glória eterna lhe está reservada.

Quem, podendo transgredir a lei, não a transgrediu

e, podendo fazer o mal, não o fez?

¹¹Por isso seus bens serão consolidados no Senhor

e toda a assembleia dos santos celebrará sua beneficência.

Sobre a temperança. ¹²Estás sentado à frente de uma mesa farta?*

Não sejas o primeiro a abrir a boca diante dela,

¹³nem digas: "Que abundância!"

¹⁴Lembra-te de que o olhar ávido é coisa má†

e o próprio Deus o detesta.

¹⁵Que coisa pior que o olho foi criada?

Por isso ele derrama lágrimas de todas as faces.

¹⁶Para onde alguém olhar, não estendas a mão por primeiro

para que não cores, envergonhado por tua cobiça.

¹⁷Não te encontres com ele no mesmo prato.

¹⁸Julga os desejos do próximo pelos teus

e reflete sobre toda coisa.

¹⁹Serve-te com sobriedade dos pratos oferecidos

para que não te tornes odioso comendo muito.

²⁰Sê o primeiro a terminar por educação,

não sejas guloso para não dares má impressão.

²¹Se estiveres sentado no meio de muitos,

não estendas a mão antes deles,

nem sejas o primeiro a pedir de beber.

²²Quão pouco vinho é suficiente para um homem instruído!*

Assim, ao dormires não te causará dano nem sentirás dor.

²³Insônia, cólica e dor de estômago aguardam quem é guloso;

²⁴um sono salutar é para a pessoa sóbria:

dorme até de manhã e está contente consigo mesma.

²⁵Mas se foste obrigado a comer demais,

levanta-te, vai vomitar e ficarás aliviado†

e não te exporás à doença.

²⁶Escuta-me, filho, e não me desprezes,

mais tarde compreenderás minhas palavras.

²⁷Em todas as ações sê moderado

e nenhuma doença te sobrevirá.

²⁸Os lábios de muitos louvarão quem oferece mesa farta;

e verdadeiro é o testemunho de sua bondade.

²⁹Mas a cidade criticará aquele que é mesquinho em banquetes;

e certo é o testemunho de sua avareza.

³⁰Não te faças de valente com o vinho,*

porque ele levou muitos à ruína.

³¹A fornalha prova a têmpera do ferro em brasa;

assim, nas disputas, o vinho prova os corações dos arrogantes.

³²O vinho é como a vida para as pessoas,

contanto que o bebas com moderação.

³³Que vida é a daquele que não tem vinho?

³⁴O que é que nos priva da vida? A morte.

³⁵Desde o início o vinho foi criado para a alegria*

e não para a embriaguez.

³⁶Alegria da alma, júbilo e prazer do coração*

é o vinho bebido com moderação a seu tempo.

³⁷A sobriedade no beber é a saúde da alma e do corpo.

---

* **31**,12. Pr 23,1ss.6ss | 22. Pr 13,25 | 30. Pr 20,1; 23,20ss.29-35; 31,4-7; Is 5,22; 28,1-4 | 35. Sl 104,15 | 36. Jz 9,13; 1Tm 5,23

† **31**,14. Ver a nota em 20,14. | 25. Trata-se de um caso fortuito e não de uma prática habitual como faziam os romanos.

Eclesiástico 31-32

³⁸O vinho bebido em excesso causa irritação,
ira e muitas desgraças.
³⁹O vinho tomado em demasia é amargura da alma
com irritação e ruína.
⁴⁰A embriaguez aumenta o furor do imprudente e o faz cair,
diminui suas forças e lhe causa feridas.
⁴¹Num banquete com vinho não repreendas o vizinho,
nem o desprezes em sua alegria;
⁴²não lhe dirijas palavras de censura e não o atormentes com reclamações.

32 Chefes da mesa†. ¹Foste colocado como dirigente da festa? Não te envaideças;
comporta-te no meio dos outros como um deles.
²Cuida deles e depois senta-te;
e, quando tiveres terminado tua tarefa, toma teu lugar
³para te alegrares com eles;
receberás a coroa por tua cortesia
e ganharás a consideração dos convidados.
⁴Fala, tu que és o mais idoso, pois convém
⁵que sejas o primeiro a falar com acurada ciência,
mas sem impedir a música†.
⁶Num banquete, não prolongues o discurso
e não faças importuna ostentação de sabedoria.
⁷Como pedra de rubi sobre ornamento de ouro
é um concerto musical num banquete com vinho.
Conduta dos jovens. ⁸Como sinete de esmeralda engastada em ouro,
assim é um conjunto de músicos com vinho alegre e moderado.
⁹Ouve em silêncio, e por teu respeito obterás simpatia.

¹⁰Adolescente, fala de teus assuntos uma só vez;
¹¹duas vezes, se fores interrogado.
¹²Resume teu discurso, muitas coisas em poucas palavras;
comporta-te como alguém que sabe mas se cala.
¹³Entre os grandes não sejas presunçoso
e, onde há idosos, não fales muito.
¹⁴Como antes do trovão vem o relâmpago,*
assim a simpatia precede o homem modesto.
¹⁵Na hora de levantar-te, não fiques por último;
sê o primeiro a correr para casa
e lá te diverte e brinca.
¹⁶Faze o que desejas,
mas não peques com palavras arrogantes.
¹⁷Por tudo isso glorifica o Senhor que te criou
e te cumula de todos os seus bens.
A lei de Deus. ¹⁸Quem teme o Senhor aceitará a instrução;
os que o procuram desde a aurora receberão sua bênção.
¹⁹Quem busca a Lei será por ela saciado,
mas quem procede com falsidade nela tropeçará.
²⁰Os que temem o Senhor terão um juízo justo
e farão brilhar suas boas ações como luzes.
²¹O pecador evita a repreensão,
encontra desculpas conforme seus caprichos.
²²Um homem sensato não despreza os conselhos;
o estrangeiro ou o soberbo não sentem nenhum temor†.
²⁴Filho, não faças nada sem reflexão
e não te arrependerás depois de teres agido.
²⁵Não andes por um caminho de perdição

---

* **32**,14. Pr 15,33; 18,12

† **32**. Para os banquetes, os gregos costumavam escolher um mestre-sala, encarregado de marcar os lugares dos hóspedes, preparar o cardápio e escolher o vinho, 2Mc 2,27: Jo 2,8ss. | 5. Nos banquetes era importante deixar tempo para a parte artística.

Eclesiástico 32-33

para não tropeçar duas vezes nas pedras.

Não te metas num caminho desconhecido

para não buscar para ti mesmo ocasião de queda.

²⁶Guarda-te também de teus filhos
e toma cuidado com teus familiares.

²⁷Em tudo quanto fizeres confia em ti mesmo,*

porque isto é observar os mandamentos.

²⁸Quem crê na Lei observa os mandamentos

e quem confia no Senhor não sofrerá dano.*

33

O sábio ama a lei de Deus.
¹A quem teme o Senhor não acontece nenhum mal,*

mas Deus o protegerá na tentação e o livrará dos males.

²Um homem sábio não detesta os mandamentos

nem as normas da justiça

é não será destroçado como um navio na tempestade.

³O homem sensato crê na palavra de Deus,

a Lei para ele é digna de fé como um oráculo.

⁴Prepara tuas palavras e assim serás ouvido no que pedires;

conserva a disciplina e depois responde.

⁵Os sentimentos do insensato são como roda de carro,

e seu raciocínio é como o eixo que gira.

⁶Amigo zombador é como um cavalo no cio:

relincha debaixo de qualquer um que o monta.

Disposições de Deus. ⁷Por que um dia é mais importante que outro,

se toda a luz do ano vem do mesmo sol?

⁸Foi a ciência do Senhor que os tornou diferentes

⁹e distinguiu os tempos e seus dias festivos.

¹⁰Deus exaltou e engrandeceu alguns deles

e deixou outros no número dos dias comuns.

Também os homens provêm todos do mesmo solo

e da terra foi criado Adão.

¹¹Em sua grande sabedoria, o Senhor os distinguiu

e determinou-lhes diversos destinos:

¹²alguns ele abençoou e exaltou,*

outros, os santificou e tomou para si,

outros, os amaldiçoou e humilhou

e os derrubou de suas posições.

¹³Como a argila está nas mãos do oleiro,*

que a molda e a dispõe como lhe apraz,

¹⁴assim o homem está nas mãos daquele que o fez,

o qual lhe retribuirá segundo seu julgamento.

¹⁵Diante do mal está o bem,

diante da morte, a vida;

assim diante do justo, o pecador.

Considera assim todas as obras do Altíssimo:*

duas a duas, uma oposta à outra.

A obra do autor. ¹⁶Eu, o último a chegar,

velei como quem cata uvas atrás dos vindimadores.

¹⁷Com a bênção de Deus chego adiantado

e, como um vindimador, enchi meu lagar.

¹⁸Vede que não me cansei apenas por mim,

mas para todos os que buscam a instrução.

¹⁹Escutai-me, chefes do povo,

e vós, dirigentes da assembleia, prestai atenção†.

Ao pai de família. ²⁰Ao filho e à esposa, ao irmão e ao amigo

não dês poder sobre ti enquanto vives.

Não dês aos outros teus bens

para que depois não te arrependas e tenhas de pedi-los de volta.

---

* **32,**27. Pr 13,3; 16,17; 22,5; Dt 4,9 | 28. Pr 19,16 | **33,**1. Jó 5,19; Pr 12,21; Sl 1; 91 | 12. 1Sm 2,6ss; Lc 1,51ss; Eclo 10,17s | 13. Is 29,16; Rm 9,21 | 15. 42,25s; Ecl 3,1-8

847 Eclesiástico 33-34

²¹Enquanto vives e respiras,
não te deixes dominar por ninguém.
²²É melhor que os filhos te peçam
do que teres de depender das mãos deles.
²³Em todas as tuas ações mantém tua autoridade,
²⁴não permitas que se manche teu bom nome.
Quando chegar o fim dos dias de tua vida,
no momento da morte, distribui tua herança.
Os escravos. ²⁵Para o jumento, feno, vara e carga;*
para o escravo, pão, disciplina e trabalho.
²⁶Faze o trabalho por meio do escravo e encontrarás repouso;
deixa suas mãos livres e procurará a liberdade.
²⁷Canga e correia dobram o pescoço,
e o trabalho contínuo torna dócil o escravo.
²⁸Para o escravo malévolo, tortura e grilhões;
manda-o trabalhar para que não fique ocioso,
²⁹porque a ociosidade ensina muitas coisas más.
³⁰Ocupa-o com o trabalho como lhe convém
e, se não obedecer, submete-o com grilhões.*
mas não cometas excessos com ninguém
e nada faças de grave contra a justiça.
³¹Se tens um único escravo, estima-o como a ti mesmo,
porque tens tanta necessidade dele como de tua própria vida.
Se tens um único escravo, trata-o como irmão*
para não te irritares contra o sangue de tua vida.

³²Se tu o maltratas sem motivo, ele fugirá;
³³e se ele te deixar,
não sabes por qual caminho procurá-lo.

34

Vaidade dos sonhos†. ¹Esperanças vãs e enganadoras são próprias do insensato,
os sonhos dão asas aos imprudentes.
²Como alguém que agarra a sombra
e persegue o vento,
assim é quem acredita em sonhos.
³Uma coisa que reflete outra: isto é o sonho;
é a imagem de um rosto diante do mesmo rosto.
⁴Do impuro o que pode sair de puro?*
E que verdade pode provir do mentiroso?
⁵Adivinhações, horóscopos e sonhos são coisas vãs,*
⁶e fantasias da mente, como as de uma parturiente.
A não ser que provenham de uma intervenção do Altíssimo,
não permitas que disto se ocupe tua mente.
⁷Pois os sonhos já fizeram muitos errar,
caíram os que neles esperaram.
⁸A palavra da Lei se cumprirá sem mentira,
e a sabedoria é perfeita na boca de quem é sincero.
Viagens. ⁹Quem viaja aprende muitas coisas,
e quem tem muita experiência fala com inteligência.
¹⁰Quem não tem experiência conhece pouco,
quem viaja aumenta a perspicácia†
¹²Vi muitas coisas em minhas viagens
e compreendi muitas coisas;
¹³algumas vezes corri perigo de morte†,
mas fui salvo graças a essas coisas.

---

* **32**,25. Pr 26,3 | 30. Pr 29,19 | 31. 7,22 | **34**,4. Jó 14,4 | 5. Ecl 5,6 | 19. 15,20; Sl 33,18; 34,16

† **33**,22. A NV omite o v. 23: Mesmo quando agiu sozinho e sem pedir conselho, ele será acusado por seus ultrajes. | 19. Os chefes da comunidade ou os chefes das sinagogas. | **34**. Os sonhos aparecem na história bíblica, p. ex. Gn 28,10-17, mas o uso que deles fizeram os falsos profetas, Dt 13,2-6, lançou sobre eles o descrédito. | 10. A NV omite o v. 11: Que sabe aquele que não foi tentado? Mas quem foi enganado terá grande sagacidade. | 13. Os sábios viajavam para adquirir experiência. Ben Sira atribui sua salvação à proteção divina, v.13-17; 51,2-12.

Eclesiástico 34-35

Temor de Deus. [14]O espírito daqueles que temem o Senhor viverá,
sob seu olhar será abençoado.
[15]Pois sua esperança está posta naquele que os salva,
e os olhos de Deus estão sobre os que o amam.
[16]Quem teme o Senhor não tem medo de nada
e não se apavora, porque ele é sua esperança.
[17]É feliz quem teme o Senhor;
[18]para quem ele olha? quem é seu baluarte?
[19]Os olhos do Senhor estão sobre os que o temem:*
poderoso protetor, apoio sólido,
abrigo contra o calor, sombra ao meio-dia,
[20]defesa contra os obstáculos e amparo na queda;
eleva a alma e ilumina os olhos,
concede saúde, vida e bênção.
[21]O Senhor se dá só aos que o esperam pacientemente
no caminho da verdade e da justiça.

Sacrifícios não agradáveis a Deus.
[22]Sacrifício de uma coisa mal adquirida é uma oferta impura;
as dádivas dos injustos não são bem aceitas.
[23]O Altíssimo não aprova as oferendas dos iníquos,
não olha para as oblações deles
e não lhes perdoará os pecados por causa da multidão de seus sacrifícios.*
[24]Quem oferece um sacrifício com os bens dos pobres
é como se sacrificasse um filho diante de seu pai.
[25]O pão dos necessitados é a vida dos pobres,
tirá-lo deles é cometer um assassínio.
[26]Quem toma de alguém o pão de seu trabalho
é como quem mata seu próximo.
[27]Derrama sangue quem priva o operário de seu sustento.*
[28]Um edifica, o outro destrói:*
que proveito tira além da fadiga?
[29]Um reza, o outro amaldiçoa:
qual das duas vozes Deus escutará?
[30]Quem se lava depois de ter tocado um morto e depois o toca de novo:*
que utilidade há em semelhante ablução?
[31]Assim o homem que jejua por seus pecados
e depois os comete de novo.
Quem ouvirá sua oração?
De que lhe serve ter-se humilhado?

35 **Sacrifícios aceitos**†. [1]Quem observa a Lei faz numerosas ofertas;
[2]é sacrifício salutar* cumprir os mandamentos†.
[4]Quem retribui um favor é como quem oferece flor de farinha;*
quem dá esmola oferece um sacrifício de louvor.*
[5]Abster-se do mal é coisa agradável ao Senhor;
é sacrifício expiatório abster-se da injustiça.*
[6]Não te apresentes de mãos vazias diante do Senhor,
[7]pois tudo isto se faz por causa do mandamento de Deus.
[8]A oferta do justo enriquece o altar,
seu perfume suave sobe à presença do Altíssimo.*
[9]O sacrifício do justo é aceito,
e o Senhor não esquecerá sua memória.*
[10]Dá glória a Deus de bom ânimo,
não diminuas as primícias que ofereces.*
[11]Faze todas as tuas ofertas com rosto alegre,*
e consagra com satisfação o dízimo.*
[12]Dá ao Altíssimo conforme o que dele recebeste,

---

* **34**,23. Am 5,21 | 27. Lv 19,13 | 28. Dt 24,14s; Jr 22,13 | 30. Nm 29,11 | **35**,2. Lv 3,1 | 4. Lv 2,1 / Lv 7,11 | 5. Lv 16,1 | 8. Êx 29,18 | 9. Lv 2,1ss | 10. Dt 26,1 | 11. 2Cor 9,7 / Dt 14,22 | 12. Dt 12,6; 14,23; 26,12-15

† **35**. As boas obras são o melhor culto, o culto espiritual, Rm 12,1. | 2. A NV omitiu v. 2b e 3: [2b]e afastar-se de toda iniquidade. [3]Afastar-se da injustiça é oferecer um sacrifício de propiciação.

849 Eclesiástico 35-36

dá de bom ânimo segundo tuas posses,*
[13]porque o Senhor é alguém que retribui,
e sete vezes mais te dará.
[14]Não procures corrompê-lo com teus dons,
porque não os aceitará.
[15]E não confies num sacrifício injusto,
porque o Senhor é juiz*
e não faz distinção de pessoas.
[16]Não é parcial em detrimento do pobre,*
antes escuta a oração do oprimido.
[17]Não despreza a súplica do órfão*
nem da viúva, quando desabafa com gemidos[†].
[18]As lágrimas da viúva não correm por suas faces?
E seu grito não é contra quem a faz derramá-las?
[19]Pois de sua face sobem até o céu,
e o Senhor, que a ouve, não terá prazer em vê-las.

A oração do aflito. [20]Quem adora a Deus será acolhido com benevolência
e sua oração chegará até as nuvens.
[21]A oração do humilde penetra as nuvens:
não se dá descanso até que atinge a meta;*
não desiste até que o Altíssimo intervenha,
e o justo juiz faça justiça.
[22]O Senhor não tardará
e o Fortíssimo não terá paciência
enquanto não tiver quebrado o dorso dos homens cruéis
[23]e se tiver vingado das nações;
enquanto não tiver extirpado a multidão dos soberbos
e quebrado o cetro dos iníquos;
[24]enquanto não tiver retribuído a cada um conforme suas ações
e julgado as obras dos homens segundo sua presunção;

[25]Assim fará justiça a seu povo
e o alegrará com sua misericórdia.
[26]Bela é a misericórdia no tempo da aflição:
é como nuvens portadoras de chuva em tempo de seca.

36

Oração pela salvação de Israel[†]. [1]Tende piedade de nós,
Deus do universo, olhai para nós
e mostrai-nos a luz de vossas misericórdias;
[2]infundi vosso temor sobre as nações*
que não vos procuram,
para que saibam que não há outro Deus senão vós
e proclamem vossas maravilhas.
[3]Levantai vossa mão contra as nações estrangeiras,
para que vejam vosso poder.
[4]Como a seus olhos mostrastes vossa santidade no meio de nós,*
assim a nossos olhos mostrai-vos grande entre elas[†],
[5]para que reconheçam, como nós reconhecemos,*
que não há Deus além de vós, Senhor[†].
[6]Renovai os sinais e fazei novos prodígios,
[7]glorificai vossa mão e fortalecei vosso braço direito,
[8]despertai vosso furor e derramai vossa ira,*
[9]destruí o adversário e aniquilai o inimigo.
[10]Apressai o tempo[†] e lembrai-vos de vosso desígnio,
para que sejam proclamadas vossas maravilhas.
[11]Que um fogo vingador devore quem procura escapar;
os opressores de vosso povo encontrem a perdição.

---

* **35**,15. Dt 10,17; Jó 34,19 | 16. Pr 24,23 | 17. Êx 22,21ss; Pr 23,10s | 21. Jó 16,18 | **36**,2. Jr 10,25; Sl 79,6 | 4. Ez 28,22; 38,23 | 5. Dt 32,39; Is 45,14; 1Rs 8,43; 1Cr 17,20 | 8. Sl 79,6

† **35**,17. O pobre, o órfão e a viúva são por excelência os protegidos de Deus. | **36**. Pede pela restauração de Israel, pelo retorno das tribos à terra prometida, pela conversão dos pagãos. | 4. Deus mostrou-se santo castigando Israel por suas faltas e se mostrará grande castigando as nações opressoras. | 5. Notar o espírito missionário do autor: que o conhecimento do Deus único não seja o privilégio de Israel. **36**,10. O tempo da salvação, Is 60,22.

Eclesiástico 36-37

¹²Esmagai as cabeças dos chefes inimigos,
que dizem: "Não há ninguém fora de nós".
¹³Reuni todas as tribos de Jacó,
restituí-lhes a herança como era no princípio.
¹⁴Tende piedade de vosso povo que traz vosso nome*
e de Israel que tratastes como um primogênito.
¹⁵Tende piedade de vossa cidade santa,
de Jerusalém, lugar de vosso repouso.*
¹⁶Enchei Sião de vossa majestade,
vosso templo, de vossa glória.
¹⁷Dai testemunho em favor daqueles
que desde o princípio são criaturas vossas
e cumpri as profecias feitas em vosso nome.
¹⁸Recompensai os que esperam em vós,
para que sejam acreditados vossos profetas.
E escutai as orações de vossos servos,
¹⁹conforme a benevolência que tendes para com vosso povo,
e conduzi-nos pelo caminho da justiça;
saibam todos os que habitam a terra
que vós sois o Deus dos séculos†.

Escolha da esposa. ²⁰O ventre aceita todo tipo de comida,
no entanto um alimento é preferível a outro;
²¹O paladar distingue pelo sabor a caça,
assim uma mente sensata distingue as palavras mentirosas.
²²Um coração perverso é causa de tristeza,
mas uma pessoa experiente saberá retribuir-lhe.
²³A mulher aceita qualquer marido,
mas uma jovem é melhor que uma outra†.

²⁴A beleza de uma mulher alegra o rosto do marido
e ultrapassa todo desejo do homem.
²⁵Se, ademais, houver em sua língua
cuidado, doçura e misericórdia,*
seu marido não é como os homens comuns.
²⁶Quem possui uma mulher virtuosa possui a melhor riqueza,
um auxílio adequado a ele e uma coluna de apoio.*
²⁷Onde não há cerca, a vinha é saqueada,
onde não há mulher, o homem geme e vagueia.*
²⁸Quem confia naquele que não tem um ninho
e repousa onde a noite o surpreende,
como um ladrão ágil que corre de cidade em cidade?

37

Os amigos. ¹Todo amigo diz:
"Eu também sou teu amigo",*
mas existe amigo que só o é de nome.
Não é uma dor quase mortal
²um companheiro e um amigo que se torna inimigo?
³Ó inclinação malvada, de onde surgiste*
para cobrir a terra com tua malícia e tua perfídia?
⁴Há companheiro que se alegra com o amigo na felicidade,
mas no tempo da tribulação se torna seu adversário.
⁵Há companheiro que sofre com o amigo por causa da comida,
mas diante do inimigo tomará o escudo.
⁶Não te esqueças do amigo em teus pensamentos,*
não te esqueças dele quando fores rico.

Os conselheiros. ⁷Nao te aconselhes com quem te arma ciladas
e esconde teus planos dos que te invejam.

---

* **36**,14. Êx 4,22; Dt 7,6 | 15. 2Sm 5,9 | 25. Pr 15,4 | 26. Gn 2,18 | 27. Gn 4,12 | **37**,1. Pr 20,6 | 3. 17,30; 21,12; Gn 3,22; 4,7 | 6. Pr 27,10

† **36**,19. Na Bíblia, o lamento dos sofredores nunca termina no desespero, mas é sempre aberto à esperança, porque na base da oração está a certeza de que Deus não abandona seus filhos (João Paulo II). | 23. Entre os antigos, era o homem que escolhia a mulher, e a esta só restava aceitar o que fora combinado.

851   Eclesiástico 37

[8]Todo conselheiro dá sua opinião,
mas há conselheiro que só visa seu próprio interesse.

[9]Guarda-te do conselheiro:

procura saber primeiro quais são suas aspirações

– pois ele pensará em si mesmo –

[10]para que não lance a sorte a teu respeito e diga:

[11]"Estás no bom caminho".

E depois se coloca do outro lado para ver o que te acontecerá.

[12]Não peças conselho a um invejoso

e esconde teus planos de quem tem ciúme de ti.

Não te aconselhes com uma mulher sobre sua rival,

nem com um medroso sobre a guerra,

nem com um comerciante sobre um negócio,

nem com um comprador sobre venda,*

com um invejoso sobre gratidão,

[13]nem com um homem sem coração sobre um gesto de bondade,

nem com uma pessoa desonesta sobre honestidade,

nem com um trabalhador preguiçoso sobre qualquer trabalho,

[14]nem com um operário contratado por ano sobre o término da obra,

nem com um escravo preguiçoso sobre uma grande tarefa:

não os procures para nenhum conselho.

[15]Ao contrário, frequenta alguém que teme a Deus,*

que reconheces como observante dos mandamentos,

[16]cuja alma é como tua alma

e que, se tropeçares, saberá compadecer-se.

[17]E confia no conselho de teu coração,

porque ninguém te será mais fiel que ele.

[18]O coração do homem às vezes percebe

melhor do que sete sentinelas postadas no alto para vigiar.

[19]Acima de tudo isto, reza ao Altíssimo*

para que guie tua caminhada na verdade.

Falsa e verdadeira sabedoria. [20]Que uma palavra de verdade preceda todos os teus atos

e, antes de cada ação, uma decisão firme.

[21]A raiz das decisões é o coração

do qual nascem estes quatro ramos:

o bem e o mal, a vida e a morte,*

mas é sempre a língua que os domina.

[22]Há quem seja hábil para ensinar a muitos,

mas é inútil para si mesmo.

[23]Há quem fale com sutilezas e é odiado:*

a este faltará todo alimento agradável.

[24]Não lhe foi concedido o favor do Senhor,

porque está desprovido de toda sabedoria.

[25]Há quem seja sábio para si mesmo,

e os frutos de seu bom senso são para seu corpo.

[26]O sábio instrui seu povo,

e os frutos de sua ciência são seguros.

[27]O sábio será repleto de bênçãos,

e todos os que o virem o proclamarão bem-aventurado.

[28]A vida do homem tem os dias contados,

mas os dias de Israel são sem número.

[29]O sábio herdará honra entre seu povo,

e seu nome viverá para sempre.

Temperança. [30]Filho, em tua vida prova-te a ti mesmo e considera:

se algo a prejudica, não lha concedas.

[31]De fato, nem tudo convém a todos*

e nem todos aprovam todas as coisas.

---

* **37**,12. Pr 20,14 | 15. 9,22 | 19. Pr 16,9 | 21. Pr 18,21 | 23. 9,25 | 31. 1Cor 3,2; 6,12; 10,23; Hb 5,12

† **38**,1. É uma concepção avançada da medicina, pois antes os hebreus pensavam que era Deus que provocava as doenças e que só Ele podia curar, Êx 15,26. Recorrer ao médico seria contestar a justiça divina. O autor aconselha o doente a rezar e a arrepender-se dos pecados também.

Eclesiástico 37-38

³²Não sejas guloso em banquete algum,

nem te lances sobre as iguarias;

³³porque o abuso na comida gera doença,

e a intemperança causa cólicas.

³⁴Muitos têm morrido por causa da gula,

mas quem se controla prolongará sua vida.

38

Médico e doença. ¹Honra o médico, porque ele é necessário,

pois foi o Altíssimo que o criou†.

²De Deus lhe vem a sabedoria

e do rei ele recebe presentes.

³A ciência do médico o faz andar de cabeça erguida,

e ele é louvado entre os poderosos.

⁴Da terra o Altíssimo criou os remédios,

e quem é prudente não os despreza.

⁵A água amarga não se tornou doce por meio de um pedaço de madeira,*

para que os homens reconhecessem o poder de Deus?

⁶O Altíssimo deu aos homens a ciência

para que pudessem honrá-lo por suas maravilhas.

⁷Com elas o médico acalma a dor

e o farmacêutico prepara os produtos;

assim suas obras não ficam inacabadas

⁸e a saúde se difunde sobre a terra.

⁹Filho, se adoeceres, não te descuides,

mas reza ao Senhor e ele te dará a cura.

¹⁰Evita as faltas, conserva puras tuas mãos

e purifica teu coração de todo pecado.

¹¹Oferece incenso, a oblação de flor de farinha

e a gordura das vítimas conforme tuas possibilidades.*

Recorre depois ao médico,

¹²pois foi o Senhor que o criou;

e não esteja longe de ti, porque necessitas de seu serviço.

¹³Há casos em que a cura está nas mãos dele.

¹⁴Também eles rogarão ao Senhor,

para que os guie no diagnóstico certo

e faça acontecer a cura.

¹⁵Peca contra o próprio Criador

aquele que quer mostrar-se valente diante do médico†.

No tempo de luto†. ¹⁶Filho, derrama lágrimas por um falecido

e entoa um lamento como alguém que sofre cruelmente;

depois sepulta o corpo segundo o rito

e não descuides de sua sepultura.

¹⁷Chora amargamente e faze a lamentação

¹⁸e observa o luto conforme ele merece:

um dia ou dois, para evitar comentários,

depois consola-te da tristeza.

¹⁹Com efeito, a tristeza apressa a morte,

e a tristeza do coração diminui a força.

²⁰Na solidão a tristeza permanece,

e o coração maldiz uma vida de pobre.

²¹Não abandones teu coração à tristeza,

mas afasta-a de ti pensando em teu fim.*

²²Não penses mais no morto, pois não haverá retorno;

de nada lhe servirás e farás mal a ti mesmo.

²³Recorda-te de sua sentença, que será também a tua:

ontem para mim e hoje para ti.

²⁴No repouso do morto deixa repousar também sua lembrança;

consola-te a seu respeito, quando seu espírito houver partido.

---

* **38**,5. Êx 15,23ss | 11. 35,4.8 | 21. 7,40; 28,6

† **38**,15. Seguimos o hebraico. A NV diz: Quem peca diante daquele que o criou cairá nas mãos do médico. | 16. O autor procura banir da vida tudo o que é tristeza, por isso aconselha reduzir ao mínimo a participação em ritos fúnebres.

Trabalhos braçais. 25A sabedoria do escriba é adquirida nas horas de descanso;
quem tem pouca atividade se tornará sábio.
26Como poderá tornar-se sábio quem maneja o arado
e se orgulha de brandir um aguilhão,
conduz os bois e se ocupa do trabalho deles
e fala só sobre bezerros?
27Aplica sua mente a traçar sulcos
e fica sem dormir para dar a forragem às novilhas.
28Assim acontece com todo artesão e todo construtor
que estão ocupados noite e dia;
os que gravam as marcas dos sinetes
e se esforçam para variar o entalhe;
eles se empenham em copiar bem o desenho
e perdem o sono para terminar a obra.
29Assim acontece com o ferreiro sentado diante da bigorna,
atento ao trabalho com o ferro:
o vapor do fogo lhe queima as carnes
e ele se debate no calor da fornalha.
30O ruído do martelo lhe ensurdece os ouvidos,
enquanto seus olhos estão fixos no modelo do objeto.
31Está todo preocupado com o acabamento de seu trabalho
e passa as vigílias a retocá-lo com perfeição.
32O mesmo sucede com o oleiro sentado a trabalhar;
girando com os pés a roda,
sempre preocupado com sua obra:
todos os seus gestos são calculados.
33Com o braço ele molda a argila,
enquanto com os pés dobra sua resistência;
34está preocupado com um envernizamento perfeito
e passa suas vigílias a limpar o forno.

35Todos esses têm confiança nas próprias mãos,
cada um é sábio no próprio ofício.
36Sem cada um deles seria impossível construir uma cidade,
37nem se poderia aí habitar ou circular.
Mas eles não são procurados para o conselho do povo,
nem terão lugar nas assembleias;
38não se sentam na cadeira do juiz,
nem conhecem as disposições da lei,
nem proclamarão a instrução ou o direito,
nem são encontrados entre os que governam.
39Mas se ocupam com as coisas de seu trabalho,
e sua solicitude está no exercício de sua arte

39

O sábio[†]. 1Diferente é aquele que se dedica ao temor de Deus*
e medita na lei do Altíssimo;
investiga a sabedoria de todos os antigos
e aplica-se ao estudo das profecias.
2Conserva as narrativas dos homens famosos
e penetra nas sutilezas das parábolas.
3Indaga o sentido oculto dos provérbios
e se ocupa dos enigmas das parábolas.
4Exerce seu ofício entre os grandes
e comparece perante os que governam.
5Viaja pela terra de nações estrangeiras
e faz experiência do que é bom e mau entre os homens.
6Desde o amanhecer, de todo o coração[†],
ele se volta para o Senhor, que o criou,
e reza diante do Altíssimo.

---

* **39**,1. Sl 1,2

† **39**. A mais nobre profissão é dedicar-se ao temor do Senhor, ao estudo da Lei, da sabedoria dos antigos e das profecias: notar a tríplice divisão do AT, v.1, já presente no Prólogo. | 6. Sinal de uma busca ávida, diligente, 6,36.

Eclesiástico 39

⁷Abre a boca para rezar
e implora por seus pecados.
⁸Pois se for da vontade do supremo Senhor,*
ele será cumulado do espírito de inteligência.
⁹Derramará como chuva as palavras de sua sabedoria
e na oração dará louvor ao Senhor.
¹⁰Ele dirigirá seu conselho e sua instrução
e meditará nos mistérios divinos.
¹¹Manifestará a doutrina de seu ensinamento,
e se gloriará da lei da aliança do Senhor.
¹²Muitos louvarão sua sabedoria,
e ele nunca será esquecido.
¹³Não se apagará sua lembrança
e seu nome será recordado de geração em geração;
¹⁴as nações celebrarão sua sabedoria*
e a comunidade proclamará seus louvores.
¹⁵Se viver longos anos, terá maior reputação que mil outros
e, se morrer, isto lhe basta.

Hino ao Criador. ¹⁶Exporei ainda minhas reflexões;
estou repleto delas como a lua cheia.
¹⁷Escutai-me, filhos piedosos,
e vossa carne florescerá
como uma roseira plantada à beira de água corrente.
¹⁸Como o incenso, exalai um perfume suave*
¹⁹e dai flores como o lírio.
Erguei a voz e entoai um canto de louvor;
bendizei o Senhor por todas as suas obras.
²⁰Engrandecei seu nome,
publicai seus louvores
com vossos cânticos e vossas cítaras;
assim direis em vosso louvor:
²¹"Como são magníficas todas as obras do Senhor!*
Todas as suas ordens são executadas a seu tempo!"

Não se deve dizer: "Que é isto?" Ou: "Por que aquilo?",*
porque todas as coisas serão examinadas no devido tempo.
²²A uma palavra sua a água se juntou como numa represa,
a uma ordem sua se formaram reservatórios de águas.
²³A um comando seu se realiza o que ele quer;
ninguém pode impedir sua obra de salvação.
²⁴Toda ação humana está diante dele,*
e não há nada oculto a seus olhos.
²⁵Seu olhar se estende de uma eternidade à outra,
e nada é extraordinário para ele.
²⁶Não se deve dizer: "Que é isto?" Ou: "Por que aquilo?",
pois todas as coisas foram criadas para uma finalidade.
²⁷Sua bênção é como um rio que transborda
²⁸e inebria a terra como o dilúvio.
Assim sua ira dispersará as nações que não o procuraram,
²⁹como transformou as águas* em salmoura†.
Para os santos, seus caminhos são retos,
mas em sua ira, são ocasião de queda para os pecadores.
³⁰Os bens foram criados para os bons desde o princípio,*
assim como os bens e os males para os pecadores.
³¹As coisas de primeira necessidade para a vida humana são:
água, fogo, ferro, sal, leite, pão de flor de farinha,
mel, suco de uva, óleo e roupa.
³²Todas estas coisas para os santos são bens,
mas para os ímpios e pecadores se tornam males.
³³Há ventos que foram criados para o castigo
e, quando enfurecidos, aumentam seus flagelos;
³⁴quando vier o fim, desencadearão violência
e aplacarão o furor de seu Criador.

---

* **39**,8. Is 11,2 | 14. 44,15 | 18. Sl 1,3 | 21. Sl 104,24; 33,9 / Ecl 3,11 | 24. 1Sm 14,6; Sb 1,7s | 29. Gn 19,24ss | 30. 33,15

† **39**,29. Alusão à destruição de Sodoma e Gomorra, Gn 19,24-26.

855 Eclesiástico 39-40

³⁵Fogo, granizo, fome e morte
tudo isso foi criado para o castigo.
³⁶Os dentes das feras, escorpiões e
serpentes,
e a espada vingadora para a ruína
dos ímpios:
³⁷todos exultarão ao executar suas
ordens;
estão prontos na terra para quando
necessário
e no momento oportuno não trans-
gredirão sua palavra.
³⁸Por isso eu estava convencido desde o princípio,
aconselhei-me, refleti e deixei escrito:
³⁹"Todas as obras do Senhor são
boas;
ele provê a toda necessidade no devido tempo".
⁴⁰Não há razão para dizer: "Isto é
pior que aquilo",
porque a seu tempo toda coisa será
considerada boa.
⁴¹E agora, de todo o coração e com a
boca, cantai hinos*
e bendizei o nome do Senhor.

40 **Misérias humanas.** ¹Uma sorte penosa foi imposta a todos
os homens,*
um jugo pesado oprime os filhos de
Adão,
desde o dia em que saem do seio
materno*
até o dia de seu retorno à mãe co-
mum†.
²Objeto de suas reflexões e temor de
seu coração
é a descoberta do que os espera, o
dia final.
³Desde aquele que está sentado num
trono glorioso
até o infeliz que jaz sobre a terra e
a cinza;
⁴desde aquele que se veste de púrpura e ostenta a coroa
até aquele que se veste com linho cru:
tudo é indignação, inveja, inquietação, agitação,

medo da morte, rivalidades e contendas.
⁵E durante o repouso no leito*
o sono da noite apenas muda suas
preocupações.
⁶Descansa um pouco, quase nada;
e nos sonhos, como num dia de sentinela,
⁷é perturbado pelos fantasmas de
seu coração,
como quem escapou de uma batalha;
no momento em que se salva, ele
desperta,
admirando-se de seu vão temor.
⁸Assim acontece com todo ser vivo,
desde o homem até o animal,
mas para os pecadores é sete vezes
pior:
⁹morte, sangue, contendas, espada,
opressões, fome, destruição e flagelos.
¹⁰Essas coisas foram criadas para os
iníquos,*
e foi por causa deles que veio o dilúvio.
¹¹Tudo o que vem da terra volta para
a terra,*
e tudo o que vem das águas volta
para o mar.
Os bens do ímpio. ¹²Todo suborno e
toda iniquidade desaparecerão,
ao passo que a lealdade durará para
sempre;
¹³As riquezas dos injustos secarão
como torrente,
passarão como um grande trovão
que retumba na tempestade.
¹⁴Como a gente se alegra, abrindo as
mãos,
assim os prevaricadores no fim perecerão.
¹⁵A estirpe dos ímpios não multiplicará seus ramos,*
e as raízes impuras estão sobre a rocha dura.
¹⁶A vegetação que cresce à beira
d'água e às margens de um rio*
será arrancada antes de qualquer outra erva.

---

* **39**,41. Sl 145,21 | **40**,1. Jó 7,1s; 14,1s / Jó 1,21 | 5. Dt 28,65ss; Jó 7,4; Ecl 3,23; 8,16 | 10. 39,30.35 | 11. 41,13; Gn 3,19; Ecl 1,7 | 15. 23,35; Sb 4,3 | 16. Jó 8,11s

† **40**,1. Ver a nota em Jó 1,21.

Eclesiástico 40-41

As coisas boas. [17]A bondade é como um jardim de bênçãos,*
a esmola permanece para sempre.
[18]É doce a vida de quem basta a si mesmo e a do trabalhador,
porém mais ainda o será para quem acha um tesouro.
[19]Os filhos e a fundação de uma cidade perpetuam um nome,
mas acima disso está uma mulher irrepreensível.
[20]Vinho e música alegram o coração,
mas o amor da sabedoria supera ambas as coisas.
[21]A flauta e a harpa emitem um som harmonioso,
acima delas, porém, está uma voz melodiosa.
[22]A graça e a beleza são atraentes para os olhos,
porém mais que elas, o verde dos campos.
[23]Amigo e companheiro se encontram num bom momento;
melhor ainda a mulher e o homem.
[24]Os irmãos e uma ajuda servem no tempo da tribulação,*
mas acima de ambos é a esmola que liberta.
[25]Ouro e prata dão segurança,
mas acima de ambos se aprecia um bom conselho.
[26]Riquezas e poder exaltam o coração,
mas acima deles, o temor do Senhor.
[27]Com o temor do Senhor não falta nada;
com ele não é preciso buscar socorro.
[28]O temor do Senhor é como um jardim de bênçãos;*
sua proteção vale mais que toda glória.

Não ser mendigo. [29]Filho, não vivas como mendigo,
pois é melhor morrer que mendigar.
[30]Alguém que fica olhando para a mesa do outro
tem uma existência que não merece o nome de vida.
Contamina-se com comidas alheias.
[31]Mas quem é instruído e educado se guardará delas.
[32]Na boca do impudente a mendicância é doce,*
mas em seu ventre queimará como fogo.

41 A morte. [1]Ó morte, quão amarga é tua lembrança
para quem vive em paz no meio de seus bens,
[2]para quem vive tranquilo e é feliz em tudo,
e ainda é capaz de gozar do prazer!
[3]Ó morte, tua sentença é bem-vinda*
para o indigente e para aquele cujas forças diminuem,
[4]para quem é de idade avançada e se preocupa com tudo,
que não tem mais confiança nem paciência.
[5]Não temas a sentença da morte.
Pensa nos que te precederam
e nos que virão depois de ti:
esta é a sentença do Senhor para todo ser vivo.*
[6]Por que revoltar-se contra a vontade do Altíssimo?
Sejam dez, cem, ou mil anos,
[7]nos abismos não se lamenta a respeito da vida.*

O fim dos ímpios. [8]Abomináveis se tornam os filhos dos pecadores
e os que frequentam as moradas dos ímpios.
[9]A herança dos filhos dos pecadores perecerá,
e sua descendência continuará marcada pela desonra.
[10]De um pai ímpio se queixam os filhos
porque por sua causa sofrem a desonra.
[11]Ai de vós, homens ímpios,
que abandonastes a lei do Senhor Altíssimo!
[12]Quando nasceis, é para a maldição que nasceis;
quando morrerdes, herdareis a maldição.

---

* **40**,17. 40,28 | 24. Pr 17,17; Eclo 29,11 | 28. 40,17; Is 51,3 | 32. Jó 20,12ss | **41**,3. Jó 3,20s | 5. Gn 3,19; 6,3 | 7. Ecl 6,6; 9,10

857   Eclesiástico 41-42

[13]Tudo o que vem da terra volta para a terra,*

assim os ímpios, que vêm da maldição para a ruína.

O bom nome. [14]O luto das pessoas é homenagem a seus corpos,

o nome maldito dos ímpios será cancelado.

[15]Toma cuidado com teu bom nome,*

porque ele durará para ti

mais do que mil tesouros grandes e preciosos.

[16]Uma vida feliz tem os dias contados,

mas um bom nome dura para sempre.

[17]É melhor aquele que esconde sua ignorância

do que aquele que esconde sua sabedoria.

Sabedoria escondida, tesouro invisível:*

para que servem ambos?

[18]Filhos, guardai em paz essa instrução.

De que devemos envergonhar-nos.
[19]Portanto, deveis sentir vergonha nos casos que vou mencionar,

[20]porque não é bom enrubescer-se por qualquer vergonha

e nem toda vergonha é aprovada.

[21]Envergonhai-vos por causa da prostituição, diante do pai e da mãe,

e da mentira, diante de um chefe e de um poderoso;

[22]do delito, diante de um juiz e de um magistrado,

da iniquidade, diante da comunidade e do povo;

[23]da injustiça, diante do companheiro e do amigo,

do furto, no ambiente em que moras.

[24]Envergonhai-vos diante da verdade de Deus e da aliança

por apoiar os cotovelos sobre a mesa†

e por desprezar o que dás ou o que recebes;

[25]por não responder aos que te saúdam,

por lançar os olhos sobre uma prostituta,

por evitar o encontro com um parente;

[26]por tirar o que lhe pertence e não restituir,

[27]por olhar para a mulher do próximo,*

por ter intimidades com a escrava dela

– não te aproximes de seu leito –.

[28]Envergonha-te das palavras injuriosas diante dos amigos

– não faças injúrias depois de haver dado alguma coisa –.

42

[1]Envergonha-te por repetir o que ouviste

e por revelar segredo escondido.

Então conhecerás a verdadeira vergonha

e terás aceitação junto a todos.

De que não devemos envergonhar-nos. Não te envergonhes das seguintes coisas

e não peques discriminando pessoas:

[2]da lei do Altíssimo e de sua aliança,

do julgamento que faz justiça ao ímpio,

[3]por fazer as contas com os sócios e companheiros de viagem,

por repartir uma herança alheia,

[4]da exatidão da balança e dos pesos,

da compra de muitas ou poucas coisas,

[5]por contratar o preço com os comerciantes,

por corrigir com frequência os filhos*

e por fazer sangrar as costas de um péssimo escravo.*

[6]Com mulher curiosa é oportuno usar o sigilo,

[7]onde as mãos são muitas, usa a chave.

Tudo o que depositares seja contado e pesado;

anota por escrito tudo o que dás e recebes.

[8]Não te envergonhes de corrigir o insensato e o tolo*

e o idoso acusado de libertinagem:

assim te mostrarás realmente instruído

e serás aprovado por todos.

---

* **41**,13. 40,11 **|** 15. Pr 22,1; Ecl 7,1 **|** 17. 20,32s; Mt 5,14ss **|** 27. 9,8s.12s **| 42**,5. 30,1 / 33,25.27 **|** 8. Pr 10,13; 19,25.29; 26,3

† **41**,24. Deve ser uma expressão para indicar a gula.

Eclesiástico 42-43

Precauções pelas filhas. [9]Uma filha é para o pai uma inquietação secreta,
a preocupação por ela tira-lhe o sono:
em sua juventude, para que não passe do tempo de se casar
e, uma vez casada, para que não seja repudiada.*
[10]Enquanto é moça, teme-se que seja seduzida
e se encontre grávida na casa paterna;
quando desposada com um marido, que caia em culpa
e, morando com ele, que seja estéril.
[11]Sobre uma filha indócil, reforça a vigilância
para que não te exponha ao escárnio dos inimigos,
e te torne objeto de boatos na cidade e de desprezo do povo,
e te envergonhe diante da população.
[12]Que ela não mostre sua beleza a qualquer homem,
nem se demore no meio das mulheres;
[13]porque assim como das roupas sai a traça,
da mulher procede a malícia feminina.
[14]É melhor a malícia de um homem* que a bondade de uma mulher†;
a mulher desavergonhada expõe à infâmia.

III. A SABEDORIA NA NATUREZA E NA HISTÓRIA DE ISRAEL
(42,15–50,26)

Glória de Deus na criação. [15]Recordarei agora as obras do Senhor
e descreverei o que tenho visto.
Pelas palavras do Senhor suas obras existem*
e seu decreto se realiza segundo sua vontade.
[16]O sol com seu esplendor tudo contempla,
e da glória do Senhor está cheia sua obra.
[17]Nem mesmo os santos do Senhor são capazes
de proclamar todas as suas maravilhas.
O Senhor confirmou seus exércitos
para que continuassem firmes diante de sua glória.
[18]Ele sonda o abismo e o coração humano*
e penetra em sua astúcia.
[19]O Senhor conhece toda a ciência
e observa os sinais dos tempos,
anunciando as coisas passadas e as futuras
e revelando os vestígios das coisas ocultas.
[20]Nenhum pensamento lhe escapa
e nem sequer uma palavra lhe fica escondida.*
[21]Dispôs com ordem as maravilhas de sua sabedoria;
só ele existe desde sempre e para sempre.
[22]Nada se lhe pode acrescentar nem tirar;*
ele não precisa do conselho de ninguém.

As obras de Deus. [23]Como são amáveis todas as suas obras!*
E apenas uma centelha delas se pode observar.
[24]Todas estas coisas vivem e permanecem para sempre
e em todas as circunstâncias todas lhe obedecem.
[25]Todas existem aos pares, uma diante da outra,*
ele não fez nada de incompleto.
[26]Uma confirma a excelência da outra;
quem se fartará de contemplar sua glória?

43 **O sol.** [1]O límpido firmamento é a glória das alturas,*
o espetáculo do céu é uma visão de glória!
[2]O sol, quando aparece, proclama ao surgir:

---

* **42**,9. Dt 24,1 | 14. Ecl 7,26ss | 15. Gn 1,3s | 18. Pr 15,11 | 20. Sl 139,1-4 | 22. 18,5; Ecl 3,14 | 23. 16,24-29 | 25. 33,15; Ecl 3,1-8 | **43**,1. Sl 8,4

† **42**,14. Porque os favores da mulher se pagam caro e se tornam laços.

859 Eclesiástico 43

"Que maravilha é a obra do Excelso!"

[3]Ao meio-dia ele abrasa a terra,

e diante de seu calor quem pode resistir?

Atiça-se a fornalha para os trabalhos com fogo:

[4]o sol queima os montes três vezes mais;

emitindo vapores de fogo

e refulgindo com seus raios cega os olhos.

[5]Grande é o Senhor que o criou

e com suas ordens apressa seu curso.

A lua e as estrelas. [6]Também a lua, sempre pontual em suas fases,*

marca as datas como um sinal eterno.

[7]Da lua depende a indicação das festas†,

luminar que decresce até seu desaparecimento.

[8]É dela que o mês tira seu nome,

admiravelmente crescendo até ficar cheia.

[9]É um emblema para as milícias nas alturas,

brilhando gloriosamente no firmamento do céu.

[10]Beleza do céu é o brilho das estrelas,*

iluminando o mundo nas alturas do Senhor.

[11]Comportam-se conforme as ordens do Santo e seu decreto

e não se cansam em suas vigílias.

As maravilhas da natureza. [12]Observa o arco-íris e bendize aquele que o fez,*

é belíssimo em seu esplendor.

[13]Envolve o céu num círculo de glória,

as mãos do Altíssimo o estenderam.

[14]Com um comando seu precipita a neve,*

lança os relâmpagos de seu julgamento.

[15]Assim se abrem os depósitos,

e as nuvens voam como pássaros.

[16]Com sua grandeza ele condensa as nuvens,

que se pulverizam em pedras de granizo.

O rumor de seu trovão faz tremer a terra;*

[17]a sua vista se abalam os montes;

conforme seu querer sopra o vento sul,

[18]assim como o furacão do norte e o turbilhão de vento.

[19]Espalha a neve como aves que pousam,

como gafanhotos que se abatem sobre a terra, ela desce.

[20]Os olhos admiram a beleza de seu candor

e o coração se extasia quando ela cai.

[21]Como o sal, derrama sobre a terra a geada

que, gelando-se, forma como que pontas de espinhos.

[22]Sopra o vento frio do norte,

e sobre a água se condensa o gelo;

ele pousa sobre toda a massa de água,

que se reveste como de uma couraça.

[23]Devora os montes, queima o deserto

e extingue a vegetação como um fogo.

[24]O remédio para tudo isso é a névoa que chega logo,

o orvalho depois do calor traz alegria.

O mar. [25]Conforme seu desígnio, Deus domou o abismo

e nele plantou as ilhas.*

[26]Os navegadores descrevem os perigos do mar,

e ficamos admirados ao ouvi-los.

[27]Lá existem coisas singulares e estupendas,

várias espécies de feras, de todos os animais e seres monstruosos.*

[28]Graças a Deus, seu mensageiro chega ao destino,

e tudo procede segundo sua palavra.

Conclusão. [29]Poderíamos dizer muitas coisas e nos faltariam palavras;

em resumo: "Ele é tudo!"

---

* **43**,6. Sl 89,34; 104,19; Gn 1,14-18 | 10. Br 3,33ss | 12. Gn 9,13; Ez 1,28; 50,8 | 14. Sl 147,16ss; Jó 38,22s | 16. Sl 29,8 | 25. Jó 7,12; Sl 104,5s | 27. Sl 104,25s; 107,23s

† **43**,7. A Páscoa e a festa das Tendas começavam na lua cheia; a lua nova era também dia de festa, Nm 28,11.

Eclesiástico 43-44

³⁰Onde encontraríamos força para louvá-lo?

Pois ele é Grande, acima de todas as suas obras.*

³¹O Senhor é terrível e soberanamente grande,

e maravilhoso é seu poder.

³²Ao glorificar o Senhor, exaltai-o quanto puderdes,

porque ainda mais alto será

e admirável é sua grandeza†.

³⁴Enaltecendo-o, enchei-vos de força, não vos canseis, porque não chegareis ao fim.

³⁵Quem o contemplou para poder descrevê-lo?

Quem pode engrandecê-lo como ele é?

³⁶Há muitas coisas ocultas maiores que estas,

pois vimos apenas umas poucas obras suas.*

³⁷Mas foi o Senhor que tudo fez

e deu a sabedoria aos que agem com piedade.

44 Elogio dos antepassados.

¹Façamos o elogio dos homens ilustres†,

que são nossos antepassados através das gerações.

²O Senhor criou uma glória imensa,

mostrou sua grandeza desde o início dos séculos.

³Alguns governaram seu reinos

e ficaram famosos por seu poder;

com seus dotes de prudência

anunciaram profecias.

⁴Outros guiaram o povo com suas decisões,

com a inteligência da sabedoria popular

e os sábios discursos de seu ensinamento.

⁵Outros foram compositores de melodias musicais

e de cantos poéticos.

⁶Outros foram dotados de riqueza e de força,

tinham gosto pela beleza

e viveram em paz em suas moradas.

⁷Todos esses foram glorificados por seus contemporâneos

e louvados desde seu tempo.

⁸Os que deles nasceram deixaram um nome

que publica seus louvores.

⁹E há outros, dos quais não há lembrança;

desapareceram como se não tivessem existido;

nasceram, eles e seus filhos depois deles,

e foram como se jamais tivessem nascido.

¹⁰Estes, porém, foram homens virtuosos,

cujas boas obras não foram esquecidas.

¹¹Eles permanecem em seus descendentes:

seus netos, sua boa herança.

¹²Seus descendentes continuam fiéis às alianças,*

¹³e seus filhos também, por causa deles.

Para sempre permanece sua descendência

e sua glória não será ofuscada.

¹⁴Seus corpos foram sepultados em paz,

mas seu nome vive para sempre.

¹⁵Os povos proclamam sua sabedoria,*

e a comunidade celebra seus louvores.

Henoc e Noé. ¹⁶Henoc agradou a Deus e foi arrebatado ao paraíso*

para levar as nações à conversão†.

¹⁷Noé foi reconhecido como o perfeito justo,*

e no tempo da ira foi mediador da reconciliação;

¹⁸por causa dele um resto sobreviveu sobre a terra*

quando veio o dilúvio.

---

* 43,30. Sl 96,4; 145,3 | 36. Jó 26,14; Eclo 1,7s; 42,17 | **44**,12. 39,12 | 15. 39,14 | 16. Gn 5,24; Hb 11,5 | 17. Gn 6,9 | 18. 1Pd 3,20; 2Pd 2,5

† 43,32. A NV omitiu o v. 33, que diz: Ao bendizer o Senhor, exaltai-o quanto podeis, pois ele está acima de todo louvor. | **44**,1. Foi Deus que os exaltou à glória: Deus é admirável em seus santos. "Tendes não só uma grande história para recordar e contar, mas também uma grande história a construir. Olhai para o futuro!" (João Paulo II aos religiosos). | 16. Ver a nota em Gn 5,24.

861   Eclesiástico 44-45

¹⁹Com ele foram feitas alianças eternas*

para que daí em diante nenhum ser vivo fosse exterminado por um dilúvio.

Abraão. ²⁰Abraão foi o grande pai de uma multidão de nações;*

nada maculou sua glória.

Ele guardou a lei do Excelso

e com ele fez aliança.

²¹Estabeleceu esta aliança* em sua carne†

e na prova foi encontrado fiel.*

²²Por isso Deus lhe prometeu com juramento

abençoar as nações em sua descendência,*

multiplicá-la como o pó da terra,

²³exaltar sua posteridade como as estrelas

e dar-lhe uma herança que iria de um mar ao outro,

desde o rio até as extremidades da terra.*

Isaac e Jacó. ²⁴A Isaac foi feita a mesma promessa*

por causa de Abraão, seu pai.

²⁵O Senhor deu-lhe a bênção de todas as nações

e confirmou sua aliança sobre a cabeça de Jacó.

²⁶Distinguiu-o com suas bênçãos

e deu-lhe a herança;

dividiu-a em partes

e a repartiu entre as doze tribos.

Moisés. ²⁷Dele fez surgir um homem misericordioso,

que conquistou uma estima universal.

45

¹Moisés, que foi amado por Deus e pelos homens

e cuja memória é abençoada.

²Deus o tornou glorioso como os santos*

e o fez grande e temido pelos inimigos.

Por sua palavra multiplicou os prodígios*

³e o glorificou diante dos reis;

deu-lhe mandamentos para seu povo*

e lhe mostrou sua glória.

⁴Santificou-o na fidelidade e na mansidão;

escolheu-o entre todos os viventes.

⁵Fê-lo ouvir sua voz;*

introduziu-o na nuvem

⁶e lhe deu face a face os mandamentos,*

lei de vida e de inteligência,

para que explicasse a Jacó sua aliança,

e seus decretos a Israel.

Aarão. ⁷Deus exaltou também Aarão, santo como ele,*

seu irmão, da tribo de Levi.

⁸Com um decreto eterno o constituiu,*

deu-lhe o sacerdócio entre o povo

e o cumulou de felicidade e glória.

⁹Adornou-o com uma cinta de honra,

revestiu-o com toda a magnificência*

e o coroou com as insígnias de seu cargo:

¹⁰calções, túnica e manto.

Circundou-o com sininhos de ouro*

e muitas romãs ao redor,

¹¹para que tocassem quando ele andava

e seu som fosse ouvido no templo

como advertência para os filhos de seu povo.

¹²Ornou-o com uma estola sagrada,*

tecida de ouro, jacinto e púrpura, bordada com arte;

com o peitoral do julgamento e o cíngulo,*

¹³com o tecido de fios de escarlate, obra-prima de artista;

e com pedras preciosas sobre o peitoral,

---

* **44**,19. Gn 9,9; 8,21s | 20. Gn 12,2; 17,4s; Rm 4,1.13-18 | 21. Gn 17,10 / Gn 22,1-19; 1Mc 2,52; Hb 11,17 | 22. Gn 22,18; 12,3; 15,5; At 3,25; Gl 3,8s | 23. Gn 15,18; Jz 20,1 | 24. Gn 17,19; 26,3ss | **45**,2. 42,17 / Êx 8,8s.26s; 9,33; 10,18s | 3. Êx 19,1s; 33,20; Nm 12,3 | 5. Êx 19,19s; 20,21; 24,18 | 6. Êx 20,1s.22s; Dt 4,6ss; 32,47 | 7. Sl 106,16; Êx 4,14 | 8. Nm 18,19; 45,19; | 9. Êx 28,6-12.31-35.42 | 10. Êx 28,33s | 12. Êx 28,2-5 / Êx 28,6; 1Sm 14,41

† **44**,21. A circuncisão, Gn 17,11.

Eclesiástico 45

incrustadas em ouro, obra-prima de joalheiro,

como memorial com as palavras gravadas

conforme o número das tribos de Israel.

14Sobre o turbante lhe pôs uma coroa de ouro

e a lâmina com o sinal da santidade, honra gloriosa;*

Era uma obra majestosa que encantava os olhos

com sua beleza perfeita.

15Antes dele não se tinham visto coisas tão belas,

16e jamais um estranho as revestirá,

mas são reservadas só a seus filhos

e a seus descendentes para sempre.

17Seu sacrifício é consumido pelo fogo diariamente,

duas vezes ao dia, sem interrupção.

18Moisés consagrou-lhe as mãos

e o ungiu com o óleo santo.*

19Foi-lhe concedido por aliança perene,*

a ele e a seus descendentes, enquanto durar o céu,

servir ao Senhor e exercer o sacerdócio

e abençoar seu povo em seu nome.

20Escolheu-o entre todos os viventes*

para oferecer a Deus sacrifícios, incenso e gorduras

como perfume suave e memorial

e para fazer a expiação em favor de seu povo.*

21Deu-lhe autoridade sobre seus preceitos,

sobre as instituições e o direito,

para que ensinasse a Jacó seus testemunhos

e educasse Israel em sua Lei.

22Mas estranhos se insurgiram contra ele*

e por inveja o cercaram no deserto;

eram os homens de Datã e de Abiram

e o bando de Coré, furiosos e violentos.

23O Senhor viu e se indignou;

eles acabaram aniquilados pela fúria de sua ira.

24Ele realizou prodígios para dano deles

e os exterminou com chamas de fogo.

25E aumentou ainda mais a glória de Aarão,

destinou-lhe uma herança

e repartiu com ele as primícias dos frutos da terra.*

26Antes de tudo concedeu-lhes pão em abundância,

pois eles comerão dos sacrifícios do Senhor,*

reservados a ele e a seus descendentes.

27Mas ele não tem herança na terra do povo,*

não há uma porção para ele no meio do povo,

porque o próprio Deus é sua porção e sua herança.*

Fineias. 28Fineias, filho de Eleazar, é o terceiro em glória

por seu zelo no temor do Senhor.

29Manteve-se na brecha em favor de seu povo;*

por sua bondade e prontidão

agradou a Deus em favor de Israel.

30Por isso foi estabelecida com ele uma aliança de paz,*

para que presidisse ao santuário e ao povo;

assim a ele e a sua descendência foi reservada

a dignidade do sacerdócio para sempre.

31Como sua aliança com Davi,

filho de Jessé, da tribo de Judá,

é perante sua glória a herança de um homem,

assim a herança de Aarão pertence a seus descendentes.

32Que Deus dê sabedoria a vosso coração

para governar seu povo com justiça,

para que não desapareçam as virtudes dos pais,

nem sua glória pelas gerações eternas.

---

* **45**,14. Êx 28,36-39 | 18. Lv 8,1-13 | 19. 45,8 | 20. 35,3.6; Lv 2,2.9.16 / Lv 16,1 | 22. Nm 16,1-17 | 25. Nm 18,12s | 26. Êx 29,28.31s; Lv 6,9ss; 7,9s.32-36 | 27. Nm 18,20 / Sl 16,5 | 29. Nm 25,7s | 30. Nm 25,11ss

46

Josué. [1]Valoroso na guerra, assim foi Josué, filho de Nun,*
sucessor de Moisés no ofício profético;
ele, conforme o significado de seu nome†,
[2]foi grande para a salvação dos eleitos de Deus,
exercendo o castigo contra os inimigos rebelados,
para dar a Israel a posse de sua herança.
[3]Que glória não obteve ele quando erguia os braços
e brandia a espada contra as cidades!
[4]Quem pôde resistir-lhe?
Pois ele comandava as guerras do Senhor.
[5]Sua mão não parou o sol,*
para que o dia se tornasse longo quanto dois?
[6]Invocou o Altíssimo poderoso,
enquanto os inimigos o atacavam de todo lado;
o grande Senhor o atendeu,
lançando pedras de granizo de extrema violência.
[7]Investiu contra a nação inimiga
e na descida do vale destruiu os adversários,*
[8]para que as nações reconhecessem sua força
e soubessem que estavam lutando contra Deus.
De fato, seguiu sempre o Poderoso.
Caleb. [9]E no tempo de Moisés manifestou sua lealdade,
assim como Caleb, filho de Jefoné:
ele se opôs à comunidade,*
impedindo o povo de pecar,
e assim fez cessar a murmuração maligna.
[10]Somente estes dois se salvaram entre os seiscentos mil guerreiros,*
para introduzir Israel em sua herança,
na terra onde correm leite e mel.
[11]O Senhor deu a Caleb uma força*
que o assistiu até a velhice.

Ele o fez subir às alturas do país*
que sua descendência recebeu como herança,
[12]de modo que todos os israelitas soubessem
como é bom seguir o Senhor.
Os Juízes. [13]Depois vieram os Juízes, cada um com seu nome,
cujo coração não se deixou seduzir
e que não se afastaram do Senhor:
[14]seja abençoada sua memória!
Que seus ossos tornem a brotar do sepulcro*
[15]e seu nome seja renovado
nos filhos desses homens santos!†
Samuel. [16]Samuel, amado de seu Senhor,
do qual foi profeta, instituiu a monarquia
e ungiu príncipes entre seu povo.*
[17]Governou a comunidade segundo a lei do Senhor,
e Deus interveio em favor de Jacó.
Por sua fidelidade demonstrou-se um profeta
[18]e por suas palavras foi reconhecido como vidente fidedigno.
[19]Ele invocou o Senhor onipotente,*
quando os inimigos o comprimiam ao redor,
imolando um tenro cordeiro.
[20]E o Senhor trovejou do céu;
com grande fragor fez ouvir sua voz
[21]e exterminou os príncipes de Tiro*
e todos os chefes dos filisteus.
[22]Antes de ir repousar para sempre,*
deu este testemunho diante do Senhor e de seu ungido:
"Dinheiro e nem sequer sandálias
de pessoa alguma aceitei";
e não houve quem o acusasse.
[23]Até depois que adormeceu profetizou,*
revelando e mostrando ao rei seu fim;
da terra elevou sua voz profética
para cancelar a impiedade do povo†.

---

* **46**,1. Js 1,1 | 5. Js 10,13 | 7. Js 10,10-15 | 9. Nm 14,6-10 | 10. 16,11 | 11. Js 14,10s / Nm 14,24; Js 14,12-15 | 14. 49,12 | 16. 1Sm 10,1; 16,13 | 19. 46,7; 47,6; 1Sm 7,9s | 21. 1Sm 7,13 | 22. 1Sm 12 | 23. 1Sm 28,6-25

† **46**,1. O nome "Josué" significa "Javé salva". | 15. Ou seja, aconteça o que dizem de Dom Oscar Romero os salvadorenhos: "Ele ressuscitou em nossas vidas". | 23. O autor considera a morte de Saul, profetizada por Samuel, como expiação do pecado do rei e do povo, 1Sm 28,18.

Eclesiástico 47

47 **Natã e Davi.** ¹Depois dele surgiu Natã*
para profetizar no tempo de Davi.
²Como se separa a gordura do sacrifício de comunhão,*
assim Davi foi separado do meio dos israelitas†.
³Ele brincou com leões como se fossem cordeiros,*
e com os ursos igualmente como se fossem cordeirinhos.
⁴Na juventude não matou o gigante*
e cancelou a humilhação do povo?
⁵Brandiu com a mão a funda,
abatendo a arrogância de Golias.
⁶Porque invocou o Senhor Altíssimo,
que concedeu a seu braço direito a força
para derrubar um poderoso guerreiro
e exaltar o poder de seu povo.
⁷Assim o glorificaram por seus dez mil,*
o louvaram pelas bênçãos do Senhor
e lhe ofereceram um diadema de glória.
⁸Ele com efeito esmagou os inimigos ao redor
e humilhou os filisteus, seus adversários,
abatendo o poder deles até hoje.
⁹Em todas as suas ações deu graças*
ao Santo e Excelso com palavras de louvor;
¹⁰de todo o coração cantou hinos ao Senhor
e amou a Deus que o criou.
¹¹Estabeleceu cantores diante do altar,*
e para seu canto compôs suaves melodias.
¹²Deu esplendor às festas,
organizou as solenidades ao longo do ano,
fazendo com que louvassem o nome santo do Senhor
e enchessem de som o santuário desde o amanhecer.

¹³O Senhor perdoou-lhe os pecados*
e exaltou seu poder para sempre;
concedeu-lhe a aliança real*
e um trono glorioso em Israel.
Salomão. ¹⁴Sucedeu-lhe um filho sábio
que, graças a ele, viveu tranquilo.
¹⁵Salomão reinou em tempo de paz;
Deus lhe deu tranquilidade nas fronteiras*
para que construísse uma casa a seu nome*
e preparasse um santuário perene.
Como foste sábio na juventude*
¹⁶e cheio de inteligência como um rio!
Tua alma recobriu a terra
¹⁷e tu a encheste de sentenças enigmáticas.
Teu nome foi divulgado até as ilhas longínquas
e foste amado por tua paz.
¹⁸Por teus cânticos e provérbios,
parábolas e interpretações,
todo o mundo te admira.*
¹⁹No nome do Senhor Deus,
que é chamado Deus de Israel,
²⁰ajuntaste ouro como se fosse estanho,*
acumulaste prata como se fosse chumbo.
²¹Mas entregaste teu corpo às mulheres*
e foste escravo de teus sentidos.
²²Assim manchaste tua glória
e profanaste tua descendência,
a ponto de atrair a ira divina sobre teus filhos,
fazendo-os sofrer com tua loucura.
²³O reino foi dividido em dois,*
e de Efraim surgiu um reino rebelde.
²⁴Mas Deus não renuncia a sua misericórdia;*
não modifica nem cancela nenhuma de suas palavras.
Não deixará faltar os descendentes de seu eleito em sua posteridade,
nem extinguirá a estirpe daquele que amou o Senhor.
²⁵Assim concedeu um resto a Jacó,*
e a Davi uma descendência nascida dele.

---

* **47**,1. 2Sm 7; 12 | 2. Lv 4,8 | 3. 1Sm 17,34-37 | 4. 1Sm 17 | 7. 1Sm 18,7; 2Sm 5,1ss | 9. 2Sm 23,1 | 11. 1Cr 16,4s | 13. 1Sm 12,13.24s / 2Sm 7,1 | 15. 1Rs 5,17ss / 1Rs 6 / 1Rs 3,4-28; 5,9-14 | 18. 1Rs 10,1-10 | 20. 1Rs 10,11s.27 | 21. 1Rs 11,1-13 | 23. 1Rs 12 | 24. 2Sm 7,1; Sl 89,31-38 | 25. Is 4,3

† **47**,2. A gordura, parte melhor das vítimas, era reservada a Deus, Lv 3,16.

Eclesiástico 47-48

Roboão e Jeroboão. 26Salomão foi repousar com seus pais,*

27deixando atrás de si um descendente,

o mais estulto do povo, um homem sem prudência,

28Roboão, que causou a revolta do povo com sua decisão.

29Jeroboão, filho de Nabat, fez Israel pecar*

e abriu para Efraim o caminho do pecado.

Suas culpas se multiplicaram tanto*

30que Deus os expulsou de sua terra.*

31Excogitaram toda sorte de iniquidades,

até vir sobre eles o castigo.

48

Elias. 1Então surgiu o profeta Elias, semelhante ao fogo;

sua palavra queimava como tocha.

2Fez vir sobre eles a fome*

e com seu zelo os dizimou.*

3Pela palavra do Senhor fechou o céu*

e de lá fez cair o fogo três vezes.*

4Como te tornaste glorioso, Elias, por teus prodígios!

E quem pode orgulhar-se de ser igual a ti?

5Tu que levantaste um morto da morte*

e dos abismos, pela palavra do Senhor;

6tu que lançaste reis na ruína*

e despojaste do cetro homens ilustres.

7Ouviste no Sinai censuras,*

e no Horeb sentenças de vingança.

8Ungiste reis como vingadores

e profetas como teus sucessores.

9Foste arrebatado num turbilhão de fogo,*

num carro de cavalos de fogo.

10De ti está escrito que estás destinado

para, no tempo marcado, aplacar a ira divina antes que irrompa,

para reconduzir o coração dos pais para os filhos*

e restabelecer as tribos de Jacó†.

11Felizes os que te viram*

e que adormeceram em tua amizade!

12Porque também nós, com certeza, viveremos,

mas, após a morte, tal não será nosso nome.

Eliseu. 13Logo que Elias foi envolvido pelo turbilhão,

Eliseu ficou repleto de seu espírito.*

Durante a vida não teve medo de nenhum príncipe

e ninguém conseguiu dominá-lo.

14Nada foi difícil demais para ele;

no sepulcro seu corpo profetizou.

15Em vida operou prodígios

e, depois da morte, fez maravilhas.

16Apesar de tudo isso, o povo não se converteu;

não abandonaram seus pecados,

até que foram expulsos de seu próprio país

e dispersos por toda a terra.

17Restou apenas um povo pouco numeroso

com um príncipe da casa de Davi.

18Alguns desses fizeram o que é agradável a Deus,

mas outros multiplicaram seus pecados.

Ezequias. 19Ezequias fortificou sua cidade*

e trouxe água a seu interior;

cavou a rocha com o ferro†

e construiu reservatórios para a água.

20Em seus dias marchou contra ele Senaquerib,*

que deixou o encargo a Rabsaces e partiu;

este ergueu a mão contra Sião

na insolência de seu orgulho.

21Então estremeceram seus corações e suas mãos,

sofrendo como parturientes.

---

* **47**,26. 1Rs 12 | 29. 1Rs 12,26-33 / 1Rs 13,33s | 30. 2Rs 17,21ss | **48**,2. 1Rs 17,1; 18,2 / 1Rs 19,10.14.17 | 3. 1Rs 18,36ss / 2Rs 1,10.12 | 5. 1Rs 17,17-24 | 6. 1Rs 21,17-24; 2Rs 1,16 | 7. 1Rs 19,9-18 | 9. 2Rs 2,1-11 | 10. Ml 3,24 | 11. 2Rs 2,10.12 | 13. 2Rs 2,9s | 19. 2Rs 20,20; 2Cr 32,5-30; Is 22,11 | 20. 2Rs 18,13-19,37; Is 36-37

† **48**,10. Aplica a Elias a profecia de Malaquias, Ml 3,23s, que no NT é referida a João Batista, Lc 1,17. | 19. Ver a nota em 2Rs 20,20.

Eclesiástico 48-49

²²Invocaram o Senhor misericordioso,

estendendo as mãos e erguendo-as para ele.

Logo o Santo os escutou;

²³não se recordou de seus pecados, nem os entregou a seus inimigos, mas purificou-os pelas mãos do santo profeta Isaías.

²⁴Feriu o acampamento dos assírios e seu anjo os exterminou.

Isaías. ²⁵Pois Ezequias fez o que agrada ao Senhor

e seguiu com firmeza os caminhos de Davi, seu pai,

como lhe indicara o profeta Isaías, grande e fidedigno em suas visões.

²⁶Em seus dias o sol retrocedeu,* e ele prolongou a vida do rei.

²⁷Com grande inspiração viu o fim dos tempos

e consolou os que choravam em Sião.

Manifestou o futuro até a eternidade

²⁸e as coisas ocultas, antes que acontecessem.

49

Josias e Jeremias. ¹A lembrança de Josias é como uma mistura de aromas,

preparada pela arte do perfumista.

²Em todas as bocas sua lembrança é doce como o mel

e como música num banquete com vinho.

³Foi destinado por Deus para a reforma do povo*

e extirpou as abominações da impiedade.

⁴Dirigiu seu coração para o Senhor

e numa época de pecados robusteceu a religião.

⁵Com exceção de Davi, Ezequias e Josias,

todos os reis de Judá pecaram

⁶porque abandonaram a lei do Altíssimo

e desprezaram o temor de Deus.

⁷Entregaram seu reino a outros

e sua glória a uma nação estrangeira,

⁸a qual incendiou a cidade eleita do santuário,

tornando desertas suas ruas,

segundo a palavra de Jeremias.*

⁹Com efeito, a este maltrataram,

embora tivesse sido consagrado profeta desde o seio materno

para erradicar, destruir e arruinar,*

mas também para construir, plantar e renovar.

Ezequiel e os profetas menores. ¹⁰Ezequiel contemplou uma visão da glória,*

que Deus lhe mostrou sobre o carro dos querubins.

¹¹Pois recordou-se dos inimigos na tempestade

e fez o bem aos que andavam no reto caminho.

¹²Quanto aos doze profetas,

que seus ossos tornem a brotar de seus sepulcros,*

pois fortaleceram Jacó

e o resgataram com sua fé corajosa.

Outros personagens. ¹³Como elogiar Zorobabel?

Ele é como um sinete na mão direita;*

¹⁴assim também Josué, filho de Josedec.

Em seus dias construíram a Casa

e elevaram um santuário consagrado ao Senhor

e destinado a uma glória eterna.

¹⁵Também a memória de Neemias durará muito tempo;

ele reergueu nossas muralhas destruídas

e assentou nelas portas e ferrolhos;

e reedificou nossas casas.

¹⁶Ninguém sobre a terra foi criado igual a Henoc,*

pois ele foi arrebatado da terra.

¹⁷Também não nasceu homem como José:

chefe dos irmãos, baluarte de seu povo;

¹⁸até seus ossos foram honrados*

e após a morte profetizaram.

---

* **48**,26. 2Rs 20,5-11; Is 38,4-8 | **49**,3. 2Rs 22,23 | 8. Lm 1,4; 2,3; Jr 1,5 | 9. Jr 1,10 | 10. Ez 1-3; 9-10 | 12. 46,14 | 13. Ag 2,23 | 16. 44,16 | 18. Gn 50,25s

† **50**. O autor fala de um personagem que ele deve ter conhecido: Simão II (219-199 a.C.), filho de Onias II. Na época do autor, o sumo sacerdote era o chefe religioso e político da comunidade.

Eclesiástico 49-50

[19]Set e Sem foram glorificados entre os homens,

mas acima de toda criatura vivente, na origem, está Adão.

50 O sumo sacerdote Simão†.

[1]Simão, filho de Onias, sumo sacerdote,

em sua vida restaurou a Casa
e em seus dias fortificou o templo.

[2]Por ele foram feitos os fundamentos do templo
e também a base elevada da parede do templo.

[3]Em seus dias foi cavado o reservatório das águas,
uma piscina grande como o mar.

[4]Defendeu seu povo dos ladrões
e fortificou a cidade para o caso de um cerco.

[5]Como era esplêndido quando olhava da tenda,
quando saía do santuário atrás do véu!*

[6]Era como a estrela da manhã no meio da névoa,*

como a lua cheia nos dias de festa,

[7]como o sol fulgurante sobre o templo de Deus;

[8]como o arco-íris esplendoroso entre nuvens de glória,

como a flor das roseiras nos dias da primavera,

como lírios à beira de uma água corrente,

como a flor do Líbano nos dias do verão,

[9]como fogo brilhante e incenso ardendo ao fogo,

[10]como um vaso de ouro maciço,

ornado com toda espécie de pedras preciosas,

[11]como uma oliveira carregada de frutos

e como um cipreste que se ergue até as nuvens.

Quando se cobria com seu manto de glória

e se revestia dos ornamentos mais belos,

[12]subindo os degraus do santo altar,
enchia de glória todo o santuário.

[13]Quando recebia das mãos dos sacerdotes as porções das vítimas,

estando ele de pé junto ao altar,

seus irmãos o rodeavam formando uma coroa

como mudas de cedro no monte Líbano;

[14]e o circundavam como ramos de palmeiras

todos os filhos de Aarão em sua glória.

[15]Com as ofertas do Senhor em suas mãos,

mantinham-se de pé diante de toda a comunidade de Israel.

Ele celebrava o rito litúrgico sobre os altares,

apresentando com nobreza a oferta ao Onipotente.

[16]Estendia a mão sobre a taça
e fazia a libação do sangue da uva;

[17]derramava-o sobre as bases do altar
como perfume agradável ao Excelso Príncipe.

[18]Então os filhos de Aarão erguiam a voz,*

tocavam as trombetas de metal trabalhado,

produzindo um imenso alarido*
como memorial diante do Deus Altíssimo.*

[19]Então todo o povo, juntamente, se apressava

a prostrar-se com a face por terra
para adorar o Senhor seu Deus,

suplicando ao Deus onipotente e excelso.

[20]Os salmistas louvavam com suas vozes,

e ressoava um canto vibrante, cheio de suavidade.

[21]O povo suplicava ao Senhor excelso
em oração diante do Misericordioso,

até que fosse terminada a homenagem ao Senhor

e todos encerrassem sua função.

[22]Então, descendo, ele erguia as mãos*
sobre toda a comunidade dos filhos de Israel

para dar com seus lábios a bênção do Senhor*

---

* 50,5. Lv 16,23s | 6. Lv 16,13 | 18. Nm 10,2-10 / 45,10s / Nm 10,10 | 22. Lv 9,22 / Nm 6,23-27

Eclesiástico 50-51

e ter a honra de pronunciar seu nome.
²³Todos repetiam a adoração
para receber a bênção do Altíssimo.

Exortação†. ²⁴Agora bendizei o Deus do universo
que faz maravilhas na terra inteira,
que exaltou nossos dias desde o seio materno
e age conosco segundo sua misericórdia.
²⁵Que ele nos conceda a alegria do coração
e que haja paz em nossos dias,
em Israel, por todo o sempre.
²⁶Que Israel acredite que a misericórdia de Deus está conosco
para nos libertar em nossos dias.

Três povos detestados. ²⁷Duas nações minha alma odeia,
e a terceira nem sequer é uma nação:
²⁸os que habitam no monte Seir, os filisteus
e o povo insensato que habita em Siquém†.

IV. SUPLEMENTOS
(50,29–51,38)

Conclusão. ²⁹Jesus, filho de Sirac, de Jerusalém,
condensou neste livro uma instrução de sabedoria e de ciência
e derramou nele a sabedoria de seu coração.
³⁰Feliz aquele que for versado nessas palavras;
quem as fixar no coração será sempre sábio;
³¹se as puser em prática, será capaz de tudo,
porque seu caminho é a luz do Senhor.

51 **Oração de Jesus, filho de Sirac†.** ¹Eu vos dou glória, Senhor meu rei,*

e vos louvo, Deus meu salvador;
²glorifico vosso nome,
porque fostes meu auxílio e proteção
³e libertastes meu corpo da perdição,
do laço da língua caluniadora,*
dos lábios que proferem mentiras.
Diante de meus adversários fostes meu auxílio.
⁴E me libertastes,
conforme a grandeza de vossa misericórdia e de vosso nome,*
dos laços preparados para me devorar,
⁵das mãos dos que procuravam tirar-me a vida,*
das muitas tribulações que me rodeavam;
⁶da violência das chamas que me envolviam
e do meio do fogo, pelo qual não fui consumido;
⁷das profundas entranhas da mansão dos mortos,*
da língua impura e da palavra falsa
e dos dardos de uma língua injusta.
⁸Minha alma esteve próxima da morte,
⁹minha vida chegou às portas do abismo profundo.
¹⁰Assaltavam-me de todo lado e ninguém me socorria;
eu olhava à procura de socorro dos homens, mas em vão.
¹¹Então lembrei-me de vossa misericórdia, Senhor,*
e de vossas obras que são desde sempre,
¹²porque libertais os que confiam em vós, Senhor,
e os salvais das mãos dos iníquos.
¹³Eu fiz subir da terra minha súplica;
rezei para ser libertado da morte já próxima.
¹⁴Invoquei o Senhor: "Vós sois meu pai!†
Não me abandoneis no dia de minha tribulação,

---

* **51**,1. Êx 15,2 | 3. Sl 119,2 | 4. Sl 103,8; Êx 34,6 | 5. Sl 35,4 | 7. Nm 16,33 | 11. Sl 25,6

† **50**,24. O convite ao louvor vem ligado à menção dos sacerdotes, porque para Ben Sira é o sacerdócio que mantém a esperança de Israel e não a realeza ou o profetismo. | 28. Trata-se dos edomitas, filisteus e samaritanos. Ver as notas em Sl 137,8 e 2Rs 17,24. | **51**. Agradece a Deus que o livrou quando foi caluniado num processo perante o rei. | 14. Ver a nota em 23,1.

869   Eclesiástico 51

no tempo dos soberbos, desamparado.

¹⁵Louvarei sempre vosso nome
e cantarei hinos em louvação".
E minha súplica foi ouvida.
¹⁶Sim, vós me salvastes da ruína
e me livrastes de uma situação extrema.
¹⁷Por isto vos agradeço e vos louvo,
bendizendo o nome do Senhor.

A busca da sabedoria. ¹⁸Quando eu era ainda jovem, antes de começar a viajar,*
procurei assiduamente a sabedoria
em minha oração;
¹⁹diante do templo eu a implorava
e até o fim a buscarei.
E ela floresceu como a uva prematura.
²⁰Meu coração se alegrou nela,
meu pé andou pela estrada reta*
e desde a juventude segui suas pegadas.
²¹Inclinei um pouco os ouvidos para recebê-la;
²²e achei nela instrução abundante.
Por meio dela fiz progresso;
²³dou glória àquele que me concedeu a sabedoria.
²⁴Sim, decidi pô-la em prática;
tenho procurado o bem e não ficarei confundido.
²⁵Minha alma aprendeu com ela a lutar
e fui diligente em praticar a Lei.
²⁶Estendi as mãos para o alto
e compreendi seus mistérios.
²⁷Para ela orientei minha alma,
e a encontrei na purificação.

²⁸Com ela governei meu coração
desde o princípio,
por isso não serei abandonado.
²⁹Ao procurá-la, minhas entranhas se comoveram,
por isso obtive sua preciosa aquisição.
³⁰O Senhor me deu como recompensa uma língua
com a qual o louvarei.
³¹Aproximai-vos de mim, ó ignorantes,
e reuni-vos na casa da instrução.
³²Por que demorais ainda nessas coisas,
enquanto vossas almas sentem tanta sede?*
³³Abro a boca para dizer:
"Comprai-a sem dinheiro,*
³⁴submetei o pescoço a seu jugo†
e vossa alma receba a instrução:
ela está próxima, a vosso alcance.*
³⁵Vede com vossos olhos que eu pouco trabalhei
e não obstante encontrei grande repouso.
³⁶Participai da instrução a preço de muito dinheiro*
e com ela obtereis ouro em abundância.
³⁷Que vossa alma se alegre com a misericórdia do Senhor;
não vos envergonheis de o louvar.
³⁸Executai vossa obra antes do tempo marcado,
e ele a seu tempo vos recompensará".

---

* **51**,18. 6,18; 15,2s; 34,9-12; Sb 8,2 | 20. Sl 25,5; 26,3 | 32. Am 8,11 | 33. Is 55,1; Pr 4,5ss | 34. Dt 30,11-14 | 36. Pr 16,16

† **51**,34. Ver a nota em 6,26.

OS PROFETAS

Os profetas bíblicos são pessoas escolhidas e chamadas por Deus para a missão de falar em seu nome ao povo, como guias espirituais. "Profeta" é uma palavra derivada do grego, que significa exatamente porta-voz, mensageiro. É um carismático, um inspirado, porque veio sobre ele o Espírito, que nele fala, como professamos no Credo: "Foi ele que falou pelos profetas".

A palavra de Deus chega ao profeta de muitos modos, inclusive por meio de visões; por isso no tempo de Samuel, o profeta era chamado "vidente" (1Sm 9,9). Muitas vezes ele não diz como Deus lhe falou, afirmando apenas: "Assim fala Javé". Tem perfeita consciência de não dizer uma palavra sua, mas a de Deus, que o enviou e o sustenta; por isso o profeta se arma de coragem e audácia. É que muitas vezes tem de enfrentar os poderosos, como Natã diante de Davi (2Sm 12,7) e Elias diante de Acab (1Rs 18,17s). O confronto entre carisma e poder é de todos os tempos.

Colocado por Deus como sentinela para seu povo (Ez 33,7), e sempre atento aos acontecimentos dos meios políticos e religiosos, o profeta assume diante deles uma posição crítica e iluminadora, e sua pregação está sempre encarnada numa situação concreta. Nenhum profeta se isola da história. Prega a fé nas promessas divinas, a aliança, a libertação, o dom da terra e da descendência, a esperança do Messias, mas também a punição divina pelos pecados de infidelidade à aliança. Purifica e santifica o povo, chamando-o à conversão. Denuncia as injustiças sociais, o formalismo e a hipocrisia de um culto estéril e exterior. Mostra o verdadeiro rosto de Deus, santo, justo e amoroso. Diante desse Deus, com o qual está sempre em contato, intercede pelo povo pecador (2Mc 15,14).

O profeta é antes de tudo um orador, um pregador, que fala com palavras e atos. Seus gestos proféticos, parábola em ação, sua própria vida e sobretudo sua morte (At 7,52) são seu principal testemunho. Mas fala-se de "profetas escritores" para designar aqueles dos quais possuímos um livro de oráculos. São os quatro grandes profetas – Isaías, Jeremias, Ezequiel e Daniel – e os doze menores – Oseias, Joel, Amós, Abdias, Jonas, Miqueias, Naum, Habacuc, Sofonias, Ageu, Zacarias e Malaquias. No entanto, o termo profeta se estende a muitos outros personagens, desde Moisés (Dt 34,10) e a profetisa Débora (Jz 4,4) até João Batista (Mt 11,9) e os profetas do Novo Testamento (At 13,1). O tempo áureo do profetismo começa com Samuel (1Sm 3,20) e dura mais ou menos do séc. XI ao séc. IV a.C. Nesse período, a história bíblica apresenta, além dos acima mencionados: Natã, Aías de Silo, a profetisa Hulda, as figuras gigantescas de Elias e Eliseu e alguns anônimos. Menciona ainda as confrarias de profetas, os profetas profissionais da corte e falsos profetas, como os do deus Baal (1Rs 18,19). Nos últimos séculos antes de Cristo, a voz da profecia se calou (Sl 74,9), mas ficou gravada na mente do povo a promessa de Moisés: "Javé, teu Deus, suscitará para ti, em teu meio, dentre teus irmãos, um profeta como eu" (Dt 18,15), e assim o próprio Jesus foi considerado como "o profeta que devia vir ao mundo" (Jo 6,14).

O livros proféticos que estão na Bíblia são quase sempre obra de discípulos, que recolheram o testemunho do mestre e o publicaram com adaptações redacionais, por vezes acrescentando a contribuição da escola nos séculos posteriores. Essas obras estão redigidas quase sempre em forma poética, às vezes de notável valor literário. Elas contêm oráculos, poemas litúrgicos e sapienciais, narrativas sobre a vocação, visões e milagres, além de relatos biográficos.

Ler os profetas é sentir-se chamado a exercer no mundo de hoje a missão recebida no batismo, sem se deixar atemorizar diante dos desafios, mas confiando naquele que diz a cada um de seus mensageiros: "Eu estou contigo".

ISAÍAS

O profeta que dá nome a este livro é um gênio da literatura mundial, um israelita de família nobre, nascido provavelmente em Jerusalém, pelo ano 770 a.C. De seu casamento nasceram filhos aos quais deu nomes simbólicos. Tem no templo uma visão do Deus três vezes santo, que vai influenciar profundamente sua vida e sua mensagem. Deus o envia para anunciar a ruína de Israel e de Judá como castigo de suas inúmeras infidelidades. Durante seu longo ministério, assiste à crescente ameaça assíria, à queda de Samaria e do reino do norte, em 721 a.C. Tem uma atuação decisiva no episódio do cerco de Jerusalém por Senaquerib, em 701 a.C. Contrário às alianças com as potências da época, afirma que só a fé em Deus e a fidelidade à aliança podem salvar a nação. Proclama que a santidade de Deus exige o respeito ao direito dos mais fracos e pobres e condena toda hipocrisia no culto e na vida. Anuncia a ruína do reino de Judá como castigo da corrupção e da idolatria. O povo voltou as costas a seu Deus, por isso ficará reduzido a um simples "resto", do qual, porém, germinará um povo santo, fiel a Deus. Isaías anuncia também o nascimento do Emanuel, rei messiânico, portador da justiça e da paz de Javé.

Isaías fez escola; do capítulo 40 em diante são seus discípulos que tomam a palavra. A segunda parte do livro (40–55) é o "livro da consolação", destinado aos deportados em Babilônia para confortá-los com a promessa de que Deus em breve os libertará e poderão retornar à terra. Esta seção aborda os temas do Deus único, da criação do mundo, da presciência divina, do amor fiel de Javé por seu povo, da glória de Javé, da destruição dos ídolos. Em quatro cânticos, ponto alto do livro, apresenta o Servo, que recebe a missão de conduzir seu povo a Javé e de ser a luz das nações (49,5s), aceitando o caminho do sofrimento e da morte.

A terceira parte (56–66), do tempo posterior ao exílio, anuncia aos repatriados as exigências de uma religião viva e prediz o esplendor de uma nova Jerusalém, iluminada pela glória divina. O Senhor é fiel e manterá suas promessas. Mas este mesmo Deus por vezes guarda silêncio, esconde seu rosto e fica à distância. Se o povo arrependido confessar seus pecados, que são o obstáculo à salvação, Javé vai curar suas feridas e dar-lhe a paz. Será a glorificação de Sião, a libertação dos prisioneiros, a explosão de uma alegria imensa, pois Javé reatará os laços com a comunidade, sua esposa.

I. LIVRO DO EMANUEL
(1–12)

1 **Título.** ¹Visão de Isaíast, filho de Amós, que ele teve a respeito de Judá e de Jerusalém, no tempo de Ozias, Joatão,* Acaz e Ezequias, reis de Judá. **Ingratidão do povo**t. ²Ó céus, ouvi, escutai, ó terra,*
pois Javé falou:
"Eu criei filhos e os fiz crescer,*
mas eles se revoltaram contra mim.*
³O boi conhece seu dono*
e o jumento, o curral de seu senhor;
mas Israel não conhece,
meu povo não compreende".

⁴Ai dessa nação pecadorat,
povo carregado de iniquidade,
geração de malvados,*
filhos destruidores!
Abandonaram Javé;*
desprezaram o Santo* de Israelt;
viraram as costas e dele se afastaram.
⁵Onde quereis ainda ser castigados,
vós que acumulais rebeliões?
A cabeça está toda doente,
e o coração todo desfalece.
⁶Dos pés à cabeça
não há nele nada intacto;
só feridas, contusões
e chagas abertas

---

* **1,1.** Mq 1,1 | 2. Dt 4,26; 32,1; Mq 1,2 / Dt 32,5s.10 / Br 4,8 | 3. Jr 8,7 | 4. 30,9 / Jr 2,13 / Lv 17,1 | 6. Jr 30,12ss

† **1,1.** O nome Isaías significa "Javé salva". | **2.** Is 1 é considerado uma síntese da mensagem de Isaías. | **4.** Israel não entende o que acontece diante de seus olhos. / O título "Santo de Israel", característico de Isaías, exprime a transcendência e a suma perfeição de Deus. | **6.** Este v. descreve a situação de Judá depois da invasão de Senaquerib, 2Rs 18,13, e é aplicado pela liturgia a Cristo em sua paixão. O óleo era o remédio comum para tratar feridas, Lc 10,34.

Isaías 1

que não foram medicadas, nem enfaixadas,*
nem suavizadas com óleo†.
[7]Vossa terra está desolada,
vossas cidades consumidas pelo fogo;
vosso solo é devorado
por estranhos em vossa frente,
é uma desolação como devastação de estrangeiros.*
[8]E a filha de Sião ficou sozinha†
como cabana no meio da vinha,
como choça num terreno de abóboras,
como cidade sitiada.
[9]Se Javé dos exércitos
não nos tivesse deixado um pequeno resto†,
seríamos como Sodoma*
e semelhantes a Gomorra.

A hipocrisia no culto†. [10]Ouvi a palavra de Javé,
chefes de Sodoma;*
escutai a exortação de nosso Deus,
povo de Gomorra!
[11]"De que me servem vossos muitos sacrifícios?*
– diz Javé.
Estou farto dos holocaustos de carneiros,
e da gordura de animais cevados;
não me agrada o sangue de novilhos,
nem de cordeiros, nem de bodes.
[12]Quem pediu isto de vossas mãos,
quando vindes apresentar-vos diante de mim
para pisardes meus átrios?
[13]Não continueis a trazer-me ofertas vãs.
O incenso é para mim uma abominação;
não posso suportar lua nova, sábado

e assembleias,
iniquidade com assembleia festiva.*
[14]Eu detesto vossas luas novas e vossas festas;
são um peso para mim,
estou cansado de suportá-las.
[15]Por isso, quando estendeis as mãos,*
afasto de vós meu olhar.
Ainda que multipliqueis as orações,*
não vou ouvi-las.
Vossas mãos estão cheias* de sangue.*
[16]Lavai-vos, purificai-vos;
tirai da frente de meus olhos
a maldade de vossos atos.*
Cessai de fazer o mal,
[17]aprendei a fazer o bem;
procurai o que é justo;
socorrei o oprimido,
fazei justiça ao órfão,*
defendei a causa da viúva†.
[18]"Vinde então* e discutamos"†,
diz Javé.
"Se vossos pecados são como escarlate,*
tornar-se-ão brancos como neve.
Se são vermelhos como púrpura,
como lã vão se tornar.
[19]Se estais dispostos a obedecer,*
comereis os melhores frutos desta terra.*
[20]Mas se recusais e vos rebelais,*
sereis devorados pela espada;
porque a boca de Javé falou".*

Lamento sobre Jerusalém. [21]Como foi que se tornou meretriz a cidade fiel?†
Estava cheia de retidão, nela morava a justiça,
mas agora está cheia de assassinos.
[22]Tua prata tornou-se escória,*
teu vinho está adulterado com água.

---

* **1**,7. 5,2; Gn 19,1 | 9. Gn 18,16-33; 19,24 | 10. Dt 32,32 | 11. Sl 40,7; 50,8-13; 51,18; Jr 6,20; Am 5,21s; Mq 6,6ss | 13. Nm 28,11 | 15. Pr 1,28; Jr 14,12; Ml 3,4 / Mq 3,4 / Is 59,2s; Jr 2,34 / Sl 37,27 | 16. Am 5,14s | 17. Êx 22,21s | 18. 43,26 / Sl 32,1; 51,9 | 19. Lv 25,18s / Lv 26,3-12; Dt 28,1-14 | 20. Lv 26,14-39; Dt 28,15s / Is 40,5; 58,14; Mq 4,4 | 22. Ez 22,18; Jr 6,29 | 23. Jr 5,28

† **1**,8. "Filha de Sião" é Jerusalém personificada. | 9. "Resto de Israel" é o povo extremamente reduzido pelo juízo de Deus e que, após a purificação do exílio de Babilônia, viverá na fidelidade e será o núcleo do novo Israel e herdeiro das promessas messiânicas. | 10. Deus não aceita a oração daqueles que maltratam os pobres, Pr 15,8. Para esses o culto só seria um modo de enganar-se a si mesmos e de fugir da própria responsabilidade. | 17. "Tomar consciência das necessidades do próximo ajuda a redescobrir a verdadeira imagem do Deus, cujos prediletos são os necessitados. Só um Deus dos homens é o verdadeiro Deus vivo" (Simian-Yofre). | 18. Deus repreende o povo num processo jurídico, imagem comum nos profetas, Mq 6,1s. | 21. Ver a nota em Sl 106,39.

Isaías 1-2

²³Teus príncipes são rebeldes
e companheiros de ladrões;
todos eles gostam de presentes
e correm atrás de recompensas.
Não fazem justiça ao órfão*
e não chega até eles a causa da viúva.

Purificação. ²⁴Por isso, oráculo de Javé,
Deus dos exércitos,
o Poderoso de Israel†:
"Ah! tomarei satisfações de meus adversários
e me vingarei de meus inimigos.
²⁵Estenderei a mão sobre ti;*
purificarei tuas escórias
e no cadinho removerei toda a tua impureza
²⁶Restabelecerei teus juízes como antigamente
e teus conselheiros, como no princípio:
depois disso serás chamada a cidade da justiça,* a cidade fiel".
²⁷Sião será remida pelo juízo
e seus convertidos, mediante a justiça.

Castigo para os obstinados. ²⁸Mas os rebeldes e os pecadores serão destruídos igualmente,*
e os que abandonam Javé vão perecer.
²⁹Então tereis vergonha dos terebintos que amais*
e sentireis rubor pelos jardins que escolhestes.
³⁰Pois vós sereis como um terebinto de folhas secas
e como um jardim no qual falta água.
³¹O homem forte será como estopa
e sua obra, como faísca;
ambos queimarão juntos, e não haverá quem os apague.

2 **Paz messiânica.** ¹Visão de Isaías, filho de Amós, a respeito de Judá e Jerusalém.
²Acontecerá, nos últimos tempos,*
que o monte da casa de Javé
se erguerá sobre o alto dos montes,
será elevado acima das colinas
e para ele afluirão todas as nações.
³E virão muitos povos dizendo:*
"Vinde, subamos
ao monte de Javé,
à casa do Deus de Jacó,
para que nos ensine seus caminhos,
e caminharemos por suas veredas".
Pois de Sião sairá a lei,*
e de Jerusalém, a palavra de Javé.
⁴Ele será juiz entre as nações*
e árbitro de povos numerosos.
Mudarão suas espadas em relhas de arado*
e suas lanças, em foices;
uma nação não levantará a espada contra a outra,
nem mais se treinarão para a guerra†.
⁵Vinde, ó casa de Jacó,*
caminhemos na luz de Javé.

Castigo dos idólatras. ⁶Sim, rejeitastes vosso povo,
a casa de Jacó,
pois estão cheios de adivinhos*
e de magos semelhantes aos filisteus,
e fazem aliança com os filhos dos estrangeiros.
⁷Seu país está cheio de prata e ouro,*
e não têm conta seus tesouros;
seu país está cheio de cavalos,*
e não têm conta seus carros.
⁸Seu país está cheio de ídolos;*
eles se prostram diante da obra de suas mãos,
diante daquilo que seus dedos fabricaram.
⁹Assim o povo se curvará,*
e serão abaixados os olhos orgulhosos;
e não lhes perdoareis.*
¹⁰Vem para a rocha
e esconde-te na poeira,
diante do terror de Javé,
diante do esplendor de sua majestade,
quando se levantar para fazer tremer a terra.

---

* **1,**25. Ml 3,3 | 26. 1,21; Zc 8,3 | 28. Sl 1,6 | 29. 57,5; 65,3 | **2,**2. Mq 4,1ss | 3. Zc 8,20s; 14,16; Is 56.6ss; 0,11-14 / Jo 4,22 | 4. 9,6; 11,6-9 / Jl 4,9ss; Zc 9,9s; Os 2,20 | 5. 60,1ss | 6. Dt 18,14 | 7. Sl 33,17; Mq 5,10 / Dt 17,16s | 8. Sl 115,4 | 9. 5,15 / Os 10,8

† **1,**24. O "Poderoso de Israel" é Deus que o defende dos inimigos. | **2,**4. "Nada se perde com a paz, tudo pode ser perdido com a guerra" (Pio XII). "Na era atômica, é irracional pensar que a guerra seja um instrumento apto para restabelecer os direitos violados" (João XXIII).

Isaías 2-3

O dia de Javé. ¹¹O homem de olhar soberbo será abatido,
o orgulhoso será humilhado;
naquele dia, só Javé será enaltecido.
¹²Pois Javé dos exércitos se reserva um dia†
para julgar tudo o que é orgulhoso e soberbo,
e tudo o que é elevado a fim de rebaixá-lo.
¹³Contra todos os cedros do Líbano, altos e elevados,
e contra todos os carvalhos de Basã†;
¹⁴contra todas as altas montanhas
e contra todas as colinas dominantes;
¹⁵contra toda torre altaneira
e contra todas as muralhas fortificadas;
¹⁶contra todos os navios* de Társis†
e contra todos os barcos de luxo.*
¹⁷O orgulho humano será humilhado,
os arrogantes serão rebaixados;
naquele dia só Javé será enaltecido,
¹⁸e os ídolos serão totalmente eliminados.*
¹⁹Entrarão nas cavernas das rochas*
e nas fendas da terra,
diante do terror de Javé
e diante da glória de sua majestade,
quando se levantar para fazer tremer a terra.*
²⁰Naquele dia os homens jogarão*
aos ratos e aos morcegos
seus ídolos de prata e seus ídolos de ouro,
que tinham fabricado para se prostrar diante deles.
²¹Entrarão nas fendas das rochas
e nos antros da terra,
diante do terror de Javé
e diante do esplendor de sua majestade,
quando ele se levantar para fazer tremer a terra.
²²Cessai de confiar no homem,*
em cujas narinas não há mais que um sopro;
que importância se pode atribuir-lhe?

3 Anarquia em Jerusalém. ¹Sim, o Senhor Javé dos exércitos*
vai retirar de Jerusalém e de Judá
a provisão e o sustento:
toda provisão de pão
e toda provisão de água,
²herói e guerreiro,
juiz e profeta,
adivinho e ancião,
³o chefe de cinquenta e o dignitário,
quem é hábil nas artes mágicas
e o perito em sortilégios.
⁴Vou dar-lhes meninos como príncipes,
e crianças os governarão.*
⁵Entre o povo um oprimirá o outro,
cada qual seu próximo;
o jovem será insolente com o ancião
e o infame, com quem é honrado.
⁶Um homem se achegará a seu irmão
na casa paterna e lhe dirá:
"Tu tens um manto, sê nosso chefe
e cuida desta ruína".
⁷Mas o outro, naquele dia, levantará a voz, dizendo:
"Eu não sou médico,
em minha casa não há pão nem manto,
não me faças chefe do povo".
⁸Pois Jerusalém tropeça
e Judá está no chão.
Em palavras e atos se opõem a Javé,
irritando os olhos de sua majestade.*
⁹O aspecto de seu rosto os acusa,
proclamam seu pecado como Sodoma*
sem mesmo ocultá-lo.
Ai deles, porque preparam sua própria ruína.
¹⁰Dizei: O justo é feliz porque tudo lhe vai bem,
comerá do fruto de seus atos.
¹¹Ai do ímpio! O mal recairá sobre ele,
porque sua paga será o que suas mãos fizeram.
¹²Quanto a meu povo, seus opressores o rapinam,
os credores dominam sobre ele.

---

* **2**,16. Sl 47,8 / Sl 48,8 | 18. Jr 10,11.15 | 19. 2,10 / 30,22 | 20. 31,7 | 22. Jr 17,3; Gn 2,7; 6,3; Jó 34,14
3,1. Lv 26,26 | 4. Ecl 10,16 | 8. Gn 19,5 | 9. Gn 18,20s; 19,4-11

† **2**,12. No "dia de Javé", em meio a uma conflagração cósmica, Ele mostrará seu poder e sua glória, julgando os inimigos de Israel e o próprio povo infiel.

Isaías 3-5

Povo meu, os que te governam te fazem desviar
e invertem a direção de teu caminho.

O juízo de Javé. [13]Javé se levanta para o processo*
e fica de pé para julgar seu povo.
[14]Javé entra em juízo
contra os anciãos de seu povo e contra seus chefes:
"Fostes vós que devorastes a vinha,*
e o espólio do pobre está em vossas casas.
[15]Por que esmagais meu povo
e pisais o rosto dos pobres?"*
Oráculo do Senhor Javé dos exércitos.

Punição da arrogância. [16]Diz Javé:*
"Visto que são orgulhosas as filhas de Sião,
andam com o pescoço erguido,
lançando olhares sedutores,
caminhando com passos miúdos
e fazendo tinir os anéis de seus pés,
[17]Javé tornará calva
a cabeça das filhas de Sião†,
Javé desnudará sua fronte.
[18]Naquele dia Javé retirará delas o ornamento dos anéis dos tornozelos, os diademas, as meias-luas, [19]os brincos, os braceletes, os véus, [20]os turbantes, os adornos dos pés, as cintas, as caixinhas de perfumes e os amuletos, [21]os anéis e as joias do nariz, [22]as roupas de festa, as capas, os xales e as bolsas, [23]os espelhos, os tecidos finos, as tiaras e as mantilhas.
[24]Então, em lugar de perfume haverá podridão,*
em lugar de cinto, uma corda,
em lugar da cabeleira, a cabeça raspada,
em lugar de uma veste de gala, um pano de saco,
e a marca do ferro quente em lugar da beleza.
[25]Teus homens tombarão pela espada
e teus guerreiros na batalha".

[26]Tuas portas chorarão e estarão de luto;
desolada, ela vai sentar-se no chão.

4 **"Resto" de Jerusalém.** [1]Naquele dia, sete mulheres se achegarão a um homem, dizendo-lhe:
"Nós mesmas cuidaremos de nosso alimento
e de nossa roupa;
deixa-nos somente ter teu nome; tira nossa desonra!"†
[2]Naquele dia, o germe de Javé*
será esplendor e glória,
e o fruto da terra será grandeza e prestígio
para os sobreviventes de Israel.
[3]Então os que ficarem em Sião e os sobreviventes de Jerusalém* serão chamados santos: todos serão inscritos em Jerusalém para viver. [4]Quando Javé tiver lavado a imundície das filhas de Sião e purificado Jerusalém do sangue derramado, pelo vento do juízo e pelo vento do extermínio, [5]então Javé criará em todo lugar do monte Sião e sobre todas as assembleias* uma nuvem de fumaça durante o dia* e um esplendor de fogo chamejante durante a noite, porque sua glória protegerá tudo. [6]E haverá uma tenda para dar sombra de dia contra o calor, para refúgio e abrigo durante a tempestade e a chuva.*

5 **Cântico da vinha†.** Deixa-me cantar para meu amigo*
um cântico de amor a sua vinha.
Meu amigo tinha uma vinha sobre fértil colina.
[2]Preparou o terreno, retirou as pedras,
plantou vides escolhidas;
construiu no meio uma torre*
e cavou um lagar.

---

* **3**,13. Mq 6,1-15; Os 4,1-5 | 14. 5,1-7 | 15. Am 2,7 | 16. 32,9-14; Am 4,1ss | 24. Am 8,10 | **4**,2. Jr 23,5s; Zc 3,8; 6,12 | 3. 52,1; 60,21; Sf 3,13; Dn 12,1 | 5. Jl 4,17-21; Êx 13,21s; 24,16; Ap 7,15s; 21,3s / Êx 13,22 | 6. 25,4s | **5**,1. Os 10,1; Jr 2,21; 5,10; 6,9; 12,10; Ez 15,1-8; 17,3-10; 19,10-14; Sl 80,9-19; Is 27,2-5; Mt 21,33-44 | 2. Mt 21,18s

† **3**,13. As imagens dos vv. 13-16 representam os soberbos, Sl 37,35. | 16. Ver a nota em 1Rs 10,22. | 17. As cidades vassalas de Jerusalém. | **4**,1. A população masculina foi dizimada pela guerra, e as mulheres procuram um marido renunciando a todos os direitos. | **5**. A vinha é o símbolo do povo de Deus, Sl 80,9-17; Os 10,1.

Isaías 5

Esperava que desse uva boa,
mas deu uva selvagem.
3E agora, habitantes de Jerusalém
e homens de Judá,
sede juízes entre mim e minha vinha.
4Que mais poderia ter feito por minha vinha*
e não fiz?
Eu esperava uvas boas;
por que ela deu uvas selvagens?
5Mas agora vou mostrar-vos
o que farei a minha vinha:
vou retirar sua cerca
para que sirva de pasto;
derrubarei seu muro
para que seja pisada.
6Farei dela um terreno baldio:
não será podada nem cultivada,
mas crescerão nela espinhos e cardos;*
e proibirei as nuvens de chover sobre
ela.*
7Pois a vinha de Javé dos exércitos
é a casa de Israel;
os habitantes de Judá
são sua plantação predileta.
Ele esperava dela a retidão,
e eis, no entanto, o derramamento
de sangue;
esperava a justiça,
e eis gritos de angústia.

Ameaças contra os hebreus infiéis. 8Ai
daqueles que acumulam casa sobre casa*
e acrescentam um campo depois do
outro†
até não sobrar mais espaço
e ficarem sós no meio do país.
9A meus ouvidos, Javé dos exércitos
jurou:
"Sim, muitas casas
serão reduzidas a ruínas; grandes e
belas casas
ficarão desabitadas".
10Pois três hectares de vinha*
não produzirão mais que um bat,
e quem semeia um homer de trigo só
colherá um efá†.

11Ai daqueles que se levantam cedo,*
correm para as bebidas fortes
e até tarde da noite
se esquentam com o vinho!
12Em seus banquetes há harpa e lira,
tamborim e flauta,
mas não consideram o que Javé faz
e não veem o que as mãos dele realizam.*

Castigo. 13Por isso meu povo será exilado,
por causa de sua ignorância.
Seus nobres morrerão de fome
e sua multidão ressecará de sede.
14Por isso o lugar dos mortos dilatou
sua garganta
e abriu a boca sem limite;
para lá descerão sua glória, sua multidão,
seu ruído e quem nela festejava.
15O ser humano será abaixado
e o mortal será humilhado,
e serão abatidos os olhares dos soberbos.
16Mas Javé dos exércitos será exaltado por seu juízo,*
e o Deus santo será reconhecido santo por sua justiça.*
17Os cordeiros pastarão lá como em
seus pastos*
e, nos lugares desolados dos ricos, os
nômades comerão.

Contra os insolentes. 18Ai daqueles
que puxam a iniquidade
com as cordas da mentira
e o pecado, com os tirantes de um
carro!*
19Os que dizem: "Que se apresse,
que acelere sua obra,
para que a vejamos;
que se aproxime e se realize
o projeto do Santo de Israel,
e nós o reconheceremos"†.
20Ai dos que chamam
o mal de bem, e o bem de mal;*
que mudam as trevas em luz, e a luz
em trevas;

---

* **5**,4. Mq 6,1-5; Jr 2,4-7 | 6. 32,13 / 2Sm 1,21 | 8. Am 6,1-7; Mq 2,1-5; Jr 22,13.19; Ez 7,5.26; Hab 2,6-20;
Lc 6,24ss; Mt 23 | 10. 7,23 | 11. 28,1.7s; 56,12; 22,13; Am 4,1; Mq 2,11; Jl 1,5; Sb 2,7ss | 12. Sl 28,5 |
16. 2,9.11 / 1,26; 6,3 | 17. 7,25 | 18. 2Pd 3,4 | 20. Pr 17,15; Mt 23,13

† **5**,8. "Não socorrer os pobres é roubá-los e tirar-lhes a vida. Nós não detemos nossos bens mas os deles" (S. João Crisóstomo). | 10. Bat = 36 l; homer = 420 l; efá = 45 l. | 19. Deus, que está dando tempo
para o arrependimento, é desafiado a mandar logo o castigo anunciado.

que consideram o amargo como doce, e o doce como amargo!

²¹Ai dos que se consideram sábios e se julgam inteligentes!

²²Ai dos que são heróis para beber vinho

e campeões para misturar bebidas fortes,

²³que por suborno absolvem o culpado

e ao inocente negam a justiça.

²⁴Por isso, assim como a língua de fogo devora a palha

e o feno desaparece na chama,

sua raiz será como podridão

e sua flor será carregada como poeira;

porquanto rejeitaram o ensinamento de Javé dos exércitos,

desprezaram a palavra do Santo de Israel.

Invasão dos assírios. ²⁵Por isso a cólera de Javé

acendeu-se contra seu povo.

Ele ergueu a mão contra ele e o feriu;

as montanhas tremeram,

e seus cadáveres jazem como imundície

no meio das ruas.

Apesar de tudo isso, sua cólera não se acalmou*

e sua mão ainda está estendida.

²⁶Javé erguerá uma bandeira para os povos distantes*

e lhes assobiará das extremidades da terra;

e eis que eles se apressarão e chegarão velozes.

²⁷Nenhum deles está cansado, nenhum vacila,

nenhum cochila, nenhum se adormenta;

o cinto de seus rins não se desata

nem se parte a correia de suas sandálias.

²⁸Suas flechas são agudas

e todos os seus arcos estão retesados.

Parecem pedras

os cascos de seus cavalos

e um turbilhão, as rodas de seus carros.

²⁹Seu rugido é como o de uma leoa;*

ruge como um leãozinho;

ruge, agarra a presa,

leva-a para um lugar seguro, sem que ninguém lha tome.

³⁰Naquele dia rugirão contra ele

como ruge o mar.

Olhando para a terra,*

apenas trevas e angústia se verão,

e a luz obscurecida pelas nuvens.

6 **Vocação de Isaías**†. ¹No ano em que morreu o rei Ozias, eu vi Javé assentado num trono grandioso* e muito elevado e a orla de seu manto enchia o templo†.

²Serafins estavam* sobre ele, tendo cada qual seis asas: duas para lhes cobrir a face, duas para lhes cobrir os pés e duas para voar. ³Eles clamavam um para o outro:

"Santo, santo, santo,* Javé dos exércitos; a terra inteira* está cheia de sua glória!"†

⁴Os umbrais das portas tremeram* com a voz de seus clamores e a casa se encheu de fumaça. ⁵E eu disse: "Ai de mim, estou arruinado! Pois sou um homem de lábios impuros e moro no meio de um povo de lábios impuros; mas meus olhos viram* o rei, Javé dos exércitos".

⁶Então voou até mim um dos serafins,* trazendo na mão uma brasa que tinha tirado do altar com uma tenaz. ⁷Tocou com ela minha boca e disse:

"Agora que isto tocou teus lábios,

tua culpa foi tirada

e teu pecado foi perdoado".

⁸E eu ouvi a voz de Javé que dizia: "Quem enviarei? Quem irá por nós?" E eu respondi: "Eis-me aqui, enviai-me!"

---

* **5**,25. 9,11.16.20; 10,4 | 26. Jr 5,15ss; 6,22-30 | 29. Os 5,14; Am 3,12 | 30. 8,20ss | **6**,1. Ap 4,2 | 2. Ez 1,11; 10,21 | 3. Ap 4,8 / Nm 14,21 | 4. Êx 19,16; 40,34s; 1Rs 8,10ss | 5. Êx 33,20 | 6. Jr 1,9

† **6**. Nesta visão no templo, Isaías faz a experiência da santidade e do poder de Deus, que serão o centro de sua mensagem. | 1. O santuário é o lugar onde céu e terra se aproximam e se encontram. | 3. A santidade de Deus é força santificadora, mas também punitiva; Deus manifesta sua santidade no juízo, Eclo 36,3.

Isaías 6-7

9Então ele disse: "Vai e dize a este povo:*

Escutai, escutai e não entendereis;*
olhai, olhai, e não percebereis.

10Torna insensível o coração desse povo,

endurece seus ouvidos,
fecha-lhes os olhos,
para que não veja com os olhos,
não ouça com os ouvidos
nem entenda com o coração,
e se converta e seja curado"†.

11E eu perguntei: "Até quando, Senhor?"

Ele respondeu:
"Até que as cidades sejam devastadas,
fiquem sem habitantes,
e as casas sem ninguém,
e a terra devastada e desolada;

12e até que Javé tenha expulsado a população
e haja uma grande solidão no meio do país.

13Restará ainda a décima parte,
mas será de novo despojada
como o carvalho e o terebinto
que, uma vez abatidos,
não têm mais que um tronco;
seu tronco é uma semente santa".

7 **Anúncio a Acaz.** 1No tempo de Acaz, filho de Joatão, filho de Ozias,* rei de Judá, Rason, rei de Aram, e Faceia, filho de Romelias, rei de Israel, subiram contra Jerusalém para atacá-la†, mas não puderam conquistá-la. 2Foi anunciado à casa de Davi: "Aram tomou posição no território de Efraim". Então, seu coração e o coração de seu povo se agitaram como as árvores da floresta são agitadas pelo vento. 3E

Javé disse a Isaías:* "Sai ao encontro de Acaz tu e teu filho Sear-Iasub†, rumo à extremidade do canal do açude superior, no caminho do campo do Lavador. 4Tu lhe dirás: Sê atento e fica calmo. Não temas, e que teu coração não desfaleça por causa desses dois pedaços de tições fumegantes, por causa do ardor da ira de Rason de Aram e do filho de Romelias. 5Porque Aram, Efraim e o filho de Romelias tramaram o mal contra ti, dizendo: 6Marchemos contra Judá, para o invadir e conquistar, e instalemos lá como rei o filho de Tabeel.

7Isto diz o Senhor Javé:
Tal não acontecerá, não sucederá!

8Pois a cabeça de Aram é Damasco,
e o cabeça de Damasco é Rason.

Daqui a sessenta e cinco anos
Efraim será destruído e deixará de ser um povo.

9A cabeça de Efraim é Samaria,
e o cabeça de Samaria é o filho de Romelias.

Mas se não acreditardes, não subsistireis".*

O Emanuel. 10Javé falou de novo a Acaz, dizendo: 11"Pede a Javé teu Deus um sinal para ti, na profundeza do lugar dos mortos ou nas alturas lá em cima"†. 12Mas Acaz respondeu:* "Não pedirei, não quero tentar Javé". 13Isaías disse: "Ouvi, casa de Davi: não vos basta fatigar os homens, mas ainda fatigais também meu Deus? 14Por isso, o próprio Senhor vos dará um sinal. Eis que a jovem† está grávida, vai dar à luz um filho* e lhe porá o nome de Emanuel. 15Ele comerá coalhada e mel, até que saiba rejeitar o mal e escolher o bem†.

---

* **6**,9. Mt 13,14s / At 28,26s | **7**,1. 2Rs 16,5-9 | 3. 2 Rs 20,20 | 9. 28,26; 30,15 | 12. Dt 6,16 | 14. Mt 1,23; Mq 5,2 | 16. 9,5; 7,22

† **6**,10. O fracasso da conversão é consequência da recusa de escutar a palavra de Javé proclamada pelo profeta: não é Deus nem o profeta que impedem o povo de se converter e de ser curado. O profeta deve saber de antemão que não aceitarão sua palavra, e que esta endurecerá o coração deles. | **7**,1. É a chamada guerra siro-efraimita, 2Rs 16,5; Deus manda Isaías para tranquilizar o rei de Judá. | 3. Este nome significa "um resto voltará": a promessa do retorno do exílio. | 11. O sinal ajudaria o incrédulo Acaz, pois confirmaria a vontade de Deus de vir em auxílio de Judá. | 14. O termo hebraico significa "jovem": a esposa de Acaz terá um filho que garantirá o futuro da dinastia, por isso pode ser chamado "Deus conosco". Mas as versões grega e latina usaram o termo "virgem", e S. Mateus viu nesse texto o anúncio da maternidade virginal de Maria, Mt 1,23. O sentido messiânico da profecia está construído sobre o sentido literal. | 15. Manteiga e mel, único alimento disponível numa terra devastada. A disciplina da adversidade ensinará o Emanuel a "rejeitar o mal e escolher o bem", fazendo dele a antítese de Acaz.

879 Isaías 7-8

¹⁶Pois antes que o menino* saiba rejeitar o mal e escolher o bem, será abandonado o país cujos dois reis tu temes. ¹⁷Javé vai fazer vir sobre ti, sobre teu povo e sobre a casa de teu pai dias tais como nunca houve desde quando Efraim se separou de Judá – o rei da Assíria".

Invasão devastadora. ¹⁸Naquele dia,
Javé assobiará às moscas
que estão na extremidade dos canais do Egito
e às abelhas que estão no país da Assíria.
¹⁹Elas virão e pousarão todas
nos vales desolados,
nas fendas das rochas,
em todos os espinheiros
e em todas as pastagens.
²⁰Naquele dia, o Senhor raspará
com uma navalha alugada do outro lado do rio,
com o rei da Assíria,
a cabeça, os cabelos das pernas,
e tirará também a barba.
²¹Naquele dia,
cada um criará uma novilha e duas ovelhas.
²²E acontecerá que, pela abundância do leite que darão,
se comerá coalhada;
todo sobrevivente no país
comerá coalhada e mel.
²³E acontecerá, naquele dia,*
que todo lugar onde houver mil videiras,
avaliadas em mil moedas de prata,
será abandonado aos espinheiros e aos cardos.
²⁴Aí se entrará com flechas e arco,
porque todo o país será cardos e espinheiros.
²⁵E, nos montes que eram cultivados com enxada,
não se entrará mais,
por medo dos cardos e dos espinheiros;*
serão pasto de bois
e terra pisada por ovelhas.

8 **Ruína de Damasco e de Samaria.** ¹Javé me disse: "Toma uma grande placa e escreve nela com um estilete ordinário: Pronto-Despojo, Próximo-Saque"†. ²Tomei como fiéis testemunhas o sacerdote Urias e Zacarias, filho de Baraquias. ³Depois me uni à profetisa, ela concebeu e deu à luz um filho. E Javé me disse: "Põe-lhe o nome de "Pronto-Despojo, Próximo-Saque"; ⁴pois antes que o menino* saiba dizer "papai" e "mamãe", as riquezas de Damasco e os despojos de Samaria serão levados à presença do rei da Assíria".*

Invasão do reino de Judá. ⁵Falou-me ainda Javé, dizendo:
⁶"Já que esse povo desprezou*
as águas de Siloé que correm mansamente
e tremeu diante de Rason e do filho de Romelias,*
⁷por isso o Senhor fará subir contra eles o rei da Assíria e toda a sua glória, como as águas de um rio, impetuosas e abundantes,*
transbordará sobre todos os seus canais
e inundará todas as suas margens.
⁸Ele invadirá Judá, inundará e atravessará;
atingirá até o pescoço,
e suas asas abertas cobrirão
toda a extensão de teu país, ó Emanuel!*

Ameaça às nações. ⁹Sabei, ó povos, sereis esmagados!
Escutai, todos os países distantes da terra.
Cingi as armas, sereis esmagados!
¹⁰Fazei um projeto, será desvendado;
tomai uma resolução, não terá efeito,
pois Deus está conosco".*

Javé será a pedra de tropeço. ¹¹Pois assim me disse Javé quando me tomou pela mão e me advertiu para que não andasse pelo caminho deste povo:
¹²"Não chameis de aliança
tudo o que este povo chama de aliança,

---

* **7**,23. 5,10 | 25. 5,17 | **8**,4. 2Rs 16,10-16; 18,2 / Is 7,16 | 6. Jo 9,7 / Is 7,1s | 7. Ap 12,15 | 8. 7,14 | 10. 7,14

† **8**,1. Este nome simbólico significa a invasão iminente dos reinos de Damasco e de Israel pelos assírios.

Isaías 8-9

não temais o que ele teme e não vos assombreis.*

¹³É Javé dos exércitos que deveis proclamar santo,

seja ele vosso temor e vosso assombro.

¹⁴Ele será um santuário, mas será um rochedo que faz cair,

uma pedra de tropeço para as duas casas de Israel,

uma rede e um laço para os habitantes de Jerusalém.

¹⁵Muitos deles aí tropeçarão,

cairão e serão quebrantados;

serão apanhados no laço e capturados.

Missão de Isaías. ¹⁶Fecha este testemunho, sela esta exortação entre meus discípulos. ¹⁷Eu confio em Javé, que oculta sua face à casa de Jacó, e ponho nele minha esperança.¹⁸Eis-me aqui com os filhos que Javé me deu:* somos sinais e presságios em Israel, da parte de Javé dos exércitos que habita no monte Sião.

¹⁹E se vos disserem: "Consultai os necromantes* e os adivinhos†, que sussurram e murmuram. Não deve um povo consultar seu deus? dirigir-se aos mortos por causa dos vivos?", ²⁰atenção à lei e ao testemunho! Se o povo fala assim, não haverá para ele nenhuma aurora.

²¹Ele atravessará o país, oprimido e faminto.

Quando estiver faminto, ele se irritará, amaldiçoará seu rei e seu Deus e olhará para cima.

²²Depois olhará para a terra,

e eis angústia, escuridão

e noite desolada!

Será lançado nas trevas.

²³Mas as trevas não durarão para sempre

sobre a terra que agora está na angústia.

Luz e alegria. Como nos tempos passados, Deus cobriu de opróbrio o país de Zabulon* e o país de Neftali, assim no futuro cobrirá de glória o caminho do mar, além do Jordão, a Galileia dos gentios.

9 ¹O povo que caminhava nas trevas viu uma grande luz;

para aqueles que habitavam no país da sombra da morte,

uma luz resplandeceu.

²Fizestes crescer a nação,

aumentastes sua alegria;*

eles se alegram diante de vós com a alegria da colheita,

como exulta quem reparte os despojos.

³Pois, como no dia de Madiã,*

quebrastes o jugo que pesava sobre ele,

a vara que lhes feria os ombros

e o bastão do opressor.*

⁴Pois todo calçado que o guerreiro usava na batalha

e todo manto revolvido em sangue

serão queimados e devorados pelo fogo.

Nascimento do esperado. ⁵Pois um menino* nasceu para nós†,

um filho nos foi dado.

Ele recebeu o poder em seus ombros e será chamado*

"Conselheiro maravilhoso, Deus forte,*

Pai sempiterno, Príncipe da paz";

⁶para que se estenda o poder

numa paz* sem-fim †

sobre o trono de Davi e sobre seu reino,

para estabelecê-lo e reforçá-lo

mediante o direito e a justiça

desde agora e para sempre.

O amor ardente de Javé dos exércitos fará isto.

Castigo de Javé. ⁷O Senhor enviou uma palavra a Jacó,

e ela caiu em Israel.

---

* **8**,12. 1Pd 3,14 | 18. 7,3; 8,3s; 1,26; Hb 2,13 | 19. 1Sm 28,3 | 23. Mt 4,13-16 | **9**,2. Sl 126 | 3. 10,25s; 14,25 / Jz 7,15-25 | 5. 7,14; Gn 3,15; 49,10 / Nm 24,17 / Zc 9,9 | 6. Lc 2,14

† **8**,19. A lei proibia severamente evocar espíritos e consultar adivinhos, Dt 18,11. | **9**,5. O nascimento de um menino prodigioso, portador de alegria e paz, firmará o trono de Davi para sempre. A tradição e a liturgia veem aqui o anúncio da chegada do Messias, filho de Davi. | 6. "A paz não é a mera ausência de guerra, nem se reduz ao estabelecimento de um equilíbrio das forças adversárias, nem surge de uma dominação despótica, mas se chama com propriedade 'obra da justiça', Is 32,17" (Vat. II).

Isaías 9-10

⁸Todo o povo a conhecerá,
Efraim e os habitantes de Samaria,
que dizem no orgulho e na soberba
de seu coração:
⁹"Os tijolos caíram,
mas reconstruiremos com pedras,
os sicômoros foram cortados,
mas os substituiremos por cedros".
¹⁰Contra ele Javé suscita os adversários de Rason
e instiga seus inimigos:
¹¹do oriente Aram,*
e do ocidente os filisteus,
que devorarão Israel com a boca escancarada.
Com tudo isso, a ira dele não se acalma
e sua mão permanece estendida.
¹²Mas o povo não voltou para aquele
que o feria,*
nem buscou a Javé dos exércitos.
¹³Pelo que Javé corta de Israel a cabeça e a cauda,
a palma e o junco num só dia.
¹⁴O ancião e o respeitado são a cabeça;
o profeta, mestre de mentira, é a
cauda.
¹⁵Os guias deste povo o extraviaram
e os que o dirigiam tomaram o mau
caminho.
¹⁶Por isso o Senhor não se compraz
em seus jovens,
de seus órfãos e de suas viúvas não
terá compaixão,
pois todos são ímpios e malfeitores,
toda boca profere a insensatez.
Com tudo isso, a ira dele não se acalma
e sua mão permanece estendida.
¹⁷Sim, a maldade queima como fogo,
devora cardos e espinhos,
ela incendeia a espessura da floresta,
que sobe em turbilhões de fumaça.
¹⁸Pelo furor de Javé dos exércitos, o
país está em chamas

e o povo é presa do fogo;
ninguém poupa seu irmão.
¹⁹Se cortar à direita, ainda terá fome,
se comer à esquerda, não ficará saciado,
cada um comerá a carne de seu braço.
²⁰Manassés devora Efraim,
e Efraim a Manassés,
e ambos se levantam contra Judá.
Com tudo isso, a ira dele não se acalma
e sua mão permanece estendida.

10 **Ai dos chefes injustos.** ¹Ai dos
que promovem leis injustas
e redigem sentenças opressoras
²para negar justiça aos fracos*
e privar do direito os pobres de meu
povo,
de modo a despojar as viúvas
e roubar os órfãos!†
³Que fareis no dia do juízo,*
quando a desgraça vier de longe?
Para quem fugireis para encontrar
socorro
e onde depositareis vossa riqueza?
⁴Não vos restará senão curvar-vos
entre os prisioneiros
e cair entre os mortos.
Com tudo isso, a ira dele não se acalma
e sua mão permanece estendida.
Ai da Assíria†. ⁵Ai da Assíria, bastão de
minha ira!*
essa vara em sua mão é minha indignação.
⁶Eu a enviarei contra uma nação ímpia*
e contra o povo de minha ira.
Eu lhe darei ordem de saqueá-lo,
de depredá-lo e pisá-lo como a lama
das ruas.
⁷Mas ela não pensa assim
e seu coração não julga desse modo;
mas em seu coração se propõe destruir
e aniquilar nações numerosas.

* **9**,11. Mq 3,3; Jr 10,25; Hab 1,13 | 12. Am 4,6-11; Os 7,10-15; Jr 5,3-6 | **10**,2. 1,17.23; 3,14; 5,23; Êx 22,21 |
3. Jr 5,31 | 5. 14,24-27 | 6. 47,6; Zc 1,15

† **10**,2. A pregação dos profetas é encarnada na história. "Pregar sem referir-se à história em que se
prega não é pregar o Evangelho. Uma pregação que não denuncia as realidades pecaminosas nas
quais se faz a reflexão evangélica não é Evangelho" (Dom Oscar Romero). | 5. A Assíria é instrumento
na execução da vontade de Deus, mas é culpada por se exceder neste encargo que lhe foi dado e por
ser orgulhosa.

Isaías 10

882

[8]Com efeito diz:
"Meus príncipes não são todos eles reis?*
[9]Acaso Calane não é como Carquemis?
Emat não é como Arfad?
Samaria não é como Damasco?
[10]Assim como minha mão atingiu os reinos dos falsos deuses,
onde há mais imagens
do que em Jerusalém e em Samaria,
[11]como fiz com Samaria e seus ídolos,
não posso fazer também com Jerusalém e suas imagens?"

[12]Mas, quando o Senhor tiver concluído toda a sua obra na montanha de Sião e em Jerusalém, ele castigará o fruto do coração orgulhoso do rei da Assíria e a arrogância de seus olhares insolentes.

[13]Pois ele diz: "Foi pela força da minha mão
e por minha sabedoria que eu agi, pois eu sou inteligente.
Suprimi as fronteiras dos povos
e saqueei seus tesouros.
Como um herói,
fiz descer os que se assentavam em tronos.
[14]Minha mão apanhou, como num ninho, as riquezas dos povos;
como se recolhem ovos abandonados,
assim eu reuni toda a terra;
nenhum bateu asas nem abriu o bico para piar.
[15]Acaso se gloria o machado contra quem corta com ele?*
ou se orgulha a serra contra quem a maneja?
Como se a vara fizesse mover quem a levanta,
como se o bastão levantasse aquele que não é madeira.
[16]É por isso que o Senhor Javé dos exércitos
enviará contra seus homens robustos a fraqueza,

e debaixo de sua glória acenderá um fogo
como o fogo de um incêndio.
[17]A luz de Israel será como um fogo
e seu Santo, uma chama
que queimará e consumirá
seus espinhos e seus cardos num só dia.*
[18]O esplendor de sua floresta e de sua terra boa ele o consumirá
desde a alma até o corpo, e será como um doente que definha.
[19]O resto das árvores de sua floresta será tão pouco
que um menino poderá contá-las.

Um resto voltará. [20]Naquele dia, o resto de Israel
e os sobreviventes da casa de Jacó deixarão de se apoiar em quem os feriu,
mas se apoiarão de verdade em Javé, o Santo de Israel.
[21]Um resto voltará,*
o resto de Jacó, para o Deus Forte†.
[22]Pois, mesmo se teu povo*
for como a areia do mar, ó Israel,
será apenas um resto que voltará:
está decretado um extermínio
que fará transbordar a justiça!
[23]De fato, o Senhor Javé dos exércitos
executará a destruição decretada*
no meio de todo o país.
[24]Por isso, assim fala o Senhor Javé dos exércitos: "Ó meu povo, que habitas em Sião, não temas a Assíria que te bate com a vara e levanta contra ti seu bastão à maneira do Egito. [25]Pois daqui a pouco minha indignação contra ti cessará, mas minha cólera se voltará para sua ruína". [26]Javé dos exércitos suscitará contra ela um flagelo, como quando feriu Madiã junto ao rochedo do Horeb; e como estendeu seu bastão* sobre o mar, assim o levantará ainda, como o fez no caminho do Egito:
[27]Naquele dia,
seu fardo será tirado de teus ombros
e seu jugo, de tua nuca,
e o jugo cederá diante da abundância.

---

* **10,**8. 36,18ss | 15. 45,9; Rm 9,20s | 17. 37,36 | 21. 4,3 | 22. Rm 9,27 | 23. Rm 5,20s | 26. 9,3; Jz 7,25; Êx 14,16

† **10,**21. Ver a nota em 1,9.

Horror e devastação. [28]Ele chega a Aiat, atravessa Magron,*
depõe sua bagagem em Macmas.
[29]Passaram pelo desfiladeiro:
"Em Gaba passaremos a noite!"
Ramá treme,
Gabaá de Saul foge.*
[30]Ergue a voz, filha de Galim!
presta atenção, Laísa!
Ó pobre Anatot!*
[31]Madmena fugiu;
os habitantes de Gabim procuram abrigo.
[32]Hoje mesmo vai parar em Nob,*
agitando o punho contra o monte da filha de Sião,
a colina de Jerusalém.
[33]Eis que o Senhor Javé dos exércitos
abate os ramos com violência:
os mais altos são cortados,
os mais elevados são rebaixados.
[34]Ele abaterá com o machado a espessura da floresta
e o Líbano cairá sob os golpes do Poderoso.

11
O messias e os tempos messiânicos. [1]Do tronco de Jessé sairá um ramo,*
um broto surgirá de suas raízes.
[2]Repousará sobre ele o espírito de Javé†:
espírito de sabedoria e de entendimento;
espírito de conselho e de fortaleza;*
espírito de ciência e de temor de Javé†.
[3]Encontrará complacência no temor de Javé.
Não julgará segundo as aparências
nem dará sentença conforme ouvir dizer,
[4]mas julgará os pobres com justiça*
e decidirá com equidade a favor dos humildes do país.

Castigará o país com a autoridade de seus decretos*
e com o sopro de seus lábios fará morrer o ímpio.
[5]A justiça será o cinto de seus rins,
e a fidelidade cingirá sua cintura.
[6]Então o lobo habitará com o cordeiro,*
a pantera se deitará com o cabrito,
o novilho e o leãozinho pastarão juntos,
conduzidos por uma criança.
[7]A vaca e o urso pastarão;
juntos se deitarão seus filhotes.
O leão comerá palha como o boi.
[8]O bebê brincará no ninho da cobra,*
e na cova da víbora a criança colocará a mão.
[9]Não se fará mal nem dano algum
sobre todo o meu santo monte,
pois o país estará cheio
do conhecimento de Javé*
como as águas cobrem o fundo do mar.
[10]Naquele dia,
a raiz de Jessé se levantará como sinal para os povos;*
as nações acorrerão para ela,
e gloriosa será sua morada.
Volta do exílio. [11]Naquele dia,
o Senhor estenderá de novo a mão
para resgatar o resto de seu povo
que tiver ficado na Assíria e no Egito,
em Patros e na Etiópia, em Elam,
em Senaar, em Emat e nas ilhas do mar.
[12]Ele levantará um sinal para as nações
e reunirá os exilados de Israel;
congregará os dispersos de Judá
dos quatro cantos da terra.
[13]Então cessará a inveja de Efraim,*
e os adversários de Judá serão exterminados.
Efraim não invejará mais Judá,
e Judá não será mais hostil a Efraim.

---

* **10,**28. Jz 20,45ss; Js 7-8; 1Sm 14,2.5 | 29. 1Sm 1,19; 14,2.16; 15,34 | 30. Jr 1,1 | 32. 1Sm 21,2 | **11,**1. 42,1-12; Sl 72; Jr 23,5 | 2. 9,5 | 4. Ap 19,11; Sl 72,4 / Ap 19,15; 2Ts 2,8 | 6. 65,25 | 8. Sl 91,13 | 9. Hab 2,14; Jr 31,33s; 40,5 | 10. Rm 15,12; Ap 22,16 | 13. Jr 3,18

† **11,**2. Força divina concedida a certas pessoas escolhidas para cumprir missões que normalmente estariam acima de suas capacidades, como aconteceu com Moisés, Nm 11,17, os juízes, Jz 3,10, e os profetas, Mq 3,8. / As versões grega e latina acrescentam o termo "piedade", dando origem à doutrina dos sete dons do Espírito Santo.

Isaías 11-13

¹⁴Eles cairão sobre o dorso dos filisteus ao ocidente,
juntos saquearão os filhos do oriente.
Edom e Moab estarão em suas mãos,
e serão seus súditos os filhos de Amon.*
¹⁵Javé secará o golfo do Egito,
agitará a mão contra o rio
com a potência de seu sopro
e o dividirá em sete braços,
tornando possível a travessia com sandálias.
¹⁶E haverá uma estrada para o resto de seu povo,
o que restar da Assíria,
como houve para Israel
no dia em que subiu da terra do Egito.*

12 **Canto dos resgatados.** ¹E tu dirás naquele dia:
"Eu vos louvo, ó Javé, porque estáveis irado contra mim,
mas vossa cólera se acalmou e me consolastes.
²Eis o Deus que me salvou,
eu me sinto em segurança e não tenho medo.
Porque Javé é minha força e meu canto,*
ele é minha salvação.
³Com alegria buscareis água*
nas fontes da salvação.
⁴E direis naquele dia:
"Louvai a Javé, invocai seu Nome,*
anunciai aos povos suas maravilhas,
proclamai que seu nome é sublime"†.
⁵Cantai a Javé, porque fez coisas grandiosas;
que isto seja conhecido em toda a terra.
⁶Exulta e grita de alegria, habitante de Sião,
pois é grande, em teu meio, o Santo de Israel".

II. ORÁCULOS CONTRA AS NAÇÕES ESTRANGEIRAS (13–23)†

13 **Contra Babilônia.** ¹Oráculo contra Babilônia, dado em visão a Isaías, filho de Amós.*
²Sobre um monte escalvado, erguei um sinal.
Chamai-os com alta voz.
Acenai-lhes com a mão, para que entrem
pelas portas dos nobres.
³Dei ordem a meus consagrados,
chamei meus heróis para servir a minha ira,
os que exultam por minha grandeza.
⁴Rumor de uma multidão sobre os montes,
como de um povo imenso;
rumor de um tumulto de reinos,
de nações reunidas:
é Javé dos exércitos que passa em revista
o exército para o combate.
⁵Eles vêm de um país distante,
dos confins do céu,
Javé e os instrumentos de sua cólera,
para destruir todo o país.
⁶Gemei, porque está perto o dia de Javé,*
ele vem do Onipotente como devastação.
⁷Por isso todas as mãos fraquejam
e todo coração humano desfalece.
⁸Eles ficam conturbados,
convulsões e dores deles se apoderam,*
como a mulher que dá à luz se contorcem,*
atônitos se olham mutuamente,
o rosto em fogo.
⁹Eis que vem o dia de Javé, implacável,
com indignação e ira ardente,
para reduzir o país a ruínas
e exterminar dele os pecadores.

---

* **11**,14. Jr 49,2 | 16. Êx 14,22 | **12**,2. Êx 15,2 | 3. 55,1; Jo 4,1 | 4. Sl 105,1 | **13**,1. 21,1-10; 47,1-15; Jr 50-51; Ap 17-18 | 6. Jl 1,15; Ez 30,2s; Am 5,18 / | 8. Jr 4,31 / Is 21,3; 26,17 | 10. Am 8,9

† **12**,4. "A salvação recebida deve ser testemunhada ao mundo, de modo que a humanidade inteira acorra àquela fonte de paz, de alegria, de liberdade" (João Paulo II). | **II.** Profecias contra as nações inimigas de Israel. O poder de Javé é tão grande que tudo está sob seu domínio, inclusive os destinos das grandes nações que são instrumentos para executar seus desígnios.

885 Isaías 13-14

¹⁰Pois, no céu, as estrelas e suas constelações*
não farão brilhar sua luz.
O sol se obscurecerá desde o nascer,
a lua não irradiará sua luz.
¹¹Castigarei o mundo por sua maldade
e os maus por sua iniquidade;
porei fim à arrogância dos soberbos
e humilharei o orgulho dos tiranos.
¹²Tornarei os homens mais raros que o ouro fino
e os mortais, mais raros que o ouro de Ofir.
¹³Por isso farei tremer os céus,
e a terra será abalada sobre suas bases,
por causa da indignação de Javé dos exércitos,
no dia de sua ira ardente.

Queda de Babilônia. ¹⁴Então, como gazela perseguida,
como cordeiros que ninguém reúne,
cada um voltará para seu povo,
cada qual fugirá para seu país.
¹⁵Todos os que forem encontrados serão traspassados*
e todos os que forem presos morrerão pela espada.
¹⁶Seus filhos pequenos serão esmagados*
diante de seus olhos,
suas casas serão saqueadas
e suas mulheres violentadas.
¹⁷Eis que vou suscitar contra eles os medos,
que não fazem caso da prata
e não apreciam o ouro.
¹⁸Seus arcos vão aniquilar os jovens,
não terão piedade do fruto de seu ventre,
seus olhos serão sem compaixão para com as crianças.
¹⁹E Babilônia, a joia dos reinos,
o orgulhoso esplendor dos caldeus,
será como Sodoma e Gomorra,
destruída por Deus.
²⁰Não será mais habitada nem povoada,*
de geração em geração.

Aí o árabe não mais acampará
nem os pastores farão descansar seus rebanhos.
²¹Mas nela repousarão as feras do deserto,
as corujas encherão suas casas,
os avestruzes aí habitarão
e os sátiros aí dançarão†.
²²As hienas uivarão em suas torres
e os chacais, em seus palácios luxuosos.
Pois seu tempo está próximo
e seus dias não serão prolongados.

14 **Volta do exílio.** ¹Pois Javé terá compaixão de Jacó e ainda escolherá Israel. Ele os restabelecerá em sua própria terra; os estrangeiros se unirão a eles* e serão incorporados à casa de Jacó. ²Os povos os tomarão e os reconduzirão a seu país. Na terra de Javé a casa de Israel os possuirá como servos e servas.* Farão prisioneiros aqueles que os tinham feito prisioneiros e dominarão sobre seus opressores.

Sátira sobre a morte do rei de Babilônia. ³Assim, no dia em que Javé te aliviar de tua dor, de teus tormentos e da dura servidão à qual foste submetido, ⁴entoarás esta sátira sobre o rei de Babilônia e dirás:
"Como acabou o tirano, como terminou sua arrogância!*
⁵Javé quebrou o bastão dos ímpios,
o cetro dos dominadores,
⁶que em seu furor castigavam os povos
com golpes incessantes
e dominavam com ira sobre as nações,
perseguindo-as sem restrição.
⁷A terra inteira repousa tranquila,*
solta gritos de alegria.
⁸Mesmo os ciprestes e os cedros do Líbano
se alegram por tua causa, dizendo:
"Desde que tu caíste,
nenhum lenhador subiu mais contra nós".

---

* **13**,15. Jr 51,20-23 | 16. Os 10,14 | 20. 34,10-17 | **14**,1. 61,5 | 2. Sf 2,9; Zc 2,13 | 4. Jr 50,23s; Ap 18,9-19 | 7. Jr 51,48; Ap 19,1s

† **13**,21. Sátiros são demônios imaginários, com a forma de bodes, Is 34,14. | **14**,12. A tradição cristã aplica estes vv. 12-15 à queda de Satanás: em latim, "estrela da manhã" é "lúcifer".

Isaías 14

9O lugar dos mortos lá embaixo tremeu por tua causa,*
para vir a teu encontro;
despertou para ti as sombras,
todos os poderosos da terra,
e fez levantar-se dos tronos
todos os reis das nações.
10Todos tomam a palavra para dizer-te:
"Tu também te tornaste fraco como nós
e te tornaste semelhante a nós?
11Teu luxo foi precipitado no lugar dos mortos
com a música de tuas cítaras.
Debaixo de ti se formou um leito de vermes;
as larvas te recobrem.
12Como caíste do céu,
estrela da manhã†, filho da aurora?*
Foste lançado ao chão, agressor das nações?
13Tu dizias em teu coração:
"Eu escalarei os céus,
acima das estrelas de Deus
elevarei meu trono; eu me assentarei
na montanha da Assembleia,*
nos confins do norte;
14subirei ao cume das nuvens,*
serei semelhante ao Altíssimo.*
15Mas foste precipitado ao lugar dos mortos,
nas profundezas do abismo.
16Os que te veem te observam,
olham-te fixamente e dizem:
"É este o homem que fazia tremer a terra
e transtornava os reinos,
17que reduziu o mundo a um deserto,
arrasou suas cidades,
não abria a seus presos a cadeia?"
18Todos os reis das nações,
todos eles jazem com honra,
cada qual em sua morada.
19Porém, tu és lançado longe de tua sepultura
como um germe abominável,
como as vestes dos que morreram
traspassados pela espada,
que descem às pedras da fossa
como um cadáver pisado.*
20Não serás reunido a eles na sepultura
porque destruíste tua terra,
mataste teu povo.
Jamais se pronunciará o nome
da raça dos malfeitores.

Maldição divina. 21Preparai o massacre de seus filhos
por causa da iniquidade de seus pais,
para que não se levantem mais para tomar posse da terra
e encher de cidades a face do mundo.
22Eu me levantarei contra eles – oráculo de Javé dos exércitos – e exterminarei de Babilônia o nome e os sobreviventes, a estirpe e a descendência, oráculo de Javé.* 23Eu farei dela um reduto de ouriços e águas estagnadas; eu a varrerei com a vassoura da destruição, oráculo de Javé dos exércitos.

Contra a Assíria. 24Javé dos exércitos jurou dizendo:
"Como pensei, assim será,
e como decidi, assim acontecerá.
25Quebrantarei a Assíria em minha terra
e sobre minhas montanhas a pisarei.
Então seu jugo será tirado deles
e sua carga será tirada de seus ombros".*
26Tal é a decisão tomada sobre toda a terra
e tal é a mão estendida contra todas as nações.
27Quando Javé dos exércitos toma uma decisão,
quem a poderá anular?
E quando sua mão está estendida,
quem a fará voltar atrás?

Contra os filisteus. 28No ano em que morreu o rei Acaz, foi pronunciado este oráculo:
29"Não te alegres, ó Filisteia inteira,
por se ter quebrado a vara que te feria!
Porque da raiz da serpente sairá uma víbora,

---

* **14,**9. Ez 32,18-32; Nm 16,33 | 12. Ap 8,10; 9,1; 12,9 | 13. Sl 48,3 | 14. Ez 28,2 / Dn 11,36 | 19. Jr 22,19 | 22. 4,3 | 25. 9,3

Isaías 14-16

e seu fruto será um dragão voador.
[30]Os primogênitos dos pobres terão de que alimentar-se,
e os necessitados descansarão seguros.
Mas farei morrer de fome tua descendência
e matarei teus sobreviventes.
[31]Geme, ó porta; clama, ó cidade;
treme, ó Filisteia inteira!
Porque do norte vem uma fumaça*
e ninguém deserta de suas fileiras".
[32]E o que se responderá aos mensageiros desta nação?
"Que Javé fundou Sião
e que nela encontram refúgio os aflitos de seu povo".

15

Contra os moabitas. [1]Oráculo contra Moab.*
Sim, Ar-Moab foi devastada numa noite
e foi destruída.
Sim, numa noite Quir-Moab foi devastada e foi destruída.
[2]Subiu ao templo o povo de Dibon,
aos lugares sagrados para aí chorar;
em Nebo e em Medabá
Moab entoa suas lamentações.
Todas as cabeças estão raspadas*
e todas as barbas cortadas.
[3]Em suas ruas se vestem de saco;
em seus terraços e praças todos se lamentam,
desfeitos em lágrimas.
[4]Hesebon e Eleale bradam,*
seu clamor se ouve até Jasa.
Por isso gritam os guerreiros de Moab;
sua alma treme.
[5]Meu coração geme por Moab;*
seus fugitivos chegam até Segor,*
em Eglat-Selisia.
Eles fazem chorando a subida de Luit
e soltam gritos de angústia no caminho de Horonaim.
[6]Porque as águas de Nemrim
são um lugar desolado:
a vegetação secou, a relva desapareceu,

não há mais nada de verde.
[7]Por isso as riquezas que adquiriram
e as coisas que acumularam,
eles as transportam para além da torrente dos salgueiros.
[8]Porque ressoam gritos
por todo o território de Moab;
até Eglaim chega seu clamor,
até Beer-Elim chega seu lamento.
[9]Sim, as águas de Dimon estão cheias de sangue,
mas infligirei a Dimon outros males:
um leão contra os sobreviventes de Moab
e contra os que restam no país.

16

Convite a Moab. [1]Enviai um cordeiro ao soberano do país,
de Sela para o deserto,
ao monte da filha de Sião.
[2]E acontecerá que
nos vaus do Arnon
as filhas de Moab serão semelhantes ao pássaro que foge,
a uma ninhada dispersa.
[3]Toma conselho,
executa o juízo.
Em pleno meio-dia,
estende tua sombra como a da noite;
esconde os exilados, não entregues os fugitivos.
[4]Que sejam teus hóspedes os dispersos de Moab;
sê para eles um refúgio contra o destruidor.
Porque a opressão terminou,
a devastação acabou,
os opressores saíram do país.
[5]O trono será estabelecido firmemente sobre a clemência,
e sobre ele se assentará na fidelidade, na tenda de Davi,
um juiz atento ao direito e pronto a fazer justiça.
Lamento sobre Moab. [6]Ouvimos falar do orgulho de Moab,
extremamente orgulhoso,
de sua altivez, de sua soberba, de sua arrogância,
de suas vãs pretensões.

---

* **14**,31. 20,1; Jr 1,13s | **15**,1. Jr 48; Ez 25,8-11; Am 2,1ss | 2. Jr 48,37s | 4. Jr 48,34; Nm 21,23 | 5. Jr 48,36 / Jr 48,34

Isaías 16-17

⁷Por isso Moab se lamenta por Moab,
todo inteiro se lamenta.
Pelos bolos de passas de Quir-Hare-
set
gemem consternados.
⁸Os campos de Hesebon estão morrendo,
como também as vinhas de Sábama,
cujas melhores plantas os senhores
das nações pisotearam;
elas chegavam até Jazer
e vagavam pelo deserto,
seus sarmentos se estendiam
e ultrapassavam o mar.
⁹Por isso com o pranto de Jazer
chorarei as vinhas de Sábama;
eu te inundarei com minhas lágrimas,
ó Hesebon, ó Eleale,
porque sobre teus frutos e sobre tua
colheita
se abateu um grito de guerra.
¹⁰A alegria e o júbilo desapareceram
do terreno fértil.
Nas vinhas não se canta nem se grita
de alegria;
já não se pisam as uvas nos lagares;
eu fiz cessar o júbilo.
¹¹Por isso meu íntimo estremece
por Moab como uma cítara
e geme meu coração por Quir-Hares.
¹²E acontecerá que quando Moab se
apresentar
e se cansar sobre o lugar alto,
entrará em seu santuário para suplicar,
mas não obterá nada.
¹³Essa é a palavra que Javé disse outrora contra Moab. ¹⁴E agora Javé falou
nestes termos: "Dentro de três anos,
como anos de um assalariado, a glória
de Moab será humilhada* com toda a
sua numerosa multidão; ficará somente
um número muito pequeno e fraco".

17 Contra Damasco e Israel.
¹Oráculo contra Damasco.*
Eis que Damasco deixará de ser uma
cidade
e se tornará um monte de ruínas.
²As cidades de Aroer serão abandonadas
e pertencerão aos rebanhos,
que lá se deitarão sem que ninguém
os espante.
³Não haverá mais fortaleza em
Efraim†
nem realeza em Damasco;
e o resto de Aram será como a glória
dos filhos de Israel,*
oráculo de Javé dos exércitos.
⁴Naquele dia
a glória de Jacó será reduzida,
e a gordura de seu corpo será consumida.
⁵Será como quando o ceifeiro recolhe o trigo
e com seu braço corta as espigas;
será como quando se apanham as
espigas
no vale dos rafaim.*
⁶Não sobrará a não ser o restolho,
como ao sacudir-se a oliveira:
dois, três frutos no alto da copa,
quatro, cinco nos ramos da árvore,
oráculo de Javé, Deus de Israel.
⁷Naquele dia o homem olhará para
seu Criador
e seus olhos se voltarão para o Santo
de Israel.
⁸Não olhará mais para os altares,
obras de suas mãos,
e que seus dedos fizeram;
não verá mais nem as estelas, nem os
altares do incenso.*
⁹Naquele dia, as cidades de refúgio
serão abandonadas,
como as florestas e os altos dos
montes,
diante dos filhos de Israel: será uma
desolação.
¹⁰Porque te esqueceste do Deus de
tua salvação
e não te lembraste da rocha de tua
fortaleza,*
fazes plantações amenas
e semeias grãos importados.
¹¹Embora os faças crescer no dia da
plantação
e os faças florir na manhã da semeadura,

---

* **16**,14. 4,3 | **17**,1. Jr 49,23-27; Am 1,3ss | 3. 4,3 | 5. Jr 15,8; 18,16 | 8. Êx 34,13 | 10. 44,8; Dt 32,4

† **17**,3. Efraim é o reino do norte, aliado com Damasco contra o reino do sul, Judá.

Isaías 17-19

a colheita falhará no dia da doença
e do mal incurável.

Fim repentino da Assíria. [12]Ai! Rumor
de povos sem número,
um rugido como o dos mares,
um tumulto de nações
como o fragor de águas impetuosas.
[13]As nações rugem como rugem as
grandes águas;
mas Deus as ameaça e elas fogem
para longe,
levadas como a palha dos montes
diante do vento
e como um redemoinho de poeira
diante do furacão.
[14]À tarde, eis o terror!
Antes que amanheça não há mais
nada!
Essa é a sorte dos que nos despojam,
o destino dos que nos saqueiam.

18 Oráculo contra a Etiópia. [1]Ai
do país do zumbido das asas,
que se encontra além dos rios da Etiópia.
[2]Tu que envias por mar mensageiros,
em barcos de junco sobre as águas,
dizendo:
"Ide, mensageiros velozes,
para uma nação de alta estatura e
bronzeada,
para um povo temido aqui como ao
longe,
nação potente e dominadora, cujo
país é cortado por rios".
[3]Vós todos, habitantes do mundo, e
vós que habitais no país,
quando se levantar o sinal sobre os
montes, olhai,
e quando soar a trombeta, escutai.*
[4]Pois assim Javé me falou:
"Ficarei tranquilo e olharei de minha
morada,
como um calor tórrido em plena luz,
como uma nuvem de orvalho no
mais quente da colheita".
[5]Pois antes da colheita, quando termina a floração
e a flor se torna uva que amadurece,
cortam-se os brotos com podões,
tiram-se os ramos e se lançam fora.

[6]Todos juntos serão abandonados
às aves de rapina das montanhas e às
feras da terra;
sobre eles passarão o verão as aves
de rapina
e o inverno, todas as feras da terra.
[7]Naquele tempo serão levadas ofertas a Javé dos exércitos da parte de um
povo de alta estatura e bronzeado, da
parte de um povo temido aqui como
ao longe, nação potente e dominadora, cujo país é cortado por rios, para o
lugar onde habita o nome de Javé dos
exércitos, o monte Sião.

19 Contra o Egito. [1]Oráculo con-
tra o Egito.*
Eis Javé, que cavalga uma nuvem ligeira
e entra no Egito. Os ídolos do Egito
estremecem diante dele
e o coração dos egípcios desfalece
dentro deles.
[2]Eu excitarei o Egito contra o Egito;
eles combaterão
cada um contra seu irmão,
cada um contra seu próximo,
cidade contra cidade, reino contra
reino.
[3]O espírito do Egito se esvairá nele,
e eu confundirei seu conselho.
Consultarão os falsos deuses e os
magos,
os necromantes e os adivinhos.
[4]Entregarei o Egito ao poder de um
senhor impiedoso,
e um rei cruel dominará sobre ele,
oráculo do Senhor Javé dos exércitos.
[5]Secarão as águas do mar,
árido e enxuto se tornará o rio.
[6]Os riachos se tornarão infectos,
os canais do Egito se esvaziarão e
secarão,
o caniço e o junco murcharão.
[7]Os prados junto ao rio Nilo e em sua
foz,
todos os campos semeados ao longo
do rio
secarão e, varridos pelo vento, desaparecerão.

---

* **18**,3. Jl 2,1 | **19**,1. Jr 46; Ez 29-32; Sl 68,5

Isaías 19-20

⁸Os pescadores gemerão,
será luto para todos os que lançam o anzol no Nilo,
e se lamentarão os que jogam as redes nas águas.

⁹Ficarão consternados os que trabalham o linho fino
e os que tecem panos brancos.

¹⁰As colunas do país serão quebradas,
e todos os assalariados ficarão desolados.

¹¹Sim, insensatos são os príncipes de Tânis,
os mais sábios conselheiros do faraó formam um conselho néscio.

Como ousais dizer ao faraó:
"Eu sou filho dos sábios, filho dos antigos reis?"

¹²Então, onde estão eles, teus sábios?
Que te declarem agora e anunciem
o que Javé dos exércitos decidiu contra o Egito.

¹³Os príncipes de Tânis tornaram-se néscios,
enganam-se a si mesmos os príncipes de Mênfis;
extraviaram o Egito
os que são as pedras angulares de suas tribos.

¹⁴Entre eles Javé lançou um espírito de vertigem,*
e eles extraviam o Egito em toda a sua atividade,
como um ébrio que cambaleia em seu vômito.

¹⁵Em favor do Egito não se realizará obra alguma:
da parte da cabeça ou da cauda, da palma ou do junco.*

O Egito se converterá. ¹⁶Naquele dia os egípcios serão como mulheres* e tremerão de medo diante da mão que Javé dos exércitos agitará contra eles. ¹⁷O território de Judá se tornará o terror do Egito: cada vez que lhe falarem dele, ficará amedrontado por causa da decisão que Javé dos exércitos tomou contra ele.

¹⁸Naquele dia haverá cinco cidades no país do Egito que falarão a língua de Canaã e prestarão juramento a Javé dos exércitos; uma delas será chamada "cidade do sol". ¹⁹Naquele dia haverá um altar dedicado a Javé dos exércitos no meio do país do Egito, e perto da fronteira uma estela dedicada a Javé. ²⁰Será um sinal e uma testemunha de Javé dos exércitos no país do Egito. Quando clamarem a Javé por causa dos opressores, ele lhes enviará um salvador e um defensor que os libertará. ²¹Javé se dará a conhecer aos egípcios, e os egípcios conhecerão Javé naquele dia. Oferecerão sacrifícios e oblações, farão votos a Javé e os cumprirão. ²²E se Javé castigar os egípcios, castigará e curará; eles se converterão a Javé, que atenderá seus pedidos e os curará.

²³Naquele dia haverá uma estrada do Egito até a Assíria. A Assíria irá ao Egito, e o Egito à Assíria. O Egito servirá com a Assíria. ²⁴Naquele dia Israel será o terceiro, com o Egito e a Assíria. Tal será a bênção que, no meio da terra, ²⁵pronunciará Javé dos exércitos: "Bendito seja o Egito, meu povo, e a Assíria, obra de minhas mãos, e Israel, minha herança".

20 **Egito e Etiópia serão deportados.** ¹No ano em que Tartan, enviado por Sargon,* rei da Assíria, veio atacar Azoto para se apoderar dela, ²neste tempo, Javé falou por meio de Isaías, filho de Amós: "Vai, retira o pano de saco que tens sobre os rins e desata as sandálias dos pés". Assim ele fez, caminhando despido e descalço†.

³E Javé disse: "Assim como Isaías, meu servo, caminhou despido e descalço durante três anos, para ser sinal e presságio contra o Egito e contra a Etiópia, ⁴assim o rei da Assíria* trará os prisioneiros do Egito e os deportados da Etiópia, jovens e velhos, despidos, descalços e com as nádegas descobertas, para vergonha do Egito. ⁵Eles fica-

---

* **19**,14. 29,10 | 15. 9,13 | 16. Na 3,13; Jr 51,30 | **20**,1. 2Rs 18,17 | 4. 2Sm 10,4; 30,3-7

† **20**,2. Ação simbólica: o profeta imita o aspecto de um prisioneiro de guerra, para dissuadir Ezequias de entrar ao lado dos filisteus na rebelião contra os assírios.

891   Isaías 20-22

rão consternados e confusos por causa da Etiópia, sua esperança, e do Egito, sua glória. ⁶Os habitantes desta região dirão naquele dia: "Eis o que sucedeu àquele no qual tínhamos posto nossa esperança e junto ao qual nos refugiamos em busca de socorro, para sermos libertados do rei da Assíria. E agora, como escaparemos?"

21 **Queda de Babilônia.** ¹Oráculo contra o deserto do mar.*

Como os furacões que atravessam o Negueb,
ele vem do deserto, de um país terrível.
²Uma visão sinistra me foi revelada:
"O traidor trai e o devastador devasta.
Sobe, Elam, sitia, Média!"
Eu faço cessar todo gemido.
³Por isso meus rins estão cheios de angústia,
dores me atacam como as dores da mulher que dá à luz;
estou tão confuso que não ouço
e tão espantado que não vejo.
⁴Meu coração vagueia,
um terror me invade;
a noite que eu tanto desejava
tornou-se para mim um temor.
⁵Põe-se a mesa, estende-se o tapete,
come-se e bebe-se.
"De pé, ó chefes! Untai os escudos!
⁶Pois assim me falou o Senhor:
"Vai, coloca um vigia,
que ele anuncie o que ele vir!
⁷Ele verá carros,
cavaleiros dois a dois,
homens montados em jumentos,
homens montados em camelos,
que ele observe com atenção,
com grande atenção".
⁸E o vigia gritou:
"Na torre de vigia, Senhor,
estou sempre, o dia todo,
em meu posto de guarda
fico em pé a noite toda.
⁹E eis que vem a cavalaria,

cavaleiros dois a dois".
Ele retomou a palavra e disse:
"Caiu Babilônia, caiu!*
Todas as imagens de seus deuses,
ele as quebrou por terra".
¹⁰Ó meu povo, que eu debulhei
e pisei em minha eira!
O que eu ouvi
de Javé dos exércitos, Deus de Israel,
eu te anuncio.

Contra os idumeus. ¹¹Oráculo contra Duma.

Gritam a mim de Seir:
"Sentinela, a que altura está a noite?
Sentinela, a que altura está a noite?"
¹²A sentinela responde:
"A manhã está chegando, depois ainda a noite.
Se quereis interrogar, interrogai!
Voltai! Vinde!"†

Contra a Arábia. ¹³Oráculo contra a Arábia.

Passareis a noite nas florestas da Arábia,
caravanas de Dedã.
¹⁴Ide com água ao encontro de quem tem sede,*
habitantes do país de Tema.
Levai pão aos fugitivos.
¹⁵Pois eles fogem diante das espadas,
diante da espada desembainhada,
diante do arco retesado,
diante do furor da batalha.
¹⁶Pois assim me falou o Senhor: "Daqui a um ano, ano de mercenário,* toda a glória de Cedar será aniquilada. ¹⁷E o que restará do número dos valentes arqueiros, dos filhos de Cedar, será pouca coisa, pois Javé, Deus de Israel, falou".

22 **Contra Jerusalém.** ¹Oráculo sobre o vale da Visão.

Que tens tu, que subiste
toda inteira aos terraços?
²Cidade cheia de tumulto, cidade barulhenta,
cidade alegre?

---

* **21**,1. 13-14; 47,1-15; Jr 50-51; Ap 17-18 | 9. Ap 14,8; 18,2 | 14. Jr 49,8 | 16. Jr 49,28s; 16,14

† **21**,12. Esta resposta enigmática significa que as desgraças não terminaram: virão uma depois da outra, se o povo não se converter.

Isaías 22

Teus mortos não são vítimas da espada,
nem mortos na guerra.
³Todos os teus chefes fugiram juntos,
sem arco, foram presos;
todos os que foram encontrados foram capturados juntos,
tinham fugido para longe.
⁴Por isso digo: "Desviai de mim o olhar,
eu quero chorar amargamente;
não queirais consolar-me
da ruína da filha de meu povo".
⁵Porque este é um dia de terror,
de destruição e de confusão,
obra do Senhor Javé dos exércitos
no vale da Visão.
As muralhas são abatidas
e o grito de socorro chega até o monte.
⁶Elam tomou a aljava,
com carros montados e cavaleiros,
e Quir prepara seu escudo.
⁷Desde então, teus vales mais belos
estão cheios de carros,
e os cavaleiros tomam posição diante de tuas portas.
⁸Judá não tem mais proteção.
Naquele dia voltastes os olhares
para o arsenal da Casa da Floresta.*
⁹Vistes como são numerosas
as brechas da cidade de Davi;
recolhestes as águas da piscina inferior;
¹⁰contastes as casas de Jerusalém
e demolistes as casas para fortificar a muralha.
¹¹Fizestes um reservatório entre as duas muralhas
para as águas do antigo açude.
Mas não voltastes os olhos para o autor desses acontecimentos
nem vistes aquele que desde muito tempo preparava tudo isso.
¹²E o Senhor Javé dos exércitos vos chamou, naquele dia,
para chorar e lamentar,
para raspar a cabeça e vestir pano de saco.

¹³Mas eis a alegria e o júbilo,
matam-se bois e degolam-se ovelhas,
come-se carne e bebe-se vinho:
"Comamos e bebamos, pois amanhã morreremos!"*
¹⁴Então Javé dos exércitos revelou a meus ouvidos:
"Esta falta não será perdoada
até vossa morte",
diz o Senhor Javé dos exércitos.

Contra Sobna. ¹⁵Eis o que diz o Senhor Javé dos exércitos:
"Vai ter com esse administrador,*
Sobna, o prefeito do palácio, e dize-lhe:
¹⁶O que possuis aqui, ou quem tens aqui
para que tenhas talhado para ti um sepulcro aqui,
lavrando teu sepulcro no alto
e cinzelando na rocha tua morada?"
¹⁷Eis que Javé vai te lançar fora com violência, ó homem poderoso,
e te agarrará com firmeza.
¹⁸Ele te fará rolar, rolar,
como uma bola numa terra espaçosa;
lá morrerás com teus carros esplêndidos,
ó desonra da casa de teu senhor!
¹⁹Eu te removerei de teu posto,
vou te depor de teu cargo.

Elevação de Eliacim. ²⁰No mesmo dia chamarei meu servo
Eliacim, filho de Helcias.
²¹Eu o revestirei com tua túnica,*
eu o cingirei com tua cinta,
eu lhe confiarei teu poder.
Ele será um pai para os habitantes de Jerusalém
e para a casa de Judá.
²²Porei sobre seu ombro a chave da casa de Davi;
ele abrirá, e ninguém fechará,
ele fechará, e ninguém abrirá†.
²³Eu o fixarei como estaca num lugar firme;
ele se tornará um trono de glória
para a casa de seu pai.

---

* **22**,8. 1Rs 7,2-5; 2Sm 5,9 / 2Rs 20,20 | 13. 1Cor 15,32; Sb 2,7ss; Is 5,11 | 15. 36,3.11.22; 2Rs 18,16.26.37 |
21. 36,3.11.22; 2Rs 18,18.26.37

† **22**,22. As chaves, abrir e fechar, simbolizam poderes de governo, Mt 16,19; Ap 3,7.

Isaías 22-24

²⁴Dele dependerá toda a glória da casa de seu pai, os descendentes e a posteridade, e todos os objetos menores, desde as taças até os frascos.

²⁵Naquele dia, oráculo de Javé dos exércitos, a estaca fixada no lugar firme será retirada, arrancada, e cairá; e a carga que pesava sobre ela será destruída, porque Javé falou.

23 Contra Tiro†. ¹Oráculo contra Tiro.*

Gemei, navios de Társis,
pois ela foi destruída;
já não há casa nem porto.
Do país de Cetim lhes chegou a notícia.
²Silêncio, habitantes da costa;
os comerciantes de Sidônia
que atravessam o mar vos enriqueceram.
³Através das grandes águas, o trigo de Sior,
a colheita do Nilo, era sua renda;
e ela era o mercado das nações.
⁴Envergonha-te, Sidônia,
porque o mar, a fortaleza do mar,
toma a palavra e diz:
"Eu não senti dores de parto nem dei à luz filhos,
não eduquei rapazes nem criei moças".
⁵Quando a notícia chegar ao Egito,
vão angustiar-se ao saber da sorte de Tiro.
⁶Atravessai para Társis e gemei, habitantes da costa!
⁷É esta vossa cidade alegre,
cuja origem remonta aos dias de outrora,
cujos pés a levaram ao longe
para aí estabelecer-se?
⁸Quem decidiu isto
contra Tiro, que distribuía coroas,
e cujos mercadores eram príncipes
e cujos comerciantes, os grandes da terra?*
⁹Foi Javé dos exércitos que o decidiu,
para humilhar o orgulho de todo o seu esplendor,
para abater todos os grandes da terra.

¹⁰Atravessa teu país como o Nilo, filha de Társis,
porque não há mais porto.
¹¹Ele estendeu a mão contra o mar,
fez tremer os reinos;
Javé decretou a propósito de Canaã
que sejam destruídas as fortalezas.
¹²E disse: "Não continuarás mais a fazer festa,
virgem desonrada, filha de Sidônia!
Levanta-te, passa a Cetim,
nem mesmo lá encontrarás repouso.
¹³Eis a terra dos caldeus, esse povo que não existia;
a Assíria o destinou às feras do deserto.
Eles ergueram suas torres,
destruíram seus palácios
e os converteram em ruínas.
¹⁴Gemei, navios de Társis,
porque vossa fortaleza está destruída.

Restauração de Tiro. ¹⁵E acontecerá, naquele dia, que Tiro será esquecida* por setenta anos, o tempo de vida de um rei. Mas, ao fim de setenta anos, acontecerá com Tiro o que diz a canção da prostituta:
¹⁶"Toma a cítara,
percorre a cidade,
prostituta esquecida!
Toca bem,
repete tua canção
para poder ser lembrada!"
¹⁷E acontecerá que, no fim de setenta anos, Javé visitará Tiro. Ela receberá de novo seu salário e se prostituirá com todos os reinos do mundo sobre a face da terra. ¹⁸Mas seu ganho e seu salário serão consagrados a Javé. Não serão acumulados nem guardados; mas é para os que habitam diante de Javé que irá seu ganho, para que eles tenham comida em abundância e roupas suntuosas.

III. PRIMEIRO APOCALIPSE
(24–27)

24 Julgamento e devastação.
¹Eis que Javé arrasa a terra e a devasta,
transtorna sua superfície e dispersa seus habitantes.

---

* **23,**1. Ez 26-28; Am 1,9s; Zc 9,2ss; Is 2,16; Sl 48,8 **|** 8. Ap 18,23 **|** 15. Jr 25,11s

† **23**. A queda de Tiro é obra de Javé e tem como motivo o orgulho da cidade.

Isaías 24-25

²Terão a mesma sorte o povo e o sacerdote,
o escravo e o senhor,
a escrava e a senhora,
o comprador e o vendedor,
o que empresta e o que toma emprestado,
o credor e o devedor.
³A terra será totalmente devastada
e totalmente saqueada,
pois Javé pronunciou esta palavra.
⁴A terra está de luto e se degrada;*
o mundo desfalece e se degrada;
desfalece a elite do povo da terra.
⁵A terra é profanada sob os pés de
seus habitantes,
pois transgrediram as leis,
violaram o decreto,
romperam a aliança eterna.*
⁶Por isso a maldição devorou a terra
e seus habitantes sofrem seu castigo;
é por isso que os habitantes da terra
foram consumidos, e poucos são os
homens que restaram.
⁷Pranteia o vinho novo, a vinha murcha,
gemem todos os que tinham o coração em festa.
⁸Calou-se o som alegre dos tamborins,*
as festas rumorosas acabaram,
o som alegre da harpa se calou.
⁹Não mais se bebe o vinho entre canções,
a bebida inebriante é amarga para os
que a bebem.
¹⁰A cidade do caos está em ruínas,
toda casa está fechada, não se pode
entrar.
¹¹Pelas ruas se lamentam porque não
há vinho;
desapareceu toda alegria; o júbilo do
país foi embora.
¹²Na cidade só ficou a desolação,
e a porta, demolida, está em ruínas.
¹³Pois no meio da terra, entre os povos,
acontecerá como quando se sacode
a oliveira,*
como quando se ajuntam uvas, terminada a vindima.

¹⁴Eles elevam a voz, gritam de alegria,
em honra de Javé exultam do lado
do mar.
¹⁵"Sim, glorificai a Javé no oriente,
e nas ilhas do mar, o nome de Javé,
Deus de Israel".
¹⁶Dos confins da terra ouvimos salmos:
"Glória ao Justo!"
Mas eu disse: "Estou perdido, estou
perdido! Ai de mim!"
Os traidores traíram. Traição! Os traidores traíram.
¹⁷Terror, cova e laço*
vêm sobre ti, habitante do país.
¹⁸Quem fugir diante do grito de terror
cairá na cova,
e o que sair da cova será preso no
laço.
Sim, do alto se abriram as cataratas*
e os fundamentos da terra tremeram.
¹⁹A terra se parte toda em pedaços,
a terra se rompe inteiramente,
com violência estremece a terra.
²⁰A terra vai cambalear, cambalear
como ébrio,
vacilará como cabana;
seu crime pesa sobre ela,
cairá e não mais se erguerá.
²¹Naquele dia Javé punirá
lá no alto o exército celeste
e na terra, os reis da terra.
²²Eles serão reunidos e aprisionados
num calabouço;
serão encerrados na prisão
e castigados depois de muitos dias.
²³A lua será coberta de confusão†
e o sol, de vergonha;
pois Javé dos exércitos reinará*
sobre a montanha de Sião e em Jerusalém,
cheio de glória diante dos anciãos.*

25

Canto dos remidos. ¹Ó Javé,
vós sois meu Deus,*
eu vos exalto e louvo vosso nome,
porque fizestes maravilhas, os desígnios de outrora,
com fidelidade e firmeza.

---

* **24**,4. Os 4,3 | 5. Gn 9,16 | 8. Jr 7,34; 16,9; 25,10; Ez 26,13; Ap 18,22 | 13. 17,6 | 17. Jr 48,43s | 18. 2,10; Gn 7,11; Am 8,9 | 23. Sl 47,1 / Êx 24,16; Ap 4,4.10s

† **24**,23. Na literatura apocalíptica, as intervenções do Juiz supremo são acompanhadas de convulsões cósmicas. O esplendor dos astros se ofusca e brilha apenas à luz do rei divino.

895   Isaías 25-26

²Pois reduzistes a cidade a um punhado de pedras,
a cidade fortificada a um monte de ruínas†;
a cidadela dos estrangeiros não é mais uma cidade,
jamais será reconstruída.
³Por isso um povo forte vos glorifica,
a cidade das nações terríveis vos teme.
⁴Pois fostes um refúgio para o fraco,
um refúgio para o infeliz em sua angústia,
um abrigo contra a tempestade, uma sombra contra o calor,*
pois o sopro dos violentos é como a tempestade contra um muro,
⁵como o calor num lugar seco.
Vós reprimis o tumulto dos estrangeiros;
como o calor é diminuído pela sombra de uma nuvem,
assim o canto dos violentos será silenciado.

O banquete messiânico†. ⁶Para todos os povos
Javé dos exércitos preparará nesta montanha
um banquete de carnes gordas,*
um banquete de vinhos velhos,
de comidas suculentas, de vinhos velhos e refinados.
⁷Ele vai destruir sobre esta montanha
a cortina que velava todos os povos*
e o véu estendido sobre todas as nações.*
⁸Destruirá a morte para sempre.
O Senhor Javé enxugará as lágrimas de todos os rostos,
tirará o opróbrio de seu povo sobre toda a terra,*
pois Javé falou.

Humilhação de Moab. ⁹E dirão naquele dia:
"Vede, é nosso Deus,
nele esperamos para que nos salve;
é Javé, esperamos nele.

Exultemos, alegremo-nos com a salvação que nos deu".
¹⁰Pois a mão de Javé repousará sobre este monte.
Mas Moab será pisado em seu solo,
como se pisa a palha no monturo.
¹¹Ele estende as mãos
no meio do monte, como as estende o nadador para nadar.
Mas ele abaterá seu orgulho,
malgrado os esforços de suas mãos.
¹²E a praça forte de tuas altas muralhas,
Javé as abate, humilha,
lança por terra até o pó.

26 **Cântico de vitória.** ¹Naquele dia se entoará no país de Judá este cântico:
"Nossa cidade forte é salvação;*
para protegê-la, Deus colocou muralhas e baluartes.
²Abri as portas!*
Que entre a nação justa
que mantém a fidelidade.
³Seu propósito é firme:
tu lhe garantirás a paz,
a paz porque em ti confia.
⁴Confiai em Javé para sempre,
pois Javé é uma rocha eterna.*
⁵Ele abateu os habitantes das alturas,
humilhou a cidade elevada,
abateu-a até o chão, derrubou-a até o pó.
⁶Ela será calcada aos pés,
pelos pés do infeliz, pelos passos do fraco".

Os juízos de Deus. ⁷O caminho do justo é a retidão,
vós aplanais a estrada reta do justo.
⁸Sim, no caminho de vossos juízos esperamos em vós, Javé!
Para vosso nome e vossa memória
vai o desejo de minha alma.
⁹De noite minha alma vos deseja;*
sim, em meu íntimo meu espírito vos busca;

---

* **25**,1. Sl 31,15 | 4. 4,5s; Ap 7,15s | 6. Jo 6,51.54 | 7. Os 13,14 / Ap 21,4; 1Cor 15,26 | 8. 35,10 | **26**,1. 60,18 | 2. Sl 118,19s | 4. Dt 32,4 | 9. Sl 42,2

† **25**,2. Esta cidade anônima, que parece ser Babilônia, simboliza todas as forças do mal, contrárias ao povo de Deus. | 6. O banquete representa a felicidade dos eleitos; no NT é imagem do Reino de Deus, Mt 22,2.

Isaías 26-27

pois quando vossos juízos se cumprem sobre a terra,
os habitantes do mundo aprendem a justiça.

[10]Ainda que se mostre favor ao mau,
ele não aprende a justiça;
no país da retidão ele pratica o mal
e não reconhece a majestade de Javé.

[11]Javé, vossa mão está levantada,
mas eles não a veem.
Eles verão vosso zelo pelo povo
e ficarão confundidos,
devorados pelo fogo destinado a vossos inimigos.

[12]Javé, vós nos dareis a paz,
porque realizais para nós todas as nossas obras.

[13]Javé, nosso Deus,
outros senhores fora de vós nos dominaram,
mas somente a vós invocamos, vosso nome!

[14]Eles estão mortos, não reviverão;
eles são sombras, não ressurgirão;
para este fim os visitastes com a destruição
e apagastes toda lembrança deles.

[15]Fizestes crescer nosso povo, Javé,
fizestes crescer nosso povo, mostrastes vossa glória;
estendestes todos os limites do país.

[16]Javé, na angústia vos buscaram,
derramaram oração quando vosso castigo os atingia.

[17]Como a mulher grávida perto da hora do parto*
se contorce e grita em suas dores,
assim estávamos nós diante de vossa face, Javé.

[18]Concebemos, sofremos as dores,
mas era como dar à luz o vento;
não trouxemos a salvação à terra,
nem novos habitantes ao mundo.

[19]Vossos mortos reviverão,*
seus cadáveres ressuscitarão†.
Despertai-vos e cantai, vós que habitais o pó!*

Pois vosso orvalho é um orvalho luminoso,
e a terra restituirá à vida os mortos.

Convite ao povo. [20]"Vai, meu povo,
entra em teus quartos,
fecha tuas portas atrás de ti;
esconde-te por um momento,*
até que tenha passado o furor.

[21]Pois eis que Javé sai de sua morada*
para castigar a iniquidade dos habitantes da terra;*
a terra revelará seu sangue*
e não mais esconderá seus mortos.

27

Visita de Javé. [1]Naquele dia Javé castigará
com sua espada dura, grande e forte,
Leviatã, a serpente furtiva†,
Leviatã, a serpente tortuosa,*
e matará o dragão que habita no mar.

Cântico da vinha. [2]Naquele dia cantai a vinha magnífica.*

[3]Eu, Javé, sou seu guardião,
de tempos em tempos eu a irrigo;
para que não lhe façam mal,
dia e noite eu a guardo.

[4]Em mim não há indignação.
Quem me dera ter cardos e espinhos para lutar!
Eu marcharia contra eles, eu os queimaria juntos.

[5]A não ser que faça apelo a minha proteção,
que se faça a paz comigo;
sim, que se faça a paz comigo!

O futuro do povo. [6]Virá o dia em que Jacó lançará raízes,
Israel brotará e florescerá,
e cobrirão de frutos a face do mundo.

[7]Acaso o feriu como feriu os que o feriram?
ou o matou como matou seus matadores?

[8]Tu o castigaste expulsando-o, desterrando-o;

---

* **26**,17. 13,8; 37,3; Os 13,13 | 19. Ez 37; Os 13,14 / Ef 5,14 | 20. Jó 14,13ss | 21. Mq 1,3 / Ap 3,10; 6,10 / Jó 16,18 | **27**,1. Jó 3,8; 40,25s | 2. 5,1-7

† **26**,19. O renascer da nação parece incluir a ressurreição dos indivíduos, 2Mc 7,9. | **27**,1. Leviatã era um monstro marinho da cultura fenícia, ligado às potências do caos; aqui representa os poderosos inimigos de Israel.

897 — Isaías 27-28

ele o expulsou com seu sopro violento,
num dia de vento do oriente.
⁹Pois assim será perdoada a iniquidade de Jacó,
e este será todo o fruto que recolherá renunciando a seu pecado,
quando todas as pedras do altar
forem quebradas como pedras de cal,
quando os troncos idolátricos e os altares de incenso*
não estiverem mais de pé.
¹⁰Pois a cidade fortificada tornou-se desolada,
um lugar desabitado e abandonado como deserto,
onde os bezerros pastam
e se deitam destruindo as ramagens.
¹¹Quando secam, os ramos são quebrados,
as mulheres vêm e os fazem queimar.
Ora este povo é sem inteligência,
por isso seu Criador não terá piedade dele,
Aquele que o modelou não lhe será benigno.
¹²Naquele dia Javé debulhará o trigo,*
desde o curso do rio até a torrente do Egito,
e vós sereis apanhados um por um, ó filhos de Israel.
¹³Naquele dia soará a grande trombeta
e virão os que estavam perdidos no país da Assíria
e os dispersos no país do Egito;
adorarão Javé sobre o monte santo, em Jerusalém.

IV. ORÁCULOS DO TEMPO DO REI EZEQUIAS (28–33)

28

Destruição de Samaria. ¹Ai daquela orgulhosa coroa dos ébrios de Efraim,

flor murcha de seu soberbo esplendor,
que se encontra no alto do vale fértil dos aturdidos pelo vinho!
²Eis um homem forte e poderoso a serviço do Senhor,
como uma tempestade de granizo,
um furacão devastador,
como uma tempestade de águas poderosas e transbordantes;
com sua mão ele as lança para a terra.
³A orgulhosa coroa dos ébrios de Efraim
será calcada aos pés.
⁴E a flor murcha de seu soberbo esplendor,
que está no alto do vale fértil,
será como o figo maduro antes do verão:
quem o vê logo o apanha e o devora.
⁵Naquele dia é Javé dos exércitos
que se tornará uma esplêndida coroa,
um soberbo diadema para o resto de seu povo,*
⁶um espírito de justiça para aquele que se assenta para julgar*
e a força daqueles que repelem o assalto às portas.

Contra os falsos profetas. ⁷Também os sacerdotes e os profetas
foram transtornados pelo vinho,*
deliraram sob o efeito da bebida,
foram transtornados pela bebida,
foram dominados pelo vinho,
deliraram sob o efeito da bebida,
foram transtornados em suas visões,
deliraram em suas sentenças.
⁸Sim, todas as mesas estão cobertas de vômito repugnante,
não há lugar limpo!
⁹A quem ele ensina a lição?
A quem explica a doutrina?
A crianças recém-desmamadas, há pouco afastadas dos seios?
¹⁰Sim, preceito sobre preceito, preceito sobre preceito,
regra sobre regra, regra sobre regra,
um pouco aqui um pouco ali†.

---

* **27**,9. 17,8 | **27**,12. Jl 2,1 | **28**,5. 4,3 | 6. 11,2ss | 7. 5,11ss

† **28**,10. No hebraico, é uma série de monossílabos, que parecem a fala de um gago ou de um bêbado: assim os adversários ironizam a pregação profética de Isaías. Este responde que Deus falará por meio dos assírios.

Isaías 28

¹¹Pois é por lábios balbuciantes e numa língua estrangeira*
que ele falará a este povo.
¹²Ele lhes tinha dito:
"Eis o repouso! Dai repouso ao cansado:
este é um lugar tranquilo".
Mas eles não quiseram escutar†.
¹³Assim Javé vai falar-lhes:
"Preceito sobre preceito, preceito sobre preceito,
regra sobre regra, regra sobre regra,
um pouco aqui um pouco ali",
a fim de que, ao caminhar,
eles caiam para trás e se fraturem,
sejam presos no laço e capturados.
¹⁴Por isso, escutai a palavra de Javé,
homens insolentes,
governadores deste povo que está em Jerusalém.
¹⁵Vós dissestes: "Fizemos uma aliança com a morte,
um acordo com o lugar dos mortos.*
Quando passar a catástrofe ameaçadora,
não nos atingirá,*
pois fizemos da mentira nosso refúgio
e na falsidade nos escondemos.

A pedra angular. ¹⁶Por isso, assim fala o Senhor Javé:
"Eis que ponho em Sião uma pedra,*
uma pedra escolhida,
pedra angular, preciosa, pedra de fundação bem assentada:
quem nela confia não será abalado†.
¹⁷Eu tomarei o direito como medida
e a justiça como nível.
Mas o granizo varrerá o refúgio da mentira
e as águas inundarão o esconderijo.*
¹⁸Será anulada vossa aliança com a morte
e vosso acordo com o lugar dos mortos não ficará de pé;
quando passar a catástrofe, ela vos esmagará.

¹⁹Cada vez que passar, ela vos atingirá;
passará cada manhã, dia e noite,
e será terror compreender sua mensagem.
²⁰Porque o leito será pequeno demais para se deitar
e a coberta estreita demais para se envolver.
²¹Sim, como no monte Farasim Javé se erguerá,*
como no vale de Gabaon ele se irritará para fazer sua obra,
uma obra extraordinária,
para realizar seu projeto, projeto singular.
²²E agora cessai a zombaria,
para que não se reforcem vossos grilhões,
pois eu ouvi do Senhor Javé dos exércitos
que a destruição de todo o país está decidida.

O divino agricultor. ²³Inclinai os ouvidos e escutai minha voz;
sede atentos e escutai minha palavra.
²⁴Acaso o lavrador, para semear,
passa o dia todo a arar,
a sulcar e a rastelar sua terra?
²⁵Mas, depois de ter nivelado a superfície,
não espalha as sementes de endro,
depois de cominho,
não lança no lugar o trigo,
o centeio, a cevada e a aveia na beirada?
²⁶Seu Deus lhe ensinou esta regra e o instruiu.
²⁷Não se trilha o endro com o trilho,
não se faz passar sobre o cominho a roda de um carro,
mas é com o bastão que se bate o endro
e com a vara, o cominho.
²⁸Quando se pisa o trigo, não se demora até esmagá-lo,
põe-se em marcha a roda do carro e os cavalos, sem esmagá-lo.

---

* **28**,11. Jr 5,15; 1Cor 14,21 | 15. Sb 1,16; Eclo 14,12 / Jr 5,12; Am 9,10 | 16. Sl 118,22s; Mt 21,42; 16,18; Ef 2,20; 1Pd 2,6 | 17. 28,15 | 21. 2Sm 5,17-25

† **28**,12. Os profetas reprovam as alianças políticas e militares com os povos pagãos: Israel deve repousar só em Javé. | 16. Javé exprime o propósito de fazer de Sião o centro religioso do mundo. Paulo aplica esse texto a Jesus, Rm 9,33.

Isaías 28-29

²⁹Também isto é um dom de Javé dos exércitos,
maravilhoso conselheiro e grande em sabedoria.

29 Cerco e libertação de Jerusalém.
¹Ai de Ariel, Ariel,*
cidade onde acampou Davi!
Ajuntai ano a ano,
que as festas cumpram seu ciclo,
²e eu oprimirei Ariel;
haverá lamentos e gemidos,
e ela será para mim como Ariel.
³Eu acamparei contra ti a teu redor,*
eu te sitiarei com trincheiras
e levantarei contra ti baluartes.
⁴Serás humilhada,
tua voz se elevará da terra,
do pó ela se elevará como um murmúrio;
tua voz virá da terra como a de um fantasma,
como vinda do pó murmurará.
⁵A multidão de teus inimigos será como poeira fina,
a multidão dos guerreiros, como palha dispersa.
E de repente, num instante,
⁶serás visitada por Javé dos exércitos com trovões,
terremotos, estrondo, furacão,*
tempestade e chama de fogo devorador.
⁷Como um sonho, uma visão noturna,
será a multidão de todas as nações em guerra contra Ariel,
de todos os que a combatem, sitiam e oprimem.
⁸E será como quando um que tem fome
sonha que está comendo,
mas, ao acordar, seu estômago está vazio;
ou como quando um que tem sede
sonha que está bebendo,
mas, ao acordar, sua garganta está seca.
Assim acontecerá com a multidão de todas as nações

em guerra contra a montanha de Sião.

A cegueira do povo eleito. ⁹Pasmai e ficai estupefatos,
sede cegos e ficai sem a vista,
inebriai-vos, mas não de vinho,
vacilai, mas não pela bebida.
¹⁰Pois Javé espalhou sobre vós um espírito de torpor,*
fechou vossos olhos, os profetas;
velou vossas cabeças, os videntes.
¹¹E todas as visões se tornaram para vós
como as palavras de um livro selado,
que se entrega a alguém que sabe ler,
dizendo: "Lê isto".
Mas ele responde: "Não posso, pois está selado".
¹²E então se dá o livro a alguém que não sabe ler,
dizendo: "Lê isto".
Mas ele responde: "Eu não sei ler".
¹³O Senhor disse:
"Porque este povo está perto de mim em palavras*
e me glorifica com seus lábios,
mas seu coração está longe de mim
e seu temor não é mais que um mandamento humano,
uma lição aprendida,
¹⁴por isso vou continuar a surpreender este povo
com prodígios e maravilhas;
a sabedoria de seus sábios se perderá*
e a inteligência dos inteligentes desaparecerá".
¹⁵Ai dos que se escondem
para dissimular a Javé seus propósitos,
que tramam nas trevas suas ações*
e dizem: "Quem nos vê? Quem nos conhece?"
¹⁶Que perversidade a vossa!*
Acaso o oleiro se parece com a argila,
para que uma obra ouse dizer a quem a fez:
"Ele não me fez",
e um vaso a seu oleiro:
"Ele não tem entendimento"?

---

* **29**,1. 36,1s; 37,33-37; 33,7 | 3. 2Sm 5,6-9; Lc 19,43 | 6. Êx 13,22; 19,16 | 10. 19,14 | 13. Am 5,21; Mt 15,8s | 14. 1Cor 1,19 | 15. Sl 10,4; Jó 22,13 | 16. 45,9; 64,7; Jr 18,1-6; 19,1-13; Sb 12,12; Rm 9,20s

Isaías 29-30

Conversão do povo. [17]Não é verdade que dentro de pouco tempo
o Líbano se tornará um pomar,
e o pomar fará pensar numa floresta?
[18]Naquele dia os surdos ouvirão as palavras do livro
e, livres da sombra e das trevas,
os olhos dos cegos verão.
[19]Os infelizes sempre mais se alegrarão em Javé*
e os mais pobres dos homens exultarão no Santo de Israel.*
[20]Pois o tirano não existirá mais,
o zombador terá desaparecido
e serão exterminados todos os que tramam a iniquidade:
[21]aqueles que fazem condenar alguém por suas palavras,
os que armam laços ao que julga na porta,
e por nada violam o direito do justo.
[22]Por isso assim fala Javé,
Deus da casa de Jacó,
ele que resgatou Abraão:*
"Doravante Jacó não mais ficará envergonhado,
doravante seu rosto não mais empalidecerá,
[23]pois ao ver em sua casa seus filhos,
obra de minhas mãos,
eles santificarão meu nome,
santificarão o Santo de Jacó,
temerão o Deus de Israel".
[24]Os espíritos transviados aprenderão a inteligência
e os que murmuram receberão a instrução.

30

Aliança de Judá com o Egito. [1]Ai dos filhos rebeldes!† Oráculo de Javé.
Fazem projetos que não vêm de mim,
contraem alianças que meu espírito não inspira,*
acumulando assim pecado sobre pecado.
[2]Eles partem para descer ao Egito,
mas sem me terem consultado;
para refugiar-se sob a proteção do faraó
e para abrigar-se à sombra do Egito.
[3]Mas a proteção do faraó se mudará para vós em vergonha,*
o abrigo à sombra do Egito, em vossa confusão.
[4]Pois seus príncipes já estão em Tânis
e seus mensageiros chegaram a Hanes.
[5]Todos serão decepcionados
por um povo que não pode socorrer,
que não traz ajuda nem proveito,
mas vergonha e infâmia.
[6]Oráculo contra as feras do Negueb.
No país da tribulação e da angústia,*
de onde vêm a leoa e o leão,
a víbora e o dragão voador,*
eles levam sobre o dorso dos jumentos suas riquezas,
sobre a bossa dos camelos seus tesouros,
para um povo que não pode socorrer,
[7]o Egito, cujo auxílio é vão e inútil;
eis por que lhe dei este nome: Raab, a decaída.

Testamento contra o povo. [8]Agora vai, escreve isto numa tabuinha,
grava-o num livro,
para que permaneça para o futuro
um testemunho perpétuo.
[9]Pois este é um povo rebelde, filhos mentirosos,*
filhos que não querem escutar a instrução de Javé,
[10]que disseram aos videntes:
"Não tenhais visões",
e aos profetas:
"Não nos profetizeis o que é certo.*
Dizei-nos coisas lisonjeiras, profetizai ilusões.
[11]Saí fora da estrada, abandonai o caminho reto,
afastai de nossos olhos o Santo de Israel".

Castigo. [12]Por isso, assim fala o Santo de Israel:
"Porque rejeitastes esta palavra
e vos entregastes à fraude e à deslealdade,*
para nelas vos apoiar,

---

* **29**,19. 1Sm 2,5s / Is 6,3 | 22. 41,8; 51,2 | **30**,1. Jr 2,18 | 3. 36,5-9 | 6. Dt 8,14s; Nm 21,4-9 / Is 14,29 | 9. 1,2-4 | 10. Am 2,12; 7,13; Jr 11,21

† **30**,1. Ser filho rebelde era uma culpa que merecia a pena de morte, Dt 21,18-21.

901 Isaías 30

¹³por causa disso esta culpa será para vós
como brecha que ameaça ruína,
uma saliência num muro alto,
cuja queda acontece de improviso,
num instante.
¹⁴Vai quebrar-se como se quebra o vaso de um oleiro,
feito em pedaços sem piedade,
sem que se encontre entre seus cacos
um pedaço para tirar fogo da lareira
ou para tirar água da cisterna".
¹⁵Pois assim tinha falado o Senhor Javé, o Santo de Israel:*
"Na conversão e na calma estará vossa salvação;
na serenidade e na confiança estará vossa força".
Mas vós não quisestes!
¹⁶E dissestes: "Não! Nós fugiremos a cavalo!"*
Fugi, então!
E mais: "Nós teremos animais velozes!"
Pois bem, vossos perseguidores serão velozes.
¹⁷Mil tremerão diante da ameaça de um só,*
diante da ameaça de cinco fugireis,
até que fiqueis como poste no alto da montanha,
como sinal numa colina.

O povo se converterá. ¹⁸É por isso que Javé aguarda
a hora de ter piedade de vós,*
é por isso que se levantará
para vos conceder misericórdia,
pois Javé é um Deus de justiça;
bem-aventurados todos os que nele esperam.*
¹⁹Sim, povo de Sião, que moras em Jerusalém,
não mais chorarás,
pois ele vai ter piedade de ti por causa de teu clamor;
logo que o ouvir, ele te responderá.
²⁰O Senhor vos dará o pão da adversidade
e a água da aflição;
aquele que te instrui não se ocultará mais,

e teus olhos verão aquele que te instrui.
²¹Teus ouvidos ouvirão uma palavra pronunciada atrás de ti
que diz: "Este é o caminho, segui-o,
quer tomeis a direita quer a esquerda".
²²Considerarás como impura a cobertura de prata de teus ídolos
e o revestimento de ouro de tuas estátuas.
Tu as rejeitarás como objeto imundo,
dizendo-lhes: "Fora daqui!"
²³Ele dará a chuva a tua semente que tiveres semeado no solo,
e o pão, produto da terra, será saboroso e nutritivo.
Teu gado pastará naquele dia em amplos pastos.
²⁴Os bois e os jumentos que trabalham a terra
comerão forragem salgada que se espalha com a pá e a forquilha.
²⁵Sobre toda alta montanha e sobre toda colina elevada
haverá riachos e correntes de água no dia do grande massacre,
quando desabarão as torres.
²⁶Então a luz da lua será como a luz do sol,
e a luz do sol será sete vezes mais forte, como a luz de sete dias,
no dia em que Javé vai enfaixar a chaga de seu povo
e curar a ferida que ele causou.

Deus abaterá a Assíria. ²⁷Eis que o nome de Javé vem de longe,
ardente é sua ira, pesada sua ameaça.
Seus lábios transbordam de furor,
sua língua é como fogo devorador.
²⁸Seu sopro é como torrente transbordante
que chega até o pescoço,
para peneirar as nações com a peneira da destruição
e pôr um freio desorientador nas mandíbulas dos povos.
²⁹Tereis um cântico nos lábios como em noite de festa,
e a alegria nos corações como quem

---

* **30**,12. Sl 62,11 **|** 15. Is 6,3 / Is 7,9 **|** 16. Os 1,7 **|** 17. Dt 32,30 **|** 18. 54,8 / Sl 2,12 **|** 28. Sb 5,23

Isaías 30-32

caminha ao som da flauta
para ir à montanha de Javé, a rocha
de Israel.

³⁰Javé fará ouvir a majestade de sua
voz,*
fará sentir o peso de seu braço no
ardor de sua ira,
na chama de um fogo devorador, na
tempestade,
num dilúvio de chuva e pedras de
granizo.

³¹Pois com a voz de Javé a Assíria ficará aterrorizada;
ele a ferirá com sua vara.

³²E cada vez que ele passar,
será o bastão do castigo que Javé lhe
infligirá,
ao som dos tamborins e das cítaras,
e nos combates que ele travar, a mão
erguida contra ela.

³³Pois desde muito tempo está preparada a fogueira
– será também para o rei –
é profunda e larga, com fogo e lenha
em abundância;
o sopro de Javé, como torrente de
enxofre, a acenderá.

31

Contra o Egito. ¹Ai dos que
descem ao Egito em busca de
socorro.*
Contam com os cavalos, põem sua
confiança nos carros,*
pois são numerosos,
e nos cavaleiros,
pois são muito fortes.
Não se voltaram para o Santo de Israel,*
não consultaram Javé.

²No entanto, ele também é sábio e
causará o desastre.
Jamais faltou a sua palavra.
Ele se levantará contra o partido dos
maus,
contra a proteção dos malfeitores.

³Os egípcios são homens e não deuses;*
seus cavalos são carne e não espírito.
Javé estenderá a mão:*
o protetor tropeçará, o protegido cairá,
todos juntos perecerão.

Deus protegerá Sião. ⁴Pois assim me
falou Javé:
"Como ruge o leão ou o leãozinho
por sua presa,
ainda quando se reúne contra ele um
grupo de pastores,
sem que ele fique espantado por
seus gritos
ou amedrontado por seu tumulto,
assim descerá Javé dos exércitos
para guerrear sobre o monte Sião e
sobre sua colina.

⁵Como os pássaros que voam,
assim Javé dos exércitos protegerá
Jerusalém;*
protegerá e salvará, preservará e livrará".

⁶Voltai para aquele que os filhos de
Israel
tão profundamente traíram.

⁷Pois, naquele dia, cada um rejeitará
seus ídolos de prata e seus ídolos de
ouro
que vossas mãos pecadoras fabricaram.

⁸A Assíria cairá pela espada,
não a de um homem;
será devorada pela espada,
não a de um ser humano.
Ela fugirá diante da espada,
e seus jovens serão escravizados.

⁹Em seu terror abandonará seu rochedo,
e seus chefes apavorados desertarão
o estandarte,
oráculo de Javé,
cujo fogo está em Sião e cuja fornalha, em Jerusalém.

32

Reinará um rei justo. ¹Eis que
um rei reinará com justiça*
e os príncipes governarão conforme
o direito.

²Cada um será como um abrigo contra o vento,
um refúgio contra a tempestade,
como riachos sobre terra árida,
como a sombra de uma rocha sólida
num país desolado.

³Os olhos dos que veem não estarão
mais fechados,

---

* **30**,30. Êx 19,16; Sl 29,1 | **31**,1. 30,1-7 / Os 1,7 / Is 6,3 | 3. Ez 28,9 / Êx 14,26 | 5. Dt 32,11; Sl 36,8 | **32**,1. 11,3s; Jr 23,5s

Isaías 32-33

os ouvidos dos que ouvem estarão atentos.

[4]O coração dos inconstantes saberá compreender
e a língua dos gagos falará com rapidez e clareza.

[5]Não mais se dará ao insensato o título de nobre,*
nem ao impostor, o de generoso.

[6]Pois o insensato fala loucamente*
e seu coração se entrega à iniquidade,
praticando a impiedade e dirigindo a Javé blasfêmias,
deixando o faminto sem alimento
e recusando a bebida a quem tem sede.

[7]Quanto ao esperto, suas manobras são perversas,
projeta maquinações para eliminar o pobre com palavras mentirosas,*
quando o infeliz tem o direito a seu favor.

[8]Mas quem é nobre tem nobres intenções;
ele se levanta para agir com nobreza.

Depois da provação, a salvação. [9]Mulheres indolentes, levantai-vos,*
escutai minha voz!
Filhas cheias de soberba,
prestai atenção a minha palavra.

[10]Dentro de um ano e alguns dias tremereis, presunçosas,
pois a vindima estará terminada
e não haverá colheita.

[11]Tremei, mulheres indolentes;
estremecei, despreocupadas!
despojai-vos, desnudai-vos, cingi vossos rins!

[12]Batei no peito por causa dos campos amenos
e das vinhas frutíferas.

[13]Sobre a terra de meu povo crescerão espinheiros e abrolhos,
como sobre todas as casas onde há alegria, na cidade jubilosa.

[14]Pois a fortaleza será abandonada,
a cidade rumorosa ficará deserta.
Ofel e a torre servirão de cavernas para sempre,
delícias dos asnos selvagens, pastos de rebanhos,

[15]até que se derrame sobre nós o Espírito do alto,
e que o deserto se torne um pomar,
um pomar que faz pensar numa floresta.

[16]No deserto se estabelecerá o direito,
e a justiça habitará no pomar.

[17]O fruto da justiça* será a paz†,
o efeito da justiça será a tranquilidade
e a segurança para sempre.

[18]Então meu povo habitará numa morada de paz,
em habitações seguras e em tranquilos lugares de repouso.

[19]E se a floresta for totalmente destruída,
se a cidade for gravemente humilhada,

[20]felizes sereis vós que semeais por toda a parte onde há água
e deixais em liberdade o boi e o jumento.

33

Invocação. [1]Ai de ti que destróis e não foste destruído,
que és traidor e não foste traído;
quando acabares de destruir, tu serás destruído,
quando terminares tuas traições, serás traído.

[2]Javé, tende misericórdia de nós, em vós esperamos.*
Sede nosso braço cada manhã
e nossa salvação no tempo da adversidade.*

[3]Ao ruído do tumulto fogem os povos,
quando vos levantais, dispersam-se as nações.

[4]Vossos despojos serão reunidos
como se reúnem as lagartas;*
saltarão sobre eles como saltam os gafanhotos.

[5]Javé é exaltado, pois mora nas alturas;*
enche Sião de direito e de justiça.

---

* **32**,5. 5,20 | 6. Sl 14,2; Ecl 10,13 | 7. Sl 10,2.7-11 | 9. 3,16-24; Am 4,1ss | 17. 11,6 | **33**,2. Sl 32,10; 33,22 / Sl 46,2 | 4. Nm 10,35; Sl 68,21; 46,7; 48,5-8 | 5. Sl 57,6; 97,9

† **32**,17. "As religiões se preocupam, necessariamente, com a justiça, como condição básica para a paz: Se queres a paz, trabalha pela justiça" (D. Hélder Câmara).

Isaías 33-34

⁶Ele será a segurança para teus dias.
A riqueza salutar é a sabedoria e a ciência;
o temor de Javé: tal será seu tesouro.

Intervenção de Deus. ⁷Eis que seus arautos gritam nas ruas;
os mensageiros de paz choram amargamente.*

⁸As estradas estão desertas,
não há transeuntes nos caminhos;
romperam a aliança,
desprezaram as testemunhas,
não se faz caso de ninguém.

⁹O país está de luto, desfalece.*
O Líbano se envergonha e murcha,
Saron se tornou como a estepe,
Basã e o Carmelo estremecem.

¹⁰"Agora me levantarei, diz Javé,
agora vou me erguer, agora serei exaltado.*

¹¹Vós concebeis feno e dais à luz palha;
meu sopro vos devorará como um fogo.

¹²Os povos serão consumidos como pela cal;
como espinhos cortados, serão queimados ao fogo.

¹³Escutai, vós que estais longe, o que eu fiz;
sabei, vós que estais perto, qual é meu poder".

¹⁴Ficam aterrados os pecadores em Sião,
um tremor se apodera dos ímpios:
"Quem de nós resistirá a um fogo devorador?
Quem de nós resistirá às chamas eternas?"

¹⁵Aquele que se comporta com justiça e fala lealmente,*
que recusa um ganho extorquido
e sacode a mão para não aceitar suborno,
que tampa os ouvidos para não ouvir propósitos sanguinários
e fecha os olhos para não ver o mal.

¹⁶Este habitará nas alturas,
as rochas escarpadas serão seu refúgio;
o pão lhe será dado, a água lhe será garantida.

Um futuro de glória. ¹⁷Teus olhos contemplarão o rei em sua beleza,
eles verão um país que se estende ao longe.

¹⁸Teu coração meditará no terror:
"Onde está aquele que contava?*
Onde está aquele que pesava?
Onde está aquele que contava as torres?"

¹⁹Não verás mais o povo arrogante,*
o povo de linguagem obscura, incompreensível,
de língua bárbara e sem sentido.

²⁰Contempla Sião, cidade de nossas festas!
Que teus olhos vejam Jerusalém,
habitação segura, tenda inamovível,*
cujas estacas jamais serão arrancadas,
cujas cordas jamais serão rompidas.

²¹Com efeito, se lá está um poderoso,
conosco temos Javé;
se aquela é região de rios e de largos canais,
por eles não navegarão barcos a remo,
nem os sulcarão grandes navios;

²³ᵃsuas cordas se afrouxaram,
²³ᵇjá não mantêm o mastro de pé,
²³ᶜjá não conservam a vela estendida.

²²Mas Javé é nosso juiz,
Javé é nosso legislador,
Javé é nosso rei;
é ele que nos salva.

²³ᵈEntão também o cego partilhará dos ricos despojos,
²³ᵉe até os coxos ficarão ricos com as presas.

²⁴Habitante algum terá de dizer: "Estou enfermo";
ao povo que nela habita foi perdoada toda a culpa.

V. SEGUNDO APOCALIPSE (34–35)

34
Sentença contra Edom. ¹Apro-ximai-vos, nações, para escutar†;
povos, prestai atenção!*

---

* **33**,7. 29,1 | 9. Am 1,2 | 10. Sl 12,6 | 15. Sl 15 | 18. 1Cor 1,20 | 19. 28,11 | 20. 54,2 | **34**,1. 63,1-6; Jr 49,7-22

† **34**,1. Convocação geral do mundo para ouvir o juízo de Javé contra as nações.

Isaías 34-35

Que escute a terra e sua plenitude,
o mundo com tudo o que ele produz!
²Porque Javé está indignado contra todas as nações;
está irado contra todo o exército delas.
Ele as vota ao extermínio e as entrega ao massacre.
³Suas vítimas são lançadas fora,
o mau cheiro de seus cadáveres se espalha,
as montanhas se derretem com seu sangue.
⁴Todo o exército dos céus se dissolve.
Os céus se enrolam como um livro,*
cai todo o seu exército,
como caem as folhas da vinha e as da figueira†.
⁵Pois minha espada se inebriou nos céus.
Eis que ela se abate sobre Edom,
sobre o povo que eu votei ao extermínio para o punir.
⁶A espada de Javé está cheia de sangue,
impregnada de gordura,
do sangue dos cordeiros e dos bodes,
da gordura das vísceras dos carneiros;
pois há para Javé um sacrifício em Bosra,*
um grande massacre no país de Edom.
⁷Com eles caem os búfalos, os novilhos com os touros;
sua terra está ébria de sangue,
sua poeira está impregnada de gordura.
⁸Pois é um dia de vingança para Javé,
o ano da retribuição no processo de Sião.
⁹Suas torrentes se mudarão em piche,*
sua poeira em enxofre,
seu país se tornará piche ardente.
¹⁰Noite e dia ele não se extinguirá,
eternamente se levantará sua fumaça;

de idade em idade ficará deserto,
por todo o sempre ninguém mais passará por lá.
¹¹Será o domínio do pelicano e do ouriço;
o bufo e o corvo aí habitarão;*
Javé estenderá sobre ele o cordão do caos
e o nível do vazio.
¹²Não haverá mais nobres para proclamar um rei;*
terão desaparecido todos os seus príncipes.
¹³Em suas fortalezas crescerão os espinhos,
em suas cidadelas, a urtiga e o espinheiro;
será um covil de chacais, morada de avestruzes.
¹⁴Os gatos selvagens encontrarão as hienas,
os sátiros* chamarão um ao outro†;
lá também Lilit se instalará e achará seu repouso.
¹⁵Lá fará seu ninho a serpente,
porá seus ovos e os chocará,
juntará os filhotes em sua sombra.
Lá também se reunirão os abutres,
cada qual com seu companheiro.
¹⁶Buscai no livro de Javé e lede:
Nenhum deles faltará;
nenhum se inquietará por seu companheiro.
Pois foi sua boca que o ordenou,
foi seu espírito que os reuniu.
¹⁷Foi ele que lançou a sorte para eles
e sua mão fixou a parte deles com a corda;
para sempre a possuirão,
de idade em idade aí habitarão.

35

Novo Israel. ¹Que se alegrem o deserto e a terra seca,
que a estepe exulte e floresça como a rosa.*
²Que ela se cubra de flores,
exulte de alegria e cante com júbilo.
Foi-lhe dada a glória do Líbano,*
o esplendor do Carmelo e do Saron.

---

* **34**,4. Ap 6,14 | 6. 63,1 | 9. Gn 19,24-28; Ap 14,10s | 11. 13,20-23 | 12. Ap 18,2 | 14. 13,21 | **35**,1. 41,19 | 2. 60,13

† **34**,4. A natureza participa da grande intervenção de Deus na história. | **34**,14. Ver a nota em 13,21.

Isaías 35-36

Eles verão a glória de Javé,
o esplendor de nosso Deus.
[3]Fortalecei as mãos enfraquecidas,*
firmai os joelhos vacilantes!
[4]Dizei aos corações temerosos:
"Sede fortes, não tenhais medo;
eis aqui vosso Deus.*
É a vingança que vem, a retribuição
divina.
É ele que vem para vos salvar".
[5]Então os olhos dos cegos se abrirão*
e os ouvidos dos surdos se descer-
rarão.
[6]Então saltará como cervo o paralítico,*
e a língua do mudo gritará de alegria,
porque jorrarão águas no deserto e
torrentes na estepe.*
[7]A terra queimada se tornará lagoa
e o país da sede, fontes de águas;
nos lugares onde moravam chacais,
haverá relva com caniços e juncos.
[8]Haverá lá uma estrada e um caminho;
caminho sagrado se chamará;
por ele não passará o impuro;
será para os que seguem este caminho;
e os insensatos não se perderão.
[9]Lá não haverá leão,
nem qualquer fera selvagem por ali
passará ou ali se encontrará;
mas lá caminharão os redimidos.
[10]Voltarão os que Javé redimiu,*
exultantes chegarão a Sião,
trazendo consigo uma eterna alegria.
O júbilo e a alegria os acompanharão,
a dor e o gemido cessarão.

VI. A INVASÃO ASSÍRIA
(36–39)

36 **Senaquerib contra Jerusa-
lém†.** [1]No ano décimo quarto
do rei Ezequias,* Senaquerib, rei da Assíria, marchou contra todas as cidades
fortes de Judá e se apoderou delas. [2]De
Laquis, o rei da Assíria enviou ao rei
Ezequias, em Jerusalém, seu ajudante
de campo com grande exército. Ele parou perto do canal do açude superior,
no caminho do campo do Lavador.
Embaixada de Senaquerib. [3]Saí-
ram a seu encontro o chefe do palácio, Eliacim, filho de Helcias, o escriba
Sobna* e o cronista Joaé, filho de Asaf.
[4]O ajudante de campo lhes disse: "Dizei
a Ezequias: Assim fala o grande rei, o
rei da Assíria: Que segurança é esta na
qual tu confias? [5]Imaginas talvez que
palavras ao vento equivalem a conselho e valentia para empreender a guerra? Em quem, pois, colocas tua confiança para te teres revoltado contra mim?
[6]Eis que confias nesse caniço quebrado,* o Egito, que penetra e atravessa a
mão de quem se apoia sobre ele. Assim
é o faraó, rei do Egito, para todos os
que confiam nele. [7]Vós me direis talvez: É em Javé nosso Deus que temos
confiança. Mas não é este o deus cujos
lugares altos e altares Ezequias suprimiu, dizendo ao povo de Judá e de
Jerusalém: É diante deste altar que vos
prostrareis? [8]Pois bem! Faze uma apos-
ta com meu senhor, o rei da Assíria: eu
te darei dois mil cavalos, se fores capaz
de achar cavaleiros para montá-los! [9]E
como farias recuar um só dos menores
servos de meu senhor? Mas confiaste
no Egito para ter carros e cavaleiros!
[10]E mais, acaso é sem a vontade de
Javé que eu marchei contra este país
para destruí-lo? Foi Javé que me disse:
Sobe contra este país e o destrói!"†
[11]Então Eliacim, Sobna e Joaé disseram ao ajudante de campo assírio:
"Por favor, fala a nós, teus servos, em
aramaico, porque o compreendemos.
Não nos fales na língua judaica aos
ouvidos das pessoas que estão sobre
a muralha". [12]Mas o ajudante de campo respondeu: "Acaso foi a ti e a teu
senhor que meu senhor me mandou

---

* **35**,3. 40,29-31 | 4. 40,10 | 5. Mt 11,5 | 6. At 3,8 / Is 41,18; 43,20; 48,21; Jo 4,1 | 10. 51,11; Sl 126 | **36**,1.
2Rs 18,13-37 | 3. 7,3; 22,20s | 6. 30,3

† **36.** Os cc. 36 e 37, que contam a invasão e a derrota de Senaquerib, são paralelos a 2Rs 18,13–19,36. |
10. O rei da Assíria executa os desígnios de Javé, 10,5.

907   Isaías 36-37

dizer essas coisas? Não é sobretudo às pessoas que estão sobre as muralhas, condenadas a comer seus excrementos e a beber a própria urina convosco?" [13]Então o ajudante de campo ficou de pé e gritou com voz forte em língua judaica: "Escutai as palavras do grande rei, o rei da Assíria! [14]Assim fala o rei: Que Ezequias não vos engane! Ele não poderá libertar-vos. [15]Que Ezequias não vos faça confiar em Javé dizendo: Certamente Javé nos libertará, esta cidade não cairá nas mãos do rei da Assíria. [16]Não deis ouvidos a Ezequias, pois assim fala o rei da Assíria: Fazei as pazes comigo, rendei-vos a mim, e cada um de vós comerá do fruto de sua vinha e de sua figueira, cada um beberá água de sua cisterna, [17]até que eu venha e vos conduza a um país semelhante ao vosso, um país de trigo e de vinho, um país de pão e de vinhas. [18]Que Ezequias não vos engane, dizendo: Javé nos libertará. Os deuses das nações libertaram realmente cada qual seu país das mãos do rei da Assíria? [19]Onde estão os deuses de Emat e de Arfad? Onde estão os deuses de Sefarvaim?* Onde estão os deuses do país de Samaria? Porventura libertaram Samaria de minha mão? [20]Qual dentre todos os deuses desses países livrou seu país de minha mão, para que Javé liberte Jerusalém de minha mão?"

[21]Eles guardaram silêncio e nada lhe responderam, pois esta foi a ordem do rei: "Vós não lhe respondereis".

[22]Então o chefe do palácio, Eliacim, filho de Helcias, o escriba Sobna e o cronista Joaé, filho de Asaf, voltaram para junto de Ezequias com as vestes rasgadas e lhe referiram as palavras do ajudante de campo.

37

Ezequias consulta Isaías. [1]Ao ouvir isto, o rei Ezequias rasgou suas vestes,* vestiu roupa de saco e foi ao templo de Javé. [2]Enviou o chefe do palácio, Eliacim, o escriba Sobna e os anciãos dos sacerdotes, trajando roupas de saco, ao profeta Isaías, filho de Amós, [3]para lhe dizer: "Assim fala Ezequias: Hoje é um dia de angústia, de castigo e de vergonha. Os filhos estão para nascer e falta a força para dá-los à luz†. [4]Que Javé teu Deus ouça as palavras do ajudante de campo que o rei da Assíria, seu senhor, mandou para insultar o Deus vivo, e que Javé teu Deus castigue as palavras que ele ouviu! Faze subir até ele uma oração em favor do resto que ainda subsiste".

[5]Quando os ministros do rei Ezequias foram ter com Isaías, [6]este lhes disse: "Dizei isto a vosso senhor: Assim fala Javé: Não tenhas medo das palavras que ouviste, das blasfêmias que os servos do rei da Assíria lançaram contra mim. [7]Eis que vou incutir nele um espírito e, por causa de uma notícia que ele vai ouvir, voltará a seu país e, em seu país, eu o farei cair morto pela espada.

[8]O ajudante de campo voltou* e encontrou o rei da Assíria combatendo contra Lebna, porque ele soube que o rei havia deixado Laquis, [9]pois tinha recebido esta notícia sobre Taraca,* rei da Núbia: "Ele partiu em guerra contra ti".

Segunda embaixada de Senaquerib. De novo Senaquerib enviou mensageiros a Ezequias para lhe dizer: [10]"Assim falareis a Ezequias, rei de Judá: Que teu Deus, em quem confias, não te engane, dizendo: Jerusalém não será entregue nas mãos do rei da Assíria. [11]Ficaste sabendo o que os reis da Assíria fizeram a todos os países, destruindo-os por completo, e tu serias preservado? [12]Os deuses das nações que meus pais devastaram – Gozã, Harã, Resef e os edenitas que estavam em Telassar – porventura as libertaram? [13]Onde estão o rei de Emat, o rei de Arfad, o rei de Lair, de Sefarvaim, de Ana, de Ava?"

Oração de Ezequias. [14]Ezequias recebeu a carta da mão dos mensageiros e a leu. Depois subiu ao templo de Javé e estendeu-a diante de Javé. [15]Ezequias rezou a Javé, dizendo: [16]"Javé dos exér-

---

* **36**,19. 10,9 | **37**,1. 2Rs 19,1-7 | 8. 2Rs 19,8s | 9. 2Rs 19,9-19

† **37**,3. Ver a nota em 2Rs 19,3.

Isaías 37

citos, Deus de Israel, que vos assentais sobre os querubins, vós é que sois o único Deus de todos os reinos da terra, fostes vós que fizestes o céu e a terra. [17]Inclinai vosso ouvido, Javé, e ouvi; abri os olhos, Javé, e vede. Escutai as palavras de Senaquerib, que mandou dizer insultos ao Deus vivo. [18]É verdade, Javé; os reis da Assíria exterminaram todas as nações e seus países, [19]lançaram ao fogo seus deuses, pois não eram deuses, mas obra de mãos humanas, de madeira e de pedra; por isso os aniquilaram. [20]Mas agora, Javé, nosso Deus, salvai-nos de sua mão, e que todos os reinos da terra saibam que só vós sois Javé".

Intervenção de Isaías. [21]Então Isaías, filho de Amós,* mandou dizer a Ezequias: "Assim fala Javé, Deus de Israel, ao qual dirigiste a oração a propósito de Senaquerib, rei da Assíria: [22]Eis o oráculo que Javé pronunciou contra ele:
Ela te despreza, zomba de ti
a virgem, filha de Sião;
ela balança a cabeça a tuas costas,
a filha de Jerusalém.
[23]A quem insultaste e blasfemaste?
Contra quem elevaste a voz
e ergueste o olhar arrogante?
Contra o Santo de Israel!
[24]Por meio de teus servos insultaste o Senhor,
dizendo: Com meus numerosos carros
subi ao cimo dos montes,
às regiões mais remotas do Líbano.
Cortei seus mais altos cedros
e seus mais belos ciprestes.
Atingi sua maior altitude,
seu parque florestal.
[25]Eu cavei e bebi água,
com a planta de meus pés
sequei todos os rios do Egito.
[26]Não o ouviste? De longa data preparei estas coisas,
nos dias antigos fiz o propósito, agora o realizo.
Teu destino foi reduzir a montes de ruínas cidades fortificadas.

[27]Seus habitantes, debilitados,
assustados e confusos,
foram como plantas dos campos,
como a relva verde e o capim dos telhados,
como trigo queimado antes de crescer.
[28]Quando te sentas, quando sais ou entras, eu o sei,
e também que tremes de furor contra mim.
[29]Por causa de teu furor contra mim
e porque tua arrogância subiu até meus ouvidos,
porei meu anel em tuas narinas
e meu freio em teus lábios
e te farei voltar pelo caminho pelo qual vieste.
[30]Isto te servirá de sinal:*
neste ano se comerá do trigo caído
e no próximo ano do que cresce por si;
mas, no terceiro ano, semeai e colhereis,
plantai vinhas e comei de seu fruto.
[31]O resto que escapou da casa de Judá
produzirá novas raízes embaixo e frutos no alto.
[32]Pois de Jerusalém sairá um resto,
e sobreviventes do monte Sião.
O amor zeloso de Javé dos exércitos fará isto.
[33]Eis, pois, o que diz Javé sobre o rei da Assíria:*
ele não entrará nesta cidade,
não lançará uma só flecha,
não a atacará com escudos,
não construirá aterro.
[34]Ele voltará pelo caminho que veio,
e nesta cidade não entrará,
oráculo de Javé.
[35]Eu protegerei esta cidade e a salvarei
em atenção a mim mesmo e a meu servo Davi".

Derrota de Senaquerib. [36]Naquela mesma noite, o Anjo de Javé saiu* e feriu no campo assírio cento e oitenta e cinco mil homens. De manhã, ao despertar, não eram mais que cadáveres.

---

* **37**,21. 2Rs 19,20-28 | **37**,30. 2Rs 19,29ss | 33. 2Rs 19,32ss | 36. 2Rs 19,35ss

Isaías 38

³⁷Senaquerib levantou o acampamento e partiu. Voltou e ficou em Nínive. ³⁸E aconteceu que, estando ele prostrado no templo de Nesroc, seu deus, seus filhos Adramelec e Sarasar o mataram com a espada e fugiram para o país de Ararat. Asaradon, seu filho, reinou em seu lugar.

38 Doença e cura de Ezequias.

¹Naquele tempo, Ezequias foi atingido por doença mortal.*

O profeta Isaías, filho de Amós, veio dizer-lhe: "Assim fala Javé. Põe ordem em tua casa, pois vais morrer, não sobreviverás".

²Ezequias voltou o rosto para a parede e fez esta oração a Javé: ³"Ah! Javé, eu vos peço, lembrai-vos de que me comportei fielmente e com integridade de coração diante de vós e que fiz o que era reto a vossos olhos". E Ezequias derramou abundantes lágrimas.

⁴Então a palavra de Javé foi dirigida a Isaías: ⁵"Vai e dize a Ezequias: Assim fala Javé, Deus de Davi, teu pai: Eu ouvi tua oração, eu vi tuas lágrimas†. Acrescentarei quinze anos a tua vida.

⁶Eu livrarei a ti e esta cidade das mãos do rei da Assíria e protegerei esta cidade. ⁷Eis, da parte de Javé, o sinal de que Javé fará o que disse. ⁸Vou fazer recuar dez degraus a sombra que por efeito do sol se alongou sobre os degraus de Acaz".

E o sol recuou dez degraus sobre os degraus em que tinha descido†.

Cântico de ação de graças. ⁹Cântico de Ezequias, rei de Judá, quando teve a doença da qual foi curado:

¹⁰"Eu dizia: Na metade de meus dias,*
eu vou para as portas do lugar dos mortos,
privado do resto de meus anos.
¹¹Eu dizia: Já não verei mais Javé*
na terra dos vivos,

não poderei mais olhar um rosto humano
entre os habitantes do mundo.
¹²Minha morada foi arrancada,
lançada para longe de mim
como tenda de pastores;
como tecelão enrolei minha vida,*
ele me cortou do tear†.
Do dia para a noite me conduzis ao fim.*
¹³Gritei até de manhã; como um leão,*
é assim que ele quebra todos os meus ossos;
do dia à noite pondes um termo a minha vida.
¹⁴Pio como andorinha,
gemo como pomba;*
meus olhos se cansam de olhar para o alto.
Senhor, eu sou oprimido, vinde em meu auxílio.*
¹⁵Como falarei e o que lhe direi?
É ele que age.
Viverei todos os meus anos
na amargura de minha alma.
¹⁶Senhor, meu coração espera em vós,
que meu espírito reviva;
curai-me e fazei-me viver.
¹⁷Eis que minha amargura se mudou
em bem-estar.
Fostes vós que preservastes minha alma*
da fossa do nada,
porque lançastes para trás de vós todos os meus pecados†.
¹⁸Pois não é o lugar dos mortos que vos louva,*
nem a morte que vos celebra.
Não esperam em vossa fidelidade
os que descem ao túmulo.
¹⁹O vivente, só o vivente é que vos louva†,
como eu hoje.
O pai dará a conhecer a seus filhos*
vossa fidelidade.

---

* **38**,1. 2Rs 20,1-11 | 10. Sl 116 | 11. Sl 27,13 | 12. Jó 7,6 / Jó 4,20; Sl 90,5s | 13. Jó 10,16 | 14. Sl 69,4 / Sl 121,1 | 17. Sl 103,3s | 18. Sl 6,6; Br 2,17; Eclo 17,31 | 19. Dt 4,9 |

† **38**,5. 2Rs 20,5 acrescenta: "Eu vou te curar: dentro de três dias, subirás ao templo de Javé", frase que não consta no TM, mas o v. 22 parece supor este acréscimo. | 8. Ver a nota em 2Rs 20,11. | 12. Símbolos de uma vida breve, que finda antes da hora. | 17. A doença era considerada castigo do pecado, e a cura era sinal do perdão, Mt 9,2-6. | 19. "A glória de Deus é o homem vivo, e a vida do homem é a visão de Deus" (S. Irineu).

Isaías 38-40

910

20Javé, vinde em meu auxílio,
e faremos ressoar nossas harpas
todos os dias de nossa vida
no templo de Javé".
21Isaías disse: "Trazei uma pasta de figos, aplicai-a sobre a úlcera e ele ficará curado". 22Disse Ezequias: "Qual será o sinal de que hei de subir ao templo de Javé?"

39 Embaixada do rei de Babilônia.

1Naquele tempo, Merodac-Baladã, filho de Baladã, rei de Babilônia,* enviou cartas e um presente a Ezequias, pois ele ficara sabendo de sua doença e de seu restabelecimento. 2Ezequias ficou alegre e mostrou aos mensageiros a sala do tesouro, a prata, o ouro, os aromas, o óleo precioso, bem como todo o seu arsenal e tudo o que se achava em seus depósitos. Não houve nada em seu palácio e em todo o seu domínio que Ezequias não lhes mostrasse.

3Então o profeta Isaías veio ter com o rei Ezequias e perguntou-lhe: "Que foi que disseram aqueles homens e de onde vieram a ti?" Ezequias respondeu: "Vieram de um país distante, de Babilônia". 4Isaías perguntou: "Que foi que viram em teu palácio?" Ezequias respondeu: "Viram tudo o que há em meu palácio; não há nada em meus depósitos que eu não lhes tenha mostrado".

5Então Isaías disse a Ezequias: "Escuta a palavra de Javé dos exércitos: 6Virão dias em que tudo o que está em teu palácio e tudo o que ajuntaram teus pais até hoje será levado a Babilônia. Nada será deixado, diz Javé. 7Dentre os filhos nascidos de ti, e que tu gerаste, tomarão alguns para serem eunucos no palácio do rei de Babilônia". 8Ezequias disse a Isaías: "É uma palavra favorável de Javé que tu anuncias". Ele pensava: "Com efeito, haverá paz e segurança durante minha vida".

VII. O LIVRO DA CONSOLAÇÃO (40–55)†

40 Anúncio da libertação.

1"Consolai, consolai meu povo, diz vosso Deus;*
2falai ao coração de Jerusalém
e anunciai-lhe que seu serviço está terminado,
que sua culpa está expiada,
que ela recebeu de Javé
punição dupla por todos os seus pecados".
3Uma voz proclama:*
"Preparai no deserto o caminho de Javé,
aplanai na estepe uma estrada para nosso Deus.
4Que todo vale seja aterrado,*
toda montanha e colina sejam rebaixadas;
o terreno acidentado se mude em plano
e as escarpas, em largos vales.
5Então a glória de Javé se revelará*
e todos os seres de carne juntos a verão,
porque a boca de Javé falou".*
6Uma voz diz: "Clama!"
E eu respondo: "Que clamarei?"
"Toda carne é erva
e toda a sua glória é como a flor dos campos.
7A erva seca e a flor murcha*
quando o sopro de Javé passa sobre elas;
sim, o povo é como a erva.
8A erva seca, a flor murcha,*
mas a palavra de nosso Deus permanece para sempre".
9Sobe a uma alta montanha,
tu que trazes boas notícias a Sião;
eleva com força tua voz,
portadora de boas notícias para Jerusalém;
eleva a voz, não temas;
dize às cidades de Judá: "Eis aqui vosso Deus!

---

* **39,**1. 2Rs 20,12-19 **| 40,**1. 52,7-12 **|** 3. Mt 3,3; Ml 3,1.23s; Eclo 48,10 **|** 4. 45,2; Lc 3,4ss **|** 5. Êx 24,16; Is 58,8; 60,1 / Is 1,20; 58,14 **|** 7. Tg 1,10s; 1Pd 1,24s; Is 51,12 **|** 8. Jó 14,2; Sl 37,2; 90,5; 119,89

† **VII.** Começa o Segundo Isaías, o "livro da consolação", que anuncia aos exilados de Babilônia a próxima libertação: que o povo tenha confiança e se alegre, porque Deus vai manifestar sua grandeza.

911   Isaías 40

[10]Eis que o Senhor Javé vem com po-der,
seu braço assegura sua autoridade;
traz consigo seu prêmio,*
e sua recompensa o precede[t].
[11]Como um pastor ele apascenta*
seu rebanho[t],
com seu braço reúne os cordeiros,
carrega-os no colo
e conduz devagar as ovelhas que amamentam".

Grandeza de Javé[t]. [12]Quem mediu as águas do mar no côncavo da mão*
e calculou com o palmo as dimen-sões do céu?
Quem recolheu numa medida o pó da terra,
pesou as montanhas no gancho
e as colinas na balança?
[13]Quem dirigiu o espírito de Javé*
e o instruiu como conselheiro?
[14]A quem ele consultou
que pudesse dar-lhe entendimento,
ensinar-lhe o caminho da justiça,
transmitir-lhe a ciência
e indicar-lhe o caminho do discerni-mento?
[15]Eis as nações:
são como gota-d'água de um balde,*
são contadas como pó na balança.
Eis as ilhas:
pesam como a poeira.
[16]O Líbano não bastaria para acender o fogo,
nem seus animais bastariam para o holocausto.
[17]Todas as nações são como um nada diante dele;*
ele as considera como um nada e nu-lidade.

Nulidade dos ídolos[t]. [18]A quem po-deis comparar Deus?*

Com qual imagem representá-lo?
[19]Com um ídolo?
Foi um artesão que o fundiu,*
um ourives o recobre de ouro,
fundindo também correntes de pra-ta[t].
41[6]Cada um ajuda seu companheiro,
dizendo ao outro: "Coragem!"*
41[7]O artesão encoraja o ourives,
e o que alisa com o martelo ao que bate na bigorna,
dizendo da soldadura: "Está bem".
Então reforça-a com pregos para que não fique frouxa.
[20]Quem faz oferta de pobre
escolhe uma madeira que não se es-traga,
procura um hábil artesão
para fazer uma estátua que não cam-baleie.*
[21]Não sabeis disso, não o ouvistes?
Não vos foi anunciado desde o iní-cio?
Não entendestes os fundamentos da terra?
[22]Ele está sentado sobre o globo da terra,*
cujos habitantes são como gafanho-tos;
ele estende os céus como toalha*
e os desdobra como tenda para mo-rar.
[23]Reduz a um nada os governantes*
e faz dos juízes da terra uma nulidade.
[24]Mal foram plantados, mal foram semeados,*
mal seu talo se enraizou na terra,
ele sopra sobre eles, e eles secam;
a tempestade os carrega como palha.

Deus nossa esperança. [25]"A quem me comparareis?
a quem eu serei igual?" diz o Santo.*

---

* **40**,10. 62,11 | 11. Ez 34,1; Dt 32,11; Lc 15,5 | 12. Jó 28,23-27; 38,4s | 13. Rm 11,34; 1Cor 2,16; Jó 15,8; 21,22; 36,22-26; 38,2-21 | 15. Eclo 10,16s; Sb 11,22 | 17. Dn 4,32; Sl 62,10 | 18. At 17,29 | 19. 41,6s; 44,9-20; Jr 10,1-16; 51,15-19 | **41**,6. 40,19s | **40**,20. Br 6; Sb 13,11-19 | 22. Dn 4,32 / 44,24; Sl 104,2 | 23. Sl 2,2-5; Jó 34,18s | 24. 17,13s | 25. 6,3

† **40**,10. Javé é como um rei vitorioso que conduz seu povo, por ele libertado do inimigo. | 11. Deus trata seu povo como um pastor que ama e protege seu rebanho. | 12. Quem não é capaz de "medir as águas" etc. não deve contestar as obras de Deus na história. | 18. Falando aos exilados, tentados a interpretar a derrota de Israel como derrota de seu Deus, o autor ridiculariza os ídolos mortos, feitos pelos homens, e exalta a onipotência de Javé, Senhor do universo. | 19. Entram aqui os vv.6-7 do c. 41. | 26. As estrelas, adoradas pelos babilônios, foram criadas por Javé sem esforço, simplesmente chamando-as pelo nome.

Isaías 40-41

²⁶Erguei os olhos para o alto e vede:*
Quem criou esses astros?
Ele mobiliza seu exército em boa ordem,
chama todos pelo nome.*
Seu vigor é tão grande e tal é sua força
que não falta* nenhum†.
²⁷Por que dizes tu, Jacó,
e tu, Israel, afirmas:
"Meu caminho está oculto a Javé
e meu direito escapa a meu Deus"?
²⁸Não o sabes? Não ouviste dizer?
Javé é um Deus eterno,
criador das extremidades da terra.
Ele não se fatiga nem se cansa,
insondável é sua inteligência.*
²⁹Ele dá energia ao fraco
e aumenta o vigor do extenuado.
³⁰Os adolescentes se cansam e se esgotam,
até mesmo os jovens vacilam e caem.
³¹Mas os que esperam em Javé renovam suas forças,*
criam asas como as águias,
correm sem cansar, caminham sem se fatigar.

41 Deus suscitará Ciro†.

¹Guardai silêncio diante de mim, ó ilhas;
que os povos renovem suas forças,
que se aproximem e falem;
juntos compareçamos em juízo.
²Quem o suscitou no oriente
e convoca a vitória a sua passagem,
entrega-lhe os povos, sujeita-lhe os reis?*
Sua espada os reduz ao pó
e seu arco os dispersa como palha.
³Ele os persegue e avança seguro
por uma estrada na qual não passaram seus pés.
⁴Quem fez e realizou isto?
Aquele que chama as gerações desde o início.
Eu, Javé, sou o primeiro,*
e com os últimos ainda estarei†.

⁵As ilhas viram e tiveram medo,
tremem as extremidades da terra;
eles se aproximam e chegam†.
Deus salvará seu povo. ⁸Mas tu, Israel, meu servo,
Jacó, que eu escolhi,*
descendência de Abraão, meu amigo,*
⁹tu, a quem tomei das extremidades da terra,
que chamei das regiões mais distantes,
eu te disse: "Tu és meu servo,
eu te escolhi, não te rejeitei".
¹⁰Não tenhas medo, pois estou contigo,
não te angusties, pois eu sou teu Deus;
eu te fortaleço e te ajudo,
eu te sustento com minha mão direita vitoriosa.
¹¹Eis que ficarão envergonhados e confusos*
os que se enfureciam contra ti;
serão aniquilados e perecerão teus opositores.
¹²Procurarás sem encontrar
oque lutavam contra ti,
serão aniquilados,
cessarão de existir os que te combatiam.
¹³Porque eu, Javé, teu Deus,
tomo-te pela mão direita e te digo:
"Não temas, sou eu que te ajudo".
¹⁴Não temas, vermezinho de Jacó,
larva de Israel, sou eu que te ajudo*
– oráculo de Javé – ;
teu Redentor† é o Santo de Israel.*
¹⁵Eis que faço de ti uma debulhadora afiada,*
nova, munida de muitas pontas;
debulharás os montes e os triturarás,
transformarás em palha as colinas.
¹⁶Tu os jogarás ao vento,
e o vento os levará,
o torvelinho os dispersará;
tu te alegrarás com Javé,
te gloriarás do Santo de Israel.

---

* **40**,26. Gn 15,5 / Br 3,34s; Sl 147,4 / 49,14ss | 28. Rm 11,34 | 31. Sl 103,5 | **41**,2. 40,23 | 4. 44,6 | 8. Dt 7,6 / Tg 2,23 | 11. 45,14; Ap 3,9 | 14. 40,25 / 6,3 | 15. 28,27

† **41**,1. Ciro, rei persa, Is 44,28, libertará Israel do cativeiro conquistando Babilônia em 539 a.C. | 4. Este v. 4 exprime bem o que significa o nome de Javé: "Aquele que está sempre aí contigo". | 5. Os vv. 6-7 estão depois de 40,19. | 14. O redentor, "goel" em hebraico, é aquele parente mais próximo, que tem a obrigação de prestar socorro.

Isaías 41-42

Prodígios renovados. [17]Pobres e indigentes procuram água e não há; sua língua está seca de sede. Eu, Javé, lhes responderei; eu, o Deus de Israel, não os abandonarei. [18]Farei brotar rios em montes escalvados* e fontes no meio dos vales. Transformarei o deserto num açude e a terra árida em mananciais de águas. [19]Plantarei no deserto cedros, acácias, murtas e oliveiras; porei na estepe ciprestes, junto com olmos e abetos; [20]para que vejam e reconheçam, prestem atenção e compreendam todos que a mão de Javé fez isto, que o Santo de Israel o criou.

Desafio de Javé aos falsos deuses. [21]Apresentai vossa causa, diz Javé;* mostrai vossas provas, diz o rei de Jacó; [22]que venham à frente e nos anunciem o que vai acontecer. Narrai-nos vossas predições passadas, e prestaremos atenção; anunciai-nos o futuro, e comprovaremos o êxito. [23]Anunciai os acontecimentos futuros, e saberemos que sois deuses. Fazei ao menos o bem ou o mal, para que nos admiremos e vejamos juntos. [24]Eis que vós não sois nada,* vossa obra é uma nulidade, escolher-vos é abominável. [25]Eu o suscitei do norte e ele veio, desde o oriente eu o chamei por seu nome. Ele pisoteia os governantes como a lama, como o oleiro pisa a argila.

[26]Quem o anunciou desde o princípio, para que o soubéssemos, e no passado, para que disséssemos: "É verdade!" Mas ninguém o anunciou, ninguém o fez ouvir, ninguém ouviu vossas palavras. [27]Fui o primeiro a anunciá-lo a Sião, enviei a Jerusalém um portador de boas novas. [28]Olhei, mas não havia ninguém; entre eles, ninguém que pudesse dar um conselho, ou que, interrogado, pudesse dar-me resposta. [29]Um nada todos eles juntos;* nada são suas obras; vento e vazio, seus ídolos.

42 **Primeiro canto do Servo†.** [1]Eis meu servo que eu sustento,* meu escolhido em quem minha alma se compraz. Sobre ele pus meu espírito, para que leve o direito às nações. [2]Não gritará, não elevará a voz, nem se fará ouvir na rua. [3]Não quebrará o caniço rachado, nem extinguirá a mecha que ainda fumega†; proclamará fielmente o direito.* [4]Não vacilará e não se deixará abater, até que estabeleça o direito sobre a terra, pois esperam as ilhas seu ensinamento. [5]Assim diz Deus, Javé, que criou os céus e os estendeu, consolidou a terra com sua vegetação, deu a respiração ao povo que nela habita, e o fôlego aos que a percorrem†. [6]"Eu, Javé, te chamei para a justiça, eu te peguei pela mão, te modelei e te estabeleci

---

* **41**,18. 35,6s; 43,20; 48,21 **|** 21. 43,8-13; 44,7-11 **|** 24. 41,29 **|** 29. 41,24 **| 42**,1. 11,1-10; Jo 1,32ss; Mt 3,16 **|** 3. Jo 8,45; 14,6 **|** 6. Jo 8,12

† **42**. Primeiro dos 4 cânticos do Servo de Javé 42,1-7; 49,1-7; 50,4-9; 52,13–53,12. O Servo é um profeta que com mansidão prega às nações o direito e a justiça. **|** 3. Não se implanta a justiça pisoteando o fraco. **| 42**,5. O que Deus fez no início da criação, faz também agora quando Israel sai da escuridão para a luz.

Isaías 42-43

como aliança do povo e luz das nações,*
⁷para que abras os olhos dos cegos*
e retires da cadeia os prisioneiros*
e da prisão os que moram nas trevas".*

Javé, senhor da história. ⁸"Eu sou Javé: este é meu nome;
minha glória não darei a outros,*
nem aos ídolos minha honra.
⁹Eis que os primeiros fatos já sucederam,
e agora vos anuncio os novos;
antes que aconteçam, eu vo-los dou a conhecer".

Canto de vitória. ¹⁰Cantai a Javé um canto novo,*
seu louvor dos confins da terra;
os que descem ao mar e tudo o que o povoa,
as ilhas e seus habitantes.
¹¹Exulte o deserto com suas cidades
e as aldeias onde moram os de Cedar!
Rejubilem os habitantes de Sela,
do alto dos montes gritem de alegria.
¹²Deem glória a Javé,
proclamem nas ilhas seu louvor.
¹³Como um herói avança Javé,
como um guerreiro desperta seu ardor;*
lança o brado de guerra, grita,
forte se mostra contra os inimigos.
¹⁴ Por longo tempo guardei silêncio,
eu me calava e me continha.
Como a mulher que dá à luz eu gemia,
suspirava e ao mesmo tempo ofegava.
¹⁵Montanhas e colinas eu vou devastar,*
toda a vegetação farei secar;
transformarei rios em ilhas e os açudes secarei.
¹⁶Vou conduzir os cegos
por um caminho que não conheciam,
por estradas que ignoravam os farei caminhar;

diante deles mudarei as trevas em luz
e os lugares ásperos em planície.
Isto eu farei, não falharei.
¹⁷Recuarão, cheios de vergonha,
os que confiam nos ídolos,
os que dizem às estátuas: "Vós sois nossos deuses".

Cegueira do povo. ¹⁸Surdos, ouvi! Cegos, olhai e vede!
¹⁹Quem é cego senão meu servo?*
Quem é surdo como o mensageiro que eu envio?
Quem é cego como meu amigo
e surdo como o servo de Javé?
²⁰Muitas coisas tu viste sem prestar atenção.
Abrindo os ouvidos, não escutavas.
²¹Javé desejava, em sua justiça,
tornar sua lei grande e magnífica.
²²Mas este é um povo saqueado e despojado.
Foram todos encerrados em cavernas,
fechados em prisões.
Foram saqueados, e ninguém para socorrê-los,
foram despojados, e ninguém para pedir reparação.
²³Quem dentre vós prestará ouvido a isto
e, atento, escutará o futuro?
²⁴Quem entregou Jacó à pilhagem
e Israel aos saqueadores?
Não foi Javé, contra o qual pecamos,
não querendo seguir seus caminhos,
nem obedecer a sua lei?
²⁵Por isso derramou sobre ele
o ardor de sua ira e a violência da guerra.*
Rodeavam-no suas chamas, e ele não percebia,
queimavam-no e não dava atenção.

43

Libertação de Israel†. ¹E agora, assim diz Javé que te criou, Jacó,*
que te modelou, Israel:
"Não temas; eu te resgatei,*

---

* **42**,7. Jo 9 / Jo 8,32 / Sl 107,10; Lc 1,79 | 8. 48,11 | 10. Sl 96,1; Ap 5,9 | 13. Sf 1,14 | 15. 44,27; 50,2; Sl 107,33 | 19. 41,8 | 25. 9,17s; Am 4,6 | **43**,1. 44,2 / 41,14 / 41,8

† **43**. Javé age como Redentor de Israel, libertando-o da escravidão e resgatando suas propriedades na terra prometida. | 7. Israel é um povo "criado" por Deus para difundir no mundo o conhecimento do verdadeiro Deus.

te chamei pelo nome, tu és meu.*

²Quando atravessares as águas,*
eu estarei contigo: a correnteza não
te afogará;
quando passares pelo fogo,
não te queimarás, a chama não te
abrasará.

³Pois eu sou Javé, teu Deus,
o Santo de Israel, teu Salvador.
Dei o Egito como teu resgate,
a Etiópia e Sebá em teu lugar.*

⁴Porque vales muito a meus olhos,
porque és precioso e eu te amo,
dou homens em troca de ti
e povos, em lugar de tua vida.

⁵Não temas, pois estou contigo.*
Do Oriente farei voltar tua estirpe
e do Ocidente eu te reunirei.

⁶Eu direi ao Norte: Restitui!
e ao Sul: Não retenhas!
Reconduze meus filhos de longe
e minhas filhas dos confins da terra,

⁷todos os que trazem meu nome,
que eu criei para minha glória, que
eu modelei e fiz"†.

Existe um só Deus. ⁸"Faze sair o povo
que é cego, mas tem olhos,*
e os que são surdos, mas têm ouvidos.

⁹Que todas as nações se reúnam,
que os povos se ajuntem.
Quem dentre eles proclamou isto
e nos deu a conhecer o passado?
Que apresentem suas testemunhas e
se justifiquem,
para que se ouça e se diga: 'É verdade'.

¹⁰Minhas testemunhas sois vós,*
oráculo de Javé;
vós sois o servo que escolhi,*
para que saibais e acrediteis em
mim*
e compreendais que sou eu:*
antes de mim nenhum deus foi formado*
e depois de mim não haverá ne-
nhum†.

¹¹Sou eu, sou eu Javé,*
e fora de mim não há Salvador.

¹²Fui eu que revelei, salvei e anunciei;
não é um estrangeiro que está entre
vós;
sois vós minhas testemunhas†,
oráculo de Javé,
e eu sou Deus.

¹³Desde toda a eternidade eu o sou;
ninguém pode livrar de minha mão;
quem pode desfazer o que eu faço?"

Babilônia será destruída. ¹⁴Assim diz
Javé,
vosso Redentor, o Santo de Israel:
"Por vossa causa enviei alguém a Babilônia;*
farei cair todas as correntes,
e os caldeus mudarão em lamentações seus gritos de alegria.

¹⁵Eu sou Javé, vosso Santo,*
o Criador de Israel, vosso rei".

¹⁶Assim fala Javé,
que traçou no mar um caminho,
uma estrada nas águas impetuosas,

¹⁷que fez sair carro e cavalo,
exército junto com tropa de elite;
eles dormiram para não mais se levantar;
apagaram-se, como mecha foram
consumidos.

¹⁸Não recordeis as coisas passadas,
não penseis nas coisas antigas!

¹⁹Eis que faço uma coisa nova,*
ela já desponta, não a percebeis?
Porei no deserto um caminho, e rios
na estepe.*

²⁰Os animais selvagens me honrarão,
os chacais e os avestruzes;
porque eu pus água no deserto e rios
na estepe,*
para dar de beber a meu povo, meu
eleito.

²¹O povo que formei para mim proclamará meus louvores.

Ingratidão de Israel. ²²Tu, porém, não
me invocaste, Jacó,
mas te cansaste de mim, Israel.

---

* **43**,2. Sl 91 | 3. 1Rs 10,1 | 5. 8,10 | 8. 41,21-29; 44,7-11; 42,18 | 10. At 1,8 / 41,8 / Jo 15,16 / Jo 8,24.28
/ 44,6 | 11. Os 13,4 / Dt 32,39; At 4,12 | 14. 41,14 | 15. Lv 17,1; 6,3 | 19. 2Cor 5,17; Ap 21,5 | 20. 35,6s;
Êx 17,1-7

† **43**,10. Israel sabe e deve testemunhar que Javé é o único que pode salvar. | 12. "O homem contempo-
râneo está mais disposto a escutar as testemunhas do que os mestres" (Paulo VI).

Isaías 43-44

²³Não me trouxeste cordeiros em holocausto,
não me honraste com teus sacrifícios.
Eu não te importunei com pedidos de oblações,
nem te cansei exigindo incenso.
²⁴Não compraste por dinheiro cana aromática para mim,
não me saciaste com a gordura de teus sacrifícios.
Mas deste-me trabalho com teus pecados
e me cansaste com tuas iniquidades.
²⁵Sou eu, sou eu
que cancelo por minha conta tuas transgressões,
e não me lembrarei mais de teus pecados.
²⁶Faze-me recordar, discutamos juntos;
fala tu mesmo para justificar-te.
²⁷Teu primeiro pai pecou,*
teus mediadores se revoltaram contra mim.*
²⁸Então eu destituí os chefes do santuário,
entreguei Jacó ao extermínio e Israel aos ultrajes.

44

Bênção de Israel. ¹Agora escuta, Jacó,*
meu servo, Israel, meu escolhido.
²Assim fala Javé que te fez,*
que te modelou desde o seio materno e te sustenta:
"Não temas, Jacó, meu servo,
Jesurun†, meu escolhido.*
³Pois eu vou derramar água sobre a terra sedenta†
e riachos sobre o solo ressecado;
derramarei meu espírito sobre tua posteridade*
e minha bênção sobre teus descendentes.*
⁴Crescerão como erva junto à fonte,
como salgueiros à beira-d'água.
⁵Este dirá: Eu pertenço a Javé,

aquele se chamará Jacó;
um outro escreverá sobre a mão: De Javé,
e será designado pelo nome de Israel".

Há um só Deus. ⁶Assim fala Javé, rei de Israel e seu Redentor,*
Javé dos exércitos:
"Eu sou o primeiro e sou o último;*
fora de mim não existe Deus.
⁷Quem é como eu? Que o proclame!*
Que declare e relate diante de mim,
desde que estabeleci meu antigo povo,
as coisas que acontecerão e as que virão,
que ele as anuncie.
⁸Não fiqueis ansiosos nem temais:
acaso não anunciei e revelei isto há muito tempo?
Vós sois minhas testemunhas:
existe um deus fora de mim?*
Não existe Rocha, eu não conheço".*

Sátira contra a idolatria. ⁹Os fabricantes de ídolos são todos uma nulidade e suas obras preciosas de nada valem; mas seus devotos não veem e não entendem e por isso serão cobertos de vergonha. ¹⁰Quem fabrica um deus ou funde um ídolo sem buscar vantagem? ¹¹Todos os seus adeptos ficarão envergonhados, como também seus artesãos, que não são mais que homens. Que se reúnam todos e se apresentem; ficarão assombrados e confusos todos eles.

¹²O ferreiro fabrica um machado sobre brasas e com o martelo lhe dá forma; ele o forja com a força de seu braço. Depois sente fome e perde a força; não tendo bebido água, sente-se esgotado. ¹³O marceneiro estende o cordel, traça a imagem com o giz, executa-a com o formão e a desenha com o compasso; dá-lhe a forma de um ser humano, segundo a beleza humana, para que possa morar num templo.

---

* **43**,27. Gn 27,36 / Jr 9,3; Os 12,4 **| 44**,1. 41,8 **|** 2. 43,1; 44,24; Sl 22,10 / Dt 32,15; 33,5.26 **|** 3. 42,1 / 11,2 **|** 6. 41,21-29; 43,8-13; 48,12; 41,14 / Ap 1,8.17; 21,6; 22,13 **|** 7. 43,10; Dt 32,39; Dt 10,13 **|** 8. 45,21 / Dt 32,4; Is 17,10

† **44**,2. Ver a nota em Dt 32,15. **|** 3. Quando Israel recebe o espírito, a terra é transformada num novo paraíso. A água está muitas vezes relacionada com o espírito, Ez 36,25; Zc 12,10; Jo 3,5.

Isaías 44-45

[14]Ele cortou para si cedros, escolheu um cipreste e um carvalho que deixou crescer para si entre as árvores da floresta. Plantou um pinheiro que a chuva fez crescer.

[15]Isto serve ao homem para queimar; tomou parte dele para se esquentar,* acendeu o fogo e assou pão. Mas dele fez também um deus para o adorar, fabricou um ídolo para diante dele se prostrar. [16]Metade ele queima ao fogo, sobre suas brasas assa a carne e a come e se sacia; ao mesmo tempo se esquenta e diz: "Ah! eu me aqueci bem e vi a chama". [17]Com o restante ele faz um deus, seu ídolo, e se prostra diante dele, adora-o e suplica, dizendo: "Salva-me, pois tu és meu deus".

[18]Eles não sabem e não compreendem, pois seus olhos são incapazes de ver e seu coração, de refletir. [19]Ninguém pensa consigo mesmo, ninguém tem o conhecimento e a inteligência de se dizer: "Eu queimei metade ao fogo e com suas brasas assei o pão; assei a carne e a comi; com o resto eu faria uma coisa abominável, prostrar-me diante de um pedaço de madeira?" [20]Ele se alimenta de cinza, seu coração iludido o desviou; não salvará sua vida, nem dirá: "O que tenho na mão não é uma falsidade?"

Resgate de Israel. [21]Lembra-te disto, Jacó:*

és meu servo, Israel.*
Eu te formei, és meu servo,
não te esquecerei.*
[22]Dissipei tuas transgressões como a névoa
e teus pecados, como nuvem;
volta para mim, pois eu te resgatei.
[23]Exultai, ó céus, pois Javé agiu;
jubilai, profundezas da terra!
Gritai de alegria, ó montes,
ó selvas, com todas as vossas árvores,
porque Javé resgatou Jacó
e em Israel manifestou sua glória.

O poder de Javé. [24]Assim fala Javé, teu Redentor,

aquele que te modelou desde o seio materno:*
"Sou eu, Javé, que fiz todas as coisas,
que sozinho estendi os céus, firmei a terra; quem me ajudou?
[25]Eu reduzo a nada as previsões dos magos*
e mostro a insensatez dos adivinhos,
obrigo os sábios a retratar-se
e transformo sua ciência em loucura.
[26]Eu confirmo a palavra de meu servo
e cumpro o projeto de meus mensageiros.
Eu digo a Jerusalém: Tu serás habitada,
e às cidades de Judá: Sereis reconstruídas,
e levantarei suas ruínas.
[27]Eu digo ao oceano: Seca-te,
eu vou enxugar teus rios.*
[28]Eu digo a Ciro: Meu pastor.
Ele cumprirá toda a minha vontade,
dizendo a Jerusalém: Serás reconstruída,
e ao templo: Serás reedificado".

45 **Vitória de Ciro.** [1]Assim diz Javé a seu ungido, Ciro,
o qual tomei pela mão direita
para abater diante dele as nações e desarmar os reis;
para abrir diante dele as portas,
para que as entradas não lhe fiquem fechadas.
[2]"Sou eu que marcharei a tua frente;*
vou nivelar as montanhas,
quebrar as portas de bronze
e despedaçar suas trancas de ferro.*
[3]Vou entregar-te tesouros ocultos
e riquezas escondidas,
para que saibas que eu sou Javé,
aquele que te chama pelo nome, o Deus de Israel.
[4]É por causa de meu servo Jacó*
e de Israel, meu eleito,
que te chamei pelo nome,
te dei um título, sem que me conheças†.

---

* **44**,15. Sb 13,11-19 | 21. 46,8 / 41,8 / 49,14ss | 24. 44,2 | 25. 1Cor 1,20 | 27. 42,15 | **45**,2. 40,4 / Sl 107,16 | 4. 41,8

† **45**,4. A história universal entra nos planos de Deus em favor do humilde povo exilado.

Isaías 45

⁵Eu sou Javé, não há outro;*
fora de mim não existe deus.
Eu te preparei sem que me conheças,
⁶a fim de que se saiba, do nascer ao
pôr do sol,
que não há ninguém exceto eu:
eu sou Javé, não há outro.
⁷Eu formo a luz e crio as trevas,*
eu faço a felicidade e provoco a adversidade;*
sou eu, Javé, que faço tudo isso".

Do céu vem a justiça. ⁸"Orvalhai, ó
céus, lá do alto,*
e façam as nuvens chover a justiça;
abra-se a terra e produza a salvação*
e faça germinar juntamente a justiça.*
Eu, Javé, criei tudo isto†.

Os segredos divinos. ⁹Ai daquele que
discute com quem o modelou,*
vaso entre os vasos da terra!
Acaso diz a argila ao seu oleiro:
"Que estás fazendo? Tua obra não
tem mãos!"
¹⁰Ai daquele que diz a um pai: "O que
tu geras?"
ou a uma mãe: "O que dás à luz?"
¹¹Assim diz Javé,
o Santo de Israel, seu Criador:
"Quereis interrogar-me sobre o futuro de meus filhos
e dar-me ordens sobre a obra de minhas mãos?
¹²Fui eu que fiz a terra e criei o homem que a habita;
fui eu que com minhas mãos estendi
os céus,
e dou ordens a todo o seu exército.
¹³Fui eu que o suscitei na justiça
e que vou aplanar todos os seus caminhos.
É ele que reconstruirá minha cidade
e repatriará meus deportados,
sem resgate nem indenização",
diz Javé dos exércitos.

A conversão dos pagãos. ¹⁴Assim fala
Javé:
"Os produtos do Egito, as mercadorias da Etiópia

e os sabeus, esses homens de alta
estatura,*
passarão para ti e te pertencerão.
Caminharão atrás de ti, presos por
correntes.
Eles se prostrarão diante de ti
e te suplicarão, dizendo:
Não há Deus senão em ti e não há
outros;
não existem outros deuses".
¹⁵Na verdade, tu és um Deus misterioso,
Deus de Israel, Salvador.
¹⁶São envergonhados e humilhados
todos juntos, caminham na humilhação
os fabricantes de ídolos.
¹⁷Israel será salvo por Javé,
salvo para sempre;
não sofrereis confusão nem vergonha
pelos séculos eternos.
¹⁸Pois assim fala Javé,
o Criador dos céus:
É ele que é Deus,
que modelou a terra e a fez,
foi ele que a consolidou;
não a criou vazia,
modelou-a para ser habitada.
"Eu sou Javé, não há outro.
¹⁹Não falei em segredo,*
em algum canto de um país obscuro;
eu não disse à estirpe de Jacó:
Procurai-me no caos!
Eu sou Javé que proclamo a justiça,
que anuncio coisas retas".

Javé é o senhor do mundo todo.
²⁰"Reuni-vos e vinde!
Aproximai-vos todos juntos,
sobreviventes das nações!
São ignorantes os que transportam
seus ídolos de madeira,
que oram a um deus que não salva.
²¹Manifestai e trazei as provas,
juntos deliberai!
Quem proclamou isto no passado*
e o tinha anunciado outrora?
Não sou eu, Javé?*

---

* **45**,5. 2Sm 7,22; 44,6 | 7. Am 4,13; 3,6 / Jó 1,21; Eclo 11,14 | 8. Sl 85,11s; Dt 32,2 / Is 51,5; 56,1 / Is 61,11
| 9. 29,16; Rm 9,20 | 14. 1Rs 10,1 | 19. Jo 18,20 | 21. 43,9-12; 41,22; 48,5 / Sl 18,32; 44,8

† **45**,8. A vitória de Ciro vai mudar o rumo dos acontecimentos e renovar o mundo. A liturgia do Advento
utiliza este v. para exprimir o desejo da vinda do Salvador.

Não há outro Deus fora de mim;
Deus justo e Salvador, não há além
de mim.
²²Voltai-vos para mim e sereis salvos,
todos os confins da terra!
Pois eu sou Deus e não há outro.
²³Eu o juro por mim mesmo,
de minha boca sai o que é justo,
uma palavra irrevogável:
Sim, diante de mim se dobrará todo
joelho,*
por mim jurará toda língua,
²⁴dizendo: Só em Javé estão a justiça
e a força".
A ele virão, cobertos de vergonha,*
todos os que se indignavam contra
ele.
²⁵Em Javé obterá o triunfo e a glória
toda a estirpe de Israel.

46 Contraste entre Javé e os ídolos.
¹Bel se curvou, Nebo
se abateu;*
seus ídolos são entregues a animais
e a jumentos;
as coisas que levais são pesadas,
uma carga para os animais cansados.
²Eles desabaram, caíram todos juntos,
não se pode salvar esta carga,
mas eles próprios foram para o cativeiro.
³Escutai-me, casa de Jacó,
e vós todos, resto da casa de Israel;
vós, que eu carreguei desde o nas-
cimento†,
vós, de quem eu cuidei desde o seio
materno.*
⁴Até vossa velhice eu permaneço o
mesmo,
até os cabelos brancos vos levarei;
como já o fiz, eu vos sustentarei,
levarei e salvarei.
⁵Com quem me comparais e me
identificais?*
Com quem me confrontais,
como se fôssemos semelhantes?

⁶Tiram ouro da bolsa, pesam a prata
na balança;
pagam um ourives para que faça um
deus,*
que depois veneram e adoram.
⁷Sobre os ombros o colocam e o
transportam,
depois o depõem sobre a base e aí
fica;
não se move mais de seu lugar.
Por mais que lhe gritem, não responde,
não os salva do perigo.
⁸Lembrai-vos disso e ficai firmes;*
refleti, ó rebeldes.
⁹Recordai os fatos passados desde
antigamente,
porque eu sou Deus e não há outro;
sou Deus e nada é igual a mim.
¹⁰Desde o início anunciei o futuro,*
de antemão, o que ainda não sucedeu.*
Eu digo: "Meu projeto se realizará,
cumprirei tudo o que me agrada".
¹¹Eu chamo do oriente a ave de rapina,*
de uma terra distante o homem de
meus desígnios.
Assim falei e assim acontecerá;
projetei, assim farei.
¹²Escutai-me, homens de coração
duro,
vós, que estais longe da justiça!
¹³Faço chegar minha justiça, ela não
está longe,
minha salvação não tardará.
Porei em Sião a salvação,
a Israel darei minha glória.

47 Queda de Babilônia.
¹Desce e
senta-te no pó, virgem filha de
Babilônia†.
Senta-te no chão, sem trono, filha
dos caldeus,
pois não serás mais chamada terna
e delicada.
²Toma a mó e mói a farinha,
tira o véu, levanta o vestido,
descobre as pernas, atravessa os rios.

---

* **45**,23. Rm 14,11; Fl 2,10s | 24. 41,11 | **46**,1. Jr 50,2 | 3. 63,9; Êx 19,4 | 5. 44,7 | 6. 40,20 | 8. 44,21 | 10. 45,21; 41,26s / Sl 33,11 | 11. 41,2.5; 45,13

† **46**,3. Os ídolos eram carregados por seus devotos; Javé, ao contrário, carrega seu povo. | **47**,1. A ex-
pressão "filha de" é uma personificação da própria cidade.

Isaías 47-48

³Que apareça tua nudez*
e que tua vergonha seja visível.
"Executo minha vingança e ninguém
se oporá",
⁴diz nosso Redentor,
que se chama Javé dos exércitos, o
Santo de Israel.*
⁵Senta-te em silêncio e entra nas trevas,
filha dos caldeus,
porque nunca mais serás chamada
senhora dos reinos.
⁶Eu estava irado contra meu povo,*
tinha deixado profanar minha herança,
por isso a tinha entregue em tuas
mãos;
mas tu não lhe mostraste piedade;
até sobre os velhos fizeste pesar duramente teu jugo.
⁷Tu pensavas: "Sempre serei senhora,
sempre".*
Não consideraste essas coisas,
nem pensaste qual seria seu fim.
⁸Agora escuta isso, ó amiga dos prazeres,
que reinavas segura e pensavas:
"Eu e ninguém fora de mim!*
Não ficarei viúva, não conhecerei a
perda dos filhos".
⁹Mas te acontecerão essas duas coisas,
de improviso, num só dia:
perda dos filhos e viuvez cairão sobre ti,
não obstante a multidão de tuas magias*
e a força de teus muitos encantamentos.
¹⁰Confiavas em tua malícia e dizias:
"Ninguém me vê".
Teu saber e tua ciência te desviaram.
No entanto dizias em teu coração:
"Eu e ninguém fora de mim".
¹¹Virá sobre ti uma desgraça
que não saberás esconjurar;
cairá sobre ti uma calamidade
que não poderás evitar.

De improviso virá sobre ti uma catástrofe
que não imaginavas.
¹²Continua, pois, com teus encantamentos
e a multidão de tuas magias,
pelas quais te cansaste desde a juventude:
talvez poderão ajudar-te,
talvez poderás causar terror!
¹³Estás cansada de teus conselheiros:
que se apresentem e te salvem
os astrólogos que medem o céu e
observam as estrelas,
os quais todo mês te anunciam o que
te vai acontecer.
¹⁴Eis que são como estopa, o fogo os
consome;
não se salvarão a si mesmos do poder das chamas.
Não haverá brasas para se aquecer,
nem fogo diante do qual se assentar.
¹⁵Assim se tornaram para ti teus magos,
com os quais te cansaste desde tua
juventude;
cada um vai para seu lado e ninguém
para te salvar.

48 Somente Javé guia a história†.

¹Ouvi isto, ó casa de Jacó,
vós que sois chamados Israel
e que saístes das entranhas de Judá,
vós que jurais pelo nome de Javé*
e invocais o Deus de Israel,
mas sem sinceridade e retidão;*
²pois eles tomam o nome da cidade
santa†
e se apoiam sobre o Deus de Israel,
que se chama Javé dos exércitos.
³Eu tinha anunciado desde muito
tempo as coisas passadas,
tinham saído de minha boca,
eu as tinha proclamado.
De improviso eu agi e aconteceram.
⁴Porque eu sabia que tu és obstinado,
que teu pescoço é como um tendão
de ferro*

---

* **47**,3. Jr 13,22; Os 2,5 | 4. 41,14; 6,3 | 6. 10,6; Zc 1,15 | 7. Dt 32,28s | 8. Ap 18,7s; Sf 2,15 | 9. Ap 18,23 | **48**,1. Jr 5,2 / Am 5,21 | 4. Dt 32,9

† **48**. Deus realiza seu plano de salvação, não por mérito do povo, mas para honrar sua palavra. | 2. Jerusalém é santa – os árabes ainda hoje a chamam "el-Quds", a Santa – porque é o símbolo da presença de Deus e do cumprimento das promessas da aliança.

Isaías 48-49

e tua fronte é de bronze,
⁵eu te anunciei os fatos há muito tempo,
antes que acontecessem os proclamei,
para que não dissesses: "Foi meu ídolo que os fez,*
minha estátua de madeira ou de metal os mandou".
⁶Tudo isso ouviste e viste; não vais anunciá-lo?
Agora te proclamo coisas novas e secretas que não conhecias.
⁷Agora é que foram criadas e não desde muito tempo;
até hoje não as havias conhecido,
para que não dissesses: "Eu já sabia".
⁸Não, tu não as havias jamais ouvido nem sabido,
desde muito tempo teu ouvido não era atento;
pois eu sabia que és de fato pérfido
e que és chamado desleal desde o seio de tua mãe.*
⁹Por causa de meu nome adiarei minha cólera,
por minha honra terei paciência contigo,
para não te aniquilar.
¹⁰Eis que te purifiquei para mim como prata,*
eu te provei na fornalha da aflição.
¹¹Por amor de mim, por amor de mim eu o faço;*
como poderia deixar profanar meu nome?
Não cederei a outros minha glória.*

A escolha de Ciro. ¹²Escuta-me, Jacó, Israel que eu chamei:
Sou eu, sou eu o primeiro e também o último.*
¹³Sim, minha mão consolidou a terra,*
minha direita estendeu os céus.
Quando os chamo, todos juntos se apresentam.
¹⁴Reuni-vos, todos vós, e escutai-me.

Quem deles predisse essas coisas?
Alguém que eu amo cumprirá minha vontade sobre Babilônia
e, com seu braço, sobre os caldeus.
¹⁵Fui eu, fui eu que falei; eu o chamei, eu o fiz vir e lhe dei sucesso em seus empreendimentos.
¹⁶Aproximai-vos de mim para ouvir isto.*
Desde o princípio não falei em segredo;
desde quando isto aconteceu eu estou lá.
Agora o Senhor Javé mandou-me com seu espírito.
¹⁷Assim fala Javé, teu Redentor, o Santo de Israel:
"Eu sou Javé teu Deus
que te ensino para teu bem,
que te guio pela estrada na qual deves caminhar.
¹⁸Se tivesses prestado atenção a meus mandamentos,
tua paz seria como um rio
e tua justiça, como as ondas do mar.
¹⁹Tua descendência seria como os grãos de areia;*
jamais seria eliminado nem cancelado teu nome diante de mim".

Apelo para deixar Babilônia. ²⁰Saí de Babilônia, fugi dos caldeus;*
anunciai-o com gritos de alegria,
proclamai-o, fazei-o chegar até os confins da terra.
Dizei: "Javé resgatou seu servo Jacó".*
²¹Não sofreram sede, enquanto os levava por desertos;*
água da rocha* fez brotar para eles†;
fendeu a rocha, brotaram as águas.
²²"Não há paz para os malvados",* diz Javé†.

49 **Segundo canto do servo†.** ¹Escutai-me, ó ilhas,*
ouvi atentamente, nações distantes;
do seio materno Javé me chamou,*

---

* **48**,5. 42,9 | 8. 1,2 | 10. Sl 66,10; Is 1,25 | 11. Ez 36,22 / Is 42,8 | 12. 44,6 | 13. Rm 4,17 | 16. 45,19 | 19. Gn 15,5; 22,17 | 20. Jr 50,8; 51,6.45; Ap 18,4 / 41,8 | 21. 40,3 / Êx 17,1-7; Nm 20,1-11 | 22. 57,21 | **49**,1. 41,1 / Jr 1,5; Gl 1,15

† **48**,21. Este comentário de Nm 20,11 deu origem à lenda segundo a qual a rocha acompanhava os israelitas durante o êxodo, 1Cor 10,4. | 22. Este v. repete 57,21, onde tem sentido, mas aqui está fora do contexto. | **49**. O Servo reconduz Israel a seu Deus e é luz para as nações.

Isaías 49

desde o ventre de minha mãe pronunciou meu nome.

²Fez de minha boca uma espada afiada,*

escondeu-me na sombra de sua mão,
tornou-me como flecha pontiaguda,
guardou-me em sua aljava.

³Ele me disse: "Meu servo és tu, Israel,
em ti manifestarei minha glória".

⁴No entanto, eu pensava:

"Foi em vão que me cansei,*
por um nada e inutilmente gastei minhas forças".

Mas, na verdade, meu direito está junto a Javé,*

minha recompensa, junto a meu Deus.

⁵Agora Javé falou,

ele que desde o seio materno me modelou como seu servo
para reconduzir a ele Jacó e a ele reunir Israel,

pois eu era estimado de Javé
e Deus tem sido minha força.

⁶Disse-me ele:

"É pouco que sejas meu servo
para restaurar as tribos de Jacó
e reconduzir os sobreviventes de Israel.

Faço de ti a luz das nações,*
para que minha salvação chegue até os confins da terra".

⁷Assim fala Javé,

o Redentor de Israel, seu Santo,*
àquele cuja vida é desprezada,
ao rejeitado pelas nações, ao escravo dos tiranos:

"Os reis o verão e se levantarão,*
os príncipes o verão e se prostrarão,
por causa de Javé que é fiel,
por causa do Santo de Israel que te escolheu".

O retorno do exílio. ⁸Assim fala Javé:

"No tempo da misericórdia te escutei,*
no dia da salvação te ajudei.

Eu te modelei e fiz de ti a aliança para o povo,*

para restaurar o país e repartir as heranças devastadas,

⁹para dizer aos prisioneiros: Saí,*
e a quantos estão nas trevas: Vinde para fora.

Ao longo dos caminhos terão suas pastagens

e encontrarão pastos em toda altura desolada.

¹⁰Não sofrerão fome nem sede,*
o vento quente e o sol não lhes farão mal,*

porque aquele que tem piedade deles os guiará

e os conduzirá às fontes de água.*

¹¹Transformarei todos os meus montes em estradas

e meus caminhos serão elevados.*

¹²Estes vêm de longe,

aqueles vêm do norte e do ocidente,
e aqueles outros do país de Sinim".

¹³Exultai, ó céus, alegra-te, ó terra,
gritai de alegria, ó montes,
porque Javé consola seu povo*
e tem piedade de seus aflitos.

¹⁴Sião disse: "Javé me abandonou,*
o Senhor me esqueceu".

¹⁵Acaso uma mulher esquece seu bebê
e deixa de comover-se pelo fruto de seu seio?

Mesmo se as mulheres esquecessem,
eu, porém, jamais te esquecerei.*

¹⁶Eis que te gravei sobre a palma de minhas mãos,

teus muros estão sempre diante de mim.*

¹⁷Teus construtores acorrem,

teus destruidores e devastadores se afastam de ti.

¹⁸Ergue os olhos ao redor e vê:*
todos se reúnem, vêm para ti.

"Como é verdade que eu vivo
– oráculo de Javé –,
todos eles são um ornamento com que te cobrirás;

com eles te enfeitarás como noiva".

¹⁹Porque tuas ruínas,

teus escombros e teu país desolado
serão agora estreitos demais para teus habitantes,

e se afastarão os que te devoravam.

---

* **49,**2. Hb 4,12; Ap 1,6; 19,15 | 4. 53,10ss / Fl 2,8-11 | 6. At 13,47; Lc 2,32 | 7. 41,14 / 60,10 | 8. 2Cor 6,2 / Is 42,6 | 9. 42,7 | 10. Ap 7,16 / Is 4,5s; 25,4s / Jo 4,1 | 11. 40,3s | 13. 40,1 | 14. 40,27; 54,8; Sl 22,2s; Os 11,8s | 15. 44,21 | 16. 60,10 | 18. 60,4

Isaías 49-50

²⁰De novo te dirão aos ouvidos
os filhos que consideravas perdidos:
"Este lugar é estreito demais para mim;*
dá-me espaço, para que eu possa
instalar-me".
²¹Tu pensarás: "Quem me gerou estes?*
Eu era sem filhos e estéril, exilada e
rejeitada;
quem foi que criou estes?
Eu tinha ficado sozinha, e estes, onde
estavam?"
²²Assim fala o Senhor Javé:
"Eis que farei sinal com a mão aos
povos,
para as nações erguerei minha bandeira.
Trarão de volta teus filhos nos braços,*
tuas filhas serão trazidas nos ombros.
²³Os reis serão teus tutores*
e suas princesas, tuas amas de leite.
Com o rosto em terra se prostrarão
a tua frente,*
beijarão o pó de teus pés;
então saberás que eu sou Javé
e que não ficarão desiludidos os que
esperam em mim".*
²⁴Acaso se pode retirar do guerreiro
a presa?
Ou pode um prisioneiro fugir do tirano?
²⁵No entanto, assim fala Javé:
"Também o prisioneiro será retirado
do guerreiro,*
a presa será libertada do tirano.
Vou processar os que te processam
e salvarei teus filhos.
²⁶Farei teus opressores comer as próprias carnes,*
com o próprio sangue vão embriagar-se como de vinho.
Então todo o mundo saberá*
que eu sou Javé, teu Salvador,
que teu Redentor é o Forte de Jacó".*

50

Javé não repudiou a nação.
¹Assim fala Javé:
"Onde está o documento de repúdio
de vossa mãe*
com o qual a rejeitei?

Ou a qual de meus credores eu vos
vendi?*
Sim, foi por vossas iniquidades que
fostes vendidos,*
foi por vossas transgressões que foi
rejeitada vossa mãe.
²Por que razão não há ninguém, agora que eu vim?
Por que, agora que eu chamo, ninguém responde?*
Acaso minha mão é curta demais
para resgatar*
ou não tenho força para salvar?
Eis que com uma ameaça enxugo o
mar,*
transformo os rios em deserto.
Seus peixes, por falta de água, apo-
drecem,
mortos de sede.
³Revisto os céus de obscuridade,
como coberta lhes dou pano de
saco".

Terceiro canto do servo†. ⁴O Senhor
Javé me deu uma língua de discípulo,
para que eu saiba encorajar os desanimados.
Cada manhã me desperta,
desperta meu ouvido
para que eu escute como discípulo.
⁵O Senhor Javé abriu-me os ouvidos
e eu não opus resistência, não re-
cuei.*
⁶Apresentei meu dorso aos que me
batiam,
e a face aos que me arrancavam a
barba.*
Não escondi o rosto dos que me insultavam e cuspiam.
⁷O Senhor Javé me assiste,
por isso não me deixo abater;
por isso torno minha face dura como
pedra,*
sabendo que não fico desiludido.*
⁸Está perto aquele que me faz justiça;
quem ousará processar-me?
Compareçamos juntos.
Quem é meu acusador? Aproxime-se
de mim.

---

* **49**,20. 54,1ss | 21. 65,23; Jr 31,27; Zc 2,8 | 22. 60,4.9; Br 5,6 | 23. 60,16 / 60,14 / 30,18; Sl 25,3 | 25. Jr 31,11 | 26. 9,19 / 60,16 / 41,14 | **50**,1. Dt 24,1-4 / 52,3 / Br 4,6 | 2. 65,12; 66,4 / Nm 11,23 / Sl 106,9; 107,33; Na 1,4 | 5. 52,13-53,12 | 6. Mt 26,67; 27,30 | 7. Ez 3,8s / Sl 25,3

† **50**,4. O Servo é um discípulo atento ao ensinamento de Deus e aceita o sofrimento ligado a sua missão.

Isaías 50-51

⁹Eis que o Senhor Javé me assiste:
quem vai declarar-me culpado?
Eis que todos eles se consomem
como veste,*
devorados pela traça.

Javé, Salvador e juiz. ¹⁰Quem dentre
vós teme Javé*
escute a voz de seu servo!
Aquele que caminha nas trevas, sem
ter luz,*
espere no nome de Javé, apoie-se
em seu Deus.
¹¹Quanto a vós todos, que atiçais um
fogo e acendeis tochas,*
ide às chamas de vosso fogo,
entre as tochas que acendestes.
Assim vos tratará minha mão:
no tormento morrereis.

51 Fidelidade de Deus. ¹Escutai-
-me, vós que estais em busca
de justiça,*
vós que buscais Javé;
olhai para a rocha da qual fostes cortados,
para a mina de onde fostes tirados.
²Olhai para Abraão, vosso pai,
e para Sara, que vos deu à luz;
porque ele estava sozinho quando o
chamei,*
mas eu o abençoei e o multipliquei.
³Sim, Javé tem piedade de Sião,
tem piedade de todas as suas ruínas.
Vai fazer de seu deserto um Éden*
e de sua estepe, um jardim de Javé.
Nela haverá júbilo e alegria,
ações de graças ao som de música.

Apelo universal. ⁴Ouve-me atento,
meu povo;
minha nação, presta-me ouvidos.
Pois de mim sairá a lei,
meu direito será a luz dos povos.
⁵Minha vitória está próxima,
minha salvação se manifestará;
meus braços governarão os povos.
Em mim esperarão as ilhas,
terão confiança em meu braço.
⁶Erguei aos céus vossos olhos*
e olhai a terra embaixo,

porque os céus se dissolverão como
fumaça,*
a terra se consumirá como veste
e seus habitantes morrerão como
larvas.
Mas minha salvação durará para
sempre,*
minha justiça não será aniquilada.
⁷Escutai-me, vós que conheceis a justiça,
povo que trazeis no coração minha lei.
Não temais o insulto dos homens,
nem vos perturbeis com seus ultrajes,
⁸porque a traça os roerá como veste,*
e a larva os devorará como lã.*
Mas minha justiça durará para sempre,
minha salvação de geração em geração.

Invocação. ⁹Desperta, desperta, reveste-te de força,
ó braço de Javé.
Desperta como nos dias antigos,
no tempo das gerações passadas.
Acaso não foste tu que despedaças-
-te Raab*
e traspassaste o dragão?
¹⁰Não foste tu que secaste o mar, as
águas do grande abismo,*
e fizeste do fundo do mar uma estrada,
para que passassem os redimidos?
¹¹Os resgatados de Javé voltarão
e chegarão a Sião com alegria,
trazendo consigo eterna felicidade;
júbilo e exultação os seguirão;
cessarão a dor e os gemidos.

O consolador é Javé. ¹²Sou eu, sou eu
vosso consolador.
Quem és tu para que temas o homem mortal,
ou o filho de homem destinado a ser
como a erva?
¹³Esqueceste Javé, teu Criador,*
que estendeu os céus e consolidou
a terra.
Tinhas medo sempre, o dia todo,
diante do furor do adversário,
porque tentava destruir-te.
Mas onde está agora o furor do adversário?

---

* **50**,9. Jó 13,28; 51,8; Os 5,12 | 10. Êx 23,20s; Jo 3,11 / Is 42,16 | 11. Sl 7,14 | **51**,1. Mt 5,6; 6,33 | 2. Gn 12,1ss; Ez 33,24 | 3. Gn 2,8-17; Ap 2,7; 22,1s; Ez 36,35 | 6. Sl 102,26s / Mt 24,35; Ap 20,11; 2Pd 3,7-12 / Is 56,1 | 8. 50,9 / Jó 13,28 | 9. 30,7; Jó 3,8; Is 7,12 | 10. Êx 14,5-31; Is 63,13 | 13. Dt 32,5.15

Isaías 51-52

¹⁴O prisioneiro será logo libertado;*
não morrerá na fossa nem lhe faltará
pão.
¹⁵Eu sou Javé, teu Deus,
que agita o mar e faz rugir suas ondas
e se chama Javé dos exércitos.
¹⁶Eu pus minhas palavras em tua boca,*
eu te escondi na sombra de minha mão
quando estendi os céus e consolidei
a terra
e disse a Sião: "Tu és meu povo".

Libertação. ¹⁷Desperta, desperta,*
fica de pé, Jerusalém,
que bebeste da mão de Javé a taça
de sua ira;
é um cálice, uma taça de vertigem
que bebeste e esvaziaste.
¹⁸Não há ninguém que a guie
entre todos os filhos que ela deu à luz;
ninguém que a tome pela mão
entre todos os filhos que ela criou.
¹⁹Dois males te sobrevieram,*
quem terá piedade de ti?
Desolação e destruição, fome e espada,
quem te consolará?
²⁰Teus filhos jazem sem força*
nos cantos de todas as ruas,
como antílopes numa rede,
prostrados pela ira de Javé,
pela ameaça de teu Deus.
²¹Portanto, escuta isto, ó infeliz,
ó ébria, mas não de vinho.
²²Assim fala teu Senhor Javé, teu
Deus,
defensor da causa de seu povo:
"Eis que eu retiro de tua mão a taça
da vertigem,
o cálice, a taça de minha ira; não mais
a beberás.
²³Eu a porei na mão de teus perseguidores que te diziam:
Curva-te e passaremos sobre ti.
Fazias de teu dorso um chão
e uma estrada para os transeuntes".

52 **Convite a Jerusalém.** ¹Des-
perta, desperta,
reveste-te de tua força, Sião,*
veste as mais belas roupas, Jerusalém, cidade santa,
porque nunca mais entrarão em ti incircuncisos e imundos.*
²Sacode tua poeira,
levanta-te, Jerusalém escrava!
Solta de teu pescoço as correntes,
escrava filha de Sião!
³Porque assim fala Javé:
"Sem preço fostes vendidos,
sem dinheiro sereis resgatados".
⁴Porque assim diz o Senhor Javé:
"Ao Egito desceu meu povo outrora
para morar lá como estrangeiro;
depois o assírio o oprimiu sem motivo.
⁵Mas agora, que faço eu aqui?
– oráculo de Javé –
Pois meu povo foi deportado por
nada!
Seus dominadores triunfam
– oráculo de Javé –
e sempre, todos os dias, meu nome é
desprezado†.
⁶Por isso, meu povo conhecerá meu
nome,
compreenderá naquele dia que sou
eu que digo: Eis-me aqui".
⁷Como é belo ver correndo sobre os
montes*
o mensageiro que anuncia a paz,
mensageiro de bem que anuncia a
salvação,
que diz a Sião: "Teu Deus reina".
⁸Estás ouvindo?
Tuas sentinelas erguem a voz,
juntas gritam de alegria
porque veem com seus olhos o retorno de Javé a Sião.*
⁹Exultai, cantai em coro, ruínas de Jerusalém,
porque Javé consolou seu povo,
resgatou Jerusalém.
¹⁰Javé desnudou seu santo braço
diante de todas as nações;
e todos os confins da terra
verão a salvação de nosso Deus.
¹¹Fora, fora, saí de lá!
Não toqueis nada de impuro.*

---

* **51**,14. Jr 31,35 | 16. 59,21 | 17. 52,1 | 19. Jr 15,5 | 20. Na 3,7 | **52**,1. 51,9 / Ap 21,27 | 7. Na 2,1; Rm 10,15;
Mc 16,15s | 8. Ex 33,20; Ez 43,1-5 | 11. Jr 51,45; Ap 18,4

† **52**,5. Javé não vai tolerar que os inimigos zombem de Israel humilhado

Isaías 52-53

Saí do meio dela, purificai-vos,
vós que levais os vasos de Javé.
¹²Não devereis sair depressa*
nem ir embora como fugitivos,
porque a vossa frente caminha Javé
e na retaguarda, o Deus de Israel.
Quarto canto do servo†. ¹³Eis que
meu servo prosperará,*
crescerá e se elevará,
será sumamente exaltado.
¹⁴Como muitos ficaram pasmados a
sua vista
– por demais desfigurado para ser de
homem seu aspecto,
e sua forma já não era a dos filhos
de Adão –*
¹⁵assim se maravilharão dele muitas
nações;
diante dele os reis ficarão de boca
fechada,
porque verão um fato jamais contado a eles
e observarão o que nunca tinham
ouvido.

53 ¹Quem acreditou naquilo que
anunciamos?*
A quem se manifestou o braço de
Javé?
²Cresceu como broto diante dele
e como raiz em terra árida.
Não tem aparência nem beleza para
atrair nossos olhares,
nem esplendor para nos agradar.
³Desprezado e rejeitado por todos,*
homem das dores que bem conhece
o sofrimento,
como se escondesse de nós sua face,
era desprezado e não fizemos nenhum caso dele.
⁴Mas eram nossos sofrimentos que
ele tomou sobre si,*
eram nossas dores que ele assumiu;
e nós o julgávamos castigado,
ferido por Deus e humilhado.*
⁵Mas foi traspassado por causa de
nossos crimes,*

esmagado por causa de nossas ini-
quidades†.
Abateu-se sobre ele o castigo que
nos traz a paz,
e por suas chagas fomos curados.*
⁶Todos nós estávamos perdidos
como ovelhas,*
cada qual seguindo seu caminho;
e Javé fez recair sobre ele
a iniquidade de todos nós.
⁷Maltratado, deixou-se humilhar
e não abriu a boca;*
como cordeiro levado ao matadouro,*
como ovelha muda diante dos tosquiadores,
não abriu a boca.
⁸Com opressão e sentença injusta foi
eliminado;
quem se aflige por sua sorte?
Sim, foi cancelado da terra dos vivos,
pela iniquidade de meu povo foi ferido de morte.
⁹Foi-lhe dada sepultura com os ímpios,*
entre os malfeitores está seu túmulo,*
embora não tivesse cometido violência
nem houvesse engano em sua boca.*
¹⁰Mas Javé quis esmagá-lo pelo sofrimento.
Quando oferecer sua vida em expiação,
verá uma descendência, prolongará
seus dias
e se cumprirá por meio dele a vontade de Javé.
¹¹Depois de seu íntimo tormento
verá a luz
e se fartará de seu conhecimento.
O justo, meu servo, justificará a muitos,*
assumindo ele próprio a iniquidade
deles.
¹²Por isso eu lhe darei em prêmio as
multidões,

---

* **52**,12. Êx 12,31-34.39 | 13. 42,1; Sl 22; Fl 2,9; Ef 1,20s; Jo 12,32 | 14. Mt 27,29ss; Jo 19,5 | **53**,1. Jo 12,38; Rm 10,16 | 3. Sl 22,7s | 4. Mt 8,17 / Hb 2,10 | 5. Gl 3,13; Rm 4,25 / 1Pd 2,24 | 6. Ez 34; 1Pd 2,25 | 7. Mt 26,36 / At 8,32s; Jo 1,29; Jr 11,19 | 9. Mt 27,38 / Mt 27,60 / 1Pd 2,22 | 11. Rm 3,26 | 12. Lc 22,37; 1Pd 2,24; Jo 1,29

† **52**,13. O Servo sofre pelos pecados dos outros; inocente, expia as culpas dos pecadores. | **53**,5. O Servo não dispensa o povo da necessidade de arrepender-se, mas infunde nele seu espírito de dor e esperança.

Isaías 53-54

e com os poderosos dividirá os despojos,
porque entregou-se a si mesmo à morte
e foi contado entre os ímpios;*
entretanto ele levava o pecado de muitos
e pelos pecadores intercedia.

54 Fecundidade da nova Jerusalém. ¹Exulta, ó estéril, que não deste à luz,*
grita de júbilo e de alegria,
tu que não provaste as dores do parto!
Porque mais numerosos são os filhos da abandonada
que os filhos da esposa, diz Javé.
²Alarga o espaço* de tua tenda†,
estende a lona de tua morada sem poupar;
alonga tuas cordas, firma bem tuas estacas,*
³porque te expandirás à direita e à esquerda,*
tua descendência possuirá as nações
e povoará as cidades desertas.
⁴Não temas, porque não deverás mais envergonhar-te
nem enrubescer,
pois não serás mais desonrada;
ao contrário, esquecerás a vergonha de tua juventude
e não recordarás mais o ultraje de tua viuvez.
⁵Porque teu Criador será teu esposo,*
Javé dos exércitos é seu nome;
teu Redentor é o Santo de Israel,
chamado Deus de toda a terra.
Fidelidade de Javé. ⁶Como mulher abandonada e de ânimo abatido,*
Javé te chamou de volta.
Acaso é repudiada a mulher da juventude?
Diz teu Deus.
⁷Por breve instante eu te abandonei,
mas te retomarei com imenso amor.

⁸Num ímpeto de ira
escondi de ti por um momento meu rosto;*
mas com amor eterno tive piedade de ti,
diz teu Redentor, Javé.
⁹Agora é para mim como nos dias de Noé,
quando jurei que as águas de Noé*
não mais se derramariam sobre a terra;
assim agora juro que não mais me irritarei contigo
e não te farei mais ameaças.
¹⁰Mesmo que os montes se retirassem
e as colinas vacilassem,
meu amor não se retiraria de ti,
nem vacilaria minha aliança de paz,*
diz Javé que se compadece de ti.
¹¹Ó infeliz, açoitada pelos ventos, desconsolada!
Eis que ponho sobre antimônio tuas pedras*
e sobre safiras teus fundamentos.
¹²Farei de rubis tuas ameias,
tuas portas serão de berilo
e todo o teu recinto será de pedras preciosas.
¹³Todos os teus filhos serão discípulos de Javé,*
e será grande a paz de teus filhos.
¹⁴Tu serás fundada sobre a justiça,
livre da opressão, nada terás a temer;
livre do terror, porque a ti não chegará.
¹⁵Se houver um ataque,
não será de minha parte.
Quem te ataca cairá diante de ti.
¹⁶Eis que eu criei o ferreiro
que sopra sobre o fogo das brasas
e daí tira o instrumento para seu trabalho;
e eu criei também o destruidor para devastar.
¹⁷Nenhuma arma fabricada contra ti será eficaz.
Toda língua que se erguer contra ti em juízo,
tu a confundirás.

---

* **54,**1. Gl 4,27; Sl 113,9; Jr 10,20 | 2. 33,20 / 49,20 | 3. 26,15 | 5. Os 1,2 | 6. 49,14s | 8. Sl 30,6 | 9. Gn 9,11 | 10. Rm 11,29 | 11. Ap 21,2.10-27; Is 60,17s | 13. Jr 31,33s; Is 1,26

† **54,**2. O Vat. II vê neste texto um apelo à evangelização dos povos, e comenta: "Dilata o Povo de Deus, aumenta o Corpo Místico de Cristo até a medida do tempo da plenitude de Cristo".

Isaías 54-56

Esta é a sorte dos servos de Javé,
a justiça que eu lhes garanto
– oráculo de Javé.

55 Convite universal ao novo Reino de Deus.

¹Ó vós todos que tendes sede, vinde às águas;
mesmo se não tendes dinheiro,
vinde, comprai e comei.
Vinde, comprai sem dinheiro*
e sem pagar vinho e leite†.
²Por que gastar dinheiro com o que não é pão,
e vosso salário com o que não satisfaz?
Escutai-me atentamente e comereis o que é bom
e vos deleitareis com comidas saborosas.*
³Prestai ouvido e vinde a mim,
escutai e vivereis.
Farei convosco uma aliança eterna,
realizando os favores prometidos a Davi.*
⁴Eu fiz dele um testemunho para os povos,*
príncipe e governante das nações.
⁵Vê, tu chamarás uma nação que não conhecias;
acorrerão a ti povos que não te conheciam,
por causa de Javé, teu Deus,
e do Santo de Israel, porque ele te honrou.

Tempo de reconciliação. ⁶Buscai Javé,
enquanto se deixa encontrar,*
invocai-o enquanto está próximo.
⁷Que o ímpio abandone seu caminho*
e o homem iníquo, seus pensamentos;
volte a Javé, que terá compaixão dele,*
a nosso Deus, que amplamente perdoa.
⁸Porque meus pensamentos não são vossos pensamentos,
vossos caminhos não são meus caminhos

– oráculo de Javé.
⁹Porque quanto o céu se eleva sobre a terra,*
tanto meus caminhos se elevam sobre vossos caminhos,
e meus pensamentos sobre vossos pensamentos.
¹⁰Com efeito, assim como a chuva e a neve descem do céu
e não voltam para lá sem terem regado a terra,
sem tê-la fecundado e feito germinar
para que dê semente ao semeador e pão para comer,*
¹¹assim será a palavra de minha boca:*
não voltará a mim sem efeito,
sem ter operado o que eu desejo
e sem ter realizado o fim de sua missão.

O retorno. ¹²Vós, pois, partireis com alegria,
sereis conduzidos em paz.
Diante de vós, montes e colinas soltarão gritos de alegria
e todas as árvores dos campos baterão palmas†.
¹³Em vez de espinhos crescerão ciprestes,*
em vez de urtigas crescerão murtas;
isto será para a glória de Javé,
um sinal eterno que não se apagará.

VIII. UM NOVO CULTO E UMA NOVA JERUSALÉM
(56–66)†

56 Extensão do novo reino.

¹Assim fala Javé:
"Observai o direito e praticai a justiça,*
porque minha salvação está para vir;
minha justiça, pronta a revelar-se".
²Feliz o homem que age assim,
o filho de homem que nisto persevera,*

---

* **55**,1. Ap 21,6; 22,17 | 2. Pr 9,3-6; Eclo 24,27-31; Jo 6,33 | 3. 2Sm 7,1 | 4. At 13,34; Ap 1,5 | 6. Os 5,6 | 7. Dt 4,7 / Lc 15,20; Zc 1,3 | 9. Sl 103,11 | 10. 2Cor 9,10 | 11. Sb 18,14s; Zc 1,5s | 13. 41,19; 44,3s | **56**,1. 46,13 | 2. Êx 20,8

† **55**,1. Convida os pobres para um alegre banquete, Pr 9,4s. O único requisito é ter sede de Deus, 41,17. | 12. No retorno dos exilados, toda a natureza toma parte, promovendo uma festa solene e grandiosa. **VIII.** Começa a 3ª parte do livro de Isaías, diferente das outras pelo conteúdo, doutrina e estilo. Não se dirige aos exilados em Babilônia, como os cc. 40–55, mas aos repatriados, chamados a reconstruir a comunidade vencendo o desânimo e confiando num futuro glorioso.

Isaías 56-57

que observa o sábado sem profaná-lo

e preserva sua mão de todo mal.

3Não diga o filho do estrangeiro que aderiu a Javé:

"Com certeza Javé vai excluir-me de seu povo!"

Não diga o eunuco: "Eis que sou uma árvore seca!"

4Pois assim fala Javé:

"Aos eunucos, que observam meus sábados,*

escolhem fazer o que me agrada

e permanecem firmes em minha aliança,

5eu concederei em minha casa e dentro de meus muros

um memorial e um nome melhores que filhos e filhas;

eu lhes darei um nome eterno que jamais será cancelado.*

6Os filhos dos estrangeiros,

que aderiram a Javé para servi-lo,

para amar o nome de Javé

e para ser seus servos,

todos os que observam o sábado sem profaná-lo

e se mantêm firmes em minha aliança,

7vou conduzi-los a meu monte santo*

e os cumularei de alegria em minha casa de oração.

Seus holocaustos e seus sacrifícios

serão aceitos sobre meu altar,

porque minha casa será chamada casa de oração*

para todos os povos".

8Oráculo do Senhor Javé,

que reúne os dispersos de Israel:

"Eu reunirei ainda outros,

além daqueles já reunidos".

Contra os maus pastores. 9Vós todos, animais dos campos, vinde comer;

também vós, animais todos da floresta.

10Seus guardiães são todos cegos, nada percebem.*

São todos cães mudos, incapazes de latir;

cochilam deitados, gostam de dormir.

11São cães de fome insaciável,

pastores incapazes de entender.*

Cada qual segue seu caminho,

cada um cuida do próprio interesse, sem exceção.

12"Vinde, vou trazer vinho*

e nos embriagaremos de bebidas fortes.

Amanhã será como hoje,

com muito mais abundância".

57

Abandono dos justos. 1Morre o justo e ninguém se preocupa.

Os piedosos são eliminados, ninguém faz caso.

O justo é eliminado por causa do mal.*

2Ele entra na paz;

quem caminha pela estrada reta descansa em seu leito.

Contra os idólatras. 3Agora vinde aqui, vós, filhos da bruxa,

nascidos de um adúltero e de uma prostituta†.

4De quem estais zombando,

abrindo a boca e mostrando a língua?

Acaso não sois filhos do pecado, prole bastarda?

5Vós, que ardeis de luxúria entre os terebintos,*

debaixo de toda árvore verde;

que imolais crianças nos vales e nas fendas das rochas!

6As pedras polidas da torrente serão tua herança,

são a parte que te cabe.

Também a elas ofereceste libações e apresentaste tuas ofertas.

Hei de aplacar-me com isto?

7Sobre um monte imponente e elevado puseste teu leito†;

também lá subiste para oferecer sacrifícios.*

---

* **56**,4. Sb 3,14s | 5. Ap 2,17; 3,5 | 7. Sl 15,1; 1Rs 8,41ss / Mt 21,13 | 10. 3,12; 9,15 | 11. Ez 34,2; Jr 10,21; 12,10; 23,1s | 12. 5,11; 28,7s | **57**,1. Sb 4,11 | 5. Dt 12,2; Jr 2,20 | 7. Dt 23,19

† **57**,3. Ver a nota em Sl 106,39. | 7. Israel é como adúltera que abandona a Deus e presta culto aos deuses nos templos dos lugares altos.

Isaías 57-58

930

8Atrás da porta e dos umbrais puseste teu emblema.

Longe de mim descobriste teu leito,*
subiste nele e o alargaste;
fizeste pacto com eles, amaste seu leito, olhaste sua nudez.

9Tu te apresentaste ao rei com óleo,*
multiplicaste teus perfumes;
enviaste para longe teus mensageiros,
desceste até o lugar dos mortos.

Ameaça divina. 10Ficaste cansada com tantas viagens,
mas não disseste: "É inútil".
Reencontraste o vigor de tua mão,
por isso não ficaste exausta.

11De quem tiveste temor?
Quem te amedrontava para dizeres mentiras?
E de mim não te recordas,
não pensas mais em mim?
Ou talvez porque eu me calava e dissimulava,
não tens temor de mim?

12Eu proclamarei tua justiça
e tuas obras, que não te aproveitarão.

13Quando gritares,
venha salvar-te tua coleção de ídolos.
Todos serão levados pelo vento,
um sopro os arrastará.
Mas quem confia em mim possuirá a terra,*
meu santo monte.

Consolação. 14E se dirá: Aplanai, aplanai, preparai o caminho,
removei os obstáculos do caminho de meu povo.

15Pois assim fala Aquele que é alto e elevado,
que tem morada eterna e cujo nome é santo:*
"Em lugar excelso e santo eu habito,
mas estou também com o oprimido e o humilhado,*
para reavivar o espírito dos humildes
e reanimar o coração dos oprimidos.

16Porque eu não quero acusar sempre

nem mostrar-me sempre irritado;
de outra forma, sucumbiria diante de mim o espírito
e o hálito vital que eu criei.

17Com a iniquidade de sua ganância*
eu me irritei e o feri, me escondi e me indignei†;
mas ele se afastou e seguiu o caminho de seu coração.

18Eu vi seus caminhos, mas quero curá-lo, guiá-lo*
e oferecer reconforto a ele e aos seus que estão de luto.

19Faço nascer o louvor sobre seus lábios:
Paz, paz a quem está longe e a quem está perto,*
diz Javé, e eu o curarei".

20Mas os ímpios são como um mar agitado
que não se pode acalmar
e cujas águas trazem lama e lodo.

21"Não há paz para os ímpios",*
diz meu Deus.

58

Falso jejum. 1Clama em alta voz, não te detenhas;
levanta a voz como a trombeta;
denuncia a meu povo seus crimes,
à casa de Jacó seus pecados.

2Todo dia me procuram,
querem conhecer meus caminhos,
como um povo que pratica a justiça
e não abandonou a lei de seu Deus;
pedem-me juízos justos,
querem estar perto de Deus.

3"Por que jejuar, se tu não o vês,*
mortificar-nos, se não o sabes?"
É que no dia de vosso jejum tratais de vossos negócios
e oprimis todos os vossos operários.

4É que jejuais para vos entregar a litígios e disputas
e para ferir com punho impiedoso.
Não jejueis mais como fazeis hoje,
se quereis fazer ouvir vossa voz lá no alto.

5Acaso é este o jejum que me agrada,

---

* **57**,8. Ez 16,15s **|** 9. Lv 18,21 **|** 13. Sl 37,9; Is 56,7; 60,21; 65,9 **|** 15. Lv 17,1 / Sl 51,19 **|** 17. 54,8 / Êx 15,26 **|** 19. Ef 2,17 **|** 21. 48,22 **| 58**,3. Mt 6,18

† **57**,17. O silêncio de Deus, experiência tenebrosa, semelhante à condenação.

931 Isaías 58-59

o dia em que o homem se mortifica?
Curvar a cabeça como um junco,
deitar-se num leito de saco e de cinza?
É a isto que chamais jejum e dia
agradável a Javé?

O verdadeiro jejum. 6Não é antes este
o jejum que eu prefiro:
quebrar as correntes iníquas,*
desatar os laços do jugo,
deixar ir livres os oprimidos e quebrar todo jugo?
7Não consiste talvez em repartir o
pão com o faminto,
introduzir em casa os pobres desa-
brigados
e vestir quem está nu,
sem desviar os olhos de tua gente?†
8Então tua luz despontará como a
aurora,
tua ferida será rapidamente curada.
Diante de ti caminhará tua justiça,*
e a glória de Javé te seguirá.
9Então o invocarás, e Javé responderá;
clamarás, e ele dirá: "Eis-me aqui!"

Exortação à mansidão. Se tirares de
teu meio a opressão,
o dedo acusador e a maledicência,
10se deres o pão ao faminto e saciares o indigente,
então tua luz brilhará nas trevas*
e a escuridão será para ti como o
meio-dia.
11Javé te guiará sempre,
no deserto saciará tua fome,
dará vigor a teus ossos;
e tu serás como jardim regado
e como fonte cujas águas nunca faltam.*
12Tua gente reedificará as antigas ruínas,*
reconstruirá sobre as fundações de
épocas distantes.
Serás chamado reparador de brechas,
restaurador de casas em ruína,
para que nelas se possa morar.

Santificação do sábado. 13Se te abs-
téns de violar o sábado,*
de tratar teus negócios em meu dia
santo,
se chamas o sábado "delícias"
e "venerável" o dia santo de Javé,
se o honras te abstendo de viajar,
de tratar teus negócios e de fazer
discursos,
14então encontrarás tuas delícias em
Javé;
eu te conduzirei em triunfo às alturas
do país*
e te farei saborear a herança de Jacó,
teu pai,
pois a boca de Javé falou.*

59 **Pecados impedem a salvação.** 1Não, não é curta demais
a mão de Javé para salvar;*
nem tão duro é seu ouvido para ouvir.
2Mas são vossas iniquidades
que cavaram um abismo entre vós e
vosso Deus;
vossos pecados o fizeram esconder
de vós seu rosto*
para não vos ouvir†.
3Vossas mãos estão manchadas de
sangue
e vossos dedos, de crimes;
vossos lábios proferem mentiras,
vossa língua murmura a maldade.
4Ninguém apresenta queixa segundo
a justiça,
ninguém a discute com lealdade.
Confiam no nada e dizem o falso,
concebem a malícia e dão à luz a iniquidade.*
5Chocam ovos de víbora e tecem
teias de aranha;
quem come daqueles ovos morrerá,
e do ovo quebrado sai uma víbora.
6Suas teias não servem para vestes,
eles não podem cobrir-se com suas
obras;
suas obras são obras iníquas,

---

* **58**,6. Mt 25,34-40; Jr 34,8s | 8. 52,12 | 10. Jo 8,12 | 11. Jo 4,14 | 12. 61,4 | 13. 56,2 | 14. Dt 32,13 / Is 1,20;
40,5 | **59**,1. 50,2 | 2. 1,15 | 4. Sl 7,15; Jó 15,35

† **58**,7. A separação entre a fé que professam e a vida cotidiana de muitos deve ser considerada como
um dos erros mais graves de nosso tempo (Vat. II). | **59**,2. Deus é onipotente e pode salvar, mas condi-
cionou a salvação à conduta do povo: "Deus que te criou sem ti não te salvará sem ti" (S. Agostinho).

Isaías 59-60

o fruto de violências está em suas mãos.

⁷Seus pés correm para o mal,
apressam-se a derramar sangue inocente;
seus pensamentos são pensamentos iníquos,
em seus caminhos há desolação e destruição.

⁸Não conhecem o caminho da paz,
não há justiça em seu proceder;
tornam tortuosos seus caminhos,
quem anda por eles não conhece a paz.

Confissão. ⁹Por isso o direito se afastou de nós
e a justiça não chega até nós.
Esperamos a luz, mas vêm as trevas;*
esperamos a claridade, mas andamos no escuro.

¹⁰Como cegos apalpamos a parede,
como quem não tem olhos andamos tateando;
tropeçamos ao meio-dia como no crepúsculo;*
em pleno vigor somos como os mortos.

¹¹Nós todos uivamos como ursos
e gememos tristemente como pombas.
Esperávamos no direito, mas não existe;
na salvação, mas está longe de nós.

¹²Porque são muitos diante de vós nossos delitos,*
nossos pecados testemunham contra nós;
porque nossos delitos estão a nossa frente*
e conhecemos nossas iniquidades:

¹³prevaricar e renegar Javé,
cessar de seguir nosso Deus,
tramar opressão e rebelião,
conceber e murmurar no coração palavras mentirosas.

¹⁴Assim é descuidado o direito
e a justiça permanece à distância;
a verdade tropeça na praça
e nela a retidão não pode entrar.

¹⁵Assim a verdade está ausente
e quem evita o mal é despojado.

Intervenção divina. Javé contempla desgostado
que não mais existe a justiça.

¹⁶Ele viu que não havia ninguém,
admirou-se porque ninguém intercedia.
Mas valeu-lhe seu braço*
e sua justiça o sustentou.*

¹⁷Revestiu-se de justiça como de uma couraça
e pôs na cabeça o capacete da salvação.
Vestiu as roupas da vingança,
cobriu-se de zelo como de um manto.

¹⁸Conforme as obras ele retribui,
furor para os adversários, castigo para os inimigos;
às ilhas retribuirá segundo suas obras.

¹⁹Desde o ocidente temerão o nome de Javé
e desde o oriente, sua glória,
porque ele virá como rio impetuoso,
impelido pelo sopro de Javé.

²⁰Como Redentor virá para Sião,*
para os de Jacó convertidos da apostasia
– oráculo de Javé.

²¹Quanto a mim, esta é minha aliança com eles, diz Javé: Meu espírito que está sobre ti* e as palavras que pus em tua boca não se apartarão de tua boca nem da boca de teus descendentes nem da boca dos descendentes dos descendentes, diz Javé, desde agora e para sempre.

60 Glória da nova Jerusalém†

¹Levanta-te, resplandece,
porque tua luz vem vindo
e desponta sobre ti a glória de Javé.

²Porque eis que as trevas cobrem a terra,
a escuridão envolve as nações;*
mas sobre ti resplandece Javé,
sobre ti aparece sua glória.*

---

* **59**,9. Jo 8,12; Jr 8,15; Am 5,18ss | 10. Dt 28,29 | 12. Jr 14,7 / Sl 51,5 | 16. 63,5 / Sb 5,17-23 | 20. Rm 11,28s; Is 41,14 | 21. 51,16 | **60**,2. 9,1 / Êx 24,16; Ap 21,24

† **60**. A nova Jerusalém vai reunir seus filhos dispersos e atrair com sua luz todas as nações, que virão trazendo dons para adorar seu Deus. A liturgia aplica os vv. 1-6 à visita dos Magos ao Menino nascido em Belém.

933 Isaías 60

³Caminharão as nações a tua luz,
os reis ao esplendor de tua aurora.
⁴Ergue os olhos ao redor e vê:*
todos estes se reuniram, vêm a ti:
teus filhos vêm de longe,
tuas filhas são carregadas nos braços.
⁵A esta vista ficarás radiante,
palpitará e se dilatará teu coração,
quando as riquezas do mar confluí-
rem para ti*
e chegarem a ti os tesouros das nações.
⁶Uma caravana de camelos te invadirá,
dromedários de Madiã e de Efá;
todos virão de Sabá, trazendo ouro
e incenso*
e proclamando os louvores de Javé.
⁷Em ti se reunirão todos os rebanhos
de Cedar,
os carneiros dos nabateus estarão a
teu serviço;
subirão como oferta agradável a
meu altar;
tornarei esplêndido o templo de minha glória.
⁸Quem são esses que voam como
nuvens
e como pombas para seu pombal?
⁹São navios que se reúnem para mim,
os navios de Társis na primeira fila,
para trazer teus filhos de longe,*
com prata e ouro,
pelo nome de Javé teu Deus,*
pelo Santo de Israel que assim te
honra.

Homenagem dos povos. ¹⁰Os filhos
dos estrangeiros reconstruirão teus
muros,*
seus reis estarão a teu serviço,
porque em meu furor eu te castiguei,
mas em minha benevolência tive piedade de ti.
¹¹Tuas portas estarão sempre abertas,*
não se fecharão nem de dia, nem de
noite,
para conduzir a ti as riquezas dos
povos
sob a guia de seus reis.

¹²Porque a nação e o reino que não
quiserem servir-te perecerão,
e as nações serão totalmente exterminadas.
¹³A glória do Líbano virá a ti,*
ciprestes, olmos e abetos juntamente,
para embelezar o lugar de meu santuário
e enobrecer meu pedestal.
¹⁴Virão a ti humildemente os filhos
de teus opressores;*
a teus pés se prostrarão os que te
desprezavam.*
E te chamarão "Cidade de Javé",*
"Sião do Santo de Israel".
¹⁵Em vez de abandonada, odiada*
e sem que ninguém passasse por ti,
eu te farei o orgulho dos séculos,
a alegria de todas as gerações.
¹⁶Sugarás o leite das nações,*
sugarás as riquezas dos reis.
Saberás que eu, Javé, sou teu Salvador*
e que teu Redentor é o Forte de Jacó.
¹⁷Farei vir ouro em vez de bronze,
farei vir prata em vez de ferro,
bronze em vez de madeira,
ferro em vez de pedras.
Constituirei como tua soberana a
paz,*
como tua governadora a justiça.

Glória imorredoura. ¹⁸Não mais se
ouvirá falar de violência em teu país,
de devastação e de destruição dentro de tuas fronteiras.
Tu chamarás teus muros "salvação"
e tuas portas "louvor".
¹⁹Não será mais o sol tua luz do dia,*
nem te iluminará mais o clarão da
lua.
Mas Javé será para ti uma luz eterna,
teu Deus será teu esplendor.
²⁰Teu sol não terá ocaso,
não vai desaparecer tua lua,
porque Javé será para ti uma luz
eterna;
terão acabado os dias de teu luto.
²¹Teu povo será todo de justos,
para sempre possuirá a terra;*

---

* **60**,4. 49,18-22; Br 5,5s | 5. Sl 72,10 | 6. 1Rs 10,1 | 9. Sl 47,8 / Is 55,5 | 10. 49,17 | 11. Ap 21,25s | 13. 35,2 |
14. 49,23 / Ap 3,9 / Is 1,26 | 15. 62,4.12 | 16. 49,23 / 49,26 | 17. 1,26 | 19. Ap 21,23; 22,5 | **60**,21. 57,13

Isaías 60-62

é o germe que eu plantei,
a obra de minhas mãos,
para minha glória.
²²O pequeno se tornará um milheiro,
o menor será uma nação imensa;
eu sou Javé: a seu tempo farei isto
prontamente.

61 **Boa-nova anunciada aos pobres†.** ¹O espírito do Senhor Javé está sobre mim*
porque Javé me ungiu;
mandou-me levar a boa-nova aos pobres,
curar os corações feridos,
proclamar a anistia aos detentos,
a libertação aos prisioneiros,
²promulgar o ano da graça de Javé,
dia de vingança para nosso Deus;
para consolar todos os que choram,*
³para conceder aos que choram em Sião
uma coroa em vez de cinza,
óleo de alegria em vez de luto,
canto de louvor em vez de um coração triste.
Eles se chamarão carvalhos de justiça,
plantação de Javé para manifestar sua glória.
⁴Reconstruirão as velhas ruínas,*
reerguerão os antigos escombros,
restaurarão as cidades destruídas,
devastadas por muitas gerações.
⁵Haverá estrangeiros apascentando vossos rebanhos,*
e filhos de estrangeiros serão vossos lavradores e vinhateiros.
⁶Quanto a vós, sereis chamados sacerdotes de Javé,*
ministros de nosso Deus sereis denominados.
Das riquezas das nações vos nutrireis
e lhes sucedereis em sua glória.
⁷Em vez de vossa vergonha tereis uma porção dupla;
em vez da desonra exultareis em vossa herança;
por isso possuirão o duplo em seu país,
terão uma alegria perene.
⁸Porque eu, Javé, amo a justiça
e detesto a rapina e o crime:
darei a eles fielmente o salário,
concluirei com eles uma aliança perpétua.
⁹Será famosa entre as nações sua estirpe*
e sua descendência, entre os povos.
Todos os que os virem os reconhecerão
como uma estirpe que Javé abençoou.*

Canto de louvor. ¹⁰Eu me alegro plenamente em Javé,*
minha alma exulta em meu Deus,*
porque me revestiu com as vestes da salvação,
envolveu-me com o manto da justiça,
como um esposo que cinge o diadema*
e como uma esposa que se enfeita com suas joias.
¹¹Pois como a terra produz seus germes
e o jardim faz brotar suas sementes,
assim o Senhor Javé fará brotar a justiça
e o louvor diante de todas as nações.*

62 **Nova Sião.** ¹Por amor de Sião não vou me calar,
por amor de Jerusalém não ficarei tranquilo,
enquanto não surgir como a aurora sua justiça
e sua salvação como tocha acesa.
²Então as nações verão tua justiça
e todos os reis, tua glória;
eles te chamarão com um nome novo,*
que a boca de Javé indicará.
³Tu serás esplêndida coroa na mão de Javé,
diadema real na palma de teu Deus.
⁴Ninguém mais te chamará "Abandonada",*
nem tua terra será denominada "Devastada",*

---

* **61**,1. Lc 4,18s; Mt 3,16; Is 42,1; 11,2 | 2. Mt 5,5 | 4. 58,12 | 5. 14,2 | 6. Êx 19,6; Ap 1,6 | 9. 55,3 / Gn 2,2 | 10. 1Sm 2,1 / Lc 1,46s / Ap 21,2; 19,8 | 11. 45,8 | **62**,2. 56,5; 65,15 | 4. Os 2,25 / Is 60,15

† **61**. O profeta anuncia sua missão de misericórdia e salvação para os exilados. Jesus afirma que esta profecia se cumpre em sua pessoa, Lc 4,21.

mas tu serás chamada "Meu agrado"
e tua terra, "Desposada",
porque Javé se agradará de ti
e tua terra terá um esposo.
⁵Sim, como um jovem desposa uma virgem,
assim te desposará teu Criador;
como se alegra o esposo pela espo-sa,
assim teu Deus se alegrará por ti.*

Convite à vigilância. ⁶Sobre teus mu-ros, Jerusalém, eu pus sentinelas;*
durante todo o dia e toda a noite não se calarão jamais.
Vós, que recordais a Javé suas pro-messas,
não vos deis descanso,
⁷nem tampouco a ele dai repouso,
enquanto não tiver restabelecido Je-rusalém
e não tiver feito dela o orgulho da terra.
⁸Javé jurou por sua mão direita
e por seu braço poderoso:
"Nunca mais darei teu trigo*
para comida a teus inimigos,
nunca mais os estrangeiros
beberão o vinho pelo qual te cansas-te.
⁹Ao contrário, os que tiverem ceifado o trigo o comerão
e louvarão a Javé;
os que tiverem colhido a uva bebe-rão o vinho
nos pátios de meu santuário".

Convite a retornar à pátria. ¹⁰Passai, passai pelas portas,
desimpedi o caminho do povo;
aplanai, aplanai a estrada, removei as pedras,
erguei um estandarte para os povos.*
¹¹Eis o que Javé faz ouvir até os con-fins da terra:
"Dizei à filha de Sião:
Eis que chega teu Salvador;*
eis que sua recompensa vem com ele,*

seu salário está diante dele.
¹²E os chamarão Povo santo,*
remidos de Javé.*
E tu serás chamada Procurada,
Cidade não abandonada".

63 **Lagar da justiça divina.**
¹Quem é este que vem de Edom, de Bosra,*
com as vestes manchadas de verme-lho?†
Este, esplendidamente vestido,
que avança na plenitude de sua força?
– "Sou eu, que falo com justiça,
que sou poderoso para salvar".
²– Por que é vermelha tua veste,
e tua túnica como a daquele que pisa no lagar?
³– "No lagar eu pisei sozinho,*
e de meu povo ninguém estava co-migo.
Eu os pisei com indignação,
eu os pisoteei com furor.*
Seu sangue salpicou minhas vestes
e manchei toda a minha roupa,
⁴porque o dia da vingança estava em meu coração
e o ano de minha redenção chegou.
⁵Olhei, e ninguém para me ajudar;
observei surpreso: ninguém me sus-tentava.
Então prestou-me socorro meu braço,
sustentou-me meu furor.*
⁶Pisei os povos com indignação,
esmaguei-os com meu furor;
fiz correr pelo chão seu sangue".

Benefícios e ingratidão. ⁷Quero re-cordar os benefícios de Javé,*
as glórias de Javé,
por tudo quanto Javé fez por nós.
Ele é grande em bondade para com a casa de Israel.
Ele nos tratou segundo seu amor,
segundo a grandeza de sua miseri-córdia.
⁸Ele disse: "Sim, eles são meu povo,*
filhos que não me enganarão".

---

* **62**,5. 65,19 | 6. 52,8 | 8. Dt 28,30-35 | 10. 49,22 | 11. Ap 22,12 / Is 40,10 | 12. 60,14 / 1,26 | **63**,1. 34,1-17 | 3. Jl 4,13 / Ap 19,15; 14,19s | 5. 59,16 | 7. Sl 89,2 | 8. Dt 32,5

† **63**,1. Violenta descrição da vitória de Deus sobre Edom, que exultou com a queda de Jerusalém em 586 a.C., foi sempre hostil a Israel e despertava no povo um ódio implacável e uma tremenda sede de vingança, Sl 137,7; Is 34,5-17.

Isaías 63-64

E foi para eles um salvador
[9]em todas as angústias.
Não foi um enviado nem um anjo,
mas foi ele mesmo que os salvou;
com amor e compaixão os resgatou;
ergueu-os e carregou-os todos os
dias do passado.*
[10]Mas eles se rebelaram*
e contristaram seu santo espírito.*
Por isso tornou-se inimigo deles
e ele próprio os combateu.

Recordações. [11]Então se recordaram
dos dias antigos,
de Moisés, seu servo.
Onde está aquele que fez sair das
águas
o pastor de seu rebanho?
Onde está aquele que punha no
meio deles*
seu santo espírito;
[12]aquele que fez caminhar à direita
de Moisés*
seu braço glorioso;
que dividiu as águas diante deles,*
fazendo-se um nome eterno;
[13]aquele que os fez avançar pelos
abismos*
como um cavalo na estepe, sem tropeçar?
[14]Como rebanho que desce pelo vale,
o espírito de Javé os guiava ao repouso.*
Assim conduzistes vosso povo,
conquistando um nome glorioso.

Oração a Javé pai. [15]Olhai do céu e
observai*
de vossa morada santa e gloriosa.
Onde estão vosso zelo e vosso poder?
A comoção de vossa ternura*
e vossa misericórdia para comigo foram contidas?
[16]Porque vós sois nosso pai,
pois Abraão não nos reconhece
e Israel nos ignora.
Vós, Javé, sois nosso pai,
desde sempre vos chamais nosso Redentor.*
[17]Por que, Javé, nos deixais desviar

longe de vossos caminhos
e deixais endurecer nosso coração,
de modo que não vos tema?
Voltai por amor de vossos servos,*
por amor das tribos, vossa herança.
[18]Por que os ímpios pisaram vosso
santuário,
nossos adversários profanaram vosso lugar santo?
[19]Nós nos tornamos como aqueles
sobre quem jamais dominastes
e sobre os quais vosso nome nunca
foi invocado.
Oh! Se rasgásseis os céus e descêsseis!
Diante de vós tremeriam os montes.*

64

Outra oração. [1]Assim como o
fogo queima os ramos secos
e faz ferver a água,*
assim o fogo destrua vossos adversários,
para que se conheça vosso nome entre vossos inimigos.
Diante de vós tremiam os povos,
[2]quando realizáveis prodígios inesperados
[3]de que nunca se ouviu falar
desde tempos longínquos.
O ouvido não ouviu, o olho não viu*
que algum Deus, além de vós,
tenha feito tanto para quem nele
confia.
[4]Ides ao encontro dos que praticam
a justiça
e se recordam de vossos caminhos.
Eis que estais irado, porque desde
muito tempo pecamos
e temos sido rebeldes.
[5]Todos nos tornamos como coisa impura,
e como pano imundo são todos os
nossos atos de justiça.*
Todos nós murchamos como folhas,
nossas iniquidades nos carregaram
como o vento.
[6]Ninguém invocava vosso nome,
ninguém despertava para aderir a vós;
porque escondestes de nós vosso
rosto

---

* **63**,9. Dt 32,11 | 10. Dt 32,15 / Ef 4,30 | 11. Nm 11,17 | 12. Ne 9,20 / Êx 14,5-31 | 13. 51,10 | 14. Sl 77,21 | 15. 64,7-11 / 49,15 | 16. 41,14 | 17. Dt 32,9 | 19. Sl 144,5 | **64**,1. Sl 18,8s; 49,3 | 3. 1Cor 2,9 | 5. Lv 15,19-24

937   Isaías 64-65

e nos entregastes ao poder de nossa iniquidade.

⁷Mas vós, Javé, sois nosso pai;
nós somos a argila, e vós aquele que nos modela,*
todos nós somos obra de vossas mãos.

⁸Senhor, não vos irriteis sem-fim,
não vos recordeis para sempre da iniquidade.
Olhai, por favor: todos somos vosso povo.

⁹Vossas cidades santas são um deserto,
Sião tornou-se um deserto,
Jerusalém, uma desolação.

¹⁰Nosso templo, santo e magnífico,
onde nossos pais vos louvavam,
tornou-se presa do fogo;
todas as nossas coisas preciosas estão destruídas.

¹¹Depois de tudo isso, ficareis ainda insensível, ó Javé,
e vos calareis e nos humilhareis até o extremo?

65

Castigo dos infiéis. ¹Eu dava respostas a quem não me interrogava,
saía ao encontro de quem não me buscava.*
Disse: "Eis-me aqui, eis-me aqui"
a uma nação que não invocava meu nome.

²Estendi as mãos todo dia a um povo rebelde,*
que andava por uma estrada não boa,
seguindo seus caprichos;

³a um povo que me provocava sempre e abertamente.*
Sacrificavam nos jardins, ofereciam incenso sobre tijolos,

⁴moravam nos sepulcros,
passavam a noite em esconderijos,
comiam carne de porco
e comidas imundas em seus pratos.

⁵Eles dizem: "Fica longe!
Não te aproximes de mim,
pois eu te santificaria".
Tais coisas são como fumaça irritante

para minhas narinas,
fogo aceso o dia todo.

⁶Eis que tudo isso está escrito diante de mim;
não me calarei enquanto não houver retribuído,
sim, retribuído em seu seio

⁷vossas iniquidades e as iniquidades de vossos pais,
todas juntas, diz Javé.
Estes queimaram incenso sobre os montes
e sobre as colinas me insultaram;
por isso calcularei sua paga
e a derramarei em seu seio.

Um resto será salvo. ⁸Assim fala Javé:
"Como quando se acha suco num cacho de uvas
se diz: Não o destruas, porque há aqui uma bênção,
assim eu farei por amor de meus servos,
para não destruir tudo.

⁹Farei sair de Jacó uma descendência,*
de Judá, um herdeiro de meus montes.
Meus eleitos serão seus donos,
e meus servos ali habitarão.

¹⁰Saron se tornará um pasto de rebanhos,*
o vale de Acor um lugar de repouso do gado,
para meu povo que me buscará.

¹¹Quanto a vós, que abandonastes Javé,
esquecendo meu santo monte,
que preparais uma mesa para Gad
e encheis para Meni a taça de vinho,

¹²eu vos destino à espada;
todos vos curvareis para serdes massacrados,
porque chamei e não respondestes,*
falei e não ouvistes,
fizestes o que é mau a meus olhos,
escolhestes o que me desagrada".

Bons e maus. ¹³Portanto, assim diz o Senhor Javé:
"Meus servos comerão, e vós tereis fome;
meus servos beberão, e vós tereis sede;

---

* **64**,7. 29,16 | **65**,1. Rm 10,20 | 2. Rm 10,21 | 3. Dt 32,21 | 9. 4,3 | 10. 57,13 | 12. 50,2; 66,4; Jr 7,23

Isaías 65-66

meus servos se alegrarão, e vós ficareis envergonhados;

[14]meus servos exultarão pela alegria do coração,
vós gritareis pela dor do coração,
gemereis pela aflição do espírito.

[15]Deixareis vosso nome
como imprecação entre meus eleitos:
Que assim te faça morrer o Senhor Javé!
Mas a meus servos dará outro nome.*

[16]Quem invocar sobre si uma bênção no país
vai invocá-la pelo Deus fiel;
quem quiser jurar no país
jurará pelo Deus fiel;
porque serão esquecidas as tribulações antigas,
desaparecerão de minha vista".

Novos céus e nova terra. [17]"Pois eis que vou criar novos céus e nova terra;*
não se recordará mais o passado,
não virá mais à mente.

[18]Alegrai-vos porém e exultai para sempre
por aquilo que estou para criar,
pois farei de Jerusalém uma exultação*
e de seu povo, uma alegria.

[19]Eu exultarei em Jerusalém*
e me alegrarei em meu povo.*
Não se ouvirão mais nela vozes de pranto*
nem gritos de angústia.

[20]Não haverá mais criança que viva só poucos dias,
nem velho que não chegue à plenitude de seus dias;
porque será jovem quem morrer aos cem anos,
e quem não chegar aos cem anos
será considerado maldito.

[21]Construirão casas e nelas habitarão,*
plantarão vinhas e comerão seus frutos.*

[22]Não mais construirão para que um outro more,
nem plantarão para que um outro coma;

porque como a idade da árvore
será a idade de meu povo.
Meus eleitos usarão por longo tempo
os produtos de suas mãos.

[23]Não se cansarão inutilmente,
nem gerarão filhos para uma morte precoce,
porque serão uma prole de benditos de Javé,
junto com seus descendentes.

[24]Antes que me invoquem, eu responderei;
ainda estarão falando, e eu os escutarei.

[25]O lobo e o cordeiro pastarão juntos,
o leão comerá palha como o boi,*
e o pó será a comida da serpente;*
não farão nenhum mal nem dano*
em todo o meu santo monte", diz Javé.

66 Contra os transgressores.

[1]Assim fala Javé:
"O céu é meu trono
e a terra, o estrado de meus pés.
Que casa poderíeis construir para mim?*
E qual poderia ser o lugar de meu repouso?

[2]Todas estas coisas as fez minha mão*
e são minhas – oráculo de Javé.
Para este eu voltarei meu olhar:
para o humilde e o que tem o espírito contrito,
para o que treme diante de minha palavra.

[3]Há quem sacrifica um boi,
e é como se matasse um homem;
há quem imola uma ovelha,
e é como se degolasse um cão;
há quem apresenta uma oferta,
e é como sangue de porco;
há quem queima incenso,
e é como se venerasse a iniquidade.
Estes escolheram seus próprios caminhos
e se deleitam em suas abominações.

[4]Eu também escolherei sua desventura

---

* **65**,15. 1,26; 56,5; 62,2 | 17. 51,6; 66,22; Ap 21,1 | 18. 1,26 | 19. 60,14 / 62,5 / Ap 21,4 | 21. 62,8 / Dt 28,30-35; Jr 31,5; Am 9,14 | 25. 11,7 / Gn 3,14 / Is 11,9 | **66**,1. 1Rs 8,27; Mt 5,34s; At 7,49-55 | 2. Sl 24,1s | 4. 50,2; 65,12

939 Isaías 66

e farei recair sobre eles o que temem,
porque eu chamei e ninguém respondeu,*
eu falei e ninguém ouviu.
Fizeram o que é mau a meus olhos,
preferiram o que me desagrada".

Promessas aos fiéis. [5]Escutai a palavra de Javé,
vós que tremeis diante de sua palavra.
Disseram vossos irmãos que vos odeiam
e vos rejeitam por causa de meu nome:
"Que Javé mostre sua glória,
e nós vejamos vossa alegria!"
Mas são eles que serão confundidos.
[6]Uma voz, um rumor vem da cidade,
uma voz vem do templo:*
é a voz de Javé
que paga a retribuição a seus inimigos.
[7]Antes das contrações, deu à luz;
antes que viessem as dores, pôs no mundo um menino.*
[8]Quem jamais ouviu coisa semelhante,
quem viu coisas como estas?
Acaso nasce um país em um dia,
acaso um povo é gerado num instante?
No entanto Sião, mal sentiu as dores,
deu à luz os filhos.
[9]"Eu que abro o seio materno
não farei dar à luz?", diz Javé.
"Eu que faço gerar
fecharia o seio?", diz teu Deus.

Consolação de Jerusalém. [10]Alegrai-vos com Jerusalém,*
exultai por ela todos os que a amais.
Dançai de alegria com ela,
vós todos que participastes de seu luto.
[11]Assim lhe sugareis o peito
e vos saciareis com suas consolações;
sugareis com delícia da abundância de seu seio.
[12]Porque assim diz Javé:
"Eis que eu farei escorrer para ela,
como um rio, a prosperidade;

como uma torrente em cheia, a riqueza dos povos;
suas crianças serão levadas nos braços,
sobre os joelhos serão acariciadas.
[13]Como a mãe consola um filho,
assim vos consolarei;
em Jerusalém sereis consolados.
[14]Vós o vereis e se alegrará vosso coração,*
vossos ossos serão viçosos como a erva fresca.
A mão de Javé se fará manifesta a seus servos,
mas se indignará contra seus inimigos".
[15]Porque eis que Javé vem com o fogo,
seus carros são como um turbilhão,
para derramar com ardor a ira,
sua ameaça com chamas de fogo.
[16]Com o fogo, na verdade,
Javé fará justiça sobre toda a terra,
e com a espada sobre todo homem;
muitos serão os feridos por Javé.
[17]Os que se consagram e se purificam nos jardins,
seguindo alguém que está no meio,
que comem carne de porco,
coisas abomináveis e ratos,
juntos acabarão, oráculo de Javé,
[18]com suas obras e seus propósitos.

Conversão dos povos†. "Eu virei reunir todos os povos e todas as línguas; eles virão* e verão minha glória. [19]Porei neles um sinal e mandarei seus sobreviventes aos povos de Társis, Fut, Lud, Mosoc, Ros, Tubal e Javã, às praias distantes que não ouviram falar de mim e não viram minha glória; eles anunciarão minha glória às nações. [20]Reconduzirão todos os vossos irmãos de todos os povos como oferta a Javé, sobre cavalos, carros, liteiras, mulas, dromedários, a meu santo monte de Jerusalém, diz Javé, como os filhos de Israel levam a oferta em vasos puros ao templo de Javé. [21]Também entre eles tomarei para mim sacerdotes e levitas,* diz Javé.

---

* **66**,6. Ap 16,17 | 7. Ap 12,5 | 10. Jo 16,20 | 14. Jo 16,22 | 18. Ez 34,13; Mt 24,31; 25,32 | 21. Sl 87,7

† **66**,18. O livro termina com uma visão universalista: os hebreus retornam a sua terra e também são bem-vindos os estrangeiros, que podem até mesmo exercer o sacerdócio.

Isaías 66

²²Sim, como os novos céus e a nova terra,* que eu farei, durarão para sempre diante de mim – oráculo de Javé – assim durarão vossa descendência e vosso nome. ²³Em todo mês na lua nova, e no sábado de toda semana, virá cada um prostrar-se diante de mim, diz Javé. ²⁴Saindo, verão os cadáveres dos homens que se revoltaram contra mim; porque seu verme não morrerá, seu fogo não se apagará e serão uma abominação para todos".*

---

* **66**,22. 65,17 | 24. Mc 9,48; Jt 16,17; Eclo 7,18

JEREMIAS

Conhecemos bastante bem a vida deste profeta, por causa das notas biográficas que acompanham seus oráculos. De família sacerdotal, nasceu por volta do ano 650 aC em Anatot, que fica a 5 km ao norte de Jerusalém. Chamado desde o seio da mãe, exerce seu ministério de 626 a 587 a.C., um dos períodos mais sofridos da história de Judá. Eram passados cem anos desde a queda do reino do norte, e o reino de Judá, ameaçado pelas grandes potências, estava para tornar-se presa de Nabucodonosor, rei de Babilônia, que toma Jerusalém, a primeira vez em 598 a.C., deporta parte da população, e em 586 volta para destruir a cidade, fazendo uma segunda deportação. É nesse angustioso período que Deus chama Jeremias, para combater a infidelidade à aliança, a idolatria, os adultérios, as injustiças e toda espécie de imoralidade. Homem de piedade e sensibilidade profundas, ele vê, observa, sofre e chora. Gostaria de anunciar a seu povo o fim de suas penas e as bênçãos de Deus, mas o que Ele manda proclamar é: "Quebrarei este povo e esta cidade, assim como se quebra um vaso de terracota, que não se pode mais consertar" (19,11). Pelas denúncias que faz é incompreendido, perseguido, acusado de traição e de derrotismo e ameaçado de morte. Profeta semelhante a Moisés, ele intercede pelo povo com o qual sofre (2Mc 15,14). Sua vida prefigura a do Messias padecente. Apesar de tudo, ele não cessa de condenar a falsa consciência daqueles que se creem justos só porque realizam algumas práticas exteriores, mas com o coração estão longe de Deus. Prega a responsabilidade religiosa e a interioridade da relação com Deus. Dá apoio ao rei Josias, que empreende uma reforma religiosa para varrer do país os cultos idolátricos e renovar a aliança. Mas com Joaquim, sucessor de Josias, retornam os excessos de imoralidade, as injustiças e as idolatrias, com a consequência que Jerusalém é tomada e a população levada ao exílio. Parece o fim de tudo, mas Jeremias olha para o futuro e vê a aurora de uma nova aliança, mais bela e duradoura que a precedente, e ouve o Senhor que promete: "Porei minha Lei dentro deles, e a escreverei sobre seu coração. Então eu serei seu Deus e eles serão meu povo" (31,33). Javé fará a restauração, criará algo novo (31,22), reunirá o pequeno resto e o levará à terra prometida, numa repetição do êxodo. Jerusalém será reconstruída, surgirá um germe da dinastia de Davi.

I. ORÁCULOS CONTRA JUDÁ
(1–25)

1 **Prólogo.** ¹Palavras de Jeremias, filho de Helcias,* um dos sacerdotes que moravam em Anatot, no território de Benjamim. ²A ele foi dirigida a palavra de Javé no tempo de Josias, filho de Amon, rei de Judá, no décimo terceiro ano de seu reinado ³e também no tempo de Joaquim, filho de Josias, rei de Judá, até o fim do décimo primeiro ano de Sedecias, filho de Josias, rei de Judá, isto é, até a deportação de Jerusalém ocorrida no quinto mês.

Vocação e missão de Jeremias. ⁴Foi-me dirigida a palavra de Javé nestes termos:

⁵"Antes que eu te formasse no seio materno, eu te conhecia,*
antes que saísses do ventre, eu te consagrei†;
eu te estabeleci profeta das nações".
⁶Respondi: "Ah! Senhor Javé, eu não sei falar,*
pois ainda sou criança".
⁷Mas Javé me disse:
"Não digas: Sou criança,
mas vai àqueles aos quais eu te mandar
e anuncia o que eu te ordenar.
⁸Não os temas, porque estou contigo para te livrar"*
– oráculo de Javé.
⁹Javé estendeu a mão, tocou-me a boca*
e Javé me disse:

---

* **1**,1. 1Rs 2,26s; Sf 1,1 | 5. Is 49,1.5; Lc 1,15; Gl 1,15 | 6. Êx 4,10; Is 6,8 | 8. Ez 2,6

† **1**,5. Javé conhece a pessoa humana e é seu único senhor desde o começo da vida. Consagrar é separar para uma missão. Cabe a Javé tomar a iniciativa de chamar seu profeta, como em todo gesto da história da salvação.

Jeremias 1-2

"Ponho minhas palavras em tua boca.*

¹⁰Hoje te constituo sobre os povos e sobre os reinos
para arrancar e demolir,*
para abater e destruir,
para edificar e plantar".

Visões. ¹¹Foi-me dirigida esta palavra de Javé: "Que vês, Jeremias?" Respondi: "Vejo um ramo de amendoeira". ¹²Javé me falou: "Viste bem, porque eu velo† sobre minha palavra* para realizá-la". ¹³Depois foi-me dirigida pela segunda vez a palavra de Javé que disse: "Que estás vendo?" Respondi: "Vejo uma panela fervendo, que tem a boca voltada para o norte".

¹⁴Javé me disse:
"Do norte irromperá a desventura*
sobre todos os habitantes do país†.
¹⁵Pois vou convocar todas as famílias dos reinos do norte
– oráculo de Javé.
Eles virão, e cada qual porá seu trono diante das portas de Jerusalém,
contra todos os seus muros ao redor
e contra todas as cidades de Judá†.
¹⁶Então pronunciarei meus juízos contra eles,
por todo o mal que cometeram, abandonando-me
para queimar incenso a outros deuses
e prostrar-se diante da obra de suas mãos.
¹⁷Portanto, cinge-te o flanco,
levanta-te e dize a eles tudo quanto eu te ordenar;*
não tenhas medo à vista deles,
de outra forma te farei tremer diante deles.

¹⁸Eis que hoje faço de ti uma fortaleza,*
uma coluna de ferro
e um muro de bronze contra todo o país,
contra os reis de Judá e seus chefes,
contra seus sacerdotes e o povo do país.
¹⁹Lutarão contra ti, mas não te vencerão,
porque eu estou contigo para salvar-te
– oráculo de Javé.

2 **Infidelidade do povo.** ¹Foi-me dirigida esta palavra de Javé:
²"Vai e grita aos ouvidos de Jerusalém:
Assim fala Javé:
Eu me lembro de ti,
do afeto de tua juventude,*
de teu amor no tempo do noivado,
quando me seguias no deserto†,
numa terra não semeada.
³Israel era coisa sagrada para Javé,*
as primícias de sua colheita†;
todos os que dela comiam se tornavam culpados,
o mal se abatia sobre eles"
– oráculo de Javé.
⁴Ouvi a palavra de Javé, casa de Jacó,*
e vós, famílias todas da casa de Israel!
⁵Assim fala Javé:
"Que injustiça encontraram em mim vossos pais,
para afastar-se de mim?
Eles seguiram* o que é vão†,
tornaram-se eles próprios um nada.
⁶E não se perguntaram:
Onde está Javé que nos fez sair do país do Egito,*

---

* **1**,9. Is 6,6s; Ez 3,1ss / 2Sm 23,2; Is 59,21 | 10. Os 6,5; Jr 18,7; 31,28; 45,4 | 12. Ez 12,28; Is 55,10s; Dn 9,14; 4,5-31 | 14. 4,6; 6,1.22 | 17. 1,7s | 18. 15,20 | **2**,2. Os 2,16s; Jr 11,15; Ap 14,4 | 3. Êx 13,17; 19,6 | 4. Os 4,1ss | 5. Os 9,10 | 6. Dt 8,14ss; 32,10ss

† **1**,12. Em hebraico, a amendoeira era chamada "vigilante", porque é a primeira árvore a florir na primavera. | 14. A caldeira fervendo simboliza a invasão dos babilônios. | 15. Anuncia a invasão dos babilônios, que destruirão o país em castigo de sua idolatria: abandonaram seu Deus, e este agora os abandona. | **2**,2. O período do êxodo é chamado de tempo do noivado de Israel com seu Deus, Os 2,16-22, porque foi vivido na fidelidade. Mais realista, Ezequiel dirá que o povo foi sempre infiel desde que saiu do Egito, Ez 20,13.16.21.24. | 3. As primícias eram reservadas a Deus, Êx 13,11-16. Israel era o primogênito de Deus entre todos os povos, Êx 4,22; quem o atacasse era punido por Deus. | 5. Jeremias foi o primeiro a aplicar aos ídolos os termos "nada", "nulidade", abrindo o caminho para a doutrina do monoteísmo, Is 43,8-12; 44,6-8. Os ídolos não podem conceder a salvação aos que os adoram.

guiou-nos no deserto,
por uma terra de estepes e de pre-
cipícios,
por um terra árida e tenebrosa,
por uma terra que ninguém atravessa
e onde ninguém habita?
[7]Eu vos conduzi para uma terra que
é um jardim,*
para que comais seus frutos e produtos.
Mas vós, logo que entrastes,
contaminastes minha terra
e fizestes de meu patrimônio uma
abominação.
[8]Nem mesmo os sacerdotes se perguntaram:
Onde está Javé?†
Os detentores da lei não me conheceram,
os pastores se rebelaram contra mim,
os profetas profetizaram no nome de
Baal
e seguiram deuses inúteis".

Idolatria†. [9]"Por isso contenderei ainda
convosco
– oráculo de Javé –
e contenderei com vossos netos.
[10]Percorrei as ilhas de Cetim e observai,
mandai ver em Cedar e considerai
bem;*
vede se jamais aconteceu coisa semelhante.
[11]Alguma vez um povo mudou de
deus?
Porém aqueles não são deuses!
Mas meu povo substituiu
aquele que é sua glória por um ser
inútil.*
[12]Espantai-vos com isto, ó céus,
estremecei com assombro
– oráculo de Javé.
[13]Porque dois males meu povo cometeu:

abandonou a mim, fonte de água
viva,*
e cavou para si cisternas,
cisternas rachadas, que não retêm a
água"†.

Castigo. [14]"Acaso Israel é um escravo
ou um servo nascido em casa?
Por que então tornou-se uma presa?
[15]Contra ele rugem os leões,
fazem ouvir seus rugidos.
Reduzem sua terra a um deserto;
as cidades foram queimadas e não
têm habitantes.
[16]Até os filhos de Mênfis e de Táfnis
te rasparam* a cabeça†.
[17]Acaso tudo isso não te acontece
porque abandonaste Javé teu Deus
quando te guiava pelo caminho?
[18]E agora por que corres para o Egito*
a beber as águas do Nilo?
Por que corres para a Assíria
a beber as águas do Eufrates?†
[19]Tua própria maldade te castiga
e tuas rebeliões te punem.
Reconhece e vê que coisa má e
amarga
é ter abandonado Javé teu Deus
e não ter mais temor diante de mim
– oráculo do Senhor Javé dos exércitos".

Obstinação. [20]"Porque já desde muito
tempo quebraste teu jugo,
rompeste teus laços e disseste: Não
servirei!*
De fato sobre toda colina elevada*
e debaixo de toda árvore verde
te deitavas como prostituta†.
[21]Eu te havia plantado como vinha
excelente,
toda de boa origem:
agora, por que te tornaste para mim
uma planta degenerada,
como vinha estranha?

---

* **2,**7. Dt 8,7-10; Êx 3,8 | 8. 8,8; Ez 34,1 | 10. 18,13-16 | 11. Êx 24,16; Rm 1,23; Sl 106,20 | 13. Jo 4,1 | 16. Is 3,17; 7,20 | 18. Is 30,1ss | 20. Dt 12,2; Ez 16,16; 1Rs 14,23 / Dt 23,19; Is 5,1; Jr 5,10; 6,9; 8,13

† **2,**8. Os sacerdotes não só ofereciam os sacrifícios, mas também eram encarregados do oráculo divino e davam instruções ao povo. Os chefes do povo são chamados pastores; esses profetas são os da corte, a serviço do rei. | 9. O primeiro oráculo é contra os cultos idolátricos, consequência das alianças com os pagãos. | 13. A fonte é Javé, Is 12,3s, e as cisternas são o Egito e Babilônia; rachadas, porque a aliança com eles é inútil. | 16. Da parte do Egito, Israel vai sofrer a escravidão, representada pelos cabelos raspados. | 18. Condena as alianças políticas; Javé é o único Salvador do povo. | 20. No caso de Israel, esposa de Javé, cair na idolatria era entregar-se à prostituição.

Jeremias 2-3

²²Mesmo se te lavasses com soda
e usasses muita potassa,
diante de mim ficaria a mancha de
tua iniquidade
– oráculo do Senhor Javé.
²³Como ousas dizer:
Não me contaminei, não segui os
ídolos de Baal?
Considera teus passos no vale,
reconhece o que fizeste,
jovem camela ligeira e errante,
²⁴jumenta selvagem acostumada ao
deserto:
no ardor de seu desejo aspira o ar;
quem pode refrear seu desejo?
Todos que a buscam não têm de se
cansar:
sempre a encontrarão em seu mês.
²⁵Cuidado que teu pé não fique descalço
e que tua garganta não seque!
Mas tu respondes: Não. É inútil,
porque eu amo os estrangeiros, quero segui-los".*

Degradação. ²⁶"Como se envergonha
um ladrão apanhado em flagrante,
assim ficam envergonhados os da
casa de Israel,
eles, seus reis, seus chefes,
seus sacerdotes e seus profetas.
²⁷Dizem à madeira: Tu és meu pai,
e a uma pedra: Tu me geraste.
Apresentam a mim as costas e não
o rosto;
mas no tempo de sua angústia invocam:
Levantai-vos, salvai-nos!
²⁸Mas onde estão os deuses que fizeste para ti?*
Que se ergam, se podem salvar-te
no tempo de tua angústia;
porque numerosos como tuas cidades*
são teus deuses, ó Judá!
²⁹Por que contendeis comigo?
Todos vós me fostes infiéis
– oráculo de Javé.
³⁰Em vão castiguei vossos filhos,*
não aceitaram a correção.

Vossa espada devorou vossos profetas*
como um leão destruidor.
³¹Ó geração! Considerai a palavra de
Javé!
Acaso tornei-me um deserto para
Israel
ou uma terra de espessas trevas?
Por que meu povo diz:
Somos livres, nunca mais voltaremos
a ti?*
³²Acaso se esquece uma virgem de
seus ornamentos,
uma esposa de seu cinto?
Porém meu povo me esqueceu por
dias inúmeros.
³³Como sabes escolher bem teu caminho
à procura de amor!
Por isso ensinaste teus costumes
também às mulheres más.
³⁴Até nas orlas de tuas vestes*
se encontra o sangue dos pobres,
dos inocentes,
que não surpreendeste a forçar as
portas.
Mas apesar de tudo isso
³⁵protestas: Eu sou inocente,
sua ira já está longe de mim.
Eis-me aqui para te julgar,
porque disseste: Não pequei!
³⁶Por que te tornaste assim tão vil
mudando teu caminho?
Também pelo Egito serás envergonhada
como o foste pela Assíria.
³⁷Também de lá sairás com as mãos
sobre a cabeça,
porque Javé rejeitou aqueles nos
quais confiavas,
e não prosperarás com eles".

3 **A repudiada.** ¹"Se um homem repudia a esposa
e esta, separando-se dele, se casa
com outro homem,
voltará o primeiro ainda para ela?†
Acaso tal mulher não está toda contaminada?*

---

* **2**,25. Am 2,4; Os 2,7 | 28. Dt 32,37s / Jr 11,13 | 30. Am 4,6 / Mt 23,37 | 31. 2,23 | 34. Is 1,15 | **3**,1. Dt 24,1-4
† **3**,1. Dt 24,1-4 proibia que a mulher repudiada voltasse para seu marido. Exprime a impossibilidade de uma nova aliança entre Javé e o povo.

E tu que te desonraste com muitos amantes,
pretendes voltar para mim?
– oráculo de Javé.
²Ergue os olhos para as colinas e observa:*
onde não te desonraste?
Junto aos caminhos te sentavas à espera deles,
como o árabe no deserto.
Assim também contaminaste a terra
com tua impureza e tua maldade.
³Por isso as chuvas foram retidas*
e não veio a chuva tardia da primavera.
Mas tu manténs o despudor de prostituta,
recusando envergonhar-te.
⁴Por acaso não me chamas agora:
Meu Pai, amigo de minha juventude sois vós?
⁵Guardará ele rancor para sempre?
Vai eternizar sua ira?
Assim falas, entretanto cometes todo o mal que podes".

Comparação entre Israel e Judá. ⁶Javé me disse no tempo do rei Josias: "Viste o que fez Israel, a rebelde? Foi a todo lugar elevado e debaixo de toda árvore verdejante para prostituir-se. ⁷E eu pensava:* Depois que tiver feito tudo isso, voltará a mim, mas não voltou. A pérfida Judá, sua irmã, viu isso, ⁸viu que repudiei a rebelde Israel* por todos os seus adultérios, entregando-lhe o documento do divórcio. Mas a pérfida Judá, sua irmã, não teve temor algum. Ao invés, também ela foi prostituir-se; ⁹e com a leviandade de suas prostituições contaminou o país; cometeu adultério diante da pedra e da madeira. ¹⁰Não obstante isso, a pérfida Judá, sua irmã, não voltou para mim de todo o coração, mas com simulação" – oráculo de Javé. ¹¹Então Javé me disse: "Israel, a rebelde, é justa, em comparação com a pérfida Judá. ¹²Vai e grita estas coisas para o lado norte, dizendo:
Volta, Israel rebelde – oráculo de Javé.

Não vos mostrarei um rosto irado,
porque eu sou misericordioso
– oráculo de Javé.
Não conservarei a ira para sempre.
¹³Somente reconhece tua culpa,
porque te revoltaste contra Javé teu Deus,
repartiste teu amor com os estrangeiros
debaixo de toda árvore verde
e não ouviste minha voz – oráculo de Javé".

Convite ao retorno. ¹⁴"Voltai, filhos extraviados – oráculo de Javé –*
porque eu sou vosso Senhor.
Eu vos tomarei um de cada cidade
e dois de cada família
e vos conduzirei a Sião.
¹⁵Eu vos darei pastores segundo meu coração,*
os quais vos guiarão com inteligência e prudência.
¹⁶E quando vos multiplicardes
e fordes fecundos no país,
naqueles dias – oráculo de Javé –
não se falará mais da arca da aliança de Javé;
ninguém pensará nela nem a recordará;*
não sentirão sua falta nem se fará outra.
¹⁷Naquele tempo
Jerusalém será chamada trono de Javé;
todas as nações confluirão para ela,
para o nome de Javé em Jerusalém*
e não seguirão mais a dureza de seu coração mau.
¹⁸Naqueles dias
a casa de Judá irá até a casa de Israel,
e as duas voltarão juntas do país do norte*
para o país que eu dei como herança a seus pais.

Conversão. ¹⁹Eu pensava:
Como poderei considerar-te entre meus filhos
e dar-te uma terra de delícias,
a herança mais preciosa dentre as nações?

---

* **3,**2. 2,20 | 3. 5,24; 14,4; Lv 26,19 | 7. Dt 12,2 | 8. Dt 24,1 | 14. Is 4,3 | 15. Ez 34,1; 23,4 | 16. Êx 25,8 | 17. Ez 48,35; Is 45,14 | 18. Gn 13,14s

Jeremias 3-4

Eu pensava:
Vós me direis: 'Meu Pai', e não vos afastareis mais de mim
²⁰Mas como a mulher que trai seu companheiro,
assim me traístes, casa de Israel" – oráculo de Javé.
²¹Sobre as colinas se ouve uma voz:
o suplicante choro dos israelitas,
porque seguiram caminhos tortuosos,
esqueceram Javé seu Deus.
²²"Voltai, filhos transviados,
eu curarei vossas rebeliões".

Arrependimento. "Eis-nos aqui, nós vamos a vós,
porque sois Javé, nosso Deus.
²³Na realidade, ilusão são as colinas*
e o clamor sobre os montes;
na verdade é em Javé, nosso Deus,
que está a salvação de Israel.
²⁴A infâmia† devorou desde a nossa juventude
o fruto do trabalho de nossos pais,
seus rebanhos e boiadas, seus filhos e filhas.
²⁵Fiquemos prostrados em nossa vergonha,
nossa desonra nos recubra,
porque pecamos contra Javé, nosso Deus,
nós e nossos pais,
desde nossa juventude até hoje;
não escutamos a voz de Javé, nosso Deus".

4 **Condições para o retorno.** ¹"Se queres voltar, ó Israel – oráculo de Javé –,
é para mim que deves voltar.
Se removeres de minha presença tuas abominações,
não andarás mais vagueando.
²Teu juramento será: Pela vida de Javé,
com verdade, retidão e justiça.
Então nele serão benditas as nações*
e nele se gloriarão".

³Pois assim fala Javé
aos homens de Judá e de Jerusalém:
"Limpai para vós um terreno novo*
e não semeeis entre espinhos†.
⁴Circuncidai-vos para Javé,*
circuncidai vosso coração†,
homens de Judá e habitantes de Jerusalém,
para que minha ira não se acenda como fogo
e queime sem que ninguém a possa apagar,
por causa de vossas ações perversas".

Castigo iminente. ⁵Anunciai-o em Judá,
publicai-o em Jerusalém;
tocai a trombeta no país,*
gritai em voz alta e dizei:
Reuni-vos e entremos nas cidades fortificadas.*
⁶Erguei um sinal para Sião;
fugi sem demora,
porque eu mando do norte uma calamidade
e uma grande ruína.
⁷O leão saltou de sua selva,
o destruidor de nações pôs-se a caminho,
saiu de sua morada
para transformar teu país em desolação:
tuas cidades serão destruídas
e ficarão sem habitantes.
⁸Por isso vesti roupas de saco,
lamentai-vos e gemei,
porque não se afastou de nós
a ira ardente de Javé.
⁹E naquele dia – oráculo de Javé –
faltará coragem ao rei e aos chefes;
os sacerdotes ficarão estupefatos
e os profetas, aterrados.
¹⁰Então eu disse: "Ah! Senhor Javé,
portanto enganastes este povo e Jerusalém,
quando dizíeis: Vós tereis paz,
enquanto a espada penetra até o coração".*

---

* **3,**23. Is 2,12-18 | **4,**2. Gn 12,3 | 3. Os 10,12 | 4. Dt 10,16 | 5. Jl 2,1 / Jr 8,14 | 10. 14,13

† **3,**24. Infâmia é a idolatria. | **4,**3. O cultivo da terra é símbolo da volta para Deus, condição para obter suas bênçãos. | 4. Para Israel, o coração é a sede, não do amor e das emoções, mas da inteligência e da vontade. Para agradar a Deus, não basta o sinal material da circuncisão: é preciso dispor o coração pela fidelidade interior à aliança.

Jeremias 4

[11]Nesse tempo se dirá a este povo e a Jerusalém:

"O vento ardente das dunas sopra do deserto
para a filha de meu povo[†],
não para joeirar, nem para limpar o trigo.*

[12]Um vento mais forte que aquele virá por ordem minha.
Agora, também eu quero pronunciar contra eles a sentença".

[13]Eis que ele sobe como nuvens,
e como furacão são seus carros;
seus cavalos são mais velozes que as águias.
Ai de nós! estamos perdidos!

[14]Purifica teu coração da maldade, Jerusalém,
para que sejas salva.
Até quando abrigarás em ti pensamentos iníquos?

Chegada dos invasores. [15]Pois uma voz grita a notícia desde Dã,
das montanhas de Efraim anuncia a calamidade.

[16]Adverti as nações, fazei-o saber em Jerusalém.
Os sitiadores vêm de uma terra longínqua,
lançam gritos contra as cidades de Judá.

[17]Como os guardas de um campo a rodeiam,
porque se rebelou contra mim
– oráculo de Javé.

[18]Tua conduta e tuas ações te causaram tudo isto.
Este é o fruto de tua maldade;
como é amargo! Penetra até teu coração.

[19]Minhas entranhas, minhas entranhas!
Estou angustiado.
As paredes de meu coração!
O coração se agita em mim;
não posso calar-me,
porque ouvi o toque da trombeta, o grito de guerra.

[20]Ruína sobre ruína se anuncia:
o país todo está devastado.
De repente são destruídas minhas tendas,*
num instante, meus pavilhões.

[21]Até quando devo ver o sinal
e ouvir o toque da trombeta?

Desolação geral. [22]"Louco é meu povo: não me conhece,*
são filhos insensatos, sem inteligência;
são experientes em fazer o mal,*
mas não sabem fazer o bem".

[23]Olhei para a terra, ela era solidão e vazio;
para os céus, e não tinham luz.

[24]Olhei para os montes:
eles tremiam, e todas as colinas ondulavam.

[25]Olhei e não havia ninguém,
todos os pássaros do céu tinham fugido.

[26]Olhei, e a terra fértil era um deserto,
todas as suas cidades estavam destruídas
ante Javé, ante sua ira ardente.

[27]Porque assim diz Javé:
"O país todo será devastado;
mas eu não o destruirei totalmente.

[28]Por causa disso a terra estará de luto*
e os céus lá em cima escurecerão,
porque eu disse, decidi
e não me arrependo, nem volto atrás".

[29]Ante o rumor de cavaleiros e de arqueiros
toda a cidade está em fuga;
entram nas matas e sobem nos rochedos.
Toda a cidade é abandonada,
não ficou um só habitante.

[30]E tu, devastada, que farás?
Ainda que te vistas de escarlate,*
te enfeites com adornos de ouro
e te aumentes os olhos com pintura,
em vão te farias bela[†].

---

* **4,**11. 51,2 | 20. 10,20 | 22. Dt 32,6.28 / Mq 7,3 | 28. Os 4,3 | 30. Is 3,16-24; Ez 23,40 / Ez 16,37-40; 23,22-29

† **4,**11. Designa o conjunto da população. | **4,**30. Jerusalém é comparada à mulher que, como Judite, Jt 10,3s, se enfeita para seduzir o inimigo que se aproxima.

Jeremias 4-5

Teus amantes te desprezam;*
querem tirar-te a vida.
[31]Ouço gritos como de parturiente,*
uma angústia como da mulher no
primeiro parto;
é o grito da filha de Sião, ofegante,
que estende as mãos, dizendo:
"Ai de mim! Eu sucumbo diante dos
matadores".

5 **Depravação total.** [1]Percorrei as
ruas de Jerusalém,
observai bem e informai-vos,
procurai em suas praças se encon-
trais um homem,
um só que aja justamente*
e procure manter-se fiel,
e eu a perdoarei, diz Javé.
[2]Mesmo quando exclamam:
"Pela vida de Javé!"*
com certeza juram falso.
[3]Javé, não é a verdade
que vossos olhos querem ver?
Vós os feristes, mas eles não sentiram nada;*
vós os exterminastes, mas recusam a
correção.
Tornaram seu rosto mais duro que a
pedra,
não querem converter-se.*
[4]Eu pensava: "Com certeza, são uns
pobres coitados,
agem como loucos, porque não conhecem
o caminho de Javé, o direito de seu Deus.
[5]Vou dirigir-me aos grandes e lhes
falarei.
Com certeza, conhecem o caminho
de Javé,
o direito de seu Deus".*
Mas também esses quebraram o jugo,
romperam os laços!
[6]É por isso que o leão da floresta os
ataca,
o lobo das estepes os devasta.
A pantera está à espreita perto de
suas cidades,
quem sair será dilacerado†.

Porque numerosos são seus pecados,
aumentaram-se suas rebeliões.
[7]"Por que deveria eu te perdoar?
Teus filhos me abandonaram,
juraram por deuses que não existem.
Eu os saciei, e eles cometeram adultério,*
Amontoam-se nas casas de prostituição.
[8]São como cavalos bem fartos e fo-
gosos,
cada qual relincha atrás da mulher
do próximo.
[9]Não deveria eu puni-los por isso?*
– oráculo de Javé.
De um povo como este não me vin-
garia?
[10]Subi sobre seus muros e destruí-os,
mas não completamente;
arrancai-lhe os ramos, porque não
são de Javé.*
[11]Porque a casa de Israel e a casa de
Judá
com perfídia me traíram"
– oráculo de Javé.
[12]Renegaram Javé, dizendo:*
"Ele não existe!
Não virá sobre nós a calamidade,
não veremos nem espada, nem
fome.*
[13]Os profetas são como vento,
sua palavra não está neles.
Que suas ameaças sejam para eles!"
[14]Por isso diz Javé, Deus dos exércitos:
"Já que falaste assim,
eu farei de minhas palavras um fogo
em tua boca,*
e deste povo a lenha que ele devorará.
[15]Eis que mandarei contra ti uma nação de longe,*
ó casa de Israel – oráculo de Javé.
É uma nação valorosa, é uma nação
antiga,
uma nação cuja língua não conheces*
e não compreendes o que diz.

---

* **4**,31. 6,24; 13,21; 22,23; 50,43; Is 13,8; Sl 48,7 | **5**,1. Mq 7,2; Sl 14,1ss | 2. Gn 18,16-33; Êx 14,12 | 3. Am 4,6 / Ap 16,9.11 | 5. 2,20; Mt 11,28ss | 7. Dt 32,15 | 9. 5,29;9,8 | 10. 2,21 | 12. Sl 14,1; Sf 1,12 / Is 28,15; Am 9,10 | 14. 23,29; Os 6,5 | 15. Dt 28,49-52 / Is 28,11

† **5**,6. As três feras representam os inimigos que invadem o país.

949   Jeremias 5-6

¹⁶Sua aljava é como sepulcro aberto.
Eles são todos valentes.
¹⁷Devorará tuas colheitas e teu pão;
devorará teus filhos e tuas filhas;
devorará teus rebanhos e tuas boiadas;
devorará tuas vinhas e tuas figueiras;
com a espada destruirá as cidades
fortificadas
nas quais confias.
¹⁸Mas mesmo naqueles dias
– oráculo de Javé –
não vos exterminarei completamente".*
¹⁹E quando perguntardes:
"Por que Javé, nosso Deus, nos faz
tudo isto?",*
tu lhes responderás:
"Como tu me abandonaste
e serviste deuses estrangeiros em teu
país,
assim servirás os estrangeiros
num país que não é o teu".*

Castigo inevitável. ²⁰Fazei este anúncio na casa de Jacó,
proclamai-o em Judá dizendo:
²¹"Ouvi isto, agora,
ó povo insensato e sem entendimento,*
que tem olhos mas não vê,
tem ouvidos mas não ouve.
²²Vós não me temereis? – oráculo de
Javé.
Não tremereis diante de mim,
que pus a areia como limite do mar,
como barreira perene que este não
passará?*
Suas ondas se agitam, mas não prevalecem,
Bramem, porém não a ultrapassam".
²³Mas este povo tem um coração indócil e rebelde;
eles se afastam, vão embora
²⁴e não dizem em seu coração:
"Temamos Javé, nosso Deus,
que concede a chuva a seu tempo,*
a do outono e a da primavera,
que mantém para nós as semanas fixadas para a colheita".
²⁵Vossas iniquidades perturbaram
esta ordem

e vossos pecados afastaram de vós
esses bens;
²⁶porque entre meu povo há malvados
que espiam como caçadores à espreita,
põem armadilhas e prendem homens.
²⁷Como gaiola cheia de pássaros,
assim suas casas estão cheias de enganos;
por isso tornam-se grandes e ricos.
²⁸São gordos e reluzentes,
ultrapassam os limites do mal;
não respeitam o direito, o direito dos
órfãos,
e no entanto eles prosperam.
Não fazem justiça aos pobres.
²⁹Não deverei eu punir essas coisas?*
– oráculo de Javé.
De um povo como este não deveria
vingar-me?
³⁰Coisas horríveis e abomináveis
acontecem no país.
³¹Os profetas profetizam falsamente*
e os sacerdotes governam por própria conta;
no entanto, meu povo está contente
com isso.
Mas que fareis quando vier o fim?*

6 **Próximo cerco.** ¹Procurai um refúgio, filhos de Benjamim,
fora de Jerusalém.
Em Técua tocai a trombeta,*
erguei um sinal sobre Bet-Acarem,
porque do norte avança uma calamidade,*
uma grande ruína.
²A bela, a delicada, a filha de Sião,
eu a destruo.
³Para ela se movem pastores com
seus rebanhos;*
armam tendas a seu redor;
cada um deles pastoreia sua parte.
⁴"Preparai a guerra contra ela; assal-
temo-la ao meio-dia.
Ai de nós! O dia já declina, já se alon-
gam as sombras da tarde.
⁵Assaltemo-la de noite, destruamos
seus palácios".

---

* 5,18. Is 4,3 | 19. Dt 29,24s; Jr 16,10s; 22,8s / Dt 28,47s | 21. Dt 29,3; Ez 12,2 | 22. Jó 38,8-11; Sl 104,9 | 24. 3,3; Dt 11,14 | 29. 5,9 | 31. 14,14 / Is 10,3 | **6**,1. Jl 2,1 / Jr 1,13ss | 3. 12,10

Jeremias 6

⁶Porque assim diz Javé dos exércitos:
"Cortai suas árvores,
construí um aterro diante de Jerusalém.
Esta é a cidade que deve ser punida,
nela tudo é opressão.
⁷Como de um poço brota água,
assim esta faz brotar sua iniquidade.
Só de violência e opressão se ouve falar nela;
diante de mim estão continuamente dores e chagas.

Ameaças. ⁸Aceita a correção, ó Jerusalém,
para que eu não me afaste de ti
e não te reduza a um deserto,
a uma região desabitada".
⁹Assim diz Javé dos exércitos:
"Vão recolher completamente como numa vinha*
o resto de Israel;
torna a passar tua mão sobre os ramos
como quem colhe uvas"†.
¹⁰A quem falarei e a quem repreenderei
para que me ouçam?
Não é circuncidado o ouvido deles,*
são incapazes de prestar atenção.
A palavra de Javé é para eles objeto de desprezo,
não a apreciam.
¹¹Estou cheio da ira de Javé,
não posso mais contê-la†.
"Derrama-a sobre os meninos na rua
e também na reunião dos jovens,
porque serão tomados juntos homens e mulheres,
velhos e anciãos.
¹²Suas casas passarão para estrangeiros,*
também seus campos e suas mulheres,
porque estenderei a mão contra os habitantes deste país"
– oráculo de Javé.
¹³Pois, do pequeno ao grande, todos buscam o lucro injusto;
do profeta ao sacerdote, todos praticam a mentira.*

¹⁴Eles tratam com leviandade a ferida de meu povo,
dizendo: "Bem, bem!", mas não está bem.
¹⁵Ficaram envergonhados quando cometeram abominações?
De modo algum se envergonham,
não sabem nem sequer enrubescer-se.
"Por isso cairão com as outras vítimas,
na hora do castigo serão prostrados", diz Javé.
¹⁶Assim fala Javé:
"Parai nas estradas e olhai,
informai-vos sobre os caminhos do passado,*
onde está a estrada boa, e segui-a;
assim achareis descanso para vossas almas".*
Mas eles responderam: "Não a seguiremos!"
¹⁷Eu pus sentinelas junto de vós, dizendo:*
"Prestai atenção ao toque da trombeta".
Eles responderam: "Não nos importa!"
¹⁸Por isso, escutai, ó nações,
e sabe, ó assembleia, o que acontecerá com eles.
¹⁹Ouve, ó terra! "Eis que eu mando contra este povo*
a calamidade, fruto de seus pensamentos,
porque não prestaram atenção a minhas palavras
e rejeitaram minha lei.
²⁰Que me importam o incenso importado de Sabá*
e a preciosa canela que chega de um país distante?
Não aceito vossos holocaustos*
e não me agradam vossos sacrifícios"†.
²¹Por isto diz Javé:
"Vou colocar diante deste povo pedras de tropeço,
nas quais tropeçarão juntos pais e filhos;
vizinhos e amigos perecerão".

---

* **6**,9. 2,21 | 10. 4,4 | 12. 8,10ss | 13. 23,11 | 16. 18,15 / Mt 11,29 | 17. Os 9,8; Ez 3,17 | 19. Pr 1,29ss | 20. 1Rs 10,1 / Am 5,21

† **6**,9. A vinha é o povo eleito, e os vindimadores são os inimigos. | 11. Angústia do profeta, que ama seu povo, mas tem de anunciar-lhe as terríveis ameaças de Deus. | 20. Jeremias quer chamar a atenção para o elemento moral da religião, diminuindo a importância exagerada que se dava aos sacrifícios. O importante é seguir o que Deus diz; sem isto de nada valem os ritos externos.

Jeremias 6-7

Invasão. ²²Assim diz Javé:

"Eis que um povo vem do país do norte,*
uma grande nação se move da extremidade da terra.
²³Armados de arcos e lanças, são cruéis, sem piedade.
Seus gritos ressoam como o mar; eles montam cavalos:
estão prontos para combater como um só homem contra ti,
filha de Sião".
²⁴"Ouvimos sua fama, nossas mãos desfaleceram;
a angústia apoderou-se de nós, como as dores de uma parturiente".*
²⁵Ninguém saia para o campo nem caminhe pelas estradas,
porque a espada inimiga e o terror nos rodeiam.*
²⁶Filha de meu povo, veste o luto e revira-te na cinza.
Chora como por um filho único,* lamento de amargura†,
porque cairá de improviso o destruidor sobre nós!
²⁷Eu te estabeleci como examinador de meu povo,
para que conheças e observes sua conduta.
²⁸Todos eles são rebeldes inveterados, caluniadores,
são como bronze e ferro, são todos destruidores.
²⁹O fole sopra com força,*
o chumbo é consumido pelo fogo;
em vão se continua a refiná-lo, as escórias não se separam.
³⁰"Escória de prata" se chamam, porque Javé os rejeitou.

7 **Confiança no templo.** ¹Esta é a palavra que foi dirigida por Javé a Jeremias: ²"Fica na porta do templo de Javé e lá proclama esta palavra: Ouvi a palavra de Javé, vós todos de Judá, que entrais por estas portas para prostrar-vos diante de Javé. ³Assim fala Javé dos exércitos, Deus de Israel: Melhorai vossa conduta e vossas ações, e eu vos farei habitar neste lugar. ⁴Não se iludam com palavras mentirosas, dizendo: Templo de Javé, templo de Javé, este é o templo de Javé!†

⁵Porque, se realmente emendardes vossa conduta* e vossas obras, se deveras fizerdes justiça uns aos outros; ⁶se não oprimirdes o estrangeiro,* o órfão e a viúva, se não derramardes o sangue inocente neste lugar* e se não seguirdes, para vossa infelicidade, outros deuses, ⁷eu vos farei morar neste lugar, no país que dei a vossos pais desde muito tempo e para sempre. ⁸Mas vós confiais em palavras falsas que para nada valem: ⁹roubar, matar, cometer adultério, jurar falso, queimar incenso a Baal, seguir outros deuses que não conhecíeis. ¹⁰Depois vindes e vos apresentais diante de mim neste templo, que traz meu nome, e dizeis: 'Estamos salvos!', para depois continuar cometendo todas essas abominações. ¹¹Por acaso considerais como um covil de ladrões* este templo que traz meu nome? Tudo isto eu vi também – oráculo de Javé. ¹²Ide, portanto, ao lugar que foi meu em Silo,* onde outrora eu fiz habitar meu nome; considerai o que fiz dele, por causa da maldade de Israel, meu povo. ¹³Agora, já que fizestes todas estas ações – oráculo de Javé – e não me escutastes quando vos falei constantemente* e não respondestes a meus apelos, ¹⁴eu tratarei este templo que traz meu nome e no qual confiais e este lugar que dei a vós e a vossos pais, como tratei Silo. ¹⁵Eu vos expulsarei de minha frente como expulsei todos os vossos irmãos, toda a descendência de Efraim.

¹⁶Tu, pois, não intercedas por este povo,* não faças por ele súplicas e orações nem insistas comigo, porque não

---

* **6**,22. 50,41s | 24. 4,31 | 25. 20,10 | 26. Am 8,10; Zc 12,10 | 29. Is 1,22; Jr 9,6; Ez 22,17-22; Ml 3,2s **7**,5. Is 1,16s | 6. 22,3 / Êx 20,2 | 11. Mt 21,13 | 12. 1Sm 1-3; 4,12-22; Sl 78,59-69 | 13. Is 50,2; 65,12; 66,4 | 16. 11,14; 14,11

† **6**,26. A morte do filho único é o fim da descendência e o desaparecimento do nome da família. **7**,4. Achavam que o templo, onde estava a arca da aliança, trono de Javé, não podia cair nas mãos do inimigo.

Jeremias 7-8

te escutarei. [17]Não vês o que fazem nas cidades de Judá e nas ruas de Jerusalém? [18]Os filhos recolhem a lenha, os pais acendem o fogo e as mulheres amassam a farinha para fazer bolos para a Rainha do céu†; depois derramam libações* a outros deuses para ofender-me. [19]Mas por acaso é a mim que eles ofendem? – oráculo de Javé –; não é antes a si próprios para sua própria vergonha? [20]Por isso, assim fala o Senhor Javé: Minha ira, meu furor, se derramará sobre este lugar, sobre os homens e sobre os animais, sobre as árvores dos campos e sobre os frutos da terra: é um fogo que não se apaga".

Dureza e infidelidade. [21]Assim fala Javé dos exércitos, o Deus de Israel: "Ajuntai vossos holocaustos a vossos sacrifícios e comei a carne deles! [22]Pois eu nada disse nem ordenei* a vossos pais quando os fiz sair da terra do Egito sobre holocausto e sacrifício. [23]Mas isto lhes ordenei: Escutai minha voz! Então eu serei vosso Deus e vós sereis meu povo; e caminhai sempre na estrada que eu vos prescrevo, para que sejais felizes. [24]Mas eles não escutaram nem prestaram ouvido, seguiram seus planos, a maldade de seu coração obstinado, e, em vez de virar o rosto para mim, viraram-me as costas. [25]Desde quando vossos pais saíram da terra do Egito* até hoje tenho enviado a vós todos os meus servos, os profetas,* todo o dia, sem cessar; [26]mas eles não me escutaram nem prestaram ouvido. Endureceram sua cerviz, tornaram-se piores que seus pais. [27]Tu lhes dirás todas estas coisas, mas eles não te escutarão; tu os chamarás, mas não te responderão. [28]Então lhes dirás: Esta é a nação que não escuta a voz de Javé, seu Deus, nem aceita sua correção. Desapareceu a fidelidade,* foi banida de sua boca".

Profanação e castigo. [29]"Corta tua cabeleira e joga-a fora*

e entoa sobre as alturas uma lamentação,

porque Javé rejeitou e abandonou a geração que é alvo de sua ira.

[30]Porque os filhos de Judá* cometeram o que me desagrada – oráculo de Javé. Instalaram suas abominações no templo que traz meu nome, para contaminá-lo. [31]Construíram o altar de Tofet, no vale de Ben-Enom, para queimar seus filhos e filhas, coisa que jamais ordenei* nem me passou pela mente. [32]Por isso virão dias – oráculo de Javé – nos quais não se chamará mais Tofet nem vale de Ben-Enom, mas vale do Massacre. Então se sepultará em Tofet,* porque não haverá outro lugar. [33]Os cadáveres deste povo servirão de pasto para as aves do céu e para os animais da terra, e ninguém os espantará. [34]Eu farei cessar nas cidades de Judá e nas ruas de Jerusalém* os gritos de alegria e os sons de festa, a voz do esposo e da esposa, porque o país será um deserto".

8 **Visão desoladora.** [1]"Naquele tempo – oráculo de Javé – serão exumados de seus túmulos os ossos dos reis de Judá, os ossos de seus chefes, os ossos dos sacerdotes, os ossos dos profetas e os ossos dos habitantes de Jerusalém. [2]Eles serão expostos ao sol, à lua* e a todo o exército do céu que eles amaram, serviram, seguiram, consultaram e adoraram. Não serão mais recolhidos e sepultados,* mas ficarão como esterco sobre o chão. [3]Então a morte será preferível à vida para todos os que restarem daquela raça perversa em todo lugar, onde eu os tiver dispersado" – oráculo de Javé dos exércitos.

Endurecimento obstinado. [4]Tu lhes dirás: "Assim fala Javé:

Acaso aquele que cai não se levanta e quem perde o caminho não volta atrás?

[5]Por que então este povo se desvia, por que Jerusalém é continuamente rebelde?

---

* **7**,18. 44,17ss | 22. 6,20; Am 5,21 | 25. 9,13 / 25,4; 26,5; 29,19; 2Cr 36,15 | 28. Is 7,9 | 29. 19,1-13 | 30. 32,34 | 31. 19,6 | 32. 16,4; 34,20 | 34. 16,9; 25,10 | **8**,2. Ez 6,4s / Jr 25,33; 16,4

† **7**,18. Trata-se da deusa Istar, dos babilônios, identificada com o planeta Vênus.

953 Jeremias 8

Persistem em suas ilusões, recusam converter-se.

⁶Escutei atentamente;

eles não falam como deveriam.

Ninguém se arrepende de sua maldade,

dizendo: O que fiz eu?

Cada um retoma sua corrida

como um cavalo que se lança na batalha.

⁷Até a cegonha no céu conhece seus tempos;*

a rola, a andorinha e o grou

observam a data de sua arribação;

meu povo, porém, não conhece a ordem de Javé.

⁸Como podeis dizer: Nós somos sábios,*

a lei de Javé está conosco?

Sim, a pena mentirosa dos escribas converteu-a em mentira!†

⁹Os sábios serão confundidos, desconcertados

e cairão prisioneiros.

Eles rejeitaram a palavra de Javé:

que sabedoria podem ter?

¹⁰Por isso darei a outros suas mulheres,*

seus campos a novos donos,

porque, do pequeno ao grande, são todos gananciosos;

do profeta ao sacerdote, todos praticam a mentira.

¹¹Eles tratam com leviandade a ferida de meu povo,

dizendo: Bem, bem!, mas não está bem.

¹²Deveriam envergonhar-se de seus atos abomináveis,

mas não se envergonham de modo algum,

não sabem nem mesmo enrubescer-se.

Por isso cairão com as outras vítimas,

na hora do ajuste de contas serão prostrados",

diz Javé.

¹³"Eu os apanho e os aniquilo, diz Javé,*

não há mais uva na vinha nem frutos nas figueiras;

mesmo as folhas ficarão murchas.

Eu os dou aos que pisarão sobre eles".

Ruína sem remédio. ¹⁴"Por que ficamos sentados aqui?

Reuni-vos, entremos nas fortalezas e morramos nelas,*

porque Javé nosso Deus nos faz perecer.

Ele nos faz beber águas envenenadas,*

porque pecamos contra Javé.

¹⁵Esperávamos a paz, mas não existe bem nenhum;*

a hora da salvação, e eis o terror".*

¹⁶De Dã se ouve o bufar de seus cavalos;*

ao rumor do relinchar de seus corcéis treme a terra toda.

Vêm e devoram o país e seus bens,

a cidade e seus habitantes.

¹⁷"Sim, eu estou para mandar contra vós serpentes venenosas,*

contra as quais não existe magia: elas vos morderão"

– oráculo de Javé.

¹⁸Procurei tranquilizar-me, superando minha dor,

mas dentro de mim meu coração desfalece.

¹⁹Ouço os gritos da filha de meu povo

que vêm de uma terra distante:

"Javé não se acha em Sião?

Seu rei não mora mais lá?"

Por que me provocaram à ira com seus ídolos

e com estas nulidades estrangeiras?

²⁰Passou o tempo da colheita,

acabou o verão e não fomos salvos.

²¹Pela ferida da filha de meu povo estou aflito,

estou consternado, a desolação apoderou-se de mim.

²²Então, não há bálsamo em Galaad?

Não há nenhum médico lá?

Por que não melhora a ferida da filha de meu povo?

---

* **8**,7. Is 1,3 | 8. 2,8 | 10. 6,12-15 | 13. Is 5,1 | 14. 4,5 / 9,14 | 15. Is 59,9 / Jr 14,19 | 16. 4,15 | 17. Dt 32,24; Nm 21,6

† **8**,8. O erro dos escribas era deixar de lado as obrigações religiosas e morais da aliança.

Jeremias 8-9

²³Quem fará de minha cabeça uma nascente de água
e de meus olhos uma fonte de lágrimas,
para que eu chore dia e noite
os mortos da filha de meu povo?

9 **Corrupção moral.** ¹Quem me dará no deserto um refúgio para viajantes?
Eu deixaria meu povo e me afastaria dele,
porque são todos adúlteros, um bando de traidores†.
²Retesam sua língua como arco;*
é a mentira e não a verdade que domina no país.*
Avançam de crime em crime,
mas a mim não me conhecem
– oráculo de Javé.
³Cada um se guarde de seu amigo;
não confieis nem no irmão,
porque todo irmão engana o irmão*
e todo amigo espalha calúnias.*
⁴Cada qual engana seu próximo, ninguém diz a verdade.
Acostumaram a própria língua a falar mentiras
e se cansam de fazer o mal.
⁵Tu habitas em meio à fraude;
por fraude se recusam a conhecer-me
– oráculo de Javé.
⁶Por isso assim fala Javé dos exércitos:*
"Eis que os refinarei no cadinho e os provarei;
de que outro modo eu procederia com a filha de meu povo?
⁷Flecha mortífera é sua língua,
engano são as palavras de sua boca.
Cada qual fala de paz com o próximo,
enquanto no íntimo lhe arma ciladas".

Vingança divina. ⁸"Eu não deveria punir-vos por tais coisas?
– oráculo de Javé.

De uma nação como esta não deveria vingar-me?"*
⁹Sobre os montes erguerei gemidos e lamentos,
um canto fúnebre sobre as pastagens da estepe,
porque estão queimadas, ninguém mais passa por lá,
nem mais se ouve o mugido do gado.
Desde as aves do céu até o gado,*
todos fugiram, desapareceram.
¹⁰"Farei de Jerusalém um monte de ruínas,
um refúgio de chacais;
farei das cidades de Judá uma desolação,
sem habitantes".*
¹¹Quem é sábio para compreender isto?
A quem a boca de Javé falou para que o anuncie?
Por que o país está devastado,
queimado como deserto onde ninguém passa?

Apostasia geral. ¹²Disse Javé: "É porque abandonaram a lei que eu tinha posto diante deles* e não escutaram minha voz e não a seguiram, ¹³mas seguiram a dureza de seu coração e os ídolos de Baal,* que seus pais lhes deram a conhecer".¹⁴Portanto, assim diz Javé dos exércitos, Deus de Israel: "Darei a este povo como alimento o absinto e lhe darei a beber água envenenada.* ¹⁵Eu os dispersarei no meio de nações que nem eles, nem seus pais conheceram e mandarei atrás deles a espada até que os tenha exterminado".

Lamentação. ¹⁶Assim diz Javé dos exércitos:
"Atenção! Convocai as carpideiras: que venham!
Fazei vir as melhores: que venham
¹⁷e sem demora, para entoar sobre nós um lamento".
Brotem lágrimas de nossos olhos,
escorra água de nossas pálpebras.

---

* **9**,2. Sl 12,1-5 / Sl 116,11 | 3. Gn 27,36 / Os 12,4 | 6. 6,29 | 8. 5,9 | 9. Os 4,3 | 10. 34,22 | 12. Êx 19,5 | 13. 7,24 | 14. 23,15; 8,14; Dt 4,27; 28,36.64

† **9**,1. Como Elias que foge da ira de Jezabel, 1Rs 19,3, Jeremias quer escapar da traição e da calúnia de seu povo.

955   Jeremias 9-10

¹⁸Sim, uma voz de lamento se ouve de Sião:
"Estamos arruinados, cobertos de vergonha
porque devemos abandonar o país;
demoliram nossas moradas".
¹⁹Ouvi, pois, ó mulheres, a palavra de Javé;
que vossos ouvidos acolham a palavra de sua boca.
Ensinai a vossas filhas um lamento,
uma à outra um canto fúnebre:
²⁰"A morte subiu por nossas janelas,
penetrou em nossos palácios,
abatendo os meninos na rua
e os jovens nas praças.
²¹Fala: Este é o oráculo de Javé:
Os cadáveres dos homens jazem como esterco nos campos,
como feixes atrás do ceifeiro, e ninguém os recolhe".*

A verdadeira glória. ²²Assim fala Javé:
"Não se glorie o sábio de sua sabedoria*
e não se glorie o forte de sua força,
não se glorie o rico de sua riqueza!
²³Mas quem quer gloriar-se, glorie-se disto:
de ter inteligência e de me conhecer,
porque eu sou Javé
que pratico a misericórdia, o direito e a justiça sobre a terra;
nestas coisas encontro meu agrado"
– oráculo de Javé†.
²⁴"Dias virão – oráculo de Javé – em que punirei todos os circuncisos que permanecem incircuncisos: ²⁵o Egito, Judá, Edom, os amonitas e os moabitas e todos os que cortam as cabelos das têmporas e moram no deserto, porque todas estas nações e toda a casa de Israel são incircuncisos de coração".

10

Nulidade dos ídolos. ¹Escutai a palavra que Javé vos dirige, casa de Israel.
²Assim diz Javé:
"Não imiteis a conduta dos gentios
e não tenhais medo dos sinais do céu,
porque são os gentios que têm medo deles.
³Pois os costumes dos povos são vaidade;
são madeira cortada na floresta,
trabalhada pelo escultor com o cinzel.
⁴É enfeitada de prata e ouro,
é fixada com pregos e com martelos,
para que não se mova.
⁵Os ídolos são como espantalho
num campo de abóboras,
não sabem falar;
é preciso carregá-los, porque não andam.
Não os temais, porque não fazem mal algum,
nem o bem eles podem fazer".

Grandeza de Deus. ⁶Ninguém é igual a vós, Javé;*
vós sois grande, e grande é vosso nome por vosso poder.*
⁷Quem não vos temerá, rei das nações?*
Isto vos convém, porque entre todos os sábios das nações
e em todos os seus reinos
ninguém é semelhante a vós.
⁸São todos ao mesmo tempo loucos e insensatos;
vã é sua doutrina, como um pedaço de madeira.
⁹Prata batida e laminada, trazida de Társis,
e ouro de Ofir,
trabalho de escultor ou de ourives;
é revestido de púrpura e de escarlate:
mera obra de artesãos.
¹⁰Javé, porém, é o Deus verdadeiro,
ele é o Deus vivo e o rei eterno;
diante de seu furor a terra treme,
as nações não podem resistir a sua ira.
¹¹Assim direis a eles: "Os deuses que não fizeram o céu e a terra desaparecerão da terra e de debaixo deste céu".
¹²Ele formou a terra com seu poder,*
fixou o mundo com sua sabedoria,

---

* **9**,21. 8,2 | 22. 1Cor 1,31; 2Cor 10,17; Tg 1,9 | **10**,6. 42,8; 40,18 / Sl 86,8 | 7. Ap 15,4 | 12. 51,15-19; Sl 104; Jó 38; Pr 8,27-31

† **9**,23. A verdadeira religião consiste no amor misericordioso, no direito e na justiça, Os 2,21s; 4,1.6.

Jeremias 10-11

e com sua inteligência estendeu os céus.

¹³Quando faz ouvir sua voz,
é um fragor de águas no céu.
Ele faz subir as nuvens da extremidade da terra,*
produz relâmpagos para a chuva
e tira o vento para fora de seus depósitos.

¹⁴Fica ignorante todo homem, sem compreender;
todo ourives se envergonha de seus ídolos,
porque é mentira o que ele fundiu
e não tem sopro vital.

¹⁵Eles são nulidades, obras ridículas;
no tempo de seu castigo perecerão.

¹⁶Não é assim a herança de Jacó,
porque ele formou todas as coisas,
e Israel é a tribo de sua herança,
Javé dos exércitos é seu nome.

Pânico em Judá. ¹⁷Junta do chão tua bagagem,*
tu que estás sitiada!

¹⁸Porque assim fala Javé:
"Desta vez expulsarei para longe os habitantes do país;
eu os afligirei, para que me reencontrem".

¹⁹Ai de mim por causa de minha ferida;*
minha chaga é incurável.
No entanto eu tinha pensado:
"Este é meu mal e devo suportá-lo".

²⁰Minha tenda está destruída,
todas as minhas cordas se romperam.
Meus filhos se afastaram de mim e não existem mais.*
Não há mais ninguém que monte minha tenda
e estenda minhas lonas.

²¹Os pastores se tornaram insensatos,*
não procuraram mais Javé;
por isso não tiveram êxito

e dispersou-se todo o seu rebanho.

²²Ouve-se um rumor que avança
e um grande clamor chega do país do norte,
para reduzir as cidades de Judá a um deserto,
refúgio de chacais.

Oração de Jeremias. ²³"Eu sei, Javé,
que o homem não é dono de seu caminho;*
não está no poder de quem caminha dirigir seus passos.

²⁴Corrigi-me, Javé, mas com justa medida;*
não segundo vossa ira,
para não me reduzirdes ao nada"†.

²⁵Derramai vossa ira
sobre as nações que não vos conhecem*
e sobre as famílias que não invocam vosso nome;
porque devoraram Jacó,*
elas o devoraram e consumiram, e destruíram sua morada.

11 Fidelidade à aliança.
¹Esta é a palavra que foi dirigida a Jeremias da parte de Javé: ²"Escuta as palavras desta aliança† e refere-as aos homens de Judá e aos habitantes de Jerusalém. ³Tu lhes dirás: Assim fala Javé, Deus de Israel: Maldito o homem que não escuta as palavras desta aliança,* ⁴que eu prescrevi a vossos pais quando os fiz sair da terra do Egito, da fornalha de ferro, dizendo: Escutai minha voz e fazei tudo o que vos mando; então sereis meu povo e eu serei vosso Deus,* ⁵de modo que eu possa manter o juramento feito a vossos pais de dar-lhes uma terra onde correm leite e mel, como hoje possuís". Eu respondi: "Assim seja, Javé!" ⁶Javé me disse: "Proclama todas estas palavras nas cidades de Judá e nas ruas de Jerusalém, dizendo: Escutai as palavras desta aliança e

---

* **10**,13. Sl 135,7 | 17. Ez 12,3s | 19. 4,31 / 4,20 | 20. Is 54,1s | 21. Ez 34,1 | 23. Pr 20,24 | 24. Sl 6,2; 38,2 | 25. Sl 79,6s / Is 9,11; 30,16 | **11**, 3. Dt 27,26 | 4. Dt 4,20; 7,12s; 6,3; 11,9; 10,15 | 8. Dt 29,18.27

† **10**,24. Há dois tipos de justiça: a que castiga o mal conforme sua gravidade objetiva e a que corrige considerando a fraqueza humana. | **11**,2. No tempo do rei Josias, no ano 622 a.C., foi descoberto no templo o livro da lei, 2Rs 22,8, fato que deu início a uma reforma religiosa, na qual o rei se empenhou pessoalmente, com o apoio de Jeremias.

ponde-as em prática. [7]Porque eu exortei insistentemente vossos pais quando os fiz sair da terra do Egito e até hoje, sem me cansar adverti, repetindo: Escutai minha voz! [8]Mas eles não escutaram nem deram ouvido; cada qual seguiu a dureza de seu coração malvado. Por isso apliquei contra eles todas as palavras* desta aliança, que eu lhes tinha mandado praticar, e não praticaram".

[9]Javé disse-me: "Formou-se uma conspiração entre os homens de Judá e os habitantes de Jerusalém; [10]voltaram às iniquidades de seus primeiros pais* que tinham recusado escutar minhas palavras; também eles seguiram outros deuses para servi-los. A casa de Israel e a casa de Judá violaram a aliança que eu tinha concluído com seus pais. [11]Por isso, assim fala Javé: Mandarei sobre eles uma calamidade da qual não poderão fugir. Clamarão a mim, mas não os ouvirei. [12]Então as cidades de Judá* e os habitantes de Jerusalém erguerão gritos de socorro aos deuses aos quais ofereceram incenso, mas eles de modo algum poderão salvá-los no tempo de sua calamidade. [13]Porque tão numerosos como tuas cidades são teus deuses, ó Judá; numerosos como as ruas de Jerusalém, os altares que ergueste ao ídolo, altares para queimar incenso a Baal. [14]Tu, pois, não intercedas por este povo,* não faças para ele súplicas e preces, porque não escutarei quando me invocarem no tempo de sua calamidade".

[15]Que tem a fazer minha amada em minha casa*
com sua perversa conduta?
Promessas e carne de sacrifícios
acaso afastam de ti tua calamidade,
para que possas alegrar-te?
[16]Oliveira verde, formosa e de frutos deliciosos,*
era o nome que Javé te havia dado.

Com grande rumor ele pôs fogo em suas folhas
e seus ramos se queimaram.
[17]E Javé dos exércitos que te plantou, decretou contra ti a calamidade por causa do mal que cometeram para seu dano a casa de Israel e a casa de Judá, irritando-me com a queima de incenso a Baal.

Jeremias perseguido[†]. [18]Javé comunicou-me e eu o soube;
vós me mostrastes então suas intrigas.
[19]Eu era como um cordeiro manso* levado ao matadouro e não sabia que eles tramavam contra mim, dizendo: "Abatamos a árvore em seu vigor e o eliminemos da terra dos vivos; que seu nome não seja mais lembrado".*
[20]Javé dos exércitos, justo juiz,*
que sondais o coração e a mente,*
possa eu ver vossa vingança sobre eles,*
porque a vós confiei minha causa.
[21]Por isso assim fala Javé a respeito dos homens de Anatot que atentam contra tua vida, dizendo: "Não profetizes no nome de Javé,* senão morrerás por nossa mão"; [22]por isso, assim diz Javé dos exércitos: "Eu os punirei: seus jovens morrerão pela espada, seus filhos e suas filhas morrerão de fome. [23]Não restará deles nenhum sobrevivente, porque mandarei a calamidade contra os homens de Anatot no ano de seu castigo".

12 **Felicidade dos maus**[†]. [1]Sois justo demais, Javé,
para que eu possa discutir convosco;
mas gostaria de falar convosco sobre vossa justiça.*
Por que o caminho dos ímpios prospera?
Por que todos os traidores estão tranquilos?

---

* **11**,10. Nm 25,1ss; Os 9,10 | 12. Mq 3,4; Is 59,2; Ez 8,18; 2,28 | 14. 7,16 | 15. 2,2 | 16. Is 5,1 | 19. Is 53,7 / Sl 83,4 | 20. 20,12; 17,10 / Sl 7,10 / Sl 44,22; 139,13 | 21. Is 30,10; Am 2,12 | **12**,1. Jó 21; Sl 49; 73

† **11**,18. Primeira das 5 "confissões" de Jeremias: 11,18–12,6; 15,10-21; 17,12-18; 18,18-23; 20,7-8. Ele é o único profeta que nos revelou a luta interior que a missão profética e as perseguições provocaram nele. | **12**. Contexto da retribuição somente neste mundo, não se esperava que os maus prosperassem e os justos sofressem, e sim o contrário. Mesmo problema em Jó 21; Hab 1,13.

Jeremias 12-13

²Vós os plantastes e lançaram raízes,
crescem e produzem fruto;
estais próximo de suas bocas,
mas longe de seus corações.

provais meu coração, que está convosco.*
Arrancai-os fora como ovelhas para
o matadouro,
reservai-os para o dia da matança.

⁴Até quando estará de luto a terra*
e secará a vegetação de todos os
campos?
Pela maldade de seus habitantes*
perecem as feras e as aves,
porque eles dizem: "Deus não vê
nossos passos".

⁵"Se correndo com os pedestres te
cansas,*
como poderás competir com os cavalos?†
Numa região pacífica te sentes seguro,
mas que farás no matagal do Jordão?
⁶Pois até teus irmãos e a casa de teu
pai,
até eles são desleais contigo;
também eles gritam atrás de ti em
voz alta;
não confies neles quando te dizem
boas palavras".

Devastação do país. ⁷"Eu abandonei
minha casa,*
abandonei minha herança;
entreguei o que tenho de mais caro
nas mãos de seus inimigos.
⁸Minha herança tornou-se para mim
como leão na floresta;
rugiu contra mim, por isso passei a
odiá-la.
⁹Acaso minha herança é para mim
como pássaro colorido,
que as aves de rapina assaltam de
todo lado?
Vinde, reuni-vos todos vós, animais
selvagens,
vinde devorar!
¹⁰Muitos pastores devastaram minha
vinha,

pisaram meu campo.
Fizeram de meu campo predileto
um deserto desolado.
¹¹Reduziram-no a terra deserta,
a um estado deplorável;
está desolado diante de mim.
Está devastado todo o país,
porque ninguém se importa.
¹²Sobre todas as alturas do deserto
chegam devastadores,
porque Javé tem uma espada que
devora,
de um extremo a outro da terra;
não há paz para ninguém.
¹³Eles semearam trigo e colheram
espinhos,
sem proveito se cansaram;
sentem vergonha de sua colheita
por causa da ira ardente de Javé".

A sorte das nações vizinhas. ¹⁴Assim
fala Javé contra todos os meus vizinhos malvados, que puseram as mãos
sobre a herança que eu tinha dado a
meu povo Israel: "Vou arrancá-los de
sua terra e também arrancar a casa de
Israel do meio deles. ¹⁵Mas, depois de
os ter arrancado, terei de novo compaixão deles e farei voltar cada um a
sua herança, cada um a seu país. ¹⁶Se
aprenderem com diligência a se comportar como meu povo,* jurando por
meu nome: 'Pela vida de Javé', como
ensinaram meu povo a jurar por Baal,
então serão estabelecidos no meio de
meu povo. ¹⁷Mas se não escutarem, arrancarei toda esta nação e a exterminarei" – oráculo de Javé.

13

Cinto escondido†. ¹Assim falou-me Javé: "Vai comprar para
ti um cinto de linho e coloca-o na cintura, mas sem mergulhá-lo na água".
²Comprei o cinto conforme a ordem de
Javé e o pus na cintura.
³Depois, a palavra de Javé me foi dirigida uma segunda vez nestes termos:
⁴"Toma o cinto que compraste e que
trazes na cintura, levanta-te, vai ao Eufra-

---

* **12**,3. 11,29; Sl 5,11 | 4. 5,21-25; 8,18-23; 14 / Os 4,3 | 5. 15,10 | 7. 7,14 | 16. 4,2; Is 45,14

† **12**,5. Deus encoraja o profeta a não deixar-se abater pelas primeiras dificuldades, porque virão outras
maiores. | **13**. O profeta representa Javé e o cinto representa o povo, corrompido pela aliança com
os pagãos.

959 Jeremias 13

tes e esconde-o na fenda de um roche-do". [5]Eu fui e o escondi junto ao Eufrates, como Javé me havia mandado. [6]Depois de muito tempo, Javé me disse: "Levanta-te, vai ao Eufrates e toma o cinto que eu te mandei esconder lá". [7]Eu fui ao Eufrates, cavei e retirei o cinto do lugar onde o tinha escondido: o cinto tinha apodrecido, não servia mais para nada.

[8]Então foi-me dirigida esta palavra de Javé: [9]"Assim fala Javé: Deste modo farei apodrecer o orgulho de Judá e o grande orgulho de Jerusalém. [10]Este povo malvado, que recusa escutar minhas palavras, que se comporta conforme a dureza de seu coração e segue outros deuses para servi-los e adorá-los, será como este cinto, que não serve mais para nada. [11]Pois, como o cinto adere à cintura de um homem, assim eu fiz aderir a mim toda a casa de Israel e toda a casa de Judá – oráculo de Javé – para que fossem meu povo, minha fama, meu louvor e minha glória; mas não ouviram".

Os odres de vinho. [12]Tu lhes dirás esta palavra: "Assim fala Javé, Deus de Israel: Todo odre se enche de vinho. Se eles disserem: Acaso não sabemos que todo odre se enche de vinho? [13]Tu lhes responderás: Assim fala Javé: Vou encher de embriaguez* todos os habitantes deste país, os reis que se sentam no trono de Davi, os sacerdotes, os profetas e todos os habitantes de Jerusalém. [14]Eu os quebrarei uns contra os outros, pais e filhos juntamente – oráculo de Javé –; não terei piedade, nem compaixão, nem misericórdia para deixar de destruí-los".

Convite à penitência. [15]Escutai e prestai ouvido,

não sejais soberbos,
porque é Javé que fala.
[16]Dai glória a Javé, vosso Deus,*
antes que venha a escuridão
e vossos pés tropecem contra os montes
ao cair da noite.
Vós esperais a luz,

mas ele a reduzirá a trevas*
e a mudará em densa escuridão![†]
[17]Se vós não escutardes,
eu chorarei em segredo por causa de vossa soberba;
meus olhos chorarão amargamente
e derramarão lágrimas,
porque será deportado o rebanho de Javé.
[18]Dizei ao rei e à rainha-mãe:
"Sentai-vos mais embaixo,
porque caiu de vossa cabeça a coroa de esplendor".
[19]As cidades do sul estão fechadas,
ninguém as liberta.
Judá inteiro foi deportado, deportado em sua totalidade.

Advertência a Jerusalém. [20]Ergue os olhos e observa os que vêm do norte;
onde está o rebanho que te foi confiado,
tuas ovelhas magníficas?
[21]O que dirás quando puserem como teus chefes*
aqueles que ensinaste a ser teus amigos?
Não te sobrevirão dores como de parturiente?*
[22]Se disseres em teu coração:
"Por que me acontece tudo isto?"
É pela enormidade de tuas iniquidades*
que foram arrancadas tuas vestes
e sofreste violência.
[23]Pode um etíope mudar sua pele
ou um leopardo, suas manchas?
E vós, habituados ao mal,
poderíeis fazer o bem?
[24]Eu vos dispersarei
como palha levada pelo vento do deserto.
[25]Esta é tua sorte, a parte que eu te destinei
– oráculo de Javé –,
porque me esqueceste e confiaste na mentira.
[26]Também eu erguerei tuas vestes
até o rosto,
para que se veja tua vergonha[†],

---

* **13**,13. Is 51,17 | 16. Jo 16,35s / Am 5,18 | 21. 4,30 / 4,31 | 22. 5,19; Is 47,2s; Os 2,5

† **13**,16. As trevas representam a invasão e a fuga, Is 8,21ss; a luz indica a salvação ainda possível. | **13**,26. Jerusalém sofrerá a vergonha da destruição e da escravidão diante das nações, porque não se envergonhou de praticar a idolatria, abandonando seu Deus.

Jeremias 13-14

²⁷teus adultérios e teus relinchos,*
a ignomínia de tua prostituição!
Sobre as colinas e nos campos
eu vi tuas abominações.
Ai de ti, Jerusalém, que não te purificas!
Por quanto tempo ainda?

14 **A grande seca.** ¹Palavra que Javé dirigiu a Jeremias* por ocasião da seca†:

²Judá está de luto,*
suas cidades desfalecem,
seu povo se lamenta no chão;
o grito de Jerusalém sobe ao céu.
³Os ricos mandam seus servos buscar água,
estes vão aos poços, mas não encontram água*
e voltam com os recipientes vazios.
Desiludidos e confusos se cobrem a cabeça.
⁴Pelo terreno rachado, porque não cai chuva no país,*
os agricultores estão desiludidos
e confusos e se cobrem a cabeça.
⁵Até a cerva dá à luz nos campos
e abandona o filhote, porque não há capim.
⁶Os burros selvagens param nas alturas
e aspiram o ar como chacais;
seus olhos se escurecem,
porque não há vegetação.

Oração de Jeremias. ⁷"Se nossas iniquidades testemunham contra nós, Javé,*
agi para a honra de vosso nome!
Sim, são muitas nossas infidelidades,
pecamos contra vós.
⁸Ó esperança de Israel,*
seu Salvador no tempo da aflição,
por que quereis ser como um estrangeiro no país
e como um viandante que se detém só por uma noite?
⁹Por que quereis ser como um homem sem energia,
como um guerreiro incapaz de salvar?
No entanto, estais no meio de nós, Javé,
e nós somos chamados* com vosso nome†:
não nos abandoneis!"

¹⁰Assim fala Javé sobre este povo: "Eles gostam de correr em todas as direções, não controlam seus passos". Porque Javé não se agrada deles,* agora ele vai recordar sua iniquidade e punir seus pecados.

Não interceder. ¹¹Javé disse-me: "Não intercedas* a favor deste povo, por sua felicidade. ¹²Mesmo se jejuarem, não ouvirei sua súplica; se oferecerem holocaustos e oblações, não os aceitarei; mas vou exterminá-los com a espada, a fome e a peste". ¹³Eu respondi: "Ai, Senhor Javé! Os profetas lhes dizem: Não vereis a espada,* a fome não vos atingirá; mas eu vos concederei uma paz verdadeira neste lugar".* ¹⁴Então Javé me disse: "Os profetas profetizam mentiras em meu nome; eu não os enviei, não dei ordem nem falei a eles. Eles vos anunciam visões falsas, oráculos vãos e imposturas de sua mente". ¹⁵Por isso, assim fala Javé: "Os profetas que predizem em meu nome, sem que eu os tenha enviado, e afirmam que não haverá espada e fome neste país, estes profetas perecerão pela espada e pela fome. ¹⁶E os homens aos quais eles profetizam serão lançados pelas ruas de Jerusalém, vítimas da fome e da espada, e ninguém sepultará a eles, suas mulheres, seus filhos e filhas. Eu retornarei sobre eles sua maldade"†.

Desolação. ¹⁷Tu lhes dirás esta palavra:
"Que meus olhos derramem lágrimas noite e dia sem cessar,
porque a filha de meu povo foi atingida
por grande calamidade, uma ferida mortal.

---

* **13**,27. 2,20 | **14**,1. 5,20-25; 8,18-23; Os 4,3 | 2. Lm 1,4 | 3. Lv 26,18ss | 4. Os 4,3; Jr 3,3 | 7. Is 59,12 | 8. 17,13 | 9. 7,30; 15,16; Dt 28,10 | 10. Os 8,13 | 11. 7,16 | 13. 23 / 5,31; 27,10; 29,9

† **14**,1. Considerada como castigo de Deus, a seca era um dos males frequentes na Palestina, 5,24s; Lv 26,19. | 9. Quer dizer, "vós nos protegeis com vossa presença salvífica". | 16. Jeremias intercede pelo povo, alegando como desculpa as falsas promessas dos profetas que enganaram o povo

18Se saio em campo aberto,
eis as vítimas da espada;
se entro na cidade,
eis os torturados pela fome.
Mesmo o profeta e o sacerdote
percorrem o país e não entendem
mais nada".
Outra oração. **19**"Acaso rejeitastes completamente Judá
ou vos desgostastes de Sião?
Por que nos feristes e não há remédio para nós?
Esperávamos a paz, mas não há nenhum bem,*
a hora da salvação, e eis o terror!
20Reconhecemos, Javé, nossa maldade,
a iniquidade de nossos pais:
sim, pecamos contra vós.
21Pela honra de vosso nome não nos abandoneis,
não desonreis o trono de vossa glória.
Recordai-vos! Não rompais vossa aliança conosco.
22Acaso entre os ídolos vãos das nações
há quem faça chover?
Ou seriam os céus que mandam os aguaceiros?
Não sois vós, Javé, nosso Deus?
Em vós esperamos, porque sois vós que fizestes todas estas coisas".

15 **Súplica rejeitada.** **1**Javé disse-me: "Mesmo se Moisés e Samuel se apresentassem diante de mim, eu não teria piedade deste povo. Afasta-os de mim, que se retirem! **2**Se te perguntarem: "Aonde iremos?", tu lhes responderás: "Assim diz Javé:
Quem está destinado à morte, à morte,*
quem à espada, à espada,
quem à fome, à fome,
quem à escravidão, à escravidão.
3Mandarei contra eles quatro espécies de flagelos – oráculo de Javé –: a espada para matá-los, os cães para di-

lacerá-los, as aves do céu e os animais selvagens para devorá-los e destruí-los. **4**Eu os tornarei motivo de espanto para todos os reinos da terra por causa de Manassés, filho de Ezequias, rei de Judá, pelo que ele fez em Jerusalém".
Castigo sem piedade. **5**Quem terá piedade de ti, Jerusalém,
quem chorará por ti?
Quem se voltará para perguntar-te como estás?*
6Tu me rejeitaste – oráculo de Javé,
voltaste-me as costas;
por isso estendi a mão contra ti para aniquilar-te;
estou cansado de ter piedade.*
7Eu os dispersei ao vento
com a pá nas cidades do país.
Privei de filhos e fiz perecer meu povo,
porque não abandonaram sua conduta.
8Suas viúvas se tornaram mais numerosas
que a areia do mar.
Mandei sobre a mãe de seus jovens
um devastador em pleno dia;
de repente fiz cair sobre eles angústia e pavor.
9Definha a mãe de sete filhos, respira ofegante;
o sol dela se põe quando ainda é dia,
está coberta de vergonha e confusa.
Entregarei seus sobreviventes à espada
diante de seus inimigos
– oráculo de Javé.
Lamento do profeta†. **10**Infeliz de mim, minha mãe,
que me fizeste nascer homem de contenda
e de discórdia para todo o país!
Não tomei emprestado,
não emprestei a ninguém,
no entanto todos me maldizem.
11Acaso, Javé, não vos servi o melhor possível?
Não vos supliquei por meu inimigo,
no tempo da desventura e no tempo da angústia?

---

* **14**,19. 8,15; 13,16; Am 5,18 **|** **15**,2. 43,11; Ap 13,10 **|** 5. Is 51,19 **|** 6. Êx 34,6s

† **15**,10. O profeta sente-se esmagado sob o peso de sua missão e se queixa de Deus que parece abandoná-lo.

Jeremias 15-16

¹²Acaso poderá o ferro quebrar o ferro do norte e o bronze?*

¹³"Teus bens e teus tesouros deixarei depredar,
não como pagamento
por causa de todos os pecados,
em todo o teu território.
¹⁴Eu te tornarei escravo de teus inimigos
num país que não conheces,
porque um fogo se acendeu em minha ira
que arderá sobre vós".
¹⁵Vós o sabeis, Javé,
recordai-vos de mim e ajudai-me,
vingai-me de meus perseguidores.
Em vossa clemência não me deixeis perecer:
sabeis que suporto insultos por vossa causa.*
¹⁶Quando vossas palavras vinham a meu encontro
eu as devorava;
vossa palavra foi o gozo e a alegria de meu coração,
porque era vosso nome que eu trazia,*
Javé, Deus dos exércitos.
¹⁷Não me sentei para divertir-me
nas rodas dos gozadores,
mas levado por vossa mão eu me sentava solitário,
porque me enchestes de indignação.
¹⁸Por que minha dor é sem-fim
e minha praga incurável,
que não quer sarar?
Vós vos tornastes para mim
torrente enganadora de águas inconstantes.

Resposta de Javé. ¹⁹Respondeu então Javé:
"Se voltares para mim, eu te deixarei voltar†,
e estarás em minha presença;
se souberes distinguir o que é precioso do que é vil,
serás igual a minha boca.*
Eles voltarão a ti,
mas tu não deves voltar a eles.

²⁰Eu farei de ti, para este povo,
um muro de bronze inabalável:*
combaterão contra ti, mas não poderão vencer-te,
porque eu estarei contigo para salvar-te e libertar-te
– oráculo de Javé.
²¹Eu te libertarei das mãos dos malvados
e te resgatarei das garras dos violentos".

16

A vida do profeta é um sinal†. ¹Foi-me dirigida esta palavra de Javé: ²"Não te cases, não tenhas filhos nem filhas neste lugar, ³porque assim diz Javé a respeito dos filhos e filhas que nascem neste lugar e a respeito das mães que os dão à luz e aos pais que os geram neste país: ⁴Morrerão de doenças dolorosas, não serão chorados nem sepultados, mas ficarão como esterco sobre a terra. Perecerão pela espada e pela fome; seus cadáveres* serão pasto das aves do céu e dos animais da terra". ⁵Porque assim fala Javé: "Não entres numa casa onde há luto, não chores com eles nem tenhas piedade deles, porque eu retirei deste povo minha paz – oráculo de Javé –, minha bondade e minha compaixão.

⁶Morrerão neste país grandes e pequenos; não serão sepultados nem pranteados; ninguém se fará incisões por eles nem cortará seus cabelos. ⁷Não se partirá o pão para aquele que está de luto, para consolá-lo da morte, nem se lhe dará a beber o cálice da consolação por seu pai ou por sua mãe. ⁸Nem sequer entres numa casa onde se faz banquete para sentar-te com eles a comer e beber. ⁹Pois assim fala Javé dos exércitos, o Deus de Israel: Diante de vossos olhos e em vossos dias farei cessar deste lugar as vozes de alegria e de júbilo,* os cânticos do noivo e da noiva".

As culpas do povo. ¹⁰"Quando anunciares a este povo todas estas coisas,* e

---

* **15**,12. 17,3s | 15. Sl 69,8 | 16. 14,9 | 19. 1,9 | 20. 1,18s | **16**,4. 8,2 | 9. 7,34; 25,10 | 10. 5,19

† **15**,19. O verbo "voltar" exprime a conversão do povo. | **16**. O celibato, incomum e menosprezado naquela cultura, aqui significa que o país ficará na solidão, sobrevivendo na tristeza.

963   Jeremias 16-17

te perguntarem: Por que Javé decretou contra nós um mal tão grande? Quais iniquidades e quais pecados cometemos contra Javé nosso Deus? [11]Então tu lhes responderás: É porque vossos pais me abandonaram* – oráculo de Javé –, seguiram outros deuses e os serviram e adoraram, enquanto que abandonaram a mim e não observaram minha lei. [12]Vós, porém, fizestes pior que vossos pais: cada um de vós, com efeito, segue a dureza de seu coração malvado, recusando escutar-me. [13]Por isso, eu vos expulsarei deste país para um país que não conhecestes, nem vós e nem vossos pais, e lá servireis outros deuses dia e noite, porque eu não mais usarei de misericórdia para convosco".

Retorno depois do exílio. [14]"Pois bem, dias virão – oráculo de Javé – em que não se dirá mais: Pela vida de Javé que fez os israelitas saírem da terra do Egito;* [15]mas antes se dirá: Pela vida de Javé que fez os israelitas saírem do país do norte e de todos os países para onde os havia dispersado. E eu os reconduzirei a seu país que eu havia concedido a seus pais".

Anúncio da invasão. [16]"Eis que enviarei numerosos pescadores – diz Javé – que os pescarão. Depois enviarei numerosos caçadores que os caçarão em todo monte, em toda colina e nas fendas das rochas†; [17]porque meus olhos observam todos os seus caminhos, que não podem ficar escondidos diante de mim; nem se pode ocultar sua iniquidade diante de meus olhos. [18]Mas antes pagarei duas vezes sua iniquidade e seu pecado, porque profanaram* meu país com os cadáveres de seus ídolos e encheram minha herança com suas abominações".

Conversão das nações pagãs. [19]Javé, minha força e minha defesa,
meu refúgio no dia da angústia,
a vós virão as nações das extremidades da terra*

e dirão: "Nossos pais herdaram somente mentira,
nulidades que não servem para nada".
[20]Pode acaso, pode o homem fabricar deuses para si?*
Mas eles não são deuses!
[21]Por isso, eis que eu lhes mostrarei, desta vez eu lhes darei a conhecer minha mão e minha força.
Eles saberão que meu nome é Javé.

17 Idolatria e castigo. [1]O pecado de Judá está escrito com pena de ferro,*
com ponta de diamante está gravado*
sobre a tábua de seu coração
e sobre os ângulos de seus altares,
[2]como para recordar a seus filhos
seus altares e seus troncos idolátricos*
junto às árvores verdejantes,
sobre as colinas elevadas,
[3]sobre os montes e em campo aberto†.
"Abandonarei ao saque teus bens*
e todos os teus tesouros,
por causa do pecado de teus lugares altos
em todo o teu território.
[4]Deverás retirar a mão
da herança que eu te havia dado;
eu te farei escravo de teus inimigos
num país que não conheces,
porque acendeste o fogo de minha ira,
que arderá para sempre".

Máximas sapienciais. [5]Assim diz Javé:
"Maldito o homem que confia no homem,*
que faz da carne seu apoio
e cujo coração se afasta de Javé.
[6]Ele será como arbusto na estepe;
quando vem o bem, não o vê.
Habitará em lugares áridos no deserto,
numa terra salgada, onde ninguém mora.

---

* **16**,11. Dt 29,24 | 14. Êx 20,2 | 18. Ap 18,6 | 19. Is 45,14 | 20. Is 40,20; 42,8 | **17**,1. Dn 7,10 / 31,33 | 2. Dt 12,2 | 3. 15,13s | 5. Sl 146,3s

† **16**,16. Caça e pesca simbolizam a invasão estrangeira. | **17**,3. A idolatria do povo se encontra em toda parte, até nos lugares mais sagrados.

Jeremias 17

⁷Bendito o homem que confia em Javé*
e cuja confiança é Javé.

⁸Ele é como árvore plantada à beira-d'água,*
que estende para o riacho suas raízes;
não teme quando vem o calor,
suas folhas permanecem verdes;
no ano da seca não se inquieta,
nem deixa de dar frutos.

⁹Enganoso mais que tudo é o coração, e sem remédio;*
quem pode conhecê-lo?*

¹⁰Eu, Javé,
sondo a mente e provo os corações,*
para retribuir a cada um conforme seu proceder,*
segundo o fruto de suas ações.

¹¹Como a perdiz que choca ovos, que não pôs,
é quem acumula riquezas injustas.
Na metade de seus dias deverá deixá-las,
e no fim parecerá um insensato".

Oração de Jeremias. ¹²Trono de glória,
sublime desde o princípio,
é o lugar de nosso santuário!

¹³Ó esperança de Israel, Javé,*
todos os que vos abandonam ficarão confusos,
todos os que se afastam de vós serão escritos no pó,
porque abandonaram a fonte de água viva, Javé.*

¹⁴Curai-me, Javé, e ficarei curado,*
salvai-me e serei salvo,
porque vós sois minha glória.

¹⁵Eis que eles me dizem:
"Onde está a palavra de Javé?
Que ela se realize!"

¹⁶Quanto a mim,
não insisti junto de vós na desventura
nem desejei o dia funesto, vós o sabeis.
O que saiu de minha boca está diante de vós†.

¹⁷Não sejais para mim causa de terror,
vós, meu único refúgio no dia da aflição.

¹⁸Sejam cobertos de vergonha*
meus adversários, mas não eu,
que se atemorizem eles, mas não eu.
Mandai contra eles o dia da aflição,
destruí-os com dupla destruição.

Observância do sábado. ¹⁹Javé me disse: "Vai ficar junto à porta dos filhos do povo, pela qual entram e saem os reis de Judá, e junto a todas as portas de Jerusalém. ²⁰Tu lhes dirás: Escutai a palavra de Javé, ó reis de Judá, e vós todos, judeus e habitantes de Jerusalém, que passais por estas portas. ²¹Assim fala Javé: Por amor a vossa vida, guardai-vos de transportar cargas no dia de sábado e de introduzi-las pelas portas de Jerusalém. ²²Não tireis nenhuma carga para fora de vossas casas em dia de sábado e não façais trabalho algum, mas santificai o dia de sábado, como mandei a vossos pais. ²³Mas eles não quiseram escutar nem prestar ouvido;* ao contrário, endureceram sua cerviz para não me escutar e não acolher a lição. ²⁴Agora, se me escutardes de verdade – diz Javé –, se não introduzirdes nenhuma carga pelas portas desta cidade em dia de sábado e santificardes o dia de sábado, não fazendo nele nenhum trabalho, ²⁵então pelas portas desta cidade* reis e príncipes, que ocupam o trono de Davi, entrarão sobre carros e cavalos, eles e seus oficiais, os homens de Judá e os habitantes de Jerusalém. E esta cidade será habitada para sempre. ²⁶Virão das cidades de Judá e dos arredores de Jerusalém, da terra de Benjamim e da planície,* dos montes e do Negueb para oferecer holocaustos, sacrifícios, oblações, incenso e sacrifícios de louvor no templo de Javé. ²⁷Mas se não escutardes minha ordem de santificar o dia de sábado, de não transportar cargas e de não

---

* **17**,7. Sl 40,5 | 8. Sl 1,3 | 9. Mc 7,21 / Pr 17,3 | 10. 11,20 / 32,19; Sl 62,13; Mt 16,27 | 13. 17,13 / 2,13 | 14. Sl 6,3s | 18. Sl 5,11 | 23. Dt 9,13; Jr 7,26; 19,15 | 25. 22,4; Zc 9,9 | 26. Ez 37,25; Jl 4,20

† **17**,16. A mensagem de Jeremias não é dele, mas vem de Javé; as desgraças que deve anunciar ferem profundamente seu amor pela terra, 4,19; 8,21ss.

introduzi-las pelas portas de Jerusalém em dia de sábado, eu acenderei a suas portas um fogo que devorará os palácios de Jerusalém e que jamais se extinguirá".

18

Jeremias visita o oleiro. [1]Esta é a palavra que foi dirigida a Jeremias da parte de Javé: [2]"Levanta-te e desce à casa do oleiro†; lá te farei ouvir minha palavra". [3]Eu desci à casa do oleiro, e eis que ele estava trabalhando no torno. [4]Mas o vaso que ele estava fazendo estragou-se, como acontece quando o oleiro tem na mão a argila; ele recomeçou e fez um outro vaso, como a seus olhos parecia justo. [5]Então foi-me dirigida a palavra de Javé nestes termos: [6]"Acaso não poderia eu agir convosco, casa de Israel, como este oleiro?* – oráculo de Javé. Como a argila está nas mãos do oleiro, assim vós estais em minhas mãos, casa de Israel. [7]Às vezes em relação a uma nação* ou a um reino eu decido exterminar, abater e destruir; [8]mas se esta nação, contra a qual eu tinha falado, converte-se de sua maldade, eu me arrependo do mal que tinha pensado fazer-lhe. [9]Outras vezes em relação a uma nação* ou a um reino eu decido edificar e plantar; [10]mas se esta nação faz o que é mau a meus olhos, recusando ouvir minha voz, eu me arrependo do bem que tinha decretado fazer-lhe†. [11]Agora anuncia, pois, aos homens de Judá e aos habitantes de Jerusalém: Assim fala Javé: Preparo contra vós uma calamidade e medito contra vós um projeto. Abandone, pois, cada um sua má conduta, e melhorai vossos costumes e vossas ações". [12]Mas eles dirão: "É inútil,* nós queremos seguir nossos projetos; cada um de nós agirá segundo a dureza de seu coração malvado".

O pecado de Israel. [13]Por isso assim fala Javé:
"Informai-vos entre as nações:*
quem jamais ouviu coisa semelhante?
Enormes, horríveis coisas cometeu a virgem de Israel†.
[14]Desaparece das altas rochas a neve do Líbano?
Ou se esgotam as águas frescas que correm dos montes?
[15]No entanto, meu povo me esqueceu;*
eles oferecem incenso a um ídolo vão.
Por isso tropeçaram em suas estradas,
nos caminhos de outrora, para caminhar em trilhas,
por uma vereda não traçada.
[16]Seu país é uma desolação,
um objeto de zombaria perene.*
Todo aquele que passa por ele
fica espantado e balança a cabeça.*
[17]Como faz o vento do oriente,
eu os dispersarei diante de seu inimigo.
Mostrarei a eles as costas e não o rosto
no dia de sua ruína".

Atentado contra Jeremias. [18]Eles disseram: "Vinde e tramemos insídias contra Jeremias, porque a lei não perecerá por falta de sacerdote, nem o conselho por falta de sábio, nem a palavra por falta de profeta. Vinde, ataquemo-lo com a língua† e não demos nenhuma atenção a suas palavras".
[19]Prestai-me ouvido, Javé,
e ouvi o que dizem meus adversários.
[20]Acaso o bem é pago com o mal?*
Porque escavaram uma fossa para minha vida.
Recordai-vos de quando me apresentava a vós,

---

* **18**,6. Is 29,16 | 7. 1,10; Ez 18,21-24 | 9. 1,10 | 12. 2,25 | 13. 2,10ss | 15. 2,32 | 16. 19,8 / Lm 2,15s | 20. Sl 35,7.12 | 21. Sl 5,11

† **18**,2. O oleiro representa Javé, Gn 2,7, que é soberano e livre em seu agir. | **18**,10. Como o oleiro pode transformar um vaso, assim Javé pode mudar seus decretos, se houver conversão. | 13. A virgem de Israel é a personificação do povo, ao qual Deus está unido pela aliança, simbolizada no matrimônio. O pecado cometido pelo povo é a idolatria. | 18. A língua da calúnia, para acusá-lo de blasfêmia e condená-lo à morte, Lv 24,16.

Jeremias 18-19

para falar em favor deles,
para afastar deles vossa ira.
²¹Abandonai, pois, seus filhos à fome,*
entregai-os ao poder da espada!
Que suas mulheres fiquem sem filhos e viúvas!
Que seus homens sejam atingidos pela morte
e seus jovens, mortos pela espada no combate!
²²Que se ouçam gritos saindo de suas casas,
quando, de repente, fareis cair sobre eles bandos armados.*
Porque escavaram uma fossa para capturar-me
e armaram laços a meus pés.
²³Mas vós, Javé,
conheceis todos os seus projetos de morte contra mim;
não perdoeis sua iniquidade
e não canceleis seu pecado de vossa presença.
Sejam abatidos a vossa presença;
no momento de vosso furor, agi contra eles!†

19 **O símbolo da bilha.** ¹Assim diz Javé a Jeremias: "Vai comprar para ti uma bilha de terracota; toma contigo alguns anciãos dentre o povo e dentre os sacerdotes ²e sai para o vale de Ben-Enom,* que está na entrada da porta dos Cacos. Lá proclamarás as palavras que eu te direi. ³Tu dirás: Ouvi a palavra de Javé, ó reis de Judá e habitantes de Jerusalém! Assim fala Javé dos exércitos, o Deus de Israel: Eis que mandarei sobre este lugar uma calamidade tal que fará retinir os ouvidos de todos os que a ouvirem, ⁴porque me abandonaram e profanaram este lugar sacrificando a outros deuses, que nem eles, nem seus pais, nem os reis de Judá conheciam. Encheram este lugar* de sangue de inocentes†; ⁵edificaram os lugares altos a Baal para queimar

seus filhos no fogo como holocausto a Baal, coisa que eu não mandei, nem me passou pela mente.
⁶Por isso, virão dias – oráculo de Javé – nos quais este lugar não se chamará mais Tofet nem vale de Ben-Enom, mas antes Vale do Massacre. ⁷Eu tornarei vãos os planos de Judá e de Jerusalém neste lugar. Eu os farei cair pela espada diante de seus inimigos e por meio daqueles que atentam contra sua vida e darei seus cadáveres como pasto às aves do céu e aos animais da terra. ⁸Reduzirei esta cidade a um lugar desolado* e a objeto de zombaria; todos os que passarem perto dela ficarão estupefatos* e assobiarão à vista de todas as suas feridas. ⁹Eu os farei comer a carne de seus filhos e a carne de suas filhas; eles se devorarão entre si durante o cerco e na angústia com que os afligirão os inimigos e todos os que atentam contra sua vida.
¹⁰Tu, pois, quebrarás a bilha à vista dos homens que tiverem vindo contigo ¹¹e referirás a eles: Assim fala Javé dos exércitos: Quebrarei este povo e esta cidade assim como se quebra um vaso de terracota, que não se pode mais consertar. Sepultarão até mesmo em Tofet, porque não haverá mais espaço para sepultar. ¹²Assim farei – oráculo de Javé – a respeito deste lugar e de seus habitantes, tornando esta cidade semelhante a Tofet. ¹³As casas de Jerusalém e as casas dos reis de Judá serão impuras como o lugar de Tofet; isto é, todas as casas, sobre cujos terraços queimavam incenso a todo o exército celeste e faziam libações a outros deuses".
¹⁴Quando Jeremias voltou de Tofet, aonde Javé o havia mandado profetizar, pôs-se de pé no átrio do templo de Javé e disse a todo o povo: ¹⁵"Diz Javé dos exércitos, o Deus de Israel: Vou mandar sobre esta cidade e sobre todas as suas aldeias todo o mal que

---

* **18,**22. 12,9 | **19,**2. 2,23; 7,31 | 4. 7,31ss; Lv 18,21 | 8. 18,16 / Dt 28,53-58; Ez 5,10 | 15. Dt 9,13; Jr 7,26

† **18,**23. Jeremias era um enviado de Deus, e quem se opunha a seu ministério era um adversário de Deus. Vigorando a lei do talião, o perdão aos inimigos era raro no AT, Pr 25,22. | **19,**4. Alusão aos sacrifícios de crianças, praticados entre os fenícios e em Canaã, proibidos pela lei mosaica, Lv 18,21.

lhe anunciei,* porque eles se obstinaram, recusando-se a escutar minhas palavras".

20 Jeremias e o sacerdote Fassur. [1]Fassur, filho de Emer, sacerdote e superintendente-chefe do templo, ouviu Jeremias predizer todas essas coisas. [2]Fassur mandou açoitar o profeta Jeremias e pô-lo no tronco* que se achava junto à porta superior de Benjamim, no templo de Javé. [3]No dia seguinte, quando Fassur mandou soltar Jeremias do tronco, este lhe disse: "Javé não te chama mais Fassur, mas Terror de todos os lados.

[4]Porque assim fala Javé: Vou fazer de ti um terror para ti e para todos os teus amigos; eles cairão pela espada de seus inimigos e teus olhos o verão. Porei todo Judá nas mãos do rei de Babilônia, o qual os deportará para Babilônia e os ferirá com a espada. [5]Entregarei todas as riquezas desta cidade e todos os seus produtos, todos os objetos preciosos e todos os tesouros dos reis de Judá às mãos de seus inimigos, os quais os saquearão e os tomarão e os levarão para Babilônia. [6]Tu, Fassur, e todos os habitantes de tua casa ireis para a escravidão; irás para Babilônia, lá morrerás e lá serás sepultado, tu e todos os teus amigos aos quais predisseste mentiras".

Jeremias "seduzido" por Javé†. [7]Seduzistes-me, Javé,
e eu me deixei seduzir;
vós me dominastes e prevalecestes.
Tornei-me objeto de riso todo dia;
todos eles zombam de mim.
[8]Cada vez que falo,
devo gritar e proclamar: "Violência! Ruína!"
Assim, a palavra de Javé tornou-se para mim
motivo de opróbrio e de zombaria todo dia.
[9]Eu me dizia: "Não pensarei mais nele,

não falarei mais em seu nome".
Mas em meu coração havia como um fogo ardente,*
fechado em meus ossos;
eu me esforçava para contê-lo, mas não podia.*
[10]Escutava as calúnias de muitos:*
"Terror de todos os lados!
Denunciai-o, e vamos denunciá-lo".
Todos os meus amigos espreitavam minha queda:
"Talvez se deixará apanhar num engano,
assim prevaleceremos sobre ele,
tomaremos nossa vingança".
[11]Mas Javé está a meu lado
como herói valoroso.
Por isso meus perseguidores cairão
e não poderão prevalecer;
ficarão cobertos de vergonha
porque não terão êxito,
e sua vergonha será eterna e indelével.
[12]Mas vós, Javé dos exércitos,
que provais o justo e sondais o coração e a mente,*
permiti que eu veja vossa vingança sobre eles,
porque a vós confiei minha causa.
[13]Cantai hinos a Javé, louvai Javé,
porque libertou a vida do pobre
das mãos dos malfeitores.

Jeremias maldiz o dia de seu nascimento. [14]Maldito o dia em que nasci!
O dia em que minha mãe me deu à luz
não seja bendito.
[15]Maldito o homem que levou esta notícia a meu pai:*
"Nasceu-te um filho homem",
enchendo-o de alegria.
[16]Aquele homem seja como as cidades
que Javé demoliu sem compaixão.*
Que ele ouça grito de alarme de manhã
e clamor de guerra ao meio-dia,
[17]porque não me fez morrer no seio materno;

---

* **20,**2. 17,19 | 9. 23,29 / Jó 32,19s; Sl 39,4 | 10. Sl 31,14 | 12. 11,20 | 15. Jó 3; 1,5; 15,10 | 16. Gn 19,24s

† **20,**7. O profeta parece revoltado contra sua vocação exigente, terrível, que ele não escolheu, mas que lhe foi imposta à força, e se queixa que Deus não o apoiou o bastante.

Jeremias 20-22

minha mãe teria sido minha sepultura

e sem-fim, sua gravidez.

[18]Por que afinal saí do seio materno?

Para ver tormentos e dor

e para terminar meus dias na vergonha?

21 Embaixada de Sedecias.

[1]Palavra que foi dirigida a Jeremias por Javé, quando o rei Sedecias lhe mandou Fassur, filho de Melquias, e o sacerdote Sofonias, filho de Maasias, para dizer-lhe: [2]"Consulta Javé por nós, porque Nabucodonosor, rei de Babilônia, nos faz guerra; quem sabe, Javé realizará a nosso proveito algum de seus prodígios, de modo que ele se afaste de nós?"

Resposta do profeta. [3]Jeremias respondeu-lhes: "Direis a Sedecias: [4]Assim fala Javé, o Deus de Israel: Eis que farei reentrar as armas de guerra, que estão em vossas mãos, com as quais combateis o rei de Babilônia e os caldeus que vos sitiam: do exterior dos muros eu os reunirei no centro desta cidade. [5]Eu mesmo combaterei contra vós† com mão estendida e com braço poderoso, com ira, furor e grande indignação. [6]Ferirei os habitantes desta cidade, homens e animais; eles morrerão de uma peste violenta. [7]Depois disso – oráculo de Javé – eu entregarei Sedecias, rei de Judá, seus ministros, o povo e os que nesta cidade sobreviverem à peste, à espada e à fome, ao poder de Nabucodonosor, rei de Babilônia, ao poder de seus inimigos e ao poder daqueles que atentam contra sua vida. Ele os passará a fio de espada; não terá piedade deles, não os perdoará nem terá misericórdia".

Ao povo. [8]E a este povo dirás: "Assim fala Javé: Eis que ponho diante de vós o caminho da vida* e o caminho da morte. [9]Quem ficar nesta cidade morrerá pela espada,* pela fome e pela peste; quem sair e se entregar aos caldeus que vos sitiam viverá e terá como seu despojo a própria vida. [10]Porque eu virei o rosto contra esta cidade para seu dano e não para seu bem – oráculo de Javé. Ela será entregue nas mãos do rei de Babilônia, o qual a queimará com o fogo"†.

À família real. [11]À casa do rei de Judá dirás:

"Escutai a palavra de Javé!

[12]Casa de Davi, assim fala Javé:

Administrai a justiça toda manhã

e livrai o oprimido da mão do opressor,

senão minha ira arderá como fogo,

ela se acenderá e ninguém poderá apagá-la,

por causa da maldade de vossas ações.

[13]Eis-me contra ti,

ó habitante do vale, rocha na planície

– oráculo de Javé.

Vós que dizeis: Quem descerá contra nós?

Quem entrará em nossas moradas?

[14]Eu vos punirei como merecem vossas obras

– oráculo de Javé –

e acenderei em sua floresta um fogo*

que devorará todos os seus arredores".

22 Advertência ao rei.

[1]Assim falou Javé: "Desce à casa do rei de Judá e lá proclama esta mensagem. [2]Tu dirás: Escuta a palavra de Javé, ó rei de Judá que te assentas no trono de Davi, tu, teus ministros e teu povo, que entrais por estas portas. [3]Assim fala Javé: Praticai o direito e a justiça, libertai o oprimido das mãos do opressor, não maltrateis nem oprimais o estrangeiro, o órfão e a viúva, e não derrameis sangue inocente neste lugar. [4]Se observardes lealmente esta ordem,* então pelas portas desta casa ainda entrarão, em carros e a cavalo, reis que se sentarão no trono de Davi,

---

* **21**,8. Dt 30,15 | 9. 38,2 | 14. 50,32 | **22**,4. 17,25

† **21**,5. Os caldeus serão o instrumento de Javé, que se volta contra seu povo, negando os vínculos da aliança. | 10. Se Deus abandonou Judá infiel, é inútil opor-se ao invasor: a queda de Jerusalém é inevitável.

Jeremias 22

eles, seus ministros e todo o seu povo.
[5]Mas se não escutardes estas palavras,
eu o juro por mim mesmo – oráculo de
Javé – esta casa se tornará uma ruína.
[6]Porque assim diz Javé a respeito da
casa dos reis de Judá:*
Tu eras para mim como Galaad,
como os cimos do Líbano;
mas eu te reduzirei a deserto,
a cidade desabitada.
[7]Preparo contra ti destruidores,
cada qual com suas armas.
Eles abaterão os melhores de teus
cedros*
e os lançarão ao fogo.
[8]Pessoas de muitas nações passarão perto desta cidade* e dirão umas
às outras: Por que Javé tratou assim
esta grande cidade? [9]E responderão:
Porque eles abandonaram a aliança de
Javé,* seu Deus, adoraram outros deuses e os serviram".
[10]Não choreis quem está morto*
e não façais lamentos por ele,
mas chorai amargamente sobre
quem parte,
porque não voltará mais,
não verá mais sua terra natal.*
Contra Joacaz. [11]Porque assim fala
Javé a respeito de Selum†, filho de Josias, rei de Judá, que reinou no lugar de
Josias, seu pai, e teve de deixar este lugar: "Ele não voltará mais. [12]Morrerá no
lugar para onde o levaram prisioneiro,
e nunca mais verá este país".
Contra Joaquim. [13]Ai de quem constrói sua casa sem justiça†
e o andar de cima sem equidade,*
que faz seu próximo trabalhar por
nada,*
sem lhe pagar o salário,
[14]e diz: "Construirei para mim uma
casa grande
com espaçoso andar de cima",
e nela abre janelas;
reveste-a de madeiras de cedro
e as pinta de vermelho.
[15]Pensas que és rei porque tens paixão pelo cedro?

Acaso teu pai não comia e bebia?
Mas ele praticava o direito e a justiça
e para ele tudo ia bem.
[16]Ele defendia a causa do pobre e do
mísero
e tudo ia bem;
isto não significa de fato conhecer-
-me?*
– oráculo de Javé.
[17]Mas tu tens olhos e coração
apenas para teu interesse próprio,
para derramar sangue inocente
e cometer violência e opressão.
[18]Por isso assim fala Javé a respeito
de Joaquim,
filho de Josias, rei de Judá:
"Não farão lamentação por ele, dizendo:
Ai, meu irmão! Ai, minha irmã!*
Não farão lamentação por ele, dizendo:
Ai, senhor! Ai, majestade!
[19]Será sepultado como se sepulta um
jumento:*
será arrastado e lançado longe das
portas de Jerusalém".
Contra Jeconias. [20]Sobe ao Líbano e
grita;
e sobre Basã ergue a voz;
grita dos Abarim,
porque todos os teus amantes estão
destruídos.
[21]Eu te falei no tempo de tua segurança,
mas disseste: "Não quero escutar!"*
Tem sido esta tua conduta desde a
juventude:*
jamais ouviste minha voz.*
[22]Todos os teus pastores
serão consumidos pelo vento
e teus amantes partirão para o exílio.
Então ficarás envergonhada e confusa,
por causa de toda a tua maldade.
[23]Tu que moras no Líbano,*
que fizeste teu ninho entre os cedros,
como gemerás quando te chegarem
as angústias,
as dores como as de uma parturiente!*

---

* **22**,6. 22,23; Ez 17,3 | 7. 21,13 | 8. 5,19 | 9. 5,19 | 10. 2Rs 23,29s / 2Rs 23,34 | 13. Am 6,8 / Dt 24,15 | 16. 9,23 | 18. 34,5 | 19. 36,30; Is 14,18s | 21. 2,25.31 / 3,25; 7,23s / 11,7s | 23. 21,13; 22,6 / 4,31

† **22**,11. Outro nome para Joacaz, 1Cr 3,15. | 13. Denuncia o luxo que é fruto de injustiças, Am 3,15; 5,11.

Jeremias 22-23

²⁴"Por minha vida – oráculo de Javé –, mesmo se Jeconias, filho de Joaquim, rei de Judá, fosse um anel em minha mão direita, eu o arrancaria daí†. ²⁵Eu te entregarei nas mãos* de quem atenta contra tua vida, nas mãos daqueles que tu temes, nas mãos de Nabucodonosor, rei de Babilônia, e nas mãos dos caldeus. ²⁶Eu te lançarei a ti e a tua mãe que te gerou num país onde não nasceste e lá morrereis. ²⁷Mas ao país, ao qual desejarão voltar, não voltarão".

²⁸Acaso esse Jeconias
é um vaso desprezível, quebrado,
um vaso que não agrada mais a ninguém?
Por que são, pois, expulsos,
ele e sua descendência,
e lançados num país que não conhecem?"

²⁹Terra, terra, terra!
Escuta a palavra de Javé!
³⁰Assim fala Javé:
"Registrai este homem como um sem filhos†,
um homem que não teve sucesso na vida,
porque ninguém em sua estirpe
conseguirá sentar-se no trono de Davi
e reinar ainda sobre Judá".

23 **Pastores de Israel.** ¹"Ai dos pastores* que deixam perecer no abandono o rebanho de meus prados" – oráculo de Javé. ²Por isso, assim fala Javé, o Deus de Israel, contra os pastores que devem apascentar meu povo: "Vós dispersastes minhas ovelhas, as expulsastes e não vos ocupastes delas; eis que eu me ocuparei de vós por causa da maldade de vossas ações" – oráculo de Javé.

O bom pastor futuro. ³"Eu mesmo reunirei o resto* de minhas ovelhas de todas as regiões para onde as dispersei e as farei voltar a seus prados; serão fecundas e se multiplicarão. ⁴Constituirei sobre elas pastores* que as apascentem, de modo que não terão mais medo nem pavor, e delas não faltará nenhuma" – oráculo de Javé.

⁵"Eis que virão dias
– oráculo de Javé –
nos quais suscitarei a Davi* um germe justo†,
que reinará como rei; será sábio
e exercerá o direito e a justiça sobre a terra.
⁶Em seus dias, Judá será salvo*
e Israel terá segurança em sua morada;
este será o nome com que o chamarão:
'Javé-nossa justiça'†.
⁷Portanto, eis que virão dias – oráculo de Javé – durante os quais* não se dirá mais: Pela vida de Javé que fez os israelitas sair do país do Egito, ⁸mas se dirá: Pela vida de Javé que fez sair e que reconduziu a descendência da casa de Israel do país do norte e de todos os países aonde a havia dispersado, para que more em sua própria terra".

Contra os falsos profetas†. ⁹Contra os profetas.
Meu coração se parte dentro de mim,*
tremem todos os meus membros,
sou como um embriagado
e como quem está dominado pelo vinho,
por causa de Javé e de suas santas palavras.
¹⁰"Pois o país está cheio de adúlteros;
por causa da maldição o país está de luto,
secaram-se os pastos da estepe.
Eles correm para o mal,
usam sua força para a injustiça.

---

* **22,**25. Ag 2,23 | **23,**1. Ez 34,1 | 3. Is 4,3 | 4. 3,15 | 5. 33,15s; Is 4,2; Zc 3,8; 6,12 | 6. 3,18 | 7. 16,14s | 9. 14,13-16; Dt 13,2-6

† **22,**24. Javé abandona o rei a seu próprio destino. Jeconias é um outro nome de Joaquin. | 30. Joaquin teve filhos, 1Cr 3,17s, seu neto Zorobabel foi governador de Judá depois do exílio, Ag 1,1; mas nenhum deles foi rei. | **23,**5. Esse germe, sinal de esperança, é o Messias, Is 11,1; Zc 3,8; 6,12. | 6. Jeremias anuncia a restauração da dinastia de Davi, não no campo político, mas no campo religioso das obrigações morais da aliança. | **23,**9. Os profetas da corte adulavam o rei com falsos anúncios de paz e prosperidade, que enganavam o povo.

971 Jeremias 23

¹¹Até o profeta, até o sacerdote são ímpios,*
até em minha casa encontrei sua maldade
– oráculo de Javé.
¹²Por isso seu caminho será para eles um lugar escorregadio;
serão empurrados nas trevas e cairão nelas,
porque mandarei sobre eles
a calamidade no ano de seu castigo
– oráculo de Javé.
¹³Entre os profetas de Samaria eu vi desatinos.
Profetizavam em nome de Baal*
e extraviavam Israel, meu povo.
¹⁴Mas entre os profetas de Jerusalém
vi coisas nefandas:
cometem adultérios e agem com hipocrisia,
reforçam a mão dos malfeitores,
de modo que ninguém se converte de sua maldade;
porque todos são para mim como Sodoma
e seus habitantes, como Gomorra".*
¹⁵Por isso, assim fala Javé dos exércitos
contra os profetas:
"Eis que os farei engolir absinto*
e beber águas envenenadas,
porque dos profetas de Jerusalém
saiu a impiedade para todo o país".
¹⁶Assim fala Javé dos exércitos:
"Não escuteis as palavras dos profetas
que profetizam para vós;
eles vos farão acreditar em coisas vãs;
eles vos anunciam fantasias de seu coração,
não o que vem da boca de Javé.
¹⁷Eles dizem àqueles que desprezam a palavra de Javé:
Vós tereis paz!
E aos que seguem a dureza de seu coração dizem:
Nenhum mal vos atingirá.
¹⁸Mas quem assistiu ao conselho de Javé,* para ver e ouvir sua palavra?

Quem prestou atenção sua palavra e a escutou?
¹⁹Eis a tempestade de Javé!*
Seu furor irrompe,
uma tempestade se precipita
e se abate sobre a cabeça dos malvados.
²⁰Não cessará a ira de Javé,
enquanto não tiver completado e realizado
os projetos de seu coração.
No decurso dos dias compreendereis tudo!
²¹Eu não enviei esses profetas, e eles correm:
não lhes falei, e eles profetizam.
²²Se tivessem assistido a meu conselho,
teriam anunciado minhas palavras a meu povo
e os teriam desviado de sua conduta perversa
e da maldade de suas ações.*
²³Acaso eu sou Deus só de perto
– oráculo de Javé –
e não também Deus de longe?
²⁴Acaso pode um homem ocultar-se*
nos esconderijos sem que eu o veja?
– oráculo de Javé.
Eu não encho o céu e a terra?
– oráculo de Javé.
²⁵Eu ouvi o que dizem os profetas que profetizam falsamente em meu nome, dizendo: Eu tive um sonho, eu tive um sonho!† ²⁶Até quando haverá entre os profetas quem profetiza a mentira e anuncia a impostura de seu coração? ²⁷Eles pensam que farão meu povo esquecer meu nome com seus sonhos, que contam um ao outro, como seus pais esqueceram meu nome por Baal! ²⁸O profeta que teve um sonho conte seu sonho; quem ouviu uma palavra minha, anuncie fielmente minha palavra.
O que tem a ver a palha com o trigo?
– oráculo de Javé.
²⁹Acaso minha palavra não é como o fogo?*

---

* **23**,11. 6,13 | 13. 2,8; 5,31 | 14. Gn 19 | 15. 9,14 | 18. 1Cor 2,16 | 19. 30,23s | 22. 28,9 | 24. Am 9,2s | 29. 5,14; 20,9

† **23**,25. Ver a nota em Eclo 34,1. | 33. Em hebraico, a mesma palavra significa "oráculo" e "peso". O povo pergunta pelo oráculo, Jeremias responde que as iniquidades do povo são um peso para Javé.

Jeremias 23-25

– oráculo de Javé –
e como um martelo que despedaça a rocha?

[30]Por isso, eu sou contra os profetas – oráculo de Javé – os quais roubam uns dos outros minhas palavras. [31]Eu sou contra os profetas – oráculo de Javé – que movem a língua para dar oráculos. [32]Eu sou contra os profetas que têm sonhos mentirosos – oráculo de Javé – que os contam e extraviam meu povo com mentiras e leviandades. Eu não os enviei nem dei ordem alguma; eles não terão utilidade alguma para este povo" – oráculo de Javé.

[33]"E quando, pois, este povo, ou um profeta, ou um sacerdote te perguntar: 'Qual é o peso de Javé?', tu referirás a eles: 'Sois vós o peso de Javé!† Eu vos rejeitarei' – oráculo de Javé. [34]E o profeta, ou o sacerdote, ou o homem do povo que disser: 'Peso de Javé!', eu o punirei e também sua família. [35]Assim direis um ao outro e cada qual a seu irmão: 'O que respondeu Javé?' ou: 'O que Javé disse?' [36]Mas vós não fareis mais menção de peso de Javé, porque o peso é para cada um sua própria palavra. E vós perverteis as palavras do Deus vivo, de Javé dos exércitos, nosso Deus. [37]Assim dirás ao profeta: 'O que Javé te respondeu?' ou: 'O que Javé disse?' [38]Mas se disserdes 'Peso de Javé', então assim fala Javé: 'Já que repetis: Peso de Javé, embora eu vos tenha mandado não dizer mais: Peso de Javé, [39]por causa disso, eu vos carregarei e jogarei longe de minha presença a vós e a cidade que dei a vós e a vossos pais.' [40]Eu vos cobrirei de opróbrio perene e de uma eterna vergonha que jamais será esquecida".

24 A visão dos cestos de figos.

[1]Javé mostrou-me dois cestos de figos postos diante do templo de Javé,* depois que Nabucodonosor, rei de Babilônia, tinha deportado de Jerusalém Jeconias, filho de Joaquim, rei de Judá, e os chefes de Judá, os artesãos e os ferreiros e os tinha conduzido a Babilônia. [2]Um cesto estava cheio de figos muito bons, como são os primeiros figos; o outro cesto estava cheio de figos muito ruins, tão ruins que não se podia comê-los.

[3]Javé me disse: "O que vês, Jeremias?" Respondi: "Figos; os figos bons são excelentes, os ruins são muito ruins, tão ruins que não se pode comê-los".

[4]Então foi-me dirigida a palavra de Javé nestes termos: [5]"Assim fala Javé, Deus de Israel:* Como se tem consideração por estes figos bons, assim eu quero interessar-me, para o bem deles, pelos deportados de Judá que eu fiz sair deste lugar para o país dos caldeus. [6]Porei o olhar sobre eles para seu bem; eu os farei voltar para este país,* eu os reconstruirei e não os demolirei, eu os plantarei e não os arrancarei.* [7]Dar-lhes-ei um coração capaz de conhecer que eu sou Javé; eles serão meu povo e eu serei seu Deus, porque voltarão a mim de todo o coração. [8]Mas como se tratam os figos ruins, que não podem ser comidos de tão ruins que são, assim, diz Javé, eu tratarei Sedecias, rei de Judá, seus chefes e o resto de Jerusalém: os sobreviventes neste país e os que moram no país do Egito. [9]Eu os tornarei objeto de horror,* uma calamidade para todos os reinos da terra; um opróbrio, fábula, sarcasmo e maldição em todos os lugares para onde os expulsarei. [10]Mandarei contra eles a espada, a fome e a peste até que desapareçam do país que eu dei a eles e a seus pais".

25 Anúncio dos 70 anos de exílio.

[1]Palavra que foi dirigida a Jeremias a respeito de todo o povo de Judá no quarto ano de Joaquim, filho de Josias, rei de Judá, isto é, no primeiro ano de Nabucodonosor, rei de Babilônia. [2]O profeta Jeremias a anunciou a todo o povo de Judá e a todos os habitantes de Jerusalém, dizendo: [3]"Desde o ano décimo terceiro de Josias, filho

---

* **24**,1. 2Rs 24,12-16 **|** 5. Ez 11,14-21 **|** 6. 1,10 / 4,4; 31,31.33s; 32,39 **|** 9. 15,4; 26,6; 29,18; 42,18; 44,12 **|** 3. 7,25

de Amon, rei de Judá, até hoje, são vinte e três anos que me foi dirigida a palavra de Javé e eu, sem me cansar, falei a vós continuamente, mas não escutastes.* ⁴Javé vos tem enviado com urgência e insistência todos os seus servos, os profetas, mas vós não escutastes e não prestastes ouvido para escutar ⁵quando vos diziam: Cada qual abandone seu mau caminho e suas más ações: então habitareis no solo que Javé deu a vós e a vossos pais desde sempre e para sempre. ⁶Não sigais outros deuses para servi-los e adorá-los; não me provoqueis com as obras de vossas mãos e não vos farei mal algum. ⁷Mas não me escutastes – oráculo de Javé –; ao contrário, vós me provocastes com a obra de vossas mãos para vosso próprio mal. ⁸Por isso, assim fala Javé dos exércitos: Porque não escutastes minhas palavras, ⁹mandarei buscar todas as tribos do norte – oráculo de Javé – em torno de Nabucodonosor, rei de Babilônia, meu servo, e as mandarei contra este país e seus habitantes e contra todas as nações ao redor;* eu os votarei ao extermínio e farei deles um objeto de horror,* de zombaria e uma ruína perpétua. ¹⁰Farei cessar em seu meio os sons de festa e as vozes de alegria, a voz do esposo e da esposa, o barulho da mó e a luz da lâmpada. ¹¹Todo este país será uma ruína e uma desolação, e estas nações estarão sujeitas ao rei de Babilônia por setenta anos.* ¹²Mas, quando se completarem os setenta anos†, punirei o rei de Babilônia e aquela nação – oráculo de Javé – por seus delitos; punirei o país dos caldeus e o reduzirei a uma desolação eterna. ¹³Farei cumprir contra este país todas as palavras que pronunciei a seu respeito, tudo o que está escrito neste livro: o que Jeremias profetizou contra todas as nações. ¹⁴Pois elas também estarão sujeitas a nações poderosas e a grandes reis, e eu lhes retribuirei conforme seus atos e conforme as obras de suas mãos"†.

Castigo das nações. ¹⁵Pois assim me falou Javé, Deus de Israel:* "Toma de minha mão esta taça de vinho de minha ira e faze com que dela bebam todas as nações às quais te envio, ¹⁶para que bebam, fiquem embriagadas e se tornem loucas diante da espada que mandarei para o meio delas".

¹⁷Tomei, pois, a taça das mãos de Javé e fiz com que bebessem dela todas as nações às quais Javé me havia mandado: ¹⁸a Jerusalém e às cidades de Judá, a seus reis e a seus chefes, para reduzi-los à ruína, à desolação, ao opróbrio e à maldição, como acontece hoje; ¹⁹também ao faraó, rei do Egito, a seus ministros, a seus nobres e a todo o seu povo; ²⁰a todos os mestiços, a todos os reis do país de Hus, a todos os reis do país dos filisteus, a Ascalon, a Gaza, a Acaron e aos sobreviventes de Azoto, ²¹a Edom, a Moab e aos amonitas, ²²a todos os reis de Tiro e a todos os reis de Sidônia e aos reis da ilha que está além do mar; ²³a Dedã, a Temã, a Buz e a todos os que raspam os cabelos das têmporas, ²⁴a todos os reis da Arábia e a todos os reis dos mestiços que moram no deserto, ²⁵a todos os reis de Zambri, a todos os reis do Elam e a todos os reis da Média, ²⁶a todos os reis do norte, próximos ou distantes, a uns e a outros e a todos os reinos que existem na terra; o rei de Sesac† beberá depois deles.

²⁷"Tu lhes dirás: Assim fala Javé dos exércitos, o Deus de Israel: Bebei e inebriai-vos, vomitai e caí sem poder levantar-vos diante da espada que vou mandar para vosso meio. ²⁸E se recusarem receber de tua mão o cálice a beber, tu lhes dirás: Assim fala Javé dos exércitos: Bebereis assim mesmo!* ²⁹Se eu envio o castigo, começando pela ci-

---

* **25**,9. Js 6,17 / 7,34; 16,9; Ez 26,13 | 11. 29,10; 27,7; Dn 9,2s | 15. Is 51,17; Ap 16 | 28. 1Pd 4,17

† **25**,12. Este oráculo inspirou 2Cr 36,21 e Dn 9,2, mas o número 70 aqui é simbólico, não é uma cifra matemática. | 14. Javé emprega as nações para castigar os pecados de seu povo, mas elas também serão castigadas por seus pecados e pela excessiva violência com que castigaram o povo de Deus. | 26. Sesac é Babilônia em código, para ficar secreto.

Jeremias 25-26

dade que leva meu nome, vós seríeis poupados? Não, poupados não sereis, porque eu mesmo chamarei a espada contra todos os habitantes do país. – oráculo de Javé dos exércitos".

Julgamento divino. 30"Tu lhes anunciarás todas estas palavras e lhes dirás:
Javé ruge do alto,*
de sua santa morada eleva a voz;
ruge com força contra seu território,
grita como os que pisam as uvas,*
contra todos os habitantes do país.
31O clamor chega até os confins da terra,
porque Javé faz um processo contra as nações,
instrui o juízo contra todo homem;
entrega os ímpios à espada
– oráculo de Javé.
32Assim fala Javé dos exércitos:
A calamidade se estende de nação a nação,
um grande furacão se levanta dos confins da terra.
33Naquele dia as vítimas de Javé cobrirão a terra de uma extremidade à outra; não serão pranteadas, nem recolhidas, nem sepultadas, mas serão como esterco sobre o solo.*
34Uivai, pastores, gritai,
revolvei-nos no pó, chefes do rebanho!
Porque vossos dias estão completos para o massacre e para vossa dispersão;
caireis como carneiros escolhidos.
35Não haverá refúgio para os pastores,
nem salvação para os chefes do rebanho.
36Ouvem-se os gritos dos pastores,
os gemidos dos guias do rebanho,
porque Javé destruiu seus prados;
37estão devastados os prados tranquilos
por causa da ardente ira de Javé.
38O leão abandona sua cova,
porque o país deles é uma desolação,
por causa da espada devastadora
e por causa do ardor de sua ira".

II. ORÁCULOS DE SALVAÇÃO PARA ISRAEL E JUDÁ
(26–45)

26 Jeremias maltratado. 1No início do reino de Joaquim, filho de Josias, rei de Judá,* foi dirigida a Jeremias esta palavra da parte de Javé: 2Assim fala Javé: "Vai para o átrio do templo de Javé e a todos aqueles que vêm das cidades de Judá para adorar no templo de Javé tu dirás todas as palavras que te mandei anunciar-lhes, sem deixar uma sequer. 3Pode ser que te escutem e cada um abandone sua má conduta; em tal caso vou desistir do mal que penso fazer-lhes por causa da maldade de suas ações.

4Tu lhes dirás: Assim fala Javé: Se não me ouvirdes,* se não caminhardes segundo minha lei que vos proponho 5e se não ouvirdes as palavras dos profetas,* meus servos, que vos enviei sem cessar, mas que vós não escutastes, 6eu tratarei este templo como o de Silo e farei desta cidade um exemplo de maldição para todas as nações da terra".*

7Os sacerdotes, os profetas e todo o povo ouviram Jeremias pronunciar essas palavras no templo de Javé. 8Ora, quando Jeremias terminou de referir o que Javé lhe havia mandado dizer a todo o povo, os sacerdotes e os profetas o prenderam, dizendo: "Tu vais morrer! 9Por que predisseste em nome de Javé: 'Este templo se tornará como Silo e esta cidade será devastada, desabitada?'"

Todo o povo se reuniu em torno de Jeremias no templo de Javé. 10Quando os chefes de Judá ficaram sabendo dessas coisas, subiram do palácio real ao templo de Javé e sentaram-se à entrada da porta Nova do templo de Javé. 11Então os sacerdotes e os profetas disseram aos chefes e a todo o povo: "Este homem merece a pena de morte, porque profetizou contra esta cidade como ouvistes com vossos ouvidos!"

12Mas Jeremias respondeu a todos os chefes e a todo o povo: "Foi Javé

---

* **25**,30. Am 1,2 / Is 63,3-6 | 33. 8,2 | **26**,1. 7,1-15 | 4. Dt 28,15; Jr 44,10.23 | 5. 7,25s; 11,7s | 6. 7,12

que me mandou profetizar contra este templo e contra esta cidade tudo o que ouvistes. [13]Agora, pois, melhorai vossa conduta e vossas ações e escutai o apelo de Javé, vosso Deus, e Javé desistirá do mal que decretou contra vós. [14]Quanto a mim, estou em vossas mãos: fazei de mim como vos parecer bom e justo; [15]mas sabei bem que, se me matardes, atraireis sangue inocente sobre vós, sobre esta cidade e seus habitantes, porque de fato Javé mandou-me a vós, para falar a vossos ouvidos todas essas palavras.

[16]Então os chefes e todo o povo disseram aos sacerdotes e aos profetas: "Este homem não merece a morte, porque nos falou em nome de Javé, nosso Deus". [17]E ergueram-se alguns dos anciãos do país para dizer a todo o povo reunido: [18]"Miqueias de Morasti, que profetizava no tempo de Ezequias, rei de Judá, afirmou a todo o povo de Judá: 'Assim fala Javé dos exércitos:

Sião será lavrada como um campo,*
Jerusalém se tornará um montão de ruínas,
o monte do templo, uma colina coberta de mato'.

[19]Por acaso Ezequias, rei de Judá, e todos os de Judá o mataram? Não temeram, antes, Javé e não aplacaram a face de Javé e assim Javé desistiu do mal que havia pronunciado contra eles? Nós, porém, estamos para cometer um grande mal contra nós mesmos".

[20]Havia também um homem que profetizava no nome de Javé: Urias, filho de Semeías, de Cariat-Iarim; ele profetizou contra esta cidade e contra este país com palavras semelhantes às de Jeremias. [21]O rei Joaquim, com todos os seus guardas e seus magistrados, ouviu suas palavras e procurou matá-lo, mas Urias veio a sabê-lo e, com medo, fugiu, indo para o Egito. [22]Então o rei Joaquim mandou ao Egito alguns homens, a saber, Elnatã, filho de Acobor, e outros com ele. [23]Eles fizeram Urias sair do Egito e o conduziram ao rei Joaquim que o mandou matar pela espada e mandou jogar seu corpo na vala comum.

[24]Mas a mão de Aicam, filho de Safã, foi a favor de Jeremias, para que não o entregassem ao poder do povo para ser morto†.

27 O simbolismo do jugo.

[1]Palavra que foi dirigida a Jeremias da parte de Javé, na época em que Nabucodonosor, rei de Babilônia, e todo o seu exército, todos os reinos da terra submetidos a seu domínio e todos os povos estavam em luta contra Jerusalém e contra todas as suas cidades.

[2]Assim me disse Javé: "Faze para ti cordas e um jugo e coloca-os em teu pescoço†. [3]Depois manda uma mensagem ao rei de Edom, ao rei de Moab, ao rei dos amonitas, ao rei de Tiro e ao rei de Sidônia por meio de seus mensageiros vindos a Jerusalém para se encontrar com Sedecias, rei de Judá, [4]e ordena-lhes que digam a seus senhores: Assim fala Javé dos exércitos, o Deus de Israel: Falai assim a vossos senhores: [5]Fui eu que fiz a terra, o homem e os animais que estão sobre a terra, com grande poder e com braço poderoso, e os dou a quem eu quero. [6]Agora entreguei todos estes países ao poder de Nabucodonosor, rei de Babilônia, meu servo; entreguei a ele até os animais selvagens para que lhe sirvam. [7]Todas as nações serão sujeitas a ele,* a seu filho e a seu neto, até que também para seu país chegue o momento. Então nações populosas e grandes reis o sujeitarão. [8]A nação ou o reino que não se sujeitar a ele, Nabucodonosor, rei de Babilônia, ou não submeter o pescoço ao jugo do rei de Babilônia, é com a espada, a fome e a peste que eu punirei

---

* **26**,18. Mq 3,12 | **27**,7. Jt 11,7; Br 3,16s

† **26**,24. Aicam, personagem importante no tempo do rei Josias, 2Rs 22,12-14, foi pai de Godolias, nomeado governador da Judeia pelos babilônios, Jr 40,1-16. Essa família sempre defendeu Jeremias. **27**,2. Javé, senhor da criação, mas também da história, encarregou Nabucodonosor, seu servo, v. 6, de submeter o povo: é este o significado do jugo de Jeremias.

Jeremias 27-28

essa nação – oráculo de Javé – até que a tenha entregado a seu poder. ⁹Não deis atenção a vossos profetas, adivinhos, sonhadores, magos, feiticeiros, que vos dizem: 'Não servireis ao rei de Babilônia!' ¹⁰É a mentira que eles vos profetizam* para afastar-vos de vosso país e para que eu vos disperse e pereçais. ¹¹Ao contrário, a nação que submeter o pescoço ao jugo do rei de Babilônia e lhe for sujeita, eu a deixarei estar tranquila no próprio solo – oráculo de Javé – ela o cultivará e o habitará".

¹²A Sedecias, rei de Judá, falei exatamente do mesmo modo e lhe disse: "Curvai o pescoço ao jugo do rei de Babilônia e a seu povo e conservareis a vida. ¹³Por que tu e teu povo quereríeis morrer pela espada, pela fome e pela peste, como ameaçou Javé a nação que não se submeter ao rei de Babilônia? ¹⁴Não deis atenção às palavras dos profetas que vos dizem: 'Não estareis sujeitos ao rei de Babilônia'. Porque vos profetizam mentiras. ¹⁵Pois eu não os enviei – oráculo de Javé – e eles profetizam mentiras em meu nome; por isso eu serei obrigado a dispersar-vos e assim perecereis vós e os profetas que vos fazem estas profecias".

¹⁶Aos sacerdotes e a todo este povo eu disse: "Assim fala Javé: Não escuteis as palavras de vossos profetas que vos predizem que os utensílios do templo de Javé serão logo trazidos de Babilônia; porque é mentira o que vos profetizam. ¹⁷Não os escuteis! Servi ao rei de Babilônia e conservareis a vida. Por que esta cidade deveria ser reduzida a ruínas? ¹⁸Se eles são profetas e se a palavra de Javé está com eles, intercedam, pois, junto de Javé dos exércitos para que não vá para Babilônia o que resta de utensílios no templo de Javé e na casa do rei de Judá e em Jerusalém.

¹⁹Pois assim fala Javé dos exércitos a respeito das colunas, do mar de bronze,* das bases e do resto dos utensílios que ainda estão nesta cidade ²⁰e que Nabucodonosor, rei de Babilônia, não

tomou quando deportou Jeconias, filho de Joaquim, rei de Judá,* de Jerusalém para Babilônia com todos os nobres de Judá e de Jerusalém. ²¹Assim fala, pois, Javé dos exércitos, Deus de Israel, a respeito dos utensílios que ficaram no templo de Javé, na casa do rei de Judá e em Jerusalém: ²²'Serão levados para Babilônia e lá ficarão até eu os visitar – oráculo de Javé –; então os farei voltar e os restituirei a este lugar'".

28 Discussão com o falso profeta Hananias. ¹Naquele mesmo ano, no início do reinado de Sedecias, rei de Judá, no ano quarto, no quinto mês, Hananias, filho de Azur, o profeta de Gabaon,* referiu-me no templo de Javé, na presença dos sacerdotes e de todo o povo, estas palavras: ²"Assim fala Javé dos exércitos, o Deus de Israel: Eu quebrei o jugo do rei de Babilônia! ³Dentro de dois anos farei voltar para este lugar todos os utensílios do templo de Javé que Nabucodonosor, rei de Babilônia, tirou deste lugar e levou para Babilônia. ⁴Farei voltar para este lugar – oráculo de Javé – Jeconias, filho de Joaquim, rei de Judá, com todos os deportados de Judá que foram para Babilônia, porque vou quebrar o jugo do rei de Babilônia".

⁵O profeta Jeremias respondeu ao profeta Hananias, na presença dos sacerdotes e de todo o povo que estavam no templo de Javé. ⁶O profeta Jeremias disse: "Assim seja! Assim faça Javé! Queira Javé realizar as palavras que profetizaste e faça voltar de Babilônia para este lugar os utensílios do templo e todos os deportados.

⁷No entanto, escuta agora esta palavra que vou dizer a teus ouvidos e aos ouvidos de todo o povo. ⁸Os profetas que houve antes de mim e de ti desde os tempos antigos profetizaram a respeito de muitos países e de reinos poderosos a guerra, a fome e a peste. ⁹Quanto ao profeta que prediz a paz,* é reconhecido como autêntico

---

* **27**,10. 14,14; 28,8s | 19. 1Rs 7,15s.23s.27s | 20. 2Rs 24,8-17 | **28**,1. 14,13-16; 23,9-40 | 9. Dt 18,21s; Ez 2,5; 33,33

enviado de Javé, quando sua palavra se realiza".

¹⁰Então o profeta Hananias arrancou o jugo do pescoço do profeta Jeremias e o quebrou. ¹¹E Hananias disse diante de todo o povo: "Assim fala Javé: Deste modo eu quebrarei o jugo de Nabucodonosor, rei de Babilônia, dentro de dois anos, tirando-o do pescoço de todas as nações".

O profeta Jeremias foi embora.

¹²Ora, depois que o profeta Hananias quebrou o jugo que estava sobre o pescoço do profeta Jeremias, a palavra de Javé foi dirigida a Jeremias: ¹³"Vai dizer a Hananias: Assim fala Javé: Tu quebraste um jugo de madeira, mas eu, no lugar dele, farei um de ferro. ¹⁴Pois assim fala Javé dos exércitos, o Deus de Israel: É um jugo de ferro que imporei a todas estas nações,* para que sirvam Nabucodonosor, rei de Babilônia; elas o servirão; e mesmo os animais selvagens eu os entrego a ele".

¹⁵Então o profeta Jeremias disse ao profeta Hananias: "Escuta, Hananias! Javé não te enviou e tu levas este povo a confiar na mentira. ¹⁶Por isso, assim fala Javé: Eis que te expulso da face da terra: este ano tu morrerás,* porque pregaste a revolta contra Javé".

¹⁷O profeta Hananias morreu naquele mesmo ano, no sétimo mês.

29 Carta aos exilados†.

¹Estas são as palavras da carta que o profeta Jeremias mandou de Jerusalém aos que restaram dos anciãos no exílio, aos sacerdotes, aos profetas e a todo o povo que Nabucodonosor tinha deportado* de Jerusalém para Babilônia. ²Foi depois que o rei Jeconias, a rainha-mãe, os nobres da corte, os chefes de Judá e de Jerusalém, os artesãos e os ferreiros tinham saído de Jerusalém. ³Foi levada por Elasa, filho de Safã, e Gemarias filho de Helcias, que Sedecias, rei de Judá, tinha enviado a Babilônia, a Nabucodonosor, rei de Babilônia. ⁴"Assim fala Javé

dos exércitos, o Deus de Israel, a todos os exilados que mandei deportar de Jerusalém para Babilônia: ⁵Construí casas e habitai nelas, plantai pomares e comei seus frutos; ⁶tomai esposas e gerai filhos e filhas; escolhei esposas para vossos filhos e dai vossas filhas em casamento; que elas tenham filhos e filhas. Multiplicai-vos aí e não vos diminuais. ⁷Procurai o bem-estar do país ao qual vos deportei. Orai a Javé por ele,* porque de seu bem-estar depende vosso bem-estar.

⁸Pois assim fala Javé dos exércitos, o Deus de Israel: Não vos deixeis enganar pelos profetas* que estão em vosso meio, nem por vossos adivinhos; não deis atenção aos sonhos que eles sonham. ⁹Porque é falso o que eles vos profetizam em meu nome; eu não os enviei – oráculo de Javé. ¹⁰Pois assim fala Javé: Quando setenta anos se tiverem completado para Babilônia, eu vos visitarei e cumprirei para vós minha boa promessa de reconduzir-vos para este lugar. ¹¹Eu, com efeito, conheço os projetos que fiz a vosso respeito* – oráculo de Javé – projetos de paz e não de aflição, para vos conceder um futuro cheio de esperança. ¹²Vós me invocareis e vireis rogar-me, e eu vos ouvirei; ¹³vós me procurareis e me achareis,* porque me procurareis com todo o vosso coração; ¹⁴eu me deixarei encontrar por vós – oráculo de Javé –, mudarei para melhor vossa sorte e vos reunirei de todas as nações e de todos os lugares aonde vos dispersei – oráculo de Javé – e vos reconduzirei ao lugar de onde vos deportei.

¹⁵Dizeis: Javé suscitou-nos profetas em Babilônia.

¹⁶Assim fala Javé a propósito do rei que está sentado no trono de Davi e de todo o povo que habita nesta cidade, vossos irmãos que não foram convocados para o exílio. ¹⁷Assim fala Javé dos exércitos: Mandarei contra eles a espada, a fome e a peste e os tornarei semelhantes a figos podres, tão estraga-

---

* **28**,14. 27,6 | 16. Dt 13,6 | **29**,1. 2Rs 24,12-16 | 7. 25,11 | 8. 14,14 | 11. Is 55,6-9 | 13. Dt 4,29ss; Am 5,4

† **29**. Contra a expectativa dos deportados, Jeremias diz que o exílio não será breve e os aconselha a aceitar a situação, estabelecer-se no país e trabalhar pela prosperidade dele.

Jeremias 29-30

dos que não se pode comê-los. [18]Vou persegui-los com a espada,* a fome e a peste; farei deles objeto de horror para todos os reinos da terra, objeto de maldição, de assombro, de zombaria e de opróbrio para todas as nações entre as quais os dispersei, [19]porque não escutaram minhas palavras* – oráculo de Javé – embora eu lhes tenha enviado constantemente meus servos, os profetas, porém eles não os escutaram – oráculo de Javé. [20]Vós, porém, deportados, que mandei de Jerusalém para Babilônia, escutai todos a palavra de Javé!

Contra os falsos profetas. [21]Assim fala Javé dos exércitos, o Deus de Israel, a respeito de Acab, filho de Colias, e a Sedecias, filho de Maasias, que vos profetizam mentiras em meu nome: Eu os entregarei às mãos de Nabucodonosor, rei de Babilônia, o qual os matará diante de vossos olhos. [22]Deles se tirará esta fórmula de maldição que usarão todos os deportados de Judá em Babilônia: Que Javé te trate como a Sedecias e Acab, que o rei de Babilônia mandou assar no fogo! [23]Pois eles perpetraram uma infâmia em Jerusalém, cometeram adultério com as mulheres do próximo, proferiram em meu nome palavras sem que eu lhes tivesse dado nenhuma ordem. Eu o sei e disto sou testemunha – oráculo de Javé".

Contra Semeías. [24]"A Semeías, o naalamita, dirás estas palavras: [25]Assim fala Javé dos exércitos, o Deus de Israel: Porque mandaste em teu nome cartas a todo o povo de Jerusalém a Sofonias, filho de Maasias, o sacerdote, e a todos os sacerdotes, dizendo: [26]Javé te constituiu sacerdote no lugar do sacerdote Joiada, para que fosse superintendente no templo de Javé, para reprimir qualquer aventureiro que queira passar por profeta, pondo-o na prisão e no tronco. [27]Por que, então, não repreendes Jeremias de Anatot, que faz profecias entre vós? [28]Com efeito, mandou dizer-nos em Babilônia: O exílio será longo! Construí casas e habitai nelas, plantai pomares e comei seus frutos!"

[29]O sacerdote Sofonias tinha lido esta carta na presença do profeta Jeremias.

[30]Então foi dirigida a Jeremias esta palavra de Javé: [31]"Envia esta mensagem a todos os deportados: Assim fala Javé a respeito de Semeías, o naalamita: Porque Semeías vos falou como profeta sem que eu o tenha enviado e vos fez confiar na mentira, [32]por isso assim fala Javé: Punirei Semeías, o naalamita, e sua descendência. Nenhum dos seus habitará no meio deste povo, nem verá o bem que eu farei a meu povo – oráculo de Javé – porque pregou a revolta contra Javé".

30 Promessa de restauração†.

[1]Palavra que foi dirigida a Jeremias da parte de Javé: [2]"Assim fala Javé, o Deus de Israel: Escreve para ti num livro todas as palavras que eu te disse, [3]porque virão dias – oráculo de Javé – nos quais mudarei a sorte de meu povo, de Israel e de Judá – diz Javé –; eu os reconduzirei ao país que concedi a seus pais e tomarão posse dele". [4]Estas são as palavras que Javé pronunciou sobre Israel e sobre Judá:

[5]Assim fala Javé:
"Ouvimos um grito de medo;
é o terror, não a paz.
[6]Informai-vos e observai:
um homem pode dar à luz?
Por que então vejo todos os homens
com as mãos nos quadris como uma parturiente?*
Por que todos os rostos se tornaram pálidos?
[7]Ai! Porque grande é aquele dia,
nenhum é semelhante a ele!
Tempo de angústia para Jacó,
mas dele sairá salvo.
[8]Naquele dia – oráculo de Javé dos exércitos – quebrarei o jugo,* tirando-o de teu pescoço, partirei tuas correntes; não serão mais escravos* de estrangeiros. [9]Eles servirão a Javé, seu Deus, e

---

* **29**,18. 15,4 | 19. 7,25 | **30**,6. 4,31 | 8. Is 9,3 / 5,19

† **30**. Daqui em diante, o livro passa a falar da volta de Judá a sua pátria e anuncia uma nova aliança.

Jeremias 30-31

a Davi, seu rei, que eu lhes suscitarei†.
¹⁰Tu, portanto, não temas, Jacó, meu servo,*
– oráculo de Javé –
não te deixes abater, Israel.
Pois eu te libertarei do país distante,
e tua descendência do país de seu exílio.
Jacó voltará e gozará de paz,
viverá tranquilo e ninguém o inquietará.*
¹¹Porque eu estou contigo para salvar-te
– oráculo de Javé.
Exterminarei todas as nações
no meio das quais eu te dispersei;
mas não te destruirei:
eu te castigarei segundo a justiça,
não te deixando impune".

Ferida e cura. ¹²Assim diz Javé:
"Tua ferida é incurável,
irremediável tua chaga.
¹³Ninguém defende tua causa;
para uma úlcera há remédios,*
mas para ti não há cura.
¹⁴Todos os teus amantes te esqueceram,*
não te procuram mais;
porque eu te feri como se fere um inimigo,
com um castigo severo,
por tuas grandes iniquidades,
por teus muitos pecados.
¹⁵Por que gritas pela ferida?
Incurável é tua chaga.
Por causa de tua grande iniquidade,
de teus muitos pecados, eu te tratei assim.
¹⁶Mas todos os que te devoravam serão devorados;
todos os teus adversários, sem exceção,
irão para o cativeiro;
teus saqueadores serão saqueados
e serão despojados os que te despojaram.
¹⁷Pois vou trazer-te remédio,
curar tuas chagas

– oráculo de Javé –,
pois te chamavam a repudiada,*
Sião, de quem ninguém se importa".
Restauração. ¹⁸Assim fala Javé:
"Restaurarei as tendas de Jacó*
e terei compaixão de suas moradas:
a cidade será reconstruída sobre suas ruínas
e o palácio surgirá de novo em seu lugar.
¹⁹Dele sairão hinos de louvor e gritos de alegria.
Eu os multiplicarei e não diminuirão,
eu os honrarei e não serão desprezados;
²⁰seus filhos serão como outrora,
sua assembleia será estável diante de mim;
punirei todos os seus opressores.
²¹Seu chefe será um deles
e do meio deles sairá seu comandante.
Eu lhe darei audiência e ele se aproximará de mim.*
Pois quem teria a audácia de se aproximar de mim?
– oráculo de Javé.
²²Vós sereis meu povo
e eu serei vosso Deus.*
²³Eis a tempestade de Javé,*
seu furor se desencadeia,
uma tempestade arrasadora,
sobre a cabeça dos malvados se abate.
²⁴Não cessará a ira ardente de Javé,
até que tenha terminado
e realizado os projetos de seu coração.
No final dos dias o compreendereis!

31

Israel voltará do exílio. ¹Naquele tempo
– oráculo de Javé –
eu serei o Deus de todas as tribos de Israel,
e elas serão meu povo.*
²Assim fala Javé:
"Encontrou favor no deserto*
o povo que escapou da espada;
Israel caminha para seu repouso".
³De longe lhe apareceu Javé:

---

* **30**,10. 46,27s; Is 41,8 / Mq 4,4 ǀ 13. Is 1,5s ǀ 14. 4,30; Lm 1,2 ǀ 17. Is 62,4 ǀ 18. Is 54,1ss ǀ 21. Êx 19,12; 33,20 ǀ 22. 31,1; Ez 11,20; Dt 26,17s; 27,9; 28,9 ǀ 23. 23,19s ǀ **31**,1. 3,18 ǀ 2. Os 2,16s

† **30**,9. "Davi" é aqui o Messias, seu descendente, no qual se realizam plenamente as promessas feitas a Davi.

Jeremias 31

"Eu te amei com amor eterno,*
por isso conservo meu amor para contigo.
⁴De novo te edificarei e serás reedificada,
virgem de Israel.
De novo te ornarás com teus tamborins
e sairás no meio de danças alegres.
⁵De novo plantarás vinhas
sobre as colinas de Samaria;
os plantadores, depois de terem plantado,
farão a colheita.*
⁶Virá o dia em que gritarão os vigias
sobre a montanha de Efraim:
Levantai-vos e subamos a Sião,
a Javé, nosso Deus".

Retorno glorioso. ⁷Porque assim fala Javé:
"Gritai de alegria por Jacó,
aclamai a primeira das nações!
Fazei ouvir vosso louvor e dizei:
Javé salvou seu povo,
o resto* de Israel"†.
⁸Eu os reconduzo do país do norte
e os reúno da extremidade da terra;
entre eles estão o cego e o aleijado,
a mulher grávida e a parturiente juntos;
é uma grande assembleia que aqui retorna.
⁹Tinham saído no pranto,*
na consolação os trarei de volta;
eu os conduzirei a rios de água,*
por uma estrada reta em que não tropeçarão;
porque eu sou um pai para Israel
e Efraim é meu primogênito.
¹⁰Escutai, nações, a palavra de Javé;
anunciai-a às ilhas mais distantes e dizei:
"Quem dispersou Israel o reúne*
e o guarda como um pastor guarda seu rebanho",
¹¹porque Javé remiu Jacó,*
resgatou-o das mãos de um mais forte que ele.
¹²Virão e cantarão de alegria nas alturas de Sião,
afluirão para os bens de Javé:
para o trigo, o mosto e o óleo,
para as crias dos rebanhos e das boiadas.
Serão como jardim irrigado,
jamais desfalecerão.
¹³Então se alegrará a virgem na dança
e os jovens junto com os velhos.
Mudarei seu luto em alegria.*
Eu os consolarei e os alegrarei depois de suas penas.
¹⁴Saciarei de delícias a alma dos sacerdotes
e meu povo se fartará de meus bens
– oráculo de Javé.

Restauração do reino do norte. ¹⁵Assim fala Javé:
"Uma voz se ouve em Ramá,*
lamento e choro amargo:
Raquel chora seus filhos;*
não quer ser consolada por seus filhos
porque não mais existem"†.
¹⁶Assim fala Javé:
"Impede a voz do pranto
e teus olhos de derramar lágrimas,
porque há uma compensação para tuas penas
– oráculo de Javé –
eles voltarão do país inimigo.
¹⁷Há esperança para teu futuro:
teus filhos voltarão para seu território.
¹⁸Eu ouvi, eu ouvi Efraim lamentar-se:
Tu me castigaste,
e eu sofri o castigo como um novilho não domado.*
Faze-me voltar e voltarei,*
porque tu és Javé, meu Deus.
¹⁹Depois que me afastei, eu me arrependi;
depois que compreendi, bati no peito.*
Estava cheio de vergonha e confuso

---

* **31**,3. Os 11,1-9; Is 54,8 | 5. Is 65,21s; Am 9,14 | 7. Is 4,3 | 9. Sl 126,5s; Is 40,3 / Jo 4,1 | 10. Ez 34,1; Jo 10,16 | 11. Is 49,25 | 13. Sl 30,12; 90,15; Jo 16,22 | 15. Mt 2,18 / 1Sm 10,2 | 18. Os 4,16 / Sl 80,4 | 19. Ez 21,17; 36,31

† **31**,7. Ver a nota em Is 1,9. | 15. O profeta imagina Raquel chorando em seu túmulo em Ramá por seus descendentes levados para o exílio. Mateus refere essas palavras aos meninos de Belém, trucidados por Herodes, 2,18.

porque trazia sobre mim
o opróbrio de minha juventude.
²⁰Acaso não é Efraim um filho meu querido,
meu menino predileto?
Com efeito, depois de o ter ameaçado,
lembro-me dele sempre mais vivamente.
Por isso meu coração se comove por ele,*
sinto por ele profunda compaixão"
– oráculo de Javé.

No caminho do retorno. ²¹Levanta sinais para ti,*
finca postes que te guiem,
presta atenção ao caminho,
à estrada que percorreste.
Volta, virgem de Israel,*
volta às cidades que são tuas!
²²Até quando irás vagando, filha rebelde?
Porque Javé cria uma coisa nova sobre a terra:
a mulher abraçará* o homem!†

Israel será repovoado. ²³Assim fala Javé dos exércitos, o Deus de Israel: "Ainda se dirá esta palavra no país de Judá e em suas cidades, quando eu tiver reconduzido seus cativos:
Javé te abençoe,
ó morada de justiça,
montanha santa.
²⁴Aí habitarão juntos Judá e todas as suas cidades, agricultores e criadores de rebanhos. ²⁵Porque eu saciarei o que estava esgotado* e fartarei todo ser que desfalece".
²⁶Neste ponto despertei e olhei; meu sono pareceu-me suave.
²⁷"Dias virão – oráculo de Javé – nos quais tornarei fecunda a casa de Israel* e a casa de Judá com semente de homens e semente de animais. ²⁸Então,

como velei sobre eles para arrancar e para demolir,* para abater e para destruir e para afligir, assim velarei sobre eles para edificar e para plantar" – oráculo de Javé.
²⁹"Naqueles dias não se dirá mais:
Os pais comeram uvas verdes*
e os dentes dos filhos ficaram travando.
³⁰Mas cada um morrerá por sua própria iniquidade; toda pessoa que tiver comido uvas verdes ficará com os dentes travando"†.

A nova aliança†. ³¹"Eis que virão dias – oráculo de Javé – nos quais farei com a casa de Israel* e com a casa de Judá uma nova* aliança†. ³²Não como a aliança que fiz com seus pais, quando os tomei pela mão para fazê-los sair da terra do Egito, minha aliança que eles violaram,* embora eu fosse o Senhor deles – oráculo de Javé. ³³Mas esta será a aliança que farei* com a casa de Israel depois daqueles dias – oráculo de Javé: Porei minha lei dentro deles* e a escreverei sobre seu coração. Então eu serei seu Deus* e eles serão meu povo. ³⁴E não terão mais de instruir cada qual seu vizinho ou seu irmão, dizendo: 'Conhecei Javé!' porque todos me conhecerão, do mais pequeno ao maior – oráculo de Javé; porque eu perdoarei sua iniquidade* e não me recordarei mais de seu pecado".

Estabilidade de Israel. ³⁵Assim fala Javé,
que deu o sol para iluminar o dia,*
e leis à lua e às estrelas para iluminarem a noite,
que agita o mar e faz bramir suas ondas,*
e cujo nome é Javé dos exércitos:
³⁶"Se falharem estas leis diante de mim*
– oráculo de Javé –

---

* **31**,20. Is 49,14ss; Os 11,8s | 21. Is 40,3 / Jr 3,12 | 22. Os 2,18ss | 25. Sl 23,2s | 27. Zc 2,8; Is 49,19s | 28. 1,10 | 29. Ez 18,2 | 31. Hb 8,8-12 / Lc 22,20 | 32. Êx 19,1 | 33. Hb 10,16 / Jr 24,7; 32,39s / 2Cor 3,3 | 34. Hb 10,17 | 35. Gn 1,14; Sl 136,7s / Is 51,15 | 36. Sl 89,34-38

† **31**,22. No simbolismo do matrimônio entre Deus e o povo, significa a reconciliação do povo. A tradução latina favoreceu a interpretação tradicional que vê aqui o anúncio da maternidade de Maria. | 30. Ver a nota em Dt 24,16. | 31. É "um dos trechos mais profundos e mais tocantes de toda a Bíblia" (Bright). Citado por inteiro em Hb 8,8-12, é a citação mais longa do AT no NT. / Única vez que se lê no AT a expressão "nova aliança"; é nova porque não será violada, todos lhe serão fiéis: terão seus corações transformados para realizar os planos de Deus.

Jeremias 31-32

então também a descendência de Israel

deixará de ser uma nação diante de mim para sempre!"

37Assim diz Javé:

"Se for possível medir os céus lá no alto

e sondar aqui embaixo os fundamentos da terra,

também eu rejeitarei

toda a descendência de Israel

por tudo aquilo que cometeu"

– oráculo de Javé.

38"Eis que virão dias – oráculo de Javé – nos quais a cidade* será reconstruída para Javé, desde a torre de Hananeel até a porta do Ângulo. 39A corda para medir se estenderá em linha reta até a colina de Gareb, virando depois para Goa. 40E todo o vale, com seus cadáveres e sua cinza, e todo o terreno ao longo da torrente Cedron, até o ângulo da porta dos Cavalos a oriente, serão consagrados a Javé; não se destruirá nem se demolirá nunca mais.*

32 Jeremias compra um terreno†. 1Palavra que foi dirigida a Jeremias por Javé, no décimo ano de Sedecias, rei de Judá, isto é, no décimo oitavo ano de Nabucodonosor. 2O exército do rei de Babilônia sitiava então Jerusalém e o profeta Jeremias estava preso† no pátio da guarda, no palácio do rei de Judá. 3Sedecias, rei de Judá, o havia preso, dizendo: "Por que profetizas com esta ameaça: 'Assim fala Javé: Entregarei esta cidade ao poder do rei de Babilônia e ele a tomará; 4Sedecias, rei de Judá, não escapará das mãos dos caldeus, mas certamente será entregue às mãos do rei de Babilônia e falará com ele face a face e o verá com seus próprios olhos; 5ele conduzirá Sedecias a Babilônia, onde ficará até que eu o visite – oráculo de Javé – ; se combaterdes contra os caldeus, não tereis sucesso'?"

6Jeremias disse: Foi-me dirigida esta palavra de Javé: 7Hanameel, filho de Salum, teu tio, vem a ti para dizer-te: Compra meu campo que se acha em Anatot, porque tens o direito de resgate para adquiri-lo. 8Veio, pois, a mim Hanameel, filho de meu tio, segundo a palavra de Javé, no pátio da guarda e me disse: "Compra meu campo que se acha em Anatot, no país de Benjamim, porque tens o direito de herança e o direito de resgate. Compra-o!"

Então reconheci que esta era a vontade de Javé 9e comprei o campo de Hanameel, filho de meu tio, que estava em Anatot, e lhe paguei o preço: dezessete siclos de prata. 10Redigi o documento do contrato, selei-o, chamei testemunhas e pesei o dinheiro na balança. 11Depois tomei o documento de compra, o selado, segundo a lei e os estatutos, e o aberto, 12e dei o contrato de compra a Baruc, filho de Nerias, filho de Maasias, na presença de Hanameel, filho de meu tio, e na presença das testemunhas que tinham assinado o contrato de compra e na presença de todos os judeus que se achavam no pátio da guarda. 13Depois, na presença deles, dei a Baruc esta ordem: 14"Assim fala Javé dos exércitos, o Deus de Israel: Toma esses contratos de compra, o selado e o aberto, e coloca-os num vaso de barro, para que se conservem por muito tempo. 15Porque assim fala Javé dos exércitos, o Deus de Israel: Ainda se comprarão casas, campos e vinhas neste país".

Oração de Jeremias. 16Depois de ter entregue o contrato de compra a Baruc, filho de Nerias, rezei a Javé, dizendo: 17Ah! Senhor Javé, vós fizestes o céu e a terra com grande poder e com braço forte; nada vos é impossível. 18Vós usais de misericórdia* para com mil gerações, mas retribuís a iniquidade dos pais nos filhos que lhes sucedem, Deus grande e forte, que vos chamais Javé

---

* **31**,38. Ez 41,13; Zc 2,5 | 40. Zc 14,11; Ap 22,3 | **32**,18. Êx 34,6s

† **32**. Jeremias mostra sua serena confiança no futuro comprando um campo numa região já ocupada pelo exército invasor. | 2. Acusado de colaborar com o inimigo e de blasfemar contra o templo, anunciando sua ruína.

983   Jeremias 32

dos exércitos. ¹⁹Sois grande nos pensamentos e poderoso nas obras e tendes os olhos abertos* sobre todos os caminhos dos homens, para dar a cada um segundo sua conduta e o fruto de seus atos. ²⁰Realizastes sinais e prodígios no país do Egito e até hoje em Israel e entre os homens, e alcançastes a fama que dura ainda hoje. ²¹Fizestes sair do Egito* vosso povo de Israel com sinais e prodígios, com mão forte e braço estendido e incutindo grande temor. ²²E lhes destes esta terra, que tínheis prometido por juramento a seus pais, terra que mana leite e mel.* ²³Eles vieram e dela tomaram posse, mas não escutaram vossa voz e não caminharam segundo vossa lei,* não fizeram nada do que lhes mandastes fazer; por isso enviastes sobre eles todos esses males.

²⁴Eis que os aterros para o assalto atingem a cidade para ocupá-la; pela espada, a fome e a peste, ela é entregue nas mãos dos caldeus que a atacam. O que tínheis dito aconteceu; vós o vedes. ²⁵E vós, Senhor Javé, me dizeis: Compra o campo com dinheiro e chama testemunhas, enquanto a cidade é entregue nas mãos dos caldeus.

Resposta de Deus. ²⁶Então foi dirigida a Jeremias esta palavra de Javé: ²⁷"Eu sou Javé, Deus de todo ser vivo;* porventura alguma coisa é impossível para mim? ²⁸Por isso, assim diz Javé: Entregarei esta cidade nas mãos dos caldeus e nas mãos de Nabucodonosor, rei de Babilônia, que a tomará. ²⁹Entrarão nela os caldeus que combatem contra esta cidade, queimarão esta cidade e entregarão às chamas as casas em cujos terraços se oferecia incenso a Baal e se faziam libações a outros deuses para me irritar. ³⁰Com efeito, os filhos de Israel e os filhos de Judá só fizeram o que é mau a meus olhos desde sua juventude; os israelitas nada fizeram senão irritar-me com a obra de suas mãos – oráculo de Javé. ³¹Sim, esta cidade tem sido causa de minha ira e de minha indignação desde quando a construíram até hoje; por isso a farei desaparecer de minha presença, ³²por causa de todo o mal que os filhos de Israel e os filhos de Judá cometeram para me irritar, eles, seus reis, seus chefes, seus sacerdotes, seus profetas, os homens de Judá e os habitantes de Jerusalém. ³³Viraram-me as costas e não o rosto; enquanto eu os instruía com solicitude sem me cansar, eles não escutaram e não aceitaram a correção. ³⁴Colocaram seus ídolos abomináveis no templo* que traz meu nome, para contaminá-lo, ³⁵e construíram os lugares altos de Baal no vale de Ben-Enom* para fazer passar pelo fogo seus filhos e suas filhas em honra de Moloc – coisa que não ordenei, nem tinha pensado que fossem cometer semelhante abominação, fazendo Judá pecar".

³⁶Mas agora assim fala Javé, o Deus de Israel, a respeito desta cidade da qual dizeis que será entregue nas mãos do rei de Babilônia por meio da espada, da fome e da peste: ³⁷"Eu os reunirei de todos os países nos quais os dispersei em minha ira, em meu furor e em minha grande indignação; eu os reconduzirei a este lugar e os farei morar com segurança. ³⁸Eles serão meu povo e eu serei seu Deus. ³⁹Eu lhes darei um só coração e um só modo de agir, de modo que me temam* todos os dias, para seu bem e o bem de seus filhos depois deles. ⁴⁰Farei com eles uma aliança* eterna: não deixarei de segui-los para fazer-lhes o bem; porei em seus corações meu temor, para que não se separem mais de mim. ⁴¹Terei prazer em fazer-lhes o bem* e os fixarei solidamente neste país, com todo o meu coração e com toda a minha alma". ⁴²Pois assim fala Javé: "Assim como mandei sobre este povo todo este grande mal, assim mandarei sobre eles todo o bem que lhes prometi. ⁴³Comprarão campos neste país, do qual dizeis: É uma desolação, sem homens e sem animais; está entregue nas mãos dos caldeus. ⁴⁴Eles comprarão campos com dinheiro, re-

---

* **32**,19. Sl 33,14s | 21. Dt 4,34; Dn 9,15 | 22. Êx 3,8 | 23. 26,4 | 27. 32,17; Zc 8,6 | 34. 7,30s | 35. Lv 18,21 | 39. 24,7 | 40. 31,31 | 41. Dt 30,9

Jeremias 32-33

digirão contratos e os selarão e chamarão testemunhas na terra de Benjamim, nos arredores de Jerusalém, nas cidades de Judá, nas cidades da região montanhosa, nas cidades da planície e nas cidades do Negueb, porque mudarei sua sorte" – oráculo de Javé.

33 Nova promessa de restauração.

[1]A palavra de Javé foi dirigida uma segunda vez a Jeremias, enquanto ainda estava preso no pátio da guarda: [2]"Assim fala Javé, que fez a terra e a formou para torná-la estável – seu nome é Javé: [3]Invoca-me, e eu te responderei* e te anunciarei coisas grandes e inacessíveis, que não conheces. [4]Porque assim fala Javé, o Deus de Israel, a respeito das casas desta cidade e das casas dos reis de Judá, que serão destruídas diante dos aterros para o assalto [5]e das armas dos caldeus, vindos para combater e enchê-las com os cadáveres dos homens que abaterei em minha ira e em meu furor, porque escondi o rosto, afastando-o desta cidade por causa de toda a sua maldade: [6]Eu lhes trarei remédio e saúde; eu os curarei e lhes revelarei as riquezas da paz e da segurança. [7]Mudarei a sorte de Judá e a sorte de Israel e os restabelecerei como no princípio. [8]Eu os purificarei de toda iniquidade* com que pecaram contra mim e perdoarei todas as iniquidades com que pecaram e se revoltaram contra mim†. [9]Isto será para mim motivo de alegria, de louvor e de glória diante de todas as nações da terra, quando souberem todo o bem que eu lhes faço; sentirão temor e tremor por todo o bem e por toda a paz que lhes concederei".

[10]Assim fala Javé: "Neste lugar, do qual dizeis: Ele está deserto, sem homens e sem animais; nas cidades de Judá e nas ruas de Jerusalém, que estão desoladas, sem homens,* sem habitantes e sem animais se ouvirão ainda [11]gritos de festa e gritos de alegria, a voz do esposo e da esposa e o canto daqueles que dirão, ao levarem sacrifícios de agradecimento ao templo de Javé: 'Louvai a Javé dos exércitos, porque é bom, porque eterno é seu amor'.* Porque restabelecerei a sorte deste país como era no começo, diz Javé".

[12]Assim fala Javé dos exércitos: "Neste lugar desolado, sem homens e sem animais, e em todas as suas cidades haverá ainda moradas de pastores que farão repousar os rebanhos. [13]Nas cidades da região montanhosa, nas cidades da planície, nas cidades do Negueb, na terra de Benjamim, nos arredores de Jerusalém e nas cidades de Judá passarão ainda as ovelhas sob a mão de quem as conta, diz Javé".

O reino messiânico. [14]Eis que virão dias – oráculo de Javé – nos quais realizarei a promessa de felicidade que fiz à casa de Israel e à casa de Judá. [15]Naqueles dias e naquele tempo farei germinar* para Davi um germe de justiça; ele exercerá o direito e a justiça sobre a terra. [16]Naqueles dias Judá será salvo e Jerusalém viverá com segurança. Assim será chamada a cidade: "Javé-nossa-justiça".

[17]Pois assim fala Javé: "Jamais faltará a Davi um descendente* que se sente no trono da casa de Israel; [18]e aos sacerdotes levitas nunca faltará quem esteja diante de mim para oferecer holocaustos, para queimar incenso* em oferta e realizar sacrifícios todos os dias".

[19]Depois foi dirigida a Jeremias* esta palavra de Javé: [20]"Assim fala Javé: Se podeis quebrar minha aliança com o dia e minha aliança com a noite, de modo que não haja mais dia e noite em seu tempo, [21]assim será quebrada também minha aliança com Davi, meu servo, de modo que não tenha um filho que reine sobre seu trono, e aquela com os levitas sacerdotes que me servem. [22]Assim como não se pode contar

---

* **33**,3. 29,12 | 8. 31,31; Ez 36,25 | 10. 25,10 | 11. 1Cr 16,34; Esd 3,11; Sl 106,1; 107,1; 136 | 15. 23,5s; Is 4,2 | 17. 2Sm 7,1 | 18. Zc 4,14 | 19. 31,35s; Sl 89,34-38; 2Sm 7,1

† **33**,8. O desígnio de Deus não é destruir seu povo, mas fazê-lo expiar sua falta e purificá-lo.

Jeremias 33-34

a milícia* do céu†, nem calcular a areia do mar, assim multiplicarei a descendência de Davi, meu servo, e os levitas que me servem".

²³Foi dirigida a Jeremias esta palavra de Javé: ²⁴"Não observaste o que este povo está dizendo: 'Javé rejeitou as duas famílias que tinha escolhido!' E assim desprezam meu povo como se não fosse mais uma nação a seus olhos?" ²⁵Assim fala Javé: "Se não persiste mais minha aliança com o dia e com a noite, se não estabeleci as leis do céu e da terra, ²⁶neste caso poderei rejeitar a descendência de Jacó e de Davi, meu servo, de modo a não mais tomar de seus descendentes os que governarão sobre a descendência de Abraão, de Isaac e de Jacó. Pois eu mudarei sua sorte e terei piedade deles".

34

Fim de Sedecias. ¹Palavra que foi dirigida a Jeremias por Javé, quando Nabucodonosor, rei de Babilônia, com todo o seu exército e todos os reinos da terra sob seu domínio e todos os povos combatiam contra Jerusalém e contra todas as suas cidades: ²Assim fala Javé, o Deus de Israel: "Vai falar com Sedecias,* rei de Judá, e dize-lhe: Assim fala Javé: Eu porei esta terra nas mãos do rei de Babilônia, que a entregará às chamas. ³Tu não escaparás de sua mão, mas serás preso e entregue a seu poder. Teus olhos verão os olhos do rei de Babilônia, o qual te falará face a face e depois irás para Babilônia. ⁴Todavia, escuta a palavra de Javé, ó Sedecias, rei de Judá! Assim fala Javé a teu respeito: Não morrerás pela espada! ⁵Morrerás em paz. E como se queimaram aromas para teus pais, os antigos reis que existiram antes de ti, assim se queimarão para ti* e por ti farão o lamento, dizendo: 'Ai, Senhor!' Sou eu que o declaro" – oráculo de Javé.

⁶O profeta Jeremias disse todas estas palavras a Sedecias, rei de Judá, em Jerusalém. ⁷Entretanto o exército do rei de Babilônia combatia contra Jerusalém e contra todas as cidades de Judá que ainda resistiam, isto é, contra Láquis e Azeca, que eram as únicas cidades fortificadas que restaram entre as cidades de Judá.

Libertação dos escravos. ⁸Esta palavra foi dirigida a Jeremias por Javé, depois que o rei Sedecias fez uma aliança com todo o povo que estava em Jerusalém, para proclamar a liberdade dos escravos; ⁹cada um devia despedir livres seus escravos hebreus, homens e mulheres, de modo que ninguém mais retivesse na escravidão um judeu, seu irmão.

¹⁰Todos os chefes e todo o povo que tinha aderido à aliança consentiram em despedir livres seus escravos, homens e mulheres, de modo a não obrigá-los mais à escravidão: consentiram, pois, e os despediram; ¹¹mas depois se arrependeram e retomaram os escravos, homens e mulheres, que tinham libertado e os reduziram de novo à escravidão.

¹²Então foi dirigida a Jeremias esta palavra de Javé: ¹³"Assim fala Javé, o Deus de Israel: Eu fiz uma aliança com vossos pais, quando os fiz sair do país do Egito, de uma condição servil, dizendo: ¹⁴'Ao se completarem sete anos,* cada um de vós despedirá seu irmão hebreu que se tiver vendido a ti; ele te servirá seis anos, depois o despedirás livre de compromisso contigo'; mas vossos pais não me escutaram e não prestaram ouvido. ¹⁵Ora, hoje vos tínheis arrependido e feito o que é reto a meus olhos, proclamando cada qual a liberdade de seu irmão; tínheis feito uma aliança diante de mim, no templo que traz meu nome. ¹⁶Mas, depois, mudastes de opinião e, profanando meu nome, retomastes cada qual os escravos e as escravas que tínheis despedido livres segundo o desejo deles, e os obrigastes a ser de novo vossos escravos e escravas. ¹⁷Por isso assim fala Javé: Vós não atendestes minha ordem* para que cada um desse a li-

---

* **33**,22. Gn 15,5 | **34**,2. 21,1-7; 32,1-5 | 5. 22,18 | 14. Dt 15,12s | 17. 29,18

† **33**,22. O inumerável exército das estrelas.

Jeremias 34-35

berdade a seu irmão e a seu próximo. Pois bem, vou dar a liberdade contra vós – oráculo de Javé – à espada, à peste e à fome e vos tornarei objeto de horror para todos os reinos da terra. [18]Quanto aos homens que transgrediram minha aliança, que não cumpriram os termos da aliança que fizeram em minha presença, eu os tornarei como o bezerro que eles partiram em dois* para passar entre as duas metades[+]. [19]Os chefes de Judá, os chefes de Jerusalém, os eunucos, os sacerdotes e todo o povo do país que passaram entre as duas metades do bezerro, [20]eu os entregarei nas mãos de seus inimigos e nas mãos dos que atentam contra sua vida; seus cadáveres serão pasto para as aves do céu e para os animais da terra. [21]Entregarei Sedecias, rei de Judá, e seus chefes nas mãos de seus inimigos, nas mãos dos que atentam contra sua vida, e nas mãos do exército do rei de Babilônia,* que se afastou de vós. [22]Eis que eu darei uma ordem – oráculo de Javé – e os farei voltar a esta cidade; combaterão contra ela, eles a tomarão e a entregarão às chamas. E farei das cidades de Judá uma solidão onde ninguém mora".

35 Exemplo de fidelidade dos recabitas[+].

[1]Esta palavra foi dirigida por Javé a Jeremias nos dias de Joaquim, filho de Josias, rei de Judá: [2]"Vai à família dos recabitas e fala-lhes, conduze-os a uma das salas do templo e oferece-lhes vinho a beber".

[3]Tomei então Jezonias, filho de Jeremias, filho de Habsanias, seus irmãos e todos os seus filhos, isto é, toda a família dos recabitas. [4]Conduzi-os ao templo de Javé, à sala dos filhos de Joanã, filho de Jegdalias, homem de Deus, a qual fica ao lado da sala dos chefes e sobre a sala de Maasias, filho de Selum, guarda da porta. [5]Coloquei diante dos membros da família dos recabitas jar-

ras cheias de vinho e copos e lhes disse: "Bebei o vinho!" [6]Eles responderam: "Nós não bebemos vinho,* porque nosso antepassado Jonadab, filho de Recab, nos deu esta ordem: 'Nunca bebereis vinho, nem vós nem vossos filhos; [7]não construireis casas, não semeareis sementes, não plantareis vinhas e não possuireis nenhuma, mas morareis em tendas por toda a vida, para que possais viver longamente sobre a terra, na qual viveis peregrinando'. [8]Temos obedecido às ordens do nosso antepassado Jonadab, filho de Recab, em tudo que nos ordenou, de modo que nós, nossas mulheres, nossos filhos e nossas filhas, não bebemos vinho em toda a nossa vida; [9]não construímos casas para morar nem possuímos vinha, nem campo, nem semente. [10]Habitamos em tendas. Obedecemos e fazemos tudo o que nos mandou Jonadab, nosso pai. [11]Mas quando Nabucodonosor, rei de Babilônia, invadiu o país, dissemos: 'Vinde, entremos em Jerusalém, para escapar do exército dos caldeus e do exército dos arameus'. Assim, viemos morar em Jerusalém".

[12]Então foi dirigida a Jeremias esta palavra de Javé: [13]"Assim fala Javé dos exércitos, o Deus de Israel: Vai dizer aos homens de Judá e aos habitantes de Jerusalém: Não quereis aceitar a lição, escutando minhas palavras? – oráculo de Javé. [14]Foram postas em prática as palavras de Jonadab, filho de Recab, que tinha mandado a seus filhos não beber vinho. Eles de fato não o beberam até hoje, porque obedeceram à ordem de seu pai. E eu vos falei sem me cansar e com insistência, mas não me escutastes! [15]Eu vos enviei sem me cansar e muitas vezes todos os meus servos* para dizer-vos: Abandone cada qual sua má conduta,* e emendai vossas ações e não sigais outros deuses para servi-los, para poderdes habitar no país que concedi a

---

* **34**,18. 7,33 | 21. 9,10. | **35**,6. 2Rs 10,15 | 15. 7,13 / 25,4-7

+ **34**,18. Refere-se ao ritual de aliança, no qual os contraentes passavam entre as partes divididas de um animal, invocando sobre si mesmos a mesma sorte dele, no caso de faltarem aos compromissos assumidos, Gn 15,17. | **35**. Ver a nota em 2Rs 10,15.

vós e a vossos pais. Mas não prestastes ouvido e não me destes atenção. [16]Sim, os filhos de Jonadab, filho de Recab, executaram a ordem que lhes dera seu pai; este povo, porém, não me escutou. [17]Por isso, assim fala Javé, o Deus dos exércitos, o Deus de Israel: Mandarei sobre Judá e sobre todos os habitantes de Jerusalém todo o mal que decretei contra eles, porque lhes falei e não me ouviram, eu os chamei e não responderam".

[18]Jeremias disse à família dos recabitas: "Assim fala Javé dos exércitos, o Deus de Israel: Porque obedecestes à ordem de Jonadab, vosso pai, e observastes todos os seus decretos e fizestes tudo o que vos ordenou, [19]por isso assim fala Javé dos exércitos, o Deus de Israel: A Jonadab, filho de Recab, jamais faltará alguém que esteja sempre em minha presença".

36 Redação dos escritos de Jeremias.
[1]No quarto ano de Joaquim, filho de Josias, rei de Judá, foi dirigida a Jeremias da parte de Javé esta palavra: [2]"Toma um rolo e escreve nele todas as coisas que eu te disse a respeito de Jerusalém, de Judá e de todas as nações, desde quando comecei a falar-te, no tempo de Josias até hoje. [3]Talvez os da casa de Judá, ouvindo todo o mal que me proponho fazer-lhes, abandonarão cada qual sua má conduta e então perdoarei sua iniquidade e seus pecados".

[4]Jeremias chamou Baruc, filho de Nerias, e Baruc escreveu num rolo, enquanto Jeremias ia ditando, todas as palavras que Javé lhe havia dirigido. [5]Depois, Jeremias ordenou* a Baruc: "Eu estou impedido, não posso ir ao templo de Javé. [6]Mas tu irás, para ler, do rolo que escreveste enquanto eu ditava, as palavras de Javé, fazendo o povo ouvi-las no templo de Javé, no dia de jejum; e as lerás também diante de todos os judeus que vieram de suas cidades. [7]Talvez apresentem suas súplicas a Javé e se convertam cada qual de sua má condu-

ta, porque grande é a ira e o furor que Javé ameaçou contra este povo".

[8]Baruc, filho de Nerias, fez o que lhe havia mandado o profeta Jeremias, lendo no rolo as palavras de Javé no templo.

[9]No quinto ano de Joaquim, filho de Josias, rei de Judá, no nono mês, foi proclamado um jejum diante de Javé para todo o povo de Jerusalém e para todo o povo que tinha vindo das cidades de Judá a Jerusalém. [10]Baruc, portanto, leu no livro, para todo o povo ouvir, as palavras de Jeremias, no templo de Javé, na sala de Gamarias, filho de Safã, o escriba, no pátio superior perto da entrada da porta Nova* do templo de Javé. [11]Miqueias, filho de Gamarias, filho de Safã, ouviu todas as palavras de Javé lidas no livro. [12]Ele desceu ao palácio, à sala do escriba; lá estavam reunidos em sessão todos os ministros: Elisama, o escriba; Delaías, filho de Semeías; Elnatã, filho de Acobor; Gamarias, filho de Safã; Sedecias, filho de Hananias, junto com todos os outros ministros.

[13]Miqueias referiu-lhes todas as palavras que tinha ouvido, quando Baruc lia no livro para o povo ouvir.

[14]Então todos os chefes enviaram Judi, filho de Natanias, filho de Selemias, filho do etíope, para dizer a Baruc: "Toma nas mãos o rolo que estavas lendo em voz alta ao povo e vem".

Baruc, filho de Nerias, tomou o rolo nas mãos e foi até eles. [15]E eles lhe disseram: "Senta-te e lê para nós". Baruc leu diante deles.

[16]Quando ouviram todas aquelas palavras, tiveram medo e disseram uns aos outros: "Devemos sem falta comunicar ao rei todas estas palavras". [17]Depois perguntaram a Baruc: "Dize-nos, como fizeste para escrever todas estas palavras?". [18]Baruc respondeu: "Jeremias ia ditando oralmente todas estas palavras e eu as ia escrevendo no livro com tinta".

[19]Os chefes disseram a Baruc: "Vai e esconde-te, tu e Jeremias; que ninguém saiba onde estais". [20]Depois eles

---

* 36,5. 20,1s | 10. 26,24

Jeremias 36-37

foram ter com o rei no apartamento interno, após ter reposto o rolo na sala de Elisama, o escriba, e referiram ao rei todas estas coisas.

²¹Então o rei mandou Judi trazer o rolo. Ele o tomou da sala de Elisama, o escriba, e o leu diante do rei e de todos os chefes que estavam junto com o rei. ²²O rei estava sentado no palácio de inverno – era o nono mês – com um braseiro aceso a sua frente.

²³Ora, cada vez que Judi tinha lido três ou quatro colunas, o rei as cortava com a faca do escriba e as lançava no braseiro,† até que foi consumido o rolo inteiro no fogo do braseiro. ²⁴O rei e todos os seus servos não tremeram nem rasgaram as vestes ao ouvir todas aquelas palavras. ²⁵No entanto Elnatã, Delaías e Gamarias tinham suplicado ao rei que não queimasse o rolo, mas ele não os atendeu. ²⁶Antes, ordenou a Jaramiel, filho do rei, a Seraías, filho de Azriel e a Selemias, filho de Abdeel, que prendessem Baruc, o escriba, e o profeta Jeremias, mas Javé os tinha escondido.

²⁷Depois que o rei queimou o rolo com as palavras que Baruc tinha escrito, enquanto Jeremias ia ditando, esta palavra de Javé foi dirigida a Jeremias: ²⁸"Toma um outro rolo e escreve nele todas as palavras de antes, que estavam no primeiro rolo, queimado por Joaquim, rei de Judá. ²⁹E contra Joaquim, rei de Judá, tu dirás: Assim fala Javé: Queimaste este rolo, dizendo: Por que escreveste estas palavras: Virá sem falta o rei de Babilônia devastar este país e fazer desaparecer dele homens e animais? ³⁰Por isso, assim fala Javé contra Joaquim, rei de Judá: Ele não terá um herdeiro no trono de Davi; seu cadáver será exposto ao calor do dia e ao frio da noite. ³¹Eu punirei a ele, sua descendência e seus servos por suas iniquidades e mandarei sobre eles, sobre os habitantes de Jerusalém e sobre os homens de Judá, todo o mal com que os ameacei, sem que me tenham prestado ouvido".

³²Jeremias tomou um outro rolo e o entregou a Baruc, filho de Nerias, o escriba, o qual escreveu nele, enquanto Jeremias ditava, todas as palavras do livro que Joaquim, rei de Judá, tinha queimado; além disso foram acrescentadas muitas palavras semelhantes àquelas.

37 Sedecias consulta Jeremias.

¹O rei Sedecias, filho de Josias, tornou-se rei* no lugar de Jeconias, filho de Joaquim; Nabucodonosor, rei de Babilônia, nomeou-o rei no país de Judá. ²Mas nem ele, nem seus ministros, nem o povo do país escutaram as palavras que Javé tinha pronunciado por meio do profeta Jeremias.

³O rei Sedecias enviou então Jucal, filho de Selemias, e o sacerdote Sofonias, filho de Maasias, ao profeta Jeremias, para dizer-lhe: "Roga por nós a Javé nosso Deus".

⁴Jeremias ia e vinha no meio do povo: ainda não tinha sido lançado na prisão.

⁵Entretanto o exército do faraó tinha saído do Egito, e os caldeus, que sitiavam Jerusalém, logo que souberam disso se retiraram de Jerusalém.

⁶Então foi dirigida ao profeta Jeremias esta palavra de Javé: ⁷"Assim fala Javé, o Deus de Israel: Dizei assim ao rei de Judá que vos mandou até mim para consultar-me: O exército do faraó, que saiu em vosso socorro, retornará a seu país, o Egito; ⁸os caldeus voltarão para atacar esta cidade, tomá-la e entregá-la às chamas".

⁹Assim fala Javé: "Não vos iludais pensando: os caldeus se afastaram definitivamente de nós, porque eles não foram embora. ¹⁰Mesmo se conseguísseis vencer todo o exército dos caldeus que combate contra vós, e se restassem só alguns feridos, esses surgiriam cada qual de sua tenda e entregariam esta cidade às chamas".

Prisão de Jeremias. ¹¹Quando o exército dos caldeus se afastou de Jerusalém por causa do exército do faraó,

---

* **37**,1. 22,20-30; 13,18s; 2Rs 24,17-20

† **36**,23. À diferença de seu pai Josias, que rasgou as vestes ao ouvir a leitura da Lei, 2Cr 34,19, Joaquim corta e queima os oráculos de Jeremias, pensando torná-los sem efeito.

989   Jeremias 37-38

¹²Jeremias saiu de Jerusalém* para ir à terra de Benjamim a fim de receber sua parte da herança entre seus parentes.

¹³Mas, quando estava na porta de Benjamim, onde se achava um encarregado do serviço da guarda, chamado Jerias, filho de Selemias, filho de Hananias, este prendeu o profeta Jeremias, dizendo: "Tu passas para os caldeus!" ¹⁴Jeremias respondeu: "É falso! Eu não passo para os caldeus"; mas eles não lhe prestaram ouvido. E assim Jerias prendeu Jeremias e o conduziu aos magistrados. ¹⁵Estes, furiosos contra Jeremias, açoitaram-no e o lançaram na prisão, na casa de Jônatas, o escriba, a qual tinham transformado em cárcere. ¹⁶Jeremias entrou na casa da prisão subterrânea, na cela, e lá permaneceu muitos dias.

Jeremias interrogado por Sedecias.
¹⁷O rei Sedecias mandou trazê-lo em segredo para sua casa e perguntou-lhe: "Há alguma palavra da parte de Javé?" Jeremias respondeu: "Sim". E precisou: "Tu serás entregue nas mãos do rei de Babilônia".

¹⁸Depois, Jeremias disse ao rei Sedecias: "Que culpa cometi contra ti, contra teus ministros e contra este povo para que me tenhas lançado na prisão? ¹⁹E onde estão vossos profetas que vos prediziam: O rei de Babilônia não virá contra vós nem contra este país? ²⁰Agora peço-te que escutes, ó rei, meu senhor; que minha súplica seja bem-aceita diante de ti. Não me mandes de volta à casa de Jônatas, o escriba, para que eu não morra lá".

²¹O rei Sedecias mandou guardar Jeremias no pátio da guarda e dar-lhe todo dia um pão proveniente da rua dos Padeiros, até que acabasse todo o pão na cidade.

Assim Jeremias permaneceu no pátio da guarda.

38
Jeremias na cisterna. ¹Safatias, filho de Matã, Gedalias, filho de Fassur, Jucal, filho de Selemias e Fassur, filho de Melquias, ouviram estas palavras que Jeremias dirigia a todo o povo: ²"Assim fala Javé: Quem permanecer nesta cidade* morrerá pela espada, de fome ou de peste, mas quem sair e passar para os caldeus viverá: a vida será para ele como despojo e viverá. ³Assim fala Javé: Com certeza esta cidade será entregue nas mãos do exército do rei de Babilônia, que a tomará".

⁴Os magistrados disseram então ao rei: "Seja morto este homem, porque ele está desencorajando os guerreiros que ficaram nesta cidade e desencorajando todo o povo dizendo-lhe tais palavras. Porque este homem não busca o bem-estar do povo, mas seu mal". ⁵O rei Sedecias respondeu: "Ele está em vossas mãos; com efeito, o rei nada pode contra vós".

⁶Então eles se apoderaram de Jeremias e o lançaram na cisterna de Melquias, filho do rei, a qual se achava no pátio da guarda. Eles desceram Jeremias com cordas. Na cisterna não havia água mas somente barro, e assim Jeremias afundou no barro.

Jeremias socorrido por Ebed-Melec.
⁷Ora Ebed-Melec, o etíope, um eunuco que estava no palácio, ouviu dizer que haviam posto Jeremias na cisterna. E enquanto o rei estava na porta de Benjamim, ⁸Ebed-Melec saiu do palácio real e disse ao rei: ⁹"Rei, meu senhor, agiram mal aqueles homens em tudo o que fizeram ao profeta Jeremias; eles o lançaram na cisterna: ele morrerá de fome lá dentro, porque não há mais pão na cidade". ¹⁰Então o rei deu esta ordem a Ebed-Melec, o etíope: Toma contigo três homens e retira da cisterna o profeta Jeremias, antes que morra". ¹¹Ebed-Melec tomou consigo os homens, foi ao palácio, e tirou do guarda-roupa do depósito panos velhos ou rasgados e desceu-os a Jeremias, na cisterna por meio de cordas.

¹²Ebed-Melec, o etíope, disse a Jeremias: "Põe os panos velhos e rasgados nas axilas, sob as cordas". Jeremias assim o fez. ¹³Então içaram Jeremias com

---

* **37**,12. 32,1 | **38**,2. 21,9

Jeremias 38-39

as cordas, fazendo-o sair da cisterna, e Jeremias permaneceu no pátio da guarda.

Último encontro de Jeremias com Sedecias. [14]O rei Sedecias mandou procurar o profeta Jeremias e, fazendo-o vir até ele na terceira entrada no templo de Javé, o rei lhe disse: "Vou fazer-te uma pergunta, não me escondas nada!" [15]Jeremias respondeu a Sedecias: "Se eu te disser, não me farás talvez morrer? E se te dou um conselho, não me darás atenção". [16]Então o rei Sedecias fez este juramento em segredo a Jeremias: "Como é verdade que vive Javé que nos deu esta vida, não te farei morrer nem te entregarei nas mãos daqueles homens que atentam contra tua vida!"

[17]Jeremias então disse a Sedecias: "Assim fala Javé, Deus dos exércitos, o Deus de Israel: Se saíres para entregar-te aos generais do rei de Babilônia, então terás salva a vida, e esta cidade não será incendiada; viverei tu e tua família; [18]se, porém, não saíres para entregar-te aos generais do rei de Babilônia, então esta cidade será entregue nas mãos dos caldeus, os quais a incendiarão, e tu não escaparás de suas mãos".

[19]O rei Sedecias respondeu a Jeremias: "Tenho medo dos judeus que passaram para os caldeus; tenho medo de ser entregue em suas mãos e ser maltratado por eles". [20]Mas Jeremias disse: "Não te entregarão a eles. Escuta a voz de Javé no que te digo; tudo te irá bem e terás a vida salva; [21]se, porém, te recusas a sair, isto é o que Javé me revelou: [22]Todas as mulheres que ainda estão no palácio do rei de Judá serão conduzidas aos generais do rei de Babilônia e dirão:

Eles te seduziram e te enganaram,
os homens de tua confiança.
Agora que teus pés se afundaram na lama,
eles desapareceram.

[23]Todas as tuas mulheres com teus filhos serão conduzidos aos caldeus e tu não escaparás de suas mãos, mas serás mantido prisioneiro nas mãos do rei de Babilônia, e esta cidade será incendiada".

[24]Sedecias disse a Jeremias: "Que ninguém saiba dessas palavras, senão morrerás. [25]Se os magistrados souberem que falei contigo e vierem te dizer: Conta o que disseste ao rei, não nos escondas nada, senão te mataremos; conta-nos o que te disse o rei, [26]tu lhes responderás: Apresentei o pedido ao rei para que não me mandasse de novo para a casa de Jônatas para morrer lá".

[27]Ora, todos os magistrados vieram a Jeremias e o interrogaram; ele respondeu justamente como o rei lhe havia mandado, de modo que o deixaram em paz, pois a conversa não fora ouvida.

[28]Jeremias permaneceu no pátio da guarda* até o dia em que Jerusalém foi tomada. E quando Jerusalém foi tomada ele estava lá.

39

Tomada de Jerusalém. [1]No décimo mês do nono ano de Sedecias, rei de Judá, Nabucodonosor, rei de Babilônia, veio atacar Jerusalém com todo o seu exército e eles a sitiaram. [2]No quarto mês do ano décimo primeiro de Sedecias, no dia nove do mês, foi aberta uma brecha na cidade; [3]entraram todos os generais do rei de Babilônia e se estabeleceram na porta do Meio: Nergalsareser, Samgar-Nabu, Sar-Saquim, chefe dos funcionários, Nergalsareser, grande mago, e todos os outros oficiais do rei de Babilônia.

[4]Logo que os viram, Sedecias, rei de Judá, e todos os seus guerreiros fugiram e saíram da cidade, de noite, pelo caminho do jardim do rei, através da porta entre os dois muros, e tomaram o caminho da Arabá. [5]Mas os soldados caldeus os perseguiram e atingiram Sedecias nas estepes de Jericó. Prenderam-no e conduziram-no a Rebla no país de Emat, a Nabucodonosor, rei de Babilônia, que pronunciou a sentença contra ele. [6]O rei de Babilônia mandou degolar em Rebla os filhos de Sedecias à vista dele; o rei de Babilônia mandou degolar também todos

---

* **38**,28. 2Rs 25,1-21

os nobres de Judá. [7]Depois vazou os olhos de Sedecias e acorrentou-o a fim de levá-lo para Babilônia. [8]Os caldeus incendiaram o palácio real e as casas do povo e demoliram os muros de Jerusalém. [9]Nabuzardã, chefe da guarda, deportou para Babilônia o resto da população que ficou na cidade, os desertores que tinham passado para ele e o resto do povo. [10]Nabuzardã, chefe da guarda, deixou no país de Judá os pobres do povo, os que nada tinham, entregando-lhes vinhas e campos nesta ocasião.

Jeremias em liberdade. [11]Quanto a Jeremias, Nabucodonosor, rei de Babilônia, tinha dado esta ordem a Nabuzardã, chefe da guarda: [12]"Toma-o e vigia-o; não lhe faças nenhum mal, mas faze por ele o que te dirá". [13]Então Nabuzardã, chefe da guarda, Nabusezbã, chefe dos funcionários, Nergalsareser, grande mago, e todos os altos oficiais do rei de Babilônia [14]mandaram tirar Jeremias do pátio da guarda e o entregaram a Godolias, filho de Aicam, filho de Safã, para que o mandasse para casa. Assim ele ficou no meio do povo.

Recompensa de Deus a Ebed-Melec. [15]Foi dirigida a Jeremias esta palavra de Javé, quando estava ainda preso no pátio da guarda: [16]"Vai dizer a Ebed-Melec,* o etíope: Assim diz Javé dos exércitos, o Deus de Israel: Vou cumprir minhas palavras contra esta cidade, para sua ruína e não para seu bem; naquele dia elas se cumprirão a teus olhos. [17]Mas eu te libertarei naquele dia – oráculo de Javé – e não serás entregue às mãos dos homens que temes. [18]Sim, certamente te salvarei; não cairás pela espada, mas te será conservada a vida como despojo, porque puseste em mim tua confiança – oráculo de Javé".

40 **Jeremias vai ao encontro de Godolias.** [1]Esta palavra foi dirigida a Jeremias por Javé, depois que Nabuzardã, chefe da guarda, mandou libertá-lo em Ramá, quando ia acorren-tado no meio de todos os cativos de Jerusalém e de Judá, que eram deportados para Babilônia. [2]O chefe da guarda tomou, pois, Jeremias e disse-lhe: "Javé teu Deus tinha predito este mal para este lugar; [3]e Javé o mandou, cumprindo o que tinha ameaçado, porque pecastes contra Javé e não escutastes sua voz; por isso vos sucedeu tal coisa. [4]Mas agora, eu te liberto hoje dessas correntes que tens nas mãos. Se preferes vir comigo para Babilônia, vem; eu velarei sobre ti. Se, porém, preferes não vir comigo para Babilônia, fica. Olha, o país inteiro está diante de ti; vai para onde quiseres e te for conveniente". [5]E como Jeremias não se decidisse a voltar, acrescentou: "Tu podes voltar para junto de Godolias, filho de Aicam, filho de Safã, que o rei de Babilônia estabeleceu como chefe das cidades de Judá. Fica com ele no meio do povo ou vai para onde te agradar".

Depois o chefe da guarda lhe deu alimento e um presente e o despediu. [6]Então Jeremias foi ter com Godolias, filho de Aicam, em Masfa, e morou com ele no meio do povo que tinha ficado no país.

Godolias, governador. [7]Todos os oficiais do exército,* que se tinham dispersado pela região com seus homens, vieram a saber que o rei de Babilônia tinha posto como chefe do país Godolias, filho de Aicam, e lhe tinha confiado homens, mulheres e crianças e os pobres do país que não foram deportados para Babilônia. [8]Foram então encontrar-se com Godolias em Masfa: Ismael, filho de Natanias, Joanã e Jônatas, filhos de Carea, Seraías, filho de Teneumet, os filhos de Ofi, o netofatita, e Jesonias, filho de um maacatita, com seus homens. [9]Godolias, filho de Aicam, filho de Safã, jurou a eles e a seus homens: "Não tenhais medo de servir aos caldeus; ficai no país e servi ao rei de Babilônia e tudo irá bem. [10]Quanto a mim, eu me estabeleço em Masfa como vosso representante diante dos caldeus que virão a nós; mas fazei a co-

---

* **39**,16. 45,1-5 | **40**,7. 2Rs 25,22-26

Jeremias 40-41

lheita do vinho, das frutas e do óleo, guardai-os em vossos depósitos e morai nas cidades que ocupais".

[11]Também todos os judeus que se achavam em Moab, entre os amonitas, em Edom e em todos os outros países, souberam que o rei de Babilônia tinha deixado um resto da população* em Judá e tinha posto como seu governador Godolias, filho de Aicam, filho de Safã. [12]Todos esses judeus voltaram então de todos os lugares nos quais se tinham dispersado e vieram para o país de Judá, para junto de Godolias em Masfa. Produziram grande fartura de vinho e de frutas de verão.

[13]Joanã, filho de Carea, e todos os chefes das tropas que se tinham dispersado pelo campo foram até Godolias em Masfa [14]e lhe disseram: "Não sabes que Baalis, rei dos amonitas, encarregou Ismael, filho de Natanias, de tirar-te a vida?" Mas Godolias, filho de Aicam, não acreditou neles.

[15]Então Joanã, filho de Carea, falou secretamente com Godolias em Masfa: "Vou matar Ismael, filho de Natanias, sem que ninguém o saiba. Por que ele deveria tirar-te a vida, de modo que sejam dispersos todos os judeus que se reuniram a teu redor e pereça o resto de Judá?" [16]Mas Godolias, filho de Aicam, respondeu a Joanã, filho de Carea: "Não faças isto, porque é mentira o que dizes de Ismael".

41

Godolias assassinado por Ismael. [1]No sétimo mês, Ismael, filho de Natanias, filho de Elisama, que era da família do rei, foi com dez homens até Godolias, filho de Aicam, em Masfa. Enquanto estavam à mesa juntos lá em Masfa, [2]Ismael, filho de Natanias, levantou-se com seus dez homens e atacou com a espada Godolias, filho de Aicam, filho de Safã. Assim mataram aquele que o rei de Babilônia tinha nomeado governador do país. [3]Ismael matou também todos os judeus que estavam com Godolias em Masfa e os guerreiros caldeus que lá se achavam.

Delitos de Ismael. [4]No segundo dia depois da morte de Godolias, quando ninguém sabia do fato, [5]vieram homens de Siquém, de Silo e de Samaria em número de oitenta, com a barba raspada, as vestes rasgadas e com incisões pelo corpo. Tinham nas mãos ofertas e incenso para apresentar no templo de Javé. [6]Ismael, filho de Natanias, saiu de Masfa a seu encontro, e ele caminhava chorando. Quando os alcançou, disse-lhes: "Vinde a Godolias, filho de Aicam".

[7]Mas quando chegaram ao centro da cidade, Ismael, filho de Natanias, com seus homens, degolou-os e os lançou numa cisterna.

[8]Entre eles se achavam dez homens que disseram a Ismael: "Não nos mates, porque temos depósitos de trigo, cevada, óleo e mel escondidos nos campos". Então ele se conteve e não os matou junto com seus irmãos. [9]A cisterna na qual Ismael lançou todos os cadáveres dos homens que tinha matado era a cisterna grande, aquela que o rei Asa tinha construído para se defender de Baasa, rei de Israel;* Ismael, filho de Natanias, encheu-a de homens mortos.

[10]Depois, Ismael fez prisioneiro todo o resto do povo que estava em Masfa, as filhas do rei e todo o povo que ficara em Masfa, que Nabuzardã, chefe da guarda, tinha confiado a Godolias, filho de Aicam. Ismael, filho de Natanias, levou-os cativos e partiu para refugiar-se entre os amonitas.

Reação contra Ismael. [11]Entretanto Joanã, filho de Carea, e todos os chefes dos soldados que estavam com ele tiveram notícia de todo o mal feito por Ismael, filho de Natanias. [12]Juntaram todos os seus homens e partiram para atacar Ismael, filho de Natanias. Eles o acharam junto do grande açude de Gabaon.

[13]Todo o povo que estava com Ismael se alegrou quando viu Joanã, filho de Carea, e todos os chefes dos soldados que estavam com ele. [14]Todo o povo que Ismael tinha levado cativo de

---

* **40**,11. Is 4,3 | **41**,9. 1Rs 15,16-22

Masfa virou as costas e, voltando atrás, uniu-se a Joanã, filho de Carea. [15]Mas Ismael, filho de Natanias, fugiu de Joanã com oito homens e foi para junto dos amonitas.

[16]Então Joanã, filho de Carea, e todos os chefes dos soldados que o acompanhavam reuniram todo o resto do povo que Ismael, filho de Natanias, tinha levado de Masfa como cativos depois de ter matado Godolias, filho de Aicam: valorosos homens de guerra, mulheres, crianças e eunucos, que tinha retirado de Gabaon. [17]Partiram e pararam no acampamento de Camaã, perto de Belém, para depois prosseguir e entrar no Egito,* [18]longe dos caldeus, que eles temiam, porque Ismael, filho de Natanias, tinha matado Godolias, filho de Aicam, que o rei de Babilônia tinha nomeado governador do país.

42 **Fuga para o Egito.** [1]Todos os chefes dos soldados e Joanã, filho de Carea, e Azarias, filho de Osaías, e todo o povo, dos pequenos aos grandes, apresentaram-se [2]ao profeta Jeremias e lhe disseram: "Que te seja aceita nossa súplica! Intercede junto a Javé, teu Deus, por nós e por todo esse resto da população, porque de muitos que éramos, só ficamos uns poucos, como vês com teus próprios olhos. [3]Javé teu Deus nos indique que caminho tomar e o que devemos fazer". [4]O profeta Jeremias respondeu-lhes: "Compreendo! Vou interceder junto de Javé vosso Deus segundo vossas palavras e vos referirei o que Javé responder para vós, sem esconder-vos nada". [5]Então disseram a Jeremias: "Seja Javé testemunha veraz e fiel contra nós, se não fizermos exatamente o que Javé, teu Deus, te revelar para nós. [6]Quer nos seja agradável, quer não, escutaremos a voz de Javé, nosso Deus, ao qual te enviamos; assim seremos felizes por termos obedecido à voz de Javé, nosso Deus". [7]Passados dez dias, a palavra de Javé foi dirigida a Jeremias. [8]Este chamou Joanã, filho de Carea, e todos os chefes dos soldados que estavam com ele e todo o povo, dos pequenos aos grandes, [9]e disse-lhes: "Assim fala Javé, o Deus de Israel, ao qual me enviastes para que lhe apresentasse vossa súplica: [10]Se continuais a morar neste país, eu vos edificarei e não vos destruirei,* eu vos plantarei e não vos arrancarei, porque me arrependo do mal que vos causei. [11]Não temais o rei de Babilônia, do qual tendes medo; não o temais – oráculo de Javé – porque eu estou convosco para vos salvar e vos livrar de sua mão. [12]Eu lhe inspirarei sentimentos de piedade para convosco, assim ele terá compaixão de vós e vos deixará morar em vosso país. [13]Se, porém, desobedecendo à voz de Javé, vosso Deus, disserdes: Não queremos morar neste país, [14]e disserdes: Não! Queremos ir para o país do Egito, porque lá não veremos guerra e não ouviremos toque de trombeta nem sofreremos carestia de pão: é lá que vamos morar; [15]neste caso, escuta a palavra de Javé, ó resto de Judá: Assim fala Javé dos exércitos, o Deus de Israel: Se pretendeis de fato ir para o Egito e ides instalar-vos lá, [16]a espada que temeis vos atingirá lá no país do Egito, e a fome que receais vos seguirá de perto lá no Egito e lá morrereis. [17]Então todos os homens que tiverem decidido ir para o Egito, para lá morar, morrerão pela espada, de fome e de peste. Nenhum deles restará nem escapará do mal que mandarei sobre eles. [18]Porque, assim fala Javé dos exércitos, o Deus de Israel: Como se precipitou meu furor e minha ira contra os habitantes de Jerusalém, assim minha ira se precipitará contra vós quando tiverdes entrado no Egito. Sereis objeto de execração, horror,* maldição e vergonha e não vereis mais este lugar". [19]Isto vos diz Javé, ó resto de Judá: "Não entreis no Egito. Sabei que hoje vos adverti solenemente. [20]Porque pusestes em risco vossas vidas quando me mandastes a Javé, vosso Deus, dizendo-me: Intercede por nós junto a Javé, nosso Deus, e anuncia-nos fiel-

---

* **41**,17. 2Rs 25,26 | **42**,10. 1,10 | 18. 24,9

Jeremias 42-44

mente o que dirá Javé, nosso Deus, e nós o cumpriremos. ²¹Hoje eu vo-lo declarei, mas vós não escutais a voz de Javé, vosso Deus, em nada do que ele me manda dizer-vos. ²²Por isso sabei bem que morrereis pela espada, de fome e de peste no lugar em que desejais ir morar".

43 Desobediência.
¹Quando Jeremias acabou de comunicar a todo o povo todas as palavras de Javé, seu Deus — todas as palavras com as quais Javé, seu Deus, o tinha enviado a eles —, ²Azarias, filho de Osaías, e Joanã, filho de Carea, e todos aqueles homens insolentes disseram a Jeremias: "É mentira o que estás dizendo! Javé, nosso Deus, não te enviou a dizer-nos: Não entreis no Egito para ali morar; ³mas é Baruc, filho de Nerias, que te instiga contra nós para entregar-nos nas mãos dos caldeus, para que nos matem ou nos deportem para Babilônia".

⁴Portanto Joanã, filho de Carea, e todos os chefes dos soldados e todo o povo não obedeceram à ordem de Javé de ficar na terra de Judá.

⁵Assim Joanã, filho de Carea, e todos os chefes dos soldados reuniram todos os sobreviventes de Judá, que tinham voltado de todas as nações no meio das quais se tinham dispersado, para morar na terra de Judá — ⁶homens, mulheres, crianças, as filhas do rei e todas as pessoas que Nabuzardã, chefe da guarda, tinha deixado com Godolias, filho de Aicam, filho de Safã, como também o profeta Jeremias e Baruc, filho de Nerias — ⁷e foram para o país do Egito, porque não obedeceram à voz de Javé, e chegaram a Táfnis.

Oráculo de Jeremias no Egito. ⁸Então foi dirigida a Jeremias, em Táfnis, esta palavra de Javé: ⁹"Toma grandes pedras e, na presença dos judeus, esconde-as na argamassa do pavimento que se acha à entrada do palácio do faraó, em Táfnis. ¹⁰Depois lhes dirás: Assim fala Javé dos exércitos, o Deus

de Israel: Mandarei chamar Nabucodonosor, rei de Babilônia,* meu servo†; porei seu trono sobre estas pedras que escondi, e ele estenderá seu baldaquino sobre elas. ¹¹Com efeito, ele virá e ferirá o país do Egito, mandando à morte quem está destinado à morte,* ao cativeiro quem está destinado ao cativeiro e matando com a espada quem está destinado à espada. ¹²Entregará às chamas os templos dos deuses do Egito, queimará esses deuses ou os levará para o exílio; limpará o país do Egito como um pastor limpa dos piolhos o manto; depois sairá dali tranquilo. ¹³Quebrará os obeliscos do templo do sol no país do Egito e incendiará os templos dos deuses do Egito".

44 Último ministério de Jeremias.
¹Foi dirigida a Jeremias esta palavra para todos os judeus que moravam no país do Egito, em Magdol, em Táfnis, em Mênfis e na região de Patros. ²"Assim fala Javé dos exércitos, o Deus de Israel: Vistes todo o mal que mandei sobre Jerusalém e sobre todas as cidades de Judá; hoje elas estão em ruínas e sem habitantes ³por causa da maldade que cometeram para irritar-me, indo incensar e venerar outros deuses, que nem eles conheciam, nem vós, nem vossos pais. ⁴No entanto eu vos enviei continuamente todos os meus servos, os profetas, para vos dizer: Não façais esta coisa abominável que eu detesto! ⁵Mas eles não me escutaram nem prestaram ouvido, de modo a se converter de sua maldade e não mais oferecer incenso a outros deuses. ⁶Por isso minha ira e meu furor se derramaram e, como um fogo, destruíram as cidades de Judá e as ruas de Jerusalém, que se tornaram um deserto e uma desolação, como são ainda hoje".

⁷Agora, pois, diz Javé, Deus dos exércitos, o Deus de Israel: "Por que fazeis um mal tão grande contra vós mesmos, fazendo-vos exterminar do meio

---

* **43**,10. 25,9; 27,6 | 11. 15,2 | **44**,7. Is 4,3

† **43**,10. No sentido de executor das ordens divinas.

de Judá homens e mulheres, crianças e lactentes, de modo que não vos subsista nem um resto?* ⁸Por que me irritais com a obra de vossas mãos, oferecendo incenso a outros deuses no país do Egito onde viestes morar, de modo a fazer-vos exterminar e a tornar-vos objeto de maldição e de vergonha* entre todas as nações da terra? ⁹Acaso tereis esquecido as iniquidades de vossos pais, as dos reis de Judá e de vossos chefes, vossas iniquidades e as de vossas mulheres, cometidas no país de Judá e nas ruas de Jerusalém? ¹⁰Até hoje eles não se arrependeram, não tiveram temor nem agiram segundo a lei e os estatutos que eu pus diante de vós e de vossos pais".

¹¹Por isso, assim fala Javé dos exércitos, o Deus de Israel: "Eu volto o rosto contra vós, para vossa infelicidade e para destruir Judá inteiro. ¹²Tomarei o resto de Judá que se dirigiu para o país do Egito para ali morar e serão todos exterminados: morrerão no país do Egito; cairão pela espada, morrerão de fome, do menor ao maior; morrerão pela espada e de fome; e serão objeto de execração, de horror, de maldição e de vergonha. ¹³Punirei os que moram no país do Egito como puni Jerusalém: com a espada, a fome e a peste. ¹⁴Ninguém escapará nem sobreviverá entre o resto de Judá que veio morar aqui no país do Egito com a esperança de voltar para a terra de Judá, para onde desejam ardentemente voltar para morar; eles não voltarão, exceto uns poucos fugitivos".

Resposta do povo†. ¹⁵Então todos os homens, que sabiam que suas mulheres tinham queimado incenso a outros deuses, todas as mulheres presentes, uma grande multidão, e todo o povo que morava no país do Egito e em Patros responderam a Jeremias: ¹⁶"Quanto à ordem que nos comunicaste em nome de Javé, não queremos prestar-te ouvido; ¹⁷ao invés, continuaremos a fazer tudo o que prometemos, isto é, queimaremos incenso à Rainha do céu* e lhe ofereceremos libações como já fizemos nós, nossos pais, nossos reis e nossos chefes nas cidades de Judá e nas ruas de Jerusalém. Então tínhamos pão em abundância,* éramos felizes e não víamos nenhuma infelicidade; ¹⁸mas desde quando deixamos de queimar incenso à Rainha do céu e de oferecer-lhe libações, sofremos carestia de tudo e fomos exterminados pela espada e pela fome". ¹⁹E as mulheres acrescentaram: "Quando nós, mulheres, queimamos incenso à Rainha do céu e lhe oferecemos libações, foi porventura sem o consentimento de nossos maridos que preparamos para ela tortas com sua imagem e lhe oferecemos libações?"

Novas ameaças. ²⁰Então assim falou Jeremias a todo o povo, aos homens e às mulheres e a todos os que lhe tinham respondido daquele modo: ²¹"Acaso Javé não se recorda e não tem mais na mente o incenso que queimáveis nas cidades de Judá e nas ruas de Jerusalém, vós e vossos pais, vossos reis e vossos chefes e o povo do país? ²²Javé não pôde mais suportar a maldade de vossas ações nem as coisas abomináveis que cometestes. Por isso vosso país tornou-se um deserto, objeto de horror e de maldição, sem habitantes, como está hoje. ²³Porque queimastes incenso e pecastes contra Javé, não escutando a voz de Javé* e não caminhando segundo sua lei, seus decretos e seus estatutos, por isso vos sucedeu esta calamidade, como hoje se vê".

²⁴Jeremias disse ainda a todo o povo e a todas as mulheres: "Escutai a palavra de Javé, vós todos de Judá que estais no país do Egito. ²⁵Assim fala Javé dos exércitos, o Deus de Israel: Vós e vossas mulheres o afirmastes com a boca e pusestes em ação com vossas mãos, afirmando: Continuare-

---

* **44**,8. 42,18 | **44**,17. 7,18 / Os 2,7 | 23. 26,4

† **44**,15. Jeremias e o povo leem os mesmos acontecimentos de um modo contraditório: para o profeta, são castigo pelo culto aos ídolos; para o povo, são consequência do abandono deste culto.

Jeremias 44-46

mos a cumprir os votos que fizemos de oferecer incenso à Rainha do céu e de oferecer-lhe libações! Mantende então vossas promessas e continuai a cumprir vossas promessas.

²⁶No entanto, escutai a palavra de Javé, vós todos de Judá que habitais no país do Egito. Eu juro por meu grande nome – diz Javé – que nunca mais meu nome será pronunciado em todo o país do Egito pela boca de um homem de Judá, dizendo: 'Pela vida do Senhor Javé!' ²⁷Velarei sobre eles para sua desgraça e não para seu bem. Todos os homens de Judá que se acham no país do Egito morrerão pela espada e de fome até seu extermínio. ²⁸Todavia os que escaparem da espada voltarão do país do Egito ao país de Judá, poucos em número. Todo o resto de Judá, aqueles que foram morar no país do Egito, saberão qual palavra se cumprirá, se a minha ou a deles. ²⁹Isto será para vós o sinal – oráculo de Javé – de que vos punirei neste lugar, para que saibais que minhas palavras contra vós se cumprem de verdade, para vossa infelicidade.

³⁰Assim fala Javé: Entregarei o faraó Hofra, rei do Egito, na mão de seus inimigos e daqueles que atentam contra sua vida, como entreguei Sedecias, rei de Judá, na mão de Nabucodonosor, rei de Babilônia, seu inimigo, que atentava contra sua vida".

45 Promessa de proteção a Baruc.
¹Esta é a palavra que o profeta Jeremias comunicou a Baruc, filho de Nerias, quando ele escrevia num livro estas palavras ditadas por Jeremias, no quarto ano de Joaquim, filho de Josias, rei de Judá: ²"Assim fala Javé, o Deus de Israel, sobre ti, Baruc: ³Disseste: Ai de mim porque Javé acrescenta tristeza a minha dor. Estou cansado de gemer e não encontro repouso. ⁴Eis o que lhe dirás: Assim fala Javé: Eu destruo o que edifiquei* e arranco o que plantei; e isto em toda a terra. ⁵E tu estás procurando grandes coisas para ti? Não as procures, porque eu mandarei

a desventura sobre todo ser humano – oráculo de Javé. Mas a ti farei o dom de tua vida como despojo, em todos os lugares aonde fores".

III. ORÁCULOS CONTRA AS NAÇÕES ESTRANGEIRAS (46–51)

46 Contra o Egito.
¹Palavra de Javé que foi dirigida ao profeta Jeremias sobre as nações.

²A respeito do Egito. Sobre o exército do faraó Necao, rei do Egito, que estava em Carquemis, junto ao rio Eufrates, quando Nabucodonosor, rei de Babilônia, o venceu no quarto ano de Joaquim, filho de Josias, rei de Judá.

³Preparai escudo grande e pequeno e avançai para a batalha.
⁴Selai os cavalos, montai, ó cavaleiros!
Alinhai-vos, capacete na cabeça, poli as lanças, vesti-vos de couraças!
⁵Que vejo? Estão com medo, retrocedem!
Seus valentes são derrotados,* fogem em debandada sem se voltar; é o terror por todo lado – oráculo de Javé.
⁶O mais ágil não escapa, o mais valente não se salva.
Ao norte, à beira do Eufrates, tropeçam e caem.
⁷Quem é este que transborda como o Nilo,* como uma torrente de águas turbulentas?
⁸É o Egito que transborda como o Nilo, como uma torrente de águas turbulentas.
Ele diz: "Transbordarei, recobrirei a terra, destruirei a cidade e seus habitantes".
⁹Assaltai, cavalos, avançai, carros!
Avante, ó valentes!
Homens da Etiópia e de Fut, vós que empunhais o escudo, e vós de Lud que manejais o arco.

---

* **45**,4. 1,10 | **46**,5. Am 2,14ss | 7. Is 8,7s

¹⁰Mas aquele dia, para o Senhor Javé dos exércitos,
é um dia de vingança,
para vingar-se de seus inimigos.
Sua espada devora,
Sacia-se e embriaga-se do sangue deles;
porque é um sacrifício para o Senhor Javé dos exércitos,
no país do norte, junto ao rio Eufrates.
¹¹Sobe a Galaad em busca de bálsamo,*
virgem, filha do Egito.
Em vão multiplicas os remédios, não há cura para ti.
¹²As nações souberam de tua desonra;
de teu lamento está cheia a terra,
porque o valente tropeça no valente,
caem juntos todos os dois.
¹³Palavra que Javé comunicou ao profeta Jeremias quando Nabucodonosor, rei de Babilônia, chegou para atacar o país do Egito.
¹⁴Anunciai-o no Egito, fazei-o saber em Magdol,*
fazei-o ouvir em Mênfis e em Táfnis;
dizei: "Levanta-te e prepara-te,
porque a espada devora a teu redor".
¹⁵Por que o boi Ápis fugiu?*
Teu touro sagrado não resiste?
Sim, Javé o derrubou.
¹⁶Ele faz muitos vacilar.
Caem um sobre o outro e dizem:
"Vamos, voltemos a nosso povo,
ao país onde nascemos,
longe da espada mortífera!"
¹⁷Deram ao faraó, rei do Egito, este nome:
Ruído que perdeu a hora oportuna.
¹⁸Por minha vida
– oráculo do rei, cujo nome é Javé dos exércitos –
virá um, semelhante ao Tabor entre as montanhas,
como o Carmelo junto ao mar.
¹⁹Prepara a bagagem para o exílio, população do Egito,
porque Mênfis será reduzida a um deserto,
ficará devastada, sem habitantes.

²⁰Uma novilha belíssima é o Egito,
mas uma mosca vinda do norte pousou sobre ela.
²¹Também seus mercenários em seu meio
são como bezerros cevados.
Também eles viraram as costas,
fogem juntos, não resistem,
porque o dia de sua ruína caiu sobre eles;
o tempo de seu castigo.
²²Sua voz é como a da serpente que assobia,
porque avançam com um exército
e armados de machados vêm contra ela
como lenhadores.
²³Abatem sua selva
– oráculo de Javé –
embora seja impenetrável,
porque eles são mais numerosos que gafanhotos,
não podem ser contados.
²⁴Sente vergonha a filha do Egito, é entregue na mão de um povo do norte.
²⁵Javé dos exércitos, o Deus de Israel, diz: "Punirei Amon de Tebas, o faraó e o Egito, seus deuses e seu rei, o faraó e os que nele confiam. ²⁶Eu os entregarei ao poder daqueles que atentam contra sua vida, ao poder de Nabucodonosor, rei de Babilônia, e ao poder de seus ministros. Mas depois ele será habitado como no passado" – oráculo de Javé.

Libertação de Israel. ²⁷Mas tu, não temas, Jacó, meu servo* – oráculo de Javé –, não te deixes abater, Israel. Pois eu te libertarei do país distante e tua descendência, do país de seu exílio. Jacó voltará e gozará de paz, viverá tranquilo e ninguém o inquietará.
²⁸Não temas, meu servo Jacó – oráculo de Javé –, pois estou contigo. Exterminarei todas as nações no meio das quais eu te dispersei; mas não te destruirei: eu te castigarei segundo a justiça, não te deixando impune".

47 **Contra os filisteus.** ¹Palavra de Javé que foi dirigida ao profeta Jeremias* sobre os filisteus, antes que o faraó conquistasse Gaza.

---

* **46**,11. 8,22 | 14. 44,1 | 15. Is 46,1s | 27. 30,10s | **47**,1. Js 13,2; Am 1,6ss; Sf 2,4-7; Ez 25,15ss

Jeremias 47-48

²Assim fala Javé:
"As águas sobem do norte,
tornam-se uma torrente que transborda.
Submergem a terra e o que ela contém,
a cidade e seus habitantes†.
Os homens gritam,
gemem todos os habitantes do país
³ouvindo o ruído dos cascos de seus cavalos,
o fragor de seus carros,
o barulho das rodas;
os pais não olham mais seus filhos,
suas mãos desfalecem,
⁴porque chegou o dia
em que serão aniquilados todos os filisteus
e serão abatidos Tiro e Sidônia
com todos os restantes aliados;
com efeito, Javé aniquila os filisteus,
o resto da ilha de Cáftor†.
⁵Chegou a calvície até Gaza,
Ascalon está reduzida ao silêncio
com o resto de sua planície;
até quando te farás incisões?
⁶Ah! espada de Javé,
até quando ficarás sem repouso?
Volta para tua bainha, descansa e sossega.
⁷Como poderá descansar,
se foi Javé que lhe deu ordem
contra Ascalon e a praia do mar?
Para lá ele a destinou".

48 Contra os moabitas†. ¹A respeito de Moab.*
Assim fala Javé dos exércitos,
o Deus de Israel:
"Ai de Nebo porque está devastada;
Cariataim está cheia de vergonha e capturada;
sente vergonha, está abatida a fortaleza.
²Não existe mais a glória de Moab;
em Hesebon tramam o mal contra ela:
Vinde e destruamo-la, e não seja mais nação.

Tu também, Madmena,
serás reduzida ao silêncio,
a espada te perseguirá.
³Chegam de Horonaim gritos de socorro:*
Devastação e grande ruína!
⁴Abatido está Moab,
seus pequenos soltam gritos.*
⁵Porque pela subida de Luit vão chorando;
porque pela descida de Horonaim
ouve-se um grito angustiado de derrota.
⁶Fugi, salvai vossa vida!
Sede como o asno selvagem no deserto.
⁷Porque puseste tua confiança
em tuas obras e em teus tesouros,
também tu serás tomada.
Camos irá para o exílio†
junto com seus sacerdotes
e seus chefes todos juntos.
⁸O devastador virá contra toda cidade;
nenhuma escapará.
O vale será devastado
e a planície será destruída
como disse Javé.
⁹Dai asas a Moab,
para que possa alçar voo.
Suas cidades serão desoladas
e ninguém vai morar nelas.
¹⁰Maldito quem faz com negligência
a obra de Javé!
Maldito quem priva de sangue sua espada!
¹¹Moab estava tranquilo desde a juventude,
repousava como vinho sobre suas fezes;
não foi passado de um jarra para outra,
nunca foi para o exílio;
por isso conservou seu sabor,
seu perfume não se alterou.
¹²Por isso, virão dias
– oráculo de Javé –

---

* **48**,1. Is 15-16; Am 2,1ss; Ez 25,8-11 | 3. 22,20 | 4. Is 15,5

† **47**,2. As águas simbolizam a invasão dos exércitos de Nabucodonosor. | 4. A ilha de Creta, donde vieram os filisteus. | **48**. Povo vizinho e inimigo de Israel, aliou-se aos babilônios contra ele, 2Rs 24,2. | 7. Deus nacional dos moabitas. Era costume levar como troféus de vitória os deuses dos povos vencidos, como se fossem prisioneiros do deus do povo vencedor.

999   Jeremias 48

nos quais lhe mandarei
transportadores que o transportarão;
esvaziarão suas jarras
e quebrarão suas ânforas.
¹³Moab se envergonhará de Camos*
como a casa de Israel se envergonhou de Betel,
objeto de sua confiança.
¹⁴Como podeis dizer:
'Somos homens valentes,
valorosos na batalha'?
¹⁵Sobe o devastador de Moab
e de suas cidades,
a elite de seus jovens desce ao matadouro
– oráculo do rei, cujo nome é Javé
dos exércitos.
¹⁶Está próxima a ruína de Moab,
sua calamidade avança velozmente.
¹⁷Compadecei-vos dele,
vós todos seus vizinhos
e todos vós que sabeis seu nome.
Dizei: 'Como se quebrou a vara robusta,*
aquele cetro magnífico?'
¹⁸Desce de tua glória, senta-te no
chão árido,
ó povo que moras em Dibon;
porque o devastador de Moab
subiu contra ti, destruiu tuas fortalezas.
¹⁹Pára na estrada e observa,
tu que habitas em Aroer.
Interroga o fugitivo e o sobrevivente,
pergunta: 'O que aconteceu?'
²⁰Moab sente vergonha porque foi
abatido;
gemei, gritai!
Anunciai no Arnon que Moab foi
destruído.
²¹Chegou o juízo para a região do
planalto, para Helon, Jasa e Mefaat,
²²para Dibon, Nebo e Bet-Deblataim,
²³para Cariataim, Bet-Gamul e Bet-Ma-
on, ²⁴para Cariot, Bosra e para todas as
cidades do país de Moab, as distantes
e as próximas.
²⁵Foi vencida a força de Moab
e quebrou-se seu braço
– oráculo de Javé.

²⁶Inebriai-o, porque levantou-se contra Javé.* Que Moab se revolva em seu
vômito e se torne também ele objeto
de zombaria.* ²⁷Pois Israel não foi para
ti objeto de zombaria? Foi ele surpreendido entre os ladrões, para que movas a cabeça cada vez que falas dele?
²⁸Abandonai as cidades
e habitai nos rochedos,
habitantes de Moab!
Sede como a pomba que faz o ninho
à beira de um precipício.
²⁹Ficamos sabendo do orgulho de
Moab,*
de sua altivez sem medida,
de sua soberba, de seu orgulho,
de sua arrogância e da altivez de seu
coração.
³⁰Conheço bem sua presunção – oráculo de Javé –, a inconsistência de suas
falas, suas obras vãs. ³¹Por isso ergo um
lamento sobre Moab,* grito por todo
Moab, gemo pelos homens de Quir-
-Hares.
³²Choro por ti mais do que por Jazer,
ó vinha de Sabama!
Teus sarmentos se estendiam além
do mar,
atingiam até Jazer.
Sobre tua colheita e sobre tua vindima
caiu o devastador.
³³Desapareceram a alegria e o regozijo*
do campo fértil e do país de Moab.
Fiz desaparecer o vinho dos lagares;
ninguém pisa a uva com gritos de
alegria;
seus gritos não são gritos de alegria.
³⁴O clamor de Hesebon chega até
Eleale* e até Jasa; ergueram sua voz
desde Segor até Horonaim e até Eglat-
-Selisia; porque também as águas de
Nemrim se tornaram um lugar desolado.
³⁵Farei desaparecer em Moab – oráculo de Javé – quem faz sacrifícios nos lugares altos e quem incensa seus deuses.
³⁶Por isso meu coração geme por
Moab* como gemem as flautas, meu

---

* **48**,13. 1Rs 12,29; Os 10,5; Am 5,5 **|** 17. 22,18 **|** 26. Is 51,17 / Ez 25,8-11 **|** 29. Is 16,6 **|** 31. Is 16,7 **|** 33. Is 16,10 **|** 34. Is 15,4 **|** 36. Is 15,5 / Is 15,2s

Jeremias 48-49

coração geme pelos homens de Quir--Hares* como gemem as flautas; porque se perdeu o tesouro que ajuntaram. ³⁷Porque toda cabeça está raspada, toda barba está cortada; há incisões em todas as mãos e todos têm os flancos cobertos de saco. ³⁸Sobre todos os terraços de Moab e em suas praças é tudo um lamento, porque eu quebrei Moab como um vaso sem valor – oráculo de Javé. ³⁹Como está arruinado! Gritai! Como Moab virou vergonhosamente as costas! Moab tornou-se objeto de zombaria e de espanto para todos os seus vizinhos.

⁴⁰Pois assim fala Javé:
Como águia ele alça vôo*
e abre as asas sobre Moab.
⁴¹As cidades são tomadas,
as fortalezas são ocupadas.
Naquele dia o coração dos valentes de Moab
será como o coração da mulher
em dores de parto.
⁴²Moab está destruído, deixou de ser um povo,
porque se engrandeceu contra Javé.
⁴³Terror, fossa e laço cairão sobre ti,*
habitante de Moab
– oráculo de Javé.
⁴⁴Quem escapar do terror cairá na fossa,
e quem sair da fossa será preso no laço,
porque eu mandarei sobre ele, sobre Moab,
o ano de seu castigo
– oráculo de Javé.
⁴⁵Na sombra de Hesebon se detêm*
sem forças os fugitivos.
Mas um fogo sai de Hesebon,
uma chama do palácio de Seon,
que devora as têmporas de Moab*
e o crânio de homens turbulentos.
⁴⁶Ai de ti, Moab,
estás perdido, povo de Camos!
porque teus filhos são levados para o exílio
e tuas filhas, para o cativeiro.

⁴⁷Mas eu mudarei a sorte de Moab*
nos últimos dias
– oráculo de Javé".
Aqui termina o juízo sobre Moab.

49 Contra os amonitas. ¹A respeito dos amonitas.*
Assim fala Javé:
"Israel não tem filhos,
não tem ele herdeiro algum?
Por que Melcom herdou a terra de Gad
e seu povo ocupou suas cidades?
²Pois bem, virão dias
– oráculo de Javé –
nos quais eu farei ressoar em Rabá dos amonitas
o grito de guerra;
ela se tornará um montão de ruínas,
suas aldeias serão consumidas pelo fogo,
Israel será herdeiro* de seus herdeiros†,
diz Javé.
³Geme, Hesebon,*
porque Ai foi devastada;
gritai, aldeias de Rabá, vesti-vos de saco,
erguei lamentos e andai sem rumo pelas sebes,
porque Melcom irá para o exílio
com seus sacerdotes
e com seus chefes todos juntos.
⁴Por que te orgulhas de teus vales,
filha rebelde?
Confias em teus tesouros e exclamas:
'Quem ousará vir contra mim?'
⁵Mandarei sobre ti o terror
– oráculo do Senhor Javé dos exércitos –
de todos os lados.
Sereis expulsos, cada qual numa direção,
e não haverá ninguém que reúna os fugitivos.
⁶Mas depois mudarei a sorte dos amonitas"
– oráculo de Javé.

Contra a Iduméia. ⁷A respeito de Edom.*

---

* **48**,40. 49,22 | 43. Is 24,17s | 45. Nm 21,28s; 24,17 | 47. 46,26 | **49**,1. Am 1,13ss; Ez 25,1-7; Sf 2,8-11 | 2. Is 11,14 | 3. 48,2 | 7. Am 1,11s; Ez 25,12ss; Ab 1-16; Br 3,22

† **49**,2. Isto é, vai recuperar o território que seus inimigos lhe roubaram.

Assim fala Javé dos exércitos:
"Não há mais sabedoria em Temã?
Desapareceu o conselho dos sábios?
Acabou sua sabedoria?
[8]Fugi, voltai para trás, escondei-vos bem,
habitantes de Dedã,
porque eu mando sobre Esaú sua ruína,
o tempo de seu castigo.
[9]Se vindimadores vierem a ti,*
não deixarão nada para rebuscar.
Se ladrões noturnos vierem a ti,
saquearão quanto lhes basta.
[10]Porque eu despojarei Esaú,
descobrirei seus esconderijos
e ele não poderá esconder-se.
Sua estirpe, seus irmãos
e seus vizinhos serão destruídos,
e ele não existirá mais.
[11]Deixa teus órfãos, eu os farei viver,
tuas viúvas confiem em mim.
[12]Porque assim fala Javé: Os que não estavam destinados a beber o cálice, certamente o beberão e tu pretendes ficar impune? Não ficarás impune,* mas o beberás certamente [13]porque eu jurei por mim mesmo – oráculo de Javé – que Bosra se tornará um horror, um opróbrio, uma ruína, uma maldição e todas as suas cidades serão reduzidas a ruínas perenes.
[14]Recebi uma mensagem da parte de Javé,*
um mensageiro foi enviado entre as nações:
Reuni-vos e marchai contra ele!
Levantai-vos para a batalha!
[15]Porque eu te tornarei pequeno entre as nações
e desprezado entre os homens.
[16]Tua arrogância e a soberba de teu coração
te enganaram;
tu que moras nas fendas das rochas,
que ocupas os altos das colinas.
Mesmo se pusesses no alto teu ninho como a águia,*
de lá de cima eu te faria precipitar
– oráculo de Javé.

[17]Edom será objeto de horror; todos os que passarem por perto ficarão atônitos e assobiarão por causa de todas as suas chagas. [18]Como na destruição de Sodoma e Gomorra* e das cidades vizinhas – diz Javé – ali não habitará mais ninguém, nem ali habitará um filho de homem.
[19]Como um leão sai do bosque do Jordão
para os prados sempre verdes,
assim num instante eu o expulsarei de lá
para lá estabelecer meu eleito.
Pois quem é como eu?
Quem pode citar-me em juízo?
Quem é, pois, o pastor que pode resistir diante de mim?*
[20]Por isso escutai o projeto
que Javé fez contra Edom
e as decisões que ele tomou
contra os habitantes de Temã.
Certamente, serão arrastados também
os mais pequenos do rebanho,
será devastada sua morada por causa deles.
[21]Ao fragor de sua queda tremerá a terra;
o som de seu grito será ouvido até o mar Vermelho.
[22]Como águia, ele sobe e voa,
abre as asas sobre Bosra.
Naquele dia o coração dos valentes de Edom
será como o coração da mulher em dores de parto".

Contra Damasco. [23]A respeito de Damasco.*
"Emat e Arfad estão cobertas de vergonha,
porque receberam má notícia;
desfalecem; estão agitadas como o mar
que não pode acalmar-se.
[24]Damasco se enfraqueceu e se volta para fugir;
o pânico se apoderou dela;
angústia e dores a assaltam como a uma parturiente.

---

* **49**,9. Ab 5 s | 12. 25,28s; Is 51,17 | 14. Ab 1-4 | 16. 51,53; Ab 2,9 | 18. 50,40; Gn 19,24s | 19. Jó 9,19; Sb 12,12 | 23. Is 17,1ss; Am 1,3ss

Jeremias 49-50

²⁵Como está abandonada a cidade gloriosa,
a cidade de minha alegria!
²⁶Por isso cairão seus jovens em suas praças
e todos os seus guerreiros morrerão naquele dia
– oráculo de Javé dos exércitos.
²⁷Porei fogo nos muros de Damasco
e ele devorará os palácios de Ben--Adad".

Contra as tribos árabes. ²⁸A respeito de Cedar e dos reinos de Hasor, que Nabucodonosor, rei de Babilônia, derrotou.

Assim fala Javé:
"Levantai-vos! Marchai contra Cedar,
destruí os filhos do oriente.
²⁹Tomai suas tendas e seus rebanhos,
as lonas de suas tendas
e todos os seus utensílios;
levai seus camelos;
e que se grite contra eles:
Terror por todo lado!
³⁰Fugi, parti depressa, escondei-vos bem,
ó habitantes de Hasor
– oráculo de Javé –
porque Nabucodonosor, rei de Babilônia,
fez um projeto contra vós,
preparou um plano contra vós.
³¹De pé! Marchai contra uma nação tranquila,
que vive em segurança
– oráculo de Javé.
Ela não tem portas nem ferrolhos
e vive isolada.
³²Seus camelos serão levados como presa
e a multidão de seus rebanhos, como despojo.
Dispersarei por todos os ventos
os que cortam os cabelos nas têmporas,
de toda parte farei vir sua ruína
– oráculo de Javé.
³³Hasor se tornará refúgio de chacais,

uma desolação para sempre;
ninguém morará lá,
não habitará nela um filho de homem".

Contra Elam. ³⁴Palavra que Javé dirigiu ao profeta Jeremias a respeito de Elam no começo do reinado de Sedecias, rei de Judá.

³⁵Assim fala Javé dos exércitos:
"Eu quebrarei o arco de Elam,
o nervo de seu poder.
³⁶Mandarei contra Elam os quatro ventos
das quatro extremidades do céu
e os espalharei diante desses ventos;
não haverá nação à qual não chegarão
os refugiados de Elam.
³⁷Incutirei terror nos elamitas
diante de seus inimigos
e diante dos que atentam contra sua vida;
mandarei sobre eles a calamidade,
minha ira ardente
– oráculo de Javé.
Mandarei a espada para persegui-los
até que eu os tenha exterminado.
³⁸Porei meu trono sobre Elam
e farei morrer o rei e os chefes
– oráculo de Javé.
³⁹Mas nos últimos dias mudarei a sorte de Elam
– oráculo de Javé".

50 **Queda de Babilônia†.** ¹Palavra que Javé pronunciou contra Babilônia, contra o país dos caldeus, por meio do profeta Jeremias.
²"Anunciai-o entre as nações, proclamai-o,
erguei um sinal e publicai-o,
não o escondais, dizei:
Babilônia está tomada,*
Bel está coberto de confusão,
está abatido Merodac†;
são confundidos seus ídolos,
destroçadas suas imundícies.
³Porque do norte sobe contra ela

---

* **50**,2. Is 46,1

† **50**. Os cc. 50 e 51 retratam uma época em que Babilônia está à beira da ruína e se aproxima a hora da volta dos exilados. | 2. Bel e Merodac, ou Marduc, eram os principais deuses babilônios. Quando seu povo é derrotado, eles também o são.

1003   Jeremias 50

uma nação
que reduzirá sua terra a um deserto
e ninguém mais ali habitará;
homens e animais fogem, vão embora.
⁴Naqueles dias e naquele tempo
– oráculo de Javé –
virão os israelitas junto com os filhos de Judá;
caminharão chorando
e buscarão Javé seu Deus.
⁵Perguntarão pelo caminho de Sião,
para a qual estarão voltados seus rostos:
Vinde, unamo-nos a Javé
por uma aliança eterna,
que nunca mais seja esquecida.
⁶Meu povo era um rebanho de ovelhas perdidas;*
seus pastores as fizeram errar
e as deixaram se desviar pelos montes;
elas iam de monte a colina,
tinham esquecido seu redil.
⁷Todos os que as encontravam as devoravam,
e seus inimigos diziam:
Não cometemos nenhum delito,
porque eles pecaram contra Javé,
morada de justiça,
e contra a esperança de seus pais, Javé.
⁸Fugi de Babilônia, do país dos caldeus;*
saí e sede como bodes à frente do rebanho.
⁹Porque eu suscito e mando contra Babilônia
uma aliança de grandes nações;
chegando do país do norte,
estas se alinharão contra ela
e daquele lado ela será conquistada.
suas flechas são como as de um hábil arqueiro,
nenhuma retorna sem efeito.
¹⁰A Caldéia será saqueada,
todos os seus saqueadores serão saciados – oráculo de Javé.
¹¹Alegrai-vos e exultai,
saqueadores de minha herança!

Saltai como novilha no prado
e relinchai como corcéis!
¹²Vossa mãe está cheia de confusão,
e coberta de vergonha aquela que vos deu à luz.
É a última das nações, um deserto,
uma terra árida e uma solidão.
¹³Por causa da ira de Javé
não será mais habitada,
será uma desolação completa.
Todo aquele que passar perto de Babilônia
ficará estupefato e assobiará
diante de todas as suas chagas.
¹⁴Alinhai-vos contra Babilônia ao redor dela,
vós todos que manejais o arco;
atirai contra ela, não poupeis as flechas,
porque ela pecou contra Javé.
¹⁵Erguei o grito de guerra contra ela de todo lado.
Ela estende a mão, desabam suas torres,
caem suas muralhas,
porque esta é a vingança de Javé.*
Vingai-vos dela,
fazei a ela o que ela fez!
¹⁶Extirpai de Babilônia quem semeia
e quem empunha a foice no tempo da messe.
Diante da espada mortífera
cada um volte a seu povo,
fuja cada um para seu país.
¹⁷Israel era uma ovelha desgarrada,
os leões a perseguiram;
quem primeiro a devorou foi o rei da Assíria,*
e quem por último lhe quebrou os ossos
foi Nabucodonosor, rei de Babilônia".

Israel volta para a pátria. ¹⁸"Por isso, assim fala Javé dos exércitos,
o Deus de Israel:
Eu punirei o rei de Babilônia e seu país,
como já puni o rei da Assíria,
¹⁹e reconduzirei Israel a seu pasto;
pastará no Carmelo e em Basã,
nas montanhas de Efraim e de Galaad se saciará.

---

* **50**,6. Mt 9,36; Ez 34,1 | 8. 51,6.45; Is 48,20; 52,11; Ap 18,4 | 15. 51,6; Is 59,18 | 17. 51,34

Jeremias 50

²⁰Naqueles dias e naquele tempo
– oráculo de Javé –
alguém buscará a iniquidade de Israel,
mas ela não existirá mais;
alguém buscará os pecados de Judá,
mas não os encontrará,
porque eu perdoarei os sobreviventes que eu deixar".*

A queda de Babilônia anunciada em Jerusalém. ²¹"Avança contra o país de Merataim,
avança contra ele
e contra os habitantes de Facud.
Massacra-os, extermina-os
– oráculo de Javé –
executa tudo o que te ordenei!
²²Rumor de guerra no país
e grande desastre!
²³Por que foi quebrado e feito em pedaços*
o martelo de toda a terra?*
Por que Babilônia se tornou
objeto de horror entre as nações?*
²⁴Eu te estendi um laço
e ficaste presa, Babilônia,
sem o perceberes.
Foste surpreendida e apanhada,
porque fizeste guerra contra Javé.
²⁵Javé abriu seu arsenal
e tirou dele as armas de seu furor,
porque o Senhor Javé dos exércitos
tem uma obra a realizar no país dos caldeus.
²⁶Vinde contra ela de toda parte,
abri seus celeiros;
fazei dela um montão de ruínas e exterminai-a,*
que dela não sobre nem um resto.
²⁷Matai todos os seus touros,
que eles desçam ao matadouro.
Ai deles, porque chegou seu dia,
o tempo de seu castigo!
²⁸Escutai!
Refugiados e sobreviventes
do país de Babilônia
vêm anunciar em Sião
a vingança de Javé, nosso Deus,
a vingança por seu templo.

²⁹Convocai contra Babilônia os arqueiros,*
todos os que manejam o arco.
Acampai contra ela a seu redor,
de modo que ninguém escape.
Retribuí-lhe segundo suas obras,
fazei a ela tudo o que ela fez aos outros,
porque foi arrogante com Javé,
com o Santo de Israel.
³⁰Por isso cairão seus jovens em suas praças
e todos os seus guerreiros morrerão naquele dia
– oráculo de Javé.
³¹Eis-me em tua frente, ó arrogante
– oráculo do Senhor Javé dos exércitos –
porque chegou teu dia,
o tempo em que te castigarei.
³²Vacilará a arrogante e cairá,
e não haverá quem a levante.
Porei fogo em suas cidades,
ele devorará todos os seus arredores.
³³Assim fala Javé dos exércitos:
Estão oprimidos os filhos de Israel
e os filhos de Judá todos juntos;
todos os que os deportaram os retêm
e recusam-se a deixá-los partir.
³⁴Mas seu Redentor* é forte†,
Javé dos exércitos é seu nome.
Ele defenderá eficazmente sua causa,
para dar repouso ao país,
mas fazer tremer os habitantes de Babilônia.
³⁵Espada contra os caldeus
e contra os habitantes de Babilônia,
contra seus chefes e contra seus sábios!
³⁶Espada contra seus adivinhos,
e eles enlouquecem!
Espada contra seus valentes,
e ficam aterrorizados!
³⁷Espada contra seus cavalos*
e contra seus carros,
contra todo o tipo de gente que está no meio dela,
que se tornem como mulheres!

---

* **50,**20. Is 4,3 | 23. Is 14,4ss / Jr 51,8.20 / 51,41 | 26. Js 6,17 | 29. Êx 21,25; Ap 18,6; Sl 28,4; Is 14,13s | 34. Is 41,14; Jr 51,10.36 | 37. 51,30; 51,13

† **50,**34. Ver a nota em Is 41,14.

1005 Jeremias 50-51

Espada contra seus tesouros,
que sejam saqueados!
38Espada contra suas águas,*
e que elas sequem!
Porque esta é uma terra de ídolos;
ficam loucos por esses espantalhos.
39Por isso nela habitarão
animais do deserto e chacais,*
nela se estabelecerão avestruzes;
nunca mais será habitada
nem povoada de geração em geração.
40Como quando Deus destruiu Sodoma,*
Gomorra e as cidades vizinhas
– oráculo de Javé –
assim ninguém habitará ali
nem morará nela pessoa alguma".

Invasão iminente. 41"Um povo vem do
norte,*
uma grande nação,
e muitos reis surgem dos confins da
terra.
42Empunham arco e dardo,
são cruéis, não têm piedade;
seu estrondo é como o bramido do
mar.
Montam cavalos,
estão prontos como um só homem
para combater contra ti, filha de Babilônia.
43O rei de Babilônia ouviu falar deles
e suas mãos se enfraqueceram;
a angústia o invadiu,
uma dor como a da mulher no parto.
44Como um leão sai do bosque do
Jordão*
para os prados sempre verdes,
assim num instante eu ponho em
fuga os habitantes
e estabeleço sobre eles meu eleito.
Porque quem é como eu?
Quem pode citar-me em juízo?
E quem é o pastor que pode resistir
diante de mim?
45Por isso escutai o projeto
que Javé fez contra Babilônia
e as decisões que tomou
contra o país dos caldeus.

Certamente arrastarão também
os menores do rebanho;
certamente por causa deles
será destruída sua morada.
46Ao fragor da tomada de Babilônia
trema a terra;
seu clamor ressoará entre as nações".

51 Javé contra Babilônia. 1Assim fala Javé:
"Suscitarei contra Babilônia
e contra os habitantes da Caldeia
um vento destruidor;
2enviarei a Babilônia joeireiros que a
joeirarão*
e despojarão seu país,
porque cairão sobre ela de todas as
partes
no dia da tribulação".
3Retese o arqueiro seu arco
contra quem retesa o arco
e contra quem se exalta em sua couraça.
Não poupeis seus jovens,
exterminai todo o seu exército.*
4Caiam mortos no país dos caldeus
e traspassados em suas praças,
5Pois Israel e Judá não são viúvas de
seu Deus†,
Javé dos exércitos,
embora seu país esteja cheio de pecado
contra o Santo de Israel.
6Fugi do meio de Babilônia,*
salve cada um sua vida;
não queirais perecer por sua iniquidade.
Porque este é o tempo da vingança
de Javé;*
ele lhe retribui o que ela mereceu.
7Babilônia era uma taça de ouro
na mão de Javé;
ela inebriava toda a terra;*
de seu vinho beberam as nações,
por isso enlouqueceram.
8De improviso Babilônia caiu,*
foi despedaçada;
erguei lamentos por ela;
tomai bálsamo para sua dor,
talvez possa ser curada.

---

* **50**,38. 51,36 | 39. Ap 18,2 | 40. 49,18; Gn 19,24s; Jr 51,26,37 | 41. 6,22s | 44. 49,19ss | **51**,2. 4,11 | 3. Js 6,17 | 6. 50,8; Ap 18,4 / Jr 50,15 | 7. 25,15-29; Is 51,17; Ap 18,3 | 8. Ap 18,2; Jr 50,23

† **51**,5. Babilônia se excedeu no castigo infligido a Israel e Judá. Deus não abandona seu povo pecador.

Jeremias 51

⁹"Queríamos curar Babilônia,
mas ela não sarou.
Deixai-a e volte cada qual para seu país;*
porque sua punição chega até o céu
e se eleva até as nuvens.
¹⁰Javé fez triunfar nossa justa causa.*
Vinde, narremos em Sião
a obra de Javé, nosso Deus".
¹¹Aguçai as flechas, enchei as aljavas!
Javé suscita o espírito do rei da Média,*
porque seu plano a respeito de Babilônia
é destruí-la;
pois esta é a vingança de Javé,
a vingança por seu templo.
¹²Erguei um estandarte
contra os muros de Babilônia,
reforçai a guarda, colocai sentinelas,
preparai as emboscadas.
Porque Javé se tinha proposto um plano
e agora cumpre o que tinha dito
contra os habitantes de Babilônia.
¹³Tu que habitas ao longo de águas abundantes,*
tu que és rica de tesouros,
chegou teu fim,
o término de tuas rapinas.
¹⁴Javé dos exércitos jurou-o por si mesmo:
"Eu te enchi de homens numerosos
como gafanhotos
que entoarão contra ti o canto de vitória".
¹⁵Ele fez a terra com seu poder,*
fixou o mundo com sua sabedoria,
com sua inteligência estendeu os céus.
¹⁶Ao fragor de sua voz
há um tumulto de águas no céu.
Ele faz subir as nuvens dos confins da terra,*
produz relâmpagos para a chuva
e faz sair os ventos de seus depósitos.
¹⁷Todo homem se torna néscio,
sem compreender;
fica confuso todo ourives por seus ídolos,

porque é mentira o que fundiu,
não tem sopro vital.
¹⁸Eles são nulidades, obras ridículas;
no tempo de seu castigo perecerão.
¹⁹Não é assim a herança de Jacó,
porque ele formou todas as coisas.
Israel é a tribo de sua herança,
Javé dos exércitos é seu nome.

Babilônia instrumento de Deus.
²⁰"Um martelo tens sido para mim,*
um instrumento de guerra;
contigo eu martelei as nações,
contigo eu aniquilei os reinos,
²¹contigo eu martelei cavalo e cavaleiro,
contigo eu martelei carro e cocheiro,
²²contigo eu martelei homem e mulher,
contigo eu martelei velho e rapaz,
contigo eu martelei jovem e menina,
²³contigo eu martelei pastor e rebanho,
contigo eu martelei o lavrador e seu par de bois,
contigo eu martelei governadores e prefeitos†.
²⁴Mas agora retribuirei a Babilônia
e a todos os habitantes da Caldeia
todo o mal que fizeram a Sião,
sob vossos olhos
– oráculo de Javé.
²⁵Eis-me aqui contra ti, monte da destruição
– oráculo de Javé –,
que destróis toda a terra.
Eu estenderei a mão contra ti,
eu te farei rolar das rochas abaixo
e te reduzirei a uma montanha queimada;
²⁶de ti não se tomará mais nem pedra angular,
nem pedra de fundação,
porque te tornarás um lugar desolado para sempre*
– oráculo de Javé".

Queda de Babilônia. ²⁷Erguei um estandarte no país,
tocai a trombeta entre as nações;
preparai as nações para a guerra

---

* **51**,9. 50,16 | 10. 50,34 | 11. Is 13,17 | 13. Ap 17,1.15; Jr 50,37s | 15. 10,12-16 | 16. Sl 135,7 | 20. 50,23 | 26. 50,40

† **51**,23. Babilônia foi o martelo da ira de Deus; terminada sua obra, o martelo é destruído.

1007 Jeremias 51

contra ela,
convocai contra ela os reinos de Ararat,
de Meni e de Asquenez.
Nomeai contra ela um comandante,
fazei avançar os cavalos como gafanhotos eriçados.
28Preparai contra ela as nações:
os reis da Média, seus governadores,
todos os seus prefeitos
e toda a terra sob seu domínio.
29Trema a terra e se aflija,
porque se cumprirão contra Babilônia
os projetos de Javé
de reduzir o país de Babilônia a um lugar desolado,
sem habitantes.
30Cessaram de combater
os valentes de Babilônia,
retiraram-se para as fortalezas;
seu valor acabou,
tornaram-se como mulheres.*
Foram incendiados seus edifícios*
e quebrados seus ferrolhos.
31Um correio corre ao encontro de outro correio,
e um mensageiro ao encontro de outro mensageiro,
para anunciar ao rei de Babilônia
que sua cidade foi tomada de todos os lados;
32as passagens foram ocupadas,
as fortalezas foram queimadas,
os guerreiros estão cheios de pânico.
33Pois assim fala Javé dos exércitos,
o Deus de Israel:
"A filha de Babilônia é como um terreno
no tempo em que é aplanado;
ainda um pouco e virá para ela o tempo da colheita".
A justiça de Javé. 34Nabucodonosor,
rei de Babilônia,
devorou-me, consumiu-me,*
deixou-me como um vaso vazio;
engoliu-me como faz o crocodilo,
encheu seu ventre com minhas riquezas
e me expulsou.
35"Recaiam sobre Babilônia
a violência e as feridas que sofri!",
diz a população de Sião;
"meu sangue sobre os habitantes da Caldeia!"
diz Jerusalém.
36Por isso assim fala Javé:
"Eu defendo tua causa,*
cumpro tua vingança;
enxugarei seu mar, secarei suas fontes.
37Babilônia se tornará um montão de ruínas,*
um refúgio de chacais,
objeto de espanto e de zombaria,
um lugar sem habitantes.*
38Eles uivam juntos como leõezinhos,
rugem como filhotes de leoa.
39Quando sentirem calor, preparo-lhes uma bebida,
eu os inebriarei para que se alegrem
e caiam num sono perene,*
para jamais acordarem
– oráculo de Javé.
40Eu os farei descer ao matadouro
como cordeiros,
como carneiros junto com bodes".
Elegia sobre Babilônia. 41Como Sesac† foi tomada e ocupada,
o orgulho de toda a terra?
Babilônia tornou-se um objeto de espanto*
entre as nações!
42O mar avança sobre Babilônia:
foi submergida pelo tumulto de suas ondas.
43Suas cidades se tornaram uma desolação,
uma terra árida, uma estepe
em que ninguém habita
e pela qual não passa homem algum.
Exortação aos exilados. 44"Eu punirei
Bel em Babilônia,*
tirarei de sua boca o que engoliu.
Não acorrerão mais a ele as nações".
Até os muros de Babilônia desabaram.

---

* **51**,30. 50,37 / Is 19,16; Na 3,13 **|** 34. 50,17 **|** 36. 50,34 **|** 37. 50,39 / 50,40 **|** 39. 51,57; Sl 76,5 **|** 41. 50,23 **|** 44. 50,2

† **51**.41. Ver a nota em 25,26.

Jeremias 51

⁴⁵Sai do meio dela, povo meu!*
Salve cada um sua vida
da ardente ira de Javé.
⁴⁶Mas que vosso coração não desanime! E não temais pela notícia difundida no país; um ano chega uma notícia e, um ano depois, uma outra. A violência reina no país, um tirano contra o outro.
⁴⁷Por isso virão dias
nos quais punirei os ídolos de Babilônia.
Então todo o seu país sentirá vergonha
e todos os seus cadáveres cairão no meio dela.
⁴⁸Gritarão contra Babilônia*
céu e terra e o que eles contêm,
porque do norte chegarão contra ela
os devastadores
– oráculo de Javé.
⁴⁹Também Babilônia deve cair
pelos mortos de Israel,
como por causa de Babilônia
caíram os mortos de toda a terra.
⁵⁰Vós, que escapastes da espada, parti,
não fiqueis parados;
enquanto estiverdes longe
recordai-vos de Javé
e esteja em vossa memória Jerusalém.*
⁵¹"Sentimos vergonha ao ouvir o insulto;
a confusão cobriu nossos rostos,
porque entraram estrangeiros
no santuário do templo de Javé".
⁵²"Por isso, virão dias
– oráculo de Javé –
nos quais punirei seus ídolos,
e em todo o seu país gemerão os feridos.
⁵³Mesmo se Babilônia se erguesse
até o céu,*
mesmo se tornasse inacessível*
sua cidadela altaneira,
por uma ordem minha virão seus devastadores"
– oráculo de Javé.

Destruição completa. ⁵⁴Vem de Babilônia um grito de socorro,
do país dos caldeus o ruído
de uma grande destruição.
⁵⁵É Javé que devasta Babilônia
e faz calar seu grande rumor.
Rugem suas ondas
como águas caudalosas,
eleva-se o bramido de sua voz.
⁵⁶Porque vem contra ela,
contra Babilônia, um devastador,
são capturados seus valentes,
foram quebrados seus arcos.
Pois Javé é o Deus das retribuições,
ele retribui com precisão.
⁵⁷"Eu embriagarei seus chefes*
e seus sábios, seus governadores,
seus magistrados e seus guerreiros;
eles dormirão um sono eterno e não mais acordarão"
– oráculo do rei, cujo nome é Javé dos exércitos.
⁵⁸Assim fala Javé dos exércitos:
"O largo muro de Babilônia
será totalmente demolido,
suas altas portas serão queimadas.
Portanto, em vão se preocupam os povos,*
as nações se afadigam pelo fogo"†.
O oráculo lançado no Eufrates. ⁵⁹Ordem que o profeta Jeremias deu a Seraías, filho de Nerias, filho de Maasias, quando ele partiu com Sedecias, rei de Judá, para Babilônia, no quarto ano de seu reinado. Seraías era o chefe dos alojamentos. ⁶⁰Jeremias tinha escrito num único rolo todas as calamidades que deviam cair sobre Babilônia, todas estas palavras que foram escritas contra Babilônia. ⁶¹Jeremias disse então a Seraías: "Quando chegares a Babilônia, tem o cuidado de ler em público todas estas palavras ⁶²e dirás: 'Javé, vós mesmo declarastes a propósito deste lugar que haveríeis de destruí-lo,* de modo que não houvesse mais quem o habitasse, nem homem e nem animal, mas se tornasse uma desolação

---

* **51,**45. 50,8; 51,6 | 48. Ap 18,20; 19,1s | 50. Sl 137,5 | 53. Is 14,13 / Jr 49,16 | 57. 51,39 | 58. Hab 2,13 | 62. 51,26 | 63. Ap 18,21

† **51,**58. Ciro, rei dos persas, não destruiu Babilônia ao conquistá-la em 539 a.C., porque ela se rendeu sem combater. A destruição da cidade foi obra de Xerxes I, em 482, por ocasião de uma revolta.

Jeremias 51-52

perpétua'.[63] E quando tiveres acabado de ler este rolo, atarás nele uma pedra* e o lançarás no meio do Eufrates, [64]dizendo: 'Assim afundará Babilônia e não ressurgirá mais da calamidade que farei cair sobre ela'". Até aqui as palavras de Jeremias.

IV. APÊNDICE HISTÓRICO (52)†

52 A catástrofe de Jerusalém.

[1]Sedecias tinha vinte e um anos* quando começou a reinar e reinou onze anos em Jerusalém; sua mãe chamava-se Hamital,* filha de Jeremias†, e era de Lebna. [2]Ele fez o que desagrada a Javé, exatamente como tinha feito Joaquim.

[3]Mas, por causa da ira de Javé, em Jerusalém e em Judá as coisas chegaram a tal ponto que Javé os expulsou de sua presença. Sedecias tinha se revoltado contra o rei de Babilônia.

[4]Então, no nono ano de seu reinado, no décimo mês, no dia dez do mês, Nabucodonosor, rei de Babilônia, veio atacar Jerusalém com todo o exército. Acamparam diante dela e construíram a seu redor obras de assédio. [5]A cidade ficou sitiada até o décimo primeiro ano do rei Sedecias.

[6]No quarto mês, no dia nove do mês, enquanto a fome dominava na cidade e não havia mais comida para a população, [7]foi aberta uma brecha nos muros da cidade. Então todos os soldados fugiram, saindo da cidade de noite pela porta entre os dois muros, que estava perto do jardim do rei e, enquanto os caldeus estavam ao redor da cidade, tomaram o caminho da Arabá.

[8]As tropas dos caldeus, porém, perseguiram o rei Sedecias* e o alcançaram na planície de Jericó; então todo o seu exército o abandonou e se dispersou. [9]O rei foi capturado e conduzido a Rebla, no país de Emat, junto ao rei de Babilônia, o qual pronunciou a sentença contra ele. [10]O rei de Babilônia degolou os filhos de Sedecias à vista dele e degolou também em Rebla todos os chefes de Judá; [11]vazou os olhos de Sedecias e mandou acorrentá-lo e conduzi-lo a Babilônia, onde o manteve preso até sua morte.

O templo depredado e incendiado. [12]No quinto mês, no dia dez do mês, sendo o ano décimo nono do reinado de Nabucodonosor, rei de Babilônia, Nabuzardã, chefe da guarda, que estava a serviço do rei de Babilônia, chegou a Jerusalém. [13]Incendiou o templo de Javé e o palácio real e todas as casas de Jerusalém e queimou todas as casas dos nobres. [14]Todo o exército dos caldeus, que estava com o chefe da guarda, demoliu todos os muros em torno de Jerusalém.

[15]E Nabuzardã, chefe da guarda, deportou parte dos pobres do povo e o resto da população deixada na cidade, os desertores que tinham passado para o rei de Babilônia e o que restava dos artesãos. [16]Mas Nabuzardã, chefe da guarda, deixou outra parte dos pobres do país como vinhateiros e lavradores.

[17]Os caldeus despedaçaram as colunas de bronze que estavam no templo de Javé, os pedestais e o mar de bronze que estavam no templo de Javé e levaram todo o bronze para Babilônia. [18]Eles tomaram também as caldeiras, as pás, as facas, as bacias para a aspersão, as taças e todos os utensílios de bronze usados no culto. [19]O chefe da guarda tomou também os copos, os braseiros, as bacias, as caldeiras, os candelabros, as taças e os cálices, o ouro daquilo que era de ouro e a prata daquilo que era de prata. [20]Quanto às duas colunas, ao mar único, aos doze bois de bronze que estavam debaixo dele e nos pedestais, coisas que Salomão tinha feito para o templo de Javé,

---

* **52**,1. 2Rs 24,18-25,30 / Jr 39,1-10 **|** 8. 39,4

† **IV.** O c. 52 de Jeremias é formado pelo trecho de 2Rs 24,18 a 25,30, aqui incluído para mostrar que as profecias de Jeremias se cumpriram. A libertação de Joaquim é um primeiro sinal da realização de suas esperanças. **| 52**,1. Um outro Jeremias, não o profeta.

Jeremias 52

não se podia calcular o peso do bronze de todos estes objetos. ²¹Uma das colunas tinha dezoito côvados de altura e era preciso um fio de doze côvados para medir sua circunferência; sua espessura era de quatro dedos e era oca. ²²Sobre ela havia um capitel de bronze e a altura de um capitel era de cinco côvados; ao redor do capitel havia uma rede e romãs, tudo de bronze; assim era também a outra coluna, com as romãs. ²³Havia noventa e seis romãs de um lado; todas as romãs em torno da rede chegavam a cem.

Os deportados. ²⁴O chefe da guarda prendeu Seraías, sumo sacerdote, Sofonias, o segundo sacerdote, e os três guardas da entrada do templo. ²⁵Da cidade ele fez prisioneiro um funcionário, que estava à frente dos soldados, e sete homens do séquito do rei, que foram achados na cidade, o secretário do chefe do exército que alistava o povo do país e sessenta homens do povo do país que foram achados no meio da cidade. ²⁶Nabuzardã, chefe da guarda, tomou-os e os conduziu ao rei de Babilônia, em Rebla. ²⁷O rei de Babilônia os condenou à morte e mandou executá-los em Rebla, no país

de Emat. Assim Judá foi deportado de seu país.

²⁸Este é o numero de pessoas que Nabucodonosor deportou: no ano sétimo, três mil e vinte e três judeus; ²⁹no ano décimo oitavo de Nabucodonosor foram deportadas de Jerusalém oitocentas e trinta e duas pessoas; ³⁰no ano vigésimo terceiro de Nabucodonosor, Nabuzardã, chefe da guarda, deportou setecentos e quarenta e cinco judeus: ao todo, quatro mil e seiscentas pessoas.

Joaquin tratado como rei. ³¹No ano trigésimo sétimo da deportação de Joaquin, rei de Judá, no décimo segundo mês, no dia vinte e cinco do mês, Evil-Merodac, rei de Babilônia, no ano de sua subida ao trono, concedeu graça a Joaquin, rei de Judá, e o tirou da prisão. ³²Falou-lhe com benevolência e pôs a cadeira dele acima das cadeiras dos reis que se achavam com ele em Babilônia. ³³Mudou-lhe as vestes de prisioneiro e Joaquin tomou habitualmente suas refeições à mesa do rei todos os dias de sua vida. ³⁴Seu sustento, o sustento cotidiano, foi-lhe fornecido pelo rei de Babilônia todos os dias, até o dia de sua morte, por todo o tempo de sua vida.

LAMENTAÇÕES

Este livrinho de cinco capítulos chama-se "Lamentações" porque contém elegias sobre a destruição de Jerusalém e do reino de Judá e sobre o exílio de Babilônia. As antigas traduções atribuíam o livro ao profeta Jeremias pela semelhança do estilo e por causa de 2Cr 35,25, que diz: "Jeremias compôs uma lamentação sobre Josias ... e esses cânticos se acham nas Lamentações"; mas atualmente se admite que o autor é um personagem anônimo e erudito que viveu na Palestina no tempo do exílio de Babilônia.

As Lamentações são uma profunda meditação sobre o sentido e a gravidade do pecado de Judá, sobre o justo castigo divino e sobre a necessidade de verdadeira conversão. Salienta em particular três verdades: a primeira é que o desastre de Jerusalém não significa que Deus seja mau e cruel, mas demonstra que é justo (1,18) e misericordioso: mesmo se corrige com castigos, nunca rejeita quem espera nele (3,25.31); a segunda é que Deus castiga por causa dos pecados (1,5), mas a punição é em vista do retorno a ele; a terceira é que, apesar de tudo, brilha sempre a luz da esperança (3,29). O castigo de Deus é expressão de sua justiça, porém, Deus continua sendo "amor", e espera que o pecador se converta para dar-lhe o perdão. O autor exprime profunda desolação pela desgraça que se abateu sobre o povo de Deus e sentimentos de penitência e de confiança em Deus, que não desmente suas promessas.

Esses textos, que estão entre os mais belos da poesia hebraica, foram talvez usados na liturgia antes da restauração do templo de Jerusalém. A liturgia católica serve-se deles nas celebrações da semana santa.

LAMENTAÇÃO I:
JERUSALÉM DESOLADA

1 **Cidade humilhada.** [1]*Alef*. Ah! como jaz solitária
a cidade outrora populosa!
Tornou-se como viúva[t]
a grande entre as nações;*
princesa entre as províncias,
ela é submetida a tributo.
[2]*Bet*. Ela passa a noite a chorar amargamente,*
as lágrimas lhe correm pelas faces;
ninguém a consola,*
entre todos os seus amantes;
todos os seus amigos a traíram[t],
tornaram-se seus inimigos.
[3]*Guimel*. Judá partiu para o exílio,
sob o peso da miséria e da dura escravidão.
Mora no meio das nações,
sem encontrar repouso;
todos os seus perseguidores
o alcançaram em suas angústias.
[4]*Dalet*. As ruas de Sião estão de luto,
ninguém mais vai a suas festas;*
todas as suas portas estão desertas,
seus sacerdotes suspiram,
suas virgens estão aflitas,
e ela está amargurada.
[5]*Hê*. Seus opressores triunfam,*
seus inimigos estão felizes,
porque Javé a afligiu
por seus numerosos crimes[t];
seus meninos foram conduzidos
para a escravidão diante do inimigo.
[6]*Waw*. Da filha de Sião[t]
desapareceu todo esplendor;*
seus chefes se tornaram como cervos
que não encontram pastagem;
caminham sem forças
diante de seus perseguidores.
[7]*Záin*. Jerusalém se recorda
dos dias de sua miséria e de sua vida errante,
de todos os bens preciosos que possuía outrora;
recorda quando seu povo caía pela mão do inimigo
e ninguém lhe oferecia ajuda.

---

* **1**,1. Br 4,12 | 2. 2,18; Jr 9,18 / Sl 69,21; Jr 30,14 | 4. Jr 14,2; Is 3,26 | 5. 2,17; Dt 28,25; Sl 89,43 | **1**,6. Ez

† **1**,1. Jerusalém aparece como rainha viúva, a chorar sozinha suas desgraças. | 2. Amantes e amigos são os aliados militares, com os quais Judá contava para se defender. | 5. O povo sofre porque violou a aliança com seu Deus. | 6. Filha de Sião quer dizer a cidade com sua população.

Lamentações 1

Seus inimigos a olhavam e riam-se de sua ruína.

8*Het.* Jerusalém pecou gravemente, por isso tornou-se coisa imunda.

Todos os que a honravam a desprezam,
porque viram sua nudez;*
ela mesma suspira
e vira as costas.

9*Tet.* Sua imundície está nas orlas de sua veste.

Ela não pensava em seu fim;
caiu de modo surpreendente,
e ninguém a consola.*
"Olhai, Javé, minha miséria,
porque o inimigo triunfa".

10*Yod.* O adversário estendeu a mão sobre todos os seus tesouros;*
ela com efeito viu penetrar
em seu santuário os pagãos,
aqueles aos quais tinhas proibido*
entrar em tua assembleia.

11*Kaf.* Todo o seu povo geme em busca de pão;*
dão os objetos mais preciosos em troca de comida,
para manter-se com vida.
"Observai, Javé,
e considerai como sou desprezada!"

Lamento da cidade arruinada. **12***Lamed.* "Vós todos que passais pelo caminho,
olhai e vede
se existe dor semelhante a minha dor†,
à dor que me atormenta,*
e com a qual Javé me afligiu
no dia de sua ira ardente.

13*Mem.* Do alto ele lançou um fogo e em meus ossos ele o fez penetrar;
estendeu uma rede a meus pés,
fez-me cair para trás,
tornou-me desolada,
doente o tempo todo.

14*Nun.* Ele observou minhas culpas, em sua mão elas são enlaçadas;

seu jugo está sobre meu pescoço
e fez vacilar minha força;
O Senhor me pôs nas mãos deles,
não posso reerguer-me.

15*Samec.* O Senhor repudiou todos os meus valentes
que estavam comigo.
Convocou contra mim uma assembleia
para enfraquecer meus jovens;
O Senhor pisou, como uva no lagar,*
a virgem filha de Judá.

16*Áin.* É por isso que eu choro,
meus olhos se desfazem em lágrimas,*
porque longe de mim está quem consola,
quem poderia restituir-me a vida†;
meus filhos estão desolados,
porque o inimigo triunfou".

17*Pê.* Sião estende as mãos,
ninguém a consola.
Javé enviou contra Jacó
seus inimigos de todos os lados.
Jerusalém se tornou coisa imunda
no meio deles.*

18*Çade.* "Justo é Javé,
porque me rebelei contra sua palavra.
Escutai, povos todos,
e vede minha dor!"
Minhas virgens e meus jovens
foram levados para a escravidão.

19*Qof.* Chamei meus amantes,*
mas eles me traíram.
Meus sacerdotes e meus anciãos
na cidade expiraram,
enquanto buscavam comida*
que lhes restituísse as forças.

20*Resh.* "Olhai, Javé, como estou angustiada;
minhas entranhas se conturbam,*
meu coração está transtornado dentro de mim,
porque foi grande minha rebelião.
Lá fora a espada me priva de filhos,*
em casa é como a morte.

---

* **1**,10,18-22 | 8. Ez 16,37; Is 47,3 | 9. 1,2 | 10. 2Rs 24,13 / Dt 23,4; Ez 44,7ss | 11. Dt 28,51s | 12. Dn 9,12; 12,1; Mt 24,21 / Dt 28,48 | 15. Is 63,3; Jl 4,13 | 16. 1,2 | 17. 1,8 | 19. 1,2 / 1,11 | 20. Jr 4,19 / Dt 32,25; Jr 9,21 | 21. Am 5,18

† **1**,12. É ainda a cidade que fala, mas a tradição aplica este v. a Nossa Senhora das Dores. | 16. Só Deus poderia dar consolo e conforto, mas é justamente Ele que castiga seu povo. | 21. Esse dia é o momento do castigo para as nações pagãs.

1013 — Lamentações 1-2

²¹*Shin.* Ouvem como suspiro, ninguém me consola.
Todos os meus inimigos souberam de minha desventura,
e se alegraram porque fizestes isso.
Mandai vir o dia* que decretastes†,
e que eles sejam semelhantes a mim!
²²*Taw.* Que vos seja presente
toda a malícia deles*
e tratai-os como me tratastes,
por causa de todas as minhas transgressões.
Porque muitos são meus suspiros
e meu coração desfalece".

LAMENTAÇÃO II:
JERUSALÉM DESTRUÍDA

2 **Ira de Javé contra Jerusalém.**
¹*Alef.* Como o Senhor obscureceu
em sua ira a filha de Sião!
Ele lançou do céu à terra
a glória de Israel.
Não se recordou* do estrado de seus pés†
no dia de seu furor.
²*Bet.* O Senhor destruiu sem piedade
todas as moradas de Jacó;
abateu com ira as fortalezas da filha de Judá;*
prostrou por terra,
profanou o reino e seus príncipes.
³*Guimel.* Com ira ardente ele quebrou
todo o poder de Israel.*
Retirou para trás sua direita
diante do inimigo;
acendeu em Jacó uma chama de fogo,*
que devora tudo ao redor.
⁴*Dalet.* Retesou seu arco como inimigo,
robusteceu sua direita
como adversário,*
matou tudo o que encantava os olhos.
Sobre a tenda da filha de Sião
derramou seu furor como fogo.

⁵*Hê.* O Senhor tornou-se como inimigo,
destruiu Israel;
destruiu todos os seus palácios,
abateu suas fortalezas.
Multiplicou para a filha de Judá
lamento e luto.
⁶*Waw.* Devastou como jardim sua morada,
demoliu seu lugar de reunião.*
Javé fez esquecer em Sião*
a festa e o sábado†
e rejeitou no furor de sua ira
rei e sacerdote.
⁷*Záin.* O Senhor abandonou seu altar,
rejeitou seu santuário;*
entregou ao poder do inimigo
os muros de suas fortalezas.
Elevaram gritos no templo de Javé
como em dia de festa.
⁸*Het.* Javé decidiu demolir
o muro da filha de Sião;*
estendeu o cordel;
não retirou a mão enquanto não tinha destruído tudo;
cobriu de luto o antemuro e o muro;*
ambos estão em ruínas.
⁹*Tet.* Estão afundadas na terra suas portas;*
ele arruinou e quebrou seus ferrolhos.
Seu rei e seus chefes estão entre os pagãos;
não há mais lei,
nem seus profetas
receberam visões de Javé.*
Miséria dos habitantes. ¹⁰*Yod.* Sentam-se no chão, em silêncio,
os anciãos da filha de Sião,
puseram cinza sobre a cabeça,*
vestiram pano de saco;
curvam até o chão a cabeça
as virgens de Jerusalém.
¹¹*Kaf.* Consumiram-se pelas lágrimas meus olhos,
conturbadas estão minhas entranhas;
derrama-se pelo chão minha bílis

---

* **1**,22. Jr 51,35 | **2**,1. Ez 43,7 | 2. Dt 28,52 | 3. Sl 75,5 / Lm 4,11 | 4. Jr 21,5s | 6. 2Cr 36,19; Jr 52,13 / Sf 3,18; Is 1,13 | 7. Ez 24,21 | 8. Jr 5,10 / 2Rs 21,13; Is 34,11 | 9. Dt 28,36; 2Rs 25,7; Dt 4,6.8 / Ez 7,26; Sl 74,9 | 10. Jr 6,26

† **2**,1. A glória é Jerusalém, e o estrado dos pés de Deus é o templo. | 6. Destruído o templo, não se celebram mais as festas.

Lamentações 2-3

por causa da ruína da filha de meu povo,
enquanto desfalece o menino
e o lactente nas praças da cidade.
¹²*Lamed*. A suas mães diziam:
"Onde estão o trigo e o vinho?"*
Entretanto desfaleciam como feridos
nas praças da cidade
e exalavam o espírito
no colo das mães.
¹³*Mem*. A que te assemelharei?
Com que te compararei,
filha de Jerusalém?*
A que igualar-te para te consolar,
virgem filha de Sião?
Pois é grande como o mar tua ruína;*
quem poderá curar-te?
¹⁴*Nun*. Teus profetas tiveram para ti
visões de coisas vãs* e ilusórias†;
não revelaram tua iniquidade
para mudar tua sorte,
mas anunciaram-te
profecias falsas e enganosas.
¹⁵*Samec*. Contra ti batem palmas†
todos os que passam pelo caminho;*
assobiam, meneiam a cabeça
sobre a filha de Jerusalém:
"É esta a cidade que chamavam beleza perfeita,
alegria de toda a terra?"*
¹⁶*Pê*. Escancaram a boca contra ti
todos os teus inimigos;
assobiam e rangem os dentes†,
dizendo: "Nós a engolimos!
Este é o dia que esperávamos:*
nós o alcançamos, nós o vemos".
¹⁷*Áin*. Javé realizou
o que tinha decidido,
cumpriu sua palavra decretada desde os dias antigos:*
destruiu sem piedade,
fez o inimigo exultar a tuas custas,
exaltou o poder de teus adversários.

Invocação. ¹⁸*Çade*. Grita com teu coração ao Senhor,

virgem filha de Sião;
deixa correr como torrente
tuas lágrimas, dia e noite!*
Não te dês repouso, nem descanse
a pupila de teu olho.
¹⁹*Qof*. Levanta-te, grita na noite
quando começam os turnos de sentinela†;
derrama como água teu coração
diante de Javé;
ergue para ele as mãos pela vida de teus meninos,
que morrem de fome em todos os cantos das ruas.
²⁰*Resh*. "Olhai, Javé, e considerai:
a quem jamais tratastes assim?
Deviam as mulheres comer seus pequenos,
os meninos que trazem nos braços?*
Deviam ser trucidados no santuário do Senhor
sacerdotes e profetas?
²¹*Shin*. Jazem no chão pelas ruas
rapazes e velhos;
minhas virgens e meus jovens
caíram pela espada;
matastes no dia de vossa ira,
trucidastes sem piedade.
²²*Taw*. Como para um dia de festa,
convocastes os terrores que me rodeiam.*
No dia da ira de Javé não houve
quem escapasse nem quem sobrevivesse.
Os que eu tinha criado e educado,
meu inimigo os exterminou".

LAMENTAÇÃO III: JERUSALÉM ASSOLADA

3 **Sofrimentos do povo.** ¹*Alef*. Eu sou o homem que provou a miséria†
sob o flagelo de sua ira.
²*Alef*. Ele me guiou e me fez caminhar
nas trevas e não na luz.*

---

* **2**,12. 1,11 | 13. 1,12 / Jr 30,12 | 14. Jr 5,31; 29,8; Ez 13,10 | 15. Jr 19,8; Mt 27,39 | 16. Am 5,18 | 17. Dt 28,15 | 18. 1,2 | 20. 4,10; Dt 28,53; Jr 19,9 | 22. Jr 20,10 | **3**,2. Jo 8,12

† **2**,14. Os falsos profetas, nos quais a população confiava e que prediziam a derrota do inimigo. | 15. Em sinal de desprezo. | 16. Ranger os dentes, como uma fera prestes a devorar sua presa, imagem de feroz hostilidade. | 19. Os judeus dividiam a noite em 3 "vigílias", 4 no tempo de Jesus, segundo o uso romano, Mc 13,35. | **3**,1. Esse homem é o profeta, que representa o povo.

1015 Lamentações 3

³*Alef.* Só contra mim ele voltou a mão, continuamente, o dia todo.
⁴*Bet.* Ele consumiu minha carne e minha pele,
quebrou meus ossos.*
⁵*Bet.* Elevou contra mim construções, rodeou minha cabeça de tormento.
⁶*Bet.* Fez-me habitar em lugares tenebrosos†,
como os mortos há muito tempo.
⁷*Guimel.* Ergueu um muro a meu redor,* para eu não poder mais sair;
tornou pesadas minhas correntes.
⁸*Guimel.* Mesmo quando grito e peço auxílio,
ele sufoca minha oração.
⁹*Guimel.* Ele obstruiu meus caminhos com blocos de pedra,
fez tortuosas minhas veredas†.
¹⁰*Dalet.* Ele foi para mim como urso à espreita,
um leão em emboscada.*
¹¹*Dalet.* Fazendo desviar meus caminhos,
dilacerou-me, deixou-me desolado.
¹²*Dalet.* Retesou o arco,*
fez de mim o alvo de suas flechas.
¹³*Hê.* Cravou em minhas entranhas as flechas de sua aljava.
¹⁴*Hê.* Tornei-me objeto de escárnio de todo o meu povo,*
sua canção de todo dia.
¹⁵*Hê.* Saciou-me com ervas amargas, embriagou-me com absinto.*
¹⁶*Waw.* Quebrou-me com cascalho os dentes,
alimentou-me com cinza.
¹⁷*Waw.* Minha alma não conhece mais a paz,*
não sei o que é bem-estar.
¹⁸*Waw.* E digo: "Pereceu meu vigor,*
a esperança que me vinha de Javé".
Esperança no pranto. ¹⁹*Záin.* A lembrança de minha miséria e de minha vida errante
é como absinto e veneno.
²⁰*Záin.* Disto se lembra sempre minha alma
e se abate dentro de mim.
²¹*Záin.* É isto que pretendo trazer de volta a minha memória,
e por isso tenho esperança.
²²*Het.* As misericórdias de Javé não terminaram,
nem se exauriu sua compaixão;*
²³*Het.* elas são renovadas cada manhã,
grande é sua fidelidade†.
²⁴*Het.* "Minha porção é Javé* – eu exclamo – †
por isso nele espero".
²⁵*Tet.* Bom é Javé para quem nele espera,
para a alma que o procura.*
²⁶*Tet.* É bom esperar em silêncio a salvação de Javé.
²⁷*Tet.* É bom para o homem carregar o jugo desde a juventude.*
²⁸*Yod.* Que se assente solitário e silencioso,
quando Javé lho impõe;*
²⁹*Yod.* que ponha a boca na poeira: talvez haja ainda esperança;
³⁰*Yod.* ofereça sua face a quem o fere,*
que se sacie de humilhações.
³¹*Kaf.* Porque o Senhor não rejeita para sempre.
³²*Kaf.* Mas se aflige e terá piedade,*
segundo sua grande misericórdia.
³³*Kaf.* Porque é contra sua vontade* que ele humilha e aflige os seres humanos†.
³⁴*Lamed.* Quando pisam sob os pés todos os prisioneiros de um país,
³⁵*Lamed.* quando pervertem o direito de um homem†
na presença do Altíssimo,

---

* **3**,4. Jó 30,30 | 7. Jó 3,23; 19,8 | 10. Jó 10,16 | 12. Jó 16,12s | 14. Dt 28,37; Sl 69,12s; Jr 20,7; Jó 30,9 | 15. Jr 23,15; Sl 69,22 | 17. Jr 16,5 | 18. Jó 17,15 | 22. Êx 34,6s | 24. Sl 16,6; 73,26 | 25. Is 30,18; Sl 40,2 | 27. 3,5 | 28. Jr 15,17 | 30. Is 50,6 | 32. Is 54,8s | 33. Ez 33,11

† **3**,6. A morada dos mortos, imagem de uma situação desesperada. | 9. Imagens para dizer que não há nenhuma esperança humana. | 23. A lembrança da misericórdia divina acende uma luz de esperança. | 24. Esta era a condição do levita, Dt 18,2, aqui assumida no sentido espiritual pelo judeu fiel. | 33. O castigo tem como objetivo a correção: é um apelo à conversão. | 35. Significa não reconhecer sua retidão, condenando-o, Êx 23,6.

Lamentações 3-4

1016

³⁶*Lamed*. quando fazem injustiça a um homem num processo,
o Senhor não o vê?
³⁷*Mem*. Quem diz uma coisa que depois se cumpre,*
sem que o Senhor o tenha mandado?
³⁸*Mem*. Da boca do Altíssimo
não procedem os males e os bens?*
³⁹*Mem*. Por que se lamenta um ser vivo, um homem,
pelos castigos de seus pecados?

Confissão da culpa. ⁴⁰*Nun*. Examinemos nossa conduta,
perscrutemo-la e voltemos a Javé.*
⁴¹*Nun*. Elevemos nossos corações e nossas mãos
para Deus que está nos céus.
⁴²*Nun*. Pecamos, fomos rebeldes,
e vós não nos perdoastes.
⁴³*Samec*. Vós vos envolvestes de furor e nos perseguistes;
matastes sem piedade.
⁴⁴*Samec*. Vós vos envolvestes de uma nuvem,
de modo que a súplica não atravessasse.*
⁴⁵*Samec*. Vós nos reduzistes a lixo e refugo
no meio dos povos.
⁴⁶*Pê*. Escancararam a boca contra nós
todos os nossos inimigos.
⁴⁷*Pê*. Terror e fossa são nossa sorte,
desolação e ruína".
⁴⁸*Pê*. Torrentes de lágrimas escorrem de meus olhos,
por causa da ruína da filha de meu povo.
⁴⁹*Áin*. Meu olho chora sem cessar
porque não há descanso*
⁵⁰*Áin*. até que do céu
Javé olhe e veja.
⁵¹*Áin*. Meu olho me atormenta
à vista de todas as filhas de minha cidade†.

Javé atende à súplica. ⁵²*Çade*. Caçaram-me como um pássaro
aqueles que são meus inimigos sem motivo.*

⁵³*Çade*. Encerraram-me vivo na fossa
e lançaram pedras sobre mim.
⁵⁴*Çade*. Subiram as águas até acima de minha cabeça;
eu disse: "Estou perdido".
⁵⁵*Qof*. Invoquei vosso nome,
ó Javé, da fossa profunda.
⁵⁶*Qof*. Ouvistes minha voz:
"Não fecheis o ouvido a meu clamor".*
⁵⁷*Qof*. Vós vos aproximastes quando eu vos invocava;
dissestes: "Não temas!"
⁵⁸*Resh*. Defendestes, Senhor, minha causa,
resgatastes minha vida.
⁵⁹*Resh*. Vistes, Senhor, a injustiça que sofri;
defendei meu direito!
⁶⁰*Resh*. Vistes toda a sua vingança,
todas as suas tramas contra mim.
⁶¹*Shin*. Ouvistes, Senhor, seus insultos,
todas as suas tramas contra mim,
⁶²*Shin*. os discursos de meus opositores
e seus desígnios contra mim todo dia.
⁶³*Shin*. Observai quando se sentam e quando se levantam;*
eu sou o objeto da canção deles.
⁶⁴*Taw*. Retribuí-lhes a paga, Javé,
segundo a obra de suas mãos.*
⁶⁵*Taw*. Dai-lhes a dureza de coração,
vossa maldição sobre eles!
⁶⁶*Taw*. Persegui-os com ira
e eliminai-os de debaixo do céu, ó Javé.

LAMENTAÇÃO IV: JERUSALÉM CERCADA

4 **A fome.** ¹*Alef*. Ah! Como pretejou o ouro,
alterou-se o ouro melhor!*
Dispersaram-se as pedras santas
no canto de toda rua.
²*Bet*. Os filhos de Sião, preciosos,
comparáveis ao ouro puro,

---

* **3**,37. Gn 1; Sl 33,9 | 38. Is 45,7 | 40. Is 55,7 | 44. 3,8; Dt 28,37 | 49. Is 63,15 | 52. Sl 35,19; 69,5 | 56. Sl 130,2 | 63. 3,14 | 64. Jr 51,56; Sl 62,13; Rm 2,6; Hb 11,6; 1Pd 1,17 | **4**,1. Jr 6,27-30 | 2. Jr 19,11

† **3**,51. O poeta se comove com o sofrimento do povo e intercede por ele.

1017 Lamentações 4

como são tidos por vasos de argila,*
obra das mãos de um oleiro!
³*Guimel.* Até os chacais oferecem as
mamas
e aleitam seus filhotes,
mas a filha de meu povo tornou-se cruel
como os avestruzes* no deserto†.
⁴*Dalet.* A língua do lactente se apegou ao paladar
devido à sede; os meninos pediam pão*
e não havia quem o partisse para eles.
⁵*Hê.* Os que se alimentavam de comidas finas
desfalecem pelas ruas;
os que eram criados sobre a púrpura
abraçam o estrume.
⁶*Waw.* A iniquidade da filha de meu
povo
é maior que o pecado de Sodoma,
que foi destruída num instante,*
sem que a tocasse mão alguma.
⁷*Záin.* Seus consagrados eram mais
esplendorosos que a neve,
mais brancos que o leite;
tinham o corpo mais róseo que os
corais,
era de safira seu semblante.
⁸*Het.* Agora seu aspecto tornou-se
mais tenebroso que a fuligem,
não o reconhecem mais pelas ruas;
sua pele colou-se aos ossos,
tornou-se seca como madeira.
⁹*Tet.* São mais felizes as vítimas da
espada
que as vítimas da fome,
que caíram extenuadas
por falta dos produtos do campo.
¹⁰*Yod.* Mulheres compassivas
com suas mãos cozinharam seus
próprios filhos,*
que lhes serviram de alimento
no desastre da filha de meu povo.
¹¹*Kaf.* Javé esgotou sua cólera,
derramou sua ira ardente;
acendeu em Sião um fogo,*
que devorou seus fundamentos.

Culpa e punição dos chefes. ¹²*Lamed.*
Nem os reis da terra,
nem habitante algum do mundo
acreditava que o adversário e o inimigo
entrariam pelas portas de Jerusalém.
¹³*Mem.* Foi por causa dos pecados de
seus profetas,
das iniquidades de seus sacerdotes,
que derramaram no meio dela*
o sangue dos justos.
¹⁴*Nun.* Estes vagavam como cegos
pelas ruas,*
manchados de sangue,
de modo que não se podia tocar
em suas vestes.
¹⁵*Samec.* "Afastai-vos! Um impuro!",
gritava-se para eles†.
"Afastai-vos! Afastai-vos! Não toqueis!"*
Fugiam e andavam errantes entre as
nações,
sem ter morada fixa.
¹⁶*Pê.* A face de Javé os dispersou,
ele não olhará mais para eles.
Não tiveram respeito para com os
sacerdotes,
nem consideração para com os anciãos.
¹⁷*Áin.* Ainda se consumiam nossos
olhos,
na espera de um socorro ilusório†.
De nossas torres espiávamos*
uma nação que não podia salvar-nos.
¹⁸*Çade.* Observavam nossos passos,
impedindo-nos de andar por nossas
praças.
"Próximo está nosso fim; cumpriram-
-se nossos dias!
Certamente, chegou nosso fim".
¹⁹*Qof.* Nossos perseguidores eram
mais velozes
que as águias do céu;
sobre os montes nos perseguiram,
no deserto nos armaram ciladas.
²⁰*Resh.* Nosso respiro, o ungido de
Javé†,
foi preso em suas fossas;*
ele, do qual dizíamos:

---

* **4**,3. Jó 39,13-17 | 4. 2,11s | 6. Gn 19,24s | 10. 2,20 | 11. 2,3 | 13. Jr 6,13; Ez 7,23 | 14. Nm 35,32s | 15. Lv 13,45 | 17. Ez 29,6; Jr 37,6 | 20. 2Rs 25,5s

† **4**,3. Achavam que o avestruz não cuidava de seus filhotes. | 15. Os guias espirituais do povo, responsáveis pelas calamidades, eram desprezados a ponto de serem tratados como leprosos. | 17. Chamaram em socorro os egípcios, que vieram, mas foram derrotados antes de chegar. | 20. O rei Sedecias, que reinou de 597 a 586 a.C.

Lamentações 4-5

"A sua sombra viveremos entre as nações".

²¹*Shin*. Exulta, alegra-te, filha de Edom,
que habitas na terra de Hus!
Também a ti chegará o cálice,
tu te embriagarás e exporás tua nudez.*

²²*Taw*. A punição de tua falta está completa, filha de Sião!
Ele não te deportará mais;*
vai castigar tua iniquidade, filha de Edom,
revelará teus pecados†.

LAMENTAÇÃO V:
ORAÇÃO DE JEREMIAS

5 **Apesar de tudo, confiança.** ¹Recordai-vos, Javé, do que nos aconteceu;
considerai e olhai como nos insultam.

²Nossa herança passou para estrangeiros,
nossas casas para estranhos.

³Órfãos nos tornamos, sem pai;
nossas mães são como viúvas.

⁴Devemos pagar pela água que bebemos,
nossa lenha temos de comprar.

⁵Com jugo ao pescoço fomos perseguidos;
estamos exaustos e não há para nós repouso.

⁶Ao Egito estendemos a mão,*
à Assíria para saciar-nos de pão.

⁷Nossos pais pecaram e não existem mais;
mas nós levamos o castigo de suas iniquidades.

⁸Escravos dominam sobre nós;*
não há quem nos liberte de suas mãos.

⁹Com perigo de vida conseguimos nosso pão,
enfrentando a espada no deserto.

¹⁰Nossa pele queima como forno por causa dos ardores da fome.

¹¹Desonraram mulheres em Sião e virgens, nas cidades de Judá.

¹²Os chefes foram enforcados por suas mãos;
as pessoas dos anciãos não foram respeitadas.

¹³Os jovens foram obrigados a moer;
os rapazes caíram sob o peso da lenha.

¹⁴Os anciãos já não se reúnem na porta†,
os jovens abandonaram a música.

¹⁵Cessou a alegria em nosso coração,
mudou-se em luto nossa dança.

¹⁶Caiu a coroa de nossa cabeça;
ai de nós, porque pecamos!

¹⁷Por isso está doente nosso coração,
por tais coisas se anuviaram nossos olhos:

¹⁸porque o monte Sião está desolado;*
por ele andam as raposas.

¹⁹Mas vós, Javé, permaneceis para sempre,*
vosso trono dura de geração em geração.

²⁰Por que vos esqueceríeis de nós para sempre?
Por que nos abandonaríeis por tanto tempo?

²¹Fazei-nos voltar a vós, Javé,* e nós voltaremos†;
renovai nossos dias como no passado,

²²porque não nos rejeitastes totalmente†,
nem vos indignastes contra nós sem limites.

---

* **4**,21. Jr 25,16; Is 51,17; Hab 2,15s | 22. Is 40,2 | **5**,6. Jr 2,18 | 8. Ez 18,2 | 18. Is 34,13-15 | 19. Sl 102,13; 145,13; 146,10 | 21. Jr 31,18

† **4**,22. Também será destruída Edom, que se alegrou com a queda de Jerusalém e dela se aproveitou. | **5**,14. Na praça junto à porta da cidade, palco de toda a vida social: negócios, processos, bate-papos, etc. | 21. Ou seja: ajuda-nos a arrepender-nos. O retorno é a conversão para Deus. A conversão é antes de tudo uma obra da graça de Deus que reconduz nossos corações a Ele (CIC). | 22. Deus não volta atrás em suas promessas.

BARUC

Este nome hebraico significa "abençoado"; é o nome de um contemporâneo de Jeremias, que foi seu secretário, e foi chamado por ele em 605 a.C. para copiar todas as coisas que o Senhor lhe havia dito. Depois da destruição de Jerusalém, os judeus o levaram com Jeremias para o Egito (Jr 43,2-7). Parece que morreu entre os exilados de Babilônia, entre os quais se achava no quinto aniversário da queda de Jerusalém (Br 1,1s).

É um livro deuterocanônico, por isso falta no cânon hebraico. Escrito com toda a probabilidade em hebraico, este livro é da época grega, situado mais ou menos no ano 100 aC, por isso, efetivamente não é obra de Baruc. Tem cinco capítulos, aos quais na versão latina se acrescentou a carta de Jeremias. Compõe-se de uma introdução histórica e de três partes de natureza bem diversa. A introdução (1,1-14) descreve a gênese do livro, que Baruc leu em Babilônia a um grupo de exilados, os quais choraram, jejuaram, rezaram ao Senhor e, tendo recolhido um pouco de dinheiro, mandaram-no a Jerusalém com os vasos sagrados que tinham sido levados do templo e com uma carta contendo um convite a rezar pelos exilados e pelo rei de Babilônia. A primeira parte (1,15–3,8) é uma liturgia comunitária de penitência, que testemunha um vivo sentimento do pecado. A segunda (3,9–4,4) é de caráter sapiencial, ensinando ao povo o segredo da felicidade, que está em reencontrar a sabedoria que Deus tinha dado com a Lei. A terceira (4,5–5,9) é um convite à coragem e à esperança. A carta de Jeremias adverte os exilados em Babilônia a respeito da idolatria que se pratica na cidade e, utilizando uma linguagem popular, mostra que os ídolos não são deuses. A carta traz o nome de Jeremias, mas não é ele seu autor.

I. INTRODUÇÃO HISTÓRICA
(1,1-14)

1 **Baruc e os judeus de Babilônia.** ¹Estas são as palavras do livro que Baruc,* filho de Nerias, filho de Maasias, filho de Sedecias, filho de Asadias, filho de Helcias, escreveu em Babilônia ²no ano quinto†, no dia sete do mês, na época em que os caldeus tomaram Jerusalém e a incendiaram.

³Baruc leu as palavras deste livro na presença de Jeconias†, filho de Joaquim,* rei de Judá, e de todo o povo, que tinha vindo para escutar a leitura: ⁴estavam presentes os nobres, os filhos do rei, os anciãos, todo o povo do menor ao maior, todos enfim que moravam em Babilônia junto ao rio Sud. ⁵Eles choravam, jejuavam e rezavam diante do Senhor, ⁶depois recolheram dinheiro, contribuindo cada qual conforme podia, ⁷e mandaram-no a Jerusalém ao sacerdote Joaquim, filho de Helcias, filho de Salom, aos outros sacerdotes e a todo o povo que estava com ele em Jerusalém. ⁸Era o dia dez do mês de sivã†, quando Baruc recebeu, para levá-los a Judá, os vasos da casa do Senhor, que tinham sido levados do templo. Eram aqueles vasos de prata que Sedecias, filho de Josias, rei de Judá, tinha mandado refazer, ⁹depois que Nabucodonosor, rei de Babilônia, tinha deportado de Jerusalém e conduzido para Babilônia Jeconias, os príncipes, os prisioneiros, os nobres e o povo do país.

¹⁰Mandaram dizer-lhes: "Eis que vos mandamos dinheiro; com esta soma comprai holocaustos, sacrifícios expiatórios e incenso; fazei uma oblação e oferecei-a sobre o altar do Senhor, nosso Deus. ¹¹Rezai pela vida de Nabucodonosor, rei de Babilônia, e pela vida de seu filho Baltazar, para que

---

* **1**,1. Jr 32,12; 36,4 | 3. 2Rs 24,8-17; Jr 22,24-30

† **1**,2. Essa data corresponde ao ano 582 a.C. Baruc era secretário de Jeremias, Jr 32,12. | 3. Jeconias ou Joaquin, reinou em Judá apenas 3 meses, 2Rs 24,8, e foi levado cativo para Babilônia na primeira deportação em 597 a.C. | 8. Sivã é maio/junho.

Baruc 1-2

seus dias sobre a terra sejam longos como os dias do céu [12]e para que o Senhor nos dê força e ilumine nossos olhos e possamos viver à sombra de Nabucodonosor, rei de Babilônia e à sombra de seu filho Baltazar e servir--lhes por muitos anos e encontrar graça diante deles. [13]Rezai ao Senhor, nosso Deus, também por nós, pois pecamos contra o Senhor, nosso Deus, e até hoje o furor do Senhor e sua ira não se afastaram de nós. [14]Lede, portanto, este livro que vos mandamos e fazei vossa confissão na casa do Senhor, em dia de festa e nos dias oportunos†.

II. LITURGIA PENITENCIAL
(1,15–3,8)

Confissão dos pecados. [15]Direis assim: Ao Senhor, nosso Deus, a justiça;* a nós a desonra no rosto, como hoje acontece com os judeus e os habitantes de Jerusalém, [16]para nossos reis e nossos príncipes, para nossos sacerdotes e nossos profetas e para nossos pais, [17]porque pecamos diante do Senhor, [18]nós lhe desobedecemos e não escutamos a voz do Senhor,* nosso Deus, para caminhar segundo os decretos que o Senhor havia posto diante de nós. [19]Desde o dia em que o Senhor fez sair nossos pais do Egito até hoje, temos sido rebeldes* contra o Senhor, nosso Deus, e negligentes no escutar sua voz. [20]Assim, como hoje constatamos, abateram--se sobre nós tantos males junto com a maldição proferida por ordem do Senhor por seu servo Moisés, no dia em que fez sair nossos pais do Egito para nos conceder um país onde corre leite e mel.* [21]Não escutamos a voz do Senhor, nosso Deus, conforme todas as palavras dos profetas que ele nos mandou; [22]mas cada um de nós

seguiu as inclinações* de seu coração perverso, serviu a deuses estrangeiros e fez o que desagrada ao Senhor, nosso Deus.

2 Reconhecimento da justiça divina. [1]Por isso o Senhor cumpriu* suas palavras pronunciadas contra nós, contra nossos juízes que governaram Israel, contra nossos reis e contra nossos príncipes e contra os habitantes de Israel e de Judá. [2]Jamais havia acontecido sob a imensidão do céu algo semelhante ao que ele realizou em Jerusalém, como está escrito na Lei de Moisés:* [3]que chegássemos a comer, um a carne do próprio filho e outro a carne da própria filha. [4]E o Senhor os entregou ao poder de todos os reinos vizinhos e os tornou objeto de zombaria e de ultraje* para todos os povos ao redor entre os quais os dispersou. [5]Tornaram-se escravos em vez de patrões, porque ofendemos o Senhor, nosso Deus, não escutando sua voz. [6]Ao Senhor, nosso Deus, a justiça,* a nós e a nossos pais a desonra no rosto, como acontece hoje. [7]Todos esses males que o Senhor nos tinha anunciado abateram-se sobre nós. [8]Mas não suplicamos ao Senhor que afastasse cada um dos pensamentos de seu perverso coração. [9]Assim o Senhor, que está pronto para o castigo,* mandou-o sobre nós, porque ele é justo em todas as obras que nos ordenou, [10]mas não escutamos sua voz, caminhando segundo os decretos que havia posto diante de nós.*
Súplica. [11]Agora, Senhor, Deus de Israel, que fizestes sair* vosso povo do país do Egito com mão forte, com sinais e prodígios, com grande poder e braço estendido,* ganhando a fama que dura até hoje, [12]nós pecamos, agimos como ímpios, transgredimos, Senhor, nosso Deus,* todos os vossos

---

* **1**,15. 2,6; Dn 9,7s; Jr 7,19 | 18. Tb 3,3s; Dn 9,5s; 2,10 | 19. Jr 7,25s | 20. Lv 26,14-39; Dt 28,15-68; Dn 9,11 / Êx 3,8 | 22. Jr 7,24 | **2**,1. Dn 9,12s | 2. Dt 28,53-57; Jr 19,9; Lm 2,20; 4,10 | 4. Jr 29,18; Dt 28,37; Dt 28,13-43 | 6. 1,15; Dn 9,7s | 9. Dn 9,14 | 10. 1,18 | 11. Dn 9,15s / Dt 6,21s | 12. Sl 106,6

† **1**,14. Sempre existiu em Israel a confissão pública dos pecados, mas tornou-se mais frequente depois do exílio, quando o senso do pecado tornou-se mais vivo.

mandamentos. ¹³Que se afaste de nós vossa ira, porque não somos mais que um pequeno resto* no meio das nações entre as quais nos dispersastes. ¹⁴Ouvi, Senhor,* nossa oração, nossa súplica, livrai-nos por vosso amor* e fazei-nos encontrar graça diante daqueles que nos deportaram, ¹⁵para que toda a terra saiba que vós sois o Senhor, nosso Deus, porque vosso nome* foi invocado sobre Israel† e sobre toda a sua estirpe. ¹⁶Olhai, Senhor, de vossa santa morada* e pensai em nós; inclinai vosso ouvido, Senhor, e escutai; ¹⁷abri, Senhor, os olhos e observai: não são os mortos que estão nos abismos, cujo espírito foi retirado de suas vísceras,* que darão glória e justiça ao Senhor, ¹⁸mas quem está profundamente aflito, quem caminha curvado e sem força, quem tem os olhos lânguidos, quem tem fome,* estes são os que vos darão glória e justiça, Senhor†.

¹⁹Não é pelos méritos de nossos pais e de nossos reis* que vos apresentamos nossa súplica diante de vossa face, Senhor, nosso Deus, ²⁰mas porque mandastes sobre nós vossa cólera e vosso furor, como tínheis declarado por meio de vossos servos, os profetas, dizendo: ²¹"Assim fala o Senhor†: Curvai os ombros,* servi ao rei de Babilônia e habitareis no país que eu dei a vossos pais. ²²Mas se não prestardes ouvido à voz do Senhor que manda servir* ao rei de Babilônia, ²³farei cessar, nas cidades de Judá e nas ruas de Jerusalém, o grito de alegria e o grito de júbilo, o canto do esposo e o canto da esposa, e todo o país se tornará um deserto sem habitantes". ²⁴Mas não prestamos ouvido a vossa ordem de servir ao rei de Babilônia, por isso cumpristes a ameaça que pronunciastes por meio de vossos servos, os pro-

fetas: que os ossos de nossos reis* e de nossos pais seriam removidos de seu túmulo. ²⁵E ei-los abandonados ao calor do dia* e ao gelo da noite. Eles morreram entre cruéis sofrimentos, de fome, pela espada* e de peste; ²⁶e o templo que traz vosso nome, vós o reduzistes ao estado em que hoje se acha, por causa da maldade da casa de Israel e da casa de Judá.

²⁷Contudo agistes para conosco, Senhor, nosso Deus, segundo toda a vossa bondade† e toda a vossa imensa ternura, ²⁸como tínheis falado por meio de vosso servo Moisés, quando lhe ordenastes escrever vossa lei diante dos israelitas, dizendo: ²⁹"Se não escutardes minha voz, esta imensa e inumerável multidão será reduzida a um pequeno resto* no meio das nações entre as quais eu a dispersarei; ³⁰porque eu sei que não me escutarão, sendo um povo de dura cerviz.* Mas na terra de seu exílio* entrarão em si ³¹e reconhecerão que eu sou o Senhor, seu Deus. Dar-lhes-ei um coração* e ouvidos que escutam; ³²no país de seu exílio me louvarão e se recordarão de meu nome ³³e, repensando no destino de seus pais que pecaram contra o Senhor, renunciarão a sua dureza* e a suas más ações. ³⁴Então os reconduzirei à terra que prometi com juramento a seus pais, Abraão, Isaac e Jacó; eles terão de novo o domínio dela e eu os multiplicarei, e não diminuirão mais; ³⁵farei com eles uma aliança perene:* eu serei seu Deus e eles serão meu povo. Não expulsarei nunca mais meu povo Israel do país que lhe dei".

3 Oração para obter o perdão. ¹Senhor onipotente, Deus de Israel,* é uma alma angustiada, um espírito atormentado que grita para vós. ²Escutai, Senhor, e tende piedade, porque

---

* **2**,13. Am 3,12; Is 4,3 | 14. Dn 9,19 / Sl 25,11 | 15. Jr 14,9 | 16. Dt.26,15 | 17. Is 38,18 | 18. Dt 28,65ss | 19. Ez 36,22; Dn 9,18 | 21. Jr 27,12 | 22. Jr 7,34 | 24. Jr 8,1ss | 25. Jr 36,30 / Jr 14,12 | 29. Lv 26,39 | 30. Dn 9,13 / Lv 26,44s | 31. Ez 36,26; Jr 4,4 | 33. Dt 30,1.9s | 35. Jr 31,31 | **3**,1. 2,18 | 2. Sl 29,10; 44,23; Lm 5,9

† **2**,15. Significa que Deus é o protetor de Israel. | 18. Se o Senhor não salvar Israel, não haverá quem lhe dê glória. | 21. Os vv. 21-23 resumem a mensagem de Jeremias. | 27. A punição não é por vingança, mas para provocar a conversão do povo, motivo de sua restauração.

Baruc 3

pecamos* contra vós. ³Porque vós reinais eternamente, mas nós perecemos para sempre. ⁴Senhor onipotente, Deus de Israel, escutai portanto a súplica dos mortos de Israel†, dos filhos daqueles que pecaram contra vós: eles não escutaram a voz do Senhor seu Deus, por isso a nós se apegaram os males. ⁵Não recordeis a iniquidade de nossos pais, mas recordai-vos agora de vosso poder e de vosso nome, ⁶porque vós sois o Senhor, nosso Deus, e nós vos louvaremos, Senhor. ⁷Por isso pusestes em nossos corações* vosso temor: para que invoquemos vosso nome. Nós vos louvaremos no exílio, porque afastamos do coração toda a iniquidade de nossos pais que pecaram contra vós. ⁸Hoje estamos exilados* e dispersos, somos objeto de opróbrio, de maldição e de condenação por todas as iniquidades de nossos pais que se afastaram do Senhor, nosso Deus.

III. MEDITAÇÃO SOBRE A SABEDORIA
(3,9–4,4)

A sabedoria, caminho de salvação†. ⁹Escuta, Israel, os mandamentos de vida,*
inclina o ouvido para aprender a prudência.
¹⁰Por que, Israel, por que te encontras em terra inimiga
e envelheces em terra estrangeira?
¹¹Por que te contaminas com os mortos†
e és contado entre os que descem ao abismo?
¹²É que abandonaste a fonte da sabedoria!*
¹³Se tivesses seguido os caminhos de Deus,
terias vivido sempre em paz.*
¹⁴Aprende onde está a prudência,

onde está a força, onde está a inteligência,
para compreenderes também
onde estão a longevidade e a vida,
onde estão a luz dos olhos e a paz.
¹⁵Mas quem descobriu sua morada,*
quem penetrou em seus tesouros?
¹⁶Onde estão os chefes das nações
e os que dominam as feras que há na terra?*
¹⁷Onde estão os que se divertem com os pássaros do céu,
os que acumulam prata e ouro,
nos quais confiam os homens,
não pondo limite a suas posses?
¹⁸Onde estão os que trabalham a prata com grande cuidado,
mas sem revelar o segredo de suas obras?
¹⁹Desapareceram, desceram ao abismo
e surgiram outros em seu lugar.
²⁰Novas gerações viram a luz e habitaram a terra,
mas não conheceram o caminho da sabedoria,
²¹não aprenderam suas veredas;
nem mesmo seus filhos a alcançaram:
ficaram longe de seu caminho.
²²Não se ouviu falar dela em Canaã,*
não foi vista em Temã.
²³Mesmo os filhos de Agar
que buscam sabedoria terrena,
os mercadores de Madiã e de Temã,*
os narradores de fábulas,
os pesquisadores da inteligência,
não conheceram o caminho da sabedoria,
não se recordaram de suas veredas.
²⁴Israel, como é grande a morada de Deus,
como é vasto o lugar de seu domínio!
²⁵É grande e não tem fim,
sublime e não tem medida!
²⁶Lá nasceram os gigantes,*

---

* **3,**7. Jr 31,33 | 8. 2,4 | 9. Pr 4,20ss | 12. Jr 2,13; Eclo 1,5 | 13. Is 48,18 | 15. Jó 28,12.20 | 16. Jr 27,6 | 22. Ez 28,4s; Zc 9,2 | 23. Jó 2,11 | 26. Gn 6,4; Dt 2,10

† **3,**4. Os exilados são considerados como mortos, Ez 37,12. | 9. Como Jó 28, esse trecho fala da sabedoria misteriosa e oculta que só Deus conhece. Ela é o bem mais precioso, porque é a origem da prosperidade para quem a possui. | 11. Os mortos são os pagãos, que não conhecem e não observam a Lei, fonte da vida.

Baruc 3-4

famosos desde a origem,
altos de estatura, adestrados na guerra;
²⁷mas Deus não escolheu a estes*
e não lhes deu o caminho do conhecimento:
²⁸pereceram por falta de prudência,
pereceram por sua irreflexão.
²⁹Quem subiu ao céu para tomá-la*
e fazê-la descer das nuvens?
³⁰Quem atravessou o mar para descobri-la
e trazê-la a preço de ouro puro?
³¹Não há quem conheça seu caminho,*
nem quem compreenda suas veredas.
³²Mas aquele que tudo sabe a conhece*
e a descobriu com sua inteligência.
É ele que estabeleceu a terra para sempre
e a encheu de animais quadrúpedes;
³³ele envia a luz, e ela vai,
ele a chama de volta, e ela obedece com tremor.
³⁴As estrelas brilham em seus postos de guarda
e se alegram;
³⁵ele as chama, e elas respondem: "Aqui estamos!"*
e brilham com alegria para seu Criador.
³⁶Ele é nosso Deus
e nenhum outro lhe é comparável.
³⁷Ele descobriu todo o caminho da inteligência
e deu-o a Jacó, seu servo,*
a Israel seu predileto.
³⁸Depois disso apareceu sobre a terra*
e viveu entre os homens†.

4 **Sabedoria e lei de Deus.** ¹Este é o livro dos decretos de Deus†,
é a lei que existe para sempre;

os que se apegam a ela terão a vida,*
os que a abandonam morrerão.
²Volta, Jacó, e acolhe-a,
caminha para o esplendor sua luz.*
³Não dês a outros tua glória,
nem teus privilégios a uma nação estrangeira.
⁴Felizes de nós, ó Israel,*
porque o que agrada a Deus nos foi revelado.

IV. EXORTAÇÃO E CONSELHOS DE JEREMIAS
(4,5–5,9)

Exortação. ⁵Coragem, povo meu,
memorial de Israel!
⁶Fostes vendidos às nações†
não para serdes aniquilados,*
mas porque provocastes o furor de Deus
é que fostes entregues aos inimigos.
⁷Irritastes vosso Criador,
sacrificando aos demônios e não a Deus.*
⁸Esquecestes aquele que vos educou,
o Deus eterno,*
afligistes aquela que vos nutriu, Jerusalém.
⁹Ela viu abater-se sobre vós a ira divina
e exclamou: "Escutai, cidades vizinhas de Sião†,
Deus mandou-me grande dor.
¹⁰Pois eu vi a escravidão
que o Eterno infligiu a meus filhos e a minhas filhas.
¹¹Eu os tinha nutrido com alegria
e tive de deixá-los partir com lágrimas e gemidos.
¹²Ninguém se alegre ao ver-me viúva e desolada†;
estou abandonada por causa dos pecados de meus filhos,*
que se desviaram da lei de Deus,

---

* **3**,27. 1Sm 16,7 | 29. Eclo 24,7; Sb 9,4 | 31. Jó 28,13s | 32. Jó 28,23 | 35. Is 40,26; Jó 38,35; Sl 147,4 | 37. Sl 147,19; Eclo 24,12s.15 | 38. Pr 8,31; Sb 9,10; Jo 1,14 | **4**,1. Pr 1,32s; 8,35s | 2. Pr 6,23 | 4. Dt 4,8.32-37; Sb 9,18 | 6. Is 50,1; 52,3 | 7. Dt 32,17 | 8. Dt 32,5.10.15; Is 1,2 | 12. Lm 1,1s

† **3**,38. Conforme muitos Santos Padres, este é um anúncio da Encarnação do Verbo, Sabedoria e Palavra divinas. | **4**,1. Deus é a fonte da sabedoria e revelou-a a Israel na lei. | 6. Israel é como um escravo, comprado do Egito no tempo do êxodo, e vendido por Deus a Babilônia. | 9. Jerusalém explica sua ruína falando às nações que quase sempre foram suas inimigas. | 12. Jerusalém é como mulher sem marido e sem filhos, Lm 1,1s, desamparada e sem meios de se manter.

Baruc 4

¹³não quiseram saber dos decretos de Deus,

não seguiram o caminho de seus preceitos,

nem andaram pelas veredas da disciplina,

segundo sua justiça.

¹⁴Vinde, ó cidades vizinhas de Sião, considerai a escravidão

que o Eterno infligiu a meus filhos e a minhas filhas.

¹⁵Mandou contra eles um povo distante,*

uma nação cruel e de língua estrangeira,

que não teve respeito pelos velhos, nem piedade das crianças,*

¹⁶que arrancou seus caros filhos à viúva

e deixou-a só e sem filhas".

Esperança. ¹⁷"E eu, como posso ajudar-vos?

¹⁸Aquele que vos afligiu com tantos males,

é ele que vos libertará do poder de vossos inimigos.

¹⁹Ide, meus filhos, ide!

Eu fico sozinha.

²⁰Eu tirei a veste da paz,

vesti o luto de minha súplica;

gritarei ao Eterno durante toda a vida.

²¹Coragem, meus filhos, gritai a Deus

e ele vos libertará da opressão,

do poder de vossos inimigos.

²²Pois eu espero do Eterno vossa salvação.

Do Santo me vem alegria,

pela misericórdia que em breve vos chegará

do Eterno, vosso Salvador.

²³Eu vos vi partir entre gemidos e prantos,*

mas Deus vos reconduzirá a mim

com alegria e júbilo, para sempre.

²⁴Como agora as cidades vizinhas de Sião

viram vossa escravidão,

assim verão em breve a salvação

que vos virá de vosso Deus

com grande glória e esplendor do Eterno.*

²⁵Filhos, suportai com paciência

a cólera que de Deus veio sobre vós.

O inimigo vos perseguiu,

mas vereis em breve sua ruína

e calcareis ao pé seu pescoço†.

²⁶Meus filhos delicados*

tiveram de percorrer caminhos pedregosos,

raptados como rebanho dizimado pelo inimigo.

²⁷Coragem, filhos, gritai a Deus,*

porque se recordará de vós Aquele que vos provou.

²⁸Como pensastes em afastar-vos de Deus,

assim, uma vez convertidos,

buscai-o com zelo dez vezes maior†;

²⁹porque aquele que vos afligiu com tantas calamidades

vos dará também, com a salvação, uma alegria perene".

Retorno. ³⁰Coragem, Jerusalém!†

Aquele que te deu um nome te consolará.

³¹Malditos os que te maltrataram

e se alegraram com tua queda;

³²malditas as cidades

das quais foram escravos teus filhos,

maldita aquela que recebeu teus filhos.

³³Pois como se alegrou por tua queda

e rejubilou por tua ruína,

assim chorará sua própria desolação.

³⁴Eu a privarei da alegria de sua grande população;

sua arrogância será mudada em luto.

³⁵O Eterno lhe mandará um fogo*

que arderá por muitos dias,

e os demônios nela habitarão* por muito tempo†.

³⁶Olha para o oriente, Jerusalém,*

e contempla a alegria que te vem de Deus.

---

* **4,15.** Jr 5,15; 6,22s / Dt 28,49s | 23. Jr 31,12s | 24. Is 60,1ss | 26. Is 51,23; Lm 2,22; 4,5 | 27. Is 40,1 | 35. Is 34,9s.14 / Lv 16,8; 17,7 | 36. Is 60,4s

† **4,25.** Ver a nota em Sl 66,12. | **4,28.** Depois do exílio, Israel não recairá na idolatria: o castigo surtirá efeito. | 30. O profeta responde a Jerusalém consolando-a com o anúncio da restauração. | 35. Pensavam que as ruínas eram morada de feras e de demônios.

1025 Baruc 4-6

37Estão voltando os filhos que viste partir,

voltam juntos, reunidos do oriente ao ocidente

pela palavra do Santo,

exultantes pela glória de Deus.

5 Alegria reencontrada. 1Depõe, ó Jerusalém,

tua veste de luto e de sofrimento;*

reveste-te para sempre

do esplendor da glória que vem de Deus.

2Envolve-te com o manto da justiça que vem de Deus,*

põe sobre a cabeça o diadema de glória do Eterno,

3porque Deus mostrará teu esplendor a toda criatura debaixo do céu.

4Deus te dará para sempre este nome†:

Paz da justiça e Glória da piedade.

5De pé, Jerusalém, coloca-te no alto e olha para o oriente:

vê teus filhos reunidos do ocidente ao oriente

pela palavra do Santo,

exultantes porque Deus se lembrou deles.

6Partiram de ti a pé,

levados pelos inimigos;

mas Deus os reconduz a ti em triunfo*

como sobre um trono real†.

7Porque Deus ordenou*

que sejam abaixadas toda alta montanha

e as colinas antigas,

e sejam aterrados os vales para aplanar a terra,

para que Israel caminhe com segurança

sob a glória de Deus.

8Também as florestas e toda árvore aromática*

farão sombra para Israel por ordem de Deus.

9Porque Deus guiará Israel com alegria

à luz de sua glória,

com a misericórdia e a justiça que vêm dele.

V. APÊNDICE: CARTA DE JEREMIAS (6)†

6 Aos exilados de Israel. Cópia da carta que Jeremias enviou aos que iam ser levados prisioneiros para Babilônia pelo rei dos babilônios, para lhes comunicar o que lhe tinha sido ordenado por Deus.

1Pelos pecados que cometestes* diante de Deus sereis levados para Babilônia como prisioneiros por Nabucodonosor, rei dos babilônios. 2Quando, pois, chegardes a Babilônia, aí ficareis muitos anos e por longo tempo até sete gerações; depois vos reconduzirei de lá em paz. 3Ora, vereis em Babilônia ídolos de prata, de ouro e de madeira,* que se levam sobre os ombros e que inspiram temor aos pagãos. 4Estai atentos, pois, para não imitardes os estrangeiros; o temor de seus deuses não se apodere de vós. 5À vista da multidão que se prostra diante e atrás deles para adorá-los, pensai: "É a ti que se deve adorar,* Senhor". 6Porque meu anjo está convosco, ele cuidará de vós.

7Os deuses têm uma língua modelada por artesão, são dourados e prateados,* mas são uma falsidade e não podem falar. 8Como para uma moça vaidosa, tomam ouro e fabricam coroas para a cabeça de seus deuses. 9Às vezes até os sacerdotes tiram de seus deuses ouro e prata para suas despesas pessoais; e os dão também às prostitutas nos prostíbulos. 10Adornam também com vestes, como se faz com seres humanos, esses deuses de prata, de ouro e de madeira; mas eles não conseguem

---

* **5,**1. Is 52,1 | 2. Is 61,10 | 6. Is 49,22; 60,4 | 7. Is 40,3s | 8. Is 41,19 | **6,**1. Jr 29,1 | 3. Is 40,20; Jr 10,1-16 | 5. Êx 23,20 | 7. Sl 115,4s

† **5,**4. Dar um nome novo é chamar a uma vocação, a uma nova condição. | 6. O retorno é descrito como um novo êxodo, e com imagens do Segundo Isaías. Na realidade, a volta dos exilados foi muito menos gloriosa e triunfante: encontraram a terra totalmente devastada. | **V.** Atribuída a Jeremias, esta carta é de um autor anônimo. Ele mostra que conhece Babilônia, mas Jeremias nunca esteve lá. A carta é uma sátira contra os ídolos, destinada aos judeus que vão para Babilônia.

Baruc 6

escapar da ferrugem e das traças. [11]Embora vestidos com veste de púrpura, é preciso limpar o rosto deles por causa da poeira do templo que se acumula sobre eles. [12]Como o governador de uma região, o deus tem um cetro, mas não pode matar quem o ofende. [13]Tem o punhal e o machado na mão direita, mas não se livra da guerra e dos ladrões. [14]Por isso é evidente que não são deuses; não os temais, portanto!

[15]Como um vaso uma vez quebrado se torna inútil, assim são seus deuses, entronizados nos templos. [16]Seus olhos estão cheios da poeira levantada pelos pés daqueles que entram. [17]Como se conserva bem trancado o lugar onde está detido alguém que ofendeu o rei, porque deve ser conduzido à morte, assim os sacerdotes reforçam os templos com portões, fechaduras e ferrolhos, para que não sejam saqueados pelos ladrões. [18]Acendem para eles luzes, até mais numerosas que para si mesmos, mas os deuses não veem nenhuma. [19]São como uma das traves do templo: seu interior, como se diz, está carcomido e também eles, sem perceber, são devorados pelos insetos que saem da terra, junto com suas vestes. [20]O rosto deles fica preto devido à fumaça do templo. [21]Sobre o corpo e a cabeça deles esvoaçam morcegos, andorinhas e outros pássaros; também gatos lá se encontram. [22]Por aí podeis conhecer que não são deuses; não os temais, portanto!

[23]O ouro que os recobre e enfeita não resplandece se não é feita uma limpeza; mesmo quando eram fundidos, eles nada percebiam. [24]Compram-se por qualquer preço esses objetos que não têm sopro vital. [25]Não tendo pés,* são carregados aos ombros, mostrando aos homens sua condição vergonhosa; envergonham-se também seus servidores porque, se caem por terra, não se levantam por si mesmos. [26]Se alguém os puser de pé, não podem mover-se por si mesmos; se estão deitados, não podem reerguer-se; mas é como diante de mortos que se lhes apresentam ofertas. [27]Seus sacerdotes vendem as vítimas oferecidas às divindades e disso tiram proveito; também as mulheres deles salgam parte delas, sem nada distribuir aos pobres e aos necessitados; a mulher em seu estado de impureza* e a que deu à luz ousam tocar nos animais sacrificados. [28]Conhecendo, portanto, por tudo isso que eles não são deuses, não os temais!

[29]Como pois se poderiam chamar deuses? São mulheres que apresentam ofertas a esses ídolos de prata, de ouro e de madeira†. [30]Em seus templos, os sacerdotes se sentam com as vestes rasgadas, os cabelos e a barba raspados, com a cabeça descoberta. [31]Rugem, lançando gritos a seus deuses, como fazem alguns durante um banquete fúnebre†. [32]Os sacerdotes tiram as vestes de seus deuses e vestem com elas suas mulheres e filhos. [33]Os ídolos não podem retribuir o mal nem o bem que recebem de alguém; não podem nomear nem destronar um rei; [34]igualmente não podem dar riqueza nem dinheiro. Se alguém faz uma promessa e não a mantém, não lhe pedem conta. [35]Não podem libertar um homem da morte nem livrar o fraco de um forte; [36]nem restituir a vista a um cego* nem libertar um homem das angústias; [37]nem ter piedade da viúva nem fazer bem ao órfão. [38]São semelhantes às pedras tiradas da montanha aqueles ídolos de madeira, dourados e prateados. Seus servidores serão confundidos. [39]Como é possível, pois, pensar ou declarar que eles são deuses?

[40]Tanto mais que os próprios caldeus os desonram; com efeito, quando encontram um mudo incapaz de falar, apresentam-no a Bel suplicando-lhe que o faça falar, como se este pudesse compreender†. [41]Eles são incapazes de

---

* **6,**25. Is 46,7; Sb 13,16 **|** 27. Lv 12,4; 15,19s; 20,18 **|** 36. Sl 68,6; 146,7s

† **6,**29. As mulheres hebreias não podiam exercer funções sacerdotais. **|** 31. Na casa onde morria alguém, não se cozinhava: as visitas traziam a comida. **|** 40. Sabem que os ídolos não podem falar, mas enganam a boa-fé do povo.

refletir e de abandonar os ídolos, porque não têm juízo. [42]As mulheres, cingidas de cordas, sentam-se nas ruas e queimam farelo. [43]Quando alguma delas, convidada por algum transeunte, entregou-se a ele, zomba de sua vizinha porque não foi estimada como ela e porque sua corda não foi desatada. [44]Tudo o que acontece em torno dos ídolos é mentira; portanto, como se pode crer ou declarar que eles são deuses?

[45]Os ídolos são fabricados por escultores e ourives; não se tornam nada mais que aquilo que os artesãos querem que eles sejam. [46]Seus fabricantes não têm vida longa; como poderiam ser deuses os objetos por eles fabricados? [47]Eles deixam a seus descendentes só mentira e ignomínia. [48]De fato, quando a guerra e as calamidades se abatem sobre esses ídolos, os sacerdotes deliberam entre si sobre como poderão esconder-se junto com eles. [49]Como, então, não entender que não são deuses aqueles que não podem salvar-se a si mesmos nem da guerra, nem das calamidades? [50]Depois disso se reconhecerá que os ídolos de madeira, dourados e prateados, são mentira; para todas as nações e para os reis será evidente que eles não são deuses, mas obra das mãos de homem e que neles não há nenhuma obra divina. [51]Para quem, pois, não é evidente que eles não são deuses?

[52]Com efeito, eles não podem estabelecer um rei sobre o país, nem conceder a chuva aos homens; [53]nem julgar suas próprias causas, nem libertar o oprimido, porque não têm poder algum; são como corvos entre o céu e a terra. [54]Com efeito, se o fogo atinge o templo desses deuses de madeira ou dourados ou prateados, seus sacerdotes fogem e se põem a salvo, eles porém queimarão como traves lá no meio. [55]A um rei e aos inimigos não podem resistir. [56]Como se pode admitir, pois, ou pensar que eles sejam deuses?

[57]Nem dos ladrões, nem dos bandidos podem escapar esses ídolos de madeira, prateados e dourados, aos quais os audazes retiram o ouro, a prata e a veste que os cobre, fugindo em seguida; nem a si mesmos são capazes de ajudar. [58]Por isso vale mais ser um rei que mostra coragem, ou um vaso útil numa casa, do qual se serve seu proprietário, do que ser esses falsos deuses; ou então, vale mais uma porta de casa que protege o que está dentro dela do que esses falsos deuses; ou uma coluna de madeira num palácio do que esses falsos deuses. [59]Pois o sol, a lua e as estrelas, que brilham e têm a missão de servir, são obedientes. [60]Assim também o relâmpago, quando aparece, é bem visível; também o vento que sopra em toda a região. [61]As nuvens executam a ordem que Deus lhes dá de percorrer toda a terra; e o fogo, enviado do alto para consumir montes e florestas, faz o que foi mandado. [62]Os ídolos, porém, não se podem comparar com essas coisas nem pelo aspecto, nem pelo poder. [63]Por isso não se pode admitir nem dizer que são deuses, porque não podem fazer justiça nem fazer bem aos homens. [64]Sabendo, pois, que não são deuses, não os temais!

[65]Não podem maldizer nem bendizer os reis; [66]nem mostrar às nações sinais no céu; não brilham como o sol, nem iluminam como a lua. [67]Os animais selvagens são superiores a eles, porque podem refugiar-se num esconderijo e prover a si mesmos. [68]Portanto, nenhum argumento nos prova que eles sejam deuses; por isso, não os temais!

[69]Como um espantalho que numa plantação de abóboras nada protege, são assim seus ídolos de madeira, dourados e prateados; [70]Ou ainda, seus ídolos de madeira, dourados e prateados, podem ser comparados a um espinheiro no quintal, onde pousa toda espécie de pássaros, ou com um cadáver lançado nas trevas. [71]Pela púrpura e pelo linho que se estragam sobre eles, sabereis que não são deuses; enfim, serão devorados e serão uma vergonha no país. [72]Portanto, é melhor um homem justo, que não tem ídolos, porque estará livre da desonra.

EZEQUIEL

Nascido em Jerusalém, de família sacerdotal, foi o guia moral e espiritual dos primeiros hebreus deportados para Babilônia em 597 a.C. Seu livro descreve vários de seus gestos proféticos, que ele explica aos ouvintes, pois simbolizam o que está reservado a eles. Ezequiel é o profeta das visões grandiosas, sendo a primeira delas a do carro de Javé, símbolo da presença divina que não está presa a um lugar, mas acompanha os seus em todo lugar do mundo. Por isso, o nome da cidade futura será "Javé está lá" (48,35).

Posto como sentinela na casa de Israel (33,7) e sempre atento aos acontecimentos da época, exorta os deportados a abandonar a vã esperança de voltar logo para a pátria. Transportado em êxtase a Jerusalém, vê a glória de Deus abandonar o templo, anúncio da destruição definitiva da cidade e do templo como merecida punição divina. Depois da destruição de Jerusalém, torna-se o profeta da esperança, lembrando aos exilados a salvação prometida por Deus.

Punidas as nações que humilharam Israel (cap. 25–32), Deus realizará a ressurreição de seu povo (37, 1-14) para reconduzi-lo de volta à pátria. Derramará sobre ele uma água pura para purificá-lo dos pecados e ao mesmo tempo lhe dará seu espírito e um coração novo (36,35ss), concluindo com ele uma Aliança eterna (16,60ss). Também o templo será reconstruído, e Javé voltará a tomar posse dele, fazendo brotar de seu lado direito um rio que transforma o deserto num paraíso (cap. 40–48). Deus rejeitará os maus pastores de Israel que traíram sua missão e será ele mesmo o pastor de seu povo, mediante seu servo Davi (34,16). O profeta inculca a responsabilidade individual, corrigindo a teoria em voga de que os filhos eram castigados pelos pecados dos pais.

Ezequiel é o pai do judaísmo, isto é, daquela maneira de pensar, de rezar e de viver da comunidade pós-exílica. Devem-se a sua influência os principais elementos da religião vivida nesta comunidade: amor ao templo, culto da Lei, distinção entre sagrado e profano, observação minuciosa da Lei da Santidade (Lv 17–26), destinada a fazer de Israel um povo separado das nações.

A frase preferida do profeta, que ele repete 86 vezes, é "Sabereis que eu sou Javé". É um apelo ao povo para que reconheça seu Deus não apenas no culto, mas também nos acontecimentos históricos que está vivendo. É preciso interpretar de modo correto o que acontece.

I. VOCAÇÃO DO PROFETA
(1,1–3,21)

1 **Contexto histórico.** ¹No dia cinco do quarto mês do ano trinta†, enquanto eu estava entre os exilados à beira do rio Cobar, os céus se abriram e eu tive visões divinas. ²No dia cinco do mês – era o ano quinto da deportação do rei Joaquin – ³a palavra de Javé foi dirigida ao sacerdote Ezequiel, filho de Buzi, no país dos caldeus, à beira do rio Cobar. Foi lá que a mão de Javé esteve sobre ele.

Visão do carro divino†. ⁴Eu olhava, e eis que avançava do norte um furacão, uma grande nuvem e um turbilhão de fogo que iluminava tudo ao redor e, no meio, algo como metal incandescente. ⁵No centro apareceu a figura* de quatro seres vivos†, que tinham forma humana ⁶e tinham cada um quatro faces

---

* **1**,5. 10,8-22; Êx 25,18; Ap 4,6ss

† **1**,1. Ano 593 a.C. O rio Cobar é um canal desviado do Eufrates. | 4. Esta visão representa a mobilidade de Deus, que não está somente em Jerusalém, mas também entre os exilados, que podem experimentar a mesma presença protetora de Deus no meio deles. | 5. Lembram os "caribus" babilônicos, figuras ornamentais com cabeça de homem, corpo de leão e de boi, e asas de águia. Serão os 4 seres vivos de Ap 4,7. Na tradição cristã, tornaram-se símbolos dos quatro evangelistas: Mateus (homem), Marcos (leão), Lucas (boi), João (águia).

e quatro asas. [7]Suas pernas eram retas e as plantas de seus pés eram como as plantas dos pés de um bezerro, brilhantes como bronze polido. [8]Sob as asas, dos quatro lados, tinham mãos de homem; todos os quatro tinham a mesma aparência e suas próprias asas, [9]e suas asas eram unidas uma à outra. Enquanto se moviam, não se voltavam, mas cada um ia reto para a frente.

[10]Quanto à forma de suas faces, tinham uma face de homem, e todos os quatro tinham uma face de leão à direita e todos os quatro tinham uma face de touro à esquerda e todos os quatro tinham uma face de águia. [11]Suas asas se estendiam para cima; cada um tinha duas asas que se tocavam* e duas que lhe cobriam o corpo. [12]Cada um se movia para sua frente; iam para onde o espírito os dirigia e, movendo-se, não se voltavam.

[13]O aspecto daqueles seres vivos era como o de brasas ardentes que pareciam tochas,* indo e vindo entre os seres vivos; o fogo brilhava, e do fogo saíam relâmpagos. [14]Os seres iam e vinham como relâmpago.* [15]Eu olhava aqueles seres, e eis sobre o solo uma roda ao lado de cada um dos seres vivos de quatro faces.

[16]O aspecto dessas rodas e sua estrutura eram como o brilho do topázio, e todas as quatro tinham a mesma forma; seu aspecto e sua estrutura eram como os de uma roda no meio de uma outra. [17]Podiam mover-se nas quatro direções, sem precisar voltar-se ao mover-se. [18]Sua circunferência era grande e espantosa e os círculos de todas as quatro eram cheios de olhos ao redor.* [19]Quando aqueles seres vivos se moviam, também as rodas* se moviam ao lado deles e, quando os seres vivos se erguiam da terra, também as rodas se erguiam. [20]Para onde o espírito as impelia, as rodas iam e igualmente se erguiam, por-

que o espírito dos seres vivos estava nas rodas. [21]Quando eles se moviam, também as rodas se moviam; quando eles paravam, elas paravam e, quando eles se erguiam da terra, as rodas igualmente se erguiam, porque o espírito dos seres vivos estava nas rodas.

[22]Acima das cabeças dos seres vivos havia uma espécie* de firmamento, brilhante como um cristal, estendido sobre suas cabeças, [23]e sob o firmamento, suas asas estavam estendidas, uma para a outra; e cada ser tinha duas que lhe cobriam* o corpo. [24]Quando eles se moviam, eu ouvi o ruído das asas: era semelhante ao rumor de grandes águas, como o trovão do Onipotente,* como o fragor da tempestade, como o tumulto de um acampamento. Quando paravam, abaixavam as asas. [25]Veio uma voz de cima do firmamento que estava sobre suas cabeças. Quando paravam, abaixavam as asas.

[26]Sobre o firmamento* que estava acima de suas cabeças apareceu algo como pedra de safira em forma de trono e sobre esta espécie de trono, no alto, uma figura de aparência humana. [27]Daquilo que parecia ser a cintura para cima, eu vi como a cor de bronze incandescente como fogo que o rodeava totalmente;* e daquilo que parecia ser a cintura para baixo, eu vi algo semelhante ao fogo e que irradiava ao redor um grande esplendor, [28]cujo aspecto era como o do arco-íris* nas nuvens num dia de chuva. Tal era o aspecto daquele esplendor ao redor. Este era o aspecto da imagem da glória de Javé.* Quando a vi, caí com o rosto em terra e ouvi a voz de alguém que falava.

2 **Missão de Ezequiel.** [1]Disse-me: "Filho do homem†, levanta-te,* quero falar-te". [2]Enquanto me falava, um espírito entrou em mim, fez-me ficar de pé* e eu escutei aquele que me falava.

---

* **1**,11. Is 6,2 | 13. Êx 19,18 | 14. Sl 104,4; Ez 10,9-13 | 18. Zc 4,10; Ap 4,8 | 19. 10,16 | 22. 10,1; Ap 4,6; Êx 24,10 | 23. 10,5 | 24. Gn 17,1 | 26. Ap 4,2s | 27. 8,2 | 28. Gn 9,13ss / Ez 8,4; Êx 24,16; Ap 1,17; Dn 8,17 | **2**,1. Dn 10,11 | 2. 3,24

† **2**,1. Expressão que significa simplesmente "homem"; aparece 87 vezes em Ezequiel, indicando a pequenez do homem diante da grandeza e da onipotência de Deus.

Ezequiel 2-3

³Disse-me: "Filho do homem, eu te envio aos israelitas,* a um povo de rebeldes, que se rebelaram contra mim. Eles e seus pais se revoltaram contra mim até hoje. ⁴A esses filhos obstinados e de coração endurecido eu te envio. Tu lhes dirás: Assim fala o Senhor Javé.* ⁵Quer escutem quer não escutem – porque são uma estirpe de rebeldes – saberão que há um profeta no meio deles.

⁶Mas tu, filho do homem, não os temas, não tenhas medo de suas palavras; serão para ti como cardos e espinhos e te encontrarás no meio de escorpiões; mas não temas suas palavras, nem te atemorizes à frente deles,* porque são uma estirpe de rebeldes. ⁷Dirás a eles minhas palavras, quer escutem quer deixem de escutar, porque são uma estirpe de rebeldes.

⁸E tu, filho do homem, escuta o que te digo e não sejas rebelde como essa estirpe de rebeldes; abre a boca e come o que vou te dar". ⁹Vi então uma mão estendida para mim, segurando um livro em forma de rolo.* ¹⁰Desenrolou-o diante de mim; estava escrito por dentro e por fora, e nele estavam escritos lamentos, gemidos e ais.

3 Visão do rolo.
¹Disse-me: "Filho do homem, come* o que tens diante de ti, come este rolo, depois vai e fala à casa de Israel". ²Eu abri a boca e ele me fez comer aquele rolo, ³dizendo-me: "Filho do homem, alimenta teu estômago e enche tuas entranhas com este rolo que te dou". Eu o comi e foi em minha boca doce como o mel.

⁴Depois ele me disse: "Filho do homem, vai, dirige-te aos israelitas* e dize-lhes minhas palavras, ⁵pois eu não te mando a um povo de linguagem obscura* e de língua difícil, mas aos israelitas; ⁶não a povos numerosos, de linguagem obscura e de língua difícil, cujas palavras não entenderias: se eu te mandasse a eles, iriam escutar-te. ⁷Mas os israelitas não querem escutar-te,* porque não querem escutar a mim: todos os israelitas têm a mente obstinada e o coração endurecido. ⁸Fiz teu rosto duro como o deles e tua fronte dura como a deles. ⁹Fiz tua fronte como diamante, mais dura que a rocha. Não os temas, não fiques com medo diante deles, pois são uma estirpe de rebeldes".

¹⁰Disse-me ainda: "Filho do homem, acolhe no coração e escuta com os ouvidos todas as palavras que te direi: ¹¹depois vai, dirige-te aos exilados, aos filhos de teu povo, e fala-lhes. Tu lhes dirás: Assim fala o Senhor Javé, quer escutem quer deixem de escutar".

¹²Então um espírito me ergueu* e, atrás de mim, ouvi um grande clamor: "Bendita seja a glória de Javé em sua morada!" ¹³Era o rumor das asas dos seres vivos que as batiam uma contra a outra e ao mesmo tempo o barulho das rodas ao lado deles e o ruído de um grande estrondo. ¹⁴O espírito me ergueu e me transportou; eu fui triste e com o ânimo indignado, enquanto a mão de Javé pesava sobre mim. ¹⁵Cheguei junto aos deportados de Tel-Abib, que moravam ao longo do rio Cobar, onde fixaram morada, e fiquei no meio deles sete dias como que atordoado.

Ezequiel sentinela. ¹⁶Ao fim desses sete dias foi-me dirigida esta palavra de Javé: ¹⁷"Filho do homem, eu te pus como sentinela† da casa de Israel.* Quando ouvires de minha boca uma palavra, deverás avisá-los de minha parte. ¹⁸Se digo ao mau: Tu morrerás, e não o avisas e não falas para que o ímpio abandone sua conduta perversa para salvar sua vida, ele, o ímpio, morrerá por sua iniquidade, mas de sua morte eu pedirei contas a ti. ¹⁹Mas se tu avisas o ímpio, e ele não se afasta de sua maldade e de sua má conduta, ele morrerá por seu pecado, mas tu salvarás tua vida.

---

* **2,**3. Dt 9,7.24 | 4. 12,2; 33,33 | 6. Jr 1,8.17 | 9. Ap 5,1; 10,2 | **3,**1. Ap 10,8-11 | 4. Jr 7,27 | 5. Is 28,9-13; 33,19 | 7. Jn 3,3; Mt 12,38-42 | 12. 1Rs 18,12; Lc 2,13s | 17. 33,1-9; Is 21,6.8.11

† **3,**17. O profeta é encarregado de proteger o povo de ataques imprevistos, além de prever o que Deus está para realizar.

1031   Ezequiel 3-4

²⁰Assim, se o justo se afasta de sua justiça* e comete a iniquidade, eu porei um tropeço em sua frente e ele morrerá; porque tu não o avisaste, morrerá por seu pecado* e as obras justas por ele feitas não serão mais recordadas; mas da morte dele pedirei contas a ti. ²¹Se, porém, avisares o justo para não pecar, e ele não tiver pecado, ele viverá, porque foi avisado e tu salvarás tua vida".

II. JUÍZOS DE DEUS SOBRE JUDÁ
(3,22–24,27)

Ezequiel prisioneiro e mudo. ²²Também lá veio sobre mim a mão de Javé e ele me disse: "Levanta-te e vai ao vale; lá eu quero falar-te". ²³Levantei-me e fui ao vale; e eis que a glória de Javé estava lá, semelhante à glória* que eu tinha visto junto ao rio Cobar, e caí com o rosto em terra. ²⁴Então o espírito* entrou em mim, fez-me ficar de pé e me disse: "Vai e fecha-te em tua casa. ²⁵E quanto a ti, filho do homem, porão cordas em ti, serás amarrado e não poderás sair no meio deles. ²⁶Farei que tua língua se cole ao paladar e ficarás mudo; assim não serás mais para eles alguém que repreende, porque são uma estirpe* de rebeldes. ²⁷Mas quando eu te falar, vou abrir-te a boca e tu lhes dirás: Assim fala o Senhor Javé: quem quer escutar escute, e quem não quer não escute; porque são uma estirpe de rebeldes".

4 **Assédio de Jerusalém**†. ¹"Tu, filho do homem, toma um tijolo, coloca-o diante de ti, desenha nele uma cidade, Jerusalém, ² e põe o cerco em torno dela: eleva uma torre, constrói aterros, enfileira os acampamentos e coloca ao redor os aríetes†. ³Depois toma uma placa de ferro e coloca-a como muro de ferro entre ti e a cidade, fixa nela teu olhar e ela será sitiada, isto

é, tu a sitiarás! Isto será um sinal para os israelitas.

⁴Deita-te sobre o lado esquerdo e depõe sobre ele a iniquidade de Israel. Conforme o número de dias que ficarás deitado sobre ele, tu levarás sua iniquidade. ⁵Eu te imponho um número de dias equivalente aos anos de seu pecado: por trezentos e noventa dias levarás as iniquidades dos israelitas.

⁶Terminados estes dias, deverás deitar-te sobre o lado direito e levarás a iniquidade de Judá por quarenta dias; eu te fixo um dia para cada ano. ⁷Depois voltarás teu rosto e teu braço descoberto* para o cerco de Jerusalém e profetizarás contra ela. ⁸Eu te prenderei com cordas, de modo que não poderás virar-te nem para um lado, nem para o outro, enquanto não tiveres completado os dias de teu cerco.

⁹Toma também trigo, cevada, favas, lentilhas, milho e aveia, coloca-os num recipiente e faze com eles pão pra ti: comerás dele durante os dias que passares estendido de lado, isto é, por trezentos e noventa dias. ¹⁰A comida que comerás será do peso de vinte siclos ao dia: tu a comerás em horas marcadas todo dia. ¹¹Também a água que beberás será racionada: um sexto de hin† em horas marcadas todo dia. ¹²Comerás esta comida em forma de bolos de cevada, que cozerás sobre excrementos humanos à vista deles. ¹³De tal modo – disse-me Javé – os israelitas comerão seu pão impuro no meio das nações entre as quais os dispersarei".

¹⁴Mas eu disse: "Ah! Senhor Javé! Jamais me contaminei! Desde a infância até agora nunca comi carne de animal morto* naturalmente ou dilacerado, nem nunca entrou em minha boca carne impura". ¹⁵Ele respondeu-me: "Pois bem, eu te concedo usar esterco de boi em lugar de excrementos para sobre ele cozeres teu pão".

---

* **3,**20. 18,24; 33,12s / 2Pd 2,21 **|** 23. 1,28 **|** 24. 2,2 **|** 26. 24,27; 33,22 **| 4,**7. 3,25 **|** 14. Êx 22,30; Lv 17,15; Dt 14,3-21

† **4,**1. Quatro ações simbólicas vão sugerir os rigores do cerco da cidade e o exílio iminente. **|** 2. Isto é para que os exilados não se iludam, pensando que o exílio será breve. **|** 11. Um siclo são 11 gramas e um hin são 7,5 litros.

Ezequiel 4-6

¹⁶Depois acrescentou: "Filho do homem, vou suprimir em Jerusalém as provisões de pão; comerão pão racionado e com angústia, beberão água por medida e com espanto ¹⁷e assim, faltando pão e água,* desfalecerão todos juntos e se consumirão em sua iniquidade.

5 **Sorte dos judeus.** ¹"E tu, filho do homem, toma uma espada afiada, usa-a como navalha de barbeiro e rapa os cabelos e a barba; depois toma uma balança e reparte os cabelos cortados†.

²Um terço deles tu os queimarás no fogo, no meio da cidade, no fim dos dias do cerco; tomarás um outro terço e o cortarás com a espada ao redor da cidade e o outro terço tu o espalharás ao vento, enquanto eu desembainharei a espada atrás deles. ³Destes tomarás uns poucos e os prenderás à orla de teu manto; ⁴tomarás ainda uma pequena parte deles e os lançarás ao fogo e os queimarás, e deles sairá um fogo contra toda a casa de Israel.

Explicação dos símbolos. Dirás a toda a casa de Israel: ⁵Assim fala o Senhor Javé: esta é Jerusalém!* Eu a tinha colocado no meio das nações, rodeada de países estrangeiros. ⁶Ela rebelou-se contra minhas normas com mais impiedade que as nações, e contra meus decretos mais que os países que a rodeiam; de fato, desprezaram minhas normas e não se comportaram de acordo com meus decretos.

⁷Por isso diz o Senhor Javé: Porque sois mais rebeldes* que as nações que vos rodeiam, não seguistes meus decretos, não observastes minhas normas nem agistes segundo os costumes das nações que vos rodeiam, ⁸pois bem, assim fala o Senhor Javé: Também eu me declaro contra ti e executo a sentença no meio de ti aos olhos das nações.* ⁹Farei contigo o que nunca fiz nem farei nunca mais, por causa de tuas culpas abomináveis. ¹⁰Por isso, no meio de ti, os pais devorarão os filhos* e os filhos devorarão os pais. Cumprirei em ti meus julgamentos e dispersarei a todos os ventos o que restar de ti.* ¹¹Portanto, como é verdade que eu vivo – oráculo do Senhor Javé – porque profanaste meu santuário com todas as tuas infâmias e com todas as tuas coisas abomináveis, também eu rejeitarei sem um olhar de compaixão, eu também não pouparei. ¹²Um terço dos teus morrerá de peste e será consumido pela fome no meio de ti; um terço cairá pela espada ao redor de ti e o outro terço eu o dispersarei a todos os ventos, desembainhando a espada atrás deles. ¹³Então darei desafogo a minha ira, saciarei neles meu furor e tomarei satisfação; então saberão que eu, Javé, falei em meu ciúme, quando desafogar sobre eles meu furor. ¹⁴Eu te reduzirei a um deserto, a um opróbrio no meio das nações que te rodeiam, à vista de todo transeunte. ¹⁵Serás um opróbrio* e um vitupério, um exemplo e um horror para as nações que te rodeiam, quando eu executar contra ti a sentença, com indignação, furor e terríveis castigos. Eu, Javé, falei. ¹⁶Quando eu mandar contra ti as terríveis flechas da fome, que levam destruição e que lançarei para destruir-te, agravarei a fome sobre ti, tirando-te as provisões de pão. ¹⁷Então mandarei contra ti a fome e os animais ferozes que te privarão de teus filhos; no meio de ti passarão a peste e o sangue, enquanto farei cair sobre ti a espada. Eu, Javé, falei".

6 **Ameaças à região de Efraim.** ¹Depois foi-me dirigida esta palavra de Javé: ²"Filho do homem, vira o rosto para os montes de Israel e profetiza contra eles: ³Dirás: Montes de Israel, escutai a palavra do Senhor Javé. Assim fala o Senhor Javé aos montes e às colinas, aos barrancos e aos vales:

---

* **4**,17. Lv 26,39 | **5**,5. 38,12 | 7. Mt 12,38-42 | 8. Jr 1,16 | 10. Lv 16,29; Dt 28,53; Lm 2,20; 4,10; Jr 19,9 / Ez 7,4; 8,18; 9,10; 24,14 | 15. Lv 26,32

† **5**,1. Os cabelos eram sinal de força e dignidade: "cabelos raspados" indicava humilhação, neste caso, o exílio.

1033 Ezequiel 6-7

Mandarei sobre vós a espada e destruirei vossos lugares altos; ⁴vossos altares serão demolidos,* quebrados vossos altares para o incenso; farei cair vossos mortos diante de vossos ídolos. ⁵Porei os cadáveres dos israelitas diante de seus ídolos e espalharei vossos ossos ao redor de vossos altares. ⁶Onde quer que habiteis, as cidades serão devastadas e os lugares altos demolidos, a fim de que vossos altares sejam devastados e desolados, vossos ídolos sejam despedaçados e desapareçam, sejam quebrados vossos altares para o incenso e vossas obras sejam aniquiladas. ⁷Traspassados pela espada cairão no meio de vós e sabereis que eu sou Javé.

⁸Mas deixarei alguns de vós* sobreviventes da espada no meio das nações, quando fordes espalhados nos vários países: ⁹então vossos sobreviventes* se recordarão de mim entre as nações no meio das quais serão deportados; porque eu quebrarei seu coração infiel* que se afastou de mim e seus olhos que se prostituíram com seus ídolos; terão desgosto de si mesmos pelas iniquidades cometidas e por todas as suas abominações. ¹⁰Saberão então que eu sou Javé† e que não foi em vão que ameacei fazer-lhes este mal".

Os pecados do povo. ¹¹Assim fala o Senhor Javé: "Bate as mãos, bate os pés no chão† e dize: Oh! Por todas as suas horríveis abominações o povo de Israel vai cair pela espada, de fome e de peste! ¹²Quem está longe morrerá de peste, quem está perto cairá pela espada; quem sobreviveu e está sitiado morrerá de fome: e assim desafogarei sobre eles minha indignação. ¹³Sabereis então que eu sou Javé, quando seus cadáveres jazerem entre seus ídolos, ao redor de seus altares, sobre toda colina elevada,* no alto de toda montanha, debaixo de toda árvo-

re verde e de todo carvalho frondoso, onde queimavam perfumes suaves* a todos os seus ídolos. ¹⁴Estenderei a mão contra eles e farei do país uma solidão desolada desde o deserto até Rebla†, onde quer que habitem; então reconhecerão que eu sou Javé".

7 **O fim desastroso se aproxima.** ¹Foi-me dirigida esta palavra de Javé: ²"Agora, filho do homem, dize: Assim fala o Senhor Javé ao país de Israel: O fim! Chega o fim para os quatro cantos do país. ³É agora o fim para ti;* mandarei contra ti minha ira para julgar-te sobre tuas obras e pedir-te conta de tuas abominações.* ⁴Não terei para ti um olhar de piedade, não te pouparei; ao contrário, eu te considerarei responsável por tua conduta e estarão no meio de ti tuas abominações;* saberás então que eu sou Javé.

⁵Assim fala o Senhor Javé: Um mal depois do outro está chegando. ⁶Vem o fim, vem o fim, despertou-se contra ti; ei-lo que vem. ⁷Chegou tua vez, ó habitante do país: chegou o tempo, está próximo o dia do pânico e não de gritos de alegria* sobre os montes. ⁸Agora, em breve, lançarei meu furor sobre ti e darei desafogo a minha ira contra ti. Eu te julgarei segundo tuas obras e te pedirei conta de todas as tuas abominações. ⁹Não terei para ti um olhar de piedade, não te pouparei, mas te tratarei segundo a tua conduta; e estarão no meio de ti tuas abominações; saberás então que sou eu, Javé, aquele que fere.

¹⁰Eis o dia, ei-lo que chega! Chegou tua vez. A injustiça floresce, o orgulho se expande ¹¹e a violência se ergue como cetro de iniquidade; não resta nenhum deles, ninguém dessa multidão, nada de suas riquezas, nem haverá luto por eles. ¹²É chegado o tempo, está próximo o dia: quem comprou não se alegre, quem

---

* **6**,4. Lv 26,30s; Jr 8,1s; Mq 1,7; Is 2,18; Jr 10,14s | 8. Is 4,3 | 9. Lv 26,40s; Dt 30,1s / Ez 16,23 | 13. Dt 12,2 / Êx 29,18 | **7**,3. 7,8s / 5,11 | 4. Ap 8,13; 9,12; 11,14 | 7. 7,3s

† **6**,10. Expressão típica de Ezequiel: Deus se manifesta por meio de suas ações. | 11. O profeta deve exultar diante do castigo reservado aos maus, 21,19; 22,13. | 14. Limites extremos ao sul e ao norte da Palestina.

Ezequiel 7-8

vendeu não se lamente; porque uma ira ardente ameaça toda a multidão deles! [13]Quem vendeu não voltará a possuir o que vendeu[†], mesmo se permanecer em vida; porque a visão refere-se a toda a sua multidão e não será revogada, e ninguém poderá preservar sua existência vivendo na iniquidade.

[14]Tocaram a trombeta e aprontaram tudo; mas ninguém parte para a batalha, porque meu furor é contra toda a multidão deles. [15]Fora, a espada; dentro, a peste e a fome: quem está no campo morrerá pela espada, quem está na cidade será consumido pela fome* e pela peste. [16]Quem deles puder fugir e salvar-se sobre os montes gemerá como as pombas dos vales, cada qual por sua iniquidade.

[17]Todas as mãos se enfraquecerão* e todos os joelhos serão débeis como água.

[18]Pano de saco será sua roupa, e o espanto os cobrirá.

Em cada rosto haverá a vergonha* e todas as cabeças serão raspadas.

[19]Lançarão sua prata pelas ruas e seu ouro será uma imundície.

Sua prata e seu ouro não poderão salvá-los

no dia do furor de Javé;

com eles não poderão saciar sua fome nem encher o estômago,

porque foram para eles causa de pecado.

[20]Da beleza de suas joias fizeram objeto de orgulho e fabricaram com elas as abomináveis estátuas de seus ídolos: por isso as converterei em coisa repugnante

para eles próprios.

[21]Eu as darei como presa aos estrangeiros

e como despojo aos ímpios do país, que as profanarão.

[22]Desviarei deles meu rosto e será profanado meu tesouro; nele entrarão os ladrões e o profanarão.

[23]Prepara uma corrente, porque o país está cheio de assassinatos

e a cidade está cheia de violência.

[24]Eu mandarei os povos mais ferozes, que se apoderarão de suas casas; abaterei a soberba dos poderosos, e seus santuários serão profanados.

[25]Chegará a angústia e procurarão a paz,

mas não haverá paz.

[26]Virá um desastre depois do outro,* más notícias uma depois da outra; aos profetas pedirão respostas, mas aos sacerdotes faltará a doutrina e aos anciãos o conselho.

[27]O rei estará de luto, o príncipe revestido de desolação, e tremerão as mãos do povo do país. Eu os tratarei segundo sua conduta e os julgarei segundo seus juízos: assim saberão que eu sou Javé".

8 **Nova teofania.** [1]No quinto dia do sexto mês do ano sexto,* quando eu estava em casa e diante de mim estavam sentados os anciãos de Judá, a mão do Senhor Javé* se abateu sobre mim. [2]Eu olhei: havia um ser que tinha aparência de homem. Abaixo do que parecia ser sua cintura* tinha aparência de fogo e da cintura para cima, como o resplendor* de metal brilhante. [3]Estendeu uma espécie de mão e me agarrou pelos cabelos: o espírito me ergueu entre a terra e o céu* e me levou em visões divinas a Jerusalém, à entrada do pátio interno, que dá para o norte, onde está o ídolo do ciúme, que provocava o ciúme[†]. [4]Lá estava a glória do Deus de Israel,* semelhante àquela que eu tinha visto no vale.

---

* **7**,15. Mt 24,16ss | 17. 21,12 | 18. Am 8,10 | 26. Mq 3,6; Lm 2,9; Is 29,14 | **8**,1. 14,1; 20,1 / 1,3 | 2. 1,26ss / Dn 10,6 | 3. 3,12 | 4. 1,28; 3,22s; Êx 24,16

† **7**,13. Conforme Lv 25,13, no ano do jubileu as propriedades voltavam a seus donos anteriores; mas toda a terra vai pertencer ao inimigo invasor. Cessará toda atividade econômica. | **8**,3. A estátua de Astarte, a Vênus dos fenícios, que Manassés tinha colocado no templo, 2Rs 21,7. Se a aliança é um matrimônio entre Deus e o povo, a idolatria é um adultério que provoca o ciúme de Deus.

Contra a idolatria†. ⁵Disse-me: "Filho do homem, ergue os olhos para o norte!" Ergui os olhos para o norte: ao norte da porta do altar, justamente na entrada, estava esse ídolo do ciúme. ⁶Disse-me: "Filho do homem, estás vendo o que eles fazem? Vê as grandes abominações que a casa de Israel comete aqui para afastar-me de meu santuário! Verás outras abominações ainda piores".

⁷Conduziu-me então à entrada do pátio e vi um buraco na parede. ⁸Disse-me: "Filho do homem, faz uma abertura na parede". Quando fiz a abertura na parede, apareceu uma porta. ⁹Disse-me: "Entra e observa as abominações perversas que eles cometem aqui". ¹⁰Eu entrei e vi toda espécie de répteis e de animais repugnantes e todos os ídolos do povo de Israel representados nas paredes ao redor. ¹¹Diante deles estavam de pé setenta homens dentre os anciãos da casa de Israel, entre os quais Jezonias, filho de Safã, cada um com seu turíbulo na mão, do qual saía a nuvem perfumada do incenso. ¹²Disse-me: "Viste, filho do homem, o que fazem os anciãos do povo de Israel nas trevas, cada um em sua sala ornada de pinturas? Porque eles dizem: Javé não nos vê, Javé abandonou* o país". ¹³Depois me disse: "Verás outras abominações, ainda maiores, que eles cometem".

¹⁴Conduziu-me à entrada do pórtico da casa de Javé* que dá para o norte e vi lá mulheres sentadas, que choravam Tamuz†. ¹⁵Disse-me: "Viste, filho do homem? Verás ainda outras abominações piores que estas".

¹⁶Conduziu-me ao pátio interno do templo; e na entrada da casa de Javé, entre o vestíbulo e o altar, havia cerca de vinte e cinco homens, com as costas voltadas para o templo de Javé e o rosto para o oriente que, prostrados, adoravam o sol no oriente. ¹⁷Disse-me:

"Viste, filho do homem? Por acaso é pouca coisa para a casa de Judá cometer semelhantes maldades neste lugar? Encheram o país de violência para provocar ainda minha cólera. Estão levando ao nariz* o raminho sagrado†. ¹⁸Também eu agirei com furor; não terei um olhar de piedade, não pouparei: ainda que gritem alto a meus ouvidos, não os ouvirei".

9 Mensageiros da destruição.
¹Então uma voz forte gritou aos meus ouvidos: "Fazei aproximar-se os que devem punir a cidade, cada qual com sua arma* de destruição na mão". ²Chegaram seis homens do lado da porta superior que dá para o norte, cada qual com sua arma de destruição na mão. No meio deles havia um homem vestido de linho, com um estojo de escriba na cintura. Logo que chegaram, pararam junto ao altar de bronze. ³A glória do Deus de Israel* ergueu-se do querubim sobre o qual pousava, para o limiar do templo, e chamou o homem vestido de linho que tinha na cintura o estojo de escriba. ⁴Javé disse-lhe: "Passa no meio da cidade, no meio de Jerusalém, e marca um taw† na fronte dos homens* que suspiram e gemem por todas as abominações que se cometem no meio dela". ⁵Eu o ouvi dizer aos outros: "Segui-o através da cidade e feri! Não tenhais um olhar de piedade, não poupeis. ⁶Matai velhos, jovens, moças, meninos e mulheres* até o extermínio: só não toqueis quem tem o taw na fronte; começai em meu santuário!" Começaram pelos anciãos que estavam diante do templo. ⁷Disse-lhes: "Podeis profanar o santuário, enchei de cadáveres os pátios. Saí!" Eles saíram e fizeram uma matança na cidade.

⁸Enquanto eles faziam a matança,* eu fiquei sozinho: lancei-me com o ros-

---

* **8**,12. 9,9 | 14. Is 29,15 | 17. Jr 11,11 | **9**,1. Tb 5,4 | 3. 1,28 | 4. Ap 7,2s | 6. Êx 32,27; Nm 25,5.8; Ap 9,4 | 8. 11,13; Am 7,2.5; Is 6,11 / Is 4,3

† **8**,5. Os pecados do povo afastam do santuário a Glória de Deus, penhor de salvação e de santidade. | **8**,14. Deus da vegetação; choravam sua morte no verão. | 17. Gesto de culto idolátrico. Israel se mostra hipócrita, fingindo fidelidade a Javé e praticando o culto aos ídolos. | **9**,4. Sinal que salva os inocentes, o taw era a última letra do alfabeto hebraico, e era parecido com nosso T.

Ezequiel 9-10

to em terra e gritei: "Ah! Senhor Javé, exterminarás todo o resto* de Israel, lançando teu furor sobre Jerusalém?" [9]Disse-me: "A iniquidade de Israel e de Judá é enorme,* a terra está coberta de sangue, a cidade está cheia de perversidade. Com efeito, estão dizendo:* Javé abandonou o país, Javé não vê. [10]Pois bem, não terei um olhar de compaixão, não pouparei: farei recair sobre as cabeças deles suas obras". [11]E então o homem vestido de linho, que tinha o estojo na cintura, fez este relato: "Fiz como me mandaste".

10 Descrição da glória de Deus.

[1]Eu olhava: sobre o firmamento* que estava sobre a cabeça dos querubins, apareceu como uma pedra de safira* e sobre eles algo que tinha a forma de um trono.

[2]Ele disse ao homem vestido de linho: "Vai entre as rodas, que estão sob o querubim, e enche as mãos com brasas ardentes,* que estão entre os querubins, e espalha-as sobre a cidade". Ele foi lá, enquanto eu o seguia com o olhar.

[3]Ora, os querubins estavam de pé no lado direito do templo, quando o homem foi lá, e uma nuvem enchia o pátio interno. [4]A glória de Javé se levantou* sobre o querubim para o limiar do templo, e o templo se encheu com a nuvem,* e o pátio ficou cheio do esplendor da glória de Javé. [5]O ruído das asas dos querubins chegava até o pátio interno, como a voz de Deus onipotente* quando fala.

[6]Quando ordenou ao homem vestido de linho, dizendo: "Toma o fogo entre as rodas no meio dos querubins", ele caminhou e parou perto da roda. [7]Um querubim estendeu a mão entre os querubins para o fogo que estava entre os querubins; tomou-o e o pôs na mão do homem vestido de linho, o qual o tomou e saiu. [8]Então apareceu sob as asas dos querubins uma forma de mão humana. [9]Eu olhei:

ao lado dos querubins* havia quatro rodas, uma roda ao lado de cada querubim. Aquelas rodas tinham o aspecto do topázio. [10]Parecia que todas as quatro fossem de uma mesma forma, como se uma roda estivesse no meio da outra. [11]Movendo-se, podiam andar nas quatro direções sem voltar-se, porque seguiam a direção para a qual estava virada a cabeça, sem virar-se durante o movimento.

[12]Todo o seu corpo, o dorso, as mãos, as asas e as rodas, as rodas que os quatro tinham, estavam cheios de olhos ao redor. [13]Ouvi que as rodas eram chamadas "turbinas". [14]Cada querubim tinha quatro faces: a primeira era de querubim, a segunda de homem, a terceira de leão e a quarta de águia. [15]Os querubins se elevaram: eram os mesmos seres vivos que eu tinha visto junto ao rio Cobar. [16]Quando os querubins se moviam, também as rodas avançavam a seu lado; quando os querubins levantavam as asas para elevar-se da terra, as rodas não se afastavam de seu lado; [17]quando paravam, também as rodas paravam; quando se elevavam, também as rodas se elevavam com eles, porque o espírito daqueles seres estava nelas.

A glória de Javé abandona o templo. [18]A glória de Javé saiu do limiar do templo* e parou sobre os querubins. [19]Os querubins levantaram as asas e se ergueram da terra a minha vista. Também as rodas se ergueram com eles e pararam na entrada da porta oriental do templo de Javé, enquanto a glória do Deus de Israel estava no alto sobre eles. [20]Eram os mesmos seres que eu tinha visto debaixo do Deus de Israel, junto ao rio Cobar, e reconheci que eram querubins. [21]Cada um tinha quatro faces e cada um quatro asas, com algo semelhante a mãos humanas debaixo das asas. [22]O aspecto de suas faces era o mesmo que eu tinha visto junto ao rio Cobar. Cada um deles se movia para a frente.

---

* **9**,9. 24,9 / 8,12; Sl 10,11 | **10**,1. 1,22 / Ap 4,3 | 2. Gn 19,24; Ap 8,5 | 4. 1,28 / Êx 40,34s; 1Rs 8,10s | 5. Sl 29,3s; Êx 19,19; Ez 1,24 | 9. 1,5-21 | 18. 1,28; Êx 24,16

1037   Ezequiel 11-12

11 As culpas dos chefes.

¹O espírito me ergueu e me transportou* até a porta oriental do templo de Javé que dá para o oriente. Na entrada da porta havia vinte e cinco homens; vi no meio deles Jezonias, filho de Azur, e Feltias, filho de Banaías, chefes do povo. ²Javé me disse: "Filho do homem, estes são os homens que tramam o mal e dão maus conselhos nesta cidade. ³Eles dizem: Não está próximo o tempo de construir casas; esta cidade é a panela, e nós somos a carne. ⁴Por isso profetiza contra eles,* profetiza, filho do homem".

⁵O espírito de Javé desceu sobre mim e me disse: "Fala! Assim fala Javé: Assim dissestes, ó israelitas, e eu sei o que vos passa pela mente. ⁶Vós multiplicastes vossos mortos nesta cidade, enchestes de cadáveres suas ruas. ⁷Por isso, assim fala o Senhor Javé: Os cadáveres que deixastes no meio da cidade são a carne, e a cidade é a panela. Mas eu vos expulsarei dela. ⁸Tendes medo da espada, e eu mandarei a espada contra vós, oráculo do Senhor Javé! ⁹Eu vos expulsarei da cidade e vos entregarei nas mãos dos estrangeiros e executarei contra vós meus juízos. ¹⁰Caireis pela espada: no próprio território de Israel eu vos julgarei e sabereis que eu sou Javé. ¹¹A cidade não será para vós a panela, e vós não sereis no meio dela sua carne! No próprio território de Israel eu vos julgarei: ¹²então sabereis que eu sou Javé, do qual não cumpristes os decretos nem observastes as leis, mas agistes segundo os costumes das nações que vos rodeiam".*

¹³E aconteceu que, enquanto eu profetizava, Feltias, filho de Banaías, caiu morto. Eu me lancei com o rosto em terra e gritei com voz forte: "Ah! Senhor Javé,* quereis mesmo destruir o que resta de Israel?"

Promessa de uma nova aliança. ¹⁴Então foi-me dirigida esta palavra de Javé:

¹⁵"Filho do homem, a teus irmãos, aos deportados como tu, a toda a casa de Israel os habitantes de Jerusalém estão dizendo: Afastai-vos de Javé: é a nós que foi dada esta terra em patrimônio†. ¹⁶Dize, portanto, a eles:* Assim fala o Senhor Javé: Se os mandei para longe entre as nações,* se os dispersei entre os países, serei para eles um santuário, por um breve tempo, nos países para onde foram. ¹⁷Por isso dize-lhes: Assim fala o Senhor Javé: Eu vos recolherei* do meio das nações e vos reunirei dos países nos quais fostes dispersos e vos darei a terra de Israel. ¹⁸Eles lá entrarão e eliminarão todos os seus ídolos e todas as suas abominações. ¹⁹Eu lhes darei um outro coração* e porei dentro deles um espírito novo; tirarei de seu peito o coração* de pedra e lhes darei um coração de carne, ²⁰para que sigam meus decretos e observem minhas leis e as ponham em prática; então eles serão meu povo e eu serei seu Deus. ²¹Mas, quanto àqueles, cujo coração segue seus ídolos e suas abominações, pedirei contas de sua conduta, oráculo do Senhor Javé".

A glória de Javé sai de Jerusalém†. ²²Os querubins então ergueram as asas, e com eles se moveram as rodas, enquanto a glória do Deus de Israel estava no alto sobre eles. ²³A glória de Javé se elevou do meio da cidade* e parou sobre o monte que está a leste da cidade. ²⁴Então o espírito me levantou e me levou à Caldeia, entre os deportados,* em visão, no espírito de Deus; e a visão que eu tinha visto afastou-se de mim. ²⁵E eu contei aos deportados tudo o que Javé me havia mostrado.

12 A bagagem do exilado.

¹Foi-me dirigida esta palavra de Javé: ²"Filho do homem, tu habitas no meio de uma estirpe de rebeldes, que têm olhos para ver e não vêem,* têm

---

* **11**,1. 3,12 | 4. 24,1-14 | 12. Dt 12,29s | 13. 9,8 | 16. 33,24 / 36,19 | 17. Dt 30,3ss; Ez 36,24s | 19. 18,31; 36,23; Jr 4,4; Dt 30,6ss; Sl 51,12ss; Ez 44,7 / Ez 36,27; Jr 31,31 | 23. 1,28; Êx 24,16 | 24. 3,12 | **12**,2. 2,5ss; Jr 5,21

† **11**,15. Os antigos achavam que os deuses não podiam ser adorados numa terra que não era de deles. Mas Javé não abandonou os deportados: eram eles o verdadeiro Israel, Jr 24,5. | **11**,22. Jerusalém fica sem seu defensor, entregue ao capricho dos inimigos.

Ezequiel 12

ouvidos para ouvir e não ouvem, porque são uma estirpe de rebeldes.

³Tu, filho do homem, prepara tua bagagem de exilado e, de dia, à vista deles, parte para o exílio. Partirás do lugar onde estás para um outro lugar, à vista deles: talvez compreenderão que são uma estirpe de rebeldes. ⁴Prepara de dia tua bagagem, como a bagagem de um exilado, à vista deles; sairás, porém, ao entardecer,* à vista deles, como partem os exilados. ⁵Faze na presença deles uma abertura no muro e através dela tira para fora tua bagagem. ⁶Na presença deles põe a bagagem sobre os ombros e sai na escuridão: cobrirás teu rosto para não veres o país, porque fiz de ti um sinal para os israelitas"†.

⁷Fiz como me fora mandado: de dia levei para fora minha bagagem como a bagagem de um exilado e ao entardecer fiz uma abertura no muro com as mãos; quando ficou escuro tirei para fora a bagagem e coloquei-a sobre meus ombros à vista deles.

⁸De manhã foi-me dirigida esta palavra de Javé: ⁹"Filho do homem, não te perguntou o povo de Israel, aquela estirpe de rebeldes: O que estás fazendo? ¹⁰Responde-lhes: Assim fala o Senhor Javé: Este oráculo é para o príncipe de Jerusalém† e para todos os israelitas que moram lá.

¹¹Dirás: Eu sou um símbolo para vós; com efeito, o que fiz a ti será feito a eles; irão para o exílio, para o cativeiro. ¹²O príncipe que está no meio deles carregará sua bagagem nos ombros, na escuridão, e sairá pela brecha que será feita no muro para deixá-lo partir; cobrirá o rosto, para não ver com seus olhos* o país. ¹³Mas eu estenderei minha rede contra ele, e ele ficará preso em meus laços: eu o conduzirei a Babilônia, ao país dos caldeus, mas ele não o verá e lá morrerá. ¹⁴Dispersarei a todos os ventos os que estão ao redor dele,* seus guardas e todas

as suas tropas, e desembainharei atrás deles a espada. ¹⁵Então saberão que eu sou Javé, quando os tiver dispersado entre as nações e os tiver espalhado* pelo mundo. ¹⁶Mas pouparei alguns deles da espada, da fome e da peste, para que contem todas as suas abominações às nações para onde forem, e também elas saibam que eu sou Javé"†.

¹⁷Foi-me dirigida esta palavra de Javé: ¹⁸"Filho do homem, come o pão* com tremor e bebe tua água com inquietação e angústia. ¹⁹Ao povo do país dirás: Assim fala o Senhor Javé aos habitantes de Jerusalém, no país de Israel: comerão seu pão na angústia e beberão sua água com espanto, porque sua terra será despojada de tudo o que contém, por causa da violência de todos os seus habitantes. ²⁰As cidades habitadas serão destruídas, e o país reduzido a um deserto: sabereis que eu sou Javé".

O castigo se aproxima. ²¹Foi-me dirigida esta palavra de Javé: ²²"Filho do homem, que provérbio* é este que tendes no país de Israel: Passam os dias e toda visão se desvanece? ²³Pois bem, tu lhes dirás: Assim fala o Senhor Javé: Farei cessar este provérbio, que não será mais pronunciado em Israel; mas, dize-lhes: Aproximam-se os dias em que se cumprirá toda visão.

²⁴Com efeito, não haverá mais visão falsa, nem predição enganadora no meio dos israelitas, ²⁵porque eu, Javé, falarei e cumprirei sem demora a palavra que eu disser. Sim, em vossos dias, ó estirpe de rebeldes, pronunciarei uma palavra e a cumprirei: oráculo do Senhor Javé".

²⁶Foi-me dirigida esta palavra de Javé: ²⁷"Filho do homem, os israelitas estão dizendo: A visão que este homem vê é para um futuro distante; ele prediz para tempos remotos. ²⁸Pois bem, dize-lhes: Assim fala o Senhor Javé: Nenhuma palavra minha* será adiada: a palavra que eu disser, eu a cumprirei – oráculo do Senhor Javé".

---

* **12**,4. Is 8,18; Jr 18,1 | 12. 17,20 | 14. Lv 26,33 | 15. Is 4,3 | 18. 4,16 | 22. 2Pd 3,3s | 28. Ap 10,6; Jr 1,11s

† **12**,6. Sinal que ilustra o que Deus anuncia. | 10. Trata-se do rei Sedecias, Jr 39,4, que tentou fugir, mas foi preso. | 16. Saberão que as calamidades de Judá não se devem à impotência de seu Deus, mas às culpas do povo.

13

Contra os falsos profetas. [1]Foi-me dirigida esta palavra de Javé: [2]"Filho do homem, profetiza* contra os profetas de Israel, profetiza e diz àqueles que profetizam por sua própria inspiração: Escutai a palavra de Javé: [3]Assim diz o Senhor Javé:

Ai dos profetas insensatos, que seguem seu próprio espírito, sem terem tido visões. [4]Como raposas entre as ruínas, assim são teus profetas, Israel. [5]Vós não subistes às brechas e não construístes nenhum muro em defesa dos israelitas, para que pudessem resistir ao combate no dia de Javé.* [6]Tiveram visões falsas, vaticínios enganadores, aqueles que dizem: 'Oráculo de Javé', sem que Javé os tenha enviado. Não obstante, confiam que se cumpra sua palavra! [7]Acaso não tivestes visões falsas e não anunciastes vaticínios mentirosos, quando dizeis: 'Palavra de Javé', sem que eu vos tenha falado?

[8]Pois bem, assim fala o Senhor Javé: Porque dissestes o falso e tivestes visões mentirosas, eu me declaro contra vós, oráculo do Senhor Javé. [9]Minha mão estará contra os profetas das falsas visões e dos vaticínios mentirosos. Não terão parte no conselho de meu povo, não serão inscritos no livro da casa de Israel e não entrarão no país de Israel: então sabereis que eu sou o Senhor Javé. [10]Porque enganam meu povo,* dizendo: 'Paz!' e não há paz; enquanto se levanta um muro, eles o recobrem de cal†. [11]Dize àqueles que o recobrem de cal: 'Cairá!' Virá uma chuva torrencial, cairão pedras de granizo, irromperá um furacão, [12]e eis que o muro será abatido. Então não vos perguntarão, por acaso: 'Onde está a cal com que o recobristes?' [13]Por isso, assim fala o Senhor Javé: Com ira farei irromper um furacão, em minha cólera cairá uma chuva torrencial e em meu furor cairão pedras de granizo para destruir. [14]Vou demolir o muro que recobristes de cal, eu o lançarei por terra, e seus fundamentos ficarão descober-

tos; ele desabará e vós perecereis junto com ele e sabereis que eu sou Javé.

[15]Quando eu tiver desafogado minha ira contra o muro e contra os que o recobriram de cal, eu vos direi: O muro não existe mais, nem os que o recobriram, [16]os profetas de Israel que profetizavam sobre Jerusalém e viam para ela uma visão de paz, quando não havia paz. Oráculo do Senhor Javé".

Contra as falsas profetisas. [17]"Agora tu, filho do homem, dirige-te às filhas de teu povo, que profetizam por sua própria inspiração, e profetiza contra elas. [18]Tu lhes dirás: Assim fala o Senhor Javé: Ai daqueles que atam fitas a todo pulso e preparam véus para as cabeças de todo tamanho para capturar as pessoas. Pretendeis por acaso capturar as pessoas de meu povo e salvar-vos a vós mesmos? [19]Vós me desonrastes diante de meu povo por punhados de cevada e por pedaços de pão, fazendo morrer quem não devia morrer e poupando quem não devia viver, enganando meu povo que crê em mentiras.

[20]Por isso, assim fala o Senhor Javé: Eu sou contra vossas fitas com as quais capturais as pessoas como pássaros; eu as arrancarei de vossos braços e libertarei as pessoas que capturastes como pássaros. [21]Rasgarei vossos véus e libertarei meu povo de vossas mãos, e ele não será mais uma presa em vossas mãos; sabereis assim que eu sou Javé. [22]Com efeito, intimidastes com mentiras o coração do justo, enquanto eu não o havia afligido, e encorajastes o malvado para que não desistisse de sua vida malvada e vivesse. [23]Por isso não tereis mais visões falsas, nem mais fareis adivinhações; libertarei meu povo de vossas mãos e sabereis que eu sou Javé".

14

Castigo dos idólatras. [1]Vieram ter comigo alguns dos anciãos de Israel* e sentaram-se diante de mim. [2]Foi-me dirigida então esta palavra de Javé: [3]"Filho do homem, estes homens puseram seus ídolos

---

* **13**,2. Jr 14,13-16; 23,9-40; 27,9s.16ss.28 | 5. Am 5,18 | 10. 22,28; Jr 6,14 | **14**,1. 20,1-4

† **13**,10. Iludem o povo que, em vez de converter-se, dissimula suas faltas, Jó 13,4.

Ezequiel 14

em seu coração e colocaram diante de seus rostos aquilo que os faz cair na iniquidade. Eu me deixarei interrogar por eles? ⁴Fala, portanto, e dize-lhes: Assim fala o Senhor Javé: Qualquer israelita que tiver erigido seus ídolos no próprio coração e tiver colocado diante de seu rosto aquilo que o faz cair na iniquidade, e vier ao profeta, eu, Javé, lhe responderei como merece a multidão de seus ídolos, ⁵para tocar o coração dos israelitas que se afastaram de mim por causa de todos os seus ídolos".

Exortação a converter-se. ⁶"Dize portanto à casa de Israel: Assim fala o Senhor Javé: Convertei-vos, abandonai vossos ídolos e desviai o rosto de todas as vossas abominações, ⁷porque a qualquer israelita e a qualquer estrangeiro habitante em Israel, que se afasta de mim e ergue seus ídolos no próprio coração e coloca diante de seu rosto aquilo que o faz cair na iniquidade e depois vem ao profeta para consultar-me, responderei eu, Javé, pessoalmente. ⁸Voltarei meu rosto contra tal homem e farei dele um exemplo e um provérbio, e o exterminarei de meu povo: sabereis assim que eu sou Javé.

⁹Se um profeta se deixa seduzir e faz uma profecia, eu, Javé, seduzi aquele profeta†: estenderei a mão contra ele e o cancelarei do meio de meu povo Israel. ¹⁰Ambos levarão a pena de sua iniquidade. A pena de quem consulta será igual à do profeta, ¹¹para que a casa de Israel não se desvie mais de mim, nem se contamine mais com todas as suas transgressões: eles serão meu povo e eu serei seu Deus – oráculo do Senhor Javé".

A responsabilidade individual. ¹²Foi-me dirigida esta palavra* de Javé: ¹³"Filho do homem, se um país peca contra mim, cometendo infidelidade, estenderei a mão contra ele, retirarei dele a provisão de pão, mandarei contra ele a fome e exterminarei dele

homens e animais; ¹⁴mesmo se no país vivessem estes três homens:* Noé, Daniel e Jó, eles com sua justiça salvariam apenas a si mesmos†, diz o Senhor Javé. ¹⁵Ou se eu infestasse aquele país de animais ferozes, que o privassem de seus filhos e fizessem dele um deserto, que ninguém pudesse atravessar por causa dos animais ferozes, ¹⁶mesmo se no meio daquela terra estivessem esses três homens, juro como é verdade que eu vivo, oráculo do Senhor Javé: não salvariam nem filhos e nem filhas, somente eles se salvariam, mas a terra seria um deserto.

¹⁷Ou, se eu mandasse a espada contra aquele país e dissesse: 'Espada, percorre o país', e ela exterminasse homens e animais, ¹⁸mesmo se no meio daquele país estivessem aqueles três homens, juro como é verdade que eu vivo, oráculo do Senhor Javé: não salvariam nem filhos e nem filhas, somente eles se salvariam.

¹⁹Ou, se eu mandasse a peste contra aquele país e derramasse meu furor contra eles na matança, exterminando homens e animais, ²⁰mesmo se no meio daquele país estivessem Noé, Daniel e Jó, juro como é verdade que eu vivo, diz o Senhor Javé: não salvariam nem filhos e nem filhas, somente eles se salvariam, por sua justiça".

O pequeno resto. ²¹Com efeito, diz o Senhor Javé: "Quando eu mandar contra Jerusalém meus quatro tremendos castigos: a espada, a fome, os animais ferozes e a peste, para extirpar dela homens e animais, ²²no meio dela será deixado um resto que será levado para fora, filhos e filhas. Eles irão a vós para que vejais sua conduta e suas obras e vos consoleis do mal que mandei contra Jerusalém, de tudo quanto mandei contra ela. ²³Eles vos consolarão quando virdes sua conduta e suas obras, e sabereis que não foi em vão que eu fiz aquilo que fiz no meio dela" – oráculo do Senhor Javé.

---

* **14**,12. 18; 33,10-20 | 14. Gn 18,22-33

† **14**,9. Deus intervém para castigar a atitude errada do profeta e dos que o consultam. | 14. A culpa de Judá chegou a tal ponto que o castigo é inevitável.

15

Alegoria da vinha. [1]Foi-me dirigida esta palavra de Javé: [2]"Filho do homem,*

que valor tem a madeira da videira†,
comparada com todas as outras madeiras
ou com qualquer ramo que está entre as árvores da floresta?

[3]Usa-se essa madeira para fazer alguma obra?

Tira-se dela uma estaca para pendurar alguma coisa?

[4]Lançada ao fogo para queimar,
o fogo devora suas duas pontas,
e também o centro é queimado.

Poderá ser útil para alguma obra?

[5]Se quando estava inteira
não servia para nenhuma obra,
agora, depois que o fogo a devorou, a queimou,
pode ainda ser usada para alguma coisa?

[6]Por isso, assim fala o Senhor Javé:
Como a madeira da videira
entre as árvores da floresta,
que eu pus no fogo para queimar,
assim tratarei os habitantes de Jerusalém.

[7]Voltarei contra eles o rosto.
De um fogo escaparam,
mas um outro fogo os devorará!†
Então sabereis que eu sou Javé,
quando eu voltar contra eles o rosto
[8]e fizer do país um deserto,
porque foram infiéis"
– oráculo do Senhor Javé.

16

Jerusalém, esposa infiel†. [1]Foi-me dirigida esta palavra de Javé: [2]"Filho do homem, faze conhecer a Jerusalém todas as suas abominações.* [3]Dirás: Assim fala o Senhor Javé a Jerusalém: Tu és, por origem e nascimento, do país dos cananeus: teu pai era amorreu e tua mãe hitita. [4]Em teu nascimento, quando foste dada à luz, não te foi cortado o cordão umbilical e não foste lavada com água para limpar-te; não foste esfregada com sal, nem foste envolvida em faixas. [5]Ninguém te dirigiu um olhar piedoso para fazer-te uma só dessas coisas por compaixão para contigo; mas, pelo desgosto que tinham de ti, foste lançada em pleno campo no dia de teu nascimento.

[6]Passei perto de ti e te vi enquanto te debatias em teu sangue e te disse, quando estavas em teu sangue: Vive! [7]Eu te fiz crescer como a erva do campo. Cresceste e te desenvolveste* e muito bela te tornaste: formaram-se teus seios, cresceu teu cabelo; mas estavas nua e descoberta.

[8]Passei perto de ti e te vi: estavas na idade do amor.* Estendi meu manto sobre ti e cobri tua nudez; jurei aliança* contigo – oráculo do Senhor Javé – e te tornaste minha. [9]Eu te lavei com água, limpei teu sangue e te ungi com óleo; [10]eu te vesti de roupas bordadas, eu te dei calçados de luxo, eu te cingi a cabeça com linho fino e te cobri de seda; [11]eu te adornei com joias: pus braceletes em teus pulsos e um colar em teu pescoço; [12]pus em teu nariz um anel, brincos nas orelhas e uma esplêndida coroa* em tua cabeça. [13]Assim foste adornada de ouro e prata; tuas vestes eram de linho, seda e tecidos bordados; flor de farinha, mel e óleo foram tua comida; ficaste sempre mais bela e chegaste a ser rainha. [14]Tua fama difundiu-se entre as nações por tua beleza, que era perfeita, pela glória que eu tinha posto em ti – oráculo do Senhor Javé.

[15]Tu, porém, inebriada por tua beleza* e aproveitando de tua fama, te prostituíste, oferecendo-te a todo transeunte. [16]Tomaste tuas vestes para te fazeres lugares altos de várias cores, nos quais te prostituías: coisa que nunca devia ter sucedido nem jamais sucederá. [17]Com tuas esplêndidas joias de

---

* **15**,2. Is 5,1 | **16**,2. 23; Os 1-3; Is 1,21; Jr 2,2; 3,6s | 7. Os 2,5 | 8. Dt 23,1 / Êx 19,1 | 12. Dt 32,13 | 15. Dt 31,16; 32,15; Os 2,10; Êx 32,2

† **15**,2. Israel é a vinha de Javé, Is 5,1-7: aqui o profeta fala dos ramos podados, que para nada servem. | 7. Sobreviveram à queda de Jerusalém, mas morrerão no exílio. | **16**. Cometeu adultério, servindo aos deuses, mas será perdoada por seu Deus, que fará com ela nova aliança.

Ezequiel 16

ouro e de prata, que eu te havia dado, fizeste imagens humanas, com as quais te prostituíste; [18]depois as enfeitaste com tuas vestes bordadas e diante daquelas imagens apresentaste meu óleo e meu perfume. [19]O pão que eu te havia dado, a flor de farinha, o óleo e o mel com que eu te nutria puseste diante delas como oferta de suave odor; e assim foi – oráculo do Senhor Javé.

[20]Tomaste os filhos e as filhas* que me havias gerado e os sacrificaste a eles em alimento. Eram pouca coisa tuas prostituições? [21]Imolaste meus filhos e os ofereceste a eles, fazendo-os passar pelo fogo em sua honra. [22]Entre todas as tuas abominações e prostituições não te recordaste do tempo de tua juventude, quando estavas nua e descoberta e te debatias no sangue! [23]Agora, depois de toda a tua maldade, ai, ai de ti! – oráculo do Senhor Javé. [24]Em toda praça* fizeste para ti uma alcova e construíste um lugar alto; [25]em toda encruzilhada fizeste para ti um lugar alto, desonraste tua beleza, oferecendo teu corpo a todo transeunte,* multiplicando tuas prostituições. [26]Também te prostituíste com os filhos do Egito, teus corpulentos vizinhos, e multiplicaste tuas infidelidades para irritar-me. [27]Estendi a mão contra ti; reduzi teu alimento e te entreguei ao poder de tuas inimigas, as filhas dos filisteus, envergonhadas com tua conduta atrevida.

[28]Não saciada ainda,* tu te prostituíste com os assírios†; sim, tu te prostituíste com eles e mesmo assim não ficaste satisfeita. [29]Multiplicaste tuas prostituições no país de Canaã, até a Caldeia; e nem mesmo então te saciaste. [30]Como foi fraco teu coração – oráculo do Senhor Javé – cometendo todas essas ações dignas de uma prostituta despudorada! [31]Quando construías para ti uma alcova em toda encruzilhada e fazias para ti um lugar alto em toda praça, não eras como uma prostituta, porque desprezavas a paga, [32]mas como uma adúltera que, em vez do marido, acolhe os estrangeiros! [33]A toda prostituta se dá um presente,* mas eras tu que davas presentes a todos os teus amantes e os subornavas para que viessem a ti de toda parte para tuas prostituições. [34]Fizeste o contrário das outras mulheres, quando te prostituías: ninguém correu atrás de ti para prostituir-se; enquanto tu distribuíste presentes e não os recebeste, fizeste o contrário das outras".

Castigo da infidelidade. [35]"Por isso, ó prostituta, escuta a palavra de Javé. [36]Assim fala o Senhor Javé: Porque tuas riquezas foram esbanjadas e tua nudez descoberta nas prostituições com teus amantes e com todos os teus ídolos abomináveis, e por causa do sangue de teus filhos* que ofereceste a eles, [37]eu reunirei todos os teus amantes com quem tiveste prazer, todos os que amaste junto com todos os que odiaste; eu os reunirei de toda parte contra ti e descobrirei diante deles tua nudez* para que eles a vejam toda. [38]Eu te julgarei como são julgadas as adúlteras e as que derramam sangue, e te farei vítima de furor e ciúme. [39]Eu te abandonarei nas mãos deles; eles destruirão tuas alcovas, demolirão teus lugares altos; vão despojar-te de tuas vestes e tomar tuas esplêndidas joias; vão deixar-te descoberta e nua. [40]Depois instigarão contra ti a multidão;* eles te apedrejarão e te traspassarão com suas espadas. [41]Incendiarão tuas casas e executarão a sentença contra ti aos olhos de numerosas mulheres: porei fim a tuas prostituições e não distribuirás mais presentes. [42]Assim aplacarei meu furor sobre ti, e meu ciúme se afastará de ti; eu me acalmarei e não mais me irritarei. [43]Porque não te lembraste do tempo de tua juventude e me provocaste à ira com to-

---

* **16,**20. Lv 18,21 | 24. Dt 12,2 | 25. Is 30; 31 | 28. 2Rs 21,1-18; 2Cr 33,1-10 | 33. Os 8,9 | 36. Ap 17,5s | 37. Ap 17,16; Os 2,12 | 40. Os 2,5

† **16,**28. Aliar-se às nações é também cometer adultério, porque incluía muitas vezes a adoção de suas práticas religiosas e indicava falta de confiança em seu Esposo e protetor.

das estas coisas, também eu farei recair sobre tua cabeça tuas ações – oráculo do Senhor Javé; assim não cometerás outras perversidades além de todas as tuas abominações.

44Todo aquele que usa provérbios dirá este provérbio a teu respeito: 'Tal mãe, tal filha'. 45És mesmo filha de tua mãe, que abandonou o marido e seus filhos: és irmã de tuas irmãs, que abandonaram o marido e seus filhos. Vossa mãe era hitita e vosso pai amorreu. 46Tua irmã mais velha* é Samaria, que mora a tua esquerda com suas filhas; tua irmã mais nova é Sodoma, que mora a tua direita† com suas filhas. 47Tu não apenas seguiste a conduta delas e agiste conforme seus costumes abomináveis mas, como se isso fosse pouco demais, tu te comportaste pior que elas em toda a tua conduta. 48Por minha vida – oráculo do Senhor Javé – tua irmã Sodoma e suas filhas não fizeram o que fizeste tu e tuas filhas!* 49Esta foi a iniquidade de tua irmã Sodoma: soberba, fartura de pão, ócio indolente, ela e suas filhas; mas não estenderam a mão ao pobre e ao indigente; 50tornaram-se arrogantes e cometeram o que é abominável diante de mim: eu as vi e as eliminei. 51Samaria não cometeu nem a metade de teus pecados. Multiplicaste tuas abominações mais que elas, tuas irmãs, a ponto de fazê-las parecer justas, com todas as abominações que cometeste.

52Tu também, que justificaste tuas irmãs, carrega tua própria desonra por teus pecados que cometeste, mais abomináveis que os delas; elas são mais justas que tu: também tu, pois, deves sentir vergonha e carregar tua desonra, porque justificaste tuas irmãs. 53Mas eu mudarei a sorte delas: mudarei a sorte de Sodoma e de suas filhas†, mudarei a sorte de Samaria e de suas filhas; também mudarei tua sorte no meio delas, 54para que carregues tua desonra e sintas vergonha

do que fizeste; com isso as consolarás. 55Tua irmã Sodoma e suas filhas voltarão a seu estado anterior; Samaria e suas filhas voltarão a seu estado anterior e também tu e tuas filhas voltareis a vosso estado anterior. 56Não mencionavas tua irmã Sodoma, difamando-a no tempo de teu orgulho, 57antes que fosse descoberta tua maldade? Assim, agora és desprezada pelas filhas de Aram e por todos os que estão ao redor dela e pelas filhas dos filisteus, que zombam de ti de todo lado. 58Carregas o peso de tua maldade e de tuas abominações – oráculo de Javé. 59Pois assim fala o Senhor Javé: Farei contigo como fizeste ao desprezar o juramento e violar a aliança".

Aliança eterna. 60"Mas eu me recordarei da aliança concluída contigo* no tempo de tua juventude e estabelecerei contigo uma aliança eterna. 61Então te recordarás de tua conduta* e sentirás vergonha, quando receberes tuas irmãs mais velhas junto com as mais novas; eu as darei a ti como filhas, mas não por força da aliança feita contigo; 62eu ratificarei minha aliança contigo e saberás que eu sou Javé†, 63para que te lembres e te envergonhes e, em tua confusão, não abras mais a boca, quando eu te houver perdoado tudo o que fizeste – oráculo do Senhor Javé".

17

Alegoria das águias†. 1Foi-me dirigida esta palavra de Javé: 2"Filho do homem, propõe um enigma e conta uma parábola aos israelitas. 3Dirás: Assim fala o Senhor Javé:

Uma grande águia, de grandes asas,
de comprida plumagem,
cheia de penas de várias cores,
veio do Líbano e tirou a ponta do cedro;
4quebrou o mais alto de seus ramos,
levou-o a um país de comerciantes*
e o depôs numa cidade de negociantes.

---

* **16**,46. 16,3 | 48. Gn 19 | 60. Os 2,16-25; Jr 31,3.31-34 | 61. 36,31 | **17**,4. 16,29

† **16**,46. Esquerda e direita são respectivamente norte e sul de quem olha para o oriente. | 53. As filhas são as cidades dependentes dela. | 62. Saberás que eu sou um Deus que não te esquece, mesmo quando tu me esqueces. | **17**. Contra a política pró-egípcia do rei Sedecias. A águia do v. 3 é Nabucodonosor, rei de Babilônia; a do v. 7 é o Egito.

Ezequiel 17

⁵Escolheu um germe do país
e o depôs num campo fértil;
colocou-o junto a águas abundantes,
plantou-o como um salgueiro,
⁶para que germinasse
e se tornasse uma videira extensa, pouco alta,
que para a águia virasse os ramos
e suas raízes crescessem debaixo dela.

Tornou-se uma videira,
que produziu sarmentos e estendeu os ramos.

⁷Mas havia uma outra águia grande,
de grandes asas, cheia de penas.
E aquela videira virou para ela suas raízes
e estendeu para ela seus sarmentos,
para que a irrigasse no canteiro em que estava plantada.

⁸Ela estava plantada num campo fértil,
junto a águas abundantes,
para lançar ramos e dar fruto
e tornar-se uma excelente videira.

⁹Dize-lhes: Assim fala o Senhor Javé:
Conseguirá prosperar?
A águia não vai arrancar suas raízes
e tirar seus frutos, de modo que ela seque?
Assim todas as suas folhas novas secarão.
Não será preciso grande esforço
nem muita gente para arrancá-la pelas raízes.

¹⁰Ela está plantada: conseguirá prosperar?
Não secará totalmente
quando for atingida pelo vento do oriente?
No mesmo canteiro onde germinou secará!"

Explicação da alegoria. ¹¹Foi-me dirigida esta palavra de Javé: ¹²"Fala, pois, a essa estirpe de rebeldes: Não sabeis o que significa isso?* Dize ainda: O rei de Babilônia chegou a Jerusalém, tomou o rei e os príncipes e os transportou consigo para Babilônia. ¹³Escolheu alguém da família real e fez um pacto

com ele, obrigando-o com juramento. Deportou os poderosos do país, ¹⁴para que o reino ficasse fraco e não pudesse levantar-se, mas, observando seu pacto, pudesse manter-se estável. ¹⁵Mas este se rebelou e mandou mensageiros ao Egito,* para que lhe fossem dados cavalos e muitos soldados. Poderá prosperar, poderá escapar quem agiu assim? Ele pode violar um pacto e sair ileso? ¹⁶Por minha vida – oráculo do Senhor Javé – no país do rei que lhe havia dado o trono, cujo juramento desprezou e cuja aliança violou, junto dele, no meio de Babilônia, morrerá. ¹⁷O faraó com seu grande exército e suas numerosas tropas não o ajudará na guerra, quando se elevarem aterros e se construírem baluartes para destruir tantas vidas humanas. ¹⁸Desprezou um juramento, violando uma aliança feita com um aperto de mão, e depois agiu desse modo. Não escapará.

¹⁹Por isso, assim fala o Senhor Javé: Por minha vida, meu juramento que ele desprezou, minha aliança que violou, farei recair* sobre sua cabeça. ²⁰Estenderei sobre ele minha rede e ficará preso em meu laço. Eu o levarei para Babilônia e lá o julgarei pela infidelidade cometida contra mim. ²¹Toda a elite de suas fileiras cairá pela espada e os sobreviventes serão dispersos a todos os ventos: assim sabereis que eu, Javé, falei".

Promessa do rei Messias†. ²²Assim fala o Senhor Javé:
"Eu tomarei do alto do cedro,
das pontas de seus ramos colherei um broto
e o plantarei sobre um monte elevado e altaneiro.

²³Eu o plantarei sobre a alta montanha de Israel.
Produzirá ramos e dará frutos
e se tornará um cedro magnífico.
Debaixo dele todos os pássaros habitarão,
toda ave à sombra de seus ramos repousará.*

---

* **17**,12. 2Rs 24,10-17 | 15. 2Rs 24,20 | 19. 12,13 | 23. Mt 13,32

† **17**,22. O cedro é Davi, o broto é o Messias, que acolhe todos os povos em seu reino de salvação.

²⁴Saberão todas as árvores do campo†
que eu sou Javé,
que humilho a árvore alta
e elevo a árvore humilde;*
faço secar a árvore verde
e germinar a árvore seca.
Eu, Javé, falei e o farei".

18 Responsabilidade individual†. ¹Foi-me dirigida esta palavra de Javé:

²"Que quereis dizer quando usais este provérbio* no país de Israel:

Os pais comeram uva verde*
e os dentes dos filhos ficaram travando?

³Por minha vida, diz o Senhor Javé, não usareis mais este provérbio em Israel. ⁴Todas as vidas são minhas: a vida do pai e a do filho são minhas; aquele que peca, é ele que morrerá.*

⁵Se alguém é justo e pratica o direito e a justiça, ⁶se não come sobre as montanhas e não eleva os olhos para os ídolos da casa de Israel,* se não desonra a mulher do próximo e não se aproxima de uma mulher em estado de impureza, ⁷se não oprime ninguém, restitui o penhor ao devedor, não comete rapina, reparte o pão com o faminto* e cobre de vestes quem está nu, ⁸se não empresta com usura, não cobra juros, afasta sua mão da iniquidade e pronuncia reto juízo entre um homem e outro, ⁹se cumpre minhas leis e observa minhas normas, agindo com fidelidade, ele é justo e ele viverá – oráculo do Senhor Javé.

¹⁰Mas se alguém gerou um filho violento e sanguinário, que comete alguma dessas ações iníquas, ¹¹enquanto que ele não as comete, e este filho come sobre as montanhas, desonra a mulher do próximo, ¹²oprime o pobre e o indigente, comete rapinas, não restitui o penhor, eleva os olhos para os ídolos, comete ações abomináveis,

¹³empresta com usura e cobra juros, ele não viverá; porque cometeu todas essas ações abomináveis, este morrerá e deverá a si mesmo a própria morte.

¹⁴Mas se alguém gerou um filho que, vendo todos os pecados cometidos pelo pai, embora os veja, não os comete, ¹⁵não come sobre as montanhas, não eleva os olhos para os ídolos da casa de Israel, não desonra a mulher do próximo, ¹⁶não oprime ninguém, não exige penhor, não comete rapina, dá o pão ao faminto e cobre de vestes quem está nu, ¹⁷desiste da iniquidade, não empresta com usura nem a juros, observa meus decretos, caminha conforme minhas leis, este não morrerá por causa da iniquidade de seu pai, mas certamente viverá. ¹⁸Mas seu pai, que oprimiu e espoliou o próximo, que não agiu bem no meio do povo, morrerá por causa de sua iniquidade.

¹⁹Vós dizeis: 'Por que o filho não paga pela iniquidade do pai?' Porque o filho agiu conforme a justiça e a retidão, observou todos os meus mandamentos e os pôs em prática, por isso viverá.

²⁰Aquele que pecou* é o que morrerá; o filho não paga pela iniquidade do pai, nem o pai pela iniquidade do filho. Ao justo será creditada sua justiça e ao malvado, sua maldade.

²¹Mas se o malvado se afasta de todos os pecados que cometeu e observa todos os meus decretos e age com justiça e retidão,* ele certamente viverá, não morrerá. ²²Nenhuma de suas transgressões* cometidas será recordada, mas viverá por causa da justiça que praticou.

²³Acaso eu tenho prazer na morte do malvado* – oráculo do Senhor Javé – e não, antes, que desista de sua conduta e viva?

²⁴Mas se o justo se afasta* de sua justiça e comete a iniquidade, imitan-

---

* **17**,24. Sl 113,7ss; Lc 1,51ss | **18**,2. 14,12; 33,10-20 / Jr 31,29 | 4. 18,20 | 6. Dt 24,16; Sl 15,2-5; 24,3-6 | 7. Mt 25,35s | 20. 18,4; Dt 24,16 | 21. 33,16 | 22. 33,11; Sb 11,26 | 23. Lc 15,7.10.32; Jo 8,11; Rm 11,32 | 24. 2Pd 3,9; Ez 3,20; 33,12s

† **17**,24. As árvores são os reis das nações vizinhas; saberão que Javé humilha os poderosos e do nada suscita uma nova potência. | **18**. Os exilados achavam que estavam sendo punidos pelos pecados de seus pais. O profeta afirma a doutrina da retribuição individual. Nem o pecado, nem as boas obras dos pais passam para os filhos. Mas o justo pode tornar-se pecador e o pecador, justo.

Ezequiel 18-19

do todas as ações abomináveis que o malvado comete, poderá ele viver? Todas as obras justas por ele feitas serão esquecidas; por causa da infidelidade na qual caiu e do pecado que cometeu, ele morrerá. ²⁵Vós dizeis: 'Não é reto o caminho do Senhor'.

Escuta, pois, casa de Israel: É meu caminho que não é reto ou, antes, os vossos que não são retos? ²⁶Se o justo se afasta da justiça para cometer a iniquidade e por causa desta morre, morre pela iniquidade que cometeu. ²⁷E se o injusto desiste da maldade que cometeu e age com justiça e retidão, salvará sua vida. ²⁸Refletiu, afastou-se de todas as transgressões cometidas: ele certamente viverá e não morrerá. ²⁹No entanto, os israelitas estão dizendo: 'Não é reto o caminho do Senhor'. Ó casa de Israel, não são retos meus caminhos ou antes não são retos os vossos?

³⁰Por isso, ó israelitas,* eu julgarei cada um de vós segundo sua conduta – oráculo do Senhor Javé. Convertei-vos e desisti de todas as vossas iniquidades, e a iniquidade não será para vós causa de ruína. ³¹Livrai-vos de todas as transgressões cometidas e formai-vos um coração novo* e um espírito novo. Por que quereis morrer, israelitas? ³²Não tenho prazer na morte* de quem morre – oráculo do Senhor Javé. Convertei-vos e vivereis".*

19 Elegia sobre os últimos reis de Judá.
¹Entoa agora um lamento sobre os chefes de Israel, ²dizendo:

"O que era tua mãe?
Uma leoa entre os leões.
Deitada no meio dos leões,
alimentava seus filhotes.
³Ela criou um dos filhotes,
que se tornou um jovem leão,
aprendeu a dilacerar a presa,
a devorar os homens.
⁴Mas as nações ouviram falar dele,
ele foi apanhado na armadilha delas

e conduzido em correntes ao Egito.*
⁵Quando ela viu que era longa a espera
e em vão sua esperança,
tomou outro filhote
e fez dele um jovem leão.
⁶Ele vivia entre os leões,
tornou-se um leãozinho
e aprendeu a dilacerar a presa,
a devorar os homens.
⁷Demoliu seus palácios,
devastou suas cidades.
O país e seus habitantes se aterrorizavam
ao rumor de seu rugido.
⁸Assaltaram-no as nações
vindas das aldeias ao redor;
armaram seu laço contra ele
e ele ficou preso na armadilha delas.
⁹Fecharam-no numa jaula,
conduziram-no acorrentado ao rei de Babilônia
e o lançaram numa prisão,*
para que não se ouvisse sua voz
nos montes de Israel.
¹⁰Tua mãe era como videira*
plantada à beira d'água.
Era verdejante e frondosa,
por causa da abundância de água;
¹¹teve ramos fortes,*
bons para cetros reais;
sua estatura se elevou no meio dos ramos espessos,
admirável por sua altura
e pela abundância de seus ramos.
¹²Mas ela foi arrancada com furor
e jogada ao chão;
o vento do oriente a secou,
secou seus frutos;
seus ramos fortes foram quebrados e secaram,*
e o fogo os devorou.
¹³Agora é plantada no deserto,
numa terra seca e sedenta;
¹⁴um fogo saiu de um ramo seu,
devorou seus frutos
e ela não tem mais nenhum ramo forte
nem cetro para dominar".
Isto é um lamento e servirá como lamento.

---

* **18**,30. 33,20; Mt 16,27 | 31. 11,19; Jr 4,4 | 32. 33,11; 18,23; Sb 1,13 / Mt 3,2 | **19**,4. 2Rs 23,33s | 9. 2Rs 24,8-17 | 10. Is 5,1; 17,6-10 | 11. Ap 22,1s | 12. Jo 15,6

20 História da infidelidade de Israel.

¹No dia dez do quinto mês do ano sétimo†, alguns anciãos de Israel* vieram consultar Javé e sentaram-se diante de mim. ²Foi-me dirigida esta palavra de Javé: ³"Filho do homem, fala aos anciãos de Israel e dize-lhes: Assim fala o Senhor Javé: Vindes para consultar-me? Por minha vida, não me deixarei consultar por vós – oráculo do Senhor Javé. ⁴Queres julgá-los?* Queres julgá-los, filho do homem? Mostra-lhes as abominações de seus pais. ⁵Dize-lhes: Assim fala o Senhor Javé:* Quando escolhi Israel e ergui a mão em juramento aos descendentes da casa de Jacó, revelei-me a eles no país do Egito e lhes jurei, com a mão erguida, dizendo: Eu sou Javé, vosso Deus. ⁶Naquele dia ergui a mão e jurei-lhes* que os faria sair do país do Egito e os conduziria a uma terra escolhida para eles, onde corre leite e mel,* que é a mais bela de todas as terras. ⁷Eu lhes disse: Cada um lance fora as abominações* que atraem vossos olhos; e não vos contamineis com os ídolos do Egito: eu sou Javé, vosso Deus.

⁸Mas eles se rebelaram contra mim e não quiseram escutar-me. Não lançaram fora as abominações que atraíam seus olhos e não abandonaram os ídolos do Egito. Então decidi derramar sobre eles meu furor e desafogar contra eles minha ira,* no meio do país do Egito. ⁹Mas agi por amor de meu nome, para que não fosse profanado aos olhos das nações no meio das quais se encontravam, diante das quais eu me revelei, para fazê-los sair do país do Egito. ¹⁰Assim os fiz sair do Egito e os conduzi ao deserto; ¹¹dei-lhes meus estatutos* e dei-lhes a conhecer minhas leis, para que quem as observar viva por elas. ¹²Dei-lhes também meus sábados* como um sinal entre mim e eles, para que soubessem que sou eu,* Javé, que os santifico.

¹³Mas os israelitas se rebelaram* contra mim no deserto: não caminharam conforme meus estatutos, desprezaram meus decretos, que é preciso observar para viver por eles, e violaram gravemente meus sábados. Então decidi derramar sobre eles minha indignação no deserto para exterminá-los.

¹⁴Mas agi por amor de meu nome,* para que não fosse profanado aos olhos das nações diante das quais eu os tinha feito sair. ¹⁵Além disso, eu lhes havia jurado no deserto, com a mão erguida, que não mais os faria entrar* na terra que eu lhes tinha reservado, terra onde corre leite e mel, a mais bela entre todas as terras, ¹⁶porque desprezaram meus decretos, não seguiram meus preceitos, e profanaram meus sábados, porque seu coração se apegara a seus ídolos. ¹⁷Mas tive para com eles um olhar de piedade para não exterminá-los, e não os aniquilei no deserto.

¹⁸Eu disse a seus filhos no deserto: Não sigais as normas de vossos pais, não observeis suas leis, não vos contamineis com seus ídolos: ¹⁹sou eu, Javé, vosso Deus. Caminhai conforme minhas normas, observai minhas leis e ponde-as em prática. ²⁰Santificai meus sábados; que eles sejam um sinal entre mim e vós, para que se saiba que sou eu Javé, vosso Deus.

²¹Mas também os filhos se rebelaram contra mim,* não caminharam conforme minhas normas, não observaram e não puseram em prática minhas leis, que dão a vida a quem as observa; profanaram meus sábados. Então decidi derramar minha indignação sobre eles e desafogar contra eles minha ira no deserto.

²²Mas retirei a mão e agi por amor de meu nome, para que não fosse profanado aos olhos das nações, diante das quais* eu os fizera sair. ²³E no deserto lhes jurei, com a mão erguida, que os dispersaria entre as nações e os espa-

---

* **20**,1. 14,1-5 | 4. 22,2; 23,36 | 5. Dt 7,6 | 6. Êx 3,14 / Êx 3,8 | 7. Lv 18,3 | 8. 20,14; 36,22 | 11. Lv 18,5 | 12. Êx 20,8 / Êx 31,13 | 13. Êx 14,11 | 14. 20,9 | 15. Êx 32,12; Nm 14,28ss; Dt 1,34s; Sl 95,11 | 21. Lv 18,5 | 22. 20,14

† **20**,1. Julho/agosto de 591 a.C.

Ezequiel 20-21

lharia em países estrangeiros, ²⁴porque não tinham praticado minhas leis; ao contrário, tinham desprezado minhas normas e profanado meus sábados, e seus olhos estavam voltados para os ídolos de seus pais.

²⁵Então lhes dei até mesmo normas que não eram boas e leis pelas quais não podiam viver. ²⁶Fiz com que se contaminassem por suas ofertas, fazendo-os sacrificar* todo primogênito†, para aterrorizá-los, para que reconhecessem que eu sou Javé. ²⁷Fala, pois, aos israelitas, filho do homem, e dize-lhes: Assim fala o Senhor Javé: Também nisto me ofenderam vossos pais com suas infidelidade para comigo: ²⁸depois que eu os introduzi no país que, com mão erguida,* eu tinha jurado dar-lhes, eles olharam toda colina elevada, toda árvore frondosa e lá fizeram os sacrifícios e apresentaram suas ofertas provocadoras: lá depositaram seus perfumes suaves e derramaram suas libações. ²⁹Eu lhes disse: O que é este lugar alto aonde ides? O nome 'lugar alto' permanece até hoje".

Castigo e promessa de restauração. ³⁰"Pois bem, dize aos israelitas: Assim fala o Senhor Javé: Vós vos contaminais, seguindo o costume de vossos pais, vós vos prostituís com suas abominações ³¹e vos contaminais com todos os vossos ídolos até hoje, oferecendo vossos dons e fazendo passar pelo fogo vossos filhos, e eu deveria deixar-me consultar por vós, casa de Israel? Por minha vida – oráculo do Senhor Javé – não me deixarei consultar por vós. ³²E jamais acontecerá isto que imaginais em vosso coração, isto que andais dizendo: 'Seremos como as nações, como as tribos dos outros países, que prestam culto à madeira e à pedra'. ³³Por minha vida – oráculo do Senhor Javé – eu reinarei sobre vós com mão forte, com braço estendido e derramando minha ira. ³⁴Depois vos farei sair do meio dos povos e vos reunirei daqueles países onde fostes dispersos com mão forte, com braço es-

tendido e com minha ira transbordante ³⁵e vos conduzirei ao deserto dos povos e lá, face a face, vos julgarei. ³⁶Como julguei vossos pais no deserto do país do Egito, assim vos julgarei – oráculo do Senhor Javé. ³⁷Eu vos farei passar sob meu bastão e vos levarei a respeitar a aliança. ³⁸Separarei de vós os rebeldes* e os que se revoltaram contra mim; eu os farei sair do país em que peregrinam, mas não entrarão na terra de Israel: assim sabereis que eu sou Javé. ³⁹A vós, casa de Israel,* assim diz o Senhor Javé: que cada um vá servir a seus ídolos* se não quereis escutar-me, mas meu santo nome não profaneis mais com vossas ofertas, com vossos ídolos; ⁴⁰porque é em minha santa montanha, na alta montanha de Israel – oráculo do Senhor Javé – que me servirá toda a casa de Israel, toda reunida naquele país; é lá que acolherei e aceitarei vossas ofertas, as primícias de vossos dons e todas as vossas coisas santas. ⁴¹Eu vos aceitarei como suave perfume, quando vos tiver tirado do meio dos povos e vos tiver reunido dos países nos quais fostes dispersos: entre vós eu me mostrarei santo aos olhos das nações.

⁴²Então sabereis que eu sou Javé, quando vos conduzir à terra de Israel, ao país que, com a mão erguida, jurei dar a vossos pais. ⁴³Lá vos recordareis de vossa conduta, de todos os pecados com os quais vos manchastes, e provareis desgosto de vós mesmos por todo o mal que cometestes. ⁴⁴Então sabereis que eu sou Javé, quando eu agir convosco por amor de meu nome e não conforme vossa má conduta* e vossas ações corruptas, casa de Israel" – oráculo do Senhor Javé.

21

A espada de Javé. ¹Foi-me dirigida esta palavra de Javé: ²"Filho do homem, vira o rosto para o sul,* dirige tua palavra ao sul e profetiza contra a floresta do Negueb. ³Dirás à floresta do Negueb: Escuta a palavra de

---

* **20,**26. Lv 18,21 | 28. Dt 12,2 | 38. Is 4,3 | 39. 16,59-63 / 36,20; 43,8; Lv 17,1 | 44. 20,14 | **21,**2. 16,46 | 3. Is 9,17; 10,17ss; Jr 21,14; Sl 83,15

† **20,**26. Deus fala como se fosse Ele o responsável pela interpretação errada que deram a Sua lei.

Ezequiel 21

Javé: Assim fala o Senhor Javé: Acenderei em ti um fogo que devorará em ti toda árvore verde* e toda árvore seca: a chama ardente não se apagará, e todo rosto será queimado desde o Negueb até o norte. ⁴Todo ser vivo verá que eu, Javé, o acendi e não se apagará".

⁵Eu disse: "Ah! Senhor Javé, estão dizendo de mim: Não é este que anda dizendo parábolas?"

⁶Foi-me dirigida esta palavra de Javé: ⁷"Filho do homem, vira o rosto para Jerusalém e fala contra seus santuários, profetiza contra o país de Israel. ⁸Dirás ao país de Israel: Assim fala Javé: Eu sou contra ti. Desembainharei a espada e eliminarei do meio de ti o justo e o pecador. ⁹Porque quero eliminar do meio de ti o justo e o pecador, minha espada sairá da bainha para abater todo ser vivo, desde o Negueb até o norte. ¹⁰Assim todo ser vivo saberá que eu, Javé, desembainhei a espada e ela não entrará mais na bainha. ¹¹Tu, filho do homem, chora: chora diante deles com o coração quebrantado e cheio de amargura. ¹²Quando te perguntarem: Por que choras?, responderás: Por causa da notícia que está para chegar; todo coração desfalecerá, todas as mãos se afrouxarão, todo espírito se angustiará, todos os joelhos vacilarão. Eis que é chegada e se cumpre" – oráculo do Senhor Javé.*

¹³Foi-me dirigida esta palavra de Javé: ¹⁴"Filho do homem, profetiza e dize-lhes: Assim fala o Senhor Javé:
A espada! A espada está afiada e polida,
¹⁵afiada para o massacre, polida para lampejar!†
¹⁶Ele a mandou polir para que seja empunhada.
Foi afiada e polida para ser entregue na mão do carrasco.
¹⁷Grita e lamenta-te, filho do homem, porque ela será usada contra meu povo,
contra todos os príncipes de Israel destinados à espada junto com meu povo.

Por isso, bate no peito,*
¹⁸porque é uma prova:
o que acontecerá se este cetro que despreza tudo
não existir mais?
– oráculo do Senhor Javé.
¹⁹E tu, filho do homem,
profetiza e bate palmas;
que a espada duplique e triplique seus golpes:
é a espada do massacre,
a espada do grande massacre que os circunda.
²⁰Para que os corações desfaleçam
e se multipliquem as vítimas,
eu pus em toda porta a ponta da espada,
feita para lampejar, afiada para o massacre.
²¹Mostra-te afiada, à direita, à esquerda,
para onde quer que se volte tua lâmina.
²²Também eu baterei palmas
e satisfarei minha ira.
Eu, Javé, falei".

Nabucodonosor contra Jerusalém. ²³Foi-me dirigida esta palavra de Javé: ²⁴"Filho do homem, traça dois caminhos para a passagem da espada do rei de Babilônia, partindo ambos do mesmo país. Põe um sinal no começo do caminho que conduz à cidade. ²⁵Traça o caminho para que a espada chegue a Rabá dos amonitas e a Judá, a Jerusalém, cidade fortificada. ²⁶Com efeito, o rei de Babilônia está parado na encruzilhada, no início dos dois caminhos, para consultar as sortes: lança as flechas, interroga os deuses domésticos, observa o fígado. ²⁷Em sua mão direita, a sorte caiu sobre Jerusalém, para dispor contra ela os aríetes,* para fazê-la ouvir a ordem do massacre, para lançar gritos de guerra, colocar os aríetes contra suas portas, elevar aterros, construir torres. ²⁸Mas para eles isto será como falsa adivinhação. Eles fizeram solenes juramentos; ele, porém, recorda-lhes a ini-

---

* **21**,12. 7,17 | 17. Jr 31,19 | 27. 4,2s

† **21**,15. Porque Israel recusou a correção da vara, Pr 13,24, a Deus só resta mandar a espada.

Ezequiel 21-22

quidade pela qual serão feitos prisioneiros". [29]Por isso, assim fala o Senhor Javé: "Porque vós fizestes recordar vossas iniquidades, sendo vossas transgressões reveladas de modo que em todas as vossas ações vossos pecados apareçam, porque atraístes a atenção sobre vós, sereis feitos prisioneiros. [30]A ti, vil criminoso, príncipe de Israel[+], cujo dia é chegado com o tempo de tua iniquidade final, [31]assim fala o Senhor Javé: Depõe o turbante e tira a coroa; tudo será mudado:* o que é baixo será elevado e o que é alto será abaixado. [32]Ruínas, ruínas! A ruínas a reduzirei, e não se erguerá mais, até que venha aquele ao qual pertence por direito e ao qual eu a darei".

Castigo dos amonitas. [33]Tu, filho do homem, profetiza. Dirás: "Assim fala o Senhor Javé a respeito dos amonitas e de seus insultos. Dirás: A espada, a espada está desembainhada para o massacre, está afiada para exterminar, para lampejar, [34]enquanto eles têm falsas visões e te predizem sortes mentirosas, a espada será posta na garganta dos ímpios perversos, cujo dia chegou, no cúmulo de sua maldade.

[35]Repõe a espada na bainha. No lugar em que foste criado, na terra em que nasceste, eu te julgarei; [36]derramarei sobre ti minha indignação, contra ti soprarei o fogo de minha ira e te abandonarei nas mãos de homens violentos, portadores de destruição. [37]Serás presa do fogo, teu sangue será derramado no meio da terra, não haverá mais lembrança de ti, porque eu, Javé, falei".

22

As culpas de Jerusalém. [1]Foi-me dirigida esta palavra de Javé: [2]"Tu, filho do homem,* julgarás, julgarás a cidade sanguinária? Mostra-lhe todas as suas abominações. [3]Dirás: Assim fala o Senhor Javé: Ó cidade que derrama o sangue no meio de si

mesma, para que chegue seu tempo, e fabrica para seu dano ídolos com os quais contaminar-se! [4]Pelo sangue que derramaste te tornaste culpada e te contaminaste com os ídolos que fabricaste: apressaste teu dia, chegaste ao termo de teus anos. Por isso farei de ti o opróbrio das nações* e o escárnio de todos os países. [5]Os que estão perto e os que estão longe zombarão de ti, ó cidade infame e cheia de desordens. [6]Em ti os príncipes de Israel derramam sangue, cada um* conforme seu poder. [7]Em ti desprezam o pai e a mãe,* em ti maltratam o estrangeiro, em ti oprimem o órfão e a viúva. [8]Desprezaste minhas coisas santas,* profanaste meus sábados. [9]Há em ti quem calunia para derramar sangue. Há em ti quem come nas montanhas* e quem comete infâmias. [10]Em ti há quem tem relações com o próprio pai,* em ti abusam da mulher em estado de impureza. [11]Este comete abominações com a mulher do próximo,* aquele contamina com incesto a nora, outro violenta a irmã,* filha de seu pai. [12]Em ti se recebem presentes para derramar sangue; emprestas a juros e com usura, despojas com extorsão teu próximo* e de mim te esqueces – oráculo do Senhor Javé.

[13]Eu bato palmas pelo lucro desonesto* que tiveste e pelo sangue derramado no meio de ti. [14]Teu coração poderá resistir e serão fortes tuas mãos nos dias em que vou agir contra ti? Eu, Javé, o disse e o farei; [15]eu te dispersarei entre as nações* e te espalharei em países estrangeiros; eu te purificarei de tua imundície, [16]depois te retomarei em herança* diante das nações e saberás que eu sou Javé"[+].

[17]Foi-me dirigida esta palavra de Javé: [18]"Filho do homem, os israelitas* se transformaram em escória para mim; são todos cobre, estanho, ferro e chumbo dentro de uma fornalha:

---

* **21**,31. Is 40,4 | **22**,2. 20,4; 23,36 | 4. 5,14 | 6. 18,5-9 | 7. Dt 27,16 | 8. Lv 19,3 | 9. Êx 22,21s | 10. Lv 19,30 | 11. Lv 18,7-19 / Lv 18,20;18,9 | 12. Dt 27,25; Lv 25,35ss | 13. 6,11 | 15. Lv 26,33 | 16. 20,9 | 18. Is 1,22.25; Jr 6,28ss

+ **21**,30. Trata-se de Sedecias, que reinou em Judá de 597 a 586 a.C., e traiu o rei de Babilônia, 17,16-21. | **22**,16. O exílio não é apenas um castigo, mas também tempo de purificação e de renascimento.

são escória de prata. [19]Por isso, assim fala o Senhor Javé: Porque todos vos tornastes escória, eu vos ajuntarei no meio de Jerusalém. [20]Como se ajuntam prata, cobre, ferro, chumbo, estanho dentro de uma fornalha e se sopra o fogo* para fundi-los, assim vos ajuntarei e vos farei fundir em minha ira e em meu furor; [21]eu vos reunirei, contra vós soprarei o fogo de minha indignação e vos farei fundir no meio da cidade. [22]Como se funde a prata na fornalha, assim sereis fundidos no meio dela: sabereis que eu, Javé, derramei meu furor sobre vós".

As culpas dos chefes. [23]Foi-me dirigida esta palavra de Javé: [24]"Filho do homem, dize a Jerusalém: És uma terra não purificada, não lavada pela chuva no dia da ira. [25]Dentro dela seus príncipes, como leão que ruge e que arrebata a presa, devoram o povo, apoderam-se dos tesouros e das riquezas,* multiplicam as viúvas na cidade. [26]Seus sacerdotes violam minha lei, profanam minhas coisas santas.* Não fazem diferença entre o sagrado e o profano, não ensinam a distinguir entre o puro e o impuro, não observam meus sábados,* e eu sou desonrado no meio deles. [27]No meio dela, seus chefes são como lobos que arrebatam a presa e derramam sangue, fazendo perecer o povo para obter um lucro desonesto. [28]Seus profetas recobriram* de cal todos esses delitos com suas falsas visões e seus oráculos enganadores, dizendo: 'Assim fala o Senhor Javé', sem que Javé tenha falado. [29]O povo do país comete violência e se entrega à rapina, explora o pobre* e o necessitado, maltrata o estrangeiro contra todo o direito. [30]Procurei entre eles um homem que construísse um muro e ficasse de pé na brecha diante de mim, para defender o país, para que eu não o devastasse, mas não o encontrei. [31]Por isso derramarei sobre eles minha indignação; vou

consumi-los com o fogo de minha cólera: farei recair sua conduta sobre suas cabeças – oráculo do Senhor Javé".

23 Alegoria sobre Samaria e Jerusalém.

[1]Foi-me dirigida esta palavra de Javé: [2]"Filho do homem, havia duas mulheres, filhas* da mesma mãe, [3]as quais se tinham prostituído no Egito desde sua juventude†, onde apalparam seus peitos e lhes contaminaram o seio virginal. [4]Elas se chamam Oola, a mais velha, e Ooliba, sua irmã. Tornaram-se minhas e deram à luz filhos e filhas. Oola é Samaria e Ooliba é Jerusalém. [5]Oola, enquanto era minha, prostituiu-se: ardeu de amor por seus amantes, os assírios, seus vizinhos, [6]vestidos de púrpura, príncipes e governadores, todos jovens atraentes, cavaleiros montados em cavalos. [7]Prostituiu-se com eles, com toda a elite dos assírios, e contaminou-se com todos aqueles pelos quais se havia apaixonado e com todos os seus ídolos. [8]Não renunciou a suas relações amorosas com os egípcios, os quais tinham abusado dela em sua juventude, tinham contaminado seu seio virginal, desafogando sobre ela sua luxúria. [9]Por isso eu a entreguei nas mãos de seus amantes, nas mãos dos assírios, pelos quais se havia apaixonado. [10]Eles descobriram sua nudez, tomaram seus filhos e filhas e a mataram com a espada. Tornou-se assim uma advertência para as mulheres, pela condenação exemplar executada contra ela.

[11]Sua irmã Ooliba viu isto e corrompeu-se mais que ela em seus amores; suas prostituições superaram as de sua irmã. [12]Apaixonou-se pelos assírios, seus vizinhos, príncipes e chefes, luxuosamente vestidos, cavaleiros montados em cavalos, todos jovens atraentes. [13]Eu vi que se havia contaminado e que ambas seguiam o mesmo caminho.

---

* **22**,20. Ml 3,2s **|** 25. Sf 3,3s **|** 26. Lv 19,30 / Lv 17-22; 11-16; 23,1 / Êx 20,8-11 **|** 28. 13,10-16 **|** 29. Is 59,15s **23**,2. 20,7s

† **23**,3. Ezequiel não considera o êxodo como tempo ideal do noivado entre Javé e o povo, Os 2,16s; Jr 2,2s, mas para ele Israel sempre foi infiel a seu Deus.

Ezequiel 23

¹⁴Mas esta multiplicou suas prostituições: viu homens desenhados numa parede, figuras de caldeus pintadas de vermelho, ¹⁵com cinturões em torno dos rins, amplos turbantes na cabeça, todos com aparência de oficiais, à maneira dos filhos de Babilônia, originários da Caldeia; ¹⁶ela apaixonou-se por eles à primeira vista e enviou-lhes mensageiros à Caldeia. ¹⁷Então vieram procurá-la no leito dos amores os filhos de Babilônia* e a contaminaram com suas fornicações, e ela contaminou-se com eles até que se desgostou deles. ¹⁸Porque revelou suas devassidões e descobriu sua nudez, também eu me desgostei dela como me havia desgostado de sua irmã. ¹⁹Mas ela continuou a multiplicar prostituições, recordando o tempo de sua juventude, quando se prostituía no país do Egito. ²⁰Apaixonou-se por seus amantes, que têm sexo de jumentos e orgasmo de cavalos. ²¹E assim recordaste a infâmia de tua juventude, quando os egípcios apalpavam teus peitos, contaminando teu seio virginal. ²²Por isso, Ooliba, assim fala o Senhor Javé: Suscitarei contra ti teus amantes dos quais te desgostaste e os trarei contra ti de toda parte: ²³os filhos de Babilônia e de todos os caldeus, os de Facud, de Soa e de Coa, e com eles todos os assírios, jovens atraentes, príncipes e chefes, capitães e homens famosos, todos montados a cavalo. ²⁴Virão contra ti do norte com carros e carruagens e com uma multidão de povos, e se postarão contra ti de todos os lados com escudos grandes e pequenos e capacetes. A eles entregarei o julgamento e te julgarão conforme suas leis. ²⁵Desafogarei contra ti meu ciúme e te tratarão com furor: eles te cortarão o nariz e as orelhas†, e teus sobreviventes cairão pela espada; deportarão teus filhos e filhas, e o que restar de ti será devorado pelo fogo. ²⁶Eles te despojarão de tuas vestes e tomarão tuas joias. ²⁷Farei cessar tua luxúria e tuas prostituições que te vêm do Egito: não erguerás mais os olhos para eles, nem te lembrarás mais do Egito.*

²⁸Porque assim fala o Senhor Javé: Eu te entrego nas mãos daqueles que odeias, nas mãos daqueles de quem te desgostaste. ²⁹Eles te tratarão com ódio e te tomarão todo o fruto de teu trabalho, deixando-te nua e descoberta; será revelada a vergonha de tuas prostituições, tua luxúria e tuas devassidões. ³⁰Assim serás tratada porque me traíste com as nações, porque te contaminaste com seus ídolos. ³¹Seguiste o caminho de tua irmã: por isso porei sua taça em tuas mãos". ³²Assim fala o Senhor Javé:

"Beberás a taça de tua irmã,*
taça profunda e larga,
serás exposta à zombaria e ao escárnio,
pois na taça cabe muito.
³³Serás cheia de embriaguez e de aflição:
é a taça da desolação e do extermínio,
a taça de tua irmã Samaria.
³⁴Tu a beberás, tu a esvaziarás,
morderás seus cacos
e dilacerarás teus peitos,
porque eu falei"
– oráculo do Senhor Javé.

³⁵Por isso, assim fala o Senhor Javé: "Porque me esqueceste e me lançaste para trás de ti, pagarás por tua luxúria e por tuas devassidões!"

³⁶Javé me disse: "Filho do homem,* não julgarás Oola e Ooliba? Não lhes mostrarás suas abominações? ³⁷Foram adúlteras e têm as mãos ensanguentadas, cometeram adultério com seus ídolos; até fizeram passar pelo fogo, para serem devorados, os filhos* que me haviam gerado. ³⁸Também isto me fizeram: nesse mesmo dia contaminaram meu santuário e profanaram*

---

* **23**,17. 2Rs 20,12-19 | 27. Êx 16,3; 17,3 | 32. Jr 25,15-18; Is 51,17; Sl 75,9 | 36. 20,4; 22,2 | 37. Lv 18,21 | 38. Lv 19,30

† **23**,25. Castigo dos adúlteros entre os caldeus e os egípcios; serão punidos pelos povos nos quais confiavam.

meus sábados; [39]depois de haverem imolado seus filhos a seus ídolos, vieram naquele mesmo dia a meu santuário para profaná-lo: eis o que fizeram dentro de minha casa!

[40]Mandaram chamar homens de países distantes, aos quais enviaram um mensageiro, e eles vieram. Para eles te lavaste, pintaste os olhos e te cobriste de ornamentos; [41]e te estendeste sobre um leito suntuoso diante de uma mesa preparada, sobre a qual puseste meus perfumes e meu óleo. [42]Em torno dela ouvia-se o rumor de uma multidão despreocupada; junto com homens de classe baixa mandaram vir também uns bêbados do deserto, que puseram braceletes nos pulsos das mulheres e uma coroa esplêndida em suas cabeças. [43]Então eu disse daquela que estava habituada aos adultérios: 'Vão agora cometer prostituição com ela, e ela com eles?' [44]De fato entraram na casa dela, como se vai a uma prostituta: assim entraram na casa de Oola e Ooliba, mulheres de má vida. [45]Mas homens retos as julgarão como se julgam as adúlteras* e como se julgam as que derramam sangue. Porque elas são adúlteras e suas mãos estão ensanguentadas".

[46]Assim fala o Senhor Javé: "Farão vir contra elas uma multidão, e elas serão abandonadas ao terror e ao saque. [47]A assembleia as apedrejará e as fará em pedaços com suas espadas; matará seus filhos e filhas e incendiará suas casas. [48]Eliminarei assim a infâmia do país e todas as mulheres aprenderão a não cometer infâmias semelhantes. [49]Farão recair sobre vós vossa infâmia e pagareis vossos pecados de idolatria: sabereis assim que eu sou o Senhor Javé".

24 A parábola da panela†.

[1]No dia dez do décimo mês do ano nove, foi-me dirigida esta palavra de Javé: [2]"Filho do homem, põe por escrito a data de hoje, deste dia, porque justamente hoje o rei de Babilônia avança contra Jerusalém. [3]Propõe uma parábola a esta estirpe de rebeldes, dizendo-lhes: Assim fala o Senhor Javé:
Põe a panela no fogo,*
põe-na e derrama água dentro.
[4]Põe dentro os pedaços de carne,
todos os pedaços bons,
coxa e espádua, e enche-a de ossos escolhidos;
[5]toma o melhor do rebanho.
Põe lenha debaixo e deixa que ferva muito,
de modo que se cozinhem dentro
também os ossos que lá estão.
[6]Pois assim fala o Senhor Javé:
Ai da cidade sanguinária, panela enferrujada,
cuja ferrugem não sai!
Esvazia-a pedaço por pedaço,
sem tirar a sorte sobre ela,
[7]porque seu sangue está no meio dela;
derramou-o sobre a rocha nua,
não o derramou no chão
para recobri-lo com o pó.
[8]Para provocar minha cólera,
para tirar vingança,
eu pus seu sangue sobre a rocha nua,*
para que não fosse coberto.
[9]Por isso, assim fala o Senhor Javé:
Ai da cidade sanguinária!
Também eu farei uma grande fogueira.
[10]Ajunta a lenha, acende o fogo,
cozinha a carne, tempera-a bem,
e os ossos serão queimados.
[11]Põe a panela vazia sobre as brasas,
para que se esquente, e o cobre se esquente,
dissolva-se a sujeira que está dentro
e desapareça sua ferrugem.
[12]Esforço inútil!
Sua ferrugem abundante não desaparece,
não sai dela nem com o fogo.
[13]Tua imundície é uma infâmia: tentei purificar-te, mas não te deixaste purificar. Por isso não será purificada de tua imundície até que eu tenha desafoga-

---

* 23,45. Lv 20,10; Dt 22,21s | 24,3. 11,3-12 | 8. Jó 16,18
† 24. Jerusalém está tão cheia de sangue, que só pelo fogo pode ser purificada.

Ezequiel 24-25

do sobre ti meu furor. [14]Eu, Javé, falei! Isto acontecerá, eu o cumprirei sem o revogar; não terei piedade nem compaixão. Serás julgada segundo tua conduta e tuas ações – oráculo do Senhor Javé".

Morte da esposa do profeta. [15]Foi-me dirigida esta palavra de Javé: [16]"Filho do homem, vou tirar-te de improviso aquela que é a delícia de teus olhos; mas não faças o lamento, não chores, não derrames uma lágrima. [17]Suspira em silêncio e não faças o luto pelos mortos: envolve a cabeça com o turbante, põe as sandálias nos pés, não te cubras a barba, não comas o pão do luto"†.

[18]De manhã eu tinha falado ao povo e, à tarde, minha esposa morreu. Na manhã seguinte fiz como me havia sido ordenado. [19]O povo me perguntava: "Não queres explicar-nos o que significa o que fazes?" [20]Respondi-lhes: "Foi-me dirigida esta palavra de Javé: [21]Dize à casa de Israel: Assim fala o Senhor Javé: Vou profanar meu santuário,* orgulho de vossa força, delícia de vossos olhos e amor de vossas almas. Vossos filhos e filhas, que deixastes, cairão pela espada. [22]Fareis como eu fiz: não cobrireis a barba, não comereis o pão do luto. [23]Tereis vossos turbantes na cabeça e sandálias aos pés; não fareis o lamento e não chorareis; mas vos consumireis por vossas iniquidades e gemereis um com o outro. [24]Ezequiel será para vós um sinal: conforme tudo o que ele fez, assim fareis; quando isto acontecer, sabereis que eu sou o Senhor Javé.*

[25]Tu, filho do homem, no dia em que eu lhes tirar sua fortaleza, a alegria de sua glória, a delícia de seus olhos, o anseio de suas almas, seus filhos e suas filhas, [26]então virá a ti um fugitivo* para dar-te a notícia. [27]Naquele dia tua boca se abrirá para falar com o fugitivo; fala-rás e não serás mais mudo e serás para eles um sinal: eles saberão que eu sou Javé".

III. ORÁCULOS CONTRA AS NAÇÕES ESTRANGEIRAS
(25–32)†

25 **Contra Amon.** [1]Foi-me dirigida esta palavra de Javé: [2]"Filho do homem, dirige-te aos amonitas* e profetiza contra eles. [3]Anunciarás aos amonitas: Escutai a palavra do Senhor Javé. Assim fala o Senhor Javé: Porque exclamaste: 'Bem-feito!' sobre meu santuário quando foi profanado, sobre o país de Israel quando foi devastado e sobre a casa de Judá quando foi conduzida ao exílio, [4]por isso:

Eu te entrego nas mãos dos filhos do oriente.

Instalarão em ti seus acampamentos, e no meio de ti armarão suas tendas; comerão teus frutos e beberão teu leite.

[5]Farei de Rabá uma estrebaria de camelos

e das cidades de Amon, um curral de ovelhas.

Então sabereis que eu sou Javé".

[6]Pois assim fala o Senhor Javé:

"Já que aplaudiste com as mãos, bateste os pés e te alegraste em teu coração

com pleno desprezo pelo país de Israel,

[7]por isso estenderei a mão contra ti e te darei como presa às nações;

eu te exterminarei dentre os povos e te cancelarei do número das nações;

eu te aniquilarei

e então saberás que eu sou Javé".

Contra Moab. [8]Assim fala o Senhor Javé:

"Porque Moab e Seir disseram:*

A casa de Judá é como todas as demais nações,

---

* **24**,21. Jr 7,1-15 | 24. 12,6 | 26. 3,26; 33,22 | **25**,2. 21,33-37; Am 1,13ss; Jr 49,1-6 | 8. Am 2,1ss; Jr 48; Sf 2,8-11

† **24**,17. Ezequiel não chora a esposa morta: assim também o povo não deve chorar a queda de Jerusalém, pois era merecida. | **III.** Os oráculos contra as nações eram dirigidos a Israel, para mostrar-lhe que Javé era o Senhor também das nações, e as considerava responsáveis por seus atos, não deixando, portanto, de puni-las.

1055 Ezequiel 25-26

⁹pois bem, vou abrir o flanco de Moab,
suas cidades da fronteira,
a glória do país, Bet-Jesimot, Baal--Meon, Cariataim,
¹⁰e vou dá-las como posse aos filhos do oriente,
como lhes dei os amonitas,
para que os amonitas não sejam mais recordados entre as nações.
¹¹Assim farei justiça contra Moab,
e saberão que eu sou Javé".

Contra Edom. ¹²Assim fala o Senhor Javé:
"Porque Edom vingou-se cruelmente*
da casa de Judá
e tornou-se gravemente culpado, vingando-se dela,
¹³por isso, assim fala o Senhor Javé:
Estenderei a mão contra Edom,
exterminarei nele homens e animais
e o reduzirei a um deserto.
De Temã até Dedã cairão pela espada.
¹⁴Cumprirei minha vingança sobre Edom*
por meio de meu povo Israel,
que tratará Edom segundo minha ira
e minha indignação.
Assim conhecerão minha vingança
– oráculo do Senhor Javé".

Contra os filisteus. ¹⁵Assim fala o Senhor Javé: "Porque os filisteus* foram vingativos, e com ânimo cheio de desprezo se vingaram e se puseram a destruir, levados por antigo rancor, ¹⁶por isso, assim fala o Senhor Javé:
Estenderei a mão contra os filisteus,
exterminarei os cereteus
e aniquilarei o resto dos habitantes da costa.
¹⁷Tirarei deles terríveis vinganças com castigos furiosos,
e saberão que eu sou Javé,
quando exercer contra eles a vingança".

26 **Contra Tiro†.** ¹No primeiro dia do mês do ano onze†, foi-me dirigida esta palavra de Javé:

²"Filho do homem, Tiro disse de Jerusalém:*
'Ah! Ah! Está quebrada a porta das nações;
para mim ela se volta; eu serei repleta,
agora que ela está devastada'.
³Pois bem, assim fala o Senhor Javé:
Contra ti me declaro, Tiro.
Mandarei contra ti muitos povos,
como o mar faz subir suas ondas.
⁴Destruirão os muros de Tiro
e demolirão suas torres;
varrerei dela também a poeira
e a reduzirei a um árido rochedo.
⁵Ela se tornará, no meio do mar,
um lugar para estender as redes,
porque eu falei
– oráculo do Senhor Javé.
Ela será dada como presa às nações
⁶e suas filhas†,
que estão no campo, serão mortas pela espada;
então saberão que eu sou Javé.
⁷Porque assim fala o Senhor Javé:
Eu mando do norte contra Tiro Nabucodonosor,*
rei de Babilônia, o rei dos reis,
com cavalos, carros e cavaleiros
e uma multidão, um povo imenso.
⁸Matará com a espada tuas filhas
que estão no campo;
construirá contra ti baluartes, elevará aterros,
disporá contra ti um teto de escudos.
⁹Com os aríetes martelará teus muros,
demolirá tuas torres com suas máquinas.
¹⁰A multidão de seus cavalos será tal
que te cobrirá com sua poeira;
com o rumor dos cavaleiros,
das carruagens e dos carros tremerão teus muros,
quando ele entrar por tuas portas
como se entra numa cidade por uma brecha.
¹¹Com as patas de seus cavalos
pisará todas as tuas ruas,

---

* **25**,12. 35; Jr 49,7-22; Is 34; Sl 137,7 **| 14**. Is 21,13s **| 15**. Sf 2,4-7 **| 26**,2. Is 23 **| 7**. 29,17-21

† **26**. O pecado de Tiro é seu orgulho. Seu castigo será a ruína total. Edificada sobre uma ilha, resistiu por 13 anos ao assédio dos caldeus. **| 1**. Ano 586 a.C., ano da queda de Jerusalém. **| 6**. As cidades e vilas vassalas.

Ezequiel 26-27

passará teu povo a fio de espada
e cairão por terra tuas fortes colunas.
¹²Saquearão tuas riquezas,
roubarão tuas mercadorias.
Abaterão teus muros,
demolirão teus esplêndidos palácios,
jogarão no meio do mar tuas pedras,
tua madeira e tua poeira.
¹³Farei cessar o rumor de tuas canções*
e não se ouvirá mais o som de tuas
cítaras.
¹⁴Farei de ti um rochedo árido;
serás um lugar para estender as redes;
não serás mais reconstruída,
porque eu, Javé, falei
– oráculo do Senhor Javé".
¹⁵Assim fala a Tiro o Senhor Javé: "Ao
fragor de tua queda, quando gemerem
os feridos, quando ocorrer o massacre
no meio de ti, não tremerão as ilhas?
¹⁶Todos os príncipes do mar descerão
de seus tronos, deporão seus mantos e
se despojarão de suas vestes bordadas;
vestidos de tremor e sentados no chão,
tremerão a todo instante, consternados por tua causa.
¹⁷Sobre ti entoarão um lamento e te
dirão:*
Como desapareceste dos mares,
cidade famosa, poderosa sobre o
mar?
Ela e seus habitantes incutiam terror
em toda a terra firme!
¹⁸Agora as ilhas tremem
no dia de tua queda,
as ilhas do mar estão espantadas
com teu fim".
¹⁹Porque assim fala o Senhor Javé:
"Quando eu fizer de ti uma cidade deserta, como são as cidades desabitadas, e fizer subir sobre ti o abismo, e as
grandes águas te recobrirem, ²⁰então
te farei descer com os que descem à
cova,* com o povo de outrora, e te farei
habitar nas regiões subterrâneas, em
lugares desolados desde séculos, com
aqueles que desceram à cova, para que
não sejas mais habitada: então eu darei
esplendor à terra dos viventes.

²¹Farei de ti objeto de horror* e não
mais existirás; eles te procurarão, mas
nunca mais serás encontrada – oráculo
do Senhor Javé".

27 Elegia sobre a destruição de Tiro.

¹Foi-me dirigida esta palavra de Javé: ²"Filho do homem, entoa
um lamento sobre Tiro. ³Dize a Tiro, à
cidade situada na entrada do mar, que
negocia com os povos, com muitas
ilhas:
Assim fala o Senhor Javé:
Tiro, tu dizias: Eu sou perfeita em beleza.
⁴No meio dos mares está teu domínio.
Teus construtores te fizeram belíssima:
⁵com ciprestes de Sanir
construíram todos os teus cascos,
tomaram cedro do Líbano
para fazer teu mastro;
⁶teus remos eles fizeram
com carvalhos de Basã;
a ponte fizeram de marfim,
incrustado em cipreste das ilhas de
Cetim.
⁷De linho fino bordado do Egito era
tua vela,
que te servia de bandeira;
de jacinto e escarlate das ilhas de
Elisa
era teu toldo.
⁸Os habitantes de Sidônia e de Arvad
eram teus remadores;
teus sábios, ó Tiro,
estavam em ti como teus pilotos.
⁹Os anciãos de Biblos e seus peritos
estavam em ti para reparar tuas fendas.
Todos os navios do mar e seus marinheiros
estavam em ti para fazer comércio.
¹⁰Guerreiros da Pérsia, de Lud e de
Fut*
estavam em teu exército;
penduravam em ti o escudo e o capacete,
davam-te esplendor.
¹¹Os filhos de Arvad e seu exército
estavam em torno sobre teus muros,
e os gamadeus estavam em tuas torres;
penduravam seus escudos

---

* **26**,13. Is 24,8; Jr 25,10; Ap 18,22 | 17. Ap 18,9-19 | 20. 32,18-24 | 21. Ap 18,21 | **27**,10. Jr 46,9

em torno de teus muros,
coroando tua beleza.

¹²Társis comerciava contigo, por causa de tuas riquezas de toda espécie, pagando tuas mercadorias com prata, ferro, estanho e chumbo. ¹³Também Javã, Tubal e Mosoc* comerciavam contigo; em troca de tuas mercadorias davam escravos e objetos* de bronze. ¹⁴Os de Bet-Togorma te forneciam, em troca de tuas mercadorias, cavalos de tração, cavalos de corrida e mulos. ¹⁵Os habitantes de Dedã* negociavam contigo; o comércio das muitas ilhas estava em tuas mãos: davam-te em pagamento dentes de marfim e ébano. ¹⁶Aram comerciava contigo por causa da multidão de teus produtos e pagava tuas mercadorias com pedras preciosas, púrpura, bordados, linho,* corais e rubis. ¹⁷Contigo comerciavam Judá e o país de Israel. Davam-te em troca trigo de Minit, perfume, mel, óleo e bálsamo. ¹⁸Damasco negociava contigo por causa de teus numerosos produtos, teus bens de toda espécie, fornecendo-te vinho de Helbon e lã de Saar. ¹⁹Vedã e Javã de Uzal* te forneciam ferro trabalhado, cássia e cana aromática, que assim entravam em teu comércio. ²⁰Dedã comerciava* contigo com baixeiros para cavalos. ²¹A Arábia e todos os príncipes de Cedar eram teus clientes: trocavam contigo cordeiros, carneiros e bodes. ²²Os comerciantes de Sabá* e de Raama faziam comércio contigo, trocando tuas mercadorias pelos mais deliciosos aromas,* por todo tipo de pedras preciosas e por ouro.

²³Harã, Quene, Éden e os comerciantes de Sabá, Assíria, Quelmad* negociavam contigo. ²⁴Em teu mercado trocavam contigo vestes de luxo, mantos de púrpura e bordados, tapetes de várias cores, cordas retorcidas e fortes. ²⁵Os navios de Társis viajavam, levando tuas mercadorias.

Ruína de Tiro. Assim te tornaste rica e gloriosa
no meio dos mares.

²⁶Ao alto mar te conduziram teus remadores,
mas o vento do oriente te destruiu
no meio dos mares.
²⁷Tuas riquezas,
teus bens e tuas mercadorias,
teus marinheiros e teus pilotos,
os que consertavam tuas fendas,
os negociantes de tuas mercadorias,
todos os guerreiros que estão em ti
e toda a turba que está no meio de ti
cairão no fundo dos mares
no dia de tua ruína.
²⁸Ao ouvir o grito de teus navegadores
tremerão as praias.
²⁹Descerão de seus navios todos os remadores:
os marinheiros e todos os pilotos do mar
ficarão em terra.
³⁰Farão ouvir o lamento sobre ti*
e gritarão amargamente,
lançarão pó na cabeça
e se revolverão na cinza;
³¹rasparão a cabeça por tua causa
e vestirão pano de saco;
por ti chorarão, em sua amargura,
fazendo amargas lamentações.
³²Em sua dor, entoarão sobre ti um lamento,
e em seu luto eles cantam:
'Quem era como Tiro,*
agora destruída no meio do mar?'
³³Quando dos mares saíam tuas mercadorias,
saciavas muitos povos;
com a abundância de tuas riquezas*
e de teu comércio enriquecias os reis da terra.
³⁴Agora jazes tragada pelas ondas
nas profundezas das águas:
tua carga e toda a tua tripulação
afundaram contigo.
³⁵Todos os habitantes das ilhas
ficaram espantados por tua causa
e seus reis, tomados de terror,
têm o rosto abatido.
³⁶Os comerciantes dos povos
assoviam contra ti,
porque te tornaste objeto de espanto,
acabada para sempre".

---

* **27**,13. 38,2 / 38,6 | 15. 25,13 | 16. Jz 11,35 | 19. Gn 10,27 | 20. 25,13 | 22. 1Rs 10,1 / Gn 10,7 | 23. Gn 11,31; 12,5 | 30. Ap 18,19 | 32. Ap 18,18 | 33. Ap 18,19

Ezequiel 28

28 **Contra o rei de Tiro.** ¹Foi-me dirigida esta palavra de Javé: ²"Filho do homem, fala ao príncipe de Tiro: Assim fala o Senhor Javé:

Porque teu coração tornou-se orgulhoso, disseste:*

'Eu sou um deus,
sento-me num trono divino no meio dos mares';*
és um homem
e não um deus,
mas te julgaste igual a Deus.
³És mais sábio que Daniel,*
nenhum segredo te é oculto.
⁴Com tua sabedoria e tua perspicácia
adquiriste riquezas
e ajuntaste ouro e prata em teus tesouros;
⁵com tua grande sabedoria e teu comércio,
aumentaste tuas riquezas
e, por causa de tuas riquezas,
teu coração se orgulhou.
⁶Por isso assim fala o Senhor Javé:
Porque igualaste tua mente à de Deus,
⁷mandarei contra ti estrangeiros,
as mais bárbaras das nações;
desembainharão a espada
contra tua bela sabedoria,
profanarão teu esplendor.
⁸Eles te precipitarão na fossa,
e morrerás de morte violenta
no meio dos mares.
⁹Repetirás ainda: 'Eu sou um deus',
diante de teu assassino?
Mas és um homem e não um deus,*
à mercê de teu assassino.
¹⁰Da morte dos incircuncisos
morrerás pela mão de estrangeiros,
porque eu falei
– oráculo do Senhor Javé".

Elegia sobre o rei de Tiro. ¹¹Foi-me dirigida esta palavra de Javé: ¹²"Filho do homem, entoa um lamento sobre o rei de Tiro e dize-lhe: Assim fala o Senhor Javé:

Tu eras um modelo de perfeição,
cheio de sabedoria, perfeito em beleza.
¹³Estavas em Éden, jardim de Deus,
recoberto de toda pedra preciosa:
rubi, topázio, diamante, crisólito,
ônix e jaspe, safira, carbúnculo e esmeralda;
de ouro era o trabalho de teus engastes
e de teus ornamentos;
tudo isto foi preparado no dia de tua criação.
¹⁴Eras como um querubim*
de asas estendidas em defesa;
eu te pus sobre o monte santo de Deus*
e caminhavas no meio de pedras de fogo.
¹⁵Eras perfeito em tua conduta,
desde quando foste criado,
até que foi encontrada em ti a iniquidade.
¹⁶Crescendo teus comércios,
tu te encheste de violência e de pecados;
eu te expulsei como um profano do monte de Deus
e te fiz desaparecer,
querubim protetor,*
do meio das pedras de fogo.
¹⁷Teu coração se havia orgulhado por tua beleza;
tua sabedoria se havia corrompido
por causa de teu esplendor:
lancei-te à terra
e te ofereci em espetáculo aos reis.
¹⁸Com a multidão de tuas culpas,
com a desonestidade de teu comércio
profanaste teus santuários;
por isso fiz sair de ti um fogo para te devorar.
Eu te reduzi a cinza sobre a terra
à vista de todos os que te olham.
¹⁹Todos os que te conhecem entre os povos
ficaram atônitos por tua causa;
tu te tornaste objeto de terror,
acabado para sempre".

Contra Sidônia. ²⁰Foi-me dirigida esta palavra de Javé: ²¹"Filho do homem, volta-te para Sidônia e profetiza contra ela. ²²Anuncia-lhe: Assim fala o Senhor Javé:

Estou contra ti, Sidônia,
e mostrarei minha glória no meio de ti.

---

* **28,**2. Gn 3,5 / Is 14,13 | 3. 14,14 | 9. Is 31,3 | 14. Gn 3,24 / Is 14,13; Ez 10,2 | 16. 10,2.7

1059 Ezequiel 28-29

Saberão que eu sou Javé
quando executar minha sentença
contra ti
e manifestar minha santidade.
²³Mandarei contra ti a peste,
e o sangue escorrerá por tuas ruas;
mortos cairão no meio de ti,
por causa da espada erguida contra ti
de todos os lados;
e saberão que eu sou Javé.
²⁴Não haverá mais para os israelitas
um acúleo pungente,
nem espinho doloroso
entre todos os seus vizinhos que a
desprezam:
e saberão que eu sou Javé".

Restauração de Israel. ²⁵Assim fala o
Senhor Javé: "Quando eu tiver reunido
os israelitas do meio dos povos entre
os quais estão dispersos, manifestarei
neles minha santidade diante das nações: habitarão o país que dei a meu
servo Jacó. ²⁶Nele habitarão tranquilos,* construirão casas e plantarão vinhas; ali habitarão tranquilos, quando
eu tiver executado meus julgamentos
contra todos os que ao redor os desprezam: e saberão que eu sou Javé seu
Deus".

29 **Contra o Egito.** ¹No dia doze
do décimo mês do ano dez†,
foi-me dirigida esta palavra de Javé:
²"Filho do homem, volta-te para o faraó, rei do Egito,* e profetiza contra
ele e contra todo o Egito. ³Fala, pois,
dizendo: Assim fala o Senhor Javé:
Estou contra ti, faraó, rei do Egito,
grande crocodilo,*
estendido no meio de seus rios.
Disseste: 'O rio é meu, é criatura minha'.
⁴Porei ganchos em tuas maxilas
e farei com que os peixes de teus rios
se prendam a tuas escamas
e te farei sair de tuas águas
junto com todos os peixes de teus
rios

presos a tuas escamas;
⁵eu te lançarei no deserto,
com todos os peixes de teus rios
e irás cair em pleno campo*
e não serás recolhido nem sepultado:
eu te darei como comida aos animais
da terra
e às aves do céu.
⁶E todos os habitantes do Egito
saberão que eu sou Javé,
porque foste um apoio de caniço
para os israelitas.*
⁷Quando eles te tomaram na mão,
rachaste, quebrando-lhes todo o
ombro,
e quando se apoiaram em ti,
quebraste, fazendo vacilar todos os
seus lombos".
⁸Por isso, assim fala o Senhor Javé:
"Mandarei contra ti a espada e eliminarei de ti homens e animais. ⁹O Egito
vai tornar-se uma desolação e um deserto, e saberão que eu sou Javé. Porque ele disse: 'O rio é meu, é criatura
minha', ¹⁰eu estou contra ti e contra teu
rio. Farei do Egito, de Magdol a Siene,
até a fronteira com a Etiópia, um deserto e uma desolação. ¹¹Pé de homem
não passará por lá, nem pé de animal
passará por lá, e não será habitado por
quarenta anos. ¹²Farei do Egito uma
desolação no meio de países devastados; suas cidades serão uma desolação
durante quarenta anos no meio de cidades destruídas. Dispersarei os egípcios entre as nações e os disseminarei
entre os países".
¹³Porque assim fala o Senhor Javé:
"Ao fim de quarenta anos, reunirei os
egípcios dos povos no meio dos quais
terão sido dispersos; ¹⁴mudarei sua
sorte e os reconduzirei ao país de Patros, a sua terra de origem, e lá formarão um pequeno reino; ¹⁵será o mais
modesto dos reinos e não se erguerá
mais sobre as nações; eu o diminuirei
para que não domine mais sobre as
nações. ¹⁶Não será mais para a casa de

---

* **28**,26. 37,25 | **29**,2. Is 19; Jr 46 | 3. 32; Jó 40,25-41,26 | 5. Jr 25,33 | 6. Is 36,6; 2Rs 18,21 | 16. 21,18-29

† **29**,1. A data corresponde a 587 a.C., seis meses antes da queda de Jerusalém; os judeus ainda confiavam no socorro do Egito, que foi vencido pelos caldeus, 30,21. Ezequiel, como Jeremias, Jr 27,6-15,
recomendava a submissão aos caldeus, que castigavam Judá por ordem de Javé.

Ezequiel 29-30

Israel uma segurança,* mas lhe recordará a culpa cometida quando se voltava para ele. Saberão então que eu sou o Senhor Javé"†.

¹⁷Ora, no primeiro dia do primeiro mês do ano vinte e sete, foi-me dirigida esta palavra de Javé: ¹⁸"Filho do homem, Nabucodonosor, rei de Babilônia, fez seu exército realizar uma grande empresa contra Tiro: toda cabeça se tornou calva e todo ombro está chagado. Mas o rei e seu exército não receberam de Tiro a paga pela empresa realizada contra ela. ¹⁹Por isso, assim fala o Senhor Javé: Eu entrego a Nabucodonosor,* rei de Babilônia, o país do Egito; levará suas riquezas, tomará seus despojos* e o saqueará; esta será a recompensa para seu exército. ²⁰Pela empresa realizada contra Tiro eu lhe entrego o Egito, porque trabalharam para mim – oráculo do Senhor Javé.

²¹Naquele dia farei surgir o poder para a casa de Israel e abrirei tua boca no meio deles: e saberão que eu sou Javé".

30 Ruína do Egito. ¹Foi-me dirigida esta palavra de Javé: ²"Filho do homem, profetiza dizendo: Assim fala o Senhor Javé:

Gemei! Ah! Aquele dia!*
³Porque o dia está próximo,
próximo está o dia de Javé†,
dia nublado,
será o tempo das nações.
⁴A espada virá sobre o Egito
e haverá angústia na Etiópia,
quando cairão os mortos no Egito;
suas riquezas serão levadas
e seus fundamentos destruídos.
⁵Etiópia, Fut e Lud*
e estrangeiros de toda espécie,
Cub e os filhos do país da aliança
cairão com eles pela espada.
⁶Assim fala Javé:
Cairão os defensores do Egito
e será abatido o orgulho de sua força;

de Magdol a Siene cairão pela espada*
– oráculo do Senhor Javé.
⁷Serão devastados no meio de países desolados,
e suas cidades estarão entre cidades arruinadas.
⁸Saberão que eu sou Javé
quando eu puser fogo no Egito
e todos os seus defensores forem esmagados.
⁹Naquele dia os mensageiros que eu enviarei partirão em navios para espalhar o terror na Etiópia que se julga segura; e virá sobre eles a angústia como no dia do Egito, porque já vem". ¹⁰Assim fala o Senhor Javé: "Farei cessar o tumulto do Egito por meio de Nabucodonosor, rei de Babilônia. ¹¹Ele e seu povo, a mais violenta das nações, serão enviados para devastar o país; desembainharão a espada contra o Egito e encherão o país de cadáveres. ¹²Farei secar os rios* e entregarei o país nas mãos de gente má; devastarei o país e o que contém, por meio de estrangeiros; eu, Javé, o disse".

¹³Assim fala o Senhor Javé:
"Destruirei os ídolos
e suprimirei de Mênfis os falsos deuses†.
Não haverá mais príncipe no país do Egito,
nele espalharei o terror;
¹⁴devastarei Patros,*
porei fogo em Tânis,
farei justiça sobre Tebas.
¹⁵Derramarei minha ira sobre Sin, a fortaleza do Egito, e exterminarei a multidão de Tebas. ¹⁶Porei fogo no Egito: Sin se retorcerá de dor, Tebas será destruída, Mênfis terá contínuas angústias. ¹⁷Os jovens de Heliópolis e de Bubastis cairão pela espada e estas cidades irão para o cativeiro. ¹⁸Em Táfnis o dia ficará escuro, quando eu quebrar ali os jugos impostos pelo Egito e cessará nela o orgulho de sua potência; uma nuvem a cobrirá e suas filhas irão

---

* **29**,19. 30,10.24; 32,11 / Jr 43,10; 44,30; 46,26 | **30**,2. Am 5,18 | 5. Jr 46,9 | 6. 29,10 | 12. 29,11s | 14. 29,14

† **29**,16. Repetindo as faltas, Israel impede que Deus esqueça seus pecados. | **30**,3. Dia no qual Javé fará justiça. | 13. "Ídolos", no hebraico "imundícies"; "falsos deuses", no hebraico "nulidades".

para o cativeiro. ¹⁹Farei justiça sobre o Egito e saberão que eu sou Javé".

Contra o faraó. ²⁰No dia sete do primeiro mês do ano décimo primeiro, foi-me dirigida esta palavra de Javé: ²¹"Filho do homem, quebrei o braço do faraó, rei do Egito; ele não foi tratado com remédios nem enfaixado com tiras para fazê-lo recuperar as forças e empunhar a espada". ²²Por isso, assim fala o Senhor Javé: "Estou contra o faraó, rei do Egito: eu lhe quebrarei os braços, o são e o fraturado, e farei que lhe caia da mão a espada. ²³Dispersarei os egípcios entre as nações e os espalharei por vários países. ²⁴Mas reforçarei os braços do rei de Babilônia e porei em sua mão minha espada. Quebrarei os braços do faraó, que gemerá diante dele como geme um ferido de morte. ²⁵Fortificarei os braços do rei de Babilônia, mas cairão os braços do faraó. E saberão que eu sou Javé, quando eu puser minha espada na mão do rei de Babilônia e ele a estender contra o Egito. ²⁶Dispersarei os egípcios entre as nações e os espalharei por vários países: e saberão que eu sou Javé".

31 **Cedro abatido.** ¹No primeiro dia do terceiro mês do ano décimo primeiro, foi-me dirigida esta palavra de Javé: ²"Filho do homem, dize ao faraó, rei do Egito, e à multidão de seus súditos:

A quem és semelhante em tua grandeza?
³A Assíria era um cedro do Líbano,
de ramos belos e de frondosa ramagem, de tronco elevado;
entre as nuvens estava seu topo.
⁴As águas o fizeram crescer,
as fontes do subsolo o tinham feito elevar-se,
fazendo correr seus rios
em torno do solo no qual estava plantado
e mandando seus riachos
a todas as árvores dos campos.
⁵Por isso tinha superado em altura
todas as árvores dos campos;

seus ramos tinham-se multiplicado,
suas ramagens tinham-se estendido
sob o efeito da abundância das águas, durante seu crescimento.
⁶Entre seus ramos fizeram ninho
todas as aves do céu,
debaixo de sua ramagem procriaram
todos os animais selvagens,
a sua sombra habitavam
todas as grandes nações.
⁷Era belo em sua grandeza
e na extensão de seus ramos,
porque sua raiz estava junto a grandes águas.
⁸Os cedros não o superavam
no jardim de Deus;
os ciprestes não eram comparáveis
a suas ramagens.
Os plátanos não eram nem sequer
como seus ramos:
nenhuma árvore no jardim de Deus
o igualava em beleza.
⁹Belo eu o tinha feito
pela abundância de seus ramos,
por isso o invejavam todas as árvores
do Éden,*
que estavam no jardim de Deus".

¹⁰Por isso, assim fala o Senhor Javé: "Porque se elevou em altura e pôs seu topo entre as nuvens e seu coração se orgulhou por causa de sua grandeza, ¹¹eu o entreguei nas mãos do chefe das nações, que o tratará segundo sua maldade; eu o rejeitei. ¹²Estrangeiros, as mais terríveis entre as nações, cortaram-no e o abandonaram; sobre os montes e em todos os vales caíram seus ramos; suas ramagens jazem quebradas junto a todos os riachos do país; todos os povos da terra se retiraram de sua sombra e o abandonaram.

¹³Sobre seus restos pousam
todas as aves do céu
e entre seus ramos
estão todos os animais selvagens,
¹⁴para que nenhuma árvore regada pelas águas se orgulhe de sua altura, nem eleve seu topo entre as nuvens, nem por causa de sua altura confie em si árvore alguma bem irrigada. Porque

---

* **31**,9. Gn 2,8

Ezequiel 31-32

todos estão destinados à morte,
à região subterrânea,
no meio dos filhos dos homens,
entre aqueles que descem à cova".

[15]Assim fala o Senhor Javé: "Quando ele desceu aos abismos, mandei fazer luto: por sua causa cobri o abismo, retive seus rios, e as grandes águas pararam; por causa dele mandei vestir de luto o Líbano, e todas as árvores do campo secaram por causa dele. [16]Ao rumor de sua queda* fiz tremer as nações, quando o fiz descer aos abismos com aqueles que descem à cova. Consolaram-se na região subterrânea todas as árvores do Éden, a parte mais seleta e mais bela do Líbano, todas elas regadas pelas águas. [17]Também estes desceram com ele aos abismos entre os mortos pela espada, aqueles que no meio das nações eram seu braço e habitavam em sua sombra.

[18]A quem és semelhante em glória e em grandeza entre as árvores do Éden? No entanto, também tu serás precipitado junto com as árvores do Éden na região subterrânea; jazerás entre os incircuncisos, junto com os mortos pela espada. Tal será o faraó e toda a sua multidão – oráculo do Senhor Javé".

32 Elegia sobre o faraó.

[1]No primeiro dia do décimo segundo mês do ano doze†, foi-me dirigida esta palavra de Javé: [2]"Filho do homem, entoa um lamento sobre o faraó, rei do Egito, dizendo:

Eras semelhante a um filho de leão
entre as nações;
eras como um dragão nos mares;*
irrompias em teus rios
e agitavas as águas com tuas patas,
poluindo seus rios".

[3]Assim fala o Senhor Javé:*
"Estenderei contra ti minha rede
no meio de uma grande assembleia
de povos,
e te puxarão para fora em minha
rede.
[4]Eu te lançarei na terra firme

e te abandonarei no meio dos campos.
Farei pousar sobre ti todas as aves
do céu
e farei que se saciem de ti todos os
animais da terra.
[5]Espalharei pelos montes tua carne
e encherei os vales com teus restos.
[6]Banharei com teu sangue a terra,
com teu fluxo os montes,
e tu encherás o leito dos rios.
[7]Quando eu te extinguir, cobrirei o
céu*
e escurecerei as estrelas,
cobrirei o sol com nuvens
e a lua não dará seu clarão.
[8]Escurecerei por tua causa todos os
astros do céu
e estenderei sobre tua terra as trevas
– oráculo do Senhor Javé.
[9]Afligirei o coração de muitos povos, quando eu levar a notícia de tua ruína às nações, em países que não conheces. [10]Por ti encherei de espanto muitos povos e tremerão seus reis por tua causa, quando eu desembainhar a espada diante deles. Cada um tremerá a todo instante por sua vida, no dia de tua ruína".

[11]Pois assim fala o Senhor Javé: "A espada do rei de Babilônia virá sobre ti.
[12]Abaterei a multidão de teus súditos
com a espada dos heróis,
que são os povos mais ferozes;
eles destruirão o orgulho do Egito
e toda a sua multidão será exterminada.
[13]Farei perecer todo o seu gado
nas margens das grandes águas,
que não serão mais turvadas por pé
de homem,
nem pata de animal as turvará.
[14]Vou então acalmar suas águas
e farei correr seus rios como óleo
– oráculo do Senhor Javé.
[15]Quando eu tiver feito do Egito uma
terra desolada,
toda despida do que continha,
quando tiver ferido todos os seus habitantes,

---

* **31**,16. 32,17-32 | **32**,2. 29,3ss; Jó 40,25-41,26 | 3. 31,12-16 | 7. Am 8,9; Mt 24,29

† **32**,1. Fevereiro/março de 585 a.C., 8 meses após a queda de Jerusalém.

então saberão que eu sou Javé.

¹⁶Este é um lamento, e ele será cantado; as filhas das nações o cantarão, elas o cantarão sobre o Egito e sobre toda a sua multidão – oráculo do Senhor Javé".

O faraó na mansão dos mortos. ¹⁷No dia quinze do primeiro mês do ano doze, foi-me dirigida esta palavra de Javé:*

¹⁸"Filho do homem, entoa um canto fúnebre sobre os habitantes do Egito. Faze-os descer junto com as filhas das nações poderosas às profundezas da terra, com aqueles que descem à cova.

¹⁹A quem és superior em beleza?

Desce e jaze com os incircuncisos.

²⁰Cairão entre os mortos pela espada; à espada ele já foi entregue. Arrastai o Egito com toda a sua gente. ²¹Do meio do abismo, os mais poderosos heróis se dirigirão a ele e a seus auxiliares e dirão: Vem, jaze com os incircuncisos, com os mortos pela espada. ²²Lá está a Assíria e toda a sua gente em torno de seu sepulcro: todos mortos, abatidos pela espada; ²³porque seus sepulcros estão postos no fundo da cova, e sua gente está em torno de seu sepulcro: caíram todos, vítimas da espada, eles que semeavam o terror na terra dos vivos.

²⁴Lá está Elam e toda a sua gente, em torno de seu sepulcro. Todos mortos, abatidos pela espada, desceram incircuncisos à região subterrânea, eles que semeavam o terror na terra dos vivos. Agora carregam sua desonra com aqueles que descem à cova. ²⁵No meio dos mortos lhe deram um catre,* com toda a sua gente em torno de seu sepulcro; são todos incircuncisos, abatidos pela espada; porque tinham espalhado o terror na terra dos vivos; agora carregam sua vergonha com aqueles que descem à cova; foram incluídos entre os mortos.

²⁶Lá está Mosoc, Tubal e toda a sua gente, em torno de seu sepulcro: todos incircuncisos, abatidos pela espada, porque incutiam o terror na terra dos vivos. ²⁷Não jazerão ao lado dos heróis, caídos desde séculos, que desceram aos abismos com as armas de guerra, com as espadas dispostas sobre suas cabeças e com os escudos sobre seus ossos, porque eram o terror dos heróis na terra dos vivos. ²⁸Assim jazerás entre os incircuncisos e com os abatidos pela espada.

²⁹Lá está Edom, seus reis e todos os seus príncipes que, não obstante seu valor, são incluídos entre os mortos pela espada: jazem com os incircuncisos e com aqueles que descem à cova. ³⁰Lá estão todos os príncipes do norte, todos os de Sidônia, que desceram com os mortos, não obstante o terror espalhado por seu poder; jazem incircuncisos com os abatidos pela espada e carregam sua vergonha com aqueles que descem à cova.

³¹O faraó os verá e se consolará à vista de toda essa multidão; o faraó e todo o seu exército serão abatidos pela espada – oráculo do Senhor Javé. ³²Porque tinha espalhado o terror na terra dos vivos, será deitado no meio dos incircuncisos, com os abatidos pela espada, ele, o faraó, e todo o seu exército – Palavra do Senhor Javé".

IV. RESTAURAÇÃO DO POVO ANIQUILADO (33–37)†

33 **Ezequiel, sentinela do povo.** ¹Foi-me dirigida esta palavra de Javé: ²"Filho do homem, fala aos filhos de teu povo e dize-lhes: Se mando a espada contra um país, e o povo daquela terra toma um homem de seu território e o estabelece como sentinela,* ³e este homem, vendo sobrevir a espada ao país, soa a trombeta e avisa o povo; ⁴se aquele que escuta o som da trombeta não se preocupa, e a espada chega e o surpreende, será responsável

---

* **32**,17. Is 14,9ss | 25. 27,13; 38,2s; 39,1; Is 66,19 | **33**,2. 3,17-21

† **IV.** Após a queda de Jerusalém, Ezequiel passa a consolar o povo, anunciando sua restauração e o reino messiânico.

Ezequiel 33

por sua ruína. [5]Tinha ouvido o som da trombeta,* mas não se preocupou: será responsável por sua ruína; se tivesse prestado atenção, ter-se-ia salvo. [6]Se porém a sentinela vê chegar a espada e não soa a trombeta e o povo não é avisado; quando a espada chega e surpreende alguém, este morrerá vítima de sua iniquidade, mas de sua morte pedirei contas à sentinela. [7]Ó filho do homem, eu te constituí sentinela para os israelitas; escutarás uma palavra de minha boca e os advertirás de minha parte. [8]Se digo ao pecador que ele morrerá, e tu não falas para desviá-lo de sua conduta, ele morrerá por sua iniquidade; mas de sua morte pedirei contas a ti.

[9]Mas se tiveres advertido o pecador para que se desvie de sua conduta, ele morrerá por sua iniquidade, tu ao contrário salvarás tua vida".

Deus julga segundo as obras. [10]"Tu, filho do homem, anuncia* aos israelitas: Vós dizeis: 'Nossos delitos e nossos pecados pesam sobre nós e por causa deles nós nos consumimos! Como poderemos viver?' [11]Dize-lhes: Por minha vida – oráculo do Senhor Javé – não sinto prazer* na morte do pecador, mas que ele desista de sua conduta e viva. Convertei-vos de vossa má conduta! Por que quereis morrer, ó israelitas?[†]

[12]Filho do homem, dize ainda aos filhos de teu povo: A justiça do justo não o salva se pecar, e o pecador não perece por sua iniquidade se desistir de sua iniquidade, como o justo não poderá viver por sua justiça se pecar. [13]Se eu digo ao justo: 'Tu viverás', e ele, confiando em sua justiça, cometer a iniquidade, nenhuma de suas ações boas será recordada e morrerá pelo mal que cometeu. [14]Se digo ao ímpio: 'Tu morrerás', e ele desistir de sua iniquidade e praticar o que é reto e justo, [15]restituir o penhor, devolver o que roubou, observar as leis que dão a vida, sem cometer o mal, ele viverá e não morrerá; [16]nenhum dos pecados* que cometeu será recordado contra ele: ele praticou o que é reto e justo e certamente viverá.

[17]Contudo, os filhos de teu povo andam dizendo: 'O modo de agir do Senhor* não é reto'. Ao contrário, é o modo de agir deles que não é reto! [18]Se o justo se afastar de sua justiça e fizer o mal, morrerá por causa disso. [19]E se o pecador se afastar de sua maldade e praticar o que é reto e justo, viverá por causa disso. [20]Vós andais dizendo: 'Não é reto o modo* de agir do Senhor'. Julgarei cada um de vós segundo seu modo de agir, ó israelitas".

Jerusalém é tomada. [21]No dia cinco do décimo mês do ano doze de nossa deportação, chegou a mim um fugitivo* de Jerusalém para dizer-me: 'A cidade foi tomada'. [22]Na noite anterior à chegada do fugitivo, a mão de Javé tinha vindo sobre mim, e de manhã, quando chegou o fugitivo, Javé abriu-me a boca.* Abriu-se, pois, minha boca e eu não fui mais mudo.

Devastação do país. [23]Foi-me dirigida esta palavra de Javé: [24]"Filho do homem, os habitantes daquelas ruínas, no país de Israel, andam dizendo: 'Abraão era um só* e, no entanto, possuiu este país; nós somos muitos: a nós portanto é dada a posse do país!' [25]Por isso lhes dirás: Assim fala o Senhor Javé: Vós comeis a carne com o sangue, levantais os olhos para os vossos ídolos,* derramais o sangue e queríeis ter a posse* do país? [26]Vós vos apoiais em vossas espadas, praticais abominações, cada um de vós desonra a mulher do próximo e queríeis ter a posse do país? [27]Tu lhes dirás: Assim fala o Senhor Javé: Por minha vida, os que estão entre as ruínas morrerão pela espada; darei por comida às feras os que estão no campo, e os que estão nas fortalezas e dentro das cavernas morrerão de peste. [28]Reduzirei o país a uma solidão e a um deserto, e o orgulho de sua força cessará.

---

* **33**,5. Jl 2,1 | 10. 14,12-20; 18,21-30 | **33**,11. 18,23; Lc 15,7.10.32 | 16. 18,22 | 17. 18,29 | 20. 18,30 | 21. 24,26s | 22. 3,26s | 24. 11,15 | 25. Lv 17,10-14 / Lv 18,20

† **33**,11. "A glória de Deus é o homem vivo, e a vida do homem é a visão de Deus" (S. Irineu).

Os montes de Israel serão devastados, neles não passará mais ninguém. ²⁹Saberão que eu sou Javé quando eu fizer de seu país uma solidão e um deserto, por causa de todas as abominações que cometeram".

Atitude do povo diante de Ezequiel. ³⁰"Filho do homem, os filhos do teu povo falam de ti ao longo dos muros e nas portas das casas e dizem um ao outro: 'Vinde ouvir qual é a palavra que vem de Javé'. ³¹Em multidão vêm a ti, sentam-se diante de ti e escutam tuas palavras, mas depois não as põem em prática;* porque com a boca demonstram muito amor, mas seu coração corre atrás do lucro. ³²Tu és para eles como canção de amor de alguém que tem uma bela voz e sabe tocar bem: eles ouvem tuas palavras, mas não as põem em prática. ³³Mas quando isto acontecer* – e já está para acontecer – saberão que houve um profeta no meio deles".

34

Maus pastores. ¹Foi-me dirigida esta palavra de Javé: ²"Filho do homem, profetiza contra os pastores* de Israel, profetiza e dize-lhes: Assim fala o Senhor Javé: Ai dos pastores de Israel† que apascentam a si mesmos! Não devem os pastores apascentar o rebanho? ³Vós vos alimentais de leite e vos revestis de lã, abateis as ovelhas mais gordas, mas não apascentais* o rebanho. ⁴Não fortalecestes as ovelhas fracas, não cuidastes das doentes, não enfaixastes as que estavam feridas, não reconduzistes as dispersas. Não saístes à procura das perdidas, mas as guiastes com violência e dureza. ⁵Por falta de pastor se dispersaram,* são presa de todos os animais selvagens e debandaram. ⁶Meu rebanho anda errando por todos os montes e colinas elevadas; minhas ovelhas se dispersaram por toda a face da terra e ninguém vai à procura delas

e se preocupa com elas. ⁷Por isso, pastores, escutai a palavra de Javé: ⁸Por minha vida – oráculo do Senhor Javé – porque meu rebanho se tornou uma presa, e minhas ovelhas serviram de pasto para todo animal selvagem por falta de pastor, e porque meus pastores não saíram à procura de meu rebanho – apascentaram-se a si mesmos e não apascentaram meu rebanho – ⁹escutai, portanto, ó pastores, a palavra de Javé: ¹⁰Assim fala o Senhor Javé: Estou contra esses pastores; pedirei a eles conta de meu rebanho e não os deixarei mais apascentar meu rebanho; assim os pastores não apascentarão mais a si mesmos, mas arrancarei de sua boca minhas ovelhas, que não mais lhes servirão de alimento".

O pastor fiel. ¹¹"Porque assim fala o Senhor Javé: Eu mesmo procurarei minhas ovelhas e delas cuidarei. ¹²Como um pastor se ocupa de seu rebanho quando se acha no meio de suas ovelhas que estavam dispersas, assim me ocuparei de minhas ovelhas e as reunirei de todos os lugares onde estavam dispersas num dia nublado e escuro. ¹³Eu as retirarei dos povos e as reunirei dos diferentes países. Eu as reconduzirei a sua terra e as farei pastar sobre os montes de Israel, nos vales e em todos os lugares habitados do país. ¹⁴Eu as farei pastar em ótimas pastagens, e seu redil será sobre os altos montes de Israel; aí repousarão num bom redil e terão verdejantes pastagens sobre os montes de Israel. ¹⁵Eu mesmo conduzirei minhas ovelhas ao pasto* e as farei repousar – oráculo do Senhor Javé. ¹⁶Sairei à procura da ovelha perdida e reconduzirei ao redil a desgarrada; enfaixarei a que estiver ferida e cuidarei da doente, velarei sobre a gorda e a forte; eu as apascentarei com justiça.

¹⁷Quanto a ti, meu rebanho,* assim fala o Senhor Javé: Eu julgarei entre uma e outra ovelha, entre carneiros e

---

* **33**,31. Mt 7,26; Lc 8,21; Lc 7,32 | 33. Dt 18,21; Ez 2,5 | **34**,2. Jr 23,1-6; Zc 11,4-17; Mt 18,12ss; Lc 15,4-7; Jo 10,1-18 | 3. 1Pd 5,2ss | 5. Mt 9,36; Zc 10,2; Is 56,9-12 | 15. Is 40,11; Lc 15,4-7 | 17. Mt 25,32ss

† **34**,2. Dirige-se às autoridades civis e religiosas, que usavam do poder, não em benefício do povo, mas em seu próprio interesse.

Ezequiel 34-35

bodes. [18]Não vos basta pastar em bons pastos, quereis calcar aos pés o resto de vossa pastagem? Não vos basta beber água limpa, quereis turvar com os pés a que sobra?[†] [19]Minhas ovelhas devem comer o que vossos pés pisaram e beber o que vossos pés turvaram? [20]Por isso, assim fala o Senhor Javé a respeito delas: Eu julgarei entre a ovelha gorda e a ovelha magra. [21]Porque empurrastes com vossos flancos e com os ombros e atacastes com os chifres as mais fracas até expulsá-las para longe, [22]eu salvarei minhas ovelhas para que não sirvam mais de presa: farei justiça entre uma e outra ovelha.

[23]Suscitarei para elas um pastor que as apascentará: meu servo Davi. Ele as conduzirá ao pasto, será seu pastor. [24]Eu, Javé, serei seu Deus e Davi, meu servo, será príncipe no meio deles: eu, Javé, falei. [25]Farei com eles uma aliança de paz[*] e eliminarei do país os animais ferozes, de modo que possam morar tranquilos no deserto e repousar nas selvas.

[26]Farei deles e das regiões em torno de minha colina uma bênção; mandarei a chuva no tempo oportuno e será chuva de bênção. [27]As árvores do campo darão seus frutos e a terra, seus produtos; habitarão em plena segurança em sua terra. Saberão que eu sou Javé, quando eu quebrar as barras de seu jugo e os livrar das mãos dos que os escravizavam. [28]Não serão mais presa das nações, nem os devorarão os animais selvagens, mas estarão em segurança sem ninguém para os aterrorizar.

[29]Farei germinar para eles uma esplêndida vegetação; não serão mais consumidos pela fome no país e não sofrerão mais o desprezo das nações. [30]Saberão que eu, o Senhor, seu Deus, estou com eles, e eles, o povo de Israel, são meu povo. Palavra do Senhor Javé. [31]Vós sois minhas ovelhas, as ovelhas de meu pasto, e eu sou vosso Deus – oráculo do Senhor Javé".

35

Contra Edom. [1]Foi-me dirigida esta palavra[*] de Javé: [2]"Filho do homem, volta-te para o monte Seir e profetiza contra ele. [3]Tu lhe dirás: Assim fala o Senhor Javé:

Estou contra ti, monte Seir,
estenderei contra ti minha mão
e farei de ti uma solidão, um lugar desolado.
[4]Reduzirei tuas cidades a ruínas
e te tornarás um deserto;
assim saberás que eu sou Javé.

[5]Mantiveste um ódio secular contra os israelitas e os entregaste à espada no dia de sua desventura[†], quando eu pus um termo a sua iniquidade; [6]por isso, por minha vida – oráculo do Senhor Javé – eu te deixarei no sangue, e o sangue te perseguirá; porque não odiaste o sangue, o sangue te perseguirá. [7]Farei do monte Seir[*] uma solidão desolada e eliminarei ali todos os que o percorrem. [8]Encherei de cadáveres teus montes; em tuas colinas, em teus vales e em todos os teus riachos cairão os mortos pela espada. [9]Eu te reduzirei a uma solidão perene, e tuas cidades não serão mais habitadas; e sabereis que eu sou Javé. [10]Porque disseste: Estes dois povos, estes dois países serão meus, nós os possuiremos, embora Javé esteja lá, [11]por isso, por minha vida – oráculo do Senhor Javé – agirei conforme aquela ira e aquele furor que demonstraste em teu ódio contra eles, e me revelarei no meio deles quando eu te julgar; [12]saberás então que eu sou Javé. Ouvi todos os insultos que proferiste contra os montes de Israel: 'Estão desertos, são dados a nós para que os devoremos'. [13]Contra mim fizestes discursos insolentes, contra mim multiplicastes vossas palavras; eu ouvi tudo. [14]Assim fala o Senhor Javé: Quando todo o país exultar, farei de ti uma solidão. [15]Como exultaste porque a herança da casa de Israel estava devastada, assim te tratarei: serás reduzi-

---

[*] **34**,25. Is 11,6-9; Jr 23,5s; Os 2,20 | **35**,1. 25,12ss; Nm 20,23 | 7. Ap 16,6

[†] **34**,18. Imagem dos poderosos que se apropriam dos bens, deixando para os pobres apenas as migalhas. | **35**,5. A hostilidade entre Edom e Israel vinha desde seus pais Esaú e Jacó, Gn 25,23-34, e prosseguiu por todo o tempo, culminando na hora da derrota de Jerusalém, quando Edom saqueou a cidade.

Ezequiel 35-36

do a uma solidão, ó monte Seir, e tu, Edom, todo inteiro; então saberão que eu sou Javé.

36 **Restauração de Israel.** ¹"Agora, filho do homem, profetiza aos montes de Israel e dize: Montes de Israel, escutai a palavra de Javé. ²Assim fala o Senhor Javé: Porque o inimigo disse de vós: 'Ah! Ah! As colinas eternas se tornaram nossa propriedade!', ³pois bem, profetiza e anuncia: Assim fala o Senhor Javé: Porque de todos os lados quiseram destruir-vos e engolir-vos, para vos tornardes propriedade do resto das nações e porque fostes objeto de maledicência e de insulto do povo, ⁴pois bem, montes de Israel, escutai a palavra do Senhor Javé: Assim fala o Senhor Javé aos montes, às colinas, aos riachos e aos vales, às ruínas desoladas e às cidades desertas, vítimas do saque e da zombaria do resto das nações vizinhas: ⁵pois bem, assim fala o Senhor Javé: Sim, com ciúme ardente eu falo contra os outros povos e contra todo Edom, que com alegria no coração, com desprezo na alma, fizeram de meu país sua propriedade para saqueá-lo. ⁶Por isso, profetiza sobre o país de Israel e anuncia aos montes, às colinas, aos riachos e aos vales: Assim fala o Senhor Javé: Falo com ciúme e com furor: Porque sofrestes o insulto das nações, ⁷pois bem, assim fala o Senhor Javé: Eu ergo a mão e juro: Também as nações que estão a vosso redor sofrerão seu insulto.

⁸E vós, montes de Israel, produzi ramos e dai frutos para meu povo Israel, porque ele está para voltar. ⁹Pois eu venho a vós, a vós me dirijo; sereis ainda lavrados e sereis semeados. ¹⁰Multiplicarei sobre vós os homens, todo o povo de Israel, e as cidades serão habitadas e as ruínas reconstruídas. ¹¹Multiplicarei sobre vós os homens e os animais; serão numerosos e fecundos; farei com que sejais habitados como antes e vos concederei meus benefícios mais que no passado e sabereis que eu sou Javé.

¹²Reconduzirei sobre vós homens, meu povo Israel; eles vos possuirão e sereis sua herança e não os privareis mais de seus filhos.

¹³Assim fala o Senhor Javé: Porque andam dizendo de ti: 'Tu és uma terra que devora os homens, privaste de filhos tua nação', ¹⁴pois bem, tu não devorarás mais os homens, não mais privarás de filhos tua nação – oráculo do Senhor Javé. ¹⁵Não mais te farei ouvir os insultos das nações e não terás mais de sofrer o insulto dos povos; não mais privarás de filhos tua nação – oráculo do Senhor Javé".

¹⁶Foi-me dirigida esta palavra de Javé: ¹⁷"Filho do homem, a casa de Israel, quando habitava em seu país, tornou-o impuro com sua conduta* e com suas ações. Como a impureza de uma mulher menstruada, foi a conduta deles diante de mim. ¹⁸Por isso derramei sobre eles minha ira por causa do sangue que derramaram no país e pelos ídolos com os quais o contaminaram. ¹⁹Eu os dispersei entre as nações e foram espalhados pelos países estrangeiros; eu os julguei conforme sua conduta e suas ações. ²⁰Chegando às nações* para onde foram, desonraram meu nome santo, porque deles se dizia: 'Estes são o povo de Javé e no entanto tiveram de sair de seu país'. ²¹Mas eu tive respeito por meu nome santo, que os israelitas tinham desonrado entre as nações para o meio das quais eles foram. ²²Por isso dize à casa de Israel: Assim fala o Senhor Javé†: Não é por consideração para convosco* que faço isso, casa de Israel, mas por amor de meu nome santo, que desonrastes entre as nações para o meio das quais fostes. ²³Santificarei meu grande nome, desonrado entre as nações, profanado por vós no meio delas. Então as nações saberão que eu sou Javé – oráculo do

---

* **36**,17. Lv 15,19-27 | 20. Rm 2,24; Ez 20,39 | 22. 16,60-63; Is 48,11; Sl 115,1

† **36**,22. A restauração de Israel inclui: reunião dos dispersos, transformação dos corações, reconstrução das ruínas, fertilidade do solo, crescimento da população.

Ezequiel 36-37

Senhor Javé – quando eu mostrar minha santidade em vós diante de seus olhos.

A água e o espírito. [24]Eu vos tomarei do meio das nações, vou reunir-vos de todos os países e vos conduzir para vossa terra. [25]Eu vos aspergirei* com uma água pura† e sereis purificados; eu vos purificarei de todas as vossas impurezas e de todos os vossos ídolos. [26]Eu vos darei um coração novo, porei dentro de vós um espírito novo; tirarei de vosso peito o coração de pedra e vos darei um coração de carne. [27]Dentro de vós porei meu espírito* e vos farei viver conforme meus preceitos e vos farei observar e pôr em prática minhas leis. [28]Habitareis na terra que dei a vossos pais; vós sereis meu povo e eu serei vosso Deus. [29]De todas as vossas impurezas vos libertarei; chamarei o trigo e o multiplicarei e não mandarei mais sobre vós a carestia. [30]Multiplicarei os frutos das árvores e o produto dos campos, para que não sofrais mais a vergonha da fome entre as nações. [31]De vosso mau comportamento* vos recordareis e de vossas ações que não eram boas. Sentireis desgosto de vós mesmos por vossas iniquidades e abominações. [32]Não é por consideração para convosco que faço isso – oráculo do Senhor Javé – sabei-o bem. Envergonhai-vos e enrubescei-vos de vossa conduta, ó israelitas".

Prosperidade do novo reino. [33]Assim fala o Senhor Javé: "Quando eu vos tiver purificado de todas as vossas iniquidades, far-vos-ei habitar de novo nas cidades, e as ruínas serão reconstruídas. [34]Aquela terra desolada, que aos olhos de todo transeunte parecia um deserto, será cultivada. [35]E então se dirá: 'A terra que estava desolada tornou-se agora como o jardim de Éden;* as cidades em ruínas, devastadas e demolidas, agora estão fortificadas e habitadas'. [36]As na-

ções que tiverem ficado a vosso redor saberão que fui eu, Javé, que reconstruí o que estava destruído e tornei a cultivar a terra que era um deserto. Eu, Javé, o disse e o farei".

[37]Assim fala o Senhor Javé: "Permitirei ainda que a casa de Israel me suplique para agir em seu favor; eu os multiplicarei como um rebanho humano. [38]Como um rebanho de animais consagrados, como o rebanho reunido em Jerusalém em suas solenidades, assim as cidades arruinadas serão de novo cheias de rebanhos de homens, e saberão que eu sou Javé".

37

Visão dos ossos secos†. [1]A mão de Javé veio sobre mim* e Javé levou-me para fora em espírito e me colocou num vale que estava cheio de ossos; [2]fez-me andar entre eles em todas as direções. Vi que eram muito numerosos na superfície do vale e muito ressequidos. [3]Disse-me: "Filho do homem, poderão esses ossos reviver? Respondi: "Senhor Javé, vós o sabeis". [4]Ele me replicou: "Profetiza sobre esses ossos e dize-lhes: 'Ossos secos, escutai a palavra de Javé'. [5]Assim fala o Senhor Javé a esses ossos: Farei entrar em vós o espírito e revivereis. [6]Porei em vós os nervos e farei crescer sobre vós a carne, sobre vós estenderei a pele e infundirei em vós o espírito e revivereis: sabereis que eu sou Javé".

[7]Eu profetizei como me fora ordenado; enquanto eu profetizava, ouvi um rumor e vi um movimento entre os ossos que se aproximavam uns dos outros, cada um a seu correspondente. [8]Olhei, e sobre eles havia os nervos, a carne crescia e a pele os recobria, mas não havia espírito neles. [9]Ele me disse: "Profetiza ao espírito, profetiza, filho do homem. Dirás ao espírito: Assim fala o Senhor Javé: Espírito, vem dos quatro ventos* e sopra sobre esses

---

* **36**,25. 11,19; Jr 4,4; Jo 3,5; 4,1 | 27. Jr 31,31; 1Jo | 3,23s; Gl 5,22-25 | 31. 16,61ss | 35. Is 51,3 | **37**,1. 3,12 | 9. Gn 2,7; Sl 104,30; Ap 11,11; 20,4

† **36**,25. Símbolo da graça, que transforma o coração pelo dom do Espírito. | **37**. O espírito restitui a vida ao povo, que parecia morto e sem esperança por causa do exílio e da dispersão. O povo vai recuperar a unidade sob a chefia de um novo Davi e viverá na fidelidade a Deus, junto a Seu santuário.

1069 Ezequiel 37-38

mortos, para que revivam". ¹⁰Profetizei como me havia mandado, e o espírito entrou neles, voltaram à vida e se ergueram em pé: eram um exército grande, imenso.

Explicação da visão. ¹¹Disse-me: "Filho do homem, esses ossos são toda a gente de Israel. Eles andam dizendo: 'Nossos ossos estão ressequidos, nossa esperança acabou, estamos perdidos'. ¹²Por isso profetiza e anuncia-lhes: Assim fala o Senhor Javé: Vou abrir vossos sepulcros, vou tirar-vos de vossos túmulos, ó meu povo, vou reconduzir-vos à terra de Israel. ¹³Sabereis que eu sou Javé, quando eu abrir vossos sepulcros e vos tirar de vossos túmulos, ó meu povo. ¹⁴Porei em vós meu espírito e revivereis; eu vos colocarei em vossa terra; sabereis que eu sou Javé. Eu o disse e o farei – oráculo de Javé".

Judá e Israel reunidos. ¹⁵Foi-me dirigida esta palavra de Javé: ¹⁶"Filho do homem, toma um pedaço de madeira e escreve nele: 'Judá e os israelitas que estão com ele'. Depois toma um pedaço de madeira e escreve nele: 'José, madeira de Efraim, e toda a casa de Israel que está com ele'. ¹⁷Encosta-os um no outro, de modo que formem um só pedaço de madeira e sejam uma coisa só em tua mão. ¹⁸E quando os filhos de teu povo te disserem: 'Não nos explicarás o que queres dizer com isto?', ¹⁹tu lhes dirás: Assim fala o Senhor Javé: Vou tomar o pedaço de madeira de José, que está na mão de Efraim, e as tribos de Israel unidas a ele, e os unirei a este, que é o pedaço de madeira de Judá,* para fazer deles um só pedaço; vão tornar-se uma só coisa em minha mão.

²⁰Segura na mão, à vista deles, os pedaços de madeira sobre os quais escreveste e ²¹dize-lhes: Assim fala o Senhor Javé: Eu tomarei os israelitas dentre as nações para as quais eles foram e os reunirei de toda parte e os reconduzirei a sua terra: ²²farei deles uma só nação no país, sobre os montes de Israel; um só rei reinará sobre todos eles e não serão mais duas nações, nem serão mais divididos* em dois reinos. ²³Não se contaminarão mais com seus ídolos, com suas abominações e com todas as suas iniquidades; eu os livrarei de todas as infidelidades que cometeram; eu os purificarei, e eles serão meu povo e eu serei* seu Deus. ²⁴Meu servo Davi reinará sobre eles e haverá um único pastor* para todos; seguirão meus mandamentos, observarão minhas leis e as cumprirão. ²⁵Habitarão na terra* que dei a meu servo Jacó. Naquela terra em que habitaram seus pais,* habitarão eles, seus filhos, através dos séculos; Davi, meu servo, será seu príncipe para sempre.²⁶Farei com eles uma aliança de paz, que será com eles uma aliança eterna. Eu os estabelecerei e os multiplicarei e porei meu santuário* no meio deles para sempre. ²⁷Minha morada estará no meio deles: eu serei seu Deus e eles serão meu povo. ²⁸E as nações saberão que eu sou Javé que santifico Israel, quando meu santuário estiver no meio deles para sempre".

V. BATALHAS DO POVO DE DEUS CONTRA SEUS INIMIGOS (38–39)†

38 **Contra Gog, rei de Magog.** ¹Foi-me dirigida esta palavra* de Javé: ²"Filho do homem, volta-te para Gog no país de Magog, príncipe soberano de Mosoc e de Tubal,* e profetiza contra ele.

Dirás: ³Assim fala o Senhor Javé: Estou contra ti, Gog, príncipe soberano de Mosoc e de Tubal. ⁴Eu te farei voltar atrás, porei ganchos em tuas maxilas* e

---

* **37**,19. Zc 11,7.14 | 22. Jr 3,18 | 23. 34,23 | 24. Jo 10,16 | 25. 28,26 / Jr 17,25; Jl 4,20 | 26. Jr 31,31 | **38**,1. Gn 10,2 | 2. 27,13 | 4. 29,4

† **V.** Estes dois capítulos falam daquelas misteriosas lutas do mal contra o bem, que como também disse Jesus, Mt 24,21, serão mais renhidas no final dos tempos. "A fé nos dá a certeza de que Deus não permitiria o mal, se do próprio mal não tirasse o bem, por caminhos que só conheceremos plenamente na vida eterna" (CIC).

Ezequiel 38-39

te farei sair com todo o teu exército, cavalos e cavaleiros, todos bem equipados, tropa imensa com escudos grandes e pequenos, e todos armados de espada. ⁵A Pérsia, a Etiópia e Fut* estão com eles, todos com escudos e capacetes. ⁶Gomer e todas as suas tropas, o povo de Bet-Togorma, as extremas regiões do norte e todas as suas tropas, povos numerosos estão contigo.

Invasão de Gog. ⁷Fica pronto, prepara-te bem junto com toda a multidão que se reuniu a teu redor, e põe-te a meu serviço. ⁸Depois de muito tempo te será dada a ordem: no final dos tempos irás contra o país que escapou da espada e cujos habitantes foram reunidos de muitos povos sobre os montes de Israel, que ficaram por longo tempo desertos. Depois que foram separados dos outros povos, todos habitam tranquilos. ⁹Tu subirás ali, e ali chegarás como um furacão; serás como uma nuvem que envolve a terra, tu com todas as tuas tropas e com os povos numerosos que estão contigo.

¹⁰Assim fala o Senhor Javé: Naquele dia te virão à mente pensamentos e conceberás projetos malvados. ¹¹Dirás: Irei contra uma terra indefesa, assaltarei pessoas tranquilas que se sentem seguras, que moram todas em cidades sem muros, que não têm trancas nem portas, ¹²para depredar, saquear, pôr a mão sobre ruínas agora repovoadas e sobre um povo que se reuniu dentre as nações, que se ocupa de seus rebanhos e dos próprios negócios, que mora no centro da terra.

¹³Sabá, Dedã, os comerciantes de Társis* e todos os seus leõezinhos te perguntarão: 'Vens para saquear? Reuniste tuas tropas para vir depredar e levar embora prata e ouro, para roubar o gado e para tomar grandes despojos?' ¹⁴Por isso profetiza, filho do homem, e anuncia a Gog: Assim fala o Senhor Javé: Naquele dia, quando meu povo de Israel morar totalmente seguro, tu te levantarás, ¹⁵virás de tua morada, do extremo norte, tu e os povos numero-

sos que estão contigo, todos montados em cavalos, uma grande multidão, um exército poderoso. ¹⁶Virás contra meu povo Israel como nuvem que envolve a terra. No final dos tempos eu te mandarei contra meu país para que as nações me conheçam quando por teu intermédio, ó Gog, eu manifestar minha santidade diante de seus olhos".*

Destruição do invasor. ¹⁷Assim fala o Senhor Javé: "Não és tu aquele de quem falei nos tempos antigos por meio de meus servos, os profetas de Israel, os quais, naqueles tempos e por muitos anos, profetizaram que eu haveria de mandar-te contra eles? ¹⁸Mas, quando Gog chegar ao país de Israel – oráculo do Senhor Javé – subirá meu furor a minha face. ¹⁹Em meu ciúme e em meu furor ardente eu vos declaro: Naquele dia haverá um grande terremoto na terra de Israel: ²⁰diante de mim tremerão os peixes do mar, as aves do céu, os animais selvagens, todos os répteis que rastejam pelo chão e todo ser humano que está sobre a face da terra; os montes cairão, os rochedos despenharão e todas as muralhas desabarão.* ²¹Contra ele chamarei a espada sobre todos os montes de Israel – oráculo do Senhor Javé. A espada de cada um deles se voltará contra o próprio irmão. ²²Exercerei meu julgamento sobre ele com a peste e com o sangue; farei chover sobre ele, sobre suas fileiras e sobre os povos numerosos que estão com ele, torrentes de chuva e granizo, fogo e enxofre. ²³Mostrarei minha grandeza e minha santidade e me revelarei diante de nações numerosas e saberão que eu sou Javé".

39 **Derrota do exército de Gog.** ¹"E tu, filho do homem, profetiza* contra Gog e anuncia: Assim fala o Senhor Javé: Estou contra ti, Gog, príncipe soberano de Mosoc e de Tubal. ²Eu te farei voltar atrás e te conduzirei e te farei subir do extremo norte para mandar-te contra os montes de Israel. ³Quebrarei o arco em tua mão esquer-

---

* **38**,5. 27,10 | 13. 1Rs 10,1; Ez 25,13 | 16. Êx 14,2 | **38**,20. Am 8,92 | **39**,1. 38,3

1071 Ezequiel 39

da e farei cair as flechas de tua mão direita. ⁴Cairás sobre os montes de Israel com todas as tuas tropas e os povos que estão contigo. Eu te destinei para alimento das aves de rapina de toda espécie e dos animais selvagens. ⁵Serás abatido em campo aberto, porque eu o disse – oráculo do Senhor Javé.

⁶Mandarei fogo sobre Magog e sobre os que habitam tranquilos nas ilhas; e saberão que eu sou Javé. ⁷Darei a conhecer* meu nome santo no meio de meu povo Israel, e não mais permitirei que meu santo nome seja profanado. As nações saberão que eu sou Javé, santo em Israel. ⁸Isto está para acontecer e se cumprirá – oráculo do Senhor Javé –; é este o dia de que falei. ⁹Os habitantes das cidades de Israel sairão e, para acender fogo, queimarão armas, escudos grandes e pequenos, arcos e flechas, clavas e lanças; e com estas farão fogo por sete anos. ¹⁰Não deverão apanhar lenha nos campos nem cortá-la nas florestas, porque farão fogo com as armas. Despojarão aqueles que os tinham despojado e saquearão aqueles que os tinham saqueado – oráculo do Senhor Javé.

¹¹Naquele dia darei a Gog como sepulcro um lugar famoso em Israel, o vale de Abarim, a leste do mar; o vale que fecha a passagem aos caminhantes. Ali será sepultado Gog e toda a sua multidão e aquele lugar se chamará 'vale da multidão de Gog'. ¹²A casa de Israel lhes dará sepultura para purificar o país durante sete meses. ¹³Todo o povo da terra os sepultará; e será para eles glorioso o dia em que manifestarei minha glória – oráculo do Senhor Javé. ¹⁴Serão escolhidos homens que percorrerão continuamente o país para sepultar, com a ajuda dos transeuntes, os que ficaram na superfície da terra, para torná-la pura; começarão as buscas ao fim dos sete meses. ¹⁵Quando, ao percorrerem o país, virem ossos humanos, porão neles um sinal para que os coveiros os sepultem no 'vale da multidão de Gog': ¹⁶O nome da cidade será Hamona.* Assim purificarão o país. ¹⁷A ti, filho do homem, assim

fala o Senhor Javé: Dize às aves de toda espécie e a todos os animais selvagens: Reuni-vos, vinde; ajuntai-vos de toda a parte para o sacrifício que vos ofereço, um grande sacrifício, sobre os montes de Israel. Comereis carne e bebereis sangue; ¹⁸comereis carne de heróis, bebereis sangue de príncipes da terra; carneiros, cordeiros, bodes e touros, todos cevados em Basã. ¹⁹Comereis gordura até a saciedade e bebereis sangue até a embriaguez no banquete do sacrifício que vos ofereço. ²⁰A minha mesa vos saciareis de cavalos e cavaleiros, de heróis e de todos os guerreiros – oráculo do Senhor Javé. ²¹Às nações manifestarei minha glória, e todas as nações verão a justiça que farei e a mão que porei sobre elas. ²²Desse dia em diante a casa de Israel saberá que eu, Javé, sou seu Deus. ²³As nações saberão que a casa de Israel foi conduzida em cativeiro por causa de sua iniquidade, porque se revoltou contra mim, e eu lhes ocultei minha face e os entreguei nas mãos de seus inimigos, para que todos morressem pela espada. ²⁴Tratei-os conforme suas imundícies e seus pecados, ocultando-lhes minha face".

Futuro de Israel. ²⁵"Por isso, assim fala o Senhor Javé: Agora restabelecerei a sorte de Jacó, terei compaixão de toda a casa de Israel e serei ciumento de meu santo nome. ²⁶Quando eles habitarem tranquilos em sua terra, sem que ninguém os aflija, vão envergonhar-se de todas as rebeliões que cometeram contra mim.

²⁷Quando eu os tiver reconduzido das nações e os tiver reunido dos países de seus inimigos e tiver mostrado neles minha santidade diante de numerosas nações, ²⁸então saberão que eu, Javé, sou seu Deus, porque, depois de os ter conduzido em cativeiro entre as nações, eu os reunirei em sua terra sem deixar lá fora nem um sequer. ²⁹Então não mais lhes esconderei minha face, porque derramarei meu espírito sobre a casa de Israel – oráculo do Senhor Javé".*

---

* **39**,7. 38,23 | 16. Dt 21,23; Nm 19,16; Ap 19,17s | 29. 37,14; 11,19

Ezequiel 40

VI. A RESTAURAÇÃO MESSIÂNICA
(40–48)†

40 **Visão do novo templo.** [1]No princípio do ano vigésimo quinto de nossa deportação, no dia dez do mês, quatorze anos depois que a cidade foi tomada†, naquele mesmo dia, a mão de Javé veio sobre mim e ele me conduziu até lá. [2]Em visão divina conduziu-me* à terra de Israel e colocou-me sobre um monte altíssimo sobre o qual parecia estar construída uma cidade, no lado sul. [3]Conduziu-me até lá; e um homem, cujo aspecto era como de bronze, estava de pé junto à porta, com um cordão de linho na mão* e uma cana para medir. [4]Ele me disse: "Filho do homem, observa e escuta atentamente e presta atenção no que vou mostrar-te, porque foste conduzido aqui para que eu te mostre isso* e anuncies à casa de Israel o que vais ver".

O muro exterior. [5]O templo era todo cercado de um muro.* A cana para medir que o homem tinha na mão era de seis côvados†, de um côvado e um palmo cada um. Ele mediu a espessura do muro: era uma cana, e a altura: uma cana.

A porta oriental. [6]Depois foi à porta que dá para o oriente, subiu os degraus e mediu o limiar da porta: era da largura de uma cana. [7]Cada cela media uma cana de comprimento e uma cana de largura; de uma cela à outra havia cinco côvados. Também o limiar da porta perto do átrio da porta interna era de uma cana. [8]Mediu o átrio da porta: era de oito côvados; [9]as pilastras, de dois côvados. O átrio da porta dava para o interior. [10]As celas da porta a oriente eram três de um lado e três do outro, todas três do mesmo tamanho; da mesma medida eram as pilastras de uma e

de outra parte. [11]Mediu a largura da abertura da porta: era de dez côvados; o tamanho da porta era de treze côvados. [12]Diante das celas havia um parapeito de um côvado, de um e de outro lado; cada cela media seis côvados de cada lado. [13]Mediu depois a porta desde o teto de uma das celas ao teto da outra; a largura de porta à porta era de vinte e cinco côvados. [14]Calculou em sessenta côvados a altura das pilastras; a partir das pilastras começava o pátio que circundava as portas. [15]Da fachada da porta de entrada à fachada do átrio da porta interna havia um espaço de cinquenta côvados.

[16]As celas e as pilastras tinham janelas com grades para o interior, em torno da porta, como também ao redor havia janelas, que davam para o interior do átrio. Nas pilastras havia figuras de palmeiras.

O pátio externo. [17]Depois levou-me ao pátio externo e vi celas e um pavimento em torno do pátio; trinta eram as celas ao longo do pavimento. [18]O pavimento se estendia aos lados das portas por uma extensão igual à largura das mesmas portas: era o pavimento inferior. [19]Mediu o espaço da fachada da porta inferior até a fachada do pátio interno: eram cem côvados no lado oriental e no lado norte.

A porta setentrional. [20]Depois mediu o comprimento e a largura da porta que dá para o norte no pátio externo. [21]Suas celas, três de um lado e três do outro, as pilastras e o átrio tinham as mesmas dimensões da primeira porta: cinquenta côvados de comprimento por vinte e cinco de largura. [22]Suas janelas, o átrio e as palmeiras tinham as mesmas dimensões das da porta que dá para o oriente. Subia-se a ela por sete degraus; o átrio era em frente. [23]Havia uma porta no pátio interior,

---

* **40**,2. 37,1; 1,1ss; Ap 21,10 | 3. Ap 11,1; 21,15 | 4. Êx 25,9.40 | 5. Êx 27,19-19; 38,9-20; 2Cr 3,3; 4,5

† **VI.** Esta seção apresenta um quadro ideal do futuro reino messiânico, no qual tudo é perfeito: o templo, o culto e a terra. | **40**,1. No ano 572 a.C., Ezequiel apresenta um projeto, que não se torna realidade, mas traça as linhas para uma nova religião: em torno da casa de Javé, servida por zelosos sacerdotes, uma comunidade, chefiada por um príncipe fiel, segue a lei como norma de vida. | 5. Esse côvado parece medir 0,58m; portanto, a cana media uns 3,40m.

diante da porta norte, como diante da porta oriental; mediu a distância entre uma porta e a outra: era de cem côvados.

A porta meridional. 24Conduziu-me depois para o sul; havia um porta voltada para o sul; mediu suas pilastras e seu átrio: tinham as mesmas dimensões. 25Em torno da porta, como em torno do átrio, havia janelas iguais às outras janelas; media cinquenta côvados de comprimento por vinte e cinco de largura. 26Havia sete degraus para subir para o interior. Nas pilastras, de um e de outro lado, havia palmeiras. 27O pátio interno tinha um porta para o sul; ele mediu a distância de uma porta à outra em direção ao sul: eram cem côvados.

O pátio interno. 28Então introduziu-me no pátio interno, pela porta sul, e mediu esta porta: tinha as mesmas dimensões. 29As celas, as pilastras e o átrio tinham as mesmas medidas. Em torno da porta, como em torno do átrio, havia janelas. Ela media cinquenta côvados de comprimento por vinte e cinco de largura.

30Em torno havia vestíbulos de vinte e cinco côvados de comprimento por cinco de largura.

31Seu vestíbulo era voltado para o átrio externo; sobre as pilastras havia palmeiras; sua escada tinha oito degraus.

O pórtico oriental. 32Depois conduziu-me ao pátio interno que dá para o oriente e mediu-o: tinha as dimensões costumeiras. 33As celas, as pilastras e o átrio tinham as mesmas dimensões. Em torno do pórtico, como em torno do átrio, havia janelas. Ele media cinquenta côvados de comprimento por vinte e cinco de largura. 34Seu vestíbulo dava para o átrio externo; sobre as pilastras, de um e de outro lado, havia palmeiras; sua escada tinha oito degraus.

O pórtico setentrional. 35Depois conduziu-me ao pórtico norte e mediu-o: tinha as dimensões costumeiras, 36como as celas, as pilastras e o átrio; em torno havia janelas. 37Seu vestíbulo dava para o átrio externo; sobre as pilastras, de um e de outro lado, havia palmeiras; sua escada tinha oito degraus.

Anexo dos pórticos. 38Havia também uma cela com a porta perto das pilastras dos pórticos; lá eram lavados os holocaustos. 39No átrio do pórtico havia duas mesas de um lado e duas do outro, sobre as quais eram degolados os holocaustos, os sacrifícios expiatórios e de reparação. 40Outras duas mesas estavam no lado externo, a norte de quem entra no pórtico, e duas mesas do outro lado, junto ao átrio do pórtico. 41Assim, de cada lado do pórtico havia quatro mesas de um lado e quatro mesas do outro: oito mesas ao todo. Sobre elas se degolavam as vítimas. 42Havia ainda outras quatro mesas de pedras quadradas para os holocaustos, de um côvado e meio de comprimento, de um côvado e meio de largura e um côvado de altura: sobre elas eram depostos os instrumentos com que se imolavam os holocaustos e os outros sacrifícios. 43Ganchos de um palmo de comprimento estavam pendurados dentro e ao redor; sobre as mesas se punham as carnes das ofertas.

44Fora do pórtico interno havia duas salas no pátio interior: a que estava junto ao pórtico norte dava para o sul, a outra junto ao pórtico sul dava para o norte. 45Ele me disse: "A cela que dá para o sul é para os sacerdotes que cuidam do templo 46e a cela que dá para o norte é para os sacerdotes que cuidam do altar: são eles os filhos de Sadoc que, entre os filhos de Levi, aproximam-se de Javé para seu serviço".

O átrio interior. 47Mediu depois o átrio: era um quadrado de cem côvados de largura por cem de comprimento. O altar estava diante do templo.

48Conduziu-me depois ao átrio do templo e mediu suas pilastras: cinco côvados de cada lado; a largura do pórtico era de três côvados de cada lado. 49O comprimento do vestíbulo era de vinte côvados e sua largura, de doze côvados. Subia-se até lá por dez degraus. Ao lado das pilastras havia duas colunas, uma de cada lado.

Ezequiel 41

41 **O santo.** [1]Introduziu-me depois no santuário* e mediu as pilastras: tinham seis côvados de largura de um lado e seis côvados de largura do outro, como era a largura do tabernáculo. [2]A largura da entrada era de dez côvados e os lados da entrada, cinco côvados de um lado e cinco côvados do outro. Mediu depois o santuário: tinha quarenta côvados de comprimento e vinte de largura.

O santo dos santos. [3]Foi depois para dentro e mediu as pilastras* da entrada: dois côvados; e a entrada: seis côvados; a largura da entrada: sete côvados. [4]Mediu também seu comprimento: vinte côvados; a largura diante do santuário: vinte côvados. Depois me disse: "Este é o santo dos santos".

As celas laterais. [5]Mediu depois o muro* do templo: seis côvados; depois a largura do edifício lateral: quatro côvados, ao redor de todo o templo. [6]As celas laterais eram uma sobre a outra, em número de trinta por três andares. Para as celas ao redor havia reentrâncias na parede do templo, de modo que fossem ligadas entre si, mas não apoiadas na parede do templo. [7]De andar em andar, a largura das celas aumentava, por isso a construção era mais larga em cima. Do andar inferior podia-se subir ao andar do meio e deste ao mais alto. [8]Vi em torno do templo uma elevação. Os fundamentos do edifício lateral mediam uma cana inteira de seis côvados. [9]A largura da parede externa do edifício lateral era de cinco côvados, como a do espaço restante. Entre o edifício lateral do templo [10]e as celas havia uma largura de vinte côvados ao redor de todo o templo. [11]As portas do edifício lateral davam para o espaço livre; uma porta dava para o norte e uma para o sul. O espaço livre ao redor era de cinco côvados.

O edifício ocidental. [12]A construção que ficava defronte ao espaço livre do lado oeste tinha setenta côvados de largura; a parede do edifício ao redor tinha a espessura de cinco côvados; seu cumprimento era de noventa côvados.

[13]Depois mediu o templo: cem côvados de comprimento; o espaço livre, o edifício e suas paredes, também tinham cem côvados. [14]A largura da fachada do templo com o espaço livre: cem côvados. [15]Mediu ainda o comprimento do edifício diante do espaço livre na parte posterior, com as galerias de um lado e de outro: era de cem côvados.

A decoração interna. O interior do santuário,* seu vestíbulo, [16]os umbrais, as janelas com grades e as galerias em torno dos três andares, a começar do limiar, eram todos revestidos de madeira, em todo o redor, do pavimento até as janelas, que eram veladas. [17]Na porta, dentro e fora do templo e sobre todas as paredes em redor, internas e externas, estavam pintados [18]querubins e palmeiras. Entre um e outro querubim havia uma palmeira; cada querubim* tinha duas faces: [19]face de homem para a palmeira de um lado e face de leão para a palmeira do outro lado, ao redor de todo o templo. [20]Do chão até sobre a porta havia querubins e palmeiras pintados nas paredes do santuário.

[21]Os umbrais do santuário eram quadrados.

O altar de madeira. Diante do santo dos santos* havia algo como [22]um altar de madeira de três côvados de altura, dois côvados de comprimento e dois de largura. Os ângulos, a base e os lados eram de madeira. Disse-me: "Esta é a mesa que está diante de Javé".

As portas. [23]O santuário e o santo dos santos tinham duas portas cada um. [24]Cada porta tinha dois batentes e cada batente se dobrava em duas peças: duas para um batente e duas para o outro. [25]Sobre as portas estavam pintados querubins e palmeiras, bem como sobre as paredes; havia um portal de madeira sobre a fachada do átrio do lado de fora. [26]Havia janelas com grades e palmeiras de ambos os lados, nos lados do vestíbulo, nas celas anexas ao templo e nas arquitraves.

---

* **41**,1. 1Rs 6,3; 2Cr 3,5ss | 3. 1Rs 6,20; 2Cr 3,8s | 5. 1Rs 6,5s | 15. 1Rs 6,15-18 | 18. 1Rs 6,29s | 21. 1Rs 6,20ss; Êx 30,1ss | 23. 1Rs 6,31-35

1075   Ezequiel 42-43

42
As dependências do templo. [1]Então fez-me sair para o pátio externo, do lado norte, e conduziu-me ao apartamento que está diante do espaço livre em frente ao edifício no lado norte. [2]Na fachada tinha cem côvados de comprimento, para o norte, e cinquenta côvados de largura. [3]Diante dos vinte côvados do pátio interno e diante do pavimento externo, havia uma galeria diante de uma outra galeria de três andares. [4]Diante das celas havia um corredor de dez côvados de largura para o interior e cem de comprimento; as portas das celas davam para o norte. [5]As celas superiores eram mais estreitas, porque as galerias ocupavam mais espaço delas do que das inferiores e das do meio do edifício. [6]Eram de três andares, mas não tinham colunas como as dos pátios; por isso a partir do chão as celas superiores iam se estreitando, mais do que as de baixo e as do meio. [7]O muro externo paralelo às celas, do lado do pátio externo, diante das celas, tinha cinquenta côvados de comprimento. [8]Pois o comprimento das celas do átrio externo era de cinquenta côvados, ao passo que diante do templo era de cem côvados. [9]Embaixo das celas havia uma entrada do lado leste quando se entra nelas pelo átrio externo.

[10]Na largura do muro do pátio, em direção ao oriente, diante do espaço livre e diante do edifício, havia celas [11]e, diante delas, uma passagem semelhante àquela das celas do lado norte: tinham o mesmo comprimento e largura, com todas as suas saídas e portas conforme os mesmos critérios. [12]Assim eram as portas das celas que davam para o sul; uma porta estava no começo da passagem, ao longo do muro correspondente, a leste quando se entra. [13]Ele me disse: "As celas do lado norte e as do lado sul, diante do espaço livre, são as celas sagradas, onde os sacerdotes que se aproximam de Javé comerão as coisas santíssimas:* ali colocarão as coisas santíssimas, isto é, as oblações e as vítimas de expiação e de reparação, porque santo é este lugar. [14]Quando os sacerdotes ali tiverem entrado, não sairão do lugar santo para o átrio externo, mas deporão ali suas vestes com as quais prestaram serviço, porque elas são santas; vestirão outras roupas e assim poderão aproximar-se* do lugar destinado ao povo".

[15]Quando ele acabou de medir o interior do templo, conduziu-me para fora pela porta que dá para o oriente, e mediu o recinto todo ao redor. [16]Mediu o lado oriental* com a cana para medir: quinhentas canas, com a cana de medir, ao redor. [17]Mediu o lado norte: quinhentas canas, com a cana de medir, ao redor. [18]Mediu o lado sul: quinhentas canas, com a cana de medir. [19]Voltou-se para o lado ocidental: mediu quinhentas canas com a cana de medir. [20]Pelos quatro lados ele mediu o templo; havia ao redor um muro de quinhentas canas de comprimento e quinhentas de largura para separar o lugar sagrado do profano.

43
Retorno da glória de Javé. [1]Conduziu-me então para a porta, a porta que dá para o oriente: [2]a glória do Deus de Israel† estava chegando do lado oriental, e seu rumor era como o rumor das grandes águas e a terra resplandecia com sua glória. [3]Esta visão foi semelhante* àquela que tive quando ele veio para destruir a cidade e semelhante àquela que tive junto ao rio Cobar. Caí com a face em terra. [4]E a glória de Javé entrou no templo pela porta que dá para o oriente.

[5]O espírito me tomou e me introduziu* no átrio interno: a glória de Javé enchia o templo. [6]Enquanto aquele homem estava de pé* a meu lado, ouvi que alguém de dentro do templo me falava [7]e me dizia: "Filho do homem, este é o lugar de meu trono e o lugar

---

* **42**,13. Lv 2,3 | 14. Lv 17,1 | 16. 45,2 | **43**,3. 10,18; 11,22s | 5. 1Rs 8,10s | 6. Ap 21,3 | 7. Êx 19,12; Ez 25,8; 37,26s

† **43**,2. A manifestação sensível de Deus, que havia abandonado o templo e a cidade, 11,23, retorna para não mais deixá-los.

Ezequiel 43-44

onde pouso os pés,* onde eu habitarei no meio dos israelitas para sempre. A casa de Israel, o povo e seus reis não profanarão mais meu santo nome com suas prostituições e com os cadáveres de seus reis quando morrem, [8]colocando seu limiar junto a meu limiar e seus umbrais junto a meus umbrais, com uma simples parede entre mim e eles; profanaram meu santo nome com todas as abominações que cometeram, por isso eu os exterminei em minha ira. [9]Mas de agora em diante afastarão de mim suas prostituições e os cadáveres de seus reis, e eu habitarei no meio deles para sempre.

[10]Tu, filho do homem, descreve este templo para a casa de Israel, para que se envergonhem de suas iniquidades; tirem a medida de sua planta [11]e, quando se envergonharem de tudo o que fizeram, manifesta-lhes a forma deste templo, sua disposição, suas saídas, suas entradas, todos os seus aspectos, todos os seus regulamentos, todas as suas formas e todas as suas leis. Põe-nos por escrito diante de seus olhos, para que observem todas estas normas e todos estes regulamentos e os ponham em prática. [12]Esta é a lei do templo: no alto do monte, toda a área ao redor é santíssima; esta é a lei do templo.

O altar dos holocaustos. [13]Estas são as medidas* do altar em côvados, de um côvado e um palmo cada um. A base tem um côvado de altura por um côvado de largura; sua borda em todo o seu redor mede quatro dedos. Assim é a base do altar.

[14]Da base que pousa no chão até a plataforma inferior: dois côvados de altura e um côvado de largura; da plataforma pequena à plataforma maior: quatro côvados de altura e um côvado de largura.

[15]A lareira do altar mede quatro côvados de altura, e sobre a lareira há quatro chifres. [16]A lareira tem doze côvados de comprimento por doze de largura, ou seja, é quadrada. [17]A plataforma superior é um quadrado de quatorze côvados de comprimento por quatorze côvados de largura, com uma borda de meio côvado ao redor; e a base, ao redor, mede um côvado; seus degraus são voltados para o oriente.

Consagração do altar. [18]Ele me disse: "Filho do homem,* assim fala o Senhor Javé: Estas são as prescrições sobre o altar, quando for construído para sacrificarem sobre ele o holocausto e para sobre ele aspergirem o sangue. [19]Aos sacerdotes levitas da estirpe de Sadoc, que se aproximarão de mim para servir-me, tu darás – oráculo do Senhor Javé – um novilho para a expiação. [20]Tomarás de seu sangue e o derramarás sobre os quatro chifres do altar, sobre os quatro ângulos da plataforma e em torno da borda. Assim o purificarás e farás sua expiação. [21]Tomarás depois o novilho do sacrifício expiatório e o queimarás num lugar do templo, para isto designado, fora do santuário.

[22]No segundo dia oferecerás, pelo pecado, um bode sem defeito e farás a purificação do altar como foi feito com o novilho. [23]Terminado o rito da purificação, oferecerás um novilho sem defeito e um carneiro do rebanho sem defeito. [24]Tu os apresentarás a Javé e os sacerdotes lançarão sal sobre eles e os oferecerão em holocausto a Javé. [25]Durante sete dias sacrificarás* pelo pecado um bode cada dia e será oferecido também um novilho e um carneiro do rebanho sem defeito. [26]Durante sete dias se fará a expiação do altar, e ele será purificado e consagrado. [27]Passados esses dias, do oitavo dia em diante, os sacerdotes imolarão sobre o altar vossos holocaustos, vossos sacrifícios de comunhão e eu vos serei propício – oráculo do Senhor Javé".

44

Novas disposições para o culto. [1]Conduziu-me depois à porta externa do santuário, do lado oriental; ela estava fechada. [2]Disse-me:

---

* **43**,13. Êx 40,5; 27,1-8; 1Rs 8,64; 2Cr 4,1; 7,7 | 18. Êx 29,36s; Lv 8,10-15; 1Mc 4,52-56; Ez 44,15 | 25. Lv 8,33ss

"Esta porta ficará fechada; não será aberta, ninguém passará por ela, porque por ela entrou Javé, Deus de Israel. Por isso ficará fechada. ³Mas o príncipe, porque é príncipe, sentará nela para alimentar-se diante de Javé; entrará pelo vestíbulo da porta e por ali sairá".

⁴Depois conduziu-me pela porta norte, diante do templo. Olhei e vi que a glória de Javé enchia o templo de Javé. Caí com a face em terra ⁵e Javé me disse: "Filho do homem, fica atento, observa bem e escuta tudo o que te direi sobre as prescrições referentes ao templo de Javé e sobre todas as suas leis; presta atenção na entrada do templo e em todas as saídas do santuário. ⁶Dirás àqueles rebeldes, à casa de Israel: Assim fala o Senhor Javé: Demasiadas foram vossas abominações, ó israelitas! ⁷Introduzistes estrangeiros,* incircuncisos de coração e incircuncisos de carne, para que estivessem em meu santuário e profanassem meu templo, enquanto me oferecíeis minha comida, a gordura e o sangue, quebrando assim minha aliança com todas as vossas abominações. ⁸Não cuidastes de minhas coisas santas, mas confiastes a eles, em vosso lugar, a guarda de meu santuário. ⁹Assim diz o Senhor Javé: Nenhum estrangeiro,* incircunciso de coração e incircunciso de carne, entrará em meu santuário; nenhum dos estrangeiros que estão no meio dos israelitas".

Os levitas. ¹⁰"Também os levitas, que se afastaram de mim quando Israel se desviou e seguiram seus ídolos, carregarão o peso de sua iniquidade; ¹¹servirão em meu santuário como guardas das portas do templo e como servos do templo; degolarão os animais dos holocaustos e do sacrifício pelo povo e estarão diante dele prontos para seu serviço. ¹²Porque o serviram diante de seus ídolos e fizeram a casa de Israel cair em pecado, por isso levanto a mão contra eles – oráculo do Senhor Javé – e eles carregarão o peso de sua ini-

quidade. ¹³Não se aproximarão mais de mim* para servir-me como sacerdotes e tocar todas as minhas coisas santas e santíssimas, mas carregarão sua vergonha e o peso das abominações que praticaram. ¹⁴Contudo, eu os encarrego da guarda do templo, de todo o seu serviço e de tudo o que se faz nele".

Os sacerdotes. ¹⁵"Quanto aos sacerdotes levitas* filhos de Sadoc, que observaram as prescrições de meu santuário, quando os israelitas se afastaram de mim, eles se aproximarão de mim para servir-me e estarão diante de mim para oferecer-me a gordura e o sangue – oráculo do Senhor Javé. ¹⁶Entrarão em meu santuário e se aproximarão de minha mesa para servir-me e cumprirão minhas prescrições.

¹⁷Quando entrarem pelas portas do átrio interno, vestirão roupas de linho; não usarão nenhuma roupa de lã quando exercerem o ministério nas portas do átrio interno e no templo. ¹⁸Usarão na cabeça turbantes* de linho e sobre os rins calções de linho; não se cingirão com nada que provoque o suor. ¹⁹Quando saírem ao pátio externo em direção ao povo, tirarão as vestes com as quais oficiaram e as deporão nas celas do santuário; usarão outras vestes para não comunicar com elas a consagração ao povo. ²⁰Não raparão a cabeça,* nem deixarão crescer os cabelos, mas os cortarão regularmente. ²¹Nenhum sacerdote beberá vinho quando tiver de entrar no átrio interno. ²²Não tomarão como esposa uma viúva,* nem uma repudiada, mas só uma virgem da estirpe de Israel; mas poderão desposar uma viúva, se for a viúva de um sacerdote. ²³Ensinarão meu povo a discernir entre o que é santo e o que é profano e lhe indicarão a distinção entre puro e impuro. ²⁴Nos processos eles serão os juízes* e decidirão segundo minhas leis. Em todas as minhas festas observarão minhas leis e meus estatutos e santificarão meus sábados. ²⁵Nenhum deles se aproximará* de um

---

* 44,7. Jr 4,4; Gn 17,10; 22,26 | 9. At 21,28s | 13. Lv 2,3 | 15. Nm 18,1-19 | 18. Lv 6,3s | 20. Lv 21,5 | 22. Lv 21,7.14 | 24. 20,11s.16.19s | 25. Lv 21,1-5

Ezequiel 44-45

morto, pois se tornaria impuro; mas para o pai, a mãe, um filho, uma filha, um irmão ou por uma irmã não casada pode tornar-se impuro. ²⁶Depois de sua purificação, devem ser contados sete dias ²⁷e, quando reentrar no lugar santo, no átrio interno para servir no santuário, oferecerá seu sacrifício expiatório – oráculo do Senhor Javé.

²⁸Quanto a sua herança,* eu serei sua herança; não lhes será dada nenhuma possessão em Israel; eu sou sua possessão. ²⁹Eles se nutrirão das oblações, dos sacrifícios expiatórios, dos sacrifícios de reparação; pertencerá a eles tudo o que for destinado ao extermínio em Israel. ³⁰A parte melhor* de todas as vossas primícias e toda espécie de oferta pertencerão aos sacerdotes; assim dareis ao sacerdote as primícias de vossas massas, para que a bênção repouse sobre vossa casa. ³¹Os sacerdotes não comerão a carne de nenhum animal morto de morte natural ou dilacerado, de aves ou de outros animais".

45 **Divisão do território.** ¹"Quando dividirdes por sorte o país,* em herança, reservareis como oferta a Javé uma porção sagrada do país, de vinte e cinco mil côvados de comprimento e vinte mil de largura: ela será santa por toda a sua extensão. ²Dela tomareis* para o santuário um quadrado de quinhentos côvados por quinhentos, com uma área livre ao redor de cinquenta côvados. ³Nesta superfície medirás um terreno de vinte e cinco mil côvados de comprimento por dez mil de largura, onde ficará o santuário, o santo dos santos. ⁴Será a parte sagrada do país; será para os sacerdotes ministros do santuário, que se aproximam para servir a Javé. Este lugar servirá para suas casas e como lugar sagrado para o santuário. ⁵Um espaço de vinte e cinco mil côvados de comprimento por dez mil de largura pertencerá aos levitas que servem no templo, com

cidades onde possam morar. ⁶Como propriedade da cidade demarcareis um terreno de cinco mil côvados de largura por vinte e cinco mil de comprimento, paralelo à parte destinada ao santuário; pertencerá a toda a casa de Israel.

⁷Ao príncipe será destinada uma área de um lado e de outro da parte sagrada e do terreno da cidade, ao lado da parte sagrada e ao lado do território da cidade, a ocidente até a extremidade ocidental e a oriente até o limite oriental, de um comprimento igual a cada uma das partes, do limite ocidental até o oriental. ⁸Esta será sua terra, sua propriedade em Israel, e assim meus príncipes não oprimirão mais meu povo, mas deixarão o restante da terra à casa de Israel, segundo suas tribos".

⁹Assim fala o Senhor Javé: "Basta, príncipes de Israel,* basta com as violências e as rapinas! Praticai o direito e a justiça; acabai com as extorsões que fazeis a meu povo – oráculo do Senhor Javé. ¹⁰Tende balanças justas, efá justo, bat justo.* ¹¹O efá e o bat serão da mesma capacidade, de modo que tanto o bat como o efá contenham um décimo do homer, e sua medida será regulada pelo homer. ¹²O siclo será de vinte geras: vinte siclos, mais vinte e cinco siclos e mais quinze siclos valerão uma mina para vós†.

Ofertas e primícias. ¹³Esta será a oferta que fareis: a sexta parte de um efá para cada homer de trigo e a sexta parte de um efá para cada homer de cevada. ¹⁴A norma para o óleo – que se mede com o bat – é um décimo de um bat para cada hor. Dez bat correspondem a um homer, porque dez bat formam um homer. ¹⁵Do rebanho se tomará uma em cada duzentas ovelhas dos prados férteis de Israel: servirá para as oblações, para os holocaustos, para os sacrifícios de comunhão, em expiação pelo povo – oráculo do Senhor Javé. ¹⁶Toda a população do país* está sujeita a esta contribuição para o prín-

---

* **44**,28. Nm 18,20-24; Dt 18,1s | 30. Lv 27,28 | **45**,1. 48,8-20 | 2. 42,15-20 | 9. Jr 22,3ss | 10. Lv 19,35ss | 16. Lv 1,1; 2,1; 3,1

† **45**,12. O efá se usava para medir sólidos e o bat, para líquidos; ambos equivaliam a 45 litros cada um.

cipe de Israel. [17]A cargo do príncipe estarão os holocaustos,* as oblações e as libações nas solenidades, nos novilúnios e nos sábados, em todas as festas da casa de Israel. Ele providenciará o sacrifício expiatório, a oblação, o holocausto e o sacrifício de comunhão para a expiação pela casa de Israel".

Festas da Páscoa e das Tendas. [18]Assim fala o Senhor Javé: "No primeiro dia do primeiro mês,* tomarás um novilho sem defeito e purificarás o santuário. [19]O sacerdote tomará o sangue da vítima pelo pecado e o porá nos portais do templo e sobre os quatro ângulos da base do altar e sobre os portais das portas do átrio interno. [20]Fará o mesmo no dia sete do mês por quem houver pecado por erro ou por ignorância; assim purificareis o templo. [21]No dia quatorze do primeiro mês será para vós a Páscoa, uma festa de sete dias em que se comerá pão ázimo. [22]Nesse dia o príncipe oferecerá, por si e por todo o povo do país, um novilho como sacrifício pelo pecado. [23]Nos sete dias da festa oferecerá em holocausto a Javé sete novilhos e sete carneiros sem defeito, em cada um dos sete dias, e um bode cada dia como sacrifício pelo pecado. [24]Oferecerá também uma oblação de um efá por novilho e de um efá por carneiro, com um hin de óleo para cada efá.

[25]No dia quinze do sétimo mês, por ocasião da festa, fará o mesmo durante sete dias, oferecendo os sacrifícios expiatórios, os holocaustos, as oblações e o óleo".*

46

O sábado e a lua nova. [1]Assim fala o Senhor Javé: "A porta do átrio interno* que dá para o oriente ficará fechada nos seis dias úteis; será aberta no sábado e na lua nova. [2]O príncipe, vindo de fora, entrará pelo vestíbulo da porta externa e ficará de pé junto aos umbrais da porta, enquanto os sacerdotes oferecerão seu holocausto e seu sacrifício de comunhão. Ele se prostrará no limiar da porta, depois sairá, e a porta não será fechada até a tarde. [3]O povo do país se prostrará nos sábados e na lua nova na entrada da porta, diante de Javé.

[4]O holocausto que o príncipe oferecerá a Javé no dia de sábado será de seis cordeiros e um carneiro sem defeito; [5]como oblação oferecerá um efá por carneiro; pelos cordeiros a oferta que puder dar; de um hin de óleo para cada efá. [6]No dia da lua nova oferecerá em holocausto um novilho sem defeito, seis cordeiros e um carneiro sem defeito; [7]em oblação, um efá pelo novilho e um efá pelo carneiro, e pelos cordeiros o que puder dar; de óleo, um hin para cada efá.

Normas diversas. [8]Quando o príncipe entrar, passará pelo vestíbulo da porta e sairá pelo mesmo caminho. [9]Quando vier o povo do país* para diante de Javé nas solenidades, os que tiverem entrado pela porta norte para adorar sairão pela porta sul; os que tiverem entrado pela porta sul sairão pela porta norte. Ninguém sairá pela porta pela qual entrou, mas sairá do lado oposto. [10]O príncipe estará no meio deles; entrará quando eles entrarem e sairá quando eles saírem. [11]Nas festas e nas solenidades, a oblação será de um efá pelo novilho e de um efá pelo carneiro; pelos cordeiros o que puder dar; e um hin de óleo para cada efá.

[12]Quando o príncipe quiser fazer a Javé uma oferta voluntária – holocausto ou sacrifícios de comunhão – ser-lhe-á aberta a porta que dá para o oriente e oferecerá o holocausto e o sacrifício de comunhão como os oferece nos dias de sábado; depois sairá, e a porta será fechada depois que tiver saído.

[13]Todo dia oferecerás em holocausto a Javé um cordeiro de um ano, sem defeito; tu o oferecerás cada manhã. [14]Junto com ele farás cada manhã uma oblação de um sexto de efá; de óleo oferecerás um terço de hin para misturar com a flor de farinha; é uma

---

* **45**,17. Êx 23,14; Lv 23,24 | 18. Êx 12,1 | 25. Êx 23,14 | **46**,1. Êx 20,8; Nm 28,9-14; Ez 45,17 | 9. Êx 23,14-17

Ezequiel 46-47

oblação a Javé, a lei do holocausto cotidiano. [15]Oferecerão, pois, o cordeiro, a oblação e o óleo cada manhã: é holocausto cotidiano".

[16]Assim fala o Senhor Javé: "Se o príncipe der como presente a um de seus filhos algo de sua herança, o dom pertencerá a seus filhos; será propriedade deles como herança. [17]Mas se fizer a um de seus servos um dom tirado de sua herança, o dom pertencerá* ao servo até o ano da remissão, depois retornará ao príncipe; mas sua herança ficará somente para seus filhos. [18]O príncipe não tomará nada da herança do povo, extorquindo-lhe a propriedade; é com o que lhe pertence que constituirá o patrimônio de seus filhos, para que ninguém de meu povo seja despojado do que lhe pertence.

As cozinhas. [19]Depois ele me conduziu,* pela entrada que ficava ao lado da porta, às celas do santuário destinadas aos sacerdotes, do lado norte; na extremidade oeste havia um lugar reservado. [20]Disse-me: "Este é o lugar* em que os sacerdotes cozinharão as carnes dos sacrifícios de reparação e de expiação e onde cozinharão as oblações, sem levá-las para fora, para o átrio externo, e correr o risco de comunicar* a consagração ao povo". [21]Conduziu-me ao átrio externo e fez-me passar junto aos quatro ângulos do átrio, e em cada ângulo do átrio havia um pátio; [22]nos quatro ângulos do átrio havia quatro pequenos pátios de quarenta côvados de comprimento e trinta de largura, todos de uma mesma medida. [23]Havia um muro ao redor deles, ao redor dos quatro, e havia fogões construídos ao pé do muro ao redor. [24]Ele me disse: "Estas são as cozinhas em que os ministros do templo cozinharão os sacrifícios do povo".

47 O rio que nasce no templo.

[1]Conduziu-me novamente à entrada do templo* e vi que brotava água por debaixo do limiar do templo para o oriente, porque a fachada do templo* dava para o oriente. Essa água vinha de baixo, do lado direito do templo, do lado sul do altar. [2]Fez-me sair pela porta norte e fez-me contornar por fora até a porta externa que dá para o oriente, e vi que a água brotava do lado direito. [3]O homem afastou-se para o oriente, tendo na mão um cordão para medir; mediu mil côvados, e fez-me atravessar aquela água: chegava-me até os tornozelos. [4]Mediu outros mil côvados, e fez-me atravessar a água: chegava-me aos joelhos. Mediu outros mil côvados, depois fez-me atravessar a água: chegava-me à cintura. [5]Mediu outros mil côvados: era um rio que eu não podia atravessar, porque as águas tinham crescido, eram águas que se deviam passar a nado, um rio pelo qual não se podia passar. [6]Então ele me disse: "Viste, filho do homem?"

Depois fez-me voltar à beira do rio. [7]Voltando-me, vi que à beira do rio havia um grande número de árvores* de um lado e de outro. [8]Disse-me: "Essas águas saem para a região oriental, descem à Arabá* e entram no mar; entrando no mar, saneiam suas águas. [9]Todo ser vivo que se move em qualquer parte aonde chega o rio viverá; aí haverá muitíssimo peixe, porque essas águas, aonde chegam, saneiam, e lá aonde chega o rio tudo reviverá. [10]Às suas margens haverá pescadores: de Engadi a En-Eglaim haverá lugar para se estender as redes. Haverá peixes de diversas espécies e em grande quantidade, como no mar Grande. [11]Mas seus charcos e seus pântanos não serão saneados; servem para se extrair o sal. [12]Ao longo do rio, numa e noutra margem, crescerá todo tipo de árvore frutífera; suas folhas não secarão e seus frutos não acabarão; cada mês darão frutos novos, porque suas águas brotam do santuário. Seus frutos servirão

---

* **46**,17. Jr 34,8; Lv 25,10 | 19. 42,1-9 | 20. Lv 4-5; 2 / Lv 44,19 | **47**,1. Ap 22,1; Jo 4,1 / Jl 4,18 | 7. Ap 22,2 | 8. Zc 14,8 | 12. Ap 22,2

† **47**,12. Ap 22,2.14.19 combina esse texto de Ezequiel com Gn 2,9 e 3,22 ao descrever o paraíso reencontrado.

Ezequiel 47-48

de alimento e as folhas,* de remédio"†.

As fronteiras do país. ¹³Assim fala o Senhor Javé: "Estas serão as fronteiras do país* que dividireis entre as doze tribos de Israel, dando a José duas partes. ¹⁴Cada um de vós herdará uma parte da terra igual à do irmão, porque eu, com a mão erguida, jurei dá-la a vossos pais; esta terra vos pertencerá como herança. ¹⁵Estas serão as fronteiras do país. Ao norte, do mar Grande na direção de Hetalon até a entrada de Emat, Sedada; ¹⁶Berota, Sabarim, que está entre o território de Damasco e o de Emat, Haser-Ticon, que está na fronteira de Aurã. ¹⁷Depois a fronteira se estenderá do mar até Haser-Enã, tendo ao norte o território de Damasco e o de Emat. Este é o lado norte. ¹⁸A leste, entre Aurã e Damasco, entre Galaad e o país de Israel, servirá de fronteira o Jordão, até o mar oriental e na direção de Tamar. Este é o lado oriental. ¹⁹Ao sul, de Tamar até as águas de Meriba-Cades,* até a torrente para o mar Grande. Este é o lado sul para o Negueb. ²⁰A ocidente, o mar Grande, da fronteira sul até diante da entrada de Emat. Este é o lado ocidental. ²¹Dividireis, pois, esta terra entre vós, segundo as tribos de Israel. ²²Dividireis por sorte o país, em herança, entre vós e os forasteiros que habitam convosco* e geraram filhos no meio de vós; estes serão para vós como nativos entre os israelitas e convosco tirarão por sorte sua herança no meio das tribos de Israel. ²³Na tribo em que o estrangeiro reside, aí lhe dareis sua herança – oráculo do Senhor Javé".

48 **A divisão do país.** ¹Estes são os nomes das tribos: da fronteira norte, ao longo do caminho de Hetalon que conduz à entrada de Emat, até Haser-Enã, tendo ao norte a fronteira de Damasco do lado de Emat, do limite oriental até o limite ocidental, será destinada a Dã uma parte.

²Na fronteira de Dã, do limite oriental ao limite ocidental: Aser, uma parte. ³Da fronteira de Aser, do limite oriental até o limite ocidental: Neftali, uma parte. ⁴Da fronteira de Nefatli, do limite oriental até o limite ocidental: Manassés, uma parte. ⁵Da fronteira de Manassés, do limite oriental até o limite ocidental: Efraim, uma parte. ⁶Da fronteira de Efraim, do limite oriental até o limite ocidental: Rúben, uma parte. ⁷Da fronteira de Rúben, do limite oriental até o limite ocidental: Judá, uma parte. ⁸Da fronteira de Judá, do limite oriental até o limite ocidental, estará a porção que reservareis, de vinte e cinco mil côvados de largura e de comprimento igual ao de cada uma das partes do limite oriental ao limite ocidental; lá no meio surgirá o santuário. ⁹A parte que reservareis para Javé* terá vinte e cinco mil côvados de comprimento por dez mil de largura. ¹⁰Aos sacerdotes pertencerá a parte sagrada do território: ao norte, vinte e cinco mil côvados e a oeste uma largura de dez mil côvados; a leste uma largura de dez mil côvados e ao sul um comprimento de vinte e cinco mil côvados. No meio surgirá o santuário de Javé. ¹¹Esta pertencerá aos sacerdotes* consagrados, aos filhos de Sadoc, que foram fiéis a meu serviço e não se extraviaram no extravio dos israelitas, como fizeram os levitas. ¹²Assim lhes pertencerá uma parte tomada da parte santíssima do país, ao lado do território dos levitas. ¹³Diante do território dos sacerdotes, os levitas terão uma área de vinte e cinco mil côvados de comprimento por dez mil de largura; por toda a parte o comprimento será de vinte e cinco mil côvados e a largura de dez mil. ¹⁴Eles não poderão vender nem trocar, nem poderá ser alienada esta parte melhor do país, porque é consagrada a Javé.

---

* **47**,13. Jz 20,1; Nm 34,1-12; Js 1,4; 13,1-6 | 19. Nm 34,3ss; Js 15,1-4 | 22. Êx 12,48; Lv 19,34 | **48**,9. 45,1-6 | 11. 44,15s

Ezequiel 48

¹⁵Os cinco mil côvados de comprimento que restam em largura, ao longo dos vinte e cinco mil, serão terreno profano para a cidade, para habitações e pastagens; no meio* surgirá a cidade. ¹⁶Suas medidas serão as seguintes: o lado norte terá quatro mil e quinhentos côvados; o lado sul terá quatro mil e quinhentos côvados; o lado oriental terá quatro mil e quinhentos côvados e o lado ocidental terá quatro mil e quinhentos côvados. ¹⁷As pastagens da cidade serão: duzentos e cinquenta côvados ao norte, duzentos e cinquenta ao sul, duzentos e cinquenta ao oriente e duzentos e cinquenta ao ocidente. ¹⁸Restará junto à parte sagrada um terreno de dez mil côvados de comprimento a oriente e dez mil a ocidente, cujos produtos serão a comida para os operários da cidade; ¹⁹os operários da cidade, que o cultivarão, serão tomados de todas as tribos de Israel. ²⁰Toda a área será de vinte e cinco mil côvados por vinte e cinco mil. Reservareis um quadrado da parte sagrada para constituir a cidade.

²¹O restante será para o príncipe: de ambos os lados da área sagrada reservada e da propriedade da cidade, diante dos vinte e cinco mil côvados da área sagrada a oriente, até a fronteira oriental, e a ocidente, diante dos vinte e cinco mil côvados para a fronteira ocidental, paralelamente às partes das tribos, isto será do príncipe. A área sagrada e o santuário do templo ficarão no meio. ²²Assim, desde a propriedade dos levitas e a propriedade da cidade, que estão no meio do que pertence ao príncipe, entre o território de Judá e o território de Benjamim, isto será do príncipe.

²³Para as outras tribos, do limite oriental ao ocidental: Benjamim, uma parte.
²⁴Da fronteira de Benjamim, do limite oriental ao ocidental: Simeão, uma parte.
²⁵Da fronteira de Simeão, do limite oriental ao ocidental: Issacar, uma parte.
²⁶Da fronteira de Issacar, do limite oriental ao ocidental: Zabulon uma parte.
²⁷Da fronteira de Zabulon, do limite oriental ao ocidental: Gad, uma parte.
²⁸Da fronteira de Gad, do lado meridional para o sul, a fronteira irá de Tamar até as águas de Meriba-Cades e à torrente que vai para o mar Grande. ²⁹Esta é a terra que dividireis por sorte, em herança, às tribos de Israel, e estas serão suas partes – oráculo do Senhor Javé"†.

As novas portas de Jerusalém. ³⁰Estas serão as saídas da cidade: do lado norte, que mede quatro mil e quinhentos côvados, ³¹haverá três portas,* que terão os nomes das tribos de Israel: a porta de Rúben, a porta de Judá e a porta de Levi. ³²Do lado oriental, que mede quatro mil e quinhentos côvados, haverá três portas: a porta de José, a porta de Benjamim e a porta de Dã. ³³Do lado sul, que mede quatro mil e quinhentos côvados, haverá três portas: a porta de Simeão, a porta de Issacar e a porta de Zabulon.

³⁴Do lado ocidental, que mede quatro mil e quinhentos côvados, haverá três portas: a porta de Gad, a porta de Aser e a porta de Neftali.

³⁵Perímetro total: dezoito mil côvados. A partir desse dia, a cidade* se chamará: "Lá está Javé"†.

---

* **48**,15. Ap 21,15ss **|** 31. Ap 21,12s **|** 35. Is 1,26

† **48**,29. Uma nova distribuição da terra, para um povo renovado, como se a história começasse de novo, esquecendo o passado de infidelidades. **|** 35. Dar um nome novo implica uma mudança de estado, de função e de destino. Javé estará sempre presente em Sua comunidade como Senhor absoluto e fonte perene de bênçãos.

DANIEL

O personagem Daniel é um jovem que, por volta do ano 597 a.C., foi deportado para Babilônia, onde alcançou posição notável na corte do rei, interpretou os sonhos de Nabucodonosor e a escrita misteriosa que apareceu na parede durante o banquete de Baltazar e depois foi lançado na cova dos leões. Não obstante todas as provas sofridas, soube manter-se fiel a Deus, do qual recebeu o privilégio de ter extraordinárias visões apocalípticas.

A ambientação da história naquele tempo e lugar é artifício literário. Com efeito, o livro é obra de um escritor da época dos Macabeus, e sua redação final teria acontecido em torno do ano 165 a.C., durante a perseguição de Antíoco IV, um dos momentos mais dramáticos da história do judaísmo. O autor, fingindo escrever sobre eventos de tempos distantes, na realidade se serve do passado para infundir coragem aos contemporâneos, vítimas da opressão de Antíoco, assegurando-lhes que seu Deus, como salvou seu povo em épocas passadas, igualmente difíceis e tremendas, assim o salvará no presente e no futuro, porque Javé é um Deus fiel.

Este livro, do qual Daniel é o herói mas não o autor, constitui o documento mais importante da apocalíptica do Antigo Testamento e o ponto de referência para entender os textos do Novo Testamento que se referem aos últimos tempos. O livro tem duas partes. A primeira (cap. 1–6) conta a história de Daniel na corte de Nabucodonosor. A segunda (cap. 7–12) contém quatro visões, das quais a mais importante é a das quatro feras, símbolo de quatro reinos que são abatidos pelo ancião, o qual entrega o poder ao Filho do homem. Estas visões pertencem ao gênero apocalíptico, no qual a história passada é apresentada no quadro de uma profecia. Os dois últimos capítulos narram a história de Suzana, na qual Daniel cumpre o que diz seu nome – "Deus fez justiça" – salvando da morte uma inocente, o relato de Daniel lançado de novo na cova dos leões, e o de Bel e o Dragão. São um suplemento do livro e têm por finalidade incutir a fé no poder de Deus e a fidelidade à religião dos pais, mesmo no meio de perseguições.

I. HISTÓRIA DE DANIEL
(1–6)

1 Na corte de Nabucodonosor. [1]No terceiro ano do reinado de Joaquim, rei de Judá[†], Nabucodonosor marchou contra Jerusalém* e a sitiou. [2]O Senhor entregou em suas mãos Joaquim, rei de Judá, e uma parte dos utensílios do templo de Deus, que ele levou para o país de Senaar* e depositou no tesouro dos utensílios do templo de seus deuses.

[3]O rei ordenou a Asfenez, chefe de seus funcionários, que lhe trouxesse jovens israelitas de estirpe real, ou de família nobre, [4]sem defeitos, de bela aparência, instruídos em toda a sabedoria, dotados de conhecimento e rápido entendimento e competentes* para poderem estar no palácio e aprender a escritura e a língua dos caldeus[†].

[5]O rei determinou-lhes uma ração diária de comida e de vinho de sua mesa; sua educação devia durar três anos, findos os quais entrariam para o serviço do rei. [6]Entre eles havia alguns judeus: Daniel, Ananias, Misael e Azarias; [7]mas o chefe dos funcionários deu-lhes outros nomes: a Daniel, o de Baltazar; a Ananias, o de Sidrac; a Misael, o de Misac; e a Azarias, o de Abdênago[†].

[8]Mas Daniel decidiu em seu coração não se contaminar* com as comidas do rei nem com o vinho de sua mesa: por isso pediu ao chefe dos funcionários que não o obrigasse a se contaminar.

[9]Deus fez com que Daniel ganhasse a benevolência* e a simpatia do chefe dos funcionários. [10]Mas este disse a Daniel:

---

* **1**,1 2Rs 24,1s; 2Cr 36,5ss | 2. Gn 10,10 | 4. 2Rs 25,29s | 8. Jt 12,2 | 9. Gn 39,4.21; Est 2,9

† **1**,1. O 3º ano de Joaquim (609-597) é o ano 606 a.C. | 4. Chamam-se "caldeus" os membros da classe instruída de Babilônia, especialmente os sacerdotes e os iniciados em ciências ocultas. | 7. A mudança de nome significa uma nova condição: agora pertencem ao rei e a seus deuses.

Daniel 1-2

"Eu temo que o rei, meu senhor, que determinou o que deveis comer e beber, encontre vossas faces mais magras do que as dos outros jovens de vossa idade e assim, por vossa causa, eu me torne culpado diante do rei". [11]Daniel, porém, disse ao guarda, ao qual o chefe dos funcionários havia confiado Daniel, Ananias, Misael e Azarias:* [12]"Põe-nos à prova por dez dias, dando-nos vegetais para comer e água para beber; [13]depois se confrontem em tua presença nossas faces com as dos jovens que comem as comidas do rei; então decidirás fazer com teus servos como tiveres constatado". [14]Ele consentiu e os pôs à prova por dez dias. [15]Terminados estes, constatou-se que o aspecto deles era melhor e mais saudável que o de todos os outros jovens que comiam as comidas do rei†. [16]De então em diante, o guarda suspendeu a alimentação e a bebida destinadas a eles e lhes dava vegetais.

[17]Deus concedeu a esses quatro jovens conhecimento e inteligência em toda a escritura e sabedoria; quanto a Daniel, tinha o discernimento de todas as visões* e sonhos†.

[18]Terminado o tempo fixado pelo rei para que os jovens se apresentassem, o chefe dos funcionários levou-os à presença de Nabucodonosor. [19]O rei conversou com eles, mas entre todos não se achou nenhum igual a Daniel, Ananias, Misael e Azarias, os quais ficaram, pois, a serviço do rei. [20]Em todo assunto de sabedoria* e inteligência sobre o qual o rei os interrogou, achou-os dez vezes superiores a todos os magos e astrólogos que havia em todo o seu reino. [21]E, assim, Daniel ficou ali até o primeiro ano do rei Ciro†.

2 **O sonho da estátua.** [1]No segundo ano de seu reinado, Nabucodonosor teve um sonho, que o perturbou tão profundamente que não conseguia dormir. [2]Então o rei ordenou que chamassem os magos, os astrólogos, os feiticeiros e os caldeus para explicar-lhe seus sonhos. Eles vieram e compareceram diante do rei. [3]Ele disse-lhes: "Tive um sonho, e meu ânimo se perturbou pelo desejo de encontrar sua interpretação. [4]Os caldeus responderam ao rei†: "Ó rei, vive para sempre! Conta o sonho a teus servos e nós te daremos a interpretação". [5]Respondeu o rei aos caldeus: "Esta é minha decisão: se vós não me revelardes o sonho e sua interpretação, sereis esquartejados, e vossas casas serão transformadas em monturo. [6]Se porém me declarardes o sonho e sua interpretação, recebereis de mim dádivas, presentes e grandes honrarias. Declarai-me, pois, o sonho e sua interpretação". [7]Eles replicaram: "Que o rei conte o sonho a seus servos e nós daremos sua interpretação". [8]Respondeu o rei: "Vejo bem que quereis ganhar tempo porque sabeis que tomei uma decisão. [9]Se não me disserdes qual foi meu sonho, uma só será vossa sorte; pois preparastes respostas falsas e astutas, na espera de que os tempos mudem. Dizei-me, então, o sonho e eu saberei que sois capazes de dar-me também a interpretação". [10]Os caldeus responderam ao rei: "Não há ninguém no mundo que possa satisfazer a exigência do rei; com efeito, nenhum rei, por mais poderoso e grande que seja, pediu jamais semelhante coisa a algum mago, adivinho ou caldeu. [11]A coisa que o rei pede é difícil,* e não há quem possa revelá-la ao rei, a não ser os deuses, mas eles não moram com os homens".

[12]Então o rei, irritado e muito furioso, ordenou que fossem mortos todos os sábios de Babilônia. [13]O decreto foi publicado, e os sábios estavam para ser mortos; Daniel e seus companheiros foram procurados para ser mortos.

---

* **1**,11. Ap 2,10 | 17. Gn 41,12 | 20. 1Rs 10,3s | **2**,11. Gn 41,16

† **1**,15. O mesmo Deus que assistiu aos jovens que recusavam alimentos proibidos ajudará os que se recusarem a violar a lei mosaica na perseguição, 1Mc 1,62s; 2Mc 6,18. | 17. Pensavam que o jejum predispunha a receber revelações de Deus; mas o autor afirma que a sabedoria extraordinária dos jovens vinha de Deus, e não de sua ascese. | 21. Ano 539 a.C. | **2**,4. Daqui até 7,28 o texto original é em aramaico.

1085 Daniel 2

Daniel explica o sonho. [14]Mas Daniel dirigiu-se com palavras sábias e prudentes a Arioc, chefe da guarda do rei, que tinha saído para matar os sábios de Babilônia. [15]Disse ele a Arioc, oficial do rei: "Por que esse decreto tão severo da parte do rei?" Então Arioc explicou o caso a Daniel. [16]Este foi pedir ao rei que desse um prazo para que pudesse dar ao rei a interpretação. [17]Depois Daniel foi para casa e informou seus companheiros, Ananias, Misael e Azarias, [18]exortando-os a implorar a misericórdia do Deus do céu a respeito desse mistério, para que Daniel e seus companheiros não fossem mortos junto com o resto dos sábios de Babilônia.

[19]Então o mistério foi revelado a Daniel numa visão noturna; por isso Daniel bendisse o Deus do céu:

[20]Daniel tomou a palavra e disse:

"Que o nome de Deus seja bendito por todo o sempre,*

porque a ele pertencem a sabedoria e o poder.

[21]É ele que alterna tempos e estações, depõe os reis e os eleva,

concede a sabedoria aos sábios, aos inteligentes o saber.

[22]Revela coisas profundas e ocultas* e sabe o que está nas trevas,

e a luz mora com ele.

[23]Eu vos agradeço e vos louvo, Deus de meus pais,

que me destes sabedoria e força, me manifestastes o que vos pedimos e nos revelastes o sonho do rei".

[24]Então Daniel foi ter com Arioc, a quem o rei tinha encarregado de matar os sábios de Babilônia, apresentou-se e disse: "Não mates os sábios de Babilônia, mas conduze-me ao rei, e eu lhe revelarei a interpretação do sonho". [25]Arioc conduziu depressa Daniel à presença do rei e lhe disse: "Encontrei um homem entre os judeus deportados, o qual dará a conhecer ao rei a interpretação". [26]O rei disse então a Da-

niel, chamado Baltazar: "És realmente capaz de revelar-me o sonho que tive e sua interpretação?" [27]Daniel, diante do rei, respondeu: "O mistério que o rei quer saber não pode ser revelado nem por sábios, nem por astrólogos,* nem por magos, nem por adivinhos; [28]mas há um Deus no céu que revela os mistérios e ele revelou ao rei Nabucodonosor o que acontecerá no decurso dos tempos. Teu sonho e as visões de tua mente quando estavas em teu leito, são estes:

[29]Ó rei, os pensamentos que te vieram à mente enquanto estavas em teu leito referem-se ao futuro; e aquele que revela os mistérios te manifestou* o que vai acontecer. [30]A mim foi revelado este mistério, não porque eu possua uma sabedoria superior a todos os outros viventes, mas para que seja dada ao rei sua interpretação e tu possas conhecer os pensamentos de teu coração. [31]Tu estavas olhando, ó rei, e viste uma grande estátua; uma estátua enorme, de extraordinário esplendor, estava de pé diante de ti com um aspecto terrível. [32]Tinha a cabeça de ouro puro, o peito e os braços de prata, o ventre e as coxas de bronze, [33]as pernas de ferro e os pés, em parte de ferro e em parte de argila. [34]Enquanto estavas olhando, uma pedra se desprendeu da montanha, mas não por mão humana, e foi bater nos pés da estátua, que eram de ferro e de argila, e os despedaçou. [35]Então se despedaçaram também o ferro,* a argila, o bronze, a prata e o ouro e tornaram-se como a palha das eiras do verão; o vento levou-os embora sem deixar vestígio; mas a pedra que tinha batido na estátua tornou-se uma grande montanha que encheu toda a terra.

[36]Este foi o sonho; agora daremos ao rei sua interpretação.† [37]Tu, ó rei, és o rei dos reis, ao qual o Deus do céu concedeu o reino, o poder, a força e

---

* **2**,20. Sl 42,14; Ne 9,5; Jó 12,13; Ap 5,12; Rm 13,1; Pr 2,6 | 22. Jó 12,22; Sl 139,11s | 27. 1Cor 2,10s | 29. Ap 1,1.19; 4,1 | 35. Sl 1,4

† **2**,36. Os quatro reinos que se sucederão são o dos babilônios, o dos medos, o dos persas e o dos gregos.

Daniel 2-3

a glória. 38Ele entregou em tuas mãos os filhos dos homens, onde quer que habitem, os animais do campo, as aves do céu; e te concedeu o domínio* sobre todos eles; tu és a cabeça de ouro.* 39Depois de ti surgirá um outro reino, inferior ao teu; depois um terceiro, o de bronze, que dominará sobre toda a terra. 40Haverá depois um quarto reino,* duro como o ferro. Como o ferro quebra e despedaça tudo, assim esse reino quebrará e triturará tudo†. 41Como viste, os pés e os dedos eram em parte de argila de oleiro e em parte de ferro: isto significa que será um reino dividido, mas terá algo da solidez do ferro, porque viste o ferro misturado com argila mole. 42E como os dedos dos pés eram em parte de ferro e em parte de argila, assim uma parte do reino será forte e a outra frágil. 43Viste o ferro misturado com a argila: significa que as duas partes se unirão por meio de matrimônios, mas não se tornarão uma só coisa, pois o ferro não se funde com a argila. 44No tempo desses reis, o Deus do céu* fará surgir um reino que jamais será destruído e não será transmitido a outro povo; triturará e aniquilará todos esses reinos, mas ele durará para sempre, 45exatamente como viste a pedra† desprender-se do monte,* não por mão humana, e triturar o ferro, o bronze, a argila, a prata e o ouro. O grande Deus revelou ao rei o que sucederá daqui em diante. O sonho é verdadeiro e digna de fé sua interpretação".

Daniel chefe dos sábios de Babilônia. 46Então o rei Nabucodonosor prostrou-se com a face em terra,* rendeu homenagem a Daniel e ordenou que se oferecessem a ele sacrifícios e incensos. 47Depois, voltando-se para Daniel, disse-lhe: "Na verdade, vosso Deus é o Deus dos deuses,* o Senhor dos reis e revelador dos mistérios, porque foste

capaz de revelar este mistério". 48O rei exaltou Daniel e deu-lhe muitos dons preciosos; constituiu-o governador de toda a província de Babilônia e chefe de todos os sábios de Babilônia. 49A pedido de Daniel, o rei nomeou administradores da província de Babilônia Sidrac, Misac e Abdênago. Daniel permaneceu na corte do rei.

3 **A estátua de ouro†.** 1O rei Nabucodonosor fez uma estátua de ouro, de sessenta côvados de altura e seis de largura, e erigiu-a na planície de Dura, na província de Babilônia.

2Depois o rei Nabucodonosor convocou os sátrapas, os prefeitos, os governadores, os conselheiros, os tesoureiros, os juízes, os magistrados e todas as autoridades das províncias, para que presenciassem a inauguração da estátua que o rei Nabucodonosor tinha erigido.

3Os sátrapas, os prefeitos, os governadores, os conselheiros, os tesoureiros, os juízes, os magistrados e todas as autoridades das províncias vieram para a inauguração da estátua que o rei Nabucodonosor tinha erigido. Eles se puseram de pé diante da estátua que o rei Nabucodonosor tinha erigido.

4O arauto gritou* em alta voz: "Povos, nações e línguas! A vós é dirigida esta proclamação: 5Quando ouvirdes o som da trombeta, da flauta, da cítara, da lira, da harpa, da cornamusa* e de toda espécie de instrumentos musicais, vós vos prostrareis e adorareis a estátua de ouro que o rei Nabucodonosor erigiu. 6Todo aquele que não se prostrar* e não adorar a estátua será lançado naquele mesmo instante dentro de uma fornalha de fogo ardente". 7Por isso, naquele instante em que todos os povos ouviram o som da trombeta, da flauta, da cítara, da harpa e de toda es-

---

* **2,**38. Jr 27,6 / Jt 11,5 | 40. 7,7; 8,5.21; 11,3 | 44. 3,33 (100); 4,31; 7,14 | 45. Mt 21,42ss | 46. Lv 2,1; 6,8 | 47. 3,90; 11,36; Dt 10,17 | **3,**4. Ap 5,9; 7,9; 13,7; 14,6; 17,15 | 5. Ap 13,14s | 6. Jr 29,21s

† **2,**40. Todos os impérios terrestres desmoronam, dando lugar a um Reino novo e eterno, porque fundado sobre Deus. | 45. A pedra é o povo santo, o Reino eterno que o Deus dos céus estabelecerá, e que destruirá os outros. | **3.** Essa história quer mostrar que o Deus de Israel protege seu povo do mal, enquanto for fiel a Ele.

Daniel 3

pécie de instrumentos musicais, todos os povos, nações e línguas prostraram-se e adoraram a estátua de ouro que Nabucodonosor tinha erigido.

Sidrac, Misac e Abdênago recusam a adoração. [8]Porém naquele momento alguns caldeus se adiantaram para denunciar os judeus [9]e foram dizer ao rei Nabucodonosor: "Ó rei, vive para sempre! [10]Decretaste, ó rei, que todo aquele que ouvisse o som da trombeta, da flauta, da cítara, da lira, da harpa, da cornamusa e de toda espécie de instrumentos musicais devia prostrar-se e adorar a estátua de ouro; [11]e que todo aquele que não se prostrasse para adorá-la seria lançado dentro de uma fornalha de fogo ardente.

[12]Ora, há alguns judeus, que encarregaste da administração da província de Babilônia, isto é, Sidrac, Misac e Abdênago, que não te obedecem, ó rei: não servem a teus deuses e não adoram a estátua de ouro que erigiste".

[13]Então Nabucodonosor, irritado e furioso, mandou que lhe trouxessem Sidrac, Misac e Abdênago; e trouxeram esses homens à presença do rei. [14]Nabucodonosor disse-lhes: "É verdade, Sidrac, Misac e Abdênago, que não servis a meus deuses e não adorais a estátua de ouro que erigi? [15]Ora, se estais prontos, quando ouvirdes o som da trombeta, da flauta, da cítara, da lira, da harpa, da cornamusa e de toda espécie de instrumentos musicais a prostrar-vos e adorar a estátua que eu fiz, está bem; se não, naquele mesmo instante sereis lançados dentro de uma fornalha de fogo ardente. E qual é o deus que vos poderá livrar de minha mão?"

[16]Mas Sidrac, Misac e Abdênago responderam ao rei Nabucodonosor: "Ó Nabucodonosor, sobre isto não precisamos dar-te nenhuma resposta; [17]mas nosso Deus, a quem servimos, tem poder para livrar-nos da fornalha de fogo ardente e de tua mão, ó rei. [18]Mas mesmo que não nos livrasse, sabe, ó rei, que nós não serviremos a teus deuses nem adoraremos a estátua de ouro que erigiste".

Os três jovens na fornalha. [19]Então Nabucodonosor, cheio de furor e com aspecto ameaçador contra Sidrac, Misac e Abdênago, ordenou que se aumentasse o fogo da fornalha sete vezes mais que de costume. [20]Depois ordenou a alguns homens mais fortes de seu exército que amarrassem Sidrac, Misac e Abdênago e os lançassem na fornalha de fogo ardente. [21]Foram por isso amarrados, vestidos como estavam, com os mantos, calções, turbantes e todas as suas roupas e lançados dentro da fornalha de fogo ardente. [22]Porque a ordem do rei era urgente e a fornalha estava acesa ao máximo, a chama do fogo matou os homens que lançaram nela Sidrac, Misac e Abdênago, [23]no momento em que os jovens Sidrac, Misac e Abdênago caíram amarrados na fornalha de fogo ardente. [24]Mas eles passeavam no meio das chamas, louvando a Deus e bendizendo o Senhor.

Cântico de Azarias. [25]Azarias, de pé, fez esta prece no meio do fogo e, abrindo a boca, disse:

[26]"Bendito sejais, Senhor, Deus de nossos pais;*

digno de louvor e glorioso é vosso nome para sempre.

[27]Pois vós sois justo em tudo o que fizestes;*

todas as vossas obras são verdadeiras,*

retos vossos caminhos e justos vossos juízos.*

[28]Reta foi vossa sentença

em tudo o que fizestes recair sobre nós

e sobre a cidade santa de nossos pais, Jerusalém.

Com verdade e justiça nos trataste por causa de nossos pecados.

[29]Sim, nós pecamos, cometemos a iniquidade

afastando-nos de vós,

pecamos gravemente.

Não obedecemos a vossos mandamentos,*

[30]não os observamos, não fizemos*

---

* 3,26. Tb 3,2-6; 1Cr 29,10.20 **|** 27. Ne 9,33 / Dn 4,34 / Ap 16,7; 19,2 **|** 29. Br 1,17 **|** 30. Is 59,12s; Ne 1,7

Daniel 3

o que nos tínheis ordenado para nosso bem. ³¹Agora tudo o que fizeste recair sobre nós,*

tudo o que nos fizeste,
vós o fizeste com reto juízo.

³²Vós nos entregastes ao poder de nossos inimigos,

injustos, os piores entre os ímpios,
e a um rei iníquo, o mais malvado de toda a terra.

³³Agora não ousamos abrir a boca;

desonra e desprezo são a parte de vossos servos

e de vossos adoradores.

³⁴Não nos abandoneis até o fim,*

por amor de vosso Nome,
não quebreis vossa aliança;

³⁵não retireis de nós vossa misericórdia,

por amor de Abraão, vosso amigo,*
de Isaac, vosso servo, de Israel, vosso santo,

³⁶aos quais prometestes multiplicar

sua estirpe como as estrelas do céu,*
como a areia na praia do mar.

³⁷Agora, porém, Senhor,

nós nos tornamos menores que qualquer outra nação,*

somos humilhados por toda a terra
por causa de nossos pecados.

³⁸Agora não temos mais nem príncipe,*

nem chefe, nem profeta, nem holocausto,
nem sacrifício, nem oblação, nem incenso,
nem lugar para vos apresentar as primícias
e encontrar misericórdia.

³⁹Possamos ser acolhidos com o coração contrito*

e com o espírito humilhado,

⁴⁰como holocaustos de carneiros e de touros,

como milhares de gordos cordeiros.
Tal seja hoje nosso sacrifício diante de vós
e vos seja agradável que vos sigamos plenamente,

porque não há desilusão para quem confia em vós.*

⁴¹Agora vos seguimos de todo o coração,

nós vos tememos e buscamos vossa face.

⁴²Não nos abandoneis na desonra,

mas tratai-nos conforme vossa benevolência
e conforme a grandeza de vossa misericórdia.

⁴³Salvai-nos com vossos prodígios,

dai glória, Senhor, a vosso Nome.

⁴⁴Sejam, porém, confundidos

os que fazem o mal a vossos servos;
sejam cobertos de vergonha,*
privados de todo o seu poder
e seja quebrada sua força!

⁴⁵Que eles saibam que sois o Senhor,*

o Deus único e glorioso sobre toda a terra".

O anjo na fornalha. ⁴⁶Os servos do rei, que os tinham lançado lá dentro, não cessavam de aumentar o fogo na fornalha com betume, estopa, piche e lenha seca. ⁴⁷A chama se erguia quarenta e nove côvados sobre a fornalha ⁴⁸e, saindo, queimou os caldeus que se achavam por perto. ⁴⁹Mas o anjo do Senhor, que tinha descido com Azarias* e seus companheiros à fornalha, afastou deles a chama do fogo ⁵⁰e tornou o interior da fornalha como um lugar onde sopra um vento cheio de orvalho. Assim o fogo nem sequer os tocou, não lhes fez nenhum mal, não lhes causou o menor incômodo.

Cântico dos três jovens. ⁵¹Então os três jovens, a uma só voz, puseram-se a louvar, glorificar e bendizer a Deus na fornalha, dizendo:

⁵²"Bendito sejais, Senhor, Deus de nossos pais,*

digno de louvor e de glória eternamente.

Bendito seja vosso Nome glorioso e santo,

---

* **3**,31. Dt 28,15.63s; Lv 26,14.38 | 34. Ez 32,11 | 35. Is 41,8; 2Cr 20,5; Tg 2,23 | 36. Gn 15,5; 22,17 | 37. Dt 28,62; Jr 42,2 | 38. Os 3,4; Lm 2,9 | 39. Mq 6,7s; Os 6,6; Sl 51,19 | 40. Sl 25,3 | 44. Sl 35,26; 39,15 | 45. Sl 82,19 | 49. Tb 5,4 | 52. 3,26

1089   Daniel 3

digno de louvor e de glória eternamente.

⁵³Bendito sejais em vosso templo santo glorioso,*
digno de louvor e de glória eternamente.

⁵⁴Bendito sejais no trono de vosso reino,
digno de louvor e de glória eternamente.

⁵⁵Bendito sejais vós, que sondais os abismos*
e vos sentais sobre os querubins,
digno de louvor e de glória eternamente.

⁵⁶Bendito sejais no firmamento do céu,
digno de louvor e de glória eternamente.

⁵⁷Obras todas do Senhor, bendizei o Senhor,*
louvai-o e exaltai-o para sempre.

⁵⁸Anjos do Senhor, bendizei o Senhor,*
louvai-o e exaltai-o para sempre.

⁵⁹Céus, bendizei o Senhor,*
louvai-o e exaltai-o para sempre.

⁶⁰Águas todas que estais sobre os céus, bendizei o Senhor,
louvai-o e exaltai-o para sempre.

⁶¹Potências todas do Senhor, bendizei o Senhor,*
louvai-o e exaltai-o para sempre.

⁶²Sol e lua, bendizei o Senhor,
louvai-o e exaltai-o para sempre.

⁶³Estrelas do céu, bendizei o Senhor,*
louvai-o e exaltai-o para sempre.

⁶⁴Chuvas e orvalhos, bendizei o Senhor,
louvai-o e exaltai-o para sempre.

⁶⁵Ventos todos, bendizei o Senhor,*
louvai-o e exaltai-o para sempre.

⁶⁶Fogo e ardor, bendizei o Senhor,
louvai-o e exaltai-o para sempre.

⁶⁷Frio e calor, bendizei o Senhor,
louvai-o e exaltai-o para sempre.

⁶⁸Orvalho e garoa, bendizei o Senhor,
louvai-o e exaltai-o para sempre.

⁶⁹Gelo e frio, bendizei o Senhor,
louvai-o e exaltai-o para sempre.

⁷⁰Geadas e neves, bendizei o Senhor,
louvai-o e exaltai-o para sempre.

⁷¹Noites e dias, bendizei o Senhor,
louvai-o e exaltai-o para sempre.

⁷²Luz e trevas, bendizei o Senhor,
louvai-o e exaltai-o para sempre.

⁷³Relâmpagos e nuvens, bendizei o Senhor,
louvai-o e exaltai-o para sempre.

⁷⁴Que a terra bendiga o Senhor,
que o louve e o exalte para sempre.

⁷⁵Montes e colinas, bendizei o Senhor,*
louvai-o e exaltai-o para sempre.

⁷⁶Seres todos que germinais sobre a terra, bendizei o Senhor,
louvai-o e exaltai-o para sempre.

⁷⁷Nascentes de água, bendizei o Senhor,
louvai-o e exaltai-o para sempre.

⁷⁸Mares e rios, bendizei o Senhor,
louvai-o e exaltai-o para sempre.

⁷⁹Grandes peixes e tudo o que se move na água, bendizei o Senhor,
louvai-o e exaltai-o para sempre.

⁸⁰Aves todas do céu, bendizei o Senhor,
louvai-o e exaltai-o para sempre.

⁸¹Animais todos, selvagens e domésticos, bendizei o Senhor,*
louvai-o e exaltai-o para sempre.

⁸²Filhos dos homens, bendizei o Senhor,
louvai-o e exaltai-o para sempre.

⁸³Israel, bendize o Senhor,*
louva-o e exalta-o para sempre.

⁸⁴Sacerdotes do Senhor, bendizei o Senhor,
louvai-o e exaltai-o para sempre.

⁸⁵Servos do Senhor, bendizei o Senhor,*
louvai-o e exaltai-o para sempre.

⁸⁶Espíritos e almas dos justos, bendizei o Senhor,
louvai-o e exaltai-o para sempre.

⁸⁷Santos e humildes de coração, bendizei o Senhor,*
louvai-o e exaltai-o para sempre.

⁸⁸Ananias, Azarias e Misael, bendizei o Senhor,

---

* 3,53. Is 6,1; Sl 149,1 **|** 55. Êx 25,18; 2Sm 6,2 **|** 57. Sl 103,22; 145,10 **|** 58. Sl 148,2; 103,20 **|** 59. Sl 148,4 **|** 61. Sl 103,21 **|** 63. Sl 148,3 **|** 65. Sl 148,8 **|** 75. Sl 148,9 **|** 81. Sl 148,10 **|** 83. Sl 135,19 **|** 85. Sl 134,1 **|** 87. Sf 2,3 89. Sl 106,1; 136,1s

Daniel 3-4

louvai-o e exaltai-o para sempre,
porque livrou-nos do abismo
e salvou-nos da mão da morte,
libertou-nos da fornalha de fogo ardente
e no meio do fogo nos protegeu.
[89]Dai graças ao Senhor porque ele é bom,*
porque seu amor é para sempre.
[90]Bendizei o Deus dos deuses, todos vós que o temeis;
louvai-o e dai-lhe graças,
porque seu amor é para sempre".

Nabucodonosor glorifica a Deus.
[91]Então o rei Nabucodonosor ficou estupefato e, levantando-se depressa, perguntou a seus ministros: "Não lançamos três homens amarrados no meio do fogo?" "Certamente, ó rei", responderam.
[92]Ele acrescentou: "Eu vejo quatro homens soltos, que caminham no meio do fogo, sem sofrer dano algum; aliás, o quarto homem parece um filho de deuses".
[93]Então Nabucodonosor aproximou-se da boca da fornalha de fogo ardente e disse: "Sidrac, Misac e Abdênago, servos do Deus Altíssimo, saí, vinde para fora". Então Sidrac, Misac e Abdênago saíram do fogo.
[94]Depois reuniram-se os sátrapas, os prefeitos, os governadores e os ministros do rei e, olhando aqueles homens, viram que sobre seus corpos o fogo não tinha tido poder algum; que nem sequer um cabelo de sua cabeça tinha sido queimado e seus mantos não tinham sido tocados e nem cheiro de fogo havia neles.
[95]Nabucodonosor exclamou: "Bendito seja o Deus de Sidrac, Misac e Abdênago, o qual mandou seu anjo para libertar seus servos que confiaram nele; transgrediram a ordem do rei e expuseram seus corpos para não servir nem adorar outro deus que não seu Deus.
[96]Por isso eu decreto que toda pessoa, de qualquer povo, nação ou língua, que proferir ofensa contra o Deus

de Sidrac, Misac e Abdênago* seja esquartejada e sua casa seja reduzida a um monturo, porque nenhum outro deus pode libertar dessa maneira".
[97]Então o rei confiou poderes a Sidrac, Misac e Abdênago na província de Babilônia.

Carta de Nabucodonosor. [98]"O rei Nabucodonosor a todos os povos, nações e línguas que habitam em toda a terra: Paz e prosperidade!
[99]Pareceu-me oportuno anunciar-vos os sinais e prodígios que o Deus Altíssimo fez por mim.
[100]Como são grandes seus sinais
e quão extraordinários seus prodígios!
Seu reino é um reino eterno*
e seu domínio de geração em geração".

4 O sonho da árvore†. [1]Eu, Nabucodonosor, estava tranquilo em casa e feliz no palácio [2]quando tive um sonho que me espantou. Os pensamentos que me vieram à mente enquanto estava na cama e as visões de meu espírito me perturbaram. [3]Fiz um decreto pelo qual ordenava que todos os sábios de Babilônia fossem conduzidos a minha presença, para revelar-me a interpretação do sonho.
[4]Então vieram os magos, os astrólogos, os caldeus e os adivinhos, aos quais expus o sonho, mas não puderam revelar-me sua interpretação. [5]Enfim apresentou-se Daniel, chamado Baltazar, conforme o nome de meu deus,* homem no qual está o espírito dos deuses santos, e lhe contei o sonho, dizendo: [6]"Baltazar, chefe dos magos, eu sei que o espírito dos deuses santos está em ti e que nenhum segredo te embaraça, dize-me as visões que tive em sonho e dá-me sua interpretação".
[7]As visões que me passaram pela mente, enquanto estava na cama, foram estas:
Eu estava olhando
e vi uma árvore de grande altura no meio da terra.*

---

* **3**,96. 6,27 | 100. 2,44; 4,31 | **4**,5. 5,11.14; 13,45 | 7. Ez 31,3-14

† **4**. O relato ensina que Deus humilha os soberbos e que só a Ele pertence a glória, v.34.

Daniel 4

1091

[8]A árvore cresceu, tornou-se robusta,
seu topo chegava ao céu
e podia ser vista até a extremidade da terra.
[9]Sua folhagem era bela,
seus frutos abundantes
e nela havia alimento para todos.
Os animais da terra se abrigavam à sua sombra
e as aves do céu faziam ninho em seus ramos;*
dela se nutria todo ser vivo.
[10]Enquanto em minha cama estava observando
as visões que me passavam pela mente,
um vigilante, um santo, desceu do céu†
[11]e gritou em voz alta:
"Derrubai a árvore e cortai seus ramos:
arrancai-lhe as folhas, espalhai seus frutos;
fujam os animais de debaixo dela
e as aves, de seus ramos.
[12]Deixai, porém, na terra o tronco com as raízes,
preso com correntes de ferro e de bronze
entre o capim do campo.
Seja molhado pelo orvalho do céu,
e que o capim da terra seja sua porção com os animais da terra.
[13]Seu coração seja mudado e, em vez de um coração humano,
seja-lhe dado um coração de animal;
e passem sobre ele sete tempos.
[14]Assim está decidido por decreto dos vigilantes
e conforme a palavra dos santos,
para que os seres vivos saibam* que o Altíssimo domina sobre o reino dos homens e que o dá a quem quer e constitui sobre ele até o mais pequeno dos homens".
[15]Este é o sonho que eu, rei Nabucodonosor, tive.* Agora, Baltazar, dá-me sua interpretação, pois nenhum dos sábios de meu reino foi capaz de revelar-me sua interpretação; mas tu o podes, porque tens em ti o espírito dos deuses santos".

Interpretação do sonho. [16]Então Daniel, chamado Baltazar, permaneceu por algum tempo atônito, e seus pensamentos o perturbavam. Mas o rei lhe disse: "Baltazar, não te perturbe o sonho nem sua interpretação". Respondeu Baltazar: "Meu senhor, que o sonho valha para teus inimigos e sua interpretação para teus adversários. [17]A árvore que viste, grande e robusta, cujo topo chegava ao céu e se podia ver de toda a terra, [18]cuja folhagem era bela e os frutos abundantes, na qual havia alimento para todos, debaixo da qual se abrigavam os animais da terra e em cujos ramos faziam ninho as aves do céu, [19]és tu, ó rei, que te tornaste grande e forte; tua grandeza cresceu, chegou ao céu e teu domínio se estendeu até os confins da terra.

[20]Quanto ao que viu o rei, um vigilante, um santo, que descia do céu e dizia: 'Derrubai a árvore, cortai-a, mas deixai na terra o tronco com suas raízes, preso com correntes de ferro e de bronze entre a erva do campo; seja molhado pelo orvalho do céu e que a erva da terra seja sua porção com os animais do campo, até que sete tempos tenham passado sobre ele', [21]esta, ó rei, é a interpretação disto e este é o decreto do Altíssimo, que deve ser cumprido sobre o rei, meu senhor: [22]Tu serás expulso do convívio humano e tua morada será com os animais da terra; capim te darão a comer como aos bois e serás molhado pelo orvalho do céu; sete tempos passarão sobre ti, até que reconheças que o Altíssimo domina sobre o reino dos homens e que ele o dá a quem quer.

[23]A ordem que foi dada de deixar o tronco com as raízes da árvore significa que teu reino te será restituído quando

---

* **4**,9. Mt 13,31s **|** 14. 2,28 **|** 15. Jr 27,5; Jó 36,7

† **4**,10. O vigilante, o santo, é um anjo que está na presença de Deus e executa suas ordens. **|** 23. É a primeira vez na Bíblia que se usa "Céu" em vez de Deus, para não pronunciar o nome com falta de respeito.

Daniel 4-5

tiveres reconhecido que ao Céu[+] pertence o domínio. [24]Por isso, ó rei, aceita meu conselho:* paga teus pecados, praticando a justiça, e paga tuas iniquidades, exercendo a misericórdia para com os pobres, para que possas gozar de longa prosperidade".

Realização do sonho. [25]Todas essas coisas aconteceram ao rei Nabucodonosor.

[26]Doze meses depois, enquanto passeava sobre o terraço do palácio real de Babilônia, [27]o rei começou a dizer: "Não é esta a grande Babilônia que eu construí como residência real com a força de meu poder e para a glória de minha majestade?"

[28]Estas palavras estavam ainda nos lábios do rei, quando desceu do céu uma voz: "Falo a ti, ó rei Nabucodonosor: o reino te é tirado! [29]Serás expulso do convívio humano e tua morada será com os animais do campo; capim te darão a comer como aos bois e passarão sete tempos sobre ti, até que reconheças que o Altíssimo domina sobre o reino dos homens e que ele o dá a quem quer".

[30]Naquele mesmo instante cumpriu-se a palavra sobre Nabucodonosor. Ele foi expulso do convívio humano, comeu capim como os bois e seu corpo foi molhado pelo orvalho do céu; cresceram seus cabelos como as penas das águias e suas unhas, como as das aves[+].

Nabucodonosor se humilha. [31]"Mas, terminado aquele tempo, eu, Nabucodonosor, ergui os olhos ao céu e a razão voltou a mim e eu bendisse o Altíssimo; louvei e glorifiquei Aquele que vive para sempre:*

Seu poder é um poder eterno,
e seu reino é de geração em geração.
[32]Todos os habitantes da terra*
são, diante dele, como um nada;
ele dispõe como lhe apraz da milícia
celeste
e dos habitantes da terra.

Ninguém pode deter-lhe a mão
e dizer-lhe: Que estás fazendo?*

[33]Naquele tempo voltou a mim o conhecimento e, para a glória do reino, foram-me restituídos minha majestade e meu esplendor: meus ministros e meus príncipes me procuraram e eu fui restabelecido em meu reino e foi-me dada grandeza superior à que eu tinha antes. [34]Agora eu, Nabucodonosor, louvo, exalto e glorifico o Rei do céu; todas as suas obras são verdade* e seus caminhos, justiça; ele tem poder para humilhar os que caminham na soberba".

5 O banquete de Baltazar[+]. [1]O rei Baltazar ofereceu um grande banquete a mil de seus dignitários e junto com eles se pôs a beber vinho. [2]Enquanto saboreava o vinho, Baltazar ordenou que fossem trazidos os vasos de ouro e prata que Nabucodonosor, seu pai, tinha tomado do templo* que estava em Jerusalém, para que neles bebessem o rei e seus dignitários, suas mulheres e suas concubinas. [3]Foram, pois, trazidos os vasos de ouro, tomados do templo de Jerusalém, e o rei, seus dignitários, suas mulheres e suas concubinas usaram-nos para beber. [4]Enquanto bebiam vinho, louvavam os deuses de ouro, de prata, de bronze, de ferro,* de madeira e de pedra. [5]Naquele momento apareceram dedos de uma mão humana, que escreviam na parede do palácio real, diante do candelabro. Ao ver aquele pedaço de mão que escrevia, [6]o rei mudou de aspecto: seus pensamentos o perturbaram, as junturas de seus rins se relaxaram e seus joelhos batiam um no outro.

[7]Então o rei pôs-se a gritar, ordenando que se convocassem os astrólogos, os caldeus e os adivinhos. O rei disse aos sábios de Babilônia: "Quem ler essa escritura e me der sua interpretação

---

* **4,**24. Tb 12,9; Eclo 3,30 | 31. 12,7; Eclo 18,1 | 32. Is 40,22ss / Jó 9,12; Is 45,9; Ecl 8,4 | 34. Dt 32,4; Dn 3,27 **5,**2. 1,2 | 4. Ap 9,20 | 7. Est 8,15; Dn 5,16.29

+ **4,**30. Houve em Babilônia um rei chamado Nabônides (556-539 a.C.) que passou 7 anos isolado no oásis de Tema. Este fato pode ter dado origem à narrativa sobre sua loucura. | **5.** Como Baltazar, também Antíoco IV Epífanes (175-164 a.C.) havia roubado os vasos sagrados do templo: o relato podia dar aos judeus perseguidos por ele a esperança de que o perseguidor seria castigado.

será vestido de púrpura,* trará um colar de ouro ao pescoço e será o terceiro no governo do reino".

⁸Entraram então na sala todos os sábios do rei, mas não puderam ler aquela escritura, nem dar ao rei sua interpretação.

⁹O rei Baltazar ficou muito perturbado e mudou de cor; também seus dignitários ficaram perplexos.

¹⁰Ouvindo as palavras do rei e de seus dignitários, a rainha entrou na sala do banquete e, dirigindo-se ao rei, disse-lhe: "Ó rei, vive para sempre! Que teus pensamentos não te espantem, nem se altere a cor de teu rosto. ¹¹Há em teu reino um homem no qual está o espírito* dos deuses santos. No tempo de teu pai achou-se nele uma clarividência, perspicácia e sabedoria iguais à sabedoria dos deuses. O rei Nabucodonosor, teu pai, nomeou-o chefe dos magos, dos astrólogos, dos caldeus e dos adivinhos, ¹²porque foi encontrado neste Daniel, que o rei tinha chamado Baltazar, um espírito extraordinário, ciência e perspicácia para interpretar sonhos, explicar enigmas, resolver problemas. Convoque-se, pois, Daniel, e ele dará a interpretação".

Daniel interpreta as palavras misteriosas. ¹³Foi então introduzido Daniel na presença do rei, e este lhe disse: "És tu, Daniel, um dos deportados de Judá que o rei, meu pai, trouxe da Judeia? ¹⁴Ouvi dizer que possuis o espírito dos deuses e que se acham em ti clarividência, perspicácia e sabedoria extraordinárias. ¹⁵Faz pouco, foram conduzidos a minha presença os sábios e os astrólogos para lerem esta escritura e dar-me sua interpretação, mas não foram capazes. ¹⁶Agora me foi dito que és capaz de dar interpretações e resolver enigmas. Se, pois, puderes ler-me esta escritura e dar-me sua interpretação, serás vestido de púrpura, trarás ao pescoço um colar de ouro e serás o terceiro no governo do reino".

¹⁷Daniel respondeu ao rei: "Fica com teus dons para ti e concede a um outro tuas dádivas; todavia, eu lerei a escritura ao rei e lhe darei sua interpretação.*

¹⁸Ó rei, o Deus Altíssimo deu a Nabucodonosor, teu pai, reino, grandeza, glória e majestade. ¹⁹Por causa dessa grandeza que lhe foi dada, todos os povos, nações e línguas o temiam e tremiam diante dele; ele matava quem queria e deixava com vida quem queria; exaltava quem queria e humilhava quem queria.

²⁰Mas, quando seu coração se ensoberbeceu e seu espírito se obstinou na arrogância, foi deposto do trono e foi-lhe retirada sua glória.

²¹Foi expulso do convívio humano e seu coração tornou-se semelhante ao dos animais; sua morada foi com os asnos selvagens e foi alimentado com capim como os bois; seu corpo foi molhado pelo orvalho do céu, até que reconheceu que o Deus Altíssimo domina sobre o reino dos homens, e sobre ele constitui quem lhe apraz. ²²Tu, Baltazar, seu filho, não humilhaste teu coração, embora soubesses de tudo isso. ²³Mas te exaltaste contra o Senhor do céu e mandaste trazer para diante de ti os vasos de seu templo e neles bebeste tu, teus dignitários,* tuas mulheres e tuas concubinas; deste louvor aos deuses de ouro, de prata, de bronze, de ferro, de madeira, de pedra, os quais não veem, não ouvem e não compreendem, e não glorificaste a Deus, em cujas mãos está tua vida e ao qual pertencem todos os teus caminhos.* ²⁴Por ele foi então mandada aquela mão que traçou esta escritura. ²⁵São estas as palavras que foram escritas: 'mene, tequel, peres'. ²⁶E esta é a interpretação: 'Mene': Deus fez a conta de teu reinado e lhe pôs fim. ²⁷'Tequel': foste pesado nas balanças e achado em falta. ²⁸'Peres': teu reino foi dividido e dado aos medos e aos persas". ²⁹Então, por ordem de Baltazar, vestiram Daniel de púrpura, puseram-lhe um colar de ouro ao pescoço e, por um decreto público, declararam-no terceiro no governo do reino.

³⁰Naquela mesma noite, Baltasar, rei dos caldeus, foi morto.

---

* **5,**11. 4,5 | 17. 2,6 | **5,**23. 5,4 / Sl 135,15ss; Is 40,20; Jó 12,10

Daniel 6

6 ¹Dario, o medo, recebeu o reino na idade de sessenta e dois anos.

Inveja contra Daniel†. ²Dario quis constituir em seu reinado* cento e vinte sátrapas e reparti-los por todas as províncias. ³À frente deles colocou três chefes, um dos quais foi Daniel, a quem os sátrapas deviam prestar contas, para que o rei não sofresse nenhum dano. ⁴Ora, Daniel era superior aos chefes e aos sátrapas, porque possuía um espírito extraordinário, de modo que o rei pensava colocá-lo à frente de todo o seu reino. ⁵Por isso, tanto os chefes como os sátrapas procuraram encontrar algum pretexto contra Daniel na administração do reino, mas não puderam encontrar nenhum motivo de acusação nem culpa, porque ele era fiel, e nenhum erro ou falta se achava nele. ⁶Aqueles homens então disseram: "Não podemos encontrar nenhum pretexto para acusar Daniel, a não ser que o encontremos naquilo que se refere à lei de seu Deus".

⁷Por isso, aqueles chefes e os sátrapas foram juntos procurar o rei e lhe disseram: "Rei Dario, vive para sempre! ⁸Todos os chefes do reino, os magistrados, os sátrapas, os conselheiros e os governadores concordaram em que o rei promulgue um severo decreto e imponha uma severa proibição, segundo os quais todo aquele que, nos próximos trinta dias, dirigir alguma súplica a qualquer deus ou homem fora de ti, ó rei, seja lançado na cova dos leões. ⁹Agora, ó rei, promulga o decreto e manda redigi-lo, para que seja irrevogável, conforme a lei dos medos e dos persas†, que não se pode mudar".* ¹⁰Então o rei Dario assinou o documento com a proibição.

Daniel acusado. ¹¹Quando Daniel veio a saber que o decreto tinha sido assinado, retirou-se para sua casa. As janelas de seu quarto* se abriam para Jerusalém†, e três vezes ao dia ele se punha de joelhos a rezar e dar graças a seu Deus, como costumava fazer também antes.

¹²Então aqueles homens se reuniram e encontraram Daniel rezando e suplicando a seu Deus. ¹³Logo se dirigiram ao rei e lhe disseram com respeito a sua proibição: "Não escreveste um decreto, em base ao qual todo aquele que, nos próximos trinta dias, dirigisse súplicas a qualquer deus ou homem, fora de ti, ó rei, fosse lançado na cova dos leões?" O rei respondeu: "Assim estabeleci, conforme a lei dos medos e dos persas, que não pode ser revogada".

¹⁴"Pois bem – replicaram ao rei –, Daniel, aquele deportado da Judeia, não tem nenhum respeito nem a ti, ó rei, nem ao decreto que assinaste: três vezes ao dia faz sua oração".

¹⁵O rei, ao ouvir essas palavras, ficou muito contristado e se propôs salvar Daniel; e até o pôr do sol fez de tudo para livrá-lo.

¹⁶Mas aqueles homens se reuniram de novo junto do rei e lhe disseram: "Sabe, ó rei, que os medos e os persas têm por lei que todo decreto ou edito promulgado pelo rei é irrevogável".

Daniel na cova dos leões. ¹⁷Então o rei ordenou que Daniel fosse preso e lançado na cova dos leões. O rei, dirigindo-se a Daniel, disse-lhe: "Aquele Deus, a quem tu serves com perseverança, é ele que te salvará!" ¹⁸Depois foi trazida uma pedra e colocada sobre a boca da cova; o rei a selou com seu anel e com o anel de seus dignitários, para que nada fosse mudado sobre a sorte de Daniel. ¹⁹Depois, o rei voltou para o palácio, passou a noite em jejum; não mandou vir nenhuma concubina a sua presença, e também o sono o abandonou. ²⁰Na manhã seguinte, o rei levantou-se bem

---

* **6,**2. 5,7.16.29 | 9. Est 1,19 | 11. 1Rs 8,44-48; Sl 5,8; 28,2; 138,2; 55,18

† **6,**1. A lição desse episódio é que Deus tem poder para libertar milagrosamente os seus, dispostos a sofrer o martírio para não desobedecer aos preceitos de sua fé. | 9. Nem o próprio rei podia revogar um decreto promulgado, Est 8,8. | 11. Como os muçulmanos rezam voltados para Meca, os judeus rezavam voltados para Jerusalém. As antigas igrejas cristãs eram construídas com a frente voltada para o oriente. | 21. "Vivo", em oposição aos ídolos sem vida: um rei pagão falando como um judeu esclarecido.

cedo e, ao raiar o dia, foi depressa à cova dos leões. ²¹Quando chegou perto, gritou com voz angustiada: "Daniel, servo do Deus vivo†, teu Deus, a quem tu serves com perseverança, pôde salvar-te dos leões?" ²²Daniel respondeu ao rei: "Ó rei, vive para sempre! ²³Meu Deus mandou seu anjo* que fechou as bocas dos leões e eles não me fizeram nenhum mal, porque fui achado inocente diante dele; mas nem contra ti, ó rei, cometi algum mal"†.

²⁴O rei ficou cheio de alegria e mandou que Daniel fosse tirado da cova. Assim, Daniel foi tirado da cova, e não se encontrou nele lesão alguma, porque ele tinha confiado em seu Deus. ²⁵Depois, por ordem do rei, foram conduzidos aqueles homens que tinham acusado Daniel e lançados na cova dos leões junto com seus filhos e suas mulheres. Antes de chegarem ao fundo da cova, os leões já tinham se apoderado deles e triturado todos os seus ossos.

Dario glorifica a Deus. ²⁶Então o rei Dario escreveu a todos os povos, nações e línguas, que habitam em toda a terra: "Paz e prosperidade. ²⁷Por minha ordem é promulgado este decreto: Em todo o império a mim sujeito,* trema-se de temor diante do Deus de Daniel, porque ele é o Deus vivo

que dura para sempre;

seu reino é tal que não será jamais destruído

e seu domínio não terá fim.*

²⁸Ele salva e liberta,

faz prodígios e milagres

no céu e na terra;

ele libertou Daniel* do poder dos leões"†.

²⁹Daniel prosperou durante o reinado de Dario e durante o reinado de Ciro, o persa.

II. VISÕES PROFÉTICAS
(7–12)†

7 A visão dos quatro animais†. ¹No primeiro ano de Baltazar, rei de Babilônia, Daniel teve um sonho e visões em sua mente, enquanto estava em seu leito. Ele escreveu o sonho e fez seu resumo.

²Daniel disse: Eu estava olhando em minha visão noturna e vi os quatro ventos do céu agitando o mar Grande. ³E quatro grandes animais, diferentes um do outro, subiam do mar. ⁴O primeiro era semelhante a um leão e tinha asas de águia. Enquanto eu estava olhando, foram-lhe arrancadas as asas, foi erguido do chão e posto em pé como um homem; e foi-lhe dado um coração humano.

⁵Vi depois um outro animal, o segundo, semelhante a um urso; estava erguido de um lado e tinha três costelas na boca, entre os dentes, e foi-lhe dito: "Levanta-te, devora muita carne!"

⁶Depois disso eu olhei e vi um outro, semelhante a um leopardo, o qual tinha sobre o dorso quatro asas de ave; esse animal tinha quatro cabeças e foi-lhe dado o domínio.

⁷Depois disso eu olhava nas visões noturnas e vi um quarto animal, espantoso, terrível, de força excepcional, com grandes dentes de ferro; devorava, triturava e pisoteava as sobras com os pés; era diferente de todos os outros animais precedentes e tinha dez chifres.

⁸Eu estava observando esses chifres, quando vi despontar no meio deles um outro chifre menor, diante do qual foram arrancados três dos primeiros chifres.† Vi que aquele chifre tinha olhos semelhantes* aos de um homem e uma boca que falava com arrogância.

---

* **6,**23. 3,49; Tb 5,4 | 27. 3,29 / 4,31 | 28. 3,32s | **7,**8. Ap 13,5

† **6,**23. Na arte cristã primitiva, a pintura de Daniel entre os leões expressava a fé na ressurreição dos mortos. | 28. Deus protege da perseguição quem lhe é fiel. | **II.** O cenário não é mais Babilônia, mas a Palestina; já não se trata de Daniel e de seus companheiros, mas do destino de Israel, de Jerusalém e do templo. | **7.** Os 4 animais representam os mesmos 4 impérios simbolizados na estátua do c. 2: babilônios, medos, persas e gregos. | 8. O chifre menor é Antíoco IV Epífanes, que reinou de 175 a 164 a.C. e eliminou seus rivais.

Daniel 7

O Ancião e o juízo. [9]Eu continuava a olhar,

quando foram colocados tronos*
e um Ancião se sentou.
Sua veste era cândida como a neve*
e os cabelos de sua cabeça eram
como a lã pura;
chamas de fogo eram seu trono,
que tinha rodas de fogo ardente.
[10]Um rio de fogo descia diante dele,*
mil milhares o serviam*
e dez mil miríades o assistiam.
A corte tomou assento, e os livros foram abertos.*

[11]Continuei a olhar* por causa das palavras arrogantes que aquele chifre pronunciava, e vi que o animal foi morto, seu corpo destruído e lançado para queimar no fogo. [12]Aos outros animais foi retirado o poder, e um prolongamento de suas vidas lhes foi dado até uma data e um momento determinados.

O Filho do homem†. [13]Olhando ainda nas visões noturnas,

vi alguém semelhante a um Filho de homem,
vindo com as nuvens do céu;*
chegou até o Ancião e foi-lhe apresentado.
[14]Foram-lhe dados poder, glória e reino
para que todos os povos, nações e línguas o sirvam;
seu poder é um poder eterno,*
que não passará,
e seu reino jamais será destruído†.

Explicação da visão. [15]Quanto a mim, Daniel, meu espírito dentro de mim estava ansioso, porque as visões de minha cabeça me alarmaram. [16]Aproximei-me de um dos que estavam lá e lhe perguntei o verdadeiro significado de todas essas coisas; ele me falou e me deu esta interpretação: [17]"Esses grandes animais, que são quatro, representam quatro reis que surgirão da terra; [18]mas os santos do Altíssimo receberão o reino* e o possuirão para sempre, eternamente".

[19]Eu quis depois saber a verdade sobre o quarto animal, que era diferente de todos os outros e muito terrível, com dentes de ferro e garras de bronze, que devorava, triturava e pisoteava o restante com seus pés; [20]sobre os dez chifres que tinha na cabeça, sobre o outro chifre que tinha surgido e diante do qual tinham caído três chifres; e sobre aquele chifre, que tinha olhos e uma boca que falava com soberba, e parecia maior que os outros chifres. [21]Eu olhava, e aquele chifre* fazia guerra aos santos e os vencia, [22]até que veio o ancião e foi feita justiça* a favor dos santos do Altíssimo, e chegou o tempo em que os santos possuíram o reino.

[23]Então ele me disse: "O quarto animal significa que haverá sobre a terra um quarto reino, diferente de todos os outros, que devorará toda a terra, que a pisoteará e triturará.

[24]Os dez chifres significam* que dez reis surgirão daquele reino e, depois deles, seguirá um outro, que será diferente dos primeiros e abaterá três reis. [25]Ele proferirá insultos contra o Altíssimo e oprimirá os santos do Altíssimo; tentará mudar os tempos e a lei†; os santos serão entregues em sua mão por um tempo, dois tempos e metade de um tempo. [26]Mas será feito, depois,* o julgamento e lhe será retirado o poder; será exterminado e destruído* completamente. [27]E o reino, o poder e a grandeza de todos os reinos que existem debaixo do céu serão dados ao povo dos santos do Altíssimo, cujo reino será eterno; todos os impérios o servirão e lhe obedecerão".

---

* **7**,9. Ap 20,4 / Ap 1,14 | 10. Sl 50,3 / Ap 5,11 / Ap 20,12 | 11. Ap 19,20 | 13. Mt 8,20; 24,30; 26,64; Ap 1,7; 14,14 | 14. Mt 4,17 | 18. At 9,13 | 21. Ap 11,7; 13,7 | 22. Ap 20,4 | 24. Ap 17,12 | 26. 8,14; 12,7 / Ap 12,14

† **7**,13. Os vv. 18.22.27 interpretam o "filho do homem" como uma coletividade, um povo, libertado da opressão do 4° animal. Mas a expressão passou a designar o rei messiânico em pessoa. Diante de Caifás, Mt 26,64, Jesus afirma que é ele o Filho do homem de Dn 7,13. | 14. O Reino de Deus será estabelecido sobre as ruínas dos reinos terrestres e dará cabo do sofrimento dos justos. | 25. Antíoco IV Epífanes tentou eliminar as festas judaicas, o sábado e toda a lei mosaica, 1Mc 1,41-64.

1097   Daniel 7-8

28Aqui termina a narração. Quanto a mim, Daniel, meus pensamentos muito me perturbaram; a cor de meu rosto se alterou e guardei tudo isto em meu coração.

8 A visão do carneiro e do bode.

1No terceiro ano do reinado do rei Baltazar, eu, Daniel, tive outra visão depois daquela que me apareceu antes. 2Eu contemplava a visão e, enquanto a contemplava, eu estava na cidadela de Susa, que está na província de Elam; e eu vi na visão que eu estava junto ao rio Ulai. 3Ergui os olhos e olhei; vi um carneiro de pé diante do rio. Tinha dois chifres e ambos os chifres eram altos, mas um era mais alto que o outro, embora tivesse crescido depois. 4Vi que aquele carneiro dava chifradas para o ocidente, para o norte e para o sul, e nenhum animal lhe podia resistir, nem era capaz de se libertar de seu poder; fazia o que queria e tornou-se grande.

5Eu estava observando e vi um bode vir do ocidente, percorrendo toda a terra, mas sem tocar o solo; tinha entre os olhos um chifre saliente. 6Aproximou-se do carneiro de dois chifres, que eu tinha visto de pé diante do rio, e avançou contra ele no furor de sua força. 7Eu o vi aproximar-se do carneiro e, enfurecido contra ele, atacá-lo e quebrar-lhe os dois chifres, sem que o carneiro tivesse força de resistir-lhe; lançou-o no chão e o pisou, e não houve ninguém para libertar o carneiro de seu poder. 8O bode tornou-se muito poderoso; mas quando estava em pleno vigor, seu chifre grande se quebrou e no lugar dele surgiram outros quatro chifres, para os quatro ventos do céu†.

9De um deles saiu um pequeno chifre,* que cresceu muito para o sul, para o oriente e para a terra formosa. 10Ergueu-se até contra a milícia celeste†, lançou por terra uma parte da milícia e das estrelas* e as pisou.

11Ergueu-se até o chefe da milícia, retirou-lhe o sacrifício cotidiano e foi derrubado o lugar de seu santuário.

12E uma milícia lhe foi dada contra o sacrifício diário, por causa da transgressão; e lançou por terra a verdade; e no que fez teve êxito.

13Ouvi um santo falar e um outro santo dizer àquele que falava: "Até quando durará esta visão:* o sacrifício cotidiano abolido, a impiedade devastadora†, o santuário e a milícia entregues para serem calcados aos pés?" 14Respondeu-lhe: Até duas mil e trezentas tardes e manhãs; depois o santuário será restabelecido em seus direitos".

Interpretação da visão. 15Enquanto eu, Daniel, considerava a visão e procurava compreendê-la, vi a minha frente alguém de pé, com aparência* de homem. 16E ouvi a voz de um homem, no meio do rio Ulai, que gritava e dizia: "Gabriel, explica-lhe a visão". 17Ele veio para perto de onde eu estava* e, quando chegou, eu tive medo e caí com a face em terra. Ele me disse: "Filho do homem, compreende bem, esta visão refere-se ao tempo do fim"†. 18 Enquanto ele falava comigo, caí num profundo sono com a face por terra; mas ele me tocou e me pôs de pé.

19Ele disse: "Eu te revelo o que acontecerá* no fim da ira, porque a visão refere-se ao tempo determinado do fim. 20O carneiro com dois chifres,* que viste, representa o rei da Média e da Pérsia; 21o bode é o rei da Grécia; o grande chifre, que estava no meio de seus olhos, é o primeiro rei; 22o chifre quebrado e os quatro que surgiram em seu lugar são quatro reinos que surgirão de sua nação, mas não com o mesmo poder dele.

---

* **8**,9. 11,16.41; Ez 20,6.15; Zc 7,14; 12,3 | 10. Ap 12,4; 11,31 | 13. 12,6; Ap 6,10 | 15. 9,21ss; Lc 1,19.26 | 17. 10,15-19; Ez 2,1; Ap 1,17 | 19. Am 5,18 | 20. 11,2

8,8. Trata-se do império de Alexandre Magno, dividido em 4 partes quando ele morreu. | 10. Aqui não significa nem os anjos nem as estrelas, mas sim o povo de Deus. | 13. A impiedade devastadora é o ídolo colocado por Antíoco no templo. A profanação durou 3 anos e 40 dias, 1Mc 1,54; 4,52. | 17. O "fim" é o período da perseguição, que precede a chegada do Reino.

Daniel 8-9

²³No fim de seu reino, quando a iniquidade tiver chegado ao máximo, surgirá um rei de aspecto feroz e conhecedor de enigmas. ²⁴Seu poder crescerá, mas não por própria força; causará inauditas ruínas,* terá sucesso nas empresas, destruirá os poderosos e o povo dos santos. ²⁵Por sua astúcia, a fraude prosperará em suas mãos, em seu coração se orgulhará e com engano destruirá a muitos;* ele se insurgirá contra o príncipe dos príncipes, mas será quebrantado, embora não por mão humana. ²⁶A visão* das manhãs e das tardes, que foi mostrada, é verdadeira. Mas mantém secreta a visão, porque se refere a dias distantes".

²⁷Eu, Daniel, fiquei esgotado* e estive doente por vários dias; depois levantei-me e fui tratar dos negócios do rei, mas espantei-me com a visão porque não podia compreendê-la.

9 † A profecia das setenta semanas.

¹No primeiro ano de Dario, filho de Xerxes, da estirpe dos medos, que foi constituído rei sobre o reino dos caldeus, ²no primeiro ano de seu reinado, eu, Daniel, tentava compreender nos livros* o número dos anos que, conforme a palavra de Javé ao profeta Jeremias, deviam cumprir-se sobre as ruínas de Jerusalém, isto é, setenta anos.

Oração e confissão de Daniel. ³Dirigi-me ao Senhor Deus para suplicar-lhe com jejum, roupa de saco e cinzas, ⁴e fiz minha oração e minha confissão† ao Senhor, meu Deus: "Senhor, Deus grande e terrível,* que sois fiel à aliança e misericordioso para com aqueles que vos amam e observam vossos mandamentos, ⁵pecamos e cometemos iniquidades,* agimos como ímpios, fomos rebeldes e nos afastamos de vossos mandamentos e de vossas leis. ⁶Não escutamos vossos servos, os profetas,* que em vosso nome falaram a nossos reis, a nossos príncipes, a nossos pais e a todo o povo do país. ⁷A vós convém a justiça,* ó Senhor, mas a nós a vergonha no rosto, como acontece hoje para os homens de Judá, para os habitantes de Jerusalém e para todo o Israel, os de perto e os de longe, em todos os países por onde os dispersastes pelas infidelidades* que cometeram contra vós. ⁸Javé, a nós a vergonha no rosto,* a nossos reis, a nossos príncipes, a nossos pais, porque pecamos* contra vós; ⁹ao Senhor nosso Deus pertencem a misericórdia e o perdão, porque nos rebelamos contra ele, ¹⁰não escutamos a voz de Javé, nosso Deus, para seguirmos aquelas leis* que ele nos deu por meio de seus servos, os profetas. ¹¹Todo o Israel transgrediu vossa lei, afastou-se sem ouvir vossa voz; assim recaíram sobre nós a maldição e a imprecação escritas na lei de Moisés,* servo de Deus, porque pecamos contra ele.

¹²Ele realizou aquelas palavras que tinha pronunciado contra nós e nossos governantes, mandando sobre nós calamidade tão grande que jamais acontecera debaixo de todo o céu, como aconteceu em Jerusalém.

¹³Como está escrito na Lei de Moisés, todo este mal veio sobre nós; todavia nós não suplicamos a Javé, nosso Deus, convertendo-nos de nossas iniquidades e prestando atenção a vossa verdade. ¹⁴Javé estava guardando este mal* e o mandou sobre nós, porque Javé, nosso Deus, é justo em todas as coisas que faz, ao passo que nós não obedecemos a sua voz. ¹⁵E agora, Senhor,

---

* 8,24. 7,18 | 25. 2,34 | 26. Ap 19,9; 21,5; 22,6 | 27. 12,4.9-13; Ap 10,4 | **9,**2. Jr 25,11s; 29,10 | 4. Dt 7,9.21; Ne 1,5; Êx 34,6 | 5. 1Rs 8,47; Br 1,17 | 6. Jr 7,25s; 44,21; Ne 9,34 | 7. Br 1,15s / Is 57,19 | 8. Dt 28,64 / Ne 9,17 | 10. Dt 28,15; Jr 26,4 | 11. Lv 26,14-39; Dt 28,15-68; Br 2,1s | 14. Jo 8,32; 1Jo 3,19; Ne 9,33 | 15. Br 2,11ss / Dt 6,21; Jr 32,20s

† **9.** Este capítulo é uma reflexão sobre a situação histórico-religiosa da comunidade em torno do ano 165 a.C. Explica por que a plena restauração de Jerusalém, prometida por Jeremias, ainda não se materializou: é porque a comunidade precisa voltar para Deus com fervor e confessar sua culpa. | 4. Tipo frequente de oração nos escritos mais recentes: reconhecimento dos pecados do povo ou de um indivíduo.

nosso Deus,* vós que fizestes vosso povo sair do país do Egito com mão forte e vos fizestes um nome, como é hoje, nós pecamos,* agimos como ímpios. ¹⁶Senhor, por todos os vossos atos de justiça, afastai vossa ira e vosso furor de vossa cidade, Jerusalém, vosso monte santo, porque, por nossos pecados e pelas iniquidades de nossos pais, Jerusalém e vosso povo* tornaram-se objeto de insulto para todos os que estão ao redor de nós.

¹⁷Agora escutai, Deus nosso, a oração de vosso servo e suas súplicas e, por vosso amor, ó Senhor, fazei resplandecer* vossa face sobre vosso santuário, que está desolado. ¹⁸Prestai ouvido, meu Deus, e escutai: abri os olhos* e vede nossas desolações e a cidade sobre a qual é invocado vosso nome†. Pois não é por causa de nossas obras justas que apresentamos diante de vós* nossas súplicas, mas por causa de vossa grande misericórdia.

¹⁹Senhor, escutai; Senhor, perdoai;* Senhor, olhai e agi sem demora, por amor de vós mesmo, meu Deus, porque vosso nome é invocado sobre vossa cidade e sobre vosso povo".

²⁰Enquanto eu estava ainda falando, rezava e confessava meu pecado e o pecado de meu povo Israel, e apresentava minha súplica a Javé meu Deus em favor do monte santo de meu Deus; ²¹enquanto, pois, eu falava e rezava, Gabriel,* que eu tinha visto antes em visão, voou veloz até mim na hora da oblação da tarde.

²²Ele me informou, falando comigo e dizendo: "Daniel, vim para instruir-te e fazer-te compreender.

²³No início de tuas súplicas saiu uma palavra, e vim para anunciá-la a ti, porque és um homem predileto.* Agora fica atento à palavra e compreende a visão".

O arcanjo Gabriel explica a profecia†.

²⁴"Setenta semanas são fixadas
a teu povo e tua santa cidade
para fazer cessar a impiedade
e pôr um fim aos pecados,
para expiar a iniquidade*
e trazer uma justiça eterna,
para selar a visão e a profecia e ungir
o santo dos santos.

²⁵Sabe, pois, e entende bem:*
desde quando saiu a palavra,
ordenando restaurar e reconstruir Jerusalém*
até um príncipe consagrado†,
serão sete semanas.
Durante sessenta e duas semanas
serão restaurados e reedificados praças e muros,
mas em tempos angustiosos.

²⁶Depois de sessenta e duas semanas,
um consagrado será eliminado sem que nele haja culpa;
o povo de um príncipe que virá
destruirá a cidade e o santuário;
seu fim virá com uma inundação;
e até o fim da guerra devastações são decretadas.

²⁷Ele fará forte aliança com muitos
por uma semana e, no espaço de meia semana,
fará cessar o sacrifício e a oblação;*
sobre asas de abominações virá um devastador,
até que a total destruição,* que está decretada,
seja derramada sobre o devastador".

10 A visão do homem vestido de linho. ¹No terceiro ano de Ciro, rei da Pérsia†, foi revelada uma palavra a Daniel, chamado Baltazar: palavra verdadeira e grandiosa luta. Ele compreendeu* a palavra e teve entendimento da visão.

---

* **9**,16. Sl 44,14; Br 2,14 | 17. Sl 4,7 | 18. 2Rs 19,16; Is 37,17; Lm 5,18 / Br 2,19 | 19. Ne 9,19.27.31; Sl 40,18 | 21. 8,15-18; 10,9ss | 23. 10,11-19 | 24. Is 53,11; Rm 3,24ss | 25. 1Cr 23,13; At 10,38; Mt 3,16 / Esd 3,1ss | 27. 1Mc 1,45 / 11,31; 12,11; Mt 24,15; Dn 11,36 | **10**,1. 9,23

† **9**,18. Ou seja, "a cidade que vos pertence", 1Rs 8,43; Jr 25,29. | 24. A profecia de Jr 25,11 e 29,10 sobre os 70 anos teve um cumprimento mais ou menos exato na volta dos exilados. Aqui, porém, são 70 semanas de anos, 490 portanto, que expiram no fim da perseguição de Antíoco IV. | 25. O consagrado é o sumo sacerdote Onias III, trucidado em 171 a.C., 2Mc 4,30-38. | **10**,1. Esta data corresponde ao ano 536 a.C.

Daniel 10-11

²Naqueles dias eu, Daniel, estive de luto durante três semanas. ³Não comi manjares delicados, nem carne, nem vinho entraram em minha boca e não me ungi com unguento até que se completassem* três semanas. ⁴No dia vinte e quatro do primeiro mês, enquanto eu estava na beira do grande rio,* isto é, o Tigre, ⁵levantei os olhos e vi um homem vestido de linho,* com um cinto de ouro puro na cintura. ⁶Seu corpo parecia com o topázio, seu rosto tinha o aspecto do relâmpago, seus olhos eram como tochas acesas,* seus braços e suas pernas brilhavam como bronze reluzente e o som de suas palavras era como o clamor de uma multidão.

⁷Somente eu, Daniel, vi a visão, pois os homens que estavam comigo não a viram, mas um grande terror apoderou-se deles e fugiram para se esconder. ⁸Assim fiquei sozinho a contemplar aquela grande visão. Eu me sentia sem forças; meu semblante mudou de cor e se desfigurou e as forças me faltaram. ⁹Então ouvi o som de suas palavras, mas, logo que ouvi o som de suas palavras, caí sobre meu rosto num profundo sono, com o rosto em terra.

Aparição do anjo. ¹⁰A mão de alguém me tocou* e me fez levantar, todo tremendo, sobre os joelhos e as palmas das mãos. ¹¹Depois disse-me: "Daniel, homem predileto, entende as palavras que te dirijo, põe-te em pé, porque agora fui mandado* a ti". Quando me disse isto, pus-me de pé todo tremendo.

¹²Ele me disse: "Não temas, Daniel, porque desde o primeiro dia em que te esforçaste para entender, humilhando-te diante de Deus, tuas palavras foram ouvidas e eu vim por causa de tuas palavras. ¹³Mas o príncipe do reino da Pérsia opôs-se a mim durante vinte e um dias; porém Miguel, um dos primeiros príncipes, veio em meu auxílio* e eu fiquei lá com os reis da Pérsia†. ¹⁴Agora vim para fazer-te entender o que acontecerá a teu povo no fim dos dias, porque a visão é para os dias que ainda virão". ¹⁵Enquanto ele falava comigo desta maneira, inclinei o rosto para o chão sem nada dizer.

¹⁶E alguém com o semblante dos filhos de homens tocou-me os lábios; eu abri a boca, falei e disse* àquele que estava de pé diante de mim: "Meu senhor, por causa desta visão minhas dores voltaram sobre mim e perdi todas as forças.¹⁷Como poderia este servo de meu senhor falar com meu senhor, já que não restou em mim nenhum vigor e me falta também a respiração?" ¹⁸Então aquele ser semelhante a um homem tocou-me de novo, restituiu-me as forças ¹⁹e me disse: "Não temas, homem predileto, a paz esteja contigo! Sê forte e corajoso!" Enquanto ele falava comigo, senti que me voltavam as forças e disse: "Fale meu senhor, pois me reconfortaste".

²⁰Então ele me disse: "Sabes por que vim a ti? Agora voltarei para lutar com o príncipe da Pérsia; e quando eu sair, virá o príncipe da Grécia. ²¹Eu te declararei o que está escrito no livro da verdade. Ninguém luta a meu lado contra estes senão Miguel, vosso príncipe.

11

¹E eu, no primeiro ano de Dario, fiquei perto dele para dar-lhe força e apoio. ²Agora eu te manifesto a verdade†.

Luta entre a Pérsia e a Grécia. Haverá ainda três reis na Pérsia; o quarto rei terá mais riquezas que todos os outros. E depois de se tornar poderoso com suas riquezas, suscitará todos contra o reino da Grécia. ³Surgirá depois um rei poderoso, que dominará sobre um grande império e fará o que lhe aprou-

---

* **10**,3. 9,3 | 4. 8,2 | 5. Ap 1,13ss; Ez 1,4.13.16 | 6. Ez 1,24 | 10. 8,16ss; 9,21ss; Ap 1,17 | 11. 9,23; 10,19 | 13. Jd 9; Ap 12,7 | 16. 7,13; Jr 1,9; Is 6,7

† **10**,13. "Príncipe" aqui significa anjo. No judaísmo era comum a ideia de que cada nação tinha seu anjo da guarda, mas este conceito era antigo em Israel, Eclo 17,14. | **11**,2. Vai contar a história da dinastia dos Selêucidas, de modo cada vez mais detalhado, à medida que se aproximam os tempos em que vive o autor. | 3. Este rei é Alexandre Magno (331-323), 1Mc 1,3, que teve uma ascensão rápida e um fim repentino.

vert. [4]Mas logo que se tiver firmado, seu reino será fragmentado e repartido aos quatro ventos do céu, mas não entre seus descendentes nem com a mesma força com que ele reinava; com efeito, seu reino será desmembrado e dado a outros que não eles.

Luta entre a Síria e o Egito. [5]O rei do sul se tornará poderoso mas um de seus príncipes será mais forte que ele e dominará, e seu domínio será grande. [6]Depois de alguns anos farão aliança e a filha do rei do sul virá ao rei do norte para fazer um acordo. Mas ela não conservará a força de seu braço, e sua descendência não subsistirá: ela será entregue, junto com os que a trouxeram, aquele que a gerou e aquele que a apoiava. [7]Naquele tempo, de um germe de suas raízes surgirá alguém em seu lugar. Ele virá com um exército e avançará contra as fortalezas do rei do norte, combaterá contra ele e sairá vitorioso. [8]Conduzirá ao Egito seus deuses com suas imagens e seus objetos preciosos de ouro e de prata, como presa de guerra; depois, por alguns anos se absterá de lutar contra o rei do norte.[9]Este marchará contra o rei do sul, mas voltará para seu país.

[10]Seus filhos se prepararão para a guerra, recolhendo uma multidão de grandes exércitos[†]. Um deles avançará como inundação; atravessará o país para travar batalha até sua fortaleza. [11]O rei do sul, enfurecido, sairá para combater com o rei do norte, que se moverá com grande exército, mas este cairá em poder do rei do sul, [12]o qual se encherá de orgulho depois de ter derrotado aquele exército, mas, mesmo tendo abatido dezenas de milhares, nem por isso será mais forte. [13]O rei do norte de novo reunirá um grande exército, maior que o anterior e, depois de alguns anos, avançará com grande exército e provisões abundantes. [14]Naquele tempo muitos se levantarão contra o rei do sul, e homens violentos de teu povo se insurgirão para cumprir a visão, mas cairão. [15]O rei do norte virá, levantará baluartes e ocupará uma cidade bem fortificada. As forças do sul, nem com tropas de elite poderão resistir; faltará força para opor resistência. [16]O invasor fará o que lhe aprouver e ninguém poderá opor-se a ele; ele se estabelecerá naquela terra gloriosa,[*] e a destruição estará em suas mãos. [17]Depois se proporá vir com as forças de todo o seu reino, fará uma aliança com ele e lhe dará uma filha em casamento para arruiná-lo, mas isto não terá êxito e não alcançará seu fim.

[18]Depois, ele se voltará contra as ilhas e tomará muitas delas, mas um comandante fará cessar sua arrogância, fazendo-a recair sobre ele. [19]Ele se voltará depois para as fortalezas de seu país, mas tropeçará, cairá e desaparecerá. [20]Surgirá depois em seu lugar um que mandará cobradores de tributo para a glória de seu reino, mas em poucos dias será eliminado, mas não na ira nem em batalha.

Perseguição de Antíoco IV Epífanes. [21]A ele sucederá um homem desprezível, sem dignidade real; virá sem pré-aviso e tomará o reino com a fraude. [22]Diante dele exércitos serão aniquilados e será abatido também o príncipe da aliança. [23]E depois de feita com ele uma aliança, agirá com a fraude, crescerá e se tornará forte com pouca gente. [24]Entrará às escondidas nos lugares mais férteis da província e fará coisas que nem seus pais nem os pais de seus pais ousaram fazer. Distribuirá a sua gente a presa, os despojos e as riquezas; e tramará projetos contra as fortalezas, mas só por certo tempo.

[25]Ele suscitará seu poder e sua ousadia contra o rei do sul, com um grande exército. O rei do sul se empenhará em guerra com um grande e poderoso exército, mas não poderá resistir, porque haverá intrigas contra ele: [26]seus próprios comensais serão a causa de sua ruína; seu exército será derrotado e muitos cairão mortos. [27]Os dois reis

---

* **11**,16. 8,9; 11,41

† **11**,10. Os vv. 10-19 falam de Antíoco III, o Grande, 223-187 a.C.

Daniel 11-12

só pensarão em fazer mal um ao outro. Sentados à mesma mesa, falarão com fingimento, mas sem ter êxito, porque o fim deve chegar no tempo marcado. 28Ele voltará a seu país com grandes riquezas, e seu coração será contra a santa aliança; agirá conforme seus planos e depois voltará a seu país. 29No tempo determinado voltará e irá para o sul, mas desta última vez não terá êxito como na primeira. 30Pois virão contra ele os navios romanos e ele, com medo, voltará para trás. Ele se indignará contra a santa aliança e, em sua volta se entenderá com os que abandonam a santa aliança. 31Forças por ele mandadas se moverão* para profanar o santuário-cidadela†, abolirão o sacrifício cotidiano e lá colocarão a abominação da desolação.

32Com lisonjas corromperá os profanadores da aliança, mas os que reconhecem o próprio Deus mostrarão firmeza e agirão. 33Os sábios entre o povo ensinarão a muitos,* mas cairão vítimas da espada, do fogo, da escravidão e do roubo por certo tempo. 34Enquanto assim caírem, receberão um pouco de ajuda; muitos, porém, se unirão a eles, mas com hipocrisia. 35Alguns dos sábios cairão para serem provados, purificados, lavados e embranquecidos* até o tempo do fim, porque ainda está para vir o tempo estabelecido.

36O rei portanto fará o que lhe aprouver; ele se elevará e se exaltará acima de todo deus e proferirá coisas inauditas contra o Deus dos deuses* e terá êxito até que seja completa a ira; porque o que foi determinado se cumprirá. 37Ele não fará caso das divindades de seus pais, nem do deus favorito das mulheres, nem de outro deus; porque ele se exaltará acima de todos. 38No lugar deles honrará o deus das fortalezas, um deus que seus pais jamais conheceram; ele o honrará com ouro e prata, com pedras preciosas e objetos de valor. 39Com o auxílio desse deus estrangeiro agirá contra as fortalezas; cumulará de honras aqueles que o reconhecerem; dar-lhes-á o poder sobre muitos e distribuirá a eles terras em recompensa.

Fim do perseguidor. 40No tempo do fim, o rei do sul o atacará, e o rei do norte lhe cairá em cima como uma tempestade, com carros, cavaleiros e muitos navios; entrará em suas terras para inundá-las e atravessá-las. 41Entrará também naquela gloriosa terra e muitos sucumbirão; estes porém escaparão de sua mão: Edom, Moab e grande parte dos amonitas. 42Estenderá assim a mão sobre muitos países; nem o Egito escapará. 43Ele se apoderará de tesouros de ouro e de prata e de todas as coisas preciosas do Egito; líbios e etíopes estarão em seu séquito. 44Porém as notícias do oriente e do ocidente o perturbarão: ele partirá com grande ira para destruir e exterminar a muitos. 45Armará as tendas de seu palácio entre o mar e o glorioso monte santo; depois chegará ao fim, e ninguém virá em seu auxílio.

12 **Ressurreição e recompensa.** 1Naquele tempo surgirá Miguel, o grande príncipe* que vela sobre os filhos de teu povo. Haverá um tempo de angústia* como jamais tinha havido desde que surgiram as nações até então; mas naquele tempo será salvo teu povo, todo aquele que se achar escrito no livro. 2E muitos daqueles que dormem no pó da terra despertarão: uns para a vida eterna e outros para a vergonha e a infâmia eterna†. 3Os sábios resplandecerão* como o esplendor do firmamento; aqueles que tiverem ensinado* a muitos a justiça brilharão como as estrelas para sempre.

---

* **11**,31. 8,11; 9,26; 12,11; Mt 24,15 | 33. 12,3 | 35. 12,10 | 36. 2,47; Ap 13,5; Dn 8,19 | **12**,1. 10,13 / Mt 24,21; Jr 30,7; Jl 2,2; Jo 5,29; 2Mc 7,9; Ez 37,10 | 3. Is 66,24 / 1Cor 15,41s

† **11**,31. Voltando do Egito, Antíoco IV saqueou o templo de Jerusalém e começou a perseguição religiosa. | **12**,2. É a primeira afirmação clara da ressurreição dos mortos. Primeira vez que se encontra na Bíblia a expressão "vida eterna".

A profecia selada. [4]"Agora tu, Daniel, encerra estas palavras* e sela este livro até o tempo do fim; muitos correrão de um lado para outro, e o conhecimento aumentará".

[5]Eu, Daniel, estava olhando* e vi outros dois que estavam de pé, um de um lado do rio* e o outro, do outro lado. [6]Um disse ao homem vestido de linho, que estava sobre as águas do rio: "Quanto tempo passará até o fim dessas coisas maravilhosas?" [7]Ouvi o homem vestido de linho,* que estava sobre as águas do rio, o qual, erguendo a mão direita e a esquerda* para o céu, jurou por Aquele que vive para sempre, que todas essas coisas se cumpririam dentro de um tempo,* dois tempos e metade de um tempo; quando a força do povo santo tiver sido inteiramente destruída, todas essas coisas se cumprirão.

[8]Eu ouvi bem, mas não compreendi, e disse: "Meu Senhor, qual será o fim dessas coisas?" [9]Ele me respondeu: "Segue teu caminho, Daniel, pois essas palavras são mantidas ocultas e seladas até o tempo do fim. [10]Muitos serão purificados,* embranquecidos, provados; mas os ímpios agirão impiamente* e nenhum deles entenderá essas coisas, mas os sábios as entenderão. [11]Ora, a partir do tempo em que será abolido o sacrifício cotidiano e erguida a abominação da desolação, serão mil e duzentos e noventa dias. [12]Bem-aventurado aquele que aguardar* e chegar a mil trezentos e trinta e cinco dias. [13]Segue teu caminho até o fim. Descansarás e no fim dos dias te erguerás para receber tua parte da herança".

III. APÊNDICE
(13–14)

13 Suzana e os pérfidos anciãos†. [1]Vivia em Babilônia um homem chamado Joaquim, [2]o qual era casado com Suzana, filha de Helcias, mulher de rara beleza e temente a Deus. [3]Seus pais, que eram justos, haviam educado a filha segundo a Lei de Moisés. [4]Joaquim era muito rico e possuía uma chácara perto de casa, e muitos judeus iam à casa dele, porque era estimado mais que qualquer outro. [5]Naquele ano tinham sido eleitos juízes do povo dois anciãos: eram daqueles dos quais o Senhor disse: "A iniquidade surgiu em Babilônia por obra de anciãos e de juízes, que passavam por guias do povo". [6]Eles frequentavam a casa de Joaquim; e todos os que tinham qualquer demanda para resolver iam procurá-los. [7]Quando o povo se retirava, por volta do meio-dia, Suzana costumava ir passear na chácara do marido. [8]Os dois anciãos que todo dia a viam passear, apaixonaram-se por ela: [9]perderam a luz da razão, desviaram os olhos para não verem o Céu e se esqueceram de seus justos julgamentos. [10]Ardiam ambos de paixão por ela, mas um escondia ao outro seu tormento, [11]porque se envergonhavam de revelar a vontade que tinham de unir-se a ela, [12]mas cada dia com maior desejo procuravam vê-la. [13]Um dia um disse ao outro: "Vamos para casa, é hora do almoço", e saíram cada qual para seu lado. [14]Mas voltaram atrás e se acharam de novo juntos e, forçados a se explicar, confessaram sua paixão. Então combinaram procurar o momento oportuno de poder surpreendê-la sozinha.

[15]Enquanto esperavam a ocasião favorável, Suzana entrou na chácara como de costume, com apenas duas servas; quis tomar banho, pois fazia calor. [16]Não havia ninguém, exceto os dois anciãos que estavam escondidos e a espiavam. [17]Suzana disse às servas: "Trazei-me o unguento e os perfumes, depois fechai o portão, para que eu

---

* **12,**4. 8,26; Am 8,12; Ap 10,12 **|** 5. 8,13 / 10,5 **|** 7. Ap 10,5s / Dn 4,31; Eclo 18,1 / Dn 7,25; 8,14 **|** 10. 11,35 / Ap 22,11 **|** 12. 7,25 **| 13,**29. Nm 5,18-22

† **13.** Tomando a narrativa como uma parábola, pode-se pensar que os dois velhos simbolizam os pagãos e os judeus apóstatas, especialmente do tempo de Antíoco IV, o qual queria induzir os judeus, aqui representados por Suzana, ao pecado de idolatria, que os profetas chamavam de adultério.

Daniel 13

possa tomar banho". [18]Elas fizeram como tinha ordenado: fecharam o portão da chácara e entraram em casa pela porta lateral para levar o que Suzana pedira, sem perceber os Anciãos que estavam escondidos. [19]Logo que partiram as servas, os dois anciãos saíram do esconderijo, correram até ela e lhe disseram: [20]"Vê, o portão da chácara está fechado, ninguém nos vê e nós ardemos de paixão por ti; consente e entrega-te a nós. [21]Caso contrário, nós te acusaremos, dizendo que um jovem estava contigo e por isso mandaste as servas sair". [22]Suzana suspirou e disse: "Estou cercada de todos os lados: se consinto, é a morte para mim; se recuso, não posso escapar de vossas mãos. [23]Melhor, porém, para mim é cair inocente em vossas mãos do que pecar diante do Senhor!" [24]Suzana gritou em voz alta. Também os dois anciãos gritaram contra ela, [25]e um deles correu ao portão da chácara e o abriu.

[26]Quando as pessoas da casa ouviram os gritos na chácara, precipitaram-se pela porta lateral para ver o que estava acontecendo com ela. [27]Quando os anciãos contaram sua história, os servos sentiram-se muito confusos, porque jamais se tinha ouvido falar tal coisa de Suzana.

[28]No dia seguinte, o povo reuniu-se na casa de Joaquim, seu marido, e foram lá também os dois anciãos, cheios de más intenções contra Suzana, para condená-la à morte. [29]Dirigindo-se ao povo, disseram: "Convoque-se Suzana, filha de Helcias,* esposa de Joaquim". Mandaram chamá-la, [30]e ela veio com os pais, os filhos e todos os seus parentes. [31]Suzana era muito graciosa e de bela aparência; [32]estava com o véu, e aqueles perversos mandaram que lho fosse tirado, para poderem saciar-se de sua beleza. [33]Todos os seus familiares choravam, bem como todos os que a viam.

[34]Os dois anciãos levantaram-se no meio do povo e puseram as mãos sobre sua cabeça. [35]Ela, chorando, ergueu os olhos ao céu, com o coração confiante* no Senhor. [36]Os anciãos disseram: "Enquanto estávamos passeando a sós na chácara, ela veio com duas servas, fechou o portão da chácara e depois despediu as servas. [37]Em seguida aproximou-se dela um jovem que estava escondido e se uniu a ela. [38]Nós, que estávamos num canto da chácara, vendo tal iniquidade, precipitamo-nos sobre eles [39]e os surpreendemos juntos; mas não pudemos segurar o jovem porque, mais forte que nós, abriu a porta e fugiu. [40]Nós a seguramos e lhe perguntamos quem era aquele jovem, [41]mas ela não quis dizer-nos. Disto somos testemunhas". A multidão acreditou neles, porque eram anciãos do povo e juízes. Suzana foi, pois, condenada à morte. [42]Ela exclamou em alta voz: "Deus eterno, que conheceis os segredos,* que conheceis todas as coisas antes que aconteçam, [43]vós sabeis que deram falso testemunho contra mim! Morro inocente de tudo o que eles iniquamente tramaram contra mim". [44]O Senhor escutou sua voz.

Daniel liberta Suzana. [45]Enquanto Suzana era conduzida à morte,* o Senhor suscitou o santo espírito de um adolescente, chamado Daniel, [46]o qual se pôs a gritar: "Eu sou inocente do sangue desta mulher!"

[47]Todos se voltaram para ele perguntando: "Que é isto que estás dizendo?" [48]Então Daniel, de pé no meio da assembleia, disse: "Sois assim tão loucos, ó israelitas, a ponto de condenar à morte uma filha de Israel, sem indagar a verdade e sem provas claras? [49]Voltai ao tribunal, porque estes deram falso testemunho contra ela".

[50]Todo o povo voltou logo atrás, e os anciãos disseram a Daniel: "Vem, senta-te no meio de nós e dize-nos o que pensas, porque Deus te deu o prestígio* dos anciãos". [51]Daniel ordenou: "Separai-os bem um do outro e eu os interrogarei". [52]Foram separados e Daniel mandou vir um deles e disse-lhe: "Tu envelheceste no mal! E agora teus peca-

---

* **13**,35. Lv 24,14 | 42. Hb 4,13; Sl 33,13ss | 45. 4,5; 5,11.14 | 50. Sb 4,8s

Daniel 13-14

dos de teus anos passados pesam sobre ti; [53]davas sentenças injustas condenando os inocentes e absolvendo os culpados, embora o Senhor tenha dito: 'Não matarás o justo e o inocente!' [54]Agora, pois, se tu a viste,* dize: debaixo de qual árvore tu os viste juntos?" Respondeu: "Debaixo de uma acácia". [55]Disse Daniel: "Em verdade tua mentira recairá sobre tua cabeça. Já o anjo de Deus recebeu dele a sentença e te dividirá ao meio". [56]Despedido este, mandou vir o outro e lhe disse: "Raça de Canaã e não de Judá, a beleza te seduziu, a paixão perverteu teu coração! [57]Assim fazíeis com as mulheres de Israel e elas por medo se uniam a vós. Mas uma filha de Judá não pôde tolerar vossa iniquidade. [58]Dize-me pois, debaixo de qual árvore os surpreendeste juntos?" Respondeu: "Debaixo de um carvalho". [59]Disse Daniel: "Em verdade também tua mentira recairá sobre tua cabeça. O anjo de Deus te espera com a espada na mão para cortar-te ao meio e te eliminar"†.

[60]Então toda a assembleia soltou gritos de alegria e bendisse a Deus que salva os que confiam nele. [61]Depois, insurgiu-se contra os anciãos, aos quais Daniel tinha convencido, por sua própria boca, de ter dado falso testemunho. [62]E, aplicando a Lei de Moisés,* fez que sofressem a mesma pena à qual queriam sujeitar o próximo. Eles foram mortos, e naquele dia foi salvo o sangue inocente. [63]Helcias e sua esposa deram graças a Deus pela filha Suzana junto com Joaquim, seu esposo, e todos os seus parentes, porque não se achou nela nada de indigno. [64]Daquele dia em diante, Daniel tornou-se grande aos olhos do povo.

14 **Daniel desmascara os sacerdotes de Bel†.** [1]O rei Astíages reuniu-se a seus pais e sucedeu-lhe no reino Ciro, o persa. [2]Daniel vivia ao lado do rei, e era o mais honrado de todos os amigos do rei. [3]Ora, os babilônios tinham um ídolo chamado Bel, ao qual ofereciam cada dia doze sacos de flor de farinha, quarenta ovelhas e seis barris de vinho. [4]Também o rei venerava esse ídolo e ia todo dia adorá-lo. Daniel, porém, adorava seu Deus. [5]Por isso o rei lhe disse: "Por que não adoras Bel?" Daniel respondeu: "Eu não adoro ídolos feitos por mãos humanas, mas somente o Deus vivo que fez o céu e a terra e que tem poder sobre todo ser vivo". [6]"Não crês tu – acrescentou o rei – que Bel seja um deus vivo? Não vês tudo o que ele come e bebe todo dia?" [7]Respondeu Daniel, sorrindo: "Não te enganes, ó rei: aquele ídolo por dentro é de argila e por fora é de bronze, nunca comeu nem bebeu". [8]O rei se indignou, mandou chamar os sacerdotes de Bel e lhes disse: "Se não me dizeis quem é que come toda esta comida, morrereis; se porém me provardes que é Bel que a come, morrerá Daniel, porque blasfemou contra Bel". [9]Daniel disse ao rei: "Seja feito como disseste". Os sacerdotes de Bel eram sessenta, sem contar as mulheres e os filhos. [10]O rei dirigiu-se junto com Daniel ao templo de Bel, [11]e os sacerdotes de Bel lhe disseram: "Nós vamos sair daqui e tu, ó rei, manda servir a comida e oferecer o vinho misturado; depois fecha a porta e sela-a com teu anel. Se amanhã de manhã, quando vieres, tu não constatares que tudo foi comido por Bel, morreremos nós; do contrário, morrerá Daniel que nos caluniou". [12]Eles porém não se preocupavam porque haviam feito uma passagem secreta sob a mesa, pela qual passavam todos os dias para carregar as ofertas.

[13]Depois que eles se foram, o rei mandou pôr as comidas diante de Bel. [14]Daniel mandou aos servos do rei que trouxessem cinza e a espalhassem por

---

* **13**,54. Êx 23,7 | 62. Dt 19,16-21

† **13**,59. O texto grego faz um jogo de palavras entre os nomes das árvores e a sentença de Daniel, mostrando que "o castigo vem de onde veio o pecado", Sb 11,16. | **14**. Polêmica contra os ídolos, gênero inaugurado por Oséias, 8,6, frequente nos profetas, Jr 2,27s; Is 44,9-20, e ainda presente na Sabedoria, Sb 13,10-15.

Daniel 14

todo o pavimento do templo na presença somente do rei. Depois saíram, fecharam a porta e a selaram com o anel do rei e foram-se embora. [15]Os sacerdotes vieram de noite, como de costume, com as mulheres e os filhos, e comeram e beberam tudo. [16]Bem cedo o rei se levantou, como também Daniel. [17]O rei perguntou: "São intactos os selos, Daniel?" "Intactos, ó rei", respondeu. [18]Logo que foi aberta a porta, o rei olhou a mesa e exclamou: "Tu és grande, Bel, e nenhum engano há em ti!" [19]Daniel sorriu e, impedindo o rei de entrar, disse: "Olha o pavimento e examina de quem são essas pegadas". [20]O rei disse: "Vejo pegadas de homens, de mulheres e de meninos!" [21]Cheio de ira, mandou prender os sacerdotes com as mulheres e os filhos; então lhe mostraram as portas secretas pelas quais entravam para consumir tudo o que se encontrava sobre a mesa. [22]Depois o rei mandou matá-los e entregou Bel ao poder de Daniel, que o destruiu junto com seu templo.

Daniel mata o dragão. [23]Havia um grande dragão que também era venerado pelos babilônios. [24]O rei disse a Daniel: "Vais dizer que ele é feito de bronze? Olha! Ele vê, ele come e bebe. Não poderás dizer que este não é um deus vivo; adora-o, pois". [25]Daniel respondeu: "Eu adoro o Senhor meu Deus, porque ele é o Deus vivo; se tu me permites, ó rei, eu, sem espada e sem bastão, matarei o dragão". [26]O rei disse: "Eu permito". [27]Daniel tomou então piche, gordura e pelos, e mandou cozinhar tudo junto; depois preparou bolos e os lançou na boca do dragão que os engoliu e se arrebentou; depois acrescentou: "Eis o que adoráveis!"

Daniel na cova dos leões. [28]Quando os babilônios souberam disso, ficaram muito indignados e revoltaram-se contra o rei, dizendo: "O rei tornou-se judeu: destruiu Bel, matou o dragão, massacrou os sacerdotes". [29]Foram até ele dizendo: "Entrega-nos Daniel, se não matamos a ti e tua família!"

[30]Diante dessa violência, o rei viu-se obrigado a lhes entregar Daniel. [31]Eles o lançaram na cova dos leões, onde ficou seis dias. [32]Na cova havia sete leões, aos quais eram dados todo dia dois cadáveres e duas ovelhas; mas nessa ocasião não lhes foi dado nada, para que devorassem Daniel.

[33]Encontrava-se então na Judeia o profeta Habacuc, o qual tinha feito uma sopa e tinha partido o pão em pequenos pedaços numa cesta e ia levar a refeição aos ceifadores no campo. [34]O anjo do Senhor disse-lhe: "Leva esta comida a Daniel em Babilônia, na cova dos leões".

[35]Mas Habacuc respondeu: "Senhor, nunca vi Babilônia e não conheço a cova". [36]Então o anjo do Senhor segurou-lhe a cabeça e levou-o pelos cabelos, com a velocidade do vento, até Babilônia e o pôs à beira da cova. [37]Habacuc gritou: "Daniel, Daniel, toma a comida que Deus te mandou". [38]Daniel exclamou: "Deus, vós vos lembrastes de mim e não abandonastes os que vos amam". [39]Erguendo-se, Daniel pôs-se a comer, enquanto o anjo de Deus reconduzia logo Habacuc ao lugar de antes.

O rei reconhece o Deus de Daniel. [40]No sétimo dia o rei foi chorar por Daniel e, chegando à cova, olhou e viu Daniel sentado. [41]Então exclamou em voz alta: "Grande sois vós, Senhor Deus de Daniel, e não há outro Deus fora de vós!" [42]Depois fez sair Daniel da cova e mandou jogar nela os que queriam sua ruína, e eles foram logo devorados diante de seus olhos†.

---

† **14**,42. A Vulgata acrescenta: "Então o rei disse: Todos os habitantes da terra inteira temam o Deus de Daniel, porque é salvador e faz milagres e prodígios sobre a terra. Ele libertou Daniel da cova dos leões".

OSEIAS

Contemporâneo de Isaías, Amós e Miqueias, prega no reino do norte num tempo ca-
racterizado pela opressão sempre mais forte por parte da Assíria e, no interior do país,
pelas intrigas da corte, delitos, abusos de poder e desorientação.

Para denunciar com maior eficácia a infidelidade do povo, Oseias apresenta como
exemplo sua vida familiar: como ele desposou uma mulher infiel, assim Israel mostrou-se
infiel a seu Deus cheio de amor. Por isso o Senhor lhe dissera: "Quero amor e não sacrifício,
o conhecimento de Deus mais que os holocaustos" (6,6). Javé é um Deus apaixonado, que
quer completamente para si todo o coração de seu povo. Mas os pecados do povo atraem
sobre ele um castigo inevitável: "Os israelitas não poderão ficar na terra de Javé ... e na
Assíria comerão comidas impuras ... e perecerão pela espada" (9,3;14,1). Mas o castigo
ajudará a preparar a salvação deles: no fim se arrependerão e voltarão a Deus (14,2-9).

Para o profeta, porém, o mal mais grave não era o político, também preocupante,
mas o moral e religioso. O rei, os sacerdotes e o povo tinham abandonado a Deus e sua
aliança e se dedicaram aos deuses pagãos, cujas sacerdotisas, como principal ato de cul-
to, exerciam a prostituição, à qual atribuíam efeitos mágicos com relação à fecundidade
dos campos, dos animais e das pessoas.

Deus queria abandoná-los, mas amava-os demais: "Como posso abandonar-te, Is-
rael? Meu coração se comove dentro de mim..., não darei vez ao ardor de minha ira...,
porque sou Deus e não homem" (11,8s).

Oseias é o profeta do amor misericordioso; desenvolve uma teologia do coração, com-
parando a aliança entre Deus e Israel com o vínculo esponsal entre ele e sua mulher
infiel: como ele permanece fiel, assim Deus mantém seu amor a Israel.

I. MATRIMÔNIO DO PROFETA
(1–3)

1 **A infiel esposa de Oseias†.** ¹Palavra de Javé dirigida a Oseias, filho
de Beeri, no tempo de Ozias, de Joatão,
de Acaz, de Ezequias, reis de Judá, e no
tempo de Jeroboão, filho de Joás, rei
de Israel.

²Quando Javé começou a falar a
Oseias, ele lhe disse:
"Vai, toma como esposa uma prostituta
e gera filhos de prostituição,
porque o país não faz outra coisa senão prostituir-se,
afastando-se de Javé".
³Ele foi e tomou Gomer, filha de De-
blaim; ela concebeu e deu-lhe um filho.
⁴Javé disse a Oseias:
"Chama-o Jezrael,
porque daqui a pouco
punirei a casa de Jeú pelo sangue de
Jezrael*

e porei fim ao reino da casa de Israel.
⁵E naquele dia
quebrarei o arco de Israel no vale de
Jezrael".
⁶A mulher concebeu de novo e deu à
luz uma filha, e Javé disse a Oseias:
"Chama-a 'Não-amada',
porque não mais terei misericórdia*
da casa de Israel, para perdoá-los
⁷Amarei, porém, a casa de Judá
e os salvarei por Javé seu Deus;*
não os salvarei com o arco, com a espada, com a guerra,
nem com cavalos e cavaleiros".
⁸Depois de ter desmamado "Não-
amada", Gomer concebeu e deu à luz*
um filho. ⁹E Javé disse a Oseias:
"Chama-o 'Não-meu-povo',
porque vós não sois meu povo,
e eu não existo para vós".

2 **Reconciliação.** ¹O número dos israelitas será como a areia do mar,*
que não se pode medir nem contar.

---

* **1**,4. 1Rs 18,45; 2Rs 9,1-10; 10,1-17; 17,2-6 | 6. 14,4; Sl 20,8 | 7. Pr 21,31; Mq 5,9; Is 30,16; 31,1 | 8. Zc 4,6
2,1. Rm 9,27 / Rm 9,26 / Jo 1,12

† **1**,1. A vida matrimonial de Oseias simboliza a conduta de Israel para com seu Deus. O povo prostituiu-se
com os ídolos, traindo o Deus-esposo, 2,18.

Oseias 2

E no mesmo lugar onde lhes diziam:*
"Não sois meu povo",
lhes dirão: "Sois filhos do Deus vivo".*
²Os filhos de Judá e os filhos de Israel
se reunirão juntos,*
nomearão para si mesmos um chefe único
e se expandirão para fora de seu país,
porque grande será o dia de Jezrael!*
³Dizei a vossos irmãos: 'Sois meu povo'
e a vossas irmãs: 'Tu és amada'.*

Javé e sua esposa infiel. ⁴Acusai vossa mãe, acusai-a,
porque ela não é mais minha mulher
e eu não sou mais seu marido!
Tire do rosto o sinal de suas prostituições
e de entre os seios as marcas de seu adultério†;
⁵se não, eu a despirei até a nudez
e a porei como no dia em que nasceu;*
eu a reduzirei a um deserto,
vou deixá-la como terra árida
e a farei morrer de sede†.
⁶Não terei compaixão de seus filhos,
porque são filhos de prostituição.*
⁷Pois sua mãe se prostituiu,
quem os concebeu comportou-se de modo vergonhoso;*
pois ela disse: "Seguirei meus amantes†,
que me dão meu pão e minha água,
minha lã e meu linho,
meu óleo e minhas bebidas".

Repreensões e ameaças. ⁸Por isso, fecharei seu caminho com espinhos
e construirei uma barreira,
para que não encontre mais suas veredas.*
⁹Ela seguirá seus amantes
mas não os alcançará,
ela os procurará sem encontrá-los.

Então dirá: "Voltarei a meu primeiro marido,
porque eu era mais feliz então do que agora"†.
¹⁰Não entendeu que era eu que lhe dava*
trigo, vinho novo e óleo
e lhe prodigalizava a prata e o ouro
que usaram para Baal.
¹¹Por isso, tomarei de volta
meu trigo, a seu tempo,
e meu vinho novo em sua estação;
retirarei minha lã e meu linho
que deviam cobrir sua nudez.
¹²Descobrirei então suas vergonhas*
aos olhos de seus amantes,
e ninguém a tirará de minhas mãos.*
¹³Farei cessar todas as suas alegrias,
as festas, as luas novas, os sábados,*
todas as suas solenidades.
¹⁴Devastarei suas videiras e suas figueiras,
das quais ela dizia:
"Esta é a paga que me deram meus amantes".
Eu a reduzirei a uma floresta,*
a um pasto de animais selvagens.
¹⁵Eu a farei pagar pelos dias dos Baals,
quando lhes queimava perfumes,
enfeitava-se de anéis e de colares
e seguia seus amantes,
mas esquecia-se de mim*
– oráculo de Javé†.

Conversão. ¹⁶Por isso, eu a atrairei a mim,
vou conduzi-la ao deserto
e falarei a seu coração.†
¹⁷Eu lhe devolverei suas vinhas
e transformarei o vale de Acor†
em porta de esperança.*

---

* **2**,2. Jr 3,18 / Os 1,4-8 | 3. 2,24s | 5. Jr 6,8; 9,11 | 6. 1,2 | 7. Jr 2,25; 3,13; 44,17; Am 2,4 | 8. Jr 2,23 | 9. Jr 3,22; 6,1ss; Lc 15,17s | 10. Dt 7,13; 8,11-18 | 12. Ez 16,37 / Jo 10,29 | 13. Am 5,21ss; Is 1,13s; Jr 7,34 | 14. Sl 80,13s; Is 5,5s | 15. Jr 2,32 | 17. Is 65,10; Js 7,24ss

† **2**,4. Gomer deixou o marido e entregou-se à prostituição. O profeta apela aos israelitas para que denunciem sua mãe, a comunidade, que os arrasta ao pecado. | 5. Que desapareçam as riquezas de Canaã, causa do pecado de Israel. | 7. Os amantes são os deuses cananeus da fertilidade, os Baals. Israel julgava a prosperidade das nações vizinhas era resultado do culto aos ídolos, por isso imitava sua idolatria. | 9. Se a prosperidade afasta de Deus, a adversidade reconduz a Ele. | 15. Israel precisa ser castigado para reconhecer que é Javé que doa todos os bens e não os ídolos. | 16. Para converter Israel, Javé pretende voltar com ele ao tempo do êxodo, quando o povo era fiel, livre das tentações da idolatria: então ouvirá sua voz e se converterá. | 17. Este vale, que tem um nome lúgubre, "vale da desgraça", e pelo qual o povo entrou na terra prometida, Js 7,24s, tornar-se-á uma porta que se abre para a felicidade recuperada.

Oseias 2-4

Lá me responderá
como nos dias de sua juventude,
como quando saiu do país do Egito.
[18]E acontecerá que naquele dia
– oráculo de Javé –
me chamarás: 'Meu marido',
e não me chamarás mais: 'Meu patrão'.
[19]Eu lhe tirarei da boca
os nomes dos Baals,
que não serão mais recordados por seu nome.
[20]Naquele tempo farei para eles uma aliança*
com os animais da terra, as aves do céu
e os répteis do chão;
arco, espada e guerra
eliminarei do país;
eu os farei repousar tranquilos.
[21]Eu te desposarei para sempre;
sim, eu te desposarei
na justiça e no direito,
no amor e na ternura;
[22]eu te desposarei na fidelidade†
e tu conhecerás Javé†.
[23]E acontecerá naquele dia
que eu responderei
– oráculo de Javé –,
eu responderei ao céu
e este responderá à terra;
[24]a terra responderá com o trigo,
o vinho novo e o óleo,
e estes responderão a Jezrael.
[25]Eu a semearei para mim no país,
eu amarei 'Não amada'
e a 'Não-meu-povo' direi: 'Povo meu',
e ele me dirá: 'Meu Deus'.*

3 **Amor à esposa infiel.** [1]E Javé me disse:
"Vai novamente, ama uma mulher que é amada por outro e é adúltera; como Javé ama os israelitas, embora eles se di-

rijam a outros deuses* e gostem de tortas de passas"†. [2]Eu a adquiri por quinze siclos de prata e uma medida e meia de cevada [3]e lhe disse: Por longos dias estarás comigo; não te prostituirás e não serás de nenhum homem; assim também eu me comportarei contigo".
[4]Porque por longos dias
ficarão os israelitas
sem rei e sem chefe,
sem sacrifício e sem colunas sagradas,
sem efod e sem terafim†.
[5]Depois os israelitas voltarão
e buscarão de novo Javé, seu Deus,*
e Davi, seu rei,
e, tremendo, acorrerão a Javé
e a seus bens, no decurso dos dias"†.

II. ORÁCULOS PROFÉTICOS
(4–14)

4 **Corrupção de Israel.** [1]Escutai a palavra de Javé, ó israelitas,
porque Javé tem uma demanda*
com os habitantes do país.
Pois não há sinceridade, nem amor ao próximo,
nem conhecimento de Deus no país.*
[2]Juram, mentem, matam
roubam, cometem adultério,*
usam de violência e derramam sangue sobre sangue.
[3]Por isso está de luto o país,*
e todos os que nele habitam desfalecem
junto com os animais da terra
e com as aves do céu;*
até os peixes do mar morrerão†.
[4]Mas ninguém acuse, ninguém conteste;
é contra ti, sacerdote, que movo processo†.

---

* **2**,20. Ez 34,25 | 25. Rm 9,25; 1Pd 2,10 | **3**,1. Jr 7,18 | 5. Jr 30,9 | **4**,1. Is 3,13ss; Mq 6,1-5; Jr 5,2-9 / Os 2,21s | 2. Jr 7,9 | 3. Jr 4,29 / Sf 1,3 | 6. Jr 5,4 / Ml 2,1-9

† **2**,22. "Desposar em" significa "doar como preço da esposa, como dom que o esposo oferece". Portanto são as disposições de Javé, não suas exigências. / Esse conhecimento é uma relação afetiva que envolve a pessoa toda: espírito, coração e vontade, tornando-a disposta a ouvir e a obedecer os mandamentos de Javé, 6,6. | **3**,1. Trata-se de ofertas feitas aos ídolos, Jr 7,18. | 4. Refere-se ao tempo do exílio, quando Israel não terá as estruturas religiosas e civis que o sustentavam. Efod e terafim serviam para consultar a Deus. | 5. Anuncia a reunificação dos reinos do norte e do sul sob a dinastia de Davi. **4**,3. Para os profetas, que não têm em vista o além-túmulo, todo pecado recebe um castigo neste mundo, e neste castigo participa toda a criação: neste texto, o castigo é a seca. | 4. Não um sacerdote determinado, mas é toda a classe sacerdotal, que é acusada de ignorância, avidez e negligência.

Oseias 4-5

⁵Tu tropeçarás de dia,
e o profeta tropeçará contigo de noite;
e farei perecer tua mãe.
⁶Morre meu povo*
por falta de conhecimento.
Porque recusas o conhecimento,
eu te recusarei para que não sejas
meu sacerdote;*
esqueceste a lei de teu Deus
e eu esquecerei teus filhos.
⁷Quanto mais se multiplicaram,
mais pecaram contra mim;
mudarei sua glória em vergonha.*
⁸Eles se nutrem do pecado de meu
povo
e são ávidos de sua iniquidade†.
⁹O povo e o sacerdote terão a mesma sorte:
eu os punirei por sua conduta
e lhes darei a paga de suas obras.
¹⁰Comerão, mas não se saciarão,*
vão prostituir-se, mas não terão prole,
porque abandonaram Javé
para entregar-se ¹¹à prostituição,
ao vinho e ao mosto que fazem perder o juízo.
¹²Meu povo consulta seu ídolo de
madeira,*
e seu bastão lhe dá a resposta;
porque um espírito de prostituição
os engana*
e se prostituem, afastando-se de seu
Deus.
¹³No alto dos montes oferecem sacrifícios*
e sobre as colinas queimam incensos,
sob o carvalhos, os choupos e os terebintos,
porque boa é sua sombra.
Por isso se prostituem vossas filhas
e vossas noras cometem adultério.
¹⁴Não punirei vossas filhas quando
se prostituem,
nem vossas noras quando cometem
adultério;

porque eles mesmos se afastam com
as prostitutas*
e oferecem sacrifícios com as corte-
sãs dos templos;
e um povo que não compreende caminha para a ruína.
¹⁵Se te prostituis, Israel,
não se torne culpado Judá.
Deixai de ir a Guilgal*
e de subir a Bet-Áven†;
não jureis pela vida de Javé.*
¹⁶Porque Israel se revolta como novilha rebelde;
e agora Javé o apascentaria
como cordeiro em lugares abertos?
¹⁷Efraim aliou-se aos ídolos; deixa-o
só.*
¹⁸Quando acabam de beber
entregam-se à prostituição;
seus chefes preferem a desonra.*
¹⁹Um vento os arrebatará com suas
asas
e se envergonharão de seus sacrifícios.

5 **Condenação dos culpados.** ¹Escutai isto, ó sacerdotes,
fica atenta, casa de Israel,
ó casa do rei, presta ouvido!
Porque este juízo é contra vós.
Foste, com efeito, um laço em Masfa,
uma rede estendida sobre o Tabor
²e uma fossa profunda em Sitim;
mas eu castigarei a todos eles.
³Eu conheço Efraim
e não me é desconhecido Israel.
Tu te prostituíste, Efraim,
e Israel se contaminou.
⁴Suas obras não permitem*
que eles voltem para seu Deus,
porque um espírito de prostituição
está neles*
e não conhecem Javé.
⁵O orgulho de Israel testemunha
contra ele,*
Israel e Efraim cairão por causa de
suas iniquidades,*
e Judá também cairá com eles.

---

* **4,7.** Jr 2,11 | 10. Mq 6,14 | 12. Jr 2,27 / Os 1,2; 2,6 | 13. Dt 12,2 | 14. Dt 23,19 | 15. Am 4,4 / Os 5,8; Js 7,2; Am 8,14; Jr 31,18 | 17. 14,9; Am 2,8; 6,4ss | 18. 4,7; Jr 4,11ss; Am 1,14 | **5,4.** Jr 13,23 / Os 1,2 | 5. Am 6,8 / Os 14,2 | 6. Am 5,4; 8,11s

† **4,8.** Os sacerdotes desejavam que o povo pecasse, porque assim aumentaria o número de sacrifícios, dos quais recebiam uma parte. | 15. Bet-Áven, "casa do nada", é uma deturpação irônica de Betel, "casa de Deus".

1111   Oseias 5-6

⁶Com suas ovelhas e seus bois*
irão à procura de Javé,
mas não o encontrarão:
ele afastou-se deles†.
⁷Foram desleais para com Javé,*
gerando filhos bastardos;
um conquistador os devorará
junto com seus campos.

A guerra fratricida†. ⁸Tocai a corneta em Gabaá*
e a trombeta em Ramá;
dai o alarme em Bet-Áven;*
alerta, Benjamim!
⁹Efraim será devastado
no dia do castigo;
entre as tribos de Israel
anuncio o que é seguro.
¹⁰Os chefes de Judá se tornaram
como os que deslocam as divisas;*
sobre eles derramarei minha ira
como água.
¹¹Efraim está oprimido, arrasado no julgamento,
porque gosta de seguir as imundícies†.
¹²Mas eu serei como a traça para Efraim*
e como a cárie para a casa de Judá.

Inutilidade das alianças. ¹³Efraim viu sua doença
e Judá sua chaga†;
Efraim recorreu à Assíria*
e Judá dirigiu-se ao grande rei;
mas ele não poderá curar-vos,
nem sarar vossa chaga.
¹⁴Porque eu serei como um leão para Efraim,*
como um filhote de leão para a casa de Judá.
Vou dilacerar e retirar-me,
levando a presa sem que ninguém salve.*
¹⁵Voltarei a minha morada*

até que reconheçam sua culpa
e busquem minha face;*
em sua angústia recorrerão a mim.

6 Conversão efêmera. ¹"Vinde, voltemos a Javé:
ele dilacerou e nos curará;
ele feriu e nos enfaixará.
²Depois de dois dias nos fará reviver,*
e no terceiro nos fará ressurgir,
e viveremos em sua presença.
³Conheçamos e esforcemo-nos por conhecer Javé;
sua vinda é certa como a aurora;
virá a nós como a chuva de outono,*
como a chuva de primavera, que irriga a terra".
⁴Que farei contigo, Efraim?
Que farei contigo, Judá?
Vosso amor é como a nuvem da manhã,
como o orvalho da madrugada que se dissipa.
⁵Por isso, eu os feri por meio dos profetas,*
com as palavras de minha boca os matei
e minha justiça se manifestará como a luz.
⁶Porque eu quero misericórdia† e não sacrifício,*
o conhecimento de Deus mais que os holocaustos.
⁷Mas estes, como Adão, violaram a aliança,*
foram desleais comigo.
⁸Galaad é uma cidade de malfeitores,
manchada de sangue.
⁹Como bandidos à espreita,
um bando de sacerdotes
assalta na estrada de Siquém,
comete infâmias.

---

* **5**,7. Is 55,6; Am 5,4; Os 2,6 | 8. Jl 2,1 / Os 4,15 | 10. Dt 19,14; 27,17 | 12. Is 50,9 | 13. 7,11; 8,9; 12,2; 2Rs 15,19; 16,7ss | 14. Am 3,12; Is 5,29 / Os 2,12 | 15. Dt 4,29ss; Jr 29,13 / Am 5,4 | **6**,2. Ez 37 | 3. Sl 72,6; 143,6; Dt 11,14 | 5. 12,11; Jr 1,10; 5,15 | 6. 2,21s; Mt 9,13; 12,7; Am 5,21 | 7. 8,1

† **5**,6. O reino de Jeroboão II (783-743) foi um tempo de grande prosperidade. Atribuíam seu bem-estar ao esplendor do culto, por isso demonstravam no culto uma falsa mentalidade. | 8. Guerra siro-efraimita, ano 735-734, na qual Damasco e Israel invadiram Judá para obrigar o rei Acaz a entrar numa aliança contra o rei da Assíria, 2Rs 16,5ss. | 11. Nome depreciativo para os ídolos, Jr 50,2. As alianças políticas costumavam incluir a aceitação dos deuses do povo dominador. | 13. Efraim representa o reino do norte, e Judá o reino do sul. | **6**,6. Misericórdia sincera e amorosa à Aliança que Javé concluiu com seu povo: é isto que significa o termo hebraico *hesed*.

Oseias 6-8

¹⁰Vi uma coisa horrenda na casa de Israel:
lá se prostitui Efraim,
lá se contamina Israel.
¹¹Também para ti, Judá, preparo uma colheita,
quando eu mudar a sorte de meu povo.

7 **Corrupção geral.** ¹Quando estou para curar Israel,
descobre-se a iniquidade de Efraim
e a maldade de Samaria;
porque praticam a falsidade.
O ladrão entra nas casas,
e fora saqueia o bandido.
²Não pensam
que eu recordo todas as suas maldades.*
Agora suas ações os rodeiam;
elas estão diante de mim.
³Com sua malícia alegram o rei,
e os príncipes com suas mentiras.
⁴São todos uns adúlteros;
são como forno aceso pelo padeiro,
que para de atiçar o fogo,
depois que preparou a massa,
até que seja fermentada.
⁵No dia de nosso rei,
os chefes fazem-no adoecer com o calor do vinho,
e ele estende a mão aos zombadores.
⁶Em suas tramas, seu coração é como um forno,
toda a noite dorme seu furor
e de manhã se acende como chama ardente.
⁷Todos ardem como forno
e devoram seus juízes.
Caíram todos os seus reis
e nenhum deles recorre a mim†.

Alianças nefastas. ⁸Efraim se mistura com os povos,
Efraim é como um bolo não virado.
⁹Os estrangeiros devoram sua força,*
mas ele não o percebe;

cabelos brancos se espalham por sua cabeça,
mas ele não o percebe.
¹⁰O orgulho de Israel
testemunha contra ele,
não voltam para Javé seu Deus*
nem o procuram, apesar de tudo isso.
¹¹Efraim é como pomba ingênua,
sem inteligência;
chamam o Egito, correm para a Assíria.
¹²Aonde quer que forem,
estenderei sobre eles minha rede
e os farei cair como as aves do céu,
hei de puni-los como foi anunciado a sua assembleia.
¹³Ai deles, porque fogem de mim!
Virá a destruição sobre eles,
porque se revoltaram contra mim!
Eu queria salvá-los,
mas eles falaram mentiras contra mim.*
¹⁴Não gritam a mim do fundo do coração,
não se lamentam sobre seus leitos;
fazem penitência pelo trigo e pelo mosto,
e no entanto se rebelam contra mim.
¹⁵Eu reforcei o braço deles,
mas eles tramam o mal contra mim.
¹⁶Eles se voltam, mas não para Aquele que está no alto.
São como um arco enganador.
Seus chefes cairão pela espada,
pela insolência de sua língua,
e no país do Egito zombarão deles.

8 **Pecados.** ¹Põe a trombeta nos lábios!*
Virá como uma águia sobre a casa de Javé.*
Porque transgrediram minha aliança
e se rebelaram contra minha lei.*
²Eles gritam para mim:
"Meu Deus! Nós, Israel, te conhecemos".*

---

* **7**,2. Sl 90,8; Ml 3,16 | 9. 5,12; Ap 3,17 | 10. Am 4,6-11 | 13. 7,1 | **8**,1. 5,8 / Jr 6,17; Ez 3,17 / Os 6,7 | 2. 6,1ss; Jr 14,8s

† **7**,7. A política do reino do norte era instável, com sucessivas mudanças de reis e golpes de estado sangrentos; adulavam o rei e os príncipes, enquanto às ocultas tramavam contra eles. | **8**,3. Oseias denuncia a hipocrisia do povo: Israel rejeita Javé, o bem, e no entanto se dirige a Ele. Isto significa escolher o castigo, que virá por meio de seus inimigos, os quais assim se tornam instrumentos de Deus.

1113 Oseias 8-9

³Mas Israel rejeitou o bem;
o inimigo o perseguirá†.
⁴Estabeleceram reis*
que eu não designei;
escolheram chefes
sem eu saber.
Com sua prata e seu ouro
fizeram ídolos para si,
mas para sua ruína.
⁵Repudio teu bezerro,* ó Samaria!†
Minha ira se inflama contra eles;
até quando serão incapazes de inocência?
⁶Também este bezerro vem de Israel;
é obra de um artesão,*
não é um deus;
será reduzido a pedaços
o bezerro de Samaria.

Os castigos. ⁷E porque semearam vento*
colherão tempestade†.
Seu trigo será sem espiga,
não dará farinha,
e se der, vão devorá-la os estrangeiros.
⁸Israel foi engolido:
agora está entre as nações
como vaso desprezível.
⁹Pois eles subiram até Assur,*
asno selvagem que anda sozinho;
Efraim comprou* amantes†.
¹⁰Ainda que os comprem entre as nações,
agora eu os reunirei
e dentro em breve sofrerão
sob o peso do rei dos príncipes.
¹¹Porque Efraim multiplicou os altares para pecar;
eles se tornaram para ele
altares de pecado.
¹²Mesmo se eu escrevesse para ele
minhas leis aos milhares,
elas seriam consideradas coisa estranha.
¹³Quanto aos sacrifícios que me oferecem,
eles sacrificam carne e a comem,*
mas Javé não se agrada deles;*

ele se recordará de sua iniquidade
e punirá seus pecados:
deverão regressar* ao Egito†.
¹⁴Israel esqueceu seu Criador
e construiu palácios;
Judá multiplicou suas fortalezas.
Mas eu mandarei sobre suas cidades*
um fogo que devorará suas cidadelas.

9 **Israel deportado.** ¹Não te entregues à alegria, Israel,
não faças festa com outros povos,
porque abandonaste teu Deus,
praticando a prostituição,
e amaste o preço dela
sobre todas as eiras de trigo.
²A eira e o lagar não os manterão,
e o vinho novo lhes faltará.*
³Não poderão ficar na terra de Javé,
mas Efraim voltará para o Egito,*
e na Assíria comerão comidas impuras.
⁴Não farão libações de vinho a Javé,
seus sacrifícios não lhe serão agradáveis.
Serão para eles como pão de luto:*
os que dele comem se tornam impuros.
Porque seu pão será para sustentar
sua vida,
mas não entrará na casa de Javé.
⁵Que fareis nos dias das solenidades,
nos dias de festa de Javé?
⁶Escaparam da ruína;
mas o Egito os recolherá,
Mênfis será seu túmulo.
Seus tesouros de prata passarão às urtigas,
em suas tendas crescerão os espinhos.
⁷Vieram os dias do castigo,*
chegaram os dias da retribuição,
– Israel o saiba:
o profeta é um louco,
o homem inspirado delira –
por causa de tuas muitas iniquidades,
e da grandeza de tua hostilidade.

---

* **8**,4. 1Sm 8,1; 11,12 **|** 5. 1Rs 12,28.32 **|** 6. Êx 20,4; 34,17 **|** 7. 10,13; Jó 4,8; Pr 22,8 **|** 9. 5,13; 7,11 / Ez 16,32ss **|** 13. 6,6 / Am 5,22 / Os 9,9 / Os 9,3; 11,5; Dt 26,68; Dt 32,15.18 **|** 14. Am 2,5 **|** **9**,2. 2,11 **|** 3. 8,13; 11,5 **|** 4. Dt 26,14 **|** 7. Am 3,2

† **8**,5. Os ídolos e o bezerro são referência ao culto cismático iniciado por Jeroboão, 1Rs 12,26-33. **|** 7. A tempestade é a invasão assíria. **|** 9. O povo age com os deuses como uma prostituta que paga aos amantes, em vez de receber deles a paga. **|** 13. Ao Egito, ou seja, à escravidão.

Oseias 9-10

⁸Sentinela de Efraim é o profeta com meu Deus;
mas um laço lhe é estendido em todos os seus caminhos,*
há hostilidade até na casa de seu Deus.

⁹Corromperam-se profundamente, como nos dias de Gabaá;*
mas ele se recordará de sua iniquidade,
punirá seus pecados.

¹⁰Encontrei Israel como uvas* no deserto†;
considerei vossos pais como os primeiros figos
de uma figueira em seu início;
mas logo que chegaram a Baal-Fegor*
dedicaram-se àquela infâmia
e tornaram-se abomináveis
como aquilo que amavam.

Despovoamento. ¹¹A glória de Efraim voará como ave;
não haverá mais nascimento,*
nem gravidez, nem concepção.
¹²Mesmo se criam filhos,*
eu os tirarei antes que fiquem grandes.
Sim, ai deles, quando eu me afastar deles!
¹³Efraim, estou vendo, é como palmeira nova,
plantada num lugar aprazível;
mas Efraim conduzirá os filhos ao matador.
¹⁴Javé, dai-lhes... Que dareis?
Um ventre estéril*
e seios secos!
¹⁵Toda a sua malícia está em Guilgal,
foi lá que comecei a odiá-los.
Por causa da malícia de seus atos
eu os expulsarei de minha casa,*
não terei mais amor por eles;
todos os seus chefes são rebeldes.*
¹⁶Efraim foi ferido,
sua raiz secou;*
não darão mais fruto.

Ainda que gerem filhos, farei morrer*
os caros frutos de seu ventre.
¹⁷Meu Deus os rejeitará,*
porque não o escutaram;
andarão errantes entre as nações.

10 Eliminação da idolatria. ¹Israel era uma próspera videira,*

que dava muito fruto;
quanto mais se multiplicavam seus frutos,*
mais multiplicava os altares;*
quanto mais rico era o país,
mais ricas fazia suas colunas sagradas.
²Seu coração é falso†;
agora pagarão por isso!
Ele mesmo demolirá seus altares,
destruirá suas colunas sagradas.*
³Então dirão: "Não temos mais rei,
porque não tememos Javé.
Mas o rei, o que poderia fazer por nós?"
⁴Falam palavras vãs, juram falso
ao concluir alianças;
a justiça floresce como erva venenosa*
nos sulcos dos campos.
⁵Os habitantes de Samaria tremem
por causa do bezerro de Bet-Áven;*
sim, por ele fará luto seu povo;
e também seus sacerdotes,
que se alegravam por ele e por sua glória,
porque ela foi deportada para longe deles.
⁶Ele mesmo será levado para a Assíria
como tributo ao grande rei.
Efraim se cobrirá de vexame,
Israel terá vergonha de seu ídolo.
⁷Será aniquilado o rei de Samaria
como a espuma sobre a água.
⁸Os lugares altos de Áven, o pecado de Israel,*
serão destruídos;
espinhos e abrolhos crescerão
sobre seus altares;
Então dirão aos montes: "Cobri-nos",*
e às colinas: "Caí sobre nós"†.

---

* **9**,8. Am 7,10-17; Jr 20,1-6 | **9**. 8,13; Jz 19 | **10**. 2,16; Dt 32,10 | **10**. Nm 25,1-5; Jr 2,5 | **11**. Dt 28,18 | **12**. Dt 32,25 | **14**. Lc 23,29 | **15**. 8,1 / 1,8 | **16**. Am 2,9; Mt 21,19 / Os 9,12 | **17**. Dt 28,64s | **10**,1. Is 5,1 / Dt 32,15 / Os 2,7-14; 4,10s | **2**. Êx 23,24 | **4**. Am 6,12 | **5**. 8,5; 4,15 | **8**. 4,13; 2Rs 23,15s / Is 2,10; Lc 23,30; Ap 6,16

† **9**,10. Alude à eleição de Israel, pela qual Javé se alegrou como um viajante que aprecia este dom inesperado. | **10**,2. O povo está dividido entre Javé e os Baals, entre o Egito e a Assíria. | 8. Vão preferir a morte à escravidão. Este texto é citado por Jesus falando às mulheres no caminho do Calvário, Lc 23,30; é citado também em Ap 6,16.

Pecado e castigo. ⁹Desde os dias de Gabaá*
tu pecaste, Israel.
Lá permaneceram. Mas a batalha
contra os filhos da iniquidade
não os alcançará em Gabaá?
¹⁰Eu virei castigá-los;
os povos se reunirão contra eles
porque estão apegados a seu duplo crime.
¹¹Efraim é uma novilha domesticada*
que gosta de trilhar o trigo.
Mas eu porei o jugo
sobre seu belo pescoço;*
prenderei Efraim ao arado;
Judá vai arar
e Jacó vai desfazer os torrões.
¹²Semeai para vós justiça
e colhereis bondade;*
lavrai um campo novo,
porque é tempo de buscar Javé,
até que ele venha
e faça chover sobre vós a justiça.
¹³Arastes impiedade
e colhestes injustiça,
comestes o fruto da mentira.
Porque puseste confiança em teus carros*
e na multidão de teus guerreiros,
¹⁴um rumor de guerra
se elevará entre teu povo,
e todas as tuas fortalezas serão devastadas.
Como Sálmana destruiu Bet-Arbel
no dia da batalha,
quando a mãe era esmagada sobre os filhos,
¹⁵assim será feito de ti, ó Betel,
por causa de tua imensa malícia;
de madrugada o rei de Israel
será inteiramente destruído.

11

Carinho de Deus. ¹Quando Israel era menino,*
eu o amei
e do Egito chamei* meu filho†.
²Mas quanto mais os chamava,

mais se afastavam de mim;
imolavam vítimas aos Baals,
aos ídolos queimavam incenso.
³Fui eu que ensinei Efraim a andar,
eu o tomei pelos braços,*
mas eles não compreenderam
que eu cuidava deles.
⁴Eu o atraía com laços de bondade,
com vínculos de amor;
era para eles
como quem ergue uma criança até o rosto,
eu me inclinava até eles
para dar-lhes de comer.*
⁵Não voltará ao país do Egito,*
mas Assur será seu rei,
porque não quiseram converter-se.
⁶A espada se abaterá sobre suas cidades,
exterminará seus filhos
e os devorará por causa de suas intrigas.
⁷Meu povo está decidido a se afastar de mim;*
embora chamem por Baal,
ele não os reerguerá.
Delicadezas paternas. ⁸Como poderia eu abandonar-te, Efraim?
Como entregar-te a outros, Israel?
Como poderia eu tratar-te igual a Adama,
ou fazer-te semelhante a Seboim?†
Meu coração se comove dentro de mim,*
toda a minha compaixão se acende em mim.
⁹Não darei vez ao ardor de minha ira,
não voltarei a destruir Efraim,
porque sou Deus e não homem;*
sou o Santo no meio de ti:
não irei até vós em minha ira.*
¹⁰Seguirão Javé,
e ele rugirá como leão:
quando rugir, seus filhos
acorrerão, tremendo, do ocidente;
¹¹do Egito acorrerão, tremendo como aves,

---

* **9**,9. 9,9 | 11. 4,16 / Jr 2,20; 5,5 | 12. 2,21; Mq 6,8; Jr 4,3 | 13. Is 31,1 | **11**,1. Jr 2,1-9 / Mt 2,15 | 3. Dt 1,31 | 4. 8,13; Dt 8,16 | 5. 9,3 | 7. 1Rs 18,25-29 | 8. Dt 32,36; Jr 31,20; Is 54,8 | 9. Nm 23,19 / Ez 18,23.32; Sb 1,13

† **11**,1. Israel é representado não mais como esposa, mas como filho, o filho primogênito de Deus, Êx 4,22. Para Oseias, a história de Israel começa no êxodo. Mateus vê o cumprimento dessa profecia na volta do Menino Jesus do Egito, Mt 2,15. | 8. Duas cidades pecadoras como Sodoma e Gomorra, e destruídas junto com elas, Dt 29,22.

Oseias 11-13

como pombas, do país da Assíria,
e eu os farei habitar em suas casas
– oráculo de Javé.

12 Perversão de Israel. ¹Efraim
me rodeia de mentiras,
e a casa de Israel de fraudes.
Mas Judá ainda caminha com Deus,
ao Santo ele é fiel.
²Efraim se alimenta de vento
e segue o vento leste o dia todo;
multiplica mentiras e violências;
fazem alianças com a Assíria*
e levam óleo para o Egito.
³Javé está em demanda com Judá
e tratará Jacó segundo sua conduta,
haverá de retribuir-lhe conforme
suas ações.
⁴No seio materno suplantou o irmão,*
e quando adulto lutou com Deus;
⁵lutou com o anjo e o venceu,*
chorou e pediu graça.
Encontrou a Deus em Betel,*
e lá Deus falou conosco.
⁶"Javé, Deus dos exércitos,
Javé" é seu nome.
⁷Tu, pois, volta para teu Deus,
pratica a bondade e a justiça,
e em teu Deus põe tua esperança,
sempre.
⁸Canaã tem na mão balanças falsas,
gosta de fraudar.
⁹Efraim disse: "Fiquei rico,
adquiri uma fortuna;*
mas em todos os meus trabalhos
não acharão em mim nenhuma iniquidade,
nada que seja pecado".
¹⁰Mas eu sou Javé, teu Deus,*
desde o país do Egito.
Eu te farei habitar de novo debaixo
das tendas*
como nos dias do encontro†.
¹¹Eu falarei aos profetas,
multiplicarei as visões
e por meio dos profetas falarei em
parábolas.*

¹²Se há iniquidade em Galaad,
será reduzida a nada.*
Em Guilgal sacrificam-se touros,*
por isso seus altares
serão como montes de pedras
nos sulcos dos campos.
¹³Jacó fugiu para a região de Aram,
Israel prestou serviço por uma mulher*
e por uma mulher tomou conta do
rebanho.
¹⁴Por meio de um profeta Javé
fez Israel sair do Egito*
e por meio de um profeta o guardou.
¹⁵Efraim o provocou amargamente:
Javé fará recair sobre ele
o sangue derramado
e seu Senhor lhe retribuirá sua desonra.

13 Efraim infiel. ¹Quando Efraim
falava, incutia terror,
era grande em Israel.
Mas tornou-se culpado com Baal
e morreu.
²E agora continuam a pecar:
com sua prata fundiram para si estátuas,
ídolos de sua invenção,
todos trabalhos de artesãos.
Deles se diz: "Os homens que oferecem sacrifícios*
beijam os bezerros"†.
³Por isso serão como a nuvem da
manhã,*
como orvalho da madrugada que
logo se dissipa,*
como palha que o vento leva da eira,*
como fumaça que sai pela janela.*
⁴No entanto eu sou Javé, teu Deus,*
desde o país do Egito,
não conheces outro Deus além de mim,
não há Salvador que não eu.*
⁵Eu te conheci no deserto,
naquela terra árida.
⁶Em seus pastos se fartaram,
saciados, seu coração se orgulhou,
e por isso me esqueceram.*

---

* **12**,2. 5,13; 7,11; Is 30,1s; 31,1s | 4. Is 43,27; Gn 25,26 | 5. Gn 32,24-28 / Gn 28,10-22 | 9. Lc 12,16-21; Ap
3,17s | 10. 13,4; Êx 20,2 / Os 2,16 | 11. 6,5 | 12. 6,8 / 4,15; 9,15 | 13. Gn 29 | 14. Êx 3,7-10; Dt 18,15.18 **13**,2.
1Rs 12,27.32 | 3. 1Rs 19,18; Jr 31,27 / Os 6,4 / Sf 2,2 / Is 17,13; 41,16 | 4. 12,10 / Is 43,11 | 6. 5,14; Dt 32,15

† **12**,10. Efraim pensa que é rico e não precisa de Deus; mas Deus o reduzirá à pobreza, fazendo-o morar
de novo em tendas, como no deserto. | **13**,2. Os cultos mágicos que Israel praticava para forçar a
divindade culminam na degradação de si mesmo diante de meras criaturas.

Oseias 13-14

Anúncio da ruína. ⁷Por isso serei para eles como leão,
como leopardo os espiarei pelo caminho,
⁸eu os assaltarei como ursa a quem tiraram os filhotes,*
quebrarei a caixa que contém seu coração;
ali os devorarei como leoa;
os animais selvagens os dilacerarão.
⁹Estás destruído, Israel,
e quem poderá socorrer-te?
¹⁰Onde está agora teu rei,
que possa salvar-te em todas as tuas cidades?
Onde estão teus chefes
dos quais dizias: "Dá-me um rei e príncipes"?*
¹¹Eu te dei um rei em minha ira*
e com furor eu o retomo.*
¹²A iniquidade de Efraim está trancada em lugar seguro,
seu pecado está bem guardado.*
¹³Dores de parturiente o surpreenderão,*
mas ele é um filho sem juízo,
porque quando chega a hora*
não se apresenta para nascer†.
¹⁴Eu os libertarei do poder dos abismos?
eu os resgatarei da morte?
Onde está, ó morte, tua peste?*
Onde está, ó abismos, vosso malefício?
A compaixão está oculta a meus olhos.
¹⁵Ainda que Efraim prospere no meio dos irmãos;
virá o vento leste,*
o sopro de Javé se levantará do deserto,
suas nascentes secarão
e suas fontes se esgotarão;
ele saqueará o tesouro de todas as coisas preciosas.

14

¹Samaria vai pagar
porque se rebelou contra seu Deus.*
Perecerão pela espada,
serão esmagados seus meninos
e às mulheres grávidas será rasgado o ventre.*

Convite ao retorno†. ²Volta, pois, Israel, a Javé, teu Deus,
porque tropeçaste por causa de teu pecado.*
³Preparai as palavras que direis
e voltai a Javé;
dizei-lhe: "Cancelai toda iniquidade;*
aceitai o que é bom,
e vos ofereceremos o fruto de nossos lábios.
⁴A Assíria não nos salvará,*
não montaremos mais sobre cavalos,
nem chamaremos mais deus nosso*
a obra de nossas mãos,
porque é junto de vós que o órfão encontra misericórdia".
⁵Eu os curarei de sua infidelidade,
generosamente os amarei,*
porque minha ira se afastou deles.*
⁶Serei como orvalho para Israel;*
ele florescerá como um lírio
e afundará suas raízes como o cedro do Líbano.
⁷Seus ramos se estenderão,*
sua beleza será como a da oliveira
e seu perfume, como o do Líbano.
⁸Os que moram debaixo de sua sombra
cultivarão de novo o trigo
e florescerão como a videira;
sua fama será como a do vinho do Líbano.*
⁹Ó Efraim, que tenho eu ainda a ver com os ídolos?*
Sou eu que lhe respondo e velo sobre ele.
Eu sou como cipreste sempre verde;
é de mim que vem teu fruto.

Conclusão. ¹⁰Quem é sábio para compreender essas coisas*
e inteligente para as conhecer?
Porque retos são os caminhos de Javé,*
e os justos andarão neles,
mas os rebeldes aí tropeçarão.

---

* **13**,8. 2Sm 17,18 | 10. 1Sm 8,5 | 11. 1Sm 8,7.22 / Os 10,15 | 12. Dt 32,34s | 13. Is 26,17s / Is 37,3 | 14. 1Cor 15,55; Is 25,8 | 15. 12,2 | **14**,1. 7,1 / 10,14 | 2. 5,5 | 3. Sl 32,1 | 4. 7,11;12,2; Is 31,1 / Os 2,18s | 5. 1,6; 9,15 / 2,16-25 | 6. Is 26,19 | 7. Is 27,6 | 8. Ez 27,18 | 9. 4,17; 2Cor 6,16 | 10. Pr 4,7 / Dt 32,4

† **13**,13. Israel não aproveita da prova para renascer. | **14**,2. A última palavra de Oseias é de esperança, baseada na certeza de que Javé ama seu povo. O povo proclama seu arrependimento e recebe do profeta a certeza do perdão divino.

JOEL

Exerce sua missão de profeta provavelmente muito tempo depois do exílio, quando o país é completamente destruído por uma invasão de gafanhotos, flagelo clássico das terras do Oriente (1,10). Ora, é mediante as ofertas que o povo entra em comunhão com seu Deus no templo, mas a destruição da lavoura impede Israel de fazer ofertas, fonte de alegria e de felicidade (1,16). Isto provoca a dor dos sacerdotes e do povo (1,9). A comunidade grita a Deus, que responde através do profeta, o qual ajuda o povo a entender o desígnio divino. A catástrofe agrícola é interpretada como expressão do juízo divino, antecipado do último dia. É preciso que o povo volte a Deus, que é Deus de ternura e piedade (2,13), que dá a bênção e a chuva (2,23.26). Portanto, o profeta lança um apelo a fim de que retornem para Deus, mudando a própria vida com sincera conversão e atuando um programa que a Igreja nos propõe em cada Quaresma: Voltai a Deus com todo o coração, com jejuns e preces (2,12-17). Deus é bom e misericordioso, paciente e mantém suas promessas. Está mais pronto para perdoar que para punir. Uma liturgia de penitência obtém assim o fim da calamidade. Passada a provação, sobre o povo que tiver voltado ao Senhor de todo o coração, descerá o espírito criador e vivificador, a inaugurar a nova era de graça e salvação (3,1-5). No dia de Pentecostes, Pedro dirá que o dom das línguas, recebido pelos apóstolos, é a realização plena desta profecia de Joel. Os inimigos não mais ameaçarão Jerusalém, e o povo, transformado pela efusão do Espírito (3,1), poderá invocar o nome de Javé, isto é, celebrar o culto, fonte de salvação (3,5), que suscita uma extraordinária prosperidade (4,18). Finalmente, coroando tão grandes eventos, virá o juízo de Deus que, desafiando todas as forças contrárias, reinará soberano para sempre (cap. 4).

I. EXORTAÇÃO À PENITÊNCIA
(1,1–2,17)

1 **Título.** [1]Palavra de Javé, dirigida a Joel, filho de Fatuel.

A invasão dos gafanhotos[+]. [2]Escutai isto, anciãos,
prestai ouvido, vós todos, habitantes do país.
Aconteceu uma coisa assim em vossos dias
ou nos dias de vossos pais?
[3]Contai-o a vossos filhos,
e os filhos vossos a seus filhos,
e seus filhos à geração seguinte.
[4]O que o gafanhoto deixou, o ticura comeu;*
o que o ticura deixou, o grilo comeu;
o que o grilo deixou, o acrídeo comeu.
[5]Despertai, bêbados, e chorai!*

Gemei vós todos que bebeis vinho
por causa do vinho novo que vos é tirado da boca.*
[6]Porque veio contra meu país
uma nação poderosa e inumerável[+],
que tem dentes de leão, molares de leoa.*
[7]Devastou minha vinha,*
despedaçou minha figueira;
tirou-lhe a casca, jogou-a no chão,
seus ramos ficaram brancos.
[8]Chora, como virgem que veste roupa de saco
pelo noivo de sua juventude.
[9]Desapareceram oferta e libação[+]
da casa de Javé;
estão de luto os sacerdotes, ministros de Javé.
[10]Devastado está o campo,*
a terra chora,
porque o trigo está destruído,

---

* **1**,4. Dt 28,38; Am 4,9; 7,1s; Ml 3,11; Sl 105,34s | 5. Is 5,11 / Dt 28,39 | 6. Jr 46,23; Ap 9,8 | 7. Is 5,1; Na 2,3 | 10. Os 4,3

+ **1**,1. Seca e gafanhotos, fatos não raros na Palestina, são reconhecidos pelo profeta como punição divina. | 6. Nação poderosa, povo grande e forte, 2,2, são expressões que indicam os gafanhotos. | 9. Destruída a lavoura, o povo morre de fome e também não há o que oferecer em oblação a Deus; a interrupção do culto é uma grande tragédia para o povo, que perde um fundamental ponto de contato com Deus.

1119   Joel 1-2

falta o vinho novo,
o óleo acabou.
¹¹Consternai-vos, lavradores,
erguei lamentos, vinhateiros,
por causa do trigo e da cevada,
porque a colheita dos campos está
perdida.
¹²A videira está seca,
a figueira murchou;
a romãzeira, a palmeira, a macieira,
todas as árvores dos campos estão
secas,*
dissipou-se a alegria entre os filhos
dos homens.

Convite ao jejum†. ¹³Cingi o cilício e
chorai, ó sacerdotes,*
gemei, ministros do altar,
vinde, passai a noite com roupas de
saco,
ministros de meu Deus,
porque a oferta e a libação
desapareceram da casa de vosso
Deus.
¹⁴Promulgai um jejum,*
convocai uma assembleia,
reuni os anciãos
e todos os habitantes do país
na casa de Javé, vosso Deus,
e clamai a Javé:
¹⁵Ai, que dia!
Com efeito, está perto* o dia de Javé†;
e vem como extermínio mandado
pelo Onipotente.
¹⁶Não desapareceu de nossa frente a
comida,
a alegria e o júbilo
da casa de nosso Deus?
¹⁷Apodreceram as sementes
debaixo de seus sulcos,
os celeiros estão vazios,
destruídos os depósitos,
porque o trigo secou.
¹⁸Como geme o gado!
Andam vagando as boiadas,
porque não há pastos;
sofrem também os rebanhos de ovelhas.*

¹⁹A vós, Javé, eu clamo,
porque o fogo devorou
os pastos da estepe,
e as chamas queimaram
todas as árvores do campo.
²⁰Também os animais da terra
elevam a vós o olhar,
porque os rios secaram
e o fogo devorou os pastos da estepe.

2 **O dia de Javé.** ¹Tocai a trombeta
em Sião
e dai o alarme em meu santo monte!
Tremam todos os habitantes do país,
porque está vindo o dia de Javé,
porque está próximo;*
²dia de trevas e de densa escuridão,*
dia de nuvens e de caligem.
Como a aurora sobre os montes,
assim se expande um povo grande e
forte,
qual nunca houve antes
nem haverá depois,
pelos anos de todas as gerações.

A praga dos gafanhotos. ³Diante dele
um fogo devora*
e atrás dele queima uma chama.
Como o jardim do Éden é a terra
diante dele,*
e atrás dele é um deserto desolado,
e nada lhe escapa.
⁴Sua aparência é como a de cavalos,*
como corcéis eles correm.
⁵Com estrondo de carros
saltam sobre o topo dos montes,
como o crepitar da chama de fogo
que devora a palha,
como um povo forte
enfileirado para a batalha.
⁶Diante dele tremem os povos,*
todos os rostos empalidecem.
⁷Correm como valentes,
como guerreiros escalam os muros;
cada um segue sua estrada,
sem desviar-se de seu caminho.
⁸Não empurram uns aos outros;
cada qual segue seu rumo.

---

* **1**,12. Am 4,7ss; Is 16,10; Jr 25,10 | 13. 1,8 | 14. 2,15 | 15. Ez 30,2s; Is 13,6 | 18. Os 4,3 | **2**,1. 1,15 | 2. Sf
1,15 | 3. 1,19 / Gn 2,8 | 4. Ap 9,7ss | 6. Is 13,8; Na 2,11

† **1**,13. Diante da calamidade, castigo pelos pecados, o profeta convida a uma liturgia de penitência. |
15. Expressão frequente para designar o momento em que Deus intervém com poder e justiça para
julgar. Nas descrições proféticas, esse dia é precedido e acompanhado de fenômenos cósmicos, Is
13,10; Am 8,9.

Joel 2

Eles se lançam entre os dardos
mas não rompem as fileiras.
⁹Caem sobre a cidade,
correm sobre os muros,
sobem em cima das casas,
entram pelas janelas como ladrões.
¹⁰Diante deles a terra treme,
o céu se abala,*
o sol e a lua escurecem*
e as estrelas retiram seu brilho.
¹¹Javé faz ouvir sua voz à frente de
seu exército,
porque imenso é seu acampamento;
poderoso é o executor de sua palavra;
porque grande é o dia de Javé*
e muito terrível:
quem poderá suportá-lo?

Convite ao arrependimento. ¹²"Agora, pois – oráculo de Javé –
voltai a mim de todo o coração,*
com jejuns, com prantos e lamentos".
¹³Rasgai o coração e não as vestes,*
voltai a Javé, vosso Deus,
porque ele é ternura e piedade,*
lento à ira e rico em bondade,
e se arrepende do mal que manda.
¹⁴Quem sabe se não muda e se aplaca*
e deixa atrás de si uma bênção†,
uma oferta e libação
para Javé, vosso Deus?

Liturgia penitencial. ¹⁵Tocai a trombeta em Sião,*
promulgai um jejum,*
convocai uma reunião solene.
¹⁶Reuni o povo,
santificai a assembleia,
chamai os velhos,
reuni os meninos e as crianças que
mamam;
saia o esposo de seu quarto*
e a esposa de seu leito.
¹⁷Entre o vestíbulo e o altar*
chorem os sacerdotes, ministros de
Javé,
e digam:

"Perdoai, Javé, a vosso povo*
e não exponhais vossa herança à desonra
e à zombaria das nações.
Por que se deveria dizer entre os povos:*
Onde está seu Deus?"

II. FRUTOS DA PENITÊNCIA
(2,18–3,21)

O perdão de Javé. ¹⁸Javé mostrou-
-se apaixonado* por seu país†
e teve compaixão de seu povo.
¹⁹Javé respondeu a seu povo:
"Eu vos mando o trigo, o vinho novo
e o óleo*
até a saciedade;
não farei mais de vós o ludíbrio das
nações.
²⁰Afastarei de vós aquele que vem do
norte
e o impelirei para uma terra árida e
desolada;
impelirei sua vanguarda para o mar
oriental
e sua retaguarda para o mar ocidental.
Exalará seu mau cheiro, subirá seu
fedor,*
porque fez muito mal.

Retorno à prosperidade. ²¹Não temas,
ó terra,
mas alegra-te e exulta,
porque Javé fez grandes coisas†.
²²Não temais, animais do campo,
porque os pastos da estepe germi-
naram,
as árvores produzem frutos,
a videira e a figueira dão seu produto.
²³Vós, filhos de Sião, alegrai-vos,
exultai em Javé, vosso Deus,
porque ele vos dá a chuva na medida
certa;
sobre vós faz descer
a chuva do outono e da primavera,
como no passado.*

---

* **2**,10. 3,4; 4,15s / Jl 4,15 | 11. Ml 3,2.23; Na 1,6; Ap 6,17 | 12. Dt 4,29 | 13. Am 5,21; Is 58,5ss / Êx 34,6s |
14. Am 5,14s; Jn 3,9 | 15. 2,1 / 1,14 | 16. Dt 24,5 | 17. 1Mc 7,36ss / Êx 32,11s / Sl 42,4.11; 79,10; Mq 7,10 |
18. Dt 4,24 | 19. Dt 11,14 | 20. Am 4,10; Is 34,3 | 23. Dt 11,14

† **2**,14. A bênção designa os frutos da terra, que permitiriam recomeçar a fazer oblações e libações. | 18.
Embora o castigue por suas faltas, Javé ama seu povo e o socorre quando ameaçado pelos inimigos e
quando seus próprios castigos o oprimem. | 21. Os verbos estão no "perfeito profético", apresentando
o futuro como já realizado, porque é garantido.

1121 Joel 2-4

²⁴As eiras se encherão de trigo
e os lagares transbordarão de mosto
e de óleo.
²⁵"Eu vos compensarei pelas colheitas
devoradas pelo gafanhoto e pelo ticura,*
pelo grilo e pelos acrídeos,
aquele grande exército
que mandei contra vós.
²⁶Comereis em abundância, até a saciedade,
e louvareis o nome de Javé, vosso Deus,
que fez por vós maravilhas.
E meu povo nunca mais ficará envergonhado.
²⁷Reconhecereis que eu estou no
meio de Israel,
e que eu sou Javé, vosso Deus,*
e que não há outro.
E meu povo nunca mais ficará envergonhado."

3 **Efusão do espírito de Deus†.**
¹Depois disso,
efundirei meu espírito*
sobre todo ser humano.
Vossos filhos e filhas profetizarão,
vossos anciãos terão sonhos†,
vossos jovens terão visões.
²Também sobre os escravos e escravas
efundirei meu espírito
naqueles dias.
³Farei prodígios no céu e na terra:
sangue, fogo e colunas de fumaça.
⁴O sol se mudará em trevas,
e a lua em sangue,*
antes que venha o dia de Javé,*
grande e terrível.
⁵E todo aquele que invocar o nome
de Javé será salvo.*
Porque sobre o monte Sião e em Jerusalém*
haverá salvação, como disse Javé,

também para os sobreviventes† que
Javé vai chamar.

4 **Juízo contra os pagãos.** ¹Porque
naqueles dias e naquele tempo,
quando eu reconduzir do exílio os de
Judá e os de Jerusalém,*
²reunirei todas as nações*
e as farei descer ao vale de Josafá†;
e lá entrarei em juízo com elas
a favor de meu povo Israel, minha
herança,
que eles dispersaram entre as nações,
repartindo depois meu país.
³Lançaram sortes sobre meu povo;
deram um menino em troca de uma
prostituta e venderam uma menina em
troca de vinho* para poderem beber.
⁴Também vós, Tiro e Sidônia, e todos
os distritos da Filisteia, que pretendeis de mim? Quereis tirar desforra de
mim? Se quereis vingar-vos de mim,
rapidamente e sem demora farei recair
sobre vossa cabeça o mal que fizestes.
⁵Roubastes minha prata e meu ouro
e levastes para vossos templos meus
tesouros preciosos; ⁶vendestes aos
gregos os filhos de Judá e os filhos de
Jerusalém para afastá-los de sua pátria.
⁷Vou chamá-los dos lugares para onde
os vendestes e farei recair sobre vossas
cabeças o mal que fizestes†. ⁸Venderei
vossos filhos e filhas* aos habitantes de
Judá, que os venderão aos sabeus, um
povo distante. É Javé quem falou.
Convocação dos povos. ⁹Proclamai
isto entre as nações:
Preparai a batalha†,
convocai os valentes;
venham, subam todos os guerreiros.*
¹⁰Transformai vossos arados em espadas*
e vossas foices, em lanças†;

---

* **2**,25. 1,4 | 27. Is 42,8 | **3**,1. At 2,17-21; Nm 11,25-30 | 4. Ap 6,12 / Jl 2,11 | 5. Rm 10,13 / Ab 17; Ap 14,1 **4**,1. Zc 12 | 2. Ap 16,13-16 | 3. Am 1,6-10; Ez 27,13 | 8. Is 22,25; Ab 18 | 9. Zc 14 | 10. Ez 38-39; Is 2,4; Mq 4,3

† **3**. No AT o espírito de Deus era dado a poucos, para o exercício de uma missão. Nos tempos messiânicos esse dom é acessível a todos, como desejava Moisés, Nm 11,29. São Pedro vê realizada em Pentecostes esta profecia, At 2,16-21. | 1. Não obstante os abusos dos falsos profetas, Eclo 34,1-8, os sonhos eram considerados como instrumento autêntico de revelação divina. | 5. Ou seja, o resto santo, núcleo do novo Israel, Is 1,9. | **4**,2. O nome Josafá significa "Deus julga". A tradição identifica este vale com o Cedron, vale de Jerusalém. | 7. Conforme a lei do talião, os filhos de Judá tratarão os fenícios e os filisteus do mesmo modo que estes os trataram. | 9. Lit. "santificai a batalha": a guerra é uma coisa santa que requer certas disposições; antes da batalha era norma oferecer sacrifícios à divindade, Jr 6,4. | 10. Joel propõe o contrário da exortação pacífica de Is 2,4 e Mq 4,3. | 13. A ceifa e a vindima são imagens do julgamento divino.

Joel 4

mesmo o mais fraco diga: eu sou um guerreiro!

¹¹Vinde depressa, nações todas circunstantes, e reuni-vos lá!

Javé, fazei descer vossos heróis!

¹²Que se levantem e subam as nações para o vale de Josafá,

porque ali me sentarei para julgar todas as nações circunstantes.

¹³Empunhai a foice,*

porque o trigo está maduro;

vinde, pisai,

porque o lagar está cheio

e os tonéis transbordam†.

Tão grande é a malícia deles!

¹⁴Multidões e multidões*

no vale da decisão!*

Porque o dia de Javé está próximo,

no vale da decisão†.

¹⁵O sol e a lua escurecem,*

e as estrelas retiram seu brilho.

¹⁶Javé ruge de Sião*

e de Jerusalém faz ouvir sua voz;

tremem os céus e a terra.

Mas Javé é um refúgio para seu povo,*

uma fortaleza para os filhos de Israel.

¹⁷Vós sabereis que eu sou Javé, vosso Deus,*

que moro em Sião, meu monte santo,

Jerusalém será um lugar santo:

por ela não passarão mais os estrangeiros.

Perspectivas messiânicas. ¹⁸Naquele dia, as montanhas destilarão vinho novo,*

e leite escorrerá pelas colinas;

correrão águas

em todos os riachos de Judá.

Da casa de Javé brotará uma fonte*

que irrigará o vale das Acácias.

¹⁹O Egito se tornará uma terra devastada,

e a Idumeia um deserto desolado,

por causa da violência feita aos filhos de Judá,

em cuja terra derramaram sangue inocente.

²⁰Mas Judá será sempre habitado,*

e Jerusalém de geração em geração.

²¹Vingarei o sangue deles, não o deixarei impune;

e Javé habitará em Sião†.

---

* **4**,13. Ap 14,14-20; Is 17,5; 63,1-6 **|** 14. Is 17,12 / Jl 4,2 **|** 15. 2,10 **|** 16. Am 1,2; Jr 25,30 / Sl 46,2s **|** 17. 2,27; Ez 38,23 **|** 18. Am 9,13 / Is 30,25; Ez 47,1-12; Zc 14,8; Jo 4,1 **|** 20. Jr 17,25; Ez 37,25

† **4**,14. O dia de Javé significa a destruição total das nações e a salvação definitiva de Israel. **|** 21. Se Javé respondeu favoravelmente ao povo que lhe suplicava o fim da praga dos gafanhotos e da seca, isto quer dizer que Ele não abandona seu povo, mas permanece no meio dele como salvador.

AMÓS

É o primeiro profeta "escritor" e exerce seu ministério na primeira metade do séc. VIII a.C., num tempo em que os dois reinos, o do norte e o do sul, gozavam de certa tranqui-lidade e prosperidade. Mas o bem-estar nas mãos de poucos tinha produzido corrupção e exploração dos pobres. Originário de Técoa, a 16 km ao sul de Jerusalém, é chamado pelo Senhor para profetizar no reino do norte (7,14s). Homem simples e reto, cheio de fé e totalmente dedicado ao serviço de Deus, aceitou a ordem do Senhor, partiu e começou a denunciar sem meias palavras a vida corrupta das cidades, as injustiças sociais, a falsa segurança colocada num culto apenas exterior. Anuncia os castigos divinos (2,6: 6,14), destinados a punir as culpas do povo. Mas, no meio de tão tremenda punição, o Senhor não deixará de fazer brilhar uma luz de esperança (9,8.11).

O livro se divide em duas partes: a primeira consiste em oráculos, e a segunda apre-senta cinco visões. Amós denuncia duas infidelidades à aliança: o culto luxuoso que não passa de formalismo e os pecados contra a justiça social, pelos quais o rico explora o pobre. Defende os humildes contra os abusos do poder, do dinheiro, da propriedade.

Amós é o primeiro que ousa proclamar que Deus poderia acabar com Israel (8,2). Afirma que o dia de Javé será um dia de trevas e não de graças e bênçãos como o povo esperava. Será o silêncio de Deus (8,11s). Amós continua a crer que o Deus que pune quer também salvar. Um resto subsistirá (5,15; 9,8b-10) e Javé restabelecerá seu povo Israel (9,11-15) porque permanece de pé seu projeto de salvação.

I. ORÁCULOS CONTRA AS NAÇÕES E CONTRA ISRAEL (1–2)†

1 Título. ¹Palavras de Amós, um dos pastores de Técoa, que ele teve em visão a respeito de Israel, no tempo de Ozias, rei da Judeia, e no tempo de Jeroboão,* filho de Joás, rei de Israel, dois anos antes do terre-moto.

Exórdio. ²Ele disse:
"Ruge de Sião Javé*
e de Jerusalém faz ouvir sua voz;
estão desoladas as estepes dos pas-tores,*
secou o topo do Carmelo.

Oráculo contra Damasco. ³Assim fala Javé:
"Por três crimes de Damasco*
e por este quarto não revogarei meu decreto:
porque trilharam Galaad com trilhos de ferro.*
⁴Porei fogo na casa de Hazael,

que devorará os palácios de Ben--Adad.
⁵Quebrarei o ferrolho de Damasco,
exterminarei todo morador de Bice-at-Áven,
e aquele que detém o cetro de Bet--Éden
e o povo de Aram será deportado para Quir",*
diz Javé.

Contra Gaza e os filisteus. ⁶Assim fala Javé:
"Por três crimes de Gaza*
e por este quarto não revogarei meu decreto:*
porque deportaram populações in-teiras*
para entregá-las a Edom.
⁷Porei fogo nos muros de Gaza,
que devorará seus palácios;
⁸exterminarei os habitantes de Azoto*
e quem empunha o cetro em Ascalon;
voltarei minha mão contra Acaron,
e o resto dos filisteus perecerá",
diz o Senhor Javé.

---

* **1**,1. 8,8; 9,5 | 2. Jl 4,16; Jr 25,30 / Is 33,9; Na 1,4 | 3. Is 17,1ss; Jr 49,23-27 / 2Rs 8,12; 10,32s; 13,3.7 | 5. 2Rs 16,9 | 6. Jr 47 / Sf 2,4-7 / 2Cr 21,16s | 8. 2Cr 26,6

† **I.** As nações são denunciadas, porque cometem crimes contra a humanidade; Judá e Israel, porque violam a lei de seu Deus, principalmente pela idolatria e pela exploração dos pobres. As nações romperam acordos internacionais, Judá e Israel violaram a aliança com seu Deus.

Amós 1-2

Contra Tiro. [9]Assim fala Javé:
"Por três crimes de Tiro*
e por este quarto não revogarei meu decreto:
porque deportaram populações inteiras para Edom,
sem recordar a aliança* entre irmãos[†].
[10]Porei fogo nos muros de Tiro,
que devorará seus palácios".

Contra Edom. [11]Assim fala Javé:
"Por três crimes de Edom*
e por este quarto não revogarei meu decreto:
porque perseguiu com a espada seu irmão
e sufocou toda compaixão para com ele,
e porque guarda para sempre sua cólera
e conservou seu furor sem fim[†].
[12]Porei fogo em Temã,
que devorará os palácios de Bosra".

Contra Amon. [13]Assim fala Javé:
"Por três crimes dos amonitas*
e por este quarto não revogarei meu decreto:
porque rasgaram o ventre das mulheres grávidas de Galaad
para alargar seus confins.
[14]Porei fogo nos muros de Rabá,
que devorará seus palácios
entre os clamores de um dia de batalha,
entre o turbilhão de um dia de tempestade.*
[15]O rei irá para o exílio,
ele junto com seus príncipes",
diz Javé.

2 **Contra Moab**. [1]Assim fala Javé:
"Por três crimes de Moab*
e por este quarto não revogarei meu decreto:
porque queimou os ossos do rei de Edom
até reduzi-los a cal.
[2]Porei fogo em Moab,
que devorará os palácios de Cariot,
e Moab morrerá no tumulto,
entre gritos de guerra e som de trombeta.
[3]Eliminarei do meio dele o juiz
e todos os seus príncipes matarei junto com ele",
diz Javé.

Contra Judá. [4]Assim fala Javé:
"Por três crimes de Judá
e por este quarto não revogarei meu decreto:
porque desprezaram a lei de Javé*
e não observaram seus decretos;
deixaram extraviar-se por seus ídolos[†]
que seus pais tinham seguido.
[5]Porei fogo em Judá,*
que devorará os palácios de Jerusalém".

Contra Israel[†]. [6]Assim fala Javé:
"Por três crimes de Israel
e por este quarto não revogarei meu decreto:
porque vendem o justo por dinheiro
e o pobre por um par de sandálias;
[7]desejam ver o pó da terra*
sobre a cabeça dos empobrecidos
e transtornam o caminho dos humildes.
Pai e filho vão à mesma mulher,*
profanando assim meu santo Nome.
[8]Sobre vestes penhoradas se estendem*
junto de todo altar
e bebem na casa de seu Deus
o vinho confiscado como multa.
[9]Contudo eu exterminei diante dele o amorreu,*
que era alto como o cedro
e forte como o carvalho;
exterminei seus frutos por cima*
e suas raízes por baixo.

---

* **1**,9. Is 23; Ez 26-28 / 1Rs 5,26; 9,11-14 | 11. Is 34; Jr 49,7-22; Ez 25,12ss; 35 | 13. Jr 49,1-6; Ez 25,1-7; Sf 2,8-11; 2Rs 8,12; 15,16; Os 14 | 14. Is 28,2 | **2**,1. Is 15-16; Jr 48; Ez 25,8-11; Sf 2,8-11 | 4. Is 5,24; Jr 7,28; Lv 26,14s | 5. Os 8,14 | 7. Is 3,15 / Dt 27,20; 23,19 | 8. Dt 24,12s | 9. Dt 7,1; 9,1s / Os 9,16

† **1**,9. Salomão havia feito aliança com Tiro, 1Rs 5,36. | 11. Edom, outro nome para Esaú; apesar de irmão de Israel, sempre foi seu inimigo. | **2**,4. Lit. "suas mentiras". | 6. Oráculo dirigido contra o reino no qual Amós pregava: condena sobretudo os pecados sociais. "A Igreja corre o perigo e a tentação do silêncio, quando deveria falar. Tem missão profética de condenar todas as manifestações do mal, os atos de injustiça, denunciando, mesmo com risco, aqueles que lesam a justiça" (Dom Hélder Câmara).

1125   Amós 2-3

¹⁰Eu vos fiz sair do país do Egito
e vos conduzi por quarenta anos no deserto,*
para dar-vos como herança o país do amorreu.
¹¹Fiz surgir profetas entre vossos filhos*
e nazarenos entre vossos jovens.*
Não é assim mesmo, israelitas?
Oráculo de Javé.
¹²Mas vós fizestes os nazarenos beber vinho
e aos profetas ordenastes: Não profetizeis!*
¹³Pois bem, eu vos afundarei na terra*
como afunda um carro
quando está todo cheio de feixes.
¹⁴Então o homem veloz não poderá fugir,
nem o forte usar sua força;
nem o valente salvar sua vida.*
¹⁵O arqueiro não resistirá;
não escapará o corredor,
nem o cavaleiro se salvará.
¹⁶O mais corajoso entre os valentes
fugirá nu naquele dia!*
Oráculo de Javé".

II. ORÁCULO CONTRA ISRAEL
(3–6)

3 **Castigo de Israel.** ¹Escutai esta palavra
que Javé disse a vosso respeito,
filhos de Israel,
e a respeito de toda a família
que eu fiz subir do país do Egito:*
²"Somente a vós eu escolhi
entre todas as estirpes da terra;
por isso vos punirei
por todas as vossas iniquidades".
A vocação profética. ³Caminham dois homens juntos
sem antes se porem de acordo?
⁴Ruge o leão na floresta
sem que tenha uma presa?

O leãozinho urra de sua cova
se nada apanhou?
⁵Cai por terra na rede uma ave
se não lhe foi feita uma armadilha?
Levanta-se do chão o laço
se não pegou alguma coisa?
⁶Soa a trombeta na cidade*
sem que o povo fique alarmado?
Acontece algum mal na cidade
que Javé não tenha feito?
⁷Na verdade, o Senhor Javé não faz coisa alguma
sem antes revelar seu segredo*
a seus servos, os profetas.
⁸Ruge o leão: quem é que não treme?
O Senhor Javé falou:*
Quem não profetizará?†
Contra Samaria. ⁹Proclamai-o nos palácios da Assíria
e nos palácios do país do Egito e dizei:
"Reuni-vos sobre os montes de Samaria*
e vede quantas desordens há no meio dela
e quantos oprimidos* em seu interior†.
¹⁰Não sabem agir com retidão
– oráculo de Javé –,
violência e rapina acumulam em seus palácios.
¹¹Por isso, assim fala o Senhor Javé:
O inimigo cercará o país,
será abatido teu poder
e teus palácios serão saqueados".
¹²Assim fala Javé:
"Como o pastor arranca da boca do leão
duas pernas ou uma parte de uma orelha,
assim escaparão os israelitas
que em Samaria estão no canto de um leito
ou num divã de Damasco".
Contra Betel. ¹³Escutai e testemunhai contra a casa de Jacó,

---

* **2**,10. Dt 2,7 | 11. Dt 18,18 / Nm 6,1 | 12. 7,12s | 13. Is 30,10; Jr 11,21; 1Rs 22,8.27; Am 1,3 | 14. 9,1 | 16. 5,18 | **3**,1. Dt 7,6 | 6. Jl 2,1 / Is 45,7 | 7. Gn 18,17; Jr 7,25 | 8. 7,14s; Jr 20,7ss | 9. Sf 3,8 / Am 2,6ss

† **3**,8. Se Javé falou, o profeta tem de profetizar; se o profeta profetiza, é porque Javé falou, por isso a seus olhos o fato de o povo não o escutar era um pecado particularmente grave, pois era recusar o próprio Javé. | 9. Os assírios e os egípcios são chamados para vir julgar Israel, constatando a opressão que ele pratica.

Amós 3-4

diz o Senhor Javé, Deus dos exércitos:

14"No dia em que eu castigar
Israel por seus crimes,*
eu me insurgirei contra os altares de
Betel;
serão quebrados os chifres do altar†
e cairão por terra.
15Demolirei a casa de inverno
junto com a casa de verão;
serão destruídas as casas de marfim*
e desaparecerão os grandes palácios.
Oráculo de Javé".

4 Contra as mulheres de Samaria.
1Escutai esta palavra,*
vacas de Basã†,
que estais sobre o monte de Samaria,
que explorais os fracos,
maltratais os pobres
e dizeis a vossos maridos:*
"Traze aqui, bebamos!"
2"O Senhor jurou por sua santidade:*
Virão para vós dias
em que sereis levadas com anzóis,
e vossa posteridade com arpões de
pesca.
3Saireis pelas brechas,
uma depois da outra,
e sereis expulsas para o Hermon,
oráculo de Javé".

Impenitência dos israelitas. 4"Ide a
Betel e pecai,*
a Guilgal e pecai ainda mais!
Oferecei toda manhã vossos sacrifícios
e de três em três dias vossos dízimos.
5Oferecei um sacrifício de ação de
graças com fermento*
e proclamai as ofertas espontâneas,
publicai-as,
porque assim gostais de fazer, ó israelitas,
oráculo do Senhor Javé.
6No entanto eu vos deixei com nada
nos dentes
em todas as vossas cidades*

e com falta de pão
em todos os vossos lugares;
mas não retornastes a mim,
oráculo de Javé.
7Também vos recusei a chuva*
três meses antes da colheita;
fiz chover sobre uma cidade
e não sobre outra;
um campo ganhou chuva,
mas outro, sobre o qual não choveu,
secou;
8então duas, três cidades se moviam
cambaleando
para outra cidade para beber água,
sem poder matar a sede;
mas não retornastes a mim,
oráculo de Javé.
9Eu vos feri com a queimadura e a
ferrugem;*
fiz secar vossos jardins e vossas vinhas;
vossas figueiras e vossas oliveiras o
gafanhoto as devorou;
mas não retornastes a mim,
oráculo de Javé.
10Mandei contra vós a peste,*
como outrora contra o Egito;
matei pela espada vossos jovens,
deixei capturar vossos cavalos;
fiz subir até vossas narinas
o mau cheiro de vossos acampamentos;*
mas não retornastes a mim,
oráculo de Javé.
11Eu vos transtornei
como Deus tinha feito com Sodoma
e Gomorra;*
fostes como um tição*
retirado de um incêndio;
mas não retornastes a mim,
oráculo de Javé.
12Por isso eu te tratarei assim, Israel!
E prepara-te para o encontro com teu
Deus, ó Israel!*
13Porque é ele que forma os montes
e cria o vento,

---

* **3,**14. 1Rs 12,29; 13,1-5 | 15. 1Rs 22,39 | **4,**1. Is 3,16-24; 32,9-14 / Is 5,11s | 2. Lv 17,1; Sl 89,36 | 4. 2Rs 2,1 | 5. Lv 7,11 | 6. Lv 26,14-39 | 7. Jr 14,1-6 | 9. 1Rs 8,37; Dt 28,22 | 10. Êx 9,1-7; Dt 7,15 / Is 34,2s | 11. Gn 19,1 / Zc 3,2 | 12. Ml 3,1s | 13. 3,7 / 5,8.27; 9,6; Is 12,6; Jr 32,18

† **3,**14. Ver a nota em Êx 27,2. | **4,**1. Basã era uma terra famosa por suas pastagens. As vacas são as mulheres ricas, que participam dos pecados de seus maridos.

1127   Amós 4-5

que manifesta ao homem qual é seu pensamento,*

que muda a aurora em trevas
e caminha sobre as alturas da terra,*
Javé, Deus dos exércitos, é seu nome".

5 Lamentação sobre Israel. [1]Escutai estas palavras,

este lamento que eu pronuncio sobre vós,
ó casa de Israel!
[2]Caiu, não se levantará mais,
a virgem de Israel[†];
está estendida no chão,
e não há quem a levante.
[3]Pois assim fala o Senhor Javé:
A cidade que saía com mil homens ficará com cem,
e a cidade de cem
ficará com dez, na casa de Israel.
[4]Porque assim fala Javé à casa de Israel:
Buscai-me e vivereis!*
[5]Não procureis Betel,
não entreis em Guilgal,*
não chegueis a Bersabeia,*
porque Guilgal certamente irá para o exílio*
e Betel será reduzida a nada[†].
[6]Buscai Javé e vivereis,
para que ele não irrompa como fogo
na casa de José, e a consuma,
sem que haja em Betel quem o apague!
[7]Eles transformam o direito em veneno*
e jogam no chão a justiça.
[8]Aquele que fez as Plêiades e o Órion*
muda as densas trevas em aurora
e escurece o dia em noite;
convoca as águas do mar*
e as derrama sobre a terra:
Javé é seu nome[†].

[9]Ele manda de repente a ruína sobre os poderosos,
e assim a destruição se abate sobre as fortalezas.
[10]Eles odeiam quem repreende à porta[†]
e detestam quem fala conforme a verdade.
[11]Porque vós oprimis o fraco
e exigis dele tributos de trigo,
estas casas de pedra lavrada que construístes,*
não as habitareis;
destas vinhas deliciosas que plantastes
não bebereis o vinho,
[12]porque eu sei como são numerosos vossos crimes
e enormes vossos pecados:
oprimis o justo, aceitais suborno
e repelis os pobres no tribunal.
[13]Por isso, quem for prudente se calará nesse tempo,
porque será um tempo mau.*
[14]Procurai o bem e não o mal*
se quereis viver,
e assim Javé, Deus dos exércitos,
esteja convosco, como dizeis.
[15]Odiai o mal e amai o bem
e restabelecei no tribunal o direito;
talvez Javé, Deus dos exércitos,
tenha piedade do resto* de José[†].
[16]Por isso, assim fala Javé,
Deus dos exércitos, o Senhor:
"Em todas as praças haverá pranto,
e em todas as ruas dirão: 'Ai! Ai!'
Chamarão o agricultor para o luto,
e para a lamentação os que sabem entoar lamentos.
[17]Em todas as vinhas haverá choro,
porque eu passarei no meio de ti",
diz Javé.*
O dia de Javé. [18]Ai daqueles que esperam o dia de Javé!

---

* **5**,4. Os 10,12 | 5. 4,4 / 8,14 / Os 4,15 | 7. 6,12 | 8. Jó 9,9; 38,31 / Am 9,6 | 11. Dt 28,30-33; Zc 5,3s | 13. Mq 2,3 | 14. 5,4; Sl 34,13ss; 36,27 | 15. Is 4,3 | 17. 4,12; Ml 3,1s | 18. Jr 13,16; 14,19

† **5**,2. Pela primeira vez, a nação é comparada a uma jovem, uma criatura vulnerável que tem um fim prematuro. | 5. Buscar a Deus não significa apenas ir a um santuário: é preciso buscar o bem, viver retamente. | 8. Javé dispõe soberanamente dos homens e das coisas, e seu poder não tem limites; todas as forças do universo estão a sua disposição. | 10. A porta da cidade, lugar onde era administrada a justiça. | 15. Primeiro uso da palavra "resto" para indicar a comunidade que perpetuará o povo de Deus depois que Deus fizer desaparecer os pecadores. | 18. A expressão "dia de Javé", que aparece aqui pela primeira vez, designa uma intervenção decisiva do poder de Javé; confiante em sua condição de povo eleito, Israel esperava que fosse um dia favorável e não de castigo para ele.

Amós 5-6

Que será para vós o dia de Javé?*
Será trevas e não luz†.
¹⁹Será como se alguém que foge de um leão
dá de frente com um urso;
ou como quem entra em casa, apoia a mão na parede
e é mordido por uma cobra.
²⁰Não será talvez trevas e não luz
o dia de Javé?
e obscuridade sem esplendor algum?
²¹"Eu detesto, rejeito* vossas festas†
e não gosto de vossas assembleias solenes.
²²Ainda que me ofereçais holocaustos e oblações,
não os aceito;*
e não olho com agrado
as ofertas pacíficas de vossos animais cevados.
²³Afastai de mim o rumor de vossos cantos;
não quero ouvir o som de vossas harpas!
²⁴Mas que corra como água o direito
e a justiça, como um rio perene.
²⁵Acaso me oferecestes sacrifícios e oblações *
no deserto por quarenta anos, ó israelitas?
²⁶Mas carregastes Sacut, vosso rei,
e Caivã, vosso ídolo,
e a estrela de vossos deuses, que fizestes para vós.
²⁷Por isso vos deportarei
para além de Damasco", diz Javé,*
cujo nome é Deus dos exércitos.

6 **Ai dos ricos de Israel.** ¹Ai dos que vivem tranquilos em Sião*
e daqueles que se sentem seguros
na montanha de Samaria!
Pessoas ilustres da primeira entre as nações,
a quem recorrem os israelitas!
²Passai por Calane e olhai;
dali, ide a Emat, a grande;

depois descei a Gat dos filisteus;
sois melhores que esses reinos?†
ou é maior que o deles vosso território?
³Vós pretendeis retardar o dia fatal,
mas apressais o reino da violência.
⁴Deitados em leitos de marfim,*
estendidos sobre seus divãs;
comem os cordeiros do rebanho
e os novilhos do curral;
⁵cantam ao som da harpa
e, como Davi, inventam instrumentos musicais;*
⁶bebem o vinho em grandes taças
e se ungem com os unguentos mais refinados,
mas não se afligem com a ruína de José.
⁷Por isso irão para o cativeiro,
à frente dos deportados,
e cessará a orgia dos folgazões.*

Gravidade do castigo. ⁸Jurou o Senhor Javé, por si mesmo:*
– oráculo de Javé, Deus dos exércitos –
"Detesto o orgulho de Jacó,*
odeio seus palácios,
entregarei a cidade e o que lá existe.
⁹Se numa casa restarem dez homens,*
também eles morrerão.
¹⁰Quando um parente vier
com aquele que queima os corpos
para levar os corpos para fora da casa,
dirá a quem está no fundo da casa:
'Há mais alguém contigo?'
O outro responderá: 'Não.'
E o primeiro dirá: 'Silêncio!';*
porque não se deve mencionar o nome de Javé.
¹¹Porque Javé ordena
e reduz a casa grande a ruínas
e faz em pedaços a pequena.
¹²Correm os cavalos sobre rochas?
ara-se o mar com bois?
Porque vós mudais o direito em veneno
e o fruto da justiça em absinto.*

---

* **5**,21. 4,4s | 22. Os 8,13; Is 1,11 | 25. At 7,42s | 27. 4,13 | **6**,1. Lc 6,24; Jr 5,12s | 4. 3,15 | 5. 1Cr 23,5; Ne 12,36 | 7. Ap 18,14 | 8. 4,2 / Is 28,1 | 9. 2,14ss | 10. Sf 1,7; Zc 2,17; Hab 2,20 | 12. 5,7

† **5**,21. Os ritos religiosos só agradam a Deus quando expressam sinceramente veneração e amor e são acompanhados de uma vida conforme a Sua vontade. O culto é sacrílego se está ligado à opressão dos pobres. | **6**,2. Se essas cidades pagãs sofreram o castigo de Deus, também Israel não ficará isento.

Amós 6-8

¹³Vós vos alegrais por Lo-Dabar e dizeis:

'Não é por nossa força que conquistamos Carnaim?'*

¹⁴Agora eu suscitarei contra vós, casa de Israel,

– oráculo de Javé, Deus dos exércitos –

uma nação que vos oprimirá da entrada de Emat

até a torrente da Arabá".

III. VISÕES
(7–9)†

7 **A visão dos gafanhotos.** ¹O Senhor Javé mostrou-me o seguinte: ele estava formando uma nuvem de gafanhotos,* quando começava a germinar o feno tardio, aquele que brota depois do corte reservado ao rei. ²Quando acabaram de devorar o feno do país, eu disse: "Senhor Javé, perdoai! Como Jacó poderá resistir? É tão pequeno!" ³Javé arrependeu-se: "Isto não sucederá", disse Javé.

A seca. ⁴O Senhor Javé mostrou-me o seguinte: o Senhor Javé chamava para o castigo; o fogo devorou o grande abismo e devorava o campo. ⁵Eu disse: "Senhor Javé, cessai! Como Jacó poderá resistir? É tão pequeno!" ⁶Javé arrependeu-se. "Tampouco isto sucederá!", disse o Senhor Javé.

O fio de prumo. ⁷O Senhor mostrou-me o seguinte: ele estava sobre uma parede levantada a prumo e tinha na mão um fio de prumo. ⁸Javé me disse: "O que vês, Amós?" Respondi: "Um fio de prumo". O Senhor me disse: "Eu ponho um fio de prumo no meio de meu povo, Israel; não lhe perdoarei mais nada. ⁹Serão devastados os lugares altos* de Isaac, e os santuários de Israel serão arrasados quando eu me levantar com a espada contra a casa de Jeroboão".

Disputa com Amasias. ¹⁰Então Amasias, sacerdote de Betel, mandou dizer a Jeroboão, rei de Israel: "Amós conjura contra ti no meio da casa de Israel. O país não pode tolerar suas palavras. ¹¹Pois é assim que fala Amós: Pela espada morrerá Jeroboão, e Israel certamente será deportado para longe de sua terra". ¹²Amasias disse então a Amós: "Vai-te embora, vidente, foge para o país de Judá;* lá comerás teu pão e lá poderás profetizar; ¹³mas em Betel* não profetizes mais, porque este é o santuário do rei e o templo do reino". ¹⁴Amós respondeu a Amasias:

"Eu não era profeta, nem filho de profeta;

era boiadeiro e cultivava sicômoros†;

¹⁵Javé me tirou*

de detrás do gado e Javé me disse:

'Vai, profetiza a Israel, meu povo!'

¹⁶Agora escuta a palavra de Javé: Tu dizes: 'Não profetizes contra Israel,* nem pregues contra a casa de Isaac'. ¹⁷Pois bem, diz Javé: 'Tua esposa se prostituirá na cidade,* teus filhos e tuas filhas cairão pela espada, tua terra será repartida a cordel, tu morrerás em terra impura, e Israel será deportado para longe de sua terra'".

8 **A cesta de frutos maduros.** ¹O Senhor Javé me fez ver isto:* um cesto de fruta madura.

²Ele perguntou: "Que vês, Amós?" Respondi: "Um cesto de fruta madura".

Javé me disse:

"Meu povo, Israel, está maduro para seu fim;*

não lhe perdoarei mais.

³Naquele dia os cânticos do palácio se tornarão lamentos

– oráculo do Senhor Javé.

Numerosos serão os cadáveres e jogados por todo lado.*

Silêncio!"

---

* **6**,13. Dt 8,17 | **7**,1. Jl 1,4-7; 2,3-9; Dt 28,38 | 9. Dt 12,2; 2Rs 15,8ss | 12. 7,9; 5,27; 6,7; 9,4 | 13. 2,12; 1Rs 12,29 | 15. 3,3-8; 2Sm 7,8 | 16. 2,12 | 17. 2Rs 17,24; Dt 28,30-33; Os 9,3 | **8**,1. 7,7ss | 2. Ap 14,15.18 | 3. 6,10

† **III**. Numa série de visões, Deus revela os males que virão sobre Israel. | **7**,14. Amós diz que não é profeta por profissão, não pertence a nenhuma associação de profetas, mas profetiza por vocação divina. Tem sua profissão da qual pode viver, não precisa ganhar a vida profetizando.

Amós 8-9

Contra os aproveitadores. ⁴Escutai isto, vós que pisoteais o pobre
  e quereis exterminar os humildes do país;
  ⁵vós que dizeis: "Quando passará a lua nova
  para que possamos vender trigo?
  e o sábado, para abrirmos nossos celeiros?
  Vamos diminuir as medidas e aumentar o siclo;*
  usaremos balanças falsas;
  ⁶compraremos com dinheiro os indigentes
  e o pobre, por um par de sandálias.*
  Venderemos até o refugo do trigo".
  ⁷Javé jura pelo orgulho de Jacó:
  "Certamente, não esquecerei jamais nenhuma de suas ações".
  ⁸Por causa disso não tremerá a terra?
  e não estarão de luto todos os seus habitantes?*
  Toda ela se levanta como o Nilo,
  Agita-se e rebaixa-se como o rio do Egito.

Castigo misterioso. ⁹Naquele dia – oráculo do Senhor Javé –
  farei que o sol se ponha ao meio-dia
  e escurecerei a terra em pleno dia!
  ¹⁰Mudarei vossas festas em luto*
  e todos os vossos cantos em lamentações;
  farei todo flanco vestir roupa de saco,
  tornarei calva toda cabeça;
  farei que isto seja como um luto por um filho único,*
  e seu fim será como um dia de amargura.

Fome e sede da palavra de Javé. ¹¹Virão dias – oráculo do Senhor Javé –
  em que mandarei a fome ao país,*
  não fome de pão, nem sede de água,*
  mas de ouvir a palavra de Javé.
  ¹²Então andarão errantes de um mar ao outro
  e correrão do norte ao oriente

para buscar a palavra de Javé,*
mas não a encontrarão†.
¹³Naquele dia definharão de sede*
as virgens belas e os jovens.
¹⁴Os que juram pelo pecado de Samaria†
e dizem: "Pela vida de teu deus, Dã!"
ou: "Pela vida de teu amado, Bersabeia!",
cairão sem mais levantar-se.

9 **A última visão.** ¹Vi o Senhor de pé junto do altar e me dizia:
"Bate no capitel
para que estremeçam os umbrais;
quebra-os sobre a cabeça de todos,
e o que restar deles eu matarei com a espada;
nenhum deles conseguirá fugir,*
nenhum deles escapará†.
²Ainda que penetrem nos abismos,*
de lá os arrancará minha mão;
se subirem ao céu,
de lá os farei descer.
³Se eles se esconderem no topo do Carmelo,
irei buscá-los e os tirarei de lá;
se eles se ocultarem de minha vista no fundo do mar,
ordenarei ali à serpente que os morda;
⁴se forem para o cativeiro diante de seus inimigos,
ordenarei ali à espada que os mate.
Porei meus olhos sobre eles
para o mal e não para o bem".
⁵O Senhor Javé dos exércitos
bate na terra e ela se derrete,
e todos os seus habitantes ficam de luto;*
ela se levanta toda como o Nilo
e se abaixa como o rio do Egito.
⁶É ele que constrói no céu sua morada
e apoia sua abóbada sobre a terra;
ele chama as águas do mar*
e as derrama sobre a face da terra;*
Javé é seu nome.

---

* **8**,5. Dt 25,13; Mq 6,10s; Os 12,8 | 6. 2,6 | 8. 9,5 | 10. Tb 2,6; Os 2,13; Is 3,24; 15,2s / Jr 6,26; Zc 12,10 | 11. 4,2 / Mt 5,6; Dt 8,3 | 12. Os 5,6 | 13. Zc 9,17 | **9**,1. 2,13-16; 6,9s | 2. Sl 139,7-12; Jr 23,23s | 5. 8,8 | 6. 5,8 / 4,13 | 7. Js 13,2

† **8**,12. Deus não mandará a Israel sua palavra, tão importante para a nação nos campos religioso e político, porque o povo se recusou a ouvir os profetas que Ele enviou. | 14. O pecado de Samaria era o bezerro do santuário de Betel; Dã era o local do outro santuário cismático, 1Rs 12,29. | **9**,1. A ruína do santuário de Betel é um anúncio da ruína do reino inteiro.

Amós 9

Castigo dos pecadores. ⁷Não sois para mim como os etíopes, ó israelitas?†

Oráculo de Javé.

Não fui eu que fiz Israel sair do país do Egito,
os filisteus de Cáftor e os arameus de Quir?*

⁸O olhar do Senhor Javé
está voltado contra o reino pecador:
"Eu o exterminarei da superfície da terra;
mas não exterminarei completamente a casa de Jacó,
oráculo de Javé.

⁹Com efeito, eu darei ordens
e abalarei, entre todas as nações, a casa de Israel,
como se sacode com a peneira
sem cair por terra um só grão.

¹⁰Pela espada perecerão todos os pecadores de meu povo†,
esses que diziam: 'Não se aproximará, não chegará até nós a calamidade'".*

Restauração†. ¹¹"Naquele dia reerguerei a tenda arruinada de Davi;*
repararei suas brechas, reerguerei suas ruínas

e a reconstruirei como nos tempos antigos,
¹²para que conquistem o resto de Edom
e todas as nações
sobre as quais foi invocado meu Nome,
oráculo de Javé, que fará tudo isso†.

¹³Virão dias – oráculo de Javé –*
nos quais quem semeia se encontrará com quem ceifa,
e quem pisa a uva, com quem lança a semente;*
os montes destilarão mosto,
que escorrerá pelas colinas†.

¹⁴Farei voltar do cativeiro meu povo Israel;*
eles reconstruirão as cidades devastadas*
e nelas habitarão;
plantarão vinhas e beberão seu vinho;
cultivarão pomares e comerão seus frutos.

¹⁵Eu os plantarei em sua terra,
e nunca mais serão arrancados
da terra que eu lhes dei",
diz Javé teu Deus.

---

* **9**,10. 6,1-6; Is 28,15; Jr 5,12 | 11. At 15,16s | 13. 5,11 / Lv 26,5 | 14. Jl 4,18 / Os 14,8; Jr 31,5; Is 65,21s

† **9**,7. O que agrava a falta de Israel é sua presunção, sua arrogância. É povo eleito somente por graça divina; se for infiel à aliança, será castigado como qualquer outro. | 10. Ver a nota em 5,15. | 11. As promessas de restauração nacional incluem o restabelecimento do reino davídico, a prosperidade material e a ocupação para sempre da terra recuperada. | 12. Em seu discurso no Concílio de Jerusalém (At 15,16s), São Tiago cita os vv. 11-12, conforme a versão grega: "a fim de que o resto dos homens busque o Senhor, assim como todas as nações sobre as quais foi invocado meu nome" e com eles argumenta para não obrigar os pagãos a receberem a circuncisão. | 13. Expressões que indicam abundância e prosperidade material, que reanima a esperança do povo num tempo atribulado.

ABDIAS

Este nome hebraico significa "servo de Javé". O profeta viveu provavelmente no séc. VI a.C. Escreve pouco depois da ruína de Jerusalém. Transmite sua mensagem no livro mais breve do AT. Anuncia o juízo de Deus contra Edom que, embora fosse irmão de sangue de Israel, traiu-o, colaborando com os inimigos para efetuar a catástrofe da destruição de Jerusalém e de todo o reino de Judá. Edom aproveitou-se da queda de Jerusalém para anexar a parte sul da Judeia. Javé punirá severamente sua perfídia e seu orgulho e manifestará assim que é Senhor não só de Israel, mas de todas as nações. Israel poderá voltar à pátria vitorioso, reconhecendo Javé como seu único Deus.

O profeta mostra como o orgulho leva à ruína. Edom, com seu orgulho, provocou a Deus e este o exterminará. Edom é fratricida, negando Israel em sua desventura; Javé lhe aplica a lei do talião, porque a causa de seu povo é a sua. Israel será reabilitado, e Sião voltará a ser o lugar da morada divina, capital do futuro reino de Deus sobre a terra. O Senhor é justo juiz. "Como fizeste, assim te será feito" (v. 15). Todo pecado traz consigo o castigo.

CRIMES DE EDOM E SUA RUÍNA

Sentença contra Edom. ¹Visão de Abdias.

Assim fala o Senhor Javé a respeito de Edom:

Ouvimos de Javé uma mensagem*
e um mensageiro foi enviado entre as nações:

"Levantai-vos, marchemos contra este povo para lutar!"†

²Eu te faço pequeno entre as nações,*

tu és muito desprezível.

³O orgulho de teu coração te enganou,*

ó tu, que habitas nas fendas das rochas†,

que puseste no alto tua morada
e dizes em teu coração:

"Quem poderá derrubar-me ao chão?"

⁴Ainda que te elevasses como a águia
e pusesses teu ninho entre as estrelas,
de lá te derrubarei,
oráculo de Javé.

⁵Se ladrões entrassem em tua casa,*
ou saqueadores de noite,

– como estarias arruinado! –
não roubariam quanto lhes bastasse?
Se vindimadores viessem a ti,
deixariam outra coisa além de algum cacho?

⁶Como foi revistado* Esaú!†
Como foram procurados seus tesouros!"

⁷Todos os teus aliados te expulsaram até a fronteira;

teus amigos te enganaram e te venceram;*

os que comiam teu pão te armaram laços:

não há nele entendimento!

⁸Naquele dia, oráculo de Javé,*

não farei desaparecer os sábios de Edom,

e a inteligência dos montes de Esaú?†

⁹Teus valentes, ó Temã, serão tomados de pânico,

e no massacre será exterminado todo homem do monte de Esaú.

As culpas de Edom. ¹⁰Pela violência feita

a teu irmão, Jacó,*

a vergonha te cobrirá,

e serás exterminado para sempre.

---

* 1. Jr 49,14 | 2. Jr 49,15s | 3. Is 43,13s; Hab 2,9 | 5. Jr 49,9 | 6. Jr 49,10 | 7. Jr 38,22; Sl 41,10 | 8. Jr 49,7; Is 19,11-15; 29,14; Jr 8,8s; 49,22 | 10. Am 1,112; Jl 4,19

† 1. Edom será destruído por causa dos pecados que cometeu quando Jerusalém foi conquistada em 586 a.C. Seus crimes estão enumerados nos vv. 9-14. | 3. A capital de Edom era Petra, 2Rs 14,7, construída no meio das rochas. | 6. Os edomitas eram um povo irmão, mas inimigo, descendente de Esaú. A hostilidade vinha desde o início, Gn 27,41. | 8. Edom era famoso na antiguidade por seus sábios, Jr 49,7.

1133   Abdias

[11] No dia em que, estando tu presente,
os estrangeiros carregavam suas riquezas,
os bárbaros entravam por suas portas
e lançavam sortes sobre Jerusalém,*
também te comportaste como um
deles.
[12] Não te alegres pelo dia de teu irmão†,
pelo dia de sua desventura.
Não te alegres pelos filhos de Judá
no dia de sua ruína.
Não fales com arrogância
no dia da angústia.
[13] Não entres pela porta de meu povo
no dia de sua desventura;
não olhes com prazer seu mal
no dia de sua calamidade;
nem lances mão de seus bens
no dia de sua ruína.
[14] Não te ponhas nas esquinas das
ruas,
para massacrar seus fugitivos;
não entregues ao inimigo seus sobreviventes,
no dia da angústia.
[15] Porque está para vir o dia de Javé†
sobre todas as nações.
Como fizeste, assim te será feito,
tuas ações recairão sobre tua cabeça.

Revanche de Israel sobre Edom†.
[16] Porque, como bebestes sobre meu
santo monte,*

assim beberão continuamente todas
as nações.
Beberão e engolirão,
e serão como se nunca tivessem existido.
[17] Mas sobre o monte Sião* haverá
sobreviventes†,
e será um lugar santo;
e a casa de Jacó possuirá o que lhe
pertence.
[18] A casa de Jacó será um fogo
e a casa de José, uma chama;
mas a casa de Esaú será como palha
que eles queimarão e consumirão;
não escapará nenhum da casa de
Esaú,
porque Javé falou†.
[19] Os do Negueb possuirão o monte
de Esaú
e os da planície, o país dos filisteus;
possuirão o território de Efraim e de
Samaria,
e Benjamim ocupará Galaad.
[20] Os deportados deste exército, os
israelitas,
ocuparão Canaã até Sarepta;
e os exilados de Jerusalém, que estão
em Safarad,
ocuparão as cidades do Negueb.
[21] Subirão vitoriosos ao monte Sião*
para governar o monte de Esaú,
e o reino será de Javé.*

---

* 11. Sl 137,7 | 16. Lm 4,21 | 17. Jl 3,5 | 21. Mq 4,7 / Sl 22,29

† 12. O profeta fala como se estivesse presente na tomada de Jerusalém e diz a Edom que não cometá as violências que de fato cometeu. | 15. Ver a nota em Am 5,18. | 16. Edom e as outras nações são exterminadas, enquanto os israelitas recuperam seu território e ocupam regiões vizinhas. | 17. Ver a nota em Am 5,15. | 18. A casa de Jacó e Judá e a casa de José é Israel, dos quais Javé se servirá para punir Edom. Voltarão a se unir num só reino na vitória final de Javé, Ez 37,15-28.

JONAS

Entre os profetas menores é o mais conhecido e o mais popular. É assimilado ao personagem de 2Rs 14,25, que viveu no tempo de Jeroboão II. Seu relato diz que foi chamado por Deus e mandado a Nínive para pregar a penitência, mas ele desobedece e foge, embarca em Jope e se dirige a Társis. Durante a viagem, surge uma grande tempestade e, para aplacá-la, é lançado ao mar, onde é engolido por um peixe que o vomita na praia após três dias. O Senhor então lhe repete a ordem, e desta vez ele obedece, vai a Nínive, prega, e a cidade se converte, obtendo o perdão dos pecados. Jonas, até então fechado em seu nacionalismo, compreende agora que Deus tem compaixão também dos pagãos.

O livro é de cerca do ano 400 a.C. Os autores modernos veem nele uma narrativa de caráter religioso, pois a intenção do autor não é apresentar um fato histórico como pensavam os antigos, mas sim uma parábola, com fim didático, para ensinar que a misericórdia de Deus é livre e imerecida.

Essa abertura ao universalismo religioso constitui a mensagem mais bela e significativa do livro; aliás, sintetiza o pensamento judaico do Antigo Testamento e forma quase uma ponte de união entre os dois Testamentos, porque demonstra que Javé é Deus também dos gentios e se interessa tanto por sua salvação que lhes manda um profeta para convertê-los. Israel não deveria considerar-se detentor exclusivo da salvação, mas não havia entendido a missão de testemunha universal que o exílio o levava a assumir (Is 43,8-13). Como Jonas se submeteu, assim deve fazer Israel agora. Tem de aprender um outro sentido de Deus, vindo da liturgia, da aliança e dos ambientes sapienciais abertos ao universal.

O exemplo dos habitantes de Nínive, que creram em Deus (3,5), que se converteram e foram perdoados, é um daqueles que com maior evidência manifestam a bondade e a misericórdia de Deus, que não recusa ninguém, mas acolhe com amor infinito todo aquele que se dirige a ele. "Tu és um Deus clemente e compassivo" (4,2).

I. JONAS ENVIADO A NÍNIVE
(1–2)

1 **Desobediência de Jonas.** [1]Esta palavra de Javé foi dirigida a Jonas, filho de Amitai: [2]"Levanta-te, vai a Nínive†, a grande cidade, e ali proclama† que sua maldade subiu até mim". [3]Jonas, porém, pôs-se a caminho para fugir para Társis, longe da presença de Javé. Desceu a Jope, onde encontrou um navio que ia para Társis. Pagou o preço da viagem e embarcou com eles para Társis, longe da presença de Javé†.

[4]Mas Javé desencadeou sobre o mar um forte vento, e sobreveio ao mar uma tempestade* tão grande que o navio estava a ponto de se despedaçar. [5]Os marinheiros, amedrontados, invocaram cada qual seu próprio deus e lançaram ao mar a carga do navio* para diminuir seu peso. Entretanto, Jonas descera ao porão do navio e, deitado, dormia profundamente. [6]Chegou perto dele o comandante e lhe disse: "Que fazes aqui? dormes?* Levanta-te, invoca teu Deus! Talvez Deus pensará em nós, e não morreremos". [7]Depois disseram entre si: "Vamos tirar a sorte para saber por culpa de quem nos aconteceu esta calamidade"†. Tiraram a sorte, e a sorte caiu sobre Jonas†.

---

* **1**,4. Sl 107,23-30 | 5. At 27,18 | 6. Mt 8,24s

† **1**,2. Capital do império assírio, na margem esquerda do rio Tigre, diante da moderna Mossul. Uma das duas colinas onde estava a cidade antiga chama-se ainda hoje "Nebi Younous", "profeta Jonas". / Mandando um profeta pregar numa cidade inimiga do povo eleito, Javé mostra que é Deus de todas as nações e deseja a salvação de todas elas. | 3. Longe da terra onde Ele era honrado e onde estava seu templo, Jn 4,2 apresenta o motivo desta fuga: Jonas não podia aceitar que a misericórdia de Deus se estendesse àquele povo cruel e sanguinário. | 7. Era uma crença antiga pensar que a presença de um criminoso a bordo era um perigo para todos os viajantes. / Os antigos achavam que Deus interferia quando se tirava a sorte para resolver uma dúvida, 1Sm 14,41; 28,6.

1135   Jonas 1-3

Jonas lançado ao mar. [8]Perguntaram-lhe: "Explica-nos por que nos sobreveio esta calamidade. Qual é tua profissão? Donde vens? Qual é teu país? A que povo pertences?" [9]Ele respondeu: "Sou hebreu e venero Javé, Deus do céu, que fez o mar e a terra". [10]Aqueles homens foram tomados de grande temor e lhe perguntaram: "Que fizeste?" Ficaram sabendo então que ele estava fugindo para longe da presença de Javé, porque lhes havia contado. [11]Disseram-lhe: "Que devemos fazer-te para que se acalme o mar para nós?" Pois, o mar se enfurecia sempre mais. [12]Ele lhes disse: "Tomai-me e lançai-me ao mar, e se acalmará o mar para vós, porque sei que esta grande tempestade vos sobreveio por minha causa". [13]Os homens remavam com força para chegar à praia, mas não conseguiam, porque o mar se tornava sempre mais tempestuoso e ameaçador. [14]Então clamaram a Javé* e disseram: "Javé, não deixeis que pereçamos por causa da vida deste homem e não nos torneis culpados de sangue inocente, porque vós, Javé, fizestes conforme vossa vontade". [15]Tomaram Jonas e o lançaram ao mar, e o mar aplacou sua fúria. [16]Os homens foram tomados de grande temor de Javé, ofereceram um sacrifício a Javé e fizeram votos.

2 **Jonas no ventre de um peixe.** [1]Mas Javé dispôs que um grande peixe* engolisse Jonas; e Jonas esteve no ventre do peixe três dias e três noites. [2]Do ventre do peixe Jonas rezou a Javé, seu Deus, [3]e disse:

"Em minha angústia invoquei Javé*
e ele me respondeu;
do profundo dos abismos, eu gritei*
e ouvistes minha voz.
[4]Vós me lançastes no abismo, no coração do mar,
e a corrente das águas me cercou;

todas as vossas vagas e as vossas ondas*
passaram sobre mim.
[5]Eu dizia: Fui expulso*
para longe de vossos olhos;
mas continuarei a olhar
para vosso santo templo.*
[6]As águas me submergiram até a garganta,*
o abismo me envolveu,
as algas se enrolaram em minha cabeça.
[7]Desci até a base dos montes,
a terra fechou seus ferrolhos
atrás de mim para sempre.
Mas retirastes da fossa minha vida,*
Javé meu Deus.
[8]Quando em mim desfalecia minha alma,
lembrei-me de Javé;
minha oração chegou até vós,
em vosso santo templo.
[9]Os que adoram ídolos
abandonam a fidelidade à aliança.
[10]Mas eu com voz de louvor vos oferecerei um sacrifício
e cumprirei o que prometi.*
A salvação pertence a Javé".*
[11]Então Javé ordenou ao peixe, e este lançou Jonas na praia.†

II. JONAS EM NÍNIVE
(3–4)

3 **A pregação de Jonas.** [1]A palavra de Javé foi dirigida a Jonas uma segunda vez nestes termos: [2]"Levanta-te, vai a Nínive, a grande cidade, e anuncia-lhe o que eu te digo". [3]Jonas levantou-se e foi a Nínive segundo a palavra de Javé. Nínive era uma cidade muito grande: eram necessários três dias para atravessá-la†. [4]Jonas começou a andar pela cidade durante um dia e pregava: "Daqui a quarenta dias Nínive será destruída". [5]Os cidadãos de Nínive creram em Deus* e promulgaram um

---

* **1**,14. Jr 26,15 | **2**,1. Mt 12,40 | 3. Sl 120,1; 130,1 / Lm 3,55 | 4. Sl 42,8 | 5. Sl 31,23 / Sl 5,8 | 6. Sl 69,3 | 7. Sl 30,4; 16,10 | 10. Sl 22,26 / Sl 3,9 | **3**,5. Lc 11,30.32; Ez 26,16

† **2**,11. A arte cristã primitiva representa Jonas lançado pelo peixe como símbolo da ressurreição de Cristo, Mt 12,40. | **3**,3. Esse número fantástico exprime a grandeza e o poder da cidade. | 5. Jesus cita o exemplo dos ninivitas convertidos por Jonas para repreender a incredulidade dos judeus diante de sua pregação, Mt 12,41.

Jonas 3-4

jejum, vestiram roupas de saco, desde o maior até o menor deles[+]. [6]A notícia chegou ao rei de Nínive, e ele se levantou do trono, tirou o manto, cobriu-se de saco e sentou-se sobre a cinza. [7]Mandou proclamar e publicar* em Nínive: "Por decreto do rei e de seus nobres, homens e animais, grandes e pequenos, não provem nada; não tomem alimento nem bebam água. [8]Homens e animais se cubram de saco e invoquem a Deus com todas as forças; cada um se converta de sua má conduta e da violência que está em suas mãos. [9]Quem sabe? Talvez Deus volte atrás,* arrependa-se e deixe de lado seu ardente furor, de modo que não morramos?"[+] [10]E Deus viu suas ações, isto é, que se haviam convertido de sua má conduta. Deus então arrependeu-se do mal que havia ameaçado fazer-lhes e não o fez.

4 Deus justifica sua misericórdia.

[1]Mas isto desagradou muito a Jonas, e ele ficou irritado[+]. [2]Rezou a Javé, dizendo: "Javé, não era isto que eu dizia quando ainda estava em meu país? Foi por isto que da primeira vez fugi para Társis: porque sabia que vós sois um Deus clemente e compassivo,* lento para a ira, rico em misericórdia, e que vos arrependeis do mal ameaçado. [3]Agora, pois, Javé, tirai-me a vida, porque é melhor para mim morrer* que vi-

ver!"[+] [4]Mas Javé respondeu-lhe: "Achas justo te enfureceres assim?"

[5]Então Jonas saiu de Nínive e sentou-se a leste da cidade. Fez ali uma cabana e sentou-se debaixo dela, na sombra, para ver o que aconteceria com a cidade. [6]E Javé Deus fez crescer uma mamoneira sobre Jonas, para fazer-lhe sombra na cabeça e livrá-lo de seu mal. Jonas sentiu uma grande alegria por aquela mamoneira.

[7]Mas no dia seguinte, ao raiar da aurora, Deus mandou um verme, que atacou a mamoneira, e ela secou. [8]Quando o sol se levantou, Deus fez soprar um vento leste sufocante. O sol bateu na cabeça de Jonas, que estava a ponto de desfalecer, e ele pediu a morte, dizendo: "É melhor para mim morrer que viver".

[9]Então Deus perguntou a Jonas: "Achas justo irritar-te assim por uma mamoneira?" Ele respondeu: "Sim, é justo eu me irritar até desejar a morte!" [10]Mas Javé respondeu-lhe: "Tu tens compaixão da planta que não te custou trabalho e que não fizeste crescer, que numa noite nasceu e numa noite morreu, [11]e eu não deveria ter compaixão de Nínive, a grande cidade, na qual há mais de cento e vinte mil pessoas que não sabem distinguir entre a mão direita e a esquerda, e uma grande quantidade de animais?"[+]

---

* **3**,7. Ez 27,30s | 9. Jl 2,14; Am 5,15 | **4**,2. 1,3; Êx 34,6s | 3. 1Rs 19,4

[+] **3**,9. A conversão dos pagãos, ao ouvirem um profeta de Israel, é uma condenação da atitude do mesmo Israel, que não ouvia seus profetas. | **4**,1. Jonas teme passar por falso profeta, anunciando um fato que não aconteceu. Também não aceita que a salvação divina beneficie um outro povo, julgando que ela é dom exclusivo para Israel. | 3. Ao contrário de Elias, que pediu a morte porque sua pregação não obtinha êxito, 1Rs 19,4, Jonas pede a morte porque sua pregação foi um sucesso extraordinário. | **4**,11. Contra o exclusivismo de Israel, é ensinada a misericórdia de Deus para com todos os que se arrependem. Era justo que obtivessem a salvação todos os que participaram da penitência, 3,7.

MIQUEIAS

Profeta originário da Judeia, contemporâneo de Oseias e de Isaías e pouco posterior a Amós, exerce seu ministério sob os reis Acaz e Ezequias, ou seja, pelo fim do séc. VIII e princípio do séc. VII. É testemunha da queda do reino do norte (721 a.C.) e do cerco de Jerusalém pelos assírios (701 a.C.). Dotado de nobre consciência e de profunda convicção de sua vocação profética, em nome de Deus faz o processo a seu povo e o condena por suas culpas e infidelidades. Com palavras ardentes denuncia os abusos e as injustiças que mancham a fé no único Deus e a concórdia fraterna do povo eleito. Pregador da justiça social, ataca fortemente os usurários, os comerciantes fraudulentos, as famílias divididas, os sacerdotes avarentos, os falsos profetas, os juízes corruptos e toda espécie de tirania. Imagina que, ao receber tanta ingratidão em troca de seus benefícios, Deus mesmo se lamente dizendo: "Meu povo, que te fiz? Em que coisa te cansei? Responde-me. Eu te fiz sair do Egito" (6,3s). São palavras que repetimos na Sexta-feira Santa, pensando em nossa conduta e escutando-as como se fossem do Cristo crucificado.

O profeta censura os chefes civis e religiosos do povo, acusa-os de injustiça, de corrupção e de valer-se da aliança como se fosse uma garantia incondicional. A cidade e o templo serão destruídos e os profetas não terão palavra para proclamar, porque Deus se calará. O profeta chora sobre a sorte miserável de sua pátria e sobre os castigos por ela merecidos. Mas o fim de Jerusalém não é o fim de Israel: um resto sobreviverá e, graças ao perdão e à misericórdia de Deus, a nação será restaurada, enquanto as nações serão humilhadas. Javé ensinará ao povo seus caminhos (4,2), que se resumem numa célebre frase: "Ó homem, foi-te ensinado o que é bom, o que Javé requer de ti: apenas praticar a justiça, amar a misericórdia e caminhar humildemente com teu Deus" (6,8). Deus falará ao povo através de seu Messias, descendente de Davi, que surgirá não da capital Jerusalém, mas da humilde Belém, para libertar Israel (5,1). Sião será o ponto de reunião de todos os povos; aí receberão a palavra de Deus, que será o início de uma paz universal.

I. JUÍZO DE DEUS SOBRE ISRAEL E JUDÁ (1–3)

1 **Título.** ¹Palavra de Javé, dirigida a Miqueias de Morasti, no tempo de Joatão,* de Acaz e de Ezequias, reis de Judá. Visão que ele teve a respeito de Samaria e de Jerusalém.

Contra Israel e Judá. ²Ouvi, povos todos!*
Presta atenção, ó terra,
e tudo o que há em ti!
O Senhor Javé seja testemunha contra vós,
o Senhor, de seu santo templo.
³Pois Javé sai de sua morada,*
desce e caminha sobre as alturas da terra.*
⁴Os montes debaixo dele se dissolvem*
e os vales se derretem como cera diante do fogo,*
como águas derramadas numa encosta.
⁵Tudo isto por causa da infidelidade de Jacó
e dos pecados da casa de Israel.
Qual é a infidelidade de Jacó?
Não é Samaria?
Qual é o pecado de Judá?
Não é Jerusalém?
⁶Reduzirei Samaria a um monte de ruínas no campo,*
a um lugar para plantar a vinha.
Farei rolar suas pedras para o vale
e porei a descoberto suas fundações.
⁷Todas as suas estátuas serão quebradas
e todos os seus salários serão queimados;
de todos os seus ídolos farei uma ruína,
porque são ofertas recolhidas como salário de prostituição⁺
e voltarão a ser salário de prostituição.

---

* **1**,1. Is 1,1 | 2. Is 1,2; Sl 49,2 | 3. Is 26,21 / Am 4,13 | 4. Zc 14,4 / Sl 97,5 | 6. 3,12

⁺ **1**,7. Trata-se do culto idolátrico, que arrasta à infidelidade o povo que tem como esposo seu Deus.

Miqueias 1-2

Castigo de Judá. ⁸Por isso chorarei e gritarei,
    andarei descalço e nu;
    farei lamentos como os* chacais,
    e pranto como de avestruzes.
⁹Porque sua chaga é incurável
    e chegou até Judá,
    estende-se até a porta de meu povo,
    até Jerusalém†.
¹⁰Não o anuncieis em Gat,*
    não choreis em Aco,
    em Bet-Leafra revolvei-vos no pó.*
¹¹Emigra, população de Safir,
    em vergonhosa nudez;
    não saiu a população de Saanã.*
O luto de Bet-Esel
    vos priva de sua proteção.
¹²Esperava o bem-estar
    a população de Marot,*
    mas desceu a calamidade
    da parte de Javé
    até a porta de Jerusalém.
¹³Atrela os corcéis ao carro,
    ó habitante de Laquis!*
Ela foi o início do pecado
    para a filha de Sião,
    porque em ti foram achadas
    as infidelidades de Israel.
¹⁴Por isso deverás dar um dote a Morasti-Gat;*
    as casas de Aczib serão uma desilusão
    para os reis de Israel.
¹⁵De novo farei vir sobre ti o conquistador,
    ó habitante de Maresa;*
    chegará até Odolam
    a glória de Israel.
¹⁶Corta os cabelos, rapa a cabeça*
    por causa de teus filhos que eram tua alegria!
Torna-te calva como um abutre,*
    porque foram deportados
    para longe de ti.

2 **A injustiça dos grandes.** ¹Ai daqueles que projetam a iniquidade e tramam o mal em seus leitos!*
Ao clarear do dia o executam,
    porque na mão deles está o poder.
²Cobiçam campos e se apoderam deles,*
    desejam casas e as tomam.
Assim fazem violência ao homem e a sua casa,
    ao proprietário e a sua herança.
³Por isso, assim fala Javé:
"Eu tramo contra essa gente
    um mal de que não podereis retirar o pescoço
    e não caminhareis mais de cabeça erguida,
    porque aquele tempo será de calamidade.*
⁴Naquele dia
    farão sobre vós uma sátira,
    cantarão um lamento e dirão: 'Acabou-se!
Estamos totalmente arruinados!*
A outros passa a herança de meu povo;
    como arrebatou-me a porção!
Reparte nossos campos entre os que nos saqueiam'.
⁵Por isso não haverá nenhum
    que estenda o cordel para ti,
    para o sorteio na assembleia de Javé".
⁶"Não profetizes!", dizem a seus profetas.*
Assim não profetizarão a respeito dessas coisas,
    mas não se evitará a infâmia.
⁷A casa de Jacó seria maldita?
    Javé terá perdido a paciência,
    ou este é seu modo de agir?†
Não são acaso benéficas suas palavras
    para quem caminha com retidão?
⁸Mas vós vos levantastes como inimigos
    contra meu povo†.
De quem é pacífico, tirais o manto;*
    a quem caminha seguro, levais a guerra.

---

* **1**,8. Is 20,2ss; Ez 24,17-23 | 10. 2Sm 1,20 / Jr 25,34 | 11. Js 15,37 | 12. Rt 1,20 | 13. Js 15,39; 2Rs 14,19 | 14. Js 15,44 | 15. Js 15,44 | 16. 1Sm 22,1; 2Sm 23,13; Jr 7,29 / Is 22,12 | **2**,1. Sl 36,5 | 2. Is 5,8 | 3. Am 5,13 | 4. Dt 28,30-33 | 6. Am 2,12; Is 30,10 | 8. Dt 24,12s

† **1**,9. A mesma sorte de Samaria ameaça Judá, se não se converter. | **2**,7. Os falsos profetas não creem nas ameaças de Miqueias, alegando os privilégios do povo eleito. | 8. Os vv. 8-11 são a resposta do profeta: aqueles que despojam os pobres e anunciam o bem-estar serão por sua vez expulsos.

Miqueias 2-3

⁹Expulsais as mulheres de meu povo
de seu lar querido;
e tirais de seus filhos
minha glória para sempre.*
¹⁰De pé, ide embora!,
porque este não é um lugar de repouso.
Por um nada exigis um penhor insuportável.*
¹¹Se alguém que corre atrás do vento
e forja mentiras dissesse:
"Eu te profetizo em virtude do vinho
e de bebida inebriante",
ele seria um profeta*
para este povo.

Promessa de restauração. ¹²Sim, eu te
reunirei todo, Jacó;*
eu te recolherei certamente, resto de
Israel.*
Eu os porei juntos como ovelhas no
curral,*
como rebanho no meio do pasto,
uma rumorosa multidão de homens†.
¹³Quem abriu a brecha os precederá;
forçarão, atravessarão a porta
e sairão por ela;
marchará seu rei diante deles
e Javé estará a sua frente.

3 **Contra os chefes opressores.** ¹Eu
disse: "Escutai, chefes de Jacó
e governantes da casa de Israel:
Não cabe a vós conhecer a justiça?
²Inimigos do bem e amantes do mal,*
vós lhes arrancais a pele
e a carne de cima dos ossos".
³Devoram a carne de meu povo
e lhe arrancam a pele,
quebram-lhe os ossos e os cortam
em pedaços
como se fossem para a panela,
como carne na caçarola.
⁴Então gritarão a Javé,*
mas ele não responderá;
esconderá deles a face, naquele tempo,*
porque fizeram más ações.

Contra os falsos profetas. ⁵Assim fala
Javé
contra os profetas que extraviam
meu povo,
que anunciam a paz
se têm o que mastigar,
mas a quem não lhes põe nada na boca
declaram a guerra†.
⁶Portanto, para vós será noite
em vez de visões;
trevas para vós
em vez de oráculos.
O sol se porá sobre estes profetas,
e escuro se fará o dia sobre eles.
⁷Os videntes serão cobertos de vergonha
e os adivinhos, de confusão;
todos cobrirão seus lábios,
porque não há resposta de Deus.
⁸Mas eu, graças ao espírito de Javé,
estou cheio de força,
de justiça e de coragem
para anunciar a Jacó seu delito,
a Israel seu pecado.

Jerusalém será destruída. ⁹Escutai,
pois, isto,
chefes da casa de Jacó
e governantes da casa de Israel,
que detestais a justiça
e torceis tudo o que é reto,*
¹⁰que construís Sião com o sangue*
e Jerusalém com a iniquidade.
¹¹Seus chefes dão as sentenças por
suborno,*
seus sacerdotes ensinam sob pagamento,*
seus profetas dão oráculos por dinheiro.
Ousam apoiar-se em Javé, dizendo:
"Não está Javé no meio de nós?*
Nenhum mal virá sobre nós".
¹²Por isso, por vossa causa,
Sião será lavrada como um campo
e Jerusalém se tornará um monte de
ruínas,*
e o monte do templo uma colina*
cheia de mato!†

---

* **2**,9. 2Rs 4,1 | 10. Êx 22,25 | 11. Jr 5,31 | 12. Jr 3,18 / Is 4,3 / Ez 34,1; 37,15-28 | **3**,2. Is 5,20.23 | 4. Jr 11,11
/ Dt 31,17 | 9. Am 5,7 | 10. Hab 2,12 | 11. Is 1,23 / 1Sm 9,7 / Jr 5,12 | 12. Jr 26,18 / Mq 1,6

† **2**,12. Promessa do retorno dos exilados. | **3**,5. Eles se deixam subornar, dando mensagens favoráveis
aos que lhes oferecem dons. | 12. Miqueias foi o primeiro profeta a anunciar a ruína do templo e de
Jerusalém. Jeremias citará suas palavras anunciando, com o risco da própria vida, a mesma catástrofe,
Jr 26,18s.

Miqueias 4-5

II. ORÁCULOS DE SALVAÇÃO
(4–5)

4 **Restauração e paz**[†]. [1]Nos últimos tempos,[*]
o monte do templo de Javé
será estabelecido no alto dos montes
e se elevará sobre as colinas
e afluirão a ele os povos;
[2]virão muitas nações e dirão:
"Vinde, subamos ao monte de Javé
e ao templo do Deus de Jacó;
ele nos ensinará seus caminhos,
e nós andaremos por suas veredas";
pois de Sião sairá a lei
e de Jerusalém a palavra de Javé.
[3]Ele será juiz entre muitos povos
e árbitro entre numerosas nações.
Com suas espadas farão relhas de arado,
e com suas lanças, foices.
Nenhuma nação levantará a espada contra outra
e não aprenderão mais a fazer guerra[†].
[4]Cada um se sentará debaixo de sua videira
e debaixo de sua figueira,
e ninguém mais o inquietará,
porque a boca de Javé dos exércitos falou!*
[5]Sim, todos os outros povos
caminham cada qual no nome de seu deus;
mas nós caminharemos no nome de Javé, nosso Deus,[*]
eternamente, sempre.

Volta dos exilados. [6]"Naquele dia – oráculo de Javé –[*]
reunirei os aleijados,
recolherei os dispersos
e os que tratei duramente.
[7]Dos aleijados eu farei um resto,[*]
dos dispersos, uma nação forte.
E Javé reinará sobre eles
sobre o monte Sião,
desde então e para sempre.
[8]E a ti, torre do rebanho,
colina da filha de Sião, a ti virá,
sim, voltará a ti o antigo domínio,
o reino da filha de Jerusalém".

Exílio e libertação. [9]Agora, por que gritas tão forte?
Não há em ti um rei?
Morreram teus conselheiros,
para que te assaltem dores
como as de parturiente?
[10]Sofre e geme, filha de Sião,
como parturiente,
porque agora sairás da cidade
e morarás no campo
e irás até Babilônia.
Ali serás libertada;
ali Javé te resgatará
da mão de teus inimigos.
[11]Agora se reuniram contra ti muitas nações
que dizem: "Seja profanada
e gozem nossos olhos à vista de Sião".
[12]Mas elas não conhecem os pensamentos de Javé[*]
e não compreendem seu plano,
porque as reuniu como feixes na eira.
[13]Levanta-te e bate o trigo, filha de Sião,
porque farei de ferro teu chifre
e de bronze tuas unhas,
e tu triturarás muitos povos;
consagrarás a Javé seus ganhos,
e suas riquezas ao Senhor de toda a terra.
[14]Agrupa-te agora em tropas, filha de guerreiros;
puseram o cerco em torno de nós;
com a vara batem na face
do juiz de Israel.

5 **A glória de Belém**[†]. [1]E tu, Belém de Éfrata,[*]
tão pequena para estar entre os clãs de Judá,
de ti sairá para mim aquele
que deverá reinar sobre Israel;
suas origens remontam aos tempos antigos,
aos dias mais remotos.

---

* **4**,1. Is 2,2ss | **4**. Is 1,20 | **5**. Is 2,5 | **6**. Ez 34,1; Sf 3,19 | **7**. Is 4,3 | **12**. Is 55,8s | **5**,1. Mt 2,6; Jo 7,42

† **4**. Os vv. 1-3 encontram-se quase literalmente em Is 2,2-4. A fé do povo eleito será a fé de todos os povos. | **4**,3. "Até quando se falará em 'guerra justa', mesmo depois das maiores atrocidades cometidas sob este pretexto?" (Dom Hélder Câmara). | **5**. Anúncio do Messias que, como novo Davi, também originário de Belém, vem restaurar seu reino. Mt 2,5s e Jo 7,42 mostram que esse texto era considerado messiânico. No v. 2 é mencionada a mãe do Messias.

1141 Miqueias 5-6

²Por isso Deus os abandonará até o tempo
em que der à luz aquela que deve dar à luz.*
Então o resto de seus irmãos
voltará aos filhos de Israel.
³Ele se porá de pé e apascentará seu rebanho
com a força de Javé,
com a majestade do Nome
de Javé, seu Deus.
Habitarão seguros,
porque ele então será grande
até os extremos confins da terra.
⁴E ele mesmo será a paz!†
Se a Assíria invadir nossa terra
e puser o pé em nossos palácios,
nós lhe oporemos sete pastores e oito chefes de homens,*
⁵que governarão a Assíria com a espada,
o país de Nemrod com o punhal.
Assim nos libertará da Assíria,
se ela invadir nossa terra
e puser o pé em nosso território.

O resto de Jacó. ⁶Então o resto de Jacó
será, no meio de muitos povos,
como orvalho mandado por Javé
e como chuva que cai sobre a grama,
que não espera nada do homem
nem depende dos filhos dos homens.
⁷Então o resto de Jacó será,
no meio de povos numerosos,
como leão entre os animais da floresta,
como leãozinho entre rebanhos de ovelhas,
o qual, quando entra, pisoteia e dilacera,
e não há salvação.
⁸Que vossa mão se levante
contra todos os vossos adversários,
e todos os vossos inimigos serão exterminados.

A obra de Javé†. ⁹Naquele dia – oráculo de Javé –

farei desaparecer do meio de ti teus cavalos*
e destruirei teus carros;
¹⁰aniquilarei as cidades de teu país
e demolirei todas as tuas fortalezas.
¹¹Arrancarei de tua mão as feitiçarias
e não terás mais adivinhos.
¹²Eliminarei de teu meio
tuas estátuas e tuas colunas sagradas;
não mais te prostrarás
diante da obra de tuas mãos.
¹³Extirparei de ti teus postes* sagrados†
e destruirei teus ídolos.
¹⁴Com ira e com furor tirarei vingança das nações
que não quiseram obedecer.

III. ADVERTÊNCIA AO POVO E ESPERANÇA DE SALVAÇÃO
(6–7)

6 **Processo de Javé contra seu povo.** ¹Escutai, pois, o que diz Javé:
"De pé! Abre um processo diante das montanhas*
e que as colinas ouçam tua voz!
²Escutai, montanhas, o processo de Javé
e prestai ouvido, fundamentos inabaláveis da terra,
porque Javé tem uma demanda com seu povo,
move processo contra Israel.
³Meu povo, que te fiz?†
Em que coisa te cansei? Responde-me.
⁴Talvez porque te fiz sair do Egito,*
te resgatei da casa da escravidão
e mandei a tua frente Moisés, Aarão e Maria?*
⁵Meu povo, recorda as tramas de Balac, rei de Moab,
e o que lhe respondeu Balaão, filho de Beor.*

---

* **5**,2. Is 7,14 | 4. Am 1,3 | 6. Is 4,3 / Os 14,6 | 9. Os 14,4; Zc 9,10 | 13. Êx 23,24; 34,13 | **6**,1. Is 3,13ss; 5,3s; Os 4,1-5 | 4. Dt 5,6 / 1Sm 12,6 | 5. Nm 22-24

† **5**,4. A paz terrestre é imagem e fruto da paz de Cristo, o Príncipe da paz messiânica. | 9. Abolir a idolatria, o pecado que é diretamente contra a fidelidade ao Deus da aliança, é abolir o motivo da destruição da cidade e da expulsão do povo da terra. | 13. Representações de Aserá, divindade cananeia do amor e da fecundidade. A lei mandava queimá-las, Dt 12,3. | **6**,3. A liturgia usa esse texto na Sexta-feira Santa, na adoração da cruz.

Miqueias 6-7

Lembra-te do que aconteceu de Setim a Guilgal,
para reconheceres as justas obras de Javé".

⁶Com que me apresentarei a Javé,
me prostrarei ao Deus Altíssimo?
Com holocaustos me apresentarei a ele,
com novilhos de um ano?
⁷Agradarão a Javé os milhares de carneiros
e as miríades de torrentes de óleo?
Será preciso que eu lhe ofereça meu primogênito*
como preço de meu crime,
o fruto de minhas entranhas por meu pecado?⁺

⁸Ó homem, foi-te ensinado o que é bom,*
o que Javé requer de ti:
apenas praticar a justiça,*
amar a misericórdia*
e caminhar humildemente com teu Deus.*

Contra as injustiças. ⁹A voz de Javé grita à cidade!
– e quem é sábio teme seu Nome –:
Escutai, tribos e assembleia da cidade:
¹⁰Há ainda na casa do ímpio*
tesouros injustamente adquiridos
e medidas diminuídas, coisa detestável?
¹¹Poderei eu declarar justo
quem usa balanças falsas
e bolsa de pesos alterados?
¹²Os ricos da cidade estão cheios de violência
e seus habitantes falam mentiras;
sua língua não é mais que engano em sua boca.
¹³Também eu comecei a ferir-te,
a devastar-te por causa de teus pecados.
¹⁴Comerás, mas não te saciarás,
e tua fome ficará dentro de ti;
porás de lado, mas nada conservarás;
e o que conservares,
eu o entregarei à espada.
¹⁵Semearás, mas não colherás;*
pisarás a azeitona, mas não te ungirás com o óleo;
produzirás o mosto, mas não beberás o vinho.
¹⁶Tu observas os preceitos de Amri,
todas as práticas da casa de Acab
e segues seus princípios;
por isso farei de ti uma desolação,
de teus habitantes alvo de zombaria
e sofrerás a infâmia de meu povo.

7 **Depravação universal.** ¹Ai de mim! Tornei-me
como segador no verão,
como vindimador na vindima:
nem um cacho para comer,
nem um figo temporão que tanto aprecio!
²Desapareceu da terra o fiel,*
não há mais um justo entre os homens;
estão todos à espreita para derramar sangue;
cada um procura apanhar com a rede o irmão.
³Suas mãos estão prontas para o mal;*
para fazer o bem, o príncipe impõe condições,
o juiz se deixa corromper,
o grande manifesta cobiça,
e assim distorcem tudo.
⁴O melhor deles é como espinheiro,
e o mais reto, pior que cerca de espinhos.
Vem o dia predito por tuas sentinelas,
o dia de teu castigo;
então será a ruína deles.
⁵Não acrediteis no amigo,
não confieis no companheiro.
Guarda as portas de tua boca
diante daquela que repousa a teu lado.
⁶Pois o filho insulta o pai,
a filha se revolta contra a mãe,*
a nora contra a sogra.
Cada um tem como inimigos
as pessoas da própria casa.

---

* **6,**7. Lv 18,21 | 8. Am 5,21 / Am 5,24 / Os 2,21 / Is 7,9; 30,15 | 10. Am 8,5 | 15. Dt 28,30-33 | **7,**2. Sl 14,1ss; Jr 5,1 | 3. Jr 4,22 | 6. Mt 10,35s

⁺ **6,**7. Sacrifício de crianças, condenado pelos profetas, Jr 7,31, mas ainda em uso, 2Rs 16,3.

Miqueias 7

Arrependimento[†]. [7]Mas eu volto o olhar para Javé,
espero em Deus, meu salvador;
meu Deus me escutará.
[8]Não te alegres com minha desventura,
ó minha inimiga!
Se caí, eu me levantarei;
se moro nas trevas,
Javé será minha luz.*
[9]Devo suportar o furor de Javé
– porque pequei contra ele –
até que defenda minha causa
e restabeleça meu direito.
Ele me fará sair à luz,
e eu contemplarei* suas justas obras[†].
[10]Minha inimiga o verá
e será coberta de vergonha,
ela que dizia:
"Onde está Javé, teu Deus?"*
Meus olhos a verão
quando for pisoteada como a lama das ruas.
[11]É o dia em que teus muros
serão reconstruídos;
naquele dia serão alargados teus confins.[†]
[12]Naquele dia virão a ti
da Assíria até o Egito,
do Egito até o Eufrates,
de um mar a outro, de uma montanha a outra.

Restauração. [13]A terra se tornará um deserto
por causa de seus habitantes,
como fruto de suas ações.

[14]Apascentai vosso povo com vossa vara,*
o rebanho de vossa herança,
que está solitário na floresta
entre férteis campos;
que ele paste em Basã e em Galaad
como nos tempos antigos.
[15]Como quando saístes do Egito,
mostrai-nos coisas prodigiosas.
[16]As nações verão e ficarão envergonhadas,*
malgrado todo o seu poder.
Taparão a boca com a mão,
seus ouvidos ficarão surdos.
[17]Lamberão o pó como a serpente,
como os répteis da terra;
tremendo sairão de seus esconderijos;
terão medo de Javé, nosso Deus,
e de ti terão temor.

Apelo ao perdão. [18]Qual deus é como vós,*
que tirais a iniquidade
e perdoais o pecado
ao resto de vossa herança?
Ele não conserva para sempre sua ira,*
porque gosta de usar misericórdia.
[19]De novo terá piedade de nós,
pisará nossas culpas
e jogará no fundo do mar todos os nossos pecados.
[20]Mostrareis a Jacó vossa fidelidade,
a Abraão vossa misericórdia,*
como jurastes a nossos pais
desde os tempos antigos.

---

* **7**,8. Sl 27,1; Jo 8,12 **|** 9. 6,5 **|** 10. Sl 42,4.11; Jl 2,17 **|** 14. Ez 34,1; Sl 95,7; 23,1s **|** 16. Is 26,11 **|** 18. Jr 50,20 / Sl 103,9; Êx 34,6s **|** 20. Lc 1,73; Gn 22,16ss; 28,13ss

† **7**,7. O povo eleito, provado pelo exílio, arrepende-se e obtém a promessa da restauração. Em breve a ira de Javé se voltará contra os inimigos do povo. **|** 9. Ou seja, a salvação. **|** 11. O dia de Javé será um dia de renovação, dia em que serão reconstruídos os muros e serão alargados os limites da cidade, tempo do retorno dos exilados.

NAUM

Da vida do profeta Naum não se sabe quase nada. Exerce seu ministério profético no momento crucial da queda de Nínive, em 612 a.C. Anuncia sua ruína próxima. Em tal evento ele vê um juízo de Deus, que pune o opressor de Israel (1,12s) e dos outros povos (3,1-7). Depois de um século de dominação assíria, o profeta faz explodir sua alegria pela libertação obtida e saúda a nova era (2,1).

O livro começa com um salmo que celebra a intervenção de Deus. Javé é lento para a ira, mas vai abalar o universo levando o castigo aos inimigos e a salvação aos fiéis. Seguem-se os oráculos para vários destinatários e o anúncio da ruína de Nínive. O profeta não se dirige ao povo eleito, mas diretamente à cidade inimiga. Anuncia que Javé é um Deus exigente, que pune os que se opõem a ele (1,2). Louva a Deus que conduz a história. Ele é bom, é um refúgio seguro no dia do infortúnio. Cuida dos que se refugiam nele, quando estão para ser tragados (1,7s). O povo será libertado com a queda de Nínive.

JUÍZO DE JAVÉ CONTRA NÍNIVE E DESTRUIÇÃO DA CIDADE

1 **Título.** ¹Oráculo sobre Nínive†. Livro da visão de Naum de Elcós.

A cólera de Javé†. ²Javé é um Deus apaixonado* e vingador†;
vingador é Javé, cheio de furor.
Javé se vinga de seus adversários
e guarda rancor a seus inimigos.
³Javé é lento para a ira, mas grande em poder
e nada deixa impune.
Ele caminha no furacão e na tempestade,
e as nuvens são a poeira de seus pés.
⁴Ameaça o mar e o enxuga,
faz secar todos os rios.*
Basã e o Carmelo tornam-se áridos,
e a flor do Líbano murcha.
⁵Diante dele tremem as montanhas,
as colinas se derretem;*
em sua presença levanta-se a terra,
sim, o mundo com todos os seus habitantes.
⁶Diante de seu furor quem pode resistir?
E quem pode enfrentar o furor de sua ira?*

Sua cólera se expande como o fogo,
e as rochas se fendem a sua frente.
⁷Javé é bom;
é um abrigo no dia da angústia:
conhece os que nele confiam
⁸mesmo quando sobrevém a inundação.*
Extermina quem se insurge contra ele
e persegue seus inimigos até nas trevas.
⁹Que tramais vós contra Javé?*
Ele fará uma total destruição:
a calamidade não se abaterá uma segunda vez,
¹⁰porque como espinhos entrelaçados
e ébrios com sua bebida
serão consumidos como palha seca.
¹¹De ti saiu aquele que trama o mal contra Javé,
um conselheiro malvado.*
¹²Assim fala Javé:
"Embora sejam fortes e numerosos,*
serão eliminados e desaparecerão.
Se eu te afligi, não te afligirei mais.
¹³Agora quebrarei seu jugo que te oprime,
romperei tuas correntes".
¹⁴Mas quanto a ti, Javé deu este decreto:*

---

* **1**,2. Dt 4,24; Êx 20,5s | 4. Is 50,2; Sl 106,9 | 5. Jr 4,24 | 6. Ap 6,17 | 8. Gn 6,7s; 8,1 | 9. 1Sm 2,6 | 11. 3,14; Sl 18,5 | 12. 2 Rs 19,35s | 14. Is 14,19ss; Jr 8,1s

† **1**,1. Anúncio da destruição da capital assíria pelos caldeus em 612 a.C., da qual não mais ressurgirá. | 2. Salmo alfabético, mas incompleto, que descreve a teofania de Javé que extermina seus inimigos. A queda da cidade, que antes serviu como instrumento da ira de Deus contra seu povo, é um ato da justiça divina. / Deus é apaixonado enquanto castiga a infidelidade, e vingador porque assegura a justiça.

1145 Naum 1-3

"Nenhuma descendência levará teu nome;
tirarei do templo de teus deuses
as estátuas de madeira e de metal;
prepararei tua sepultura, porque és desprezível".

2 Convite à alegria. ¹Sobre as montanhas vem um mensageiro que anuncia a paz!*
Celebra tuas festas, Judá,
cumpre teus votos,
porque não mais passará por ti o malvado:*
está totalmente aniquilado†.

Ataque a Nínive. ²Contra ti avança um destruidor:
monta guarda à fortaleza,
vigia o caminho, cinge os rins,
reúne todas as tuas forças.
³Javé restaura a vinha de Jacó
e a vinha de Israel;*
porque os saqueadores as tinham depredado*
e destruído seus sarmentos.
⁴O escudo de seus valentes é vermelho,
os guerreiros estão vestidos de escarlate;
como fogo cintilam os carros de ferro,
prontos para o ataque; as lanças se agitam.
⁵Pelas ruas correm os carros furiosamente,
precipitam-se pelas praças;
seu aspecto é como o de tochas,
voam como relâmpagos.
⁶Fazem a chamada dos mais corajosos,
que acorrendo se atropelam:
eles se lançam para os muros,
e a defesa é preparada.
⁷As comportas dos rios se abrem,
desaba o palácio.
⁸A rainha é conduzida ao exílio,
suas criadas gemem como pombas
batendo no peito.

⁹Nínive é como um tanque de água
do qual escapam as águas.
"Parai, parai!", gritam, mas ninguém se volta.
¹⁰Saqueai a prata, saqueai o ouro,
há tesouros infinitos, abundância de todo objeto precioso.
¹¹Espoliação, saque, desolação;
o coração desfalece, os joelhos vacilam,*
em todos os rins há angústia,
todas as faces empalidecem.
¹²Onde é a cova dos leões,*
a caverna dos leõezinhos?
Lá se refugiavam o leão, a leoa e os leõezinhos,
e ninguém os perturbava.
¹³O leão dilacerava para seus filhotes,
estrangulava para suas leoas;
enchia suas covas de presas, suas tocas de rapina.
¹⁴"Estou contra ti – oráculo de Javé dos exércitos –
reduzirei a fumaça teus carros;
a espada devorará teus leõezinhos.
Farei desaparecer da terra tuas rapinas,
e não se ouvirá mais a voz de teus mensageiros".

3 Descrição da ruína de Nínive†.
¹Ai da cidade sanguinária,
cheia de mentiras, repleta de rapinas,
que não cessa de depredar!
²Estalo de chicote, estrépito de rodas,
cavalos galopando, carros pulando,
³cavaleiros que assaltam, lampejar de espadas,
cintilar de lanças, numerosos feridos,
multidão de mortos, cadáveres sem fim,*
tropeçam nos corpos.
⁴Isto por causa das muitas prostituições da sedutora meretriz†,
mestra nas artes mágicas,

---

* **2**,1. Is 52,7-10 / Na 1,11 | 3. Is 5,1 / Is 5,26-30; Jr 5,15ss; 6,22-30 | 11. Jr 30,6; Is 13,7 | 12. Os 5,14; Mq 5,8; Jr 4,7 | **3**,3. Ez 39,11-16

† **2**,1. A ruína de Nínive é motivo de alegria para Judá: Deus se mostra senhor da história, fazendo desaparecer o opressor do povo. | **3**,1. Descrição antecipada do assalto definitivo à cidade, depois de um cerco de 2 anos. | 4. Aplicação a Nínive da imagem inaugurada por Oseias, que simboliza por um matrimônio as relações entre Javé e seu povo: este se prostitui quando é infiel, idólatra, ou faz aliança com estrangeiros, o que é ocasião de pecado de idolatria.

Naum 3

que vendia as nações com suas prostituições,

e os povos com suas artes mágicas.

5"Estou contra ti – oráculo de Javé dos exércitos –.*

Levantarei teu vestido até o teu rosto

e mostrarei às nações tua nudez,*

aos reinos tua vergonha.

6Jogarei sobre ti imundícies;

eu te humilharei e te exporei ao ludíbrio.

7Então todos os que te virem fugirão de ti

dizendo: 'Nínive está destruída!' Quem a chorará?*

Onde procurarei quem a console?"

A sorte de Tebas. 8Acaso és mais forte que Tebas,

que estava sentada entre os canais do Nilo,

cercada de águas?

Como baluarte tinha o mar

e como muralha as águas.

9A Etiópia e o Egito eram sua força*

que não tinha limites.

Fut e os líbios eram seus aliados.

10No entanto também ela foi deportada,

partiu para o cativeiro.

Também seus meninos foram esmagados*

nas esquinas de todas as ruas.

Sobre seus nobres foram lançadas sortes*

e todos os seus grandes foram acorrentados.

Nínive está perdida†. 11Também tu beberás até as fezes e desfalecerás,

também tu procurarás escapar do inimigo.

12Todas as tuas fortalezas são como figueiras

carregadas de frutos temporãos:

se são sacudidas, caem os figos

na boca de quem os quer comer.

13Olha teu povo: no meio de ti só há mulheres;*

escancaram a porta de tua terra a teus inimigos;

o fogo devorou teus ferrolhos.

14Busca água para o tempo do cerco, reforça tuas defesas,

entra no barro, pisa a argila, toma a forma para os tijolos.

15Lá o fogo te devorará

e a espada te exterminará.

Ela te devorará como o gafanhoto,

ainda que te multiplicasses como os gafanhotos,

te tornasses numerosa como os grilos,

16e multiplicasses teus negociantes

mais que as estrelas do céu.

O grilo cria asas e voa para longe!

17Teus príncipes são como grilos,

teus oficiais como nuvens de gafanhotos

pousados nas cercas num dia frio;

mas quando nasce o sol fogem

e não se sabe para onde foram.

Lamentação. 18Rei da Assíria, teus pastores dormem,

repousam teus valentes.

Teu povo está disperso pelos montes*

e não há quem os reúna.

19Tua ferida não tem remédio,

incurável é tua chaga.

Todos os que ouvirem tuas notícias

festejarão tua calamidade.

Porque sobre quem não se derramou

sem trégua tua crueldade?

---

* **3**,5. 2,14 / Os 2,5 | 7. Jr 15,5; Is 51,19 | 9. Jr 46,9 | 10. Os 10,14 / Jl 4,13 | 13. Is 19,16; Jr 51,30 | 18. 1Rs 22,17

† **3**,11. É inútil preparar a defesa da cidade, diante do irresistível exército inimigo, que executa o juízo de Deus.

HABACUC

Viveu cerca do ano 600 a.C., mas de sua vida não temos notícias certas. Em seu livro, lamenta-se com Deus pela triste situação de seu povo, maltratado pelos exércitos babilônicos e atormentado também pelos povos vizinhos. Diante das desordens sociais e políticas de seu tempo, coloca a pergunta: Podemos conhecer como Deus guia a história? A pergunta justifica-se pela impressão que às vezes se tem de que Ele estaria ausente da história. Deus responde ao profeta que virá um povo feroz e impetuoso para punir os pecados, como instrumento de sua justiça. Angustiado diante de tal resposta, torna a perguntar a Deus por que o ímpio deve ser sempre o instrumento de seus castigos. Deus assegura-lhe que este, a seu tempo, será punido: "O homem infiel a Deus perecerá, mas o justo viverá por sua fé" (2,4).

Vêm depois cinco imprecações das nações contra seu opressor babilônico, e o livro termina com um hino que canta a epifania de Javé que parte em guerra contra a impiedade. O profeta reza uma oração na qual exprime sua dor (3,14.16). Mas, convencido de que Deus salvará seu povo, ainda que através do castigo, diz: "Eu no entanto me alegrarei em Javé" (3,18).

O profeta não censura o povo, mas o convida a uma fidelidade mais constante. Javé conduz realmente a história, garante a vida aos justos que tiverem sabido manter a fidelidade. A intervenção divina será terrível para os inimigos, mas o povo poderá esperar em paz o dia de seu Deus e exultar nele. No meio das tribulações desta vida e diante da aparente demora de Deus, o justo de todos os tempos é convidado à paciência (2,3s).

I. APELOS DO PROFETA E RESPOSTAS DE DEUS
(1,1–2,6a)

1 **Título.** ¹Oráculo que recebeu em visão o profeta Habacuc:

O triunfo dos ímpios†. ²Até quando, Javé, chamarei por socorro e não escutais, gritarei a vós: "Violência!"*
e não me salvais?
³Por que me fazeis ver a iniquidade e tolerais o espetáculo da opressão?*
A minha frente, rapina e violência;
há disputas e cresce a discórdia.
⁴A lei não tem mais força,
o direito não consegue afirmar-se.
Com efeito, o ímpio domina o justo,*
e a justiça é distorcida†.

Os caldeus, flagelo de Deus†. ⁵"Olhai entre as nações e observai;*
ficai maravilhados e atônitos:
vou fazer em vossos dias uma coisa que vós não crereis, quando for contada.
⁶Suscitarei os caldeus,

povo feroz e impetuoso,
que percorre vastas regiões da terra para se apoderar de moradas que não são suas.
⁷Ele é terrível e espantoso,
sua força constitui seu direito e sua grandeza.
⁸Mais velozes que leopardos são seus cavalos,
mais ágeis que os lobos da noite.*
Galopam seus cavaleiros, vindos de longe,
voam como águia que se abate sobre a presa.
⁹Todos avançam para a rapina,
com o rosto ardente como o vento oriental;
ajuntam prisioneiros como areia.
¹⁰Ele zomba dos reis
e ridiculariza os príncipes;
de toda fortaleza escarnece,
assalta uma cidade e a conquista.
¹¹Depois muda o vento e ele parte.
Criminoso, que faz de sua força seu deus."*

---

* **1**,2. Jr 14,9 | 3. Am 3,9s; Jr 6,7; 9,2s; Sl 55,10ss | 4. Mq 7,2s; Is 59,14 | 5. Is 29,9 | 8. Sf 3,3 | 11. 1,7

† **1**,1. O profeta ousa levantar uma dúvida sobre a justiça divina e o tratamento que Deus dispensa aos maus. A seus olhos Deus parece ausente, inativo, silencioso. | 4. "A fé nos dá a certeza de que Deus não permitiria o mal se do próprio mal não tirasse o bem, por caminhos que só conheceremos plenamente na vida eterna" (CIC). | 5. Os caldeus, instrumento da justiça divina, serão por sua vez punidos.

Habacuc 1-2

Pergunta do profeta. [12]Não sois vós desde o princípio, Javé,*
meu Deus, meu Santo, que não morre?
Javé, vós o escolhestes para fazer justiça;
como um rochedo o fortificastes, para castigar.
[13]Vossos olhos são puros demais para ver o mal*
e não podeis olhar a opressão.
Por que, então, vendo os traidores, vós vos calais,*
enquanto o malvado devora o justo?
[14]Tratais os homens como peixes do mar,*
como os répteis que não têm dono.
[15]Ele os pega todos no anzol,
captura-os em sua rede,
ajunta-os na tarrafa;
por isso alegra-se e exulta†.
[16]Então, oferece um sacrifício a sua rede
e queima incenso a sua tarrafa,
porque com elas sua pesca é abundante,
e suculenta a comida.
[17]Continuará ele a esvaziar sua rede
e a massacrar as nações sem piedade?

2 **Resposta de Deus**†. [1]Estarei em meu posto de guarda,*
ficarei de pé na torre
a espiar, para ver o que me dirá
e como responderá a meus lamentos.
[2]Javé respondeu e me disse:
"Escreve a visão*
e grava-a bem sobre tabuinhas,
para que seja lida facilmente.*
[3]É uma visão para um tempo já determinado;
ela se apressa para seu termo e não mentirá;

se demorar, aguarda-a,*
porque certamente virá sem tardar.
[4]Sucumbe quem não tem o ânimo reto,
mas o justo viverá* por sua fidelidade"†.

II. CINCO MALDIÇÕES (2,5-20)†

Introdução. [5]A riqueza é realmente traidora.
O homem arrogante não pode estar tranquilo;
alarga como o inferno sua boca,
é insaciável como a morte.*
Atrai a si todas as nações,
reúne perto de si todos os povos.
[6]E todos estes não zombarão dele*
com provérbios, sarcasmos e enigmas?
Contra a avidez arrogante. Dirão:
Ai daquele que acumula o que não é seu*
– até quando? –
e se sobrecarrega de dívidas!
[7]Não surgirão de repente teus credores,
não acordarão teus cobradores?
Então te tornarás presa deles.
[8]Porque despojaste muitas nações,*
todos os povos que restaram te despojarão,
porque derramaste sangue humano*
e fizeste violência ao país,
à cidade e a seus habitantes.
Contra a presunção. [9]Ai de quem é ávido de lucro desonesto para sua casa,*
para pôr seu ninho em lugar alto,*
e escapar do poder da desventura.
[10]Decretaste a desonra de tua casa:
abatendo povos numerosos,
fizeste o mal contra ti mesmo.*
[11]Pois a pedra gritará da parede,
e do madeiramento responderá a trave.

---

* **1**,12. Is 10,13; Dt 33,27; Sl 90,1s; Lv 17,1 | **13**. 1,3; Sl 5,5s / Sl 34,22s | **14**. Jr 16,16; Ez 12,13; 17,20; 29,4s; 32,3 | **2**,1. Nm 23,1-6 | 2. Is 8,1 / Jr 30,2; Ap 1,19 | 3. 2Pd 3,4-10; Nm 23,19 | 4. Rm 1,17; Gl 3,11; Hb 10,38 | 5. Is 5,14 | 6. Is 14,4; Mq 2,4 / Ap 8,13; Is 5,8 | 8. Is 33,1 / 2,17 | 9. Jr 22,13-17 / Jr 49,16; Is 14,13; Ab 4 | 10. 1,17; Is 14,20 | 12. Jr 22,13; Mq 3,10

† **1**,15. O rei caldeu é o pescador de povos que pesca com todos os meios grande quantidade de peixes. | **2**. Não tardará o fim da provação, e o opressor caldeu será punido. | 4. O justo crê em Deus e não na própria capacidade de acumular poder e riqueza. Essa fidelidade e constância o fortalecem mesmo em tempo de perigo e confusão. | **II**. Lamentos de uma população oprimida por Babilônia, condenando os vícios da cidade.

Contra a vanglória e a violência. ¹²Ai de quem constrói uma cidade sobre o sangue*
e funda uma cidade sobre a injustiça.
¹³Não é vontade de Javé dos exércitos
que os povos labutem pelo fogo*
e as nações se cansem por um nada?
¹⁴Porque, como as águas cobrem o fundo do mar,
assim a terra deverá encher-se*
de conhecimento da glória de Javé.

Contra a degradação da dignidade humana. ¹⁵Ai de quem faz seus vizinhos beber,
misturando veneno para embriagá-los
e descobrir sua nudez.*
¹⁶Tu te saciaste de vergonha, não de glória.
Bebe por tua vez e mostra tua incircuncisão.*
Sobre ti se derramará o cálice da mão direita de Javé,*
e a vergonha cobrirá tua glória.
¹⁷Porque a violência feita ao Líbano te submergirá
e o extermínio dos animais te encherá de terror,
porque derramaste sangue humano*
e fizeste violência ao país,
à cidade e a todos os seus habitantes.

Contra a idolatria. ¹⁸Para que serve uma escultura,
para que o artista se dê o trabalho de esculpi-la?*
ou uma estátua de metal, um oráculo falso,
para que o artista confie neles,
esculpindo ídolos mudos?
¹⁹Ai de quem diz à madeira: "Acorda",*
e à pedra muda: "Levanta-te".
Poderá ela ensinar?
É recoberta de ouro e de prata,
mas dentro não há sopro vital.
²⁰Javé, porém, mora em seu templo santo.*
Cale-se diante dele toda a terra!

III. SALMO
(3)

3 **Oração a Deus que aparece para o juízo.** ¹Oração do profeta Habacuc, em tom de lamentação.
²Javé, escutei vosso anúncio,*
Javé, tive temor de vossa obra.
No decurso dos anos manifestai-a,*
fazei-a conhecida no decurso dos anos.
Em vosso furor, recordai-vos de ter clemência.*
³Deus vem de Temã,*
o Santo do monte Farã.
Sua majestade recobre os céus,
de seus louvores está cheia a terra.
⁴Seu esplendor é como a luz,
raios brotam de suas mãos:
ali se oculta seu poder.
⁵Diante dele avança a peste,
a febre ardente segue seus passos.
⁶Ele para e faz tremer a terra;
olha e sacode as nações;*
as montanhas eternas se deslocam
e as colinas seculares se abatem:
suas veredas são eternas.
⁷Eu vi as tendas de Cusã em aflição,
tremem os acampamentos de Madiã.
⁸É contra os rios, Javé,
que se inflama vossa cólera?
Ou é contra o mar vosso furor,
quando montais sobre vossos cavalos,
sobre vossos carros de vitória?
⁹Retirais vosso arco
e saciais de flechas sua corda.
Fendeis a terra com rios.
¹⁰Os montes vos vêem e tremem,
torrentes de água se derramam,
o abismo faz ouvir sua voz.
A luz brilhante do sol escurece,
¹¹e a lua fica em sua morada;
fogem ao cintilar de vossas flechas,
ao esplendor fulgurante de vossa lança.
¹²Furioso atravessais a terra,
irado pisoteais as nações.
¹³Saístes para salvar vosso povo,
para salvar vosso consagrado.
Demolistes o topo da casa do ímpio,*

---

* **2**,13. Jr 51,58 | 14. Is 11,9 | 15. Gn 9,20-25 | 16. Lm 4,21 / Is 51,17; Sl 75,9 | 17. 2,8 | 18. Os 3,4; Zc 10,2 | 19. Is 40,20 | 20. Sf 1,7; Zc 2,17; Ap 8,1 | **3**,2. Dt 2,25; Sl 8,2.10; 76,2ss / Is 51,9 / Is 54,8 | 3. Dt 33,2; Jz 5,4 | 6. Êx 15,14ss | 13. 2,9ss

Habacuc 3

pusestes a descoberto suas fundações.

[14]Traspassastes com suas próprias flechas
as cabeças de seus guerreiros
que irrompiam para nos dispersar*
com a alegria de quem devora o pobre às ocultas.

[15]Com vossos cavalos atravessastes o mar*
no turbilhão de grandes águas.

[16]Eu ouvi e estremeceu* meu coração†,
a tal noticia tremeram meus lábios,
a cárie entra em meus ossos
e debaixo de mim vacilam meus passos.
Espero tranquilo o dia da angústia,
que virá contra o povo que nos oprime.

[17]Ainda que a figueira não germine,*
nenhum produto deem as vinhas,
ainda que cesse a colheita da azeitona,
os campos não produzam mais alimento,
os rebanhos desapareçam dos apriscos,
e os currais fiquem sem bois:
[18]eu no entanto me alegrarei em Javé,
exultarei em Deus,* meu Salvador†.
[19]Javé, meu Senhor, é minha força,
ele faz meus pés ágeis como os da corça,*
e sobre as alturas me faz caminhar†.

Para o mestre do coro. Com instrumentos de corda.

---

* **3**,14. Sl 10,7ss; 17,12 | 15. Sl 77,20; Is 43,16s | 16. Jr 4,19 | 17. Jr 5,17; Os 9,2 | 18. Lc 1,47 | 19. Sl 18,34; Dt 32,13; Is 58,14

† **3**,16. O profeta contempla impressionado a grandiosa manifestação da majestade e do poder de Deus, que derruba o poderoso. | **3**,18. O cântico termina com uma expressão de confiança e de fé em Javé, mesmo no meio das incertezas da história. | 19. "Quando temos o Senhor a nosso lado, não tememos os obstáculos, mas prosseguimos a caminhada com passo ligeiro e com alegria, pelas estradas difíceis da vida" (João Paulo II).

SOFONIAS

O nome deste profeta significa "aquele que Deus protege". Nasceu talvez em Jerusalém, onde profetiza pelo ano 630 a.C., nos primeiros anos do rei Josias, quando Judá se achava em plena crise e, no plano religioso, praticava os cultos idolátricos. Pioneiro daquela reforma religiosa que, depois, será feita por Josias, e consciente da suma gravidade dos pecados de Judá e de Jerusalém, prediz-lhes o iminente juízo divino. Pela infidelidade ao Deus da aliança e por sua soberba, todos serão castigados, mas o serão ainda mais os chefes e os príncipes patrocinadores das superstições estrangeiras e da exploração do povo. O dia de Javé virá sobre Judá, sobre as nações que o oprimem e sobre toda a humanidade. Esse dia é um tema frequente nos profetas, indicando um momento preciso no qual Deus intervém para punir seu povo ou um povo pagão. Será um dia de ira em toda a terra. Só serão preservados os que buscam a justiça de Deus, os pobres e humildes da terra, um povo de condição modesta, que tudo espera de Deus: subsistência e salvação. Serão punidas as nações pagãs por sua má conduta. Ficará um resto, ao qual estão reservadas as promessas da salvação, segundo a palavra de Deus (3,12). Os verdadeiros continuadores da história da salvação são aqueles que não cometeram iniquidades (3,13). Fruto desta vida renovada será a paz. Nesta perspectiva, o profeta canta a nova aliança (3,14-18).

I. JUÍZO CONTRA JUDÁ E CONTRA AS NAÇÕES
(1–2)

1 **Título.** ¹Palava de Javé dirigida a Sofonias, filho de Cusi, filho de Godolias, filho de Amarias, filho de Ezequias, no tempo de Josias,* filho de Amon, rei de Israel.

Destruição universal. ²"Farei desaparecer tudo da face da terra
– oráculo de Javé.
³Eliminarei homens e animais;
exterminarei as aves do céu e os peixes do mar,*
abaterei os ímpios;
cancelarei os homens da face da terra
– oráculo de Javé".

Contra Judá e Jerusalém†. ⁴"Estenderei a mão contra Judá
e contra todos os habitantes de Jerusalém;
exterminarei deste lugar
o que resta de Baal,*
o nome de seus ministros com os sacerdotes;

⁵aqueles que sobre os terraços se prostram*
diante da milícia celeste
e os que se prostram diante de Javé,
e depois juram por Melcom;*
⁶aqueles que deixam de seguir Javé,
que não o buscam, nem o consultam.
⁷Silêncio, na presença do Senhor Javé,*
porque o dia de Javé está próximo!
Javé preparou um sacrifício
e consagrou seus convidados.
⁸"No dia do sacrifício de Javé,
eu punirei os príncipes, os filhos do rei
e todos os que se vestem à moda estrangeira.
⁹Punirei naquele dia todos os que saltam sobre o limiar†,
os que enchem de rapinas e de fraudes
a casa de seu senhor".
¹⁰"Naquele dia – oráculo de Javé –
gritos de socorro virão da porta dos Peixes,
gemidos do bairro novo,
e grande fragor das colinas.

---

* **1**,1. Jr 1,2 | 3. Os 4,3 | 4. 2Rs 23,4s.12 | 5. Dt 4,19; 2Rs 21,3ss / 1Rs 11,7-33; 2Rs 23,13 | 7. Hab 2,20; Zc 2,17; Ap 8,1

† **1**,4. A destruição universal comprova que o destino das nações está nas mãos de Javé. Ela atingirá também o povo eleito por causa de seu falso culto. | 9. Gesto de superstição; consideravam o limiar como lugar de divindades nefastas.

Sofonias 1-2

1152

¹¹Uivai, habitantes de Mactes,
porque todos os mercadores foram aniquilados,
e exterminados todos os que pesam a prata".

O dia de Javé. ¹²"Naquele tempo
revistarei Jerusalém com lanternas
e farei justiça contra aqueles homens,
imóveis como a borra do vinho, que pensam:
'Javé não pode fazer nem bem nem mal'.
¹³Seus bens serão saqueados
e suas casas, destruídas.
Construirão casas, mas não as habitarão,
plantarão vinhas, mas não beberão seu vinho".

¹⁴Está perto o grande dia de Javé,
está perto e avança a largos passos.
O ruído do dia de Javé é amargo;
então o homem valoroso gritará forte.
¹⁵Dia de ira aquele dia†,
dia de angústia e de aflição,
dia de ruína e de extermínio,
dia de trevas e de caligem,*
dia de nuvens e de escuridão,
¹⁶dia de toques de trombeta*
e de gritos contra as cidades fortificadas
e contra as altas torres.
¹⁷Trarei sobre os homens a angústia,
e eles andarão como cegos,
porque pecaram contra Javé;
seu sangue será derramado como pó
e suas vísceras, como excrementos.*
¹⁸Nem sua prata, nem seu ouro*
poderão salvá-los.
No dia da ira de Javé
e ao fogo de seu ciúme,
toda a terra será consumida;
porque fará uma destruição repentina e completa
de todos os habitantes da terra.

2 **Exortação à penitência.** ¹Reuni-
-vos, congregai-vos,
ó gente sem pudor,

²antes que sejais dispersos
como palha que desaparece num dia;*
antes que caia sobre vós
o ardor da ira de Javé,
antes que venha sobre vós
o dia da ira de Javé.
³Buscai a Javé†
vós todos, pobres da terra,*
que cumpris suas ordens;
buscai a justiça†,
buscai a humildade,*
talvez encontreis abrigo
no dia da ira de Javé.

Contra os filisteus. ⁴Porque Gaza será abandonada*
e Ascalon, reduzida a um deserto.
Azoto em pleno dia será deportada
e Acaron, destruída até os alicerces.
⁵Ai dos habitantes da costa do mar,
nação dos cereteus!
A palavra de Javé é contra ti,*
Canaã, país dos filisteus:
"Eu te destruirei,
privando-te de todo habitante.
⁶A costa do mar será apenas pasto,
com refúgios para os pastores
e currais para os rebanhos".
⁷A costa marítima pertencerá ao resto da casa de Judá;
naqueles lugares apascentarão os rebanhos
e de noite repousarão nas casas de Ascalon,
porque Javé, seu Deus, intervirá em seu favor
e os fará voltar do cativeiro.

Contra Moab e Amon. ⁸"Eu ouvi o insulto de Moab*
e os ultrajes dos amonitas
com os quais insultaram meu povo
gloriando-se de seu território.
⁹Por isso, por minha vida,
– oráculo de Javé dos exércitos, Deus de Israel –
Moab se tornará como Sodoma,
e os amonitas como Gomorra:

---

* **1**,15. Jl 2,2 | 16. Jl 2,1 | 17. Jr 9,21 | 18. Ez 7,19 | **2**,2. Os 13,3 | 3. Am 5,4ss / Is 57,15 | 4. Am 1,6ss; Is 14,28-32; Jr 47; Ez 25,15ss | 5. Am 9,7; Dt 2,23; Jr 47,4 | 8. Am 1,13-2,3; Is 15-16; Jr 48,1-49,6; Ez 25,1-11 | 9. Is 14,2; Zc 2,13

† **1**,15. Os vv.15-18 deram origem ao célebre hino "Dies irae" da liturgia de finados. | **2**,3. Dirige-se aos justos oprimidos e apresenta-lhes um resumo de seu programa moral contra o pecado e a arrogância. / Justiça é tudo o que é conforme à vontade de Deus, tal como se exprime na lei, Mt 3,15; 6,33.

um lugar invadido pelos espinhos,
uma mina de sal,
um deserto para sempre.
O resto de meu povo os saqueará,*
e os sobreviventes de meu povo serão seus herdeiros".

¹⁰Isto será a paga de sua soberba,
porque insultaram e trataram com
arrogância
o povo de Javé dos exércitos.

¹¹Terrível será Javé contra eles,
porque aniquilará todos os deuses
da terra.
Mas diante dele se prostrarão, cada
uma em seu próprio solo,
todas as ilhas das nações.

Contra a Etiópia e a Assíria. ¹²"Também vós, etíopes,*
sereis vítimas de minha espada".

¹³Ele estenderá a mão também contra o norte
e destruirá a Assíria;
fará de Nínive uma desolação,
árida como um deserto.

¹⁴Habitarão no meio dela os rebanhos;
todos os animais das nações.
Tanto o pelicano como o ouriço
se abrigarão em seus capitéis;
a coruja piará nas janelas,
e o corvo nas portas,
pois as vigas de cedro ficaram a descoberto.

¹⁵É esta a cidade gozadora
que se sentia segura
e que pensava:
"Eu e ninguém mais"?*
Como tornou-se um deserto,
um refúgio de animais?
Todo o que passa por perto
assobia e agita a mão.*

II. JUÍZO CONTRA JERUSALÉM
(3,1-8)

3 **Contra Jerusalém.** ¹Ai da cidade
rebelde e contaminada,
da cidade opressora!
²Não escutou o apelo,
não aceitou a correção.*

Não confiou em Javé,
não se aproximou de seu Deus.
³Seus chefes no meio dela*
são leões que rugem;
e seus juízes são lobos da noite,
que nada deixam para a manhã.
⁴Seus profetas são arrogantes,
homens fraudulentos.
Seus sacerdotes profanam as coisas
sagradas,
violam a lei.
⁵No meio dela Javé é justo,*
não comete iniquidade;
toda manhã pronuncia seu juízo,
na aurora nunca falta.
Mas o iníquo não conhece a vergonha.*

⁶Exterminei as nações,
suas torres foram destruídas;
tornei desertas suas ruas,
não há nenhum transeunte;
foram depredadas suas cidades,
lá não há mais ninguém, nenhum habitante.

⁷Eu pensava: "Certamente me temerás,*
aceitarás a lição†.
Não poderão cancelar-se de teus
olhos
todas as punições que te infligi".
Mas, ao contrário, apressaram-se
a perverter todas as suas ações.

⁸"Pois bem! Esperai-me – oráculo de
Javé –
quando eu me levantar para acusar;
porque decretei reunir as nações,*
convocar os reinos,
para derramar sobre eles minha cólera,
toda a minha ira ardente:
porque pelo fogo de meu ciúme
será consumida toda a terra".

III. PROMESSAS DE RESTAURAÇÃO
(3,9-20)

Promessas messiânicas. ⁹Então darei ao povo lábios puros,
para que todos invoquem o nome de
Javé*
e o sirvam de comum acordo.

---

* **2,**12. Is 18-20; Jr 46; Ez 29-32 **|** 15. Is 47,8.10 / Jr 18,16; 19,8; 49,17 **| 3,**2. Am 4,6 **|** 3. Êx 22,25s **|** 5. Dt 32,4
/ Sl 100,8 **|** 7. Am 4,6 **|** 8. Am 3,9s **|** 9. Ml 1,11 **|** 12. 2,3

† **3,**7. A lição dos acontecimentos, que são para Jerusalém um convite ao arrependimento e à conversão.

Sofonias 3

¹⁰De além dos rios da Etiópia
meus adoradores, meus filhos dispersos,
me trarão ofertas.

¹¹Naquele dia não terás de envergonhar-te
de todas as más ações cometidas contra mim,
porque então eliminarei de teu meio
teus soberbos orgulhosos,
e tu deixarás de orgulhar-te
sobre meu santo monte.

¹²No meio de ti deixarei
um povo humilde* e pobre†
que confiará no nome de Javé,
¹³o resto de Israel.
Não cometerão mais iniquidade
e não falarão mentira;*
não se achará mais em sua boca
uma língua enganadora.
Serão apascentados e repousarão
sem que ninguém os perturbe.

¹⁴Canta jubilosa,* filha de Sião†,
grita de alegria, Israel;
regozija-te e exulta de todo o coração,*
filha de Jerusalém!
¹⁵Javé revogou tua condenação,*
dispersou teu inimigo.

O rei de Israel, o próprio Javé, está no meio de ti,
não deverás mais temer o mal.

Retorno dos dispersos. ¹⁶Naquele dia
dirão a Jerusalém:
Não temas, filha de Sião,
não se enfraqueçam teus braços!
¹⁷Javé teu Deus está no meio de ti,
é um salvador poderoso.
Exultará de alegria por ti,*
ele te renovará com seu amor,
ele se alegrará por ti com gritos de júbilo
¹⁸como nos dias do encontro†.
"Afastei de ti o mal,
para que não tenhas de sofrer a vergonha.
¹⁹Naquele tempo exterminarei
todos os teus opressores.
Socorrerei os aleijados e reunirei os dispersos;
mudarei em glória e renome o desprezo
de que foram alvo em toda a terra.
²⁰Naquele tempo, eu vos guiarei,*
naquele tempo vos reunirei
e vos tornarei famosos e gloriosos
entre todos os povos da terra,
quando, diante de vossos olhos,
eu realizar vossa restauração", diz Javé.

---

* **3**,13. Is 53,9; Ap 14,5 | **14.** Is 12,6; 54,1 / Zc 2,14 | **15.** Is 40,2 | **17.** Jr 32,41; Is 62,5 | **20.** Mq 4,6

† **3**,12. A maldade é identificada com a arrogância e a opulência; sobreviverão apenas o pobre e o aflito
que puserem sua confiança em Javé. O "resto" purificado viverá em paz. Sofonias é o profeta da humildade. | **14.** O Vat. II aplica esse texto a Maria, dizendo: "Excelsa filha de Sião, ela sobressai entre os
humildes e pobres do Senhor". É sugestivo comparar os vv. 14s com o anúncio do anjo Gabriel a Maria,
Lc 1,28. | **18.** É o tempo do êxodo, quando Javé "encontrou" seu povo, Êx 25,22, tempo do noivado e
do perfeito amor, Os 2,16; Jr 2,2.

AGEU

Não conhecemos sua vida, apenas sabemos que exerceu o ministério no ano 520 a.C., em Jerusalém. Seu tempo é, portanto, o da volta do exílio, quando os repatriados lutavam para reconstruir o templo destruído por Nabucodonosor em 586 a.C.

Nos primeiros anos, as intrigas dos samaritanos impediram a reconstrução, mas quando outros exilados, conduzidos por Zorobabel e o sumo sacerdote Josué, voltaram para Jerusalém, pelo eficaz estímulo dos profetas Ageu e Zacarias, conseguiram retomar os trabalhos até terminá-los em 515 a.C. Em seu livro, Ageu dá a entender que as más condições de vida em que se acham seus compatriotas dependem da interrupção dos trabalhos; exorta, portanto, a sacudir a indolência e a retomar as obras (1,1-11), prometendo largas bênçãos de Deus aos operários (2,15-19). Acrescenta que o esplendor do novo templo será certamente maior que o do precedente (2,1-9).

O livro compõe-se de cinco discursos que falam a respeito da reconstrução do templo que deve ser retomada, da impureza que ameaça o templo e os sacrifícios, e de Zorobabel, o eleito de Deus.

Num período decisivo para o judaísmo, Ageu contribuiu para fazer nascer uma nova comunidade e para infundir nela um insólito fervor religioso. Ensinou que a fé não pode prescindir do culto e que o ponto de encontro entre Israel e Javé é o templo. Por isso a reconstrução dele era a resposta dos repatriados à iniciativa bondosa de Deus.

I. EXORTAÇÃO À REEDIFICAÇÃO DO TEMPLO
(1–2,9)

1 **Exortação a reedificar o templo†.** ¹No segundo ano do rei Dario, no primeiro dia do sexto mês, esta palavra de Javé foi dirigida por meio do profeta Ageu a Zorobabel†, filho de Salatiel,* governador da Judeia, e a Josué, filho de Josedec, sumo sacerdote:

²Assim fala Javé dos exércitos: "Este povo diz: Ainda não chegou o tempo de reconstruir a casa de Javé!" ³Então foi revelada por meio do profeta Ageu esta palavra de Javé: ⁴"Para vós, é tempo de morar em casas bem cobertas,* enquanto esta casa está em ruínas?† ⁵Ora, assim fala Javé dos exércitos: Refleti bem em vosso comportamento. ⁶Semeastes muito,* mas colhestes pouco; comeis, mas não vos saciais; bebeis, mas não ficais contentes; vesti-vos, mas não vos esquentais; o operário re-

cebe o salário, mas o põe numa bolsa furada†. ⁷Assim fala Javé dos exércitos: Refleti bem em vosso comportamento! ⁸Subi ao monte, trazei madeira, reconstruí minha casa; dela me agradarei e ali serei glorificado – diz Javé –. ⁹Esperáveis muito e veio pouco; e quando o leváveis para casa eu o espalhava com um sopro. E por quê? – oráculo de Javé dos exércitos –. Porque minha casa está em ruínas, enquanto cada um de vós se preocupa com a própria casa. ¹⁰É por isso que sobre vós os céus retiveram a chuva,* e também a terra reteve seu produto. ¹¹Chamei a seca sobre a terra e sobre os montes, sobre o trigo e sobre o vinho novo, sobre o óleo e sobre tudo o que a terra produz, sobre os homens e sobre os animais, e sobre todo o trabalho das mãos".

Obediência do povo. ¹²Zorobabel, filho de Salatiel, e Josué, filho de Josedec, sumo sacerdote, e todo o resto do povo obedeceram à voz de Javé, seu

---

* **1**,1. Zc 3,1-9; 4,6-10 | 4. 2Sm 7,2 | 6. Os 4,3 | 10. Lv 26,19s

† **1**. No ano 520 a.C., o profeta Ageu anima os repatriados a reconstruir o templo de Jerusalém. | 1. Neto do rei Jeconias e um dos antepassados de Jesus, Mt 1,12s. | 4. O povo pensa mais em sua própria morada do que na de Deus. Estão descuidando o que é prioritário: a honra e a glória de Deus. | 6. O motivo das adversidades é a indiferença do povo para com o templo.

Ageu 1-2

Deus, e às palavras do profeta Ageu, segundo a missão que lhe havia dado Javé, seu Deus: e o povo teve temor de Javé. [13]Então Ageu, mensageiro de Javé, falou ao povo, conforme a mensagem de Javé, dizendo: "Eu estou convosco, oráculo de Javé". [14]E Javé despertou o ânimo de Zorobabel, filho de Salatiel, governador da Judeia, de Josué, filho de Josedec, sumo sacerdote, e de todo o resto do povo, e eles foram e empreenderam a obra da casa de Javé dos exércitos†. [15]Era o dia vinte e quatro do sexto mês do segundo ano do rei Dario.

2 **Glória do novo templo.** [1]No segundo ano do rei Dario, no dia vinte e um do sétimo mês, foi dirigida ao profeta Ageu esta palavra de Javé: [2]"Fala a Zorobabel, filho de Salatiel, governador da Judéia, a Josué, filho de Josedec, sumo sacerdote,* e ao resto do povo: [3]Haverá entre vós algum sobrevivente que tenha visto esta casa em seu primitivo esplendor? E como a vedes agora? Em comparação com aquela, não vos parece um nada? [4]Mas agora, coragem, Zorobabel – oráculo de Javé – coragem, Josué, filho de Josedec, sumo sacerdote; coragem, povo todo do país, oráculo de Javé, e mãos à obra, porque eu estou convosco – oráculo de Javé dos exércitos – [5]segundo a aliança que fiz convosco quando saístes do Egito; meu espírito estará convosco, não temais.

[6]Diz com efeito Javé dos exércitos: Ainda um pouco de tempo* e farei tremer o céu e a terra, o mar e a terra firme. [7]Farei tremer todas as nações, e afluirão as riquezas de todas as nações,* e encherei de glória esta casa, diz Javé dos exércitos. [8]Minha é a prata e meu é o ouro, oráculo de Javé dos exércitos. [9]A glória desta segunda casa será maior do que a da primeira,

diz Javé dos exércitos; e neste lugar darei a paz – oráculo de Javé dos exércitos"†.

II. BÊNÇÃOS PARA O POVO
(2,11-23)

O novo templo será penhor de bênçãos. [10]No dia vinte e quatro do nono mês do segundo ano de Dario, esta palavra de Javé foi revelada por meio do profeta Ageu: [11]"Assim fala Javé dos exércitos: Interroga os sacerdotes a respeito da lei, dizendo: [12]Se alguém leva carne consagrada na orla de sua veste e com a orla toca em pão, guisado, vinho, óleo ou qualquer outro alimento, isto ficará santificado?". "Não", responderam os sacerdotes. [13]Ageu acrescentou: "Se alguém que está impuro pelo contato de um cadáver toca daquelas coisas, esta ficará impura?" "Sim",* responderam os sacerdotes, "ficará impura". [14]Então replicou Ageu: "Assim é este povo, assim é esta nação diante de mim – oráculo de Javé – e assim é todo trabalho de suas mãos; também o que aqui oferecem é impuro"†.

[15]"Agora refleti bem em vosso coração, a partir de hoje e para o futuro: antes que se começasse a pôr pedra sobre pedra no templo de Javé, [16]qual era vossa situação? Alguém ia a um monte do qual se esperavam vinte medidas de trigo* e havia só dez; ia alguém a um tonel para tirar cinquenta barris e havia só vinte. [17]Eu vos feri com a ferrugem,* a queimadura e o granizo em todos os trabalhos de vossas mãos, mas vós não voltastes a mim – oráculo de Javé. [18]Refleti bem em vosso coração a partir de hoje e para o futuro, a partir do dia vinte e quatro do nono mês, isto é, desde o dia em que se puseram os alicerces do templo de Javé, refleti bem: [19]Se ainda falta trigo no celeiro, se a vi-

---

* **2**,2. Esd 3,10-13 | 6. Hb 12,26 | 7. Is 60,7-11 | 13. Lv 22,4-7 | 16. Os 4,3 | 17. Am 4,6

† **1**,14. Agora que o povo aceitou converter-se, Deus também muda de atitude e lhe concede a bênção em vez da adversidade. | **2**,9. Anúncio do futuro glorioso deste segundo templo, o qual, depois de restaurado por Herodes, verá o Messias entrar por suas portas. A paz é a plenitude dos bens que garantem a felicidade. | 14. O povo está impuro por sua falta de fervor e de generosidade para com Deus, e por isso suas atividades e suas ofertas ficam contaminadas.

1157 Ageu 2

deira, a figueira, a romãzeira, a oliveira não dão seus frutos, de hoje em diante eu vos abençoarei!"

Proteção divina assegurada a Zorobabel. [20]No dia vinte e quatro do mês, a palavra de Javé foi dirigida uma segunda vez a Ageu nestes termos: [21]"Fala a Zorobabel, governador da Judeia, e dize-lhe: Farei tremer o céu e a terra, [22]derrubarei o trono dos reinos e destruirei o poder dos reinos das nações, derrubarei os carros e suas equipagens: cairão cavalos e cavaleiros; cada um pela espada do próprio irmão[+]. [23]Naquele dia – oráculo de Javé dos exércitos – eu te tomarei, Zorobabel,* filho de Salatiel, meu servo, oráculo de Javé, e te porei como anel de selar[+], porque te escolhi, oráculo de Javé dos exércitos".

---

* **2,23**. Zc 6,12s

[+] **2,22**. O povo estava em grande euforia por causa da renovação espiritual suscitada por Ageu e dos trabalhos de reconstrução do templo; chegaram a pensar na restauração da monarquia davídica. | 23. Símbolo de autoridade, objeto precioso, importante e inseparável, pois servia para autenticar documentos.

ZACARIAS

Sacerdote e profeta, contemporâneo de Ageu, exerce seu ministério em Jerusalém pelo ano 520 a.C., mostrando grande zelo pelo templo e pelo culto divino e promovendo com todas as forças a moralização da vida de Israel.

A primeira parte de seu livro (cap. 1–8) compreende oito visões, nas quais Zacarias comunica sua mensagem de esperança, convidando todos a trabalhar para completar a construção do templo e assegurando que o Senhor recompensará a obra com largas bênçãos. Proclama a transcendência de Deus que governa soberano o mundo, mas que parece sempre mais distante do mundo e se comunica só através de símbolos enigmáticos. Quer suscitar no povo a esperança. Manifesta uma espécie de fé messiânica: a vinda de Deus está próxima, as trevas do passado desaparecerão, dando lugar à alegria e à festa. O advento da salvação esperada está ligado à reconstrução do templo, que será logo terminada. Desta salvação, que trará ao povo purificação e prosperidade messiânicas, Zorobabel será o intermediário, e por isso Zacarias lhe aplica os atributos messiânicos de germe e servo.

Na segunda parte (cap. 9–14), quem escreve é um autor anônimo muito posterior, que pertence à escola de Zacarias, mas vive na época persa ou na helenística. Apresenta três séries de oráculos, sem data, e de orientação escatológica. Anuncia a salvação, que será estendida também aos outros povos. O novo reino será inaugurado pelo Messias, que será um rei humilde e vitorioso (9,9s), de tipo completamente novo, cuja obra e destino se parecem com os do Servo de Javé (Is 53). Sua ação dirige-se ao povo, cuja incredulidade provoca sua morte. Mas este drama segue o desígnio de Javé, que se realiza bem além dos confins de Israel, primeiro beneficiário de sua ação. E assim a salvação chega a todos os povos, reunidos em Jerusalém, centro do mundo, para celebrar a festa das Tendas.

I. VISÕES E ORÁCULOS SOBRE A RESTAURAÇÃO DE JERUSALÉM (1–8)

1 **Apelo à conversão.** ¹No segundo ano do reino de Dario, no oitavo mês†, foi dirigida esta palavra de Javé ao profeta Zacarias,* filho de Baraquias, filho de Ado: ²"Javé esteve muito irado contra vossos pais. ³Tu, pois, lhes dirás: Assim fala Javé dos exércitos: Voltai a mim – oráculo de Javé dos exércitos – e eu voltarei a vós, diz Javé dos exércitos. ⁴Não sejais como vossos pais, aos quais os profetas de outrora clamavam, dizendo: Assim fala Javé dos exércitos: Convertei-vos de vossos maus caminhos* e de vossas obras más. Mas eles não quiseram ouvir e não me prestaram atenção, diz Javé. ⁵Onde estão vossos pais? Os profetas viverão para sempre? ⁶Contudo, as palavras e os decretos que comuniquei a meus servos, os profetas,* não se cumpriram sobre vossos pais? Então eles se converteram e disseram: Tudo quanto Javé dos exércitos tinha ameaçado fazer conosco, por causa de nossos desvios e de nossas culpas, ele cumpriu sobre nós".

Primeira visão: os cavaleiros. ⁷No segundo ano de Dario, no dia vinte e quatro do décimo primeiro mês – o mês de sabat –, foi dirigida ao profeta Zacarias, filho de Ado, esta palavra de Javé: ⁸"Eu tive de noite uma visão. Um homem, montado num cavalo vermelho, estava entre murtas num vale profundo; atrás dele havia outros cavalos vermelhos, malhados e brancos. ⁹Perguntei: 'Meu Senhor, o que significam eles?' O anjo que falava comigo respondeu: 'Eu te indicarei o que eles significam'. ¹⁰Então o homem que estava entre as murtas* começou a falar: 'Estes

---

* **1,1.** Ml 3,7 | **4.** Is 55,7 | **6.** 7,7-14 | **10.** Ap 5,6

† **1,1.** Outubro/novembro de 520 a.C., mesmo ano da profecia de Ageu.

1159 Zacarias 1-2

são os que Javé mandou para percorrer a terra'. [11]Dirigindo-se ao anjo de Javé que estava entre as murtas, disseram-lhe: 'Percorremos a terra: está toda em paz e tranquila't. [12]Em resposta, o anjo de Javé disse: 'Javé dos exércitos,* até quando continuareis a não ter piedade de Jerusalém e das cidades de Judá, contra as quais vós estais irado há setenta anos?'t [13]E ao anjo que falava comigo Javé respondeu com palavras boas e consoladoras. [14]Depois, o anjo que falava comigo disse-me: 'Anuncia isto: Assim fala Javé dos exércitos: Estou cheio de zelo por Jerusalém* e por Sião; [15]mas eu me inflamo de furor contra as nações abastadas,* porque quando eu estava um pouco irritado, elas cooperaram para o desastre'".

Dois oráculos. [16]"Por isso, assim fala Javé: Eu me volto de novo para Jerusalém com piedade:* minha casa aí será reedificada* – oráculo de Javé dos exércitos – e o cordel será estendido sobre Jerusalém. [17]Anuncia também isto: Assim fala Javé dos exércitos: Minhas cidades terão de novo fartura de bens, Javé terá ainda piedade de Sião e escolherá de novo Jerusalém".*

2 **Segunda visão: os chifres e os ferreiros.** [1]Depois ergui os olhos e vi quatro chifres. [2]Perguntei ao anjo que falava comigo: "Que significam?" Respondeu-me: "São os chifres† que dispersaram* Judá, Israel e Jerusalém". [3]Depois Javé mostrou-me quatro ferreiros. [4]Perguntei: "O que eles vêm fazer?" Respondeu-me: "Os chifres dispersaram Judá a tal ponto que ninguém mais ousava erguer a cabeça. Mas estes vieram para atemorizar e abater* os chifres das nações que se ergueram contra o país de Judá para dispersá-lo".

Terceira visão: o agrimensor. [5]Levantei os olhos e tive uma visão: um homem que tinha na mão um cordel* para medir. [6]Perguntei-lhe: "Aonde vais?" Disse-me ele: "Vou medir Jerusalém para ver qual é sua largura e seu comprimento"t.

[7]O anjo que falava comigo saiu, e a seu encontro veio outro anjo [8]que lhe disse: "Corre, fala com aquele jovem e dize-lhe: Jerusalém ficará sem muros,* por causa da multidão de homens e de animais que nela haverá. [9]Eu serei para ela – oráculo de Javé – um muro de fogo a seu redor e serei sua glória no meio dela".

Dois apelos aos exilados. [10]"Eia! Fugi do país do norte – oráculo de Javé – porque vos dispersei* aos quatro ventos do céu – oráculo de Javé. [11]Eia, Sião, salva-te, tu que habitas com a filha de Babilônia!t [12]Pois assim fala Javé dos exércitos,* cuja glória me enviou às nações que vos despojaram: Quem vos tocar, toca a menina de meus olhos. [13]Eu estendo a mão sobre elas, e elas se tornarão presa de seus escravos, e sabereis que Javé dos exércitos me enviou.

[14]Canta e exulta, filha de Sião,*
porque eu venho morar no meio de ti
– oráculo de Javé".

[15]Nações numerosas aderirão a Javé naquele dia*
e se tornarão seu povo, e ele morará no meio de ti;
e tu saberás que Javé dos exércitos enviou-me a ti.

[16]Javé terá Judá
como sua herança na terra santa,*
e de novo escolherá Jerusalém.
[17]Cale-se toda criatura diante de Javé,*
porque ele se levantou de sua santa morada".

---

* **1,**12. Ap 6,10 | 14. 8,2 | 15. Is 47,6 | 16. Is 54,6-10 / 2,5-9 | 17. 13,9; 2,15 | **2,**2. Dn 7,8 | 4. Jr 48,25 | 5. Jr 31,38s; Ez 41,13; Ap 11,1; 21,15 | 8. Jr 31,27; Is 49,19; 54,2s; Ap 21,3; 22,3 | 10. Is 48,20; Jr 50,8; 51,6 | 12. Dt 32,10; Is 14,2; Sf 2,9 | 14. Sf 3,14 | 15. Is 45,22 | 16. 1,17 | 17. Sf 1,7; Hab 2,20

† **1,**11. Não há, pois, chance de restaurar a dinastia davídica, o que seria impossível num clima de desordens e de guerra: é preciso resignar-se a continuar vivendo sob o jugo estrangeiro. | 12. 70 anos a partir da destruição de Jerusalém, no ano 586 a.C. | **2,**2. Chifre simboliza força e violência; aqui, as potências que vêm dos quatro pontos cardeais. | 6. O homem é o anjo que prepara a reconstrução da cidade. | 11. Convida os exilados a deixar Babilônia e a voltar para Jerusalém.

Zacarias 3-5

3 **Quarta visão: as vestes de Josué.**
¹Depois mostrou-me o sumo sacerdote Josué, de pé diante do anjo de Javé; Satã estava a sua direita* para acusá-lo. ²O anjo de Javé disse a Satanás: "Que Javé te reduza ao silêncio, Satanás! Sim, que Javé te reduza ao silêncio, ele que escolheu Jerusalém! Não é este um tição tirado do fogo?" ³Ora, Josué trajava vestes imundas e estava de pé diante do anjo, ⁴o qual começou a falar* aos que estavam a sua frente: "Tirai-lhe estas vestes imundas". Depois disse a Josué: "Tirei de ti teu pecado e te revestirei de roupas de festa", ⁵Depois acrescentou: "Ponde-lhe na cabeça um turbante limpo". Puseram-lhe um turbante limpo na cabeça e revestiram-no de cândidas vestes na presença do anjo de Javé. ⁶Depois o anjo de Javé declarou a Josué: ⁷"Assim fala Javé dos exércitos: Se andares em meus caminhos, observando minhas leis,* terás o governo de minha casa, serás o guarda de meus átrios e te darei livre acesso entre estes que estão aqui.

⁸Escuta, pois, Josué, sumo sacerdote,* tu e teus companheiros que se sentam diante de ti, porque eles servem de presságio: eu mandarei meu servo Germe†. ⁹Eis a pedra que ponho diante de Josué: sobre esta única pedra* estão sete olhos†; eu mesmo gravarei sua inscrição – oráculo de Javé dos exércitos – e removerei num só dia a iniquidade deste país. ¹⁰Naquele dia – oráculo de Javé dos exércitos – cada um de vós convidará seu vizinho para debaixo de sua videira e de sua figueira".

4 **Quinta visão: o candelabro e as duas oliveiras.** ¹O anjo que falava comigo voltou e acordou-me, como se acorda alguém do sono, ²e me disse: "O que vês?" Respondi: "Vejo um candela-bro* todo de ouro† que tem em cima um recipiente no qual há sete lâmpadas com sete bicos para as lâmpadas que estão em cima. ³Duas oliveiras lhe estão próximas, uma à direita e outra à esquerda". ⁴Então perguntei ao anjo que me falava: "Que significam, meu Senhor, estas coisas?" ⁵O anjo que falava comigo respondeu-me: "Então não sabes seu significado?" E eu disse: "Não, meu Senhor". ⁶ᵃEle respondeu-me†:

¹⁰ᵇ"As sete lâmpadas representam* os olhos de Javé que percorrem toda a terra". ¹¹Depois perguntei-lhe: "Que significam essas duas oliveiras à direita e à esquerda do candelabro?" ¹²E tornando a falar, perguntei-lhe: "Que significam os dois ramos de oliveira que destilam óleo por dois canais de ouro?". ¹³Respondeu-me: "Então não sabes o que significam?" E eu disse: "Não, meu Senhor". ¹⁴"Estes – acrescentou – são os dois consagrados* que assistem ao Senhor de toda a terra"†.

⁶ᵇ"Esta é a palavra de Javé a Zorobabel: Não com o poder* nem com a força, mas com meu espírito, diz Javé dos exércitos! ⁷Quem és tu, ó grande monte? Diante de Zorobabel te tornarás uma planície! Ele tirará a pedra, aquela de remate, entre aclamações: Bravo!"

⁸Foi-me dirigida esta palavra de Javé: ⁹"As mãos de Zorobabel fundaram esta casa, suas mãos a terminarão e sabereis que Javé dos exércitos enviou-me a vós. ¹⁰Quem ousará desprezar o dia de tão modestos inícios? Ele se alegrará vendo o fio de prumo na mão de Zorobabel".

5 **Sexta visão: o livro que voa.** ¹Depois ergui os olhos e vi um rolo que voava. ²O anjo que falava comigo perguntou-me: "Que estás ven-

---

* **3**,1. Jó 1,6; Jd 9; Am 4,11 | 3. Ap 19,8 | 7. Ml 2,7 | 8. Is 8,18; Zc 6,12; Jr 23,5 | 9. Ap 5,6 | **4**,2. Êx 25,31-40 10b. 3,9; Ap 5,6 | 14. Ap 11,4 | 6b. Os 1,7 | **5**,2. Ez 2,9s; Ap 10,9ss | 3. Êx 20,7.15

† **3**,8. O templo foi reconstruído e o sacerdócio foi restabelecido: tudo está pronto para o aparecimento do grande descendente de Davi. | **3**,9. Os sete olhos designam a presença e a vigilância universais de Javé, 4,10. | **4**,2. As sete lâmpadas representam os olhos de Deus que velam sobre o mundo inteiro, garantindo seu domínio sobre todos os acontecimentos. Assim, o candelabro de sete braços, uma árvore estilizada, é um emblema divino, que mais tarde tornou-se emblema do judaísmo. | 6ᵃ. Os vv. 6b-10a vêm depois do v. 14. | 14. São o governador Zorobabel, membro da família do Messias, Mt 1,12s, e o sumo sacerdote Josué.

do?" Respondi: "Vejo um rolo* que voa: tem vinte côvados de comprimento e dez de largura". ³Ele acrescentou: "Esta é a maldição que se espalha sobre todo o país: conforme o que está num lado do rolo, todo ladrão será expulso daqui; e conforme o que está no outro lado, todo perjuro* será expulso daqui. ⁴Eu lançarei a maldição†, – oráculo de Javé dos exércitos – e ela entrará na casa do ladrão e na casa de quem jura falsamente por meu Nome; ficará naquela casa e a consumirá junto com suas traves e suas pedras".

Sétima visão: a mulher no efá†. ⁵Depois, o anjo que falava comigo aproximou-se e me disse: "Levanta os olhos e observa o que vem lá". ⁶Perguntei: "O que é aquilo?" Respondeu-me: "É um efá que se aproxima". Depois acrescentou: "Esta é a corrupção deles em toda a terra". ⁷Depois foi levantada uma tampa de chumbo: dentro do efá estava uma mulher. ⁸Ele disse: "Esta é a corrupção!" E mandou-a de novo para dentro do efá e cobriu a abertura com a tampa de chumbo. ⁹Levantei de novo os olhos e tive uma visão: apareceram duas mulheres. O vento agitava suas asas; sim, tinham asas como as cegonhas; e levantaram o efá entre a terra e o céu. ¹⁰Perguntei ao anjo que falava comigo: "Para onde levam o efá?" ¹¹Respondeu-me: "Vão à terra de Senaar para construir-lhe um templo†. Depois de construído, o efá será posto sobre seu pedestal".

6 **Oitava visão: os quatro carros.** ¹Levantei de novo os olhos e tive uma visão: quatro carros saindo do meio de duas montanhas,* e as montanhas eram de bronze. ²O primeiro carro tinha cavalos vermelhos; o segundo, cavalos pretos; ³o terceiro, cavalos brancos e o quarto, cavalos malhados vigorosos. ⁴Perguntei ao anjo que fala-

va comigo: "Que significam eles,* meu Senhor?" ⁵O anjo respondeu-me: "São os quatro ventos do céu que partem depois de se terem apresentado ao Senhor de toda a terra. ⁶O carro com os cavalos pretos vai para o país do norte; os cavalos brancos o seguem; os malhados dirigem-se para o país do sul. ⁷Os vermelhos avançavam, impacientes por percorrer a terra". Ele disse-lhes: "Ide, percorrei a terra". E eles percorreram a terra. ⁸Depois chamou-me e disse: "Aqueles que caminham para o país do norte† fazem acalmar meu espírito no país do norte".

A coroa para Josué. ⁹Foi-me dirigida esta palavra de Javé: ¹⁰"Faze uma coleta entre os deportados, entre os de Heldai, de Tobias e de Idaías, e vai no mesmo dia à casa de Josias, filho de Sofonias, que voltou de Babilônia. ¹¹Toma prata e ouro e faze com eles uma coroa que porás sobre a cabeça de Josué, filho de Josedec, sumo sacerdote. ¹²Tu lhes dirás: Assim fala Javé dos exércitos: Eis um homem que se chama Germe: germinará de seu lugar e reconstruirá o templo* de Javé. ¹³É ele que reconstruirá o templo de Javé; é ele que será revestido de majestade. Ele sentará como soberano sobre seu trono. Um sacerdote estará a sua direita* e entre os dois reinará uma paz perfeita. ¹⁴A coroa será para Heldai, Tobias, Idaías e Josias, filho de Sofonias, um memorial no templo de Javé. ¹⁵Também de longe virão para reconstruir o templo de Javé. Assim reconhecereis que Javé dos exércitos* enviou-me a vós. Isto acontecerá, se ouvirdes diligentemente a voz de Javé vosso Deus".

7 **O verdadeiro jejum.** ¹No quarto ano de Dario, no quarto dia do nono mês, chamado casleu, a palavra de Javé foi dirigida a Zacarias. ²Betel tinha envia-

---

* **6**,1. Ap 6,2-8 | 4. 1,8 | 12. 3,8; Jr 23,5 | 13. 4,14 | 15. Dt 28,1

† **5**,4. O próprio Deus envia a maldição, que voará pelos ares em busca dos culpados para puni-los, destruindo seus bens. | 5. O sentido da visão é que a impiedade deve ser expulsa do reino de Deus. Efá era uma medida de capacidade, equivalente a 45 litros. | 11. A culpa é transportada para Senaar, i.é. Babilônia, onde lhe prestarão culto: assim ela pagará pelos males que causou a Judá. | **6**,8. O país do norte é Babilônia, que Deus vai destruir para salvar seu povo, Jr 25,12ss.

Zacarias 7-8

do Sarasar, alto oficial do rei, com seus homens para suplicar o favor de Javé ³e para perguntar aos sacerdotes agregados ao templo de Javé dos exércitos e aos profetas: "Devo continuar a guardar luto e abstinência no quinto mês, como tenho feito por tantos anos?"† ⁴Então foi-me dirigida esta palavra de Javé: ⁵"Fala a todo o povo do país e a todos os sacerdotes e dize-lhes: Quando fizestes jejuns e lamentos no quinto e no sétimo mês* durante estes setenta anos, era por mim que jejuáveis? ⁶E quando comestes e bebestes, não o fazíeis por vós? ⁷Não foi esta a palavra que vos proclamava Javé por meio dos profetas do passado, quando Jerusalém estava ainda habitada e em paz e eram habitadas as cidades vizinhas e o Negueb e a planície?" ⁸E foi dirigida a Zacarias esta palavra de Javé: ⁹"Assim fala Javé dos exércitos: Julgai conforme a verdade e exercitai a piedade e a misericórdia* cada qual para com o próximo. ¹⁰Não oprimais a viúva, o órfão, o estrangeiro e o pobre, e ninguém trame o mal no coração* contra o próprio irmão". ¹¹Mas eles recusaram ouvir-me, obstinadamente me voltaram as costas e taparam os ouvidos para não ouvir. ¹²Endureceram o coração* como um diamante para não ouvir a instrução e as palavras que Javé dos exércitos lhes dirigia por seu espírito, por meio dos profetas do passado. Assim acendeu-se um grande furor da parte de Javé dos exércitos. ¹³E como a seu apelo eles não quiseram dar ouvido, assim quando eles clamarem, eu não os ouvirei, diz Javé dos exércitos. ¹⁴"Eu os dispersei* entre todas aquelas nações que eles não conheciam, e o país ficou desolado atrás deles, sem que alguém o percorresse; de uma terra de delícias fizeram uma desolação".

8 **Promessa de bênção†.** ¹Foi-me dirigida esta palavra de Javé dos exércitos: ²"Assim fala Javé dos exércitos:

Sinto grande ciúme por Sião,*
e uma grande paixão por ela me inflama".
³Assim fala Javé:
"Voltarei a Sião e morarei em Jerusalém.*
Jerusalém será chamada cidade fiel,
e o monte de Javé dos exércitos, monte santo".
⁴Assim fala Javé dos exércitos:
"Velhos e velhas se sentarão ainda nas praças de Jerusalém,*
cada qual com seu bastão na mão
por causa de sua idade avançada.
⁵As praças da cidade estarão cheias de meninos e meninas
a brincar nas praças".
⁶Assim fala Javé dos exércitos:
"Se isso parece impossível aos olhos do resto desse povo
naqueles dias,
será talvez impossível também a meus olhos?*
– oráculo de Javé dos exércitos.
⁷Assim diz Javé dos exércitos:
"Eu salvo meu povo
do país do oriente e do país do ocidente:
⁸eu os reconduzirei para morarem em Jerusalém;
eles serão meu povo e eu serei seu Deus,*
na fidelidade e na justiça".

Convite à confiança. ⁹Diz Javé dos exércitos: "Retomem força vossas mãos, vós que nestes dias escutais estas palavras dos profetas, que profetizam desde o dia em que foram colocados os alicerces da casa de Javé dos exércitos para a reconstrução do templo.*
¹⁰Pois antes daqueles dias
não havia salário para o homem,
nem salário para o animal;
não havia segurança alguma
para quem ia e vinha
por causa do inimigo:
eu mesmo incitava os homens uns contra os outros.

---

* **7**,5. Am 5,21 | 9. Is 1,17; Êx 22,20s | 10. Mq 2,1 | 12. Ez 11,9 | 14. Dt 4,27 | **8**,2. 1,14 | 3. Is 1,26 | 4. Is 65,20; Dt 4,40 | **8**,6. Jr 32,27 | 8. Jr 31,31 | 9. Ag 1,15

† **7**,3. A resposta de Deus está em 8,18s. | **8**. Anúncio da salvação messiânica: Javé habita para sempre em Jerusalém, reunião de todos os israelitas na montanha santa, felicidade sem igual.

11Agora, porém, para o resto daquele povo

eu não serei mais como fui antes
– diz Javé dos exércitos.
12É uma semente de paz:
a videira produzirá seu fruto,
a terra dará seus produtos,
os céus darão o orvalho:
darei tudo isso como herança ao resto desse povo.

13Assim como fostes uma maldição entre as nações, ó casa de Judá e de Israel, assim, quando eu vos salvar, vós vos tornareis uma bênção. Não temais, pois: retomem força vossas mãos".

14Pois assim fala Javé dos exércitos: "Como decidi afligir-vos quando vossos pais me irritaram – diz Javé dos exércitos – e não voltei atrás, **15**assim de novo me proponho fazer o bem a Jerusalém e à casa de Judá; não tenhais medo. **16**Eis o que deveis fazer: falai com sinceridade* cada qual a seu próximo; em vossos tribunais julgai segundo a justiça que gera a paz. **17**Ninguém trame no coração o mal contra o próprio irmão; não ameis o juramento falso, porque eu detesto tudo isso" – oráculo de Javé.

Resposta à pergunta sobre o jejum. **18**Foi-me dirigida esta palavra de Javé dos exércitos:

19"Assim fala Javé dos exércitos: o jejum do quarto, quinto, sétimo e décimo mês* se mudará para a casa de Judá em alegria, júbilo e dias de festa; amai, pois, a verdade e a paz".†

Promessa de bênção. **20**Assim fala Javé dos exércitos: "Virão ainda povos e habitantes de numerosas cidades, **21**e os habitantes de uma cidade irão a outra e dirão: Vamos logo suplicar a Javé e buscar Javé dos exércitos; eu também vou. **22**Assim muitos povos e nações poderosas irão a Jerusalém procurar Javé dos exércitos e suplicar a Javé". **23**Assim fala Javé dos exércitos: "Naqueles dias, dez homens de todas as línguas das nações agarrarão um judeu pela orla do manto e lhe dirão: Queremos ir convosco, porque ouvimos dizer que Javé está convosco".

II. ORÁCULOS SOBRE O FUTURO DE JERUSALÉM E DAS NAÇÕES (9–14)

9 **Nova terra.** **1**Proclamação.
A palavra de Javé está no país de Hadrac
e repousa em Damasco.
Porque a Javé pertence a pérola de Aram
e todas as tribos de Israel;
2Também Emat, sua vizinha,
e Tiro e Sidônia, cuja sabedoria é grande.
3Tiro construiu para si uma fortaleza
e nela acumulou prata como pó
e ouro, como lama das ruas.
4O Senhor se apoderará dela,
precipitará no mar sua força
e ela será devorada pelo fogo.
5Ascalon verá e ficará com medo,
Gaza se contorcerá em grandes dores,
como também Acaron,
porque sua esperança ficará frustrada;
desaparecerá o rei de Gaza
e Ascalon não será mais habitada.
6Um povo bastardo morará em Azoto,
e abaterei o orgulho dos filisteus.
7Tirarei de sua boca o sangue
e de seus dentes suas abominações.
Também ele se tornará um resto para nosso Deus,*
será como uma família em Judá
e Acaron será semelhante ao jebuseu.
8Acamparei junto a minha casa, montando guarda
contra quem vai e quem vem;
lá não passará mais o opressor,
porque agora eu mesmo vigio com meus próprios olhos.

---

* **8**,16. Ef 4,25; Mt 5,9 | 19. Jr 31,13; Is 35,10 | **9**,7. Is 4,3

† **8**,19. Passados os acontecimentos dolorosos da queda de Jerusalém, que esses jejuns comemoravam, é tempo de alegria e não de penitência. | **9**. O território do povo eleito será ampliado, porque Javé fará uma guerra de conquista contra as cidades vizinhas.

Zacarias 9-10

O Messias, rei manso e pacífico. [9]Exulta de alegria, filha de Sião,
rejubila, filha de Jerusalém!
Vem a ti teu rei.
Ele é justo e vitorioso.
Humilde, está montado num jumento,*
num jumentinho, filho de jumenta†.
[10]Fará desaparecer os carros de Efraim
e os cavalos de Jerusalém;
o arco de guerra será quebrado,*
e ele proclamará a paz às nações.
Seu domínio será de um mar a outro,*
e do rio aos confins da terra.

Israel será restabelecido. [11]Quanto a ti, por causa da aliança concluída contigo no sangue,*
libertarei teus prisioneiros da cisterna sem água.
[12]Voltai à cidadela, prisioneiros da esperança!
Eu vo-lo anuncio desde hoje:
dupla recompensa vos darei.
[13]Estendi Judá como meu arco,
fiz de Efraim sua flecha;
suscitarei teus filhos, Sião,
contra teus filhos, Javã,
eu te farei como a espada de um herói.
[14]Então Javé aparecerá sobre eles,*
como relâmpago partirão suas flechas;
O Senhor Javé soará a trombeta
e marchará entre os furacões do sul.
[15]Javé dos exércitos os protegerá;
eles devorarão e pisarão as pedras da funda;
beberão seu sangue como vinho,
estarão cheios de sangue como as bacias dos sacrifícios,
como os chifres do altar.
[16]Javé, seu Deus,
naquele dia salvará como um rebanho seu povo;*
como pedras preciosas de uma coroa brilharão em sua terra.

[17]Quanta bondade a sua e quanta beleza!
O trigo dará vigor aos jovens,*
e o vinho novo, às moças.

10

Convite à confiança. [1]Pedi a Javé a chuva tardia da primavera;*
é Javé que forma os nimbos,
derrama chuva abundante
e dá a cada um a erva dos campos.
[2]Porque os ídolos domésticos† predizem o falso,
os adivinhos veem mentiras,
contam sonhos enganadores,
e dão vãs consolações;
por isso eles vão errando como ovelhas,*
infelizes, por falta de pastor.

Israel, libertado, voltará. [3]Contra os pastores se acende meu furor*
e contra os carneiros dirijo o olhar;
porque Javé dos exércitos
visitará seu rebanho, a casa de Judá,
e fará dele seu glorioso cavalo na batalha†.
[4]Dele sairá a pedra angular,
dele a estaca da tenda,
dele o arco de guerra,
dele todos os comandantes.
[5]Serão como valentes que pisam
a lama das ruas na batalha.
Combaterão porque Javé está com eles;
mas os que montam em cavalos ficarão confusos.
[6]Fortalecerei a casa de Judá
e tornarei vitoriosa a casa de José.
Eu os reconduzirei à pátria, porque tenho piedade deles;
serão como se nunca os tivesse repudiado,*
porque eu sou Javé, seu Deus, e os ouvirei.
[7]Os de Efraim serão como um herói,
e seu coração se alegrará como inebriado pelo vinho.*

---

* **9**,9. Mt 21,5; 11,29 | 10. Os 2,20; Is 11,6 / Sl 72,6 | 11. Êx 24,4-8; Mt 26,28 14. Sl 18,15; Hab 3,4 | 16. Ez 34,1 | 17. Jr 31,12s | **10**,1. Dn 11,14; Sl 135,7 | 2. Ez 34,5; Mt 9,36 | 3. Ez 34,2 | 6. Is 41,17 | 7. Sl 104,15

† **9**,9. Rei de paz, manso e humilde. Jesus realizou esta profecia no Domingo de Ramos, Mt 21,5; Jo 12,15. **10**,2. Os ídolos domésticos, ou "terafim", representavam os deuses protetores do lar, Gn 31,19,34; serviam para a adivinhação, Ez 21,26, que é um pecado contra a fé em Deus. | 3. A idolatria de Israel sofreu seu castigo no exílio. Deus vai punir seus pastores, em parte responsáveis pelo pecado do povo.

1165 Zacarias 10-11

Seus filhos verão e se alegrarão,
e seu coração exultará em Javé.
[8]Darei um sinal para reuni-los
quando os tiver resgatado;
e serão numerosos como antes.
[9]Eu os dispersei entre os povos,
mas nas regiões remotas se recordarão de mim;*
criarão os filhos e voltarão.
[10]Eu os farei retornar do Egito,
eu os recolherei da Assíria
para reconduzi-los à terra de Galaad
e do Líbano,
e não bastará para eles o espaço.
[11]Atravessarão o mar do Egito,
e ele ferirá as ondas do mar,
todas as profundezas do Nilo secarão.
Será abatido o orgulho da Assíria
e removido o cetro do Egito.
[12]Sua força estará em Javé,
e é em seu Nome que caminharão,
oráculo de Javé.

11 **Desolação.** [1]Abre, Líbano, tuas
portas,
e que o fogo devore teus cedros.
[2]Geme, cipreste, porque o cedro caiu,
estas esplêndidas árvores foram destruídas.
Gemei, carvalhos de Basã,
Porque a floresta impenetrável está
abatida!†
[3]Ouve-se o lamento dos pastores,
porque sua glória está destruída!
Ouve-se o rugido dos leõezinhos,
porque foi devastado o orgulho do
Jordão!
O bom pastor. [4]Assim fala Javé, meu
Deus: "Apascenta as ovelhas* destinadas ao matadouro, [5]que os compradores abatem impunemente e cujos
vendedores dizem: 'Seja bendito Javé,
fiquei rico'; e os pastores não se com-
padecem delas. [6]Pois não mais terei
piedade dos habitantes do país, oráculo de Javé. Eu abandonarei os homens,

um à mercê do outro, e à mercê de seu
rei, para que devastem o país, mas não
livrarei nenhum de suas mãos".
[7]Eu portanto me pus a apascentar as
ovelhas que os comerciantes destinavam
ao matadouro. Tomei dois bastões: a um
chamei Benevolência e ao outro União
e conduzi ao pasto as ovelhas. [8]Num só
mês eliminei três pastores; perdi a paciência com eles, e também eles me detestaram. [9]Por isso eu disse: "Não serei mais
vosso pastor. Quem está para morrer,
que morra; quem está para se perder,
que se perca; e que as restantes se devorem entre si!" [10]Tomei depois o bastão chamado Benevolência e o quebrei,
rompendo assim a aliança que eu tinha
feito com todos os povos. [11]Eu a rompi
naquele mesmo dia; os comerciantes de
ovelhas que me observavam compreenderam que aquela era a palavra de Javé.
[12]E eu lhes disse: "Se vos parece justo,
dai-me meu salário; se não, deixai por
isso mesmo". Eles então pesaram como
meu salário trinta siclos de prata. [13]Mas
Javé me disse: "Lança no tesouro esta
bela soma com que fui por eles avaliado!" Tomei os trinta siclos* de prata e os
lancei no tesouro da casa de Javé†. [14]De-
pois quebrei o segundo bastão chamado
União, para romper assim a fraternidade
entre Judá e Israel. [15]Depois Javé me disse: "Toma ainda os instrumentos de um
pastor* insensato, [16]porque eu suscitarei
no país um pastor que não terá cuidado
das ovelhas que se perdem,* não buscará as dispersas, não tratará das feridas,
não alimentará as que estão de pé; mas
comerá as carnes das gordas e lhes arrancará até as unhas.
[17]Ai do pastor inútil que abandona o
rebanho!*
Uma espada lhe cairá sobre o braço
e sobre o olho direito.
Que seu braço fique todo seco
e seu olho direito, completamente
cego".

---

* **10**,9. Dt 30,1ss; Lc 15,17 | **11**,4. Jr 12,3 | 13. Mt 27,3-10 | 15. Ez 34,2ss | 16. Is 42,3; Mt 12,20 | **11**,17.
Jo 10,12s

† **11**,2. Anuncia a queda dos orgulhosos inimigos de Judá, representados por essas árvores. | 13. 30 siclos
era o preço de um escravo, Êx 21,32, salário ridículo e injurioso. Essa profecia se cumpriu na traição
de Judas, Mt 27,9s.

Zacarias 12-13

12

Jerusalém reabilitada. ¹Proclamação. Palavra de Javé sobre Israel. Oráculo de Javé, que estendeu os céus* e fundou a terra, que formou o espírito do homem dentro dele: ²"Eu farei de Jerusalém como uma taça* inebriante para todos os povos vizinhos; Judá terá a mesma sorte quando Jerusalém for sitiada. ³Naquele dia eu farei de Jerusalém como pedra pesada para todos os povos: todos os que quiserem levantá-la ficarão gravemente feridos; contra ela se reunirão todas as nações da terra. ⁴Naquele dia – oráculo de Javé – mandarei o pânico sobre todos os cavalos, e a loucura sobre seus cavaleiros; mas sobre a casa de Judá manterei abertos meus olhos; ferirei de cegueira todos os cavalos das nações. ⁵Então os chefes de Judá pensarão: A força dos habitantes de Jerusalém está em Javé dos exércitos, seu Deus. ⁶Naquele dia farei dos chefes de Judá como braseiro ardente no meio da lenha e como tocha acesa entre os feixes; eles devorarão à direita e à esquerda todos os povos ao redor. E Jerusalém será ainda habitada em seu mesmo lugar, em Jerusalém. ⁷Javé salvará primeiramente* as tendas de Judá, para que a glória da casa de Davi e a glória dos habitantes de Jerusalém não ultrapassem a de Judá. ⁸Naquele dia Javé protegerá os habitantes de Jerusalém e o mais fraco dentre eles será como Davi naquele dia, e a casa de Davi será como Deus, como o anjo de Javé diante deles.

⁹Naquele dia procurarei exterminar* todas as nações que vierem contra Jerusalém. ¹⁰Derramarei sobre a casa de Davi e sobre os habitantes de Jerusalém um espírito de graça e de súplica, e eles olharão para mim. Quanto àquele a quem traspassaram†, farão luto* por ele como se faz pelo filho único, e o chorarão amargamente como se chora o primogênito. ¹¹Naquele dia, grande será o lamento em Jerusalém, semelhante ao lamento de Adad-Remon na planície de Maguedon. ¹²O país fará o luto, família por família:

a família da casa de Davi à parte e suas mulheres à parte;

a família da casa de Natã à parte e suas mulheres à parte;

¹³a família da casa de Levi à parte e suas mulheres à parte;

a família da casa de Semei à parte e suas mulheres à parte;

¹⁴assim todas as outras famílias, cada família à parte e suas mulheres à parte".

13

Purificação. ¹Naquele dia haverá uma fonte† jorrando para a casa de Davi* e para os habitantes de Jerusalém, para lavar o pecado e a impureza. ²Naquele dia – oráculo de Javé dos exércitos – eu extirparei do país os nomes dos ídolos: nem serão mais recordados. Também os profetas e o espírito imundo farei desaparecer do país. ³Se alguém continuar a profetizar, o pai e a mãe que o geraram lhe dirão: "Não continuarás a viver, porque proferes mentiras em nome de Javé", e o pai e a mãe que o geraram o traspassarão porque profetiza. ⁴Naquele dia, todo profeta se envergonhará da visão que tiver anunciado;* ninguém vestirá mais o manto de pelos para falar mentiras. ⁵Mas cada um dirá: "Não sou profeta, sou lavrador; eu me dediquei à terra desde a juventude". ⁶E se lhe disserem: "O que são essas chagas em tuas mãos?", ele responderá: "Eu as recebi na casa de meus amigos"†.

A espada. ⁷Levanta-te, espada, contra meu pastor,*

contra aquele que é meu companheiro.

---

* **12**,1. Is 42,5; Gn 2,7 | 2. Is 51,17 | 7. 14,10 | 9. 14,3 | 10. Jo 19,37; Ap 1,7; Jo 3,14; Am 8,10; Jo 3,16; Cl 1,15-18 | **13**,1. Jo 7,38s; 19,34; Ez 47,1; 36,25 | 4. 2Rs 1,8; Mt 3,4 | 7. Ez 34,1 / Mt 26,31; Ez 34,1

† **12**,10. Promete a conversão do povo a seu Deus. São João aplica esta profecia a Jesus na cruz, lendo o texto de outra maneira, Jo 19,37. | **13**,1. A fonte que purifica Jerusalém e faz dela um paraíso é um tema profético, Ez 47,1-12. | **13**,6. Trata-se dos profetas das confrarias, que se envergonharão de sua condição e das marcas das incisões em seus corpos, 1Rs 18,28, e vão explicá-las com uma desculpa. | 7. O rebanho do pastor ferido passará por uma provação e os que ficarem fiéis reconhecerão a Deus e Deus os reconhecerá. Jesus identificou-se com este pastor ferido em Mt 26,31.

Oráculo de Javé dos exércitos.
Fere o pastor, e as ovelhas* serão
dispersas†;
e voltarei a mão contra os pequenos.
8Em todo o país,
– oráculo de Javé –
dois terços serão exterminados e
morrerão;
um terço será deixado.
9Farei passar este terço pelo fogo;
eu o purificarei como se purifica a
prata,*
eu o provarei como se prova o ouro.
Invocará meu Nome*
e eu o escutarei.
Direi: "Este é meu povo".
E ele dirá: "Javé é meu* Deus"†.

14 Batalha final entre Jerusalém e as nações. 1Está chegando o dia de Javé, quando teus despojos serão repartidos no meio de ti. 2Reunirei todas as nações contra Jerusalém* para a batalha; a cidade será tomada, as casas saqueadas, as mulheres violentadas; metade da população partirá para o cativeiro, mas o resto do povo não será retirado da cidade. 3Então Javé sairá e combaterá contra aquelas nações, como combateu no dia da batalha. 4Naquele dia seus pés pousarão sobre o monte das Oliveiras que está diante de Jerusalém ao oriente. E o monte das Oliveiras se fenderá ao meio, do oriente ao ocidente, formando um imenso vale; metade do monte recuará para o norte e a outra metade para o sul. 5Então fugireis pelo vale de meus montes, pois o vale dos montes chegará até Jasol; fugireis como fugistes do terremoto,* no tempo de Ozias, rei de Judá. Virá então Javé meu Deus e com ele todos os seus santos.

6Naquele dia não haverá luz, mas frio e gelo. 7Será um dia único, Javé o conhece; não haverá dia nem noite,* mas ao anoitecer brilhará a luz. 8Naquele dia águas vivas brotarão de Jerusalém* e descerão metade para o mar oriental, metade para o mar ocidental, tanto no verão como no inverno. 9Então Javé será rei de toda a terra.* Naquele dia Javé será o único, e único será seu Nome. 10Todo o país se transformará em planície,* de Gaba até Remon no Negueb; Jerusalém será elevada e será habitada no lugar onde está, desde a porta de Benjamim até o lugar da primeira porta, isto é, até a porta do Ângulo, e desde a torre de Hananeel até os lagares do rei. 11Aí habitarão; não haverá mais extermínio, e Jerusalém será habitada em segurança.*

12Este será o flagelo com que Javé ferirá todos os povos que tiverem combatido contra Jerusalém: fará apodrecer suas carnes,* estando eles ainda de pé; seus olhos se consumirão em suas órbitas; sua língua se consumirá em sua boca. 13Naquele dia Javé provocará um grande tumulto entre eles: cada um agarrará a mão do outro* e lutarão um contra o outro. 14Também Judá combaterá em Jerusalém e lá se ajuntarão as riquezas de todas as nações vizinhas: ouro, prata e vestes em quantidade enorme. 15Um flagelo semelhante atingirá os cavalos, os mulos, os camelos, os jumentos e todos os animais que estiverem naqueles acampamentos: um flagelo semelhante àquele. 16Então entre todas as nações que houverem combatido contra Jerusalém, os sobreviventes subirão todo ano para adorar o rei, Javé dos exércitos,* e para celebrar a festa das Tendas†. 17Se alguma família da terra não for a Jerusalém para adorar o rei, Javé dos exércitos, sobre ela não cairá a chuva. 18Se a família do Egito não subir e não quiser vir, sobre eles não cairá a chuva; virá sobre eles o mesmo flagelo que Javé

---

* **13,9.** Is 1,25; 48,10 / Sl 91,15; Is 65,24 / Jr 31,31 | **14,2.** Jl 4,2.12 | 5. Jr 31,30; Am 1,1 | 7. Ap 21,23 | 8. Ez 47,1; Jo 4,1 | 9. Ap 11,15 | 10. 12,6 | 11. Jr 31,40; Ap 22,3 | 12. Is 66,24 | 13. Ez 38,21 | 16. Êx 23,14

† **13,9.** Este é o "resto" de Israel, os sobreviventes da catástrofe do exílio, que volta à pátria purificado e decidido a ser fiel à aliança com Deus; serão a semente do novo povo. "Era preciso que o Povo de Deus sofresse a purificação do exílio, o qual já traz a sombra da Cruz no projeto de Deus. O Resto dos Pobres que volta de lá é uma das figuras mais transparentes da Igreja" (CIC). | **14,16.** Também as nações passarão por uma triagem e os sobreviventes virão adorar a Javé em Jerusalém.

Zacarias 14

infligiu às nações que não subiram para celebrar a festa das Tendas. ¹⁹Este será o flagelo para o Egito e para todas as nações que não subirem para celebrar a festa das Tendas.

²⁰Naquele tempo também sobre os cincerros dos cavalos se achará escrito: "Consagrado a Javé", e as panelas no templo de Javé serão como as bacias que estão diante do altar. ²¹Todas as panelas, em Jerusalém e em Judá, serão consagradas a Javé dos exércitos; todos os que quiserem oferecer sacrifício virão e as usarão para cozinhar as carnes. Naquele dia não haverá nem um só comerciante na casa de Javé dos exércitos.*

---

* **14**,21. Jo 2,16

MALAQUIAS

Seu nome em hebraico significa "meu mensageiro", nome que parece ser tirado de 3,1. De sua vida nada se sabe, senão que viveu provavelmente na primeira metade do séc. V a.C. Em seu livro há seis breves diálogos entre o profeta e os ouvintes, cujo conceito central é a necessidade de vencer a tentação do farisaísmo, isto é, de uma religião desligada da vida e das exigências sempre rigorosas da aliança. Por isso, o profeta se esforça por sacudir a indiferença dos compatriotas, chamando-os ao dever de corresponder ao amor de Deus com a oferta de sacrifícios dignos de sua majestade (1,11). Censura os sacerdotes porque oferecem a Deus alimentos contaminados (1,6–2,9), condena os divórcios e os casamentos com mulheres estrangeiras (2,10-16), anuncia o dia do juízo divino (2,17–3,5), com o triunfo final dos justos e a punição pelo não cumprimento do dever do dízimo para o templo (3,6-21). Em lugar dos sacrifícios imperfeitos que eram oferecidos a Deus, proclama que "em todo lugar é oferecido um sacrifício de incenso a meu nome com uma oblação pura" (1,11), vaticínio no qual a tradição viu profetizado o sacrifício eucarístico. O famoso texto "Mandarei meu mensageiro para preparar o caminho a minha frente" (3,1) foi aplicado a João Batista em Mt 11,10 e em Mc 1,2.

Malaquias dá muita importância ao culto e fala das condições que o tornam agradável a Deus, condições rituais e sobretudo morais, isto é, a fidelidade no matrimônio e a justiça social.

A mensagem do profeta pode resumir-se numa frase: "Voltai para mim e eu voltarei para vós, diz Javé dos exércitos" (3,7).

I. REPREENSÃO AOS SACERDOTES E LEVITAS (1-2)

1 **O amor de Javé por Israel.** ¹Proclamação. Palavra de Javé a Israel por meio de Malaquias. ²"Eu vos amo", diz Javé. E vós dizeis: "Como nos amais?"† "Não era Esaú irmão de Jacó? – oráculo de Javé – No entanto amei Jacó ³e odiei* Esaú†. Fiz de seus montes um deserto e dei sua herança aos chacais do deserto". ⁴Se Edom diz: "Fomos destruídos, mas reconstruiremos nossas ruínas", Javé dos exércitos declara: "Eles reconstruirão, mas eu destruirei". Serão chamados terra da impiedade e povo contra o qual Javé está irado para sempre. ⁵Vossos olhos o verão e direis: "Grande é Javé também fora dos limites de Israel"†.

Repreensão aos sacerdotes†. ⁶"O filho honra seu pai* e o servo respeita seu patrão. Se eu sou pai, onde está a honra que me é devida? Se sou o patrão, onde está o respeito para comigo? Diz Javé dos exércitos a vós, sacerdotes, que desprezais meu Nome". Vós perguntais: "Em que desprezamos vosso Nome?" ⁷"É que ofereceis em meu altar comida contaminada". Mas dizeis: "Em que te profanamos?" Quando dizeis: "A mesa de Javé é sem importância". ⁸"E quando ofereceis um animal cego em sacrifício, não é um mal? Quando ofereceis um animal aleijado ou doente,* não é um mal? Oferece-o a teu governador: pensas que ficaria contente ou te receberia bem? Diz Javé dos exércitos".

O sacrifício novo. ⁹Agora suplicai a Deus para que tenha piedade de nós! "Mas com tais ofertas em vossas mãos, ele vos aceitará com favor?, diz Javé dos exércitos. ¹⁰Haverá entre vós al-

---

* **1,**3. Os 11,1; Dt 7,7.s; 4,37; Ez 16; Rm 9,13; Gn 25,23 | 6. Êx 20,12; Dt 1,31; 32,6; Is 29,13 | 8. Lv 22,18-25 | 10. Am 5,21; Jr 6,20; Sf 3,9

† **1,**2. Os repatriados que voltam de Babilônia chegam a duvidar se Deus os ama, porque ficaram desiludidos ao encontrarem em sua terra a hostilidade dos ocupantes, a dominação persa e as incursões dos povos vizinhos. | 3. Pelo contexto, o sentido é que Deus prefere um povo a outro e persevera nesta sua escolha original. Rm 9,13 cita esse texto. | 5. Os antigos pagãos achavam que cada deus nacional só tinha poder dentro do próprio país. | 6. São dois os pecados dos sacerdotes: oferecem vítimas defeituosas e descuidam sua missão de educadores do povo, 2,8 | 10. Deus prefere a ausência de culto a um culto falso.

Malaquias 1-2

guém que feche as portas, para que não acendais em vão o fogo sobre meu altar! Não me agrado de vós, diz Javé dos exércitos, nem aceito a oferta* de vossas mãos!† ¹¹Porque do nascente ao poente, grande é meu Nome entre as nações e em todo lugar é oferecido um sacrifício de incenso a meu Nome com uma oblação pura, porque grande é meu Nome entre as nações, diz Javé dos exércitos"†. ¹²Mas vós o profanais quando dizeis: "A mesa do Senhor é impura e o que nela se oferece, isto é, sua comida, é sem importância". ¹³"Vós dizeis: 'Que canseira!' e me tratais com desprezo, diz Javé dos exércitos. E ofereceis animais roubados, aleijados, doentes e os trazeis como oferta! Posso eu aceitá-la de vossas mãos?*, diz Javé. ¹⁴Maldito o homem fraudulento que tem no rebanho um macho, faz um voto e depois me sacrifica um animal defeituoso. Porque eu sou um grande rei, diz Javé dos exércitos,* e meu nome inspira temor entre as nações".

2 **Ameaças aos sacerdotes infiéis.** ¹"Agora, ó sacerdotes, é para vós esta advertência. ²Se não me escutardes e não tomardes a peito dar glória a meu nome, diz Javé dos exércitos, mandarei sobre vós a maldição* e amaldiçoarei vossas bênçãos. Sim, já as amaldiçoei, porque nenhum de vós as toma a peito.

³Reprovarei vossa descendência
e vos lançarei no rosto excrementos,
os excrementos das vítimas imoladas
em vossas festas,
e sereis varridos junto com eles.
⁴Assim sabereis que eu
vos dirigi esta advertência,*
para que possa continuar minha
aliança com Levi,
diz Javé dos exércitos.
⁵Minha aliança com ele
era aliança de vida e de bem-estar,

coisas que lhe concedi para que me temesse;
ele me temeu e diante de meu nome teve respeito.*
⁶Um ensinamento fiel estava em sua boca
e não havia falsidade em seus lábios;
na integridade e na retidão caminhou diante de mim
e converteu muitos da iniquidade.
⁷De fato, os lábios do sacerdote*
devem guardar o saber
e de sua boca se procura a instrução,
porque ele é mensageiro de Javé dos exércitos.
⁸Vós, porém, vos afastastes do caminho*
e a muitos fizestes tropeçar
com vosso ensinamento;
violastes a aliança de Levi,
diz Javé dos exércitos.
⁹Por isso também eu vos tornei desprezíveis
e abjetos diante de todo o povo,
porque não observastes minhas disposições
e usastes parcialidade na aplicação da lei".

Casamento com estrangeira e divórcio. ¹⁰Não temos todos um mesmo Pai?* Não foi um Deus único que nos criou? Por que, então, agir com perfídia um contra o outro, profanando a aliança de nossos pais? ¹¹Judá agiu traiçoeiramente, e a abominação foi cometida em Israel e em Jerusalém. Porque Judá profanou o santuário caro a Javé e casou com a filha de um deus estrangeiro†. ¹²Que Javé elimine, para o homem que agiu assim, a testemunha e o defensor, das tendas de Jacó e do grupo dos que apresentam a oferta a Javé dos exércitos†.

¹³Outra coisa fazeis ainda: cobris de lágrimas o altar de Javé, com prantos e gemidos, porque ele não olha mais para a oferta, nem a acolhe com prazer

---

* **1,**13. Lv 22,18-25 | 14. Sl 102,16 | **2,**2. Dt 28,15 | 4. Dt 18,1-8; 33,8-11; Nm 25,12s | 5. Dt 33,9s | 7. Dt 21,5 | **2,**8. Mt 23,13ss | 10. Ef 4,6

† **1,**11. O profeta fala no presente, significando o futuro: haverá um culto puro, universal e plenamente agradável a Deus. A tradição cristã vê profetizado aqui o sacrifício eucarístico. | **2,**11. Casar com uma estrangeira, "filha de um outro deus", é ser infiel a Javé e ao próprio povo. Era proibido pela lei, Dt 7,3. | 12. O culpado ficará privado de toda justiça humana e de toda proteção divina.

1171   Malaquias 2-3

de vossas mãos. ¹⁴E perguntais: "Por quê?" Porque Javé é testemunha entre ti e a mulher de tua juventude†, que tu traíste, apesar de ser ela tua companheira, a mulher ligada a ti por um pacto.

¹⁵Não fez ele um só ser dotado de carne* e sopro vital? Que coisa busca esse único ser, senão uma descendência dada por Deus? Respeitai vossa vida. Que ninguém seja infiel à mulher de sua juventude†. ¹⁶Porque eu detesto o repúdio†, diz Javé, Deus de Israel, e quem cobre de iniquidade a própria veste, diz Javé dos exércitos. Respeitai, pois, vossa vida e não sejais infiéis.

¹⁷Cansais Javé com vossas palavras; no entanto, perguntais: "Como o cansamos?" Quando afirmais: "Todo aquele que faz o mal* é bem-visto aos olhos de Javé†, que nele se compraz"; ou quando dizeis: "Onde está o Deus da justiça?"

II. O ANJO PRECURSOR
(3)

3 **Anjo da aliança.** ¹"Mandarei meu mensageiro* para preparar o caminho a minha frente†. De repente entrará em seu templo o Senhor, que vós procurais; o anjo da aliança, que desejais; ele vem, diz Javé dos exércitos. ²Quem suportará o dia de sua vinda?* Quem resistirá quando ele aparecer? Pois ele é como o fogo do fundidor e como a potassa dos lavadeiros. ³Ele se sentará para fundir e purificar; purificará os filhos de Levi, ele os refinará como se faz com o ouro e a prata, para que possam oferecer a Javé uma oblação segundo a justiça. ⁴Então a oferta de Judá e de Jerusalém será agradável a Javé como nos dias antigos, como nos

primeiros anos. ⁵Eu me aproximarei de vós para o juízo e serei uma testemunha pronta contra os feiticeiros, os adúlteros, os perjuros, contra quem defrauda o operário de seu salário, contra quem oprime a viúva e o órfão,* e faz injustiça ao estrangeiro. Estes não me temem, diz Javé dos exércitos".

Os dízimos para o templo. ⁶"Eu, Javé, não mudo;*

e vós, filhos de Jacó, não mudais.
⁷Desde o tempo de vossos pais
vos afastastes de meus preceitos
e não os guardastes.
Voltai para mim e eu voltarei para vós,*
diz Javé dos exércitos".
Mas vós dizeis:
"Como devemos voltar?"
⁸"Pode um homem fraudar a Deus?
No entanto vós me fraudais
e andais dizendo:
'Como te fraudamos?'
Nos dízimos e nas ofertas†.
⁹Já fostes atingidos pela maldição*
e continuais a me fraudar,
vós, a nação toda!
¹⁰Trazei todo o dízimo ao tesouro do templo,
para que haja comida em minha casa;
depois ponde-me à prova nisto,
– diz Javé dos exércitos –
para ver se eu não vos abrirei as cataratas do céu*
e não derramarei sobre vós bênçãos sem medida.
¹¹Impedirei os insetos devoradores
de destruírem os frutos de vossa terra
e de tornar estéril vossa videira no campo,
diz Javé dos exércitos.
¹²Todas as nações vos proclamarão bem-aventurados,*
porque sereis uma terra de delícias,
diz Javé dos exércitos".

---

* **2,**15. Gn 2,24; Mt 5,31s; Ef 5,25-32 | 17. Jó 21,7 | **3,**1. Mt 11,10 | 2. Sf 1,14; Jl 2,11; Jr 6,29 | 5. Lv 19,23; Êx 22,20s | 6. Nm 23,19 | 7. Zc 1,3 | 9. Dt 28,15 | 10. Dt 28,8.12 | 12. Is 61,9

† **2,**14. Javé, o Deus da aliança, está presente a tudo o que acontece com seu povo. | 15. Aludindo a Gn 2,24, apresenta o ideal de um casamento indissolúvel, fecundo e com uma só mulher. | 16. A lei permitia ao marido repudiar a mulher em certos casos, Dt 24,1-4, mas Malaquias combate o repúdio e assim prepara a condenação do divórcio, promulgada por Jesus, Mt 5,32 e 19,6. | 17. A prosperidade dos maus desafia o conceito que o povo eleito tem da justiça de Javé. | **3,**1. Texto aplicado a João Batista em Mt 11,10 e em Mc 1,2. | 8. A comunidade mostra-se negligente em cumprir os deveres do dízimo: se ela voltar a oferecê-los, terá de novo a prosperidade e o bem-estar.

Malaquias 3

O triunfo dos justos. [13]"São duras vossas palavras contra mim – diz Javé dos exércitos – e vós andais dizendo: 'Que dissemos contra ti?' [14]Afirmastes: 'É inútil servir a Deus:* que vantagem recebemos por ter observado seus mandamentos ou por ter andado de luto diante de Javé dos exércitos? [15]Devemos, ao contrário, proclamar felizes os soberbos que, mesmo fazendo o mal, prosperam e, mesmo provocando a Deus, ficam impunes'"†.

[16]Então falaram entre si os que temiam a Javé. Javé prestou ouvido* e os escutou: um livro de memórias foi escrito diante dele para aqueles que o temem e que honram seu Nome. [17]"Eles serão minha propriedade no dia que eu preparo – diz Javé dos exércitos –. Terei compaixão deles como o pai tem compaixão* do filho que o serve. [18]Então vereis de novo a diferença entre o justo e o pecador, entre quem serve a Deus e quem não o serve".

O dia de Javé. [19]"De fato, está para vir o dia, ardente como forno.* Então todos os soberbos e malfeitores serão como palha; o dia que vem os queimará – diz Javé dos exércitos – de modo a não lhes deixar raiz nem ramo. [20]Para vós, porém, que temeis meu nome, nascerá o sol da justiça†, trazendo a salvação em seus raios; e saireis saltando* como novilhos de um curral. [21]Calcareis aos pés os ímpios, pois serão como cinza debaixo da sola de vossos pés no dia que eu preparo, diz Javé dos exércitos".

O profeta precursor. [22]"Lembrai-vos da lei de meu servo Moisés,
ao qual prescrevi sobre o Horeb
estatutos e normas para todo o Israel.
[23]Enviarei o profeta Elias antes que chegue*
o dia de Javé, grande e terrível†.
[24]Ele converterá o coração dos pais para os filhos,
e o coração dos filhos para os pais,
para que eu não venha*
castigar o país com o extermínio".

---

* **3**,14. Is 58,3 | 16. Dn 7,10 | 17. Sl 103,13 | 19. Am 5,18 | 20. Lc 1,78; Jo 8,12 | 23. Mt 17,10-13; Eclo 48,10; Lc 1,17 | 24. Js 6,17

† **3**,15. Javé repreende os que duvidam de sua justiça no governo do mundo e anuncia seu dia, v.19, quando exterminará os maus. | 20. Depois da noite da adversidade e da provação, o povo será feliz e alcançará a vitória, aqui expressa pelo termo "justiça". A liturgia aplica este belo texto ao Salvador, luz do mundo, Jo 8,12. | 23. Este texto criou a grande expectativa do retorno de Elias no fim dos tempos. Jesus afirma que "Elias já veio", referindo-se a João Batista, Mt 17,10-13.

NOVO TESTAMENTO

Na plenitude dos tempos, Deus enviou seu Filho (Gl 4,4) para reunir os filhos de Deus dispersos, formando com eles um novo povo, que ele remiu e conquistou com seu sangue, o sangue da nova aliança (Lc 22,20). A proclamação desse mistério de salvação para todos foi feita de viva voz primeiro pelo próprio Jesus, depois pelos apóstolos, cumprindo ordem sua (Mc 16,15). Os convertidos à fé em Jesus recebiam o batismo e o dom do Espírito Santo, que os associavam a uma comunidade. Esta celebrava no culto a memória do Salvador e ouvia dos apóstolos o ensinamento ou catequese, que aprofundava o primeiro anúncio, chamado querigma. Circulavam entre as primeiras comunidades tradições orais ou escritas, contendo notícias sobre a doutrina do Mestre, seus milagres e parábolas, e outros relatos biográficos, sobretudo a história da paixão. Com o passar do tempo, as igrejas se multiplicaram e as testemunhas oculares foram desaparecendo, surgindo assim a necessidade de colocar por escrito de maneira ordenada todo um patrimônio recebido e transmitido.

Nesse tempo, São Paulo começa a percorrer o Império Romano, pregando o Evangelho que recebera de Cristo e fundando comunidades. A estas escreve diversas cartas, entre as quais estão as obras mais antigas daquilo que hoje é o Novo Testamento. Suas cartas foram conservadas e trocadas entre as igrejas, que as agrupavam, dando origem a certas coleções.

Veio o tempo em que apareceram nas comunidades falsos doutores, pregando doutrinas diferentes, chamadas "heresias", que apelavam para tradições orais e textos escritos. Foi preciso determinar quais livros eram sagrados, quais não. O critério foi aceitar só o que era obra dos apóstolos e de seus colaboradores imediatos.

Com essa expressão "Novo Testamento", usada a partir do fim do século II, designava-se o conjunto dos escritos que se impuseram na Igreja como referência importante para a fé e que teve a garantia dos apóstolos. Em vez de "Novo Testamento", seria mais exato dizer "Nova Aliança", aliança de Deus com seu povo, aquela anunciada por Jeremias (31,31) para substituir a primeira, que Israel violou. Não foi abandonado o Antigo Testamento, entendido como anúncio e caminho para o Novo. Para os cristãos, a vinda de Cristo é o cumprimento histórico das esperanças de Israel. O Concílio Vaticano II afirmou assim a unidade dos dois Testamentos: "Deus, inspirador e autor dos livros de ambos os Testamentos, dispôs sabiamente que o Novo estivesse latente no Antigo, e o Antigo se tornasse claro no Novo. Os livros do Antigo Testamento, recebidos íntegros na pregação apostólica, adquirem e manifestam sua completa significação no Novo Testamento, e por sua vez o iluminam e explicam".

Como no Antigo Testamento, também no Novo distinguimos três famílias de livros: os históricos (os quatro Evangelhos e os Atos dos Apóstolos), os didáticos (todas as epístolas) e um livro profético, o Apocalipse de João.

O Novo Testamento inteiro foi escrito em grego, língua falada em toda a bacia do Mediterrâneo no tempo dos apóstolos.

OS EVANGELHOS

A palavra "Evangelho" significa "boa nova", e a grande boa nova é a vinda de Deus para o meio dos homens. Cumprindo sua promessa de mandar um Salvador para a humanidade, na plenitude dos tempos, Deus enviou seu Filho, que anunciou o Reino de Deus em palavras e obras, e, "morrendo, destruiu a morte, e, ressurgindo, deu-nos a vida".

A seus Apóstolos, Jesus não mandou escrever, mas pregar (Mc 16,15). "Depois da ascensão do Senhor, os Apóstolos transmitiram aos ouvintes aquilo que Ele dissera e fizera, com aquela mais plena compreensão de que gozavam, instruídos que foram pelos gloriosos acontecimentos de Cristo e esclarecidos pela luz do Espírito de verdade. Os autores sagrados escreveram os quatro Evangelhos, escolhendo certas coisas das muitas transmitidas oralmente ou já por escrito, fazendo síntese de outras ou explanando-as com vistas à situação das igrejas, conservando enfim a forma de proclamação, sempre de maneira a referir-nos a respeito de Jesus com verdade e sinceridade. Pois os escreveram, seja com fundamento na própria memória e recordações, seja baseados no testemunho daqueles 'que desde o começo foram testemunhas oculares e ministros da palavra': com a intenção de que conheçamos a verdade daquelas palavras com que fomos instruídos (cf. Lc 1,2-4)" (Vat. II).

Santo Irineu dizia que existe um só Evangelho, quadriforme, em quatro modalidades. São os quatro livros, substancialmente idênticos, que referem palavras e ações da vida de Jesus, contados por Mateus, Marcos, Lucas e João. Os três primeiros chamam-se sinóticos, ou seja, "que se podem ler juntos, em colunas paralelas", por causa de suas semelhanças profundas. Estas se explicam pela tradição bem estruturada nas comunidades e pela formação de coleções de documentos. Mateus e Lucas utilizam Marcos na versão atual ou numa versão anterior. Utilizam também outra fonte, que continha palavras de Jesus. As diferenças se explicam pelos documentos próprios de cada evangelista, por sua ótica pessoal, pela tradição que representam, seus objetivos, o contexto em que vivem e seus destinatários especiais. O quarto Evangelho segue um caminho próprio, mostrando além dos simples fatos e palavras, o significado espiritual que apresentam.

Mais que uma simples biografia, os Evangelhos são o testemunho da Igreja primitiva a respeito do Cristo Ressuscitado: retratam o modo como foi proclamado ao mundo Aquele que disse: "Eu sou o caminho, a verdade e a vida" (Jo 14,6). Apresentam uma visão do que Jesus foi e é para a Igreja. O ponto de partida é a fé da Páscoa. Em Jesus e por meio de Jesus, Deus diz a palavra definitiva sobre si e sobre o destino do homem e do mundo.

EVANGELHO SEGUNDO MATEUS

Mateus, também chamado Levi (Mc 2,14; Lc 5,27), que tinha sido cobrador de impostos em Cafarnaum e foi chamado por Jesus para pertencer ao grupo dos doze discípulos (Mt 9,9), escreveu, por volta do ano 70, um Evangelho endereçado a uma comunidade cristã proveniente do judaísmo e procurou mostrar-lhes que Jesus é aquele que os profetas anunciaram. Por isso, recorda em muitos episódios da vida de Jesus o texto profético que se cumpre (1,23; 2,6; 2,15; 2,18; 3,15-16, etc.). Para Mateus, Jesus é o novo Moisés, muito superior ao profeta máximo do antigo Israel. Veio ensinar aos mestres da época e ao povo em geral como cumprir a vontade de Deus, interpretando e aperfeiçoando a legislação em vigor.

Mateus fez questão de não omitir as palavras de Jesus referentes às tradições e aos costumes judaicos. Segundo seu relato, desde o início (p. ex. no episódio de Herodes e os Magos) até a condenação à morte, Jesus é rejeitado por seu povo e acolhido pelos pagãos.

O drama de Jesus se desenrola em cinco atos: primeiro, Jesus é acolhido com entusiasmo pelas multidões por causa de seus milagres, porém depois começa a decepcionar o povo que esperava um Messias diferente. Aí Jesus se volta para a formação dos discípulos, cerne da futura Igreja. A perseguição dos inimigos chega então ao auge, alcançando seu objetivo: matar o rival. Mas ele ressuscita e permanece sempre vivo no meio da Igreja que fundou.

O Evangelho de Mateus apresenta os discursos de Jesus agrupados em cinco composições:

Sermão da montanha (5–7)
Sermão apostólico (10)
Sermão das parábolas (13)
Sermão sobre a Igreja (18)
Sermão escatológico (24–25)

Cada um desses sermões é precedido de uma parte narrativa que introduz o assunto do sermão. Como introdução geral, há um prólogo chamado "Evangelho da infância" (1–2) e, para encerrar, narra-se a paixão, morte e ressurreição (26–28).

I. EVANGELHO DA INFÂNCIA
(1–2)

1 **Antepassados de Jesus.** ¹Lista dos antepassados* de Jesus Cristo, filho de Davi*, filho de Abraão†. ²Abraão foi pai de Isaac*. Isaac, pai de Jacó. Jacó, pai de Judá e de seus irmãos. ³Da união de Judá e Tamar* nasceram Farés e Zara. Farés foi pai de Esrom. Esrom, pai de Aram. ⁴Aram foi pai de Aminadab*. Aminadab, pai de Naasson. Naasson, pai de Salmon. ⁵Da união de Salmon e Raab nasceu Booz. Da união de Booz e Rute* nasceu Obed. Obed foi pai de Jessé. ⁶Jessé foi pai do rei Davi*.

Da união de Davi com aquela que fora mulher de Urias, nasceu Salomão. ⁷Salomão foi pai de Roboão. Roboão, pai de Abias. Abias, pai de Asa. ⁸Asa foi pai de Josafá. Josafá, pai de Jorão. Jorão, pai de Ozias. ⁹Ozias foi pai de Joatão. Joatão, pai de Acaz. Acaz, pai de Ezequias. ¹⁰Ezequias foi pai de Manassés. Manassés, pai de Amon. Amon, pai de Josias. ¹¹Josias foi pai de Jeconias e de seus irmãos no tempo do exílio de Babilônia.

¹²E depois do exílio de Babilônia*, Jeconias foi pai de Salatiel. Salatiel, pai de Zorobabel. ¹³Zorobabel foi pai de Abiud. Abiud, pai de Eliacim. Eliacim, pai de Azor. ¹⁴Azor foi pai de Sadoc.

---

* **1**,1. Lc 3,23-38 / Gl 3,16 | 2. Gn 21,3; 25,26; 29,35 | 3. Gn 38,29s | 4. 1Cr 2,4s.9s | 5. Rt 4,13-22 | 6. 1Cr 3,10-15 | 12. 1Cr 3,17.19

† **1**,1. Esta genealogia tem por finalidade inserir Jesus na história de seu povo, apresentando-o como o Messias esperado, herdeiro das promessas feitas a Abraão e a Davi.

Mateus 1-2

Sadoc, pai de Aquim. Aquim, pai de Eliud. [15]Eliud foi pai de Eleazar. Eleazar, pai de Matã; Matã, pai de Jacó. [16]Jacó foi pai de José, esposo de Maria†, da qual nasceu Jesus, que é chamado Cristo.

[17]Portanto, de Abraão até Davi, são quatorze gerações; de Davi até o exílio de Babilônia, são quatorze gerações; e do exílio de Babilônia até Cristo, quatorze gerações.

Nascimento de Jesus. [18]Assim aconteceu o nascimento* de Jesus: Maria, sua mãe, era noiva de José† e, antes de viverem juntos, ela ficou grávida por obra do Espírito Santo. [19]José, seu noivo, sendo um homem justo, não quis que ela ficasse com o nome manchado e resolveu abandoná-la sem ninguém o saber. [20]Enquanto planejava isso, teve um sonho em que lhe apareceu um anjo do Senhor para dizer-lhe: "José, filho de Davi†, não tenhas medo de receber Maria como esposa, porque a criança que ela tem em seu seio vem do Espírito Santo. [21]Ela terá um filho, e tu lhe darás o nome de Jesus*, pois ele salvará seu povo de seus pecados". [22]Tudo isso aconteceu para se cumprir o que o Senhor tinha dito pelo profeta com estas palavras: [23]"A virgem conceberá* e dará à luz um filho, a quem chamarão Emanuel, nome que significa 'Deus conosco'". [24]Quando acordou, José fez o que o anjo do Senhor havia mandado. Levou sua esposa para casa [25]e, sem que a ela se unisse*, ela teve um filho. E José lhe deu o nome de Jesus.

2

Adoração dos Magos. [1]Jesus nasceu em Belém* da Judeia, no tempo do rei Herodes†. Então chegaram a Jerusalém alguns* Magos† do Oriente [2]e perguntaram: "Onde está o rei dos judeus que acaba de nascer? Vimos sua estrela no Oriente e viemos adorá-lo". [3]Quando ouviu isso, o rei Herodes ficou atordoado e, com ele, toda Jerusalém. [4]Reuniu todos os sumos sacerdotes e os escribas† do povo para perguntar-lhes onde é que nasceria o Cristo. [5]A resposta deles foi: "Em Belém da Judeia*, porque assim escreveu o profeta: [6]'E tu, Belém, terra de Judá*, não és de modo algum a menor entre as principais cidades de Judá, pois de ti sairá um chefe que vai governar Israel, meu povo'". [7]Herodes chamou então os Magos em segredo e pediu-lhes que dissessem com exatidão quando foi que aparecera a estrela. [8]Enviou-os depois a Belém, dizendo: "Ide informar-vos exatamente sobre o menino; e quando o tiverdes encontrado, avisai-me, para que eu também vá adorá-lo". [9]Depois de ouvir essas palavras do rei, os Magos partiram. E a estrela que viram no Oriente ia caminhando à frente deles, até que parou sobre o lugar onde estava o menino. [10]Ao verem a estrela, sentiram uma alegria muito grande. [11]Eles

---

* **1,**18. Lc 1,35; 2,5 | 21. Lc 1,31-35; 2,21; At 4,12 | 23. Is 7,14 | 25. Lc 2,7 | **2,**1. Lc 2,1-7 / Nm 24,17 | 5. Jo 7,42 | 6. Mq 5,1 | 11. Sl 72,10-15; Is 49,23; 60,5

† **1,**16. Maria é citada nesta genealogia junto com mais quatro mulheres: Tamar, Raab, Rute e Bersabeia. Todas elas acolhem algo de irregular ou de extraordinário em seu matrimônio, e todas mostraram iniciativa e exerceram um papel importante no plano de Deus. | 18. Entre os judeus o noivado tinha os mesmos efeitos jurídicos do casamento, de modo que a noiva infiel poderia ser apedrejada como adúltera, Dt 22,22. | 20. José não entende a situação singular em que a maternidade divina colocou sua noiva, mas não quer ser injusto para com aquela que merece sua total confiança. O anjo dirige-se a ele na qualidade de "filho de Davi", para que, aceitando a paternidade adotiva de Jesus, torne-o também filho de Davi. | **2,**1. Trata-se de Herodes Magno, que reinou de 37-4 a.C., grande construtor, mas homem violento e sanguinário, que suspeitava de tudo e de todos. / Os Magos representam as nações do mundo, que acolhem o Salvador com fé, enquanto os judeus, representados por Herodes e pelas autoridades religiosas, rejeitam Aquele que os profetas anunciaram. Por influência de Sl 72,10s, a tradição os considerou como reis, e por causa dos três dons, pensa-se que eram três. Um apócrifo dá seus nomes: Baltazar, Melquior e Gaspar, o negro. | 4. Os escribas eram os mestres da lei, intérpretes oficiais da legislação mosaica; quase sempre eram do partido dos fariseus. | 11. Conforme os Santos Padres, o ouro simboliza a realeza, o incenso, a divindade, e a mirra, o sofrimento da Paixão.

entraram na casa e viram o menino com Maria*, sua mãe. E caindo de joelhos o adoraram. Abriram seus cofres e lhe deram de presente ouro, incenso e mirra[†]. [12]Foram avisados num sonho para não voltarem a Herodes; por isso retornaram por outro caminho para sua terra.

Fuga para o Egito. [13]Depois que partiram, um anjo do Senhor apareceu* em sonho a José e lhe disse: "Levanta-te, toma o menino e a mãe dele e foge para o Egito. Fica lá até eu te avisar, porque Herodes vai procurar o menino para matá-lo"[†]. [14]José levantou-se, tomou de noite o menino e a mãe dele e partiu para o Egito. [15]Ficou lá até a morte de Herodes, para se cumprir o que o Senhor falara pelo profeta, com as palavras: "Do Egito chamei* meu filho"[†].

A morte dos inocentes. [16]Então Herodes, vendo-se enganado pelos Magos, ficou com muita raiva e mandou matar, em Belém e nas vizinhanças, todos os meninos de dois anos para baixo, conforme o tempo exato que indagara dos Magos. [17]Então cumpriu-se o que fora dito pelo profeta Jeremias: [18]"Em Ramá ouviu-se uma voz*, choro e grande lamentação; é Raquel chorando seus filhos, e não quer ser consolada, porque já não existem".

A Sagrada Família em Nazaré. [19]Quando Herodes morreu, um anjo do Senhor apareceu em sonho a José no Egito [20]e lhe disse: "Levanta-te, toma o menino e a mãe dele e vai para a terra de Israel, pois já morreram os que

estavam procurando matar o menino. [21]Ele levantou-se, tomou o menino e a mãe dele e voltou para a terra de Israel. [22]Mas, quando ficou sabendo que Arquelau reinava na Judeia, em lugar de seu pai Herodes, teve medo de ir para lá. Avisado num sonho, partiu para a região da Galileia [23]e foi morar numa cidade chamada Nazaré, para se cumprir o que fora dito pelos profetas: "Ele será chamado Nazareno".

II. MINISTÉRIO DE JOÃO BATISTA (3)

3 **Pregação de João Batista.** [1]Por aqueles dias apareceu João Batista* a pregar no deserto da Judeia, [2]dizendo: "Convertei-vos, pois está próximo o Reino dos Céus!"[†] [3]Pois a ele referia-se o profeta Isaías, quando disse: "Uma voz clama no deserto*: Preparai o caminho do Senhor! Retificai suas estradas!"

[4]João usava uma roupa de pelos de camelo* e um cinto de couro na cintura. Alimentava-se de gafanhotos e de mel do campo. [5]O povo de Jerusalém, de toda a Judeia e do vale do Jordão ia até ele, confessava seus pecados, [6]e ele batizava a todos no rio Jordão. [7]Vendo que muitos fariseus* e saduceus[†] vinham para o batismo, disse-lhes: "Raça de víboras! Quem vos ensinou a fugir da ira que virá? [8]Produzi, então, fruto que demonstre verdadeira conversão [9]e não vos enganeis pensando: 'Abraão é nosso pai'. Porque eu vos digo que destas pedras* Deus é capaz de fazer nascer

---

* **2**,13. Mt 1,20 | 15. Os 11,1 | 18. Jr 31,15; Lc 1,26; 2,39; Is 11,1 | **3**,1. Mc 1,2-8; Lc 3,3-18; At 2,38 | 3. Is 40,3; Jo 1,23 | 4. 2Rs 1,8 | 7. Mt 12,34; 21,25.32; 23,33; Jo 5,25 | 9. Am 5,18; Rm 9,7; Jo 8,33.39; Gl 4,21-31; Mt 7,19

† **2**,13. Toda a vida de Cristo estará sob o signo da perseguição; os seus compartilham com ele esse destino. | 15. Citação de Os 11,1 que se refere a Israel, filho primogênito de Deus, Êx 4,22, chamado do Egito para a terra prometida. Aqui e também no episódio das tentações no deserto, 4,1-11, Mateus compara Jesus a seu povo, porque ele passa por experiências que o povo viveu. | **3**,2. Do Reino dos Céus, João Batista ressaltou o aspecto severo do julgamento, vv.10.12. Exorta ao arrependimento, à conversão ou mudança de mentalidade e administra o rito batismal aos que se abrem a esta transformação. A palavra "Céus" está em lugar de "Deus", nome sagrado para a comunidade judaica, por respeito, nem sequer pronunciava. | 7. Os fariseus eram membros de um partido religioso, nacionalista e rigorista, que praticava a mais estrita observância da lei mosaica e um profundo respeito pela tradição oral, caindo muitas vezes no formalismo. Os saduceus eram um partido que rejeitava toda tradição oral, e da Bíblia só aceitava o Pentateuco; simpatizavam com o helenismo e com as doutrinas materialistas, não acreditando na ressurreição nem nos anjos, At 23,8. A maioria deles era da aristocracia sacerdotal e membros influentes da política.

Mateus 3-4

filhos a Abraão. ¹⁰O machado já está encostado no pé das árvores; e, então, toda árvore que não produzir bom fruto será cortada e jogada no fogo. ¹¹Eu vos batizo com água, para vossa conversão; mas aquele que vem depois de mim é mais forte do que eu: não sou digno nem de tirar-lhe as sandálias. Ele vos batizará com o fogo* do Espírito Santo. ¹²Ele tem a pá na mão para limpar seu terreiro: vai guardar o trigo no paiol, mas a palha* ele a queimará numa fogueira que não se apaga".

Batismo de Jesus. ¹³Então Jesus veio da Galileia ao Jordão*, ao encontro de João, a fim de ser batizado por ele. ¹⁴João, porém, tentava impedi-lo, dizendo: "Eu é que devo ser batizado por ti, e tu vens a mim?" ¹⁵Mas Jesus respondeu-lhe: "Deixa por ora, pois assim convém que façamos tudo o que é justo"†. E João concordou. ¹⁶Depois do batismo, Jesus saiu logo da água. Os céus se abriram, e ele viu o Espírito de Deus descer como uma pomba e vir sobre ele. ¹⁷E do céu veio uma voz que disse: "Este é meu Filho amado, de quem eu me agrado"†.

III. MINISTÉRIO
DE JESUS NA GALILEIA
(4–18)

4 **As três tentações†.** ¹Depois, Jesus foi levado pelo Espírito ao deserto*, para ser tentado pelo diabo.

²Durante quarenta dias e quarenta noites† esteve jejuando; depois sentiu fome. ³Aproximando-se o tentador, disse-lhe: "Se és o Filho de Deus, manda que estas pedras se transformem em pães". ⁴Mas ele respondeu: "Está escrito: 'Não só de pão vive o homem*, mas de toda palavra que sai da boca de Deus'". ⁵Em seguida, o diabo o levou à Cidade Santa e o colocou no ponto mais alto do templo ⁶e disse-lhe: "Se és o Filho de Deus, lança-te lá embaixo, porque está escrito: 'Ele dará ordens a seus anjos* a teu respeito, e eles te tomarão nas mãos, para que não tropeces com o pé em alguma pedra'". ⁷Respondeu-lhe Jesus: "Também está escrito: 'Não tentarás o Senhor*, teu Deus'"†. ⁸De novo, o diabo o levou para um monte* muito alto. Mostrou-lhe todos os reinos do mundo com seu esplendor ⁹e disse-lhe: "Tudo isto te darei se, prostrado, me adorares".

¹⁰Então Jesus lhe disse: "Vai-te, Satanás*, porque está escrito: 'Ao Senhor teu Deus adorarás e só a ele prestarás culto'". ¹¹Então o diabo o deixou. E os anjos se aproximaram para servi-lo†.

Jesus começa a pregar. ¹²Quando soube que João tinha sido preso*, Jesus voltou para a Galileia. ¹³Deixou, então, Nazaré e foi morar em Cafarnaum, à beira-mar, nos territórios de Zabulon e de Neftali, ¹⁴para que se cumprisse o oráculo do profeta Isaías: ¹⁵"Terra de Zabulon, terra de Neftali*, caminho do

---

* **3**,11. Jo 1,15.24; At 1,5; 13,25 | 12. Is 41,16; Jr 15,7; Mt 13,42.50 | 13. Mc 1,9ss; Lc 3,21s; Jo 1,31-33; 13,6ss | **4**,1. Mc 1,12s; Lc 4,1-13; Gn 3,1-7; Hb 2,18; 4,15 | 4. Dt 8,3; Sb 16,26 | 6. Sl 91,11s | 7. Dt 6,16 | 8. Mt 17,1 | 10. Dt 6,13; Mt 16,23 | 12. Mc 1,14s; Lc 4,14; Jo 2,12 | 15. Is 8,23; 9,1; Lc 1,78s; Jo 1,9

† **3**,15. Lit. "toda a justiça", ou seja, tudo o que se deve fazer para obedecer a Deus e cumprir seu desígnio de salvação. | 17. Assim como no batismo de Jesus os céus se abrem, o Espírito Santo desce e o Pai o proclama seu Filho amado, assim também o cristão batizado recebe o Espírito Santo, torna-se filho do Pai celeste e começa a caminhada para o céu. | **4**. Haveria para Jesus muitas maneiras de agir como Messias; o diabo lhe propõe o caminho do sucesso fácil, mas Jesus escolhe a obediência à vontade de Deus expressa na Bíblia. | 2. Os 40 dias que Jesus passou no deserto em obediência ao Pai lembram os 40 anos durante os quais os israelitas provocaram a ira de Deus no deserto com sua desobediência. | 7. Tentar a Deus é duvidar de seu poder e de sua bondade e pô-los à prova pedindo um milagre. | 11. "Cristo revela-se como Servo de Deus, totalmente obediente à vontade divina. A vitória de Jesus sobre o tentador antecipa a vitória da Paixão, obediência suprema de seu amor filial ao Pai" (CIC). | 15. "Dos gentios" porque era vizinha das nações pagãs, e em parte ocupada por elas. Esse ambiente mais aberto que o da Judeia teve certo influxo sobre a pregação de Jesus e a de seus discípulos. Jesus prefere a periferia ao centro; começa pela desprezada Galileia, Jo 7,52. | 17. Jesus apresenta o Reino dos Céus como uma força de salvação, introduzida por ele no mundo e destinada a crescer até chegar à plena realização no mundo que há de vir.

mar, do outro lado do Jordão, Galileia dos gentios!† ¹⁶O povo que morava nas trevas viu uma grande luz! E para os que se achavam na região escura da morte surgiu uma luz". ¹⁷Desde então, Jesus começou a pregar, dizendo: "Convertei-vos, porque está próximo* o Reino dos Céus"†.

Vocação dos apóstolos. ¹⁸Andando junto ao mar da Galileia*, Jesus viu dois irmãos: Simão, chamado Pedro, e André, seu irmão. Estavam lançando a rede ao mar, pois eram pescadores. ¹⁹Jesus disse-lhes: "Segui-me, e vos farei pescadores de homens!" ²⁰Eles deixaram logo suas redes e o seguiram. ²¹Mais adiante viu outros dois irmãos: Tiago, filho de Zebedeu, e João, seu irmão. Estavam na barca com seu pai Zebedeu, consertando as redes. Jesus os chamou. ²²Eles logo deixaram a barca e o pai e o seguiram†.

A multidão segue a Jesus. ²³Jesus ia andando pela Galileia inteira*, ensinando nas sinagogas, pregando a Boa Nova do Reino e curando toda doença e toda enfermidade entre o povo. ²⁴Sua fama espalhou-se por toda a Síria. Traziam a ele os que sofriam de doenças e de enfermidades de várias espécies: possessos, epilépticos e paralíticos; e ele os curou†. ²⁵Seguiam-no grandes multidões* vindas da Galileia, da Decápole†, de Jerusalém, da Judeia e da Transjordânia†.

5 **As bem-aventuranças.**† ¹Vendo a multidão, Jesus subiu à montanha. Sentou-se, e seus discípulos aproximaram-se dele. ²Começou então a falar e os ensinava* assim:

³"Felizes os pobres* em espírito†, porque é deles o Reino dos Céus.

⁴Felizes os que choram*, porque Deus os consolará.

⁵Felizes os não violentos*, porque receberão a terra como herança.

⁶Felizes os que têm fome e sede de justiça*, porque Deus os saciará.

⁷Felizes os misericordiosos, porque conseguirão misericórdia.

⁸Felizes os de coração puro†, porque verão a Deus*.

⁹Felizes os que promovem a paz, porque Deus os terá como filhos.

¹⁰Felizes os que são perseguidos* por agirem retamente, porque deles é o Reino dos Céus.

¹¹Felizes sereis vós*, quando os outros vos insultarem e perseguirem, e disserem contra vós toda espécie de calúnias por causa de mim. ¹²Alegrai-vos e exultai porque recebereis uma grande recompensa no céu. Pois foi assim que eles perseguiram os profetas que vos precederam!"

Apostolado do cristão. ¹³"Vós sois o sal da terra*. Mas se o sal perder o sabor, com que se salgará? Não serve mais para nada, senão para ser jogado fora e ser pisado pelas pessoas.

---

* **4,**17. 3,2; 10,7 | 18. Mc 1,16-20; Lc 5,1-11; Jo 1,35-42 | 23. Mc 1,39; 3,7-10; Lc 4,15.44; At 10,38; Mt 9,35 | 25. Mc 3,7s; Lc 6,17ss | **5,**2. Lc 6,20-26 | 3. Is 57,15; 61,1 | 4. Sl 126,5; Is 61,3; Ap 21,4 | 5. Sl 37,11 | 6. Lc 6,21; Is 51,1 | 8. Sl 24,4; 73,1; 1Jo 3,2s; Ap 22,4 | 10. 1Pd 3,14 | 11. At 5,41; Fl 1,29; Cl 1,24; Hb 10,34; Tg 1,2 | 13. Mc 9,50; Lc 14,34s

† **4,**22. Ver a nota em Mc 1,20. | 24. Jesus acompanha suas palavras com numerosos milagres, prodígios e sinais (At 2,22), que manifestam que o Reino está presente nele e atestam que ele.é o Messias anunciado. | 25. A Decápole era uma região com dez cidades a leste do Jordão, administrada pelo governador da Síria. / Reunindo os homens em torno de seu Filho Jesus, Deus Pai edifica a Igreja, que é na terra o germe e o início do Reino de Deus, o Reino já misteriosamente presente. | **5.** Os cc. 5-7 são o Sermão da Montanha, no qual Mateus reúne ensinamentos de Jesus dados em ocasiões diferentes. Moisés deu aos israelitas a lei recebida de Deus no Sinai; Jesus, novo Moisés, ensina o sentido verdadeiro da lei, resumindo tudo na fé em Deus Pai e na vivência da fraternidade. As bem-aventuranças são os caminhos da felicidade que Jesus propõe e que ele mesmo percorreu. Ensinam que a verdadeira felicidade não está nas riquezas ou no bem-estar, nem na glória humana ou no poder, nem em qualquer outra criatura, mas apenas em Deus, fonte de todo bem e de todo amor. | 3. Os pobres que, através das privações sofridas, aprenderam a confiar só em Deus. | 8. Puros de coração são os que entregaram o coração e a inteligência às exigências da santidade de Deus, principalmente em três campos: a caridade (2Tm 2,22), a castidade (1Ts 4,7; Cl 3,5; Ef 4,19) e o amor à verdade (Tt 1,15). | 14. "O que a alma é no corpo, são no mundo os cristãos" (Carta a Diogneto, séc. II). | 16. "O próprio testemunho da vida cristã e das boas obras feitas em espírito sobrenatural possui a força de atrair os homens para a fé e para Deus" (Vat. II).

Mateus 5

¹⁴Vós sois a luz* do mundo†. Uma cidade construída no alto do monte não pode ficar escondida. ¹⁵E também não se acende uma luz* para pô-la debaixo de um móvel. Pelo contrário, é posta no candeeiro, de modo que brilhe para todos os que estão na casa. ¹⁶Assim deve brilhar vossa luz diante dos outros*, para que vejam vossas boas obras e glorifiquem vosso Pai que está nos céus"†.

A nova e a antiga lei. ¹⁷"Não penseis que vim revogar* a Lei ou os Profetas†; não vim revogá-los, mas cumpri-los. ¹⁸Porque na verdade vos digo: Até que passem o céu e a terra*, não passará um só i, uma só vírgula da Lei, sem que tudo se cumpra. ¹⁹Portanto, quem desobedecer a estes mandamentos*, ainda que mínimos, e ensinar os outros a fazer o mesmo, será considerado menor no Reino dos Céus. Mas quem os praticar e ensinar será considerado grande no Reino dos Céus. ²⁰Pois eu vos digo: se vossa justiça* não for superior à dos escribas e fariseus, não entrareis no Reino dos Céus.

²¹Ouvistes que foi dito aos antigos: 'Não matar'*. Quem matar tem de responder em juízo. ²²Mas eu vos digo†: Quem se irritar contra o irmão tem de responder em juízo. Quem chamar seu irmão de tolo deverá comparecer ao sinédrio. E quem o chamar de louco será condenado ao fogo do inferno. ²³Se, portanto, fores levar tua oferta ao altar e aí te lembrares de que teu irmão tem alguma coisa contra ti, ²⁴deixa tua oferta lá diante do altar e vai primeiro fazer as pazes com esse irmão e depois volta para fazer a oferta. ²⁵Entra logo em acordo* com teu adversário, enquanto caminhas com ele, para não acontecer que ele te entregue ao juiz, e este ao guarda, e assim sejas preso. ²⁶Na verdade te digo: de lá não sairás, enquanto não pagares o último centavo.

²⁷Ouvistes que foi dito: 'Não cometer adultério'*. ²⁸Mas eu vos digo: Todo aquele que olhar para uma mulher, desejando-a, já cometeu adultério com ela em seu coração. ²⁹Por isso, se teu olho direito te leva a pecar*, arranca-o e joga-o para longe de ti. Pois é melhor perderes uma só parte do corpo do que teu corpo inteiro ser jogado no inferno. ³⁰E se tua mão direita te leva a pecar, corta-a e joga-a para longe de ti. Pois é melhor perderes uma só parte do corpo do que teu corpo inteiro ser jogado no inferno.

³¹Também foi dito: Quem se divorciar deve dar à mulher* uma certidão de divórcio. ³²Mas eu vos digo: Quem se divorciar de sua mulher, a não ser no caso de união ilegal†, a faz cair em adultério; e quem se casar com a divorciada comete adultério.

³³Ouvistes também que foi dito aos antigos: 'Não jurar falso*, mas cumpre com o Senhor teus juramentos'. ³⁴Mas eu vos digo: Não jureis de maneira nenhuma; nem pelo céu, porque é o trono de Deus; ³⁵nem pela terra, porque é o estrado de seus pés; nem por Jerusalém, porque é a cidade do Grande Rei; ³⁶nem por tua cabeça, porque não podes tornar branco ou preto um só fio de cabelo. ³⁷Que vossa linguagem seja

---

* **5,**14. Jo 8,12 | 15. Mc 4,21; Lc 8,16; 11,33 | 16. 1Cor 10,31; Ef 5,8s; Fl 2,15; 1Pd 2,12 | 17. Rm 3,31; 10,4 | 18. Lc 16,17; 21,23 | 19. Tg 2,10 | 20. Rm 10,3; Fl 3,9 | 21. Lc 6,26-36; Êx 20,13; 21,12; Lv 24,17; Dt 5,17; Tg 1,19 | 25. Lc 12,58 | 27. Êx 20,14; Jó 31,1; 20,14 | 28. Mc 9,43.47; Mt 18,8 | 31. 19,3-9; Dt 24,1; Mc 10,11; Lc 16,18; 1Cor 7,10s | 33. Lv 19,12; Nm 30,3; Dt 23,22; Eclo 23,9 | 37. 2Cor 1,17ss; 5,12

† **5,**17. A Lei e os Profetas eram as duas primeiras partes da Bíblia, 2Mc 15,9, ou por extensão designam todo o AT. A lei evangélica dá pleno cumprimento aos mandamentos da Lei. Não lhe acrescenta novos preceitos exteriores, mas reforma a raiz dos atos, o coração, onde se faz a opção entre o bem e o mal, onde se cultivam as virtudes. | 22. Jesus é mais que Moisés, que foi apenas um intermediário entre Deus e o povo. Jesus ensina com autoridade própria, interpreta, aprofunda, amplia, modifica e até contradiz "o que foi dito aos antigos". | 32. Lit. "fornicação", termo que parece indicar, como em At 15,20.29, um grau de parentesco que impedia o matrimônio. Seria então um caso de nulidade do matrimônio. | 37. Seguindo São Paulo (2Cor 1,23; Gl 1,20), a tradição da Igreja entendeu que as palavras de Jesus não se opõem ao juramento quando este é feito por um causa grave e justa, por exemplo, perante um tribunal. Disse S. Inácio de Loiola: "Não jurar nem pelo Criador, nem pela criatura, se não for com verdade, necessidade e reverência".

1181 Mateus 5-6

sim*, sim e não, não. O que se acrescenta a isto vem do Maligno†.

³⁸Ouvistes que foi dito: 'Olho por olho* e dente por dente'. ³⁹Mas eu vos digo: Não deveis resistir aos maus*. Ao contrário, se alguém te bater na face direita, oferece-lhe também a esquerda. ⁴⁰Se alguém quer processar-te para te tomar a túnica, deixa-lhe também o manto. ⁴¹Se alguém te forçar a caminhar com ele mil passos, caminha dois mil com ele. ⁴²Dá a quem te pede alguma coisa*, e a quem te pede emprestado não vires as costas.

⁴³Vós sabeis que foi dito: 'Amarás teu próximo e odiarás* teu inimigo'†. ⁴⁴Mas eu vos digo: Amai vossos inimigos* e rezai pelos que vos perseguem, ⁴⁵para que sejais filhos de vosso Pai celeste que faz nascer o sol para os maus e os bons e faz cair a chuva sobre os justos e os injustos. ⁴⁶De fato, se amais os que vos amam, que merecimento tereis? Os publicanos não fazem isso também? ⁴⁷E se saudais só vossos irmãos, que fazeis de extraordinário? Os pagãos não fazem isso também? ⁴⁸Sede, portanto, perfeitos* como vosso Pai celeste é perfeito".

6 **A esmola.** ¹"Cuidado para não praticardes vossas boas obras* na frente dos outros, para serdes admirados por eles. Agindo assim, não recebereis a recompensa de vosso Pai que está nos céus. ²Portanto, ao dares esmola*, não toques a trombeta a tua frente, como fazem os hipócritas nas sinagogas e nas ruas, para serem elogiados pelos outros. Em verdade vos digo†: eles já receberam o que deviam

receber. ³Tu, ao contrário, ao dares esmola, não deixes tua mão esquerda saber o que a direita faz*, ⁴para que tua esmola se faça em segredo, e teu Pai, que conhece todo segredo, te dará a recompensa".

A oração. ⁵"Quando rezais, não façais como os hipócritas que gostam de rezar em pé nas sinagogas e nos cantos das praças, para serem vistos pelos outros. Na verdade vos digo: eles já receberam o que deviam receber. ⁶Tu, ao contrário, quando fores rezar, entra em teu quarto, fecha a porta e reza a teu Pai em segredo, e teu Pai, que conhece todo segredo, te dará a recompensa. ⁷Em vossas orações, não useis muitas palavras*, como fazem os pagãos, pensando que Deus os atende devido às orações longas. ⁸Não os imiteis, porque vosso Pai sabe o que precisais, antes mesmo que lho peçais".

O Pai-nosso.† ⁹"Portanto, rezai assim: 'Pai nosso que estais nos céus*, santificado seja o vosso nome; ¹⁰venha a nós o vosso reino, seja feita a vossa vontade*, assim na terra como no céu. ¹¹O pão nosso de cada dia nos dai hoje*; ¹²perdoai-nos as nossas ofensas, assim como nós perdoamos* a quem nos tem ofendido; ¹³e não nos deixeis cair em tentação, mas livrai-nos do mal'†. ¹⁴Pois se perdoardes aos outros as ofensas recebidas, também vosso Pai celeste vos perdoará. ¹⁵Mas se não perdoardes aos outros*, vosso Pai também não perdoará vossas ofensas".

O jejum. ¹⁶"Quando jejuardes*, não fiqueis com ar abatido como os hipócritas, que desfiguram seu rosto para mostrar que estão jejuando. Na ver-

---

* **5**,38. Êx 21,24; Lv 24,19s; Dt 19,21 | 39. Lv 6,29; Rm 12,19ss; 1Cor 6,7 | 42. Dt 15,8; Lc 6,30 | 43. Lv 19,18 | 44. Êx 23,4s; Lc 6,27; 23,34; Rm 12,14.19s; At 7,60; Ef 5,1 | 48. Lv 19,2; Tg 1,4; 1Pd 1,16 | **6**,1. Mt 23,5; Lc 16,15; Jo 5,44; 12,43 | 2. Mt 23,5.13ss | 3. Sl 139,2-7 | 7. Ecl 5,1; Eclo 7,15 | 9. Lc 11,2ss; Jo 17,6-26 | 10. 26,39.42 | 11. Jo 6,32.35; Pr 30,8; Mc 11,25; Eclo 28,1 | 12. 18,21-35; 26,41; Jo 17,11.15; 2Ts 3,3 | 15. Eclo 28,1-5; Tg 2,13 | 16. Is 58,5s

† **5**,43. "Odiar" tem o sentido de "não precisar amar". | **6**,2. Jesus sublinha assim sua autoridade fundada na verdade de Deus. A palavra "amém", aqui traduzida por "na verdade", vem da mesma raiz da palavra "crer". Exprime solidez, confiabilidade, fidelidade. Por isso o "amém" pode ser dito da fidelidade de Deus para conosco e de nossa confiança nele. | 9. "Esta oração ensinada pelo Salvador encerra em si mesma todas as mais elevadas orações de todos os homens e de todos os tempos" (S. Agostinho). "A oração dominical é realmente o resumo de todo o Evangelho" (Tertuliano). | 13. As Constituições Apostólicas (séc. IV) acrescentam: "Pois vosso é o reino, o poder e a glória para sempre". Este acréscimo entrou nas edições protestantes da Bíblia.

Mateus 6-7

dade vos digo: já receberam o que deviam receber. [17]Tu, porém, quando jejuares, perfuma a cabeça e lava o rosto, [18]para os outros não notarem que estás jejuando, mas só teu Pai que está lá no secreto. E teu Pai, que vê no secreto, te dará a recompensa".

O verdadeiro tesouro. [19]"Não ajunteis tesouros na terra, onde a traça e a ferrugem os destroem* e os ladrões assaltam e roubam. [20]Mas ajuntai riquezas no céu, onde nem traça e nem ferrugem as podem destruir, nem os ladrões conseguem assaltar e roubar. [21]Pois onde estiver teu tesouro, aí estará também teu coração. [22]É o olho que ilumina o corpo*. Se, portanto, teu olho for puro, todo o teu corpo ficará iluminado. [23]Mas se teu olho for mau, todo o teu corpo ficará nas trevas. Se, portanto, a luz que está em ti for trevas, como serão grandes as trevas!"

Os dois senhores. [24]"Ninguém pode servir a dois senhores*: ou desagrada a um e agrada ao outro, ou dará preferência a este e desprezará aquele. Não podeis servir a Deus e ao dinheiro"[†].

A Providência Divina. [25]"Portanto vos digo: para vossa vida*, não vos preocupeis com o que comereis ou bebereis[†], nem para vosso corpo, o que vestireis. A vida não vale mais que o alimento, e o corpo não vale mais que a roupa? [26]Olhai as aves do céu: não semeiam nem colhem, nem ajuntam mantimentos no paiol; no entanto, vosso Pai celeste lhes dá o alimento. Será que não valeis mais que elas? [27]Quem de vós é capaz*, com suas preocupações, de acrescentar uma hora sequer à duração de sua vida? [28]E por que vos preocupais com a roupa? Olhai os lírios do campo como crescem: não trabalham

nem tecem. [29]Entretanto vos digo que nem Salomão, no auge de sua glória, vestiu-se como um deles. [30]Se Deus dá uma roupa destas à relva do campo, que hoje existe e amanhã será jogada ao fogo, quanto mais não fará por vós, gente pobre de fé? [31]Não fiqueis, pois, preocupados, perguntando: Que vamos comer? Que vamos beber? Com que nos vamos vestir? [32]Os pagãos é que vivem preocupados com tudo isso. Ora, vosso Pai celeste sabe que precisais de tudo isso. [33]Buscai em primeiro lugar* o Reino de Deus e sua justiça[†], e todas essas coisas vos serão acrescentadas. [34]Portanto, não vos preocupeis* com o dia de amanhã; o dia de amanhã se preocupará consigo mesmo. Basta a cada dia sua pena".

7 **Não julgar.** [1]"Não julgueis os outros*, e Deus não vos julgará. [2]Pois com o mesmo critério com que julgardes os outros, sereis julgados. E a mesma medida que usardes para medir os outros será aplicada também a vós. [3]Por que observar o cisco que está no olho de teu irmão, se não enxergas a trave que está em teu olho? [4]Como tens coragem de dizer ao irmão: 'Deixa-me tirar o cisco de teu olho', sendo que tens uma trave no teu? [5]Hipócrita! Tira primeiro a trave de teu olho e então enxergarás bem para poder tirar o cisco do olho de teu irmão".

Respeito ao que é santo. [6]"Não deis aos cães as coisas santas*, nem atireis vossas pérolas aos porcos, para não acontecer que as pisem e, voltando-se contra vós, eles vos dilacerem"[†].

Valor da oração. [7]"Pedi e recebereis[†]; buscai e achareis*; batei e a porta vos será aberta[†]. [8]Pois todo aquele que

---

* **6**,19. Lc 12,16-21; Tg 5,2; Mt 19,21; 1Tm 6,19 | 22. Lc 11,34 | v24. 19,21-26; Lc 16,13 | 25. Lc 12,22-31; Fl 4,6; 1Tm 6,7s; Hb 13,5; 1Pd 5,7 | 27. 10,29ss | 33. Is 51,1ss | 34. Tg 4,13ss | **7**,1. Lc 6,37-42; Mc 4,24; Lc 6,31; Rm 2,1; 1Cor 4,5; Jo 8,7ss | 6. Pr 23,9 | 7. 18,19; 21,22; Mc 11,24; Lc 11,9.23; Jo 14,13; 15,7.16; 1Jo 5,14; Lc 11,11; 18,1-8

† **6**,24. Ver a nota em Lc 16,13. | 25. "Não diz para não pensar no amanhã, mas exorta a pensar de modo que não nos preocupemos a ponto de esquecermos os deveres mais altos" (S. Agostinho). | 33. Ver a nota em Mt 3,15. | **7**,6. Não deixeis participar dos mistérios sagrados aqueles que, abusando deles, prejudicariam a si mesmos e aos outros. | 7. "As graças que receberemos são proporcionais à confiança com que rezamos" (S. Afonso de Ligório). / Referindo-se à Bíblia, assim comenta Guigo, o Cartuxo: "Procurai pela leitura, e encontrareis meditando; batei orando, e vos será aberto pela contemplação".

Mateus 7-8

pede recebe; quem procura acha; e ao que bate, abre-se a porta. ⁹Quem de vós dará uma pedra ao filho que lhe pedir pão? ¹⁰Ou lhe dará uma cobra, se lhe pedir peixe? ¹¹Ora, se vós, que sois maus, sabeis dar coisas boas a vossos filhos, quanto mais vosso Pai celeste dará coisas boas aos que lhe pedirem!"

A regra de ouro. ¹²"Portanto, fazei aos outros tudo aquilo* que quereis que eles vos façam: nisso se resumem a Lei e os Profetas".

Os dois caminhos. ¹³"Entrai pela porta estreita*, porque larga é a porta e espaçosa a estrada que leva à perdição. E são muitos os que entram por ela! ¹⁴Estreita, porém, é a porta* e apertado o caminho que conduz à Vida. E são poucos os que o encontram!"

A árvore e seus frutos. ¹⁵"Cuidado com os falsos profetas! Vêm a vós disfarçados*, parecendo ovelhas, mas por dentro são lobos ferozes. ¹⁶Por seus frutos os conhecereis. Acaso se apanham uvas no meio de espinhos, ou se colhem figos de abrolhos? ¹⁷Assim, toda árvore boa dá bons frutos, mas a árvore má dá maus frutos. ¹⁸Uma árvore boa não pode dar frutos ruins, nem uma árvore ruim dar frutos bons. ¹⁹Toda árvore que não der fruto bom* será cortada e jogada no fogo. ²⁰É portanto por seus frutos que os reconhecereis".

Seguir a vontade de Deus. ²¹"Nem todo aquele que me diz: 'Senhor, Senhor!' entrará* no Reino dos Céus; mas sim aquele que faz a vontade do meu Pai que está no céus. ²²Muitos vão dizer-me naquele dia: 'Senhor, Senhor, não foi em teu nome que pregamos? Não foi em teu nome que expulsamos demônios? Não fizemos muitos milagres em teu nome?' ²³Então, eu lhes direi: 'Não vos conheço! Afastai-vos de

mim, vós que praticais a iniquidade!'*

²⁴Assim, quem escuta essas minhas palavras* e as põe em prática é como um homem prudente que construiu sua casa* sobre a rocha. ²⁵Caiu a chuva, vieram as enchentes, sopraram os ventos e se abateram contra aquela casa, mas ela não caiu, porque estava construída sobre a rocha. ²⁶Mas todo aquele que escuta essas minhas palavras e não as põe em prática faz como um ignorante que construiu sua casa sobre a areia. ²⁷Caiu a chuva, vieram as enchentes, os ventos sopraram e se abateram contra aquela casa, e ela desabou. Sua ruína foi grande."

²⁸Quando Jesus terminou* esses discursos†, as multidões estavam admiradas com sua doutrina. ²⁹Pois ele as ensinava como alguém que possui autoridade e não como os escribas.

8 **A cura do leproso.** ¹Depois Jesus desceu da montanha, e grandes multidões começaram a segui-lo. ²Aí um leproso* chegou perto e prostrou-se diante dele, dizendo: "Senhor, se quereis, podeis curar-me". ³E Jesus, estendendo a mão, tocou-o, dizendo: "Eu quero; fica curado!" Na mesma hora sua lepra desapareceu. ⁴Jesus ordenou-lhe: "Cuidado*, não contes para ninguém, mas vai apresentar-te ao sacerdote e fazer a oferta que Moisés determinou, para lhes servir de testemunho".

O empregado do centurião. ⁵Quando Jesus entrou em Cafarnaum*, chegou perto dele um centurião, suplicando: ⁶"Senhor, meu empregado está de cama lá em casa, com paralisia, sofrendo horrivelmente". ⁷Respondeu-lhe Jesus: "Vou lá curá-lo". ⁸Mas o centurião retrucou: "Senhor, não sou digno* de que entreis em minha casa, mas dizei uma só palavra e meu empregado será

---

* **7,**12. 22,39ss; Lc 6,31; Rm 13,8ss; Tb 4,15 | 13. Lc 13,24 | 14. 19,24; Jo 10,9 | 15. 24,4s.24; At 20,29; Lc 6,43s; Gl 5,19-23; Tg 3,12; Mt 12,33 | 19. 3,10; Lc 3,9; Jo 15,6 | 21. Is 29,13; Am 5,21; Rm 2,13; Tg 1,22.25; Lc 13,25ss; At 19,13; 2Ts 2,19 | 23. Sl 6,9 | 324. Lc 6,44-49 / Rm 2,13; Tg 1,22; Pr 10,25; Jó 8,15; Ez 13,11-14; 1Jo 2,17 | 28. Mc 1,22; Lc 4,32; Jo 7,46 | **8,**2. Mc 1,40-45; Lc 5,12-16 | 4. 9,30; Mc 7,36; Lv 14,2-32 | 5. Lc 7,1-10; Jo 4,46-54 | 8. Lc 5,8

† **7,**28. Primeiro dos refrões que concluem cada uma das cinco partes de Mt: Os outros são: 11,1; 13,53; 19,1; 26,1.

Mateus 8-9

salvo. [9]Pois até eu, que sou apenas subalterno, tenho soldados a minha disposição e digo a um: 'Vai', e ele vai; e a outro: 'Vem', e ele vem; e a meu empregado: 'Faze isso', e ele o faz". [10]Ouvindo tal resposta*, Jesus ficou admirado e disse aos que o seguiam: "Na verdade vos digo que em Israel não encontrei em ninguém uma fé tão grande assim. [11]Pois eu vos digo que muita gente virá do Oriente e do Ocidente* para se sentar à mesa com Abraão, Isaac e Jacó no Reino dos Céus, [12]enquanto os filhos do Reino† serão tocados para fora, nas trevas. Lá eles vão chorar, rangendo os dentes". [13]A seguir disse ao centurião: "Vai e te aconteça conforme tua fé". E na mesma hora o empregado ficou curado.

A sogra de Pedro. [14]Tendo entrado na casa de Pedro*, Jesus encontrou a sogra dele de cama, com febre. [15]Tocou-lhe a mão, e a febre acabou*; e ela, levantando-se, pôs-se a servi-los†.

Diversas curas. [16]Ao cair da tarde*, levaram-lhe muitos possessos; com sua palavra, expulsou os espíritos e curou todos os doentes, [17]para se cumprir o que fora dito pelo profeta Isaías: "Ele assumiu* nossas enfermidades e carregou nossas doenças"†.

A vocação. [18]Vendo-se rodeado de grandes multidões*, Jesus ordenou que passassem para a outra margem. [19]Aproximou-se então um escriba e lhe disse: "Mestre, quero seguir-te para onde fores". [20]Jesus respondeu-lhe: "As raposas têm tocas* e as aves do céu, ninhos; mas o Filho do homem não tem onde descansar a cabeça".

[21]Um outro dos discípulos lhe disse: "Senhor, permite que eu vá primeiro enterrar meu pai". [22]Mas Jesus replicou-lhe: "Segue-me, e deixa que os mortos sepultem seus mortos"†.

A tempestade acalmada. [23]Depois ele entrou na barca* acompanhado dos discípulos. [24]Surgiu então no mar uma tempestade tão violenta que a barca estava ficando coberta pelas ondas; Jesus, entretanto, dormia. [25]Os discípulos vieram acordá-lo, gritando: "Socorro, Senhor! Estamos morrendo!" [26]Ele respondeu: "Por que estais com medo*, homens pobres de fé?" Então, levantando-se, interpelou os ventos e o mar e sobreveio uma grande tranquilidade. [27]Cheios de admiração, aqueles homens se perguntavam: "Quem é este, a quem até os ventos e o mar obedecem?"

O possesso de Gadara. [28]Quando chegou à outra margem*, na terra dos gadarenos, vieram a seu encontro, saindo dos túmulos, dois possessos, criaturas tão selvagens que ninguém se atrevia a passar por aquele caminho*. [29]Puseram-se a gritar: "Que queres de nós, Filho de Deus? Vieste aqui para nos atormentar antes da hora?" [30]Havia lá, a certa distância, uma grande vara de porcos pastando, [31]e os demônios suplicavam a Jesus: "Se nos expulsas, envia-nos para esta vara de porcos". [32]"Ide!", ordenou Jesus. Eles saíram e entraram nos porcos; e aconteceu que toda a vara precipitou-se de cima do rochedo, caindo dentro do mar, onde morreu debaixo da água†. [33]Fugiram então os que guardavam os porcos e foram à cidade contar tudo, inclusive a cura dos possessos. [34]Aí toda a população da cidade saiu ao encontro de Jesus. Ao vê-lo, pediram que saísse da terra deles.

9 **A cura do paralítico.** [1]Entrando na barca, Jesus atravessou o lago* e chegou a sua cidade. [2]Trouxeram-lhe então um paralítico, deitado numa

---

* **8,**10. Mt 15,28 | 11. Is 49,12; Ml 1,11; Rm 11,11 | 14. Mc 1,29ss; Lc 4,38s | 15. At 3,7; 9,41 | 16. Mc 1,32 | 17. Is 53,4; 1Pd 2,24; Jo 1,29 | 18. Lc 9,57-64 | 20. Sl 84,4; 2Cor 8,9 | 23. Mc 4,36.41; Lc 8,22.25 | 26. Sl 65,8; Mt 14,31 | 28. Mc 5,1-20; Lc 8,26ss / Mc 1,24; Lc 4,41 | **9,**1. Mc 2,2-12; Lc 5,17-26; 7,48

† **8,**12. Trata-se dos judeus, para os quais em primeiro lugar estava destinada a mensagem do Reino e que deviam ser os primeiros a acolhê-la. | 15. A sogra de Pedro é símbolo da Igreja, suscitada para servir ao Senhor. | 17. Os milagres significam que Jesus veio libertar a humanidade do mal mais profundo, o pecado, origem de todos os males. | 22. Ver a nota em Lc 9,60. | 32. A salvação de um homem importa mais que uma vara de porcos. Ver a nota em Lc 8,34.

cama. Vendo a fé que eles tinham, disse Jesus: "Coragem, filho, teus pecados estão perdoados". [3]Então alguns escribas começaram a pensar: "Ele está blasfemando"*. [4]Mas Jesus, conhecendo seus pensamentos*, perguntou: "Por que esses maus pensamentos em vossos corações? [5]Ora, o que é mais fácil dizer: 'Teus pecados estão perdoados'? ou dizer: 'Levanta-te e anda'? [6]Pois bem, para que fiqueis sabendo que o Filho do homem tem, aqui na terra, autoridade para perdoar pecados*, (disse ao paralítico:) Levanta-te, toma tua cama e vai para casa". [7]Ele levantou-se e foi para casa. [8]Diante desse fato, a multidão ficou com temor e deu glória a Deus por ter concedido aos homens tal poder.

A vocação de Mateus. [9]Saindo dali, Jesus viu um homem*, chamado Mateus, sentado à banca de impostos e disse-lhe: "Segue-me!" Ele se levantou e o seguiu.

Jesus busca os pecadores. [10]Estando Jesus à mesa em casa, chegaram muitos publicanos e pecadores e sentaram-se à mesa com ele* e com seus discípulos. [11]Os fariseus, vendo isto, perguntaram aos discípulos: "Por que vosso mestre come com os publicanos e pecadores?" [12]Jesus ouviu-os e respondeu: "Não são os que têm saúde que precisam de médico, mas os doentes. [13]Ide aprender o que significa: 'Prefiro a misericórdia* ao sacrifício'. Com efeito, não vim chamar os justos, mas os pecadores".

O jejum. [14]Então aproximaram-se dele os discípulos de João* para perguntar-lhe: "Por que, enquanto nós e os fariseus jejuamos, teus discípulos não jejuam?" [15]Respondeu Jesus: "Será que os convidados do noivo podem estar de luto enquanto o noivo está com eles? Mas chegará o momento em que o noivo lhes será tirado; então, sim, jejuarão. [16]Ninguém põe remendo de pano novo em roupa velha*, porque o remendo repuxa a roupa, e o rasgão fica ainda maior. [17]E ninguém põe vinho novo em odres velhos, pois se rompem os odres, o vinho se derrama e os odres se perdem. Ao contrário, vinho novo se põe em odres novos e assim ambos se conservam".

Jesus cura e ressuscita. [18]Enquanto Jesus falava isso, chegou perto dele um chefe*, que se prostrou a sua frente e disse: "Minha filha acaba de morrer. Mas vem, impõe-lhe a mão e ela viverá". [19]Levantando-se, Jesus o seguia* com seus discípulos. [20]Ora, certa mulher, que sofria perda de sangue havia doze anos, aproximou-se dele por trás e tocou a orla de seu manto, [21]pois pensava consigo: "Se eu tocar nem que seja apenas seu manto, ficarei curada". [22]Jesus, voltando-se, viu-a e lhe disse: "Coragem, filha, tua fé te salvou". Na mesma hora a mulher ficou curada. [23]Jesus chegou à casa do chefe. Quando viu os músicos e a multidão em tumulto, disse: [24]"Saí daqui, todos vós! A menina não morreu, mas está dormindo!" Então começaram a zombar dele. [25]Mas depois que o povo foi mandado embora, Jesus entrou, tomou a menina pela mão, e ela se levantou. [26]Esta notícia espalhou-se por toda aquela região*.

Os dois cegos. [27]Partindo Jesus dali, dois cegos o seguiram, gritando: "Tem piedade de nós, Filho de Davi!" [28]Quando entrou em casa, os cegos se aproximaram e Jesus perguntou-lhes: "Credes que tenho poder para fazer isto?" "Sim, Senhor"*, responderam. [29]Então tocou-lhes os olhos, dizendo: "Que vos aconteça* conforme vossa fé". [30]E seus olhos se abriram. Jesus, então, advertiu-os em tom severo: "Cuidado, para que ninguém o fique sabendo". [31]Mas eles, saindo dali, espalharam sua fama por toda aquela região.

O possesso mudo. [32]Mal tinham saído, trouxeram a Jesus um possesso que era mudo. [33]Quando o demônio foi expul-

---

* **9**,3. Jo 10,36 | 4. 12,25; Jo 1,48 | 6. Jo 5,8 | 9. Mc 2,13-17; Lc 5,26-31 | 10. Lc 15,2 | 13. 1Sm 15,22; Os 6,6; Lc 19,10; 1Tm 1,15; Mt 12,7 | 14. Mc 2,18-22; Lc 5,33-39; 18,12; Jo 3,29 | 16. 2Cor 5,17; Gl 1,6; 4,9 | 18. Mc 5,25-43; Lc 8,40-56 | 19. 14,36; At 19,12 | 26. 8,15 | 28. Mc 9,23; At 14,9 | 29. 8,13 | 33. Lc 11,14; Mc 7,37

Mateus 10

so, o mudo começou a falar. O povo, cheio de admiração, comentou: "Nunca aconteceu* isso em Israel!" ³⁴Os fariseus, porém, replicavam: "É pelo poder do príncipe dos demônios que ele expulsa os demônios".

Operários para a messe. ³⁵Jesus andava por todas as cidades e aldeias*, ensinando em suas sinagogas, pregando o Evangelho do Reino e curando toda doença e enfermidade. ³⁶Vendo as multidões, teve pena delas, porque estavam cansadas e abatidas* como ovelhas sem pastor. ³⁷Disse então a seus discípulos:

"A messe é grande*, mas os trabalhadores são poucos. ³⁸Por isso, pedi ao Senhor da messe que mande operários para sua messe".

10 **Os doze apóstolos.**† ¹Chamando os doze discípulos†, Jesus lhes deu poder* para expulsar os espíritos impuros e para curar qualquer doença ou enfermidade. ²São estes os nomes dos doze apóstolos: em primeiro lugar, Simão, chamado Pedro, e André, seu irmão; Tiago, filho de Zebedeu, e João, seu irmão; ³Felipe e Bartolomeu; Tomé e Mateus, o publicano; Tiago, filho de Alfeu, e Tadeu; ⁴Simão, o cananeu, e Judas Iscariotes, que o traiu. **Instruções aos apóstolos.** ⁵Esses doze, Jesus os enviou*, depois de lhes dar as seguintes instruções: "Não tomeis o caminho que conduz aos pagãos, nem entreis nas cidades dos samaritanos; ⁶ide, antes, às ovelhas perdidas* da casa de Israel. ⁷Andando pelo caminho, anunciai que o Reino dos Céus está perto*. ⁸Curai os doentes, ressuscitai os mortos, purificai os leprosos, expulsai os demônios. De graça recebestes, de graça deveis dar.

⁹Não leveis ouro, nem prata, nem dinheiro* na cintura; ¹⁰nem mochila, nem duas túnicas, nem sandálias, nem cajado, pois o operário merece seu alimento.

¹¹Entrando em alguma cidade ou aldeia*, procurai saber quem nela é digno, e ficai ali até vossa partida. ¹²Entrando na casa, dirigi-lhe a saudação. ¹³Se a casa for digna, desça sobre ela vossa paz; se não for, vossa paz volte para vós. ¹⁴Se alguém não vos acolher* nem atender a vossas palavras, saí daquela casa ou daquela cidade, sacudindo a poeira dos pés. ¹⁵Na verdade vos digo: no dia do juízo, Deus será menos severo com Sodoma e Gomorra do que com tal cidade".

Coragem nas perseguições. ¹⁶"Eu vos envio como ovelhas* no meio de lobos. Sede, pois, prudentes como as serpentes e simples como as pombas. ¹⁷Tomai cuidado com as pessoas*, pois vos entregarão aos tribunais e vos flagelarão em suas sinagogas. ¹⁸Por minha causa sereis conduzidos à presença de governadores e reis* para dar testemunho de mim diante deles e dos pagãos. ¹⁹Porém, quando vos entregarem*, não vos preocupeis com o modo de falar ou com o que dizer. No momento certo vos será inspirado o que deveis falar; ²⁰porque não sois vós que falareis, mas é o Espírito do Pai que falará em vós. ²¹O irmão entregará à morte o próprio irmão*, e o pai, o filho; os filhos se levantarão contra os pais e os matarão. ²²Sereis odiados por todos* por causa de mim. Mas quem perseverar até o fim será salvo.

²³Quando vos perseguirem numa cidade, fugi para outra. Na verdade vos

---

* **9**,35. 4,23 | 36. Mc 6,34; Ez 34,5 | 37. Jo 4,35-38 | **10**,1. Mc 3,13-19; Lc 6,12-16; Jo 1,40-49; At 1,13 | 5. Mc 6,8s; Lc 9,2s | 6. Jr 50,6 | 7. 4,17 | 9. Lc 10,4; 1Tm 5,18 | 11. Mc 6,10s; Lc 9,4s | 14. At 13,51; 18,6 | 16. Lc 10,3 | 17. Jo 16,1-4 | 18. At 25,23; 27,24 | 19. Lc 12,11-12; Êx 4,10ss; Jr 1,6-12; Jo 14,26 | 21. Mc 7,6 | 22. 24,9-13; Jo 15,21; 16,1ss

---

† **10**. Este c. é o Sermão Apostólico, no qual Jesus ensina o serviço desinteressado a Deus, a coragem em tempo de crise, o desapego do conforto material e a identidade entre sua obra e a dos apóstolos. / O novo povo de Deus, a Igreja, tem como base doze colunas, assim como Israel era formado por doze tribos, que tinham os nomes dos filhos de Jacó, Gn 35,22-26. Jesus escolhe os seus entre as camadas simples da sociedade, instrui-os por três anos e os manda pregar, com a luz e a força do Espírito Santo, Mt 28,19s. | 23. Esta vinda do Filho do homem é a destruição do templo e de Jerusalém, final de uma era, apresentada como uma intervenção do juízo de Deus.

Mateus 10-11

digo: não acabareis de percorrer as cidades de Israel, antes que venha o Filho do homem†.

²⁴O discípulo não está acima do mestre,* nem o empregado acima do patrão. ²⁵Ao discípulo basta ser como seu mestre e ao empregado ser como o patrão. Se chamaram de Belzebul† o dono da casa, quanto mais a seus familiares?

²⁶Não os temais, portanto*; porque nada há de oculto que não seja, um dia, revelado; nada há de secreto que não venha a ser conhecido. ²⁷Dizei em plena luz aquilo que vos digo nas trevas. Anunciai de cima dos telhados aquilo que vos digo ao pé do ouvido. ²⁸Não tenhais medo daqueles que matam o corpo*, mas não podem matar a alma. Temei, antes, Aquele que pode fazer a alma e o corpo perecer na geena†. ²⁹Não se vendem dois pardais por um centavo? E, no entanto, nenhum deles cai ao chão sem a permissão de vosso Pai. ³⁰E quanto a vós, até os cabelos de vossas cabeças estão contados. ³¹Por isso, não tenhais medo! Vós valeis mais do que muitos pardais. ³²Portanto, todo aquele que der testemunho de mim diante dos outros, eu também darei testemunho dele diante de meu Pai que está nos céus. ³³Aquele, porém, que me renegar* diante dos outros, também eu o renegarei diante de meu Pai que está nos céus".

Jesus, sinal de contradição. ³⁴"Não penseis que vim trazer paz à terra: não vim trazer paz, mas a espada. ³⁵Vim trazer separação* entre filho e pai, entre filha e mãe, entre nora e sogra; ³⁶e os inimigos da gente serão os próprios parentes. ³⁷Aquele que ama o pai ou a mãe mais do que a mim não é digno de mim. Aquele que ama o filho ou a filha mais do que a mim não é digno de

mim. ³⁸Aquele que não toma sua cruz* e não me segue não é digno de mim. ³⁹Quem achar sua vida* a perderá; mas quem perder sua vida por causa de mim a encontrará".

Acolhida aos apóstolos. ⁴⁰"Quem vos recebe, a mim recebe*; e quem me recebe, recebe Aquele que me enviou. ⁴¹Quem recebe um profeta, por ser ele um profeta, receberá a recompensa própria de um profeta; e quem recebe um justo, por ser ele um justo, receberá a recompensa própria de um justo. ⁴²E aquele que der, nem que seja um copo de água fria* a um desses pequenos, porque é meu discípulo – na verdade vos digo – não ficará sem sua recompensa".

11 ¹Quando Jesus acabou de dar essas instruções a seus doze discípulos, partiu dali e foi ensinar e pregar nas cidades deles.

A pergunta de João Batista. ²João Batista, que estava na prisão*, ficou sabendo das obras que Cristo fazia e mandou dois discípulos perguntar-lhe: ³"És tu aquele que deve vir, ou temos de esperar outro?" ⁴Jesus respondeu-lhes: "Ide e contai a João* o que estais ouvindo e vendo: ⁵os cegos veem, os paralíticos andam, os leprosos ficam curados, os surdos ouvem, os mortos ressuscitam e a Boa Nova é anunciada aos pobres. ⁶E feliz aquele para o qual não sou motivo de queda!" * †

O Precursor. ⁷Quando os dois se retiraram, Jesus começou a falar ao povo* a respeito de João: "O que fostes ver no deserto? Um caniço que o vento balança? ⁸Que fostes ver então? Um homem vestido com elegância? Ora, os que se vestem com elegância estão na corte dos reis. ⁹Então, o que fostes

---

* **10**,24. Lc 6,40; Jo 13,16 | 26. Mc 4,22; Lc 8,17 | 28. 1Pd 3,14; Ap 2,10 | 33. Lc 9,26; 12,8; 2Tm 2,12; Ap 3,5 | 35. Mq 7,6 | 38. 16,24s | 39. Lc 17,33; Jo 12,25 | 40. Mc 9,37; Lc 10,16; Jo 12,44; 13,20 | 42. 25,40-45 | **11**,2. 14,3; Lc 7,18-23; Jo 1,21 | 4. Is 26,19; 29,18; 35,3s; 61,1; Lc 4,18; Jo 6,61 | 6. 13,57; 26,31 | 7. 3,1; Lc 7,24-28 | 9. Lc 1,76 | 10. Ml 3,1; Mc 1,2; Jo 3,28

† **10**,25. Esse nome significa "Baal, o príncipe", nome de um antigo deus de Canaã, 2Rs 1,2s, dado aqui ao demônio por desprezo. | 28. Ver a nota em Mt 23,15. | **11**,6. Jesus afirma que nele se cumprem as profecias, sobretudo a de Is 61,1s, portanto ele é "aquele que deve vir", mas muitos não vão reconhecê-lo como tal; ao contrário, ficarão chocados, desconcertados com seu jeito de ser Messias, porque esperam um herói nacionalista, um rei vitorioso, um novo Davi.

Mateus 11-12

ver? Um profeta?* Sim, eu vos digo, e mais que um profeta. [10]É dele que está escrito: 'Eu envio meu mensageiro a tua frente*, para preparar diante de ti teu caminho'. [11]Na verdade vos digo: entre os nascidos de mulher não apareceu ninguém maior que João Batista; no entanto, o menor do Reino dos Céus é maior que ele. [12]Desde o tempo de João Batista até agora o Reino dos Céus sofre violência e são os violentos que o conquistam. [13]Pois todos os profetas e a Lei profetizaram até João. [14]E, se quereis acreditar em mim*, ele é o Elias que devia voltar. [15]Ouça quem for capaz!"

Geração incrédula. [16]"Com quem posso comparar esta geração?* É como a criançada sentada na praça, que grita uns aos outros: [17]'Tocamos flauta para vós e não dançastes; cantamos lamentos e não chorastes'†. [18]Pois veio João, que não come nem bebe*, e dizem: 'Ele é um possesso!' [19]Veio o Filho do homem, que come e bebe, e dizem: 'É um comilão e beberrão, amigo dos publicanos e dos pecadores!' Mas a Sabedoria é justificada por suas obras"†.

As cidades impenitentes. [20]Então Jesus começou a repreender as cidades nas quais realizara a maior parte de seus milagres, porque elas não se converteram: [21]"Ai de ti, Corozaim! Ai de ti, Betsaida!* Pois se em Tiro e Sidônia tivessem sido feitos os milagres que aconteceram aí no meio de vós, há muito tempo teriam feito penitência com cinza e cilício. [22]Por isso vos digo: no dia do juízo, Deus será menos severo com Tiro e Sidônia do que convosco. [23]E tu, Cafarnaum, pensas que te erguerás até o céu?* Serás precipitada no inferno. Porque se em Sodoma tivessem sido feitos os milagres que aconteceram aí no meio de ti, ela existiria até hoje. [24]Por isso vos digo: no dia do juízo*, Deus será menos severo com a terra de Sodoma do que contigo".

O Pai se revela aos simples. [25]Por aquele tempo*, Jesus exclamou: "Eu vos bendigo, ó Pai, Senhor do céu e da terra, porque estas coisas que escondestes aos sábios e aos entendidos, vós as revelastes à gente simples. [26]Sim, Pai, eu vos bendigo, porque foi de vosso agrado fazer isto. [27]O Pai me entregou todas as coisas*, e ninguém conhece o Filho senão o Pai, e ninguém conhece o Pai senão o Filho e aquele a quem o Filho quiser revelá-lo†. [28]Vinde a mim, vós todos* que estais cansados e oprimidos, e eu vos darei descanso! [29]Tomai sobre vós meu jugo e aprendei comigo, porque sou manso e humilde de coração, e achareis descanso* para vossas almas, [30]porque meu jugo é suave e meu peso, leve".

12 Jesus, senhor do sábado.

[1]Por esse tempo, Jesus estava atravessando plantações de trigo* num dia de sábado, quando seus discípulos, sentindo fome, começaram a apanhar espigas e a comer. [2]Vendo isso, os fariseus disseram: "Olha, teus discípulos estão fazendo o que é proibido fazer no sábado!" [3]Mas ele respondeu-lhes: "Não lestes o que Davi fez, quando ele e seus companheiros sentiram fome? [4]Entraram na casa de Deus e comeram os pães da apresentação*, que nem ele podia comer e nem os que estavam com ele, mas só os sacerdotes. [5]Ou não lestes na Lei que no sábado* os sacer-

---

* **11**,14. Ml 3,23; Mt 17,10ss | 16. Lc 7,31-35 | 18. 3,4; 9,14s; Lc 1,15 | 21. Lc 10,13 | 23. Is 14,13ss | 24. 10,15; Lc 10,14 | 25. Lc 10,21s; Jo 7,48; 1Cor 1,26-29 | 27. 28,19; Jo 3,35 | 28. Eclo 24,26s | 29. Pr 3,17; Jr 6,16; 1Jo 5,3 | **12**,1. Mc 2,23-3,5; Lc 6,1-11; Êx 20,10; Dt 5,14; 23,26 | 4. 1Sm 21,1-6 | 5. Nm 28,9

† **11**,17. Meninos que reclamam dos colegas que não observam as regras da brincadeira. | 19. Não obstante as incompreensões e oposições, os desígnios da sabedoria de Deus se cumprem. | 27. Jesus é o retrato do Pai, Jo 14,9, e um só ser junto com Ele, Jo 10,30. Sua missão é revelar o Pai e só Ele o pode fazer de maneira plena, porque só Ele conhece tudo sobre o Pai. Os humildes e os simples é que têm abertura e disponibilidade suficientes para acolher esta revelação. | 14. Os fariseus, para quem a lei do sábado era das mais importantes, ficavam chocados com a relativização do sábado por parte de Jesus. A seu ver, isto era prova de que Jesus não vinha de Deus, e era, portanto, um perigo para a religião mosaica.

1189 Mateus 12

dotes transgridem a lei do sábado no templo, sem cometerem falta? ⁶Pois eu vos digo: aqui está alguém que é maior* que o templo. ⁷Mas se soubésseis o que significa: 'Prefiro a misericórdia* ao sacrifício', não condenaríeis inocentes. ⁸Pois o Filho do homem é senhor do sábado".

⁹Partindo dali, entrou na sinagoga* deles. ¹⁰Estava lá um homem que tinha uma mão atrofiada. "É permitido curar no sábado?", perguntaram a Jesus para poderem acusá-lo. ¹¹Ele respondeu*: "Quem dentre vós, se tiver uma só ovelha e ela cair numa cova em dia de sábado, não irá procurá-la e retirá-la? ¹²Ora, quanto mais vale uma pessoa do que uma ovelha! Portanto, é permitido fazer o bem no sábado". ¹³Depois disse ao homem: "Estende a mão". Ele a estendeu, e ela ficou sã como a outra. ¹⁴Saindo dali, os fariseus* tramaram contra ele para o matar†.

Jesus, Servo de Javé. ¹⁵Sabendo disso, Jesus retirou-se de lá*; muitos o seguiram, e ele curou a todos, ¹⁶proibindo-lhes severamente que o tornassem conhecido, ¹⁷a fim de se cumprir o que fora predito pelo profeta Isaías: ¹⁸"Eis meu Servo, que escolhi, meu Amado*, no qual minha alma se compraz. Porei nele meu Espírito, e ele anunciará a justiça às nações. ¹⁹Não discutirá, nem gritará, nem se ouvirá sua voz pelas praças. ²⁰Não quebrará o caniço rachado, nem apagará a mecha que ainda fumega, até que faça triunfar a justiça. ²¹E em seu nome as nações colocarão sua esperança".

A cura do possesso. ²²Foi-lhe então apresentado um possesso cego e mudo*; Jesus o curou, e ele começou a falar e a enxergar. ²³Toda a multidão ficou admirada e dizia: "Não será este o Filho de Davi?" ²⁴Os fariseus, porém, ouvindo isso, replicaram*: "É pelo poder de Belzebu, chefe dos demônios,

que ele expulsa os demônios". ²⁵Mas Jesus, conhecendo seus pensamentos, disse-lhes: "Todo reino dividido contra si mesmo acaba se destruindo; e toda cidade ou família dividida em grupos inimigos não poderá durar. ²⁶Ora, se Satanás está expulsando Satanás, está dividido contra si mesmo. Como, então, poderá ficar de pé seu reino? ²⁷Se eu expulso os demônios pelo poder de Belzebu, pelo poder de quem vossos discípulos os expulsam? Por isso, eles mesmos serão vossos juízes. ²⁸Mas, se eu estou expulsando os demônios pelo poder do Espírito de Deus, é porque chegou para vós o Reino de Deus.

²⁹Ou, como pode alguém entrar* na casa de um homem valente para roubar o que ele tem, sem antes dominá-lo? Só assim poderá saquear sua casa. ³⁰Quem não está comigo* está contra mim; e quem não recolhe comigo está, de fato, espalhando".

O pecado contra o Espírito Santo. ³¹Por isso vos digo: todo pecado e blasfêmia* serão perdoados aos homens, mas a blasfêmia contra o Espírito Santo não terá perdão†.

³²Quem falar contra o Filho do homem será perdoado, mas quem falar contra o Espírito Santo não terá perdão, nem neste mundo e nem no outro".

O homem e suas obras. ³³"Suponhamos uma árvore boa*: seu fruto será bom; suponhamos uma árvore má: seu fruto será mau. Pois é pelo fruto que se reconhece a árvore.

³⁴Raça de víboras!* Como é que poderíeis dizer coisas boas, sendo maus? Pois a boca fala daquilo de que o coração está cheio. ³⁵Um homem bom, de seu bom tesouro tira o bem; mas o homem mau, de seu mau tesouro tira o mal. ³⁶Ora, eu vos digo que no dia do juízo* todos terão de prestar contas de cada palavra inútil que tiverem

---

* **12**,6. 12,41; Ecl 4,17 | 7. 9,13; 1Sm 15,22; Os 6,6 | 9. Mc 3,1-6; Lc 6,6-11; 14,3 | 11. Lc 14,5 | 14. Jo 5,18; 11,52 | 15. Mc 1,34; 3,7.12 | 18. Is 41,9; 42,1-4; Mt 3,17; 17,5 | 22. Mc 3,22-27; Lc 11,14-23 | 24. 9,34 | 29. Is 49,24; Jo 12,31 | 30. Mc 9,40 | 31. Mc 3,28s; Lc 12,10; Hb 6,4ss; 10,26; 1Jo 5,16 | 33. 7,17; Lc 6,43ss | 34. 3,7; 15,11.18; 23,33 | 36. Tg 3,1-6

† **12**,31. A blasfêmia contra o Espírito Santo consiste em negar a verdade conhecida, atribuindo a satanás, com uma distorção sacrílega, as obras de Deus.

Mateus 12-13

falado. ³⁷Pois conforme tuas palavras é que serás declarado justo; e conforme tuas palavras é que serás condenado".

O sinal de Jonas. ³⁸Nisso, alguns escribas e fariseus* tomaram a palavra, dizendo: "Mestre, queremos ver um sinal feito por ti". ³⁹Jesus, porém, respondeu-lhes: "Geração má e adúltera! Está pedindo um sinal, mas não lhe será dado outro sinal senão o do profeta Jonas. ⁴⁰Pois como Jonas esteve três dias e três noites no ventre da baleia, assim o Filho do homem passará três dias e três noites no seio da terra. ⁴¹No juízo, os habitantes de Nínive* vão levantar-se com esta geração e vão condená-la, porque eles fizeram penitência ao ouvirem a pregação de Jonas. E aqui está alguém maior que Jonas! ⁴²No juízo, a rainha do sul* vai levantar-se com esta geração e vai condená-la, porque veio dos confins da terra para ouvir a sabedoria de Salomão. E aqui está alguém maior que Salomão!"

A ofensiva do mal. ⁴³"Quando um espírito impuro* sai de uma pessoa, vai andando pelos desertos procurando onde descansar. Não encontrando, ⁴⁴diz: 'Voltarei para a casa de onde saí'. Ao chegar, encontra-a vazia, limpa e enfeitada*.

⁴⁵Vai então buscar outros sete espíritos piores do que ele, os quais, entrando, moram ali. E a situação final daquela pessoa fica pior que antes. É isso que vai acontecer com esta geração má".

Os parentes de Jesus. ⁴⁶Jesus ainda estava falando à multidão*, quando sua mãe e seus irmãos†, que ficaram de fora, procuravam falar-lhe. ⁴⁷Alguém lhe disse: "Tua mãe e teus irmãos estão aí fora e querem falar contigo". ⁴⁸Respondeu Jesus a quem lhe trouxe a notícia: "Quem é minha mãe, e quem são meus irmãos?"

⁴⁹E, apontando para os discípulos, acrescentou: "Aqui estão minha mãe e meus irmãos. ⁵⁰Pois todo aquele que fizer a vontade de meu Pai* que está nos céus, esse é meu irmão, irmã e mãe"†.

13 A parábola do semeador.
¹No mesmo dia, Jesus saiu de casa* e sentou-se à beira do lago. ²Uma grande multidão reuniu-se ao redor dele. Subiu então a uma barca e sentou-se; e toda a multidão estava em pé na praia. ³Ensinou-lhes então muitas coisas* em parábolas†, dizendo: "O semeador saiu a semear. ⁴E, ao lançar as sementes, uma parte caiu à beira do caminho; os pássaros vieram e a comeram. ⁵Outra parte caiu em terreno pedregoso, onde não havia muita terra; e logo brotou, porque a terra era pouco profunda. ⁶Mas, quando o sol nasceu, queimou-se e secou, porque não tinha raiz. ⁷Outras sementes caíram entre os espinhos; os espinhos cresceram e as sufocaram. ⁸Finalmente, outras caíram em terra boa e produziram fruto: aqui cem, ali sessenta e lá trinta vezes mais. ⁹Ouça quem for capaz!"

¹⁰Então aproximaram-se dele* os discípulos e perguntaram: "Por que lhes falas em parábolas?" ¹¹Jesus respondeu: "A vós, Deus manifestou os mistérios do Reino dos Céus, mas a eles não. ¹²Assim, a quem tem, será dado e terá fartura*; mas a quem não tem, será tirado até aquilo que tem†. ¹³É por isso que lhes falo em parábolas: porque olham sem ver e escutam sem ouvir nem compreender. ¹⁴E assim se cumpre neles a profecia de Isaías:*

---

* **12**,38. 16,1-4; Mc 8,11ss; Lc 11,29-32; 1Cor 1,22; Jn 2,1s | 41. Jn 3,5; Ez 3,6-11 | 42. 1Rs 10,1-10; 2Cr 9,1 | 43. Lc 11,24ss | 44. Jo 5,14; 2Pd 2,20 | 46. Mc 3,31-35; Lc 8,19ss | 50. Jo 15,14 | **13**,1. Mc 4,1s; Lc 8,4-15 | 3. Mc 4,3-9; Lc 8,4-8 | 10. 13,34s Mc 4,10ss; Lc 8,9s | 12. Mt 25,29; Mc 4,25; Lc 8,18; 19,26; Jr 5,21; Lc 12,40 | 14. Is 6,9s; At 28,26s; Rm 11,8

† **12**,46. O termo "irmão" pode referir-se a outros graus de parentesco, Gn 13,8. Note-se que o NT jamais chama esses irmãos de Jesus de "filhos de Maria". É doutrina da Igreja a virgindade perpétua de Maria. | 50. Maria é grande como mãe de Deus; maior ainda, porém, pelo fato de ter cumprido a vontade do Pai. | **13**,3. Pelas parábolas, Jesus ensina a ver as realidades espirituais através das coisas simples do mundo e da vida. Em tudo Deus está presente e nos fala do Reino dos Céus: basta ser dócil e saber escutar. | 12. Quem não colabora com a graça e não dá fruto perde até aquilo que possuía antes.

'Ouvireis, mas não entendereis; olhareis, mas não vereis.

¹⁵Porque o coração deste povo se tornou insensível: taparam os ouvidos, fecharam os olhos, para que não vejam com os olhos, nem ouçam com os ouvidos, nem entendam com o coração e se convertam, e assim eu os cure'.

¹⁶Felizes, porém, são vossos olhos, porque veem*, e vossos ouvidos, porque ouvem!

¹⁷Na verdade vos digo: muitos profetas e justos queriam ver o que vós estais vendo, mas não viram; queriam ouvir o que estais ouvindo, mas não ouviram".

Explicação da parábola. ¹⁸"Escutai, então, a parábola do semeador*. ¹⁹Quando alguém ouve a palavra do Reino e não a entende, o Maligno vem e rouba o que foi semeado em seu coração: este é o grão semeado à beira do caminho. ²⁰O grão que caiu em terreno pedregoso é aquele que, ouvindo a Palavra, logo a acolhe com alegria. ²¹Mas não tem raiz em si e é inconstante: se acontece uma tribulação ou perseguição por causa da Palavra, logo tropeça. ²²O que foi semeado entre os espinhos* é aquele que ouve a Palavra, mas as preocupações mundanas e a ilusão das riquezas sufocam a Palavra, impedindo-a de produzir fruto. ²³O grão semeado em terra boa* é aquele que ouve a Palavra e a compreende; este produz fruto: ora cem, ora sessenta, ora trinta por um".

O joio e o trigo. ²⁴Propôs-lhes outra parábola:* "O Reino dos Céus é como um homem que semeou boa semente em seu terreno. ²⁵Na hora em que todos dormiam, veio seu inimigo, semeou joio no meio do trigo e foi embora. ²⁶Quando o trigo cresceu e deu espigas, apareceu também o joio. ²⁷Então os empregados procuraram o patrão e disseram: 'Senhor, não semeaste boa semente em teu terreno? Donde vem, então, o joio?' ²⁸Respondeu-lhes: 'Foi algum inimigo que fez isto!' E os empregados perguntaram:* 'Queres que arranquemos o joio?' ²⁹O patrão respondeu: 'Não! Para que não suceda que, ao colher o joio, arranqueis também o trigo. ³⁰Deixai que os dois cresçam juntos até a colheita; e no momento da colheita direi aos ceifadores: Arrancai primeiro o joio e ajuntai-o em feixes para ser jogado ao fogo; e recolhei depois o trigo a meu celeiro'".

A semente de mostarda. ³¹Jesus contou-lhes mais uma parábola: "O Reino dos Céus é como a semente de mostarda* que alguém toma e semeia em seu terreno. ³²É a menor de todas as sementes, mas, quando cresce, torna-se a maior de todas as verduras e chega a ser uma verdadeira árvore, em cujos ramos as aves do céu vêm fazer ninhos".

O fermento na massa. ³³Jesus contou-lhes ainda esta parábola:* "O Reino dos Céus é como o fermento que uma mulher toma e mistura em três medidas de farinha, até que tudo fique fermentado".

³⁴Tudo isso Jesus falou às multidões* por meio de parábolas, e nada lhes dizia sem usar parábolas, ³⁵para que se cumprisse o que fora predito pelo profeta: 'Ao dirigir-me a eles, usarei parábolas e publicarei o que estava oculto* desde a criação do mundo'".

Explicação da parábola do joio. ³⁶Então Jesus deixou a multidão* e foi para casa. Os discípulos aproximaram-se, pedindo-lhe: "Explica-nos a parábola do joio no terreno". ³⁷Respondendo-lhes, disse: "Aquele que semeia a boa semente é o Filho do homem. ³⁸O terreno é o mundo; a boa semente são os que acolhem o Reino. O joio são os que pertencem ao Maligno. ³⁹O Inimigo, que semeou o joio, é o próprio diabo; a colheita é o fim do mundo; os ceifadores são os anjos. ⁴⁰Como se recolhe o joio, para ser queimado no fogo, assim será no fim do mundo: ⁴¹O Filho do homem vai enviar seus anjos* para retirarem de seu Reino todos os

---

* **13**,16. Lc 10,23s; Ef 3,5 **|** 18. Mc 4,13-20; Lc 8,11-15 **|** 22. 1Tm 6,9 **|** 23. Jo 15,8.16 **|** 24. Mc 4,26-29 **|** 28. 3,12; Jo 15,6 **|** 31. Dn 4,9.18; Mc 4,30ss; Lc 13,18s; Ez 17,23; 31,6 **|** 33. Lc 13,20 **|** 34. Mc 4,33s **|** 35. Sl 78,2 **|** 36. Mt 13,24-30; Mc 4,34 **|** 41. Sf 1,3; Ap 21,8

Mateus 13-14

escândalos e os que praticam o mal; [42]vão lançá-los na fornalha ardente, onde haverão de chorar, rangendo os dentes. [43]Então os justos brilharão como o sol no Reino de seu Pai. Ouça quem for capaz!"

O tesouro escondido. [44]"O Reino dos Céus é como um tesouro escondido* num terreno. A pessoa que o encontra esconde-o de novo. Fica tão alegre que vai, vende tudo o que possui para poder comprar o terreno".

A pérola encontrada. [45]"O Reino dos Céus é também como o negociante que anda à procura de pérolas preciosas. [46]Ao encontrar uma de grande valor*, vai, vende tudo o que possui e a compra".

A rede. [47]"O Reino dos Céus é também como uma rede lançada ao mar, que recolhe todo tipo de coisa. [48]Quando fica cheia, os pescadores arrastam-na para a praia, sentam-se, juntam os peixes bons nas cestas e jogam fora os maus. [49]Assim será no fim do mundo: virão os anjos* para separar os maus do meio dos justos [50]e lançá-los na fornalha ardente, onde vão chorar, rangendo os dentes"*.

[51]"Compreendestes tudo isso?" "Sim"*, responderam. [52]Então ele disse: "Por isso, todo escriba que se torna discípulo do Reino dos Céus é como o proprietário que retira de seu tesouro coisas novas e velhas".

Nazaré incrédula. [53]Quando Jesus acabou de contar essas parábolas, saiu de lá. [54]Chegado a sua terra*, ensinava o povo na sinagoga, de modo que ficavam admirados, perguntando: "Como conseguiu ele esta sabedoria e esta força para fazer milagres? [55]Não é ele o filho do carpinteiro? Sua mãe não é aquela, chamada Maria? Não são seus irmãos: Tiago, José, Simão e Judas? [56]E suas irmãs, não moram todas aqui em nosso meio? Como conseguiu tudo isso?" [57]E não acreditaram nele*. Jesus, porém, disse: "Um profeta só é despre-

zado em sua terra e em sua família". [58]E lá não fez muitos milagres, porque não tinham fé.

14

A morte de João Batista. [1]Por essa época, Herodes, governador da Galileia*, ouviu a fama de Jesus [2]e disse a seus oficiais: "Ele é João Batista, que ressuscitou dos mortos*; é por isso que essas forças milagrosas operam nele". [3]De fato, fora o próprio Herodes quem mandara prender João, acorrentá-lo e lançá-lo na cadeia, por causa de Herodíades, mulher de seu irmão Felipe. [4]É que João ficava lhe falando: "Não te é permitido viver com ela"*. [5]Herodes queria eliminar João, mas tinha medo do povo, que o considerava um profeta. [6]Mas, na festa do aniversário de Herodes, a filha de Herodíades dançou diante de todos, e tanto agradou a Herodes [7]que este lhe prometeu, com juramento, dar-lhe o que ela pedisse. [8]Instigada pela mãe, ela respondeu: "Dá-me, aqui, num prato, a cabeça de João Batista". [9]O rei ficou triste; mas, por causa do juramento feito diante dos convidados, ordenou que lhe fosse dada. [10]Mandou cortar a cabeça de João, na cadeia. [11]A cabeça foi trazida num prato* e dada à moça, que a levou a sua mãe. [12]Depois vieram os discípulos de João, tomaram seu corpo e lhe deram sepultura. E foram informar Jesus.

Primeira multiplicação dos pães. [13]Ao receber a notícia, Jesus saiu de lá num barco* para um lugar deserto e afastado. As multidões ficaram sabendo e, saindo das cidades, seguiram-no a pé. [14]Ao descer da barca, ele viu a grande multidão, teve pena* e curou seus doentes. [15]Ao cair da tarde, os discípulos se aproximaram e lhe disseram: "Este lugar é deserto e já é tarde. Despede as multidões, para que possam ir às aldeias comprar comida". [16]Jesus respondeu-lhes: "Não precisam ir. Vós mesmos deveis dar-lhes de comer".

---

* **13**,44. 19,29; Lc 14,33; Pr 8,10s | 46. Sb 7,9 | 49. 25,32 | 50. 8,12 | 51. Mc 4,13 | 54. 2,23; Mc 6,1-6; Lc 4,16-30; Jo 7,15 | 57. Jo 4,44 | **14**,1. Mc 6,14-19; Lc 3,19s | 2. 16,14; Lc 9,7; 23,8 | 4. 21,26 | 11. 17,12 | 13. Mc 6,30-40; Lc 9,10-17; Jo 6,1-13; | 14. 9,36; 15,3

Mateus 14-15

[17]Replicaram eles: "Mas só temos aqui cinco pães* e dois peixes...". [18]Jesus ordenou: "Trazei-os aqui". [19]Mandou que as multidões se sentassem na grama. Depois tomou os cinco pães* e os dois peixes, ergueu os olhos para o céu e deu graças a Deus. Partiu os pães, deu-os aos discípulos, e estes os distribuíram à multidão. [20]Todos comeram até ficarem satisfeitos. E com os pedaços que sobraram recolheram doze cestos cheios. [21]Ora, os que comeram eram uns cinco mil homens, sem contar mulheres e crianças.

Jesus caminha sobre o mar. [22]Logo depois, Jesus mandou os discípulos entrar na barca* e ir na frente dele para a outra margem. Enquanto isso, ele ia despedindo as multidões. [23]Tendo-as despedido, subiu ao monte para rezar na solidão*. Ao anoitecer, estava ali sozinho. [24]Entretanto, a barca, que já estava a vários estádios da terra firme, era agitada por fortes ondas, pois o vento era contrário. [25]Na quarta vigília da noite†, Jesus foi ao encontro deles caminhando sobre as águas. [26]Os discípulos, quando o viram caminhando sobre as águas, assustaram-se e diziam: "É um fantasma!"* E gritavam de medo. [27]Mas logo Jesus lhes disse: "Tende confiança, sou eu. Não tenhais medo!" [28]Então respondeu-lhe Pedro: "Senhor, se és tu, manda que eu vá sobre as águas até junto de ti!" [29]"Vem!" disse Jesus. Pedro saltou da barca e, caminhando sobre as águas, foi ao encontro de Jesus. [30]Mas, sentindo a força do vento*, ficou com medo e, começando a afundar, gritou: "Senhor, salva-me!" [31]Jesus imediatamente estendeu a mão, segurou-o e disse-lhe: "Homem fraco na fé, por que duvidaste?" [32]Assim que subiram na barca, o vento se acalmou. [33]Então os que estavam na barca se prostraram diante de Jesus, dizendo: "Efetivamente, tu és o filho de Deus!"*

Curas em Genesaré. [34]Terminada a travessia*, desembarcaram em Genesaré. [35]As pessoas do lugar o reconheceram e espalharam a notícia por toda a vizinhança. Trouxeram-lhe todos os doentes [36]e lhe pediam que pelo menos os deixassem tocar* na orla de seu manto. E todos que o tocavam ficavam curados.

15 **Tradições dos fariseus.** [1]Então apresentaram-se a Jesus alguns escribas e fariseus de Jerusalém e lhe disseram: [2]"Por que teus discípulos desobedecem* a tradição dos antigos? Não lavam as mãos antes das refeições". [3]Ele respondeu-lhes: "E vós, por que desobedeceis os mandamentos de Deus em nome de vossa tradição? [4]Pois Deus disse: 'Honra teu pai e tua mãe'*; e ainda: 'Quem amaldiçoar pai ou mãe merece a morte!'* [5]Mas vós ensinais: 'Todo aquele que disser a seu pai ou à sua mãe: Os bens com que vos poderia assistir*, eu os consagro, [6]este está dispensado de honrar pai e mãe!' Assim anulais a palavra de Deus em nome de vossa tradição. [7]Hipócritas! Tinha razão Isaías quando profetizou a vosso respeito, dizendo: [8]Este povo me honra com a boca, mas seu coração está longe de mim*. [9]Vão é o culto que me prestam, pois o que ensinam não passa de preceitos humanos!" [10]Depois chamou a multidão para perto de si* e disse: "Escutai e compreendei: [11]Não é o que entra pela boca que torna o homem impuro, mas é aquilo que sai de sua boca que torna o homem impuro". [12]Aproximaram-se, então, os discípulos e disseram-lhe: "Sabes que os fariseus ficaram escandalizados com tuas palavras?" [13]Jesus respondeu-lhes: "Toda planta que não foi plantada por meu Pai celeste* será arrancada. [14]Deixai-os: são cegos guiando cegos*. Ora, se um cego guia outro cego, caem ambos no buraco".

---

* **14**,17. Jo 6,9 | 19. Jo 11,41; 17,1 | 22. Mc 6,45-52; Jo 6,16-21; | 23. Lc 6,12; 9,18; Mc 1,35 | 26. Lc 24,37 | 30. 8,24s | 33. 16,16 | 34. Mc 6,53-56 | 36. 9,20; Lc 6,19 | **15**,2. Mc 7,1-13; Lc 11,38 | 4. Êx 20,12; 21,17 / Dt 5,16; Ef 6,2 | 5. Mc 7,11 | 8. Mc 7,6; Is 29,13; Sl 78,36 | 10. 12,34; Mc 7,14-23 | 13. Jo 15,2 | 14. 23,24; Lc 6,39; Rm 2,19

† **14**,25. Entre 3 e 6 horas da manhã.

Mateus 15-16

¹⁵Tomando a palavra, disse Pedro: "Explica-nos esta parábola"*. ¹⁶Disse ele: "Também vós ainda não compreendeis? ¹⁷Não entendeis que tudo o que entra pela boca vai para o estômago e depois é lançado na fossa? ¹⁸Mas o que sai da boca vem do coração, e é isso que torna o homem impuro. ¹⁹Pois é do coração que vêm os maus pensamentos, os homicídios, os adultérios e outras coisas imorais como furtos, falsos testemunhos e blasfêmias. ²⁰Isso, sim, é que torna o homem impuro; mas comer sem lavar as mãos não torna impuro o homem".

A cananeia. ²¹Saindo dali, Jesus retirou-se* para a região de Tiro e Sidônia. ²²Uma mulher cananeia, daquela região, veio gritando: "Senhor, Filho de Davi, tem piedade de mim! Minha filha está terrivelmente atormentada pelo demônio".

²³Jesus, porém, não lhe deu resposta alguma. Os discípulos chegaram perto dele e lhe pediram: "Manda-a embora, pois ela vem gritando atrás de nós". ²⁴Respondendo, ele disse: "Fui enviado somente* para as ovelhas perdidas da casa de Israel". ²⁵Mas ela, chegando perto, ajoelhou-se diante de Jesus e suplicou: "Senhor, ajuda-me!" ²⁶Respondeu-lhe: "Não fica bem tirar o pão dos filhos para jogá-lo aos cachorrinhos". ²⁷"Sim, Senhor – replicou a mulher – mas também os cachorrinhos comem as sobras que caem da mesa de seus donos!" ²⁸Então Jesus lhe respondeu: "Mulher, grande é tua fé!* Que te seja feito conforme teu desejo". E desde aquela hora sua filha ficou curada.

Curas no monte. ²⁹Partindo de lá, Jesus chegou à beira do mar da Galileia*. Subiu a um monte e lá sentou-se. ³⁰Aproximaram-se dele as imensas multidões, trazendo coxos, cegos, aleijados*, mudos e muitos outros e os puseram aos pés de Jesus, e ele os curou. ³¹A multidão ficava admirada* ao ver que os mudos falavam, os aleijados ficavam sãos, os coxos caminhavam e os cegos viam; e davam glória ao Deus de Israel.

Segunda multiplicação dos pães. ³²Jesus chamou os discípulos e lhes disse: "Tenho pena desta multidão*, pois faz três dias que está comigo e não tem o que comer. Não quero mandá-los para casa em jejum, para não acontecer que desmaiem pelo caminho"*. ³³Os discípulos perguntaram-lhe: "Onde poderemos conseguir, nesse deserto, pão suficiente para alimentar esta multidão?" ³⁴Jesus indagou: "Quantos pães tendes?" Responderam: "Sete, e alguns peixinhos". ³⁵Ele mandou a multidão sentar-se no chão. ³⁶Depois, tomou os sete pães e os peixes, deu graças a Deus, partiu-os e ia dando-os aos discípulos, que os distribuíam à multidão. ³⁷Todos comeram e ficaram saciados*, e com os pedaços que sobraram encheram sete cestos. ³⁸Ora, os que haviam comido eram cerca de quatro mil homens, sem contar as mulheres e as crianças. ³⁹Tendo despedido a multidão, Jesus entrou numa barca e foi para o território de Magadã.

16

Sinais dos tempos. ¹Alguns fariseus e saduceus aproximaram-se então de Jesus* e, para prová-lo, pediram que lhes mostrasse um sinal vindo do céu. ²Mas Jesus respondeu-lhes: "Ao pôr do sol, dizeis: 'Vai fazer bom tempo, pois o céu está vermelho'. ³E ao amanhecer: 'Hoje vem tempestade, pois o céu está vermelho-escuro'*. Ora, sabeis interpretar o aspecto do céu, mas não sabeis interpretar os sinais dos tempos! ⁴Esta geração má e adúltera* está pedindo um sinal, mas nenhum sinal lhe será dado, senão o sinal de Jonas". E deixando-os, retirou-se.

O fermento dos fariseus e dos saduceus. ⁵Ao atravessarem para a outra margem do lago*, os discípulos esqueceram-se de levar pães. ⁶Disse-

---

* 15,15. Mc 7,17; 4,13 **|** 21. Mc 7,24-30 **|** 24. 10,6 28. 8,10.13 **|** 29. Mc 8,1-10 **|** 30. Is 35,5 **|** 31. Mc 7,37 **|** 32. Mc 8,1-10; Mt 14,14 / 2Rs 4,43 **|** 37. Sl 78,29 **| 16**,1. Mc 8,11-13; Lc 11,26-29; Mt 12,38; Jo 6,30 **|** 3. Lc 12,54s; 19,44 **|** 4. 12,39s Jn 2,1 **|** 5. Mc 8,14-21; Lc 12,1

Mateus 16-17

-lhes Jesus: "Atenção! Tomai cuidado com o fermento dos fariseus e dos saduceus!" [7]Os discípulos começaram então a dizer entre si: "Ele disse isso porque não trouxemos pães". [8]Conhecendo seus pensamentos, disse-lhes Jesus: "Homens fracos na fé! Por que ficar falando entre vós que não tendes pães? [9]Ainda não entendestes? Não vos lembrais dos cinco pães para os cinco mil homens e o número de cestos que recolhestes? [10]Nem dos sete pães para os quatro mil homens* e do número de cestos que recolhestes? [11]Como é que não percebeis que eu não estava falando de pães quando vos disse: 'Tomai cuidado com o fermento dos fariseus e dos saduceus'?" [12]Então perceberam que ele não havia falado que tomassem cuidado com o fermento do pão, mas com a doutrina dos fariseus e saduceus.

Pedro, chefe da Igreja. [13]Chegando ao território de Cesareia de Filipe*, Jesus perguntou a seus discípulos: "No dizer do povo, quem é o Filho do homem?" [14]Responderam: "Uns dizem que é João Batista*, outros que é Elias, outros que é Jeremias ou um dos profetas". [15]Então, Jesus perguntou-lhes: "E para vós, quem sou eu?" [16]Simão Pedro respondeu: "Tu és o Messias, o filho do Deus vivo"*. [17]Em resposta, Jesus lhe disse: "Feliz és tu, Simão, filho de Jonas, porque não foi nenhum ser humano† que te revelou isso e, sim, meu Pai que está nos céus. [18]Pois também eu te digo: Tu és Pedro, e sobre esta pedra edificarei minha Igreja*, e os poderes do inferno jamais conseguirão dominá-la. [19]Vou te dar as chaves do Reino dos Céus, e tudo o que ligares na terra será ligado nos céus* e tudo o que desligares na terra será desligado nos céus"†. [20]Depois, Jesus ordenou aos discípulos que não dissessem a ninguém que ele era o Messias*.

Primeiro anúncio da Paixão. [21]Desde então, começou Jesus a explicar a seus discípulos que teria de ir a Jerusalém para aí sofrer muito da parte dos anciãos*, dos sumos sacerdotes e dos escribas; e que teria de morrer e, ao terceiro dia, ressuscitar. [22]Pedro, chamando-o à parte, começou a repreendê-lo com estas palavras: "Deus te livre, Senhor! Isto jamais te acontecerá!" [23]Jesus, porém, voltou-se para Pedro e lhe disse: "Vai depois de mim, Satanás!† És uma pedra em meu caminho, porque teu modo de pensar não é o de Deus, mas o dos homens!"

Como seguir a Jesus. [24]Depois, Jesus disse a seus discípulos:* "Aquele que quiser seguir-me renuncie a si mesmo, carregue sua cruz e me siga. [25]Pois quem quiser salvar sua vida vai perdê-la; mas quem perder a vida por causa de mim há de encontrá-la†. [26]Pois, que adianta ganhar o mundo inteiro e arruinar sua vida? E que se poderia dar em troca da vida? [27]Porque o Filho do homem virá na glória de seu Pai, com seus anjos*, e então retribuirá a cada um de acordo com suas obras. [28]Na verdade vos digo: alguns dos que aqui se encontram não morrerão antes de terem visto o Filho do homem vir em seu Reino".

17 **A transfiguração.** [1]Seis dias depois, Jesus tomou consigo Pedro, Tiago e seu irmão João*, e os

---

* **16**,10. 15,34-38 | 13. Mc 8,26s; Lc 9,18ss | 14. 14,2 | 16. 4,3; 14,33; Jo 6,69 | 18. Jo 1,42; 21,1ss; Gl 1,15ss | 19. 18,18; Jo 20,23; Ap 1,18; 3,7; Is 22,22 | 20. 17,9 | 21. Mc 8,30-33; Lc 9,21s; Jo 2,19; 20,17ss; Lc 13,33; At 10,40 | 24. 10,38ss; Mc 8,34-37; Lc 9,23-27; 14,27; 17,33; Jo 12,25 | 27. 25,31ss; Jo 5,29; Rm 2,6; Pr 24,12; 2Cor 5,10; 2Ts 1,7 | **17**,1. Mc 9,2-9; Lc 9,28-36 | 2. 2Pd 1,16s; Ap 1,16; Mt 28,3

† **16**,17. Lit. "carne e sangue". | 19. As chaves representam os poderes; ligar e desligar é proibir e permitir, condenar e absolver. "A Igreja recebeu as chaves do Reino dos Céus para que se operasse nela a remissão dos pecados pelo sangue de Cristo e pela ação do Espírito Santo" (S. Agostinho). | 23. Jesus é o Messias, como Pedro afirmou, mas não do tipo que este imagina. Traz a libertação pela cruz e não pelas glórias humanas. E todo discípulo desse Mestre deverá realizar isto também em sua vida. | 25. "Fora da Cruz não existe outra escada para subir ao céu" (Santa Rosa de Lima). | **17**,2. Aos discípulos, abatidos por causa do anúncio da Paixão, Jesus manifesta por um instante a glória na qual entrará pela Ressurreição. A seu lado, representando toda a Antiga Aliança, aparecem Moisés e Elias, isto é, a Lei e os Profetas.

Mateus 17-18

levou à parte para um monte alto. [2]E transfigurou-se diante deles: seu rosto ficou resplandecente como o sol* e suas vestes ficaram brancas como a luz†. [3]E apareceram-lhes Moisés e Elias, que conversavam com ele. [4]Então Pedro tomou a palavra e disse a Jesus: "Senhor, é bom estarmos aqui! Se queres, farei aqui três tendas: uma para ti, outra para Moisés e outra para Elias". [5]Pedro ainda estava falando, quando uma nuvem luminosa os cobriu e uma voz, que saía da nuvem, disse: "Este é meu Filho amado*, no qual ponho minha afeição; escutai-o!"† [6]Os discípulos, quando ouviram a voz, ficaram muito assustados e caíram com o rosto em terra. [7]Jesus chegou perto deles e, tocando-os, disse: "Levantai-vos e não tenhais medo!" [8]Erguendo os olhos, não viram mais ninguém, a não ser Jesus, sozinho. [9]E quando estavam descendo do monte, Jesus lhes deu esta ordem: "Não conteis a ninguém o que vistes, até que o Filho do homem ressuscite dos mortos!"

Elias e João Batista. [10]Perguntaram-lhe então os discípulos: "Por que os escribas andam dizendo que Elias* deve vir primeiro?" [11]Respondeu-lhes Jesus: "Realmente, Elias virá para repor tudo em ordem. [12]Eu vos digo, porém, que Elias já veio, mas não o reconheceram; ao contrário, fizeram com ele o que quiseram. Do mesmo modo, o Filho do homem também vai sofrer nas mãos deles". [13]Então os discípulos entenderam que ele estava se referindo a João Batista†.

O menino epiléptico. [14]Quando chegaram junto à multidão, aproximou-se de Jesus um homem* que lhe pediu de joelhos: [15]"Senhor, tem compaixão de meu filho, porque é epiléptico e sofre muito; muitas vezes cai no fogo e muitas vezes na água. [16]Já o apresentei a teus discípulos, mas eles não conseguiram curá-lo". [17]Jesus respondeu: "Ó geração incrédula* e perversa! Até quando tenho de ficar convosco? Até quando terei de suportar-vos? Trazei aqui o menino". [18]Jesus esconjurou o demônio, e ele saiu, ficando o menino imediatamente curado. [19]Então os discípulos chegaram perto de Jesus e perguntaram-lhe em particular: "Por que não conseguimos expulsar o demônio?" [20]Ele respondeu: "Porque é pequena vossa fé*; pois, na verdade vos digo: [21]se tiverdes fé do tamanho de uma semente de mostarda, podereis dizer a este monte: Sai daqui para lá, e ele sairá*; e nada vos será impossível"†.

Segundo anúncio da Paixão. [22]Estando os discípulos reunidos na Galileia*, Jesus lhes disse: "O Filho do homem vai ser entregue às mãos dos homens, [23]e estes vão matá-lo, mas ao terceiro dia ele ressuscitará". E os discípulos ficaram muito tristes.

O imposto do templo. [24]Quando chegaram a Cafarnaum, aproximaram-se de Pedro os fiscais do templo* e perguntaram: "Vosso mestre não paga o imposto do templo?" [25]"Paga, sim", respondeu Pedro. Ao entrar em casa, Jesus foi logo lhe dizendo: "Que pensas, Simão? De quem os reis devem cobrar taxas ou impostos: dos filhos ou dos estrangeiros?" [26]"Dos estrangeiros", respondeu-lhe Pedro. E Jesus disse: "Então os filhos estão livres. [27]Mas para não sermos motivo de queda para eles, vai ao mar e joga o anzol. Pega o primeiro peixe que encontrar, abre-lhe a boca e encontrarás um estáter†; toma-o e dá-o por mim e por ti".

18

Quem é o maior? [1]Naquele momento, os discípulos vieram a Jesus com esta pergunta: "Quem é o maior* no Reino dos Céus?" [2]Jesus

---

* **17,**5. 3,17; 16,16s; Is 42,1 | 10. 11,14; 14,9s; Mc 9,3-13; Ml 3,23s; Eclo 48,10; Lc 1,17 | 14. Mc 9,14-29; Lc 9,37-43 | 17. Dt 32,5; Jo 14,9 | 20. 21,21; Lc 17,6; Mc 11,28; 1Cor 13,2; | 21. Mc 9,30; Lc 9,44 | 22. 16,21; 17,12; Mc 9,30ss; Lc 9,43ss; At 10,41 | 24. Êx 30,13 | **18,**1. Mc 9,33-50; Lc 9,46ss; Mt 20,26ss

† **17,**5. "A Trindade inteira apareceu na Transfiguração: o Pai, na voz; o Filho, no homem; o Espírito, na nuvem clara" (S.Tomás de Aquino). | 13. João Batista é chamado Elias porque executou a mesma missão, Lc 1,17, a de preparar a vinda do Messias, Ml 3,23. | 21. Alguns manuscritos acrescentam: "Esse tipo de demônio só se consegue expulsar com a oração e o jejum", Mc 9,29. | 27. Um estáter equivale a quatro dracmas. Esse imposto era chamado didracma, ou seja, dois dracmas.

chamou uma criança, colocou-a no meio deles [3]e disse: "Na verdade vos digo: se não vos converterdes e não vos tornardes como crianças, não entrareis no Reino dos Céus. [4]Portanto, aquele que se fizer pequeno como esta criança é o maior no Reino dos Céus. [5]E quem receber em meu nome uma criança como esta é a mim que recebe. [6]Mas, se alguém for motivo de pecado para um desses pequenos que creem em mim, melhor seria para ele que lhe pendurassem uma pedra de moinho ao pescoço e o jogassem no fundo do mar".

O escândalo. [7]"Infeliz do mundo porque existem escândalos! É inevitável que aconteçam escândalos, mas infeliz daquele pelo qual vem o escândalo! [8]Por isso, se tua mão ou teu pé te levam a pecar*, corta-os e joga-os para longe; é melhor para ti entrar na Vida mutilado ou manco do que, com as duas mãos e os dois pés, ser jogado no fogo eterno. [9]E se teu olho te faz cometer pecado, arranca-o e joga-o para longe. Pois é melhor para ti entrar na Vida com um só olho do que, com dois olhos, ser jogado na geena de fogo. [10]Cuidado para não desprezardes nenhum desses pequenos, porque – eu vos afirmo – [11]seus anjos no céu estão continuamente na presença de meu Pai que está nos céus"†.

A ovelha perdida. [12]"Em vossa opinião, se um homem possui cem ovelhas*, e uma delas se extravia, não iria deixar as noventa e nove na montanha, para ir procurar a que se extraviou? [13]E se consegue encontrá-la, na verdade vos digo, sente mais alegria por ela do que pelas noventa e nove que não se extraviaram. [14]Assim também não é da vontade de vosso Pai que está nos céus que um só destes pequenos se perca".

O perdão ao irmão. [15]"Se teu irmão pecar*, vai à procura dele e repreende-o em particular. Se ele te atender, recuperaste teu irmão. [16]Mas se não te atender, toma contigo uma ou duas pessoas, para que toda questão seja resolvida pela palavra de duas ou três testemunhas*. [17]Se ele não quiser atendê-las*, diga à comunidade. E, se não quiser atender nem mesmo à comunidade, considera-o como um pagão e um publicano. [18]Na verdade vos digo: tudo o que ligardes na terra* será ligado no céu; e tudo o que desligardes na terra será desligado no céu".

A oração em grupo. [19]"Também vos digo: se dois dentre vós, na terra, pedirem juntos* qualquer coisa que seja, esta lhes será concedida por meu Pai que está nos céus. [20]Porque, onde dois ou três estão reunidos em meu nome, ali estou eu no meio deles"*.

Perdoar sempre. [21]Então Pedro aproximou-se* e perguntou-lhe: "Senhor, quantas vezes devo perdoar a meu irmão se ele pecar contra mim? Até sete vezes?" [22]Jesus respondeu-lhe: "Não apenas sete vezes, mas até setenta vezes sete".

O empregado cruel. [23]"Por isso o Reino dos Céus pode ser comparado a um rei que resolveu acertar as contas com seus empregados. [24]Ao começar o acerto de contas, trouxeram-lhe um que devia dez mil talentos. [25]Como não tivesse com que pagar, seu senhor mandou que o vendessem com sua mulher, seus filhos e todos os seus bens, para assim liquidar a dívida. [26]O empregado então caiu a seus pés, suplicando: 'Senhor, dá-me um prazo e te pagarei tudo'. [27]O senhor teve pena dele*, deixou-o em liberdade e perdoou-lhe a dívida. [28]Mas, quando saiu dali, esse empregado encontrou um de

---

* **18**,8. 5,29s; Mc 9,43-47; | 12. Lc 15,4-7; 19,10; Sl 119,176; Ez 34,1-16; 1Pd 2,25 | 15. Lv 19,17; Lc 17,3; Gl 6,1 | 16. Tg 5,19; Dt 19,15; Jo 2,17; 2Cor 13,1 | 17. 2Ts 3,14; Rm 16,17 | 18. 16,19; Jo 20,23 | 19. Mc 11,24; Jo 15,16 | 20. 28,20; Jo 14,23 | 21. Lc 17,4 | 27. Lc 7,42

† **18**,11. Alguns manuscritos acrescentam: "Porque o Filho do homem veio para salvar o que estava perdido", Lc 19,10. | 28. Soma que é 600 mil vezes menor que 10 mil talentos. A parábola mostra a situação irreparável do pecador, se Deus não lhe conceder o perdão por misericórdia, e a necessidade de perdoarmos para sermos perdoados.

Mateus 18-19

seus companheiros, que lhe devia cem denários†. Agarrou-o pelo pescoço e, sufocando-o, disse-lhe: 'Paga o que deves!' ²⁹Seu companheiro caiu a seus pés, suplicando: 'Dá-me um prazo e te pagarei!' ³⁰Mas ele não quis: mandou encerrá-lo na cadeia*, até que sua dívida fosse paga. ³¹Seus companheiros, ao saberem do fato, ficaram revoltados e foram contar ao senhor o acontecido. ³²Então, aquele senhor o chamou e lhe disse: 'Servo mau, eu te perdoei toda aquela dívida, porque me pediste. ³³Não devias tu também ter pena de teu companheiro*, como eu tive de ti?' ³⁴E o senhor, indignado, mandou prendê-lo e castigá-lo*, até que pagasse tudo o que devia. ³⁵Do mesmo modo, meu Pai do céu agirá convosco*, se cada um de vós não perdoar de todo o coração a seu irmão"†.

IV. MINISTÉRIO DE JESUS NA JUDEIA (19–25)

19 Jesus vai para a Judeia.
¹Quando terminou esses discursos*, Jesus deixou a Galileia e foi para a região da Judeia, do outro lado do Jordão. ²Grande multidão o seguiu, e ele curou ali os doentes.
O divórcio. ³Alguns fariseus, querendo pô-lo à prova*, vieram perguntar-lhe: "É permitido divorciar-se da esposa por um motivo qualquer?" ⁴Jesus respondeu: "Não lestes que no princípio* o Criador os fez homem e mulher ⁵e disse: 'Por isso o homem deixará pai e mãe para unir-se a sua mulher*, e os dois serão uma só carne'? ⁶Assim, já não são dois, mas uma só carne*. Portanto, o homem não deve separar o que Deus uniu". ⁷Disseram-lhe: "Por

que, então, Moisés prescreveu que se dê uma certidão de divórcio* quando se repudia?" ⁸Jesus respondeu-lhes: "Moisés vos permitiu divorciar por causa da dureza de vosso coração; mas no começo não era assim. ⁹Ora, eu vos digo*: quem repudiar sua mulher, a não ser em caso de união ilegal†, e se casar com outra, comete adultério". ¹⁰Disseram-lhe os discípulos: "Se é essa a situação do homem com referência à mulher, não vale a pena casar-se". ¹¹Ele respondeu-lhes: "Nem todos são capazes* de entender esta linguagem, mas só aqueles a quem Deus o concedeu. ¹²Porque há pessoas que não se casam por um defeito de nascença; outras, porque foram mutiladas por terceiros; e outras, que renunciam ao casamento por amor ao Reino dos Céus. Quem puder entender, que entenda!"†

Jesus abençoa as crianças. ¹³Apresentaram-lhe então crianças*, para que lhes impusesse as mãos e rezasse por elas. Os discípulos, porém, procuravam afastá-las. ¹⁴Mas Jesus lhes disse: "Deixai vir a mim as crianças e não as impeçais, porque o Reino dos Céus é daqueles* que a elas se assemelham". ¹⁵E depois de lhes impor as mãos, partiu dali.

O jovem rico. ¹⁶Alguém aproximou-se de Jesus* e perguntou-lhe: "Mestre, que preciso fazer de bom para alcançar a vida eterna?" ¹⁷Respondeu ele: "Por que me perguntas sobre o que é bom? Bom é só um. Mas, se queres entrar na vida, observa os mandamentos". ¹⁸"Quais mandamentos?", perguntou ele. Jesus lhe disse: "Não matar, não cometer adultério, não furtar*, não levantar falso testemunho; ¹⁹honrar pai e mãe e amar o próximo como a si mesmo".

---

* **18**,30. Rm 13,7 | 33. Lc 6,36 | 34. 5,26 | 35. 6,14s; Mc 11,25 | **19**,1. Mc 10,1; Lc 9,51 | 3. Mc 10,2-12; Lc 11,54; 16,18; Mt 5,31s; 16,1; Jo 8,6 | 4. Gn 1,27 | 5. Gn 2,24 | 6. 1Cor 7,10s; Ef 5,31 | 7. Dt 24,1 | 9. 5,32; Lc 16,18 | 11. 1Cor 7,7s | 13. Mc 10,13-16; Lc 9,47s; 18,15ss | 14. 1Cor 1,25-28; 1Pd 2,1s | 16. Mc 10,17-27; Lc 10,25-28; 18,18-27 | 18. Êx 20,12-16; Lv 19,18; Dt 5,16-20; Lc 10,27

† **18**,35. O mar da misericórdia de Deus não pode penetrar em nosso coração enquanto não tivermos perdoado aos que nos ofenderam. O amor, como o Corpo de Cristo, é indivisível: não podemos amar o Deus que não vemos, se não amamos o irmão que vemos, 1Jo 4,20. | **19**,9. Ver a nota em Mt 5,32. | 12. Jesus faz a proposta da renúncia ao matrimônio aos que se dispõem a consagrar-se ao Reino de Deus com o coração indiviso, 1Cor 7,32ss.

Mateus 19-20

²⁰Disse o jovem: "Tudo isso tenho observado. O que ainda me falta?" ²¹Respondeu-lhe Jesus: "Se queres ser perfeito, vai, vende o que possuis, dá o dinheiro aos pobres* e terás um tesouro no céu; depois vem e segue-me". ²²Ao ouvir isso, o jovem foi embora triste, porque era muito rico.

Perigo das riquezas. ²³Então Jesus disse a seus discípulos: "Na verdade vos digo: é difícil para um rico entrar no Reino dos Céus! ²⁴E digo mais: é mais fácil um camelo passar pelo buraco de uma agulha do que um rico entrar no Reino de Deus"†. ²⁵Ouvindo tais palavras, os discípulos ficaram espantados e perguntaram: "Então, quem poderá salvar-se?" ²⁶Olhando para eles*, Jesus respondeu: "Para os homens isso é impossível, mas para Deus tudo é possível".

A recompensa dos discípulos. ²⁷Pedro, então, tomando a palavra*, disse-lhe: "Nós deixamos tudo para te seguir; que recompensa teremos?" ²⁸Respondeu-lhe Jesus: "Na verdade vos digo: no mundo renovado, quando o Filho do homem tomar posse de seu trono glorioso*, vós também vos assentareis em doze tronos para julgar as doze tribos de Israel. ²⁹E todo aquele que deixar casas, irmãos, irmãs, pai, mãe, filhos ou terras por amor de mim, receberá cem vezes mais e terá como herança a vida eterna. ³⁰Porém, muitos dos primeiros serão últimos* e muitos dos últimos serão primeiros".

20 **Os trabalhadores da vinha.** ¹"Porque o Reino dos Céus é semelhante a um fazendeiro que, logo de manhã, saiu para contratar* trabalhadores para sua vinha. ²Combinou com eles que pagaria um denário por dia e mandou-os para sua vinha. ³Pelas nove horas† saiu e viu mais alguns na praça sem fazer nada e disse-lhes: ⁴'Ide vós também para minha vinha e vos darei o que for justo'. ⁵Eles foram. Lá pelo meio-dia, como também pelas três da tarde, o fazendeiro saiu de novo e fez o mesmo. ⁶Pelas cinco da tarde saiu ainda e, encontrando outros que lá estavam, disse-lhes: 'Por que estais aqui o dia todo sem trabalhar?' ⁷Eles responderam: 'Porque ninguém nos contratou'. Disse-lhes ele: 'Ide também vós trabalhar em minha vinha'. ⁸Ao cair da tarde, o dono da vinha falou a seu administrador: 'Chama os trabalhadores e paga-lhes o salário, começando dos últimos até os primeiros'. ⁹Chegaram os das cinco horas da tarde e cada um recebeu um denário. ¹⁰Chegada a vez dos primeiros, eles pensaram que iriam receber mais. Mas receberam também um denário. ¹¹Ao recebê-lo, reclamavam contra o fazendeiro, dizendo: ¹²'Esses últimos trabalharam apenas uma hora, e dás a eles a mesma quantia que a nós que carregamos o peso do dia e do calor'. ¹³Respondeu o fazendeiro a um deles: 'Meu amigo, eu não estou sendo injusto contigo. Não combinaste comigo um denário? ¹⁴Toma o que é teu e vai. A esse último quero dar* o mesmo que a ti. ¹⁵Não tenho o direito de fazer com meu dinheiro o que eu quiser? Ou tens inveja porque eu sou bom?' ¹⁶Assim, os últimos serão os primeiros* e os primeiros serão os últimos"†.

Terceiro anúncio da Paixão. ¹⁷Devendo subir a Jerusalém, Jesus chamou os doze em particular* e lhes disse enquanto caminhavam: ¹⁸"Estamos subindo para Jerusalém, onde o Filho do homem vai ser entregue aos sumos

---

* **19**,21. 5,3; 6,20; 13,45; Lc 12,33 | 26. Gn 18,14; Jó 42,2; Lc 1,37 | 27. 4,20.22; Mc 10,28ss; Lc 5,11; 18,28-30 | 28. 25,31; Lc 22,30; Ap 3,21; Hb 10,14 | 30. 20,16; Mc 10,31; Lc 13,30 | **20**,1. Lv 19,13; Dt 24.15 | 14. Rm 9,16-20 | 16. 19,30; 22,14 | 17. 16,21; 17,22; Mc 10,32ss; Lc 18,31ss

† **19**,24. Ver a nota em Mc 10,25. | **20**,3. Lit. "hora 3ª"; meio-dia era a hora 6ª e 5 da tarde era a hora 11ª. | 16. Os últimos operários eram os mais fracos, porque selecionados por último; então, a parábola mostra que Deus pede de cada um apenas o que suas forças lhe permitem dar, e que fortes e fracos são recompensados por igual. Alguns manuscritos acrescentam: "Porque muitos são os chamados e poucos são os escolhidos", 22,14.

Mateus 20-21

sacerdotes e aos escribas, que o condenarão à morte [19]e o entregarão aos pagãos para ser injuriado, açoitado e pregado na cruz; mas ao terceiro dia ele ressuscitará".

Pedido da mulher de Zebedeu. [20]Então aproximou-se dele a mulher de Zebedeu*, com os filhos, e se ajoelhou para fazer-lhe um pedido. [21]"Que queres?", perguntou Jesus. Ela respondeu-lhe: "Ordena que, em teu reino, esses meus dois filhos se assentem um a tua direita e outro a tua esquerda!" [22]"Não sabeis o que estais pedindo", disse Jesus. "Sois capazes de beber o cálice que vou beber?" "Somos", responderam. [23]E Jesus disse: "Meu cálice bebereis, mas sentar-se a minha direita e a minha esquerda não compete a mim concedê-lo; esses lugares são daqueles para os quais meu Pai os preparou".

É maior aquele que serve. [24]Os outros dez, que tudo ouviram*, indignaram-se contra os dois irmãos. [25]Jesus, porém, chamou-os e disse: "Sabeis que os chefes das nações as dominam e que os grandes as tiranizam. [26]Mas entre vós não deve acontecer isso. Ao contrário, quem quiser tornar-se grande entre vós* seja vosso servo; [27]e quem quiser ser o primeiro seja vosso escravo. [28]É assim que o Filho do homem veio, não para ser servido, mas para servir e dar a vida para resgatar a multidão"†.

Os cegos de Jericó. [29]Enquanto saíam de Jericó, uma grande multidão* o seguiu. [30]Dois cegos estavam sentados à beira do caminho. Ao saberem que Jesus estava passando, puseram-se a gritar: "Senhor! Tem compaixão de nós, Filho de Davi!" [31]A multidão, porém, repreendia-os, mandando que se calassem; mas eles gritavam ainda mais alto: "Senhor! Tem compaixão de nós, Filho de Davi!"

[32]Jesus parou e, chamando-os, perguntou: "Que quereis que vos faça?" [33]"Senhor, que nossos olhos se abram", responderam. [34]Cheio de compaixão, Jesus tocou em seus olhos, e logo recuperaram a vista. E puseram-se a segui-lo.

21 Entrada triunfal em Jerusalém.

[1]Quando se aproximaram de Jerusalém* e chegaram a Betfagé, junto ao monte das Oliveiras, Jesus mandou dois discípulos, [2]dizendo-lhes: "Ide até aquela aldeia que está a vossa frente, e logo encontrareis uma jumenta amarrada, e com ela um jumentinho. Soltai-os e trazei-os para mim. [3]E se alguém perguntar alguma coisa, respondei que o Senhor está precisando deles, mas os devolverá quanto antes". [4]Isso aconteceu para que se cumprisse o que disse o profeta: [5]'Dizei à Filha de Sião:* Teu rei vem a ti, modesto e montado numa jumenta, num jumentinho, filho de um animal de carga'. [6]Os discípulos foram e fizeram como Jesus lhes ordenara. [7]Trouxeram à jumenta e o jumentinho, puseram sobre eles suas vestes e Jesus montou. [8]A numerosa multidão estendia suas vestes pelo caminho; outros cortavam ramos de árvores e os espalhavam pela estrada. [9]As multidões que iam à frente dele e as que o seguiam gritavam: "Hosana ao Filho de Davi! Bendito o que vem em nome do Senhor!* Hosana no mais alto dos céus!" [10]Quando ele entrou em Jerusalém, a cidade toda se agitou e perguntavam: "Quem é este?" [11]E as multidões respondiam: "Este é o profeta Jesus, de Nazaré da Galileia"†.

Jesus expulsa do templo os comerciantes. [12]Jesus entrou no templo* e expulsou de lá todos os que estavam

---

* **20**,20. 19,28; Mc 10,35-45 | 24. Lc 22,24-27 | 26. 23,11; Mc 9,35; Jo 13,12-16; Fl 2,7; Rm 5,6; 1Tm 2,6 | 29. Mc 10,43-52; Lc 18,35-43 | **21**,1. Mc 11,1-10; Lc 19,29-40; Jo 12,12-16 | 5. Zc 9,9; Is 62,11 | 9. Sl 118,25s | 12. Mc 11,15-19; Lc 19,45-48; Jo 2,14-16

† **20**,28. Lit. "muitos", termo que opõe o conjunto da humanidade à única pessoa do Redentor, que se entregou para salvá-la. Cristo morreu por todos sem exceção, 1Tm 2,6. | **21**,11. Jesus é aclamado como o filho de Davi, aquele que traz a salvação. Hosana quer dizer "salva-nos". Jesus entra humilde, por isso os súditos de seu Reino, nesse dia, são as crianças e os pobres de Deus, que o aclamam, como os anjos o anunciaram aos pastores.

Mateus 21

vendendo e comprando; derrubou as mesas dos cambistas e as cadeiras dos que vendiam pombas. ¹³E disse: "Está escrito: minha casa será chamada casa de oração*, mas vós a transformastes numa caverna de ladrões!"

O louvor das crianças. ¹⁴Aproximaram-se dele, no templo, cegos e coxos, e ele os curou. ¹⁵Os sumos sacerdotes e os escribas, vendo os milagres que fazia e as crianças que gritavam no templo: "Hosana ao Filho de Davi!", ficaram indignados ¹⁶e perguntaram a Jesus: "Estás ouvindo o que dizem?" "Sim", respondeu Jesus. "Nunca lestes que 'da boca das crianças e dos que ainda mamam* obtiveste louvor'?" ¹⁷Depois deixou-os, saiu da cidade e foi para Betânia, onde passou a noite.

Maldição da figueira. ¹⁸De manhã, ao voltar à cidade*, sentiu fome. ¹⁹Vendo uma figueira à beira do caminho, foi até ela, mas só encontrou folhas. "Nunca mais darás fruto!", disse ele. E a figueira secou na mesma hora†.

O poder da fé. ²⁰Vendo isso, os discípulos ficaram admirados e exclamaram: "Como a figueira secou num instante?!" ²¹Respondendo, disse-lhes Jesus: "Na verdade vos digo: se tiverdes fé e não duvidardes, fareis não só o que eu fiz com a figueira*, mas até mesmo se disserdes a este monte: 'Sai daqui e lança-te ao mar', isso acontecerá. ²²E tudo quanto pedirdes com fé na oração, vós o recebereis".

A autoridade de Jesus. ²³Entrando no templo*, começou a ensinar. Nisso chegaram os sumos sacerdotes e os anciãos do povo, perguntando: "Com que autoridade fazes estas coisas? Quem te deu esta autoridade?" ²⁴Em resposta, Jesus lhes disse: "Eu também vou fazer-vos uma pergunta e, se me responderdes, eu vos direi com que autoridade faço estas coisas: ²⁵De onde vinha o batismo de João:* do céu ou dos homens?" Começaram a refletir entre si: "Se dissermos que é do céu, ele nos dirá: 'Então, por que não crestes nele?' ²⁶Se dissermos que é dos homens, temos medo da multidão, porque todos consideram João um profeta". Por isso responderam a Jesus: "Não sabemos". ²⁷E Jesus, por sua vez, disse: "Pois eu também não vos direi com que autoridade faço estas coisas".

Os dois filhos. ²⁸"Que pensais disto? Um homem tinha dois filhos. Dirigindo-se ao primeiro, disse-lhe: 'Filho, vai hoje trabalhar na vinha'. ²⁹O filho respondeu: 'Não quero'. Mas depois mudou de ideia e foi. ³⁰Dirigindo-se ao segundo, falou a mesma coisa. Este respondeu: 'Eu irei, sim, senhor'. Mas não foi. ³¹Qual dos dois* fez a vontade do pai?" Responderam-lhe: "O primeiro". Então Jesus lhes disse: "Na verdade vos digo: os publicanos e as meretrizes vos precedem no Reino de Deus. ³²Porque João veio a vós no caminho da justiça*, e vós não crestes nele, ao passo que os publicanos e as meretrizes creram nele. E vós, vendo isto, não vos arrependestes depois para crerdes nele"†.

Os lavradores homicidas. ³³"Ouvi mais uma parábola:* Um fazendeiro plantou uma vinha. Rodeou-a com uma cerca, construiu nela um lagar e ergueu uma torre; arrendou-a a uns lavradores e depois partiu em viagem. ³⁴Quando chegou o tempo da colheita, mandou seus empregados receber dos lavradores os frutos. ³⁵Estes, porém, agarraram os empregados*, bateram num, mataram outro e apedrejaram um outro. ³⁶O fazendeiro mandou novamente outros empregados, em número maior que da primeira vez, mas eles os trataram do mesmo modo. ³⁷Finalmente, enviou seu filho*,

---

* **21**,13. Is 56,7; Jr 7,11 | 16. Sl 8,3 | 18. Mc 11,12ss.20-25; Lc 13,6-19 | 21. 17,20; Lc 17,6; Tg 1,6; 1Jo 3,22; Jo 14,33 | 23. Mc 11,27-33; Lc 20,1-8; Jo 2,18 | 25. 21,32 | 31. 7,21 | 32. Lc 7,37-50; 19,1-10 | 33. Mc 12,1-12; Lc 20,9-19; Is 5,1s; Jr 2,21 | 35. 22,4ss | 37. 1Jo 4,9; Hb 1,2; Jo 11,53; Gl 3,16; Hb 13,12

† **21**,19. Gesto simbólico no estilo dos profetas. A figueira representa Israel, que não deu os frutos esperados e não será mais fonte de vida nem sinal de salvação. | 32. O filho mais velho é o povo judeu e o filho mais novo, os pagãos convertidos.

Mateus 21-22

pensando: 'A meu filho eles vão respeitar'. ³⁸Mas os lavradores, quando viram o filho, disseram uns aos outros: 'É o herdeiro, vamos matá-lo e ficar com sua herança'. ³⁹Então o agarraram, arrastaram para fora da vinha e o mataram. ⁴⁰Quando o dono da vinha voltar, que fará com esses lavradores?"† ⁴¹Responderam eles: "Vai punir com morte terrível esses criminosos e arrendará a vinha a outros lavradores, que lhe entreguem os frutos no tempo certo". ⁴²Jesus lhes disse: "Nunca lestes nas Escrituras: 'A pedra que os construtores rejeitaram* tornou-se a pedra principal; isto é obra do Senhor, e é admirável aos nossos olhos'? ⁴³Por isso vos digo: o Reino de Deus vos será tirado e dado a um povo que o fará produzir seus frutos. ⁴⁴Aquele que cair sobre esta pedra ficará em pedaços e aquele sobre o qual ela cair será esmagado".

⁴⁵Ouvindo suas parábolas, os sumos sacerdotes e os fariseus entenderam que Jesus se referia a eles. ⁴⁶Procuravam prendê-lo, mas tinham medo das multidões, que o consideravam como profeta.

22 Convidados ao banquete.
¹Voltando a ensinar em parábolas*, Jesus disse: ²"O Reino dos Céus é como um rei que fez um banquete de casamento para seu filho. ³Mandou seus empregados chamar os convidados para a festa, mas eles não quiseram vir. ⁴Mandou novamente outros empregados* com esta ordem: 'Dizei aos convidados: Já preparei meu banquete, matei meus bois e os animais cevados, tudo está pronto, vinde para a festa!' ⁵Eles, porém, fizeram pouco caso e saíram, um para seu sítio, outro para seus

negócios; ⁶e os demais, apoderando-se dos empregados, insultaram-nos e os mataram. ⁷O rei ficou furioso* e enviou seus soldados, que acabaram com aqueles assassinos e incendiaram sua cidade. ⁸Disse em seguida a seus empregados: 'O banquete está pronto, mas os convidados não eram dignos dele. ⁹Ide, então, às saídas dos caminhos* e convidai para o banquete todos os que encontrardes'. ¹⁰Os empregados saíram pelos caminhos* e reuniram todos os que encontraram, maus e bons, e a sala do banquete ficou cheia de convidados†.

A veste nupcial. ¹¹O rei entrou para ver os que estavam à mesa e viu lá um homem que não trajava a veste nupcial†. ¹²Perguntou-lhe: 'Amigo, como foi que entraste aqui sem a veste nupcial?' Ele, porém, ficou calado. ¹³Então o rei ordenou aos servos: 'Amarrai seus pés* e suas mãos e jogai-o lá fora na escuridão. Lá haverá de chorar, rangendo os dentes'. ¹⁴Pois muitos são os chamados*, mas poucos os escolhidos'".

O imposto devido a César. ¹⁵Então se retiraram os fariseus e combinaram entre si* como o surpreenderiam em alguma palavra. ¹⁶Enviaram-lhe seus discípulos com alguns herodianos, que lhe disseram: "Mestre, sabemos que és sincero e ensinas com franqueza o caminho de Deus, sem dar preferência a ninguém, pois não julgas as pessoas pelas aparências. ¹⁷Dize-nos, então, o que te parece: é permitido pagar imposto a César ou não?"† ¹⁸Jesus, porém, percebendo a malícia deles, respondeu: "Hipócritas! Por que estais querendo tentar-me? ¹⁹Mostrai-me a moeda do imposto". Apresentaram-lhe um denário. ²⁰Ele

---

* **21**,42. Sl 118,22s; Is 28,16; At 4,11; Rm 5,23; 1Pd 2,4-8 | **22**,1. Lc 14,15-22; Jo 3,29; Ap 19,9 | 4. 21,36 | 7. 24,2 | 9. 21,43 | 10. 13,47 | 13. 8,12; 25,20 | 14. 20,16 | 15. Mc 3,6; 12,13-17; Lc 20,20-25; Jo 3,2

† **21**,40. Nesta alegoria, o fazendeiro é o Pai, a vinha é Israel, os servos são os profetas, o filho é Jesus, os lavradores homicidas são os judeus e os outros são os pagãos convertidos. | **22**,10. Também nesta parábola estão simbolizados o povo judeu (os primeiros convidados) e os pagãos (os que encheram a sala). | 11. Símbolo de uma vida renovada pela conversão e enriquecida de boas obras. | 17. Os inimigos querem colocar Jesus num dilema: uma resposta afirmativa atrairia sobre ele a ira dos nacionalistas judeus e uma resposta positiva poderia servir para acusá-lo de subversão diante dos romanos. A resposta de Jesus coloca o Reino e suas exigências acima de qualquer partido político.

1203 Mateus 22-23

perguntou: "De quem é esta figura e a inscrição?" [21]"De César", responderam. Então lhes disse: "Devolvei a César o que é de César, mas dai a Deus o que é de Deus". [22]Ouvindo esta resposta, ficaram maravilhados e, deixando-o, foram embora.

Os saduceus e a ressurreição. [23]Naquele dia aproximaram-se dele alguns saduceus*, que não acreditam na ressurreição, e o interrogaram, dizendo: [24]"Mestre, Moisés disse: 'Se alguém morrer sem deixar filhos, seu irmão deve casar-se com a cunhada*, para dar filhos ao irmão. [25]Ora, havia entre nós sete irmãos. O mais velho casou-se, mas, morrendo sem filhos, deixou a viúva para o irmão. [26]O mesmo aconteceu com o segundo, com o terceiro, até o sétimo. [27]Por fim, depois de todos, morreu também a mulher. [28]Na ressurreição, de qual dos sete ela será esposa? Pois todos se casaram com ela..." [29]Jesus respondeu-lhes: "Vós estais enganados! Não compreendeis nem as Escrituras nem o poder de Deus. [30]Porque, na ressurreição, homens e mulheres não vão se casar: serão como os anjos no céu. [31]E a respeito da ressurreição dos mortos, não lestes o que Deus vos falou: [32]'Eu sou o Deus de Abraão, o Deus de Isaac e o Deus de Jacó'?* Ele não é Deus de mortos, mas de vivos!"[†] [33]Ao ouvir isso, as multidões ficaram admiradas com sua doutrina*.

O maior mandamento. [34]Quando os fariseus ficaram sabendo* que Jesus fizera calar os saduceus, reuniram-se, [35]e um deles, doutor da Lei, perguntou-lhe, para colocá-lo em dificuldade: [36]"Mestre, qual é o maior mandamento da Lei?" [37]Jesus respondeu:* "Amarás o Senhor teu Deus de todo o teu coração, de toda a tua alma e com toda a tua mente: [38]este é o maior e o primeiro* dos mandamentos. [39]E o segundo é semelhante[†] a este: Amarás teu próximo como a ti mesmo. [40]Destes dois mandamentos dependem toda a Lei e os Profetas".*

O Messias, Filho de Davi. [41]Estando reunidos os fariseus*, Jesus perguntou-lhes: [42]"Que pensais a respeito do Messias? Ele é filho de quem?" "Filho de Davi", responderam. [43]E Jesus continuou: "Mas como é que Davi, inspirado pelo Espírito Santo, o chama de senhor, dizendo: [44]'O Senhor disse a meu senhor:* senta-te a minha direita, até que eu ponha teus inimigos debaixo de teus pés'?[†] [45]Se Davi o chama de senhor, como pode ser seu filho?" [46]E ninguém foi capaz de dar-lhe uma resposta. Daí em diante, ninguém mais teve coragem de lhe fazer perguntas.

23 Os pecados dos escribas e dos fariseus.
[1]Dirigindo-se, então, às multidões e a seus discípulos*, Jesus disse: [2]"Os escribas e os fariseus ocupam a cátedra de Moisés; [3]portanto, fazei e observai tudo o que disserem; mas não imiteis suas ações, porque eles não praticam o que ensinam. [4]Amarram pesados fardos e os colocam às costas dos outros, mas eles mesmos não os querem mover nem com o dedo. [5]Em tudo o que fazem, o que buscam é ser vistos pelos outros*. Por isso trazem filactérios[†] bem largos e usam franjas bem compridas nos mantos. [6]Gostam dos primeiros lugares nos banquetes e das primeiras cadeiras nas sinagogas. [7]Gostam de ser saudados

---

* **22**,23. Mc 12,18-27; Lc 20,27-38; At 23,6ss | 24. Gn 38,8; Dt 25,5ss | 32. 8,11; Êx 3,6 | 33. 7,28 | 34. Mc 12,28-34; Lc 10,25-28 | 37. Dt 6,5; Eclo 7,32s | 38. Lc 19,18 | 40. Rm 13,9s Gl 5,14; Tg 2,8 | 41. Mc 12,35ss; Lc 20,41-44 | 44. Sl 110,1; At 2,34s; 1Cor 15,25; Hb 1,13 | **23**,1. Mc 12,38ss; Lc 20,45ss; Dt 17,10; At 15,10; Rm 2,21-24 | 5. Lc 22,43; 20,47

† **22**,32. Os patriarcas estão vivos no além, por isso o Deus deles é Deus dos vivos. | 39. Semelhante, porque quem ama a Deus deve amar as criaturas de Deus, especialmente a mais nobre, o ser humano, 1Jo 4,21. | 44. A resposta certa seria afirmar que o Messias é filho de Deus, portanto, superior a Davi, embora descendente dele segundo a natureza humana. | **23**,5. Filactérios eram pequenas caixas, contendo frases importantes da Lei, que os fariseus amarravam no braço ou na fronte, tomando ao pé da letra certas leis como Dt 6,8; 11,18. Sobre as franjas, ver Nm 15,37-41.

Mateus 23

nas praças públicas e de ser chamados de mestres pelos outros. [8]Quanto a vós, não queirais ser chamados de mestres*, pois um só é vosso Mestre e vós todos sois irmãos. [9]E, aqui na terra, a ninguém chameis de pai, pois um só é vosso Pai, aquele que está nos céus. [10]Nem permitais que vos chamem de guias, porque um só é vosso guia, o Cristo. [11]O maior dentre vós será vosso servo*. [12]Quem se exalta será humilhado e quem se humilha será exaltado.

[13]Ai de vós, escribas e fariseus hipócritas*, que fechais para os outros o Reino dos Céus! Pois nem vós mesmos entrais, nem deixais entrar os que o querem[†]. [15]Ai de vós, escribas e fariseus hipócritas! Vós percorreis o mar e a terra para converter alguém[†] e, depois que o conseguis, vós o tornais merecedor do inferno[†] duas vezes mais que vós!

[16]Ai de vós, guias de cegos*, que dizeis: 'Se alguém jura pelo templo, não vale; mas, se jura pelo ouro do templo, fica obrigado'. [17]Tolos e cegos! Que é mais importante: o ouro, ou o templo que santifica o ouro? [18]Vós dizeis também: 'Se alguém jura pelo altar*, não vale; mas, se jura pela oferta que está sobre o altar, fica obrigado'. [19]Cegos! Que é mais importante: a oferta, ou o altar que santifica a oferta? [20]Portanto, quem jura pelo altar, jura por ele e por tudo o que está sobre ele. [21]E quem jura pelo templo jura por ele e por Aquele que o habita. [22]E quem jura pelo céu jura pelo trono de Deus e por Aquele que nele está sentado.

[23]Ai de vós, escribas e fariseus hipócritas! Pagais o dízimo* da hortelã, da erva-doce e do cominho, mas desprezais os mandamentos mais importantes da Lei, como a justiça, a misericórdia e a fidelidade. Isso é que é preciso praticar, sem deixar de lado aquilo. [24]Guias cegos! Coais um mosquito, mas engolis um camelo!

[25]Ai de vós, escribas e fariseus hipócritas! Limpais a parte externa do copo e do prato, mas o interior está cheio de rapina e de intemperança. [26]Fariseu cego, limpa primeiro o lado de dentro do copo e do prato, para que o de fora também fique limpo. [27]Ai de vós, escribas e fariseus hipócritas!* Sois semelhantes a sepulcros caiados, que por fora têm boa aparência, mas por dentro estão cheios de ossos de mortos e de toda a espécie de podridão. [28]Assim também vós: por fora pareceis justos aos outros*, mas por dentro estais cheios de hipocrisia e de iniquidade.

[29]Ai de vós, escribas e fariseus hipócritas, que construís os túmulos dos profetas, enfeitais os monumentos dos justos [30]e dizeis: 'Se tivéssemos vivido na época de nossos pais, não nos teríamos associado a eles para tirar a vida dos profetas'. [31]Com isso estais dando testemunho contra vós mesmos*, de que sois filhos dos que mataram os profetas. [32]Completai, pois, a medida de vossos pais!

[33]Serpentes, raça de víboras!* Como podereis escapar da condenação da geena? [34]Por isso, eu vos envio profetas, sábios e doutores*. A uns, ireis matar e crucificar; a outros, ireis flagelar em vossas sinagogas e os perseguireis de cidade em cidade, [35]para que recaia sobre vós todo o sangue inocente derramado sobre a terra, desde o sangue de Abel*, o justo, até o de Zacarias, filho de Baraquias[†], que vós matastes

---

* **23**,8. Tg 3,1 | 11. Jó 22,29; Pr 29,23; Mt 20,26s; 1Pd 5,5 | 13. Lc 11,39-52 | 16. 15,14; Jo 9,41; Rm 2,19 | 18. 5,33-37 | 23. Dt 14,22; Lv 27,30; Mc 12,40 | 27. At 23,3 | 28. Lc 16,15 | 31. At 7,52 | 33. 3,7; 12,34; Lc 11,49ss | 34. 10,23; 1Ts 2,15 | 35. Gn 4,8; 2Cr 24,20s; Hb 11,4; Ap 16,6; 18,24

† **23**,13. Alguns manuscritos acrescentam: [14]"Ai de vós, escribas e fariseus hipócritas, porque devorais os bens das viúvas, fingindo fazer longas orações; por isso vosso castigo será mais rigoroso", Mc 12,40. | 15. Lit. "fazer um prosélito", termo que designava o pagão que aceitava a fé de Israel. / Lit. "filho da Geena"; esse nome de um vale tristemente famoso de Jerusalém tornou-se sinônimo do inferno. | 35. O filho de Baraquias é o profeta Zacarias, penúltimo profeta "escritor", mas não foi ele que morreu entre o santuário e o altar, e sim Zacarias, filho de Joiada, 2Cr 24,20ss. O assassinato de Abel, Gn 4,8 e o deste Zacarias são respectivamente o primeiro e o último que a Bíblia hebraica mencionava.

1205 Mateus 23-24

entre o santuário e o altar. ³⁶Na verdade vos digo: tudo isso vai recair sobre esta geração!

O castigo de Jerusalém. ³⁷Jerusalém, Jerusalém, que matas os profetas* e jogas pedras nas pessoas que Deus te manda! Quantas vezes eu quis reunir teus filhos, como a galinha reúne os pintinhos debaixo das asas, mas tu não quiseste... ³⁸Pois bem, vossa casa ficará abandonada. ³⁹Eu vos digo: daqui em diante não me vereis mais, até que digais: 'Bendito aquele que vem em nome do Senhor!'"*

24 O fim do mundo†.

¹Saindo do templo, Jesus ia-se afastando*, quando os discípulos se aproximaram dele a fim de fazê-lo observar as construções do templo. ²Ele, porém, disse: "Estais vendo tudo isso? Na verdade vos digo: não ficará aqui pedra sobre pedra, tudo será destruído". ³Estando ele sentado no monte das Oliveiras, os discípulos chegaram perto dele em particular, com esta pergunta: "Dize-nos, quando vai acontecer isso e qual é o sinal de tua vinda e do fim do mundo?" ⁴Jesus respondeu: "Cuidado para que ninguém* vos engane. ⁵Vão aparecer muitos em meu nome, afirmando: 'Eu sou o Cristo', e vão enganar muita gente. ⁶Ouvireis falar de guerras e de rumores de guerras. Não fiqueis alarmados. Pois é preciso que tudo isso aconteça, mas ainda não será o fim. ⁷Uma nação se levantará contra outra* e um reino contra outro. Haverá fome e terremotos em vários lugares. ⁸Tudo isso será apenas o começo dos sofrimentos. ⁹Então sereis entregues* para serdes torturados e mortos. E sereis odiados por todas as nações por minha causa. ¹⁰Muitos vão cair, haverá traições e ódios recíprocos. ¹¹Surgirão numerosos falsos profetas*, que enganarão muita gente. ¹²E ante o progresso constante da iniquidade, o amor de muitos esfriará. ¹³Mas quem perseverar até o fim* será salvo. ¹⁴Este Evangelho do Reino será anunciado em todo o mundo* como um testemunho para todas as nações. Então virá o fim.

¹⁵Quando, portanto, virdes a abominação da desolação*, de que falou o profeta Daniel, instalada no lugar santo† – que o leitor procure entender – ¹⁶então os que estiverem na Judeia* fujam para os montes; ¹⁷quem estiver no terraço não desça para pegar alguma coisa em sua casa; ¹⁸e quem estiver no sítio não volte para buscar um agasalho. ¹⁹Ai daquelas que estiverem grávidas ou amamentando naqueles dias! ²⁰Rezai para que vossa fuga não aconteça no inverno, nem no sábado†. ²¹Porque a angústia será tão grande* como nunca houve, desde o princípio do mundo até agora, nem jamais haverá igual. ²²Se Deus não abreviasse aqueles dias, ninguém se salvaria. Mas por causa dos escolhidos, Deus abreviará aqueles dias".

A vinda do Filho do homem. ²³"Então, se alguém vos disser: 'Aqui está o Cristo'*, ou: 'Ele está ali', não acrediteis. ²⁴Pois aparecerão falsos cristos e falsos profetas, que vão fazer grandes sinais e prodígios, a ponto de enganar, se fosse possível, até os escolhidos. ²⁵Vede, eu vos preveni. ²⁶Se, portanto, vos disserem: 'Ele está no deserto', não deveis ir lá. E se disserem: 'Ele está no interior da casa', não acrediteis. ²⁷Pois, como o relâmpago que parte do Oriente e brilha até o Ocidente, assim será a vinda do Filho do homem.

---

* **23**,37. Lc 13,34s; At 7,59 | 39. Sl 118,26 | **24**,1. Mc 13,1-4; Lc 21,5-38; 19,44 | 4. Mc 13,5-13; Lc 21,8-19; 17,20-37; Jo 5,43; At 5,36s | 7. Is 19,2 | 9. 10,17.21; Jo 16,2 | 11. 1Jo 4,1; 2Pd 2,1; 2Tm 3,1-5 | 13. 10,22 | 14. 28,19 | 15. Mc 13,14-20; Lc 21,20-24; Dn 11,31; 12,11 | 16. Lc 17,31 | 21. Dn 12,1; Jl 2,2 | 23. Mc 13,21ss; Lc 17,23s; 2Ts 2,8

† **24**. Neste "sermão escatológico", Jesus fala do fim dos tempos e também da ruína de Jerusalém, que estava para acontecer daí a 40 anos, e foi o fim de um tempo. O juízo de Deus sobre a cidade serviu como figura do final dos tempos. | 15. Dn 9,27 fala da profanação do templo de Jerusalém pela instalação de um ídolo pagão. | 20. No inverno, a chuva e a neve dificultam as viagens e, no Sábado, era proibido andar mais de 900 m.

Mateus 24-25

28Onde estiver o animal morto, ali se reunirão os abutres*.

29Logo após a tribulação daqueles dias*, o sol escurecerá, a lua não brilhará mais, as estrelas vão cair do céu e os poderes dos céus serão abaladost. 30Então aparecerá no céu o sinal do Filho do homem*, e todas as famílias da terra hão de chorar; e verão o Filho do homem vir sobre as nuvens do céu com poder e grande glória. 31Ele enviará seus anjos com uma trombeta retumbante*, para reunir seus escolhidos dos quatro pontos cardeais, de uma até a outra extremidade do céu.

32Da figueira podeis aprender esta comparação:* quando seus ramos se tornam tenros e as folhas começam a brotar, sabeis que o verão está chegando. 33Assim também, quando virdes tudo isso, sabei que ele está perto, às portas. 34Na verdade vos digo: não passará esta geração sem que tudo isso aconteça. 35Passará o céu e a terra, mas minhas palavras não passarão".

A vigilância. 36"Mas, quando será aquele dia e aquela hora*, ninguém sabe, nem os anjos do céu, nem o Filho, mas só o Pai. 37A vinda do Filho do homem acontecerá como nos tempos de Noé:* 38Nos dias antes do dilúvio, comiam e bebiam, homens e mulheres se casavam, até o dia em que Noé entrou na arca; 39e não perceberam nada até que veio o dilúvio e matou todo o mundo. A mesma coisa acontecerá na vinda do Filho do homem: 40Dois homens estarão no campo:* um será levado e o outro será deixado; 41duas mulheres estarão moendo: uma será levada e a outra será deixada. 42Por isso vigiai*, pois não sabeis em que dia virá vosso Senhor! 43Considerai isto: se o dono da casa soubesse a que hora da noite viria o ladrão, ficaria acordado e não deixaria o ladrão arrombar sua casa. 44Portanto, ficai preparados também vós, porque, na hora que não pensais, o Filho do homem virá!"

O empregado fiel. 45"Quem é, pois, o empregado fiel e prudente* que o senhor colocou à frente de seus criados, para lhes dar refeição na hora certa? 46Feliz desse empregado que o patrão, ao voltar, encontrar assim ocupado. 47Na verdade vos digo: ele lhe confiará todos os seus bens. 48Mas se aquele mau empregado disser em seu coração: 'Meu patrão está demorando' 49e começar a bater nos companheiros, a comer e a beber com os bêbados; 50o patrão desse empregado virá num dia que ele não espera, e numa hora que ele não sabe, 51e o castigará duramente, dando-lhe o destino dos hipócritas*. Lá haverá de chorar, rangendo os dentes".

25

As dez moças. 1"O Reino dos Céus será semelhante a dez moças* que foram com suas lâmpadas ao encontro do noivo. 2Cinco delas eram descuidadas e cinco, previdentes. 3As descuidadas, ao pegarem as lâmpadas, não levaram azeite consigo. 4As previdentes, porém, junto com as lâmpadas, levaram vasilhas de azeite. 5Como o noivo demorasse a chegar, todas elas ficaram com sono e dormiram. 6À meia-noite ouviu-se um grito: 'O noivo está chegando, ide a seu encontro!' 7Todas as dez moças se levantaram e prepararam suas lâmpadas. 8As descuidadas disseram às previdentes: 'Dai-nos um pouco de vosso azeite, pois nossas lâmpadas estão se apagando!' 9As previdentes, porém, responderam: 'Não, porque não bastaria para nós e para vós. Ide aos negocian-

---

* **24**,28. Jó 39,30 | 29. Mc 13,14-27; Lc 21,25-28; Is 13,10; 34,4; Ez 32,7; 2Pd 3,10 | 30. Ap 1,7; 19,11; Dn 7,13; Mt 26,64 | 31. 1Cor 15,52; 1Ts 4,16 | 32. Mc 13,28-32; Lc 21,29-33; 1Ts 5,1 | 36. At 1,7 | 37. Lc 17,26s; 2Pd 3,5s | 40. Lc 17,34ss | 42. 25,13; Mc 13,33; Lc 12,39s; 1Ts 5,1-6; Ap 16,15 | 45. Lc 12,42-46 | 51. 8,12; 13,42; 25,30 | **25**,1. Lc 12,35s

† **24**,29. Jesus utiliza as imagens apocalípticas de seu tempo para descrever os últimos dias: guerras, perseguições, terremotos e catástrofes cósmicas fazem parte do cenário em que se realiza o julgamento de Deus sobre o mundo. Não é para inspirar medo e terror, mas, ao contrário, exorta à vigilância, à coragem e à esperança, Lc 21,28; Jo 16,33.

1207 Mateus 25

tes e comprai-o para vós'. ¹⁰Enquanto elas foram comprar, o noivo chegou. As que estavam prontas entraram com ele no salão da festa, e fechou-se a porta. ¹¹Depois chegaram as outras e disseram: 'Senhor, senhor, abre a porta para nós!'* ¹²Mas ele respondeu: 'Na verdade vos digo, não vos conheço!'* ¹³Vigiai, pois, não sabeis o dia nem a hora'*.

Os talentos. ¹⁴"O Reino dos Céus é como um homem* que, partindo para uma viagem, chamou seus empregados e lhes confiou seus bens. ¹⁵Deu a um deles cinco talentos; a outro dois; a outro, um; deu a cada um de acordo com sua capacidade†; e partiu. ¹⁶Ora, aquele que havia recebido cinco talentos foi logo negociar com eles e ganhou outros cinco. ¹⁷Do mesmo modo, aquele que havia recebido dois, ganhou outros dois. ¹⁸Mas aquele que havia recebido um talento só saiu, fez um buraco no chão e aí escondeu o dinheiro do patrão. ¹⁹Muito tempo depois* voltou o patrão desses empregados e acertou as contas com eles. ²⁰Aproximou-se aquele que tinha recebido cinco talentos e apresentou outros cinco, dizendo: 'Senhor, entregaste-me cinco talentos, eis aqui outros cinco que ganhei'. ²¹Disse-lhe o patrão: 'Muito bem*, empregado bom e fiel. Foste fiel no pouco, eu te confiarei muito. Vem alegrar-te com teu patrão!' ²²Apresentou-se depois aquele que tinha recebido dois talentos e disse: 'Senhor, entregaste-me dois talentos, eis aqui outros dois que ganhei!' ²³Disse-lhe o patrão: 'Muito bem, empregado bom e fiel. Foste fiel no pouco, eu te confiarei muito. Vem alegrar-te com teu patrão!' ²⁴Veio, por fim, aquele que tinha recebido um talento só e disse: 'Senhor, eu sabia que és um homem severo, que colhes onde

não semeaste e ajuntas onde não espalhaste. ²⁵Fiquei com medo e escondi teu talento no chão; aqui está o que é teu!' ²⁶Respondeu-lhe seu patrão: 'Empregado mau e preguiçoso, sabias que eu colho onde não semeei e ajunto onde não espalhei. ²⁷Devias, então, ter colocado meu dinheiro no banco, para que assim, ao voltar, eu recebesse com juros o que é meu. ²⁸Tirai-lhe, pois, seu talento e dai-o àquele que tem dez. ²⁹Porque a quem tem, será dado mais, e ele terá em abundância*. Mas, a quem não tem, será tirado até mesmo o que tem†. ³⁰Quanto a esse empregado inútil, jogai-o lá fora, na escuridão. Aí haverá de chorar, rangendo os dentes'.

O juízo final. ³¹Quando o Filho do homem voltar em sua glória*, acompanhado de todos os seus anjos, irá sentar-se em seu trono glorioso. ³²Todas as nações se reunirão diante dele, e ele separará as pessoas umas das outras, como o pastor separa as ovelhas dos cabritos. ³³Porá as ovelhas a sua direita e os cabritos a sua esquerda. ³⁴Então o rei dirá* aos que estiverem à direita: 'Vinde, benditos de meu Pai, recebei em herança o reino que vos está preparado desde a criação do mundo. ³⁵Pois eu estive com fome e me destes de comer*, estive com sede e me destes de beber, fui estrangeiro e me acolhestes, ³⁶estive nu e me vestistes, fiquei doente e me visitastes, estive na prisão e me fostes ver'†. ³⁷Os justos então lhe perguntarão: 'Mas, Senhor, quando foi que te vimos com fome e te demos de comer, com sede e te demos de beber, ³⁸estrangeiro e te acolhemos, ou nu e te vestimos, ³⁹doente ou na prisão e te fomos visitar?' ⁴⁰Aí o rei responderá:* 'Na verdade vos digo: toda vez que fizestes isso a um desses mais pequenos

---

* **25**,11. Lc 13,25ss | 12. 7,23 | 13. 24,42-50 | 14. Lc 19,12-27; Mc 13,34 | 19. 18,23 | 21. 24,45ss; Lc 12,44; 16,10 | 29. 13,12; Mc 4,25; Lc 8,18; 19,26 | 31. 16,27; Ap 20,11ss; Ez 34,17 | 34. Rm 8,17 | 35. Is 58,7; Ez 18,7.16; Tg 1,27; 2,15 | 40. 10,42; 18,5; Pr 19,17; Hb 2,11; Lc 13,27; Ap 20,10.15

† **25**,15. As diferenças entre as pessoas pertencem ao plano de Deus: devem estimular a caridade. Deus quer que todos nós tenhamos necessidade uns dos outros. | 29. Ver a nota em Mt 13,12. | 36. Jesus compartilha a vida dos pobres, desde o presépio até a cruz; conhece a fome, a sede e a indigência. Mais ainda: identifica-se com os pobres de todos os tipos e faz do amor ativo para com eles a condição para se entrar em seu Reino (CIC).

Mateus 25-26

dentre meus irmãos foi a mim que o fizestes!'+ ⁴¹Depois dirá àqueles que estiverem a sua esquerda: 'Afastai-vos de mim, malditos! Ide para o fogo eterno, preparado para o diabo e seus anjos! ⁴²Pois eu estive com fome e não me destes de comer, estive com sede e não me destes de beber, ⁴³fui estrangeiro e não me acolhestes, estive nu e não me vestistes, estive doente e na prisão e não me visitastes'. ⁴⁴Também estes lhe perguntarão: 'Mas quando foi, Senhor, que te vimos com fome, ou com sede, ou estrangeiro, ou nu, ou doente, ou na prisão e não te ajudamos?' ⁴⁵E ele lhes responderá: 'Na verdade vos digo: cada vez que deixastes de fazê-lo a um desses mais pequenos foi a mim que o deixastes de fazer'. ⁴⁶E estes irão para o castigo eterno; os justos, porém, para a vida eterna"*.

V. MORTE E RESSURREIÇÃO
(26–28)

26
Conspiração contra Jesus. ¹Quando Jesus terminou todos esses discursos, disse aos discípulos: ²"Como sabeis, daqui a dois dias será a Páscoa*, e o Filho do homem vai ser entregue para ser crucificado". ³Então, os sumos sacerdotes e os anciãos do povo reuniram-se no palácio do sumo sacerdote, que se chamava Caifás, ⁴e juntos resolveram prender Jesus por astúcia e o matar. ⁵Diziam, porém: "Não faremos isso durante a festa, para não haver tumulto no meio do povo".

O jantar em Betânia. ⁶Estando Jesus em Betânia*, na casa de Simão, o leproso, ⁷aproximou-se dele uma mulher, trazendo um jarro de alabastro que continha um perfume muito caro e derramou-o sobre a cabeça de Jesus,

enquanto ele estava à mesa. ⁸Vendo isso, os discípulos ficaram indignados e diziam: "Para que esse desperdício? ⁹Esse perfume poderia ser vendido por um alto preço, para se dar o dinheiro aos pobres!" ¹⁰Jesus o percebeu e disse: "Por que incomodais esta mulher? Ela praticou uma boa ação para comigo. ¹¹Com efeito, pobres sempre tereis convosco, mas a mim nem sempre tereis. ¹²Derramando esse perfume sobre meu corpo, ela o fez em vista de meu sepultamento. ¹³Na verdade vos digo: em toda parte onde for pregado este Evangelho, no mundo inteiro, também será contado, em sua memória, o que ela fez".

Judas prepara a traição. ¹⁴Então um dos doze, chamado Judas Iscariotes*, foi encontrar-se com os sumos sacerdotes ¹⁵e lhes disse: "Que me dareis, se eu vos entregar Jesus?" Eles lhe pagaram trinta moedas de prata. ¹⁶E, desde aquela hora, procurava uma boa ocasião para entregá-lo.

A última ceia. ¹⁷No primeiro dia dos Ázimos, os discípulos aproximaram-se de Jesus* e perguntaram-lhe: "Onde queres que te preparemos a ceia pascal?"+ ¹⁸Respondeu ele: "Ide à cidade, à casa de certo homem e dizei-lhe: 'O Mestre manda dizer-te: Meu tempo está próximo; é em tua casa que vou celebrar a Páscoa com meus discípulos'". ¹⁹Os discípulos fizeram como Jesus lhes ordenara e prepararam a Páscoa.

²⁰Ao cair da tarde*, ele se pôs à mesa com os Doze, ²¹e, enquanto comiam, disse: "Na verdade vos digo: um de vós vai me trair". ²²Eles, muito tristes*, começaram a perguntar um após outro: "Por acaso sou eu, Senhor?" ²³Ele respondeu: "Alguém que pôs a mão no prato comigo, é esse que vai me trair.

---

* **25**,46. Dn 12,2; Jo 5,29 | **26**,2. Mc 14,1s; Lc 22,1; Jo 11,47-53 | 6. Mc 14,3-9; Jo 12,1-8 | 14. Mc 14,10s; Lc 22,3-6; Jo 13,2; Zc 11,12 | 17. Êx 12,14-20; Mc 14,12-16; Lc 22,7-14 | 20. Mc 14,17-21; Lc 22,21ss; Jo 13,21-30 | 22. Jo 17,12

+ **25**,40. Conforme tivermos amado ou ignorado os irmãos, seremos admitidos à festa do amor ou dela excluídos, pois há um só amor que se dedica a Deus e ao próximo. "No entardecer de nossa vida, é sobre o amor que seremos julgados" (S. João da Cruz). | **26**,17. A Páscoa dos judeus comemorava a liberdade que Deus concedera a seu povo, tirando-o do Egito. A Páscoa de Jesus, sua morte e ressurreição, tomará o lugar da Páscoa judaica: é a definitiva libertação do mundo.

Mateus 26

²⁴O Filho do homem vai, como a respeito dele está escrito; mas infeliz daquele pelo qual o Filho do homem é traído! Para ele seria melhor nunca ter nascido". ²⁵Então Judas, que ia entregá-lo, perguntou, por sua vez: "Acaso sou eu, Mestre?" "Tu o disseste", respondeu Jesus.

²⁶Enquanto comiam*, Jesus tomou um pão, pronunciou a bênção, partiu-o e deu-o aos discípulos, dizendo: "Tomai e comei*, isto é meu corpo". ²⁷Depois tomou um cálice, deu graças e passou-o a eles, dizendo: "Bebei dele todos, ²⁸pois este é meu sangue*, o sangue da aliança, que é derramado por muitos para a remissão dos pecados. ²⁹Eu vos digo: não beberei mais deste fruto da videira, até o dia em que o beber convosco, de novo, no Reino de meu Pai".

Anúncio da negação de Pedro. ³⁰Depois de cantarem o hino*, saíram para o monte das Oliveiras. ³¹Então Jesus lhes disse: "Esta noite, vós todos ireis cair* por minha causa, porque está escrito: 'Ferirei o pastor, e as ovelhas do rebanho se dispersarão'. ³²Mas, depois de haver ressuscitado, irei a vossa frente* para a Galileia". ³³Pedro, tomando a palavra*, disse-lhe: "Mesmo que todos caiam por tua causa, eu jamais cairei!" ³⁴Respondeu-lhe Jesus: "Na verdade te digo: nesta mesma noite, antes que o galo cante, tu me negarás três vezes". ³⁵Pedro replicou: "Mesmo que eu tenha de morrer contigo*, não te negarei". E todos os discípulos diziam a mesma coisa.

A agonia no horto. ³⁶Então Jesus chegou com eles a um lugar* chamado Getsêmani e disse aos discípulos: "Sentai-vos aqui, enquanto vou ali* rezar". ³⁷Levou consigo Pedro e os dois filhos de Zebedeu. Começou a sentir tristeza e angústia. ³⁸Disse-lhes então: "Minha alma está numa tristeza mortal*. Ficai aqui em vigília comigo". ³⁹E, indo um pouco adiante, prostrou-se com o rosto em terra* e rezou: "Meu Pai, se for possível, afastai de mim este cálice! Mas não aconteça como eu quero, mas como vós quereis". ⁴⁰Ao voltar para perto dos discípulos, encontrou-os dormindo; e disse a Pedro: "Então, não fostes capazes de ficar em vigília comigo durante uma hora? ⁴¹Vigiai e rezai para não cairdes na tentação, porque o espírito está disposto, mas a natureza é fraca". ⁴²Retirando-se de novo, pela segunda vez, rezou: "Meu Pai, se este cálice não pode passar sem que eu o beba, que vossa vontade seja feita!" ⁴³Em seguida voltou e encontrou-os outra vez dormindo, pois eles tinham os olhos pesados de sono. ⁴⁴Deixando-os, retirou-se e rezou pela terceira vez, repetindo as mesmas palavras. ⁴⁵Depois voltou para junto dos discípulos* e lhes disse: "Agora podeis dormir e descansar. Está chegando a hora, e o Filho do homem vai ser entregue às mãos dos pecadores. ⁴⁶Levantai-vos! Vamos!* Está perto aquele que vai entregar-me".

Prisão de Jesus. ⁴⁷Enquanto ainda estava falando, chegou Judas*, um dos Doze, acompanhado duma grande multidão, armada de espadas e paus, enviada pelos sumos sacerdotes e pelos anciãos do povo. ⁴⁸O traidor combinara com eles um sinal, dizendo: "Aquele que eu beijar, é ele: prendei-o!" ⁴⁹E logo, aproximando-se de Jesus*, disse: "Salve, Mestre!" e o beijou. ⁵⁰Mas Jesus lhe disse: "Amigo, estás aqui para isto!" Avançando então, agarraram Jesus e o prenderam. ⁵¹Um dos que estavam com Jesus* puxou da espada e feriu o empregado do sumo sacerdote, cortando-lhe uma orelha. ⁵²Mas Jesus lhe disse: "Repõe a espada em seu lugar, pois todos os que pegam da espada, pela espada morrerão. ⁵³Pensas que eu não poderia rogar a meu Pai*, que me mandaria agora mesmo, mais de

---

* 26,26. Mc 14,22-25; Lc 22,19s; 1Cor 11,23ss / Mt 14,19; Jo 6,35.48-58 | 28. Êx 24,8; Jr 31,31; Is 53,12; Hb 9,12.20 | 30. Mc 14,26-31; Lc 22,39-46 | 31. Zc 13,7; Jo 16,32 | 32. 28,7 | 33. Jo 13,36ss | 35. 26,69-75 | 36. Mc 14,32-40; Lc 22,39-46 | 38. Jo 12,27; Hb 4,15 | 39. Hb 5,7; Mt 20,22 | 45. Mc 14,41-46; Lc 22,47s | 46. Jo 14,31 | 47. Jo 18,2-11 | 49. 2Sm 20,9 | 51. Mc 14,47-50; Lc 22,49-53; Jo 18,11ss; Ap 13,10

Mateus 26-27

doze legiões de anjos? [54]Então, como se cumpririam as Escrituras, segundo as quais isso deve acontecer?" [55]Naquela hora, disse Jesus às multidões: "Viestes prender-me com espadas e paus, como a um ladrão. Todos os dias eu me assentava no templo, ensinando, e não me prendestes". [56]Mas tudo isso aconteceu para se cumprirem as Escrituras dos profetas. Então todos os discípulos o abandonaram e fugiram.

O processo diante de Caifás. [57]Os que prenderam Jesus* levaram-no à casa do sumo sacerdote Caifás, onde os escribas e os anciãos estavam reunidos. [58]Pedro o seguia de longe, até o pátio do sumo sacerdote e, entrando lá, sentou-se junto com os empregados para ver como aquilo ia terminar.

[59]Os sumos sacerdotes e todo o Sinédrio procuravam um falso testemunho contra Jesus, a fim de condená-lo à morte, [60]mas não encontravam nenhum, embora se tivessem apresentado muitas testemunhas falsas. Por fim, apresentaram-se duas [61]que afirmaram:* "Este homem disse: 'Posso destruir o templo de Deus e reconstruí-lo em três dias'". [62]Levantando-se então, perguntou-lhe o sumo sacerdote: "Nada respondes ao que eles depõem contra ti?" [63]Jesus, porém, continuava calado. Então o sumo sacerdote lhe disse: "Eu te conjuro pelo Deus vivo, que nos digas* se és o Messias, o Filho de Deus". [64]Jesus respondeu: "Tu o disseste†. E digo mais: De agora em diante*, vereis o Filho do homem sentado à direita do Poderoso e vindo sobre as nuvens do céu". [65]O sumo sacerdote então rasgou as vestes*, exclamando: "Blasfemou! Para que precisamos* de mais testemunhas? Acabastes de ouvir a blasfêmia! [66]Que vos parece?" Eles responderam: "Merece a morte!"

[67]Começaram a cuspir-lhe no rosto e a dar-lhe bofetadas*, dizendo: [68]"Mostra que és profeta, ó Messias! Quem te bateu?"

As negações de Pedro. [69]Entretanto, Pedro estava sentado lá fora no pátio*. Chegou perto dele uma empregada e disse: "Tu também estavas com Jesus, o Galileu". [70]Ele, porém, negou na presença de todos, dizendo: "Não sei de que estás falando". [71]Quando ia para a porta de entrada, uma outra o viu e disse aos que lá estavam: "Este aí estava com Jesus de Nazaré". [72]Ele negou outra vez, jurando: "Eu nem conheço esse homem". [73]Pouco depois, os que lá estavam se aproximaram e disseram a Pedro: "De fato, tu também és um deles, pois teu sotaque não nega". [74]Pedro então começou a praguejar e a jurar: "Não conheço esse homem!" E na mesma hora* um galo cantou. [75]Então Pedro lembrou-se do que Jesus dissera: "Antes que o galo cante, tu me negarás três vezes". E, saindo, chorou amargamente.

27

O suicídio de Judas. [1]De manhã cedo, todos os sumos sacerdotes e os anciãos do povo* reuniram-se em conselho contra Jesus, para fazê-lo morrer. [2]E tendo-o amarrado, levaram-no e o entregaram ao governador Pilatos.† [3]Então Judas, o traidor*, vendo que Jesus fora condenado, sentiu remorsos e foi devolver aos sumos sacerdotes e aos anciãos as trinta moedas de prata. [4]Disse ele: "Pequei, entregando à morte um inocente". Mas eles responderam: "Que nos importa? Isto é contigo!" [5]Jogando então as moedas no santuário*, ele saiu e foi enforcar-se. [6]Os sumos sacerdotes, pegando as moedas, disseram: "Não podemos colocá-las no cofre do templo, por-

---

* **26**,53. Lc 24,25ss | 57. Mc 14,53-65; Lc 22,54.66-71 | 61. 27,40 | 63. Is 53,7; Mt 27,12 | 64. Sl 110,1; Mt 16,27; 24,30; Dn 7,13; At 2,33; 7,56 | 65. Jo 10,33 / Jo 19,7 | 67. Is 50,6; Mt 27,30 | 69. Mc 14,66-72; Lc 22,56-62; Jo 18,17.25ss | 74. 26,34 | **27**,1. Mc 15,1; Lc 23,1; Jo 18,28 | 3. 26,15 | 5. At 1,18s

† **26**,64. Jesus afirma sua natureza divina, anunciando a manifestação de sua majestade que acontecerá no juízo final. | **27**,2. Os judeus não podiam pronunciar sentença de morte, Jo 18,31, por isso devem recorrer ao tribunal de Pilatos, ao qual, porém, não interessam as supostas violações da lei mosaica por parte de Jesus. Por isso, diante dele a acusação é de pretender ser rei dos judeus. O romano não acha culpa em Jesus, mas, fraco diante da multidão, decidiu ceder.

1211　Mateus 27

que é preço de sangue". [7]Assim, após chegarem a um acordo, compraram com elas o campo do Oleiro, para ser cemitério de estrangeiros. [8]Por isso, aquele terreno até hoje tem o nome de "Campo do Sangue". [9]Desta maneira cumpriu-se o oráculo* do profeta Jeremias: "E tomaram as trinta moedas de prata, preço do Precioso, que os filhos de Israel avaliaram, [10]e as deram pelo campo do Oleiro, conforme o Senhor me ordenara".

O processo diante de Pilatos. [11]Conduziram Jesus à presença do governador, o qual lhe perguntou: "És tu o rei dos judeus?"* Jesus respondeu: "Tu o disseste". [12]Depois, ao ser acusado pelos sumos sacerdotes e pelos anciãos, nada respondeu. [13]Disse-lhe então Pilatos: "Não estás ouvindo as acusações que eles fazem contra ti?" [14]Mas Jesus não disse uma palavra de resposta*, de modo que o governador ficou muito admirado.

[15]Em cada festa, era costume* o governador conceder a liberdade a um prisioneiro escolhido pelo povo. [16]Por essa ocasião, havia um prisioneiro famoso, de nome Barrabás. [17]Pilatos perguntou ao povo que se encontrava ali reunido: "Quem quereis que vos solte: Barrabás ou Jesus, chamado Cristo?" [18]Ele bem sabia que o povo havia entregado Jesus* por inveja. [19]Enquanto estava sentado no tribunal, sua mulher mandou dizer-lhe: "Não te envolvas com esse justo, porque muito sofri hoje num sonho por causa dele". [20]Mas os sumos sacerdotes e os anciãos convenceram a multidão* a pedir Barrabás e a fazer perecer Jesus.

[21]Tomando a palavra, o governador* perguntou-lhes: "Qual dos dois quereis que vos solte?" Eles responderam: "Barrabás!" [22]Pilatos disse-lhes: "Que farei então de Jesus, chamado Cristo?" Todos responderam: "Seja cruci-

ficado!" [23]Pilatos insistiu: "Que mal fez ele?" Eles gritaram mais forte ainda: "Seja crucificado!" [24]Vendo que nada adiantava e que o tumulto aumentava cada vez mais, Pilatos mandou trazer água e lavou as mãos na presença da multidão, dizendo: "Não sou responsável pela morte deste justo; isto é lá convosco!" [25]E todo o povo respondeu: "Nós e nossos filhos somos responsáveis!"†

[26]Pilatos libertou então Barrabás. Quanto a Jesus, depois de o mandar açoitar, entregou-o para ser crucificado. **A coroação de espinhos.** [27]Então os soldados do governador conduziram Jesus ao pretório* e reuniram todo o batalhão em torno dele. [28]Despiram-no e o cobriram com uma capa vermelha e, [29]tecendo uma coroa de espinhos, puseram-lha sobre a cabeça e na mão direita uma cana. Dobrando o joelho diante dele, zombaram dele, dizendo: "Salve, Rei dos judeus!" [30]E, cuspindo nele, pegavam a cana* e batiam com ela em sua cabeça. [31]Depois de terem zombado dele*, tiraram-lhe a capa, puseram-lhe suas vestes e levaram-no para ser crucificado.

A Via-Sacra. [32]Saindo, encontraram um homem de Cirene, chamado Simão, e obrigaram-no a carregar sua cruz. [33]Quando chegaram ao lugar chamado Gólgota*, que quer dizer "Lugar do Crânio", [34]deram-lhe a beber vinho* misturado com fel. Jesus experimentou-o e não o quis beber.

Jesus na cruz. [35]Depois de o crucificarem, dividiram suas roupas*, tirando a sorte, [36]e ficaram sentados ali montando guarda. [37]Por cima de sua cabeça colocaram o motivo de sua condenação, escrevendo: "Este é Jesus, o Rei dos Judeus"*. [38]Com ele foram crucificados dois assaltantes: um à direita e o outro à esquerda. [39]Os que passavam* por ali injuriavam-no, balançando a ca-

---

* **27**,9. Jr 32,6-10; Zc 11,12s | 11. Mc 15,2-5; Lc 23,3; Jo 18,33-38 | 14. Jo 19,9 | 15. Mc 15,6-15; Lc 23,17-25; Jo 18,39s | 18. Jo 11,47; 12,19 | 20. At 3,14 | 21. 23,35; At 5,28; 1Ts 2,15s | 27. Mc 15,16-19; Jo 19,2s | 30. Is 50,6 | 31. Mc 15,20s; Lc 23,26; Jo 19,16s | 33. Mc 15,22-28; Lc 23,33s.38; Jo 19,17-23 | 34. Sl 69,22 | 35. Sl 22,19 | 37. Is 53,12; Lc 22,37

† **27**,25. Lit.: "Seu sangue caia sobre nós e sobre nossos filhos".

Mateus 27-28

beça [40]e dizendo: "Tu, que destróis o templo e em três dias o reedificas, salva-te a ti mesmo! Se és o Filho de Deus, desce da cruz!" [41]Os sumos sacerdotes, com os escribas e os anciãos, também zombavam dele, dizendo: [42]"Salvou os outros e não pode salvar-se a si mesmo! Ele é o Rei de Israel: desça da cruz e acreditaremos nele! [43]Confiou em Deus! Ele que o livre agora*, se é que se interessa por ele, pois disse: 'Eu sou o Filho de Deus'". [44]Até os assaltantes, que com ele estavam crucificados, insultavam-no do mesmo modo.

[45]Do meio-dia às três horas da tarde*, as trevas envolveram toda a terra. [46]E, pelas três da tarde, Jesus deu um grande grito: "Eli, Eli, lema sabacthani!". Isto quer dizer: "Meu Deus, meu Deus, por que me abandonastes?"† [47]Alguns dos que ali se achavam disseram, ao ouvi-lo: "Está chamando Elias"*. [48]E logo um deles correu, pegou uma esponja, embebeu-a em vinagre, fixou-a na ponta de uma vara e deu-lhe de beber. [49]Mas os outros disseram: "Deixa, vejamos se Elias vem salvá-lo". [50]E Jesus, tornando a dar um grande grito, entregou o espírito.

[51]Então a cortina do templo rasgou-se de alto a baixo* em duas partes; a terra tremeu e as rochas se fenderam; [52]os túmulos se abriram e muitos corpos de santos falecidos ressuscitaram† [53]saindo dos túmulos depois da ressurreição de Jesus, entraram na Cidade Santa e apareceram a muitos. [54]O centurião e os que com ele guardavam Jesus, vendo o tremor de terra e tudo o mais que estava sucedendo, ficaram cheios de medo e disseram: "Na verdade este era Filho de Deus!"†

O sepultamento. [55]Estavam ali, a observar de longe, muitas mulheres, que tinham seguido Jesus desde a Galileia e o ajudavam. [56]Entre elas se achavam Maria Madalena, Maria, mãe de Tiago e de José, e a mãe dos filhos de Zebedeu. [57]Ao cair da tarde, veio um homem rico de Arimateia*, chamado José, que também se havia tornado discípulo de Jesus. [58]Foi até Pilatos e pediu-lhe o corpo de Jesus. Pilatos mandou que lho entregassem. [59]José tomou o corpo, envolveu-o num lençol* limpo [60]e o depositou em seu sepulcro novo, que tinha mandado abrir na rocha. Depois rolou uma grande pedra à entrada do túmulo e retirou-se. [61]Estavam sentadas ali*, em frente ao sepulcro, Maria Madalena e a outra Maria.

O sepulcro é guardado. [62]No dia seguinte, que era o dia depois da Preparação da Páscoa*, os sumos sacerdotes e os fariseus reuniram-se na casa de Pilatos [63]e disseram-lhe: "Senhor, lembramo-nos de que aquele impostor, enquanto vivia, disse: 'Depois de três dias ressuscitarei'. [64]Manda, pois, o sepulcro seja guardado até o terceiro dia*, para que os discípulos não venham roubá-lo e digam depois ao povo que ele ressuscitou dos mortos. E esta última impostura seria maior do que a primeira".

[65]Disse-lhes Pilatos: "Aí tendes uma escolta. Ide e guardai o sepulcro como bem vos parecer".

[66]Eles foram, asseguraram o sepulcro com os guardas e selaram a pedra.

28 **A ressurreição de Jesus.** [1]Depois do sábado*, quando amanhecia o primeiro dia da semana, Maria Madalena e a outra Maria foram visitar o sepulcro. [2]E aconteceu um violento tremor de terra, pois um anjo do Senhor desceu do céu, rolou a pedra do

---

* **27**,39. Mc 15,29-32; Lc 23,35ss; Sl 22,8; 109,25; Mt 26,61; Jo 2,19; At 6,14 | 43. Sl 22,9; Sb 2,13.18s | 45. Mc 15,33-37; Lc 23,36; Jo 19,29; Sl 28,2 | 47. Sl 69,22 | 51. Mc 15,38-41; Lc 23,45-49; Hb 9,3; 10,20 | 57. Mc 15,42-47; Lc 23,50-56; Jo 19,38-42 | 59. Is 53,9 | 61. 28,1 | 62. 12,40; 16,21; 17,23; 20,19; At 10,40 | 64. 28,13 | **28**,1. Mc 16,1-7; Lc 24,1-6; Jo 20,1-11 | 2. 17,2

† **27**,46. Na cruz, Jesus reza não só estas primeiras palavras do Sl 22, mas todo o salmo, que na segunda parte exalta o valor redentor da paixão do Messias; portanto, é uma oração de confiança, não de desespero. | 52. Os mortos ressuscitados no dia da morte de Jesus são os patriarcas e os judeus mártires. O Judaísmo esperava uma ressurreição especial para estes. | 54. O universo inteiro dá testemunho do Messias que morre para salvar o mundo: as trevas, o terremoto, a Antiga Aliança representada pela cortina do templo, os justos ressuscitados e os pagãos na pessoa do centurião.

1213 Mateus 28

sepulcro* e sentou-se sobre ela. ³Sua aparência era como o relâmpago e sua roupa, branca como a neve. ⁴Os guardas tremeram de medo dele e ficaram como mortos. ⁵O anjo, tomando a palavra, disse às mulheres: "Não tenhais medo!* Sei que estais procurando Jesus, o crucificado. ⁶Não está aqui. Ressuscitou, como havia dito! Vinde ver o lugar onde ele estava. ⁷Ide depressa dizer a seus discípulos: 'Ele ressuscitou dos mortos† e vai a vossa frente para a Galileia. Lá o vereis'. É o que eu tinha a dizer-vos". ⁸Elas saíram depressa do túmulo*, com temor e com grande alegria, e foram dar a notícia aos discípulos.

Jesus aparece às mulheres. ⁹Jesus veio ao encontro delas, dizendo: "Alegrai-vos!" Elas aproximaram-se e abraçaram-lhe os pés, prostrando-se diante dele. ¹⁰Então Jesus lhes disse: "Não tenhais medo!* Ide anunciar a meus irmãos que devem ir para a Galileia e lá me verão".

O suborno dos guardas. ¹¹Enquanto as mulheres iam, alguns guardas foram à cidade e contaram aos sumos sacerdotes todo o acontecido. ¹²E estes, depois de se reunirem com os anciãos para tomarem uma decisão, deram aos soldados grande soma de dinheiro, ¹³ordenando-lhes: "Dizei que seus discípulos vieram de noite e roubaram o corpo dele, enquanto estáveis dormindo†. ¹⁴Se o governador ficar sabendo disso, nós o convenceremos e vos livraremos da dificuldade".

¹⁵Os soldados pegaram o dinheiro e agiram conforme as instruções recebidas. E esta versão dos fatos tem sido divulgada entre os judeus até o dia de hoje.

Jesus envia os apóstolos. ¹⁶Os onze discípulos partiram para a Galileia*, para o monte que Jesus lhes havia indicado. ¹⁷Quando viram Jesus, eles o adoraram. Entretanto, alguns duvidaram. ¹⁸Jesus aproximou-se deles e disse: "De Deus recebi todo o poder* no céu e na terra. ¹⁹Portanto, ide e fazei discípulos todos os povos, batizando-os em nome do Pai, e do Filho e do Espírito Santo ²⁰e ensinando-os a observar tudo o que vos ordenei. E eu estou convosco todos os dias, até o fim do mundo!"†

---

* **28**,5. 12,40; 16,21; 17,23; 20,19; At 2,24 | 8. Mc 16,8ss; Jo 20,14-18 | 10. 26,32; Hb 2,11 | 16. Mc 16,15s; Lc 24,47; Jo 20,21ss | 18. 26,32

† **28**,7. "Cristo ressuscitou!" é a mensagem essencial que a Igreja de todos os tempos tem a proclamar; ela se baseia no testemunho daqueles que Deus escolheu para levarem esta certeza aos outros, At 10,41. Cristo ressuscitado será doravante o fundamento de todas as esperanças de um mundo renovado. | 13. "Se estáveis dormindo, como pudestes ver? Se não vistes, como podeis testemunhar?" (S. Agostinho). | 20. "Cristo está sempre em sua Igreja, sobretudo nas ações litúrgicas. Presente está nos sacramentos, pois quando são celebrados, é Cristo que os celebra. Presente está por sua palavra, pois é ele mesmo quem fala quando se leem as Sagradas Escrituras na Igreja" (CIC). Aquele que antes de nascer era anunciado como Emanuel, Deus Conosco, Mt 1,23, quer ser "Emanuel" até o final dos tempos.

EVANGELHO SEGUNDO MARCOS

O autor do segundo Evangelho é Marcos, ou João Marcos, como era conhecido na Igreja primitiva. Pelo livro dos Atos dos Apóstolos, onde seu nome aparece diversas vezes, sabemos que sua mãe se chamava Maria e que os cristãos de Jerusalém tinham o costume de se reunir em sua casa (At 12,12).

Na primeira viagem missionária de Paulo, João Marcos tomou parte como auxiliar, ao lado de seu primo Barnabé (At 13,5; Cl 4,10). Separando-se de Paulo, evangelizou junto com Barnabé a ilha de Chipre (At 15,39). Novamente ele aparece ao lado do Apóstolo, quando este se achava preso em Roma (Cl 4,10). Dele escreveu Paulo, já no fim da vida, dirigindo-se a Timóteo: "Toma contigo Marcos e traze-o, pois me é útil para o ministério" (2Tm 4,11).

Mas foi sobretudo a São Pedro que Marcos acompanhou de perto na ação apostólica, prestando-lhe grande ajuda na pregação, como intérprete. Em sua primeira carta, Pedro o chama "meu filho" (1Pd 5,13), o que indica, sem dúvida, um afeto todo especial. E, a pedido dos cristãos de Roma, São Marcos resumiu, cerca do ano 64, a pregação de Pedro, elaborando assim o Evangelho que possuímos.

Nesta obra, portanto, podemos ver refletida a mensagem de uma testemunha ocular, que seguiu Jesus desde a primeira hora; de alguém que se destacou entre os discípulos e liderou a Igreja primitiva. Como a pregação de Pedro era a pregação de todos, podemos entender que todos os Evangelhos, procurando resumir o conteúdo da mensagem, acabariam sendo muito semelhantes entre si. Mais ainda: o Evangelho de Marcos, e não o de Mateus, foi o primeiro a ser publicado, de modo que a obra de Marcos não é um resumo da de Mateus, como pensou Santo Agostinho. Ao contrário, Mateus utilizou-se do trabalho de Marcos para compor seu Evangelho. São estas as conclusões a que os estudiosos da Bíblia chegaram, ao tentarem explicar as semelhanças e as diferenças que há entre os três Evangelhos sinóticos: Mateus, Marcos e Lucas. Eles dependem de uma tradição oral, que proclamava a mesma Boa Nova, até com fórmulas já fixas; e na redação de suas obras, os trabalhos dos primeiros eram utilizados pelos que escreviam depois.

O objetivo de Marcos é apresentar Jesus como Filho de Deus (Mc 1,1; 3,11; 15,39), para que esta fé, que animava os primeiros cristãos, se estendesse a todos os leitores. A própria história de Jesus, suas palavras e atos, revelam sua condição divina. Seus milagres atestam que o Reino de Deus chegou. A multidão o acompanha cheia de admiração, ansiosa por ouvir sua doutrina (Mc 3,7; 4,1; 6,34). Mas Jesus receia ser mal compreendido, pois entre o povo existem ideias bem diversas das suas sobre a função e o destino do Messias. Prefere que não deem publicidade a seu nome. Depois da profissão de fé do apóstolo Pedro (Mc 8,29), episódio central deste Evangelho, Jesus se dedica à instrução dos Doze, ensinando-lhes qual é o plano do Pai a seu respeito e incentivando-os a assumir sua parte na evangelização do mundo (Mc 9,30).

Tudo isso Marcos descreve num estilo vivo, numa linguagem popular, deixando de lado o que interessava exclusivamente aos judeus, pois escreve para pagãos recém-convertidos à fé.

I. MINISTÉRIO DE JOÃO BATISTA
(1,1-12)

1 **João Batista, o Precursor.** ¹Começo do Evangelho de Jesus Cristo, Filho de Deus. ²Como está escrito no profeta Isaías:

"Vou mandar a tua frente meu mensageiro*,
para preparar teu caminho.
³Voz de alguém que grita no deserto*:
Preparai o caminho do Senhor,
retificai suas estradas".

⁴Apareceu João Batista no deserto, pregando um batismo† de conversão para o perdão dos pecados. ⁵Acorriam a ele todo o país da Judeia e todos os habitantes de Jerusalém, e se faziam

---

* **1**,2. Mt 3,1-12; Lc 3,1-9. 15ss; Jo 1,19-28; Ml 3,1 | 3. Is 40,3

† **1**,4. No judaísmo existia o batismo dos prosélitos, que lhes conferia a pureza legal e os incorporava ao povo eleito. Também em Qumrân era praticado o batismo como rito de purificação.

1215   Marcos 1

batizar por ele no Jordão, confessando seus pecados.

[6]A roupa de João era de pelos de camelo*, com um cinto de couro ao redor da cintura. Seu alimento eram gafanhotos e mel silvestre. [7]E, em sua pregação, ele dizia: "Depois de mim virá aquele que é mais forte do que eu, a quem não sou digno de, inclinando-me, desatar a correia das sandálias. [8]Eu vos batizei com água, mas ele vos batizará com o Espírito Santo".

Batismo de Jesus. [9]Naqueles dias, Jesus veio de Nazaré da Galileia* e foi batizado por João no Jordão. [10]E, logo ao sair da água, viu os céus se abrirem e o Espírito, como uma pomba, descer sobre ele. [11]E veio dos céus uma voz: "Tu és meu Filho amado* de quem eu me agrado".

A tentação no deserto. [12]Logo depois, o Espírito o impeliu para o deserto.* [13]Lá permaneceu quarenta dias, sendo tentado por Satanás. Estava na companhia dos animais selvagens, e os anjos o serviam[+].

II. MINISTÉRIO DE JESUS NA GALILEIA (1,13–9,48)

O anúncio do Reino. [14]Depois que João foi preso*, Jesus foi para a Galileia. Lá proclamava o Evangelho de Deus, dizendo: [15]"Completou-se o tempo*, e o Reino de Deus está perto. Convertei-vos e crede no Evangelho!"

Vocação dos discípulos. [16]Passando na beira do mar da Galileia*, viu Simão e André, irmão de Simão, lançando a rede ao mar, pois eram pescadores. [17]Jesus disse-lhes: "Segui-me e vos farei pescadores de homens". [18]Eles deixaram imediatamente suas redes e o seguiram.

[19]Pouco mais adiante viu Tiago, filho de Zebedeu, e seu irmão João, que estavam na barca, consertando as redes, [20]e logo os chamou. Eles deixaram seu pai Zebedeu na barca com os empregados e foram atrás dele[+].

A cura de um possesso. [21]Entraram em Cafarnaum* e, logo no sábado, Jesus foi à sinagoga e pôs-se a ensinar. [22]Eles se admiravam de sua doutrina. Com efeito, ensinava como quem tem autoridade e não como os escribas.

[23]Naquela hora estava na sinagoga deles* um homem possesso de um espírito impuro, que começou a gritar: [24]"Que tens conosco, Jesus de Nazaré? Vieste para nossa perdição? Eu sei quem tu és: o Santo de Deus!" [25]Mas Jesus o repreendeu, dizendo: "Cala-te e sai dele!" [26]E o espírito impuro, sacudindo o homem violentamente, deu um grande grito e saiu dele.

[27]Ficaram todos espantados a ponto de se perguntarem uns aos outros: "Que é isto? Uma doutrina nova, dada com autoridade! Manda até nos espíritos impuros e estes lhe obedecem?!" [28]E sua fama espalhou-se logo por toda a parte, em toda a região da Galileia.

Jesus cura a sogra de Pedro. [29]Logo que saíram da sinagoga*, Jesus foi à casa de Simão e de André, junto com Tiago e João. [30]A sogra de Simão estava de cama, com febre, e logo lhe falaram dela. [31]Ele, aproximando-se, tomou-a pela mão e a fez levantar-se. A febre a deixou, e ela se pôs a servi-los[+].

Outras curas. [32]À tarde, depois que o sol se escondeu, levaram a Jesus todos os doentes e possessos do demônio. [33]A cidade inteira estava reunida diante da porta. [34]Ele curou muitos doentes

---

* **1**,6. 2Rs 1,8; Zc 13,4; At 13,25 | 9. Mt 3,13-17; Lc 3,21s; Jo 1,32ss | 11. Sl 2,7; Is 42,1 | 12. Mt 4,1-11; Lc 4,1-13 | 14. Mt 4,12-17; Lc 4,14s | 15. Gl 4,4; Ef 1,10 | 16. Mt 4,18-22; Lc 5,1-11 | 21. Lc 4,31s | 23. Lc 4,33-37 | 29. Mt 8,14-17; Lc 4,38-41 | 34. At 16,17s

+ **1**,13. Vencendo o tentador no deserto, Cristo mostrou-se como aquele que amarra o homem forte para retomar-lhe a presa, 3,27. | 20. Jesus e seu chamado são tão irresistíveis que os discípulos não param para pensar antes de dar-lhe seu consentimento entusiasta. | 31. Ver a nota em Mt 8,15. | 34. A figura do Messias era muitas vezes interpretada num sentido político e nacionalista, por isso Jesus prefere viver em certo anonimato, impondo silêncio em relação a sua pessoa, até que a Ressurreição venha revelar todo o seu mistério pessoal.

Marcos 1-2

que sofriam de várias enfermidades e expulsou muitos demônios. Mas não deixava os demônios* falar, porque eles o conheciam†.

A oração de Jesus. 35De manhã, bem antes de clarear o dia*, ele se levantou, saiu, foi para um lugar deserto e lá ficou rezando. 36Simão e seus companheiros foram a sua procura. 37Quando o acharam, disseram-lhe: "Todos estão te procurando!" 38Respondeu-lhes: "Vamos a outros lugares, às aldeias próximas, para que eu pregue lá também. Pois foi para isso que vim". 39E saiu por toda a Galileia, pregando em suas sinagogas e expulsando os demônios.

Cura de um leproso. 40Veio ter com Jesus um leproso*, suplicando-lhe de joelhos: "Se queres, podes curar-me". 41Jesus ficou com pena dele, estendeu a mão, tocou-o e disse: "Quero, fica curado!" 42Imediatamente a lepra desapareceu, e ele ficou curado. 43Advertindo-o severamente, logo o despediu*, dizendo: 44"Cuidado para não dizer nada a ninguém. Mas vai e apresenta-te ao sacerdote e oferece por tua purificação o que Moisés mandou para lhes servir de testemunho". 45Mas ele, saindo, começou a proclamar em alta voz e a divulgar o acontecido, de sorte que Jesus já não podia entrar publicamente numa cidade, mas ficava fora, em lugares desertos, e vinha a ele gente de toda a parte.

2 **A cura do paralítico.** 1Depois de alguns dias, Jesus entrou de novo em Cafarnaum*. Ficaram sabendo que ele estava em casa e 2então se juntaram tantas pessoas que não havia mais lugar, nem mesmo diante da por-

ta. Ele anunciava-lhes a Palavra. 3Foram levar-lhe um paralítico, carregado por quatro homens. 4Mas como não pudessem chegar até ele por causa da multidão, abriram o teto em cima do lugar onde ele estava e, feita uma abertura†, desceram o leito em que estava o paralítico. 5Jesus, ao ver a fé que tinham, disse ao paralítico: "Meu filho, teus pecados estão perdoados". 6Ora, lá estavam sentados alguns escribas, que diziam consigo mesmos: 7"Como pode ele falar assim? Está blasfemando! Quem pode perdoar pecados, senão Deus só?" 8Mas Jesus, conhecendo logo por seu espírito que eles pensavam desta forma, disse-lhes: "Por que estais pensando isso em vossos corações? 9O que é mais fácil dizer ao paralítico: 'Teus pecados estão perdoados', ou dizer: 'Levanta-te, pega teu leito e anda'? 10Pois bem, para que saibais que o Filho do homem† tem na terra o poder de perdoar pecados, 11eu te ordeno – disse ao paralítico –: levanta-te, pega teu leito e vai para casa". 12Ele se levantou, pegou logo seu leito e saiu à vista de todos, de sorte que todos se admiravam e louvavam a Deus, dizendo: "Nunca vimos coisa como esta!"

A vocação de Levi. 13Jesus saiu de novo para a beira do mar*; toda a multidão ia até ele, e ele os ensinava. 14Ao passar, viu Levi†, filho de Alfeu, sentado junto à banca de impostos, e lhe disse: "Segue-me". Ele se levantou e o seguiu.

Jesus busca os pecadores. 15Estando Jesus à mesa na casa dele, muitos publicanos† e pecadores tomaram lugar com Jesus e seus discípulos, pois

---

* **1**,35. Lc 4,42ss | 40. Mt 8,1-4; Lc 5,12-16 | 43. 3,12; 7,36; Lv 13,49; 14,2-26 | **2**,1. Mt 9,1-8; Lc 5,17-26 | 13. Mt 9,9-13; Lc 5,27-32

† **2**,4. O teto das casas era feito de traves de madeira, cobertas de palha e barro. | 10. Esse título que Jesus dava a si próprio significa simplesmente "homem" e sublinha a humanidade plena que Ele assumiu na encarnação. Mas por ter sido esta a expressão usada por Daniel (7,13) para indicar um personagem misterioso do fim dos tempos, que viria triunfar sobre as nuvens, servia também para Jesus ocultar temporariamente sua identidade e ainda para sugerir sua condição divina. | 14. Levi é o mesmo Mateus, apóstolo e autor do primeiro Evangelho. Muitas vezes os judeus usavam dois nomes, um grego e outro hebraico. Esse "mar" é o lago de Tiberíades, que tem 150 km². | 15. Coletores de impostos, temidos, odiados e desprezados, porque eram funcionários dos dominadores romanos e estavam sempre em contato com pagãos.

1217 Marcos 2-3

havia muitos deles que o seguiam. [16]Quando os escribas dos fariseus o viram comendo com os pecadores e os publicanos, perguntaram a seus discípulos: "Por que ele come e bebe com os publicanos e os pecadores?" [17]Jesus, que tinha ouvido tudo, disse--lhes: "Não são os que têm saúde que precisam de médico, mas os doentes. Não vim chamar os justos, mas os pecadores".

O jejum. [18]Os discípulos de João* e os fariseus estavam jejuando. Foram então perguntar a Jesus: "Por que teus discípulos não jejuam, enquanto jejuam os discípulos de João e os discípulos dos fariseus?" [19]Respondeu-lhes Jesus: "Os convidados do noivo podem jejuar enquanto está com eles o noivo? Enquanto o noivo está com eles não podem jejuar. [20]Mas virá o tempo em que o noivo lhes será tirado, e então eles vão jejuar.

[21]Ninguém costura um remendo de pano novo em roupa velha, porque o remendo novo repuxa o pano velho, e o rasgão fica maior ainda. [22]Como também ninguém põe vinho novo em odres velhos, pois o vinho arrebenta os odres, e se perdem os odres e o vinho. Mas para vinho novo, odres novos!†

A lei do sábado. [23]Num sábado*, quando Jesus caminhava no meio das plantações, os discípulos começaram a apanhar espigas enquanto iam andando. [24]Os fariseus disseram-lhe: "Olha! Por que estão fazendo no sábado o que não é permitido?"† [25]Respondeu-lhes: "Nunca lestes o que fez Davi*, quando se viu em necessidade e teve fome, ele e os companheiros? [26]Entrou na casa de Deus, no tempo do sumo sacerdote Abiatar, e comeu os pães da apresentação, os quais somente aos sacerdotes é lícito comer, e os deu também aos companheiros". [27]E dizia-lhes: "O sábado foi feito para o homem, e não o homem para o sábado. [28]Por isso, o Filho do homem tem poder até sobre o sábado".

3 O homem da mão atrofiada.

[1]Jesus entrou de novo na sinagoga*, e estava lá um homem que tinha uma das mãos atrofiada. [2]Eles estavam observando-o, para ver se o curaria no sábado, a fim de poderem acusá-lo. [3]Disse ele ao homem da mão atrofiada: "Levanta-te e vem para o meio". [4]Então perguntou-lhes: "É permitido no sábado fazer o bem ou o mal, salvar uma vida ou matar?" Eles, porém, ficaram calados. [5]Dirigindo-lhes um olhar encolerizado e entristecido pela dureza de seus corações, disse ao homem: "Estende a mão!" Ele a estendeu, e sua mão voltou ao estado normal. [6]Então os fariseus saíram e logo deliberaram com os herodianos, procurando um modo de matá-lo.

Jesus atrai as multidões. [7]Jesus retirou-se com seus discípulos* para o mar, e uma grande multidão vinda da Galileia o seguiu; também da Judeia, [8]de Jerusalém, da Idumeia, da Transjordânia, dos arredores de Tiro e de Sidônia, uma grande multidão foi a seu encontro*, ao ouvir falar do que ele fazia. [9]Ordenou então a seus discípulos que mantivessem uma barca a sua disposição, para que a multidão não o apertasse, [10]pois havia curado a muitos,* de modo que todos que tinham alguma enfermidade se lançavam sobre ele para tocá-lo. [11]E os espíritos impuros, quando o viam, prostravam-se diante dele e gritavam: "Tu és o Filho de Deus!" [12]Mas ele os repreendia severamente*, para não manifestarem quem ele era.

Os doze discípulos. [13]Depois ele subiu ao monte* e chamou para junto de si

---

* **2**,18. Mt 9,14-17; Lc 5,33-39 | 23. Mt 12,1-8; Lc 6,1-5 | 25. 1Sm 21,2-7 | **3**,1. Mt 12,9-14; Lc 6,6-11 | 7. Mt 4,24s; 12,15s; Lc 6,17ss | 8. 4,1 | 10. Mt 14,36; 6,56 | 12. 1,34 | 13. Mt 10,1-4; Lc 6 12-16

† **2**,22. A mensagem de Jesus é algo totalmente novo e só pode ser acolhida num coração renovado e livre de preconceitos. | 24. Na opinião dos fariseus, os discípulos de Jesus pecaram, não por violação da propriedade alheia (Dt 23,25, que permitia apanhar algum fruto na plantação alheia), mas porque faziam isto no sábado, quando todo trabalho era proibido.

Marcos 3-4

os que ele quis, e foram até ele. [14]Escolheu doze para ficarem com ele e para enviá-los a pregar, [15]com o poder de expulsar os demônios. [16]Escolheu estes doze*: Simão, a quem deu o nome de Pedro; [17]Tiago, filho de Zebedeu, e João, irmão de Tiago, aos quais deu o nome de Boanerges, isto é, filhos do trovão; [18]André; Filipe; Bartolomeu; Mateus; Tomé; Tiago, filho de Alfeu*; Tadeu; Simão, o cananeu; [19]e Judas Iscariotes, aquele que o traiu.

Jesus e seus parentes. [20]Em seguida voltou para casa*. De novo acorreu uma multidão tal que nem puderam tomar refeição. [21]Seus parentes, quando ouviram isso, foram para segurá-lo, pois corria o boato† de que ele estava louco.

O poder de expulsar demônios. [22]Mas os escribas, que tinham descido de Jerusalém, diziam: "Ele está possesso de Belzebu"; e também: "É pelo príncipe dos demônios que ele expulsa os demônios". [23]Chamando-os então para perto de si, Jesus falou-lhes em parábolas: "Como pode Satanás expulsar Satanás? [24]Se um reino está dividido contra si mesmo, esse reino não consegue subsistir; [25]e, se uma casa está dividida em grupos rivais, tal casa não poderá ficar de pé. [26]Assim, se Satanás levantou-se contra si mesmo e está dividido, não poderá subsistir, e seu fim chegou. [27]Mas ninguém pode entrar na casa de um homem forte* para roubar seus bens, sem primeiro amarrá-lo. Só então poderá saquear* a casa dele. [28]Na verdade vos digo: tudo será perdoado aos homens, os pecados e as blasfêmias, quantas proferirem. [29]Mas quem blasfemar contra o Espírito Santo nunca terá perdão, mas é réu de um pecado eterno"†. [30]É que eles estavam dizendo: "Ele está possesso de um espírito impuro".

Os verdadeiros parentes de Jesus. [31]Nisso chegaram sua mãe* e seus irmãos† e, ficando do lado de fora, mandaram chamá-lo. [32]Uma multidão estava sentada em volta dele e lhe disseram: "Tua mãe, teus irmãos e tuas irmãs, estão lá fora a tua procura". [33]Ele respondeu-lhes: "Quem é minha mãe e quem são meus irmãos?" [34]E, passando os olhos pelos que estavam sentados a sua volta, disse: "Eis aqui minha mãe e meus irmãos. [35]Porque todo aquele que faz a vontade de Deus, esse é para mim irmão, irmã e mãe"†.

4 **A parábola do semeador.** [1]De novo começou a ensinar à beira do mar*. Reuniu-se junto dele uma grande multidão, de modo que, entrando numa barca, sentou-se nela, no mar, enquanto a multidão ficava em terra, à beira do mar. [2]Ensinava-lhes muitas coisas em parábolas, e lhes dizia em seu ensinamento: [3]"Escutai! Saiu o semeador a semear. [4]Ao lançar a semente, uma parte caiu à beira do caminho; vieram os pássaros e a comeram. [5]Outra parte caiu em terreno pedregoso, onde não havia muita terra; brotou logo, porque a terra não era profunda, [6]mas quando veio o sol, ficou queimada e, como não tinha raízes, secou. [7]Outras sementes caíram entre os espinhos; estes cresceram e as sufocaram, e elas não deram frutos. [8]E outras caíram em terra boa e deram fruto depois de crescerem e se desenvolverem. Umas produziram trinta vezes mais; outras, sessenta e outras, cem". [9]E ele dizia: "Ouça quem for capaz!"*

O motivo das parábolas†. [10]Quando ficaram sozinhos*, os que estavam a sua volta com os Doze perguntaram-

---

* **3,**16. Mt 16,17s; Jo 1,42 | 18. Mt 26,25; 27,3; Jo 18,2.5 | 20. Mt 12,23-32; Lc 11,14-23 | 27. Is 49,24s / Lc 12,10s | 31. Mt 12,46-50; Lc 8,19ss | **4,**1. Mt 13,1-9; Lc 8,4-8 | 9. 4,23 | 10. Mt 13,10-15; Lc 8,9s; Mc 7,17

† **3,**21. Ou "diziam", "dizia-se", sujeito indeterminado. Não eram os parentes de Jesus, e sim alguns do povo que tinham sobre ele esta opinião. | 29. É pelo Espírito de Deus que Jesus expulsa os demônios, Mt 12,28; quem vê nisso a ação do demônio está mentindo e pecando contra a luz, contra o Espírito Santo. | 31. Ver a nota em Mt 12,46. | 35. Ver a nota em Mt 12,50. | **4,**2. Jesus fala do Reino em parábolas, mas a melhor parábola do Reino é sua vida. Quem quiser compreender o Reino deve olhar para Jesus que cura, ensina, morre e ressuscita. | 10. Parábolas são historinhas populares, fáceis de serem lembradas, mas que obrigam os ouvintes a refletir, pois não apresentam o ensinamento já pronto, aplicado à situação concreta. Daí a frase de Jesus: "Ouça quem for capaz!"

-lhe sobre as parábolas. ¹¹Ele lhes dizia: "A vós, Deus entregou esse mistério, que é o Reino de Deus. Mas aos de fora, tudo se lhes propõe em parábolas, ¹²a fim de que olhem, olhem e não vejam; ouçam, ouçam e não entendam*, para que jamais se convertam e obtenham perdão"†.

Explicação da parábola. ¹³E acrescentou: "Não compreendeis esta parábola?* Como compreendereis então todas as parábolas? ¹⁴O que o semeador semeia é a Palavra. ¹⁵Os que estão à beira do caminho são aqueles em quem se semeia a Palavra, mas depois que a ouvem, logo vem Satanás e retira a Palavra semeada neles. ¹⁶De modo semelhante, há os grãos semeados em terreno pedregoso; estes, quando ouvem a Palavra, logo a recebem com alegria, ¹⁷mas não têm raízes em si mesmos, são inconstantes: basta surgir uma tribulação ou uma perseguição por causa da Palavra, logo tropeçam.

¹⁸Há também os grãos semeados entre os espinhos: são os que ouviram a Palavra, ¹⁹mas as preocupações deste mundo, a sedução do dinheiro e as outras cobiças se introduzem neles, sufocam a Palavra e a tornam infrutífera. ²⁰E há, enfim, os que foram semeados em terra boa: estes ouvem a Palavra, acolhem-na e produzem fruto; uns trinta, outros sessenta e outros cem".

Apostolado do cristão. ²¹Disse-lhes ainda: "Por acaso a lamparina vem* para ser posta debaixo da vasilha ou do leito? Não é para ser posta no candeeiro? ²²Pois não há nada oculto que não deva ser descoberto;* não há nada escondido que não deva ser revelado. ²³Ouça, quem for capaz!"

²⁴E dizia-lhes mais: "Prestai atenção ao que ouvis. A mesma medida que usardes para medir os outros* será aplicada também a vós e vos será acrescentado ainda mais. ²⁵Porque a quem tem, será dado; e a quem não tem, mesmo o que tem* lhe será tirado"†.

A semente que cresce. ²⁶E dizia mais: "O Reino de Deus é como um homem que joga a semente na terra: ²⁷quer durma, quer esteja acordado, de noite ou de dia, a semente germina e cresce, sem que ele saiba como. ²⁸É por si mesma que a terra produz primeiro a planta, depois a espiga e por fim a espiga cheia de trigo. ²⁹E quando o fruto amadurece, mete logo a foice*, porque chegou o tempo da colheita"†.

O grão de mostarda. ³⁰E dizia ainda: "Com que vamos comparar o Reino de Deus*, ou com que parábola podemos figurá-lo? ³¹É como um grão de mostarda que, quando é semeado na terra, é a menor de todas as sementes. ³²Mas, depois de semeado, cresce e torna-se a maior de todas as verduras, e estende grandes ramos, de sorte que as aves do céu podem abrigar-se a sua sombra"†.

³³Por meio de muitas parábolas como estas é que lhes anunciava a Palavra*, conforme podiam entender. ³⁴E não lhes falava sem parábolas, mas em particular explicava tudo a seus discípulos.

A tempestade acalmada. ³⁵Naquele dia, ao cair da tarde*, ele lhes disse: "Passemos para a outra margem". ³⁶Deixando a multidão, eles levaram Jesus na barca, assim como ele estava. E havia outras barcas com ele. ³⁷Sobreveio então uma grande tempestade

---

* **4,**12. Is 6,9s; Jo 12,40; At 28,26s | 13. Mt 13,18-23; Lc 8,11-15 | 21. Mt 5,15; Lc 8,16ss; 11,33 | 22. Mt 10,26; Lc 12,2 | 24. 4,9; Mt 11,15; 13,43 | 25. Mt 7,2; Lc 6,38; Mt 13,12 | 29. Jl 4,13 | 30. Mt 13,31s; Lc 13,18s | 33. Mt 13,34s | 35. Mt 8,23-27; Lc 8,22-25

† **4,**12. A intenção de Jesus ao falar em parábolas não podia ser ocultar a mensagem e provocar a rejeição dos judeus, mas justamente o contrário. São Marcos, porém, constata que foi este o resultado: eles ficaram surdos e cegos diante do Evangelho. As parábolas revelam as disposições de cada ouvinte, se são de acolhida ou rejeição, e conforme essas disposições elas iluminam ou cegam. | 25. Ver a nota em Mt 13,12. | 29. O Reino de Deus tem em si mesmo a força necessária para crescer; progride lentamente, mas de modo irresistível. | 32. O Reino começa humildemente, mas está destinado a expandir-se pelo mundo, acolhendo a todos que o buscam.

Marcos 4-5

de vento, que lançava as ondas dentro da barca, de modo que ela já estava enchendo-se de água. [38]Ele, entretanto, estava na popa, dormindo sobre um travesseiro. Eles o acordaram e lhe disseram: "Mestre, não te importa que pereçamos?" [39]Acordando, ele repreendeu o vento* e disse ao mar: "Silêncio! Acalma-te!" O vento cessou e fez-se uma grande calma. [40]Depois ele perguntou-lhes: "Por que estais com tanto medo? Ainda não tendes fé?" [41]Eles ficaram com muito medo* e diziam uns aos outros: "Quem é este, a quem até o vento e o mar obedecem?"†

5 O possesso geraseno.

[1]Chegaram à outra margem do mar*, à região dos gerasenos. [2]Logo que desembarcou, veio-lhe ao encontro, saindo do cemitério, um homem possuído de um espírito impuro. [3]Morava nos sepulcros, e ninguém podia segurá-lo*, nem mesmo com cadeias, [4]pois muitas vezes tinha sido preso com grilhões e cadeias, mas ele quebrava as cadeias e despedaçava os grilhões, e ninguém conseguia dominá-lo. [5]Dia e noite, sem cessar, andava entre os sepulcros e pelos montes, gritando e ferindo-se com pedras. [6]Ao ver Jesus de longe, correu e prostrou-se a seus pés [7]e gritou em alta voz: "Que tens tu comigo*, Jesus, Filho do Deus Altíssimo? Conjuro-te por Deus, não me atormentes!" [8]É que Jesus lhe dizia: "Espírito impuro, sai deste homem!" [9]E perguntou-lhe: "Qual é teu nome?" Respondeu-lhe: "Meu nome é Legião, porque somos muitos". [10]E suplicava-lhe com insistência que não o expulsasse da região. [11]Ora, havia ali, junto ao monte, uma grande vara de porcos que estava pastando. [12]E os espíritos impuros suplicaram-lhe, dizendo: "Manda-nos para os porcos, a fim de entrarmos neles". [13]Ele o permitiu, e os espíritos impuros,

tendo saído, entraram nos porcos. E os porcos, cerca de dois mil, precipitaram-se barranco abaixo, e se afogaram no mar. [14]Os que guardavam os porcos fugiram e espalharam a notícia na cidade e nos campos. E o povo acorreu para ver o acontecido. [15]Quando chegaram perto de Jesus e viram sentado, vestido e em perfeito juízo o possesso de quem a Legião se tinha apoderado, ficaram com medo. [16]As testemunhas do fato narraram-lhes o que acontecera com o possesso e com os porcos. [17]Começaram então a rogar-lhe que saísse de seu território†.

[18]Quando Jesus subia à barca, aquele que fora possesso pediu-lhe para ficar com ele. [19]Jesus não lho permitiu, mas disse-lhe: "Vai para casa, para junto dos teus, e anuncia-lhes tudo o que o Senhor fez por ti em sua misericórdia". [20]Ele partiu e começou a proclamar pela Decápole† tudo quanto Jesus fizera por ele, e todos se admiravam.

Jesus cura e ressuscita. [21]Jesus atravessou de novo na barca* para o outro lado. Numerosa multidão se reuniu a sua volta, e ele se deteve na beira do mar. [22]Aproximou-se um dos chefes da sinagoga, chamado Jairo, o qual, ao vê-lo, caiu-lhe aos pés [23]e pediu-lhe com insistência, dizendo: "Minha filhinha está morrendo! Vem e impõe as mãos sobre ela, para que se salve e viva". [24]Jesus foi com ele. As pessoas que o acompanhavam eram tão numerosas que o comprimiam de todos os lados.

[25]Ora, certa mulher, que já por doze anos padecia de um fluxo de sangue [26]e tinha sofrido muito nas mãos de vários médicos, tinha gasto tudo o que possuía, sem nenhuma melhora; pelo contrário, ia de mal a pior; [27]quando ouviu falar de Jesus, veio por trás, entre a multidão, e tocou em seu manto. [28]Pois ela pensava:* "Se eu ao menos tocar em sua veste, ficarei curada".

---

* **4**,39. Sl 89,10; 107,29 | 41. 6,51; 1,27 | * **5**,1. Mt 8,28-34; Lc 8,26-29 | 3. 1,23 | 7. 1,24 | 21. Mt 9,18-26; Lc 8,40-56 | 28. 6,56

† **4**,41. "A barca é figura da Igreja; Jesus, para provar nossa fé, às vezes se mostra adormecido" (S. João Crisóstomo). | **5**,17. Ver a nota em Lc 8,34. | 20. Ver a nota em Mt 4,25.

Marcos 5-6

²⁹Na mesma hora secou a fonte de seu sangue, e ela sentiu no corpo que estava curada da doença. ³⁰Jesus, percebendo logo que uma força saíra dele*, virou-se no meio da multidão e perguntou: "Quem tocou em minha veste?" ³¹Responderam-lhe os discípulos: "Estás vendo a multidão que te aperta de todo lado e ainda perguntas: 'Quem me tocou?'" ³²Ele olhava em redor, procurando aquela que fizera isso. ³³A mulher, então, tremendo de medo, sabendo o que lhe acontecera, veio prostrar-se diante dele e contou-lhe toda a verdade. ³⁴Ele disse-lhe: "Filha, tua fé te salvou. Vai em paz e fica curada desse teu mal"*.

³⁵Enquanto ainda falava, chegaram alguns da casa de Jairo e disseram: "Tua filha morreu. Por que ainda incomodar o Mestre?" ³⁶Jesus ouviu o que diziam e falou a Jairo: "Não tenhas medo! Basta ter fé!" ³⁷E não deixou que ninguém o acompanhasse*, exceto Pedro, Tiago e João, irmão de Tiago. ³⁸Quando chegaram à casa do chefe da sinagoga, ele viu o tumulto e gente que chorava* e gritava forte. ³⁹Entrou na casa e disse: "Por que esta agitação e estes choros? A menina não morreu*, mas está dormindo". ⁴⁰E riam-se dele. Mas, mandando que todos saíssem, chamou o pai e a mãe da menina e os que o acompanhavam e entrou com eles onde estava a menina. ⁴¹Tomou-a pela mão* e disse: "Talita cum!", isto é: "Menina, eu te ordeno, levanta-te!" ⁴²No mesmo instante a menina pôs-se de pé e começou a andar, pois tinha doze anos. Todos logo ficaram tomados de grande espanto. ⁴³Então Jesus recomendou-lhes com insistência* que ninguém ficasse sabendo do ocorrido e mandou que dessem de comer à menina.

6 **Nazaré incrédula.** ¹Partindo dali, Jesus foi a sua terra*, e seus discípulos foram com ele. ²No sábado, Jesus começou a ensinar na sinagoga, e eram muitos os que o escutavam. Ficaram admirados e exclamavam: "De onde lhe vem isso? Que sabedoria é esta que lhe foi dada? E como esses grandes milagres se realizam por suas mãos? ³Não é ele o carpinteiro*, o filho de Maria, irmão de Tiago, José, Judas e Simão? E suas irmãs, não moram aqui entre nós?" E não acreditaram nele. ⁴Mas Jesus lhes dizia:* "Um profeta só é desprezado em sua terra, entre seus parentes e em sua própria casa". ⁵E não pôde fazer ali milagre algum†, a não ser algumas curas de doentes, impondo-lhes as mãos. ⁶Ficou admirado com a falta de fé daquela gente.

Missão dos Doze. E andava pelas aldeias ao redor*, ensinando. ⁷Chamou os Doze e começou a enviá-los dois a dois. Deu-lhes poder sobre os espíritos impuros ⁸e recomendou-lhes que nada levassem para a viagem, a não ser um bastão: nem pão, nem sacola, nem dinheiro no cinto; ⁹que andassem com sandálias nos pés, mas não vestissem duas túnicas. ¹⁰E disse-lhes: "Quando entrardes numa casa*, ficai nela até vossa partida para outro lugar. ¹¹Mas se alguma aldeia não vos acolher nem vos escutar*, saí de lá sacudindo a poeira dos pés em testemunho contra eles". ¹²Os discípulos partiram e proclamaram a todos* que se convertessem. ¹³Expulsavam muitos demônios, ungiam com óleo muitos doentes e os curavam†.

Herodes e Jesus. ¹⁴O rei Herodes ouviu falar de Jesus*, pois seu nome se tornara célebre. Diziam: "João Batista ressuscitou dos mortos e é por isso que o poder dos milagres* opera nele".

---

* **5**,30. Lc 6,19 | 34. 10,52; Lc 7,50 | 37. 1,29 | 38. Jo 11,4.11 | 39. At 9,40 | 41. Lc 7,14 | 43. 1,44; 7,36 | **6**,1. Mt 13,53-58; Lc 4,16-30; Jo 7,15 | 3. 3,31; Jo 6,42 | 4. Jo 4,44 | 6. Mt 10,5-15; Lc 9,1-6; 10,1-4 | 10. Lc 10,7 | 11. Lc 10,11; At 13,51 | 12. 1,15 | 14. Mt 14,1s; Lc 9,7ss / Mt 16,14; Lc 9,19; 8,28

† **6**,5. O povo não tem as disposições necessárias de fé, livre de preconceitos. | 13. O óleo era conhecido e usado como remédio, Lc 10,34, mas este uso do óleo para alívio corporal e espiritual dos doentes deve provir de uma ordem dada por Jesus e por isso a Igreja vê aí um esboço do sacramento da Unção dos Enfermos, que já era dado nos primeiros anos do cristianismo, conforme Tg 5,14s.

Marcos 6

1222

[15]Outros diziam: "É Elias". E outros diziam: "É um profeta, igual aos outros profetas". [16]Herodes, ouvindo isso, dizia: "É João, a quem mandei degolar, que ressuscitou!"

Morte de João Batista. [17]De fato, Herodes mandara prender João* e mantê-lo na cadeia, por causa de Herodíades, esposa de seu irmão Filipe, com a qual tinha casado. [18]Porque João dizia a Herodes: "Não te é permitido viver com a mulher de teu irmão". [19]Herodíades, por isso, o odiava e procurava tirar-lhe a vida, mas não o podia, [20]pois Herodes temia a João, sabendo que era homem justo e santo, e o protegia. Quando o ouvia falar, sentia-se muito embaraçado, mas gostava de ouvi-lo.

[21]Ora, chegou um dia oportuno: Herodes, por ocasião de seu aniversário, deu um banquete aos grandes da corte, aos tribunos e aos nobres da Galileia. [22]Entrou a filha de Herodíades e pôs-se a dançar, agradando a Herodes e aos convivas. O rei disse, então, à moça: "Pede-me o que quiseres, que te darei". [23]E jurou-lhe: "Tudo o que pedires eu te darei, até mesmo a metade de meu reino!" [24]Ela saiu e foi perguntar à mãe: "O que vou pedir?" Esta lhe respondeu: "A cabeça de João Batista"†. [25]Voltando logo para junto do rei, fez o pedido: "Quero que me dês, agora mesmo, num prato, a cabeça de João Batista". [26]O rei ficou muito triste, mas por causa do juramento feito perante os convivas, não quis deixar de atendê-la. [27]Enviou logo um guarda com a ordem de trazer a cabeça de João. O guarda foi e o decapitou na cadeia. [28]Depois trouxe a cabeça num prato e a deu à moça, e esta a entregou à mãe. [29]Quando os discípulos de João souberam disso, foram lá, pegaram seu corpo e o colocaram num sepulcro.

Primeira multiplicação dos pães. [30]Os apóstolos se reuniram em volta de Jesus* e lhe contaram tudo quanto tinham feito e ensinado. [31]Jesus disse-lhes: "Vinde à parte, para um lugar deserto, e descansai um pouco". Eram, de fato, tantas as pessoas que iam e vinham que os apóstolos não tinham tempo nem para comer. [32]Partiram então de barca para um lugar deserto, para estarem a sós. [33]Mas muitos os viram partir e os reconheceram, e de todas as cidades acorreram para lá a pé, chegando antes deles. [34]Ao desembarcar, Jesus viu uma grande multidão* e ficou com pena deles, porque eram como ovelhas sem pastor, e começou a ensinar-lhes muitas coisas.

[35]Já era bem de tardinha quando os discípulos vieram dizer-lhe: "Este lugar é deserto e já é tarde. [36]Despede-os, para que possam ir aos campos e aldeias vizinhas para comprar o que comer". [37]Ele, porém, respondeu-lhes: "Dai-lhes vós mesmos de comer". Disseram-lhe: "Devemos então comprar pães por duzentos denários para dar-lhes de comer?" [38]Jesus perguntou-lhes: "Quantos pães tendes? Ide ver". E, tendo-se informado, responderam-lhe: "Cinco, e dois peixes". [39]Ordenou-lhes então que fizessem todos sentar em grupos, na relva verde. [40]Eles sentaram-se no chão em grupos de cem e de cinquenta. [41]Tomando, então, os cinco pães e os dois peixes, ele ergueu os olhos ao céu, pronunciou a bênção, partiu os pães e ia dando-os aos discípulos para que os distribuíssem. Repartiu também os dois peixes para todos. [42]Todos comeram até ficarem satisfeitos; [43]e recolheram doze cestos, cheios de pedaços de pão e de restos de peixe. [44]Ora, os que comeram dos pães eram cinco mil homens.

Jesus caminha sobre as águas. [45]Logo depois obrigou os discípulos a entrarem na barca* e a precedê-lo na outra margem, na direção de Betsaida, enquanto ele despedia a multidão. [46]E tendo-a despedido*, foi ao monte para

---

* **6,**17. Mt 14,3-12; Lc 3,19s | 30. Mt 14,13; Lc 9,10s; 10,17; 3,20 | 34. Mt 14,14-21; Lc 9,11-17; Jo 6,1-15 | 45. Mt 14,22s; Jo 6,15-21 | 46. 1,35; Lc 5,16; 6,12; 9,28

† **6,**24. Herodes Antipas, filho de Herodes Magno, e tetrarca da Galileia de 4 a.C. a 39 d.C., é apresentado como vítima de sua louca promessa; quem premeditou tudo foi Herodíades.

1223 Marcos 6-7

rezar. ⁴⁷Ao anoitecer, a barca estava no meio do mar, e ele, sozinho, em terra. ⁴⁸Vendo que se cansavam de remar, pois o vento lhes era contrário, na quarta vigília da noite†, foi na direção deles, caminhando sobre o mar*, e ia ultrapassá-los. ⁴⁹Ao vê-lo caminhando sobre o mar,* pensaram que fosse um fantasma e gritaram, ⁵⁰pois todos o viram e se assustaram. Mas ele logo lhes falou: "Tende confiança. Sou eu*. Não tenhais medo!" ⁵¹Subiu para junto deles na barca, e o vento cessou. Eles ficaram interiormente cheios de grande espanto, ⁵²pois não tinham compreendido o milagre dos pães, e seus corações estavam endurecidos*.

Jesus realiza novas curas. ⁵³Terminada a travessia, chegaram a Genesaré* e atracaram. ⁵⁴Tendo desembarcado, logo o reconheceram ⁵⁵e, percorrendo toda a região, começaram a levar os doentes nos leitos para os lugares onde ouviam dizer que ele estava. ⁵⁶Onde quer que entrasse – aldeias, cidades ou campos – punham os enfermos nas praças e lhe pediam que os deixasse tocar ao menos na ponta de seu manto. E todos que o tocavam ficavam curados.

7 **Pureza externa e interna.** ¹Os fariseus e alguns escribas, vindos de Jerusalém*, reuniram-se em volta de Jesus ²e perceberam que alguns de seus discípulos tomavam a refeição com mãos impuras*, isto é, sem lavá-las. ³Ora, os fariseus e todos os judeus, conforme as tradições dos antepassados, não comem sem antes lavar cuidadosamente as mãos. ⁴E, quando voltam da praça, não comem sem se purificarem. Há ainda muitos outros costumes tradicionais* que eles guardam, como lavar os copos, os jarros e os pratos de bronze. ⁵Eis por que os fariseus e os escribas

interrogaram Jesus: "Por que teus discípulos não observam as tradições dos antepassados, mas tomam refeição sem lavar as mãos?" ⁶Jesus respondeu-lhes: "Com muito acerto Isaías profetizou de vós*, hipócritas, como está escrito: 'Este povo me honra com os lábios, mas seu coração está longe de mim. ⁷Vão é o culto que me prestam, pois o que ensinam não são mais que preceitos humanos'. ⁸Deixais de lado o mandamento de Deus e vos apegais às tradições dos homens". ⁹E dizia-lhes: "Anulais tranquilamente o mandamento de Deus para observar vossa tradição. ¹⁰Com efeito, Moisés disse: 'Honra teu pai e tua mãe!'* e: 'Aquele que amaldiçoar pai ou mãe seja punido com a morte!' ¹¹Mas vós dizeis: 'Se alguém disser ao pai ou à mãe: Eu declaro corban – isto é, oferta sagrada – os bens com que eu poderia sustentar-te', ¹²vós já não o deixais fazer nada pelo pai ou pela mãe; ¹³e assim anulais a palavra de Deus pela tradição que transmitis. E fazeis muitas outras coisas semelhantes a estas".

¹⁴Jesus chamou novamente a multidão para junto de si e disse-lhes: "Ouvi-me, vós todos, e compreendei. ¹⁵Não há nada fora do homem que, entrando nele, possa manchá-lo; mas o que mancha o homem é o que sai de dentro dele†. ¹⁶Ouça quem for capaz!"*.

¹⁷Quando deixou a multidão e entrou em casa*, seus discípulos perguntaram-lhe sobre esta parábola. ¹⁸Respondeu-lhes: "Também vós sois tão ignorantes? Não compreendeis que nada do que de fora entra no homem pode manchá-lo, ¹⁹porque não lhe penetra no coração, mas no ventre, e vai em seguida para a fossa?" Assim ele declarava puros todos os alimentos. ²⁰E dizia: "O que sai do homem* é que mancha o homem. ²¹Porque é de dentro, do coração do homem, que saem

---

* **6**,49. Lc 24,37 | 50. 4,39 | 52. 8,17 | 53. Mt 14,34ss | **7**,1. Mt 15,1-20 | 2. Lc 11,38 | 4. Mt 23,25; Lc 11,39 | 6. Is 29,13; Cl 2,22 | 10. Ex 20,12; 21,17; Dt 5,16 | 16. 4,9.23 | 17. 4,10; Mt 13,36; Lc 8,9 | 20. Rm 1,29ss; 1Cor 5,11; Gl 5,19ss; Ef 5,34

† **6**,48. Entre 3 e 6 horas da manhã. | **7**,15. Ficam abrogadas todas as leis do AT sobre os alimentos proibidos, Lv 11; Dt 14.

Marcos 7-8

os maus pensamentos, prostituições, furtos, homicídios, [22]adultérios, cobiças, perversidades, fraudes, luxúria, inveja, calúnia, orgulho, insensatez. [23]Todos esses males vêm do interior do homem e o contaminam".

A mulher sirofenícia. [24]Saindo dali, foi para o território de Tiro e Sidônia*. Entrou numa casa e não queria que ninguém o soubesse. Mas não conseguiu ficar ignorado, [25]pois logo certa mulher, cuja filha tinha um espírito impuro, ouviu falar dele e veio prostrar-se a seus pés. [26]Era uma mulher grega, sirofenícia de origem. Pedia-lhe que tirasse de sua filha o demônio. [27]Respondeu-lhe Jesus: "Deixa que primeiro se fartem os filhos, pois não convém tirar o pão dos filhos e lançá-lo aos cachorrinhos". [28]Ela replicou-lhe: "É verdade, Senhor, mas os cachorrinhos, debaixo da mesa, comem as migalhas dos filhos". [29]Disse-lhe então: "Por causa desta tua palavra, vai: o demônio saiu de tua filha". [30]Ela voltou para casa e encontrou a filha deitada na cama: o demônio tinha ido embora.

Cura do surdo-gago. [31]Deixando a região de Tiro*, Jesus foi por Sidônia, em direção ao mar da Galileia, através do território da Decápole. [32]Trouxeram-lhe, então, um surdo que falava com dificuldade e pediram-lhe que impusesse a mão sobre ele. [33]Jesus tirou-o do meio da multidão e levou-o à parte. Em seguida colocou-lhe os dedos nos ouvidos e, com sua saliva, tocou-lhe a língua [34]e, erguendo os olhos ao céu*, deu um suspiro e disse: "Éfata", isto é, "Abre-te". [35]Imediatamente os ouvidos dele se abriram e o nó de sua língua se soltou, e ele começou a falar corretamente. [36]Jesus recomendou-lhes que não contassem isto a ninguém*. Mas, quanto mais insistia, mais eles proclamavam o fato, [37]pois estavam muito impressionados e diziam: "Ele fez bem todas as coisas: faz surdos ouvir e mudos falar".

8 Segunda multiplicação dos pães. [1]Naqueles dias reuniu-se de novo numerosa multidão* e não tinham o que comer. Então Jesus chamou os discípulos e disse-lhes: [2]"Tenho compaixão desta gente, pois já faz três dias que estão comigo e não têm o que comer. [3]Se eu os mandar para casa em jejum, desfalecerão no caminho. E alguns deles vieram de longe". [4]Responderam-lhe os discípulos: "De onde se poderia trazer pão para saciá-los aqui no deserto?" [5]Perguntou-lhes: "Quantos pães tendes?" Responderam: "Sete". [6]Mandou então que a multidão se acomodasse no chão e, tomando os sete pães, deu graças, partiu-os e ia dando-os aos discípulos para que os distribuíssem. Eles os distribuíram à multidão. [7]Tinham também alguns peixinhos*. Depois de abençoá-los, mandou que os distribuíssem também. [8]Eles comeram e ficaram satisfeitos. E com os pedaços que sobraram recolheram sete cestos. [9]Eram cerca de quatro mil. Ele os despediu, [10]e logo, entrando na barca* com os discípulos, partiu para a região de Dalmanuta.

O sinal do céu. [11]Saíram os fariseus e começaram a discutir* com ele. E, para pô-lo à prova, pediram-lhe um sinal vindo do céu. [12]Suspirando em seu coração, Jesus disse: "Por que esta geração pede um sinal? Na verdade vos digo: nenhum sinal será dado a esta geração!" [13]E, deixando-os, embarcou de novo e seguiu para a outra margem.

O fermento dos fariseus. [14]Eles se esqueceram de levar pães* e não tinham senão um pão consigo na barca. [15]E Jesus os advertia: "Abri os olhos e tomai cuidado com o fermento dos fariseus e com o fermento de Herodes". [16]Comentavam entre si o fato de não terem pães. [17]Jesus o percebeu e disse-lhes: "Por que estais comentando a falta de pães? Ainda não com-

---

* **7**,24. Mt 15,21-28 | 31. Mt 15,29s | 34. 6,41; Mt 14,19 | 36. 1,44; 5,43; Mt 15,31; Is 35,5s | **8**,1. Mt 15,32-39 | 7. 6,41 | 10. 8,20 | 11. Mt 12,38s; 16,1-4; Lc 11,16.29; Jo 6,30 | 14. Mt 16,5-12; Lc 12,1 | 17. 4,12; Jr 5,21; Ez 12,2

preendeis nem entendeis?* Tendes o coração endurecido? ¹⁸Tendo olhos não vedes, tendo ouvidos não ouvis? Não vos lembrais; ¹⁹quando parti os cinco pães para os cinco mil, quantos cestos cheios de pedaços recolhestes?" Responderam-lhe: "Doze". ²⁰"E quando parti os sete pães para os quatro mil*, quantos cestos cheios de pedaços recolhestes?" Disseram-lhe: "Sete". ²¹Então lhes disse: "Ainda não compreendeis?"

O cego de Betsaida. ²²Chegando a Betsaida, trouxeram-lhe um cego*, suplicando-lhe que o tocasse. ²³Tomando o cego pela mão, levou-o para fora da aldeia. Pôs-lhe saliva nos olhos, impôs as mãos sobre ele e perguntou-lhe: "Vês alguma coisa?" ²⁴Abrindo os olhos, ele disse: "Estou vendo as pessoas, parecem árvores que andam". ²⁵Em seguida, pôs de novo as mãos sobre os olhos do cego, e este começou a ver perfeitamente; ficou curado, de sorte que via tudo claramente, mesmo de longe. ²⁶Jesus o mandou para casa, dizendo-lhe: "Nem sequer entres na aldeia!"

Jesus é o Cristo. ²⁷Jesus foi com seus discípulos* às aldeias de Cesareia de Filipe. E, enquanto caminhavam, perguntou a seus discípulos: "No dizer do povo, quem eu sou?" ²⁸Responderam-lhe: "João Batista*; para outros, Elias; para outros, um dos profetas". ²⁹Jesus perguntou-lhes então: "E para vós, quem sou eu?" Pedro respondeu: "Tu és o Cristo!" ³⁰Então ele ordenou-lhes severamente* que não falassem dele a ninguém.

O destino do Filho do homem. ³¹Então começou a ensinar-lhes que o Filho do homem devia sofrer muito*, ser rejeitado pelos anciãos, pelos sumos sacerdotes e pelos escribas, ser morto e ressuscitar após três dias. ³²Falou-lhes isso abertamente*. Então Pedro o chamou à parte e começou a repreendê-lo. ³³Jesus, porém, virou-se e, olhando para os discípulos, censurou Pedro com estas palavras: "Vai depois de mim, Satanás! Teu modo de pensar não é o de Deus, mas o dos homens"†.

Como seguir a Jesus. ³⁴Chamou depois a multidão* junto com seus discípulos para perto de si e lhes disse: "Se alguém quiser me seguir, renuncie a si mesmo, carregue sua cruz† e me acompanhe! ³⁵Porque aquele que quiser salvar sua vida vai perdê-la; mas quem perder a vida por causa de mim e do Evangelho, este a salvará. ³⁶Pois, que adianta a gente ganhar o mundo inteiro* e arruinar a própria vida? ³⁷O que a gente pode dar em troca da própria vida? ³⁸Porque quem se envergonhar de mim e de minhas palavras* no meio desta geração adúltera e pecadora, dele também se envergonhará o Filho do homem, quando vier na glória de seu Pai com os santos anjos".

9 ¹E dizia-lhes: "Na verdade vos digo: Alguns aqui presentes* não provarão a morte, até que vejam o Reino de Deus chegando com poder"†.

A transfiguração†. ²Seis dias depois, Jesus tomou consigo Pedro, Tiago e João* e levou-os a sós a um alto monte. Transfigurou-se diante deles. ³Suas vestes tornaram-se brilhantes, e de tal modo brancas que nenhum lavadeiro do mundo seria capaz de as fazer tão brancas. ⁴E apareceu a eles Elias, junto com Moisés, e eles conversavam com Jesus. ⁵Tomando a palavra, Pedro disse

---

* **8**,20. 8,1-9 | 22. 7,32s; Jo 9,6 | 27. Mt 16,13-20; Lc 9,18-21 | 28. 6,14ss | 30. 9,9 | 31. Mt 16,21ss; Lc 9,22 | 32. 9,12; Mt 17,12; Lc 17,25 | 34. Mt 10,38; Lc 14,27; 9,23-27; 14,27 | 36. Mt 10,39; Lc 17,33; Jo 12,25 | 38. Mt 10,33; Lc 12,9 | **9**,1. 13,30 | 2. Mt 17,1-13; Lc 9,28-36; 2Pd 1,16ss

† **8**,33. É por amor para com o Mestre que Pedro não quer vê-lo sofrer e tenta desviá-lo desse destino, mas com isso ele repete a tentação do deserto e faz o papel do tentador. | 34. "As cruzes mais frutuosas são as que não escolhemos" (S. Francisco de Sales). | **9**,1. Este Reino de Deus que vem dentro de pouco tempo não é o fim do mundo, mas sim a morte e ressurreição de Cristo, que inauguram a Igreja, a nova humanidade em que Deus é efetivamente Rei. | 2. "A Transfiguração tem por finalidade fortificar a fé dos apóstolos em vista da Paixão: a subida ao alto monte prepara a subida ao Calvário" (CIC).

Marcos 9

a Jesus: "Mestre, é bom a gente estar aqui. Façamos então três tendas, uma para ti, uma para Moisés e uma para Elias". [6]É que não sabia o que dizer, pois estavam espantados. [7]Formou-se então uma nuvem* que os cobriu com sua sombra. E da nuvem saiu uma voz: "Este é meu Filho muito amado. Escutai-o!" [8]E logo, olhando ao redor, já não viram mais ninguém: só Jesus estava com eles.

[9]Ao descerem do monte*, Jesus ordenou-lhes que não contassem a ninguém o que tinham visto, a não ser depois que o Filho do homem ressuscitasse dos mortos. [10]Eles guardaram a recomendação, mas perguntavam entre si o que significaria ressuscitar dos mortos.

A volta de Elias. [11]Fizeram-lhe esta pergunta:* "Por que dizem os escribas que primeiro Elias deve voltar?" [12]Ele respondeu-lhes: "De fato, primeiro Elias deve voltar e colocar tudo em ordem. E como está escrito do Filho do homem que ele deve sofrer muito* e ser desprezado? [13]Mas eu vos digo que Elias já veio; e fizeram com ele tudo o que queriam, como está escrito a seu respeito".

Cura do menino possesso. [14]Voltando para junto dos discípulos*, viram em volta deles numerosa multidão e os escribas discutindo com eles. [15]Logo que o viu, toda a multidão ficou surpresa e correu para saudá-lo. [16]Perguntou-lhes então: "O que estão discutindo com eles?" [17]Alguém no meio da multidão respondeu: "Mestre, eu te trouxe meu filho, que está possesso de um espírito mudo. [18]Quando se apodera dele, lança-o por terra, e o menino espuma, range os dentes e fica rígido. Roguei a teus discípulos que o expulsassem, mas não conseguiram". [19]Ele respondeu: "Ó geração incrédula, até quando estarei convos-

co? Até quando deverei suportar-vos? Trazei-o aqui!" [20]E o levaram até ele. Logo que viu Jesus, o espírito sacudiu com violência o menino, que caiu por terra e se revolvia espumando. [21]Jesus perguntou ao pai: "Há quanto tempo lhe acontece isso?" "Desde a infância", respondeu ele, [22]"e muitas vezes o jogou no fogo e na água para o matar. Se podes alguma coisa*, vem em nosso auxílio, por piedade para conosco!" [23]Replicou-lhe Jesus: "Se tu podes!... Tudo é possível para quem crê!" [24]Logo o pai do menino gritou: "Eu creio! Ajuda minha incredulidade!" [25]Vendo Jesus que a multidão afluía, repreendeu o espírito impuro, dizendo-lhe: "Espírito mudo e surdo, eu te ordeno, sai dele e não tornes mais a entrar!" [26]O espírito soltou um forte grito, agitou o menino violentamente e saiu. Este ficou como morto, de modo que muitos diziam: "Morreu!" [27]Jesus, porém, tomou-o pela mão, levantou-o e ele se pôs de pé. [28]Quando Jesus entrou em casa, perguntaram-lhe os discípulos, a sós: "Por que não conseguimos expulsá-lo?" [29]Respondeu-lhes: "Esta espécie de demônio não se consegue expulsar senão pela oração".

Jesus anuncia sua morte e ressurreição. [30]Saindo dali, atravessaram a Galileia*. Ele não queria que ninguém soubesse, [31]porque estava instruindo seus discípulos. Dizia-lhes: "O Filho do homem vai ser entregue nas mãos dos homens, e eles o matarão; e uma vez morto, depois de três dias ressuscitará". [32]Eles, entretanto, não entenderam o que dizia[+] e tinham medo de interrogá-lo.

Quem é o maior. [33]Chegaram a Cafarnaum. Em casa*, Jesus perguntou-lhes: "O que estáveis discutindo no caminho?" [34]Eles, porém, ficaram calados porque, no caminho, discutiam quem seria o maior. [35]Jesus sentou-se, cha-

---

* **9**,7. 1,11; Mt 3,17; Lc 3,22 | 9. 8,30; Mt 12,16 | 11. Ml 3,23s | 12. Sl 22,1-18; Is 53,3 | 14. Mt 17,14-20; Lc 9,37-43 | 22. 11,22ss; Mt 21,21; Lc 17,6 | 30. Mt 17,22s; Lc 9,43ss; 8,31; 10,32ss | 33. Mt 18,1-5; Lc 9,46ss | 35. 10,43s; Mt 20,26s; Lc 22,26

+ **9**,32. Não entendiam como conciliar os anunciados sofrimentos do Messias com a glória do reino que esperavam.

1227 Marcos 9-10

mou os Doze e lhes disse: "Se alguém quer ser o primeiro, seja o último de todos* e o servo de todos". ³⁶Em seguida tomou uma criança, colocou-a no meio deles* e, abraçando-a, disse-lhes: ³⁷"Quem acolhe em meu nome uma destas crianças*, a mim acolhe; e quem me acolhe, não acolhe a mim, mas Aquele que me enviou".

Quem é a favor de Jesus. ³⁸Disse João a Jesus: "Mestre, vimos um homem*, que não anda conosco, expulsando demônios em teu nome e quisemos impedi-lo, já que não nos seguia". ³⁹Mas Jesus disse: "Não deveis impedi-lo, pois ninguém pode realizar prodígio algum em meu nome* e logo depois falar mal de mim. ⁴⁰Aquele que não é contra nós é a nosso favor.

⁴¹E quem vos der um copo de água a beber* porque sois de Cristo – na verdade vos digo – não perderá sua recompensa.

O escândalo. ⁴²Mas se alguém for causa de pecado para um destes pequeninos* que creem, melhor seria para ele que lhe amarrassem ao pescoço uma dessas mós que os jumentos movem e o atirassem no fundo do mar. ⁴³Se tua mão te leva a pecar, corta-a; é melhor entrares para a vida aleijado do que ir com duas mãos para a geena, para o fogo que não se apaga†. ⁴⁵E se teu pé te leva a pecar, corta-o; é melhor entrares na vida manco do que ser lançado com os dois pés na geena. ⁴⁷E se teu olho te leva a pecar, arranca-o; é melhor entrares no Reino de Deus com um só olho do que ser lançado com dois olhos na geena, ⁴⁸onde seu verme não morre* e onde o fogo não se apaga. ⁴⁹Porque todos serão salgados com o fogo†. ⁵⁰O sal é uma coisa boa*. Mas se o sal se torna insípido, com que se lhe restituirá o sabor? Tende sal em vós mesmos e vivei em paz uns com os outros".

III. JESUS A CAMINHO DE JERUSALÉM
(10)

10 **O matrimônio é indissolúvel.** ¹Saindo dali, foi para o território da Judeia e da Transjordânia*. As multidões voltaram a reunir-se a seu redor, e ele, como de costume, de novo se pôs a ensiná-las. ²Alguns fariseus, querendo pô-lo à prova, vieram perguntar-lhe: "É permitido a um marido divorciar-se de sua mulher?" ³Jesus respondeu-lhes: "O que vos prescreveu Moisés?"* ⁴Eles responderam: "Moisés permitiu escrever um documento de divórcio e repudiar". ⁵Então Jesus falou: "Foi por causa da dureza de vossos corações que Moisés vos deu essa prescrição. ⁶Mas desde o princípio da criação*, Ele os fez homem e mulher. ⁷Assim, pois, o homem deixará pai e mãe para unir-se a sua mulher, ⁸e os dois serão uma só carne. Assim, já não são dois, mas uma só carne. ⁹Portanto, o homem não deve separar o que Deus uniu". ¹⁰Quando voltaram para casa, os discípulos tornaram a perguntar a Jesus sobre isso, ¹¹e ele afirmou: "Todo aquele que se divorciar de sua mulher* e se casar com outra comete adultério contra a primeira. ¹²Também comete adultério a mulher que se divorciar de seu marido e se casar com outro".

Jesus abençoa as crianças. ¹³Queriam apresentar a Jesus umas crianças* para que as tocasse, mas os discípulos os repreendiam. ¹⁴Vendo isto, Jesus ficou indignado e lhes disse: "Deixai vir a mim as criancinhas e não as impeçais, porque o Reino de Deus pertence aos que são semelhantes a elas. ¹⁵Na verdade vos digo, quem não acolher o Reino de Deus* como uma criança nele não entrará". ¹⁶Em seguida abraçou-as e abençoou-as, impondo-lhes as mãos.

---

* 9,36. 10,16 | 37. Mt 10,40; Lc 10,16; Jo 13,20 | 38. Lc 9,49s | 39. Mt 12,30; Lc 11,23 | 41. Mt 10,42 | 42. Mt 18,6-9; Lc 17,1s | 48. Is 66,24 | 50. Mt 5,13; Lc 14,34; Rm 12,18 | **10**,1. Mt 19,1-19 | 3. Dt 24,1-4 | 6. Gn 1,27; 2,24; Ef 5,31 | 11. Mt 5,32; Lc 16,18; 1Cor 7,10s | 13. Mt 19,13ss; Lc 18,15ss | 15. Mt 18,3

† 9,43. Os vv. 44 e 46, omitidos nos melhores manuscritos, são simples repetições do v. 48. | 49. Fogo e sal representam a purificação e a preservação que a Lei nova realiza nos discípulos, fazendo deles ofertas agradáveis a Deus, Lv 2,13.

Marcos 10

A recusa do rico. [17]Quando ele se pôs a caminho*, alguém correu a seu encontro e, ajoelhando-se diante dele, perguntou-lhe: "Bom Mestre, que devo fazer para herdar a vida eterna?" [18]Disse-lhe Jesus: "Por que me chamas bom? Ninguém é bom senão Deus somente. [19]Conheces os mandamentos:* Não matar, não cometer adultério, não furtar, não levantar falso testemunho, não prejudicar ninguém, honrar pai e mãe". [20]Ele respondeu: "Mestre, tudo isso tenho observado desde minha juventude". [21]Jesus olhou para ele com amor* e disse-lhe: "Falta-te apenas uma coisa: Vai, vende tudo o que tens e dá o dinheiro aos pobres e terás um tesouro no céu. Depois vem e segue-me". [22]Ao ouvir estas palavras, ficou abatido e retirou-se triste, porque era muito rico.

Os ricos e a salvação. [23]Jesus então olhou em volta dele* e disse a seus discípulos: "Como será difícil para os que têm riquezas entrar no Reino de Deus!" [24]Os discípulos ficaram assustados com suas palavras. Mas Jesus repetiu-lhes: "Meus filhos, como é difícil entrar no Reino de Deus! [25]É mais fácil um camelo passar pelo fundo de uma agulha do que um rico entrar no Reino de Deus!"† [26]Os discípulos ficaram mais atônitos ainda e diziam entre si: "Quem pode então salvar-se?"† [27]Olhando para eles, Jesus disse-lhes*: "Para os homens isto é impossível, mas não para Deus, porque para Deus tudo é possível".

Recompensa dos discípulos. [28]Pedro então começou a dizer-lhe: "Nós deixamos tudo* para te seguir..." [29]Ao que Jesus respondeu: "Na verdade vos digo: ninguém deixará casa, ou irmãos, ou irmãs, ou mãe, ou pai, ou filhos, ou terras por causa de mim e do Evangelho, [30]sem que receba, já agora, nesta vida, o cêntuplo em casas, irmãos, irmãs, mães, filhos e terras, no meio de perseguições e, no século futuro, a vida eterna. [31]Muitos dos primeiros serão os últimos*, e os últimos serão os primeiros".

Novo anúncio da Paixão. [32]Estavam caminhando, subindo para Jerusalém*. Jesus ia à frente deles e eles estavam cheios de espanto, e os que seguiam tinham medo. Tomando outra vez os Doze à parte, declarou-lhes o que ia acontecer-lhe: [33]"Estamos subindo para Jerusalém, e o Filho do homem será entregue* aos sumos sacerdotes e aos escribas. Eles o condenarão à morte e o entregarão aos gentios. [34]Estes o escarnecerão, cuspirão nele, vão açoitá-lo e tirar-lhe a vida. Mas, três dias depois, ele ressuscitará".

O caminho para a glória. [35]Foram até ele Tiago e João*, os filhos de Zebedeu, e lhe disseram: "Mestre, queremos que nos concedas o que te vamos pedir". [36]Respondeu-lhes: "Que quereis que vos faça?" [37]"Concede-nos – disseram – sentar-nos um a tua direita e outro a tua esquerda em tua glória". [38]Jesus respondeu-lhes: "Não sabeis o que estais pedindo. Sois capazes de beber o cálice* que vou beber ou de ser batizados com o batismo com que vou ser batizado?"† [39]Eles lhe responderam: "Somos!" Jesus lhes disse: "Bebereis o cálice que vou beber* e sereis batizados com o batismo com que serei batizado. [40]Mas sentar-se a minha

---

* **10**,17. Mt 19,16-30; Lc 18,18-30 | 19. Êx 20,12-16; Dt 5,16-20 | 21. Mt 6,20; Lc 12,33 | 23. 4,19 | 27. Gn 18,14; Jó 42,2; 14,36 | 28. 1,16-20; 2,14 | 31. Mt 20,16; Lc 13,30 | 32. Mt 20,17ss; Lc 18,31-34 | 33. 8,31; 9,31; Mt 16,21; 17,22s; Lc 24,7 | 35. Mt 20,20-28; Mc 1,19 | 38. Lc 12,50; Mt 19,28 | 39. Lc 22,30; Jo 18,21

† **10**,25. Alguns tentam diminuir o caráter hiperbólico do provérbio, seja imaginando que "camelo" significasse uma corda grossa, seja vendo em "buraco da agulha" o nome de uma porta baixa em Jerusalém. Mas certas frases de Jesus como "coar um mosquito e engolir um camelo", Mt 23,24, mostram que se devem tomar os termos no sentido comum. | 26. Os discípulos ficam espantados porque na mentalidade judaica a riqueza era sinal de bênção divina e os ricos eram amigos de Deus e, portanto, tinham mais chance de se salvar. Mas Jesus mostra que a riqueza é idolatria e flagrante injustiça quando escraviza a pessoa e absorve tanto suas atenções que não lhe permite pensar em Deus nem nos irmãos que passam fome. | 38. Cálice e batismo são duas imagens para exprimir os sofrimentos de Cristo, dos quais o cristão deve participar, se quer entrar com Ele na glória, 2Tm 2,11.

Marcos 10-11

direita ou a minha esquerda não compete a mim concedê-lo. Esses lugares pertencem àqueles para os quais foram preparados". ⁴¹Os outros dez, que haviam ouvido tudo*, indignaram-se contra Tiago e João. ⁴²Chamando-os, Jesus lhes disse: "Sabeis que aqueles que são reconhecidos como chefes das nações as dominam e que seus líderes as tiranizam. ⁴³Mas entre vós não deve acontecer isso. Ao contrário, quem quiser tornar-se grande entre vós* será vosso servo; ⁴⁴e aquele que quiser ser o primeiro entre vós seja o escravo de todos. ⁴⁵Pois o próprio Filho do homem não veio para ser servido, mas para servir e dar a vida para resgatar a multidão".

Cura do cego Bartimeu. ⁴⁶Chegaram a Jericó. Quando ele saía de Jericó* com seus discípulos e enorme multidão, estava sentado à beira da estrada, pedindo esmolas, Bartimeu, o cego, filho de Timeu. ⁴⁷Quando soube que era Jesus de Nazaré*, começou a gritar: "Jesus, Filho de Davi, tem piedade de mim!" ⁴⁸Muitos o repreendiam, mandando que se calasse. Mas ele gritava cada vez mais alto: "Filho de Davi, tem piedade de mim!" ⁴⁹Jesus parou e disse: "Chamai-o". Chamaram o cego dizendo-lhe: "Tem confiança, levanta-te, ele te chama". ⁵⁰Ele jogou para o lado o manto, deu um pulo e veio até Jesus. ⁵¹"Que queres que eu te faça?", perguntou-lhe Jesus. Disse-lhe o cego: "Mestre, que eu recupere a vista!" ⁵²"Vai", disse-lhe Jesus, "tua fé te salvou". No mesmo instante o cego começou a enxergar e foi seguindo a Jesus pelo caminho.

IV. MINISTÉRIO DE JESUS EM JERUSALÉM (11–13)

11 **Entrada triunfal.** ¹Quando chegaram perto de Jerusalém*, na altura de Betfagé e de Betânia, perto do monte das Oliveiras, Jesus enviou dois de seus discípulos, ²dizendo-lhes: "Ide até a aldeia que está a vossa frente. Logo que nela entrardes, encontrareis, amarrado, um jumentinho que ninguém ainda montou. Desamarrai-o e trazei-o. ³Se alguém vos disser: 'Que estais fazendo?', respondei: 'O Senhor precisa dele e logo o devolverá aqui'". ⁴Eles foram e encontraram o jumentinho amarrado perto de uma porta, fora, na rua, e o desamarraram. ⁵Algumas pessoas que estavam lá perguntaram-lhes: "Que estais fazendo, desamarrando o jumentinho?" ⁶Eles responderam como Jesus havia dito. E deixaram que o levassem. ⁷Conduziram o jumentinho a Jesus, sobre ele puseram seus mantos e Jesus montou. ⁸Muitos estendiam no caminho seus mantos; outros espalhavam ramos que cortavam nos campos. ⁹Os que iam à frente e os que seguiam atrás gritavam: "Hosana!* Bendito aquele que vem em nome do Senhor!† ¹⁰Bendito o Reino que vem, o Reino de nosso pai Davi! Hosana no mais alto dos céus!"*

¹¹Em Jerusalém, entrou no templo, observou tudo o que havia ali em torno e, sendo já tarde, saiu para Betânia com os Doze.

A figueira amaldiçoada. ¹²No dia seguinte, ao saírem de Betânia*, teve fome. ¹³Vendo ao longe uma figueira coberta de folhas, foi ver se achava nela algum fruto. Mas quando chegou perto só encontrou folhas, pois não era tempo de figo. ¹⁴Dirigindo-se à figueira, disse: "Nunca mais alguém coma de teu fruto!" E os discípulos o ouviram.

O respeito ao templo. ¹⁵Chegaram a Jerusalém*. Entrando no templo, Jesus começou a expulsar os vendedores e compradores que lá se achavam. Derrubou as mesas dos cambistas e as cadeiras dos vendedores de pombas, ¹⁶e

---

* **10**,41. Lc 22,25 | 43. 9,35; Mt 23,11; Lc 22,26; 1Tm 2,6 | 46. Mt 20,29-34; Lc 18,35-43 | 47. Mt 9,27; 15,22 | **11**,1. Mt 21,1-11; Lc 19,28-40; Jo 12,12-19 | 9. Sl 118,25s; Lc 1,32s | 10. At 2,29s | 12. Mt 21,18s; Lc 13,6 | 15. Mt 21,12-17; Lc 19,45-48; Jo 2,13-22

† **11**,9. "Hosana" é uma palavra hebraica que significa "salva-nos", e servia como grito de júbilo e vitória, como nosso "viva!"

Marcos 11-12

não permitia que ninguém carregasse objetos pelo templo. [17]Ele os instruía, dizendo:* "Não está escrito: 'Minha casa será chamada casa de oração para todos os povos'? Vós, porém, a transformastes numa caverna de ladrões!" [18]Isso chegou ao conhecimento dos sumos sacerdotes* e dos escribas. Eles procuravam então um modo de fazê-lo perecer, porque o temiam, visto que todo o povo estava entusiasmado com sua doutrina. [19]Quando caiu a tarde, foi para fora da cidade.

O poder da fé. [20]Passando na manhã seguinte*, viram a figueira seca até as raízes. [21]Pedro lembrou-se e disse a Jesus: "Olha, Mestre, a figueira que amaldiçoaste secou!" [22]Respondeu-lhe Jesus: "Tende fé em Deus. [23]Na verdade vos digo: se alguém disser a este monte:* 'Sai daqui, lança-te ao mar', sem duvidar em seu coração, mas crendo que se cumprirá sua palavra, ele o obterá. [24]Por isso vos digo: tudo o que pedirdes na oração, crede que já o recebestes, e vos será concedido. [25]E quando estiverdes de pé para rezar, se tiverdes alguma coisa contra alguém, perdoai, para que vosso Pai que está nos céus vos perdoe também vossos pecados"†.

A autoridade de Jesus. [27]E chegam novamente a Jerusalém*. Quando Jesus andava pelo templo, aproximaram-se dele os sumos sacerdotes, os escribas e os anciãos [28]e lhe perguntaram: "Com que autoridade fazes estas coisas? E quem te deu autorização para assim agires?" [29]Respondeu-lhes Jesus: "Eu também vos farei uma pergunta. Respondei-me e vos direi com que autoridade faço estas coisas: [30]O batismo de João vinha do céu ou dos homens? Respondei-me". [31]Eles refletiam entre si: "Se dissermos que é do céu, ele dirá: 'por que então não crestes nele?' [32]Diremos então: 'dos homens'?" Tinham medo do povo*, porque todos diziam que João fora realmente um profeta. [33]Responderam a Jesus: "Não sabemos". E Jesus, por sua vez, disse: "Pois eu também não vos direi com que autoridade faço estas coisas".

12

Os lavradores homicidas. [1]Então começou a falar-lhes em parábolas:* "Um homem plantou uma vinha, cercou-a com uma sebe, cavou um lagar, construiu uma torre. Arrendou-a depois a alguns lavradores e partiu para uma viagem. [2]Chegado o tempo, enviou aos lavradores um servo para receber deles uma parte dos frutos da vinha. [3]Mas eles o agarraram, espancaram e mandaram de volta com as mãos vazias. [4]De novo enviou-lhes outro servo, mas também a este feriram na cabeça e injuriaram. [5]Mandou-lhes mais um outro. A este mataram. Depois mandou muitos outros, dos quais feriram uns e mataram outros. [6]Restava-lhe ainda alguém: seu filho bem-amado. Enviou-lhes este último, pensando: 'A meu filho eles vão respeitar...'. [7]Mas os lavradores disseram uns aos outros: 'Este é o herdeiro; vamos matá-lo e ficaremos com a herança'. [8]Agarrando-o, mataram-no* e o lançaram fora da vinha. [9]O que fará o dono da vinha? Virá, exterminará os lavradores e dará a vinha a outros. [10]Não lestes esta escritura: 'A pedra que os construtores rejeitaram* tornou-se a pedra principal; [11]isto é obra do Senhor, e é admirável a nossos olhos'?"

[12]Eles procuravam prendê-lo, mas tiveram medo da multidão, pois tinham compreendido bem que a parábola era dirigida a eles. Deixando-o, foram embora.

O imposto devido a César. [13]Enviaram-lhe então alguns dos fariseus* e

---

* **11**,17. Is 56,7; Jr 7,11 | 18. 14,1; Lc 20,19; 22,2 | 20. Mt 21,20ss | 23. Lc 17,6; 1Cor 13,2 | 27. Mt 21,23-27; Lc 20,1-8 | 32. Mt 21,46 | **12**,1. Mt 21,33-46; Lc 20,9-19; Is 5,1-7 | 8. Hb 13,12s | 10. Sl 118,22s | 13. Mt 22,15-22; Lc 20,20-26; Mc 3,6

† **11**,25. Alguns manuscritos acrescentam aqui o v. 26: "Mas se não perdoardes, tampouco vos perdoará as ofensas vosso Pai que está nos céus", Mt 6,15.

1231 Marcos 12

dos herodianos, para o surpreenderem em alguma palavra. [14]Vieram chegando e dizendo: "Mestre, sabemos que és sincero e não dás preferência a ninguém, pois não julgas as pessoas pelas aparências, mas ensinas a verdadeira doutrina de Deus. É ou não lícito pagar o imposto a César? Devemos pagar, sim ou não?" [15]Mas ele, percebendo a hipocrisia deles, disse-lhes: "Por que estais querendo me provar? Trazei-me um denário, para que eu o veja". [16]Eles o trouxeram. Perguntou-lhes então: "De quem é esta figura e a inscrição?" Responderam-lhe: "De César". [17]Então Jesus lhes disse: "Devolvei a César o que é dele, mas dai a Deus o que é de Deus!"[†] E ficaram maravilhados com ele.

Os saduceus e a ressurreição. [18]Então foram ter com ele alguns saduceus*, aqueles que afirmam que não há ressurreição, e lhe disseram: [19]"Mestre, Moisés nos deu a seguinte lei: 'Se alguém tem um irmão e este morre, deixando sua mulher sem filhos, ele se casará com a viúva para dar uma descendência ao irmão'[†]. [20]Ora, havia sete irmãos. O primeiro casou e morreu sem deixar filhos. [21]O segundo casou com a viúva e morreu sem deixar filhos. O mesmo se deu com o terceiro; [22]e nenhum dos sete deixou filho. Por último morreu também a mulher. [23]Na ressurreição, quando ressuscitarem, de qual deles será ela, se todos os sete a tiveram por mulher?" [24]Respondeu-lhes Jesus: "Não estais enganados por não conhecerdes as Escrituras nem o poder de Deus? [25]Pois quando ressuscitarem dentre os mortos, homens e mulheres não se casarão: serão como os anjos no céu. [26]E sobre o fato de que os mortos ressuscitam, não les-

tes no livro de Moisés, no episódio da sarça, como Deus lhe disse: 'Eu sou o Deus de Abraão, o Deus de Isaac e o Deus de Jacó'?* [27]Ele não é um Deus de mortos, mas de vivos![†] Estais muito enganados!"

O maior mandamento. [28]Um escriba que tinha ouvido a discussão*, vendo que ele respondera bem, aproximou-se de Jesus e perguntou-lhe: "Qual é o primeiro de todos os mandamentos?"[†] [29]Respondeu-lhe Jesus: "O primeiro é este: Escuta, Israel: O Senhor nosso Deus é o único Senhor. [30]Amarás o Senhor, teu Deus*, de todo o teu coração, de toda a tua alma, com todo o teu entendimento e com todas as tuas forças[†]. [31]E o segundo é este: Amarás teu próximo como a ti mesmo*. Não há mandamento maior do que estes". [32]Disse-lhe o escriba: "Muito bem, Mestre, disseste com razão que Deus é um só e não há outro além dele [33]e que amá-lo de todo o coração*, com todo o entendimento e com todas as forças e amar o próximo como a si mesmo vale mais do que todos os holocaustos e todos os sacrifícios". [34]Vendo que o escriba falara com sabedoria, Jesus disse-lhe: "Não estás longe do Reino de Deus". E ninguém mais se atrevia a interrogá-lo.

O Messias, filho de Davi. [35]Tomando a palavra, dizia Jesus*, ensinando no templo: "Como os escribas podem dizer que o Messias é Filho de Davi? [36]Foi o próprio Davi que disse, inspirado pelo Espírito Santo: 'Disse o Senhor a meu senhor: Senta-te a minha direita, até que eu ponha teus inimigos debaixo de teus pés'. [37]O próprio Davi o chama de senhor; como pode então ser seu filho?" E a numerosa multidão o escutava com prazer.

---

* **12**,18. Mt 22,23-33; Lc 20,27-40; Gn 38,8; Dt 25,5s; At 23,8 | 26. Êx 3,6.15s | 28. Mt 22,34-40; Lc 10,25-28 | 30. Dt 6,4s; Jr 22,5 | 31. Lv 19,18; Rm 13,9; Gl 5,14; Tg 2,8 | 33. Dt 4,35; Is 45,21; 1Sm 15,22; Os 6,6 | 35. Mt 22,41-46; Lc 20,41-44; Sl 110,1; At 2,34s

† **12**,17. Se as moedas do imposto são romanas, pagar o imposto significa apenas restituir ao imperador o que lhe pertence. Mas com a mesma fidelidade deve-se também cumprir os deveres para com Deus. | 19. É a "lei do levirato" ou "lei do cunhado", Dt 25,5. | 27. Jesus vê em Êx 3,6.15s uma afirmação de que os patriarcas estão ainda vivos e continuam seu relacionamento com Deus. | 28. Esta era uma questão muito discutida entre os judeus, que tinham em suas leis 613 mandamentos. | 30. "Senhor, o que sou para ti para me mandares que te ame?" (S. Agostinho).

Marcos 12-13

A hipocrisia dos escribas. [38]E dizia em seu ensinamento:* "Cuidado com os escribas, que gostam de passear com roupas compridas, de ser cumprimentados nas praças [39]e de ocupar as primeiras cadeiras nas sinagogas e os primeiros lugares nos banquetes. [40]Devoram os bens das viúvas e simulam longas orações. Receberão uma condenação mais severa".

A oferta da viúva. [41]Sentado diante do cofre de esmolas*, observava a multidão que punha as moedas. Muitos ricos davam grandes quantias. [42]Veio uma pobre viúva, que pôs no cofre duas moedas pequeninas, no valor de um quadrante. [43]Jesus então chamou seus discípulos e lhes disse: "Na verdade vos digo: esta viúva pobre deu mais que todos os outros que puseram moedas no cofre. [44]Pois todos deram de seu supérfluo; ela, porém, em sua penúria, deu tudo quanto possuía, tudo o que tinha para viver".

13 **Anúncio da destruição do templo.** [1]Ao sair do templo, disse-lhe um de seus discípulos:* "Olha, Mestre, que pedras, que construções!" [2]Jesus respondeu-lhe: "Estás vendo estas grandes construções? Não ficará pedra sobre pedra que não seja destruída!" [3]E estando ele sentado no monte das Oliveiras*, defronte ao templo, Pedro, Tiago, João e André perguntaram-lhe em particular: [4]"Dize-nos quando se dará isto, e qual o sinal de que tudo isto estará chegando ao fim?"

Sinais do fim dos tempos. [5]Jesus então começou a dizer-lhes: "Cuidado para que ninguém vos engane. [6]Muitos virão em meu nome e dirão: Sou eu! E enganarão a muitos. [7]Quando ouvirdes falar de guerras e de boatos de guerras, não fiqueis alarmados:* é necessário que isto aconteça, mas não será ainda o fim. [8]Porque se levantará nação contra nação* e reino contra reino. Haverá terremotos em diversos lugares, e fome também. Será o princípio das dores do parto".

Perseguições contra os discípulos. [9]"Ficai de sobreaviso: sereis arrastados aos tribunais* e açoitados nas sinagogas, comparecereis diante de governadores e de reis por minha causa, para dar testemunho diante deles. [10]Mas primeiro é preciso que o Evangelho seja pregado a todas as nações.

[11]Quando vos levarem para entregar-vos, não vos preocupeis com o que haveis de dizer, mas falai o que vos for inspirado naquele momento, pois não sereis vós que falareis, mas o Espírito Santo. [12]O irmão entregará à morte o próprio irmão e o pai, o filho*; os filhos se levantarão contra os pais e os farão morrer. [13]E sereis odiados por todos por causa de meu nome, mas quem perseverar até o fim, este será salvo".

A calamidade final. [14]"Quando virdes a abominação da desolação† instalada onde não devia estar* (que o leitor procure entender!), então os que estiverem na Judeia fujam para as montanhas; [15]quem estiver no terraço não desça, nem entre para buscar alguma coisa em casa, [16]e o que se encontrar no sítio* não volte atrás para apanhar um agasalho. [17]Infelizes daquelas que estiverem grávidas ou amamentando* nesses dias! [18]Rezai para que isto não aconteça no inverno. [19]Porque naqueles dias haverá tamanha tribulação, como não houve desde o princípio do mundo que Deus criou, até agora, e nem haverá jamais. [20]E se o Senhor não abreviasse aqueles dias, ninguém se salvaria. Mas, por causa dos eleitos que escolheu, abreviou

---

* **12**,38. Mt 23,1-36; Lc 20,45ss | 41. Lc 21,1-4 | **13**,1. Mt 24,1s; Lc 19,44; 21,5s | 3. Mt 24,3-14; Lc 21,7-19 | 7. Dn 2,28 | 8. 2Cr 15,6; Is 19,2; Mq 7,6 | 9. Mt 10,19s; Lc 12,11s | 12. Mq 7,6; Mt 10,22; Jo 15,18-21 | 14. Mt 24,15-28; Lc 21,20-24; Dn 9,27; 11,31; 12,11; 1Mc 1,54.59 | 16. Lc 17,31 | 17. Lc 23,29; Dn 12,1

† **13**,14. Em Dn 9,27 esta expressão indica a profanação do templo de Jerusalém pela instalação de um ídolo pagão. | 25. Ver a nota em Mt 24,29. | 32. Jesus sabia, como Deus-homem, mas não tinha a missão de revelá-lo.

Marcos 13-14

aqueles dias. ²¹Então, se alguém vos disser: 'Aqui está o Cristo!'* ou: 'Ele está ali!', não acrediteis. ²²Vão aparecer, com efeito, falsos cristos e falsos profetas, que farão sinais e prodígios para enganar os eleitos, se fosse possível. ²³Ficai, pois, de sobreaviso. Eu vos predisse tudo".

A vinda do Filho do homem. ²⁴"Mas naqueles dias, depois dessa tribulação*, o sol escurecerá, a lua não brilhará mais, ²⁵cairão as estrelas do céu e as forças que estão no céu serão abaladas†. ²⁶Ver-se-á, então, o Filho do homem vir nas nuvens* com grande poder e glória. ²⁷Mandará os anjos e reunirá seus eleitos dos quatro pontos cardeais, desde a extremidade da terra até à extremidade do céu.

²⁸Aprendei esta comparação tirada da figueira*. Quando seus ramos estão tenros e as folhas começam a brotar, sabeis que está próximo o verão. ²⁹Assim também, quando virdes acontecer estas coisas, ficai sabendo que o Filho do homem está próximo, junto a suas portas. ³⁰Na verdade vos digo: esta geração não passará antes que tudo isso aconteça. ³¹Passará o céu e a terra*, mas minhas palavras não passarão. ³²Mas a respeito do dia e da hora*, ninguém sabe, nem os anjos no céu, nem o Filho†, mas somente o Pai".

A vigilância cristã. ³³"Olhai, vigiai, porque não sabeis quando chegará a hora. ³⁴Será como um homem que partiu em viagem: deixou sua casa, deu poder a seus servos, distribuiu tarefas entre eles e mandou o porteiro ficar vigiando. ³⁵Assim também, ficai alerta, porque não sabeis quando voltará o dono da casa: se de tarde, se à meia-noite, se de madrugada, se de manhã. ³⁶Que não venha ele de improviso e vos encontre dormindo! ³⁷E o que vos digo, digo a todos: ficai alerta!"

V. MORTE E RESSURREIÇÃO DE JESUS
(14–16)

14 **Conspiração contra Jesus.** ¹Faltavam dois dias para a Páscoa* e a festa dos Ázimos†. Os sumos sacerdotes e os escribas procuravam um meio de prender traiçoeiramente Jesus para o matar. ²Pois diziam: "Não seja durante a festa, para não haver tumulto entre o povo".

O jantar em Betânia. ³Achando-se Jesus em Betânia*, na casa de Simão, o leproso, enquanto estava à mesa, chegou uma mulher com um frasco de alabastro, cheio de perfume de nardo puro, de alto preço. Quebrando o frasco, derramou o perfume na cabeça dele. ⁴Alguns dos presentes diziam entre si indignados: "Por que este desperdício de perfume? ⁵Este perfume poderia ser vendido por mais de trezentos denários e o dinheiro seria dado aos pobres". E se irritavam contra ela. ⁶Mas Jesus disse: "Deixai-a; por que a incomodais? Foi uma boa obra que ela fez em meu favor. ⁷Pobres sempre tereis em vosso meio e podereis fazer bem a eles quando quiserdes*. Mas a mim não tereis sempre. ⁸Ela fez o que pôde, ungindo de antemão meu corpo para ser sepultado. ⁹Na verdade vos digo: em todo o mundo, onde quer que for anunciado o Evangelho, contarão, em sua memória, o que ela fez".

Judas prepara a traição. ¹⁰Judas Iscariotes, um dos Doze*, foi ter com os sumos sacerdotes para lhes entregar Jesus. ¹¹Eles ficaram alegres com esta notícia e prometeram dar-lhe dinheiro.

---

* **13**,21. Dt 13,1-4; Ap 13,13 | 24. Mt 24,29ss; Lc 21,25-28; Is 13,10; 34,4; Ez 32,7s; Jl 2,10; 3,4; Ap 6,12ss; 8,12 | 26. Dn 7,13s; Zc 2,6.10; Dt 30,4 | 28. Mt 24,32-35; Lc 21,29-33 | 31. Mt 5,18; Lc 16,17 | 32. Mt 24,36-44 | **14**,1. 11,18; Mt 26,1-5; Lc 22,1s; Jo 11,45-53; Lc 19,47 | 3. Mt 26,6-13; Jo 12,1-8; Lc 7,37s | 7. Jo 19,40 | 10. Mt 26,14ss; Lc 22,3-6

† **14**,1. Páscoa e Ázimos eram duas festas distintas: a primeira de origem nômade e a segunda uma festa agrícola. Ambas eram celebradas no início da primavera, março/abril, como a Páscoa cristã. Na Páscoa dos judeus imolava-se o cordeiro pascal em memória da saída do Egito, Êx 12, e nos Ázimos durante sete dias comiam-se pães ázimos, isto é, sem fermento.

Marcos 14

E ele ficou esperando uma boa ocasião para entregá-lo.

A última ceia. [12]No primeiro dia dos Ázimos*, quando se imolava o cordeiro pascal, disseram-lhe seus discípulos: "Onde queres que façamos os preparativos para comeres a Páscoa?" [13]Ele enviou, então, dois de seus discípulos, dizendo: "Ide à cidade e encontrareis um homem levando um cântaro de água. Acompanhai-o. [14]Onde ele entrar, dizei ao dono da casa: 'O Mestre manda perguntar: Onde está minha sala, na qual poderei comer a Páscoa com meus discípulos?' [15]Ele vos mostrará, no andar superior, uma grande sala, já mobiliada e pronta. Fazei lá os preparativos para nós". [16]Os discípulos foram e, entrando na cidade, encontraram tudo como ele tinha dito e prepararam a Páscoa.

[17]Ao cair da tarde, ele chegou com os Doze. [18]Enquanto estavam à mesa, Jesus lhes disse: "Na verdade vos digo: um de vós, um que come comigo*, vai trair-me". [19]Eles ficaram tristes e começaram a lhe perguntar um após outro: "Serei eu?" [20]Ele disse: "É um dos doze, que junto comigo põe a mão no mesmo prato. [21]O Filho do homem vai, como está escrito a respeito dele, mas ai do homem pelo qual é traído o Filho do homem: melhor seria para ele não ter nascido!"

[22]Enquanto comiam*, ele tomou um pão, recitou a bênção, partiu-o e deu-o aos discípulos, dizendo: "Tomai, isto é meu corpo". [23]Depois tomou um cálice, deu graças e passou-o a eles, e todos beberam. [24]Ele disse-lhes: "Este é meu sangue, o sangue da aliança, derramado pela multidão. [25]Na verdade vos digo: Não beberei mais do fruto da videira até o dia em que beberei o vinho novo no Reino de Deus"†.

Anúncio da negação de Pedro. [26]Depois de cantarem os Salmos, saíram para o monte das Oliveiras. [27]Jesus lhes disse: "Todos vós ireis cair*, porque está escrito: 'Ferirei o pastor, e as ovelhas se dispersarão'. [28]Mas depois de minha ressurreição, eu vos precederei na Galileia". [29]Pedro disse-lhe: "Podem cair todos, mas eu não!" [30]Disse-lhe Jesus: "Na verdade te digo: hoje mesmo, nesta noite ainda, antes que o galo cante duas vezes, tu me terás negado três vezes". [31]Mas ele dizia com mais insistência: "Mesmo que eu tenha de morrer contigo*, não te negarei!" E todos diziam o mesmo.

A agonia no horto. [32]Chegaram a um lugar* chamado Getsêmani. Jesus disse a seus discípulos: "Sentai-vos aqui, enquanto vou rezar". [33]Tomou consigo Pedro, Tiago e João* e começou a sentir medo e angústia. [34]E lhes disse: "Minha alma está numa tristeza mortal*. Ficai aqui e vigiai". [35]Indo um pouco mais longe, prostrou-se por terra e rezava para que, se fosse possível, essa hora passasse longe dele. [36]Dizia: "Abbá!† tudo vos é possível*; afastai de mim este cálice. Mas não aconteça como eu quero, mas como vós quereis". [37]Voltando, encontrou-os dormindo. Então disse a Pedro: "Simão, estás dormindo? Não foste capaz de ficar em vigília uma hora apenas? [38]Vigiai e rezai* para não cairdes em tentação. O espírito está disposto, mas a natureza é fraca". [39]Afastou-se de novo e rezou, repetindo as mesmas palavras. [40]Voltou outra vez e os encontrou dormindo, porque seus olhos estavam pesados; e eles não souberam o que lhe responder. [41]Pela terceira vez voltou e lhes disse: "Agora podeis dormir e descansar! Basta!

---

* **14**,12. Mt 26,17-25; Lc 22,7-23; Êx 12,6.14-20 | 18. Sl 41,10; Jo 13,21-30 | 22. Mt 26,26-30; Lc 22,15-20; 1Cor 11,23ss; Êx 24,8; Zc 9,11 | 27. Mt 26,31-35; Lc 22,31-34; Jo 13,36ss; Zc 13,7 | 31. Jo 11,16 | 32. Mt 26,36-46; Lc 22,39-46; Jo 18,1 | 33. 5,37; 9,2 | 34. Sl 42,6.12; 43,5 | 36. Jo 5,30; 6,38; 12,27 | 38. Mt 6,13; Lc 11,4

† **14**,25. "A Eucaristia é o memorial da Páscoa do Senhor e por nossa comunhão ao altar somos repletos de todas as graças e bênçãos do céu; por isso a Eucaristia é também a antecipação da glória celeste. Em toda Eucaristia, a Igreja relembra esta promessa, e seu olhar se volta para Aquele que vem (Ap 1,4). A participação na Missa sustenta nossas forças ao longo da peregrinação desta vida, faz-nos desejar a vida eterna e nos une já à Igreja do céu, a todos os santos" (CIC). | 36. Em todo o judaísmo, Jesus é o único a dirigir-se ao Pai com esta palavra carinhosa, que significa "Papai" e exprime uma filiação de natureza única.

Chegou a hora! O Filho do homem vai ser entregue às mãos dos pecadores. [42]Levantai-vos, vamos! Aquele que vai entregar-me está perto".

Prisão de Jesus. [43]E logo, enquanto ainda estava falando*, chegou Judas, um dos Doze, e com ele um bando armado de espadas e paus, enviado pelos sumos sacerdotes, escribas e anciãos. [44]Ora, o traidor combinara com eles um sinal, dizendo: "Aquele a quem eu beijar, é ele. Prendei-o e levai-o bem escoltado". [45]Logo que chegou, aproximou-se dele e disse: "Rabi!" E o beijou. [46]Os outros puseram-lhe as mãos e o prenderam. [47]Então um dos que lá estavam puxou da espada e feriu o servo do sumo sacerdote, cortando-lhe a orelha.

[48]Dirigindo-se a eles, disse Jesus: "Por acaso sou um bandido, para que venhais prender-me armados de espadas e paus? [49]Todos os dias estava em vosso meio, no templo, ensinando, e não me prendestes. Mas é para que as escrituras se cumpram!" [50]Então todos o abandonaram* e fugiram. [51]Seguia-o um moço, que não tinha por roupa senão um lençol; prenderam-no, [52]mas ele, deixando o lençol, fugiu nu†.

O processo de Jesus. [53]Levaram Jesus ao sumo sacerdote e lá se reuniram* todos os sumos sacerdotes, os anciãos e os escribas. [54]Pedro o seguira de longe, até dentro do palácio do sumo sacerdote. Sentado junto aos servidores, aquecia-se ao fogo.

[55]Os sumos sacerdotes e todo o Sinédrio† procuravam um testemunho contra Jesus, para condená-lo à morte, mas não encontravam. [56]Pois muitos prestavam depoimentos falsos contra ele, mas suas afirmações não concordavam. [57]Levantaram-se então alguns e apresentaram contra ele esta falsa acusação: [58]"Nós o ouvimos dizer: 'Eu destruirei este templo*, feito por mãos de homem, e em três dias construirei outro, que não será feito por mãos de homens'". [59]Mas nem nisto concordavam seus depoimentos.

[60]Levantou-se então o sumo sacerdote no meio da assembleia e interrogou a Jesus: "Não respondes nada? Que é que eles testemunham contra ti?" [61]Mas ele se calava e nada respondia*. De novo o sumo sacerdote o interrogou, dizendo-lhe: "És tu o Cristo, o Filho do Deus Bendito?" [62]Jesus respondeu: "Eu sou. E vereis o Filho do homem sentado à direita do Poderoso* e vindo com as nuvens do céu"†. [63]O sumo sacerdote então, rasgando as vestes, disse: "Para que precisamos ainda de testemunhas? [64]Ouvistes a blasfêmia. Que vos parece?" Todos o consideraram réu de morte.

[65]Começaram então alguns a cuspir nele e, tapando-lhe o rosto, davam-lhe bofetadas, dizendo: "Mostra que és profeta!" E os servos batiam nele.

As negações de Pedro. [66]Quando Pedro estava embaixo*, no pátio, chegou uma das empregadas do sumo sacerdote [67]e, vendo Pedro que se aquecia, encarou-o e disse: "Tu também estavas com o Nazareno, com Jesus!" [68]Mas ele negou, dizendo: "Não sei, não compreendo o que dizes". Saiu em seguida para a entrada; e um galo cantou. [69]A empregada, vendo-o, recomeçou a dizer aos que lá estavam: "Este é um deles!" [70]Mas ele negou outra vez. Pouco depois, os que ali se achavam disseram a Pedro: "Realmente, tu és um deles, pois também és galileu!" [71]Ele, então, começou a jurar e a praguejar: "Não conheço este homem* de quem falais!" [72]E logo, pela segunda vez, um galo cantou. Recordou-se, então, Pedro do que Jesus lhe tinha dito: "Antes que o galo cante duas vezes, tu me terás negado três vezes". E desatou a chorar.

---

* **14**,43. Mt 26,47-56; Lc 22,47-53; Jo 18,2-12 | 50. Zc 13,7 | 53. Mt 26,57-68; Lc 22,54-71; Jo 18,13s | 58. 15,29; Jo 2,19 | 61. Lc 23,9 | 62. 13,26; Sl 110,1; Dt 7,13 | 66. Mt 26,69-75; Lc 22,56-62; Jo 18,15-27 | 71. 14,30

† **14**,52. Este moço parece ser o próprio Marcos, que, aliás, é o único evangelista a contar este detalhe. | 55. O Sinédrio, assembleia composta de 71 membros das famílias sacerdotais e presidida pelo sumo sacerdote, era a máxima autoridade religiosa. | 62. Ver a nota em Mt 26,64.

Marcos 15

Processo diante de Pilatos. [1]Logo de manhã, os sumos sacerdotes* reuniram-se em conselho com os anciãos, os escribas e todo o Sinédrio. Depois, amarrando Jesus, levaram-no e o entregaram a Pilatos[†]. [2]Pilatos o interrogou: "Tu és o rei dos judeus?" Jesus respondeu: "Tu o disseste". [3]Os sumos sacerdotes multiplicavam as acusações contra ele. [4]Pilatos de novo o interrogou: "Nada respondes?* Olha de quantas coisas eles te acusam!" [5]Mas Jesus não respondeu mais nada*, de sorte que Pilatos ficou admirado.

[6]Em cada Festa, ele costumava libertar um preso*, aquele que pedissem. [7]Ora, estava na prisão um homem chamado Barrabás, preso junto com agitadores, que num tumulto tinham cometido um homicídio. [8]Tendo subido, a multidão começou a pedir o favor que lhes costumava fazer. [9]Pilatos respondeu: "Quereis que vos solte o rei dos judeus?" [10]Bem sabia, com efeito, que era por inveja* que os sumos sacerdotes o tinham entregado. [11]Mas os sumos sacerdotes incitaram a multidão para pedir que ele soltasse antes Barrabás. [12]Pilatos, tomando outra vez a palavra, dizia-lhes: "Que devo fazer, então, desse que chamais* de rei dos judeus?" [13]Mas eles gritaram de novo: "Crucifica-o!" [14]Pilatos lhes disse: "Mas que mal fez ele?" Eles, porém, gritavam mais forte: "Crucifica-o!" [15]Pilatos, querendo contentar a multidão, soltou-lhes Barrabás e, depois de fazer açoitar Jesus, entregou-o para ser crucificado[†].

A coroação de espinhos. [16]Os soldados o levaram para dentro do palácio*, para o Pretório, e reuniram todo o batalhão. [17]Revestiram-no de púrpura, fizeram uma coroa de espinhos e puseram-na em sua cabeça. [18]Começaram depois a saudá-lo: "Salve, rei dos judeus!" [19]Batiam-lhe na cabeça com uma cana, cuspiam nele e, de joelhos, o homenageavam. [20]Depois de haverem zombado dele, tiraram-lhe a púrpura e o vestiram com suas roupas.

A via-sacra. Depois o levaram para fora, para o crucificar. [21]Para carregar sua cruz, chamaram Simão Cireneu*, pai de Alexandre e Rufo, que estava passando por ali, voltando do sítio. [22]Levaram Jesus para o lugar chamado Gólgota, que quer dizer "Lugar do Crânio". [23]Eles lhe ofereciam vinho* misturado com mirra, mas ele não tomou[†].

Jesus na cruz. [24]Depois o crucificaram e dividiram suas vestes, decidindo pela sorte o que caberia a cada um. [25]Era a hora terceira[†] quando o crucificaram. [26]A inscrição que indicava o motivo de sua condenação dizia: "O rei dos judeus". [27]Junto com ele crucificaram dois ladrões*, um à direita, outro à esquerda[†].

[29]Os que passavam por lá o injuriavam, balançando a cabeça e dizendo: "Ah! tu que destróis o templo* e o reconstróis em três dias, [30]salva-te a ti mesmo, descendo da cruz!" [31]Da mesma forma os sumos sacerdotes e os escribas zombavam dele entre si, dizendo: "Salvou os outros e não pode salvar a si mesmo! [32]Desça agora da cruz o Cristo, rei de Israel, para nós vermos e acreditarmos!" Até mesmo aqueles que tinham sido crucificados junto com ele o injuriavam.

Morte de Jesus. [33]À hora sexta*, a escuridão cobriu toda a terra,[†] até a hora

---

* **15**,1. Mt 27,1s; Lc 23,1-5; Jo 18,28-38 | 4. Is 53,7 | 5. Lc 23,9 | 6. Mt 27,15-26; Lc 23,13-25; Jo 18,39; 19,1-16 | 10. At 3,14 | 12. At 13,28 | 16. Mt 27,27-31; Jo 19,2s; Lc 23,11 | 21. Mt 27,32-44; Lc 23,26-43; Jo 19,17-27 | 23. Sl 69,71; Sl 22,19 | 27. Is 53,12 | 29. Sl 22,8; Lm 2,15; Jo 2,19 | 33. Mt 27,45-56; Lc 23,44-49; Jo 19,28ss; Sl 22,2

† **15**,1. Pôncio Pilatos, procurador romano que governou a Judeia de 26 a 36 dC, residia em Cesareia marítima, porém, subia a Jerusalém para as festas. | 15. Os primeiros cristãos reduziram ao mínimo a intervenção dos romanos na morte de Jesus, fazendo recair a responsabilidade sobre os chefes judeus. | 23. Bebida que se oferecia aos condenados, para inebriá-los, aliviando seus tormentos. | 25. Cerca de 9 horas da manhã. | 27. Alguns manuscritos acrescentam aqui como v. 28: "E cumpriu-se a Escritura que diz: E ele foi contado entre os malfeitores", Lc 22,37. | 33. Trevas misteriosas, como nas descrições proféticas dos grandes castigos divinos, Is 13,10; Jr 15,9; Am 8,9. Hora sexta é meio-dia; hora nona é 3 da tarde.

Marcos 15-16

nona. [34]À hora nona, Jesus gritou com voz forte: "Eloí, Eloí, lema sabachtani?" Isto quer dizer: "Meu Deus, meu Deus, por que me abandonastes?" [35]Alguns dos circunstantes, ouvindo-o, disseram: "Ele está chamando Elias!" [36]Alguém correu* a embeber de vinagre uma esponja e, colocando-a na ponta de uma vara, oferecia-lhe para beber, dizendo: "Esperai, vamos ver se Elias vem descê-lo!" [37]Jesus então, dando um grande grito, expirou.

[38]A cortina do templo rasgou-se de alto a baixo* em duas partes[†]. [39]O centurião que estava diante dele, vendo como havia expirado, disse: "Na verdade, este homem era filho de Deus!"[†]

O sepultamento. [40]Estavam ali também algumas mulheres*, que olhavam de longe. Entre elas estavam Maria Madalena, Maria, mãe de Tiago, o Menor, e de José, e Salomé, [41]que o seguiam e estavam a seu serviço quando ele se achava na Galileia. E muitas outras ainda que tinham subido com ele a Jerusalém.

[42]Caindo a tarde* e como era a Preparação da Páscoa, quer dizer, a véspera do sábado, [43]José de Arimateia, membro importante do Conselho, que também esperava o Reino de Deus, teve a coragem de ir até Pilatos e pediu o corpo de Jesus. [44]Pilatos admirou-se de que ele já estivesse morto e, chamando o centurião, perguntou se ele já tinha morrido há muito tempo. [45]Informado pelo centurião, mandou entregar o corpo a José. [46]Este, comprando um lençol, desceu Jesus da cruz e, envolvendo-o no lençol, colocou-o num sepulcro* escavado na rocha. Depois rolou uma pedra na entrada do sepulcro. [47]Maria Madalena e Maria, mãe de José, estavam observando onde ele foi colocado.

16 Ressurreição de Jesus.

[1]Passado o sábado, Maria Madalena*, Maria, mãe de Tiago, e Salomé compraram aromas para irem embalsamar o corpo de Jesus. [2]E no primeiro dia da semana[†], foram muito cedo ao sepulcro, ao nascer do sol.

[3]Diziam entre si: "Quem vai remover para nós a pedra da entrada do sepulcro?" [4]Mas, erguendo os olhos, viram já removida a pedra, que era muito grande. [5]Entrando no sepulcro, viram um jovem* sentado do lado direito, vestido de uma túnica branca, e ficaram cheias de espanto. [6]Ele disse-lhes: "Não vos assusteis! Estais procurando Jesus de Nazaré, que foi crucificado. Ele ressuscitou! Não está aqui! Vede o lugar onde o depositaram. [7]Mas ide e dizei a seus discípulos e a Pedro que ele vos precede na Galileia. Lá o vereis*, como vos disse". [8]E, saindo, elas fugiram do sepulcro, pois estavam trêmulas e espantadas. E a ninguém disseram coisa alguma, porque tinham medo...

As aparições do Ressuscitado[†]. [9]Tendo Jesus ressuscitado na manhã* do primeiro dia da semana, apareceu primeiro a Maria Madalena, da qual havia expulsado sete demônios. [10]Ela foi

---

* **15**,36. Sl 69,21 | 38. Hb 10,19s | 40. Lc 8,2s | 42. Mt 27,57-61; Lc 23,50-56; Jo 19,32-42 | 46. At 13,29 **16**,1. 15,40; Mt 28,1-8; Lc 24,1-12; Jo 20,1-10 | 5. Ap 7,9.13 | 7. 14,28; Mt 26,32 | 9. Mt 28,8ss; Jo 20,11-18

† **15**,38. A cortina que se rasga e a proclamação do centurião são um apelo à missão entre os gentios. | 39. O centurião, embora seja pagão, já parece iluminado pela fé ao dar esse testemunho solene da grandeza de Jesus enquanto ele era rejeitado e sentenciado. Aqui a expressão "filho de Deus" ainda não é uma afirmação da divindade de Jesus. Mas à luz do Mistério Pascal e com a graça do Espírito Santo, os discípulos perceberam que ele se dizia "Filho" num sentido único, sugerindo sua origem celeste. Suscitar esta fé em Jesus, Filho de Deus, é o objetivo de toda a pregação apostólica e do Evangelho de Marcos, 1,1; Jo 20,31. | **16**,2. É o dia seguinte ao sábado, ou seja, nosso domingo, palavra que significa "dia do Senhor". Justamente porque a ressurreição foi num domingo é que os cristãos guardam o domingo em vez do sábado, costume que teve início logo nos primeiros anos do cristianismo, At 20,7; 1Cor 16,2; Ap 1,10. | 9. Esta conclusão do Evangelho, vv. 9-20, não parece ser do próprio Marcos, mas não deixa de ser inspirada e é parte integrante da Bíblia. Aí temos um resumo das aparições do Ressuscitado, que são narradas mais longamente nos outros Evangelhos, e descreve-se a ascensão de Jesus com sua despedida e a ordem de evangelizar o mundo inteiro.

Marcos 16

1238

dar a notícia aos que tinham sido seus companheiros, e que estavam aflitos e choravam. ¹¹E estes, ouvindo contar que ele estava vivo e que ela o tinha visto, não creram nela.

¹²Depois disso, apareceu sob outra forma, a dois deles*, enquanto caminhavam para uma aldeia. ¹³Eles voltaram e o anunciaram aos outros, mas tampouco a estes deram crédito.

Jesus envia os apóstolos. ¹⁴Finalmente, apareceu aos próprios Onze*, quando estavam à mesa, e repreendeu-os por sua incredulidade e dureza de coração, porque não tinham acreditado naqueles que o viram ressuscitado. ¹⁵E disse-lhes: "Ide pelo mundo inteiro e proclamai o Evangelho a toda criatura! ¹⁶Quem crer e for batizado será salvo. Quem não crer será condenado. ¹⁷Estes são os sinais que acompanharão os que creem: em meu nome expulsarão demônios, falarão línguas novas, ¹⁸pegarão em serpentes e nada sofrerão se beberem algum veneno, imporão as mãos sobre os doentes e estes ficarão curados".

¹⁹O Senhor Jesus*, depois de lhes falar assim, foi elevado ao céu e sentou-se à direita de Deus. ²⁰Os apóstolos partiram e pregaram por toda a parte*. O Senhor cooperava com eles e confirmava a Palavra com os sinais que a acompanhavam.

---

* **16**,12. Lc 24,13-35 | 14. Mt 28,16-20; Lc 24,36-49; Jo 20,19-23; At 1,6ss | 19. Lc 24,50-53; At 1,9ss; 2Rs 2,11; Sl 110,1 | 20. At 14,3; Hb 2,3s

EVANGELHO SEGUNDO LUCAS

O Evangelho de São Lucas, escrito em torno do ano 70, é a primeira parte de uma obra em dois volumes que conta as origens do cristianismo. O primeiro volume, mencionado em At 1,1, é este Evangelho, mensagem sobre Jesus, sua vida e sua obra de salvação. O segundo (que retoma a narração onde terminara o anterior, a saber, na ascensão de Jesus), é o livro dos Atos dos Apóstolos, onde são descritos os primeiros passos da Igreja fundada por Jesus, sobretudo a atividade dos apóstolos Pedro e Paulo.

O autor escreveu com grande preocupação de fidelidade histórica. Para isso pesquisou tudo quanto já tinha sido escrito sobre Jesus – inclusive o Evangelho de Marcos – e procurou obter das pessoas que conheceram o Mestre informações complementares; pelos relatos que aparecem no Evangelho da infância (Lc 1–2) podemos supor que Nossa Senhora foi uma das pessoas consultadas.

Devido a esta riqueza de fontes, Lucas pôde apresentar muitas secções próprias. Se não fosse seu trabalho de pesquisador, talvez ficassem perdidas para sempre algumas joias literárias como a parábola do fariseu e do publicano, a do filho pródigo e certos episódios como o dos discípulos de Emaús, que constam apenas no terceiro Evangelho.

Em suas grandes linhas, o plano de Lucas é o mesmo de Marcos, baseado em critérios de ordem geográfica. Conforme os lugares evangelizados por Jesus, o Evangelho começa na Galileia (4,14–9,50) e termina em Jerusalém (19,28–24,53), para onde Jesus se encaminha numa longa jornada (9,51–19,27), que "é mais uma peregrinação espiritual do que um itinerário geográfico" (C. Stuhlmueller).

São Lucas, autor deste Evangelho, não pertence aos Doze, mas foi discípulo deles e conviveu por muitos anos com São Paulo, a quem acompanhou desde a segunda viagem missionária (At 16,10) até a morte do Apóstolo (2Tm 4,11). Em Cl 4,14 São Lucas é chamado de médico amado. Natural de Antioquia, era possuidor de boa cultura, o que transparece em sua linguagem acurada. Sua obra foi editada após a de Marcos e ao mesmo tempo que a de Mateus. Isto é, por volta do ano 70. Destina-se aos gentios convertidos, daí seu caráter universalista e a maneira simpática de se referir aos não judeus. Outra categoria pela qual o autor manifesta predileção são os pobres, os humildes, as mulheres, que a civilização judaica desprezava. Apresenta Jesus como aquele que corresponde aos anseios de libertação de todas as classes oprimidas. Por isso, a característica principal do Salvador no retrato de Lucas é a misericórdia. Ao mesmo tempo, porém, o Reino de Deus é descrito como algo absoluto e exigente, pelo qual se renuncia a tudo (14,33).

A influência de Paulo é perceptível em outros temas preferidos por Lucas: o Espírito Santo, cuja presença se observa desde o Evangelho da infância, e que terá uma atuação marcante no começo da Igreja, como narra o livro dos Atos; a alegria e o louvor a Deus, referidos nas últimas frases do Evangelho e também presentes desde suas primeiras páginas; a oração, tema de várias parábolas, e atitude na qual Jesus é apresentado em diversas ocasiões, como no batismo (Lc 3,21) e na transfiguração (9,29). Finalmente, o centro de todo o Evangelho parece ser Jerusalém, em sua condição de Cidade Santa e cenário do mistério da Cruz: lá se desenrolam os primeiros como também os últimos episódios desta história e é para lá que Jesus caminha através da longa viagem, que constitui a parte mais volumosa da obra (9,51–19,27).

1 **Prólogo.** ¹Muitos já se lançaram à tarefa de compor a narração dos fatos que entre nós se cumpriram, ²de acordo com o que nos transmitiram aqueles que, desde o início*, foram testemunhas oculares e ministros da Palavra. ³Assim, excelentíssimo Teófilo*, depois de me haver informado cuidadosamente de tudo desde o princípio, resolvi escrever para ti uma exposição ordenada dos fatos, ⁴para conheceres melhor a solidez da doutrina que recebeste.

---

* **1**,2. At 1,8; Jo 15,27 | 3. At 1,1

† **I.** O Evangelho começa contando, em trechos paralelos, duas infâncias: a de João Batista e a de Jesus. Numa linguagem calcada sobre o AT, Lc 1–2 anuncia a chegada do Salvador, que cumpre as promessas de Deus e realiza as esperanças dos humildes. E no livro dos Atos, Lucas vai narrar uma outra infância, a da Igreja, Corpo de Cristo, Cl 1,18.

Lucas 1

I. INFÂNCIA DE JOÃO BATISTA E DE JESUS
(1,5–2,52)†

Anúncio do nascimento de João Batista. [5]No tempo de Herodes, rei da Judeia, havia um sacerdote chamado Zacarias, pertencente à classe de Abias; sua mulher era uma descendente de Aarão e chamava-se Isabel. [6]Ambos eram justos diante de Deus e seguiam fielmente todos os mandamentos e preceitos do Senhor. [7]Mas não tinham filhos*, porque Isabel era estéril, e os dois eram de idade avançada. [8]Ora, quando Zacarias estava exercendo as funções sacerdotais diante de Deus*, ao chegar a vez de sua classe, [9]ele foi sorteado segundo o costume dos sacerdotes, para entrar no santuário do Senhor e lá oferecer o incenso. [10]Toda a multidão do povo estava em oração, lá fora, no momento de se oferecer o incenso. [11]Apareceu-lhe então um anjo do Senhor,* de pé, à direita do altar do incenso. [12]Ao vê-lo, Zacarias ficou assustado e cheio de medo. [13]Mas o anjo lhe disse: "Não tenhas medo, Zacarias, porque tua oração foi atendida: Isabel, tua esposa, vai te dar um filho, a quem darás o nome de João. [14]Ficarás feliz e radiante, e muitos se alegrarão quando ele nascer. [15]Porque ele será grande diante do Senhor; não tomará vinho* nem qualquer bebida forte; desde o seio de sua mãe será cheio do Espírito Santo [16]e reconduzirá muitos filhos de Israel ao Senhor, seu Deus. [17]Caminhará diante dele com o espírito e o poder de Elias, para reconduzir o coração dos pais aos filhos* e os rebeldes à sabedoria dos justos, a fim de preparar para o Senhor um povo bem disposto". [18]Za-

carias disse ao anjo: "Como terei certeza disto?* Pois sou velho e minha mulher é de idade avançada". [19]Respondeu-lhe o anjo:* "Eu sou Gabriel. Estou sempre diante de Deus, e fui enviado para te falar e anunciar* esta boa nova. [20]Ficarás mudo e sem poder falar até o dia em que se realizarem estas coisas, já que não acreditaste em minhas palavras, que hão de cumprir-se a seu tempo"*. [21]Entretanto, o povo esperava Zacarias, estranhando sua demora no santuário. [22]Mas quando saiu, não lhes podia falar, e compreenderam que tivera uma visão no santuário. Quanto a ele, fazia-lhes sinais, continuando mudo.

[23]Completados os dias de seu ministério, ele voltou para casa. [24]Algum tempo depois, sua esposa Isabel concebeu e ficou escondida por cinco meses. [25]"Assim – dizia ela – agiu o Senhor em meu favor*, no tempo em que se dignou acabar com a humilhação que eu sofria entre o povo".

Anúncio do nascimento de Jesus. [26]No sexto mês*, o anjo Gabriel foi enviado por Deus a uma cidade da Galileia, chamada Nazaré, [27]a uma virgem, noiva de um homem, de nome José, da casa de Davi*; a virgem chamava-se Maria†. [28]Entrando onde ela estava, disse-lhe o anjo: "Alegra-te, ó cheia de graça, o Senhor é contigo"†. [29]Ao ouvir tais palavras, Maria ficou confusa e começou a pensar o que significaria aquela saudação. [30]Disse-lhe o anjo: "Não tenhas medo, Maria*, porque Deus se mostra bondoso para contigo. [31]Conceberás em teu seio e darás à luz um filho e lhe porás o nome de Jesus. [32]Ele será grande e será chamado Filho do Altíssimo. O Senhor Deus lhe dará

---

* 1,7. Gn 18,11; Jz 13,2ss; 1Sm 1,5s | 8. Êx 30,7 | 11. Mt 1,20 | 15. Nm 6,3; Jz 13,4s; 1Sm 1,11 | 17. Ml 3,1; Mt 17,12s | 18. Gn 15,8 | 19. Dn 8,16; 9,21 / Hb 1,14 | 20. 1,45 | 25. Gn 30,23 | 26. 2,5 | 27. Mt 1,16.18 | 30. Gn 16,11; Jz 13,3; Is 7,14; Mt 1,21ss

† 1,27. "Maria, virgem Mãe de Deus, é a obra-prima da missão do Filho e do Espírito Santo na plenitude dos tempos. Pela primeira vez no plano da salvação e porque seu Espírito a preparou, o Pai encontra a Morada em que seu Filho e seu Espírito podem habitar entre os homens. É por isso que a Tradição da Igreja muitas vezes leu, com relação a Maria, os mais belos textos sobre a Sabedoria (Pr 8,1-9,6; Eclo 24). Maria é louvada na Liturgia como o 'trono da Sabedoria'" (CIC). | 28. Na Anunciação, Maria representa o povo de Deus que acolhe a salvação; por isso, a saudação do anjo repete as palavras proféticas dirigidas à Filha de Sião, à nova Jerusalém, Sf 3,14s; Zc 9,9.

o trono de Davi, seu pai, [33]e ele reinará para sempre na casa de Jacó*. E seu reino não terá fim". [34]Maria, porém, perguntou ao anjo: "Como será isto, se eu não vivo com um homem?" [35]Respondeu-lhe o anjo: "O Espírito Santo descerá sobre ti e a força do Altíssimo te cobrirá com sua sombra. Por isso, o Santo que vai nascer será chamado Filho de Deus. [36]Isabel, tua parenta, também ela concebeu um filho em sua velhice e está no sexto mês aquela que era chamada estéril, [37]porque nada é impossível* para Deus". [38]Disse então Maria: "Eis aqui a serva do Senhor†, faça-se em mim segundo tua palavra"†. E o anjo retirou-se de sua presença.

Maria visita Isabel. [39]Naqueles dias, Maria partiu em viagem, indo às pressas para a região montanhosa, para uma cidade da Judeia. [40]Entrou na casa de Zacarias e cumprimentou Isabel. [41]Logo que Isabel ouviu a saudação de Maria*, o menino saltou em seu seio, e Isabel ficou cheia do Espírito Santo [42]e exclamou em alta voz: "Tu és bendita entre as mulheres* e bendito é o fruto de teu ventre![43] Como me é dado que venha a mim a mãe de meu Senhor? [44]Pois assim que chegou a meus ouvidos a voz de tua saudação, o menino saltou de alegria em meu seio. [45]Bem-aventurada aquela que acreditou que se cumpriria o que lhe foi dito da parte do Senhor!"*

O Magnificat†. [46]Disse então Maria:

"Minha alma engrandece o Senhor
[47]e meu espírito se alegra em Deus, meu Salvador*,
[48]porque Ele olhou para sua humilde serva*;
pois daqui em diante todas as gerações proclamarão que sou feliz!

[49]Porque o Todo-Poderoso fez por mim grandes coisas*
e santo é seu nome.
[50]De geração em geração se estende sua misericórdia*
sobre aqueles que o temem.
[51]Demonstrou o poder de seu braço*
e dispersou os que pensam com soberba.
[52]Derrubou os poderosos de seus tronos*
e elevou os humildes.
[53]Enriqueceu de bens os famintos*
e despediu os ricos de mãos vazias.
[54]Socorreu seu servo Israel*,
lembrando-se de sua misericórdia,
[55]como havia prometido a nossos pais*,
em favor de Abraão e de seus filhos para sempre".

[56]Maria ficou com Isabel uns três meses e depois voltou para casa.

Nascimento de João Batista. [57]Quanto a Isabel, chegou seu tempo de dar à luz e ela teve um filho. [58]Seus vizinhos e parentes ficaram sabendo que o Senhor lhe concedera esta grande graça e foram participar de sua alegria.

[59]Oito dias depois*, vieram circuncidar o menino* e queriam chamá-lo Zacarias, que era o nome do pai; [60]mas sua mãe respondeu: "Não, ele se chamará João!" [61]Disseram-lhe: "Mas não há ninguém em tua família* com este nome!" [62]E por meio de gestos perguntaram ao pai* como queria que o chamassem. [63]Ele pediu uma tabuinha e escreveu: "João é seu nome". E todos ficaram admirados. [64]Na mesma hora sua boca se abriu, a língua se soltou e ele se pôs a falar, bendizendo a Deus. [65]Todos os seus vizinhos ficaram cheios de temor*, e por toda a montanha da

---

* **1,**33. Is 9,7; 2Sm 7,12-15; Mq 4,7; Dn 7,14 | 37. Gn 18,14 | 41. 1,15 | 42. Jt 15,10; Dt 28,4 | 45. 1,20 | 47. 1Sm 2,1-10 | 48. 1Sm 1,11 | 49. Sl 111,9 | 50. Sl 103,13.17 | 51. Sl 89,22; 2Sm 22,28 | 52. Jó 5,11; 12,19 | 53. Sl 107,9 | 54. Sl 98,3; Is 41,8 | 55. Mq 7,20; Gn 17,7; 22,17 | 59. 2,21 / Gn 17,12 | 61. 1Cr 12,3 | 62. 1,13 | 65. 7,16

† **1,**38. Na fé de sua humilde serva, o dom de Deus encontra o acolhimento que esperava desde o começo dos tempos. Aquela que o Todo-Poderoso tornou cheia de graça responde pela oferenda de todo o seu ser: "Faça-se". É toda dele porque Ele é todo nosso. / Os Santos Padres disseram que o nó da desobediência de Eva foi desatado pela obediência de Maria; o que a virgem Eva atou pela incredulidade, a virgem Maria desatou pela fé. | 46. Este hino é chamado "Magnificat", palavra com que ele começa na versão latina. Aí está "o espelho da alma de Maria, o prelúdio do Sermão da Montanha". Todo tecido de citações dos Salmos e dos Profetas, esse hino "proclama que a salvação de Deus tem muito a ver com a justiça para com os pobres" (Puebla). "É a revolução divina da esperança" (L. Boff).

Lucas 1-2

Judeia se contavam todos esses fatos. ⁶⁶Todos os que ouviam isso, guardavam tudo no coração, perguntando: "Que virá a ser este menino?" De fato, a mão do Senhor estava com ele.

O Benedictus†. ⁶⁷Então seu pai Zacarias, cheio do Espírito Santo, começou a profetizar, dizendo:

⁶⁸"Bendito seja o Senhor, Deus de Israel,

porque visitou e libertou seu povo,

⁶⁹e fez surgir para nós um Salvador poderoso

na casa de Davi, seu servo,

⁷⁰conforme tinha anunciado pela boca de seus santos,

os antigos profetas,

⁷¹para nos salvar de nossos inimigos*

e de todos os que nos odeiam.

⁷²Mostra assim misericórdia a nossos pais*

e lembra-se de sua santa aliança,

⁷³do juramento que fez a Abraão, nosso pai*,

⁷⁴de nos conceder que, sem temor

e livres de nossos inimigos,

⁷⁵o sirvamos em santidade e justiça,

diante dele, por toda a nossa vida.

⁷⁶E tu, menino, serás chamado profeta do Altíssimo*,

porque irás à frente do Senhor

para preparar seus caminhos,

⁷⁷para revelar a seu povo a salvação,

pela remissão dos pecados;

⁷⁸graças à ternura e à misericórdia de nosso Deus*,

nos visitará um sol que vem do alto,

⁷⁹para iluminar os que jazem nas trevas e na sombra da morte,

a fim de guiar nossos passos no caminho da paz".

⁸⁰Entretanto o menino crescia*, e se fortalecia seu espírito. E morou no deserto até o dia em que devia manifestar-se a Israel.

2 **Nascimento de Jesus.** ¹Naqueles dias foi promulgado um decreto de César Augusto*, determinando o recenseamento do mundo inteiro. ²Este recenseamento, o primeiro que se fez, foi efetuado quando Quirino governava a Síria. ³E todos iam alistar-se, cada um em sua cidade. ⁴Também José subiu de Nazaré, na Galileia, para a cidade de Davi, chamada Belém, na Judeia*, porque era da casa e da família de Davi, ⁵a fim de alistar-se juntamente com Maria, sua esposa, que estava grávida. ⁶Enquanto estavam lá, completaram-se os dias da gestação. ⁷E Maria deu à luz seu filho primogênito†; envolveu-o em faixas e o deitou num presépio, porque não havia lugar para eles na hospedaria.

⁸Havia na mesma região pastores que estavam nos campos e guardavam seu rebanho no decorrer da noite. ⁹Apresentou-se junto deles um anjo do Senhor, e a glória do Senhor os envolveu de luz; ficaram com muito medo, ¹⁰mas o anjo lhes disse: "Não tenhais medo, pois vos anuncio uma grande alegria, que será para todo o povo: ¹¹Hoje, na cidade de Davi, nasceu para vós um Salvador, que é o Cristo Senhor. ¹²Isto vos servirá de sinal: encontrareis um menino envolto em faixas e deitado num presépio". ¹³No mesmo instante, juntou-se ao anjo grande multidão do exército celeste, louvando a Deus e dizendo:

¹⁴"Glória a Deus nas alturas*

e paz na terra aos homens por ele amados"†.

¹⁵Quando os anjos os deixaram, voltando para o céu, os pastores disseram entre si: "Vamos até Belém, para ver o que aconteceu e que o Senhor nos deu a conhecer". ¹⁶Os pastores foram depressa e encontraram Maria, José e

---

* **1**,71. Sl 106,10.45 | 72. Sl 105,8s | 73. Gn 17,7; 22,16s; Lv 26,42; Tt 2,12 | 76. Is 40,3; Ml 3,1; Mt 3,3 | 78. Is 9,2; 58,8; 60,1; Mt 4,16 | 80. 2,40 | **2**,1. Mt 1,18-25 | 4. Mq 5,1; Mt 2,1ss; Jo 7,42 | 14. 19,38

† **1**,67. O nome desse hino é sua primeira palavra na versão latina. Suas expressões e imagens são tiradas dos Profetas e anunciam a paz, ou seja, a felicidade perfeita, que o Salvador trouxe à humanidade, nascendo como um Sol anunciador de esperança, v. 78. | **2**,7. Jesus é chamado primogênito, não porque Maria tivesse tido outros filhos, mas porque, como primeiro filho, devia ser consagrado ao Senhor, Lc 2,23. | 14. Homens que Deus ama, pelos quais Deus tem carinho e mostra sua "boa vontade". "Homens de boa vontade" tornou-se uma expressão consagrada, mas é tradução inexata.

1243   Lucas 2

o menino deitado no presépio. ¹⁷Quando o viram, contaram o que lhes fora dito a respeito daquele menino. ¹⁸E todos os que ouviam se admiravam das coisas* que lhes diziam os pastores. ¹⁹Maria, porém, conservava todas estas recordações, meditando-as em seu coração†. ²⁰Depois, os pastores voltaram glorificando e louvando a Deus por tudo o que tinham ouvido e visto, conforme o que lhes fora dito.

O nome de Jesus†. ²¹Passados oito dias, quando o menino devia ser circuncidado*, deram-lhe o nome de Jesus, conforme fora indicado pelo anjo, antes de ser concebido no seio materno.

Apresentação no templo. ²²E quando se completaram os dias para eles se purificarem, segundo a lei de Moisés, levaram-no a Jerusalém, para apresentá-lo ao Senhor, ²³conforme o que está escrito na lei do Senhor:* "Todo primogênito do sexo masculino seja consagrado ao Senhor"*; ²⁴e para oferecer em sacrifício, como se prescreve na lei do Senhor, um par de rolas ou dois pombinhos.

Cântico de Simeão. ²⁵Havia em Jerusalém* um homem chamado Simeão. Era justo e piedoso; esperava a consolação de Israel e o Espírito Santo estava nele. ²⁶Fora-lhe revelado pelo Espírito Santo que não morreria antes de ver o Messias do Senhor. ²⁷Movido pelo Espírito, dirigiu-se ao templo e, quando os pais levaram o menino Jesus para cumprirem as prescrições da lei a seu respeito, ²⁸ele o tomou nos braços e louvou a Deus, dizendo:

²⁹"Agora, Senhor, podeis deixar ir em paz vosso servo,

conforme vossa palavra,

³⁰porque meus olhos viram vossa salvação*,

³¹que preparastes diante de todos os povos,

³²luz para iluminar as nações e glória de Israel, vosso povo"*.

Profecia de Simeão. ³³Seu pai e sua mãe estavam maravilhados com as coisas que dele se diziam. ³⁴Simeão os abençoou* e disse a Maria, sua mãe: "Este menino vai causar a queda e a elevação de muitos em Israel; ele será um sinal de contradição; ³⁵a ti própria, uma espada te traspassará a alma†, para que se revelem os pensamentos de muitos corações".

A profetisa Ana. ³⁶Havia lá também uma profetisa chamada Ana, filha de Fanuel, da tribo de Aser. Era de idade muito avançada. Após sua virgindade, vivera sete anos com seu marido, ³⁷ficou viúva e atingiu a idade de oitenta e quatro anos. Não se apartava do templo, servindo a Deus noite e dia*, com jejuns e orações. ³⁸Chegando naquela mesma hora, ela se pôs a bendizer a Deus e a falar do menino a todos os que esperavam* a libertação de Jerusalém†.

Volta a Nazaré. ³⁹Depois de haverem cumprido* todas as prescrições da lei do Senhor, voltaram para a Galileia, a sua cidade de Nazaré. ⁴⁰O menino, entretanto, ia crescendo e se fortificava*, enchendo-se de sabedoria. E a graça de Deus estava sobre ele.

O menino Jesus em Jerusalém. ⁴¹Os pais de Jesus iam todos os anos a Jerusalém* para a festa da Páscoa. ⁴²Quando ele tinha doze anos, subiram para lá, como era costume na festa. ⁴³Passados os dias da festa, quando estavam voltando, ficou em Jerusalém o menino Jesus, sem que seus pais o notassem. ⁴⁴Pensando que ele estivesse na caravana, fizeram o percurso de um

---

* **2**,18. 2,51 | 21. Gn 17,12; Lv 12,3.6; Mt 1,21; 1,31.59 | 23. Êx 13,2 / Lv 12,8 | 25. Is 40,1; 49,13 | 30. 3,6; Is 40,5; 52,10; Tt 2,11 | 32. Is 42,6; 46,13; 49,6 | 34. Is 8,14; 1Pd 2,8 | 37. 1Tm 5,5 | 38. Is 52,9 | 39. Mt 2,23 | 40. 1,80; 2,52 | 41. Êx 12,24ss; Dt 16,1-8

† **2**,19. "Coração" aqui e no v. 51 significa memória, afeto, consideração. | 21. "Jesus" significa Javé salva. Seu nome é o único que contém a promessa que exprime. Todo aquele que invoca seu nome, acolhe o Filho de Deus que o amou e por ele se entregou, Rm 10,13; At 2,21; 3,15-16; Gl 2,20. | 35. O Salvador será rejeitado pela maioria do povo, será perseguido e morto pelos seus. Tudo isso vai doer no coração de sua Mãe e esta sua dor está aqui simbolizada pela espada. | 38. "Com Simeão e Ana é toda a espera de Israel que vem ao encontro de seu Salvador" (CIC).

Lucas 2-3

dia inteiro. Depois o procuraram entre os parentes e conhecidos, ⁴⁵e, não o encontrando, voltaram a Jerusalém a sua procura. ⁴⁶Depois de três dias o encontraram no templo, sentado no meio dos doutores, ouvindo-os e interrogando-os. ⁴⁷Todos os que o ouviam estavam maravilhados com sua sabedoria e com suas respostas. ⁴⁸Quando seus pais o viram, ficaram muito emocionados. E sua mãe lhe perguntou: "Filho, por que fizeste isso conosco? Teu pai e eu te procurávamos, cheios de aflição..." ⁴⁹Jesus respondeu-lhes: "Por que me procuráveis? Não sabíeis que devo estar naquilo que é de meu Pai?"† ⁵⁰Mas eles não compreenderam o que lhes dizia. ⁵¹Desceu com eles e foi para Nazaré, e lhes era submisso†. Sua mãe conservava todas estas recordações* em seu coração. ⁵²Jesus ia crescendo em sabedoria, estatura e graça diante de Deus e dos homens.

II. MINISTÉRIO DE JOÃO BATISTA (3)

3 **A pregação de João Batista.** ¹No ano décimo quinto do império* de Tibério César†, sendo Pôncio Pilatos, governador da Judeia; Herodes, tetrarca da Galileia; Filipe, seu irmão, tetrarca da região da Itureia e da Traconítide; e Lisânias, tetrarca de Abilene; ²sendo sumos sacerdotes Anás e Caifás, a palavra de Deus foi dirigida a João, filho de Zacarias, no deserto. ³E ele percorreu toda a região do Jordão*, anunciando um batismo de penitência, para a remissão dos pecados, ⁴conforme está escrito no livro dos oráculos do profeta Isaías:*

"Voz do que clama no deserto: Preparai o caminho do Senhor! Retificai suas estradas! ⁵Todo vale será aterrado, todo monte e colina serão rebaixados, os caminhos tortuosos serão endireitados, os ásperos, aplainados, ⁶e toda criatura verá a salvação de Deus".

⁷E dizia às multidões* que vinham para ser por ele batizadas: "Raça de víboras! Quem vos ensinou a fugir da ira que está chegando? ⁸Produzi, então, frutos que demonstrem conversão e não comeceis a dizer dentro de vós mesmos: 'Abraão é nosso pai!'* Porque eu vos digo que até mesmo destas pedras Deus é capaz de fazer nascer filhos de Abraão! ⁹O machado já está encostado* no pé das árvores; e toda árvore que não produzir bom fruto será cortada e jogada no fogo". ¹⁰E as multidões o interrogavam, dizendo: "Que devemos, então, fazer?"* ¹¹João respondia: "Aquele que tem duas túnicas reparta com quem não tem; e o que tem alimentos faça o mesmo"†.

¹²Vieram também publicanos* para serem batizados e lhe perguntaram: "Mestre, que devemos fazer?" ¹³Respondeu-lhes: "Não exijais nada além do que vos está determinado". ¹⁴Também uns soldados o interrogavam, dizendo: "E nós, que precisamos fazer?" Disse-lhes: "Não useis de violência com ninguém, não calunieis e contentai-vos com vosso soldo".

¹⁵Achava-se o povo em expectativa* e perguntavam todos em seus corações se João não seria o Cristo. ¹⁶Mas

---

* **2,**51. 1,80; 2,40; 1Sm 2,26; Pr 3,4 | **3,**1. Mt 3,1-12; Mc 1,1-8; Jo 1,19-28; Jr 1,2; Os 1,1 | 3. At 13,24; 19,4 | 4. Is 40,3ss; Jo 1,23 | 7. 2,30s; At 28,28; Tt 2,11; Mt 23,33 | 8. Jo 8,33.39 | 9. Mt 7,9; Jo 15,6 | 10. 12,33; At 2,37; Is 58,7 | 12. 7,29; Ef 4,28 | 15. Jo 1,19-23; 3,28; At 13,25

† **2,**49. Aos pais, ainda incapazes de entender seu mistério, Jesus declara que Ele tem um outro Pai, para com o qual tem deveres especiais. | 51. "A vida oculta de Jesus em Nazaré permite a todo homem estar unido a Ele nas coisas mais comuns da vida" (CIC). | **3,**1. Citando os nomes dos governantes da época, Lucas quer mostrar que as promessas de salvação se realizam dentro da história dos homens, num momento preciso, que se situa cerca do ano 28 d.C. Jesus tinha então uns 30 anos, v. 23. Portanto, ele nasceu alguns anos antes da era cristã, cujo início só foi fixado no século VI, e com um pequeno erro de cálculo. | 11. A mensagem de João Batista dirige-se a todas as categorias de pessoas, até às mais humildes e desprezadas. Todos têm necessidade de conversão, que as leva a abraçar o caminho da fraternidade e da justiça.

João respondeu, declarando a todos: "Eu vos batizo com água, mas virá aquele que é mais forte do que eu e a quem não sou digno de desatar a correia das sandálias; ele vos batizará com o fogo do Espírito Santo. [17]Traz em sua mão a pá para limpar seu terreiro. Vai guardar o trigo no paiol, mas a palha ele a queimará numa fogueira que não se apaga".

[18]João evangelizava o povo com muitas outras exortações. [19]O tetrarca Herodes*, a quem João repreendera por causa de Herodíades, mulher de seu irmão, e por todas as más ações que havia cometido, [20]acrescentou a todas as outras mais esta: mandou encerrar João na cadeia.

Batismo de Jesus. [21]Quando todo o povo estava sendo batizado*, e quando Jesus recebeu também o batismo e estava rezando, o céu se abriu [22]e o Espírito Santo desceu sobre ele em forma corporal, como uma pomba. Veio, então, uma voz do céu que dizia: "Tu és meu Filho muito amado*; a ti dedico meu afeto".

Antepassados de Jesus. [23]Jesus, ao começar sua vida pública, tinha uns trinta anos. E era, como pensavam, filho de José*, filho de Eli, [24]filho de Matat, filho de Levi, filho de Melqui, filho de Janai, filho de José, [25]filho de Matatias, filho de Amós, filho de Naum, filho de Esli, filho de Nagai, [26]filho de Maat, filho de Matatias, filho de Semein, filho de Josec, filho de Jodá, [27]filho de Joanã, filho de Resa, filho de Zorobabel, filho de Salatiel, filho de Neri, [28]filho de Melqui, filho de Adi, filho de Cosã, filho de Elmadã, filho de Her, [29]filho de Jesus, filho de Eliezer, filho de Jorim, filho de Matat, filho de Levi, [30]filho de Simeão, filho de Judá, filho de José, filho de Jonã, filho de Eliacim, [31]filho de Meleá, filho de Mena, filho de Matatá, filho de Natã, filho de Davi, [32]filho de Jessé*, filho de Obed, filho de Booz, filho de Sala, filho de Naasson, [33]filho de Aminadab, filho de Admin, filho de Arni, filho de Esrom, filho de Farés, filho de Judá, [34]filho de Jacó, filho de Isaac, filho de Abraão*, filho de Taré, filho de Nacor, [35]filho de Sarug, filho de Ragau, filho de Faleg, filho de Héber, filho de Salé, [36]filho de Cainã, filho de Arfaxad, filho de Sem*, filho de Noé, filho de Lamec, [37]filho de Matusalém, filho de Henoc, filho de Jared, filho de Malaleel, filho de Cainã, [38]filho de Enós, filho de Set, filho de Adão*, filho de Deus†.

III. MINISTÉRIO DE JESUS NA GALILEIA (4,1–9,50)

4 **As três tentações**. [1]Jesus, cheio do Espírito Santo*, voltou do Jordão e foi conduzido pelo Espírito ao deserto, [2]onde foi tentado pelo demônio durante quarenta dias. Naqueles dias nada comeu, mas, quando terminaram, teve fome*. [3]Disse-lhe, então, o demônio: "Se és filho de Deus, dize a esta pedra que se transforme em pão". [4]Respondeu-lhe Jesus: "Está escrito: 'Não só de pão vive o homem'"*. [5]E o demônio o conduziu* a um lugar alto, mostrou-lhe num instante todos os reinos da terra [6]e disse-lhe: "Eu te darei todo este poder e a glória destes reinos*, porque me foram entregues e os dou a quem quero. [7]Se, portanto, me adorares, serão tuas todas estas coisas". [8]Respondeu-lhe Jesus: "Está escrito: 'Adorarás o Senhor teu Deus* e só a Ele servirás'". [9]Levou-o depois a Jerusalém, colocou-o sobre o pináculo do templo e disse-lhe: "Se és filho de Deus, lança-te daqui abaixo, [10]pois, está escrito:

---

* **3**,19. Mt 14,3-11; Mc 6,17ss | 21. Mt 3,13-17; Mc 1,9ss; Jo 1,32ss; | 22. Gn 22,2; Sl 2,7; Is 42,1; 2Pd 1,17 | 23. Mt 1,1-17; Jo 6,42 | 32. 2Sm 5,14; Rt 4,17-22 | 34. Gn 29,35 | 36. Gn 11,10-26 | 38. Gn 5,1-32

4,1. Mt 4,1-11; Mc 1,12s | 2. Hb 4,15 | 4. Dt 8,3 | 5. Mt 28,18 | 6. Ap 13,2.4 | 8. Dt 6,13s | 10. Sl 91,11s

† **3**,38. Esta genealogia tem muitos nomes diferentes dos que aparecem na de Mt 1,16, porque Mt refere a ascendência natural e Lc, a legal. Por ex., em Mt o pai de José é Jacó, em Lc é Eli. Isto se explica pela lei do levirato, Dt 25,5. Mateus, que escreve para os hebreus, começa com Abraão; Lucas, que escreve para os gentios, sobe até Adão e reúne 72 nomes de ascendentes de Jesus; esse número, por seu simbolismo, Gn 10, indica que Jesus incorpora em si toda a humanidade.

Lucas 4

'Dará ordem a seus anjos a teu respeito*,

para que te guardem';

[11]e:

'Eles te transportarão nas mãos,

para que não firas o pé em alguma pedra'*.

[12]Jesus respondeu-lhe: "Foi dito: 'Não tentarás o Senhor teu Deus'"*. [13]Terminada toda a tentação, afastou-se dele o demônio* até o momento oportuno†.

Pregação de Jesus em Nazaré. [14]Com a força do Espírito Santo*, voltou Jesus para a Galileia, e sua fama espalhou-se por toda a região. [15]Ensinava nas sinagogas deles e era glorificado por todos.

[16]Foi a Nazaré, lugar onde tinha sido criado. No sábado, segundo seu costume, entrou na sinagoga e levantou-se para fazer a leitura. [17]Foi-lhe dado o livro do profeta Isaías*. Desenrolando o livro, encontrou a passagem onde estava escrito:

[18]"O Espírito do Senhor está sobre mim*,

porque me ungiu para evangelizar os pobres,

mandou-me anunciar aos cativos a libertação,

aos cegos a recuperação da vista,

pôr em liberdade os oprimidos*

[19]e proclamar um ano de graça do Senhor"†.

[20]Depois enrolou o livro, entregou-o ao servente* e sentou-se. Todos na sinagoga tinham os olhos voltados para ele. [21]Então começou a dizer-lhes: "Cumpriu-se hoje esta passagem da Escritura diante de vós". [22]Todos lhe davam testemunho e admiravam as palavras encantadoras* que saíam de sua boca e diziam: "Porventura não é este o filho de José?" [23]Disse-lhes então Jesus: "Certamente me aplicareis este provérbio: 'Médico, cura-te a ti mesmo!' Todas aquelas coisas que, segundo ouvimos, fizeste em Cafarnaum, faze-as também aqui em tua pátria!" [24]E acrescentou: "Na verdade vos digo* que nenhum profeta é bem recebido em sua terra. [25]Na verdade vos digo: havia muitas viúvas em Israel no tempo de Elias*, quando o céu foi fechado durante três anos e seis meses e houve grande fome em todo o país. [26]Entretanto, Elias não foi enviado a nenhuma delas, mas sim a uma viúva que morava em Sarepta, no território de Sidônia. [27]E havia muitos leprosos em Israel no tempo do profeta Eliseu*, e nenhum deles foi curado, mas sim Naaman, o sírio". [28]Ouvindo essas palavras*, encheram-se de cólera todos os que estavam na sinagoga. [29]Levantaram-se e expulsaram Jesus da cidade. Levaram-no até o alto do monte sobre o qual estava edificada sua cidade*, para o precipitarem de lá. [30]Mas ele, passando pelo meio deles, seguiu seu caminho...

Cura de um possesso. [31]Desceu então a Cafarnaum, cidade da Galileia*, e ali os ensinava aos sábados. [32]Todos ficavam maravilhados com sua doutrina, porque falava com autoridade. [33]Estava na sinagoga um homem possesso de um demônio impuro, que se pôs a gritar com voz forte: [34]"Ah! que temos a ver contigo, Jesus de Nazaré?* Vieste para nossa perdição? Eu sei quem tu és: o Santo de Deus!" [35]Mas Jesus o repreendeu, dizendo: "Cala-te e sai dele"*. Então o demônio, jogando o homem ao chão no meio de todos, saiu dele sem lhe causar mal algum. [36]Todos ficaram cheios de espanto e perguntavam uns aos outros: "Que significa isto? Ordena com autoridade e poder aos espíritos impuros e eles saem!" [37]E sua fama se espalhava por todos os lugares da região.

---

* 4,12. Dt 6,16; 1Cor 10,9 | 13. 22,3.31.53; Hb 4,15; Jo 13,2.27 | 14. 4,44; 2,39.51; Mt 3,16; Mc 1,14s | 17. Mt 13,53-58; Mc 6,1-6 | 18. Is 61,1-4; Sf 2,3 / Is 58,6 | 20. At 6,15 | 22. 2,47; 3,23; 4,15; Jo 6,42 | 24. Jo 4,44 | 25. 1Rs 17,1-16; Tg 5,17 | 27. 2Rs 5,1-14 | 28. At 7,57s | 29. Jo 8,59 | 31. Mt 4,13†; Mc 1,21-28; Jo 2,12; Mt 7,28s; Jo 7,46 | 34. 4,41; 8,28; Jo 6,69 | 35. Mt 8,29; Mc 1,23s; 5,7; At 3,14

† 4,13. "Desde o início está presente a sombra da cruz, a última tentação; e nesta, o novo Adão vai restaurar o que o primeiro Adão perdera" (Pe. Johan Konings). | 19. Jesus apresenta em sua terra natal o programa de sua "opção preferencial pelos pobres" (Puebla), expresso com as imagens de Isaías. Sua palavra é um sinal de Deus que provoca, de um lado, a admiração, e de outro, a oposição.

Lucas 4-5

Cura da sogra de Pedro. ³⁸Saindo da sinagoga*, entrou na casa de Simão. A sogra deste estava com febre alta, e pediram-lhe por ela. ³⁹Inclinando-se sobre ela, deu ordem à febre, e esta a deixou; e ela, levantando-se logo, pôs-se a servi-los.

Outras curas. ⁴⁰Ao pôr do sol*, todos os que tinham doentes sofrendo de diversas enfermidades traziam-nos até ele e, impondo as mãos sobre cada um, ele os curava. ⁴¹De muitos saíam também demônios*, gritando e dizendo: "Tu és o Filho de Deus!" Ele os repreendia e não lhes permitia falar, porque sabiam que era o Messias. ⁴²Ao amanhecer, saiu e dirigiu-se para um lugar solitário*. As multidões começaram a procurá-lo e, encontrando-o, queriam retê-lo, para que não as deixasse. ⁴³Mas ele respondeu-lhes: "É necessário que eu anuncie a Boa Nova do Reino de Deus também às outras cidades, pois para isso é que fui enviado". ⁴⁴E andava pregando* pelas sinagogas da Judeia.

5 **Pesca milagrosa.** ¹E aconteceu que a multidão se comprimia* em torno de Jesus e escutava a palavra de Deus, enquanto ele se achava à beira do lago de Genesaré. ²Viu duas barcas paradas à beira do lago; os pescadores tinham descido e estavam lavando as redes. ³Subiu a uma das barcas, que pertencia a Simão, e pediu-lhe que se afastasse um pouco da terra. Sentou-se e, de dentro da barca, ensinava as multidões. ⁴Quando acabou de falar, disse a Simão: "Avança para águas profundas* e lançai vossas redes para a pesca". ⁵Simão respondeu-lhe: "Mestre, nós nos cansamos a noite toda e nada apanhamos, mas, em atenção à tua palavra, lançarei as redes". ⁶Feito isso, apanharam tão grande quantidade de peixes que as redes se rompiam. ⁷Fizeram sinal a seus companheiros, que estavam na outra barca, para que viessem ajudá-los. Vieram e encheram tanto as duas barcas que estavam afundando. ⁸Vendo isto, Simão Pedro atirou-se aos joelhos de Jesus, dizendo: "Senhor, afasta-te de mim, porque sou um homem pecador!" ⁹De fato, ele e todos os que com ele estavam encheram-se de espanto por causa da pesca que haviam feito. ¹⁰O mesmo aconteceu a Tiago e João, filhos de Zebedeu*, que eram companheiros de Simão. Mas Jesus disse a Simão: "Não tenhas medo; daqui em diante, serás pescador de homens". ¹¹Depois de levarem as barcas para a terra, abandonaram tudo e o seguiram.

Cura de um leproso. ¹²Aconteceu que, estando ele numa cidade*, achava-se lá um homem coberto de lepra. Ao ver Jesus, prostrou-se com a face por terra e suplicou-lhe, dizendo: "Senhor, se queres, podes curar-me!" ¹³Jesus estendeu a mão e tocou-o, dizendo: "Quero, fica curado". No mesmo instante desapareceu dele a lepra. ¹⁴Ele ordenou-lhe que não o contasse a ninguém:* "Mas vai apresentar-te ao sacerdote e fazer por tua purificação a oferenda que Moisés prescreveu, para lhes servir de testemunho". ¹⁵Sua fama, porém, cada vez mais se espalhava*, e acorriam multidões numerosas para ouvi-lo e serem curadas de suas enfermidades. ¹⁶Mas ele se retirava a lugares desertos para rezar*.

Poder sobre a doença e o pecado. ¹⁷Certo dia, ele estava ensinando*, e lá se achavam sentados fariseus e doutores da Lei, vindos de todas as aldeias da Galileia, da Judeia e de Jerusalém, e a força do Senhor o levava a fazer curas. ¹⁸Vieram então uns homens, carregando um paralítico num leito, que procuravam levá-lo para dentro e pô-lo diante dele. ¹⁹Não achando por onde introduzi-lo, por causa da multidão, subiram ao telhado e por entre as telhas o desceram no leito no meio*, diante de Jesus. ²⁰Vendo a fé que eles tinham, disse Jesus: "Homem, teus pecados es-

---

* **4**,38. Mt 8,14-17; Mc 1,29-34 | 40. 13,13 | 41. Mt 8,29; Mc 3,11s | 42. Mc 1,35-39 | 44. 8,1; Mt 4,23 | **5**,1. Mt 13,1s | 4. Jo 21,3-8 | 10. 5,28; Mt 4,18-22; 19,27; Mc 1,16-20; Jo 21,15.19 | 12. Mt 8,1-4; Mc 1,40-45 | 14. Mc 7,36; Lv 14,2-32 | 15. 4,14 | 16. 6,12; 9,18.28s; 11,1; 22,41 | 17. Mt 9,1-8; Mc 2,1-12 | 19. 7,48; Is 43,25

Lucas 5-6

tão perdoados". [21]Puseram-se então a pensar os escribas e fariseus: "Quem é este que profere blasfêmias? Quem pode perdoar pecados senão Deus só?" [22]Percebendo Jesus seus pensamentos*, disse-lhes em resposta: "Que estais pensando em vossos corações? [23]O que é mais fácil dizer: 'Teus pecados estão perdoados', ou: 'Levanta-te e caminha'?* [24]Pois bem, para saberdes que o Filho do homem tem na terra o poder de perdoar pecados, eu te ordeno, disse ele ao paralítico: Levanta-te, pega teu leito e vai para casa!" [25]No mesmo instante levantou-se diante deles, pegou o leito em que jazia e foi para casa, glorificando a Deus. [26]Todos ficaram maravilhados* e começaram a dar glória a Deus. Cheios de temor, diziam: "Vimos hoje coisas prodigiosas!"

A vocação de Levi. [27]Depois disso, Jesus saiu e notou um publicano*, que se chamava Levi, sentado junto à banca de impostos, e lhe disse: "Segue-me". [28]Deixando tudo, este se levantou e o seguiu.

Jesus busca os pecadores. [29]Levi ofereceu-lhe um grande banquete* em sua casa. Havia uma numerosa multidão de publicanos e de outras pessoas que estavam à mesa com eles. [30]Os fariseus e seus escribas murmuravam e diziam aos discípulos de Jesus: "Por que comeis e bebeis com os publicanos e os pecadores?" [31]Tomando a palavra, disse-lhes Jesus: "Os que têm saúde não precisam de médico, mas sim os doentes. [32]Não vim chamar os justos, mas os pecadores, à conversão".

O jejum. [33]Então lhe disseram: "Os discípulos de João jejuam com frequência e fazem orações, como também os dos fariseus; os teus comem e bebem!" [34]Respondeu-lhes Jesus:* "Acaso podeis obrigar a jejuar os convidados do noivo enquanto o noivo está com eles? [35]Mas virá o tempo em que o noivo lhes será tirado, e então neste tem-

po eles vão jejuar". [36]Apresentou-lhes ainda esta comparação: "Ninguém corta um retalho de roupa nova para remendar uma roupa velha; pois terá cortado a nova, e o remendo não vai combinar com a roupa velha. [37]Como também ninguém põe vinho novo em odres velhos; pois o vinho novo arrebentará os odres e se derramará, ficando os odres inutilizados. [38]Mas o vinho novo se coloca* em odres novos. [39]E ninguém, depois de ter bebido o vinho velho, deseja o novo; pois ele vai dizer: "O velho é que é bom!"†

6 **A lei do sábado.** [1]Num sábado, Jesus estava passando no meio das plantações de trigo*; seus discípulos apanhavam espigas e as comiam, depois de debulhá-las nas mãos. [2]Alguns dos fariseus disseram: "Por que fazeis o que não é permitido no sábado?" [3]Jesus respondeu-lhes: "Não lestes o que fez Davi*, quando teve fome, ele e os companheiros? [4]Entrou na casa de Deus e, tomando os pães da apresentação, comeu e deu aos companheiros* aqueles pães que só os sacerdotes podem comer". [5]E dizia-lhes: "O Filho do homem é senhor do Sábado".

O homem da mão atrofiada. [6]Num outro sábado*, Jesus entrou na sinagoga e se pôs a ensinar. Estava lá um homem que tinha a mão direita atrofiada. [7]Os escribas e fariseus o observavam, para ver se ele ia curar em dia de sábado, a fim de terem de que acusá-lo. [8]Mas ele conhecia seus pensamentos*. Disse, então, ao homem da mão atrofiada: "Levanta-te e fica em pé aqui no meio". [9]Ele se levantou e ficou em pé. Então Jesus lhes disse: "Eu vos pergunto: É permitido no sábado praticar o bem ou o mal, salvar uma vida ou perdê-la?" [10]Olhando para todos a seu redor, disse ao homem: "Estende a mão!" Ele o fez, e sua mão voltou ao

---

* **5**,22. 6,8; 9,47; Mt 16,8 | 23. Jo 5,8 | 26. 2,20; 4,22 | 27. Mt 9,9-13; Mc 2,13-17 | 29. 15,1s | 34. Jo 3,29 | 38. Jo 2,10 | **6**,1. Mt 12,1-8; Mc 2,23-28; Dt 23,26; Jo 5,10 | 3. 1Sm 21,1-16 | 4. Lv 24,5-9 | 6. 13,10-17; 14,1-6; Mt 12,9-14; Mc 3,1-6 | 8. 5,22; 9,47; Jo 1,48

† **5**,39. Alusão aos doutores judeus que recusam o Evangelho porque se contentam com suas interpretações da Lei e não percebem o valor e a novidade do Evangelho.

Lucas 6

normal. ¹¹Eles ficaram cheios de raiva e combinavam entre si o que poderiam fazer contra Jesus*.

Os doze apóstolos. ¹²Naqueles dias, Jesus foi à montanha para rezar*, e passou toda a noite em oração a Deus. ¹³Quando amanheceu, chamou seus discípulos e dentre eles escolheu doze, aos quais chamou de apóstolos: ¹⁴Simão*, a quem deu o nome de Pedro†; André, seu irmão; Tiago; João; Filipe; Bartolomeu; ¹⁵Mateus; Tomé; Tiago, filho de Alfeu; Simão, chamado o zelota; ¹⁶Judas, filho de Tiago, e Judas Iscariotes, que se tornou traidor.

Bem-aventuranças e ais†. ¹⁷Descendo com eles*, parou numa planície. Havia lá um número imenso de seus discípulos e grande multidão de gente vinda de toda a Judeia e de Jerusalém, do litoral de Tiro e de Sidônia*, ¹⁸para ouvi-lo e ser curados de suas doenças. Os que eram atormentados por espíritos impuros ficavam curados, ¹⁹e toda a multidão procurava tocá-lo, porque dele saía uma força que curava a todos.

²⁰Levantando os olhos para seus discípulos, dizia†:

"Felizes vós, os pobres, porque é vosso o Reino de Deus*.

²¹Felizes vós que agora passais fome, porque sereis saciados*.

Felizes vós que agora chorais, porque havereis de rir.

²²Felizes vós quando os homens vos odiarem*, repelirem, cobrirem de injúrias e rejeitarem vosso nome como infame por causa do Filho do homem. ²³Alegrai-vos naquele dia e exultai, porque grande será vossa recompensa no céu. Pois era assim que os pais deles tratavam os profetas.

²⁴Mas ai de vós, ricos! Porque já tendes vossa consolação*.

²⁵Ai de vós que agora estais saciados! Porque tereis fome.

Ai de vós que agora rides! Porque haveis de chorar e vos lamentar.

²⁶Ai de vós, quando todos os homens vos louvarem*, porque era assim que os pais deles tratavam os falsos profetas".

O amor ao próximo. ²⁷"A vós que me escutais eu digo:* Amai vossos inimigos! Fazei o bem aos que vos odeiam! ²⁸Bendizei os que vos maldizem e rezai pelos que vos caluniam! ²⁹A quem te bater numa face*, apresenta-lhe também a outra. A quem te tirar o manto, não o impeças de levar também a túnica. ³⁰Dá a todo aquele que te pedir e não reclames de quem te tira o que é teu. ³¹O que quereis que os outros vos façam*, fazei-o a eles igualmente. ³²Se amais os que vos amam, que merecimento tereis? Também os pecadores amam os que os amam. ³³E se fizerdes o bem aos que vos fazem o bem, que merecimento tereis? Também os pecadores agem assim. ³⁴E se emprestais àqueles de quem esperais receber, que merecimento tereis? Também os pecadores emprestam aos pecadores, para receberem o equivalente. ³⁵Ao contrário, amai vossos inimigos*, fazei o bem e emprestai sem nada esperar em retribuição. Então será grande vossa recompensa e sereis filhos do Altíssimo, porque ele é bom para com os ingratos e para com os maus. ³⁶Sede misericordiosos como vosso Pai* é misericordioso!"†

---

* **6**,11. 11,53 | 12. 3,21; Mt 10,1-4; Mc 3,13-19; Jo 6,70 | 14. At 1,13 | 17. Mt 4,23ss; Mc 3,7-12 / 5,17; 8,46 | 20. Mt 5,1-12; Jó 31,25 | 21. Sl 126,5s; Ap 7,17 | 22. Jo 15,19; 16,2s; 1Pd 4,14; 2Cr 36,16; Mt 23,30 | 24. Tg 5,1; Is 5,8-25; Hab 2,6 | 26. Tg 4,4 | 27. Mt 5,38-48; Pr 25,21; Rm 12,14.20 | 29. 12,33; At 23,3; Jo 18,22s | 31. Mt 7,12; Tb 4,15 | 35. Lv 25,35s; 1Jo 3,1s; Eclo 4,11 | 36. Êx 34,6

† **6**,14. Mudando o nome de Simão, Jesus quer significar que lhe dava uma nova missão. Pedro é pecador, 5,8, e fraco diante do perigo, 22,34, mas recebe do Mestre a graça de confirmar seus irmãos, 22,32. Sobre seu arrependimento, 22,62 e seu ato de fé, 9,20, Jesus edifica sua Igreja. | 17. O sermão que Mateus situou numa montanha, Mt 5–7, tem semelhanças com esse que se chama "sermão da planície", por causa do v. 17. Lucas omite tudo quanto em Mateus se refere ao judaísmo, porque seus leitores são ex-pagãos. Mas em ambos os sermões se trata das condições para entrar no Reino: abertura para Deus e vida fraterna. | 20. Em vez das 8 bem-aventuranças de Mt 5,1-12, Lucas traz 4 bem-aventuranças, que resumem as de Mateus, e 4 "ais". | 36. Assim como Deus socorre o mundo necessitado com o dom gratuito da salvação, assim os discípulos devem socorrer os pobres da sociedade com coração generoso.

Lucas 6-7

Não julgar. 37"Não julgueis os outros, e Deus não vos julgará*; não condeneis, e Deus não vos condenará; perdoai, e Deus vos perdoará. 38Dai, e Deus vos dará: derramará em vosso regaço uma medida boa, comprimida, sacudida e transbordante*. A mesma medida que usardes para medir os outros vos será aplicada também".

39Propôs-lhes ainda uma comparação:* "Um cego pode guiar outro cego? Não cairão ambos no buraco? 40O discípulo não está acima do mestre; mas todo discípulo, quando chegar à perfeição, será como seu mestre. 41Por que observar o cisco que está no olho de teu irmão, se não enxergas a trave que está em teu olho? 42Como podes dizer a teu irmão: 'Irmão, deixa-me tirar o cisco de teu olho', se não estás vendo a trave que está no teu? Hipócrita! Tira primeiro a trave de teu olho, e então enxergarás bem para tirar o cisco do olho de teu irmão".

A árvore e seus frutos. 43"Não há árvore boa que dê mau fruto*, nem árvore má que dê bom fruto. 44Pois, cada árvore se conhece por seu fruto: no meio de espinhos não se apanham figos, nem se colhem uvas dos abrolhos. 45O homem bom, do bom tesouro que é seu coração, tira o bem; mas o homem mau, de seu mau tesouro, tira o mal; pois a boca fala daquilo de que o coração está cheio".

Seguir a vontade de Deus. 46"Por que me chamais:* 'Senhor, Senhor', e não fazeis o que vos mando? 47Todo aquele que vem a mim, ouve minhas palavras e as põe em prática, vou mostrar-vos a quem se assemelha: 48é semelhante a um homem que, construindo uma casa, cavou, furou bem fundo e colocou os alicerces sobre a rocha; veio a enchente, o rio precipitou-se contra a casa, mas não a pôde abalar, porque estava bem construída. 49Ao contrário, quem ouve e não pratica é semelhante ao homem que construiu a casa sobre o chão sem alicerce; o rio precipitou-se contra a casa e logo ela caiu; e foi grande a ruína daquela casa!"

7 O servo do centurião. 1Quando acabou de falar ao povo* todas essas palavras, Jesus entrou em Cafarnaum. 2Havia lá um centurião, que tinha um servo que lhe era muito caro e se achava doente, quase morrendo. 3Tendo ouvido falar de Jesus, o centurião enviou-lhe alguns anciãos dos judeus para lhe pedir que viesse salvar seu servo. 4Aproximando-se de Jesus, eles lhe suplicavam com insistência, dizendo: "Ele merece mesmo que lhe concedas isto, 5pois gosta de nosso povo e foi ele que construiu nossa sinagoga". 6Jesus foi andando com eles. Não estava muito longe da casa, quando o centurião mandou uns amigos lhe dizer: "Senhor, não precisas incomodar-te, porque eu não sou digno de que entres em minha casa; 7por isso também não me julguei digno de vir ter contigo; mas dize uma só palavra e meu servo será curado. 8Pois eu, que sou apenas subalterno, tenho soldados a minha disposição e digo a um: 'Vai', e ele vai*; e a outro: 'Vem', e ele vem; e a meu escravo: 'Faze isso', e ele faz". 9Ouvindo isto, Jesus ficou admirado com ele e, voltando-se, disse à multidão que o seguia: "Eu vos digo que nem mesmo em Israel achei uma fé tão grande". 10De volta à casa, os enviados encontraram o servo completamente são.

Ressurreição do jovem de Naim. 11Depois, Jesus foi para uma cidade chamada Naim, e foram com ele seus discípulos e uma enorme multidão. 12Ao chegar à porta da cidade*, estavam levando para a sepultura um morto que era o filho único de uma viúva; com ela havia uma multidão bem grande da cidade. 13Vendo-a, o Senhor teve pena dela e lhe disse: "Não chores". 14E, aproximando-se, tocou no esquife; os que o carregavam pararam. Então disse: "Moço, eu te ordeno: levanta-te!" 15O que estivera morto sentou-se e começou a falar. E Jesus o entregou a sua mãe. 16O medo apoderou-se de todos* e louvavam a Deus, dizendo:

---

* **6**,37. Mt 7,1-5; 6,14 | 38. Mc 4,24 | 39. Mt 10,24; 23,16ss; Jo 13,16; 15,20 | 43. Mt 7,16-20; 12,33ss | 46. Mt 7,21-27; Jr 4,7ss; Ml 1,6ss | **7**,1. Mt 8,5-13; Jo 4,43-54 | 8. Mt 8,10 | 12. 8,49-56; 1Rs 17,17ss

Lucas 7

"Um grande profeta surgiu entre nós e Deus visitou seu povo". ¹⁷Esta notícia* espalhou-se pela Judeia inteira e por toda a região ao redor.

A pergunta de João Batista. ¹⁸Os discípulos de João* informaram-no de tudo isso. Chamando dois deles, ¹⁹João mandou-os perguntar ao Senhor: "És tu aquele que deve vir, ou temos de esperar outro?" ²⁰Chegando perto de Jesus, aqueles homens lhe disseram: "João Batista enviou-nos a ti para perguntar: 'És tu aquele que deve vir ou temos de esperar outro?'" ²¹Naquela hora, Jesus curou muita gente de doenças, enfermidades e espíritos malignos e deu a vista a muitos cegos. ²²Em resposta, disse-lhes: "Ide e contai a João* o que vistes e ouvistes: os cegos veem, os paralíticos andam, os leprosos ficam curados, os surdos ouvem, ressurgem os mortos, a Boa Nova é anunciada aos pobres†. ²³E feliz aquele que não cair* por minha causa!"†

O precursor. ²⁴Quando partiram os mensageiros de João, Jesus começou a falar às multidões a respeito de João: "O que fostes ver no deserto? Um caniço que o vento balança? ²⁵Então, o que fostes ver? Um homem vestido de roupas finas? Mas os que se vestem de roupas preciosas e vivem no luxo estão nos palácios dos reis. ²⁶Então, o que fostes ver? Um profeta?* Sim, eu vos digo, e mais que um profeta. ²⁷É dele que está escrito: 'Eu envio meu mensageiro a tua frente, para preparar teu caminho diante de ti'. ²⁸Eu vos afirmo que entre os mortais* ninguém há maior que João; no entanto, o menor no Reino de Deus é maior do que ele. ²⁹Todo o povo que ouviu*, mesmo os publicanos, deram razão a Deus, aceitando o batismo de João; ³⁰mas os fariseus e doutores da Lei*, não se deixando batizar por ele, frustraram os desígnios de Deus a seu respeito".

Geração incrédula. ³¹"Com quem, pois, hei de comparar* os homens da geração atual? A quem se assemelham eles? ³²São como a criançada sentada na praça, gritando uns aos outros: 'Tocamos flauta para vós e não dançastes; cantamos lamentos e não chorastes'. ³³Pois veio João Batista, que não come pão nem bebe vinho, e dizeis: 'Ele é um possesso'. ³⁴Veio o Filho do homem*, que come e bebe, e dizeis: 'É um comilão e beberrão, amigo dos publicanos e pecadores'. ³⁵Mas a sabedoria de Deus mostra sua verdade por meio de todos os seus filhos".†

A pecadora na casa do fariseu. ³⁶Um fariseu convidou Jesus* para almoçar com ele. Jesus entrou na casa do fariseu e se pôs à mesa. ³⁷Uma mulher da cidade*, que era pecadora, ao saber que Jesus estava à mesa na casa do fariseu, levou um vaso de alabastro cheio de perfume e ³⁸colocou-se atrás de Jesus, junto a seus pés. Chorando, com suas lágrimas banhava os pés de Jesus; enxugava-os com os cabelos, beijava-os e ungia-os* com o perfume. ³⁹O fariseu que convidou a Jesus, vendo isso, dizia consigo mesmo: "Se este homem fosse profeta, saberia quem é a mulher que o toca e a condição dela: uma pecadora". ⁴⁰Tomando a palavra, Jesus lhe disse: "Simão, tenho uma coisa a dizer-te". Simão respondeu: "Fala, Mestre". ⁴¹"Um credor tinha dois devedores. Um devia-lhe quinhentos denários e o outro, cinquenta. ⁴²Como eles não tinham com que pagar, perdoou-lhes a dívida. Qual dos dois o amará mais?" ⁴³Simão respondeu: "Suponho que seja aquele a quem foi perdoado mais". "Julgaste bem"*, disse-lhe

---

* **7**,16. 2Rs 4,36 | 17. 4,14.44 | 18. Mt 11,2-19; Ap 1,4.8 | 22. Is 35,5s; 42,7; 61,1 | 23. 2,34 | 26. 1,76; Ml 3,1; Êx 23,30 | 28. 1,15 | 29. 3,7.12s; Mt 21,31s | 30. 18,9 | 31. Mt 11,16-19 | 34. 15,2 | 36. 11,37; 14,1 | 37. Mt 26,7; Mc 14,3; Jo 12,3 | 38. Jo 4,18ss | 43. Gn 18,4

† **7**,22. "A evangelização dos pobres foi para Jesus um dos sinais messiânicos, e será também para nós sinal de autenticidade evangélica" (Puebla). | 23. "Cair" lit. "escandalizar-se". A resposta de Jesus é um desafio para os que têm ideias próprias sobre como Deus deveria agir e em favor de quem. Jesus prega um Deus de misericórdia, e não de vingança. | 35. Aos que se julgam sábios e por isso desprezam a salvação trazida por Jesus, Ele responde que os verdadeiros sábios são os que acolhem o desígnio que Deus em sua Sabedoria manifestou nele.

Lucas 7-8

Jesus. ⁴⁴E, virando-se para a mulher, disse a Simão: "Estás vendo esta mulher? Entrei em tua casa e não derramaste água em meus pés; ela, ao contrário, banhou-me os pés com lágrimas e os enxugou com os cabelos. ⁴⁵Não me saudaste com o beijo*; ela, porém, desde que entrei aqui, não parou de beijar-me os pés. ⁴⁶Não me ungiste a cabeça com óleo; mas ela ungiu-me* os pés com perfume. ⁴⁷Por essa razão, eu te digo que seus numerosos pecados lhe são perdoados, e por isso ela tem muito amor. Mas aquele a quem pouco se perdoa* pouco ama". ⁴⁸Disse então à mulher: "Teus pecados estão perdoados". ⁴⁹Os convidados começaram a pensar: "Quem é este que até perdoa* pecados?" ⁵⁰Mas Jesus disse à mulher: "Tua fé te salvou. Vai em paz"†.

8 **Mulheres colaboram no ministério de Jesus.** ¹Aconteceu, a seguir, que Jesus andava por cidades e aldeias*, pregando e anunciando a Boa Nova do Reino de Deus. Iam com ele os Doze ²e também algumas mulheres que haviam sido curadas de espíritos maus e enfermidades: Maria, chamada Madalena*, da qual tinham saído sete demônios; ³Joana, esposa de Cuza, administrador de Herodes; Suzana e muitas outras, que lhe prestavam assistência* com seus bens†.

A parábola do semeador. ⁴Tendo-se reunido uma grande multidão* que acorria a ele de todas as cidades, Jesus falou, usando uma parábola: ⁵"Saiu o semeador a semear sua semente. Enquanto semeava, uma parte caiu à beira do caminho; foi pisada, e as aves do céu a comeram. ⁶Outra parte caiu na pedra e, depois de brotar, secou* por falta de umidade. ⁷Outra parte caiu entre espinhos, que cresceram com ela e a sufocaram. ⁸Outra parte caiu em terra boa*, cresceu e produziu cem por um". Dizendo isto, exclamou em alta voz: "Ouça quem for capaz!".

Explicação da parábola. ⁹Seus discípulos perguntaram-lhe* qual o sentido desta parábola. ¹⁰Ele respondeu: "A vós Deus manifestou os mistérios de seu Reino; mas aos outros, apenas em parábolas, para que vendo não vejam e ouvindo não compreendam.

¹¹É este o sentido da parábola*: a semente é a palavra de Deus. ¹²As sementes que estão à beira do caminho são os que ouviram; mas depois vem o diabo e retira a Palavra de seu coração, para que não creiam nem se salvem. ¹³As que estão sobre a pedra são os que, ao ouvirem, acolhem a Palavra com alegria, mas não têm raízes; creem por algum tempo, mas na hora da tentação voltam atrás. ¹⁴A semente que caiu entre espinhos* são os que ouviram, mas, com o passar do tempo, deixam absorver-se pelas preocupações, riquezas e prazeres da vida e não chegam à maturidade. ¹⁵Enfim, a que cai em terra boa são os que, tendo ouvido a Palavra com coração nobre e generoso, guardam a Palavra e produzem fruto por sua constância".

Apostolado do cristão. ¹⁶"Ao acender uma lâmpada*, ninguém a cobre com um vaso ou a coloca debaixo da cama; ao contrário, a lâmpada é colocada no candeeiro, para que os que entram vejam a luz. ¹⁷Pois nada há de oculto que não se torne manifesto; nada há de secreto que não deva ser conhecido e divulgado†. ¹⁸Portanto, prestai atenção* ao modo como ouvis. Pois a quem tem será dado; mas de quem não tem será tirado até aquilo que julga ter".

---

* **7**,45. Rm 16,16 | 46. Sl 23,5 | 47. 5,20s | 49. 8,48; 17,19; 18,42 | **8**,1. 4,43; Mt 4,23; Mc 1,39 | 2. 24,10; Mt 27,55s; Mc 15,40; Jo 19,25 | 3. At 2,44s | 4. Mt 13,1-9; Mc 4,1-9 | 6. Jr 4,3s | 8. Mt 11,15; 13,43; Mc 4,23 | 9. Mt 13,10-13; Mc 4,10ss; Is 6,9s | 11. Mt 13,18-23; Mc 4,13-20 | 14. 21,34 | 16. 11,33; 12,2; Mt 5,15; Mc 4,21-25; Mt 10,26; Jo 8,12 | 18. 19,26; Mt 13,12; 25,29

† **7**,50. Todos somos pecadores, mas muitos se esquecem disso e tratam com desprezo os que eles julgam inferiores. Aqui também, "os últimos serão os primeiros", 13,30. | **8**,3. Os outros doutores judeus evitavam a companhia das mulheres. A atitude inovadora de Jesus era um fato insólito, que muita gente devia estranhar. | 17. Jesus completa o que disse no v. 10. Os mistérios do Reino por enquanto são conhecidos apenas por poucos, mas esses têm por missão anunciá-los aos demais.

Os parentes de Jesus. [19]Vieram ter com ele sua mãe e seus irmãos*, mas não conseguiam chegar perto dele por causa da multidão. [20]Alguém lhe comunicou: "Tua mãe e teus irmãos estão lá fora e querem te ver". [21]Em resposta lhes disse: "Minha mãe e meus irmãos são estes que ouvem a palavra de Deus e a põem em prática".

A tempestade acalmada. [22]Certo dia, Jesus subiu a uma barca* com seus discípulos e lhes disse: "Passemos à outra margem do lago". E fizeram-se ao largo. Enquanto navegavam, ele adormeceu. [23]Uma tempestade de vento se abateu sobre o lago, a barca ia enchendo-se de água, e eles corriam perigo. [24]Aproximaram-se dele e o despertaram, dizendo: "Mestre! Mestre! Estamos perdidos!" Acordando, ele deu ordem ao vento e à fúria da água, que se acalmaram, voltando a tranquilidade. [25]Então perguntou-lhes:* "Onde está vossa fé?" Eles ficaram com medo e, admirados, diziam entre si: "Quem é este que ordena até aos ventos e à água, e eles obedecem?"

O endemoninhado geraseno. [26]Navegaram para a região dos gerasenos*, que fica defronte à Galileia. [27]Quando Jesus desembarcou, veio-lhe ao encontro um homem da cidade, possesso de demônios. Desde há muito não usava roupa, nem morava em casa, mas no cemitério. [28]Vendo Jesus, deu um grito*, caiu a seus pés e disse com voz forte: "Que tens tu comigo, Jesus, Filho do Deus Altíssimo? Eu te rogo, não me atormentes!" [29]Com efeito, Jesus ordenara ao espírito impuro que saísse do homem. Pois muitas vezes se tinha apoderado dele; então o prendiam com correntes e grilhões, mas ele arrebentava as cadeias e era impelido pelo demônio para os desertos. [30]Perguntou-lhe Jesus: "Qual é teu nome?" Respondeu: "Legião", pois muitos demônios haviam entrado nele. [31]E rogavam a Jesus que não os mandasse para o abismo. [32]Ora, havia lá numerosa vara de porcos pastando no monte. Os demônios pediram a Jesus que lhes permitisse entrar neles. E Jesus permitiu. [33]Saindo então do homem, os demônios entraram nos porcos, e a vara se precipitou no lago, pelo barranco abaixo, e lá se afogou†. [34]Vendo o que tinha sucedido, os que guardavam os porcos fugiram e levaram a notícia à cidade e aos campos. [35]Eles então saíram para ver o que acontecera. Chegaram perto de Jesus e acharam junto aos pés dele, sentado, vestido e em perfeito juízo, o homem do qual haviam saído os demônios; e ficaram com medo. [36]As testemunhas lhes relataram como fora curado o possesso. [37]Então todo o povo do território dos gerasenos rogou a Jesus que se retirasse dali, porque estavam tomados de grande medo. Subindo à barca, ele voltou. [38]O homem do qual saíram os demônios pedia a Jesus para ficar em sua companhia. [39]Mas Jesus despediu-o, dizendo: "Volta para casa e conta tudo o que Deus fez por ti". Ele partiu, anunciando por toda a cidade o que Jesus lhe fizera.

Jesus cura e ressuscita. [40]Quando Jesus chegou de volta*, a multidão o recebeu, porque todos o esperavam. [41]Veio um homem chamado Jairo, que era chefe da sinagoga; caindo aos pés de Jesus, suplicava-lhe que fosse* a sua casa, [42]pois tinha uma única filha, de uns doze anos, que estava morrendo. Enquanto Jesus ia andando, a multidão o comprimia.

[43]Ora, uma mulher, que já por doze anos padecia de um fluxo de sangue, e que ninguém conseguia curar, [44]chegou por detrás de Jesus e tocou-lhe a orla do manto; e no mesmo instante cessou o fluxo de sangue. [45]Mas Jesus perguntou: "Quem foi que me tocou?" Como todos negassem, Pedro disse:

---

* **8**,19. Mt 12,46-50; Mc 3,31-35 | 22. Mt 8,23-27; Mc 4,39ss | 25. 1,12; 17,5; 18,8; Mc 1,27 | 26. Mt 8,28-34; Mc 5,1-20 | 28. 4,34; Mc 1,23s; 5,7 | 40. Mt 9,18-26; Mc 5,21-43 | 41. 7,12

† **8**,33. O porco era o animal mais utilizado nos cultos gregos e romanos; era também símbolo da potência romana. Isto fazia do exorcismo de Jesus um sinal da futura libertação.

Lucas 8-9

"Mestre, são as multidões que te apertam e te comprimem!" [46]Mas Jesus insistiu: "Alguém tocou em mim*, pois senti que saía de mim uma força!" [47]A mulher, vendo que não podia ficar no anonimato, veio tremendo prostrar-se diante dele e declarou diante de todos a razão por que o havia tocado, e como logo tinha ficado sã. [48]Jesus disse-lhe: "Filha, tua fé te salvou*; vai em paz".

[49]Estava ainda falando, quando chegou alguém da casa do chefe da sinagoga e disse: "Tua filha morreu; não incomodes mais o Mestre". [50]Jesus ouviu isto e respondeu-lhe: "Não tenhas medo; basta ter fé e ela será salva". [51]Chegando à casa, não deixou ninguém entrar com ele, exceto Pedro, João e Tiago, bem como o pai e a mãe da menina. [52]Todos choravam e se lamentavam por causa dela. Jesus disse então: "Não choreis; ela não morreu: está dormindo". [53]Riam-se dele*, sabendo bem que ela havia morrido. [54]Mas ele, tomando-a pela mão, disse em voz alta: "Menina, levanta-te!" [55]Voltou-lhe a vida e ela se levantou logo. Jesus mandou que lhe dessem de comer. [56]Seus pais ficaram cheios de espanto. E Jesus lhes ordenou que não contassem a ninguém o que tinha acontecido*.

9 **Instruções aos apóstolos.** [1]Convocando os Doze*, Jesus lhes deu força e poder sobre todos os demônios, bem como o dom de curar doenças. [2]Enviou-os a pregar o Reino de Deus e a curar os doentes. [3]Disse-lhes: "Não leveis nada para a viagem: nem bastão; nem sacola*, nem pão, nem dinheiro, nem tenhais duas túnicas. [4]Em qualquer casa em que entrardes, nela permanecei até sairdes de lá. [5]Se não vos acolherem, saí da cidade sacudindo a poeira dos pés em testemunho contra eles". [6]Eles partiram e percorreram as aldeias, anunciando a Boa Nova e operando curas por toda a parte.

Herodes e Jesus. [7]Herodes, o tetrarca, ouviu falar de tudo* o que estava acontecendo e ficou perplexo, porque uns diziam: "É João que ressuscitou dos mortos". E outros: [8]"É Elias que apareceu". E outros ainda: "É um dos antigos profetas ressuscitado". [9]Mas Herodes disse: "João, eu o decapitei*. Então, quem é este do qual ouço dizer tais coisas?" E procurava vê-lo.

Voltam os apóstolos. [10]Ao voltarem, os apóstolos contaram a Jesus* tudo quanto haviam feito. Tomou-os então consigo e retirou-se a um lugar isolado, perto de uma cidade chamada Betsaida. [11]Mas as multidões ficaram sabendo e foram atrás dele.

Primeira multiplicação dos pães. Jesus as acolheu, falou-lhes do Reino de Deus e curou os que estavam precisando. [12]Caía a tarde, e os Doze chegaram perto dele e disseram: "Manda esse povo embora, para que se dirijam às aldeias e povoados vizinhos e procurem hospedagem e comida, pois onde estamos é um lugar deserto". [13]Jesus respondeu-lhes: "Dai-lhes vós mesmos de comer!" Disseram os discípulos: "Não temos senão cinco pães e dois peixes... Só se formos comprar comida para todo esse povo..." [14]Pois eram cerca de cinco mil homens. Falou então Jesus a seus discípulos: "Fazei-os sentar-se em grupos de cinquenta". [15]Assim fizeram e mandaram que todos se sentassem. [16]Jesus tomou então os cinco pães e os dois peixes, ergueu os olhos para o céu, abençoou-os e, depois de partir os pães, ia dando-os aos discípulos para que eles os distribuíssem à multidão. [17]Todos comeram até ficarem satisfeitos, e recolheram doze cestos de pedaços que sobraram.

Jesus é o Cristo. [18]Certa vez, quando Jesus estava orando* a sós, não tendo ninguém consigo senão os discípulos, fez-lhes esta pergunta: "Quem sou eu, na opinião do povo?" [19]Responderam-lhe: "João Batista; para outros, és Elias; para outros ainda, és um dos antigos profetas que ressuscitou". [20]Disse-lhes então Jesus: "E vós, quem dizeis que eu sou?"* Pedro respondeu: "O Cristo de Deus".

---

* **8**,46. 5,17; 6,10 | 48. 7,50; 17,19; 18,42 | 53. 7,13s | 56. 5,14; 7,36; Mc 1,34 | **9**,1. 10,1-16; Mt 8,29; 10,5-15; Mc 6,7-13 | 3. 10,10 | 7. Mt 14,1-12; 16,14; Mc 6,14-29; 8,28 | 9. 9,19; 23,8 | 10. Mt 14,13-21; Mc 6,30-44; Jo 6,1-14 | 18. 9,7; Mc 16,13-19; Mc 8,27ss | 20. 2,26; 23,35; Jo 6,68

Lucas 9

Primeiro anúncio da Paixão. [21]Jesus, porém, proibiu-lhes severamente que o dissessem a alguém [22]e acrescentou: "O Filho do homem deve sofrer muito* e ser rejeitado pelos anciãos, pelos príncipes dos sacerdotes e pelos escribas, ser morto e ressuscitar ao terceiro dia".

Como seguir a Jesus. [23]E dizia a todos: "Se alguém quiser me seguir*, renuncie a si mesmo, carregue sua cruz diária e me acompanhe†. [24]Porque quem quiser salvar sua vida vai perdê-la; mas quem perder a vida por causa de mim, este a salvará. [25]Pois que adianta ao homem ganhar o mundo inteiro*, se perder ou arruinar a si mesmo? [26]Pois quem se envergonhar de mim e de minhas palavras, dele se envergonhará o Filho do homem quando vier em sua glória e na do Pai e dos santos anjos. [27]Na verdade vos digo: há alguns* dos que estão aqui presentes que não provarão a morte até que vejam o Reino de Deus".

A transfiguração. [28]Uns oito dias depois desses fatos*, Jesus tomou consigo Pedro, João e Tiago e subiu ao monte para rezar. [29]Enquanto rezava, o aspecto de seu rosto se transformou e suas vestes se tornaram de resplandecente brancura. [30]E dois homens* conversavam com ele: eram Moisés e Elias; [31]apareceram envoltos em glória e lhe falavam a respeito de sua partida, que devia cumprir-se em Jerusalém. [32]Pedro e seus companheiros* estavam dominados pelo sono. Despertando, viram sua glória e os dois homens que estavam com ele. [33]Quando estes iam retirando-se de perto de Jesus, Pedro lhe disse: "Mestre, é bom a gente estar aqui. Façamos então três tendas: uma para ti, uma para Moisés e uma para Elias". Não sabia o que estava dizendo. [34]Enquanto falava, veio uma nuvem que os cobriu. Ficaram atemorizados quando entraram na nuvem. [35]E da nuvem saiu uma voz, dizendo: "Este é meu Filho*, o Eleito, escutai-o!" [36]Ao soar aquela voz, Jesus se encontrou só. Os discípulos guardaram segredo e a ninguém disseram, naqueles dias, coisa alguma do que tinham visto†.

O menino epilético. [37]No dia seguinte, quando desciam do monte*, numerosa multidão foi ter com Jesus. [38]Do meio da multidão, um homem gritou: "Mestre, eu te peço, olha para meu filho; pois é meu filho único! [39]Um espírito se apodera dele, e de repente ele começa a soltar gritos, e o sacode com violência e o faz espumar; e só o larga depois de deixá-lo todo alquebrado. [40]Pedi a teus discípulos que o expulsassem, mas não o conseguiram". [41]"Geração incrédula e perversa – respondeu Jesus – até quando tenho de ficar convosco e tenho de vos suportar? Traze aqui teu filho". [42]Quando o menino vinha chegando*, o demônio o atirou por terra e o sacudiu violentamente. Mas Jesus ameaçou o espírito impuro, curou o menino e o restituiu ao pai. [43]Todos ficaram maravilhados com a grandeza de Deus.

Segundo anúncio da Paixão. Como todos admirassem* tudo quanto ele fazia, Jesus disse a seus discípulos: [44]"Prestai bem atenção a estas palavras: o Filho do homem vai ser entregue às mãos dos homens". [45]Mas não entendiam esta afirmação: ela permanecia velada para eles, para que não a entendessem; e tinham medo de interrogá-lo a este respeito.

Quem é o maior. [46]Veio-lhes à mente uma questão:* qual dentre eles seria o maior? [47]Mas Jesus, conhecendo seus pensamentos secretos, tomou um menino, colocou-o perto de si e lhes disse:

---

* **9**,22. Mt 16,21; 20,17ss; Mc 8,31; 9,31; 10,33 | 23. 14,27; Mt 10,38; 16,24-27; Mc 8,34-38 | 25. 17,33; Mt 10,39; Jo 12,25; Mt 10,33; Lc 12,9; 2Tm 2,12 | 27. Mt 16,28; Mc 9,1 | 28. 8,51; Mt 17,1-8; Mc 9,2-8 | 30. 3,21; 24,16 | 32. 24,4; Jo 1,14; At 1,10; 2Pd 1,16s | 35. 1,35; 3,22; Sl 2,7; Is 42,1; Mt 3,17; Mc 1,11 | 37. Mt 17,14-18; Mc 9,14-27 | 42. 7,15 | 43. 9,22; 18,34; 24,25; Mt 17,22s; Mc 9,30ss | 46. 10,16; 22,24.26; Mt 18,1-5; Mc 9,33-37

† **9**,23. "Deve-se libertar a dor pela dor, isto é, assumindo a cruz e convertendo-a em fonte de vida pascal" (Puebla). | 36. A Transfiguração é um antegozo da vinda gloriosa de Cristo, "que transfigurará nosso corpo humilhado, conformando-o a seu corpo glorioso", Fl 3,21. Mas ela nos lembra também que "é preciso passar por muitas tribulações para entrar no Reino de Deus", At 14,22.

Lucas 9-10

48"Quem acolhe este menino em meu nome, é a mim que acolhe; e quem me acolhe, acolhe aquele que me enviou; pois o menor entre vós todos, esse é o maior"*.

A concórdia entre os homens. 49Tomando a palavra, disse João: "Mestre, vimos um homem* expulsando demônios em teu nome e procuramos impedi-lo, porque não segue conosco". 50Mas Jesus respondeu: "Não o proíbais, pois quem não está contra vós está do vosso lado"*.

IV. JESUS A CAMINHO
DE JERUSALÉM
(9,51–19,28)

Oposição dos samaritanos. 51Quando se estava completando o prazo* para ser levado deste mundo, Jesus tomou a firme resolução de ir para Jerusalém. 52Enviou mensageiros a sua frente; estes partiram e entraram numa aldeia de samaritanos para fazer os preparativos. 53Mas não o receberam*, porque estava a caminho de Jerusalém. 54Diante disso, os discípulos Tiago e João disseram: "Senhor, queres que mandemos descer fogo do céu* para destruí-los?" 55Jesus voltou-se para eles e os repreendeu†. 56Foram então para outro povoado.

A vocação. 57Indo eles pela estrada*, um homem disse a Jesus: "Eu te seguirei para onde fores". 58Respondeu-lhe Jesus: "As raposas têm tocas e as aves do céu, ninhos; mas o Filho do homem não tem onde descansar a cabeça". 59A um outro disse: "Segue-me"*. Mas ele respondeu: "Senhor, permite que eu vá primeiro enterrar meu pai". 60Jesus disse-lhe: "Deixa que os mortos enterrem seus mortos†. Tu, porém, vai anunciar o Reino de Deus". 61Outro lhe disse:

"Senhor, eu te seguirei,* mas permite que eu vá primeiro despedir-me dos parentes". 62Retrucou Jesus: "Ninguém que olha para trás, depois de ter posto a mão no arado*, é apto para o Reino de Deus".

10 **Missão dos discípulos.** 1Depois disso, o Senhor designou* outros setenta e dois discípulos e mandou-os, dois a dois, a sua frente, a todas as cidades e lugares aonde ele pensava ir. 2Dizia-lhes: "A messe é grande*, mas os operários são poucos; por isso, rogai ao Senhor da messe que mande mais operários para sua messe. 3Ide! Eu vos envio como cordeiros* no meio de lobos. 4Não leveis bolsa, nem sacola, nem sandálias; e não saudeis ninguém pelo caminho. 5Em toda casa em que entrardes, dizei primeiro: 'Paz a esta casa!' 6E se lá houver quem ame a paz, vossa paz ficará com ele; do contrário, ela voltará a vós. 7Ficai nesta mesma casa*, comendo e bebendo do que lá houver, pois o operário merece seu salário. Não fiqueis andando de uma casa para outra. 8Em toda cidade em que entrardes e fordes bem recebidos, comei o que vos for servido, 9curai os doentes que lá houver e dizei-lhes: 'Chegou para vós o Reino de Deus'. 10Mas em qualquer cidade em que entrardes e não vos acolherem*, saí pelas praças e dizei: 11Até a poeira de vossa cidade que nos ficou nos pés sacudimos contra vós. Mas ficai sabendo que o Reino de Deus chegou'. 12Eu vos afirmo que, naquele dia, haverá menos rigor para Sodoma do que para tal cidade".

As cidades impenitentes. 13"Ai de ti, Corozaim!* Ai de ti, Betsaida! Porque se os milagres realizados em vosso meio

---

* **9**,48. Jo 13,20 | 49. Mc 9,38ss | 50. 11,23 | 51. 13,22; 17,11; Mc 10,32 | 53. Jo 4,9 | 54. 2Rs 1,10ss | 57. Mt 8,19-22 | 59. 14,26.33 | 61. 1Rs 19,20 | 62. Fl 3,13 | **10**,1. 9,1ss; Mc 6,7 | 2. Mt 9,37s; Jo 4,35 | 3. 9,3s; Mt 10,7-14 | 7. 1Cor 9,6-14; 10,27; 1Tm 5,18 | 10. 9,5; 18,6; At 13,51; Mt 10,15; 11,24 | 13. Mt 11,20-24 / Am 1,9s; Zc 9,2ss

† **9**,55. "A clemência muitas vezes é mais eficaz que o castigo para corrigir quem fez o mal" (S. Ambrósio). Alguns manuscritos acrescentam: "Não sabeis de que espírito sois. O Filho do homem não veio para arruinar as pessoas, mas para salvá-las. | 60. O cuidado de sepultar os mortos fica entregue aos que são mortos espiritualmente, expressão radical com que Jesus designa os que não são chamados para anunciar a vida nova.

tivessem sido feitos em Tiro e Sidônia*, há muito tempo se teriam convertido, vestidas de luto e sentadas sobre cinza! [14]Assim, no juízo, haverá menos rigor para Tiro e Sidônia do que para vós! [15]E tu, Cafarnaum, pensas que serás elevada até o céu?* Serás rebaixada até o inferno! [16]Quem vos ouve a mim ouve*, quem vos rejeita a mim rejeita, e quem me rejeita rejeita Aquele que me enviou".

Grandeza dos discípulos. [17]Os setenta e dois voltaram contentes, dizendo: "Senhor, até os demônios se submetem a nós em teu nome!" [18]Respondeu-lhes Jesus: "Eu via Satanás caindo do céu* como um raio. [19]Eu vos dei o poder de pisar em serpentes, escorpiões e em toda a força do Inimigo, e nada vos fará mal. [20]Mas ficai alegres, não tanto porque os espíritos se vos submetem, e sim porque vossos nomes estão escritos no céu".

O Pai se revela aos simples. [21]Naquele momento, exultou Jesus de alegria* no Espírito Santo e disse: "Eu vos bendigo, ó Pai, Senhor do céu e da terra, porque estas coisas que escondestes aos sábios e entendidos, vós as revelastes à gente simples. Sim, Pai, porque assim foi de vosso agrado. [22]O Pai me entregou todas as coisas*, e ninguém conhece quem é o Filho senão o Pai, nem quem é o Pai, senão o Filho e aquele a quem o Filho o quiser revelar".

Os tempos messiânicos. [23]Voltando-se para os discípulos*, disse-lhes em particular: "Felizes os olhos que veem o que vós vedes! [24]Pois eu vos digo que muitos profetas e reis quiseram ver o que vós vedes e não o viram; quiseram ouvir o que vós ouvis e não o ouviram!"

O maior mandamento. [25]Levantou-se um doutor da lei* e perguntou a Jesus, para pô-lo à prova: "Mestre, que devo fazer para herdar a vida eterna?" [26]Jesus disse-lhe: "Que está escrito na Lei? Como é que lês?" [27]O outro respondeu: 'Amarás o Senhor, teu Deus*, de todo o teu coração, de toda a tua alma, com todas as tuas forças e com toda a tua mente; e teu próximo* como a ti mesmo'. [28]Jesus lhe disse: "Respondeste bem*. Faze isto e terás a vida!" [29]Mas este, querendo justificar-se, perguntou a Jesus: "E quem é meu próximo?"*

O bom samaritano. [30]Retomando a palavra, disse Jesus: "Um homem descia de Jerusalém a Jericó e caiu nas mãos de assaltantes, que roubaram tudo o que tinha, agrediram-no a pauladas e fugiram, deixando-o quase morto. [31]Por acaso descia um sacerdote por aquele caminho: viu-o e seguiu adiante. [32]De igual modo um levita, chegando àquele lugar, ao vê-lo, seguiu em frente. [33]Um samaritano, porém, que ia de viagem, chegou perto dele e, ao vê-lo*, teve compaixão. [34]Aproximou-se dele e fez curativos em suas feridas, derramando óleo e vinho; depois montou-o em seu próprio animal, levou-o a uma pensão e cuidou dele. [35]No dia seguinte, tirou duas moedas e, entregando-as ao hospedeiro, disse-lhe: 'Cuida dele, e o que gastares a mais, na volta eu o pagarei'. [36]Qual dos três, em tua opinião, comportou-se como próximo do homem que caiu nas mãos dos assaltantes?" [37]Ele respondeu: "Aquele que o tratou com bondade". Então Jesus lhe disse: "Vai e faze o mesmo!"†

Marta e Maria. [38]Aconteceu que, durante a viagem*, Jesus entrou num povoado. Uma mulher, de nome Marta, hospedou-o em sua casa. [39]Ela tinha uma irmã chamada Maria que, sentada aos pés do Senhor, escutava* sua

---

* **10**,15. Is 14,13ss | 16. Mt 10,40; Jo 5,24; 13,20 | 18. Is 114,12; Jo 12,31; Ap 12,8s; Sl 91,13; Mt 7,22; Mc 16,18; Fl 4,3; Ap 3,5 | 21. Mt 11,25ss; 13,16s; 1Cor 1,26-29 | 22. Jo 3,5; 10,15 | 23. Mt 13,16s | 25. Mc 10,17 | 27. Mt 22,37-40; Mc 12,29-31; Dt 6,5; Lv 19,18 / Lv 18,5 | 28. Rm 10,5 | 29. Gl 3,12 | 33. 2Cr 28,15 | 38. Jo 11,1; 12,2s | 39. 11,28

† **10**,37. "Próximo" não é apenas quem é de meu grupo, mas todo aquele que está em necessidade: o amor não tem fronteiras. A parábola mostra a omissão dos chefes religiosos e o amor autêntico de um samaritano, membro de um povo discriminado pelos judeus. O odiado samaritano torna-se próximo pela compaixão. Para alguns Santos Padres, o bom samaritano representa Jesus que socorre a humanidade ferida.

Lucas 10-11

palavra. [40]Marta, absorvida pelo muito serviço, aproximou-se e disse: "Senhor, não te importas que minha irmã me deixe sozinha no serviço? Dize-lhe que me ajude". [41]Em resposta, o Senhor lhe disse: "Marta, Marta, andas ansiosa e preocupada com muitas coisas; [42]todavia, uma só coisa é necessária*. Pois Maria escolheu a melhor parte, e esta não lhe será tirada".

11 **O pai-nosso**†. [1]Jesus estava rezando em certo lugar*. Quando terminou, disse-lhe um de seus discípulos: "Senhor, ensina-nos a rezar*, como João ensinou a seus discípulos". E ele lhes falou: [2]"Quando rezardes, dizei: 'Pai, santificado seja vosso nome; venha vosso Reino. [3]Dai-nos cada dia nosso pão cotidiano†. [4]E perdoai-nos nossos pecados, porque também nós perdoamos a todo nosso devedor. E não nos deixeis cair em tentação'".

Confiança na oração. [5]E disse-lhes: "Se alguém de vós tiver um amigo* e for procurá-lo à meia-noite para dizer-lhe: 'Amigo, empresta-me três pães, [6]porque um amigo meu chegou de viagem e não tenho nada para lhe oferecer'; [7]e se lá de dentro o amigo responder: 'Não me incomodes, a porta já está trancada, eu e meus filhos já estamos deitados, não posso levantar-me para te dar os pães'; [8]eu vos digo, mesmo que não se levante para dar-lhe os pães por ser seu amigo, ele acabará levantando-se por causa de sua importunação para dar-lhe tudo o que precisa. [9]Pois bem, eu vos digo:* Pedi e vos será dado†; buscai e achareis; batei e vos será aberto. [10]Pois todo aquele que pede recebe; quem procura encontra; e ao que bate se abre. [11]Qual é o pai entre vós que, se o filho pedir um peixe, lhe dará uma cobra em lugar do peixe? [12]Ou, se pedir um ovo, lhe dará

um escorpião? [13]Se, pois, vós, que sois maus, sabeis dar coisas boas a vossos filhos, quanto mais o Pai do céu dará o Espírito Santo aos que lho pedirem!"

A cura do possesso mudo. [14]Jesus estava expulsando um demônio* que era mudo. Quando o demônio saiu, o mudo começou a falar, e as multidões ficaram maravilhadas*. [15]Mas alguns deles disseram: "É pelo poder de Belzebu*, chefe dos demônios, que ele expulsa os demônios". [16]Outros, para submetê-lo à prova, pediam-lhe um sinal do céu. [17]Mas Jesus, conhecendo seus pensamentos, disse-lhes: "Todo reino dividido contra si mesmo está arruinado, e uma casa dividida contra si mesma cairá. [18]Se, pois, também Satanás está dividido contra si mesmo, como poderá ficar de pé o seu reino? Pois estais dizendo que é pelo poder de Belzebu que eu expulso os demônios... [19]Ora, se eu expulso os demônios pelo poder de Belzebu, pelo poder de quem vossos filhos os expulsam? Por isso, eles é que serão vossos juízes. [20]Mas se é pelo dedo de Deus* que eu expulso os demônios, então chegou para vós o Reino de Deus.

[21]Quando um homem forte e bem armado guarda seu palácio, seus bens estão em segurança. [22]Mas se surgir outro mais forte* e o subjugar, toma-lhe as armas em que confiava e reparte seus despojos. [23]Quem não está comigo está contra mim*; e quem não ajunta comigo espalha. [24]Quando o espírito imundo* sai de uma pessoa, vagueia por lugares áridos, procurando descanso. Não o encontrando, diz: 'Voltarei para minha casa donde saí'. [25]E, ao voltar*, encontra-a varrida e enfeitada. [26]Vai então buscar outros sete espíritos, piores do que ele; e eles voltam e nela se instalam. E a última condição daquela pessoa fica pior que antes".

---

* **10**,42. Jo 6,27; Mt 6,33 | **11**,1. Mt 6,9-15 / Lc 5,33 | 5. 18,1-8 | 9. Mt 7,7-11; Jo 14,13s | 14. Mt 12,22-30; Mc 3,20-27 / Mt 9,34 | 15. 11,29; Mt 12,38; Mc 8,11; 1Cor 1,22 | 20. 17,21; Mt 12,28 | 22. Is 49,25; 53,12 | 23. 9,50; Mt 12,30; Mc 9,40 | 24. Mt 12,43ss | 25. Jo 5,15

11. Esse Pai-nosso é mais curto que o de Mt 6,9-13, mas essencialmente é o mesmo. Lucas apenas omitiu ou modificou algumas expressões tipicamente hebraicas. | 3. O termo grego significa propriamente "necessário para sustentar a vida", o alimento dado gratuitamente por Deus. | 9. "Se Deus não vos concede tudo o que desejais, é para vos dar algo melhor" (Bem-aventurado João de Ávila).

Felicidade do discípulo. [27]Quando assim falava, uma mulher levantou a voz do meio da multidão e lhe disse: "Feliz o ventre que te trouxe e os seios que te amamentaram!" [28]Mas ele respondeu: "Felizes, antes*, os que ouvem a palavra de Deus e a observam!"†

O sinal de Jonas. [29]Crescendo a multidão*, Jesus começou a dizer: "Esta geração é uma geração perversa; está pedindo um sinal, mas não lhe será dado sinal, a não ser o de Jonas. [30]Pois, assim como Jonas foi um sinal para os ninivitas, assim o Filho do homem o será para esta geração. [31]No dia do juízo, a rainha do Sul* vai levantar-se com os homens desta geração e os condenará; porque ela veio das extremidades da terra para ouvir a sabedoria de Salomão; e aqui está alguém maior que Salomão! [32]No dia do juízo, os habitantes de Nínive vão levantar-se com esta geração e a condenarão*, porque se converteram ouvindo a pregação de Jonas; e aqui está alguém maior que Jonas!"

Valor do testemunho. [33]"Ao acender uma lâmpada*, ninguém a coloca num lugar escondido ou sob uma vasilha; ao contrário, a lâmpada é posta no candeeiro, para verem a luz os que entram. [34]A lâmpada do corpo é teu olho. Se teu olho for sadio, todo o teu corpo fica iluminado; mas se ele estiver doente, teu corpo também fica nas trevas. [35]Cuidado, pois, para que a luz que há em ti não seja trevas! [36]Se, pois, todo o teu corpo for luminoso, sem nenhuma parte de trevas, todo ele será luminoso, como quando a lâmpada te ilumina com seu esplendor".

Pureza externa e interna. [37]Enquanto falava, um fariseu o convidou* para jantar em sua casa. Jesus entrou e pôs-se à mesa. [38]O fariseu ficou admirado ao ver que ele não fizera as abluções antes da refeição. [39]Mas o Senhor lhe disse: "Vós, fariseus, limpais a parte externa do copo e do prato*, mas por dentro estais cheios de roubo e de maldade! [40]Insensatos! Aquele que fez o exterior* não fez também o interior? [41]Dai, antes, em esmola o que tendes, e todas as coisas vos serão puras.

Hipocrisia dos fariseus. [42]Mas ai de vós, fariseus, que pagais o dízimo da hortelã*, da arruda e de todas as hortaliças, mas deixais de lado a justiça e o amor a Deus! Era preciso fazer estas coisas, sem omitir aquelas. [43]Ai de vós, fariseus, que gostais de ocupar os primeiros lugares nas sinagogas e as saudações nas praças públicas! [44]Ai de vós, porque sois como sepulcros que não se notam e sobre os quais a gente pisa sem saber!" [45]Um dos doutores da lei tomou então a palavra e lhe disse: "Mestre, falando assim, tu nos ofendes a nós também". [46]Respondeu Jesus: "Ai de vós também, doutores da lei*, porque estais impondo às pessoas fardos impossíveis de carregar, ao passo que vós mesmos nem com um dos dedos os tocais! [47]Ai de vós, porque construís túmulos para os profetas*, que foram mortos por vossos pais! [48]Assim sois testemunhas e aprovais as obras de vossos pais: eles os mataram e vós lhes edificais os sepulcros! [49]Por isso, disse também a Sabedoria de Deus: 'Eu lhes enviarei profetas e apóstolos: a uns matarão, a outros perseguirão', [50]para que a esta geração se peça conta do sangue de todos os profetas, que foi derramado desde a criação do mundo, [51]desde o sangue de Abel* até o de Zacarias, que foi assassinado entre o altar e o santuário! Sim, eu vos digo, serão pedidas contas a esta geração! [52]Ai de vós, doutores da lei, porque tirastes a chave* da ciência: vós mesmos não entrastes e impedistes os que queriam entrar!"

[53]Quando Jesus saiu, os escribas e fariseus começaram a persegui-lo duramente e a importuná-lo com inúmeras perguntas, [54]armando-lhe ciladas* para surpreendê-lo em alguma palavra sua.

---

* **11**,28. 10,39; Dt 30,14; Jo 14,23; Tg 1,25 | 29. Mt 12,38-42; 16,4; Mc 8,12; At 2,40; 1Cor 1,22; Jo 6,30ss | 31. 1Rs 10,1-10; 2Cr 9,1-12 | 32. Jn 3,8ss | 33. 8,16; Mt 5,15; 6,22s; Mc 4,21 | 37. 7,36; 14,1; Mt 23,1-36; Mc 12,38ss | 39. Mt 15,2; Mc 7,2-5 | 40. 12,33 | 42. Lv 27,30 | 46. Mt 23,4 | 47. Mt 23,29ss | 51. Gn 4,8; 2Cr 24,20s | 52. Mt 23,13 | 54. 20,20

† **11**,28. Jesus não reprova sua Mãe; mas diz que a grandeza dela não lhe adiantaria nada, se ela não fosse do número dos que obedecem a Deus.

Lucas 12

12 **Coragem para testemunhar†.** ¹Entretanto, as multidões iam ajuntando-se* aos milhares, a ponto de pisarem uns nos outros; e Jesus começou a dizer, antes de tudo, a seus discípulos: "Tomai cuidado com o fermento dos fariseus*, que é a hipocrisia. ²Não há nada oculto que não seja descoberto; nada de secreto que não venha a ser conhecido. ³Por isso, tudo o que tiverdes falado no escuro será ouvido em plena luz; e o que tiverdes falado ao pé do ouvido, no interior da casa, vai ser proclamado sobre os telhados. ⁴Eu vos digo, meus amigos: não tenhais medo* daqueles que matam o corpo e depois disso nada mais podem fazer. ⁵Vou mostrar-vos a quem deveis temer: temei Aquele que, depois de matar, tem o poder de lançar na geena†. Sim, eu vos digo, a esse deveis temer. ⁶Não se vendem cinco pardais por dois asses? No entanto, de nenhum deles Deus se esquece. ⁷Mais que isso: até os cabelos de vossas cabeças* estão todos contados. Portanto, não tenhais medo: vós valeis mais do que muitos pardais.

⁸Eu vos digo: todo aquele que se declarar a meu favor diante dos homens, também o Filho do homem vai declarar-se a seu favor diante dos anjos de Deus; ⁹mas o que me renegar diante dos homens* será renegado diante dos anjos de Deus. ¹⁰Quem falar contra o Filho do homem* alcançará perdão; mas quem blasfemar contra o Espírito Santo não terá perdão†. ¹¹Quando vos levarem às sinagogas, à presença dos magistrados e das autoridades, não fiqueis aflitos*, imaginando como vos defendereis ou o que direis; ¹²porque o Espírito Santo vos ensinará naquela hora o que será preciso dizer".

Perigo da avareza. ¹³Alguém do meio da multidão* disse a Jesus: "Mestre, dize a meu irmão que reparta comigo a herança". ¹⁴"Homem – respondeu-lhe Jesus – quem me constituiu para ser vosso juiz ou mediador sobre vossos bens?" ¹⁵Em seguida, disse-lhes: "Cuidado!* Fugi de toda avareza, porque, mesmo possuindo uma grande fortuna, a vida da pessoa não depende de suas riquezas".

¹⁶Contou-lhes, então, esta parábola: "Havia um homem rico, cujas terras produziram grande colheita. ¹⁷Ele ficou pensando: 'Que vou fazer? Não tenho onde guardar minha colheita'. ¹⁸Então disse: 'Farei assim: vou demolir meus celeiros e construir outros maiores. Neles guardarei todo o meu trigo e meus bens, ¹⁹e direi a mim mesmo: Tu tens uma grande quantidade de bens em depósito para muitos anos. Descansa, come, bebe, comemora!' ²⁰Mas Deus lhe disse: 'Louco, nesta mesma noite* tua vida vai ser requisitada! E para quem vai ficar o que ajuntaste?' ²¹Assim é aquele que ajunta tesouros para si e não é rico diante de Deus".

A Providência divina. ²²Disse depois a seus discípulos:* "Por isso vos digo: não vos preocupeis por vossa vida, com o que comereis, nem por vosso corpo, com o que vestireis. ²³Pois a vida vale mais que o alimento, e o corpo mais que as roupas. ²⁴Observai os corvos:* não semeiam nem colhem, não têm celeiro nem despensa; e, no entanto, Deus os alimenta. Quanto mais valeis do que as aves! ²⁵Quem de vós* consegue, com suas preocupações, acrescentar um côvado ao curso de sua vida? ²⁶Se, portanto, não podeis fazer nem as mínimas coisas, por que estais preocupados com as outras?

---

* **12**,1. Mt 16,6.12; Mc 8,15 / 8,17; Mt 10,26; Mc 4,22 | 4. 12,32; Mt 10,28-33; Jo 15,15; Tg 4,12 | 7. 12,24; 21,18; Mt 10,32s; Mc 8,38 | 9. 9,26 | 10. Mt 12,32; Mc 3,28s; 13,11 | 11. 21,12-15; Jo 14,26 | 13. Êx 2,14; At 7,37 | 15. 1Tm 6,9s | 20. Pr 27,1; Eclo 11,19; Tg 4,13ss; 1Cor 15,32; Ecl 2,17-23; Ap 3,17s | 22. Mt 6,19-34 | 24. Sl 147,9 | 25. 12,7 | 27. 1Rs 10,4-7

† **12**. Este trecho mostra que o 3º Evangelho foi escrito em e para um tempo de perseguição. | 5. Nome de um depósito de lixo, situado fora de Jerusalém, que fumegava constatemente e por isso servia de imagem para o fogo inextinguível do inferno. | 10. O pecado contra o Espírito Santo é a recusa de reconhecer as obras do Espírito, apesar da evidência. Não podem alegar a ignorância, como na morte de Jesus, Lc 23,34. Ver At 7,51.

1261   Lucas 12

²⁷Observai os lírios: como crescem! Não trabalham nem fiam. Ora, eu vos digo, nem Salomão*, no auge de sua glória, vestiu-se como um deles. ²⁸Se, pois, Deus veste assim a erva, que hoje está no campo e amanhã é lançada ao fogo, quanto mais fará por vós, gente pobre de fé? ²⁹Vós também, não fiqueis procurando o que haveis de comer ou beber, nem fiqueis ansiosos. ³⁰Porque os pagãos do mundo é que vivem pre-ocupados com tudo isso; mas vosso Pai sabe que precisais disso. ³¹Buscai primeiro seu reino, e estas coisas vos serão dadas por acréscimo. ³²Não te-nhais medo, pequeno rebanho, porque foi do agrado de vosso Pai dar-vos o Reino. ³³Vendei vossos bens* e daí o di-nheiro em esmola. Fazei para vós bol-sas que não se gastam, um tesouro que não se esgota nos céus, aonde o ladrão não chega nem a traça corrói. ³⁴Porque onde estiver vosso tesouro, aí estará também vosso coração".

A vigilância. ³⁵"Estejam cingidos vossos rins e acesas vossas lâmpadas. ³⁶Sede como homens que esperam o patrão* que está para voltar das núpcias, para lhe abrir logo que ele chegar* e bater. ³⁷Feli-zes os servos que o patrão, ao chegar, en-contrar vigilantes! Na verdade vos digo: o patrão colocará o avental, fará com que tomem lugar à mesa e aproximando-se os servirá. ³⁸Se ele chegar na segunda ou na terceira vigília†, e os encontrar assim*, felizes deles! ³⁹Compreendei bem isto: se o dono da casa soubesse em que hora viria o ladrão, não o deixaria arrombar sua casa. ⁴⁰Vós também, ficai prepara-dos, porque na hora que não pensais, o Filho do homem virá!"†

O empregado fiel. ⁴¹Disse então Pedro: "Senhor, é para nós que contas esta pa-rábola, ou para todos?" ⁴²Respondeu--lhe o Senhor:* "Quem é, pois, o admi-nistrador fiel e prudente, que o patrão porá à frente de seus criados, para lhes dar o alimento no tempo devido? ⁴³Feliz daquele servo que, ao chegar, o patrão encontrar agindo assim! ⁴⁴Na verdade vos digo:* vai dar-lhe poder sobre todos os seus bens. ⁴⁵Mas se aquele servo ficar pensando: 'Meu patrão está demorando a chegar', e começar a espancar criados e criadas, a comer, beber e embriagar--se, ⁴⁶virá o patrão desse servo no dia que não espera e na hora que não sabe; vai dar-lhe um tremendo castigo e lhe dará o destino dos infiéis. ⁴⁷O empre-gado que, conhecendo a vontade do patrão*, nada preparou e não lhe obe-deceu, receberá grande número de açoites. ⁴⁸Aquele que, sem conhecer a vontade do patrão, fizer o que mereça castigo, receberá um pequeno número. Àquele a quem muito se deu, muito será pedido, e daquele a quem muito se en-tregou, mais se exigirá.

Jesus, sinal de contradição. ⁴⁹Eu vim lançar um fogo sobre a terra*, e como gostaria que já estivesse aceso!† ⁵⁰Devo receber um batismo, e qual não é minha angústia até que seja consumado! ⁵¹Pen-sais, acaso, que vim trazer paz à terra?* Não, eu vos digo, mas a divisão. ⁵²Porque de agora em diante, numa casa de cinco pessoas haverá divisão: três contra duas e duas contra três. ⁵³Dividir-se-ão: pai contra filho* e filho contra pai; mãe con-tra filha e filha contra mãe; sogra contra nora e nora contra sogra".

Saber entender o tempo. ⁵⁴E dizia às multidões: "Quando vedes uma nuvem* levantar-se no poente, logo dizeis: 'Vem chuva', e assim acontece. ⁵⁵E quando vedes soprar o vento sul, dizeis: 'Vai fazer calor', e tal acontece. ⁵⁶Hipócritas! sabeis decifrar o aspecto da terra e do céu, e como então não sabeis discernir o tempo presente?"†

---

* **12**,33. 22,29; Jo 10,1ss; Ap 1,6; Mt 6,20; 19,21; Lc 18,22; At 4,34; Mc 10,21 | 36. Êx 12,11; Ef 6,14; 1Pd 1,13; Mt 24,45ss; 25,1.7; Mc 13,35ss / Jo 13,4s | 38. Mt 24,43; 1Ts 5,2 | 42. Mt 24,45-51; 1Cor 4,1ss | 44. Mt 25,21.23 | 47. Tg 4,17 | 49. Mt 10,34ss; Mc 10,38s | 51. 2,14.34 | 53. Mq 7,6 | 54. Mt 16,2s

† **12**,38. A 2ª vigília ia das 21 às 24 horas; a 3ª, da meia-noite às 3 da madrugada. | 40. A vigilância cristã consiste em cumprir fielmente no dia a dia as obrigações de estado que recebemos de Deus. | 49. Esse fogo é o Espírito Santo que descerá em Pentecostes sob a forma de línguas de fogo; Paulo usa o mes-mo simbolismo ao dizer: "Não apagueis o Espírito", 1Ts 5,19. | 56. Como em 19,44, Jesus mostra aqui a importância decisiva de sabermos reconhecer a hora da graça, para correspondermos ao apelo de Deus.

Lucas 12-13

Reconciliação. ⁵⁷"Mas por que, por vós mesmos, não julgais o que é justo? ⁵⁸Assim, quando vais com teu adversário à presença do magistrado*, esforça-te para entrar em acordo com ele pelo caminho, para que não te arraste ao juiz, e o juiz te entregue ao carcereiro, e o carcereiro te ponha na prisão. ⁵⁹Eu te digo: de lá não sairás até pagares o último centavo".

13 A conversão é necessária.
¹Naquela hora chegaram algumas pessoas que comunicaram a Jesus o que havia acontecido com os galileus, cujo sangue Pilatos misturara com o das vítimas que ofereciam. ²Em resposta, disse-lhes Jesus: "Pensais que estes galileus, por terem sofrido isto, eram mais pecadores do que todos os outros galileus? ³Eu vos digo que não*; mas se não vos converterdes, perecereis todos igualmente. ⁴Ou aqueles dezoito homens, sobre os quais caiu a torre de Siloé e os matou, pensais que eram mais culpados que todos os outros habitantes de Jerusalém? ⁵Eu vos digo que não*; mas se não vos converterdes, perecereis todos do mesmo modo". ⁶E disse esta parábola: "Um homem tinha uma figueira* plantada em sua vinha. Veio procurar frutos nela e não encontrou. ⁷Disse então ao vinhateiro: 'Faz três anos que venho procurar frutos nesta figueira e não encontro. Corta-a, portanto. Por que ocupa a terra inutilmente?' ⁸Respondeu o outro: 'Senhor, deixa-a mais este ano*; cavarei em redor dela e colocarei adubo. ⁹Talvez dê fruto no futuro. Se não, manda cortá-la'".

Cura de uma mulher no sábado. ¹⁰Num sábado, Jesus estava ensinando* numa das sinagogas. ¹¹Achava-se lá uma mulher que havia dezoito anos que tinha um espírito que a tornava enferma: andava curvada e não podia de modo algum endireitar-se. ¹²Vendo-a, Jesus chamou-a e disse-lhe: "Mulher, estás livre de tua enfermidade". ¹³Impôs-lhe as mãos, e no mesmo instante ela se endireitou e começou a dar glória a Deus. ¹⁴Mas o chefe da sinagoga*, indignado porque Jesus tinha curado no sábado, tomou a palavra e disse à multidão: "Há seis dias para se trabalhar; vinde, pois, nesses dias para serdes curados, e não no sábado". ¹⁵"Hipócritas, – respondeu o Senhor – cada um de vós não solta da estrebaria seu boi* ou seu jumento para levá-los a beber no sábado? ¹⁶E esta filha de Abraão, que Satanás mantinha prisioneira por dezoito anos, não deveria ser libertada desta prisão no dia de sábado?" ¹⁷Enquanto dizia isto, todos os seus adversários ficaram envergonhados, ao passo que a multidão inteira* se alegrava com as maravilhas por ele realizadas.

A semente de mostarda. ¹⁸Dizia Jesus:* "A que se assemelha o Reino de Deus? Com que poderei compará-lo? ¹⁹É semelhante a uma semente de mostarda que um homem pegou e lançou em sua horta. Ela cresceu e se tornou uma árvore, em cujos ramos as aves do céu vieram fazer ninhos"†.

O fermento na massa. ²⁰Disse ainda: "Com que hei de comparar o Reino de Deus? ²¹É semelhante ao fermento que uma mulher pega e mistura em três medidas de farinha, até que tudo fique fermentado".

A porta é estreita. ²²Ia Jesus por cidades e aldeias*, ensinando e caminhando em direção a Jerusalém. ²³Perguntou-lhe alguém: "Senhor, são poucos os que se salvam?" ²⁴Ele respondeu: "Esforçai-vos por entrar pela porta estreita*, porque eu vos digo que muitos procurarão entrar e não vão conseguir. ²⁵Depois que o dono da casa se tiver levantado para fechar a porta, e que vós, lá fora, começardes a bater,

---

* **12**,58. Mt 5,25s | **13**,3. Sl 7,12 | 5. Jo 8,24 | 6. 20,9; Is 5,1; Hab 3,17; Mt 21,19s; Mc 11,13 | 8. 2Pd 3,9.15 | 10. 6,6-11; 14,1-6 | 14. 4,40; 6,7; 7,28; 9,14.16; Mt 12,10; Mc 3,2; Jo 5,16 | 15. 14,5 | 17. 4,15; 5,26 | 18. Mt 13,31ss; Mc 4,30ss; Dn 4,12.21; Ez 17,23; 31,6 | 22. 9,51; 17,11; Mt 7,13-23 | 24. Mt 7,13s; Mc 10,25; Mt 7,22s; 25,10ss

† **13**,19. Ver a nota em Mc 4,32.

1263 Lucas 13-14

suplicando: 'Senhor, abre-nos a porta', ele responderá: 'Não sei de onde sois'. ²⁶Então começareis a dizer: 'Nós comemos e bebemos junto contigo e ensinaste em nossas praças'. ²⁷Mas ele vos responderá:* 'Não sei de onde sois; afastai-vos de mim vós todos que praticais a iniquidade!' ²⁸Então chorareis, rangendo os dentes*, quando virdes Abraão, Isaac, Jacó e todos os profetas no Reino de Deus, e vós, tocados para fora. ²⁹Virão pessoas do oriente e do ocidente, do norte e do sul, para tomar parte no banquete do Reino de Deus. ³⁰Há últimos que serão os primeiros*, e primeiros que serão os últimos".

Herodes ameaça Jesus. ³¹Naquela hora chegaram alguns fariseus* dizendo-lhe: "Sai e vai embora daqui, porque Herodes quer matar-te". ³²Respondeu-lhes: "Ide dizer àquela raposa: Eu expulso demônios e realizo curas hoje e amanhã; e no terceiro dia sou consumado. ³³Devo, porém, continuar meu caminho* hoje, amanhã e no dia seguinte, porque não convém que um profeta morra fora de Jerusalém".

Castigo de Jerusalém. ³⁴"Jerusalém, Jerusalém*, que matas os profetas e apedrejas aqueles que Deus te envia! Quantas vezes eu quis reunir teus filhos, como a galinha recolhe a ninhada* debaixo das asas, mas não o quiseste! ³⁵Vossa casa ficará abandonada. Eu vos digo: não me vereis mais até que digais: Bendito o que vem em nome do Senhor!"

14 **Cura do hidrópico.** ¹Num sábado, Jesus entrou* na casa de um dos chefes dos fariseus para tomar a refeição, e puseram-se a observá-lo. ²À frente dele estava um homem hidrópico. ³Tomando a palavra, Jesus disse aos doutores da lei e aos fariseus: "É permitido ou não curar no sábado?" ⁴Mas eles ficaram calados. Então Jesus tomou o homem pela mão, curou-o e despediu-o. ⁵Depois lhes disse: "Qual

de vós, se seu carneiro ou seu boi caísse num poço, não o retiraria logo*, mesmo sendo sábado?" ⁶E a isso nada puderam responder.

Humildade à mesa. ⁷Percebendo como os convidados* estavam escolhendo os primeiros lugares à mesa, contou-lhes esta parábola: ⁸"Quando fores convidado por alguém para uma festa de casamento, não procures sentar-te no primeiro lugar da mesa, porque pode ser que tenha sido convidado por ele alguém mais importante que tu; ⁹e, chegando aquele que te convidou a ti e a ele, venha dizer-te: 'Cede-lhe o lugar'. E tu, cheio de vergonha, terias de ir sentar-te no último lugar. ¹⁰Ao contrário, quando fores convidado, senta-te no último lugar e, assim, aquele que te convidou te dirá ao chegar: 'Meu amigo, senta-te mais para cima!' E isso será honroso para ti diante de todos os convidados, ¹¹porque todo aquele que se eleva será rebaixado*, e o que se rebaixa será elevado".

Não buscar recompensa. ¹²Depois, Jesus disse ao homem que o convidara: "Quando deres um almoço ou um jantar, não convides os amigos, os irmãos, os parentes, nem os vizinhos ricos, para não acontecer que por sua vez eles te convidem e sejas recompensado. ¹³Mas, quando deres um banquete, convida os pobres, os aleijados, os coxos, os cegos; ¹⁴e serás feliz, porque eles não têm com que te retribuir*, e receberás a recompensa na ressurreição dos justos".

Parábola do banquete. ¹⁵Ao ouvir isto, disse-lhe um dos convivas:* Feliz daquele que participar do banquete do Reino de Deus!' ¹⁶Jesus disse-lhe: "Um homem preparou um grande banquete para o qual convidou muita gente. ¹⁷Na hora marcada, enviou seu servo para dizer aos convidados: 'Vinde, já está pronto!' ¹⁸Mas todos, um após outro, começaram a se desculpar. O primeiro disse: 'Comprei

---

* **13**,27. Sl 6,8s | 28. Mt 8,11s; Sl 107,3 | 30. Mt 19,30; 20,16; Mc 10,31 | 31. Mt 23,37ss | 33. 6,23; 18,31 | 34. 19,41-44; Mt 23,37ss / Lc 21,6; Jr 12,7; Sl 118,26 | **14**,1. 7,36; 11,37 | 5. 13,15; Mt 12,11; 22,46 | 7. Pr 25,6s; Mt 23,6 | 11. 18,14; Mt 23,12 | 14. 6,35; Jo 5,29 | 15. 13,29; Mt 22,1-10; Is 25,6; 55,1s; Ap 3,20; 19,9

Lucas 14-15

um terreno e preciso ir vê-lo; peço que me desculpes'. [19]Outro disse: 'Comprei cinco juntas de bois e vou experimentá--las; peço que me desculpes'. [20]Um outro disse: 'Eu me casei* e por isso não posso ir'. [21]Voltando, o servo relatou isto ao patrão. Indignado, o dono da casa disse então a seu servo: 'Sai depressa às praças e ruas da cidade e traze aqui os pobres*, os aleijados, os cegos e os coxos't. [22]'Senhor – disse-lhe o servo – tua ordem foi executada e ainda há lugar'. [23]Então disse o patrão ao servo: 'Sai pelos caminhos e atalhos e força-os a entrar, a fim de que se encha minha casa. [24]Porque, eu vos declaro, nenhum dos que foram convidados provará de meu banquete'".

Condições para seguir Jesus. [25]Caminhavam com Jesus numerosas multidões. Voltando-se para elas, disse: [26]"Aquele que vem a mim e não tem maior amor a mim do que a seu pai*, sua mãe, sua mulher, seus filhos, seus irmãos, suas irmãs e até a sua própria vida† não pode ser meu discípulo. [27]Aquele que não carrega sua cruz e não me segue não pode ser meu discípulo. [28]Quem de vós, com efeito, querendo construir uma torre,* não se senta primeiro para calcular os gastos e ver se tem o suficiente para concluir a obra? [29]Para não suceder que, colocados os alicerces e não podendo terminá-la, todos os que o virem comecem a zombar dele, dizendo: [30]'Vede o homem que começou a construir e não conseguiu terminar!' [31]E qual é o rei que, partindo para a guerra contra outro rei, não se senta para examinar se com dez mil homens pode enfrentar aquele que vem contra ele com vinte mil? [32]Se não, envia mensageiros para negociar a paz,* enquanto o outro ainda está longe. [33]Assim

pois, aquele dentre vós que não renunciar a todos os seus bens não pode ser meu discípulo. [34]O sal é uma boa coisa. Mas, se perder seu sabor,* com que se há de restituir-lhe o sabor? Ele não prestará nem para a terra, nem para adubo: [35]será jogado fora! Ouça quem for capaz!"

15 A ovelha perdida†.

[1]Aproximavam-se de Jesus todos os publicanos* e pecadores para ouvi-lo. [2]Os fariseus e os escribas o criticavam dizendo: "Este homem acolhe os pecadores e come com eles". [3]Jesus contou-lhes, então, esta parábola: [4]"Quem de vós, se tiver cem ovelhas* e perder uma delas, não deixa as noventa e nove no deserto, para ir procurar a ovelha perdida até encontrá-la? [5]E, achando-a, coloca-a sobre os ombros, cheio de alegria, [6]e, voltando para casa, convida os amigos e os vizinhos, dizendo-lhes: 'Alegrai-vos comigo, porque encontrei minha ovelha que estava perdida'. [7]Eu vos digo: assim também haverá maior alegria no céu por um só pecador* que se converte do que por noventa e nove justos que não precisam de conversão.

A moeda perdida. [8]Ou então, qual é a mulher que, tendo dez dracmas†, se perder uma, não acende a lâmpada e varre a casa, procurando com cuidado até encontrá-la? [9]E, encontrando-a, chama as amigas e as vizinhas e lhes diz: 'Alegrai-vos comigo*, porque achei a dracma que eu tinha perdido'. [10]Deste modo, eu vos digo, haverá alegria entre os anjos de Deus por um único pecador que se converte".

O pai misericordioso†. [11]Disse ainda: "Um homem tinha dois filhos. [12]O mais novo disse ao pai: 'Pai, dá-me a parte

---

* **14**,20. 1Cor 7,33 | 21. Sl 22,27 | 26. 9,23; 18,29; Mt 10,37s; Dt 33,9; Mc 8,34; Mt 16,24; Jo 12,24s | 28. 9,23 | 32. 11,41; 12,33s; 16,9; 18,22 | 34. 8,8; Mc 9,50; Mt 5,13; 11,15; 13,9.43; Mc 4,9.23 | **15**,1. 6,36 | 4. 19,10; Mt 18,12ss; Jo 10,11-16; Ez 34,11-16 | 7. 1,14; 13,17 | 9. 15,7.32; 19,6.37; 24,41.52

† **14**,21. "Ao banquete da Igreja, depois das desculpas dos judeus, são chamados os gentios" (S. Cirilo de Alexandria). | 26. Lit. "não odeia seu pai..."; "odiar" em hebraico pode significar "amar menos". **15**. Este capítulo é considerado como "a joia" do 3º Evangelho, "um Evangelho dentro do Evangelho". | 8. A dracma grega equivalia ao denário, salário de um dia. | 11. Essa parábola, chamada também "do filho pródigo", mostra a miséria do pecado e encoraja à conversão, na certeza de encontrar um Pai cheio de compreensão e bondade. O irmão mais velho, v. 28, representa os fariseus, que serviam a Deus como a um patrão, e se escandalizavam com a misericórdia de Jesus para com os pecadores, v. 2. "Só o coração de Cristo, que conhece as profundezas do amor do Pai, pôde revelar-nos o abismo de sua misericórdia de uma maneira tão simples e bela" (CIC).

da herança que me pertence'. E o pai dividiu seus bens entre ambos. ¹³Poucos dias depois*, o filho mais novo reuniu tudo o que lhe pertencia e partiu para uma terra distante. Lá dissipou todos os seus bens, levando uma vida dissoluta. ¹⁴Depois de haver esbanjado tudo, houve grande fome naquele país, e ele começou a passar necessidade. ¹⁵Então foi pedir emprego a um dos moradores do lugar, o qual o mandou para seu sítio, para tomar conta de porcos. ¹⁶Desejava matar a fome com a lavagem dos porcos, mas nem isso lhe davam. ¹⁷Caindo em si, refletiu: 'Quantos empregados de meu pai têm pão com fartura, e eu aqui estou morrendo de fome! ¹⁸Vou partir ao encontro de meu pai* e vou dizer-lhe: Pai, pequei contra o céu e contra ti. ¹⁹Não mereço mais ser chamado teu filho; trata-me como a um de teus empregados'. ²⁰E partiu ao encontro de seu pai*. Quando estava ainda longe, seu pai o avistou e, movido de compaixão, correu a seu encontro, atirou-se-lhe ao pescoço e cobriu-o de beijos. ²¹Então lhe disse o filho: 'Pai, pequei contra o céu e contra ti; não mereço mais ser chamado teu filho...' ²²Mas o pai disse aos empregados:* 'Trazei depressa a roupa mais bela e vesti-o; ponde-lhe um anel no dedo e sandálias nos pés. ²³Trazei o vitelo gordo e matai-o. Comamos e festejemos, ²⁴porque este meu filho estava morto e reviveu; estava perdido e foi encontrado'. E começaram a festejar. ²⁵Ora, seu filho mais velho encontrava-se no sítio. De volta, ao aproximar-se de casa, ouviu a música e as danças. ²⁶Chamou um dos criados e perguntou-lhe o que era aquilo. ²⁷Este lhe respondeu: 'É teu irmão que voltou; e teu pai mandou matar o vitelo gordo, porque o recuperou são e salvo'. ²⁸Ele ficou indignado e não queria entrar. Seu pai saiu e tentava persuadi-lo. ²⁹Mas ele respondeu ao pai: 'Há tantos anos que te sirvo,

sem jamais desobedecer uma ordem tua, e nunca me deste um cabrito, para eu festejar com meus amigos. ³⁰No entanto, depois que volta este teu filho, que esbanjou tua fortuna com as meretrizes, mandas matar para ele o vitelo gordo'. ³¹Mas o pai lhe disse: 'Meu filho*, tu estás sempre comigo e tudo o que é meu é teu também. ³²Mas era preciso a gente festejar e se alegrar*, porque este teu irmão estava morto e reviveu, estava perdido e foi encontrado'".

16 O administrador desonesto.
¹Dizia também aos discípulos: "Havia um homem rico que tinha um administrador. Este foi acusado perante ele de dissipar seus bens. ²Chamou-o então e disse-lhe: 'Que é isso que estou ouvindo a teu respeito? Presta contas de tua administração, porque não podes mais administrar meus bens'. ³O administrador pensou: 'O que vou fazer, já que meu patrão retira de mim a administração? Para ser lavrador, não tenho saúde... Ficar mendigando, sinto vergonha... ⁴Ah! já sei o que vou fazer, para que, despedido da administração, me acolham em suas casas'. ⁵Chamou um por um os devedores do patrão e disse ao primeiro: 'Quanto deves a meu patrão?' ⁶Respondeu: 'Cem barris de azeite'. Disse-lhe o administrador: 'Toma tua fatura, senta-te depressa e escreve: cinquenta'. ⁷Depois disse ao outro: 'E tu, quanto estás devendo?' 'Cem sacos de trigo', respondeu. E disse o administrador: 'Toma tua fatura e escreve: oitenta'. ⁸O patrão louvou* o administrador desonesto† por ter agido com habilidade. Pois os que pertencem a este mundo são mais hábeis no trato com seus semelhantes do que os que pertencem à luz. ⁹Pois eu vos digo: fazei amigos* com o dinheiro injusto, a fim de que, quando ele faltar, vos recebam nas moradas eternas".

---

* **15**,13. Pr 29,3 | 18. Sl 51,4 | 20. Is 55,7; Jr 3,12s; Tb 11,19; Is 49,14ss | 22. Zc 3,4; Ef 2,1.5; 5,14 | 31. Jo 17,10 | 32. 1,14 **16**,8. Ef 5,8; 1Ts ,5 | 9. 6,24; 12,33

† **16**,8. "O patrão não elogia a desonestidade do administrador sagaz, mas a sagacidade do administrador desonesto" (S. Agostinho).

Lucas 16-17

A fidelidade a Deus. [10]"Quem é fiel* nas coisas pequenas é fiel também nas grandes. Quem é desonesto nas coisas pequenas, é desonesto também nas grandes. [11]Portanto, se não fostes fiéis ao lidar com a riqueza injusta, quem vos confiará a verdadeira? [12]E se não fostes fiéis ao lidar com a riqueza alheia, quem vos dará o que vos pertence?"

Os dois patrões. [13]"Nenhum servo pode servir* a dois senhores: ou odiará um e amará o outro, ou ficará com este e abandonará aquele. Não podeis servir a Deus e à riqueza"†.

Advertência aos fariseus. [14]Os fariseus, que eram avarentos, ouviam tudo e zombavam dele. [15]Jesus disse-lhes: "Vós sois daqueles que procuram parecer justos aos olhos dos homens, mas Deus conhece vossos corações*; pois o que é elevado para os homens é abominável diante de Deus".

O Reino de Deus. [16]"A Lei e os Profetas duraram até João*; desde então o Reino de Deus está sendo anunciado, e todos se esforçam para entrar nele".

A Lei permanece. [17]"É mais fácil passar o céu e a terra* do que cair uma vírgula sequer da Lei".

O divórcio. [18]"Todo aquele que se divorciar de sua mulher* e se casar com outra é adúltero; como também é adúltero quem se casa com uma divorciada".

Lázaro e o rico. [19]"Havia um homem rico, que se vestia de púrpura e de linho fino e que diariamente fazia festa com grandes banquetes. [20]Jazia a sua porta um pobre, chamado Lázaro, coberto de feridas. [21]Bem que desejava matar a fome com os restos que caíam da mesa do rico*. E até os cães vinham lamber-lhe as feridas. [22]Aconteceu que o pobre morreu e foi levado pelos anjos para o seio de Abraão†. Também o rico morreu e foi enterrado. [23]Lá na região dos mortos, entre tormentos, o rico ergueu os olhos e viu ao longe Abraão e Lázaro em seu seio. [24]Ele gritou: 'Pai Abraão, tem pena de mim! Manda Lázaro molhar na água a ponta do dedo para me refrescar a língua, pois estou penando muito nestas chamas!' [25]Abraão respondeu:* 'Meu filho, lembra-te que durante a vida recebeste teus bens e Lázaro igualmente seus males. Agora, ele é consolado e tu és torturado. [26]Além disso, entre nós e vós está posto um grande abismo, para que os que quiserem passar daqui para vós não possam; e que daí tampouco possam chegar até nós'. [27]Então, o rico disse: 'Pai, por favor, manda Lázaro à casa de meu pai, pois tenho cinco irmãos. [28]Que lhes dê testemunho, a fim de que não venham também eles para este lugar de tormentos'. [29]Disse-lhe Abraão:* 'Eles têm Moisés e os profetas: que os ouçam!' [30]O rico respondeu: 'Não, pai Abraão, mas se alguém dentre os mortos for a sua procura, eles se converterão'. [31]Mas Abraão disse:* 'Se não dão ouvidos a Moisés e aos Profetas, mesmo que alguém ressuscite dos mortos, não se deixarão persuadir'"†.

17

Escândalo. [1]Depois, disse Jesus a seus discípulos:* "É inevitável que venham os escândalos; mas ai daquele que os provoca! [2]Seria melhor para ele que lhe amarrassem ao pescoço uma pedra de moinho e o atirassem ao mar do que escandalizar um só destes pequeninos! [3]Tomai cuidado!* Se teu irmão pecar, repreende-o; e se ele se arrepender, perdoa-lhe. [4]E se pecar sete vezes no dia contra ti e sete vezes vier a ti, dizendo: 'Estou arrependido', perdoa-lhe".

---

* **16**,10. 19,17-26; Mt 25,20-30 | 13. Mt 6,24 | 15. Mt 23,28; 1Cor 1,25; Pr 24,12 | 16. Mt 11,12s | 17. Mt 5,18 | 18. Mc 10,11s; Mt 5,32; 19,9; 1Cor 7,10s | 21. 15,16; Mt 15,27; Mc 7,28 | 25. 6,24s | 29. 24,44 | 31. Jo 5,46; 11,44-48 | **17**,1. Mt 18,6-22; Mc 9,42 | 3. Mt 18,15.21s

† **16**,13. "O que é a riqueza quando não se pensa em Deus? Um ídolo de ouro, um bezerro de ouro, diante do qual se oferecem sacrifícios e se cometem iniquidades" (Dom Oscar Romero). | 22. Viver ao lado, "no seio", de Abraão, pai do povo eleito, simboliza a felicidade do paraíso. | **16**,31. A palavra de Deus é uma advertência bastante séria e suficiente para a conversão, e não pode ser suprida por mensageiros do além.

A força da fé. ⁵Os apóstolos disseram ao Senhor: "Aumenta nossa fé!" Ele respondeu: ⁶"Se tivésseis uma fé do tamanho de uma semente de mostarda*, poderíeis dizer àquela amoreira: 'Arranca-te e vai plantar-te no mar', e ela vos obedeceria.

Servos inúteis. ⁷Quem de vós, tendo um empregado trabalhando na lavoura ou com os animais, lhe diz quando ele volta do sítio: 'Vem logo tomar lugar à mesa'? ⁸Não lhe dirá, ao contrário: 'Prepara-me o jantar; cinge-te e serve-me até que eu acabe de comer e beber; tu comerás e beberás depois'? ⁹E terá de agradecer ao servo, porque este fez o que lhe foi mandado? ¹⁰Assim também vós, depois de terdes feito tudo o que vos foi mandado*, dizei: 'Somos servos inúteis†: só fizemos nossa obrigação'".

Os dez leprosos. ¹¹Caminhando Jesus para Jerusalém*, passou pelas fronteiras da Samaria e da Galileia. ¹²Ao entrar numa aldeia, dez leprosos vieram a seu encontro. Pararam um tanto longe ¹³e gritaram: "Jesus, Mestre, tem piedade de nós!" ¹⁴Vendo-os, ele disse:* "Ide apresentar-vos aos sacerdotes". Enquanto iam, ficaram curados*. ¹⁵Um deles, quando se viu curado, voltou atrás, glorificando a Deus em alta voz. ¹⁶Prostrou-se com o rosto em terra diante de Jesus, agradecendo-lhe. Era um samaritano†. ¹⁷Disse então Jesus: "Não foram curados os dez?* Onde estão os outros nove? ¹⁸Ninguém voltou para dar glória a Deus a não ser este estrangeiro?" ¹⁹E disse-lhe: "Levanta-te e vai*; tua fé te salvou!"†

A vinda gloriosa de Jesus†. ²⁰Os fariseus lhe perguntaram quando viria o Reino de Deus. Respondeu-lhes Jesus:

"O Reino de Deus não vem de maneira visível*. ²¹Nem se poderá dizer: 'Está aqui' ou 'Está ali', porque de fato o Reino de Deus está no meio de vós". ²²Aos discípulos disse: "Tempo virá em que desejareis ver ao menos um dos dias do Filho do homem, mas não o vereis. ²³Vão dizer-vos: 'Está aqui'* ou 'Está ali'. Não deveis ir nem os seguir. ²⁴Pois como o relâmpago resplandece e brilha de um extremo ao outro do céu, assim será o Filho do homem em seu dia. ²⁵Mas antes é preciso que ele sofra muito e seja rejeitado por esta geração*.

²⁶Como sucedeu nos dias de Noé,* assim será nos dias do Filho do homem: ²⁷comiam, bebiam, homens e mulheres se casavam até o dia em que Noé entrou na arca; veio o dilúvio e os fez perecer a todos. ²⁸Será como no tempo de Ló:* comiam, bebiam, compravam, vendiam, plantavam, construíam; ²⁹mas no dia em que Ló saiu de Sodoma, Deus fez chover do céu fogo e enxofre e os fez perecer a todos. ³⁰Assim será no dia em que o Filho do homem se revelar. ³¹Naquele dia, quem estiver no terraço* e tiver bens dentro da casa não desça para buscá-los; também aquele que estiver no sítio não volte atrás. ³²Lembrem-se da mulher de Ló*. ³³Quem procurar se poupar vai acabar se perdendo*; e quem se perder vai se preservar.

³⁴Eu vos digo: naquela noite estarão dois num mesmo leito: um será levado e o outro deixado. ³⁵Estarão duas mulheres moendo juntas: uma será levada e a outra deixada†. ³⁷Tomando a palavra, perguntaram-lhe: "Onde, Senhor?" Respondeu-lhes Jesus: "Onde estiver o corpo*, aí também se juntarão os abutres".

---

* **17**,6. 18,8; Mc 9,24; Mt 17,20; 21,21; Mc 11,23 | 10. Jó 22,3; 35,7 | 11. 9,51; 13,22; Jo 4,4 | 14. 18,38 / 5,14; Mt 9,27; Lv 14,2s | 17. 9,53; 10,33 | 19. 7,50; 18,42 | 20. Mt 4,17; 24,23-28; Mc 13,21; Jo 3,3; 18,36 | 23. 21,8; Mc 13,21 | 25. 9,22; 18,32s; Mc 8,31; 9,31; 10,33s | 26. Mt 24,37-41; Gn 6,5-12 | 28. Gn 18,20s | 31. Mt 24,17s; Mc 13,15s | 32. Gn 19,26 | 33. 9,24; Mt 10,39; 16,25; Mc 8,35; Jo 12,25 | 37. Jó 39,30; Is 34,15; Mt 24,28

† **17**,10. O termo grego significa "aqueles aos quais nada se deve". Não podemos arrogar-nos direitos diante de Deus por termos cumprido nosso dever. "Somos inúteis, porque Deus não precisa de nós" (S. Beda) e, sendo criaturas, tudo devemos a Ele. | 16. Os judeus tratavam os samaritanos com desprezo e ódio, porque os consideravam como hereges e cismáticos, Eclo 50,26. | 19. Esse fato é mais um exemplo da fé dos humildes e da ingratidão de Israel, que pensava ter direito aos dons divinos. | 20. Ao contrário de Mateus, Mt 24, Lucas separa em dois discursos de Jesus o que se refere à ruína de Jerusalém, Lc 21, 6-24, e o que se refere ao retorno glorioso de Jesus no fim dos tempos, Lc 17,22-37. | 35. Alguns manuscritos acrescentam: "³⁶Dois estarão na lavoura: um será levado, o outro deixado".

Lucas 18

18

A viúva e o juiz. [1]Jesus contou aos discípulos esta parábola* sobre o dever de rezar sempre,† sem desanimar: [2]"Havia numa cidade um juiz que não temia a Deus nem respeitava ninguém. [3]Havia também naquela cidade uma viúva que ia procurá-lo, dizendo: 'Defende meu direito contra meu adversário!' [4]Durante certo tempo ele não quis atender. Mas depois pensou consigo: 'Não temo a Deus nem respeito ninguém. [5]Mas, já que esta viúva me importuna, vou defender sua causa, para que não venha a me exasperar sem fim'". [6]Disse então o Senhor: "Escutai o que disse este juiz injusto: [7]Será que Deus não fará justiça a seus escolhidos, que dia e noite gritam por ele? Vai demorar* a socorrê-los? [8]Eu vos digo que lhes fará justiça bem depressa. Mas, quando o Filho do homem vier, encontrará fé aqui na terra?"*

O fariseu e o publicano. [9]Disse também a seguinte parábola* a alguns que estavam convencidos de serem justos e desprezavam os outros: [10]"Subiram dois homens ao templo para rezar: um era fariseu e o outro, publicano. [11]O fariseu, de pé, assim rezava em seu coração: 'Meu Deus, eu vos dou graças por não ser como os outros homens, que são ladrões, desonestos, adúlteros; e nem como este publicano. [12]Jejuo duas vezes por semana* e pago o dízimo de tudo que adquiro'†. [13]O publicano, mantendo-se ao longe, nem tinha coragem de levantar os olhos para o céu, mas batia no peito*, dizendo: 'Meu Deus, tem piedade de mim*, que sou pecador!' [14]Eu vos digo que este desceu para casa justificado, ao contrário do outro. Porque todo aquele que se eleva será humilhado, mas o que se humilha será elevado"†.

Jesus abençoa as crianças. [15]Queriam apresentar-lhe também as criancinhas*, para que as tocasse. Vendo isto, os discípulos os repreendiam. [16]Mas Jesus chamou-as para perto de si, dizendo: "Deixai vir a mim os pequeninos e não os impeçais; porque o Reino de Deus pertence aos que são semelhantes a eles. [17]Na verdade vos digo:* quem não acolher o Reino de Deus como uma criança, nele não entrará".

A recusa do rico. [18]Um homem importante perguntou a Jesus: "Bom Mestre*, que devo fazer para herdar a vida eterna?" [19]Respondeu-lhe Jesus: "Por que me chamas bom? Ninguém é bom senão Deus somente. [20]Conheces os mandamentos: Não cometer adultério, não matar, não furtar, não levantar falso testemunho, honrar pai e mãe". [21]Replicou ele: "Tudo isto tenho observado desde a juventude"*. [22]Ouvindo isto, Jesus lhe disse: "Ainda te falta uma coisa: vende tudo o que tens, dá o dinheiro aos pobres e terás um tesouro nos céus*; depois vem e segue-me". [23]Mas ele, ouvindo isto, ficou triste, porque era muito rico.

Perigo das riquezas. [24]Vendo-o assim, Jesus disse: "Como é difícil para os que possuem riquezas entrar no Reino de Deus! [25]É mais fácil um camelo passar pelo buraco de uma agulha* do que um rico entrar no Reino de Deus". [26]Disseram então os ouvintes: "Mas, então, quem pode salvar-se?" [27]Respondeu Jesus: "O que é impossível para os homens é possível para Deus".

A recompensa dos discípulos. [28]Disse então Pedro: "Nós deixamos nossos bens e te seguimos". [29]Respondeu-lhes Jesus: "Na verdade vos digo: não há ninguém que tenha deixado casa ou esposa, irmãos, pais, ou filhos por amor do Reino de Deus, [30]sem que receba muito mais neste mundo e, no mundo futuro, a vida eterna".

Terceiro anúncio da Paixão. [31]Tomando à parte os Doze*, disse-lhes Jesus: "Estamos subindo para Jerusalém e vai

---

* **18**,1. 11,1-13; Rm 12,12; Cl 4,2; 1Ts 5,17 | 7. Eclo 35,18; Ap 6,9ss | 8. Mt 24,12 | 9. 16,15; Mt 6,1; 23,28 | 12. Mt 23,23 | 13. 23,48 / 14,11; Sl 51,1; Mt 23,12 | 15. 9,47s; Mt 19,13ss; Mc 10,13-16 | 17. Mt 18,3 | 18. 10,25ss; Mt 19,16-30; Mc 10,17-31; Êx 20,12-16; Dt 5,16-20 | 21. Eclo 29,14; Mt 6,20 | 22. 5,11; 12,33 | 25. 5,11 | 31. 9,51; 13,22; 24,25ss.44; Mt 20,17ss; Mc 10,32ss

† **18**,1. "Quem reza se salva, quem não reza se condena" (S. Afonso Maria de Ligório). | **18**,12. A autossuficiência do fariseu é odiosa e ridícula e acaba tornando-se um pecado; o publicano é modelo de sinceridade, humildade e arrependimento. | 14. O v. 9 explica por que o fariseu não foi justificado.

1269 Lucas 18-19

cumprir-se tudo o que foi escrito pelos profetas sobre o Filho do homem. [32]Ele será entregue aos gentios*, será escarnecido, insultado e cuspido; [33]e, depois de o açoitarem, eles o matarão; mas, no terceiro dia, ele ressuscitará". [34]Eles, porém, não entenderam nada disso; tais palavras eram para eles um enigma e não compreendiam o que Jesus lhes dizia.

O cego de Jericó. [35]Quando Jesus se aproximava de Jericó, um cego* estava sentado à beira do caminho, pedindo esmola. [36]Ouvindo o barulho da multidão que passava, perguntou o que era. [37]Anunciaram-lhe que Jesus, o Nazareno, estava passando. [38]Então ele gritou: "Jesus, Filho de Davi, tem pena de mim!"* [39]Os que iam à frente repreendiam-no, para que se calasse, mas ele gritava ainda mais alto: "Filho de Davi, tem pena de mim!" [40]Jesus então parou e ordenou que o trouxessem até junto dele. Quando chegou perto, Jesus perguntou-lhe: [41]"Que queres que eu te faça?"* Ele respondeu: "Senhor, que eu recupere a vista!" [42]Jesus disse-lhe: "Recupera a vista; tua fé te salvou"*. [43]No mesmo instante recobrou a vista e seguia Jesus, glorificando a Deus. E todo o povo, ao presenciar isto, pôs-se a louvar a Deus*.

19 **A conversão de Zaqueu.** [1]Jesus entrou em Jericó e estava atravessando* a cidade. [2]Um homem chamado Zaqueu, chefe dos publicanos e rico, [3]procurava ver quem era Jesus, mas, por causa da multidão, não conseguia, pois era pequeno de estatura. [4]Correndo adiante, subiu a um sicômoro para vê-lo, porque ele iria passar por ali. [5]Quando Jesus chegou a esse lugar, levantou os olhos e disse-lhe: "Zaqueu, desce depressa, porque hoje devo hospedar-me em tua casa". [6]Ele desceu a toda pressa* e recebeu-o com alegria. [7]Vendo isso, todos muravam, dizendo: "Foi hospedar-se na casa* de um pecador". [8]Mas Zaqueu levantou-se e disse ao Senhor: "Senhor, vou dar a metade de meus bens aos pobres e, se prejudiquei alguém em alguma coisa, vou devolver quatro vezes mais". [9]Disse-lhe Jesus: "Hoje a salvação chegou a esta casa, porque também este é filho de Abraão; [10]pois o Filho do homem veio procurar e salvar* o que estava perdido".

As dez minas. [11]Tendo eles ouvido isto*, Jesus acrescentou uma parábola, porque estava perto de Jerusalém e pensavam que o Reino de Deus ia manifestar-se imediatamente. [12]Disse então: "Um homem* da nobreza partiu para um país distante a fim de receber a coroa real e depois voltar. [13]Chamou dez de seus servos e entregou-lhes dez minas,† dizendo-lhes: 'Fazei-as render até que eu volte'. [14]Mas seus concidadãos o odiavam e mandaram uma comissão atrás dele com este recado: 'Não o queremos como rei'. [15]Ao regressar, após ter recebido a coroa real, mandou chamar os servos aos quais entregara o dinheiro, a fim de saber quanto cada qual havia lucrado. [16]Apresentou-se o primeiro e disse: 'Senhor, tua mina rendeu dez minas'. [17]'Muito bem, servo bom* – respondeu-lhe –, porque foste fiel no pouco, recebe o governo de dez cidades'. [18]Veio o segundo e disse: 'Senhor, tua mina rendeu cinco minas'. [19]A este igualmente respondeu: 'Tu também estarás à frente de cinco cidades'. [20]Chegou o outro, dizendo: 'Senhor, aqui está tua mina; conservei-a guardada num lenço, [21]porque tinha medo de ti, que és um homem severo, que tomas o que não depositaste e colhes onde não semeaste'. [22]'Por tuas próprias palavras eu te condeno, servo mau', respondeu-lhe ele; 'sabias que sou um homem severo, que tomo o que não depositei e colho o que não semeei. [23]Por que, então, não deposi-

---

* **18**,32. 9,22.44; Mc 4,13; 9,32 | 35. Mt 20,29-34; Mc 10,46-52; Jo 9,1-7; Mt 9,27; 15,22 | 38. 17,13 | 41. Mc 10,36 | 42. 7,50; 17,19 | 43. 2,20; 7,16 | **19**,1. Mt 9,10 | 6. 5,30; 15,2 | 7. 12,33 | **19**,10. 15,4.6.9; Ez 34,16 | 11. Mt 25,14-30 | 12. Mc 13,34 | 17. 16,10

† **19**,13. A mina era uma moeda grega que valia 100 dracmas ou 100 denários.

Lucas 19-20

taste meu dinheiro no banco? Voltando, eu o receberia com juros'. 24Disse então aos que se achavam presentes: 'Tirai dele a mina e dai-a ao que tem dez minas'. 25'Senhor, este já tem* dez minas', responderam-lhe. 26Eu vos digo que a todo aquele que tem será dado; mas a quem não tem, até o que ele tem, lhe será tirado. 27Quanto a esses inimigos, que não me quiseram como rei*, trazei-os aqui e matai-os em minha presença'"†. 28Dito isto, Jesus seguiu em frente, dirigindo-se para Jerusalém.

V. MINISTÉRIO DE JESUS EM JERUSALÉM
(19,29–21,38)

Entrada triunfal em Jerusalém. 29Quando se aproximava de Betfagé e de Betânia*, junto ao monte chamado das Oliveiras, ele enviou dois de seus discípulos e disse-lhes: 30"Ide à aldeia que está defronte e, entrando, encontrareis amarrado um jumentinho sobre o qual ainda não montou ninguém. Soltai-o e trazei-o aqui. 31E se alguém vos perguntar: 'Por que o estais soltando?', dareis esta resposta: 'Porque o Senhor está precisando dele'. 32Os enviados partiram* e encontraram tudo conforme lhes dissera. 33Quando soltavam o jumentinho, seus donos lhes perguntaram: "Por que estais soltando o jumentinho?" 34Eles responderam: "Porque o Senhor está precisando dele". 35Eles o conduziram a Jesus. Colocaram suas vestes sobre o jumentinho e fizeram Jesus sentar-se em cima. 36Por onde ele passava, o povo estendia seus mantos sobre o caminho. 37Quando já se aproximava da descida do monte das Oliveiras, toda a multidão de discípulos, cheia de alegria*, começou a louvar a Deus em altas vozes por todas as maravilhas que tinham visto. 38Diziam:

"Bendito o Rei* que vem em nome do Senhor! Paz no céu e glória* nas alturas!" 39Alguns dos fariseus disseram-lhe do meio da multidão: "Mestre, repreende teus discípulos!" 40Mas ele respondeu: "Eu vos digo* que, se eles calarem, as pedras gritarão".

Jesus chora sobre Jerusalém. 41Chegando mais perto*, Jesus viu a cidade e chorou sobre ela, dizendo: 42"Ah! se ao menos neste dia tu também compreendesses como encontrar a paz! Mas isto agora está oculto a teus olhos. 43Porque dias virão sobre ti* em que teus inimigos te cercarão de trincheiras, investirão contra ti e te apertarão de todos os lados. 44Eles te destruirão* junto com teus moradores que estiverem em teu meio e não deixarão em ti pedra sobre pedra, porque não reconheceste o tempo da visita de Deus!"

Jesus expulsa do templo os vendedores. 45Entrando no templo, começou a expulsar* os vendedores, dizendo-lhes: 46"Está escrito: 'Minha casa deve ser lugar de oração! Mas vós a transformastes em caverna de ladrões!'" 47E ele ensinava todos os dias no templo. Os chefes dos sacerdotes*, os escribas e os líderes do povo procuravam tirar-lhe a vida. 48Mas não achavam um meio de fazê-lo, pois todo o povo o ouvia extasiado.

20 **A autoridade de Jesus.** 1Num dia em que ensinava o povo no templo* e anunciava a Boa Nova, vieram os sumos sacerdotes, com os escribas e anciãos, 2e lhe falaram assim: "Dize-nos com que autoridade fazes estas coisas, ou quem te deu esta autoridade". 3Respondeu-lhes: "Eu também* vou fazer-vos uma pergunta. Respondei-me: 4O batismo de João vinha do céu ou dos homens?" Eles refletiam entre si: 5"Se

---

* **19**,25. 8,18; Mt 13,12; Mc 4,25 | 27. 20,16 | 29. Mt 21,1-11; Mc 11,1-11; Jo 12,12-19 | 32. 22,13 | 37. 2,20; 5,25s; 7,16; 13,13 | 38. Sl 118,26 / 2,14 | 40. Mt 21,16; Hab 2,11 | 41. 13,34s | 43. 8,10; Dt 32,29; Is 6,9s | 44. 21,6; Mc 13,2 | 45. Mt 21,12-17; Mc 11,15-19; Jo 2,13.22; Is 56,7; Jr 7,1 | 47. 20,19; 21,37; 22,2.53; Mt 21,46; Mc 12,12; 14,1; Jo 5,18 | **20**,1. Mt 21,23-27; Mc 11,27-33 | 3. 3,3.16; Mt 3,6; Jo 1,25s; At 1,22; 10,37;

† **19**,27. Esse homem da nobreza representa Cristo, que enfrenta a hostilidade do judaísmo e é condenado a partir deste mundo; mas ele voltará como rei e juiz. Aguardando seu retorno, o cristão precisa lançar-se ao trabalho, lutando por um Reino de justiça e de paz.

Lucas 20

respondermos: 'Do céu', ele dirá: 'Então, por que não crestes nele?'; ⁶se, ao contrário, dissermos: 'Dos homens', todo o povo nos apedrejará, porque está convencido de que João era profeta". ⁷Responderam, então, que não sabiam de onde ele vinha. ⁸E Jesus lhes disse: "Pois eu também não vos direi com que autoridade faço estas coisas".

Os lavradores homicidas. ⁹Começou então Jesus* a contar ao povo esta parábola: "Um homem plantou uma vinha, arrendou-a depois a uns lavradores e partiu em viagem por muito tempo. ¹⁰No devido tempo, enviou aos lavradores um servo, para que lhe dessem sua parte da colheita, mas os lavradores o espancaram e o despediram de mãos vazias. ¹¹Tornou a enviar outro servo; mas também a este espancaram, insultaram e o despediram de mãos vazias. ¹²Mandou ainda um terceiro; feriram igualmente a este e o expulsaram. ¹³Disse então o dono da vinha: 'Que farei? Mandarei meu filho querido; talvez o respeitem'. ¹⁴Mas os lavradores, ao vê-lo, disseram entre si: 'É o herdeiro; vamos matá-lo, para que a herança seja nossa!' ¹⁵Arrastaram-no para fora da vinha e o mataram. Que fará com eles o dono da vinha? ¹⁶Voltará, exterminará esses lavradores e dará a vinha a outros". Ouvindo isso, disseram: "Isto não pode acontecer!" ¹⁷Mas Jesus, fitando neles o olhar, respondeu: "Então, o que significa isto que está escrito: 'A pedra que os construtores rejeitaram* tornou-se a pedra principal'? ¹⁸Aquele que cair sobre esta pedra ficará em pedaços, e aquele sobre quem ela cair será esmagado". ¹⁹Nessa mesma hora os escribas* e os sumos sacerdotes quiseram prendê-lo, mas tiveram medo do povo. É que haviam compreendido que era para eles que Jesus tinha dito aquela parábola.

O imposto devido a César. ²⁰Começaram a vigiá-lo* e mandaram espiões que se fingiam de justos para o surpreenderem em alguma palavra e poderem entregá-lo às autoridades e ao poder do governador. ²¹Fizeram-lhe esta pergunta: "Mestre, sabemos que falas e ensinas com retidão e que não tratas as pessoas segundo as aparências, mas ensinas na verdade o caminho de Deus. ²²É-nos permitido ou não pagar* o tributo a César?" ²³Mas Jesus percebeu a astúcia deles e respondeu-lhes: ²⁴"Mostrai-me um denário. De quem são a imagem e a inscrição que ele traz?" "De César", responderam. Replicou-lhes então: ²⁵"Pois bem; devolvei a César o que é de César, mas dai a Deus o que é de Deus"†. ²⁶Não conseguiram surpreendê-lo em nenhuma palavra diante do povo. E, admirados com sua resposta, ficaram calados.

Os saduceus e a ressurreição. ²⁷Aproximando-se então alguns dos saduceus*, os quais dizem que ressurreição não existe, fizeram-lhe esta pergunta: ²⁸"Mestre, Moisés nos prescreveu que, se um homem casado morrer sem filhos, o irmão dele deve casar-se com a viúva, para dar uma descendência ao irmão. ²⁹Ora, havia sete irmãos. O primeiro casou-se e morreu sem filhos. ³⁰O segundo ³¹e, depois, o terceiro tomaram a viúva como esposa. Todos os sete morreram do mesmo modo, sem deixar filhos. ³²Finalmente, morreu também a mulher. ³³Pois bem: na ressurreição, de qual deles será ela esposa? Pois os sete a tiveram como esposa".

³⁴Respondeu-lhes Jesus: "Os filhos deste mundo têm mulher ou marido; ³⁵mas os que forem considerados dignos de ter parte no outro mundo* e na ressurreição dos mortos não têm mulher nem marido; ³⁶pois não podem mais morrer, porque são iguais aos anjos e são filhos de Deus, sendo filhos

---

* **20**,9. Mt 21,33-46; Mc 12,1-12; Is 5,1-4 | 17. Sl 118,22 | 19. 19,47s; 22,2; Mt 21,46; Mc 12,12 | 20. 11,54; Mt 22,15-22; Mc 12,13-17; Jo 3,2 | 22. Rm 13,6s | 27. Mt 22,23-33; Mc 12,18-27; Dt 25,5; At 23,8 | 35. Gl 4,5

† **20**,25. O judeu fiel obedece às leis de César, mas coloca acima delas a lei de Deus. | 36. Não se pode tomar a vida presente como ponto de comparação com a vida futura, pois a ressurreição transforma radicalmente a condição humana.

Lucas 20-21

da ressurreição†. ³⁷E que os mortos ressuscitam, o próprio Moisés o declarou no episódio da sarça ardente, quando fala do Senhor como o Deus de Abraão, o Deus de Isaac e o Deus de Jacó*. ³⁸Ora, Deus não é um Deus de mortos, e sim de vivos; pois para ele todos vivem"†. ³⁹Alguns escribas disseram: "Mestre, respondeste bem!" ⁴⁰E não mais ousavam fazer-lhe pergunta nenhuma.

O Messias, filho de Davi. ⁴¹Perguntou-lhes: "Como podem dizer* que o Messias é filho de Davi? ⁴²Pois o próprio Davi diz no livro dos Salmos: 'O Senhor disse a meu senhor: Senta-te a minha direita ⁴³até que eu ponha teus inimigos debaixo de teus pés'. ⁴⁴Se Davi o chama de senhor, como pode ser seu filho?"†

Os pecados dos escribas. ⁴⁵Como todo o povo o escutava*, disse Jesus a seus discípulos: ⁴⁶"Desconfiai dos escribas, que gostam de andar com longas túnicas e de ser cumprimentados nas praças, que procuram nas sinagogas as primeiras cadeiras e os primeiros lugares nos banquetes, ⁴⁷que devoram os bens das viúvas, fingindo fazer longas orações. Eles receberão um castigo mais severo!"

21 **A oferta da viúva.** ¹Levantando os olhos*, Jesus viu gente rica depositando no cofre do templo suas ofertas. ²Viu também uma pobre viúva colocando ali duas moedas pequeninas ³e disse: "Na verdade vos digo: esta pobre viúva* deu mais do que todos. ⁴Pois todos esses tiraram para dar a Deus do que tinham de sobra, mas esta, em sua penúria, deu tudo o que tinha para viver".

A ruína de Jerusalém†. ⁵Alguns estavam falando sobre o templo*, que era ornado de lindas pedras e de ofertas votivas. Jesus lhes disse: ⁶"Chegará o dia em que, dessas coisas que contemplais, não ficará pedra sobre pedra: tudo será destruído". ⁷Perguntaram-lhe então: "Mestre, quando acontecerá isso? Qual será o sinal de que isso está para acontecer?" ⁸Jesus respondeu: "Tomai cuidado* para não serdes enganados, porque muitos virão em meu nome, dizendo: 'Sou eu' e 'O tempo já chegou'. Não os sigais! ⁹Quando ouvirdes falar de guerras e de tumultos, não fiqueis com medo; pois é preciso que antes aconteçam essas coisas*, mas não virá logo o fim". ¹⁰Então lhes disse: "Uma nação se levantará contra a outra, um reino contra o outro. ¹¹Haverá grandes terremotos e em várias regiões da terra haverá fome, pestes, coisas terríveis e grandes sinais vindos do céu. ¹²Mas, antes de tudo isso*, lançarão as mãos sobre vós e vos perseguirão. Sereis entregues às sinagogas* e às prisões, arrastados perante reis e governadores por causa de meu nome. ¹³Isso vos servirá de ocasião para dardes testemunho. ¹⁴Tende bem presente no espírito* que não deveis preparar de antemão vossa defesa, ¹⁵porque eu vos darei uma eloquência e uma sabedoria a que não poderá resistir nem contestar nenhum de vossos adversários. ¹⁶Sereis entregues até pelos pais*, irmãos, parentes e amigos, e vários dentre vós serão mortos. ¹⁷Sereis odiados por todos por causa de meu nome. ¹⁸Mas não se perderá um só cabelo de vossas cabeças. ¹⁹Com vossa constância salvareis vossas vidas"*.

²⁰"Quando virdes Jerusalém cercada de exércitos*, sabei que sua ruína está perto. ²¹Então, os que se acharem na Judeia fujam para os montes; quem estiver dentro da cidade retire-se; e os que se acharem nos campos não en-

---

* **20**,37. Êx 3,2.6; Rm 14,8s; Gl 2,19 | 41. Mt 22,41-46; Mc 12,35s; Sl 110,1 | 45. 11,37-54; Mt 23,1-36; Mc 12,38ss | **21**,1. Mc 12,41-44 | 3. 2Cor 8,12 | 5. 19,44; Mt 24,1s; Mc 13,1s | 8. Mt 24,3-14; Mc 13,1-13; Fl 4,5 | 9. Is 19,2 | 12. Mt 10,18s; Jo 15,20; 16,1s / Lc 12,11s | 14. At 6,10 | 16. Mt 10,21s | 19. 12,7; 1Sm 14,45; Hb 10,36.39 | 20. Mt 24,15-21; Mc 13,14-19

† **20**,38. A união com Deus assegura a vida para sempre. O amor de Javé não permite que seus filhos permaneçam na morte. | 44. Para os judeus, o pai é sempre superior ao filho. | **21**,5. Em 17,22-37 Lucas referiu as palavras de Jesus sobre o retorno glorioso de Jesus. O tema agora é a ruína de Jerusalém, descrita com os termos com os quais os profetas falavam das grandes intervenções de Deus na história.

Lucas 21-22

trem na cidade. ²²Porque estes serão dias de castigo*, para se cumprir tudo quanto foi escrito. ²³Ai das mulheres que naqueles dias estiverem grávidas ou amamentando! Haverá, com efeito, grande calamidade na terra e flagelos contra este povo. ²⁴Cairão ao fio da espada e serão levados cativos* para todas as nações, e Jerusalém será calcada aos pés pelos pagãos, até se completarem os tempos das nações".

²⁵"Haverá sinais no sol, na lua e nas estrelas*. Na terra, as nações serão tomadas de angústia, inquietas com o bramido do mar e das ondas. ²⁶As pessoas vão desmaiar de medo, na ansiedade pelo que irá acontecer a todo o universo, pois as forças do céu serão abaladas. ²⁷E naquela hora hão de ver o Filho do homem* vir sobre uma nuvem com poder e grande glória. ²⁸Quando começarem a acontecer tais coisas, levantai-vos e erguei a cabeça, porque está próxima vossa libertação".

A parábola da figueira. ²⁹Disse-lhes uma parábola:* "Vede a figueira e as outras árvores: ³⁰ao vê-las começando a brotar, vós mesmos percebeis que o verão está perto. ³¹Assim também, quando virdes suceder tais coisas, sabei que está perto o Reino de Deus. ³²Na verdade vos digo: esta geração não passará até que tudo aconteça. ³³Céu e terra passarão, mas minhas palavras não passarão"*.

Necessidade da vigilância. ³⁴"Cuidado, para que vossos corações* não se embruteçam na devassidão e na embriaguez e pelas preocupações desta vida, e para que aquele dia não caia de improviso* sobre vós; ³⁵pois ele virá como uma armadilha sobre todos os habitantes da terra inteira. ³⁶Portanto, vigiai e orai sem cessar para terdes a força de escapar de todas essas coisas que devem acontecer e de comparecer diante do Filho do homem."

Os últimos dias de Jesus. ³⁷Durante o dia, Jesus ensinava no templo*, mas passava as noites ao relento, no monte chamado das Oliveiras. ³⁸Desde a aurora, todo o povo ia ter com ele no templo para ouvi-lo.

VI. MORTE E RESSURREIÇÃO DE JESUS
(22–24)

22 **Traição de Judas.** ¹Estava chegando a festa dos Ázimos*, chamada Páscoa. ²E os sumos sacerdotes e os escribas procuravam um modo de matar Jesus, pois temiam o povo. ³Satanás entrou em Judas*, chamado Iscariotes, que era um dos Doze. ⁴Ele foi combinar com os sumos sacerdotes e com os chefes da guarda o modo de entregá-lo. ⁵Estes ficaram alegres e prometeram-lhe dinheiro. ⁶Ele aceitou e buscava uma ocasião oportuna para entregá-lo a eles sem a multidão o saber.

A última ceia. ⁷Chegou o dia dos Ázimos*, no qual se devia imolar o Cordeiro Pascal. ⁸Jesus enviou Pedro e João, dizendo: "Ide e preparai-nos a Páscoa para a comermos". ⁹Perguntaram-lhe eles: "Onde queres que a preparemos?" ¹⁰Respondeu-lhes: "Ao entrardes na cidade, encontrareis um homem carregando um cântaro de água. Segui-o até a casa onde entrar ¹¹e dizei ao dono da casa: 'O Mestre lhe manda perguntar: Onde está a sala em que poderei comer a Páscoa com meus discípulos?' ¹²Ele vos mostrará* uma grande sala mobiliada, no andar de cima. Fazei lá os preparativos". ¹³Eles foram, encontraram tudo como Jesus lhes dissera e prepararam a Páscoa. ¹⁴Chegada a hora, ele se pôs à mesa e, com ele, os apóstolos. ¹⁵Ele lhes disse:* "Desejei ardentemente comer esta Páscoa convosco antes de

---

* **21,**22. Dt 32,35; Jr 46,10; Os 9,7 **|** 24. Jr 21,7; Sl 79,1; Is 63,18; Ap 11,2 **|** 25. Mt 24,29ss; Mc 13,24-27; Is 13,10; Jl 3,1-5; Ap 6,12s **|** 27. Dn 7,13s; Mt 26,64; Ap 1,7; Rm 13,11; Hb 10,37 **|** 29. Mt 24,32-35; Mc 13,28-31 **|** 33. 9,27; 16,17; Mc 9,1 **|** 34. 17,27; Mt 24,48s / Ecl 9,12; Is 24,17; 1Ts 5,3; Mc 13,33; Ap 6,17 **|** 37. 19,47; 22,39; Mc 11,11.19 **| 22,**1. 19,47; 20,19; Mt 26,1-5; Mc 14,1s; Jo 11,47-53 **|** 3. Mc 12,12; Mt 21,46; Jo 13,2.27 **|** 7. Mt 27,15-25; Mc 14,12-21; Jo 13,21-30 **|** 12. 19,32 **|** 15. 12,50

Lucas 22

sofrer; [16]porque eu vos digo que nunca mais a comerei, até que ela se cumpra no Reino de Deus". [17]Tomando um cálice, deu graças a Deus e disse: "Tomai-o e reparti entre vós; [18]pois eu vos digo: doravante não beberei mais* do fruto da videira, até que venha o Reino de Deus".

A instituição da Eucaristia. [19]Depois, tomando um pão* e dando graças a Deus, partiu-o e deu-o a eles, dizendo: "Isto é meu corpo, dado por vós: fazei isto em memória de mim"†. [20]Do mesmo modo, no fim da ceia, tomou o cálice, dizendo: "Este cálice é a nova aliança* em meu sangue, derramado por vós"†.

Anúncio da traição. [21]"No entanto, eis que a mão* de quem me trai está à mesa comigo. [22]Pois o Filho do homem, de fato, vai, conforme está determinado; mas ai daquele por quem ele for entregue!" [23]Puseram-se eles então a indagar entre si qual deles iria fazer tal coisa.

Autoridade é serviço. [24]Surgiu também entre eles uma discussão* sobre qual deles devia ser considerado o maior. [25]Jesus lhes disse: "Os reis das nações as dominam, e os que exercem autoridade sobre elas fazem-se chamar benfeitores. [26]Mas entre vós não deve ser assim; ao contrário, o maior entre vós se torne como o menor, e aquele que comanda, como aquele que serve. [27]Pois, quem é maior: o que está à mesa ou o que está servindo? Não é o que está à mesa?* Eu, porém, estou no meio de vós como aquele que serve. [28]Vós sois os que perseveraram comigo* em minhas provações. [29]Por isso, eu vos entrego o Reino, assim como

meu Pai o entregou a mim, [30]para que comais e bebais à minha mesa em meu Reino e vos senteis sobre tronos para julgar as doze tribos de Israel".

Anúncio da negação de Pedro. [31]"Simão, Simão!* Satanás vos requereu para vos peneirar como o trigo; [32]mas eu roguei por ti, para tua fé não desfalecer; e tu, quando te converteres, confirma teus irmãos!" [33]Simão lhe disse:* "Estou pronto para ir contigo até a prisão e a morte!" [34]Mas Jesus respondeu: "Eu te digo, Pedro: o galo não cantará hoje, antes que três vezes tenhas negado conhecer-me"†.

[35]E falou-lhes: "Quando vos mandei sem bolsa*, nem sacola, nem sandálias, faltou-vos alguma coisa?" "Nada", responderam eles. [36]"Mas agora – continuou Jesus – quem tiver bolsa tome-a, como também a sacola; e quem não tiver espada venda o manto e compre uma. [37]Porque eu vos digo: é preciso que se cumpra em mim aquilo que está escrito: 'Ele foi contado entre os criminosos'*. De fato, o que me diz respeito vai se cumprir". [38]Disseram-lhe eles: "Senhor, aqui estão duas espadas". Ele lhes respondeu: "É o bastante!"

[39]Ele saiu e, como de costume*, foi para o monte das Oliveiras, e os discípulos o acompanharam. [40]Chegando lá, Jesus lhes disse: "Rezai para não entrardes em tentação". [41]Afastou-se deles à distância de um lance de pedra e, de joelhos, rezava: [42]"Pai, se quereis, afastai de mim este cálice! Mas não aconteça como eu quero, mas como vós quereis!" [43]Apareceu-lhe então um anjo do céu*, que o confortava. [44]Entrando em agonia, rezava com maior insistência, e seu suor tornou-se se-

---

* **22**,18. Mt 26,29; Mc 14,25 | 19. Mt 26,26ss; Mc 14,22ss; 1Cor 11,23ss | 20. Jr 31,31 | 21. Mc 14,17-21; Jo 13,21-30; Mt 26,20-25 | 24. 9,46ss; Mt 18,1; 20,25ss; 23,11; Mc 9,34; 10,42-45 | 27. Jo 13,4-16 | 28. 12,32; Mt 19,28; Ap 2,26ss; 3,20; Jo 15,27 | 31. Mt 26,31-35; Mc 14,27-31; Jo 13,36ss; Jó 1,6; 2Cor 2,11 | 33. 22,54-62; At 12,1ss; 21,13 | 35. 10,4 | 37. Is 53,12; Lc 23,32 | 39. 21,36s; Mt 26,36-46; Mc 14,32-42; Jo 18,1s | 43. Jo 12,27ss

† **22**,19. "A Eucaristia, instituída nesse momento, será o memorial de seu sacrifício, 1Cor 11,25. Jesus manda que os apóstolos o perpetuem e com isso os institui sacerdotes da nova Aliança" (CIC). | 20. Jesus proclama e funda a Nova Aliança de Deus com a humanidade, anunciada por Jr 31,31. Seu sacrifício, livremente aceito e consumado no Calvário, será o selo desta Aliança. A Eucaristia evoca e torna presente na Igreja este gesto de infinito amor pela humanidade. | 34. Nenhum discípulo, nem mesmo aquele pelo qual Jesus rezou, estará livre da provação de sua lealdade e fidelidade.

1275 Lucas 22-23

melhante a espessas gotas de sangue que caíam por terra. ⁴⁵Levantando-se da oração, foi ter com os discípulos e encontrou-os dormindo por causa da tristeza. ⁴⁶Perguntou-lhes: "Por que estais dormindo? Levantai-vos e rezai para não entrardes em tentação".

A prisão de Jesus. ⁴⁷Enquanto ainda estava falando*, surgiu uma multidão chefiada por aquele que se chamava Judas, um dos Doze. Aproximou-se de Jesus para beijá-lo. ⁴⁸Mas Jesus lhe disse: "Judas, com um beijo entregas o Filho do homem?" ⁴⁹Vendo o que ia suceder, os que estavam em volta de Jesus lhe perguntaram: "Senhor, devemos feri-los com a espada?" ⁵⁰E um deles feriu* o servo do sumo sacerdote, cortando-lhe a orelha direita. ⁵¹Jesus, porém, respondeu: "Deixai! Basta!" E, tocando-lhe a orelha, o curou. ⁵²Disse então Jesus aos sumos sacerdotes, aos chefes da guarda do templo e aos anciãos, que tinham vindo contra ele: "Saístes com espadas e paus* como contra um ladrão. ⁵³Eu estava convosco todos os dias no templo e não me prendestes. Mas esta é a vossa hora, e o poder das trevas!"

As negações de Pedro. ⁵⁴Prenderam então Jesus*, levaram-no e o introduziram na casa do sumo sacerdote. Pedro seguia de longe. ⁵⁵Acenderam uma fogueira no pátio e estavam sentados em volta, e Pedro sentou-se entre eles. ⁵⁶Uma criada, vendo-o sentado junto ao fogo*, encarou-o bem e disse: "Este também estava com ele!" ⁵⁷Mas ele negou, dizendo: "Mulher, eu não o conheço". ⁵⁸Pouco depois, um outro o viu e disse: "Tu também és um deles!" Mas Pedro respondeu: "Homem, não sou!" ⁵⁹Cerca de uma hora depois, outro ainda insistia: "Realmente, este também estava com ele, pois é galileu!" ⁶⁰"Homem – disse Pedro – não sei o que dizes!" Nisso, enquanto ele ainda estava falando, um galo cantou. ⁶¹Voltando-

se, o Senhor olhou para Pedro. Lembrou-se então Pedro da palavra que o Senhor lhe dissera: "Antes que o galo cante hoje, tu me negarás três vezes". ⁶²E, saindo para fora, chorou amargamente.

Insultos a Jesus. ⁶³Os homens que guardavam Jesus* zombavam dele e o espancavam; ⁶⁴cobriram-lhe o rosto e perguntavam: "Profetiza! Quem te bateu?" ⁶⁵E diziam muitos outros insultos contra ele.

Processo diante do Sinédrio. ⁶⁶Quando amanheceu*, reuniu-se o Conselho dos anciãos do povo, os sumos sacerdotes e os escribas. ⁶⁷Conduziram-no diante de seu Sinédrio e lhe disseram: "Se tu és o Messias, dize-nos!"* Ele respondeu: "Se eu vos disser, não acreditareis; ⁶⁸e se eu vos interrogar, não me respondereis. ⁶⁹Mas o Filho do homem estará, doravante, sentado à direita* do Poder de Deus". ⁷⁰Todos disseram: "Então, tu és o Filho de Deus?" Respondeu-lhes: "Vós o dizeis: eu o sou". ⁷¹Então disseram:* "Que necessidade ainda temos de testemunho? Pois nós mesmos o ouvimos de sua boca!"

23 **Processo perante Pilatos e Herodes.** ¹Levantando-se toda a assembleia*, conduziram Jesus a Pilatos. ²Começaram a acusá-lo, dizendo: "Encontramos este homem subvertendo nossa nação, proibindo pagar o tributo a César e declarando ser ele o Cristo Rei". ³Pilatos interrogou a Jesus: "Tu és o Rei dos Judeus?" Jesus respondeu: "Tu o dizes". ⁴Disse, então, Pilatos aos sumos sacerdotes e às multidões: "Nenhum crime encontro neste homem". ⁵Eles, porém, insistiam, dizendo: "Ele agita o povo, ensinando por toda a Judeia, desde a Galileia*, onde começou, até aqui". ⁶Ouvindo isto, Pilatos perguntou se aquele homem era galileu. ⁷Quando soube que era da jurisdição de Herodes, mandou-o para Herodes, que também

---

* **22**,47. Mt 26,47-56; Mc 14,43-50; Jo 18,3-11; At 1,16 | 50. Jo 18,26 | 52. 19,47; Jo 7,28; Cl 1,13 | 54. Mt 26,69-75; Mc 14,66-72; Jo 18,25ss | 56. 22,33s | 63. Mt 26,59-68; Mc 14,65 | 66. Jo 18,19-24 | 67. Jo 10,24s; 8,45 | 69. Sl 110,1; At 7,56 | 71. 4,3.9; Mt 4,3.6; Jo 10,30-33 | **23**,1. 20,25; Mt 27,1-14; Mc 15,1-5; Jo 18,28-38; 1Tm 6,13 | 5. 4,44; At 10,37

Lucas 23

se encontrava em Jerusalém naqueles dias. ⁸Herodes ficou todo alegre ao ver Jesus*; porque desde muito tempo desejava vê-lo, pois tinha ouvido falar dele e esperava vê-lo realizar algum milagre. ⁹Começou a dirigir-lhe numerosas perguntas. Jesus, porém, nada lhe respondeu. ¹⁰Entretanto, os sumos sacerdotes e os escribas mantinham-se lá, acusando-o com veemência. ¹¹Herodes, com seus guardas, desprezou-o e escarneceu dele, mandando revesti-lo de uma túnica brilhante; devolveu-o depois a Pilatos. ¹²Herodes e Pilatos, que antes eram inimigos*, tornaram-se amigos naquele dia.

¹³Tendo convocado os sumos sacerdotes*, os magistrados e o povo, ¹⁴disse-lhes Pilatos: "Vós me apresentastes este homem como um agitador do povo. Interrogando-o, no entanto, em vossa presença, não encontrei nele nenhum dos crimes de que o acusais. ¹⁵Nem tampouco Herodes, pois no-lo mandou de volta. Ele nada fez que mereça a morte. ¹⁶Dar-lhe-ei, portanto, a liberdade*, depois de o castigar"†. ¹⁸Mas eles puseram-se a gritar juntos: "Morte para ele e solta-nos Barrabás!" ¹⁹Esse Barrabás tinha sido preso por causa de uma revolta na cidade e de um homicídio. ²⁰Pilatos tornou a falar-lhes, querendo soltar Jesus. ²¹Mas eles gritavam, dizendo: "Crucifica-o! Crucifica-o!" ²²Pilatos lhes disse pela terceira vez: "Mas que mal ele fez? Nada encontrei nele que mereça a morte. Vou castigá-lo e depois o soltarei". ²³Eles, porém, insistiam com grandes clamores, pedindo que fosse crucificado. Seus brados tornavam-se cada vez mais fortes. ²⁴Então Pilatos decidiu atender ao pedido deles. ²⁵Libertou-lhes o que fora encarcerado por causa de revolta e homicídio, e que eles pediam, e entregou Jesus ao arbítrio deles.

A via-sacra. ²⁶Quando o levavam*, detiveram certo Simão Cireneu, que voltava do sítio, e puseram a cruz sobre ele, obrigando-o a levá-la atrás de Jesus. ²⁷Seguia-o grande multidão de povo e de mulheres, as quais batiam no peito e o lamentavam. ²⁸Voltando-se para elas, disse Jesus: "Filhas de Jerusalém, não choreis por mim, mas chorai por vós mesmas e por vossos filhos, ²⁹porque virão dias em que se há de dizer: 'Felizes as estéreis* e felizes as entranhas que não geraram e os seios que não amamentaram!' ³⁰Então começarão a dizer às montanhas: 'Caí sobre nós!'* e às colinas: 'Cobri-nos!' ³¹Porque, se fazem isto com o lenho verde*, que se fará com o seco?"† ³²Levaram para ser executados junto com ele outros dois, que eram malfeitores. **Jesus na cruz**†. ³³Quando chegaram ao lugar chamado o Crânio, ali o crucificaram, como também aos malfeitores, um à direita e o outro à esquerda. ³⁴Jesus dizia: "Pai, perdoai-lhes*, porque não sabem o que fazem". Eles dividiram suas vestes, tirando a sorte. ³⁵O povo permanecia lá, observando. Também os chefes zombavam, dizendo: "Salvou os outros*, salve-se agora a si mesmo, se é o Cristo, o Eleito de Deus!" ³⁶Os soldados igualmente o insultavam; aproximando-se, ofereciam-lhe vinagre* ³⁷e diziam: "Se tu és o rei dos judeus, salva-te a ti mesmo!" ³⁸Via-se também sobre ele uma inscrição que dizia: "Este é o rei dos judeus".

³⁹Um dos malfeitores crucificados blasfemava contra ele, dizendo: "Tu não és o Cristo? Salva-te a ti mesmo e a nós". ⁴⁰O outro, porém, o repreendia, dizendo: "Nem tu, condenado ao mesmo suplício, temes a Deus? ⁴¹Para nós é justo, pois recebemos o castigo merecido por nossas obras, mas este

---

* **23,**8. 9,9; 13,31s | 12. At 4,27 | 13. Mt 27,15-26; Mc 15,6-15; Jo 18,38-19,16 | 16. At 21,35 | 26. 14,27; Mt 27,32-44; Mc 15,21-32; Jo 19,17-27 | 29. 11,27; 21,23 | 30. Os 10,8; Ap 6,16 | 31. 22,37; Ez 21,3; Is 53,12 | 34. Mt 5,44; 18,21ss; At 7,60; Sl 22,7s.19 | 35. 2,26; 9,35 | 36. Sl 69,21 | 42. Mt 16,28

† **23,**16. Alguns manuscritos acrescentam: "¹⁷Ora, Pilatos era obrigado a libertar-lhes no dia da festa um dos presos", ver Mt 27,15. | 31. Se tratam assim Jesus, que dá a vida, o que não acontecerá com a Jerusalém morta e impenitente? | 33. Os inimigos zombavam de Jesus como se ele fosse um rei de teatro. Mas Ele mostra sua realeza autêntica, perdoando os inimigos e recebendo em seu Reino o ladrão arrependido.

Lucas 23-24

nenhum mal praticou". [42]E dizia: "Jesus, lembra-te de mim* quando vieres com teu Reino". [43]Jesus respondeu-lhe: "Na verdade te digo: hoje estarás comigo no paraíso"†.

Morte de Jesus†. [44]Era cerca da hora sexta* quando o sol se escureceu e a terra inteira cobriu-se de trevas até a hora nona†. [45]A cortina do templo rasgou-se pelo meio†. [46]Gritando com voz forte, Jesus disse: "Pai, em vossas mãos entrego meu espírito". Dizendo isto, expirou.

[47]Vendo o que tinha acontecido, o centurião glorificou a Deus, dizendo: "Na verdade, este homem era justo". [48]Toda a multidão que se reunira para aquele espetáculo, vendo o que tinha acontecido*, voltava batendo no peito. [49]À distância, observando essas coisas, encontravam-se todos os conhecidos de Jesus e as mulheres que o tinham acompanhado desde a Galileia.

O sepultamento. [50]Ora, um membro do Conselho*, homem bom e justo, chamado José, [51]não havia concordado com a decisão nem com os atos dos outros. Era originário de Arimateia, cidade da Judeia, e esperava o Reino de Deus*. [52]Foi ter com Pilatos e pediu o corpo de Jesus. [53]Descendo-o da cruz, envolveu-o num lençol e o depositou num sepulcro cavado na rocha, onde ninguém tinha sido ainda colocado. [54]Era o dia da Preparação da Páscoa e já estava para começar o sábado. [55]No entanto, as mulheres que tinham vindo da Galileia com Jesus* acompanharam José e observaram o sepulcro e como o corpo de Jesus fora nele depositado. [56]Voltaram e prepararam aromas e perfumes. E, no sábado, observaram o repouso conforme o preceito*.

24

Jesus ressuscitado aparece às mulheres. [1]No primeiro dia da semana*, bem cedo, as mulheres foram ao sepulcro, levando os aromas que tinham preparado. [2]Acharam removida a pedra que fechava o sepulcro. [3]Entrando, não encontraram o corpo do Senhor Jesus. [4]Enquanto estavam perplexas diante disto, apareceram diante delas dois homens com vestes resplandecentes*. [5]Cheias de medo, curvaram o rosto para o chão. Eles, porém, lhes disseram: "Por que procurais entre os mortos aquele que está vivo? [6]Ele não está aqui, mas ressuscitou. Lembrai-vos de como vos falou, quando ainda estava na Galileia*. [7]Ele dissera: 'É necessário que o Filho do homem seja entregue às mãos dos pecadores, seja crucificado e que ressuscite ao terceiro dia'". [8]Elas se recordaram de suas palavras.

[9]De volta do sepulcro*, relataram tudo isso aos Onze e a todos os outros*. [10]As que contaram essas coisas aos apóstolos foram Maria Madalena, Joana, Maria, mãe de Tiago, e as outras que estavam com elas. [11]Mas suas palavras lhes pareceram um delírio: não lhes deram crédito. [12]Pedro, no entanto, levantou-se e correu ao sepulcro. Abaixou-se e não viu senão os lençóis. Voltou para casa admirado do que acontecera.

Os discípulos de Emaús. [13]Neste mesmo dia*, dois discípulos caminhavam para uma aldeia chamada Emaús, distante de Jerusalém sessenta estádios†. [14]Iam conversando entre si a respeito de tudo o que havia acontecido. [15]Enquanto conversavam e discutiam juntos, Jesus em pessoa aproximou-se e foi caminhando com eles. [16]Mas seus

---

* 23,44. Mt 27,45-56; Mc 15,33-41; Am 8,9; Êx 26,31ss; Sl 31,6; At 7,59 | 48. 8,2s; 23,55; At 3,14; Sl 38,12 | 50. Mt 27,57-61; Mc 15,42-47; Jo 19,38-42 | 51. 2,25-38 | 55. 8,2; 23,49 | 56. Êx 12,16; 20,10 | 24,1. Mt 28,1-10; Mc 16,1-8; Jo 20,1-10.19; At 20,7; 1Cor 16,2 | 4. 2Mc 3,26; At 1,10 | 6. 9,22; 17,25; 18,32s; At 17,3 | 9. 24,23 / 8,2s | 13. Mc 16,12s

† 23,43. "Nunca é tarde demais para se converter: um ladrão passou do patíbulo ao paraíso" (S. Jerônimo). | 44. Lucas situa os últimos momentos de Jesus numa atmosfera de paz e oração; a última palavra do Crucificado é uma prece de confiança total, um pagão faz seu ato de fé e o povo se mostra arrependido. / A hora sexta é meio-dia, a hora nona é três da tarde. | 45. Rasgou-se o véu do templo, que separava Deus de todos, exceto dos sacerdotes: Em Jesus, agora, todos têm acesso ao Pai. | 24,13. Pouco mais de 11 km; um estádio é 185 m.

Lucas 24

olhos estavam impedidos de reconhecê-lo. ¹⁷Ele perguntou-lhes então: "De que assunto falais pelo caminho?" Eles pararam, com tristeza no rosto. ¹⁸Um deles, chamado Cléofas, respondeu-lhe: "És o único peregrino em Jerusalém que ignora o que ali se passou nestes dias!" ¹⁹"Que foi?", perguntou ele. Disseram-lhe: "O que aconteceu a Jesus*, o Nazareno, que era um profeta poderoso em obras e em palavras diante de Deus e de todo o povo. ²⁰Nossos sumos sacerdotes e nossos chefes o entregaram para ser condenado à morte e o crucificaram. ²¹Nós esperávamos que fosse ele o que haveria de libertar Israel*; mas, além de tudo isso, já faz três dias que estas coisas aconteceram. ²²Verdade é que algumas mulheres* de nosso grupo nos deixaram espantados: foram ao sepulcro, de madrugada, ²³e não acharam seu corpo. Voltaram dizendo que lhes apareceram anjos, os quais afirmaram que ele está vivo. ²⁴Alguns dos nossos* foram ao sepulcro e acharam as coisas conforme as mulheres disseram*; mas a ele não o viram..." ²⁵Então ele lhes disse: "Homens sem inteligência, como vosso coração é lento para crer tudo o que os profetas anunciaram! ²⁶Não era necessário que o Cristo sofresse estas coisas* para entrar em sua glória?" ²⁷E, começando por Moisés e percorrendo todos os profetas, explicou-lhes em todas as Escrituras* o que lhe dizia respeito†.

²⁸Ao chegarem perto da aldeia para onde iam, ele deu a entender que ia para mais longe. ²⁹Mas insistiram com ele, dizendo: "Fica conosco, porque já é tarde e o dia já se acaba". Ele entrou para ficar com eles. ³⁰Estando à mesa com eles*, tomou o pão, pronunciou a bênção e, depois de o partir, deu-o a eles. ³¹Neste momento, os olhos deles se abriram e o reconheceram*; mas ele desapareceu de sua vista. ³²Disseram então um ao outro: "Não é verdade que nosso coração ardia em nós quando ele nos falava pelo caminho e nos explicava as Escrituras?" ³³Partiram imediatamente de volta a Jerusalém, onde encontraram reunidos os Onze e seus companheiros, ³⁴que diziam: "É verdade, o Senhor ressuscitou* e apareceu a Simão!" ³⁵Então eles contaram o que lhes sucedera no caminho e como o haviam reconhecido ao partir o pão†.

Jesus aparece aos apóstolos. ³⁶Enquanto assim falavam*, Jesus apresentou-se no meio deles e lhes disse: "A paz esteja convosco!" ³⁷Espantados e cheios de medo, imaginavam ver um espírito. ³⁸Mas ele lhes disse: "Por que vos assustais* e se levantam dúvidas em vossos corações? ³⁹Olhai minhas mãos e meus pés: sou eu mesmo! Tocai-me e vede, pois um espírito não tem carne nem ossos como vedes que eu tenho". ⁴⁰E, dizendo isto, mostrou-lhes as mãos e os pés. ⁴¹Mas como, em sua alegria, continuavam incrédulos e estavam espantados, perguntou-lhes: "Tendes aqui alguma coisa para se comer?" ⁴²Ofereceram-lhe um pedaço de peixe assado. ⁴³Ele o tomou e comeu à vista deles*.

⁴⁴Depois disse-lhes: "Era bem isso que eu vos dizia* quando ainda estava convosco: que era preciso que se cumprisse tudo o que está escrito a meu respeito na Lei de Moisés, nos Profetas e nos Salmos". ⁴⁵Abriu-lhes então a inteligência, para compreenderem as Escrituras; ⁴⁶e lhes disse: "Assim está escrito, que o Cristo devia sofrer e ao terceiro dia ressuscitar dos mortos

---

* **24,**19. 2,39; 4,34; Mt 21,11; At 7,22 | 21. 1,68; 2,38 | 22. Mt 28,1-8; Mc 16,1-8 | 24. Jo 20,3-8 / 24,12 | 26. 9,22; 18,31; 24,44; At 17,3 | 27. Jo 7,39; 12,16.23; 13,31s; 17,1.5; At 3,13-24 | 30. 22,19 | 31. 24,16 | 34. 1Cor 15,5 | 36. At 1,6ss; Mt 28,16-20; Mc 16,14-18; Jo 20,19-23 | 38. Mt 14,26 | 43. Jo 21,5.9s | 44. 9,22; 18,31; Is 53,1-12; Os 6,2; At 2,23s

† **24,**27. Jesus explica o desígnio de Deus e o sentido da cruz. A história do povo de Deus ensina que o sofrimento é fonte de vida, e que a morte é passagem para uma ressurreição. Moisés e Elias haviam visto a glória de Jesus sobre a montanha; a Lei e os Profetas tinham anunciado os sofrimentos do Messias. | 35. Cada vez que se reparte o pão em verdadeira fraternidade, Jesus se manifesta presente em nosso meio; isto vale sobretudo da Eucaristia, chamada "fração do pão" na Igreja primitiva, At 2,42; 20,7.

1279

Lucas 24

[47]e que em seu nome se pregariam a conversão e o perdão dos pecados* a todas as nações, começando por Jerusalém. [48]Vós sois testemunhas* destas coisas. [49]Vou enviar-vos o que meu Pai prometeu. Ficai, porém, na cidade, até que sejais revestidos* da força do alto"†.

A ascensão. [50]Depois levou-os até perto de Betânia* e, erguendo as mãos, abençoou-os. [51]Enquanto os abençoava, separou-se deles e foi elevado ao céu†. [52]Eles se prostraram diante dele e depois voltaram para Jerusalém cheios de alegria. [53]E estavam sempre no templo, bendizendo a Deus.

---

* **24,**47. Mt 28,19s | 48. 1Tm 3,16; At 1,8; Jo 14,16; 15,26; 16,7 | 49. At 1,4; 2,33 | 50. Mc 16,19s; At 1,9-12; 1Tm 3,16

† **24,**49. Os apóstolos recebem a missão de testemunhar o cumprimento das promessas de Deus em Cristo e de anunciar o perdão e a conversão. Para tanto, vão receber o dom do Espírito Santo no dia de Pentecostes. | 51. "Lucas deseja mostrar que a viagem que Jesus fez não termina no nada, mas no Coração daquele que Ele chamava de Pai" (G. Lohfink).

EVANGELHO SEGUNDO JOÃO

Escrevendo mais ou menos no ano 180 d.C., Santo Irineu informa: "Depois, João, o discípulo do Senhor, o mesmo que repousou sobre seu peito (Jo 13,25), publicou também o Evangelho durante sua estada em Éfeso". Santo Irineu recebeu esta notícia de seu mestre Policarpo, que fora discípulo imediato de S. João Evangelista. Conforme a tradição, João passou muitos anos em Éfeso, cidade da Ásia Menor, em companhia de Nossa Senhora (cuja casa é venerada nos arredores), pois fora encarregado por Jesus de cuidar de sua Mãe (Jo 19,27). O quarto Evangelho, publicado nos últimos anos do século I, foi composto durante várias décadas nos ambientes evangelizados por João e conserva certamente sua pregação, mas não deve ter sido ele o último redator.

Pelos Sinóticos é-nos bem conhecida a figura de João, o pescador filho de Zebedeu, chamado ao apostolado junto com seu irmão Tiago Maior (Mt 4,21). Esses dois, que com Pedro formavam o grupo dos três mais íntimos discípulos do Mestre (Mt 17,1; Mc 5,37;Mt 26,37), ganharam do próprio Jesus o apelido de Boanerges (Mc 3,17), isto é, "filhos do trovão", o que parece indicar um temperamento enérgico e até violento. Haja vista a atitude dos dois quando os samaritanos se recusavam a receber Jesus (Lc 9,54). Mateus e Marcos também nos contam o ousado pedido que os irmãos Boanerges fizeram a Jesus de "sentar-se um a sua direita e o outro a sua esquerda em seu Reino" (Mt 20,21; Mc 10,37).

O quarto Evangelho, sem mencionar sequer uma vez o nome de João, fornece-nos contudo algumas notícias veladas sobre sua pessoa. Deve ter sido João o discípulo que, junto com André, seguia o Batista, e passou a acompanhar Jesus, quando este foi designado pelo Precursor como "Cordeiro de Deus" (Jo 1,35-37). Do capítulo 13 em diante, encontramos diversas vezes (13,23; 19,26; 20,2; 21,7) a expressão "discípulo que Jesus amava", a qual, certamente, designa o autor do Evangelho. Por essas alusões, sabemos que João foi o único discípulo que presenciou a morte de Jesus no Calvário e, junto com Pedro, foi o primeiro a saber da ressurreição do Mestre. Nos Atos dos Apóstolos encontramos novamente esses dois, Pedro e João, assumindo a liderança da comunidade apostólica: At 3,1; 4,13; 4,19; 8,14.

Conforme diz na primeira conclusão de seu Evangelho (Jo 20,31), João escreveu para alimentar a fé dos primeiros cristãos, essa fé que conduz à vida eterna em seu nome (Jo 20,31). Para isso seguiu um caminho bem diferente daquele dos Sinóticos: elaborou um "Evangelho espiritual", conforme diz Clemente de Alexandria, a saber, um Evangelho que procurou não tanto relatar fatos, mas sim extrair de cada um deles a mensagem, o significado que se percebe por detrás dos símbolos ou gestos.

Por isso, em vez de falar em "milagres e prodígios", João prefere designar tais acontecimentos como "sinais" (Jo 2,11; 4,54; 6,14 etc.), isto é, ações que revelam a "glória" de Jesus, sua personalidade divina. Para João, muitas realidades da vida diária têm esse poder de se tornar símbolos da vida espiritual, pois "a graça supõe a natureza". Assim, as noções de água, pão, vinho, luz, caminho, porta, vida, verdade, tudo isso tem profunda relação com o que Jesus veio trazer e comunicar ao mundo, e podem ser pontos de partida para o anúncio de sua mensagem. Por exemplo, falando à samaritana sobre a água do poço de Jacó (Jo 4,7), Jesus passa imediatamente a falar da graça, "água viva que jorra para a vida eterna" (Jo 4,14). Compreende-se então que neste Evangelho recebam destaque especial os sacramentos da Igreja – sobretudo o Batismo e a Eucaristia –, sinais de salvação para aquele que crê. João mostra o Batismo como novo nascimento, na conversa de Jesus com Nicodemos (Jo 3,3), e como iluminação, no milagre da cura do cego (Jo 9). A Eucaristia é amplamente anunciada no discurso sobre o pão da vida do c. 6, mas sua instituição na Última Ceia não é narrada, porque João certamente a supõe conhecida, pela leitura dos Sinóticos. Esse interesse do evangelista pela liturgia revela-se também no fato de ele mencionar diversas festas judaicas (três festas da Páscoa, festa das Tendas, da Dedicação, e uma festa não identificada, que aparece em 5,1). Essas datas são ocasiões em que Jesus, como piedoso judeu, sobe a Jerusalém para o culto. João corrige desta forma a impressão, deixada pelos Sinóticos, de que Jesus só esteve em Jerusalém no último período de sua vida pública.

João 1

Na figura de Jesus, o aspecto que João salienta mais é sua transcendência, sua pre-existência como Verbo de Deus, presente já na criação do mundo (Jo 1,3), que existia antes que Abraão fosse (Jo 8,58). Esse Verbo se encarnou e veio morar no meio de nós (Jo 1,14) para manifestar sua glória. Disso dão testemunho o Pai (Jo 8,18), o próprio Jesus (Jo 8,14), o Espírito (Jo 15,26), João Batista (Jo 1,19-34; 3,27-30), o evangelista (Jo 1,14; 19,35), e as obras que Jesus realiza (Jo 10,25). Também os discípulos, que acolhem a mensagem do Mestre e nela creem são convidados a testemunhar (Jo 15,27).

I. PRÓLOGO
(1,1-18)†

1 **A encarnação do Verbo.** ¹No princípio existia o Verbo*, e o Verbo estava junto de Deus, e o Verbo era Deus. ²No princípio ele estava junto de Deus. ³Tudo foi feito por meio dele*, e sem ele nada do que existe foi feito. ⁴Nele estava a vida, e a vida era a luz* dos homens. ⁵A luz brilha nas trevas, mas as trevas não a acolheram*.

⁶Apareceu um homem enviado por Deus:* seu nome era João. ⁷Ele veio como testemunha, para dar testemunho da luz, para que, por meio dele, todos viessem a crer. ⁸Ele não era a luz, mas devia dar testemunho da luz. ⁹O Verbo, a luz verdadeira*, que ilumina todo homem, estava para vir ao mundo. ¹⁰Ele estava no mundo*, e o mundo foi feito por ele, mas o mundo não o reconheceu. ¹¹Veio para junto dos seus, mas os seus não o acolheram. ¹²A todos, porém, que o acolheram, ele deu o poder de se tornarem* filhos de Deus†, isto é, àqueles que creem no seu nome. ¹³Estes não nasceram do sangue, nem da vontade da carne e nem da vontade do homem, mas nasceram de Deus*.

¹⁴E o Verbo se fez carne e veio morar no meio de nós†. E contemplamos sua glória†, a glória que recebe do Pai* como Filho único, cheio de graça e de verdade. ¹⁵João dá testemunho dele e proclama: "É dele que eu disse: Aquele que há de vir depois de mim passou a minha frente, porque já existia antes de mim". ¹⁶Nós todos recebemos de sua plenitude*, e graça sobre graça. ¹⁷Porque a Lei foi dada por Moisés, mas a graça e a verdade* vieram por Jesus Cristo. ¹⁸Ninguém jamais viu a Deus: o Filho Unigênito que está no seio do Pai* é que abriu o caminho para ele.

II. OS SETE SINAIS DE JESUS
(1,19–12,50)

O testemunho de João Batista†. ¹⁹Foi este o testemunho de João*, quando os judeus lhe enviaram de Jerusalém sacerdotes e levitas, para lhe perguntar: ²⁰"Quem és tu?" Ele respondeu sem hesitação. Sua resposta foi: "Eu não sou o Cristo". ²¹"Então, quem és tu?"*, perguntaram-lhe. "Tu és Elias?"

---

* **1**,1. 17,5; 1Jo 1,1s; Ap 19,13 | 3. Gn 1,1; 1Cor 8,6; Cl 1,16s; Hb 1,13; Ap 3,14; Pr 8,22 | 4. 5,26; 8,12; Sb 9,1 | 5. 3,19; 9,5 | 6. Mt 3,1; Mc 1,4; Lc 1,13-17.57-80; 3,2 | 9. 1,31; 5,33ss | 10. 1,20; 3,28; 3,19; 8,12; 12,46; Mt 4,16; 1Jo 2,8 | 12. 1Jo 5,13; Gl 3,26 | 13. 1Jo 5,1-18; Tg 1,18; 1Pd 1,23 | 14. 2,11; 3,16s; Rm 1,3; Fl 2,7; 1Tm 3,16; Hb 2,14; Ap 21,3; Is 60,1s; Mt 3,1; Mc 1,7 | 16. 3,34; Cl 2,9s | 17. 7,19; Rm 6,14; 10,4; Êx 31,18; 34,6 | 18. 5,37; 6,46; 14,9; 1Jo 4,12; Mt 11,27; Lc 10,22; 1Tm 1,7; 6,16 | 19. 5,33; Mt 3,1-12; Mc 1,2-8; Lc 3,15s; At 13,25 | 21. Mt 11,14; 17,10s; Mc 9,13; Ml 3,23s; Jo 6,14; 7,40; At 3,22; 7,37; Dt 18,15; Is 40,3

---

† **I.** O 4º Evangelho começa com as mesmas palavras do 1º livro da Bíblia, o Gênesis, que conta as origens do mundo e as do povo eleito: "No princípio..." João vê em Jesus o início de uma nova humanidade. No prólogo estão anunciados todos os grandes temas do 4º Evangelho: a pessoa sublime de Jesus, seu plano de salvação, a recusa de uma parte do povo e a filiação divina que os fiéis recebem ao contemplarem a glória do Filho Único de Deus e ao acolherem sua Palavra. | **1**,12. "O Filho de Deus se faz Filho do homem para fazer dos filhos dos homens filhos de Deus" (S. João Crisóstomo). | 14. Aqui João exprime o mistério da Encarnação: sem deixar de ser Deus, o Verbo assume a condição humana. "Carne" significa a natureza humana, mortal e frágil. / A glória de Cristo é a manifestação de sua divindade. | 19. Assim como a criação do mundo é narrada no esquema de uma semana, Gn 1,1–2,3, assim também João agrupou numa semana inaugural os primeiros gestos do ministério público de Jesus, 1,19–2,11.

João 1-2 1282

"Não sou", respondeu. [22]"Tu és o Profeta?"[†] Ele disse: "Não". Perguntaram-lhe: "Quem és tu? Para darmos uma resposta àqueles que nos enviaram. Que é que dizes de ti mesmo?" [23]Ele declarou: "Eu sou a voz daquele que grita no deserto: 'Endireitai o caminho do Senhor', conforme disse o profeta Isaías".

[24]Os enviados eram fariseus. [25]Perguntaram-lhe ainda: "Então, por que estás batizando, se não és o Cristo, nem Elias, nem o Profeta?" [26]João respondeu-lhes: "Eu batizo com água*. Mas no meio de vós está alguém que não conheceis, [27]aquele que vem depois de mim, do qual não sou digno de desatar a correia de sua sandália". [28]Isto aconteceu em Betânia, do outro lado do Jordão, onde João estava batizando*.

[29]No dia seguinte, ao ver Jesus que vinha em sua direção, ele disse: "Aí está o Cordeiro* de Deus[†] que tira o pecado do mundo![†] [30]É dele que eu disse: 'Depois de mim vem um homem que passou a minha frente, pois já existia antes de mim'. [31]Eu não o conhecia. Mas foi para que ele fosse manifestado a Israel que eu vim batizar com água". [32]João deu este testemunho:* "Eu vi o Espírito descer do céu como uma pomba e pairar sobre ele. [33]Eu não o conhecia. Mas aquele que me enviou a batizar com água tinha me dito: 'Aquele sobre quem vires descer e pairar o Espírito, esse é o que batiza no Espírito Santo'[†]. [34]Eu vi e dou testemunho de que ele é o Filho de Deus!"

Os primeiros discípulos. [35]No dia seguinte, João estava lá de novo com dois de seus discípulos. [36]Fixando o olhar em Jesus que passava, disse: "Aí está o Cordeiro de Deus". [37]Os dois discípulos o ouviram dizer isto e seguiram a Jesus. [38]Voltou-se Jesus e viu que o seguiam. E disse-lhes: "Que buscais?" Responderam-lhe: "Rabi (esta palavra quer dizer Mestre), onde moras?" [39]"Vinde e vede", disse ele. Eles foram, viram onde morava e nesse dia ficaram com ele. Era pelas quatro horas da tarde.

[40]André, irmão de Simão Pedro*, era um dos dois que tinham ouvido as palavras de João e tinham seguido a Jesus. [41]O primeiro a quem encontrou foi seu irmão Simão, ao qual disse: "Encontramos o Messias" (que quer dizer Cristo). [42]E o levou a Jesus. Jesus olhou-o e disse: "Tu és Simão, filho de João. Tu te chamarás Cefas" (que significa Pedra)[†].

[43]No dia seguinte, Jesus resolveu partir* para a Galileia. [44]Encontrou Filipe e disse-lhe: "Segue-me!" Filipe era de Betsaida, cidade de André e de Pedro.

[45]Filipe encontrou Natanael[†] e disse-lhe: "Encontramos aquele de quem escreveram Moisés, na Lei, e os Profetas. É Jesus de Nazaré, filho de José". [46]Respondeu Natanael: "De Nazaré pode sair alguma coisa boa?" [47]Disse-lhe Filipe: "Vem e vê". Jesus viu Natanael que lhe vinha ao encontro e disse, referindo-se a ele: "Eis um verdadeiro israelita no qual não há falsidade". [48]Perguntou-lhe Natanael: "De onde me conheces?" Respondeu-lhe Jesus: "Antes que

---

* **1**,26. Mt 21,25; At 13,25 **|** 28. 3,26; 10,40 **|** 29. 1,15; 1Jo 3,5; At 8,32; 1Pd 1,18s **|** 32. Mt 3,16; Mc 1,10; Lc 3,22; Is 11,2; 61,1 **|** 34. 3,18; 5,25; 10,36; 11,4.27; 18,7; 20,31 **|** 40. 4,25; 21,15s; Mt 4,18; Mc 3,16 **|** 43. 5,39-46; At 26,22; Dt 18,15; Is 7,14; 9,6; 53,2; Jr 23,5; Ez 34,23; Jo 7,41.52; Sl 32,3; 73,1; Mt 14,33; 16,16; Mc 1,11; 3,11; At 13,33; Dn 7,13; At 7,56

† **1**,22. O povo esperava a vinda de "um profeta igual a Moisés", 6,14; 7,40, conforme a promessa de Dt 18,15. **|** 29. Jesus é ao mesmo tempo o cordeiro pascal, símbolo da redenção de Israel na primeira Páscoa, Êx 12,3-14; Jo 19,36; 1Cor 5,7, e o Servo sofredor, levado como cordeiro ao matadouro, Is 53,7; Jr 11,19, que carrega e expia as culpas dos pecadores, Is 53,12. / "O pecado do mundo é a condição pecadora que o mundo apresenta devido às consequências do pecado original e de todos os pecados pessoais dos homens, como também devido à influência negativa que exercem sobre as pessoas as situações comunitárias e as estruturas sociais que são o fruto dos pecados dos homens" (CIC). **|** 33. O batismo de João era sinal de arrependimento, o batismo na água é feito no Espírito Santo será um novo nascimento, Jo 3,5. **|** 42. Mudando o nome de Simão, Jesus muda na vida dele tudo o que o nome exprime: a identidade da pessoa e o sentido de sua vida. **|** 45. Provavelmente o apóstolo Bartolomeu, que era de Caná, 21,2, cidade rival de Nazaré.

1283 João 1-2

Filipe te chamasse, eu te vi debaixo da figueira". [49]"Rabi – exclamou Natanael – Tu és o Filho de Deus, tu és o rei de Israel!" [50]Jesus respondeu-lhe: "Tu crês porque eu te disse que te vi debaixo da figueira? Verás coisas maiores do que estas". [51]E acrescentou: "Na verdade, na verdade vos digo: vereis o céu aberto e os anjos de Deus subindo e descendo sobre o Filho do homem"†.

2 **As bodas de Caná.** [1]No terceiro dia, houve uma festa de casamento em Caná* da Galileia e lá se encontrava a mãe de Jesus. [2]Também Jesus foi convidado para a festa junto com seus discípulos†. [3]Faltando o vinho, a mãe de Jesus* lhe disse: "Eles não têm mais vinho".† [4]Respondeu-lhe Jesus: "Mulher, que importa isso a mim e a ti? Minha hora ainda não chegou"†. [5]Sua mãe disse aos serventes: "Fazei tudo* o que ele vos disser"†.

[6]Havia lá seis talhas de pedra, destinadas às purificações dos judeus*. Cada uma delas podia conter cerca de dois ou três barris†. [7]Disse Jesus aos serventes: "Enchei de água as talhas". Eles as encheram até a boca. [8]Disse-lhes então: "Tirai agora e levai ao mestre-sala". Eles levaram. [9]O mestre-sala provou a água transformada em vinho†, e não sabia donde viera aquele vinho, embora o soubessem os serventes que haviam tirado a água; chamou então o noivo [10]e disse-lhe: "Todo mundo serve primeiro o bom vinho e, quando os convidados já tiverem bebido muito, serve o vinho inferior. Tu, porém, guardaste até ago-

ra o vinho bom..." [11]Deste modo iniciou Jesus*, em Caná da Galileia, os seus sinais†. Manifestou sua glória, e seus discípulos começaram a crer nele.

[12]Depois disso desceu a Cafarnaum com sua mãe, seus irmãos e seus discípulos. Lá permaneceram poucos dias. **A purificação do templo.** [13]Estava próxima a Páscoa dos judeus*, e Jesus subiu a Jerusalém. [14]No templo encontrou gente a vender bois, ovelhas e pombas, e também cambistas em suas bancas. [15]Com umas cordas fez um chicote e expulsou a todos do templo, com as ovelhas e os bois. Espalhou o dinheiro dos cambistas e derrubou suas mesas. [16]Aos que vendiam pombas disse: "Tirai daqui estas coisas! Parai de fazer da casa de meu Pai um mercado!" [17]Seus discípulos então se lembraram de que está escrito: "O zelo por tua casa me devorará"*.

[18]Perguntaram-lhe os judeus: "Que sinal nos mostras para agir assim?" [19]Jesus respondeu-lhes: "Podeis destruir este templo, que em três dias eu o levantarei de novo"†. [20]Disseram-lhe os judeus: "Quarenta e seis anos durou a construção deste templo, e em três dias tu o levantarás?" [21]Mas ele se referia àquele templo que é seu corpo. [22]Por isso, quando ele ressuscitou dos mortos*, seus discípulos se lembraram de que havia dito isto e creram na Escritura e na palavra que ele havia dito. **A primeira Páscoa.** [23]Enquanto ficou em Jerusalém para a festa da Páscoa*, muitos creram em seu nome ao verem os sinais que fazia. [24]Mas Jesus não

---

* **2,**1. 4,46 | 3. 7,30; 8,20; 19,25s; Mc 1,24; 1Rs 17,18; 2Rs 3,13 | 5. Gn 41,55; Mc 7,3s | 6. Lv 11,33 | 11. 1,14; 4,54; 20,30s; 11,40; 12,41; Mt 4,13 | 13. 6,4; 11,55; 12,1; Mt 21,12-17; Mc 11,15ss; Lc 19,45s | 17. Zc 14,21; Sl 69,10; Mc 8,11; Lc 11,16; At 6,14; Jr 7,21 | 22. 12,16; 14,26 | 23. 4,45; 7,31; 11,47 | 25. 6,70; 16,30

† **1,**51. Aludindo ao sonho de Jacó, no qual ele viu uma escada entre o céu e a terra, Gn 28,12, Jesus se apresenta como o mediador entre o mundo e o Pai, 1Tm 2,5. | **2,**2. "A presença de Jesus no casamento em Caná confirma que o casamento é uma realidade boa e que, daí em diante, será um sinal eficaz da presença de Cristo" (CIC). | 3. "Maria representa o AT, que reconhece que acabou o vinho, i. é, esgotaram-se seus frutos, e encaminha todos para Jesus" (Frei Carlos Mesters). | 4. A hora da paixão e da glorificação de Cristo, 7,30; 13,1; 17,1. | 5. Convidando a acolher a palavra de Jesus, Maria começa a exercer a função de Mãe dos homens, que Jesus lhe dará no momento solene do Calvário, Jo 19,26. Ela é venerada como "Hodoghitria", Aquela que aponta o caminho, 14,6. | 6. O barril, lit. "medida", continha 40 litros. | 9. A água das abluções rituais é transformada em vinho: isto representa a passagem da antiga aliança para a nova, selada no sangue de Cristo. | 11. "Sinais", 3,2, são milagres que indicam o poder divino de Cristo e sua obra de salvação. | 19. O verdadeiro templo, morada de Deus no meio dos homens, será a humanidade de Jesus ressuscitado, centro de todo culto.

João 2-3

confiava neles, porque conhecia a todos [25]e não precisava ser informado* sobre ninguém, pois ele bem sabia o que estava dentro de cada pessoa.

3 **Jesus e Nicodemos.** [1]Havia entre os fariseus um homem chamado Nicodemos*, que pertencia à elite do povo judeu. [2]Certa noite, ele foi ter com Jesus e lhe disse: "Rabi, sabemos que vens da parte de Deus como Mestre; pois ninguém é capaz de fazer os sinais que fazes, se Deus não estiver com ele".

[3]Respondeu-lhe Jesus: "Na verdade*, na verdade, te digo: se não nascer do alto, ninguém pode ver o Reino de Deus". [4]Nicodemos perguntou-lhe: "Como pode o homem nascer, sendo já velho? Pode entrar outra vez no seio de sua mãe e nascer?" [5]Respondeu-lhe Jesus: "Na verdade, na verdade, te digo: se não nascer da água e do Espírito*, ninguém pode entrar no Reino de Deus. [6]O que nasce da carne é carne*; o que nasce do Espírito é espírito. [7]Não te admires do que eu te disse: deveis nascer do alto. [8]O vento sopra onde quer*, e a gente ouve sua voz, mas não sabe de onde vem nem para onde vai. Assim é todo aquele que nasceu do Espírito".

[9]Perguntou-lhe Nicodemos: "Como pode acontecer isso?" [10]Replicou-lhe Jesus: "Tu és Mestre em Israel* e não o sabes? [11]Na verdade, na verdade, te digo: falamos do que sabemos* e testemunhamos o que vimos, mas vós não acolheis nosso testemunho. [12]Se, quando vos falo das coisas terrestres, vós não credes, quando vos falar das celestes*, como crereis? [13]Ninguém subiu ao céu*, senão o que desceu do céu: o Filho do homem. [14]Assim como

Moisés levantou a serpente no deserto, assim é necessário que o Filho do homem seja levantado†, [15]a fim de que todo aquele que crê tenha por meio dele a vida eterna".

A fé e o julgamento. [16]"Com efeito, Deus tanto amou o mundo* que lhe deu seu Filho unigênito, para que não morra quem nele crê, mas tenha a vida eterna. [17]Pois Deus não mandou seu Filho ao mundo para condenar* o mundo, mas para que por meio dele o mundo seja salvo. [18]Quem nele crê não é condenado*. Mas, quem não crê, já está condenado, porque não creu no nome do Filho unigênito de Deus†. [19]E o julgamento é assim: a luz veio ao mundo*, mas os homens preferiram as trevas à luz, porque suas obras eram más. [20]De fato, todo aquele que faz o mal odeia a luz* e dela não se aproxima, para que suas obras não sejam desmascaradas. [21]Mas quem pratica a verdade* aproxima-se da luz, para que transpareça que suas obras são feitas em Deus".

Novo testemunho de João Batista. [22]Depois disso, veio Jesus com seus discípulos* à região da Judeia. Permaneceu ali com eles e batizava. [23]João também estava batizando em Enon, perto de Salim, porque lá havia muita água, e o povo vinha para ser batizado. [24]Porque João ainda não tinha sido lançado* no cárcere. [25]Surgiu então uma disputa entre os discípulos de João e um judeu sobre purificação; [26]eles foram ter com João e lhe disseram: "Mestre, aquele que estava contigo do outro lado do Jordão, e do qual destes testemunho, está batizando, e todos vão a ele". [27]João respondeu: "Ninguém pode atribuir-se coisa alguma, se não lhe for dada do céu. [28]Vós mesmos sois

---

* **3**,1. 7,50; 12,42s; 19,39; Mt 22,16; At 10,38 | 3. 1Jo 5,1 | 5. Rm 6,4; Ef 5,26; Tt 3,5; 1Pd 1,3; 2Pd 1,11 | 6. 6,63; Sl 78,39 | 8. 14,18; 1Cor 15,44-50 | 10. Rm 2,20s | 11. 3,32; 7,16; 8,26; 12,49; 1Cor 2,14 | 12. 6,60ss; Sb 9,16 | 13. Rm 10,6s; Fl 2,6-11; Ef 4,9; Dt 30,12; Pr 30,4; Nm 21,8s; Sb 16,5 | 16. 1Jo 4,9; Rm 5,8; Mt 21,37 | 17. 12,47 | 18. 3,36; 5,24; At 17,31; Mc 16,16 | 19. 1,5.9s; 8,12; Jó 24,13-17 | 20. Ef 5,13 21. 1Jo 1,6; Mt 5,14ss | 22. 4,1s | 24. Mt 3,6; 14,3; Mc 6,7 | 28. 19,11; 1Cor 4,7; Hb 5,4; Tg 1,17

† **3**,14. Jesus levantado, elevado na cruz, é comparado à serpente de bronze, Nm 21,9, que Moisés ergueu para curar os hebreus feridos. "Quem olha para Jesus Crucificado é curado da culpa" (S. Agostinho). | 18. Encontrar-se com Jesus, luz que vem ao mundo, é passar por um julgamento decisivo: é preciso optar entre aceitar ou recusar a obra de Jesus.

1285 João 3-4

testemunhas de que eu disse: 'Não sou eu o Messias*, mas sou enviado à frente dele'. ²⁹Quem tem a esposa é o esposo*; mas o amigo do esposo, que está presente e o ouve, muito se alegra com a voz do esposo. Tal é minha alegria e ela é completa. ³⁰É preciso que ele cresça e que eu diminua".

O testemunho do Filho. ³¹"Aquele que vem do alto está acima de todos*; aquele que vem da terra é terrestre e fala sobre coisas da terra. Aquele que vem do céu é superior a todos; ³²dá testemunho do que viu e ouviu; todavia, ninguém acolhe seu testemunho. ³³Quem acolhe seu testemunho* atesta que Deus é veraz. ³⁴Porque aquele que Deus enviou fala as palavras de Deus, pois ele dá o Espírito sem medida. ³⁵O Pai ama o Filho e entregou tudo em suas mãos. ³⁶Quem crê no Filho* tem a vida eterna; aquele, porém, que recusa crer no Filho não verá a vida; mas sobre ele pesa a cólera de Deus"†.

4 **Jesus e a samaritana.** ¹Quando Jesus soube que os fariseus tinham ouvido dizer que ele fazia mais discípulos e batizava mais do que João ²(se bem que Jesus mesmo não batizasse, mas sim seus discípulos), ³retirou-se da Judeia e voltou para a Galileia.

⁴Devia passar pela Samaria. ⁵Jesus chegou a uma cidade da Samaria*, chamada Sicar, perto do terreno que Jacó tinha dado a seu filho José. ⁶Ali se achava o poço de Jacó. Cansado de andar, Jesus sentou-se junto ao poço. Era por volta do meio-dia. ⁷Uma mulher samaritana chega para buscar água. Jesus lhe diz: "Dá-me de beber". ⁸Seus discípulos tinham ido à cidade comprar alimentos.

⁹Responde a samaritana: "Tu és judeu*, eu sou samaritana: como é que me pedes de beber?" (Pois os judeus não combinam com os samaritanos). ¹⁰Jesus respondeu-lhe: "Se conhecesses o dom de Deus e quem é que te diz: 'dá-me de beber', tu é que lhe pedirias, e ele te daria água viva!" ¹¹Ela disse: "Senhor, não tens nada para tirar água e o poço é fundo; de onde, pois, tiras esta água viva? ¹²Serás, talvez, maior que nosso pai Jacó*, que nos deu este poço, do qual ele mesmo bebeu, com seus filhos e seus animais?" ¹³Respondeu-lhe Jesus: "Todo aquele que bebe desta água terá sede outra vez; ¹⁴mas quem beber da água* que eu lhe darei nunca mais terá sede; pois a água que eu lhe darei vai tornar-se dentro dele uma fonte de água corrente para a vida eterna"†.

¹⁵"Senhor – disse-lhe a mulher –, dá-me dessa água, para que eu não tenha mais sede e não venha mais aqui buscá-la". ¹⁶Jesus lhe disse: "Vai, chama teu marido e volta aqui". ¹⁷"Não tenho marido", respondeu-lhe a mulher. "Tens razão de dizer que não tens marido – disse Jesus; ¹⁸porque tiveste cinco, e o que tens agora não é teu marido. Nesse ponto disseste a verdade".

¹⁹Disse-lhe a mulher: "Estou vendo que és profeta... ²⁰Nossos pais prestaram culto* a Deus neste monte†, e vós dizeis que é em Jerusalém que se deve adorar..." ²¹Disse-lhe Jesus: "Mulher, crê em mim:* está chegando a hora em que nem neste monte e nem em Jerusalém adorareis o Pai. ²²Vós adorais o que não conheceis; nós adoramos o que conhecemos, pois a salvação vem dos judeus. ²³Mas está chegando a hora, e é agora*, em que os verdadeiros adoradores adorarão o Pai em espírito e em verdade†; são esses os adoradores que o Pai procura. ²⁴Deus é espírito*, e os que o adoram devem

---

* **3,**29. Mt 9,15 | 31. 8,23; 1Jo 4,5 | 33. 3,11; 7,28; 1Jo 5,10 | 36. 1,32; 3,16s; Mt 28,18; 1Jo 5,12; Rm 2,8; Ef 2,3 | **4,**5. Lc 9,52-55; 17,11; Gn 48,22 | 9. Esd 4,1-5; Ne 6,1-9; Eclo 50,28; Ap 21,6 | 12. 6,53; 8,53 | 14. 6,35; 7,37s; Is 58,11 | 20. 7,40; 9,17; Mt 16,14; Sl 122,1-5; Dt 11,29; Js 8,33; At 6,14 | 21. Rm 9,4s; 11,18; Is 2,3 | 23. 5,25; Ef 2,18 | 24. Rm 12,1; 2Co 3,17; Fl 3,3

† **3,**36. É Jesus e não João que diz as palavras dos vv.31-36. | **4,**14. "O Salvador chama 'água' a graça do Espírito Santo; quem dela participa tem em si mesmo a fonte dos ensinamentos divinos, para poder exortar os outros que têm sede da Palavra de Deus" (S. Cirilo de Alexandria). | 20. O monte Garizim, onde os samaritanos tinham feito um templo, 2Mc 6,2.

João 4-5

adorá-lo em espírito e em verdade". 25Disse-lhe a mulher: "Eu sei que deve vir o Messias*, que é chamado Cristo. Quando ele vier, vai nos ensinar tudo". 26"Sou eu, que estou conversando contigo", declarou-lhe Jesus.

27Nisto chegaram seus discípulos e ficaram admirados ao vê-lo falar com uma mulher. Mas ninguém indagou dele: "Que desejas?" ou: "Por que falas com ela?" 28Então a mulher deixou lá seu cântaro e foi à cidade dizer ao povo: 29"Vinde ver um homem que me contou tudo o que fiz*; não será ele o Cristo?" 30Eles saíram da cidade e foram ao encontro dele.

31Entretanto, seus discípulos rogavam-lhe: "Mestre, come!" 32Mas ele respondeu-lhes: "Eu tenho para comer um alimento que não conheceis". 33Os discípulos perguntavam-se mutuamente: "Será que alguém lhe trouxe comida?" 34Disse-lhes Jesus: "Meu alimento* é fazer a vontade daquele que me enviou e levar a bom termo sua obra. 35Não dizeis que daqui a quatro meses* virá a colheita? Pois eu vos digo: levantai os olhos e contemplai os campos, que já estão maduros para a colheita†. 36Aquele que colhe já está recebendo o salário e recolhe o fruto para a vida eterna, a fim de que se alegrem juntamente o que semeia e o que colhe. 37Nisto se verifica o ditado:* um é o que semeia e outro é o que colhe. 38Eu vos mandei colher lá onde não trabalhastes; foram outros que trabalharam, e vós entrastes no trabalho deles".

39Muitos samaritanos daquela cidade* creram nele por causa do testemunho da mulher: "Ele me contou tudo o que eu fiz". 40Chegando-se a ele, os samaritanos pediram-lhe que ficasse com eles. Ele ficou ali dois dias. 41E foram muito mais os que creram por causa da palavra dele próprio. 42Diziam à mulher: "Já não é por causa de tuas palavras que nós cremos; nós mesmos o ouvimos e sabemos que de fato é ele o salvador do mundo".

Jesus vai para a Galileia. 43Passados os dois dias*, partiu de lá para a Galileia. 44Jesus mesmo declarara que um profeta não é honrado em sua pátria. 45Quando, pois, chegou à Galileia, os galileus o receberam bem, porque tinham visto tudo o que fizera em Jerusalém durante a festa; pois eles também tinham ido à festa.

Cura do filho do oficial. 46Voltou então a Caná da Galileia*, onde mudara a água em vinho. Achava-se lá um oficial do rei, cujo filho estava doente em Cafarnaum. 47Ficou sabendo que Jesus voltara da Judeia para a Galileia; foi procurá-lo e suplicava-lhe que descesse e curasse seu filho* que estava para morrer. 48Disse-lhe Jesus: "Se não virdes sinais e prodígios, não acreditareis"†. 49O oficial do rei lhe disse: "Senhor, desce antes que meu filhinho morra!" 50Disse-lhe Jesus: "Vai, teu filho vive"*. O homem acreditou na palavra que Jesus lhe falou e foi andando.

51Já estava descendo, quando seus servos lhe vieram ao encontro, dizendo: "Teu filho está vivo!" 52Perguntou-lhe então a que hora ele se sentira melhor, e informaram-lhe: "Ontem, a uma da tarde, a febre o deixou". 53O pai constatou que fora esta a hora em que Jesus lhe dissera: "Teu filho vive". Então ele, com toda a sua família, começou a crer†. 54Este novo sinal, o segundo, Jesus o fez ao voltar da Judeia para a Galileia.

---

* **4**,25. 1,41; 14,26; 9,37; Mc 14,61s | 29. 7,26; Mt 12,23 | 34. 5,30; 6,38; 17,4; 19,30 | 35. Mt 9,37s; Lc 10,2; At 8,25; Ap 14,15 | 37. 1Cor 3,6; Mq 6,15 | 39. At 8,14-17; Mt 8,34; At 10,48; 18,20 | 43. Mt 13,57; Mc 6,4; Lc 4,24 | 46. 2,1-11; Mt 8,5-13; Lc 7,1-10 | 47. Mt 12,38; 1Cor 1,22 | 50. Mc 7,29; 1Rs 17,23

† **4**,23. O verdadeiro culto a Deus não se restringe a um lugar, pois é universal. É preciso adorar o Pai com uma devoção sincera, inspirada pelo Espírito Santo. | 35. A seara madura é o anúncio do Evangelho aos samaritanos, que já começa a produzir os primeiros frutos. | 48. "A fé bíblica nos convida a descobrir a presença de Deus não em milagres fora da história, mas nos fatos da vida" (Marcelo Barros). | 53. Enquanto os galileus se mostram incrédulos, v. 44, este pagão faz um ato de fé, acolhendo a salvação que Deus oferece em Jesus.

João 5

5 **Cura do paralítico na piscina.** [1]Depois disso, houve uma festa dos judeus, e Jesus subiu a Jerusalém. [2]Existe em Jerusalém, perto da porta das Ovelhas, uma piscina chamada em hebraico Bezata, que tem cinco pórticos. [3]Nestes, jazia pelo chão uma multidão de doentes, cegos, coxos, mutilados, esperando o borbulhar da água. [4]Porque, de vez em quando, um anjo descia à piscina e agitava a água; então, o primeiro que nela entrasse, após o borbulhar da água, ficava curado, qualquer que fosse sua doença. [5]Achava-se ali um homem que estava doente havia trinta e oito anos. [6]Quando Jesus o viu estendido, e sabendo que havia muito tempo que ele estava assim, perguntou-lhe: "Queres ficar curado?" [7]"Senhor – respondeu-lhe o enfermo – não tenho ninguém para me jogar na piscina ao borbulhar da água; quando chego, já desceu um outro antes de mim". [8]Disse-lhe Jesus: "Levanta-te*, pega teu leito e anda". [9]Na mesma hora o homem ficou curado. Pegou seu leito e foi andando.

[10]Aquele dia era um sábado. Disseram, por isso, os judeus ao que tinha sido curado: "É sábado; não podes* carregar teu leito". [11]Ele respondeu-lhes: "Aquele que me curou ordenou-me: 'Pega teu leito e anda'". [12]Perguntaram-lhe: "Quem foi que te disse: 'Pega teu leito e anda'?" [13]Mas o homem que tinha sido curado não sabia quem era, pois Jesus tinha desaparecido por entre a multidão que lá estava. [14]Mais tarde, Jesus o encontrou* no templo e lhe disse: "Ficaste curado; não peques mais, para que não te aconteça coisa pior". [15]O homem saiu e foi dizer aos judeus que era Jesus que o tinha curado. [16]Por isso, os judeus perseguiam Jesus:* porque ele fazia tais coisas no dia de sábado. [17]Jesus, no entanto, respondeu-lhes: "Meu Pai continua a trabalhar até agora; e eu também tra-

balhar". [18]Assim, os judeus, com maior empenho, procuravam matá-lo*; pois não só violava o sábado, mas dizia que Deus era seu próprio Pai, fazendo-se igual a Deus.

O Filho, juiz do mundo. [19]Retomando a palavra,* Jesus lhes disse: "Na verdade, na verdade, vos digo: o Filho, por si mesmo, nada pode fazer, a não ser aquilo que ele vê o Pai fazer. Tudo o que este faz, o Filho o faz igualmente. [20]Pois o Pai ama o Filho* e mostra-lhe tudo o que ele próprio faz. E vai mostrar-lhe obras maiores que estas, para que fiqueis maravilhados. [21]Com efeito, assim como o Pai ressuscita os mortos e lhes dá a vida*, assim também o Filho dá a vida a quem ele quer. [22]Porque o Pai não julga ninguém, mas confiou ao Filho* todo julgamento, [23]a fim de que todos honrem o Filho como honram o Pai. Quem não honra o Filho não honra o Pai que o enviou".

[24]Na verdade, na verdade vos digo*: quem ouve minha palavra e crê naquele que me enviou tem a vida eterna e não será julgado, mas passou da morte* para a vida. [25]Na verdade, na verdade, vos digo: vem a hora – e é agora – em que os mortos ouvirão a voz do Filho de Deus e os que a ouvirem viverão*. [26]Com efeito, assim como o Pai tem a vida em si mesmo*, assim concedeu ao Filho ter a vida em si mesmo [27]e deu-lhe o poder de julgar*, porque é Filho do homem. [28]Não fiqueis admirados: vem a hora em que todos os que jazem nos sepulcros* ouvirão sua voz [29]e sairão: os que tiverem feito o bem, para uma ressurreição de vida; os que tiverem feito o mal*, para uma ressurreição de condenação. [30]Eu, por mim mesmo, nada posso fazer. Julgo segundo o que ouço; e meu julgamento é justo, porque não procuro minha vontade, mas a vontade daquele que me enviou.

O testemunho do Pai. [31]Se eu dou testemunho de mim mesmo*, meu

---

* **5**,8. Mt 9,6 | 10. 9,14; Lc 13,14; Êx 20,8; Mt 12,1-8; Jr 17,21 | 14. 9,3 | 16. Mt 12,14 | 18. 7,1.19.25; 10,33; 11,53; Mt 26,4; Mc 14,1 | 19. Jo 5,30; 8,28 | 20. 3,35; 10,17; 14,12; 15,9; 17,23s | 21. 11,25; Rm 4,17; Dt 32,39; Ef 2,5; 1Sm 2,6; 2Rs 5,7 | 22. 5,27; 9,39; At 10,42; 1Jo 2,33; Lc 10,16; Fl 2,10s | 24. 3,15s; 8,51; 10,27; 12,44 / 1Jo 3,14 | 25. 5,28; 11,25s.63; Mc 5,41; Lc 7,14 | 26. 1,4; 3,35; 6,53.57 | 27. Dn 7,10-14 | 28. 11,43s; 1Ts 4,16; Ap 20,13; Lc 14,14 | 29. 4,34; 5,19; 6,38; Lc 22,42 | 31. 1,15; 3,26; 5,36; 8,14.18; 1Jo 5,6-9

João 5-6

testemunho não é verdadeiro*. ³²É um outro que dá testemunho de mim, e eu sei que é verdadeiro* o testemunho que dá de mim. ³³Vós mandastes perguntar a João*, e ele deu testemunho da verdade. ³⁴Quanto a mim, não é de um homem que recebo testemunho; mas vos digo isto para vossa salvação. ³⁵João era o facho que arde e ilumina, e a sua luz vós quisestes vos alegrar por um momento. ³⁶Mas eu tenho um testemunho maior que o de João: as obras que o Pai me deu para levar a bom termo, estas obras que eu faço dão testemunho a meu respeito de que o Pai me enviou. ³⁷E também o Pai, que me enviou, dá testemunho de mim. Vós nunca ouvistes sua voz*, jamais contemplastes sua face, ³⁸nem conservais em vós a palavra dele, porque não acreditais naquele que ele enviou".

O testemunho da Escritura. ³⁹"Vós pesquisais nas Escrituras*, pensando encontrar nelas a vida eterna; pois são elas que dão testemunho de mim; ⁴⁰e vós não quereis vir a mim para terdes a vida...

⁴¹Não recebo glória que venha dos homens. ⁴²Mas eu vos conheço:* sei que não tendes dentro de vós o amor de Deus. ⁴³Eu vim em nome de meu Pai, mas vós não me acolheis; se um outro vier em seu próprio nome, vós o acolhereis. ⁴⁴Como podeis crer, vós que recebeis glória* uns dos outros e não procurais a glória que vem só de Deus? ⁴⁵Não penseis que os acusarei perante o Pai. Há quem vos acuse: é Moisés, em quem confiais. ⁴⁶Porque, se acreditásseis em Moisés*, acreditaríeis também em mim, pois foi sobre mim que ele escreveu. ⁴⁷Mas se não acreditais nos escritos dele, como acreditareis em minhas palavras?"

6 **Segunda Páscoa.** ¹Depois, Jesus atravessou o mar da Galileia*, que é o de Tiberíades. ²Grande multidão o

acompanhava, porque via os sinais que ele fazia para os doentes. ³Jesus subiu ao monte e lá sentou-se com seus discípulos. ⁴Estava chegando a Páscoa, a festa dos judeus*.

A multiplicação dos pães. ⁵Jesus levantou os olhos e viu que uma grande multidão vinha até ele. Então disse a Filipe: "Onde poderemos comprar pão para esse povo comer?" ⁶Dizia isto só para experimentá-lo, porque sabia o que ia fazer. ⁷Filipe respondeu: "Duzentos denários de pão não bastariam para que cada um recebesse um pequeno pedaço..."

⁸André, um dos discípulos*, irmão de Simão Pedro, disse-lhe: ⁹"Aqui está um menino que tem cinco pães de cevada e dois peixes; mas o que é isto para tanta gente?" ¹⁰Jesus ordenou: "Fazei-os sentar-se". Naquele lugar havia muita grama. Sentaram-se, pois, em número de aproximadamente cinco mil homens. ¹¹Então Jesus tomou os pães, deu graças a Deus e os distribuiu aos convivas. Fez a mesma coisa com os peixes, tanto quanto queriam. ¹²Quando estavam satisfeitos, disse a seus discípulos: "Recolhei os pedaços que sobraram para que não se desperdice nada". ¹³Eles os recolheram e encheram doze cestos com os pedaços que sobraram dos cinco pães de cevada, depois que eles comeram*.

¹⁴Aquela gente, ao ver o sinal que Jesus fizera, começou a dizer: "Este é, de fato, o Profeta que deve vir ao mundo". ¹⁵Quando percebeu que eles viriam pegá-lo à força para fazê-lo rei, Jesus fugiu e voltou sozinho para o monte.

Jesus caminha sobre o mar. ¹⁶Ao cair da tarde, seus discípulos desceram ao mar ¹⁷e, subindo num barco, dirigiram-se para o outro lado do mar, rumo a Cafarnaum. Já estava escuro e Jesus ainda não viera encontrá-los. ¹⁸O mar se agitava, porque soprava

---

* **5**,32. 15,26 | 33. 1,8; 3,2; 9,16; 10,25-38; 1Jo 5,9; Mt 9,6 | 37. 1,18; 6,44s; 8,18; Mt 3,17; Dt 4,12-15; 8,37; 1Jo 2,14 | 39. Lc 24,27.44; 1Pd 1,10s; At 13,27 | 42. 12,43 | 44. 12,43; Rm 2,29; 1Cor 4,5; Dt 31,26s | 46. 7,37; At 3,22; Dt 18,15; Lc 16,27-31; 24,27 | **6**,1. Mt 14,13-27; Mc 6,30-52; Lc 9,10-17; Mc 5,24 | 4. 2,13; 11,55; Lc 22,1 | 8. 1,40; 12,21s; Mt 4,18; Nm 11,1-13.22 | 13. 1,21; At 3,22; Dt 18,15-18; Mc 1,35

1289 João 6

um vento forte. ¹⁹Depois de remarem uns vinte e cinco ou trinta estádios†, viram Jesus caminhando sobre o mar e aproximando-se do barco, e tiveram medo. ²⁰Mas ele lhes disse: "Sou eu*, não tenhais medo". ²¹Quiseram, então, recolhê-lo no barco, mas este aportou imediatamente no lugar para onde iam.

O alimento do Filho do homem. ²²No dia seguinte, a multidão que ficara do outro lado do mar percebeu que lá havia só um barco e que Jesus não tinha entrado nele com seus discípulos, mas estes haviam partido sozinhos. ²³Outros barcos vieram de Tiberíades, perto do lugar onde tinham comido o pão, depois de o Senhor ter dado graças. ²⁴Quando a multidão percebeu que nem Jesus e nem seus discípulos estavam mais ali, entraram nas barcas e foram para Cafarnaum à procura de Jesus.

²⁵Encontraram-no do outro lado do mar* e lhe disseram: "Mestre, quando vieste para cá?" ²⁶Respondeu-lhes Jesus: "Na verdade, na verdade, vos digo: vós me procurais não porque vistes sinais, mas porque comestes pão e ficastes saciados. ²⁷Trabalhai não pelo alimento que se perde*, mas pelo alimento que dura até a vida eterna, o alimento que o Filho do homem vos dará, porque foi a ele que Deus Pai marcou com seu selo". ²⁸Disseram-lhe, então: "Que faremos para trabalhar nas obras de Deus?" ²⁹Jesus respondeu-lhes: "A obra de Deus* é que acrediteis naquele que ele enviou".

O pão da vida. ³⁰Eles replicaram: "Que sinal tu fazes, para que vejamos e acreditemos em ti? Que obra realizas? ³¹Nossos pais comeram o maná no deserto, como está escrito: 'Deu-lhes a comer pão do céu'"*. ³²Jesus respondeu-lhes: "Na verdade, na verdade, vos digo: Não foi Moisés que vos deu o pão do céu; meu Pai é que vos dá o verdadeiro pão do céu; ³³pois o pão de Deus é o que desce do céu e dá a vida ao mundo". ³⁴Disseram-lhe eles: "Senhor, dá-nos sempre deste pão!"*

³⁵Jesus disse-lhes: "Eu sou o pão da vida: quem vem a mim não sentirá mais fome e quem crê em mim nunca mais sentirá sede. ³⁶Mas já vos disse: vós me vistes* e não credes. ³⁷Tudo o que o Pai me dá virá a mim*, e não lançarei fora o que vem a mim, ³⁸porque desci do céu* não para fazer minha vontade, mas a vontade daquele que me enviou. ³⁹E a vontade daquele que me enviou é esta: que eu não perca nenhum dos que ele me deu*, mas que os ressuscite no último dia. ⁴⁰Porque esta é a vontade de meu Pai: que todo o que vê o Filho e nele crê tenha a vida eterna; e eu o ressuscitarei no último dia". ⁴¹Os judeus começaram a murmurar contra ele porque havia dito: "Eu sou o pão descido do céu". ⁴²Diziam: "Este não é Jesus, o filho de José*, cujo pai e mãe conhecemos? Como, então, está dizendo: 'Eu desci do céu'?"

⁴³Jesus respondeu-lhes: "Não fiqueis a murmurar entre vós. ⁴⁴Ninguém pode vir a mim se o Pai, que me enviou, não o atrair†; e eu o ressuscitarei* no último dia. ⁴⁵Está escrito nos profetas: 'E todos serão ensinados* por Deus'. Todo aquele que ouve o Pai e dele aprende, este vem a mim. ⁴⁶Não que alguém tenha visto o Pai*, porque só viu o Pai aquele que vem de junto de Deus. ⁴⁷Na verdade, na verdade, vos digo: aquele que crê tem a vida eterna.

⁴⁸Eu sou o pão da vida. ⁴⁹Vossos pais comeram o maná no deserto*, mas morreram. ⁵⁰Este pão é o que desce do céu, para que não morra quem dele comer.

---

* **6**,20. Jó 9,8; Sl 77,20; Mt 14,27 | 25. Mc 1,37 | 27. 4,14; 6,51-58 | 29. 1Jo 3,23; Mt 8,10 | 31. 2,18; Êx 16,4.13s; Nm 11,7s; Sl 78,24; 105,40; Ne 9,15 | 34. 6,48.51.58; Mt 6,11; L 11,3; Is 55,1ss; Eclo 24,26-29 | 36. 6,26; 10,29 | 37. At 16,14 | 38. 4,34; 5,30; Mt 26,39; Hb 10,9 | 39. 3,35; 5,24; 10,28s; 11,24; 17,12; 18,9 | 42. 1,45; Mt 13,55; Mc 6,3; Lc 4,22 | 44. 11,24; 12,32; Mt 16,17 | 45. Jr 31,34; Is 54,13; 1Jo 4,12; 1Ts 4,9 | 46. 1,18; 7,29; Êx 33,20 | 49. 3,15; 6,31.35.58; 16,36

† **6**,19. Uns 4 ou 5 km. | 44. A fé é um dom de Deus e não uma conquista do homem; Deus concede esse dom aos que abrem seu coração à palavra daquele que Ele enviou.

João 6-7

Anúncio da Eucaristia. ⁵¹Eu sou o pão vivo* descido do céu†. Quem comer deste pão, viverá eternamente†. E o pão que eu darei é minha carne, para a vida do mundo".

⁵²Os judeus começaram a discutir entre si e perguntavam: "Como ele pode dar-nos sua carne para comer?" ⁵³Jesus, então, respondeu-lhes: "Na verdade, na verdade, vos digo: se não comerdes a carne do Filho do homem e não beberdes seu sangue, não tereis a vida em vós. ⁵⁴Quem come minha carne e bebe meu sangue tem a vida eterna*, e eu o ressuscitarei no último dia. ⁵⁵Pois minha carne é verdadeira comida e meu sangue é verdadeira bebida. ⁵⁶Quem come minha carne* e bebe meu sangue permanece em mim e eu nele. ⁵⁷Assim como o Pai, que vive, me enviou e eu vivo pelo Pai, assim também quem de mim se alimenta* viverá por mim. ⁵⁸Este é o pão que desceu do céu. Não é como aquele que vossos pais comeram, mas morreram; quem come deste pão viverá para sempre". ⁵⁹Assim falou ele, ensinando numa sinagoga em Cafarnaum.

Incredulidade dos discípulos. ⁶⁰Tendo-o ouvido, muitos de seus discípulos disseram: "Esse modo de falar é duro demais! Quem tem disposição para ouvir isso?" ⁶¹Percebendo que seus discípulos murmuravam* por causa disso, Jesus lhes disse: "Isto vos escandaliza? ⁶²E quando virdes o Filho do homem* subindo para o lugar onde estava antes? ⁶³O espírito é que dá a vida; a carne para nada serve.† As palavras que eu vos disse* são espírito e vida. ⁶⁴Alguns de vós, porém, não acreditam". Jesus sabia mui-

to bem, desde o começo, quais eram os que não acreditavam* e quem iria entregá-lo. ⁶⁵E acrescentou: "Por isso vos disse que ninguém pode vir a mim, se não lhe for dado por meu Pai". ⁶⁶Desde então, muitos de seus discípulos se afastaram e não o seguiam mais*.

Pedro professa sua fé. ⁶⁷Então Jesus perguntou aos Doze: "Vós também quereis ir embora?" ⁶⁸Simão Pedro* respondeu-lhe: "Senhor, a quem iremos? Tu tens palavras de vida eterna; ⁶⁹e nós acreditamos e sabemos* que és o Santo de Deus". ⁷⁰Respondeu-lhes Jesus: "Não fui eu que vos escolhi a vós, os Doze? No entanto, um de vós* é um diabo". ⁷¹Referia-se a Judas, filho de Simão Iscariotes. Este o havia de entregar, sendo um dos Doze.

7 **Jesus e seus irmãos.** ¹Depois disso, Jesus percorria a Galileia; não queria transitar pela Judeia*, pois os judeus procuravam matá-lo. ²Aproximava-se a festa judaica das Tendas. ³Disseram-lhe então seus irmãos: "Sai daqui e vai para a Judeia, para que também teus discípulos vejam as obras que fazes; ⁴pois ninguém age em segredo se deseja publicidade. Já que fazes tais coisas, mostra-te ao mundo!" ⁵Com efeito, nem mesmo seus irmãos acreditavam nele*. ⁶Respondeu-lhes Jesus: "Meu tempo ainda não chegou; mas vosso tempo está sempre preparado. ⁷O mundo não pode odiar-vos*. A mim, porém, me odeia, porque dou testemunho de que suas obras são más. ⁸Subi, vós, para esta festa; eu, porém, não vou subir a esta festa, porque meu tempo ainda não está completo".

---

* **6,**51. Mt 26,26; Hb 10,5.10; Mc 14,22; Lc 22,19 | 54. 11,24 | 56. 15,4s; 1Jo 3,24 | 57. 5,26 | 61. 2,24 | 62. 3,13; 12,32; At 1,9ss | 63. 1,33; 3,6; 1Cor 15,45; 2Cor 3,6; Gl 6,8; 1Pd 3,18 | 64. 2,24 | 66. Lc 9,62; 22,28 | 68. Mt 16,16 | 69. 1Jo 4,16 | 70. 17,19; Lc 4,34; 8,44; 13,2; 1Jo 3,8.10; Ap 12,9; Mt 26,14 | **7,**1. 5,18; 7,19; 8,37.40; Mc 9,30; Êx 23,16 | 7. 3,19ss; 15,18

† **6,**51. "Cristo, pão semeado na Virgem, levedado na carne, amassado na Paixão, cozido no forno do sepulcro, colocado em reserva na Igreja, levado aos altares, proporciona cada dia aos fiéis um alimento celeste" (S. Pedro Crisólogo). / Comer o pão de Deus, receber a vida por meio deste pão que é Jesus, é não só crer no Filho encarnado que o Pai enviou, mas também crer que Ele salva o mundo pelo sacrifício de sua vida na cruz e pelo dom de sua carne e de seu sangue. | 63. "Carne" significa nesta frase o homem que conta apenas com seus desejos e pensamentos. Só o Espírito pode dar ao homem condições de crer que o Pai fala em Jesus, como o fez Pedro, v. 68. | **7,**5. Esses irmãos, i. é, parentes de Jesus, sonhavam com alguma homenagem pública que o consagrasse como herói nacional; demonstravam assim falta de fé e de compreensão na missão messiânica de Jesus.

9Dizendo isto, ficou na Galileia. 10No entanto, depois que seus irmãos subiram para a festa, ele também subiu; não, porém, às claras, mas escondido. 11Os judeus procuravam-no durante a festa e diziam: "Onde está ele?" 12Havia muitos comentários entre o povo a seu respeito. Diziam uns: "Ele é bom". Outros diziam: "Não; ele seduz o povo". 13Mas ninguém falava publicamente dele, por medo dos judeus*.

14No meio da festa, subiu Jesus ao templo e pôs-se a ensinar. 15Maravilhados, os judeus perguntavam:* "Como ele é tão instruído sem ter estudado?" 16Respondeu-lhes Jesus: "Minha doutrina não vem de mim, mas daquele que me enviou. 17Se alguém estiver disposto a cumprir a vontade dele, saberá se minha doutrina é de Deus, ou se falo por mim mesmo. 18Quem fala por si mesmo* procura sua própria glória; quem, ao contrário, procura a glória daquele que o enviou, este é veraz e não há nele falsidade. 19Moisés não vos deu a Lei? No entanto, nenhum de vós* observa a Lei. 20Por que estais procurando matar-me?" Respondeu a multidão:* "Estás possesso do demônio. Quem quer matar-te?" 21"Fiz apenas uma obra – respondeu-lhes Jesus – e ficastes todos admirados. 22Moisés deu-vos a circuncisão; não que ela venha de Moisés, mas dos Patriarcas; e vós a executais* mesmo no sábado. 23Se uma pessoa recebe a circuncisão no sábado para que não se transgrida a Lei de Moisés, por que vos indignais contra mim, porque curei um homem completamente no sábado? 24Não julgueis pelas aparências*, julgai segundo a justiça".

A origem do Messias. 25Diziam alguns de Jerusalém: "Não é a este que procuram matar? 26Está falando publicamente, e ninguém lhe diz nada!* Será que de fato os chefes reconheceram que ele é o Messias? 27Mas este, sabemos de onde vem; ao passo que o Messias, quando vier, ninguém saberá de onde vem"*. 28Então Jesus ensinava no templo, dizendo em alta voz: "Vós me conheceis e sabeis de onde eu sou. No entanto, não vim de mim mesmo, mas é verdadeiro aquele que me enviou; a este, vós não conheceis. 29Eu o conheço, porque dele venho* e foi ele que me enviou". 30Procuravam, pois, prendê-lo; mas ninguém lhe pôs a mão*, porque ainda não tinha chegado sua hora.

Jesus anuncia sua partida. 31Muitos, porém, dentre as multidões, acreditaram nele e diziam: "Quando vier o Messias, fará porventura mais milagres do que este?" 32Os fariseus souberam que a multidão dizia tais coisas a respeito dele e por isso os sumos sacerdotes e os fariseus mandaram guardas para prendê-lo. 33Então Jesus disse: "Por pouco tempo ainda estou convosco:* vou para aquele que me enviou. 34Vós me procurareis e não me achareis;* e onde estou, não podeis vir". 35Comentavam os judeus entre si: "Para onde irá, que não poderemos encontrá-lo? Irá talvez procurar os dispersos entre os gentios e irá ensinar os gentios? 36Que quis ele dizer com estas palavras: "Vós me procurareis e não me achareis; e onde estou, não podeis vir?"

Jesus promete o Espírito. 37No último dia, o mais solene da festa, Jesus, em pé, disse em voz alta: "Se alguém tem sede, venha a mim e beba! 38Aquele que crê em mim*, como diz a Escritura, 'de seu seio sairão rios de água viva'". 39Disse isto, referindo-se ao Espírito† que haviam de receber os que acreditassem nele; de fato, ainda não havia Espírito, porque Jesus ainda não tinha sido glorificado†.

Discussão sobre a pessoa de Cristo. 40Alguns da multidão, tendo ouvido essas palavras, diziam: "Realmente, este é o Profeta!"* 41Outros diziam: "Este é o

---

* **7**,13. 9,22; 19,38; 20,19 | 15. Mt 7,28; 13,54; Lc 2,47; At 4,13; Jo 12,49; 14,10 | 18. 5,41; 8,50 | 19. 1,17; At 7,53; Rm 2,17-23 | 20. 8,48; 10,20; Mt 12,24; Jo 5,1-9.16 | 22. At 7,8; Rm 4,11; Gn 17,10-13; Lv 12,3; 5,8s; Mt 12,1-11; Lc 13,15s | 24. 8,15; Is 11,3; Zc 7,9 | 26. 5,18; 9,29 | 27. 8,19; 19,9 | 29. 6,46; 8,55 | 30. 2,4; 7,6.44; Lc 4,29s; Jo 13,31ss; 2,11; 8,30; 11,42; 12,11; Mt 12,23 | 33. 14,19; 16,5.16-20 | 34. 8,21; 14,19; Pr 1,28s; Dt 4,29 | 38. 4,10.14; 19,31-34; Ap 21,6; Is 12,3; 55,1; Ez 47,1-12; Jl 3,1; Jo 16,7; 20,22 | 40. At 3,22; 7,37; Dt 18,15-18; Jo 4,29; 7,26; At 9,22

João 7-8

Messias!" Mas outros replicavam: "É da Galileia que o Messias vem? 42Não diz a Escritura que o Messias virá da posteridade de Davi* e de Belém, a aldeia de onde era Davi?" 43Surgiu assim uma discussão entre a multidão por causa dele. 44Alguns dentre eles queriam prendê-lo; mas ninguém lhe pôs a mão.

45Voltaram, pois, os guardas* para junto dos sumos sacerdotes e dos fariseus. Estes perguntaram-lhes: "Por que não o trouxestes?" 46Responderam os guardas: "Jamais pessoa alguma falou como este homem!" 47Os fariseus replicaram: "Vós também vos deixastes enganar? 48Acaso acreditou nele algum dos chefes* ou algum fariseu? 49Mas esta multidão, que não conhece a Lei, é maldita!" 50Disse-lhes Nicodemos, aquele que antes viera ter com Jesus e era um deles: 51"Porventura nossa Lei condena alguém sem primeiro tê-lo ouvido e ter tomado conhecimento* de seus atos?" 52Responderam-lhe: "Tu também és galileu? Estuda e verás que da Galileia* não sai profeta"†. 53E voltou cada um para sua casa.

8 **A mulher adúltera.** 1Dirigiu-se Jesus para o monte das Oliveiras. 2De manhã cedo* voltou ao templo, e todo o povo acorreu a ele. Sentou-se e pôs-se a ensiná-los. 3Os escribas e os fariseus trouxeram uma mulher apanhada em adultério*. Colocaram-na no meio 4e disseram a Jesus: "Mestre, esta mulher foi surpreendida em flagrante delito de adultério. 5Na Lei, Moisés nos ordenou apedrejar* as adúlteras. Que dizes?" 6Perguntaram isto para o tentarem, a fim de poderem acusá-lo. Jesus, porém, inclinando-se, pôs-se a escre-

ver no chão com o dedo. 7Mas como insistissem em perguntar-lhe, Jesus ergueu-se e disse-lhes: "Aquele, dentre vós, que é sem pecado, seja o primeiro a atirar-lhe uma pedra". 8Abaixou-se novamente e continuou a escrever no chão. 9Ouvindo aquilo, foram se retirando* um após outro, a começar pelos mais velhos até os últimos. Ficou só Jesus com a mulher que estava no meio. 10Ergueu-se Jesus e disse-lhe: "Mulher, onde estão eles?* Ninguém te condenou?" 11"Ninguém, Senhor" – respondeu a mulher*. Disse-lhe Jesus: "Eu também não te condeno. Vai e não peques mais"†.

O testemunho de Jesus. 12Falando outra vez com eles, disse Jesus: "Eu sou a luz do mundo*; quem me segue não caminhará nas trevas, mas terá a luz da vida"†. 13Disseram-lhe os fariseus: "Tu dás testemunho de ti mesmo*; teu testemunho não é verdadeiro". 14Jesus respondeu: "Embora eu dê testemunho de mim mesmo*, meu testemunho é verdadeiro, porque sei de onde vim e para onde vou; mas vós não sabeis de onde venho nem para onde vou. 15Vós julgais segundo critérios humanos*, mas eu não julgo ninguém; 16se eu julgo, meu julgamento é verdadeiro*, porque não estou só, mas está comigo o Pai que me enviou. 17E na vossa lei está escrito* que o testemunho de duas pessoas é verdadeiro. 18Eu dou testemunho de mim mesmo* e também dá testemunho de mim aquele que me enviou, o Pai". 19Perguntaram-lhe, pois: "Onde está teu Pai?"* Respondeu Jesus: "Vós não conheceis a mim nem a meu Pai; se me conhecêsseis, conheceríeis também meu Pai". 20Ele disse essas coi-

---

* **7**,42. Mt 2,5s; 2Sm 7,12; Mq 5,2; Sl 89,3; Jo 3,11; 9,16; 10,19 | 45. 7,30 | 48. 12,42; Mt 21,32; Jo 3,1; 19,39 | 51. Dt 1,16; 17,4 | 52. 1,46; 5,39; 7,41 | **8**,2. Mt 26,55; Lc 21,37s | 3. Nm 5,12-31 | 5. Lv 20,10; Dt 22,22; | 9. Mt 22,22 | 10. Mt 7,1-5 | 11. 5,14; Sl 103,8; Ez 18,23.32 | 12. 1,4-9; 9,5; 12,46; 1Jo 2,8-11; Mt 5,14; Is 42,6; 60,3; Sl 27,1; 56,14 | 13. 5,31s | 14. 13,3; 16,28 | 15. 7,24; 12,47 | 16. 5,30; 8,19 | 17. Nm 35,30; Dt 17,6 | 18. 5,32.37; 1Jo 5,9 | 19. 12,45; 14,7; 16,3 | 20. 7,30; Mc 12,41

† **7**,39. Já nos Profetas, Is 55,1; Ez 36,25ss, o dom do Espírito era representado pela água que faz brotar a vida. / Quando Jesus for glorificado, poderá, junto do Pai, enviar aos seus o Espírito. | 52. Os doutores de Jerusalém faziam pouco caso dos galileus, de raça menos pura, de espírito menos ortodoxo e de modo de vida menos rígido. | **8**,11. "Condena a culpa, não a pessoa" (S. Agostinho). A lei condena o pecado, não para que os homens se julguem uns aos outros, mas para que sintam a necessidade de serem salvos por Deus. | 12. Jesus com sua verdade ilumina o caminho que conduz à terra prometida, o céu; nisto se assemelha à coluna de fogo que de noite guiava os israelitas no deserto, Êx 13,21; Sb 18,3.

João 8

sas no tesouro, ensinando no templo. E ninguém o prendeu*, porque ainda não chegara sua hora.

Jesus, enviado do Pai. ²¹Disse-lhes ainda:* "Eu me vou, e vós me procurareis e morrereis em vosso pecado. Para onde eu vou, vós não podeis ir". ²²Comentavam os judeus: "Será que vai suicidar-se? Pois está dizendo: 'Para onde vou, vós não podeis ir'". ²³E Jesus dizia-lhes: "Vós sois daqui de baixo*, eu sou lá do alto. Vós sois deste mundo, eu não sou deste mundo. ²⁴Já vos disse que morrereis em vossos pecados;* pois, se não crerdes que eu sou, morrereis em vossos pecados". ²⁵Diziam-lhe então: "Quem és tu?"* Respondeu-lhes Jesus: "O que vos tenho dito desde o início. ²⁶Sobre vós tenho muito a dizer e a julgar, mas aquele que me enviou é veraz e eu digo ao mundo o que dele ouvi". ²⁷Não entenderam que era do Pai* que lhes falava. ²⁸Disse, então, Jesus: "Quando tiverdes levantado† o Filho do homem, então sabereis que eu sou† e que nada faço por mim mesmo, mas falo como o Pai me ensinou. ²⁹E aquele que me enviou está comigo* e não me deixou só, porque sempre faço o que lhe agrada".

Jesus libertador. ³⁰Após ter falado isto*, muitos creram nele. ³¹Disse então Jesus aos judeus que creram nele: "Se permanecerdes em minha palavra, sereis verdadeiramente* meus discípulos, ³²conhecereis a verdade, e a verdade vos libertará". ³³Replicaram-lhe: "Somos os descendentes de Abraão* e jamais fomos escravos de ninguém. Como dizes que ficaremos livres?" ³⁴Respondeu-lhes Jesus: "Na verdade, na verdade, vos digo: todo aquele que comete pecado é escravo do pecado. ³⁵Ora, o escravo não permanece sempre na casa;* o filho é que permanece sempre. ³⁶Se, pois, o Filho vos dá a liberdade, sereis realmente livres".

Os verdadeiros filhos de Abraão. ³⁷"Sei que sois os descendentes de Abraão, no entanto quereis matar-me, porque minha palavra não penetra em vós. ³⁸Eu falo o que vi junto de meu Pai*, e vós fazeis o que ouvistes de vosso pai". ³⁹Responderam-lhe: "Nosso pai é Abraão"*. Replicou-lhes Jesus: "Se fôsseis filhos de Abraão, faríeis as obras de Abraão. ⁴⁰No entanto, agora mesmo estais procurando matar-me, a mim, que vos disse a verdade, que ouvi de Deus. Isto Abraão não fez. ⁴¹Vós fazeis as obras de vosso pai"*. Disseram-lhe: "Não somos filhos da prostituição. Temos um só pai, que é Deus". ⁴²Disse-lhes Jesus: "Se Deus fosse vosso pai*, vós me amaríeis, porque é de Deus que eu saí e é dele que venho. Eu não vim de mim mesmo: foi ele que me enviou. ⁴³Por que razão não entendeis minha linguagem? É porque não sois capazes de escutar minha palavra. ⁴⁴Vós tendes por pai o diabo*, e são os desejos de vosso pai que quereis realizar. Ele foi homicida desde o princípio e não permaneceu na verdade, porque não há nele verdade; quando ele mente, fala do que lhe é próprio: ele é mentiroso e pai da mentira. ⁴⁵Mas, porque digo a verdade*, não credes em mim.

⁴⁶Quem de vós pode convencer-me de pecado? Se digo a verdade, por que não me credes?* ⁴⁷Aquele que é de Deus escuta as palavras de Deus; por isso vós não escutais: porque não sois de Deus"*. ⁴⁸Responderam os judeus:*

---

* **8**,21. 7,33; 13,36 | 23. 1,10; 3,31; 17,14 | 24. 13,19; Êx 3,14; Is 43,10 | 25. 7,28; 12,48 | 27. 3,14; 12,31s | 29. 8,16; 10,30; 16,32; 1Jo 3,22 | 30. 2,23; 7,31; 10,42; 11,45; 12,11.42 | 31. 15,7; 1Jo 2,3s | 33. Mt 3,9; Ne 9,36; Rm 6,17; 2Pd 2,19; 1Jo 3,8 | 35. Gl 4,30; Hb 3,5s; Rm 6,18; Êx 21,2; 2Cor 3,17; Jo 5,18.38; 7,19-25; Mt 21,33-46 | 38. 1,18; 3,11; 6,45; 8,33 | 39. Mt 3,9 | 41. Dt 32,6; Is 63,16; Ml 2,10 | 42. 13,3; 16,28; 1Jo 5,1 | 44. 1Jo 3,8-15; Gn 3,4; Sb 2,24; 1Pd 5,8 | 45. Gl 4,16 | 46. 1Jo 3,5; 2Cor 5,21; Hb 4,15; Is 53,9 | 47. 10,26; 18,37; 1Jo 4,6 | 48. 7,20; Ml 1,6; Rm 2,23

† **8**,28. O termo "levantar" tem o mesmo sentido que em 3,14: refere-se à cruz como caminho para sua glória; por isso Jesus é elevado também no sentido de "exaltado". / "Eu sou", em hebraico Javé, foi o nome com que Deus revelou-se a Moisés, Êx 3,14 e tornou-se o nome próprio de Deus no AT. Tão grande é a união de Jesus com o Pai que pode aplicar a si mesmo o nome de "Senhor", tradução de Javé. Ver também v. 58.

João 8-9

"Não temos razão quando dizemos que és um samaritano e tens um demônio?" [49]Jesus respondeu: "Eu não tenho demônio, mas honro meu Pai, e vós me desonrais. [50]Não procuro minha glória*; existe Alguém que a procura e que faz o julgamento. [51]Na verdade, na verdade, vos digo: se alguém guardar minha palavra*, não morrerá jamais".

Jesus é maior que Abraão. [52]Disseram os judeus: "Agora estamos certos* de que tens um demônio. Abraão morreu e os profetas também, e tu dizes: 'Se alguém guardar minha palavra, não morrerá jamais!' [53]Acaso és maior que Abraão, nosso pai*, o qual morreu? Os profetas também morreram. Quem pretendes ser?" [54]Jesus respondeu: "Se me glorifico* a mim mesmo, é vã minha glória; quem me glorifica é meu Pai, aquele do qual dizeis: 'É nosso Deus'. [55]E vós não o conheceis*, mas eu o conheço. E se eu dissesse que não o conheço, seria mentiroso como vós. Mas eu, de fato, o conheço e guardo sua palavra. [56]Abraão, vosso pai, exultou* por ver meu dia; viu-o e se alegrou". [57]Disseram-lhe, então, os judeus: "Ainda não tens cinquenta anos* e viste Abraão?" [58]Respondeu-lhes Jesus: "Na verdade, na verdade, vos digo: antes que Abraão existisse, eu sou"*. [59]Apanharam, então, pedras para atirar nele, mas Jesus se escondeu e saiu do templo*.

9 **Cura do cego de nascença.** [1]Ao passar, Jesus viu um homem que era cego* de nascença. [2]Seus discípulos lhe perguntaram: "Mestre, quem pecou, ele ou seus pais, para ele nascer cego?"† [3]Respondeu Jesus: "Nem ele, nem seus pais pecaram, mas isto sucedeu para que se manifestem nele as obras de Deus. [4]Temos de trabalhar nas obras daquele que me enviou enquanto é dia; vem a noite*, quando ninguém pode trabalhar. [5]Enquanto estou no mundo, sou a luz do mundo"*.

[6]Depois de falar assim, cuspiu no chão, fez lama com a saliva; em seguida aplicou a lama sobre os olhos do cego e disse-lhe: [7]"Vai e lava-te* na piscina de Siloé" (que significa Enviado)†. Ele foi, lavou-se e, quando voltou, estava enxergando. [8]Seus vizinhos e aqueles que o tinham visto antes, pois era mendigo, diziam: "Não é este que ficava sentado pedindo esmolas?" [9]Alguns diziam: "É ele". Diziam outros: "Não, mas é parecido com ele". Ele afirmava: "Sou eu mesmo!" [10]Perguntaram-lhe então: "Como foi que teus olhos se abriram?" [11]Ele respondeu: "Aquele homem chamado Jesus fez um pouco de lama, aplicou-a sobre meus olhos e me disse: 'Vai a Siloé e lava-te'. Fui, lavei-me e comecei a ver". [12]Interrogaram-no: "Onde está ele?" Respondeu: "Não sei".

[13]Levaram à presença dos fariseus o que antes fora cego. [14]Ora, era sábado, o dia em que Jesus fizera lama e lhe abrira os olhos. [15]Os fariseus, por sua vez, perguntaram-lhe como tinha recuperado a vista. Respondeu-lhes: "Ele aplicou-me lama nos olhos, lavei-me e estou vendo". [16]Diziam então alguns dos fariseus: "Este homem não vem de Deus* porque não guarda o sábado". Outros diziam: "Como pode um pecador fazer tais sinais?" E havia discordância entre eles. [17]Disseram, pois, ao cego: "Que achas do homem* que te abriu os olhos?" Respondeu: "É um profeta".

[18]Mas os judeus não acreditaram que ele fora cego e tinha adquirido a vista, até que chamaram os pais dele

---

* **8**,50. 5,41; 7,18; 1Pd 2,23 | 51. 5,24; 11,25; Lc 2,26; Hb 11,5 | 52. 7,20; 10,20; Mc 9,1 | 53. 4,12; At 2,29 | 54. 17,5 | 55. Mt 11,27; Lc 10,20; Jo 7,28s | 56. Mt 13,17; Lc 10,23s | 57. Lc 3,23; Is 43,13 | 58. 1,1; 8,24-28 | 59. 10,31; 11,8; Lc 4,29s | **9**,1. Mt 9,27; Lc 13,2-5; Ez 18,20; Jo 5,14; 11,4 | 4. 4,34; 11,9s; 12,35; 14,12 | 5. 1,4-9; 2,19; 8,12; 12,46 | 7. 2Rs 5,10; Mc 8,23; At 3,10 | 16. 3,2; 5,16; 7,43 | 17. 4,19; 7,40; Mt 21,46

† **9**,2. Os hebreus achavam que toda doença era castigo de algum pecado. | 7. O nome da piscina sugere que Jesus é o Enviado do Pai para trazer a luz ao mundo. Todo este relato tem um sentido batismal: os antigos batistérios eram piscinas às quais a pessoa descia para ser mergulhada na água, saindo depois do outro lado.

João 9-10

¹⁹e lhes perguntaram: "É este vosso filho, de quem dizeis que nasceu cego? Como é que agora está enxergando?" ²⁰Os pais responderam: "Sabemos que ele é nosso filho e que nasceu cego. ²¹Como agora está enxergando, não o sabemos; e quem lhe abriu os olhos, tampouco o sabemos. Perguntai a ele: tem idade, falará por si mesmo".

²²Falavam assim os pais* por medo dos judeus, que tinham já combinado que, se alguém reconhecesse Jesus como Messias, seria expulso da sinagoga. ²³Por isso é que seus pais disseram: "Tem idade, interrogai-o". ²⁴Chamaram, pois, pela segunda vez, o homem que fora cego e lhe disseram: "Dá glória a Deus! Nós sabemos que aquele homem é um pecador". ²⁵Ele então respondeu: "Se é pecador, não sei. Só sei uma coisa: que eu era cego e agora estou enxergando". ²⁶Indagaram-lhe de novo: "Que te fez ele? Como te abriu os olhos?" ²⁷Respondeu-lhes: "Já vos contei e não quisestes escutar. Por que desejais ouvir de novo? Será que vós também quereis tornar-vos discípulos dele?" ²⁸Eles o injuriaram e lhe disseram: "Tu, sim, és discípulo dele! Nós somos discípulos de Moisés. ²⁹Sabemos que Deus falou a Moisés; quanto a este*, não sabemos de onde vem". ³⁰Respondeu-lhes o homem: "Isto é de se admirar: não sabeis de onde ele é e, no entanto, abriu-me os olhos. ³¹Todo mundo sabe que Deus não atende* os pecadores†; mas se alguém serve a Deus com piedade e cumpre sua vontade, Deus o atende. ³²Jamais se ouviu dizer que alguém tenha aberto os olhos a um cego de nascença. ³³Se este homem não viesse de Deus, nada poderia fazer". ³⁴Replicaram-lhe: "Tu nasceste todo em pecados* e estás querendo nos ensinar?" E o expulsaram.

³⁵Jesus ouviu dizer que o haviam expulsado. Encontrando-o, perguntou-lhe: "Crês no Filho do homem?" ³⁶Respondeu ele: "E quem é, Senhor, para que eu creia nele?" ³⁷Jesus lhe disse: "Tu o estás vendo*, é aquele que te fala". ³⁸Ele disse: "Creio, Senhor!" E prostrou-se diante dele. ³⁹Jesus disse então: "É para um julgamento* que eu vim a este mundo: para que os que não veem vejam, e os que veem se tornem cegos"†. ⁴⁰Ouviram isto alguns dos fariseus* que estavam com ele e perguntaram-lhe: "Por acaso também nós somos cegos?" ⁴¹Respondeu-lhes Jesus: "Se fôsseis cegos*, não teríeis pecado; mas porque dizeis: 'nós vemos', vosso pecado permanece".

10 **Jesus, porta das ovelhas.** ¹"Na verdade, na verdade, vos digo: Quem não entra pela porta no curral das ovelhas, mas sobe por outro lugar, este é ladrão e assaltante. ²Aquele que entra pela porta é o pastor das ovelhas. ³A este o porteiro abre, e as ovelhas atendem a sua voz*; ele chama pelo nome cada uma das ovelhas que lhe pertencem e as leva para fora. ⁴Depois de fazer sair* todas as suas ovelhas, caminha a sua frente, e as ovelhas o seguem porque conhecem sua voz. ⁵Mas a um estranho não seguirão*; ao contrário, fugirão dele, porque não conhecem a voz dos estranhos".

⁶Jesus contou-lhes esta parábola, mas eles não entenderam do que estava falando. ⁷Por isso, Jesus disse de novo: "Na verdade, na verdade, vos digo: Eu sou a porta das ovelhas. ⁸Todos os que vieram antes de mim eram ladrões e assaltantes*, mas as ovelhas não os escutaram. ⁹Eu sou a porta:* se alguém entra por mim, será salvo; poderá entrar e sair e achará pastagens. ¹⁰O ladrão vem só para roubar, matar e destruir. Eu vim para que tenham a vida e a tenham em abundância.

---

* **9**,22. 7,13; 12,42; 16,2; 19,38; 20,19 | 29. 7,28; 8,14 | 31. Is 1,15; Sl 66,18 | 34. Sl 51,5ss | 37. 4,26 | 39. 3,17; 4,26; 5,22.27.30; 8,12.15.47; Mt 13,13 | 40. Mt 15,14; 23,16.23-26; Lc 6,39 | 41. 12,48; 15,22 | **10**,3. Sl 95,7; Is 43,1 | 4. 10,27 | 5. 16,25 | 8. Jr 23,1; Ez 34,2 | 9. 3,17; Is 49,9s

† **9**,31. "Ele falou assim quando ainda não estava iluminado pela graça" (S. Tomás de Aquino). | 39. A vinda de Jesus ao mundo inverte as situações: os que parecem fora do alcance da graça recebem o dom de Deus; os que se fecham em suas seguranças perdem a sensibilidade para a verdadeira luz.

João 10

Jesus, bom pastor. [11]Eu sou o bom pastor*. O bom pastor dá a vida pelas ovelhas†. [12]O empregado, que não é pastor*, pois as ovelhas não lhe pertencem; ao ver chegar o lobo, abandona as ovelhas e foge; e o lobo as arrebata e as dispersa. [13]O empregado age assim* porque não se importa com as ovelhas. [14]Eu sou o bom pastor*; conheço minhas ovelhas e minhas ovelhas me conhecem, [15]como o Pai me conhece* e eu conheço o Pai. Eu dou minha vida por minhas ovelhas. [16]Tenho ainda outras ovelhas que não são deste aprisco; é preciso que eu as conduza também*. Ouvirão minha voz, e haverá um só rebanho e um só pastor. [17]É por isso que o Pai me ama:* porque dou minha vida para retomá-la de novo. [18]Ninguém pode tirá-la de mim*; eu a dou livremente. Tenho poder de entregá-la e poder de retomá-la. Este é o preceito que recebi de meu Pai".

[19]Surgiu, de novo, desacordo entre os judeus* a propósito dessas palavras. [20]Muitos deles diziam: "Ele tem um demônio, perdeu o juízo!* Por que o escutais?" [21]E outros diziam: "Estas palavras não são de um possesso. Porventura pode o demônio abrir os olhos aos cegos?"*

O testemunho das obras. [22]Celebrava-se, então, em Jerusalém, a festa* da Dedicação†. Era inverno. [23]Jesus passeava no templo, sob o pórtico de Salomão. [24]Os judeus o rodearam e lhe perguntaram: "Até quando nos deixarás em dúvida? Se és o Messias, dize-nos claramente!" [25]Respondeu Jesus: "Já vos disse e não crestes. As obras que faço em nome de meu Pai dão testemunho de mim. [26]Mas vós não credes* porque não sois de minhas ovelhas. [27]Minhas ovelhas atendem a minha voz*. Eu as conheço, e elas me seguem. [28]Eu lhes dou a vida eterna*; elas jamais perecerão, e ninguém as arrebatará de minha mão. [29]Meu Pai, que me deu as ovelhas, é maior que todos, e ninguém pode arrebatá-las da mão de meu Pai. [30]Eu e o Pai somos* um"†. [31]Novamente os judeus trouxeram pedras a fim de o apedrejarem*.

[32]Jesus respondeu-lhes: "Eu vos mostrei muitas boas obras*, vindas de meu Pai; por qual delas quereis agora apedrejar-me?" [33]Os judeus lhe responderam: "Não é por uma boa obra que te queremos apedrejar, mas por causa da blasfêmia, e porque, sendo homem, te fazes Deus". [34]Replicou-lhes Jesus: "Não está escrito em vossa Lei: 'Eu disse: vós sois deuses'?* [35]Ora, se ela chama deuses àqueles a quem a palavra de Deus foi dirigida – e a Escritura não pode ser anulada* – [36]por que dizeis "Tu blasfemas" àquele a quem o Pai consagrou e enviou ao mundo, porque eu disse: 'Sou filho de Deus'? [37]Se não faço as obras de meu Pai, não creiais em mim; [38]mas se as faço, mesmo que não creiais em mim* crede nas obras, para que saibais e compreendais que o Pai está em mim e eu no Pai". [39]Procuravam de novo prendê-lo, mas ele livrou-se* das mãos deles. [40]Retirou-se de novo ao outro lado do Jordão, onde antes João batizava, e ali permaneceu. [41]Muitos vieram ter com ele e diziam: "Na verdade, João não fez milagre algum, mas tudo o que disse deste homem era verdade". [42]E muitos ali creram nele.

---

* **10**,11. 15,13; 1Jo 3,16; Ap 7,17; Is 40,11; 53,10 | 12. At 20,29; 1Pd 5,2s | 13. Zc 11,17; Ez 34,15 | 14. Gn 4,9; 2Tm 2,19 | 15. 1Jo 3,16; Mt 11,25ss; Jr 15,13 | 16. 11,52; 18,37; Is 56,8; Ez 34,23; 37,24 | 17. Fl 2,8s | 18. 8,29; 14,39; 15,10 | 19. 7,43; 9,16 | 20. 7,20; 8,48; Mt 11,18; 3,2; 9,30-33 | 21. Mc 3,21s; At 26,24; Lc 7,33 | 22. 1Mc 4,36; At 3,11; Jo 8,25; Mt 11,3; Lc 22,67; Jo 5,36; 10,38 | 26. 6,64; 8,45; 10,3s.14 | 27. 8,47 | 28. 3,16; 17,2.12; 1Pd 1,5; Rm 8,33-39; 3,35; 17,24 | 30. 17,11.21 | 31. 8,59 | 32. 5,18; Mt 26,65; Lv 24,16 | 34. Sl 82,6 | 35. Mt 5,18; Lc 16,17; Jo 5,17-20; 17,19 | 38. 2,11; 14,10s; 17,21 | 39. 1,28; 7,30; 8,20

† **10**,11. "Como pastor, devo dar a vida pelos que amo, também pelos que vão assassinar-me. Se Deus aceitar o sacrifício de minha vida, que meu sangue seja semente de liberdade e o sinal de que a esperança será em breve uma realidade" (Dom Oscar Romero). | 22. Festa celebrada no início do inverno, que foi instituída em 164 a.C., 1Mc 4,59, para comemorar o restabelecimento do culto no templo de Jerusalém, após a profanação de Antíoco IV Epífanes. | 30. Esta unidade singular de Jesus com o Pai é o segredo de sua vida e de sua obra.

João 11

11 Ressurreição de Lázaro.

[1]Estava doente certo Lázaro*, de Betânia, aldeia de Maria e de Marta, sua irmã. [2]Maria era aquela que ungiu o Senhor com bálsamo e lhe enxugou os pés com os cabelos; seu irmão Lázaro é que estava enfermo. [3]Suas irmãs mandaram este recado a Jesus: "Senhor, aquele que amas está doente". [4]Ao ouvir o recado, Jesus disse: "Esta doença não leva à morte*, mas é para a glória de Deust, para que por ela seja glorificado o Filho de Deus. [5]Jesus amava Marta, sua irmã Maria e Lázaro. [6]Depois de saber que Lázaro estava doente, ficou ainda dois dias no lugar onde estava. [7]Depois disse aos discípulos:* "Vamos novamente à Judeia!" [8]Os discípulos lhe disseram: "Mestre, ainda há pouco os judeus queriam apedrejar-te e voltas para lá?" [9]Replicou Jesus: "Não são doze* as horas do dia? Se alguém anda de dia, não tropeça, porque vê a luz deste mundo; [10]mas se anda de noite, tropeça, porque nele não há luz". [11]Disse isto e depois* acrescentou: "Nosso amigo Lázaro está dormindo, mas vou despertá-lo". [12]Disseram então os discípulos: "Senhor, se ele está dormindo, vai sarar!" [13]Jesus estava falando de sua morte, mas eles pensaram que falasse do repouso do sono. [14]Então Jesus lhes disse abertamente: "Lázaro morreu. [15]E, por vossa causa, alegro-me por não ter estado lá, para que vós creiais. Mas vamos até ele!" [16]Disse então Tomé, chamado Dídimot, aos condiscípulos: "Vamos também nós para morrer com ele!"

[17]Quando Jesus chegou, já fazia quatro dias que Lázaro tinha sido sepultado. [18]Betânia ficava perto de Jerusalém*, a uns quinze estádios de distânciat, [19]e muitos judeus tinham vindo à casa de Marta e Maria para consolá-las pela morte de seu irmão. [20]Logo que Marta soube da chegada de Jesus, foi a seu encontro, ao passo que Maria ficou em casa. [21]Marta disse a Jesus: "Senhor, se tivesses estado aqui, meu irmão não teria morrido. [22]Mas mesmo agora sei que Deus te dará tudo quanto lhe pedires". [23]Disse-lhe Jesus: "Teu irmão ressuscitará!" [24]"Eu sei – disse Marta – que ele ressuscitará* na ressurreição, no último dia"t. [25]Jesus afirmou-lhe: "Eu sou a ressurreição e a vida. Aquele que crê em mim, ainda que morra, viverá. [26]E todo aquele que vive e crê em mim não morrerá jamais*. Crês nisso?" [27]Marta respondeu: "Sim, Senhor! Eu creio* que tu és o Cristo, o Filho de Deus, aquele que vem ao mundo".

[28]Dito isto, saiu e foi chamar Maria, sua irmã, dizendo-lhe baixinho: [29]"O Mestre está aí e te chama". Ela, ouvindo isto, ergueu-se rapidamente e saiu ao encontro dele. [30]Jesus ainda não tinha entrado na aldeia, mas estava no mesmo lugar onde Marta lhe viera ao encontro. [31]Os judeus que estavam na casa com Maria e a consolavam, vendo a pressa com que se erguera e saíra, acompanharam-na, pensando que se dirigia ao sepulcro para ali chorar. [32]Chegando Maria onde Jesus estava, ao vê-lo, caiu-lhe aos pés e disse: "Senhor, se tivesses estado aqui, meu irmão não teria morrido!"

[33]Vendo-a chorar e chorar também os judeus que vinham com ela*, Jesus ficou profundamente comovido e conturbado. [34]E disse: "Onde o colocastes?" Responderam-lhe: "Senhor, vem e vê!" [35]Jesus chorou. [36]Então os judeus comentaram: "Vede como ele o amava!" [37]Mas alguns deles disseram: "Ele, que abriu os olhos ao cego, não poderia ter

---

* **11**,1. 12,1-8; Lc 10,38s | 4. 2,11; 5,23; 9,3; 10,32 | 7. 8,59; 10,31 | 9. 8,12; 9,4; 12,35; Mt 6,22s; 1Jo 2,11 | 11. Mt 9,24; At 7,60; 1 Cor 11,30 | 18. 11,45; 12,9 | 24. 5,28s; 6,39s; At 24,15; Dn 12,2 | 26. 5,24; 8,51 | 27. Mt 16,16; Jo 6,14; 10,34; 20,31 | 33. 12,27; 13,21 | 38. Lc 19,41 | 40. 6,29; 12,30; 1Jo 5,14; Mt 14,19; 1Rs 36s

† **11**,4. "A fé nos dá a certeza de que Deus não permitiria o mal se do próprio mal não tirasse o bem, por caminhos que só conheceremos plenamente na vida eterna" (CIC). | 16. Dídimo é a tradução grega do nome aramaico Tomé, que significa "gêmeo". | 18. Uns 3 km. | 24. Embora rejeitada pelos saduceus, Mt 22,23, a ideia da ressurreição final tinha-se firmado no judaísmo a partir dos últimos séculos antes de Cristo, Dn 12,1ss; 2Mc 7,9.14.

João 11-12

impedido que ele morresse?" ³⁸Jesus ficou de novo profundamente* emocionado e foi até o sepulcro. Era uma gruta, fechada por uma pedra. ³⁹Ordenou Jesus: "Retirai a pedra!" Marta, irmã do morto, lhe diz: "Senhor, já está cheirando mal, pois já faz quatro dias..." ⁴⁰Jesus respondeu-lhe: "Não te falei que, se acreditares*, verás a glória de Deus?" ⁴¹Retiraram, então, a pedra. Jesus ergueu os olhos para o alto e disse: "Pai, eu vos agradeço porque me ouvistes. ⁴²Eu sabia que sempre me ouvis; mas falo assim por causa da multidão que me rodeia, para que creiam que vós me enviastes". ⁴³Depois destas palavras, exclamou com voz forte:* "Lázaro, vem para fora!" ⁴⁴O morto saiu. Suas mãos e pés estavam atados com faixas e seu rosto, coberto por um sudário. Jesus lhes disse: "Desamarrai-o e deixai-o andar". ⁴⁵Muitos dos judeus* que tinham ido à casa de Maria e presenciado o que Jesus fizera acreditaram nele.

Conspiração contra Jesus. ⁴⁶Alguns, porém, foram ter com os fariseus* e contaram-lhes o que Jesus fizera. ⁴⁷Convocaram, então, os sumos sacerdotes e os fariseus do Sinédrio e disseram: "Que faremos? Pois este homem está fazendo muitos sinais... ⁴⁸Se o deixarmos continuar assim, todos crerão nele, virão os romanos e destruirão nosso lugar santo e nossa nação". ⁴⁹Um deles, Caifás, que era sumo sacerdote naquele ano, disse: "Vós não entendeis nada! ⁵⁰Não compreendeis que vos convém que um só homem morra pelo povo, em vez de perecer toda a nação?" ⁵¹Ora, ele não disse isto por si mesmo*, mas, sendo o sumo sacerdote naquele ano, profetizou que Jesus haveria de morrer pela nação. ⁵²E não só pela nação, mas também para reunir na unidade os filhos de Deus que andavam dispersos. ⁵³Portanto, a partir desse dia, resolveram matá-lo.

⁵⁴De sorte que Jesus já não andava em público entre os judeus, mas retirou-se para a região vizinha do deserto, numa cidade chamada Efraim, e aí permaneceu com seus discípulos.

Expectativa em Jerusalém. ⁵⁵Ora, estava próxima a Páscoa dos judeus*, e muitos daquela região subiram a Jerusalém para se purificarem. ⁵⁶Procuravam, pois, a Jesus e diziam uns aos outros, estando no templo: "Que vos parece? Será que ele não vem à festa?"* ⁵⁷Os sumos sacerdotes e os fariseus tinham dado ordens para que se alguém soubesse onde ele estava, o denunciasse, a fim de o prenderem.

12 **Unção em Betânia.** ¹Seis dias antes da Páscoa*, veio Jesus a Betânia, onde morava Lázaro, a quem ressuscitara dos mortos. ²Prepararam lá uma ceia para ele; Marta servia à mesa, e Lázaro era um dos convivas. ³Então Maria tomou uma libra* de genuíno perfume de nardo, muito caro, ungiu os pés de Jesus e os enxugou com seus cabelos; e o cheiro do perfume encheu a casa. ⁴Judas, o Iscariotes*, um de seus discípulos, aquele que o havia de entregar, disse: ⁵"Por que não se vendeu este perfume por trezentos denários para dá-los aos pobres?" ⁶Dizia isto não porque se preocupasse com os pobres*, mas porque era ladrão e, sendo o encarregado da bolsa, roubava o que nela se colocava. ⁷Mas Jesus disse: "Deixa-a; é para o dia de meu sepultamento* que ela devia guardá-lo. ⁸Pobres, sempre tereis convosco*; mas a mim, nem sempre tereis".

⁹Grande multidão de judeus soube que Jesus estava lá*, e vieram, não só para vê-lo, mas também para ver Lázaro, que ele ressuscitara dentre os mortos. ¹⁰Decidiram os sumos sacerdotes matar também Lázaro, ¹¹pois, por sua causa, muitos judeus* se afastavam e acreditavam em Jesus.

---

* **11**,43. 5,27ss; 19,10; 20,6s | 45. Mt 26,1-5; Jo 2,23; 7,31; 8,30; 10,42; 12,11.42 | 46. 15,24; Mt 26,3-6; 27,18; At 4,16 | 51. Gn 50,20; Jo 18,14; 2Cor 5,14; Is 11,12; Mq 2,12; 1Jo 2,2; Jo 3,22; 7,1; 8,37-40 | 55. 2,13; 6,4; At 21,24ss | 56. 7,11 **12**,1. 11,43s; Mt 26,6-13; Mc 14,3-9; Lc 10,40 | 3. Lc 7,36ss | 4. 6,71; Mt 19,21 | 6. 13,29; Lc 8,3 | 7. 19,40 | 8. Dt 15,11 | 9. 11,45 | 11. 7,31; 11,19.45

Entrada triunfal em Jerusalém. [12]No dia seguinte, a grande multidão que veio para a festa*, sabendo que Jesus vinha a Jerusalém, [13]apanhou ramos de palmeiras e saiu a seu encontro, gritando: "Hosana! Bendito o que vem em nome do Senhor e o rei de Israel!" [14]Encontrando um jumentinho, Jesus montou sobre ele, como está escrito: [15]"Não tenhas medo, filha de Sião!* Eis que vem teu rei montado num jumentinho!"

[16]Seus discípulos, a princípio*, não compreenderam isto; mas, quando Jesus foi glorificado, lembraram-se de que estas coisas estavam escritas a seu respeito e que era isso que lhe tinham feito.

[17]A multidão que com ele estava, quando chamara Lázaro para fora do sepulcro* e o ressuscitara dos mortos, dava testemunho. [18]Por isso, a multidão saiu a seu encontro: ouviram dizer que ele havia feito este sinal. [19]Os fariseus então disseram* uns aos outros: "Vede: vós nada conseguis; todo o mundo corre atrás dele!"

O grão de trigo. [20]Entre os que tinham subido para adorar durante a festa* achavam-se alguns gregos. [21]Eles foram ter com Filipe, que era de Betsaida da Galileia, e lhe fizeram este pedido: "Senhor, queremos ver Jesus". [22]Filipe foi falar com André*. André e Filipe foram falar com Jesus. [23]Jesus respondeu-lhes: "Chegou a hora de ser glorificado* o Filho do homem. [24]Na verdade, na verdade, vos digo: se o grão de trigo, caindo na terra, não morrer*, ficará só. Mas, se morrer, dará muito fruto†. [25]Quem se apega a sua vida vai perdê-la; mas quem não se importa

com sua vida neste mundo vai conservá-la* para a vida eterna. [26]Se alguém me serve*, siga-me! E onde estou eu, lá estará meu servidor. Se alguém me serve, meu Pai o honrará.

Glorificação de Jesus. [27]Minha alma está agora perturbada*. Que direi? "Pai, livrai-me desta hora"? Mas foi para isto que cheguei a esta hora. [28]Pai, glorificai vosso nome!" Neste momento desceu uma voz do céu: "Eu o glorifiquei e de novo o glorificarei". [29]A multidão, que estava presente* e havia escutado, dizia que era um trovão. Outros diziam: "Um anjo falou com ele".

[30]Disse Jesus: "Não foi por minha causa que esta voz se fez ouvir, mas por vossa causa. [31]É agora o julgamento deste mundo*. Agora o príncipe deste mundo será lançado fora. [32]E eu, quando for levantado da terra, atrairei todos a mim"†. [33]Ele dizia isto para dar a entender* de que morte haveria de morrer.

Os filhos da luz. [34]Respondeu-lhe a multidão: "Aprendemos da Lei que o Messias permanece para sempre. Como podes dizer: 'É preciso que o Filho do homem seja levantado? Quem é esse Filho do homem?" [35]Respondeu-lhes Jesus: "Por pouco tempo* ainda a luz está entre vós. Caminhai enquanto tendes a luz, para que não vos surpreendam as trevas; aquele que caminha nas trevas não sabe aonde vai. [36]Enquanto tendes a luz, crede na luz*, para vos tornardes filhos da luz". Após ter dito isto, Jesus se retirou e ocultou-se deles.

Incredulidade dos judeus. [37]Apesar de ter feito tantos sinais* à vista deles, não acreditavam nele, [38]para cumprir-se a palavra do profeta Isaías: "Senhor,

---

* **12**,12. Mt 21,1-11; Mc 11,1-11; Lc 19,28-40; Sl 118,25s | 15. Zc 9,9 | 16. 2,22; 7,39; 14,35; 15,26; 16,13s | 17. 11,43s; Lc 24,45 | 19. 11,47s; At 5,28 | 20. 11,55 | 22. Lc 19,3; 23,8 | 23. 2,4; 7,30.39; 13,31; 17,1 | 24. 1Cor 15,36 | 25. Mt 16,25; Rm 14,8 | 26. 14,3; 17,24; Mt 16,24 | 27. Mt 26,38; Hb 5,7s | 29. Mc 1,11; 9,7; At 23,9 | 31. 3,19; 9,39; 14,30; 16,11; Lc 10,18; 22,53; Ap 12,9; Jo 3,14; 8,28 | 33. 18,32; 21,19; Dn 7,14 | 35. 7,33; 8,12; 9,4; 12,46; 1Jo 2,11 | 36. Jr 13,16; Ef 5,8 | 37. 2,11; Dt 29,1-4; Mt 11,20 | 38. Is 53,1; Rm 10,16; Hb 4,2

† **12**,24. Jesus responde ao entusiasmo da multidão com a imagem do grão de trigo que deve morrer. Consciente da necessidade de sua morte, pensa também a fecundidade de seu sacrifício para o mundo inteiro. | **12**,32. Para Jesus a hora da morte é a hora em que ele vence o demônio, é glorificado pelo Pai, e a luz manifesta todo o seu poder de atração. A elevação da cruz significa e anuncia a elevação da ascensão ao céu, e é o começo dela.

João 12-13

quem acreditou em nossa pregação?* E a quem se revelou o braço do Senhor?"

³⁹Por isso não podiam crer, porque disse* também Isaías: ⁴⁰"Cegou-lhes os olhos† e endureceu-lhes o coração, para não acontecer que seus olhos vejam, seu coração compreenda e se convertam, e eu os cure". ⁴¹Disse isto Isaías porque viu sua glória* e falou a seu respeito. ⁴²Não obstante, muitos, até dentre os chefes, acreditaram nele; mas não o confessavam por causa dos fariseus, para não serem expulsos* da sinagoga; ⁴³porque preferiram a glória dos homens à glória de Deus.

Jesus e o Pai. ⁴⁴Jesus, levantando a voz, disse: "Aquele que crê em mim não crê em mim, mas naquele que me enviou; ⁴⁵e quem me vê*, vê aquele que me enviou. ⁴⁶Eu, a luz*, vim ao mundo, para que todo aquele que crer em mim não permaneça nas trevas. ⁴⁷E se alguém ouvir minhas palavras* e não as guardar, eu não o julgo, porque não vim para julgar o mundo, mas para salvá-lo. ⁴⁸Quem me rejeita* e não acolhe minhas palavras já tem quem o julgue: a palavra que anunciei, ela o julgará no último dia. ⁴⁹Porque não falei por mim mesmo*, mas o Pai, que me enviou, ele me prescreveu o que dizer e de que falar. ⁵⁰Eu sei que seu preceito é a vida eterna*. Assim pois, as coisas que eu digo, eu as digo como o Pai me disse".

III. A HORA DE JESUS
(13–20)

13 **O lava-pés.** ¹Antes da festa da Páscoa*, sabendo Jesus que chegara sua hora de passar deste mundo ao Pai, tendo amado os seus que estavam no mundo, amou-os até o fim. ²Enquanto ceavam*, quando o diabo já

havia inspirado a Judas Iscariotes, filho de Simão, o plano de entregá-lo, ³sabendo que o Pai tudo lhe havia dado nas mãos*, e que ele viera de Deus e para Deus voltava, ⁴levantou-se da mesa*, tirou o manto e, tomando uma toalha, colocou-a à cintura. ⁵Em seguida, pôs água numa bacia e começou a lavar os pés dos discípulos e a enxugá-los com a toalha com que estava cingido.

⁶Chegou perto de Simão Pedro e este lhe disse: "Senhor, tu me lavas os pés?" ⁷Respondeu-lhe Jesus: "O que eu faço*, não o compreendes agora, mas depois o compreenderás". ⁸Disse-lhe Pedro: "Nunca me lavarás os pés!" Jesus lhe respondeu: "Se não te lavar, não tens parte comigo". ⁹Disse-lhe Simão Pedro: "Senhor, não só os pés, mas também as mãos e a cabeça!" ¹⁰Jesus lhe disse: "Quem tomou banho* não precisa lavar-se; está todo limpo. Vós também estais limpos, mas nem todos". ¹¹De fato, ele sabia quem o estava traindo* e por isso disse: "Nem todos estais limpos".

¹²Depois de lhes ter lavado os pés e retomado as vestes, pôs-se de novo à mesa e lhes disse: "Sabeis o que vos fiz? ¹³Vós me chamais de Mestre e Senhor*, e dizeis bem, pois eu o sou. ¹⁴Se, portanto, eu, que sou o Senhor e o Mestre*, vos lavei os pés, vós também deveis lavar-vos os pés uns aos outros. ¹⁵Pois eu vos dei o exemplo, para que façais como eu fiz"*.

O empregado e o patrão. ¹⁶"Na verdade, na verdade, vos digo: o empregado* não é maior que seu patrão, nem o enviado maior que aquele que o envia. ¹⁷Sabendo disso, sois felizes se o praticais. ¹⁸Não o digo de vós todos*; eu conheço os que escolhi; mas é pre-

---

* **12**,39. 5,44; Is 6,9s; Mt 13,14s; At 28,26s | 41. 2,23; 7,31; 8,30; 11,45 | 42. 5,24; 13,20; 14,7s; Mt 10,40 | 45. 14,7ss | 46. 3,19; 8,12; 9,5 | 47. 3,11s; 8,15; Mt 7,26; Lc 8,21 | 48. 8,37.47; Lc 20,16; Dt 31,26-29 | 49. 7,17; 14,10; Dt 18,18s | 50. 3,34; 6,40; 17,2 | **13**,1. 10,18; 12,23; 15,13; 16,28; 17,9; 1Jo 3,16; Gl 2,20 | 2. 13,27; Mt 26,14 | 3. 3,35; 16,28 | 4. Mt 11,27; Lc 10,22 | 7. 13,12; 14,26; Mt 16,22 | 10. 15,3 | 11. 6,64.70s | 13. Mt 23,8.10 | 14. Lc 22,27; 1Tm 5,10; 1Pd 5,5 | 15. 1Jo 2,6; Lc 22,24-27; Fl 2,5-8 | 16. Ef 5,2; Cl 3,13; 1Pd 2,21; Jo 15,20; Mt 10,24 | 18. 6,70; Sl 41,10; Mc 14,18; 2Ts 2,13

† **12**,40. O profeta fala como se fosse Deus o causador da cegueira, mas os judeus ficaram cegos porque recusaram a luz da graça, não quiseram ver os sinais que Jesus apresentava. | **13**,34. O mandamento é "novo" porque é ampliado e purificado: trata-se de "amar como Jesus amou".

1301 João 13-14

ciso que se cumpra o que diz a Escritura: 'Aquele que come meu pão levantou contra mim seu calcanhar'. [19]Desde já eu vo-lo digo*, antes que aconteça, para que, quando acontecer, acrediteis que eu sou. [20]Na verdade, na verdade, vos digo:* quem acolhe aquele que eu enviar a mim acolhe; e quem me acolhe, acolhe aquele que me enviou".

Anúncio da traição. [21]Ao dizer isto, Jesus ficou angustiado* e disse abertamente: "Na verdade, na verdade, vos digo: um de vós vai me entregar". [22]Os discípulos olhavam uns para os outros, sem saber a quem ele se referia. [23]Estava reclinado bem perto de Jesus* um de seus discípulos, aquele a quem Jesus amava; [24]Simão Pedro fez-lhe sinal e lhe disse: "Pergunta a quem ele se refere". [25]E ele, reclinando-se sobre o peito de Jesus, perguntou-lhe: "Quem é, Senhor?" [26]Respondeu Jesus: "É aquele a quem vou dar o pedaço de pão molhado". E, molhando o pão, tomou-o e deu-o a Judas, filho de Simão Iscariotes. [27]Após receber o pedaço de pão, entrou nele Satanás*. Disse-lhe Jesus: "O que tens a fazer, faze-o depressa". [28]Nenhum dos que estavam à mesa compreendeu por que lhe dissera isto. [29]Como Judas tomava conta da bolsa, alguns pensavam que Jesus queria dizer-lhe: "Compra o necessário para a festa", ou que desse alguma coisa aos pobres. [30]Tomando, pois, o pedaço de pão, saiu logo*. Era noite. [31]Quando ele saiu, disse Jesus: "Agora o Filho do homem foi glorificado* e Deus foi glorificado nele. [32]Se Deus foi glorificado nele*, também Deus o glorificará em si mesmo e em breve o glorificará. [33]Filhinhos, é por pouco tempo* que ainda estarei convosco. Vós me procurareis. E agora vos digo a mesma coisa que disse aos judeus: Para onde vou, vós não podeis ir".

O mandamento novo. [34]"Eu vos dou* um novo mandamento†: que vos ameis uns aos outros. Assim como eu vos amei, amai-vos uns aos outros. [35]Nisto todos reconhecerão que sois meus discípulos: se vos amais uns aos outros"*.

Jesus prediz a negação de Pedro. [36]Perguntou-lhe Simão Pedro:* "Senhor, para onde vais?" Respondeu-lhe Jesus: "Aonde vou, tu não podes seguir-me agora; vais seguir-me mais tarde". [37]Perguntou-lhe Pedro: "Senhor, por que não posso seguir-te agora? Darei minha vida por ti!" [38]Respondeu-lhe Jesus: "Darás a vida por mim? Na verdade, na verdade, te digo:* o galo não cantará sem que me tenhas negado três vezes".

14 **Jesus, caminho, verdade e vida.** [1]"Não se perturbe vosso coração! Vós credes em Deus*, crede em mim também! [2]Na casa de meu Pai há muitas moradas. Senão, eu vos teria dito: 'Vou preparar-vos um lugar?' [3]Depois de ter ido e vos ter preparado um lugar,* voltarei e vos tomarei comigo; para que, onde eu estiver, vós estejais também. [4]E vós conheceis o caminho do lugar para onde vou".

[5]"Senhor – disse-lhe Tomé – não sabemos* para onde vais; como podemos saber o caminho?" [6]Jesus respondeu-lhe: "Eu sou o Caminho, a Verdade e a Vida†. Ninguém chega ao Pai* senão por mim. [7]Se me conheceis, conhecereis também* a meu Pai; desde agora o conheceis, porque o vistes". [8]"Senhor – disse-lhe Filipe – mostra-nos o Pai*, e isto nos basta". [9]Disse-lhe Jesus: "Filipe, faz tanto tempo que estou convosco e tu não me conheces? Quem me viu, viu o Pai! Como é que podes dizer: 'Mostra-nos o Pai'? [10]Não crês que eu estou no Pai* e que o Pai está em mim? As palavras que vos digo, não as digo de

---

* **13**,19. 14,29; 16,4; Mt 24,25 **|** 20. Lc 10,16; Gl 4,14 **|** 21. Mt 26,20-25 **|** 23. 19,26; 20,2; 21,7.20 **|** 27. 13,2 **|** 30. 8,12; Lc 22,53 **|** 31. 12,23; 17,1-5 **|** 32. 7,39 **|** 33. 7,33s; 8,21 **|** 34. 15,12.17; 1Jo 2,7s.10; 3,11.23; 4,10.19; 5,1.3; 2Jo 5 **|** 35. 17,21; Lc 10,26s; Gl 6,2; At 4,32 **|** 36. 21,18s; Mt 26,31-35 **|** 38. 18,27 **| 14**,1. 14,27; 16,33; Mc 11,22; 2Cr 20,17.20 **|** 3. 12,26; 17,24; 1Ts 4,17; Hb 6,19s; 11,16; Fl 1,23 **|** 5. 13,36; Hb 10,20 **|** 6. Mt 11,27 **|** 7. 8,19; 12,45; 2Cor 4,4 **|** 8. 1,18; 12,45; Êx 33,18; Cl 1,15; Hb 1,3 **|** 10. 10,38; 12,49; 14,20; 17,21

† **14**,6. Jesus é o caminho que leva ao Pai, ele revela a verdade e concede a vida da graça.

João 14-15

mim mesmo; mas o Pai que mora em mim realiza suas obras. ¹¹Crede-me: eu estou no Pai e o Pai está em mim; crede ao menos por causa* das próprias obras. ¹²Na verdade, na verdade, vos digo: Quem crê em mim também fará as obras que eu faço. E fará até maiores, porque vou para o Pai. ¹³E tudo o que pedirdes em meu nome, eu o farei, para que o Pai seja glorificado no Filho. ¹⁴Se me pedirdes alguma coisa em meu nome, eu a farei*.

Jesus promete o Paráclito. ¹⁵Se me amais, guardareis* meus mandamentos. ¹⁶Eu rogarei ao Pai, e ele vos dará* um outro Paráclito† para ficar sempre convosco. ¹⁷É o Espírito da Verdade*, que o mundo não pode receber, porque não o vê nem o conhece. Mas vós o conheceis, porque ele mora convosco e estará em vós. ¹⁸Não vos deixarei órfãos: voltarei para vós. ¹⁹Ainda um pouco* e o mundo não me verá mais; vós, porém, me vereis, porque eu vivo e também vós vivereis. ²⁰Naquele dia* conhecereis que eu estou no Pai, e vós em mim, e eu em vós. ²¹Quem tem meus mandamentos* e os guarda, esse é que me ama. E aquele que me ama será amado por meu Pai. Eu também o amarei e hei de manifestar-me a ele".

²²Disse Judas, não o Iscariotes: "Senhor*, que aconteceu para te manifestares a nós e não ao mundo?" Respondeu-lhe Jesus: ²³"Se alguém me ama*, guardará minha palavra, e meu Pai o amará, viremos a ele e faremos nele nossa morada. ²⁴Quem não me ama não guarda minhas palavras. A palavra que estais ouvindo não é minha, mas do Pai que me enviou. ²⁵Eu vos disse estas coisas estando convosco. ²⁶Mas o

Paráclito, o Espírito Santo, que o Pai vai enviar em meu nome*, ele vos ensinará todas as coisas e vos recordará tudo o que eu vos disse".

A paz de Jesus. ²⁷"Eu vos deixo a paz*; eu vos dou minha paz. Não vo-la dou como a dá o mundo. Que vosso coração não se perturbe nem tenha medo. ²⁸Ouvistes o que eu vos disse:* vou e volto para vós. Se me amásseis, haveríeis de alegrar-vos, porque vou para o Pai, pois o Pai é maior do que eu. ²⁹Isto eu vos disse agora, antes que aconteça, para que, quando acontecer*, vós acrediteis. ³⁰Já não falarei muito convosco, porque está vindo o príncipe deste mundo. Ele não tem nenhum poder sobre mim; ³¹mas é para que o mundo saiba que eu amo o Pai* e faço como o Pai me ordenou. Levantai-vos! Vamos sair daqui!"

15 **A videira e os ramos.** ¹"Eu sou a videira verdadeira*, e meu Pai é o agricultor. ²Todo ramo que em mim não produz fruto*, ele o corta; e todo ramo que produz fruto, ele o poda para que produza mais fruto. ³Vós já estais limpos* por causa da palavra que vos falei. ⁴Permanecei em mim, como eu em vós. Como o ramo não pode dar fruto* por si mesmo se não permanecer na videira, assim também vós, se não permanecerdes em mim. ⁵Eu sou a videira* e vós os ramos. Quem permanece em mim e eu nele, esse dá muitos frutos, porque sem mim nada podeis fazer†. ⁶Se alguém não permanece* em mim, será lançado fora como o ramo, e ele seca. Os ramos secos são recolhidos e lançados ao fogo para se queimarem. ⁷Se permanecerdes em mim*, e minhas

---

* **14**,11. 7,33; 13,1; 14,28 | **14**. 13,312; Mt 7,7-11; Lc 11,9-13; At 3,16 | **15**. 15,10; 1Jo 5,3; 2Jo 6 | **16**. 15,26; 16,7 | **17**. Mt 10,20; Rm 8,26 | **19**. 7,33; 16,16 | **20**. 10,30.38; 17,11.21ss | **21**. 16,27; 17,26; Eclo 4,15 | **22**. At 10,40s | **23**. Ap 3,20; 2Cor 6,16; Ef 3,17 | **26**. 14,16; 15,26; 16,13ss | **27**. 14,1; 16,33; Rm 5,1; Ef 2,14-18; Fl 4,7 | **28**. 14,3; 16,6 | **29**. 13,19; 16,4 | **31**. 6,38; 10,18; 15,10; 16,11; Mt 26,46; Mc 14,42 | **15**,1. Is 5,1-7 | 2. Jr 2,21; Ez 17; Sl 80,9-20; Eclo 24,23; Rm 11,17s | 3. At 15,9 | 4. 6,56s; 2Cor 3,5; Fl 2,13; Rm 11,17s | 5. 15,16; 2Cor 3,5 | 6. Ez 15,1-8; Mt 3,10 | 7. 14,13; 16,23; 1Jo 5,14; Mc 11,24

† **14**,16. "Paráclito" significa "aquele que é chamado para perto de"; termos sinônimos são advogado, defensor, protetor, intercessor, animador, consolador, alguém que conforta e encoraja, Jo 14,16.26; 15,26; 16,7. Jesus é o primeiro Paráclito, 1Jo 2,1. O Espírito Santo, que dá vida, unidade e movimento a todo o Corpo de Cristo, é a "alma" da Igreja, diz o Vaticano II. | **15**,5. "Não fazemos nenhum bem, senão aquele que Deus com sua graça nos faz realizar" (S. Leão Magno).

1303

João 15-16

palavras permanecerem em vós, pedi o que quiserdes, e vos será feito. ⁸Nisto é glorificado meu Pai:* que deis muito fruto e vos torneis meus discípulos".

Não servos, mas amigos. ⁹"Como o Pai me amou*, assim também vos amei. Permanecei em meu amor. ¹⁰Se guardais meus mandamentos*, permanecereis em meu amor, assim como eu guardei os mandamentos de meu Pai e permaneço em seu amor. ¹¹Eu vos disse estas coisas para que minha alegria* esteja em vós, e vossa alegria seja plena. ¹²Este é o meu mandamento:* que vos ameis uns aos outros como eu vos amei. ¹³Ninguém tem maior amor do que este:* dar a vida por seus amigos. ¹⁴Vós sois meus amigos, se fazeis o que vos mando. ¹⁵Não vos chamo mais de servos, porque o servo não sabe o que faz seu patrão. Mas vos chamo de amigos, porque vos manifestei tudo o que ouvi de meu Pai. ¹⁶Não fostes vós que me escolhestes*, mas fui eu que vos escolhi e vos designei para irdes e produzirdes fruto, e para que vosso fruto permaneça, a fim de que tudo o que pedirdes a meu Pai em meu nome, ele vos conceda. ¹⁷Isto vos mando: que vos ameis uns aos outros!"*

O ódio do mundo. ¹⁸"Se o mundo vos odeia*, sabei que me odiou antes que a vós. ¹⁹Se fôsseis do mundo, o mundo amaria o que seria dele; mas porque não sois do mundo, ao contrário, eu vos separei do mundo, por isso o mundo vos odeia. ²⁰Lembrai-vos da palavra* que eu vos disse: o servo não é mais do que seu senhor. Se a mim perseguiram, também vos perseguirão; se guardaram minhas palavras, guardarão também as vossas. ²¹Mas tudo farão contra vós*, por causa de meu nome, porque não conhecem aquele que me enviou. ²²Se

eu não tivesse vindo* e não lhes houvesse falado, não teriam pecado; agora, porém, não têm desculpa por seu pecado. ²³Quem me odeia* odeia também a meu Pai. ²⁴Se eu não tivesse feito entre eles obras que nenhum outro fez, não teriam pecado; mas agora eles as viram e, não obstante, me odeiam a mim e a meu Pai. ²⁵Mas é para que se cumpra a palavra escrita na Lei deles: 'Odiaram-me sem motivo'.*

²⁶Quando vier o Paráclito*, que eu vos enviarei da parte do Pai, o Espírito da Verdade, que vem do Pai, ele dará testemunho de mim. ²⁷E vós também dareis testemunho, porque desde o princípio estais comigo"*.

16

¹"Eu vos disse isto* para eu não ser motivo de queda para vós†. ²Vão expulsar-vos das sinagogas. Mais ainda: virá a hora em que todo aquele que vos matar vai pensar que está prestando um serviço a Deus. ³Vão fazer isso* porque não conheceram o Pai nem a mim. ⁴Mas eu vos disse isto, para que*, quando chegar a hora deles, vos lembreis das coisas que eu vos tinha dito. Não vo-lo disse desde o início porque eu estava convosco.

A missão do Paráclito. ⁵Agora vou para aquele que me enviou*, e nenhum de vós me pergunta: "Para onde vais?" ⁶Mas, porque vos disse isto*, vossos corações se encheram de tristeza. ⁷Mas eu vos digo a verdade: é conveniente para vós que eu vá; porque se eu não for, não virá a vós o Paráclito; mas, se eu for, eu vo-lo enviarei. ⁸E quando ele vier, vai convencer o mundo* quanto ao pecado, quanto à justiça e quanto ao julgamento. ⁹Quanto ao pecado*, porque não creem em mim†; ¹⁰quanto à justiça*, porque vou para o Pai* e não

---

* **15**,8. Rm 7,14; Fl 1,11; Mt 5,16 | 9. 10,14s; 13,1; 17,23; Jd 21 | 10. 6,38; 8,29; 14,15; 1Jo 2,5 | 11. 14,28; 17,13; 1Jo 1,4 | 12. 13,34; 1Jo 3,11; 2Jo 5 | 13. 10,11; 1Jo 3,16; Rm 5,8; Lc 12,4 | 16. 6,70; 14,13s; 15,5; 16,23; 1Jo 4,10; Rm 6,20-23 | 17. 13,34; 1Jo 3,23 | 18. 17,14; 1Jo 3,13; 4,5; Mt 10,22; Mc 13,13; Lc 6,22 | 20. 13,16; Mt 10,24; Lc 6,40 | 21. 16,3; Mt 5,11; At 5,40s | 22. 8,21-24; 9,41; 16,9 | 23. 5,23; 6,36; 10,30; 14,11; 1Jo 2,23; Lc 10,16 | 25. Sl 35,19 | 26. 14,26; 15,26; Mt 10,19s | 27. Lc 1,2; At 1,8;21s; Jo 5,32; 1Jo 4,14 | **16**,1. 9,22; 12,42; Mt 10,17; At 26,9ss; Mt 24,9; At 8,1 | 3. 8,19; 15,21 | 4. 13,19; 14,29; 16,25; 17,12; Mc 13,23 | 5. 13,36; 14,5; 16,22 | 6. 14,16; 15,26; Mt 17,23 | 8. At 24,25 | 9. 8,21s; 10,26; 12,37; 15,22 | 10. 5,38; 6,36 / 13,1; 14,28; 16,28; 20,17

† **16**,1. Lit. "para que não vos escandalizeis". | 9. O pecado é não ter acreditado naquele que o Pai enviou.

João 16-17

me vereis mais; [11]quanto ao julgamento*, porque o príncipe deste mundo está julgado. [12]Tenho ainda muitas coisas para vos dizer, mas não as podeis suportar agora. [13]Quando ele vier*, o Espírito da Verdade, ele vos conduzirá à verdade completa. Pois não falará de si mesmo, mas falará tudo o que ele ouvir e vos anunciará as coisas futuras[+]. [14]Ele me glorificará, porque receberá do que é meu e vo-lo anunciará. [15]Tudo o que o Pai possui é meu*. Por isso eu disse: ele recebe do que é meu e vos anunciará".

Dor e alegria dos discípulos. [16]"Ainda um pouco*, e não me vereis mais; e outra vez um pouco, e me vereis de novo[+]. [17]Perguntavam alguns de seus discípulos entre si: "Que é isto que está nos dizendo: 'Ainda um pouco, e não me vereis mais; e outra vez um pouco, e me vereis de novo'; e: 'porque vou para o Pai'?" [18]Diziam pois: "Que é este 'um pouco'? Não sabemos o que ele está falando".

[19]Compreendeu Jesus que desejavam interrogá-lo e lhes disse: "Estais perguntando entre vós, por que eu disse: 'Ainda um pouco, e não me vereis mais; e outra vez um pouco, e me vereis de novo'. [20]Na verdade, na verdade, vos digo: vós chorareis* e vos lamentareis, enquanto o mundo se alegrará. Vós estareis na tristeza, mas vossa tristeza se converterá em alegria. [21]A mulher, quando está para dar à luz*, se entristece porque é chegada sua hora; mas depois de ter dado à luz a criança, não se lembra mais das dores, pela alegria de ter nascido um ser humano no

mundo. [22]Assim, também vós agora estais tristes*; mas eu vos verei de novo, e vosso coração se alegrará, e ninguém vos poderá tirar vossa alegria. [23]Naquele dia, não me perguntareis nada*. Na verdade, na verdade, vos digo: tudo o que pedirdes ao Pai, ele vos dará em meu nome. [24]Até agora nada pedistes em meu nome*. Pedi e recebereis, para que vossa alegria seja completa.

[25]Essas coisas eu vos disse* em parábolas. Vem a hora em que não vos falarei mais em parábolas, mas vos falarei do Pai abertamente. [26]Naquele dia*, vós pedireis em meu nome, e não vos digo que rogarei por vós ao Pai, [27]porque o próprio Pai vos ama*, pois vós me amastes e crestes que saí de Deus. [28]Saí do Pai* e vim ao mundo; agora deixo o mundo e vou para o Pai". [29]Disseram-lhe os discípulos: "Agora, sim, falas claro e sem figuras! [30]Agora vemos que sabes tudo* e não precisas que ninguém te interrogue. Por isso acreditamos que saíste de Deus". [31]Respondeu-lhes Jesus:* "Credes agora? [32]Vem à hora – e já veio – em que sereis dispersos, cada um para seu lado, e me deixareis sozinho. Mas não estou sozinho, porque o Pai está comigo. [33]Eu vos disse essas coisas*, para que tenhais paz em mim. No mundo tereis de sofrer; mas tende confiança: eu venci o mundo!"

17 A oração sacerdotal[+]. [1]Depois de assim falar*, Jesus levantou os olhos ao céu e disse: "Pai, chegou a hora:* glorifici vosso Filho, para que

---

* **16**,11. 12;31; 14,30; 1Cor 2,6; 3,1 | 13. 1Jo 2,27 | 15. 10,30; 17,10 | 16. 7,33; 12,35; 13,33; 14,19 | 20. Mc 16,10; Lc 5,35; Ap 11,10 | 21. 1Ts 5,3; Rm 8,22; Ap 12,2-5; Is 13,8 | 22. 14,19; 15,11; 20,20; 2Cor 4,17; At 2,46; Is 66,14 | 23. 14,13s.20; 15,16; 1Jo 5,14s | 24. 16,24; 1Jo 1,4 | 25. Mt 14,34s; Mc 4,33s | 26. 14,20; 16,23 | 27. 3,2; 8,42; 13,3; 14,21; 21,15ss | 28. 1,1; 13,3 | 30. 1,48; 2,24; 16,19 | 31. Mt 26,31; Zc 13,7 | 33. 14,27; 16,2; 17,14; 1Jo 5,5; Rm 8,37; 1Cor 15,57; 2Tm 3,12; Ap 5,5 | **17**,1. 11,41 / 2,4; 12,33; 13,1; Mt 26,45 | 2. 3,35; Mt 28,18 | 3. 14,7ss; 1Jo 5,20; Jr 24,7

[+] **16**,13. Só depois de Pentecostes os apóstolos poderão entender plenamente o que ouviram e viram de Cristo. | 16. Alguns manuscritos acrescentam "porque vou para o Pai". | **17**. Esta oração chama-se "sacerdotal" porque manifesta o sentido do sacrifício de Cristo, no qual ele próprio é o sacerdote, o altar e o cordeiro. "Ela revela a oração sempre atual de nosso Sumo Sacerdote, Hb 7,25, e contém o que ele nos ensina a dizer ao Pai. Quando chega sua Hora, Jesus reza ao Pai esta oração, a mais longa transmitida pelo Evangelho, que abarca toda a economia da criação e da salvação. Nessa oração pascal, sacrifical, tudo é "recapitulado" nele: Deus e o mundo, o Verbo e a carne, a vida eterna e o tempo, o amor que se entrega e o pecado que o trai, os discípulos presentes e aqueles que crerão nele por meio de sua palavra, a humilhação e a glória" (CIC). É a oração da unidade e é também uma oração missionária, porque consagra a missão que os discípulos deverão levar adiante.

vosso Filho vos glorifique, ²pois lhe destes poder* sobre toda a humanidade, para que ele dê a vida eterna a todos os que lhe destes. ³Esta é a vida eterna:* que vos conheçam a vós, único Deus verdadeiro, e aquele que enviastes, Jesus Cristo. ⁴Eu vos glorifiquei na terra*, levando a bom termo a obra que me destes para fazer. ⁵Agora, ó Pai, glorificai-me* junto de vós com a glória que eu tinha junto de vós antes de existir o mundo.

⁶Manifestei vosso nome aos homens, que tirastes do mundo para dá-los a mim. Eram vossos e os destes a mim, e eles guardaram vossa palavra. ⁷Agora reconheceram que tudo quanto me destes vem de vós, ⁸porque lhes dei as palavras que me destes*, e eles as receberam e na verdade reconheceram que eu saí de vós e creram que vós me enviastes. ⁹É por eles que eu rogo; não rogo pelo mundo†, mas por aqueles que me destes, porque são vossos, ¹⁰e tudo o que é meu é vosso* e tudo o que é vosso é meu, e neles eu sou glorificado. ¹¹Eu não estou mais no mundo*, mas eles estão no mundo e eu vou para vós. Pai santo, guardai-os em vosso nome, o nome que me destes, para que sejam um como nós. ¹²Quando eu estava com eles*, eu os conservava em vosso nome que me destes. Eu os guardei, e nenhum deles se perdeu, a não ser o filho da perdição†, para que a Escritura se cumprisse. ¹³Agora, porém, vou para vós, e digo essas coisas no mundo, para que eles tenham em si minha alegria total. ¹⁴Eu lhes dei* vossa palavra, e o mundo os odiou*, porque não são do mundo, como eu não sou do mundo. ¹⁵Não vos peço que os tireis do mundo, mas que os livreis do Malig-

no*. ¹⁶Eles não são do mundo,† como eu não sou do mundo. ¹⁷Santificai-os na verdade: vossa palavra é a verdade. ¹⁸Como me enviastes ao mundo, assim eu os enviei* ao mundo. ¹⁹E por eles me santifico a mim mesmo, a fim de que também eles sejam santificados na verdade.

²⁰Não rogo somente por eles*, mas também por aqueles que, por meio de sua palavra, vão crer em mim; ²¹para que todos sejam um, assim como vós*, ó Pai, estais em mim e eu em vós; para que também eles sejam um em nós, a fim de que o mundo creia* que vós me enviastes. ²²Eu lhes dei a glória que me destes,† para que sejam um, assim como nós somos um; ²³eu neles e vós em mim, para que sejam perfeitos na unidade, e o mundo reconheça que vós me enviastes* e que vós os amastes, como me amastes a mim. ²⁴Pai, quero que lá onde eu estiver, estejam também comigo aqueles que me destes, para que contemplem minha glória que me destes, porque me amastes antes da criação do mundo. ²⁵Pai justo*, o mundo não vos conheceu, mas eu vos conheci, e estes reconheceram que vós me enviastes. ²⁶Eu lhes dei a conhecer vosso nome* e lhes darei a conhecê-lo, para que neles esteja o amor com que me amastes, e também eu esteja neles".

18 A prisão de Jesus. ¹Depois de assim falar*, Jesus foi com seus discípulos para o outro lado da torrente do Cedron, onde havia um jardim, no qual entrou com seus discípulos. ²Judas, o traidor, conhecia também aquele lugar*, porque frequentemente Jesus se reunia lá com seus

---

* **17**,4. 13,31s; Sb 15,3 | 5. 1,1s; 8,58; 17,24.26; Fl 2,6-11; Hb 2,12; 5,5 | 8. 3,2.11; 16,30 | 10. 16,15; 2Ts 1,10; Lc 15,31 | 11. 13,3; 16,28; Gl 3,28; 1Pd 1,5 | 12. 6,39; 10,28; 13,18s; 18,9; At 1,16 | 14. 15,11; 1Jo 1,4 / Jo 8,23; 15,18s | 15. 1Jo 5,18; Lc 22,32; 1Ts 3,3 | 18. 10,36; 20,21; 1Cor 1,30; Hb 2,11 | 20. 17,9; 1Jo 1,3; Rm 10,17 | 21. 10,30.38; 17,1; At 4,32; Gl 3,28 / Jo 1,14; 17,5 | 23. 15,9; 1Cor 6,17 Gl 2,20; Ef 1,4s / Jo 1,14; 10,29; 14,3; 17,5 | 25. 1,10; 8,55; Mt 11,27; Lc 10,22 | 26. 17,6; Rm 8,39 | **18**,1. Mt 26,47-56; Mc 14,43-52; Lc 22,47-53 | 2. Lc 21,37

† **17**,9. Nesse contexto, a palavra "mundo" designa tudo o que se opõe a Deus, tudo o que são trevas, erro e mentira. | 12. Destinado à perdição, Judas. | 16. Pela força da ressurreição de Jesus, os discípulos serão cidadãos do céu e peregrinos na terra. | 22. Comunica-lhes sua glória, isto é, o Espírito Santo que o glorifica, Jo 16,14.

João 18

discípulos. [3]Judas, tendo recebido uma tropa de soldados e os guardas mandados pelos sumos sacerdotes e pelos fariseus, chegou lá com lanternas, tochas e armas. [4]Então Jesus, sabendo tudo o que havia de lhe acontecer†, adiantou-se e perguntou-lhes: "A quem estais buscando?" [5]Responderam: "A Jesus de Nazaré".* Disse-lhes Jesus: "Sou eu". Também Judas, o traidor, estava com eles. [6]Quando Jesus lhes disse: "Sou eu", recuaram e caíram por terra.

[7]Perguntou-lhes outra vez: "A quem estais buscando?" Disseram: "A Jesus de Nazaré". [8]Replicou Jesus: "Já vos disse que sou eu. Se é, pois, a mim que buscais*, deixai que estes se retirem". [9]Para se cumprir a palavra que tinha dito: "Dos que me destes, não perdi nenhum". [10]Então Simão Pedro, que tinha uma espada*, puxou dela e feriu o servo do sumo sacerdote, cortando-lhe a orelha direita. O servo chamava-se Malco. [11]Jesus disse a Pedro: "Põe tua espada na bainha! Não hei de beber o cálice† que o Pai me deu?"

Jesus diante de Anás. [12]Então a tropa*, o comandante e os guardas dos judeus prenderam Jesus e o amarraram. [13]Conduziram-no primeiro a Anás, sogro de Caifás, que era o sumo sacerdote daquele ano. [14]Caifás era aquele que tinha dado aos judeus* este conselho: "Convém que um só homem morra pelo povo".

Primeira negação de Pedro. [15]Simão Pedro seguia Jesus com mais outro discípulo. Esse discípulo era conhecido do sumo sacerdote e entrou com Jesus no pátio do sumo sacerdote, [16]mas Pedro ficou de fora, perto da porta. O outro discípulo, que era conhecido do sumo sacerdote, saiu e conversou com a porteira e levou Pedro para dentro. [17]Esta empregada, a porteira, perguntou a Pedro: "Por acaso não és também dos discípulos deste homem?" Ele respondeu: "Não sou". [18]Os servos e os guardas acenderam uma fogueira, porque fazia frio, e estavam lá se aquecendo. Com eles estava também Pedro, aquecendo-se.

O interrogatório de Jesus. [19]O sumo sacerdote interrogou Jesus sobre seus discípulos e sua doutrina. [20]Jesus respondeu-lhe: "Eu falei publicamente ao mundo. Sempre ensinei na sinagoga e no templo*, onde se reúnem todos os judeus, e nada falei às ocultas. [21]Por que me perguntas? Pergunta àqueles que ouviram o que lhes ensinei. Estes sabem o que disse". [22]A estas palavras, um dos guardas presentes deu uma bofetada em Jesus*, dizendo: "É assim que respondes ao sumo sacerdote?" [23]Replicou-lhe Jesus: "Se falei mal, prova-o, mas, se falei bem, por que me bates?". [24]Anás enviou-o, amarrado, ao sumo sacerdote Caifás.

Pedro nega Jesus mais duas vezes. [25]Simão Pedro estava lá se aquecendo. Perguntaram-lhe: "Porventura não és tu também um de seus discípulos?" Ele o negou, dizendo: "Não sou!" [26]Disse-lhe um dos servos* do sumo sacerdote, parente daquele a quem Pedro cortara a orelha: "Por acaso não te vi com ele no horto?" [27]Pedro negou outra vez, e imediatamente um galo cantou.

Jesus no pretório de Pilatos. [28]Da casa de Caifás*, conduziram Jesus ao pretório. Era de manhã cedo. Os judeus não entraram no pretório, para não se contaminar e poderem comer a Páscoa. [29]Saiu, pois, Pilatos até eles, e perguntou: "Que acusação trazeis contra este homem?" [30]Responderam-lhe: "Se este não fosse malfeitor, não o entregaríamos a ti". [31]Disse-lhes Pilatos: "Tomai-o e julgai-o vós mesmos* conforme vossa lei". Responderam-lhe os judeus: "Não

---

* **18**,5. 8,24.28.58; 13,19 | 8. 6,39; 17,12 | 10. Lc 22,36ss; Mt 20,22; 26,39 | 12. Mt 26,57-75; Mc 14,54.66-72; Lc 22,54-62 | 14. 11,49ss | 20. 6,59; 7,26; Mt 4,23; 26,55; Is 45,19; 48,16 | 22. At 23,2-5; Êx 22,27 | 26. 18,10; Mt 26,34; 26,51 | 28. 11,55; Mt 27,1s; Mc 15,1-5; Lc 23,1-5 | 31. 19,6; At 18,15 | 32. 3,14; 8,28; 12,33; At 20,19

† **18**,4. Jesus é senhor absoluto da situação e não é surpreendido pelos acontecimentos, mas dá sua vida livremente, 10,18. | 11. O cálice simboliza a vocação e sobretudo o destino trágico de alguém; neste caso, a Paixão que começa.

João 18-19

nos é permitido condenar ninguém à morte". ³²A fim de se cumprir a palavra que Jesus havia dito*, indicando de que morte havia de morrer.

³³Pilatos entrou de novo no pretório, chamou Jesus e perguntou-lhe: "Tu és o rei dos judeus?" ³⁴Jesus respondeu: "Dizes isso por ti mesmo*, ou foram outros que te disseram isso de mim?" ³⁵Disse Pilatos: "Por acaso eu sou judeu? Tua nação e os sumos sacerdotes entregaram-te a mim*; que fizeste?" ³⁶Respondeu Jesus: "Meu reino não é deste mundo. Se meu reino fosse deste mundo, meus súditos teriam lutado para que eu não fosse entregue aos judeus. Mas meu reino não é daqui". ³⁷Perguntou-lhe então Pilatos: "Portanto, tu és rei?" Respondeu Jesus: "Tu o dizes*, eu sou rei. Para isto nasci e para isto vim ao mundo: para dar testemunho da verdade*. Todo aquele que é da verdade ouve minha voz". ³⁸Disse-lhe Pilatos: "Que é a verdade?"

Jesus e Barrabás. Depois de falar isso, saiu de novo, foi ter com os judeus e disse-lhes: "Não acho nele nenhum motivo de condenação. ³⁹Mas é costume entre vós que eu vos solte alguém pela Páscoa. Quereis, pois, que vos solte* o rei dos judeus?" ⁴⁰Então todos gritaram novamente e disseram: "A este não, mas a Barrabás!" Barrabás era um assaltante.

19 **Flagelação e coroação de espinhos.** ¹Pilatos então tomou Jesus* e mandou flagelá-lo. ²Os soldados teceram uma coroa de espinhos e puseram-na sobre sua cabeça e cobriram-no com um manto de púrpura. ³Aproximavam-se dele e diziam:* "Salve, rei dos judeus!" E davam-lhe bofetadas. ⁴Pilatos saiu outra vez e disse-lhes: "Es-

tou trazendo-o* aqui fora para vós, a fim de saberdes que não acho nele nenhum motivo de condenação". ⁵Então Jesus saiu, com a coroa de espinhos e o manto de púrpura. Pilatos lhes disse: "Eis o homem!" ⁶Quando o viram, os sumos sacerdotes* e os guardas gritaram: "Crucifica-o! Crucifica-o!" Disse-lhes Pilatos: "Tomai-o, vós, e crucificai-o, pois não encontro nele culpa alguma". ⁷Responderam-lhe os judeus: "Nós temos uma Lei*, e segundo esta Lei ele deve morrer, porque se declarou Filho de Deus".

⁸A estas palavras, Pilatos ficou com mais medo ainda. ⁹Entrou novamente no pretório e perguntou a Jesus: "De onde és tu?"* Mas Jesus nada lhe respondeu. ¹⁰Pilatos então lhe disse: "Tu não me falas? Não sabes que tenho poder para te soltar e poder para te crucificar?" ¹¹Respondeu Jesus: "Não terias nenhum poder sobre mim se não te fora dado do alto; por isso, quem me entregou a ti tem um pecado maior".

A condenação à morte. ¹²Desde então Pilatos* procurava soltá-lo. Mas os judeus gritavam: "Se o soltares, não és amigo de César, porque todo aquele que se faz rei se opõe a César"†. ¹³Ouvindo estas palavras, Pilatos levou Jesus para fora e sentou-se no tribunal, no lugar chamado Lajeado, em hebraico Gábata. ¹⁴Era o dia da Preparação para a Páscoa, por volta do meio-dia†. Pilatos disse aos judeus: "Eis vosso rei!" ¹⁵Mas eles gritaram: "Fora com ele! Fora com ele! Crucifica-o!" Pilatos perguntou-lhes: "Hei de crucificar vosso rei?"* Os sumos sacerdotes responderam: "Não temos outro rei senão César!"† ¹⁶Entregou-o então a eles para que fosse crucificado.

---

* **18**,34. **19**,14s. 19-22 | 35. 3,35; 18,10s; Lc 17,20; Jo 19,11 | 37. 3,32; 8,47; 10,3.26; 1Tm 6,13 / Jo 3,19 | 39. At 3,14 | **19**,1. Mt 20,19 | 3. 18,22 | 4. Is 50,8; Lc 23,4 | 6. 18,31 | 7. 5,18; 10,23-26; Lv 24,16 | 9. 3,27; Mt 26,62s; Mc 14,61; Lc 23,3-9; Rm 13,1; 1Tm 6,13 | 12. 18,37; Lc 23,2; At 17,7 | 15. 18,33-37

† **19**,12. Para obter de Pilatos que Jesus fosse condenado à morte, os judeus tinham de apresentá-lo como um perigo para a nação, mas Pilatos não fica convencido da culpabilidade dele no campo político. Então os judeus pressionam, dando a entender que, absolvendo Jesus, ele perderá as boas graças de César, o que poderia determinar o fim de sua carreira: foi o argumento decisivo. | 14. Nesta hora começavam a imolar-se os cordeiros pascais para a festa da Páscoa. A nova Páscoa, libertação que Deus oferece a todos, está se preparando: o novo Cordeiro Pascal vai consumar seu sacrifício.

João 19

A crucifixão. Levaram, pois, Jesus. [17]Carregando sua cruz*, saiu para o lugar chamado o Crânio, em hebraico Gólgota. [18]Ali o crucificaram, e com ele outros dois, um de cada lado, e Jesus no meio. [19]Pilatos redigiu também uma inscrição e mandou fixá-la no alto da cruz. Nela estava escrito: "Jesus nazareno, rei dos judeus". [20]Muitos dos judeus leram esta inscrição, porque o lugar onde Jesus foi crucificado ficava perto da cidade*, e a inscrição foi redigida em hebraico, latim e grego.

[21]Os sumos sacerdotes dos judeus disseram a Pilatos: "Não escrevas: 'Rei dos judeus', mas sim: 'Este homem disse: Eu sou o rei dos judeus'". [22]Respondeu Pilatos: "O que escrevi, escrevi". [23]Depois de crucificarem Jesus, os soldados tomaram suas roupas e fizeram quatro partes, uma para cada soldado, e também a túnica. Ora, a túnica, toda tecida de alto a baixo, não tinha costura†. [24]Disseram, pois, uns aos outros: "Não a rasguemos, mas vamos sorteá-la, para ver de quem será". A fim de se cumprir a palavra da Escritura: "Repartiram entre si minhas roupas* e sortearam minha veste". Foi o que fizeram os soldados.

Jesus e sua Mãe. [25]Junto à cruz de Jesus estavam de pé sua mãe*, a irmã de sua mãe, Maria, mulher de Cléofas, e Maria Madalena. [26]Jesus, vendo sua mãe e, perto dela o discípulo que amava, disse a sua mãe: "Mulher*, eis aí teu filho"†. [27]Depois disse ao discípulo: "Eis aí tua mãe". E, desta hora em diante, o discípulo acolheu-a consigo.

A morte de Jesus. [28]Em seguida, sabendo Jesus* que tudo estava consumado, para se cumprir plenamente a Escritura, disse: "Tenho sede". [29]Havia ali um vaso cheio de vinagre. Embeberam de vinagre uma esponja e, fixando-a numa vara de hissopo, chegaram-lha à boca. [30]Havendo Jesus tomado o vinagre, disse: "Tudo está consumado". Inclinou a cabeça e entregou o espírito.

O golpe com a lança. [31]Para que os corpos não ficassem na cruz* durante o sábado, porque era o dia da Preparação da Páscoa, e esse sábado era um dia solene, os judeus pediram a Pilatos que se lhes quebrassem as pernas e fossem retirados. [32]Vieram, pois, os soldados e quebraram as pernas do primeiro e do outro, que tinham sido crucificados com Jesus. [33]Chegando, porém, a ele, vendo que já estava morto, não lhe quebraram as pernas, [34]mas um dos soldados abriu-lhe o peito* com uma lança, e imediatamente saiu sangue e água†. [35]Quem viu isto é que está dando testemunho, e seu testemunho é digno de fé, e ele sabe que diz a verdade, a fim de que acrediteis. [36]Porque isto aconteceu para que se cumprisse a Escritura: "Nenhum de seus ossos será quebrado"*. [37]E diz em outra parte a Escritura: "Olharão para aquele que transpassaram"†.

O sepultamento. [38]Depois disso, José de Arimateia*, que era discípulo de Jesus, mas ocultamente, por medo dos judeus, pediu a Pilatos autorização para tirar o corpo de Jesus. Pilatos permitiu. Foi, pois, e tirou o corpo de Jesus. [39]Acompanhou-o Nicodemos*,

---

* **19**,17. Mt 27,32-44; Mc 15,20.22.25ss; Lc 23,33.38; Gn 22,6; Is 53,12 | 20. Hb 13,12s | 24. Sl 22,19 | 25. Mt 27,55s; Mc 15,40s; Lc 23,49 | 26. 2,4; 13,23; 20,2; 21,7.20 | 28. 4,34; 5,39; 18,4; 2Tm 4,7; Ap 15,1; Sl 22,16; 69,22 | 31. 19,14; Mt 27,57-61; Dt 21,22s; Gl 3,13 | 34. 7,37ss; 21,24; 1Jo 5,6-8; | 36. Êx 12,46; Sl 34,21; Nm 9,12; Zc 12,10; Ap 1,7 | 38. 7,13; 9,22; 20,19 | 39. 3,1; 7,50 | 40. 11,44

† **19**,15. Pilatos obtém dos judeus a submissão a César e o julgamento que se infligem a si mesmos de renunciar à esperança messiânica. | 23. Desde S. Cipriano, os Santos Padres consideraram essa túnica como símbolo da unidade indestrutível da Igreja. | 26. Como nas bodas de Caná, 2,4, Jesus dá a Maria o nome de "Mulher", referindo-se à primeira mulher, Eva, "mãe de todos os viventes", Gn 3,20. Nesta hora da nova aliança, Jesus faz de sua Mãe a Mãe de todos os discípulos, representados pelo discípulo amado, a Mãe do Cristo Total. | 34. O sangue e a água que escorreram do lado transpassado de Jesus crucificado são tipos do Batismo e da Eucaristia, sacramentos que representam a Igreja. "Da mesma forma que Eva foi formada do lado de Adão adormecido, assim a Igreja, esposa de Cristo, nasceu do coração transpassado de Cristo morto na cruz" (S. Ambrósio). | 37. Os que creem verão Jesus como Ele é realmente: o Filho do homem em sua glória, o Senhor ressuscitado. | 39. A libra romana pesava 327, 5 g, portanto, são 32,75 kg.

João 19-20

aquele que antes tinha ido de noite encontrar-se com Jesus, levando umas cem libras† de uma mistura de mirra e aloés. ⁴⁰Tomaram o corpo de Jesus* e o envolveram em panos com os aromas, como os judeus costumam sepultar. ⁴¹No lugar em que ele foi crucificado havia um jardim e, no jardim, um sepulcro novo, no qual ninguém ainda tinha sido depositado. ⁴²Foi ali que colocaram Jesus, por causa da Preparação dos judeus, pois o sepulcro ficava perto.

20 O sepulcro vazio. ¹No primeiro dia da semana†, de madrugada*, quando ainda estava escuro, Maria Madalena foi até o túmulo e viu que a pedra tinha sido retirada do túmulo. ²Ela correu e foi procurar Simão Pedro e o outro discípulo,* aquele que Jesus amava. E disse-lhes: "Tiraram o Senhor do túmulo e não sabemos onde o puseram!"

³Então Pedro e o outro discípulo saíram* e foram até o túmulo. ⁴Ambos corriam juntos. Mas o outro discípulo correu mais depressa que Pedro e chegou primeiro ao túmulo. ⁵Abaixando-se, ele viu as faixas no chão, mas não entrou. ⁶Então chegou também Pedro, que o seguia, e entrou no túmulo. Viu as faixas no chão ⁷e também o sudário* que tinham colocado sobre a cabeça de Jesus: não estava com as faixas, mas enrolado num lugar à parte. ⁸Foi então que entrou também o outro discípulo, que tinha chegado primeiro ao túmulo. Ele viu e acreditou. ⁹Pois ainda não tinham compreendido a Escritura, segundo a qual Jesus devia ressuscitar* dos mortos. ¹⁰Os discípulos voltaram então para casa.

Jesus aparece a Madalena. ¹¹Maria estava chorando perto do túmulo, do lado de fora. Enquanto chorava, inclinou-se para o túmulo ¹²e viu dois anjos vestidos de branco, sentados, um à cabeceira, outro aos pés do lugar onde tinha estado o corpo de Jesus. ¹³Eles lhe perguntaram: "Mulher*, por que estás chorando?" ¹⁴Respondeu-lhes: "Porque levaram meu Senhor, e não sei onde o puseram..." Dizendo isto, voltou-se para trás e viu Jesus de pé, mas não sabia* que era ele. ¹⁵Disse-lhe Jesus: "Mulher, por que estás chorando? A quem procuras?" Pensando que fosse o jardineiro, ela lhe disse: "Senhor, se foste tu que o levaste, dize-me onde o puseste, para que eu vá buscá-lo". ¹⁶Disse-lhe Jesus: "Maria!" Ela, voltando-se, disse-lhe em hebraico:* "Rabbuni!", que significa "Mestre". ¹⁷Disse-lhe Jesus: "Não me segures†, pois ainda não subi para o Pai. Mas vai procurar meus irmãos e dize-lhes: 'Subo para meu Pai e vosso Pai, meu Deus e vosso Deus'". ¹⁸Maria Madalena foi anunciar aos discípulos: "Vi o Senhor", e contou o que ele disse.

Aparição aos discípulos. ¹⁹Na tarde desse mesmo dia*, que era o primeiro da semana, estando fechadas, por medo dos judeus, as portas do lugar onde os discípulos estavam reunidos, entrou Jesus, colocou-se no meio e disse-lhes: "A paz esteja convosco!" ²⁰Dizendo isto, mostrou-lhes as mãos e o peito. Os discípulos ficaram cheios de alegria ao verem o Senhor. ²¹De novo lhes disse: "A paz esteja convosco!* Como o Pai me enviou, também eu vos envio". ²²Depois dessas palavras*, soprou sobre eles e disse-lhes: "Recebei o Espírito Santo. ²³Àqueles a quem perdoardes os pecados, serão perdoados; àqueles a quem os retiverdes, serão retidos"†.

---

* **20**,1. Mt 28,1-10; Mc 16,1-8; Lc 24,1-11 | 2. 13,23; 18,15; 19,26; 21,7 | 3. Lc 24,24 | 7. 11,44; 19,40 | 9. 5,39; Lc 24,26ss; At 2,27.31; 1Cor 15,4; Mc 16,9ss | 13. Lc 24,16; | 14. 21,4; 2Cor 5,16 | 16. Mt 12,49; 28,9s; Rm 8,29; Hb 2,11s; Sl 22,23 | 19. 14,27; 16,16; Mt 28,16-20; Lc 24,36.49; 1Cor 15,5 | 21. 17,18; Mt 28,19 | 22. 7,39; Gn 2,7; At 1,8; 1Cor 15,45; Ez 37,9; Sb 15,11; Mt 16,19; 18,18

† **20**,1. O 1º dia depois do sábado é o nosso domingo. A Igreja celebra o dia da Ressurreição de Cristo toda semana, no dia que é corretamente chamado "domingo", ou seja, "dia do Senhor". | 17. Durante os quarenta dias que Jesus ressuscitado passa com os apóstolos, sua glória permanece ainda velada sob os traços de uma humanidade comum. Isso transparece em sua palavra misteriosa a Maria Madalena. | 23. Jesus institui o sacramento da Penitência; "os que o recebem obtêm da misericórdia divina o perdão da ofensa feita a Deus e ao mesmo tempo são reconciliados com a Igreja que feriram pecando, e a qual colabora para sua conversão com caridade, exemplo e orações" (CIC).

João 20-21

Jesus e Tomé. [24]Tomé, um dos Doze*, chamado Dídimo, não estava com eles quando veio Jesus. [25]Os outros discípulos lhe disseram: "Vimos o Senhor!" Mas ele respondeu-lhes: "Se eu não vir o sinal dos pregos* em suas mãos, se não puser meu dedo na marca dos pregos e se não colocar minha mão em seu peito, não acreditarei". [26]Oito dias depois, os discípulos estavam* de novo dentro, e Tomé estava com eles. Jesus veio a portas fechadas, colocou-se no meio e disse: "A paz esteja convosco!" [27]Em seguida disse a Tomé: "Põe aqui teu dedo, vê minhas mãos, estende a mão, coloca-a em meu peito, e não sejas mais incrédulo, mas crê!" [28]Tomé respondeu-lhe: "Meu Senhor* e meu Deus!" [29]Disse-lhe Jesus: "Tomé, tu creste porque me viste; felizes aqueles que não viram* e creram!"†

Primeira conclusão do Evangelho. [30]Jesus fez ainda, na presença dos discípulos*, muitos outros sinais que não se acham escritos neste livro. [31]Estes foram escritos, para que acrediteis que Jesus é o Cristo, o Filho de Deus, e para que, acreditando, tenhais a vida em seu nome.

IV. EPÍLOGO
(21)

21 **Aparição no mar de Tiberíades.** [1]Depois disso, Jesus manifestou-se novamente* aos discípulos junto ao mar de Tiberíades. Manifestou-se assim: [2]Estavam juntos Simão Pedro, Tomé, chamado Dídimo, Natanael, que era de Caná da Galileia, os filhos de Zebedeu e dois outros de seus discípulos. [3]Disse-lhes Simão Pedro: "Vou pescar". Disseram-lhe os outros: "Vamos também contigo". Saíram

e subiram à barca. Naquela noite nada apanharam. [4]Pela manhã, Jesus estava na praia*. Mas os discípulos não sabiam que era Jesus.

[5]Perguntou-lhes Jesus: "Filhos, tendes algum peixe?" "Não", responderam eles. [6]Disse-lhes: "Lançai a rede à direita da barca e encontrareis". Lançaram-na, pois, e já não podiam puxá-la, por causa da grande quantidade* de peixes. [7]Nisso, o discípulo a quem Jesus amava disse a Pedro: "É o Senhor!" Ao ouvir que era o Senhor, Simão Pedro vestiu a túnica, pois estava despido, e lançou-se ao mar. [8]Os outros discípulos vieram com a barca, pois não estavam longe da terra, mas a uma distância de duzentos côvados†, arrastando a rede com os peixes.

[9]Quando saltaram em terra, viram brasas e um peixe em cima delas, e pão. [10]Disse-lhes Jesus: "Trazei alguns dos peixes que apanhastes". [11]Simão Pedro subiu à barca e arrastou para a praia a rede cheia de peixes grandes: cento e cinquenta e três. E, apesar de serem tantos, a rede não se rompeu†. [12]Disse-lhes Jesus: "Vinde e comei!" Nenhum dos discípulos tinha coragem* de perguntar-lhe: "Quem és tu?", sabendo que era o Senhor. [13]Jesus veio, tomou o pão e lhes deu; e fez a mesma coisa com o peixe. [14]Foi esta a terceira vez que Jesus manifestou-se a seus discípulos depois que ressuscitou dos mortos.

Pedro, chefe dos apóstolos. [15]Depois de terem comido*, perguntou Jesus a Simão Pedro: "Simão, filho de João, tu me amas mais do que estes?" Ele respondeu: "Sim, Senhor, tu sabes que te amo!" Ele lhe disse: "Apascenta meus cordeiros"†. [16]Perguntou-lhe de novo, uma segunda vez: "Simão, filho de João,

---

* **20**,24. 11,16; 14,5; 16,34; 21,2 | 25. 1Jo 1,1; Mt 28,17; Lc 24,21-25.37-41 | 26. 14,27; 19,34, 20,19; Mc 16,14 | 28. Sl 35,23; Ap 4,11 | 29. 4,48; 1Pd 1,8 | 30. 1,12; 3,15; 12,37; 21,25; 1Jo 5,13; At 3,16 | **21**,1. Mt 26,32; Mc 16,14s; Lc 5,1-11; Mt 4,18-21 | 4. 20,14; Lc 24,16.41 | 6. 13,23; 19,20; 20,2; Mt 14,29 | 12. 6,11; Mt 14,19; 15,36 | 15. 1,42; 13,37s; 18,17. 25ss; Mt 16,17; Lc 7,42s; At 20,28; 1Pd 5,2; Lc 22,31s

† **20**,29. Os discípulos são felizes, não tanto por terem visto o Senhor, mas por terem entendido o significado da Paixão, como revelação do amor supremo. | **21**,8. Uns 100 m. | 11. A rede que não se rompe representa a união dos fiéis em torno de Jesus, em contraste com as divisões que houve entre o povo a propósito dele, 7,43; 9,16; 10,19. | 15. Nesse texto, a tradição católica reconhece uma afirmação importante do ministério especial do Papa dentro da Igreja, pois ele é o sucessor de Pedro.

tu me amas?" Ele respondeu: "Sim, Senhor, tu sabes que te amo!" Disse-lhe Jesus: "Apascenta minhas ovelhas". [17]Pela terceira vez perguntou-lhe Jesus: "Simão, filho de João, tu me amas?" Entristeceu-se Pedro por ter ele perguntado pela terceira vez: 'Tu me amas?' e lhe disse: "Senhor, tu sabes tudo; tu sabes que te amo!" Disse-lhe Jesus: "Apascenta minhas ovelhast. [18]Na verdade, na verdade, te digo: quando eras jovem, cingias-te a ti mesmo e ias para onde querias*; quando, porém, fores velho, estenderás as mãos, e um outro te cingirá e te levará para onde não queres". [19]Disse isto para indicar com que tipo de morte Pedro havia de glorificar a Deus. Quando acabou de falar, disse-lhe: "Segue-me"*.

O futuro do discípulo amado. [20]Voltando-se, Pedro viu que os seguia o discípulo a quem Jesus amava, aquele que na ceia se reclinara sobre seu peito e perguntara: "Senhor, quem é que vai te entregar?" [21]Vendo-o, pois, perguntou Pedro a Jesus: "Senhor, e este?" [22]Respondeu-lhe Jesus: "Se eu quero que ele permaneça até que eu venha, que te importa? Tu, segue-me!" [23]Por isso, divulgou-se entre os irmãos* o boato de que esse discípulo não morreria. Entretanto, Jesus não disse que não morreria, mas: "Se eu quero que ele permaneça até que eu venha, que te importa?"

Segunda conclusão do Evangelho. [24]Este é o discípulo que dá testemunho dessas coisas* e as escreveu, e sabemos que seu testemunho é verdadeiro. [25]Há, porém, muitas outras coisas que Jesus fez e que, se fossem escritas uma por uma, penso que nem o mundo inteiro poderia conter os livros que seriam escritos.

---

* **21**,18. At 21,11.14 | 19. 13,23.25; 19,26; 20,2; 21,7 | 23. Mt 16,28 | 24. 15,27; 19,35; 3Jo 12; 20,30

† **21**,17. "O Senhor disse claramente que cuidar de seu rebanho é uma prova de amor a ele" (S. João Crisóstomo).

ATOS DOS APÓSTOLOS

Neste livro, São Lucas continua e termina a narração que começou em seu Evangelho. A partir da ascensão de Jesus, ponto final do terceiro Evangelho, descreve como os primeiros fiéis esperaram e receberam o Espírito Santo, que deu origem à Igreja Apostólica, encarregada de continuar a obra evangelizadora de Jesus.

A palavra de Jesus aos discípulos: "Sereis minhas testemunhas em Jerusalém, em toda a Judeia e Samaria e até os confins da terra" (At 1,8), parece inspirar o plano de sua obra. Os primeiros cinco capítulos apresentam a Igreja-mãe de Jerusalém. Do cap. 6 ao cap. 12 assistimos ao crescimento da Igreja, através da Palestina e regiões vizinhas; do cap. 13 em diante, vemos o Evangelho propagar-se até o coração do Império Romano.

Não são narradas as atividades de todos os apóstolos, mas a atenção do narrador volta-se especialmente para Pedro, que é a figura central das duas primeiras partes, e Paulo, que é o personagem dominante na última parte do livro.

O objetivo da narração não é simplesmente conservar recordações históricas, mas sim anunciar "as maravilhas de Deus" (At 2,11), que atestam a vinda da salvação, testemunhar as experiências das primeiras comunidades e expor os sinais de conversão do mundo.

Por isso, o livro nunca deixa de mostrar, por detrás da ação apostólica da Igreja, a força e a inspiração do Espírito Santo. Ele veio sobre os apóstolos no dia de Pentecostes, mas veio também em outras oportunidades sobre grupos diferentes; e, como resultado, os agentes da evangelização são pessoas "cheias do Espírito", que agem com a força dos sinais e prodígios, que falam com a sabedoria do Espírito, embora sejam reconhecidamente ignorantes (At 4,13). Por causa dessa presença constante do Espírito Santo em todas as páginas dos Atos, este livro foi denominado "o Evangelho do Espírito Santo".

São Lucas escreveu-o com seu talento de historiador consciencioso, que procura documentar-se e transmite inúmeras informações, tanto orais como escritas. Esteve em contato com testemunhas oculares de muitos fatos que narrou, pois se encontrou com Barnabé em Antioquia, esteve em Cesareia com Filipe; em Jerusalém visitou Tiago, foi companheiro de Marcos em Roma, viajou com Silas e com o próprio Paulo. De suas viagens com Paulo temos quatro relatórios, nas quais ele usa o pronome "nós", demonstrando que presenciou os acontecimentos: 16,10-17; 20,5-15; 21,1-18; 27,1-28,16.

Os Atos dos Apóstolos são o único documento escrito desta fase capital da história da Igreja. Seu interesse está em nos mostrar a vida da Igreja em suas primeiras manifestações: como aquela comunidade tomou consciência de si, organizou-se e posicionou-se diante dos judeus, dos helenistas e dos pagãos; que tipo de evangelização ofereceu a judeus e gregos; e como o Senhor Jesus cumpriu as promessas feitas aos discípulos, sobretudo aquela de enviar o Espírito, para ensinar-lhes tudo (Jo 16,14).

Como o fazem todas as Bíblias, apresentamos o texto alexandrino dos Atos, mas incluímos em nota algumas variantes mais sugestivas do texto ocidental, representado por uma família de manuscritos antigos e usados pelos Ss. Padres do Ocidente.

O cristão que hoje lê este livro sente-se impelido a amar sua Igreja, pela qual tanto fizeram aqueles homens de Deus; é exortado a assumir sua vocação missionária dentro dessa Igreja missionária. E, confiante na ação do Espírito e na força do Evangelho, ele se torna também uma testemunha da ressurreição.

Atos dos Apóstolos 1

1 **Prólogo.** [1]Em meu primeiro livro,* ó Teófilo†, falei de tudo o que Jesus fez e ensinou desde o começo [2]até o dia em que foi elevado ao céu, depois de ter dado suas instruções aos apóstolos que havia escolhido sob a ação do Espírito Santo.

[3]A eles também, após sua paixão, Jesus apresentou-se vivo* com muitas provas, aparecendo-lhes durante quarenta dias e falando-lhes do Reino de Deus.

[4]Um dia, estando à mesa com eles,* mandou que não saíssem de Jerusalém, mas que esperassem que se cumprisse a promessa do Pai†, "aquela – disse ele – que ouvistes de minha boca: [5]porque João batizou com água,* mas vós, é no Espírito Santo que sereis batizados, dentro de poucos dias".

I. A IGREJA EM JERUSALÉM
(1,6–5,42)

A Ascensão de Jesus. [6]Estando, pois, reunidos, perguntavam-lhe: "Senhor, é agora* que vais restabelecer a realeza em Israel?"† [7]Respondeu-lhes Jesus: "Não compete a vós saber os tempos e os momentos que o Pai marcou com sua própria autoridade. [8]Mas recebereis a força* do Espírito Santo†, que descerá sobre vós e sereis minhas testemunhas em Jerusalém, em toda a Judeia, na Samaria e até os confins da terra"†.

[9]Depois dessas palavras,* foi elevando-se à vista deles, e uma nuvem† escondeu-o a seus olhos. [10]E enquanto ele partia,* ficaram olhando para o céu. Nisso apareceram junto deles dois homens vestidos de branco [11]e lhes disseram: "Homens da Galileia, por que ficais olhando para o céu? Este mesmo Jesus,* que foi tirado de vosso meio para o céu, voltará assim como o vistes ir para o céu".

O grupo dos apóstolos. [12]Então voltaram para Jerusalém, partindo do assim chamado monte das Oliveiras, que fica perto de Jerusalém, à distância de uma caminhada de sábado†. [13]Depois de entrarem na cidade,* subiram para a sala de cima, onde ficavam Pedro, João, Tiago, André, Filipe e Tomé, Bartolomeu e Mateus, Tiago, filho de Alfeu, e Simão, o zelota, e Judas, filho de Tiago. [14]Todos perseveravam unânimes na oração, junto com algumas mulheres, entre as quais Maria, mãe de Jesus,* e com seus irmãos†.

A eleição de Matias. [15]Naqueles dias, levantou-se Pedro† no meio dos irmãos – estavam lá reunidas umas cento e vinte pessoas – e disse: [16]"Irmãos, era preciso* que se cumprisse o que o Espírito Santo havia predito na Escritura, pela boca de Davi, a respeito de Judas, que se tornou o guia dos que prenderam Jesus. [17]Era um dos nossos* e recebeu sua parte em nosso ministério. [18]Este homem comprou um terreno com o salário de seu crime; depois caiu de cabeça para baixo, rebentou ao meio, e todas as suas entranhas se derramaram. [19]Disso ficaram sabendo todos os habitantes de Jerusalém, e por isso o tal terreno ganhou na língua deles o nome de Hacéldama, que significa "Campo de

---

* **1**,1. Lc 1,3; 24,49ss | 3. Lc 24,36-42 | 4. Lc 24,49 | 5. 11,16; Lc 3,16 | 6. Mc 13,32 | 8. 10,39 | 9. Mc 16,19; Lc 24,51 | 10. Lc 24,4; 2Tm 3,16 | 11. Ap 1,7 | 13. Lc 6,14ss | 14. Lc 8,2 | 16. Lc 22,47 | 17. Lc 6,16; Mt 27,3-8

† **1**,1. O 1º livro é o 3º Evangelho, que também é obra de São Lucas. Teófilo parece ser a pessoa que assumiu as despesas da composição e da divulgação do livro. | 4. A promessa é a efusão do Espírito Santo, que acontecerá no dia de Pentecostes. | 6. Os apóstolos esperam uma restauração do reinado da dinastia de Davi, e Jesus os orienta para a pregação universal do Evangelho. | 8. Assim como Jesus foi concebido pelo Espírito Santo, foi movido e consagrado por ele, assim os discípulos e toda a Igreja receberão a mesma consagração. O Espírito é o compêndio de todos os bens messiânicos. Do princípio ao fim dos Atos, é o Espírito Santo quem impulsiona e comanda os acontecimentos, de tal modo que o livro é chamado de "Evangelho do Espírito Santo". / Este v. indica as etapas da pregação apostólica, que não tem limites, e dá também o plano do livro. O testemunho será um tema fundamental nos Atos: v. 22; 2,32; 3,15; 4,33; 5,32. | 9. A nuvem é sinal da presença de Deus, de sua glória. | 12. No sábado só se podia caminhar 2 mil côvados, isto é, 1 km. | 14. Irmãos aqui são os parentes, Mc 3,31; no v. 10 o mesmo termo designa a comunidade toda. | 15. Pedro começa a assumir sua posição de chefe dos apóstolos. Em toda a 1ª parte dos Atos, capítulos. 1-12, ele é o personagem central.

Atos dos Apóstolos 1-2

Sangue". [20]Ora, está escrito no livro dos Salmos: 'Fique deserta sua casa, e não haja quem nela habite'. E também: 'Que um outro assuma seu cargo'.*

[21]É preciso pois que, dentre esses homens que nos vêm acompanhando por todo o tempo que o Senhor Jesus viveu entre nós, [22]a começar pelo batismo de João até o dia em que nos foi tirado, um deles se torne junto conosco testemunha de sua ressurreição". [23]Apresentaram dois: José, chamado Barsabás, que tinha o apelido de Justo, e Matias. [24]Então fizeram esta oração: "Ó Senhor, que conheceis o coração de todos, mostrai-nos qual destes dois escolhestes, [25]para que assuma, neste serviço de apostolado, o lugar que Judas abandonou para ir ao lugar que é seu". [26]Tiraram a sorte†, e a sorte caiu sobre Matias, que foi associado aos onze apóstolos.

2 A vinda do Espírito Santo. [1]Ao chegar o dia de Pentecostes†, todos estavam reunidos* no mesmo lugar. [2]De repente, veio do céu um ruído semelhante ao de uma forte ventania* e encheu toda a casa onde estavam. [3]E apareceram-lhes línguas como de fogo, que se repartiam, pousando sobre cada um deles. [4]Todos ficaram cheios do Espírito Santo e começaram a falar em outras línguas†, conforme o Espírito concedia a eles se expressarem.

[5]Achavam-se então em Jerusalém judeus devotos de todas as nações que há debaixo do céu†. [6]Quando se ouviu o ruído, a multidão se reuniu e ficou espantada, porque cada um os ouvia falar em sua própria língua. [7]Atônitos e maravilhados,* diziam: "Não são galileus todos esses que estão falando? [8]E como é que cada um de nós os ouve falar em sua própria língua? [9]Somos partos, medos, elamitas, habitantes da Mesopotâmia, da Judeia, da Capadócia, do Ponto e da Ásia, [10]da Frígia e da Panfília, do Egito e da região da Líbia junto a Cirene†, estrangeiros de Roma, [11]judeus e prosélitos†, cretenses e árabes; e nós os ouvimos anunciando em nossa língua as maravilhas de Deus". [12]Todos estavam pasmados e perplexos, perguntando uns aos outros: "Que pode ser isto?" [13]Outros diziam zombando: "Estão cheios de vinho doce!"

Primeiro discurso de Pedro. [14]Então Pedro, de pé, junto com os Onze, ergueu a voz e dirigiu ao povo estas palavras: "Homens da Judeia e vós todos que vos achais em Jerusalém! Ficai sabendo disto e prestai atenção a minhas palavras. [15]Estes homens não estão bêbados, como pensais, sendo apenas nove horas da manhã. [16]Mas isto é o que foi dito pelo profeta Joel:*

[17]'Acontecerá, nos últimos dias,† diz Deus,

que derramarei meu Espírito sobre todo ser humano.

Vossos filhos e vossas filhas profetizarão,

vossos jovens terão visões e vossos idosos terão sonhos.

[18]Também sobre meus servos e minhas servas

derramarei naqueles dias meu Espírito, e profetizarão.

[19]Farei prodígios lá em cima no céu* e sinais aqui embaixo na terra,

sangue, fogo e vapor de fumaça.

[20]O sol se mudará em trevas e a lua em sangue,

---

* **1**,20. Sl 69,26; 109,8 | **2**,1. Lv 23,15-21; Dt 16,9ss | 2. 4,31; 10,44; 19,6; Lc 3,16; 1Cor 13,1; Mc 16,17 | 7. 1,11 | 16. Jl 3,1-5 | 19. 5,12; 15,12; Ap 6,12 | 21. Rm 10,13

† **1**,26. O sorteio, pelo qual Deus manifesta sua vontade, era prática usada em Israel, Lv 16,8; Nm 26,52-55; Js 7,14. | **2**,1. Pentecostes quer dizer 50; era celebrado 50 dias depois da Páscoa, para comemorar a aliança do Sinai, Êx 24. | 4. O dom das línguas restaura a unidade do gênero humano que se perdera em Babel, Gn 11. O dom do Espírito funda a Igreja como realidade viva. Pentecostes é a festa da manifestação da Igreja ao mundo. | 5. Conforme uma tradição rabínica, quando Javé deu a Lei, sua voz foi ouvida por todas as nações "que há debaixo do céu". | 10. Os povos são enumerados conforme uma ordem geográfica que vai do oriente ao ocidente. | 11. Prosélitos eram pagãos que simpatizavam com o judaísmo e aceitavam a circuncisão. | 17. Os "últimos dias" são os dias do Messias, pois com ele a história entrou em sua última fase.

Atos dos Apóstolos 2

antes que chegue o dia do Senhor, grande e glorioso dia.

²¹E todo aquele que invocar o nome do Senhor será salvo'.*

²²Homens de Israel, ouvi estas palavras: Jesus de Nazaré foi por Deus credenciado junto de vós, por meio de milagres, prodígios e sinais, que Deus realizou entre vós por meio dele, como bem sabeis. ²³Este homem, que tinha sido entregue* segundo o desígnio preestabelecido e a presciência de Deus, vós o prendestes e o matastes, pregando-o na cruz* por mãos de gente má. ²⁴Mas Deus o ressuscitou, libertando-o das angústias da morte, pois não era possível que ele ficasse detido sob seu poder.

²⁵Com efeito, diz Davi a respeito dele:*

'Eu contemplava sempre o Senhor diante de mim;

porque ele está a minha direita, para eu não vacilar.

²⁶Por isso, meu coração se alegrou e exultou minha língua.

E também minha carne repousará na esperança

²⁷de que não me abandonareis na mansão dos mortos,

nem permitireis que vosso Santo experimente a corrupção.

²⁸Os caminhos da vida me fizestes conhecer,

encher-me-eis de alegria com vossa presença'.

²⁹Irmãos, permiti que eu vos fale com toda a franqueza: o patriarca Davi morreu e foi sepultado, e seu túmulo se acha entre nós até hoje. ³⁰Mas como ele era profeta e sabia que Deus lhe havia prometido com juramento* fazer sentar-se sobre seu trono um descendente seu, ³¹ele viu de antemão e anunciou a ressurreição de Cristo, dizendo que ele não seria abandonado na mansão dos mortos e que sua carne não sofreria a corrupção. ³²A este Jesus, Deus o ressuscitou,* disso todos somos testemunhas. ³³E agora, exaltado pela direita de Deus, ele recebeu do Pai o Espírito Santo prometido* e o derramou; é isso que estais vendo e ouvindo. ³⁴Pois não foi Davi que subiu ao céu e no entanto ele diz:

'O Senhor disse a meu senhor:*

senta-te a minha direita

³⁵até que eu ponha teus inimigos debaixo de teus pés'.

³⁶Portanto, que toda a casa de Israel fique sabendo, com certeza, que Deus estabeleceu como Senhor e Messias esse Jesus que vós crucificastes!"

As primeiras conversões. ³⁷Ao ouvirem essas palavras,* sentiram o coração agoniado e perguntaram a Pedro e aos demais apóstolos: "Que devemos fazer, irmãos?" ³⁸Pedro respondeu-lhes: "Arrependei-vos e cada um procure receber o batismo em nome de Jesus Cristo, para a remissão de vossos pecados; e assim recebereis o dom do Espírito Santo. ³⁹Porque é para vós a promessa,* como também para vossos filhos e para todos os que estão longe†, para quantos forem chamados pelo Senhor nosso Deus".

⁴⁰E com muitas outras palavras dava testemunho e exortava-os, dizendo: "Salvai-vos desta geração perversa!" ⁴¹Os que aceitaram sua palavra receberam o batismo.* E, naquele dia, uniram-se a eles umas três mil pessoas†.

A vida da comunidade†. ⁴²Eles perseveravam na doutrina dos apóstolos,* na vida em comunidade, na fração do pão†

---

* **2,**23. 4,28 / 3,15 | 25. 2Sm 22,6; Sl 16,8-11 | 30. 13,36; 1Rs 2,10; Sl 89,4; 16,10; 132,11; 2Sm 7,12s | 32. Lc 24,48; Jo 14,16; 15,26 | 33. 1,4.8; 7,55s | 34. Sl 110,1; Mt 22,44; Hb 1,13 | 37. 3,19; Lc 3,10.12.14 | 39. 22,21; Is 57,19; Jl 2,32; Ef 2,13.17 | 41. 2,47; 4,4; 5,14; 11,24 | 42. 2,46; 20,7

† **2,**39. Nesta expressão, tirada de Is 57,19, os que estavam longe (da salvação) eram os gentios, agora chamados juntamente com os que estavam perto, os judeus. | 41. Lucas gosta de mostrar o crescimento da Igreja: 2,47; 4,4; 5,14; 6,7; 9,31; 11.21.24; 16,5. | 42. Aqui e em 4,32-36 e 5,12-17 temos retratos da comunidade: viviam em união, praticavam a comunhão de bens, ofereciam a Deus o culto litúrgico e ouviam a Palavra. / A expressão "fração do pão" designa a Eucaristia, At 20,7; 1Cor 10,16, na qual se fazia memória da vida de Cristo, a pregação da Palavra, preces, uma refeição e a partilha dos bens. Deste ritual nasceu nossa Missa.

Atos dos Apóstolos 2-3

e nas orações. [43]O temor se apoderava de todos,* e eram numerosos os prodígios e sinais feitos pelos apóstolos. [44]Todos os que creram estavam juntos* e tinham tudo em comum. [45]Vendiam suas propriedades e seus bens e distribuíam o dinheiro entre todos, conforme cada um precisava. [46]Unidos de coração, frequentavam todos os dias o templo e partiam o pão em suas casas, tomando as refeições com alegria e simplicidade de coração. [47]Louvavam a Deus e gozavam da estima de todo o povo. E cada dia o Senhor ia ajuntando à comunidade os que seriam salvos.*

3 Cura de um aleijado.
[1]Pedro e João estavam subindo ao templo para a oração das três horas da tarde[†]. [2]Estava sendo levado um aleijado de nascença,* que todo dia era colocado à porta do templo, chamada Formosa, para pedir esmola aos que entravam no templo. [3]Vendo Pedro e João que iam entrar no templo, pediu-lhes esmola. [4]Então Pedro, como também João, fixou nele o olhar e disse: "Olha para nós". [5]Ele mantinha o olhar fixo neles, esperando receber deles alguma coisa. [6]Pedro, porém, disse: "Prata e ouro não tenho,* mas o que tenho te dou: em nome de Jesus Cristo, o Nazareno, caminha!" [7]Segurando-o pela mão direita, levantou-o. Na mesma hora os pés e os tornozelos dele se firmaram; [8]de um salto ele se pôs de pé e começou a andar. Entrou com eles no templo, andando, saltando e louvando a Deus. [9]Todo o povo o viu caminhar e louvar a Deus; [10]reconheciam nele o homem que ficava pedindo esmola,* sentado junto à porta Formosa do templo. Ficaram cheios de espanto e de admiração pelo que lhe acontecera.

Segundo discurso de Pedro. [11]Como ele não largasse mais Pedro e João,* todos, maravilhados, acorreram para eles no pórtico chamado de Salomão. [12]Ao ver isso, Pedro disse ao povo: "Homens de Israel, por que vos admirais disso? Por que ficar nos olhando assim, como se fosse por nosso próprio poder ou por nossa piedade pessoal que fizemos este homem caminhar? [13]O Deus de Abraão, de Isaac e de Jacó,* o Deus de nossos pais glorificou seu Servo[†] Jesus, que vós entregastes e renegastes perante Pilatos, quando ele estava resolvido a libertá-lo. [14]Vós, porém, renegastes o Santo e o Justo e pedistes a liberdade para um assassino, [15]enquanto matáveis o autor da vida.* Mas Deus o ressuscitou dentre os mortos[†], e disso nós somos testemunhas. [16]E pela fé em seu nome[†], este mesmo nome acaba de fortalecer este homem que vós vedes e conheceis; e a fé nele deu a este homem a saúde perfeita, na presença de todos vós.

[17]No entanto, irmãos, eu sei que vós* e vossos chefes agistes assim por ignorância. [18]Foi assim que Deus cumpriu aquilo que havia predito pela boca de todos os profetas, isto é, que seu Cristo haveria de sofrer. [19]Arrependei-vos,* pois, e convertei-vos, para que vossos pecados sejam apagados [20]e que assim o Senhor faça chegar o tempo do repouso. Ele enviará então o Cristo que vos foi destinado, Jesus, [21]aquele que o céu deve guardar até os tempos da restauração universal, da qual Deus falou pela boca de seus santos profetas de outrora. [22]Primeiro disse Moisés: 'O Senhor Deus suscitará para vós,* dentre vossos irmãos, um profeta semelhante a mim; vós o escutareis em tudo o que

---

* **2**,43. 5,11s; 6,8; 15,12 | 44. 2,42; 4,32-36; Lc 24,53 | 47. 2,41; 4,4; 5,14; 11,24 | **3**,2. 14,8 | 6. 3,16; 4,10; 14,10; 16,18 | 10. 9,8s | 11. 5,12; Jo 10,23 | 13. 7,32; Ex 3,6.15; Mt 22,32; Jo 13,32; 18,32-40 | 15. 1,8; 2,32; 4,10; 5,30; Lc 24,48 | 17. Lc 23,34; 24,27.44.47 | 19. 2,38; 1Tm 1,13 | 22. 7,37; Dt 18,15-19

† **3**,1. Hora em que se oferecia o sacrifício vespertino, prescrito em Ex 29,41. | 13. Jesus é o Servo anunciado na segunda parte do livro de Isaías, Is 42, 1. A glorificação do Servo é a ressurreição de Jesus. O termo "Servo" retorna em At 4,27.30. | 15. "Jesus conheceu a morte como todos os seres humanos e com sua alma esteve com os santos do AT na morada dos mortos. Mas foi para lá como Salvador, proclamando a boa notícia aos espíritos que ali estavam aprisionados. É isto o que quer dizer a expressão 'Ressuscitou dentre os mortos', Rm 8,11; 1Cor 15,20" (CIC). | 16. O nome equivale à pessoa: é Jesus quem faz o milagre. Ver também 4,12.30; 5,41.

Atos dos Apóstolos 3-4

vos disser. ²³E todo aquele que não escutar esse profeta será eliminado do meio do povo'. ²⁴Depois, todos os profetas, que falaram desde Samuel e seus sucessores, anunciaram também esses dias. ²⁵Vós sois os filhos dos profetas* e da aliança que Deus fez com nossos pais quando disse a Abraão: 'E em tua descendência serão abençoadas todas as famílias da terra'. ²⁶Foi para vós em primeiro lugar que Deus ressuscitou seu Servo* e o enviou para vos abençoar, convertendo cada um de vós de suas maldades".

4 **Pedro e João diante do Sinédrio.** ¹Ainda estavam falando ao povo,* quando chegaram os sacerdotes, o chefe do templo e os saduceus, ²indignados porque estavam ensinando o povo e anunciando em Jesus a ressurreição dos mortos. ³Prenderam--nos* e conservaram-nos na prisão até o dia seguinte, pois já caíra a tarde. ⁴No entanto, muitos daqueles que tinham ouvido a Palavra, abraçaram a fé, e seu número elevou-se a cinco mil homens mais ou menos.

⁵No dia seguinte reuniram-se em Jerusalém os chefes dos judeus, os anciãos e os escribas ⁶com o sumo sacerdote Anás, Caifás, João, Alexandre e todos os membros das famílias pontificais. ⁷Fizeram comparecer diante deles os apóstolos* e começaram a interrogá-los: "Com que poder ou em nome de quem fizestes isto?"

⁸Então Pedro, cheio do Espírito Santo,* respondeu-lhes: "Chefes do povo e anciãos! ⁹Hoje estamos sendo interrogados sobre o benefício que fizemos a um enfermo e sobre o meio pelo qual ele foi curado. ¹⁰Ficai sabendo, vós todos e todo o povo de Israel: é no nome de Jesus Cristo, o Nazareno,* aquele que vós crucificastes e que Deus res-

suscitou dos mortos,* é por ele que este homem se apresenta diante de vós em perfeita saúde.

¹¹Este Jesus é a pedra que vós, os construtores, rejeitastes e que se tornou a pedra angular. ¹²Em nenhum outro há salvação, pois não existe sob o céu outro nome dado aos homens pelo qual devamos ser salvos".

¹³Vendo a segurança de Pedro e de João e considerando que eram pessoas sem instrução nem cultura, os membros do Sinédrio estavam pasmados. Reconheciam neles os que estavam com Jesus. ¹⁴Viam ao mesmo tempo,* de pé junto deles, o homem que fora curado. E não tinham resposta para dar. ¹⁵Então mandaram que saíssem do Sinédrio e puseram-se a deliberar entre si. ¹⁶Diziam: "Que vamos fazer com eles?* Pois é claro para todos os habitantes de Jerusalém que um sinal evidente foi por eles realizado, e não podemos negá-lo. ¹⁷Mas para que isso não se espalhe mais entre o povo, vamos proibi-los com ameaças de falar neste nome daqui em diante a quem quer que seja". ¹⁸Chamaram-nos, pois, e proibiram-nos formalmente de falar ou de ensinar em nome de Jesus†. ¹⁹Mas Pedro e João lhes responderam:* "Julgai vós mesmos se é justo aos olhos de Deus obedecer mais a vós que a Deus. ²⁰Porque quanto a nós, não podemos calar o que vimos e ouvimos". ²¹Depois de lhes fazerem novas ameaças, eles os soltaram, não encontrando modo de os castigar, por causa do povo, pois todos glorificavam a Deus pelo que acontecera. ²²Com efeito, o homem milagrosamente curado tinha mais de quarenta anos.

A comunidade em oração. ²³Depois de libertados, foram para junto dos seus e contaram tudo que os sumos sacerdotes e os anciãos* haviam dito. ²⁴Ouvindo

---

* **3,**25. Gl 3,8; Gn 12,3; 18,18; 22,18; 26,4 | 26. 13,46; Rm 1,16 | **4,**1. 17,18; 23,8; 26,23; Mt 22,23 | 3. 2,41; 5,18 | 7. Mt 21,23 | 8. 6,3; 7,55; 9,17; 11,24; 13,9; Mt 10,19 | 10. 3,6.13; 5,30; 10,39s; 13,30 / 2,24.32; 17,31; Mt 21,42; 1Pd 2,4.7; Sl 117,22; Mt 1,21 | 14. 3,8 | 16. 5,34s; Jo 11,47 | 19. 5,29; 1Pd 5,1; 1Jo 1,1ss 23. Êx 20,11; Is 37,16; Jr 32,17

† **4,**18. Esta atitude do Sinédrio assemelha-se ao "pecado contra o Espírito Santo". Ver a nota em Lc 12,10.

Atos dos Apóstolos 4-5

isto, todos juntos elevaram a voz para Deus, dizendo: "Senhor, vós criastes o céu, a terra, o mar e tudo o que neles se encontra; 25vós dissestes pelo Espírito Santo e pela boca de nosso pai Davi, vosso servo:* 'Por que este tumulto entre as nações? Por que os povos fazem vãos projetos? 26Os reis da terra se insurgem e os poderosos fazem aliança contra o Senhor e contra seu Ungido'. 27De fato, reuniram-se nesta cidade* contra vosso santo servo Jesus, vosso Ungido†, Herodes e Pôncio Pilatos† com as nações pagãs e os povos de Israel, 28para cumprir tudo o que, em vosso poder e em vosso projeto, havíeis predeterminado. 29Agora, pois, Senhor,* considerai as ameaças deles e concedei a vossos servos anunciar vossa palavra com toda a firmeza. 30Estendei vossa mão para operar curas, sinais e prodígios pelo nome de vosso santo servo Jesus". 31Enquanto rezavam, tremeu o lugar onde estavam reunidos;* então todos ficaram cheios do Espírito Santo e se puseram a anunciar a palavra de Deus com firmeza†.

A comunidade reparte seus bens. 32A multidão dos que abraçaram a fé* tinha um só coração e uma só alma; ninguém considerava como suas as coisas que possuía, mas tinham tudo* em comum. 33Os apóstolos testemunhavam, com grande vigor, a ressurreição do Senhor Jesus, e todos gozavam de grande estima. 34Com efeito, entre eles não havia indigentes,* pois quem era proprietário de terras ou casas, vendia-as e levava o preço dos bens negociados 35para depositá-lo aos pés dos apóstolos. E repartia-se a cada um de acordo com suas necessidades. 36Assim, José,* que os apóstolos apelidaram de Barnabé,

nome que significa filho da consolação, levita nascido em Chipre, 37possuía um terreno; vendeu-o, trouxe o dinheiro e depositou-o aos pés dos apóstolos.

5 **Ananias e Safira.** 1Um homem, chamado Ananias, vendeu um terreno de comum acordo com sua mulher Safira; 2e, em conivência com ela, reteve uma parte do preço* e trouxe o restante para depositá-lo aos pés dos apóstolos. 3Mas Pedro disse: "Ananias, por que Satanás tomou conta de teu coração, a ponto de mentires ao Espírito Santo* e reteres uma parte do preço do terreno? 4Se o terreno não fosse vendido, não continuaria teu? E depois que foi vendido, o dinheiro obtido não estava a tua disposição? Como foi que colocaste em teu coração um tal propósito? Não foi aos homens que mentiste, mas a Deus". 5Ouvindo essas palavras, Ananias caiu* e morreu. Um grande temor apoderou-se então de todos os que ouviram isto. 6Vieram os jovens, envolveram o corpo e o levaram à sepultura.

7Após um intervalo de três horas mais ou menos, entrou sua mulher, que de nada sabia. 8Pedro interpelou-a: "Dize-me, foi por tal preço que vendestes o terreno?" Ela respondeu: "Sim, foi". 9Pedro lhe disse: "Como combinastes* para tentar o Espírito do Senhor? Estão aí na porta os que sepultaram teu marido, e eles vão te levar". 10Na mesma hora ela caiu aos pés do apóstolo e morreu. Quando os jovens entraram, encontraram-na morta e levaram-na para enterrá-la junto ao marido. 11Um grande temor* apoderou-se então da Igreja† inteira e de todos os que ficaram sabendo deste fato†.

---

* **4**,25. Sl 2,1 | 27. 2,23; 3,12; Is 61,1; Lc 23,12 | 29. Ef 6,19 | 31. 2,2s; 16,26 | 32. 2,44 / 2,47; 4,2 | 34. 2,45 | 36. 11,22.24; 13,4; 15,39 | **5**,2. 4,34.37 | 3. Jo 13,2 | 5. 2,43; 5,11; 19,17 | 9. 1Cor 10,9 | 11. 2,43; 5,5; 19,17 | 12. 2,43; 3,11; 6,8; 14,3; 15,12; 19,11; Jo 10,23 | 14. 2,41; 6,7; 11,21.24; 21,20

† **4**,27. Ungido é a tradução da palavra grega "Cristo" e da palavra hebraica "Messias". / "Deus permitiu os atos nascidos da cegueira de Pilatos e de Herodes a fim de realizar seu projeto de salvação" (CIC). | 31. Renova-se de certa forma o fenômeno de Pentecostes, mostrando que o Espírito está sempre presente na Igreja. | **5**,11. Primeiro uso do termo "Igreja" para indicar o conjunto dos cristãos. O termo designa também as comunidades locais, At 8,1; 13,1; 14,23; 15,41. / Único exemplo no NT de milagre em castigo de um pecado. Mentir aos apóstolos era mentir ao Espírito Santo, que por eles falava e agia; era negar a presença do Espírito Santo na Igreja. A mentira de Ananias e Safira é "o pecado original na Igreja", a qual é uma comunidade cujos membros são falíveis, mas cujo projeto de comunhão de amor é salvo pelo julgamento de Deus.

Atos dos Apóstolos 5

Milagres dos apóstolos. [12]Eram muitos os sinais e prodígios* feitos pelas mãos dos apóstolos no meio do povo. Costumavam estar todos juntos no pórtico de Salomão; [13]e nenhuma das outras pessoas ousava juntar-se a eles, mas o povo os elogiava. [14]Ia crescendo sempre mais o número dos homens e mulheres que abraçavam a fé* no Senhor. [15]Chegavam a carregar os doentes, em camas e macas, para pô-los nas ruas a fim de que, quando Pedro passasse,* pelo menos a sombra dele cobrisse algum deles. [16]Acorria também muita gente das cidades vizinhas de Jerusalém, trazendo doentes e pessoas atormentadas por espíritos imundos, e todos eram curados.

Prisão e libertação dos apóstolos. [17]Interveio então o sumo sacerdote,* com todos os de sua comitiva, o partido dos saduceus. Cheios de inveja, [18]mandaram prender os apóstolos e lançá-los na cadeia pública. [19]Mas durante a noite um anjo do Senhor* abriu as portas da prisão e, depois de os ter conduzido para fora, disse-lhes: [20]"Ide, apresentai-vos no templo e anunciai ao povo todas estas palavras de vida". [21]Obedecendo a esta ordem, entraram no templo de madrugada e puseram-se a ensinar.

Os apóstolos comparecem perante o Sinédrio. Entretanto chegou o sumo sacerdote com sua comitiva. Convocaram o Sinédrio e todos os anciãos dos israelitas e mandaram buscar os apóstolos na prisão. [22]Mas os servos, chegando lá, não os encontraram na cadeia. Voltaram, pois, para dizer: [23]"Encontramos a prisão cuidadosamente fechada e os guardas a postos junto à saída. Mas quando a abrimos, não achamos ninguém lá dentro". [24]Ao ouvirem isso,* o chefe do templo e os sumos sacerdotes ficaram perplexos em relação aos apóstolos, pensando o que viria a ser aquilo.

[25]Veio então alguém que lhes anunciou: "Os homens que lançastes na prisão estão lá no templo ensinando o povo". [26]Então o chefe do templo partiu com seus homens e trouxe de volta os apóstolos, mas sem violência, pois tinham medo de serem apedrejados pelo povo. [27]Tendo-os trazido, fizeram-nos comparecer diante do Sinédrio. O sumo sacerdote interrogou-os: [28]"Não vos proibimos expressamente de ensinar neste nome? Mas vós enchestes Jerusalém com vossa doutrina e quereis jogar sobre nós a responsabilidade pela morte deste homem".

[29]Pedro e os apóstolos responderam: "Deve-se obedecer antes a Deus* que aos homens. [30]O Deus de nossos pais ressuscitou Jesus,* que vós matastes, suspendendo-o num madeiro. [31]Deus exaltou-o por sua direita, fazendo-o Chefe e Salvador, para conceder a Israel o arrependimento e a remissão* dos pecados. [32]E disso nós somos testemunhas, como também o Espírito Santo, que Deus tem dado àqueles que lhe obedecem".*

Intervenção de Gamaliel. [33]Ouvindo isto, ficaram furiosos* e planejavam matá-los. [34]Mas um fariseu, chamado Gamaliel†, doutor da lei respeitado por todo o povo, levantou-se no meio do Sinédrio e ordenou que fizessem aqueles homens sair por um momento. [35]Depois lhes disse: "Israelitas, considerai bem* o que ides fazer com estes homens. [36]Pois não faz muito tempo, surgiu Teudas, que pretendia ser alguém, ao qual aderiu um bando de uns quatrocentos homens; mas foi morto, e todos os seus seguidores debandaram, e não restou ninguém. [37]Depois, na época do recenseamento,* surgiu Judas, o galileu, que arrastou muita gente atrás dele; também ele morreu, e todos os seus seguidores foram dispersos. [38]Então, eu vos digo, não vos ocupeis com estes homens; deixai-os! Pois se esta empresa ou esta obra vem dos homens, ela se destruirá; [39]mas se de fato ela vem de Deus,* não pode-

---

* **5**,15. Mc 6,56 | 17. 4,1-6 | 19. 12,7 | 24. 4,1 | 29. 4,19; Dn 3,18 | 30. 2,23s.32.36; 10,39s; 17,31 | 31. 2,33.38; Lc 24,47; Hb 2,10; 12,2 | 32. 1,8; 3,15; Jo 15,26 | 33. 4,15; 22,3 | 35. 21,38 | 37. Lc 13,1s | 39. 9,5

† **5**,34. Gamaliel era um rabino moderado e muito estimado; foi mestre de São Paulo, 22,3.

Atos dos Apóstolos 5-7 — 1320

reis destruí-la. Não corrais o risco de lutar contra Deus".[40]Eles concordaram com ele.* Chamaram, então, os apóstolos, mandaram açoitá-los e, depois de proibi-los de falar no nome de Jesus,* puseram-nos em liberdade. [41]Saíram, pois, do Sinédrio, alegres por terem sido considerados dignos de sofrer injúrias por causa do nome de Jesus[†]. [42]E cada dia, no templo e nas casas,* não cessavam de ensinar e de anunciar a Boa Nova do Cristo Jesus.

II. A IGREJA SE PROPAGA NA PALESTINA
(6–12)

6 **Instituição dos Sete.** [1]Naqueles dias, o número dos discípulos estava aumentando.* E os helenistas[†] começaram a queixar-se contra os hebreus, alegando que suas viúvas eram esquecidas na distribuição diária de alimentos. [2]Então os Doze convocaram a assembleia dos discípulos e disseram: "Não convém deixarmos de pregar a palavra de Deus para servir às mesas[†]. [3]Por isso, irmãos, escolhei entre vós* sete homens de boa reputação, cheios do Espírito e de sabedoria, e nós lhes confiaremos esta tarefa. [4]Quanto a nós, vamos dedicar-nos plenamente à oração e ao serviço da Palavra". [5]Esta proposta agradou a toda a assembleia* e escolheram: Estêvão, homem cheio de fé e do Espírito Santo; Filipe, Prócoro, Nicanor, Tímon, Pármenas e Nicolau, prosélito de Antioquia. [6]Estes foram apresentados aos apóstolos que, depois de rezar,* impuseram-lhes as mãos[†].

[7]A palavra de Deus se propagava;* em Jerusalém aumentava muito o número dos discípulos, e também uma grande multidão de sacerdotes aderia à fé.

Atividade e prisão de Estêvão. [8]Estêvão, cheio de graça e de poder,* operava grandes prodígios e sinais no meio do povo. [9]Intervieram então alguns da sinagoga, chamada dos Libertos, dos cireneus, dos alexandrinos e dos da Cilícia e da Ásia e puseram-se a discutir com Estêvão. [10]Mas não podiam resistir à sabedoria e ao Espírito com que falava. [11]Subornaram então alguns indivíduos,* para que dissessem: "Nós o ouvimos pronunciar palavras blasfemas contra Moisés e contra Deus". [12]Amotinaram assim o povo, os anciãos e os escribas; depois, investindo contra ele, prenderam-no e conduziram-no perante o Sinédrio. [13]Lá apresentaram falsas testemunhas* que declararam: "Este homem não cessa de dizer palavras contra este Santo Lugar e contra a Lei. [14]Nós o ouvimos dizer* que Jesus, o Nazareno, vai destruir este Lugar e vai mudar as tradições que Moisés nos legou". [15]E todos os que estavam sentados no Sinédrio olhavam atentamente para ele e viram seu rosto como o de um anjo.

7 **Discurso de Estêvão.** [1]O sumo sacerdote perguntou-lhe:* "Isto é verdade?" [2]Ele respondeu: "Irmãos e pais, escutai! O Deus da glória apareceu a nosso pai Abraão,* quando ele estava ainda na Mesopotâmia, antes de se estabelecer em Harã [3]e lhe disse: 'Sai de tua terra e de tua família e vai para a terra que te mostrarei'[†]. [4]Abraão

---

* **5**,40. 4,18; 22,19 / Mt 5,10s; 1Pd 4,13 | 42. 2,46; 17,3; 18,5.28 | **6**,1. 2,45; 4,35 | 3. 1Tm 3,7s; 3Jo 12 | 5. 6,10; 8,5; 11,24 | 6. 1,24; 13,3; 14,23 | 7. 2,41; 4,4; 5,14; 11,21; 12,24; 16,5; 19,20; 21,20 | 8. 2,43; 14,3 | 11. Mt 26,59ss; Mc 14,55-58 | 13. Jr 26,11 | 14. 21,21 | **7**,1. Sl 29,3 | 2. Gn 11,31; 12,7; 13,15; 15,7

† **5**,41. O "nome" geralmente quer dizer Deus; mas os cristãos o empregam para Cristo, que recebeu "o nome que está acima de todo nome", Fl 2,9. | **6**,1. Helenistas eram os judeus de língua grega, que nasceram ou viveram fora da Palestina. Hebreus eram os judeus nascidos na Palestina e de língua aramaica. A convivência entre esses grupos foi o primeiro problema prático que a Igreja enfrentou. | 2. Servir às mesas é cuidar dos ágapes cristãos, refeições associadas à Eucaristia; talvez incluísse ainda a administração dos bens da Igreja. | 6. Aqui o gesto de impor as mãos significa a admissão a um ministério; em 8,17 e 19,6 é um rito para comunicar o Espírito Santo; em 13,3 serve para enviar em missão e em 28,8 para curar. | **7**,3. Estêvão recorda a história dos Pais, citando expressões tiradas do Gênesis e do Êxodo.

1321   Atos dos Apóstolos 7

deixou então o país dos caldeus para se estabelecer em Harã. De lá, após a morte de seu pai, Deus o fez migrar para esta terra onde agora habitais. [5]Mas não lhe deu propriedade alguma nesta terra, nem mesmo um lugar onde pôr os pés, mas prometeu dar-lhe a terra como propriedade a ele e a sua posteridade depois dele, embora não tivesse filho. [6]E Deus lhe disse que sua posteridade habitaria em terra estrangeira,* que a reduziriam à escravidão e a oprimiriam durante quatrocentos anos. [7]'Mas a nação da qual forem escravos, eu a julgarei – disse Deus – e depois disso, eles sairão de lá e me prestarão culto neste mesmo lugar'. [8]Deu-lhe a seguir a aliança da circuncisão.* E assim, depois de ter gerado Isaac, Abraão circuncidou-o no oitavo dia. E o mesmo fez Isaac com Jacó, e Jacó com os doze patriarcas".

[9]"Os patriarcas, com inveja de José,* venderam-no para ser levado para o Egito. Mas Deus estava com ele: [10]livrou-o de todas as suas tribulações e deu-lhe graça e sabedoria diante do Faraó, rei do Egito, que o nomeou administrador do Egito e de toda a sua casa. [11]Veio, então, uma carestia sobre todo o Egito* e Canaã; a penúria era grande e nossos pais não encontravam alimentos. [12]Ouvindo dizer que havia trigo no Egito, Jacó enviou para lá nossos pais uma primeira vez; [13]na segunda vez, José deu-se a conhecer a seus irmãos,* e sua origem foi revelada ao faraó. [14]José mandou buscar seu pai Jacó e toda a sua família, composta de setenta e cinco pessoas. [15]Jacó desceu então ao Egito* e lá morreu, bem como nossos pais. [16]Foram transportados para Siquém e depositados no sepulcro que Abraão havia comprado por dinheiro aos filhos de Emor em Siquém".

[17]"Como se aproximasse o tempo em que se devia cumprir a promessa que Deus havia jurado a Abraão,* o povo aumentou e multiplicou-se no Egito, [18]até que surgiu um novo rei que não conhecia José. [19]Usando de astúcia contra nossa raça, este rei oprimiu nossos pais, chegando a mandar que expusessem seus recém-nascidos para que não sobrevivessem. [20]Nesse tempo nasceu Moisés, que era divinamente belo.* Foi nutrido durante três meses na casa paterna; [21]depois, quando foi exposto, a filha do Faraó o recolheu e o educou como seu próprio filho. [22]Assim, Moisés foi instruído em toda a sabedoria dos egípcios, e era poderoso em palavras e obras".

[23]"Quando completou quarenta anos,* veio-lhe a ideia de ir visitar seus irmãos, os israelitas. [24]Vendo que um deles estava sendo maltratado, tomou sua defesa e vingou o oprimido, matando o egípcio. [25]Pensava que seus irmãos entenderiam que era Deus que, por sua mão, estava trazendo-lhes a salvação; mas não o compreenderam. [26]No dia seguinte, apresentou-se no meio deles,* enquanto brigavam, para tentar reconciliá-los: 'Amigos – disse-lhes – vós sois irmãos; por que vos ofendeis um ao outro?' [27]Mas aquele que estava maltratando o companheiro o repeliu, dizendo: 'Quem te estabeleceu como chefe* e juiz sobre nós? [28]Acaso queres matar-me como mataste ontem o egípcio?' [29]A essas palavras, Moisés fugiu e foi refugiar-se no país de Madiã, onde teve dois filhos.

[30]Passados quarenta anos, um anjo lhe apareceu no deserto do monte Sinai,* na chama de uma sarça ardente. [31]Moisés ficou admirado diante daquela visão. Como se aproximasse para ver melhor, ouviu a voz do Senhor: [32]'Eu sou o Deus de teus pais, o Deus de Abraão, de Isaac e de Jacó'. Todo trêmulo, Moisés não ousava olhar. [33]Então o Senhor lhe disse: 'Tira as sandálias dos pés, pois o lugar onde estás é terra santa. [34]Eu vi, eu vi a aflição de meu povo no Egito,* ouvi seu gemido e des-

---

* **7**,6. Gn 15,3s; Êx 2,22; 3,12; 12,40 **|** 8. Gn 17,10s; 21,4 **|** 9. Gn 37,11.28; 39,2,21; 45,4; Sb 10,14; Sl 104,21; Gn 41,54; 42,5 **|** 11. Gn 42,1s **|** 13. Gn 45,1-5.9ss **|** 15. Dt 10,22; Gn 46,6; 49,33; Êx 1,6 **|** 17. Gn 23,10-16; Êx 1,7s **|** 20. Êx 2,2.5; Hb 11,23 **|** 23. Êx 2,11 **|** 26. Êx 2,13s **|** 27. Lc 12,14; Êx 2,15 **|** 30. Êx 3,2s; Dt 33,16 **|** 34. Êx 2,24; 3,7.10

Atos dos Apóstolos 7

ci para libertá-los. Vem, pois, porque vou mandar-te ao Egito'. [35]Este Moisés que eles rejeitaram, dizendo: 'Quem te estabeleceu como chefe e juiz?', foi ele que Deus enviou como chefe e libertador, por intermédio do anjo que lhe aparecera na sarça. [36]Foi ele que os fez sair,* fazendo prodígios e sinais no país do Egito, no mar Vermelho e no deserto durante quarenta anos.*

[37]Foi ele, Moisés, que disse aos filhos de Israel: 'Deus fará surgir para vós,* dentre vossos irmãos, um profeta como eu'. [38]Foi ele que, na assembleia, no deserto, estando com o anjo que lhe falava no monte Sinai e com nossos pais, recebeu as palavras de vida para no-las dar. [39]Mas nossos pais não quiseram obedecer-lhe. Mais ainda, eles o repeliram e, voltando em seus corações para o Egito, [40]disseram a Aarão: 'Faze para nós deuses* que caminhem a nossa frente, pois a este Moisés, que nos fez sair da terra do Egito, não sabemos o que lhe aconteceu'. [41]Fabricaram naqueles dias um bezerro e ofereceram um sacrifício ao ídolo, e celebravam alegremente a obra de suas mãos. [42]Então Deus afastou-se deles* e os abandonou ao culto do exército do céu, assim como está escrito no livro dos Profetas:

'Acaso me oferecestes vítimas e sacrifícios

durante quarenta anos no deserto, ó casa de Israel?

[43]Antes, carregastes a tenda de Moloc

e a estrela do deus Refã,

as figuras que fizestes para adorá-las;

por isso vou exilar-vos para além da Babilônia'.

[44]Nossos pais no deserto* tinham a tenda do testemunho, assim como ordenara aquele que disse a Moisés que a fizesse segundo o modelo que tinha visto. [45]Depois de tê-la recebido,* nossos pais a introduziram, sob a chefia de Josué, no país conquistado às nações que Deus expulsou da frente deles; assim aconteceu até os dias de Davi. [46]Este foi do agrado de Deus* e pediu para providenciar uma morada para o Deus de Jacó. [47]Foi Salomão, no entanto, que lhe construiu uma casa. [48]Mas o Altíssimo não habita em casas feitas por mãos humanas†, conforme diz o profeta:

[49]'O céu é meu trono e a terra o estrado de meus pés;*

que casa podereis construir-me, diz o Senhor,

e qual será o lugar de meu repouso?

[50]Não foi minha mão que fez tudo isto?'

[51]Gente de cabeça dura, incircuncisos de coração e de ouvidos,* vós sempre resistis ao Espírito Santo! Como foram vossos pais, assim sois vós! [52]Qual dos profetas vossos pais não perseguiram?* Eles mataram os que prediziam a vinda do Justo, do qual vós agora vos tornastes traidores e assassinos, [53]vós, que recebestes a lei pelo ministério dos anjos e não a observastes".

Martírio de Estêvão. [54]A essas palavras, seus corações ardiam de furor* e eles rangiam os dentes contra Estêvão. [55]Ele, porém, cheio do Espírito Santo, fixou os olhos no céu e viu a glória de Deus e Jesus de pé a sua direita; [56]e disse: "Estou vendo os céus abertos e o Filho do homem de pé à direita de Deus". [57]Então, soltando grandes gritos, taparam os ouvidos e, todos juntos, lançaram-se sobre ele; [58]expulsaram-no para fora da cidade e puseram-se a apedrejá-lo.* As testemunhas colocaram suas vestes aos pés de um jovem chamado Saulo†. [59]E, en-

---

* **7,**36. Êx 7,3.10; 11,10; 14,16.21.27; Nm 14,33 / At 3,22 | 37. Dt 18,15; Êx 19,3; Dt 9,10; Nm 14,3 | 40. Êx 31,1.4.23 | 42. Jr 7,18; Am 5,27ss | 44. Êx 25,9.40 | 45. Gn 17,8; Js 23,9; 24,18 | 46. 1Sm 7,2; Sl 132,5; 1Rs 6,1 | 49. Is 66,1s | 51. Êx 32,9; 33,3; Lv 26,41; Jr 9,26; 6,10; 2Cr 36,16; Mt 23,31 | 52. Hb 2,2; Gl 3,19 | 54. 6,5; Lc 22,69; Mt 3,16; Lc 3,21 | 58. 22,20; Lc 23,34.46

† **7,**48. O ponto central da discussão entre Estêvão e seus adversários é a função do templo como casa de Deus. O Espírito Santo mostra que a habitação de Deus é Jesus, no centro da glória do Pai, vv. 55s. Ver também Jo 2,19ss. | 58. Aparece pela primeira vez na história o futuro apóstolo Paulo.

Atos dos Apóstolos 8

quanto o apedrejavam, Estêvão rezava, dizendo: "Senhor Jesus, recebe meu espírito!" ⁶⁰Depois dobrou os joelhos e gritou forte: "Senhor, não leves em conta este pecado deles".* E, dizendo isto, adormeceu†.

8 ¹Quanto a Saulo, ele aprovava este assassinato.
Perseguição contra a Igreja. Naquele dia, irrompeu violenta perseguição* contra a Igreja de Jerusalém, e todos, com exceção dos apóstolos, dispersaram-se pelas regiões da Judeia e da Samaria. ²Entretanto, alguns homens devotos sepultaram Estêvão e fizeram grande luto por ele. ³Saulo, porém, devastava a Igreja:* entrava nas casas, arrancando homens e mulheres para lançá-los na prisão. ⁴Mas os que foram dispersos iam por toda a parte, anunciando a palavra da Boa Nova.
Filipe na Samaria. ⁵Foi assim que Filipe† desceu a uma cidade da Samaria e ali se pôs a anunciar o Cristo. ⁶As multidões atendiam unânimes à pregação de Filipe, ouvindo e vendo os sinais* que fazia. ⁷De muitos possessos saíam espíritos impuros, gritando em alta voz, e numerosos paralíticos e aleijados foram curados. ⁸E foi grande a alegria naquela cidade.
Simão, o mago. ⁹Fazia tempo que morava na cidade um homem chamado Simão, que praticava a magia provocando a admiração dos samaritanos e fazendo-se passar por uma pessoa importante. ¹⁰E todos, do maior ao menor, davam-lhe atenção, exclamando: "Este é o poder de Deus, chamado Grande". ¹¹Davam-lhe atenção, porque havia muito tempo que os fascinava com suas magias. ¹²Mas quando creram em Filipe,* que lhes anunciava a Boa Nova do Reino de Deus e do nome de Jesus Cristo, fizeram-se batizar, homens e mulheres. ¹³O próprio Simão, por sua vez, abraçou a fé, foi batizado e não se separava mais de Filipe. Ficava fora de si à vista dos sinais e dos grandes prodígios que aconteciam.

¹⁴Quando os apóstolos, que estavam em Jerusalém, souberam que a Samaria recebera a palavra de Deus, enviaram Pedro e João para lá. ¹⁵Desceram, pois, e rezaram por eles a fim de receberem o Espírito Santo, ¹⁶que, de fato, ainda não havia descido sobre nenhum deles; apenas tinham sido batizados em nome do Senhor Jesus. ¹⁷Impunham as mãos sobre eles,* e recebiam o Espírito Santo†. ¹⁸E Simão, vendo que o Espírito Santo era dado pela imposição das mãos dos apóstolos, ofereceu-lhes dinheiro†, ¹⁹dizendo: "Dai-me também a mim esse poder, para que receba o Espírito Santo aquele a quem eu impuser as mãos". ²⁰Mas Pedro replicou-lhe: "Pereça teu dinheiro, e tu com ele, porque pensaste que podias comprar com dinheiro o dom de Deus! ²¹Nisto aqui não tens parte nem herança, pois teu coração não é reto* diante de Deus. ²²Arrepende-te, pois, desta maldade tua e reza ao Senhor para que, se possível, este pensamento de teu coração te seja perdoado; ²³pois vejo que estás na amargura do fel* e nos laços da iniquidade". ²⁴Simão respondeu: "Intercedei vós mesmos por mim junto ao Senhor, a fim de que não me aconteça nada do que acabais de dizer".

²⁵Quanto a eles, após terem dado testemunho e anunciado a palavra do Senhor, voltaram a Jerusalém evangelizando numerosas aldeias samaritanas.
Filipe e o etíope. ²⁶Um anjo do Senhor dirigiu-se a Filipe e disse-lhe: "Levanta-

---

* **7,**60. Mt 27,46.50; Mc 15,34 **| 8,**1. 11,19 **|** 3. 9,1; 22,4 **|** 6. Mt 10,1; Mc 6,7; 16,17; Jo 4,39s **|** 12. Mt 28,19 **|** 17. 19,6; 1Tm 4,14 **|** 21. Sl 78,37 **|** 23. Dt 29,18; Hb 12,15; Is 58,6; Êx 8,4; 9,28

† **7,**60. Em vários pontos são semelhantes a Paixão de Jesus e a morte de seu primeiro mártir: a acusação de blasfêmia contra o templo, as falsas testemunhas, a oração de perdão aos inimigos e de entrega confiante a Deus. **| 8,**5. Este Filipe não é o apóstolo, mas aquele mencionado em 6,5 e que reaparece em 21,8. **|** 17. "Esta imposição das mãos é reconhecida pela tradição católica como a primeira notícia do sacramento da Confirmação que perpetua, na Igreja, a graça de Pentecostes (CIC). **|** 18. Deste episódio originou-se o termo "simonia", que designa o pecado daqueles que, como Simão, vendem as coisas sagradas por dinheiro.

Atos dos Apóstolos 8-9   1324

-te e vai para o sul, pela estrada que desce de Jerusalém a Gaza; ela está deserta". [27]Ele levantou-se e partiu.* Aconteceu que um etíope, eunuco, alto funcionário de Candace, rainha da Etiópia, e superintendente de todos os seus tesouros, que viera em peregrinação a Jerusalém, [28]estava de volta, sentado em seu carro, lendo o profeta Isaías. [29]O Espírito disse a Filipe: "Avança e aproxima-te daquele carro". [30]Filipe correu e ouviu que o eunuco estava lendo o profeta Isaías. Perguntou-lhe: "Consegues entender o que estás lendo?" [31]"E como o poderia* – disse ele – se ninguém me orienta?" Convidou Filipe a subir e sentar-se ao lado dele. [32]A passagem da Escritura que estava lendo era a seguinte:* "Como uma ovelha, foi conduzido ao matadouro; como um cordeiro mudo diante de quem o tosquia, assim ele não abre a boca. [33]Em sua humilhação, a justiça lhe foi negada. Sua posteridade, quem a narrará? Pois sua vida foi arrancada da terra".

[34]Dirigindo-se a Filipe, o eunuco perguntou: "Por favor, de quem o profeta diz isto? Dele mesmo ou de algum outro?" [35]Filipe então tomou a palavra e, partindo desse texto da Escritura, anunciou-lhe a Boa Nova de Jesus. [36]Seguindo pela estrada,* chegaram a um lugar onde havia água, e o eunuco disse: "Aqui temos água. Que impede que eu seja batizado?"[†]

[38]O eunuco mandou parar o carro. Desceram ambos à água,* Filipe e o eunuco, e ele o batizou. [39]Quando saíram da água, o Espírito do Senhor arrebatou Filipe, e o eunuco não o viu mais. E continuou a viagem todo alegre. [40]Quanto a Filipe, achou-se em Azoto; e, prosse-

guindo, anunciava a Boa Nova em todas as cidades, até chegar a Cesareia.

9 Conversão de Saulo[†].

[1]Entretanto Saulo, ainda respirando ameaças e mortes* contra os discípulos do Senhor, apresentou-se ao sumo sacerdote [2]e pediu-lhe cartas para as sinagogas de Damasco, a fim de que, se encontrasse adeptos do Caminho[†], homens ou mulheres, ele os levasse presos para Jerusalém. [3]Durante a viagem, ao se aproximar de Damasco, de repente uma luz vinda do céu o envolveu com sua claridade. [4]Caindo por terra, ouviu uma voz* que lhe dizia: "Saul, Saul[†], por que me persegues?"[†] [5]"Quem és tu, Senhor?" – perguntou. Ele disse: "Eu sou Jesus, a quem tu persegues[†]. [6]Mas levanta-te, entra na cidade, e aí vão te falar o que deves fazer". [7]Os que iam com ele ficaram parados,* mudos; ouviam, sim, a voz, mas não viam ninguém. [8]Saulo levantou-se do chão, mas, embora tivesse os olhos abertos, não via nada. Guiando-o pela mão, conduziram-no a Damasco, [9]onde passou três dias sem enxergar, sem comer e sem beber.

[10]Havia em Damasco um discípulo chamado Ananias. O Senhor chamou-o numa visão: "Ananias!" – "Eis-me aqui, Senhor!" – respondeu. [11]"Levanta-te – ordenou-lhe o Senhor – vai à rua Direita e procura, na casa de Judas, um homem chamado Saulo, de Tarso. Ele está rezando [12]e viu numa visão um homem chamado Ananias entrar e impor-lhe as mãos para lhe restituir a vista". [13]Ananias respondeu: "Senhor, tenho ouvido muita gente falar deste homem e contar todo o mal que tem feito a vossos santos[†] em Jerusalém.

---

* **8,**27. Is 56,3-7 | 31. Jo 16,13 | 32. Is 53,7s | 36. 10,47 | 38. 1Rs 18,12 | **9,**1. 22,3-21; 26,9-20; 1Cor 15,8 | 4. 5,89 | 7. Sb 18,1 | 14. 1Cor 1,2 | 15. 23,29; 2Cor 11,23-28

† **8,**36. Alguns manuscritos acrescentam: "[37]Filipe respondeu: 'Se crês de todo o coração, é possível'. 'Eu creio, disse ele, que Jesus Cristo é o Filho de Deus'". | **9.** Primeira das três narrações deste fato, o mais rico de consequências na história da Igreja primitiva. As outras duas são At 22,1-21 e 26,10-18. | 2. Caminho é um tipo de comportamento, uma concepção da vida; aqui designa o caminho do Senhor e da salvação, o cristianismo, 18,26; 19,9. | 4. Saulo na língua hebraica, na qual Jesus lhe falou. / Perseguir os cristãos é perseguir a Cristo, porque a Igreja é o Corpo de Cristo, 1Cor 12,27. | 5. Alguns manuscritos acrescentam: "É duro para ti recalcitrar contra o aguilhão". Trêmulo e espantado, disse: "Senhor, que queres que eu faça? E o Senhor a ele:", At 22,10; 26,14. | 13. Primeira vez que aparece o termo "santos" para indicar os membros da comunidade, os fiéis de Cristo, santificados pelo Batismo, que pertencem ao Messias Jesus, o Santo, 3,14; por isso também eles são santos, Ef 1,1; Fl 1,1; Cl 1,2.

Atos dos Apóstolos 9

¹⁴Ele aqui tem autorização* dos sumos sacerdotes para prender todos os que invocam vosso nome". ¹⁵Mas o Senhor lhe disse: "Vai, pois este homem é para mim um instrumento escolhido, para levar meu nome diante dos gentios,* dos reis e dos israelitas. ¹⁶Porque lhe mostrarei quanto é necessário sofrer por meu nome".

¹⁷Então Ananias foi, entrou na casa, impôs as mãos a Saulo e lhe disse: "Saul, meu irmão, o Senhor Jesus, que te apareceu no caminho por onde vinhas, enviou-me para que recuperes a vista e fiques cheio do Espírito Santo". ¹⁸No mesmo instante caiu-lhe dos olhos algo parecido com escamas, e ele recuperou a vista; e, levantando-se, foi batizado; ¹⁹depois tomou alimento, e as forças lhe voltaram.

Saulo prega em Damasco. Saulo passou alguns dias com os discípulos em Damasco ²⁰e, a seguir, pôs-se a anunciar Jesus nas sinagogas, proclamando que ele é o Filho de Deus. ²¹Todos os que o ouviam ficavam pasmados* e diziam: "Não é este que, em Jerusalém, perseguia os que invocam este nome, e não veio aqui justamente para os conduzir presos aos sumos sacerdotes?" ²²Mas Saulo se fortalecia* sempre mais e confundia os judeus de Damasco, demonstrando que Jesus é o Cristo.

²³Passado certo tempo, os judeus combinaram matá-lo. ²⁴Mas Saulo ficou sabendo de sua trama. Eles guardavam as portas da cidade dia e noite, a fim de o matarem. ²⁵Então os discípulos o tomaram de noite e o desceram dos muros num cesto.

Saulo em Jerusalém. ²⁶Chegando a Jerusalém,* procurava juntar-se aos discípulos, mas todos tinham medo dele, não acreditando que fosse discípulo.

²⁷Mas Barnabé o acolheu e foi apresentá-lo aos apóstolos, aos quais contou como, no caminho, Saulo tinha visto o Senhor, que lhe falara, e com que firmeza ele tinha pregado em Damasco em nome de Jesus. ²⁸Desde então Saulo andava livremente com os apóstolos em Jerusalém e pregava com firmeza em nome do Senhor. ²⁹Falava e discutia com os helenistas, mas eles procuravam* matá-lo. ³⁰Sabendo disso, os irmãos o acompanharam até Cesareia e o enviaram para Tarso. ³¹Entretanto, em toda a Judeia, Galileia e Samaria, a Igreja vivia em paz. Ela se consolidava e caminhava no temor do Senhor e crescia em número com a assistência do Espírito Santo.

Cura de Eneias em Lida. ³²Pedro, que passava por todo lugar, desceu certa vez para visitar os santos que moravam em Lida. ³³Encontrou um homem, chamado Eneias, que jazia num leito havia oito anos, pois era paralítico. ³⁴Pedro lhe disse: "Eneias, Jesus Cristo te dá a cura. Levanta-te e arranja tu mesmo a cama". Ele se levantou imediatamente. ³⁵Todos os habitantes de Lida e da planície de Saron o viram e se converteram ao Senhor.

Ressurreição de Tabita em Jope. ³⁶Havia em Jope uma discípula chamada Tabita, em grego Dorcas. Era notável pelas boas obras e pelas esmolas que dava. ³⁷Ora, aconteceu que naqueles dias ela caiu doente e morreu. Depois de a terem lavado, puseram-na numa sala do andar de cima. ³⁸Como Lida ficava perto de Jope, os discípulos, ouvindo dizer que Pedro lá estava, enviaram-lhe dois homens para fazer-lhe este pedido: "Vem até nós sem demora". ³⁹Pedro partiu imediatamente com eles. Logo que chegou, fizeram-no subir à sala de cima, onde todas as viúvas em pranto se juntaram em torno dele, mostrando-lhe as túnicas e as vestes que Dorcas fazia quando estava com elas. ⁴⁰Pedro mandou que todos saíssem;* depois, de joelhos, rezou. Voltando-se depois para o corpo, disse: "Tabita, levanta-te!" Ela abriu os olhos e, vendo Pedro, sentou-se. ⁴¹Tomando-lhe a mão, Pedro a fez levantar-se. Chamando então os santos e as viúvas,

---

* **9**,21. 9,1.14; 26,10 | 22. 18,28; 23,12-29; 2Cor 11,32s | 26. Gl 1,17ss; 1Cor 9,1 | 29. 11,25; Gl 1,21 | 40. Mc 5,40s

Atos dos Apóstolos 9-10

apresentou-a viva. 42Isto foi conhecido em toda Jope,* e muitos creram no Senhor. 43Pedro ficou bastante tempo em Jope na casa de um tal Simão, curtidor.

10 **Visão de Cornélio em Cesareia†.** 1Havia em Cesareia um homem chamado Cornélio,* centurião da corte Itálica, 2homem piedoso e temente a Deus† com toda a sua família; fazia generosas esmolas ao povo e rezava a Deus sem cessar. 3Ele teve uma visão, pelas três horas da tarde, na qual viu claramente um anjo de Deus vindo a seu encontro e chamando-o: "Cornélio!" 4Olhou para o anjo e, dominado pelo temor, perguntou: "O que é, Senhor?" Respondeu-lhe o anjo: "Tuas preces e tuas esmolas subiram diante de Deus em tua memória. 5Agora, pois, envia homens a Jope e manda vir aqui Simão,* chamado Pedro. 6Está hospedado na casa de certo Simão, um curtidor, cuja casa se acha à beira-mar".

7Quando partiu o anjo que lhe falava, Cornélio chamou dois de seus empregados, bem como um soldado piedoso, daqueles que estavam a seu serviço 8e, depois de lhes haver explicado tudo, enviou-os a Jope.

Visão de Pedro em Jope. 9No dia seguinte, enquanto caminhavam e se aproximavam da cidade, Pedro subiu ao terraço, mais ou menos ao meio-dia, para rezar. 10Sentiu fome e quis comer alguma coisa. Ora, enquanto lhe preparavam a refeição, caiu em êxtase. 11Viu o céu aberto e um objeto semelhante a uma grande toalha,* segura pelas quatro pontas, descendo sobre a terra. 12Nela havia todo o tipo de quadrúpedes e répteis da terra e aves do céu. 13Uma voz lhe disse então: "Levanta-te, Pedro, mata e come!" 14Mas Pedro respondeu:* "De manei-

ra nenhuma, Senhor, pois nunca comi nada de profano ou de impuro". 15De novo, uma segunda vez,* a voz lhe fala: "O que Deus purificou, não o chames de impuro". 16Isso se repetiu por três vezes, e logo o objeto foi recolhido ao céu.

17Enquanto Pedro se perguntava, perplexo, o que podia significar a visão que acabava de ter, os homens enviados por Cornélio, tendo perguntado onde ficava a casa de Simão, apresentaram-se à porta. 18Chamaram para se informar se era lá mesmo que se hospedava Simão, chamado Pedro. 19Este ainda estava refletindo sobre sua visão,* quando o Espírito lhe disse: "Aí estão três homens a tua procura. 20Levanta-te, desce e vai com eles sem hesitar, pois fui eu que os mandei". 21Pedro desceu para se encontrar com os homens e lhes disse: "Estou aqui. Sou aquele que procurais. Qual é o motivo que vos traz aqui?" 22Responderam: "O centurião Cornélio, homem justo e temente a Deus, estimado por todo o povo dos judeus, recebeu de um santo anjo a ordem de chamar-te a sua casa e de ouvir as palavras que tens para dizer". 23Pedro então os mandou entrar e lhes deu hospedagem. No dia seguinte, pôs-se a caminho e partiu com eles; alguns dos irmãos de Jope o acompanharam. 24Entrou em Cesareia um dia depois. Cornélio os esperava, tendo reunido os parentes e os amigos mais íntimos. 25Quando Pedro estava entrando, Cornelio veio a seu encontro e prostrou-se a seus pés para adorá-lo. 26Mas Pedro levantou-o*, dizendo: "Levanta-te, eu também sou um simples homem". 27E, conversando com ele, entrou. Encontrou reunidas muitas pessoas, 28e disse-lhes: "Vós sabeis que é proibido a um judeu unir-se ou

---

* **9**,42. 10,6.32 | **10**,1. 27,1; Mt 8,5; Lc 7,2.5 | 5. 9,43; 10,32 | 11. 11,5-17 | 14. Lv 11; Ez 4,14 | 15. Mt 15,11; Mc 7,15.19 | 19. 11,12; 13,2; 15,28 | 26. 14,15; Ap 19,10

† **10**. A conversão de Cornélio é o fato mais marcante do apostolado de Pedro e também o mais longamente narrado nos Atos. Deus faz Pedro compreender a igualdade de direitos dentro da Igreja entre pagãos e judeus convertidos. Os fatos se antecipam às normas, levando a uma posição mais liberal, que será decretada no Concílio de Jerusalém, At 15,23-29. | 2. Temente a Deus, adorador de Deus, são expressões que designam os pagãos que simpatizavam com o judaísmo, sem no entanto aceitar a circuncisão.

Atos dos Apóstolos 10-11

encontrar-se com um estrangeiro. Mas Deus me mostrou que não se deve chamar homem algum de profano ou de impuro. [29]Por isso vim sem hesitação alguma, logo que fui chamado. Pergunto-vos, pois, por que razão me mandastes vir?"

[30]Cornélio respondeu:* "Há quatro dias, eu estava em oração em minha casa, às três horas da tarde, quando surgiu um homem a minha frente, com vestes resplandecentes, [31]e disse-me: 'Cornélio, tua oração foi ouvida e tuas esmolas foram recordadas diante de Deus. [32]Manda, pois, buscar em Jope Simão, chamado Pedro. Está hospedado na casa do curtidor Simão, à beira-mar'. [33]Logo, pois, mandei procurar-te e foi bom que vieste. E agora, pois, todos nós, diante de Deus, estamos aqui reunidos para ouvir tudo o que o Senhor te mandou dizer-nos".

Discurso de Pedro na casa de Cornélio. [34]Então Pedro tomou a palavra e disse:* "Agora vejo com toda a clareza que Deus não faz discriminação de pessoas, [35]mas que, em qualquer nação que seja, quem o teme e pratica a justiça é aceito por ele. [36]Ele enviou sua palavra aos israelitas, anunciando-lhes a Boa Nova da paz por meio de Jesus Cristo, que é o Senhor de todos. [37]Vós sabeis o que se passou em toda a Judeia, começando pela Galileia, depois do batismo pregado por João: [38]como Deus ungiu com o Espírito Santo e com poder a Jesus de Nazaré, o qual passou fazendo o bem e curando a todos os que tinham caído sob o poder do diabo, porque Deus estava com ele. [39]E nós somos testemunhas de tudo quanto ele fez na região dos judeus e em Jerusalém. Eles o mataram, suspendendo-o num madeiro, [40]mas Deus o ressuscitou ao terceiro dia* e quis que se manifestasse [41]não a todo o povo, mas às testemunhas de antemão escolhidas por Deus, a nós que comemos e bebemos com Ele depois de sua ressurreição dentre os mortos. [42]E ele mandou que pregássemos ao povo* e déssemos testemunho de que ele é o juiz dos vivos e dos mortos,* estabelecido por Deus. [43]Dele dão testemunho todos os profetas, dizendo: 'Todo o que nele crer receberá, por seu nome, o perdão dos pecados'".

A vinda do Espírito Santo sobre os pagãos. [44]Pedro ainda estava falando, quando o Espírito Santo desceu sobre todos os que ouviam a Palavra. [45]Os fiéis circuncisos, que tinham vindo com Pedro, ficaram pasmados por verem que o dom do Espírito Santo fora derramado também sobre os pagãos. [46]Com efeito, eles os ouviam falar* em línguas e louvar a Deus. [47]Então Pedro declarou: "Pode-se recusar a água do batismo* a esses que receberam o Espírito Santo do mesmo modo que nós?" [48]E mandou que fossem batizados em nome de Jesus Cristo. Pediram-lhe então que ficasse com eles alguns dias.

11 **Pedro justifica sua atitude.** [1]Os apóstolos e os irmãos da Judeia ficaram sabendo que também os pagãos tinham acolhido a palavra de Deus. [2]Quando, pois, Pedro subiu a Jerusalém, os circuncisos o repreendiam, dizendo: [3]"Entraste na casa de incircuncisos* e comeste com eles!"† [4]Pedro então se pôs a explicar toda a história, ponto por ponto, dizendo: [5]"Eu estava em oração na cidade de Jope,* quando, em êxtase, tive uma visão: do céu descia um objeto, semelhante a uma grande toalha que baixava, segura pelas quatro pontas, e veio até mim. [6]Olhei-a atentamente e vi dentro dela quadrúpedes da terra, animais selvagens, répteis e aves do céu. [7]Ouvi então uma voz que me dizia: "Levanta-te, Pedro, mata e come". [8]Respondi: "De maneira nenhuma, Senhor, pois nada de profano ou de impuro jamais entrou

---

* **10**,30. 3,1 | 34. Dt 10,17; 1Sm 16,7; Sl 107,20; 147,18; Is 52,7; 61,1; Mt 3,6; 4,12-17; Lc 4,18 | 40. 1Cor 15,4-7; Jo 14,19s; 15,27 | 42. 17,31; Rm 14,9; 2Tm 4,1; 1Pd 4,5 / Is 33,24; 53,5; Jr 31,34; Ez 34,16 | 46. 2,4; 19,6; Mc 16,17 | 47. 8,36; Jo 4,40 | **11**,3. 10,28; Gl 2,12; Ef 2,11 | 5. 10,9-48

† **11**,3. A narrativa mostra como foi difícil para o cristianismo livrar-se das amarras do judaísmo.

Atos dos Apóstolos 11-12   **1328**

em minha boca". [9]Uma segunda vez, a voz voltou a falar do céu: "O que Deus purificou, não o chames de impuro". [10]Isto repetiu-se por três vezes; depois tudo foi de novo recolhido ao céu.

[11]Justamente nesta hora, três homens chegaram à casa onde estávamos; eram enviados de Cesareia, a minha procura. [12]O Espírito me disse que os acompanhasse sem hesitar. Os seis irmãos que aqui estão foram comigo também e entramos na casa do tal homem. [13]Ele nos contou que tinha visto um anjo apresentar-se em sua casa e dizer-lhe: "Manda chamar em Jope Simão,* chamado Pedro. [14]Ele te dirá palavras por meio das quais serás salvo tu e toda a tua família". [15]Ora, mal eu começara a falar, quando o Espírito Santo desceu sobre eles, assim como sobre nós no início. [16]Lembrei-me então desta palavra do Senhor,* que dizia: 'João batizou com água, mas vós sereis batizados no Espírito Santo'. [17]Se, pois, Deus lhes concedeu o mesmo dom que a nós, por terem acreditado no Senhor Jesus Cristo, quem era eu para impedir a ação de Deus?" [18]Essas palavras os acalmaram,* e eles glorificaram a Deus, dizendo: "Assim, pois, também aos pagãos Deus concedeu o arrependimento que conduz à vida!"

Fundação da comunidade de Antioquia†. [19]Entretanto, os que se haviam dispersado,* por ocasião da perseguição que houve no tempo de Estêvão, chegaram até a Fenícia, Chipre e Antioquia, mas sem pregar a Palavra a ninguém que não fosse judeu. [20]Contudo, havia entre eles alguns cipriotas e cireneus* que, vindos a Antioquia, dirigiam-se também aos gregos, anunciando-lhes a Boa Nova do Senhor Jesus. [21]A mão do Senhor os ajudava, e

grande foi o número dos que abraçaram a fé e se converteram ao Senhor. [22]Esta notícia chegou aos ouvidos da Igreja de Jerusalém, e delegaram Barnabé para Antioquia. [23]Quando ele chegou e viu a graça* concedida por Deus, alegrou-se e encorajou todos a se manterem de coração resoluto, fiéis* ao Senhor, [24]pois era um homem virtuoso, cheio do Espírito Santo e de fé. Assim uma multidão considerável aderiu ao Senhor. [25]Barnabé foi então buscar Saulo em Tarso* e, tendo-o encontrado, conduziu-o a Antioquia. [26]Passaram um ano inteiro trabalhando juntos na Igreja e lá instruíram uma multidão considerável. Foi em Antioquia que, pela primeira vez, os discípulos receberam o nome de cristãos.*

Coleta para a Igreja de Jerusalém. [27]Naqueles dias, alguns profetas desceram de Jerusalém a Antioquia. [28]Um deles, chamado Ágabo†, levantou-se e, sob a ação do Espírito,* pôs-se a anunciar que haveria uma grande fome em toda a terra. O que de fato aconteceu no reinado de Cláudio. [29]Os discípulos decidiram então enviar, cada qual segundo suas posses, auxílios aos irmãos que moravam na Judeia; [30]assim o fizeram,* enviando-os aos anciãos por intermédio de Barnabé e de Saulo.

12 **Martírio de Tiago e prisão de Pedro.** [1]Por aquele tempo, o rei Herodes† deteve alguns membros da Igreja* para os maltratar. [2]Mandou matar à espada Tiago†, irmão de João. [3]Vendo que isto agradava aos judeus, mandou prender Pedro também. Eram os dias dos Ázimos. [4]Mandou que fosse preso e lançado na prisão, colocando-o sob a guarda de quatro piquetes de quatro soldados cada um; era sua

---

* **11**,13. 16,31 | 16. 1,5; 2,4 | 18. 13,48; 14,27 | 19. 8,1-4 | 20. 2,41.47; 4,4; 5,14; 6,7; 11,24; 21,20 | 23. 13,43; 14,2 / 6,5 | 25. 9,30; Gl 2,11 | 26. 26,28; 1Pd 4,16 | 28. 13,1; 21,10 | 30. 12,25 | **12**,1. 4,3

† **11**,19. A fundação da comunidade de Antioquia é um passo importante na expansão da Igreja, pois doravante será esta cidade o centro da difusão do Evangelho, o ponto de partida e de chegada das viagens dos missionários. Era a 3ª cidade do Império Romano, depois de Roma e Alexandria. | 28. O texto oc. começa assim o v. 28: "Houve uma grande alegria. E quando nos achávamos reunidos, um deles, chamado..." | **12**,1. Este é Herodes Agripa I, que reinou de 41 a 44; era neto de Herodes Magno e sobrinho de Herodes Antipas. | 2. Tiago Maior, irmão de João, venerado em Compostela, na Espanha, o primeiro dos 12 a dar a vida pelo Mestre.

Atos dos Apóstolos 12-13

intenção fazê-lo comparecer diante do povo depois da Páscoa. [5]Enquanto Pedro era assim mantido na prisão, a oração da Igreja se elevava a Deus por ele sem cessar.

Pedro é libertado por um anjo. [6]Ora, na noite anterior ao dia em que Herodes devia apresentá-lo publicamente, Pedro estava dormindo entre dois soldados;* duas correntes o prendiam e, diante da porta, sentinelas guardavam a prisão. [7]De repente, um anjo do Senhor apareceu, e a prisão ficou inundada de luz. O anjo tocou no lado de Pedro, despertou-o e disse: "Levanta-te depressa!" As correntes caíram-lhe das mãos. [8]O anjo disse-lhe: "Põe o cinto e calça as sandálias". Ele obedeceu. Disse-lhe ainda: "Cobre-te com o manto e segue-me". [9]Pedro saiu e o seguia, mas não se dava conta de que era verdade o que estava acontecendo pela ação do anjo: pensava que estava tendo uma visão.

[10]Passaram assim pelo primeiro posto de guarda, depois pelo segundo, e chegaram ao portão de ferro que dá para a cidade; ele se abriu sozinho diante deles. Saíram, foram até o fim de uma rua e depois, de repente, o anjo o deixou. [11]Então Pedro, voltando a si, disse: "Agora sei verdadeiramente que o Senhor mandou seu anjo e libertou-me das mãos de Herodes e de tudo quanto esperava o povo judeu". [12]Já plenamente lúcido,* foi para a casa de Maria, mãe de João, chamado Marcos[†], onde uma assembleia bastante numerosa estava reunida em oração. [13]Quando bateu à porta da entrada, uma serva, chamada Rosa, veio atender. [14]Ela reconheceu a voz de Pedro e, de tanta alegria, em vez de abrir a porta, correu para dentro, para anunciar que Pedro estava lá na porta. [15]Disseram-lhe: "Tu estás doida!"* Mas ela afirmava que era isso mesmo. "É o anjo dele!", disseram então. [16]Pedro, no entanto, continuava a bater. Quando abriram, viram que era ele mesmo e ficaram espantados. [17]Mas ele lhes fez sinal com a mão para que se calassem* e lhes contou como o Senhor o tirara da prisão. E acrescentou: "Anunciai isto a Tiago[†] e aos irmãos". Depois saiu e foi para um outro lugar. [18]Ao raiar do dia,* houve grande tumulto entre os soldados: o que acontecera com Pedro? [19]Herodes mandou procurá-lo e, como não o encontrassem, mandou processar os guardas e ordenou que fossem executados. Depois desceu da Judeia para Cesareia, onde ficou.

Morte de Herodes. [20]Herodes estava irritado* contra o povo de Tiro e de Sidônia. De comum acordo, estes se apresentaram diante dele e, depois de terem conquistado as boas graças de Blasto, camareiro do rei, solicitavam a paz. Com efeito, sua região recebia os víveres das terras do rei. [21]No dia marcado, Herodes,* com seus trajes reais, tomou lugar na tribuna e, enquanto discursava, [22]o povo se pôs a gritar: "É um deus que fala e não um homem!" [23]Mas na mesma hora, um anjo do Senhor o feriu, por não ter dado glória a Deus; corroído de vermes, expirou.

[24]Entretanto a palavra de Deus crescia* e se difundia. [25]Quanto a Barnabé e Saulo, após terem concluído seu ministério, voltaram para Jerusalém, levando consigo João, chamado Marcos.

III. A IGREJA À CONQUISTA DO MUNDO
(13–28)

13

Começa a primeira viagem missionária: Barnabé e Saulo. [1]Havia na Igreja de Antioquia profetas* e doutores: Barnabé, Simeão, chamado Níger, Lúcio de Cirene, Manaém,

---

* **12**,6. 5,19-23 | 12. 13,5.13; 15,37 | 15. 26,24 | 17. 13,16 | 18. 5,21-24 | 20. 1Rs 5,25; Ez 27,17 | 21. Eclo 11,4; Ez 28,2; Dn 5,20 | 24. 6,7; 19,20; Is 55,11 | **13**,1. 10,19; 11,27; 15,32; Gl 1,15s

† **12**,12. João Marcos é o autor do 2º Evangelho. Discípulo de Pedro, 1Pd 5,13, e primo de Barnabé, Cl 4,10, estará ao lado de Paulo em seu cativeiro em Roma, Cl 4,10 e Fm 24. | 17. Esse Tiago, irmão (primo) de Jesus, é o chefe da Igreja de Jerusalém, após a partida de Pedro.

Atos dos Apóstolos 13

amigo de infância do tetrarca Herodes, e Saulo. [2]Ora, certo dia, enquanto celebravam o culto do Senhor e jejuavam, disse o Espírito Santo: "Reservai para mim Barnabé e Saulo para a obra à qual os chamei". [3]Então, depois de terem jejuado e rezado,* impuseram-lhes as mãos e os despediram.

Em Chipre: Sérgio Paulo e o mago Elimas. [4]Eles, pois, enviados pelo Espírito Santo, desceram a Selêucia, donde navegaram para Chipre. [5]Chegados à Salamina, puseram-se a anunciar a palavra de Deus nas sinagogas dos judeus[†]. Tinham consigo João como auxiliar. [6]Tendo atravessado toda a ilha até Pafos, encontraram lá um mago, falso profeta, chamado Bar-Jesus, [7]que era do grupo do procônsul Sérgio Paulo, homem prudente. Este mandou chamar Barnabé e Saulo, desejoso de ouvir a palavra de Deus. [8]Mas Elimas, o mago* – assim se traduz seu nome – fazia-lhes oposição, procurando desviar o procônsul da fé. [9]Então Saulo – também chamado Paulo[†] – cheio do Espírito Santo,* fixou nele o olhar [10]e lhe disse: "Homem cheio de todas as astúcias e de todos os crimes, filho do diabo, inimigo de toda justiça, quando cessarás de perverter os caminhos retos do Senhor? [11]Eis que agora pesa sobre ti a mão do Senhor. Ficarás cego* e por certo tempo não verás o sol". Na mesma hora a obscuridade e as trevas se abateram sobre ele, e ele girava de todo lado, procurando quem o guiasse. [12]Então, vendo o que se passava, o procônsul abraçou a fé, vivamente impressionado pela doutrina do Senhor.

Em Antioquia da Pisídia. [13]De Pafos, onde embarcaram, Paulo e seus companheiros* chegaram a Perge, na Panfília. Mas João separou-se deles e voltou para Jerusalém. [14]Quanto a eles, avançando para além de Perge, chegaram a Antioquia da Pisídia. No sábado, entraram na sinagoga e se sentaram. [15]Após a leitura da Lei e dos Profetas,* os chefes da sinagoga mandaram dizer-lhes: "Irmãos, se tendes alguma palavra de exortação a dizer ao povo, podeis falar".

Discurso de Paulo. [16]Paulo então levantou-se, fez sinal com a mão e disse: "Homens de Israel e vós todos que temeis a Deus,* escutai. [17]O Deus deste povo de Israel escolheu nossos pais, fez crescer o povo durante o exílio na terra do Egito e com braço poderoso fê-los sair de lá. [18]Durante quarenta anos, mais ou menos, cercou-os de cuidados no deserto. [19]Depois de exterminar sete nações na terra de Canaã, deu-lhes a posse de seu país: [20]tudo isto durou uns quatrocentos e cinquenta anos. Depois disso, deu-lhes juízes, até o profeta Samuel. [21]Então pediram um rei, e Deus lhes deu Saul, filho de Cis, da tribo de Benjamim, por quarenta anos. [22]Após havê-lo rejeitado, suscitou para eles Davi como rei; foi dele que deu este testemunho: 'Achei Davi, filho de Jessé,* um homem segundo meu coração, que cumprirá todas as minhas vontades'. [23]Foi de sua descendência* que, segundo sua promessa, Deus fez sair para Israel um salvador, Jesus. [24]João havia preparado sua vinda, pregando a todo o povo de Israel um batismo de penitência. [25]No momento de terminar sua missão, dizia João: 'Não sou aquele que vós pensais que eu seja; mas vem após mim aquele, cuja sandália não sou digno de desatar'. [26]Irmãos, filhos da estirpe de Abraão,* e vós aqui presentes que temeis a Deus: é a nós que esta mensagem de salvação foi enviada.

[27]Com efeito, os habitantes de Jerusalém* e seus chefes não reconhece-

---

* **13**,3. 6,6s; 14,23; 1Tm 4,14; 5,22 | 8. 2Tm 3,8 | 9. Os 14,10; Pr 10,9 | 11. 9,8; 22,11 | 13. 12,12 | 15. 15,21 | 16. 12,17; 19,33; Êx 6,1.6; 12,37.41; 16,35; Nm 14,34; Dt 1,31; Js 14,2; Jz 2,16; 1Sm 3,20; 8,5; 10,21s | 22. Sl 89,21; 1Sm 13,14; 16,12s; Is 11,1 | 23. 2Sm 7,12; Lc 3,3.16; Jo 1,20.27; Mc 1,7 | 26. 13,16.46 | 27. 3,17; Jo 16,3

† **13**,5. Em cada cidade, Paulo começa sempre pregando aos judeus, primeiros destinatários do anúncio da salvação, v. 46. | 9. Esta mudança de nome, do hebraico Saulo para Paulo, nome romano, acontece justamente na hora em que Paulo passa a ter mais contato com os gentios, tornando-se o apóstolo das nações.

Atos dos Apóstolos 13-14

ram Jesus e, condenando-o, cumpriram as palavras dos profetas que se leem todo sábado. ²⁸Sem achar nele motivo algum de condenação à morte, pediram a Pilatos que fosse morto. ²⁹Depois de terem cumprido tudo o que estava escrito* a respeito dele, desceram-no da cruz e o puseram no túmulo. ³⁰Mas Deus o ressuscitou* dos mortos, ³¹e durante muitos dias ele apareceu aos que tinham subido com ele da Galileia a Jerusalém, e estes agora são suas testemunhas perante o povo. ³²Nós vos anunciamos a Boa Nova: a promessa feita a nossos pais, ³³Deus a cumpriu em favor de nós, seus filhos, ressuscitando Jesus, como também está escrito no salmo segundo: 'Tu és meu filho,* eu hoje te gerei'. ³⁴E que Deus o tenha ressuscitado dos mortos, sem retorno possível à corrupção, é o que havia declarado: 'Eu vos darei as coisas santas* prometidas a Davi, que são dignas da fé'. ³⁵É por isso que ele diz ainda em outro lugar: 'Não permitireis que vosso santo experimente a corrupção'.

³⁶Ora, Davi, depois de haver a seu tempo servido aos desígnios de Deus, morreu, foi reunido a seus pais e experimentou a corrupção. ³⁷Mas aquele que Deus ressuscitou,* este não experimentou a corrupção. ³⁸Portanto, ficai sabendo, irmãos, que por ele a remissão dos pecados* vos é anunciada ³⁹e que por ele todo aquele que crê recebe justificação de tudo aquilo de que não vos foi possível ser justificado mediante a lei de Moisés. ⁴⁰Tomai cuidado, pois, para que não vos aconteça o que foi dito* nos Profetas: ⁴¹'Olhai, desprezadores, pasmai e desapareci! Porque em vossos dias vou executar uma obra em que não acreditaríeis se vos fosse contada'".

⁴²Ao saírem, foram convidados para falar do mesmo assunto no sábado seguinte. ⁴³Depois que a assembleia se dispersou,* muitos judeus e prosélitos que adoravam a Deus seguiram Paulo e Barnabé, e estes, conversando com eles, exortavam-nos a ficarem fiéis à graça de Deus.

Paulo e Barnabé se voltam para os gentios. ⁴⁴No sábado seguinte, quase toda a cidade se reuniu para escutar a palavra de Deus. ⁴⁵Os judeus, porém, ao verem aquela multidão, ficaram cheios de inveja e replicavam com blasfêmias* às palavras de Paulo. ⁴⁶Então Barnabé e Paulo declararam resolutamente: "Era necessário que fosse anunciada primeiramente a vós a palavra de Deus. Mas porque a rejeitais e vos julgais indignos da vida eterna, nós nos voltamos para os gentios. ⁴⁷Pois assim o Senhor nos ordenou: 'Eu te estabeleci como luz das nações, para que leves a salvação* até os confins da terra'". ⁴⁸Quando ouviram isso, os pagãos ficaram alegres* e puseram-se a glorificar a palavra do Senhor; e todos que estavam destinados à vida eterna abraçaram a fé. ⁴⁹A palavra do Senhor se divulgava por toda a região.

⁵⁰Mas os judeus instigaram as senhoras devotas da elite, como também a aristocracia da cidade, e promoveram uma perseguição contra Paulo e Barnabé, e os expulsaram de seu território. ⁵¹Estes, sacudindo contra eles o pó dos pés,* foram para Icônio. ⁵²Os discípulos, entretanto, estavam cheios de alegria e do Espírito Santo.

14 **Em Icônio.** ¹Também em Icônio entraram na sinagoga dos judeus e falaram de tal modo que grande multidão de judeus e de gregos abraçaram a fé. ²Mas os judeus, que continuavam incrédulos,* excitaram os pagãos e os indispuseram contra os irmãos. ³Não obstante, Paulo e Barnabé prolongaram sua estadia lá por bastante tempo e falavam cheios de confiança no Senhor, que dava testemunho à pregação de sua graça e concedia que pelas mãos deles se operassem sinais e prodígios.

---

* **13,**29. Mt 26,60; 27,22s.59 | 30. 1,3.8; 2,32; 3,15; 4,10; 5,32; 10,40 | 33. Sl 2,7 | 34. Is 55,3; Sl 16,10; 1Rs 2,10 | 37. 10,43; Hb 9,9; 10,1s | 38. Rm 4,25 | 40. 10,4; Hab 1,5 | 43. 11,23; 14,22 | 45. 3,26; 18,6; Rm 1,16; Mt 10,6 | 47. Is 49,6; Lc 2,32 | 48. 11,18; Rm 8,29s | 51. 18,6; Mt 10,14; Lc 9,5 | **14,**2. 13,45; 19,11; Hb 2,4; Mc 16,20

Atos dos Apóstolos 14-15   **1332**

[4]A população da cidade dividiu-se: uns estavam a favor dos judeus, outros a favor dos apóstolos. [5]Mas, quando houve uma tentativa dos pagãos e dos judeus,* com seus chefes, para maltratá-los e apedrejá-los, [6]eles o perceberam* e procuraram refúgio nas cidades da Licaônia, Listra, Derbe e arredores, [7]onde se puseram a anunciar a Boa Nova.

Cura de um aleijado em Listra. [8]Havia, em Listra,* um homem paralítico das pernas, aleijado de nascença, que jamais tinha andado. [9]Estava ouvindo Paulo falar. Este, fixando nele o olhar e vendo que tinha fé para ser curado, [10]disse com voz forte:* "Levanta-te e fica direito em pé!" Ele deu um salto e começou a andar. [11]À vista do que Paulo acabava de fazer,* a multidão exclamou em dialeto licaônico: "Os deuses desceram entre nós em forma humana!"† [12]Chamavam Barnabé de Júpiter e Paulo de Mercúrio, pois era este que falava.

[13]O sacerdote de Júpiter, cujo templo era na entrada da cidade, trouxe à porta touros ornados de guirlandas e queria, de comum acordo com a multidão, oferecer um sacrifício.

[14]Informados disso, os apóstolos Barnabé e Paulo rasgaram as vestes e se precipitaram em direção à multidão, gritando: [15]"Homens, que estais fazendo?* Nós também somos seres humanos, mortais como vós, e vos exortamos a converter-vos desses ídolos vãos para o Deus vivo que fez o céu, a terra, o mar e tudo o que neles se encontra. [16]Nas gerações passadas, ele deixou que todas as nações seguissem seus próprios caminhos; [17]mas não cessou de dar testemunho de si por seus benefícios,* mandando-vos do céu chuvas e estações ricas de frutos, fornecendo-vos alimento e enchendo vossos corações de alegria"†.

[18]Com dificuldade conseguiram, por meio dessas palavras, fazer a multidão desistir de lhes oferecer um sacrifício. [19]Mas chegaram de Antioquia e de Icônio* alguns judeus, que atraíram as multidões para seu lado. Apedrejaram Paulo e arrastaram-no para fora da cidade, julgando-o morto. [20]Então os discípulos o rodearam, e ele se levantou e entrou na cidade. No dia seguinte, com Barnabé, partiu para Derbe.

Retorno da missão. [21]Depois de anunciar a Boa Nova em Derbe e de fazer numerosos discípulos, voltaram a Listra, Icônio e Antioquia, [22]confortando os corações* dos discípulos e estimulando-os a perseverarem na fé, porque – diziam – é necessário passar por muitas tribulações para entrar no Reino de Deus. [23]Em cada uma das Igrejas designaram responsáveis* por elas e, depois de rezarem e jejuarem, eles os recomendaram ao Senhor em quem tinham posto sua fé. [24]Atravessando então a Pisídia, chegaram à Panfília. [25]Pregaram a Palavra em Perge e desceram até Atália; [26]de lá navegaram para Antioquia, onde tinham sido recomendados à graça de Deus para a missão que acabavam de realizar. [27]Ao chegar, reuniram a Igreja* e contaram tudo o que Deus tinha realizado com eles e como tinha aberto aos pagãos a porta da fé. [28]Ficaram ali muito tempo com os discípulos.

15 **Discussão em Antioquia.** [1]Entretanto, alguns que desceram da Judeia* ensinavam aos irmãos, dizendo: "Se não vos fazeis circuncidar,

---

* **14**,5. 14,19; 2Tm 3,11 | 6. Mt 10,23 | 8. 3,2; 9,33 | 10. 3,8 | 11. 28,6 | 15. 10,26; Is 37,16; Jr 32,17; Sl 146,6; Sb 7,3 | 17. 17,30; Jr 5,24 | 19. 2Cor 11,25; 2Tm 3,11 | 22. 11,23; 1Ts 3,3; Mt 7,14 | 23. 13,3; 20,17; Tt 1,5 | 27. 11,18 | **15**,1. Gl 5,2 | 2. Gl 2,1

† **14**,11. Certas lendas pagãs falavam de visitas de deuses à terra em forma humana. Uma delas diz que o casal Filêmon e Báucis, habitantes da Licaônia, receberam Júpiter e Mercúrio. | 17. A pregação aos pagãos não se apoia na revelação bíblica, como acontece quando se prega aos judeus, mas ensina como Deus se manifesta a todos através da natureza, e faz um apelo para que abandonem os ídolos, convertendo-se ao Deus único. | **15**,1. É isto que estava em discussão: Pode-se admitir alguém no novo povo de Deus sem a circuncisão, sinal da aliança, e sem se submeter à Lei mosaica, cerne da revelação? O Concílio de Jerusalém responde que sim, mas da Lei conserva algumas normas particularmente caras aos judeus. A Igreja tem de ser universal, mas dentro dela as diversas culturas devem ser respeitadas.

conforme a tradição de Moisés, não podereis ser salvos"†. ²Isto provocou conflito e séria discussão de Paulo e Barnabé com eles. Ficou decidido então que Paulo, Barnabé* e mais alguns deles subiriam a Jerusalém, para consultar os apóstolos e os anciãos sobre essa questão. ³Eles, portanto, depois de terem sido escoltados pela Igreja, atravessaram a Fenícia e a Samaria, contando a conversão dos pagãos e causando grande alegria* a todos os irmãos.

⁴Chegados a Jerusalém, foram acolhidos pela Igreja, pelos apóstolos e pelos anciãos, e narraram tudo quanto Deus havia realizado com eles.

Concílio de Jerusalém. ⁵Mas alguns do partido dos fariseus, que tinham abraçado a fé, intervieram para declarar que era preciso circuncidar os pagãos e obrigá-los a observar a lei de Moisés. ⁶Então os apóstolos e os anciãos se reuniram para examinar essa questão. ⁷Depois de longa discussão, Pedro levantou-se* e disse: "Irmãos, vós sabeis que, desde os primeiros dias, Deus fez uma escolha entre vós, para que os pagãos ouvissem de minha boca a palavra da Boa Nova e abraçassem a fé. ⁸E Deus, que conhece os corações, testemunhou em favor deles, dando-lhes o Espírito Santo como a nós. ⁹Não fez nenhuma distinção* entre eles e nós, pois purificou os corações deles pela fé. ¹⁰Por que, então, continuais a tentar a Deus†, impondo aos discípulos um jugo que nem nossos pais, nem nós mesmos tivemos a força de suportar? ¹¹Nós cremos que é pela graça do Senhor Jesus que somos salvos,* exatamente como eles"†. ¹²Então toda a assembleia fez silêncio para ouvir Barnabé e Paulo que referiam quantos sinais e prodígios Deus realizara entre os pagãos por meio deles.*

¹³Quando acabaram de falar, Tiago tomou a palavra e disse: "Irmãos, ouvi-me. ¹⁴Simeão† expôs como, desde o início, Deus cuidou de tirar dentre os pagãos um povo reservado a seu nome. ¹⁵Com isto concordam as palavras dos Profetas, como está escrito:*

¹⁶'Depois disso voltarei
e reerguerei a tenda de Davi que tinha caído;
reconstruirei suas ruínas e a porei de novo em pé,
¹⁷a fim de que o resto dos homens busque o Senhor†,
assim como todas as nações
sobre as quais foi invocado meu nome,
disse o Senhor, ¹⁸que deu a conhecer essas coisas há séculos'.*

¹⁹É por isso que, em minha opinião, não se deve inquietar aqueles que se convertem a Deus dentre os pagãos. ²⁰Mas que se lhes ordene somente* que se abstenham das imundícies dos ídolos, das uniões ilegítimas†, das carnes sufocadas e do sangue. ²¹Pois, desde os tempos antigos, Moisés tem em cada cidade seus pregadores, que o leem nas sinagogas todos os sábados"†.

As decisões e a carta do Concílio. ²²Então os apóstolos e os anciãos, de acordo com toda a Igreja, decidiram escolher alguns deles e enviá-los a Antioquia com Paulo e Barnabé. Escolheram Judas, chamado Barsabás, e Silas, homens de grande prestígio entre os irmãos, ²³e lhes entregaram a seguinte carta:

---

* **15,**3. 14,27; 15,12 | 7. 2,4; 10,44; 11,15 | 9. 10,34; Gl 3,10; 5,1; Mt 11,30 | 11. Gl 2,16; Ef 2,4-10 | 12. 14,27; 15,4 | 13. 21,18; Gl 2,9 | 15. Am 9,11s; Jo 12,15 | 18. Is 45,21 | 20. Lv 3,17; 5,2; 17,10-16; Gn 9,4

† **15,**10. Tentar a Deus é desafiar a vontade manifesta de Deus. | 11. O caminho da salvação é o mesmo para judeus e pagãos. | 14. Esta forma aramaica do nome de Simão Pedro é a preferida por Tiago, muito ligado à cultura judaica. | 17. A tenda de Davi deve ser reedificada de modo que todas as nações possam buscar o Senhor. | 20. "Imundícies dos ídolos" são as carnes das vítimas imoladas em sacrifícios pagãos, 1Cor 8,1; 10,19; "uniões ilegítimas", lit. "fornicação", matrimônios proibidos por causa de parentesco, Lv 18,6-18; a mesma coisa no v. 29 e em 21,25; "carnes sufocadas e sangue", carnes das quais não foi extraído todo o sangue, Lv 17,10ss. O texto oc. omite "carnes sufocadas" e acrescenta no fim: "e não fazer aos outros o que não se quer que seja feito consigo". | 21. Tiago quer dizer: a longa experiência judaica mostra que os gentios não aceitarão a lei mosaica; seria, pois, fútil os cristãos tentarem impor a lei a eles.

Atos dos Apóstolos 15-16 **1334**

"Os irmãos apóstolos e anciãos, aos irmãos de Antioquia, da Síria e da Cilícia, procedentes do paganismo, saudações! ²⁴Ficamos sabendo que alguns daqui, sem autorização nossa, foram perturbar-vos com suas palavras e inquietar vossos ânimos. ²⁵Por unanimidade decidimos então escolher alguns mensageiros e enviá-los a vós, com nossos caríssimos Barnabé e Paulo, ²⁶homens que têm dedicado sua vida ao nome de nosso Senhor Jesus Cristo. ²⁷Portanto, enviamos a vós Judas e Silas que, de viva voz, também lhes comunicarão a mesma coisa. ²⁸Porque decidimos, o Espírito Santo e nós,* não vos impor nenhum outro ônus além disto que é indispensável: ²⁹que vos abstenhais de carnes sacrificadas aos ídolos, do sangue, dos animais sufocados e das uniões ilegítimas. Estareis procedendo bem guardando-vos dessas coisas. Felicidades!"

³⁰Despedindo-se, pois, os delegados desceram a Antioquia, onde reuniram a multidão e entregaram a carta. ³¹Ao lê-la, alegraram-se com o encorajamento que ela trazia. ³²Judas e Silas,* que também eram profetas, exortaram os irmãos e os confortaram por meio de um longo discurso. ³³No fim de algum tempo, os irmãos os despediram com votos de paz, a fim de regressarem para junto daqueles que os haviam enviado†. ³⁵Paulo e Barnabé, entretanto, ficaram em Antioquia, onde, com muitos outros, ensinavam e evangelizavam a palavra do Senhor.

Começa a segunda viagem missionária: Paulo e Silas. ³⁶Algum tempo depois, Paulo disse a Barnabé: "Voltemos a visitar os irmãos em todas as cidades onde anunciamos a palavra do Senhor para ver como estão". ³⁷Barnabé queria levar* também João, chamado Marcos; ³⁸mas Paulo era de opinião que não

deviam levar aquele que os havia abandonado na Panfília e não fora com eles para a missão. ³⁹Discordaram a tal ponto que acabaram se separando um do outro: Barnabé navegou com Marcos* para Chipre ⁴⁰e Paulo escolheu Silas e partiu, depois de ter sido recomendado pelos irmãos à graça de Deus.

Timóteo é associado a Paulo e Silas. ⁴¹Atravessou a Síria e a Cilícia, confortando as Igrejas.

16

¹Chegou a Derbe e, em seguida, a Listra.* Havia ali um discípulo chamado Timóteo†, filho de uma judia, mas de pai grego. ²Os irmãos de Listra e de Icônio davam bom testemunho dele. ³Paulo quis que partisse com ele. Tomou-o, pois, e circuncidou-o,* por causa dos judeus daqueles lugares; pois todos sabiam que seu pai era grego. ⁴Nas cidades por onde passavam, transmitiam as decisões promulgadas pelos apóstolos e pelos anciãos de Jerusalém, recomendando que fossem observadas. ⁵Assim as Igrejas se fortaleciam* na fé e cresciam em número dia a dia.

Paulo é chamado à Macedônia. ⁶Percorreram a Frígia* e a região da Galácia: o Espírito Santo os impedira de anunciar a Palavra na Ásia. ⁷Chegados aos confins da Mísia, tentaram entrar na Bitínia, mas o Espírito de Jesus não o permitiu. ⁸Atravessaram então a Mísia e desceram a Trôade. ⁹Ora, durante a noite, Paulo teve uma visão: um macedônio, de pé, dirigia-lhe esta súplica: "Vem para a Macedônia e ajuda-nos!" ¹⁰Depois desta visão procuramos† partir para a Macedônia, persuadidos de que Deus nos chamava a evangelizar aquela gente.

Em Filipos. Conversão de Lídia. ¹¹Embarcando em Trôade, navegamos direto para Samotrácia e, no dia seguinte, para Neápolis, ¹²de onde partimos para Filipos, cidade principal do distrito da

---

* **15**,28. Mt 23,4 | 32. 14,22; 18,23 | 37. 12,12.25 | 39. 13,13; Cl 4,10 | **16**,1. 17,14; 19,22; 2Tm 1,5; Fl 2,19-22 | 3. 15,23-29; Gl 2,3ss | 5. 2,47; 5,14 | 6. 18,23

† **15**,34. Alguns manuscritos acrescentam: "³⁴Silas decidiu ficar por lá e Judas partiu sozinho". | **16**,1. Timóteo será até o fim da vida de Paulo seu mais fiel e mais estimado colaborador. A ele Paulo vai dirigir duas de suas Cartas Pastorais. | 10. At 16,10-17 é o primeiro trecho em que Lucas usa a 1ª pessoa do plural; os outros são: 20,5-15; 21,1-18; 27,1-28,16. Nesses episódios ele é testemunha ocular.

Macedônia e colônia romana. Passamos alguns dias nesta cidade. ¹³No sábado, saímos fora da porta, para a beira do rio, onde pensávamos que havia um lugar de oração. Sentamo-nos e dirigimos a palavra às mulheres que se haviam reunido. ¹⁴Uma delas, chamada Lídia, escutava-nos; era negociante de púrpura, da cidade de Tiatira, e adorava a Deus. O Senhor abriu-lhe o coração,* de sorte que ela aceitou as palavras de Paulo. ¹⁵Após ter sido batizada junto com sua família†, fez-nos este pedido: "Se me julgais fiel ao Senhor, vinde hospedar-vos em minha casa". E nos obrigou a aceitar.

A escrava adivinha. ¹⁶Certa vez, enquanto íamos à oração, veio a nosso encontro uma escrava que tinha um espírito adivinhador; fazia seus patrões ganhar muito dinheiro* dando oráculos. ¹⁷Começou a nos seguir, a Paulo e a nós, gritando: "Esses homens são servos do Deus Altíssimo e vos anunciam o caminho da salvação". ¹⁸Fez isso durante vários dias.* Afinal Paulo, irritado, voltou-se e disse ao espírito: "Eu te ordeno em nome de Jesus Cristo: sai desta mulher!" E o espírito saiu na mesma hora†.

Prisão e libertação de Paulo e Silas. ¹⁹Mas seus patrões, vendo desaparecer suas esperanças de lucro, agarraram Paulo e Silas, arrastaram-nos ao fórum* diante das autoridades ²⁰e disseram, apresentando-os aos magistrados: "Esses homens estão tumultuando nossa cidade.* São judeus ²¹e pregam costumes que nós, romanos, não podemos aceitar nem seguir". ²²Então a multidão se amotinou* contra eles, e os magistrados, depois de mandar que lhes arrancassem as roupas, ordenaram que fossem açoitados. ²³Depois de os terem moído de pancadas, lançaram-nos na prisão, recomendando ao carcereiro que os guardasse com cuidado. ²⁴Ten-

do recebido tal ordem, este os lançou na masmorra interna e prendeu seus pés no cepo.

²⁵Pela meia-noite, Paulo e Silas,* em oração, cantavam os louvores de Deus, e os prisioneiros os escutavam. ²⁶De repente, aconteceu um terremoto tão violento que os alicerces da prisão se abalaram. Naquela hora, todas as portas se abriram, e as correntes de todos os prisioneiros se quebraram. ²⁷Despertando do sono* e vendo abertas as portas da prisão, o carcereiro puxou da espada para se matar, pensando que os prisioneiros tivessem fugido†. ²⁸Mas Paulo gritou com voz forte: "Não te faças mal nenhum, pois estamos todos aqui". ²⁹O carcereiro pediu luz, veio correndo e, todo trêmulo, lançou-se aos pés de Paulo e de Silas. ³⁰Depois fê-los sair e disse: "Senhores, que preciso fazer* para ser salvo?" ³¹Responderam: "Crê no Senhor Jesus e sereis salvo tu e tua família". ³²Eles lhe anunciaram a palavra do Senhor, bem como a todos os que estavam em sua casa. ³³O carcereiro tomou-os consigo na mesma hora, em plena noite, lavou-lhes as chagas e logo recebeu o batismo com todos os seus. ³⁴Fê-los então subir para a casa, pôs a mesa e se alegrou com todos os seus por ter acreditado em Deus.

³⁵Quando raiou o dia, os magistrados mandaram os litores dizer ao carcereiro: "Solta aqueles homens". ³⁶Este relatou estas palavras a Paulo: "Os magistrados nos mandaram soltar-vos. Saí, pois, e retirai-vos". ³⁷Mas Paulo disse aos litores:* "Mandaram bater-nos em público e sem julgamento a nós, que somos cidadãos romanos, e nos lançaram na prisão. E, agora, é às escondidas que nos mandam sair! Assim não! Que venham eles mesmos nos soltar". ³⁸Os litores comunicaram aos magistrados

---

* **16**,14. Jo 6,44 | 16. 19,13.24; Lc 4,34.41 | 18. 16,17 | 19. Mc 16,17 | 20. 1Rs 18,17 | 22. 2Cor 11,25; Fl 1,30; 1Ts 2,2 | 25. 4,31 | 27. 12,18s | 30. 2,37; 11,14; Jo 6,29 | 37. 22,25

† **16**,15. "É possível que quando 'casas' inteiras receberam o batismo, At 16,15,33, também se tenham batizado as crianças. A prática de batizar as crianças é uma tradição atestada desde o século II na Igreja" (CIC). | 18. Como Jesus, Mc 1,25, Paulo não quer que o demônio, pai da mentira, Jo 8,44, proclame sua identidade de mensageiro da salvação. | 27. Na época, se os prisioneiros fugissem, os carcereiros estavam sujeitos à mesma pena deles, ver At 12,19.

Atos dos Apóstolos 16-17

essas palavras. Temerosos, ao saberem que eram cidadãos romanos, [39]vieram desculpar-se com eles; depois fizeram-nos sair e pediram-lhes que deixassem a cidade. [40]Ao saírem da prisão, Paulo e Silas foram à casa de Lídia, onde visitaram os irmãos e os exortaram, partindo em seguida.

17 Paulo em Tessalônica e em Bereia. [1]Passando por Anfípolis e Apolônia,* chegaram a Tessalônica, onde havia uma sinagoga dos judeus. [2]Segundo seu costume, Paulo foi lá encontrá-los e, em três sábados, discutiu com eles a partir das Escrituras, [3]explicando-as e demonstrando que o Cristo devia sofrer* e ressuscitar dos mortos; "e o Cristo – dizia ele – é este Jesus que vos anuncio". [4]Alguns deles deixaram-se convencer e aderiram a Paulo e a Silas, assim como numerosos gregos, adoradores de Deus, e também bom número de senhoras da nobreza.*

[5]Mas os judeus, cheios de inveja, ajuntaram na praça alguns homens maus e, tendo formado um bando, subverteram a cidade. Apresentaram-se então na casa de Jasão, procurando Paulo e Silas para fazê-los comparecer perante o povo. [6]Não os encontrando, arrastaram Jasão e alguns irmãos perante os magistrados, gritando: "Esses homens,* que revolucionaram o mundo inteiro, vieram até aqui, [7]e Jasão os recebeu em sua casa. Todos esses desobedecem aos editos de César, afirmando que há um outro rei, Jesus". [8]Excitavam a população e os magistrados que ouviam tais coisas; [9]e só os soltaram depois de receberem uma caução da parte de Jasão e dos outros.

[10]Os irmãos fizeram Paulo e Silas* partir rapidamente, à noite, para Bereia. Chegando lá, foram à sinagoga dos judeus. [11]Ora, estes tinham sentimentos mais nobres que os de Tessalônica. Acolheram a Palavra com a melhor disposição. Todo dia examinavam as Escrituras,* para ver se as coisas eram assim mesmo. [12]Muitos dentre eles abraçaram a fé, e também algumas mulheres gregas da nobreza e bom número de homens. [13]Mas quando os judeus* de Tessalônica souberam que Paulo anunciava igualmente em Bereia a palavra de Deus, foram lá também semear no meio da multidão a agitação e a desordem. [14]Então os irmãos fizeram Paulo partir* imediatamente em direção ao mar, ao passo que Silas e Timóteo ficaram lá. [15]Os que acompanharam Paulo o conduziram até Atenas e voltaram depois com a ordem para Silas e Timóteo irem a seu encontro o mais rápido possível.

Paulo em Atenas. [16]Enquanto Paulo os esperava em Atenas, seu espírito se inflamava nele ao contemplar aquela cidade* cheia de ídolos. [17]Discutia, pois, na sinagoga, com judeus e com os que adoravam a Deus, e na praça, todos os dias, com os transeuntes. [18]Até mesmo filósofos epicureus e estoicos o abordavam. Uns diziam: "Que é que esse tagarela está querendo falar?" Outros diziam: "Parece um pregador de divindades estrangeiras", porque ele anunciava Jesus e a ressurreição†. [19]Tomaram-no então consigo e o conduziram ao Areópago, dizendo: "Podemos saber qual é esta nova doutrina que ensinas? [20]Pois são assuntos estranhos que nos fazes ouvir. Queremos, pois, saber o que isto quer dizer". [21]É que os atenienses e os estrangeiros que residiam entre eles não tinham outro passatempo senão dizer ou escutar as últimas novidades.

Discurso de Paulo no Areópago†. [22]De pé, no meio do Areópago, Paulo falou: "Atenienses, vejo que vós sois, sob

---

* **17**,1. 1Ts 2,1s; Lc 4,16 | 3. 3,18; 13,29; 18,5; 26,23; Lc 24,26s.45s | 4. 13,50 | 6. 16,20; Lc 23,2; Jo 19,12 | 10. 9,27; 23,31 | 11. Jo 5,39 | 13. 14,19 | 14. 16,1 | 16. 18,19

† **17**,18. Pensaram que "Ressurreição" fosse o nome de uma deusa, companheira de Jesus. | 22. Discurso de alto nível literário, no qual Paulo apresenta em termos filosóficos a mensagem cristã. Em 1Cor 2,13 Paulo diz que abandonou o modo de falar próprio da "sabedoria humana". | 23. Para evitar o descontentamento de algum deus que não cultuassem, os pagãos dedicavam altares a deuses anônimos.

Atos dos Apóstolos 17-18

todos os aspectos, muito religiosos. [23]Percorrendo, com efeito, vossa cidade e considerando vossos monumentos sagrados, encontrei até mesmo um altar com a inscrição: 'Ao Deus Desconhecido'†. Aquele que vós adorais sem conhecer, eu venho anunciar-vos. [24]O Deus que fez o mundo e tudo o que nele existe, ele que é o Senhor do céu e da terra* não habita em templos feitos pelas mãos do homem. [25]Tampouco é servido por mãos humanas, como se tivesse necessidade de alguma coisa, ele que a todos dá vida, respiração e tudo. [26]De um só, fez nascer todo o gênero humano, para que habite em toda a face da terra; fixou tempos determinados e os limites* da morada dos homens, [27]a fim de que busquem a Deus para atingi-lo, se possível, andando como que às apalpadelas, embora não esteja longe de cada um de nós. [28]Com efeito, nele temos a vida, o movimento e o ser. Assim, aliás, disseram alguns de vossos poetas: "Pois somos também de sua raça".

[29]Ora, se somos da raça de Deus, não devemos pensar que a divindade seja semelhante ao ouro, à prata ou à pedra, esculpida pela arte* e pela imaginação do homem. [30]Agora, fechando os olhos sobre os tempos da ignorância, Deus faz saber aos homens* que todos, em toda a parte, devem arrepender-se, [31]porque ele fixou um dia para julgar o mundo com justiça, por um homem que ele designou, oferecendo a todos uma garantia ao ressuscitá-lo dos mortos".

[32]Ouvindo falar de ressurreição dos mortos, alguns zombavam, outros diziam: "Nós te ouviremos falar sobre isto outra vez". [33]Foi assim que Paulo retirou-se do meio deles. [34]Alguns, no entanto, aderiram a ele e abraçaram a fé: entre eles Dionísio, o areopagita, uma mulher chamada Dâmaris, e outros com eles.

18 Fundação da Igreja de Corinto.

[1]Depois disso, Paulo saiu de Atenas* e foi para Corinto. [2]Encontrou lá um judeu chamado Áquila, originário do Ponto, que acabava de chegar da Itália com Priscila, sua esposa, em consequência de um edito de Cláudio, que expulsava de Roma todos os judeus. Paulo juntou-se a eles [3]e, como tinham a mesma profissão,* ficou na casa deles e lá trabalhava†. Por profissão eram fabricantes de tendas. [4]Todo sábado ele falava na sinagoga e tentava persuadir judeus e gregos.

[5]Quando Silas e Timóteo chegaram da Macedônia,* Paulo consagrou-se totalmente à Palavra, atestando aos judeus que Jesus* é o Cristo. [6]Mas, diante da oposição deles e de suas palavras blasfemas, sacudiu as vestes e lhes disse: "Que vosso sangue recaia sobre vossa cabeça! Quanto a mim, sou inocente e doravante é aos pagãos que vou me dirigir". [7]Então, retirando-se de lá, Paulo foi para a casa de certo Tito Justo, homem que adorava a Deus, que residia perto da sinagoga.

[8]Crispo, chefe da sinagoga,* acreditou no Senhor com toda a sua casa; e muitos coríntios que ouviam Paulo abraçavam também a fé e se faziam batizar. [9]Uma noite, numa visão, o Senhor disse a Paulo: "Não tenhas medo, continua a falar, não te cales. [10]Porque estou contigo, e ninguém porá a mão sobre ti para fazer-te mal, pois tenho um povo numeroso* nesta cidade". [11]Ficou lá um ano e seis meses ensinando entre eles a palavra de Deus.

Paulo comparece perante Galião. [12]Quando Galião era procônsul da Acaia, os judeus se revoltaram em massa contra Paulo e levaram-no ao tribunal, [13]dizendo: "Este homem persuade os outros a adorarem a Deus de um modo contrário à Lei". [14]Paulo ia abrir a boca, quando Galião disse aos judeus: "Se o assunto fosse algum delito ou crime, aceitaria, ó judeus, vossa queixa,

---

* **17**,24. 7,48; 1Rs 8,27; Is 42,5; Sl 146,6; Dt 32,8 | 26. Sl 145,18; Is 55,6; Jr 23,23 | 29. 19,26; Is 40,18; Gn 1,27 | 30. 10,42; 14,16; Lc 24,47; Sl 96,13; 98,9 | **18**,1. Rm 16,3 | 3. 20,34; 1Cor 4,12 | 5. 17,3.14; 18,28 / 13,45ss.51; 20,26 | 8. 1Cor 1,14 | 10. Js 1,5-9; Is 41,10

† **18**,3. 1Cor 16,19 confirma que o casal estava com Paulo em Corinto.

Atos dos Apóstolos 18-19

como é minha obrigação. ¹⁵Mas já que se trata de disputas* sobre palavras e nomes e sobre vossa Lei, vede vós mesmos! Dessas coisas não quero ser juiz". ¹⁶E mandou-os sair do tribunal. ¹⁷Todos então agarraram Sóstenes, chefe da sinagoga, e, diante do tribunal, puseram-se a espancá-lo. E Galião não se importava com isso absolutamente.

Volta a Antioquia. ¹⁸Paulo ficou ainda certo tempo* em Corinto, depois despediu-se dos irmãos e embarcou para a Síria. Priscila e Áquila o acompanhavam. Tinha raspado a cabeça em Cencreia, por causa de uma promessa que fizera. ¹⁹Chegaram a Éfeso,* onde ele se separou do casal. Foi à sinagoga, e lá se pôs a discutir com os judeus. ²⁰Estes lhe pediram que prolongasse sua estadia. Ele não consentiu, ²¹mas, despedindo-se, disse-lhes: "Voltarei até vós outra vez, se Deus quiser". E partiu de Éfeso.

²²Desembarcando em Cesareia, subiu para saudar a Igreja† e depois desceu a Antioquia.

Começa a terceira viagem missionária. ²³Tendo passado lá algum tempo, partiu de novo e percorreu sucessivamente o território gálata e a Frígia, confortando todos os discípulos†.

O judeu Apolo. ²⁴Um judeu, chamado Apolo,* natural de Alexandria, tinha chegado a Éfeso. Era um homem eloquente, versado nas Escrituras. ²⁵Tinha sido instruído no Caminho do Senhor e, no fervor de seu espírito, pregava e ensinava com exatidão o que se refere a Jesus, embora só conhecesse o batismo de João. ²⁶Pôs-se então a falar com segurança* na sinagoga. Priscila e Áquila, que o tinham ouvido, tomaram-no consigo e lhe expuseram mais exatamente o Caminho. ²⁷Como quisesse partir para a Acaia,* os irmãos o encorajaram e escreveram aos discípulos que o acolhessem bem. Chegando lá, ele foi, pelo efeito da graça, de grande auxílio aos que haviam abraçado a fé: ²⁸pois ele refutava vigorosamente* os judeus em público, demonstrando pelas Escrituras que Jesus é o Cristo.

19

Paulo em Éfeso. Os joanitas. ¹Enquanto Apolo estava em Corinto, Paulo, após ter atravessado a região serrana, chegou a Éfeso. Encontrou lá alguns discípulos ²e lhes perguntou: "Recebestes o Espírito Santo quando abraçastes* a fé?" Responderam-lhe: "Mas nem sequer ouvimos dizer que existe um Espírito Santo..." ³E ele disse: "Então, que batismo recebestes?" "O batismo de João"†, responderam. ⁴Paulo então disse: "João batizou* com um batismo de penitência, dizendo ao povo que acreditasse naquele que viria após ele, isto é, em Jesus". ⁵A estas palavras, fizeram-se batizar no nome do Senhor Jesus; ⁶e quando Paulo lhes impôs as mãos,* o Espírito Santo veio sobre eles, e puseram-se a falar em línguas e a profetizar. ⁷Esses homens eram ao todo uns doze.

Fundação da Igreja de Éfeso. ⁸Paulo foi à sinagoga* e lá, durante três meses, falou com ousadia, discutindo e procurando persuadir seus ouvintes acerca do Reino de Deus. ⁹Alguns, no entanto, empedernidos* e incrédulos, difamavam o Caminho† diante da assistência. Rompeu então com eles e tomou à parte os discípulos que ensinava todos os dias na escola de um tal Tirano. ¹⁰Foi assim durante dois anos, de sorte que todos os habitantes da Ásia, judeus e gregos, puderam ouvir a palavra do Senhor.

Os exorcistas judeus. ¹¹Deus realizava,* pelas mãos de Paulo, milagres ex-

---

* **18**,15. 23;29; 25,18; Jo 18,31; 1Cor 1,1 | 18. 21,24 | 19. Nm 6,5.18 | 24. 10,3; 1Cor 3,6 | 26. 19,8 | 27. 2Cor 3,1 | 28. 9,22; 17,3 | **19**,2. 2,38 | 4. Mt 3,11; Mc 1,4.7s | 6. 8,17; 10,44.46 | 8. 18,26 | 9. Tt 3,10s; 2Cor 6,17; 2Jo 10 | 11. 5,15; 14,3; Mc 9,38; Lc 9,49

† **18**,22. Esta Igreja é a de Jerusalém. | 23. Nesta terceira viagem, Paulo vai dedicar-se sobretudo à Igreja de Éfeso. | **19**,3. Houve nos tempos primitivos um grupo de discípulos de João Batista, que acreditavam ser ele o Messias; opondo-se a tal crença, o 4º Evangelho afirma que "João não era a luz", 1,8. | 9. Ver a nota em At 9,2. | 12. Textos como esse mostram que tem fundamento bíblico a devoção dos católicos às relíquias.

Atos dos Apóstolos 19

traordinários, [12]a tal ponto que bastava aplicar sobre os doentes lenços ou aventais que haviam tocado seu corpo e as doenças os deixavam e os espíritos maus se retiravam†. [13]Ora, alguns exorcistas* judeus itinerantes tentaram pronunciar, eles também, o nome do Senhor Jesus sobre os que tinham espíritos maus. Diziam: "Eu vos conjuro por esse Jesus que Paulo prega!" [14]Quem fazia isto eram os sete filhos de certo Ceva, sumo sacerdote judeu. [15]Mas o espírito mau lhes replicou: "Jesus, eu o conheço, e Paulo, sei quem é. Mas vós, quem sois?" [16]E o homem que tinha o espírito mau lançou-se sobre eles, dominou a uns e outros e maltratou-os tanto que eles saíram da casa nus e cobertos de feridas.

[17]Todos os habitantes de Éfeso, judeus e gregos, souberam do fato. O medo então apoderou-se de todos, e o nome do Senhor Jesus foi glorificado. [18]Muitos dos que tinham abraçado a fé vieram confessar e desvendar suas práticas. [19]Bom número dos que se tinham entregue à magia traziam seus livros e os queimavam na presença de todos. O valor total deles foi estimado em cinquenta mil moedas de prata.

[20]Assim, a palavra do Senhor crescia e se firmava poderosamente.*

O motim dos ourives de Éfeso. [21]Após esses fatos,* Paulo fez o projeto de atravessar a Macedônia e a Acaia para ir a Jerusalém. "Depois de ter estado lá – dizia – preciso igualmente ver Roma". [22]Enviou, então, à Macedônia,* dois de seus auxiliares, Timóteo e Erasto; quanto a ele, ficou ainda algum tempo na Ásia. [23]Por essa época, houve um tumulto* bastante grave a propósito do Caminho. [24]Certo Demétrio, que era ourives e fabricava em prata miniaturas do templo de Diana, conseguia assim muita renda para os artesãos. [25]Ele os reuniu, bem como os que exerciam profissões semelhantes, e lhes disse: "Homens, é a esta indústria, como

bem sabeis,* que devemos nosso bem-estar. [26]Ora, este Paulo, como vedes e ouvis, não só em Éfeso mas em quase toda a Ásia, convenceu e desviou uma multidão de gente, afirmando que não são deuses os que são feitos por mãos humanas. [27]Isto ameaça não apenas lançar o descrédito sobre nossa categoria, mas ainda destruir toda a fama do santuário da grande deusa Diana, para acabar despojando de seu prestígio aquela que toda a Ásia e o mundo inteiro veneram".

[28]A essas palavras, cheios de cólera, puseram-se a gritar: "Grande é a Diana dos efésios!" [29]A desordem tomou conta da cidade inteira. Precipitaram-se em massa para o teatro, arrastando para lá os macedônios Gaio e Aristarco, companheiros de viagem de Paulo. [30]Quanto a Paulo, queria apresentar-se diante do povo, mas os discípulos o impediram. [31]Mesmo alguns asiarcas†, amigos dele, mandaram pedir-lhe insistentemente para não se expor, indo ao teatro. [32]Entretanto, uns gritavam isto,* outros aquilo. A assembleia estava em plena confusão; a maioria nem sequer sabia para que estava reunida. [33]Alguns da multidão fizeram intervir Alexandre, que os judeus empurravam para a frente, e ele, tendo feito sinal com a mão, queria dar uma explicação ao povo. [34]Mas quando reconheceram que era judeu, todos se puseram a gritar a uma só voz, por quase duas horas: "Grande é a Diana dos efésios!"

[35]Enfim, o secretário acalmou a multidão e disse: "Efésios, quem é que não sabe que a cidade de Éfeso é a guardiã do templo da grande Diana e de sua estátua caída do céu? [36]Sendo isso inegável, deveis ficar tranquilos e nada fazer de temerário. [37]Trouxestes aqui esses homens, que não são culpados nem de sacrilégio, nem de blasfêmia contra nossa deusa. [38]Ora, se Demétrio e os artesãos que estão com ele têm queixas contra alguém, há audiências, há

---

* **19**,13. Mc 1,34; Lc 4,41 | 20. 6,7; 12,24 | 21. 23,11; Rm 1,13 | 22. 17,14; Rm 16,23 | 23. 16,16; 2Cor 1,8s | 25. 17,29 | 32. 21,34

† **19**,31. Asiarcas são os chefes da Ásia, os que presidiam ao culto do imperador na Ásia.

Atos dos Apóstolos 19-20 1340

procônsules: que apresentem a queixa. [39]E se tendes algum outro assunto a debater, será resolvido na assembleia regular. [40]Pois corremos o risco de sermos acusados de sedição por causa do que aconteceu hoje, já que não existe nenhum motivo que nos permita justificar essa aglomeração". E com essas palavras, dissolveu a assembleia.

20 Paulo na Grécia e na Macedônia.
[1]Cessado o tumulto, Paulo convocou os discípulos, dirigiu-lhes uma exortação e, depois de se ter despedido, partiu para a Macedônia. [2]Atravessou a região, exortou longamente os fiéis e chegou à Grécia, [3]onde ficou três meses.* Os judeus tramaram contra ele uma conjuração no momento em que ia embarcar para a Síria. Então decidiu voltar pela Macedônia. [4]Tinha como companheiros Sópatros, filho de Pirro, de Bereia; Aristarco e Segundo, de Tessalônica; Gaio, de Derbe e Timóteo, bem como Tíquico e Trófimo,* que eram da Ásia. [5]Estes tomaram a dianteira e nos esperavam em Trôade. [6]Quanto a nós, partimos de Filipos por mar, após os dias dos Ázimos e, cinco dias depois, os alcançamos em Trôade, onde passamos sete dias.

Ressurreição de Êutico em Trôade.
[7]No primeiro dia da semana†, estávamos reunidos* para partir o pão†; Paulo, que devia viajar no dia seguinte, entretinha-se com eles. Prolongou seu discurso até a meia-noite. [8]Havia bom número de lâmpadas na sala de cima onde estávamos reunidos. [9]Ora, um adolescente chamado Êutico, que estava sentado na beira da janela, mergulhou em profundo sono, enquanto Paulo continuava falando. Vencido pelo sono, caiu do terceiro andar abaixo. Quando o levantaram, estava morto. [10]Paulo desceu,* estendeu-se sobre ele, tomou-o nos braços e disse: "Não vos

assusteis: sua alma está nele". [11]Depois subiu, partiu o pão e comeu; e depois de ter falado ainda por longo tempo, até raiar o dia, ele partiu. [12]Quanto ao jovem, trouxeram-no vivo e sentiram-se muito consolados.

[13]E nós, indo à frente por mar, rumamos para Assos, onde devíamos apanhar Paulo: assim ele tinha mandado, pretendendo fazer a viagem por terra. [14]Quando nos alcançou em Assos, nós o tomamos a bordo e chegamos a Mitilene. [15]De lá tornamos a partir um dia depois e chegamos diante de Quio. No dia seguinte aportamos em Samos e chegamos no outro dia a Mileto. [16]Com efeito,* Paulo tinha decidido passar ao largo de Éfeso, para não se demorar na Ásia. Ele se apressava, a fim de estar, se possível, em Jerusalém, no dia de Pentecostes.

Em Mileto. Discurso aos anciãos de Éfeso.
[17]De Mileto, ele mandou emissários* a Éfeso para chamar os anciãos desta Igreja. [18]Quando chegaram junto dele, disse-lhes: "Vós sabeis de que modo, desde o primeiro dia em que cheguei à Ásia, não cessei de me comportar em relação a vós, [19]servindo o Senhor com toda a humildade, entre lágrimas e provações que as ciladas dos judeus me causaram. [20]Sabeis que nada negligenciei* daquilo que vos podia ser proveitoso, em minhas exortações e instruções, em público e em vossas casas, [21]conjurando judeus e gregos a se converterem a Deus e a crerem em Jesus, nosso Senhor. [22]E agora, eis que, acorrentado* pelo Espírito,† dirijo-me a Jerusalém, sem saber o que vai me acontecer lá, [23]senão que, de cidade em cidade, o Espírito Santo me atesta que me esperam cadeias e tribulações. [24]Mas não faço caso nenhum de minha vida, contanto que leve a bom termo minha carreira e o ministério que recebi do Senhor Jesus:

---

* **20,**3. 9,24; 17,10; 19,29; 23,13ss | 4. Rm 16,21; 1Cor 16,8 | 7. 2,42.46; 1Cor 16,2 | 10. 1Rs 17,21 | 16. 18,21 | 17. 19,10 | 20. 20,3 | 22. 9,16; 19,21; 21,4.11.13; 2Tm 4,7

† **20,**7. O "primeiro dia da semana" é o domingo, dia da ressurreição de Cristo, Lc 24,1, que já havia substituído o sábado como dia santo semanal. / Ver a nota em 2,42. | 22. Movido por um impulso do Espírito Santo. Como um prisioneiro, Paulo deve ir aonde o Espírito o conduz.

Atos dos Apóstolos 20-21

dar testemunho do Evangelho da graça de Deus.

²⁵E agora sei que não mais vereis meu rosto, vós todos entre os quais passei proclamando o Reino. ²⁶É por isso que atesto hoje* diante de vós: sou inocente do sangue de todos. ²⁷Pois não me esquivei ao dever de anunciar-vos* toda a vontade de Deus. ²⁸Cuidai de vós mesmos e de todo o rebanho, do qual o Espírito Santo vos estabeleceu como bispos para apascentar a Igreja de Deus, que ele adquiriu para si com o sangue de seu Filho. ²⁹Bem sei que, depois de minha partida,* vão infiltrar-se entre vós lobos ferozes, que não pouparão o rebanho, ³⁰e que até do meio de vós surgirão alguns a ensinar doutrinas perversas, para arrastar os discípulos atrás de si. ³¹Por isso, vigiai, lembrando-vos de que, durante três anos, noite e dia,* não cessei de exortar com lágrimas cada um de vós. ³²E agora recomendo-vos a Deus e à palavra de sua graça, que tem o poder de edificar e de conceder a herança com todos os santificados. ³³Prata, ouro, vestes, não ambicionei* de ninguém: ³⁴vós mesmos sabeis que foram estas minhas mãos que cuidaram de minhas precisões e das de meus companheiros. ³⁵De todos os modos vos mostrei que é trabalhando assim que se deve socorrer os fracos, recordando as palavras do Senhor Jesus, que disse: "Há mais felicidade em dar que em receber"†.

³⁶A essas palavras, colocando-se de joelhos, rezou* com todos eles. ³⁷Todos então começaram a chorar copiosamente e, lançando-se ao pescoço de Paulo, abraçavam-no, ³⁸entristecidos, sobretudo por causa da palavra que tinha dito, que não mais veriam* seu rosto. E o acompanharam até o navio.

21 Paulo vai para Jerusalém.
¹Depois de nos separarmos deles, embarcamos e navegamos diretamente para Cós; no dia seguinte atingimos Rodes e, de lá, Pátara. ²Tendo encontrado um navio que ia para a Fenícia, subimos a ele e partimos. ³Chegando à vista de Chipre, deixamo-la à esquerda e navegamos para a Síria, desembarcando em Tiro, pois era lá que o navio devia descarregar. ⁴Tendo encontrado discípulos, ficamos lá sete dias.* Inspirados pelo Espírito, diziam a Paulo que não subisse a Jerusalém. ⁵Mas, passados aqueles dias, partimos. Íamos acompanhados de todos, inclusive de mulheres e crianças, até fora da cidade. Pusemo-nos de joelhos na praia para rezar. ⁶Depois das despedidas, embarcamos no navio, e eles voltaram para casa.

⁷E nós, terminada a travessia, fomos de Tiro a Ptolemaida. Depois de ter saudado os irmãos e ficado um dia com eles, ⁸partimos de novo no dia seguinte e chegamos a Cesareia. Entramos na casa de Filipe†, o evangelista, que era um dos Sete, e ficamos na casa dele. ⁹Ele tinha quatro filhas moças que profetizavam.*

¹⁰Fazia alguns dias que lá estávamos, quando um profeta de nome Ágabo* chegou da Judeia. ¹¹Veio a nosso encontro e, tomando o cinto de Paulo, amarrou com ele os pés e as mãos, dizendo: "Isto diz o Espírito Santo: Assim os judeus em Jerusalém amarrarão o homem* a quem pertence este cinto e o entregarão às mãos dos pagãos". ¹²A essas palavras, nós e as pessoas do lugar, começamos a suplicar a Paulo que não subisse* a Jerusalém. ¹³Então ele respondeu: "Para que ficar chorando e me partindo* o coração? Estou pronto não só para me deixar prender, mas também para morrer em Jerusalém pelo nome do Senhor Jesus!" ¹⁴Como não havia meio de convencê-lo, paramos de insistir, dizendo: "Seja feita a vontade do Senhor!" ¹⁵Depois desses

---

* **20**,26. 18,6 | 27. 1Pd 5,2; 1Tm 4,16 | 29. Mt 7,15; 10,16; Jo 10,12 | 31. 1Jo 2,19; Gl 1,7; 4,17; 1Ts 2,11 | 33. 1Sm 12,3; 1Cor 9,11-14; 1Ts 2,9; 2Ts 3,7s; Mt 10,8 | 36. Rm 16,6; 1Cor 16,20; 1Pd 5,14 | 38. 20,25; 21,6 | **21**,4. 20,23.36; 21,11s | 9. 2,17 | 10. 11,28; Jo 21,18 | 11. 21,33 | 12. Mt 16,22 | 13. 20,24; Mt 26,39

† **20**,35. Esta frase não está nos Evangelhos, mas concorda com o ensinamento de Jesus. | **21**,8. Ver a nota em 8,5.

Atos dos Apóstolos 21

dias, tendo terminado nossos preparativos, subimos a Jerusalém. [16]Alguns discípulos de Cesareia nos acompanharam e nos levaram para hospedar-nos na casa de certo Menáson, de Chipre, discípulo dos primeiros dias.*

Encontro de Paulo e Tiago em Jerusalém. [17]Ao chegarmos a Jerusalém, os irmãos nos receberam com alegria. [18]No dia seguinte, Paulo foi conosco à casa de Tiago, onde se reuniram todos os anciãos. [19]Depois de os ter saudado, ele se pôs a narrar com pormenores o que Deus tinha feito entre os pagãos por seu ministério. [20]Eles glorificavam a Deus pelo que ouviam.* Disseram-lhe então: "Estás vendo, irmão, quantos milhares de judeus têm abraçado a fé, e são todos zelosos, cumpridores da Lei. [21]Ora, a respeito de ti eles ouviram dizer que ensinas aos judeus* dispersos entre os pagãos que abandonem Moisés, dizendo-lhes que não mais circuncidem seus filhos e que não sigam mais as tradições. [22]Que fazer então? Certamente ficarão sabendo de tua chegada. [23]Faze, pois, o que vamos te dizer. Temos aqui quatro homens que devem cumprir uma promessa. [24]Toma-os contigo, faze a purificação* junto com eles e encarrega-te das despesas, para que possam rapar a cabeça. Assim todo o mundo ficará sabendo que não há nada de verdade no que ouviram a teu respeito, mas que tu também te comportas como observante da Lei. [25]Quanto aos pagãos que abraçaram a fé,* já lhes escrevemos, ordenando que se abstenham das carnes imoladas aos ídolos, do sangue, das carnes sufocadas e das uniões ilegítimas"†.

[26]No dia seguinte, Paulo conduziu os tais homens e, depois de se ter purificado com eles, entrou no templo, onde anunciou o término dos dias da purificação,* quando deveria ser apresentada a oblação em favor de cada um deles.

Prisão de Paulo no templo. [27]Os sete dias chegavam ao fim, quando os judeus da Ásia, tendo-o visto no templo, instigaram a multidão e o agarraram, [28]gritando: "Homens de Israel,* socorro! Este é o indivíduo que prega a todos e por toda a parte contra nosso povo, contra a lei e contra este santo lugar!"

[29]Com efeito, haviam visto antes o efésio Trófimo com ele na cidade e pensavam que Paulo o tivesse introduzido no templo†. [30]A cidade inteira* ficou em alvoroço, e o povo acorreu de todas as partes. Apoderaram-se de Paulo, arrastaram-no para fora do templo, cujas portas foram logo fechadas. [31]Procuravam matá-lo, quando esta notícia chegou ao tribuno da coorte: "Jerusalém inteira está agitada!" [32]Imediatamente, tomando consigo soldados e centuriões, ele precipitou-se sobre os revoltosos. Estes, à vista do tribuno e dos soldados, pararam de agredir Paulo. [33]Então o tribuno* aproximou-se, deteve-o e ordenou que o prendessem com duas correntes; procurou saber quem era ele e o que havia feito. [34]Mas na multidão uns gritavam isto, outros aquilo. Não podendo, nessa confusão, obter nenhuma informação precisa, deu ordem para conduzir Paulo à fortaleza.

[35]Quando ele chegou aos degraus, teve de ser carregado pelos soldados, tal a violência da multidão. [36]Pois o povo seguia em massa, gritando: "À morte!"*

Paulo se defende diante dos judeus. [37]Na hora de ser introduzido na fortaleza, Paulo disse ao tribuno: "Posso dizer-te uma palavra?" "Sabes o grego?", perguntou este. [38]Então não és aquele egípcio,* que nesses últimos tempos atiçou quatro mil bandidos e os levou para o deserto?" [39]Respondeu Paulo: "Eu sou judeu, de Tarso, na Cilícia, cidadão duma cidade de certa importân-

---

* **21,**16. 15;7.12; Gl 1,19 **|** 20. 15,1 **|** 21. 16,3; 21,28; Gl 2,3 **|** 24. 18,18 **|** 25. 15,20.29 **|** 26. Nm 6,1-20; 1Cor 9,20; 1Mc 3,49s **|** 28. 6,13; Ez 44,7 **|** 30. 19,29 **|** 33. 20,23; 21,11 **|** 36. 22,22; Lc 23,18 **|** 38. 5,36s

† **21,**25. São estas as decisões do Concílio de Jerusalém, 15,23-29. **|** 29. No templo, os pagãos não podiam ir além do pátio dos gentios, sob pena de morte.

Atos dos Apóstolos 21-22

cia. Peço-te que me permitas falar ao povo". ⁴⁰Dada a permissão, Paulo, de pé nos degraus, fez com a mão sinal ao povo. Fez-se grande silêncio. Então ele dirigiu-lhes a palavra em língua hebraica, dizendo:

22 ¹"Irmãos e pais, ouvi o que tenho agora* para vos dizer em minha defesa". ²Quando ouviram que lhes falava em língua hebraica, seu silêncio se fez mais profundo. ³E prosseguiu: "Eu sou judeu,* nascido em Tarso, na Cilícia, mas fui educado nesta cidade, e foi aos pés de Gamaliel que fui formado na exata observância da lei de nossos pais; e eu estava cheio de zelo por Deus, como vós todos estais hoje. ⁴Persegui até a morte* este Caminho, acorrentando e lançando na prisão homens e mulheres, ⁵como podem testemunhar o sumo sacerdote e todo o Colégio dos anciãos. Deles recebi também cartas para os irmãos de Damasco, e eu ia para lá, a fim de conduzir também os de lá, presos, para Jerusalém, para serem castigados.

Paulo narra sua conversão. ⁶Enquanto estava a caminho e me aproximava de Damasco, de repente, por volta do meio-dia, uma grande luz vinda do céu me envolveu com seu brilho. ⁷Caí no chão e ouvi uma voz que me dizia: 'Saul, Saul, por que me persegues?' ⁸Respondi: 'Quem és tu, Senhor?' Disse-me: 'Eu sou Jesus, o Nazareno, a quem tu persegues'. ⁹Os que estavam comigo* viram, sim, a luz, mas não ouviram a voz daquele que me falava. ¹⁰Eu disse: 'Que devo fazer, Senhor?' E o Senhor* respondeu-me: 'Levanta-te, vai a Damasco; lá te dirão tudo quanto está determinado que faças'.

¹¹Mas como eu não enxergava por causa do brilho daquela luz, conduzido pela mão de meus companheiros, cheguei a Damasco. ¹²Havia lá certo Ananias, homem devoto segundo a Lei, que gozava de boa reputação entre todos os judeus da cidade; ¹³ele veio me procurar e, chegando perto de mim, disse-me: 'Saul, meu irmão, recupera a vista'. E eu, na mesma hora, pude vê-lo. ¹⁴Então ele disse: 'O Deus de nossos pais te predestinou para conheceres sua vontade, para veres o Justo e para ouvires a voz saída de sua boca; ¹⁵pois tu serás, diante de todos os homens, sua testemunha do que viste e ouviste. ¹⁶E agora, o que estás esperando? Levanta-te,* recebe o batismo e lava-te de teus pecados, invocando seu nome'.

¹⁷Depois que voltei a Jerusalém,* certo dia em que eu rezava no templo, aconteceu que caí em êxtase ¹⁸e vi o Senhor, que me disse: 'Anda depressa e sai logo de Jerusalém, pois não acolherão teu testemunho* a meu respeito'. ¹⁹Respondi: 'Senhor, eles bem sabem que eu mandava pôr na cadeia e açoitar nas sinagogas* os que acreditavam em ti; ²⁰e quando derramavam o sangue de Estêvão, tua testemunha, eu também estava presente, concordando com os que o matavam, e tomando conta de suas roupas'. ²¹Ele me disse: 'Vai; é para longe,* para os pagãos que te enviarei'".

Paulo, cidadão romano. ²²Até aí o escutavam.* Mas a essas palavras, puseram-se a gritar: "Tirai da terra este indivíduo! Não deve mais viver!" ²³Gritavam, lançavam suas vestes e jogavam poeira para cima. ²⁴O tribuno mandou então introduzi-lo na fortaleza e ordenou que o interrogassem, usando açoites, a fim de descobrir por qual motivo gritavam* assim contra ele. ²⁵Mas quando o prenderam com correias, Paulo perguntou ao centurião que estava a seu lado: "Podeis flagelar um cidadão romano que nem sequer foi julgado?" ²⁶A essas palavras, o centurião foi procurar o tribuno para preveni-lo: "Que vais fazer? Este homem é cidadão romano!" ²⁷O tribuno veio então perguntar a Paulo: "Dize-me, tu és cidadão romano?" "Sim", respondeu. ²⁸O tribuno replicou: "Eu adquiri

---

* **22**,1. 7,2; 13,26; 21,40 | 3. 9,1-29; 26,9-20; Rm 10,2 | 4. 8,3 | 9. Sb 18,1 | 10. 16,30 | 16. Rm 10,13; 2Tm 2,22; | 17. 9,26; 11,13; Gl 1,18s | 18. 8,3; 22,4; 26,10 | 19. 7,58; 8,1 | 21. 9,15; 13,2; 26,16s; Gl 2,7ss | 22. 21,36 | 24. 16,37; 23,27

Atos dos Apóstolos 22-23

essa cidadania por um alto preço". "E eu – disse Paulo – a tenho por nascimento". [29]Imediatamente afastaram-se dele os que iam interrogá-lo, e o próprio tribuno ficou com medo ao ficar sabendo que era cidadão romano aquele que tinha mandado acorrentar.

Paulo comparece perante o Sinédrio. [30]No dia seguinte, querendo saber com exatidão de que os judeus o acusavam, mandou soltá-lo e ordenou que se reunissem os sumos sacerdotes e todo o Sinédrio; depois trouxe Paulo e o fez comparecer perante eles.

23 [1]Com os olhos fixos* no Sinédrio, Paulo disse: "Irmãos, é com toda a boa consciência que me comportei diante de Deus até hoje". [2]Mas o sumo sacerdote Ananias ordenou a seus assistentes que lhe batessem* na boca. [3]Então Paulo disse: "É Deus que vai te bater, parede caiada!* Então, tu te sentas para me julgar segundo a lei e, contra a lei, mandas me bater?" [4]Os assistentes lhe disseram: "Ousas insultar o sumo sacerdote de Deus?" [5]Paulo respondeu: "Eu não sabia, irmãos, que é o sumo sacerdote. Pois está escrito: 'Não amaldiçoarás o chefe de teu povo'".*

[6]Paulo sabia que havia lá, de um lado,* os saduceus, de outro, os fariseus. Exclamou, pois, diante do Sinédrio: "Irmãos, eu sou fariseu, filho de fariseus. É por causa da esperança na ressurreição dos mortos que estou sendo julgado"[†].

[7]Mal disse isto, irrompeu um conflito entre fariseus e saduceus, e a assembleia dividiu-se. [8]Com efeito, os saduceus dizem* que não há nem ressurreição, nem anjo, nem espírito, ao passo que os fariseus professam uma e outra coisa. [9]Houve, pois, um grande clamor.* Alguns escribas do partido dos fariseus levantaram-se e protestaram, dizendo: "Não achamos nada de mal neste homem. E se um espírito ou um anjo lhe tivesse falado?" [10]A discussão tornava-se cada vez mais veemente. O tribuno, receando que Paulo fosse linchado por eles, mandou a tropa descer para tirá-lo do meio deles e reconduzi-lo à fortaleza. [11]Na noite seguinte, o Senhor veio* para seu lado e lhe disse: "Coragem! Assim como deste testemunho de mim em Jerusalém, assim é preciso que dês testemunho também em Roma".

Conjuração dos judeus contra Paulo. [12]Quando raiou o dia, os judeus fizeram uma reunião, na qual se comprometeram sob juramento a não comer nem beber até matarem Paulo. [13]Eram mais de quarenta* os que fizeram essa conjuração. [14]Apresentaram-se aos sumos sacerdotes e aos anciãos e disseram-lhes: "Nós nos comprometemos sob juramento a não tomar nada enquanto não matarmos Paulo. [15]Portanto agora, em conformidade com o Sinédrio, mandai dizer ao tribuno que o conduza a vossa presença, sob pretexto de examinar mais a fundo seu caso. De nosso lado, estamos de prontidão para matá-lo antes que chegue".

[16]Mas o filho da irmã de Paulo ficou sabendo da conspiração. Foi à fortaleza, entrou e avisou Paulo. [17]Chamando um dos centuriões, Paulo lhe disse: "Conduze este jovem ao tribuno; ele tem algo a lhe comunicar". [18]O centurião levou-o consigo e o conduziu ao tribuno. "O prisioneiro Paulo – disse ele – chamou-me e pediu que lhe trouxesse este jovem, que tem algo a dizer-te". [19]O tribuno tomou o jovem pela mão, levou-o à parte e lhe perguntou: "Que é que tens para comunicar-me?" [20]"Os judeus – respondeu ele – combinaram para te pedir que conduzas Paulo amanhã ao Sinédrio, sob pretexto de investigar mais a fundo seu caso. [21]Mas não acredites neles, porque mais de quarenta de seus homens o espreitam e se comprometeram sob juramento a não comer nem beber até o terem eliminado. E agora estão de prontidão, esperando teu consentimento".

---

* **23**,1. 22,1; 24,16 | 2. Jo 18,22 | 3. Mt 23,27; Ez 13,10-15; Lv 19,15 | 5. Êx 22,28 | 6. 4,2; 22,3; 24,21; 26,5; Fl 3,5 | 8. Mt 22,23 | 9. 5,39; 25,25; Lc 23,4 | 11. 18,9; 28,23.31 | 13. Jo 16,2s

† **23**,6. O cerne das discussões é a ressurreição de Cristo, 25,19.

Atos dos Apóstolos 23-24

²²O tribuno despediu o jovem com esta recomendação: "Não contes a ninguém que me revelaste essas coisas".

Paulo é transferido para Cesareia. ²³Depois chamou dois dos centuriões e disse-lhes: "Preparai, a fim de partirem para Cesareia, desde a terceira hora da noite, duzentos soldados, setenta cavaleiros e duzentos lanceiros†. ²⁴Preparai também cavalos para Paulo montar e ser conduzido são e salvo ao governador Félix".

²⁵E escreveu uma carta nestes termos: ²⁶"Cláudio Lísias ao excelentíssimo governador Félix, saudações! ²⁷Este homem foi preso* pelos judeus e estava para ser morto por eles, quando cheguei com a tropa e o libertei, ao saber que era cidadão romano. ²⁸Eu quis verificar o motivo por que o acusavam e o conduzi perante o Sinédrio* deles. ²⁹Constatei que a acusação referia-se a questões da lei deles, mas que ele não tinha nenhuma culpa que merecesse a morte ou a prisão. ³⁰Fui avisado de que tramavam uma conspiração contra este homem e tratei de enviá-lo a ti imediatamente, e informei seus acusadores que teriam de levar a teu tribunal as acusações contra ele"†.

³¹De acordo com as ordens recebidas, os soldados levaram Paulo e o conduziram de noite a Antipátrida. ³²No dia seguinte, deixaram os cavaleiros prosseguir com ele e retornaram à fortaleza. ³³Chegando a Cesareia, os cavaleiros entregaram a carta ao governador e apresentaram-lhe Paulo. ³⁴Depois de ter lido a carta,* perguntou de que província era. Ao saber que era da Cilícia, disse: ³⁵"Eu te ouvirei quando teus acusadores também tiverem chegado". E mandou conservá-lo preso no pretório de Herodes.

24 **Paulo processado perante Félix.** ¹Cinco dias depois, o sumo sacerdote Ananias desceu com alguns anciãos e um advogado, certo Tértulo, e se apresentaram ao governador para acusar Paulo. ²Este foi chamado,* e Tértulo formulou a acusação nestes termos: "A grande paz de que gozamos graças a ti, e as reformas* de que esta nação é devedora a tua providência, ³em todo tempo e lugar, nós as acolhemos, excelentíssimo Félix, com profunda gratidão. ⁴Mas, para não importunar-te por mais tempo, peço-te que nos ouças um instante* com tua benevolência. ⁵Este homem, nós o constatamos, é uma peste: provoca desordens entre todos os judeus do mundo inteiro e é um líder da seita dos nazarenos. ⁶Tentou até profanar o templo, e foi então que o prendemos†. ⁸Interrogando-o, poderás,* por ti mesmo, assegurar-te da exatidão de todas as nossas acusações contra ele". ⁹Os judeus o apoiaram, confirmando que isso era verdade.

Paulo se defende. ¹⁰Então o governador lhe fez sinal para falar, e Paulo respondeu: "Sei que já são vários anos que és juiz desta nação; por isso, é com plena confiança que farei minha defesa. ¹¹Podes verificar* que não faz mais de doze dias que subi a Jerusalém para adorar, ¹²e ninguém me viu, nem no templo, nem nas sinagogas, nem pela cidade, em discussão com alguém, ou amotinando a multidão. ¹³Nem tampouco podem provar aquilo de que estão me acusando agora.

¹⁴Isto, porém, te confesso:* é segundo o Caminho, que eles chamam de seita, que sirvo o Deus de nossos pais, crendo em tudo quanto há na Lei e no que está escrito nos Profetas†, ¹⁵tendo em Deus a esperança,* como eles próprios também a têm, de que haverá uma ressurreição dos justos e dos pecadores. ¹⁶É

---

* **23**,27. 21,33; 22,25; 25,18s | 28. 18,14s; 22,30; 24,8 | 34. 22,3 | **24**,2. 25,2 / 23,26 | 4. 17,6; 24,14; 21,28 | 8. 23,30 | 11. 21,17 | 14. 24,5 | 15. 23,1; Dn 12,2; Jo 5,28s

† **23**,23. O texto oc. acrescenta: "Pois o tribuno temia que os judeus o sequestrassem para matá-lo, e depois ele fosse acusado de ter sido subornado". | 30. Em todo esse processo, Lucas salienta a inocência de Paulo, o fanatismo dos judeus e a imparcialidade dos romanos. | **24**,6. O texto oc. acrescenta: "Nós queríamos julgá-lo conforme nossa lei. ⁷Mas o tribuno Lísias interveio e arrancou-o de nossas mãos com muita violência ⁸e ordenou a seus acusadores que se apresentassem diante de ti". | 14. O cristianismo é a continuação do próprio judaísmo, o cumprimento das promessas feitas aos Pais. Por isso, crer nos profetas é começar a ser cristão, At 26,22.27.

Atos dos Apóstolos 24-25 1346

por isso que eu também me esforço por ter sempre uma consciência irrepreensível diante de Deus e dos homens. [17]Ora, depois de muitos anos,* vim trazer esmolas para minha nação e oferecer sacrifícios: [18]foi então que me encontraram no templo, depois que eu tinha terminado as purificações, sem aglomeração nem tumulto. [19]Mas foram alguns judeus da Ásia que me viram ali: eles é que deveriam apresentar-se diante de ti e me acusar, se têm alguma coisa contra mim. [20]Ou digam os que estão aqui, de que delito me acharam culpado quando compareci perante o Sinédrio. [21]A não ser que se trate desta única frase* que gritei, de pé no meio deles: 'É por causa da ressurreição dos mortos que hoje sou julgado diante de vós'."

[22]Félix, que estava muito bem informado* sobre o que se refere ao Caminho, adiou a solução, dizendo: "Quando o tribuno Lísias descer, examinarei vossa questão". [23]Ordenou ao centurião* que conservasse Paulo preso, mas num regime liberal, e não impedisse que algum dos seus lhe prestasse serviço.

Paulo prega o Evangelho a Félix. [24]Alguns dias mais tarde, Félix veio com sua mulher Drusila, que era judia. Mandou chamar Paulo e o ouviu falar da fé no Cristo Jesus. [25]Mas como ele se pusesse a discorrer sobre a justiça, a continência e o juízo futuro, Félix ficou com medo e respondeu: "Por ora podes ir; tornarei a chamar-te na primeira oportunidade". [26]Esperava também que Paulo lhe desse dinheiro; por isso mandava chamá-lo com muita frequência para conversar com ele. [27]Passados dois anos,* Félix teve por sucessor Pórcio Festo†. Querendo agradar aos judeus, Félix tinha deixado Paulo na prisão.

25 **Paulo apela para César.** [1]Três dias após sua chegada à província, Festo subiu de Cesareia a Jerusalém. [2]Os sumos sacerdotes e os nobres judeus se apresentaram diante dele* para acusar Paulo e tentavam persuadi-lo, [3]solicitando-lhe, como um favor, por ódio a Paulo, que ele fosse transferido para Jerusalém; é que preparavam uma cilada para matá-lo no caminho. [4]Mas Festo respondeu que Paulo devia continuar na prisão em Cesareia; que ele próprio, aliás, ia partir imediatamente. [5]"Que, portanto, os que entre vós* são qualificados – disse ele – desçam comigo e, se há alguma culpa nesse homem, que o acusem".

[6]Depois de ter passado entre eles não mais de oito a dez dias, desceu a Cesareia e, no dia seguinte, sentando-se no tribunal, mandou chamar Paulo. [7]Quando este chegou, os judeus descidos de Jerusalém* o rodearam, pronunciando contra ele acusações múltiplas e graves, que não eram capazes de provar. [8]Paulo se defendia: "Não cometi – dizia ele – falta alguma contra a lei dos judeus, nem contra o templo, nem contra César". [9]Mas Festo, querendo agradar os judeus,* respondeu a Paulo: "Queres subir a Jerusalém para lá seres julgado sobre isso em minha presença?" [10]Mas Paulo replicou: "Estou diante do tribunal de César; é aqui que devo ser julgado. Não fiz nenhuma injúria aos judeus, como tu também sabes perfeitamente. [11]Mas, se sou realmente culpado, se cometi algum crime que mereça a morte, não recuso morrer. Se, porém, as acusações que me fazem se reduzem a nada, ninguém tem o direito de entregar-me a eles. Apelo para César!"† [12]Então, Festo, depois de conferenciar com seu Conselho, respondeu: "Apelaste para César, pois vais comparecer diante de César".

Paulo perante o rei Agripa e Berenice. [13]Alguns dias mais tarde, o rei Agripa e Berenice† chegaram a Ce-

---

* **24**,17. 11,29; 21,27; Rm 15,25s; At 2,10 **|** 21. 23,6 **|** 22. 23,26 **|** 23. 27,3; 28,16s **|** 27. 25,9.14 **| 25**,2. 23,15.30; 24,1; 25,15 **|** 5. 25,17 **|** 7. 24,5s.13 **|** 9. 24,27

† **24**,27. Esta mudança de Procuradores ocorreu em 60 d.C. **| 25**,11. Os cidadãos romanos tinham o direito de ser julgados diretamente pelo imperador. Assim, Paulo pôde evitar o comparecimento perante o Sinédrio, que queria condená-lo.

Atos dos Apóstolos 25-26

sareia e vieram cumprimentar Festo. [14]Como sua estadia se prolongasse, Festo expôs ao rei a história de Paulo: "Há aqui um homem – disse ele – que Félix deixou em cativeiro. [15]Enquanto eu estava em Jerusalém,* os sumos sacerdotes e os anciãos dos judeus apresentaram queixa contra ele, pedindo sua condenação. [16]Respondi-lhes que os romanos não costumam entregar uma pessoa sem antes a haverem confrontado com seus acusadores e lhe terem permitido defender-se da incriminação. [17]Eles vieram, pois,* até aqui e, sem nenhuma demora, sentei-me no tribunal no dia seguinte e mandei buscar o homem. [18]Em sua presença, os acusadores não o acusaram de nenhum dos crimes* que eu imaginava. [19]Tinham somente certos litígios sobre sua religião e sobre certo Jesus, já morto, e que Paulo afirma estar vivo. [20]Embaraçado diante de tal debate,* perguntei-lhe se queria ir a Jerusalém para lá ser julgado sobre isso. [21]Mas Paulo interpôs apelação, para que seu caso fosse reservado ao julgamento do augusto imperador. Por isso ordenei que o conservassem preso até que o envie a César".

[22]Agripa disse a Festo: "Eu também gostaria de ouvir este homem". "Amanhã – disse ele – tu o ouvirás". [23]No dia seguinte, portanto, Agripa e Berenice vieram com grande pompa e entraram na sala da audiência,* rodeados dos tribunos e dos nobres da cidade. Por ordem de Festo, trouxeram Paulo. [24]Festo disse* então: "Rei Agripa e vós todos aqui presentes conosco, estais vendo este homem, a respeito do qual toda a multidão dos judeus interveio junto de mim, tanto em Jerusalém, como aqui, protestando em grandes gritos que não se devia deixá-lo viver mais. [25]Eu, porém, reconheci que ele nada fez que mereça a morte;

no entanto, como ele apelou para o augusto imperador, decidi enviar-lho. [26]Mas nada tenho de bem preciso para escrever ao soberano a seu respeito; é por isso que o fiz comparecer diante de vós, e sobretudo diante de ti, rei Agripa, a fim de que, após este interrogatório, eu tenha algo a referir. [27]Pois me parece absurdo enviar um prisioneiro sem indicar, ao mesmo tempo, as acusações que pesam sobre ele".

26 Discurso de Paulo perante o rei Agripa. [1]Agripa disse a Paulo: "Estás autorizado a defender tua causa". Então, estendendo a mão, Paulo apresentou sua defesa: [2]"Sinto-me feliz, ó rei Agripa, por ter de me justificar em tua presença de todas as acusações que os judeus me fazem; [3]tanto mais que conheces todos os costumes e controvérsias dos judeus. Por isso te peço que me ouças com paciência.

[4]O que foi minha vida desde minha juventude e como desde o começo vivi no meio de minha nação, em Jerusalém, todos os judeus o sabem. [5]Conhecem-me de longa data* e podem testemunhar, se o quiserem, que vivi segundo o partido mais rigoroso de nossa religião, como fariseu. [6]E agora, se sou submetido a julgamento, é por causa da esperança na promessa feita por Deus a nossos pais, [7]e cuja realização nossas doze tribos* esperam alcançar, servindo a Deus com perseverança, noite e dia. É por esta esperança, ó rei, que estou sendo acusado pelos judeus. [8]Por que entre vós se julga incrível que Deus ressuscite os mortos? [9]Também eu pensei* que devia combater por todos os meios o nome de Jesus, o Nazareno. [10]E foi o que fiz em Jerusalém: munido de uma autorização dos sumos sacerdotes, eu mesmo lancei na prisão grande número de santos e, quando eram condenados à morte, eu dava

---

* **25**,15. 25,1s | 17. 25,6 | 18. 18,15; 23,29 | 20. 25,9.11s | 23. Lc 21,12 | 24. 21,36; 22,22; 25,2s.7 | **26**,5. 23,6; Fl 3,5s | 7. 24,15; 28,20 | 9. 8,3; 9,1-19; 22,3-21

† **25**,13. Trata-se de dois filhos de Herodes Agripa I, cuja morte foi narrada em At 12,23: Herodes Agripa II e Berenice, que, apesar de serem irmãos, viviam maritalmente. | **26**,14. Assim como o boi não pode, sem se machucar, opor-se ao ferrão, é inútil resistir ao apelo da graça.

Atos dos Apóstolos 26-27   **1348**

minha aprovação. [11]Muitas vezes também, percorrendo todas as sinagogas, eu os forçava a blasfemar, por minhas crueldades, e no excesso de meu furor contra eles, eu os perseguia até nas cidades estrangeiras.

[12]Foi assim que me dirigi a Damasco com autorização e plenos poderes da parte dos sumos sacerdotes. [13]No caminho, pelo meio-dia, eu vi, ó rei, vinda do céu e mais brilhante que o sol, uma luz que resplandeceu ao redor de mim e de meus companheiros. [14]Todos nós caímos por terra, e eu ouvi uma voz que me dizia em língua hebraica: "Saul, Saul, por que me persegues? É duro para ti recalcitrar contra o aguilhão"†. [15]Respondi: "Quem és tu, Senhor?" O Senhor disse: "Eu sou Jesus, aquele que tu perseguis. [16]Mas levanta-te e fica de pé.* Pois eu te apareci para te estabelecer ministro e testemunha das coisas que viste e daquelas para as quais ainda te aparecerei. [17]É para isso que te libertarei* do povo e dos pagãos aos quais te envio: [18]para lhes abrir os olhos, a fim de que se convertam das trevas à luz e do domínio de Satanás a Deus, obtenham a remissão dos pecados e participem da herança com os que foram santificados pela fé em mim".*

[19]Por isso, ó rei Agripa, não desobedeci à visão celeste. [20]Ao contrário, primeiro aos habitantes de Damasco, depois aos de Jerusalém e de todo o território da Judeia e, em seguida aos pagãos, preguei que era preciso arrepender-se* e converter-se a Deus, vivendo de um modo que correspondesse a esta conversão. [21]Foi por isso que os judeus me agarraram no templo* e tentaram matar-me. [22]Sustentado, porém, pela proteção de Deus, continuei até hoje a dar meu testemunho diante de pequenos e grandes, sem jamais dizer coisa alguma fora do que os profetas e Moisés tinham declarado que devia acontecer: [23]que o Cristo haveria de

padecer* e que, sendo o primeiro a ressuscitar dos mortos, haveria de anunciar a luz ao povo e às nações pagãs".

[24]A esta altura de sua defesa, Festo disse em alta voz: "Tu estás doido, Paulo; tua grande ciência te faz delirar". [25]Ao que Paulo retrucou: "Não estou doido, excelentíssimo Festo, mas falo uma linguagem de verdade e bom senso. [26]Pois destas coisas está ciente o rei, ao qual me dirijo com toda a franqueza, persuadido de que nada disso lhe é estranho. Pois não foi às ocultas que isto aconteceu!... [27]Acreditas nos profetas, rei Agripa? Eu sei que acreditas. [28]O rei Agripa respondeu a Paulo: "Falta pouco para me convenceres a tornar-me cristão!" [29]Replicou Paulo: "Que falte pouco ou muito, peço a Deus que não apenas tu, mas todos os que me escutam hoje, vos torneis tais como eu mesmo sou, com exceção destas correntes".

[30]Nisso o rei se levantou,* como também o governador, Berenice e os que estavam sentados com eles. [31]Retirando-se, comentavam entre si: "Este homem nada fez que mereça a morte ou a prisão". [32]Agripa disse a Festo: "Ele poderia ser posto em liberdade se não tivesse apelado para César".

27 Paulo viaja para Roma.

[1]Quando ficou decidido nosso embarque para a Itália,* confiaram Paulo e alguns outros prisioneiros a um centurião da coorte Augusta, chamado Júlio. [2]Subimos a bordo de um navio de Adramítio,* que ia partir para as costas da Ásia, e fizemo-nos ao largo. Estava conosco Aristarco, um macedônio de Tessalônica. [3]No dia seguinte atracamos em Sidônia.* Júlio mostrou-se muito humano com Paulo, permitindo-lhe que fosse ao encontro de seus amigos e recebesse seus bons serviços. [4]Partindo de lá, costeamos Chipre, porque os ventos eram contrários. [5]Atravessando a seguir o mar da Cilícia e da

---

* **26**,16. Ez 2,1ss | 17. Jr 1,7; Is 35,5s; 61,1; Ef 2,2; Cl 1,12s | 18. 20,32; Dt 33,3; Sb 5,5 | 20. 9,19s; Gl 1,16 | 21. 21,30; 23,12 | 23. Lc 24,44-47; Is 42,6; 49,6; 1Cor 15,20 | 30. 23,29; 25,11; 1Pd 4,16 | **27**,1. 25,12 | 2. 19,29; 20,4 | 3. 24,23; 28,2.16

Panfília, chegamos a Mira, na Lícia.

⁶Lá o centurião encontrou um navio alexandrino que partia para a Itália e nele nos fez embarcar. ⁷Durante vários dias navegamos lentamente e a muito custo chegamos à altura de Cnido. Como o vento não nos permitia atracar, costeamos Creta em direção ao cabo Salmone ⁸e, depois de tê-lo dobrado com dificuldade, chegamos a um lugar chamado Bons Portos, perto do qual estava a cidade de Lasaia.

⁹Havia transcorrido bastante tempo,* e a navegação era doravante perigosa, pois até o Jejum já havia passado†. Paulo os advertia, dizendo-lhes: ¹⁰"Homens, vejo que a navegação* não se fará sem perigo e sem grave dano não só para a carga e o navio, mas também para nossas pessoas". ¹¹Mas o centurião confiava no piloto e no armador mais que nas palavras de Paulo. ¹²E porque aquele porto era impróprio para nele se passar o inverno, a maioria foi de opinião que deviam partir e alcançar, se possível, Fênix, porto de Creta voltado para o sudoeste e o noroeste, para aí passar o inverno. ¹³Tendo soprado uma brisa do sul, pensando ser possível executar seu projeto, levantaram âncora e puseram-se a costear de perto Creta. ¹⁴Mas pouco depois veio contra a ilha um vento de furacão chamado euraquilão. ¹⁵O navio foi arrastado e, não conseguindo resistir ao vento, deixamo-nos à mercê dos ventos e íamos à deriva. ¹⁶Passando depois perto de uma pequena ilha, chamada Cauda, conseguimos com muito esforço dominar o escaler. ¹⁷Depois de tê-lo içado, empregaram os cabos para cingir com eles o navio; depois, por medo de encalhar em Sirte, arriaram a âncora flutuante. Íamos assim à deriva. ¹⁸No dia seguinte, como éramos furiosamente sacudidos pela tempestade, começaram a jogar ao mar a carga ¹⁹e, no terceiro dia, com suas próprias mãos, os marinheiros lançaram ao mar os apetrechos do navio. ²⁰Já por vários dias nem o sol e nem as estrelas brilhavam, e a tempestade continuava com a mesma violência; assim tínhamos perdido toda esperança de salvação.

²¹Havia muito tempo que não comíamos; então Paulo, de pé, no meio deles, disse: "Homens, melhor teria sido seguir meu conselho e não sair de Creta; teríamos evitado este perigo e este prejuízo. ²²Seja como for, recomendo-vos agora que tenhais coragem, pois nenhum de vós perderá aqui a vida, só o navio se perderá. ²³Com efeito, esta noite me apareceu um anjo do Deus ao qual pertenço e a quem sirvo, ²⁴e ele me disse: "Não tenhas medo,* Paulo; é preciso que compareças diante de César; e Deus te concede a vida de todos os que navegam contigo". ²⁵Coragem, pois, ó homens! Confio em Deus que acontecerá assim como me foi dito. ²⁶Chegaremos sem falta a alguma ilha".*

Salvos do naufrágio. ²⁷Já estávamos na décima quarta noite e éramos arrastados pelo Adriático afora, quando, pela meia-noite, os marinheiros pressentiram a aproximação de terra firme. ²⁸Lançaram a sonda e encontraram uma profundidade de vinte braças; um pouco mais longe, lançaram-na de novo e encontraram quinze braças†. ²⁹Com receio de batermos em rochedos, lançaram da popa quatro âncoras, suspirando que raiasse o dia. ³⁰Mas porque os marinheiros tentavam fugir do navio e já estavam baixando o escaler ao mar, sob pretexto de lançar as âncoras longe da proa, ³¹Paulo disse ao centurião e aos soldados: "Se estes não ficarem a bordo, não podeis vos salvar". ³²Então os soldados cortaram as cordas do escaler e deixaram-no cair.

³³Enquanto se esperava que raiasse o dia, Paulo insistia com todos para que tomassem alimento. "Já faz catorze dias – dizia ele – que, na expectativa, vós ficais em jejum, sem comer nada. ³⁴Insisto que tomeis alimento, pois

---

* **27**,9. Lv 16,29 **|** 10. 27,22 **|** 24. 23,11 **|** 26. 28,1

† **27**,9. Era o começo do outono, final de setembro, época já imprópria para a navegação, que no inverno era totalmente impossível. **|** **27**,28. Uma braça equivale a 1,85m.

Atos dos Apóstolos 27-28 **1350**

é a própria salvação vossa que aqui está em jogo. Nenhum de vós perderá sequer um fio de cabelo da cabeça". [35]Dito isto, tomou pão, deu graças a Deus diante de todos, partiu-o e se pôs a comer. [36]Então, recuperando a coragem, todos eles também tomaram alimento. [37]Nós éramos ao todo no navio duzentas e setenta e seis pessoas. [38]Uma vez saciados, puseram-se a aliviar o navio, lançando o trigo ao mar.

[39]Quando raiou o dia, os marinheiros não reconheceram a terra; distinguiam somente uma enseada com uma praia e planejavam, se possível, conduzir para lá o navio. [40]Desprenderam as âncoras, que abandonaram ao mar; soltaram ao mesmo tempo as amarras dos lemes. Depois, içando ao vento a vela do artemão, deixaram-se conduzir para a praia. [41]Mas, tendo dado num banco de areia entre duas correntes, fizeram encalhar o navio. A proa, fortemente presa, ficava imóvel, ao passo que a popa, violentamente sacudida, se desmantelava. [42]Os soldados resolveram então matar os prisioneiros, de medo que algum escapasse a nado[†]. [43]Mas o centurião, que queria salvar Paulo, opôs-se à vontade deles. Deu ordem aos que sabiam nadar para que saltassem na água em primeiro lugar e atingissem a terra; [44]quanto aos outros, eles chegariam lá, uns sobre pranchas, outros sobre os destroços do navio. E assim todos chegaram sãos e salvos à terra.

28 Paulo em Malta. [1]Uma vez salvos, ficamos sabendo que a ilha se chamava Malta. [2]Os nativos nos trataram com extraordinária benevolência. Acolheram-nos a todos junto duma grande fogueira que tinham acendido por causa da chuva que caía e do frio. [3]Paulo juntou um feixe de gravetos* e o lançou ao fogo; então uma víbora, que o calor do fogo fez sair de lá, agarrou-se a sua mão. [4]Quando os nativos viram o animal pendurado em sua mão, disseram entre si: "Com certeza este homem é um assassino: mal escapa do mar, e a vingança divina não lhe permite viver". [5]Mas ele sacudiu o animal no fogo e não sofreu dano algum. [6]Eles esperavam vê-lo inchar ou cair morto de repente. Depois de esperarem muito tempo, vendo que nada lhe acontecia de anormal, mudaram de opinião* e puseram-se a dizer que era um deus.

[7]Havia perto deste lugar um sítio pertencente ao príncipe da ilha, chamado Públio. Este nos recebeu e nos hospedou com prazer durante três dias. [8]Ora, o pai de Públio estava acamado, sofrendo febre e disenteria. Paulo foi vê-lo, rezou, impôs-lhe as mãos e o curou. [9]Diante disso, os outros doentes da ilha vieram também a seu encontro e foram curados. [10]Por isso nos cumularam de toda a espécie de atenções e, quando partimos, nos proveram do necessário.

A viagem de Malta a Roma. [11]Ao término de três meses, embarcamos num navio que tinha passado o inverno na ilha: era um navio alexandrino, que trazia o emblema dos Dióscuros[†]. [12]Aportamos em Siracusa e lá ficamos três dias. [13]De lá, seguindo a costa, fomos para Régio. No dia seguinte, soprou o vento do sul e chegamos, no segundo dia, a Putéoli. [14]Encontrando lá os irmãos, tivemos o consolo de ficar sete dias com eles. E foi assim que chegamos a Roma. [15]Os irmãos desta cidade, informados de nossa chegada, vieram a nosso encontro até o Foro de Ápio e as Três Tabernas. Vendo-os, Paulo deu graças a Deus e recobrou coragem.

Paulo em Roma. [16]Quando chegamos a Roma,* permitiram a Paulo ficar em casa particular com o soldado que o guardava[†]. [17]Três dias depois,* ele convocou os líderes judeus. Uma vez reunidos, disse-lhes: "Irmãos, sem

---

* **28**,3. 27,3; 2Cor 11,27 | 6. 14,11; Mc 16,18 | 16. 24,23; 27,3; 28,30

† **27**,42. Reação dos soldados em pânico, porque recairia sobre eles a responsabilidade da fuga dos prisioneiros, ver At 12,19. | **28**,11. Todo navio trazia o emblema de seus deuses protetores. Os Dióscuros são Castor e Pólux, filhos gêmeos de Júpiter, e patronos dos navegadores. | 16. O texto oc. acrescenta: "Quando entramos em Roma, o centurião entregou os prisioneiros ao prefeito do Pretório. Paulo recebeu a permissão de se alojar fora do campo".

Atos dos Apóstolos 28

ter feito nada contra nosso povo, nem contra os costumes dos pais, fui preso em Jerusalém e entregue às mãos dos romanos. [18]Feita a investigação, estes queriam soltar-me, porque nada havia em mim que merecesse a morte. [19]Mas como os judeus se opunham a isso, fui obrigado a apelar para César, sem no entanto querer acusar de coisa alguma minha nação[+]. [20]Eis por que pedi para ver-vos* e falar-vos; pois é por causa da esperança de Israel que estou preso com estas correntes".

[21]Eles responderam-lhe: "De nossa parte, não recebemos nenhuma carta da Judeia a teu respeito, e nenhum dos irmãos aqui chegados comunicou coisa alguma, nem falou nada de reprovável a teu respeito. [22]Mas gostaríamos de ouvir* de tua boca o que pensas; pois, quanto a esta seita, sabemos que ela encontra oposição por toda a parte". [23]Marcaram, pois, o dia com ele, e vieram em maior número encontrá-lo em seu alojamento. Na exposição que lhes fez, dava testemunho do Reino de Deus e procurava persuadi-los a respeito de Jesus, partindo da Lei de Moisés e dos Profetas. Isto durou da manhã à tarde. [24]Uns se deixavam persuadir por suas palavras, outros continuavam incrédulos. [25]Eles se separaram sem entrar em acordo entre si, enquanto Paulo disse esta simples palavra: "São bem verdadeiras as palavras que o Espírito Santo disse a vossos pais pela boca do profeta Isaías:*

[26]'Vai ter com este povo e dize-lhes:
Será inútil ouvirdes – não entendereis;
será inútil olhardes – não enxergareis.
[27]Porque o coração deste povo tornou-se insensível:
taparam os ouvidos, fecharam os olhos,
para que seus olhos não vejam, seus ouvidos não ouçam,
e seu coração não compreenda e não se convertam.
Eu os teria curado!'

[28]Ficai, pois, sabendo:* é aos pagãos que foi enviada esta salvação de Deus. Eles, pelo menos, ouvirão"[+].

[30]Paulo ficou dois anos inteiros* na moradia que tinha alugado. Recebia todos os que vinham procurá-lo, [31]proclamando o Reino de Deus e ensinando o que se refere ao Senhor Jesus Cristo, com firmeza e sem impedimento[+].

---

* **28**,17. 24,12; 25,8 | 20. 24,15; 26,6 | 22. 24,14 | 25. Is 6,9s; Mt 13,14; Mc 4,12; Jo 12,40 | 28. 13,46; 18,6; Lc 3,6; Sl 67,3; 98,3; Is 40,5 | 30. 1,3; 28,16

+ **28**,19. O texto oc. acrescenta: "mas somente com o desejo de escapar da morte". | 28. Alguns manuscritos acrescentam: "[29]Tendo ele dito isso, os judeus foram embora, discutindo vivamente entre si". | 31. O texto oc. acrescenta: "dizendo que Jesus é o Filho de Deus, pelo qual o mundo inteiro deve ser julgado". Depois, Paulo foi absolvido, 2Tm 4,17, fez novas viagens e escreveu mais cartas. Preso de novo, foi decapitado em Roma em 67, durante a perseguição de Nero. Mas o cristianismo, partindo da Igreja-mãe de Jerusalém, tinha chegado à capital do mundo.

CARTAS DE SÃO PAULO

Poucos anos após a morte e ressurreição de Cristo, no ano 36 d.C. mais ou menos, converte-se ao cristianismo o fariseu Saul, perseguidor dos cristãos. Nascido em Tarso, na Cilícia, fora educado em Jerusalém, na escola de Gamaliel (At 22,3), segundo os princípios do mais autêntico judaísmo. Parece que não conheceu Jesus pessoalmente, mas a visão do Cristo Ressuscitado no caminho de Damasco (At 9,3ss) foi para ele uma experiência semelhante à dos apóstolos (1Cor 15,5-8), que se tornaram testemunhas da ressureição de Cristo e pregadores de seu Evangelho. Da mesma forma, Paulo, nesse momento, não só se converte à fé em Cristo, mas também se sente chamado por Deus para o ministério apostólico. Suas primeiras experiências como membro da Igreja nascente ele as descreve em Gl 1,15–2,10.

Apóstolo das nações, pregou o Evangelho sobretudo aos pagãos, percorrendo em três viagens missionárias quase todo o Império Romano. Por toda parte lançava a boa semente, e de sua pregação surgiam comunidades, com as quais mantinha contatos através de seus mensageiros e também por correspondência.

Todas as suas cartas são escritos de ocasião, abordando situações concretas das comunidades e completando o ensinamento transmitido; supõem, portanto, o querigma e a catequese anteriores. Daí a necessidade de se conhecer a vida das comunidades cristãs primitivas para melhor compreensão da mensagem paulina. Mas, em suas respostas, Paulo sempre se baseava em princípios que são válidos em qualquer época; além disso, muitos problemas antigos continuam atuais. Por isso, mereciam ser incluídas na Bíblia as cartas paulinas: elas possuem um valor perene.

Quatorze cartas, divididas em cinco grupos, são associadas ao nome de Paulo:
1. as duas cartas aos Tessalonicenses, escritas durante sua segunda viagem missionária, no ano 51, que são os textos mais antigos do Novo Testamento;
2. as "grandes" cartas: aos Romanos, as duas aos Coríntios e a carta aos Gálatas;
3. as "cartas do cativeiro", escritas na prisão: aos Efésios, Filipenses, Colossenses e Filêmon;
4. as cartas "pastorais", dirigidas a chefes de comunidades: duas a Timóteo e uma a Tito;
5. a carta aos Hebreus que, sem ser obra de Paulo, pode ser atribuída a sua escola.

Nas longas e arriscadas viagens que fez "para levar a salvação até os confins da terra" (At 13,47), Paulo enfrentou perigos mortais e também a perseguição constante de seus irmãos judeus. Depois de muitas prisões e processos diante das autoridades, ele deu a vida por Cristo em Roma, na perseguição de Nero, no ano 67.

CARTA AOS ROMANOS

Não sabemos quando, nem por obra de quem o cristianismo chegou à cidade que se tornaria o centro do mundo cristão. Talvez tenham sido aqueles peregrinos romanos, presentes em Jerusalém no dia de Pentecostes (At 2,10), que transplantaram a fé cristã para sua pátria. Mas São Pedro e São Paulo, embora não tenham sido os primeiros anunciadores do Evangelho aos romanos, foram no entanto os que mais trabalharam para a consolidação da Igreja na capital do Império.

Ao escrever a carta aos Romanos, que é do ano 54, Paulo ainda não conhecia a famosa metrópole de um milhão de habitantes. Está em Corinto, em sua terceira viagem missionária e tem projetos de ir primeiro a Jerusalém levar uma coleta para os cristãos de lá (Rm 15,25) e depois evangelizar a Espanha (Rm 15,24-28). De passagem, ele quer conhecer os cristãos romanos e conviver com eles. Preparando esta visita, manda-lhes uma carta, que sintetiza sua doutrina e reapresenta um ensinamento já exposto na carta aos Gálatas, a saber, a oposição entre a justificação gratuita pela fé em Cristo e a justificação que os judeus pretendiam obter, cumprindo as normas da lei mosaica.

Romanos 1

A comunidade cristã romana era composta de convertidos do paganismo (que eram a maioria) e de convertidos do judaísmo; esta dupla origem naturalmente causava problemas de relacionamento, pela diversidade das ideias.

Entre todas as cartas paulinas, esta é a mais extensa e a de maior importância doutrinal. Aborda questões fundamentais como o pecado original (5,12-19), o batismo (6,1-11), o papel da lei (7,1-13) e a vida nova do cristão no Espírito (8,1-27).

I. PRÓLOGO
(1,1-15)

1 Saudação. [1]Paulo, servo do Cristo Jesus,* chamado para ser apóstolo, escolhido para anunciar a Boa Nova de Deus, [2]que ele tinha prometido nas Sagradas Escrituras por meio de seus profetas, [3]a respeito de seu Filho, nascido da estirpe de Davi segundo a carne [4]e constituído Filho de Deus* com poder segundo o Espírito santificador, por sua ressurreição dentre os mortos, Jesus Cristo, nosso Senhor. [5]Por meio dele recebemos o dom do apostolado,* para obter a obediência da fé† da parte de todos os povos para a glória de seu nome; [6]e entre estes estais também vós, chamados por Jesus Cristo.

[7]Para vós todos que morais em Roma, bem-amados de Deus e santos por vocação†, a graça e a paz de Deus, nosso Pai, e do Senhor Jesus Cristo.

Ação de graças. Paulo deseja visitar os cristãos de Roma. [8]Começo dando graças a meu Deus por meio de Jesus Cristo, por vós todos, porque a fama de vossa fé se expande no mundo inteiro. [9]Deus, a quem presto um culto espiritual anunciando o Evangelho de seu Filho, pode testemunhar que me lembro de vós sem cessar, [10]pedindo continuamente em minhas orações para ter enfim ocasião favorável de ir até vós, se Deus quiser. [11]Pois tenho grande desejo de ver-vos, a fim de vos comunicar algum dom espiritual para vos fortalecer, [12]ou antes, para sentir entre vós o conforto da fé que nos é comum, a vós e a mim. [13]Não quero que ignoreis, irmãos, que muitas vezes fiz projetos de ir até vós, mas fui impedido até hoje, a fim de colher algum fruto também entre vós, como o fiz entre as outras nações. [14]Tenho dívidas para com gregos e bárbaros†, sábios e ignorantes; [15]por isso estou pronto, o quanto depende de mim, para pregar o Evangelho também a vós, habitantes de Roma.

II. A JUSTIFICAÇÃO PELA FÉ
(1,16–8,39)

Síntese do tema. [16]Não me envergonho do Evangelho,* porque ele é força de Deus† para a salvação de todo aquele que crê, do judeu primeiro, e depois do grego. [17]É nele que se revela a justiça† de Deus, que nasce da fé e à fé conduz, como está escrito: "O justo viverá pela fé".

Os pecados dos gentios. [18]Com efeito, a ira de Deus† se manifesta do alto do céu* contra toda impiedade e toda injustiça dos homens que prendem a verdade na injustiça†; [19]pois o que se pode saber de Deus é conhecido entre eles: com efeito, Deus o revelou a eles.

---

* **1**,1.-16,25s; At 9,15; 13,2; Gl 1,15 | 4. At 13,33 | 5. 15,18; At 9,15; 26,16ss; Gl 2,7 | 16. 2,24; 14,23; 1Cor 1,18.24; Sl 119,46; 2Cor 12,9; Hab 2,4 | 18. Ef 5,6; Cl 3,6; 2Ts 2,12; At 14,15ss; 17,26ss; Sb 13,1-15; Jó 2,7ss; Sl 19,1

† **1**,5. Essa obediência é nosso primeiro dever em relação a Deus: crer nele e dar testemunho dele. | 7. "Os cristãos são santos porque pertencem a Cristo e participam de sua vida" (Lagrange). Ver Lv 11,45. | 14. "Bárbaro" era todo aquele que não falava grego, que não tinha a cultura grega, dominante na época. | 16. "Força de Deus", isto é, expressão de uma força com a qual Deus age na história humana. | 17. A justiça de Deus é o ato pelo qual Ele salva todos os que acolhem sua palavra com fé. | 18. A "ira" é a reação de Deus diante do pecado. Sendo justo, não pode tolerar a maldade, Is 30,27s. / Prender a verdade é impedir a ação de Deus transformadora do mundo. Nem o paganismo, nem o judaísmo podem salvar o homem, mas nesse mundo sem futuro surge o amor de Deus com seu projeto de libertar o homem pela fé em Jesus Cristo.

Romanos 1-2

²⁰De fato, o que nele há de invisível, seu poder eterno e sua divindade, manifesta-se à inteligência desde a criação do mundo através de suas obras†, de modo que eles não têm desculpa; ²¹pois, embora conhecessem a Deus, não lhe renderam a glória nem a ação de graças que competem a Deus, mas perderam a razão em seus raciocínios, e seu coração insensato foi dominado pelas trevas; ²²julgando-se sábios, tornaram-se loucos ²³e trocaram a glória do Deus incorruptível* por imagens que representam o homem corruptível, aves, quadrúpedes e répteis.

Punição divina. ²⁴Por isso, Deus os entregou, segundo os desejos de seus corações, à impureza com que eles mesmos desonram seus corpos†; ²⁵eles trocaram a verdade de Deus pela mentira, adoraram e serviram a criatura em vez do Criador, que é bendito* eternamente. Amém! ²⁶Então Deus os entregou a paixões degradantes: suas mulheres trocaram as relações naturais por relações contra a natureza; ²⁷também os homens, deixando a relação natural com a mulher,* arderam em desejos uns pelos outros, praticando a infâmia homem com homem e recebendo em si mesmos o justo salário de seus desvios. ²⁸E como não se esforçaram por conhecer a Deus, Deus os abandonou à mercê de uma inteligência depravada, de modo a fazerem o que não convém: ²⁹estão cheios de toda injustiça, de perversidade, de avareza, de malícia; repletos de inveja, de homicídio, de discórdias, de fraudes, de depravação; são difamadores, ³⁰caluniadores, inimigos de Deus, insolentes, orgulhosos, fanfarrões, engenhosos no mal, rebeldes contra os pais, ³¹insensatos, desleais, sem coração, sem compaixão. ³²Apesar de conhecerem bem a sentença de Deus, que declara dignos de morte os autores de semelhantes ações, não só eles as praticam, mas até aprovam os que as cometem.

2 Só a Deus compete julgar.

¹Por isso, tu†, que julgas, não tens desculpa,* sejas quem fores. Porque julgando o outro te condenas a ti mesmo: pois tu, que julgas, ages da mesma forma. ²Ora, sabemos que o juízo de Deus se exerce segundo a verdade contra os autores de tais atos. ³Tu, que julgas os que cometem tais ações e no entanto as praticas, pensas que vais escapar do juízo de Deus? ⁴Ou desprezas suas riquezas de bondade,* de paciência, de longanimidade, sem reconhecer que essa benignidade de Deus te convida à conversão? ⁵Por tua obstinação e por teu coração impenitente, estás acumulando contra ti uma quantidade de ira para o dia da ira, em que se revelará o justo juízo de Deus, ⁶que retribuirá a cada um* segundo suas obras: ⁷a vida eterna para aqueles que pela constância nas boas obras buscam a glória, a honra e a incorruptibilidade; ⁸mas a ira e a indignação para aqueles que por rebeldia* não obedecem à verdade, mas obedecem à injustiça. ⁹Tribulação e angústia estão reservadas* a todo ser humano que pratica o mal, ao judeu primeiro, depois ao grego; ¹⁰mas glória, honra e paz se destinam a todo aquele que faz o bem, ao judeu primeiro, depois ao grego; ¹¹pois Deus não faz discriminação de pessoas.*

A lei e o juízo. ¹²De fato, quem pecou sem a Lei perecerá também sem a Lei; e quem pecou sob o regime da Lei pela Lei será julgado; ¹³pois não são os que ouvem a Lei que são justos diante de Deus, mas os que observam a Lei é que

---

* **1**,23. Sl 106,20; Jr 2,11; Dt 4,15-19 | 25. Jr 13,25; 16,19 | 27. Lv 18,22; 20,13; 1Cor 6,9 | **2**,1. Mt 7,2; Jo 8,7; Tg 4,11 | 4. 2Pd 3,9.15 | 6. Sl 62,12; Pr 24,12 | 8. 2Cor 5,10; 2Ts 1,8 | 9. 1,16 | 11. At 10,34s; Dt 10,17; 2Cor 19,7; Gl 2,6; Ef 6,9; Mt 7,21; Tg 1,22.25; 1Jo 3,7 | 14. At 10,35

† **1**,20. O universo material apresenta-se à inteligência do homem para que este leia nele os vestígios de seu Criador, Sb 13,1; At 14,17. Através das coisas criadas, a luz natural da razão humana permite conhecer a Deus. | 24. Os vícios dos pagãos são a prova da punição de Deus. A morte acontece a partir do homem, que fica entregue a si mesmo. | **2**,1. Agora Paulo se dirige aos judeus, como se discutisse com um deles.

serão justificados. ¹⁴De fato, quando os pagãos, que não têm Lei, cumprem naturalmente* os preceitos da Lei, então eles próprios, sem possuir Lei, são para si mesmos a Lei†; ¹⁵mostram assim que os preceitos dela estão gravados em seus corações, e têm como prova o testemunho de sua consciência e os juízos com que ora se acusam, ora se defendem uns aos outros. ¹⁶Isto vai acontecer no dia em que,* segundo meu Evangelho, Deus julgará por Jesus Cristo as ações secretas dos homens.

A lei agrava as culpas dos judeus. ¹⁷Mas se tu, que trazes o nome de judeu, que confias na Lei, que te glorias em Deus, ¹⁸que conheces a vontade dele,* que sabes discernir o que é melhor, instruído pela Lei, ¹⁹e assim te orgulhas de ser o guia dos cegos, a luz de quem caminha nas trevas, ²⁰o educador dos ignorantes, o mestre dos simples,* porque tens na Lei a expressão da ciência e da verdade†... ²¹Então, tu, que ensinas os outros, não ensinas a ti próprio? Pregas que não se deve roubar e roubas? ²²Proíbes o adultério e o cometes? Detestas os ídolos e saqueias seus templos? ²³Tu que te orgulhas da Lei, transgredindo esta Lei, é a Deus que desonras, ²⁴pois "o nome de Deus, por vossa causa, é blasfemado entre os pagãos", como está escrito.*

²⁵Sem dúvida, a circuncisão é útil se praticas a Lei; mas, se transgrides a Lei, com tua circuncisão te tornaste um incircunciso. ²⁶Se, pois, um incircunciso observar os preceitos da Lei, sua incircuncisão não será tida como circuncisão? ²⁷E aquele que, fisicamente incircunciso, cumpre a Lei vai julgar-te a ti que, não obstante a letra da Lei e a circuncisão, és um transgressor da Lei. ²⁸Porque judeu não é aquele que o é externamente,* e a circuncisão não é aquela visível na carne; ²⁹mas o verdadeiro judeu o é por dentro e a verdadeira circuncisão é a do coração, segundo o espírito e não segundo a letra†: esse recebe seu louvor não dos homens, mas de Deus.

3 **Vantagem do judeu.** ¹Qual é, então, a vantagem do judeu?* Qual a utilidade da circuncisão? ²É grande, sob todos os aspectos. Primeiro, porque foi a eles que foram confiadas as revelações de Deus. ³Que importa se alguns foram infiéis?* A infidelidade deles vai anular a fidelidade de Deus? ⁴De jeito nenhum! Mas é preciso reconhecer que Deus é verdadeiro e "todo homem, mentiroso", como está escrito:

"A fim de que sejas reconhecido como justo em tuas palavras, e triunfes quando te julgarem".

⁵Mas se nossa injustiça manifesta a justiça de Deus, que diremos então? Falando como homem: Deus seria injusto, castigando-nos com sua ira? ⁶De modo algum! Se fosse assim, como Deus poderia julgar o mundo? ⁷Mas se minha mentira realçou a verdade de Deus para sua glória, por que eu também seria julgado pecador? ⁸Ou então – como alguns caluniadores nos acusam de dizer – deveríamos fazer o mal, para que dele venha o bem? Esses merecem ser condenados.

Todos são pecadores. ⁹Que dizer, então? Somos melhores? De jeito nenhum! Pois já provamos anteriormente que judeus e gregos, todos estão sob o domínio do pecado, ¹⁰como está escrito:*

"Não há homem justo, nem mesmo um só,

¹¹não existe ninguém sensato, ninguém que busque a Deus.

¹²Todos se desviaram, todos se perverteram;

não há quem faça o bem, ninguém mesmo.

---

* **2**,16. 2Tm 2,8 | 18. Mt 15,14; Lc 18,9 | 20. Mt 23,3s | 24. Is 52,5; Ez 36,20 | 28. Jo 8,39; Dt 30,6 | **3**,1. 9,4.6; 11,29; Dt 4,7s; Sl 103,7; 143,19s | 3. 2Tm 2,13; Sl 116,11; 51,6 | 10. Sl 14,1ss; 53,1ss | 13. Sl 5,10; 140,4

† **2**,14. Deus fala a todos, mesmo aos pagãos, pela lei da consciência. "A lei natural está escrita e gravada na alma de todos e cada um dos homens, porque ela é a razão humana ordenando fazer o bem e proibindo o mal" (CIC). | 20. Os judeus achavam que sua vida moral comprovava a verdade de sua religião. | 29. É por seu coração e por seus costumes que se conhece o verdadeiro judeu. De nada vale praticar ritos religiosos se o coração está longe de Deus, Mt 15,8s.

Romanos 3-4

¹³Sua garganta é um sepulcro aberto,*

com sua língua tramam a fraude.

Há veneno de víboras sob seus lábios,

¹⁴sua boca está cheia de maldição e de amargura.*

¹⁵Velozes são seus pés para derramar sangue;

¹⁶ruína e miséria estão em seus caminhos,

¹⁷o caminho da paz eles não conheceram.

¹⁸Não há diante de seus olhos temor de Deus".*

¹⁹Ora, sabemos que tudo quanto diz a Lei, ela o diz para aqueles que estão sujeitos à Lei, a fim de que toda boca se cale, e o mundo inteiro se reconheça culpado diante de Deus, ²⁰pois ninguém será justificado diante dele* pela prática da Lei: a Lei dá a conhecer o pecado.

A justificação pela fé, sem as obras. ²¹Mas agora, sem a Lei, manifestou-se a justiça de Deus, testemunhada pela Lei e pelos Profetas†; ²²é a justiça de Deus pela fé em Jesus Cristo, destinada a todos os que creem – pois já não há diferença: ²³todos pecaram e estão sem a glória de Deus – ²⁴e são justificados gratuitamente† por sua graça,* em virtude da redenção realizada no Cristo Jesus: ²⁵Deus o destinou a ser vítima de propiciação† por seu próprio sangue mediante a fé; queria assim manifestar sua justiça, pelo fato de ter usado de tolerância para com os pecados passados, ²⁶no tempo da paciência de Deus. Queria mostrar sua justiça no tempo presente, provando que ele é justo e que justifica aquele que vive da fé em Jesus.

²⁷Onde, então, está o direito de se gloriar? Foi eliminado. Em virtude de que lei? A das obras? Não, mas pela lei da fé. ²⁸Pois entendemos que o homem é justificado pela fé, sem as obras da Lei. ²⁹Ou acaso Deus é o Deus dos judeus apenas, e não dos pagãos? Sim, é dos pagãos também; ³⁰pois não há senão um só Deus, que justificará os circuncisos em virtude da fé e os incircuncisos por meio da fé. ³¹Então, pela fé tiramos o valor da Lei?* De jeito nenhum! Ao contrário, nós a confirmamos!

4 **Abraão justificado pela fé.** ¹Que diremos, então, que obteve Abraão, nosso pai segundo a carne? ²De fato, se foi das obras que ele recebeu sua justiça, tem de que se gloriar, mas não diante de Deus. ³Com efeito, que diz a Escritura?* "Abraão creu em Deus e isso lhe foi computado como justiça". ⁴Ora, à pessoa que trabalha, o salário não é computado como gratificação, mas como dívida. ⁵Porém, à pessoa que não trabalha, mas crê naquele que justifica o ímpio, a fé lhe é computada como justiça. ⁶É assim que Davi proclama feliz o homem a quem Deus atribui a justiça sem as obras:

⁷"Feliz aquele cujas iniquidades foram perdoadas,*

e cujos pecados foram cobertos.

⁸Feliz o homem a quem o Senhor não atribui pecado algum".

⁹Essa bem-aventurança vale para os circuncisos ou vale também para os incircuncisos? Dizemos, com efeito, que "para Abraão a fé foi computada como justiça". ¹⁰E como foi computada? Quando ele já estava circuncidado ou antes de ser circuncidado?* Não depois, mas antes. ¹¹Ele recebeu o sinal da circuncisão como selo da justiça da fé que possuía antes de ser circuncidado; assim ele se tornou ao mesmo tempo o pai de todos os que haveriam de crer sem ter a circuncisão, para que

---

* **3,**14. Sl 10,7; Is 59,7s; Pr 1,16 | 18. Sl 36,2 | 20. Sl 143,2; Gl 2,16 | 24. Lv 16,12-15; Hb 9,5.15; 1Jo 2,2 | 31. 4,3; 8,4; Gl 2,16; Mt 5,17 | **4,**3. Gn 15,6 | 7. Sl 32,1s | 10. Gn 17,10s

† **3,**21. O NT é continuação e acabamento do AT, que o anunciou e preparou. "O Novo Testamento está escondido no Antigo, e o Antigo no Novo se revela" (S. Agostinho). | 24. Ninguém pode por si mesmo merecer a justificação, mas ela é concedida pelos méritos de Cristo. | 25. Jesus crucificado é o lugar da misericórdia nos novos tempos, é o meio para cancelar os pecados que afastaram de Deus os seres humanos.

Romanos 4-5

a justiça lhes fosse igualmente computada; [12]e o pai dos circuncisos, que não se contentam com ser circuncisos, mas caminham nos passos da fé que nosso pai Abraão teve antes da circuncisão.

As promessas feitas a Abraão. [13]De fato, não foi por meio de uma Lei* que foi feita a Abraão e a sua descendência a promessa de receber o mundo em herança, mas por meio da justiça da fé[†]. [14]Pois se a herança pertence aos que dependem da Lei, a fé é inútil e a promessa fica sem valor: [15]porque a Lei provoca a ira,* ao passo que, não havendo lei, também não existe transgressão.

[16]Então a herança provém da fé, para ser gratuita, e para que assim a promessa seja assegurada a toda a descendência, não só àquela que vive sob a Lei, mas também àquela que participa da fé de Abraão, nosso pai comum, [17]como está escrito:* "Eu te estabeleci pai duma multidão de povos"; ele é nosso pai diante daquele no qual acreditou, o Deus que dá a vida aos mortos e chama à existência as coisas que não existem.

[18]Contra toda esperança, ele acreditou na esperança e por isso tornou-se pai de muitos povos,* como está na Escritura: "Assim será tua descendência". [19]Tinha quase cem anos, e sentia que seu corpo já perdera o vigor, e sabia que o seio de Sara já não tinha vida; mesmo assim não vacilou na fé; [20]apoiado na promessa de Deus, sem hesitação nem incredulidade, mas fortalecido pela fé, glorificou a Deus, [21]convencido de que Deus é poderoso* para tornar realidade o que prometeu. [22]Eis por que isso lhe foi computado como justiça. [23]Mas não é só para ele que está escrito que foi computado como justiça. [24]Foi também para nós, pois também nossa fé nos deve ser computada como justiça, porque cre-

mos naquele que dos mortos ressuscitou Jesus,* nosso Senhor, [25]o qual foi entregue por nossos pecados e ressuscitado para nossa justificação.

5 **Frutos da justificação.** [1]Agora que Deus nos tornou justos por meio da fé,* estamos em paz com Deus por obra de nosso Senhor Jesus Cristo, [2]por meio do qual obtivemos pela fé o acesso a esta graça, na qual estamos firmes, e nos orgulhamos da esperança de alcançarmos a glória de Deus. [3]Mais ainda: nós nos orgulhamos até dos sofrimentos, sabendo que o sofrimento produz firmeza; [4]a firmeza traz a aprovação de Deus; e esta aprovação* faz nascer a esperança; [5]e a esperança não decepciona, porque o amor de Deus foi derramado em nossos corações pelo Espírito Santo que ele nos deu. [6]Foi, com efeito, quando ainda éramos fracos,* que Cristo, no tempo marcado, morreu pelos pecadores. [7]Dificilmente alguém dá a vida por um justo. Por um homem de bem, talvez haja alguém que se disponha a morrer. [8]Mas Deus demonstra seu amor* para conosco pelo fato de Cristo ter morrido por nós, quando éramos ainda pecadores. [9]E se agora estamos justificados por seu sangue, com muito mais razão ele nos salvará da ira divina. [10]De fato, se nós, quando éramos inimigos, fomos reconciliados* com Deus por meio da morte de seu Filho, com muito mais razão, estando já reconciliados com ele, seremos salvos por sua vida. [11]E não apenas reconciliados: estamos também em condições de nos orgular em Deus, graças a nosso Senhor Jesus Cristo, pelo qual já alcançamos a reconciliação.

Adão e Cristo. [12]Portanto, assim como por meio de um só homem* o pecado entrou no mundo e, pelo pe-

---

* **4**,13. Gn 18,18; 22,17s; Gl 3,9 | 15. 3,20; 5,13; 7,8 | 17. Gn 17,5; Is 48,13 | 18. Gn 15,5; 17,17 | 21. Gn 15,6; 1Pd 1,21 | 24. Is 53,4s; 1Cor 15,17 | **5**,1. 3,24.28; 4,24; Is 53,3; 1Jo 3,21 | 4. Sl 22,6; 25,20 | 6. Hb 6,18s | 8. 8,7s; Jo 3,6; 1Jo 4,10 | 10. 2Cor 5,18; Cl 1,21 | 12. Gn 2,17; 3,19; Sb 2,24; Rm 6,23

† **4**,13. Não foi a lei mosaica que fez de Abraão um homem justo, pois ela só foi dada a Israel muitos séculos depois. | **5**,12. Este é o texto bíblico fundamental sobre o pecado original. Partindo de Gn 3, Paulo afirma que o pecado de Adão, pelo qual entrou no mundo a morte, assemelha-se a uma potência maléfica que invadiu o mundo e está na origem do pecado de todos os homens. Mas de Cristo, novo Adão, vem para todos a justiça, a graça e, com ela, a vida eterna.

Romanos 5-6

cado, entrou a morte; assim, a morte passou para todos os homens, porque todos pecaram[†]. [13]Já antes da lei havia pecado no mundo; o pecado, porém, não é levado em conta* quando não existe lei. [14]No entanto, a morte dominou desde Adão até Moisés, mesmo sobre aqueles que não pecaram como pecou Adão, que era figura daquele que devia vir. [15]Entretanto, não acontece com o dom o mesmo que aconteceu com a falta. Se, pela falta de um só, todos morreram, com quanto maior abundância se derramou sobre todos a graça de Deus e o dom gratuito de um só homem, Jesus Cristo! [16]Também não acontece com o dom como aconteceu com o pecado daquele único homem que pecou: porque o julgamento de um resultou em condenação, ao passo que a graça, a partir de numerosas faltas, resultou em justificação.

[17]Se, com efeito, pela falta de um só, a morte dominou através desse único homem, muito mais os que recebem a abundância da graça e do dom da justiça reinarão na vida por meio de um só, Jesus Cristo. [18]Portanto, se da falta de um único homem, resultou a condenação de todos os homens, do mesmo modo, da obra de justiça de um só, resultou para todos os homens a justificação* que traz a vida. [19]Assim como, pela desobediência de um só, todos se tornaram pecadores[†], pela obediência de um só, todos se tornarão justos. [20]A lei interveio para que se multiplicasse a falta; mas onde o pecado se multiplicou, a graça superabundou; [21]assim, do mesmo modo que o pecado reinou pela morte, também a graça reine pela justiça para a vida eterna, por Jesus Cristo, nosso Senhor.

6 O Batismo libertou-nos do pecado.

[1]Que dizer então? Ficaremos no pecado* para que a graça se multiplique? De modo algum! [2]Se já morremos para o pecado, como continuar vivendo nele? [3]Ou não sabeis que todos nós, que fomos batizados em Jesus Cristo, é em sua morte que fomos batizados?[†] [4]Pelo batismo fomos sepultados com ele na morte, para que, assim como Cristo foi ressuscitado dentre os mortos mediante a glória do Pai, assim também nós* caminhemos numa vida nova. [5]Pois se fomos incorporados a ele por uma morte semelhante à sua, também estaremos incorporados a ele por uma ressurreição* semelhante à sua. [6]Ficai sabendo que nossa vida passada[†] foi pregada na cruz junto com ele, para que fosse destruída a natureza pecadora,* e assim não mais sejamos escravos do pecado; [7]porque quem morre fica livre do pecado. [8]Se morremos com Cristo, cremos que também viveremos com ele, [9]sabendo que Cristo, ressuscitado dentre os mortos, não morre mais e que a morte não tem mais* domínio sobre ele. [10]Porque, morrendo, ele morreu para o pecado uma vez para sempre;* mas, vivendo, ele vive para Deus. [11]Assim também vós, considerai-vos mortos para o pecado, mas vivos para Deus, em Cristo Jesus.

[12]Portanto, que o pecado não reine mais em vosso corpo mortal, de modo que vos sujeiteis a suas paixões. [13]Não façais de vossos membros* armas de injustiça a serviço do pecado; mas oferecei-vos a Deus como vivos que voltaram da morte e fazei de vossos membros armas de justiça* a serviço de Deus. [14]Pois o pecado já não deve dominar sobre vós: não estais mais sob a Lei, mas sob a graça[†]. [15]E então? Vamos pecar porque não estamos sob a

---

* **5**,13. 1Cor 15,21s | 18. Is 53,11 | **6**,1. 1Pd 4,1 | 4. Fl 3,10s | 5. Gl 5,24 | 6. 1Pd 4,1 | 9. Hb 9,26ss; 1Pd 3,18 | 10. 2Cor 5,15; 1Pd 2,24 | 13. 12,1; Ef 2,5; 3,14 / Jo 3,6

† **5**,19. "Ignorar que o ser humano tem uma natureza lesada, inclinada ao mal, dá lugar a graves erros no campo da educação, da política, da ação social e dos costumes" (CIC). | **6**,3. Batizar quer dizer imergir. A imersão figurava o sepultamento do "homem velho" junto com Cristo e a emersão, o nascimento da nova criatura no Espírito, a qual ressuscita com Cristo glorioso, Cl 3,1. | **6**. Lit. "nosso homem velho", isto é, o homem sob o domínio do pecado e exposto à ira divina. | 14. A graça dá a força de não pecar, livrando assim do domínio do pecado.

1359   Romanos 6-7

Lei, mas sob a graça? De modo algum! [16]Não sabeis que, quando vos colocais a serviço de alguém* como escravos para lhe obedecer, sois realmente escravos daquele a quem obedeceis, seja do pecado que conduz à morte, seja da obediência que conduz à justiça? [17]Mas demos graças a Deus! Outrora escravos do pecado, vós vos submetestes de coração ao ensinamento ao qual fostes confiados; [18]e, libertos do pecado, passastes a servir à justiça.

[19]Faço uma comparação humana em vista de vossa natureza fraca. Assim como outrora oferecestes vossos membros como escravos à impureza e à desordem para fazer o mal, assim oferecei-os agora à justiça para vossa santificação. [20]Quando éreis escravos do pecado, éreis livres em relação à justiça. [21]Mas que frutos colhestes* então das coisas de que agora vos envergonhais? Pois o destino delas é a morte. [22]Mas agora, libertos do pecado e servindo a Deus, produzis frutos para a santificação, e o destino é a vida eterna. [23]Pois o salário do pecado é a morte; mas o dom de Deus é a vida eterna em Cristo Jesus, nosso Senhor.

7 **Estamos livres da escravidão da lei.** [1]Ou será que não sabeis, irmãos – falo a pessoas que entendem de leis – que a lei† só se impõe ao homem enquanto ele vive? [2]Assim é que a mulher casada está ligada pela lei ao marido enquanto este vive; mas, se ele morrer, ela fica desligada da lei que a ligava ao marido. [3]Por isso, se durante a vida do marido, ela pertencer a outro, será chamada adúltera. Mas se o marido morrer, ela está desligada da lei e não será adúltera* se casar-se com ou-

tro. [4]Assim também, meus irmãos, vós também fostes mortos para a Lei pelo corpo de Cristo para pertencerdes a um outro, Àquele que foi ressuscitado dentre os mortos, a fim de darmos frutos para Deus. [5]Pois quando vivíamos conforme nossos caprichos, as paixões do pecado que se servem da Lei agiam em nossos membros, a fim de que déssemos frutos para a morte. [6]Mas agora fomos libertados da Lei e morremos para aquilo que nos mantinha presos; assim, podemos servir na novidade do Espírito e não mais na velhice da letra. **A lei e o pecado.** [7]Que dizer, então? Que a Lei é pecado?* De modo algum! Mas eu não cheguei a conhecer o pecado senão pela Lei. Com efeito, eu nada saberia da cobiça, se a Lei não dissesse:* "Não cobiçarás"†. [8]Mas, aproveitando a ocasião, o pecado produziu em mim, por meio do preceito, toda espécie de cobiça: porque sem a Lei o pecado estaria morto. [9]Antigamente eu vivia sem a Lei; mas, quando veio o preceito,* o pecado reviveu [10]e eu morri†. E aconteceu que o preceito destinado à vida me conduziu à morte. [11]Pois o pecado aproveitou a ocasião e, utilizando o preceito, seduziu-me e por meio dele me matou. [12]Assim, a Lei é santa, e o preceito é santo, justo e bom.

[13]Então, uma coisa boa* se tornou morte para mim? Certamente, não! Mas foi o pecado que, para se mostrar como pecado, serviu-se de uma coisa boa para me dar a morte, a fim de que o pecado colocasse em ação toda a sua maldade por meio do preceito. **Nossa luta interior**†. [14]Com efeito, sabemos que a Lei é espiritual;* mas eu sou carnal, vendido ao poder do pecado. [15]Realmente, não entendo o que

---

* **6**,16. Jo 8,34; 1Jo 3,6; 2Pd 2,19 | 21. Ez 16,61ss; 1Pd 1,9 | **7**,3. Cl 2,14; Gl 2,19 | 7. Êx 20,17; Dt 5,18 / Lv 18,5 | 9. Tg 1,15; Gn 3,13; Hb 3,13; 2Cor 11,13; 1Tm 1,8 | 13. 5,20 | 14. Sl 51,7; Jo 3,6

† **7**,1. A salvação de Cristo é para o homem uma libertação do pecado, da morte e da lei. Quando Paulo fala de lei, refere-se principalmente à lei de Moisés, que, levada a extremos, escravizou o povo judeu. | 7. A lei contribui para que o pecado se manifeste, mas não dá à pessoa força interior para vencê-lo; e por causa da concupiscência, vem a ser instrumento do pecado. | 10. "Eu morri" indica a morte espiritual, a condição determinada pelo pecado como violação da lei. | 14. "O homem está dividido em si mesmo. Por esta razão, toda a vida humana, individual e coletiva, apresenta-se como luta dramática entre o bem e o mal, entre a luz e as trevas" (Vat. II).

Romanos 7-8

faço: pois não faço o que quero, mas faço o que detesto. [16]Ora, se faço o que não quero, estou de acordo com a lei e reconheço que ela é boa; [17]neste caso, já não sou eu que estou agindo, e sim o pecado que habita em mim. [18]Pois sei que o bem não habita em mim,* isto é, em minha carne; de fato, querer o bem está a meu alcance, mas fazê-lo, não. [19]Não faço o bem que quero e cometo o mal que não quero. [20]Ora, se faço o que não quero, então não sou eu quem age, mas sim o pecado que habita em mim. [21]Encontro, pois, em mim, esta lei: quando quero fazer o bem, é o mal que se apresenta a mim. [22]Pois em meu interior eu gosto da Lei de Deus; [23]mas sinto em meus membros outra lei,* que luta contra a lei de minha mente e me prende à lei do pecado que está em meus membros. [24]Infeliz de mim! Quem me livrará desse corpo destinado à morte? [25]Graças sejam dadas a Deus* por Jesus Cristo, nosso Senhor! Portanto, sou realmente eu que pela mente estou a serviço da Lei de Deus, mas pela carne sirvo à lei do pecado.

8 **Nossa vida no Espírito**[†]. [1]Portanto, agora já não há condenação* alguma para os que estão em Cristo Jesus. [2]Pois a lei do Espírito que dá a vida* em Cristo Jesus te libertou da lei do pecado e da morte.

[3]De fato, o que era impossível para a Lei, enfraquecida por causa da carne, Deus o realizou, enviando seu próprio Filho numa carne semelhante à do pecado e, em vista do pecado, condenou o pecado na carne, [4]a fim de que a justiça exigida pela Lei fosse cumprida em nós, que em nossa vida não obedecemos aos caprichos da carne, mas ao Espírito. [5]De fato, os que seguem os desejos da carne gostam do que é carnal; os que seguem as inspirações do Espírito apreciam o que é espiritual[†]. [6]Os desejos da carne levam à morte, ao passo que os desejos do Espírito levam à vida e à paz; [7]pois os desejos da carne* são revolta contra Deus: ela não se submete à Lei de Deus, nem o poderia. [8]Os que vivem dominados pela carne não podem agradar a Deus. [9]Vós não viveis dominados pela carne, mas guiados pelo Espírito, se de fato o Espírito de Deus habita em vós. Quem não possui o Espírito de Cristo não lhe pertence. [10]Mas se em vós está o Cristo,* vosso corpo está morto por causa do pecado, mas o espírito é vida por causa da justiça[†]. [11]E se o Espírito daquele que ressuscitou Jesus dentre os mortos habita em vós, Ele, que ressuscitou o Cristo dos mortos, também dará vida a vossos corpos mortais por seu Espírito que habita em vós. [12]Portanto, irmãos, temos uma dívida, mas não para com a carne, de forma que vivamos segundo a carne. [13]Pois, se viverdes segundo a carne, morrereis. Mas se vós, pelo Espírito, fizerdes morrer as obras da carne, vivereis.

Somos filhos de Deus. [14]Com efeito, são filhos de Deus todos os que se deixam conduzir pelo Espírito de Deus. [15]Pois não recebestes* um espírito de escravos para recairdes no medo; mas recebestes um Espírito de filhos adotivos, que nos permite exclamar: "Abbá, Papai!"[†] [16]O próprio Espírito atesta a nosso espírito que somos filhos de Deus. [17]E, se somos filhos, somos também seus herdeiros: herdeiros de Deus, herdeiros com o Cristo, se verdadeiramente tomamos parte em seus sofrimentos para participarmos também de sua glória.

---

* **7,**18. Gn 6,5; 8,21 | 23. Gl 5,17; Tg 4,1; 1Pd 2,11 | 25. 1Cor 15,27 | **8,**1. 8,31-39; Jo 5,24; 2Cor 5,17 | 2. Jr 31,33; Jo 1,14; Ez 36,36; At 13,38; 15,10; Fl 2,7; Hb 2,17; 4,15; Gl 5,16.25; Mt 5,17 | 7. Mt 12,34; Tg 4,4; Jo 8,43; 12,39; 1Cor 3,16; 1 Jo 3,24 | 10. 8,2; Fl 1,21; 2Cor 4,14: 5,17; Gl 2,20; 6,8; 1Cor 6,14; Ef 4,22ss | 15. 2Tm 1,7; 1Jo 4,18; Gl 4ss; Mc 14,36 Ap 21,7

† **8.** A figura de Adão domina o c. 7 e a de Cristo domina o c. 8. Só com a humanidade nova podemos entender a antiga. | 5. "Os cristãos estão na carne, mas não vivem segundo a carne. Passam sua vida na terra, mas são cidadãos do céu" (Carta a Diogneto, séc. II). | 10. O corpo continua destinado à morte por causa do pecado de Adão, que introduziu a morte no mundo, 5,12, mas o espírito vive da graça dada por Deus. | 15. Os primeiros cristãos usavam na oração esse termo aramaico para lembrar a prece de Jesus no horto, Mc 14,36.

Romanos 8-9

Nossa esperança. [18]Eu penso que os sofrimentos do tempo presente* não têm comparação com a glória futura que se manifestará em nós. [19]Com efeito, o próprio universo espera ansiosamente a revelação dos filhos de Deus; [20]pois o universo foi submetido* ao poder do nada, não por sua vontade, mas por vontade daquele que o submeteu, e alimenta a esperança [21]de que também ele será libertado do cativeiro da corrupção, para alcançar a liberdade e a glória dos filhos de Deus†. [22]Pois sabemos que todo o universo até agora continua gemendo e sentindo dores de parto†. [23]Não só ele,* mas também nós, que temos as primícias do Espírito, gememos em nosso íntimo, suspirando pela adoção filial, que é a redenção de nosso corpo†. [24]Pois já fomos salvos, mas na esperança. Ora, ver o que se espera não é esperar; acaso alguém espera o que já está vendo? [25]Mas, se esperamos o que não vemos, é na perseverança que o aguardamos.

[26]Assim também o Espírito socorre* nossa fraqueza: pois não sabemos o que é conveniente pedir, mas o próprio Espírito intercede por nós com gemidos inefáveis. [27]E aquele que sonda os corações sabe qual é o desejo do Espírito, porque sua intercessão* pelo povo santo corresponde à vontade de Deus.

[28]Sabemos que tudo concorre para o bem dos que amam a Deus, daqueles que ele chamou, de acordo com seu desígnio. [29]Pois aos que ele desde sempre conheceu, também os predestinou para serem conformes à imagem de seu Filho, a fim de que ele seja o primogênito entre muitos irmãos. [30]E, aos que predestinou, também os chamou; e, aos que chamou,* também os justificou; e, aos que justificou, também os glorificou.

A confiança em Deus. [31]Diante disso, que vamos dizer? Se Deus é por nós, quem será contra nós? [32]Ele, que não poupou seu próprio Filho,* mas o entregou por nós todos, como não nos daria tudo juntamente com ele? [33]Quem vai acusar os que Deus escolheu? Deus, que os justifica? [34]Quem vai condenar? O Cristo Jesus, que morreu; mais ainda, que foi ressuscitado e está à direita de Deus* e intercede por nós? [35]Quem vai nos separar do amor de Cristo?† A tribulação, a angústia, a perseguição, a fome, a nudez, o perigo, a espada? [36]Como está escrito: "Por tua causa nos matam o dia todo;* somos tratados como ovelhas de corte".

[37]Mas em tudo isso somos mais que vencedores* por meio daquele que nos amou. [38]Tenho certeza, de fato, de que nem a morte, nem a vida, nem os anjos, nem os principados, nem o presente, nem o futuro, nem os poderes, [39]nem a altura, nem a profundeza, nem outra criatura qualquer poderá nos separar do amor de Deus que está em Cristo Jesus, nosso Senhor.

III. O MISTÉRIO DE ISRAEL
(9–11)†

9 **Dons que Israel recebeu.** [1]Digo a verdade em Cristo, não estou mentindo, e disto me dá testemunho minha consciência no Espírito Santo: [2]sinto grande tristeza e dor sem fim em meu coração. [3]Pois eu mesmo desejaria*

---

* **8**,18. 5,2; 2Cor 4,17; Lc 22,28ss | 20. Sb 1,14; 1Pd 1,18; 2Pd 3,13 | 23. 1Jo 3,2; Ap 21,1.5 | 26. Jo 3,8 | 27. Sl 139,1; 1Cor 4,5; Ef 1,11; 3,11; Tg 1,12 | 30. Cl 1,18; Hb 1,6 | 32. Sl 118,6; Gn 22,16; Jo 3,16 | 34. Sl 110,1; 1Jo 2,1 | 36. Sl 44,23 | 37. Jo 16,23 1Jo 5,4 | **9**,3. Êx 32,32 | 4. Êx 4,22; Dt 7,6; 14,1s; Mt 1,16; Lc 3,23-38

† **8**,21. "O Evangelho proclama a liberdade dos filhos de Deus e rejeita toda escravidão, que em última análise, procede do pecado" (Vat. II). | 22. O universo inteiro, ligado ao destino do homem pecador, Gn 3,17, espera participar dos benefícios da redenção. Será o cumprimento das esperanças messiânicas de total renovação, Is 65,17; Ap 21,1. | 23. Essa redenção é sua ressurreição gloriosa, último eto da salvação. | 35. Nada na vida pode fazer o cristão esquecer o amor que Cristo lhe manifestou em sua morte e ressurreição, Gl 2,20. | **III**. Nos cc. 9–11 Paulo responde a uma dificuldade séria: Como pode ser verdadeira a salvação realizada por Cristo, se fica de fora dela o povo escolhido? É que Deus respeita a liberdade humana. Israel afastou-se de Deus por própria culpa, mas vai chegar o dia de sua conversão. **9**,3. Inspirando-se em Êx 32,32, onde Moisés pede para ser riscado do Livro de Deus em benefício do povo de Israel, Paulo se diz pronto a aceitar ser separado de Cristo para que os judeus não o fossem; de boa vontade se sacrificaria pelo bem deles.

Romanos 9

ser anátema, separado de Cristo† em favor de meus irmãos, de meus parentes segundo a carne, ⁴que são os israelitas.* A eles pertencem a adoção filial, a glória, as alianças, a legislação, o culto, as promessas; ⁵a eles pertencem os patriarcas e deles descende segundo a carne o Cristo que é, acima de todas as coisas, Deus bendito para sempre! Amém.

⁶Não é que a palavra de Deus tenha falhado. Pois nem todos os descendentes de Israel* são israelitas. ⁷Como também nem todos os descendentes de Abraão são filhos dele; mas "em Isaac te será dada uma descendência". ⁸Isto significa que não são os filhos da carne que são filhos de Deus, mas só os filhos da promessa são considerados como descendência. ⁹Com efeito, eis os termos da promessa: "Por esta época voltarei, e Sara terá um filho".*

¹⁰Não foi só ela, mas também Rebeca concebera de um só homem, Isaac, nosso pai; ¹¹ora, antes do nascimento dos filhos, quando eles ainda não tinham feito o bem nem o mal, para que se afirmasse a liberdade da escolha divina, ¹²que depende, não das obras, mas daquele que chama, Deus disse a Rebeca: "O mais velho servirá ao mais novo", ¹³conforme está escrito: "Amei Jacó* e odiei Esaú"†.

A liberdade da escolha divina. ¹⁴Que dizer, então? Deus seria injusto? Certamente, não! ¹⁵Pois ele diz a Moisés: "Terei misericórdia de quem eu quiser ter misericórdia e terei piedade de quem eu quiser* ter piedade". ¹⁶Portanto, isto não depende da vontade, nem dos esforços do homem, mas da misericórdia de Deus. ¹⁷Pois a Escritura diz ao faraó: "Eu te suscitei de propósito para mostrar em ti meu poder e para que meu nome seja proclamado* por toda a terra". ¹⁸Assim, Deus tem misericórdia de

quem ele quer e endurece a quem ele quer†.

¹⁹"Mas, então – vais dizer-me –, de que ele ainda se queixa? Quem, com efeito, pode resistir a sua vontade?" ²⁰Ora, quem és tu, ó homem, para discutir com Deus?* Acaso a peça fabricada vai dizer a quem a fez: "Por que me fizeste assim?" ²¹O oleiro não é dono da argila para fabricar* com a mesma massa um vaso de luxo e um vaso comum? ²²Se, portanto, Deus, querendo manifestar* sua ira e dar a conhecer seu poder, suportou com muita paciência vasos de ira já prontos para a perdição, ²³a fim de manifestar a riqueza de sua glória para com vasos de misericórdia, por ele predispostos para a glória, ²⁴isto é, para conosco, que ele chamou não só dentre os judeus mas também dentre os pagãos...?†

A Escritura anuncia o pecado de Israel. ²⁵É justamente o que ele diz em Oseias:*

"Chamarei meu povo aquele que não era meu povo,

e bem-amada aquela que não era a bem-amada.

²⁶E no mesmo lugar onde lhes foi dito

'Vós não sois meu povo',*

lá serão chamados filhos do Deus vivo".

²⁷E Isaías exclama a respeito de Israel:*

"Ainda que o número dos filhos de Israel

fosse como a areia do mar,

só um resto será salvo:

²⁸pois o Senhor vai cumprir plenamente e sem demora

sua palavra sobre a terra".

²⁹E como havia predito Isaías:*

"Se o Senhor dos exércitos

não nos tivesse deixado um germe,

ficaríamos como Sodoma,

seríamos semelhantes a Gomorra".

---

* **9**,6. 2,28; Nm 23,19; Gn 21,12 | 9. Gn 18,10.14; Gn 25,21 | 13. Gn 25,23; Ml 1,2s | 15. Dt 32,4; Êx 33,19; 1Cor 3,7; Ef 2,8 | 17. Êx 4,21; 7,3; 9,16; 14,7.17 | 20. Is 29,16; 45,9; Jr 18,6 | 21. Is 64,7 | 22. Jr 50,25; Is 13,5 | 25. Os 2,25 | 26. Os 2,1 | 27. Is 10,22s; Os 1,10 | 29. Is 1,9

† **9**,13. "Odiar" tem o sentido de "amar menos", "não preferir". A escolha de Deus é soberana, livre e gratuita. | 18. "Endurece" é um modo de exprimir a reação de Deus diante da persistente obstinação do homem contra ele. | 24. "... que poderíamos objetar?" Assim pode-se completar o pensamento de Paulo.

Romanos 9-10

³⁰Que conclusão vamos tirar? Que os pagãos, que não procuravam a justiça, alcançaram uma justiça, isto é, a justiça que vem da fé, ³¹ao passo que Israel, que procurava uma lei que lhe desse a justiça, não alcançou a lei†. ³²E por quê?* Porque não buscaram a justiça em virtude da fé, mas como se derivasse das obras†. Tropeçaram na pedra de escândalo, ³³como está escrito:

"Eis que ponho em Sião uma pedra de escândalo*
e uma rocha que faz cair;
mas quem nele crer não será confundido".

10 Responsabilidade dos judeus.

¹Irmãos, o desejo de meu coração e a prece que faço a Deus por eles são para que sejam salvos. ²Pois disso sou testemunha: eles têm zelo por Deus,* mas é um zelo pouco esclarecido. ³Desconhecendo a justiça que vem de Deus e procurando estabelecer sua própria justiça, não se submeteram à justiça de Deus. ⁴Pois o objetivo da lei* é o Cristo†, para ser dada a justiça a todo aquele que crê.

⁵Com efeito, Moisés escreveu sobre a justiça que vem da Lei: "Quem a cumpre viverá por ela". ⁶Mas a justiça que vem da fé fala assim: "Não digas em teu coração: Quem subirá ao céu?", isto é, para de lá fazer descer o Cristo; ⁷ou então: "Quem descerá ao abismo?"†, isto é, para fazer o Cristo voltar dos mortos. ⁸Mas o que diz a Escritura? "A palavra está perto de ti, em tua boca e em teu coração". Esta palavra é a palavra da fé que proclamamos. ⁹Porque, se confessares com a boca que Jesus é o Senhor* e se em teu coração creres que Deus o ressuscitou dos mortos, serás salvo. ¹⁰Pois é crendo de coração que se obtém a justiça e é confessando com a boca que se alcança a salvação. ¹¹De fato, assim diz a Escritura:* "Todo aquele que nele crer não será confundido". ¹²Assim, não há diferença entre judeu e pagão, porque ele é o mesmo Senhor de todos, e é rico para com todos os que o invocam. ¹³Pois, "todo aquele que invocar o nome* do Senhor será salvo".

A ignorância dos judeus não tem desculpa. ¹⁴Mas como poderão invocar aquele em quem não creram? E como haverão de crer naquele de quem nunca ouviram falar? E como ouvirão falar dele, se ninguém o anuncia? ¹⁵E como anunciarão, se não forem enviados? Como está escrito:* "Como é belo ver correndo os que anunciam boas novas". ¹⁶Mas nem todos obedeceram à Boa Nova. Pois disse Isaías:* "Senhor, quem acreditou em nossa pregação?" ¹⁷Assim, a fé nasce da pregação e a pregação se realiza mediante a palavra de Cristo. ¹⁸Ora, eu pergunto: Será que eles não ouviram? Sem dúvida!

"Por toda a terra ressoou sua voz
e suas palavras chegaram aos confins do mundo".*

¹⁹Mas eu pergunto: Israel não teria compreendido? Já disse Moisés: "Eu vos farei invejar* um povo que não é povo; contra uma nação sem inteligência provocarei vossa ira".

²⁰E Isaías chega a dizer:*

"Fui encontrado pelos que não me buscavam,
manifestei-me aos que não me interrogavam";

²¹ao passo que ele diz, dirigindo-se a Israel:

"O dia todo estendi as mãos para um povo desobediente e rebelde".

---

* **9**,32. Is 8,14 | 33. Is 28,16 | **10**,2. At 22,3 | 4. Mt 5,17; Jo 3,18; Lv 18,5; Dt 9,4; 30,12ss | 9. 1Cor 12,3; Fl 2,11 | 11. Is 28,16; At 10,34; 15,9 | 13. Jl 3,5 | 15. Is 52,7 | 16. Is 53,1 | 18. Sl 19,5 | 19. Dt 32,21 | 20. Is 65,1 | 21. Is 65,2

† **9**,31. Em seu esforço de pôr em prática a lei que prometia a justiça, Israel de fato não chegou àquela justiça que a lei prometia. | 32. "Se Israel recusa o Evangelho, buscando a justiça na lei, é porque não entendeu a justiça de Deus" (J.-N. Aletti). | **10**,4. Cristo é a meta para a qual apontava a lei desde o início. "A lei antiga é uma preparação para o Evangelho" (S. Irineu). | 7. Paulo comenta Dt 30,11-14, onde se diz que a Palavra de Deus não está longe de nós; mostra aos judeus que eles não devem ficar esperando um Salvador que desce dos céus, ou que vem da morada dos mortos, porque já temos esse Salvador em Jesus, que veio morar conosco, Jo 1,14.

Romanos 11

11 Deus não rejeitou seu povo.

[1]Então, eu pergunto: será que Deus rejeitou seu povo?* De modo algum! Pois também eu sou israelita, da descendência de Abraão, da tribo de Benjamim. [2]Deus não rejeitou seu povo,* que de antemão escolheu. Ou não sabeis o que diz a Escritura, no lugar em que Elias apresenta a Deus sua queixa contra Israel: [3]"Senhor, mataram vossos profetas, destruíram vossos altares;* só fiquei eu, e querem tirar-me a vida!" [4]Mas o que lhe responde o oráculo divino? "Reservei para mim sete mil homens que não dobraram o joelho diante de Baal". [5]Assim também hoje sobrevive* um resto escolhido por graça[†]. [6]Mas se é por graça, já não é mais em virtude das obras; do contrário, a graça já não seria graça.

[7]Então, que dizer? O que Israel busca, não conseguiu; mas os escolhidos o conseguiram. Os outros foram obcecados, [8]conforme está escrito:* "Deus lhes deu um espírito insensível: olhos para não verem, ouvidos para não ouvirem, até o dia de hoje".

[9]Davi diz também:* "Que sua mesa seja para eles uma armadilha[†], uma cilada, uma ocasião de queda e um justo castigo! [10]Que seus olhos se obscureçam para que não vejam; faze-os sempre curvar o dorso!"

A incredulidade de Israel contribui para a salvação dos pagãos. [11]E eu pergunto:* seria para uma queda definitiva que eles fracassaram? De modo algum! Mas por causa do fracasso deles chegou a salvação aos pagãos, para provocar a inveja deles. [12]Ora, se o fracasso deles é uma riqueza para o mundo e se a decadência deles é uma riqueza para os pagãos, o que não será sua plena restauração?

[13]A vós, gentios, eu digo: como apóstolo dos gentios, honro meu ministério, [14]na esperança de provocar* a inveja dos que são de minha raça e de salvar alguns deles. [15]Pois, se a rejeição deles resultou na reconciliação do mundo, o que será sua reintegração senão a passagem da morte para a vida?[†] [16]Ora, se as primícias são santas,* toda a massa o é também; e se a raiz é santa, os ramos também o são.

[17]Mas se alguns ramos foram cortados, ao passo que tu, oliveira selvagem, foste enxertada entre os restantes para te beneficiares com eles da raiz e da seiva da oliveira, [18]não te vanglories à custa dos ramos. Ou, se quiseres gloriar-te, fica sabendo que não és tu que sustentas a raiz, mas é a raiz que te sustenta. [19]Dirás talvez: "Foram cortados ramos para que eu fosse enxertado". [20]Muito bem! Foram cortados por causa da incredulidade deles, ao passo que tu permaneces ali pela fé. Não te orgulhes, mas teme. [21]Pois se Deus não poupou os ramos naturais, tampouco te poupará.

[22]Considera, pois, a bondade* e a severidade de Deus: a severidade para com os que caíram, mas para contigo a bondade, contanto que permaneças nessa bondade; do contrário, tu também serás cortado. [23]Quanto a eles,* se não ficarem em sua incredulidade, serão enxertados: Deus tem poder para de novo enxertá-los. [24]Com efeito, se tu foste cortado da oliveira selvagem à qual pertencias por natureza, e enxertado, contra a natureza, numa oliveira boa, quanto mais eles, os ramos naturais, poderão ser enxertados em sua própria oliveira!

A conversão de Israel. [25]Não quero, irmãos, que ignoreis* esse mistério, para que não vos considereis como sábios: o endurecimento de uma parte de Israel só vai durar até que tenha entrado a totalidade dos gentios; [26]e assim todo o Israel será salvo, como está escrito:*

---

* **11**,1. Sl 94,14; Fl 3,5 | 2. 1Sm 12,22 | 3. 1Rs 19,10; 12-18 | 5. Gl 3,18 | 7. Is 29,10; Dt 29,3 | 9. Sl 69,23 | 11. At 13,46; Dt 32,21 | 14. 1Cor 9,22; 1Tm 4,16 | 16. Nm 15,17-21; Ef 2,11-14 | 22. Jo 15,2-5; Hb 3,14 | 23. 2Cor 3,16 | 25. 12,16; Lc 21,24; Jo 10,16 | 26. Is 59,20s; Jr 31,34

† **11**,5. Do povo de Israel sobra um resto, penhor da salvação futura do povo eleito. | 9. "Mesa" significa aqui a posição privilegiada dos judeus, que foi para eles ocasião de ruína. | 15. A conversão dos judeus será a grande ressurreição do povo, anunciada em Ez 37.

1365 Romanos 11-12

"De Sião virá o Libertador;
ele afastará de Jacó as impiedades.
²⁷E será esta a minha aliança com eles,*
quando eu apagar seus pecados".
²⁸Quanto ao Evangelho, eles são inimigos por vossa causa; mas quanto à eleição, são amados, por causa dos pais deles. ²⁹Pois os dons e o chamado de Deus são irrevogáveis. ³⁰Assim como outrora desobedecestes a Deus e agora obtivestes misericórdia, graças à desobediência deles, ³¹assim também eles agora desobedeceram, a fim de que, graças à misericórdia usada para convosco, eles também obtenham misericórdia. ³²Pois Deus encerrou todos* na desobediência†, a fim de usar misericórdia para com todos.

Hino à misericórdia divina. ³³Ó abismo da riqueza, da sabedoria* e da ciência de Deus! Como são insondáveis suas decisões e incompreensíveis seus caminhos! ³⁴Com efeito, "quem jamais conheceu o pensamento do Senhor? Ou quem foi seu conselheiro?" ³⁵Ou "quem primeiro lhe deu alguma coisa, para ter direito à retribuição?" ³⁶Pois tudo é dele, por ele e para ele. A ele seja dada a glória para sempre! Amém.

IV. NORMAS DE VIDA CRISTÃ (12–15)

12 **Fazer em tudo a vontade de Deus.** ¹Irmãos, pela misericórdia de Deus,* eu vos exorto a oferecer vossos corpos como sacrifício vivo, santo e agradável a Deus, pois este é vosso culto espiritual. ²Não tomeis por modelo este mundo†, mas transformai-vos, renovando vossa mente, para que possais discernir qual é a vontade de Deus: o que é bom, o que lhe agrada e é perfeito.

O fiel cumprimento da missão. ³Em virtude da graça que me foi dada,* eu digo a todos e a cada um: não tenhais de vós mesmos um conceito mais elevado do que convém, mas um conceito modesto, cada um segundo o grau de fé que Deus lhe concedeu. ⁴Pois, assim como num só corpo temos muitos membros e esses membros não têm todos a mesma função, ⁵assim também nós,* embora sejamos muitos, somos um só corpo em Cristo e todos somos membros uns dos outros, cada um por sua parte. ⁶Mas possuímos dons diferentes segundo a graça que nos foi dada: quem tem o dom da profecia, exerça-o em harmonia com a fé; ⁷quem tem o dom do serviço,* exerça-o servindo; quem tem o dom do ensino, ensinando; ⁸quem tem o dom da exortação, exortando. Quem reparte os bens, faça-o com simplicidade; quem preside, com diligência; quem exerce a misericórdia, com alegria.

O amor para com todos. ⁹Que vosso amor seja sem fingimento, detestando o mal* e aderindo ao bem. ¹⁰Amai-vos uns aos outros com amor fraterno e, quanto ao respeito, cada qual considere os outros como mais merecedores. ¹¹Sede esforçados, sem preguiça, fervorosos de espírito, a serviço do Senhor. ¹²Sede alegres na esperança, pacientes na tribulação e perseverantes na oração; ¹³solidários diante das necessidades dos irmãos,* acolhedores na hospitalidade. ¹⁴Abençoai os que vos perseguem; abençoai e não amaldiçoeis. ¹⁵Alegrai-vos com os que se alegram,* chorai com os que choram. ¹⁶Tende os mesmos sentimentos para com todos, sem procurar grandezas, mas assumindo as tarefas humildes; não vos considereis como sábios. ¹⁷Não pagueis a ninguém o mal com o mal;

---

* **11**,27. Is 27,9 **|** 32. Gl 3,22; 1Tm 2,4 **|** 33. Is 45,15; 55,8s; 40,13; Jr 23,18; Jó 15,8; 1Cor 2,16; 8,6 **| 12**,1. 6,11-14; Ef 4,23; 5,10.17; 1Pd 2,5; Jo 4,24 **|** 3. 1Cor 12,11; Ef 4,7 **|** 5. 1Cor 12,27; Ef 1,23; 4,4.25 **|** 7. 1Pd 4,10s **|** 9. 2Pd 1,7; Fl 2,3 **|** 13. Hb 13,2; Mt 5,44; 1Cor 4,12 **|** 15. 15,15; Sl 35,13; Pr 3,7; 1s 5,21

† **11**,32. Como em Gl 3,22, Paulo quer dizer que Deus fez a humanidade experimentar sua incapacidade de livrar-se do pecado, para manifestar a todos sua bondade e sua misericórdia. **| 12**,2. "Não se pense em ajudar o mundo assumindo seu pensamento, seus costumes e gostos, mas estudando-o, amando-o e servindo-o" (Paulo VI).

Romanos 12-14

procurai fazer o bem diante de todos; [18]vivei em paz com todos, se possível, enquanto depende de vós. [19]Não façais justiça com as próprias mãos,* caríssimos, mas deixai agir a ira de Deus, pois está escrito: "Sou eu que farei justiça, eu é que retribuirei", diz o Senhor. [20]Ao contrário, "se teu inimigo tem fome, dá-lhe de comer; se tem sede, dá-lhe de beber; fazendo isso, ajuntarás brasas sobre sua cabeça"†. [21]Não te deixes vencer pelo mal, mas vence o mal com o bem.

13 Respeito às autoridades.
[1]Que cada um se submeta* às autoridades constituídas. Pois não há autoridade que não venha de Deus, e as que existem são instituídas por Deus†. [2]Assim, quem resiste à autoridade revolta-se contra a ordem estabelecida por Deus. E os rebeldes atrairão sobre si a condenação. [3]Com efeito, não se deve temer* os governantes quando se faz o bem, mas sim quando se faz o mal. Queres viver sem medo da autoridade? Faze o bem e dela receberás elogios; [4]pois ela é um instrumento de Deus para te conduzir ao bem. Mas se fazes o mal, então deves ter medo; pois não é à toa que ela tem a espada: ela está a serviço de Deus, para exercer sua ira contra quem faz o mal. [5]Por isso, é preciso submeter-se, não só por medo do castigo, mas também por motivo de consciência. [6]Para isso mesmo vós pagais os impostos: pois os que os recebem são funcionários de Deus. [7]Dai a cada um o que lhe é devido:* o tributo a quem se deve tributo; a taxa a quem se deve taxa; o temor a quem se deve temor; a honra a quem se deve honra.

O amor é o pleno cumprimento da lei. [8]Não tenhais dívidas para com ninguém, a não ser a do amor mútuo. Pois quem ama o próximo cumpriu a Lei. [9]De fato, os mandamentos: não cometer adultério,* não matar, não furtar, não cobiçar e qualquer outro resumem-se nesta palavra: "Amarás o próximo como a ti mesmo". [10]O amor não pratica o mal contra o próximo. Portanto, o amor é o pleno cumprimento da Lei†.

Somos filhos da luz. [11]Isto deveis fazer, sabendo* em que tempo estamos, porque já é hora de despertardes do sono, porque agora a salvação está mais perto de nós do que quando abraçamos a fé. [12]A noite já vai adiantada e o dia vem chegando:* por isso, abandonemos as obras das trevas e tomemos as armas da luz. [13]Vivamos honestamente como em pleno dia: nada de orgias,* nem de bebedeiras, nada de impureza, nem de imoralidade, nada de brigas, nem de inveja. [14]Ao contrário, revesti-vos do Senhor Jesus Cristo e não vos deixeis levar pelas preocupações da carne para satisfazer seus caprichos.

14 Tolerar as mentalidades diferentes†.
[1]Acolhei quem é fraco na fé, sem criticar seus escrúpulos. [2]Um acha que pode comer de tudo, ao passo que outro, sendo fraco, só come verduras. [3]Quem come de tudo não despreze quem não come, e quem não come não julgue aquele que come; pois Deus o acolhe igualmente. [4]Quem és tu* para julgares um servo que não é teu? Se ele fica de pé ou cai, isto interessa a seu patrão; aliás, ele ficará de pé, pois o Senhor tem poder para

---

* **12**,19. Mc 9,50; Hb 12,14; Lv 19,18; Mt 5,39; Dt 32,35; Pr 25,21s; Mt 5,44 | **13**,1. 1Pd 2,13-17; Tt 3,1 | 3. 1Pd 3,13 | 7. Mt 22,21; Mc 12,17; Lc 20,25 | 9. Êx 20,13-17; Dt 5,17-21; Lv 19,18; Mt 22,40 | 11. Ef 5,14; 1Ts 5,6s | 12. 1Jo 2,8; Ef 5,11 | 13. Lv 21,34; Ef 5,18 | **14**,4. Mt 7,10; Tg 4,1ss

---

† **12**,20. O amor e o perdão dos cristãos devem provocar em seus inimigos um remorso que os desperte para o arrependimento. Ver a nota em Pr 25,22. | **13**,1. A autoridade legitimamente constituída vem de Deus para servir ao bem comum. Obedecer à autoridade é obedecer a Deus, porque as relações do homem com Deus não se limitam à esfera religiosa. | 10. Santa Teresinha mostra que entendeu bem esta palavra quando escreve: "No coração da Igreja, minha mãe, eu serei o amor". | **14**. As práticas judaicas não são obrigatórias para os convertidos à fé cristã, mas, por outro lado, é preciso respeitar e compreender as atitudes dos "fracos", isto é, daqueles que talvez por escrúpulo ou por questão de formação ainda continuam observando certas determinações da lei, que outros consideram ultrapassadas.

Romanos 14-15

sustentá-lo. [5]Há quem prefere um dia a um outro; e há quem os considera todos iguais: cada qual procure fundamentar sua ideia. [6]Quem distingue os dias é para o Senhor que os distingue; e aquele que come é para o Senhor que come, e dá graças a Deus. E quem não come é para o Senhor que se abstém, e dá graças a Deus.

[7]De fato, nenhum de nós vive para si mesmo e nenhum de nós morre para si mesmo[+]. [8]Pois, se vivemos, é para o Senhor que vivemos;* se morremos, é para o Senhor que morremos. Quer vivamos, quer morramos, pertencemos ao Senhor. [9]Foi por isso que Cristo morreu e retornou à vida: para ser o Senhor dos mortos e dos vivos. [10]Então, por que julgas teu irmão? E tu, por que desprezas teu irmão? Pois todos nós vamos comparecer diante do tribunal de Deus. [11]Porque está escrito: "Por minha vida, diz o Senhor, diante de mim se dobrará todo joelho e toda língua dará glória a Deus".

[12]Assim, cada um de nós prestará contas a Deus de si próprio.

A primazia do amor sobre a liberdade. [13]Então, acabemos com os julgamentos de uns sobre outros; cuidai, antes, de não serdes para algum irmão causa de queda ou de escândalo. [14]Eu sei – e disso estou certo* no Senhor Jesus – que nada é impuro em si mesmo, mas só é impuro para aquele que o considera impuro. [15]Com efeito, se por causa de teu alimento teu irmão fica chocado, já não te comportas conforme a caridade. Não causes com teu alimento a ruína daquele por quem Cristo morreu! [16]Portanto, não seja ocasião de maledicência o bem de que gozais. [17]Pois o reino de Deus* não é questão de comida ou de bebida: é justiça, paz e alegria no Espírito Santo. [18]Quem serve a Cristo desta forma agrada a Deus e goza da estima das pessoas. [19]Procuremos, pois, o que favorece a paz e a edificação mútua.

[20]Não destruas a obra de Deus por uma questão de comida. Tudo é puro, certamente, mas torna-se um mal para quem come dando escândalo. [21]É bom abster-se de carne* e de vinho e de tudo que faz teu irmão tropeçar, cair ou vacilar. [22]Guarda para ti, diante de Deus, essa tua fé esclarecida. Feliz quem não se condena por aquilo que aprova. [23]Mas aquele que come,* estando em dúvida, é condenado, porque não age pela fé; ora, tudo que não procede da fé é pecado.

15 Seguir o exemplo de Cristo.

[1]Nós, que somos fortes,* devemos suportar as fraquezas dos fracos e não procurar agradar a nós mesmos. [2]Que cada um de nós procure agradar ao próximo para o bem, para edificá-lo. [3]Pois Cristo não buscou o que lhe agradava; mas como está escrito: "Sobre mim caíram os insultos daqueles que te insultavam". [4]Ora, tudo o que outrora foi escrito é para nossa instrução que foi escrito, a fim de que tenhamos esperança por meio da constância e da coragem que as Escrituras nos dão. [5]Que Deus, fonte de toda constância e consolação, vos conceda ter uns para com os outros os mesmos sentimentos a exemplo de Cristo Jesus, [6]para que, unidos de coração e a uma só voz, glorifiqueis a Deus, Pai de nosso Senhor Jesus Cristo.

[7]Portanto, acolhei-vos uns aos outros como Cristo vos acolheu para a glória de Deus. [8]Pois eu vos digo: Cristo se fez servo dos circuncisos para demonstrar a fidelidade de Deus, cumprindo as promessas feitas aos patriarcas; [9]e os pagãos glorificam a Deus* por sua misericórdia, como está escrito: "Por isso vos louvarei, Senhor, no meio das nações e cantarei hinos a vosso nome".

---

* **14**,8. Lc 20,38; Gl 2,20; 1Ts 5,10; Mt 25,31s; At 17,31; 2Cor 5,10; 8,20; Is 49,18; 45,23 | 14. At 10,15; Tt 1,15; 2Cor 8,11ss | 17. Tt 2,5 | 21. 1Cor 8,13 | 23. 1,17; Tb 1,15 | **15**,1. 14,1; 1Cor 9,9.19; 10,24.33; Sl 69,10 | 9. Sl 18,50

+ **14**,7. "O menor de nossos atos praticados no amor irradia em benefício de todos, nesta solidariedade com todos os homens, vivos ou mortos, que se funda na comunhão dos santos. Todo pecado prejudica esta comunhão" (CIC).

Romanos 15-16

¹⁰E a Escritura diz também:* "Nações, exultai com seu povo!"

¹¹E diz ainda: "Nações todas, louvai o Senhor, e que todos os povos o exaltem!"*

¹²E Isaías diz por sua vez: "Vai surgir o rebento de Jessé,* aquele que se levantará para comandar as nações; nele as nações colocarão sua esperança".

¹³Que o Deus da esperança vos encha de toda alegria e paz na fé, a fim de que sejais ricos de esperança pela virtude do Espírito Santo.

Projetos do apóstolo. ¹⁴Estou convencido, meus irmãos, de que também vós estais cheios de bondade e possuís em plenitude o dom da ciência, sendo capazes de corrigir-vos uns aos outros. ¹⁵No entanto, eu vos escrevi com bastante audácia em certos pontos, como para recordar-vos o que já sabeis, em virtude da graça que Deus me concedeu ¹⁶de ser um ministro do Cristo Jesus* entre os pagãos, exercendo o ofício sagrado do Evangelho de Deus, a fim de que os pagãos se tornem uma oferta agradável, santificada no Espírito Santo. ¹⁷Portanto, posso gloriar-me no Cristo Jesus* pelas coisas de Deus. ¹⁸Pois eu não ousaria falar daquilo que o Cristo não tivesse feito por meu intermédio para obter a obediência dos pagãos, em palavras e obras, ¹⁹pelo poder dos sinais e dos prodígios, pela virtude do Espírito de Deus: assim, desde Jerusalém e suas vizinhanças até a Ilíria, levei a termo a pregação do Evangelho de Cristo. ²⁰Mas fiz questão de limitar esta pregação* às regiões onde ainda não se invocava o nome de Cristo, para não construir sobre alicerces colocados por outrem; ²¹mas segui o que está escrito: "Hão de vê-lo aqueles a quem ele não tinha sido anunciado, e aqueles que não tinham ouvido falar dele compreenderão".*

Desejo de passar por Roma. ²²Foi isso que muitas vezes me impedia de chegar até vós. ²³Mas agora, como não tenho mais com que me ocupar por aqui, e já que desde muitos anos desejo ardentemente visitar-vos, ²⁴irei até vós quando for à Espanha†. Pois espero ver-vos durante a viagem e ser por vós encaminhado em direção a esse país, depois de ter saboreado um pouco a alegria de vossa presença.

²⁵Mas agora vou a Jerusalém* a serviço daquela comunidade†, ²⁶pois a Macedônia e a Acaia resolveram atender às necessidades dos pobres que há na comunidade de Jerusalém. ²⁷Assim o resolveram e aliás o devem a eles: pois se os pagãos participaram dos bens espirituais dos judeus, devem por sua vez assisti-los com seus bens materiais. ²⁸Quando então eu tiver terminado essa tarefa e lhes tiver entregue oficialmente essa coleta, partirei para a Espanha passando por aí. ²⁹E sei que, indo visitar-vos, eu vos levarei todas as bênçãos do Cristo.

³⁰Peço-vos, irmãos, por nosso Senhor Jesus Cristo* e pela caridade do Espírito, que me ajudeis em minha luta por meio das orações que fazeis a Deus por mim, ³¹para que eu escape dos infiéis da Judeia e para que o auxílio que estou levando para Jerusalém seja aceito por aquela comunidade; ³²assim, poderei ir ver-vos com alegria e, se Deus quiser, encontrar no meio de vós algum repouso. ³³Que o Deus da paz esteja com todos vós! Amém.

V. EPÍLOGO
(16)

16 **Recomendações e saudações.** ¹Recomendo-vos nossa irmã Febe, diaconisa da Igreja de Cencreia: ²oferecei-lhe no Senhor uma acolhida digna de um membro da co-

---

* **15**,10. Dt 32,43 | 11. Sl 117,1 | 12. Is 11,1.10; Ap 5,5; 22,16 | 16. 11,13; 2Cor 3,3; Fl 2,17 | 17. 2Cor 3,5; 13,3 | 20. 1Cor 3,10; 2Cor 10,15s | 21. Is 52,15 | 25. At 19,21; 20,22; 1Cor 16,1; 2Cor 8,1ss; 9,2.12 | **15**,30. 2Cor 1,11; Fl 1,27; Cl 4,3; 2Ts 3,1

† **15**,24. Levando o Evangelho até a Espanha, Paulo chegaria às extremidades do mundo conhecido. Não é certo, mas é possível que tenha realizado esse sonho. | 25. Lit. "dos santos", ver a nota em At 9,13.

munidade e assisti-a em tudo de que precisar; pois ela tem ajudado a muita gente, inclusive a mim mesmo.

³Saudações a Prisca e a Áquila†, meus colaboradores em Cristo Jesus; ⁴para me salvar a vida,* arriscaram a sua; não somente eu lhes devo gratidão, mas todas as igrejas dos gentios. ⁵Saudações também à comunidade que se reúne na casa deles.* Saudações a meu caro Epêneto, as primícias que a Ásia ofereceu a Cristo.

⁶Saudações a Maria, que muito trabalhou por vós. ⁷Saudações a Andrônico e a Júnia, meus parentes e companheiros de prisão: são muito estimados entre os apóstolos e se converteram ao Cristo antes de mim. ⁸Saudações a Amplíato, a quem muito amo no Senhor.

⁹Saudações a Urbano, nosso colaborador em Cristo, e a meu caro Estáquis. ¹⁰Saudações a Apeles, provado em Cristo. Saudações às pessoas da casa de Aristóbulo. ¹¹Saudações a Herodião, meu parente; saudações às pessoas da casa de Narciso, que estão no Senhor.

¹²Saudações a Trifena e a Trifosa, que se afadigam no Senhor; saudações a minha querida Pérside, que muito trabalhou* no Senhor. ¹³Saudações a Rufo, o eleito do Senhor, e a sua mãe que é também minha. ¹⁴Saudações a Asíncrito, a Flegonte, a Hermes, a Pátrobas, a Hermas e aos irmãos que moram com eles. ¹⁵Saudações a Filólogo e a Júlia, a Nereu e a sua irmã, a Olimpas e a todos os membros da comunidade que moram com eles. ¹⁶Saudai-vos uns aos outros com o beijo santo*. Todas as igrejas de Cristo vos enviam saudações.

¹⁷Eu vos peço, irmãos, tomai cuidado com os que provocam divisões e escândalos contra o ensinamento que recebestes; afastai-vos deles. ¹⁸Pois esses tais não servem a Cristo, nosso Senhor, mas a seu ventre; com palavras suaves e com adulações seduzem os corações dos incautos.

¹⁹Com efeito, a fama de vossa obediência* espalhou-se por toda a parte e vós constituís minha alegria; mas quero que sejais prudentes para o bem e simples quanto ao mal. ²⁰O Deus da paz sem demora esmagará Satanás debaixo de vossos pés. Que a graça de nosso Senhor Jesus Cristo esteja convosco!

²¹Timóteo, meu colaborador, vos saúda,* como também Lúcio, Jasão e Sosípatro, meus parentes. ²²Eu, Tércio, que escrevi esta carta, vos saúdo no Senhor. ²³Saúda-vos Gaio, que hospeda a mim e toda a Igreja. Erasto, o tesoureiro da cidade, vos saúda, e também o irmão Quarto†.

Hino de louvor a Deus. ²⁵Glória seja Àquele que é poderoso* para vos confirmar, segundo o Evangelho que eu anuncio, pregando Jesus Cristo, conforme a revelação do mistério por tantos séculos mantido em silêncio, ²⁶mas agora manifestado e por meio dos escritos dos profetas, por ordem do Deus eterno anunciado a todas as nações, para levá-las à obediência da fé. ²⁷A Deus, o único sábio, seja dada glória por meio de Jesus Cristo, pelos séculos dos séculos! Amém.*

---

* **16**,4. At 15,26 | 5. 1Cor 16,15.19 | 12. Mc 15,21 | 16. 1Cor 16,20; 1Pd 5,14; Mt 7,15; Tt 3,10; Fl 3,19; Cl 2,4; 2Pd 2,3 | 19. 1,8; 15,23; 1Cor 14,20; Mt 10,16; Gn 3,15 | 21. At 16,1; 19,22.29; 20,4; Fl 2,19; 1Cor 1,14; 2Tm 4,20 | 25. 1,5; Ef 1,9; 3,5; Cl 1,26 | 27. 1Tm 1,17; Jd 25

† **16**,3. É o mesmo casal que hospedou Paulo em Corinto, At 18,2s. A lista de pessoas às quais Paulo envia saudações contém nomes judeus, gregos e romanos. A Igreja de Roma inclui pessoas de todas as procedências e de diversos níveis sociais. Percebe-se o papel importante dos leigos na vida da Igreja. Também as mulheres, que eram discriminadas na vida social da época, assumiam sua parte na pastoral da comunidade. | 23. Alguns manuscritos acrescentam: ²⁴"A graça de nosso Senhor Jesus Cristo esteja com todos vós! Amém".

PRIMEIRA CARTA AOS CORÍNTIOS

Os inícios da Igreja cristã em Corinto estão narrados em At 18,1-18. Em sua segunda viagem missionária, Paulo fundou a comunidade, ficando lá um ano e meio, entre os anos 50 e 51, hospedado na casa de Áquila e Priscila, que eram judeus expulsos de Roma pelo imperador Cláudio. O Apóstolo acabava de sofrer uma amarga decepção em Atenas, onde, com seu discurso pronunciado no Areópago, não conseguira convencer senão uns poucos da verdade da fé cristã. Conforme seu costume de pregar sempre nas grandes cidades, fazendo delas o centro de irradiação da mensagem, ele chega a Corinto, capital da Grécia central e meridional, metrópole de 500 mil habitantes, dos quais 2/3 eram escravos.

Numa situação geográfica extraordinária, servida por dois portos, um no mar Egeu, outro no mar Jônio, Corinto era um grande centro comercial e cultural, mas também uma cidade onde a corrupção e a imoralidade não tinham limites.

Na Páscoa do ano 54, estando em Éfeso, em sua terceira viagem missionária, Paulo escreve a primeira carta aos Coríntios, que, propriamente, não foi a primeira, como se pode deduzir de 1Cor 5, 9, que fala de uma carta anterior, provavelmente perdida.

O assunto da carta é duplo: a) Nos cap. 1–6, Paulo comenta as notícias da comunidade, que lhe chegaram por pessoas da família de Cloé (1Cor 1,11); dá sua apreciação sobre fatos ocorridos recentemente, como a divisão da comunidade em partidos (1,10–4,21), o caso do incestuoso (5,1-13), o recurso aos tribunais pagãos para resolver disputas entre cristãos (6,1-11) e a tolerância em relação à imoralidade (6,12-20). b) Nos cap. 7–15, Paulo responde às perguntas que lhe foram feitas pela comunidade sobre o matrimônio (7,1-40), o uso de carnes imoladas aos ídolos (8,1–11,1), a ordem nas assembleias litúrgicas (11,2-34), a hierarquia dos carismas (12,1–14,39) e a ressurreição dos mortos (15,1-58).

É interessante para nós a leitura desta carta, não só porque nos mostra como a fé cristã se posicionou diante da cultura helenística, num ambiente pagão, onde a filosofia e o prazer eram valores supremos, mas também porque as soluções que Paulo oferece para os problemas da época têm valor perene, por serem inspiradas na pessoa de Jesus Cristo Ressuscitado, em sua doutrina e em sua obra redentora.

I. PRÓLOGO
(1,1-9)

1 **Saudação e ação de graças.** [1]Paulo, chamado pela vontade de Deus* para ser apóstolo do Cristo Jesus, e o irmão Sóstenes, [2]à Igreja de Deus que está em Corinto, aos que foram santificados no Cristo Jesus, chamados para serem santos junto com todos os que em todo lugar invocam o nome de nosso Senhor Jesus Cristo, Senhor nosso e deles. [3]Graça a vós e paz da parte de Deus nosso Pai e do Senhor Jesus Cristo. [4]Agradeço continuamente a meu Deus por vossa causa, pela graça divina que vos foi dada em Cristo Jesus, [5]porque nele fostes enriquecidos* de todos os dons, os da palavra e os da ciência. [6]De fato, o testemunho de Cristo foi confirmado em vós [7]a tal ponto que nenhum dom vos falta, enquanto esperais a manifestação* de nosso Senhor Jesus Cristo. [8]É ele que vos confirmará até o fim, de modo que estejais livres de culpa no dia de nosso Senhor Jesus Cristo†. [9]Fiel é Deus, por quem fostes chamados à comunhão de seu Filho, Jesus Cristo, Senhor nosso.

II. DIVISÕES E ESCÂNDALOS NA COMUNIDADE
(1,10–6,20)

As divisões na Comunidade. [10]Em nome de nosso Senhor Jesus Cristo,* eu vos exorto a serdes todos unâni-

---

* **1**,1. 6,11; Rm 1,7 | 5. 2Cor 8,7.9 | 7. At 18,5; 2Ts 1,7; Tt 2,13; 1Ts 3,13; 5,23s; 1Jo 1,3 | 10. Fl 2,2; 3,16

† **1**,8. O dia do retorno glorioso de Cristo, para julgar o mundo.

1 Coríntios 1-2

mes no falar, para que não haja divisões entre vós, mas que vivais unidos no mesmo espírito e no mesmo pensamento. [11]Pois fui informado a vosso respeito, meus irmãos, por pessoas da família de Cloé, que está havendo discórdias entre vós. [12]Refiro-me ao fato* de que cada um de vós diz: "Eu sou de Paulo!" – "Eu sou de Apolo!" – "Eu sou de Cefas!"† – "Eu sou de Cristo!" [13]Então, Cristo está dividido? É Paulo que foi crucificado por vós? Ou fostes batizados* em nome de Paulo? [14]Graças a Deus, não batizei nenhum de vós, a não ser Crispo e Gaio, [15]e assim ninguém pode dizer que fostes batizados em meu nome.* [16]Batizei também, é verdade, a família de Estéfanas, mas dos outros não sei se batizei mais alguém. [17]Pois o Cristo não me enviou para batizar, mas para evangelizar,* porém, sem usar de palavras eruditas, para que não se torne inútil a cruz de Cristo.

A sabedoria humana e a loucura da cruz. [18]Com efeito, a linguagem da cruz* é loucura para os que se perdem, mas para os que se salvam, isto é, para nós, é poder de Deus. [19]Pois está escrito: "Destruirei a sabedoria dos sábios, aniquilarei a inteligência dos inteligentes. [20]Onde está o sábio?* Onde está o homem culto?" Onde está o pesquisador deste mundo? Porventura Deus não transformou em loucura a sabedoria deste mundo? [21]Com efeito, já que nos sábios desígnios de Deus o mundo não conheceu a Deus por meio da sabedoria, é pela loucura da pregação que aprouve a Deus salvar os que creem.

[22]Enquanto os judeus pedem milagres* e os gregos buscam sabedoria, [23]nós anunciamos Cristo crucificado,† que é escândalo para os judeus e loucura para os pagãos; [24]mas àqueles que são chamados, tanto judeus como gregos, pregamos Cristo, poder de Deus e sabedoria de Deus. [25]Pois aquilo que é loucura de Deus* é mais sábio que os homens, e o que é fraqueza de Deus é mais forte que os homens.

[26]Irmãos, vede quem foi chamado* entre vós. Não há entre vós muitos sábios, do ponto de vista do mundo, nem muitos poderosos, nem muita gente ilustre†. [27]Mas Deus escolheu o que no mundo é loucura para confundir os sábios; Deus escolheu o que no mundo é fraco para confundir os fortes; [28]Deus escolheu gente sem importância* e desprezada pelo mundo, e o que não é nada, para reduzir a nada aquilo que é: [29]para que ninguém possa vangloriar-se* diante de Deus. [30]É por obra dele que vós estais no Cristo Jesus, o qual por ação de Deus veio a ser para nós sabedoria, justiça, santificação e redenção, [31]para que, como está escrito, "quem se gloria, glorie-se no Senhor".

2 **Pregação de Paulo em Corinto.** [1]Também eu, irmãos, quando fui até vós para anunciar-vos o mistério de Deus, não usei palavras elevadas e sábias. [2]Pois entre vós, não tive a pretensão de conhecer coisa alguma, a não ser Jesus Cristo e Jesus Cristo crucificado. [3]Apresentei-me entre vós fraco* e com muito temor e inquietação. [4]Minha palavra e minha pregação nada tinham dos discursos convincentes da sabedoria; eram uma demonstração do Espírito e de sua força, [5]para que vossa fé* não se baseasse na sabedoria humana, mas no poder de Deus†.

---

* **1**,12. 3,4; At 18,24; Jo 1,42 | 13. At 18,8; Rm 16,23 | 15. 16,15.17 | 17. 2,4; Mt 28,19 | 18. 2Cor 4,3; Rm 1,16; Is 19,12; 29,14 | 20. Jó 12,17; Is 33,18; Mt 11,25s | 22. Mt 12,38; Jo 4,48; At 17,18.32; Rm 9,32 | 25. 2,14; 2Cor 13,4 | 26. Mt 11,25; Tg 2,1-5 | 28. Rm 3,27; Ef 2,9 | 29. Jr 9,23; 23,5s; 2Cor 5,21; Jo 17,19 **2**,3. At 18,9; 2Cor 10,1 | 5. Ef 1,17s; 1Ts 1,5; Fl 3,13

† **1**,12. Apolo é uma das grandes figuras do cristianismo primitivo, At 18,24–19,1, e Paulo destaca várias vezes a lealdade dele, 1Cor 3,4s.22; 16,12. Há quem pense ter sido ele o autor da Carta aos Hebreus. Cefas, ou Pedro, "rocha", é o nome hebraico que Jesus deu a Simão, Jo 1,42; 1Cor 9,5; Gl 2,9.14. | 23. "O crucifixo: eis o livro!" (S. Francisco de Assis). | 26. A comunidade cristã é formada sobretudo de gente simples. Assim Deus mostrava que seu dom é gratuito e que não há lugar para a soberba. **2**,5. A fé dos coríntios não se baseia no prestígio do pregador, mas na força do Espírito, que age nos corações e na comunidade.

1 Coríntios 2-3

A sabedoria de Deus. [6]Contudo, é realmente de sabedoria que falamos entre os perfeitos†, mas não da sabedoria deste mundo, nem dos dominadores deste mundo, destinados à perdição. [7]Falamos, ao contrário,* duma sabedoria de Deus, misteriosa, que permanece oculta†, que desde antes dos séculos Deus predestinou para nossa glória [8]e que nenhum dos príncipes deste mundo conheceu – se a tivessem conhecido, nunca teriam crucificado o Senhor da glória. [9]Mas, como está escrito:*

"O que o olho não viu,
　nem o ouvido ouviu,
　nem jamais subiu ao coração do homem,
　é o que Deus preparou para aqueles que o amam".

[10]Mas foi a nós que Deus o revelou* pelo Espírito; com efeito, o Espírito penetra tudo, até as profundezas divinas. [11]Quem, pois, dentre os homens sabe os segredos do homem, senão o espírito do homem que está nele? Assim também, ninguém conhece os segredos de Deus, a não ser o Espírito de Deus. [12]Ora, nós não recebemos* o espírito do mundo, mas o Espírito que vem de Deus, a fim de conhecer os dons que Deus nos fez. [13]E disso falamos, não numa linguagem ensinada pela sabedoria humana, mas numa linguagem que o Espírito ensinou, exprimindo em termos espirituais realidades espirituais. [14]O homem natural* não compreende as coisas do Espírito de Deus: são loucura para ele e ele não as pode entender, pois é só pelo Espírito que podem ser julgadas. [15]O homem espiritual†, ao contrário, julga tudo e não está sujeito ao julgamento de ninguém. [16]"Pois, quem conheceu o pensamento do Senhor* para o ensinar?" Ora, nós temos o pensamento de Cristo.

3

A função dos pregadores do Evangelho. [1]Irmãos, eu não pude falar-vos* como a homens espirituais, mas como a seres carnais, como a crianças em Cristo. [2]Foi leite que vos dei a beber,* não um alimento sólido, porque não éreis capazes. Mas agora tampouco o sois, [3]porque ainda sois carnais. Pelo fato de existirem entre vós invejas e discórdias, não sois talvez carnais* e vossa conduta não é totalmente humana?. [4]Quando um diz: "Eu sou de Paulo" e um outro:* "Eu sou de Apolo", não vos mostrais como simples homens? [5]Pois, que é Paulo? E que é Apolo? São ministros através dos quais abraçastes a fé,* e cada um conforme o Senhor lhe concedeu. [6]Eu plantei, Apolo regou; mas foi Deus que fez crescer. [7]Ora, aquele que planta não é nada, nem quem rega, mas sim Aquele que faz crescer, que é Deus. [8]Quem planta e quem rega são uma só coisa, mas cada um receberá seu salário na medida de seu próprio trabalho. [9]Pois somos os cooperadores* de Deus, e vós sois o campo de Deus, o edifício de Deus.

Cristo, único fundamento. [10]Segundo a graça que me foi dada, como um sábio arquiteto, eu pus o fundamento. Um outro depois constrói por cima. Mas cada um veja bem como é que está construindo. [11]Com efeito, ninguém pode pôr outro fundamento,* senão aquele que lá está, a saber, Jesus Cristo. [12]Se sobre este fundamento se constrói com ouro, prata, pedras preciosas, madeira, ferro, palha, [13]a obra de cada um* se tornará manifesta; o Dia† a dará a conhecer, pois ele deve revelar-se no

---

* **2**,7. Rm 16,25; Cl 1,27; Lc 23,34 | 9. Is 64,3; Jr 3,16 | 10. Pr 20,27 | 12. Jo 16,13s | 14. 2,6; 14,17; Jo 8,45; 1Jo 2,20 | 16. Sb 9,13; Rm 11,34; Is 40,13 | **3**,1. Jo 16,12 | 2. 1Pd 2,2; Hb 5,12s | 3. 1,10s; 11,18 | 4. At 18,24.27 | 5. 15,10; Mt 13,3-9 | 9. Ef 2,20 | 11. 1Pd 2,4ss | 13. 4,5; 2Ts 1,8

† **2**,6. "Perfeitos" são os que vivem a fé de uma maneira adulta. "Dominadores" designa segundo alguns os demônios, segundo outros os governantes humanos. | 7. Trata-se do plano divino de salvação, Ef 1,9. | 15. Homem natural é a pessoa conduzida unicamente pelas luzes da razão humana. Homem espiritual é o cristão que se deixa conduzir pelo Espírito e progride na fé, compreendendo cada vez melhor o sentido da vida e do mundo. Possui uma maturidade espiritual que o faz superior a todo julgamento das pessoas comuns. | **3**,13. Ver a nota em 1,8.

1373

1 Coríntios 3-4

fogo, e é este fogo que provará a qualidade da obra de cada um. [14]Se a obra construída sobre o fundamento resistir, seu autor receberá uma recompensa; [15]se sua obra se queimar, ele sofrerá o dano, mas ele próprio será salvo, como que através do fogo†.

Só Deus é juiz. [16]Não sabeis que sois templo* de Deus e que o Espírito de Deus habita em vós? [17]Se alguém destruir o templo de Deus, Deus o destruirá. Pois o templo de Deus é sagrado, e este templo sois vós. [18]Ninguém se iluda! Se algum de vós se julga sábio conforme este mundo, torne-se louco para ser sábio; [19]pois a sabedoria deste mundo* é loucura diante de Deus. Com efeito, está escrito: "Aquele que apanha os sábios na astúcia deles"; [20]e ainda: "O Senhor conhece os pensamentos dos sábios; sabe que são vãos".

[21]Por conseguinte, ninguém procure nos homens sua glória; pois tudo vos pertence: [22]Paulo, Apolo, Cefas, o mundo, a vida, a morte,* o presente, o futuro: tudo é vosso; [23]mas vós sois de Cristo, e Cristo é de Deus!

4 **Não julgar antes da hora.** [1]Que cada qual nos considere,* pois, como ministros de Cristo e administradores dos mistérios de Deus. [2]Ora, o que se exige dos administradores é que sejam fiéis. [3]Quanto a mim,* porém, pouco me importa ser julgado por vós ou por um tribunal humano. Aliás, eu nem sequer julgo a mim mesmo. [4]Verdade é que minha consciência não me acusa de nada, mas nem por isso me considero justificado; quem me julga é o Senhor. [5]Portanto, vós também, não julgueis nada* antes da hora, até que venha o Senhor; é Ele que revelará os segredos das trevas e manifestará as intenções dos corações. E então cada um receberá de Deus o louvor que merecer.

Loucos por causa de Cristo. [6]Essas coisas, irmãos, eu as apliquei* como exemplo a mim e a Apolo por vossa causa, para que, em nossas pessoas, aprendais o ditado: "Nada além do que está escrito"†, para que não vos orgulheis tomando o partido de um contra o outro. [7]Com efeito, o que é que te distingue? Que tens que não tenhas recebido? E, se o recebeste, por que te glorias como se não o tivesses recebido? [8]Já estais saciados! Já vos tornastes ricos! Sem nós vos tornastes reis! Oxalá sejais reis de verdade, para partilharmos também de vossa realeza! [9]Pois penso que Deus* nos apresentou a nós, apóstolos, na classe mais baixa, como condenados à morte; porque fomos dados em espetáculo ao mundo, aos anjos e aos homens. [10]Nós somos loucos por causa de Cristo,* e vós sois prudentes em Cristo; nós somos fracos, e vós sois fortes; vós sois honrados e nós, desprezados. [11]Até agora sofremos fome, sede, nudez; somos maltratados e andamos errantes; [12]estamos cansados de trabalhar* com nossas mãos. Somos insultados, e abençoamos; somos perseguidos, e enfrentamos; [13]somos caluniados, e confortamos. Tornamo-nos como o lixo do mundo, o desdém de todos até agora.

A autoridade de um pai. [14]Não é para vos envergonhar* que escrevo isso, mas para vos corrigir como a meus filhos muito amados. [15]Com efeito, ainda que tivésseis milhares de educadores† no Cristo, não tendes muitos pais; pois fui eu quem, pelo Evangelho, vos gerou no Cristo Jesus. [16]Eu vos exorto, pois: tornai-vos meus imitadores.* [17]Foi para isso mesmo que vos enviei Timóteo,* meu filho amado e fiel no Senhor; ele vos recordará minhas normas de conduta no Cristo, tais como as ensino por toda a parte em cada Igreja. [18]Pen-

---

* **3**,16. 6,19; 2Cor 6,1 | 19. Jó 5,13; Sl 93,11 | 22. 11,3 | **4**,1. Tt 1,7; Lc 12,42 | 3. Sl 143,2 | 5. 3,8; Mt 7,1 | 6. Rm 12,3; Hb 10,33 | 9. Rm 8,36 | 10. 3,18; 2Cor 11,23-27 | 12. 1Ts 2,9; 2Ts 3,8 | 14. Rm 12,14; Gl 4,19 | 16. 11,1; Fl 2,20s | 17. At 19,22

† **3**,15. Orígenes foi o primeiro a ver neste texto uma alusão ao purgatório; vários autores depois dele têm citado este texto para confirmar esse ensinamento da Igreja. | **4**,6. Ditado que aconselha reconhecer os próprios limites e/ou cumprir o que foi decidido. | 15. Lit. "pedagogo", que era o escravo encarregado de levar a criança à escola e de repreendê-la quando errava.

1 Coríntios 4-6

sando que eu não iria até vós, alguns se encheram de orgulho. [19]Mas em breve irei ter convosco, se Deus quiser, e tomarei conhecimento, não das palavras desses orgulhosos, mas de seu poder; [20]pois o Reino de Deus* não consiste em palavras, mas em poder. [21]O que preferis? Que eu vá até vós com varas ou com amor e espírito de mansidão?

5 **O caso do incestuoso.** [1]Por toda a parte ouve-se falar que existe impureza entre vós,* e uma impureza tal que não se encontra nem entre os pagãos, a ponto de alguém viver com a mulher de seu pai!† [2]E vós estais cheios de orgulho, em vez de ficardes de luto, para que seja retirado de vosso meio quem fez tal coisa! [3]Pois bem, eu, embora ausente de corpo, mas presente quanto ao espírito, já julguei, como se estivesse presente, o autor desse crime. [4]Em nome do Senhor Jesus,* estando reunidos vós e meu espírito, com o poder de nosso Senhor Jesus, [5]esse indivíduo seja entregue a Satanás para a ruína de sua carne, a fim de que seu espírito seja salvo no Dia do Senhor†.
Evitar as más companhias. [6]Não é uma bela coisa vossa vaidade.* Não sabeis que um pouco de fermento faz fermentar a massa toda? [7]Eliminai o velho fermento† para serdes uma nova massa, já que sois ázimos. Pois o Cristo, nossa páscoa, foi imolado. [8]Celebremos, portanto, a festa, não com fermento velho, nem com fermento de malícia e de perversidade,* mas com ázimos de pureza e de verdade.

[9]Quando vos escrevi, em minha carta†, que não tivésseis contato com pessoas* imorais, [10]não foi absolutamente intenção minha falar dos imorais deste mun-

do, ou dos gananciosos, violentos ou idólatras; pois, do contrário, teríeis de sair deste mundo. [11]Eu vos escrevi que não tivésseis contato com aquele que,* embora tendo o nome de irmão, é impuro, ganancioso, idólatra, difamador, bêbado ou ladrão: com pessoas assim, não se deve nem tomar refeição. [12]Com efeito, compete a mim julgar os de fora? Não são os de dentro que vós julgais? [13]Os de fora, é Deus que os julgará. "Retirai o perverso do meio de vós".

6 **Recurso aos tribunais civis.** [1]Quando um de vós tem uma demanda contra um outro, ousa fazer processo perante os injustos† e não diante dos santos? [2]Ou não sabeis que os santos* julgarão o mundo? E se é por vós que o mundo será julgado, sois indignos de vos pronunciardes sobre coisas sem importância? [3]Não sabeis que julgaremos os anjos?† Com mais razão os negócios desta vida! [4]Se, pois, tendes demandas sobre coisas deste mundo, tomais como juízes pessoas sem autoridade na Igreja? [5]Digo isso para vossa vergonha! Então, não existe entre vós nenhuma pessoa sábia, que possa servir de juiz entre seus irmãos? [6]Em vez disso, um irmão abre processo contra o outro, e isso diante de infiéis! [7]De qualquer forma, já é para vós uma desonra ter processos entre vós. Por que não sofrer* antes a injustiça? Por que não se deixar, antes, espoliar? [8]Sois vós, ao contrário, que praticais a injustiça e espoliais; e o fazeis contra irmãos! [9]Não sabeis que os injustos não têm herança no Reino de Deus? Não vos enganeis! Nem impuros, nem idólatras, nem adúlteros, nem efeminados, nem sodomitas, [10]nem ladrões, nem avaren-

---

* **4**,20. Lc 17,20 | **5**,1. Lv 18,7s | 4. Mt 16,19; 18,18; 1Tm 1,20; 1Pd 4,6 | 6. Gl 5,9; Êx 12,15; Is 53,7; 1Pd 1,19 | 8. Êx 12,2-20 | 9. Mt 18,17; 2Ts 3,14 | 11. 6,9; 2Ts 3,6; Tt 3,2; 2Jo 10; Mc 4,11; Dt 13,6 | **6**,2. Sb 3,8; Dn 7,22 | 7. Mt 5,29; 1Ts 5,15; 1Pd 3,9; Eclo 10,6; Ef 5,5; Gl 5,19s

† **5**,1. Paulo admira que a comunidade não tenha tomado atitude contra esse cristão que vive maritalmente com sua madrasta, o que era proibido pela lei judaica e pelo direito romano. | 5. Expulsão da comunidade para que ele sofra um castigo que o leve a corrigir-se. | 7. Aqui e em Gl 5,9, o fermento representa a corrupção. Cristo é a "Páscoa", ou seja, o cordeiro pascal. | 9. Esta carta, chamada "pré--canônica", não chegou até nós. | **6**,1. "Injustos", isto é, não justificados pela fé, ou seja, os pagãos. Os santos são os cristãos, santificados pelo Batismo. | 3. Com Cristo, os cristãos julgarão o mundo e até os anjos decaídos, Jd 6.

1375　　1 Coríntios 6-7

tos, nem bêbados, nem difamadores, nem assaltantes herdarão o Reino de Deus. [11]E isso eram alguns de vós. Mas fostes lavados, santificados, justificados* pelo nome do Senhor Jesus Cristo e pelo Espírito de nosso Deus.

A desonestidade. [12]"Tudo me é permitido"; mas nem tudo é proveitoso.* "Tudo me é permitido"; mas não me deixarei dominar por coisa alguma. [13]"Os alimentos são para o ventre, e o ventre para os alimentos". E Deus destruirá tanto esses como aquele. Mas o corpo não é para a impureza; é para o Senhor. E o Senhor é para o corpo. [14]E Deus, que ressuscitou o Senhor, há de ressuscitar também a nós por seu poder.*

[15]Não sabeis que vossos corpos são membros de Cristo? Eu iria tomar os membros de Cristo para deles fazer membros de uma prostituta? De modo algum! [16]Ou não sabeis que quem se une à prostituta* torna-se com ela um só corpo? Diz a Escritura: "Os dois serão uma só carne". [17]Mas aquele que se une ao Senhor forma com ele um só espírito. [18]Fugi da prostituição! Qualquer pecado que o homem comete é exterior a seu corpo; mas quem pratica a impureza peca contra seu próprio corpo. [19]Ou não sabeis que vosso corpo é templo do Espírito Santo* que está em vós, e que recebestes de Deus, e que, portanto, não pertenceis a vós mesmos? [20]Fostes, na verdade, comprados por um preço. Glorificai, portanto, a Deus em vosso corpo.

III. SOLUÇÃO DOS PROBLEMAS DA COMUNIDADE (7–15)

7 **O matrimônio cristão.** [1]Quanto às coisas sobre as quais me escrevestes: É bom para o homem abster-se de mulher. [2]Todavia, por causa do perigo de impureza, cada homem tenha sua mulher e cada mulher, seu marido. [3]Que o marido cumpra seu dever para com a mulher e igualmente a mulher, para com o marido. [4]A mulher não dispõe de seu corpo, mas sim o marido. Igualmente, o marido não dispõe de seu corpo, mas sim a mulher. [5]Não vos recuseis um ao outro, a não ser de comum acordo, por certo tempo, para vos dedicardes à oração; depois, voltai a ficar juntos, para que Satanás não vos tente por causa de vossa incontinência. [6]O que estou dizendo é uma concessão, não uma ordem.

[7]Gostaria que todos fossem como eu;* mas cada um recebe de Deus seu dom particular: um este, outro aquele†. [8]Digo todavia aos solteiros e às viúvas que é bom para eles ficarem como eu sou. [9]Mas, se não podem conter-se, que se casem: é melhor casar-se que abrasar-se.*

Indissolubilidade do matrimônio. [10]Às pessoas casadas ordeno, não eu, mas o Senhor: que a mulher não se separe do marido; [11]em caso de separação, que ela não torne a casar-se, ou então reconcilie-se com o marido;* e que o marido não repudie a mulher.

[12]Aos outros, sou eu que digo, não o Senhor: se um irmão tem uma esposa que não tem fé, mas consente em coabitar com ele,* que ele não a mande embora. [13]E se uma mulher tem um marido que não crê, mas consente em morar com ela, que ela não mande embora o marido. [14]Pois o marido que não crê é santificado por sua mulher que crê; e a mulher que não crê é santificada pelo marido que crê. Se não fosse assim, vossos filhos seriam impuros,* mas eles são santos. [15]Mas se aquele que não crê deseja separar-se, separe-

---

* **6**,11. Tt 3,3-7; 1Jo 2,12 **|** 12. 10,23; 1Ts 4,3-7 **|** 14. 12,27; 15,15.20; Rm 8,11; 2Cor 4,14 **|** 16. Gn 2,24; Jo 17,21s; Ef 5,3s **|** 19. 3,16; 7,23; Rm 12,1; Fl 1,20; 1Pd 1,18s **|** **7**,7. Mt 19,12 **|** 9. 1Tm 5,14 **|** 11. Mt 5,32 **|** 12. Rm 11,16 **|** 14. Rm 14,19

† **7**,7. "Existem três formas da virtude da castidade: a primeira a dos esposos, a segunda a da viuvez, a terceira a da virgindade. Nós não louvamos uma delas excluindo as outras" (S. Ambrósio). **|** 15. Esse é o chamado "privilégio paulino", que consta na lei da Igreja nos Cânones 1143-1147: autoriza a dissolução do matrimônio entre duas pessoas não batizadas, quando uma se converte e a outra não quer coabitar pacificamente.

1 Coríntios 7

-se; neste caso, o irmão ou a irmã não estão sujeitos à servidão: Deus nos chamou para a paz†. [16]Como podes saber, mulher,* se salvarás o marido? E como podes saber, homem, se salvarás a esposa?

Continuar em sua condição. [17]Fora disso, que cada um continue a viver na condição que o Senhor lhe destinou, tal como o encontrou o chamado de Deus. É isso que prescrevo em todas as Igrejas. [18]Alguém era circuncidado quando foi chamado?* Não dissimule a circuncisão. Era incircunciso quando foi chamado? Não se faça circuncidar. [19]A circuncisão não é nada, como tampouco a incircuncisão; o que importa é observar os mandamentos de Deus. [20]Que cada um permaneça na condição em que estava quando foi chamado. [21]Eras escravo quando foste chamado? Não te preocupes. Mesmo se puderes ficar livre, tira proveito de tua condição† [22]Pois quem era escravo,* quando foi chamado no Senhor, é um liberto do Senhor; assim também, quem era livre, quando foi chamado, é um escravo de Cristo. [23]Vós fostes comprados por um preço.* Não vos torneis escravos dos homens! [24]Irmãos, que cada um permaneça diante de Deus na condição em que estava quando foi chamado.

A virgindade consagrada. [25]Quanto às pessoas virgens,* não tenho preceito do Senhor, mas dou um conselho como alguém que, pela misericórdia do Senhor, é digno de confiança.† [26]Penso, pois, que em razão da angústia presente, isto é bom; sim, é bom para a pessoa estar assim. [27]Estás ligado a uma mulher?* Não procures separação. Não estás ligado a uma mulher? Não procures casamento. [28]Mas, se te casares, não pecas; e se a moça se casar, não peca. Mas esses vão sentir as provações da carne, e eu gostaria de poupar-vos.

[29]Irmãos, isto eu vos digo: o tempo se tornou curto.* Então, daqui em diante, os que têm esposa vivam como se não a tivessem; [30]os que choram, como se não chorassem; os que se alegram, como se não se alegrassem; os que compram, como se não possuíssem; [31]os que usam deste mundo,* como se não o usufruíssem. Porque passa a figura deste mundo†.

[32]Desejo que sejais livres de preocupações. Quem não é casado preocupa-se com as coisas do Senhor, como possa agradar ao Senhor. [33]Mas quem é casado preocupa-se* com as coisas do mundo, como possa agradar à mulher, e fica dividido. [34]A mulher que não é casada, como também a virgem, cuida das coisas do Senhor, para ser santa de corpo e de espírito. Mas a mulher que é casada cuida das coisas do mundo, como possa agradar ao marido. [35]Digo isto para vosso bem, não para vos armar uma cilada, mas sim para estimular-vos ao que é digno e que leva à união com o Senhor sem divisões.

A liberdade de se casar. [36]Se, no entanto, alguém julga faltar à conveniência para com sua virgem, deixando-a passar da idade, e que as coisas devem seguir seu curso normal, pode fazer o que quiser; não está pecando: podem casar. [37]Se, porém, está firmemente decidido em seu coração e, sem constrangimento de qualquer espécie, mas sendo senhor de suas decisões, resolveu em seu coração guardar sua virgem, fará bem. [38]Assim, pois, quem casa sua virgem faz bem; e quem não a casa faz melhor ainda†.

O segundo casamento. [39]A mulher está ligada* durante todo o tempo em que o marido viver; mas, se morre o

---

* **7**,16. 7,20.24; 14,33; 1Pd 3,1 | 18. Gl 5,6; 6,16; Rm 2,25 | 22. Ef 6,5 | 23. 6,20; 1Pd 1,18s | 25. 7,40; 10,11; 1Tm 1,12s; Gl 1,4 | 27. Lc 21,23 | 29. Rm 13,12; Lc 14,26 | 31. 1Jo 2,15s | 33. Lc 14,20; Ef 5,29 | 39. Rm 7,2

† **7**,21. Paulo não lança uma campanha de abolição da escravatura, mas sabe que a fraternidade em Cristo acaba com toda desigualdade, Gl 3,28. | 25. Paulo propõe o ideal da virgindade cristã para se poder oferecer a Deus e ao próximo um amor indiviso, Mt 19,12. | **7**,31. Assim comenta este texto o Vat. II: "Passa a figura deste mundo, deformada pelo pecado, mas Deus nos ensina que nos prepara uma nova morada e uma nova terra onde habita a justiça". | 38. Parece tratar-se de duas pessoas ligadas por um matrimônio espiritual.

1 Coríntios 7-9

marido, ela está livre para casar com quem quiser, mas no Senhor somente. [40]Contudo, ela será mais feliz, a meu ver, se permanecer como está.* Penso que também eu tenho o Espírito de Deus.

8 **Carnes imoladas aos ídolos.** [1]Quanto às carnes* imoladas aos ídolos†, sabemos que nós todos temos a ciência. Mas a ciência envaidece, a caridade, porém, edifica. [2]Se alguém julga saber alguma coisa, ainda não aprendeu como é preciso saber. [3]Mas quem ama a Deus é por ele conhecido.

[4]Portanto, quanto ao comer carnes imoladas aos ídolos, sabemos que não há ídolo algum no mundo e que não existe senão um Deus só. [5]Pois embora haja, quer na terra,* quer no céu, pretensos deuses – e de fato há grande número de deuses e grande número de senhores – [6]para nós, porém, só existe um Deus, o Pai, do qual tudo provém e para o qual nós somos feitos, e um só Senhor, Jesus Cristo,* por meio do qual tudo existe e por meio do qual nós existimos.

[7]Mas nem todos têm esta ciência.* Alguns, em consequência da ideia que ainda têm do ídolo, comem as carnes como se fossem realmente imoladas aos ídolos, e sua consciência, que é fraca†, fica manchada. [8]Com certeza, não será um alimento que nos aproximará de Deus:* se não o comemos, nada nos falta; e se o comemos, nada temos a mais. [9]Mas tomai cuidado para que esta liberdade vossa não se torne para os fracos ocasião de queda. [10]Se, com efeito, alguém te vê a ti, que tens a ciência, à mesa num templo de ídolos, a consciência dele, que é fraca, não vai se julgar autorizada a comer carnes imo-

ladas aos ídolos? [11]E então tua ciência* vai fazer perecer o fraco, esse irmão pelo qual Cristo morreu! [12]Pecando assim contra os irmãos, ferindo a consciência deles, que é fraca, é contra Cristo que pecais. [13]Por isso, se um alimento é causa de queda para meu irmão, nunca mais comerei carne, a fim de não causar a queda de meu irmão.*

9 **Direito de viver do ministério.** [1]Não sou livre? Não sou apóstolo?* Não vi Jesus, nosso Senhor? Não sois vós minha obra no Senhor? [2]Se para outros não sou apóstolo, para vós pelo menos o sou; pois sois o selo de meu apostolado no Senhor.

[3]Esta é minha resposta* aos que me acusam. [4]Não temos o direito de comer e beber? [5]Não temos o direito de levar conosco uma mulher cristã, como os outros apóstolos e os irmãos do Senhor* e Cefas?† [6]Ou será que só nós dois, Barnabé e eu, é que não temos o direito de não trabalhar? [7]Quem jamais vai à guerra cobrindo ele mesmo os gastos? Quem planta uma vinha sem comer de seu fruto? Quem leva a pastar um rebanho sem alimentar-se do leite do rebanho?

[8]Digo isso do ponto de vista* humano? A Lei não diz isso também? [9]Pois na Lei de Moisés está escrito: "Não porás mordaça ao boi enquanto debulha o trigo". Deus teria preocupação pelos bois? [10]Não é para nós que ele fala evidentemente? Sim, é para nós que isto está escrito: pois quem trabalha deve trabalhar na esperança, e quem pisa o trigo, na esperança de obter sua parte. [11]Se nós semeamos em vós* os bens espirituais, é coisa extraordinária que colhamos vossos bens materiais? [12]Se outros têm esse direito sobre vós, não

---

* **7**,40. 7,25s | **8**,1. 10,19; At 15,29; Gl 4,9; Dt 6,4 | 5. Jo 10,34 / Cl 1,16 | 6. 12,5 | 7. 10,17-20 | 8. Rm 14,17; Hb 13,9; Gl 5,13 | 11. Rm 14,15 | 13. Rm 14,21 | **9**,1. 15,8; At 26,16; 2Cor 3,2 | 3. Lc 10,8 | 5. 14,4; Jo 1,42 | 8. Rm 3,5; Gl 3,15; Dt 25,4; 1Tm 5,18; 2Tm 2,6 | 11. 13,7; Rm 15,27; At 20,34; 2Cor 11,9

† **8**,1. Trata-se das carnes dos animais oferecidos em sacrifícios pagãos, depois vendidas nos açougues da cidade. No Concílio de Jerusalém foram proibidas, At 15,20.29. | 7. "Fraco" é o irmão que ainda não tem uma fé firme e esclarecida, e vive com mentalidade pagã e supersticiosa. | **9**,5. Os "irmãos do Senhor" são pessoas da família de Jesus que, devido ao prestígio que tinham em razão desse parentesco, exerciam as funções de missionários ou líderes da comunidade, como Tiago em Jerusalém, At 15,13. É possível que Cefas (Pedro) viajasse acompanhado da esposa. Ver Lc 8,2s.

1 Coríntios 9-10

o teríamos nós mais ainda? Entretanto, não temos usado desse direito. Ao contrário, tudo suportamos para não criar nenhum obstáculo ao Evangelho de Cristo. ¹³Não sabeis que os ministros do culto* vivem do culto e que os que servem ao altar participam do altar? ¹⁴Assim também, o Senhor prescreveu aos que anunciam o Evangelho que vivam do Evangelho.

¹⁵Quanto a mim, não usei* de nenhum desses direitos† e não escrevo isso para que assim se faça comigo; morrer seria melhor para mim do que alguém me arrebatar esse título de glória. ¹⁶Pois pregar o Evangelho não é para mim motivo de me vangloriar,* é um dever que pesa sobre mim: ai de mim se eu não evangelizar! ¹⁷Se faço isso de minha própria iniciativa, tenho direito a uma recompensa; mas se não o faço de minha iniciativa, é um encargo que me foi confiado. ¹⁸Qual é então minha recompensa?* A de pregar gratuitamente o Evangelho, renunciando aos direitos que me dá o Evangelho.

¹⁹De fato, livre em relação a todos,* eu me fiz escravo de todos, para ganhar o maior número possível. ²⁰Tornei-me judeu com os judeus, para conquistar os judeus; sujeito à lei com os que estão sujeitos à lei, a fim de conquistar os que estão sujeitos à lei. ²¹Tornei-me um sem-lei com os que são sem lei, embora eu não seja sem a lei de Deus, estando na lei de Cristo, a fim de conquistar os sem-lei. ²²Tornei-me fraco com os fracos,* para ganhar os fracos. Tornei-me tudo para todos, a fim de salvar alguns a todo custo. ²³Tudo faço pelo Evangelho, para dele me tornar participante junto com eles.

A disciplina dos atletas. ²⁴Não sabeis que, nas corridas do estádio,* todos correm, mas só um ganha o prêmio? Correi de tal modo que o conquisteis. ²⁵Mas todo atleta priva-se de tudo; eles o fazem para obterem uma coroa perecível; nós, porém, uma imperecível. ²⁶Portanto, eu corro, mas não sem destino; pratico o pugilato, mas não batendo no ar. ²⁷Ao contrário, trato duramente* meu corpo†e o reduzo à escravidão, para não acontecer que, tendo pregado aos outros, eu mesmo seja excluído.

10 Lição tirada da história de Israel.
¹Não quero que ignoreis, irmãos,* que nossos pais estiveram todos sob a nuvem, todos atravessaram o mar ²e, na nuvem e no mar, todos receberam um batismo que os ligava a Moisés. ³Todos também comeram o mesmo alimento espiritual ⁴e todos beberam a mesma bebida espiritual, porque bebiam de uma rocha espiritual* que os acompanhava, e essa rocha era o Cristo†. ⁵Mas da maioria deles não se agradou Deus†, e a prova é que caíram mortos no deserto.

⁶Ora, tudo isto aconteceu para nos servir de exemplo, a fim de que não cobicemos coisas más, como eles cobiçaram. ⁷Não vos torneis idólatras como alguns deles, conforme está escrito: "O povo sentou-se para comer e beber,* depois levantou-se para se divertir". ⁸E não pratiquemos a fornicação, como fizeram alguns dentre eles, e pereceram vinte e três mil num só dia. ⁹Nem tentemos o Senhor,* como alguns deles tentaram, e pereceram vítimas das serpentes. ¹⁰Não reclameis contra Deus, como alguns deles reclamaram, e pereceram pelas mãos* do Exterminador.

---

* **9**,13. Nm 18,8.31; Dt 18,1s; Lc 10,7; Gl 6,6 | 15. At 18,3 | 16. Jr 20,9 | 18. 8,9 | 19. Mt 20,26s; At 16,3; 21,20-26 | 22. Rm 11,14; 2Cor 11,29 | 24. 2Tm 2,4s; 4,7; Fl 3,14; 1Pd 5,4; Tg 1,12 | 27. Rm 8,13; 13,14 | **10**,1. Êx 13,21; 14,22; 16,4.35 | 4. Êx 17,6; Dt 8,3; Nm 14,6; Sb 11,4 | 7. Nm 11,3.24; Sb 9,11s; Êx 32,6 | 9. Nm 14,2-4.36s; 25,1-9; Hb 3,11.17 | 10. 1Pd 4,7

† **9**,15. Para não ser pesado para as comunidades, Paulo renuncia a seu direito de ser sustentado por elas. | 27. Significa treinar seu corpo para que ele esteja disposto a servir ao próximo sem ceder ao egoísmo. | **10**,4. Os dons necessários à vida, que o povo hebreu recebera no deserto, são como que símbolos do Batismo e da Eucaristia. Uma tradição rabínica afirmava que a rocha, da qual Moisés tirou água, Nm 20,8, acompanhava os hebreus no deserto. Paulo serve-se desta lenda para afirmar que desde aquele tempo era Cristo quem conduzia o povo. É a perspectiva cristã do AT. | 5. Portanto, para agradar a Deus não basta pertencer à Igreja ou receber os Sacramentos; o cristão deve viver na obediência à vontade de Deus.

1 Coríntios 10-11

¹¹Estas coisas lhes aconteceram para servir de exemplo e foram escritas como advertência para nós, para os quais chegou o fim dos tempos. ¹²Portanto, aquele que julga estar de pé tome cuidado para não cair. ¹³Nenhuma tentação vos sobreveio que passasse da medida humana. Deus é fiel; não vai permitir que sejais tentados acima de vossas forças, mas com a tentação vos dará o meio de sair dela e a força de suportá-la.

A idolatria e as refeições sagradas.
¹⁴Por isso, caríssimos, fugi* da idolatria. ¹⁵Falo a vós como a pessoas sensatas; verificai vós mesmos o que digo. ¹⁶O cálice da bênção que abençoamos não é comunhão com o sangue de Cristo? E o pão que partimos não é comunhão com o corpo de Cristo? ¹⁷Porque existe um único pão,* nós, embora sejamos muitos, formamos um só corpo, visto que todos nós participamos de um único pão†.

¹⁸Considerai o Israel segundo a carne†. Os que comem as vítimas dos sacrifícios não estão em comunhão com o altar? ¹⁹Que pretendo dizer?* Que a carne sacrificada aos ídolos seja alguma coisa? Ou que o ídolo seja alguma coisa? ²⁰Mas o que os pagãos sacrificam, é a demônios que sacrificam e não a Deus. Ora, não quero que entreis em comunhão com os demônios. ²¹Não podeis beber o cálice do Senhor e o cálice dos demônios; não podeis tomar parte na mesa do Senhor e na mesa dos demônios. ²²Ou queremos provocar o ciúme do Senhor? Seríamos nós mais fortes que Ele?

A caridade evita escandalizar. ²³"Tudo é permitido";* mas nem tudo é proveitoso. "Tudo é permitido"; mas nem tudo é edificante. ²⁴Que ninguém busque seu próprio interesse, mas sim o dos outros. ²⁵Comei de tudo que se vende no mercado, sem fazer pergunta por motivo de consciência; ²⁶pois "do Senhor é a terra e tudo o que ela contém".* ²⁷Se um pagão vos convida à casa dele e aceitais ir, comei de tudo o que vos for servido, sem fazer pergunta por motivo de consciência. ²⁸Mas se alguém vos disser: "Isso foi imolado aos ídolos", não comais, por causa daquele que vos avisou e por razão de consciência; ²⁹quer dizer, não de vossa consciência, mas da do outro. Pois por qual motivo minha liberdade dependeria do juízo duma consciência alheia? ³⁰Se tomo alguma coisa com ação de graças,* por que eu seria censurado por aquilo pelo que dou graças? ³¹Quer comais, quer bebais,* quer façais outra coisa qualquer, fazei tudo para a glória de Deus. ³²Não sejais ocasião de escândalo nem para os judeus, nem para os gregos, nem para a Igreja de Deus, ³³como eu também procuro agradar* a todos em tudo, não buscando meu interesse, mas o da multidão, para que sejam salvos.

11 **O véu das mulheres.** ¹Sede meus imitadores, como eu o sou de Cristo.

²Eu vos louvo, porque em todas as coisas vos lembrais de mim e guardais as tradições, tais como eu vo-las transmiti†. ³Quero, no entanto, que saibais que o chefe* de todo homem é o Cristo, o chefe da mulher é o homem, o chefe de Cristo é Deus. ⁴Todo homem que reza ou profetiza† com a cabeça coberta desonra seu chefe. ⁵Mas toda mulher que reza ou profetiza com a cabeça descoberta desonra seu chefe; pois é como se ela estivesse de cabeça raspada. ⁶Se,

---

* **10**,14. 1Jo 5,21; Mt 26,27 | 17. 12,27; Rm 12,5 | 19. 8,4; Lv 17,7; Dt 32,17; Sl 105,37; Ap 9,20; 2Cor 6,15s; Dt 31,21 | 23. 6,12; Rm 14,2 | 26. Sl 24,1 | 30. Rm 14,6; 1Tm 4,3s | 31. Cl 3,17; Rm 14,13 | 33. 9,20.22; 10,124 | **11**,3. 12,10; 14,1; Ef 4,15; 5,23; Gn 3,16

† **10**,17. "Ouvis esta palavra: 'O Corpo de Cristo' e respondeis: 'Amém'. Sede, pois, um membro de Cristo, para que vosso 'Amém' seja verdadeiro (S. Agostinho). "Como este pão partido, antes espalhado pelas colinas, foi recolhido para se tornar um só todo, assim vossa Igreja seja reunida das extremidades da terra em vosso reino." (Didaqué, ou Doutrina dos Doze Apóstolos, séc. II). |18. São os judeus não convertidos ao cristianismo. | **11**,2. As cartas paulinas, como também os Evangelhos, pressupõem a pregação oral, ou tradição oral, que os antecedeu, 2Ts 2,15. | 4. Profetizar é falar sob a inspiração do Espírito Santo para exortar e edificar.

1 Coríntios 11-12

pois, uma mulher não quer usar o véu, então que ela corte os cabelos! Mas se é vergonha para a mulher ter os cabelos cortados ou raspados, que use o véu. [7]Quanto ao homem, não deve cobrir a cabeça,* porque ele é a imagem e a glória de Deus; quanto à mulher, ela é a glória do homem. [8]Com efeito, não é o homem que foi tirado da mulher, mas é ela que foi tirada do homem; [9]e não foi o homem que foi criado para a mulher, mas a mulher para o homem. [10]Por isso a mulher deve trazer na cabeça um sinal de sujeição, por causa dos anjos†. [11]Aliás, no Senhor, nem a mulher é algo sem o homem, nem o homem sem a mulher; [12]pois, se a mulher foi tirada do homem, o homem, por sua vez, nasce da mulher, e tudo vem de Deus. [13]Julgai vós mesmos: é decente para a mulher rezar a Deus com a cabeça descoberta? [14]A própria natureza não vos ensina que é uma vergonha para o homem deixar crescer os cabelos, [15]ao passo que é uma glória para a mulher deixá-los crescer? Pois a cabeleira lhe foi dada como uma espécie de véu. [16]De resto, se alguém quer discutir, não é este nosso costume, nem o das Igrejas de Deus†.

A ceia do Senhor. [17]Enquanto vos faço estas exortações, não posso louvar-vos por vossas reuniões, as quais vos fazem mal e não bem. [18]Fiquei sabendo primeiramente* que, quando vos reunis, há entre vós divisões; e, em parte, o creio. [19]É preciso que haja entre vós divisões, para que se manifestem os que são de virtude comprovada entre vós. [20]Quando, pois, vos reunis em comum, o que fazeis não é comer a ceia do Senhor. [21]Pois, quando estais à mesa, cada qual se apressa a tomar sua própria refeição, e um está com fome, enquanto o outro está bêbado†. [22]Não tendes casas para comer e beber? Ou estais desprezando

a Igreja de Deus* e querendo insultar os que nada têm? Que devo dizer-vos? Louvar-vos? Neste ponto não vos louvo.

[23]Com efeito, eu recebi do Senhor* aquilo que, por minha vez, vos transmiti: o Senhor Jesus, na noite em que era traído, tomou pão e, [24]depois de dar graças, partiu-o e disse: "Isto é meu corpo, que é por vós. Fazei isto em memória de mim". [25]Do mesmo modo, ao fim da ceia, ele tomou o cálice, dizendo: "Este cálice é a nova aliança* em meu sangue. Todas as vezes que dele beberdes, fazei--o em memória de mim". [26]De fato, toda vez que comerdes deste pão e beberdes deste cálice, anunciareis a morte do Senhor até que ele venha. [27]Por isso, quem comer do pão e beber do cálice do Senhor indignamente torna-se culpado em relação* ao corpo e ao sangue do Senhor. [28]Cada um, pois, examine-se a si mesmo, e assim coma do pão e beba do cálice; [29]pois quem come e bebe, sem reconhecer o corpo do Senhor†, come e bebe sua própria condenação.

[30]É por isso que há entre vós muitos doentes e fracos, e muitos morreram. [31]Se nos examinarmos atentamente,* não seremos julgados. [32]Mas por seus julgamentos o Senhor nos corrige, para não sermos condenados junto com o mundo. [33]Assim, pois, meus irmãos, quando vos reunirdes para a ceia, esperai uns pelos outros. [34]Se alguém estiver com fome, coma em casa, a fim de que vossas reuniões não sirvam para vossa condenação. As outras coisas, vou resolvê-las quando aí chegar.

12 **Carismas ou dons do Espírito.** [1]Quanto aos dons espirituais, irmãos, não quero que fiqueis na ignorância. [2]Como sabeis, quando éreis pagãos, éreis arrastados* de modo irresistível para os ídolos mudos. [3]É por

---

* **11**,7. Gn 1,27; 2,18.22s; 1Tm 2,13 | 18. 1,10-15; 3,3; 1Jo 2,19; Dt 13,3 | 22. Tg 2,5ss | 23. 15,3; Mt 26,26-29; Mc 14,22-25; Lc 22,14-20 | 25. Êx 24,8; Hb 6,6 | 27. 10,29 | 31. 2Cor 13,5; Ef 5,14; Hb 12,5s; 1Ts 5,6 | **12**,2. Hab 2,18s; Mt 7,21; 1Jo 4,2s

† **11**,10. Diante da presença invisível dos anjos e de Deus na assembleia, Dt 23,15, é preciso dar mostras de respeito. | 16. Esses argumentos de Paulo trazem a marca da situação cultural da época; mas ele próprio afirma em Gl 3,28 a igualdade entre homem e mulher em Cristo. | 21. A Eucaristia estava ligada a uma refeição comunitária, ocasião em que se cometiam abusos em Corinto. | 29. Sem estar em relações autênticas com os outros membros do corpo.

isso que eu vos declaro: ninguém, falando por meio do Espírito de Deus, diz: "Jesus é maldito!" E ninguém pode dizer: "Jesus é Senhor!" a não ser movido pelo Espírito Santo.

[4]Sem dúvida, os dons são diferentes,* mas o Espírito é o mesmo. [5]Os serviços são diversos, mas o Senhor é o mesmo. [6]As atividades são distintas, mas é o mesmo Deus que realiza tudo em todos†. [7]A cada um é dada a manifestação do Espírito para a utilidade de todos: [8]a um é dada por meio do Espírito uma palavra de sabedoria; a outro, uma palavra de conhecimento, segundo o mesmo Espírito; [9]a outro, o mesmo Espírito dá o dom da fé; a outro ainda, o dom de curar, neste único Espírito; [10]a outro, o poder de fazer milagres;* a outro, a profecia; a outro, o discernimento dos espíritos†; a outro o dom de falar diversas línguas; a outro ainda é dado o dom de interpretar as línguas. [11]Mas o que realiza tudo isso é o mesmo e único Espírito, que distribui seus dons a cada um como ele quer†.

A comparação do corpo. [12]Assim como o corpo é uma unidade e tem muitos membros, mas todos os membros do corpo, apesar de serem muitos, formam um só corpo, assim também acontece* com Cristo. [13]Nós todos, judeus e gregos, escravos e livres, fomos batizados num só Espírito, para formarmos um só corpo; e todos bebemos de um só Espírito. [14]De fato, o corpo não se compõe de um só membro,* mas de muitos†. [15]Se o pé dissesse: "Não sou mão; portanto, não pertenço ao corpo"; nem por isso deixaria de ser membro do corpo. [16]E se o ouvido dissesse: "Não sou olho, não pertenço ao corpo"; nem por isso deixa de pertencer ao corpo†. [17]Se o corpo inteiro fosse olho, onde estaria o ouvido? Se todo ele fosse ouvido, onde estaria o olfato? [18]Mas Deus colocou os membros, e cada um deles no corpo, conforme quis. [19]Se tudo fosse um membro só, onde estaria o corpo? [20]Mas há muitos membros, porém, um corpo só†. [21]O olho não pode dizer* à mão: "não preciso de ti"; nem a cabeça, por sua vez, pode dizer aos pés: "não preciso de vós".

[22]Mais ainda: os membros do corpo que parecem mais frágeis são os mais necessários; [23]e as partes do corpo que consideramos as menos dignas de honra são exatamente as que tratamos com mais respeito, e as que em nós são menos decentes são tratadas com maior decência, [24]ao passo que as decentes não precisam disso. Mas Deus dispôs o corpo de tal modo que se dê mais honra aos que dela precisam†, [25]para que não haja divisão no corpo, mas, ao contrário, os membros do corpo testemunhem uma mútua solicitude. [26]Se um membro está sofrendo, todos os membros sofrem com ele; se um membro é honrado, todos os membros se alegram com ele.

O corpo de Cristo. [27]Ora, vós sois o corpo de Cristo* e membros dele, cada qual por sua parte. [28]Há aqueles que Deus estabeleceu na Igreja, primeiro como apóstolos, depois como profetas, em terceiro lugar como doutores; a seguir, há os que realizam milagres, depois os que têm o dom de curar, de assistir, de governar, de falar em línguas. [29]Todos são apóstolos? São todos profetas? Todos ensinam? Todos fazem milagres? [30]Todos têm o dom

---

* **12**,4. 12,28; Rm 12,6; Ef 4,4.11 | 10. 7,7; 13,2; 14,5; At 2,4; Rm 12,3; Ef 4,7 | 12. Gl 3,28 | 14. 12,20 | 21. 12,14 | 27. Rm 12,5; Ef 4,11; 5,30

† **12**,6. As palavras "Espírito", "Senhor" e "Deus" exprimem as três Pessoas da Ssma. Trindade, que intervêm para dotar a Igreja com todos os carismas necessários. | 10. Esse discernimento é o dom de determinar a origem dos fenômenos carismáticos. | 11. "Eu não dou todas as virtudes na mesma medida a cada um. Eu quis que todos tivessem necessidade uns dos outros e fossem meus ministros na distribuição das graças e liberalidades que de mim receberam" (Jesus a Sta. Catarina de Sena). | 14. A Igreja não deve temer a diversidade; longe de ser um defeito, um impedimento, ela exprime a riqueza própria da Trindade. | 16. Ninguém pode excluir-se do corpo, nem excluir os outros. | 20. "A Igreja é o lugar onde Deus e o Espírito se manifestam; daí sua responsabilidade fundamental de manifestar a riqueza generosa de Deus e sua unidade. Ela manifesta quem é Deus; por isso sua unidade é fundamental" (J.-N. Aletti). É Cristo que faz a unidade da Igreja. | 24. A unidade se faz a partir dos mais fracos, dos que poderiam ser vítimas de desprezo por sua inferioridade; o certo é caminhar juntos.

1 Coríntios 12-14

de curar? Todos falam em línguas? Todos as interpretam? [31]Desejai os dons superiores. E vou indicar-vos um caminho mais excelente.

13 Hino ao amor[†]
[1]Se eu falo as línguas dos homens e dos anjos, mas não tenho amor, sou como o bronze que soa ou o címbalo que retine. [2]Se eu tenho o dom da profecia e conheço todos os mistérios e toda a ciência, se eu tenho toda a fé, a ponto de transportar montanhas, mas não tenho amor, nada sou. [3]Se eu distribuo todos os meus bens[*] e se entrego meu corpo para ser queimado, mas não tenho amor, de nada me serve.

[4]O amor é paciente;[*] o amor presta serviço; o amor é sem inveja; não se vangloria, nem se incha de orgulho[†]. [5]Não age com baixeza, não é interesseiro; não se irrita,[*] não leva em conta o mal recebido. [6]Não se alegra com a injustiça, mas se compraz com a verdade. [7]Tudo suporta, tudo crê, tudo espera, tudo vence.

[8]O amor jamais se enfraquece;[*] mas as profecias serão destruídas, o dom das línguas cessará e a ciência será destruída. [9]Pois nosso conhecimento é limitado e limitada é nossa profecia. [10]Mas quando vier o que é perfeito, será destruído o que é limitado. [11]Quando eu era criança, falava como criança, pensava como criança, raciocinava como criança. Quando me tornei homem, destruí o que era próprio de criança. [12]Com efeito, agora vemos[*] como por meio de um espelho e de maneira confusa; mas então veremos face a face. Agora conheço de maneira limitada; mas então conhecerei como fui conhecido.

[13]Agora, portanto, permanecem fé, esperança, amor, essas três coisas; mas a maior delas[*] é o amor[†].

14 Dons a serviço da comunidade.
[1]Procurai o amor, mas aspirai também aos dons espirituais, mais ainda à profecia. [2]Pois, quem fala em línguas[*] não fala aos homens, mas a Deus; com efeito, ninguém o compreende; ele diz em espírito coisas misteriosas[†]. [3]Quem profetiza, porém, fala aos homens:[*] edifica, exorta, conforta. [4]Quem fala em línguas edifica-se a si mesmo; mas quem profetiza edifica a Igreja. [5]Quero que vós todos faleis em línguas; porém, mais ainda, que profetizeis[†]. Pois aquele que profetiza supera aquele que fala em línguas; a não ser que este interprete, para que a Igreja receba edificação[†].

O dom das línguas. [6]E agora, irmãos, suponhamos que eu venha a vós falando em línguas;[*] em que vos seria útil, se não vos falo em revelação, ou em ciência, ou em profecia, ou em doutrina? [7]O mesmo acontece com os instrumentos de música – flauta, cítara: se não tocam distintamente os timbres, como será reconhecido o que se toca com a flauta ou com a cítara? [8]De fato, se a trombeta só dá um som confuso, quem vai preparar-se para o combate? [9]Assim acontece convosco: se pela língua não proferis uma palavra clara, como se pode entender o que estais dizendo? Estaríeis de fato falando ao

---

* **13**,3. Mt 7,22; 17,20 **|** 4. Mt 6,2 **|** 5. Zc 8,17; Fl 2,4.21 **|** 8. Rm 12,9; 15,1; Pr 10,12; 1Pd 4,8 **|** 12. Tg 1,23; 2Cor 5,7 **|** 13. 1Ts 1,3; 1Jo 4,16 **| 14**,2. 12,10.31 **|** 3. Nm 12,10; 11,20 **|** 6. 12,8

† **13**. Este cap. 13 é uma página imortal de São Paulo. A palavra "amor" resume tudo o que Jesus veio trazer ao mundo. Onde ele existe, algo de divino e eterno passa a fazer parte da vida dos homens. Comparado com ele, todo outro valor é relativo e transitório. / 4. O modelo de paciência e bondade é Deus, porque Deus é amor; quem ama age como Deus. **|** 13. "Compreendi que a Igreja tem um coração, e que este coração arde de amor, e que só o amor faz os membros da Igreja agir; compreendi que o amor encerra todas as vocações, e que o amor é tudo, que ele é eterno. No coração da Igreja, minha mãe, eu serei o amor" (Santa Teresinha). **| 14**,2. A profecia é Deus falando aos homens; falar em línguas é o homem falando a Deus; é orar de modo extático, é louvar a Deus dizendo diante da assembleia palavras incompreensíveis, numa espécie de êxtase religioso incontrolável. **|** 5. Os coríntios preferiam os dons espetaculares; Paulo põe acima de tudo os dons que edificam a comunidade, vv. 5.12. Os dons, funções e iniciativas devem concorrer para a unidade da Igreja, Corpo de Cristo, 12,27. / Paulo diz que a missão da Igreja é manifestar por sua mensagem a presença de Deus nela. Quanto mais se profetiza, mais os de fora podem ver que Deus está presente na Igreja.

1383   1 Coríntios 14

vento. ¹⁰Há pelo mundo afora não sei quantas espécies de sons, e nenhum é sem sentido. ¹¹Se, pois, não vejo o valor do som, serei um bárbaro para aquele que fala, e aquele que fala é um bárbaro para mim. ¹²Assim vós também, já que sois ávidos de espíritos,* orientai vosso desejo para a edificação da Igreja, para que estejais na abundância.

¹³Por isso, quem fala em línguas* reze para poder interpretar†. ¹⁴Pois, se rezo em línguas, meu espírito está, sim, em oração, mas minha inteligência é estéril. ¹⁵Que fazer então? Rezarei com o espírito,* mas rezarei também com a inteligência. Direi um hino com o espírito, mas também o direi com a inteligência. ¹⁶Porque se abençoas com o espírito, como é que o não iniciado responderia "Amém!" a tua ação de graças?† Ele não sabe o que dizes. ¹⁷Sem dúvida, tua ação de graça é excelente, mas o outro não é por ela edificado†. ¹⁸Graças a Deus, falo em línguas mais que vós todos; ¹⁹mas numa assembleia, prefiro dizer cinco palavras com minha inteligência, para instruir também outros, do que dez mil em línguas†.

²⁰Irmãos, não sejais crianças nos juízos;* crianças para a malícia, sim, mas para o juízo mostrai-vos homens feitos. ²¹Está escrito na Lei: "Com línguas estrangeiras e por lábios de outros falarei a este povo, mas nem assim me ouvirão", diz o Senhor.

²²Assim, pois, as línguas servem de sinal, não para os que creem, mas para os que não creem; a profecia, porém, não é para os que não creem, mas para os que creem. ²³Se, portanto, a Igreja inteira se reúne num mesmo lugar e todos falam em línguas e, se entrarem pessoas não iniciadas ou que não creem, não dirão que vós estais loucos? ²⁴Mas se todos profetizam,* e entrar um que não crê ou um não iniciado, ele será convencido por todos e julgado por todos; ²⁵os segredos de seu coração são revelados.* Então, caindo com o rosto em terra, ele adorará a Deus, proclamando que Deus está realmente no meio de vós.

Normas práticas. ²⁶Que conclusão tiramos, irmãos?* Quando vos reunis, cada um pode ter um cântico, um ensinamento, uma revelação, um discurso em línguas, uma interpretação. Que tudo se faça de maneira a edificar. ²⁷Se alguém fala em línguas, que sejam dois ou no máximo três a falar, e cada um de uma vez; e que haja um intérprete. ²⁸Se não há intérprete, que se cale na assembleia; que se fale a si mesmo e a Deus. ²⁹Quanto aos profetas, que falem dois ou três* e que os outros julguem. ³⁰Se algum outro participante tem uma revelação, que o primeiro se cale. ³¹Pois vós todos podeis profetizar, cada um de uma vez, a fim de que todos sejam instruídos e encorajados. ³²Os espíritos dos profetas estão submetidos* aos profetas; ³³pois Deus não é um Deus de desordem, mas de paz†.

Como em todas as Igrejas* dos santos, ³⁴as mulheres se calem nas igrejas, pois não lhes é permitido tomar a palavra; que estejam submissas†, como diz também a Lei. ³⁵Se elas querem instruir-se sobre algum ponto, interroguem os maridos em casa, pois é inconveniente para uma mulher falar na igreja. ³⁶Ou foi de vós que saiu a palavra de Deus? Ou foi só a vós que ela chegou?†

---

* **14**,12. 14,1-4 | 13. 12,10 | 15. Ef 5,19 | 20. Ef 4,14; Fl 3,12.15; Dt 28,49; Is 28,11s | 24. At 2,13; 4,10; Jo 4,19; 16,8 | 25. Is 45,14; Dn 2,47; Zc 8,23 | 26. 12,8s; Ef 4,12 | 29. 1Ts 5,21 | 32. 1Ts 2,12 | 33. Ef 5,22; Tt 2,5 | 37. 1Jo 4,6

† **14**,13. Quem fala em línguas não pode deixar de pensar nos outros, na edificação da comunidade. | 16. Paulo destaca a ação de graças, porque é agradecendo que damos testemunho dos dons de Deus em nós. As línguas só são entendidas por especialistas, e Paulo é contra todo o tipo de elitismo. Todos devem poder entender e participar; todos devem ter acesso às riquezas dos mistérios. | 17. Oração é comunicação; todos devem entender por que se dão graças. Uma reunião de oração é uma "igreja". Essas reuniões formam a identidade do grupo. | 19. Esse carisma não é feito para as assembleias. Não deveria efetuar-se em público. Paulo considera opressão impor a glossolalia à comunidade. | 33. Paulo não rejeita nada que haja de bom na sociedade. Assim deve ser o cristão: escolher o que é bom, 1Ts 5,21. | 34. Este silêncio refere-se a pedir explicações sobre o que era profetizado. | **14**,36. Os coríntios demonstram pouco desejo de comunhão com as outras Igrejas; e não veem que o Espírito se manifesta também nelas.

1 Coríntios 14-15

[37]Se alguém se julga profeta ou inspirado pelo Espírito,* reconheça nisso que vos escrevo um mandamento do Senhor. [38]Se ele não reconhece, é porque não é reconhecido.

[39]Assim, pois, meus irmãos, aspirai ao dom da profecia e não impeçais que alguém fale em línguas. [40]Mas que tudo se faça com decência e em boa ordem.

15 A ressurreição de Cristo.
[1]Eu vos informo, irmãos, o Evangelho que vos anunciei,* que vós recebestes e no qual permaneceis firmes. [2]Por ele vós sois salvos, se o guardardes tal como vo-lo anunciei; do contrário, foi em vão que abraçastes a fé.

[3]O que vos transmiti foi, em primeiro lugar, o que eu recebi: que Cristo morreu por nossos pecados,* cumprindo as Escrituras, [4]que foi sepultado e que ressuscitou ao terceiro dia, cumprindo as Escrituras; [5]que apareceu a Cefas e mais tarde aos Doze. [6]Depois apareceu a mais de quinhentos irmãos de uma vez, a maioria dos quais ainda vive, enquanto alguns já morreram. [7]A seguir, apareceu a Tiago* e depois a todos os apóstolos. [8]Por último de todos, apareceu a mim, como a alguém nascido fora do tempo[+].

[9]Realmente, sou o menor dos apóstolos; nem mereço o nome de apóstolo, porque persegui a Igreja de Deus. [10]Mas pela graça de Deus sou o que sou,* e sua graça em mim não foi estéril. Ao contrário, trabalhei mais que eles todos; não eu, mas a graça de Deus comigo.

[11]Por conseguinte, tanto eu como eles, isto é o que pregamos, e isto é também o que crestes.

A ressurreição dos mortos. [12]Ora, se pregamos que Cristo ressuscitou dos mortos, como podem dizer alguns de vós que não há ressureição dos mortos?[+] [13]Se não há ressurreição dos mortos, nem Cristo ressuscitou. [14]Mas se Cristo não ressuscitou, então nossa pregação é vazia, vazia também é vossa fé[+]. [15]Somos afinal falsas testemunhas de Deus, pois atestamos contra Deus que Ele ressuscitou a Cristo, quando na verdade Ele não o ressuscitou, se é que os mortos não ressuscitam. [16]Pois, se os mortos não ressuscitam,* nem Cristo ressuscitou. [17]E se Cristo não ressuscitou, é ilusória vossa fé, continuais em vossos pecados. [18]Portanto, os que morreram em Cristo estão perdidos. [19]Se é somente para esta vida que esperamos em Cristo, somos os mais miseráveis de todos[+].

A ressurreição de Cristo é penhor da nossa. [20]Mas não! Cristo ressuscitou dos mortos,* como o pioneiro dos que dormiam o sono da morte. [21]Pois, se a morte veio através de um homem, é também por um homem que vem a ressurreição dos mortos. [22]Com efeito, assim como todos morrem em Adão, assim também todos reviverão em Cristo[+]. [23]Mas cada um por sua vez: o pioneiro é Cristo; depois os que são de Cristo, em sua vinda. [24]Depois será o fim,* quando ele vai entregar o reino a Deus Pai, após ter destruído toda soberania, autoridade e poder. [25]Pois é preciso que ele reine, até que tenha colocado todos os inimigos debaixo de seus pés. [26]O último inimigo a ser destruído será a morte; [27]pois ele colocou tudo* debaixo de seus pés. Mas quando ele disser: "Tudo está subjugado", é evidentemente com exceção daquele que lhe sujeitou todas as coisas.

---

* **15**,1. 15,14 | 3. Is 53,8s; Os 6,2; Sl 16,10; Lc 24,34-43; Mc 16,14 | 7. 9,1; Lc 24,50; At 9,5 | 10. 2Cor 11,5.23; Ef 3,8; 1Tm 1,15 | 16. At 1,22; 5,32 | 20. Cl 1,20; Rm 5,12; 8,11; Gn 3,17ss | 24. 1Ts 4,16; Dn 2,44; Ap 20,5; Sl 110,1; Mt 22,44 | 27. Ap 20,14; 21,4

[+] **15**,8. Refere-se à vocação repentina de Paulo, fora do tempo dos outros apóstolos. | 12. Os gregos não aceitavam a ressurreição corporal, porque para eles o corpo é a prisão da alma, só ela está destinada à imortalidade, e a morte é a libertação da alma. Se o corpo também ressuscita, a alma não voltaria à prisão? Paulo responde que Cristo salvou o homem todo, e portanto o homem todo deve participar da glorificação; mas o corpo ressuscitado é um corpo espiritual, v. 44; a ressurreição não é um retorno às mesmas condições terrestres. | 14. "A ressurreição constitui a confirmação de tudo o que o próprio Cristo fez e ensinou" (CIC). | 19. A ressurreição de Cristo prepara a nossa e não se pode afirmar uma sem a outra. Cristo ressuscitou para nossa ressurreição. A esperança da ressurreição futura confere dignidade a nosso corpo. | 22. A morte um dia nos vencerá, mas o amor que tivermos doado nos salvará.

1385 **1 Coríntios 15**

²⁸E quando todas as coisas lhe tiverem sido submetidas,* então o próprio Filho se sujeitará Àquele que tudo lhe sujeitou, para que Deus seja tudo em todos.

²⁹Se não fosse assim, o que estariam fazendo aqueles que se fazem batizar pelos mortos?† Se os mortos não ressuscitam, por que se fazem batizar por eles? ³⁰E nós, por que a toda hora nos expomos ao perigo? ³¹Cada dia enfrento a morte,* como é verdade que vós sois meu orgulho, irmãos, em Cristo Jesus, nosso Senhor.

³²Se foi com propósitos humanos que combati contra as feras em Éfeso†, de que me vale isso? Se os mortos não ressuscitam, comamos e bebamos,* pois amanhã morreremos. ³³Não vos deixeis enganar: "As más companhias corrompem os bons costumes".

³⁴Voltai a ser sóbrios e retos e não pequeis; pois há entre vós alguns que desconhecem a Deus. Digo isso para vossa vergonha.

O corpo dos ressuscitados. ³⁵Mas alguém perguntará: Como é que os mortos ressuscitam? Com que corpo voltarão? ³⁶Insensato! O que semeias* não recebe a vida sem antes morrer. ³⁷E o que semeias não é o corpo da planta que vai nascer, mas um simples grão, de trigo ou de qualquer outro vegetal; ³⁸é Deus que lhe dá um corpo, conforme estabeleceu: a cada semente o corpo que lhe é próprio.

³⁹As carnes todas não são as mesmas, mas uma é a carne dos homens, outra a dos animais, outra a carne das aves, outra a dos peixes. ⁴⁰Existem também corpos celestes e corpos terrestres, mas um é o brilho dos celestes, outro o dos terrestres. ⁴¹Um é o brilho do sol, outro o da lua, outro o das estrelas. Até uma estrela difere* de outra quanto ao brilho. ⁴²Pois assim acontece com a ressur-

reição dos mortos: ⁴³semeado corruptível, o corpo ressuscita incorruptível; semeado desprezível, ressuscita glorioso; semeado na fraqueza, ressuscita com vigor; ⁴⁴semeia-se um corpo animal, ressuscita um corpo espiritual.

Se existe corpo animal,* há também corpo espiritual. ⁴⁵Pois está escrito: "O primeiro homem, Adão, tornou-se um ser vivente"; o último Adão é um espírito que é fonte de vida. ⁴⁶Não foi feito primeiro o espiritual, mas sim o animal; o espiritual vem depois. ⁴⁷O primeiro homem, tirado da terra,* é terrestre; mas o segundo homem vem do céu. ⁴⁸Tal como é o homem terrestre, assim são os homens terrestres; tal como é o homem celeste, assim também serão os celestes†. ⁴⁹E assim como trouxemos em nós a imagem do homem terrestre, traremos em nós também a imagem* do homem celeste†.

O hino da vitória final. ⁵⁰Isto vos digo, irmãos: a carne e o sangue não podem herdar o Reino de Deus, nem o que é corruptível pode herdar a incorruptibilidade. ⁵¹Sim, vou dizer-vos um mistério:* nem todos nós morreremos, mas todos seremos transformados, ⁵²num instante, num piscar de olhos, ao som da trombeta final; pois a trombeta soará, e os mortos ressuscitarão incorruptíveis, e nós seremos transformados. ⁵³Com efeito, é preciso que este corpo corruptível se revista de incorruptibilidade e que este corpo mortal se revista de imortalidade.

⁵⁴Quando, pois, este corpo corruptível* se tiver revestido de incorruptibilidade e este corpo mortal se tiver revestido de imortalidade, então se cumprirá a palavra da Escritura: "A morte foi tragada pela vitória. ⁵⁵Onde está, ó morte, tua vitória? Onde está, ó morte, teu aguilhão?"

---

* **15,**28. Sl 8,3; Ef 1,22; Hb 2,6s **|** 31. Rm 8,36; 2Cor 4,10 **|** 32. Is 22,13; Sb 2,6; Rm 13,11; Ef 5,14 **|** 36. Jo 12,24 **|** 41. Fl 3,21 **|** 44. Gn 2,7; 2Cor 3,6.17; Jo 6,63 **|** 47. Gn 2,7 **|** 49. 6,13; Gn 5,3 **|** 51. Mt 24,31; 2Cor 5,4; 1Ts 4,15ss **|** 54. 6,14; Is 25,8; Os 13,14; Rm 7,13

† **15,**29. Paulo refere-se, nos vv. 29-31, aos esforços dos missionários e aos seus também, que seriam inúteis, se não existisse ressurreição dos mortos. **|** 32. As "feras" são os adversários que Paulo enfrentou. **|** 48. O cristão é um homem terrestre como filho de Adão, mas é também um homem celeste por sua união batismal com Cristo ressuscitado. **|** 49. Paulo fala de uma tal transformação do corpo que excede nossa capacidade imaginativa: é uma total transfiguração que torna o homem semelhante ao Cristo ressuscitado. É esse o destino de todos os fiéis.

1 Coríntios 15-16

[56]O aguilhão da morte é o pecado, e a força do pecado é a Lei. [57]Mas, graças a Deus, que nos dá a vitória por meio de nosso Senhor Jesus Cristo!†

[58]Assim, pois, meus amados irmãos,* mostrai-vos firmes e inabaláveis, progredindo sempre na obra do Senhor, sabendo que vossa fadiga não é vã no Senhor.

IV. EPÍLOGO
(16)

16 **Coleta para a Igreja de Jerusalém.** [1]Quanto à coleta em favor dos irmãos,* observai também vós as normas que dei às Igrejas da Galácia†. [2]Que em cada primeiro dia da semana†, cada um de vós coloque à parte* o que conseguiu economizar, sem aguardar minha chegada para recolher os donativos. [3]Quando aí chegar, enviarei, com cartas de apresentação, aqueles que julgardes dignos, para que levem vossas doações a Jerusalém; [4]e, se valer a pena que eu vá também,* eles farão a viagem comigo.

Projetos de viagem. [5]Irei até vós, após ter atravessado a Macedônia; pois vou passar* pela Macedônia. [6]Talvez eu fique convosco ou até mesmo passe o inverno aí, para que me acompanheis aonde quer que eu vá. [7]Pois não quero ver-vos somente de passagem: espero ficar algum tempo convosco,* se Deus quiser. [8]Todavia, ficarei em Éfeso até Pentecostes; [9]pois lá me está aberta uma porta grande* e favorável, embora os adversários sejam muitos.

[10]Se Timóteo chegar aí, cuidai que ele fique sem temor em vosso meio; pois ele trabalha como eu na obra do Senhor. [11]Portanto, ninguém lhe falte ao respeito. Acompanhai-o em paz, para que venha encontrar-se comigo: eu o espero com os irmãos. [12]Quanto a nosso irmão Apolo,* insisti muito com ele para ir até vós com os irmãos, mas ele não quis ir agora de modo nenhum; mas ele irá quando tiver oportunidade†.

Recomendações. [13]Sede vigilantes, ficai firmes na fé,* comportai-vos como homens, sede fortes. [14]Que tudo entre vós se faça no amor.

[15]Mais uma recomendação, irmãos: conheceis a família de Estéfanas, que são as primícias da Acaia; eles se dedicaram ao serviço dos irmãos. [16]Colocai-vos também à disposição destas pessoas* e de todos os que trabalham e cooperam com elas. [17]Fico feliz com a visita de Estéfanas, de Fortunato e de Acaico, que supriram vossa ausência; [18]com efeito, tranquilizaram meu espírito* e o vosso. Sabei, pois, dar valor a tais pessoas.

Saudações finais. [19]As igrejas da Ásia vos saúdam. Áquila e Prisca* vos mandam muitas saudações no Senhor, bem como sua igreja doméstica†. [20]Todos os irmãos vos saúdam. Saudai-vos uns aos outros com um beijo santo.

[21]A saudação é de minha própria mão, Paulo.

[22]Se alguém não ama o Senhor, seja anátema! "Maranatá"†.

[23]A graça do Senhor Jesus esteja convosco!

[24]Eu amo a todos vós em Cristo Jesus.

---

* **15**,58. 2Cor 13,7; Ap 14,13 | **16**,1. At 11,29; 2Cor 8-9; Gl 2,10 | 2. At 20,7 | 4. At 19,21; Rm 15,24; Tt 3,12 | 5. At 18,21; 20,2 | 7. Tg 4,15 | 9. Cl 4,3; At 14,27; Fl 2,20; 1Tm 4,12 | 12. 1,21; 3,6 | 13. Sl 3,25; Ef 6,10; Rm 16,5 | 16. Fl 2,29 | 18. 1Ts 5,12 | 19. At 18,2.26; Rm 16,3.5.16; 2Cor 13,12; 1Pd 5,14; 2Ts 3,17; Ap 22,20

† **15**,57. "Fixo meu olhar no mistério da morte e do além, na luz de Cristo, único a iluminá-lo, e por isso com humilde e serena confiança. E bendigo o Vencedor da morte porque expulsou dela as trevas e revelou sua luz" (Paulo VI). | **16**,1. Diversas vezes Paulo fala de uma coleta em favor dos cristãos de Jerusalém, Rm 15,25s; 2Cor 8–9; Gl 2,10, sinal de comunhão entre as Igrejas existentes no mundo pagão e a Igreja-mãe que vive no centro do judaísmo. | 2. "Reunimo-nos sempre no dia do sol, porque é o primeiro dia, o dia em que Deus, extraindo a matéria das trevas, criou o mundo e, nesse mesmo dia, Jesus Cristo, nosso Salvador, ressuscitou dentre os mortos" (S. Justino, séc. II). | **18**,12. Esse texto mostra a lealdade de Apolo, que evita comparecer em Corinto, para que não renascesse o partido que trazia seu nome, 1,12; 3,4ss. | 19. Lit. "a igreja que se reúne na casa deles". As casas dos cristãos foram as primeiras igrejas, quando ainda não havia templos cristãos. | 22. Expressão aramaica que entrou para a liturgia. Significa "o Senhor vem", no indicativo, ou "Vem, Senhor!", no imperativo, Ap 22,20. Exprime a esperança, o desejo da parusia, profundamente gravados no coração de cada cristão.

SEGUNDA CARTA AOS CORÍNTIOS

Esta carta que Paulo escreveu da Macedônia, no ano 55, poucos meses após ter escrito a primeira aos Coríntios, mostra que a situação da comunidade se agravou, tendo surgido uma crise, em que a autoridade apostólica de Paulo foi contestada por um grupo de judeus, que queriam demolir o trabalho do Apóstolo. Este resolve então ir a Corinto, mas sua visita teve de ser rápida e por isso ele prometeu regressar em breve para ficar mais tempo (2Cor 2,1; 13,1). Sua presença lá não surtiu o efeito desejado; antes, piorou o relacionamento entre a comunidade e Paulo, pois este foi ofendido gravemente por alguém do lugar (2Cor 2,5), talvez por aquele mesmo incestuoso, que Paulo mandara excluir da comunidade (1Cor 5,1-13).

Em vez da visita prometida, Paulo mandou uma carta que, conforme disse, ele escreveu "entre muitas lágrimas" (2Cor 2,3s.9); nela exigia a obediência dos fiéis a sua autoridade (2Cor 2,9) e o castigo para quem o ofendeu (2Cor 7,12). Esse escrito de Paulo certamente se perdeu, mas há autores que consideram os cap. 10–13 da Segunda aos Coríntios como fragmento do texto perdido.

A carta severa, levada por Tito aos coríntios, produziu um efeito salutar, pois fez os culpados "se entristecerem segundo Deus" (2Cor 7,9), isto é, levou-os ao arrependimento verdadeiro. Encontrando-se com Tito na Macedônia, Paulo recebe dele notícias consoladoras sobre a comunidade (2Cor 7,6s). Foi então que escreveu a Segunda aos Coríntios, entregando-a às mãos do próprio Tito para levá-la a Corinto.

Para alguns autores, este escrito é um conjunto de bilhetes que Paulo mandou em várias ocasiões. Nele podemos distinguir três partes: a) cap. 1–7, nos quais Paulo defende seu ministério apostólico, sua sinceridade, procura restabelecer a confiança dos coríntios e mostra como é superior o ministério da Nova Aliança em comparação com o da Antiga. Este ministério é cheio de provações, mas também de esperança, e é exercido em nome de Cristo, para promover a reconciliação do mundo com Deus; b) os cap. 8–9 falam da coleta em favor da Igreja-mãe de Jerusalém, pela qual os coríntios também devem interessar-se, como prova da fraternidade que une as comunidades numa só família; c) finalmente, os cap. 10–13, escritos num tom severo e violento, são uma defesa da autenticidade do ministério de Paulo.

A Segunda aos Coríntios é onde se manifesta melhor o estilo vibrante e toda a pessoa de Paulo; é muito importante pelos dados biográficos que contém, sobretudo na última parte, e porque apresenta múltiplos aspectos da rica personalidade do Apóstolo: um homem, ao mesmo tempo violento e cheio de ternura, forte e fraco, místico e homem de ação.

I. PRÓLOGO
(1,1-11)

1 **Saudação e ação de graças.** ¹Paulo, apóstolo do Cristo Jesus pela vontade de Deus,* e o irmão Timóteo, à Igreja de Deus que está em Corinto, bem como a todos os santos que estão na Acaia inteira; ²graça a vós, e paz da parte de Deus, nosso Pai, e do Senhor Jesus Cristo!

Sofrimentos e consolações do apóstolo. ³Bendito seja o Deus e Pai de nosso Senhor Jesus Cristo,* o Pai misericordioso e Deus de toda a consolação, ⁴que nos consola em toda a nossa aflição, a fim de podermos também nós consolar os que se acham em qualquer aflição com a consolação com que somos consolados por Deus! ⁵Com efeito, assim como os sofrimentos de Cristo* são muitos em nós, assim também, por meio de Cristo, é grande nossa consolação. ⁶Quando somos afligidos, é para vossa consolação e salvação; quando somos consolados, é para vossa consolação, que vos concede suportar com constância os mesmos sofrimentos que nós enfrentamos. ⁷E nossa esperança a vosso respeito é firme: sabemos que, participando dos sofrimentos, participareis também da consolação.

---

* **1**,1. 1Cor 1,1; Rm 1,7 | 3. Rm 15,5; Ef 1,3; 1Pd 1,3 | 5. 4,15.17; Sl 94,18

2 Coríntios 1-2

1388

8Pois não queremos que ignoreis,* irmãos, como a tribulação que nos sobreveio na Ásia† nos maltratou extremamente, além de nossas forças, a ponto de sentirmos tédio da vida. 9Recebemos em nós mesmos a sentença de morte, a fim de aprendermos a não pôr nossa confiança em nós mesmos, mas em Deus* que ressuscita os mortos. 10É ele que nos libertou daquela morte e nos libertará, pela esperança que nele colocamos, de que nos tirará ainda dela, 11graças a vossa colaboração rezando por nós, a fim de que este benefício, que muitas pessoas nos alcançaram, seja para muitos um motivo de ação de graças por nós.

II. PAULO DEFENDE
SEU APOSTOLADO
(1,12–7,16)

Por que Paulo adiou sua visita. 12Nossa glória é o testemunho* de nossa consciência de que nos comportamos no mundo, e mais particularmente para convosco, com a santidade e a sinceridade que vêm de Deus, não com uma sabedoria humana, mas com a graça de Deus. 13Com efeito, nada há em nossas cartas, a não ser o que vós ledes e compreendeis. E espero que compreendereis até o fim, 14como já nos compreendestes em parte,* que nós somos vosso orgulho, como vós sereis o nosso, no dia de nosso Senhor Jesus.

Paulo mostra sua lealdade. 15Nessa convicção eu tinha decidido ir até vós, para receberdes uma segunda graça; 16e passar de vós para a Macedônia e da Macedônia voltar a vós,* e vós me encaminharíeis para a Judeia. 17Fazendo esse projeto, eu teria dado prova* de leviandade? Ou será que meus projetos nascem de intenções humanas,†

de sorte que haja em mim o "sim, sim" e o "não, não"? 18Deus é testemunha de que nossa palavra para vós não é "sim" e "não"†. 19Pois o Filho de Deus, Jesus Cristo, que eu, Silvano e Timóteo anunciamos entre vós, não foi "sim" e "não", mas nele se encontrou sempre o "sim". 20De fato, todas as promessas de Deus têm nele seu "sim"†. Por isso é também por meio dele que nós dizemos nosso "Amém" a Deus* para sua glória. 21E é Deus mesmo que nos confirma, junto convosco, em Cristo, e foi ele que nos deu a unção, 22nos marcou com seu selo e depositou em nossos corações o penhor do Espírito.

23Tomo a Deus por testemunha* sobre minha vida: foi para poupar-vos que não voltei mais a Corinto. 24Não queremos ser senhores de vossa fé; queremos é contribuir para vossa alegria, porque na fé já estais firmes.

2 **Por que Paulo não foi a Corinto.** 1Tomei a decisão comigo mesmo* de não voltar até vós com tristeza. 2Pois, se sou eu que vos faço sofrer, quem pode alegrar-me senão aquele a quem fiz sofrer? 3E escrevi aquelas coisas para não me entristecer quando eu vier, por causa daqueles que deveriam dar-me alegria, bem ciente a respeito de vós todos de que minha alegria é a de todos vós. 4Sim, foi no meio de uma grande aflição* e angústia de coração que vos escrevi, entre muitas lágrimas†, não para vos entristecer, mas para que conheçais a extrema afeição que vos tenho.

Paulo perdoa a quem o ofendeu. 5Se alguém causou sofrimento, não foi a mim; foi em certa medida, sem exagero, a todos vós. 6Mas foi suficiente para aquele homem o castigo aplicado pela maioria, 7de tal modo que vale mais a pena, ao contrário, perdoar-lhe e en-

---

* **1**,8. At 19,23; 1Cor 15,32 | 9. 2Tm 4,18 | 12. 2,17; Hb 13,18; 1Cor 1,17 | 14. 5,12; Fi 2,16 | 16. 1Cor 16,5s | 17. 5,16 | 20. Ap 3,14; Rm 8,16; Ef 1,13s | 23. 11,31; Rm 1,9; 1Pd 5,3 | **2**,1. 12,21; 1Cor 4,21 | 4. 7,8; At 20,31

† **1**,8. A Ásia Menor, cuja capital era Éfeso, onde Paulo acabara de passar mais de dois anos, em 53-56 d.C. Ver At 19,23-34. | 17. Lit. "segundo a carne", movido por considerações humanas. | 18. Sendo apóstolo de Cristo, a Verdade encarnada, Paulo só pode ser semelhante a Ele. | 20. A fidelidade de Deus, manifestada em Jesus, é um apelo à fidelidade dos cristãos. | **2**,4. Não chegou até nós esta carta "escrita entre muitas lágrimas". Um dos cristãos ofendera a autoridade de Paulo na pessoa de um enviado seu.

2 Coríntios 2-3

corajá-lo, para não acontecer que ele venha a se perder por um sofrimento excessivo. ⁸Eu vos peço, pois, que façais prevalecer para com ele a caridade. ⁹Ao escrever-vos, minha intenção* era também vos pôr à prova e ver se vossa obediência é total. ¹⁰Mas a quem vós perdoais, também eu perdoo; pois, se eu perdoei – enquanto tenho alguma coisa a perdoar –, foi por vossa causa, na presença de Cristo. ¹¹Tomemos cuidado para não sermos iludidos por Satanás, cujas tramas não ignoramos.

Inquietação e alívio do Apóstolo. ¹²Quando cheguei a Trôade* para pregar o Evangelho de Cristo, embora uma porta me estivesse aberta no Senhor, ¹³meu espírito não teve sossego, porque lá não encontrei Tito, meu irmão. Por isso, despedi-me deles e parti para a Macedônia.

¹⁴Graças sejam dadas a Deus,* que sempre nos faz triunfar em Cristo† e que, por nós, espalha por todo lado o perfume de seu conhecimento. ¹⁵Pois na verdade somos, para Deus, o bom odor de Cristo,* entre os que se salvam e entre os que se perdem: ¹⁶para uns, um odor que da morte conduz à morte; para outros, um odor que da vida conduz à vida. E quem está à altura de tal tarefa? ¹⁷Com efeito, não somos como aqueles muitos que falsificam a palavra de Deus;* é como homens sinceros, como enviados de Deus, que diante de Deus falamos em Cristo.

3 **A nova aliança é superior à antiga.** ¹Recomeçamos a nos promover?* Ou precisamos, talvez, como certas pessoas, de cartas de recomendação para vós ou de vossa parte? ²Nossa carta sois vós mesmos, carta escrita em nossos corações, conhecida e lida por todos. ³Sim, vós sois evidentemente uma carta de Cristo, redigida por nós, escrita não com tinta, mas com o Espírito do Deus vivo, não em tábuas de pedra,* mas em tábuas de carne, que são vossos corações.

⁴Esta é a confiança que temos diante de Deus por meio de Cristo. ⁵Não que sejamos capazes de pensar alguma coisa como proveniente de nós mesmos; não, nossa capacidade vem de Deus. ⁶Ele nos fez ministros de uma nova aliança,* que não é da letra, mas do Espírito; porque a letra mata, mas o Espírito dá vida.

O ministério cristão. ⁷Ora, se o ministério da morte, gravado em letras sobre pedras, foi rodeado de tal glória, que os israelitas não podiam fitar o rosto de Moisés por causa da glória, embora passageira, de seu rosto, ⁸quanto mais glorioso será* o ministério do Espírito? ⁹Se, com efeito, o ministério da condenação† foi glorioso, quanto mais o ministério da justificação não o supera em glória? ¹⁰Sob esse ponto de vista, comparado com essa glória supereminente,* o esplendor desse primeiro ministério não foi glória. ¹¹Pois, se o que era transitório foi manifestado na glória, quanto mais glorioso não há de ser o que permanece?

¹²De posse de semelhante esperança,* comportamo-nos com muita segurança, ¹³e não como Moisés, que cobria o rosto com um véu, para impedir que os israelitas vissem o fim daquilo que era passageiro†. ¹⁴Mas a inteligência deles se obscureceu.* Com efeito, até o dia de hoje, quando se lê o Antigo Tes-

---

* **2**,9. 7,15; Mt 18,18; Lc 22,31 | 12. At 14,27; 20,1; 1Cor 16,9 | 14. Eclo 24,30 | 15. 1,12; 1Cor 1,18; Lc 2,34; | 17. 1Pd 4,11 | **3**,1. 5,12; 1Cor 9,2; At 18,27 | 3. Êx 24,12; Jr 31,33; Ez 11,19; 36,26 | 6. 2,16; Rm 7,6; 1Cor 11,25; Êx 34,30 | 8. Gl 3,2.5 | 10. Dt 27,26; Ef 3,8s | 12. Êx 34,33s | 14. Rm 11,7.25

† **2**,14. Deus faz os apóstolos participarem de seu cortejo triunfal, como um general que volta vitorioso da batalha. | **3**,9. A Lei antiga era uma aliança de morte, pois ela denunciava o pecado sem dar a força de vencê-lo; quem não a observava era condenado. | 13. Parece que Moisés colocou o véu sobre o rosto para não amedrontar, com seu esplendor, os israelitas. Mas Paulo interpreta Êx 34,33ss dizendo que foi para eles não perceberem o fim daquele esplendor transitório, figura da aliança provisória do AT. | 14. Os judeus não compreendem nem Moisés nem o AT, pois não creem em Jesus Cristo, para o qual converge todo o AT. Só entenderão as profecias quando se tornarem cristãos. Primeiro uso da expressão "Antigo Testamento", a qual sugere que a lei mosaica está superada.

2 Coríntios 3-5

tamento, esse mesmo véu permanece; ele não é levantado, pois é Cristo que o faz desaparecer†. [15]Sim, até o dia de hoje, toda vez que se lê Moisés,* existe um véu sobre o coração deles. [16]Mas quando acontece a conversão ao Senhor, o véu cai. [17]Pois o Senhor é o Espírito, e onde está o Espírito do Senhor, aí há liberdade†. [18]E nós todos que, de rosto descoberto, refletimos como num espelho a glória do Senhor, somos transformados nesta mesma imagem,* indo de glória em glória, conforme a ação do Espírito do Senhor†.

4 **O Evangelho da glória de Cristo.** [1]É por isso que, investidos desse ministério pela misericórdia usada para conosco,* não desanimamos, [2]mas, recusando as dissimulações vergonhosas, não nos comportamos com astúcia, nem falsificamos a palavra de Deus. Bem ao contrário, anunciando abertamente a verdade, recomendamo-nos a toda a consciência humana diante de Deus. [3]Pois, se nosso Evangelho permanece velado, é para os que se perdem* que ele está velado, [4]para aqueles cuja mente incrédula o deus desse mundo† obcecou, a fim de que não vejam resplandecer o Evangelho da glória de Cristo, que é a imagem de Deus. [5]Pois não é a nós que pregamos, mas a Cristo Jesus, o Senhor; nós não somos mais que servos vossos, por amor de Jesus. [6]Com efeito, o Deus que disse: "Das trevas brilhe a luz!"* foi quem brilhou em nossos corações, para fazer resplandecer o conhecimento da glória de Deus, que está na face de Cristo.

Um tesouro em vasos de barro. [7]Mas esse tesouro, nós o trazemos em vasos de barro,* para que se manifeste que

esse extraordinário poder pertence a Deus e não vem de nós. [8]Somos oprimidos de todos os lados, mas não esmagados; angustiados, mas não desesperados; [9]perseguidos, mas não abandonados;* abatidos, mas não aniquilados. [10]Trazemos sempre e por toda a parte em nosso corpo os sofrimentos mortais de Jesus,* a fim de que também a vida de Jesus se manifeste em nosso corpo. [11]De fato, embora estejamos vivos,* somos constantemente entregues à morte por causa de Jesus, a fim de que também a vida de Jesus se manifeste em nossa carne mortal. [12]Assim, a morte faz sua obra em nós, e a vida em vós†.

[13]Mas, possuindo esse mesmo espírito de fé,* do qual diz a Escritura: "Acreditei, por isso falei", nós também acreditamos e é por isso que falamos, [14]sabendo bem que Aquele que ressuscitou o Senhor Jesus nos ressuscitará também a nós com Jesus e nos colocará perto dele, junto convosco. [15]Pois tudo isso é para vós,* a fim de que uma graça mais abundante por meio de mais pessoas faça aumentar a ação de graças para a glória de Deus.

Uma morada eterna nos céus. [16]Por isso não desanimamos.* Pelo contrário, embora nosso homem exterior caminhe para a ruína, o homem interior se renova dia a dia. [17]Sim, a leve tribulação passageira nos obtém, além de toda medida, um peso eterno de glória. [18]Pois não olhamos para as coisas visíveis,* mas para as invisíveis; com efeito, as coisas visíveis duram pouco, e as invisíveis são eternas.

5 **Esperança da glória futura.** [1]Sabemos, com efeito, que, se esta tenda* de nossa morada terrestre vier a ser

---

* **3**,15. Êx 34,34; Rm 11,23-27; Jo 7,39; 8,36; Rm 8,2 | 18. Êx 24,16s | **4**,1. 2,17; 3,6; 1Cor 7,25; 1Ts 2,5 | 3. 1Cor 1,18; Ef 2,2s; 2Ts 2,11; Cl 1,15; Hb 1,3 | 6. Gn 1,3; Is 9,1 | 7. At 9,15 | 9. 1,8; 7,5 | 10. 1Cor 15,31 | 11. Rm 8,36 | 13. Sl 116,10; 1Cor 6,14; 1Ts 4,14 | 15. 1,3-6 | 16. 4,10; Ef 3,16; Rm 8,17 | 18. Hb 11,1.3 | **5**,1. Sb 9,15; 2Pd 1,13s | 2. Rm 8,23; 1Cor 15,53

† **3**,17. Deus é identificado com o Espírito, de modo que Ele não age mais através da letra da Lei. "O Evangelho proclama a liberdade dos filhos de Deus e rejeita toda escravidão que, em última análise, procede do pecado" (Vat. II). | 18. A luz do Cristo ressuscitado reflete-se na vida dos fiéis, transformando-a cada vez mais profundamente. | **4**,4. O deus deste mundo é Satanás, Jo 12,31, que personifica os atrativos perversos capazes de arruinar uma existência humana. | 12. Os trabalhos esgotam fisicamente os apóstolos, mas por meio deles Deus concede a vida aos que creem.

2 Coríntios 5-6

destruída, temos uma casa que é obra de Deus, uma morada eterna, que não é feita por mão humana e que está nos céus†. ²Por isso nós gememos nesta condição, ardentemente desejando vestir, por cima desta,* nossa habitação celeste, ³contanto que, embora despojados, não sejamos achados nus. ⁴Sim, nós que estamos nesta tenda, gememos angustiados; de fato, não queremos ser despidos, mas sim vestir por cima, a fim de que o que é mortal seja absorvido pela vida†. ⁵E quem nos fez para esse destino* é Deus, que nos deu o penhor do Espírito.

⁶Assim, pois, sempre confiamos plenamente, mesmo sabendo que, enquanto moramos neste corpo, vivemos exilados, longe do Senhor, ⁷pois caminhamos na fé e não na clara visão. ⁸Confiamos, pois plenamente* e preferimos deixar este corpo para ir morar junto do Senhor. ⁹Por isso também, seja que moremos neste corpo, seja que o deixemos, esforçamo-nos por lhe agradar. ¹⁰Pois é preciso que todos nós sejamos revelados diante do tribunal de Cristo, para que cada um receba a retribuição pelo que fez quando estava no corpo, seja o bem, seja o mal.

O ministério da reconciliação. ¹¹Conhecendo, pois, o temor do Senhor, procuramos convencer* as pessoas. Quanto a Deus, estamos descobertos diante dele, e espero que também em vossas consciências estejamos descobertos. ¹²Não recomeçamos a nos orgulhar diante de vós, mas vos damos ocasião de vos orgulhardes de nós, a fim de terdes o que responder aos que tiram sua glória daquilo que é aparência e não daquilo que está no coração. ¹³Com efeito, se ficamos fora dos sentidos, era para Deus; se somos sensatos, é para

vós. ¹⁴Pois o amor de Cristo nos impele, quando pensamos que um só morreu por todos, então todos morreram. ¹⁵E ele morreu por todos, a fim de que os que vivem* não vivam mais para si mesmos, mas para Aquele que por eles morreu e ressuscitou.

¹⁶Portanto, de agora em diante não mais conhecemos pessoa alguma* de modo humano; mesmo se conhecemos o Cristo à maneira humana, agora não mais o conhecemos assim†. ¹⁷Por conseguinte, se alguém está em Cristo, é uma nova criatura; as coisas antigas passaram e surgiram novas. ¹⁸E tudo isto vem de Deus, que nos reconciliou consigo por meio de Cristo e nos confiou o ministério da reconciliação†. ¹⁹Pois era Deus que, em Cristo, estava reconciliando o mundo consigo, não levando mais em conta as culpas dos homens e colocando em nossos lábios a mensagem* da reconciliação. ²⁰Somos, portanto, embaixadores de Cristo, e é como se Deus exortasse por meio de nós. Em nome de Cristo vos suplicamos: deixai-vos reconciliar com Deus! ²¹Aquele que não tinha experiência de pecado,* Deus o fez pecado por nós†, para que nele nos tornássemos justiça de Deus.

6 **Ministros de Deus.** ¹E já que somos seus cooperadores, exortamo-vos a não receberdes em vão a graça de Deus. ²Pois ele diz:* "No tempo favorável eu te atendi e no dia da salvação te socorri". É agora o tempo favorável, é agora o dia da salvação.*

³A ninguém damos motivo algum de escândalo, para que nosso ministério não seja insultado. ⁴Ao contrário, afirmamo-nos em tudo como ministros de Deus:* por uma grande constância

---

* **5**,5. Rm 8,16.23; Ef 1,13s | 8. Hb 11,13; 1Cor 13,12; Fl 1,23; At 17,31; Rm 2,16; 14,10 | 11. 1,13; 4,2 | 15. 1Tm 2,6; Rm 14,7s | 16. Rm 8,1.10; Gl 6,15; Ef 2,10.15; Cl 3,9s; Ap 21,5; Is 65,17 | 19. Rm 3,24; 5,10; Cl 1,19s; Is 52,7 | 21. Jo 8,46; Rm 8,3; 1Cor 1,30; Gl 3,13; 1Pd 2,22.24 | **6**,2. Is 49,8 / 2Cor 4,2; Lc 4,18s; | 4. 1Cor 4,8-12; 11,23-27

† **5**,1. Esta morada é o corpo ressuscitado, 1Cor 15,44s. | 4. Paulo preferiria passar da condição corpórea e material à nova e definitiva condição, sem passar pela morte. Gostaria de estar vivo na segunda vinda de Cristo, para que sua existência presente fosse transfigurada, sem antes ser despojada pela morte. | 16. Paulo não quer dizer que conheceu Jesus pessoalmente; diz que quando era fariseu fazia dele uma ideia errada. | 18. Ser apóstolo é testemunhar a reconciliação de Deus e anunciá-la a todos. | 21. Deus tornou-o membro da humanidade pecadora, Gl 3,13; ou fez dele "um sacrifício pelo pecado", Lv 4,3.

2 Coríntios 6-7

nas tribulações, nas necessidades, nas angústias, [5]nos açoites, nas prisões, nos tumultos, nas fadigas, nas vigílias, nos jejuns; [6]pela pureza, pela ciência,* pela paciência, pela benignidade, no Espírito Santo, por uma caridade não fingida, [7]pela palavra da verdade, pelo poder de Deus; pelas armas ofensivas e defensivas† da justiça; [8]na honra e na humilhação, na má e na boa reputação; tidos por impostores* e no entanto sendo verazes; [9]tidos por gente obscura, embora sejamos conhecidos; por pessoas que vão morrer, e eis-nos vivos; por gente que é castigada, mas sem ser levada à morte; [10]por pessoas tristes, mas sempre alegres; por pobres, mas enriquecendo a muitos, por gente que nada tem, mas possuindo tudo.

[11]Falamo-vos com toda a liberdade, coríntios; nosso coração abriu-se de par em par. [12]Vós não estais na estreiteza entre nós;* é em vosso coração que estais na estreiteza. [13]Então pagai-nos com igual retribuição; eu vos falo como a filhos: abri vosso coração de par em par.

É preciso optar. [14]Não formeis com os infiéis* uma ligação heterogênea. Com efeito, que afinidade pode haver entre a justiça e a impiedade? Que união entre a luz e as trevas? [15]Que entendimento entre Cristo e Belial?† Que associação entre o fiel e o infiel? [16]Que acordo entre o templo de Deus* e os ídolos? Ora, nós somos o templo do Deus vivo, assim como Deus disse: "Habitarei no meio deles e aí caminharei; serei seu Deus, e eles serão meu povo". [17]Portanto, "saí do meio de tal gente e mantende-vos à parte – diz o Senhor. Nada toqueis de impuro, e eu vos acolherei; [18]serei para vós um pai,* e vós sereis para mim filhos e filhas, diz o Senhor todo-poderoso".

7 Paulo manifesta aos coríntios seu afeto. [1]De posse de tais promessas, caríssimos, purificai-vos de toda mancha da carne e do espírito, completando nossa santificação no temor de Deus.

[2]Dai-nos lugar em vossos corações.* A ninguém lesamos, a ninguém prejudicamos, a ninguém exploramos. [3]Não digo isso para vos condenar. Já vos disse que estais em nossos corações para a vida e para a morte. [4]Tenho grande confiança em vós* e de vós tenho muito orgulho. Estou cheio de consolação; transbordo de alegria em toda a nossa tribulação.

[5]De fato, quando chegamos à Macedônia, não tivemos sossego. De todos os lados, tribulações: fora, lutas; dentro, temores. [6]Mas o Deus que consola os humildes nos consolou pela chegada de Tito, [7]e não só por sua chegada, mas também pela consolação que recebeu de vós.* Ele nos comunicou vosso ardente desejo, vossa dor, vossa solicitude por mim, de tal modo que em mim a alegria aumentou.

[8]Na verdade, se vos contristei por minha carta, não o lamento. E se o lamentei – vejo bem que esta carta vos entristeceu, mesmo que tenha sido só por um momento –, [9]alegro-me com isso agora. Não por vossa tristeza, mas porque esta tristeza vos levou ao arrependimento. Pois vos entristecestes segundo Deus, de tal modo que de nossa parte não sofrestes nenhum prejuízo. [10]Com efeito, a tristeza segundo Deus* produz um arrependimento irrevogável que leva à salvação, ao passo que a tristeza do mundo produz a morte. [11]Olhai antes o que esta tristeza segundo Deus produziu em vós: que solicitude, que desculpas, que indignação, que temor, que desejo ardente, que zelo, que punição! Mostrastes de todos os modos que éreis inocentes neste parti-

---

* **6**,6. 1Tm 4,12; 1Cor 2,4 | 8. 4,10s | 12. 1Cor 4,14 | 14. Ef 5,11 | 16. 1Cor 3,16; Lv 26,12; Ez 37,27; Ap 18,4 | 18. 2Sm 7,14; Is 43,6; Jr 31,9; 32,38; Os 1,10 | **7**,2. 12,17; At 20,33ss | 4. 1,3-7; 2,12ss; At 20,1s | 7. Is 66,2 | 10. Mt 27,3ss; Hb 12,17

† **6**,7. Lit. "da (mão) direita e da esquerda". | 15. Termo hebraico que significa "o nada" e designava os ídolos e Satanás.

cular. ¹²Por isso também, se vos escrevi, não foi por causa* do ofensor nem por causa do ofendido, mas para que se manifestasse vossa solicitude por nós diante de Deus. ¹³Foi isto que nos consolou.

A esta nossa consolação juntou-se uma alegria bem maior ainda, a de ver a alegria de Tito, cujo espírito foi tranquilizado* por todos vós. ¹⁴Pois, se diante dele eu me orgulhei de vós por alguma coisa, não tive de que me envergonhar. Ao contrário, assim como em tudo vos dissemos a verdade, assim também aquilo de que nos orgulhamos diante de Tito se mostrou verídico. ¹⁵E o afeto dele para convosco se redobra,* quando se lembra da obediência de todos vós e de como o recebestes com temor e reverência. ¹⁶Alegro-me porque posso contar convosco em tudo.

III. A COLETA PARA OS POBRES DE JERUSALÉM
(8–9)

8 **Elogio das igrejas da Macedônia.** ¹Queremos dar-vos a conhecer,* irmãos, a graça que Deus concedeu às Igrejas da Macedônia. ²Entre as múltiplas tribulações que as provaram, a alegria delas transborda, e sua profunda pobreza expandiu-se entre elas em tesouros de generosidade. ³Pois segundo seus recursos, eu o atesto, e além de seus recursos, espontaneamente, ⁴pediram-nos com muita insistência* o favor de participar deste serviço† em favor dos irmãos. ⁵Ultrapassando mesmo nossa expectativa, eles se ofereceram a si mesmos, primeiro ao Senhor, depois a nós, pela vontade de Deus. ⁶Por isso pedimos a Tito que levasse a bom termo entre vós esta obra generosa, já que ele a havia começado.*

Convite aos coríntios a imitar a generosidade deles. ⁷E como sois ricos em tudo: na fé, na palavra, no conhecimento, em toda espécie de solicitude e no amor que vos ensinamos, sede ricos também neste gesto de generosidade. ⁸Não é uma ordem que estou dando; quero apenas, pela solicitude dos outros, provar a sinceridade de vosso amor. ⁹Com efeito, conheceis a generosidade* de nosso Senhor Jesus Cristo: era rico e se fez pobre por vossa causa, para enriquecer-vos por meio de sua pobreza. ¹⁰É, pois, um simples conselho que dou sobre isso; e é o que vos convém a vós, que, desde o ano passado, fostes os primeiros não só a empreender esta obra, mas também a decidi-la. ¹¹Agora, pois, realizai-a, para que, assim como vossa vontade foi pronta, assim também ela se realize,* de acordo com vossos recursos. ¹²Quando existe boa vontade, a pessoa é aceita conforme o que tem e não conforme o que não tem†. ¹³Não é que, para socorrer os outros, tenhais de sofrer privações, mas quero que haja igualdade. ¹⁴Vossa fartura agora* deve ser colocada a serviço da penúria deles, a fim de que a fartura deles sirva algum dia a vossa penúria, e assim haja igualdade, ¹⁵como está escrito: "Quem muito recolhera nada teve de sobra, e quem pouco recolhera não sentiu falta de nada"†.

Os encarregados da obra de caridade. ¹⁶Dou graças a Deus, que põe no coração de Tito a mesma solicitude por vós. ¹⁷Pois ele respondeu a meu apelo e, mais solícito que nunca, de própria iniciativa ele vai até vós. ¹⁸Com ele enviamos o irmão que é elogiado em todas as igrejas pela pregação do Evangelho. ¹⁹Mais ainda: ele foi também designado pelas igrejas* como nosso companheiro nessa obra de caridade, à qual nos consagramos para a glória

---

* **7**,12. 2,4 | 13. 1Cor 16,18 | 15. 2,9 | **8**,1. Rm 15,26 | 4. 9,1; At 11,29 | 6. 1Cor 1,5; 16,1s | 9. Mt 8,20 | 11. Pr 3,27s | 14. Tb 4,9; Mc 12,43s; Êx 16,18 | 19. 1Cor 13,3

† **8**,4. O "serviço" é a coleta em favor dos cristãos de Jerusalém, que sofriam privações, Rm 15,26. A coleta comprova que o amor de Cristo derrubou o muro que separava judeus e gentios, Ef 2,13-17. | 12. É a lição da história do óbolo da viúva, Mc 12,43s: Deus não olha a quantia dada, mas a disposição com que é dada. | 15. O texto citado, Êx 16,18, mostra como se realizou no deserto uma distribuição justa do maná, impedindo toda acumulação.

2 Coríntios 8-10

do Senhor e para demonstrar o impulso de nosso coração. ²⁰Com isso queremos evitar toda censura a respeito dessas grandes quantias de que somos encarregados, ²¹pois "nos preocupamos com o que é bom, não somente diante de Deus,* mas também diante dos homens". ²²Com eles enviamos também aquele nosso irmão, cuja solicitude experimentamos tantas vezes e em muitas circunstâncias, e que agora se mostra muito mais solícito, em razão da grande confiança que tem em vós. ²³Quanto a Tito, é meu companheiro* e meu colaborador junto de vós; quanto a nossos irmãos, são os delegados das igrejas, são a glória de Cristo. ²⁴Dai, pois, a eles, diante das igrejas, a prova de vosso amor e do bom fundamento de nosso orgulho* a vosso respeito.

9 **Doar com generosidade e alegria.** ¹Quanto a esse serviço em favor dos irmãos,* é supérfluo para mim escrever-vos. ²Pois conheço vossa disponibilidade e por ela vos elogio junto dos macedônios, dizendo: "A Acaia está pronta desde o ano passado"; e vosso zelo foi um estímulo para grande número de pessoas. ³Todavia, eu vos envio os irmãos,* para que o orgulho que sentimos por vós não seja aniquilado neste ponto, e vós estejais prontos, como eu disse. ⁴De outra forma, se alguns macedônios vierem comigo e não vos acharem prontos, nossa confiança redundará em confusão para nós, para não dizer, para vós também. ⁵Portanto, julguei de meu dever convidar os irmãos a nos precederem no meio de vós e a organizarem de antemão vossa campanha já anunciada, a fim de que ela esteja pronta como uma generosidade e não como uma avareza.

⁶Pensai nisto: quem semeia pouco,* pouco recolherá; quem semeia com largueza recolherá com largueza.

⁷Que cada um dê conforme decidiu em seu coração, não com tristeza ou por obrigação; pois "Deus ama a quem doa com alegria". ⁸Aliás, Deus tem o poder de vos enriquecer de toda espécie de graça, de sorte que, tendo sempre o necessário em tudo, possais fazer generosamente toda boa obra, ⁹como está escrito: "Distribuiu, deu aos pobres;* sua justiça permanece para sempre".

Frutos da esmola. ¹⁰Aquele que fornece ao trabalhador a semente* e o pão que o sustenta vos dará também a semente em abundância e fará crescer os frutos de vossa justiça. ¹¹Enriquecidos de todo modo, podereis praticar toda generosidade, a qual, por nosso intermédio, fará subir para Deus a ação de graças. ¹²Pois o serviço desta oferenda sagrada* não somente atende às necessidades dos irmãos, mas é também causa de numerosas ações de graças a Deus. ¹³Pela bonita prova deste serviço, eles agradecem a Deus vossa obediência, vossa profissão do Evangelho de Cristo e a generosidade de vossa comunhão com eles e com todos. ¹⁴E, rezando por vós, manifestam seu afeto para convosco, em razão da graça extraordinária que Deus derramou sobre vós. ¹⁵Graças sejam dadas a Deus por esse seu dom inefável!

IV. APOLOGIA PESSOAL DE PAULO (10,1–13,10)†

10 **Paulo defende seu apostolado.** ¹Sou eu, Paulo, em pessoa, que vos peço,* pela doçura e pela bondade de Cristo; eu, tão humilde diante de vós, mas tão ousado convosco quando estou longe. ²Eu vos peço que façais de tal modo que, quando eu chegar aí, não tenha de usar* com ousadia aquela severidade, que penso dever usar contra alguns que imaginam que nós cami-

---

* **8**,21. Pr 3,4; Rm 12,17 | 23. 7,13; 12,18; Rm 16,7 | 24. 7,14 | **9**,1. 8,4.10.20 | 3. 8,24 | 6. Pr 11,24; 19,17; Rm 12,8; 1Cr 29,17 | 9. Sl 112,9 | 10. Is 55,10; Os 10,12 | 12. 8,14 | **10**,1. 1Cor 2,3; Gl 5,2 | 2. 10,11; 1Cor 4,21

† **IV**. O final da carta, cap. 10–13, é escrito num tom severo e por vezes violento, completamente diverso da seção anterior. Esses capítulos são uma carta independente, escrita no mesmo ano 55, mas alguns meses depois dos cap. 1–9. Paulo ataca duramente seus adversários, cristãos ainda ligados ao judaísmo.

1395   2 Coríntios 10-11

nhamos segundo a carne. [3]Vivemos na carne, é verdade, mas não combatemos segundo a carne. [4]Não, as armas de nosso combate não são carnais,* mas têm em Deus o poder de derrubar fortalezas. Destruímos os sofismas [5]e toda potência altaneira que se levanta contra o conhecimento de Deus, e subjugamos todo pensamento para levá-lo a obedecer a Cristo. [6]E estamos prontos a castigar toda desobediência, desde que vossa obediência seja perfeita.

[7]Rendei-vos à evidência. Se alguém se orgulha de pertencer a Cristo, considere que, se ele é de Cristo, nós também o somos. [8]E, mesmo se eu me orgulhar* um pouco demais de nosso poder, que o Senhor nos deu para vossa edificação e não para vossa ruína, disso não me envergonharei. [9]Pois não quero dar a impressão de atemorizar-vos com minhas cartas. [10]Porque dizem: "As cartas são enérgicas e severas;* mas sua presença física é fraca, e sua palavra é desprezível". [11]Quem assim fala considere bem: o que, quando ausentes e em palavras, nós somos em nossas cartas, nós o seremos também em nossos atos, quando estivermos presentes.

A verdadeira glória. [12]Sem dúvida, não temos a audácia* de nos igualar nem de nos comparar a certas pessoas que se elogiam a si próprias. Medindo-se elas próprias com a medida delas e comparando-se consigo mesmas, não têm bom senso. [13]Quanto a nós, não vamos gloriar-nos em excesso, mas tomaremos como medida a própria regra que Deus nos indicou com medida, fazendo-nos chegar até vós. [14]Pois não nos estendemos de maneira indevida, como seria o caso se não tivéssemos chegado até vós; de fato, chegamos até vós com o Evangelho* de Cristo. [15]Não nos gloriamos além da medida, à custa do trabalho de outros, mas temos a esperança, com os progressos de vossa fé, de

crescer ainda* em vossa consideração, segundo nossa medida, [16]para evangelizar regiões mais distantes que a vossa, em lugar de pisar terreno de outros e de nos gloriarmos de trabalhos feitos por eles. [17]"Quem se gloria, glorie-se no Senhor".* [18]Não é aquele que se recomenda que é homem de valor, mas aquele que o Senhor recomenda.

11 **Paulo e os falsos apóstolos.**
[1]Oh! Se pudésseis suportar de minha parte um pouco de loucura! Mas, sem dúvida, me suportais. [2]Com efeito, sinto por vós* uma paixão divina; pois eu vos desposei como esposo único, como virgem pura a se apresentar a Cristo[†]. [3]Mas tenho medo de que, como a serpente seduziu Eva por sua astúcia, assim vossos pensamentos se corrompam e se afastem da simplicidade e da pureza para com Cristo. [4]Se, com efeito, o primeiro que vier* vos anuncia um outro Jesus, diferente do que vos pregamos, e se trata de receber um espírito diferente daquele que recebestes, ou um Evangelho diferente do que acolhestes, estais bem dispostos a aceitá-lo. [5]Acho, porém, que em nada sou inferior* a esses superapóstolos. [6]Se sou apenas um amador em termos de eloquência, não o sou, porém, quanto à ciência, como em tudo e diante de todos o temos demonstrado.

Desinteresse do apóstolo. [7]Minha falta seria então de anunciar-vos gratuitamente o Evangelho, rebaixando-me para vos exaltar? [8]Despojei outras igrejas, recebendo delas meu sustento para servir a vós. [9]E quando, uma vez entre vós, me vi em necessidade,* a ninguém fui pesado, pois foram os irmãos vindos da Macedônia que atenderam a minhas necessidades. De todo modo evitei ser-vos pesado e o evitarei. [10]Tão certo que a verdade de Cristo* está em mim,

---

* **10,**4. Ef 6,13-17 | 8. 12,6; 1Cor 5,4s | 10. 10,1; 13,2.10 | 12. 3,1; 5,12 | 14. Rm 15,20 | 15. At 19,21 | 17. Jr 9,23s; 1Cor 1,31; 4,5 | **11,**2. Ef 5,2-7.26s; Gn 3,4.13 | 4. 12,11; Gl 1,8s | 5. 1Cor 2,1.13; 15,10; Gl 2,6.9; Ef 3,4 | 9. 12,13; 1Cor 9,12.18; Fl 4,10-15 | 10. 1Cor 9,15

† **11,**2. Assim como Javé é o esposo apaixonado de Israel, Êx 20,5, assim Cristo o é da Igreja, Ef 5,22s; Ap 21,2.

2 Coríntios 11-12

jamais este motivo de orgulho me será tirado na região da Acaia. ¹¹Por quê? Porque não vos amo? Deus o sabe. ¹²E o que faço, continuarei a fazê-lo, a fim de retirar todo pretexto aos que gostariam de ter um, para parecerem iguais a nós naquilo de que se orgulham. ¹³Pois tais pessoas são falsos apóstolos,* operários enganadores, disfarçados em apóstolos de Cristo. ¹⁴E não é de admirar: o próprio Satanás se disfarça em anjo de luz. ¹⁵Não surpreende, pois, que seus ministros* também se disfarcem em ministros de justiça. Mas seu fim será de acordo com suas obras.

Sofrimentos de Paulo. ¹⁶Eu o repito e que não me tomem por louco; ou senão, podem tomar-me por louco, para que eu possa também me gloriar um pouco. ¹⁷O que direi, não o direi segundo o Senhor, mas como um louco, na segurança que tenho de poder gloriar-me. ¹⁸Já que tantos se orgulham segundo a carne, vou também me orgulhar. ¹⁹De boa vontade suportais os loucos, vós que sois sensatos! ²⁰Sim, suportais que vos escravizem, devorem, explorem, tratem com arrogância e vos batam no rosto. ²¹Digo-o para vossa vergonha, como se tivéssemos sido fracos.

Mas disso de que ousam orgulhar-se – é como louco que falo – ouso orgulhar-me também eu. ²²Eles são hebreus? Eu também.* São israelitas? Eu também. São descendentes de Abraão? Eu também. ²³São ministros de Cristo? Vou dizer uma loucura: eu o sou mais que eles. Muito mais pelos trabalhos, muito mais pelas prisões, infinitamente mais pelas chicotadas, muitas vezes à beira da morte. ²⁴Cinco vezes recebi dos judeus as trinta e nove chicotadas†; ²⁵três vezes fui flagelado;* uma vez apedrejado; três vezes naufraguei; passei uma noite e um dia à deriva. ²⁶Fiz viagens sem conta, passei por perigos dos rios, perigos dos assaltantes, perigos de meus compatriotas, perigos dos pagãos, perigos da cidade, perigos do deserto,* perigos do mar, perigos entre falsos irmãos! ²⁷Trabalho e fadiga, vigílias sem número, fome e sede, frequentes jejuns, frio e nudez. ²⁸E além de todas essas coisas exteriores, minha preocupação de cada dia, o cuidado de todas as igrejas! ²⁹Quem é fraco, que eu não seja fraco? Quem vem a cair, que um fogo não me queime? ³⁰Se é preciso gloriar-se,* é de minha fraqueza que me gloriarei. ³¹O Deus e Pai do Senhor Jesus – que é bendito para sempre! – sabe que não minto. ³²Em Damasco, o governador do rei Aretas mandou vigiar a cidade dos damascenos para me prender, ³³e foi por uma janela, num cesto, que me desceram ao longo da muralha, e assim escapei de suas mãos.*

12 **Visões e revelações.** ¹É preciso gloriar-se? Mas isso não convém. Contudo, vou falar das visões e revelações do Senhor. ²Conheço um homem em Cristo que, quatorze anos atrás – se no corpo ou fora do corpo, não sei, Deus o sabe – foi arrebatado ao terceiro céu†. ³E sei que este homem – se no corpo ou sem o corpo, não sei; Deus o sabe – ⁴foi arrebatado ao paraíso* e ouviu palavras inefáveis, que o homem não pode repetir. ⁵Por este homem me orgulharei;* mas por mim não me orgulharei, senão de minhas fraquezas. ⁶Se quisesse orgulhar-me, não seria louco,* porque diria a verdade. Mas disso me abstenho, para não fazerem de mim uma ideia superior ao que veem em mim ou ouvem de mim.

⁷E porque essas revelações eram extraordinárias, para que não me orgulhasse, foi-me dado um espinho* na carne†, um anjo de Satanás encarrega-

---

* **11,**13. Fl 3,2 | 15. 12,6; Ef 6,8 | 22. Fl 3,5; 1Cor 15,10 | 25. At 16,22 | 26. 1Cor 4,12 | 30. 1,23; 12,5 | 33. At 9,24s | **12,**4. Lc 23,43; Ap 2,7 | 5. 11,30 | 6. 11,6 | 7. Jó 2,6; Rm 9,2

† **11,**24. Pela lei, Dt 25,3, o máximo de chicotadas aplicadas a um criminoso era 40; para não ultrapassar este número, os judeus paravam na 39ª. Não sabemos quando Paulo sofreu essas punições. | **12,**2. Este homem é o próprio Paulo, que revela uma experiência mística sua. O terceiro céu era o de Deus, depois da atmosfera terrestre e do céu dos astros. Conforme outros, havia sete céus. | 7. Este espinho pode simbolizar uma doença, Gl 4,13ss, que, na tradição hebraica, era obra do demônio; talvez a resistência de seus irmãos judeus à pregação evangélica ou as perseguições sofridas.

2 Coríntios 12-13

do de me bater – para que eu não me orgulhasse. [8]Por isso, três vezes pedi ao Senhor para o afastar de mim. [9]E ele me disse: "Basta-te minha graça:* pois o poder se manifesta plenamente na fraqueza". É, pois, de boa vontade que me orgulharei sobretudo de minhas fraquezas, para que habite em mim o poder de Cristo. [10]Por isso me comprazo em minhas fraquezas,* nas injúrias, nos sofrimentos, nas perseguições, nas angústias suportadas por Cristo; pois quando sou fraco, é então que sou forte.

Traços distintivos do apóstolo. [11]Tornei-me louco. Fostes vós que me obrigastes a isso.* Era a vós que competia recomendar-me. Pois de modo algum fui inferior a estes superapóstolos, embora eu nada seja. [12]Os traços distintivos do apóstolo,* vós os vistes realizar-se no meio de vós: perfeita constância, sinais, prodígios e milagres. [13]O que tivestes de menos* que outras igrejas, a não ser que pessoalmente não vos fui pesado? Perdoai-me esta injustiça...

[14]Estou pronto a ir ter convosco pela terceira vez* e não vos serei incômodo; pois o que estou buscando não são vossos bens, mas vós mesmos. Com efeito, não compete aos filhos juntar tesouros para os pais, mas sim os pais para os filhos. [15]Quanto a mim, com toda a boa vontade,* farei gastos e me gastarei todo inteiro por vossas almas. Se vos amo mais intensamente, terei de ser menos amado?

[16]Que seja, dirão: pessoalmente não vos afligi; mas, esperto como sou, eu vos conquistei pela astúcia. [17]Eu vos teria explorado por algum daqueles que vos mandei? [18]Insisti com Tito* e com ele mandei aquele irmão. Tito os teria explorado? Não caminhamos no mesmo espírito? Não seguimos os mesmos traços?

[19]Já faz tempo que imaginais* que estamos fazendo nossa defesa diante de vós. É diante de Deus, no Cristo, que falamos. E tudo isso, caríssimos, é para vossa edificação. [20]Receio, com efeito, que a minha chegada eu não vos encontre tais como gostaria e que vós me encontreis tal como não quereríeis. Que não haja discórdias, invejas, rancores, rivalidades, maledicências, intrigas, arrogâncias,* desordens. [21]Receio que em minha próxima visita meu Deus me humilhe diante de vós e que eu tenha de chorar sobre muitos dos que pecaram antes e não fizeram penitência por seus atos de impureza, fornicação e luxúria.

13 O apóstolo será juiz severo.

[1]É a terceira vez que vou até vós.* "Toda questão se resolverá pela palavra de duas ou três testemunhas"†. [2]Eu já disse aos que pecaram antes e a todos os outros, e torno a dizê-lo de antemão hoje que estou ausente, como em minha segunda visita: se eu voltar aí, desta vez não terei compaixão. [3]Quereis uma prova de que Cristo fala em mim, ele que não é fraco em relação a vós, mas que é poderoso entre vós. [4]Sem dúvida, ele foi crucificado em razão de sua fraqueza,* mas está vivo pelo poder de Deus. E nós também somos fracos nele, mas estaremos vivos com ele, pelo poder de Deus, em nosso comportamento a vosso respeito.

[5]Examinai-vos a vós mesmos,* vede se estais na fé. Experimentai-vos a vós mesmos. Não reconheceis que Jesus Cristo está em vós? A não ser talvez que a prova se volte contra vós. [6]Espero que reconheçais que não somos reprovados. [7]Pedimos a Deus que não façais nenhum mal, não para aparecermos como aprovados, mas para que façais o bem, ainda que sejamos reprovados. [8]Pois nenhum poder temos contra a verdade,* mas só a favor da verdade. [9]Sim, nós nos alegramos quando somos fracos e vós sois fortes. E rezamos para que vos torneis perfeitos. [10]Eis por que vos escrevo isto, estando ausente: para não ter de usar,*

---

* **12**,9. 4,7-16 | 10. Fl 4,13 | 11. 11,5 | 12. Rm 15,19 | 13. 11,9 | 14. 13,1 | 15. Fl 2,17 | 18. 8,6.16s | 19. 2,17; 3,1 | 20. 2,1; 3,2 | **13**,1. 12,14 Dt 19,15; Mt 18,36; 1Tm 5,19 | 4. Fl 2,7s | 5. 1Cor 11,28 | 8. 1Cor 13,6 | 10. 2,3; 10,8.11

† **13**,1. Esta é a norma estabelecida em Dt 19,15, repetida em Mt 18,16.

2 Coríntios 13

uma vez presente, de severidade em virtude do poder que o Senhor me deu para edificar e não para destruir.

IV. EPÍLOGO
(13,11-13)

Recomendações e saudações finais.
¹¹De resto, irmãos, sede alegres,* tendei à perfeição, encorajai-vos uns aos outros. Tende os mesmos sentimentos, vivei em paz, e o Deus do amor e da paz estará convosco.

¹²Saudai-vos mutuamente com um beijo santo. Todos os irmãos vos saúdam.

¹³Que a graça do Senhor Jesus Cristo, o amor de Deus e a comunhão do Espírito Santo† estejam com todos vós!

---

* **13**,11. Fl 3,1; 4,4; Rm 15,33; 1Cor 16,20

† **13**,13. O amor do Pai se manifesta na graça de Cristo, a qual gera a comunhão do Espírito Santo, ou seja, a fraternidade que é obra dele e cria a comunhão com Ele. Esta fórmula trinitária, a mais perfeita e completa de todas as que encontramos no NT, foi incluída na liturgia da Missa como saudação inicial. Ver outras fórmulas em Rm 15,16.30; 1Cor 12,4ss; Gl 4,6.

CARTA AOS GÁLATAS

Os gálatas são provavelmente os descendentes de três tribos gaulesas que, no século III a.C., se estabeleceram na Ásia Menor, entre a Capadócia e o Ponto. Os Atos dos Apóstolos referem, sem maiores detalhes, que Paulo evangelizou a Galácia – região situada em torno da atual capital turca, Ancara – na segunda e na terceira viagens missionárias (At 16,6 e 18,25).

Sabemos que as Igrejas gálatas eram formadas sobretudo de convertidos do paganismo (Gl 4,8; 5,2; 6,12s). O que faz Paulo escrever aos gálatas é uma crise local, provocada por judaizantes, que pregavam a necessidade da observância da lei mosaica. Diziam que, para ser cristão, o pagão convertido precisava primeiro fazer-se judeu. Esse tipo de problema já nos é conhecido no livro dos Atos dos Apóstolos; foi, aliás, uma questão central na assembleia no concílio de Jerusalém, em que a opinião de Paulo, em favor da liberdade cristã, fora vitoriosa.

Depois de ter convencido os gálatas com sua pregação, Paulo agora, indignado, os vê cedendo a essa doutrina, que de novo os reduz à escravidão e torna inútil a libertação obtida por Cristo (Gl 5,1-2).

Esta carta, ele a deve ter escrito de Éfeso, no ano 54, antes de escrever a carta aos Romanos, que retoma, com mais tranquilidade e reflexão, os temas abordados com veemência na carta aos Gálatas.

Paulo descreve como recebeu de Cristo Ressuscitado a vocação de pregar o Evangelho aos pagãos; explica a gratuidade da salvação e mostra que seu Evangelho se resume na salvação pela fé no Cristo Crucificado. Em seguida mostra com provas tiradas da Bíblia, que a salvação vem pela fé e não pelas obras da lei; e também exorta seus leitores a não voltarem à escravidão. Finalmente ensina como se deve viver na liberdade cristã, seguindo os desejos do Espírito e não os da carne.

Esta carta tem valor permanente como afirmação clara e firme da liberdade do cristão e da universalidade da Igreja.

I. A DOUTRINA DE PAULO É A MESMA DOS APÓSTOLOS (1,1–2,14)

1 **Saudação.** ¹Paulo, apóstolo, não da parte dos homens,* nem por meio de um homem, mas por meio de Jesus Cristo e de Deus Pai† que o ressuscitou dos mortos, ²e todos os irmãos que estão comigo, às Igrejas da Galácia. ³Graça a vós e paz, da parte de Deus nosso Pai e do Senhor Jesus Cristo, ⁴que se entregou por nossos pecados,* a fim de nos livrar do presente mundo mau†, segundo a vontade de Deus, nosso Pai, ⁵a quem seja dada glória nos séculos dos séculos! Amém. **Só existe um Evangelho.** ⁶Estou admirado por terdes abandonado tão depressa Aquele que vos chamou pela graça de Cristo e terdes passado a outro Evangelho. ⁷Não que haja outro Evangelho, mas há pessoas que vos perturbam e querem subverter o Evangelho de Cristo. ⁸Mas se alguém – nós mesmos ou um anjo* do céu – vos anunciar um evangelho diferente daquele que vos anunciamos, seja anátema!† ⁹Como já dissemos, agora volto a repetir: se alguém vos anunciar um evangelho diferente daquele que recebestes, seja anátema! ¹⁰Pois é talvez o favor dos homens que busco ou, antes, o de Deus? Por acaso procuro agradar aos homens? Se ainda agradasse aos homens, eu não seria servo de Cristo†.

---

* **1**,1. 1,11s | 4. 1Tm 2,6; 1Jo 5,19 | 8. 2Cor 11,4

† **1**,1. Paulo afirma sua condição de apóstolo: apesar de não ser do número dos Doze; foi escolhido diretamente por Jesus Ressuscitado, que lhe apareceu no caminho de Damasco, At 9,4s. Seus adversários negavam esta sua condição. | 4. O mal ainda reina no mundo, por isso Paulo o considera mau. | 8. Seja excluído da comunidade, Dt 7,26; 1Cor 5,5. | 10. Os adversários de Paulo o acusavam de mitigar o Evangelho, eliminando as práticas da lei, para conquistar a simpatia dos ouvintes.

Gálatas 1-2

A vocação de Paulo. [11]Meus irmãos, eu vos declaro* que o Evangelho que anunciei não segue o modelo humano†, [12]pois eu o recebi e aprendi não de algum homem, mas por revelação* de Jesus Cristo. [13]Certamente ouvistes falar de minha antiga conduta no judaísmo, como eu perseguia ao máximo a Igreja de Deus e a devastava, [14]superando no judaísmo a maior parte dos compatriotas de minha idade, e me distinguia no zelo pelas tradições de meus pais.

[15]Quando, porém, aquele que me separou* desde o seio materno e me chamou† por sua graça [16]dignou-se revelar em mim seu Filho, para que eu o proclamasse entre os pagãos, não consultei a ninguém†, [17]nem subi a Jerusalém para me encontrar com os que eram apóstolos antes de mim, mas fui imediatamente para a Arábia e voltei de novo a Damasco. [18]Em seguida, após três anos, subi a Jerusalém* para visitar Cefas† e fiquei com ele quinze dias. [19]Não vi nenhum outro apóstolo,* mas somente Tiago,† o irmão do Senhor; [20]e quando vos escrevo isto, dou testemunho diante de Deus de que não estou mentindo. [21]A seguir, fui às regiões da Síria e da Cilícia. [22]Mas pessoalmente eu não era conhecido* das igrejas da Judeia que estão em Cristo; [23]lá só se ouvia dizer que o perseguidor de outrora estava agora anunciando a fé que antes queria destruir; [24]e davam glória a Deus por minha causa.

2 **Aprovação dos apóstolos.** [1]Depois, passados quatorze anos,* subi de novo a Jerusalém com Barnabé e Tito que tomei comigo†. [2]Subi em consequência de uma revelação e lhes expus o Evangelho que prego entre os pagãos, mas em particular às pessoas importantes, para não correr ou ter corrido em vão. [3]Pois bem; do próprio Tito,* meu companheiro, que era grego, não se exigiu a circuncisão. [4]Tudo isso por causa dos intrusos, desses falsos irmãos que se infiltraram para espionar a liberdade que temos em Cristo Jesus, a fim de nos escravizar, [5]pessoas às quais recusamos ceder, sequer por um momento, por deferência, a fim de salvaguardar para vós a verdade do Evangelho. [6]E da parte daqueles considerados importantes* – pouco me importa o que então podiam ser: Deus não faz acepção de pessoas –, a mim, em todo caso, os importantes não acrescentaram* nada; [7]ao contrário, vendo que a evangelização dos incircuncisos me estava confiada, como a Pedro a dos circuncisos – [8]pois Aquele que tinha agido em Pedro* para fazer dele um apóstolo dos circuncisos tinha agido igualmente em mim em favor dos pagãos – [9]e reconhecendo a graça que me fora concedida, Tiago, Cefas e João, considerados como as colunas, estenderam a mão direita a mim e a Barnabé em sinal de comunhão, para que fôssemos aos pagãos, e eles aos circuncisos; [10]só nos recomendaram que nos lembrássemos dos pobres,* justamente o que tenho procurado fazer com solicitude.

A discussão com Pedro. [11]Mas quando Cefas veio a Antioquia, eu lhe resisti frontalmente a ele, porque ele se tornara digno de censura. [12]Com efeito,* antes da chegada de certas pessoas do círculo de Tiago, ele tomava refei-

---

* **1**,11. 1,1 | 12. At 8,3; 22,4s; 26,9ss | 15. Jr 1,5; Is 49,1 | 18. At 9,26; 11,30; Mt 13,55 | 19. Mt 6,3 | 22. At 9,30 **2**,1. At 15,2 | 3. At 15,1.24 | 6. Rm 2,11; Dt 10,17 / At 9,15; 22,21 | 8. Jo 1,42 | 10. At 11,29s | 12. At 11,3

† **1**,11. O Evangelho que Paulo anuncia não é de origem humana, pois o recebeu do próprio Jesus; e foi confirmado pelos apóstolos, inclusive pelo chefe deles, Pedro. | 15. Paulo descreve sua vocação em termos semelhantes aos do Segundo Isaías, Is 40,1 e aos de Jeremias, Jr 1,5. | 16. Lit. "carne e sangue". | 18. Cefas é Simão Pedro, nome dado a ele por Jesus, Jo 1,42. Paulo acha importante consultar Pedro, chefe da Igreja. | 19. Esse Tiago, chefe da Igreja de Jerusalém, At 12,17; 15,13; 21,18, provavelmente não é um dos doze apóstolos. | **2**,1. O fato narrado aqui encontra-se também em At 15,5-29: é o Concílio de Jerusalém, que aceitou a opinião de Paulo de não obrigar os convertidos do paganismo a praticar a lei de Moisés. | 13. Pedro era inconsequente, pois já havia abandonado as práticas da lei mosaica, At 11,3, mas voltou a observá-las para não escandalizar os judeus; seu exemplo era perigoso, por causa da autoridade que tinha.

Gálatas 2-3

ção com os pagãos; mas, depois da chegada dessas pessoas, ele começou a evitá-los e a se manter afastado, por medo dos circuncisos. [13]E os outros judeus o imitaram em sua dissimulação, a ponto de arrastar o próprio Barnabé a dissimular com eles[†]. [14]Ora, quando vi que eles não estavam procedendo retamente segundo a verdade do Evangelho, eu disse a Cefas na frente de todos: "Se tu, que és judeu, vives como os pagãos, e não à maneira judaica, como podes obrigar os pagãos a se judaizar?"

II. A JUSTIFICAÇÃO SE OBTÉM PELA FÉ
(2,15–4,31)

Pela lei não se alcança a justiça. [15]Quanto a nós, somos judeus de nascimento e não pecadores pagãos[†]; [16]e no entanto sabemos que o homem não é justificado* pelas obras da lei, mas só pela fé em Jesus Cristo. Por isso abraçamos a fé em Jesus Cristo para sermos justificados pela fé em Cristo e não pelas obras da lei[†]. Pois pelas obras da lei ninguém será justificado. [17]Ora, se buscando nossa justificação em Cristo, acabamos sendo pecadores como os outros, será que Cristo está a serviço do pecado?[†] Claro que não! [18]Pois reerguendo o que eu tinha derrubado, convenço a mim mesmo de transgressão[†]. [19]De fato, pela lei morri para a lei,* a fim de viver para Deus. Estou crucificado com Cristo, [20]e já não sou eu que vivo: é Cristo que vive* em mim[†]. Esta minha vida humana, eu a vivo na fé do Filho de Deus, que me amou e se entregou por mim. [21]Não torno inútil a graça de Deus; pois, se é pela lei que se alcança a justiça, Cristo morreu em vão.

3 [1]Ó gálatas sem inteligência!* Quem vos seduziu a vós, diante de cujos olhos foi representado ao vivo Jesus Cristo na cruz? [2]Só isto quero saber de vós: foi pelas obras da lei que recebestes o Espírito, ou por terdes acreditado na pregação? [3]Sois a tal ponto sem inteligência que, depois de terdes começado pelo Espírito, agora chegais ao fim pela carne?[†] [4]Foi em vão que enfrentastes tantos sofrimentos? Seria realmente em vão. [5]Aquele, pois, que vos dá o Espírito sem medida e opera entre vós milagres, ele o faz graças às obras da lei ou porque acreditastes na pregação?

O testemunho da Escritura: a fé e a lei[†]. [6]Foi assim que "Abraão creu em Deus, e isso lhe foi computado como justiça". [7]Compreendei isto: os que vivem da fé* são esses os filhos de Abraão. [8]E a Escritura, prevendo que Deus justificaria os pagãos pela fé, preanunciou a Abraão esta boa nova: "Em ti serão abençoadas* todas as nações". [9]Assim, os que vivem da fé são abençoados com Abraão, o homem da fé.

[10]Com efeito, todos os que vivem das obras da lei incorrem numa maldição, pois está escrito: "Maldito seja quem não é fiel a todos os preceitos escritos no livro da lei para os praticar"[†]. [11]É evidente que a lei não pode justificar ninguém diante de Deus,* pois "o justo viverá pela fé". [12]Ora, a lei não procede

---

* **2**,16. At 15,10s; Rm 3,20.28; 4,5; 11,6; Sl 143,2; Ef 2,8 **|** 19. Rm 6,10; 7,6 **|** 20. Jo 13,1; 17,23; 1Jo 3,16; Ap 1,5 **| 3**,1. Gn 15,6; Rm 4,3 **|** 7. Gn 15,6; 18,18; At 3,25 **|** 8. Gn 12,3; Rm 4,16; Dt 27,26 **|** 11. Tg 2,10; Hab 2,4; Rm 1,17 **|** 12. Lv 18,5

† **2**,15. Para os judeus, todo pagão é pecador, é impuro. Mas Paulo ensina que todos, judeus ou pagãos, são pecadores, Rm 3,9, e precisam da fé para chegar à salvação, Rm 11,32. **|** 16. É pela redenção realizada por Cristo que passamos ao estado de justiça e santidade, por meio de uma transformação interior que elimina o pecado. **|** 17. Se a lei mosaica tivesse valor, abandoná-la para aderir a Cristo seria cair em pecado. **|** 18. Se Paulo restaurasse a lei, tornar-se-ia "transgressor" do novo mandamento que ordena viver para Deus. **|** 20. Cristo ressuscitado vive no coração de seus fiéis. A vida deles é atraída por Cristo ao seio da vida divina, Cl 3,1-3, a fim de que não vivam mais para si mesmos, mas para Cristo, 2Cor 5,15. **| 3**,3. Paulo refere-se à circuncisão, que os pregadores judeus consideravam necessária para a salvação. **|** 6. Paulo vai mostrar que só os que têm fé em Cristo são verdadeiros descendentes de Abraão e beneficiários das promessas que Deus lhe fez. **|** 10. Paulo afirma claramente que os judeus não eram fiéis a todas as prescrições da lei mosaica, At 15,10.

Gálatas 3-4

da fé; ao contrário* diz que "quem praticar esses preceitos viverá por eles". ¹³O Cristo nos resgatou da maldição da lei, fazendo-se ele próprio maldição por nós, porque está escrito: "Maldito seja aquele que pende* do madeiro", ¹⁴a fim de que em Cristo Jesus a bênção de Abraão passasse aos pagãos e nós recebêssemos pela fé a promessa do Espírito.

A lei e as promessas. ¹⁵Irmãos, vamos partir do plano humano: um testamento, devidamente ratificado, que, no entanto, não é mais que um documento humano, não se anula nem recebe modificações. ¹⁶Ora, foi a Abraão que as promessas* foram dirigidas e a sua descendência. A Escritura não diz: "e aos descendentes" como se fossem muitos; indica apenas um: "e a tua descendência", isto é, Cristo. ¹⁷Ora, eis o que penso: um testamento já estabelecido por Deus na devida forma não pode ser invalidado pela lei, que veio quatrocentos e trinta anos depois,* anulando assim a promessa. ¹⁸Pois se a herança se obtém em virtude da lei,* já não é em virtude da promessa: ora, foi por uma promessa que Deus concedeu a Abraão seu favor.

Função provisória da lei. ¹⁹Então para que a lei?* Foi acrescentada em vista das transgressões†, até a vinda da descendência, à qual estava destinada a promessa, promulgada por meio de anjos através de um mediador. ²⁰Ora, não existe mediador, quando a pessoa é uma só e Deus é um só†. ²¹Portanto, a lei é contra as promessas de Deus?*

De modo nenhum! Com efeito, se nos tivesse sido dada uma lei capaz de comunicar a vida, então de fato a justiça procederia da lei. ²²Mas a Escritura encerrou tudo* debaixo do pecado†, a fim de que a promessa, pela fé em Jesus Cristo, fosse concedida aos que creem.

Filhos de Deus pela fé em Cristo. ²³Todavia, antes que viesse a fé, estávamos presos debaixo da guarda da lei, à espera da fé que devia* revelar-se. ²⁴Assim, a lei nos serviu de educadora† até Cristo, para obtermos da fé nossa justificação. ²⁵Mas, com a vinda da fé, não estamos mais sob a guarda dessa educadora. ²⁶Pois vós todos* sois filhos de Deus pela fé em Cristo Jesus. ²⁷Todos os que fostes batizados em Cristo vos revestistes de Cristo†. ²⁸Não existe mais judeu nem grego;* não existe mais escravo nem livre; não existe mais homem nem mulher: porque todos vós sois um só em Cristo Jesus. ²⁹E se vós sois de Cristo, sois, então, descendência de Abraão, herdeiros segundo a promessa.

4 **A adoção divina.** ¹Eis o que penso: por todo o tempo da menoridade,* o herdeiro, embora proprietário de todos os bens, em nada difere de um escravo, ²mas está sob a guarda dos tutores e curadores até a data marcada pelo pai. ³Também nós, quando menores, estávamos sob o domínio dos elementos do mundo†. ⁴Mas quando chegou a plenitude* dos tempos†, Deus enviou seu Filho, nascido de uma mulher, nascido sujeito à lei, ⁵para res-

---

* **3**,13. Dt 21,23; 2Cor 5,21; Rm 8,3 | 16. Gn 12,7; 13,15; 17,7 | 17. Êx 12,40 | 18. Rm 4,14; 11,6 | 19. At 7, 38.53; Hb 2,2 | 21. Rm 7,7; 8,2ss | 22. 4,3; Rm 3,9-19; 11,32 | 23. Rm 10,4 | 26. Jo 1,12; Rm 6,3; 8,17; 13,14 | 28. Rm 9,7; 10,12; 1Cor 12,13; Cl 3,11 | **4**,1. 3,23; Cl 2,20 | 4. 3,13.26; Jo 1,14; Rm 1,3; 8,15

† **3**,19. A lei revela o pecado, provocando as transgressões e tornando o pecador mais responsável; manifesta-lhe seu estado de escravidão e o faz suspirar pela libertação. Paulo diz que a lei foi promulgada pelos anjos, conforme uma crença rabínica, At 7,38.53; Hb 2,2. Daí ele conclui que a lei tornava o hebreu escravo dos anjos, escravo dos "elementos do mundo", Gl 4,3. Ao libertar a humanidade da lei, Cristo também a liberta desta dependência, Cl 2,15. | 20. A lei é inferior às promessas da aliança, porque estas Deus as fez diretamente, e a lei Ele a deu por meio de um mediador. | 22. Toda a humanidade está dominada pelo pecado, Rm 3,19s; 11,32. | 24. Ver a nota em 1Cor 4,15. | 27. "Revestir-se" de alguém é adotar as disposições e a mentalidade dele, 2Cr 6,41; Jó 29,14; Rm 13,14. | **4**,3. Esses "elementos" são as forças cósmicas dirigidas pelas potências angélicas e os astros, que regiam a vida religiosa dos judeus, Gl 4,9; Cl 2,8. Pagãos e judeus estavam, pois, sujeitos a esses poderes, mas o cristão só depende de seu Criador, de quem se tornou filho graças a Cristo. | 4. O tempo estabelecido por Deus para conduzir a humanidade a sua plena maturidade dando início à era messiânica.

gatar os que estavam sujeitos à lei, a fim de recebermos a adoção filial. [6]E porque sois filhos, Deus enviou para nossos corações o Espírito de seu Filho, que clama: "Abbá!" Papai![†] [7]Assim, já não és escravo, mas filho;* e se és filho, és também herdeiro pela vontade de Deus.

Não voltar à escravidão. [8]Outrora, porém, ignorando a Deus, servistes a deuses que na verdade não são deuses; [9]mas agora que conhecestes a Deus, ou antes, que fostes conhecidos por ele[†], como é que podeis voltar para aqueles elementos fracos e miseráveis, querendo de novo ser escravos deles como antes? [10]Ficais guardando dias,* meses, estações, anos! [11]Receio que tenha sido inútil meu cansaço por vós...

Recordações pessoais. [12]Tornai-vos semelhantes a mim, pois me fiz semelhante a vós, irmãos, é o que vos peço. Em nada me ofendestes. [13]Sabeis que foi por causa de uma doença que vos anunciei o Evangelho a primeira vez [14]e, apesar da provação que era para vós esse corpo enfermo, vós não mostrastes desprezo nem desgosto, mas me acolhestes como a um anjo de Deus, como a Cristo Jesus. [15]Onde estão, pois, as felicitações que me dirigíeis? Pois eu vos dou este testemunho: se fosse possível, vós tiraríeis vossos olhos para dá-los a mim. [16]Será que me tornei vosso inimigo dizendo-vos a verdade? [17]Não é com reta intenção que eles se interessam por vós: querem separar-vos de mim, para que vos ocupeis deles. [18]É bom, porém, ser objeto de atenções bem-intencionadas em qualquer tempo, e não só quando estou perto de vós, [19]meus filhinhos,* que de novo estou dando à luz na dor, até que Cristo seja formado em vós. [20]Quem me dera estar perto de vós neste instante para adaptar meu tom de voz, pois não sei como tratar disso convosco.

As duas alianças. [21]Dizei-me, vós que quereis submeter-vos à lei: não ouvis o que diz a lei? [22]Pois está escrito que Abraão teve dois filhos,* um da escrava e o outro da mulher livre; [23]mas o da escrava nasceu de modo natural; o da mulher livre, em virtude da promessa. [24]Existe aí um simbolismo: essas mulheres representam duas alianças; a primeira a do monte Sinai, que gera para a escravidão, é Agar, [25]pois o Sinai está na Arábia, e ela corresponde à Jerusalém atual, que de fato é escrava com seus filhos. [26]Mas a Jerusalém do alto é livre,* e é esta a nossa mãe. [27]Pois está escrito:

"Alegra-te, estéril, que não dás à luz, solta gritos de alegria,
tu que não conheces as dores do parto;
pois mais numerosos são os filhos da abandonada
do que os filhos da mulher casada"[†].

[28]Ora, vós, meus irmãos, sois filhos da promessa* à maneira de Isaac. [29]Mas como naquele tempo o filho nascido de modo natural perseguia o filho nascido de modo sobrenatural, ainda hoje é assim. [30]Mas o que diz a Escritura?* "Expulsa a escrava e seu filho, pois o filho da escrava não deve herdar com o filho da mulher livre". [31]Por isso, irmãos, não somos filhos de uma escrava, mas de uma mulher livre.

III. NORMAS DE VIDA CRISTÃ (5–6)

5 **A liberdade do cristão.** [1]Foi para ficarmos livres* que Cristo nos libertou. Continuai, portanto, firmes, e não vos deixeis prender de novo ao jugo da escravidão[†]. [2]Sou eu, Paulo, que vos digo: se vos fazeis circuncidar,

---

* **4**,7. 3,29; Rm 8,16s **|** 10. Rm 14,5; Cl 2,16 **|** 19. 1Cor 4,15; Hb 12,22 **|** 22. Gn 16,5; 21,2; Rm 9,7 **|** 26. Ap 21,2; Is 54,1 **|** 28. Gn 21,9 **|** 30. Gn 21,10s **| 5**,1. 2,4; 5,13; Jo 8,32.36; 1Cor 16,13

† **4**,6. A oração exclusiva do Filho, Mc 14,36, torna-se oração do cristão, que é filho no Filho, Rm 8,15 **|** 9. "Conhecidos" tem o sentido de amados. **|** 27. A Igreja, que agora parece uma esposa abandonada e perseguida, será mãe de muitos filhos, porque Deus está com ela. **| 5**,1. Voltar a praticar a lei mosaica seria recusar a liberdade obtida pela fé, Rm 6,15

Gálatas 5-6

Cristo de nada vos servirá. [3]De novo declaro a todo aquele que se faz circuncidar: ele está obrigado à observância integral da lei. [4]Vós rompestes com o Cristo, se estais procurando a justiça na lei; decaístes da graça. [5]Pois quanto a nós, é pelo Espírito, em virtude da fé, que aguardamos a justiça esperada. [6]De fato, em Cristo Jesus* nem circuncisão, nem incircuncisão valem, mas só a fé que age pelo amor. [7]Vossa corrida ia bem; quem vos impediu de obedecer à verdade? [8]Com certeza essa sugestão não vem daquele que vos chama. [9]Um pouco de fermento* faz a massa inteira fermentar. [10]Tenho no Senhor confiança a vosso respeito, de que não tereis outro sentimento; mas quem vos perturba* sofrerá sua condenação, seja quem for. [11]Quanto a mim, se ainda prego a circuncisão, por que sou ainda perseguido? Então acabou o escândalo da cruz! [12]Que cheguem até a mutilação os que vos perturbam!

O Espírito e a carne. [13]Irmãos, fostes chamados à liberdade,* mas não a uma liberdade que sirva de pretexto para viver no erro. Ao contrário, pelo amor colocai-vos a serviço uns dos outros, [14]porque toda a lei está contida numa só palavra: "amar ao próximo* como a si mesmo". [15]Mas se vos mordeis e vos devorais uns aos outros, cuidado para não vos destruirdes mutuamente!

[16]Ora, eu vos digo: caminhai segundo o Espírito* e não satisfareis os desejos da carne. [17]Pois a carne tem desejos contrários ao Espírito, e o Espírito tem desejos contrários à carne: os dois estão em conflito, de modo que não fazeis o que gostaríeis de fazer. [18]Mas se vos deixardes guiar pelo Espírito, não estareis mais sujeitos à lei. [19]De resto, são bem conhecidas as obras da carne:* imoralidade, impureza, libertinagem, [20]idolatria, feitiçaria, ódios, brigas, ciúmes, cobiça, discórdia, divisões, [21]inveja, bebedeiras, orgias e coisas semelhantes; a respeito dessas coisas vos previno, como já o fiz, que quem as comete não herdará o Reino de Deus. [22]Mas o fruto do Espírito* é amor, alegria, paz, paciência, delicadeza, bondade, fidelidade, [23]mansidão, domínio de si: contra tais coisas não existe lei. [24]Ora, os que são de Cristo Jesus crucificaram sua carne com suas paixões e seus desejos†. [25]Se vivemos pelo Espírito,* caminhemos também pelo Espírito. [26]Não busquemos a vanglória, provocando-nos uns aos outros, invejando-nos mutuamente.

6 Caridade e humildade. [1]Irmãos, mesmo que alguém* seja apanhado em falta, vós que sois espirituais†, corrigi-o com espírito de mansidão, vigiando sobre ti mesmo, para não caíres tu também na tentação. [2]Carregai os fardos uns dos outros, e assim cumprireis a lei de Cristo†. [3]Pois, se alguém julga ser alguma coisa, quando não é nada, ele se ilude. [4]Que cada um examine sua própria conduta* e então encontrará em si só e não nos outros ocasião de se gloriar; [5]pois cada um levará seu próprio fardo.

[6]Que o discípulo faça participar* de toda sorte de bens aquele que lhe ensina a Palavra.

[7]Não vos enganeis; de Deus não se zomba. Cada um colherá o que tiver semeado: [8]quem semeia em sua carne* colherá da carne a corrupção; quem semeia no espírito colherá do espírito a vida eterna. [9]Não nos cansemos de fazer o bem;* pois a seu tempo colheremos, se não perdermos o ânimo.

---

* **5**,6. 6,15; 1Cor 7,19 | 9. 1Cor 5,6 | 10. 1Cor 1,23 | 13. 1Pd 2,16; 1Cor 8,9 | 14. Lv 19,18 | 16. Rm 7,15.23; 8,4; 1Pd 2,11 | 19. Rm 6,14; 8,14; 1Cor 6,9s; Ef 5,5; Ap 22,5 | 22. Ef 5,9; 2Cor 6,6; Rm 6,6; Cl 3,5 | 25. 5,16; Rm 8,14; Fl 2,3 | **6**,1. Mt 18,15; Tg 5,19; Rm 15,1 | 4. 2Cor 13,5 | 6. Rm 14,12; 1Cor 9,14 | 8. Rm 8,6; Cl 2,22 | 9. 2Ts 3,13

† **5**,24. O cristão, crucificado com Cristo mediante a fé e o Batismo, 2,19, morreu não só para a lei, mas também para sua carne, para seu "eu" com todas as suas tendências terrenas e degradantes, 6,14. **6**,1. São espirituais os que se deixam guiar pelo Espírito Santo. | 2. A lei de Cristo, ou lei da fé, Rm 3,27, ou lei do Espírito que dá a vida, Rm 8,2, é um dinamismo vital, um impulso espiritual, é o domínio do amor de Deus sobre o cristão, fazendo-o viver na solidariedade e no serviço aos outros.

1405

Gálatas 6

[10]Assim, pois, enquanto temos ocasião, façamos o bem a todos, sobretudo a nossos irmãos na fé.

A cruz de Cristo e a nova criação. [11]Vede com que letras grandes vos escrevo com minha própria mão. [12]Aqueles que vos impõem* a circuncisão desejam sobressair na carne, com o único fim de evitar a perseguição pela cruz de Cristo. [13]Pois nem os próprios circuncisos observam a lei, mas querem que sejais circuncidados, para se gloriarem em vossa carne. [14]Eu porém não quero saber* de gloriar-me, a não ser da cruz de nosso Senhor Jesus Cristo, pela qual o mundo está crucificado para mim* e eu para o mundo. [15]Circuncisão ou incircuncisão de nada valem, mas o que importa é a nova criatura. [16]Paz e misericórdia para todos os que seguem esta norma e para o Israel de Deus†.

[17]De agora em diante,* que ninguém mais me importune, pois eu trago em meu corpo as cicatrizes de Jesus†. [18]Irmãos, a graça de nosso Senhor Jesus Cristo esteja convosco. Amém.

---

* **6**,12. 5,11; Fl 3,18 | 14. 1Cor 1,31; 2,2; 7,1 / 2Cor 5,17 | 17. 2Cor 4,10; Sl 125,5; 128,6

† **6**,16. Os israelitas que acreditavam em Jesus e que, junto com os pagãos convertidos, formam o novo povo de Deus. | 17. Marcas deixadas em seu corpo pelas torturas sofridas em seu serviço a Jesus. Paulo as compara com as tatuagens que significavam "a pertença dum escravo a seu senhor, dum soldado a seu exército, dum devoto a seu deus" (Lagrange).

CARTA AOS EFÉSIOS

Éfeso, capital da província romana da Ásia Menor, foi evangelizada por Paulo em sua segunda e terceira viagens missionárias. Na terceira viagem, Paulo lá esteve por dois anos. Os capítulos 18 e 19 dos Atos dos Apóstolos nos contam diversos episódios desta movimentada missão.

Ao escrever a esta comunidade, Paulo está preso (Ef 3,1; 4,1; 6,20), provavelmente em Roma, entre os anos 61 e 63. Assim, junto com as cartas aos Colossenses, aos Filipenses e a Filêmon, compõe o grupo das cartas do Cativeiro.

A carta aos Efésios é semelhante à carta aos Colossenses por seu tema e estilo. Sua ideia fundamental é a universalidade da Igreja e sua união mística com o Senhor. Pagãos e judeus, convertidos uns e outros ao cristianismo, formam com igualdade de direitos um só Corpo, do qual Jesus Cristo é a Cabeça. Portanto, o Apóstolo faz um apelo à unidade, para que todos vivam essa vida nova em Cristo. Cristo e a Igreja são os principais temas da carta, os dois polos nos quais giram todas as outras explicitações. É esse também o conteúdo da carta aos Colossenses, mas há uma mudança de tom: pessoal e polêmico na carta aos Colossenses, calmo e sóbrio na carta aos Efésios. A relação entre as duas é a mesma que há entre as cartas aos Gálatas e aos Romanos. Assim se explica que esta carta, em comparação com a dos Colossenses (que é mais antiga), contenha várias ideias novas. A visão que Paulo oferece na carta aos Efésios sobre Cristo e a Igreja – que constitui seu prolongamento no tempo e no espaço – é sem dúvida a síntese mais acabada do pensamento teológico de Paulo. Tudo isso para Paulo é "mistério" (1,9; 3,3; 6,19), expressão que designa o plano de salvação, concebido desde toda a eternidade, mas revelado somente agora, no Evangelho, onde aparece Cristo, para o qual tudo converge, "Corpo Místico" do qual participam judeus e gentios e que estende seu influxo redentor ao universo inteiro.

Podemos dividir esta carta em duas partes: na primeira (1–3), de cunho doutrinal, Paulo explica o que é o mistério cristão: o mistério nos desígnios eternos de Deus (1,3-14), realizado na Igreja (1,15–2,22), anunciado por Paulo (3,1-21). Na segunda parte (4–6), Paulo tira as consequências de tudo isso para a vida moral do cristão: unidade e pluralidade (4,1-16), pureza de vida (4,17–5,20), a família cristã (5,21–6,9), a armadura espiritual (6,10-20).

I. O MISTÉRIO DE DEUS E DE CRISTO
(1–3)

1 **Saudação.** [1]Paulo, apóstolo do Cristo Jesus* pela vontade de Deus, aos santos e fiéis em Cristo Jesus. [2]A vós, graça e paz da parte de Deus nosso Pai e do Senhor Jesus Cristo!

Hino de louvor pela salvação†. [3]Bendito seja o Deus e Pai de nosso Senhor Jesus Cristo,*

que nos abençoou com toda a sorte de bênçãos espirituais,

nos céus, em Cristo.

[4]Nele nos escolheu antes de criar o mundo,*

para sermos santos e imaculados diante dele no amor,

[5]predestinando-nos a sermos seus filhos adotivos,

por Jesus Cristo,

conforme a decisão de sua vontade,

[6]para louvor e glória de sua graça,

com a qual nos enriqueceu em seu querido Filho.

[7]Nele temos a redenção, por meio de seu sangue,*

a remissão dos pecados,

[8]segundo a riqueza de sua graça,

pela qual Deus nos enriqueceu de toda sabedoria e inteligência,

[9]fazendo-nos conhecer o mistério de sua vontade,*

---

* **1**,1. Rm 1,7; 1Cor 1,1 | 3. 2,6; 2Cor 1,3 | 4. 5,27; Jo 15,16; 2Ts 2,13; 1Jo 3,1 | 7. 2,7; 3,16; Cl 1,9.13s.20; Rm 3,25 | 9. Rm 16,29

† **1**,3. Solene hino de ação de graças pelo mistério da salvação na eternidade de Deus e em sua realização na história humana por Cristo.

1407 Efésios 1-2

o plano benigno que ele, com antecedência, concebera em Cristo,

[10]para realizá-lo na plenitude dos tempos:*

reunir todas as coisas,

– as que estão no céu e as que estão na terra –

sob uma só cabeça, o Cristo[+].

[11]Foi nele que também fomos feitos herdeiros,

tendo sido predestinados

conforme o plano daquele que tudo realiza segundo sua vontade,

[12]para servirmos a seu louvor e glória,

nós, que já antes esperávamos em Cristo.

[13]Nele também vós,

depois que ouvistes a Palavra da verdade,

o Evangelho da salvação,

e nele crestes,

fostes marcados* com o sinal do Espírito Santo prometido[+],

[14]que é a garantia de nossa herança,

visando à completa redenção daqueles que Deus adquiriu para si

em louvor de sua glória.

Cristo, cabeça da Igreja. [15]É por isso que eu próprio,* tendo ouvido falar de vossa fé no Senhor Jesus e de vosso amor por todos os irmãos, [16]não cesso de dar graças por vós e de recordar-vos em minhas orações, [17]para que o Deus de nosso Senhor Jesus Cristo, o Pai glorioso,* vos dê um saber e uma revelação interior com profundo conhecimento dele. [18]Possa ele iluminar os olhos* de vossas mentes, para que compreendais a qual esperança sois

chamados, qual tesouro é a gloriosa herança[+] destinada a seus santos[+] [19]e quão extraordinário é seu poder em favor de nós que cremos, conforme a eficácia de sua poderosa força [20]que ele manifestou em Cristo, quando o ressuscitou dos mortos* e o fez sentar-se a sua direita no céu, [21]acima de toda soberania e autoridade, de todo poder e dominação e de todo outro nome que possa existir, não só neste tempo, mas também no futuro. [22]Sim, submeteu tudo aos pés de Cristo* e o constituiu, acima de tudo, cabeça da Igreja, [23]que é seu Corpo e a realização total de Cristo[+], o qual vai se completando totalmente em todos.

2 A gratuidade da salvação. [1]Também vós estáveis mortos* em virtude de vossas faltas e pecados [2]nos quais outrora vivestes à maneira deste mundo, seguindo o príncipe* do império do ar[+], este espírito que prossegue sua obra naqueles que são incrédulos. [3]Entre eles estávamos também nós todos, vivendo segundo os desejos de nossa carne, seguindo os caprichos da carne e os maus desejos, de tal forma que por natureza estávamos destinados à ira como os outros. [4]Mas Deus, que é rico em misericórdia, movido pelo grande amor* com que nos amou, [5]quando estávamos mortos por causa de nossos pecados, nos fez reviver com Cristo. É por graça que fostes salvos! [6]Com ele nos ressuscitou e com ele nos fez sentar nos céus, em Cristo Jesus[+]. [7]Quis assim mostrar, nos séculos futuros, a extraordinária

---

* **1**,10. 3,9ss; Gl 4,4; Cl 1,5.16; Rm 8,28; 1Tm 2,4 | 13. 2Cor 1,22; 5,5 | 15. Cl 1,4.9; Fm 4s; 1Ts 1,2; Rm 1,9 | 17. Cl 1,9-12 | 18. Ef 4,4 | 20. Cl 1,16; 2,10.12; 2Cor 13,4; Sl 110,1; Mt 22,44 | 22. 4,10.15; Sl 8,6; Cl 1,18s; 1Cor 12,27; 15,24-28 | **2**,1. 2,5; 5,6; 6,12; Cl 2,13; 3,7; Tt 3,3; Jo 12,31 | 2. Cl 3,6; Jo 3,36 | 4. 1,7; 2,1; Cl 2,13; Rm 6,13; 8,10.30; At 15,11; Fl 3,20s

† **1**,10. Cristo regenera e reagrupa o mundo inteiro debaixo de sua autoridade para reconduzir todos a Deus. "A Igreja crê que a chave, o centro e o fim de toda a história humana se encontram em seu Senhor e Mestre" (Vat. II). | 13. O dom do Espírito é o coroamento da obra de salvação, 2Cor 1,22. | 18. Esta herança é o conjunto dos bens que Deus promete e concede aos homens na salvação. / "Santos" é um termo comum para designar os cristãos, mas aqui poderia significar os anjos, a comunidade do céu, como também em Cl 1,12. | 23. Lit. "a plenitude de Cristo", porque "abrange de certa forma todo o mundo novo, que participa da regeneração universal. A Igreja é Corpo de Cristo porque contém em si toda a humanidade salva, que adere a Cristo como sua Cabeça" (P. Benoît). | **2**,2. Conforme uma tradição judaica, os ares são a morada dos espíritos malignos, liderados por Satanás, 6,12. | 6. Nos céus, onde já está a Cabeça, é natural que estejam também os membros.

Efésios 2-3

riqueza de sua graça, manifestada em sua bondade para conosco, em Cristo Jesus. [8]Foi por essa graça que fostes salvos,* por meio da fé. E isso não vem de vós, é dom de Deus; [9]nem vem das obras, para que ninguém possa gloriar-se. [10]Com efeito, nós somos obra sua, pois fomos criados em Cristo Jesus em vista das boas obras que Deus preparou,* já antes, para serem por nós praticadas.

Gentios e judeus unidos em Cristo. [11]Lembrai-vos, pois, de que outrora vós, os pagãos de nascimento, chamados incircuncisos por aqueles que se chamam circuncisos, por causa de uma operação feita na carne, [12]lembrai-vos de que naquele tempo* estáveis sem Cristo, sem direito de cidadania em Israel, estranhos às alianças da promessa, sem esperança e sem Deus neste mundo. [13]Mas agora, em Cristo Jesus, vós, que outrora estáveis longe, fostes trazidos para perto, graças ao sangue de Cristo. [14]Pois ele é nossa paz†: dos dois povos* ele fez um só povo† derrubando por meio de sua carne o muro de ódio que havia entre eles, [15]abolindo a lei com seus preceitos e decretos, para criar em si mesmo, dos dois, um só homem novo†, fazendo as pazes, [16]e para reconciliá-los* com Deus num só corpo por meio da cruz, destruindo em si mesmo a inimizade. [17]Ele veio anunciar a boa nova da paz a vós que estáveis longe e paz àqueles que estavam próximos†. [18]Por meio dele nós podemos, uns e outros, aproximar-nos do Pai, num só Espírito.

[19]Assim, pois, vós já não sois estrangeiros* nem hóspedes, mas sois concidadãos dos santos e membros da família de Deus, [20]edificados sobre o fundamento dos apóstolos e dos profetas, e tendo como pedra angular o próprio Cristo Jesus. [21]Nele, toda construção* cresce bem ordenada para ser templo santo no Senhor; [22]nele, vós também sois integrados na construção, para vos tornardes morada de Deus no Espírito.

3 **Paulo, anunciador do mistério de Cristo.** [1]É por isso que eu, Paulo, prisioneiro de Cristo Jesus,* por vós, os pagãos... [2]Com certeza ouvistes falar do ministério* da graça de Deus, a mim confiado em benefício vosso: [3]como por revelação me foi dado conhecer o mistério† do qual já vos falei brevemente acima. [4]Lendo o que escrevi, podeis perceber a compreensão que tenho do mistério de Cristo. [5]Este mistério não foi manifestado aos homens dos tempos passados, como foi agora revelado a seus santos apóstolos e profetas, no Espírito. [6]Este mistério é que os pagãos são chamados, em Cristo Jesus, a participar da mesma herança,* a formar o mesmo corpo e a participar da mesma promessa por meio do Evangelho†, [7]do qual fui feito ministro* pelo dom da graça que Deus me confiou, mostrando em mim seu poder.

[8]A mim, o menor de todos os santos†, foi confiada a graça de anunciar aos pagãos as insondáveis riquezas de Cristo, [9]de esclarecer a todos como se realiza o mistério escondido* desde séculos em

---

* **2**,8. Gl 2,16 | 10. Jo 4,10; Rm 3,28; 1Cor 1,29; Tt 2,14 | 12. 5,8; Rm 9,4; 1Ts 4,13; Is 57,19; Cl 1,20 | 14. Cl 2,14s; Is 9,6 | 16. Cl 1,20ss; Is 57,19; Zc 9,10 | 19. 3,6.12; Is 28,16; Mt 16,18 | 21. 1Cor 3,11; Cl 2,19; 1Pd 2,5s | **3**,1. 4,1 | 2. 1,9; Fl 1,7.13; Cl 1,24s; 1Cor 4,1 | 6. 2,13.18; Cl 1,26 | 7. Cl 1,25ss.29; 1Cor 15,9s; Gl 1,16; Rm 16,25 | 9. 1Pd 1,12; Rm 11,33

† **2**,14. Para S. Agostinho a paz é a tranquilidade da ordem, é fruto da justiça (Is 32,17), efeito da caridade. A paz terrestre é imagem e fruto da paz de Cristo, o Príncipe da paz messiânica (Is 9,5). Pelo sangue de sua cruz ele matou a inimizade na própria carne (Ef 2,16), reconciliou os homens com Deus e fez de sua Igreja o sacramento da unidade do gênero humano e de sua união com Deus. Ele é nossa paz (Ef 2,14). / Os dois povos, antes separados e agora reunidos, são os judeus e os pagãos. O muro que os separava era a lei mosaica. | 15. O homem novo é o modelo da nova humanidade que Deus recriou na pessoa de Cristo Ressuscitado. | 17. Por meio de Cristo, tanto os gentios (os de longe) como os judeus (os próximos) são reconciliados com Deus. | **3**,3. O "mistério" é o plano divino de reunir numa só Igreja judeus e pagãos, v. 6. | 6. Derrubado o muro de separação com que o povo eleito era protegido para se manter afastado da idolatria, agora todos os povos são chamados a receber os benefícios da Redenção de Cristo. | 8. Provavelmente, os apóstolos.

1409 Efésios 3-4

Deus, o criador do universo. [10]E assim, agora, manifesta-se, através da Igreja, às soberanias e autoridades celestes a multiforme sabedoria de Deus, [11]de acordo com o desígnio eterno realizado em Cristo Jesus, nosso Senhor, [12]o qual nos dá a coragem* de aproximar-nos de Deus com plena confiança, pela fé nele. [13]Assim, pois, eu vos peço que não vos deixeis abater pelas provações que suporto por vós, pois elas são vossa glória! **Oração de Paulo.** [14]Por isso, dobro os joelhos diante do Pai, [15]do qual toma o nome toda paternidade nos céus e na terra, [16]para que vos conceda, segundo a riqueza de sua glória,* que sejais robustecidos poderosamente por seu Espírito, no homem interior[†]. [17]Que Cristo habite pela fé em vossos corações e, assim, enraizados e consolidados no amor, [18]possais compreender com todos os santos qual a largura, o comprimento, a altura e a profundidade[†], [19]e conhecer o amor de Cristo, que supera todo conhecimento,* para serdes repletos de toda a plenitude de Deus. [20]Aquele, que em tudo tem poder* de fazer muito mais do que possamos pedir ou pensar, segundo o poder já ativo em nós, [21]a ele a glória na Igreja e em Cristo Jesus, por todas as gerações nos séculos dos séculos! Amém.

II. EXORTAÇÕES PARA VIVER A FÉ CRISTÃ
(4–6)

4 **Viver na unidade**[†]. [1]Eu, que estou preso por causa do Senhor,* exorto-vos a viver de maneira digna da vocação à qual fostes chamados; [2]em toda humildade, mansidão e paciência, suportando-vos uns aos outros com amor, [3]esforçando-vos para conservar a unidade do Espírito por meio da paz que vos une. [4]Há um só Corpo* e um só Espírito, como também há uma só esperança à qual fostes chamados, a de vossa vocação. [5]Há um só Senhor, uma só fé, um só batismo; [6]há um só Deus e Pai de todos,* que está acima de todos, que age por meio de todos e em todos está presente. [7]No entanto, cada um de nós recebeu a graça* segundo a medida do dom de Cristo. [8]Por isso está escrito: "Subindo às alturas ele conduziu cativos, concedeu dons aos homens"[†].

[9]Que quer dizer "ele subiu", senão que ele também desceu às regiões inferiores da terra?[†] [10]Aquele que desceu é o mesmo que também subiu acima de todos os céus a fim de completar todas as coisas. [11]Foi ele também que concedeu a uns ser apóstolos,* a outros ser profetas, ou ainda evangelistas, ou pastores, ou mestres, [12]para capacitar os irmãos para a obra do ministério, em vista da construção do Corpo de Cristo, [13]até chegarmos todos à unidade da fé[†] e do conhecimento do Filho de Deus, ao estado de homem perfeito[†], até atingirmos a medida da plenitude de Cristo.*

[14]Assim, não seremos mais crianças[†] que se deixam arrastar pelas ondas e carregar por todo vento de doutrina, à mercê da impostura dos homens e de sua astúcia para induzir a erro. [15]Ao contrário, vivendo segundo a verdade na caridade, cresceremos de toda maneira em direção Àquele que é a Cabeça,* o Cristo, [16]do qual todo o Corpo recebe coordenação e coesão, por meio de toda

---

* **3**,12. Rm 5,2; Hb 4,16; Cl 1,24; 2Ts 2,10 | 16. Cl 1,11; 2,7; 1Pd 3,4; Jo 14,23 | 19. Cl 1,29; 2,2s | 20. 1,19; Rm 16,25ss | **4**,1. 3,1; Cl 1,10; 3,12-15 | 4. 2,16.18; Rm 12,5 | 6. Jo 10,16; 1Cor 12,6 | 7. Rm 12;3.6; 1Cor 12,11; Sl 68,19; Jo 3,13 | 11. 1Cor 12,28; Cl 1,28; 1Pd 2,5 | 13. 1Cor 14,20; Hb 13,9 | 15. 1,10.22; Cl 1,18; 2,10.19

† **3**,16. É o homem livre do domínio das paixões, que vive dos apelos do Evangelho de Cristo. | 18. Modo popular de indicar a totalidade, a imensidão do mistério e do amor de Cristo. | **4**. Visto que a comunhão entre os homens está enraizada na união com Deus, a Igreja é também o sacramento da unidade do gênero humano. Nela esta unidade já começou, pois ela congrega gente de toda nação, raça, povo e língua, Ap 7,9. | 8. Refere-se à ascensão de Cristo e ao dom do Espírito Santo que ele enviou aos seus. | 9. Cristo, que tinha descido à terra pela Encarnação, desceu até ao lugar dos mortos, imaginado como subterrâneo, 1Pd 3,19. | 13. Os carismas são diversos, manifestando as riquezas do Espírito Santo, mas devem servir à unidade da Igreja. / Homem perfeito é o cristão em sua plena maturidade. Jesus vai formando-se em nós gradualmente, Gl 4,19, e também vai completando-se em sua Igreja, 1,23. | 14. Imaturos espiritual e intelectualmente.

Efésios 4-5

espécie de articulações que o alimentam e acionam, segundo a energia de cada parte, realizando assim seu crescimento para a edificação de si mesmo no amor†. **A santidade cristã.** ¹⁷Eu vos suplico e vos exorto no Senhor* a não vos comportardes mais como os pagãos, que caminham na vaidade de seus pensamentos ¹⁸e têm seu entendimento imerso em trevas: tornaram-se estranhos à vida de Deus por causa da ignorância que acarretou neles o endurecimento do coração ¹⁹e, embotado seu senso moral, caíram na devassidão a ponto de se entregarem a uma impureza desenfreada. ²⁰Mas vós, não foi assim que aprendestes a conhecer a Cristo, ²¹se é que lhe destes ouvidos e nele fostes instruídos, segundo a verdade que está em Jesus, ²²para abandonardes vosso modo anterior de viver* e despojar-vos daquilo que é caduco† e vai corrompendo-se pelos desejos enganadores, ²³para vos renovardes por uma transformação espiritual de seu entendimento ²⁴e vos revestirdes do novo ser, que foi criado à imagem de Deus, na justiça e na santidade verdadeiras. **Viver como filhos da luz.** ²⁵Por isso, eliminando a mentira,* cada um diga a verdade a seu próximo, porque somos membros uns dos outros. ²⁶Na ira não pequeis: que o sol não se ponha sobre vossa ira ²⁷e não deis chance ao diabo. ²⁸Aquele que roubava* não roube mais; antes, trabalhe, fazendo o bem com suas mãos, para ter como socorrer os necessitados. ²⁹De vossa boca não deve sair nenhuma palavra má; ao contrário, dizei alguma boa palavra, capaz de edificar quando necessário e de fazer bem aos que a ouvem. ³⁰Não entristeçais o Espírito Santo* de Deus†, com o qual fostes assinalados para o dia da redenção†. ³¹Expulsai de vossas vidas toda amargura, ira e indignação, clamor e maledicência, bem como toda malícia. ³²Ao contrário, sede bondosos* e compassivos uns com os outros, sabendo perdoar uns aos outros como Deus vos perdoou em Cristo.

5 **A vida nova em Cristo.** ¹Sede imitadores de Deus* como filhos queridos ²e vivei no amor, como também Cristo vos amou e se entregou por nós, oferecendo-se a Deus em sacrifício de suave perfume. ³Quanto à imoralidade e toda espécie de impureza,* ou também a ambição, que nem se fale disso entre vós, como convém a um povo santo. ⁴Assim também as grosserias, ditos picantes ou maliciosos: tudo isso não convém; fazei ouvir, antes, ações de graças. ⁵Pois ficai sabendo que nenhum impuro ou impudico, ou ambicioso – que é um idólatra – terá parte no Reino de Cristo e de Deus. ⁶Que ninguém vos engane* com vãos raciocínios: são justamente estas coisas que atraem a cólera de Deus sobre os que lhe resistem. ⁷Portanto, não tenhais nada de comum com eles. ⁸Pois outrora éreis trevas, mas agora sois luz no Senhor: caminhai como filhos da luz†; ⁹pois o fruto da luz consiste em toda a espécie de bondade, justiça e verdade. ¹⁰Procurai o que é agradável* ao Senhor ¹¹e não participeis das obras estéreis das trevas; pelo contrário, denunciai-as, ¹²porque é vergonhoso até falar das coisas que estas pessoas fazem secretamente. ¹³Mas quando tudo isso é denunciado, é na luz que se vê aparecer; ¹⁴pois é luz tudo o que é manifesto. É por isso que se diz: "Acorda, tu que dormes, e levanta-te do meio dos mortos, que Cristo te iluminará"†.

---

* **4,**17. 2,12; Rm 1,21; Cl 1,21; 3,5 **|** 22. Cl 3,8ss; Gl 6,8; 1Pd 2,11; Rm 6,4; 12,2 **|** 25. Zc 8,16; Tg 1,19; Sl 4,5 **|** 28. 5,4; 1Ts 4,11; Cl 3,8; 4,6 **|** 30. 1,13s; Is 63,10; Cl 3,8.12s **|** 32. Mt 6,14; 18,22-35 **| 5,**1. 5,23; Mt 5,48; Gl 2,20; Rm 14,15; Hb 10,10 **|** 3. 4,29; Cl 3,5.8; 1Cor 6,9s **|** 6. Cl 1,13; 2,4; Rm 1,18; 1Pd 2,9 **|** 10. Rm 12,2; 16,17; 2Ts 3,6; Jo 3,20s **|** 14. Is 26,19ss; 51,17; 52,10; 60,1; Rm 13,11

† **4,**16. É a caridade que faz a Igreja crescer harmoniosamente, 1Cor 12,13s. **|** 22. Lit. "depor o homem velho", isto é, adotar um comportamento adequado à nova humanidade. **|** 30. Toda ofensa ao próximo é ofensa ao Espírito Santo, porque Ele mora em cada cristão. / O dia do retorno glorioso de Cristo. **5,**8. A expressão que consta também nos Evangelhos, Lc 16,8, designa os que acolhem a luz de Deus. **|** 14. Citação de um hino da Igreja primitiva, usado talvez na celebração do Batismo, considerado como uma iluminação da pessoa por Cristo, Hb 6,4; 1Pd 2,9.

1411 Efésios 5-6

¹⁵Vede, pois, cuidadosamente como procedeis,* não como tolos, mas como sábios, ¹⁶aproveitando bem o tempo presente, pois os dias são maus. ¹⁷Por isso, não sejais imprudentes, mas compreendei qual é a vontade do Senhor. ¹⁸E não vos embriagueis* com vinho, o que leva à devassidão, mas sede cheios do Espírito. ¹⁹Recitai entre vós salmos, hinos e cânticos espirituais, cantando e louvando o Senhor de todo o coração. ²⁰Sempre e por tudo rendei graças a Deus Pai, em nome de nosso Senhor Jesus Cristo.

Virtudes dos esposos. ²¹Sede submissos uns aos outros* no temor de Cristo. ²²As mulheres sejam submissas a seus maridos, como ao Senhor, ²³porque o marido é o chefe da mulher, como também Cristo é o chefe da Igreja e o salvador de seu Corpo. ²⁴E como a Igreja está sujeita a Cristo, assim as mulheres estejam em tudo sujeitas a seus maridos. ²⁵Maridos, amai vossas mulheres, como Cristo amou a Igreja e se entregou por ela†, ²⁶a fim de santificá-la, purificando-a mediante o batismo de água, que a palavra acompanha, ²⁷para apresentar a si mesmo a Igreja, gloriosa, sem mancha nem ruga, nem algo semelhante, mas santa e imaculada. ²⁸Assim também os maridos devem amar suas esposas como a seus próprios corpos. Quem ama a esposa ama a si mesmo. ²⁹E ninguém jamais odiou sua própria carne†, mas, ao contrário, alimenta-a e dela cuida, como Cristo faz com a Igreja, ³⁰pois somos membros de seu Corpo.* ³¹"Por isso o homem deixará pai e mãe e se unirá a sua mulher, e serão os dois uma só carne". ³²Este mistério é grande; eu o digo em relação a Cristo e à Igreja†. ³³Assim, pois, cada um de vós

ame sua mulher como a si mesmo, e a mulher seja respeitosa para com o marido.

6 Virtudes dos filhos e dos servos. ¹Filhos, obedecei a vossos pais,* no Senhor, pois isto é justo. ²"Honra teu pai e tua mãe"; é este o primeiro mandamento ao qual está ligada uma promessa: ³"para que sejas feliz e gozes de uma vida longa sobre a terra". ⁴E vós, pais, não irriteis vossos filhos, mas educai-os na disciplina e na correção do Senhor.

⁵Servos, obedecei aos senhores deste mundo com temor e respeito, em simplicidade de espírito, como a Cristo, ⁶não apenas com uma obediência exterior* que procura agradar aos homens, mas como servos de Cristo, cumprindo de coração a vontade de Deus, ⁷servindo de boa vontade, como se o serviço fosse para o Senhor e não para os homens, ⁸na certeza de que cada um receberá* do Senhor segundo o que tiver feito de bom, seja ele servo ou livre. ⁹E vós, senhores, comportai-vos do mesmo modo em relação a eles,* deixando de lado as ameaças, sabendo que o Senhor deles e vosso está nos céus, e que ele não faz acepção de pessoas.

Armas para a luta espiritual. ¹⁰Enfim, sede fortes no Senhor* e no poder de sua força. ¹¹Revesti-vos da armadura de Deus, para que possais resistir às insídias do diabo. ¹²Pois não é contra sangue e carne que temos de lutar, mas contra as soberanias e autoridades, contra os dominadores deste mundo de trevas, contra os espíritos do mal que habitam os espaços celestes†. ¹³Por isso tomai a armadura de Deus a fim de que possais resistir no dia mau e permanecer de pé, depois de superadas todas as provas.

---

* **5**,15. Cl 4,5; Rm 12,2 | 18. Pr 23,31; Cl 3,16s | 21. 1,22; Gn 3,16; 1Pd 3,1.7; 5,5; Cl 1,18.22; 3,18s; 1Cor 11,3; Hb 10,10.14; 13,12; Tt 3,5 | 30. 1,22s; Rm 12,5; 1Cor 12,27; Gn 2,24; Ap 19,7 | **6**,1. Cl 3,20s; Êx 20,12; Dt 5,16; Pr 19,1-8; 22,6 | 8. 2Cor 5,10; Cl 3,24s; 4,1 | 9. At 10,34; Dt 10,17 | 10. 2,2; Rm 13,12; 2Cor 10,4; 1Pd 5,8s; Jo 14,30

† **5**,25. O amor mútuo entre Cristo e a Igreja torna-se fundamento e modelo para a vida conjugal. | 29. Alusão à criação de Eva, tirada da própria carne de Adão, Gn 2,18-24. | 32. "O sacramento do matrimônio introduz o homem e a mulher na fidelidade de Cristo à sua Igreja. Pela castidade conjugal eles testemunham este mistério perante o mundo" (CIC). "Mistério" aqui é o valor simbólico do matrimônio, que representa a união de Cristo e da Igreja. | **6**,12. Ver a nota em 2,2.

Efésios 6

¹⁴Ficai firmes, portanto, tendo a verdade* como cinturão, a justiça como couraça ¹⁵e, como calçado aos pés, o zelo em propagar o Evangelho da paz; ¹⁶tendo sempre na mão o escudo da fé, graças ao qual podereis extinguir todos os dardos incendiários do Maligno; ¹⁷tomai, finalmente, o capacete da salvação e a espada do Espírito, que é a palavra de Deus.

¹⁸Rezai sem cessar com todo o tipo de orações e de súplicas no Espírito, mantendo uma vigilância incansável e intercedendo por todo o povo santo. ¹⁹Rezai também por mim,* para que, ao abrir a boca, me seja dada a palavra para anunciar com franqueza o mistério do Evangelho, ²⁰do qual sou embaixador em minhas prisões, e eu possa proclamá-lo com ousadia como devo.

Saudações finais. ²¹Desejo que também vós saibais como estou* e o que faço; de tudo sereis informados por Tíquico, esse irmão caríssimo e fiel ministro no Senhor. ²²Eu o envio a vós expressamente para vos dar notícias nossas e para confortar vossos corações.

²³Paz aos irmãos, amor e fé da parte de Deus Pai e do Senhor Jesus Cristo. ²⁴Que a graça esteja com todos* os que amam nosso Senhor Jesus Cristo com amor inabalável!

---

* **6**,14. Is 11,5; 59,17; Lc 12,35; 1Pd 1,13; 1Ts 5,8.17; Hb 4,12 | 19. At 4,29; Cl 4,3s; 2Cor 5,20; 2Ts 3,1; Hb 4,12; Lc 18,1; Fm 9 | 21. Cl 4,7s; Fl 1,12; At 20,4; Tt 3,12; 2Tm 4,12 | 24. 1Pd 1,8

CARTA AOS FILIPENSES

Filipos, importante colônia militar romana situada na Macedônia, deve seu nome a Filipe II, pai de Alexandre Magno, que a reconstruiu. Foi a primeira cidade da Europa a ouvir a pregação de Paulo, que lá esteve em sua segunda viagem missionária, no ano 50 (At 16,12-40), acompanhado de Silas, Timóteo e Lucas. Como os judeus de lá não tinham sinagoga, Paulo pregou na beira do rio; entre os convertidos houve uma mulher chamada Lídia, que o hospedou em sua casa. Apesar da boa acolhida que recebeu, Paulo experimentou também a perseguição, inclusive a prisão, sendo depois obrigado a sair da cidade.

A carta aos Filipenses é uma das cartas do Cativeiro. Paulo está preso (Fl 1,7.12.17), provavelmente em Éfeso, cerca do ano 53. A correspondência do Apóstolo nos deixa entrever que a conversão dos filipenses ao Evangelho foi das mais sinceras e se caracterizou por uma grande generosidade em relação aos fiéis, sobretudo a seu querido Apóstolo. Ainda que pobre, a comunidade de Filipos lhe enviou muitos socorros. Embora defendesse o direito de o operário evangélico ser mantido pela comunidade (1Cor 9,1-18), Paulo tomou como norma anunciar o Evangelho gratuitamente (2Cor 11,7), mas fez uma exceção para a igreja de Filipos, provando sua grande confiança na sinceridade da afeição deles.

Na carta, o prisioneiro Paulo não procura ensinar verdades dogmáticas nem resolver problemas da comunidade; estabelece, antes, um diálogo íntimo, onde põe seus filhos queridos a par do que lhe está acontecendo; comunica-lhes seus sentimentos pessoais e lhes agradece a solicitude para com ele. De fato, acabam de enviar um dos seus, Epafrodito, para levar-lhe algum dinheiro e oferecer-lhe seus serviços. Paulo reconhece que esta caridade é bem-vinda (4,10-20); entretanto, Epafrodito adoece gravemente, causando preocupação à comunidade (2,26). Na carta, Paulo tranquiliza seus amigos filipenses, comunicando-lhes que o doente já estava melhor. No meio de todos esses assuntos de ordem pessoal, aparecem também temas importantes da mensagem de Paulo: a comunhão fraterna em Cristo (1,27–2,4), fundamento da alegria cristã (4,4-7), preocupação pela unidade das relações internas da comunidade (2,1-5); a vida cristã é apresentada como caminhada, como corrida em direção à meta (3,12-16). Tratando da unidade, Paulo aponta para o exemplo de Cristo, numa célebre passagem (2,6-11), que parece ser a transcrição de um hino litúrgico em louvor do Cristo terrestre e celeste.

I. NOTÍCIAS PESSOAIS
(1)

1 **Saudação.** ¹Paulo e Timóteo, servos do Cristo Jesus,* a todo o povo santo em Cristo Jesus que está em Filipos, com os bispos e diáconos. ²A vós, graça e paz da parte de Deus nosso Pai e do Senhor Jesus Cristo!

Ação de graças e oração. ³Dou graças a meu Deus* cada vez que me lembro de vós, ⁴rezando sempre com alegria por vós em todas as minhas orações†, ⁵por causa de vossa cooperação na difusão do Evangelho, desde o primeiro dia até agora. ⁶E estou plenamente convencido* de que Aquele que começou em vós esta boa obra há de levá-la à perfeição até o dia do Cristo Jesus†. ⁷É justo que eu tenha esses sentimentos* em relação a vós todos, pois vos trago em meu coração, a vós que, tanto em minhas prisões como na defesa e consolidação do Evangelho, vos associais a minha graça†. ⁸Com efeito, Deus me é testemunha de que amo a todos vós

---

* **1**,1. Rm 1,7; Gl 1,3; 1Cor 1,3; 2Cor 1,2; 1Ts 3,2.6; 2Ts 1,2; At 16,12; 17,14s; 19,22 | 3. Rm 1,8; 1Cor 1,4 | 6. Fl 2,13ss | 7. Rm 1,9; 2Cor 1,23; 1Ts 2,5.10

† **1**,4. Embora Paulo esteja na prisão quando escreve esta carta, podendo ser condenado à morte, o tom dominante da carta é a alegria, que tem como fonte o Cristo. | 6. O dia de sua "parusia", de sua vinda na glória, cuja espera alegra a vida dos cristãos. | 7. Paulo tinha grande estima pelos filipenses, que o assistiam generosamente em seu apostolado.

Filipenses 1-2

com a ternura do Cristo Jesus. ⁹E por isso rezo, para que vosso amor cresça cada vez mais em conhecimento e em compreensão, ¹⁰para que possais discernir o que é melhor* e ser íntegros e irrepreensíveis para o dia do Cristo, ¹¹repletos daqueles frutos de justiça que nos vêm por Jesus Cristo para a glória e o louvor de Deus.

O cativeiro de Paulo e o progresso do Evangelho. ¹²Desejo que saibais, irmãos,* que minha situação† acabou sendo proveitosa para o Evangelho: ¹³com efeito, em todo o pretório† e por toda a parte se sabe que estou preso por Cristo, ¹⁴e a maior parte dos irmãos, estimulados no Senhor por minha prisão, redobram de audácia em proclamar sem medo a Palavra. ¹⁵Alguns, é certo, pregam Cristo por inveja, em espírito de rivalidade, mas outros, com bons sentimentos. ¹⁶Estes últimos agem por amor, sabendo bem que estou destinado a defender assim o Evangelho; ¹⁷quanto aos primeiros, porém, é por espírito de intriga que anunciam o Cristo; suas intenções não são puras: imaginam agravar assim o peso de minhas prisões. ¹⁸Mas que importa? Contanto que, de um ou de outro modo, com hipocrisia ou sinceridade, o Cristo seja anunciado, eu me alegro e continuarei a me alegrar. ¹⁹Pois sei que isto servirá para minha salvação†, graças a vossas orações* e ao socorro do Espírito de Jesus Cristo, ²⁰segundo minha ardente espera e minha esperança de que em nada ficarei confundido; guardarei, ao contrário, toda a minha segurança de que, desta vez como sempre, o Cristo será glorificado em meu corpo, quer eu viva, quer eu morra.

Sentimentos e esperanças de Paulo. ²¹Porque, para mim, viver é Cristo† e morrer é lucro. ²²No entanto, se viver neste corpo significa trabalhar com fru-

to, já não sei o que escolher. ²³Sinto-me apertado* dos dois lados: de um, o desejo de morrer para estar com Cristo, o que é muito melhor†; ²⁴mas, de outro lado, continuar vivendo é mais necessário para vosso bem.

²⁵Disto estou convencido: sei que vou ficar e permanecer perto de vós todos para vosso progresso e para alegria de vossa fé, ²⁶a fim de que vosso orgulho a meu respeito cresça sempre mais em Cristo Jesus, com minha nova vinda até vós.

Constância na luta. ²⁷Só vos peço que leveis uma vida digna* do Evangelho de Cristo, para eu constatar, se eu for aí, ou para ouvir, se continuar ausente, que vós continuais firmes num mesmo espírito, lutando de comum acordo pela fé do Evangelho, ²⁸sem medo algum de vossos adversários. Isto é um sinal seguro, para eles, da ruína, e para vós, da salvação, e isto vem de Deus: ²⁹pois a graça vos foi dada não só de crer em Cristo, mas também de sofrer por Ele, ³⁰empenhados no mesmo combate* que me vistes travar e que, como sabeis, continuo travando.

II. EXORTAÇÕES E CONSELHOS
(2–4)

2 **Unidade e humildade.** ¹Então eu vos conjuro, por tudo que pode haver de consolação em Cristo,* de conforto no amor, de comunhão no espírito, de ternura e compaixão: ²completai minha alegria, tendo todos um mesmo modo de pensar, um só amor, uma só alma, um só sentimento. ³Não façais nada por competição e vaidade. Antes, com humildade, cada um considere os outros como superiores a si, ⁴sem procurar seu próprio interesse, mas o dos outros.

---

* **1**,10. Rm 2,18; 12,12 Hb 5,14; Ef 5,9 | 12. 4,22; 2Tm 2,9; Ef 3,1; 4,1; Fm 1.9 | 19. 2Cor 1,11; Jó 13,16; 1Pd 4,16; Rm 1,16; Gl 2,20 | 23. 2Cor 5,6-9; Gn 2,20 | 27. Cl 1,10; Ef 4,3; 1Ts 2,12 | 30. 1,13; At 5,41; 16,22; Hb 5,10 | **2**,1. Rm 12,10; 1Cor 10,24.33

† **1**,12. Paulo refere-se a seu estado de prisioneiro, que contribuiu para a difusão do Evangelho. | 13. Pretório é a residência do Governador romano e de sua guarda nas capitais do império. | 19. Salvação pode significar aqui a libertação da prisão e/ou a redenção final. | 21. Pelo Batismo, Paulo morreu para sua vida anterior e vive agora uma existência inteiramente entregue a Cristo, Gl 2,19s. | 23. "Quero ver a Deus, e para vê-lo é preciso morrer" (Santa Teresa). "Eu não morro: entro na Vida" (Santa Teresinha).

Filipenses 2

Cristo, humilhado e exaltado[†]. [5]Tende em vós os mesmos sentimentos de Cristo Jesus:

[6]apesar de sua condição divina,*

ele não reivindicou seu direito de ser tratado como igual a Deus[†].

[7]Ao contrário, aniquilou-se a si mesmo*

e assumiu a condição de servo,

tornando-se semelhante aos homens.

[8]Por seu aspecto, reconhecido como homem,*

humilhou-se, fazendo-se obediente até a morte,

e morte de cruz.

[9]Por isso Deus o elevou acima de tudo

e lhe deu o Nome[†] que está acima de todo nome,

[10]de modo que ao nome de Jesus todo joelho se dobre nos céus, na terra e debaixo da terra,*

[11]e toda língua proclame

que Jesus Cristo é o Senhor[†],

para a glória de Deus Pai.*

O cristão, chamado à santidade. [12]Assim, pois, meus caríssimos,* obedecendo como sempre, não só como quando eu estava presente, mas muito mais agora que estou ausente, trabalhai com temor e tremor para conseguirdes vossa salvação[†]. [13]Pois é Deus que suscita em vós* o querer e o fazer, segundo seus benévolos desígnios. [14]Fazei tudo sem reclamação nem contestação [15]a fim de vos tornardes irrepreensíveis e puros, filhos de Deus sem mancha no meio duma geração perversa e transviada, na qual deveis brilhar como astros no mundo, [16]como portadores da Palavra de vida.* Assim me dais motivo de glória para o dia de Cristo, pois minha corrida e meu esforço não terão sido em vão. [17]De fato, se até meu sangue deve ser derramado como vítima sobre o sacrifício e a oblação de vossa fé[†], alegro-me com isso e me rejubilo com todos vós. [18]Do mesmo modo, vós também deveis estar felizes com isso e vos alegrar comigo.

Missões de Timóteo e de Epafrodito. [19]Espero no Senhor Jesus* poder enviar-vos em breve Timóteo, a fim de eu também ser confortado, recebendo vossas notícias. [20]Realmente, não tenho ninguém tão de acordo comigo, que saiba como ele interessar-se de coração sincero por vossa situação, [21]porque todos buscam seus próprios interesses,* não os de Jesus Cristo. [22]Mas conheceis a boa prova que ele tem dado: é como um filho junto de seu pai que ele tem servido comigo à causa do Evangelho. [23]Espero, pois, enviá-lo a vós, logo que minha situação ficar decidida.

[24]Aliás, tenho firme esperança no Senhor de que em breve eu mesmo possa ir. [25]Mas julguei necessário* enviar-vos Epafrodito, esse irmão que é meu companheiro de trabalho e de luta, e que vós delegastes para socorrer minha necessidade. [26]Pois ele sentia saudades de todos vós e estava triste porque ficastes sabendo de sua doença. [27]É verdade que ele esteve doente e à beira da morte; mas Deus teve piedade dele, e não só dele, mas também de mim, não deixando que eu tivesse tristeza sobre tristeza. [28]Então apressei-me a enviá-lo de volta a vós, a fim de que,

---

* **2**,6. Jo 1,1; 17,5; Hb 1,3; Cl 1,15-20 | 7. Is 53,3.11; 2Cor 8,9; Gl 4,4; Hb 2,14-17 | 8. Mt 20,28; Jo 10,17; Rm 5,19; Hb 1,3s; 5,8; 12,2; At 2,33; 5,41; Is 53,11; Ef 1,21 | 10. Is 45,23; 52,13; Jo 5,23; Ef 4,10; Ap 5,13 | 11. At 2,36; Rm 1,4; 10,9; 1Cor 12,3 | 12. 2Cor 7,15; 1Cor 2,3 | **2**,13. Ef 2,10; 3,20; At 17,28; Hb 13,21; Dt 32,5; Mt 5,14ss | 16. 2,2; 4,1; 2Tm 4,7; 1Cor 1,8; Gl 5,17 | 19. At 16,9; 1Cor 16,10 | 21. 2Tm 4,10.16 | 25. 4,18

† **2**,5. Este hino, que talvez fazia parte da liturgia da época, descreve todo o mistério do Filho de Deus encarnado: sua preexistência, sua humilhação, sua exaltação. | 6. Cristo poderia manifestar-se na terra com sua glória divina, mas preferiu parecer um homem comum. Ao contrário, Adão, simples homem, quis tornar-se igual a Deus, Gn 3,5.22. Cristo foi obediente, Adão desobediente. Mesma comparação entre Adão e Cristo em Rm 5,12-19 e 1Cor 15,45ss. | 9. O Nome dado a Jesus é "Senhor", v. 11; At 2,21.36, reservado unicamente a Deus no AT, porque é a tradução do nome de Deus em hebraico, Javé. | 11. É a profissão de fé fundamental do cristianismo, At 2,36; Rm 10,9. | 12. "Quem teme cair desconfia de suas forças e põe sua confiança em Deus, que o socorrerá" (S. Afonso Maria de Ligório). | 17. Toda a vida do cristão é um sacrifício feito a Deus, Rm 12,1.

Filipenses 2-3

vendo-o, retorneis à alegria, e eu próprio não tenha sofrimento. ²⁹Acolhei-o, pois, no Senhor,* com toda alegria e tende em grande estima pessoas como ele, ³⁰porque foi pela obra de Cristo que ele quase morreu, tendo arriscado a vida para vos suprir no serviço que não me podíeis prestar.

3 **O culto segundo o Espírito.** ¹Enfim, meus irmãos, alegrai-vos no Senhor...*

Dirigir-vos as mesmas recomendações não me é pesado, e para vós é uma segurança: ²Cuidado com os cães!⁺ Cuidado com os maus operários! Cuidado com os falsos circuncisos! ³Pois nós é que somos os circuncisos, nós que oferecemos o culto movidos pelo Espírito de Deus e que baseamos nossa glória em Cristo Jesus, em vez de colocar nossa confiança em nós mesmos⁺.

Por Cristo, Paulo sacrifica tudo. ⁴No entanto, eu teria motivo* de ter confiança também em mim mesmo. Se algum outro julga ter razão de confiar em si próprio, muito mais tenho eu: ⁵circuncidado no oitavo dia,* da estirpe de Israel, da tribo de Benjamim, hebreu, filho de hebreus; quanto à lei, fariseu; ⁶quanto ao zelo, perseguidor da Igreja; quanto à justiça que a lei pode dar, um homem irrepreensível. ⁷Mas todas essas vantagens que eu tinha, considerei-as como prejuízo por causa de Cristo. ⁸Doravante considero tudo como desvantagem,* diante da grandeza de conhecer o Cristo Jesus, meu

Senhor. Por ele eu aceitei perder tudo e tudo considero como lixo, para que eu ganhe a Cristo ⁹e seja achado nele, não com uma justiça minha, vinda da Lei,* mas sim com aquela que vem pela fé em Cristo: a retidão que Deus concede e é baseada na fé⁺. ¹⁰Quero assim conhecê-lo, experimentar o poder de sua ressurreição* e da comunhão com seus sofrimentos, tornando-me conforme a sua morte, ¹¹para ver se alcanço a ressurreição dentre os mortos⁺. ¹²Não quero dizer que eu já tenha conseguido o prêmio* ou que eu já seja perfeito. Mas continuo correndo para ver se o conquisto, pois o Cristo Jesus já me conquistou. ¹³Irmãos, não penso que eu já tenha alcançado o prêmio e só uma coisa me interessa: esquecendo-me do que fica para trás, vou em frente, lançando-me com todo o empenho, ¹⁴e corro para a meta* para conseguir o prêmio que Deus nos convida a receber lá em cima em Cristo Jesus. ¹⁵Todos nós, que somos perfeitos⁺, é assim que devemos pensar; e se, em algum ponto, pensais de outro modo, Deus vos dará inteligência a respeito. ¹⁶Enquanto isso, seja qual for o ponto já atingido, caminhemos sempre na mesma linha. **Cidadãos do céu.** ¹⁷Sede meus imitadores, irmãos,* e observai aqueles que se comportam de acordo com o exemplo que tendes em nós. ¹⁸Porque muitos – quantas vezes eu vo-lo disse, e agora o repito com lágrimas nos olhos – comportam-se como inimigos da cruz de Cristo. ¹⁹O fim deles será a perdição; seu deus é o ventre, sua glória

---

* **2**,29. 1Cor 16,16; 1Tm 5,17 | **3**,1. 2,18; 4,4; Ap 22,15; Rm 2,29 | 4. 2Cor 11,18s | 5. Rm 11,1; At 8,3; 22,4; 23,6; 26,5.9ss; 2Cor 11,22 | 8. Mt 13,44.46; Lc 14,33 | 9. Rm 3,21ss; 3,3ss | 10. Rm 8,17; Gl 6,17; At 4,2; Ap 20,5s | 12. 1Tm 6,12.19; At 9,5s | 14. 1Cor 2,6; 9,24; 2Tm 4,7; Mt 5,48; Gl 6,16 | 17. 1Cor 4,16; 11,1; 1Ts 1,6; 1Pd 5,3; Gl 6,12; Rm 2,5s; 8,5s; 16,18

⁺ **3**,2. "Cães" era o termo com que os judeus tratavam os pagãos, Mt 7,6. Paulo aqui lhes devolve o apelido. "Falsos circuncisos" são os judaizantes, que continuavam a dar importância decisiva à circuncisão, que Deus já havia abolido. | 3. "Em nós mesmos", lit. "na carne", isto é, no regime antigo da lei mosaica com todas as suas prescrições. | 9. Santa Teresinha parece comentar esse texto quando escreve: "Após o exílio terreno, espero ir gozar-vos na Pátria, mas não quero acumular méritos para o céu, quero trabalhar somente por vosso amor. Ao entardecer desta vida, comparecerei diante de vós com as mãos vazias, pois não vos peço, Senhor, que contabilizeis minhas obras. Quero revestir-me de vossa própria justiça e receber de vosso amor a posse eterna de vós mesmo". | 11. Paulo pretende manter sua confissão até a morte e morrer como mártir. Espera participar da ressurreição especial reservada aos mártires e dos benefícios ligados a ela. Ap 20,4s fala desta primeira ressurreição. | 15. É perfeito quem tem uma fé amadurecida, adulta.

Filipenses 4

está no que é vergonhoso, porque só apreciam as coisas da terra. [20]Nós, pelo contrário, somos cidadãos do céu,* de onde ardentemente esperamos como Salvador o Senhor Jesus Cristo†. [21]Ele vai transfigurar nosso pobre corpo para conformá-lo a seu corpo glorioso, em virtude do poder que tem de sujeitar a si todo o universo.

4 [1]Assim, meus irmãos queridos e saudosos, minha alegria, minha coroa, permanecei assim fiéis ao Senhor, caríssimos!

Concórdia, alegria e paz. [2]Exorto a Evódia como também a Síntique que vivam em boa compreensão no Senhor. [3]E a ti, verdadeiro companheiro†, eu te peço que lhes venhas em auxílio, pois elas combateram pelo Evangelho junto comigo, com Clemente e outros colaboradores meus, cujos nomes estão escritos no livro da vida.

[4]Alegrai-vos sempre no Senhor!* Mais uma vez eu digo: alegrai-vos! [5]Vossa bondade seja conhecida de todos. O Senhor está próximo! [6]Não vos inquieteis com nada, mas em toda necessidade apresentai a Deus vossos pedidos com orações, súplicas e ações de graças. [7]E a paz de Deus, que ultrapassa toda compreensão, guardará vossos corações e vossos pensamentos, em Cristo Jesus.

[8]Enfim, irmãos,* ocupai-vos com tudo o que há de verdadeiro, nobre, justo, puro, amável, louvável, virtuoso e recomendável. [9]Ponde em prática* o que aprendestes, recebestes, ouvistes e observastes em mim. Então o Deus da paz estará convosco.

Gratidão pelos dons recebidos. [10]Tive grande alegria no Senhor, porque fizestes renascer vossos sentimentos por mim; eles estavam, sim, sempre vivos, mas faltava-vos uma ocasião. [11]Não é a penúria que me leva a dizer isto;* com efeito, aprendi a me bastar em qualquer situação. [12]Sei passar necessidade e sei viver na fartura. Estou preparado para tudo: para estar na abundância ou para passar fome;* para ter fartura ou para sentir necessidade. [13]Tudo posso naquele que me dá força. [14]Entretanto, fizestes bem tomando parte em minhas provações.

[15]Bem o sabeis, filipenses: no começo da evangelização, quando deixei a Macedônia, nenhuma Igreja tinha comigo uma conta de dar e receber,* a não ser vós, [16]que, durante minha estadia em Tessalônica, me enviastes duas vezes o que eu precisava. [17]Não é que eu procure donativos;* o que procuro é o fruto que redunda em vosso benefício. [18]Por ora, tenho tudo do que preciso, e até o supérfluo; estou repleto de vossos dons, recebidos de Epafrodito, que são um perfume de suave odor, sacrifício que Deus acolhe de bom grado. [19]Por sua vez, meu Deus proverá todas as vossas necessidades, segundo sua riqueza, com magnificência, em Cristo Jesus. [20]Ao Deus e Pai nosso, glória pelos séculos dos séculos! Amém.

Saudações finais. [21]Saudai cada um dos santos em Cristo Jesus. Os irmãos que estão comigo vos saúdam. [22]Todos os santos vos mandam saudações, sobretudo os da casa de César†. [23]A graça do Senhor Jesus Cristo* esteja convosco!

---

* **3**,20. Ef 2,6-18; Gl 3,1s; Hb 12,12; 1Cor 15,43-49 | **4**,4. 3,1; Hb 10,37; Mt 6,25-34; Cl 3,15; 4,2; Jo 14,27 | 8. 1Ts 5,23 | 9. Rm 12,17; 16,20; 1Cor 14,33 | 11.1Tm 6,6; 2Cor 6,10 | 12. 2Cor 12,10; 2Tm 4,17 | 15. 2Cor 11,9 | 17. 1Cor 9,11; Gn 8,21; Êx 29,18; Ez 20,41 | 23. Gl 6,18

† **3**,20. "Os cristãos estão na carne, mas não vivem segundo a carne; passam a vida na terra, mas são cidadãos do céu" (Carta a Diogneto, séc. II). Na terra estão como num exílio e se regem pelas leis de sua verdadeira pátria. | **4**,3. "Companheiro", em grego "sízigo", que alguns autores consideram como nome próprio. | 22. Os que estão a serviço do imperador: nobres, soldados, livres ou escravos; portanto, já existem cristãos entre eles.

CARTA AOS COLOSSENSES

Fundada no século V a.C., Colossos era uma cidade da Frígia, situada no vale do Lico. Na época de Cristo já estava em decadência, apesar de ter sido florescente no período anterior.

A igreja de Colossos não foi fundada nem visitada por Paulo. O fundador da comunidade foi Epafras (1,7; 4,12s), que abraçou a fé em Éfeso, ouvindo a pregação de Paulo.

A carta aos Colossenses foi escrita por Paulo quando estava na prisão (Cl 4,3.10.18), provavelmente durante o primeiro cativeiro romano, de 61 a 63. O objetivo da carta foi advertir os fiéis contra uma heresia de caráter sincretista, que misturava elementos do paganismo, do judaísmo e do cristianismo (2,4.8.20). Os defensores desta doutrina tributavam culto a seres espirituais, colocados como intermediários entre Deus e o homem (2,18), veneravam as forças cósmicas (2, 8), ensinavam determinadas práticas ascéticas e alimentares (2,16.21.23) e exigiam observâncias legalistas como complemento da fé em Cristo.

Paulo combate essas posições, mostrando que Cristo é o Senhor de toda a criação (Cl 1,15-20) e, portanto, Cabeça de toda soberania e de toda autoridade (2,10). É desnecessário, pois, prestar, ao lado dele, um culto especial aos "elementos do mundo" (2,8) e é errado supor forças misteriosas e divinas ocultas nos seres criados, das quais somente o Cristo glorificado dispõe, porque nele habita toda a plenitude da divindade (2,9). Para o cristão, o mundo está isento de deuses e de feitiços: ele é apenas a criação que existe para a glorificação do Criador e a utilidade do homem.

Após uma introdução (1,1-14), vem o tema principal, que é a supremacia de Cristo sobre o mundo dos espíritos (1,15-20: hino a Cristo, Senhor do universo) e a aplicação do hino aos cristãos (1,21-2,3), em que Paulo mostra também seu lugar na obra de Cristo. Cl 2,4-23 é uma advertência contra os perigos da falsa doutrina. De 3,1 a 4,6 temos uma exortação de ordem moral, em que são formuladas as consequências da união mística dos fiéis com Cristo. A carta termina (4,7-18) com comunicações pessoais, saudação e bênção.

I. A PESSOA E A DIGNIDADE DE CRISTO (1–2)

1 **Saudação.** [1]Paulo, Apóstolo do Cristo Jesus pela vontade de Deus, e o irmão Timóteo, [2]ao povo santo de Colossos, irmãos fiéis em Cristo. A vós, graça e paz da parte de Deus nosso Pai!

Ação de graças. [3]Não cessamos de dar graças a Deus, Pai de nosso Senhor Jesus Cristo, em nossas orações por vós, [4]pelas notícias recebidas* acerca de vossa fé em Cristo Jesus e da caridade que tendes para com todo o povo santo, [5]em razão da esperança que vos está reservada nos céus. Desta esperança, vós outrora ouvistes o anúncio pela palavra da verdade, o Evangelho,

[6]que chegou até vós, bem como ao mundo todo, onde ele frutifica e se desenvolve; assim também entre vós, desde o dia em que ouvistes e conhecestes a graça de Deus na verdade. [7]Foi Epafras†, nosso querido companheiro no ministério, que vos instruiu: ele nos substitui como fiel ministro de Cristo [8]e foi ele mesmo que nos deu a conhecer vosso amor no Espírito.*

Oração pela Igreja. [9]É por isso que também nós,* desde o dia em que recebemos essas notícias, não cessamos de rezar por vós e de pedir a Deus que vos faça chegar ao pleno conhecimento de sua vontade, em toda sabedoria e inteligência espiritual, [10]para que assim possais levar uma vida digna do Senhor, agradando-lhe em tudo, produzindo

---

* **1,4**. Ef 1,13.15s; 1Cor 13,13; 1Ts 1,2s; 1Pd 1,4; Hb 6,18s; 1Tm 3,16; Rm 1,3 | 8. 4,12 | 9. Fl 1,9.27; Ef 1,9.15s.19; 2,10; 3,16; 4,1; 5,17

† **1**,7. Epafras foi o fundador da Igreja de Colossos, 4,12.

1419   Colossenses 1-2

frutos de toda boa obra e crescendo no conhecimento de Deus; [11]animados duma possante energia segundo seu glorioso poder, para serdes fortes e pacientes em tudo; [12]agradecendo a Deus Pai,* que vos tornou dignos de participar da herança dos santos na luz.

Hino ao Cristo, Senhor do universo. [13]Ele nos libertou do poder das trevas
  e nos transferiu para o reino de seu Filho amado,
    [14]no qual temos a redenção, o perdão dos pecados.
    [15]Ele é a imagem do Deus invisível,*
    primogênito de toda criatura†,
    [16]pois nele foram criadas todas as coisas*
  nos céus e na terra, as visíveis e as invisíveis:
  majestades, domínios, soberanias e autoridades†:
    tudo foi criado por meio dele e para ele.
    [17]Ele existe antes de todas as coisas;*
  o universo é mantido por ele.
    [18]Ele é também a Cabeça do Corpo, que é a Igreja.
  Ele é o princípio, o primogênito dentre os mortos,
    para ter em tudo a primazia,
    [19]pois Deus quis fazer habitar nele toda a plenitude*
    [20]e por meio dele reconciliar consigo todas as criaturas,
  pacificando com o sangue de sua cruz
  as coisas da terra e as do céu†.

[21]Também vós outrora* éreis estrangeiros e inimigos por vossos pensamentos e vossas obras más, [22]porém agora ele vos reconciliou em seu corpo de carne, entregando-o à morte, para vos fazer comparecer perante ele santos, sem mancha e irrepreensíveis, [23]contanto que permaneçais consolidados e firmes na fé, sem vos deixar desviar da esperança prometida pelo Evangelho que ouvistes e que foi pregado a toda criatura sob o céu, e do qual eu, Paulo, me tornei ministro.

O combate do Apóstolo. [24]Agora me alegro com os sofrimentos* que suporto por vós e vou completando em minha carne o que falta aos sofrimentos de Cristo†, em favor de seu Corpo,* que é a Igreja, [25]da qual fui constituído ministro em virtude da missão que Deus me confiou junto de vós, de completar o anúncio da palavra de Deus. [26]Esta palavra é o mistério* escondido desde os séculos e as gerações, mas que agora Deus acaba de revelar a seu povo santo. [27]A estes, Deus quis manifestar a gloriosa riqueza deste mistério entre os pagãos, isto é, Cristo em vós,* a esperança da glória†. [28]Este Cristo, nós o anunciamos, exortando a todos e instruindo-os em toda sabedoria, a fim de torná-los todos perfeitos em Cristo. [29]E é justamente por essa causa que me canso lutando,* com sua energia que age em mim com poder.

2 **Solicitude apostólica.** [1]Sim, desejo que saibais que dura batalha tenho de travar por vós, pelos de Laodiceia, e por tantos outros que jamais me viram* pessoalmente, [2]a fim de que seus corações sejam com isso estimulados e, assim, estreitamente unidos no amor, adquiram em toda a sua riqueza a plena inteligência que os fará penetrar o mistério de Deus, isto é, Cristo,

---

* **1,**12. 2,15; Ef 1,18; 2,2; 6,12; Lc 22,53; | 15. Jo 1,18; 2Cor 4,4; 1Tm 6,16; Hb 1,3; Ap 3,14 | 16. Jo 1,3.10; Ef 1,10.21 | 17. Jo 1,1; 8,38; Ef 1,22s; 4,15; 5,23; At 4,2; 26,23; Ap 1,5 | 19. 2,9; Jo 1,16; Ef 1,7.23; 2,13.16; 1Jo 2,2; Rm 5,1 | 21. Rm 5,10; Ef 2,2.12; 3,17; 4,18; Hb 3,14; 1Tm 3,16; Mc 16,15 | 24. Ef 3,13 / Ef 3,2.7s | 26. Rm 16,25s; Ef 1,18; 3,3s.9s | 27. Ef 3,7.20; 4,18; 1Tm 1,1 | 29. Fl 4,13; 1Ts 5,12; 1Cor 16,16 | **2,**1. Ef 3,4.18s; Cl 1,26; 4,3; 2Cor 1,4.6; 2,7.13; Is 45,3; 1Cor 1,24.30; Rm 16,18

† **1,**15. Cristo tem o primado absoluto na criação e na redenção, que é nova criação. | 16. Criaturas celestes subordinadas a Cristo. Pode ser que, na falsa doutrina de alguns colossenses, eram imaginadas como rivais de Cristo, 2,15. | 20. A redenção reconduz o universo à ordem primitiva estabelecida por Deus. | 24. Cristo expiou todos os pecados com sua morte e ressurreição, mas cada um de nós precisa unir-se a Ele para participar da Redenção. Quando o cristão sofre unido a Cristo, é Ele que sofre em seus membros, completando sua Paixão. | 27. Esse mistério é o chamado de Deus, dirigido também aos pagãos, à salvação e à glória celeste pela incorporação a Cristo.

Colossenses 2-3

³no qual se acham escondidos todos os tesouros da sabedoria e do entendimento.

⁴Digo isto para que ninguém vos engane com palavras sutis. ⁵Sem dúvida, estou ausente corporalmente, mas em espírito estou junto de vós, feliz ao ver a boa ordem que reina entre vós e a solidez de vossa fé em Cristo.

A plenitude da vida em Cristo. ⁶Caminhai, pois, no Senhor Jesus Cristo tal como o recebestes, ⁷enraizados e edificados nele, apoiados sobre a fé* tal como vos foi ensinada, e transbordando de ação de graças.

⁸Tomai cuidado para que não haja quem vos queira escravizar com sua filosofia e com vãos sofismas, inspirados numa tradição puramente humana, segundo os elementos do mundo† e não segundo Cristo.

⁹Pois em Cristo habita corporalmente* toda a plenitude da divindade, ¹⁰e vós tendes nele parte na plenitude dele, o qual é o chefe de toda soberania e de toda autoridade.

¹¹Nele fostes também circuncidados, com uma circuncisão que não é feita por mão humana, mas pelo despojamento de vosso corpo carnal; assim é a circuncisão de Cristo†. ¹²Pelo Batismo fostes sepultados com ele,* nele fostes também ressuscitados por meio da fé no poder de Deus, que o ressuscitou dentre os mortos. ¹³Estáveis mortos por causa de vossos pecados e pela incircuncisão de vossa carne, mas Deus vos fez reviver com ele, perdoando-vos todos os pecados. ¹⁴Anulou o documento escrito* de nossa dívida†, cujas condições nos eram desfavoráveis e suprimiu-o, cravando-o na cruz. ¹⁵Despojou as soberanias* e as autoridades† e as deu em espetáculo diante do mundo, arrastando-as em seu cortejo triunfal.

Falso ascetismo. ¹⁶Então, que ninguém pense* em condenar-vos quanto a questões de alimento ou de bebida, ou em matéria de festas anuais, de luas novas ou de sábados. ¹⁷Tudo isso não é mais que a sombra das coisas que deviam vir, mas a realidade é o corpo de Cristo. ¹⁸Que ninguém vos impeça de conseguir o prêmio, com afetação de humildade, de culto dos anjos, seguindo suas pretensas visões, cheio de vão orgulho em sua mente carnal, ¹⁹sem estar ligado à Cabeça,* da qual todo o Corpo recebe sustento e coesão, pelas junturas e ligamentos, para realizar seu crescimento em Deus.

A liberdade do cristão. ²⁰Já que morrestes com Cristo* para os elementos do mundo†, por que vos submeter, como se vivêsseis ainda neste mundo, a preceitos como ²¹"não pegues, não comas, não toques"? ²²São coisas destinadas a desaparecer com o uso: com efeito, são prescrições e doutrinas dos homens! ²³Elas podem aparentar sabedoria* por sua afetação de religiosidade e de humildade que não poupa o corpo; mas de fato não servem senão para satisfazer a carne.

II. DEVERES DOS CRISTÃOS
(3–4)

3 **A vida nova do ressuscitado.** ¹Se, portanto, ressuscitastes* com Cristo†, buscai as coisas do alto, onde Cristo está sentado à direita de Deus. ²Pensai nas coisas lá de cima, não nas

---

* **2**,7. Ef 2,20s; 3,17; 5,6; Rm 16,18; Cl 2,4 | 9. Jo 1,14.16; Ef 1,23; 3,19; 4,13; Rm 2,29 | 12. Rm 6,4ss; Cl 3,1; Ef 1,19s; 2,1.5 | 14. Ef 2,14s; 1Pd 2,24 | 15. Gl 1,13; Lc 11,23 | 16. Rm 14,17; Hb 8,5; 10,1 | 19. Ef 1,21; 2,21; 4,15s | 20. Gl 4,3s | 23. Mt 15,9; 1Tm 4,3; Rm 13,14 | **3**,1. 2,12; Sl 110,1; Mt 22,44; Rm 6,2.7; Gl 2,20; Fl 1,21

† **2**,8. Ver a nota em Gl 4,3. | 11. Já o AT espiritualizava a circuncisão, pregando a "circuncisão do coração", Jr 4,4, isto é, uma vida de fidelidade a Deus, condizente com o rito da circuncisão, Rm 2,25-29. A "circuncisão de Cristo" é o Batismo, no qual morre o "homem velho" e nasce a nova criatura. | 14. Esse "documento" é a dívida que tinham com a justiça divina por causa dos preceitos da lei mosaica não cumpridos. | 15. Soberanias e autoridades são os seres celestes, que Deus despojou do poder que usurparam sobre os seres humanos e exibiu derrotados em seu cortejo triunfal. Ver a nota em 1,16. | 20. Pelo Batismo morremos com Cristo para a lei e para todas as suas práticas superadas. | **3**,1. Pelo Batismo a pessoa passa a viver, de modo ainda misterioso, unida ao Cristo: entrou no mundo da Ressurreição.

1421 Colossenses 3-4

da terra. ³Porque vós estais mortos, e doravante vossa vida está escondida com Cristo em Deus. ⁴Quando Cristo, que é vossa vida, se manifestar, vós também sereis manifestados com ele na glória.

⁵Por isso, fazei morrer* tudo o que há de terreno dentro de vós: a imoralidade, a impureza, a paixão, os maus desejos e a cobiça, que é uma idolatria, ⁶coisas que atraem a ira de Deus sobre os que lhe desobedecem. ⁷Vós mesmos antigamente vos comportáveis assim, vivendo nessas desordens. ⁸Agora, porém, abandonai tudo isto: cólera, exaltação, malícia,* blasfêmia, palavras indecentes de vossos lábios; ⁹não faleis mentiras uns aos outros, pois fostes despojados da criatura que éreis antes†, e de suas obras, ¹⁰e vos revestistes* de uma nova criatura†, que por um pleno conhecimento se renova segundo a imagem de seu Criador. ¹¹Aí não existe mais nem grego nem judeu,* nem circunciso nem incircunciso, nem bárbaro nem cita, nem escravo nem livre, mas Cristo é tudo em todos.

O modo de viver do cristão. ¹²Portanto, como escolhidos de Deus,* santos e amados, revesti-vos de sentimentos de misericórdia, de bondade, de humildade, de mansidão e de paciência, ¹³suportando-vos uns aos outros e perdoando-vos mutuamente, se alguém tem de lamentar-se com relação aos outros. Como o Senhor vos perdoou, perdoai também vós. ¹⁴Acima de tudo, buscai o amor,* que faz a perfeita união.† ¹⁵Que a paz de Cristo reine em vossos corações, pois a ela fostes chamados para

formar um só corpo. Vivei dando graças a Deus!

¹⁶Que a palavra de Cristo habite em vós com toda a sua riqueza. Ensinai-vos e exortai-vos uns aos outros com toda sabedoria, cantando a Deus de coração agradecido com salmos, hinos e cânticos espirituais. ¹⁷E tudo o que fizerdes em palavras e obras seja feito em nome do Senhor Jesus, agradecendo por meio dele a Deus Pai.*

Virtudes domésticas†. ¹⁸Esposas, sede dóceis a vossos maridos,* como convém no Senhor. ¹⁹Maridos, amai vossas mulheres e não as trateis com dureza.† ²⁰Filhos, obedecei em tudo aos pais,* porque isto agrada ao Senhor. ²¹Pais, não irriteis vossos filhos, para que não desanimem.

²²Servos, obedecei em tudo* a vossos senhores da terra, não servindo somente quando vos veem, como se faz para agradar aos homens, mas na simplicidade do coração, no temor do Senhor. ²³Seja qual for vosso trabalho, fazei-o de coração, como para o Senhor e não para os homens, ²⁴sabendo que o Senhor vos recompensará, tornando-vos seus herdeiros. É ao Senhor Cristo que estais servindo. ²⁵Pois quem comete injustiça* será certamente punido por sua injustiça, sem acepção de pessoas.

4 ¹Senhores, concedei a vossos escravos* o que é de justiça e equidade, sabendo que vós também tendes um Senhor no céu.

Oração e espírito apostólico. ²Sede assíduos e vigilantes na oração,* dando graças. ³Rezai também por nós, para

---

* **3**,5. Rm 6,6.11; 8,13 | 8. Ef 4,19.22.25-31; 5,3-6 | 10. Ef 2,24; Gn 1,26s | 11. 1Cor 12,13; Gl 3,28 | 12. 1Pd 2,9; Ef 4,2.32; 5,2; Mt 6,14 | 14. Rm 13,8.10; 1Cor 12,12.27; Ef 4,3s; 5,19 | 17. 1Cor 10,31; Ef 5,20 | 18. Ef 5,22; 6,1; 1Pd 3,1.7 | 20. Ef 6,4-8 | 22. Rm 12,2; 12,11 | 25. Rm 2,11 | **4**,1. Ef 6,9; Lv 25,43.53 | 2. Ef 6,18s; Fl 4,9; 2Ts 3,1; Rm 15,30ss

† **3**,9. Lit. "despojados do homem velho", o qual simboliza todo o comportamento pecaminoso da pessoa que não tem a graça de Cristo. | 10. Lit. "homem novo", expressão que indica a pessoa transformada radicalmente pelo Batismo. Cristo, novo Adão, 1Cor 15,45, e imagem de Deus, 1,15, recria a pessoa à imagem de Deus, "na justiça e na santidade verdadeiras", Ef 4,24. | 14. O amor é o laço perfeito que une intimamente todos os fiéis. | 18. O lar é a primeira escola de vida cristã, onde se aprende a fadiga e a alegria do trabalho, o amor fraterno, o perdão generoso e sobretudo o culto divino pela oração e pela oferenda da própria vida, v. 17. | 19. Paulo não exprime o relacionamento familiar no sentido de dominação e sujeição, como era comum na época. Mostra que os deveres são recíprocos, e que a convivência deve ser inspirada por princípios cristãos, "no Senhor". | **4**,3. O ministério pastoral da Igreja precisa da oração de seus fiéis para ser eficaz.

Colossenses 4

que Deus nos abra a porta da pregação e possamos anunciar o mistério de Cristo†, pelo qual estou na prisão; [4]que eu possa de fato proclamá-lo pela palavra, como é minha obrigação.

[5]Comportai-vos com sabedoria com os de fora; sabei tirar partido do tempo presente. [6]Que vossa linguagem seja sempre amável,* oportuna, sabendo responder a cada um como convém.

Notícias pessoais. [7]Sobre minha pessoa, recebereis todas as notícias* por meio de Tíquico†, esse irmão amado, que é meu fiel assistente e companheiro no serviço do Senhor. [8]Eu o envio a vós para vos comunicar nossas notícias e confortar vossos corações. [9]Com ele irá Onésimo†, o irmão fiel e amado, que é de vossa terra. Eles vos informarão a respeito de tudo o que está acontecendo aqui.

Saudações finais. [10]Aristarco, meu companheiro de prisão,* vos saúda, como também Marcos†, primo de Barnabé, sobre o qual recebestes instruções: se ele chegar até aí, dai-lhe boa acolhida. [11]Saúda-vos também Jesus, chamado Justo. Dentre os que vieram do judaísmo são estes os únicos que trabalharam comigo pelo Reino de Deus e têm sido para mim um consolo. [12]Saúda-vos Epafras,* vosso compatriota, servo de Cristo Jesus, que não cessa de lutar por vós em suas orações, a fim de que permaneçais firmes, perfeitos e cumprindo em tudo a vontade de Deus. [13]Sim, dou-vos esse testemunho de que ele trabalha muito por vós, como também pelos de Laodiceia e de Hierápolis.* [14]Recebei as saudações de Lucas†, o caro médico, e de Demas.

[15]Saudai os irmãos, que estão em Laodiceia, e Ninfa com a igreja que se reúne na casa dela. [16]Depois que esta carta for lida para vós, fazei com que seja lida também na Igreja de Laodiceia, e lede também a que virá de Laodiceia†. [17]Dizei a Árquipo: "Cuida bem* do ministério que recebeste no Senhor e trata de cumpri-lo bem".

[18]A saudação é de meu próprio punho,* Paulo. Lembrai-vos de minhas prisões! A graça esteja convosco!

---

* **4**,6. Ef 4,29; Mc 9,50; 1Pd 3,15 | 7. At 20,4; Ef 6,21; Fm 10 | 10. At 19,29; 20,4; 27,2 | 12. 1,7; Fm 23 | 13. 2Tm 4,10s; Fm 24 | 17. Fm 2 | 18. 1Cor 16,21; 2Ts 3,17

† **4**,7. Tíquico é o portador desta carta aos colossenses. | 9. Este é o escravo fugitivo que Paulo batizou na prisão e devolveu a seu patrão Filêmon com uma carta de recomendação, que faz parte da Bíblia. | 10. Também chamado João Marcos, é o autor do 2º Evangelho, At 12,12.25; 2Tm 4,11. Foi também companheiro de Pedro, 1Pd 5,13. | 14. Lucas foi companheiro de Paulo em suas viagens e até em seu último cativeiro, 2Tm 4,11; é o autor do 3º Evangelho e dos Atos dos Apóstolos. | 16. Esta carta a Laodiceia se perdeu, mas pode ser a Carta aos Efésios, que talvez fosse uma circular para todas as comunidades da região. Dessa troca de cartas entre as comunidades nasceu a coleção das Cartas Paulinas, tal como a possuímos.

PRIMEIRA CARTA AOS TESSALONICENSES

Foi no ano 50, no decurso de sua segunda viagem missionária que Paulo evangelizou Tessalônica, capital da Macedônia e porto florescente junto ao mar Egeu. Os inícios da fundação dessa comunidade, a segunda que Paulo formou na Europa (a primeira foi Filipos), estão descritos em At 17,1-10. Acompanhado de Silas e de Timóteo, Paulo, conforme seu costume, pregou primeiro aos judeus na sinagoga deles aos sábados, durante três semanas, mostrando-lhes que Jesus é o Messias. Conseguiu poucos adeptos entre os judeus, mas muitos entre os pagãos. Os judeus, invejosos, acusaram Paulo de afirmar que há um outro rei – Jesus –, e tanto o perseguiram, que ele se viu forçado a abandonar a cidade, partindo então para Bereia. Mas também nessa outra cidade os judeus de Tessalônica vieram importuná-lo e ele seguiu para Atenas, donde mandou Timóteo a Tessalônica, para confirmar na fé os cristãos perseguidos. Depois, Paulo vai para Corinto, onde Timóteo vem ter com ele, trazendo boas notícias de Tessalônica. Então, no início do ano 51, Paulo escreve a primeira carta aos Tessalonicenses, o escrito mais antigo do Novo Testamento.

A comunidade tinha permanecido fiel e perseverante na fé, apesar das perseguições, e isto é para Paulo motivo de ação de graças (cap. 1). Mas é preciso ainda corrigir algumas imperfeições e advertir contra os perigos da impureza pagã (2–3). O objetivo principal da carta, porém, é esclarecer os leitores quanto à sorte dos fiéis que já morreram (cap. 4) e apontar as atitudes que o dia do Senhor exige do cristão (cap. 5).

I. PAULO FALA DE SUA MISSÃO
(1–3)

1 **Saudação e ação de graças.** ¹Paulo, Silvano e Timóteo† à Igreja dos tessalonicenses,* que está em Deus Pai e no Senhor Jesus Cristo. A vós, graça e paz!

²Sempre rendemos graças a Deus* por todos vós, lembrando-nos de vós em nossas orações, continuamente ³recordando, diante de Deus, nosso Pai, vossa fé atuante, vossa caridade operosa e vossa constante esperança em nosso Senhor Jesus Cristo†.

A fé dos tessalonicenses. ⁴Bem sabemos, irmãos amados de Deus, que sois do número dos escolhidos. ⁵Porque nosso Evangelho foi pregado a vós* não somente com palavras, mas com grande eficácia no Espírito Santo e com plena convicção, e sabeis como procedemos no meio de vós, para vosso bem. ⁶E vos fizestes imitadores nossos e do Senhor,* acolhendo a Palavra na alegria do Espírito Santo, embora entre grandes tribulações, ⁷de modo a vos tornardes um exemplo para todos os fiéis da Macedônia e da Acaia. ⁸Com efeito, partindo de vós, a palavra do Senhor divulgou-se, não somente na Macedônia e na Acaia, mas a fama de vossa fé em Deus propagou-se por toda a parte, de maneira que já não temos necessidade de falar disso. ⁹De fato, são eles que falam da acolhida* que tivemos entre vós e de como vos convertestes a Deus, abandonando os ídolos para servir ao Deus vivo e verdadeiro ¹⁰e esperar do céu seu Filho, que Ele ressuscitou dos mortos, Jesus, que nos livrará da ira que há de vir†.

2 **O apostolado de Paulo.** ¹Vós mesmos sabeis, irmãos,* que nossa vinda entre vós não foi em vão.

---

* **1**,1. 2Ts 1,1; At 14,17 | **2**. 2Ts 1,11; 1Cor 13,13; At 17,5-9 | **5**. 2Ts 2,13; Rm 1,7 | **6**. 1Cor 4,16; Fl 3,17; At 13,32; Rm 1,8 | **9**. At 14,15; 17,31; 1Cor 12,2; Fl 3,20; Tt 2,13 | **2**,1. 1,9; At 16,20-24; Ef 6,20

† **1**,1. Esses três são os membros do grupo missionário que está evangelizando Corinto e de lá envia a Carta aos Tessalonicenses. Silvano é a forma romana do nome hebraico Silas; é o mesmo personagem de At 15,22.27. | 3. Paulo elogia os convertidos tessalonicenses e, sob a forma de ação de graças, dá a definição do cristão: é aquele que vive das virtudes teologais, fé, esperança e caridade. | 10. Os vv. 9s descrevem a conversão como abandono dos ídolos, busca de Deus, a quem é preciso servir como único e verdadeiro Deus, vivendo na vigilância, aguardando a segunda vinda de Jesus.

1 Tessalonicenses 2

²Tínhamos suportado, em Filipos, sofrimentos e insultos†, como sabeis, mas nosso Deus nos concedeu pregar com toda a ousadia diante de vós o Evangelho de Deus, no meio de uma luta sofrida. ³E ao vos exortar, não nos inspiramos nem no erro, nem na impureza, nem tentamos usar de fraude alguma. ⁴Mas, tendo Deus confiado a nós* o Evangelho, depois de nos ter provado, assim o pregamos, procurando agradar não aos homens, mas a Deus, que prova nossos corações†. ⁵Jamais temos falado uma palavra de adulação, vós o sabeis, nem tivemos intenção de lucro – disso Deus é testemunha; ⁶nem temos procurado a glória humana, nem de vós e nem de outros. ⁷Ainda que nós, na qualidade de apóstolos de Cristo, pudéssemos fazer valer nossa autoridade, apresentamo-nos, contudo, no meio de vós, cheios de bondade, qual mãe que nutre e acaricia seus filhos. ⁸Tal era nossa ternura por vós, que desejávamos dar-vos não somente o Evangelho de Deus, mas até a própria vida, porque muito vos amamos. ⁹De fato, irmãos, ainda vos lembrais* de nossos trabalhos e fadigas: trabalhamos dia e noite para não sermos pesados a nenhum de vós,* enquanto vos pregávamos o Evangelho de Deus†. ¹⁰Vós sois testemunhas, e Deus também, de como nossa atitude para convosco, que crestes, foi santa, justa e irrepreensível. ¹¹E sabeis que, assim como faz um pai com seus filhos,

nós exortamos cada um de vós†, ¹²encorajamos e suplicamos* que levásseis uma vida digna de Deus que vos chama a seu Reino e a sua glória.

Elogio aos tessalonicenses. ¹³Por isso também não cessamos de agradecer a Deus,* porque, tendo recebido de nós a palavra de Deus, vós a acolhestes, não como palavra humana, mas como de fato é, como palavra de Deus†, que produz efeito em vós, os fiéis. ¹⁴Pois vós, irmãos, passastes a imitar as Igrejas de Deus* que estão na Judeia, em Cristo Jesus, porque também vós sofrestes da parte de vossos compatriotas, como eles da parte dos judeus, ¹⁵os quais mataram o Senhor Jesus* e os profetas, e nos perseguiram; não agradam a Deus, são inimigos de todos os homens, ¹⁶impedindo-nos de pregar aos pagãos* para a salvação deles†, levando assim ao cúmulo seu pecado em todo o tempo. Mas caiu sobre eles a cólera divina até o fim.

Desejo de rever a comunidade. ¹⁷Quanto a nós, irmãos, separados de vós* por pouco tempo, longe dos olhos mas não do coração, redobramos os esforços para ir rever-vos, tão grande era nossa saudade. ¹⁸Quisemos, pois, ir até vós – eu mesmo, Paulo, uma, duas vezes –, mas Satanás* no-lo impediu†. ¹⁹Com efeito, qual é nossa esperança, nossa alegria, a coroa da qual seremos orgulhosos, a não ser vós, na presença de nosso Senhor Jesus por ocasião de sua vinda? ²⁰Sim, sois vós nossa glória e nossa alegria.

---

* **2**,4. Gl 1,10; Jr 11,20; Sl 17,3; At 20,33; 1Cor 9,1-15; 2Cor 12,14 | 9. At 18,3; 20,34 / 2Ts 3,7 | 12. At 20,31; 1Pd 5,10 | 13. 1,2; Gl 1,11s | 14. 1Cor 11,1; At 17,13 | 15. At 2,23; 7,52; 17,5 | 16. Rm 1,18; Gn 15,16 | 17. 3,10 | 18. Fl 2,16; 4,1 | **3**,1. At 17,14s; 2Cor 6,1; 1Cor 3,9 | 3. Ef 3,13; 2Ts 1,4; 2Tm 3,12; At 14,22; Fl 2,16; 1Cor 15,58 | 6. At 18,5 / Rm 1,11

† **2**,2. Paulo refere-se aos fatos narrados em At 16. Somente pela graça de Deus e pela fortaleza do Espírito, Paulo teria como continuar a luta pela pregação do Evangelho após o que sofreu em Filipos. | 4. Em 1Cor 3,13 Paulo repete que só a Deus deve prestar contas de seu apostolado; a Ele pertence todo juízo e só a Ele o apóstolo procura agradar e servir. | 9. Embora tivesse o direito de ser sustentado pelas comunidades às quais evangelizava, Lc 10,7, Paulo quer dar o exemplo do trabalho, para poder repreender os indolentes, 2Ts 3,7-10, e para cortar pela raiz toda acusação de ganância, At 20,33s. O trabalho manual (Paulo fazia tendas, At 18,3), prolongado até altas horas da noite, depois de um dia de atividade intensa, devia ser extremamente cansativo. | 11. Em poucas cartas se encontram expressões de tanta ternura e carinho: Paulo se compara a uma ama que acalenta e à mãe que dá a vida, v.7s, e a um pai que educa os filhos, v.11; 1Cor 4,15. | 13. Como os profetas do AT, Paulo tem consciência de falar em nome de Deus, proclamando não uma mensagem própria, mas a do mesmo Evangelho de Cristo, 1Cor 1,23. | 16. Conforme a predição de Jesus, Jo 15,20, os discípulos sofrem a mesma sorte do Mestre; perseguidos na Judeia, são perseguidos também fora de lá, na Diáspora. Os judeus são como os fariseus, a quem Jesus censura por não entrarem no Reino, nem deixarem os outros entrar, Mt 23,13. | 18. Nas barreiras internas da comunidade, Paulo vê a ação de Satanás.

1 Tessalonicenses 3-4

3 **A missão de Timóteo.** [1]Assim, não podendo mais esperar, resolvemos ficar* sós em Atenas [2]e vos enviar Timóteo, nosso irmão e colaborador de Deus no Evangelho de Cristo, para vos fortalecer e reconfortar em vossa fé, [3]a fim de que ninguém se deixe abalar* por essas tribulações. Pois vós mesmos sabeis que a isto estamos destinados; [4]já quando estávamos entre vós, vos predizíamos que teríamos de sofrer tribulações, e foi isto que aconteceu, como vós sabeis. [5]Foi por isso que, não podendo mais esperar, eu o enviei para se informar sobre vossa fé, por temor de que o Tentador vos tivesse tentado, e nosso trabalho tivesse sido perdido[†].

[6]Agora, Timóteo acaba de voltar da visita* que vos fez e nos deu boas notícias de vossa fé, de vosso amor e da lembrança sempre viva que de nós guardais, desejando rever-nos tanto* quanto nós queremos rever-vos. [7]Encontramos nisso, irmãos, um reconforto a vosso respeito no meio de todas as nossas angústias e tribulações por vossa fé. [8]Agora recobramos o ânimo, porque vós vos mantendes firmes no Senhor. [9]Como poderíamos agradecer bastante a Deus a respeito de vós toda a alegria que sentimos por vossa causa diante de nosso Deus? [10]Dia e noite lhe pedimos, com viva insistência, que possamos rever vosso rosto e completar o que ainda falta em vossa fé[†].

[11]Que o próprio Deus, nosso Pai, e nosso Senhor Jesus dirijam nosso caminho para vós. [12]Que o Senhor vos conceda* crescer e prosperar no amor de uns para com os outros e para com todos, como o amor que sentimos por vós. [13]Que Ele assim confirme vossos corações numa santidade irrepreensí-vel diante de Deus, nosso Pai, no dia da vinda de nosso Senhor Jesus Cristo com todos os seus santos.

II. EXORTAÇÕES E CONSELHOS
(4-5)

4 **A santidade que Deus quer.** [1]No mais, irmãos, nós vos pedimos e suplicamos* no Senhor Jesus: já aprendestes de nós a maneira como deveis viver para agradar a Deus, e isto já estais praticando. Fazei nisto mais progresso ainda. [2]Conheceis, de fato, as prescrições que vos demos em nome do Senhor Jesus. [3]Porque esta é a vontade de Deus:* vossa santificação[†]; que vos abstenhais da impureza, [4]que cada um saiba usar o corpo com santidade e respeito, [5]não como objeto de paixões desregradas* como fazem os pagãos que não conhecem a Deus; [6]que ninguém desta forma oprima ou engane seu irmão, porque o Senhor vinga tudo isso, como já vos falamos e provamos. [7]Pois Deus não nos chamou à impureza, mas à santidade. [8]Por isso, quem despreza estas normas não é a um homem que despreza, mas a Deus, que vos concede o dom de seu Espírito Santo.

Caridade fraterna. [9]Sobre o amor fraterno,* não precisais que vos escreva, pois vós mesmos aprendestes de Deus a vos amar mutuamente, [10]e vós bem o praticais para com todos os irmãos de toda a Macedônia. Mas vos exortamos, irmãos, a progredir ainda nesse amor, [11]esforçando-vos por viver calmos,* ocupando-se cada um de seus negócios e trabalhando com as próprias mãos, como vos ordenamos, [12]a fim de levardes uma vida honrada* em relação aos de fora e não terdes necessidade de ninguém.

---

* **3**,12. 2Ts 2,16; Gl 6,10; Zc 14,5; 1Cor 1,8; Fl 1,10 | **4**,1. Rm 12,1s; 14,18; Fl 4,18 | 3. 1Ts 5,23; Hb 10,10; 1Cor 6,13.15 | 5. Jr 10,25; 1Cor 15,34; Sl 94,1; Dt 32,35; Ez 37,14; Rm 5,5 | 9. Rm 12,10; At 20,34 | 11. Ef 4,28; 2Ts 3,12 | 12. 1Cor 10,32; Cl 4,5

† **3**,5. Paulo receia que o joio tenha sido semeado no meio do trigo pelo diabo, Mt 13,25, o adversário da salvação. | 10. A pregação de Paulo em Tessalônica foi interrompida pelas perseguições, que provocaram sua partida prematura, At 17,10. Faltava uma instrução sólida, que fundamentasse uma fé mais firme. | **4**,3. No AT Deus exigia a santidade do povo que lhe pertencia, porque Ele também é santo, Lv 11,45. Jesus apresentou como ideal a perfeição do Pai celeste, Mt 5,48. A santidade não consiste em algo externo ao homem, mas na retidão do homem, que rejeita o vício e pratica a virtude.

1 Tessalonicenses 4-5

A espera do Dia do Senhor.† ¹³Não queremos que ignoreis,* irmãos, o que se passa com os mortos, para que não fiqueis tristes como os outros, os que não têm esperança. ¹⁴Pois, se cremos que Jesus morreu e ressuscitou,* cremos também que Deus levará consigo, por meio de Jesus, os que nele morreram. ¹⁵Com efeito, eis o que temos a dizer-vos, conforme um ensinamento do Senhor†: nós, os vivos, os que tivermos ficado para a vinda do Senhor,* não precederemos os que morreram. ¹⁶Pois o próprio Senhor, a um sinal dado pela voz do arcanjo e pela trombeta de Deus, descerá do céu, e os mortos que estão em Cristo ressuscitarão primeiro; ¹⁷depois nós, os vivos, os que tivermos ficado, seremos arrebatados junto com eles nas nuvens, ao encontro do Senhor nos ares. E assim estaremos sempre com o Senhor†. ¹⁸Consolai-vos, pois, uns aos outros com essas palavras.*

5 **A vigilância cristã.** ¹Quanto aos tempos e aos momentos,* não precisais que eu vos escreva; ²sabeis muito bem que o dia do Senhor† vem como um ladrão de noite. ³Quando se disser: "Há paz e segurança", então, de repente, cairá sobre eles a destruição, como as dores do parto de uma mulher grávida, e não poderão escapar. ⁴Mas vós, irmãos, não estais nas trevas, expostos a serdes surpreendidos por aquele dia, como por um ladrão, ⁵por-

que todos vós sois filhos da luz e filhos do dia†. Nós não somos da noite* nem das trevas; ⁶por isso, não durmamos como os outros, mas vigiemos e sejamos sóbrios. ⁷Os que dormem, dormem de noite; os que se embriagam fazem-no de noite. ⁸Nós, porém, que somos do dia,* devemos ser sóbrios. Revistamo-nos da couraça da fé e do amor, tendo como capacete a esperança da salvação†. ⁹Porque Deus não nos destinou para sua cólera, mas para entrarmos na posse da salvação por nosso Senhor Jesus Cristo, ¹⁰que morreu por nós a fim de que, acordados* ou adormecidos†, vivamos unidos a ele. ¹¹Por isso confortai-vos mutuamente, edificando-vos uns aos outros, como já o fazeis.

Exortações finais e saudações. ¹²Nós vos pedimos,* irmãos, que tenhais respeito por aqueles que se esforçam no meio de vós, que vos governam no Senhor† e vos aconselham. ¹³Estimai-os com amor especial, em razão do trabalho deles. Vivei em paz entre vós.

¹⁴Nós vos exortamos, irmãos, repreendei os desordeiros, encorajai os tímidos,* sustentai os fracos, tende paciência com todos. ¹⁵Cuidai que ninguém pague o mal com o mal, mas procurai sempre o bem, quer entre vós, quer para com todos.

¹⁶Vivei sempre alegres. ¹⁷Rezai continuamente†. ¹⁸Em todas as ocasiões dai graças a Deus. Esta é a vontade de Deus a respeito de vós em Cristo Jesus.

---

* **4,**13. Ef 2,12 | 14. 1Cor 15,4s.23.51s; Rm 14,9 | 15. Mt 24,31; 2Ts 1,7; 1Cor 15,52 | 18. At 8,37 | **5,**1. At 1,7; Mt 24,36.43; Lc 12,39; Jr 6,14 | 5. Rm 13,2; Ef 5,9 | 8. Is 59,17; Ef 6,13-17; Sb 5,18 | 10. Rm 14,8s | 12. 1Cor 16,18 | 14. 2Ts 3,6.11.15; Pr 20,22

† **4,**13. Paulo responde a uma dúvida da comunidade, tranquilizando os fiéis: os que já morreram em nada serão inferiores aos que estiverem vivos quando o Senhor vier. Ele se imagina presente a esta vinda, v.15, mas sabe que ninguém conhece o dia nem a hora, 5,2. | 15. Alguma palavra de Jesus que não está nos evangelhos e foi transmitida pela tradição ou alguma revelação pessoal que Paulo recebeu, Ef 3,3. | 17. "Eu não morro, entro na Vida" (S. Teresinha). | **5,**2. O dia do Senhor designa aqui a 2ª vinda de Jesus, que porá fim à história humana. Já que ninguém conhece o dia nem a hora, Mc 13,32, a atitude dos cristãos deve ser de vigilância, o que não seria possível se fossem filhos das trevas e vivessem na ignorância, v. 5. | 5. "Filhos da luz" significa feitos para a luz: é luz e vem da luz, v. 8. Não basta estar vigilante, atento e sóbrio para esperar o dia do Senhor; a vida cristã é uma luta e é preciso estar armado para enfrentá-la. O cristão encontra sua força na fé, na esperança e na caridade. | 10. Isto é, vivos ou mortos. O sono é a imagem da morte. A palavra "cemitério" significa "dormitório". A ressurreição é um despertar, Ef 5,14. | 12. Em cada comunidade, Paulo deixava como representante de sua autoridade um chefe, para o qual exigia o mesmo respeito que a ele, como guardião da união e da paz. | 17. "Teu desejo é oração, e se o desejo é contínuo, contínua é também a oração" (S. Agostinho).

1 Tessalonicenses 5

¹⁹Não apagueis o Espírito†. ²⁰Não desprezeis as profecias. ²¹Examinai tudo e ficai com o que é bom. ²²Apartai-vos de toda espécie de mal.

²³Que o Deus da paz* vos leve à santidade perfeita, e todo o vosso ser – espírito, alma e corpo –† se conserve sem mancha até a vinda de nosso Senhor Jesus Cristo. ²⁴Aquele que vos chama é fiel* e saberá cumprir tudo isso. ²⁵Irmãos, rezai também por nós. ²⁶Saudai todos os irmãos com um beijo santo. ²⁷Eu vos conjuro pelo Senhor que esta carta seja lida* a todos os irmãos.

²⁸Que a graça de nosso Senhor Jesus Cristo esteja convosco.

---

* 5,22. 1Cor 14,1; 1Jo 4,1 | 23. Rm 15,33 | 24. 1Cor 1,8s | 27. 1Cor 1,8; Rm 16,16; 1Cor 16,20

† 5,19. Não fazer nada que possa contrariar as manifestações dos carismas do Espírito. | 23. Espírito, alma e corpo designam a pessoa humana toda sob um ou outro aspecto: o espírito, enquanto criatura; a alma, enquanto ser vivo; o corpo, enquanto ser corpóreo e social.

SEGUNDA CARTA AOS TESSALONICENSES

Já sabemos, pela leitura da primeira carta aos Tessalonicenses, que Tessalônica era uma comunidade na qual era intensa a espera do dia do Senhor. A primeira carta conseguira seu objetivo de consolar e animar a comunidade, que vivia na angústia e na incerteza quanto à sorte de seus falecidos.

Mas eis que, logo depois, no mesmo ano 51, Paulo recebe novas notícias de Tessalônica: o problema escatológico reaparecera, agora sob um outro aspecto: divulga-se entre os fiéis a doutrina da iminência do fim do mundo (2Ts 2,2). Fundados em pretensas revelações do Espírito, em interpretações deturpadas de palavras do Apóstolo, chegando até a falsificar escritos seus, esses exaltados lançavam a agitação e a desordem na comunidade, com sua pregação de que o dia do Senhor estava às portas. A comunidade desorientou-se, vivia alienada, e alguns abandonaram por completo o trabalho (2Ts 3,6-12) e os compromissos da vida quotidiana, na expectativa do último dia. O resultado daquela vida ociosa era o escândalo de uma comunidade inteira penando na miséria e na fome por causa de seu iluminismo. Paulo viu todos esses perigos e procura corrigir os abusos e esclarecer os pontos contestados da doutrina escatológica.

Depois de uma ação de graças (cap. 1), dá novas instruções sobre a parusia, mostrando que ela será precedida de determinados sinais, que ainda não aconteceram (cap. 2), e depois exorta à oração, ao trabalho e à obediência (cap. 3).

I. A VINDA DO SENHOR
(1–2)

1 **Saudação.** [1]Paulo, Silvano e Timóteo* à Igreja dos tessalonicenses, que está em Deus nosso Pai e no Senhor Jesus Cristo: [2]graça a vós e paz da parte de Deus Pai e do Senhor Jesus Cristo.

A fé no meio das perseguições. [3]Devemos dar graças a Deus* a todo momento por vossa causa, irmãos, e isso é justo, porque vossa fé está em grande progresso e cresce vosso amor mútuo, [4]a tal ponto que somos orgulhosos* de vós entre as Igrejas de Deus por causa de vossa constância e de vossa fé no meio de todas as perseguições e tribulações que enfrentais. [5]Assim se manifesta o justo juízo de Deus,* que vos proclamará dignos do Reino de Deus pelo qual agora sofreis.

[6]É justo, com efeito, que Deus dê em paga aflição àqueles que vos afligem [7]e o repouso conosco a vós que sofreis,* quando o Senhor Jesus se revelar do alto do céu, com os anjos de seu poder, [8]no meio duma chama ardente†, para tirar vingança dos que não reconhecem a Deus e não obedecem ao Evangelho de nosso Senhor Jesus. [9]Estes serão castigados com a ruína eterna, afastados da face do Senhor e da glória de seu poder, [10]quando ele vier, naquele dia, para ser glorificado em seus santos e admirado em todos os que tiverem acreditado; e vós acreditastes em nosso testemunho.

[11]Também por isso rezamos sempre por vós, para que nosso Deus vos faça dignos de seu chamado, vos faça realizar por seu poder todo o vosso desejo de praticar o bem e torne atuante vossa fé. [12]Assim, o nome de nosso Senhor Jesus Cristo será glorificado em vós,* e vós nele†, segundo a graça de nosso Deus e do Senhor Jesus Cristo.

2 **Os sinais da vinda do Senhor†.** [1]Quanto à vinda de nosso Senhor Jesus Cristo* e nossa reunião com Ele, nós vos rogamos, irmãos, [2]que não fi-

---

* **1**,1. 1Ts 1,1 | **3**. 1Ts 1,2 | **4**. 2Cor 7,4 | **5**. 1Ts 2,12 | **7**. 1Cor 1,7; 1Ts 3,13; 4,16; Sl 79,6; 89,8; Is 2,10; 49,3; 66,15; Jr 10,25 | **12**. Is 66,5 | **2**,1. 1Ts 4,13.17

† **1**,8. O fogo é o símbolo bíblico mais frequente para indicar a manifestação de Deus, que é espírito, Êx 3,2. Aqui (ver também Is 66,15) o fogo representa a justiça e a majestade de Jesus, que vem julgar o mundo, dando a cada um a recompensa ou o castigo merecido. | 12. No dia do triunfo definitivo de Jesus, 1Cor 15,25, junto com Ele serão glorificados também todos os seus eleitos. | **2**. A vinda do Senhor será precedida de dois sinais: a apostasia e o aparecimento do filho da perdição.

2 Tessalonicenses 2-3

queis facilmente desnorteados ou apavorados por causa de revelação profética, palavra ou carta atribuída a nós, como se o dia do Senhor estivesse perto. ³Que ninguém vos engane* de nenhum modo. Pois antes deve vir a apostasia† e deve revelar-se o Ímpio, o Condenado, ⁴o Adversário†, aquele que se levanta acima de tudo o que traz o nome de Deus ou recebe um culto, chegando até a sentar-se em pessoa no santuário de Deus, apresentando-se como Deus. ⁵Não vos lembrais de que, quando eu ainda estava convosco, vos dizia essas coisas?

⁶E agora sabeis o que impede sua manifestação, que acontecerá em sua hora. ⁷Pois o mistério da iniquidade* já está agindo, mas é necessário que seja afastado aquele que até agora o retém†. ⁸Então o Ímpio se revelará,* mas o Senhor Jesus o fará desaparecer com o sopro de sua boca e o aniquilará pelo resplendor de sua vinda.

⁹A vinda do Ímpio será acompanhada, por obra de Satanás, de toda a espécie de portentos, de sinais e de prodígios enganadores, ¹⁰e de toda a espécie de sedução do mal, para os que são destinados à perdição, por não terem acolhido o amor da verdade para serem salvos. ¹¹Eis por que Deus lhes envia* uma potência enganadora†, que os leva a crer na mentira, ¹²de tal sorte que sejam condenados todos os que não creram na verdade, mas se deleitaram com a injustiça.

A firmeza na fé. ¹³Nós, porém, devemos dar graças a Deus* por vós a todo momento, irmãos amados do Senhor, porque Deus vos escolheu como primícias, para serdes salvos pelo Espírito santificador e pela fé na verdade. ¹⁴Foi a isso que Ele vos chamou* por nosso Evangelho, para que tomeis posse da glória de nosso Senhor Jesus Cristo. ¹⁵Portanto, irmãos, ficai firmes, guardai fielmente as tradições* que aprendestes de nós, de viva voz ou por carta†. ¹⁶Que o mesmo nosso Senhor Jesus Cristo e também Deus, nosso Pai, que nos amou e nos deu pela graça a consolação eterna e uma esperança feliz, ¹⁷anime vossos corações e vos fortaleça em toda obra e palavra boa.

II. EXORTAÇÕES PRÁTICAS
(3)

3 **Oração e trabalho**†. ¹Enfim, irmãos, rezai por nós,* para que a palavra do Senhor seja difundida e honrada como o é entre vós; ²e para que sejamos livres dos homens perversos e malvados, pois nem todos têm a fé. ³Porém, o Senhor é fiel:* ele vos confirmará e vos guardará do Maligno. ⁴E quanto a vós, temos esta confiança no Senhor de que estais seguindo nossas orientações e continuareis a fazê-lo. ⁵Que o Senhor dirija vossos corações para o amor de Deus e a constância de Cristo†.

⁶Nós vos ordenamos, irmãos,* em nome de nosso Senhor Jesus Cristo, que

---

* **2**,3. Dn 11,31; 1Tm 4,1; Is 57,4; Ez 28,2 | 7. At 20,29 | 8. Is 11,4 | 11. Rm 1,28 | 13. 1Ts 1,4 | 14. Rm 8,30 | 15. 3,6; 1Cor 11,2.23 | **3**,1. Sl 147,15 | 3. 1Cor 1,9 | 6. 2,15; 1Ts 4,1 | 7. At 18,3; 1Cor 9,1-19; Fl 4,10-20 | 11. 1Ts 4,11 | 12. 1Cor 5,9.11

† **2**,3. Conforme as ideias da época, Mt 24,5.11, logo antes do fim do mundo, muitos abandonarão a fé. | 4. Três nomes para designar o mesmo personagem chamado por João de "Anticristo", 1Jo 2,18, que é descrito aqui com termos tirados de Dn 7,27 e 11,36. | 7. Em sua catequese oral, Paulo deve ter falado mais claro sobre este assunto. Não temos como identificar esse "obstáculo" que retém a chegada do Anticristo. Pode ser o poder de Deus, a autoridade civil, a pregação evangélica, entre outros. Mas o ensinamento essencial é que nada escapa à Providência divina, nem mesmo o inimigo de Deus. O poder do bem é tão superior ao do mal, que basta um sopro do Senhor Jesus para aniquilar o Ímpio, v. 8. | 11. Por uma disposição divina, a verdade cega aqueles que não querem deixar-se iluminar, Mc 4,25. | 15. O apóstolo dá o mesmo valor ao que ele ensina escrevendo e ao que ele ensinou de viva voz. A Igreja segue essa atitude, respeitando igualmente a Palavra escrita e a Tradição oral. | **3**. "Reza e trabalha" foi a norma que S. Bento deu a sua Ordem. "Rezai como se tudo dependesse de Deus e trabalhai como se tudo dependesse de vós" (S. Inácio de Loiola). | 5. É a constância que devem praticar os que vivem em Cristo e nos quais o Cristo vive. | 6. Esperando para qualquer momento o fim de tudo, certos cristãos de Tessalônica abandonaram o trabalho e viviam na preguiça e eram sustentados pela comunidade. Paulo ordena que cada um viva do trabalho de suas mãos e mostra como ele próprio não quis fugir à lei geral do trabalho.

2 Tessalonicenses 3

fiqueis distantes de todo irmão que leva uma vida desordenada[†] e não se conforma à tradição que recebestes de nós. [7]Pois vós bem sabeis como deveis imitar-nos, porque não temos vivido* entre vós na ociosidade, [8]nem comemos gratuitamente o pão de quem quer que seja. Pelo contrário, trabalhamos dia e noite com fadiga e esforço para não sermos pesados a nenhum de vós. [9]Não é que não tivéssemos direito a isso, mas porque queríamos dar-vos um exemplo a imitar.

[10]Com efeito, quando estávamos convosco, nós vos demos esta norma: Quem não quiser trabalhar, também não coma. [11]Pois ouvimos dizer que entre vós há alguns que levam uma vida desordenada,* muito ocupados em não fazer nada[†]. [12]A esses tais ordenamos e exortamos no Senhor Jesus Cristo, que trabalhem em paz e assim comam o pão* ganho com seu trabalho[†].

[13]Quanto a vós, irmãos, não vos canseis de fazer o bem. [14]Se alguém não obedece ao que dissemos nesta carta, observai-o e, para sua confusão, parai de andar com ele[†]; [15]contudo, não o trateis como inimigo, mas repreendei-o como a um irmão.

Bênção e saudação. [16]Que o Senhor da paz vos conceda a paz em todo o tempo e de todos os modos. Que o Senhor esteja com todos vós. [17]Esta saudação é de minha mão, Paulo. Este é o sinal que distingue* todas as minhas cartas: é assim que escrevo[†]. [18]Que a graça de nosso Senhor Jesus Cristo esteja com todos vós.

---

* **3**,17. 1Cor 16,21; Gl 6,11; Rm 16,20

† **3**,11. No mundo greco-romano, o trabalho era uma atividade para escravos; os hebreus, ao contrário, valorizavam o trabalho e a ele se dedicavam. | 12. "O trabalho humano é próprio das pessoas criadas à imagem do Deus Criador e chamadas a prolongar a obra da criação dominando a terra. Quem trabalha honra os dons do Criador e os talentos recebidos. O trabalho também pode ser redentor, quando sua pena é suportada em união com Jesus, o artesão de Nazaré" (CIC). | 14. Paulo inaugura aqui um tipo de pena "medicinal" que será frequente na Igreja: a excomunhão, a exclusão da pessoa do seio da comunidade. Proíbe os contatos com os culpados, mas unicamente para levá-los ao arrependimento. O cristão pecador ainda é um irmão, não um inimigo. | 17. Paulo ditava suas cartas a um secretário encarregado de copiá-las, Rm 16,22. Mas para prevenir toda a espécie de falsificação, coloca às vezes uma frase de próprio punho, ver 1Cor 16,21; Gl 6,11; Cl 4,18.

PRIMEIRA CARTA A TIMÓTEO

Desde o século XVIII, as duas cartas a Timóteo e a carta a Tito são chamadas "Pastorais", porque expõem a esses dois discípulos, chefes de comunidades, os deveres pastorais que lhes incumbem como primeiros responsáveis pelo rebanho de Cristo.

Discípulo predileto e companheiro inseparável de Paulo, Timóteo nos é bem conhecido pelos Atos dos Apóstolos e por diversas cartas paulinas. Filho de pai grego e mãe judia, chamada Eunice (2Tm 1,5), nasceu em Listra, na Licaônia. Como Paulo o chama de "filho" (1Cor 4,17), é provável que ele próprio o tenha instruído no cristianismo e lhe tenha conferido o Batismo. Na segunda viagem apostólica, passando por Listra, Paulo toma consigo Timóteo para ser seu colaborador no apostolado (At 16,2). Timóteo tornou-se daí por diante seu companheiro fiel e prestimoso, colaborando na fundação de diversas igrejas: Filipos, Tessalônica, Bereia, Corinto, Éfeso. Paulo o encarrega de várias missões: envia-o de Atenas a Tessalônica (1Ts 3,2-6), de Éfeso a Corinto (1Cor 4,17). Esteve com Paulo em Roma no primeiro cativeiro (Cl 1,1) e nas viagens que Paulo fez depois que se viu livre da prisão. Paulo deixou-o em Éfeso, com amplos poderes para governar as igrejas da Ásia (1Tm 1,3).

No ano 65, estando na Macedônia, Paulo lhe envia a primeira carta, confiando-lhe três missões: a) lutar contra as falsas doutrinas, preservando o "bom depósito" da fé pura e autêntica; b) organizar a hierarquia, escolhendo pessoas aptas para os diversos encargos na comunidade; c) zelar pelo progresso da Igreja, incentivando a caridade e a oração, cuidando da boa ordem nas assembleias.

A carta começa com um prólogo (1,1s), ao qual se seguem uma exortação a combater as falsas doutrinas (1,3-20) e diretrizes sobre a oração pública e o culto (2,1-15). Depois trata dos dotes necessários aos ministros da Igreja (3,1-16) e do comportamento diante dos hereges (4,1-16) e diante das várias classes de pessoas (5,1–6,2). Volta a falar dos falsos mestres (6,3-10) e termina com recomendações particulares (6,11-21).

I. AS FALSAS DOUTRINAS
(1,1-11)

1 **Saudação.** ¹Paulo, Apóstolo do Cristo Jesus* segundo a ordem de Deus nosso Salvador† e do Cristo Jesus, nossa esperança, ²a Timóteo, meu verdadeiro filho† na fé: graça, misericórdia e paz da parte de Deus Pai e do Cristo Jesus, nosso Senhor.

Os falsos mestres. ³Ao partir para a Macedônia, eu te recomendei que ficasses em Éfeso,* para ordenares a alguns que parassem de ensinar doutrinas estranhas† ⁴e de se apegar a fábulas e a genealogias sem fim, mais próprias para suscitar discussões do que para servir ao desígnio de Deus que se realiza na fé. ⁵Esta exortação não visa senão promover o amor* que procede de um coração puro, de uma boa consciência† e de uma fé sincera. ⁶Por se terem desviado dessa linha, alguns se extraviaram numa inútil discussão, ⁷pretendendo ser doutores da lei, mas não sabem o que estão dizendo nem o que estão defendendo.

⁸Sem dúvida, nós sabemos que a lei é boa,* se dela fizermos uso legítimo, ⁹sabendo que ela não foi feita para o justo, mas para os iníquos e os rebeldes, os ímpios e os pecadores, os sacrílegos e os profanadores, os que matam pai e mãe, os homicidas, ¹⁰os im-

---

* **1**,1. 2,3; 4,10; Rm 1,1; 2Tm 1,2; Tt 1,4; Cl 1,27 | 3. 4,7; 6,4.20; At 16,1; 20,1; 2Tm 2,14.16.23; 4,4; Tt 1,14; 3,9 | 5. Rm 13,10; Gl 5,6; 2Tm 2,18 | 8. Rm 7,12.16; Gl 5,23 | 10. 2Tm 1,13; Tt 1,3.9; 2,1s; 2Cor 4,4; 1Ts 2,4

† **1**,1. As Cartas Pastorais dão também ao Pai o título de Salvador, talvez para contrastar o uso pagão deste título para os deuses e o imperador. | 2. Foi Paulo que converteu e batizou Timóteo em sua primeira viagem missionária, At 16,1ss. | 3. Timóteo, que era o mais constante discípulo de Paulo e gozava de maior autoridade, é encarregado de combater as falsas doutrinas de certos doutores. | 5. "A consciência moral é um julgamento da razão, pelo qual a pessoa humana reconhece a qualidade moral de um ato concreto. A consciência boa e pura é esclarecida pela fé verdadeira. Pois a caridade procede ao mesmo tempo de um coração puro, de uma boa consciência e de uma fé sem hipocrisia" (CIC).

1 Timóteo 1-2

puros, os sodomitas, os traficantes de homens, os mentirosos, os perjuros e para todas as outras coisas* opostas à sã doutrina, [11]que é conforme ao Evangelho da glória do Deus bendito, que me foi confiado.

II. AÇÃO DE GRAÇAS
(1,12-20)

A vocação de Paulo. [12]Dou graças Àquele que me deu forças,* a nosso Senhor Jesus Cristo, porque me julgou digno de confiança, a ponto de chamar-me para seu serviço. [13]Confiou em mim, que antes tinha sido blasfemo, perseguidor e violento. Mas usou de misericórdia para comigo, porque eu fazia isso por ignorância e ainda não tinha fé. [14]Assim, a graça de nosso Senhor transbordou em mim com a fé e o amor que está em Cristo Jesus.*

[15]Esta é uma palavra digna de fé* e de inteira aceitação: Cristo Jesus veio ao mundo para salvar os pecadores, dos quais eu sou o primeiro[†]. [16]Mas se encontrei misericórdia, foi para que em mim Jesus Cristo manifestasse, por primeiro, toda a sua bondade, como exemplo para os que deviam crer nele para alcançarem a vida eterna. [17]Ao Rei dos séculos,* incorruptível, invisível e único Deus, honra e glória pelos séculos dos séculos! Amém.

Conservar a fé verdadeira. [18]Tal é a advertência que te dirijo,* Timóteo, meu filho, de acordo com as profecias outrora pronunciadas sobre ti, a fim de que, baseado nelas, te empenhes no bom combate, [19]com fé e boa consciência;* porque a rejeitaram, alguns naufragaram na fé, [20]entre estes, Himeneu e Alexandre, que entreguei a Satanás* para ensinar-lhes a não mais blasfemar[†].

III. A ORAÇÃO DO CRISTÃO
(2)

2 **Para quem se deve rezar.** [1]Antes de mais nada,* eu te recomendo que se façam pedidos, súplicas, orações e ações de graças por todos: [2]pelos reis e pelos que estão no poder, para que possamos levar uma vida calma e tranquila, com toda piedade e honestidade. [3]Isto é uma boa coisa e agrada a Deus,* nosso Salvador; [4]ele quer que todos os homens sejam salvos e cheguem ao conhecimento da verdade. [5]Pois há um só Deus e também há um só mediador* entre Deus e os homens: o homem Cristo Jesus[†], [6]que se entregou como resgate por todos. Este é o testemunho que ele deu nos tempos estabelecidos. [7]Digo a verdade e não minto: fui designado para ser pregador e apóstolo desse testemunho, mestre dos pagãos na fé e na verdade. [8]Quero, pois, que os homens rezem em todo lugar, erguendo para o céu mãos puras, sem ira e sem contenda.

Recomendações às mulheres. [9]Do mesmo modo, quero que as mulheres* se vistam com decência, adornando-se de pudor e modéstia, não de cabelos trançados, ouro, joias ou vestes luxuosas, [10]mas antes de boas obras, como convém a mulheres que fazem profissão de piedade. [11]A mulher aprenda* em silêncio, com toda a submissão. [12]Não permito a mulher alguma ensinar nem ditar lei ao homem; mas que se conserve em silêncio[†]. [13]Com efeito, foi Adão que foi formado primeiro, e depois Eva. [14]E não foi Adão que se deixou seduzir, mas a mulher que, se-

---

* **1,**12. At 8,3; 9,15; Gl 1,13-16 | 14. Rm 5,20 | 15. 4,9; 2Tm 2,11; Tt 3,8; Lc 15,2; 19,10; Mt 9,13; 1Cor 15,9 | 17. 6,16; Rm 16,27; Jd 25 | 18. 4,14; 6,12; 2Tm 4,7 | 19. 3,9; 6,10 | 20. 2Tm 2,17; 4,14; 1Cor 5,5 | **2,**1. Fl 4,6; Rm 12,21; 13,1-7; Tt 3,1 | 3. Ez 18,23; Rm 11,32; 2Pd 3,9 | 5. Hb 8,6; 9,15; 12,24; Mt 20,28; Gl 1,4; 2,20; Tt 2,14; Ef 5,2; Gl 2,7; 2Tm 1,11; At 9,15 | 9. 1Pd 3,3-6 | 11. 5,14; 1Cor 11,8;14,34s; Gn 2,7.22; Gn 3,6.13; 2Cor 11,3

† **1,**15. Porque em sua história pessoal, Paulo sentiu de modo exemplar a misericórdia de Deus para com ele. | 20. Trata-se da excomunhão ou exclusão da Igreja, que visa provocar o arrependimento do culpado. | **2,**5. Jesus é mediador porque, como Deus-homem, morreu pela salvação da humanidade, mostrando-lhe por sua morte o amor do Pai. | 12. Essa prescrição deve ser entendida no contexto cultural da época; a mulher era totalmente dependente do homem.

1433   1 Timóteo 2-4

duzida, caiu em pecado. [15]Todavia, ela será salva tornando-se mãe†, contanto que persevere com modéstia na fé, no amor e na santidade.

IV. QUALIDADES DOS OPERÁRIOS DO EVANGELHO
(3)†

3 **Os bispos.** [1]Esta palavra é digna de fé: quem aspira ao episcopado* deseja uma nobre função. [2]É preciso, pois, que o bispo seja irrepreensível, que tenha se casado só uma vez, que seja sóbrio, ponderado, cortês, hospitaleiro, capaz de ensinar; [3]que não seja dado ao vinho, nem violento, mas indulgente, pacífico, desapegado do dinheiro; [4]que saiba governar bem sua casa e manter seus filhos na submissão de um modo perfeitamente digno. [5]Pois quem não sabe governar sua própria casa, como poderá cuidar da Igreja de Deus? [6]Que não seja um recém-convertido, para que não se encha de vaidade e venha a incorrer na mesma condenação que o diabo. [7]É preciso também que ele goze* de boa reputação junto aos de fora, para não cair em descrédito e nas armadilhas do diabo.

Os diáconos. [8]Também os diáconos sejam dignos†, não ambíguos no falar, não inclinados ao excesso na bebida nem ambiciosos de lucros desonestos. [9]Que guardem* o mistério da fé† numa consciência pura. [10]Também eles primeiro serão submetidos à prova e depois, se de nada forem culpados, serão admitidos a suas funções. [11]Que igual-

mente as mulheres† sejam dignas,* não maldizentes, mas sóbrias e fiéis em tudo. [12]Os diáconos não sejam casados senão uma só vez* e devem saber dirigir bem seus filhos e sua casa. [13]Os que cumprem bem suas funções adquirem uma posição honrosa e uma grande segurança na fé em Cristo Jesus†.

O mistério da piedade†. [14]Eu te escrevo isto, esperando ir em breve* me encontrar contigo. [15]No entanto, se eu demorar, é preciso que saibas como comportar-te na casa de Deus, que é a Igreja do Deus vivo, coluna e baluarte da verdade. [16]Devemos confessar que é grande o mistério da piedade:

Ele foi manifestado na carne,*
justificado no Espírito†,
apareceu aos anjos,
foi proclamado aos pagãos,
acreditado no mundo,
exaltado na glória.

V. AS NOVAS HERESIAS
(4)

4 **A falsa e a verdadeira ascese.** [1]O Espírito declara abertamente que, nos últimos tempos,* alguns se afastarão da fé para seguir espíritos enganadores e doutrinas diabólicas, [2]seduzidos por mentirosos hipócritas, marcados com ferro em brasa em sua consciência. [3]Essas pessoas proíbem o matrimônio e o uso de alimentos* que Deus criou para serem tomados com ação de graças pelos que creem e pelos que têm o conhecimento da verdade. [4]Pois tudo o que Deus criou é bom e nenhum alimento deve ser proibido, se for toma-

---

* **3**,1. 1,15; At 20,29; 2Tm 2,24; Tt 1,6s **|** 7. 5,10; 2Cor 8,21 **|** 9. 1,5.19; 3,16; 2Tm 1,3 **|** 11. Tt 2,3 **|** 12. 3,2.4 **|** 14. Hb 3,6; 2Tm 2,20; Ef 2,19-22; 3,10; Rm 1,3s **|** 16. Jo 1,14; 1Pd 1,12; Mc 16,19; At 1,2.11 **| 4**,1. 2Tm 3,1; 4,3; 2Pd 2,1; 3,3; Jd 18; 1Jo 2,18; 4,1; At 20,29s; Mt 24,23s **|** 3. Gn 9,3; Cl 2,16; At 10,15; Rm 14,14.20; 1Cor 10,30s; Gn 4,31; Mt 15,11 **|** 6. 2Tm 2,15; Tt 1,4; 3,9 **|** 8. 1,4; 6,20; 2Tm 2,14.23; 4,4

† **2**,15. Contra o que rejeitavam o matrimônio, o autor afirma que é justamente a maternidade a salvação para a mulher, porque é sua primitiva vocação. **|** IV. "É preciso começar a purificar-se antes de purificar os outros; ser instruído para poder instruir; é preciso tornar-se luz para iluminar, aproximar-se de Deus para aproximar dele os outros, ser santificado para santificar" (S. Gregório de Nazianzo). **| 3**,8. Os diáconos eram os encarregados dos bens da comunidade; cuidavam também dos doentes e dos pobres. **|** 9. "Mistério" é a Boa Nova da salvação, plenamente revelada e realizada em Jesus Cristo. **|** 11. Paulo parece referir-se às diaconisas, Rm 16,1, e não às esposas dos diáconos. **|** 13. Os ministérios na Igreja são participação no serviço daquele que veio para servir, Mc 10,45. **|** 14. A palavra "mistério" significa aqui o Cristo anunciado e vindo ao mundo, que continua na obra da Igreja, e o Cristo em seu retorno triunfal. **|** 16. Porque foi proclamado verdadeiro Deus sobretudo em sua ressurreição.

1 Timóteo 4-5

do com ação de graças, [5]pois a palavra de Deus e a oração o santificam. [6]Se tu explicas isso aos irmãos, serás um bom ministro do Cristo Jesus, nutrido dos ensinamentos da fé e da boa doutrina* que tens seguido. [7]Rejeita, porém, as fábulas profanas, conversas de gente velha. Exercita-te na piedade, [8]porque o exercício físico* não serve para muita coisa, mas a piedade é útil para tudo, pois ela tem a promessa da vida presente e da futura. [9]Esta palavra é segura* e digna de todo crédito. [10]Se, com efeito, penamos e combatemos, é porque colocamos nossa esperança no Deus vivo, o Salvador de todos, sobretudo dos que creem. [11]É isto que deves proclamar e ensinar.

Modelo para os fiéis. [12]Que ninguém te despreze por seres jovem.* Ao contrário, mostra-te um modelo para os fiéis pela palavra, pela conduta, pelo amor, pela fé, pela pureza. [13]Aguardando minha vinda, consagra-te à leitura, à exortação, ao ensinamento. [14]Não descuides o dom espiritual que está em ti, que te foi conferido por uma intervenção profética, com a imposição das mãos† do colégio presbiteral. [15]Cuida dessas coisas, dedica-te totalmente a elas, a fim de que todos vejam teus progressos. [16]Vigia sobre tua pessoa e sobre teu ensinamento; persevera nessas disposições. Agindo assim, tu te salvarás a ti mesmo e aos que te ouvem.

VI. MODO DE TRATAR OS FIÉIS (5–6)

5 **Modo de repreender.** [1]Não repreendas duramente um velho;* ao contrário, exorta-o como a um pai; aos jovens, como a irmãos; [2]às mulheres idosas, como a mães; às jovens, como a irmãs em toda pureza.

As viúvas. [3]Honra as viúvas, quero dizer, as verdadeiras viúvas. [4]Se uma viúva tem filhos ou netos, que eles aprendam primeiro a praticar a piedade para com os da própria família e a retribuir a seus pais: é isto que agrada a Deus. [5]Mas a verdadeira viúva†, a que ficou totalmente sozinha, confia em Deus e consagra os dias e as noites* à prece e à oração. [6]Quanto àquela que só pensa no prazer, embora viva, está morta. [7]Recomenda isto também, para que sejam irrepreensíveis. [8]Se alguém não cuida dos seus, sobretudo dos que vivem com ele,* este renegou a fé e é pior que um infiel.

[9]Só pode ser inscrita no grupo das viúvas a que tem mais de sessenta anos e só se casou uma vez. [10]Ela deverá ter em seu favor* o testemunho de suas boas obras: se educou filhos, exerceu a hospitalidade, lavou os pés dos irmãos†, socorreu os aflitos e praticou todo tipo de beneficência. [11]Não admitas as viúvas mais jovens, porque, quando são assaltadas por desejos contrários a Cristo, querem casar-se de novo, [12]merecendo assim ser condenadas por terem faltado a seu primeiro compromisso. [13]Além disso, nada tendo a fazer,* elas aprendem a andar pelas casas e não são apenas ociosas, mas também tagarelas e indiscretas, falando o que não convém. [14]Quero, pois, que as viúvas jovens se casem outra vez, que tenham filhos,* que governem sua casa e não deem ao Adversário nenhuma ocasião de insulto. [15]Pois algumas já se desviaram para seguir Satanás. [16]Se uma mulher cristã tem viúvas em sua família, dê-lhes assistência, a fim de que a Igreja não fique sobrecarregada e possa assim socorrer as verdadeiras viúvas.

---

* **4**,9. 1,15 | 12. 1,18; 5,22; 1Cor 16,11; Fl 3,17; Tt 2,7s; 2Tm 1,6; At 6,6; 8,17 | **5**,1. Lv 19,32; Tt 2,2s | 5. Lc 2,37; 18,7; Jr 49,11; Ap 3,1 | 8. Mt 15,5s | 10. 2,10; 3,7; Hb 13,2; Jo 13,14; Rm 12,23; Lc 7,44 | 13. 2Ts 3,11 | 14. 2,15 | 17. 1Cor 9,9; 16,16; Fl 2,29; Dt 25,4; Lc 10,7

† **4**,14. A imposição das mãos era um gesto usado para abençoar, curar e transmitir um carisma. Foi também desde o início o gesto sacramental da Crisma, que comunica o Espírito Santo, At 8,17, e da Ordem, à qual o texto se refere. | **5**,5. Só as viúvas desamparadas é que podiam pertencer à associação das viúvas, que eram mantidas pela comunidade e lhe prestavam determinados serviços. | 10. Gesto de hospitalidade, Lc 7,38.44.

1 Timóteo 5-6

Os presbíteros. [17]Os presbíteros que exercem bem* a presidência merecem uma dupla remuneração, sobretudo os que trabalham no ministério da Palavra e do ensino. [18]Com efeito, diz a Escritura: "Não porás mordaça ao boi enquanto debulha o trigo"; e ainda: "O operário merece seu salário"†. [19]Não aceites acusação* contra um presbítero, a não ser por depoimento de duas ou três testemunhas†. [20]Repreende os culpados diante de todos, a fim de que os outros tenham medo. [21]Eu te conjuro diante de Deus, do Cristo Jesus e dos anjos eleitos, observa essas normas com imparcialidade, sem nada fazer por favoritismo. [22]Não tenhas pressa de impor as mãos* a quem quer que seja†, para não te tornares cúmplice dos pecados de outros. Conserva-te puro. [23]Não continues bebendo somente água, mas toma um pouco de vinho por causa de teu estômago e de tuas frequentes indisposições. [24]As faltas de certas pessoas aparecem antes mesmo de qualquer julgamento; as de outras, ao contrário, só depois. [25]Assim também as boas ações aparecem, e as que não são boas não podem ficar ocultas.

6 **Os escravos.** [1]Todos os que estão sob o jugo da escravidão* devem considerar seus senhores como dignos de todo respeito, a fim de que o nome de Deus e a doutrina não sejam blasfemados. [2]Aqueles, cujos senhores têm fé, não os desprezem porque são irmãos; ao contrário, sirvam-nos melhor ainda, por serem fiéis e amados os que recebem seus serviços.
A verdadeira piedade. Eis o que deves ensinar e recomendar. [3]Se alguém ensina outra coisa* e não segue as salutares palavras de nosso Senhor Jesus Cristo e a doutrina que é conforme a piedade, [4]ele é um ser obcecado pelo orgulho, um ignorante, um doente* à procura de controvérsias e de disputas sobre palavras; daí nascem as invejas, as discórdias, as maledicências, as suspeitas malévolas, [5]os conflitos entre pessoas de espírito corrupto* e desprovidas da verdade, que consideram a piedade como fonte de lucro. [6]A piedade é, de fato, grande fonte de lucro para quem se contenta* com o que tem. [7]Pois nada trouxemos a este mundo e assim também nada dele podemos levar. [8]Tendo, pois, comida e roupa, fiquemos contentes com isso. [9]Pois os que querem ajuntar riquezas* caem na tentação, na armadilha e numa multidão de desejos insensatos e funestos, que mergulham os homens na ruína e na perdição. [10]Pois a raiz de todos os males é o amor ao dinheiro†; por seu desejo desenfreado, alguns se desviaram da fé e se envolveram em muitas aflições.

O bom combate da fé. [11]Mas tu, homem de Deus,* foge de tudo isso; procura a justiça, a piedade, a fé, o amor, a constância, a mansidão. [12]Empenha-te no bom combate da fé, conquista a vida eterna para a qual foste chamado e em vista da qual fizeste tua bela profissão de fé diante de tantas testemunhas. [13]Perante Deus, que dá a vida a todas as coisas,* e de Jesus Cristo que, diante de Pôncio Pilatos, deu seu belo testemunho, [14]eu te ordeno que guardes o mandamento sem mancha nem repreensão, até a manifestação de nosso Senhor Jesus Cristo, [15]que

---

* **5**,19. Dt 19,5; Mt 18,16; 2Cor 13,1; Gl 2,14 | 22. 2Jo 11; Ap 18,4 | **6**,1. Ef 6,5-8; Tt 2,9s; Cl 3,22-25; 1Cor 7,21s; Fm 16 | 3. 2Tm 1,13; Gl 1,6-9 | 4. 2Tm 2,14; Rm 1,29 | 5. Tt 1,14; 3,11; Rm 1,29; 2Tm 3,8; 4,4 | 6. 4,8; Fl 4,11s; Jó 1,21; Mt 6,25 | 9. Pr 23,4; 28,22; 30,8s; Mt 13,22; Lc 12,15; Ef 5,5 | 11. 2Tm 2,22; 3,17; 4,7; Gl 5,22; 1Cor 9,24-27 | 13. Mt 27,11; Jo 18,36s; 2Tm 4,1; Tt 2,13 | 15. Ap 17,14; 19,16; Cl 4,1; Dt 10,17 | 16. Êx 33,20; Jo 1,18; Cl 1,15 | 17. Sl 62,11; Lc 12,20; Rm 12,16; Tg 1,10

† **5**,18. Frase pronunciada por Jesus, Lc 10,7, mas pode ser um provérbio popular antigo. | 19. Este princípio está na lei mosaica, Dt 17,6 e foi citado também por Jesus, Mt 18,16. | 22. É possível que se trate da reconciliação do pecador arrependido, porém, é mais provável que o gesto indique, também aqui, a consagração de alguém para um ministério na comunidade. | **6**,10. "O que é a riqueza quando não se pensa em Deus? Um ídolo de ouro, um bezerro de ouro, diante do qual se oferecem sacrifícios e se cometem iniquidades" (Dom Oscar Romero).

1 Timóteo 6

no tempo estabelecido nos será revelada pelo Soberano único e bendito, Rei dos reis* e Senhor dos senhores, [16]o único que possui a imortalidade, que habita numa luz inacessível e que nenhum homem jamais viu* nem pode ver. A Ele, honra e poder eterno! Amém.

Conselhos aos ricos. [17]Aos ricos deste mundo recomenda* que não sejam orgulhosos, que não coloquem sua esperança em riquezas precárias, mas sim em Deus que nos concede tudo em abundância para nosso gozo. [18]Que eles façam o bem, enriquecendo-se de boas obras, deem de bom coração, sabendo partilhar; [19]desse modo ajuntam para o futuro* um sólido capital, com o qual poderão adquirir a vida verdadeira.

Saudação final. [20]Ó Timóteo, guarda o depósito,* evitando o palavreado profano e as objeções de uma pretensa ciência; [21]por tê-la professado, alguns se afastaram da fé.

A graça esteja convosco!

---

* **6**,19. Mt 6,20; Fl 4,17 | 20. 2Tm 1,13s; 2,2; 3,14

SEGUNDA CARTA A TIMÓTEO

Quando escreve pela segunda vez a Timóteo, Paulo está de novo na prisão, em Roma, num cativeiro bem mais cruel que da primeira vez, sentindo-se terrivelmente sozinho e preparando-se para o sacrifício supremo, pois não espera ser libertado. Estamos no ano 67, ano em que de fato ele morreu decapitado. A segunda carta a Timóteo é o último escrito paulino, é seu testamento espiritual.

No meio dos sofrimentos, Paulo ouve falar das ideias perigosas que ameaçam os fiéis e lança um apelo ao chefe da comunidade de Éfeso para que lute corajosamente pelo Evangelho, como ele próprio, Paulo, também lutou até o fim. De seu coração atribulado sobe um hino de ação de graças (1,3) e uma profissão de fé no Cristo Ressuscitado (2,8), no qual depositou toda a sua esperança (1,12), a qual não foi em vão, pois ele agora aguarda a coroa da justiça (4,8).

A carta começa com uma introdução, vindo depois uma exortação à fidelidade no serviço do Evangelho. A seguir, Paulo mostra qual deve ser a atitude de Timóteo para com os hereges; exorta-o a uma exemplar vida cristã, à fidelidade e à perseverança, num infatigável serviço à verdade. Para terminar, Paulo dá notícias sobre si e seus cooperadores e mais outras incumbências e advertências (4,9-22).

I. ZELO NO APOSTOLADO
(1,1-2,13)

1 **Saudação e ação de graças.** ¹Paulo, Apóstolo do Cristo Jesus pela vontade de Deus, para anunciar a promessa da vida em Cristo Jesus, ²a Timóteo,* meu filho caríssimo: graça, misericórdia e paz da parte de Deus Pai e do Cristo Jesus, nosso Senhor. ³Dou graças a Deus, a quem sirvo* como meus antepassados, com consciência pura, lembrando-me sempre de ti em minhas orações, noite e dia. ⁴Recordando tuas lágrimas,* tenho ardente desejo de rever-te para ficar cheio de alegria. ⁵Evoco a lembrança da fé sincera que está em ti; esta fé, que primeiro habitou em tua avó Loide e em tua mãe Eunice e que, estou certo, mora igualmente em ti.

Exortação a lutar pelo Evangelho. ⁶Por isso eu te exorto a reavivar* o dom de Deus que está em ti pela imposição de minhas mãos. ⁷Pois não foi um espírito de timidez que Deus nos deu: foi um espírito de coragem, de amor e de autodomínio. ⁸Por isso, não te envergonhes do testemunho* que deves dar de nosso Senhor, nem de mim, que estou preso por causa dele; pelo contrário, sofre comigo pelo Evangelho, ajudado pela força de Deus, ⁹que nos salvou e nos chamou* com uma vocação santa, não em virtude de nossas obras, mas em virtude de sua própria vontade e graça. Esta graça, que nos foi dada em Cristo Jesus antes de todos os séculos, ¹⁰foi manifestada agora pela aparição† de nosso Salvador,* o Cristo Jesus. Ele não só destruiu a morte, mas também fez brilhar a vida e a imortalidade por meio do Evangelho, ¹¹do qual fui estabelecido arauto, apóstolo e mestre.

¹²É por causa disso que estou passando por estes sofrimentos,* mas disso não me envergonho, pois sei em quem depositei minha fé e tenho a certeza de que ele é capaz de guardar meu depósito até aquele dia†.

¹³Toma por norma as boas palavras* que de mim ouviste, na fé e no amor que estão no Cristo Jesus. ¹⁴Com o auxílio do Espírito Santo, que habita em nós, guarda o precioso depósito.

Notícias pessoais. ¹⁵Como sabes, todos os da Ásia,* entre os quais Figelo e Hermógenes, afastaram-se de mim.

---

* **1**,2. 1Tm 1,2; 2Jo 3 | 3. Rm 1,9; Fl 3,5 | 4. 3,14s; 4,9.21; At 16,1; 23,1; 1Tm 1,5 | 6. 1Tm 4,14; 6,6; At 6,6; Rm 8,15 | 8. Rm 1,16; Lc 9,26 | 9. Tt 3,5 | 10. Ef 1,4; Rm 16,26; Tt 2,11; 3,4; 1Tm 2,7 | 12. 1Cor 1,8; 2Cor 4,2 | 13. 1Tm 1,10; 6,3.20; Tt 2,1; Rm 5,5 | 15. 4,16.19

† **1**,10. "Aparição" designa aqui toda a vida terrestre de Jesus. | 12. O dia do retorno triunfal de Cristo.

2 Timóteo 1-2

[16]Que o Senhor Jesus faça misericórdia à família de Onesíforo, pois muitas vezes ele me reconfortou e não se envergonhou* de minhas prisões; [17]ao contrário, ao chegar a Roma, procurou-me com afinco até descobrir meu paradeiro. [18]Que o Senhor lhe conceda alcançar misericórdia* junto ao Senhor naquele dia. Quanto aos serviços que me prestou em Éfeso, tu os conheces melhor que ninguém.

2 **Assumir os sofrimentos do apostolado.** [1]Portanto, meu filho, fortifica-te na graça* que está no Cristo Jesus. [2]Aquilo que aprendeste de mim na presença de numerosas testemunhas, confia-o a pessoas fiéis, capazes por sua vez de instruir os outros[+].

[3]Assume comigo tua parte de sofrimentos como bom soldado* do Cristo Jesus. [4]No serviço militar, ninguém se envolve nos negócios da vida civil, se quiser agradar a quem o alistou. [5]Assim também o atleta não recebe o prêmio* a não ser que tenha lutado segundo as regras. [6]O agricultor que trabalha duramente é o primeiro a colher os frutos. [7]Compreende o que estou te dizendo; aliás, o Senhor te fará compreender tudo.

[8]Lembra-te de Jesus Cristo, da estirpe de Davi,* ressuscitado dos mortos[+], segundo meu Evangelho, [9]pelo qual sofro, a ponto de estar acorrentado como um malfeitor, mas a palavra de Deus não está acorrentada. [10]Por isso, eu tudo suporto pelos escolhidos, para que eles também consigam a salvação que está em Cristo Jesus e a glória eterna. [11]Esta é uma palavra que merece fé: Se morremos com ele, com ele também viveremos[+]; [12]se perseveramos com ele,* com ele também reinaremos; se o renegamos, ele também nos renegará; [13]se somos infiéis, ele permanece fiel,* pois não pode negar-se a si mesmo.

II. CONDUTA DIANTE DOS FALSOS MESTRES
(2,14–4,8)

Normas para a pregação do Evangelho. [14]Lembra-te de tudo isto,* atestando diante de Deus que é preciso evitar as discussões de palavras, que de nada servem, a não ser para perder os que as ouvem. [15]Esforça-te por apresentar-te a Deus como homem comprovado, um operário que não tem de que se envergonhar, um fiel despenseiro da palavra da verdade. [16]Evita o palavreado vão e profano; os que se praticam progredirão sempre mais* na impiedade, [17]e sua palavra se propagará como a gangrena. Himeneu e Fileto são deste número: [18]desviaram-se da verdade, afirmando que a ressurreição já aconteceu[+], pervertendo assim a fé de alguns.

[19]Entretanto, as sólidas fundações* postas por Deus mantêm-se de pé, marcadas pelo selo destas palavras: "O Senhor conhece os seus"; e: "Afaste-se da iniquidade todo aquele que pronuncia o nome do Senhor".

[20]Numa casa grande não há só vasos de ouro e de prata;* há também os de madeira e de argila. Uns estão reservados para usos nobres; outros, para usos vulgares. [21]Se alguém se preserva de tais coisas, será um vaso nobre, santificado, útil a seu dono,* pronto para toda boa obra.

[22]Foge das paixões da juventude; busca a justiça, a fé, o amor, a paz em união com aqueles* que de coração

---

* **1**,16. 1,8 | 18. Jd 21 | **2**,1. 3,14; Ef 6,10 | 3. 1,8; 4,5; 1Cor 9,7.25 | 5. 4,8 | 8. 1Cor 15,4.20; Rm 1,3; 2,16; Ef 3,1.13; Fl 1,7.13-18; 2,17; Cl 12. 24; 1Tm 1,15 | 12. Rm 6,5; 8,17; 1Pd 4,13; Mt 10,33 | 13. 1Cor 10,13; Tt 1,2; Nm 23,19 | 14. 1Tm 1,4; 4,6s; 6,4; Tt 2,7s; 3,9; Lc 12,42 | 16. 1Tm 1,20 | 19. Nm 16,5.26; Is 26,13; 28,16s; Jo 10,14; Ap 21,27 | 20. 1Cor 3,12; Rm 9,21; Is 29,16 | 21. 3,17 | 22. 1Tm 6,11; Gl 5,22

† **2**,2. Destaca a importância que tem na Igreja a tradição oral. | 8. "Lembra-te de Jesus Cristo", ou melhor, "sê tu o memorial de Jesus Cristo", quer dizer, sê alguém que, por todo o seu ser e seu agir, faz lembrar a Ressurreição de Cristo, tornando-a atual para quem te encontra. | 11. Unido à morte do Cristo pelo Batismo, o cristão participa também de sua vida de Ressuscitado, Rm 6,5.8. | 18. Só admitiam, talvez, a ressurreição espiritual realizada no Batismo, negando a ressurreição dos corpos, difícil de aceitar para a mentalidade grega, ver a nota em 1Cor 15,12.

2 Timóteo 2-4

puro invocam o Senhor. ²³Mas evita as questões tolas e inúteis: tu sabes que elas geram disputas. ²⁴Ora, um servo do Senhor não deve entrar em brigas,* mas deve ser afável com todos, capaz de instruir e paciente; ²⁵é com mansidão que deve repreender os adversários,* na esperança de que Deus lhes dê a graça de se converterem, para que conheçam a verdade ²⁶e voltem à sã razão, libertando-se das armadilhas do diabo, que os retém cativos, escravos de sua vontade.

3 **Hereges dos últimos dias.** ¹Fica sabendo que nos últimos dias* haverá momentos difíceis. ²Com efeito, as pessoas serão egoístas, ambiciosas, vaidosas, orgulhosas, difamadoras, rebeldes a seus pais, ingratas, sem religião, ³sem coração, desleais, caluniadoras, intemperantes, cruéis, inimigas do bem, ⁴traidoras, atrevidas, cegas pelo orgulho,* mais amigas dos prazeres que de Deus, ⁵tendo aparências de piedade, mas renegando o que é sua força. Evita essas pessoas. ⁶São desse número os que se introduzem nas casas e de lá retiram mulheres carregadas de pecados, arrastadas por toda espécie de paixões, ⁷que estão sempre aprendendo sem jamais conseguir chegar ao conhecimento da verdade. ⁸A exemplo de Janes e de Jambres† que se revoltaram contra Moisés,* também estes se levantam contra a verdade, homens de espírito corrupto, reprovados em matéria de fé. ⁹Mas não irão mais longe, pois sua loucura será desmascarada aos olhos de todos, como o foi a daqueles dois.
Elogio de Timóteo. ¹⁰Tu, porém, me seguiste na doutrina, no comportamento, nos projetos, na fé, na paciência, no amor, na constância, ¹¹nas

perseguições e sofrimentos como os que me sobrevieram em Antioquia, Icônio e Listra.* Que perseguições tive de sofrer! E de todas o Senhor me livrou. ¹²Sim, todos os que querem viver piedosamente no Cristo Jesus serão perseguidos. ¹³Mas os malvados e os impostores vão avançar sempre de mal a pior, enganando e sendo enganados.
A Tradição e as Escrituras. ¹⁴Tu, porém, continua firme* no que aprendeste e aceitaste como certo, sabendo de quem o aprendeste ¹⁵e que desde criança conheces as Sagradas Escrituras; elas podem dar-te a sabedoria que leva à salvação pela fé em Cristo Jesus.† ¹⁶Toda a Escritura é inspirada por Deus† e é útil para ensinar, convencer, corrigir e educar para a justiça, ¹⁷para que o homem de Deus seja perfeito, equipado para toda boa obra.

4 **A pregação da Palavra.** ¹Diante de Deus e do Cristo Jesus, que há de julgar os vivos e os mortos,* em nome de sua manifestação e de seu Reino, eu te conjuro: ²anuncia a Palavra, insiste a tempo e fora de tempo, combate o erro, repreende, exorta com paciência incansável e com preocupação de instruir. ³Pois virá um tempo em que as pessoas não suportarão mais a sã doutrina, mas, ao contrário, ao sabor de suas paixões e pelo prurido de ouvir, procurarão para si mestres em quantidade; ⁴afastarão os ouvidos da verdade* e se voltarão para as fábulas. ⁵Tu, porém, sê vigilante em tudo, suporta a adversidade, cumpre tua missão de pregador do Evangelho, exerce teu ministério.

Paulo à espera do martírio. ⁶Quanto a mim, meu sangue está para ser derramado* em libação, e o momento de minha partida chegou. ⁷Combati o bom

---

* **2**,24. 1Tm 1,4; 4,7; Tt 1,7 | 25. Is 42,3; Mt 12,20 | **3**,1. 1Tm 1,10; 4,1; Rm 1,28-32 | 4. Fl 3,19; Tt 1,16; Rm 2,20; Mt 7,15-20 | 8. Êx 7,11s; At 13,8; 1Tm 6,5 | 11. At 13,50; 14,5.22.19; Sl 34,20; Mt 16,24; 1Ts 3,4s; 1Tm 4,1.15 | 14. 1,5; 2,2.21; At 16,8; Jo 5,39; 2Pd 1,19ss; Rm 15,4; 1Cor 10,6; Lc 16,29 | **4**,1. At 10,42; 20,20-32; Rm 14,9s; 1Pd 4,5; Mt 18,15; Tt 1,13; 1Tm 4,1 | 2. 2,3; 1Tm 4,7; 6,5 | 6. Fl 2,17; 2Pd 1,14; 1Tm 1,18; 6,12; 1Cor 9,24s; 2Tm 4,20.24; 1Pd 5,4; Tg 1,12; Ap 2,10

† **3**,8. De acordo com certas lendas judaicas, esses dois eram os chefes dos magos que se opuseram a Moisés na corte do faraó, Êx 7,11s; 8,7. |16. Na Bíblia é Deus que fala por meio da linguagem humana de seus autores; ela é o Livro de Deus, que contém a verdade.

2 Timóteo 4

combate, terminei minha corrida, guardei a fé. [8]Agora só me resta a coroa da justiça que o Senhor, justo juiz, me dará naquele dia; e não somente a mim, mas também a todos os que aguardam com amor sua manifestação.

III. EPÍLOGO
(4,9-20)

Últimas recomendações. [9]Procura vir até mim o mais depressa possível, [10]porque Demas abandonou-me* por amor ao mundo presente e partiu para Tessalônica; Crescente foi para a Galácia, Tito para a Dalmácia. [11]Só Lucas é que está comigo. Toma contigo Marcos† e traze-o, pois me é útil para o ministério. [12]Mandei Tíquico a Éfeso. [13]Quando vieres, traze o manto que deixei em Trôade na casa de Carpo,* bem como os livros, sobretudo os pergaminhos. [14]Alexandre, o fundidor, me fez muito mal; "o Senhor lhe retribuirá segundo suas obras". [15]Tu também o evita, pois fez uma oposição violenta a nossa pregação.

[16]Em minha primeira defesa, ninguém me deu apoio: todos me abandonaram. Que isto não lhes seja imputado. [17]O Senhor, porém, me assistiu e me encheu de força, a fim de que por mim a mensagem fosse proclamada e chegasse aos ouvidos de todos os pagãos; e fui libertado* da boca do leão. [18]O Senhor me libertará de todo mal e me salvará, levando-me para seu reino celeste. A ele a glória nos séculos dos séculos! Amém.

Saudação final. [19]Saudações a Prisca* e Áquila†, bem como à família de Onesíforo. [20]Erasto ficou em Corinto. Deixei Trófimo doente em Mileto.

[21]Apressa-te a vir antes do inverno. Êubulo, Pudente, Lino, Cláudia e todos os irmãos te saúdam.

[22]O Senhor esteja contigo! A graça esteja convosco!

---

* **4**,10. 1,4; 4,21; Cl 4,10.14; Fl 2,21; At 12,12; 20,4 | 13. Tt 3,12; Ef 6,21; Cl 4,7; 1Tm 1,20; At 19,33; Sl 62,13; Pr 24,12; Lc 23,34; Sl 22,22 | 17. Dn 6,21.28; 2Cor 1,10; 2Pd 2,9; Rm 16,27 | 19. 1,16; 4,9; At 18,2; Rm 16,3; Gl 6,18

† **4**,11. Lucas e Marcos são dois dos evangelistas. | 19. Casal que hospedou Paulo em Corinto, At 18,2.18.26, e também colaborou no apostolado, Rm 16,3s.

CARTA A TITO

Foi Tito, ao lado de Timóteo, um dos mais devotados companheiros de São Paulo. Admira que seu nome não apareça nem uma só vez nos Atos dos Apóstolos, e é por isso que pouco sabemos de sua vida. Além da carta que lhe é dirigida, outras o mencionam diversas vezes: a segunda aos Coríntios (2,13; 7,6.13s, etc.), a carta aos Gálatas (2,1.3) e a segunda a Timóteo (4,10). Filho de pais pagãos, era membro da comunidade cristã de Antioquia, e provavelmente foi conquistado à fé cristã por Paulo, a julgar pela expressão "meu verdadeiro filho na fé" (Tt 1,4) com que Paulo o designa. Encontramo-lo pela primeira vez como companheiro de Paulo e Barnabé na viagem para o Concílio de Jerusalém, no ano 48 (Gl 2,1). Parece que Tito esteve também com o Apóstolo em Éfeso, por ocasião da terceira viagem missionária; de lá foi mandado a Corinto, depois de Timóteo, para acalmar os espíritos e organizar a coleta em benefício dos irmãos de Jerusalém. Tito conseguiu restabelecer a tranquilidade e conquistou a simpatia de todos (2Cor 7,13). Encontrando-se com ele na Macedônia, Paulo recebe dele boas notícias sobre a comunidade de Corinto. É por meio dele que Paulo envia sua segunda carta àqueles fiéis.

Depois do primeiro cativeiro romano, Paulo evangelizou diversas cidades na ilha de Creta, deixando a Tito o encargo de continuar sua obra e de organizar as novas igrejas (Tt 1,5). Escreve-lhe então, pouco depois (ano 65), a carta que possuímos.

Esta começa com um prólogo, no qual Paulo tece um elogio a seu apostolado e saúda a Tito (1,1-4). Depois o instrui sobre o modo de organizar a hierarquia em Creta, falando sobre as qualidades que os presbíteros e o bispo devem possuir (1,5-9) e mostrando que eles precisam combater os mestres do erro (1,10-16). Vêm em seguida instruções sobre a catequese dos fiéis em particular e da comunidade como um todo (2,1-10). O fundamento de toda a catequese é a manifestação da graça de Deus em Cristo (2,11-15). São recomendadas ainda algumas virtudes cristãs e humanas (3,1-11). Finalmente, Paulo faz recomendações especiais e envia saudações (3,12-15).

I. QUALIDADES DOS OPERÁRIOS DO EVANGELHO
(1)

1 **Saudação.** [1]Paulo, servo de Deus, apóstolo de Jesus Cristo* para conduzir os escolhidos de Deus à fé e ao conhecimento da verdade, que conduz à piedade, [2]na esperança da vida eterna prometida antes de todos os séculos pelo Deus que não mente [3]e que, no tempo marcado, manifestou sua palavra por uma proclamação,* cujo encargo me foi confiado por ordem de Deus nosso Salvador†, [4]a Tito, meu verdadeiro filho* em nossa fé comum: graça e paz da parte de Deus Pai e do Cristo Jesus, nosso Salvador.

Qualidades dos ministros da Igreja. [5]Se te deixei em Creta,* foi para que termines aí a organização e para que estabeleças em cada cidade presbíteros, de acordo com as instruções que te dei†. [6]O candidato deve ser irrepreensível,* ser casado uma vez só, ter filhos fiéis e que não possam ser acusados de má conduta, nem sejam insubmissos. [7]Com efeito, o bispo, em sua qualidade de administrador de Deus,* deve ser irrepreensível: não arrogante, nem colérico, nem dado ao vinho, nem violento, nem ávido de lucro desonesto; [8]mas, ao contrário, seja hospitaleiro, amigo do bem, ponderado, justo, piedoso, senhor de si, [9]apegado à palavra digna de fé,* conforme a doutrina, para que seja capaz de exortar na sã doutrina e também de refutar os que a contradizem.

Vícios dos cretenses. [10]São muitos, de fato, os rebeldes, os tagarelas, os sedutores, sobretudo entre os circuncisos.

---

* **1**,1. Rm 1,1s; 2Tm 2,10; 3,7; Ef 1,9s | 3. At 1,7 | 4. Gl 2,1ss; 2Cor 7,6s; 8,6 | 5. At 14,23 | 6. 1Tm 3,2-7 | 7. 1Cor 4,1; 2Tm 2,24; 1Pd 5,2 | 9. 1Tm 1,10; 2Tm 4,3

† **1**,3. Ver a nota em 1Tm 1,1. | 5. Paulo institui em cada comunidade um colégio de presbíteros. Deixou a Tito a tarefa de prosseguir sua obra de organizar a Igreja.

Tito 1-3

¹¹É preciso reduzi-los ao silêncio,* pois estão inquietando famílias inteiras, ensinando com objetivo de lucro ilícito o que não convém. ¹²Um deles, porta-voz de seu meio ambiente, disse: "Os cretenses são sempre mentirosos, animais perversos,* comilões e preguiçosos"†. ¹³Este testemunho é verdadeiro; por isso, repreende-os severamente, para que conservem uma fé sadia, ¹⁴sem prestar atenção a fábulas judaicas e às prescrições de pessoas que recusam a verdade. ¹⁵Tudo é puro para os puros.* Mas para os impuros e os que não têm fé, nada é puro†. A mente e a consciência deles estão manchadas. ¹⁶Afirmam que conhecem a Deus, mas, por sua conduta, o renegam; são abomináveis, rebeldes e incapazes de qualquer boa obra.

II. DEVERES DOS FIÉIS
(2–3)

2 **Deveres dos velhos.** ¹Tu, porém, ensina o que está de acordo* com a sã doutrina†: ²que os idosos sejam sóbrios, dignos, ponderados, robustos na fé, no amor e na constância. ³Que igualmente as mulheres idosas tenham o comportamento que convém a pessoas santas: não falem mal nem sejam viciadas na bebida, mas sejam capazes de dar bom conselho; ⁴assim ensinarão às jovens a amarem o marido* e os filhos, ⁵a serem reservadas, castas, boas donas de casa, amáveis e submissas ao marido, de modo que a palavra de Deus não seja difamada.
Deveres dos jovens. ⁶Exorta igualmente os jovens* a serem moderados†, ⁷oferecendo-te a ti mesmo em tudo

como exemplo de boa conduta, com pureza de doutrina, dignidade, ⁸linguagem santa e irrepreensível, a fim de que o adversário, não podendo falar nenhum mal de nós, fique cheio de confusão.
Deveres dos escravos. ⁹Exorta os escravos a serem em tudo submissos* a seus senhores, procurando agradar-lhes, evitando contradizê-los, ¹⁰não cometendo nenhuma fraude, mostrando, ao contrário, fidelidade perfeita: assim honrarão em tudo a doutrina de Deus, nosso Salvador.
A vida nova em Cristo†. ¹¹Pois a graça de Deus se manifestou,* trazendo salvação a todos. ¹²Ela nos ensina a renunciar à vida ímpia e aos desejos mundanos, para vivermos neste mundo com equilíbrio, retidão e piedade, ¹³na espera de que se realize a feliz esperança e a manifestação da glória de Jesus Cristo†, nosso grande Deus e Salvador†, ¹⁴que se entregou por nós* para resgatar-nos de toda maldade e para purificar um povo que lhe pertence, zeloso na prática do bem.
¹⁵É assim que deves falar, exortar e repreender com plena autoridade. Que ninguém te despreze.

3 **Deveres gerais dos fiéis.** ¹Lembra a todos que é preciso* submeter-se aos governantes e às autoridades, praticar a obediência, estar prontos para toda boa obra, ²não difamar ninguém, nem andar brigando, mas que sejam modestos e delicados para com todos. ³Pois nós também éramos outrora insensatos,* rebeldes, transviados, escravos de todo tipo de paixões

---

* **1**,11. 2Tm 3,6; 1Pd 5,2 | 12. 2Tm 4,2; 1Tm 1,10 | 15. 1Tm 4,7; 6,5; Mt 15,9.11.18ss; 23,25s; Rm 14,14.20; 2Tm 3,5; 1Jo 2,3ss | **2**,1. 1Tm 1,10; 3,11; 5,1; 6,3; 2Tm 1,13 | 4. 1Cor 14,34; Ef 5,22; Cl 3,18; 1Tm 2,12 | 6. 1Tm 4,12; 2Tm 2,15; 1Pd 5,3; 2Ts 3,7 | 9. 1Tm 5,14; 6,1; Ef 6,5-8; 1Pd 2,18 | 11. 3,4; 2Tm 1,10; Lc 1,79; 1Jo 2,16; 1Cor 1,7; Rm 5,2; Fl 3,20 | 14. Gl 1,4; Ef 2,10; 5,25ss; Êx 19,5; 1Pd 3,13 | **3**,1. 1Tm 2,2; Rm 13,1-7; 1Pd 2,13s; Fl 4,5 | 3. Rm 1,28; 1Pd 4,3; 1Cor 6,11; Ef 2,2; 5,8; Tt 2,11 | 4. Ef 2,4.8s; 5,26; 2Tm 1,9; Jo 3,5; 1Cor 6,11; Hb 10,22; Rm 3,24; 8,17.24; 12,2

† **1**,12. Citação do poeta e filósofo cretense Epimênides de Cnossos, do séc. VI a.C., admirado por Platão e pelos habitantes de Creta. | 15. Não existe mais a distinção entre alimentos puros e impuros, Mc 7,14-23; Rm 14,14ss; 1Tm 4,3s; a impureza provém da mentalidade de quem ainda considera válidas as normas antigas. | **2**,1. A sã doutrina é uma das preocupações constantes das Cartas Pastorais, 1,9.13; 2,8; 1Tm 1,10; 6,3; 2Tm 1,13. | 6. A moderação inclui a prudência e o autodomínio. | 11. Os vv. 11-14 sintetizam a obra da salvação realizada por Cristo, mostram seus efeitos e suas exigências. | 13. A vinda gloriosa de Jesus no final dos tempos. / Afirmação clara da divindade de Cristo.

1443 Tito 3

e prazeres, vivendo na malícia e na inveja, dignos de ódio e nos odiando uns aos outros. ⁴Mas quando se manifestou a bondade de Deus, nosso Salvador,* e seu amor pelos homens, ⁵ele nos salvou, não em virtude dos atos de justiça que praticamos†, mas por sua misericórdia por meio de um banho de regeneração e de renovação no Espírito Santo†, ⁶por ele derramado profusamente sobre nós por meio de nosso Salvador Jesus Cristo, ⁷para que, justificados por sua graça, nos tornássemos, na esperança, herdeiros da vida eterna.

⁸Esta palavra é digna de fé* e por isso quero que insistas nestas coisas, para que os que creem em Deus se esforcem por distinguir-se na prática do bem: isto é belo e útil às pessoas.

⁹Evita, porém, as vãs controvérsias, as genealogias,* as discussões, as polêmicas sobre a lei, porque são inúteis e vazias. ¹⁰Quanto ao herege†, após uma primeira e segunda advertência, separa-te dele, ¹¹bem sabendo que se trata de gente transviada que continua a pecar, condenando-se a si mesma.

Recomendações e saudações. ¹²Logo que eu te enviar Ártemas ou Tíquico, apressa-te para te encontrares comigo em Nicópolis, porque é lá que pretendo passar o inverno. ¹³Toma todas as providências para a viagem do jurista Zenas e de Apolo, para que nada lhes falte. ¹⁴Aprendam assim também os nossos* a distinguir-se na prática do bem, para atender às necessidades urgentes e não viverem uma vida inútil.

¹⁵Saúdam-te todos os que estão comigo. Saudações aos que nos amam na fé. A graça esteja com todos vós!

---

* **3**,8. 2,14; 1Tm 1,15 | 9. 1Tm 1,4; 4,7 | 14. Ef 4,28s; 2Pd 1,8

† **3**,5. Não pela observância da lei mosaica, Ef 2,4s; 2Tm 1,9. / Esse banho é o Batismo, pelo qual morre o "homem velho" e a pessoa nasce de novo, é justificada pela graça de Cristo, recebe a comunicação do Espírito Santo e o direito à herança da vida eterna. | 10. "Herege" significa partidário, sectário, quem provoca divisão. É aquele que se desvia da fé comum.

CARTA A FILÊMON

No tempo em que esteve preso em Roma pela primeira vez, entre 61 e 63, Paulo escreveu a carta aos Colossenses e entregou-a a Tíquico para que este a levasse aos fiéis (Cl 4,7s). Junto com este viaja também Onésimo (Cl 4,9), que é um escravo preguiçoso e ladrão, que fugiu da casa de um rico cristão de Colossos, chamado Filêmon. O escravo esteve com Paulo na prisão e foi convertido e batizado por ele. Paulo o manda de volta a seu patrão com uma carta de recomendação, para ele não sofrer as penas costumeiras da época, que podiam chegar até a sentença de morte.

Esta carta, motivada por um episódio secundário da vida de Paulo, tem, no entanto, inestimável valor, porque vem a ser o testemunho da atitude cristã diante da escravidão, verdadeira chaga da sociedade daquele tempo. Paulo tem aqui ocasião de ilustrar o que concretamente significa a igualdade de todos em Cristo, que ele anunciou em Gl 3,28. Ele não procura subverter a ordem social de seu tempo, abolindo a escravidão, o que só seria possível mediante uma revolução sangrenta. Mas afirma que em Cristo já não há lugar para discriminação entre livres e escravos. É verdade que a execução desse princípio de igualdade só pode ser fruto de uma lenta transformação da ordem social vigente; por isso, coloca a questão em bases sobrenaturais, preocupando-se em cristianizar as relações entre patrões e escravos (Cl 3,22–4,1; Ef 6,5-9). O caso de Onésimo é uma feliz oportunidade para Paulo pôr em prática as normas que ele próprio apresentou.

Apesar de seu caráter ocasional, a carta a Filêmon exerceu uma influência de grande alcance na renovação social. Foi como um fermento cristão, atuando numa sociedade do Império Romano, onde havia mais escravos que homens livres. Paulo propõe uma nova atitude para com o escravo: ele não é mais considerado como coisa, mas como pessoa e, mais ainda, como um irmão caríssimo no Senhor.

Este bilhete a Filêmon nos faz perceber o coração de Paulo, que palpita ardente e generoso pelo filho que gerou para Cristo. Em seu estilo, tão diferente das polêmicas e doutrinações, deixa extravasar toda a ternura, a delicadeza, o interesse pela justiça, pela causa do escravo, contrapondo-se às exigências de uma personalidade viril e forte, como se deixou retratar nos outros escritos seus.

Saudação. ¹Paulo, prisioneiro do Cristo Jesus,* e o irmão Timóteo, a Filêmon, nosso querido colaborador, ²e à Ápia, nossa irmã, a Árquipo, nosso companheiro de luta†, e à igreja que se reúne em sua casa†. ³A vós, graça e paz da parte de Deus, nosso Pai, e do Senhor Jesus Cristo!

Ação de graças e oração. ⁴Dou graças sem cessar a meu Deus,* lembrando-me de ti em minhas orações, ⁵pois ouço falar de teu amor e de tua fé, tanto em relação ao Senhor Jesus, como em favor de todo o povo santo.

⁶Que tua participação na fé se torne eficaz pelo conhecimento de todo o bem que se faz entre vós por Cristo. ⁷De fato, senti grande alegria e consolação,* ouvindo falar de tua caridade, pois tu, irmão, aliviaste o coração dos fiéis.

Pedido em favor do escravo Onésimo. ⁸Por isso, embora eu tenha em Cristo toda a liberdade necessária para te prescrever o que deves fazer, ⁹prefiro pedir em nome do amor. Eu, Paulo, que já estou velho e agora também preso por causa do Cristo Jesus, ¹⁰te faço um pedido em favor de meu filho* Onésimo, a quem na prisão gerei para a graça†. ¹¹Antes ele te foi inútil, mas agora ele é útil† a ti e a mim.

---

* 1. Ef 3,1; 4,1; Fl 1,7.13; Cl 4,17; Rm 1,7; Gl 1,3 | 4. Rm 1,8s; Cl 1,3s.9; Fl 1,9 | 7. 2Cor 7,4 | 10. Cl 4,9; 1Cor 4,15; Gl 4,19

† 2. Filêmon é um cristão rico de Colossos, amigo de Paulo e patrão de Onésimo, o escravo que fugiu da casa dele, depois de ter cometido um roubo. Ápia e Árquipo, Cl 4,17, são respectivamente a esposa e o filho de Filêmon. / As primeiras igrejas foram as casas dos cristãos, antes de se construírem os templos. | 10. Convertendo-o e batizando-o. | 11. Paulo faz um trocadilho com o nome do escravo fugitivo: Onésimo significa "útil".

Filêmon

¹²Mando-o de volta a ti, como se fosse meu próprio coração†. ¹³Bem que eu queria conservá-lo comigo para que me servisse em teu lugar, enquanto estou na prisão por causa do Evangelho. ¹⁴Mas não quero fazer nada sem teu consentimento, para que esse teu favor não seja forçado, e sim livre e espontâneo.

¹⁵Talvez seja por isso que ele se separou de ti por algum tempo: para que agora o recuperes para sempre, ¹⁶porém não mais como escravo, mas muito melhor que escravo,* como um irmão muito caríssimo†, em primeiro lugar para mim, mas tanto mais para ti, humanamente falando e no Senhor. ¹⁷Portanto, se me consideras como amigo, recebe-o como a mim mesmo. ¹⁸E se ele te causou algum prejuízo ou te deve alguma coisa, põe isso em minha conta. ¹⁹Eu, Paulo, me comprometo com minha assinatura:* sou eu que vou pagar†. Para não dizer que também tu és meu devedor e justamente de ti mesmo! ²⁰Sim, irmão! Que eu possa obter de ti este favor no Senhor; dá este alívio a meu coração em Cristo.

²¹Escrevo-te com plena confiança em tua obediência; bem sei que farás mais ainda do que estou pedindo.

Recomendações e saudação final. ²²Ao mesmo tempo, prepara-me uma pousada, porque espero, graças a vossas orações, que eu vos seja restituído.

²³Saúda-te Epafras†, meu companheiro* de prisão em Cristo Jesus, ²⁴bem como Marcos, Aristarco, Demas e Lucas†, meus colaboradores. ²⁵Que a graça do Senhor Jesus Cristo esteja convosco!

---

* 16. 1Tm 6,2; 1Cor 7,22 | 19. Gl 6,11; 1Ts 3,17; 1Cor 16,21; Fl 1,25; 2,24 | 23. Cl 1,7; 4,10-14; At 12,12.25; 13,13; 15, 37ss; 2Tm 4,11.22; Gl 6,18

† 12. Expressão de grande afeto, numa época em que o escravo era considerado como "coisa". | 16. Paulo destrói pela base a escravidão, baseando-se na palavra de Jesus: "Vós sois todos irmãos", Mt 23,8, e abolindo toda discriminação, Gl 3,28. Paulo sugere a Filêmon que conceda a liberdade a Onésimo. | 19. Paulo se compromete a pagar os prejuízos que o escravo causou. Mas Filêmon tem para com Paulo uma dívida maior, por ter sido convertido por ele. | 23. Epafras, Cl 1,7; 4,12, foi o fundador da comunidade de Colossos, à qual pertence Filêmon. | 24. Sobre esses colaboradores de Paulo, ver Cl 4,10.14.

CARTA AOS HEBREUS

Este escrito, chamado "Carta aos Hebreus", do ano 67, apresenta-se como uma exortação (13,22) e realmente mais parece um sermão que uma carta, pois, além de faltar a saudação inicial que dá início às cartas, todo o conjunto tem um estilo oratório, exceto o final, onde se encontram comunicados pessoais.

Não pode ter sido Paulo seu autor, já que o estilo e a linguagem são tão diferentes dos que se acham nas cartas paulinas; diferentes também são o modo de raciocinar e o modo de citar o Antigo Testamento; enfim, sua doutrina é profundamente original, embora existam pontos de contato com a de São Paulo, por exemplo, a paixão de Cristo apresentada sob o aspecto de obediência voluntária (Hb 5,8; 10,9) e a ineficácia da lei antiga e sua ab-rogação (7,11-19; 10,1-10). Não temos elementos para afirmar qual foi o autor desse escrito; pode ter sido Apolo, pregador cristão de origem judaica, natural de Alexandria e versado nas Escrituras (At 18,24-28).

A comunidade à qual é dirigida esta obra passa por uma crise de fé e corre o perigo de cair no desânimo e até mesmo na apostasia (10,19-39). Os fiéis sofrem perseguições e provações (12,1-13) e há também doutrinas estranhas infiltrando-se no meio deles (13,9)

O autor procura encorajá-los, mostrando-lhes a vida cristã como caminhada para um repouso prometido por Deus (3,1–4,11), uma marcha presidida por Cristo, guia superior a Moisés, para uma pátria melhor, porque eterna. Afirma a superioridade da nova aliança sobre a antiga (7,22); do sacerdócio de Cristo sobre o de Aarão (7,26-28); de seu sacrifício sobre os da antiga Lei (9,1-14; 10,11-14).

A obra traz no começo uma síntese da história da Palavra de Deus no Antigo Testamento; exalta em seguida o Filho, que nos trouxe a última e definitiva mensagem de salvação. Entronizado no céu, Ele foi elevado a uma dignidade muito superior à dos anjos. Quem menosprezar a salvação anunciada por Ele merece castigo pior que aquele que não observa a lei transmitida pelos anjos. Mostra em seguida o autor que a Redenção do mundo não foi feita pelos anjos, mas pelo Filho de Deus, que se encarnou e se tornou Sumo Sacerdote. Quem perseverar entrará com Cristo no repouso prometido. Os incrédulos, porém, serão tratados como os israelitas rebeldes no deserto. Vem a seguir um hino de louvor à palavra de Deus, árbitro entre a vida e a morte (4,12s). O centro da carta trata dos seguintes temas: a) Jesus, nosso Sumo Sacerdote, Filho de Deus: 4,14–5,10; b) sacerdócio de Jesus, à maneira de Melquisedec (7,1-28); c) Jesus, sacerdote, mediador de um Novo Testamento (8,1–10,18). O trecho de 5,11 a 6,20 é um parêntese sobre a situação da comunidade; e esta parte se encerra com uma palavra de estímulo e de advertência: 10,19-31. A carta passa a fazer uma série de exortações (10,32–13,17): a) apelo ao combate pela fé: 10,32–12,1; b) exortações a uma vida cristã até o fim: 12,1–13,17. O escrito termina com um pedido de orações, uma invocação de bênçãos, admoestações, notícias e saudações (13,18-25).

I. GRANDEZA DE CRISTO
(1–2)

1 **Deus nos falou por seu Filho.** ¹Deus, que nos tempos antigos já havia falado tantas vezes e de tantos modos a nossos pais por meio dos profetas, ²nestes dias, que são os últimos,* falou-nos por meio de seu Filho, a quem constituiu herdeiro de todas as coisas e por meio do qual Ele também criou o mundo. ³Este Filho, que é o resplendor de sua glória, a imagem de seu ser†, sustenta todas as coisas com o poder de sua Palavra; e depois de nos haver purificado de nossos pecados, sentou-se à direita da Majestade no alto dos céus ⁴e tornou-se tão superior aos anjos quanto o Nome† que herdou é mais excelente que o deles.*

---

* **1**,2. Jo 1,1-18; Cl 1,16; 1Cor 8,6; 2Cor 4,4; Rm 8,34; Cl 1,15 | 4. Fl 2,9

† **1**,3. Significa a igualdade do Pai e do Filho quanto à natureza divina. | 4. O nome define a dignidade da pessoa.

Hebreus 1-2

O Filho de Deus é superior aos anjos[†]. [5]Pois a qual dos anjos Deus jamais disse:* "Tu és meu Filho, eu hoje te gerei"? Ou ainda: "Eu serei para ele um Pai, e ele será para mim um Filho"?* [6]Ou ainda, quando introduz seu Primogênito no mundo, ele diz: "Que todos os anjos de Deus o adorem".* [7]Enquanto, dirigindo-se aos anjos, assim se exprime:* "Ele faz de seus anjos ventos, de seus servos uma chama ardente", [8]ele diz a seu Filho:* "Vosso trono, ó Deus, permanece nos séculos dos séculos"; e:

"Cetro de retidão é o cetro de vossa realeza.

[9]Amastes a justiça e odiastes a iniquidade.

Por isso Deus, o vosso Deus, vos ungiu

com um óleo de alegria,

de preferência a vossos companheiros".

[10]E ainda:*

"Ó Senhor, no princípio criastes a terra,

e os céus são obra de vossas mãos.

[11]Eles vão desaparecer, mas vós permaneceis

e todos vão envelhecer como roupa.

[12]Como um manto os enrolareis,

como roupa serão mudados.

Mas vós sois o mesmo, e vossos anos não acabarão".

[13]E a qual dos anjos ele jamais disse: "Senta-te à minha direita,* até que eu ponha teus inimigos como estrado de teus pés"? [14]Não são todos eles espíritos encarregados de um ministério, enviados a serviço dos que devem herdar a salvação?

2 **Exortação à fidelidade.** [1]É por isso que devemos aderir com mais atenção aos ensinamentos que ouvimos, para não nos desviarmos deles. [2]Pois se a Palavra promulgada* por anjos[†] foi de tal modo firme e se toda transgressão e desobediência receberam justa retribuição, [3]como poderemos escapar,* se desprezarmos tão grande salvação? Esta, inaugurada pela pregação do Senhor, foi confirmada para nós por aqueles que a ouviram, [4]enquanto Deus convalidava seu testemunho* por sinais, prodígios, milagres de toda espécie e pela comunicação dos dons do Espírito Santo que Ele distribui como quer.

Cristo é o Salvador. [5]Com efeito, não foi a anjos que Deus sujeitou o mundo futuro de que estamos falando. [6]Alguém testemunhou em certa passagem:*

"Que é o homem, para que vos lembreis dele,

ou o filho do homem, para que o tomeis em consideração?

[7]Vós o colocastes um pouco abaixo dos anjos;

de glória e de honra o coroastes;

[8]Tudo submetestes a seus pés".

Pelo fato de lhe haver submetido tudo, nada deixou que ficasse fora de seu domínio. Atualmente, é verdade, ainda não vemos que tudo lhe esteja sujeito. [9]Mas Aquele que foi colocado um pouco abaixo dos anjos, Jesus, nós o vemos coroado de glória* e de honra, porque ele sofreu a morte: era preciso que, pela graça de Deus, em benefício de todos, ele experimentasse a morte.

Razão dos sofrimentos de Cristo. [10]Pois convinha que desejando conduzir* à glória um grande número de filhos, Aquele para quem e por quem existem todas as coisas tornasse perfeito, por meio de sofrimentos, o Chefe que os devia guiar para a salvação. [11]De fato, o santificador e os santificados têm todos a mesma origem; por isso, ele não se envergonha* de chamá-los de irmãos, [12]dizendo: "Anunciarei vosso nome a meus irmãos.* Eu vos louvarei no meio da assembleia".

---

* **1**,5. Sl 2,7; At 13,33 / 2Sm 7,14 | 6. Sl 97,2; Dt 32,43 | 7. Sl 104,4 | 8. Sl 45,7s | 10. Sl 102,26ss | 13. Sl 110,1 **2**,2. At 7,38.53; Gl 3,19 | 3. Rm 2,3 | 4. Jo 2,11; 1Cor 12,4-11 | 6. Sl 8,5ss | 9. Fl 2,6-11; Rm 5,8 | 10. Rm 11,36 | 11. Mt 25,40; Mc 3,35; Jo 20,17 | 12. Sl 22,23

† **1**,5. Falando aos hebreus, que exaltavam os anjos como mediadores da aliança, At 7,30; Gl 3,19, era importante afirmar a superioridade de Cristo sobre os anjos. | **2**,2. Alusão à promulgação da lei mosaica, feita pelos anjos, segundo uma tradição rabínica, Gl 3,19.

Hebreus 2-3

¹³E ainda: "Quanto a mim, terei confiança nele".* E mais: "Eis-nos aqui, eu e os filhos que Deus me deu".

¹⁴Então, já que os filhos têm em comum o sangue e a carne, ele também participou da mesma condição,* para destruir, por sua morte, aquele que tem o poder da morte, isto é, o diabo, ¹⁵e para libertar aqueles que, durante toda a sua vida, eram mantidos em escravidão pelo medo da morte. ¹⁶Pois certamente não é dos anjos que ele se ocupa, mas sim da descendência de Abraão. ¹⁷Por conseguinte, ele teve de se fazer em tudo semelhante aos irmãos, a fim de se tornar, nas coisas que se referem a Deus, um Sumo Sacerdote misericordioso e digno de fé, para expiar os pecados do povo. ¹⁸Pois pelo fato de ele mesmo ter sofrido pela provação, é capaz de vir em auxílio dos que são provados.

II. CRISTO SUMO SACERDOTE
(3–4)

3 **Jesus é superior a Moisés**†. ¹Por conseguinte, irmãos santos, vós que participais de uma vocação celeste, considerai o Apóstolo e Sumo Sacerdote* de nossa profissão de fé, que é Jesus. ²Ele foi fiel Àquele que o constituiu, como também o foi Moisés em toda a sua casa. ³Pois ele foi considerado digno de uma glória tão superior à de Moisés, quanto maior é a honra do construtor de uma casa em comparação com a da própria casa. ⁴Com efeito, cada casa é construída por alguém, mas quem tudo construiu foi Deus. ⁵Realmente, Moisés foi fiel em toda a sua casa, na qualidade de servo, para testemunhar aquilo que devia ser anunciado mais tarde; ⁶ao passo que Cristo o foi na qualidade de Filho,* co-

locado à frente de sua casa. E sua casa somos nós, contanto que guardemos a confiança e a ufania de nossa esperança.

Pela fé se entra no repouso de Deus. ⁷É por isso que, como diz o Espírito Santo:*

"Hoje, se ouvirdes sua voz,
⁸não endureçais vossos corações
como aconteceu na provocação,
no dia da tentação no deserto,
⁹onde vossos pais me tentaram,
pondo-me à prova,
embora tivessem visto minhas obras
¹⁰durante quarenta anos.
Por isso, irritei-me contra aquela geração
e disse: O coração deles sempre se desvia,
 não conheceram meus caminhos;
¹¹por isso jurei em minha ira:
Não entrarão em meu repouso".

¹²Tomai cuidado, irmãos,* para que não haja talvez em algum de vós um coração mau e sem fé, que se afaste do Deus vivo. ¹³Mas exortai-vos mutuamente cada dia, enquanto dura esse hoje, a fim de que nenhum de vós se endureça pela sedução do pecado. ¹⁴Pois nos tornamos participantes de Cristo, contanto que mantenhamos firme até o fim nossa confiança inicial†, ¹⁵porquanto se diz: "Hoje, se ouvirdes sua voz, não endureçais vossos corações como aconteceu na provocação". ¹⁶E quais são os que, após terem ouvido, provocaram?* Não foram todos os que tinham saído do Egito por meio de Moisés? ¹⁷E contra quem ele se irritou durante quarenta anos? Não foi contra os que haviam pecado e depois caíram mortos no deserto? ¹⁸E a quem jurou que não entrariam em seu repouso, senão aos que não haviam acreditado? ¹⁹Vemos, pois, que não puderam entrar por causa de sua incredulidade†.

---

* **2**,13. Is 8,17s | 14. Jo 12,31 | **3**,1. Ef 1,18; Fl 3,14; Nm 12,7 | 6. Jo 8,35; 1Cor 3,9; 1Tm 3,15; Cl 1,23; Ef 2,19s | 7. Sl 95,7-11 | 12. 1Ts 5,11; 2Ts 2,10 | 16. Nm 14,22-35; 1Cor 10,10

† **3**. Cristo exerceu sua missão de mediador como Filho de Deus; por isso é superior ao próprio Moisés. | 14. Como o Israel do Êxodo, a Igreja está em marcha aqui na terra, confiante na promessa de Deus, mas exposta à tentação; para salvar-se, é preciso perseverar até o fim, Mt 10,22; 24,13. | 19. Convite a ser fiel a Cristo para entrar no repouso do céu e a não imitar os hebreus rebeldes, que não entraram no repouso da terra prometida.

4 ¹Temamos, pois, que, enquanto ainda permanece em vigor a promessa de entrar em seu repouso, algum de vós seja excluído. ²Pois também nós recebemos uma boa nova exatamente como eles. Mas a palavra que eles ouviram para nada lhes serviu, pois não permaneceram unidos pela fé com os que a tinham ouvido. ³Nós, porém, que abraçamos a fé, entramos num repouso, conforme ele disse: "Por isso jurei em minha ira: Não entrarão em meu repouso".*

Sem dúvida, as obras de Deus estavam terminadas desde a criação do mundo, ⁴pois em certa passagem, quando se fala do sétimo dia, se diz: "E no sétimo dia, Deus descansou* de todas as suas obras"†. ⁵E de novo, neste lugar: "Não entrarão em meu repouso". ⁶Assim, pois, já que é certo que alguns ainda devem entrar lá, e que os que tinham recebido primeiro a boa nova não entraram por causa de sua desobediência, ⁷de novo Deus marca um dia, um hoje, dizendo em Davi depois de tanto tempo, como foi dito acima: "Hoje, se ouvirdes sua voz, não endureçais vossos corações". ⁸De fato, se Josué tivesse introduzido* os israelitas neste repouso, Deus não teria falado depois em um outro dia. ⁹Portanto, existe um repouso, o do sétimo dia, reservado ao povo de Deus. ¹⁰Pois aquele que entrou em seu repouso descansará também de suas obras, como Deus descansou das suas. ¹¹Apressemo-nos, pois, em entrar neste repouso, para que ninguém sucumba, imitando este exemplo de desobediência†.

A Palavra de Deus. ¹²Com efeito, a Palavra de Deus é viva,* eficaz e mais penetrante do que uma espada de dois gumes; ela penetra até dividir alma e espírito, juntas e medulas. Ela sonda as intenções e os pensamentos do coração. ¹³Nenhuma criatura é capaz de esconder-se de seus olhos, mas todas as coisas são como que nuas e descobertas aos olhos daquele a quem devemos prestar contas.

Aderir a Jesus, Sumo Sacerdote. ¹⁴Tendo, pois, em Jesus,* o Filho de Deus, um Sumo Sacerdote eminente que penetrou os céus, conservemos firme a fé que professamos. ¹⁵Porque não temos um Sumo Sacerdote incapaz de compadecer-se de nossas fraquezas; pois de modo semelhante ele passou pelas mesmas provações que nós, exceto a do pecado. ¹⁶Aproximemo-nos, portanto, com confiança, do trono da graça, a fim de obtermos misericórdia e alcançarmos a graça, para sermos socorridos no tempo oportuno.

III. CRISTO, SACERDOTE E VÍTIMA
(5,1–10,18)

5 **Jesus, Sumo Sacerdote misericordioso.** ¹Com efeito, todo sumo sacerdote, tirado do meio dos homens, é constituído em favor dos homens em suas relações com Deus, para oferecer dons e sacrifícios pelos pecados. ²Ele sabe ter compreensão com aqueles que ignoram e erram, porque ele mesmo está cercado de fraqueza; ³por isso ele deve oferecer por si mesmo* sacrifícios pelo pecado, como ele o faz pelo povo. ⁴Ninguém atribua a si mesmo esta honra, mas a ela a pessoa é chamada por Deus, como Aarão.

⁵Deste modo, também Cristo não se atribuiu a si mesmo a glória de tornar-se Sumo Sacerdote, mas recebeu-a de Deus, que lhe disse: "Tu és o meu Filho, eu hoje te gerei";* ⁶como também diz em outra passagem: "Tu és sacerdote para sempre, à maneira de Melquisedec".* ⁷Foi ele que, nos dias de sua vida mortal,* dirigiu orações e súplicas, com

---

* **4**,3. Sl 95,11 | 4. Gn 2,2 | 8. Js 22,4; Dt 31,7 | 12. Is 49,2; Ef 6,17 | 14. 2,17; 20,23 | **5**,3. Lv 9,7; 16,6 | 5. Sl 2,7 | 6. Sl 110,4 | 7. Mt 26,36; Mc 14,32-42; Lc 22,40-46; Jo 18,1

† **4**,4. "Se vós, ao cabo de vossas obras excelentes, repousastes no sétimo dia, foi para nos dizer de antemão, que, ao cabo de nossas obras, também nós, no sábado da vida eterna, em Vós repousaremos" (S. Agostinho). | 11. A terra prometida não é o verdadeiro repouso prometido por Deus; este repouso, semelhante ao de Deus após a criação, é a fé em Jesus que o dá.

Hebreus 5-6

veemente clamor e lágrimas, Àquele que podia salvá-lo da morte, e foi atendido por causa de sua submissão[t]. [8]E, embora fosse Filho, pelos sofrimentos suportados, aprendeu a obediência; [9]e, levado à perfeição, tornou-se princípio de salvação eterna para todos os que lhe obedecem, [10]pois Deus o proclamou Sumo Sacerdote à maneira de Melquisedec.

Aprofundar a vida cristã. [11]Sobre isto temos muitas coisas a dizer, coisas difíceis de expor, porque vos tornastes lentos para compreender. [12]Com efeito, embora devêsseis* com o tempo ter-vos tornado mestres, precisais de novo que alguém vos ensine os primeiros rudimentos dos oráculos de Deus, e voltais a ter necessidade de leite e não de alimento sólido. [13]Realmente, quem ainda se alimenta de leite* não pode apreciar a doutrina da justiça, pois é ainda criança; [14]mas os perfeitos tomam alimento sólido e, por hábito, exercem o senso moral no discernimento do bem e do mal.

6 **Danos da apostasia.** [1]Por isso, deixando o ensinamento elementar sobre o Cristo, elevemo-nos ao ensinamento perfeito, sem retornar aos princípios fundamentais da renúncia às obras mortas e da fé em Deus, [2]da instrução sobre os batismos[t], da imposição das mãos, da ressurreição dos mortos e do juízo eterno. [3]E assim é que vamos fazer, se Deus o permitir.

[4]De fato, aqueles* que uma vez foram iluminados[t], apreciaram o dom celeste, tornaram-se participantes do Espírito Santo, [5]apreciaram a excelente palavra de Deus e as forças do mundo futuro [6]e que, apesar disso caíram, é impossível renová-los* uma segunda vez[t], conduzindo-os à penitência, quando

crucificam de novo por sua conta o Filho de Deus[t] e o insultam publicamente. [7]Com efeito, a terra que bebe a chuva caída com frequência sobre ela e produz plantas úteis para o agricultor recebe de Deus uma bênção. [8]Mas a terra que produz* espinhos e abrolhos é rejeitada e está bem perto da maldição; vai acabar sendo queimada.

[9]Mas quanto a vós, caríssimos, embora assim falemos, estamos certos de que estais numa situação melhor e favorável à salvação. [10]Pois Deus não é injusto, para esquecer o que fizestes e o amor que mostrastes* pelo nome dele, vós que servistes e ainda servis ao povo santo. [11]Desejamos apenas que cada um de vós mostre o mesmo zelo pelo pleno desenvolvimento de sua esperança até o fim, [12]de tal sorte que não vos torneis indolentes, mas imiteis aqueles que, pela fé e pela perseverança, recebem a herança das promessas.

Promessa de Deus e esperança. [13]Com efeito, quando fez a promessa a Abraão, Deus, não podendo jurar por alguém maior, jurou por si mesmo, [14]dizendo: "Eu te cumularei* de bênçãos e te multiplicarei enormemente". [15]Assim é que Abraão, tendo perseverado, viu a promessa cumprir-se. [16]Com efeito, as pessoas juram por alguém maior do que elas e, entre elas, o juramento é uma garantia que põe termo a toda controvérsia. [17]Assim Deus, querendo mostrar com mais evidência aos herdeiros da promessa a imutabilidade de seu desígnio, comprometeu-se por um juramento, [18]a fim de que, por duas realidades imutáveis[t], nas quais não pode haver mentira* da parte de Deus, sejamos poderosamente encorajados – nós que nele encontramos um refúgio – a segurar firmes a esperança que nos

---

* **5**,12. 1Cor 3,1s | 13. 1Pd 2,2 | **6**,4. Ef 5,14; 2Cor 4,4ss; 1Jo 5,6 | 6. 10,26s; Mt 12,31 | 8. Gn 3,17s | 10. 3,2; 10,32ss | 14. Gl 3,14.29; Gn 22,16s | 18. Tt 1,2; 2Tm 2,13

† **5**,7. Foi atendido, porque ressuscitou, ficando livre da morte para sempre. | **6**,2. "Batismos", no plural, porque a instrução cristã comparava o batismo de Jesus com o de João e os do judaísmo. | 4. Esta expressão indica os que foram batizados, 10,32; Ef 5,14. | 6. O autor fala do pecado de apostasia. A conversão do apóstata é impossível humanamente falando, mas a graça de Deus tudo pode. / "Não foram os demônios que o crucificaram: és tu que com eles o crucificaste e continuas a crucificá-lo, deleitando-te nos vícios e nos pecados" (S. Francisco de Assis). | 18. A promessa e o juramento de Deus.

Hebreus 6-7

é oferecida. [19]Nela temos como que uma âncora[†] para nossa alma, tão segura quanto sólida, que penetra para além do véu, [20]lá onde Jesus entrou por nós, como precursor, constituído Sumo Sacerdote para sempre à maneira de Melquisedec.

7 O sacerdócio de Melquisedec e o de Cristo.
[1]De fato, este Melquisedec, rei de Salém,* sacerdote do Deus Altíssimo, que foi ao encontro de Abraão, quando este voltava após a derrota dos reis, e que o abençoou, [2]a quem Abraão também ofereceu o dízimo de tudo, e cujo nome se interpreta como "rei de justiça", e que também é rei de Salém, quer dizer, "rei de paz", [3]que é sem pai, sem mãe, sem genealogia,* cujos dias não têm começo e cuja vida não tem fim, que se assemelha ao Filho de Deus, este Melquisedec permanece sacerdote para sempre.

[4]Considerai, pois, como é grande* aquele a quem Abraão, o patriarca, deu também o dízimo dos melhores despojos. [5]Ora, aqueles dentre os filhos de Levi que recebem o sacerdócio têm a ordem, segundo a lei, de receber o dízimo do povo, isto é, de seus irmãos que, no entanto, também são descendentes de Abraão. [6]Mas aquele que não era de sua descendência recebeu o dízimo de Abraão e abençoou o portador das promessas. [7]Ora, sem dúvida alguma, é o inferior que recebe a bênção do superior. [8]Além disso, aqui são homens mortais que recebem o dízimo, mas lá é aquele do qual atestam que ele vive. [9]Enfim, é, por assim dizer, o próprio Levi que recebe o dízimo, quem pagou na pessoa de Abraão, [10]pois ele estava ainda nos rins de seu antepassado, quando Melquisedec foi a seu encontro.*

Ab-rogação do sacerdócio levítico[†].
[11]Se, portanto, a perfeição fosse realizada pelo sacerdócio levítico – pois foi sob ele que foi dada a lei ao povo – que necessidade haveria ainda de surgir um outro sacerdote à maneira de Melquisedec, em vez de chamá-lo "à maneira de Aarão"?[†] [12]Com efeito, mudando o sacerdócio, necessariamente muda também a Lei. [13]Pois Aquele do qual essas coisas são ditas pertencia a uma outra tribo, da qual nenhum membro jamais se ocupou com o serviço do altar. [14]É sabido, de fato,* que nosso Senhor nasceu da tribo de Judá, tribo da qual Moisés nada disse quando se trata dos sacerdotes.

[15]Isto se torna ainda mais evidente quando, à semelhança de Melquisedec, surge um outro sacerdote, [16]que não se tornou sacerdote segundo a regra de uma prescrição carnal[†], mas, sim, segundo o poder de uma vida imperecível. [17]De fato, este testemunho lhe é dado: "Tu és sacerdote para sempre,* à maneira de Melquisedec". [18]Assim se acha ab-rogada a prescrição anterior, em razão de sua fraqueza e de sua inutilidade – [19]pois a lei nada levou* à perfeição –, e introduz-se uma esperança melhor, pela qual nos aproximamos de Deus.

Cristo, sacerdote para sempre. [20]Tanto mais que isto não se fez sem juramento. Os outros, de fato, foram feitos sacerdotes sem juramento; [21]mas Este o foi com juramento, por Aquele que disse: "O Senhor jurou e não se arrependerá:* Tu és sacerdote para sempre". [22]E por isso, é duma aliança melhor que Jesus se tornou fiador. [23]Além disso, os primeiros sacerdotes foram feitos em grande número, porque a morte os impedia de permanecer. [24]Mas Jesus, visto que permanece para sempre, possui um sacerdócio imutável. [25]Por isso é capaz de salvar* definitivamente aqueles que, por meio dele, se aproximam de Deus, já que Ele está sempre vivo para interceder por eles.

---

* **7**,1. Gn 14,17-20; Sl 110,4 | 3. Jo 7,27 | 4. Nm 18,21-32; Dt 14,22 | 10. Gn 14,17 | 14. Gn 49,10; Mt 1,1; Rm 1,3; Ap 5,5 | 17. Sl 110,4 | 19. Gl 3,19-22 | 21. Sl 110,4 | 25. Rm 8,34; Ap 1,18; 1Jo 2,1

† **7**,19. Símbolo da esperança. | 11. O autor mostra que o sacerdócio de Melquisedec é superior ao de Aarão. / O sacerdócio de Cristo põe termo ao sacerdócio levítico e à lei judaica. | 16. Os sacerdotes levíticos eram sacerdotes por causa de sua descendência de Aarão.

Hebreus 7-9

²⁶Era, de fato, de um Sumo Sacerdote assim que nós precisávamos: santo, inocente, imaculado, separado dos pecadores, elevado mais alto que os céus, ²⁷que não precisa, como os outros sumos sacerdotes, oferecer vítimas a cada dia, primeiro por seus pecados, e depois pelos do povo, pois ele já o fez de uma vez por todas†, oferecendo-se a si mesmo. ²⁸A lei elevou, de fato, ao sumo sacerdócio pessoas sujeitas à fraqueza, mas a palavra do juramento, que é posterior à lei, estabeleceu Sumo Sacerdote o Filho eternamente perfeito.

8 **O novo santuário.** ¹O ponto central de nossa exposição é que temos um Sumo Sacerdote tal que se sentou à direita* do trono da Majestade nos céus, ²ministro do santuário e da verdadeira tenda, erguida pelo Senhor e não por um ser humano.

³Todo sumo sacerdote, com efeito, é constituído para oferecer dons e sacrifícios; daí a necessidade de que também ele tenha alguma coisa para oferecer.

⁴Com efeito, se Jesus estivesse aqui na terra, ele nem seria sacerdote, pois já existem os que oferecem os dons conforme à Lei. ⁵Estes prestam um culto, que é só cópia e sombra das realidades celestes, conforme foi dito a Moisés, quando teve de construir a tenda†: "Cuida – foi-lhe dito – de fazer tudo conforme o modelo* que te foi mostrado no monte"†.

A nova aliança. ⁶Mas agora ele obteve um ministério tanto mais elevado quanto melhor é a aliança da qual é mediador,* estando fundada sobre melhores promessas. ⁷Pois, se a primeira aliança tivesse sido sem falhas, não haveria necessidade de substituí-la por uma segunda. ⁸Com efeito, é censurando-os que Deus declara:

"Eis que virão dias, diz o Senhor,*
em que concluirei com a casa de Israel
e com a casa de Judá uma aliança nova;
⁹não como a aliança que fiz com seus pais,
no dia em que os tomei pela mão
para tirá-los da terra do Egito.
Já que eles próprios não permaneceram em minha aliança,
eu também os rejeitei, diz o Senhor.
¹⁰Eis a aliança que contratarei com a casa de Israel,
após esses dias, diz o Senhor:
Porei minhas leis em sua mente
e as gravarei em seu coração;
eu serei seu Deus, e eles serão meu povo.
¹¹Ninguém mais precisará instruir seu concidadão,
nem seu irmão, dizendo-lhe: "Conhece o Senhor";
porque todos me conhecerão, do pequeno ao grande.
¹²Pois eu perdoarei suas faltas,
e de seus pecados não mais me lembrarei.
¹³Dizendo: aliança nova, torna antiga a primeira.* Ora, o que é velho e antiquado está prestes a desaparecer.

9 **O culto antigo.** ¹Também a primeira aliança tinha normas para o culto e um santuário, o deste mundo. ²Com efeito, tinha sido erguida uma tenda,* a tenda anterior, onde estavam o candelabro, a mesa e a apresentação dos pães; é esta que é chamada o Santo. ³Depois, por detrás do segundo véu, havia uma tenda chamada Santo dos Santos, ⁴contendo o altar dos perfumes, feito de ouro, e a arca da aliança, totalmente revestida de ouro, e nesta, uma urna de ouro contendo o maná, a

---

* **8**,1. Sl 110,1 | 5. Êx 25,40 | 6. 1Tm 2,5 | 8. Jr 31,31-34 | 13. 2Cor 5,17; Ap 21,4s | **9**,2. Êx 25-26

† **7**,27. O sacrifício de Cristo, válido para todos, não será repetido. O sacrifício da Missa o renova pela aplicação de seus frutos aos que dele participam. | **8**,5. O santuário do deserto e o de Jerusalém são uma imagem do verdadeiro culto, que é a comunhão com Deus; ora, é neste nível da realidade, e não no da imagem, que Cristo é sacerdote. / Todo santuário é uma cópia do santuário celeste, é um pedacinho do céu, Êx 25,40.

1453 Hebreus 9

vara de Aarão, que havia florescido, e as tábuas da aliança; [5]depois, em cima, os querubins da glória cobrindo com sua sombra o propiciatório. Não é o momento de falar de tudo isso detalhadamente.

[6]Estando tudo assim disposto, os sacerdotes entram em qualquer tempo na primeira tenda para realizar o serviço cultual. [7]Na segunda,* porém, só o sumo sacerdote penetra, e só uma vez por ano, não sem levar consigo sangue que oferece pelas faltas pessoais dele e pelas do povo†. [8]Assim, o Espírito Santo mostra que o caminho do santuário não está franqueado, enquanto dura a primeira tenda. [9]Isto é uma lição para o tempo presente; sob seu regime oferecem-se dons e sacrifícios, que não têm o poder de tornar perfeita a consciência de quem presta o culto; [10]são ritos humanos, referentes aos alimentos, às bebidas, às diversas abluções, e impostos somente até o tempo da reforma.

O sacrifício de Cristo. [11]Cristo, porém, vindo como Sumo Sacerdote dos bens futuros, atravessou uma tenda maior e mais perfeita, que não foi construída por seres humanos, isto é, não pertence a este mundo. [12]Ele entrou de uma vez por todas no santuário,* não com sangue de bodes ou de novilhos, mas com seu próprio sangue: assim ele conquistou para nós uma redenção eterna. [13]Pois se o sangue de bodes e de touros e as cinzas de uma novilha com que se aspergem os que estão manchados os santificam, alcançando-lhes a pureza da carne, [14]quanto mais o sangue de Cristo que, impelido pelo Espírito eterno, ofereceu-se a Deus como vítima sem mancha, purificará nossa consciência das obras mortas, para que possamos servir ao Deus vivo?

O fundamento da nova aliança. [15]Por isso ele é o mediador de uma nova aliança†, para que, intervindo sua

morte para a redenção das culpas cometidas na antiga aliança, aqueles que foram chamados possam receber a herança eterna que lhes foi prometida. [16]Pois, onde há testamento, é necessário que a morte do testador seja constatada. [17]Com efeito, um testamento só é válido depois da morte, pois fica sem efeito enquanto vive o testador. [18]Por isso, nem mesmo a primeira aliança foi inaugurada sem efusão de sangue. [19]De fato, quando Moisés acabou de promulgar* a todo o povo cada prescrição segundo o teor da lei, tomou o sangue de novilhos e de bodes, com a água, a lã escarlate e o hissopo, e aspergiu o próprio livro e todo o povo, [20]dizendo: "Este é o sangue da aliança que Deus prescreveu para vós". [21]Do mesmo modo, ele aspergiu com sangue a tenda e todos os objetos do culto. [22]Aliás, segundo a Lei,* quase tudo é purificado pelo sangue, e sem efusão de sangue não há remissão. [23]Era necessário, pois, por um lado, que as cópias das realidades celestes fossem purificadas desta maneira; e por outro lado, que as próprias realidades celestes o fossem também, mas por sacrifícios mais excelentes que os deste mundo.

Eficácia do sacrifício de Cristo. [24]Com efeito, Cristo não entrou num santuário feito por mão humana, réplica do verdadeiro, mas no próprio céu, a fim de comparecer, agora, na presença de Deus em nosso favor. [25]E também não foi para oferecer-se a si mesmo muitas vezes, como faz o sumo sacerdote, que entra no santuário todo ano e com sangue alheio. [26]Pois, se assim fosse, deveria ter sofrido muitas vezes, desde a criação do mundo. Mas foi agora, uma vez por todas, na consumação dos séculos, que ele se manifestou para destruir o pecado por seu sacrifício. [27]E como está decretado que os homens morram uma só vez – depois do

---

* **9**,7. Êx 30,10; Lv 16,2-9 | 12. Mt 26,28; Lv 16,14s; Nm 19 | 19. Êx 24,3.6ss | 22. Lv 17,11

† **9**,7. A liturgia aqui descrita é a do dia das Expiações, Lv 16,2-19; Êx 30,10, data máxima do calendário judaico em termos de remissão dos pecados. | 15. A mesma palavra grega significa "aliança" e "testamento"; o autor passa de um sentido ao outro.

Hebreus 9-10

que vem o julgamento –, [28]do mesmo modo, também Cristo, depois de se ter oferecido uma vez por todas para tirar os pecados da multidão,* aparecerá uma segunda vez, sem relação alguma com o pecado,† àqueles que o esperam para lhes dar a salvação.

10 Impotência dos sacrifícios antigos.
[1]Não tendo, com efeito, senão a sombra dos bens futuros* e não a própria realidade das coisas, a lei é absolutamente impotente com seus sacrifícios, sempre os mesmos, que se oferecem perpetuamente de ano em ano, para tornar perfeitos os que se aproximam de Deus. [2]Se não fosse assim, não se teria cessado de oferecê-los? Pois os oficiantes deste culto, purificados uma vez por todas,* não teriam mais consciência de nenhum pecado. [3]Bem ao contrário, por estes mesmos sacrifícios, recorda-se cada ano a lembrança dos pecados. [4]Com efeito, o sangue de touros e de bodes não pode apagar pecados.

Valor do sacrifício de Cristo. [5]Por isso, ao entrar no mundo, Cristo diz:*

"Vós não quisestes sacrifício nem oblação,

mas me formastes um corpo.

[6]Holocaustos e sacrifícios pelos pecados não vos agradaram.

[7]Então eu disse: Eis-me aqui, eu venho, ó Deus,

para fazer vossa vontade.

Pois é a meu respeito que está escrito no livro".

[8]Ele diz em primeiro lugar: "Não quisestes e não foram de vosso agrado sacrifícios e oblações, holocaustos e sacrifícios pelos pecados": no entanto, eles são oferecidos conforme a lei. [9]Depois acrescenta: "Eis-me aqui, eu venho para fazer vossa vontade". Portanto, ele suprime o primeiro regime para

estabelecer o segundo. [10]E é graças a esta vontade* que somos santificados por meio da oblação do corpo de Jesus Cristo, realizada uma vez por todas.

[11]E todo sacerdote se apresenta, diariamente, para desempenhar suas funções e oferecer com frequência os mesmos sacrifícios, que nunca podem apagar os pecados. [12]Cristo, ao contrário, depois de ter oferecido um sacrifício único pelos pecados, está sentado para sempre à direita* de Deus, [13]esperando apenas que seus inimigos sejam postos como estrado de seus pés. [14]De fato, com uma única oblação, ele tornou perfeitos para sempre os que são santificados. [15]Ora, o Espírito Santo também o atesta; com efeito, após ter declarado:* [16]"Esta é a aliança que contratarei com eles depois desses dias", o Senhor diz: "Porei minhas leis em seus corações e as gravarei em sua mente; [17]nem de seus pecados, nem de suas ofensas me recordarei mais". [18]Ora, lá onde essas coisas são perdoadas, não existe mais oblação pelo pecado.

IV. NECESSIDADE DA FÉ E DAS OBRAS (10,19–13,25)

Apelo a uma vida cristã generosa. [19]Tendo, portanto, irmãos, a segurança exigida para o acesso ao santuário por meio do sangue de Jesus, [20]por este caminho novo* e vivo que ele inaugurou para nós através do véu – isto é, de sua carne – [21]e tendo um Sacerdote soberano à frente da casa de Deus, [22]aproximemo-nos de coração sincero,* na plenitude da fé, com os corações purificados de toda mancha de uma consciência má e com o corpo lavado com água pura. [23]Guardemos inabalável a confissão da esperança, pois Aquele que prometeu é fiel, [24]e pres-

---

* **9**,28. Jo 1,29; Is 53,23; 1Tm 6,14; Fl 3,20s; At 3,20s | **10**,1. Cl 2,17 | 2. Lv 16,15.21 | 5. Sl 40,7s | 10. Ef 5,2 | 12. Sl 110,1 | 15. 8,10.12; Jr 31,33s | 20. 6,19s; Jo 14,6 | 22. Ez 36,25; Zc 6,11s; Ef 5,26; 1Pd 3,21; 2Cor 7,1

† **9**,28. Na primeira vinda, Jesus veio para expiar o pecado; na segunda, não terá nada a ver com o pecado. | **10**,25. "Não podes rezar em casa como na igreja, onde se encontra o povo reunido, onde o grito é lançado a Deus de um só coração. Há ali algo mais, a união dos espíritos, a harmonia das almas, o vínculo da caridade, as orações dos presbíteros" (S. João Crisóstomo).

1455 Hebreus 10-11

temos atenção uns aos outros para nos estimular à caridade e às boas obras, [25]não abandonando nossas reuniões†, como alguns têm o costume de o fazer, mas encorajando-nos mutuamente, tanto mais que vós vedes aproximar-se o Dia.

Danos da apostasia. [26]Pois, se pecamos voluntariamente, após ter recebido o conhecimento da verdade, não há mais sacrifício* pelos pecados. [27]Há, somente, uma perspectiva terrível, a do juízo e do ardor do fogo que deve devorar os rebeldes. [28]Quem rejeita a lei de Moisés é impiedosamente condenado à morte sob depoimento* de duas ou três testemunhas. [29]De quanto mais grave castigo será digno, pensai bem, aquele que tiver calcado aos pés o Filho de Deus, tiver considerado profano o sangue da aliança, no qual ele foi santificado, e ultrajado o Espírito da graça? [30]Com efeito, conhecemos Aquele que disse: "A mim pertence a vingança.* Sou eu que retribuirei". E ainda: "O Senhor julgará seu povo".* [31]Oh! que coisa terrível é cair nas mãos do Deus vivo!

Motivos para perseverar. [32]Lembrai--vos, porém, daqueles primeiros dias,* quando, depois de terdes sido iluminados, lutastes com grandes sofrimentos, [33]ora expostos publicamente aos insultos e às tribulações, ora tornando-vos solidários com os que eram assim tratados. [34]E, com efeito, tomastes parte nos sofrimentos dos prisioneiros e aceitastes com alegria a expoliação de vossos bens,* sabendo que possuíeis uma riqueza melhor e duradoura. [35]Não percais, pois, vossa confiança, à qual está reservada uma grande recompensa. [36]Vós precisais de constância, para que, depois de terdes cumprido a vontade de Deus, alcanceis a promessa. [37]Pois, "ainda um pouco, bem pouco apenas, e

virá Aquele que deve vir e não tardará.* [38]Meu justo viverá pela fé; mas se desanimar, não agradará a minha alma".

[39]Quanto a nós, não somos daqueles que desanimam para sua perdição,* mas homens de fé para a salvaguarda de nossa alma.

11 O povo de Deus, modelo de fé†. [1]A fé é a realidade dos bens esperados, a prova das coisas que não se veem†. [2]Foi graças a ela que os antigos obtiveram um belo testemunho.

[3]Pela fé compreendemos que os mundos foram formados por uma palavra de Deus,* de modo que o que se vê provém do que não é visível.

[4]Pela fé, Abel ofereceu a Deus* um sacrifício melhor que o de Caim; graças a ela, foi proclamado justo, pois Deus deu testemunho de seus dons; e por ela também, embora morto, ainda fala.

[5]Pela fé, Henoc* foi arrebatado, de sorte que não viu a morte, "e ele não mais foi achado, porque Deus o havia levado". Antes de ser arrebatado, com efeito, recebeu o testemunho de que tinha agradado a Deus. [6]Ora, sem a fé é impossível agradar a Deus; pois quem se aproxima de Deus deve crer que ele existe* e que ele recompensa os que o procuram.

[7]Pela fé, Noé,* divinamente advertido do que ainda não era visível, levado por um temor religioso, construiu uma arca para salvar sua família; e por esta fé, ele condenou o mundo e tornou-se herdeiro da justiça que se obtém mediante a fé.

[8]Graças à fé, Abraão* obedeceu a Deus que o chamava a partir para uma terra que iria receber por herança; partiu sem saber para onde ia. [9]Pela fé, veio habitar na terra prometida, como se estivesse num país estrangeiro, morando

---

* **10**,26. Is 26,11 | 28. Dt 17,6 | 30. Dt 32,35s / Mt 10,28; 12,31s | 32. Ef 5,14; 1Cor 4,9 | 34. Mt 5,40; 6,20 | 37. Is 26,20; Hab 2,3s; Rm 1,17 | 39. 1Pd 1,9 | **11**,3. Gn 1; Sl 33,6; Rm 1,20 | 4. Gn 4,4.10; Mt 23,35; Jó 16,18 | 5. Gn 5,24 | 6. Jr 29,12ss | 7. Gn 6-9; 1Pd 3,20; 2Pd 2,5 | 8. Gn 12,1-9; 23,4

† **11**. Percorrendo a história sagrada, o autor escolhe alguns personagens e episódios que mostram a presença e a eficácia da fé. | 1. A fé fixa a pessoa desde agora no invisível, orientando-a para o futuro, para a plena realização.

Hebreus 11

em tendas, como também fizeram Isaac e Jacó, herdeiros com ele da mesma promessa. ¹⁰Pois esperavam aquela Cidade,* solidamente construída, da qual Deus é o arquiteto e construtor. ¹¹Graças à fé, a própria Sara,* apesar de sua idade avançada, recebeu a possibilidade de conceber, porque acreditou na fidelidade daquele que fazia a promessa. ¹²Por isso, de um só homem, já marcado pela morte,* nasceram filhos tão numerosos como as estrelas do céu e os grãos de areia na praia do mar.

¹³Na fé, todos eles morreram,* antes de haverem recebido o objeto das promessas. Mas de longe viram-nas realizadas e as saudaram, declarando que eram estrangeiros e peregrinos sobre a terra. ¹⁴Pois, os que assim falam mostram claramente que estão buscando uma pátria; ¹⁵e, se tivessem em mente aquela que deixaram, teriam tido tempo de voltar para lá. ¹⁶Aspiram, porém, a uma pátria melhor, isto é, à pátria celeste. Por isso Deus não se envergonha de ser chamado o Deus deles; pois lhes preparou uma Cidade.

¹⁷Pela fé, Abraão, posto à prova, ofereceu Isaac;* oferecia seu filho único, o depositário da promessa, ¹⁸ao qual havia sido dito: "É por Isaac que uma descendência te será assegurada". ¹⁹Ele pensava que Deus tem poder até para ressuscitar mortos; assim, numa espécie de parábola, reencontrou o filho.†

²⁰Pela fé, Isaac abençoou Jacó e Esaú,* também a respeito de coisas futuras. ²¹Pela fé, Jacó agonizante abençoou cada um dos filhos de José e se prostrou apoiado na ponta de seu bastão. ²²Pela fé, José, perto de morrer, evocou o êxodo dos filhos de Israel e deu ordens a respeito de seus ossos.

²³Pela fé, Moisés, logo que nasceu, foi escondido por seus pais durante três meses, porque viram que o menino era bonito* e não recearam o decreto do rei. ²⁴Pela fé, Moisés, chegando à idade adulta, recusou ser chamado filho da filha do faraó, ²⁵preferindo ser maltratado com o povo de Deus a conhecer a alegria transitória do pecado, ²⁶considerando a humilhação de Cristo† como uma riqueza superior aos tesouros do Egito. Com efeito, tinha os olhos fixos na recompensa.

²⁷Pela fé, ele deixou o Egito sem temer o furor do rei: pois, como se visse o invisível, manteve-se firme. ²⁸Pela fé, ele celebrou a páscoa* e fez a aspersão do sangue, a fim de que o Exterminador não ferisse os primogênitos de Israel. ²⁹Pela fé, eles atravessaram o mar Vermelho como uma terra seca,* enquanto os egípcios, tentando a passagem, foram tragados pelo mar.

³⁰Pela fé, caíram os muros de Jericó,* depois que eles os rodearam durante sete dias. ³¹Pela fé, Raab, a prostituta, não pereceu com os incrédulos, porque ela havia acolhido pacificamente os espiões.

³²E que mais direi? Pois me faltaria o tempo se fosse contar o que se refere a Gedeão, Barac, Sansão, Jefté, Davi, Samuel e os profetas. ³³Pela fé, eles conquistaram reinos, exerceram a justiça, obtiveram o cumprimento das promessas, fecharam a boca* dos leões, ³⁴extinguiram a violência do fogo, escaparam do fio da espada, estando doentes recuperaram as forças, mostraram valentia na guerra, repeliram invasões estrangeiras. ³⁵Houve mulheres* que recuperaram seus mortos pela ressurreição†. Uns se deixaram torturar, recusando a libertação, a fim de obterem melhor ressurreição. ³⁶Outros sofreram a prova dos insultos e dos flagelos, e mesmo a das cadeias e da

---

* **11**,10. Ap 21,10-20 | 11. Gn 17,15-19 | 12. Gn 21,2; Rm 4,19ss; Êx 32,13 | 13. Jo 8,56; Gn 23,4; Sl 39,13; 119,19; Fl 3,20; Ap 21,2; Êx 3,6 | 17. Gn 22; Gn 21,12 | 20. Gn 27,27ss; 47,31; 48,15s; 50,24 | 23. Êx 2,2.10,2 | 28. Êx 12 | 29. Êx 14 | 30. Js 6 | 33. Dn 6 | 35. 1Rs 17,23; 2Rs 4,36; 2Mc 6,18-7,42

† **11**,19. Desta forma, o pai dos que creem configurou-se ao Pai que não há de poupar seu próprio Filho, mas o entregará por todos nós, Rm 8,32. Isaac foi um símbolo da imolação e da ressurreição de Jesus, devolvido a seu Pai como Isaac o foi a Abraão. | 26. Aqui o termo "Cristo", ungido, aplica-se ao povo de Israel, de cuja sorte Moisés preferiu participar, permanecer na corte onde foi educado, Êx 2,11. | 35. No tempo dos profetas Elias, 1Rs 17,23, e Eliseu, 2Rs 4,36.

prisão. [37]Foram apedrejados, serrados,† pereceram pela espada, andaram errantes, vestidos com peles de carneiros ou pelos de cabras; foram despojados, oprimidos, maltratados; [38]eram pessoas das quais o mundo não era digno; vagavam pelos desertos, pelas montanhas, pelas cavernas, pelas grutas da terra. [39]E todos esses, embora tenham recebido um belo testemunho por causa de sua fé, não obtiveram a realização da promessa; [40]é que Deus predispunha para nós uma sorte melhor, para que eles não chegassem à perfeição sem nós.†

12

Exemplo de Cristo. [1]Por isso, também nós, cercados como estamos de uma tão grande nuvem de testemunhas,* livrando-nos de todo fardo e do pecado que nos envolve, corramos com perseverança à luta que nos é proposta,† [2]fixando nossos olhos em Jesus, que começa e completa em nós a obra da fé; em vez da felicidade que lhe era proposta, assumiu a cruz, não se importando com a infâmia e está agora sentado à direita do trono de Deus. [3]Considerai aquele que suportou da parte dos pecadores tamanha hostilidade, a fim de que não vos deixeis abater pelo desânimo.

Deus é um pai que corrige. [4]Ainda não resististes até o sangue, em vossa luta contra o pecado, [5]e esquecestes a exortação que vos foi dirigida como a filhos: "Meu filho,* não desprezes a correção do Senhor e não desanimes quando ele te repreende; [6]pois o Senhor corrige a quem ele ama e castiga todo filho que ele acolhe". [7]É para vossa correção que estais sofrendo, e é como filhos que Deus vos trata. Pois qual é o filho que o pai não corrige? [8]Se estais

isentos desta correção, na qual todos têm parte, é porque sois bastardos e não filhos. [9]Aliás, tivemos para nos corrigir nossos pais* aqui da terra, e nós os respeitamos. Não seremos bem mais obedientes ao Pai dos espíritos para termos a vida? [10]Aqueles, com efeito, nos corrigiam durante pouco tempo e como bem lhes parecia; mas ele, é para nosso bem, a fim de nos tornar participantes de sua santidade. [11]Na verdade, toda correção, no momento,* não é motivo de alegria, e sim de tristeza. Mas depois ela produz um fruto de paz e de justiça para aqueles que foram por meio dela exercitados. [12]Portanto, "fortificai vossas mãos cansadas* e vossos joelhos enfraquecidos"; [13]"endireitai os caminhos tortuosos para vossos pés", para que não se destronque o que é manco, mas antes seja curado.

Fidelidade à vocação cristã. [14]Procurai a paz com todos* e a santificação, sem a qual ninguém verá o Senhor, [15]cuidando que ninguém seja excluído da graça de Deus, para que não brote nenhuma raiz amarga causando perturbação† que contaminaria muitos. [16]Cuidai também que não haja nenhum impudico ou profanador, como Esaú* que, por um prato de comida, vendeu seu direito de primogenitura. [17]E bem sabeis que depois, quando quis obter a bênção, foi rejeitado;* pois não pôde obter uma mudança de sentimento, embora a solicitasse com lágrimas.

As duas alianças. [18]Com efeito, não vos aproximastes de uma realidade palpável:* fogo ardente, obscuridade, trevas, tempestade, [19]sons estridentes de trombetas e a voz retumbante que levou os ouvintes a suplicar que não lhes falasse mais.† [20]Com efeito, não podiam suportar aquela prescrição:*

---

* **12**,1. 10,36; 1Cor 9,24-27; 1Tm 6,12 | 5. Pr 3,11s | 9. Nm 16,22; 27,16; 2Mc 3,24; 2Pd 1,4 | 11. 2Cor 7,8-11; Jo 16,20; 1Pd 1,6s; Tg 1,2ss | 12. Is 35,12; Pr 3,26 | 14. Rm 12,18; Dt 29,18 | 16. Gn 25,19-34 | 17. Gn 27,34-40 | 18. Gl 4,24ss; Éx 19,16.18; 20,19; Dt 4,11 | 20. Éx 19,12s; Dt 9,19; Gl 4,26

† **11**,37. Conforme certos livros apócrifos, o profeta Isaías teria sido serrado ao meio por ordem do ímpio rei Manassés (687-642 a.C.). | 40. Foi só por Cristo que os santos do AT chegaram à perfeita união com Deus. | **12**,1. A imagem é a de uma competição esportiva, presenciada por um grande torcida. | 15. "Raiz amarga" pode designar o apóstata ou a pessoa que fomenta discórdias, Dt 29,17. | 19. Todos esses fenômenos do Sinai foram de natureza terrestre e de caráter aterrador, mas na iniciação cristã tudo é celeste e espiritual, v. 22ss.

Hebreus 12-13

"Todo aquele que tocar a montanha, mesmo se for um animal, será apedrejado". ²¹Tão terrível era o espetáculo que Moisés disse: "Sinto-me aterrado e todo trêmulo".

²²Mas vós vos aproximastes da montanha de Sião e da Cidade do Deus vivo, da Jerusalém celeste e de milhões de anjos, da reunião festiva, ²³e da assembleia dos primogênitos* que têm seus nomes inscritos nos céus; e de Deus que é Juiz universal, e dos espíritos dos justos conduzidos à perfeição; ²⁴e de Jesus, o Mediador da nova aliança e do sangue da aspersão, mais eloquente que o de Abel.*

²⁵Prestai atenção para não recusardes ouvir Aquele que fala. Pois, se os que recusaram ouvir aquele que promulgava oráculos sobre a terra, não escaparam do castigo, muito menos escaparemos nós, se nos afastarmos daquele que fala* dos céus. ²⁶Aquele, cuja voz outrora abalou a terra, nos fez agora esta promessa: "Mais uma vez vou abalar não só a terra, mas também o céu".*

²⁷A expressão "mais uma vez" indica que as coisas abaladas passarão, pois são realidades criadas, para que permaneçam as que são inabaláveis. ²⁸Assim, já que recebemos a posse de um reino inabalável,* conservemos firmemente esta graça, e por meio dela prestemos a Deus um culto que lhe seja agradável, com submissão e reverência; ²⁹porque nosso Deus* é um fogo devorador.†

13 **A vida na comunidade cristã.** ¹Perseverai no amor fraterno. ²Não esqueçais a hospitalidade,* pois foi graças a ela que alguns, sem saber, hospedaram anjos.† ³Lembrai-vos dos prisio-

neiros, como se estivésseis presos com eles, e dos que são maltratados, pensando que vós também tendes um corpo.

⁴Que o matrimônio seja honrado* por todos e o leito nupcial, sem mancha. Pois Deus vai julgar os impuros e os adúlteros. ⁵Que vossa conduta seja livre de avareza, contentando-vos com o que tendes no momento; pois o próprio Deus disse: "Nunca te deixarei,* nem te abandonarei", ⁶de modo que podemos dizer com plena confiança: "O Senhor é meu auxílio, não terei medo; que pode fazer-me um ser humano?"

Fidelidade. ⁷Lembrai-vos de vossos chefes,* daqueles que vos comunicaram a palavra de Deus e, considerando como terminou a carreira deles, imitai sua fé. ⁸Jesus Cristo é o mesmo, ontem e hoje,* e o será para sempre! ⁹Não vos deixeis enganar* por qualquer espécie de doutrinas estranhas: pois é bom que o coração seja fortificado pela graça, não por alimentos que nunca tiveram utilidade alguma para os que fazem disso uma questão de observância. ¹⁰Temos um altar, do qual não têm direito de se alimentar os que estão ao serviço da tenda.† ¹¹Com efeito, os corpos daqueles animais,* cujo sangue o sumo sacerdote leva ao santuário para expiar o pecado, são queimados fora do acampamento.† ¹²É por isso que Jesus também, para santificar o povo por seu próprio sangue, sofreu do lado de fora* da porta. ¹³Saiamos, pois, até ele, fora do acampamento, levando sua humilhação,† ¹⁴pois não temos aqui uma cidade permanente, mas buscamos* a futura. ¹⁵Por meio dele, portanto, ofereçamos a Deus em todo o tempo um sacrifício de louvor, isto é, o fruto dos lábios que confessam seu nome. ¹⁶Não vos esqueçais de fazer o bem* e de partilhar com os

---

* **12**,23. Ap 21,2; 1Pd 1,2 | 24. Gn 4,10 | 25. Êx 19,18; Jz 5,4s; Sl 68,9 | 26. Ag 2,6 | 28. 9,14; Dn 7,18 | 29. Dt 4,24; Is 33,14 | **13**,2. Rm 12,10s; Gn 18,3; Tb 5,4s; Jz 6,11-24; 13,3-23 | 4. Sb 3,13; Ef 5,5s; Fl 4,12; 1Tm 6,6 | 5. Dt 31,6; Sl 118,6; 27,1ss | 7. Tt 1,5; 2,3 | 8. Ef 4,14 | 9. Ef 4,14; 1Cor 8,8; 12,28 | 11. Lv 16,27 | 12. Jo 19,17.20 | 14. 11,10; 1Cor 7,29ss; Fl 3,20 | 16. Sl 50,14.23; Os 14,3; Fl 4,18; At 2,21

† **12**,29. A imagem do fogo representa a santidade, as exigências e o julgamento de Deus. Temos de corresponder às provas do amor de Deus, porque o amor desprezado pode tornar-se um fogo devorador. | **13**,2. Alusão à história de Abraão e Ló, Gn 18,3; 19,1s. | 10. Este altar é a cruz de Cristo e também a mesa eucarística. | 11. Como fez no cap. 9, o autor recorda o grande Dia das Expiações, Lv 16,27. | 13. Se Cristo sofreu fora de Jerusalém e não no templo, o cristão deve substituir o culto mosaico pelo culto definitivo que supera a cidade humana.

Hebreus 13

outros vossas posses, pois tais sacrifícios agradam a Deus.

[17]Obedecei a vossos chefes* e sede-lhes dóceis, pois eles velam sobre vós como quem há de prestar contas disso, a fim de que o façam com alegria e não gemendo, o que não vos seria vantajoso. [18]Rezai por nós,* porque julgamos ter boa consciência, resolvidos como estamos a nos comportar bem em tudo. [19]Eu vos exorto a fazê-lo com mais insistência, para que eu vos seja restituído mais rapidamente.

Recomendações e saudações finais. [20]Que o Deus da paz,* que dos mortos reconduziu o grande Pastor das ovelhas em virtude do sangue de uma aliança eterna, nosso Senhor Jesus, [21]vos torne aptos para cumprir a vontade dele em toda a espécie de bem, produzindo em nós o que lhe é agradável por meio de Jesus Cristo, a quem seja dada a glória pelos séculos dos séculos! Amém.

[22]Eu vos recomendo, irmãos, acolhei bem essas palavras de exortação; aliás, eu vos escrevi brevemente. [23]Comunico-vos que nosso irmão Timóteo* foi libertado. Se ele vier logo, é com ele que irei ver-vos. [24]Saudações a todos os vossos chefes e a todo o povo santo.

Os da Itália vos saúdam.†

[25]A graça esteja com todos vós!

---

* **13**,17. 1Cor 16,16; Ez 3,18 | 18. Rm 15,30; Ef 6,19; Cl 4,3; 2Ts 3,1 | 20. Is 63,11; 55,3; Zc 9,11; Ez 37,26; Jo 10,11-15 | 23. At 16,1; 1Ts 3,2; 2Cor 1,1; Fm 1

† **13**,24. Não é que o autor esteja na Itália quando escreve, mas há pessoas de lá em sua companhia.

CARTA DE TIAGO

A carta de Tiago é a primeira das sete chamadas "Católicas", porque são dirigidas aos fiéis em geral e não a determinada Igreja local. "Católico" quer dizer universal, geral. Embora também ataquem os erros doutrinais da época, elas têm um caráter mais moral, insistindo na prática das boas obras e na luta contra o mal sob todas as formas.

Esta carta, que mais parece uma homilia, é atribuída a Tiago, "irmão do Senhor" (Mt 13,55; Mc 6,3), mas vários indícios fazem supor que não é dele, e sim de um autor anônimo, que usou o nome desse personagem importante, chefe da Igreja de Jerusalém até sua morte no ano 62. Paulo o cita entre as testemunhas da ressurreição de Cristo em 1Cor 15,7. Depois de convertido, Paulo encontra-se com ele em Jerusalém (Gl 1,18s). Tiago teve uma atuação de destaque no Concílio de Jerusalém. Embora mais inclinado às ideias judaicas, deu mostras de compreensão para com os convertidos do paganismo, não exigindo deles senão um mínimo de respeito às prescrições do judaísmo (At 15,13-29).

Esta carta destina-se às "doze tribos da dispersão" (1,1), à Igreja dispersa pelo mundo inteiro, que constitui agora o novo e verdadeiro "Israel de Deus" (Gl 6,16). É uma mensagem de cunho didático-exortativo, muito semelhante aos escritos sapienciais do Antigo Testamento, recomendando sobretudo a paciência nas provações (1,12; 5,7-11), o domínio da língua (1,26; 3,1-12), a fuga de toda acepção de pessoas, mediante um tratamento igual para ricos e pobres (2,1-9), a colocação em prática da Palavra que se ouve (1,16-25) e a execução de boas obras como comprovante da fé autêntica (2,14-26). O autor faz veemente apelo aos ricos, para que respeitem a justiça social (5,4-6) e não confiem em suas riquezas efêmeras (1,10; 5,1-3); ao mesmo tempo exalta os pobres (1,9), favoritos de Deus, de acordo com uma tradição bíblica, manifestada também nas bem-aventuranças evangélicas (Mt 5,3; Lc 6,20).

I. A PROVAÇÃO E A ESPERANÇA (1,1–2,27)

1 **Saudação.** ¹Tiago, servo de Deus e do Senhor Jesus Cristo,* às doze tribos da dispersão†: Saudações!

Paciência nas provações. ²Considerai como perfeita alegria,* meus irmãos, quando enfrentais toda sorte de provações, ³sabendo que a prova de vossa fé produz a constância; ⁴mas é preciso que a constância complete sua obra, a fim de que sejais perfeitos, irrepreensíveis, nada deixando a desejar.

Rezar com fé. ⁵Se a algum de vós* falta sabedoria†, peça-a a Deus – que a dá a todos generosamente e sem recriminar – e ela lhe será dada. ⁶Mas peça com fé, sem vacilação,* pois quem vacila se parece com a onda do mar que o vento move e agita. ⁷Tal pessoa não deve pensar que vai receber alguma coisa do Senhor: ⁸tem a alma dividida, inconstante em tudo o que faz.

O pobre e o rico. ⁹Que o irmão de condição humilde* se glorie de sua exaltação ¹⁰e o rico de sua humilhação†, porque ele passará como a flor da erva. ¹¹Pois o sol abrasador se levanta, seca a erva e sua flor cai, sua bela aparência acaba. Assim vai definhar o rico no meio de seus negócios.

A provação. ¹²Feliz o homem que enfrenta a provação* porque, uma vez reconhecido seu valor, receberá a coroa da vida que o Senhor prometeu aos que o amam.

¹³Que ninguém diga ao ser tentado: "É Deus que me tenta"†. Com efeito, Deus não pode ser tentado a fazer o

---

* **1**,1. At 15,23; 1Pd 1,1 | 2. Rm 5,3s; 1Pd 1,6; Sb 3,5 | 5. Pr 2,3-6 | 6. 4,8; Mt 7,7; 21,21; Mc 11,24; Is 57,20 | 9. Is 40,6s; 1Pd 1,24 | 12. 1Cor 9,25; 2Tm 4,8; 1Pd 5,4; Ap 2,10; Rm 7,7s

† **1**,1. Dispersão ou "Diáspora" designa aqui os judeus convertidos que estão espalhados pelo mundo pagão. | 5. Sabedoria é a capacidade de entender a lei de Deus e de conformar a ela a própria conduta. | 10. A humilhação do rico é o fato de sua riqueza ser passageira. | 13. É o velho erro de atribuir a Deus e não a si mesmo a responsabilidade pelas próprias falhas.

1461   Tiago 1-2

mal. Ele não tenta ninguém. [14]Mas cada um é tentado por sua própria concupiscência, que o atrai e seduz. [15]Depois, a concupiscência, tendo concebido, dá à luz o pecado, e o pecado, uma vez consumado, gera a morte.

[16]Não vos enganeis, meus irmãos bem-amados: [17]toda dádiva preciosa* e todo dom perfeito vêm do alto e descem do Pai das luzes†, no qual não existe nenhuma variação nem sombra de mudança. [18]Por sua própria vontade ele nos gerou pela Palavra da verdade†, para que fôssemos de algum modo as primícias dentre suas criaturas†.

Ouvir e praticar a Palavra. [19]Vós o sabeis, meus irmãos bem-amados: seja cada um pronto para ouvir, lento para falar, lento para se irar; [20]pois a ira do homem não realiza* o que é justo diante de Deus. [21]Rejeitai, pois, toda imundície e todo resto de malícia e acolhei com docilidade à Palavra implantada em vós e que pode salvar vossas vidas.

[22]Ponde em prática a Palavra* e não vos contenteis com ouvi-la apenas, enganando-vos a vós mesmos. [23]Pois quem ouve a Palavra, sem pô-la em prática, se parece com alguém que observa seu rosto num espelho†; [24]mal se olhou, vai embora e logo esquece como era. [25]Aquele, porém, que medita* sobre a lei perfeita da liberdade† e nela persevera, não como ouvinte esquecido, mas como alguém que a põe em prática, este encontra sua felicidade praticando-a.

II. A SINAGOGA
(1,26-2,26)

[26]Se alguém se julga religioso,* sem pôr um freio a sua língua, e engana assim seu coração, é vã sua religião. [27]Religião pura e sem mancha aos olhos de Deus Pai é esta: socorrer os órfãos e as viúvas em suas provações† e não se deixar contaminar por este mundo.

2 Tratar a todos com igualdade.
[1]Meus irmãos, vossa fé* em nosso Senhor Jesus Cristo glorificado não deve admitir favoritismos. [2]Se entrar, por exemplo, em vossa reunião, um homem com anel de ouro e roupas de luxo e entrar, também, um pobre com roupas sujas, [3]e derdes atenção ao que está ricamente vestido, dizendo-lhe: "Senta-te aqui comodamente", e ao pobre disserdes: "Fica aí de pé" ou: "Senta-te debaixo do estrado de meus pés", [4]não estaríeis fazendo distinção dentro de vós mesmos, tornando-vos juízes de pensamentos maus?

[5]Escutai, meus irmãos caríssimos:* porventura Deus não escolheu os pobres aos olhos do mundo para fazê-los ricos na fé e herdeiros do Reino que prometeu aos que o amam? [6]Vós, porém, desprezastes o pobre! Não são os ricos que vos oprimem e vos arrastam aos tribunais? [7]Não são eles que blasfemam o nome sublime* que foi invocado sobre vós?† [8]Se, pois, cumpris a lei régia†, segundo a Escritura: "Amar ao próximo como a si mesmo", estais agindo bem: [9]mas, se fazeis acepção de pessoas, cometeis um pecado, e a lei vos condena como transgressores.

[10]Mesmo que alguém observe a lei inteira,* se comete uma falta quanto a um só ponto, torna-se culpado de tudo. [11]Pois Aquele que disse: "Não cometer adultério", disse também: "Não matar". Se, pois, evitas o adultério, mas tiras a

---

* **1**,17. Mt 7,11; Jo 1,3.13; 1Pd 1,23; Ecl 7,9; Eclo 5,13 | 20. Cl 3,8; 1Pd 2,1 | 22. Mt 7,26; Rm 2,13 | 25. Rm 8,2; Gl 6,2; Tg 2,12; 1Pd 2,16 | 26. Sl 34,14 | **2**,1. 1Cor 2,8; Eclo 42,1; Hb 10,25 | 5. 1Cor 1,26ss | 7. Lv 19,18; Mt 22,39; Dt 1,17 | 10. Mt 5,19; Êx 20,13s; Dt 5,17s

† **1**,17. "Pai das luzes" porque criou os astros e também porque é fonte de toda luz espiritual, sendo Ele próprio Luz, 1Jo 1,5. | 18. Trata-se do Evangelho que, acolhido com fé, conduz à salvação. / Os cristãos são as primícias da humanidade, isto é, seus primeiros frutos maduros e escolhidos. | 23. A Palavra apresenta o ideal, diante do qual ficam manifestas as falhas de quem a escuta; mas, se a pessoa esquece o que viu no espelho, não poderá corrigir suas falhas. | 25. A lei é perfeita porque revela plenamente a vontade de Deus; é uma lei de liberdade porque libertada escravidão do pecado e da lei mosaica. | 27. Já os profetas diziam que o culto autêntico é inseparável do amor para com os pequenos, Is 1,11-17; Jr 5,28; Zc 7,10. | **2**,7. É o nome de Jesus, invocado sobre os cristãos no Batismo. Esta expressão significa "consagrar a Jesus". | 8. A lei régia é aquela em que o mandamento do amor tem a primazia.

Tiago 2-3

vida de alguém, te tornaste transgressor da lei. ¹²Falai e agi como pessoas* que devem ser julgadas segundo uma lei de liberdade. ¹³Pois o julgamento é sem misericórdia para quem não fez misericórdia; mas a misericórdia triunfa do juízo.

A fé sem obras é morta†.¹⁴Meus irmãos, de que adianta alguém dizer que tem fé se não tiver as obras? Acaso esta fé poderá salvá-lo? ¹⁵Se um irmão ou uma irmã estiverem sem roupa e sem o alimento diário, ¹⁶e alguém de vós lhes disser: "Ide em paz,* aquecei-vos e comei bastante" – sem lhes dar o necessário ao corpo –, de que adianta? ¹⁷Assim também a fé, se não tiver obras, está totalmente morta.

¹⁸Mas alguém poderá dizer: "Tu tens a fé e eu tenho as obras". Mostra-me tua fé sem as obras, mas eu, é pelas obras que te mostrarei minha fé. ¹⁹Tu crês que há um só Deus?* Muito bem! Os demônios também creem e tremem. ²⁰Mas queres saber, ó homem insensato, como a fé sem obras é estéril? ²¹Abraão, nosso pai, não foi justificado* pelas obras quando ofereceu seu filho Isaac sobre o altar? ²²Estás vendo que a fé cooperava com suas obras,* e que pelas obras sua fé se tornou perfeita. ²³Assim cumpriu-se esta palavra da Escritura: "Abraão creu em Deus, e isto lhe foi computado como justiça", e foi chamado amigo de Deus.

²⁴Estais vendo que é pelas obras que a pessoa é justificada e não só pela fé. ²⁵Igualmente Raab, a prostituta,* não foi pelas obras que ela foi justificada quando recebeu os mensageiros e os fez partir por outro caminho? ²⁶Com efeito, como o corpo sem a alma está morto, assim também a fé sem as obras é morta†.

III. A VIDA COTIDIANA (3,1–4,10)

3 **Dominar a língua.** ¹Meus irmãos, que não sejam muitos* aqueles dentre vós que se tornam mestres, sabendo que receberemos um julgamento mais severo, ²pois todos nós erramos em muitas coisas.

Se alguém não peca por palavras, é um homem perfeito, capaz de refrear todo o seu corpo. ³Quando pomos um freio na boca dos cavalos para que eles nos obedeçam, governamos todo o corpo deles. ⁴Vede também os navios: por maiores que sejam, mesmo levados por ventos violentos, são dirigidos por um pequeno leme, segundo a vontade do piloto. ⁵Assim também a língua é um pequeno membro, mas pode gloriar-se de grandes coisas. Vede que basta uma pequena chama para incendiar uma floresta imensa. ⁶Também a língua é um fogo,* é o mundo do mal, esta língua, colocada entre nossos membros: contamina o corpo todo e incendeia o ciclo da criação, inflamada como está pela geena†. ⁷De fato, todo tipo de animais e de aves, de répteis e de seres marinhos são domados e foram domados pelo homem. ⁸Mas a língua,* ninguém a pode domar: é uma praga sem descanso, cheia de veneno mortal. ⁹Com ela bendizemos o Senhor e Pai e com ela maldizemos os homens, feitos à semelhança de Deus. ¹⁰Da mesma boca saem a bênção* e a maldição. Ora, isto não deve ser assim, meus irmãos. ¹¹Acaso a fonte jorra pelo mesmo orifício água doce e salobra? ¹²A figueira, meus irmãos, pode dar azeitonas,* ou a videira, figos? Tampouco uma fonte salgada pode produzir água doce.

---

* **2**,12. 1,25; Mt 5,7; 18,32-35 | 16. 1Cor 13,3; Gl 5,6; Mt 25,41-45; 1Jo 3,17 | 19. Mt 8,29 | 21. Gn 22,9.12; Hb 11,17 | 22. Gn 15,6; Rm 4,3.9.22 | 25. Js 2,4.15; 6,17; Hb 11,31; Tg 2,17.20 | **3**,1. Eclo 14,1; 25,11; Pr 10,19; 18,21 | 6. Sl 83,15; Pr 16,17; 26,18-21; Mt 15,11.18s | 8. Sl 140,4; Gn 1,26s | 10. 1Cor 11,7 | 12. 1,5.17; Mt 7,16

† **2**,14. Tiago critica a fé que se contenta com palavras, sem comprometer a vida, sem se exprimir em caridade e ação; denuncia talvez alguma falsa interpretação do pensamento de Paulo, o qual em Rm 3,28 falou das obras da lei mosaica, incapazes de salvar. Também Paulo ensina que a fé sem o amor nada vale, 1Cor 13,2. Os profetas também denunciaram o abuso do culto sem alma: a piedade sem a justiça é vã e ineficaz. | 26. Tiago fala das obras de caridade, mas Paulo falava das obras da lei, Gl 2,16. **3**,6. Geena é um lugar tristemente famoso perto de Jerusalém, que foi tido como símbolo do inferno.

A verdadeira e a falsa sabedoria. [13]Quem dentre vós é sábio* e inteligente? Que ele mostre por uma boa conduta suas obras feitas com mansidão e sabedoria. [14]Mas, se tendes no coração um ciúme amargo e rivalidades, não vos orgulheis e não faleis mentiras contra a verdade. [15]Não é esta a sabedoria que vem do alto: é terrestre, animal, diabólica; [16]pois onde há ciúmes e rivalidades, aí reinam a desordem e todo o tipo de más ações. [17]Mas a sabedoria que vem do alto é,* antes de tudo, pura, depois pacífica, indulgente, conciliadora, cheia de misericórdia e de bons frutos, sem parcialidade e sem hipocrisia. [18]É na paz que o fruto da justiça* é semeado para aqueles que promovem a paz.

4 **Contra as discórdias.** [1]Donde vêm as guerras?* Donde vêm as rixas entre vós? Não é de vossas paixões que lutam em vossos membros? [2]Cobiçais e, não conseguindo o que quereis, então matais! Invejais e, não conseguindo êxito, combateis e fazeis guerras!† Não tendes porque não pedis. [3]Pedis e não recebeis porque pedis mal, pois pedis para gastar em vossos prazeres.

[4]Adúlteros, não sabeis* que a amizade com o mundo é inimizade com Deus? Portanto, quem quer ser amigo do mundo† torna-se inimigo de Deus. [5]Ou pensais que é sem motivo que a Escritura diz: "O espírito que ele fez habitar em nós sente desejos, sente até inveja"?† [6]Porém, ele dá uma graça maior, segundo a palavra da Escritura: "Deus resiste aos soberbos, mas dá sua graça aos humildes". [7]Submetei-vos,

pois, a Deus; resisti ao diabo e ele fugirá de vós. [8]Aproximai-vos de Deus e ele se aproximará de vós. Purificai vossas mãos, pecadores; santificai vossos corações, ó indecisos! [9]Vede vossa miséria, cobri-vos de luto, chorai. Que vosso riso se mude em luto e vossa alegria, em tristeza. [10]Humilhai-vos diante do Senhor, e ele vos exaltará.*

IV. JULGAMENTO E SALVAÇÃO
(4,11–5,20)

[11]Irmãos, não faleis mal uns dos outros. Quem fala mal de um irmão ou julga seu irmão fala contra a lei e julga a lei. E se tu julgas a lei,* não és observante da lei, mas seu juiz. [12]Ora, existe apenas um legislador e juiz, Aquele que pode salvar ou perder. E quem és tu que julgas o próximo?

Aviso aos homens de negócios. [13]E agora vós, que dizeis: "Hoje ou amanhã* iremos a tal cidade, vamos passar lá um ano, vamos fazer comércio e ganhar dinheiro!" [14]Vós, que não sabeis o que será de vós amanhã, sois como a fumaça que aparece um instante e depois desaparece. [15]Ao contrário,* deveis dizer: "Se o Senhor quiser e se estivermos vivos, faremos isto ou aquilo". [16]Mas vós vos gloriais de vossa soberba! Toda presunção deste tipo é má. [17]Aquele, pois, que sabe fazer o bem* e não o faz comete pecado.

5 **Advertência aos ricos†.** [1]E agora vós, que sois ricos,* chorai e gemei ante as desgraças que estão por cair sobre vós! [2]Vossa riqueza apodreceu e vossas vestes foram devoradas pela traça.

---

* **3**,13. Eclo 19,18-27; Ef 4,1s | 17. Sb 7,22 | 18. Is 32,17; Mt 5,9; Hb 12,11 | **4**,1. Rm 7,23; 1Pd 2,11 | 4. Lc 6,26; Rm 8,7; 1Jo 2,15; Êx 20,5; Jó 22,29; Pr 3,34; 1Pd 5,8s; Is 1,16 | 10. Jó 5,11; 1Pd 5,6 | 11. Mt 7,1; Rm 2,1; 14,4 | 13. Pr 27,1; Lc 12,18s | 15. At 18,21 | 17. Lc 12,47; Rm 14,23 | **5**,1. Eclo 5,1; Lc 6,24; 16,19.25; 19,13; Mt 6,19; Pr 16,27; Sl 21,9; Jt 16,17; Dt 24,14s; Ml 3,5; Jr 12,5

† **4**,2. "Santo Agostinho viu na inveja o pecado diabólico por excelência: da inveja nascem o ódio, a maledicência, a calúnia, a alegria pela desgraça do próximo e o desprazer em razão de sua prosperidade" (S. Gregório Magno). | 4. O mundo hostil a Deus, 1,27. | 5. O sentido é este: O espírito humano é inclinado à inveja; é por isso que se faz a guerra ao próximo ou se reza com más disposições. Mas, a quem é humilde, Deus dá socorro mais forte. | **5**. Os Profetas denunciavam a injustiça e a insensibilidade dos ricos, Is 5,8ss; Jr 5,26-30; Am 8,4-8; Jesus advertiu os ricos sobre o perigo das riquezas, Lc 6,24; 18,24-27. Toda a Bíblia afirma que a acumulação de bens não se faz sem alguma injustiça e mostra como dificilmente o rico vive em relações de fraternidade e de justiça. Aqui Tiago censura os ricos que oprimem os pobres, enriquecendo-se com o salário que lhes roubam.

Tiago 5

3Vosso ouro e vossa prata enferrujaram, e sua ferrugem dará testemunho contra vós, devorando vossas carnes. Acumulastes tesouros para os últimos dias. 4Vede: o salário, do qual defraudastes os trabalhadores que ceifaram vossos campos, clama; e os gritos dos ceifadores chegaram aos ouvidos do Senhor dos exércitos. 5Na terra vivestes no prazer e no luxo, cevando vossos apetites para o dia da matança. 6Condenastes e matastes o justo, sem que ele vos resistisse†.

A vinda do Senhor. 7Tende paciência, irmãos,* até a vinda do Senhor†. Vede como o lavrador aguarda o precioso fruto da terra, esperando com paciência que caia a chuva do outono e a da primavera†. 8Sede pacientes também vós, reanimai-vos, porque a vinda do Senhor está próxima†. 9Irmãos, não vos queixeis uns dos outros para não serdes julgados; vede, o juiz está às portas!† 10Tanto no suportar as injúrias como na paciência, irmãos, tomai por modelo os profetas, que falaram em nome do Senhor. 11Vede: proclamamos bem-aventurados* os que suportaram provações. Ouvistes falar da constância de Jó e vistes a sorte final que lhe reservou o Senhor; pois "o Senhor é misericordioso e compassivo".

Não jurar. 12Mas, sobretudo, irmãos, não jureis, nem pelo céu, nem pela terra, nem useis de juramento algum; mas vosso "sim" seja sim e vosso "não" seja não, para não incorrerdes no juízo†.

A unção dos enfermos. 13Alguém de vós está sofrendo? Reze.* Alguém está alegre? Cante. Alguém de vós está doente? 14Chame os presbíteros da Igreja, a fim de que rezem sobre ele, ungindo-o com óleo em nome do Senhor. 15A oração da fé salvará o doente,* e o Senhor o levantará; e, se ele cometeu pecados, estes serão perdoados†.

O poder da oração. 16Confessai, pois, vossos pecados uns aos outros e rezai uns pelos outros a fim de serdes curados; a oração fervorosa do justo tem grande valor. 17Elias era pessoa* como nós; rezou com insistência para que não caísse chuva, e não choveu sobre a terra durante três anos e seis meses. 18Depois rezou de novo, e o céu deu a chuva,* e a terra produziu seu fruto.

19Meus irmãos, se algum de vós se afastar da verdade e um outro o reconduzir, 20fique sabendo: aquele que converter um pecador de seu erro* salvará sua alma da morte e cobrirá uma multidão de pecados†.

---

* **5**,7. Dt 11,14; Gl 2,13; Zc 10,1; Jr 5,24; 1Ts 2,16; 3,13; Hb 10,25.37; Mt 24,33 | 11. Dn 12,12; Sl 103,8; 111,4; Ex 34,6; Mt 5,34-37; 2Cor 1,17 | 13. Mc 6,13 | 15. Mc 16,18 | 17. 1Rs 17,1; 18,1; Lc 4,25 | 18. 1Rs 18,42-45 | 20. Pr 10,12; 1Pd 4,8

† **5**,6. "O que é a riqueza quando não se pensa em Deus? Um ídolo de ouro, um bezerro de ouro, diante do qual se oferecem sacrifícios e se cometem iniquidades" (Dom Oscar Romero). | 7. "A paciência é a guardiã de todas as virtudes; se ela falta, perdeis num instante o trabalho de vários dias" (Bem-aventurado João de Ávila). / As chuvas costumam vir nestas estações do ano. | 8. Esperava-se com ansiedade a vinda do Senhor, 2Ts 2,2. Mas com a demora desse dia, começou a surgir o ceticismo e até o sarcasmo. 2Pd 3,8 explica que para o Senhor, um dia é como mil anos, e mil anos como um dia. | 9. "Vive como se o Juiz chegasse hoje e não terás medo quando Ele vier" (S. Agostinho). | 12. Ver a nota em Mt 5,37. | 15. A Tradição reconheceu neste rito um dos sete sacramentos da Igreja: instituído por Cristo, insinuado por Marcos, Mc 6,13, mas recomendado aos fiéis e promulgado por Tiago, para o alívio do doente e a remissão de seus pecados. | 20. "Cobrir" no sentido de perdoar, 1Pd 4,8. A expressão vem de Pr 10,12.

PRIMEIRA CARTA DE PEDRO

Segundo a tradição, Pedro morreu mártir em Roma, durante a perseguição do Imperador Nero, no ano 67. Nos últimos anos de sua vida, foi bispo daquela cidade, e é de lá que ele escreve esta carta a cinco Igrejas da Ásia Menor. Designa Roma pelo cognome de "Babilônia" (5,13), porque é ela que em seu tempo oprime o Povo de Deus e persegue seus eleitos. O Apocalipse também usará o mesmo nome simbólico para a capital dos Césares (18,2.10.21).

Ao escrever esta carta, Pedro está acompanhado do evangelista Marcos (5,13) e de Silvano, ou Silas (At 15,40), o secretário que redigiu a carta (5,12). Há quem considere toda a primeira carta de Pedro uma catequese batismal ou uma homilia pascal. Certo é que temos aí o essencial da doutrina sobre o Batismo e sobre a vida que todo batizado deve levar. A carta é também um dos melhores textos para compreendermos o mistério da Igreja, comunidade que realiza o desígnio de Deus no meio do mundo.

Pedro procura animar os fiéis, ameaçados pela perseguição (5,12-19), para que se mantenham firmes e perseverantes, sem ceder à tentação da apostasia (5,8-9), contemplando o exemplo de Cristo, que também sofreu para resgatar o mundo do pecado (1,18s; 2,21-24; 3,18; 4,1). Recorda-lhes o compromisso assumido no Batismo (3,21), que é apresentado como uma regeneração (1,3.23); portanto, o cristão possui uma vida nova e deve viver segundo esta vida nova, praticando a caridade (3,8s; 4,8), a paciência no sofrimento (3,13-17) e a humildade (5,6).

I. A VIDA NO AMOR
(1,1–2,12)

1 **Saudação e ação de graças.** [1]Pedro, Apóstolo de Jesus Cristo,* aos estrangeiros da dispersão: do Ponto, da Galácia, da Capadócia, da Ásia e da Bitínia, escolhidos [2]segundo a presciência de Deus Pai, mediante a santificação do Espírito, para obedecerem a Jesus Cristo† e serem aspergidos com seu sangue†. A vós, graça e paz em abundância!

A esperança do cristão. [3]Bendito seja o Deus e Pai de nosso Senhor* Jesus Cristo! Em sua grande misericórdia, ele nos regenerou por meio da ressurreição de Jesus dentre os mortos,* para uma viva esperança, [4]para uma herança que não perde valor, imaculada e imperecível, reservada nos céus para vós. [5]Pelo poder de Deus sois guardados por meio da fé,* para vossa salvação, que está para se revelar no último momento.

[6]Por isso estais cheios de alegria,* embora seja preciso, por algum tempo ainda, enfrentar várias provações, [7]a fim de que o valor de vossa fé – muito mais preciosa que o ouro perecível, que se comprova pelo fogo – redunde em vosso louvor, glória e honra, quando Jesus Cristo se revelar. [8]Vós o amais, sem o terdes visto;* apesar de não o terdes visto ainda, credes nele e exultais com alegria inefável e gloriosa, [9]enquanto alcançais a meta de vossa fé, vossa salvação pessoal.

A salvação em Cristo. [10]Sobre esta salvação investigaram e pesquisaram os profetas,* que profetizaram sobre a graça a vós destinada, [11]procurando descobrir que tempo e que circunstâncias tinha em vista o Espírito de Cristo, que estava neles†, quando predizia os sofrimentos reservados a Cristo e as posteriores glórias. [12]A eles foi revelado que não era para si,* mas para vós, que eles eram ministros da mensagem, que agora vos

---

* **1**,1. 2Pd 1,1; Tg 1,1; Rm 8,29; 2Ts 2,13; Hb 12,24; Êx 24,8 | 3. 2Cor 1,3 / Cl 1,12 | 5. Jo 10,28; 1Cor 2,5; Rm 5,2 | 6. 2Cor 4,17; Hb 12,11; Ml 3,3; Sb 3,6 | 8. Jo 20,29; 2Cor 5,7; Rm 6,22 | 10. Mt 11,13; 13,17; Lc 10,24; Sl 22; Is 53; Lc 24,26 | 12. Lc 12,35

† **1**,2. Também Paulo apresenta a fé como uma obediência, Rm 1,5; 15,18, uma obediência a Cristo, ao Evangelho. / Ao Pai é atribuída a eleição, ao Filho a redenção, ao Espírito Santo a santificação. | 11. O que o AT atribuía ao Espírito de Javé, Pedro atribui ao Espírito de Cristo.

1 Pedro 1-2

foi anunciada pelos que vos pregam o Evangelho, no Espírito Santo enviado do céu, e que os anjos desejam contemplar. **Obediência filial e temor.** [13]Portanto, depois de ter preparado vossa mente para agir, sede vigilantes e esperai plenamente na graça que vos será dada pela revelação de Jesus Cristo. [14]Como filhos obedientes, não sigais os maus desejos de outrora,* quando estáveis na ignorância, [15]mas, assim como é santo aquele que vos chamou, tornai--vos santos vós também em toda a vossa conduta, [16]porque está escrito: "Sede santos, porque eu sou santo".

[17]E, se rezando, chamais de Pai* aquele que julga com imparcialidade a cada um conforme suas obras, procurai viver com temor enquanto estais aqui de passagemt, [18]sabendo que fostes resgatados da vida fútil que herdastes de vossos antepassados, não a preço de coisas perecíveis como a prata ou o ouro, [19]mas pelo sangue precioso de Cristo, o Cordeiro sem defeito e sem manchat, [20]predestinado antes da criação do mundo e manifestado nos últimos tempos para vós. [21]Por meio dele, vós credes em Deus que o ressuscitou dos mortos e o glorificou. Assim, vossa fé e vossa esperança estão fixas em Deus.

Viver como filhos de Deus. [22]Depois de vos haver santificado* pela obediência à verdade, para vos amardes sinceramente como irmãos, amai-vos mutuamente com ardor; [23]regenerados como sois, não de semente corruptível,* mas duma incorruptível: a palavra

do Deus vivo que é eterna. [24]Pois "toda criatura é como a erva e toda a sua glória, como a flor da erva; seca a erva e sua flor cai; [25]mas a Palavra do Senhor permanece para sempre".

É esta a Palavra que vos foi anunciada como Boa Nova.

2 [1]Rejeitai, pois, toda malícia* e toda fraude e hipocrisia, invejas e toda espécie de maledicência. [2]Como crianças recém-nascidas, desejai o puro leite espiritualt, a fim de crescer por meio dele para a salvação, [3]se é que experimentastes como é bom o Senhor.*

O novo Povo de Deust. [4]Aproximai-vos de Jesus, pedra viva* que foi rejeitada pelos homens, mas escolhida e preciosa aos olhos de Deus. [5]Vós também sois utilizados como pedras vivast para a construção de um edifício espiritual, para um sacerdócio santo, a fim de oferecer sacrifícios espirituais agradáveis a Deus por meio de Jesus Cristo. [6]Por isso está na Escritura: "Eu ponho em Sião uma pedra angular, escolhida, preciosa,* quem nela crer não será confundido". [7]Portanto, a honra cabe a vós que credes. Mas para os incrédulos, "essa pedra que os construtores rejeitaram tornou-se a pedra angular, [8]pedra que faz tropeçar, rochedo que faz cair".* Por não crerem na Palavra, tropeçam; realmente, esse é o destino delest.

[9]Mas vós sois raça escolhida, sacerdócio régio, nação santa, povo conquistado por Deus para proclamar as maravilhas daquele que vos chamou das trevas para

---

* **1**,14. Rm 12,2; Ef 2,3; Lv 19,2 | 17. Sl 89,27; Jr 3,19; Mt 6,9; At 10,34; Rm 2,11; 1Cor 6,20; 7,23; Is 53,7; Hb 9,14; Ap 5,9s; Ef 1,20; Rm 4,24 | 22. Jo 13,34; Ef 1,4 | 23. Jo 1,13; 3,3; Dn 6,26; Is 40,6ss | **2**,1. Ef 4,25; Tg 1,21; 1Cor 3,2; Hb 5,12s | 3. Sl 34,9 | 4. Sl 118,22; Mt 21,42; At 4,11; Ef 2,21s; Êx 19,6; Is 61,6; Rm 12,1 | 6. Is 28,16; Sl 118,22; Mt 21,42 | 8. Is 8,14; 38,6s; 43,20s; Êx 19,5s; Ap 1,6; 5,10; 20,6; Os 2,23

t **1**,17. Lit. "no tempo de vossa peregrinação". Nós, cristãos, somos peregrinos, romeiros a caminho do céu. A pátria e a herança dos filhos de Deus estão no céu. | 19. Assim deviam ser os cordeiros oferecidos nos sacrifícios do AT, Lv 1,3.10. | **2**,2. "Conserva-te na simplicidade, na inocência, és assim como as criancinhas que ignoram o mal destruidor da vida dos homens" (Pastor de Hermas, séc. II). O leite espiritual é a palavra de Deus. | 4. Todo este trecho está cheio de alusões ao episódio do Sinai, Êx 19: a pedra lembra a montanha, e os sacrifícios aludem aos ritos de conclusão da aliança sinaítica. | 5. "Pedras vivas" são as que formam um edifício; elas estão mortas enquanto não são empregadas numa obra e revivem na construção, Ne 3,34. Assim, o cristão que não participa de sua comunidade é um cristão sem vida. Na comunhão e participação ele encontra a vida. | 8. Tropeçar é a consequência das disposições hostis dos incrédulos diante da mensagem. | 9. "O povo de Deus realiza sua dignidade régia imitando o Cristo, Rei e Senhor, que se fez servidor de todos e veio para servir (Mt 20,28). Para o cristão, reinar é servir, sobretudo aos pobres e sofredores, nos quais a Igreja reconhece a imagem de seu Fundador, pobre e sofredor" (Vat. II).

1467 1 Pedro 2-3

sua luz admirável†. ¹⁰Antes não éreis um povo, mas agora sois o povo de Deus; estáveis excluídos da misericórdia, mas agora obtivestes misericórdia.

O cristão no meio dos pagãos. ¹¹Caríssimos, eu vos exorto, como a estrangeiros e peregrinos,* a vos absterdes dos desejos carnais que combatem contra a alma. ¹²Tende no meio das nações um bom comportamento, para que, justamente naquilo em que vos caluniam como a malfeitores, vendo vossas boas obras glorifiquem a Deus no dia de sua visita.

II. DEVERES DOS CRISTÃOS
(2,13–5,14)

Respeito às autoridades. ¹³Sede submissos, por causa do Senhor,* a toda instituição humana: ao rei, como a um soberano; ¹⁴aos governantes, como a enviados dele para punir os que fazem o mal e para o louvor dos bons. ¹⁵Pois a vontade de Deus é que, fazendo o bem, façais calar os insensatos ignorantes. ¹⁶Vivei como pessoas livres,* não como gente que faz da liberdade um véu para encobrir sua malícia, mas como servos de Deus. ¹⁷Honrai a todos, amai vossos irmãos, temei a Deus, honrai o rei.*

A obediência aos patrões. ¹⁸Criados, sede submissos* a vossos patrões, com profundo respeito, não só aos bons e indulgentes, mas também aos severos. ¹⁹Pois é um dom suportar, por amor a Deus, as penas, sofrendo injustamente. ²⁰De fato, que merecimento teríeis, suportando o castigo depois de ter pecado? Mas, se fazeis o bem e sabeis sofrer com paciência, isto é agradável aos olhos de Deus.

O exemplo de Cristo. ²¹Com efeito, é para isto que fostes chamados, pois*
também Cristo padeceu por vós,
deixando-vos o exemplo,
para que sigais seus passos.

²²Ele jamais cometeu pecado*
e em sua boca não se achou engano.
²³Insultado, não devolvia o insulto.
Quando era atormentado, não fazia ameaças,
mas confiava sua causa àquele que julga com justiça.
²⁴Sobre a cruz, ele carregou nossos pecados em seu corpo,*
a fim de morrermos para o pecado
e vivermos para a justiça.
Suas feridas nos curaram.
²⁵Andáveis desgarrados como ovelhas†,
mas agora retornastes ao Pastor e guarda de vossas almas.

3 A santidade no casamento. ¹Da mesma forma, vós, mulheres,* sede submissas a vossos maridos, a fim de que, mesmo se alguns recusam crer na Palavra, sejam, mesmo sem a Palavra, conquistados pelo comportamento da esposa, ²considerando vossa conduta casta e respeitosa. ³Que vosso ornamento* não seja aquele exterior – cabelos trançados, joias de ouro ou roupas elegantes –, ⁴mas adornai o interior de vosso coração com uma alma incorruptível, cheia de mansidão e de paz: eis o que é precioso aos olhos de Deus. ⁵Assim é que antigamente* se ornavam as santas mulheres que esperavam em Deus; submissas a seus maridos ⁶como Sara que obedecia a Abraão, chamando-o de senhor. Dela vos tornais filhas se fazeis o bem, sem vos deixar perturbar por nenhum medo.

⁷Igualmente, vós, maridos,* sede compreensivos em vossa vida conjugal ao lado de um ser mais frágil, que é a mulher; dai-lhe a honra que lhe cabe como coerdeira da graça da Vida. Assim, vossas orações não ficarão sem resposta.

---

* **2,**11. Sl 39,13; Gl 5,17.24; Ef 2,19; Mt 5,16 | 13. Rm 13,1-7; Tt 3,1 | 16. Gl 5,13 | 17. Pr 24,21; Rm 12,10 | 18. Ef 6,5; Tt 2,9 | 21. Jo 13,15; Mt 16,24 | 22. Is 53,9; 2Cor 5,21 | 24. Is 53,4ss.12; Jo 1,29; Ez 34,5; Mt 9,36 **3,**1. Ef 5,22; Cl 3,18; Tt 2,5 | 3. Is 3,18-24; 1Tm 2,9-12 | 5. Gn 18,12 | 7. Ef 5,22; Cl 3,19

† **2,**25. Pedro medita sobre o exemplo de Cristo sofredor, inspirando-se nos Cânticos do Servo de Javé, sobretudo Is 53,5-12; não prega uma simples resignação passiva, mas sim uma atitude de amor que rejeita a vingança.

1 Pedro 3-4

Viver no amor fraterno. [8]Enfim, sede todos concordes,* solidários no sofrimento, animados de afeto fraterno, misericordiosos, humildes. [9]Não pagueis mal com mal, nem injúria com injúria; ao contrário, abençoai, pois a isto fostes chamados, a fim de receberdes a bênção como herança. [10]Com efeito,

"quem quer amar a vida e viver dias felizes
deve guardar sua língua do mal
e seus lábios de palavras mentirosas,
[11]afastar-se do mal e fazer o bem,
buscar a paz e segui-la.
[12]Pois o Senhor olha para os justos
e seus ouvidos estão atentos a sua súplica,
mas o Senhor volta seu rosto contra os que fazem o mal".

Confiança diante da perseguição. [13]E quem poderá fazer-vos mal,* se fordes zelosos para o bem? [14]Mas se sofreis pela justiça, bem-aventurados sois! Não tenhais medo deles, portanto, nem vos perturbeis. [15]Mas adorai o Cristo Senhor em vossos corações, prontos sempre para responder a quem vos perguntar a razão da esperança que vos anima. [16]Fazei-o, porém, com mansidão e respeito, em boa consciência. Assim, os que caluniam vosso bom procedimento em Cristo acabarão sendo confundidos pelo próprio mal que falam†. [17]Pois é melhor sofrer fazendo o bem – se for vontade de Deus – do que sofrer por praticar o mal.

A Redenção por Cristo e o Batismo. [18]Porque também Cristo morreu* uma vez por nossos pecados, o Justo pelos injustos, para nos reconduzir a Deus. Morto na carne, foi vivificado no Espírito. [19]E no Espírito ele foi anunciar a sal-vação também aos espíritos que aguardavam na prisão†, [20]àqueles que outrora foram incrédulos, enquanto a paciência de Deus* ia aguardando, no tempo de Noé, quando ele construía a arca, na qual poucas pessoas – oito ao todo – se salvaram através da água. [21]Isto era figura do Batismo†, que agora vos salva. Este não é uma purificação do que está sujo no corpo, mas é o compromisso que uma boa consciência assume com Deus pela ressurreição de Jesus Cristo, [22]o qual, tendo subido ao céu, está à direita de Deus, onde reina acima dos anjos, autoridades e poderes.*

4 **Romper com o pecado.** [1]Portanto, já que Cristo sofreu na carne,* vós também deveis munir-vos deste mesmo pensamento, a saber: quem sofreu na carne rompeu com o pecado†, [2]para que no resto de seus dias não viva mais na carne, segundo as paixões humanas, mas segundo a vontade de Deus. [3]Com efeito, já é bastante* ter cumprido no passado a vontade dos pagãos, levando uma vida desregrada, vida de paixões, de embriaguez, de excessos na comida e na bebida, de infame idolatria. [4]Quanto a isso, eles estranham que não vos junteis a eles nessa torrente de perdição e desabafam em insultos. [5]Disso terão de dar contas àquele* que está prestes a julgar vivos e mortos. [6]Ora, foi por isso que mesmo aos mortos foi anunciada a Boa Nova, a fim de que, julgados segundo os homens na carne, vivam segundo Deus no Espírito.

O cristão sabe servir. [7]O fim de todas as coisas está perto†. Sede, pois, prudentes e sóbrios em vista da oração. [8]Antes de tudo, conservai entre vós* um grande amor, pois o amor cobre

---

* **3**,8. Rm 12,14-18; Mt 5,44; Lc 6,28; Sl 33,13-17 | 13. Mt 5,10; 10,26-31; Is 8,12s; Pr 27,11 | 18. Rm 6,10; Ef 2,18; Hb 9,28; 10,10 | 20. Gn 7,7.17; 2Pd 3,9 | 22. Ef 1,20s; At 1,10 | **4**,1. Rm 6,2.7 | 3. Ef 2,2s; Tt 3,3 | 5. At 10,42; Rm 14,9s; 2Tm 4,1; Cl 1,23 | 8. 1Cor 10,11.31; 13,7; 1Jo 2,18; Pr 10,12; Tg 5,20; Rm 12,6s

† **3**,16. São Justino, no séc. II, afirmava que muitos pagãos se convertiam, vendo o heroísmo dos cristãos no martírio e a honestidade deles nos negócios. | 19. O triunfo de Cristo manifesta-se aos espíritos e anjos decaídos, que instigaram os homens ao pecado no tempo do dilúvio e continuam a tentar a humanidade. A manifestação da glória de Cristo exprime sua vitória sobre todo mal. | 21. O dilúvio, Gn 6,5–7,24, é interpretado como salvação dos justos e submersão do pecado, e é considerado como figura do Batismo; este era feito antigamente na forma de imersão. | **4**,1. Trata-se do cristão que, aceitando corajosamente o sofrimento, mostra que pertence a Cristo e que rompeu com o pecado. | 7. Com a ressurreição de Cristo, a história humana entrou em sua última fase.

1 Pedro 4-5

uma multidão de pecados†. ⁹Praticai a hospitalidade uns para com os outros sem reclamar. ¹⁰Cada um, conforme a graça que recebeu, ponha-se a serviço dos outros, como bom administrador da multiforme graça de Deus. ¹¹Se alguém fala, fale como se fossem palavras de Deus; se alguém presta um serviço, seja como por um mandato recebido de Deus, a fim de que em tudo Deus seja glorificado por Jesus Cristo, a quem pertencem a glória e o poder pelos séculos dos séculos. Amém.

Sofrer como cristão. ¹²Caríssimos, não estranheis* o incêndio que lavra no meio de vós para vos provar, como se fosse algo incomum. ¹³Mas alegrai-vos à medida que participais dos sofrimentos de Cristo, a fim de que também na revelação de sua glória possais ter uma alegria transbordante. ¹⁴Felizes de vós, se sofreis injúrias pelo nome de Cristo. Porque o Espírito de glória, o Espírito de Deus, repousa sobre vós. ¹⁵Mas que ninguém dentre vós tenha de sofrer como assassino, ou ladrão, malfeitor ou delator. ¹⁶Mas, se sofrer como cristão, não se envergonhe; antes, glorifique a Deus por esse nome. ¹⁷Pois chegou a hora* de começar o juízo pela casa de Deus†. Ora, se ele começa por nós, qual será o fim daqueles que não querem crer na Boa Nova de Deus? ¹⁸"Se a custo se salva o justo,* que será do ímpio, do pecador?"

¹⁹Por isso, também aqueles que sofrem segundo a vontade divina confiem suas vidas ao Criador fiel, fazendo o bem.

5 **Deveres dos presbíteros†.** ¹Aos anciãos, que há entre vós, exorto eu, ancião como eles,* testemunha dos sofrimentos de Cristo e participante da glória que vai ser revelada. ²Apascentai o rebanho de Deus que vos é confiado, cuidando dele, não contra a vontade, mas de bom grado, como Deus quer; não por vergonhoso amor ao dinheiro, mas com dedicação; ³não como dominadores* daqueles que vos couberam por sorte, mas tornando-vos modelos para o rebanho. ⁴E quando aparecer o Pastor supremo, recebereis a coroa imperecível da glória.

Humildade e firmeza na fé. ⁵Igualmente, vós, jovens, sede submissos* aos anciãos. Revesti-vos todos de humildade em vossas relações mútuas, pois Deus resiste aos soberbos, mas dá sua graça aos humildes.

⁶Humilhai-vos, pois, sob a poderosa mão de Deus, para que ele vos exalte no momento certo; ⁷lançai sobre ele toda a vossa inquietação, pois ele cuida de vós. ⁸Sede sóbrios, ficai vigilantes. Vosso adversário, o diabo, fica rodeando como um leão a rugir, procurando a quem devorar. ⁹Resisti-lhe, fortes na fé, sabendo que a comunidade dos irmãos, espalhada pelo mundo, está enfrentando esse mesmo tipo de sofrimento. ¹⁰Depois de terdes sofrido um pouco, o Deus de toda graça, que vos chamou a sua glória eterna, em Cristo, ele próprio vos tornará perfeitos, firmes, fortes e inabaláveis. ¹¹A Ele o poder pelos séculos dos séculos! Amém.

Saudação final. ¹²Eu vos escrevi essas poucas palavras por meio de Silvano, que considero como irmão fiel, para vos exortar e atestar que esta é a verdadeira graça de Deus, na qual deveis ficar firmes.

¹³Saúda-vos a Igreja que está em Babilônia†, eleita como vós, e também Marcos, meu filho.

¹⁴Saudai-vos mutuamente com um beijo de amor. Paz a todos vós que estais em Cristo!

---

* **4**,12. 1Pd 1,6s; At 5,41; Rm 8,17; 2Tm 2,12; Is 11,2 | 17. Jr 25,29; Ez 9,6 | 18. Pr 11,31; Sl 31,6 | **5**,1. 2Jo 1; Rm 8,17; Jo 21,15ss; At 20,28 | 3. 2Cor 1,24; Fl 3,17; Hb 13,20; 1Cor 9,25; 2Tm 4,8 | 5. Pr 3,34; Jó 22,29; Tg 4,7s.10; Sl 55,23; Mt 6,25; 1Ts 5,6; Ef 6,11ss; Hb 6,11s; 1Ts 2,12

† **4**,8. "Cobre", i. é, alcança o perdão. Em Pr 10,12, donde vem esse texto, os pecados "cobertos" são os da pessoa amada; aqui, os da pessoa que ama. | 17. Pedro refere-se às provações que assaltam a Igreja, para purificá-la em vista da vinda de Jesus. | **5**. Presbíteros ou anciãos são os chefes da comunidade cristã, que geralmente eram de fato pessoas mais idosas, 1Tm 5,17s; Tt 1,5.7s; Tg 5,14. | 3. Babilônia, que para os profetas era símbolo de uma cidade pagã, é Roma, Ap 14,8.

SEGUNDA CARTA DE PEDRO

Embora se apresente como sendo obra do apóstolo Pedro (1,1.16-18), esta carta certamente não foi escrita por ele, pelas seguintes razões: 1) sua linguagem é bem diferente da linguagem da primeira; 2) todo o trecho de 2,1–3,3 apresenta inegáveis semelhanças com a carta de Judas; 3) o autor da carta parece colocar-se fora do Colégio Apostólico (2Pd 3,2); 4) a coleção das cartas de Paulo já está formada (2Pd 3,15a). Tudo isso supõe uma época bem posterior à morte de Pedro; certos autores chegam a propor como data de composição desta carta o ano de 100, afirmando que ela é o último escrito do Novo Testamento.

O autor é, pois, um anônimo, que recorreu a um gênero literário muito conhecido entre os judeus, chamado "Testamento dos Antigos", que consiste em exprimir suas advertências e exortações como se fossem as últimas palavras de um importante personagem, prestes a partir desta vida. Em nosso caso, o verdadeiro autor imaginou São Pedro sentindo-se próximo do fim (1,14), fazendo seus derradeiros apelos às comunidades cristãs.

O objetivo da carta é alertar contra a doutrina dos gnósticos, os quais, pretendendo possuir um conhecimento superior e uma liberdade total, levavam vida desregrada, desprezando as leis morais (2,1–3,3), tomando como pretexto a demora da vinda do Senhor (3,8-10).

Na primeira parte (cap. 1), o autor define a vida cristã como participação na natureza divina (1,3-11) e mostra que o cristão é chamado à santidade, que se baseia na fidelidade à palavra dos apóstolos e dos profetas (1,12-21). A segunda parte (cap. 2) é um ataque violento aos falsos mestres que ensinam erros doutrinários (2,10-11) e vivem no pecado (2,12-19). Para eles está reservado um castigo severo (2,3-6). Finalmente, o autor fala, na terceira parte (cap. 3), sobre a vinda do Senhor, cuja demora (3,4) é motivada pela paciência de Deus, que espera a conversão do pecador (3,9). Mas o dia virá e deve encontrar-nos preparados (3,10-12); enquanto aguardamos os novos céus e a nova terra (3,13), vivamos na vigilância (3,14-18).

I. PRATICAR AS VIRTUDES CRISTÃS (1)

1 **Saudação.** [1]Simão Pedro, servo e apóstolo* de Jesus Cristo, aos que receberam por sorte uma fé tão preciosa† quanto a nossa, pela justiça de nosso Deus e Salvador Jesus Cristo: [2]a vós, graça e paz em abundância, pelo conhecimento de Deus e de Jesus, nosso Senhor! **Apelo à santidade.** [3]Seu poder divino deu-nos tudo o que se refere à vida e à piedade, fazendo-nos conhecer aquele* que nos chamou por sua própria glória e poder. [4]Por eles, as promessas preciosas e mais importantes nos foram dadas, a fim de que assim vos torneis participantes da natureza divina†, já estando livres da corrupção que a concupiscência promove no mundo.

[5]Por isso mesmo, esforçai-vos* por juntar a vossa fé a virtude, à virtude o conhecimento, [6]ao conhecimento a temperança, à temperança a constância, à constância a piedade, [7]à piedade o amor fraterno, ao amor fraterno a caridade. [8]Porque possuís essas coisas em abundância, elas não vos deixarão sem atividade, ou sem fruto pelo conhecimento de nosso Senhor Jesus Cristo. [9]Mas quem não as possui é cego e míope e se esquece de que foi purificado de seus antigos pecados†. [10]Portanto, irmãos, procurai consolidar sempre mais vossa vocação e vossa eleição; agindo assim, jamais correis o perigo de cair. [11]Pois assim vos será generosamente concedida a entrada no reino eterno de nosso Senhor e Salvador Jesus Cristo.

---

* **1,**1. 1Pd 1,1; Jd 2 | 3. 1Pd 2,9; 2Cor 7,1 | 5. Gl 5,6.22s

† **1,**1. A fé é preciosa porque é dom de Deus; para conservá-la, é preciso fugir das falsas doutrinas. | 4. A vida nova do cristão em Cristo é uma comunicação que Deus faz de sua própria vida. | 9. Alguns pretendiam ter um conhecimento de Deus sem praticar boas obras e desrespeitando a lei divina.

Fidelidade ao testemunho apostólico. [12]Por isso é que vos recordarei* sempre essas coisas, embora já estejais instruídos e confirmados na presente verdade. [13]Acho justo, enquanto estou nesta tenda†, manter-vos alerta* com meus apelos, [14]sabendo que em breve deverei deixar minha tenda, como nosso Senhor Jesus Cristo me revelou. [15]Mas eu me esforçarei para que, mesmo após minha partida, possais reavivar a memória destas coisas.

[16]Com efeito, não foi influenciados por fábulas sofisticadas que vos anunciamos o poder e a vinda de nosso Senhor Jesus Cristo, mas porque fomos testemunhas oculares de sua majestade. [17]Pois ele recebeu de Deus Pai* honra e glória, quando da glória magnífica lhe veio esta palavra: "Este é meu Filho amado, ao qual dedico meu afeto". [18]Esta voz, nós a ouvimos descer do céu, quando estávamos com ele na montanha sagrada†.

A palavra profética. [19]E assim temos por mais firme a palavra profética, à qual fazeis bem em dar atenção como a uma lâmpada que brilha em lugar escuro, até que surja o dia e brilhe a estrela d'alva em vossos corações. [20]Antes de tudo, ficai sabendo que nenhuma profecia da Escritura† admite interpretação pessoal; [21]pois uma profecia não é pronunciada* por vontade humana, mas foi pelo impulso do Espírito Santo que alguns falaram da parte de Deus†.

II. CONSERVAR A SÃ DOUTRINA
(2)

2 **Contra os falsos mestres.** [1]Houve também falsos profetas no meio do povo, como também haverá entre vós falsos mestres, que vão introduzir seitas perniciosas, chegando até a renegar o Mestre que os resgatou, e atrairão sobre si mesmos imediata perdição. [2]Muitos seguirão suas desordens†, e o caminho da verdade será blasfemado por causa deles. [3]Por ganância vos explorarão* com palavras enganadoras; porém, o julgamento deles já há muito tempo está em ação, e sua ruína não dorme.

As lições da história. [4]Pois se Deus não poupou os anjos* que tinham pecado, mas os lançou no inferno e os entregou aos abismos das trevas, onde estão reservados para o julgamento; [5]se ele não poupou o mundo antigo,* preservando embora oito pessoas, entre as quais Noé, arauto da justiça, enquanto mandava o dilúvio sobre um mundo de ímpios; [6]se, a título de exemplo para os ímpios do futuro, ele reduziu a cinzas e condenou à destruição as cidades de Sodoma e Gomorra; [7]enquanto libertou Ló,* o justo, que ficava amargurado com o comportamento desregrado daqueles criminosos – [8]pois este justo que morava no meio deles sentia todo dia atormentada sua alma de justo por causa das obras iníquas que via e ouvia –, [9]é que o Senhor sabe livrar* da provação os piedosos e reservar os ímpios para castigá-los no dia do juízo, [10]sobretudo aqueles que, levados por paixões impuras, seguem a carne e desprezam o Senhor.

Os costumes perversos dos hereges. Audaciosos, arrogantes, não têm medo de blasfemar os seres gloriosos, [11]enquanto os anjos,* embora superiores em força e em poder, não pronunciam contra eles diante do Senhor uma sentença injuriosa. [12]Mas eles são como animais irracionais, destinados pela natureza a serem presos e destruídos;

---

* **1**,12. Jd 5 | 13. 2Cor 5,1; Jo 21,18s | 17. Mt 17,1-5; Mc 9,2-8; Lc 9,28-36 | 21. Dn 13,2-6; Mt 24,11; Jd 4
2,3. Is 52,3; Rm 16,18; 1Ts 2,6 | 4. Jd 6 | 5. 3,6; Gn 8,18 | 7. Gn 19,1-6.25; Jd 7 | 9. 1Cor 10,13; Jd 6ss; Ap 3,10 | 11. Jd 9-12

† **1**,13. A tenda é o corpo. | 18. O autor lembra a transfiguração, Mt 17,1-13p, porque este momento da vida de Jesus, sobretudo, atesta sua glória e, portanto, também garante seu retorno glorioso, que os hereges negavam. | 20. "Profecia", porque a Escritura comunica a palavra de Deus e anuncia o Cristo. | 21. Afirmação clara da inspiração divina da Bíblia. Ela é um livro da Igreja e só pode ser retamente interpretada dentro da Igreja e de acordo com ela. | **2**,2. Afastar-se da sã doutrina é abrir a porta para as desordens da carne.

2 Pedro 2-3

blasfemando o que não conhecem, com a mesma destruição eles próprios serão destruídos, [13]sofrendo o castigo como salário da injustiça. Consideram felicidade o prazer de um dia; homens impuros e pervertidos, têm prazer em enganar-vos, quando se banqueteiam convosco. [14]Têm os olhos cheios de adultério e de incessante pecado, seduzem as pessoas vacilantes; seu coração está treinado para a ganância, esses malditos! [15]Depois de terem abandonado o caminho certo,* desviaram-se, seguindo o caminho de Balaão, filho de Bosor†, que se deixou tentar por um salário de iniquidade, [16]mas foi repreendido por sua maldade. Um animal mudo, com voz humana, conteve a loucura do profeta.

[17]Eles são como fontes sem água e nuvens carregadas por um vendaval; a obscuridade das trevas lhes está reservada. [18]Com palavras arrogantes,* mas vazias, seduzem, pelos desejos obscenos da carne, os que pouco antes haviam fugido dos que vivem no erro. [19]Prometem-lhes a liberdade,* mas eles próprios são escravos da corrupção, pois o homem é escravo daquilo que o domina.

[20]Com efeito, se depois de terem fugido* das imundícies do mundo pelo conhecimento do Senhor e Salvador Jesus Cristo, eles se entregam de novo e são dominados por elas, sua situação posterior se torna pior que a primeira. [21]Pois teria sido melhor para eles* não ter conhecido o caminho da justiça, do que, depois de conhecê-lo, abandonar o santo mandamento que lhes fora transmitido. [22]Com eles aconteceu o que diz o provérbio verdadeiro: *O cão voltou a seu vômito*; e: "Depois de lavada, a porca tornou a revolver-se na lama"†.

III. A SEGUNDA VINDA DE CRISTO (3)

3 **O dia do Senhor.** [1]Caríssimos, esta já é a segunda carta* que vos escrevo; em ambas faço um apelo a vossa memória, para despertar vossa inteligência sadia, [2]para que vos lembreis das coisas preditas pelos santos profetas e do mandamento do Senhor e Salvador, que vos foi transmitido pelos apóstolos. [3]Antes de tudo,* deveis saber que nos últimos dias virão zombadores com seus escárnios, vivendo segundo suas paixões, [4]e dirão: "Onde está a promessa* de sua vinda? Desde que nossos pais morreram, tudo permanece como no início da criação!" [5]Pois eles fingem não saber que os céus existiam* já há muito tempo e que a terra, saída da água e no meio da água, recebeu sua forma graças à palavra de Deus, [6]e que, por essas mesmas causas, o mundo de então pereceu,* inundado pela água. [7]Mas os céus e a terra de agora estão reservados pela mesma palavra e postos de lado para o fogo†, em vista do julgamento e da ruína dos ímpios.

[8]Mas há uma coisa, caríssimos,* que vós não deveis esquecer: é que, para o Senhor, um dia é como mil anos, e mil anos como um só dia. [9]O Senhor não tarda a cumprir sua promessa, como pensam alguns, mas usa de paciência convosco, pois ele não quer que ninguém pereça, mas que todos venham a converter-se†. [10]O dia do Senhor chegará como um ladrão.* Naquele dia, os céus irão desaparecer com grande fragor, os elementos se dissolverão devorados pelas chamas, e a terra, com tudo o que nela existe, será destruída.

---

* **2,15.** Nm 22,7.28; Jd 11; Ap 2,14 | 18. Jd 13.16 | 19. Jo 8,34 | 20. Mt 12,45 | 21. Lc 12,47s; Jd 3; Pr 26,11 **3,**1. Jd 17 | 3. 1Tm 4,1; Jd 18 | 4. Is 5,19; Ez 12,22 | 5. Gn 1,6-9; Sl 24,2 | 6. 2,5; Gn 7,21 | 8. Sl 90,4; Hab 2,3; 1Tm 2,4; 2Tm 5,2.4 | 10. Mt 24,29.35; Ap 3,3; 16,15; 20,21; 1Ts 5,2.4

† **2,15.** O mesmo que Beor, Nm 22,5. As tradições judaicas consideravam Balaão como o tipo do falso doutor, venal e corrupto, Ap 2,14, mas, conforme o livro dos Números, ele não recebeu o "salário da iniquidade": recusou qualquer remuneração, Nm 22,18. | 22. Provérbios que designam o retorno à imundície que tinha sido deixada. | **3,**7. A ideia do fim do mundo por meio do fogo era corrente entre os gregos, os romanos e os judeus, donde passou aos cristãos. | 9. O autor explica por que o fim ainda não chegou: Deus tem um modo diferente do nosso de contar o tempo, e sua misericórdia está dando tempo ao pecador para a conversão.

1473   2 Pedro 3

¹¹Ora, desde que todas estas coisas vão desintegrar-se, como não deve ser vossa perfeição na santidade* de vida e na piedade, ¹²enquanto esperais e apressais a chegada do dia de Deus†, no qual os céus em fogo se dissolverão e os elementos abrasados se fundirão! ¹³Mas, de acordo com sua promessa,* nós esperamos novos céus e nova terra, onde habita a justiça.

Exortação à vigilância. ¹⁴Por isso, caríssimos, na espera destes acontecimentos,* procurai ser sem mancha e irrepreensíveis, para que ele os encontre em paz. ¹⁵Considerai como salvação a longanimidade de nosso Senhor, como também nosso caríssimo irmão Paulo vos escreveu,* segundo a sabedoria que lhe foi dada. ¹⁶Isto ele o faz, aliás, em todas as cartas em que fala deste assunto. Nelas há pontos obscuros, que as pessoas sem instrução e sem firmeza deturpam, como o fazem com as outras Escrituras, para sua própria perdição†.

¹⁷Vós, portanto, caríssimos, estando avisados,* ficai atentos para não serdes arrastados pelo erro desses ímpios, chegando a decair de vossa posição de firmeza. ¹⁸Mas crescei na graça e no conhecimento de nosso Senhor Jesus Cristo. A ele a glória desde agora e até o dia da eternidade! Amém.

---

* **3**,11. Is 34,4; Jd 5 | 13. Is 65,17; 66,22; Ap 21,1 | 14. Jd 24; Rm 2,4 | 15. 1Tm 1,15s | 17. Mc 15,3.9.33

† **3**,12. O judaísmo acreditava que a devoção e os méritos dos fiéis podiam apressar o fim dos tempos, At 3,20. | 16. As cartas de Paulo já eram recolhidas e veneradas como parte das Escrituras Sagradas, inspiradas por Deus.

PRIMEIRA CARTA DE JOÃO

São atribuídas a João, além do quarto evangelho, três cartas, que não trazem seu nome, mas são tão parecidas entre si pelo assunto tratado e pela linguagem, que só podem ser do mesmo autor. São maiores as semelhanças entre o Evangelho de João e a primeira carta.

Esta é dirigida a comunidades que passavam por uma grave crise, provocada por pessoas que estavam colocando em perigo a fé dos irmãos com sua mística de fundo gnóstico, pretendendo conhecer a Deus, ver a Deus, viver em comunhão com Ele (1Jo 2,4; 3,6), viver na luz, embora agissem em flagrante contradição com a doutrina cristã. Também era errado o que pregavam sobre Jesus; não acreditavam que Ele fosse o Messias (2,22), o Filho de Deus (4,15) e não admitiam a Encarnação (4,2). Quanto à vida moral, diziam que não tinham pecado (1,8.10) e não se preocupavam com os mandamentos (2,4), desprezando sobretudo o do amor fraterno (2,9). Essa doutrina, combatida na carta, é provavelmente o docetismo, que negava a realidade do corpo humano de Cristo, rejeitando assim o dogma da Encarnação.

O ensinamento da carta é cristalino. Podemos conhecer a Deus, não como resultado de nossas pesquisas, mas porque Ele nos foi revelado em Jesus Cristo, no qual temos a manifestação palpável de Deus (1Jo 1,1-4). Jesus é o Filho de Deus, mas tem um corpo verdadeiro, realmente sofreu, morreu e ressuscitou. Recusar a Encarnação (4,2) é destruir todo o cristianismo, pois não haveria mais Redenção nem conhecimento de Deus. Deus é Luz e é Amor. É assim que Jesus no-lo revela. O pecado é uma realidade que é preciso reconhecer e confessar (1,8-10), para que Cristo dele nos salve (2,1s). Deus é comunhão. Ele nos amou primeiro (4,19), e Jesus testemunhou esse amor com gestos concretos. Crer nele é entrar nesta corrente de amor. O amor fraterno é essencial à fé. Não há comunhão com Deus sem amor ao próximo (4,20s).

I. CAMINHAR NA LUZ
(1–2)

1 **Introdução: o Verbo Encarnado.** [1]O que era desde o começo, o que nós ouvimos,* o que vimos com nossos olhos, o que contemplamos e o que nossas mãos tocaram† do Verbo da vida – [2]pois a Vida se manifestou, nós a vimos, dela damos testemunho e vos anunciamos esta Vida eterna, que estava diante do Pai e nos apareceu – [3]o que vimos e ouvimos, nós vo-lo anunciamos, a fim de que também vós estejais em comunhão conosco†. E nossa comunhão é com o Pai e com seu Filho Jesus Cristo. [4]Tudo isto vos escrevi* para que nossa alegria seja completa.

Deus é luz. [5]Esta é a mensagem que dele ouvimos* e que vos anunciamos: Deus é luz† e nele não há trevas. [6]Se dissermos que estamos em comunhão com ele e caminhamos nas trevas, mentimos e não praticamos a verdade. [7]Mas se caminhamos na luz, como ele próprio está na luz, estamos em comunhão uns com os outros, e o sangue de Jesus, seu Filho, nos purifica de todo pecado. [8]Se dissermos que não temos pecado, enganamo-nos a nós mesmos, e a verdade não está em nós. [9]Se reconhecermos nossos pecados, ele, que é fiel e justo, perdoará nossos pecados e nos purificará de toda iniquidade. [10]Se dissermos que não temos pecado, fazemos dele um mentiroso†, e sua palavra não está em nós.

---

* **1**,1. 2,13; Jo 1,1-5.14 | 4. Jo 15,11; 16,24; 2Jo 12 | 5. 2,4; Jo 1,5; 3,21; 1Tm 6,16; Hb 9,14; Ap 1,5; 7,14

† **1**,1. O autor afirma a perfeita humanidade de Cristo, que os hereges de seu tempo não admitiam. | 3. O autor quer estabelecer a comunhão com sua comunidade, de modo que ela alcance a salvação, que é comunhão com o Pai e o Filho. | 5. "Luz" simboliza a verdade, o bem, a justiça, amor. Quem está unido com o Deus-Luz deve caminhar na verdade, no bem, na justiça e no amor. | 10. Porque Deus declara na Bíblia que todos são pecadores, Rm 3,9-20.

2 Cristo nos mereceu o perdão.

[1]Filhinhos, isto vos escrevo para que eviteis o pecado.* Mas se alguém pecar, temos como advogado perante o Pai, Jesus Cristo, o Justo. [2]Ele é vítima de expiação por nossos pecados, e não só pelos nossos, mas também pelos pecados do mundo inteiro.

Observar o mandamento do amor. [3]Assim sabemos que o conhecemos: se estamos cumprindo seus mandamentos. [4]Aquele que afirma que o conhece, mas não cumpre seus mandamentos, é um mentiroso, e a verdade não está nele. [5]Mas aquele que guarda a palavra de Deus,* nele realmente o amor de Deus é perfeito. Nisto reconhecemos que estamos nele. [6]Quem diz que permanece nele deve comportar-se como ele[+] se comportou.

[7]Caríssimos, não é um mandamento novo* que vos escrevo; é um mandamento antigo, que recebestes desde o começo; este mandamento antigo é a palavra que ouvistes. [8]No entanto, é um mandamento novo que vos escrevo[+] – isto é verdade para vós como para ele – pois as trevas estão acabando e a verdadeira luz já está brilhando. [9]Quem diz que está na luz* e odeia seu irmão[+] ainda está nas trevas. [10]Quem ama seu irmão permanece na luz e nele não há nenhum motivo de queda. [11]Mas quem odeia seu irmão está nas trevas, caminha nas trevas e não sabe aonde vai, porque as trevas cegaram seus olhos.

Preservar-se do mundo. [12]Eu vos escrevo, filhinhos, porque vossos pecados vos foram perdoados em virtude de seu nome. [13]Eu vos escrevo, pais, porque conhecestes aquele que existe desde o começo. Eu vos escrevo, jovens, porque vencestes o Maligno. [14]Eu vos escrevi, filhinhos,* porque conhecestes o Pai. Eu vos escrevi, pais, porque conhecestes aquele que existe desde o princípio. Eu vos escrevi, jovens, porque sois fortes, a palavra de Deus permanece em vós e vencestes o Maligno.

[15]Não ameis o mundo nem as coisas que estão no mundo[+]. Se alguém ama o mundo,* o amor do Pai não está nele. [16]Pois tudo o que existe no mundo – a concupiscência da carne, a concupiscência dos olhos e a soberba da vida[+] – não vem do Pai, mas do mundo. [17]Ora, o mundo passa com sua concupiscência;* mas quem faz a vontade de Deus permanece para sempre.

Quem é o Anticristo. [18]Filhinhos, esta é a última hora.* Ouvistes dizer que o Anticristo[+] deve vir: pois agora surgiram muitos anticristos. Por aí reconhecemos que esta é a última hora. [19]Eles saíram de nosso meio, mas não eram dos nossos. Se fossem dos nossos, teriam ficado conosco. Mas era preciso que fosse demonstrado que nem todos eram dos nossos. [20]Vós, porém, recebestes a unção* que vem do Santo e vós todos possuís a ciência. [21]Eu vos escrevi, não porque ignorais a verdade, mas porque a conheceis e nenhuma mentira provém da verdade.

[22]Quem é o mentiroso, senão aquele* que nega que Jesus é o Cristo? Este é o Anticristo: aquele que nega o Pai e o Filho. [23]Quem nega o Filho também não possui o Pai. Quem professa sua fé no Filho possui também o Pai. [24]Permaneça em vós aquilo que ouvistes desde

---

* **2**,1. 4,10; Rm 3,25; 8,34; Hb 7,25; 9,24 | 5. 1,6; 5,3; Jo 13,15; 14,21.23; 1Pd 2,21 | 7. 2,24; 3,1; 2Jo 5s; Jo 13,34; Rm 13,12 | 9. 2,11; 3,10-15; 4,20; Jo 12,35 | 14. 1,1; Jo 1,1 | 15. Tg 4,4; Rm 8,7 | 17. 1Cor 7,31 | 18. 2Jo 7; Mt 24,5.24 | 20. 2,27 | 22. 4,3.15; 5,1; 2Jo 7.9; Jo 5,23; 15,23

[+] **2**,6. Jesus Cristo, aqui e em 3,3.16. | 8. O mandamento do amor ao próximo é antigo, pois constava no AT, Lv 19,18, mas é novo com referência aos motivos, à extensão e à perfeição que Jesus lhe deu, Jo 15,12. | 9. "Odiar" no sentido de "não amar", conforme a língua hebraica. | 15. O "mundo" dominado por Satanás, símbolo de tudo o que afasta de Deus e se opõe a Ele. Amar o mundo e seus vícios é seguir o apelo do que é passageiro; o amor a Deus coloca o cristão numa relação com o que permanece para sempre. | 16. "Concupiscência" significa aqui o desejo desordenado dos prazeres e das honrarias. A soberba da vida é a ostentação dos bens terrenos. | 18. Antes da vinda gloriosa do Senhor deve vir o Anticristo, 2Ts 2,3s, instrumento de Satanás para seduzir a humanidade, Mt 24,23s. João chama de "anticristos" os falsos mestres, os hereges.

1 João 2-3

o começo. Se permanece em vós aquilo que ouvistes desde o começo, vós também permanecereis no Filho e no Pai.

[25]E esta é a promessa* que ele próprio nos fez: a vida eterna. [26]É isso que fiz questão de vos escrever* a respeito daqueles que procuram enganar-vos. [27]Quanto a vós, a unção que dele recebestes permanece em vós e não precisais que alguém vos ensine. Mas já que a unção dele vos instrui a respeito de tudo, e ela é verdadeira e não mentirosa, assim como ela vos instruiu, permanecei nele.

[28]Sim, agora, filhinhos,* permanecei nele, para que, quando aparecer, possamos ter confiança e não sejamos por ele envergonhados em sua vinda. **Praticar a justiça.** [29]Se sabeis que ele é justo,* sabei que todo aquele que pratica a justiça nasceu dele.

II. VIVER COMO FILHOS DE DEUS
(3,1–4,6)

3 **Somos filhos de Deus.** [1]Vede com que amor o Pai nos amou:* somos chamados filhos de Deus, e o somos de fato! Por isso o mundo não nos conhece, porque não conheceu a Deus. [2]Caríssimos, desde agora somos filhos de Deus, mas ainda não foi revelado aquilo que havemos de ser. Sabemos, porém, que, quando ele se manifestar, seremos semelhantes a ele, porque o veremos tal como ele é†. **Evitar o pecado.** [3]Todo aquele que tem esta esperança nele purifica-se a si mesmo, como ele é puro. [4]Todo aquele que comete o pecado comete também a iniquidade, pois o pecado é iniquidade. [5]Ora, sabeis que ele se manifestou* para tirar os pecados, e que nele não existe pecado. [6]Todo aquele que permanece nele não peca. Todo aquele que peca não o viu nem o conheceu.

[7]Filhinhos, que ninguém vos engane. Quem pratica a justiça é justo, como ele é justo.

[8]Quem comete pecado* vem do diabo, pois o diabo é pecador desde a origem. Foi para destruir as obras do diabo que o Filho de Deus se manifestou†. [9]Todo aquele que nasceu de Deus* não comete pecado, porque a semente de Deus permanece nele; não pode pecar, porque nasceu de Deus.

Amar os irmãos. [10]Nisto é possível distinguir os filhos de Deus e os filhos do diabo: todo aquele que não pratica a justiça não vem de Deus, e nem aquele que não ama seu irmão.

[11]Porque esta é a mensagem* que ouvistes desde o início: que nos amemos uns aos outros. [12]Longe de imitarmos Caim que, sendo do Maligno, matou seu irmão. E por que o matou? Porque suas obras eram más, enquanto as de seu irmão eram justas.

[13]Não vos admireis, irmãos, se o mundo vos odeia. [14]Nós sabemos que passamos da morte para a vida, porque amamos os irmãos.* Quem não ama permanece na morte. [15]Todo aquele que odeia seu irmão é um homicida; ora, sabeis que nenhum homicida possui em si mesmo a vida eterna.

[16]Nisto conhecemos o amor:* ele deu sua vida por nós. E nós também devemos dar nossa vida pelos irmãos. [17]Se alguém, possuindo os bens deste mundo, vê seu irmão na necessidade e lhe fecha seu coração, como o amor de Deus permanece nele?

[18]Filhinhos, não amemos só com palavras, mas por atos e de verdade. [19]Nisto saberemos que somos da verdade e tranquilizaremos nosso coração diante de Deus, [20]porque se nosso coração nos acusa, Deus é maior que nosso coração†, e conhece tudo.

---

* **2**,25. Jo 3,15; 6,40 | 26. 2,20; Jo 14,26; 16,33; Jr 31,34 | 28. Jo 4,17 | 29. 3,10 | **3,**1. 3,10; Jo 1,12s; 16,3; 2Cor 3,18; Fl 3,21; 1Cor 13,12 | 5. 2,2; 4,10; Jo 1,29; 8,46 | 8. 2,29; 3,9; Jo 8,44 | 9. 3,6; 5,18 | 11. Jo 5,24; 13,34; 15,12.17s; 2Jo 5 | 14. 2,11 | 16. Jo 13,1; 15,13; Tg 2,15s; Dt 15,7s

† **3**,2. "A promessa de ver a Deus ultrapassa todas as bem-aventuranças. Nas Escrituras ver é possuir. Aquele que vê a Deus obteve todos os bens que podemos imaginar" (S. Gregório de Nissa). | 8. "A mais grave dessas obras, devido a suas consequências, foi a sedução mentirosa que induziu o homem a desobedecer a Deus" (CIC). | 20. Por sua misericórdia que perdoa, 1Pd 4,8. Deus sabe julgar melhor que nosso coração, a nossa consciência. Conhece nosso interior e sabe se O amamos.

1 João 3-4

²¹Caríssimos, se nosso coração* não nos acusa, temos confiança diante de Deus ²²e dele receberemos tudo quanto pedirmos, porque somos fiéis a seus mandamentos e fazemos o que é de seu agrado. ²³E seu mandamento é este: que tenhamos fé no nome de seu Filho Jesus Cristo e nos amemos uns aos outros, como Ele nos ordenou. ²⁴E aquele que é fiel* na obediência a seus mandamentos permanece em Deus, e Deus nele; e nisto sabemos que ele permanece em nós: pelo Espírito que ele nos deu.

4 **Distinguir os espíritos.** ¹Caríssimos, não acrediteis* em qualquer inspiração, mas examinai as inspirações para ver se vêm de Deus; pois muitos falsos profetas andam pelo mundo. ²Nisto podeis reconhecer o espírito de Deus: é de Deus todo espírito que acredita que Jesus Cristo veio como homem; ³e todo espírito que não professa a fé em Jesus não é de Deus†; é o espírito do Anticristo que, como ouvistes dizer, está para vir, aliás, agora já está no mundo.

⁴Filhinhos, vós sois de Deus e vós os vencestes†. Pois Aquele que está em vós é maior do que aquele que está no mundo. ⁵Eles são do mundo,* por isso falam de acordo com o mundo, e o mundo os escuta. ⁶Nós somos de Deus. Quem conhece a Deus* nos escuta; quem não é de Deus não nos escuta. É nisso que distinguimos o espírito da verdade e o espírito do erro.

III. VIVER NA FÉ E NO AMOR
(4,6–5,21)

O amor vem de Deus. ⁷Caríssimos, amemo-nos uns aos outros, porque o amor vem de Deus. Todo aquele que ama nasceu de Deus e conhece a Deus. ⁸Mas quem não ama* não conheceu a Deus, porque Deus é amor†. ⁹Foi assim que se mostrou o amor de Deus* para conosco: ele enviou ao mundo seu Filho único, para que tivéssemos a vida por meio dele. ¹⁰Nisto consiste o amor:* não fomos nós que amamos a Deus, mas foi ele que nos amou e nos enviou seu Filho como vítima de expiação por nossos pecados.

Deus é amor. ¹¹Caríssimos, se Deus nos amou assim,* devemos nós também nos amar uns aos outros. ¹²Ninguém jamais viu a Deus. Se nos amarmos uns aos outros, Deus permanece em nós, e em nós seu amor é perfeito. ¹³Nisto conhecemos que permanecemos nele e ele em nós: ele nos deu seu Espírito. ¹⁴E nós vimos e atestamos* que o Pai enviou seu Filho como Salvador do mundo. ¹⁵Aquele que acredita que Jesus é o Filho de Deus, Deus permanece nele e ele em Deus. ¹⁶E nós reconhecemos o amor que Deus tem por nós e cremos neste amor.* Deus é amor; quem permanece no amor permanece em Deus, e Deus nele. ¹⁷Nisto consiste a perfeição do amor em nós:* que tenhamos plena confiança no dia do julgamento, pois como Ele mesmo é, assim também somos nós neste mundo.

¹⁸No amor não existe medo;* ao contrário, o perfeito amor expulsa o medo, pois o medo implica um castigo, e aquele que tem medo não chegou à perfeição do amor.

¹⁹Nós amamos, porque ele nos amou* primeiro. ²⁰Se alguém disser que ama a Deus, mas odeia† seu irmão, é um mentiroso. Pois quem não ama seu irmão, a quem vê, não pode amar a Deus, a quem não vê.

---

* **3,**21. 4,4; Mt 21,22; Mc 11,24; Jo 6,29; 13,34; 14,13; 15,7.17; 16,22s | 24. 4,13 | **4,**1. 2,18-22; 1Ts 5,21; Mt 24,24; 2Jo 7; 1Cor 12,3 | 5. Jo 15,19 | 6. Jo 10,26 | 8. 4,1 | 9. Jo 3,16 | 10. 2,2 | 11. 2,5; 3,24; 4,17; Mt 18,33; Jo 1,18 | 14. Jo 3,17 | 16. 4,8 | 17. 2,5; 4,12 | 18. Rm 8,15 | 19. 4,9s

† **4,**3. Certos manuscritos trazem: "Todo espírito que divide Jesus", isto é, separam o Cristo celeste e glorioso do homem Jesus que viveu e morreu entre nós: isto é negar a Encarnação. | 4. Refere-se aos falsos profetas, nos quais vive o espírito do Anticristo. | 8. "Deus é amor, e o amor é o primeiro dom, que contém todos os demais. Este amor, Deus o derramou em nossos corações pelo Espírito que nos foi dado Rm 5,5. É o princípio da vida nova em Cristo, 1Cor 13" (CIC). Se Deus é amor, em tudo ele age por amor. | 20. Ver a nota em 2,9.

1 João 4-5

²¹Este é o mandamento que dele recebemos:* quem ama a Deus, ame também seu irmão.

5 Fé no Filho de Deus.
¹Todo aquele que acredita que Jesus é o Cristo,* este nasceu de Deus; e todo aquele que ama a Deus, que o gerou, ama também quem dele foi gerado. ²Nisto reconhecemos que amamos os filhos de Deus: se amamos a Deus† e cumprimos seus mandamentos, ³porque o amor de Deus consiste* em cumprir seus mandamentos; e seus mandamentos não são pesados.

⁴Assim, tudo o que nasceu de Deus vence o mundo; e esta é a vitória que venceu o mundo: nossa fé. ⁵Quem é que vence o mundo,* senão aquele que acredita que Jesus é o Filho de Deus? ⁶Este é aquele que veio com água e sangue, Jesus Cristo. Não só com água, mas com água e sangue†. E é o Espírito que dá testemunho, porque o Espírito é a verdade. ⁷Assim, são três os que testemunham†: ⁸o Espírito, a água e o sangue; e esses três são concordes.

⁹Se aceitamos o testemunho dos homens,* o testemunho de Deus é maior. Ora, o testemunho de Deus é o que ele deu de seu Filho. ¹⁰Quem crê no Filho de Deus tem em si este testemunho. Quem não crê em Deus faz dele um mentiroso, pois não crê no testemunho que Deus deu de seu Filho. ¹¹E o testemunho é este: Deus nos deu a vida eterna, e esta vida está em seu Filho. ¹²Quem tem o Filho* tem a vida; quem não tem o Filho não tem a vida.

A oração pelos pecadores. ¹³Eu escrevi estas coisas* a vós que credes no nome do Filho de Deus, para que fiqueis sabendo que tendes a vida eterna. ¹⁴Temos nele esta confiança: se pedimos alguma coisa segundo sua vontade, ele nos atende. ¹⁵E se sabemos que ele nos atende em tudo que lhe pedimos, sabemos que já possuímos o que lhe pedimos.

¹⁶Se alguém vê seu irmão cometendo um pecado que não conduz à morte, reze, e Deus dará a vida a este irmão. Não se trata dos que cometem o pecado que conduz à morte†; pois existe um pecado que conduz à morte: por este pecado eu não digo que se deva rezar. ¹⁷Toda injustiça é pecado; mas há um pecado que não conduz à morte.

As grandes certezas. ¹⁸Sabemos que todo aquele que nasceu de Deus não peca; pois aquele que foi gerado por Deus† o guarda, e o Maligno não o pode atingir. ¹⁹Sabemos que somos de Deus e que o mundo inteiro está sob o poder do Maligno. ²⁰Sabemos que o Filho de Deus veio* e que nos deu a inteligência, a fim de conhecermos o Verdadeiro. Nós estamos naquele que é o Verdadeiro, em seu Filho Jesus Cristo. Este é o Deus verdadeiro e a Vida eterna. ²¹Filhinhos, cuidado com os ídolos...†

---

* **4**,21. Jo 15,17 | **5**,1. 4,15; 1Pd 1,22s | 3. Jo 14,15; 2Jo 6 | 5. 4,4; Rm 8,37; Jo 19,34 | 9. Jo 5,32-37; 8,18 | 12. Jo 3,36 | 13. 3,21s; Jo 14,13; 20,31; Mt 7,7 | 20. 3,9; Jo 17,3.15

† **5**,2. O amor aos irmãos deriva do amor a Deus e o exprime. | 6. A água é o Batismo, o sangue é o sacrifício de Cristo. Os dissidentes associavam a salvação com a vinda do Espírito no Batismo (água), diminuindo o valor da cruz (sangue). João afirma que o Batismo e o Espírito nada são se se deixa de lado a Redenção, o mistério da Páscoa, a Eucaristia. | 7. Foi introduzido aqui o seguinte comentário, posterior ao séc. IV: "no céu: o Pai, o Verbo e o Espírito Santo; e esses três são um; e são três os que testemunham na terra". | 16. É o pecado de apostasia, que conduz à impenitência final. | 18. É o Filho de Deus, Jesus Cristo. | 21. "A idolatria não diz respeito somente aos falsos cultos do paganismo. Ela é uma tentação constante da fé. Existe idolatria quando se presta honra e veneração a uma criatura em lugar de Deus, quer se trate de deuses ou demônios, ou do poder, prazer, dinheiro..." (CIC).

SEGUNDA CARTA DE JOÃO

Esta carta, que talvez seja anterior à primeira, é escrita por alguém, que se chama de Ancião, a uma comunidade, designada pela expressão "Senhora eleita" (2Jo 1), certamente uma das igrejas da Ásia. Motivo da carta é o perigo que corre a fé daqueles cristãos, pela presença de sedutores e anticristos que rejeitam a Encarnação de Jesus Cristo (v. 7) e já não seguem a fé cristã (v. 9). Contra eles, João exorta seus leitores – que possuem o conhecimento da verdade (v. 1) – a caminhar na verdade (v. 4), a praticar o amor fraterno (v. 5), vivendo na luz do mandamento recebido do Pai e ensinado pela Igreja desde o começo (v. 4-6).

Saudação. [1]Eu, o Ancião[†], à Senhora eleita[†] e a seus filhos,[*] que amo na verdade – e não eu apenas, mas todos os que conheceram a verdade – [2]por causa da verdade que habita em nós e habitará conosco eternamente. [3]Conosco estarão a graça, a misericórdia e a paz[*] da parte de Deus Pai e de Jesus Cristo, Filho do Pai, na verdade e no amor.

O mandamento do amor. [4]Muito me alegrei por ter encontrado alguns de teus filhos[*] que vivem na verdade[†], segundo o mandamento que do Pai recebemos. [5]E agora, eu te peço, Senhora,[*] não para dar-te um mandamento novo, mas aquele que possuímos desde o começo: amemo-nos uns aos outros. [6]O amor consiste nisto: em viver segundo seus mandamentos. E o mandamento, como aprendestes desde o começo,[*] é que vivais no amor.

Cuidado com os falsos mestres. [7]Porque andam pelo mundo muitos impostores,[*] que não acreditam que Jesus Cristo se encarnou[†]: aí está o sedutor, o Anticristo[†]. [8]Cuidai de vós mesmos, para não perderdes o fruto de vosso trabalho, mas recebais, ao contrário, uma plena recompensa. [9]Todo aquele que vai além disso[†] e não permanece na doutrina de Cristo não possui a Deus. Quem permanece na doutrina, este possui o Pai e o Filho.

[10]Se alguém vem a vós e não traz esta doutrina,[*] não o recebais em vossa casa e nem sequer o cumprimenteis; [11]porque quem o saúda participa de suas obras más.

Saudações finais. [12]Embora eu tenha muitas coisas para vos escrever,[*] preferi não fazê-lo com papel e tinta, pois espero ir visitar-vos e falar-vos de viva voz, para que seja completa nossa alegria.

[13]Os filhos de tua irmã eleita te saúdam[†].

---

* 1. 3Jo 1 | 3. Jo 14,17 | 4. 3Jo 3 | 5. 1Jo 2.7.14; 3,11; Jo 13,34; 15,12.17 | 6. Jo 14,15.23s; 1Jo 5,3 | 7. Mt 7,15; 1Jo 2,18.23; 4,1.3.15 | 10. Rm 16,17; 2Ts 3,6; Ef 5,11 | 12. 3Jo 13,s

† 1. Nas Igrejas da Ásia, o título "Ancião" designava alguém que pertencera ao grupo dos discípulos do Senhor ou que os tinha conhecido. / A expressão indica a Igreja local, destinatária da carta. | 4. Viver na verdade é viver à luz do mandamento do amor. | 7. Negar a Encarnação é desconhecer o amor que Deus manifestou por nós, amor que é fonte e modelo de nosso amor ao próximo. / Ver a nota em 1Jo 2,18. | 9. Os hereges consideravam-se avançados, como se ultrapassassem a doutrina dos apóstolos. | 13. A "irmã" é a Igreja de onde o autor escreve.

TERCEIRA CARTA DE JOÃO

O mesmo Ancião, autor da segunda carta, escreve agora a um amigo seu, chamado Gaio, "que vive na verdade" (v. 3), pedindo-lhe um favor: que continue acolhendo e apoiando os missionários itinerantes que, a mandado do Ancião, pregavam entre os pagãos o nome de Jesus Cristo (v. 7). Todas as comunidades colaboravam para o sustento desses evangelizadores, tornando-se assim cooperadores da verdade (v. 8). Mas o chefe daquela Igreja, onde mora Gaio, não quer recebê-los e proíbe que outros o façam, chegando a expulsar da Igreja quem pretende colaborar com eles (v. 10). Esse chefe, chamado Diótrefes, parece também adepto da mesma heresia já encontrada nas outras cartas joaninas, pois o autor nega que ele tenha visto a Deus (v. 11), aludindo à pretensão que tinham os hereges de ver a Deus (1Jo 3,6).

Saudação. ¹Eu, o Ancião, ao caríssimo Gaio,* a quem amo na verdade. ²Caríssimo, faço votos que tudo vá bem e que teu corpo esteja em tão boa saúde quanto tua alma.

Elogio a Gaio. ³Muito me alegrei, de fato,* com os irmãos que vieram e deram testemunho de tua verdade, quero dizer, do modo como caminhas na verdade. ⁴Não tenho maior alegria do que ouvir dizer que meus filhos caminham na verdade†. ⁵Caríssimo, tu procedes fielmente em tudo o que fazes em favor de teus irmãos, ainda que estrangeiros. ⁶Eles deram testemunho diante da Igreja a respeito de tua caridade. Tu farás bem provendo-os do necessário* para a viagem, de um modo digno de Deus. ⁷Porque foi pelo Nome† que eles se puseram a caminho, sem aceitar nada dos pagãos.

⁸Devemos acolher tais pessoas, a fim de colaborarmos na difusão da verdade†.

Censura a Diótrefes. ⁹Escrevi algumas palavras à Igreja, mas Diótrefes†, que ambiciona o primeiro lugar, não nos recebe. ¹⁰Por isso, se eu for aí, não deixarei de repreendê-lo por seu comportamento. Ele vive espalhando más palavras contra nós; não contente com isso, recusa receber os irmãos e impede e expulsa da Igreja os que gostariam de recebê-los. ¹¹Caríssimo, imita não o mal,* mas o bem. Quem faz o bem é de Deus. Quem faz o mal não viu a Deus.

Elogio a Demétrio. ¹²Quanto a Demétrio†, todos lhe dão testemunho, inclusive a própria Verdade. Nós também lhe damos testemunho, e tu sabes que nosso testemunho é verdadeiro.

Saudações finais. ¹³Teria muitas coisas a te escrever,* mas não quis fazê-lo com tinta e pena. ¹⁴Com efeito, espero ver-te em breve e vamos então conversar de viva voz. Que a paz esteja contigo! Teus amigos te mandam saudações. Saúda os nossos, a cada um em particular.

---

* 1. 2Jo 1 | 3. 2Jo 4 | 6. Tt 3,13; 1Cor 9,12.15; Mt 10,41 | 11. 1Jo 2,29; 3,6.9; Jo 19,35; 21,24 | 13. 2Jo 12

† 4. "Verdade" é conhecer e professar a divindade de Jesus, ponto central da fé, que os hereges recusavam. | 7. No AT "Nome" designava Javé, no NT designa Jesus. | 8. O Ancião (ver a nota em 2Jo 1) dirige ou apoia a obra misionária de certos pregadores itinerantes e pede à comunidade que lhes dê também seu apoio. | 9. Dissidente que rejeita a autoridade ou as cartas do Ancião. | 12. Membro da comunidade local ou talvez um daqueles pregadores; pode ter sido também o portador da carta.

CARTA DE JUDAS

Esta é mais uma carta que traz o nome de um personagem como simples pseudônimo, mas seu verdadeiro autor é ignorado. Coloca-se sob o nome de Judas, irmão de Tiago (v. 1), também chamado "irmão do Senhor" (Mc 6,3; Mt 13,55), que não é o apóstolo Judas Tadeu, pois se situa fora do Colégio Apostólico (v. 17). Certamente é um cristão de origem judaica, porque conhece e cita o livro de Henoc (v. 6.14-15) e a Assunção de Moisés (v. 9), que são livros apócrifos do Antigo Testamento. É difícil determinar quais são os destinatários da carta, devido aos termos por demais genéricos com que são mencionados (v. 1).

Certamente se trata de uma comunidade perturbada por falsos doutores, que corrompem a fé autêntica em Jesus Cristo e pervertem os costumes cristãos (v. 4). O autor denuncia suas blasfêmias (v. 8.10) e sua perversidade (v. 11-16). Ameaça-os com um julgamento severo (v. 5-7) e exorta os fiéis a lhes resistirem e a permanecerem na oração e no amor a Deus (v. 17-23).

Saudação. [1]Judas, servo de Jesus Cristo, irmão de Tiago, aos que foram chamados, amados por Deus e preservados para Jesus Cristo. [2]A vós, misericórdia, paz* e caridade em abundância.

A luta contra os falsos mestres. [3]Caríssimos, eu tinha um grande desejo* de vos escrever a respeito de nossa salvação comum, e fui obrigado a fazê-lo, a fim de exortar-vos a combater pela fé transmitida ao povo santo uma vez por todas. [4]Pois infiltraram-se no meio de vós certas pessoas que desde muito tempo foram marcadas de antemão por esta sentença: esses ímpios transformaram em luxúria a graça de nosso Deus e negam nosso único Mestre e Senhor Jesus Cristo.

[5]A vós que conheceis tudo isso,* quero recordar-vos que o Senhor, após ter salvo todo o povo da terra do Egito, fez morrer depois os que não acreditaram. [6]Quanto aos anjos que não conservaram sua dignidade, mas abandonaram sua morada†, ele os conservou presos em cadeias eternas, nas trevas, para o juízo do grande dia. [7]Assim Sodoma, Gomorra* e as cidades vizinhas que se prostituíram do mesmo modo e se entregaram a vícios contrários à natureza† são propostas como exemplo, sofrendo a pena de um fogo eterno.

Pecados dos falsos mestres. [8]Ora, esses igualmente, em seu delírio, mancham a carne, desprezam a Majestade* e insultam os seres gloriosos. [9]Quando o arcanjo Miguel* disputava com o diabo e discutia a respeito do corpo de Moisés, não se atreveu a pronunciar contra ele uma sentença injuriosa, mas disse: "Que o Senhor te condene!"†

[10]Eles, porém, blasfemam* o que ignoram; e o que conhecem por natureza, como os animais irracionais, só serve para perdê-los. [11]Infelizes deles! Porque é o caminho de Caim que seguiram, é no erro de Balaão que se lançaram pela sede de lucro†, é pela revolta de Coré que pereceram.

[12]São eles que mancham vossos ágapes†, pondo-se juntos à mesa sem respeito, apascentam-se a si mesmos: nuvens sem água, carregadas pelo vento, árvores de fim de estação, sem

---

* 2. 2Pd 1,2 | 3. 1Tm 1,18; 2Pd 1,5; 2,1.21; Gl 2,4; | 5. Êx 12,52; 2Pd 1,12; 2,4s; Nm 14,35; 1Cor 10,5 | 7. Gn 19,4-25; 2Pd 2,6 | 8. 2Pd 2,10 | 9. Zc 3,2; 2Pd 2,11 | 10. 2Pd 2,12.15; Gn 4,8; Nm 31,36

† 6. O autor interpreta Gn 6,1s, que fala do casamento entre "filhos de Deus" e "filhas dos homens", como se fosse casamento de anjos com seres humanos. | 7. Lit. "cobiçaram uma carne diferente". Conforme Gn 19,1-25, os depravados habitantes de Sodoma quiseram abusar dos anjos, pensando que fossem seres humanos. | 9. O livro apócrifo Assunção de Moisés narra que Miguel, depois da morte de Moisés, teve uma altercação com o Diabo, porque este reclamava o corpo do profeta. O autor argumenta: Se nem o anjo protetor do antigo Israel acusou o diabo, mas deixou a Deus o direito de julgar, muito menos deveriam os homens blasfemar contra os anjos que desconhecem. | 11. Ver a nota em 2Pd 2,15. | 12. Ver a nota em 1Cor 11,21.

Judas

fruto, duas vezes mortas, arrancadas pela raiz, [13]ondas bravias do mar,* espumando sua própria vergonha, astros errantes aos quais estão reservadas as trevas espessas para sempre.

[14]É também para eles que profetizou nestes termos Henoc,* o sétimo patriarca depois de Adão: "O Senhor veio com seus milhares de santos, [15]a fim de exercer o juízo contra todos e pedir contas a todos os ímpios de todas as obras de impiedade que cometeram e de todas as palavras duras que os pecadores ímpios proferiram contra ele"†. [16]São eles que reclamam, que se queixam, procedem segundo suas paixões;* sua boca profere palavras arrogantes, adulam os outros por interesse.

Exortação aos fiéis. [17]Quanto a vós, caríssimos, recordai-vos* do que foi predito pelos apóstolos de nosso Senhor Jesus Cristo. [18]Eles vos diziam: "No fim do mundo haverá impostores que se comportarão segundo suas paixões malvadas"†. [19]Tais são os que criam divisões, vivem como animais, não tendo o Espírito.*

[20]Mas vós, caríssimos, construí vosso edifício espiritual* sobre vossa fé santíssima, orando no Espírito Santo; [21]conservai-vos no amor de Deus, pondo vossa esperança na misericórdia de nosso Senhor Jesus Cristo, para a vida eterna. [22]Procurai convencer os que vacilam, [23]salvai os outros, arrancando-os do fogo,* e tende compaixão dos demais com temor, detestando até a túnica contaminada pela carne deles.

Louvor a Deus. [24]Àquele que pode conservar-vos sem pecado* e apresentar-vos diante de sua glória imaculados e cheios de alegria, [25]ao único Deus, nosso Salvador, por meio de Jesus Cristo, nosso Senhor, glória, majestade, força e poder antes de todos os séculos, agora e por todos os séculos! Amém.

---

* 13. Is 57,20 | 14. Gn 5,21; Dt 33,2; Zc 14,5; Mt 25,31 | 16. 2Pd 2,10.18 | 17. 2Pd 3,2s; 1Tm 4,1 | 19. 1Cor 2,14 | 20. Cl 2,7; 1Ts 5,11 | 23. Am 4,11; Zc 3,2 | 24. Rm 16,25s; 1Ts 5,23; Fl 1,10; 2Pd 3,14.18; 1Tm 1,17

† 15. Citação do Livro de Henoc 1,9, apócrifo. | 18. Esta frase, como tal, não consta no NT, mas tem semelhantes, como 1Tm 4,1.

APOCALIPSE

Apocalipse quer dizer "revelação", mas uma revelação de tipo confidencial, porque dirigida a iniciados, pretendendo revelar-lhes o sentido oculto dos acontecimentos, segredo que só o céu conhece.

O gênero apocalíptico é uma espécie de profecia muito comum na Bíblia, desde Ezequiel, Zacarias e Daniel. Também no Novo Testamento existem trechos de caráter apocalíptico, como o discurso escatológico de Mt 24 e a descrição do retorno de Cristo em 1Ts 4,13-18.

Nos apocalipses, a revelação de Deus é transmitida a um mensageiro seu, na forma de visões fantásticas, para ele as comunicar ao povo. Nessas visões tudo ou quase tudo tem valor simbólico: animais, partes do corpo, números, cores, objetos. Geralmente o autor vive num tempo de perseguição, de crise de fé, de apostasia, e a situação histórica contemporânea é descrita de maneira velada, de modo que às vezes só os leitores imediatos a entendem. O objetivo dos apocalipses é sustentar a esperança dos perseguidos, reanimar a coragem dos que se sentem desanimados, anunciando o triunfo final de Deus, não obstante as vitórias aparentes dos maus, pois Deus é o Senhor da história – esta é a grande certeza de todo apocalipse – e não permitirá que os seus sejam derrotados. Pois o "Dia de Javé" chegará; antes daquele dia, as forças do mal vão desencadear violenta batalha contra o Povo de Deus (Mt 24,9-12), mas este virá libertar os seus, destruindo os inimigos.

Além dos trechos bíblicos de cunho apocalíptico, são conhecidos vários apocalipses apócrifos, isto é, não inspirados, e portanto não aceitos na Bíblia. Assim, o Apocalipse de João não é um documento isolado. Para compreendê-lo melhor, será útil conhecer outros livros e secções de livros que têm o mesmo caráter, pois ele se serviu de muito material preexistente. Com efeito, mesmo sem o citar expressamente, o autor lança mão de muitas imagens e expressões, sobretudo do Êxodo, protótipo das grandes libertações do Povo de Deus, mas também de Daniel, Ezequiel e Zacarias.

Nosso livro tem como autor João (1,1.4.9), identificado tradicionalmente com o apóstolo e evangelista João. Mas ainda hoje persistem dúvidas sobre esta atribuição, por causa das diferenças de linguagem e de teologia entre esta obra e o quarto Evangelho. Note-se também que em nenhum lugar o autor diz que teve contato pessoal com o Jesus histórico, ou que pertence ao grupo de seus apóstolos. Por isso, alguns exegetas afirmam que o Apocalipse não seria diretamente obra do apóstolo João, mas de pessoas de sua escola; outros acham que a obra, tal como a possuímos, foi composta em várias etapas, entre os anos de 64 e 96.

Naqueles anos, uma série de calamidades abalou a frágil paz do Império Romano: o incêndio de Roma no tempo de Nero, a revolta dos judeus e a destruição de Jerusalém por Tito, a erupção do vulcão Vesúvio, que destruiu Pompeia e outras cidades, tudo isto no espaço de poucos anos! Quanto à Igreja, o Império Romano voltava-se com toda a sua força contra os indefesos cristãos, decretando sangrenta perseguição contra aqueles "rebeldes" que se recusavam a adorar o Imperador (13,12-18; 14,9-13), considerado Senhor e Deus. Teria o cristianismo chances de sobreviver? É verdade que existia a promessa de Cristo: "Tende confiança: eu venci o mundo!" (Jo 16,33), mas, segundo todas as aparências, ela não estava se cumprindo. Diante desse pessimismo, o autor mostra que a situação da Igreja, às voltas com o Império perseguidor, é a continuação da Paixão de Cristo, prelúdio necessário da Ressurreição gloriosa. Ela conduz seguramente ao triunfo escatológico, situado para além do tempo.

Seria esforço inútil querer encontrar no Apocalipse um calendário do futuro, com predições sobre as várias fases da história. O livro só fala de uma determinada época, a do autor, mas esta é tomada como modelo de todas as outras. Assim se patenteia qual é a caminhada da Igreja, entre provações e lutas, mas aguardando a glória da nova Jerusalém (21,1-4), o cumprimento da Aliança, a vinda de Cristo. Esta é a certeza de quem crê: a história humana tem um sentido. O Apocalipse é o livro por excelência da esperança cristã.

Tem sido proposta para este livro uma divisão em três partes:

Apocalipse 1 1484

1. A Igreja encarnada (1–3): as cartas às sete Igrejas são um exame de consciência desta Igreja.

2. A Igreja engajada (4–20): sua relação com Israel (4–11) e sua luta contra os poderes totalitários (12–20)

3. A Igreja transfigurada (21–22): a Igreja, noiva de Deus, ornada com suas maravilhas. É o final feliz desta história de amor.

Uma outra divisão possível é a divisão em sete grupos setenários:

Prólogo (1,1-8)

1. Sete cartas (1,9–3,22)

2. Sete selos (4,1–7,17)

3. Sete trombetas (8,1–11,14)

4. Sete sinais (11,15–14,20)

5. Sete taças de cólera (15,1–16,16)

6. Sete vozes do céu (16,17–19,5)

7. Sete visões (19,6–22,5)

Epílogo (22,6-21)

O livro se apresenta como se fosse uma carta: traz no início o endereço (1,4) e no fim uma saudação (22,21). É dirigido "às sete igrejas da Ásia" (1,4). Sendo sete o número universal que evoca plenitude, pode-se pensar que o autor queria dirigir-se a todas as igrejas cristãs do mundo.

Ele começa dizendo de quem recebeu as revelações e o que elas manifestam (1,1s). Vem depois uma primeira seção, de caráter profético, que consiste em sete cartas, enviadas às Igrejas da Ásia Menor (1,9–3,22). Em cada uma das cartas é dada uma apreciação sobre a situação espiritual da comunidade, faz-se um apelo à conversão, às vezes acompanhado da ameaça de um castigo e por fim é feita uma confortadora promessa. A segunda seção (4,1–22,5), propriamente apocalíptica, abre-se com a visão da liturgia celeste (cap. 4), durante a qual Deus entrega ao Cordeiro o livro que contém o plano divino a ser executado (cap. 5); é anunciada uma invasão de bárbaros trazendo os males da guerra, da fome e da peste (cap. 6). O cap. 7 é uma espécie de interlúdio, mostrando como os eleitos de Deus são preservados dos castigos. Em vez de destruir imediatamente os rebeldes, Deus lhes envia uma série de pragas como advertência, como aconteceu no tempo do êxodo (8–9). Não surtindo efeito esses avisos, Deus procede à eliminação dos ímpios (cap. 17), o que provoca lamentações sobre a ruína dos maus (cap. 18) e cânticos de triunfo no céu (19,1-10). Finalmente, têm lugar a ressurreição dos mortos, o julgamento (20,11-15) e o estabelecimento do Reino definitivo de Deus (21,1-8).

PRÓLOGO
(1,1-8)

1 **Introdução.** ¹Revelação de Jesus Cristo,* que Deus lhe deu para comunicar a seus servos o que deve acontecer em breve†, e que manifestou enviando seu anjo a seu servo João, ²o qual atestou como palavra de Deus e testemunho de Jesus Cristo tudo o que viu. ³Feliz quem lê e felizes os que ou-vem estas palavras proféticas†, se puserem em prática as coisas aí escritas,* pois o tempo está próximo!

Saudação. ⁴João, às sete Igrejas da Ásia†: graça e paz* vos sejam dadas por "Aquele que é, que era e que vem"†, pelos sete espíritos presentes diante de seu trono†, ⁵e por Jesus Cristo, a testemunha fiel, o primogênito dentre os mortos e soberano dos reis da terra. Àquele que nos ama, que nos libertou

---

* **1,**1. 22,6; Dn 2,28s | 3. 22,7 | 4. Êx 3,14; Cl 1,18; Is 55,4; Sl 89,28.38

† **1,**1. "Em breve", 22,6, não no sentido de proximidade temporal, mas por causa da certeza da fé e porque se trata de fatos inevitáveis. | 3. O Apocalipse tem 7 bem-aventuranças; esta é a 1ª, e as outras são 14,13; 16,15; 19,9; 20,6; 22,7.14. | 4. As 7 Igrejas, v. 11, ficavam numa mesma região da Ásia Menor, cuja capital era Éfeso. / O nome de Deus revelado a Moisés é "Ele é", Êx 3,14; aqui o nome divino inclui explicitamente o passado e o futuro. / O autor inspira-se em Is 11,2s e imagina 7 espíritos diante do trono de Deus; com o número 7 descreve a plenitude dos dons do Espírito.

Apocalipse 1-2

de nossos pecados por seu sangue [6]e fez de nós um reino de sacerdotes* para seu Deus e Pai, a ele glória e poder pelos séculos dos séculos! Amém. [7]Eis que ele vem com as nuvens, e todos os olhos o verão, até mesmo os que o transpassaram, e por causa dele hão de lamentar-se todas as tribos da terra. Sim! Amém!

[8]Eu sou o A e o Z†, diz o Senhor Deus, "Aquele que é, que era e que vem", o Todo-poderoso.

I. AS SETE CARTAS
(1,9–3,22)

Visão do Filho do Homem. [9]Eu João, vosso irmão e companheiro na provação, no reino e na constância, em Jesus, achava-me na ilha de Patmos, por causa da palavra de Deus e do testemunho de Jesus. [10]No dia do Senhor† fui arrebatado em êxtase* e ouvi atrás de mim uma voz vibrante como de trombeta, que dizia: [11]"O que vês, escreve-o num livro e manda-o às sete Igrejas: Éfeso, Esmirna, Pérgamo, Tiatira, Sardes, Filadélfia e Laodiceia".

[12]Virei-me para ver aquele* que falava comigo; e, ao virar-me, vi sete candelabros de ouro, e [13]no meio dos candelabros estava alguém como um Filho de homem, vestido com uma longa túnica, cingida à altura do peito com um cinto de ouro. [14]Os cabelos de sua cabeça eram brancos* como lã branca, como neve; seus olhos, como chama ardente; [15]seus pés, semelhantes ao bronze purificado na fornalha;* sua voz, como o ruído de grandes águas†. [16]Na mão direita tinha sete estrelas, e de sua boca saía uma espada afiada, de dois gumes; sua face era como o sol brilhando em todo o seu esplendor.

[17]Ao vê-lo, caí a seus pés como morto; mas ele pôs sobre mim a mão direita, dizendo: "Não tenhas medo; eu sou o Primeiro* e o Último, [18]e o que vive; estive morto, mas agora vivo pelos séculos dos séculos e tenho as chaves da morte e da mansão dos mortos. [19]Escreve, pois, as coisas que viste,* as que estão acontecendo e as que vão acontecer depois". [20]Quanto ao mistério das sete estrelas, que viste em minha mão direita, e dos sete candelabros de ouro: as sete estrelas são os anjos† das sete Igrejas, e os sete candelabros são as sete Igrejas.

2 **Carta à Igreja de Éfeso.** [1]Ao anjo da Igreja que está em Éfeso, escreve: Assim fala aquele que tem as sete estrelas em sua mão direita e que caminha no meio dos sete candelabros de ouro: [2]Conheço teu comportamento, teus trabalhos e tua constância; sei que não podes suportar os maus: puseste à prova* os que se diziam apóstolos e não o são, e descobriste que são mentirosos. [3]És perseverante e sofreste por meu nome sem te cansares. [4]Mas tenho contra ti que perdeste teu amor de antigamente. [5]Lembra-te, pois, de onde caíste, arrepende-te e retoma tua conduta de antigamente. Do contrário, irei a ti para tirar teu candelabro do lugar, se não te arrependeres. [6]No entanto, tens uma boa qualidade: detestas o procedimento dos nicolaítas†, como eu também o detesto. [7]Quem tem ouvidos, ouça o que o Espírito diz às Igrejas.* Ao vencedor darei a comer da árvore da vida, colocada no paraíso de Deus.

Carta à Igreja de Esmirna. [8]Ao anjo da Igreja que está em Esmirna,* escreve:

---

* **1**,6. 5,10; Êx 19.6; Is 41,4; 61,6; 1Pd 2,5.9; Jo 19,37; Dn 7,13; Zc 12,10s | 10. Ez 3,12 | 12. Dn 7,13; 10,5s | 14. Dn 7,9; 10,6 | 15. Ez 1,24; 43,2; Is 49,2 | 17. Is 44,6; Dn 10,10ss | 19. Dn 2,28 | **2**,2. 1Jo 4,1 | 7. Gn 2,9; Ez 31,8s | 8. 1,17; 22,13; Is 44,6

† **1**,8. Sendo o princípio e fim de tudo, Is 44,6, Deus é representado pela primeira e a última letra do alfabeto. | 10. "O dia do Senhor, o dia da ressurreição, o dia dos cristãos, é o nosso dia. É por isso que ele se chama domingo: pois foi nesse dia que o Senhor subiu vitorioso para junto do Pai" (S. Jerônimo). Este é o único lugar do NT que usa a expressão "dia do Senhor". | 1,15. A túnica longa é uma veste sacerdotal; o cinto de ouro é próprio dos reis, os cabelos brancos simbolizam a eternidade; os olhos de chama ardente indicam a onisciência e os pés de bronze, a imutabilidade. | 20. O "anjo da Igreja" é uma personificação da própria Igreja. | **2**,6. O nome desta seita só aparece aqui e em 2,15. Parece um movimento que praticava a idolatria.

Apocalipse 2-3

Assim fala o Primeiro e o Último, aquele que morreu e voltou à vida: [9]Conheço tuas provações e tua pobreza – no entanto, és rico – e as calúnias daqueles que se dizem judeus e não o são: são, antes, uma sinagoga de Satanás. [10]Não receies os sofrimentos que te esperam:* o diabo vai lançar alguns de vós na prisão para tentar-vos, e tereis dez dias de provação†. Sê fiel até a morte,* e eu te darei a coroa da vida. [11]Quem tem ouvidos, ouça o que o Espírito diz às Igrejas. O vencedor nada tem a temer da parte da segunda morte.

Carta à Igreja de Pérgamo. [12]Ao anjo da Igreja que está em Pérgamo,* escreve: Assim fala aquele que possui a espada afiada, de dois gumes: [13]Sei onde moras: é onde está o trono de Satanás†. Mas tu seguras firme meu nome e não negaste minha fé, mesmo nos dias de Antipas†, minha testemunha fiel, que foi morto entre vós, aí onde mora Satanás. [14]Mas tenho contra ti* alguma censura: tens aí pessoas que seguem a doutrina de Balaão, que incitava Balac a armar um laço para os filhos de Israel, para que comessem das carnes imoladas aos ídolos e se prostituíssem†. [15]Tens também, entre os teus, gente que segue a doutrina dos nicolaítas. [16]Arrepende-te, pois, senão virei a ti em breve, para combater tais pessoas com a espada de minha boca. [17]Quem tem ouvidos, ouça o que o Espírito diz às Igrejas. Ao vencedor darei o maná escondido* e uma pedrinha branca†, na qual está gravado um nome novo, que ninguém conhece, exceto quem a recebe.

Carta à Igreja de Tiatira. [18]Ao Anjo da Igreja que está em Tiatira,* escreve: Assim fala o Filho de Deus, aquele que tem os olhos como chama ardente e pés semelhantes ao bronze precioso.

[19]Conheço tua conduta: teu amor, tua fé, tua dedicação, tua perseverança; tuas últimas obras são mais numerosas que as primeiras. [20]Mas tenho contra ti,* que estás tolerando Jezabel†, essa mulher que se diz profetisa e ensina e seduz meus servos, levando-os a se prostituir e a comer das carnes imoladas aos ídolos. [21]Dei-lhe tempo para se converter, mas ela recusa arrepender--se de suas prostituições. [22]Por isso vou lançá-la num leito de dores, e seus companheiros de prostituição, numa grande tribulação, se não se arrependerem de seus atos. [23]Farei morrer seus filhos,* e assim todas as Igrejas saberão que sou aquele que sondo os pensamentos e os afetos†; e retribuirei a cada um de vós segundo suas obras. [24]Quanto a vós, os outros de Tiatira que não seguis essa doutrina, vós que não conhecestes "as profundezas de Satanás" – como eles dizem – não vos imporei outro fardo; [25]mas guardai o que já tendes até que eu volte.

[26]Ao vencedor, que perseverar* até o fim em minhas obras, darei autoridade sobre as nações: [27]com um cetro de ferro ele as governará, e como vasos de argila serão quebradas, [28]assim como também eu recebi de meu Pai este poder. E lhe darei a estrela da manhã. [29]Quem tem ouvidos, ouça o que o Espírito diz às Igrejas.

3 **Carta à Igreja de Sardes.** [1]Ao anjo da Igreja que está em Sardes, escreve: Assim fala aquele que possui os sete espíritos de Deus e as sete estrelas. Conheço teu comportamento; tu passas por vivo, mas estás morto. [2]Desperta, reanima o que te resta de vida e que está para morrer, porque não achei perfeitas tuas obras diante de meu Deus. [3]Lembra-te de como acolheste

---

* **1**,10. Mt 10,28 / Dn 1,12.14 | 12. 1,16; Is 49,2; Hb 4,12 | 14. Nm 25,1s; 31,16 | 17. Sl 78.24; Is 62,2; 65,15 | 18. Dn 10,6 | 20. 1Rs 16,31; Nm 25,1s | 23. Sl 7,10; Jr 11,20; 17,10 | 26. Sl 2,8s | **3**,3. Mt 24,43s; 1Ts 5,2

† **2**,10. Isto é, uma provação passageira. | 13. Pérgamo era o centro principal do culto ao imperador divinizado. / O contexto leva a crer que Antipas foi um mártir, preso e julgado pelo governador romano. | 14. Dentro do simbolismo da aliança como matrimônio entre Deus e o povo, o termo "prostituição" no Apocalipse significa sempre "idolatria", exceto em 9,21. | 17. A pedrinha branca é como se fosse o ingresso para o Reino. | 20. Nome simbólico, 1Rs 16,31ss, para alguma autoridade que difundia a idolatria. | 23. Lit. os rins e os corações.

1487   Apocalipse 3-4

a Palavra;* guarda-a e arrepende-te. Pois se não ficares vigilante, virei como um ladrão, sem que saibas a que hora vou surpreender-te. ⁴Em Sardes, contudo, alguns dos teus não mancharam suas vestes; eles me acompanharão, vestidos de branco, pois são dignos. ⁵O vencedor será revestido* de vestes brancas†; não vou apagar seu nome do livro da vida†, mas darei testemunho dele diante de meu Pai e diante de seus anjos. ⁶Quem tem ouvidos, ouça o que o Espírito diz às Igrejas.

Carta à Igreja de Filadélfia. ⁷Ao anjo da Igreja que está em Filadélfia,* escreve: Assim fala o Santo, o Verdadeiro, aquele que possui a chave de Davi: se ele abrir, ninguém fechará e, se ele fechar, ninguém abrirá†.

⁸Conheço teu comportamento: eu abri diante de ti uma porta que ninguém pode fechar. Embora dispondo de pouca força, guardaste minha palavra e não renegaste* meu nome. ⁹Vou obrigar aqueles da sinagoga de Satanás – eles se dizem judeus, mas não o são, são mentirosos – vou obrigá-los a vir prostrar-se diante de teus pés* e reconhecer que eu te amei. ¹⁰Já que guardaste minha palavra de paciência, eu também te guardarei da hora da provação que cairá sobre todo o mundo, para provar os habitantes da terra†. ¹¹Hei de vir em breve: segura firme o que tens, para que ninguém tome tua coroa. ¹²Do vencedor eu farei uma coluna* no templo de meu Deus; jamais ele sairá de lá, e gravarei sobre ele o nome de meu Deus e o nome da cidade de meu Deus, a nova Jerusalém que desce do céu, de junto de meu Deus, junto com meu nome novo.

¹³Quem tem ouvidos, ouça o que o Espírito diz às Igrejas.

Carta à Igreja de Laodiceia. ¹⁴Ao anjo da Igreja que está em Laodiceia,* escreve: Assim fala o Amém, a testemunha fiel e verdadeira, o princípio da criação de Deus. ¹⁵Conheço teu comportamento: tu não és frio nem quente; quem dera que fosses frio ou quente! ¹⁶Assim, porque és morno, nem frio e nem quente, estou para vomitar-te de minha boca. ¹⁷Tu pensas que és rico,* que te enriqueceste e não precisas de nada; então não vês que és infeliz, miserável, pobre, cego e nu? ¹⁸Eu te aconselho a comprar de mim ouro purificado no fogo para te enriqueceres, roupas brancas para vestires e esconderes a vergonha de tua nudez e também um colírio para ungires os olhos e recuperares a vista. ¹⁹Eu repreendo e corrijo* os que amo. Recobra, pois, o ardor e arrepende-te! ²⁰Eis que estou à porta e bato†; se alguém ouve minha voz e abre a porta,* entrarei em sua casa e cearei com ele, e ele comigo. ²¹Ao vencedor, eu o farei sentar-se comigo em meu trono, como eu mesmo venci e sentei-me com meu Pai em seu trono. ²²Quem tem ouvidos, ouça o que o Espírito diz às Igrejas.

II. OS SETE SELOS
(4,1–7,17)

4 **Visão do trono de Deus e do culto celeste.** ¹Depois disso tive uma visão: havia no céu* uma porta aberta, e a voz que antes eu tinha ouvido falar-me como trombeta disse-me: "Sobe aqui, que vou mostrar-te as coisas que devem acontecer depois". ²Na mesma hora fui arrebatado em êxtase: havia um trono colocado no céu e alguém sentado no trono. ³Aquele que estava sentado* era semelhante no aspecto ao

---

* **3**,5. Mt 10,32 | 7. Is 22,22 | 8. Is 60,14; 45,14 | 9. Is 43,4 | 12. 21,2; Is 62,2; Ez 48,35 | 14. Is 65,16; Pr 8,22; Sb 9,1s | 17. Os 12,9; 1Cor 4,8 | 19. Pr 3,12; Hb 12,6 | 20. Ct 5,2; Lc 22,29s; Jo 14,23; Mt 19,28; Pr 16,33
4,1. Dn 2,29.45; 7,6; Êx 19,20; Ez 1,26; 10,1; Is 6,1 | 3. Ez 1,26ss

† **3**,5. A veste branca, que o cristão recebe no Batismo, simboliza pureza, vitória, alegria, glória para os eleitos. / O livro da vida contém os nomes dos que participam dos bens messiânicos, 20,12. | 7. Símbolo dos plenos poderes que Cristo recebeu; sua sentença é irrevogável. | 10. Os habitantes da terra são as nações idólatras hostis ao Reino de Deus, 6,10; 8,13; 11,10, etc. | 20. Sua vinda é iminente; ele convida a uma amizade íntima, da qual a Eucaristia é a inauguração. "Não tenhais medo! Abri as portas ao Redentor!" (João Paulo II).

Apocalipse 4-5

jaspe e à cornalina; havia um arco-íris ao redor do trono semelhante à esmeralda. ⁴Ao redor do trono havia vinte e quatro tronos,* sobre os quais estavam sentados vinte e quatro anciãos†, vestidos de branco, com coroas de ouro na cabeça. ⁵Do trono saíam relâmpagos, vozes e trovões,* e diante dele brilhavam sete lâmpadas, que são os sete espíritos de Deus. ⁶Diante do trono havia uma espécie de mar límpido, tão transparente como o cristal. No meio do trono e a seu redor estavam quatro seres vivos†, cheios de olhos na frente e atrás. ⁷O primeiro ser vivo* era como um leão; o segundo ser vivo era como um touro; o terceiro ser vivo tinha um rosto como o de homem; o quarto ser vivo era como uma águia em pleno voo. ⁸Os quatro seres vivos, cada qual com seis asas, eram cheios de olhos ao redor e por dentro. E não cessavam de repetir dia e noite:*

"Santo, Santo, Santo, Senhor,
Deus, soberano do universo,
aquele que era, que é e que vem".

⁹E cada vez que aqueles seres vivos* rendiam glória, honra e ação de graças àquele que estava sentado no trono e que vive pelos séculos dos séculos, ¹⁰os vinte e quatro anciãos se prostravam diante daquele que estava sentado no trono, para adorar aquele que vive pelos séculos dos séculos e lançavam suas coroas diante do trono, dizendo:

¹¹"Vós sois digno, ó Senhor e nosso Deus,
de receber a glória, a honra e o poder,
porque criastes todas as coisas,
e por vossa vontade foram criadas e subsistem".

5 **O livro selado e o Cordeiro.** ¹Na mão direita daquele que estava sentado* no trono eu vi um livro, escrito de ambos os lados e selado com sete selos†. ²E vi um anjo forte, proclamando em alta voz: "Quem é digno de abrir o livro e de romper seus selos?" ³Mas ninguém era capaz, nem no céu, nem na terra, nem debaixo da terra, de abrir o livro ou de olhar para ele. ⁴Eu chorava muito, porque ninguém fora achado digno de abrir o livro ou de olhar para ele. ⁵Então um dos anciãos* me disse: "Não chores; o leão da tribo de Judá, a raiz de Davi, alcançou a vitória, para abrir o livro e seus sete selos".

⁶Então eu vi, de pé, entre o trono e os quatro seres vivos* e no meio dos anciãos, um Cordeiro como que imolado. Tinha sete chifres e sete olhos†, que são os sete espíritos de Deus enviados por toda a terra. ⁷Ele veio então receber o livro da mão direita daquele que estava sentado no trono. ⁸E, quando o recebeu, os quatro seres vivos e os vinte e quatro anciãos prostraram-se diante do Cordeiro, tendo cada um uma harpa e taças de ouro cheias de perfume, que são as orações dos santos. ⁹Eles cantavam um cântico novo, dizendo:

"Vós sois digno de receber o livro
e de abrir seus selos,
pois fostes imolado
e resgatastes para Deus, com vosso sangue,
homens de toda raça, língua, povo e nação;
¹⁰e fizestes deles, para nosso Deus,*
um reino de sacerdotes que reinem sobre a terra".

¹¹E em minha visão ouvi também a voz* de uma multidão de anjos que rodeavam o trono, os seres vivos e os anciãos. Eram miríades de miríades e milhares de milhares. ¹²Eles clamavam em alta voz: "O Cordeiro que foi imolado é digno de receber o poder,* a riqueza, a sabedoria, a força, a honra, a glória e o louvor!"†

---

* **4**,4. Is 24,23 | 5. Êx 19,16 | 7. Ez 1,5.13.18 | 8. Is 6,2s | 9. Dn 4,31 | **5**,1. Is 29,11; Ez 2,9s; Dn 8,26 | 5. Gn 49,9s; Is 11,1.10 | 6. Is 53,7; Zc 4,10 | 10. 1,6; Êx 19,6; Is 61,6 | 11. Dn 7,10 | 12. Fl 2,7ss

† **4**,4. São os 12 patriarcas do AT e os 12 apóstolos do NT. Doze é o número do povo eleito. | 6. Os quatro seres vivos representam as perfeições da criação. | **5**,1. O livro que contém os decretos divinos sobre a história humana está selado, isto é, ninguém conhece seu segredo, a não ser o Cordeiro, o Mediador da revelação. | 6. Este Cordeiro representa o Cristo ressuscitado; traz os sinais de seu sacrifício, mas está de pé, vivo. Chifres, olhos, espíritos representam a onipotência, a onisciência e a plenitude do Espírito que ele possui. | 12. Cristo, vitorioso dos poderes humanos hostis a ele, estabelece seu Reino eterno.

1489   Apocalipse 5-7

¹³Ouvi então que todas as criaturas no céu, na terra e debaixo da terra e no mar, e tudo quanto neles existe proclamavam: "Àquele que está sentado no trono e ao Cordeiro, louvor, honra, glória e poder pelos séculos dos séculos!"

¹⁴E os quatro seres vivos diziam: "Amém!" E os anciãos se prostraram em adoração.

6 O cordeiro abre os quatro primeiros selos: os quatro cavaleiros.

¹Eu vi quando o Cordeiro abriu* o primeiro dos sete selos; ouvi o primeiro dos quatro seres vivos gritar com voz semelhante a um trovão: "Vem!"

²E vi um cavalo branco. Quem o montava tinha um arco; foi-lhe dada uma coroa e ele partiu como vencedor, e para vencer ainda.

³Quando ele abriu o segundo selo, ouvi o segundo ser vivo dizer: "Vem!" ⁴Saiu então um outro cavalo, vermelho. A quem o montava foi dado o poder de banir da terra a paz, para que os homens se matassem entre si,* e foi-lhe dada uma grande espada.

⁵Quando ele abriu o terceiro selo, ouvi o terceiro ser vivo gritar: "Vem!" E vi um cavalo preto. E quem o montava tinha na mão uma balança. ⁶Ouvi então uma voz, vinda do meio dos quatro seres vivos, que dizia: "Um litro de trigo por um denário e três litros de cevada por um denário!† Não causes dano nem ao vinho, nem ao azeite!"

⁷Quando ele abriu o quarto selo, ouvi o grito do quarto ser vivo, que dizia: "Vem!" ⁸E vi um cavalo esverdeado†. E quem o montava chamava-se a Morte; e a morada dos mortos a acompanhava. E foi-lhe dado poder sobre a quarta parte da terra, para exterminar pela espada, pela fome, pela peste e pelas feras da terra.*

O quinto selo. A oração dos mártires. ⁹Quando abriu o quinto selo, vi debaixo do altar as almas daqueles que foram imolados por causa da palavra de Deus e do testemunho que tinham dado. ¹⁰Eles clamaram em alta voz: "Até quando, Senhor santo e verdadeiro,* tardareis a fazer justiça e a vingar nosso sangue contra os habitantes da terra?"

¹¹Então foi dada a cada um deles uma veste branca† e foi-lhes dito também que tivessem ainda um pouco de paciência, até que se completasse o número de seus companheiros no serviço e de seus irmãos que iriam ser mortos como eles.

O sexto selo. ¹²Vi quando abriu o sexto selo:* houve um violento terremoto, e o sol se tornou preto como um saco de crina e a lua se tornou toda ela como sangue; ¹³as estrelas do céu* caíram sobre a terra como os figos ainda verdes que a figueira deixa cair quando agitada pela tempestade; ¹⁴o céu se retirou como um volume que é enrolado, e todos os montes e ilhas se deslocaram de seus lugares. ¹⁵Então os reis da terra,* os nobres, os comandantes, os ricos, os poderosos, todos enfim, escravos ou livres, foram esconder-se nas cavernas e entre os rochedos das montanhas, ¹⁶dizendo às montanhas e aos rochedos: "Caí sobre nós* e escondei-nos da face daquele que está sentado no trono e da cólera do Cordeiro. ¹⁷Porque chegou o grande dia de sua cólera, e quem poderá ficar de pé?"

7 A multidão dos eleitos.

¹Depois disso vi quatro anjos,* de pé nos quatro cantos da terra, segurando os quatro ventos da terra, para que não soprasse nenhum vento sobre a terra, nem sobre o mar, nem sobre árvore alguma. ²Depois, vi outro anjo que subia

---

* **6**,1. Zc 1,8; 6,1ss; Jr 15,2ss; Ez 5,17; 14,13-21 | 4. Êx 21,14ss | 8. Jr 15,3 | 10. Zc 1,12 | 12. Is 13,10; Ez 32,7; Lc 21,25 | 13. Is 34,4; Mt 24,29 | 15. Is 2,10.19 | 16. Os 10,8; Lc 23,30; Is 2,10 | **7**,1. Dn 7,2; Zc 6,5; Ez 7,2; Jr 49,36; Jl 2,11; Na 1,6

† **6**,6. Esses preços exorbitantes dos gêneros de primeira necessidade indicam uma situação de fome e de miséria. | 8. As cores dos cavalos têm cada qual seu sentido: o branco indica vitória, o vermelho a guerra, o preto a fome, e o esverdeado a morte. | 11. Símbolo de alegria e de triunfo.

Apocalipse 7-8

do Oriente, trazendo o selo do Deus vivo; com voz bem forte, gritou para os quatro anjos que tinham recebido o poder de causar danos à terra e ao mar: ³"Não causeis danos à terra, nem ao mar, nem às árvores, até que marquemos com o selo a fronte* dos servos de nosso Deus!" ⁴E eu ouvi o número dos que foram marcados: eram cento e quarenta e quatro mil†, de todas as tribos dos israelitas. ⁵Da tribo de Judá, doze mil; da tribo de Rúben, doze mil; da tribo de Gad, doze mil; ⁶da tribo de Aser, doze mil; da tribo de Neftali, doze mil; da tribo de Manassés, doze mil; ⁷da tribo de Simeão, doze mil; da tribo de Levi, doze mil; da tribo de Issacar, doze mil; ⁸da tribo de Zabulon, doze mil; da tribo de José, doze mil; da tribo de Benjamim, doze mil.

O triunfo dos eleitos no céu. ⁹Depois disso vi uma grande multidão* que ninguém podia contar, de toda nação, tribo, povo e língua. Estavam de pé diante do trono e diante do Cordeiro, vestidos de branco e com palmas na mão, ¹⁰e gritavam bem alto: "A salvação pertence* a nosso Deus, que está sentado no trono, e ao Cordeiro!"

¹¹E todos os anjos reunidos ao redor do trono e dos anciãos e dos quatro seres vivos prostraram-se com a face em terra diante do trono e adoraram a Deus, ¹²dizendo: "Amém! A nosso Deus pertencem o louvor, a glória, a sabedoria, a ação de graças, a honra, o poder e a força pelos séculos dos séculos! Amém!"

¹³Um dos anciãos dirigiu-se a mim perguntando-me: "Quem são e de onde vieram estes que estão vestidos de branco?" ¹⁴Eu lhe respondi: "Meu Senhor,* tu o sabes!" Ele, então, me explicou: "Estes são os que vêm da grande tribulação e lavaram suas vestes e as tornaram brancas no sangue do Cordeiro. ¹⁵Por isso estão diante do trono de Deus, servindo-o noite e dia em seu

templo; e aquele que está sentado no trono estenderá sua tenda sobre eles. ¹⁶Não terão mais fome,* nem sede; nem o sol os afligirá, nem ardor algum, ¹⁷pois o Cordeiro que está no meio do trono será seu Pastor e os conduzirá às fontes de água viva. E Deus enxugará toda lágrima de seus olhos".

III. AS SETE TROMBETAS
(8,1–11,14)

8 **O sétimo selo.** ¹Quando abriu o sétimo selo, houve no céu um silêncio de mais ou menos meia hora.

²E eu vi os sete anjos que estão diante de Deus; foram-lhes dadas sete trombetas. ³Um outro anjo veio colocar-se perto do altar,* com um turíbulo de ouro. Deram-lhe muitos perfumes para que os oferecesse, com as orações de todos os santos, sobre o altar de ouro situado diante do trono. ⁴E da mão do anjo a fumaça dos perfumes se elevou diante de Deus* com as orações dos santos. ⁵Depois o anjo tomou o turíbulo, encheu-o com o fogo do altar e o atirou sobre a terra; houve então trovões, clamores, relâmpagos e terremotos.

As seis primeiras trombetas. ⁶Os sete anjos que tinham as sete trombetas prepararam-se para tocá-las. ⁷O primeiro tocou. Caiu então sobre a terra* granizo e fogo misturados com sangue; uma terça parte da terra se queimou, um terço das árvores se queimou e toda erva verde se queimou. ⁸O segundo anjo tocou. E algo como uma grande montanha* incandescente foi lançada ao mar, e a terça parte do mar se transformou em sangue; ⁹morreu assim a terça parte das criaturas animadas que vivem no mar, e a terça parte dos navios foi destruída. ¹⁰O terceiro anjo tocou. Caiu então do céu* uma grande estrela, ardente como uma tocha, e se abateu sobre a terça parte

---

* **7**,3. Ez 9,4.6; Êx 12,7-14; Nm 1,20-43 | **9.** 15,2-5; Gn 15,5 | **10.** Sl 3,9 | **14.** Dn 12,1; Mt 24,21 | **16.** Is 49,10; 25,8; Ez 34,23; Sl 23,2 | **8**,3. Tb 12,15 | **4.** Sl 141,2; Ez 8,1; 10,2; Lv 16,12 | **7.** Êx 9,24; Jl 3,3 | **8.** Êx 7,20s; Is 14,12 | **10.** Dn 8,10

† **7**,4. O número dos marcados é simbólico: designa plenitude e perfeição.

1491 Apocalipse 8-9

dos rios e sobre as fontes; [11]o nome da estrela é "Absinto"†; a terça parte das águas* se converteu em absinto, e muitas pessoas morreram por causa dessas águas que se tornaram amargas. [12]O quarto anjo tocou. Então foram atingidos um terço do sol,* um terço da lua e um terço das estrelas; a terça parte deles se obscureceu, e tanto o dia como a noite perderam a terça parte de sua claridade.

[13]Eu vi e ouvi uma águia que voava no meio do céu e gritava em voz alta: "Ai, ai, ai dos habitantes da terra, por causa dos toques das últimas trombetas que os três anjos vão tocar!"

9 **A quinta trombeta.** [1]O quinto anjo tocou.* Então eu vi uma estrela que havia caído do céu sobre a terra. Foi-lhe dada a chave do poço do abismo. [2]Ela abriu o poço do abismo e de lá subiu uma fumaça, como a de uma imensa fornalha, de tal modo que escureceu o sol e a atmosfera. [3]E da fumaça saíram gafanhotos† que se espalharam* sobre a terra, e foi-lhes dado um poder semelhante ao dos escorpiões da terra. [4]Receberam ordem de não causar dano à vegetação, nem às plantas, nem às árvores, mas somente aos homens que não tivessem na fronte o selo de Deus. [5]Foi-lhes concedida a permissão não de matá-los, mas de atormentá-los durante cinco meses. A dor que provocam se parece com a da picada de escorpião numa pessoa. [6]Naqueles dias, os homens procurarão* a morte, mas não a encontrarão; desejarão morrer, mas a morte fugirá deles.

[7]O aspecto daqueles gafanhotos* era semelhante ao de cavalos preparados para a guerra; sobre a cabeça deles parecia haver coroas de ouro, e seus rostos eram como rostos humanos; [8]tinham cabelos* como os cabelos de mulheres; seus dentes eram como dentes de leões;

[9]tinham couraças como que de ferro, e o ruído de suas asas era como o ruído de carros com muitos cavalos* a correrem para o combate. [10]Tinham caudas parecidas com a dos escorpiões, com ferrões; e em suas caudas se acha seu poder de torturar os homens durante cinco meses. [11]A sua frente, como rei, tinham o anjo do abismo, cujo nome em hebraico é Abaddon e em grego Apollyon†.

[12]O primeiro "ai" passou; depois dele vêm ainda dois "ais".

A sexta trombeta. [13]O sexto anjo tocou.* Ouvi então uma voz que vinha das quatro pontas do altar de ouro colocado diante de Deus; [14]ela dizia ao sexto anjo que trazia a trombeta: "Solta os quatro anjos que estão presos junto ao grande rio Eufrates". [15]Foram então soltos os quatro anjos que estavam prontos para a hora, o dia, o mês e o ano, para matarem a terça parte dos homens. [16]O exército deles era de duzentos milhões de cavaleiros: ouvi bem seu número. [17]Assim me apareceram na visão os cavalos e seus cavaleiros: estes vestiam couraças de fogo, de jacinto e de enxofre; a cabeça dos cavalos era como as dos leões, e da boca deles saía fogo, fumaça e enxofre. [18]Então a terça parte dos homens foi morta por estes três flagelos: o fogo, a fumaça e o enxofre que saíam da boca dos cavalos. [19]Pois o poder dos cavalos está em sua boca e também em suas caudas; com efeito, estes possuem, como as serpentes, cabeças de que se servem para causar dano.

[20]E os outros homens* que escaparam desses flagelos não se arrependeram das obras de suas mãos: não deixaram de adorar os demônios, esses ídolos de ouro, de prata, de bronze, de pedra e de madeira, que não podem ver, nem ouvir, nem andar. [21]Tampouco se converteram de seus homicídios, magias, impurezas e roubos.

---

* **8**,11. Jr 9,14 | 12. Êx 10,21; Is 13,10; Mt 24,29 | **9**,1. Lc 10,18; Gn 19,28 | 3. Êx 10,12ss; Sb 16,9 | 6. Jó 3,21; Lc 23,30 | 7. Sb 16,9 | 8. Jl 1,6 | 9. Jl 2,5 | 13. Êx 30,1ss | 20. Is 2,8; Dn 5,4; Br 6; Sl 115,4s

† **8**,11. "Absinto", a planta mais amarga de todas as conhecidas e tida como venenosa, evoca a extrema amargura do castigo divino. | **9**,3. Monstros que figuram os poderes infernais a serviço de seu rei, o anjo do abismo, v. 11. | 11. Esses termos significam destruição, ruína, destruidor.

Apocalipse 10-11   1492

10 O anjo e o livrinho.
[1]Eu vi depois um anjo forte descendo do céu, envolto numa nuvem; sobre sua cabeça estava um arco-íris; seu rosto era como o sol e suas pernas pareciam colunas de fogo. [2]Tinha na mão um livrinho aberto. Pôs o pé direito sobre o mar, o esquerdo sobre a terra [3]e deu um grito forte como o rugido do leão.* Quando gritou, os sete trovões fizeram ressoar suas vozes. [4]E quando os sete trovões ressoaram, eu ia escrever, mas ouvi do céu uma voz me dizer: "Guarda em segredo as palavras dos sete trovões e não as escrevas". [5]Então o anjo, que eu tinha visto de pé sobre o mar e sobre a terra,* ergueu a mão direita para o céu [6]e jurou por aquele que vive pelos séculos dos séculos, que criou o céu e o que ele contém, a terra e o que nela existe, o mar e o que ele contém:* "Não há mais tempo! [7]Mas nos dias em que se ouvir o sétimo anjo, quando começar a tocar a trombeta, então será consumado o mistério de Deus, segundo a boa nova que ele deu a seus servos, os profetas".

[8]Depois a voz do céu, que eu tinha ouvido, falou-me de novo e disse: "Vai, toma o livrinho aberto da mão do anjo que está de pé sobre o mar e sobre a terra". [9]Fui, então, pedir ao anjo que me desse o livrinho; ele me disse:* "Toma-o e devora-o; ele vai te amargar o estômago, mas em tua boca será doce como o mel". [10]Recebi o livrinho da mão do anjo e o devorei;* em minha boca era doce como o mel, mas quando acabei de devorá-lo, amargou meu estômago[+]. [11]Então me foi dito: "É necessário* que profetizes de novo contra uma multidão de povos, de nações, de línguas e de reis".

11 As duas testemunhas.
[1]Depois foi-me dada uma cana,* semelhante a uma vara, e foi-me dito: "Levanta-te para medir[+] o templo de Deus, o altar e os adoradores que lá se encontram; [2]quanto ao pátio externo do templo, deixa-o fora, não o meças, pois foi dado aos pagãos: eles calcarão aos pés a Cidade Santa durante quarenta e dois meses[+]. [3]Mas darei ordem* a minhas duas testemunhas[+] para que profetizem vestidas de saco durante mil e duzentos e sessenta dias". [4]Elas são as duas oliveiras* e os dois candelabros que estão diante do Senhor da terra. [5]Se alguém quiser prejudicá-las, sairá de sua boca um fogo para devorar seus inimigos; e se alguém quiser fazer-lhes mal, é deste modo que deve morrer.

[6]Elas têm o poder de fechar o céu para que não caia chuva alguma durante o tempo de sua missão profética; têm também poder sobre as águas, para transformá-las em sangue, e poder de castigar a terra com todo o tipo de flagelos, quantas vezes o quiserem. [7]Mas, quando acabarem de dar testemunho,* a fera que sobe do abismo fará guerra contra elas, vai vencê-las e matá-las. [8]E seus cadáveres ficarão estirados na praça da grande cidade, chamada simbolicamente Sodoma e Egito, onde também o Senhor deles foi crucificado: [9]E gente de todos os povos, tribos, línguas e nações verão seus corpos durante três dias e meio, sem permitir que sejam sepultados[+]. [10]Os habitantes da terra se rejubilam com isso, ficam alegres e trocam presentes, pois esses dois profetas atormentavam os habitantes da terra. [11]Mas, passados os três dias e meio,* um sopro de

---

* **10**,3. Am 3,8; Os 11,10; Dn 12,4.9 | 5. Dt 32,40; Dn 12,7; Ne 9,6 | 6. Am 3,7 | 9. Ez 2,8 | 10. Ez 3,3 | 11. Jr 1,10; Dn 7,14 | **11**,1. Ez 40,3 | 3. Is 63,18; Dn 8,10 | 4. Zc 4,3.11; 2Sm 22,9; Jr 5,14; 2Rs 1,10 | 7. Dn 7,3.21; Lc 13,34; Is 1,9s | 11. Ez 37,5.10 | 12. 2Rs 2,11

[+] **10**,10. Esta cena, inspirada em Ez 2,8–3,3, significa uma revelação ao mesmo tempo consoladora e amarga que o profeta recebe e transmite: consoladora, porque prediz o triunfo final de Cristo; amarga, porque anuncia as provações que precedem o juízo de Deus. | **11**,1. O gesto de medir indica reconstrução e proteção, Ez 40,3; Zc 2,5s. É a Igreja que é protegida dos ataques dos pagãos. | 2. Os 42 meses, 13,5, ou outras expressões equivalentes, 11,3.9.11; 12,6; 12,14, designam, como em Dn 7,25, o tempo típico da perseguição. | 3. As duas testemunhas são descritas com traços que lembram Moisés e Elias, mas podem designar também Pedro e Paulo, mártires da Igreja nascente. | 9. Porque o testemunho da Igreja mártir não pode ficar esquecido.

1493   Apocalipse 11-12

vida mandado por Deus entrou neles, e puseram-se de pé†; e um grande pavor apoderou-se dos que olhavam para eles. ¹²Ouviram então uma voz forte gritar-lhes do céu: "Subi aqui!" E subiram* para o céu numa nuvem, aos olhos de seus inimigos. ¹³Nesta hora, houve um violento terremoto* e a décima parte da cidade desabou, e no terremoto morreram sete mil pessoas. Os sobreviventes, tomados de medo, deram glória ao Deus do céu.

¹⁴Passou o segundo "ai";* o terceiro virá em breve.

IV. OS SETE SINAIS (11,15–14,20)

A sétima trombeta. ¹⁵O sétimo anjo tocou. Então, no céu, vozes fortes clamaram: "A realeza do mundo passou agora para nosso Senhor e para seu Cristo; ele reinará pelos séculos dos séculos".

¹⁶E os vinte e quatro anciãos,* que estão sentados em seus tronos diante de Deus, prostraram-se para adorar a Deus, dizendo:

¹⁷"Nós vos damos graças,*
Senhor, Deus soberano do universo,
aquele que é e que era,
porque assumistes vosso imenso poder
para estabelecer vosso reino.
¹⁸As nações tinham-se enfurecido;*
mas chegou vossa ira,
e o tempo de serem julgados os mortos
e de recompensar vossos servos,
os profetas, os santos e os que temem vosso nome,
pequenos e grandes;

chegou o tempo de exterminar os que exterminam a terra".

A Mulher e o Dragão. ¹⁹Então abriu-se o templo de Deus, que está no céu, e apareceu nele a arca de sua aliança†. Houve relâmpagos, vozerio, trovões, terremotos e um forte granizo.

12 ¹Um grande sinal apareceu no céu: uma Mulher vestida com o sol,* tendo a lua sob os pés e uma coroa de doze estrelas na cabeça†. ²Estava grávida e gritava de dor, angustiada para dar à luz. ³Apareceu ainda um outro sinal* no céu: um enorme Dragão, cor de fogo, com sete cabeças e dez chifres, e sobre as cabeças sete diademas; ⁴sua cauda arrastou um terço das estrelas do céu, atirando-as sobre a terra. O Dragão parou diante da Mulher que estava para dar à luz, para engolir seu filho, logo que nascesse.

⁵Ela deu à luz um filho, um menino, aquele que vai governar todas as nações* com cetro de ferro. Mas seu filho foi arrebatado para junto de Deus e de seu trono†. ⁶E a Mulher fugiu para o deserto, onde Deus lhe havia preparado um refúgio, para que lá fosse alimentada durante mil e duzentos e sessenta dias.

⁷Houve então uma batalha* no céu: Miguel e seus anjos guerrearam contra o Dragão. E o Dragão lutou, junto com seus anjos, ⁸mas foram derrotados e expulsos do céu. ⁹E o enorme Dragão, a antiga serpente,* o diabo ou Satanás, como é chamado, o sedutor do mundo inteiro, foi lançado sobre a terra, e seus anjos foram lançados junto com ele.

¹⁰Ouvi, então, uma voz forte no céu, proclamando:

---

* **11**,13. Ez 38,19s | 14. 8,13 | 16. Dn 7,14; Zc 14,9 | 17. Am 4,13; Is 41,4 | 18. Sl 2,1-5; Am 3,7 | **12**,1. Is 7,14; Is 66,7; Gn 37,9 | 3. Dn 7,7; 8,10 | 5. Sl 2,9; Is 66,7 | 7. Dn 10,13 | 9. Jo 12,31; Zc 3,1s; Gn 3,13s; Jó 1,9s

† **11**,11. Os mártires estão destinados à ressurreição e à glorificação, como na visão de Ez 37,5.10, lembrada aqui. | 19. Uma tradição judaica afirmava que a arca da aliança, desaparecida no incêndio do templo em 586 a.C., haveria de reaparecer nos últimos tempos. Ver 2Mc 2,4-8. A arca simboliza a presença definitiva de Deus no meio de seu povo glorificado. | **12**,1. Conforme a profecia de Gn 3,15, o povo eleito está em luta com as forças do mal; a Mulher representa esse povo, do qual nasce o Messias, v. 5. Esse povo de Deus, a Igreja, é apresentado com uma imagem que faz pensar em Maria, Mãe do Messias, Mãe da Igreja, "sinal de segura esperança e de conforto para o povo de Deus peregrino" (Vat. II). | 5. Esta cena designa a Paixão e a Ressurreição de Jesus, sua vitória contra o mal; o deserto onde vive a Mulher representa a caminhada da Igreja.

Apocalipse 12-13

"Agora chegou a salvação,
o poder e a realeza de nosso Deus
e a autoridade de seu Ungido,
porque foi expulso o Acusador de
nossos irmãos,
aquele que os acusava dia e noite
diante de nosso Deus.
[11]Mas eles o venceram pelo sangue
do Cordeiro
e pela palavra que testemunharam,
pois desprezaram sua própria vida
até à morte.
[12]Por isso, alegrai-vos, ó céus e seus
habitantes!*
Ai de vós, terra e mar,
pois o diabo desceu para junto de
vós,
cheio de grande ira,
sabendo que lhe resta pouco tempo".
[13]Vendo-se precipitado na terra, o
Dragão lançou-se em perseguição da
Mulher, que dera à luz o menino. [14]Ela,
porém, recebeu as duas asas da grande
águia para voar para o deserto, até
seu refúgio, onde, longe da Serpente,
ela deve ser alimentada por um tempo, por tempos e por metade de um
tempo. [15]A Serpente vomitou então
de sua garganta como que um rio de
água atrás da Mulher† para arrastá-
-la em suas águas. [16]Mas a terra veio
em auxílio da Mulher: abrindo a boca,
engoliu o rio vomitado pela boca do
Dragão. [17]Então, furioso contra a Mulher,* o Dragão foi guerrear contra o
resto dos filhos dela, os que guardam
os mandamentos de Deus e possuem o
testemunho de Jesus.
[18]E eu fiquei na praia do mar.

13

As duas Feras. [1]Vi então surgir do mar uma Fera† que tinha
sete cabeças e dez chifres,* e sobre os
chifres dez diademas, e sobre as cabeças nomes blasfemos. [2]A Fera que eu
vi parecia uma pantera, com patas semelhantes às do urso e a boca como a
do leão. E o Dragão lhe transmitiu seu
poder, seu trono e uma grande autoridade. [3]Uma de suas cabeças parecia
mortalmente ferida, mas foi curada sua
ferida mortal. Então, maravilhada, a terra inteira seguiu a Fera. [4]Prostraram-se
diante do Dragão, porque ele havia entregue a autoridade à Fera; prostraram-
-se diante da Fera, dizendo: "Quem é
igual à Fera e quem pode lutar contra
ela?" [5]Foi-lhe dada uma boca* para
proferir palavras de orgulho e de blasfêmia; foi-lhe dado poder para agir
durante quarenta e dois meses. [6]Então
ela se pôs a proferir blasfêmias contra
Deus, a blasfemar seu nome, sua morada e os que habitam no céu. [7]Foi-lhe
permitido guerrear* contra os santos e
vencê-los; foi-lhe dada autoridade sobre toda tribo, povo, língua ou nação.
[8]E hão de adorá-la todos os habitantes da terra, cujos nomes não se acham
escritos, desde a origem do mundo,
no livro de vida do Cordeiro imolado.
[9]Quem tem ouvidos ouça: [10]"Correntes para quem deve ser acorrentado;*
morte pela espada para quem deve
morrer pela espada!"
Nisto se baseiam a perseverança e a
confiança dos santos.
[11]Vi depois surgir da terra outra Fera;
tinha dois chifres como um cordeiro,
mas falava como um Dragão. [12]Está
a serviço da primeira Fera: estabelece
por toda a parte a autoridade desta, fazendo a terra e seus habitantes adorar
a primeira Fera†, cuja ferida mortal fora
curada. [13]Ela realiza prodígios admiráveis:* chega a fazer descer fogo do céu
sobre a terra à vista de todos. [14]E pelos
prodígios que lhe foi dado realizar a
serviço da Fera, ela seduz os habitantes
da terra, excitando-os a fazer uma imagem em honra desta Fera que, ferida
pela espada, retornou à vida. [15]Foi-lhe
dado até mesmo infundir espírito* na

---

* **12**,12. Is 49,13; Jo 12,25 | 17. Gn 3,15 | **13**,1. Dn 7,1.4-8 | 5. Dn 7,8.11-25 | 7. Dn 7,21; 12,1; Sl 69,29 | 10.
Jr 15,2; Mt 26,52 | 13. Mt 24,24; 2Ts 2,9s; Dt 13,2ss | 15. Dn 3,5s

† **12**,15. O rio é o império romano, que tenta arrastar a Igreja, mas será ele próprio tragado. | **13**,1. Este
monstro personifica o império romano e seu imperador, que se faz adorar como deus. | 12. A segunda fera
será chamada de "falso profeta", 16,13; 19,20. É descrita com termos semelhantes aos de Mt 7,15; 24,24.

Apocalipse 13-14

imagem da Fera, para fazê-la falar e fazer com que fossem mortos todos os que não adorassem a imagem da Fera. 16E faz também com que todos, pequenos e grandes, ricos e pobres, livres e escravos, recebam uma marca* na mão direita ou na testa, 17de modo que ninguém possa comprar ou vender coisa alguma, se não estiver marcado com o nome da Fera ou com o número de seu nome.

18Aqui é preciso ter sabedoria!* Quem tem inteligência, calcule o número da Fera, pois é um número de homem: seu número é seiscentos e sessenta e seis†.

14 O cordeiro e seus eleitos. 1Vi depois o Cordeiro de pé* sobre o monte Sião, e com ele os cento e quarenta e quatro mil que traziam na testa o nome dele e o nome de seu Pai. 2E ouvi uma voz vinda do céu,* semelhante ao barulho de muitas águas e ao ruído de um forte trovão; a voz que eu ouvi era como o som de citaristas tocando suas cítaras. 3Cantam um cântico novo* diante do trono e diante dos quatro seres vivos e dos anciãos. Ninguém podia aprender o cântico, senão os cento e quarenta e quatro mil que foram resgatados da terra. 4Estes são os que não se contaminaram com mulheres, pois são virgens†. Seguem o Cordeiro aonde quer que ele vá. Estes foram resgatados dentre os homens como primícias para Deus e para o Cordeiro. 5Em sua boca nunca se achou a mentira: são imaculados.*

Os anjos anunciam o julgamento. 6Depois vi um outro anjo que voava no meio do céu e que tinha um evangelho eterno para anunciar aos que habitam sobre a terra, a toda nação, tribo, língua e povo. 7Ele dizia em alta voz: "Temei a Deus e glorificai-o,*

pois chegou a hora de seu julgamento;

adorai, pois, aquele que fez o céu, a terra, o mar

e as fontes das águas".

8E um outro, um segundo anjo, o seguiu, dizendo:

"Caiu, caiu Babilônia, a grande†,

a que deu a beber a todas as nações o vinho do furor de sua prostituição!"*

9E um outro, um terceiro anjo, seguiu-os, dizendo em alta voz: "Todo aquele que adora a Fera e sua imagem, que recebe sua marca na fronte ou na mão, 10vai beber também o vinho* do furor de Deus, que está preparado, puro, na taça de sua cólera. Vai sofrer o tormento do fogo e do enxofre* diante dos santos anjos e diante do Cordeiro". 11A fumaça de seu tormento se eleva pelos séculos dos séculos; não têm descanso, nem de dia e nem de noite, os que adoram a Fera e sua imagem e os que recebem a marca de seu nome. 12Nisto se baseia a perseverança dos santos, os que guardam os mandamentos de Deus e a fé em Jesus.

13Depois ouvi uma voz do céu* que dizia: "Escreve: Felizes os mortos que morrem no Senhor; doravante, diz o Espírito, descansem de suas fadigas, porque suas obras os acompanham".*

A ceifa e a vindima da terra. 14E eu vi uma nuvem branca,* e sobre a nuvem estava sentado alguém parecido com um Filho de Homem, com uma coroa de ouro na cabeça e uma foice afiada na mão. 15Depois um outro anjo saiu do templo* e gritou com voz forte para

---

* **13**,16. 7,3; 14,9.11; 16,2; 19,20; 20,4 | **18**. 17,9; 1Rs 10,14 | **14**,1. Ez 9,4 | 2. Ez 1,24; 43,2 | 3. Sl 33,3; Is 42,10 | 5. Is 53,9; Sf 3,12 | 7. Sl 146,6; Êx 20,11 | 8. Dn 4,27; Is 21,9; Jr 51,7s | 10. Is 51,17 / Gn 19,24 | 13. Hb 4,10 / Is 57,2 | 14. Dn 7,13 | 15. Jl 4,13 / Mt 13,39.41

† **13**,18. Este número 666 deve representar o nome de alguém que viveu na época do autor. Provavelmente designa "César Nero", primeiro perseguidor dos cristãos. As letras dos alfabetos grego e hebraico tinham todas um valor numérico, servindo de algarismos. | **14**,4. São "virgens" os que não se contaminaram com a idolatria, em cujos rituais entravam relações com mulheres. | 8. O nome de Babilônia, a grande opressora do povo de Deus no AT, foi aplicado a todo império que se opunha aos eleitos de Deus. Aqui, como em 1Pd 5,13, designa Roma, também chamada "grande Prostituta", 17,1. | 15. Como na parábola do joio e do trigo, Mt 13,39, a ceifa é imagem do juízo final.

Apocalipse 14-16   1496

aquele que estava sentado na nuvem: "Lança tua foice,* pois é hora de ceifar†; a seara da terra está madura". ¹⁶Então aquele que estava sentado sobre a nuvem lançou sua foice sobre a terra, e a terra foi ceifada.

¹⁷Nisto saiu do templo que está no céu um outro anjo, que também tinha uma foice afiada. ¹⁸E um outro anjo, que tem poder sobre o fogo, saiu do altar e gritou com voz forte para aquele que tinha a foice afiada: "Lança tua foice afiada, vindima os cachos da vinha da terra,* pois suas uvas estão maduras". ¹⁹O anjo então lançou sua foice afiada sobre a terra, vindimou a vinha da terra e lançou a vindima no grande lagar da ira de Deus. ²⁰O lagar foi pisado fora da cidade e o sangue que dele saiu chegou até os freios dos cavalos, numa extensão de mil e seiscentos estádios†.

V. AS SETE TAÇAS DA CÓLERA (15,1–16,16)

15 **Cântico de vitória.** ¹Vi ainda no céu um outro sinal,* grande e maravilhoso: sete anjos com sete pragas, as últimas, pois elas devem consumar a cólera de Deus. ²E eu vi como que um mar de cristal misturado com fogo, e os que venceram a Fera, sua imagem e o número de seu nome, de pé sobre este mar de cristal e, ao som das cítaras de Deus, ³cantavam o cântico de Moisés†, servo de Deus,* e o cântico do Cordeiro, dizendo:

"Grandes e maravilhosas são vossas obras,

Senhor, Deus todo-poderoso;

justos e verdadeiros são vossos caminhos,

ó Rei das nações!

⁴Quem não temerá, Senhor, e não glorificará vosso nome?*

Pois só vós sois santo;

e todas as nações virão prostrar-se diante de vós,

porque vossas justas decisões se manifestaram".

As sete taças†. ⁵Depois disso vi abrir-se no céu o templo,* a tenda do testemunho, ⁶donde saíram os sete anjos com as sete pragas. Estavam vestidos de linho puro, resplandecentes e cingidos à altura do peito com cintos de ouro. ⁷Um dos quatro seres vivos* entregou aos sete anjos sete taças de ouro, cheias da cólera do Deus que vive pelos séculos dos séculos. ⁸E o templo se encheu de fumaça, produzida pela glória de Deus* e por seu poder, de modo que ninguém podia entrar no templo, até que estivessem consumadas as sete pragas dos sete anjos.

16 ¹E ouvi uma voz que, do templo,* gritava aos sete anjos: "Ide e derramai sobre a terra as sete taças da cólera de Deus!" ²O primeiro saiu e derramou sua taça sobre a terra; e uma úlcera maligna e dolorosa atingiu as pessoas que tinham a marca da Fera e as que adoravam sua imagem. ³O segundo derramou sua taça no mar,* o qual se tornou sangue, como o de um morto, e morreu todo ser vivo que estava no mar. ⁴O terceiro derramou sua taça* nos rios e nas fontes de águas que se tornaram sangue. ⁵Ouvi o anjo das águas dizer: "Sois justo, vós que sois e que éreis, o Santo, castigando assim; ⁶porque derramaram o sangue dos santos e dos profetas, e portanto é sangue que os fazeis beber; eles o merecem!"

⁷E ouvi que o altar dizia:*

"Sim, Senhor Deus, soberano do universo, vossos juízos são verdadeiros e justos".

⁸O quarto derramou sua taça sobre o sol; então foi-lhe dado queimar os homens com o fogo. ⁹E os homens fo-

---

* **14**,18. Is 63,3 | **15**,1. Lv 26,21 | 3. Êx 15,1; 34,10; Dt 32,4; Sl 111,2 | 4. Jr 10,6; Sl 86,9; Ml 1,11 | 5. Lv 26,11 | 7. Sl 19,9s | 8. Êx 40,29; Is 6,4; Ez 44,4 | **16**,1. Is 66,6; Jr 10,25; Sf 3,8; Êx 9,10; Dt 28,35 | 3. Êx 7,17-21 | 4. Êx 7,20 | 7. 6,9; 8,3s; Sl 19,10

† **14**,20. Ou seja, 296 km. | **15**,3. O cântico de vitória após a passagem do mar Vermelho, Êx 15,2-19. | 5. Todo este trecho inspira-se no relato das pragas do Egito, Êx 7–12.

Apocalipse 16-17

ram queimados por um calor terrível; mas, longe de se arrependerem, dando glória a Deus, blasfemaram o nome de Deus que tinha em seu poder essas pragas. [10]O quinto derramou sua taça* sobre o trono da Fera. Então seu reino se transformou em trevas, e os homens mordiam a língua de dor. [11]Mas, longe de se arrependerem de seus atos, eles blasfemaram contra o Deus do céu por causa de suas dores e úlceras. [12]O sexto derramou sua taça* sobre o grande rio Eufrates; então suas águas secaram, dando passagem aos reis do Oriente. [13]Depois eu vi sair da boca do Dragão,* da boca da Fera e da boca do falso profeta três espíritos impuros, como sapos. [14]De fato, são espíritos demoníacos: fazem prodígios e vão reunir os reis do mundo inteiro para a guerra do grande dia do Deus soberano do universo. [15]Eu venho como um ladrão:* feliz aquele que está vigilante e conserva suas vestes para não ir nu e deixar que vejam sua vergonha†. [16]Eles os reuniram no lugar* chamado em hebraico Harmagedon†.

VI. AS SETE VOZES DO CÉU
(16,17–19,5)

A sétima taça. [17]E o sétimo derramou sua taça pelo ar; nisto saiu uma forte voz do templo, dizendo: "Está feito!" [18]Houve então relâmpagos, vozerio, trovões* e um forte terremoto, tão violento como nunca se viu desde que os homens existem sobre a terra! [19]A grande cidade dividiu-se em três partes, e as cidades das nações desabaram; Deus se lembrou então de Babilônia,* a grande, para fazê-la beber o cálice do vinho do furor de sua ira. [20]Então as ilhas todas fugiram e as montanhas* desapareceram. [21]Caiu do céu sobre os homens uma chuva de pedras do peso de um talento†. E os homens blasfemaram contra Deus por causa da praga do granizo, porque foi terrível seu flagelo.

17 **O julgamento da grande Prostituta.** [1]Então veio um dos sete anjos que tinham as sete taças* e me disse: "Vem! Vou mostrar-te o julgamento da grande Prostituta†, que está sentada à beira de muitas águas. [2]Com ela se prostituíram os reis da terra, e os habitantes da terra se embriagaram com o vinho de sua prostituição". [3]Ele me transportou ao deserto,* em espírito. Vi então uma mulher sentada sobre uma Fera escarlate, coberta de nomes blasfemos, com sete cabeças e dez chifres. [4]A mulher estava vestida* de púrpura e escarlate, enfeitada de ouro, pedras preciosas e pérolas; tinha na mão um cálice de ouro, cheio de abominações e das imundícies de sua prostituição. [5]Em sua fronte estava escrito* um nome misterioso: "Babilônia, a grande, a mãe das prostitutas e das abominações da terra". [6]Vi que a mulher estava embriagada com o sangue dos santos e com o sangue das testemunhas de Jesus. Vendo-a, fiquei muito espantado, [7]mas o anjo me disse: "Por que estás espantado? Vou explicar-te o mistério da mulher* e da Fera de sete cabeças e dez chifres que a carrega.

A Fera e a prostituta. [8]A Fera que viste existia, mas não existe mais; ela vai subir do abismo, mas caminha para a perdição. E os habitantes da terra, cujos nomes não foram escritos no livro da

---

* **16**,10. Êx 10,21 | 12. Jr 50,38; Is 44,27 | 13. Êx 8,3; 1Rs 22,21s | 15. Mc 13,33s; 1Ts 5,2 | 16. Zc 12,11; 2Rs 23,29s | 18. Êx 19,16-19; Dn 12,1 | 19. Jr 25,12 | 20. Êx 9,24 | **17**,1. Jr 51,7.13; Is 23,17 | 3. Dn 7,7 | 4. Jr 51,7; Ez 28,13 | 5. Dn 4,27 | 7. Dn 7,3; 12,1

† **16**,15. Este v., que interrompe o texto, deve ter sido inserido aqui por inadvertência; ele ficaria melhor no contexto das sete cartas, por exemplo em 3,3. | 16. Harmagedon é a "montanha de Meguido", local de muitas batalhas, entre as quais aquela em que perdeu a vida o virtuoso rei Josias, 2Rs 23,29. Desde então esse lugar, de triste memória, tornou-se símbolo de derrota e aniquilamento. Aqui a derrota anunciada é a dos inimigos de Deus. | 21. Nesta época, o talento equivalia a 35 quilos. | **17**,1. A grande Prostituta é Roma, erguida sobre sete colinas, v. 9, que se embriaga com o sangue dos mártires imolados nas perseguições de Nero e de Domiciano, v. 6.

Apocalipse 17-18

vida desde a criação do mundo, ficarão admirados quando virem a Fera, porque ela existia, não existe mais, porém reaparecerá. [9]Aqui se requer uma mente que tenha sabedoria: as sete cabeças são sete colinas, sobre as quais a mulher está sentada. São também sete reis, [10]dos quais cinco já passaram, um está vivo e o outro ainda não veio; quando vier, deve durar pouco. [11]Quanto à Fera que existia e não existe mais, é ela própria o oitavo e também um dos sete; ela caminha para a perdição. [12]Os dez chifres que viste* são dez reis; ainda não receberam a realeza, mas receberão um poder real, por uma hora apenas, junto com a Fera. [13]Todos têm uma só intenção: entregar à Fera seu poder* e sua autoridade. [14]Vão fazer guerra contra o Cordeiro, e o Cordeiro os vencerá, porque ele é Senhor dos senhores e Rei dos reis, e os que estão com ele são os chamados, os escolhidos e os fiéis".

[15]O anjo me disse ainda: "As águas que viste, onde está sentada a Prostituta, são povos e multidões, nações e línguas. [16]Mas os dez chifres* que viste e a Fera vão odiar a Prostituta e despojá-la de suas vestes, deixando-a nua; comerão suas carnes e vão consumi-la pelo fogo. [17]Pois Deus lhes inspirou a decisão de realizar seu próprio desígnio: entrar em acordo para entregar sua autoridade real à Fera, até que se cumpram as palavras de Deus. [18]E a mulher que viste é a grande cidade que está reinando sobre os reis da terra".

18

Queda de Babilônia. [1]Depois disso vi descer do céu um outro anjo,* que tinha grande poder, e a terra ficou iluminada com seu esplendor. [2]Ele gritou com voz forte:
"Ela caiu, caiu Babilônia, a grande†,
e tornou-se morada de demônios,*
abrigo de toda a espécie de espíritos impuros,

abrigo de toda a espécie de animais impuros e repelentes.
[3]Pois todas as nações beberam o vinho de suas prostituições,*
os reis da terra se prostituíram com ela
e os comerciantes da terra se enriqueceram com seu luxo desenfreado".

Fuga do povo. [4]Ouvi então outra voz do céu, que dizia:*
"Saí dela, ó meu povo,
para que não sejais cúmplices de suas faltas,
nem tenhais de sofrer com suas pragas!
[5]Pois seus pecados se amontoaram até o céu,*
e Deus se lembrou de suas iniquidades.
[6]Pagai-lhe com a mesma moeda!*
Dai-lhe o dobro de seus atos!
No cálice de suas bebidas,
preparai para ela uma dose dupla!
[7]Conforme a medida de sua riqueza e de seu luxo,*
devolvei-lhe o mesmo tanto em tormentos e desgraças!
Porque ela pensa consigo mesma:
'Estou sentada como rainha,
não sou viúva e jamais verei o luto'.
[8]Por isso, num só dia, suas pragas cairão sobre ela:
morte, luto e fome;
será devorada pelo fogo.
Pois é poderoso o Senhor Deus que a condenou".*

Lamentações sobre Babilônia. [9]Então os reis da terra, seus companheiros na prostituição e no luxo,* chorarão e se lamentarão por causa dela, ao verem a fumaça de seu incêndio. [10]Ficando à distância, por medo de seu tormento, dirão: "Ai, ai, ó cidade imensa, ó Babilônia, cidade poderosa, bastou uma hora para seres julgada!"

[11]Os comerciantes da terra também choram* e se lamentam sobre ela, por-

---

17,12. Dn 7,20-24 | 13. Dt 10,17; Dn 2,47 | 16. Ez 23,39 | **18**,1. Ez 43,2 | 2. 14,8; Is 13,21s; 21,9; Jr 51,8 | 3. Jr 25,15; Na 3,4; Is 23,17 | 4. Is 48,20; Jr 51,45 | 5. Gn 18,20s; Jr 51,9 | 6. Jr 50,15; Sl 137,8 | 7. Is 47,7ss | 8. Jr 50,34 | 9. Ez 26,16s; 27,30; Is 21,9; 23,17; Jr 51,8 | 11. Ez 27,36

† **18**,2. No estilo dos profetas, descreve-se a queda de Roma como se já tivesse acontecido, para afirmar que seu fim é inevitável.

que ninguém mais compra suas mercadorias: [12]carregamentos de ouro e prata,* pedras preciosas e pérolas, linho e púrpura, seda e escarlate, todo o tipo de madeira perfumosa, de objetos de marfim, de madeira preciosa, de cobre, de ferro ou de mármore; [13]canela e cinamomo,* perfumes, unguento e incenso; vinho e óleo, flor de farinha e trigo; bois e ovelhas, cavalos e carros, escravos e vidas humanas. [14]Os frutos que tua alma cobiçava afastaram-se para longe de ti; tudo o que é luxo e esplendor se acabou para ti, não voltará mais!

[15]Os comerciantes que se enriqueceram* por meio dela ficarão à distância, por medo de seus tormentos, chorando e gemendo: [16]"Ai, ai, aquela grande cidade... que se vestia de linho,* púrpura e escarlate e se enfeitava com ouro, pedras preciosas e pérolas; [17]pois bastou uma hora para acabar com toda essa riqueza!"*

Todos os pilotos e navegantes, marinheiros e todos os que trabalham no mar* se conservaram à distância [18]e, vendo a fumaça de seu incêndio, gritavam: "Quem era semelhante a esta grande cidade?" [19]E puseram poeira na cabeça* e gritavam, chorando e gemendo: "Ai, ai, aquela grande cidade... Com sua vida luxuosa se enriqueceram todos os donos dos navios do mar; pois bastou uma hora para consumar sua ruína! [20]Exulta por causa dela,* ó céu, e vós, santos, apóstolos e profetas, pois Deus vos fez justiça ao condená-la".

[21]Então um anjo forte levantou uma pedra,* semelhante a uma grande mó de moinho, e atirou-a ao mar, dizendo: "Com tal ímpeto será lançada Babilônia,

aquela grande cidade, e jamais será encontrada.

[22]O canto dos citaristas e dos músicos,*

dos flautistas e dos trombeteiros

não se ouvirá mais em ti;

nem se verá mais em ti artífice de qualquer profissão;

o ruído do moinho não mais se ouvirá em ti;

[23]a luz da lâmpada nunca mais brilhará em ti;*

a voz do esposo e da esposa em ti não mais se ouvirá.

Pois teus comerciantes eram os príncipes da terra,

e as magias que praticaste seduziram todos os povos;

[24]e nela foi encontrado sangue dos profetas e dos santos,*

e de todos os que foram imolados sobre a terra".

19 Canto de triunfo e núpcias do Cordeiro.

[1]Depois disso ouvi como que um forte vozerio* de imensa multidão, no céu, que bradava: "Aleluia!

A salvação, a glória e o poder pertencem a nosso Deus,

[2]pois são verdadeiros e justos seus julgamentos:*

ele julgou a grande Prostituta,

que corrompia a terra com sua prostituição,

e vingou nela o sangue de seus servos!"

[3]E acrescentaram: "Aleluia! Dela sobe a fumaça pelos séculos dos séculos!"*

[4]Então os vinte e quatro anciãos e os quatro seres vivos se prostraram para adorar a Deus, sentado no trono, e disseram: "Amém, Aleluia!"

[5]Nisto saiu do trono uma voz* que dizia: "Louvai a nosso Deus, vós todos, seus servos, e vós que o temeis, pequenos e grandes!"

VII. AS SETE VISÕES
(19,6–22,5)

O banquete das núpcias do Cordeiro. [6]Então ouvi como que o rumor* de uma grande multidão, semelhante ao

---

* **18**,12. Ez 27,12s | 13. Ez 27,13 | 15. Ez 27,36 | 16. Ez 28,13 | 17. Is 23,14; Ez 27,27-30 / Is 34,10 | 19. Ez 27,30ss | 20. Is 44,23; Jr 51,48 | 21. Jr 51,63s; Ez 26,21; Dn 4,27 | 22. Is 24,8; Ez 26,13 | 23. Jr 7,34; 25,10; Is 23,8 | 24. Mt 23,35s; Jr 51,49 | **19**,1. Sl 104,35 | 2. Dt 32,43; 2Rs 9,7; Sl 19,10 | 3. Is 34,10 | 5. Sl 115,13 | 6. Dn 10,6; Ez 1,24; Sl 97,1

Apocalipse 19-20

ruído de muitas águas e ao barulho de fortes trovões, aclamando:

"Aleluia!

Porque o Senhor, o Deus todo-poderoso,

tomou posse de seu reino.

[7]Alegremo-nos e exultemos,*

a ele demos glória,

pois chegou o momento das núpcias do Cordeiro,

e sua esposa está preparada†:

[8]foi-lhe dado vestir linho puro, resplandecente".*

Pois o linho são as boas ações dos santos.

[9]Depois me disse: "Escreve: felizes os convidados* para o banquete das núpcias do Cordeiro!" E acrescentou: "Estas palavras de Deus são verdadeiras".

[10]Caí então a seus pés para adorá-lo, mas ele me disse: "Não faças isso: sou um servo como tu e como teus irmãos que possuem o testemunho de Jesus; é a Deus que deves adorar". O testemunho de Jesus é o espírito da profecia.

A vitória do Messias. [11]Então vi o céu aberto,* e apareceu um cavalo branco; quem o montava chamava-se "Fiel" e "Verdadeiro"; ele julga e combate com justiça. [12]Seus olhos são chama de fogo; sobre sua cabeça há muitos diademas; sobre ele está escrito um nome, que ninguém conhece, a não ser ele mesmo. [13]O manto que o envolve está embebido de sangue e o nome com que é chamado é "Verbo de Deus"†. [14]Os exércitos do céu* o acompanham em cavalos brancos, vestidos de linho de brancura resplandecente. [15]De sua boca sai uma espada afiada, para com ela ferir as nações. Ele as governará

com cetro de ferro;* ele pisa no lagar o vinho da cólera de Deus, soberano do universo. [16]Um nome está escrito sobre seu manto e sobre sua coxa: "Rei dos reis e Senhor dos senhores".

[17]Depois vi um anjo, de pé sobre o sol, gritar em alta voz a todas as aves que voavam no meio do céu: "Vinde, reuni-vos para o grande banquete de Deus, [18]para comerdes carnes de reis, carnes de capitães,* carnes de poderosos, carnes de cavalos com seus cavaleiros e carnes de todos os homens, livres e escravos, pequenos e grandes!"

[19]Vi então a Fera, junto com os reis da terra e seus exércitos reunidos para combater contra aquele que estava sentado sobre o cavalo e seu exército. [20]Mas a Fera foi aprisionada,* junto com o falso profeta, aquele que realizou, na presença dela, prodígios pelos quais ele seduzia os que tinham a marca da Fera e os adoradores de sua imagem; os dois foram lançados vivos no lago de fogo de enxofre ardente. [21]Os outros foram mortos* pela espada que saía da boca daquele que estava sentado sobre o cavalo, e todas as aves se fartaram de suas carnes.

20 O reino dos mil anos†.

[1]Depois vi um anjo que descia do céu,* tendo na mão a chave do abismo e uma grande corrente. [2]Ele dominou o Dragão, a antiga serpente, que é o diabo, Satanás, e o acorrentou por mil anos†. [3]Atirou-o no abismo, fechando-o e lacrando-o com um selo, para que não mais seduzisse as nações, até se completarem os mil anos. Depois disso ele deve ser solto por algum tempo.

---

* **19**,7. Sl 118,24 | 8. Is 61,10 | 9. Lc 14,15; Mt 22,2s | 11. Ez 1,1; Sl 96,13; Is 11,4; Dn 10,6 | 14. Jo 1,1; Is 63,1s | 15. Sl 2,9; Is 63,3; Jl 4,13; Dn 2,47; 1Tm 6,15; Dt 10,17 | 18. Ez 39,4.17 | 20. Dn 7,11.26; Sl 2,2 | 21. Is 30,33; Ez 39,17.20 | **20**,1. Zc 3,1; 2Pd 2,4; 2Ts 2,9s

† **19**,7. "A Sagrada Escritura abre-se com a criação do homem e da mulher, unidos em matrimônio, e se fecha com as núpcias do Cordeiro, Ap 19,7.9. De um extremo a outro fala do casamento e de seu mistério, de sua instituição e do sentido que lhe foi dado por Deus e da nova aliança de Cristo com a Igreja, sua esposa" (CIC). | 13. O autor descreve a vitória de Cristo com as imagens clássicas do Messias guerreiro que instaura a justiça, Is 11,4, extermina as potências hostis, Is 63,3, submete os povos, Sl 2,9 e atravessa o mundo com a palavra poderosa de Deus, Sl 18,14-18. | **20**. A partir de Orígenes e S. Agostinho, esse "reino dos 1.000 anos" é entendido no sentido espiritual: é o período entre a ressurreição de Cristo e o fim do mundo. A Igreja condenou os "milenaristas", que entendiam esse texto no sentido de um reino terrestre. | 2. Desde que Cristo veio ao mundo, Satanás está acorrentado, e os cristãos já podem gozar do paraíso, Ap 2,7.

Apocalipse 20-21

⁴Vi então tronos, e aos que neles se sentaram* foi dado o poder de julgar. Vi também as almas daqueles que foram decapitados por causa do testemunho de Jesus e da palavra de Deus, e os que se recusaram a adorar a Fera e sua imagem* e não se deixaram marcar na fronte ou na mão: eles recuperaram a vida e reinaram com Cristo mil anos. ⁵Os outros mortos não puderam voltar à vida antes que se completassem os mil anos. Esta é a primeira ressurreição. ⁶Feliz e santo aquele que participa da primeira ressurreição! Sobre eles não tem poder* a segunda morte†, mas eles serão sacerdotes de Deus e de Cristo, com o qual reinarão mil anos.

Vitória final e julgamento. ⁷E quando se completarem os mil anos,* Satanás será solto de sua prisão e ⁸sairá para seduzir as nações dos quatro cantos da terra, Gog e Magog†, e os reunirá para o combate; serão tão numerosos como a areia do mar. ⁹Subiram por toda a extensão da terra e cercaram o acampamento dos santos, a cidade amada†; mas um fogo desceu do céu e os devorou. ¹⁰Então o Diabo, que os seduzia,* foi lançado no lago de fogo e de enxofre, onde já estavam a Fera e o falso profeta. Seu tormento vai durar dia e noite, pelos séculos dos séculos.

¹¹Depois vi um grande trono branco,* e aquele que nele se assenta. O céu e a terra fugiram de sua presença, sem deixar vestígios. ¹²E eu vi os mortos, grandes e pequenos, de pé diante do trono;

abriram-se livros e depois um outro livro, o da vida†. Então os mortos foram julgados conforme o conteúdo dos livros, cada qual segundo suas obras. ¹³O mar devolveu os mortos que nele estavam, a morte e a morada dos mortos devolveram os mortos que nelas estavam, e cada qual foi julgado segundo suas obras. ¹⁴Então a morte e a morada dos mortos foram lançadas no lago de fogo; esta é a segunda morte: o lago de fogo. ¹⁵E quem não se achava inscrito no livro da vida* foi lançado também no lago de fogo.

21 **Novo céu e nova terra†.** ¹Vi então um novo céu e uma nova terra;* porque o primeiro céu e a primeira terra tinham desaparecido e o mar já não existe*. ²E vi descer do céu, de junto de Deus, a Cidade Santa, a nova Jerusalém, pronta como noiva adornada para o esposo†. ³Nisto ouvi uma voz forte, vinda do trono, que dizia: "Esta é a morada de Deus* com os homens. Ele habitará com eles; eles serão seu povo, e ele será o Deus-com-eles. ⁴Ele enxugará toda lágrima* de seus olhos, e não haverá mais morte, nem luto, nem choro, nem dor, pois o mundo antigo já passou"†.

⁵Aquele que estava sentado no trono* disse: "Eu faço novas todas as coisas!" E acrescentou: "Escreve, porque estas palavras são certas e verdadeiras". ⁶Disse-me ainda: "Está feito! Eu sou o A e o Z, o Princípio e o Fim. A quem tem sede,* vou dar gratuitamen-

---

* **20**,4. Dn 7,9.22; Lc 22,30; 1Cor 6,2 / 1Cor 15,23; 1Ts 4,16 | 6. Is 61,6; Êx 19,6; 1Pd 2,5.9 | 7. Ez 38,2.9; 2Rs 1,10 | 10. Ez 38,22; Gn 19,24 | 11. Mt 25,31; 2Pd 3,10; Dn 2,35; 7,9; Jr 17,10; Sl 28,4; Is 59,18; Rm 2,6 | 15. 1Cor 15,26; Dn 12,1; Mt 25,41; Fl 4,3 | **21**,1. Mt 19,28; 2Pd 3,13; Is 61,10; 65,17; Gn 4,26 | 3. Ez 37,27; 48,35 | 4. Is 35,10; 65,19; Jr 31,16 | 5. Is 43,19; 66,22 | 6. Jo 7,37; Is 55,1; Zc 14,8

† **20**,6. A primeiro ressurreição é a vida nova do batizado que ressuscita com Cristo, Cl 3,1; a segundo morte é a condenação eterna. | 8. Gog e Magog designam as nações inimigas que se reúnem para o combate final contra o povo de Deus, Ez 38–39. | 9. Essas expressões designam a Igreja. | **20**,12. A imagem dos livros mostra que todas as ações dos homens estão patentes aos olhos do Senhor. **21**. "A expectativa de uma terra nova, longe de atenuar, deve antes impulsionar nossa solicitude pelo aprimoramento desta terra. Depois de propagarmos na terra os valores da dignidade humana, da comunidade fraterna e da liberdade, todos esses bons frutos de nosso trabalho, nós os encontraremos novamente, limpos de toda impureza e transfigurados, quando Cristo entregar ao Pai o Reino eterno e universal. Deus será então tudo em todos, 1Cor 15,28" (Vat. II). | 1. No fim da obra da salvação, Deus faz uma criação nova, que supera a primeira, abolindo todo limite e imperfeição. | 2. A aliança definitiva com o Senhor é imaginada como uma festa de núpcias entre Deus e os homens, entre Cristo e a Igreja. | 4. "Deus preparou uma nova terra, cuja bem-aventurança vai satisfazer e superar todos os desejos de paz que se elevam dos corações humanos" (Vat. II).

Apocalipse 21-22

te a beber da fonte da água viva. [7]O vencedor receberá esta herança;* e eu serei seu Deus, e ele será meu filho.

[8]Mas os covardes, os incrédulos,* os depravados, os homicidas, os impuros, os feiticeiros, os idólatras e todos os mentirosos, a parte deles está no lago ardente de fogo e de enxofre, que é a segunda morte.

A nova Jerusalém. [9]Então um dos sete anjos que tinham as sete taças cheias com as sete últimas pragas veio até mim e disse-me: "Vem, que vou mostrar-te a Noiva, a Esposa do Cordeiro". [10]Transportou-me então* em espírito a uma montanha muito elevada, e mostrou-me a Cidade Santa, Jerusalém, que descia do céu, de junto de Deus, [11]tendo nela a glória de Deus. Ela brilha como uma pedra preciosíssima, parecida com jaspe cristalino. [12]Está cercada por uma grande e alta muralha, com doze portas,* sobre as quais estão doze anjos e nomes inscritos, que são os nomes das doze tribos dos israelitas. [13]Três portas dão para o oriente, três para o norte, três para o sul e três para o ocidente. [14]A muralha da cidade tem doze alicerces, cada um dos quais tem o nome de um dos doze apóstolos do Cordeiro.

[15]Aquele que falava comigo segurava uma medida, um caniço de ouro, para medir a cidade, suas portas e sua muralha. [16]A cidade é quadrangular:* seu comprimento é igual à largura. Então ele a mediu com o caniço: deu doze mil estádios†. O comprimento, a largura e a altura são iguais. [17]Depois ele mediu a muralha: cento e quarenta e quatro côvados. O anjo media com medida usada entre os homens. [18]O material desta muralha é jaspe, e a cidade é de ouro puro, como um cristal bem puro. [19]Os alicerces da muralha da cidade são ornados com todo o tipo de pedras preciosas:* o primeiro alicerce é de jaspe, o segundo de safira, o terceiro de calcedônia, o quarto de esmeralda, [20]o quinto de sardônica, o sexto de cornalina, o sétimo de crisólito, o oitavo de berilo, o nono de topázio, o décimo de crisópraso, o décimo primeiro de jacinto, o décimo segundo de ametista. [21]As doze portas são doze pérolas; cada uma das portas é feita de uma só pérola. A praça da cidade é de ouro puro, transparente como cristal. [22]Lá não vi nenhum templo; pois seu templo é o Senhor, o Deus soberano do universo, e o Cordeiro. [23]A cidade não precisa do sol nem da lua* para a iluminar; pois a glória de Deus a ilumina, e sua lâmpada é o Cordeiro.

[24]As nações caminharão a sua luz†

e os reis da terra virão trazer-lhe seus tesouros;*

[25]suas portas nunca se fecharão de dia,*

pois lá não haverá noite;

[26]e virão trazer-lhe os tesouros e a riqueza das nações.*

[27]Nada de manchado poderá entrar nela,

nem os que praticam a abominação e a mentira;*

mas só entrarão os que estão inscritos no livro da vida do Cordeiro†.

22 A árvore da vida†.

[1]Depois o anjo mostrou-me um rio de água viva,* límpido como cristal, que brotava do trono de Deus e do Cordeiro. [2]No meio da praça da cidade e de ambos os lados do rio encontra-se a árvore da vida que dá fruto doze vezes, um fruto cada mês; e suas folhas servem para curar as nações. [3]Já não haverá mais maldição.* O trono de Deus e do Cordeiro estará na cidade, e os servos

---

* **21**,7. 2Sm 7,14; Sl 89,27s; Zc 8,8 | 8. Is 30,33; Ez 38,22 | 10. Ez 40,2; Is 52,1; 58,8; 60,1s | 12. Ez 48,31-35 | 16. Ez 40,3.5; 48,16s | 19. Is 54,11s | 23. Is 60,1.19; 2Cor 3,18 | 24. Is 60,3 | 25. Is 60,11; Zc 14,7 | 26. Is 60,5 | 27. Is 52,1; Dn 12,1; Sl 69,29 | **22**,1. Ez 47,1.12; Zc 14,8; Gn 2,9 | 3. Zc 14,11

† **21**,16. Doze mil estádios equivalem a cerca de 2.200 km. 144 côvados são 72 metros. As dimensões da cidade e os materiais de que é feita indicam que ela é celeste e não deste mundo. | 24. O autor se inspira em Is 60,1-20, que prediz a entrada das nações no povo de Deus. As portas ficam abertas, pois se imagina um eterno dia de festa. | 27. O livro dos eleitos. | **22**. A Cidade Santa é descrita como o paraíso terrestre. A Bíblia, história do amor de Deus à humanidade, termina no paraíso, onde havia começado.

FATOS E DATAS MAIS IMPORTANTES

1850-1030: DE ABRAÃO ATÉ OS JUÍZES
± 1850 Abraão sai da Mesopotâmia para Canaã. Isaac, Jacó, José do Egito
± 1750 Hamurabi, rei de Babilônia. Código de Hamurabi
± 1700 Os hebreus no Egito. Opressão do faraó
1290-1224 Ramsés II.
± 1250 Moisés. Êxodo do Egito, aliança do Sinai
± 1220 Josué. Conquista da terra prometida
1200-1030 Época dos juízes

1030-539: ÉPOCA DOS REIS E DOS GRANDES PROFETAS
± 1030 Samuel e Saul. Instituição da monarquia
1010-970 Davi. Conquista de Jerusalém
970-931 Salomão. Construção do templo
931 Divisão do reino em duas partes: Israel e Judá
885-874 Amri, rei de Israel, funda a capital Samaria
874-853 Acab, rei de Israel. Os profetas Elias e Eliseu
± 750 **Amós e Oseias**
740 Vocação de Isaías.
Isaías 1-39. Miqueias
721 Tomada de Samaria por Sargon II da Assíria. Fim do reino de Israel
716-687 Ezequias, rei de Judá
± 630 **Sofonias e Jeremias**
640-609 Josias, rei de Judá. Descoberta do livro da lei, reforma religiosa. A escola deuteronomista: **Deuteronômio, Josué, Juízes, Samuel e Reis**
612 Ruína de Nínive, capital da Assíria.
Naum
± 600 **Habacuc**
586 Tomada de Jerusalém pelos babilônios. Fim do reino de Judá
586-538 Exílio de Babilônia
Ezequiel e o Segundo Isaías (40—55)

539-333 PERÍODO PERSA
539 Ciro, rei dos medos e dos persas, conquista Babilônia
538 Edito de Ciro: liberdade para os exilados, que voltam à Palestina
515 Dedicação do segundo templo.
Ageu e Zacarias 1—8.
Terceiro Isaías (56—66)
± 500 **Abdias.** Papiros da colônia judaica de Elefantina
± 450 **Jó, Provérbios, Cântico dos Cânticos, Rute,** numerosos **Salmos**
445-433 Neemias reconstrói os muros de Jerusalém. Oposição dos samaritanos. **Malaquias**
± 400 Esdras. A legislação do Pentateuco é unificada. **Jonas**
± 350 **Joel.** A obra do Cronista: **Crônicas, Esdras e Neemias**

333-65 PERÍODO GREGO OU HELENÍSTICO
333 Alexandre Magno. **Zacarias 9—14**
323-200 A Judeia submetida aos Lágidas do Egito. **Tobias**
300 Início da tradução grega da Bíblia, chamada "Setenta"
± 250 Começa a helenização da Palestina.
Eclesiastes e Ester

200 Vitória da Síria sobre o Egito em Panion
200-142 A Judeia submetida aos Seleucidas da Síria
± 180 Ben Sira escreve em hebraico o livro do **Eclesiástico**
167-164 Perseguição de Antíoco IV Epífanes.
Judite e Daniel
166 Revolta dos Macabeus. Os fariseus, saduceus e essênios (?)
132 Tradução grega do livro do Eclesiástico
± 125 **Segundo livro dos Macabeus**
± 100 **Primeiro livro dos Macabeus. Baruc**
± 100-50d.C. Manuscritos de Qumrân (?)
63 Pompeu anexa a Palestina ao império romano

63 a.C.-135 d.C.: PERÍODO ROMANO
± 50 **Sabedoria**
37-4 Herodes Magno
20 Começa a reconstrução do templo
± 6 a.C. Nascimento de Jesus
4 Morte de Herodes Magno
4-39 d.C. Herodes Antipas, tetrarca da Galileia
0
± 6 Nascimento de Paulo em Tarso
14-37 Tibério, imperador romano
26-36 Pôncio Pilatos, procurador romano
27 Pregação de João Batista. Começo do ministério de Jesus
30 Morte de Jesus, numa sexta-feira, feira de abril. Pentecostes (?)
± 36 Martírio de Estêvão. Conversão de Paulo
41-54 Cláudio, imperador romano
44 Martírio de Tiago maior, irmão de João
45-49 Primeira viagem missionária de Paulo
49 Concílio de Jerusalém (At 15)
± 50 Primeiros escritos evangélicos em aramaico
50-52 Segunda viagem missionária de Paulo
51 **Cartas aos Tessalonicenses**
53-58 Terceira viagem missionária de Paulo
53 **Carta aos Filipenses**
54 **Cartas aos Gálatas, primeira aos Coríntios, aos Romanos**
54-68 Nero, imperador romano
55 **Segunda carta aos Coríntios**
58 **Carta de Tiago**
± 62 **Cartas aos Colossenses, aos Efésios, a Filêmon**
62 Tiago menor morre apedrejado em Jerusalém
± 64 **Primeira carta de Pedro e Evangelho de Marcos**
± 65 **Primeira carta a Timóteo e carta a Tito**
66-70 Primeira revolta judaica
67 Martírio de Pedro em Roma. **Carta aos Hebreus, segunda carta a Timóteo.** Martírio de Paulo em Roma
70 Destruição de Jerusalém por Tito
± 70 **Evangelhos de Mateus e de Lucas, Atos dos Apóstolos**
± 75 **Carta de Judas e segunda carta de Pedro**
± 95 **Apocalipse de João. Evangelho e cartas de João**
± 100 Morte de João em Éfeso

1503 Apocalipse 22

de Deus o adorarão; ⁴eles verão sua face, e seu nome* estará em suas fronte. ⁵Não haverá mais noite; não precisarão da luz da lâmpada, nem da luz do sol,* porque o Senhor Deus brilhará sobre eles, e eles reinarão pelos séculos dos séculos.

EPÍLOGO
(22,6-21)

Veracidade das visões. ⁶Depois me disse: "Estas palavras são certas e verdadeiras; o Senhor Deus, que inspira os profetas, enviou seu anjo para mostrar a seus servos as coisas* que devem acontecer em breve. ⁷E eu virei sem demora! Feliz aquele que guarda as palavras proféticas deste livro!"

⁸Fui eu, João, que vi e escutei tudo isto. Quando terminei de escutar e de ver, caí aos pés do anjo que me mostrava essas coisas, para o adorar. ⁹Mas ele me disse: "Não faças isso! Eu sou um servo como tu e teus irmãos, os profetas, e os que guardam as palavras deste livro; é a Deus que deves adorar!"

¹⁰E acrescentou: "Não conserves em segredo as palavras proféticas deste livro,* pois o tempo está próximo. ¹¹Que o malfeitor continue a fazer o mal e que o impuro continue na impureza; que o justo pratique ainda a justiça e que o santo santifique-se ain-

da. ¹²Eis que venho em breve* e trago comigo minha retribuição, para dar a cada um segundo suas obras. ¹³Eu sou o A e o Z, o Primeiro e o Último, o Começo e o Fim. ¹⁴Felizes os que lavam suas vestes: eles terão parte na árvore da vida e poderão entrar na Cidade pelas portas!

¹⁵Fiquem de fora os cães, os feiticeiros, os impuros, os homicidas, os idólatras e todos os que amam e praticam a mentira".

Vinde, Senhor Jesus! ¹⁶Eu, Jesus, enviei meu anjo* para dar-vos este testemunho sobre as Igrejas. Eu sou a raiz da descendência de Davi, a brilhante estrela da manhã.

¹⁷O Espírito e a Esposa* dizem: "Vem!" Aquele que ouve também diga: "Vem!" Quem tem sede venha, e quem quiser receba gratuitamente a água viva.

¹⁸A todo aquele que ouve* as palavras proféticas deste livro, eu declaro: Se alguém lhes fizer algum acréscimo, Deus lhe acrescentará as pragas descritas neste livro. ¹⁹E se alguém tirar* alguma coisa das palavras deste livro profético, Deus lhe tirará também sua parte da árvore da vida e da Cidade Santa, que estão descritas neste livro!"

²⁰Aquele que dá testemunho* destas coisas, diz: "Sim, venho em breve". Amém! Vem, Senhor Jesus!

²¹A graça do Senhor Jesus* esteja com todos vós! Amém!

---

* **22**,4. Sl 17,15; 42,2 | 5. 21,23; Is 60,19; Dn 7,18.27 | 6. 19,9; 21,5; Dn 2,28 | 10. Dn 8,26; 12,4.10 | 12. Pr 24,12; Is 40,10; 44,6; Jr 17,10; Sl 62,12 | 16. Is 11,1.10 | 17. Jo 7,37; Is 55,1; Zc 14,8 | 18. Dt 4,2 | 19. Dt 29,19 | 20. 1Cor 16,22 | 21. 1Ts 3,18; Rm 16,20

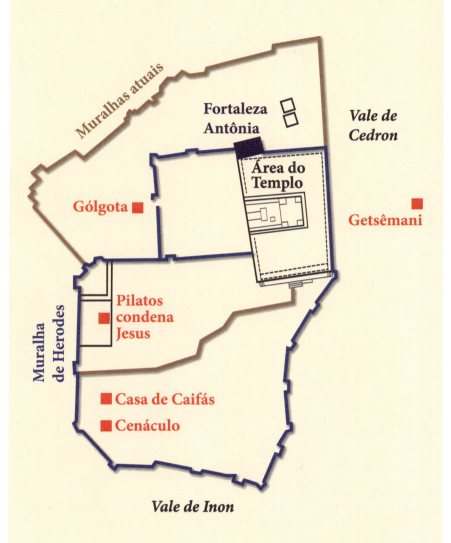

A 1ª viagem missionária de Paulo (At 13,1-14,28)

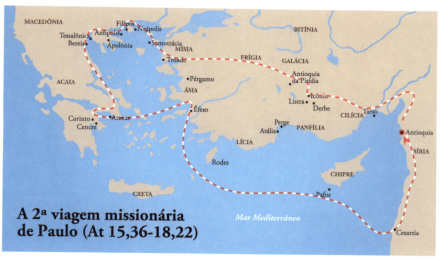

A 2ª viagem missionária de Paulo (At 15,36-18,22)

A 3ª viagem missionária de Paulo (At 18,23-21,14)